LA GUIDA
MICHELIN

ITALIA

I PRINCIPI DELLA GUIDA MICHELIN

L'ESPERIENZA AL SERVIZIO DELLA QUALITÀ

Che si trovi in Giappone, negli Stati Uniti, in Cina o in Europa, l'ispettore della guida MICHELIN rimane fedele ai criteri di valutazione della qualità di un ristorante o di un albergo, e applica le stesse regole durante le sue visite. Se la guida gode di una reputazione a livello mondiale è proprio grazie al continuo impegno nei confronti dei suoi lettori. Un impegno che noi vogliamo riaffermare, qui, con i nostri principi :

La visita anonima

Prima regola d'oro, gli ispettori verificano - regolarmente e in maniera anonima - ristoranti e alberghi, per valutare concretamente il livello delle prestazioni offerte ai loro clienti. Pagano il conto e - solo in seguito - si presentano per ottenere altre informazioni. La corrispondenza con i lettori costituisce, inoltre, un ulteriore strumento per la realizzazione dei nostri itinerari di visita.

L'indipendenza

Per mantenere un punto di vista obiettivo, nell'interesse del lettore, la selezione degli esercizi viene effettuata in assoluta indipendenza: l'inserimento in guida è totalmente gratuito. Le decisioni sono prese collegialmente dagli ispettori con il capo redattore e le distinzioni più importanti, discusse a livello europeo.

Le nostre stelle - una ✿, due ✿✿ o tre ✿✿✿ – distinguono le cucine più meritevoli, qualunque sia il loro stile: la qualità della materia prima, la tecnica di cottura, la personalità dello chef, la costanza della prestazione in tutto il pasto e in tutte le stagioni, il buon rapporto qualità-prezzo: queste sono le condizioni che definiscono - al di là dei generi e tipi di cucina – le nostre migliori tavole.

La scelta del migliore

Lungi dall'essere un semplice elenco d'indirizzi, la guida si concentra su una selezione dei migliori alberghi e ristoranti in tutte le categorie di confort e di prezzo. Una scelta che deriva dalla rigida applicazione dello stesso metodo da parte di tutti gli ispettori, indipendentemente dal paese.

✿✿✿ TRE STELLE MICHELIN
Una cucina unica. Merita il viaggio!
La cifra di un grandissimo chef! Prodotti d'eccezione, purezza e potenza dei sapori, equilibrio delle composizioni: la cucina qui assurge al rango d'arte. I piatti, perfettamente realizzati, si ergono spesso a classici.

✿✿ DUE STELLE MICHELIN
Una cucina eccellente. Merita la deviazione!
I migliori prodotti esaltati dalla competenza e dall'ispirazione di uno chef di talento che « firma » con la sua squadra piatti eterei ed evocatori, talvolta molto originali.

✿ UNA STELLA MICHELIN
Una cucina di grande qualità. Merita la tappa!
Prodotti di prima qualità, finezza nelle preparazioni, sapori distinti, costanza nella realizzazione dei piatti.

⊛ BIB GOURMAND
Il nostro migliore rapporto qualità-prezzo
Piacevole esperienza gastronomica a meno di 32 € (35 € nelle città capoluogo e turistiche importanti): buoni prodotti ben valorizzati, un conto ragionevole, una cucina con un eccellente rapporto qualità/prezzo.

⫯○ Il piatto MICHELIN
Una cucina di qualità
Prodotti di qualità e abilità dello chef: semplicemente un buon pasto!

L'aggiornamento annuale
Tutte le classificazioni, distinzioni e consigli pratici sono rivisti ed aggiornati ogni anno per fornire le informazioni più affidabili.

L'omogeneità della selezione
I criteri di classificazione sono identici per tutti i paesi interessati dalla guida Michelin. Ad ogni cultura la sua cucina, ma la qualità deve restare un principio universale...

"L'aiuto alla mobilità": è la missione che si è prefissata Michelin.

CARO LETTORE,

E' con piacere che ti presentiamo l'edizione 2018 de la guida MICHELIN Italia, selezione dei migliori alberghi e ristoranti del Bel Paese!

● La guida si rivolge ad ogni tipo di viaggiatore, business o leisure, e suggerisce i migliori esercizi in tutte le categorie di confort e prezzo: dai più semplici bistrot ai bed & breakfast in città, dai ristoranti famosi agli alberghi di lusso. Quindi, che siate in visita per lavoro o per piacere, troverete sicuramente l'indirizzo giusto che fa per voi.

● Tutte le strutture presenti in guida sono state selezionate dal nostro team di famosi ispettori, che lavorano secondo l'etica MICHELIN, pagando sempre il conto e preservando l'anonimato: requisito importante affinché venga assicurato ad ogni ospite lo stesso tipo di trattamento. Ogni anno, si apre la "caccia" per l'inserimento di nuovi indirizzi, ma solo i migliori saranno citati. Una volta effettuata la selezione, quelli veramente meritevoli di una particolare distinzione saranno premiati con un preciso simbolo: le famose stelle ✿, ✿✿, ✿✿✿ e il Bib Gourmand ⬬, ovvero l'interessante rapporto qualità/prezzo.

● E, sebbene passino gli anni, la nostra missione rimane fedele a se stessa: aiutare a trovare i migliori ristoranti ed alberghi durante i tuoi viaggi. Non esitare quindi a contattarci; siamo – infatti – curiosi di raccogliere i tuoi pareri sulle risorse elencate in queste pagine, ma anche per quelle non ancora presenti, ma che potrebbero interessare in un'ottica di edizioni future.

● Fiduciosi che tu possa trarre il meglio dal viaggiare in compagnia dell'edizione 2018 della nostra guida Italia, non ci resta che augurarti "Buon Viaggio"!

INDICE

Introduzione

Consultate la guida MICHELIN su:
www.viamichelin.it
www.guida.michelin.it
e scriveteci a:
laguidamichelin-italia@michelin.com

LA GUIDA MICHELIN, UNA STORIA EMOZIONANTE...

La prima guida MICHELIN Italia comparve nel 1956 al prezzo di mille lire. Uscivamo dal dopoguerra in condizioni ancora trafelate, si profilava all'orizzonte il miracolo economico, ma ben pochi potevano permettersi il lusso di regalarsi esperienze gastronomiche: se di cibo si parlava, era per superarne la carenza. Le autostrade erano poche, i viaggi incerti, i nostri primi ispettori partivano pionieri da Milano verso luoghi che al tempo dovevano apparire lontani ed ignoti, tanto che la prima edizione della guida, quasi volendo fare il verso a De Amicis, recava il sottotitolo Dalle Alpi a Siena. E lì ci si fermò, per ripartire l'anno successivo con una guida che, finalmente, copriva l'intero territorio nazionale. Da allora la "Rossa" ha registrato la storia della cucina italiana, sancendo l'eleganza dei grandi ristoranti cittadini, dal Cambio di Torino al Savini di Milano, il successo delle prime trattorie gastronomiche (furono un evento le due stelle ai Cantarelli di Samboseto!), lo sbarco della nouvelle cuisine e la popolarità della dieta mediterranea, la consacrazione di Marchesi nell'86 – il primo cuoco italiano a ricevere le tre stelle Michelin – fino all'attuale record di ristoranti stellati che raggiungono un numero mai registrato prima.

Copertina del giornale interno Michelin Italia, 1913.

Il Bibendum è confortevolmente seduto su una sedia a dondolo per consultare un'opera che assomiglia alla guida MICHELIN. Illustrazione dell'artista italiano Carlo Biscaretti.

I ristoranti e la cucina sono cambiati, ma i valori alla base del nostro lavoro sono rimasti immutati: pasti in incognito, conti pagati e l'invenzione di un riconoscimento – la stella – che è diventato sinonimo mondiale di cucina di alto livello, un linguaggio universale lievitato parallelamente al diffondersi della guida che, nata in Francia nel 1900, attribuisce oggi stelle a ristoranti in tante parti del mondo. Shangai, San Francisco, Rio de Janeiro e San Paolo, New York, Tokyo, Kyoto e Osaka sono solo alcune delle città entrate in una collana che si arricchisce in continuazione. Nuovi riflettori si accendono su città e paesi in un rutilante calendario di pubblicazioni, un susseguirsi di conferenze stampa: ovunque vi siano ristoranti di qualità, ci sarà un ispettore pronto a sedersi a tavola e testarne per voi la cucina.

Dalla carta alla rete...

E' cambiato il nostro perimetro di lavoro, i viaggi alla ricerca dei migliori ristoranti ci portano in tanti continenti, ma parallelamente c'è stata anche una trasformazione della guida MICHELIN. Siamo nati in versione cartacea, un libretto piccolo e rosso la cui destinazione era spesso uno scompartimento dell'automobile dove diventava l'insepa-rabile compagno dei nostri viaggi. Una curiosità che forse non sapete: la prima edizione francese del 1900 conteneva anche suggerimenti per riparare i guasti della vettura, nonché indirizzi di meccanici. La ragione è intuibile: all'alba dell'industria automobilistica, i viaggi erano

GUIDA D'ITALIA
MICHELIN

da 30 anni
con l'automobilista

pieni d'insidie ed incertezze, sia stradali che meccaniche, e da qui l'idea di selezionare alberghi e ristoranti come una sorta di pronto soccorso per guidatori costretti a soste impreviste in luoghi sconosciuti. Ecco un bel posto dove andare a mangiare! Là c'è un buon albergo dove dormire! Oggi il fascino della pubblicazione cartacea rimane immutato, ma la sua diffusione si accompagna a quella della guida in rete. Il sito www.guida.michelin.it, oltre a contenere l'elenco dei ristoranti selezionati dagli ispettori, offre una serie di contenuti in perenne aggiornamento. Ci sono approfondimenti su singoli ristoranti, che per una ragione o per l'altra riteniamo meritevoli della vostra attenzione, ma anche articoli dedicati al turismo, nei quali vi suggeriamo idee di viaggio e destinazioni da scoprire, così come storie dedicate alla cucina e ai prodotti gastronomici d'eccellenza, nonché, per chi vuole dilettarsi ai fornelli ed imitare i grandi cuochi, ricette che selezioniamo per voi. Ogni ispettore percorre decine di migliaia di chilometri in automobile e mangia in centinaia di ristoranti ogni anno: fidatevi di chi conosce bene l'Italia e può darvi consigli per le vostre partenze!

Ma oltre al sito c'è l'applicazione guida MICHELIN Italia, che fornisce un agile strumento di ricerca dei ristoranti con l'aiuto di filtri e criteri di selezione, nonché una serie di informazioni utili per darvi un'idea del posto in cui mangerete. Il contributo dei lettori è sempre stato di grande aiuto nel nostro lavoro, basti pensare che già nell'edizione del 1900 si invitavano i "conducenti" a fornirci la loro opinione sulle strutture in cui sostavano. Oggi il vostro sostegno è egualmente prezioso e con l'applicazione potete dirci ciò che pensate del ristorante in cui avete mangiato, nonché pubblicare le foto dei piatti.

Un presente stellare!

Le ultime edizioni confermano l'accelerazione qualitativa della cucina italiana. Ovunque nascono nuovi ristoranti che aprono i battenti già ad ottimi livelli guidati da giovani cuochi dalle sorprendenti capacità: la velocità dei tempi moderni è anche questa. Ogni regione ha le sue ricchezze, ma registriamo il trionfo di nicchie geografiche ormai da tempo affollate di ristoranti di alta qualità e che ciononostante non

cessano di migliorare, come l'Alto-Adige, le Langhe e la Penisola Sorrentina, per citare solo tre casi eclatanti. I ristoranti d'albergo sono diventati la nuova mecca gastronomica. Quanto appaiono lontane le sbiadite pensioni di una volta tutto compreso! Oggi il triste rintocco di cucchiai intinti dentro insipide minestre ha lasciato il passo a cucine d'eccellente livello e a ristoranti di lusso. Tuttavia, accanto a questo mondo scintillante, continuano fortunatamente a prosperare osterie e ristoranti più semplici ma egualmente emozionanti, a volte guidati dalla stessa famiglia da generazioni e la cui forza consiste nell'offrire ciò che oggi cercano i clienti: tradizione, storia e continuità, il piacere di sentirsi dire che qui le cose si fanno come si facevano cento anni fa, che nulla è cambiato. L'obiettivo è l'esclusività del trattamento: le verdure raccolte nell'orto del ristorante proprio in mattinata, la pasta madre per la lievitazione del pane vecchia di decenni, quella varietà di mele ormai prossima all'estinzione che abbiamo salvato apposta perché voi possiate assaggiarle qui, stasera. È la comprensibile reazione alla forza disorientante e sradicante della globalizzazione: oggi la nostra identità passa anche attraverso la cucina e nessun cuoco, per quanto creativo, prescinde dal territorio in cui opera. Basta un ripieno di zucca e amaretti, un pizzicotto che chiude i ravioli o il veloce passaggio di un dito che crea un'orecchietta, semplici gesti che hanno intessuto la nostra storia e reso celebre l'Italia nel mondo.

LA CUCINA ITALIANA, INVITO AL VIAGGIO

La guida MICHELIN vi invita alla scoperta della cucina più citata, amata e copiata, la cucina italiana! Come ogni anno abbiamo percorso lo Stivale in lungo ed in largo per selezionare i migliori ristoranti e presentarveli in questa edizione. Perché tutto è partito da qui, una sottile striscia di terra affacciata sul Mediterraneo, un mondo di diversità che dalle Alpi alla Sicilia è diventato la vetrina di un marchio gastronomico riconosciuto in tutto il mondo. Spaghetti, lasagne, risotto, pizza e tiramisù sono solo alcuni esempi di parole comprese ovunque, come accadde nel passato con la lirica o più recentemente con la moda. Il percorso è stato lungo, per anni il paese è rimasto prigioniero di cliché: si diceva che la nostra cucina era generosa e popolare, ma non paragonabile all'alta cucina, sofisticata ed infarcita di prodotti costosi ed elitari.

Oggi siamo entrati nell'olimpo delle migliori tavole senza tradire la nostra identità, talvolta alleggerendo e rivisitando i nostri piatti, che sono tuttavia rimasti quelli di sempre, schietti, saporiti e sorretti da eccellenti prodotti.

Ma c'è di più: col tempo abbiamo divulgato non solo ricette, ma anche un genere, una filosofia di cucina basata sul rispetto degli ingredienti e sulla valorizzazione del territorio, sul ritorno alla stagionalità dei prodotti e ad una cucina salutare in sintonia con tempi in cui mangiare bene vuol dire anche mangiare sano. Alla

FoodCollection/Photononstop

S. Scata' / AGF Foto / Photononstop

globalizzazione abbiamo opposto le tradizioni e il chilometro zero, alle importazioni i prodotti di nicchia. Infine, con l'olio d'oliva, le verdure, i cereali, i legumi e le erbe aromatiche abbiamo creato un mito, la dieta mediterranea, diventata patrimonio mondiale dell'umanità. La cucina della mamma è passata nelle mani di cuochi professionisti ed acclamati, la tecnica ha preso il posto dell'improvvisazione, la ricerca del piacere ha sostituito le abbuffate che esorcizzavano anni di fame e privazioni. La nostra cucina ha raggiunto vette mai viste, non si è mai mangiato così bene. L'adagio della lingua italiana è diventato più vero che mai: abbiamo l'oro in bocca!

Le Specialità: territorio e tradizioni

Benché negli ultimi anni l'impronta creativa abbia avuto un certo sviluppo, la cucina italiana rimane fortemente ancorata alle tradizioni e i cuochi amano valorizzare i prodotti e le ricette del territorio, che in pochi paesi hanno un ruolo così centrale come nel nostro. Non sarà quindi difficile scoprire nei piatti odierni la variante gastronomica di un particolarismo storico e culturale che ha fatto dell'Italia il paese dei cento campanili e, per quanto ci riguarda, delle mille ricette. La cucina italiana non è quasi mai dissociata dal territorio, ne è una delle sue più significative espressioni e, se si vuole trovare il perché di un certo ingrediente o ricetta, è alla loro origine che bisogna andare a cercare.

Pensiamo alla pasta: il grano tenero cresce al freddo e si sposa bene con le uova, da qui il tripudio di ravioli, tortelli ed ogni altro tipo di pasta gialla ripiena che troviamo nelle regioni del nord Italia. Il sud, invece, è il regno del grano duro che necessita di

M. Carassale / SIME/Sime/Photononstop

temperature più elevate per crescere; impastato con l'acqua, trafilato secondo la fantasia dei mastri pastai ed in passato essiccato sotto i miti cieli meridionali (un processo impensabile tra le nebbie del nord!), si trasforma in spaghetti e mille altri formati che sono diventati insieme alla pizza uno degli ambasciatori della cucina nazionale.

Anche il burro e l'olio hanno a lungo diviso il paese a metà: laddove il clima permette la crescita degli ulivi è nato il condimento principe della dieta mediterranea, temperature più rigide hanno rappresentato il voluttuoso rifugio del burro.

Carne o pesce?

Un paese così ricco di coste offre una straordinaria cucina marinara, ma, sempre in omaggio alle tradizioni e ad un tempo in cui il trasporto del pesce non era pratica diffusa, non dovrete stupirvi se, nell'entroterra, anche a pochi chilometri dal mare, troverete una cucina di terra e le uniche presenze ittiche siano pesci conservati nel sale, come le acciughe o il baccalà, oppure d'acqua dolce. Accade ad esempio sull'Appennino Ligure e nelle campagne pugliesi, ma persino sulle isole, come in Sardegna, la cui cucina è volentieri associata ad agnelli, pecore e maialini. Pesce o carne che sia, il rispetto del prodotto è sempre la parola d'ordine: semplici cotture alla griglia, al forno, al vapore e bolliti sono diffusi e apprezzati, per non parlare dell'amore per il crudo, dal pesce alle tartare e carpacci di carne.

Esigenze storiche di conservazione della carne sono alla base della fioritura dei salumi, un altro fiore all'occhiello della gastronomia italiana. Prosciutti ed insaccati sono spesso preparati con carne di maiale, ma l'amore per il genere ne ha esteso la preparazione ad altri tipi di carne, dalla bresaola di manzo e cavallo ai salumi d'oca, nonché pros-ciutti d'agnello e selvaggina, per non parlare dell'affumicatura.

Verdure, formaggi e dolci!

Pesci e carni hanno tuttavia rappresentato per molti italiani delle occasionali parentesi di festa durante secoli di stenti e privazioni, che si è cercato di mascherare ricorrendo a verdure, legumi e cereali. Per uno strano scherzo del destino, la necessità di un tempo si è tramutata nell'odierna moda salutistica: oggi celebriamo le virtù dei piatti vegetariani e la cucina italiana – che vi arriva preparata da secoli di rodaggio – vi contribuisce con un inesauribile ventaglio di proposte.

L'amore degli italiani per i formaggi è noto a tutti, tanti sono i tentativi d'imitazione all'estero. Dalla Valle d'Aosta alla Sicilia, non c'è regione che non abbia le sue tipicità. C'è di più: il loro utilizzo non è confinato alla fine del pasto, ma rientra a pieno titolo nella preparazione di tanti piatti; il matrimonio con la pasta, per fare solo un esempio, è leggendario.

Il legame con la tradizione coinvolge anche i dolci, spesso associati a festività religiose. Pastiere e cassate sono due esempi eloquenti: nate in occasioni di specifiche ricorrenze, oggi sono tracimate dai confini che il calendario imponeva loro e vengono preparate tutto l'anno. Una parola infine per il gelato: inizialmente nato come genere "da passeggio", oggi non manca mai nelle tavole dei migliori ristoranti ed è a volte proposto persino in gusti e piatti salati.

Ora non resta che gettarsi in questo immenso e favoloso patrimonio che custodiamo come un tesoro nazionale, ma che non cessa di mutare e trasformarsi alimentando il mito della cucina italiana.

P. Carlsson/Johnér/
Photononstop

IL VINO IN ITALIA : EVOLUZIONE NEL TEMPO

Il vino nasce altrove oltre 5000 anni fa ma è innegabile che in Italia, come in poche altri paesi al mondo, abbia trovato la sua casa. Lo dimostra la straordinaria mappa dei vigneti che in ogni angolo del Belpaese caratterizzano un paesaggio rurale di incredibile varietà e bellezza. E se le colline rappresentano nell'immaginario comune il luogo più caratteristico per la coltivazione della vigna, in realtà l'uva da vino viene coltivata anche in situazioni meno "vocate": nelle isole più piccole ed impervie, in montagna, sui pendii scoscesi e spesso terrazzati, lungo le coste di tutta la Penisola, spesso in zone estreme dalla bellezza mozzafiato.

Attraverso un buon calice di vino l'Italia racconta sé stessa: la complessità geografica, storica, climatica che la rende unica. Certamente la globalizzazione commerciale in cui i produttori italiani hanno dovuto muoversi negli ultimi decenni ha creato un bagaglio di conoscenze e di esperienze nuove: è aumentata la tensione verso la qualità in senso

LE GRANDI ANNATE DAL 1970 AL 1997:

1970 • 1971 • 1974 • 1978 • 1980 • 1982
1983 • 1985 • 1988 • 1990 • 1995 • 1997

ampio e si è affermata una nuova sensibilità per le pratiche agricole sostenibili come il biologico e il biodinamico, ma al contempo c'è stato un progressivo ritorno al territorio e alle proprie radici, riscoprendo e valorizzando vitigni autoctoni e profondamente legati alla storia di un luogo, coi loro nomi che li fanno sembrare personaggi di un romanzo geografico: biancolella, nosiola, pecorino e pallagrello, e tantissimi altri che rafforzano la fama mondiale dei grandi nebbiolo e sangiovese e che si uniscono ai grandi vini a base di vitigni internazionali nel creare lo stupendo vigneto italiano. Il vino diventa così uno dei miglior interpreti del made in Italy. Quali sorprese riserverà il futuro?

Difficile da prevedere: di certo possiamo dire che il mondo del vino italiano, così come la ristorazione, continuerà a offrire al mondo intero l'immagine di un Paese dove gusto, sapore e qualità sono ingredienti fondamentali del buon vivere italiano.

SCEGLIERE UN BUON VINO

	2002	2003	2004	2005	2006	2007	2008	2009	2010	2011	2012	2013	2014	2015	2016
Barbaresco	🍇	🍇	🍇	🍇	🍇	🍇	🍇	🍇	🍇	🍇	🍇	🍇	🍇	🍇	🍇
Barolo	🍇	🍇	🍇	🍇	🍇	🍇	🍇	🍇	🍇	🍇	🍇	🍇	🍇	🍇	🍇
Valtellina	🍇	🍇	🍇	🍇	🍇	🍇	🍇	🍇	🍇	🍇	🍇	🍇	🍇	🍇	🍇
Franciacorta	🍇	🍇	🍇	🍇	🍇	🍇	🍇	🍇	🍇	🍇	🍇	🍇	🍇	🍇	🍇
Amarone	🍇	🍇	🍇	🍇	🍇	🍇	🍇	🍇	🍇	🍇	🍇	🍇	🍇	🍇	🍇
Trento	🍇	🍇	🍇	🍇	🍇	🍇	🍇	🍇	🍇	🍇	🍇	🍇	🍇	🍇	🍇
Alto Adige	🍇	🍇	🍇	🍇	🍇	🍇	🍇	🍇	🍇	🍇	🍇	🍇	🍇	🍇	🍇
Collio/Friuli Colli Orientali	🍇	🍇	🍇	🍇	🍇	🍇	🍇	🍇	🍇	🍇	🍇	🍇	🍇	🍇	🍇
Chianti Classico	🍇	🍇	🍇	🍇	🍇	🍇	🍇	🍇	🍇	🍇	🍇	🍇	🍇	🍇	🍇
Brunello di Montalcino	🍇	🍇	🍇	🍇	🍇	🍇	🍇	🍇	🍇	🍇	🍇	🍇	🍇	🍇	🍇
Montepulciano d'Abruzzo	🍇	🍇	🍇	🍇	🍇	🍇	🍇	🍇	🍇	🍇	🍇	🍇	🍇	🍇	🍇
Verdicchio dei Castelli di Jesi	🍇	🍇	🍇	🍇	🍇	🍇	🍇	🍇	🍇	🍇	🍇	🍇	🍇	🍇	🍇
Taurasi	🍇	🍇	🍇	🍇	🍇	🍇	🍇	🍇	🍇	🍇	🍇	🍇	🍇	🍇	🍇
Etna	🍇	🍇	🍇	🍇	🍇	🍇	🍇	🍇	🍇	🍇	🍇	🍇	🍇	🍇	🍇

🍇 **Grande annata** / *Great year*

🍇 **Buona annata** / *Good year*

🍇 **Annata corretta** / *Average year*

VINI E SPECIALITÀ REGIONALI

Valtellina
Franciacorta
Amarone
Trento
Venez
Aosta
Milano
Torino
Genova
Bologna
Firenze
Barbaresco / Barolo
Perugia
Brunello di Montalcino
ROMA

① **Valle d'Aosta**

Carbonada, Fonduta alla valdostana

② **Piemonte**

Peperone farcito, bagna càoda,
Ravioli del plin, Vitello tonnato,
Tajarin con tartufo bianco d'Alba,
Brasato al Barolo, Bonèt

③ **Liguria**

Trofie al pesto, Pansotti con salsa
di noci, Cappon magro, Coniglio
arrosto alla ligure

④ **Lombardia**

Risotto allo zafferano, Tortelli di zucca,
Casônsèi, Pizzoccheri alla valtellinese,
Cotoletta alla milanese, Pesce in carpione,
Casoeûla, Panettone

⑤ **Veneto**

Risotto alla marinara, Bigoli in salsa,
Pasta e fagioli, Baccalà alla vicentina,
Sarde in saòr, Fegato alla veneziana

⑥ **Trentino Alto Adige**

Canéderli, Capriolo con salsa ai frutti
di bosco, Stinco di maiale con crauti,
Strudel

⑦ **Friuli Venezia Giulia**

Zuppa d'orzo, Cialzóns, Frico con patate

⑧ **Emilia Romagna**

Pisarei e fasö, Lasagne, Tagliatelle con ragù
alla bolognese, Tortellini in brodo, Fritto
misto di pesce, Bollito misto

⑨ **Toscana**

Pappa al pomodoro, Pappardelle
con la lepre, Ribollita, Triglie alla livornese,
Caciucco, Costata alla fiorentina, Cantucci

⑩ **Umbria**

Stringozzi al tartufo nero di Norcia,
Zuppa di lenticchie, Trota alla griglia,
Piccione allo spiedo

Cagliari

18

Alto Adige / Trento

Collio / Friuli Colli Orientali

• Trieste

Chianti Classico

Verdicchio dei
Castelli di Jesi

• Ancona

Nobile di Montepulciano

Sagrantino di Montefalco

• L'Aquila

Montelpulciano d'Abruzzo

⑫

• Campobasso

Napoli ⑭

• Bari

⑮

• Potenza

⑯

aurasi

⑰

• Catanzaro

• Palermo

⑲

Etna

⑪ Marche

Olive all'ascolana, Stoccafisso in potacchio, Brodetto, Coniglio in porchetta

⑫ Abruzzo-Molise

Maccheroni alla chitarra, Agnello allo zafferano, Pecora bollita

⑬ Lazio

Bucatini alla amatriciana, Spaghetti alla carbonara, Carciofi alla romana, Coda alla vaccinara, Trippa alla romana

⑭ Campania

Paccheri con ragù alla napoletana, Zite con ragù alla genovese, Pizze e calzoni, Sartù di riso, Polpo affogato, Sfogliatelle, Babà, Pastiera

⑮ Puglia

Frutti di mare crudi, Orecchiette con cime di rapa, Minestra di fave e cicoria, Agnello al forno, Seppie ripiene

⑯ Basilicata

Pasta e ceci, Baccalà alla lucana, Maiale con peperonata

⑰ Calabria

Pasta con sardella, Baccalà alla calabrese, Cinghiale in umido

⑱ Sardegna

Gnocchetti sardi allo zafferano, Aragosta alla catalana, Maialino alla brace, Seadas, Fregola di mare

⑲ Sicilia

Pasta con le sarde, Pasta alla Norma, Cous-cous alla trapanese, Involtini di pesce spada, Cannoli, Cassata

PALMARES 2018

LE NUOVE STELLE ✿

✿✿✿

Alta Badia / San Cassiano	**St. Hubertus**

✿✿

Alta Badia / San Cassiano	**La Siriola**
Cesenatico	**Magnolia**
Milano	**Vun**

✿

Alba	**Larossa**
Asiago	**Stube Gourmet**
Castelnuovo Berardenga	**Poggio Rosso**
Castiglione d'Orcia / Rocca d'Orcia	**Osteria Perillà**
Conca dei Marini	**Il Refettorio**
Erbusco	**Da Nadia**
Gargnano	**Villa Giulia**
La Morra / Annunziata	**Osteria dell'Arborina**
Milano	**Contraste**
Milano	**Essenza**
Milano	**Il Ristorante Trussardi alla Scala**
Positano	**La Serra**
Putignano	**Angelo Sabatelli**
Roma	**All'Oro**
Roma	**La Terrazza**
Roma	**Tordomatto**
Roseto degli Abruzzi / Montepagano	**D.One Restaurant**
San Gimignano	**Cum Quibus**
San Paolo d'Argon	**Florian Maison**
Telese Terme	**La Locanda del Borgo**
Tirolo	**Culinaria im Farmerkreuz**
Torno	**Berton al Lago**
Treviso	**Undicesimo Vineria**
Venezia	**Glam Enrico Bartolini**

Michelin

I NUOVI BIB GOURMAND

Appignano	**Osteria dei Segreti**
Arpino / Carnello	**Mingone**
Bianzone	**Altavilla**
Bisceglie	**31.10 Osteria Lorusso**
Bologna	**Al Cambio**
Bologna	**Osteria Bartolini**
Bologna	**Trattoria di Via Serra**
Bolzano	**Vögele**
Cannara	**Perbacco-Vini e Cucina**
Catania	**Me Cumpari Turiddu**
Milano	**Cucina Dei Frigoriferi Milanesi**
Nizza Monferrato	**Le Due Lanterne**
Orbetello	**L'Oste Dispensa**
Ospedaletto d'Alpinolo	**Osteria del Gallo e della Volpe**
Pastrengo / Piovezzano	**Eva**
Pisciotta / Marina di Pisciotta	**Angiolina**
San Genesio	**Antica Locanda al Cervo-Landgasthof zum Hirschen**
Verrayes / Grandzon	**La Vrille**

Trovate tutte le stelle ed i Bib Gourmand 2018 alla fine della guida MICHELIN, pagina 1270.

Le tavole stellate 2018

Il colore indica l'esercizio più stellato della località.

Roma ❀❀❀ La località possiede almeno un ristorante 3 stelle

Milano ❀❀ La località possiede almeno un ristorante 2 stelle

Caltagirone ❀ La località possiede almeno un ristorante 1 stella

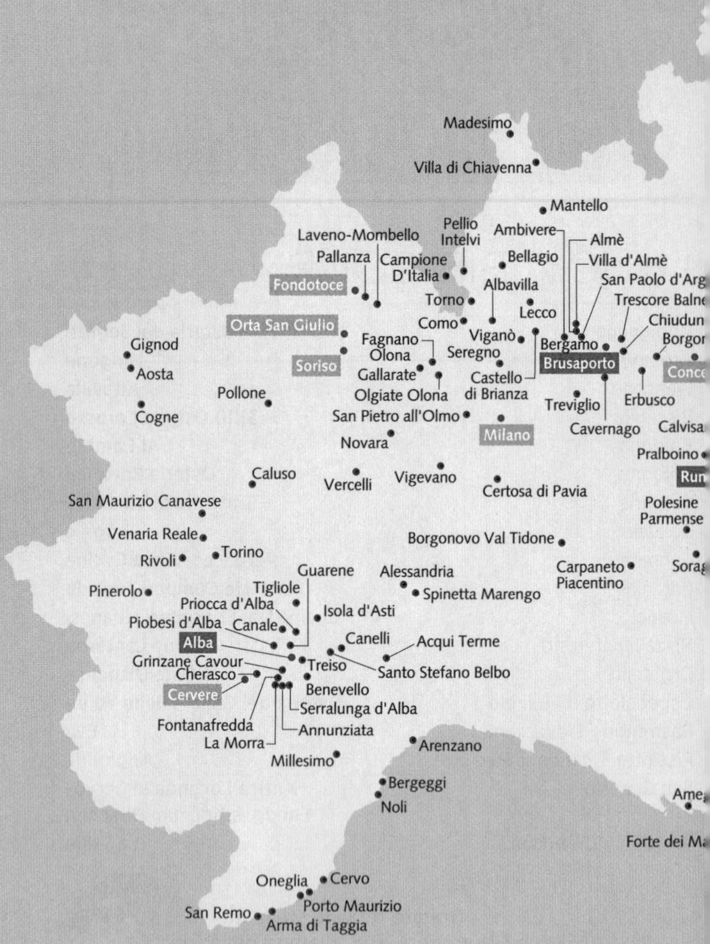

Madesimo

Villa di Chiavenna

Mantello

Pellio Intelvi   Ambivere   Almè

Laveno-Mombello   Bellagio   Villa d'Almè

Pallanza   Campione D'Italia   San Paolo d'Arg

Fondotoce   Albavilla   Trescore Balne

Torno   Lecco   Chiudun

Orta San Giulio   Como   Viganò   Bergamo   Borgor

Fagnano   Seregno   Brusaporto

Soriso   Olona   Conce

Gallarate   Castello di Brianza

Olgiate Olona   Treviglio   Erbusco

San Pietro all'Olmo   Cavernago   Calvisa

Gignod   Milano

Aosta   Pollone   Novara   Pralboino

Cogne   Caluso   Vercelli   Vigevano   Certosa di Pavia   Run

Polesine Parmense

San Maurizio Canavese   Borgonovo Val Tidone

Venaria Reale   Carpaneto   Sorag

Rivoli   Torino   Guarene   Alessandria   Piacentino

Pinerolo   Tigliole   Spinetta Marengo

Priocca d'Alba   Isola d'Asti

Piobesi d'Alba   Canale   Canelli   Acqui Terme

Alba   Treiso   Santo Stefano Belbo

Grinzane Cavour   Cherasco   Benevello

Cervere   Serralunga d'Alba

Fontanafredda   Annunziata   Arenzano

La Morra   Millesimo   Bergeggi

Noli   Ame

Forte dei Ma

Oneglia   Cervo

San Remo   Porto Maurizio

Arma di Taggia

22

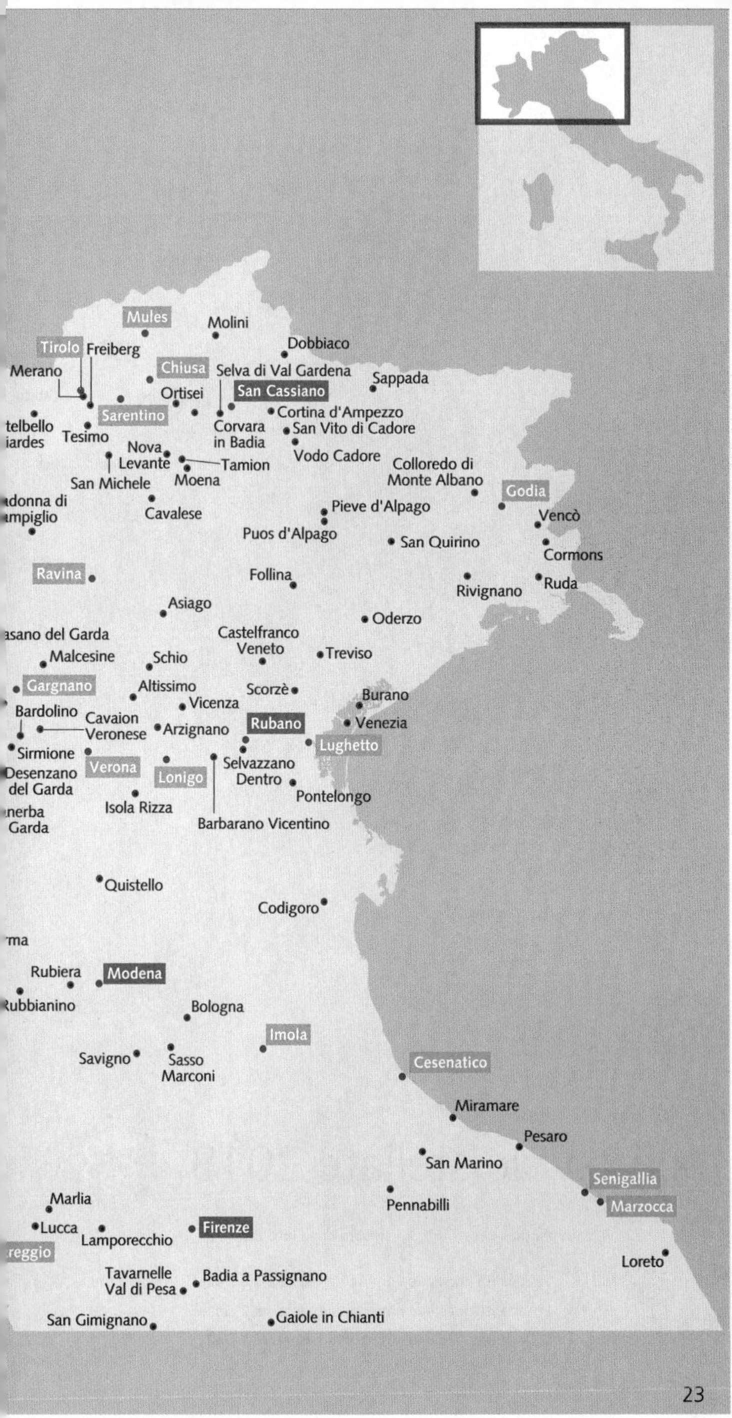

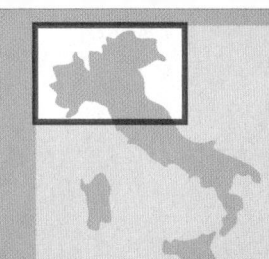

Mules
Molini
Tirolo Freiberg
Dobbiaco
Merano
Chiusa Selva di Val Gardena
Sappada
Ortisei San Cassiano
telbello Sarentino Corvara Cortina d'Ampezzo
iardes Tesimo in Badia San Vito di Cadore
Nova Vodo Cadore
Levante Tamion Colloredo di
San Michele Moena Monte Albano
Cavalese Godia
Pieve d'Alpago Vencò
donna di Puos d'Alpago
mpiglio San Quirino Cormons
Ravina Follina Ruda
Rivignano
Asiago Oderzo
asano del Garda Castelfranco
Malcesine Schio Veneto Treviso
Gargnano Altissimo Scorzè
Bardolino Vicenza Burano
Cavaion Arzignano Rubano Venezia
Sirmione Veronese Lughetto
Desenzano Verona Lonigo Selvazzano
del Garda Dentro Pontelongo
nerba Isola Rizza
Garda Barbarano Vicentino

Quistello
Codigoro
ma
Rubiera Modena
Rubbianino Bologna
Imola
Savigno Sasso Cesenatico
Marconi
Miramare
Pesaro
San Marino Senigallia
Marlia Pennabilli Marzocca
Lucca Firenze
reggio Lamporecchio Loreto
Tavarnelle Badia a Passignano
Val di Pesa
San Gimignano Gaiole in Chianti

23

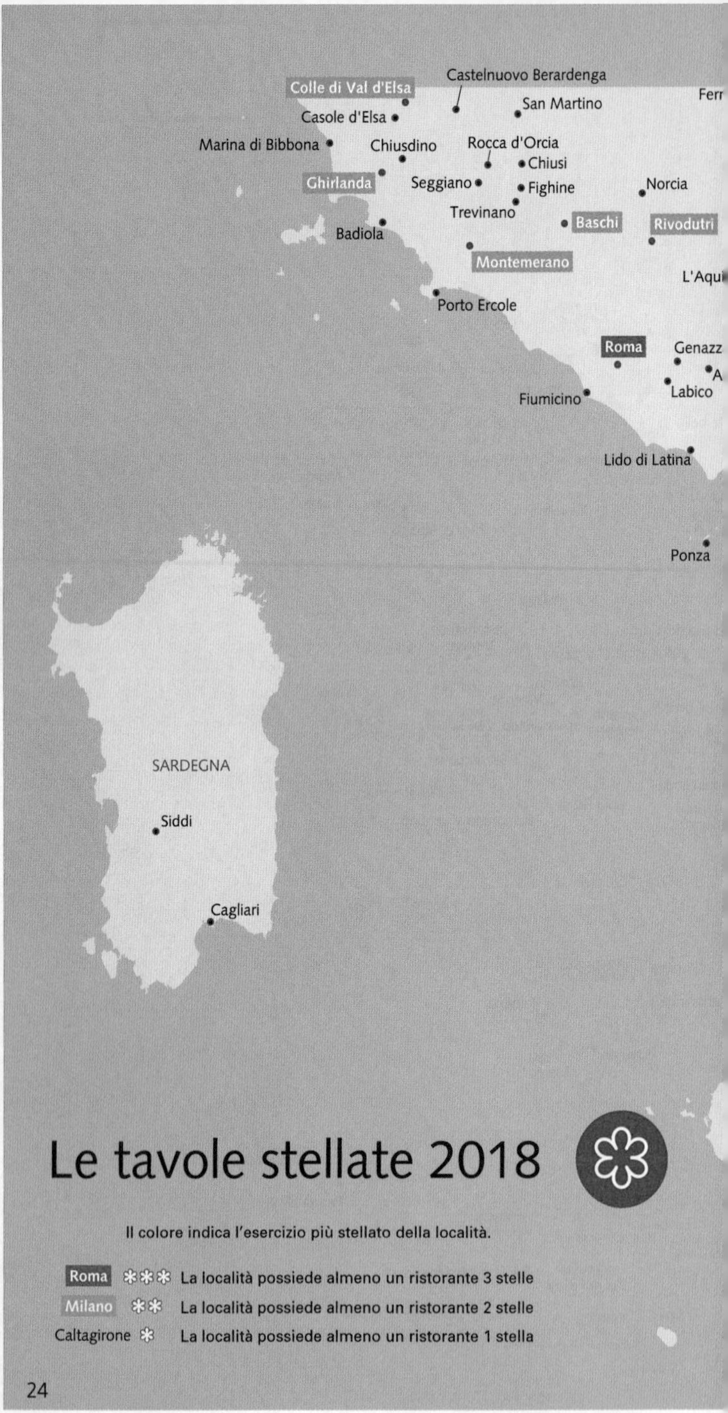

Castelnuovo Berardenga

Colle di Val d'Elsa

San Martino

Ferr

Casole d'Elsa

Rocca d'Orcia

Marina di Bibbona • Chiusdino

Chiusi

Ghirlanda Seggiano •

• Fighine

Norcia

Trevinano

Baschi Rivodutri

Badiola

L'Aqui

Montemerano

Porto Ercole

Roma Genazz

• A

Labico

Fiumicino •

Lido di Latina

Ponza

SARDEGNA

• Siddi

• Cagliari

Le tavole stellate 2018

Il colore indica l'esercizio più stellato della località.

Roma ✼✼✼ La località possiede almeno un ristorante 3 stelle

Milano ✼✼ La località possiede almeno un ristorante 2 stelle

Caltagirone ✼ La località possiede almeno un ristorante 1 stella

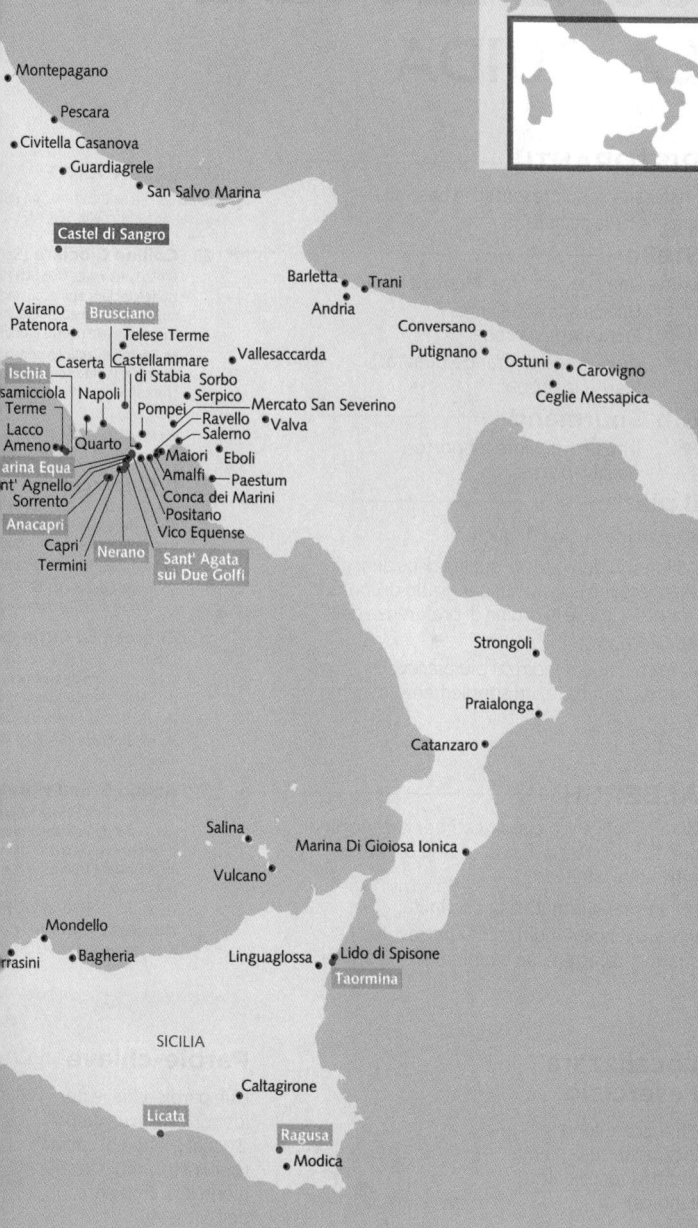

Montepagano

Pescara

Civitella Casanova

Guardiagrele

San Salvo Marina

Castel di Sangro

Vairano
Patenora

Brusciano

Telese Terme

Vallesaccarda

Caserta

Castellammare
di Stabia

Sorbo

Ischia

Napoli

samicciola
Terme

Pompei

Serpico

Mercato San Severino

Ravello

Lacco
Ameno

Quarto

Salerno

Valva

Maiori

Eboli

arina Equa

Amalfi

Paestum

nt' Agnello
Sorrento

Conca dei Marini

Anacapri

Positano

Capri

Nerano

Vico Equense

Termini

Sant' Agata
sui Due Golfi

Barletta

Trani

Andria

Conversano

Putignano

Ostuni

Carovigno

Ceglie Messapica

Strongoli

Praialonga

Catanzaro

Salina

Marina Di Gioiosa Ionica

Vulcano

Mondello

rrasini

Bagheria

Linguaglossa

Lido di Spisone

Taormina

SICILIA

Caltagirone

Licata

Ragusa

Modica

25

COME LEGGERE LA GUIDA

RISTORANTI

I ristoranti sono presentati in base alla qualità della cucina.

Stelle

❀❀❀ Una cucina unica. Merita il viaggio!

❀❀ Una cucina eccellente.
Merita la deviazione!

❀ Una cucina di grande qualità.
Merita la tappa!

Bib Gourmand

☺ Il nostro migliore rapporto qualità-prezzo.

Il piatto

🍴 Una cucina di qualità.

All'interno della stessa qualità di cucina, gli esercizi sono classificati per grado di confort (da XXXXX a X) e in ordine di preferenza dell'ispettore.

Il rosso, i nostri indirizzi più piacevoli: charme, carattere, un supplemento d'anima

- -

ALBERGHI

Gli alberghi sono classificati per categoria di confort da 🏨 a 🏠 e in ordine di preferenza dell'ispettore.

🏠 Forme alternative di ospitalità.

Il rosso, i nostri indirizzi più piacevoli: charme, carattere, un supplemento d'anima

- -

Localizzare l'esercizio

Gli esercizi sono localizzati sulla pianta di città (coordinate e indice)

ACQUAPENDENTE

Viterbo (VT) – ✉ 01021 – 5 544 ab.
Carta stradale Michelin 563-N17

❀ **Colline Ciociare** (Sal
CREATIVA • ACCOGLIENTE
zione ciociara agli accostan
quello di un cuoco-poeta. A
l'omaggio alle ricette storic
→ Ravioli di aglio in consor
alle rose. Patata confit al ca
croccante.
Menu 75/100 €
via Prenestina 27 – ✆ 0 77 5
sera, martedì a mezzogiorn

☺ **IL Carpaccio**
REGIONALE XX Ristorante c
di una bella sala-veranda aff
su prenotazione ed una buc
🍴 Menu 25/40€ – Carta 18
Contrada Cocozzello 197/D,
it – Chiuso lunedì e domenic

🍴 **Enoteca La Curia** 🔾
CUCINA CLASSICA • ELGA
accompagnata da un'ampia
teca adiacente): ambiente ru
🍴 Menu 20 € (pranzo)/50
via alla Bollente 72 – ✆ 01 4
lunedì

🏨 **Abano Grand Hotel**
CENTRO BENESSERE • CLA
sivo hotel dagli ambienti in
zona benessere, composta e
un'atmosfera tranquilla e a
psicofisico.
179 cam ♨ – 🛏150/222 € 🛏🛏
Pianta: B2h – via Valerio Fla
www.abanograndhotel.it – 🔾

Parole-chiave

Due parole-chiave per identificare in un colpo d'occhio, il tipo di cucina (per i ristoranti) e lo stile (contesto, ambiente...) dell'esercizio.

Localizzazione

● **ROMA**
● MILANO
● SAN MARINO

Installazioni e servizi

🍸	Carta dei vini particolamente interessante
🕴	Servizio di ristorazione nell'hotel
🛏	Ristorante con camere
⌂ ≼	Risorsa tranquilla • Vista interessante
🌳 ✕	Parco o giardino • Tennis
⛳	Golf
⬆	Ascensore
♿	Strutture per persone diversamente abili
AC	Aria condizionata
☂	Pasti serviti all'aperto
✕	Cani non ammessi
⊐ ⊠	Piscina: all'aperto, coperta
🆂	Spa
♨ 🏋	Sauna • Palestra
⚏	Sale per conferenze
⟡	Sale private
🅿 🚗	Parcheggio • Garage
⟿	Carte di credito non accettate
Ⓜ	Stazione metropolitana
Ⓝ	Nuovo esercizio in guida

Prezzi

Alberghi

⌂🕴 60/80 €	Prezzo minimo/massimo
⌂🕴🕴 110/150 €	di una camera singola / per due persone, comprensivo della prima colazione
⌂18 €	Prezzo della prima colazione
1/2 P	L'esercizio propone solo la mezza pensione

---

e n° 7-A1

☂ AC ⟡ 🅿

ta, ma fantasia infinita: dalla tradi-
pochi piatti vi aprono un universo,
Nù, regnano invece la tradizione e

oltino di manzo e lardo profumato
ouma di mandorla e pelle di patata

vatoretassa.it – Chiuso domenica

🍸 ☂ AC ⟡ 🅿

are che il recente rinnovo ha dotato
a; specialità tipiche calabresi, pesce
no un valido indirizzo.

9 84 94 92 05 – www.ilcarpaccio.

🍸 ☂ ♿ ⟡

te in mattoni, cucina piemontese
lari gestiscono anche l'ottima eno-
questo piacevole locale del centro.
€

enotecalacuria.com – Chiuso

⊐ ⊠ 🆂 🏋 ⬆ ♿ AC ✕ ⚏ 🚗

parco vi introdurrà in questo esclu-
pero; ampie camere ed una nuova
oagni termali, saune, grotta, etc. in
diata per il recupero dell'equilibrio

tes ◄
4 81 00 –

Ristoranti

⊜	Pasto a meno di 25 €
Menu 15/25 €	Prezzo minimo/ massimo del menu
Carta 30/46 €	Prezzo minimo/ massimo della carta

27

LEGENDA DELLE PIANTE

Alberghi •
Ristoranti •

Curiosità

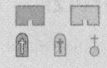

Edificio interessante
Costruzione religiosa interessante

Viabilità

Autostrada, doppia carreggiata tipo autostrada
Numero dello svincolo
Grande via di circolazione
Via regolamentata o impraticabile
Via pedonale • Tranvia
Parcheggio • Relay Parking
Galleria
Stazione e ferrovia
Funicolare
Funivia, Cabinovia
Zona a traffico limitato (Italia)

Simboli vari

Ufficio informazioni turistiche
Moschea • Sinagoga
Torre • Ruderi • Mulino a vento
Giardino, parco, bosco • Cimitero
Stadio • Golf • Ippodromo
Piscina (all'aperto o coperta)
Vista • Panorama
Monumento • Fontana • Faro
Porto turistico • Autostazione
Aeroporto • Stazione della Metropolitana
Trasporto con traghetto:
passeggeri ed autovetture • solo passeggeri
Ufficio postale centrale
Ospedale • Mercato coperto
Carabinieri • Polizia (Questura, nelle grandi città)
Municipio • Università
Edificio pubblico indicato con lettera:
M T P   Museo • Teatro • Prefettura

THE MICHELIN GUIDE'S COMMITMENTS

EXPERIENCED IN QUALITY!

Whether they are in Japan, the USA, China or Europe, our inspectors apply the same criteria to judge the quality of each and every hotel and restaurant that they visit. The Michelin guide commands a worldwide reputation thanks to the commitments we make to our readers – and we reiterate these below:

Anonymous inspections

Our inspectors make regular and anonymous visits to hotels and restaurants to gauge the quality of products and services offered to an ordinary customer. They settle their own bill and may then introduce themselves and ask for more information about the establishment. Our readers' comments are also a valuable source of information, which we can follow up with a visit of our own.

Independence

To remain totally objective for our readers, the selection is made with complete independence. Entry into the guide is free. All decisions are discussed with the Editor and our highest awards are considered at a European level.

Our famous one ✿, two ✿✿ and three ✿✿✿ stars identify establishments serving the highest quality cuisine – taking into account the quality of ingredients, the mastery of techniques and flavours, the levels of creativity and, of course, consistency.

Selection and choice

The guide offers a selection of the best hotels and restaurants in every category of comfort and price. This is only possible because all the inspectors rigorously apply the same methods.

✿✿✿ THREE MICHELIN STARS
Exceptional cuisine, worth a special journey!

Our highest award is given for the superlative cooking of chefs at the peak of their profession. The ingredients are exemplary, the cooking is elevated to an art form and their dishes are often destined to become classics.

✿✿ TWO MICHELIN STARS
Excellent cooking, worth a detour!

The personality and talent of the chef and their team is evident in the expertly crafted dishes, which are refined, inspired and sometimes original.

✿ ONE MICHELIN STAR
High quality cooking, worth a stop!

Using top quality ingredients, dishes with distinct flavours are carefully prepared to a consistently high standard.

☺ BIB GOURMAND
Good quality, good value cooking

'Bibs' are awarded for simple yet skilful cooking for under £32 or €35.

℩○ THE MICHELIN PLATE
Good cooking

Fresh ingredients, capably prepared: simply a good meal.

Annual updates

All the practical information, classifications and awards are revised and updated every year to give the most reliable information possible.

Consistency

The criteria for the classifications are the same in every country covered by the MICHELIN guide.

The sole intention of Michelin is to make your travels safe and enjoyable.

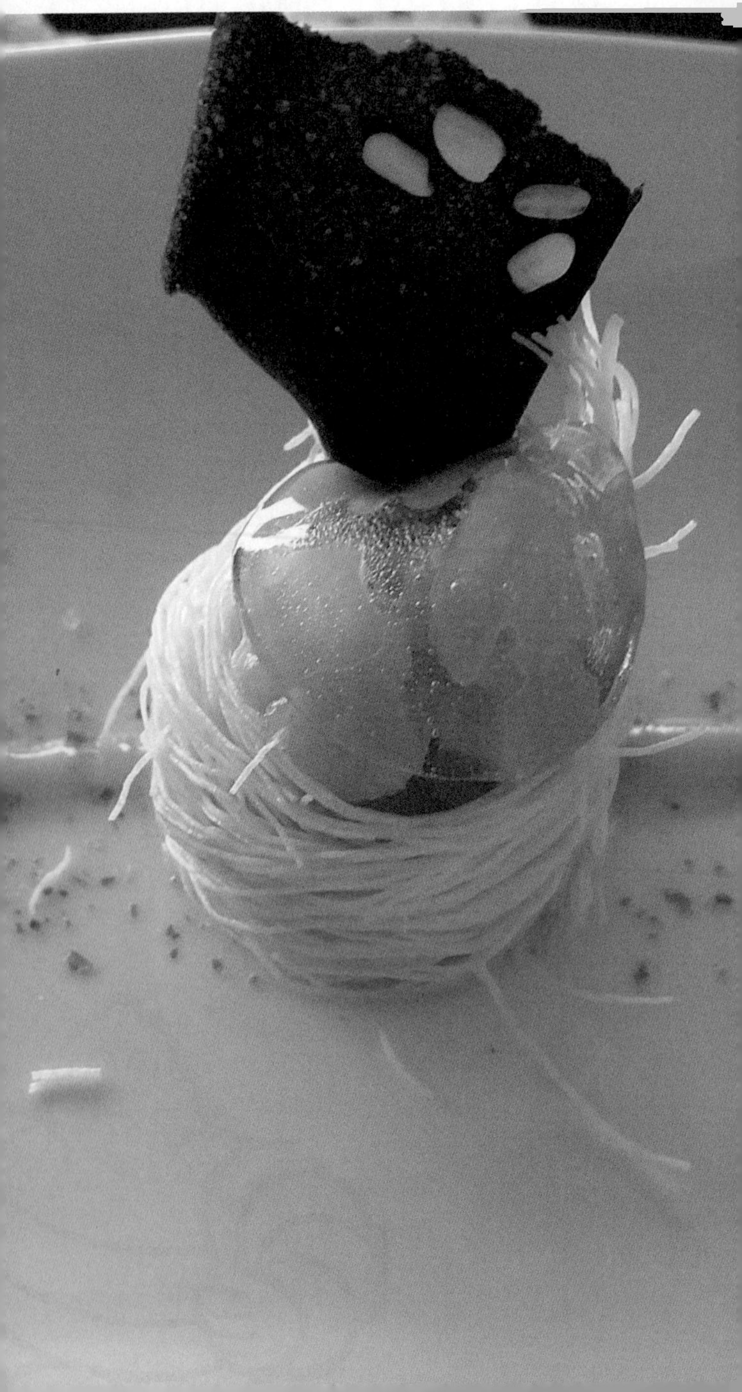

DEAR READER

We are delighted to present the 2018 edition of the MICHELIN guide to Italy: a guide to the best places to eat and stay in this beautiful country!

• *The guide caters for every type of visitor, from business traveler to families on holiday, and lists the best establishments across all categories of comfort and price – from cosy bistros and intimate townhouses to celebrated restaurants and luxurious hotels. So, whether you're visiting for work or pleasure, you'll find something that's right for you.*

• *All of the establishments in the guide have been selected by our team of famous inspectors, who work following the MICHELIN'S Code of Ethics. They always pay their own bills and their anonymity is key to ensuring that they receive the same treatment as any other guest.*
Each year, they search for new establishments to add to the guide – and only the best make it through. Once the annual selection has been made, the 'best of the best' are then recognized with awards: our famous one ✿, two ✿✿ and three ✿✿✿ stars and our value-for-money Bib Gourmands ⊛.

• *The presentation of the guide may have changed but our mission is still the same: to help you find the best restaurants and hotels on your travels. Please don't hesitate to contact us, as we are keen to hear your opinions on the establishments listed within these pages, as well as those you feel could be of interest for future editions.*

• *We trust you will enjoy travelling with the 2018 edition of our guide and have a nice trip!*

CONTENTS

Introduction

Consult the MICHELIN Guide at:
www.viamichelin.it
www.guida.michelin.it
and write to us at:
laguidamichelin-italia@michelin.com

SEEK AND SELECT...
HOW TO USE THIS GUIDE

RESTAURANTS

Restaurants are classified by the quality of their cuisine:

Stars

- ❀❀❀ Exceptional cuisine, worth a special journey!
- ❀❀ Excellent cooking, worth a detour!
- ❀ High quality cooking, worth a stop!

Bib Gourmand

- ⊛ Good quality, good value cooking.

The Plate Michelin

- ⅼ○ Good cooking.

Within each cuisine category, restaurants are listed by comfort, from ✗✗✗✗✗ to ✗, and in order of preference by the inspectors.

Red: Our most delightful places.

HOTELS

Hotels are classified by categories of comfort, from 🏨 to 🏠 and in order of preference by the inspectors.

- 🏠 Guesthouses

Red: Our most delightful places.

Locating the establishment

Location and coordinates on the town plan, with main sights.

ACQUAPENDENTE
Viterbo (VT) – ✉ 01021 – 5 544 ab.
Carta stradale Michelin 563-N17

❀ **Colline Ciociare** (Sal
CREATIVA • ACCOGLIENTE
zione ciociara agli accostan
quello di un cuoco-poeta. A
l'omaggio alle ricette storich
→ Ravioli di aglio in consor
alle rose. Patata confit al ca
croccante.
Menu 75/100 €
*via Prenestina 27 – ☎ 0 77 5.
sera, martedì a mezzogiorn*

⊛ **IL Carpaccio**
REGIONALE ✗✗ Ristorante c
di una bella sala-veranda aff
su prenotazione ed una buo
🍴 Menu 25/40€ – Carta 18
*Contrada Cocozzello 197/D,
it – Chiuso lunedì e domenic*

ⅼ○ **Enoteca La Curia** ◐
CUCINA CLASSICA • ELGA
accompagnata da un'ampia
teca adiacente): ambiente ru
🍴 Menu 20 € (pranzo)/50
*via alla Bollente 72 – ☎ 01 4
lunedì*

🏨 **Abano Grand Hotel**
CENTRO BENESSERE • CLA
sivo hotel dagli ambienti in
zona benessere, composta
un'atmosfera tranquilla e ap
psicofisico.
179 cam ☑ – ✝150/222 € ✝✝
Pianta: B2h – *via Valerio Fla*
www.abanograndhotel.it – ◐

Key words

Each entry now comes with
two key words, making it q
and easy to identify the typ
of establishment and/or the
food that it serves.

de n° 7-A1

🛖 🗚 ⇔ 🅿

tta, ma fantasia infinita: dalla tradi-
pochi piatti vi aprono un universo,
t Nù, regnano invece la tradizione e

voltino di manzo e lardo profumato
spuma di mandorla e pelle di patata

alvatoretassa.it – Chiuso domenica

🕸 🛖 🗚 ⇔ 🅿

liare che il recente rinnovo ha dotato
ta; specialità tipiche calabresi, pesce
nno un valido indirizzo.

09 84 94 92 05 – www.ilcarpaccio.

🕸 🛖 ⅙ ⇔

olte in mattoni, cucina piemontese
colari gestiscono anche l'ottima eno-
r questo piacevole locale del centro.
€
w.enotecalacuria.com – Chiuso

🍃 ⅀ 🔲 🌀 ₤ 🗄 ⅙ 🗚 🛠 🍴

o parco vi introdurrà in questo esclu-
npero; ampie camere ed una nuova
i bagni termali, saune, grotta, etc. in
udiata per il recupero dell'equilibrio

uites
24 81 00 –

Locating

- 🔴 **ROMA**
- 🔵 **MILANO**
- ⚪ **SAN MARINO**

Facilities & services

🕸	Particularly interesting wine list
🏠	Hotel with a restaurant
⇔	Restaurant or pub with bedrooms
🌿	Peaceful establishment
≤	Great view
🌿 ✂	Garden or park • Tennis court
🔲	Golf course
⊟	Lift (elevator)
♿	Wheelchair access
🗚	Air conditioning
🛖	Outside dining available
🐕	No dogs allowed
⅀ 🔲	Swimming pool: outdoor or indoor
🌀	Wellness centre
🌀 ₤	Sauna • Exercise room
🛠	Conference room
⇔	Private dining room
🅿 🚗	Car park • Garage
⇥	Credit cards not accepted
🅜	Nearest Underground station
🅝	New establishment in the guide

Prices

Restaurants

🍴	Establishment serving a simple meal for less than 25 €
Menu 35/60 €	Fixed price menu. Lowest/highest price
Carte 30/46 €	A la carte menu. Lowest/highest price

Hotels

🛏🛉 60/80 € 🛏👫 110/150 €	Lowest/highest price for single and double room, breakfast included
🛏 18 €	Breakfast price where not included in rate.
½ P	Establishment only offering half board

TOWN PLAN KEY

Hotels ●
Restaurants ●

Sights

 Place of interest
Interesting place of worship

Roads

 Motorway • Dual carriageway
Numbered junctions: complete • limited
Major thoroughfare
Unsuitable for traffic
Pedestrian street • Tramway
Car park • Park and Ride
Tunnel
Station and railway
Funicular
Cable-car
Street subject to restrictions

Various signs

 Tourist Information Centre
Mosque • Synagogue
Tower • Ruins • Windmill
Garden, park, wood • Cemetery
Stadium • Golf course • Racecourse
Outdoor or indoor swimming pool
View • Panorama
Monument • Fountain • Lighthouse
Pleasure boat harbour • Coach station
Airport • Underground station
Ferry services:
passengers and cars • passengers only
Main post office
Hospital • Covered market
Police (in large towns, police headquarters)
Town Hall • University, college
Public buildings located by letter:
M T P   Museum • Theatre • Prefecture

Carte regionali

Regional maps

La località possiede come minimo...

- ● un albergo o un ristorante
- ✿ un ristorante « stellato »
- ⊛ un ristorante « Bib Gourmand »
- ⌂ una risorsa di ospitalità
  particolarmente piacevole

Place with at least...

- ● one hotel or a restaurant
- ✿ one starred restaurant
- ⊛ one Bib Gourmand restaurant
- ⌂ one particularly pleasant hotel
  or guesthouse

Italia

② Basilicata

Melfi

Venosa

Rionero in Vulture

Potenza

Picerno

Castelmezzano

CAMPANIA
(piante ④)

Brienza

Trecchina

Acquafredda

Maratea

Fiumicello Santa Venere

Località con almeno:

- • una possibilità di alloggio o un ristorante
- ✿ una tavola stellata
- 😋 un ristorante "Bib Gourmand"
- 🏠 un albergo o forma alternativa di ospitalità particolarmente piacevole

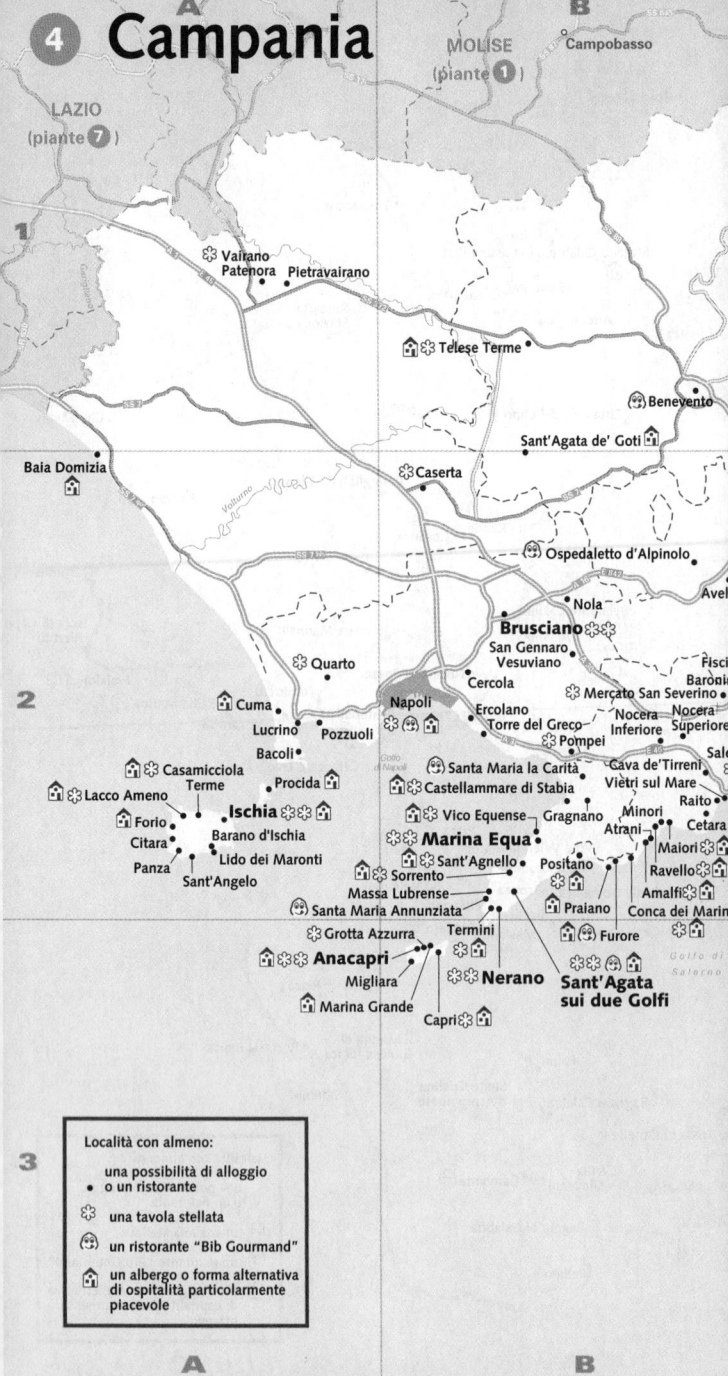

Emilia-Romagna

BRESCIA

VERON

MILANO

Lodi

LOMBARDIA
(piante 9 10)

Cremona

Mantova

Monticelli
d'Ongina

San Pietro in Corte

Piacenza

Rottofreno

Santa Franca
Bersano

Polesine Parmense

San Pietro
in Cerro

Besenzone

Busseto

Colorno

Reggiolo

Rolo

Rivalta
Trebbia

Cadeo

Soragna

Diolo

Torrile

Vedole

San Prospe
sulla Secch

Borgonovo
Val Tidone

Carpaneto
Piacentino

Fiorenzuola d'Arda

Carpi

Saturano

Alseno

Fidenza

Correggio

Agazzano

Gazzola

Rivergaro

Cortina Vecchia

Parma

Campogalliano

Ponte dell'Olio

Castell'Arquato

Rubiera

MODEN

Cangelasio

Tabiano

Arceto

Casinalbc

Bettola

Salsomaggiore
Terme

Rubbianino

Scandiano

Formig

Bobbio

Fornovo di Taro

San Polo
d'Enza

Vezzano sul
Crostolo

Casalgrande

Marane

Varano de Melegari

Langhirano

Calestano

Neviano
degli Arduini

Viano

Sassuolo

Borgo
Val di Taro

Tizzano
Val Parma

Levizzano Rangone

Castelvetro di Moden

LIGURIA
(piante 8)

Castelnovo ne'Monti

Montefiorino

Pavullo
nel Frignan

Rapallo

Palagano

Lama Mocog

Sestola

Fiumalbo

Dogana
Nuova

LA SPEZIA

Massa

Pistoi

Viarolo

Vicomero

Castelnovo di Baganzola

Castelnovo di Sotto

A

Noceto

Parma

Campegine

Bagnolo
in Piano

Gaione

Coloreto

Sant'Ilario d'Enza

Sala Baganza

Monticelli Terme

Reggio
nell'Emilia

Felino

Montechiarugolo

Barbiano

Pilastro

Rubbianino

Torrechiara

Quattro Castella

A

B

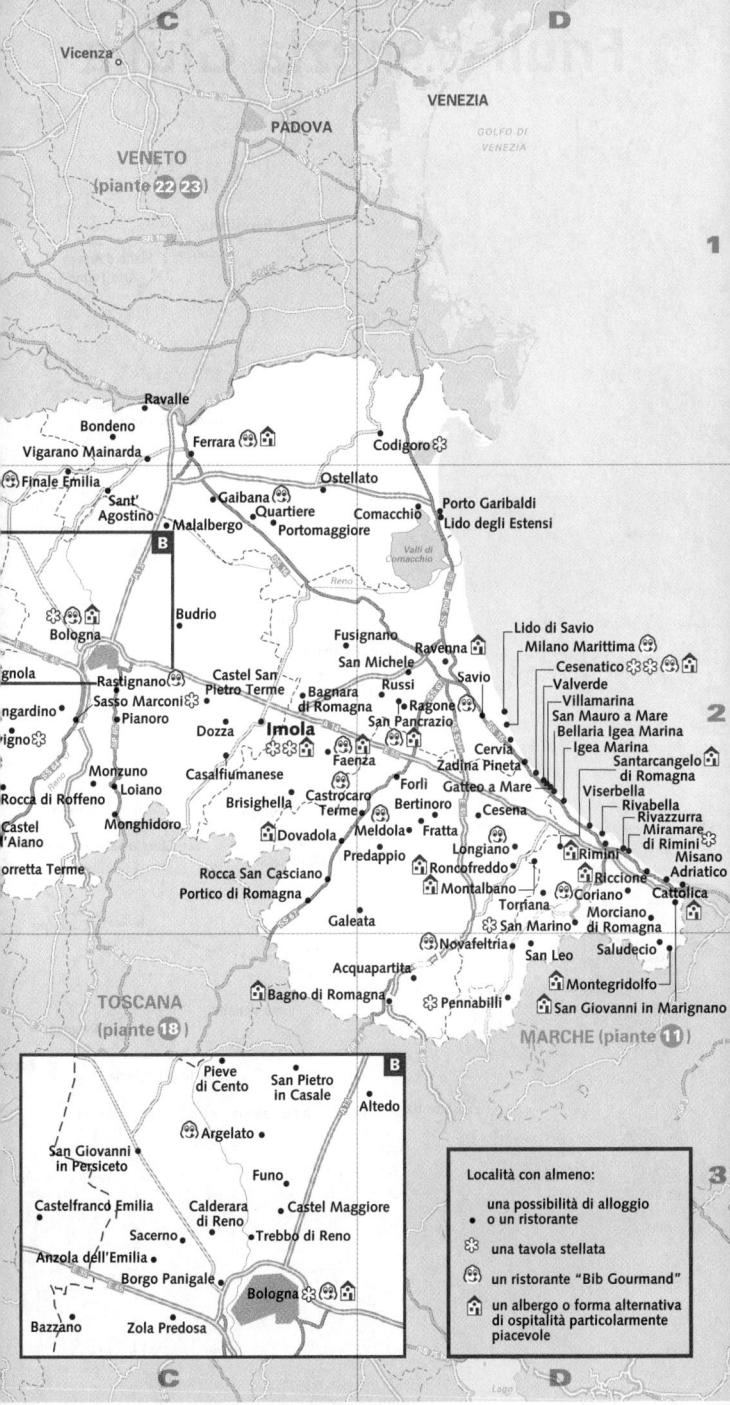

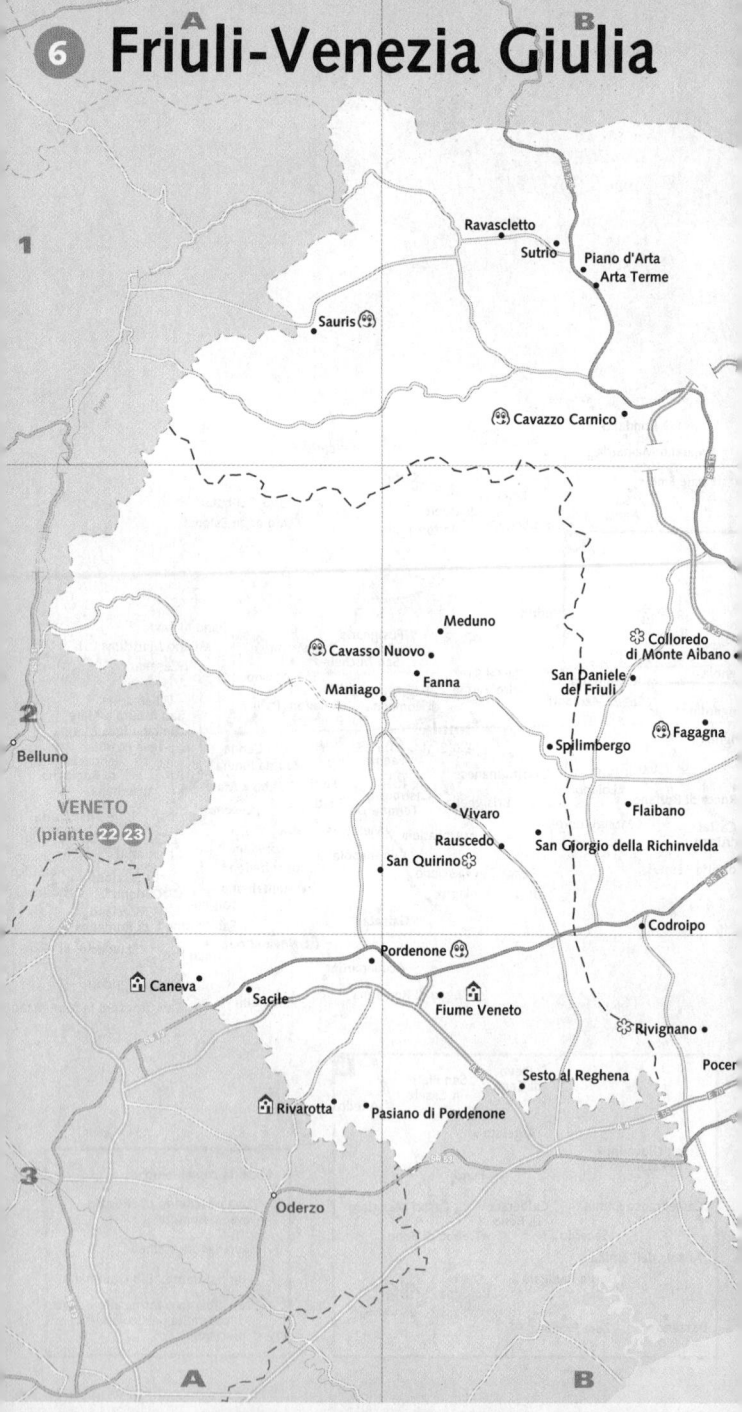

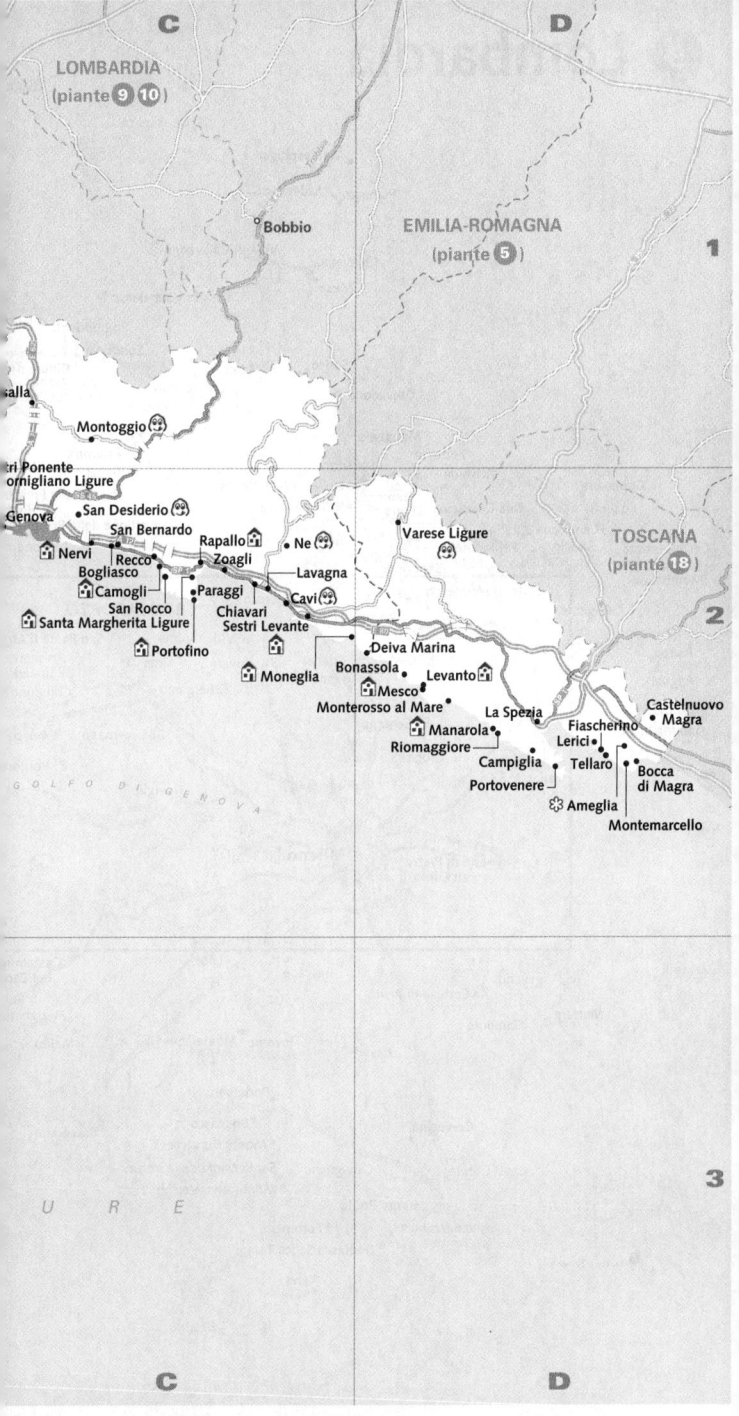

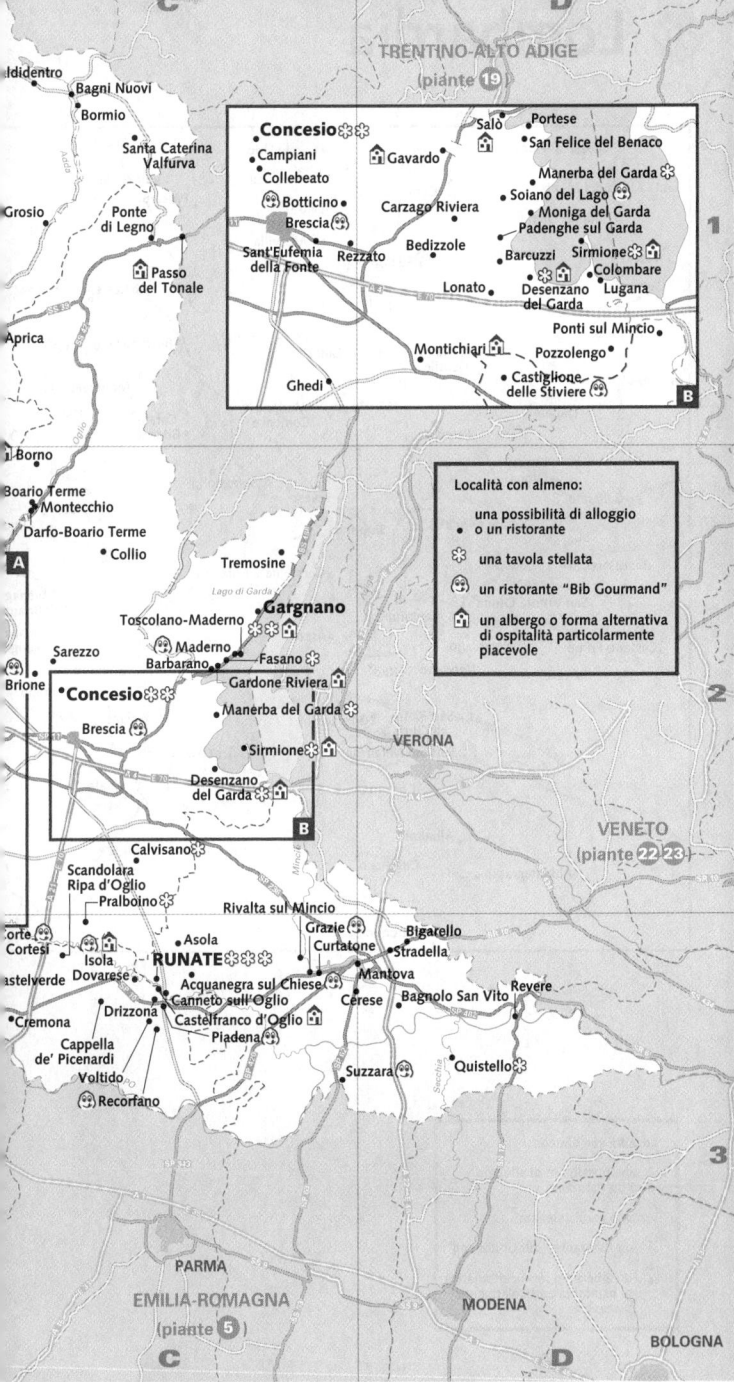

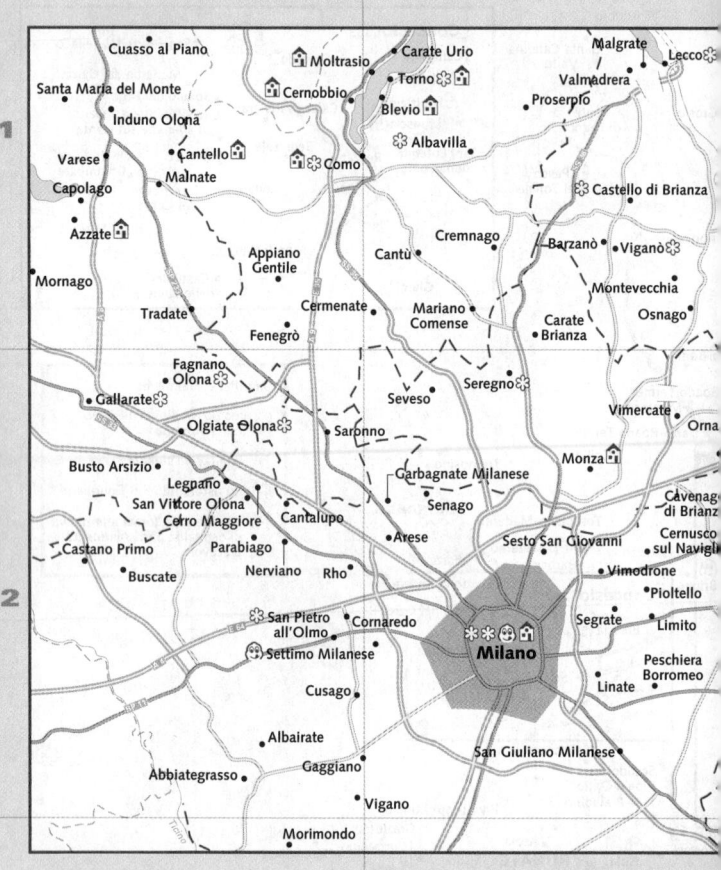

A   B

Cuasso al Piano
Santa Maria del Monte
Induno Olona
Varese
Capolago
Azzate
Mornago
Tradate
Fagnano Olona
Gallarate
Olgiate Olona
Busto Arsizio
Legnano
San Vittore Olona
Cerro Maggiore
Castano Primo
Parabiago
Buscate
Nerviano
Cantalupo
Rho
San Pietro all'Olmo
Settimo Milanese
Cusago
Albairate
Abbiategrasso
Gaggiano
Vigano
Morimondo

Moltrasio
Cernobbio
Cantello
Malnate
Como
Appiano Gentile
Cermenate
Fenegrò
Saronno
Garbagnate Milanese
Senago
Arese
Cornaredo

Carate Urio
Torno
Blevio
Albavilla
Cremnago
Cantù
Mariano Comense
Carate Brianza
Seveso
Seregno
Monza
Sesto San Giovanni

Malgrate
Lecco
Valmadrera
Proserpio
Castello di Brianza
Barzanò
Viganò
Montevecchia
Osnago
Vimercate
Orna
Cavenago di Brianza
Cernusco sul Naviglio
Vimodrone
Pioltello
Segrate
Limito
Peschiera Borromeo
Linate

Milano

San Giuliano Milanese

A   B

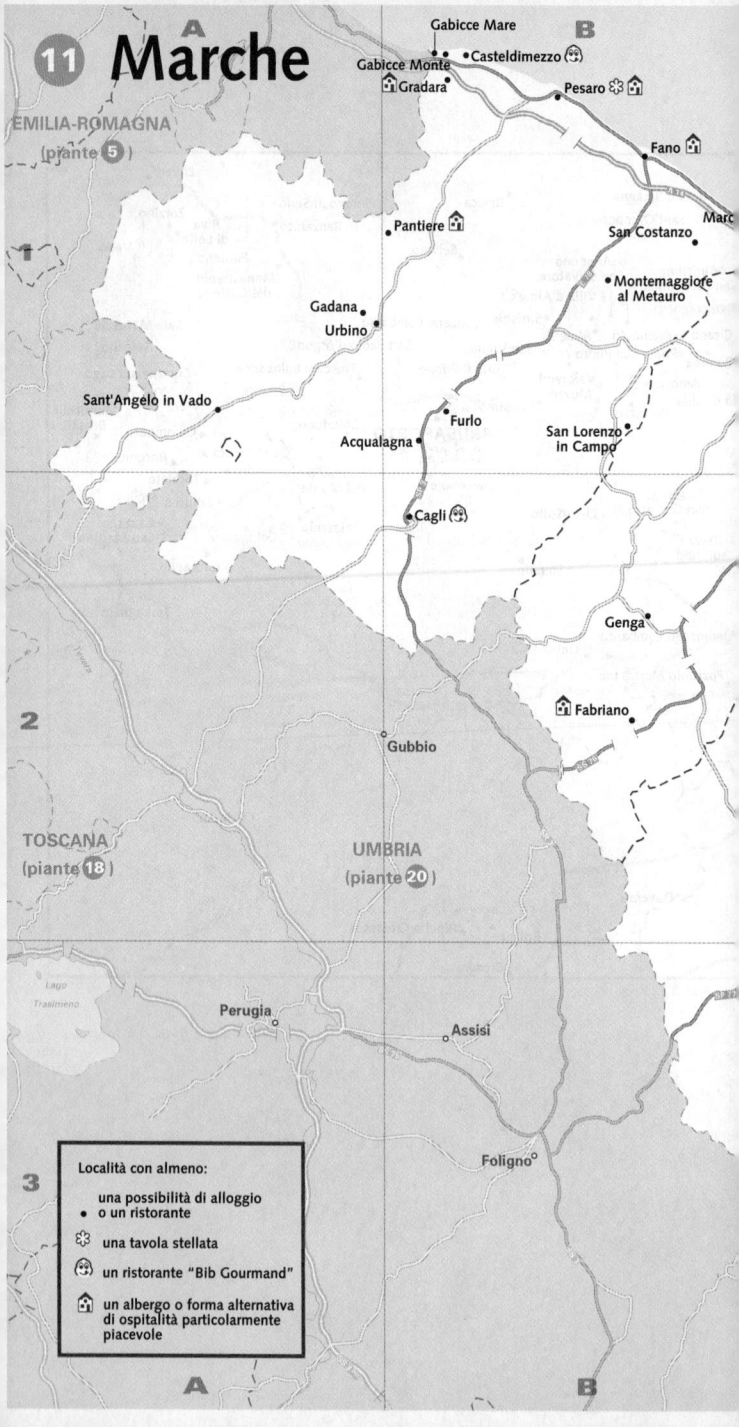

12 Piemonte

☼ Venaria Reale •

Gassino Torinese •

• San Mauro Torinese
• Rivodora
• Baldissero
Torinese •

✳ 🏛 🏠
Torino

Rivoli ☼

• Pino Torinese

Orbassano •

• Pecetto
Torinese

Chieri •

• Revigliasco 🏛

Moncalieri •

• Trofarello

A

🏠 Rima San Giusep

VALLE D'AOSTA   Alagna
(pianta 21)   Valsesia

🏛 Traversella •

🏛 Pavone Canavese

🏠

🏛 Romano Canavese •   Ivre

🏛 Cuorgnè •

Mercenasc

Barone Canavese •

Rivarolo Canavese •   • Caluso ☼

Coassolo •

Candia Canav

Fiano •

Chivasso •

FRANCE   Moncenisio •

☼ San Maurizio Canavese

San Francesco
al Campo 🏠

☼ Venaria Reale •

Torino ☼ 🏛 🏠

Bardonecchia •   Jouvenceaux •

Rivoli
☼

Usseaux 🏛

🏠 Sauze d'Oulx

🏠 Cantalupa

Cesana Torinese •

Clavière •   • Sestriere 🏠

🏛 Roletto • Frossasco
☼ Pinerolo •

Briançon

Buriasco •

Polle

Cavour •

🏠 Bra

Barge •   • Crocera di Barge

Veglia

🏠 ☼ Cherasco

🏠 Saluzzo

☼☼ Cervere

🏠 Costigliole Saluzzo

Sampeyre •

Busca •

• Fossa

Sant'Anna •

Dronero •

🏠

Roccabruna •

GAP

Caraglio •

Mondovì •

🏛 Cuneo
Boves •   Rivoira •   Vicofe 🏠

🏛 Sambuco   Fontanelle •

Chiusa
di Pesio •   Frabo
Sopra

Limone
🏠 Vernante •   Piemonte

A   B

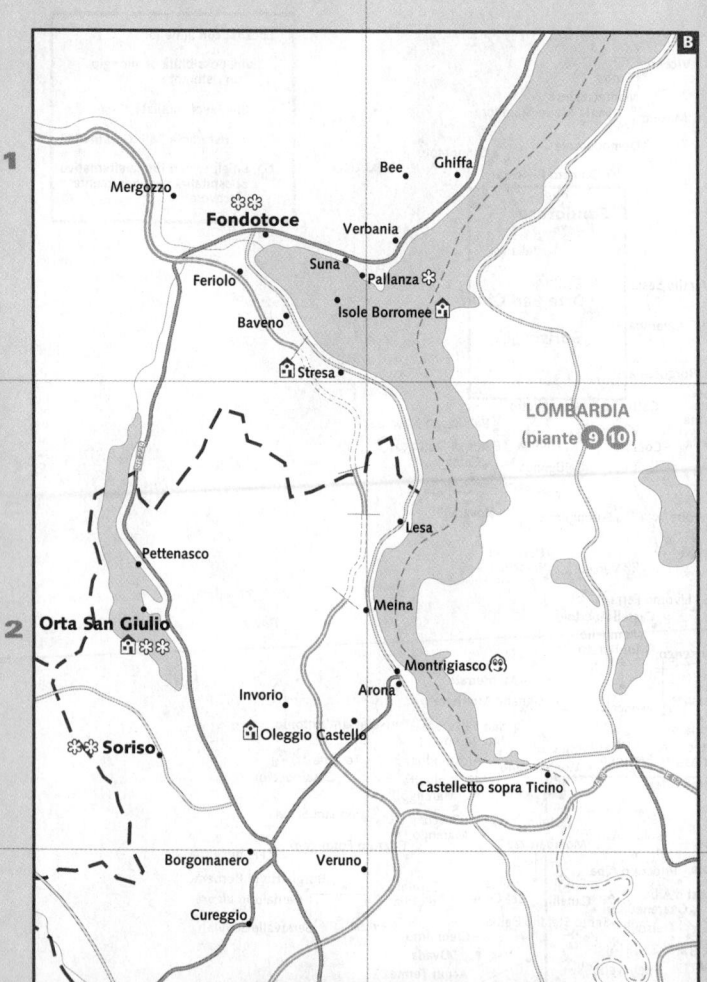

A **B**

1

Mergozzo

❄❄ **Fondotoce**

Bee • Ghiffa

Verbania

Suna • Pallanza ✿

Feriolo

Baveno

Isole Borromee 🏠

🏠 Stresa •

LOMBARDIA
(piante ⑨⑩)

• Lesa

Pettenasco

• Meina

2

Orta San Giulio
🏠 ✿✿

Montrigiasco 😋

Invorio • Arona •

✿✿ **Soriso**

🏠 Oleggio Castello

Castelletto sopra Ticino

Borgomanero • Veruno

Cureggio

3

Località con almeno:

• una possibilità di alloggio
  o un ristorante

✿ una tavola stellata

😋 un ristorante "Bib Gourmand"

🏠 un albergo o forma alternativa
di ospitalità particolarmente
piacevole

A **B**

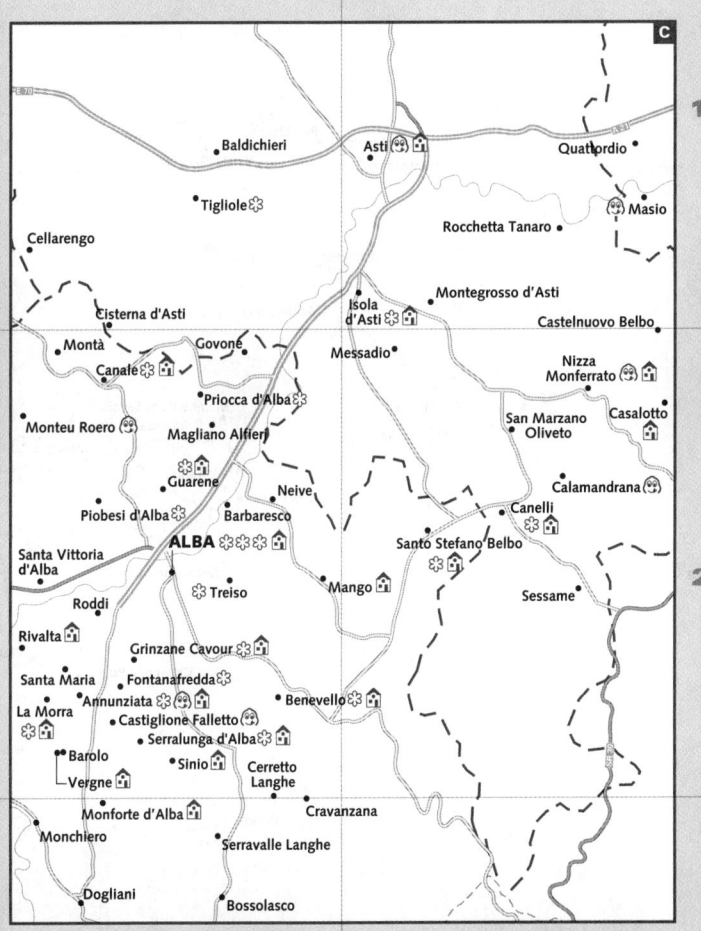

15 Puglia

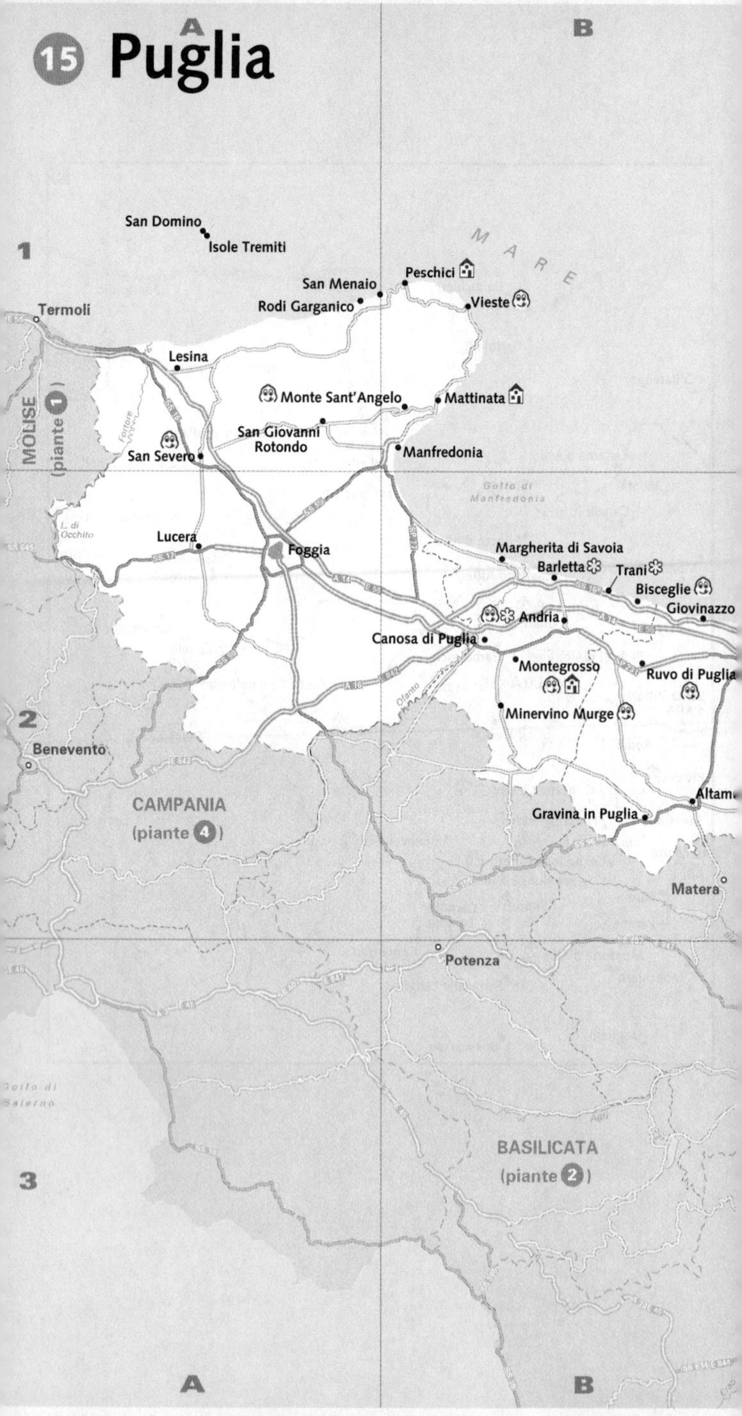
A
B
1
2
3
San Domino
Isole Tremiti
MARE
Peschici
San Menaio
Rodi Garganico
Vieste
Termoli
Lesina
Monte Sant'Angelo
Mattinata
MOLISE
(piante 1)
Fortore
San Giovanni
Rotondo
San Severo
Manfredonia
Golfo di
Manfredonia
L. di
Occhito
Lucera
Foggia
Margherita di Savoia
Barletta
Trani
Bisceglie
Giovinazzo
Andria
Canosa di Puglia
Montegrosso
Ruvo di Puglia
Ofanto
Minervino Murge
Benevento
Altam
CAMPANIA
(piante 4)
Gravina in Puglia
Matera
Potenza
Golfo di
Salerno
BASILICATA
(piante 2)
A
B

Legend

Località con almeno:

- una possibilità di alloggio o un ristorante
- 🕸 una tavola stellata
- 😊 un ristorante "Bib Gourmand"
- 🏠 un albergo o forma alternativa di ospitalità particolarmente piacevole

ADRIATICO

Golfo di Taranto

Torre a Mare
onara di Bari
Polignano a Mare 🏠
Monopoli 🏠
Conversano 🕸
Turi
Savelletri 🏠
Putignano 🕸
Torre Canne
Fasano
Costa Merlata
Noci 🏠
Locorotondo
Ostuni 🕸😊🏠
Montedoro
Carovigno 🕸
Brindisi 😊
Gioia del Colle
Alberobello 🏠
Martina Franca
Ceglie 🕸😊
Messapica
Casalabate
Masseria San Pietro 🏠
Manduria 🏠
Lecce 🏠
Villa Convento
Taranto 🏠
Lizzano 🏠
Avetrana 🏠
Leporano Pulsano
Galatina 🏠
Maglie 🏠
Otranto 🏠
Marina di Pulsano 😊
Cutrofiano 🏠
Uggiano la Chiesa
Santa Cesarea Terme
Gallipoli 🏠
Racale 😊
Ugento 🏠
Tricase
Torre San Giovanni
San Gregorio
Marina di Leuca 🏠

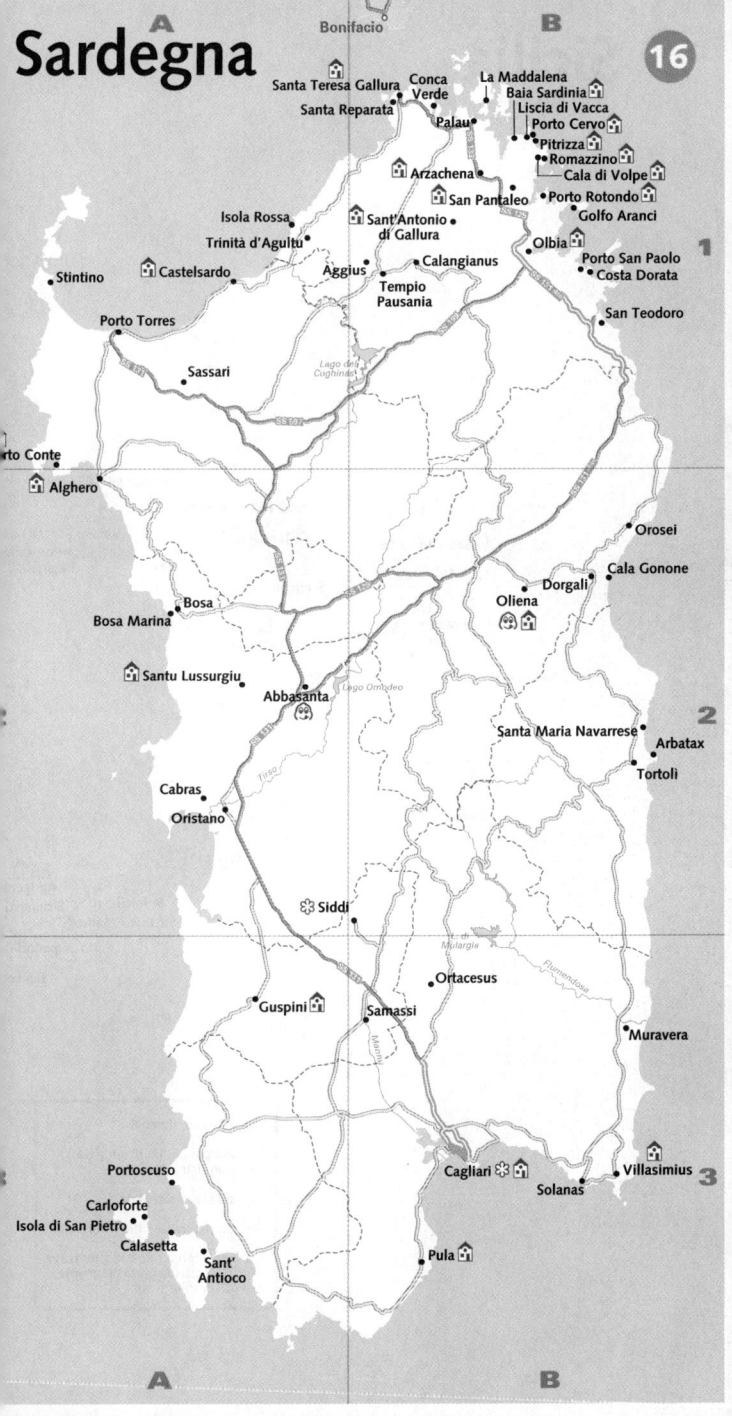

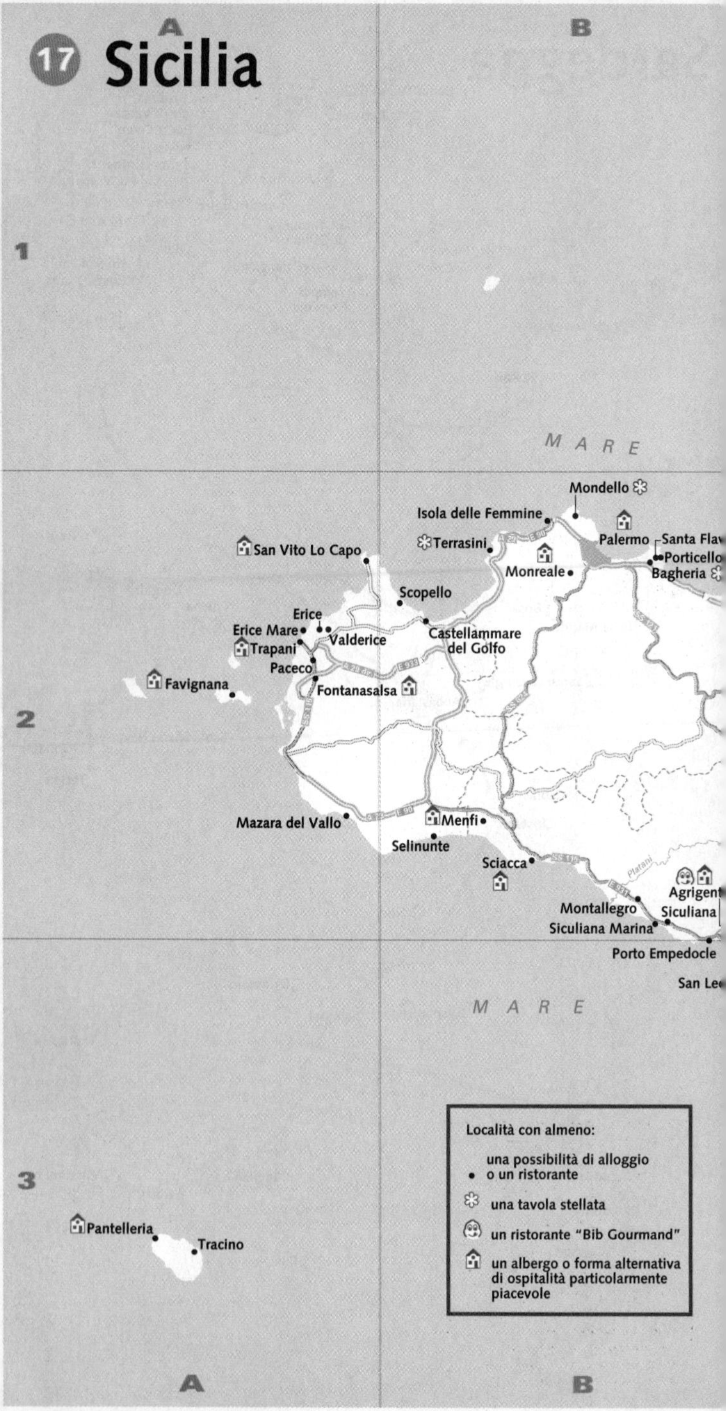

A

B

1

2

3

MARE

Mondello ✿

Isola delle Femmine
Palermo 🏠
Santa Flav
✿Terrasini
Porticello
🏠San Vito Lo Capo
Monreale ●
Bagheria ✿

Scopello

Erice
Erice Mare ●
Valderice
Castellammare
del Golfo
🏠Trapani
Paceco
🏠Favignana
Fontanasalsa 🏠

Mazara del Vallo ●
🏠Menfi ●

Selinunte

Sciacca ●
🏠🏠
Agrigen
Montallegro ●
Siculiana
Siculiana Marina

Porto Empedocle ●
San Leo

MARE

🏠Pantelleria
Tracino

Località con almeno:

● una possibilità di alloggio
   o un ristorante

✿ una tavola stellata

🏠 un ristorante "Bib Gourmand"

🏠 un albergo o forma alternativa
   di ospitalità particolarmente
   piacevole

A

B

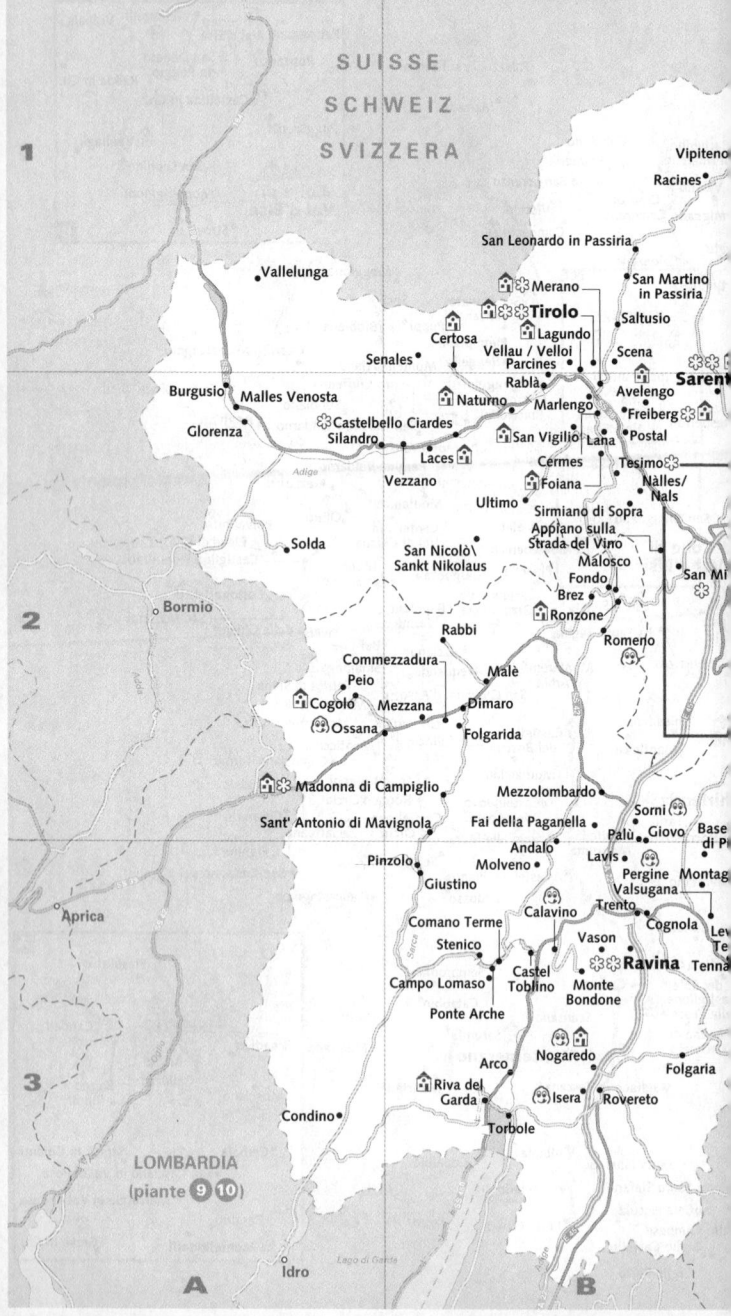

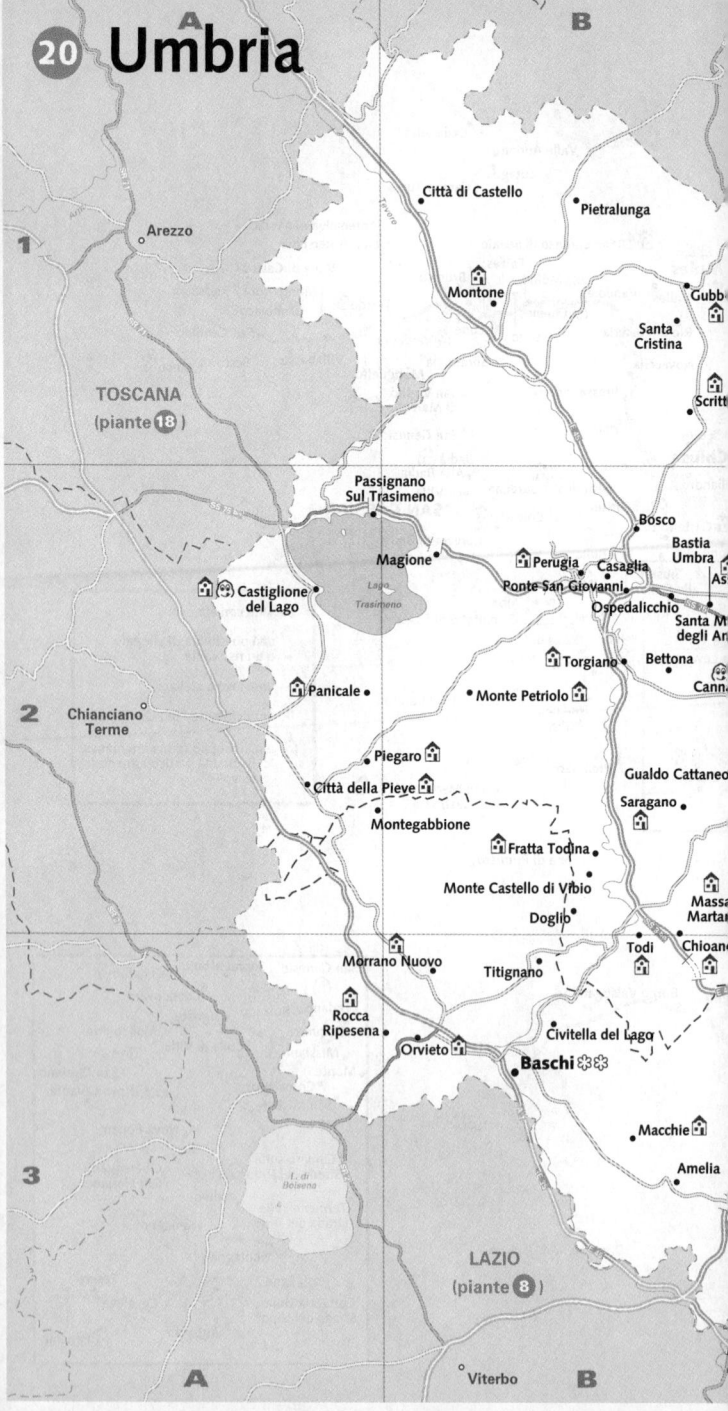

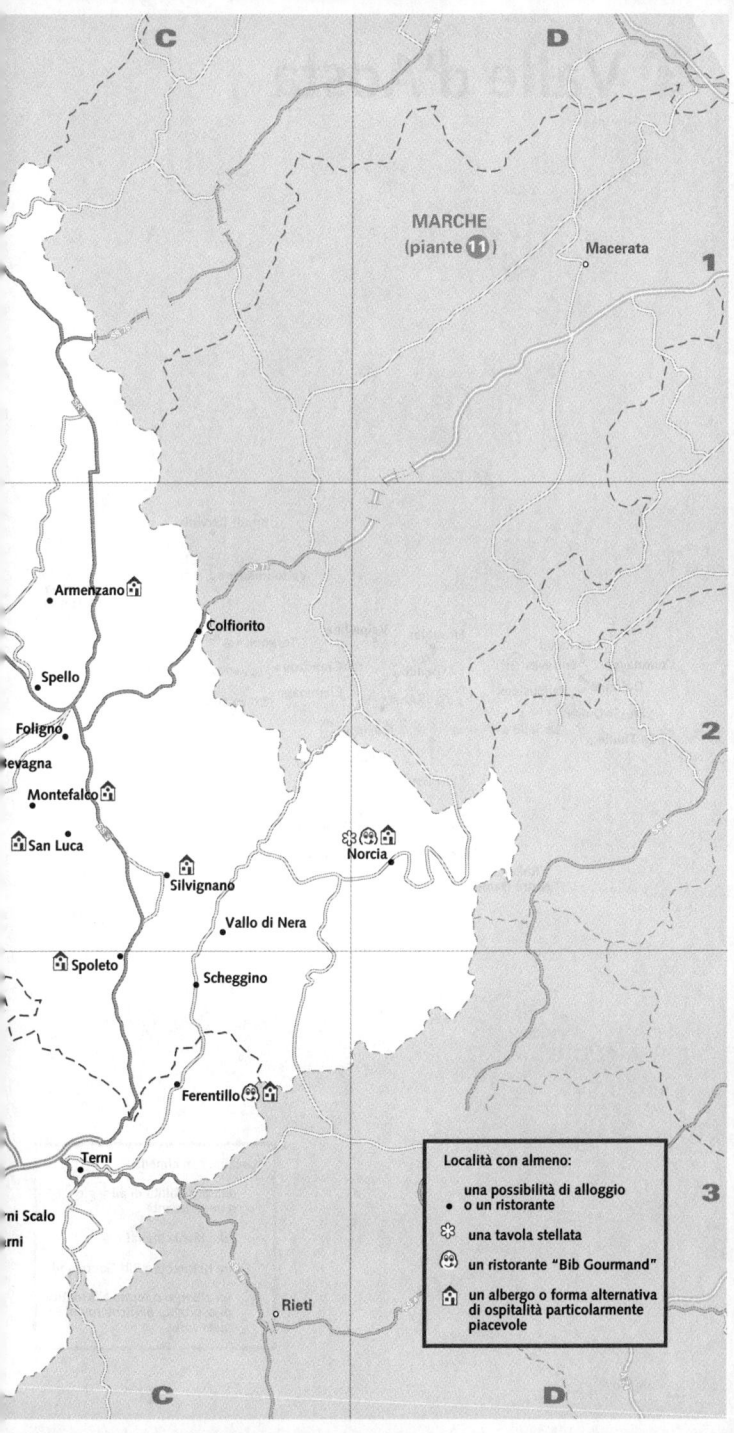

21 Valle d'Aosta

A · B

SCHWEIZ
SVIZZERA

Montreux

Sion

1

Chamonix-Mt-Blanc

Breuil Cervinia

Valtournenche

Champoluc

Gressoney-La Trinité

Etroubles
Valpelline
Torgnon
Antey-St-André
Brusson

La Palud
Courmayeur
Entrèves
Dolonne
Palleusieux
Pré-St-Didier
La Salle
La Thuile

Gignod
Grandzon
Verrayes
St-Vincent

Aosta
Champagne
Châtillon

Jovençan

St-Pierre
Pila
Issogne
Bard

Cretaz
Cogne
Valnontey

Chanavey

Rhêmes-Notre Dame

Ivrea

2

PIEMONTE
(piante 12 13 14)

FRANCE

Susa

3

Sestriere

A · B

Località con almeno:

● una possibilità di alloggio
   o un ristorante
❀ una tavola stellata
☺ un ristorante "Bib Gourmand"
🏠 un albergo o forma alternativa
   di ospitalità particolarmente
   piacevole

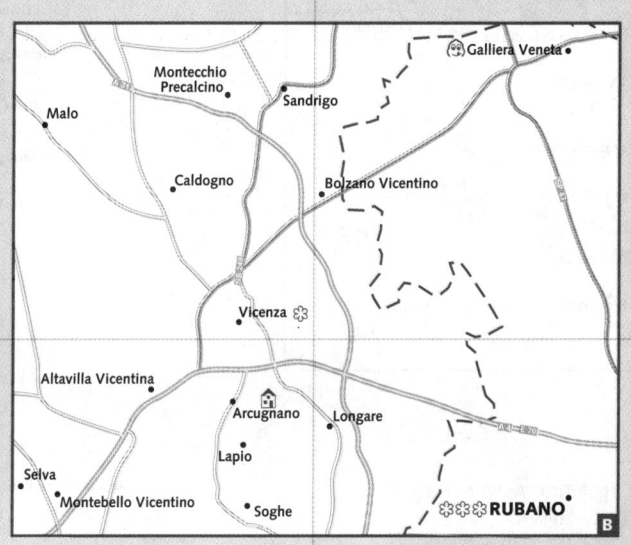

Località con almeno:

- una possibilità di alloggio o un ristorante
- una tavola stellata
- un ristorante "Bib Gourmand"
- un albergo o forma alternativa di ospitalità particolarmente piacevole

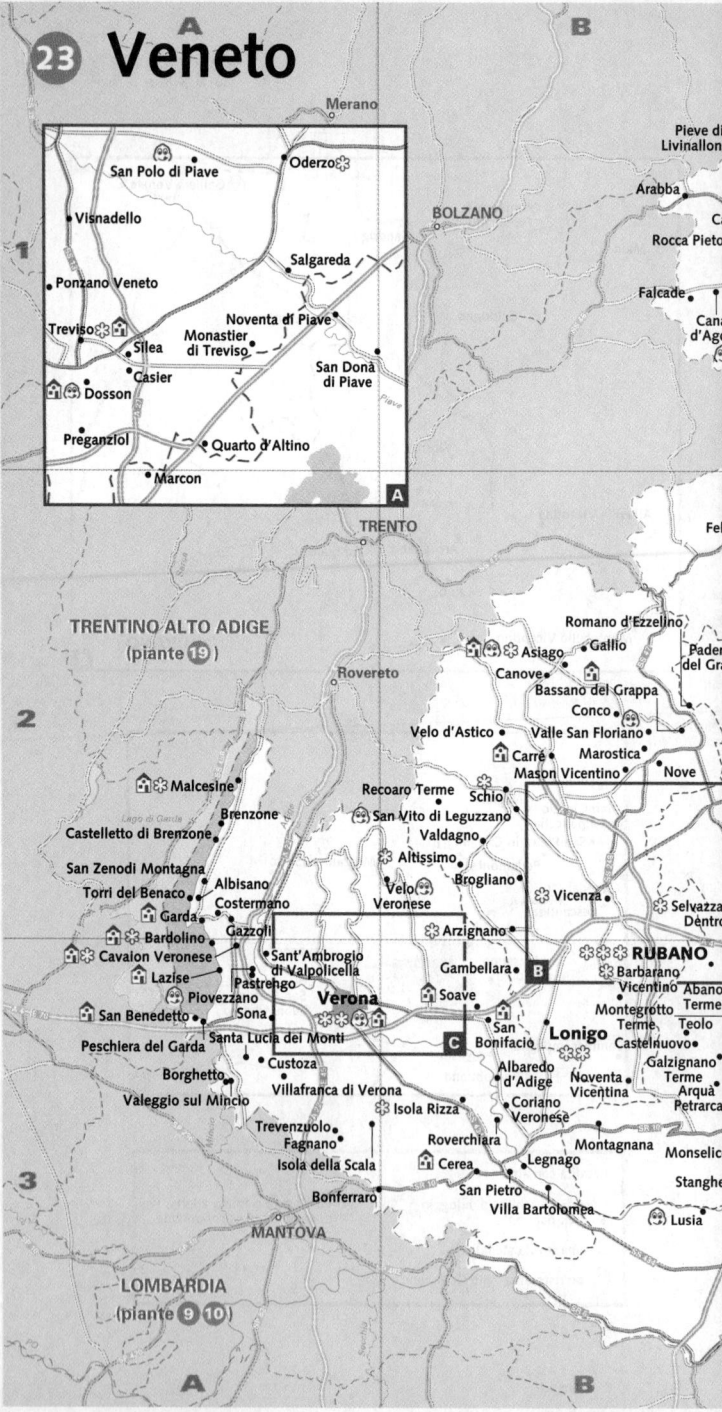

Veneto

Merano

Pieve di
Livinallon

San Polo di Piave
Oderzo

Visnadello

Arabba

Ca
Rocca Pieto

BOLZANO

Ponzano Veneto

Salgareda

Falcade

Noventa di Piave

Treviso
Silea
Monastier
di Treviso

Cana
d'Ago

Casier

San Donà
di Piave

Dosson

Preganziol

Quarto d'Altino

Marcon

A

TRENTO

Fel

TRENTINO ALTO ADIGE
(piante 19)

Rovereto

Romano d'Ezzelino

Asiago
Gallio

Canove

Bassano del Grappa

Pader
del Gra

Velo d'Astico

Conco

Valle San Floriano

Malcesine

Recoaro Terme

Carrè

Marostica

Mason Vicentino

Nove

Brenzone

Schio

Castelletto di Brenzone

San Vito di Leguzzano

Lago di Garda

Valdagno

San Zenodi Montagna

Altissimo

Torri del Benaco

Velo
Veronese

Brogliano

Vicenza

Selvazza
Dentro

Albisano
Costermano

Garda

Arzignano

RUBANO

Gazzoli

Barbarano

Bardolino

Sant'Ambrogio
di Valpolicella

Gambellara

B

Cavaion Veronese

Pastrengo

Soave

Vicentino
Abano
Terme

Lazise

Verona

Montegrotto
Terme

Teolo

Piovezzano

San Benedetto

Sona

San
Bonifacio

Lonigo

Castelnuovo

Galzignano
Terme

Peschiera del Garda

Santa Lucia dei Monti

Albaredo
d'Adige

Noventa
Vicentina

Arquà
Petrarca

Borghetto

Custoza

Villafranca di Verona

Coriano
Veronese

Valeggio sul Mincio

Montagnana

Monselice

Trevenzuolo

Isola Rizza

Roverchiara

Fagnano

Legnago

Stanghe

Isola della Scala

Cerea

Lusia

Bonferraro

San Pietro

MANTOVA

Villa Bartolomea

LOMBARDIA
(piante 9 10)

A

B

Ristoranti
& alberghi

Restaurants
& hotels

Città da A a Z • Towns from A to Z

ABANO TERME

Padova (PD) – ✉ 35031 – 19 950 ab. – Alt. 14 m – Carta regionale n° **23**-B3
Carta stradale Michelin 562-F17

⅋○ Aubergine ⚐ 🆊 🅿

CUCINA CLASSICA · ACCOGLIENTE ✕✕ Piatti ispirati alla stagione e al territorio, sia di terra, sia di mare, in un ristorante-pizzeria dalla calda atmosfera. Il centro dista solo pochi passi.

🍴 Menu 14 € (pranzo in settimana)/20 € – Carta 28/59 €

Pianta: A3-d – *via Ghislandi 5 – 𝒞 049 866 9910 – www.aubergine.it*
– Chiuso 10 giorni in febbraio e 20-31 luglio e martedì

🏨 Abano Grand Hotel ⚐ 🕋 ⚒ 🔟 🕓 ₤₃ 🖃 & 🆊 ⅋ 🛁 🚗

LUSSO · ELEGANTE Un ameno parco vi introdurrà in questo esclusivo hotel dagli ambienti in raffinato stile impero; ampie camere ed una nuova zona benessere, composta da un percorso di bagni termali, saune, grotta, etc. in un'atmosfera tranquilla e appositamente studiata per il recupero dell'equilibrio psicofisico.

179 cam ♺ – †192/222 € ††334/394 € – 8 suites

Pianta: B2-h – *via Valerio Flacco 1 – 𝒞 049 824 8100 – www.abanograndhotel.it*
– Chiuso 30 giugno-4 agosto

🏨 Due Torri ⚐ 🕋 ⚒ 🔟 🕓 🏄 ₤₃ 🖃 & 🆊 ⅋ 🚗

SPA E WELLNESS · ELEGANTE Collocato in un'invidiabile posizione centrale, abbracciato dal verde del giardino-pineta, hotel storico dalle atmosfere classicheggianti e piacevoli spazi comuni; camere tutte rinnovate con marmi ed eleganti arredi, cambiano i prezzi in funzione delle dimensioni. Ariosa sala ristorante, sorretta da colonne, attraverso cui ammirare il bel giardino.

124 cam ♺ – †110/122 € ††200/224 € – 12 suites

Pianta: A2-b – *via Pietro d'Abano 18 – 𝒞 049 863 2100*
– www.hotelduetorriabano.it
– Chiuso 8 gennaio-25 marzo e 2 luglio-5 agosto

🏨 Tritone Terme ⚐ 🕋 ⚒ 🔟 🕓 🏄 ₤₃ ⅋ 🖃 & 🆊 ⚐ 🅿

SPA E WELLNESS · ELEGANTE A pochi passi dal centro storico, esclusività e confort in un hotel che vanta camere spaziose ed accoglienti, nonché spettacoli serali d'intrattenimento nel nuovo salone bar. Cucina classica per un ristorante, dove sembra di poter toccare la vegetazione attraverso le finestre.

117 cam ♺ – †126/180 € ††180/215 € – 7 suites

Pianta: B3-e – *via Volta 31 – 𝒞 049 866 8099 – www.termetritone.it*
– Chiuso 8 gennaio-9 febbraio

🏨 Mioni Pezzato ⚐ 🕋 ⚒ 🔟 🕓 🏄 ₤₃ ⅋ 🖃 & 🆊 🛁 🅿

SPA E WELLNESS · ELEGANTE Conduzione signorile in un grande albergo all'interno di un bel parco-giardino con piscina termale, eccellente beauty center e bel salotto. Gustose specialità italiane nella sala da pranzo.

170 cam ♺ – †109/155 € ††186/278 €

Pianta: A3-u – *via Marzia 34 – 𝒞 049 866 8377 – www.hotelmionipezzato.com*
– Chiuso 8 gennaio-29 marzo

🏨 President Terme ⚐ 🕋 ⚒ 🔟 🕓 🏄 ₤₃ 🖃 & 🆊 🅿

SPA E WELLNESS · CLASSICO A due passi dal centro pedonale con i negozi, è il classico grande albergo con fastosi saloni dal gusto retrò, benché le camere non manchino di accessori moderni e di tutte le comodità. Un'ampia gamma di proposte nella splendida spa recentemente rinnovata: piscine termali, zona idrorelax, palestra attrezzata Technogym, ed altro ancora.

88 cam ♺ – †110/120 € ††190/260 € – 11 suites

Pianta: A2-t – *via Montirone 31 – 𝒞 049 866 8288 – www.presidentterme.it*

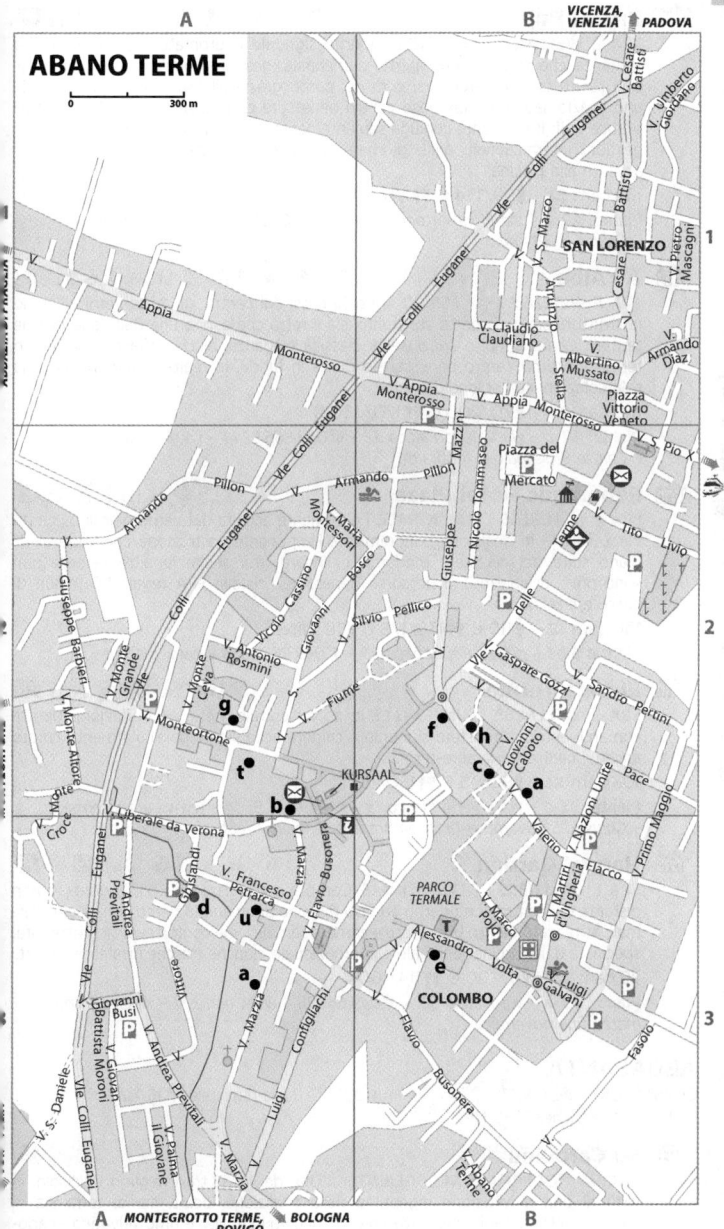

ABANO TERME

0   300 m

VICENZA,
VENEZIA
PADOVA

SAN LORENZO

COLOMBO

MONTEGROTTO TERME,
ROVIGO   BOLOGNA

🏨 Bristol Buja ☆ ⌂ ﹖ ▨ ⊕ ⋔ ﹖ ⊡ ﹖ 🆊 ﹖ 🅿

SPA E WELLNESS · ELEGANTE Albergo signorile improntato a quell'indiscussa eleganza che soltanto un'esperta, pluriennale, gestione familiare può garantire. Una struttura dove prendersi cura del corpo grazie alle sue tre piscine termali, uno spazio saune, un lussuoso centro benessere con beauty farm ed un campo pratica golf. Il ristorante coniuga sapientemente cucina tradizionale veneta e suggestioni internazionali; nelle giornate più calde il pranzo è servito all'aperto accanto alla piscina.

138 cam ⌂ – ♦99/154 € ♦♦178/340 €

Pianta: A2-g – via Monteortone 2 – 𝒞 049 866 9390 – www.bristolbuja.it – Chiuso 1°-28 luglio

🏨 All'Alba ☆ ⌂ ﹖ ▨ ⊕ ⋔ ﹖ ⊡ ﹖ 🆊 ﹖

SPA E WELLNESS · CLASSICO A pochi passi dal centro, gli spazi verdi allietano la struttura sia nella parte antistante, sia il retro che ospita una delle due piscine termali. Camere molto spaziose di classica eleganza, alcune affacciate sul parco termale, ottimo centro benessere e dulcis in fundo, in realtà all'ultimo piano, la sala colazioni con splendida vista.

180 cam ⌂ – ♦70/200 € ♦♦120/350 €

Pianta: B2-c – via Valerio Flacco 32 – 𝒞 049 866 9244 – www.allalba.it – Chiuso 9 gennaio-2 febbraio

🏨 Panoramic Hotel Plaza ☆ ⌂ ﹖ ▨ ⊕ ⋔ ﹖ ⊡ ﹖ 🆊 ﹖ 🅿

SPA E WELLNESS · FUNZIONALE Felicemente accolta dal verde giardino, svetta verso l'alto - in posizione panoramica - l'imponente costruzione che vede all'11° piano suite dal carattere moderno e lineare (ma anche le altre camere non sono prive di charme). Il percorso Benessere Cristalia SPA regala 90 minuti di coccole e relax!

130 cam ⌂ – ♦110 € ♦♦138/178 € – 18 suites

Pianta: B2-f – piazza Repubblica 23 – 𝒞 049 866 9333 – www.plaza.it

🏨 Europa Terme ☆ ⌂ ﹖ ▨ ⊕ ⋔ ﹖ ﹖ 🆊

SPA E WELLNESS · FUNZIONALE In zona centrale, hotel a conduzione diretta con ambienti di atmosfera signorile e camere accoglienti; particolarmente curato anche il centro benessere-termale.

103 cam ⌂ – ♦82/96 € ♦♦150/180 €

Pianta: B2-a – via Valerio Flacco 13 – 𝒞 049 866 9544 – www.europaterme.it – Chiuso 25 novembre-19 dicembre e 8 gennaio-7 febbraio

🏨 Harrys' Garden ☆ ⌂ ﹖ ▨ ⊕ ⋔ ﹖ ⊡ 🆊 🅿

SPA E WELLNESS · TRADIZIONALE Con piacevole vista sui Colli Euganei, e non distante dal centro, il moderno edificio dispone di un ampio parco con piscine termali, attrezzato centro benessere e camere semplici, ma confortevoli. Al ristorante: specialità della cucina regionale e internazionale, nonché fresche insalate a buffet.

79 cam ⌂ – ♦67/90 € ♦♦114/160 €

Pianta: A3-a – via Marzia 50 – 𝒞 049 667011 – www.harrys.it – Aperto inizio marzo-fine novembre

ABBASANTA

Oristano (OR) – ✉ 09071 – 2 747 ab. – Alt. 315 m – Carta regionale n° **16**-A2
Carta stradale Michelin 366-N43

🍽 Su Carduleu 🆊

CUCINA MODERNA · ACCOGLIENTE XX Uno dei locali tra i migliori dell'isola, in virtù di una rivisitazione ingentilita della tradizione locale, sia di terra sia di mare. Specialità: tagliatelline fresche con pecora in umido e timo selvatico - capocollo di maiale stracotto nella birra affumicata.

🍽 Menu 25/45 € – Carta 32/60 €

via Sant'Agostino – 𝒞 0785 563134 – www.sucarduleu.it – Chiuso 1°-10 ottobre, 2 settimane in febbraio e mercoledì

ABBAZIA → Vedere nome proprio dell'abbazia

ABBIATEGRASSO
Milano (MI) – ✉ 20081 – 32 585 ab. – Alt. 120 m – Carta regionale n° **10**-A2
Carta stradale Michelin 561-F8

⁝⃝ Il Ristorante di Agostino Campari   🏠 🅐🅚 ⇔ 🅿

CUCINA LOMBARDA · AMBIENTE CLASSICO XX Curato ambiente familiare, disponibilità e cortesia in un locale classico con servizio estivo all'ombra di un pergolato. Specialità della casa: il carrello degli arrosti e dei bolliti.

🍽 Menu 24 € (pranzo in settimana)/24 € – Carta 33/62 €

via Novara 81 – ✆ 02 942 0329 – www.agostinocampari.com – Chiuso 3 settimane in agosto e lunedì

ABETONE
Pistoia – ✉ 51021 – 621 ab. – Alt. 1 388 m – Carta regionale n° **18**-B1
Carta stradale Michelin 563-J14

⁝⃝ Enoteca Osteria Valbuia

CUCINA DEL TERRITORIO · BISTRÒ X In un contesto tipicamente montano e piacevolmente informale, una sorta di bistrot con una bella griglia al centro sala per piatti di carne alla brace. Ma attenzione, perché il nome del locale tradisce anche l'altro atout di questo indirizzo... il buon bere!

Carta 26/46 €

via Brennero 345 – ✆ 366 404 2926 (consigliata la prenotazione) – www.osteriaenotecavalbuia.it – solo a cena – Chiuso martedì in bassa stagione

🏠 Bellavista   🅐 ⇔ 🏠 ⊟ 🅐 🅿

FAMILIARE · STILE MONTANO Tipica struttura di montagna in pietra e legno in posizione panoramica, a pochi passi dal centro e adiacente agli impianti di risalita; camere confortevoli e spaziose.

40 cam ⌂ – ♦57/82 € ♦♦84/154 €

via Brennero 383 – ✆ 0573 60028 – www.abetonebellavista.it – Aperto 3 dicembre-2 aprile e 1° luglio-3 settembre

a Le Regine Sud-Est : 2,5 km ✉ 51020

⁝⃝ Da Tosca   ⇦ ⇐

CUCINA REGIONALE · LOCANDA X Tipica atmosfera montana e una bella cornice di boschi di faggio per una piccola risorsa dove sostare se amate specialità tosco-emiliane, con piatti a base di funghi, pasta fatta in casa e dolci casalinghi. Confortevoli le camere nella loro semplicità.

🍽 Menu 20 € (in settimana)/40 € – Carta 19/48 €

12 cam ⌂ – ♦45/70 € ♦♦90/140 €

via Brennero 85 – ✆ 0573 60317 – www.albergotosca.it – Chiuso 15 giorni in novembre, 15 giorni in aprile o maggio

a Val di Luce Nord : 8 km ✉ 51021 – Abetone

🏠 Val di Luce Resort   

LUSSO · STILE MONTANO Charme in stile alpino per questo resort ai piedi della pista della Val di Luce: camere ampie (alcune sono veri e propri mini-appartamenti dotati di angolo cottura) e centro benessere con piccola piscina sotto una piramide a vetri, che lascia intravedere scorci di cielo.

43 suites ⌂ – ♦♦300/600 € – 34 cam

via Val di Luce 22 – ✆ 0573 60961 – www.valdilucesparesort.it – Aperto 8 dicembre-15 aprile e 8 luglio-15 settembre

ABTEI BADIA

ACCESA (Lago di) Grosseto → Vedere Massa Marittima

ACI CASTELLO Sicilia
Catania (CT) – ⊠ 95021 – 18 723 ab. – Carta regionale n° **17**-D2
Carta stradale Michelin 365-AZ58

🏨🏨🏨 **President Park Hotel** Ⓝ   🕭 🐾 ⩽ ⅉ 🛁 🖭 🕭 🕭 🕭 **P**

BUSINESS · CLASSICO In un tranquillo e piacevole quartiere residenziale, in posizione rialzata sul mare, è una struttura moderna e circolare che si sviluppa intorno alla piscina. Per la vista migliore chiedere delle camere al terzo piano; panoramico roof-garden per le colazioni.

91 cam ⲩ – ♦69/99 € ♦♦95/150 €

via Vampolieri 49, Ovest : 1 km – 𝒞 095 711 6111 – www.presidentparkhotel.com

ACIREALE Sicilia
Catania – ⊠ 95024 – 52 622 ab. – Alt. 161 m – Carta regionale n° **17**-D2
Carta stradale Michelin 365-BA58

🏨🏨 **Santa Caterina**   🕭 ⩽ ⅉ 🖭 🕭 🕭 🕭 **P**

TRADIZIONALE · MEDITERRANEO Piccola, quanto piacevole, struttura in posizione leggermente elevata rispetto al mare, su cui si affacciano la maggior parte delle camere, alcune con terrazzo-giardino. Cucina siciliana, wine bar e pizzeria, sono gli atout del ristorante Aquadelferro.

23 cam ⲩ – ♦69/169 € ♦♦69/169 €

via Santa Caterina 42/b – 𝒞 095 763 3735 – www.santacaterinahotel.com

ACQUAFREDDA Potenza → Vedere Maratea

ACQUALAGNA
Pesaro e Urbino – ⊠ 61041 – 4 393 ab. – Alt. 204 m – Carta regionale n° **11**-B1
Carta stradale Michelin 563-L20

a Furlo Nord-Est : 4 km ⊠ 61041

🍴Ⓞ **Anticofurlo**   🐾 ⇦ 🍴 🕭 🕭 **P**

CUCINA REGIONALE · ACCOGLIENTE 🗶🗶 Locale dall'atmosfera informale, ma nel piatto la creatività fa "vibrare" i tradizionali sapori regionali; imperdibile il rito dell'aperitivo, che si consuma nella caratteristica grotta scavata nella roccia. Camere a disposizione per chi vuole prolungare la sosta, alcune dedicate a personaggi storici del passato.

🍴 Menu 25 € (pranzo)/49 € – Carta 39/72 €

7 cam ⲩ – ♦50/70 € ♦♦78/105 €

via Furlo 66 ⊠ 61041 Acqualagna – 𝒞 0721 700096 (consigliata la prenotazione) – www.anticofurlo.it – Chiuso 10 gennaio-24 marzo, lunedì sera e martedì; aperto giovedì, venerdì, sabato e domenica in aprile-giugno

ACQUANEGRA SUL CHIESE
Mantova (MN) – ⊠ 46011 – 2 948 ab. – Alt. 31 m – Carta regionale n° **9**-C3
Carta stradale Michelin 561-G13

verso Calvatone Sud : 2 km

🍴 **Trattoria al Ponte**   🍴 🕭 **P**

CUCINA REGIONALE · FAMILIARE 🗶 Specialità del territorio, elaborate partendo da ottime materie prime, in un'accogliente trattoria a pochi metri dal ponte sull'Oglio e dall'interessante rapporto qualità/prezzo. Risotto con taleggio di capra e zafferano, nonché anguilla al limone, tra gli imperdibili del menu.

🍴 Menu 16 € (pranzo in settimana)/45 € – Carta 28/47 €

via Ponte Oglio 1312 – 𝒞 0376 727182 (consigliata la prenotazione) – Chiuso gennaio, luglio, lunedì e martedì

ACQUAPARTITA Forlì-Cesena ➜ Vedere Bagno di Romagna

ACQUAPENDENTE
Viterbo (VT) – ✉ 01021 – 5 506 ab. – Carta regionale n° **7**-A1
Carta stradale Michelin 563-N17

a **Trevinano** Nord-Est : 15 km ✉ 01020

❀ **La Parolina** (De Cesare e Gordini)　　　　🤚 ≺ 🏠 ᴀᴄ 🍴

CUCINA DEL TERRITORIO · CONTESTO TRADIZIONALE ⅩⅩ Colline a perdi vista: la Parolina è immersa nel più romantico paesaggio campestre, mentre la sua cucina unisce influenze romane e spunti romagnoli, carni toscane e qualche proposta di mare, sempre in bilico fra tradizione e rivisitazione.
➜ Tortelli di pane, aglio, olio e caviale. Spiedo di piccione e foie gras. Rocher la Parolina.
Menu 75/110 € – Carta 60/80 €
2 cam ☲ – ♦90 € ♦♦125 €
via Giovanni Pascoli 1 – ☎ 0763 717130 – www.laparolina.it
– Chiuso lunedì e martedì

🏠 **L'Albero Bianco**　　　　　　　　　🛷 ≺ 🛁 🅿

CASA DI CAMPAGNA · BUCOLICO Sulla sommità di una collinetta - in posizione tranquilla e panoramica - bellissimo bed and breakfast aperto da un'intraprendente coppia di coniugi romani. Ricca prima colazione con prodotti di qualità e camere accoglienti a prezzi interessanti. Sembra un sogno, ma è realtà!
3 cam ☲ – ♦50 € ♦♦70 €
località l'Albero Bianco 8/a, Sud-Ovest: 4 km – ☎ 339 409 6303
– www.alberobianco.com

ACQUARIA Modena (MO) ➜ Vedere Montecreto

ACQUI TERME
Alessandria – ✉ 15011 – 19 896 ab. – Alt. 156 m – Carta regionale n° **12**-C3
Carta stradale Michelin 561-H7

❀ **I Caffi** (Bruna Cane)　　　　　　　　　🍸 ᴀᴄ

CUCINA CLASSICA · ELEGANTE ⅩⅩⅩ Al 1° piano d'un palazzo cinquecentesco del centro storico, due anime formano un solo locale. La sala gourmet è apparecchiata nell'affrescata "stanza del sindaco" dove si assaggia un'elegante versione di cucina piemontese con qualche inserimento di pesce. La Brasserie, invece, occupa due sale più moderne; è aperta anche a pranzo ed offre una cucina più semplice che la sera si arricchisce di carni alla griglia.
➜ Tagliatelle al ragù d'anatra. Stracotto di fassone al vino Gavi. Crêpes agli agrumi con gelato al timo.
Menu 50/65 € – Carta 49/98 €
via Scatilazzi 15 – ☎ 0144 325206 (consigliata la prenotazione) – www.icaffi.it
– solo a cena – Chiuso 15 giorni in gennaio-febbraio, 15 giorni in agosto, domenica e lunedì

🅃🅞 **Enoteca La Curia**　　　　　　　　🍸 🏠 ᴛ 🛆

CUCINA PIEMONTESE · ACCOGLIENTE ⅩⅩ A pochi metri dalla celebre fontana, ambiente intimo e accogliente per accogliervi in uno dei ristoranti più interessanti della zona: intrigante interpretazione della cucina piemontese, innaffiata da un'ottima scelta di vini.
🍴 Menu 20 € (pranzo)/50 € – Carta 40/68 €
via alla Bollente 26 – ☎ 0144 356049
– www.enotecalacuria.com – Chiuso lunedì

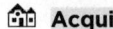 **Acqui** ✿ 㜷 🖃 🖨 🕙 🚗

TRADIZIONALE · CLASSICO In un palazzo ottocentesco all'inizio del bel centro storico, hotel dal confort omogeneo che dispone anche di un piccolo, ma attrezzato beauty-center per trattamenti e cure estetiche. Cucina nazionale per tutti i gusti al ristorante.

30 cam ⌑ – ♦69/75 € ♦♦100/110 € – 8 suites

corso Bagni 46 – ℰ 0144 322693 – www.hotelacqui.it
– Aperto 1° aprile-30 novembre

ACRI

Cosenza – ✉ 87041 – 20 858 ab. – Alt. 720 m – Carta regionale n° **3**-A1
Carta stradale Michelin 564-I31

🍽O **Il Carpaccio** ⛷ 㑇 🖼 ⇔ 🅿

CUCINA CALABRESE · ACCOGLIENTE XX Ristorante di tradizione familiare dotato di una bella sala-veranda affacciata sulla vallata; in carta si trovano specialità tipiche calabresi, il pesce solo su prenotazione, il tutto accompagnato da una buona cantina. In pratica: un valido indirizzo da consigliare.

Menu 30/50 € – Carta 18/34 €

Contrada Cocozzello 197/D, Ovest: 9 km – ℰ 0984 949205 – www.ilcarpaccio.it
– Chiuso lunedì e domenica sera

ACUTO

Frosinone – ✉ 03010 – 1 920 ab. – Alt. 724 m – Carta regionale n° **7**-C2
Carta stradale Michelin 563-Q21

❀ **Colline Ciociare** (Salvatore Tassa) 㑇 🖼 ⇔ 🅿

CUCINA CREATIVA · ELEGANTE XXX Scelta ridotta, ma fantasia infinita: dalla tradizione ciociara agli accostamenti più audaci, pochi piatti vi aprono un universo, quello di un cuoco-poeta. Al moderno bistrot Nù, regnano invece la tradizione e l'omaggio alle ricette storiche dello chef.
→ Raviolo ripieno di mandorla in brodo "crioestratto" di liquirizia ed erbe aromatiche. Stufato di vitello come un panino alla brace. Trota di montagna, estratto di sedano rapa e maionese fermentata di verza.

Menu 75/100 €

via Prenestina 27 – ℰ 0775 56049 – www.salvatoretassa.it – Chiuso 2
setttimane fine agosto-inizio settembre, 10 giorni in gennaio, domenica sera,
martedì a mezzogiorno e lunedì

ADRIA

Rovigo – ✉ 45011 – 19 746 ab. – Carta regionale n° **23**-C3
Carta stradale Michelin 562-G18

🍽O **Molteni** ⇔ 㑇 🖼 🅿

PESCE E FRUTTI DI MARE · FAMILIARE X Si respira già un profumo di mare ad Adria, alle porte del Delta del Po. La stessa famiglia - ora alla terza generazione - gestisce questo ristorante dal 1921, proponendo piatti di pesce dell'Adriatico in un ambiente semplice, familiare ed accogliente.

Carta 37/81 €

8 cam ⌑ – ♦50/60 € ♦♦85 €

via Ruzzina 2/4 – ℰ 0426 42520 – www.albergomolteni.it
– Chiuso 23 dicembre-8 gennaio, 12-26 agosto, sabato a mezzogiorno e domenica
sera (anche a mezzogiorno in giugno-agosto)

ADRO

Brescia (BS) – ✉ 25030 – 7 086 ab. – Alt. 271 m – Carta regionale n° **10**-D1
Carta stradale Michelin 561-F11

a **Torbiato** Sud-Est: 4 km ⊠ 25030

⫯O **Dispensa Pani e Vini Franciacorta**   ⧖ 🅰🅲 🅿

CUCINA MODERNA · CONVIVIALE ❌❌ La formula è quanto mai moderna: nella sala ristorante, servizio classico e piatti locali rivisitati con intelligenza, all'osteria proposte più semplici, mentre al bancone ci si diverte a tutte le ore del giorno con simpatici assaggi della materia prima utilizzata dallo chef (pasta, formaggi, salumi, etc.). Non manca un'enoteca con vendita di bottiglie. Insomma, un locale a 360°!

Menu 60/85 € – Carta 25/85 €

via Principe Umberto 23 – 𝒞 030 745 0757 – www.dispensafranciacorta.com – Chiuso lunedì

AGAZZANO

Piacenza – ⊠ 29010 – 2 096 ab. – Alt. 187 m – Carta regionale n° **5**-A2
Carta stradale Michelin 562-H10

a **Sarturano** Nord: 4 km ⊠ 29010

⫯O **Antica Trattoria Giovanelli**   ⌂ 🅰🅲 🅿

CUCINA DEL TERRITORIO · FAMILIARE ❌ In una piccola frazione di poche case in aperta campagna, una trattoria che esiste da sempre, dove gustare genuine specialità piacentine; grazioso cortile per servizio estivo.

Carta 23/42 €

via Centrale 5 – 𝒞 0523 975155 (consigliata la prenotazione) – www.anticatrattoriagiovanelli.it – Chiuso 2 settimane in febbraio, 2 settimane in agosto, mercoledì sera, domenica sera e lunedì

AGGIUS Sardegna

Olbia-Tempio (OT) – ⊠ 07020 – 1 523 ab. – Alt. 514 m – Carta regionale n° **16**-B1
Carta stradale Michelin 366-P38

🏠 **Agriturismo Il Muto di Gallura**   ✿ 🌿 ⪑ 🛏 ⏚ 🐾 🅰🅲 🅿

CASA DI CAMPAGNA · AGRESTE Per chi non cerca confort alberghieri, il nome di un bandito romantico per uno "stazzu" (fattoria) tra querce da sughero, ma anche una piccola remise en forme grazie alla zona benessere. In sala da pranzo, tanto legno ed i prodotti tipici del territorio, dal cinghiale alla zuppa gallurese. Accanto c'è anche un museo dei carri da buoi: tipici galluresi erano in funzione fino agli anni Settanta.

16 cam ⌕ – †58/64 € ††100/110 €

località Fraiga, Sud: 1 km – 𝒞 079 620559 – www.mutodigallura.com – Chiuso 5 novembre-5 dicembre

AGRIGENTO Sicilia

(AG) – ⊠ 92100 – 59 770 ab. – Alt. 230 m – Carta regionale n° **17**-B2
Carta stradale Michelin 365-AQ60

🎇 **Osteria Expanificio**   ⌂

CUCINA SICILIANA · CONVIVIALE ❌ L'originale sala vi ricorderà che effettivamente di un ex panificio si tratta, ma con il bel tempo molti clienti scelgono di mangiare all'aperto, tra i palazzi del centro e a pochi metri da un suggestivo belvedere. La cucina oscilla tra terra e mare, ma è sempre attenta alle tradizioni siciliane. Specialità: busiate al pesto siciliano - involtino di spatola in crema di zucchine - crema ghiacciata al passito di Pantelleria.

Carta 34/66 €

Pianta: B1-a *– piazza Sinatra 16 – 𝒞 0922 595399 – www.osteriaexpanificio.it*

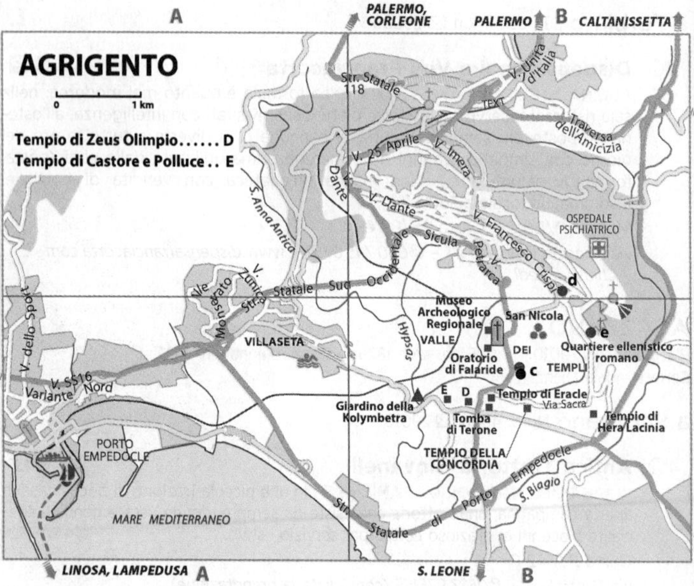

AGRIGENTO

```
0        1 km
```

Tempio di Zeus Olimpio...... D
Tempio di Castore e Polluce .. E

PALERMO, CORLEONE — **PALERMO** — **CALTANISSETTA**

MARSALA, SCIACCA

LINOSA, LAMPEDUSA

S. LEONE

MARE MEDITERRANEO

🍴 La Terrazza degli Dei   🏠 AC ⌗ P

CUCINA CLASSICA · ELEGANTE XxX Se la fama di Agrigento è quasi esclusivamente legata alla zona archeologica, vale invece la pena di scoprire anche la
sua tavola. A La terrazza degli Dei (en plein air per quasi tutta la stagione), la
vista si posa sul tempio della Concordia e sulla valle dei Templi, mentre vini
isolani e piatti locali - reinterpretati in chiave fantasiosa - "intrattengono"
l'ospite. In alternativa, a pranzo, c'è anche una carta light.

Menu 55/80 € – Carta 55/91 €

Pianta: B2-c – *Hotel Villa Athena, via Passeggiata Archeologica 33*
– ☏ 0922 596288 – www.laterrazzadeglidei.it – solo a cena

🍴 Trattoria dei Templi   🏠 & AC

PESCE E FRUTTI DI MARE · FAMILIARE Xx Quasi esclusivamente cucina marinara
in un locale dall'atmosfera accogliente e familiare. La valida gestione vanta una
lunga esperienza nel campo della ristorazione.

Carta 23/68 €

Pianta: B1-d – *via Panoramica dei Templi 15 – ☏ 0922 403110*
– www.trattoriadeitempli.com – Chiuso domenica

🍴 Re di Girgenti   ≤ 🏠 AC ⇄ P

PESCE E FRUTTI DI MARE · ELEGANTE Xx Solo etichette regionali nella carta dei
vini, ma anche la cucina non si scosta dall'isola, in questo locale giovane e alla
moda, che osa giocare con un look molto personale. La magia della vista sui templi ha pochi eguali.

Carta 30/66 €

Pianta: B2-e – *via Panoramica dei Templi 51 – ☏ 0922 401388*
– www.ilredigirgenti.it – Chiuso 2 settimane in novembre e martedì

Un importante pranzo d'affari o una cena tra amici?
Il símbolo ⇄ indica la presenza di una sala privata.

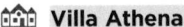 **Villa Athena** 🐾 ≼ 🏠 🛴 🐾 🛏 🎬 & 📶 ♒ 🅿

LUSSO · ELEGANTE Flessuose palme svettano nel giardino-agrumeto, dove sono collocate la piscina e la villa del Settecento che ospita questa risorsa dalle splendide camere e dalla proverbiale vista sui celebri templi. Nell'esclusiva, piccola, spa, vasca idromassaggio, zona umida e cromoterapia.

21 cam � 109/590 € 190/990 € – 6 suites

Pianta: B2-c – *via passeggiata Archeologica 33* – 🕿 *0922 596288* – *www.hotelvillaathena.it*

🍴 **La Terrazza degli Dei** – Vedere selezione ristoranti

a San Leone Sud: 7 km B ✉ 92100 – Agrigento

Dioscuri Bay Palace 🌂 ≼ 🛴 🔁 & 📶 🔱 🅿

TRADIZIONALE · CLASSICO Hotel ricavato da una ex colonia estiva degli anni '50, risulta oggi una risorsa funzionale e moderna, molto comoda per chi viene ad Agrigento per lavoro e può così risparmiarsi lo stress di girare in macchina nel centro. Grande piscina affacciata su Porto Empedocle, alcune camere offrono una vista sui templi, altre sul mare.

102 cam ⊠ – 100/160 € 120/200 €

lungomare Falcone-Borsellino 1 – 🕿 *0922 406111* – *www.dioscurihotel.it* – *Aperto 20 marzo-30 ottobre*

Baia di Ulisse 🌂 🐾 ≼ 🏠 🛴 🏍 🐾 🛏 🔁 & 📶 ♒ 🔱 🅿

TRADIZIONALE · ELEGANTE In posizione panoramica, ampie camere, nonché accesso diretto alla spiaggia privata, per questa signorile struttura circondata da una fresca pineta e dotata di un attrezzato centro benessere (a pagamento) aperto dal venerdì alla domenica.

91 cam ⊠ – 60/120 € 80/230 € – 2 suites

Via Lacco Ameno, Est: 3 Km – 🕿 *0922 417638* – *www.baiadiulisse.com*

AGROPOLI

Salerno – ✉ 84043 – 21 481 ab. – Carta regionale n° **4**-C3
Carta stradale Michelin 564-F26

🍴 **Il Cormorano** 🛖

PESCE E FRUTTI DI MARE · FAMILIARE X Direttamente sul porto turistico, caratteristica atmosfera marinara in un ambiente curato ed accogliente, dove gustare pesce fresco e piatti locali serviti anche sull'incantevole terrazza vista mare.

Carta 27/65 €

via C. Pisacane 13, al Porto – 🕿 *0974 823900* – *www.ristoranteilcormorano.it* – *Aperto 21 marzo-31 ottobre e mercoledì escluso giugno-agosto*

🍴 **Il Ceppo** 🐜 ⇆ 🛖 📶 🅿

PESCE E FRUTTI DI MARE · VINTAGE X Appena fuori dalla località, il Ceppo è un ristorante con pizzeria serale: tre sale classiche con tocchi di rusticità demodé, bianche pareti e pavimenti in cotto. La cucina profuma di mare, c'è la carta per avere un'idea de prezzi, ma il meglio è proposto sul menu del giorno. Buon rapporto qualità/prezzo per i molti vini in cantina.

🍽 Menu 25/60 € – Carta 25/106 €

20 cam ⊠ – 45/65 € 60/95 €

via Madonna del Carmine 31, Sud-Est: 1,5 km – 🕿 *0974 843036* – *www.hotelristoranteilceppo.com* – *Chiuso novembre e lunedì*

La Colombaia 🐾 ≼ 🏠 🛴 📶 ♒ 🅿

CASA DI CAMPAGNA · ACCOGLIENTE In quieta posizione panoramica, dotata di terrazza-giardino con piscina, questa bella villa di campagna offre camere ben curate, nonché accoglienti zone comuni. Il ristorante è stato chiuso, ma sia a pranzo che a cena c'è la possibilità di una mini carta light.

8 cam ⊠ – 80/90 € 80/100 € – 2 suites

via Piano delle Pere, Sud: 2 km – 🕿 *0974 821800* – *www.lacolombaiahotel.it* – *Aperto 1° aprile-30 ottobre*

AHRNTAL VALLE AURINA

ALAGNA VALSESIA
Vercelli – 🖂 13021 – 408 ab. – Alt. 1 191 m – Carta regionale n° **12**-B1
Carta stradale Michelin 561-E5

🏠 Montagna di Luce   🏔 🌤 ← 🛏 📶 **P**
FAMILIARE · STILE MONTANO Poco lontana dal centro, in una piccola frazione che conserva intatta l'atmosfera tipica di queste montagne, una caratteristica baita Walser ristrutturata per offrire il meglio del confort moderno. Pietra a vista e rivestimenti in legno nell'originale ristorante, dove assaporare piatti legati al territorio.

8 cam 🖙 – ♦50/80 € ♦♦84/130 €

frazione Pedemonte 19 – 𝒞 0163 922820 – www.montagnadiluce.it – Chiuso maggio e ottobre

🏠 B&B Casa Prati   🌤 🛏 📶 🍴
FAMILIARE · STILE MONTANO Dalla totale ristrutturazione di una casa colonica, una piacevole risorsa in tipico stile montano dotata di piccola zona sauna e relax, camere molto graziose e di un appartamento (ideale per famiglie). L'accoglienza eccelle per cordialità.

6 cam 🖙 – ♦67/97 € ♦♦82/130 €

frazione Casa Prati 7 – 𝒞 0163 922802 – www.zimmercasaprati.com – Chiuso 2 settimane in giugno

ALASSIO
Savona – 🖂 17021 – 10 934 ab. – Carta regionale n° **8**-B2
Carta stradale Michelin 561-J6

🍴 Nove 🆕   ← 🛏 🍴 ⅃ 🅰🅲 ⇄ **P**
CUCINA MODERNA · ELEGANTE XX Con l'arrivo di un nuovo chef, questa stupenda dimora inaugura il proprio ristorante gourmet, Nove. Se gli interni sono caldi ed eleganti, nobilitati da quadri con scorci liguri, gli esterni sono una gioia nel verde, mentre la cucina porta i sapori liguri su percorsi creativi.

Menu 60/90 € – Carta 56/85 €

Pianta: AB1-d – *Hotel Villa della Pergola, via Privata Montagù 9/1 – 𝒞 0182 646130 (consigliata la prenotazione) – www.villadellapergola.com – Chiuso 15 gennaio-31 marzo e martedì escluso luglio-agosto*

🍴 Sail-Inn   🕸 🍴 🅰🅲
PESCE E FRUTTI DI MARE · ELEGANTE XX All'inizio del pittoresco "budello", piacevole locale dove lo stile elegante si fonde mirabilmente con gli antichi ambienti. La cucina predilige sempre il mare, supportata da un'apprezzabile cantina: ottima carta dei vini con grandi etichette francesi e champagne di alta qualità. Bella veranda a pochi passi dalla spiaggia.

Menu 30 € (in settimana) – Carta 38/74 €

Pianta: A2-a – *via Brennero 34 – 𝒞 0182 640232 – www.sailinnalassio.it – Chiuso 7 gennaio-6 marzo e lunedì escluso 15 giugno-25 settembre*

🍴 Panama   🍴 🅰🅲
PESCE E FRUTTI DI MARE · ACCOGLIENTE XX Lo stile provenzale ha trovato dimora tra le mura di questo grazioso locale, la cui location - a due passi dal mare - consente agli ospiti di cenare direttamente sulla spiaggia. Specialità ittiche.

Menu 27 € (in settimana)/50 € – Carta 28/97 €

Pianta: A2-g – *via Brennero 35 – 𝒞 0182 646052 – www.alassiorestaurant.com – Chiuso mercoledì escluso in estate*

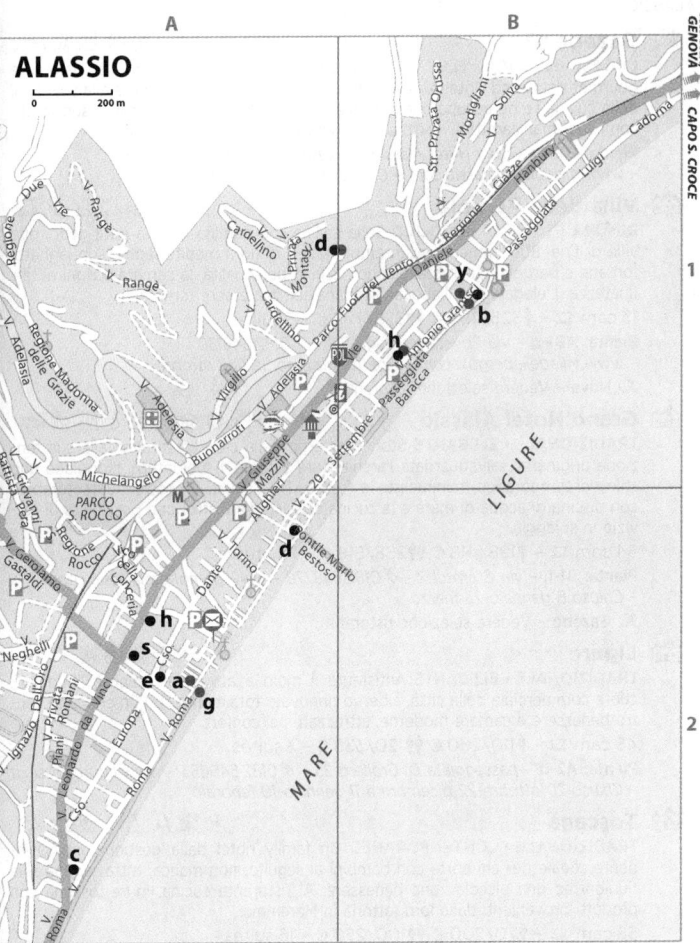

ALASSIO

0   200 m

SAVONA, GENOVA
CAPO S. CROCE
SAN REMO, NIZZA

LIGURE

MARE

🕯️ **Lamberti**   🐟 🍴 ⛱ 👥 AC

PESCE E FRUTTI DI MARE · ALLA MODA XX A pochi passi dal mare, in un edificio degli anni '30, la cucina propone piatti tradizionali e regionali elaborati partendo da un'accurata selezione di materie prime. Tra i must: pesce e vino.

Carta 47/120 €

25 cam 🛏 – ♦51/110 € ♦♦61/190 €

Pianta: B1-y – via Gramsci 57 – ℰ 0182 642747 – www.ristorantelamberti.it
– Chiuso 15-30 novembre e lunedì escluso luglio-agosto

🕯️ **La Prua**   🍴 AC

PESCE E FRUTTI DI MARE · STILE MEDITERRANEO XX Il menu predilige il pesce, ma annovera anche qualche piatto di terra, in eleganti salette ricavate negli ex depositi delle barche o nel suggestivo dehors direttamente sulla spiaggia.

Menu 50 € – Carta 45/109 €

Pianta: B1-b – passeggiata Baracca 25 – ℰ 0182 642557
– www.ristorantelapruadialassio.it

99

🍴○ Gazebo 🅝

CUCINA CLASSICA · ELEGANTE ✕✕ Il Gazebo che regala il nome al ristorante gourmet del Grand Hotel Alassio si trova proprio di fronte al mare e alla spiaggia; della cucina se ne occupa uno chef d'esperienza ed energia che saprà soddisfare con i suoi manicaretti il vostro palato, soprattutto se amate il pesce.

Pianta: B1-h – *Grand Hotel Alassio, via Gramsci 2 – ℰ 0182 648778*
– www.grandhotelalassio.com – Chiuso 10 gennaio-23 marzo

🏠🏠 Villa della Pergola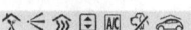

DIMORA STORICA · BUCOLICO Sulla collina che domina la città ed il golfo, due ville di fine '800 immerse in un ampio parco di flora mediterranea, con laghetti, fontane e pergole: gli ambienti sono ricchi di personalità, la camere scrigni di raffinatezza. L'eleganza dell'epoca vittoriana sembra essere tornata!

15 cam 🖙 – †325/795 € ††325/795 € – 5 suites

Pianta: AB1-d – *via Privata Montagù 9/1 – ℰ 0182 646130*
– www.villadellapergola.com – Aperto inizio aprile-fine ottobre

🍴○ **Nove** – Vedere selezione ristoranti

🏠🏠 Grand Hotel Alassio

TRADIZIONALE · ELEGANTE Storico albergo della città "restituito" alla sua funzione originaria: salvaguardata l'architettura esterna, i suoi interni sfoggiano uno stile contemporaneo, minimalista e fresco. Tra i must, il centro talassoterapico con piscina di acqua di mare e la cucina classica del Bistrot con possibilità di servizio in spiaggia.

54 cam 🖙 – †198/418 € ††268/518 € – 7 suites

Pianta: B1-h – *via Gramsci 2 – ℰ 0182 648778 – www.grandhotelalassio.com*
– Chiuso 8 gennaio-23 marzo

🍴○ **Gazebo** – Vedere selezione ristoranti

🏠🏠 Ligure

TRADIZIONALE · ELEGANTE Antistante il molo e attiguo al celebre "budello", cuore commerciale della città, albergo rinnovato totalmente con un elegante centro benessere e camere moderne, attrezzate nei confort.

46 cam 🖙 – †110/260 € ††120/335 € – 3 suites

Pianta: A2-d – *passeggiata D. Grollero 25 – ℰ 0182 640653 – www.ligurealassio.it*
– Chiuso 20 ottobre-22 dicembre e 11 gennaio-10 febbraio

🏠🏠 Toscana

TRADIZIONALE · CONTEMPORANEO Un family hotel dalla gestione intraprendente, ideale per chi parte con bambini al seguito; non manca, tuttavia, una sala riunioni ed una piccola zona benessere. Al ristorante cucina ligure-toscana con prodotti provenienti dalla loro fattoria in Maremma.

58 cam 🖙 – †70/200 € ††100/250 € – 16 suites

Pianta: A2-h – *via Dante Alighieri 83 – ℰ 0182 640657*
– www.hoteltoscanaalassio.it – Chiuso 10 ottobre-20 dicembre

🏠 Savoia

TRADIZIONALE · LUNGOMARE Camere rinnovate e ben accessoriate, nonché ambienti curati e di moderna concezione, in una struttura che offre il vantaggio di trovarsi direttamente sul mare... e l'acqua sembra lambire la sala ristorante, dove gustare i classici italiani.

40 cam 🖙 – †75/190 € ††100/230 €

Pianta: B1-b – *via Milano 14 – ℰ 0182 640277 – www.hotelsavoia.it – Chiuso 15 gennaio-15 febbraio*

🏠 Rosa

FAMILIARE · ACCOGLIENTE In posizione centrale, questo hotel a conduzione diretta dispone di camere di differenti tipologie e moderna zona benessere. Nella sala da pranzo o sulla terrazza panoramica, piatti unici ed insalatone.

48 cam 🖙 – †50/100 € ††70/250 € – 3 suites

Pianta: A2-e – *via Conti 10, angolo corso Diaz – ℰ 0182 640821 – www.hotelrosa.it*
– Chiuso 7 gennaio-9 febbraio

 **Corso** ⚙ 🔲 🅰🅲 🚗

TRADIZIONALE · CLASSICO Uno degli alberghi più "cittadini" della località, sebbene a poche decine di metri dal mare, dispone di belle camere dallo stile contemporaneo e dalle moderne dotazioni.

41 cam ➪ – ♦60/110 € ♦♦90/160 €

Pianta: A2-s – *via Diaz 28 – ℰ 0182 642494 – www.hotelcorso.it – Chiuso 2 novembre-22 dicembre*

🏠 **Beau Rivage** ⚙ ≼ 🅰🅲 ⚙ 🅿

FAMILIARE · PERSONALIZZATO Signorile, accogliente casa ottocentesca di fronte al mare con interni molto curati: piacevoli salottini con bei soffitti affrescati e camere semplici, ma molto graziose. Gradevole sala da pranzo.

20 cam ➪ – ♦68/110 € ♦♦130/195 €

Pianta: A2-c – *via Roma 82 – ℰ 0182 640585 – www.hotelbeaurivage.it – Chiuso 15 ottobre-25 dicembre*

ALBA

Cuneo – ✉ 12051 – 31 437 ab. – Alt. 172 m – Carta regionale n° **14**-C2
Carta stradale Michelin 561-H6

✿✿✿ **Piazza Duomo** 🍴 ⇦ 🅰🅲

CUCINA CREATIVA · ELEGANTE ✕✕✕ Il pasto debutta in maniera esplosiva con una serie di finger creativi, mentre erbe, fiori, verdura e frutta - spesso del proprio orto biodinamico - non sono mai attori non protagonisti dei piatti, ma li esaltano sia nel sapore sia nell'estetica. In questo atelier gastronomico, lo chef, Enrico Crippa, celebra le Langhe, ma secondo un'estetica ed una meticolosità tutte nipponiche.
→ Riso rosa e gamberi. Agnello e camomilla. Panna cotta Matisse.

Menu 200/240 € – Carta 130/235 €

4 cam – ♦300/400 € ♦♦300/400 € - senza ➪

vicolo dell'Arco 1, angolo piazza Risorgimento 4 – ℰ 0173 366167 (consigliata la prenotazione) – www.piazzaduomoalba.it – Chiuso 22 dicembre-25 gennaio, 2 settimane in agosto, lunedì, domenica sera in ottobre-novembre, anche domenica a mezzogiorno negli altri mesi

✿ **Locanda del Pilone** 🍴 ⇦ 🦆 ≼ 🏡 ⚙ 🅰🅲 ⚙ 🅿

CUCINA CREATIVA · ELEGANTE ✕✕✕ Quasi in bilico su una lingua di terra che si insinua tra le zone vinicole più prestigiose delle Langhe, le sale si affacciano su pittoreschi paesaggi collinari, ma è la cucina a rubare il palcoscenico. Attore un giovanissimo cuoco, ma già tra i più bravi della regione, artefice di piatti sorprendenti ed originali, ma anche equilibrati e gustosi. Eleganti camere custodi di memorie piemontesi.
→ Tajarin ai 40 tuorli, burro affumicato, uova di trota e coriandolo. Pernice profumata al whisky, tartufo nero e soffice di radici amare. Lemon pie.

Menu 70/110 € – Carta 63/101 €

8 cam ➪ – ♦155/235 € ♦♦155/235 € – 2 suites

frazione Madonna di Como 34, (strada della Cicchetta), Sud-Est: 5 km – ℰ 0173 366616 – www.locandadelpilone.com – Chiuso 1° gennaio-15 marzo, 10 giorni in agosto, i mezzogiorno di martedì e mercoledì in ottobre-novembre, tutto il giorno negli altri mesi

✿ **Larossa** (Andrea Larossa) 🅰🅲

CUCINA CREATIVA · CONTESTO CONTEMPORANEO ✕✕ Lo chef-patron disegna la propria strada giocando con la tradizione piemontese: in alcuni piatti la cita con ossequio, in altri se ne allontana alla ricerca di spunti più creativi. Le presentazioni sono accattivanti ed il piacere del palato non si fa attendere.
→ Il mio plin... in aria di Alba. Cuore di costata di fassona, salsa all'italiana e verdure di stagione (servito al tavolo dallo chef). Nevoso: lampone & lampone sotto la neve.

Menu 35 € (pranzo in settimana)/100 € – Carta 57/125 €

via Alberione 10/D – ℰ 0173 060639 – www.ristorantelarossa.it – Chiuso mercoledì a mezzogiorno e martedì

⛌○ Enoclub   🏵 AC

CUCINA PIEMONTESE · CONTESTO STORICO XX Sotto i portici della piazza ora intitolata al fondatore di un'importante industria dolciaria locale, e dove si svolge anche il servizio all'aperto, l'ingresso si apre sul Caffè Umberto: ambiente semplice e moderno con pareti ricoperte da bottiglie e una carta che poggia su specialità regionali con qualche piatto più semplice, come gli hamburger. Per il ristorante invece bisogna scendere nelle suggestive cantine in mattoni, dove vengono serviti piatti sempre piemontesi, ma più elaborati.

Menu 45/120 € – Carta 41/129 €

piazza Michele Ferrero 4
– ☎ 0173 33994 (consigliata la prenotazione) – www.caffeumberto.it – Chiuso domenica sera (escluso da settembre a dicembre) e lunedì

⛌○ Osteria dell'Arco   🤚 AC

CUCINA PIEMONTESE · CONTESTO REGIONALE X La cucina rispolvera i piatti del territorio, rivisitati con fantasia, in questo locale del centro affacciato su un cortile interno. Ambiente informale ed accogliente, con il vino in bella mostra.

😋 Menu 20 € (pranzo in settimana)/38 € – Carta 28/50 €

piazza Savona 5
– ☎ 0173 363974 – www.osteriadellarco.it – Chiuso domenica escluso ottobre-novembre

⛌○ La Piola   AC

CUCINA PIEMONTESE · CONVIVIALE X Affacciato sulla piazza principale con una bella veranda, l'atmosfera al suo interno è informale, mentre il menu elenca su due grandi lavagne (ma c'è anche la classica carta) le specialità del territorio, tra cui i famosi antipasti, le paste all'uovo, le carni.

Carta 35/58 €

piazza Risorgimento 4
– ☎ 0173 442800 (consigliata la prenotazione) – www.lapiola-alba.it – Chiuso 8 gennaio-1° febbraio, domenica sera in ottobre-novembre, anche domenica a mezzogiorno negli altri mesi

⛌○ Lalibera   🏵 AC ⇄

CUCINA PIEMONTESE · DESIGN X Moderno e di design il locale, giovane ed efficiente il servizio. La cucina propone appetitosi piatti della tradizione piemontese: spesso rielaborati con tocchi di fantasia. Assai frequentato a pranzo.

Carta 34/65 €

via Pertinace 24/a – ☎ 0173 293155 (consigliata la prenotazione)
– www.lalibera.com – Chiuso 23 dicembre-10 gennaio, 15 giorni in agosto, lunedì a mezzogiorno e domenica

🏨 Calissano   🎍 📺 ⛱ 🤚 AC 🛗 🚗

BUSINESS · ELEGANTE A pochi minuti a piedi dal centro città, Calissano è una di quelle realtà moderne, di grande respiro e dai confort impeccabili, con ampie camere ben accessoriate e piacevoli spazi comuni. Un hotel funzionale, ideale per una clientela business.

82 cam ⬛ – †120/200 € ††120/200 € – 3 suites

via Pola 8
– ☎ 0173 364855 – www.hotelcalissano.it

🏨 Palazzo Finati   ⛱ AC P

TRADIZIONALE · ROMANTICO Crema, vermiglio, indaco, eleganza delle forme e morbidezza dei tessuti: nell'ottocentesco palazzo del centro convivono una romantica storicità e l'attenzione per il dettaglio.

9 cam ⬛ – †120/200 € ††150/250 €

via Vernazza 8
– ☎ 0173 366324 – www.palazzofinati.it – Chiuso 2 settimane in agosto

🏠 Agriturismo Villa la Meridiana-Cascina Reine ⌂ ← ⌂ ⛴

CASA DI CAMPAGNA · TRADIZIONALE Originale complesso agrituristico 🅿
composto da una villa Liberty ed un attiguo cascinale: accoglienti interni e
camere in stile. Esclusiva suite, dotata di una terrazza con splendida vista sui proverbiali vigneti locali. Relax allo stato puro.

10 cam ⊊ – ♦80/90 € ♦♦95/110 €

località Altavilla 9, Est: 1 km – ℰ 0173 440112 – www.villalameridianaalba.it

ALBA Trento → Vedere Canazei

ALBA ADRIATICA
Teramo – ✉ 64011 – 12 353 ab. – Carta regionale n° **1**-B1
Carta stradale Michelin 563-N23

🍴 Arca && 🏠 🆎

CUCINA MODERNA · CONTESTO CONTEMPORANEO XX Splendida vetrata con
cucina a vista, in un locale - moderno ed elegante - che segna una svolta
nella routine gastronomica della costa abruzzese: mare o terra, ma anche
piatti vegetariani, la qualità dei prodotti e la tecnica delle preparazioni sono
ai vertici!

Menu 37/70 € – Carta 38/67 €

*viale Mazzini 109 – ℰ 0861 714647 – www.arcaristorante.it – Chiuso
5-15 settembre, sabato a mezzogiorno e martedì*

🍴 Il Palmizio 🏠 ℅

CUCINA ITALIANA · CONVIVIALE XX L'Abruzzo - terra di contadini e pescatori
- offre qui il migliore connubio: il pesce di giornata e i prodotti della terra,
d'estate accompagnati da un bel servizio in terrazza con vista mare. Imperdibili
gli antipasti, crudi e cotti.

⊜ Menu 25/35 € – Carta 35/95 €

*lungomare Marconi 160 – ℰ 0861 751339 – Chiuso 2 settimane in gennaio e lunedì
a mezzogiorno, anche domenica sera in autunno-inverno*

🏠 Eden ☆ ← ⌂ ⛴ ↳ ⟲ ⊡ ⛭ 🆎 ℅ 🚗

TRADIZIONALE · ACCOGLIENTE Sul bel lungomare e con spiaggia privata, qui
all'Eden la calda ospitalità diventa un vero dogma, a cui fanno eco ambienti contemporanei e camere di taglio classico. Più moderne all'ultimo piano.

50 cam ⊊ – ♦70/130 € ♦♦120/210 €

*lungomare Marconi 328 – ℰ 0861 714251 – www.hoteleden.it – Aperto
15 maggio-20 settembre*

🏠 Doge ☆ ← ⛴ ⟲ ⊡ ⛭ 🆎 🚗

FAMILIARE · LUNGOMARE Sarà un'accoglienza solare e sorridente a darvi il benvenuto in questa bella risorsa - comodamente sul lungomare - dalle camere arredate in stile coloniale e un ascensore panoramico con vista mozzafiato.

60 cam ⊊ – ♦40/100 € ♦♦60/120 € – 2 suites

*lungomare Marconi 292 – ℰ 0861 712508 – www.hoteldoge.it – Aperto
15 maggio-15 settembre*

🏠 Boracay ☆ ⛴ ⟲ ⊡ ⛭ 🆎 🚗

TRADIZIONALE · CLASSICO Ci guadagna in tranquillità la posizione arretrata
rispetto al mare di questa accogliente struttura dalle camere semplici e moderne
ed una bella piscina per chi cerca un'alternativa alla spiaggia.

51 cam ⊊ – ♦50/70 € ♦♦80/100 € – 2 suites

*via Cesare Battisti 171 – ℰ 0861 713612 – www.boracay.it
– Aperto 20 maggio-24 settembre*

🏠 La Pergola   ♨ 🔑 ⊡ 🆔 ⚡ 🅿

FAMILIARE · ACCOGLIENTE Lasciatevi coccolare dalla calda ospitalità di Denise e della sua piccola casa, approfittando della piacevole colazione sul terrazzino esterno in un ambiente di feeling internazionale.

9 cam � – ♦40/60 € ♦♦68/100 € – 3 suites

*via Emilia 9 – ☏ 0861 711068 – www.hotelpergola.it – Aperto
1° maggio-30 settembre*

🏠 Impero   ☆ ← 🛏 ⟳ ⅃⅗ 🔑 ⊡ 🆔 ⚡ 🚗

TRADIZIONALE · ACCOGLIENTE Albergo tradizionale, a pochi metri dal mare, con accogliente hall dipinta e arredata nelle sfumature del rosso e del rosa e comode poltrone in stile; sala ristorante con ampia veduta.

60 cam � – ♦60/130 € ♦♦110/140 € – 1 suite

*lungomare Marconi 162 – ☏ 0861 712422 – www.hotelimpero.com
– Aperto 27 maggio-23 settembre*

ALBAIRATE

Milano – ✉ 20080 – 4 684 ab. – Alt. 123 m – Carta regionale n° **10**-A2
Carta stradale Michelin 561-F8

🍴 Charlie 1983   🆔 ⟷ 🅿

CUCINA MODERNA · AMBIENTE CLASSICO 🍴🍴 In pieno centro paese, in un bel caseggiato rustico con parcheggio privato, ci si accomoda in due salette raccolte, piuttosto classiche nell'ambiente e nell'arredo, per gustare una cucina eclettica e fantasiosa che spazia tra terra e mare.

Menu 40/110 € – Carta 50/82 €

*via Pisani Dossi 26 – ☏ 02 940 6635 (consigliata la prenotazione)
– www.ristorantecharlie1983.com – solo a cena escluso la domenica – Chiuso
10 giorni in gennaio, 3 settimane in agosto, lunedì e martedì*

ALBANO LAZIALE

Roma – ✉ 00041 – 41 715 ab. – Alt. 400 m – Carta regionale n° **7**-B2
Carta stradale Michelin 563-Q19

🍴 La Galleria di Sopra   🆔

CUCINA MODERNA · ACCOGLIENTE 🍴🍴 Nella parte alta del paese, la sala principale dal soffitto a botte era un tempo il fienile di un convento di suore (la dimora confina tuttora con la tenuta papale di Castel Gandolfo). Oggi, due giovani fratelli s'ingegnano per svecchiare la cucina dei castelli. Pesce e carne in fantasiose interpretazioni.

Menu 42/60 € – Carta 43/78 €

*via Leonardo Murialdo 9 – ☏ 06 932 2791 – www.lagalleriadisopra.it – solo a
cena escluso i giorni festivi – Chiuso 7 giorni in gennaio, 10 giorni in agosto e
lunedì*

ALBAREDO D'ADIGE

Verona – ✉ 37041 – 5 254 ab. – Carta regionale n° **23**-B3
Carta stradale Michelin 562-G15

a Coriano Veronese Sud : 5 km ✉ 37050

🍴 Locanda dell'Arcimboldo   ⟷ 🛏 🍴 🔑 🆔 🅿

CUCINA CREATIVA · CONTESTO TRADIZIONALE 🍴🍴 Elegante casa dell'Ottocento ristrutturata e trasformata in una signorile locanda: particolarmente curate sia la sala che la veranda, dove potrete gustare saporiti piatti locali rivisitati e tante specialità di pesce. Sontuose le camere, arredate con raffinata ricercatezza.

Carta 32/87 €

4 cam ⊡ – ♦65/90 € ♦♦90/150 €

*via Gennari 5 – ☏ 045 702 5300 – www.locandadellarcimboldo.it – Chiuso agosto,
domenica e lunedì*

ALBARETO

Parma (PR) – ✉ 43051 – 2 156 ab. – Carta regionale n° **5**-A2
Carta stradale Michelin 562-I11

🍴 **Casimiro e voi**   🕷 🛋 ⌘ ⇔ 🅿

CUCINA CREATIVA · ROMANTICO ✗ L'antico borgo che nel XV secolo era una stazione di passaggio lungo la via Francigena, è diventato - ora - un raffinato relais, dove trova posto anche questo ristorante, espressione più autentica della cucina emiliana: ingredienti del territorio e buon vino.
Carta 35/64 €

Hotel Borgo Casale, località Casale, Est: 2,5 km – ✆ 0525 929032 (consigliata la prenotazione) – www.borgocasale.it – Chiuso martedì

🏠 **Borgo Casale**   ⌚ ≼ 🛋 🕷 🅿

LUSSO · PERSONALIZZATO In un quadro ambientale tranquillo e charmant, un piccolo borgo di collina trasformato in accogliente relais, completo nella gamma dei servizi offerti.
16 cam ⌚ – †85/125 € ††150/170 €

*località Casale, Est: 2,5 km – ✆ 0525 929032 – www.borgocasale.it
– Chiuso 9-25 gennaio*
🍴 **Casimiro e voi** – Vedere selezione ristoranti

ALBAVILLA

Como – ✉ 22031 – 5 928 ab. – Alt. 331 m – Carta regionale n° **10**-B1
Carta stradale Michelin 561-E9

🕸 **Il Cantuccio** (Mauro Elli)   🛋 ⅙ 🆊 ⇔

CUCINA MODERNA · ELEGANTE ✗✗ Un cantuccio romantico, elegantemente rustico, nel cuore della verde Brianza, dove "perdersi" nelle fantasiose rielaborazione di una cucina moderna accompagnate da una cantina di grande interesse.
➜ Calamaretti e lenticchie di Colfiorito (inverno). Filetto di lucioperca alla milanese (estate). Zuppetta di mandorle con frutti rossi e gelato al pistacchio.
Carta 51/75 €

*via Dante 36 – ✆ 031 628736 (coperti limitati, prenotare) – www.mauroelli.com
– solo a cena escluso da venerdì a domenica – Chiuso 2 settimane in gennaio,
1 settimana in agosto e lunedì*

ALBENGA

Savona – ✉ 17031 – 24 213 ab. – Carta regionale n° **8**-B2
Carta stradale Michelin 561-J6

🍴 **Pernambucco**   🕷 🛋 🆊 🅿

PESCE E FRUTTI DI MARE · ELEGANTE ✗✗ Gestione capace e insolita collocazione all'interno di un giardino, dove trova posto anche un delizioso dehors, per un locale dall'ambiente elegante che vi farà amare la cucina di mare.
Menu 38/90 € – Carta 41/97 €

viale Italia 35 – ✆ 0182 53458 – www.ilpernambucco.it – Chiuso mercoledì

🍴 **Osteria dei Leoni**   🛋 ⅙ 🆊

PESCE E FRUTTI DI MARE · CONTESTO TRADIZIONALE ✗✗ Nel centro storico di Albenga, in un edificio quattrocentesco che fu convento alle origini e scuola elementare nel secolo scorso, due caratteristiche sale e una corte interna per la bella stagione. In menu: fragranti specialità di pesce.
Menu 30/65 € – Carta 40/71 €

*vico Avarenna 1, centro storico – ✆ 0182 51937 – www.osteriadeileoni.it
– Chiuso 20 giorni in febbraio e martedì escluso agosto*

🍴 Babette ≤ 🏠 🅰🅲

LIGURE · STILE MEDITERRANEO XX Direttamente sul mare, dalla sua bella terrazza la vista offerta è quella dell'isola di Gallinara, mentre il menu propone suggestive rivisitazioni di piatti locali e sapori mediterranei.

Menu 40/48 € – Carta 40/81 €

via Michelangelo 17 – ℰ 0182 544556 – www.ristorantebabette.net – Chiuso 15 giorni in novembre, 2 settimane in marzo e martedì escluso agosto

a Salea Nord-Ovest : 5 km ⊠ 17031 – Albenga

🏠 Cà di Berta ⅏ ≤ 🛄 ⌑ 🔆 🅰🅲 ⅌ 🛁 🅿

LOCANDA · ACCOGLIENTE Impreziosito da una verde cornice di palme e ulivi, l'albergo dispone al suo interno di accoglienti camere dagli spazi generosi, infatti sono solo suite e junior-suite. Relax allo stato puro!

5 cam � – ♦120/190 € ♦♦120/190 € – 5 suites

località Cà di Berta 5 – ℰ 0182 559930 – www.hoteldiberta.it

ALBEROBELLO
Bari – ⊠ 70011 – 10 745 ab. – Alt. 428 m – Carta regionale n° **15**-C2
Carta stradale Michelin 564-E33

🍴 Il Poeta Contadino ⅏ 🅰🅲 🅿

CUCINA MODERNA · CONTESTO TRADIZIONALE XXX La visita del paese non è completa, senza i colori tutti pugliesi della cucina della famiglia Leonardo: d'ispirazione tipicamente regionale, in essa convivono armoniosamente tradizione antica e creatività.

Menu 40/55 € – Carta 52/75 €

via Indipendenza 21 – ℰ 080 432 1917 (consigliata la prenotazione) – www.ilpoetacontadino.it – Chiuso lunedì escluso agosto

🍴 Osteria del Poeta – Vedere selezione ristoranti

🍴 Osteria del Poeta

CUCINA REGIONALE · ACCOGLIENTE XX Ricavata in una vecchia stalla utilizzata come sosta per i viandanti cha da Alberobello proseguivano il loro cammino, l'Osteria del Poeta delizia i suoi ospiti con piatti dell'antica tradizione contadina e specialità di mare.

🍴 Menu 25/40 € – Carta 24/45 €

via Indipendenza 21 – ℰ 080 432 1917 – www.osteriadelpoeta.it – Chiuso lunedì escluso agosto

🍴 Trullo d'Oro 🅰🅲 ⅌

CUCINA REGIONALE · CONVIVIALE XX Nel pieno centro della località, in un trullo ottocentesco - recentemente riadattato - ambienti luminosi fanno da sfondo ad una cucina che cita il territorio.

Carta 26/57 €

via Cavallotti 27 – ℰ 080 432 1820 – www.trullodoro.it – Chiuso 7-28 gennaio, domenica sera e lunedì escluso agosto

🍴 L'Aratro 🏠 ⌖

CUCINA REGIONALE · RUSTICO X Nel caratteristico agglomerato di trulli del centro storico, piacevole trattoria dagli arredi rustici e terrazza per il dehors. Proposte del territorio, di carne e di pesce.

🍴 Menu 20/40 € – Carta 28/58 €

via Monte San Michele 25/29 – ℰ 080 432 2789 – www.ristorantearatro.it

🏨 Grand Hotel Olimpo ⓝ ⌖ ⌑ 🔆 🅰🅲 ⅌ 🛁 🚐

BUSINESS · MODERNO Non lontano dalla zona monumentale della località, hotel dal taglio moderno con ampie camere confortevoli e ambienti comuni raccolti intorno alla pianta circolare della hall lucida di marmi.

31 cam ⊇ – ♦80 € ♦♦98/130 € – 2 suites

via Sette Liberatori della Selva – ℰ 080 432 1678 – www.grandhotelolimpo.it

sulla strada statale 172 per Locorotondo Sud : 1 km

🏠 Agriturismo Fascino Antico Trulli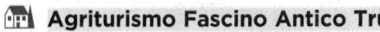

FAMILIARE · TRADIZIONALE L'esperienza di alloggiare all'interno dei trulli, alcuni originali dell'Ottocento, e di concedersi un po' di riposo nella corte-giardino: un'autentica atmosfera pugliese.

4 cam ⌑ – †60/85 € ††85/120 €

contrada Maranna ✉ 74015 Alberobello – 𝒞 329 094 2119
– www.fascinoanticotrulli.com – Chiuso 31 gennaio-15 marzo

ALBIGNASEGO
Padova – ✉ 35020 – 25 577 ab. – Alt. 13 m – Carta regionale n° **23**-C3
Carta stradale Michelin 562-F17

🍴 Il Baretto

PESCE E FRUTTI DI MARE · ACCOGLIENTE XX Una piccola sala, meta di chi vuole fare la più classica "mangiata di pesce": senza inutili svolazzi o provocazioni gastronomiche, qui troverete le classiche preparazioni venete o più genericamente italiane, tutte incentrate su un'ottima materia prima.

Carta 45/118 €

via Europa 6 – 𝒞 049 862 5019 (coperti limitati, prenotare) – Chiuso 15 giorni in agosto, domenica e lunedì

ALBINIA
Grosseto – ✉ 58010 – Carta regionale n° **18**-C3
Carta stradale Michelin 563-O15

🏠 Agriturismo Antica Fattoria la Parrina

CASA DI CAMPAGNA · PERSONALIZZATO Ambiente di raffinata ospitalità in una risorsa agrituristica ricavata nella casa padronale di una fattoria ottocentesca: interni ricchi di fascino e camere confortevoli. Bella veranda coperta a lato del giardino per il servizio ristorante.

12 cam ⌑ – †80/210 € ††120/350 €

strada vicinale Parrina km 146, Sud-Est: 6 km – 𝒞 0564 862636 – www.parrina.it

ALBISANO Verona → Vedere Torri del Benaco

ALDEIN ALDINO

ALDINO ALDEIN
Bolzano – ✉ 39040 – 1 670 ab. – Alt. 1 225 m – Carta regionale n° **19**-D3
Carta stradale Michelin 562-C16

🍴 Ploner

PESCE E FRUTTI DI MARE · FAMILIARE XX Un imperdibile, se si è in zona, ma la fragranza della cucina meriterebbe la deviazione: cucina esclusivamente a base di pesce in inverno, nelle altre stagioni anche carne. Due menu degustazione da cui si possono estrapolare a propria scelta i piatti.

Menu 47/89 € – Carta 40/78 €

via Dachselweg 1 – 𝒞 0471 886556 (consigliata la prenotazione)
– Chiuso 2 gennaio-6 febbraio, 16 giugno-5 luglio, lunedì sera e martedì

🍴 Krone

CUCINA REGIONALE · ROMANTICO X Il passato è una prerogativa di fascino che ancora non cede il passo alla modernità; in un piccolo paese di montagna, Krone è un ristorante di antica tradizione dove gustare piatti genuini e ricette sudtirolesi. Nato come punto di riferimento per l'ospitalità, conserva tutt'oggi camere semplici e discrete dall'arredo antico... ma la nuova sauna è moderna!

Carta 35/74 €

12 cam ⌑ – †65/200 € ††120/380 € – 1 suite

piazza Principale 4 – 𝒞 0471 886825 – www.gasthof-krone.it – Chiuso
6-30 novembre e lunedì

ALESSANDRIA

(AL) – ✉ 15121 – 93 943 ab. – Alt. 95 m – Carta regionale n° **12**-C2
Carta stradale Michelin 561-H7

✿ I Due Buoi   ⚜ ⅏ 🆎 ⟷

CUCINA MODERNA · ELEGANTE 𝕏𝕏 Cambio di guardia nella cucina dei Due Buoi, con l'avvento ai fornelli di un giovane cuoco giapponese. Tuttavia i cultori delle tradizioni piemontesi non si mettano in allarme: certo, c'è qualche simpatica divagazione nipponica, come i ravioli del plin che si tuffano nel brodo di katsuobushi o la nocciola che incontra l'agrume yuzu, ma fondamentalmente la cucina rimane un grande tributo ai piatti del territorio.

→ Battuta di fassona. Agnolotti del plin. Nocciola e yuzu.

Menu 48/68 € – Carta 57/77 €

Hotel Alli Due Buoi Rossi, via Cavour 32 ✉ 15121 – ℰ 0131 517171 (prenotazione obbligatoria a mezzogiorno) – www.iduebuoi.it – Chiuso 3 settimane in agosto, sabato a mezzogiorno e domenica

⅋○ Duomo   ⚜ 🏠 🆎

CUCINA MODERNA · AMBIENTE CLASSICO 𝕏𝕏 Accanto al Duomo, un locale accogliente che vi sorprenderà con curati piatti del territorio, "firmati" con fantasia da una coppia di fratelli. Sempre disponibili anche alcuni piatti a base di pesce.

Menu 42 € – Carta 39/63 €

via Parma 28 ✉ 15121 – ℰ 0131 52631 – www.ristorante-duomo.com – solo a cena – Chiuso 10 giorni in gennaio, 20 giorni in settembre e domenica

⅋○ Osteria della Luna in Brodo   🏠 🆎 ⟷

CUCINA REGIONALE · CONTESTO CONTEMPORANEO 𝕏 Piatti della tradizione regionale in un locale colorato ed accogliente. Un consiglio: non andatevene senza prima aver assaggiato gli agnolotti, il brasato e il bunet, per non dire del carrello di formaggio!

🌝 Menu 25/35 € – Carta 28/48 €

via Legnano 12 ✉ 15121 – ℰ 0131 231898 – Chiuso 1 settimana in agosto e lunedì

☖☖☖ Alli Due Buoi Rossi   ⊡ ⅏ 🆎 🎿 🚗

TRADIZIONALE · CLASSICO A poche decine di metri da Piazza della Libertà, un palazzo signorile di fine '800 ideale per partire alla scoperta del centro storico cittadino. Nelle camere regna un'atmosfera classica, buoni i bagni.

48 cam ⊠ – †65/90 € ††75/120 €

via Cavour 32 ✉ 15121 – ℰ 0131 517171 – www.hotelalliduebuoirossi.com

✿ **I Due Buoi** – Vedere selezione ristoranti

a Spinetta Marengo Est : 3 km per via Marengo ✉ 15047

✿ La Fermata (Riccardo Aiachini)   ⚜ 🛏 🏠 ⅏ 🆎 ⟷ 🅿

CUCINA MODERNA · ELEGANTE 𝕏𝕏 Nella campagna intorno ad Alessandria, in un cascinale settecentesco dagli interni moderni ed essenziali, qui viene proposta un'intelligente rivisitazione della cucina piemontese: la giusta dose di creatività, senza strafare, in prevalenza carne e appaganti sapori che si ricordano nel tempo.

→ Agnolotti alessandrini. Trancio di pesce fresco dal mercato. Morbido di cioccolato con sorbetto al lampone.

Menu 55/65 € – Carta 46/85 €

strada Bolla 2, Ovest: 1 km – ℰ 0131 617508 – www.ristorantelafermata.it – Chiuso 1 settimana in gennaio, 2 settimane in agosto, sabato a mezzogiorno e domenica

⅋○ Le Cicale   🛏 🏠 🆎

CUCINA MODERNA · BISTRÒ 𝕏𝕏 La casa dei nonni è diventata un piacevole locale arredato con gusto moderno e leggero. In sala due coniugi ed in cucina il fratello di lei: nel piatto, sapori classici italiani e regionali. Splendido il dehors sul retro circondato dal verde.

🌝 Menu 25 € (in settimana)/50 € – Carta 31/65 €

via Pinerolo 32 – ℰ 0131 216130 – www.lecicale.net – solo a cena – Chiuso 1°-20 gennaio e domenica

ALGHERO Sardegna

Sassari (SS) – ✉ 07041 – 44 019 ab. – Carta regionale n° **16**-A2
Carta stradale Michelin 366-K40

🍴 Al Tuguri   🎴 ⇄

PESCE E FRUTTI DI MARE · RUSTICO ✗✗ Bell'ambiente caratteristico, con tavoli piccoli e serrati, in un'antica casa del centro, a due passi dai Bastioni; griglia a vista per cuocere soprattutto pesce.

Menu 40/48 € – Carta 46/69 €

via Maiorca 113/115 – ☏ 079 976772 (coperti limitati, prenotare) – www.altuguri.it – Aperto 1° marzo-30 novembre; chiuso domenica

🍴 Il Pavone ⓝ   🏠 🎴

PESCE E FRUTTI DI MARE · AMBIENTE CLASSICO ✗✗ In pieno centro, locale personalizzato con quadri di artisti contemporanei e da un'originale collezione di liquori in formato mignon. Se la cucina omaggia il mare, per un'alternativa più economica accomodatevi nell'attiguo "Piccolo Pavone".

Menu 50 € – Carta 38/103 €

piazza Sulis 3/4 – ☏ 079 979584 (consigliata la prenotazione) – Chiuso 1°-10 novembre, domenica a mezzogiorno da giugno a ottobre, anche domenica sera negli altri mesi

🏨 Villa Las Tronas   

LUSSO · PERSONALIZZATO Invidiabile posizione su un piccolo promontorio e interni d'epoca per questa residenza patrizia d'inizio '900. Privacy, raffinatezza, charme permeano gli spazi comuni e le belle camere, ognuna con un proprio inconfondibile stile: alcune si affacciano sul mare o sul giardino, altre sono dotate di terrazza panoramica.

20 cam ⌷ – †170/320 € ††235/578 € – 4 suites
lungomare Valencia 1 – ☏ 079 981818 – www.hotelvillalastronas.it

🏨 Villa Mosca   🎴 🎴 🎴 🎴

STORICO · ELEGANTE Non distante dal centro storico, una bella villa dei primi '900 in posizione panoramica: camere dagli arredi moderni richiamanti lo stile liberty e, al ristorante, piatti ricchi di fantasia.

9 cam ⌷ – †99/150 € ††106/438 €
via Antonio Gramsci 17 – ☏ 079 983 8925 – www.villamosca.it

🏨 Alma di Alghero   🎴 🎴 🎴 🎴

TRADIZIONALE · MODERNO A pochi passi dalla spiaggia, hotel di taglio moderno che dispone di luminose stanze; ottimo per una clientela business non dispiacerà certo ai vacanzieri. Imperdibile, la vista dalla terrazza-solarium con piscina.

42 cam ⌷ – †75/299 € ††89/399 €
via Lido 29 – ☏ 079 985616 – www.hotel-alma-alghero.it

a Porto Conte Nord-Ovest : 13 km ✉ 07041 – Alghero

🏨 El Faro   🎴 🎴 🎴 🎴 🎴

LUSSO · MEDITERRANEO Sul mare cristallino di Capo Caccia, immerso nel parco naturale di Porto Conte, El Faro è un raffinato resort che unisce panorami mozzafiato a servizi esclusivi. Dimora di charme, opera dell'illustre architetto Simon Mossa, l'hotel è progettato sull'idea di una nave adagiata sul mare la cui vista spettacolare è godibile dalle camere, dal ristorante, dalla piscina e dalle ampie terrazze.

87 cam ⌷ – †74/400 € ††105/500 € – 2 suites
località Porto Conte 52 – ☏ 079 942010 – www.elfarohotel.it – Aperto 1° aprile-31 ottobre

ALGUND LAGUNDO

ALICE BEL COLLE
Alessandria (AL) – ⊠ 15010 – 766 ab. – Alt. 418 m – Carta regionale n° **12**-C3
Carta stradale Michelin 561-H7

⌂ Belvedere ⇧ ← ⌿ ⊡ ⅙ ⅍

TRADIZIONALE · CLASSICO Base ideale per visitare i dintorni, il nome è azzeccato: la bella vista si gode dalla veranda-ristorante, dalla sala colazioni all'ultimo piano e da molte camere. A 800 metri si può utilizzare la piscina di proprietà.
30 cam ⊆ – †50/60 € ††70/100 €

piazza Giovanni Guacchione 9 – ℰ 0144 74300 – www.belvederealice.it

ALLEGHE
Belluno – ⊠ 32022 – 1 224 ab. – Alt. 979 m – Carta regionale n° **23**-C1
Carta stradale Michelin 562-C18

a Masarè Sud-Ovest : 2 km

⌂⌂ La Maison ⍲ ⊡ ⅙ ⅍ ⇦

TRADIZIONALE · STILE MONTANO Aspettatevi un soggiorno a tutto relax: non solo in virtù della posizione un po' defilata in cui si trova la struttura, ma anche per la generosità di ampiezza della confortevoli camere. Bello il centro benessere con la piccola beauty.
13 cam ⊆ – †60/140 € ††80/160 €

via Masarè 58 ⊠ 32022 Alleghe – ℰ 0437 723737 – www.hotellamaison.com – Chiuso ottobre e novembre

⌂⌂ Barance ⇧ ← ▣ ⍲ ⊡ ⅙ ⇦

TRADIZIONALE · STILE MONTANO Interni arredati nel tipico stile alpino ed eleganti camere in questa grande casa rosa dall'ospitale gestione familiare. Tutt'intorno, sentieri per passeggiate e pareti da arrampicata; sala da pranzo ampia e accogliente, per una cucina classica e del territorio.
27 cam ⊆ – †55/90 € ††80/180 €

corso Venezia 45 ⊠ 32022 Masarè – ℰ 0437 723748 – www.hotelbarance.com – Aperto 1° dicembre-Pasqua e 20 giugno-20 settembre

a Caprile Nord-Ovest : 4 km ⊠ 32023

⅋○ Il Postin ▣ ⅍

CUCINA REGIONALE · STILE MONTANO ⅩⅩ Se dopo una giornata all'aria aperta, l'appetito si fa sentire, il Postin saprà saziare la vostra fame con ricette e sapori del territorio, in un'elegante sala da pranzo dal caldo stile montano: dalle finestre, a tenervi compagnia, l'incantevole scenario delle Dolomiti.
⇔ Menu 20/70 € – Carta 29/58 €

Hotel alla Posta, piazza Dogliani 19 – ℰ 0437 721171 – www.hotelposta.com – solo a cena da lunedì a venerdì in inverno – Aperto 20 dicembre-20 marzo e 20 giugno-15 settembre

⌂⌂⌂ Alla Posta ⇧ ▣ ⍲ ⅙ ⊡ ⅍

TRADIZIONALE · STILE MONTANO Se nella II metà dell'Ottocento era un'osteria ed una stazione per il cambio dei cavalli sul tragitto tra Impero Asburgico e Regno d'Italia, dopo quasi 150 anni la stessa casa continua ad allietare chi sosta in questa risorsa. Spazi comuni con arredi old style, centro benessere ed un'ottima pasticceria dove gustare il mitico strudel.
59 cam – solo ½ P 79/135 € – 3 suites

piazza Dogliani 19 – ℰ 0437 721171 – www.hotelposta.com – Aperto 20 dicembre-20 marzo e 20 giugno-15 settembre

⅋○ **Il Postin** – Vedere selezione ristoranti

ALMÈ

Bergamo (BG) – ⊠ 24011 – 5 652 ab. – Alt. 294 m – Carta regionale n° **10**-C1
Carta stradale Michelin 561-E10

⁕ **Frosio**   ⅋ 🛋 ⇄

CUCINA MODERNA • **ELEGANTE** XⅩ All'interno di un signorile palazzo seicentesco, la cucina moderna rivaleggia in eleganza con la bellezza delle sale, dominate dal bianco. Carne o pesce, la qualità non muta; lo stesso dicasi per i dolci e i vini.
→ Pacchero con astice e pesto di zucchine (estate). Petto e cosce di quaglia con purea di patate, carciofi e fegato d'oca (inverno). Ciliegie calde al vino rosso con gelato alla crema (estate).
Menu 30 € (pranzo in settimana) – Carta 52/84 €

piazza Lemine 1 – ℰ 035 541633 – www.frosioristoranti.it – solo a cena escluso domenica e lunedì – Chiuso 1 settimana in gennaio, 2 settimane in agosto e mercoledì

ALMENNO SAN BARTOLOMEO

Bergamo – ⊠ 24030 – 6 209 ab. – Alt. 352 m – Carta regionale n° **10**-C1
Carta stradale Michelin 561-E10

⅋○ **Collina**   ≤ 🖾 🛋 ⅋ 🄰🄲 ⇄ 🄿

CUCINA MODERNA • **CONTESTO CONTEMPORANEO** XX Grazie ad un bel restyling, la storica trattoria di famiglia si presenta oggi come un elegante ristorante panoramico e dallo stile decisamente attuale. La cucina continua nel suo percorso di ricerca di pulizia dei sapori e di qualità della materia prima, quasi sempre locale, spesso lacustre.
Menu 60 € – Carta 52/75 €

via Ca' Paler 5, sulla strada per Roncola, Nord: 1,5 km – ℰ 035 642570 – www.ristorantecollina.it – Chiuso 1°-10 gennaio, lunedì e martedì

⅋○ **Antica Osteria Giubì dal 1884**   ⅋ 🛋 🄰🄲 ⇄ 🄿

CUCINA REGIONALE • **FAMILIARE** XX Autentica trattoria immersa nel verde di un parco, da sempre di famiglia e da sempre vocata alla cucina del territorio. Un altro motivo per venirci è certamente la fornitissima cantina con circa 20.000 bottiglie, 2.000 etichette diverse e molte "verticali".
⊛ Menu 25 € (pranzo in settimana)/50 € – Carta 25/52 €

via Cascinetto 2, direzione Brembate di Sopra, Sud: 1,5 km – ℰ 035 540130 (consigliata la prenotazione la sera) – Chiuso 2 settimane in settembre e mercoledì

⅋○ **Camoretti**   🖾 🛋 ⅋ 🄰🄲 🄿

CUCINA CLASSICA • **FAMILIARE** XX Servizio cordiale e ambiente familiare, ma non crediate per questo che si lesini sulla cura del dettaglio o sulla cucina. Al contrario! Piatti rigorosamente casalinghi, salumi di produzione propria e pasta fresca.
Carta 24/53 €

Hotel Camoretti, via Camoretti 2, località Longa, Nord: 3,5 km – ℰ 035 550073 – www.camoretti.it – Chiuso 1°-8 gennaio, 15-30 agosto, i mezzogiorno di lunedì e martedì, anche domenica sera in inverno

🏠 **Camoretti**   ⅋ ≤ 🖾 🛗 ⅋ 🄰🄲 ⅋ 🛁 🚗

FAMILIARE • **ACCOGLIENTE** In posizione collinare, tra il verde della campagna bergamasca, camere accoglienti ed eleganti, in una piacevole struttura dalla calda atmosfera familiare.
22 cam 🖙 – †60/75 € ††85/95 €

via Camoretti 2, località Longa, Nord: 3,5 km – ℰ 035 550468 – www.camoretti.it – Chiuso 1°-8 gennaio e 15-30 agosto
⅋○ **Camoretti** – Vedere selezione ristoranti

ALMENNO SAN SALVATORE

Bergamo – ✉ 24031 – 5 749 ab. – Alt. 328 m – Carta regionale n° **10**-C1
Carta stradale Michelin 561-E10

🍴○ Cantina Lemine 🏠 🅐🅒 ⇔ 🅿

CUCINA CLASSICA · ELEGANTE ✕✕ Un'elegante villa ospita questo locale dal design contemporaneo, dove gustare una cucina classica e rassicurante, con carne e molto pesce. Il giardino, la cantina-enoteca ideale per consumare un semplice aperitivo, non-ché il salottino per sigari e distillati donano ulteriore fascino al locale.

Menu 65 € – Carta 38/114 €

via Buttinoni 48 – ☎ 339 452 7561 – www.cantinalemine.com – solo a cena escluso domenica – Chiuso 1 settimana in gennaio, 1 settimana in agosto, lunedì e martedì

ALPE DI SIUSI SEISER ALM

Bolzano – ✉ 39040 – Alt. 1 826 m – Carta regionale n° **19**-C2
Carta stradale Michelin 562-C16

🍴○ Gostner Schwaige ≤ 🏠 ⇥

CUCINA REGIONALE · STILE MONTANO ✕ Lasciata la cabinovia si percorre una strada non impegnativa e in mezz'ora di cammino (accorciabile tramite autobus), eccoci in questa celebre malga-gourmet. Troverete anche proposte semplici per pause veloci, ma vi consigliamo di optare per i piatti più elaborati a base di prodotti alpini, erbe di montagna, agnello, manzo e latticini. La sera è aperto solo su prenotazione con menu fisso.

Menu 55 € (cena)/65 € – Carta 35/80 €

via Saltria Numero 13, sentiero Hans e Paula – ☎ 347 836 8154 (prenotazione obbligatoria la sera) – www.gostnerschwaige.com – Aperto 15 dicembre-15 aprile e 15 maggio-30 ottobre

🏚 Alpina Dolomites

LUSSO · ELEGANTE Calore ed eleganza sono cuore e anima di questo lussuoso albergo dal design montano-minimalista, dove la luce è protagonista assoluta: tutte le camere sono infatti esposte a sud, verso il sole e la meraviglia delle Dolomiti. La vacanza è presto un sogno ad occhi aperti!

47 cam ⊑ – ✝228/754 € ✝✝350/838 € – 13 suites

via Compatsch 62/3 – ☎ 0471 796004 – www.alpinadolomites.it – Aperto 7 dicembre-1° aprile e 3 giugno-3 novembre

🏚 Seiser Alm Urthaler

LUSSO · ELEGANTE Pietra, ferro, vetro e tanto legno sono i materiali utilizzati per questo hotel di concezione "bio" ispirato ad un coinvolgente minimalismo, con ottimi servizi e spazi comuni. I sapori della tradizione vi attendono, invece, nell'ampia sala ristorante o nelle intime stube, tra cui la Jagerstube che ha una propria carta territoriale.

62 cam – solo ½ P 135/203 € – 12 suites

via Compatsch 49 – ☎ 0471 727919 – www.alpedisiusi.com – Aperto 7 dicembre-8 aprile e 17 maggio-3 novembre

ALSENO

Piacenza – ✉ 29010 – 4 714 ab. – Alt. 81 m – Carta regionale n° **5**-A2
Carta stradale Michelin 562-H11

a Cortina Vecchia Sud-Ovest : 5 km ✉ 29010

🍴○ Da Giovanni 🕸 🏠 ⇔ 🅿

CUCINA MODERNA · AGRESTE ✕✕ La settecentesca stufa in ceramica e l'arredo d'epoca potranno far volare la fantasia dei più romantici avventori. Le certezze in ogni caso vengono dalla cucina, ispirata alla tradizione piacentina, ma con molta attenzione anche alle ricette di pesce.

Menu 60 € – Carta 43/96 €

via Cortina 1040 – ☎ 0523 948304 (consigliata la prenotazione) – www.dagiovanniacortina.com – Chiuso 2 settimane in gennaio, 2 settimane in agosto, lunedì e martedì

vallo84sl/iStock

ALTA BADIA

(BZ) – Carta regionale n° **19**-C1
Carta stradale Michelin 562-C17

Corvara in Badia – ✉ 39033 – 1 358 ab. – Alt. 1 568 m – Carta regionale n° **19**-C2

Carta stradale Michelin 562-C17

⍟ La Stüa de Michil   🕸 ⇆ 🅿

CUCINA MODERNA · ROMANTICO ХХХ Non è azzardato definirlo uno dei ristoranti più romantici d'Italia: avvolti nel legno di stube storiche dal fascino intimo e sussurrato, la cucina parte dai prodotti alpini, ma non si vieta escursioni in altri territori e arriva fino al mare.
→ Risotto alla rapa rossa, formaggio ficu (di capra), bottarga e grué di cacao. Maialino croccante, anguilla laccata alla soja, rapa bianca marinata. Soufflé alla liquirizia, salsa al cioccolato bianco e sorbetto alla pera e anice.
Menu 105/125 € – Carta 85/129 €
Hotel La Perla, strada Col Alt 105 – ℰ 0471 831000 – www.hotel-laperla.it – solo a cena – Aperto 7 dicembre-2 aprile e 15 giugno-10 settembre; chiuso domenica

↑○ Bistrot La Perla ⓝ   🕸 🅿

CUCINA DEL TERRITORIO · BISTRÒ ХХ Nella parte più alta, storica e tranquilla del paese, vicino agli impianti di risalita, qui sono di casa le tradizioni ladine, ma soprattutto un'instancabile capacità inventiva, la ricerca di soluzioni sempre nuove e il romanticismo di camere personalizzate. Un sogno alpino.
Carta 45/75 €
*Hotel La Perla, strada Col Alt 105 – ℰ 0471 831000 – www.hotel-laperla.it
– Aperto 7 dicembre-2 aprile e 15 giugno-10 settembre*

↑○ Trattoria con Griglia La Tambra   ⇔ 🏠 🅿

CUCINA CLASSICA · AMBIENTE CLASSICO ХХ Un'ampia carta, qualche piatto creativo e, come suggerisce il nome, specialità alla griglia. In alcuni giorni - solo su prenotazione - è disponibile un menu ladino con piatti tipici (zuppa d'orzo, canederli, selvaggina o stinco di maiale).
Carta 28/71 €
28 cam – solo ½ P 134/344 €
*via Sassonger 2 – ℰ 0471 836281 – www.latambra.com
– Aperto inizio dicembre-inizio aprile e metà giugno-fine settembre*

ⅈ◯ Rifugio Col Alt ⇐ 🏠

CUCINA CLASSICA • SEMPLICE ⅹ Si raggiunge con comodità dal paese con l'ovo-via, pochi minuti di salita per accedere ad una vista mozzafiato sulle Dolomiti; la sera invece è necessario accordarsi per il trasporto con il gatto delle nevi. Il nome rifugio non tragga in inganno: c'è qualche piatto rustico, ma anche proposte più ricercate.

Carta 35/50 €

strada Col Alt – ℰ 0471 836324 (prenotazione obbligatoria la sera)
– www.rifugiocolalt.it – Aperto 1° dicembre-15 aprile e 20 giugno-20 settembre

🏨 La Perla ⇑ ⇐ 🛏 🖥 ⓪⓪ 🛋 🛁 🔲 🚗

GRAN LUSSO • PERSONALIZZATO Nella parte più alta, storica e tranquilla del paese, vicino agli impianti di risalita, qui sono di casa le tradizioni ladine, ma soprattutto un'instancabile capacità inventiva, la ricerca di soluzioni sempre nuove e il romanticismo di camere personalizzate. Un sogno alpino.

40 cam – solo ½ P 160/460 € – 12 suites

strada Col Alt 105 – ℰ 0471 831000 – www.hotel-laperla.it
– Aperto 7 dicembre-2 aprile e 15 giugno-10 settembre

❀ **La Stüa de Michil** • ⅈ◯ **Bistrot La Perla** – Vedere selezione ristoranti

🏨 Sassongher ⇑ 🦮 ⇐ 🖥 ⓪⓪ 🛋 🛁 🔲 🛁 🅿

LUSSO • STILE MONTANO Dominante il paese, ai piedi dell'omonima montagna, l'albergo fu costruito nel '33 e da allora mantiene l'inossidabile fascino della tradi-zione, soprattutto per chi non ama un design più moderno e preferisce le rassicu-ranti atmosfere montane. Sala ristorante panoramica sui tetti di Corvara, ma se siete romantici prenotate un tavolo nella stube del cacciatore o delle bambole.

43 cam – solo ½ P 155/305 € – 9 suites

strada Sassongher 45 – ℰ 0471 836085 – www.sassongher.it
– Aperto 7 dicembre-8 aprile e 22 giugno-16 settembre

🏨 Posta-Zirm ⇑ ⇐ 🖥 ⓪⓪ 🛋 🛁 🔲 🛁 🚗

TRADIZIONALE • STILE MONTANO Sorto nell'800 e da allora in continua muta-zione, il risultato sono tre edifici distinti con camere altrettanto diverse: le ultime nate sono da preferire. Il nuovo ristorante Taverna Posta Zirm offre cucina tipica, specialità alla griglia, pizzeria con forno a legna, piatti mediterranei e ricette vegane.

61 cam – solo ½ P 113/234 € – 13 suites

strada Col Alto 95 – ℰ 0471 836175 – www.postazirm.com
– Aperto 6 dicembre-3 aprile e 15 giugno-23 settembre

🏠 Ladinia ⇑ 🦮 🈂 🅿

STORICO • REGIONALE Un piccolo sogno alpino, dedicato a chi ama gli ambienti storici: quasi tutto qui è rimasto immutato dagli anni '30, quando aprì l'albergo. Incantevoli camere avvolte nel legno, è vero, i bagni, è vero, sono piccoli, ma potrete approfittare della spa dell'adiacente albergo La Perla.

13 cam – solo ½ P 95/182 €

strada Pedecorvara 10 – ℰ 0471 836010 – www.berghotelladinia.it – Chiuso 9 aprile-23 maggio e 3 novembre-6 dicembre

Colfosco – ✉ 39033 – Alt. 1 645 m – Carta regionale n° **19**-C2

ⅈ◯ Stria 🅿

CUCINA MODERNA • AMBIENTE CLASSICO ⅹⅹ Dedicato a chi ama la sostanza senza tanti artifici e cerimonie: in due salette semplici viene servita una cucina creativa di grande qualità, a volte creativa, spesso accompagnata da eleganti pre-sentazioni, ma sempre gustosa e convincente.

Carta 41/85 €

via Val 18 – ℰ 0471 836620 – Chiuso lunedì in bassa stagione

⌂ Arthotel Cappella

FAMILIARE · ELEGANTE Opere d'arte moderna sono disseminate dove il buon gusto comanda: persino nei corridoi e nei salotti dove ci si attarda incantati domandandosi se si tratti di un hotel con opere d'arte, o di una galleria d'arte con camere. Ricercatezze in cucina, soprattutto nelle due stube dove la sera vengono servite le proposte gourmet.

37 cam – solo ½ P 92/320 € – 10 suites

strada Pecei 17 – ℰ 0471 836183 – www.hotelcappella.com
– Aperto 4 dicembre-1° aprile e 16 giugno-16 settembre

⌂ Colfosco-Kolfuschgerhof

FAMILIARE · STILE MONTANO Ambienti signorili recentemente rinnovati con numerose salette tutte rivestite in legno, ed una dinamica famiglia - ormai da diverse generazioni - al timone di questa bella risorsa, non priva di un'ottima spa.

51 cam – solo ½ P 113/320 € – 4 suites

via Roenn 7, verso Passo Gardena, Ovest: 2 km – ℰ 0471 836188
– www.kolfuschgerhof.com – Aperto 1° dicembre-Pasqua e 1° giugno-15 ottobre

Badia – ✉ 39036 – 3 484 ab. – Alt. 1 315 m – Carta regionale n° **19**-C2

🍽 Maso Runch-Hof

CUCINA REGIONALE · SEMPLICE ✗ Come in una fiaba, alla fine di un bosco, un maso del '700 con cinque incantevoli stube ed un menu fisso, ideale escursione fra le specialità ladine. Specialità: minestra d'orzo - strudel di mele con gelato alla vaniglia.

Menu 30 €

via Runch 11, località Pedraces – ℰ 0471 839796 (coperti limitati, prenotare)
– www.masorunch.it – solo a cena – Chiuso domenica

⫶○ Stüa dla Lâ

CUCINA CREATIVA · ROMANTICO ✗✗ Tradotto dal ladino, è la stanza ricoperta di legno e di origini ottocentesche in cui viveva la nonna: oggi, il giovane e simpatico nipote è tornato a riscaldarla, servendovi un'ottima cucina che racconta la storia della valle, della sua infanzia e delle passeggiate nei boschi, ma anche il richiamo del mare, rivisitando il tutto con gusto attuale.

Menu 55/66 € – Carta 52/82 €

Hotel Gran Ander, via Runcac 29, località Pedraces, Sud: 2 km – ℰ 0471 839718
(prenotare) – www.granander.it – solo a cena – Aperto 4 dicembre-6 aprile e
10 giugno-30 settembre; chiuso lunedì e martedì

⌂ Gran Ander

FAMILIARE · REGIONALE In un contesto tranquillo e in posizione leggermente rialzata sulla valle, l'albergo sembra costruito apposta per ammirare l'austero profilo del Santa Croce. Alloggiati presso una calorosa famiglia, dormirete in camere ben tenute e dai tipici arredi montani.

19 cam � – 🛏75/125 € 🛏🛏130/230 € – 2 suites

via Runcac 29, località Pedraces, Sud: 2 km – ℰ 0471 839718 – www.granander.it
– Aperto 4 dicembre-6 aprile e 10 giugno-30 settembre

⫶○ **Stüa dla Lâ** – Vedere selezione ristoranti

⌂ Lech da Sompunt

FAMILIARE · TRADIZIONALE Affacciata su un laghetto, graziosa struttura con camere accoglienti, nuovo centro wellness con beauty farm e la possibilità di godersi la natura circostante grazie a pedalò, curling e pattinaggio. Al ristorante, serate gastronomiche con cucina ladina.

45 cam ⊫ – 🛏75/135 € 🛏🛏65/145 €

via Sompunt 36, località Pedraces, Sud-Ovest : 2 km – ℰ 0471 847015
– www.lechdasompunt.it – Aperto 4 dicembre-10 aprile e 15 giugno-20 settembre

San Cassiano – ✉ 39030 – Alt. 1 535 m – Carta regionale n° **19**-C2

✿✿✿ St. Hubertus

CUCINA MODERNA · LUSSO XxX Lo chef Niederkofler, per tutti Norbert, invita alla propria tavola le eccellenze gastronomiche alpine e lo fa utilizzando gli aromi tipici della zona come il pino mugo, il ginepro, qualche fiore e spezia: ingredienti che lui stesso seleziona rivolgendosi ai produttori locali. La sua cucina è un trionfo di colori e sapori, ma anche tecnicismi sofisticati che lo proiettano senza esitazioni nell'Olimpo delle stelle!

→ Tartare di coregone. Maialino da latte e spinaci con sandwich di testina. Riso al latte, albicocche e fiori di sambuco.

Menu 120/250 € – Carta 110/181 €

Hotel Rosa Alpina, strada Micura de Rue 20 – ☎ 0471 849500 – www.rosalpina.it – solo a cena – Aperto 1° dicembre-31 marzo e 1° giugno-30 settembre; chiuso martedì

✿✿ La Siriola

CUCINA MODERNA · LUSSO XxX Qualità, fantasia e una capacità nell'accostare i sapori fuori dal comune: partendo da una selezione di ottime materie prime, lo chef, Matteo Metullio, crea piatti contraddistinti da una cifra molto personale, riconoscibilissima. Ed in questo risiede la grandezza della sua cucina!

→ Spaghetto freddo a km 4925 (somma della distanza degli ingredienti). Maialino con purè di patate al wasabi, astice e porcini. Soufflé al cacao, gelato alla ricotta e fava tonka, centrifuga ACE.

Menu 102/128 € – Carta 70/133 €

Hotel Ciasa Salares, via Pre de Vi 31, Sud-Est: 2 km – ☎ 0471 849445 – www.ciasasalares.it – solo a cena – Aperto 7 dicembre-3 aprile e 7 giugno-16 settembre; chiuso lunedì

⅋○ Armentarola

CUCINA CLASSICA · ACCOGLIENTE XxX Tre sale per accontentare ogni gusto: classica, moderna o tipica con la piccola stube. Oggetti della tradizione locale infondono al ristorante un calore familiare, mentre la cucina offre piatti per tutti i gusti, locali e nazionali, pesce e carne. Nella bella stagione approfittate del servizio in terrazza con splendida vista.

Menu 40 € (cena) – Carta 43/90 €

Hotel Armentarola, via Pre de Vi 12, Sud-Est: 2 km – ☎ 0471 849522 – www.armentarola.com – Aperto 1° dicembre-8 aprile e 15 giugno-4 ottobre

⅋○ Wine Bar Siriola

CUCINA CLASSICA · ELEGANTE XX Non lasciatevi ingannare: il nome è Wine Bar, è vero, e c'è una bella lista di vini, ma la cucina è ricercata, estrosa e stuzzicante, servita in una sala allegra ed informale, ideale per serate conviviali e in compagnia.

Carta 41/85 €

Hotel Ciasa Salares, via Prè de Vi 31, Sud-Est: 2 km – ☎ 0471 849445 – www.ciasasalares.it – solo a cena – Aperto 7 dicembre-3 aprile e 7 giugno-16 settembre

⅋○ Wine bar & Grill

CUCINA CLASSICA · CONVIVIALE XX Qui non fanno difetto i coperti, la convivialità e l'abbondanza delle porzioni: in carta troverete piatti ladini, classici italiani, secondi piatti sia di carne che di pesce alla griglia e fondute su prenotazione. La sera anche pizza, escluso il giovedì.

Carta 42/105 €

Hotel Rosa Alpina, strada Micura de Rue 20 – ☎ 0471 849500 – www.rosalpina.it – Aperto 1° dicembre-31 marzo e 1° giugno-30 settembre

Rosa Alpina

GRAN LUSSO · ELEGANTE Emblema dell'eleganza ladina, il moltiplicarsi di spazi e arredi si traduce in un codice di raffinata sobrietà. Eccellente servizio: siamo ai vertici dell'Alto Adige!

35 cam ☲ – ♦400/455 € ♦♦490/620 € – 20 suites

strada Micura de Rue 20 – ℰ 0471 849500 – www.rosalpina.it
– Aperto 1° dicembre-31 marzo e 1° giugno-30 settembre

❀❀❀ **St. Hubertus** • ⑩ **Wine bar & Grill** – Vedere selezione ristoranti

Fanes

LUSSO · ROMANTICO Una breve salita dal centro pedonale porta ad uno degli alberghi più esclusivi della valle. Tranquillo e panoramico, l'eleganza delle camere ha pochi rivali, con straordinari accostamenti tra antico e moderno, nonché undici suite ricavate negli adiacenti chalet per un soggiorno d'incantevole romanticismo montano.

70 cam ☲ – ♦128/609 € ♦♦151/609 € – 22 suites

Pecei 19 – ℰ 0471 849470 – www.hotelfanes.it – Chiuso 8 aprile-12 giugno
e 5 novembre-5 dicembre

Ciasa Salares

LUSSO · STILE MONTANO In posizione isolata, è un incantevole chalet-hotel dove sarete accolti da un moltiplicarsi di salotti dalle atmosfere ovattate, nonché camere rivestite in legni locali. Fra le numerose offerte gastronomiche dei ristoranti della casa, non perdetevi una serata nella suggestiva cantina con salumi, formaggi e fondute!

48 cam ☲ – ♦192/258 € ♦♦272/462 € – 18 suites

via Prè di Vi 31, Sud-Est: 2 km – ℰ 0471 849445 – www.ciasasalares.it
– Aperto 7 dicembre-3 aprile e 7 giugno-16 settembre

❀❀ **La Siriola** • ⑩ **Wine Bar Siriola** – Vedere selezione ristoranti

Armentarola

FAMILIARE · STILE MONTANO Pioniere del turismo in valle quando fu costruito nel '38, è il grande albergo montano per eccellenza, in un moltiplicarsi di saloni e camere classiche o più contemporanee. La posizione isolata nel verde, il maneggio e il tennis ne fanno una meta prediletta anche d'estate.

40 cam ☲ – ♦165/390 € ♦♦250/620 € – 10 suites

via Pre de Vi 12, Sud-Est: 2 km – ℰ 0471 849522 – www.armentarola.com
– Aperto 1° dicembre-8 aprile e 15 giugno-4 ottobre

⑩ **Armentarola** – Vedere selezione ristoranti

Diamant

FAMILIARE · STILE MONTANO A pochi metri dal campanile e dal centro pedonale di San Cassiano, gli ospiti del Diamant apprezzeranno l'ampiezza e la sobrietà delle camere, in particolare le ultime nate, arredate con materiali locali attenti alla salute dell'ospite.

44 cam – solo ½ P 180/350 € – 3 suites

strada Micura de Rue 29 – ℰ 0471 849499 – www.hoteldiamant.com – Aperto
1° dicembre-5 aprile e 15 luglio-30 ottobre

Gran Paradiso

TRADIZIONALE · STILE MONTANO Lungo la strada per Cortina, sotto le maestose cime del Lavarella e Conturines, i vicini impianti di risalita rendono l'albergo popolare in inverno non meno che in estate, quando apprezzerete il parco giochi per bambini, il turismo ciclistico e le passeggiate nei boschi che lo circondano. Eleganti camere, spesso molto spaziose.

40 cam – solo ½ P 80/174 € – 4 suites

strada Pre de Vi 11 – ℰ 0471 849424 – www.gran-paradiso.it – Aperto 1°
dicembre-9 aprile e 15 giugno-24 settembre

⌂ Ciasa ai Pini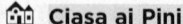

FAMILIARE · TRADIZIONALE Poco fuori dal paese verso Cortina, hotel ricavato da una struttura interamente rinnovata qualche anno fa. L'aspetto odierno è in linea con la tradizione locale: largo impiego di legno chiaro anche nelle ampie camere.

21 cam ⌑ – †50/68 € ††92/136 €

via Glira 4, Sud-Est: 1,5 km – ✆ 0471 849541 – www.ai-pini.it
– Aperto 1° dicembre-30 marzo e 1° giugno-30 settembre

La Villa – ✉ 39030 – Alt. 1 484 m – Carta regionale n° **19D**-C2

⍩○ La Gana

CUCINA REGIONALE · ELEGANTE ⅩⅩⅩ E' l'angolo gourmet dell'albergo Cristallo, una sala moderna dove il cuoco reinterpreta piatti di cucina italiana appresi nelle sue precedenti esperienze, a cui si aggiungono ora proposte dolomitiche.

Menu 89 € – Carta 56/72 €

Hotel Cristallo, strada Verda 3, Sud: 1,5 km – ✆ 0471 847762
– www.hotelcristallo-altabadia.it – solo a cena – Aperto 7 dicembre-7 aprile e 16 giugno-28 settembre

⌂ Cristallo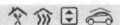

TRADIZIONALE · STILE MONTANO In posizione strategica tra La Villa e Corvara, stile alpino del tutto esclusivo per un hotel che dispone di un centro benessere con piscina coperta, spa e beauty, elegante lounge bar con smoking area, nonché camere adatte ad ogni esigenza.

50 cam ⌑ – †125/233 € ††222/414 € – 13 suites

strada Verda 3, Sud: 1,5 km – ✆ 0471 847762 – www.hotelcristallo-altabadia.it
– Aperto 7 dicembre-12 aprile e 16 giugno-28 settembre
⍩○ **La Gana** – Vedere selezione ristoranti

⌂ Diana ⓝ

FAMILIARE · STILE MONTANO La nuova generazione, con il marito anche cuoco, ha raccolto il testimone per la guida di questo raccolto e carino hotel a conduzione familiare. Siamo in montagna: il legno - un po' ovunque - non poteva mancare.

16 cam ⌑ – †98/210 € ††130/280 €

via Colz 17 – ✆ 0471 847029 – www.hoteldiana.info – Aperto inizio dicembre-fine marzo e inizio giugno-fine settembre

⌂ La Majun

BOUTIQUE HOTEL · ROMANTICO In pieno centro e di fatto a ridosso degli impianti di risalita, accoglienza incantevole, tutta al femminile: l'atmosfera montana riceve qui un tocco di modernità nelle luci e nelle decorazioni, design e colori approdano sulle Dolomiti. Al ristorante, graziose stube ciascuna intitolata ad un colore diverso e dalla cucina piatti della tradizione italiana serviti anche al sole sulla bella terrazza.

32 cam ⌑ – †89/185 € ††100/233 € – 2 suites

via Colz 59 – ✆ 0471 847030 – www.lamajun.it – Aperto 7 dicembre-2 aprile e 15 giugno-25 settembre

⌂ NaturHotel Miraval

FAMILIARE · DESIGN Ai piedi del Santa Croce, gli amanti della natura troveranno qui il loro albergo d'elezione: il Miraval è il primo Klimahotel della valle, tutto è ispirato ai principi dell'ambientalismo, dai materiali all'acustica. Simpatica gestione familiare, profusione di legni e gli impianti di risalita a due passi completano il quadro.

12 cam – solo ½ P 86/192 €

via Sompunt 19, Nord: 1 km – ✆ 0471 844055 – www.naturhotelmiraval.com
– Aperto 1° dicembre-Pasqua e 1° giugno-30 settembre

🏠 Antines　　　　　🌣 ← 🗐 ⊕ 🐒 ⚟ 🚗

FAMILIARE · PERSONALIZZATO In centro paese, ma in posizione leggermente rialzata e più tranquilla, struttura dagli ambienti luminosi ed accoglienti. Le camere sono differenziate, ma sempre arredate con ampio uso del legno, antico o moderno. Romanticismo nelle tre sale ristorante, ciascuna contraddistinta da un colore: blu, giallo e arancio.

25 cam – solo ½ P 180/400 € – 4 suites

via Picenin 18 – ☏ 0471 844234 – www.hotelantines.it – Aperto
1° dicembre-15 aprile e 15 giugno-15 settembre

🏠 Tamarindo　　　　　🐚 ← 🅿

FAMILIARE · ACCOGLIENTE Nella parte alta e più tranquilla del paese, calda accoglienza, servizio attento e camere personalizzate a prezzi ragionevolissimi (molto romantiche le due mansardate, all'ultimo piano). Insomma, tanti buoni motivi per sceglierlo!

11 cam ☲ – ♦40/65 € ♦♦79/130 €

via Plaon 20 – ☏ 0471 844096 – www.tamarindo-lavilla.it – Aperto
1° dicembre-20 aprile e 1° giugno-31 ottobre

🏠 Ciasa Montanara　　　　　🐚 ← 🐒 🚗

FAMILIARE · ACCOGLIENTE In posizione panoramica sul paese, troverete semplicità e accoglienza familiare. Le camere, recentemente rinnovate, offrono un buon confort: suggeriamo la camera numero 11, che regala - nei giorni più limpidi - una bella vista fino al passo del Falzarego.

10 cam ☲ – ♦50/60 € ♦♦100/120 €

via Plaon 24 – ☏ 0471 847735 – www.montanara.it

ALTAMURA

Bari – ✉ 70022 – 70 396 ab. – Alt. 467 m – Carta regionale n° **15**-B2
Carta stradale Michelin 564-E31

🍴 Tre Torri　　　　　🛖 🅰🅲 ✗

CUCINA REGIONALE · CONVIVIALE ✗ Anche se la zona è un po' periferica e non propriamente attraente, il ristorante si caratterizza per vivacità ed accoglienza; mentre la sua cucina per la qualità e le porzioni talmente generose, che la clientela locale lo sceglie soprattutto per il pesce. Menu esposto a voce.

Menu 40/80 € – Carta 26/87 €

via Ostuni 44 – ☏ 080 314 4024 – www.osteriatretorri.com – Chiuso
10-20 gennaio, 20-30 luglio e martedì

🏠 San Nicola　　　　　⊕ 🅰🅲 🛁

TRADIZIONALE · ELEGANTE In un palazzo settecentesco nel centro storico della città, raggiungerlo in auto è un po' difficile, ma il piccolo disagio è subito dimenticato dagli ambienti signorili e dalle funzionali camere di taglio moderno. La deliziosa corte interna, dove viene servita la prima colazione, darà il benvenuto alla vostra giornata.

23 cam ☲ – ♦55/75 € ♦♦65/90 € – 1 suite

via Luca De Samuele Cagnazzi 29
– ☏ 080 310 5199 – www.hotelsannicola.com

ALTARE

Savona – ✉ 17041 – 2 108 ab. – Alt. 398 m – Carta regionale n° **8**-B2
Carta stradale Michelin 561-I7

‖○ **Quintilio**

CUCINA REGIONALE · CONTESTO CONTEMPORANEO ✕✕ Cortesia e professionalità vi accompagneranno nella degustazione di ricette liguri e piemontesi, sebbene dopo un soggiorno in Francia da parte dello chef, il menu proponga anche specialità d'Oltralpe. Il tutto, in un ristorante le cui origini risalgono al 1889, sebbene ultimamente il locale sia stato oggetto di un importante restyling: toni neutri per un effetto più naturale e largo spazio alla tecnologia applicata all'illuminazione a led per un maggiore confort visivo.

Menu 45/110 € – Carta 35/85 €

5 cam ⌧ – ‖50 € ‖‖70 €

via Gramsci 23 – ℰ 019 58000 – www.ristorantequintilio.it
– Chiuso 2 settimane in gennaio, 2 settimane in luglio, domenica sera e lunedì

ALTAVILLA VICENTINA

Vicenza – ✉ 36077 – 12 056 ab. – Alt. 45 m – Carta regionale n° **22**-A2
Carta stradale Michelin 562-F16

‖○ **L'Altro Penacio**

CUCINA MODERNA · ALLA MODA ✕✕ Nel contesto dell'hotel Tre Torri, un ristorante classico-elegante con proposte derivanti da una cucina che ama attingere alla tradizione, ma anche ai sapori del mare.

Carta 30/60 €

Hotel Tre Torri, via Tavernelle 71 – ℰ 0444 371391 – www.hoteltretorri.it – Chiuso 10 giorni in agosto e lunedì

‖○ **Dimitri Restaurant Cafè** ●

CUCINA DEL TERRITORIO · ACCOGLIENTE ✕✕ Aperto da colazione a cena con un ventaglio di proposte di qualità e per ogni esigenza: dal fast lunch alla serata à la carte, l'ambiente è sempre giusto!

Menu 45/70 € – Carta 35/70 €

via Roma 49 – ℰ 0444 372065 – www.dimitrirestaurant.it
– Chiuso martedì sera

⌂⌂ **Tre Torri**

BUSINESS · DESIGN Legno di palissandro, lastre di ardesia e cristallo laccato: dettagli di pregio nella zona lounge di questa moderna struttura, ideale per una clientela business, ma che piacerà anche al turista in visita alla città. Ancora minimalismo come stile, e non certo per la qualità delle installazioni, nelle moderne camere.

93 cam ⌧ – ‖30/250 € ‖‖30/350 € – 1 suite

via Tavernelle 71 – ℰ 0444 572411 – www.hoteltretorri.it

‖○ **L'Altro Penacio** – Vedere selezione ristoranti

Un pasto con i fiocchi senza spendere una fortuna? Cercate i Bib Gourmand ⊛. Vi aiuteranno a trovare le buone tavole che coniugano una cucina di qualità al prezzo giusto!

ALTEDO Bologna → Vedere Malalbergo

ALTISSIMO

Vicenza – ✉ 36070 – 2 230 ab. – Alt. 672 m – Carta regionale n° **23**-B2
Carta stradale Michelin 562-F15

✿ **Casin del Gamba** (Antonio Dal Lago)   🎿 🏠 🚻 ♿ **P**

CUCINA REGIONALE · STILE MONTANO ✗✗ Non semplice da raggiungere, vi consigliamo di partire con anticipo per affrontare i numerosi tornanti tra boschi e monti, ma la ricompensa per un po' di fatica non tarderà ad arrivare... La deliziosa famiglia che vi accoglierà fa dei prodotti del territorio la bandiera della propria cucina, autentica e saporita. Va inoltre ricordato che hanno superato i 40 anni di attività e per oltre la metà del percorso fregiati dalla stella: bravissimi!

→ "Caciopepe" ad Altissimo, asparagi bianchi, pane dolce tostato. Polpa di anatra locale, frutta selvatica, porro, melograno. Ricordando la zuppa inglese.

Menu 80/90 € – Carta 57/93 €

via Roccolo Pizzati 1, (strada per Castelvecchio), Nord-Est: 2,5 km
– ☎ 0444 687709 (prenotazione obbligatoria) – www.casindelgamba.it
– Chiuso 7-21 gennaio, 16-31 agosto, domenica sera, martedì a mezzogiorno e lunedì

ALTOMONTE

Cosenza – ✉ 87042 – 4 488 ab. – Alt. 455 m – Carta regionale n° **3**-A1
Carta stradale Michelin 564-H30

�🍽 **Barbieri** ⓝ   ⟨ 🛋 🏠 ⤴ ♿ 🆔 **P**

CUCINA CALABRESE · AMBIENTE CLASSICO ✗✗ Ci si accomoda nella classica sala interna in attesa che il bel tempo permetta di sfruttare gli spazi all'aperto; mentre la carta seguendo le stagioni, vi propone i saporiti piatti di Calabria. Anche i vini sono esclusivamente regionali.

Menu 30/60 € – Carta 25/66 €

Hotel Barbieri, via Italo Barbieri 30 – ☎ 0981 948072 – www.famigliabarbieri.net

🏠 **Barbieri**   ⟨ 🛋 ⤴ 🔲 ♿ 🆔 🛎 **P**

TRADIZIONALE · CLASSICO Da oltre 40 anni un'intera famiglia è al timone di questa struttura panoramica del centro storico, dotata anche di un piccolo beauty center e di un'accogliente hall. Nella Bottega troverete in vendita il meglio dei sapori calabresi.

42 cam ⊑ – †70/95 € ††80/100 €

via Italo Barbieri 30 – ☎ 0981 948072 – www.famigliabarbieri.net

🍽 **Barbieri** – Vedere selezione ristoranti

🏠 **Il Castello di Altomonte**   ✿ 🌿 ⟨ 🔲 🆔 🍽

STORICO · ELEGANTE Domina la città dall'alto, questo castello del XII secolo che ripropone nei suoi ambienti eleganti l'atmosfera dell'antica residenza nobiliare. Ristorante e saloni affrescati per una cucina calabrese, ma con spunti di internazionalità.

12 cam ⊑ – †100 € ††120 €

piazza Castello 6 – ☎ 0981 948933 – www.altomonte.it

ALTOPASCIO

Lucca – ✉ 55011 – 15 481 ab. – Alt. 19 m – Carta regionale n° **18**-B1
Carta stradale Michelin 563-K14

🍽 **Il Melograno**   🏠

CUCINA REGIONALE · ACCOGLIENTE ✗✗ Varcata una delle porte che interrompono le mura, una suggestiva enclave di strade e dimore storiche: una cittadella fortificata piacevolmente illuminata la sera. Al primo piano di uno di questi palazzi, rivivono ricette tradizionali di terra e di mare, non prive di vena creativa.

Menu 30 € (in settimana) – Carta 37/59 €

piazza degli Ospitalieri 9 – ☎ 0583 25016 – www.ilmelogranoristorante.net
– Chiuso 16-23 agosto, 3-8 settembre, sabato a mezzogiorno e lunedì

ALZANO LOMBARDO

Bergamo – ✉ 24022 – 13 636 ab. – Alt. 304 m – Carta regionale n° **10**-C1
Carta stradale Michelin 561-E11

⏐○ RistoFante

PESCE E FRUTTI DI MARE • ELEGANTE ✗✗✗ Nel centro storico, in un antico palazzo ristrutturato, ambiente elegante e sobriamente arredato all'interno, addirittura raffinato nel bel dehors, gestito da una solida coppia di ristoratori; nonostante ne sia distante geograficamente, la cucina parla soprattutto la lingua del mare.

Carta 48/95 €

via Mazzini 41 – ℰ 035 511213 – www.ristofante.it – solo a cena escluso domenica – Chiuso 1 settimana in gennaio, 3 settimane in agosto, domenica sera e lunedì

AMALFI

Salerno – ✉ 84011 – 5 149 ab. – Carta regionale n° **4**-B2
Carta stradale Michelin 564-F25

✤ La Caravella dal 1959 (Antonio Dipino)

CUCINA REGIONALE • ACCOGLIENTE ✗✗ E' qui da più di mezzo secolo questo splendido locale che ha fatto la storia gastronomica della costiera amalfitana e che - ancora oggi - rimane indiscusso protagonista. Abilità e fantasia in una cucina che come poche sa esaltare i sapori del territorio.

→ Tartare di crostacei con mousse di zucca rossa e ricotta di bufala. Filetto di pesce del golfo con vellutata di limone d'Amalfi e limone gelato. Il sole nel piatto.

Menu 50 € (pranzo)/130 € – Carta 62/122 €

via Matteo Camera 12 – ℰ 089 871029 (consigliata la prenotazione) – www.ristorantelacaravella.it – Chiuso 19 novembre-25 dicembre, 14 gennaio-12 febbraio e martedì; in agosto i mezzogiorno di lunedì e martedì

⏐○ Santa Caterina ⓝ

CUCINA CLASSICA • LUSSO ✗✗✗ All'interno di uno dei più begli alberghi della Costiera, l'omonimo Santa Caterina, il lusso di ambienti e servizio fanno da perfetto contorno ad una splendida vista e ad una cucina che, con semplicità, propone ai clienti di tutto il mondo la fragranza ed il gusto di ricette locali.

Carta 56/158 €

Hotel Santa Caterina, via Mauro Comite, 9 – ℰ 089 871012 – www.hotelsantacaterina.it – Aperto inizio marzo-inizio novembre

⏐○ Kyushu ⓝ

CUCINA GIAPPONESE • LUSSO ✗✗✗ Nasce dal matrimonio del celebre gruppo internazionale NH con un promettente cuoco spagnolo questo nuovo ristorante che nel nome non lascia alcun dubbio sul suo stile di cucina: giapponese! In terrazza panoramica, l'offerta gastronomica prevede il meglio del Sol Levante declinata in una serie di specialità ittiche e di terra.

Menu 85/120 € – Carta 68/161 €

Grand Hotel Convento di Amalfi, via Annunziatella 46 – ℰ 089 873 6711 – www.ghconventodiamalfi.com – solo a cena – Chiuso 8 gennaio-22 marzo

⏐○ Eolo

CUCINA MEDITERRANEA • INTIMO ✗✗ Al primo piano, senza ascensore, in un edificio all'ingresso di Amalfi, piatti tradizionali rivisitati in un piccolo ristorante dall'ambiente intimo e curato; appagante vista sul mare attraverso aperture ad arco sostenute da agili colonne.

Menu 90 € – Carta 57/105 €

via Comite 3 – ℰ 089 871241 – www.eoloamalfi.it – solo a cena in giugno-settembre – Aperto 13 aprile- 25 ottobre; chiuso martedì

||O **Da Gemma** 🏠 AC

CUCINA MODERNA · CONTESTO TRADIZIONALE XX Nel cuore di Amalfi, ristorante già dal 1872, seppur l'attuale gestione sia partita "solo" nel 2008, il suo dinamico staff saprà coccolarvi con sfiziosi piatti del territorio reinterpretati in chiave moderna. Bella terrazza sul corso.

Menu 70 € – Carta 32/91 €

via Frà Gerardo Sasso 9 – 𝒞 089 871345 – www.trattoriadagemma.com – Chiuso 9-13 gennaio e mercoledì escluso 15 marzo-15 novembre

||O **Marina Grande** ≤ 🏠 🔥 AC

PESCE E FRUTTI DI MARE · ACCOGLIENTE XX Direttamente sulla spiaggia, un piacevole locale dai toni contemporanei con splendida vista mare. Ricette che ripercorrono la tradizione, ma in chiave moderna; presenti anche piatti classici.

Carta 43/77 €

viale delle Regioni 4 – 𝒞 089 871129 – www.ristorantemarinagrande.com – Aperto 10 marzo-15 novembre; chiuso martedì escluso luglio-agosto

🏨🏨 **Grand Hotel Convento di Amalfi** 🏡 🐾 ≤ 🛏 ⅃ 🕉 ⅃ѕ ⅃ 占 AC

STORICO · GRAN LUSSO In un convento del XIII secolo abbarbicato sulla P scogliera che domina la costa, impreziosito da una chiesa e dallo stupendo chiostro antico, le camere sono dominate dal colore bianco, interrotto solo dal seppiato delle foto d'epoca esposte un po' ovunque. C'è un'unica stanza affrescata (denominata del Priore), molte invece quelle con terrazza. Piante esotiche e limoni nel pittoresco giardino.

45 cam ⊡ – ♥295/2515 € ♥♥365/3275 € – 8 suites

via Annunziatella 46 – 𝒞 089 873 6711 – www.ghconventodiamalfi.com – Chiuso 8 gennaio-22 marzo

||O **Kyushu** – Vedere selezione ristoranti

🏨🏨 **Santa Caterina** 🏡 ≤ 🛏 ⅃ 🕉 ⅃ѕ 🔥 ⊡ AC 🍴 🛁 P

DIMORA STORICA · GRAN LUSSO Suggestiva vista del golfo, terrazze fiorite digradanti sul mare con ascensori per la spiaggia, interni in stile di raffinata piacevolezza: qui i sogni diventano realtà! Al ristorante soffitto a crociera, colonne, eleganti tavoli rotondi: per cene di classe.

51 cam ⊡ – ♥330/1300 € ♥♥360/1574 € – 15 suites

via Mauro Comite, 9 – 𝒞 089 871012 – www.hotelsantacaterina.it – Aperto inizio marzo-inizio novembre

||O **Santa Caterina** – Vedere selezione ristoranti

🏨 **Marina Riviera** ≤ ⅃ 🕉 ⊡ AC 🍴

TRADIZIONALE · MEDITERRANEO All'ingresso della località, in posizione panoramica, struttura dei primi anni del '900 (su fondamenta tardo settecentesche): ariosi spazi comuni e camere mediterranee arredate con gusto e sobrietà. All'ultimo piano la piscina, ma anche il bar per gli aperitivi al tramonto.

28 cam ⊡ – ♥456 € ♥♥594 € – 3 suites

via P. Comite 19 – 𝒞 089 871104 – www.marinariviera.it – Aperto 13 aprile-22 ottobre

🏠 **La Pergola** 🏡 ⊡ AC 🍴 🚗

FAMILIARE · ACCOGLIENTE In un angolo pittoresco della costa, lungo la strada per Positano, camere di buon confort in una struttura dotata di un grande e suggestivo limoneto - proprio sopra l'albergo - assolutamente da visitare e completato anche da un bell'orto garante della fragranza e genuinità delle proposte gastronomiche al ristorante.

16 cam ⊡ – ♥50/300 € ♥♥60/300 €

via Augustariccio 14, località Vettica Minore Ovest: 2 km – 𝒞 089 831088 – www.lapergolaamalfi.it – Chiuso 7 gennaio-15 marzo

⌂ Antica Repubblica · AK

FAMILIARE · ACCOGLIENTE Nel vicolo dove un tempo esercitavano i pastai, piccolo edificio tenuto a regola d'arte: camere elegantemente rifinite (due con baldacchino) ed incantevole terrazza per la prima colazione.

7 cam ☲ – ♦70/180 € ♦♦80/200 €

vico dei Pastai 2 – ☏ 089 873 6310 – www.anticarepubblica.it

⌂ Villa Lara · ➳ ⪪ ⇲ ⊡ AK ⚡

LOCANDA · PERSONALIZZATO Nella parte alta e più tranquilla della località, una dimora di fine '800 accuratamente ristrutturata, che presenta ai propri ospiti camere graziose, panorama e tanto charme.

6 cam ☲ – ♦75/185 € ♦♦90/250 €

via delle Cartiere 1 bis – ☏ 089 873 6358 – www.villalara.it – Aperto 15 marzo-31 ottobre

⌂ Relais Villa Annalara · ☆ ➳ ⪪ ⇲ ⊡ AK P

LOCANDA · MEDITERRANEO Piacevole struttura in una bella villa dotata di giardino ed ampia terrazza con scorci incantevoli. Camere tutte con vista: metà sulla costa ed il mare, metà su Ravello.

6 cam ☲ – ♦70/250 € ♦♦80/280 €

via delle Cartiere 1 – ☏ 089 871147 – www.villaannalara.it

AMANTEA

Cosenza – ✉ 87032 – 13 975 ab. – Carta regionale n° **3**-A2
Carta stradale Michelin 564-J30

⫶○ Due Bicchieri Gourmet · ⌂ AK

PESCE E FRUTTI DI MARE · ALLA MODA ✕✕ Ambiente sfizioso dedicato al mondo del vino e piatti mediterranei in prevalenza di pesce: ecco la ricetta di un simpatico locale a pochi passi dalla strada del passeggio e dei negozi.

Carta 28/60 €

via Dogana 92 ✉ 87032 Amantea – ☏ 0982 424409 (prenotazione obbligatoria) – www.ristoranteduebicchieri.it – solo a cena escluso i giorni festivi – Chiuso 2 settimane in novembre, domenica sera e lunedì escluso in luglio-settembre

⌂ La Tonnara · ☆ ⪪ ⌸ ⛭ ⚡ ⚲ ⊡ ⭥ AK ⚿ P

TRADIZIONALE · CLASSICO Fronte mare, albergo a gestione familiare ma dagli arredi moderni e accoglienti. Da preferire le camere affacciate sul mare piuttosto che lato monte.

57 cam ☲ – ♦40/90 € ♦♦50/180 € – 2 suites

via Tonnara 13, Sud: 3 km – ☏ 0982 424272 – www.latonnara.it

a Coreca Sud : 4 km ✉ 87032 – Amantea

⌂ Mareblu · ☆ ⪪ ⊡ AK P

FAMILIARE · LUNGOMARE Struttura bianca praticamente sul mare, in cui un'efficiente gestione diretta garantisce un soggiorno rilassante; camere semplici negli arredi, ma ariose e pulite. Da non perdere: l'escursione in barca e pesca sportiva con il proprietario.

18 cam – solo ½ P 40/100 €

via Coreca 25 – ☏ 0982 46296 – www.mareblubhotel.com

AMBIVERE

Bergamo – ✉ 24030 – 2 398 ab. – Alt. 261 m – Carta regionale n° **10**-C1
Carta stradale Michelin 561-E10

✿ **Antica Osteria dei Camelì** (Loredana Vescovi)   ⌂ ☂ ♿ 🅰🅺 ⇔ 🅿

CUCINA MODERNA · ELEGANTE XX La proverbiale gentilezza del marito in sala, la mano della moglie in cucina, in una cascina di origini cinquecentesche che si fa inaspettatamente moderna ed elegante all'interno. Troverete qualche piatto della tradizione, ma anche diversi viaggi verso prodotti di ogni paese, mare compreso.
→ I casoncelli alla bergamasca. Fritto di mare e verdure. Mousse leggera di cioccolato fondente.

Menu 50 € (pranzo in settimana)/100 € – Carta 76/126 €

via Marconi 13 – 𝒞 035 908000 (consigliata la prenotazione)
– www.anticaosteriadeicameli.it – Chiuso 1°-6 gennaio, 5-27 agosto, martedì sera e lunedì

AMEGLIA

La Spezia – ✉ 19031 – 4 365 ab. – Alt. 89 m – Carta regionale n° **8**-D2
Carta stradale Michelin 561-J11

✿ **Mauro Ricciardi alla Locanda dell'Angelo**   ⌂ ⇱ 🅰🅺 ❀ 🅿

CUCINA MODERNA · AMBIENTE CLASSICO XX Indirizzo storico della cucina italiana, qui officiò Angelo Paracucchi, uno dei padri della moderna gastronomia tricolore. Gli ambienti sono rimasti immutati, sobri e luminosi, disegnati negli anni '70 da Magistretti, sedie comprese, ma il timone è passato a Ricciardi, celebre figura della ristorazione del Levante. Carne e pesce in piatti di misurata creatività.
→ Tagliatelle al sambuco con calamaro. Il baccalà alla brace con salsa di daikon (radice orientale) e tartufo nero. Sfogliatina al caramello con crema leggera e frutta fresca.

Menu 50/90 € – Carta 50/85 €

Hotel Locanda dell'Angelo, viale XXV Aprile 60, (strada provinciale Sarzana-Marinella), Sud-Est: 4,5 km – 𝒞 0187 65336 (prenotazione obbligatoria a mezzogiorno) – www.chefmauroricciardi.it – Chiuso 23 dicembre-20 gennaio, 1 settimana in ottobre, lunedì e martedì

🏠 **Locanda dell'Angelo**   ☟ ⇱ 🛋 🅰🅺 ❀ 🛁 🅿

TRADIZIONALE · MINIMALISTA Albergo dedicato alla memoria dell'architetto-designer Vico Magistretti, che negli '70 progettò e arredò l'intera struttura in uno stile minimalista che segnò un'epoca, ancora oggi riconoscibile e ricercato dagli amanti di quegli anni.

31 cam ⬭ – †85/120 € ††100/170 € – 1 suite

viale XXV Aprile 60, (strada provinciale Sarzana-Marinella), Sud-Est: 4,5 km – 𝒞 0187 64391 – www.paracucchilocanda.it – Aperto 1° marzo-2 novembre
✿ **Mauro Ricciardi alla Locanda dell'Angelo** – Vedere selezione ristoranti

🏠 **La Maison del Magra**   ❀ ≼ 🅰🅺

TRADIZIONALE · PERSONALIZZATO Modernità e gradevoli personalizzazioni in questa piccola risorsa familiare dalla bella location con vista sulla foce e la possibilità di noleggio gommoni, con o senza accompagnatore, per visitare la splendida costa ligure.

10 cam ⬭ – †80/130 € ††80/190 € – 2 suites

via F. Paganini 3, località Fiumaretta – 𝒞 0187 64155 – www.maisondelmagra.com

a Montemarcello Sud : 5,5 km ✉ 19030

⑩ **Pescarino-Sapori di Terra e di Mare**   ⇔ ☟ ☂ 🛋 🅰🅺 🅿

CUCINA REGIONALE · RUSTICO XX In un locale semplice avvolto nel legno – quasi una baita – troverete una delle cucina più interessanti della zona con grande cura nella selezione dei prodotti; per chi ama la tranquillità consigliamo anche un pernottamento nelle camere, solo due ma incantevoli, con ceramiche di Vietri nei bagni.

Menu 35/43 € – Carta 27/63 €
2 cam ⬭ – †40/50 € ††70/90 €

via Borea 52, Nord-Ovest: 3 km – 𝒞 0187 601388 – www.pescarino.it – solo a cena escluso sabato e i giorni festivi – Chiuso 20 giorni in gennaio, lunedì e martedì escluso luglio- agosto

AMELIA

Terni – ✉ 05022 – 11 897 ab. – Alt. 370 m – Carta regionale n° **20**-B3
Carta stradale Michelin 563-O19

🏠 La Gabelletta   🏡 🛬 🗖 🏧 🏊 🅿

LOCANDA · PERSONALIZZATO Particolare country house ricavata dal restauro di un'antica locanda settecentesca con camere molto lineari e dai colori realizzati con terre e tinte naturali. L'omonimo ristorante propone menu stagionali e territoriali.

13 cam ☲ – ♦70/120 € ♦♦95/170 €

via Tuderte 20 – ☏ 0744 981775 – www.lagabelletta.it – Chiuso 15-31 gennaio

a Macchie Nord-Ovest : 8 km ✉ 05022 – Amelia

🍴 Tenuta del Gallo   ⬅ 🛬 🍽 🗖 🅿

CUCINA CLASSICA · ROMANTICO XX Negli ambienti interni della tenuta, ricchi di charme e romanticismo oppure seduti all'aperto davanti ad un bucolico panorama, la cucina prende spunto dalla tradizione locale senza dimenticare i classici nazionali.

Menu 50/65 € – Carta 37/64 €

Relais Tenuta del Gallo, via Ortacci 34 – ☏ 0744 987112 – www.tenutadelgallo.com – Chiuso 7-31 gennaio e novembre; aperto venerdì sera, sabato, domenica a mezzogiorno da ottobre a marzo

🏘 Relais Tenuta del Gallo   🌿 ⬅ 🛬 🗖 🏧 🅿

CASA DI CAMPAGNA · STORICO All'interno di una grande proprietà terriera, in posizione isolata e panoramica, ambienti eleganti e raffinati con mobili di pregio e quadri del Seicento e dell'Ottocento provenienti dalla collezione privata di famiglia.

7 cam ☲ – ♦128/200 € ♦♦175/210 € – 2 suites

via Ortacci 34 – ☏ 0744 987112 – www.tenutadelgallo.com – Chiuso 7-31 gennaio e novembre

🍴 **Tenuta del Gallo** – Vedere selezione ristoranti

ANACAPRI Napoli → Vedere Capri (Isola di)

ANCONA

(AN) – ✉ 60123 – 100 861 ab. – Carta regionale n° **11**-C1
Carta stradale Michelin 563-L22

🍴 Al Mandracchio   ♿ 🏧

PESCE E FRUTTI DI MARE · ALLA MODA X Al porto, solo pesce fresco (ottima la selezione di crudi!) in un locale inaspettato, dal design graffiante e "metropolitano" che anno dopo anno sta diventando un riferimento gastronomico per la città.

Carta 34/79 €

largo Fiera della Pesca 11 ✉ 60123 – ☏ 071 202990 – Chiuso domenica sera e lunedì

🍴 Sot'Ajarchi   🏧

PESCE E FRUTTI DI MARE · TRATTORIA X Esperienza ultra-ventennale in ambiente informale, familiare, decisamente al femminile per questa piccola trattoria sotto ai portici. Piatti di mare, a base di pescato fresco giornaliero: uno dei migliori indirizzi di tutta Ancona e dintorni!

Carta 27/85 €

via Marconi 93 ✉ 60125 – ☏ 071 202441 (consigliata la prenotazione) – Chiuso vacanze di Natale, agosto e domenica

🏨 Grand Hotel Palace

TRADIZIONALE · CLASSICO Situato in centro, in un palazzo seicentesco austero e nobiliare, l'hotel gode di una posizione privilegiata trovandosi esattamente di fronte al mare e a poca distanza dalla zona pedonale. Totalmente rinnovato con uno stile elegante e contemporaneo, le sue camere sono curate ed accoglienti. Piccola carta di gustosi piatti e vini di produzione propria presso il wine-bar.

41 cam ⌕ - †77/149 € ††110/245 € - 2 suites

lungomare Vanvitelli 24 ⌂ 60121 - ℰ 071 201813
- www.grandhotelpalaceancona.com

🏨 Grand Hotel Passetto

TRADIZIONALE · CLASSICO Il giardino con piscina abbellisce questo hotel alle porte della città, non lontano dal mare: eleganti e sobri interni, confortevoli camere di taglio classico.

39 cam ⌕ - †84/199 € ††106/229 € - 1 suite

via Thaon de Revel 1 ⌂ 60124 - ℰ 071 31307 - www.hotelpassetto.it

🏨 Seeport

TRADIZIONALE · INDUSTRIALE Splendidamente affacciato sulla città e sul porto, eleganza e funzionalità in uno stile romantico-industriale. Cucina gourmet al Ginevra Restaurant sul panoramico roof, o ricette della tradizione locale al Seeport Bistrò.

48 cam ⌕ - †79/399 € ††89/620 €

rupi di via XX Settembre 12 ⌂ 60123 - ℰ 071 971 5100 - www.seeporthotel.com

a Portonovo Sud-Est : 12 km per Numana C2 ⌂ 60129

🍴 Giacchetti

PESCE E FRUTTI DI MARE · AMBIENTE CLASSICO XX Nella silenziosa baia di Portonovo, locale di lunga tradizione, con annesso stabilimento balneare privato; in sala o all'aperto le classiche specialità di mare dell'Adriatico.

Menu 45/100 € - Carta 28/69 €

località Portonovo 171 - ℰ 071 801384 - www.ristorantedagiacchetti.it - Aperto inizio marzo-fine ottobre

🍴 Clandestino Susci Bar

CUCINA CREATIVA · ALLA MODA X Direttamente su una bellissima spiaggia selvaggia, la maggior parte dei tavoli puntano verso la baia ed il mare. Vero e proprio laboratorio dell'idee culinarie di Moreno Cedroni, la carta non è ampia, ma la linea di cucina è interessante, creativa ed a base di pesce (ottimi i crudi). A mezzogiorno solo panini ed insalate.

Menu 85 € - Carta 48/80 €

via Portonovo, località Poggio - ℰ 071 801422 - www.morenocedroni.it - solo a cena - Aperto fine aprile-fine ottobre

🍴 Da Emilia

PESCE E FRUTTI DI MARE · FAMILIARE X Fragrante cucina di pesce e - nella stagione calda, da maggio a ottobre - i moscioli (tipiche cozze selvatiche) tra le specialità della casa: si pranza nella bella terrazza affacciata sul mare e, volendo, sosta relax nello stabilimento balneare del ristorante.

Carta 32/66 €

nella baia - ℰ 071 801109 - www.ristoranteemilia.it - Aperto Pasqua-fine ottobre; chiuso lunedì (solo lunedì a mezzogiorno in giugno-agosto)

🏨 Fortino Napoleonico

STORICO · CLASSICO Trasformato in hotel negli anni '60, la tipica forma a lanterna ne denuncia l'origine napoleonica. Di questo glorioso passato ne serba il fascino, che si declina in antichi arredi, affreschi e camere dal lusso discreto. Fragrante cucina di mare nell'omonimo ristorante dotato di una bella terrazza panoramica per l'estate.

26 cam ⌕ - †99/230 € ††199/500 € - 4 suites

via Poggio 166 - ℰ 071 801450 - www.hotelfortino.it

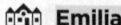 Emilia

TRADIZIONALE · MEDITERRANEO Splendida struttura affacciata sul mare dall'alto dei Monti del Conero. Bianca e illibata, gli interni sono decorati con opere d'arte moderna, mentre nelle camere è la luminosità a "colpire" l'ospite. In estate, si apre il ristorantino Gazebo per pranzi light a bordo piscina e aperitivi serali con crudi di pesce. Le spiagge distano circa due chilometri (raggiungibili con la navetta dell'albergo).

33 cam ☑ – ♦59/699 € ♦♦59/699 € – 4 suites

*via Poggio 149/a, (in collina), Ovest: 2 km – ☎ 071 801117 – www.hotelemilia.com
– Aperto inizio aprile-fine ottobre*

Internazionale

FAMILIARE · FUNZIONALE In una tranquilla oasi verde, sulle pendici del promontorio che disegna la baia di Portonovo, un albergo a gestione diretta, con interni lineari; camere di due tipologie. Pareti con pietra a vista e ampie finestre panoramiche nella sala da pranzo.

25 cam ☑ – ♦54/399 € ♦♦54/399 €

*via poggio 148, loc Portonovo – ☎ 071 801001 – www.hotel-internazionale.com
– Aperto 15 marzo-15 novembre*

ANDALO

Trento – ✉ 38010 – 1 076 ab. – Alt. 1 042 m – Carta regionale n° **19**-B2
Carta stradale Michelin 562-D15

Corona Dolomites

TRADIZIONALE · MODERNO L'albergo in una decina di anni si è rifatto il look diventando un riferimento per la località: gestione valida, spazi generosi e servizi a 360°. La luce, qui, è di casa, a partire dal luminoso centro benessere.

43 cam – solo ½ P 90/165 €

*via Dossi 6 – ☎ 0461 585872 – www.coronadolomiteshotel.com – Aperto inizio
dicembre-Pasqua e metà giugno-inizio ottobre*

Dolce Avita Spa & Resort

TRADIZIONALE · STILE MONTANO In posizione panoramica e soleggiata, hotel dagli spazi accoglienti e ben arredati: camere "romantic" con letto a baldacchino e junior suite adatte alle famiglie. 500 mq di benessere presso la moderna Spa & Beauty.

26 cam – solo ½ P 85/155 € – 10 suites

*via del Moro 1 – ☎ 0461 585912 – www.hoteldolceavita.it
– Aperto 3 dicembre-31 marzo e 19 giugno-17 settembre*

Cristallo

TRADIZIONALE · STILE MONTANO Dista pochi metri dagli impianti di risalita, in pratica è il più vicino, questo piacevole albergo dagli accoglienti interni in stile montano, ad eccezione della hall d'ispirazione più moderna. Il centro benessere si completa con la zona beauty (massaggi e trattamenti).

37 cam ☑ – ♦70/190 € ♦♦140/230 €

*via Rindole 1 – ☎ 0461 585744 – www.hotelcristalloandalo.com – Aperto
1° dicembre-1° aprile e 15 giugno-15 settembre*

Ambiez Suite Hotel

SPA E WELLNESS · STILE MONTANO Risorsa a conduzione familiare dalle ampie camere in stile montano, nonché gradevole zona benessere con tanto di beauty farm. Piatti trentini, ma non solo, nel tipico ristorante dove ai fornelli si destreggia il patron dell'hotel.

22 cam ☑ – ♦57/99 € ♦♦132/182 € – 3 suites

*via Priori 8 – ☎ 0461 585556 – www.hotelambiez.com
– Aperto 7 dicembre-1° aprile e 15 giugno-16 settembre*

🏨 Piccolo Hotel Suite Resort   ☆ 🐾 ← 🛏 🛗 🔲 ⅃ 🎿 🚗

TRADIZIONALE · STILE MONTANO Bella casa con giardino rinnovata negli anni e situata in posizione tranquilla, da cui si ammira lo splendido gruppo del Brenta e Paganella. Per gli amanti del vino, c'è anche una saletta degustazione dove divertirsi con il patron-sommelier.

18 cam – solo ½ P 85/130 € – 8 suites

via Pegorar 2 – 𝒞 0461 585710 – www.piccolo.it – Aperto 1° dicembre-31 marzo e 1° giugno-30 settembre

🏨 Serena   ☆ ← 🛏 ⅃ 🎿 🔲 🎿 🚗

FAMILIARE · STILE MONTANO Non lontano dal centro, ma in posizione più tranquilla, solida gestione diretta giunta alla seconda generazione e sempre intenta ad apportare migliorie. Vista panoramica su montagne maestose e camere confortevoli: senza ombra di dubbio, un indirizzo ideale per le famiglie!

29 cam ⌑ – ♦60/65 € ♦♦118/150 € – 3 suites

via Crosare 15 – 𝒞 0461 585727 – www.hotelserena.it – Aperto 2 dicembre-31 marzo e 16 giugno-19 settembre

ANDRIA

Barletta-Andria-Trani (BT) – ⊠ 76123 – 100 440 ab. – Alt. 151 m – Carta regionale n° **15**-B2
Carta stradale Michelin 564-D30

🕸 Umami (Felice Sgarra)   🕸 🍴 🆎 🅿

CUCINA MODERNA · ELEGANTE 𝕏𝕏𝕏 Fu grazie ad uno studio sulle alghe che agli albori del '900 i giapponesi scoprirono il quinto gusto, "umami", il saporito o sapido. Ed è, proprio, a tale filosofia che s'ispira questo locale con la sua cucina che mette in tavola i gustosi prodotti del territorio elaborati con fantasia. Ambiente raffinato, accogliente, innovativo - alle porte della città – sulla strada per Trani.

→ Segreto di maialino iberico, caciocavallo podolico e profumo di tartufo. Tubettino, scampi, ceci neri e patate. Faraona, pistacchio, capperi e yuzu.

Menu 55/105 € – Carta 44/72 €

via Trani 103 – 𝒞 0883 261201 – www.umamiristorante.it – Chiuso domenica sera e martedì

🕸 Il Turacciolo   🕸 🍴 🆎 🎿

CUCINA REGIONALE · SEMPLICE 𝕏 Ambiente informale con tovagliette di carta e menu esibito su due lavagne, in un'enoteca wine-bar del centro, dove la specialità è sicuramente il maialino caramellato al vincotto di fichi, insieme alla cassata di ricotta e salsa di mela cotogna. Ma non si esagera nel dire che tutta la cucina è semplicemente sorprendente!

Carta 26/34 €

piazza Vittorio Emanuele II° 4 – 𝒞 388 199 8889 (consigliata la prenotazione) – www.turacciolo.it – solo a cena – Chiuso 23-30 giugno, 23-30 settembre e domenica

a Montegrosso Sud-Ovest : 15 km ⊠ 70031 – Alt. 224 m

🕸 Antichi Sapori   🆎 🎿

CUCINA REGIONALE · RUSTICO 𝕏 Sformato di orzo grezzo, carciofi e sponsali - parmigiana di zucca gialla - quasi tiramisù pugliese - a cui fanno eco tante altre specialità regionali in un'originale trattoria con decorazioni di vita contadina. Dal vicino orto, le saporite verdure presenti in menu.

Menu 38 € – Carta 27/47 €

piazza Sant'Isidoro 10 – 𝒞 0883 569529 (prenotazione obbligatoria) – www.pietrozito.it – Chiuso 22 dicembre-3 gennaio, 11-20 luglio, 10-20 agosto, sabato sera e domenica

Agriturismo Biomasseria Lama di Luna

CASA DI CAMPAGNA • ORIGINALE Masseria ottocentesca ristrutturata secondo i dettami della bioarchitettura e del Feng Shui: affascinante mix di tradizione pugliese e filosofia cinese di vita naturale.

8 cam ⌛ – ♦130/160 € ♦♦160/190 € – 3 suites

contrada Lama di Luna, Sud: 3,5 km – ☎ 0883 569505 – www.lamadiluna.com
– Aperto 1° aprile-2 novembre

ANGERA

Varese – ✉ 21021 – 5 607 ab. – Alt. 205 m – Carta regionale n° **9**-A2
Carta stradale Michelin 561-E7

 Lido Angera ⩽ 🛏 🏠 🄿

CUCINA ITALIANA • FAMILIARE Ⅹ La cucina spazia in diverse direzione con gusto contemporaneo, ma senza dimenticare il lago che viene offerto alla vista dalla bella terrazza e riproposto nel piatto grazie ad ottime specialità ittiche d'acqua dolce.

Carta 30/85 €

Hotel Lido Angera, viale Libertà 11, Nord: 1 km – ☎ 0331 930232 – www.hotellido.it
– Chiuso 1°-17 gennaio e lunedì a mezzogiorno

🏠 **Lido Angera** ⩽ 🛏 🄰🄺 🄿

FAMILIARE • CONTEMPORANEO In posizione incantevole, leggermente rialzata, proprio a ridosso del lago la cui vista è assicurata dalla bella terrazza, questa calda risorsa a gestione familiare dispone di camere recentemente rinnovate con gusto moderno.

17 cam ⌛ – ♦88/100 € ♦♦120/140 €

viale Libertà 11, Nord: 1 km – ☎ 0331 930232 – www.hotellido.it
– Chiuso 27 dicembre-5 gennaio

🍽 **Lido Angera** – Vedere selezione ristoranti

ANGHIARI

Arezzo – ✉ 52031 – 5 638 ab. – Alt. 429 m – Carta regionale n° **18**-D2
Carta stradale Michelin 563-L18

🍴 **Da Alighiero** 🄰🄺

CUCINA REGIONALE • TRATTORIA Ⅹ Ospitalità schietta e familiare in una tipica trattoria all'italiana retta in sala dall'energica e simpatica toscanità del proprietario; nei piatti, i sapori tipici della regione (salumi, paste fresche, carne, formaggi e il proverbiale zuccotto). Il nostro consiglio: gnocchi ripieni di verdure, carpaccio di filetto marinato, tortino tiepido della nonna.

Carta 22/48 €

via Garibaldi 8 – ☎ 0575 788040 – www.daalighiero.it – Chiuso
15 febbraio-10 marzo e martedì

ANGUILLARA SABAZIA

Roma – ✉ 00061 – 19 357 ab. – Alt. 195 m – Carta regionale n° **7**-B2
Carta stradale Michelin 563-P18

 Country Relais I Due Laghi 🄿

CASA DI CAMPAGNA • PERSONALIZZATO Nella dolcezza e nella tranquillità dei colli, per arrivare a questo relais si attraversa uno dei maggiori centri equestri d'Italia (presso il quale è anche possibile praticare una "finta" caccia alla volpe); camere confortevoli ed una bella piscina per momenti d'impagabile relax.

23 cam ⌛ – ♦50/90 € ♦♦80/120 € – 5 suites

via della Marmotta, località Le Cerque, Nord-Est: 3 km – ☎ 06 9960 7059
– www.iduelaghi.it – Chiuso 2 settimane in gennaio

ANNONE VENETO

Venezia (VE) – ✉ 30020 – 3 954 ab. – Alt. 9 m – Carta regionale n° **23**-D2
Carta stradale Michelin 562-E20

⅋O **Il Credenziere**

PESCE E FRUTTI DI MARE · FAMILIARE ✗✗ In una piccola frazione di campagna, qui le proposte di pesce si fanno più estrose e creative, ma a pranzo c'è anche una carta dalle proposte più tradizionali ed economiche.

🍽 Menu 15 € (pranzo in settimana)/55 € – Carta 39/65 €

via Quattro Strade 12 – ☎ 0422 769922 – www.ilcredenziereristorante.it – Chiuso 1°-21 gennaio, domenica sera e lunedì

ANNUNZIATA Cuneo ➜ Vedere La Morra

ANTAGNOD Aosta ➜ Vedere Ayas

ANTERIVO

Bolzano (BZ) – ✉ 39040 – 395 ab. – Alt. 1 209 m – Carta regionale n° **19**-D3
Carta stradale Michelin 562-D16

⅋O **Kurbishof**

CUCINA REGIONALE · ROMANTICO ✗ Alla scoperta dei prodotti locali - a partire da un lupino con cui si prepara un surrogato del caffè e tante ottime carni - serviti in due caratteristiche Stuben, di cui una con vista sulla val di Cembre. Graziose camere completano questo bel maso del Settecento.

Carta 29/55 €

3 cam ⌁ – †45/65 € ††45/65 €

via Guggal 23 – ☎ 0471 882140 (consigliata la prenotazione) – www.kuerbishof.it – Chiuso 5 novembre-inizio dicembre, 2 aprile-2 maggio e martedì

ANTERSELVA DI MEZZO ANTHOLZ Bolzano ➜ Vedere Rasun Anterselva

ANTEY SAINT ANDRÈ

Aosta – ✉ 11020 – 602 ab. – Alt. 1 074 m – Carta regionale n° **21**-B2
Carta stradale Michelin 561-E4

🏠 **Maison Tissiere**

TRADIZIONALE · CONTEMPORANEO Nella parte alta del paese, un rascard (fienile) con stalla del '700, sobriamente ristrutturato: pavimenti in pietra e larice nonché arredi dalle forme semplici e discrete per non contrastare con l'architettura contadina dell'edificio.

13 cam ⌁ – †60/120 € ††120/180 €

frazione Petit Antey 9 – ☎ 0166 549140 – www.hoteltissiere.it – Aperto 1° dicembre-30 aprile e 1° giugno-15 ottobre

🏠 **Des Roses**

FAMILIARE · STILE MONTANO Cordialità e ambiente familiare in un albergo d'altura, ambienti in stile alpino e graziosa saletta al piano terra con camino e travi a vista; camere dignitose. Ristorante decorato con bottiglie esposte su mensole, sedie in stile valdostano.

21 cam – †42/56 € ††64/97 € – ⌁ 8 €

località Poutaz – ☎ 0166 548527 – www.hoteldesroses.com – Aperto 6 dicembre-4 maggio e 21 giugno-16 settembre

Il simbolo ⊛ segnala una carta dei vini particolarmente interessante.

ANZIO

Roma – ⊠ 00042 – 54 211 ab. – Carta regionale n° **7**-B3
Carta stradale Michelin 563-R19

🍴○ **Romolo al Porto** 🛱 AC

PESCE E FRUTTI DI MARE · MINIMALISTA X Un locale dalla filosofia esplicita: solo pesce fresco locale - talvolta pescato con la propria barca - e nuova zona Tender per aperitivi, nonché sushi a "miglio 0".
Carta 26/50 €

via Porto Innocenziano 19 – 𝒞 06 984 4079 – www.romoloalporto.it – Chiuso 7-23 gennaio e mercoledì

🍴○ **Da Alceste** ⩽ 🛱 AC

PESCE E FRUTTI DI MARE · STILE MEDITERRANEO X La sensazione è quella di essere su una palafitta, grazie alle vetrate su tre lati che lo rendono molto luminoso e permettono all'ospite di godere del panorama. Ma anche l'interno è un omaggio alla posizione: tinte mediterranee e una cucina che strizza l'occhio al mare.
Carta 53/94 €

piazzale Sant'Antonio 6 – 𝒞 06 984 6744 – www.alcestealbuongusto.it – Chiuso novembre e martedì

ANZOLA DELL'EMILIA

Bologna – ⊠ 40011 – 12 267 ab. – Alt. 38 m – Carta regionale n° **5**-C3
Carta stradale Michelin 562-I15

🍴○ **Il Ristorantino-da Dino** AC ⇗

CUCINA REGIONALE · AMBIENTE CLASSICO X Ristorantino in zona residenziale che vale la pena di provare per le interessanti preparazioni di cucina tradizionale: materie prime di qualità, prezzi convenienti e pesce secondo il mercato (giovedì e venerdì).
Carta 28/58 €

via 25 Aprile 11 – 𝒞 051 732364 – www.ristorantinodadino.it – Chiuso domenica sera e lunedì

AOSTA

(AO) – ⊠ 11100 – 34 390 ab. – Alt. 583 m – Carta regionale n° **21**-A2
Carta stradale Michelin 561-E3

❀ **Vecchio Ristoro** (Alfio Fascendini) ⅋ ⇗

CUCINA MODERNA · ELEGANTE XX Nel centro cittadino, una coppia di coniugi vi accoglie in ambienti rustici, ma eleganti, per servirvi la tradizione regionale alleggerita in chiave moderna.
→ Lasagne agli asparagi con uovo di quaglia all'occhio di bue e salsa al parmigiano. Trancio di rombo al verde. Parfait alla grappa di mirtilli e salsa vaniglia.
Menu 65/80 € – Carta 55/73 €

Pianta: B1-b – *via Tourneuve 4 – 𝒞 0165 33238 (consigliata la prenotazione) – www.ristorantevecchioristoro.it – Chiuso 3 settimane in giugno, 1°-7 novembre, lunedì a mezzogiorno e domenica*

🐸 **Osteria da Nando** 🛱

CUCINA REGIONALE · FAMILIARE X Splendida collocazione nel cuore della città tra l'arco di Augusto e le Porte Pretoriane per questa semplice risorsa, a conduzione familiare, caratterizzata da parquet e soffitto ad archi. Cucina squisitamente regionale con specialità quali: crespelle alla valdostana, carbonade con polenta, crema St. Orso. Il menu fisso permette di contenere un po' i costi.
Menu 35/55 € – Carta 39/76 €

Pianta: C1-a – *via Sant'Anselmo 99 – 𝒞 0165 44455 (consigliata la prenotazione) – www.osterianando.com – Chiuso 23 giugno-7 luglio, mercoledì a pranzo e martedì escluso agosto*

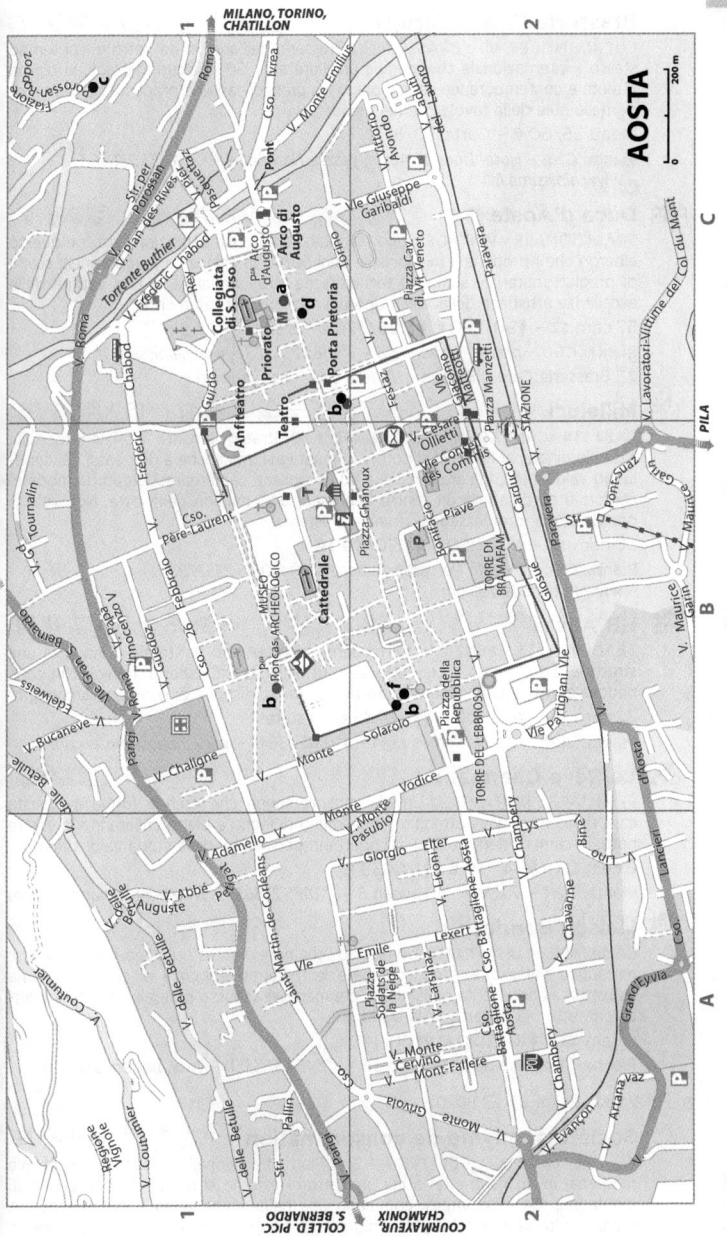

AOSTA

MILANO, TORINO, CHATILLON

COURMAYEUR, CHAMONIX, COLLE D. PICC. S. BERNARDO

PILA

0   200 m

133

⭑○ Brasserie Café d'Europe ⓝ 🛋 🏧 ❄

CUCINA MODERNA · BRASSERIE XX Brasserie dall'aria un po' retrò e - al tempo stesso - internazionale che sfoggia un'allure anni '50 in alcuni dettagli; la cucina attenta e contemporanea cede il passo - a pranzo - ad una proposta più semplice sia nello stile della tavola che nel menu.

Menu 35/60 € – Carta 30/67 €

Pianta: C1-b – *Hotel Duca d' Aosta, piazza Narbonne 8 – ℰ 0165 236363 – www.alpissima.it*

🏨 Duca d'Aosta ⓝ ⬙ ⓖ 🏧 �

TRADIZIONALE · VINTAGE Dopo un'appassionata ristrutturazione risorge questo albergo che ripropone il miglior stile anni 50/60 in chiave contemporanea: scelta di pregiati materiali, soluzioni tecnologiche all'avanguardia, e una vetrina delle eccellenze artistiche della Valle. Uno dei migliori indirizzi in città!

57 cam ⊑ – ♦90/290 € ♦♦120/320 € – 3 suites

Pianta: C1-b – *piazza Narbonne 8 – ℰ 0165 236363 – www.alpissima.it*

⭑○ Brasserie Café d'Europe – Vedere selezione ristoranti

🏨 Milleluci ❧ ≼ 🛋 🗿 ꩜ 🏠 ⬙ ⓖ ❄ 🔛 🚗

CASA DI CAMPAGNA · PERSONALIZZATO Strategicamente posizionato sulla città illuminata, al Milleluci si dorme in montagna, ma anche a due passi dal capoluogo valdostano, in caratteristiche ed accoglienti camere: rassicurati da moderni confort e coccolati da un centro benessere tra i migliori della città. Notevole la grande vasca idromassaggio riscaldata esterna!

30 cam ⊑ – ♦120/150 € ♦♦150/300 €

Pianta: C1-c – *località Porossan Roppoz 15 – ℰ 0165 235278 – www.hotelmilleluci.com*

🏨 HB Aosta ✧ ≼ ꩜ ⬙ ⓖ 🏧 🔛 🅿

TRADIZIONALE · FUNZIONALE Moderno albergo nato dal totale rinnovo di una struttura preesistente e condotto sempre dalla stessa, esperta, famiglia: in zona pedonale, ma raggiungibile in auto per gli ospiti, dispone di comodo parcheggio.

32 cam ⊑ – ♦67/100 € ♦♦97/133 € – 1 suite

Pianta: B2-b – *via Malherbes 18/A – ℰ 0165 43645 – www.hbaostahotel.com*

🏨 Le Rêve Charmant 🏧 ❄ 🚗

FAMILIARE · ROMANTICO Un affascinante sogno che prende forma in questa casa del centro, dove armoniosi inserimenti di legno e pietra culleranno le vostre notti, in camere dedicate ai più importanti personaggi della storia valdostana.

6 cam ⊑ – ♦114/139 € ♦♦114/139 €

Pianta: B2-f – *Via Marché Vaudan 6 – ℰ 0165 238855 – www.lerevecharmant.com*

🏨 Maison Bondaz ⓝ ❄

FAMILIARE · FUNZIONALE Un piccolo "chambre d'hôtes" in pieno centro storico: nell'antico palazzo si sono coniugate le moderne esigenze di confort ad una ristrutturazione attenta nella scelta dei materiali (spesso naturali ed ecocompatibili). Il tutto nel rispetto della tradizione.

6 cam ⊑ – ♦100/120 € ♦♦110/140 €

Pianta: C1-d – *via Sant Anselmo 36 – ℰ 345 637 3351 – www.maisonbondaz.it*

a Pila Sud : 15 km B2 ✉ 11020

⭑○ Société anonyme de consommation ≼ 🛋

CUCINA MODERNA · DI TENDENZA X Piatti tradizionali rielaborati in chiave moderna, in un ristorante la cui architettura esterna si rifà al classico chalet di montagna, ma i cui interni compiono una bella virata verso il minimalismo. A pranzo, il locale è raggiungibile solo con gli sci (in inverno) o a piedi (in estate); alla sera, per mezzo gatto delle nevi su prenotazione e con partenza da Pila.

Menu 40/60 € – Carta 28/54 €

– ℰ 339 535 5644 (prenotazione obbligatoria la sera) – www.ristorantesociete.it
– Aperto 8 dicembre-15 aprile e 1° luglio-31 agosto

🏠 Della Nouva

FAMILIARE · STILE MONTANO Un piccolo albergo che piacerà soprattutto agli sciatori, in virtù della sua posizione strategica a due passi dagli impianti di risalita e per il deposito sci dotato di armadietti scaldascarponi. Nelle confortevoli camere, piccole personalizzazioni danno al cliente l'impressione di esser ospite di una casa privata.

10 cam ☲ – ♦50/70 € ♦♦70/120 €

località Pila 75 – ℰ 0165 521005 – www.hoteldellanouva.it – Aperto 25 novembre-15 aprile e 24 giugno-10 settembre

a Jovençan Ovest : 5 km per Pila B2 ⊠ 11020 – Alt. 632 m

🍴 La Gabella 🅝

CUCINA REGIONALE · RUSTICO X Nell'originale ristorante ubicato in una stalla del 1600, le antiche "retse" (mangiatoie) sono ora utilizzate per le sedute. In menu, specialità tipiche valdostane, quali pierrade, raclette, fondute, affiancate da una selezione di piatti elaborati con prodotti a chilometri 0, erbe e sapori locali. A pranzo il servizio è svolto presso la brasserie dove è possibile una proposta più semplice ed economica.

ⓐⓢ Menu 13 € (pranzo in settimana) – Carta 35/40 €

Hotel Les Plaisirs d'Antan, Hameau Le Clou 44 – ℰ 0165 251660 (consigliata la prenotazione) – www.lesplaisirsdantan.com – Chiuso lunedì sera

🏡 Les Plaisirs d'Antan

CASA DI CAMPAGNA · TRADIZIONALE I piaceri di un tempo, si ripropongono all'ospite di oggi arricchiti di confort moderni: ampio centro benessere – uno dei migliori della regione! – nonché sei camere dedicate ai fiori e alle loro essenze.

6 cam ☲ – ♦70/100 € ♦♦100/140 €

Hameau Le Clou 44 – ℰ 0165 251660 – www.lesplaisirsdantan.com

🍴 **La Gabella** – Vedere selezione ristoranti

APPIANO GENTILE

Como – ⊠ 22070 – 7 719 ab. – Alt. 366 m – Carta regionale n° **18**-A1
Carta stradale Michelin 561-E8

🍴 Il Portico

CUCINA DEL MERCATO · CONVIVIALE X Lo chef Lopriore torna nella sua terra natìa con un nuovo locale dal format originale: se a pranzo la scelta è orientata su piatti unici, la sera vanno in scena menu degustazione "scomposti", ovvero carne, pesce o verdura con complementi originali, nonché sfiziosi. Una cucina del mercato dove il prodotto locale è protagonista indiscusso.

ⓐⓢ Menu 16 € (pranzo in settimana)/60 € – carta semplice a pranzo

piazza Libertà 36 ⊠ 22070 Appiano Gentile – ℰ 031 931982 (prenotare) – solo a cena in agosto – Chiuso 15 giorni in gennaio, 15 giorni in giugno, 15 giorni in novembre martedì sera e mercoledì

APPIANO SULLA STRADA DEL VINO EPPAN AN DER WEINSTRASSE

Bolzano – ⊠ 39057 – 12 308 ab. – Alt. 418 m – Carta regionale n° **19**-B2
Carta stradale Michelin 562-C15

a San Michele ⊠ 39057

🌼 Zur Rose (Herbert e Daniel Hintner)

CUCINA CREATIVA · AMBIENTE CLASSICO XX Da decenni sulla cresta dell'onda tra gli stellati dell'Alto Adige, la cucina di Hintner non risente minimamente la vecchiaia, a maggior ragione ora che lo affianca il figlio, e rimane sempre una tappa gastronomica imprescindibile lungo la romantica strada del vino.

→ Cannelloni di patate con ricotta e spinaci. Agnello nostrano con gremolata al timo. Frittata caramellata con ricotta e albicocche.

Menu 85/95 € – Carta 60/106 €

via Josef Innerhofer 2 – ℰ 0471 662249 – www.zur-rose.com – Chiuso 24-27 dicembre, 2 settimane in luglio, lunedì a mezzogiorno e domenica

🏠 Angerburg Blumen Hotel 　　　　　🏠 ⛲ ⌂ 🛋 ⬆ AC P

FAMILIARE · ACCOGLIENTE La particolarità dell'albergo consiste nel trovarsi al centro del romantico paese, ma contemporaneamente circondato da un parco con frutteto. Le camere sono semplici, alcune con suggestiva vista sui tetti di San Michele.

30 cam ⚲ – 🛏65/90 € 🛏🛏110/180 € – 1 suite

via dell'Olmo 16 – 𝒞 0471 662107 – www.hotel-angerburg.com – Aperto 23 marzo-16 dicembre

a Pigano Nord-Ovest : 1,5 km ✉ 39057 – San Michele Appiano

🏠 Stroblhof 　　　　　🏠 ⛲ ≼ ⛲ ⌂ 🖥 ⌂ 🍴 ⬆ P

FAMILIARE · ACCOGLIENTE Abbracciata dal verde dei vigneti, una grande struttura impreziosita da un bel giardino con laghetto-piscina, adatta a una vacanza con la famiglia (soprattutto per le sue camere dalle dimensioni generose!), ma c'è anche una cantina con produzione vinicola e possibilità di degustazione.

27 cam ⚲ – 🛏100/169 € 🛏🛏180/280 € – 8 suites

via Pigano 25 – 𝒞 0471 662250 – www.stroblhof.it – Aperto 24 marzo-4 novembre

a Cornaiano Nord-Est : 2 km ✉ 39057

🍴 L'Arena 　　　　　🐾 ⛲ 🏠 🛋 & AC P

CUCINA REGIONALE · ROMANTICO XX A lato della bella piscina-solarium e con una panoramica terrazza esterna, L'Arena è una tappa gourmet obbligatoria in quel di Cornaiano, arricchita ora anche da una nuova sala tutta a vetri che alza il tasso di romanticismo ed eleganza. Cucina della tradizione rivisitata.

Menu 49/80 € – Carta 44/91 €

Hotel Weinegg, via Lamm 22 – 𝒞 0471 662511 – www.weinegg.com

🏠 Weinegg 　　　　≼ ⛲ 🛋 🖥 🌐 ⌂ 🛁 🍴 ⬆ & AC 🚗

LUSSO · PERSONALIZZATO Nella tranquillità totale della natura, imponente edificio moderno con incantevole vista su monti e frutteti: ambienti personalizzati in raffinato stile tirolese, bella e completa spa. Per Pasqua 20218 è prevista la riapertura dell'hotel con una trentina di nuove suite.

25 cam ⚲ – 🛏120/220 € 🛏🛏250/370 € – 17 suites

via Lamm 22 – 𝒞 0471 662511 – www.weinegg.com – Chiuso 5 novembre-28 marzo

🍴 **L'Arena** – Vedere selezione ristoranti

🏠 Girlanerhof 　　　　　🏠 ⛲ ≼ ⛲ 🖥 ⌂ ⬆ P

TRADIZIONALE · ELEGANTE Tra filari di viti, continui lavori di miglioramento e potenziamento ne fanno un'oasi di tranquilla eleganza, sobria ricercatezza e accoglienza familiare. Il Girlanerhof invita infatti i suoi ospiti in confortevoli camere e nell'attrezzato centro benessere, deliziandoli con prelibatezze gastronomiche locali e cucina internazionale: sulla terrazza soleggiata o nella bella veranda ristorante.

26 cam ⚲ – 🛏115/140 € 🛏🛏170/260 € – 11 suites

via Belvedere 7 – 𝒞 0471 662442 – www.girlanerhof.it – Aperto Pasqua-31 ottobre

a Monte Nord-Ovest : 2 km ✉ 39057 – San Michele Appiano

🍴 Bad Turmbach 　　　　　≼ ⛲ 🏠 🛋 P

CUCINA REGIONALE · ACCOGLIENTE XX Il servizio estivo in giardino è davvero godibile, ma anche la cucina è in grado di offrire piacevoli emozioni attraverso proposte del territorio rielaborate con fantasia. La trota, preparata in vari modi, è la specialità della casa.

Menu 49/70 € – Carta 39/85 €

15 cam ⚲ – 🛏68/73 € 🛏🛏118/140 €

via Rio della Torre 4 – 𝒞 0471 662339 – www.turmbach.com – Chiuso 26 dicembre-20 marzo e mercoledì a mezzogiorno e martedì

Steinegger
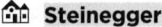

FAMILIARE · PERSONALIZZATO Possente complesso in aperta campagna, con bella vista sulla vallata, ideale per famiglie per la sua tranquillità e per le buone attrezzature sportive. Camere decorose, ambiente e gestione squisitamente familiari, l'ospitalità qui è di casa!

30 cam ⌂ – †72/95 € ††160/180 € – 1 suite
via Masaccio 9 – ℰ 0471 662248 – www.steinegger.it
– Aperto 29 marzo-4 novembre

ai laghi di Monticolo Sud-Est : 6 km ⊠ 39057 – San Michele Appiano

Gartenhotel Moser

TRADIZIONALE · ELEGANTE Ideale per una distensiva vacanza con tutta la famiglia, questo albergo immerso nella pace del suo giardino-frutteto offre ora anche una nuova zona con camere e wellness di tono moderno, armonicamente inseriti nel bel contesto naturale. Linee essenziali e colori caldi nella spaziosa sala da pranzo; servizio estivo all'aperto.

48 cam ⌂ – †130/160 € ††230/270 € – 10 suites
lago di Monticolo 104 – ℰ 0471 662095 – www.gartenhotelmoser.com
– Aperto 23 marzo-11 novembre

a Missiano Nord : 4 km ⊠ 39057 – San Paolo Appiano

Schloss Korb

DIMORA STORICA · CLASSICO Incantevole veduta panoramica sulla vallata e quiete assoluta in un castello medioevale dai raffinati e tipici interni; molte camere nell'annessa struttura più recente. Calda, raffinata atmosfera nella sala in stile rustico con pareti in pietra; cucina locale.

30 cam – solo ½ P 90/197 € – 20 suites
via Castello d'Appiano 5 – ℰ 0471 636000 – www.schloss-hotel-korb.com
– Aperto 29 marzo-30 ottobre

APPIGNANO

Macerata (MC) – ⊠ 62010 – 4 213 ab. – Alt. 199 m – Carta regionale n° **11**-C2
Carta stradale Michelin 563-L22

Osteria dei Segreti

CUCINA REGIONALE · RUSTICO XX Piatti della tradizione a prezzi particolarmente interessanti in un ex borgo agricolo con casolare, fienile ed annessi. Specialità: carpaccio di chianina rucola e grana - grigliata mista - panna cotta ai frutti di bosco. Per chi volesse prolungare la sosta, la struttura dispone di camere recentemente rinnovate in stile moderno.

Carta 19/56 €
19 cam ⌂ – †40/160 € ††70/200 €
via Verdefiore 29, Nord : 3 km – ℰ 0733 57685 – www.osteriadeisegreti.com
– Chiuso 23 febbraio-7 marzo e domenica sera escluso luglio-agosto

APRICA

Sondrio – ⊠ 23031 – 1 588 ab. – Alt. 1 172 m – Carta regionale n° **9**-C1
Carta stradale Michelin 561-D12

Gimmy's

CUCINA CREATIVA · ROMANTICO XX Proposte di cucina fantasiosa e creativa, con qualche tocco esotico, in sintonia con le stagioni e gli umori dello chef. Si cena in una bella sala/stube dai caldi toni di montagna.

Menu 40/75 € – Carta 51/86 €
Hotel Arisch, via Privata Gemelli sn – ℰ 0342 747048 (consigliata la prenotazione)
– www.hotelarisch.com – Chiuso novembre

🏠 Arisch 🕙 ⊡ & 🚗

TRADIZIONALE · ELEGANTE Una piccola bomboniera per un romantico soggiorno montano, avvolti dal legno, come in una baita, nel centro di Aprica.

23 cam � – †59/130 € ††89/240 €

via Privata Gemelli sn – 𝒞 0342 747048 – www.hotelarisch.com
– Chiuso novembre

🍴 **Gimmy's** – Vedere selezione ristoranti

APRICALE

Imperia – ✉ 18035 – 629 ab. – Alt. 273 m – Carta regionale n° **8**-A3
Carta stradale Michelin 561-K4

🍴 La Favorita ⇦ ⩽ 🗚 𝐏

CUCINA REGIONALE · RUSTICO ✕✕ Tante gustose specialità in un locale a 500 m dal paese: antipasti apricalesi, coniglio al Rossese con olive taggiasche, e sul camino che troneggia in sala, carni alla griglia cucinate sulla brace di legno d'ulivo. Nella bella stagione, si pranza e si cena nella magia della terrazza. Camere accoglienti a tema floreale.

Carta 27/50 €

6 cam ⊻ – †60/90 € ††80/110 €

località Richelmo – 𝒞 0184 208186 – www.lafavoritaapricale.com – Chiuso martedì sera e mercoledì escluso agosto

APRILIA

Latina – ✉ 04011 – 73 446 ab. – Alt. 80 m – Carta regionale n° **7**-B2
Carta stradale Michelin 563-R19

🍴 Il Focarile   🕙 ⇦ 🖨 🗚 🆎 𝐏

CUCINA MODERNA · AMBIENTE CLASSICO ✕✕✕ L'ingresso sontuoso introduce degnamente in un'ampia, luminosa sala di tono elegante con tavoli spaziati; tocco toscano per una cucina ricca di tradizione e d'inventiva e quattro eleganti camere di fronte al laghetto. Per serate più leggere, c'è anche l'Osteria Mangiaitaliano.

Menu 30/60 € – Carta 24/56 €

4 cam ⊻ – †130/150 € ††150/180 €

via Pontina al km 46,5 – 𝒞 06 928 2549 – www.ilfocarile.it – Chiuso domenica sera e lunedì

ARABBA

Belluno – ✉ 32020 – Alt. 1 602 m – Carta regionale n° **23**-B1
Carta stradale Michelin 562-C17

🍴 Stube Ladina 🕙

CUCINA REGIONALE · STUBE ✕✕ Della cucina se ne occupa direttamente il patron dell'albergo che, in una raccolta stube, propone ai suoi ospiti la materia prima del territorio in piatti ricercati e ben fatti. A coronamento di tutto, un'interessante carta dei vini.

😋 Menu 25/30 € – Carta 34/69 €

Hotel Alpenrose, via Precumon 24 – 𝒞 0436 750076 – www.alpenrosearabba.it
– Aperto 1° dicembre-8 aprile e 26 maggio-30 settembre

🍴 Miky's Grill

CUCINA REGIONALE · STILE MONTANO ✕✕ Specialità alla griglia ed un menu che spazia dalla montagna a piatti mediterranei; a mezzogiorno (solo in inverno) proposte più veloci e meno elaborate per chi a fretta di tornare sulle piste.

Carta 37/71 €

Hotel Mesdì, via Mesdì 75 – 𝒞 0436 79119 – www.mikysgrill.it
– Aperto 6 dicembre-8 aprile e 2 giugno-23 settembre

🏨 Sporthotel Arabba ♤ ⪕ 𝕟 ⅃⅍ ⊡ ⅍ Ⓟ

TRADIZIONALE · STILE MONTANO Nel cuore della località, questa grande casa di montagna offre il meglio di sé negli spazi comuni, caratterizzati da tipiche decorazioni in legno che creano una "calda" atmosfera da baita. Camere in stile o più lineari, nel centro benessere c'è anche una piccola beauty.

48 cam – solo ½ P 81/257 € – 4 suites

*via Mesdì 76 – ℰ 0436 79321 – www.sporthotelarabba.com
– Aperto 15 dicembre-1° aprile e 15 giugno-15 settembre*

🏨 Evaldo ♤ ⪕ 🛏 🖥 💿 𝕟 ⅃⅍ ⊡ ⅍ 🛁 🚗

TRADIZIONALE · STILE MONTANO Interni signorili rivestiti in legno e calda atmosfera in questa grande casa con vista panoramica sulle Dolomiti: essenze naturali, musica e acque rigeneranti presso l'originale centro benessere e piatti nazionali a cui si aggiungono specialità del luogo al ristorante.

23 cam ⌂ – ♦95/220 € ♦♦135/400 € – 17 suites

via Mesdì 3 – ℰ 0436 79109 – www.hotelevaldo.it – Aperto 8 dicembre-2 aprile e 20 maggio-7 ottobre

🏠 Alpenrose ♤ 🛥 ⪕ 𝕟 ⊡ ⅍ 🚗

TRADIZIONALE · STILE MONTANO Sulla strada che conduce al passo Pordoi, l'albergo e la dépendance propongono camere in caratteristico stile montano, modernamente accessoriate; spazi comuni signorili e gradevole zona benessere con un'interessante proposta messaggi.

27 cam ⌂ – ♦80/140 € ♦♦110/260 €

via Precumon 24 – ℰ 0436 750076 – www.alpenrosearabba.it – Aperto 1° dicembre-8 aprile e 26 maggio-30 settembre

🍴 **Stube Ladina** – Vedere selezione ristoranti

🏠 Mesdì ♤ ⪕ 𝕟 ⊡ ⅈ Ⓟ

FAMILIARE · STILE MONTANO Alle pendici del Gruppo Sella e del Passo Pordoi, nel cuore delle Dolomiti e comodamente di fronte alle seggiovie, l'hotel è perfetto per chi ama lo sport sulla neve, ma anche per chi preferisce tranquille passeggiate nel centro della località.

19 cam – solo ½ P 62/135 €

via Mesdì 75 – ℰ 0436 79119 – www.hotelmesdi.com – Aperto 6 dicembre-8 aprile e 2 giugno-23 settembre

🍴 **Miky's Grill** – Vedere selezione ristoranti

🏠 Chalet Barbara 🛥 ⪕ 𝕟 ⊡ ⅍ Ⓟ

TRADIZIONALE · STILE MONTANO Poco distante dal centro, una casa di quattro piani dalla facciata di gusto tirolese: è il legno antico a dominare negli spaziosi ambienti, recuperato da vecchi casolari. Se il buon giorno si vede dal mattino, la prima colazione qui è memorabile!

15 cam ⌂ – ♦40/140 € ♦♦80/230 €

via Precumon 23 – ℰ 0436 780155 – www.chaletbarbara.com – Aperto 15 dicembre-10 aprile e 15 giugno-15 settembre

🏠 Laura 𝕟 ⊡ ⅈ ⅍ Ⓟ

TRADIZIONALE · REGIONALE In comoda posizione centrale, ma poco distante dagli impianti di risalita, è una piacevole struttura a conduzione familiare. Il tipico stile montano, lo si ritrova anche nelle belle camere.

12 cam ⌂ – ♦90/150 € ♦♦90/150 €

via Boè 6 – ℰ 0436 780055 – www.garnilaura.it – Aperto 1° dicembre-15 aprile e 15 maggio- 30 settembre

sulla strada statale 48 Est : 3 km

🏠 Festungshotel-Al Forte ♤ ⪕ 𝕟 ⅃⅍ Ⓟ

TRADIZIONALE · STILE MONTANO Attenta ad ogni particolare è un'intera famiglia a gestire questo accogliente hotel in posizione panoramica. Ambienti in stile montano, piccola zona benessere e servizio navetta per gli impianti.

25 cam ⌂ – ♦70/140 € ♦♦110/250 € – 3 suites

via Pezzei 66 – ℰ 0436 79329 – www.alforte.com – Aperto 4 dicembre-15 aprile e 25 maggio-29 settembre

ARBATAX Sardegna Ogliastra (OG) → Vedere Tortolì

ARCETO Reggio nell'Emilia → Vedere Scandiano

ARCETRI Firenze → Vedere Firenze

ARCHI Catania (CT) → Vedere Riposto

ARCIDOSSO
Grosseto (GR) – ⊠ 58031 – 4 285 ab. – Alt. 679 m – Carta regionale n° **18**-C3
Carta stradale Michelin 563-N16

🍴 **Aiuole** Ⓝ   🅿
CUCINA DEL TERRITORIO · FAMILIARE X Un locale old style alle pendici del
monte Amiata: da quasi 50 anni condotto dalla stessa famiglia, propone
piatti forse poco moderni, ma tradizionali e saporiti.
Menu 30/40 € – Carta 30/37 €
*località Aiuole, Sud: Est 3 Km – ☏ 0564 967300 – www.aiuoleristorante.it – Chiuso
5-20 novembre e lunedì*

ARCO
Trento – ⊠ 38062 – 17 526 ab. – Alt. 91 m – Carta regionale n° **19**-B3
Carta stradale Michelin 562-E14

🏠 **On The Rock**   🛏 ⊡ 🆎
FAMILIARE · MODERNO Sito in pieno centro, dotato però di qualche posteggio e
di alcuni pass, piccolo hotel moderno, che già nel nome richiama la passione per
l'arrampicata celebrata dalla sala "boulder". Con il sole la colazione viene anche
servita all'aperto.
19 cam � – ♦50/80 € ♦♦80/140 €
– ☏ 0464 516825 – www.garnionontherock.com
– Chiuso 13 gennaio-17 marzo

ARCUGNANO
Vicenza – ⊠ 36057 – 7 314 ab. – Alt. 160 m – Carta regionale n° **22**-A2
Carta stradale Michelin 562-F16

🏨 **Villa Michelangelo**   🗺 🛁 ≼ 🚪 🗖 🅿 🆎 🗴 🅿
STORICO · ELEGANTE Camere arredate con mobili antichi e rese uniche da dettagli d'epoca, si differenziano per la particolarità del movimento architettonico
naturale della villa: siamo infatti in una residenza nobiliare del '700 con grande
parco, nel suggestivo quadro dei colli Berici.
52 cam � – ♦90/250 € ♦♦100/350 €
*via Sacco 35 – ☏ 0444 550300 – www.starhotels.com – Chiuso 1°-15 gennaio e
febbraio*

a Lapio Sud : 5 km ⊠ 36057 – Arcugnano

🍴 **Trattoria da Zamboni**   🕸 ≼ 🏡 🆎 ⇔ 🅿
CUCINA CREATIVA · ACCOGLIENTE XX In un imponente palazzo d'epoca, le
sobrie sale quasi si fanno da parte per dare spazio al panorama sui colli Berici e
alla cucina, tradizionale e rivisitata al tempo stesso.
Menu 30 € – Carta 28/54 €
*via Santa Croce 73 – ☏ 0444 273079 – www.trattoriazamboni.it – Chiuso
2-10 gennaio, 2 settimane in agosto, lunedì e martedì*

a Soghe Sud : 9,5 km ⊠ 36057 – Arcugnano

🍴 **Antica Osteria da Penacio**　　🛱 🖭 ⇔ 🅿

VENEZIANA · CONTESTO TRADIZIONALE XX Ristorante a conduzione familiare in
una villetta al limitare di un bosco: all'interno due raffinate salette e una piccola,
ma ben fornita, enoteca; cucina tradizionale.

Carta 30/55 €

*via Soghe 62 – ℰ 0444 273540 – www.penacio.it – Chiuso 10 giorni in
febbraio-marzo, 10 giorni in novembre, giovedì a mezzogiorno e mercoledì*

ARDENZA Livorno → Vedere Livorno

AREMOGNA L'Aquila → Vedere Roccaraso

ARENZANO

Genova – ⊠ 16011 – 11 519 ab. – Carta regionale n° **8**-B2
Carta stradale Michelin 561-I8

❀ **The Cook** (Ivano Ricchebono)　　🛱 🖭 🅿

CUCINA CREATIVA · ELEGANTE XxX Anche in questa nuova sede, all'interno del
Grand Hotel Arenzano, la sua cucina prevalentemente di mare elaborata con precisione, fantasia e creatività permette a questo moderno ristorante di collocarsi
sempre nella volta stellata.
→ Spaghettone freddo, cipolla rossa, caviale e novellame. Cappon magro. Sacri-
pantina (dolce genovese).

Menu 75 € – Carta 53/114 €

*Grand Hotel Arenzano, lungomare Stati Uniti 2 – ℰ 010 91091
– www.thecookrestaurant.com – Chiuso 15 dicembre-15 gennaio e martedì*

🏨 **Grand Hotel Arenzano**　　🍃 ⪪ 🛋 ⫶ 🎇 🛴 ⊡ ఉ 🖭 🏖 🅿

LUSSO · LUNGOMARE Grande villa d'inizio secolo sul lungomare: un albergo di
sobria eleganza dalle camere piacevolmente spaziose, piccola zona benessere e
simpatico lounge bar serale in piscina durante la bella stagione.

104 cam ⌂ – †60/288 € ††80/400 € – 5 suites

*lungomare Stati Uniti 2 – ℰ 010 91091 – www.gharenzano.it – Chiuso
15 dicembre-15 gennaio*

❀ **The Cook** – Vedere selezione ristoranti

🏨 **Poggio Hotel**　　🍃 ⛱ ⊡ ఉ 🖭 🏖 ⇞

BUSINESS · FUNZIONALE In prossimità dello svincolo autostradale, ideale quindi
per una clientela d'affari o di passaggio, hotel d'ispirazione contemporanea con
camere su due piani, quelle al secondo sono migliori e più recenti.

40 cam ⌂ – †40/122 € ††50/142 €

via di Francia 24, Ovest: 2 km – ℰ 010 913 5320 – www.poggiohotel.it

ARESE

Milano – ⊠ 20020 – 19 187 ab. – Alt. 160 m – Carta regionale n° **10**-B2
Carta stradale Michelin 561-F9

🍴 **Il Piccolo Principe**　　🛱 ఉ 🖭

CUCINA ITALIANA · CONTESTO CONTEMPORANEO XX Ambiente moderno nello
stile e nell'offerta gastronomica che propone i sapori nazionali; in aggiunta troverete anche l'offerta più informale dell'Hostaria con piccoli percorsi (dai 10 ai 13
euro) di piatti in versione finger.

🍴 Menu 25 € (in settimana)/50 € – Carta 36/69 €

*via Caduti 35/37 – ℰ 02 9358 0144 – www.ilpiccoloprincipe-arese.it – Chiuso
10-16 agosto, domenica sera e lunedì*

AREZZO

(AR) – ⊠ 52100 – 99 543 ab. – Alt. 296 m – Carta regionale n° **18**-D2
Carta stradale Michelin 563-L17

⅋○ **La Lancia d'Oro** 🖙

CUCINA REGIONALE · CONTESTO STORICO ⅩⅩ Bel locale, pieno di decorazioni e oggetti, sito nella celebre piazza delle manifestazioni storiche, sotto le splendide logge del Vasari, dove d'estate è svolto il servizio all'aperto; cucina toscana.
Menu 38/55 € – Carta 34/80 €

Pianta: B2-u – *piazza Grande 18/19 – ℰ 0575 21033 – www.ristorantelanciadoro.it – Chiuso 15-28 febbraio, 13-27 novembre, domenica sera e lunedì escluso luglio-agosto*

⅋○ **Le Chiavi d'Oro** 🖙 ⅙ 🖻

CUCINA MODERNA · CONTESTO CONTEMPORANEO ⅩⅩ Accanto alla basilica di San Francesco, il ristorante sfoggia un look originale: pavimento in parte in legno, in parte in resina, nonché sedie girevoli anni '60 ed altre di design danese; una parete di vetro consente di sbirciare il lavoro in cucina. Sulla tavola, piatti del territorio moderatamente rivisitati.
Carta 39/65 €

Pianta: B2-f – *piazza San Francesco 7 – ℰ 0575 403313
– www.ristorantelechiavidoro.it – Chiuso lunedì, anche martedì a mezzogiorno da ottobre a marzo*

⊓○ **Saffron** 🛋 AC

CUCINA MODERNA · CONTESTO CONTEMPORANEO XX Ristorante dal design contemporaneo e allo stesso tempo soffuso, presenta ricette moderne nel menu, soprattutto a base di pesce, nonché qualche piatto d'impostazione orientale.

Carta 43/84 €

Pianta: B2-b – *piazza Sant'Agostino 16 – ℰ 0575 182 4560 (consigliata la prenotazione) – solo a cena – Chiuso lunedì*

⊓○ **La Tagliatella** 🍴 AC

CUCINA REGIONALE · AMBIENTE CLASSICO XX In un locale leggermente periferico, colori chiari per un ambiente luminoso le cui decorazioni sono un evidente richiamo al mondo del vino. In menu: cucina di terra con specialità di carne di razza chianina.

Carta 33/55 €

viale Giotto 45/47, 1 km per Sansepolcro – ℰ 0575 21931 – Chiuso 2 settimane in agosto, domenica sera e mercoledì

🏠 **Badia di Pomaio** ⓝ 🌿 🕭 ≤ 🛋 🛒 ᕆ AC P

DIMORA STORICA · CLASSICO Immerso nel silenzio più completo, questo albergo ricavato in un monastero del Seicento offre un ampio panorama su Arezzo e dintorni, confort e stile toscano al suo interno. Al ristorante si propongono i sapori della regione.

17 cam ☲ – ♦65/100 € ♦♦85/155 € – 2 suites

località Pomaio 4, Est: 6 km – ℰ 0575 353210 – www.hotelbadiadipomaio.it – Chiuso gennaio

🏠 **Graziella Patio Hotel** 🛗 AC

BOUTIQUE HOTEL · CENTRALE Segni d'Africa e d'Oriente in un albergo che presenta ambientazioni davvero originali, le camere s'ispirano, infatti, ai racconti di viaggio del romanziere Bruce Chatwin. Tre di esse, inoltre, sono dedicate alla spa: una con vasca jacuzzi, l'altra con sauna ed, ultima ma non ultima, una con lampada per cromoterapia.

6 cam ☲ – ♦120/135 € ♦♦150/180 € – 4 suites

Pianta: B2-c – *via Cavour 23 – ℰ 0575 401962 – www.hotelpatio.it*

a **Giovi** : 8 km per Cesena A ✉ 52100

🔘 **Antica Trattoria al Principe** 🚲 🌿 🛋 🍴

CUCINA REGIONALE · FAMILIARE X Diverse salette in un locale dove gustare sia le specialità tradizionali sia i piatti a base di pesce; assolutamente da provare i pici fatti a mano, ma anche l'anguilla al tegamaccio che ricorda le origini ottocentesche di questa simpatica trattoria.

Menu 30/40 € – Carta 23/56 €

9 cam ☲ – ♦45/55 € ♦♦65/75 €

piazza Giovi 25 – ℰ 0575 362046 – www.ristorantealprincipe.it – Chiuso 7-16 gennaio, 1°-20 agosto e lunedì

a **Olmo** Sud : 6 km per viale Giotto ✉ 52040

🏠 **Le Capanne** 🌿 🛋 🛒 ᕆ AC 🧳 P

CASA DI CAMPAGNA · PERSONALIZZATO Piacevole hotel nato dalla ristrutturazione di un vecchio casolare in aperta campagna e che, quindi, gode del verde e della tranquillità assoluti. Ampi spazi all'aperto, più contenuti nelle camere dall'originale stile tra il rustico ed il moderno. Ottima offerta nel proprio ristorante serale, L'Angolo delle Capanne, con specialità alla brace!

15 cam ☲ – ♦85/109 € ♦♦95/109 € – 1 suite

località il Matto 44/45 – ℰ 0575 959634 – www.hotellecapanne.com

ARGEGNO

Como – ✉ 22010 – 681 ab. – Alt. 210 m – Carta regionale n° **9**-A2
Carta stradale Michelin 561-E9

a Sant'Anna Sud-Ovest : 3 km ✉ 22010 – Argegno

🍴○ **La Griglia**   🛥 🐾 🚲 🏠 & 🅿

CUCINA LOMBARDA · TRATTORIA XX Trattoria di campagna con camere:
ambiente rustico nelle due sale completamente rinnovate; servizio estivo all'a-
perto e ampia selezione di vini e distillati.
Menu 27 € – Carta 33/59 €
11 cam ☲ – †50/90 € ††70/110 €
– *𝒞 031 821147 – www.lagriglia.it – Chiuso martedì escluso luglio e agosto*

🍴○ **Locanda Sant'Anna**   🐾 🛥 🐾 ← 🚲 🏠 & 🅿

CUCINA LOMBARDA · CONTESTO CONTEMPORANEO X Locanda con camere in
una bella casa totalmente ristrutturata; due sale da pranzo attigue, con divanetti
e soffitto con travi a vista, affacciate sulla valle e sul lago.
Carta 36/59 €
8 cam ☲ – †70/95 € ††80/120 € – 1 suite
*via per Schignano 152 – 𝒞 031 821738 – www.locandasantanna.it – Chiuso
mercoledì in novembre-aprile*

ARGELATO

Bologna – ✉ 40050 – 9 844 ab. – Alt. 25 m – Carta regionale n° **5**-C3
Carta stradale Michelin 562-I16

🌳 **L'800**   🏠 🆎 🕸 🅿

CUCINA REGIONALE · FAMILIARE XX Tante specialità regionali da gustare nell'e-
legante sala con grandi tavoli ornati di argenti e cristalli o nella saletta più intima.
Volete che ve ne suggeriamo una? Lumache croccanti al basilico con salsa di scalogno e finocchietto selvatico.
🍴 Menu 15 € (pranzo in settimana)/35 € – Carta 25/48 €
*via Centese 33 – 𝒞 051 893032 – www.ristorante800.it – Chiuso 1 settimana
in gennaio, 1 settimana in agosto, sabato a mezzogiorno, domenica sera e lunedì*

a Funo Sud-Est : 9 km ✉ 40050

🍴○ **Il Gotha**   & 🆎 🕸 🔄

CUCINA MEDITERRANEA · AMBIENTE CLASSICO XX Elegante ristorante dalle
tonalità chiare, con vezzose sedie zebrate ed un grande trompe-l'oeil che conferisce profondità all'ambiente. La carta contempla piatti di mare classici o ricercati,
ma non mancano proposte a base di carne.
Carta 29/59 €
*via Galliera 92 – 𝒞 051 864070 – www.ilgotha.com
– Chiuso 26 dicembre- 6 gennaio, 3 settimane in agosto e domenica*

ARIANO IRPINO

Avellino – ✉ 83031 – 22 700 ab. – Alt. 788 m – Carta regionale n° **4**-C1
Carta stradale Michelin 564-D27

🌳 **La Pignata**   🆎 🔄

CUCINA REGIONALE · FAMILIARE XX Nell'ampia sala dal soffitto ad archi aleggia
un'atmosfera piacevolmente rustica, anticipo di ciò che arriverà dalla cucina:
zuppa di fagioli e castagne - agnello alle erbe aromatiche - semifreddo al torrone
con crema e cioccolato caldo. Ma la carta ha ancora tanto da raccontare...
Menu 29/40 € – Carta 25/44 €
*viale Dei Tigli 7 – 𝒞 0825 872571 – www.ristorantelapignata.it – Chiuso 2-13 luglio
e martedì escluso agosto*

ARMA DI TAGGIA

Imperia – ✉ 18011 – Carta regionale n° **8**-A3
Carta stradale Michelin 561-K5

🥚 **La Conchiglia** (Anna Parisi)   🕸 🏠 🅰️ 🍴

CUCINA LIGURE · ELEGANTE 🕱🕱 Una cucina leggera, dalle linee semplici, che aliena ogni tentativo di procurare eccessivo stupore: il successo risiede nella qualità del pescato, valorizzato in ogni piatto. Qualche proposta di carne.
➡ Tortelli di zucchine trombette con vongole veraci. Dentice cotto in brodetto di pesce di scoglio e carciofi. Cannolo di pan di spezie farcito di cioccolato avorio su gelatina di lamponi.

Menu 45 € (pranzo)/65 € – Carta 50/106 €

Lungomare 33 – ☏ 0184 43169 – www.la-conchiglia.it – Chiuso 15 giorni in giugno, 15 giorni in novembre, giovedì a mezzogiorno e mercoledì

ARMENZANO Perugia ➡ Vedere Assisi

ARONA

Novara – ✉ 28041 – 14 152 ab. – Alt. 212 m – Carta regionale n° **13**-B2
Carta stradale Michelin 561-E7

🍴○ **Taverna del Pittore**   🕸 ≤ 🔄

CUCINA CLASSICA · ELEGANTE 🕱🕱 Di scorta al porto di Arona, la guarnigione spagnola contemplava - quattro secoli or sono - lo spettacolo che ancora oggi il cliente può ammirare dalla veranda di questo raffinato locale che ha rinnovato la tavola con una mise en place moderna e colorata. Due le linee culinarie proposte: una gourmet per appassionati e l'offerta bistrot-carpacceria con piatti meno impegnativi, ma sempre di qualità.

Carta 47/88 €

piazza del Popolo 39 – ☏ 0322 243366 – www.ristorantetavernadelpittore.it – Chiuso giovedì

a Montrigiasco Nord-Ovest : 6 km ✉ 28041 – Arona

😊 **Castagneto**   🕸 ≤ 🛏 🏠 🅰️ 🅿️

CUCINA REGIONALE · FAMILIARE 🕱🕱 Attivo da alcuni decenni, il locale ha visto avvicendarsi la nuova generazione della medesima famiglia, ma lo spirito genuino è immutato così come l'atmosfera, calda e rilassata. Risotto mantecato con germogli d'ortica - bocconcini di coniglio al timo e purè di patate - torta nocciolina e crema di nocciole sono tra le scelte più gettonate del menu.
🍴 Menu 15 € (pranzo in settimana)/40 € – Carta 19/54 €

via Vignola 14 – ☏ 0322 57201 (consigliata la prenotazione) – www.ristorantecastagneto.com – Chiuso 22 dicembre-15 gennaio, 10 giorni in giugno, lunedì e martedì

ARPINO

Frosinone – ✉ 03033 – 7 262 ab. – Alt. 447 m – Carta regionale n° **7**-D2
Carta stradale Michelin 563-R22

🏠 **Il Cavalier d'Arpino**   🛏 🔄 🅰️ 🅿️

STORICO · ACCOGLIENTE Ai margini di uno dei più bei centri storici della zona, l'albergo si trova all'interno un'antica fabbrica della lana (produceva divise per i militari borbonici), divenendo in seguito caserma regia, scuola, e - in fine - albergo. Camere arredate in stile arte povera, curate nei dettagli; optate per quelle con vista.

28 cam ☲ – ♦35/60 € ♦♦50/85 €

via Vittoria Colonna 21 – ☏ 0776 849348 – www.cavalierdarpino.it

a Carnello Nord : 5 km ✉ 03030

ⓐ Mingone ⇦ ⌂ ᕫ 🆔 🔁 🅿

CUCINA ITALIANA · ROMANTICO XX Da oltre un secolo intramontabile rappresentante della cucina locale, ai consueti piatti laziali si aggiungono specialità ittiche di fiume e di mare (ottimi i calamaretti farciti con scarola, uvetta e pinoli su
vellutata di zucca!). Si può scegliere fra un ambiente più informale, "Il Bistro" o la
classica ed elegante sala affrescata. La cantina sottostante nasconde piccole
rarità; le camere sono spaziose e in piacevole stile rustico.

🍴 Menu 25/45 € – Carta 22/55 €

21 cam ⌂ – ♦35/50 € ♦♦90/130 € – 2 suites

*via Pietro Nenni 96 – ℰ 0776 869140 (prenotare) – www.mingone.it – Chiuso
domenica sera*

ARQUÀ PETRARCA

Padova – ✉ 35032 – 1 874 ab. – Alt. 80 m – Carta regionale n° **23**-B3
Carta stradale Michelin 562-G17

🍴○ La Montanella 🐆 ⇐ ⌂ ⌂ 🆔 ⇔ 🅿

CUCINA REGIONALE · AMBIENTE CLASSICO XXX Dentro alla bella villa panoramica, circondata da un giardino con ulivi secolari e fiori, non c'è soltanto un
ottimo ristorante, ma il cuore grande di un'intera famiglia che offre ai propri ospiti
il meglio del territorio: ricercato o prodotto direttamente con vera passione.

Menu 40/50 € – Carta 37/69 €

*via dei Carraresi 9 – ℰ 0429 718200 – www.montanella.it
– Chiuso 8 gennaio-2 febbraio, 10 giorni in agosto, martedì sera e mercoledì*

ARTA TERME

Udine – ✉ 33022 – 2 171 ab. – Alt. 442 m – Carta regionale n° **6**-B1
Carta stradale Michelin 562-C21

a Piano d'Arta Nord : 2 km ✉ 33022 – Alt. 564 m

�🏠 Gardel 🌣 🔲 🕉 🏠 ⊟ 🆔 🅿

TRADIZIONALE · ACCOGLIENTE Non lontano dalle terme, ideale per una
vacanza salutare e rigenerante, un hotel classico della cui conduzione si occupa
una famiglia dalla lunga tradizione alberghiera. Se le camere sono di due stili, noi
preferiamo le moderne.

50 cam ⌂ – ♦50/60 € ♦♦75/95 € – 1 suite

*via Marconi 6/8 – ℰ 0433 92588 – www.gardel.it
– Chiuso 3 novembre-25 dicembre*

ARTIMINO Prato → Vedere Carmignano

CI PIACE...

L'invidiabile posizione dell'hotel **La Bisaccia** con il suo nuovo Nelson Park che digrada fino alle calette private. La cucina e il glamour del ristorante **Madai** nel cuore di Porto Cervo. L'esclusività delle ville del **Romazzino** nel solitario incanto di questo tratto di costa. Le ricette sarde rivisitate in chiave contemporanea del ristorante **La Mola**.

ARZACHENA Sardegna

Olbia-Tempio – ✉ 07021 – 13 562 ab. – Alt. 85 m – Carta regionale n° **16**-B1
Carta stradale Michelin 366-R37

sulla strada provinciale Arzachena-Bassacutena Ovest : 5 km

🏨 Tenuta Pilastru   🏡 🕭 🔄 🍽 📺 📶 📠 🚭 🅰 🛗 🅿

RESORT · PERSONALIZZATO Abbracciato dal verde e dalla tranquillità della campagna gallurese, un cascinale ottocentesco ristrutturato ed ampliato offre ai turisti graziose camere in stile country. Ora, c'è anche un nuovissimo wellness center.
35 cam ⚏ – ♦54/105 € – ♦♦78/180 € – 4 suites
località Pilastru ✉ 07021 Arzachena – ℰ 0789 82936 – www.tenutapilastru.it – Chiuso novembre

a Cannigione Nord Est : 8 km ✉ 07021

🏨 Cala di Falco   🏡 🕭 ≤ 🔄 🍽 ✕ 🏊 📠 🚭 🅿

TRADIZIONALE · MEDITERRANEO Direttamente sul mare e immerso nel verde, un complesso di notevoli dimensioni che dispone di ambienti curati nei dettagli, sale convegni, campi da gioco e teatro all'aperto. Nelle capienti ed eleganti sale ristorante, piatti dai sapori semplici e prelibati.
64 cam – solo ½ P 106/194 € – 40 suites
via Micalosu – ℰ 0789 899200 – www.delphina.it – Aperto 14 maggio-15 ottobre

Costa Smeralda Carta regionale n° **16**-B1

a Porto Cervo ✉ 07021

🍴 Madai   ≤ 🔄 🏯 📠

CUCINA CLASSICA · ELEGANTE XxX Al termine dell'elegante passeggiata tra le grandi firme di Porto Cervo, il ristorante punta sui sapori mediterranei in piatti semplici e gustosi, nonché su una terrazza (meglio prenotare) affacciata sul porto per cene romantiche ed esclusive.
Carta 80/130 €
Promenade du Port-via del Porto Vecchio 1 – ℰ 0789 91056 (consigliata la prenotazione) – www.ristorantemadai.it – Aperto 1° maggio-30 settembre

ⅈO La Mola   🕸 ⋖ 🏠 ⚹ 🖾 🅿

CUCINA MODERNA · CONTESTO CONTEMPORANEO XxX Cucina sarda di terra rivisitata in un locale caratterizzato da simpatici richiami marinari e ampie finestre, da cui d'estate "spariscono" i vetri, dandovi la piacevole sensazione di essere all'aperto.

Carta 67/135 €

località Piccolo Pevero, Sud: 1,5 km - ℰ 0789 92145 (prenotazione obbligatoria a mezzogiorno) - www.ristorantelamola.it - solo a cena - Aperto settimana di Pasqua e maggio-settembre

🏨 Colonna Pevero Hotel   🏖 🕸 ⋖ 🏠 ⚒ 🛗 🖾 ⚹ 🅰 🅿

LUSSO · MEDITERRANEO In questa stupenda casa mediterranea coccolata dal verde, il lusso si declina - al di là delle installazioni, degli ambienti, del giardino - nella cura e personalizzazione del servizio: le attenzioni sono rivolte alle diverse individualità della clientela più esigente. Se il pranzo si svolge al bordo delle cinque bellissime piscine, la cena à la carte viene servita nel romantico ristorante Zafferano.

93 cam ☲ - †370/930 € ††460/1480 € - 7 suites

località Golfo Pevero ✉ 07021 Arzachena - ℰ 0789 907009
- www.colonnapeverohotel.it - Aperto da fine aprile-10 ottobre

a Romazzino ✉ 07021 - Porto Cervo

🏨 Romazzino   🏖 🕸 ⋖ 🏠 ⚒ 🐾 🛗 ⚹ 🔱 ▣ 🖾 ⚹ 🚗

GRAN LUSSO · PERSONALIZZATO Un'architettura bianca incorniciata dal colore e dal profumo dei fiori ospita un'accoglienza calorosa, eleganti camere dai chiari arredi e un'invitante piscina d'acqua salata. Insolito connubio tra rustico e chic nella sala ristorante con vista, dove assaporare una cucina classica in cui regna la creatività.

94 cam ☲ - †1515/2860 € ††2020/2860 € - 6 suites

località Romazzino - ℰ 0789 977111 - www.romazzinohotel.com
- Aperto 25 maggio-30 settembre

a Cala di Volpe ✉ 07021 - Porto Cervo

🏨 Cala di Volpe   🏖 🕸 ⋖ 🏠 ⚒ 🛗 ⚹ 🔱 🖾 🅰 🅿

GRAN LUSSO · MEDITERRANEO Dietro la facciata policroma un'oasi di quiete nello smeraldo della costa: ambienti da sogno, dove i colori e le pietre della Sardegna si fondono in una suggestiva armonia. Cucina internazionale reinterpretata con i migliori prodotti locali negli accoglienti ristoranti.

121 cam ☲ - †1250/2040 € ††1430/2400 € - 19 suites

- ℰ 0789 976111 - www.caladivolpe.com - Aperto 1° maggio-fine ottobre

🏨 Petra Bianca   🏖 🕸 ⋖ 🏠 ⚒ 🛗 ⚹ 🖾 🅰 🅿

LUSSO · ELEGANTE Dalla sua location leggermente elevata e panoramica, questo elegante resort domina una delle baie più belle dell'isola, Cala di Volpe. L'originale costruzione in pietra locale, immersa nel verde della macchia mediterranea, dispone di accoglienti camere quasi tutte fronte mare.

59 cam ☲ - †207/515 € ††320/700 € - 2 suites

- ℰ 0789 96084 - www.petrabiancahotel.com - Aperto 1° aprile-31 ottobre

a Baia Sardinia ✉ 07021

ⅈO Corbezzolo   ⋖ 🏠 🖾 ⇔

PESCE E FRUTTI DI MARE · CONVIVIALE XX Tempo permettendo, optate per la terrazza dalla splendida vista panoramica, sapendo tuttavia che il punto forte del ristorante, oltre alla cortesia, è la cucina marinara (ma ci sono anche pizze!).

Menu 38/60 € - Carta 34/70 €

Hotel Mon Repos, piazzetta della Fontana - ℰ 0789 99893
- www.ristorantecorbezzolo.it - Aperto 10 maggio-30 settembre

🏨 L'Ea Bianca Luxory Resort 🏯 🐕 ⚒ 🕸 🐎 ♨ 🖃 AC ⚲ 🏊 P

LUSSO · CONTEMPORANEO Ambiente esclusivo per un hotel che abbraccia il giardino con piscina, offrendo scorci di un panorama mozzafiato. Originale stile degli arredi dove si combinano elementi moderni ed etnici; sfiziosi piatti di cucina mediterranea nel ristorante di taglio contemporaneo.

30 cam � – ♦480/1100 € ♦♦600/1270 € – 1 suite

Cala dei Ginepri, Sud: 2 km – ☎ 0789 974311 – www.eabianca.it – Aperto 15 aprile-15 ottobre

🏨 La Bisaccia 🏯 🐕 ⬳ ⚒ 🖃 AC ⚲ 🏊 P

LUSSO · MEDITERRANEO In una zona tranquilla, circondata da prati che declinano verso il mare, la struttura è ideale per una vacanza all'insegna del riposo ed ospita camere ampie e luminose; recentemente è stata creata anche una nuova ala per chi auspica ad una maggiore privacy. Nelle raffinate sale del ristorante, la vista sull'arcipelago e i sapori della cucina sarda.

124 cam ⊠ – ♦201/440 € ♦♦322/560 € – 7 suites

– ☎ 0789 99002 – www.hotellabisaccia.it – Aperto 30 aprile-15 ottobre

🏨 Mon Repos 🐕 ⬳ 🛒 ⚒ 🖾 AC 🏊 P

FAMILIARE · MEDITERRANEO A due passi dalla piazzetta ed in posizione dominante sulla baia, una conduzione familiare attenta che offre luminosi spazi e camere confortevoli nella loro semplicità.

59 cam ⊠ – ♦50/250 € ♦♦100/300 € – 1 suite

via Tre Monti – ☎ 0789 99011 – www.hotelmonrepos.it – Aperto 10 maggio-30 settembre

🍴 **Corbezzolo** – Vedere selezione ristoranti

🏨 Pulicinu 🏯 🐕 ⬳ 🛒 ⚒ AC ⚲ P

LUSSO · MEDITERRANEO In posizione tranquilla e panoramica, piacevole hotel a conduzione familiare circondato da curati giardini e macchia mediterranea. La struttura ospita una piscina rigenerante, camere di medio confort e suites. Dalla cucina, i saporiti piatti della tradizione regionale da gustare nell'elegante e luminosa sala.

34 cam – solo ½ P 80/390 € – 6 suites

località Pulicinu, Sud: 3 km – ☎ 0789 933001 – www.hotelpulicinu.com – Aperto 1° giugno-30 settembre

a Liscia di Vacca ✉ 07021 – Porto Cervo

🍴 Lu Pisantinu ⓝ ⬳ 🏮 AC P

PESCE E FRUTTI DI MARE · STILE MEDITERRANEO XX Una terrazza incorniciata da colonne di granito si affaccia sulla costa e su Porto Cervo: i colori chiari e pastello richiamano le tonalità del mare, la cucina sfiziose proposte di pesce.

Menu 40/60 € – Carta 45/90 €

– ☎ 0789 91344 (consigliata la prenotazione) – www.ristorantelupisantinu.eu – Aperto 15 aprile-15 ottobre; chiuso lunedì a mezzogiorno

🏨 Balocco 🏯 🐕 ⬳ 🛒 ⚒ 🖃 AC ⚲ P

TRADIZIONALE · MEDITERRANEO Ha superato i 40 anni questa piacevole struttura ed ancora oggi si propone all'altezza delle aspettative! La casa madre, bianca e cinta dal giardino, è il più classico degli esempi di stile mediterraneo; più lineare invece la dépendance dove però si trovano le camere più panoramiche. Light lunch a pranzo e ristorante con proposte più diversificate la sera.

38 cam ⊠ – ♦160/520 € ♦♦160/520 € – 3 suites

liscia di Vacca – ☎ 0789 91555 – www.hotelbalocco.it – Aperto 1° aprile-31 ottobre

a Pitrizza ⊠ 07021 – Porto Cervo

🏠🏠 Pitrizza   🕊 🐾 ≼ 🛏 🍸 🎛 🛗 🔦 🚗 🎿 🅿

GRAN LUSSO · PERSONALIZZATO Circondato dai colori e dai profumi del paesaggio sardo, un hotel dall'antico splendore cela negli ambienti interni lusso e ricercatezza mentre all'esterno offre spazi curati. Ville esclusive con maggiordomo al servizio dell'ospite.

49 cam ⌑ – ♦450/3200 € ♦♦450/3200 € – 16 suites

via Banchina di pitrizza – ☎ 0789 930111 – www.pitrizzahotel.com – Aperto 1° maggio-30 settembre

ARZIGNANO

Vicenza (VI) – ⊠ 36071 – 25 844 ab. – Alt. 118 m – Carta regionale n° **23**-B2
Carta stradale Michelin 562-F15

⭒ Damini Macelleria & Affini   🐾 ♿ 🎛

CUCINA ITALIANA · ALLA MODA 𝕏 Gastronomia, enoteca e macelleria di lusso, dietro le scintillanti vetrine si nascondono i tavoli e una cucina di rimarchevoli prodotti e gustose elaborazioni, mentre i tantissimi vini sono suggeriti a voce dal patron: senza dubbio, un'originale esperienza gourmet!

→ Spaghetti con bagna cauda, sedano, lamponi e fiori di zucchina fritti. Vitello all'acqua pazza con bruschetta e cialda croccante di riso. Liquirizia, fragole e profumo di primavera.

Menu 45/95 € – Carta 42/89 €

via Cadorna 31 – ☎ 0444 452914 – www.daminieaffini.com – Chiuso 3 settimane in agosto, domenica sera e lunedì

ASCIANO

Siena – ⊠ 53041 – 7 118 ab. – Alt. 200 m – Carta regionale n° **18**-C2
Carta stradale Michelin 563-M16

🍴⊙ La Tinaia   🐾 🛏 ⛱ 🎛 🅿

CUCINA TOSCANA · RUSTICO 𝕏𝕏 Immerso nel verde della piacevole campagna toscana, il ristorante è riscaldato da un piacevole caminetto e propone piatti legati al territorio, accompagnati da qualche rivisitazione. Décor rustico-elegante.

Carta 33/57 €

Hotel Borgo Casabianca, località Casa Bianca, Est: 10,5 km – ☎ 0577 704362 – www.casabianca.it – solo a cena in aprile, maggio e ottobre – Chiuso 6 gennaio-30 marzo e mercoledì

🏠🏠 Borgo Casabianca   🐾 ≼ 🛏 🍸 🍽 🎛 ♨ 🅿

DIMORA STORICA · TRADIZIONALE Immersa nel silenzio di un incantevole paesaggio collinare, la casa padronale settecentesca ospita nove camere, mentre diciotto ampi e panoramici appartamenti li troverete nel circostante borgo. Arredi d'epoca e delizioso giardino completano un quadro da cartolina.

29 cam ⌑ – ♦115/135 € ♦♦180/210 € – 7 suites

località Casa Bianca, Est: 10,5 km – ☎ 0577 704362 – www.casabianca.it – Chiuso 6 gennaio-30 marzo

🍴⊙ **La Tinaia** – Vedere selezione ristoranti

ASCOLI PICENO

(AP) – ⊠ 63100 – 49 407 ab. – Alt. 154 m – Carta regionale n° **11**-D3
Carta stradale Michelin 563-N22

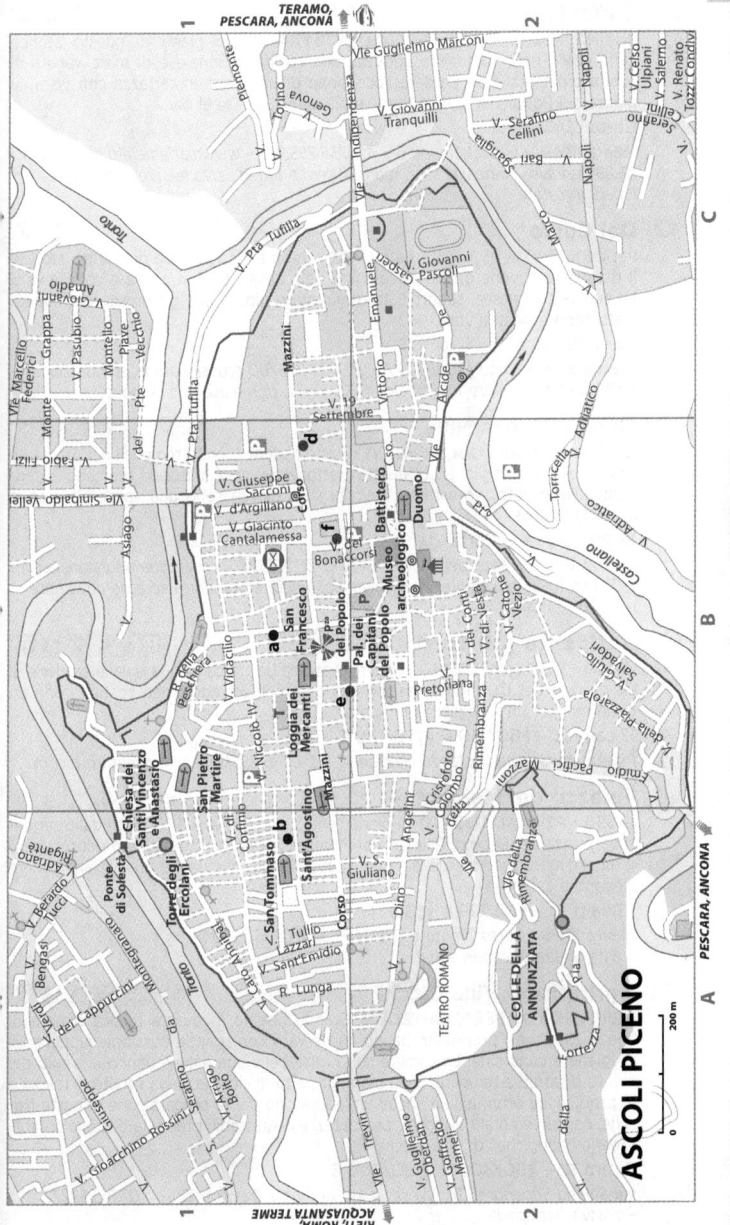

ASCOLI PICENO

TERAMO,
PESCARA, ANCONA

RIETI, ROMA,
ACQUASANTA TERME

PESCARA, ANCONA

0   200 m

151

‼️○ Caffe' Meletti   🏠 AK 🚫

CUCINA MARCHIGIANA · ACCOGLIENTE XX Al primo piano di questo storico caffè dov'è nata l'omonima anisetta, una cucina regionale e di mare venata di sobria creatività. Non perdete l'occasione di una cena in terrazza con vista su piazza del Popolo. A pranzo formule più veloci servite al bar.

Carta 31/63 €

Pianta: B2-e – *via del Trivio 56 – 𝒞 0736 255559 – www.caffemeletti.it – Chiuso 19-29 gennaio, domenica sera, martedì sera e lunedì; solo le sere di domenica e lunedì in estate*

‼️○ Del Corso   AK 🚫

PESCE E FRUTTI DI MARE · FAMILIARE X In un antico palazzo del centro storico, il ristorante dispone di una piccolissima sala dalle pareti in pietra e volte a vela. La cucina è di pesce, subordinata di giorno in giorno alla generosità del mare: i piatti sono esposti a voce.

Carta 26/53 €

Pianta: B1-d – *corso Mazzini 277 – 𝒞 0736 256760 (consigliata la prenotazione) – Chiuso 24 dicembre-1° gennaio, 15-30 luglio, domenica sera e lunedì*

‼️○ Osteria Nonna Nina   🏠 🚫 ⇔

CUCINA MARCHIGIANA · RUSTICO X Paste fresche e piatti regionali nell'ambiente semplice, ma accogliente, di questa trattoria del centro storico (comunque raggiungibile in auto). In estate, i tavolini sulla piazza sono una valida alternativa alla sala interna.

🍴 Menu 25 € – Carta 20/62 €

Pianta: B2-f – *piazza della Viola 11 – 𝒞 0736 251523 – www.osterianonnanina.com – Chiuso 10-25 novembre, 15-30 gennaio, lunedì e domenica sera da novembre a maggio*

🏠 Residenza 100 Torri   🔲 ⅋ AK 🚫 🛁 P

LUSSO · PERSONALIZZATO Hotel ricavato da un'antica filanda e dalle scuderie di un palazzo del 1700, dove fascino storico e confort aggiornati costituiscono un buon mix per un'accoglienza raffinata.

17 cam ☲ – ♦60/160 € ♦♦76/190 € – 2 suites

Pianta: A1-b – *via Costanzo Mazzoni 4 – 𝒞 0736 255123 – www.centotorri.com*

🏠 Palazzo dei Mercanti   ♨️ 🔲 ⅋ AK

LUSSO · PERSONALIZZATO In pieno centro storico e a soli 20 metri dalla suggestiva piazza del Popolo, Palazzo dei Mercanti è l'eccellente risultato del recupero di una dimora medioevale del centro storico: piacevolissima area relax, camere eleganti e luminose.

22 cam ☲ – ♦82/129 € ♦♦82/149 €

Pianta: B1-a – *corso Trento e Trieste 35 – 𝒞 0736 256044 – www.palazzodeimercanti.it*

🏠 Agriturismo Villa Cicchi   🌣 🐾 ≼ 🏠 🍴 🛁 P

AGRITURISMO · PERSONALIZZATO Grande fascino in questa rustica dimora di fine '600, dove i proprietari hanno conservato con grande passione suppellettili artigiane e contadine. Le camere sono tutte belle, ma alcune hanno il pregio dei soffitti decorati a tempera. Se la maggior parte di ciò che viene servito in tavola è di produzione propria, vi è anche un laboratorio per la preparazione di paste fresche, conserve e altro ancora: prelibatezze acquistabili presso la bottega "Ghiottonerie biologiche" di Villa Cicchi.

6 cam ☲ – ♦60/300 € ♦♦80/300 €

via Salaria Superiore 137, Ovest : 4 km per viale Treviri - A2 – 𝒞 0736 252272 – www.villacicchi.it

ASIAGO

Vicenza – ✉️ 36012 – 6 426 ab. – Alt. 1 001 m – Carta regionale n° **23**-B2
Carta stradale Michelin 562-E16

✿ La Tana Gourmet (Alessandro Dal Degan)

CUCINA MODERNA · ELEGANTE XXX Non molto distante dalle piste da sci, la tradizione e la creatività sono sempre le cifre distintive di questa bella casa. Piatti più rustici all'Osteria della Tana, ambiente informale e tipicamente montano. Quest'ultima è sempre aperta!

→ Orzo: terra ed acqua. Anguilla al sugo di capriolo, rape, ibisco e rose. La pigna: sorbetto al mugolio (sciroppo di pino), orzo tostato, uovo e liquirizia.

Menu 75/180 € – Carta 62/110 €

località Kaberlaba 19, Sud: 3,8 Km – ℰ 0424 462017 – www.latanagourmet.it
– Aperto inizio dicembre-fine marzo ed inizio giugno-fine settembre;
chiuso domenica sera e lunedì escluso dicembre, gennaio e agosto

✿ Stube Gourmet   ⚛ 🌿 🄿

CUCINA CREATIVA · ROMANTICO XXX Pochi tavolini, atmosfera raffinata, luci soffuse: in una stube ricavata dai legni del tetto ristrutturato, figure di cacciatori vi accoglieranno per un intrigante percorso culinario dove piatti di cucina moderna flirtano con i prodotti del territorio. Servizio piacevolmente friendly.

→ Lucioperca, cetriolo, melone, rapanello. Vitello, latte speziato, avocado, orzo, bietola. Fragola, rabarbaro.

Menu 70/90 € – Carta 61/101 €

Hotel Europa, corso IV Novembre 65/67 – ℰ 0424 462659 (prenotazione
obbligatoria) – www.hoteleuroparesidence.it – solo a cena – Chiuso lunedì e
martedì escluso dicembre, luglio e agosto

🛇 Locanda Aurora

CUCINA REGIONALE · FAMILIARE X Aurora è non solo la titolare, ma l'anima del ristorante: un personaggio carismatico che vi affascinerà con i suoi racconti e ancor di più con la sua cucina, eseguita ai fornelli con la figlia. Prodotti del suggestivo altopiano - dalla patata al formaggio - in piatti gustosi, dal baccalà della mamma alle torte, che resteranno nella memoria.

Carta 26/40 €

9 cam ⌑ – ⦿35/42 € ⦿⦿70/84 € – 5 suites

via Ebene 71, Nord-Est: 1,5 km – ℰ 0424 462469 (prenotare)
– www.locandaurora.it – Chiuso lunedì; aperto solo venerdì-sabato-domenica in
bassa stagione

🏠 Meltar Boutique Hotel   ✿ 🌿 ≤ 🛋 🔳 ⓦ 🛖 🏋 🖼 🔁 & 🄿

LUSSO · ELEGANTE All'interno dei campi da golf, elegante hotel di raffinato arredo e pezzi originali dispone anche di un moderno centro benessere dove rilassarsi. Nella luminosa club house, le opzioni per soddisfare il palato passano dalla proposta più semplice alla cena gourmet (quest'ultima su prenotazione).

15 cam ⌑ – ⦿150/210 € ⦿⦿210/350 € – 2 suites

via Meltar 1, Est : 3 km – ℰ 0424 460626 – www.meltarhotel.com

🏠 Europa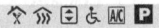

TRADIZIONALE · ACCOGLIENTE Signorile ed imponente palazzo nel cuore di Asiago apparentemente d'epoca, ma in realtà completamente ricostruito; al primo piano un'elegante stufa riscalda le zone comuni, mentre l'offerta gastronomica si articola tra il classico ristorante St. Hubertus o la più rustica Osteria.

22 cam ⌑ – ⦿105/190 € ⦿⦿140/190 € – 5 suites

corso IV Novembre 65/67 – ℰ 0424 462659 – www.hoteleuroparesidence.it

✿ **Stube Gourmet** - Vedere selezione ristoranti

🏠 Relax Hotel Erica

FAMILIARE · STILE MONTANO Cordiale e cortese conduzione familiare in un albergo in centro paese che offre un confortevole e tipico ambiente di montagna; graziose camere essenziali ed un nuovo centro benessere di 400 m² realizzato con materiali naturali (legno di larice e pietra locale). Gradevole sala da pranzo con soffitto a cassettoni, abbellita da vetri colorati.

31 cam ⌑ – ⦿66/96 € ⦿⦿90/150 € – 1 suite

via Garibaldi 55 – ℰ 0424 462113 – www.relaxhotelasiago.it – Chiuso ottobre

ASOLA

Mantova – ⊠ 46041 – 10 151 ab. – Alt. 42 m – Carta regionale n° **9**-C3

⍩○ **La Chiusa**   🆀 🅿

PESCE E FRUTTI DI MARE · CASA DI CAMPAGNA ⅩⅩ Location storica sulla chiusa del Chiese - nei secoli al centro di dispute tra Asola e le vicine comunità - per questa imprenscindibile tappa gastronomica per chi ama il pesce: grande varietà di golose crudité.

Carta 43/59 €

via Parma 82 – 𝒞 0376 710242 (consigliata la prenotazione) – www.ristorantelachiusa.it – Chiuso sabato a pranzo e martedì

⍩○ **La Filanda**   🕸 🍴 🆀 🅿

PESCE E FRUTTI DI MARE · ACCOGLIENTE ⅩⅩ Al primo piano di un ex opificio per l'allevamento dei bachi da seta, alto soffitto in legno e alle pareti esposizione di quadri di artisti locali, per una cucina che predilige piatti di mare rielaborati con fantasia. A pranzo, scelta à la carte più contenuta.

Menu 60/65 € – Carta 41/89 €

via Carducci 21/E – 𝒞 0376 720418 – www.la-filanda.it – Chiuso 10 giorni in gennaio, 10-20 agosto, sabato a mezzogiorno e lunedì

ASOLO

Treviso – ⊠ 31011 – 9 128 ab. – Alt. 190 m – Carta regionale n° **23**-C2
Carta stradale Michelin 562-E17

⍩○ **Villa Cipriani**   ≤ 🛋 🆀 🌿 🅿

CUCINA CLASSICA · ELEGANTE ⅩⅩⅩ Nella terra dove artisti come Tiziano e Giorgione immortalarono i loro celebri paesaggi, le grandi vetrate ad arco di questo ristorante si aprono sulla vallata, mentre la cucina ha un respiro classico, senza voltare le spalle ai sapori della tradizione locale.

Carta 46/121 €

Hotel Villa Cipriani, via Canova 298 – 𝒞 0423 523411 (consigliata la prenotazione) – www.villacipriani.it – Chiuso fine gennaio-fine marzo

⍩○ **La Terrazza**   🍴 🆀 🌿 ♿ 🅿

CUCINA MODERNA · ROMANTICO ⅩⅩⅩ La Terrazza: un salotto en plein air affacciato sul centro storico di Asolo, dove farsi coccolare dai manicaretti dello chef e del suo staff. In un ambiente raffinato e alla moda, una cucina sicuramente innovativa, ma anche in grado di esaltare al meglio i prodotti della tradizione. Ideale per una romantica cena tête-à-tête.

Carta 43/72 €

Hotel Al Sole, via Collegio 33 – 𝒞 0423 951332 – www.albergoalsole.com – solo a cena – Chiuso gennaio e domenica in inverno

⍩○ **Locanda Baggio**   🕸 🍴 ♿ 🌿 🅿

CUCINA MODERNA · FAMILIARE ⅩⅩ Posizionato in zona tranquilla alle spalle di Asolo, con piacevole giardino estivo, il ristorante propone una cucina schietta che valorizza la tradizione rielaborandola in chiave moderna e raffinata Per gli amanti del succo di Bacco notevole selezione anche internazionale.

Menu 65 € – Carta 41/87 €

via Bassane 1, località Casonetto, Nord-Est: 1 km – 𝒞 0423 529648 – www.locandabaggio.it – Chiuso domenica sera e lunedì

🏨 **Villa Cipriani**   🌊 ≤ 🛋 ⅉ 🧖 ⬆ 🆀 🐾 🚗

LUSSO · PERSONALIZZATO In centro, ma in zona tranquilla, un'elegante dimora cinquecentesca con vista sulle colline dagli spazi comuni, da alcune camere e, soprattutto, dalla bella piscina. Le stanze - distribuite tra Villa e Casa Giardino - sono arredate con mobili in stile, i bagni ornati con piastrelle di Vietri dipinte a mano.

29 cam ⌓ – †165/225 € ††230/530 €

via Canova 298 – 𝒞 0423 523411 – www.villacipriani.it

⍩○ **Villa Cipriani** – Vedere selezione ristoranti

 Al Sole

LUSSO · PERSONALIZZATO Sovrastante la piazza centrale di Asolo, signorilità e raffinatezza in un hotel di charme. Camere eleganti, ma il gioiello è la terrazza per pasti e colazioni panoramiche.

22 cam ⊇ – †120/180 € ††240/390 € – 1 suite

via Collegio 33 – 𝒞 0423 951332 – www.albergoalsole.com – Chiuso gennaio

� **La Terrazza** – Vedere selezione ristoranti

ASSISI

(PG) – ✉ 06081 – 28 299 ab. – Alt. 424 m – Carta regionale n° **20**-B2
Carta stradale Michelin 563-M19

� La Locanda del Cardinale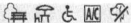

CUCINA CREATIVA · ROMANTICO XxX Sotto gli archi di una casa medioevale, le trasparenze del pavimento illustrano i mosaici di una domus romana. La carta si apre su due mondi distinti: accanto a proposte del territorio, si trovano piatti moderni. Ottimi i prezzi dei molti vini in cantina.

Menu 40/60 € – Carta 46/80 €

Pianta: B2-c *– piazza del Vescovado 8 – 𝒞 075 815245
– www.lalocandadelcardinale.com – Chiuso 15 giorni in gennaio-febbraio, 15 giorni in luglio-agosto e martedì*

� Buca di San Francesco

CUCINA UMBRA · CONTESTO TRADIZIONALE XX Dagli anni Settanta uno dei capisaldi della ristorazione cittadina, la bandiera della ristorazione umbra è da allora una costante e, a giudicare dal successo, anche una garanzia.

Carta 22/56 €

Pianta: B1-v *– via Brizi 1 – 𝒞 075 812204 – Chiuso 10 gennaio-15 febbraio, 1°-15 luglio e lunedì*

� Eat Out Osteria Gourmet

CUCINA CREATIVA · CONTESTO CONTEMPORANEO XX Per il giovane cuoco lavorare prodotti quasi esclusivamente umbri è un punto d'orgoglio, ma i clienti rimarranno piacevolmente sorpresi da una raffinata creatività che trasforma e valorizza i "giacimenti" gastronomici regionali. Bella sala dall'ambiente signorile, ma anche piacevolmente informale ed ampie vetrate con vista.

Menu 30/55 € – Carta 32/61 €

Pianta: C1-r *– Hotel Nun Assisi Relais, via Eremo delle Carceri 1a – 𝒞 075 813163
– www.eatoutosteriagourmet.it – solo a cena escluso sabato e domenica*

� La Fortezza 🆌

CUCINA UMBRA · FAMILIARE X A pochi passi dalla piazza del Comune, servizio familiare ed una cucina regionale dedicata ai prodotti umbri, in un locale che si presenta con due sobrie sale al 1° piano.

Menu 30/46 € – Carta 25/48 €

Pianta: B1-a *– vicolo della Fortezza 2/b – 𝒞 075 812993 – Chiuso giovedì*

� Da Erminio 🏠

CUCINA REGIONALE · FAMILIARE X Trattoria poco lontano dalla Basilica di S. Rufino, in una zona tranquilla e poco turistica: ambiente schietto e camino acceso nella sala; cucina locale.

🍴 Menu 18 € – Carta 21/46 €

Pianta: B1-h *– via Montecavallo 19 – 𝒞 075 812506 – www.trattoriadaerminio.it
– Chiuso febbraio, 1° -15 luglio e giovedì*

 Nun Assisi Relais

STORICO · MODERNO All'interno di un ex monastero del 1275, le forme sobrie ed essenziali degli arredi ne rispettano ancor oggi l'antica destinazione religiosa. Spettacolare "Museum Spa" ricavata tra i pilastri di un anfiteatro romano.

10 suites ⊇ – ††380/1350 € – 8 cam

Pianta: C1-r *– via Eremo delle Carceri 1a – 𝒞 075 815 5150 – www.nunassisi.com*

� **Eat Out Osteria Gourmet** – Vedere selezione ristoranti

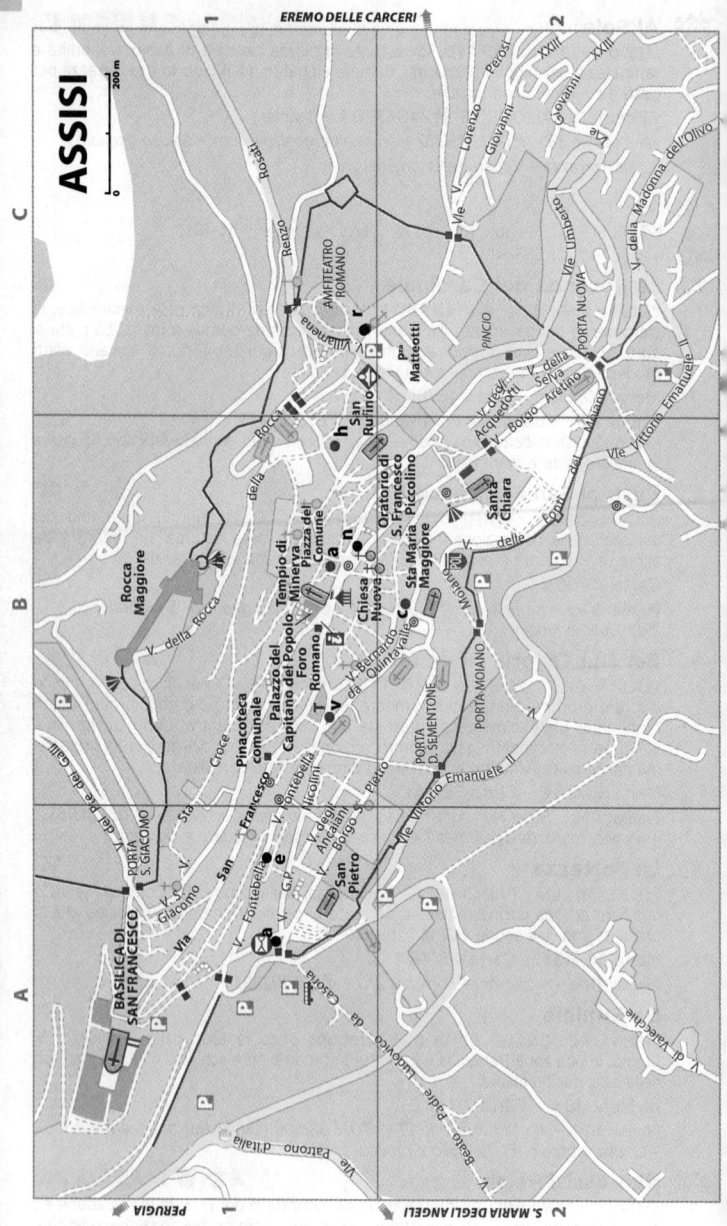

ASSISI

EREMO DELLE CARCERI

200 m

BASILICA DI SAN FRANCESCO

Rocca Maggiore

AMFITEATRO ROMANO

San Rufino

Pinacoteca comunale
Palazzo del Capitano del Popolo
Foro
Tempio di Minerva
Piazza del Comune
Oratorio di S. Francesco
Santa Chiara
Sta Maria Maggiore
Chiesa Nuova

San Pietro

San Francesco

PORTA S. GIACOMO
PORTA NUOVA
PINCIO
P.za Matteotti
PORTA D. SEMENTONE
PORTA MOIANO

PERUGIA
S. MARIA DEGLI ANGELI

156

Fontebella ⚐ ≤ ☰ 占 AC

FAMILIARE · ELEGANTE Camere su vari piani - sopra e sotto la reception - ma dagli arredi simili, le migliori (con sovrapprezzo) si affacciano sulla valle; come il ristorante Frantoio, panoramico nella veranda chiusa e dalla saporita cucina umbra. Proverbiali i porcini e i tartufi!

43 cam ⌖ - ∲69/139 € ∲∲94/199 € – 3 suites

Pianta: A1-e – *via Fontebella 25 - ℰ 075 812883 - www.fontebella.com*

La Terrazza ⚐ ≤ ⇔ ⅄ ⌂ ☰ 占 AC P

FAMILIARE · ACCOGLIENTE Gli spazi all'aperto, tra prati e piscina, sono il punto di forza dell'albergo, come la vista di molte camere sulla vallata, l'ospitalità e il piccolo centro benessere; le otto camere della dépendance - immerse nel giardino - coronano l'offerta della struttura.

40 cam ⌖ - ∲60/90 € ∲∲85/130 €

via F.lli Canonichetti, 2 km per Spello - C2 - ℰ 075 812368
- www.laterrazzahotel.it

Dei Priori ⚐ ☰ AC

TRADIZIONALE · STORICO Vicino alla piazza centrale, albergo ben inserito nel complesso storico; le camere sono tutte confortevoli, ma se volete un'atmosfera più romantica optate per le due sole con affreschi al soffitto. Piccola osteria per ritrovare i sapori e i vini della regione.

34 cam ⌖ - ∲54/99 € ∲∲69/179 €

Pianta: B1-n – *corso Mazzini 15 - ℰ 075 812237 - www.hoteldeipriori.it*

🏠 Berti ⚐ ☰ AC

FAMILIARE · CLASSICO Cordiale gestione familiare in una struttura con graziosi spazi comuni non ampi, ma accoglienti, e camere arredate in modo essenziale. A 40 metri dall'hotel, il ristorante Da Cecco allieta i suoi ospiti con piatti tipici in un ambiente rustico.

10 cam ⌖ - ∲40/80 € ∲∲70/140 €

Pianta: A1-a – *piazza San Pietro 24 - ℰ 075 813466 - www.hotelberti.it - Chiuso 10 gennaio-1° marzo*

a Viole Sud-Est : 4 km per Foligno C2 ⊠ 06081 – Assisi

Agriturismo Malvarina ⚐ ⅋ ⇔ ⅄ P

AGRITURISMO · TRADIZIONALE Un'oasi di tranquillità a poca distanza da Assisi: una sorta di albergo "diffuso" con accoglienti camere e cottage forniti di angolo cottura. Ambiente piacevolmente rustico al ristorante con camino: in menu - spesso - arrosti e paste fresche. I titolari sono, inoltre, produttori di miele, marmellate, polli, agnelli ed olio.

15 cam ⌖ - ∲65/80 € ∲∲90/95 €

via Pieve di Sant'Apollinare 32 - ℰ 075 806 4280 - www.malvarina.it

ad Armenzano Est : 12 km per via Renzo Rosati A1 ⊠ 06081 – Assisi - Alt. 759 m

🍴○ Armentum ≤ ⇔ 🕌 ⅄ P

CUCINA MODERNA · ROMANTICO 🕌🕌 Armenzano era un zona di transumanza e la sala con camino del ristorante, un tempo, fu un ovile: oggi - inaspettatamente - vi trovate una cucina sofisticata, ma dalle forte radici umbre.

Menu 30/55 € – Carta 36/58 €

Hotel Le Silve - ℰ 075 801 9000 - www.lesilve.it - Aperto 1° aprile-30 ottobre

🏠 Le Silve ⅋ ≤ ⇔ ⅄ ⌂ 🍴 P

TRADIZIONALE · BUCOLICO Ideale per chi ama il silenzio e la solitudine, ci vuole tempo per raggiungerlo, ma il contesto naturalistico ai piedi del monte Subasio è da cartolina. Arredi d'arte povera nelle camere.

19 cam ⌖ - ∲90/150 € ∲∲160/330 €

- ℰ 075 801 9000 - www.lesilve.it - Aperto 1° aprile-30 ottobre

🍴○ **Armentum** - Vedere selezione ristoranti

ASTI

(AT) – ✉ 14100 – 76 202 ab. – Alt. 123 m – Carta regionale n° **14**-D1
Carta stradale Michelin 561-H6

⊛ **Osteria Casamar** 🛱 ⌖ 🅰🅲

PESCE E FRUTTI DI MARE · CONVIVIALE ✗ Il re del menu è sua maestà, il pesce,
ma non mancano proposte di carne tipiche della regione, in un locale articolato
su più piani, ognuno con una propria peculiarità. Piano terra, piccolo bistrot con
tovagliette per un quick lunch. Una sala più classica con spunti moderni alle
pareti al primo piano. Specialità: linguine alle vongole e lime - tataki di tonno
con caponata scomposta - mousse al cioccolato fondente e lamponi.

Menu 35/50 € – Carta 31/64 €

Pianta: B2-c – *vicolo G.B Giuliani, 3 – ☏ 0141 351100 – www.casamar.it – Chiuso
14-18 agosto, i mezzogiorno di sabato, domenica (escluso settembre) e lunedì*

⫫○ **L'Angolo del Beato** 🛱 🅰🅲 ⇧

CUCINA ITALIANA · CONTESTO TRADIZIONALE ✗✗ Gli arredi minimal-moderni di
questo locale centralissimo mettono in luce il bel soffitto a cassettoni che rivela la
propria origine settecentesca. I molti piatti piemontesi e - più genericamente
- specialità italiane con qualche spunto dal mare, sono accompagnati da una
valida carta dei vini. Il dehors si svolge nell'attigua piazza.

Menu 37 € – Carta 34/64 €

Pianta: B2-f – *vicolo Cavalleri 2, (ang. piazza Statuto) – ☏ 0141 531668
– www.angolodelbeato.it – Chiuso 1°-6 gennaio, 13-19 agosto e domenica*

🏠 **Aleramo** ⬧ 🅰🅲 🕍 🚗

BUSINESS · MODERNO La passione del proprietario per il design contemporaneo
prende forma in camere moderne e mai banali, lineari e minimaliste, dalla partico-
larissima suite "absolute black" alla "etno chic": tutta nera la prima, con baldacchino e candele la seconda. Ultimo, ma non ultimo, la struttura è comodamente
ubicata in centro città.

42 cam ⌂ – †60/80 € ††100/150 € – 3 suites

Pianta: B2-a – *via Emanuele Filiberto 13 – ☏ 0141 595661 – www.aleramo.it*

ATENA LUCANA

Salerno – ✉ 84030 – 2 336 ab. – Alt. 625 m – Carta regionale n° **4**-D2
Carta stradale Michelin 564-F28

🏠 **Villa Torre Antica** ⬥ ⪉ ⬧ ⌖ 🅰🅲 🅿

DIMORA STORICA · ACCOGLIENTE Nato dal restauro di un vecchio torrione del
XVIII secolo, questo hotel di *charme* propone raffinati confort ispirati alla modernità e camere personalizzate con mobili in stile.

13 cam ⌂ – †50/80 € ††70/120 € – 1 suite

via Indipendenza 32 – ☏ 0975 779016 – www.hoteltorreantica.com

ATRANI

Salerno – ✉ 84010 – 1 008 ab. – Alt. 12 m – Carta regionale n° **4**-B2
Carta stradale Michelin 564-F25

⫫○ **'A Paranza** 🕸 🅰🅲

PESCE E FRUTTI DI MARE · STILE MEDITERRANEO ✗✗ Nel centro del caratteristico paese, due brillanti fratelli propongono specialità di mare: espressione di
saporite ricette, con ottimo rapporto qualità/prezzo.

Menu 35/50 € – Carta 26/67 €

*via Traversa Dragone 1 – ☏ 089 871840 – www.ristoranteparanza.com – Chiuso
7-25 gennaio e martedì*

ATRI

Teramo (TE) – ✉ 64032 – Alt. 444 m – Carta regionale n° **1**-B1
Carta stradale Michelin 563-O23

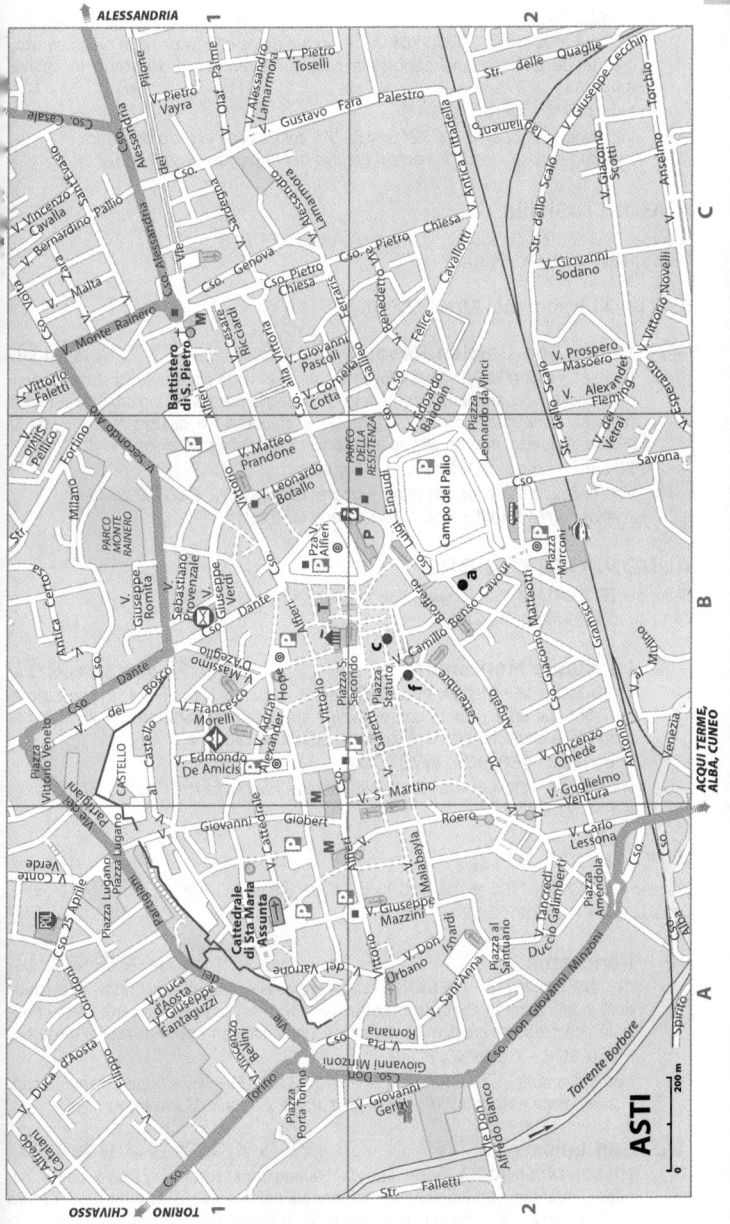

ASTI

⫟◯ **Tosto** ⓝ   ⌂ AK

CUCINA MODERNA · TRATTORIA X Fresca e piacevole trattoria in pieno centro, gestita da una giovane coppia; la cucina reinterpreta il territorio in chiave moderna.

Menu 37 € – Carta 35/54 €

Via Angelo Probi 8/10 – 𝒞 324 084 2077 – solo a cena escluso domenica in inverno – chiuso lunedì, il martedì escluso dal 15 giugno-15 settembre

AUGUSTA Sicilia

Siracusa – ⊠ 96011 – 36 305 ab. – Carta regionale n° **17**-D2
Carta stradale Michelin 365-BA60

a Brucoli Nord-Ovest : 7,5 km ⊠ 96010

🏨 **Venus Sea Garden Resort**   ⛱ ⊱ ⟨ ⌂ ⌨ ⅀ �֍ ⊡ AK ⚒ P

RESORT · MEDITERRANEO Seducente complesso articolato in tipici edifici di arenaria gialla, i cui ambienti interni si caratterizzano per vivacità cromatica e mediterranea semplicità. Ma non c'è tempo per chiudersi tra quattro mura: la vita si svolge all'aperto, intorno alla splendida piscina o sulle piattaforme sugli scogli.

55 cam – solo ½ P 180/380 € – 3 suites

via Pantelleria 22, contrada Monte Amara, Est: 3,5 km – 𝒞 0931 998946 – www.hotel-venus.it – Aperto inizio aprile-31 ottobre

AURONZO DI CADORE

Belluno – ⊠ 32041 – 3 350 ab. – Alt. 866 m – Carta regionale n° **23**-C1
Carta stradale Michelin 562-C19

🏠 **La Nuova Montanina**   ⛱ ⌨ ⍥ ⊡ ⅃ ⅋ P

TRADIZIONALE · FUNZIONALE Nel centro della località, hotel a conduzione familiare che offre camere confortevoli e spazi comuni caratteristici. Il ristorante propone le classiche ricette nazionali e specialità cadorine.

17 cam ⌸ – ⅋50/90 € ⅋⅋70/120 €

via Monti 3 – 𝒞 0435 400005 – www.lanuovamontanina.it – Chiuso 2-31 maggio e 3-30 novembre

AVELENGO HAFLING

Bolzano – ⊠ 39010 – 764 ab. – Alt. 1 290 m – Carta regionale n° **19**-B2
Carta stradale Michelin 562-C15

⫟◯ **Panorama**   ⊰ ⌨ ⌂ ⌧ ⅋ ⊙ P

CUCINA CREATIVA · ELEGANTE XxX La promessa contenuta nel nome si dischiuderà in una parete vetrata con spettacolare vista sulla vallata. La carta invece delizierà con proposte creative ed elaborate, non necessariamente legate al territorio.

Menu 69 € – Carta 50/80 €

Hotel Miramonti, via St. Kathrein 14 – 𝒞 0473 279335 – www.hotel-miramonti.com – solo a cena – Aperto 7 dicembre-19 marzo e 27 aprile-13 novembre

🏨 **San Luis**   ⛱ ⊱ ⊰ ⌨ ⅀ ⌧ ⊙ ⍥ ⅃⅋ ⅌ ⇆

LUSSO · ORIGINALE A pochi km da Merano, una sorta di piccolo paese nel paese... Attorno a un lago che in certi periodi dell'anno pare incantato, una radura inviolata immersa in un parco alpino dove trovano posto chalet e casette (tipo palafitte) sugli alberi: suggestioni green, ma confort e servizi degni di una struttura ricettiva di alta gamma.

39 suites – solo ½ P 280/475 €

via Verano 5, Sud : 3,4 Km ⊠ 39010 – 𝒞 0473 279570 – www.sanluis-hotel.com

🏨 Chalet Mirabell

LUSSO · STILE MONTANO Una struttura che incarna appieno quello che i turisti cercano in Alto Adige: tipicità, calda atmosfera, ma anche modernità e confort. Degno di nota, il nuovissimo centro benessere, ma anche il laghetto balneabile con acqua riscaldata.

70 cam ⌣ – †123/159 € ††145/194 € – 12 suites

via Falzeben 112 – ☎ 0473 279300 – www.residence-mirabell.com
– Chiuso 10 novembre-17 dicembre

🏨 Miramonti

TRADIZIONALE · DESIGN In posizione deliziosamente panoramica, appoggiato sulla roccia sopra Merano, questo moderno hotel è un'oasi verde dove rilassarsi grazie ad un'eccellente e calorosa gestione. Più che varia la ristorazione con il plus di una piccolissima stube serale per gustare i genuini sapori della regione.

30 cam ⌣ – †140/280 € ††200/450 € – 12 suites

via St. Kathrein 14 – ☎ 0473 279335 – www.hotel-miramonti.com
– Aperto 7 dicembre-19 marzo e 27 aprile-13 novembre

🍴 **Panorama** – Vedere selezione ristoranti

🏨 Viertlerhof

TRADIZIONALE · STILE MONTANO Immerso nella tranquillità d'un bel giardino, un tradizionale hotel ben accessoriato, dagli spazi interni rinnovati con molto legno in stile moderno; pregevole settore relax.

33 cam – solo ½ P 170/232 € – 8 suites

via Falzeben 126 – ☎ 0473 279428 – www.viertlerhof.it
– Chiuso 7-22 aprile e 4 novembre-16 dicembre

🏨 Mesnerwirt

FAMILIARE · STILE MONTANO Moderno centro benessere, grande giardino solarium sapientemente organizzato, camere confortevoli e belle suite: insomma, vale sempre la pena di fermarsi in questa piacevole struttura... anche perché, al ristorante, i prodotti locali si sposano con la creatività.

39 cam – solo ½ P 99/119 € – 12 suites

via alla Chiesa 2 – ☎ 0473 279493 – www.mesnerwirt.it – Chiuso
10 novembre- 4 dicembre

AVELLINO

(AV) – ✉ 83100 – 54 857 ab. – Alt. 348 m – Carta regionale n° **4**-B2
Carta stradale Michelin 564-E26

🍴 Antica Trattoria Martella

CUCINA REGIONALE · CONVIVIALE XX Un'accogliente trattoria arredata in modo classico con tavoli quadrati, propone un buffet d'antipasti accanto ad una cucina e ad una cantina che riflettono i sapori regionali.

Carta 22/52 €

via Chiesa Conservatorio 10 – ☎ 0825 31117 (prenotare)
– www.ristorantemartella.it – Chiuso 2 settimane in agosto, domenica sera
e lunedì

🏨 De la Ville

BUSINESS · PERSONALIZZATO Da sempre attivi nella realtà edile, i proprietari stessi hanno ideato e costruito quest'enorme struttura con camere signorili ed ampi spazi personalizzati con molto verde.

55 cam ⌣ – †79/130 € ††99/170 € – 6 suites

via Palatucci 20 – ☎ 0825 780911 – www.hoteldelavilleavellino.it

AVENZA Massa-Carrara ➜ Vedere Carrara

AVETRANA

Taranto – ✉ 74020 – 6 793 ab. – Alt. 62 m – Carta regionale n° **15**-D3
Carta stradale Michelin 564-F35

⑩ Masseria Bosco   🖴 🏠 AC ♻ P

CUCINA REGIONALE · CONTESTO TRADIZIONALE ✗ La tradizione si esprime anche in cucina: tra piatti a base di legumi, pasta fatta in casa e carne locale, l'olio che troverete sulla tavola proviene dagli ulivi secolari che circondano il relais. Bello e suggestivo, il ristorante presenta un'apertura di quattro metri nel pavimento: un'antica via di fuga.

Carta 25/48 €

Hotel Relais Terre di Terre, via per Erchie, Nord: 2 km
– ℰ 099 970 4099 (prenotare) – www.masseriabosco.it – Chiuso
1° dicembre-31 gennaio

🏠 Relais Terre di Terre   🕭 🖴 ⌇ AC ❀ 🕭 P

DIMORA STORICA · AGRESTE Tra il verde odoroso degli ulivi e l'azzurro del mar Mediterraneo, la struttura è composta da due masserie: caratteristiche camere con soffitto in tufo e bagni policromi in una, stanze più moderne nell'altra.

29 cam ⌇ – ♦77/140 € ♦♦110/200 € – 5 suites
via per Erchie, Nord: 2 km
– ℰ 099 970 4099 – www.masseriabosco.it
– Chiuso 1° dicembre-31 gennaio
⑩ **Masseria Bosco** – Vedere selezione ristoranti

AVOLA Sicilia

Siracusa – ✉ 96012 – 31 708 ab. – Alt. 40 m – Carta regionale n° **17**-D3
Carta stradale Michelin 365-AZ62

🏠 Agriturismo Masseria sul Mare   🍴 🕭 ⌔ & AC P

CASA DI CAMPAGNA · TRADIZIONALE 50 ettari di coltivazioni, frumento e ortaggi, circondano la masseria dagli ambienti curati e dalle camere semplici, alcune con patio privato, altre con scorcio sul mare; poco distante l'incantevole spiaggia ad accesso privato, con sabbia fine e scogli. La cucina propone il meglio della tradizione isolana.

20 cam ⌇ – ♦50/110 € ♦♦80/180 €
contrada Gallina, (S.S. 115 km 392,60), Nord-Est: 5 km
– ℰ 0931 560101 – www.masseriasulmare.it – Aperto da inizio marzo a fine ottobre

🏠 Agriturismo Avola Antica   🍴 🕭 ⌔ 🖴 ⌇ AC P

AGRITURISMO · MEDITERRANEO Dal mare si sale sino a 460 metri d'altezza per trovare questa incantevole struttura immersa in uno splendido paesaggio di muretti a secco, con la vista che, nelle belle giornate, spazia sino a Capo Passero. Spettacolare giardino e grande piscina, diversi prodotti dell'azienda agricola orneranno la tavola.

9 cam ⌇ – ♦45/55 € ♦♦75/100 €
contrada Avola Antica, Nord : 9 Km
– ℰ 0931 811008 – www.avolaantica.it
– Aperto 1° aprile-30 settembre

AZZATE

Varese – ✉ 21022 – 4 648 ab. – Alt. 332 m – Carta regionale n° **10**-A1
Carta stradale Michelin 561-E8

🍴 Hosteria da Bruno   🚫 AC

CUCINA MEDITERRANEA · FAMILIARE 🍴 Bruno, che dal nonno ha ereditato nome e passione, ripropone quest'insegna con oltre mezzo secolo di storia. Il ristorante è rustico, ma piacevole proprio per quest'aura di autenticità, nelle sedie impagliate, nelle panche disposte intorno ad un caminetto, nelle foto di famiglia appese alle pareti. In menu, cucina regionale con piatti del giorno secondo la disponibilità del mercato.

🍽 Menu 21 € (pranzo in settimana)/70 € – Carta 32/72 €

via Piave 43/a – ✆ 0332 454093 – Chiuso 1°-7 gennaio, 2 settimane in agosto e martedì

🏠 Locanda dei Mai Intees   🌳 🐾 🛏 ⊞ AC 🧖 P

STORICO · ACCOGLIENTE Un antico sonetto narra di un gruppo di amici che solevano riunirsi qui per discutere e far musica... sebbene non fossero mai d'accordo. Incantevole fusione di due edifici del '400, la struttura propone un'atmosfera ricca di charme con mobili in stile ed un salotto nella veranda: Mai Intees, ma concordi sull'amenità!

11 cam ☲ – ♦80/200 € ♦♦90/250 € – 1 suite

via Monte Grappa 22 – ✆ 0332 457223 – www.mai-intees.it

BACOLI

Napoli – ✉ 80070 – 26 560 ab. – Carta regionale n° **4**-A2
Carta stradale Michelin 564-E24

🍴 A Ridosso   🍽 AC P

CUCINA CLASSICA · ACCOGLIENTE 🍴🍴 A ridosso di una collina, un locale piccolo ed elegante, che con il bel tempo si trasferisce in terrazza al piano superiore. Nei piatti solo i prodotti del mare. (Su prenotazione, anche menu di terra).

Menu 35 € (in settimana) – Carta 30/90 €

via Mercato di Sabato 320 – ✆ 081 868 9233 – www.ristorantearidosso.com – solo a cena – Chiuso 23 dicembre-4 gennaio, 13-28 agosto e lunedì

🏠 Cala Moresca   🌳 🐾 ⟨ 🛏 ⚒ 🗡 ⊞ AC 🧖 P

FAMILIARE · MEDITERRANEO Investe su sé stessa – migliorando di anno in anno – questa bella casa dall'anima mediterranea che parte avvantaggiata grazie ad una posizione tranquilla e scenografica vista sul golfo, nonché discesa a mare con area attrezzata sugli scogli. Buona propensione alla ristorazione, dove non mancano ambiziosi progetti in divenire!

24 cam ☲ – ♦99/350 € ♦♦99/350 €

via del Faro 44, località Capo Miseno – ✆ 081 523 5595 – www.calamoresca.it

🏠 Villa Oteri   🌳 ⟨ AC P

FAMILIARE · PERSONALIZZATO Villa di inizio Novecento, dall'esterno colorata ed appariscente, conserva all'interno le caratteristiche della struttura originale ed offre camere confortevoli e una speciale accoglienza. Proposte culinarie dell'area flegrea.

9 cam ☲ – ♦65/95 € ♦♦78/110 €

via Miliscola 18 – ✆ 081 523 4985 – www.villaoteri.it

BADALUCCO

Imperia – ✉ 18010 – 1 136 ab. – Alt. 179 m – Carta regionale n° **8**-A3
Carta stradale Michelin 561-K5

🍴 Macine del Confluente   🛏 🍽 🗡 P

CUCINA LIGURE · ROMANTICO 🍴 Circondato da orti da cui provengono molte delle verdure che ritroverete al ristorante, a cominciare dai celebri fagioli, c'è anche una ruota, un torchio e una macina di un mulino ottocentesco. La sala è un romantico tripudio di legni e pietra, la cucina, in prevalenza di carne, s'ispira alla regione.

Carta 34/44 €

Macine del Confluente, località Oxentina, Sud: 2,5 km – ✆ 0184 407018 (consigliata la prenotazione) – solo a cena escluso i giorni festivi – Chiuso 2 settimane in novembre, 2 settimane in febbraio, lunedì e martedì

🏠 Macine del Confluente

CASA DI CAMPAGNA · ROMANTICO Dedicato a chi vuole partire alla scoperta dell'entroterra, le Macine è stato costruito nello stile di un tipico borgo ligure, con pietre e legni che si sommano al verde e agli orti della vallata. Le camere propongono un confortevole stile rustico, tutte con camino e letti in legno o ferro battuto.

6 cam ☲ – 🛏75/85 € 🛏🛏90/100 €

località Oxentina, Sud: 2,5 km – ☎ 0184 407018 – www.lemacinedelconfluente.com – Chiuso 2 settimane in novembre, 2 settimane in febbraio

🍴 **Macine del Confluente** – Vedere selezione ristoranti

BADIA ABTEI Bolzano → Vedere Alta Badia

BADIA A PASSIGNANO Firenze → Vedere Tavarnelle Val di Pesa

BADIA DI DULZAGO Novara → Vedere Bellinzago Novarese

BADIOLA Grosseto → Vedere Castiglione della Pescaia

BAGHERIA Sicilia

Palermo (PA) – ✉ 90011 – 55 387 ab. – Alt. 78 m – Carta regionale n° **17**-B2
Carta stradale Michelin 565-M22

❀ I Pupi (Antonio Lo Coco) 🕸 ⟍ 🗚

CUCINA MODERNA · ELEGANTE 🟘🟘 I tavoli in cristallo risaltano su un originale pavimento in pietra lavica in questo piccolo ristorante di eleganza moderna e minimalista, dove lo chef rielabora con ottima tecnica e fantasia numerose ricette della tradizione isolana. Il tutto nel massimo rispetto per la purezza dei sapori!
→ Anelletti (pasta secca) al forno. La stighiola (piatto tipico siciliano a base di interiora). Tutto limone.

Menu 35 € (pranzo in settimana)/110 € – Carta 50/86 €

via del Cavaliere 59 – ☎ 091 902579 (consigliata la prenotazione) – www.ipupiristorante.it – Chiuso lunedì a mezzogiorno e domenica dal 15 giugno al 15 settembre, domenica sera e lunedì negli altri mesi

BAGNAIA Livorno → Vedere Elba (Isola d') : Rio nell'Elba

BAGNARA CALABRA

Reggio di Calabria – ✉ 89011 – 10 255 ab. – Alt. 50 m – Carta regionale n° **3**-A3
Carta stradale Michelin 564-M29

🍴 Taverna Kerkira 🗚

PESCE E FRUTTI DI MARE · FAMILIARE 🟘 Pesci crudi marinati con limone o aceto, menta o mandorle e basilico, tortino di pesce spatola, tzatziki... Lasciatevi tentare da una delle tante specialità di mare, ma anche da qualche sapore ellenico, che vi trasporterà idealmente nell'Egeo, senza muoversi dallo Ionio.

Carta 32/58 €

corso Vittorio Emanuele 217 – ☎ 0966 372260 (consigliata la prenotazione) – Chiuso 20 dicembre-15 gennaio, 1° agosto-15 settembre, lunedì e martedì

🏠 Grand Hotel Victoria 🟘 ⟍ 🛏 🖭 ⟍ 🗚 🏋 �

BUSINESS · LUNGOMARE Sulla piazza centrale, ma affacciato anche sul lungomare, ambienti comuni e camere di gusto classico. Al ristorante è il pesce il protagonista della carta, mentre se volete uno dei quattro tavoli sul terrazzino fronte mare, vi conviene prenotarlo in anticipo.

41 cam ☲ – 🛏50/70 € 🛏🛏70/130 €

piazza Marconi 4 – ☎ 0966 376126 – www.victoriagrandhotel.it

BAGNARA DI ROMAGNA

Ravenna – 2 429 ab. – Alt. 22 m – Carta regionale n° **5**-C2
Carta stradale Michelin 562-I17

‼️○ **Rocca** 🖭 🔄

CUCINA MODERNA • ROMANTICO ✕✕ Dopo molteplici esperienze in giro per il mondo (Londra, New York, Kuala Lumpur, Capri), lo chef-patron, Mirko, gestisce questa piacevole locanda tra Emilia e Romagna, preparando gustosi piatti di terra e di mare, moderni, ma non dimentichi della tradizione.

Carta 34/61 €

Agriturismo La Locanda di Bagnara, piazza Marconi 10 – 𝒞 0545 76951 – www.locandabagnara.it – Chiuso 10-20 agosto e lunedì

🏠 **La Locanda di Bagnara** ⬍ 🖭

LOCANDA • PERSONALIZZATO Nel cuore di questa piccola frazione, edificio del 1870 restaurato su modello di una raffinata e moderna locanda: arredi eleganti e confort al passo con i tempi odierni.

8 cam ⮢ – †60/190 € ††90/190 €

piazza Marconi 10 – 𝒞 0545 76951 – www.locandabagnara.it – Chiuso 10-20 agosto

‼️○ **Rocca** – Vedere selezione ristoranti

BAGNARIA ARSA

Udine – ✉️ 33050 – 3 491 ab. – Alt. 18 m – Carta regionale n° **6**-C3
Carta stradale Michelin 562-E21

🏠 **Agriturismo Mulino delle Tolle** 🏡 🅰️ 🖭 🎣 🅿️

FAMILIARE • TRADIZIONALE Lazzaretto secentesco o dogana di confine all'epoca degli Asburgo? Una testina votiva in cotto - oggi marchio dell'azienda - ammicca invece alla sua lunga tradizione vitivinicola. Al ristorante: proposte giornaliere di cucina regionale e piatti di terra (carni di produzione propria).

10 cam ⮢ – †60/65 € ††80/88 €

località Sevegliano, statale Palmanova-Grado, Sud-Ovest: 2 km – 𝒞 0432 924723 – www.mulinodelletolle.it – Chiuso 24 dicembre-15 gennaio

BAGNI DI LUCCA

Lucca – ✉️ 55022 – 6 161 ab. – Alt. 150 m – Carta regionale n° **18**-B1
Carta stradale Michelin 563-J13

🏠 **Regina Park Hotel** 🛎️ 🖭 ⬍ 🅿️

FAMILIARE • PERSONALIZZATO In un palazzo della fine del XVIII secolo, comodo indirizzo tanto per chi sceglie una vacanza culturale, quanto per chi opta per un soggiorno di relax; giardino con piscina sul retro e café-bistrot.

11 cam ⮢ – †39/159 € ††49/200 € – 1 suite

viale Umberto I° 157 – 𝒞 0583 805508 – www.coronaregina.it

BAGNI NUOVI Sondrio → Vedere Valdidentro

BAGNO A RIPOLI

Firenze – ✉️ 50012 – 25 611 ab. – Alt. 75 m – Carta regionale n° **18**-D3
Carta stradale Michelin 563-K15

a Candeli Nord : 1 km ✉️ 50012

‼️○ **Il Verrocchio** 🛎️ 🍴 🖭 🙅 🔄 🅿️

CUCINA MODERNA • ROMANTICO ✕✕✕ Soffitto a volte e camino, vasta selezione enologica di vini italiani e regionali, nonché cucina del territorio rivisitata, ma non solo, in un bel locale che mutua il nome dall'artista fiorentino alla cui bottega si formò Leonardo da Vinci. Le imponenti vetrate permettono di approfittare della vista sull'Arno e sul Chianti; d'estate i pasti sono serviti sulla terrazza a filo d'acqua.

Carta 74/128 €

Hotel Villa La Massa, via della Massa 24 – 𝒞 055 6261 1533 – www.villalamassa.com – solo a cena – Aperto da inizio aprile a fine ottobre

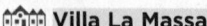 Villa La Massa

GRAN LUSSO · STORICO Più che un hotel, è un gioiello architettonico dell'epoca medicea, un'oasi bucolica affacciata sul fiume Arno, a un quarto d'ora da Firenze (quest'ultima facilmente raggiungibile grazie ad un servizio di navetta messo a disposizione degli ospiti). Letti a baldacchino, boiserie, soffitti affrescati, tappezzerie, bagni in marmo: sobria e insieme calorosa, Villa La Massa invita a riscoprire l'arte di vivere della nobiltà fiorentina, sottilmente rivisitata dal confort più raffinato.

23 cam ☑ – ♦480/620 € ♦♦540/740 € – 14 suites

via della Massa 24 – ☎ 055 62611 – www.villalamassa.com – Aperto da inizio aprile a fine ottobre

🍴 **Il Verrocchio** – Vedere selezione ristoranti

BAGNO DI ROMAGNA

Forlì-Cesena (FC) – ✉ 47021 – 6 154 ab. – Alt. 491 m – Carta regionale n° **5**-D3
Carta stradale Michelin 562-K17

🍴 Paolo Teverini

CUCINA CLASSICA · ELEGANTE XxX In ambienti di grande raffinatezza, la cucina reinterpreta in chiave moderna e personale le tradizioni romagnole e toscane. Attenzione particolare per i formaggi, funghi e tartufi ma, soprattutto, per i vini: molti al bicchiere, tanti dalla Francia.

Menu 39/88 € – Carta 64/102 €

Hotel Tosco Romagnolo, via del Popolo 2 – ☎ 0543 911260 (consigliata la prenotazione) – www.paoloteverini.it – solo a cena escluso sabato e domenica – Chiuso lunedì e martedì escluso agosto

🍴 Prêt-à-Porter

CUCINA REGIONALE · ELEGANTE XX E' la versione più easy di casa Teverini: sempre comunque elegante, il ristorante offre piatti del territorio, nonché qualche inserimento di pesce. La carta dei vini privilegia una bella selezione di bottiglie a prezzo contenuto.

🍽 Menu 18 € (pranzo in settimana)/35 € – Carta 30/56 €

Hotel Tosco Romagnolo, via del Popolo 2 – ☎ 0543 911260 – www.paoloteverini.it

Ròseo Euroterme

TERMALE · ELEGANTE L'acqua - dal fiume che scorre dinnanzi alle cascate, per non dire dei trattamenti termali - è il tema di questo elegante albergo a pochi metri dalla zona pedonale del centro storico. Le vaste ed eleganti aree comuni, nonché il centro benessere, sono i suoi punti di forza; le camere egualmente buone ma di gusto - in genere - più classico.

254 cam ☑ – ♦124/179 € ♦♦180/300 € – 4 suites

via Lungosavio 2 – ☎ 0543 911414 – www.euroterme.com

Tosco Romagnolo

TRADIZIONALE · ELEGANTE Al timone di questa elegante struttura vi è un'appassionata gestione familiare coadiuvata da personale altrettanto cordiale e competente. I punti forti dell'hotel sono sicuramente le spaziose camere - eccellenti quelle più moderne - la piscina panoramica e la beauty spa.

44 cam ☑ – ♦49/61 € ♦♦78/98 € – 4 suites

via del Popolo 2 – ☎ 0543 911260 – www.hoteltoscoromagnolo.it

🍴 **Prêt-à-Porter** • 🍴 **Paolo Teverini** – Vedere selezione ristoranti

Balneum

TRADIZIONALE · PERSONALIZZATO Tranquilla struttura all'ingresso del paese e dall'ottima gestione familiare dispone di graziose camere personalizzate - alcune dotate di bagno turco - con soluzioni originali e di gran qualità. Al ristorante, cucina regionale curata dai titolari stessi.

38 cam ☑ – ♦57/86 € ♦♦74/110 €

via Lungosavio 15/17 – ☎ 0543 911085 – www.hotelbalneum.it – Chiuso 10 gennaio-10 febbraio

ad Acquapartita Nord-Est : 8 km ⊠ 47021 – San Piero In Bagno – Alt. 806 m

⏺○ **Del Lago**   ※ 🛖 **P**

CUCINA REGIONALE · AMBIENTE CLASSICO ✕✕ Che bella sorpresa in quel di Acquapartita! Un giovane chef, anche sommelier, affiancato dai genitori che eseguono un servizio in sala accurato e professionale, convince i suoi ospiti con una cucina creativa e molto attenta alla selezione delle materie prime. Degna di nota la cantina (visitabile) che custodisce oltre 8000 etichette!

Menu 43/48 € – Carta 33/64 €

via Acquapartita 147 – ℰ 0543 903406 (consigliata la prenotazione)
– www.albergoristorantedellago.it – Chiuso 1 settimana in gennaio, 1 settimana in giugno, lunedì e martedì escluso luglio-agosto

🏠 **Miramonti**   ☆ 🚿 🎣 ⬚ 👌 🅰 🛎 🚗

TRADIZIONALE · CLASSICO Ubicata tra i boschi appenninici, la struttura dispone di buoni servizi, arredi e camere confortevoli, circa la metà con vista sul lago. Al ristorante: la regionale cucina tosco-romagnola.

46 cam ☑ – †50/140 € ††80/140 €

via Acquapartita 103 – ℰ 0543 903640 – www.selecthotels.it – Aperto 28 dicembre-6 gennaio e 1° aprile-31 ottobre

BAGNOLO IN PIANO

Reggio nell'Emilia – ⊠ 42011 – 9 712 ab. – Alt. 32 m – Carta regionale n° **5**-B3
Carta stradale Michelin 562-H14

🟢 **Trattoria da Probo**   👌 🅰 🛎 ⇆ **P**

CUCINA EMILIANA · FAMILIARE ✕ Salumi fra gli antipasti insieme al gnocco fritto e all'erbazzone, si prosegue con le paste frasche, mentre i carrelli regnano sia tra i secondi (di bolliti e arrosti) che fra i dolci. Semplice ed informale trattoria familiare, qui uscire dall'ortodossia emiliana è ben difficile!

🍴 Menu 15 € (pranzo in settimana)/40 € – Carta 31/50 €

via Provinciale Nord 13 – ℰ 0522 951300 – www.trattoriadaprobo.it
– Chiuso 16-26 agosto e le sere di domenica, lunedì e martedì

BAGNOLO SAN VITO

Mantova – ⊠ 46031 – 5 971 ab. – Alt. 19 m – Carta regionale n° **9**-D3
Carta stradale Michelin 561-G14

⏺○ **Villa Eden**   🚿 🛖 👌 🅰 🛎 ⇆ **P**

CUCINA MANTOVANA · FAMILIARE ✕✕ Gestita da una famiglia assai cordiale, questa villa tra i campi si presenta come un'ospitale abitazione privata. La cucina sa valorizzare le materie prime con piatti mantovani, stagionalità italiane ed alcune sorprese dal mare. Tra i migliori ristoranti della provincia!

Menu 40 € – Carta 45/53 €

via Gazzo 6 – ℰ 0376 415684 (consigliata la prenotazione)
– www.ristorantevillaeden.it – solo a pranzo escluso venerdì, sabato e domenica
– Chiuso 28 dicembre-5 gennaio, 6-26 agosto, lunedì, martedì

BAGNOREGIO

Viterbo – ⊠ 01022 – 3 650 ab. – Alt. 484 m – Carta regionale n° **7**-A1
Carta stradale Michelin 563-O18

🏠 **Romantica Pucci**   ☆ 🅰 **P**

FAMILIARE · ACCOGLIENTE In un palazzo del XIV sec., piacevole risorsa caratterizzata da camere arredate con gusto e attenzioni particolari, ma tutte diverse tra loro. Si respira un'atmosfera d'intima familiarità. La cucina propone pochi piatti fatti al momento, una cucina semplice e casalinga.

5 cam ☑ – †80 € ††80 €

piazza Cavour 1 – ℰ 0761 792121 – www.hotelromanticapucci.it

BAGNO VIGNONI Siena → Vedere San Quirico d'Orcia

BAIA DOMIZIA
Caserta (CE) – ✉ 81030 – Carta regionale n° **4**-A2
Carta stradale Michelin 563-S23

🏨 Della Baia 🏠 🦢 < 🛁 🛎 🍽 🔥 AC 🅰 🅿

TRADIZIONALE · PERSONALIZZATO Nel golfo di Gaeta, una ridente località turistica - Baia Domizia - ospita questa dimora dal fascino latino. Abbracciata da un vasto prato all'inglese che digrada nella macchia mediterranea fino a raggiungere il mare, la bianca costruzione custodisce al suo interno ambienti raffinati che coniugano mobili ottocenteschi e pezzi di modernariato. Buono anche il ristorante.

50 cam – ♦100/140 € ♦♦150/200 € – 🛏 10 €

via dell'Erica 410 – 𝄢 0823 721344 – www.hoteldellabaia.it – Aperto 19 maggio-23 settembre

BAIA SARDINIA Sardegna Olbia-Tempio (OT) → Vedere Arzachena: Costa Smeralda

BALDICHIERI D'ASTI
Asti – ✉ 14011 – 1 110 ab. – Alt. 173 m – Carta regionale n° **14**-C1
Carta stradale Michelin 561-H6

🍴 Madama Vigna ⇦ 🛖 🔥 AC 🅿

CUCINA PIEMONTESE · ACCOGLIENTE ✕ Una bella carta dei vini, con particolare attenzione al territorio, fa da "spalla" ad una cucina che propone tante specialità regionali: agnolotti al plin con fonduta, fassone piemontese, gallina bionda di Villanova, l'immancabile bunet, ed altro ancora.

🍽 Menu 20 € – Carta 22/40 €

16 cam – ♦80 € ♦♦80/90 €

via Nazionale 41 – 𝄢 0141 66471 – www.madamavigna.it – Chiuso 27 dicembre-9 gennaio, 7-21 agosto e lunedì a mezzogiorno

BALDISSERO TORINESE
Torino – ✉ 10020 – 3 750 ab. – Alt. 421 m – Carta regionale n° **12**-B1
Carta stradale Michelin 561-G5

🍴 Osteria del Paluch 🛖 🅿

CUCINA REGIONALE · FAMILIARE ✕✕ Elegante e ben curato, a classica conduzione diretta, propone una cucina piemontese con predilezione verso percorsi moderni e creativi. Servizio estivo all'aperto.

🍽 Menu 20/45 € – Carta 38/51 €

via Superga 44, Ovest : 3 km – 𝄢 011 940 8750 – Chiuso 2 settimane in novembre, 3 settimane in gennaio, domenica sera e lunedì da settembre a marzo

a Rivodora Nord-Ovest : 5 km ✉ 10020

🍴 Torinese 🛖 AC 🔄

CUCINA REGIONALE · SEMPLICE ✕ Semplici piatti piemontesi fatti in casa e, solo in estate, qualche cottura alla griglia, delizieranno gli ospiti nelle due sale di questa tipica trattoria vecchio stile situata sulla collina di Superga, a pochi chilometri da Torino.

🍽 Menu 25/38 € – Carta 25/48 €

via Torino 42 – 𝄢 011 946 0025 – www.ristorantetorinese.it – solo a cena escluso sabato e domenica – Chiuso 7-20 gennaio, 2-14 agosto, martedì e mercoledì

BANCHETTE D'IVREA Torino (TO) → Vedere Ivrea

BARANO D'ISCHIA Napoli → Vedere Ischia (Isola d')

BARBARANO Brescia → Vedere Salò

BARBARANO VICENTINO

Vicenza (VI) – ⊠ 36021 – 4 594 ab. – Alt. 72 m – Carta regionale n° **23**-B3
Carta stradale Michelin 562-F16

ध्रु **Aqua Crua** (Giuliano Baldessari)   ⇔ よ 🅰🄲

CUCINA MODERNA • ALLA MODA ✗✗ Essenziale e minimalista, la sala è rivolta verso il suo palcoscenico naturale: la cucina a vista, un laboratorio gourmet. Scelta molto ridotta per assicurare la freschezza e il ricambio dei prodotti, i piatti sono spesso originali e di ricerca, il risultato ottimo, a volte eccellente. Le camere sono una buona e moderna soluzione, in particolar modo se non si vuole guidare dopo la cena.

→ Ravioli con formaggio acido. Filetto di manzo. Crema carbonizzata.

Menu 80/130 € – Carta 51/118 €

5 cam – ♦60/70 € ♦♦90/100 € – ☲ 10 €

via IV Novembre 25 – ℰ 0444 776096 (coperti limitati, prenotare) – www.aquacrua.it – Chiuso 2-11 gennaio, 11 agosto-1° settembre, mercoledì a mezzogiorno, lunedì e martedì (esclusi 16-18 aprile, 22-23 gennaio e 1° maggio)

BARBARESCO

Cuneo – ⊠ 12050 – 658 ab. – Alt. 274 m – Carta regionale n° **14**-C2
Carta stradale Michelin 561-H6

⑩ **Antinè**   ⅍ 🅰🄲

CUCINA PIEMONTESE • AMBIENTE CLASSICO ✗✗ Nel cuore di una delle capitali dell'enologia italiana, giovane e brillante gestione per questo ristorante ubicato al primo piano di un edificio del centro storico; l'offerta gastronomica spazia dalla tradizione all'innovazione.

Menu 55/100 € – Carta 55/90 €

via Torino 16 – ℰ 0173 635294 – www.antine.it – Chiuso 20 dicembre-30 gennaio e mercoledì

🏠 **Casa Boffa**   🅰🄲 ⅍ 🄿

FAMILIARE • CONTEMPORANEO Bei bagni nelle curate camere e due terrazze affacciate sui vigneti - una delle quali con vasca idromassaggio - in una casa del centro storico, dove è anche possibile acquistare vini dell'omonima azienda.

5 cam ☲ – ♦70 € ♦♦95/125 €

via Torino 9/a – ℰ 0173 635174 – www.boffacarlo.it – Chiuso 15 dicembre-1° febbraio

BARBERINO DI MUGELLO

Firenze – ⊠ 50031 – 10 836 ab. – Alt. 270 m – Carta regionale n° **18**-C1
Carta stradale Michelin 563-J15

in prossimità casello autostrada A 1 Sud-Ovest : 4 km

⑩ **Cosimo de' Medici**   🅰🄲 🄿

CUCINA TOSCANA • CONVIVIALE ✗✗ Storico ristorante in cui gustare una cucina tradizionale con proposte prevalentemente toscane e la griglia in primo piano: sia per carni bianche, che per quelle rosse.

Carta 25/85 €

viale del Lago 19 ⊠ 50030 Cavallina – ℰ 055 842 0370 – www.ristorantecosimodemedici.com – Chiuso 8-29 agosto, domenica sera e lunedì

BARBERINO VAL D'ELSA

Firenze – ✉ 50021 – 4 386 ab. – Alt. 373 m – Carta regionale n° **18**-D1
Carta stradale Michelin 563-L15

a Petrognano Ovest : 3 km ✉ 50021 – Barberino Val D'Elsa

🍴○ **Il Paese dei Campanelli** 🌿 🅿

CUCINA TOSCANA · ROMANTICO XX Originale collocazione all'interno di un antico casale di campagna con pareti in pietra e rifiniture in legno; d'estate si mangia anche all'aperto, tra vigne e ulivi.

Menu 30/60 € – Carta 35/66 €

località Petrognano 4 – ℰ 055 807 5318 – www.ilpaesedeicampanelli.it – Aperto 1° aprile-31 ottobre, solo venerdì, sabato e domenica a mezzogiorno negli altri mesi

a Ponzano Sud : 2 km ✉ 50021 – Barberino Val D'Elsa

🏠 **La Torre di Ponzano** 🌿 ‹ 🛁 🗻 🕮 🕸 🅿

DIMORA STORICA · ACCOGLIENTE In un contesto collinare di bellezza mozzafiato, la parte più antica della struttura, la torre, risale al 945. Camere rustiche ed accoglienti per immergersi in una Toscana autentica e campestre.

6 cam ☕ – †59/99 € ††65/109 €

strada di Ponzano 8 – ℰ 055 805 9255 – www.torrediponzano.it – Chiuso gennaio-febbraio

BARBIANO Parma → Vedere Felino

BARCUZZI Brescia → Vedere Lonato

BARD

Aosta (AO) – ✉ 11020 – 119 ab. – Alt. 400 m – Carta regionale n° **21**-B2
Carta stradale Michelin 561-F5

🍴○ **Ad Gallias** ⬦

CUCINA CREATIVA · ELEGANTE XX In salette romantiche e curate, o nel super privé in terrazza all'ultimo piano (servizio esclusivo, a fronte di un piccolo sovrapprezzo) per un'ottima cucina che - a tratti - si fa anche fantasiosa. A pranzo si può mangiare nell'attiguo, semplice ed informale Bistrot.

Menu 42/47 € – Carta 38/66 €

Hotel Ad Gallias, via Vittorio Emanuele II 5/7 – ℰ 0125 809878 – www.hoteladgallias.com – solo a cena escluso sabato ed i giorni festivi – Chiuso gennaio e mercoledì

🏠 **Ad Gallias** 🕸

LUSSO · MODERNO Ricavato dalla roccia viva della montagna, proprio di fronte al castello di Bard, uno scrigno di buona accoglienza e confort moderno all'inizio della valle, con camere moderne, originali, attrezzate di tutto punto ed un accogliente centro benessere.

17 cam ☕ – †90/200 € ††130/205 € – 1 suite

via Vittorio Emanuele II 5/7 – ℰ 0125 809878 – www.hoteladgallias.com – Chiuso gennaio

🍴○ **Ad Gallias** – Vedere selezione ristoranti

BARDINO VECCHIO Savona (SV) → Vedere Tovo San Giacomo

BARDOLINO

Verona – ✉ 37011 – 7 049 ab. – Alt. 65 m – Carta regionale n° **23**-A3
Carta stradale Michelin 562-F14

La Veranda

CUCINA MEDITERRANEA · ELEGANTE XxX Col bello o col cattivo tempo, nella veranda del Color hotel sembrerà di mangiare sempre all'aperto, seguiti in ogni momento da un ottimo servizio. La cucina ha un'impronta mediterranea e in qualche proposta od ingrediente pugliese non sarà difficile scorgere la regione d'origine del cuoco.

→ Linguine con essenza di canocchie, granseola, cime di rapa e limone trombolotto. Rombo, ceci neri, carciofi e cozze. Pistacchio con frutti di sottobosco, yogurt magro e liquirizia.

Menu 65/120 € – Carta 48/102 €

Color Hotel, via Santa Cristina 5 – ℰ 045 621 0857 (consigliata la prenotazione)
– www.ristorantelaverandabardolino.it – solo a cena – Aperto 25 marzo-31 ottobre

Il Giardino delle Esperidi

CUCINA CLASSICA · ROMANTICO X In pieno centro storico, locale tutto al femminile, dove gustare una golosa ed intrigante cucina - fortemente legata ai prodotti di stagione - elaborata con curiose ricette personali.

Carta 38/57 €

via Mameli 1 – ℰ 045 621 0477 – solo a cena escluso sabato e i giorni festivi
– Chiuso 10 gennaio-12 febbraio e martedì

Caesius Thermae

SPA E WELLNESS · MODERNO Imponente struttura avvolta dalla tranquillità del proprio giardino. Inutile elencare i servizi: l'offerta è completa e generosa, addirittura superba per quanto riguarda le proposte della Spa (trattamenti ayurvedici al top!). Cucina moderna e un interessante menu vegetariano al ristorante Benacus, che nelle serate estive si sposta all'aperto diventando Le Vele.

185 cam ☲ – ♦105/205 € ♦♦155/305 € – 27 suites
via Peschiera 3 – ℰ 045 721 9100 – www.hotelcaesiusterme.com

Color Hotel

RESORT · CONTEMPORANEO Splendidi giardini tropicali e varie piscine (due anche riscaldate) contornano questa struttura di taglio moderno e personalizzato; tante attenzioni e grande professionalità fanno del soggiorno un'esperienza memorabile.

90 cam ☲ – ♦115/289 € ♦♦138/532 € – 17 suites
via Santa Cristina 5 – ℰ 045 621 0857 – www.colorhotel.it – Aperto
25 marzo-31 ottobre

❀ **La Veranda** – Vedere selezione ristoranti

Aqualux

SPA E WELLNESS · MODERNO A 300 metri dal centro, albergo di recente apertura e dal design moderno, che ha sposato la sostenibilità, nonché la filosofia green. All'ampia offerta di piscine d'acqua termale fanno eco zone benessere per farsi coccolare. E, poi, ancora stile minimalista, ma tutta l'intensità dei sapori mediterranei al ristorante Evo Bardolino.

125 cam ☲ – ♦150/238 € ♦♦196/290 €
via Europa Unita 24/b – ℰ 045 622 9999 – www.aqualuxhotel.com

Kriss Internazionale

TRADIZIONALE · ACCOGLIENTE Sulla passeggiata principale della località, la quasi totalità delle stanze è stata recentemente ristrutturata in stile moderno; se gli amanti dell'abbronzatura non mancheranno di frequentare la zona solarium a bordo lago (con pontile privato), i buongustai si accomoderanno ad uno dei tanti tavoli del ristorante.

34 cam ☲ – ♦65/125 € ♦♦90/225 €
lungolago Cipriani 3 – ℰ 045 621 2433 – www.hotelkriss.it – Aperto
24 marzo-4 novembre

BARDONECCHIA

Torino – ✉ 10052 – 3 215 ab. – Alt. 1 312 m – Carta regionale n° **12**-A2
Carta stradale Michelin 561-G2

⫟○ **Locanda Biovey** ⇦ 🛏 **P**

CUCINA REGIONALE · FAMILIARE ✕ Esercizio ospitato in una palazzina d'epoca del centro e circondato da un giardino, propone una cucina del territorio preparata con moderata creatività e "raccontata" in un menù degustazione che varia di giorno in giorno. Al piano superiore, camere colorate e confortevoli arredate in stili diversi, dall'800 al Luigi XV.

Menu 38 € – Carta 42/61 €

8 cam ⌷ – ♦45/65 € ♦♦70/95 €

via General Cantore 2 – 𝒞 0122 999215 (consigliata la prenotazione) – www.biovey.it – solo a cena – Chiuso 2 settimane in maggio, 2 settimane in ottobre, lunedì e martedì

🏠 **Bucaneve** ⫟ 🛏 ⊟ 🔥 🗶 **P**

FAMILIARE · FUNZIONALE Ai margini del centro, ma vicino a diversi impianti sportivi (compresi quelli di risalita), se le suite offrono uno stile moderno, le altre camere sono decisamente più funzionali e tradizionali, calde e con tanto legno.

8 cam ⌷ – ♦60/100 € ♦♦80/120 € – 6 suites

viale della Vecchia 2 – 𝒞 0122 999332 – www.hotelbucanevebardonecchia.it – Aperto 4 dicembre- 18 aprile e 15 giugno-15 settembre

BARGE

Cuneo – ✉ 12032 – 7 774 ab. – Alt. 372 m – Carta regionale n° **12**-B3
Carta stradale Michelin 561-H3

a Crocera di Barge Nord-Est : 8 km ✉ 12032 – Barge

⫟○ **D'la Picocarda** 🐾 🏠 𝔸�ℂ 🗶 **P**

CUCINA CLASSICA · ELEGANTE ✕✕✕ Un'intera famiglia gestisce con grande capacità questa bella casa colonica di origine seicentesca, dalla cui veranda è possibile ammirare lo spettacolo del Monviso. In carta piatti del territorio, ma anche proposte di mare. Altrettanto apprezzabile la carta dei vini.

Menu 43/49 € – Carta 37/70 €

via Cardè 71 – 𝒞 0175 30300 – www.picocarda.it – Chiuso 2 settimane in agosto, lunedì sera e martedì

BARGINO Firenze (FI) → Vedere San Casciano in Val di Pesa

BARGNI Pesaro e Urbino → Vedere Serrungarina

BARI

(BA) – ✉ 70128 – 326 344 ab. – Carta regionale n° **15**-C2
Carta stradale Michelin 564-D32

⫟○ **La Pignata** 𝔸�ℂ

CUCINA CLASSICA · ELEGANTE ✕✕ Collezione di opere e dediche di personaggi famosi realizzate sui tovaglioli, il menu conquista con piatti della tradizione pugliese e gustose specialità di mare.

Carta 28/59 €

Pianta: A1-c – *corso Vittorio Emanuele 173* ✉ 70122 – 𝒞 080 523 2481 (consigliata la prenotazione) – *Chiuso agosto e lunedì*

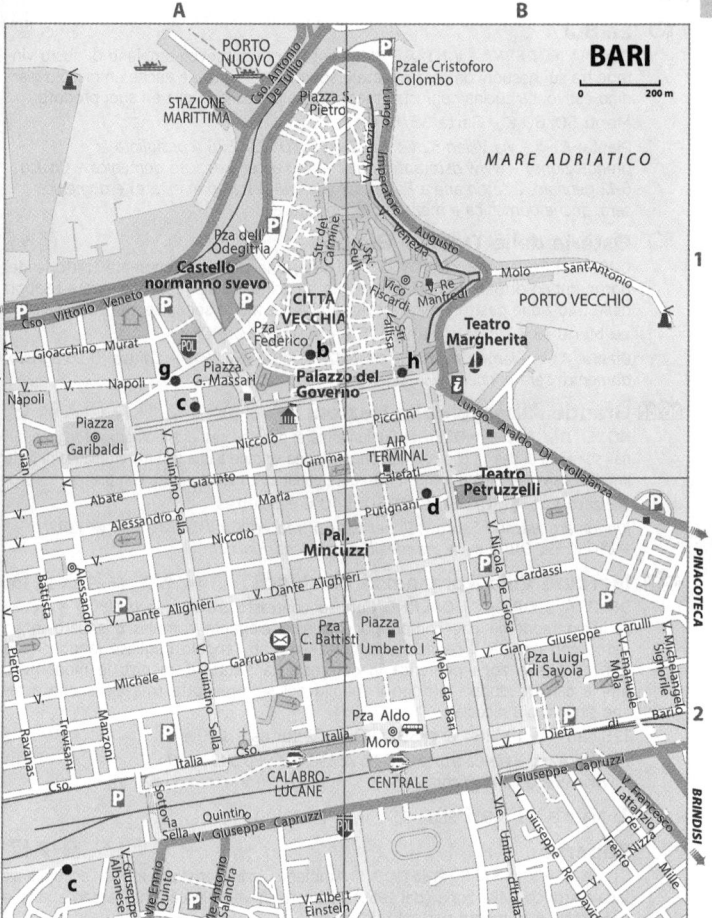

🍽 Biancofiore ⓝ   ♿ AC

CUCINA MODERNA · ACCOGLIENTE XX Ricavato in una delle antiche porte di accesso al centro storico, una confortevole e curata trattoria dove assaggiare fantasiosi piatti, sotto archi in pietra viva e sfumature marine.

Menu 45 € – Carta 40/71 €

Pianta: B1-h – *corso Vittorio Emanuele 13 – ℰ 080 523 5446 (consigliata la prenotazione la sera) – www.ristorantebiancofiore.it – chiuso 8-29 gennaio e lunedì*

🍽 Ai 2 Ghiottoni   🍴 AC ⌖

PESCE E FRUTTI DI MARE · ELEGANTE XX Ampia esposizione di pesci all'ingresso e rivestimento delle pareti in tufo leccese. Accoglienza e servizio informali, cucina d'ispirazione pugliese con gustose specialità di mare.

Menu 50/90 € – Carta 37/77 €

Pianta: B2-d – *via Putignani 11 ⊠ 70121 – ℰ 080 523 2240 – www.ai2ghiottoni.it – Chiuso martedì in inverno e domenica in estate*

173

🍴○ **La Bul** 🏠 ⅏ 🅰🅲

CUCINA MODERNA · VINTAGE ✕✕ In centro città, piacevoli ambienti di gusto vintage tra suggestioni da casa privata e spunti di design; vi è anche un piccolo giardino estivo. La cucina con estro moderno valorizza la Puglia e i suoi prodotti.

Menu 50/60 € – Carta 35/61 €

Pianta: A1-g – *via Villari 52* ⊠ *70122 – ℰ080 523 0576 (consigliata la prenotazione) – www.ristorantelabul.it – solo a cena escluso domenica – Chiuso 6-12 gennaio, 2 settimane a Ferragosto, lunedì (escluso in estate) e domenica sera, anche domenica a mezzogiorno in estate*

🍴○ **Osteria delle Travi "Il Buco"** 🅰🅲 ⤫

CUCINA REGIONALE · RUSTICO ✕ Dal 1813, una delle più rinomate trattorie del borgo antico di Bari vecchia: buon vino e cucina casalinga per celebrare i sapori delle tradizione gastronomica locale. Ambiente molto semplice, ma conviviale.

☜ Menu 16 € (in settimana)/25 € – Carta 19/29 €

Pianta: A1-b – *largo Chyurlia 12* ⊠ *70122 – ℰ339 157 8848 – Chiuso 10-20 agosto, domenica sera e lunedì*

🏠🏠🏠 **Grande Albergo delle Nazioni** ⌂ ≤ ⅃ 🐾 🖽 🖵 ⅏ 🅰🅲 🎴

HOTEL DI CATENA · DESIGN Sul lungomare, questo prestigioso albergo sfoggia originali soluzioni di design che contrappongono linee vintage a una gamma cromatica di forte impatto visivo. All'ultimo piano, il ristorante panoramico e la terrazza con piscina.

112 cam ⇆ – ♦130/480 € ♦♦150/540 € – 3 suites

lungomare Nazario Sauro 7/9, per via Goffredo di Crollalanza - B1 - ⊠ *70121 – ℰ080 592 0111 – www.grandealbergodellenazioni.com*

🏠🏠🏠 **Mercure Villa Romanazzi Carducci** ⌂ 🛏 ⅃ 🐾 🖽 🖵 ⅏ 🅰🅲 🎴

DIMORA STORICA · MODERNO Curioso contrasto tra la villa dell'800 e 🛋 l'edificio moderno che compongono questo elegante complesso situato in un parco con piscina. Il servizio e la colazione con l'angolo pugliese fanno presto dimenticare la zona periferica in cui sorge la struttura, mentre le moderne e ampie camere doppie offrono il meglio del settore notte (ma c'è anche qualche singola più piccola).

126 cam – ♦49/264 € ♦♦59/390 € – 2 suites – ⇆ 9 €

Pianta: A2-c – *via Capruzzi 326* ⊠ *70124 – ℰ080 542 7400 – www.villaromanazzi.com*

a Carbonara di Bari Sud : 6,5 km B2 ⊠ 70100

🍴○ **Taberna** 🅰🅲 ⅏ 🅿

CUCINA REGIONALE · RUSTICO ✕✕ Ambiente caratteristico in un accogliente locale storico della zona (dal 1959), ricavato in vecchie cantine; la carne, anche alla brace, è elemento portante del menù.

Carta 29/67 €

via Ospedale di Venere 8 – ℰ080 565 0557 (consigliata la prenotazione la sera) – www.latabernabari.it – Chiuso luglio, agosto e lunedì

a Palese Nord-Ovest: 10 km A1 ⊠ 70128

🏠🏠🏠 **Parco dei Principi Hotel Congress & Spa** ⌂ 🛏 📺 🕸 🐾 🖽

BUSINESS · MODERNO Si distingue per la sua vocazione 🖵 �customⅆ ⅏ 🎴 🛋 spiccatamente business, quest'hotel di moderna concezione dalle cui ampie vetrate si scorgono le piste dell'aeroporto con gli aerei che decollano e il blu del mare a fare da sfondo (ma l'insonorizzazione è ottima!)... Stanze più o meno ampie, ma tutte generose nei confort, nonché una penthouse suite con tre camere da letto e sauna privata.

231 cam ⇆ – ♦100/120 € ♦♦120/150 € – 2 suites

Prolungamento viale Europa 6 – ℰ080 539 4811 – www.parcodeiprincipibari.it

BARLETTA

Barletta-Andria-Trani (BT) – ⊠ 76121 – 94 814 ab. – Carta regionale n° **15**-B2
Carta stradale Michelin 564-D30

🍃 **Bacco** (Cosimo Cassano) 🏠 🆎

CUCINA CREATIVA · **ELEGANTE** XXX Uno tra i più rinomati locali storici di Puglia e sud Italia, avvolto da un'atmosfera intima ed elegante, la sua cucina rimane sempre un capitolo interessante: di terra e di mare, con spunti creativi, l'attenzione è tutta rivolta ai prodotti del territorio.

➜ Spaghetti ai ricci di mare. Capretto al moscato di Trani. Marchesina.

Carta 50/106 €

*piazza Marina 30 – 𝒞 0883 334616 – www.ristorantebacco.it – Chiuso
2-16 gennaio, 12-26 luglio, domenica sera e lunedì*

🍴 **Antica Cucina 1983** 🐧 🏠 ⅄ 🆎

CUCINA REGIONALE · **ACCOGLIENTE** XX Cucina del territorio con una lettura contemporanea che predilige il pesce, per questo rinomato locale trasferitosi in un ex opificio su due sale luminose e di design classico.

Menu 28 € (in settimana)/60 € – Carta 35/64 €

*piazza Marina 4 – 𝒞 0883 521718 (consigliata la prenotazione)
– www.anticacucina1983.it – Chiuso 2 settimane in giugno-luglio, le sere dei giorni
festivi e lunedì*

BAROLO

Cuneo – ✉ 12060 – 740 ab. – Alt. 301 m – Carta regionale n° **14**-C2
Carta stradale Michelin 561-I5

a Vergne Ovest : 2 km Cuneo (CN) – ✉ 12060

🏠 **Ca' San Ponzio** 🦤 ⪕ 🛋 ⅃ 🅿

FAMILIARE · **BUCOLICO** Raccomandata a chi è alla ricerca della Langa più autentica: niente di lussuoso, ma una caratteristica cascina meticolosamente restaurata dai caratteristici balconi-ballatoio. Gestita da due simpatici fratelli, le camere sono all'insegna di una sobria rusticità; intorno, un noccioleto.

12 cam – ♦60/72 € ♦♦72/85 € – ⊑ 8 €

*via Rittane 7 – 𝒞 0173 560510 – www.casanponzio.com
– Chiuso 23 dicembre-31 gennaio*

BARONE CANAVESE

Torino – ✉ 10010 – 586 ab. – Alt. 325 m – Carta regionale n° **12**-B2
Carta stradale Michelin 561-G5

🍴 **Al Girasol** 🏠

CUCINA REGIONALE · **FAMILIARE** X Varcato l'ingresso è possibile vedere la cucina, mentre al piano superiore si trovano le tre salette, di cui una affrescata e riscaldata da uno scoppiettante camino. In carta cucina rigorosamente piemontese, a mezzogiorno si aggiungono le proposte più economiche a voce.

🍴 Menu 15 € (pranzo in settimana)/35 € – Carta 32/53 €

*via Roma 8 – 𝒞 011 989 8565 – www.algirasol.com – Chiuso 2 settimane in
gennaio, 2 settimane in agosto e mercoledì*

BARONISSI

Salerno (SA) – ✉ 84081 – Carta regionale n° **4**-B2

🍴 **Pensando A Te** 🆎 🛇

CUCINA MODERNA · **CONTESTO CONTEMPORANEO** XX E poi, una volta a casa sarete voi a pensare a lui: all'ambiente moderno e d'informale signorilità, giovane e dinamico, alla sua gustosa cucina che indugia molto sul territorio arricchita dalle tecniche apprese dallo chef-patron presso importanti e blasonati ristoranti.

Menu 40/55 € – Carta 36/59 €

*via dei Due Principati 40h – 𝒞 089 954740 – www.pensandoate.it – Chiuso
10 giorni in gennaio, 2 settimane in agosto, domenica sera e lunedì*

BARZANÒ

Lecco – ⊠ 23891 – 5 140 ab. – Alt. 370 m – Carta regionale n° **10**-B1
Carta stradale Michelin 561-E9

⑩ **Zafferano Bistrot** 🍽 AC

CUCINA CREATIVA · ACCOGLIENTE ✕✕ Modernamente sobrio con una piacevole dehors sul giardino, Zafferano Bistrot consacra nella sua carta anche un piccolo spazio per proposte della tradizione, sebbene i piatti siano fondamentalmente d'impostazione creativa. Locale di tendenza.

🍴 Menu 18 € (pranzo in settimana)/25 € – Carta 39/64 €

Hotel Red's Redaelli, via Don Rinaldo Beretta 24 – ℰ 039 927 2120 (consigliata la prenotazione) – www.zafferanobistrot.com – Chiuso 22-26 dicembre e domenica sera da ottobre a maggio

🏠 **Red's Redaelli** 🛏 ⅀ ⊡ ⅄ AC ⚙ 🚗

BUSINESS · MODERNO Ottimo indirizzo, situato sui primi colli della provincia, in zona verdeggiante e residenziale: tutto moderno, l'ispirazione è una linea sobria e minimalista, non priva di eleganza. Nessuna differenza tra le camere, se non il colore; bel giardino con piscina.

34 cam ⅀ – ♦75/180 € ♦♦95/200 €

via Don Rinaldo Beretta 24 – ℰ 039 927 2120 – www.redshotel.com – Chiuso 22-26 dicembre

⑩ **Zafferano Bistrot** – Vedere selezione ristoranti

BASCAPÈ

Pavia – ⊠ 27010 – 1 776 ab. – Alt. 89 m – Carta regionale n° **9**-B3
Carta stradale Michelin 561-G9

🏠 **Agriturismo Tenuta Camillo** 🌾 🐾 🛏 ⅀ AC P

AGRITURISMO · BUCOLICO Un tuffo nel passato in un tipico cascinale lombardo dei primi del '900 ad impatto zero. Intorno all'aia, la villa padronale e le case coloniche: camere accoglienti (una addirittura ubicata su un albero!) e invitante piscina nel verde. Il ristorante è aperto solo sabato sera e domenica a pranzo, su prenotazione.

10 cam – ♦80/120 € ♦♦80/120 € – ⅀ 8 €

località Trognano, Nord : 2 km – ℰ 0382 66509 – www.tenutacamillo.com

BASCHI

Terni – ⊠ 05023 – 2 722 ab. – Alt. 165 m – Carta regionale n° **20**-B3
Carta stradale Michelin 563-N18

sulla strada statale 448 km 6,600

✿✿ **Casa Vissani** 🌐 ⇔ 🛏 AC 🌀 P

CUCINA CREATIVA · LUSSO ✕✕✕ In una sorta di elegante open space dalle pareti color tortora, il piacere di vedere sfilare piatti elaborati partendo da un'accurata selezione delle materie prime, a cui lo chef di Baschi aggiunge la propria personalissima firma.

→ Cocotte di pesce gatto in acqua minerale. Chianina, broccoletti e... flé (piccolo soufflé) di papaia, anice e caramello, arancia senapata e freddo di tamarillo.

Menu 50 € (pranzo in settimana)/250 € – Carta 80/270 €

7 cam ⅀ – ♦150/200 € ♦♦190/250 €

S.S. 448 Todi-Baschi al km 6,6, (località Cannitello), Nord: 12 km
⊠ 05020 Civitella del Lago – ℰ 0744 950206 – www.casavissani.it
– Chiuso 20-27 dicembre, 3 settimane in gennaio, domenica sera, mercoledì e il mezzogiorno di lunedì e giovedì

a Civitella del Lago Nord-Est : 12 km ⊠ 05020

⑩ Trippini ◁ AC

CUCINA MODERNA · CONTESTO CONTEMPORANEO ✕✕ Ospiti di una raffinata sala -rinnovata recentemente- affacciata su uno straordinario belvedere, ma alla fine è la cucina a strappare l'applauso: Trippini offre una delle più interessanti ricerche sui prodotti e ricette umbre rivisitati con estro.

🍴 Menu 25 € (pranzo)/90 € – Carta 45/62 €

via Italia 14 – ℰ 0744 950316 (consigliata la prenotazione)
– www.ristorantetrippini.com – Chiuso 10-25 gennaio, 1 settimana in
settembre-ottobre, lunedì da maggio a settembre, anche martedì negli altri mesi

BASELGA DI PINÈ

Trento – ⊠ 38042 – 5 031 ab. – Alt. 964 m – Carta regionale n° **19**-B3
Carta stradale Michelin 562-D15

⑩ 2 Camini ⇦ ⇧ P

CUCINA REGIONALE · FAMILIARE ✕ Il ristorante è in realtà una casa di montagna all'inizio del paese, ravvivata dal calore e dalla cortesia della titolare Franca, paladina della più tipica cucina trentina. E dopo una piacevole passeggiata attraverso l'altipiano, le graziose camere vi attendono per un ben meritato riposo.

🍴 Menu 25 € – Carta 27/46 €

10 cam ⊆ – ♥50/70 € ♥♥80/110 €

via del 26 Maggio 65 – ℰ 0461 557200 – www.locanda2camini.it – Chiuso lunedì e
domenica sera in bassa stagione

a Montagnaga Sud : 2,5 km ⊠ 38042

⌂ Posta 1899 ⚘ ▣ ⑩ ⍩ ♨ ▣ ⅃ ㊧ P

TRADIZIONALE · PERSONALIZZATO Come si intuisce facilmente dal nome, la casa ha più di 100 anni, ma nel 2011 si è concessa un restauro totale, offrendo oggi tutti i confort ed i servizi più moderni, tra i quali un delizioso centro benessere. Della cucina di Cà dei Boci si occupa uno dei titolari con ovvia predilezione per i sapori locali, non mancano piatti a base di pesce di lago, talvolta anche di mare.

31 cam ⊆ – ♥59/70 € ♥♥88/140 € – 2 suites
via Targa 2 – ℰ 0461 558322 – www.postahotel1899.it

BASSANO DEL GRAPPA

Vicenza – ⊠ 36061 – 43 372 ab. – Alt. 129 m – Carta regionale n° **23**-B2
Carta stradale Michelin 562-E17

⑩ Ca' 7 ㊧ ㊧ AC ⇧ P

PESCE E FRUTTI DI MARE · AMBIENTE CLASSICO ✕✕✕ Struttura, colonne e materiali d'epoca si uniscono a quadri e illuminazione moderni in un ardito ma affascinante accostamento. In estate la magia si sposta in giardino.

Carta 52/89 €

Hotel Ca' Sette, via Cunizza da Romano 4, Nord: 1 km – ℰ 0424 383350
– www.ca-sette.it – Chiuso 1°-7 gennaio, 2 settimane in agosto, domenica sera e
lunedì

⑩ Bauto AC ⇧

CUCINA REGIONALE · AMBIENTE CLASSICO ✕✕ Bella saletta e veranda altrettanto accogliente per un locale ubicato nella zona industriale e che quindi presenta un buon menù d'affari; specialità: carne alla griglia, tartufo bianco e asparagi (quand'è stagione).

Menu 40/52 € – Carta 36/77 €

via Trozzetti 27 – ℰ 0424 34696 – www.ristorantebauto.it – Chiuso 3-18 luglio,
sabato a mezzogiorno e domenica escluso aprile-maggio e ottobre-novembre

177

ⅉ○ **Ottocento**　　　　　　　　⟨🍴 ♿ 🅿

CUCINA CREATIVA · ACCOGLIENTE ⅔ Nella bella cornice delle colline, un locale dai toni rustico-moderni dove la naturalità degli elementi prosegue nella filosofia che ispira la cucina, piatti eseguiti con attenzione e fantasia. Da non dimenticare i suoi prodotti "lievitati": pizze proverbiali!

Carta 31/66 €

contrà San Giorgio 2, Nord-Ovest: 1,5 Km – 𝒞 0424 503510
– www.800simplyfood.com – solo a cena escluso sabato e domenica
– Chiuso lunedì

🏠 **Villa Ca' Sette**　　　　⟨🍴 ⊡ ♿ 🆔 🏊 🅿

LUSSO · PERSONALIZZATO Design contemporaneo in una villa del 1700, un hotel in cui tradizione, storia e soluzioni d'avanguardia sono state fuse con sapienza. Un soggiorno originale ed esclusivo.

17 cam � – †100/140 € ††130/180 € – 2 suites
via Cunizza da Romano 4, Nord: 1 km – 𝒞 0424 383350 – www.ca-sette.it
ⅉ○ Ca' 7 – Vedere selezione ristoranti

🏠 **Belvedere**　　　　　　🍴 ⊡ 🆔 🏊 🚗

TRADIZIONALE · PERSONALIZZATO Attività dalla storia antica (sembrerebbe risalire al XV secolo), sorge a pochi passi dalle mura cittadine. Camere arredate secondo differenti stili, ma di uguale confort. Al ristorante, cucina locale e classica, nonché formule economiche a pranzo.

81 cam ⊡ – †79/142 € ††89/190 €
viale delle Fosse 3 – 𝒞 0424 529845 – www.bonotto.it

🏠 **Al Castello**　　　　　　　　　　　🆔

FAMILIARE · STORICO Risorsa situata a ridosso del castello medioevale e poco lontana dal celebre Ponte Coperto; stanze non ampie, ma confortevoli, dotate di complementi d'arredo in stile.

11 cam – †45/62 € ††91/121 € – ⊡ 6 €
via Bonamigo 19 – 𝒞 0424 228665 – www.hotelalcastello.it

BASTIA UMBRA

Perugia – ✉ 06083 – 21 874 ab. – Alt. 202 m – Carta regionale n° **20**-B2
Carta stradale Michelin 563-M19

ad Ospedalicchio Ovest : 5 km ✉ 06083

🏠 **Lo Spedalicchio**　　　　🍴 ⟨🍴 ⊡ 🆔 🏊 🅿

STORICO · MINIMALISTA Nato come fortezza medioevale, i sontuosi ambienti in mattoni trasmettono ancora l'importanza dell'antica funzione. Arredi d'arte povera, bagni moderni nelle camere, alcune con affreschi e cornicioni. Piacevole atmosfera nel curato ristorante.

25 cam ⊡ – †55/75 € ††60/150 €
piazza Bruno Buozzi 3 – 𝒞 075 801 0323 – www.lospedalicchio.it

BAVENO

Verbano-Cusio-Ossola – ✉ 28831 – 4 959 ab. – Alt. 205 m – Carta regionale n° **13**-A1
Carta stradale Michelin 561-E7

ⅉ○ **SottoSopra**　　　　　　　　　　　🍴

CUCINA MODERNA · WINE-BAR ⅔⅔ C'era una volta uno chef, che dopo svariate esperienze in locali importanti, decise di realizzare il suo sogno ed aprire con la moglie (pasticcera) questo delizioso ristorante. In centro paese, la sua cucina mediterranea si sta guadagnando un posto al sole, mentre il buon rapporto qualità/prezzo regala - a fine pasto - una piacevole sorpresa.

Menu 50 € – Carta 33/55 €

corso Garibaldi 40 – 𝒞 0323 925254 – www.sottosoprabaveno.com
– Chiuso 25 gennaio-15 febbraio e martedì , anche lunedì in inverno

ⅰ○ **Last Hall** 🛋 AC ☆

CUCINA REGIONALE · DI TENDENZA ✕✕ Ristorazione gourmet a km zero con un menu essenzialmente legato al territorio: piatti piemontesi, formaggi locali e anche pesce di lago in chiave moderna. Ambiente simpaticamente informale.

Menu 45/95 € – Carta 60/105 €

Grand Hotel Dino, corso Garibaldi 20 – 𝒞 0323 913947 – www.lasthall.it – solo a cena – Aperto 15 marzo-30 novembre

🏨 **Grand Hotel Dino** ☆ ≤ 🛋 ⅉ ⛱ 🕮 🏠 ⚡ ✕ 🔑 🖃 ⚐ AC ♨ 🚗

LUSSO · PERSONALIZZATO Circondato da un giardino con alberi secolari, un maestoso complesso a indirizzo congressuale sulle rive del lago con spazi comuni ampi e camere dall'atmosfera principesca. L'elegante sala ristorante offre una splendida vista sul golfo e propone una cucina classica.

367 cam – †40/200 € ††80/300 € – 8 suites – ☲ 25 €

corso Garibaldi 20 – 𝒞 0323 922201 – www.zaccherahotels.com – Aperto 15 marzo-30 novembre

ⅰ○ **Last Hall** – Vedere selezione ristoranti

🏨 **Splendid** ☆ ≤ 🛋 ⅉ ⛱ 🏠 ⚡ ✕ 🔑 🖃 AC ♨ 🚗

LUSSO · ELEGANTE In riva al lago, questa bella risorsa - completamente rinnovata - dispone ora di eleganti camere arredate con grande raffinatezza. Spiaggia privata, attrezzato centro benessere, campo da tennis e piscina per godere appieno del soggiorno. Ampie vetrate affacciate sullo splendido panorama e cucina classica al ristorante.

102 cam – †40/200 € ††80/300 € – 8 suites – ☲ 25 €

strada statale del Sempione 12 – 𝒞 0323 924127 – www.zaccherahotels.com – Aperto 1° aprile-30 novembre

🏨 **Lido Palace** ☆ ≤ ⅉ ⚡ ✕ 🔑 🖃 AC P

STORICO · FUNZIONALE Dalla ristrutturazione ed ampliamento dell'ottocentesca Villa Durazzo, questa bella risorsa - negli anni meta di numerosi ospiti illustri - dispone di immensi spazi comuni e camere arredate con eleganza. Cucina tradizionale al ristorante e sulla capiente terrazza con vista lago ed isole Borromee.

82 cam ☲ – †90/120 € ††150/205 € – 1 suite

strada statale del Sempione 30 – 𝒞 0323 924444 – www.lidopalace.com – Aperto 1° maggio-30 settembre

🏨 **Al Campanile Aparthotel & Suites** 🅝 🖃 ⚐ AC ☆ ♨ 🚗

TRADIZIONALE · PERSONALIZZATO Nel cuore del centro storico di Baveno, proprio a due passi dalla bella passeggiata, un aparthotel con servizi in tutto e per tutto di tipo alberghiero. Ottime finiture, arredi moderni e camere molto spaziose (alcune con piccolo cucinotto a scomparsa per soggiorni più lunghi e ideali per famiglie con bambini al seguito). Preferire quelle dei piani alti che offrono una superba vista sul lago.

17 cam – †80/130 € ††100/150 € – ☲ 14 €

Via Gramsci, 3 – 𝒞 0323 919410 – www.hotelalcampanile.it

🏨 **Rigoli** ☆ 🛏 ≤ 🛋 ⚡ 🖃 AC P

FAMILIARE · BORDO LAGO Direttamente sul lago e con spiaggia privata, questa struttura a gestione familiare dispone di camere accoglienti - sobriamente eleganti - dotate di balcone. Per chi cerca una formula più indipendente: gli appartamenti con angolo cottura nel vicino Residence Ortensia.

31 cam ☲ – †60/120 € ††100/150 €

via Piave 48 – 𝒞 0323 924756 – www.hotelrigoli.com – Aperto 15 aprile-10 ottobre

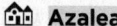 Azalea

FAMILIARE · ACCOGLIENTE Sita nel centro storico della località, la risorsa dispone di un'ampia zona soggiorno e camere confortevoli arredate con gusto moderno: se disponibili, meglio richiedere quelle all'ultimo piano con ampia vista su lago ed isole. Piccola piscina in terrazza.

38 cam ☲ – ♦55/70 € ♦♦70/130 €

via Domo 6 – ✆ 0323 924300 – www.azaleahotel.it – Aperto 15 marzo-1° novembre

BAZZANO
Bologna – ✉ 40053 – 30 561 ab. – Alt. 93 m – Carta regionale n° **5**-C3
Carta stradale Michelin 562-I15

 Alla Rocca

DIMORA STORICA · ACCOGLIENTE Struttura di gran fascino ricavata da un imponente e colorato palazzo del 1796. Lo stile della casa ha ispirato anche l'arredamento: molto classico, sia nelle zone comuni, sia nelle camere.

52 cam ☲ – ♦60/210 € ♦♦75/250 € – 3 suites

via Matteotti 76 – ✆ 051 831217 – www.allarocca.com – Chiuso 11-26 agosto

BEDIZZOLE
Brescia – ✉ 25081 – 12 296 ab. – Alt. 184 m – Carta regionale n° **9**-D1
Carta stradale Michelin 561-F13

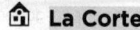 La Corte

FAMILIARE · PERSONALIZZATO Bella cascina arredata con gusto e signorilità e, non da poco, un ottimo rapporto qualità/prezzo, per una struttura la cui calda accoglienza della titolare vi farà sentire come a casa vostra.

16 cam ☲ – ♦42/70 € ♦♦75/100 €

via Benaco 117 – ✆ 030 687 1688 – www.hotellacorte.net

BEE
Verbano-Cusio-Ossola – ✉ 28813 – 728 ab. – Alt. 591 m – Carta regionale n° **13**-B1
Carta stradale Michelin 561-E7

ⅠO Chi Ghinn

CUCINA MODERNA · ELEGANTE XX Sita nel centro del paese, una struttura dalla giovane conduzione ospita una saletta riscaldata da un bel camino e una terrazza-giardino dove gustare una cucina contemporanea. Dispone anche di poche camere spaziose e semplici negli arredi, alcune delle quali con zona salotto.

Menu 47/65 €

6 cam ☲ – ♦80/120 € ♦♦120/150 €

via Maggiore 21 – ✆ 0323 56326 (prenotazione obbligatoria) – www.chighinn.com – Chiuso 8 gennaio-18 marzo, 2 novembre-4 dicembre e martedì

BELLAGIO
Como – ✉ 22021 – 3 758 ab. – Alt. 229 m – Carta regionale n° **9**-B2
Carta stradale Michelin 561-E9

✿ Mistral

CUCINA MODERNA · ELEGANTE XxxX La superba terrazza con vista impareggiabile sul lago sarà seconda solo alla cucina che sperimenta ricette molecolari e cotture innovative accanto a piatti più tradizionali, sempre e necessariamente preparati con eccellenti materie prime il cui studio e ricerca sono le grandi passioni dello chef.

→ Tortellini di pasta fresca ripieni di pavone con brodetto di volatile e funghi misti. Rombo "assoluto" cotto nello zucchero. Gelato raffreddato all'azoto liquido.

Menu 170 € – Carta 98/242 €

Grand Hotel Villa Serbelloni, via Roma 1 – ✆ 031 956435 – www.ristorante-mistral.com – solo a cena escluso sabato ed i giorni festivi; in luglio-agosto sempre chiuso a mezzogiorno – Aperto inizio aprile-fine ottobre

⅋🅞 **Alle Darsene di Loppia** ⟨ 🛋 🅿

CUCINA MEDITERRANEA · CONTESTO CONTEMPORANEO ✕✕ All'ombra del pergolato affacciato sul porticciolo di Loppia o nella curata sala interna, cucina contemporanea che spazia tra terra e mare in ricette mediterranee.

Menu 50/60 € – Carta 49/95 €

via Melzi d'Eril 1, frazione Loppia, Sud: 1 km – 𝒞 031 952069
– www.ristorantedarsenediloppia.com – Chiuso gennaio-febbraio e lunedì

🏨🏨 **Grand Hotel Villa Serbelloni** ✿ 🕭 ⟨ 🛋 🗔 🔲 🕸 🕥 🛁 ✕ 🏊

GRAN LUSSO · STORICO Scaloni marmorei, colonne in ▣ 🔧 🅰🅲 🏋 🚗 stucco e splendidi trompe-l'oeil conferiscono alla struttura personalità ed uno stile che la rendono tra le più esclusive risorse del Bel Paese. Immerso nella lussureggiante vegetazione dei suoi giardini all'italiana, l'hotel ha ospitato regnanti e personalità da ogni continente: ora aspetta voi, non fatelo attendere...

91 cam 🍽 – ♦280/555 € ♦♦605/740 € – 4 suites

via Roma 1 – 𝒞 031 956435 – www.villaserbelloni.com – Aperto inizio aprile-fine ottobre

☸ **Mistral** – Vedere selezione ristoranti

🏠🏠 **Belvedere** ✿ ⟨ 🛋 🗔 🕥 🛁 ▣ 🔧 🅰🅲 🏋 🅿

TRADIZIONALE · ACCOGLIENTE Tra il cielo ed il lago, sopra il caratteristico porticciolo di Pescallo, un romantico nido dove trascorrere un piacevole soggiorno cullati dal lago; piscina estiva nel giardino fiorito ed un centro benessere con piccola beauty sono solo alcuni dei servizi offerti dalla struttura. Cucina italiana all'omonimo ristorante panoramico dotato di bella terrazza estiva.

61 cam 🍽 – ♦99/207 € ♦♦156/558 € – 4 suites

via Valassina 31 – 𝒞 031 950410 – www.belvederebellagio.com – Aperto 1° aprile-31 ottobre

🏠🏠 **Florence** ✿ ⟨ 🕥 ▣ 🅰🅲

TRADIZIONALE · CLASSICO In posizione centralissima, prospiciente il lago, una bella casa dall'allure elegante è diventata una struttura alberghiera tra le più gettonate del luogo. Le ragioni di tanto successo sono da ricercarsi nelle raffinate camere, nel centro benessere o nella terrazza la cui pregevole vista regala tante emozioni.

27 cam 🍽 – ♦130 € ♦♦155/230 € – 3 suites

piazza Mazzini 46 – 𝒞 031 950342 – www.hotelflorencebellagio.it – Aperto 15 aprile-20 ottobre

🏠 **Bellagio** ⟨ 🛁 ▣ 🅰🅲 🚗

FAMILIARE · CENTRALE In pieno centro storico, a due passi dal lungolago e dall'imbarcadero, vi si accede percorrendo una suggestiva scalinata: camere confortevoli, di stampo moderno, nonché una bella terrazza.

29 cam 🍽 – ♦100/140 € ♦♦120/195 €

salita Grandi 6 – 𝒞 031 952202 – www.bellagio.info – Aperto 10 marzo-20 novembre

BELLARIA IGEA MARINA
Rimini – 19 519 ab. – Carta regionale n° **5**-D2
Carta stradale Michelin 562-J19

a Bellaria ✉ 47814

⅋🅞 **Antica Trattoria Barslon** 🛋 🅰🅲

PESCE E FRUTTI DI MARE · ACCOGLIENTE ✕ Lungo il canale, fresca e luminosa trattoria dalla motivata conduzione familiare: i piatti classici a base di pesce vengono affiancati da proposte più moderne.

Menu 35 € – Carta 24/56 €

via Rubicone 13 – 𝒞 0541 347585 – www.barslon.it – Chiuso 1 settimana in gennaio, 1 settimana in giugno, 1 settimana in settembre, lunedì e martedì

⊪○ Il Borgo 🛋 ᵹ AC

CUCINA TRADIZIONALE · ACCOGLIENTE In posizione leggermente defilata, questo ristorante-pizzeria potrà sorprendervi per la qualità della proposta, che spazia con disinvoltura (e bravura!) dai primi alle specialità di pesce, soffermandosi su una buona scelta di pizze. Ambiente classico-moderno con dehors estivo.

Menu 30 € – Carta 27/63 €

via Roma 44 – ☏ 0541 340432 – solo a cena – Chiuso novembre e martedì

🏠 Orizzonte e Villa Ariosa 🛋 ≤ 🖾 🕪 🏊 🖸 AC P

TRADIZIONALE · ACCOGLIENTE Una struttura classica, ma non priva di ricercatezza, con un'annessa villa fine secolo affacciata direttamente sul mare; bello e scenografico il piccolo centro benessere che ospita anche una piscina coperta.

40 cam ☑ – ♦45/80 € ♦♦75/140 €

via Rovereto 10 – ☏ 0541 344298 – www.hotelorizzonte.com – Aperto Pasqua-15 settembre

🏠 Ermitage 🛋 ≤ 🏊 🕪 🏋 🖸 AC P

TRADIZIONALE · LUNGOMARE Posizione invidiabile - direttamente sulla spiaggia - per questa risorsa dotata di un'ampia gamma di servizi, accoglienti camere dalla contemporanea atmosfera e suite panoramiche. Per il pranzo, servizio ristorante anche a bordo piscina.

60 cam ☑ – ♦69/240 € ♦♦89/390 € – 6 suites

via Ala 11 – ☏ 0541 347633 – www.hotelermitage.it – Aperto Pasqua-30 settembre

a Igea Marina ⊠ 47813

🏠 Blu Suite Hotel 🛋 ≤ 🏊 ⑩ 🕪 🏋 ᵹ AC 🍴 P

SPA E WELLNESS · MINIMALISTA Ideale per gli amanti dello stile moderno, camere dal design minimalista molto spaziose e con angolo cottura; ambienti comuni non ampissimi, ma molto bella la zona benessere dove si effettuano anche trattamenti ayurvedici. Al ristorante, con l'ausilio di una nutrizionista, particolari percorsi benessere sotto l'insegna "Blu Vita".

33 cam ☑ – ♦79/209 € ♦♦129/599 € – 13 suites

viale Pinzon 290 – ☏ 0541 332454 – www.blusuitehotel.it – Aperto 13 marzo-10 novembre

🏠 Strand 🛋 ≤ 🕪 🏋 🖸 AC P

TRADIZIONALE · LUNGOMARE Valida struttura caratterizzata da interni moderni, a tratti signorili, e camere con forti elementi di personalizzazione. Direttamente sul mare, si è in spiaggia senza attraversare strade!

37 cam ☑ – ♦50/80 € ♦♦70/140 € – 2 suites

viale Pinzon 161 – ☏ 0541 331726 – www.hstrand.com – Aperto 1° aprile-20 settembre

🏠 K2 🛋 🏋 🖸 ᵹ AC 🍴 P

TRADIZIONALE · FUNZIONALE Albergo tutto al femminile che si sta rinnovando di in anno in anno; da preferire le camere superior, le standard son più semplici e convenienti. Nota di merito: una particolare attenzione è riservata ai piccoli ospiti, grazie ad una sala intrattenimento a loro dedicata, nonché per la presenza di una cucina attrezzata per mamme con bimbi da 0 a 2 anni.

64 cam – ♦70/120 € ♦♦100/220 € – 9 suites – ☑ 20 €

viale Pinzon 212 – ☏ 0541 330064 – www.hotelk2.it – Aperto Pasqua-18 settembre

🏠 Mediterraneo 🛋 🏊 ⑩ 🕪 🖸 ᵹ AC 🍴 P

TRADIZIONALE · MODERNO Camere di differenti stili e grazioso centro benessere in un hotel a conduzione diretta, suddiviso su due corpi separati dalla strada: in quello più a monte le camere più recenti, la spa e il ristorante.

75 cam ☑ – ♦48/188 € ♦♦148/238 € – 20 suites

Via Tacito, 12 – ☏ 0541 330178 – www.hmediterraneo.net – Aperto 1° aprile-31 ottobre e vacanze di Natale

BELLINZAGO LOMBARDO

Milano (MI) – ⊠ 20060 – 3 836 ab. – Alt. 129 m – Carta regionale n° **10**-C2

⁝○ **Macelleria Motta** 🏠 🅿

CUCINA ITALIANA · ACCOGLIENTE ✕✕ Ne assaporerete di cotte e di crude, bollite e alla brace... sono le specialità di carne di questo ottimo ristorante, che d'estate offre anche il piacere del servizio all'aperto in una tipica corte lombarda.

 🍸 Menu 15 € (pranzo in settimana)/60 € – Carta 45/73 €

 strada Padana Superiore 90 – ℰ 02 9578 4123 – www.ristorantemacelleriamotta.it
 – Chiuso 1°-7 gennaio, 3-24 agosto e domenica

BELLINZAGO NOVARESE

Novara – ⊠ 28043 – 9 691 ab. – Alt. 192 m – Carta regionale n° **12**-C2
Carta stradale Michelin 561-F7

a Badia di Dulzago Ovest : 3 km ⊠ 28043 – Bellinzago Novarese

😊 **Osteria San Giulio** 🄰🄲

CUCINA REGIONALE · RUSTICO ✕ Un'esperienza sensoriale a partire dalla collocazione all'interno di un'antica abbazia rurale, passando per l'accoglienza, l'atmosfera e la cucina. Tra le specialità: oca arrosto sotto grasso, stracotto di manzo alla Barbera, bunet.

 🍸 Menu 25/35 € – Carta 26/45 €

 – ℰ 0321 98101 (consigliata la prenotazione) – www.osteriasangiulio.it
 – Chiuso 23 dicembre-7 gennaio, agosto, domenica sera, lunedì e martedì

BELLUNO

(BL) – ⊠ 32100 – 35 870 ab. – Alt. 383 m – Carta regionale n° **23**-C1
Carta stradale Michelin 562-D18

😊 **Al Borgo** 🠔 🕭 📥 🏠 🅿

REGIONALE · FAMILIARE ✕ All'interno di una villa settecentesca in un antico e piccolo borgo, ambiente caldamente rustico e cucina del territorio. Il menu racconta: risotto ai funghi, capretto al forno, gelato artigianale della casa.

 Menu 30/45 € – Carta 28/49 €

 3 cam ⊑ – ⋔35/50 € ⋔⋔60/120 €

 via Anconetta 8 – ℰ 0437 926755 – www.alborgo.to – Chiuso 19-28 febbraio,
 lunedì sera e martedì

🏨 **Park Hotel Villa Carpenada** 🌣 🕭 🠔 📥 🕭 ᴋ 🄰🄲 🛁 🚗

DIMORA STORICA · PERSONALIZZATO Abbracciata da un parco, una grande villa seicentesca caratterizzata da interni signorili e mobili d'epoca, per un soggiorno esclusivo a pochi chilometri dal centro città. Stessa ambientazione per il ristorante Lorenzo III, in carta sia carne sia pesce.

 32 cam ⊑ – ⋔80/130 € ⋔⋔90/150 €

 via Mier 158, Sud: 2,5 Km – ℰ 0437 948343 – www.hotelvillacarpenada.it

🏨 **Astor** 🌣 ᴋ 📥 ᴋ 🄰🄲 🛁 🚗

TRADIZIONALE · DESIGN Piccolo nel numero di camere, ma generoso nelle loro dimensioni, Astor è una bella realtà dall'ubicazione centralissima; da molte stanze si scorge il Piave.

 13 cam ⊑ – ⋔90/120 € ⋔⋔150/250 €

 piazza Martiri 26/e – ℰ 0437 943756 – www.astorbelluno.it

🏨 **Delle Alpi** 📥 🄰🄲

TRADIZIONALE · FUNZIONALE Camere semplici, spaziose e funzionali per questo indirizzo in comoda posizione centrale, adatto a una clientela business o per turisti di passaggio.

 38 cam ⊑ – ⋔50/150 € ⋔⋔65/180 € – 2 suites

 via Jacopo Tasso 13 – ℰ 0437 940545 – www.dellealpi.it

a Castion Sud-Est : 3 km ⊠ 32024

🍴○ **Nogherazza**

CUCINA REGIONALE · SEMPLICE ✗ In posizione verdeggiate con prati e giochi per bambini, ristorante rustico e conviviale che propone piatti legati al territorio. Per chi desidera anche soggiornare sono disponibili eleganti camere in caldo legno.

🍴 Menu 12 € (pranzo in settimana)/80 € – Carta 18/53 €

6 cam � – †80/150 € ††80/150 €

via Gresane 78
– ☏ 0437 927461 – www.nogherazza.it
– Chiuso febbraio e martedì

BELMONTE CALABRO

Cosenza – ⊠ 87033 – 2 003 ab. – Alt. 262 m – Carta regionale n° **3**-A2
Carta stradale Michelin 564-J30

 Villaggio Albergo Belmonte

TRADIZIONALE · CLASSICO Dal mare, percorrendo pochi chilometri, si raggiungono i 300 metri di altitudine e il Villaggio Belmonte, consigliato a chi ama il silenzio e un soggiorno privato in camere distribuite al piano terra con accesso diretto al giardino. Incantevole piscina panoramica.

44 cam ⊠ – †120/160 € ††140/200 € – 2 suites

località Piane, Nord: 2 km
– ☏ 0982 400177 – www.vabbelmonte.eu – Aperto 1° dicembre-31 ottobre

BENACO → Vedere Garda (Lago di)

 Se cercate un albergo particolarmente ameno per un soggiorno di charme, prenotate in un hotel evidenziato in rosso: 🏨, 🏠...🏩.

BENEVELLO

Cuneo – ⊠ 12050 – 474 ab. – Alt. 671 m – Carta regionale n° **14**-C2
Carta stradale Michelin 561-I6

❀ **Villa d'Amelia**

CUCINA MODERNA · ELEGANTE ✗✗✗ Nel vecchio ricovero di attrezzi agricoli, ristorante moderno e minimalista con proposte tradizionali piemontesi reinterpretate in chiave moderna. La carta dei vini annovera le più prestigiose etichette della zona, ma anche nazionali ed internazionali.

→ Riso mantecato al pecorino, crema di fave, pera affumicata, fiore di rosmarino. Controfiletto di fassona cotto rosso, salsa al vino rosso, verdure di stagione. Tiramisù alla nocciola tonda gentile trilobata.

Menu 55/85 € – Carta 52/108 €

Hotel Villa d'Amelia, località Manera 1
– ☏ 0173 529225 – www.villadamelia.com – Aperto 1° maggio-25 novembre;
chiuso martedì a mezzogiorno e lunedì

 Villa d'Amelia

CASA DI CAMPAGNA · ELEGANTE Una cascina ottocentesca raccolta attorno ad una corte è diventata oggi una villa signorile, caratterizzata da interni di moderno design che si alternano ad oggetti d'epoca.

34 cam ⊠ – †180/370 € ††225/370 € – 3 suites

località Manera 1
– ☏ 0173 529225 – www.villadamelia.com – Aperto 23 marzo-31 dicembre

❀ **Villa d'Amelia** – Vedere selezione ristoranti

BENEVENTO

(BN) - ⊠ 82100 - 60 091 ab. – Alt. 135 m – Carta regionale n° **4**-B1
Carta stradale Michelin 564-D26

⌂⌂⌂ **Villa Traiano**   ⊞ 🔟 🍽 ⚒ 🚙

FAMILIARE • CONTEMPORANEO All'interno di una bella villa d'inizio Novecento, un grazioso giardino d'inverno come zona comune ed uno spazio relax sul roof garden; le camere sono tutte confortevoli, ma quelle realizzate nella nuova ala sono sicuramente più moderne ed ampie.

36 cam ⊿ – ♦65/84 € ♦♦100/294 €

viale dei Rettori 9 – ℰ 0824 326241 – www.hotelvillatraiano.com

sulla provinciale per San Giorgio del Sannio Sud-Est : 7 km :

🕎 **Pascalucci**   🕸 🍴 🔟 **P**

CUCINA REGIONALE • RUSTICO ⅗ Ristorante nato dalla tradizione e che oggi, oltre a proposte locali, presenta anche una cucina di pesce elaborata con capacità, a base di prodotti freschi e genuini. Tra le specialità: filetto di marchigiana con salsa di caciocavallo.

Carta 22/45 €

via Appia 1 – ℰ 0824 778400 – www.pascalucci.it – Chiuso Natale

manyakotic//iStock

CI PIACE...

La lussuosa hôtellerie di Città Alta con il **Relais San Lorenzo**. La modernità tra mura storiche del **Gombit**, ma anche il colorato albergo **Piazza Vecchia**. La carta dei vini e l'eccellente servizio al bicchiere che il patron del **Carroponte** propone ai suoi ospiti!

BERGAMO

(BG) – ⊠ 24122 – 119 381 ab. – Alt. 249 m – Carta regionale n° **10**-C1
Carta stradale Michelin 561-E11

Ristoranti

⑪○ **Lio Pellegrini**   ⏚ 🅰️🅲

CUCINA MODERNA • ROMANTICO XxX Locale del centro, accanto all'Accademia Carrara ed al GAMeC, la bellezza di tanta arte accoglie con piacere i raffinati interni del ristorante così come il bel dehors coi suoi ariosi drappi, un'insolita e piacevole oasi di pace. La cucina propone sapori mediterranei, di carne e di pesce, tra classico e moderno.

Menu 51 € (pranzo in settimana)/55 € – Carta 62/114 €

Pianta: B1-e – *via San Tomaso 47* ⊠ *24121* – 𝒞 *035 247813* – *www.liopellegrini.it* – *Chiuso 13-28 agosto, martedì a mezzogiorno e lunedì*

⑪○ **Roof Garden**   ⟨ ⏚ ⅋ 🅰️🅲 🅿️

CUCINA MODERNA • CONTESTO CONTEMPORANEO XxX Cucina creativa, ma a pranzo c'è anche una carta più light, in questo ristorante che offre una romantica vista su Città Alta. (Prenotare un tavolo lungo la parete-vetrata!).

Menu 35 € (pranzo in settimana)/100 € – Carta 48/170 €

Pianta: A1-a – *Hotel Excelsior San Marco, piazza della Repubblica 6* ⊠ *24122* – 𝒞 *035 366159* – *www.roofgardenrestaurant.it* – *Chiuso 2 settimane in gennaio, 2 settimane in agosto, sabato a mezzogiorno e domenica*

⑪○ **Ezio Gritti** ⓝ   ⏚ ✿

CUCINA MODERNA • CONTESTO CONTEMPORANEO XxX Welcome home, Mr Gritti! Dopo un'importante esperienza all'estero, rieccolo nella sua Bergamo, con un bel locale le cui due terrazze si affacciano sul cuore della città. All'interno ambienti di elegante minimalismo ed una cucina a vista da cui escono piatti di moderna concezione.

🕭 Menu 22 € (pranzo in settimana) – Carta 54/94 €

Pianta: A2-b – *piazza Vittorio Veneto 15* ⊠ *24122* – 𝒞 *035 246647 (consigliata la prenotazione)* – *www.ristoranteeziogritti.it* – *Chiuso 20 giorni in agosto, sabato a mezzogiorno e martedì*

ⓘ◯ Sarmassa   🔥 AC

CUCINA CLASSICA · ACCOGLIENTE XX Ricavato da una porzione di chiostro millenario, ci sono colonne e affreschi d'epoca, ma la cucina è giovane e brillante,
con un'ottima selezione di salumi italiani e spagnoli.

Carta 34/65 €

Pianta: A2-c – vicolo Bancalegno 1h ✉ 24122 – ☏ 035 219257
- www.sarmassa.com
- Chiuso 4-11 febbraio, 4-26 agosto e domenica

ⓘ◯ Ol Giopì e la Margì   AC 🍴 ♿

CUCINA LOMBARDA · RUSTICO XX L'insegna ritrae la maschera bergamasca e il
temperamento dei suoi concittadini, mentre la cucina ed i costumi del servizio
sono un omaggio al territorio ed alla regione. I pasti si chiudono con i carrelli dei
formaggi e dei dolci.

🍽 Menu 20 € (pranzo in settimana)/50 € - Carta 40/70 €

Pianta: B2-c – via Borgo Palazzo 27 ✉ 24125 – ☏ 035 242366
- www.giopimargi.eu
- Chiuso 1°-8 gennaio, agosto, domenica sera e lunedì

187

🍴 Taverna Valtellinese   ⒜Ⓒ ⟷

CUCINA LOMBARDA · FAMILIARE ⅩⅩ In centro città, pare di entrare in una baita, interamente avvolta dal legno con enormi lampadari costruiti con corna di cervo. I piatti sono un omaggio alla Valtellina di cui propongono i cavalli di battaglia, nonché i vini: non solo locali, ma anche di altre regioni italiane con etichette importanti per un totale che supera le 300 referenze!

Menu 35/45 € – Carta 32/69 €

Pianta: A2-r – *via Tiraboschi 57* ✉ *24122* – ℰ *035 243331*
– *www.tavernavaltellinese.it* – *Chiuso lunedì a mezzogiorno, anche lunedì sera e domenica in luglio-agosto*

🍴 M1.lle Storie e Sapori   ℬℬ ⒜Ⓒ

CUCINA CLASSICA · DESIGN Ⅹ Centralissimo, nella "Città dei Mille", in un ambiente vivace e alla moda del giorno, ovvero minimal, dalle 11 sino all'una di notte la cucina ne ha per tutti i gusti: la carta è classica, di terra e di mare, ed è completata da alcuni piatti più light (anche nel prezzo), oltre che dalla selezione di acciughe, salumi e formaggi, ostriche. Eccellente selezione di Champagne.

🍸 Menu 22 € (pranzo in settimana)/48 € – Carta 30/78 €

Pianta: A2-f – *viale Papa Giovanni XXIII 18* ✉ *24121*
– ℰ *035 422 0121* – *www.millestoriesapori.it* – *Chiuso 1 settimana in gennaio, due settimane in agosto*

🍴 Al Carroponte   ℬℬ 🏠 ⅇ ⒜Ⓒ

CUCINA MODERNA · DI TENDENZA Ⅹ Locale moderno sia nell'ambiente sia nell'offerta che nel nome ricorda il passato meccanico del sito. Oggi ci si viene per mangiare una cucina contemporanea di terra e di mare, completata da una vasta scelta di finger, salumi, ostriche, caviale sino agli hamburger gourmet. Per non farsi mancare nulla, il patron Oscar mescerà al bicchiere qualunque vino (al dovuto prezzo, naturalmente...) di una carta che ha superato le 1.000 etichette rendendola ormai un riferimento enoico per la città.

Menu 35/50 € – Carta 34/78 €

Pianta: A2-a – *via De Amicis 4*
– ℰ *035 265 2180* – *www.alcarroponte.it* – *Chiuso domenica*

🍴 Shiva

CUCINA INDIANA · AMBIENTE ESOTICO Ⅹ Legno di tek intarsiato e toni caldi per questo ristorante etnico, fratello gemello di quello meneghino. In menu, i più accattivanti sapori dell'India del Nord: piatti vegetariani, specialità al curry, fragranti tandoori, dolci tipici...insomma di tutto e di più!

🍸 Menu 18/28 € – Carta 23/46 €

Pianta: A2-e – *via Don Luigi Palazzolo 44* ✉ *24122*
– ℰ *035 529 1880* – *www.shivabergamo.it*
– *Chiuso lunedì a mezzogiorno*

Alberghi

🏨 Excelsior San Marco   ⒤ ↳♪ ⊡ ⅇ ⒜Ⓒ 🛝 ⇆

BUSINESS · ELEGANTE Grande operazione di restyling per questo albergo, grande classico dell'hôtellerie di Bergamo, che vanta una trentina di camere con vista su Città Alta.

147 cam ⌧ – 🛏80/200 € 🛏🛏80/280 € – 8 suites

Pianta: A1-a – *piazza della Repubblica 6* ✉ *24122* – ℰ *035 366111*
– *www.hotelsanmarco.com*
🍴 **Roof Garden** – Vedere selezione ristoranti

🏠 Petronilla ⭐ ♨ 🛁 🔁 ⅃ AC 🚗

BUSINESS · MINIMALISTA Splendido albergo del centro in cui convivono suggestioni anni '50, influenze Bauhaus design contemporaneo: molti i quadri disegnati ad hoc, con dettagli d'opere di Hopper, De Chirico, Caravaggio. Un soggiorno esclusivo, perfetto per coloro che amano le raffinate personalizzazioni.

12 cam ♊ – 🛉150/250 € 🛉🛉180/420 €

Pianta: A2-f – *via San Lazzaro 4* ✉ *24121* – ☏ *035 271376*
– *www.petronillahotel.com*

🏠 Arli ⭐ ♨ 🛁 🔁 ⅃ AC 🅿

BUSINESS · MODERNO Ottima struttura, moderna e centrale, tra le più consigliate di Bergamo! Dispone di camere molto confortevoli, recenti, eleganti, ma con il tocco moderno delle sobrie resine al posto delle testiere dei letti; più classiche le mansardate all'ultimo piano. Piatti italiani, internazionali e vegetariani al ristorante La Delizia.

66 cam ♊ – 🛉80/200 € 🛉🛉90/250 €

Pianta: A2-s – *largo Porta Nuova 12* ✉ *24122* – ☏ *035 222077* – *www.arli.net*

Città Alta Alt. 249 m

❀ Casual (Enrico Bartolini) 🍴 AC 🅿

CUCINA CREATIVA · ACCOGLIENTE 🟌🟌 Nella suggestiva cornice di Bergamo Alta, il nuovo chef ai fornelli, ma sempre sotto la regia di Enrico Bartolini, pone l'accento sui prodotti del territorio dando vita a piatti che ancora una volta si collocano nell'alveo della modernità. Il servizio in sala rimane di alto livello sebbene volutamente friendly.

➔ Risotto alle rape rosse e salsa al gorgonzola. Pesce morone fondente, capperi, frutto della passione. Cioccocolato soffice con gelato alla nocciola.

Menu 45/90 € – Carta 60/119 €

Pianta: A1-d – *via San Vigilio 1* ✉ *24122* – ☏ *035 260944*
– *www.enricobartolini.net* – *Chiuso 15-30 settembre e martedì*

🍴 Hostaria ≤ 🛏 AC 🍸 🚗

CUCINA MODERNA · ROMANTICO 🟌🟌 Nella parte più antica di questo bellissimo Relais, si mangerà tra scavi archeologici del 300 a.C. nonché muri e pozzi di epoca medievale. Per tutta risposta la cucina si fa moderna, ma la sua matrice di gusto e sapore resta decisamente italiana.

Carta 58/99 €

Pianta: A1-f – *Hotel Relais San Lorenzo, piazza Mascheroni 9/a* ✉ *24129*
– ☏ *035 237383* – *www.relaisanlorenzo.com* – *Chiuso 7 gennaio-14 febbraio, martedì a pranzo e lunedì*

🍴 Colleoni & dell'Angelo 🎉 🍴 AC ⟷

CUCINA CLASSICA · ELEGANTE 🟌🟌 In un antico palazzo di piazza Vecchia - una delle più belle d'Italia, su cui per altro si apparecchia il dehors - ristorante di rara eleganza con cucina di terra, ma soprattutto di mare. Servizio all'altezza.

Menu 55/70 € – Carta 55/112 €

Pianta: A1-x – *piazza Vecchia 7* ✉ *24129* – ☏ *035 232596*
– *www.colleonidellangelo.com* – *Chiuso lunedì*

🍴 Ryu AC

FUSION · MINIMALISTA 🟌🟌 Adiacente alla funicolare alta che sale a S.Vigilio, luci soffuse, atmosfera modaiola, ambiente moderno: questo è l'abito del Ryu. Nei piatti il Giappone incontra il resto del mondo, Europa e Brasile in primis, per un risultato fusion davvero gustoso ed intrigante.

Menu 60 € – Carta 31/81 €

Pianta: A1-r – *largo di Porta Sant'Alessandro 1* ✉ *24121* – ☏ *035 262979*
– *www.ryurestaurant.it* – *solo a cena escluso domenica*

Relais San Lorenzo

LUSSO · DESIGN Infine anche Bergamo ha il suo albergo 5 stelle e non poteva che essere nella splendida cornice di Città Alta. Gli ambienti offrono una versione sobria e moderna del concetto di lusso, mentre i confort - oltre che nella struttura - si percepiscono dal servizio. Dotato anche di piccola spa da prenotare.

25 cam ⌨ – ♥205/365 € ♥♥230/520 € – 5 suites

Pianta: A1-f – *piazza Mascheroni 9/a* ✉ *24129*
- *𝒞 035 237383 – www.relaisanlorenzo.com*
- *Chiuso 7-14 gennaio*
🍴 **Hostaria** – Vedere selezione ristoranti

GombitHotel

STORICO · MODERNO Adiacente alla torre del Gombito, il palazzo duecentesco riserva l'inaspettata sorpresa di un albergo moderno dagli arredi design, tonalità sobrie ed eleganti bagni con ampie docce. Molto bella anche la saletta delle colazioni con decori e vista sulla viuzza centrale.

12 cam ⌨ – ♥170/270 € ♥♥220/350 € – 1 suite

Pianta: A1-g – *via Mario Lupo 6* ✉ *24121*
- *𝒞 035 247009 – www.gombithotel.it*

Piazza Vecchia

FAMILIARE · PERSONALIZZATO Situato in prossimità di piazza Vecchia, che il grande architetto Le Corbusier definì come "la più bella piazza d'Europa", camere spaziose, vivaci e colorate in un'antica casa del 1300.

13 cam ⌨ – ♥90/280 € ♥♥135/380 €

Pianta: A1-y – *via Colleoni 3/5* ✉ *24129*
- *𝒞 035 253179 – www.hotelpiazzavecchia.it*
- *Chiuso 8-14 gennaio*

La Valletta Relais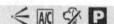

FAMILIARE · PERSONALIZZATO Lungo le strade che portano al centro storico di Bergamo Alta - a piedi sono venti minuti, ma i proprietari con grande senso dell'ospitalità offrono un servizio navetta per gli ospiti - una casa d'epoca per chi predilige la tranquillità e il silenzio, evitando gli schiamazzi e le comitive del centro. Camere ampie, alcune con vista sui colli.

8 cam – ♥75/95 € ♥♥85/120 € – 2 suites – ⌨ 7 €

via Castagneta 19, Nord: 1 km – A1 ✉ *24129 – 𝒞 035 242746*
- *www.lavallettabergamo.it – Aperto 1° marzo-30 novembre*

a San Vigilio Ovest : 1 km o 5 mn di funicolareA1 - Alt. 461 m

🍴 Baretto di San Vigilio

CUCINA CLASSICA · CONVIVIALE X Nella piazzetta antistante la stazione di arrivo della funicolare, caratteristico bar-ristorante di tono retrò, vagamente anglosassone, dove gustare piatti della tradizione italiana. Servizio estivo in terrazza con incantevole vista sulla città.

🍽 Menu 22 € (pranzo in settimana)/45 € – Carta 48/63 €

via Al Castello 1 ✉ *24129*
- *𝒞 035 253191 – www.baretto.it*

BERGEGGI

Savona – ✉ 17028 – 1 129 ab. – Alt. 110 m – Carta regionale n° **8**-B2
Carta stradale Michelin 561-J7

💠 **Claudio** (Claudio e Lara Pasquarelli)   ⪪ 🛋 🍴 AC P

PESCE E FRUTTI DI MARE · ELEGANTE XxX Una delle migliori cucine di pesce della zona, frutto del sodalizio padre-figlia: alla qualità indiscutibile delle materie prime, si unisce la cura estetica delle presentazioni, senza rinunciare alla generosità delle porzioni. Mentre la terrazza in stagione è certamente una delle più ambite della zona!
→ Crudo di pesci e crostacei. Zuppa di pesce nella pietra ollare. Bouquet di crostacei agli agrumi mediterranei.

Menu 90/120 € – Carta 75/150 €

Hotel Claudio, via XXV Aprile 37 – 𝒞 019 859750 – www.hotelclaudio.it – solo a cena escluso sabato e i giorni festivi – Aperto 1° aprile-1° novembre; chiuso lunedì

🏨 **Claudio**   ⑤ ⪪ 🛋 ☆ ⟁ ⊡ AC ♨ 🚑

TRADIZIONALE · ACCOGLIENTE Suggestiva collocazione con vista eccezionale sul golfo sottostante. Camere ampie ed eleganti, piscina, spiaggia privata e numerosi altri servizi a disposizione.

22 cam ⌷ – †80/130 € ††130/220 € – 4 suites

via XXV Aprile 37 – 𝒞 019 859750 – www.hotelclaudio.it – Aperto 1° aprile-1° novembre

💠 **Claudio** – Vedere selezione ristoranti

BERNALDA

Matera – ✉ 75012 – 12 453 ab. – Alt. 126 m – Carta regionale n° **2**-D2
Carta stradale Michelin 564-F32

🎖 **La Locandiera**   🕸 AC 🍽

CUCINA LUCANA · FAMILIARE XX Lungo il corso centrale di Bernalda, zia, mamma e figlio, tra fornelli e sala, fanno della Locandiera uno dei ristoranti lucani più interessanti. Alla ricerca delle migliori materie prime della Basilicata ma anche Puglia, brillano la fantasia di antipasti e le paste fatte in casa. Imperdibili: tripolina con mollica di pane fritto e peperone crusco - polpette di pane in salsa di pomodoro - crostate con marmellata di fragole al rosmarino e ricotta alla cannella.

🍴 Menu 25/50 € – Carta 24/49 €

corso Umberto 194 – 𝒞 0835 543241 (consigliata la prenotazione) – www.trattorialalocandiera.it – Chiuso 10 giorni in ottobre-novembre e martedì escluso agosto-settembre

🏠 **Agriturismo Relais Masseria Cardillo**   🏡 ⑤ ⪪ 🛋 ☐ 🍽 AC P

AGRITURISMO · ELEGANTE A pochi chilometri dal lido di Metaponto, elegante risorsa ricavata dai granai di una masseria di fine '700, le cui spaziose camere dispongono di terrazzini affacciati sulla campagna. Splendido pergolato per le cene d'estate e dall'azienda agricola una qualificata produzione di vino, nonché olio.

10 cam ⌷ – †78/128 € ††120/196 €

strada statale 407 Basentana al km 97,5 – 𝒞 0835 748992 – www.masseriacardillo.it – Aperto Pasqua-30 settembre

BERSANO Piacenza → Vedere Besenzone

BERTINORO

Forlì-Cesena (FC) – ✉ 47032 – 11 059 ab. – Alt. 254 m – Carta regionale n° **5**-D2
Carta stradale Michelin 562-J18

a Fratta Ovest : 4 km ✉ 47032

🏨 **Grand Hotel Terme della Fratta**   🏡 ⑤ 🛋 ☐ 🆘 🐾 ♨ 🍽 ⊡ ㋐

SPA E WELLNESS · CLASSICO Camere semplici, ma ben tenute, nonché programmi terapeutici diversi grazie alla disponibilità contemporanea di sette tipologie di acqua, i cui benefici effetti erano già decantati in epoca romana. Nel giardino, percorsi vita e fontane termali; nel moderno centro benessere, massaggi e trattamenti di bellezza.

64 cam ⌷ – †57/110 € ††90/196 €

via Loreta 238 – 𝒞 0543 460911 – www.termedellafratta.it

BESENZONE

Piacenza – ✉ 29010 – 978 ab. – Alt. 48 m – Carta regionale n° **5**-A1
Carta stradale Michelin 561-H11

a Bersano Est : 5,5 km ✉ 29010 – Besenzone

ⅠO La Fiaschetteria   🏵 ⇦ 🐾 🅰🅲 🅿

CUCINA REGIONALE · ELEGANTE 🏵🏵 Elegante cascina immersa nelle terre verdiane, la cucina offrirà agli appassionati l'occasione di un viaggio nella bassa padana, tra salumi, paste fresche e arrosti. Per gli amanti del pesce, non manca qualche proposta di mare, oltre che di fiume. Infine, per prolungare il soggiorno, ci sono anche tre romantiche, incantevoli camere.

Menu 60 € – Carta 45/69 €

3 cam – †85 € ††120 € - senza ♋

via Bersano 59/bis – 𝒞 0523 830444 (consigliata la prenotazione)
– www.la-fiaschetteria.it – solo a cena escluso i giorni festivi – Chiuso 23 dicembre-6 gennaio, agosto, lunedì e martedì

BETTOLA

Piacenza (PC) – ✉ 29021 – 2 828 ab. – Alt. 329 m – Carta regionale n° **5**-A2
Carta stradale Michelin 562-H10

ⅠO Agnello   🏠 🍽

CUCINA EMILIANA · CONTESTO TRADIZIONALE 🏵 Affacciato sulla scenografica piazza del centro storico, il ristorante è idealmente diviso in due sale: la parte più antica con volte in mattoni e colonne in pietra. Curiosi e interessati potranno accedere alle cantine, dove stagionano i salumi.

🍴 Menu 12 € (pranzo in settimana)/40 € – Carta 26/47 €

piazza Colombo 70 – 𝒞 0523 917760 – Chiuso febbraio e martedì

BETTOLLE Siena ➜ Vedere Sinalunga

BETTONA

Perugia – ✉ 06084 – 4 367 ab. – Alt. 353 m – Carta regionale n° **20**-B2
Carta stradale Michelin 563-M19

ⅠO Taverna del Giullare   ⇐ 🏠 ♿ 🅰🅲

CUCINA REGIONALE · AMBIENTE CLASSICO 🏵🏵 Cucina di stampo regionale in un locale dallo stile tra il classico ed il rustico. D'inverno godetevi la bella verandina completamente chiusa da vetrate, ma assolutamente panoramica.

Carta 29/62 €

Relais la Corte di Bettona, via del Forte 11 – 𝒞 075 987114
– www.tavernadelgiullare.com – Chiuso 11 gennaio-11 febbraio, lunedì, martedì e mercoledì escluso in estate

🏠 Relais la Corte di Bettona   ⇐ 🏊 🍽 🛗 🖵 ♿ 🅰🅲

FAMILIARE · CLASSICO Nel cuore del centro storico un palazzo del 1300, suddiviso in due corpi distinti, dove le camere ubicate nell'edificio più a valle godono di una spettacolare vista sulla natura circostante. Centro benessere con massaggi.

36 cam ♋ – †70/150 € ††90/180 € – 2 suites

via Santa Caterina 2 – 𝒞 075 987114 – www.relaisbettona.com – Chiuso 11 gennaio-11 febbraio

ⅠO **Taverna del Giullare** – Vedere selezione ristoranti

BEVAGNA

Perugia – ✉ 06031 – 5 081 ab. – Alt. 210 m – Carta regionale n° **20**-C2
Carta stradale Michelin 563-N19

⁺⃝ Serpillo Ⓝ 🛖

CUCINA DEL TERRITORIO · RUSTICO X All'interno dell'affascinante borgo, piacevoli e rustiche sale ricavate in un antico frantoio; due giovani - fratello e sorella - fanno del loro buffet di antipasti un vanto, ma non mancano piatti legati alla tradizione reinterpretati in leggera chiave moderna.

🍴 Menu 20/40 € – Carta 27/46 €

via di Mezzo 1, località Torre del colle, Ovest: 3 km – ☏ 366 711 8212 – www.serpillo.it – solo a cena escluso domenica – Chiuso lunedì

⁺⃝ Trattoria da Oscar 🛖

CUCINA CLASSICA · FAMILIARE X E' Filippo, lo chef-patron, a gestire con passione e professionalità questo piccolo, quanto piacevole, locale in pieno centro (zona a traffico limitato, si posteggia fuori le mura). Cucina con ovvi riferimenti al territorio, ma che spazia con disinvoltura su tutta l'Italia.

Menu 38/60 € – Carta 39/60 €

piazza del Cirone 2 – ☏ 0742 361107 – www.latrattoriadioscar.it – Chiuso 20 gennaio-13 febbraio e martedì

🏠 Residenza Porta Guelfa ♿ 🍳 ⌷ AC P

TRADIZIONALE · REGIONALE Appena fuori le mura del centro storico, questa residenza dal fascino antico, ma dai confort moderni, dispone di camere arredate in stile locale, attrezzate con angolo cottura. La colazione viene servita in camera.

12 cam ⌷ – ♦80/90 € ♦♦100/120 €

via Ponte delle Tavole 2 – ☏ 0742 362041 – www.residenzaportaguelfa.com

BIANZONE

Sondrio (SO) – ✉ 23030 – 1 285 ab. – Alt. 444 m – Carta regionale n° **9**-B1
Carta stradale Michelin 561-D12

⊛ Altavilla 🐾 ⇔ 🛖 P

CUCINA REGIONALE · RUSTICO X Nella parte alta della località, circondato da boschi e vigneti, il ristorante propone piatti del territorio in un'atmosfera rustica ed informale. Bella terrazza panoramica. Il menu racconta: tagliatelle ai mirtilli e ragù di selvaggina, sciatt con cicorino, pizzoccheri.

🍴 Menu 20/35 € – Carta 28/51 €

12 cam – ♦65/85 € ♦♦65/85 € – ⌷ 8 €

via Monti 46 – ☏ 0342 720355 – www.altavilla.info – Chiuso 20 giorni in gennaio e lunedì

BIBBIENA

Arezzo – ✉ 52011 – 12 241 ab. – Alt. 425 m – Carta regionale n° **18**-D1
Carta stradale Michelin 563-K17

⊛ Il Tirabusciò AC

CUCINA TOSCANA · DI QUARTIERE XX Questa è una tappa in pieno centro storico, imperdibile per conoscere la gastronomia della zona: dai salumi alla chianina o all'agnello, passando - in stagione - per funghi e tartufi. Imperdibili sono i proverbiali tortelli di patate di cetica con ragù di maiale grigio del casentino.

Carta 29/44 €

via Rosa Scoti 12 – ☏ 0575 595474 (prenotare) – www.tirabuscio.it – Chiuso lunedì a mezzogiorno e martedì

a Soci Nord : 4 km ✉ 52010

⁺⃝ La Buca 🛖 AC 🍽

CUCINA REGIONALE · RUSTICO XX In un ambiente rustico e personalizzato si possono gustare le tipiche specialità casentinesi: dalla pasta fatta in casa alla carne alla brace, senza trascurare la cacciagione.

Carta 26/38 €

piazza Garibaldi 24 – ☏ 0575 560094 – Chiuso 25 dicembre-1° gennaio, 23 luglio-7 agosto, mercoledì, anche domenica sera nel periodo invernale

BIBBONA

Livorno – ✉ 57020 – 3 175 ab. – Carta regionale n° **18**-B2
Carta stradale Michelin 563-M13

🏨 Relais Sant'Elena Ⓝ   ♔ ⅗ ⇐ ⏋ 🅰🅲 ⅏ 🅿

RESORT · PERSONALIZZATO Circondata da morbide colline, una bucolica, antica dimora toscana con tanto di borgo, torre e cipresseto; eleganti camere dove tradizione e stile si fondono in perfetta armonia.

16 cam ♙ – †150/400 € ††150/400 €

via Campo di Sasso, Est: 1 Km – ℰ 0586 671071 – www.tenutagardini.it – Aperto metà marzo-inizio novembre

🏨 Relais di Campagna Podere Le Mezzelune   ⅗ ⇐ 🍴 🅰🅲 ⅏

AGRITURISMO · BUCOLICO Risorsa ricavata da una casa colonica di fine   🅿
'800, all'interno di una proprietà con ortaggi e ulivi (da cui la produzione di olio extravergine). Bucolica posizione per un soggiorno rilassante in ambienti signorili.

4 cam ♙ – †140/150 € ††160/180 €

località Mezzelune 126, Ovest: 4 km – ℰ 0586 670266 – www.mezzelune.com – Chiuso 10 dicembre-28 febbraio

BIBIONE

Venezia – ✉ 30020 – Carta regionale n° **23**-D2
Carta stradale Michelin 562-F21

🏨 Bibione Palace Suite   ♔ 🍴 ⏋ 🖵 🕷 🗻 🛁 ⅃ 🔺 ⅃ 🅰🅲 🚗

TRADIZIONALE · ACCOGLIENTE Centrale e contemporaneamente frontemare, le camere sono tutte terrazzate e luminose, gli spazi comuni arredati con gusto minimalista. All'esterno, piscina e parco giochi per i giovani ospiti; all'ultimo piano il piccolo e luminoso centro benessere. Una struttura veramente completa!

110 cam ♙ – †140/250 € ††190/380 € – 50 suites

via Taigete 20 – ℰ 0431 447220 – www.hotelbibionepalace.it – Aperto 19 aprile-1° ottobre

🏨 Palace Hotel Regina   ♔ ⅃ ⅃ 🔺 ⅃ 🅰🅲 ⅏ 🚗

FAMILIARE · CLASSICO Gestione seria e dinamica per questo signorile hotel a metà strada tra centro e mare; all'interno spazi realizzati in una sobria ed elegante ricercatezza a cui si uniscono, per le camere, funzionalità e semplicità.

49 cam ♙ – †80/200 € ††100/250 €

corso Europa 7 – ℰ 0431 43422 – www.palacehotelregina.it – Aperto 15 maggio-15 settembre

🏨 Corallo   ♔ ⇐ 🍴 ⅃ 🛁 ⅏ ⅃ 🔺 🅰🅲 ⅏ 🅿

FAMILIARE · LUNGOMARE Caratteristico nella particolare forma cilindrica della sua architettura, signorile hotel con ampi terrazzi che si affacciano sul mare. La piscina è proprio a bordo spiaggia.

76 cam ♙ – †100/165 € ††140/246 €

via Pegaso 38 – ℰ 0431 43222 – www.hotelcorallobibione.com – Aperto 1° maggio-30 settembre

🏨 Italy   ♔ ⇐ 🍴 ⅃ ⅃ 🔺 ⅃ 🅰🅲 ⅏ 🅿

TRADIZIONALE · ACCOGLIENTE Tanta cura, a cominciare dalle camere, in un hotel frontemare non lontano dalle terme; piacevole giardino sul retro e zona relax con sabbia, vicino alla piscina.

77 cam ♙ – †65/100 € ††136/210 €

via delle Meteore 2 – ℰ 0431 43257 – www.hotel-italy.it – Aperto 11 maggio-23 settembre

a Bibione Pineda Ovest : 5 km ⊠ 30020

🏠 San Marco ⇧ ⅏ 🛏 ⌧ ⚹ 🔲 AC ⚙ P

TRADIZIONALE · PERSONALIZZATO In zona tranquilla, non lontano dalla spiaggia, albergo a conduzione diretta dotato di ampio giardino-solarium con piscina di acqua di mare, camere ampie sobriamente eleganti.

67 cam ⌷ – †95/140 € ††130/230 € – 3 suites

via delle Ortensie 2 - ℰ 0431 43301 - www.sanmarco.org
- Aperto 19 maggio-16 settembre

BIELLA

(BI) – ⊠ 13900 – 44 733 ab. – Alt. 420 m – Carta regionale n° **12**-C2
Carta stradale Michelin 561-F6

🍽○ La Mia Crota ⅏ ⅖ AC

CUCINA MODERNA · ACCOGLIENTE ✕✕ Ristorante di tono rustico-elegante con annessa enoteca per sbizzarrirsi nella scelta dei vini (anche al bicchiere). La cucina trae spunto dal territorio, concedendosi qualche divagazione contemporanea.

☜ Menu 12 € (pranzo in settimana)/70 € – Carta 35/70 €

Pianta: B2-a – *via Torino 36/c - ℰ 015 30588 (consigliata la prenotazione la sera)*
- www.lamiacrota.it - Chiuso 1 settimana in gennaio, 2 settimane in
agosto, domenica e lunedì

🍽○ Matteo Caffè ⅏ ⅖ AC

CUCINA MODERNA · ELEGANTE ✕✕ Da poco trasferitosi nella bella piazza del Duomo, in due eleganti sale di uno storico palazzo, Matteo Caffè rimane un "imperdibile" per un coffee-break o per piatti ricchi di gusto e fantasia.

Carta 37/58 €

Pianta: A1-c – *piazza Duomo 6 - ℰ 015 355209 - www.matteocaffeecucina.it*
- Chiuso domenica

🍽○ Regallo 🆕 ⅖ AC P

PESCE E FRUTTI DI MARE · CONTESTO CONTEMPORANEO ✕✕ Leggermente periferico, un ristorante dal look contemporaneo nel singolare contesto di un ex opificio; la sua cucina allude al mare in proposte di gusto moderno e originale.

Menu 50/100 € – Carta 44/75 €

via Tollegno 4, per via Giovanni Battista Serralunga - A1 - ℰ 015 370 1523
(consigliata la prenotazione) - www.ristoranteregallo.com - solo a cena escluso
domenica – Chiuso mercoledì

🏠 Agorà Palace ⇧ 🔲 ⅖ AC 🍴 🕱

BUSINESS · CENTRALE Particolarmente gradito da una clientela business, l'hotel si trova in pieno centro e dispone di un comodo garage, mentre le camere si caratterizzano per gli arredi moderni con accessori dell'ultima generazione. Formula buffet a self service è quanto propone il ristorante per il pranzo; carta più tradizionale la sera.

82 cam ⌷ – †90/120 € ††100/150 € – 2 suites

Pianta: A2-e – *via Lamarmora 13/A - ℰ 015 840 7324 - www.agorapalace.com*

BIENTINA

Pisa (PI) – ⊠ 56031 – 8 062 ab. – Alt. 10 m – Carta regionale n° **18**-B2
Carta stradale Michelin 563-K13

🍽○ Osteria Taviani ⅏ ⅖ AC

CUCINA MODERNA · FAMILIARE ✕✕ Proprio nel cuore del paesino, una giovane coppia gestisce con passione questo gradevole locale dagli interni di caldo design: lei in sala, lui ai fornelli, e nel piatto una fragrante linea di cucina moderna - carne e pesce - con solide basi nella tradizione toscana.

Menu 35/55 € – Carta 37/65 €

piazza Vittorio Emanuele II 28 - ℰ 0587 757374 - www.osteriataviani.it - solo a
cena escluso domenica da settembre a maggio – Chiuso mercoledì

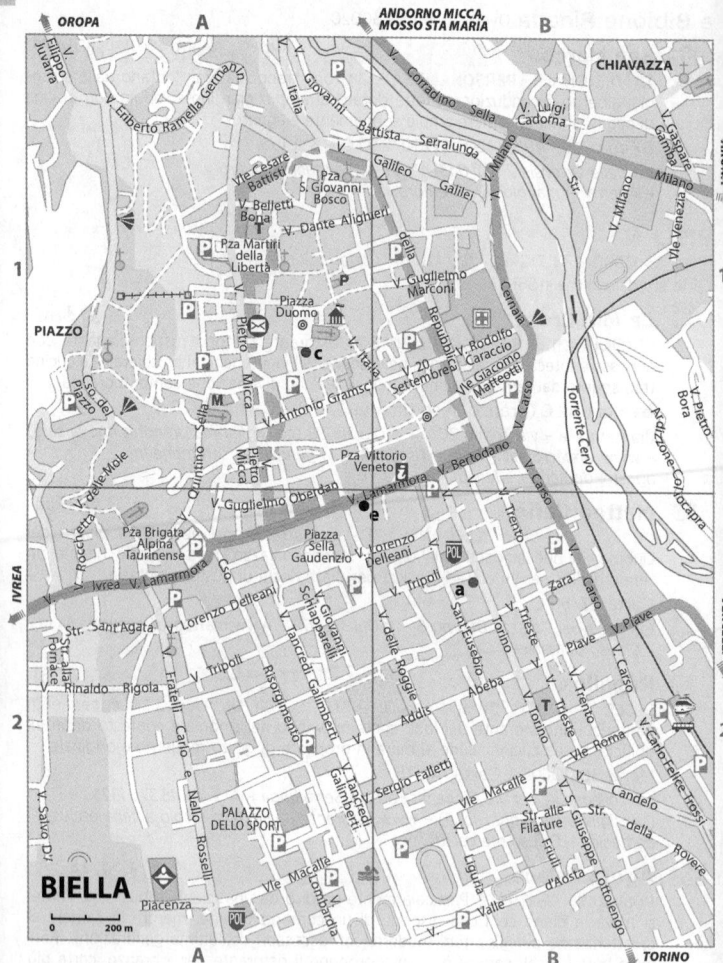

BIELLA

0 — 200 m

BIGARELLO

Mantova (MN) – ⊠ 46030 – 2 087 ab. – Alt. 23 m – Carta regionale n° **9**-D3

a Stradella Sud - Ovest : 6 km ⊠ 46030

⑩ **Osteria Numero 2**   🕸 🛱 ⅙ 🅰🅲 🅿

CUCINA REGIONALE · RUSTICO ⅹ In questo bel cascinale immerso nel verde, la linea di cucina rimane fedele al passato con ricette della tradizione affiancate da qualche specialità di pesce. Sempre più viva la passione per le birre, alle quali è dedicata una grande carta!

🍴 Menu 15 € (pranzo in settimana) – Carta 23/57 €

via Ghisiolo 2/a
– ℰ 0376 45088 – www.osterianumero2.it
– Chiuso 1°-7 gennaio, 2 settimane in agosto, sabato a mezzogiorno e martedì

BIGOLINO Treviso → Vedere Valdobbiadene

BIODOLA Livorno → Vedere Elba (Isola d') : Portoferraio

BISCEGLIE
Barletta-Andria-Trani – ⊠ 76011 – 55 422 ab. – Carta regionale n° **15**-B2
Carta stradale Michelin 564-D31

🏵 **31.10 Osteria Lorusso** ⓝ   🏠 🅰️🅲

> CUCINA CREATIVA · TRATTORIA ⅹ I giovani fratelli Lorusso hanno finalmente coronato il loro sogno ed aperto questo piccolo, locale periferico che unisce la semplicità del posto ad una cucina creativa davvero stuzzicante. Specialità: tagliolino al tartufo nero, brodo di scampi e burrata - rombo, radicchio, peperoni rossi e caramello di ciliegie.
> 🍽 Menu 15/45 € – Carta 28/48 €
> *via Alceo Dossena 8 – 𝒞 340 569 8531 – www.3110.it – Chiuso 8-22 gennaio, domenica sera e lunedì*

BLEVIO
Como (CO) – ⊠ 22020 – 1 187 ab. – Alt. 231 m – Carta regionale n° **10**-B1
Carta stradale Michelin 561-E9

🏵 **L'Orangerie** ⓝ   🏵 ≼ 🛋 🏠 🅰️🅲 🅿️

> CUCINA MODERNA · LUSSO ⅩⅩⅩ Raffinato ed elegante ristorante che - soprattutto con la bella stagione - offre uno scenario esclusivo in veranda o a bordo lago. Il suo menu è un omaggio alle tante prelibatezze del Bel Paese da nord a sud indistintamente.
> Menu 90/130 € – Carta 74/143 €
> *Hotel Castadiva Resort, via Caronti 69 – 𝒞 031 32511 (consigliata la prenotazione) – www.castadivaresort.com – solo a cena – Aperto inizio marzo-metà novembre*

🏵 **Momi** ⓝ   ≼ 🏠 ♿

> CUCINA DEL TERRITORIO · ACCOGLIENTE ⅹ A bordo lago, accanto all'imbarcadero, un localino semplice con una bella terrazza da cui godere del bel paesaggio. il menu cita specialità ittiche, nobili carni italiane, tante verdure e deliziosi dolci fatti in casa.
> Menu 30/38 € – Carta 39/52 €
> *via per Girola – 𝒞 334 120 2327 (consigliata la prenotazione) – www.ristorantemomi.it – Chiuso 5-26 novembre,7-30 gennaio e lunedì*

🏰 **CastaDiva Resort**   🛥 ≼ 🛋 🌊 ⊕ 🏠 ♨ ⏏ 🆓 ♿ 🅰️🅲 🛎 🚗

> GRAN LUSSO · PERSONALIZZATO Per un soggiorno lacustre esclusivo e raffinato, con un'inedita grande piscina fluttuante sul lago, tra le diverse ville del resort spicca quella centrale dallo stile eclettico-rinascimentale, un tempo residenza della cantante lirica G. Pasta, musa ispiratrice di Vincenzo Bellini.
> 50 suites � – 🛏1500/4650 € – 23 cam
> *via Caronti 69 – 𝒞 031 32511 – www.castadivaresort.com – Aperto inizio marzo-metà novembre*
> 🏵 **L'Orangerie** – Vedere selezione ristoranti

BOARIO TERME Brescia → Vedere Darfo Boario Terme

BOBBIO
Piacenza – ⊠ 29022 – 3 577 ab. – Alt. 272 m – Carta regionale n° **5**-A2
Carta stradale Michelin 561-H10

🏵 **Piacentino**   ⇦ 🏠 🅰️🅲 🅿️

> CUCINA EMILIANA · FAMILIARE ⅩⅩ Nel centro storico, la tradizione familiare continua da più di un secolo all'insegna di salumi, paste e secondi di carne, in questo piacevole ristorante che dispone anche di un delizioso giardino estivo. Camere con letti in ferro battuto e mobili in arte povera, ma anche stanze più moderne.
> Menu 26/40 € – Carta 27/53 €
> 20 cam � – 🛏50/70 € 🛏🛏70/90 €
> *piazza San Francesco 19 – 𝒞 0523 936266 – www.hotelpiacentino.it – Chiuso lunedì escluso in luglio-agosto*

🍴○ **Enoteca San Nicola**

CUCINA DEL TERRITORIO • RUSTICO ※ In un vecchio convento del '600 nel cuore della Bobbio storica, la cucina si riappropria del territorio con piatti dai gusti decisi e rispettosi delle stagioni; presso il book bar - nel fine settimana - è possibile fermarsi per un calice di vino, una cioccolata o un infuso particolare.

Carta 29/38 €

3 cam 🖙 – †60 € ††80 €

contrada di San Nicola 11/a – 𝒞 0523 932355 (consigliata la prenotazione) – www.ristorantesannicola.it – Chiuso lunedì e martedì

BOCCA DI MAGRA

La Spezia – ⊠ 19030 – Carta regionale n° **8**-D2
Carta stradale Michelin 561-J11

🍴○ **Capannina Ciccio** 🕸 ≤ 🏠 AC

PESCE E FRUTTI DI MARE • AMBIENTE CLASSICO ※ Ristorante della tradizione, con proposte marinare talvolta rivisitate e alleggerite. Nella bella stagione si può godere di un'incantevole veranda con vista sul mare.

Carta 39/54 €

via Fabbricotti 71 – 𝒞 0187 65568 – www.ristoranteciccio.it – Chiuso 10 giorni in gennaio e martedì in inverno

BODIO LOMNAGO

Varese (VA) – ⊠ 21020 – 2 151 ab. – Alt. 273 m – Carta regionale n° **9**-A2

🍴○ **Villa Baroni** ≤ 🛏 🏠 ⅃ 🅿

CUCINA CLASSICA • ACCOGLIENTE ※※ Romantica struttura in riva al lago dagli ambienti accoglienti ed eleganti ed una splendida terrazza per il servizio estivo; la cucina propone diversi menu degustazione composti da varie portate, nonché una carta delle specialità. Nelle camere atmosfera provenzale ed intima.

🕸 Menu 15 € (pranzo in settimana) – Carta 40/81 €

6 cam 🖙 – †100 € ††140 €

via Acquadro 12 – 𝒞 0332 947383 – www.villabaroni.it – Chiuso lunedì

BOGLIASCO

Genova – ⊠ 16031 – 4 488 ab. – Carta regionale n° **8**-C2
Carta stradale Michelin 561-I9

🍴○ **Al Solito Posto** AC

CUCINA MODERNA • INTIMO ※※ Datevi appuntamento "al solito posto", se volete gustare piatti ricchi di fantasia, ma rispettosi della tradizione, in un'atmosfera intimamente informale.

Menu 50/70 € – Carta 47/85 €

via Mazzini 228 – 𝒞 010 346 1040 – www.alsolitoposto.net – solo a cena – Chiuso martedì

a San Bernardo Nord : 4 km ⊠ 16031 – Stella

🍴○ **Il Tipico** ≤ AC

PESCE E FRUTTI DI MARE • CONVIVIALE ※※ L'ambiente è gradevole, con qualche tocco d'eleganza, ma ciò che incanta è il panorama sul mare. Ubicato in una piccola frazione collinare, propone cucina ligure di pesce.

Menu 30/50 € – Carta 33/80 €

via Poggio Favaro 20 – 𝒞 010 347 0754 – Chiuso 1 settimana in febbraio, 10 giorni in agosto, lunedì e i mezzogiorno di martedì e mercoledì

BOLGHERI Livorno → Vedere Castagneto Carducci

CI PIACE...

La città in sé, per il suo dinamismo che negli ultimi anni - in proporzione alla sua dimensione - la mette ai primi posti in Europa in quanto ad aperture o rinnovo di locali. Tra questi segnaliamo: la gustosa tradizione del ristorante **Al Cambio**, il fashion mood di **Oltre**, la vasocottura de **La Porta Restaurant**.

BOLOGNA

(BO) – ✉ 40124 – 386 663 ab. – Alt. 54 m – Carta regionale n° **5**-C3
Carta stradale Michelin 562-I15

Ristoranti

⁣⁣ I Portici   ⁣⁣⁣ 🕸 AC

CUCINA CREATIVA · LUSSO XXX Il palcoscenico dell'antico caffè chantant trova un grande protagonista, un giovane cuoco di Castellammare che ha conquistato Bologna con gli ingredienti e la veracità della cucina napoletana: generosità di prodotti e di emozioni sbarcano quotidianamente dalla Campania per "invadere" i portici. E, sul retro, un'ex ghiacciaia pavimentata in vetro sopra la cantina, dove trova posto un solo tavolo per cenette intime.
→ Napoli incontra l'Emilia. Spigola da amo, finocchio, piccole verdure, paté di olive di Gaeta e granita al liquore. Babà a tre lievitazioni.
Menu 84/110 € – Carta 74/108 €
Pianta: F1-e – *Hotel I Portici, via dell'Indipendenza 69* ✉ *40121 –* ℰ *051 421 8562*
– www.iporticihotel.com – solo a cena – Chiuso 23 dicembre-7 gennaio,
3 settimane in agosto, domenica e lunedì

⁣⁣ Al Cambio **N**   AC P

REGIONALE E DEL TERRITORIO · ELEGANTE XX Si trova in una zona periferica e trafficata, ma ciononostante è un indirizzo altamente consigliato in virtù dell'offerta interessante, che dopo un cambio di "pelle" sta rilanciando la tradizione culinaria del territorio in maniera eccellente.
Menu 30/45 € – Carta 32/51 €
Pianta: B1-a – *via Stalingrado 150* ✉ *40128 –* ℰ *051 328118*
– www.ristorantealcambio.it – Chiuso 24 dicembre-6 gennaio, 2 settimane in agosto, sabato a mezzogiorno e domenica

Le grandi città beneficiano di piantine sulle quali sono situati gli alberghi e i ristoranti. Seguite le coordinate (es. pianta: 9P2-a) per individuarli più facilmente.

Trattoria di Via Serra ⓝ   🅰🅲 ⌀

CUCINA EMILIANA · TRATTORIA 𝕏 Una coppia gestisce questa valida seppur semplice trattoria. Sostengono di essere "rimasti in campagna anche dopo il trasferimento in città", in un quartiere multietnico alle spalle della stazione dei treni, la piccola carta - completata dai piatti del giorno raccontati a voce - si nutre, infatti, di fragranti prodotti dell' Appennino. Specialità: tortelloni di ricotta di vacca bianca modenese - guancia di manzo brasata - zuppa inglese.

Carta 33/48 €

Pianta: B1-d – *via Luigi Serra 9/b* ✉ *40124 Bologna* – ☏ *051 631 2330 (consigliata la prenotazione)* – *www.trattoriadiviaserra.it* – *solo a cena escluso venerdì, sabato e domenica* – *Chiuso lunedì e martedì*

Osteria Bartolini ⓝ   🍴 ⛫ 🅰🅲

PESCE E FRUTTI DI MARE · COLORATO 𝕏 Sulle orme delle Osterie del Gran Fritto di Cesenatico e Milano Marittima, ma dal nome leggermente differente, si propone la stessa formula vincente a base di fritti di pesce dell'Adriatico in porzioni generose (sono piatti unici!), pesce azzurro, paste fresche fatte in casa, dolci e lo storico gelato alla crema con arancia e caramello. E d'estate ci si accomoda sotto ad uno stupendo platano di fine Ottocento. Attenzione: non accettano prenotazioni, meglio quindi organizzarsi...

Carta 33/42 €

Pianta: E1-b – *piazza Malpighi 16* ✉ *40124* – ☏ *051 262192* – *www.osteriabartolini.com*

🍴○ I Carracci   🅰🅲

CUCINA CLASSICA · CONTESTO STORICO 𝕏𝕏𝕏 Il soffitto è interamente dedicato ai meravigliosi affreschi della scuola dei fratelli Carracci - da cui il ristorante trae il nome - ed è già un valido invito a scegliere il locale per le proprie pause gourmet; anche la cucina fa la sua parte mettendo insieme gusto classico e moderno in una carta dove i sapori italiani sono ben rappresentati.

Menu 60/150 € – Carta 57/117 €

Pianta: E2-e – *Grand Hotel Majestic già Baglioni, via dell'Indipendenza 8* ✉ *40121* – ☏ *051 222049* – *www.duetorrihotels.com*

🍴○ La Porta Restaurant ⓝ   🍴 ⛫ 🅰🅲 ♻ 🅿

CUCINA CREATIVA · DESIGN 𝕏𝕏𝕏 Rinascita per questo locale di design all'interno di un'avveniristica struttura ribattezzata sin dalla sua nascita... la balena. In cucina uno chef d'esperienza che la sera propone la linea gourmet a base di piatti moderni, a tratti creativi. A mezzogiorno si apre la versione easy, il Cafè. In entrambi i momenti non mancano mai preparazioni in vasocottura, grande passione del cuoco.

Menu 55/80 € – Carta 40/80 € – carta semplice a pranzo

Pianta: B1-c – *piazza Vieira de Mello 4 (parcheggio: via Stalingrado 37)* ✉ *40124* – ☏ *051 415 9491* – *www.laportadibologna.it* – *Chiuso domenica*

🍴○ Fourghetti   ⇦ 🍴 ⛫ 🅰🅲

CUCINA MODERNA · DI TENDENZA 𝕏𝕏𝕏 Design accattivante e modaiolo per questo nuovo indirizzo gestito da uno chef di fama e capacità note. Le sedie richiamano anni lontani, i tavoli sono nudi e scuri, di resina ovviamente il pavimento. Dalla cucina una linea italiana con forti richiami al territorio, senza alcuna esagerazione ma con la volontà evidente (e soddisfatta) di piacere. Al piano superiore, bellissime camere per chi é in città per lavoro o svago.

Carta 65/103 €

5 cam – ♦100/150 € ♦♦100/150 € - senza ☒

Pianta: G3-a – *via Augusto Murri 71* ✉ *40137 Bologna* – ☏ *051 391847* – *www.fourghetti.com* – *Chiuso 2-19 gennaio, 1°-24 agosto, martedì a mezzogiorno e lunedì*

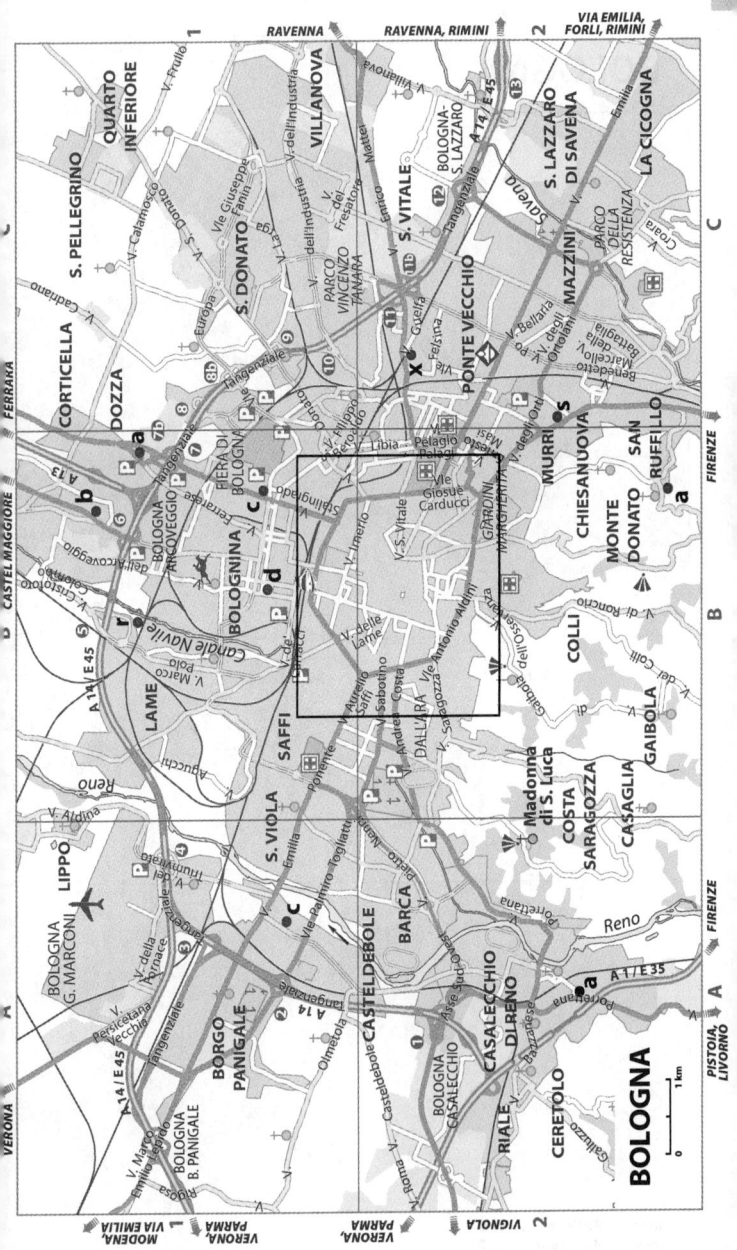

201

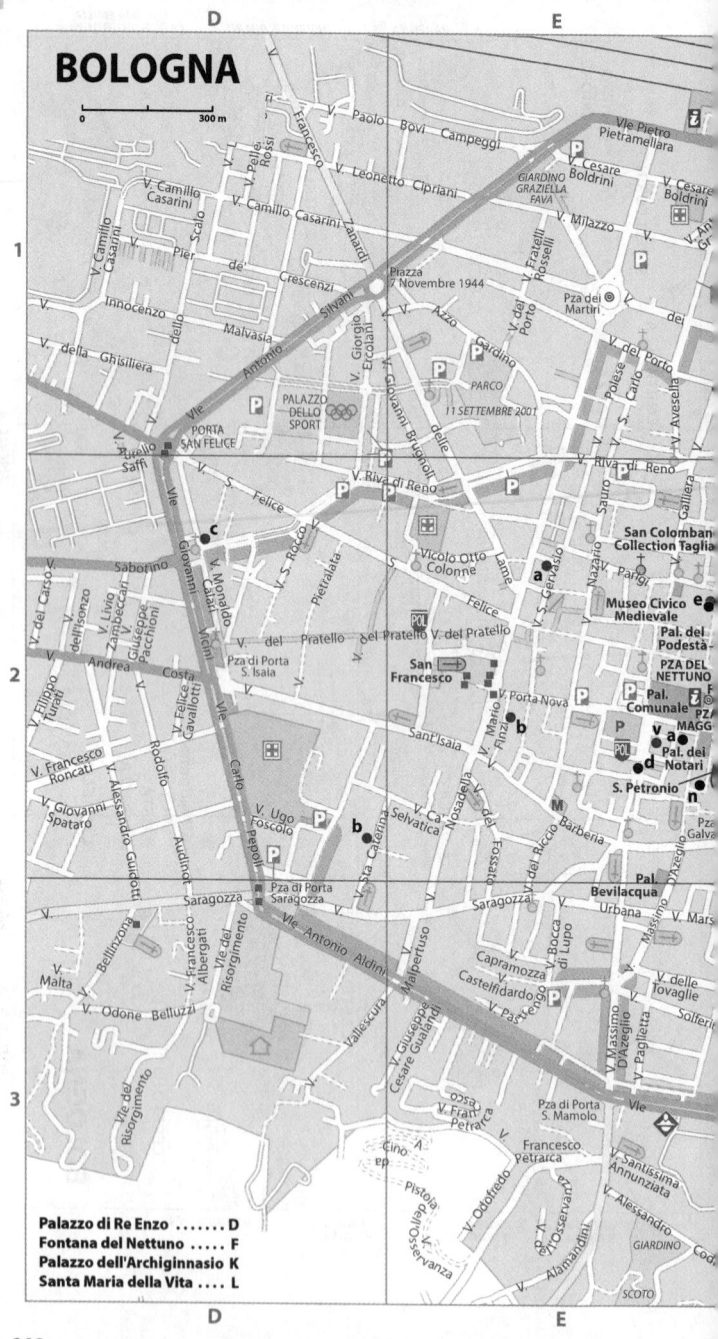

BOLOGNA

Palazzo di Re Enzo .... D
Fontana del Nettuno ..... F
Palazzo dell'Archiginnasio K
Santa Maria della Vita L

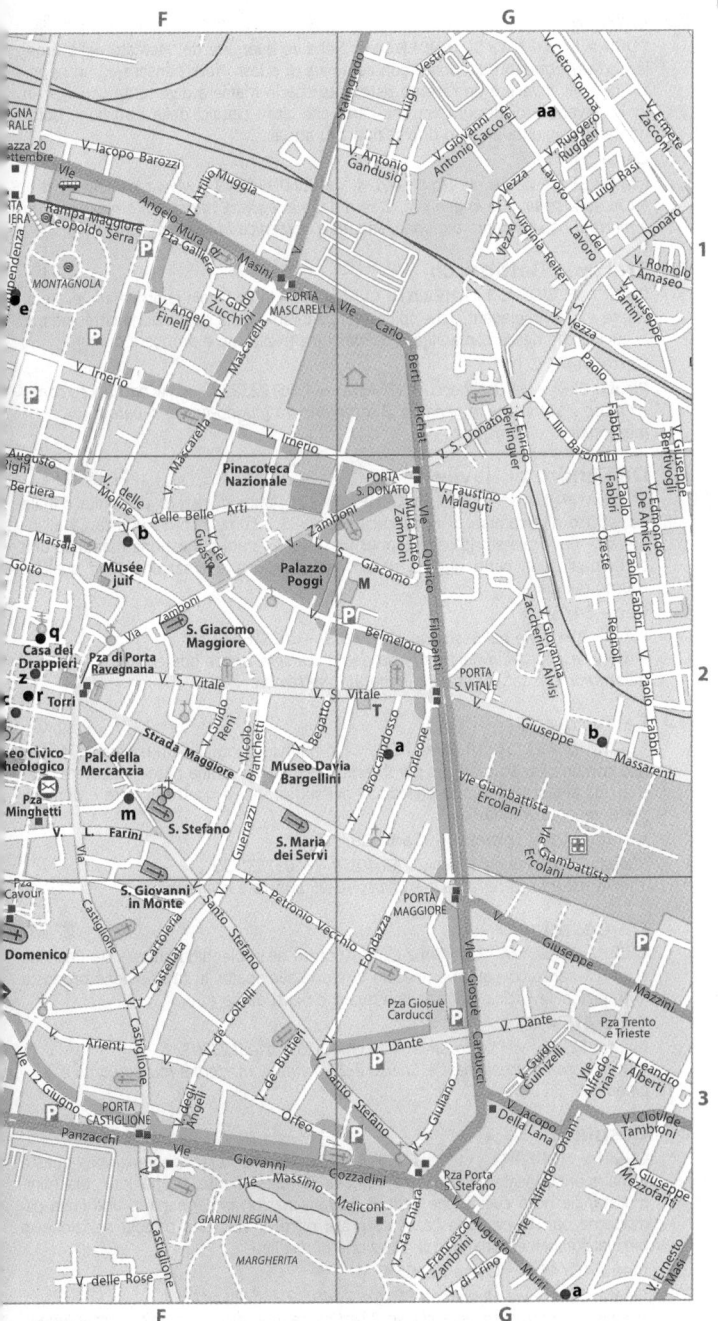

⊓○ Oltre 🆕   🅰️🅲

CUCINA EMILIANA · DI TENDENZA XX Nel vivo quartiere del Mercato delle Erbe, la porta d'ingresso addobbata con centinaia di adesivi farà pensare ad un negozio di vinili. Invece è un recente ristorante che in maniera divertente coniuga un look giovane e di design con una carta che cita i classici della tradizione bolognese: in aggiunta un paio di creazioni più attuali.

Carta 35/61 €

Pianta: E1-a – *via Majani 1/b* ✉ 40124 – 𝒞 051 006 6049 – *www.oltrebologna.it*
– *Chiuso 2 settimane in gennaio, 2 settimane in agosto, mercoledì a mezzogiorno e martedì da settembre a giugno, sabato e domenica in luglio-agosto*

⊓○ Trattoria Battibecco   🈐 🅰️🅲

CUCINA REGIONALE · AMBIENTE CLASSICO XX In un vicolo centrale, un locale di classe e di tono elegante, che spicca nel panorama della ristorazione cittadina per la cucina che riesce con agilità a dividersi tra tradizione e proposte di mare.

Carta 41/75 €

Pianta: E2-v – *via Battibecco 4* ✉ 40123 – 𝒞 051 223298 – *www.battibecco.com*
– *Chiuso 2 settimane in gennaio, 2 settimane tra giugno-luglio, sabato a mezzogiorno e domenica*

⊓○ Da Sandro al Navile   🈐 🅰️🅲 ⇦ 🅿️

CUCINA EMILIANA · CASA DI CAMPAGNA XX Punto di ristoro dall'Unità d'Italia ed iscritto alla camera di commercio dal 1883 - come ricorda una targa all'ingresso - un locale storico che seppur ha vissuto cambi di gestione mantiene una certa qualità; la carta oggi si divide tra tradizione e creazione (con qualche spunto dal mare).

Carta 34/64 €

Pianta: B1-r – *via del Sostegno 15* ✉ 40131 – 𝒞 051 634 3100
– *www.dasandroalnavile.it* – *Chiuso domenica sera, anche domenica a mezzogiorno e sabato dal 18 giugno al 1° settembre*

⊓○ La Terrazza   🈐 🅰️🅲 ⇦

CUCINA CLASSICA · DI QUARTIERE XX In una via tranquilla, un ristorante periferico con un piacevole dehors per il servizio estivo. La cucina riesce ad essere classica, ma allo stesso tempo poliedrica, nel suo proporre ricette di terra e di mare, piatti vegani e vegetariani.

🍴 Menu 20 € (pranzo) – Carta 39/70 €

Pianta: C2-x – *via del Parco 20* ✉ 40138 – 𝒞 051 531330
– *www.ristorantelaterrazza.it* – *Chiuso 10-25 agosto e domenica*

⊓○ Da Cesarina   🈐 🅰️🅲

CUCINA EMILIANA · CONVIVIALE XX Accanto alla splendida chiesa, Da Cesarina è un ristorante con quasi un secolo di storia alle spalle. In tavola viene proposta la tradizionale cucina emiliana con qualche piatti di mare.

Carta 41/74 €

Pianta: F2-m – *via Santo Stefano 19* ✉ 40125 – 𝒞 051 232037
– *www.ristorantecesarina.it* – *Chiuso 2-22 gennaio, martedì a mezzogiorno e lunedì*

⊓○ Cesoia 🆕   🅰️🅲

CUCINA MODERNA · MINIMALISTA XX Giunto alla terza generazione, questo ormai storico locale decentrato si rinnova completamente, sia nel look, ora minimalista, sia nella cucina che vede il giovane patron impegnarsi in una linea più moderna con carne e pesce. A sorpresa oltre ai vini, una piccola selezione di birre artigianali ed una grande selezione di distillati.

Menu 40/45 € – Carta 35/65 €

Pianta: G2-b – *via Massarenti 90 2/d* ✉ 40138 – 𝒞 051 342854
– *www.ristorantecesoia.it* – *chiuso 2 settimane in agosto, domenica sera e lunedì*

⫻○ **Acqua Pazza** Ⓝ 🛋 AC

PESCE E FRUTTI DI MARE · AMBIENTE CLASSICO XX Il locale non è in centro, ma se avete voglia di mangiare dell'ottimo pesce - quasi sempre del Mediterraneo - personalmente selezionato dallo chef patron, vale la pena perdere qualche minuto a cercar posteggio; apprezzabili anche le cotture, semplici e rispettose della materia prima.

Menu 60/75 € – Carta 55/103 €

Pianta: C2-s – *via Murri 168/d* – ☏ 051 443422 – www.acquapazzabologna.it
– *Chiuso 1 settimana in agosto, martedì a pranzo e lunedì*

⫻○ **Sale Grosso** 🛋 AC

CUCINA MEDITERRANEA · BISTRÒ X Ristorante in stile bistrot, semplice nell'impostazione, ma dalla cucina ben fatta e prevalentemente di gusto mediterraneo; il mare è molto presente nei piatti, sebbene non manchino ricette vegetariane e qualche specialità vegana.

Menu 27 € (pranzo in settimana) – Carta 39/58 €

Pianta: F2-b – *vicolo De' Facchini 4a* ✉ 40126 – ☏ 051 231721 (consigliata la prenotazione) – *Chiuso 1-9 gennaio, 6-31 agosto e domenica, anche sabato a mezzogiorno 16 giugno-5 agosto*

⫻○ **Posta** 🛋 AC ⇔

CUCINA TOSCANA · CONTESTO TRADIZIONALE X Zuppa lucchese, tagliata di manzo con osso e un'insalata dedicata alla nobildonna fiorentina, Caterina de' Medici. Nessun errore: siamo in una sobria trattoria poco distante dal centro, ma la cui rinomata cucina si apre ad abbracciare anche i piatti dei "vicini di casa". E dalla toscana vengono anche la maggior parte dei vini.

Carta 28/53 €

Pianta: D2-c – *via della Grada 21/a* ✉ 40122 – ☏ 051 649 2106
– www.ristoranteposta.it – *Chiuso vacanze di Natale, 2 settimane in agosto, martedì a mezzogiorno e lunedì*

⫻○ **Teresina** 🛋 AC

CUCINA CLASSICA · ACCOGLIENTE X Moderna e semplice trattoria a gestione familiare, dove gustare piatti della tradizione gastronomica italiana ed interessanti proposte ittiche. In un locale collegato - lo "Spazio Teresina", solo a pranzo dal lunedì al venerdì - si può scegliere fra quattro piatti, tutti a euro.

⊜ Menu 25 € (pranzo in settimana) – Carta 33/63 €

Pianta: F2-z – *via Oberdan 4* ✉ 40126 – ☏ 051 228985 (consigliata la prenotazione) – www.ristoranteteresinabologna.it – *Chiuso 15-23 agosto e domenica*

⫻○ **Trattoria Monte Donato** 🛋 🍽 ⇔

CUCINA REGIONALE · TRATTORIA X E' soprattutto con la bella stagione che si possono apprezzare i colori e i profumi di questa trattoria tra i colli; in inverno, la terrazza si chiude, ma il bel panorama rimane sempre a portata di occhi. La cucina - abbondante e tipica - conquista ogni palato.

Menu 30 € – Carta 30/52 €

Pianta: B2-a – *via Siepelunga 118, località Monte Donato, Sud: 4 km* ✉ 40141
– ☏ 051 472901 – www.trattoriamontedonato.it – *Chiuso lunedì, anche domenica in luglio-agosto*

⫻○ **All'Osteria Bottega** 🛋 AC 🍽

CUCINA EMILIANA · FAMILIARE X Roccaforte della cucina bolognese, in una sala tanto semplice (seppur curata) quanto autenticamente calda e conviviale grazie alla cortese accoglienza familiare, arrivano i migliori salumi emiliani, le paste fresche e le carni della tradizione.

Carta 34/56 €

Pianta: D2-b – *via Santa Caterina 51b/55* ✉ 40123 – ☏ 339 110 0555 (consigliata la prenotazione) – *Chiuso agosto, domenica e lunedì*

ⅈ○ Scaccomatto   AC ⅀

CUCINA MODERNA · DI QUARTIERE ⅄ Classica posizione cittadina con l'ingresso
sotto ai portici della zona a traffico limitato - all'interno di un locale semplice,
dai tavoli ravvicinati - piatti moderni di gusto decisamente mediterraneo, colorati
e saporiti.

Menu 45/50 € – Carta 39/67 €

Pianta: G2-a – via Broccaindosso 63/b ⊠ 40125 – ℰ 051 263404
– www.ristorantescaccomatto.com – Chiuso agosto e lunedì a mezzogiorno

ⅈ○ Antica Trattoria della Gigina   ⅋ AC ⅀ ⇔

CUCINA EMILIANA · CONVIVIALE ⅄ Gigina, la fondatrice, ne sarebbe orgogliosa:
dopo più di mezzo secolo dall'apertura di questa roccaforte della tradizione
gastronomica emiliana, in menu campeggiano ancora i classici del "repertorio".

Carta 30/51 €

Pianta: B1-b – via Stendhal 1 ⊠ 40128 – ℰ 051 322300 – www.trattoriagigina.it
– Chiuso 3 settimane in agosto

ⅈ○ Eataly   AC

CUCINA ITALIANA · BISTRÒ ⅄ All'interno di un grande bookshop - dislocati su
piani diversi - bar, ristorante e osteria: si mangia fra gli scaffali dei libri e delle
selezioni gastronomiche targate Eataly. Un punto di eccellenza culinaria in un'originale location!

Menu 32/36 € – Carta 27/50 €

Pianta: F2-c – via degli Orefici 19 ⊠ 40124 – ℰ 051 095 2820 – www.eataly.it

ⅈ○ Vicolo Colombina   ⌂ AC

CUCINA TRADIZIONALE · DI QUARTIERE ⅄ In pienissimo centro storico fra i vico-
letti adiacenti il mercato e piazza Maggiore, piatti tendenzialmente tradizionali
leggermente rielaborati in chiave contemporanea; due salette piuttosto moderne
negli arredi e discreta lista dei vini. Un buon riferimento per chi visita la città!

Carta 37/59 €

Pianta: F2-f – vicolo Colombina 5/b ⊠ 40124 – ℰ 051 233919 (consigliata la
prenotazione) – www.vicolocolombina.it – Chiuso 1 settimana a gennaio e martedì

Alberghi

🏨 Grand Hotel Majestic già Baglioni   ⌃ ⅍ ⅃⅄ ⊡ AC ⅍

DIMORA STORICA · GRAN LUSSO Dal '600 ad oggi, dal barocco al liberty, è una
galleria di lusso e sfarzo questo storico albergo simbolo dell'ospitalità di lusso in
città: ambienti sontuosi, camere raffinate, splendide suite ed i resti di una strada
romana. Cucina italiana ed emiliana, curiosi cocktail e piatti futuristi, nell'elegante
bistrot Cafè Marinetti.

103 cam ⊊ – ⅊250/550 € ⅊⅊300/850 € – 6 suites

Pianta: E2-e – via dell'Indipendenza 8 ⊠ 40121 – ℰ 051 225445
– www.grandhotelmajestic.duetorrihotels.com

ⅈ○ I Carracci – Vedere selezione ristoranti

🏨 I Portici   ⌃ ⊡ ⅋ AC ⅍ P

LUSSO · MINIMALISTA All'insegna del design e del minimalismo, del palazzo ottocentesco sono rimasti i soffitti affrescati di buona parte delle camere, il resto è di
una semplicità quasi monacale. Al cibo si dedica molto spazio, al di là del gourmet
serale, al 2° piano si assaggia una cucina della tradizione alla Terrazza Bistrot,
mentre in strada troverete lo street food in veste bolognese alla Bottega Portici.

90 cam – ⅊80/550 € ⅊⅊110/700 € – 3 suites – ⊊ 15 €

Pianta: F1-e – via dell'Indipendenza 69 ⊠ 40121 – ℰ 051 421 8562
– www.iporticihotel.com

❀ I Portici – Vedere selezione ristoranti

🏨 Corona d'Oro ⬆ & AC 🎿

LUSSO · STORICO Viaggio nell'eleganza cittadina: dalle origini medievali, attraverso il Rinascimento, fino alle decorazioni liberty per una struttura riferimento dell'ospitalità cittadina sin dal 1890! La Belle Époque rivive nelle camere, alcune con terrazza.

37 cam ☲ – †118/350 € ††149/420 € – 3 suites

Pianta: F2-q – *via Oberdan 12* ✉ 40126
- 🕿 051 745 7611 – *www.hco.it*

🏨 Commercianti ⬆ AC 🚗

STORICO · ELEGANTE All'ombra della basilica di S. Petronio, un edificio del '200 dedicato all'ospitalità da più di 100 anni è pronto ad accogliervi in ambienti di grande raffinatezza con camini, travi a vista, letti a baldacchino. Sospesi tra storia e squisita ospitalità.

38 cam ☲ – †92/390 € ††127/430 € – 2 suites

Pianta: E2-n – *via dè Pignattari 11* ✉ 40124 – 🕿 051 745 7511
- *www.bolognarthotels.it* – *Chiuso 1 settimana in agosto*

🏨 Novecento ⬆ & AC

TRADIZIONALE · ART DÉCO Nel centro medievale della città, un palazzo dei primi del Novecento è stato convertito in un design hotel in cui confort e ricercatezza si uniscono a forme di sobria eleganza. E per coloro che necessitano di molto spazio, suggeriamo le due suite esterne.

24 cam ☲ – †92/390 € ††127/430 € – 3 suites

Pianta: E2-d – *piazza Galileo 4/3* ✉ 40123 – 🕿 051 745 7311
- *www.bolognarthotels.it* – *Chiuso 2 settimane in agosto*

🏨 Orologio AC

TRADIZIONALE · CENTRALE Di fronte all'orologio della torre comunale, piccolo hotel di tradizione con camere curate nei dettagli e ben rifinite, alcune con vista sul centro città. Attenzione: ascensore a partire dal 1° piano.

24 cam ☲ – †96/400 € ††117/400 € – 8 suites

Pianta: E2-a – *via IV Novembre 10* ✉ 40123 – 🕿 051 745 7411
- *www.bolognarthotels.it*

🏠 Delle Drapperie AC

LOCANDA · PERSONALIZZATO Nel cuore medievale della città, fra le bancarelle e i negozi di gastronomia della tradizione bolognese, camere d'atmosfera tra soffitti decorati e graziosi bagni. La reception si trova al primo piano del palazzo, da qui è poi possibile usufruire di un ascensore.

19 cam ☲ – †65/115 € ††85/180 €

Pianta: F2-r – *via delle Drapperie 5* ✉ 40124 – 🕿 051 223955
- *www.albergodrapperie.com*

a Borgo Panigale Nord-Ovest : 7,5 km A1 ✉ 40132

🍴 Sotto l'Arco 🆕 🍴 🛋 & AC 🅿

CREATIVA · AMBIENTE CLASSICO XX Villa Aretusi è una gradevole villa del Seicento cinta dal proprio giardino, alle porte di Bologna. Al 1° piano (con ascensore) si trova il ristorante gourmet Sotto l'Arco dove un esperto chef propone piatti di cucina italiana, moderna ed interessante; al piano terra, invece, va in scena la tradizione emiliana della Trattoria.

Menu 35 € – Carta 57/90 €

Pianta: A1-c – *via Aretusi 5*
- 🕿 051 619 9848 (consigliata la prenotazione) – *www.villa-aretusi.it* – *solo a cena escluso giovedì e domenica*
- *Chiuso 3 settimane in agosto, 23-31 dicembre, domenica sera e lunedì*

BOLSENA

Viterbo – ✉ 01023 – 3 991 ab. – Alt. 350 m – Carta regionale n° **7**-A1
Carta stradale Michelin 563-O17

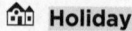 **Holiday** ⇗ ⋞ 🕮 ⛉ ⊡ 🅰 ⅏ **P**

CASA PADRONALE · TRADIZIONALE In riva al lago, in zona leggermente decentrata, una grande villa anni '50 con ampio, curato giardino e piscina. Camere in stile classico, arredate con mobili di pregio. Bella e luminosa sala da pranzo.

23 cam ⌸ – ♥80/160 € ♥♥80/180 €

viale Diaz 38 – ℰ 0761 796900 – www.bolsena.com – Chiuso
8 gennaio-28 febbraio

Michelin

CI PIACE...

L'ovattata atmosfera delle camere del **Colle-Kohlern**. La calorosa atmosfera dell'ora di pranzo nelle sale e nella stube del **Vögele**. Perdersi nel rigoglioso parco del **Park Hotel Laurin**, oasi di tranquillità nel cuore di Bolzano. L'escursione fuori porta al maso **Patscheider Hof** alla ricerca di antichi sapori tirolesi.

BOLZANO BOZEN

(BZ) – ⊠ 39100 – 106 441 ab. – Alt. 262 m – Carta regionale n° **19**-D3
Carta stradale Michelin 562-C16

Ristoranti

⊛ **Vögele** 🛱

CUCINA REGIONALE · ROMANTICO Ⅹ Un'istituzione in città, le cui radici si perdono nel Medioevo. Oggi si può mangiare sotto il passaggio dei portici, nella romantica stube, nell'atmosfera più borghese delle sale al primo piano o in quella moderna al secondo. Ovunque vi sediate, attendetevi una cucina locale e qualche piatto di pesce. Specialità: frittelle di patate con crauti della Val Venosta - filetto di cervo in salsa di mirtilli rossi con polenta - canederli di ricotta.

Carta 26/65 €

Pianta: A1-b – *via Goethe 3 –* 𝒞 *0471 973938 (prenotare) – www.voegele.it
– Chiuso domenica e giorni festivi*

ⅈⵔ◯ **Laurin** 🛏 🛱 🔣 ⅏

CUCINA MODERNA · LUSSO ⅩⅩⅩ Nella sontuosa cornice dell'hotel Laurin, il giovane cuoco delizia i clienti con una cucina che reinterpreta i classici italiani, rivisitandoli con estro: è un'inarrestabile carrellata dai monti al mare.

🕭 Menu 25/85 € – Carta 46/84 €

Pianta: B1-e – *Parkhotel Laurin, via Laurin 4
–* 𝒞 *0471 311000 – www.laurin.it – Chiuso 7 gennaio-5 febbraio, domenica in inverno e domenica a pranzo in estate*

ⅈⵔ◯ **Loewengrube** 🕃 🛱 ⅏

CUCINA MODERNA · ROMANTICO ⅩⅩ Si narra che un tempo qui, nella "fossa dei leoni", venisse gettato chi non pagava il dazio della dogana. Trattoria dal 1500, cantina con tavolo prenotabile del 1200, oggi elegante ristorante con stube ed una delle migliori cucine di Bolzano.

Menu 30/60 € – Carta 34/86 €

Pianta: B1-g – *piazza della Dogana 3 –* 𝒞 *0471 970032 – www.loewengrube.it
– Chiuso domenica e giorni festivi*

⅏○ Zur Kaiserkron   ☆ 🖾

MODERNA · CONTESTO CONTEMPORANEO XX Storico locale del centro, oramai da anni vestito con "abiti" moderni, propone una cucina contemporanea, mai complicata e leziosa, elaborata partendo da ottime materie prime. La velocità del servizio non ne penalizza la professionalità.

Menu 30 € (pranzo in settimana)/68 € – Carta 45/84 €

Pianta: A1-c – *piazza della Mostra 1* – ✆ 0471 980214 – www.zurkaiserkron.com – *Chiuso domenica escluso in dicembre*

⅏○ Forsterbrau Central   ☆ 🖾

CUCINA REGIONALE · AMBIENTE CLASSICO X Storico indirizzo cittadino nato nell'Ottocento come birrificio e successivamente trasformato in ristorante. Ancora oggi tuttavia gli amanti della birra troveranno in carta più di una traccia, insieme ad altre gradevoli proposte gastronomiche.

Carta 38/69 €

Pianta: A1-f – *via Goethe 6* – ✆ 0471 977243 – www.forsterbrau.it – *Chiuso domenica escluso dicembre*

Alberghi

🏨 Parkhotel Laurin   🛏 🎾 ⅃⅃ 🔁 ᶑ 🖾 🐚

LUSSO · STORICO Chi ama i fasti d'inizio Novecento troverà al Laurin tutta l'espressione di un'epoca favolosa, dal sontuoso palazzo che lo ospita ai saloni affrescati, nonché un esclusivo privilegio: un parco con alberi secolari nel cuore della città. Camere più sobrie, bagni in marmo.

100 cam 🖙 – ♦124/307 € ♦♦181/394 € – 7 suites

Pianta: B1-e – – ✆ 0471 311000 – www.laurin.it

⅏○ **Laurin** – Vedere selezione ristoranti

🏨 Greif   ⅃⅃ 🔁 🖾

LUSSO · PERSONALIZZATO Cinquecento anni di storia, da due secoli gestito dalla stessa famiglia, oggi felice connubio di antico e moderno: le camere - per metà circa affacciate su piazza Walther - sono decorate da artisti contemporanei, ma anche impreziosite da mobili d'epoca.

33 cam 🖙 – ♦125/268 € ♦♦185/349 €

Pianta: B1-n – *piazza Walther* – ✆ 0471 318000 – www.greif.it

🏨 Stadt Hotel Città   ☆ 🎾 🔁 ᶑ

TRADIZIONALE · CONTEMPORANEO L'albergo ha festeggiato il secolo di vita ed è tanto amato dai turisti quanto dai bolzanini che ne frequentano l'ottimo caffè. Le camere sono arredate in un piacevole stile contemporaneo e diverse finestre si aprono su piazza Walther.

99 cam 🖙 – ♦90/126 € ♦♦128/192 €

Pianta: B1-a – *piazza Walther 21* – ✆ 0471 975221 – www.hotelcitta.info

🏨 Parkhotel Luna Mondschein   ☆ 🛏 🎾 ⅃⅃ 🔁 ᶑ 🐚 🚗

TRADIZIONALE · CLASSICO Circondato da un bel parco giardino, questo hotel di tradizione offre il vantaggio di essere in zona centralissima, ma con un ampio garage, e piccola area benessere.

79 cam 🖙 – ♦106/152 € ♦♦150/197 €

Pianta: B1-c – *via Piave 15* – ✆ 0471 975642 – www.hotel-luna.it

🏨 Figl   🔁 ᶑ 🖾 ⚠

FAMILIARE · ACCOGLIENTE Ospitalità di tono familiare e per certi versi piacevolmente informale in un piccolo ma grazioso hotel del centro, con soluzioni all'avanguardia. Spazi comuni ridotti.

23 cam 🖙 – ♦91/96 € ♦♦138/148 € – 1 suite

Pianta: B1-p – *piazza del Grano 9* – ✆ 0471 978412 – www.figl.net – *Chiuso 7-27 febbraio e 21 giugno-10 luglio*

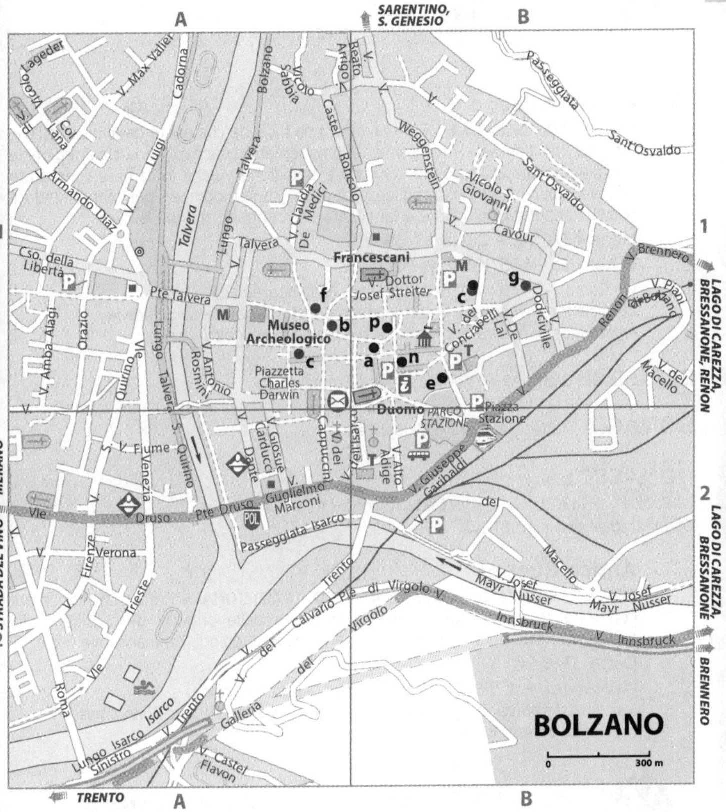

BOLZANO

0   300 m

---

a Colle di Villa Sud : 12 km A2 ⊠ 39100 – Bolzano

⁑○ Colle-Kohlern   ⇦ ⇐ 🏠 🛋 🅿

CUCINA REGIONALE · ACCOGLIENTE ※ Con la pazienza di seguire diversi tornanti, vi si può accedere con la macchina sino a dominare Bolzano dall'alto, ma i più romantici sceglieranno di raggiungerlo con la prima funivia al mondo, costruita nel 1908. Territorio e qualche piatto di pesce in carta, non perdetevi un soggiorno nelle romantiche camere.

Menu 35 € – Carta 31/60 €

16 cam ⊊ – †125/150 € ††200/280 €

– *𝒞 0471 329978 (prenotazione obbligatoria la sera) – www.albergocolle.com*
– *Aperto 16 dicembre-7 gennaio e 20 aprile-5 novembre; chiuso lunedì*

a Signato Nord-Est: 5 km per viale Brennero ⊠ 39054

⁑○ Patscheider Hof   ⇐ 🏠

CUCINA REGIONALE · ROMANTICO ※ In un autentico maso, cucina regionale di incontrastata qualità realizzata partendo da un'ottima materia prima: tra i nostri preferiti, il tris di canederli!

Carta 22/70 €

via Signato 178 – 𝒞 0471 365267 – www.patscheiderhof.com
– *Chiuso 7 gennaio-7 febbraio, luglio, lunedì sera e martedì*

211

BOLZANO VICENTINO

Vicenza – ✉ 36050 – 6 542 ab. – Alt. 45 m – Carta regionale n° **22**-B1
Carta stradale Michelin 562-F16

ⅠⅠⓄ Locanda Grego   ⇔ 🏠 AC 🛁 P

VENEZIANA · SEMPLICE X Tra i tavoli di una locanda che esiste dagli inizi dell'Ottocento, ma con sale recentemente rimodernate, proposte di cucina regionale con piatti preparati secondo stagione e tradizione. Anche le camere sono state rinnovate per offrire un'accoglienza di gusto contemporaneo pur mantenendo il peculiare carattere di calore e familiarità che contraddistingue la casa.

Menu 45/60 € – Carta 23/59 €

14 cam ⚏ – †55/105 € ††80/130 €

via Roma 24 – ℰ 0444 350588 – www.locandagrego.it – Chiuso
26 dicembre-6 gennaio, 3 settimane in agosto, sabato e domenica in
luglio-agosto, le sere di mercoledì e domenica negli altri mesi

BOLZONE Cremona → Vedere Ripalta Cremasca

BONAGIA Trapani → Vedere Valderice

BONASSOLA

La Spezia – ✉ 19011 – 862 ab. – Carta regionale n° **8**-D2
Carta stradale Michelin 561-J10

ⅠⅠⓄ Antica Guetta   ⩽ 🏠 ♿ AC

PESCE E FRUTTI DI MARE · CONTESTO TRADIZIONALE X Affacciato sul mare con terrazze e veranda, simpatico ambiente dalle originali decorazioni; sulla tavola specialità liguri con influenze partenopee e, quindi, l'immancabile pizza.

Carta 33/64 €

via Marconi 1 – ℰ 0187 813797 (consigliata la prenotazione)
– www.ristoranteanticaguetta.com – Aperto 15 marzo-1° novembre, chiuso
mercoledì escluso giugno-settembre

 Budget modesto? Optate per il menu del giorno generalmente a prezzo più contenuto.

BONDENO

Ferrara – ✉ 44012 – 14 655 ab. – Alt. 11 m – Carta regionale n° **5**-C1
Carta stradale Michelin 562-H16

ⅠⅠⓄ Tassi   ⇔ AC 🍽 P

CUCINA REGIONALE · AMBIENTE CLASSICO X Attivo dal 1916, in questo storico locale si cucina - ancora oggi - la "salama da sugo", esattamente come 50 anni fa. Ad essa si sono aggiunte, la pasta (rigorosamente tirata con il mattarello), i celebri bolliti, la lingua di cinghiale affumicata e cotta nel vino rosso, nonché dell'ottima cacciagione. Senza carta, tutto a voce!

Menu 30 € (in settimana)/60 € – Carta 31/57 €

10 cam ⚏ – †65/75 € ††75/80 €

viale Repubblica 23 – ℰ 0532 893030 – www.ristorantetassi.it
– Chiuso 1°-4 gennaio, luglio, domenica sera e lunedì

BONDONE (Monte)

Trento – 670 ab. – Alt. 2 098 m – Carta regionale n° **19**-B3
Carta stradale Michelin 562-D15

a Vason Nord : 2 km ⊠ 38123 – Vaneze – Alt. 1 561 m

🏠 Le Blanc Hotel & Spa ⌂ ≮ 🔲 🕥 🕥 🖸 ♿ 🍽 🚗

TRADIZIONALE · MODERNO Moderno e lineare, con ampie vetrate panoramiche, le sue camere spaziose lo rendono ideale per famiglie con figli al seguito (vicino alla hall c'è un piccolo spazio riservato ai bambini e – in stagione – è presente anche un'animatrice). Massaggi, bagno turco e piscina coperta attendono l'ospite presso il centro benessere.

80 cam ☑ – ♦70/150 € ♦♦90/190 €

località Vason 64 – 𝒞333 876 2964 – www.leblanchotelspa.com – Aperto 1° dicembre-Pasqua e 15 giugno-15 settembre

BONFERRARO

Verona – ⊠ 37060 – Alt. 20 m – Carta regionale n° **23**-A3
Carta stradale Michelin 562-G15

🍴 Sarti 🏵 🛋 🗚 ⇔ 🅿

CUCINA REGIONALE · RUSTICO ✗✗ Ristorante classico, a conduzione familiare ed elegante negli arredi, propone una cucina tradizionale, nonché un'ampia carta di vini e distillati. Tra i nostri piatti preferiti la "contadina": salame, pancetta, pepata, polenta, gras pistà e funghetti all'agro. E per finire in dolcezza, l'immancabile sbrisolona!

🍽 Menu 25 € (in settimana) – Carta 24/55 €

via Don Giovanni Benedini 1 – 𝒞045 732 0233 – www.ristorantesarti.it – Chiuso 9-31 agosto e martedì

BORCA DI CADORE

Belluno (BL) – ⊠ 32040 – 781 ab. – Carta regionale n° **23**-C1
Carta stradale Michelin 562-C18

🏠 Antelao ⌂ 🕥 🍽 🖸 ♿ 🅿

TRADIZIONALE · MINIMALISTA Sulla strada per la mondana Cortina, camere moderne con grande profusione di legno in un hotel che dispone di un centro benessere presso la struttura stessa e di un altro molto grande - in gestione - a circa 800 m (servizio navetta a disposizione degli ospiti). Piatti cadorini, ampezzani e regionali al ristorante: filetti di carne, tra le specialità della casa.

33 cam ☑ – ♦49/249 € ♦♦59/289 €

via Roma 11 – 𝒞0435 482563 – www.hotelantelao.it

BORDIGHERA

Imperia – ⊠ 18012 – 10 469 ab. – Carta regionale n° **8**-A3
Carta stradale Michelin 561-K4

🍴 Le Chaudron 🛋 🗚

PESCE E FRUTTI DI MARE · CONTESTO STORICO ✗✗ E' in un vecchio deposito merci vicino al lungomare che questo ristorante di famiglia ha trovato posto; dell'epoca rimane il suggestivo soffitto in mattoni e a volte sotto cui si mangia, il resto dell'arredo è nelle mani della fantasia. Nei piatti il pescato locale, rinomato per la freschezza.

🍽 Menu 24 € – Carta 41/68 €

via Vittorio Emanuele 7 – 𝒞0184 263592 – www.lechaudron.it
– Chiuso 12-31 gennaio e lunedì

🍴 Romolo Mare 🛋

PESCE E FRUTTI DI MARE · STILE MEDITERRANEO ✗✗ Al termine del lungomare, a pochi metri dalla spiaggia ghiaiosa, l'atmosfera è semplice per quanto suggestiva quando si mangia all'aperto, ma la vera sorpresa è la qualità della cucina: quasi esclusivamente di pesce, di ottimo livello. Attenzione: per l'estate 2018 è previsto il ritorno nella sede storica, adiacente!

Carta 32/102 €

lungomare Argentina 1 – 𝒞0184 261105 – www.romolomare.it

🍴 **Magiargè Vini e Cucina** ⚘ ☂ 🅰️Ⓒ

LIGURE · CONTESTO STORICO ⅹ Caratteristico e vivace, nell'affascinante centro storico, le salette sembrano scavate nella roccia, coperte da un soffitto a volta. Nessuna sorpresa dalla cucina: cappon magro, stoccafisso mantecato "brandacujun", ciuppin alla sanremasca (zuppa di pesce). La Liguria è tutta nel piatto!

🍽️ Menu 19/25 € – Carta 33/53 €

piazza Giacomo Viale, centro storico – ✆ 0184 262946 (consigliata la prenotazione) – www.magiarge.it – solo a cena in luglio-agosto – Chiuso 1 settimana in giugno, 3 settimane in novembre e lunedì

🏠 **Piccolo Lido** ⚐ ⪝ 🔲 ♿ 🅰️Ⓒ

TRADIZIONALE · ACCOGLIENTE Recentemente dotata di una piacevole terrazza-solarium con vista sul mare, offre interni nei quali dominano i colori pastello e camere fresche dall'arredo fantasioso. All'inizio della passeggiata lungomare.

33 cam ⚏ – †77/192 € ††94/202 €

lungomare Argentina 2 – ✆ 0184 261297 – www.hotelpiccololido.it – Chiuso 1° ottobre-22 dicembre

BORGHETTO Verona ➜ Vedere Valeggio sul Mincio

BORGHETTO DI BORBERA

Alessandria (AL) – ✉ 15060 – 1 966 ab. – Alt. 295 m – Carta regionale n° **12**-D3
Carta stradale Michelin 561-H8

🏵️ **Il Fiorile** ⪪ ⚘ 🛋️ ☂ ⌇ 🅿️

CUCINA PIEMONTESE · CASA DI CAMPAGNA ⅹ Quasi come in una cartolina, il calore di un vecchio fienile immerso nel silenzio dei boschi induce a riscoprire i profumi e le ricette del passato. Un esempio? Filetto di maiale in crosta di olive taggiasche - tiramisù alla nocciola tonda gentile.

Menu 35 € – Carta 25/40 €

6 cam ⚏ – †60/65 € ††70/75 €

via XXV Aprile 6, frazione Castel Ratti, Sud-Est: 2 km – ✆ 0143 697303 – www.ilfiorile.com – solo a cena escluso sabato e i giorni festivi – Aperto 1° aprile-31 ottobre; chiuso domenica sera e lunedì

BORGIO VEREZZI

Savona – ✉ 17022 – 2 233 ab. – Carta regionale n° **8**-B2
Carta stradale Michelin 561-J6

🍴 **Doc** 🛋️ ☂ ⟳

CUCINA CLASSICA · ELEGANTE ⅩⅩⅩ All'interno di una signorile villetta d'inizio secolo adornata da un grazioso giardino - a cui si è aggiunto un nuovo spazio adibito ad arte ed eventi - un ristorante dall'ambiente raccolto e curato, in cui godere di una certa eleganza.

Carta 45/70 €

via Vittorio Veneto 1 – ✆ 019 611477 – www.ristorantedoc.it – solo a cena escluso sabato e domenica – Chiuso lunedì, anche martedì in ottobre-maggio

BORGO A MOZZANO

Lucca – ✉ 55023 – 6 994 ab. – Alt. 97 m – Carta regionale n° **18**-B1
Carta stradale Michelin 563-K13

🏠 **Milano** ⚐ 🛋️ 🔲 ♿ 🧖 🅿️

BUSINESS · ECOSOSTENIBILE Sulle rive del Serchio, un hotel ecofriendly che cui attenta conduzione diretta ha fatto sì che fossero apportate - nel corso degli anni - molte migliorie: ampie camere, un po' più moderne quelle recentemente ristrutturate. Stile retrò per il ristorante dalla calda atmosfera.

34 cam ⚏ – †55/75 € ††65/120 €

via del Brennero, 9, località Socciglia, Sud-Est: 1,5 km – ✆ 0583 889191 – www.hotelmilano-lucca.it – Chiuso 2-15 gennaio

BORGO FAITI Latina → Vedere Latina

BORGOMANERO
Novara – ✉ 28021 – 21 735 ab. – Alt. 307 m – Carta regionale n° **13**-A3
Carta stradale Michelin 561-E7

🍴○ **Pinocchio**   🕸 🛋 🏡 🅰🅲 ↔ 🅿

CUCINA REGIONALE · CONTESTO TRADIZIONALE XX Circondato da un delizioso giardino, dove viene anche svolto il servizio estivo, un elegante ristorante che continua a proporre una cucina tra passato e presente, tradizioni del territorio piemontese (piatti di carne e pesce di lago) ed interpretazioni più raffinate: una fusione che sorprende per naturalezza ed armonia del risultato.

Menu 55/85 € – Carta 55/100 €

via Matteotti 147 – ☎ 0322 82273 (consigliata la prenotazione)
– www.ristorantepinocchio.it – Chiuso vacanze di Natale, 1°-10 agosto e mercoledì

BORGONATO Brescia → Vedere Corte Franca

BORGONOVO VAL TIDONE
Piacenza – ✉ 29011 – 7 892 ab. – Alt. 114 m – Carta regionale n° **5**-A1
Carta stradale Michelin 561-G10

❀ **La Palta** (Isa Mazzocchi)   🕸 🏡 🅰🅲 🅿

CUCINA CREATIVA · ELEGANTE XXX In una sperduta frazione nella campagna piacentina, per una volta la retorica della finta trattoria cede il passo ad un locale moderno, dove la cucina aspira a preparazioni creative - ben presentate - con qualche richiamo alla tradizione locale: in particolare, i salumi rigorosamente stagionati in casa.
→ Ravioli di riso. Piccione. Tortino al cioccolato.

Menu 40/75 € – Carta 48/81 €

località Bilegno, Sud-Est: 3 km – ☎ 0523 862103 – www.lapalta.it – Chiuso 10 giorni in gennaio, 20 giorni in luglio e lunedì

BORGO PANIGALE Bologna → Vedere Bologna

BORGO PRIOLO
Pavia – ✉ 27040 – 1 474 ab. – Alt. 144 m – Carta regionale n° **9**-B3
Carta stradale Michelin 561-H9

🏠 **Agriturismo Torrazzetta**   🌳 🐾 🛋 ⚒ 🍽 🅰🅲 🐕 🅿

AGRITURISMO · FUNZIONALE Camere semplici e funzionali, alcune soppalcate, in una grande cascina immersa nel verde e dal piacevole côté rustico. Se ad occuparsi della cucina è il figlio dei titolari, per i vini ci si affida esclusivamente alla produzione propria; il sabato sera e la domenica a pranzo, si può approfittare del menu degustazione, che include una panoramica di piatti tipici.

34 cam ☲ – †65/100 € ††90/130 €

frazione Torrazzetta 1, Nord-Ovest: 2 km – ☎ 0383 871041 – www.torrazzetta.it
– Chiuso 15 gennaio-7 febbraio e 31 luglio-11 agosto

BORGORICCO
Padova (PD) – ✉ 35010 – 8 755 ab. – Alt. 18 m – Carta regionale n° **23**-C2
Carta stradale Michelin 562-F17

🍴○ **Storie d'Amore**   🕸 🏡 👫 🅰🅲 ↔ 🅿

CUCINA MODERNA · INTIMO XX Che siate a Padova o nei dintorni, vale la pena venire in quest'ottimo ristorante, uno dei più interessanti in provincia. La sala si presta ad una serata romantica, ma è comunque la cucina a strappare l'attenzione per la qualità dei prodotti, a cui fa eco una bella carta di vini, tra l'altro per la collezione di Champagne.

Menu 35 € (pranzo in settimana)/90 € – Carta 58/128 €

via Desman 418, località San Michele delle Badesse – ☎ 049 933 6523 (prenotazione obbligatoria) – www.storiedamorerestaurant.it – Chiuso 10 giorni in gennaio, 10 giorni in agosto e giovedì

BORGO SAN LORENZO

Firenze – ✉ 50032 – 18 211 ab. – Alt. 193 m – Carta regionale n° **18**-C1
Carta stradale Michelin 563-K16

⌂ Park Hotel Ripaverde   ✿ 🍴 ⌱ 🏠 🛏 ⊡ 🚿 AC 🛁 P

BUSINESS • PERSONALIZZATO La struttura mantiene immutate le sue caratteristiche di comodità ed elevato livello di confort in virtù di una gamma completa di servizi. Bella la zona piscina servita anche da un bar.

54 cam ⌺ – †75/255 € ††95/255 € – 3 suites

viale Giovanni XXIII 36 – ℰ 055 849 6003 – www.ripaverde.it

sulla strada statale 302 Sud-Ovest : 15 km :

⌂ Casa Palmira   ⌇ 🍴 ⌱ 🚿 P ⤢

CASA DI CAMPAGNA • AGRESTE Un fienile ristrutturato di un'antica casa colonica nel quale l'ospitalità ha un sapore antico e intimo. Nella verde campagna del Mugello, ci si sente come a casa di amici, ospitati in camere dal piacevole stile rustico-elegante.

6 cam ⌺ – †45/60 € ††70/90 €

località Feriolo-Polcanto ✉ 50032 – ℰ 055 840 9749 – www.casapalmira.it
– Aperto 10 marzo-10 novembre

BORGOSESIA

Vercelli – ✉ 13011 – 12 922 ab. – Alt. 354 m – Carta regionale n° **12**-C1
Carta stradale Michelin 561-E6

‖○ Casa Galloni 1669   ☸ 🍴 AC ⇄

CUCINA REGIONALE • CONTESTO REGIONALE ✗✗ Nel centro storico, una casa intima e raccolta sin dalla corte interna che si attraversa per salire alle tre sale: cucina della tradizione, abilmente rivisitata, e servizo solo serale alla Stube con salumi, formaggi, qualche piatto classico, nonché vini al bicchiere.

Carta 32/54 €

via Cairoli 42 – ℰ 0163 23254 – Chiuso domenica sera e lunedì

BORGO VAL DI TARO

Parma – ✉ 43043 – 6 999 ab. – Alt. 411 m – Carta regionale n° **5**-A2
Carta stradale Michelin 562-I11

⌂ Agriturismo Cà Bianca   ✿ ⌇ 🍴 ⌱ 🚿 P

CASA DI CAMPAGNA • TRADIZIONALE Ai bordi di un affluente del Taro, un piacevole cascinale interamente ristrutturato: camere con arredi d'epoca e recuperati da vari mercatini. Uno scrigno fiabesco!

7 cam ⌺ – †68/90 € ††68/90 €

località Ostia Parmense 84, Nord-Est: 7 km – ℰ 0525 98213
– www.agriturismocabianca.it – Chiuso 8 gennaio-8 marzo

BORGO VALSUGANA

Trento (TN) – ✉ 38051 – 6 945 ab. – Alt. 380 m – Carta regionale n° **19**-C3
Carta stradale Michelin 562-D16

⌂ Locanda in Borgo   🏠 🚿 AC 🚿 P

LOCANDA • PERSONALIZZATO L'antico palazzo sorto in pieno centro a fine Settecento rinasce come accogliente e raffinata locanda, mentre il passato rivive in parte nei pavimenti, ma anche nei serramenti fantasiosamente "riciclati" in alcune testiere dei letti o per creare una dispensa con i sapori del territorio. A soli 5 km da Arte Sella.

15 cam ⌺ – †45/60 € ††45/60 €

corso Ausugum 90 – ℰ 0461 757103 – www.locandainborgo.it

BORGO VERCELLI

Vercelli – ✉ 13012 – 2 260 ab. – Alt. 126 m – Carta regionale n° **12**-C2
Carta stradale Michelin 561-F7

LETE E SORGESANA.

L'ECCELLENZA
PRENDE FORMA.

Lete e Sorgesana: l'effervescente naturale
più amata dagli italiani e l'oligominerale
leggera e delicata, adesso in edizione
premium sulle tavole dei migliori ristoranti.

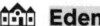 **Osteria Cascina dei Fiori**

CUCINA REGIONALE · RUSTICO XX Linea gastronomica legata al territorio, anche se non mancano alcune proposte innovative, in un ambiente rustico-elegante. Interessante scelta enologica.

Carta 38/81 €

regione Forte - Cascina dei Fiori – 𝒞 0161 32827 – Chiuso 15 giorni in luglio, domenica e lunedì

BORGO VIRGILIO Mantova → Vedere Mantova

BORMIO

Sondrio – ✉ 23032 – 4 121 ab. – Alt. 1 225 m – Carta regionale n° **9**-C1
Carta stradale Michelin 561-C13

 **Eden**

LUSSO · MINIMALISTA Si differenzia dai tipici alberghi alpini sin dall'esterno, quattro torrette in legno collegate, semplici ed essenziali. L'elegante sobrietà continua all'interno nelle ampie camere in larice, alcune con giardino privato.

21 suites ⌂ – †210/600 € – 6 cam

via Funivie 3 ✉ 23032 Bormio – 𝒞 0342 911669 – www.edenbormio.it – Aperto 8 dicembre-fine marzo e inizio giugno-15 settembre

 San Lorenzo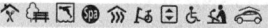

TRADIZIONALE · ACCOGLIENTE In pieno centro, sono i toni signorili e l'originalità dell'arredo, che va dal tradizionale al moderno, a caratterizzare questa struttura recentemente dotata di una nuovissima zona benessere.

39 cam ⌂ – †70/120 € ††110/180 € – 2 suites

via Santo Lorenzo 2 ✉ 23032 Bormio – 𝒞 0342 904604
– www.sanlorenzobormio.it

Miramonti Park Hotel

TRADIZIONALE · STILE MONTANO C'è di tutto nel nuovissimo centro benessere "The Flower": palestra, piscina con idromassaggio e doccia cervicale, biosauna, bagno turco, angolo tisaneria ed altro ancora in un albergo - appena fuori dal centro - con belle camere, di cui cinque mansardate.

50 cam ⌂ – †49/159 € ††69/199 €

via Milano 50 – 𝒞 0342 903312 – www.miramontibormio.it

 Agriturismo Rini

AGRITURISMO · PERSONALIZZATO Per gli amanti della vita rurale, camere in legno chiaro di contemporaneo stile montano ed un'intrigante vista sulla moderna stalla da una delle salette ristorante; cucina tradizionale.

14 cam ⌂ – †80/220 € ††110/250 € – 3 suites

via Rini Cav. Pietro 2 – 𝒞 0342 901224 – www.rini.it – Chiuso 10 giorni in maggio e 10 giorni in ottobre-novembre

BORNO

Brescia – ✉ 25042 – 2 630 ab. – Alt. 912 m – Carta regionale n° **9**-C2
Carta stradale Michelin 561-E12

 Zanaglio

FAMILIARE · TRADIZIONALE Il fascino di una quattrocentesca casa di montagna, con rustiche e personalizzate salette, nonché camere di calda atmosfera.

6 cam ⌂ – †75/95 € ††85/105 €

via Trieste 3 – 𝒞 0364 41520 – www.bedzanaglio.it

BORROMEE (Isole) Verbano-Cusio-Ossola (VB) → Vedere Stresa

BOSA

Oristano – ⊠ 08013 – 7 936 ab. – Alt. 2 m – Carta regionale n° **16**-A2
Carta stradale Michelin 366-L42

a Bosa Marina Sud-Ovest : 2,5 km ⊠ 08013

🏠 Al Gabbiano   ✿ ⟨ 🗐 & AC 🅿

FAMILIARE · LUNGOMARE Piccolo albergo, semplice, ma sempre molto ben tenuto dalla famiglia che lo gestisce sin dalla sua fondazione. All'ultimo piano le camere più recenti tra cui quelle più panoramiche sul mare. Oltre al ristorante, spesso, ci si può accomodare anche in pizzeria.

35 cam ⊆ – ♦60/80 € ♦♦90/115 €

viale Mediterraneo 5 – ℰ 0785 374123 – www.hotelalgabbiano.it

BOSCO Perugia → Vedere Perugia

BOSCO MARENGO

Alessandria – ⊠ 15062 – 2 457 ab. – Alt. 121 m – Carta regionale n° **12**-C2
Carta stradale Michelin 561-H8

🍴 Locanda dell'Olmo   AC ⟲

CUCINA PIEMONTESE · FAMILIARE ❌ Affacciato su una graziosa piazza, all'interno di un edificio storico, qui si racconta la bella storia di una cucina piemontese che, soprattutto d'estate, prende delle sfumature liguri: dagli agnolotti alla cima, il viaggio sembra breve.

🍽 Menu 25/33 € – Carta 29/45 €

piazza Mercato 7 – ℰ 0131 299186 – www.locandadellolmo.it – Chiuso 24 dicembre-6 gennaio, 25 luglio-20 agosto, martedì sera e lunedì

BOSNASCO

Pavia (PV) – ⊠ 27040 – 634 ab. – Alt. 124 m – Carta regionale n° **9**-B3

🍴 Lo   🏠 & AC 🅿

CUCINA CLASSICA · DI TENDENZA ❌❌ Moderno locale gestito direttamente dalla famiglia Losio: padre, madre ed il figlio Tiziano, lo chef. A lui il compito di selezionare le migliori carni, preparare ottime paste, proporre alcune ricette a base di pesce. In menu anche i celebri salumi della zona.

Menu 35/35 € – Carta 36/57 €

via Mandelli 60, località Cardazzo, Est: 1 km – ℰ 0385 272028 – www.ristorantelo.it – Chiuso 9-22 agosto e domenica

BOSSOLASCO

Cuneo – ⊠ 12060 – 679 ab. – Alt. 757 m – Carta regionale n° **14**-C3
Carta stradale Michelin 561-I6

🏠 La Panoramica   ✿ ⟨ 🖨 🗐 & 🚗

FAMILIARE · MODERNO Dalla pianura del cuneese all'arco alpino: è la panoramica offerta di questa risorsa, familiare e funzionale, tappa ideale per rilassarsi dalla frenetica routine quotidiana.

24 cam ⊆ – ♦55/75 € ♦♦65/85 €

via Circonvallazione 1 – ℰ 0173 793401 – www.lapanoramica.com – Aperto 1° marzo-31 ottobre

BOTTICINO

Brescia – ⊠ 25082 – 10 914 ab. – Alt. 153 m – Carta regionale n° **9**-C1
Carta stradale Michelin 561-F12

Trattoria Eva

CUCINA LOMBARDA · FAMILIARE ✕ Un rustico di campagna e una famiglia con un passato nel settore delle carni, ma da sempre interessata alla ristorazione: senza dubbio un bel connubio, reso ancora più piacevole dalla panoramica terrazza estiva! La specialità delle specialità: "Peccati di Eva", un'entrecôte da leccarsi i baffi...

Menu 15 € (pranzo in settimana)/40 € – Carta 29/46 €

via Gazzolo 75, località Botticino Mattina, Nord-Est: 2,5 km – ℰ 030 269 1522 – www.trattoriaeva.net – Chiuso 10 giorni in gennaio, martedì sera (escluso giugno-settembre) e mercoledì

BOVES

Cuneo – ✉ 12012 – 9 835 ab. – Alt. 590 m – Carta regionale n° **12**-B3
Carta stradale Michelin 561-J4

a Fontanelle Ovest : 2 km ✉ 12012 – Boves

Da Politano

CUCINA TRADIZIONALE · ACCOGLIENTE ✕✕ Nella piccola frazione di Fontanelle, a pochi metri dal Santuario Regina Pacis, ottime materie prime danno vita a gustose ricette, fedeli alla tradizione regionale, in un'accogliente sala con parquet e pareti in tufo. Semplici camere per chi vuole prolungare il soggiorno.

Menu 25/40 € – Carta 21/37 €

15 cam ⌂ – ♦60 € ♦♦70 €

via Santuario 125 – ℰ 0171 380383 – www.hotelpolitano.it – Chiuso domenica, lunedì sera e martedì

a Rivoira Sud-Est : 2 km ✉ 12012 – Boves

Agriturismo La Bisalta

AGRITURISMO · ACCOGLIENTE Risorsa ben organizzata, gestita con attenzione e intraprendenza. L'edificio conserva al proprio interno elementi architettonici settecenteschi di indubbio pregio. Cucina con vari piatti a base di lumache, allevate biologicamente dai proprietari, nel ristorante Locanda del Re.

5 cam – ♦55/70 € ♦♦60/80 € – ⌂ 6 €

via Tetti Re 5 – ℰ 0171 388782 – Aperto 15 maggio-15 ottobre

BOZEN BOLZANO

BRA

Cuneo – ✉ 12042 – 29 737 ab. – Alt. 290 m – Carta regionale n° **12**-B3
Carta stradale Michelin 561-H5

Battaglino

CUCINA PIEMONTESE · FAMILIARE ✕ Completo rinnovo del locale nel 2014, ma è dal lontano 1919 che una gestione familiare - vivace e cortese - propone i più tradizionali piatti piemontesi: sicuramente una garanzia per chi ama questo tipo di cucina! Specialità: gnocchi al Raschera (formaggio DOP, ndr) - trippa ai porri di Cervere - panna cotta al caffè con crumble di mandorle.

Carta 29/41 €

piazza Roma 18 – ℰ 0172 412509 (consigliata la prenotazione) – www.ristorantebattaglino.it – Chiuso 3 settimane in gennaio, 3 settimane in agosto, domenica sera e lunedì

Boccondivino

CUCINA PIEMONTESE · CONTESTO TRADIZIONALE ✕ Al primo piano di una casa di ringhiera in pieno centro storico, due salette ed una più grande tappezzata di bottiglie per una cucina fedele alla tradizione langarola: agnolotti al burro e rosmarino, panna cotta, e altro ancora... Servizio estivo nell'incantevole cortile con glicini secolari.

Menu 30/36 € – Carta 28/44 €

via Mendicità Istruita 14 – ℰ 0172 425674 – www.boccondivinoslow.it – Chiuso lunedì in aprile-maggio e settembre-dicembre, anche domenica negli altri mesi

🏠 Cantine Ascheri   ⛲ 🔁 ♿ 🅰 🅿

TRADIZIONALE · ORIGINALE Hotel dal design fortemente personalizzato ed originale, costruito sopra le cantine dell'omonima azienda vinicola. Ottimi livelli di confort
nelle luminose camere.

27 cam ⊆ – ♦93/115 € ♦♦126/150 €

*via Piumati 25 – ☎ 0172 430312 – www.ascherihotel.it – Chiuso 16 dicembre-8 gennaio
e 5-21 agosto*

a Pollenzo Sud-Est : 7 km ⊠ 12060

🏠 Albergo dell'Agenzia   ⛲ 🚲 ♒ 🛋 🔁 ♿ 🅰 🛁 🚗

DIMORA STORICA · TRADIZIONALE All'interno di un'ala di quella che era una tenuta
reale di casa Savoia - datata 1835 - si è ricavato questo delizioso albergo le cui
camere sono arredate con cura e dotate d'ogni confort. Al ristorante, la cucina del
territorio.

44 cam ⊆ – ♦110/320 € ♦♦150/350 € – 3 suites

*via Fossano 21 – ☎ 0172 458600 – www.albergoagenzia.it – Chiuso
22 dicembre-20 gennaio*

BRACCA

Bergamo (BG) – ⊠ 24010 – 717 ab. – Alt. 620 m – Carta regionale n° **10D**-C1

🍴 Dentella   🛖

CUCINA DEL TERRITORIO · FAMILIARE X La garanzia che qui si mangi bene è assicurata dalla famiglia Dentella che viaggia verso i 100 anni di gestione diretta: in
ambienti semplici, ma accoglienti, si propongono salumi nostrani, casoncelli, piatti a
base di carne, in stagione tartufo nero di Bracca e cacciagione, molto spazio è dedicato ai formaggi locali. Insomma, il meglio della cucina bergamasca!

Carta 23/50 €

*via Dentella 25 – ☎ 0345 97105 – www.trattoriadentella.com – Chiuso 15-30 giugno
e lunedì sera escluso agosto*

BRACCIANO

Roma – ⊠ 00062 – 19 384 ab. – Alt. 280 m – Carta regionale n° **7**-B2
Carta stradale Michelin 563-P18

🏠 Villa Clementina   ⛲ 🐾 🚲 ♒ 🛋 🍴 ♿ 🎾 🚗

FAMILIARE · PERSONALIZZATO Bucolica posizione non lontana dal lago, per questa
villa dal fascino vagamente inglese con un curato giardino punteggiato di fiori
piscina, campo da tennis. L'ottima tenuta e la personalizzazione delle ampie camere
- con affreschi dipinti dal titolare stesso - sono altri punti di forza della struttura.

7 cam ⊆ – ♦110/130 € ♦♦130/160 € – 1 suite

*traversa Quarto del Lago 12/14 – ☎ 06 998 6268 – www.hotelvillaclementina.it
– Chiuso 7 gennaio-28 febbraio*

BRANZI

Bergamo – ⊠ 24010 – 713 ab. – Alt. 874 m – Carta regionale n° **9**-B2
Carta stradale Michelin 562-D11

🍴 Branzi   ⇔ 🅿

CUCINA REGIONALE · FAMILIARE X Nel cuore delle alpi Orobie, la cucina di questo
locale a gestione diretta mantiene stretti legami con le tradizioni locali: dalla polenta
taragna agli altri piatti bergamaschi, tra cui casoncelli e cacciagione. Sopra si trovano
le camere dell'hotel Pedretti: gestito sin dai primi del Novecento.

🍴 Menu 23 € (pranzo in settimana) – Carta 26/61 €

20 cam ⊆ – ♦50/70 € ♦♦80/100 €

*via Umberto I, 23 – ☎ 0345 71121 (consigliata la prenotazione)
– www.hotelpedretti.com – Chiuso martedì escluso giugno-settembre*

BRATTO Bergamo → Vedere Castione della Presolana

BRENTA (Gruppo di) Trento

BRENZONE
Verona – ✉ 37010 – 2 398 ab. – Alt. 75 m – Carta regionale n° **23**-A2
Carta stradale Michelin 562-E14

🍴○ **Giuly**   🏠 ⏢

PESCE E FRUTTI DI MARE · AMBIENTE CLASSICO X Nonostante sia proprio in riva alle acque del Garda, la linea gastronomica di questo ristorante si è concentrata sul mare. I crostacei sono "pescati" vivi dall'acquario.

Carta 26/83 €

via XX Settembre 28 – ℰ 045 742 0477 – www.ristorantegiuly.it – solo a cena escluso sabato e i giorni festivi – Chiuso novembre e lunedì

a Castelletto di Brenzone Sud-Ovest : 3 km ✉ 37010

🍴○ **Alla Fassa**   ⇦ ⪡ 🏠 **P**

PESCE E FRUTTI DI MARE · CONTESTO CONTEMPORANEO XX Una romantica sala ed una bella veranda affacciata sulle rive del lago, la cucina si affida alla tradizione locale proponendo specialità ittiche di lago e di mare.

Carta 31/68 €

5 cam ⌗ – †75/85 € ††130/150 €

via Nascimbeni 13 – ℰ 045 743 0319 – www.ristorantellafassa.com – Chiuso 6 gennaio-5 marzo e martedì escluso agosto

BRESCIA
(BS) – ✉ 25121 – 196 480 ab. – Alt. 149 m – Carta regionale n° **9**-C1
Carta stradale Michelin 561-F12

☺ **Trattoria Porteri**   ⏢ ⏥

CUCINA REGIONALE · FAMILIARE X Alle pareti e al soffitto il racconto di una passione che ha coinvolto due generazioni, al vostro tavolo la tradizione bresciana con un occhio di riguardo per polenta e formaggi. Ottimi anche: torchietti di pasta 110% semola con sarde di Monteisola e crema di fave - coniglio tonnato con verdure croccanti e uova di quaglia - nuvola di cocco e cioccolato bianco alle tre salsa (mango, ananas e frutto della passione).

Carta 30/57 €

Pianta: B1-f – *via Trento 52/d ✉ 25128* Ⓜ *Marconi – ℰ 030 380947
– www.trattoriaporteri.com – Chiuso 1 settimana in gennaio, 2 settimane in agosto, domenica sera e lunedì*

🍴○ **Castello Malvezzi**   88 🛋 🏠 **P**

CUCINA CREATIVA · ELEGANTE XxX Cucina raffinata ed ottima cantina in una casa di caccia cinquecentesca; nelle sere d'estate una parte del dehors è utilizzata come bistrot, vino al bicchiere, salumi, fomaggi e piatti più semplici.

Menu 60 € (in settimana)/95 € – Carta 48/175 €

*via Colle San Giuseppe 1 (via Torquato Taramelli), per via S. Rocchino 6 km - EF1
✉ 25133 – ℰ 030 200 4224 (consigliata la prenotazione) – www.castellomalvezzi.com
– Chiuso 2 settimane in gennaio, 2 settimane in agosto, martedì a mezzogiorno e lunedì*

🍴○ **La Sosta**   🏠 ⏢ ⏥ **P**

CUCINA LOMBARDA · CONTESTO STORICO XxX Un locale di gran fascino, conosciuto e apprezzato in città, ubicato in un palazzo seicentesco. Nei mesi estivi si cena all'aperto (pochi posti, meglio prenotare!), il servizio è preciso e accurato.

👄 Menu 25 € (pranzo in settimana) – Carta 45/70 €

Pianta: D3-n – *via San Martino della Battaglia 20 ✉ 25121* Ⓜ *Vittoria – ℰ 030 295603
– www.lasosta.it – Chiuso 30 dicembre-9 gennaio, 7-28 agosto, domenica sera e lunedì*

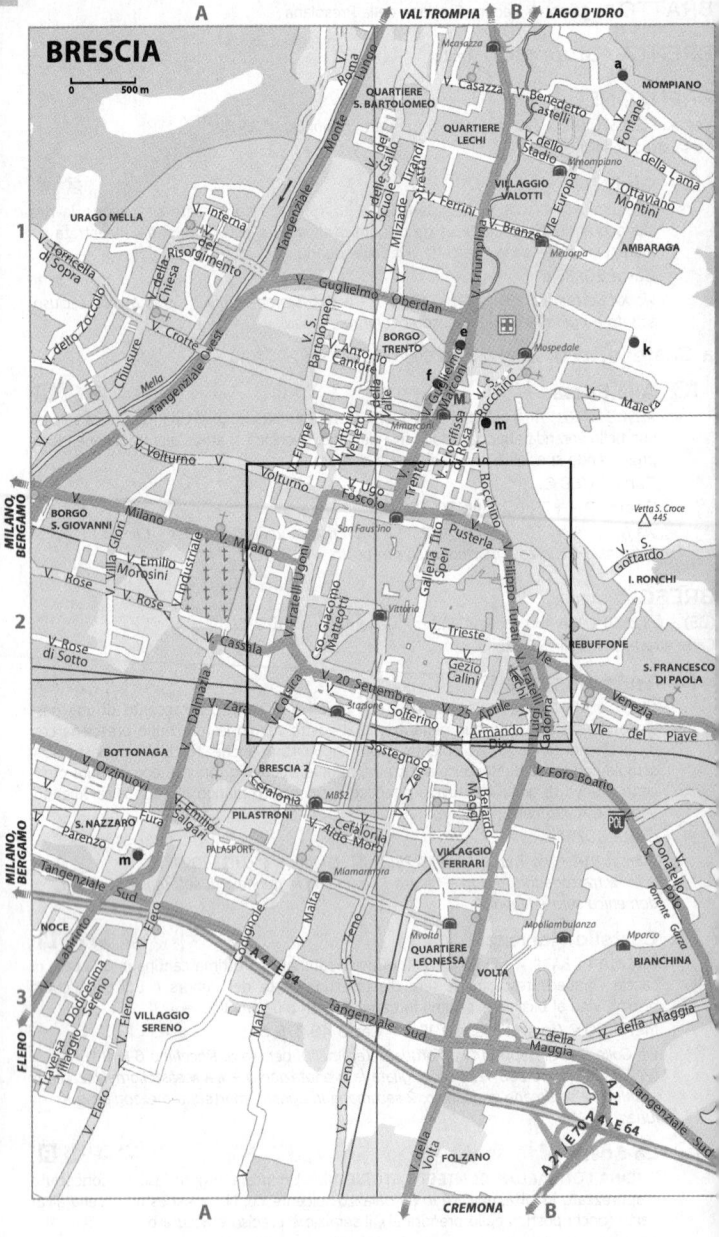

⅋○ Il Labirinto   🕸 🗚 🅿

CUCINA CLASSICA · ELEGANTE 🟡🟡🟡 Ristorante periferico di lunga tradizione e professionalità, le cui redini sono passate al figlio che da sempre cura con professionalità la sala. Cucina di ampio respiro a suo agio tra terra e mare. Imperdibili i salumi di produzione propria.

Carta 45/125 €

Pianta: A3-m – *via Corsica 224* ✉ 25125 – *𝒞 030 354 1607*
– *www.ristoranteillabirinto.it* – *Chiuso domenica*

⅋○ Carne & Spirito   ⇦ 🗚 🗚 🅿

CUCINA MODERNA · DI TENDENZA 🟡🟡 Un po' nascosto, ma vale la pena scovarlo, è l'indirizzo d'elezione per gli amanti della carne in virtù della materia prima di ottima qualità. Piacevole atmosfera da trattoria moderna per lasciarsi sedurre anche nello spirito...

Menu 35 € – Carta 39/76 €

12 cam ⌚ – ♦49/190 € ♦♦55/250 €

via dei Gelsi 2, per via Corsica zona Fiera - C3 ✉ *25125* – *𝒞 030 207 0441 (consigliata la prenotazione)* – *www.carneespirito.it* – *Chiuso 10-24 agosto, sabato a mezzogiorno e domenica*

⅋○ Eden   🕸 🗚 🗚 ⇦

CUCINA CLASSICA · CONTESTO CONTEMPORANEO 🟡🟡 Dotato di un piccolo e grazioso dehors estivo, è un ristorantino di taglio moderno, con qualche tocco di eleganza. Cucina di stagione, ricca cantina.

Menu 45 € (pranzo in settimana)/55 € – Carta 45/87 €

Pianta: B1-e – *piazzale Corvi* ✉ *25128* ⓜ *Ospedale* – *𝒞 030 303397*
– *www.edenristorante.com* – *Chiuso 2-10 gennaio, 10 agosto-1° settembre, domenica sera e martedì*

⅋○ Trattoria Rigoletto   🗚

PESCE E FRUTTI DI MARE · DI TENDENZA 🟡🟡 Un locale che pur nella propria elegante semplicità, riesce ad esprimere una cucina interessante. La lista è abbastanza estesa, le preparazioni creative.

Carta 42/104 €

Pianta: B1-a – *via Fontane 54/b* ✉ *25133* – *𝒞 030 200 4140* – *Chiuso agosto e lunedì*

⅋○ Trattoria La Campagnola   🗚 🅿

CUCINA REGIONALE · FAMILIARE 🟡 Il capolavoro di due generazioni, nutrire di sapore e genuinità una tradizione mai perduta nell'incanto di un vecchio cascinale avvolto dal verde che racconta l'arte dell'ospitare.

🍂 Menu 15 € (pranzo in settimana)/45 € – Carta 27/45 €

Pianta: B1-k – *via Val Daone 25* ✉ *25123* – *𝒞 030 300678*
– *www.trattorialacampagnolabrescia.it* – *Chiuso 1°-7 gennaio, 14-21 agosto, martedì e le sere di domenica e lunedì*

⅋○ Lanzani Bottega & Bistrot   ♿ 🗚 ⌀

CUCINA MODERNA · BISTRÒ 🟡 In origine era la macelleria di famiglia, ora un moderno locale (aperto dalle 7 alle 23) che è anche gastronomia da asporto ed enoteca con grandi vini. Alle ore canoniche è un vero e proprio ristorante, più ridotta e meno golosa la proposta del pranzo. Posizione defilata e periferica.

Carta 39/62 € – carta semplice a pranzo

via Albertano da Brescia 41, per via Milano - A2 ✉ *25121* – *𝒞 030 313471*
– *www.lanzanibistrot.it* – *Chiuso domenica*

🏨 Vittoria   🍴 🛁 🔲 🗚 🛋

STORICO · TRADIZIONALE Situato nel centro di Brescia, accanto al Duomo Nuovo, storico albergo degli anni '30, di un'eleganza tradizionale che non tramonta mai. Al ristorante la cucina valorizza le tradizioni lombarde.

65 cam ⌚ – ♦69/700 € ♦♦88/1500 € – 3 suites

Pianta: D2-a – *via delle X Giornate 20* ✉ *25121* ⓜ *Vittoria* – *𝒞 030 768 7200*
– *www.hotelvittoria.com*

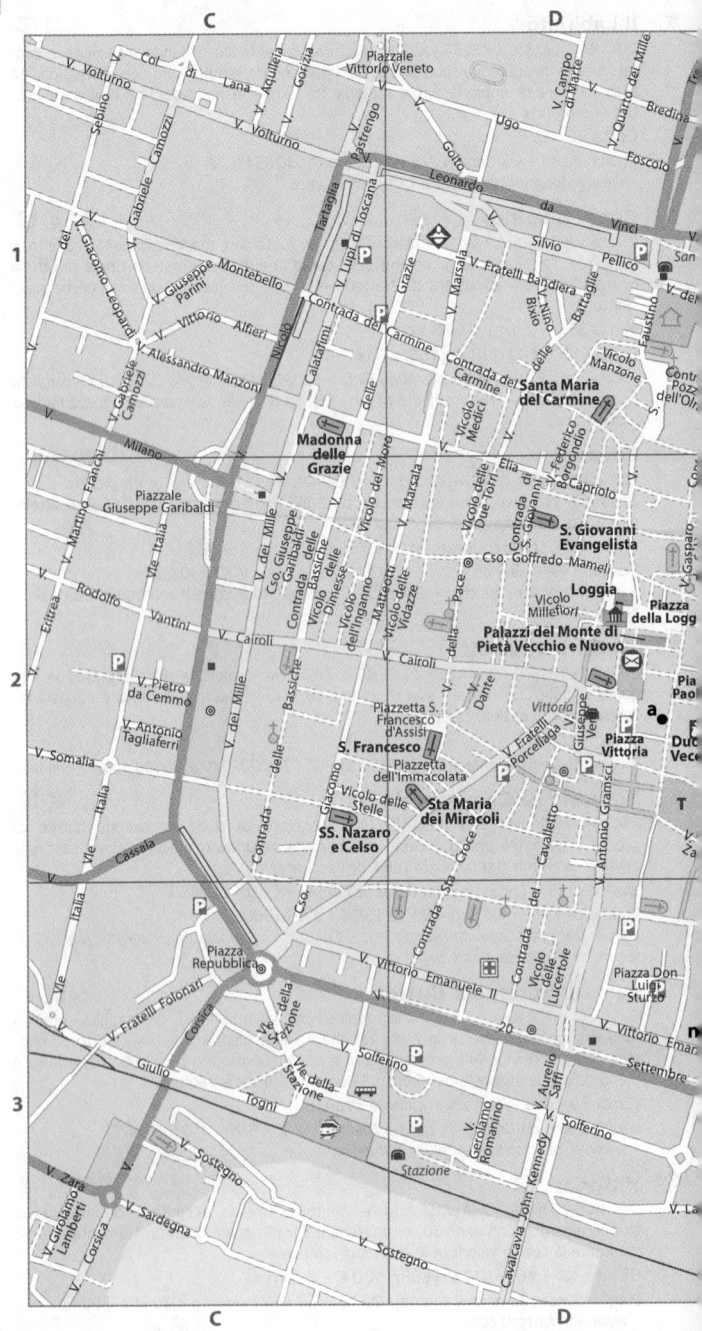

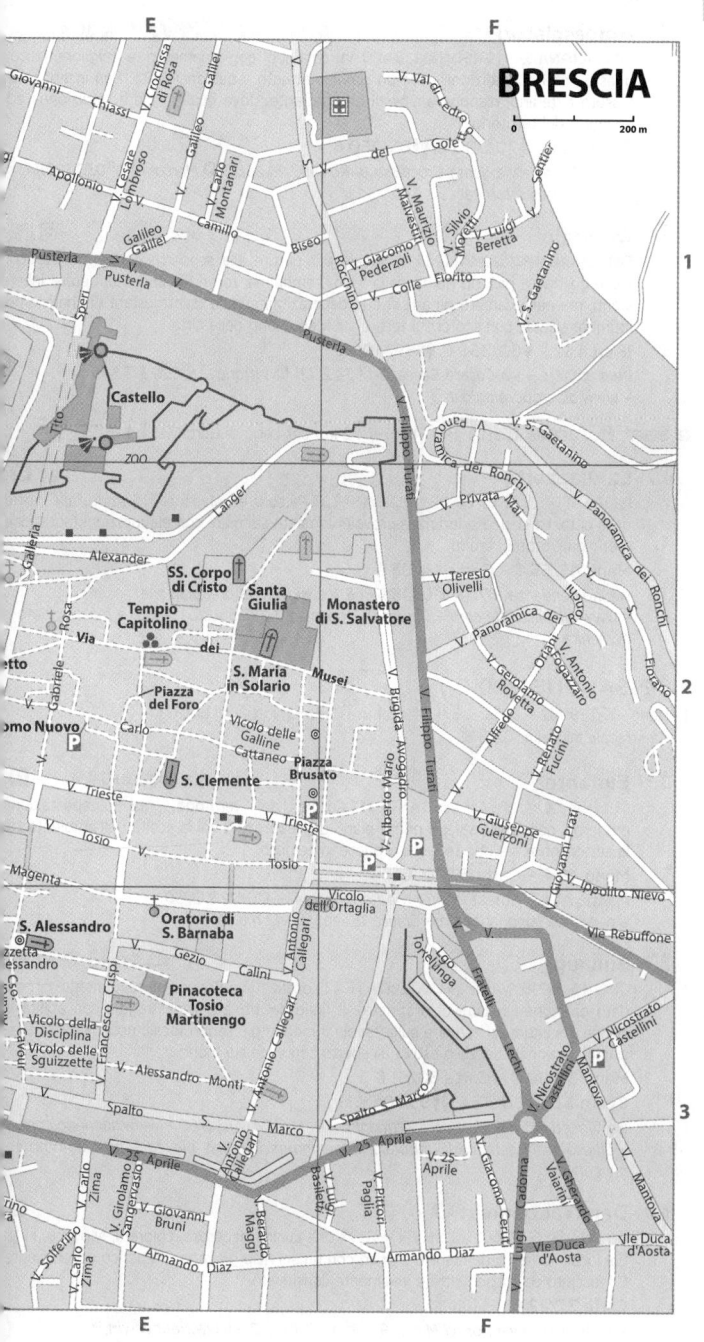

⌂ Ambasciatori   ☆ ♨ ⊟ ♿ 🅰🅲 🛁 🚗

TRADIZIONALE · PERSONALIZZATO In continuo aggiornamento e miglioramento, questo hotel di tradizione offre un servizio attento e personalizzato. Ben inserito nel tessuto cittadino, dispone anche di un ristorante, dove gustare piatti tradizionali ed etichette del territorio.

66 cam ⌂ – †70/200 € ††85/260 €

Pianta: B2-m – *via Santa Crocifissa di Rosa 92* ⊠ *25128* Ⓜ *Marconi* – 𝒞 *030 399114*
– *www.ambasciatori.net*

⌂ Orologio   ⊟ 🅰🅲

FAMILIARE · PERSONALIZZATO Ideale per partire alla scoperta del centro storico, l'albergo trae il proprio nome dalla vicina, omonima, torre. Spazi comuni quasi inesistenti, ma nelle camere gli arredi e le decorazioni creano un'atmosfera di charme ed intimità: alcune, con scorci sui tetti e sui monumenti della città.

18 cam ⌂ – †60/350 € ††69/400 €

Pianta: D2-c – *via Cesare Beccaria 17* ⊠ *25121* Ⓜ *Vittoria* – 𝒞 *030 375 5411*
– *www.albergoorologio.it*

a Sant'Eufemia della Fonte Est : 2 km per Lago di Garda B2 ⊠ 25135

⫶○ La Piazzetta   🅰🅲 🅿

PESCE E FRUTTI DI MARE · ELEGANTE ✕✕ Piccolo ed elegante ristorante alle porte della città. La cucina si indirizza prevalentemente sul mare con elaborazioni fantasiose e originali: ottimi i crudi!

Menu 45/55 € – Carta 44/83 €

via Indipendenza 87/c – 𝒞 *030 362668 (consigliata la prenotazione)*
– *www.allapiazzetta.com* – *Chiuso 1°-7 gennaio, 12-26 agosto, sabato a mezzogiorno e domenica*

BRESSANONE BRIXEN

Bolzano – ⊠ 39042 – 21 535 ab. – Alt. 559 m – Carta regionale n° **19**-C1
Carta stradale Michelin 562-B16

⫶○ Elefante   ⅋ 🛏 🏠 ♿ ⇄ 🅿

CUCINA CLASSICA · ELEGANTE ✕✕✕ Cucina del territorio, ma d'impostazione moderna, nelle belle sale al primo piano dell'albergo. A voi la scelta dell'ambiente tra la settecentesca stube tedesca o quella in cembro.

Menu 49 € – Carta 57/101 €

Pianta: A1-a – *Hotel Elefante, via rio Bianco 4* – 𝒞 *0472 832750*
– *www.hotelelephant.com* – *Chiuso 18 febbraio-12 marzo*

⫶○ Sunnegg   ⇄ ⅍ ⇇ 🏠 🅰🅲 🅿

CUCINA REGIONALE · ACCOGLIENTE ✕✕ Locale fuori Brixen, piacevolmente circondato da vigneti (alcuni di proprietà): il figlio del titolare si destreggia con abilità in cucina, facendo poi arrivare sulla tavola il meglio dei sapori locali, nonché tante specialità stagionali. Servizio estivo all'aperto con vista sui monti.

Menu 35/60 € – Carta 30/61 €

8 cam ⌂ – †60/75 € ††95/105 €

via Vigneti 67, per via Beato Artmanno – *B1* – 𝒞 *0472 834760* – *www.sunnegg.com*
– *Chiuso inizio gennaio-10 febbraio, 15 giugno-inizio luglio, giovedì a mezzogiorno e mercoledì*

⫶○ Der Traubenwirt Ⓝ   🏠

CUCINA REGIONALE · CONVIVIALE ✕✕ Una cucina generosa, colorata, saporita, in un bel locale classico del centro storico con un servizio giovane, simpatico ed efficiente. Conosciuto da tutti in città e vivamente consigliato.

Carta 37/72 €

Pianta: A1-b – *via Portici Minori 9* – 𝒞 *0472 836552* – *www.traubenwirt.it*

⫶○ Oste Scuro-Finsterwirt   ⑂ 🍴 ♿

CUCINA REGIONALE • STUBE XX Il ristorante è situato nel centro storico e si
contraddistingue per le sue confortevoli stube, la moderna terrazza nel cortile interno e un servizio cordiale, mentre lo chef delizia i suoi ospiti con
specialità regionali, talvolta rivisitate con gusto moderno, nonché qualche
piatto di pesce.

Menu 40/83 € – Carta 48/73 €

Pianta: B1-m – *Hotel Goldener Adler, vicolo del Duomo 3* – 𝒞 *0472 835343*
*– www.finsterwirt.com – Chiuso 2 settimana in gennaio, 2 settimane in giugno,
domenica sera, lunedì*

⫶○ Vitis Ⓝ   ⑂ 🍴

CUCINA DEL TERRITORIO • WINE-BAR X Nuova e moderna enoteca con cucina a
fianco del glorioso ristorante familiare. Proposte più semplici da gustare attorniati da
bottiglie e cassette di vini anche importanti.

Menu 38/48 € – Carta 46/69 €

Pianta: B1-p – *Hotel Goldener Adler, vicolo del Duomo 3* – 𝒞 *0472 200621*
– www.vitis.bz – Chiuso domenica e lunedì

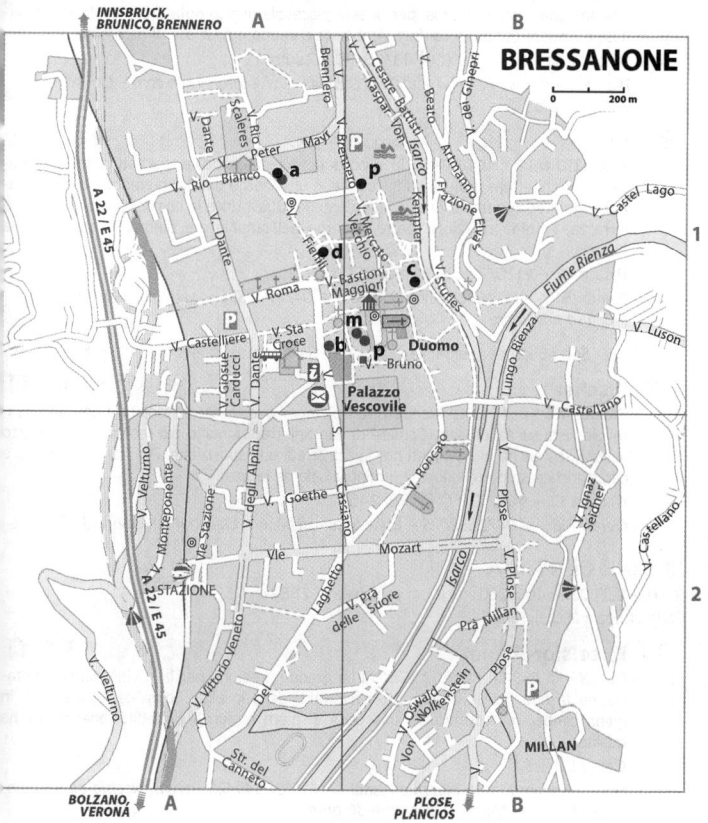

Elefante

LUSSO · CLASSICO Dall'India alle Alpi, l'arrivo dell'elefante a Bressanone nel XVI secolo è documentato dai libri di storia, ma ancor meglio dall'affresco sulla facciata di questa casa, dove il pachiderma sostò prima di ripartire per Vienna. Animale simbolo di persistenza tanto quanto lo è la proprietà dell'hotel - la stessa famiglia dal 1773! - è la storia con la sua grandezza ritratta nei quadri e l'unicità dei mobili a conferire fascino agli interni. Impossibile non lasciarsi trasportare indietro nel tempo dalle calde suggestioni di sale, salette e stube, interamente rivestite in legno.

44 cam ヱ - ♦99/130 € ♦♦170/290 €

Pianta: A1-a – *via rio Bianco 4 – € 0472 832750 – www.hotelelephant.com*

♦⃝ Elefante – Vedere selezione ristoranti

Goldener Adler

LUSSO · CLASSICO Caratteristico edificio del '500, da secoli vocato all'ospitalità, offre ai propri clienti la possibilità di un soggiorno sobriamente elegante (mobili antichi nell'unica junior suite della struttura). Al piano d'ingresso trova posto Adlerart, galleria d'arte aperta a tutti.

29 cam ヱ - ♦97/115 € ♦♦140/234 € – 2 suites

Pianta: B1-c – *via Ponte Aquila 9 – € 0472 200621 – www.goldener-adler.com*

♦⃝ Oste Scuro-Finsterwirt • ♦⃝ Vitis – Vedere selezione ristoranti

Goldene Krone

TRADIZIONALE · CLASSICO Praticamente un'istituzione in città: una passato secolare, ma una veste moderna, per questa piacevole risorsa dotata di piccola area wellness e camere dal buon confort. Ambiente comodo e spazioso al ristorante.

53 cam ヱ - ♦84/149 € ♦♦118/254 € – 2 suites

Pianta: A1-d – *via Fienili 4 – € 0472 835154 – www.coronadoro.com – Chiuso 7-28 gennaio*

Pupp

TRADIZIONALE · MODERNO Un cubo di neve crea un'ideale spaccatura con la tradizionale architettura tirolese ed introduce in un albergo dal design moderno ed essenziale che predilige una clientela maggiorenne. Quasi tutte le camere hanno balcone o terrazza, l'ottima colazione porta la firma dell'omonima e dirimpettaia pasticceria Pupp.

11 cam ヱ - ♦120/200 € ♦♦188/360 €

Pianta: B1-p – *via Mercato Vecchio 38 – € 0472 268355 – www.small-luxury.it – Chiuso novembre*

a Cleran Sud : 5 km per via Plose ⊠ 39042 – Sant'Andrea In Monte – Alt. 856 m

Fischer

FAMILIARE · CLASSICO Architettura tipica per questa risorsa isolata e con un'incantevole vista sul fondovalle. Camere di due tipi: tradizionali o più recenti (qui il prezzo lievita), ma anche più eleganti per spazi, arredi ed esposizione. Per i pasti la rustica e caratteristica stube o l'ariosa e luminosa sala da pranzo.

41 cam ヱ - ♦68/100 € ♦♦128/245 €

Cleran 196 – € 0472 852075 – www.hotel-fischer.it – Chiuso 4 novembre-6 dicembre

BREUIL-CERVINIA

Aosta – ⊠ 11021 – Alt. 2 050 m – Carta regionale n° **21**-B2
Carta stradale Michelin 561-E4

♦⃝ Excelsior-Planet

CUCINA CLASSICA · ELEGANTE XxX La grande passione per la cucina del proprietario, ne fa uno fra i più apprezzati ristoranti della località: complice la posizione in pieno centro, ma soprattutto una serie di piatti regionali e mediterranei di ottima qualità.

Carta 50/93 €

Hotel Excelsior-Planet, piazzale Planet 1 – € 0166 949426 – www.excelsiorplanet.com – solo a cena – Aperto 1° dicembre-30 aprile

⫶○ Wood

CUCINA CREATIVA · DI TENDENZA ✕✕ Qualche coperto in meno per privilegiare tavoli più spaziosi, ma sempre una grande profusione di legno a caratterizzare questo moderno bistrot all'inizio del paese; tanta creatività nei piatti ed - ora - anche un menu degustazione.

Menu 50/75 € – Carta 53/82 €

Via Guido Rey 26 – ℰ 0166 948161 (consigliata la prenotazione) – solo a cena escluso sabato e domenica da Natale a Pasqua – Aperto 15 novembre-30 aprile e 25 luglio-30 agosto

⭐ Hermitage

GRAN LUSSO · ELEGANTE Grande chalet di montagna, in cui risulta dolce e naturale sentirsi coccolati e conquistati: eleganza e tradizione, per un'ospitalità esclusiva. Sosta rigenerante presso l'ottimo centro benessere, dove offrirsi un itinerario completo di trattamenti effettuati con prodotti di una prestigiosa casa cosmetica svizzera. Al ristorante fa bella mostra di sé una grande griglia per succulenti piatti alla brace. La strepitosa vista sulle montagne aggiunge ulteriore piacevolezza alla tappa gastronomica.

29 cam ⌂ – †180/500 € ††200/800 € – 9 suites

via Piolet 1 – ℰ 0166 948998 – www.hotelhermitage.com – Aperto 1° dicembre-29 aprile e 13 luglio-1° settembre

⭐ Bucaneve

LUSSO · PERSONALIZZATO Già a cominciare dal nome, omaggio ad un fiore alpino, Bucaneve è un inno alla montagna: camere di moderno confort, personalizzate con materiali locali. A voi, scegliere tra quelle che beneficiano di una superba vista sul Cervino o quelle che godono di una maggiore esposizione solare. Al ristorante, legni e tessuti in perfetta armonia fanno da sfondo a proposte che si legano al territorio, ma con un pizzico di fantasia.

 20 cam – solo ½ P 115/235 €

piazza Jumeaux 10 – ℰ 0166 949119 – www.bucanevehotel.it – Aperto 30 giugno-3 settembre e 28 ottobre-1° maggio

⭐ Saint Hubertus

SPA E WELLNESS · PERSONALIZZATO Lusso alpino in questo delizioso resort con veri e propri appartamenti (tutti forniti di cucina), impreziositi da legni pregiati e marmi scavati "convertiti" in lavabo. Ovunque si posi lo sguardo, s'incontrerà la bellezza: anche nella strepitosa spa con vista sul monte Cervino. Servizio serale di piatti à la carte o nell'intimo ristorante gourmet.

18 suites – ††210/640 € – ⌂ 20 €

via Piolet 5/a – ℰ 0166 545916 – www.sainthubertusresort.it – Chiuso 6 maggio-15 giugno e 15 settembre-26 ottobre

⭐ Excelsior-Planet

TRADIZIONALE · CLASSICO A pochi metri dagli impianti di risalita, un'ospitalità attenta e vicina alle esigenze di una clientela moderna: camere molto confortevoli ed una completa area benessere. Nota di merito: la struttura continua a rinnovarsi anno dopo anno!

40 cam – †85/320 € ††125/420 € – 16 suites – ⌂ 15 €

piazzale Planet 1 – ℰ 0166 949426 – www.excelsiorplanet.com – Aperto 1° dicembre-30 aprile

⫶○ **Excelsior-Planet** – Vedere selezione ristoranti

⭐ Sertorelli Sporthotel

TRADIZIONALE · ACCOGLIENTE Posizione centrale e panoramica per un hotel in cui confort moderni e professionalità possono regalare soggiorni ideali a turisti esigenti; le famiglie con figli al seguito saranno invece più interessate alle ampie dimensioni delle camere, nonché alle tante soluzioni offerte.

70 cam ⌂ – †80/250 € ††160/400 €

piazza Guido Rey 28 – ℰ 0166 949797 – www.hotelsertorelli.it – Aperto 6 luglio-2 settembre e 17 novembre-1° maggio

⌂ Mignon ⚒ 🗔 🚭

FAMILIARE · PERSONALIZZATO Come suggerisce il nome, in questo caratteristico chalet di montagna - a 100 m dagli impianti di risalita e dal Golf Club del Cervino - tutto è molto raccolto ed elegante. Raffinatezza che si ritrova anche al ristorante, dove gustare alcune specialità regionali.

20 cam ☲ – ♦65/135 € ♦♦130/260 €

via Carrel 50 – ☎ 0166 949344 – www.mignoncervinia.com – Aperto 30 giugno-9 settembre e 30 ottobre-6 maggio

⌂ Mollino Rooms 🚭

LOCANDA · FUNZIONALE Stanze moderne e ben accessoriate per questo affitta-camere all'interno della "Casa del Sole" dell'architetto C. Mollino: edificio risalente all'immediato dopoguerra, ma ancor oggi oggetto di studio da parte di giovani architetti. Nel centro di Cervinia, una valida alternativa alla classica sistemazione alberghiera.

6 cam ☲ – ♦75/110 € ♦♦130/180 €

strada Funivie 9 – ☎ 0166 949351 – www.mollino.it – Aperto 2 novembre-10 maggio

sulla strada regionale 46

⅋○ La Luge ⓝ ⇦ 🐾 🛖 🏠 🅿

CUCINA VALDOSTANA · STILE MONTANO ✗ A pochi chilometri dal centro di Cervinia, in una conca assolata, panoramica e tranquilla, i loro vicini sono le marmotte mentre i loro clienti turisti di passaggio, ma anche breuilliençois che non si scoraggiano di dover percorrere un po' di strada pur di accomodarsi ai tavoli di questo piacevole ristorante dallo stile rustico. Proposta gastronomica particolarmente articolata in grado di soddisfare tutti i palati: zuppe, taglieri, ricette tipiche valdostane ed – ebbene sì – anche qualche piatto di pesce. Vale la segnalazione anche per le sue belle camere.

Carta 25/60 €

5 cam ☲ – ♦50/60 € ♦♦80/200 €

a Perreres, località Varvoyes, Sud-Ovest: 4 km – ☎ 0166 948758 (consigliata la prenotazione) – www.luge.it – solo a cena escluso venerdì, sabato, i giorni festivi e da luglio a settembre – Chiuso maggio o giugno e ottobre

⌂ Les Neiges d'Antan ⚒ 🐾 ⇐ 🛖 🧖 🅿

STORICO · STILE MONTANO Per raggiungere gli impianti di risalita, un comodo servizio navetta vi permetterà di lasciare la macchina proprio là, ben posteggiata nel parcheggio di questa signorile struttura: ex baita in posizione defilata e tranquilla, dove perdura inalterata un'atmosfera antica, ricca di armoniosi silenzi.

18 cam ☲ – ♦120/470 € ♦♦180/520 € – 6 suites

Cret de Perreres 10, Sud-Ovest: 4,5 km ✉ 11021 – ☎ 0166 948775 – www.lesneigesdantan.it – Aperto 1° luglio-15 settembre e 30 ottobre-7 maggio

⌂ Lac Bleu ⚒ ⇐ 🛖 🧖 🗔 🔌 🚗

FAMILIARE · ACCOGLIENTE Albergo a gestione familiare in cui semplicità e cortesia costituiscono un binomio molto apprezzato, anche grazie alla bellezza data dal panorama sul maestoso Cervino; gradevole area benessere e per gli amanti della stecca una bella sala biliardo.

17 cam ☲ – ♦140/220 € ♦♦140/220 € – 3 suites

località Campeggio 1, Sud-Ovest: 1 km ✉ 11021 – ☎ 0166 949103 – www.hotel-lacbleu.com – Aperto 29 novembre-3 maggio

BREZ

Trento (TN) – ✉ 38021 – 741 ab. – Alt. 792 m – Carta regionale n° **19**-B2
Carta stradale Michelin 562-C15

‖○ **Locanda Alpina** ⇔ 占

CUCINA REGIONALE · FAMILIARE XX Locale dalla lunga storia e dalla cucina moderatamente creativa, che comunque non disdegna le tradizioni locali pur "aprendosi" a sapori più moderni. Accoglienti anche le camere per un soggiorno rilassante.

Carta 37/62 €

9 cam ⊊ – ♦45/60 € ♦♦75/95 €

piazza Municipio 23 – ℰ 0463 874396 – www.locandalpina.it – Chiuso 2 settimane in giugno, 2 settimane tra gennaio e febbraio e giovedì escluso in luglio-agosto

BRIAGLIA

Cuneo – ⊠ 12080 – 287 ab. – Alt. 557 m – Carta regionale n° **12**-C3
Carta stradale Michelin 561-I5

‖○ **Marsupino** 🐾 ⇔ 🏠 占 🅰🅲 🅿

CUCINA PIEMONTESE · RUSTICO XX In un paesino di poche case, una trattoria dall'atmosfera insieme rustica ed elegante. Cucina rigorosamente del territorio, attenta alle stagioni, nonché eccellente cantina con grandi vini: Barolo soprattutto, ma non solo. Camere arredate con mobili antichi, abbellite con stucchi ed affreschi.

Menu 40/60 € – Carta 40/66 €

7 cam ⊊ – ♦60 € ♦♦110 € – 2 suites

via Roma Serra 20 – ℰ 0174 563888 (prenotare) – www.trattoriamarsupino.it – Chiuso 7 gennaio-7 febbraio, giovedì a mezzogiorno e mercoledì

BRIENZA

Potenza (PZ) – ⊠ 85050 – 4 078 ab. – Alt. 713 m – Carta regionale n° **2**-B2
Carta stradale Michelin 564-F28

🏠 **La Voce del Fiume** ⇐ 🅰🅲 ⇆

STORICO · PERSONALIZZATO Romantico B&B nel centro storico della località all'ombra del Castello Caracciolo: camere contraddistinte dal nome di una pietra preziosa per soggiorni all'insegna del relax.

7 cam ⊊ – ♦60/100 € ♦♦70/120 €

vico del Carmine 7 – ℰ 333 266 6256 – www.lavocedelfiume.it – Chiuso novembre

BRINDISI

(BR) – ⊠ 72100 – 88 302 ab. – Carta regionale n° **15**-D2
Carta stradale Michelin 564-F35

🐾 **Pantagruele** 占 🅰🅲

PESCE E FRUTTI DI MARE · FAMILIARE XX E' gestito con passione questo locale di tono moderno - fresco e ben tenuto - che propone una cucina casalinga essenzialmente di mare: si va dal pesce di primissima qualità cotto alla griglia o al forno, alla sbriciolata di babà al rum su crema chantilly con fili di caramello e cioccolato. All'ispettore sono piaciuti anche: i maltagliati con funghi cardoncelli, guanciale e formaggio di capra.

Carta 23/84 €

Pianta: B1-b – *salita di Ripalta 1/5 – ℰ 0831 560605 (consigliata la prenotazione) – Chiuso 22 agosto-5 settembre, sabato a mezzogiorno e domenica*

sulla strada provinciale Acquaro 44 Ovest: 17 km A2

🏠 **Masseria Baroni Nuovi** 🌳 🐾 ⇐ 🔟 占 🅰🅲 🅿

CASA DI CAMPAGNA · STORICO Masseria baronale d'inizio Novecento in posizione isolata nella campagna brindisina, è la meta di chi cerca una vacanza di relax. Al ristorante troverete i prodotti dell'orto di casa, oltre al vino e all'olio.

12 cam ⊊ – ♦75/240 € ♦♦110/270 €

per via Provinciale San Vito – A1 – ℰ 0831 555762 – www.masseriabaroninuovi.it – Chiuso 1° dicembre-28 febbraio

BRIONE

Brescia (BS) – ⊠ 25060 – 714 ab. – Alt. 614 m – Carta regionale n° **9**-C2
Carta stradale Michelin 561-F12

⊛ La Madia ⩽ 😤

CUCINA REGIONALE · RUSTICO X Affacciata sulla vallata e sulla Franciacorta, quest'autentica trattoria di campagna privilegia i prodotti del territorio e i presidi gastronomici nazionali: nel menu (ottimo il maiale con le sarde secche del lago d'Iseo!) ogni piatto ha la tracciabilità degli ingredienti utilizzati, nome ed indirizzo del produttore. Grande qualità a prezzi competitivi.
Menu 29/40 € – Carta 21/53 €

via Aquilini 5 – 𝒞 030 894 0937 (consigliata la prenotazione) – www.trattorialamadia.it – solo a cena escluso sabato e domenica – Chiuso 1 settimana in febbraio e 1 settimana in agosto

BRISIGHELLA

Ravenna (RA) – ⊠ 48013 – 7 639 ab. – Alt. 115 m – Carta regionale n° **5**-C2
Carta stradale Michelin 562-J17

�𝄇○ La Casetta 😤 🅰🅒

CUCINA REGIONALE · RUSTICO XX Nel centro della località, ristorante con piccolo spazio all'aperto e ambiente accogliente in stile rustico elegante; nel piatto cucina del territorio e alcune sorprese dal mare.
🍴 Menu 25/35 € – Carta 24/41 €

via G. Ugonia 6 – 𝒞 0546 80250 (prenotare) – www.trattoria-lacasetta.it – Chiuso febbraio

🏠 Modus Vivendi 👻 🔄 🅰🅒

FAMILIARE · PERSONALIZZATO Camere confortevoli, due delle quali con angolo cottura, in una struttura del centro storico. Last, but not least, una piccola zona relax con vasca idromassaggio e sauna.
8 cam ⊠ – †45/60 € ††70/85 €

via Roma 5/d – 𝒞 0546 80250 – www.rermodusvivendi.it – Chiuso febbraio

BRIXEN BRESSANONE

BROGLIANO

Vicenza – ⊠ 36070 – 3 962 ab. – Alt. 172 m – Carta regionale n° **23**-B2
Carta stradale Michelin 562-F16

�𝄇○ Locanda Perinella 🕭 😤 🅰🅒 ⇳ 🅿

CUCINA REGIONALE · ACCOGLIENTE XX Una carta che segue le stagioni e il territorio (a prezzi interessanti!) in questo ristorante dagli ambienti eleganti: nella bella stagione il vasto giardino si presta per il servizio all'aperto.
Carta 26/50 €

Hotel Locanda Perinella, via Bregonza 19 – 𝒞 0445 947688 – www.locandaperinella.it – Chiuso 1°-6 gennaio, agosto, domenica sera e lunedì

🏠 Locanda Perinella ❧ 🕭 🔄 ⅙ 🅰🅒 🔥 🅿

FAMILIARE · ACCOGLIENTE Mobili d'epoca e pregevoli elementi architettonici originali in un antico edificio di campagna ristrutturato con intelligenza.
16 cam ⊠ – †65 € ††90 € – 6 suites

via Bregonza 19 – 𝒞 0445 947688 – www.locandaperinella.it – Chiuso 1°-6 gennaio e agosto

⟨𝄇○ **Locanda Perinella** – Vedere selezione ristoranti

BRUCOLI Sicilia Siracusa → Vedere Augusta

BRUNECK BRUNICO

BRUNICO BRUNECK
Bolzano – ⊠ 39031 – 16 109 ab. – Alt. 838 m – Carta regionale n° **19**-C1
Carta stradale Michelin 562-B17

🍴○ **Oberraut**   ⇦ 🍽 🛏 🏡 🅿

CUCINA REGIONALE · FAMILIARE ✕✕ Ubicato nel verde di un bosco, questa sorta di maso propone al suo interno un servizio ristorante di tutto rispetto con gustosi piatti regionali, rivisitati in chiave moderna. D'estate ci si sposta all'aperto.
Menu 42 € – Carta 35/73 €
7 cam ⌑ – ♦55/65 € ♦♦90/110 €
località Ameto 1, Nord-Est: 4 km – ℰ 0474 559977
– www.oberraut.it – Chiuso 20-30 gennaio, 20-30 giugno e giovedì

🏠 **Rosa d'Oro-Goldene Rose**   🔔 🛗 🕭 🚗

FAMILIARE · CONTEMPORANEO Esempio eccellente di come sia possibile coniugare la modernità dei servizi e delle installazioni, con il calore della tradizione. Camere ottime e la possibilità di check-in notturno (automatico).
21 cam ⌑ – ♦75/115 € ♦♦110/190 €
via Bastioni 36/b – ℰ 0474 537780
– www.hotelgoldenerose.com – Chiuso 3 settimane in giugno e 3 settimane in ottobre

a Riscone Sud-Est : 3 km⊠ 39031 – Alt. 960 m

🏨 **Majestic**   ✿ 🍽 ⇦ 🛗 ♨ 🍷 🕭 🏄 🗓 🛗 🅿

SPA E WELLNESS · STILE MONTANO Non difetta certo di silenzio e tranquillità, quest'esclusiva struttura dotata di un piacevole centro benessere, ma anche vicino alle belle piscine comunali e al golf a 9 buche. Sicuramente, un indirizzo più adatto a coppie in cerca di romanticismo, che a famiglie con bambini piccoli al seguito...
56 cam – solo ½ P 137/340 € – 4 suites
via Im Gelande 20 – ℰ 0474 410993 – www.hotel-majestic.it
– Chiuso 15 aprile-17 maggio e 5 novembre-5 dicembre

BRUSAPORTO
Bergamo – ⊠ 24060 – 5 569 ab. – Alt. 255 m – Carta regionale n° **10**-C1
Carta stradale Michelin 561-E11

❀❀❀ **Da Vittorio** (Enrico e Roberto Cerea)   🐾 🏡 🕭 🕅 🅿

CUCINA MODERNA · ELEGANTE ✕✕✕✕ In una villa sulle prime colline bergamasche, Da Vittorio è la gioiosa immagine della generosità e della laboriosità familiare. Elegante ma non ingessato, sontuoso ma non freddo, i clienti sono accolti con affettuosa e spontanea amicizia. Dalla cucina sopraggiunge una memorabile carrellata di piatti che, per quanto tecnici ed elaborati, puntano soprattutto ad un gusto pieno ed opulento, con un'escalation finale per i dolci. Un'esperienza gastronomica memorabile!
→ Uovo all'uovo. Risotto ai frutti di mare "dalla pentola al piatto". Creolo.
Menu 80 € (pranzo in settimana)/280 € – Carta 97/412 €
Hotel Relais da Vittorio, via Cantalupa 17
– ℰ 035 681024 – www.davittorio.com – Chiuso 2 settimane in agosto e mercoledì a mezzogiorno

⌂ Relais da Vittorio ⌘ ⬿ 🛎 ✕ 🔲 AC 🛁 P

LUSSO · CLASSICO I proprietari la descrivono come *una piccola locanda di charme* immersa nel verde, ma noi aggiungiamo grande nel confort. Belle camere diverse fra loro, contraddistinte dai nomi dei primi dieci nipoti della famiglia Cerea e bagni che seguono la felice linea della personalizzazione con rivestimenti in marmo e cromatismi.

10 cam ☲ – ♦300/350 € ♦♦400/450 €

via Cantalupa 17 – ☎035 681024 – www.davittorio.com – Chiuso 2 settimane in agosto

❀❀❀ **Da Vittorio** – Vedere selezione ristoranti

BRUSCIANO

Napoli – ✉ 80031 – 16 466 ab. – Alt. 27 m – Carta regionale n° **4**-B2
Carta stradale Michelin 564-E25

❀❀ Taverna Estia (Armando e Francesco Sposito) ⬚ 🛎 🍴 AC P

CUCINA CREATIVA · ELEGANTE XxX Preceduto da un originale giardino di erbe aromatiche, la sala è un elegante mix di elementi rustici e moderni, ma è la cucina a far parlare più di tutto di sé: raffinata, elegante, essenziale ma allo stesso complessa, con tanti spunti campani rielaborati però con libertà dal cuoco.

→ Risotto al limone con crudo di gamberi viola, vongole veraci ed olio ai pistacchi di Bronte. Parmigiana di rana pescatrice. Pastiera a modo mio...

Menu 85/140 € – Carta 80/182 €

via Guido De Ruggiero 108 – ☎081 519 9633 (consigliata la prenotazione) – www.tavernaestia.it – Chiuso 2 settimane in gennaio, 3 settimane in agosto, martedì e mercoledì; dal 1° luglio al 30 settembre chiuso lunedì e a mezzogiorno escluso sabato e domenica

BRUSSON

Aosta – ✉ 11022 – 897 ab. – Alt. 1 338 m – Carta regionale n° **21**-B2
Carta stradale Michelin 561-E5

☺ Laghetto 🛎 🍴 ⅙ P

CUCINA REGIONALE · FAMILIARE X Sapori di una solida cucina valdostana e piatti più moderni, ma sempre d'ispirazione regionale, in una bella sala rivestita in legno e dalle cui vetrate si può ammirare l'incantevole paesaggio della natura circostante. Non ripartite senza aver visitato la bella cantina! Prelibatezza delle prelibatezze: ravioli di coniglio, olive e pomodori.

Menu 30 € – Carta 28/62 €

Hotel Laghetto, rue Trois Villages 291 – ☎0125 300179 (consigliata la prenotazione) – www.hotellaghetto.it – Chiuso 3 aprile-15 maggio, ottobre e novembre

⌂ Laghetto ⬿ 🛎 ⅙ ✕ P

FAMILIARE · ACCOGLIENTE Albergo a gestione familiare, in cui trascorrere un soggiorno rilassante e sobrio. Attratti dalle montagne e anche dall'adiacente laghetto per la pesca sportiva.

19 cam ☲ – ♦35/120 € ♦♦45/190 €

rue Trois Villages 291 – ☎0125 300179 – www.hotellaghetto.it – Chiuso ottobre e novembre

☺ **Laghetto** – Vedere selezione ristoranti

BUDRIO

Bologna – ✉ 40054 – 18 412 ab. – Alt. 25 m – Carta regionale n° **5**-C2
Carta stradale Michelin 562-I16

ⅱ○ **Centro Storico**   🏠 & 🗛 🍸

CUCINA EMILIANA · INTIMO 🍸 Non poteva che essere in pieno centro storico, in una viuzza pedonale, un locale con un tale nome. Ambiente semplice e familiare, dove tutti gli sforzi sono indirizzati verso una cucina sfiziosa preparata dal patron: qualche proposta creativa, carne e un po' di pesce.

Carta 41/62 €

via Garibaldi 10 – 𝒞 051 801678 (prenotare)

BULLA PUFELS Bolzano → Vedere Ortisei

BURANO Venezia → Vedere Venezia

BURGSTALL POSTAL

BURGUSIO BURGEIS Bolzano → Vedere Malles Venosta

BURIANO

Grosseto (GR) – ⊠ 58040 – Carta regionale n° **18**-C3
Carta stradale Michelin 563-N14

ⅱ○ **Osteria Il Cantuccio**   🏠 🗛

CUCINA REGIONALE · RUSTICO 🍸 Piccolo è il borgo, così come piccolissima è l'osteria, che propone piatti regionali, paste fatte in casa, curiose zuppe e, soprattutto, degli accattivanti revival di antiche ricette. L'attenzione al km 0 è sicuramente encomiabile.

Menu 38 € – Carta 30/51 €

piazza Indipendenza 31 – 𝒞 0564 948011 (coperti limitati, prenotare)
– www.osteriacantuccioburiano.it – solo a cena escluso domenica
– Chiuso 7 gennaio-10 febbraio, 15 novembre-4 dicembre e lunedì escluso in estate

BURIASCO

Torino (TO) – ⊠ 10060 – 1 410 ab. – Alt. 301 m – Carta regionale n° **12**-B2_3
Carta stradale Michelin 561-H4

ⅱ○ **Tenuta La Cascinetta**   🛬 🏠 & 🗛 🅿

CUCINA CREATIVA · DI TENDENZA 🍸🍸 La tenuta è seicentesca, ma la luminosa veranda è inaspettatamente moderna, come la cucina che si avvale in stagione dei prodotti del proprio orto. Sarà una piacevole sopresa scoprire che c'è anche un bel sushi corner: fiore all'occhiello di un cuoco giapponese!

Menu 40/80 € – Carta 31/64 €

Hotel Tenuta la Cascinetta, regione Rena, Est: 3 km
– 𝒞 0121 368040 – www.tenutalacascinetta.it
– solo a cena – Chiuso lunedì

🏠 **Tenuta La Cascinetta**   🦐 🛬 & 🗛 🅿

FAMILIARE · AGRESTE Anticamente un convento, successivamente una dimora colonica, la Cascinetta è ora una struttura di charme che vi accoglierà all'ingresso con una saletta di raffinata eleganza e graziosi spazi comuni da casa privata. Dello stesso livello naturalmente le camere, personalizzate e confortevoli.

13 cam ⊑ – ♦60/90 € ♦♦100/200 € – 1 suite

regione Rena, Est: 3 km – 𝒞 0121 368040 – www.tenutalacascinetta.it

ⅱ○ **Tenuta La Cascinetta** – Vedere selezione ristoranti

BUSALLA

Genova – ✉ 16012 – 5 563 ab. – Alt. 358 m – Carta regionale n° **8**-C1
Carta stradale Michelin 561-I8

⅋○ **Grit**   🕁 ♿

CUCINA LIGURE · FAMILIARE ✗ L'indirizzo giusto per gli amanti del tartufo e per chi cerca una cucina casalinga a tratti creativa. Sviluppato su tre salette, d'estate alcuni tavolini sono sistemati nella minuscola piazzetta antistante.

Menu 30 € (in settimana) – Carta 25/54 €

piazza Garibaldi 9 – ☎ 010 964 1798 – www.ristorantegrit.com – Chiuso 1°-8 gennaio, 15-30 agosto e lunedì

BUSCA

Cuneo (CN) – ✉ 12022 – 10 181 ab. – Alt. 500 m – Carta regionale n° **12**-B3
Carta stradale Michelin 561-I4

⅋○ **San Quintino Resort**   ⇦ ⊗ 🕁 AC P

CUCINA CREATIVA · ROMANTICO ✗✗✗ Abbandonata la pianura, salite verso le prime colline di San Quintino, dove troverete questa cascina ristrutturata, circondata da un bel giardino, all'interno divisa tra una sala in mattoni e un giardino d'inverno. Partendo da prodotti locali ma non solo, la cucina diventa creativa, includendo proposte di pesce. Incantevoli camere concluderanno un romantico soggiorno.

Menu 45/65 € – Carta 43/82 €

3 cam – ♦90 € ♦♦95 € – ⌑ 10 €

via Vigne 6 – ☎ 0171 933743 (consigliata la prenotazione) – www.sanquintinoresort.com – Chiuso 15 giorni in gennaio, 1 settimana in agosto, martedì a mezzogiorno e lunedì

BUSCATE

Milano – ✉ 20010 – 4 777 ab. – Alt. 178 m – Carta regionale n° **10**-A2
Carta stradale Michelin 561-F8

⅋○ **Scià on Martin**   ♿ AC P

CUCINA CLASSICA · RUSTICO ✗✗ Insalatina di mare e salsa pizzaiola, salmone marinato all'aneto con rucola, avocado e composta di agrumi, trancio di ombrina agli asparagi crudi. Ristorante di solo pesce? Assolutamente no! Il menu di questo elegante locale si divide equamente fra mare e terra: quindi largo anche alle costolette d'agnello al profumo di timo o alla nocetta di vitello ai pistacchi.

Carta 44/69 €

Hotel Scià on Martin, viale 2 Giugno 1 – ☎ 0331 803000 – www.sciaonmartin.it – Chiuso 24 dicembre-1° gennaio, agosto e sabato a mezzogiorno

🏠 **Scià on Martin**   ⅃⊗ 🔄 ♿ AC ᇮ P

FAMILIARE · PERSONALIZZATO Una grande corte interna con un doppio porticato è quanto rimane dell'antica cascina lombarda. Ora, qui, è tutto confort moderno e se prima mancava una zona benessere, adesso c'è anche quella. A disposizione degli ospiti, un comodo servizio navetta per aeroporti e fiera.

41 cam ⌑ – ♦70/200 € ♦♦90/250 € – 3 suites

viale 2 Giugno 1 – ☎ 0331 803000 – www.sciaonmartin.it – Chiuso 24 dicembre-1° gennaio e agosto

⅋○ **Scià on Martin** – Vedere selezione ristoranti

BUSSANA Imperia ➡ Vedere San Remo

BUSSETO

Parma – ✉ 43011 – 7 054 ab. – Alt. 40 m – Carta regionale n° **5**-A1
Carta stradale Michelin 562-H12

🏠 I Due Foscari

TRADIZIONALE · STORICO Per farsi avvolgere da un'autentica atmosfera verdiana, una suggestiva e scenografica dimora di campagna con arredi in stile "moresco-veneziano".

20 cam ☑ – 🛏65/75 € 🛏🛏95/103 €

piazza Carlo Rossi 15 – ☎ 0524 930039 – www.iduefoscari.it – Chiuso gennaio e 3 settimane in agosto

BUSTO ARSIZIO

Varese – ✉ 21052 – 83 106 ab. – Alt. 226 m – Carta regionale n° **10**-A2
Carta stradale Michelin 561-F8

🍴 I 5 Campanili

CUCINA MODERNA · ELEGANTE XX Può vantare una nutrita ed affezionata clientela d'habitué, questo elegante ristorante - con bel giardino per il servizio estivo - ospitato in una villa del '900. La cucina si affida a valide e fantasiose elaborazioni.

Carta 44/81 €

via Maino 18 – ☎ 0331 630493 – www.i5campanili.com – Chiuso lunedì

🍴 Mirò il Ristorante

CUCINA MODERNA · CONTESTO STORICO XX In un ex convento in pieno centro, ambienti piacevoli suddivisi tra una sala romantica e un godibile dehors per una cucina ricercata, fatta di elaborazioni fantasiose e ben riuscite.

🍴 Menu 16 € (pranzo in settimana) – Carta 49/69 €

via Roma 5 – ☎ 0331 623310 – www.ristorantemiro.it – Chiuso 1 settimana in agosto, 1 settimana in dicembre, sabato a mezzogiorno e lunedì

BUTTRIO

Udine – ✉ 33042 – 4 074 ab. – Alt. 79 m – Carta regionale n° **6**-C2
Carta stradale Michelin 562-D21

🍴 Trattoria al Parco

CUCINA DEL TERRITORIO · ACCOGLIENTE X Eleganza degli ambienti e piacevole informalità del servizio viaggiano di pari passo in quest'ottimo ristorante. Tra le specialità segnaliamo i risotti, ma anche le carni alla griglia cotte in una delle sale proprio di fronte ai clienti. Dulcis in fundo: zabaione al Picolit.

Carta 29/48 €

via Stretta 7 – ☎ 0432 674025 – Chiuso 8-26 agosto, martedì e mercoledì

🏠 Il Castello di Buttrio

DIMORA STORICA · PERSONALIZZATO Splendida risorsa ricavata dalla riuscita ristrutturazione di un castello tra le vigne; al suo interno ambienti raffinati caratterizzati da bei tessuti, lampadari preziosi e camere molto confortevoli, divise tra uno stile rustico-antico e altre più contemporanee. A completamento, una piccola osteria con menu a voce di sola cucina del territorio ed una splendida terrazza per l'estate.

8 cam ☑ – 🛏120/150 € 🛏🛏160/200 €

via Morpugo 9 – ☎ 0432 673040 – www.castellodibuttrio.it

CABRAS Sardegna

Oristano – ✉ 09072 – 9 213 ab. – Carta regionale n° **16**-A2
Carta stradale Michelin 566-H7

🍴 Il Caminetto

PESCE E FRUTTI DI MARE · AMBIENTE CLASSICO X Nella caratteristica cittadina di Cabras, a circa 100 metri dall'albergo Villa Canu: piatti di pesce cucinati in stile molto classico. La zona è famosa per l'allevamento ittico, per cui non ripartite senza aver assaggiato la proverbiale bottarga di muggine e la merca (muggine bollito in acqua salata e conservato con un'erba palustre).

Menu 35 € – Carta 25/50 €

Hotel Villa Canu, via Battisti 8 – ☎ 0783 391139 – Chiuso 15 giorni in novembre, 15 giorni in gennaio e lunedì

🏠 Villa Canu ⛴ 🦽 🅰️

FAMILIARE · TRADIZIONALE Nel centro della località, grazioso hotel a conduzione familiare ricavato dalla ristrutturazione di una casa padronale del 1893: ambienti comuni signorili ed intimi, camere confortevoli nella loro semplicità.

22 cam ⛲ – †50/75 € ††80/130 €

via Firenze 9 – 𝒞 0783 290155 – www.hotelvillacanu.com
– Aperto 1° marzo-30 ottobre

🍴 **Il Caminetto** – Vedere selezione ristoranti

CADEO

Piacenza – ✉ 29010 – 5 463 ab. – Alt. 67 m – Carta regionale n° **5**-A1
Carta stradale Michelin 562-H11

🍴 Lanterna Rossa ❀ 🏛 🅰️ ⅍ ⇄ 🅿️

PESCE E FRUTTI DI MARE · FAMILIARE ⅍ Due accoglienti salette entrambe con camino, una in legno ed una in marmo rosso, per una cucina che trae ispirazione dal mare. Coloro che amano stare all'aperto - tempo permettendo - potranno accomodarsi nel piacevole dehors.

Menu 45/50 € – Carta 34/60 €

via Ponte 8, località Saliceto, Nord-Est: 4 km – 𝒞 0523 500563 (prenotazione obbligatoria) – www.lanternarossa.it
– Chiuso 8-16 gennaio, 20 agosto-10 settembre, lunedì e martedì

CADIPIETRA STEINHAUS Bolzano → Vedere Valle Aurina

CAGLI

Pesaro e Urbino (PU) – ✉ 61043 – 8 731 ab. – Alt. 276 m – Carta regionale n° **11**-B2

🎎 La Gioconda ❀ 🏛

CUCINA MARCHIGIANA · RUSTICO ⅍ In pieno centro storico, questa moderna osteria si trova all'interno di spessi muri che custodivano un tempo la cantina. La cucina parla marchigiano - in stagione molti piatti sono dedicati al tartufo, bianco e nero - ma con qualche concessione alla creatività. Il piatto preferito dalla redazione: passatelli asciutti con pollo e asparagi.

Menu 30/50 € – Carta 26/49 €

via Brancuti – 𝒞 0721 781549 – www.ristorantelagioconda.it – Chiuso 1 settimana in febbraio, 1 settimana in settembre e lunedì

CAGLIARI Sardegna

(CA) – ✉ 09124 – 154 460 ab. – Carta regionale n° **16**-B3
Carta stradale Michelin 366-P48

❀ Dal Corsaro (Stefano Deidda) 🏛 🅰️ ⅍

CUCINA MODERNA · ELEGANTE ⅏⅏ Per anni il miglior ristorante di Cagliari, questo sobrio angolo di eleganza grazie alla passione ed al continuo impegno della famiglia che lo conduce, è diventato uno dei migliori dell'intera Sardegna. Tra archi, quadri e specchi, moderni percorsi di degustazione che rivivono i sapori sardi con fantasia, vi piaceranno anche e - soprattutto - per il loro buon gusto ed equilibrio. Ambiente più semplice e cucina rustica nella versione bistrot del Fork.
→ Seppia cruda alla brace. Spaghetti, caglio di capretto e acciughe. Gelato di ricotta di pecora, polline e miele di corbezzolo.

Menu 75/95 €

Pianta: A2-e – *viale Regina Margherita 28* ✉ 09124 – 𝒞 070 664318 *(consigliata la prenotazione) – www.stefanodeidda.it – solo a cena – Chiuso 1°-18 gennaio e lunedì*

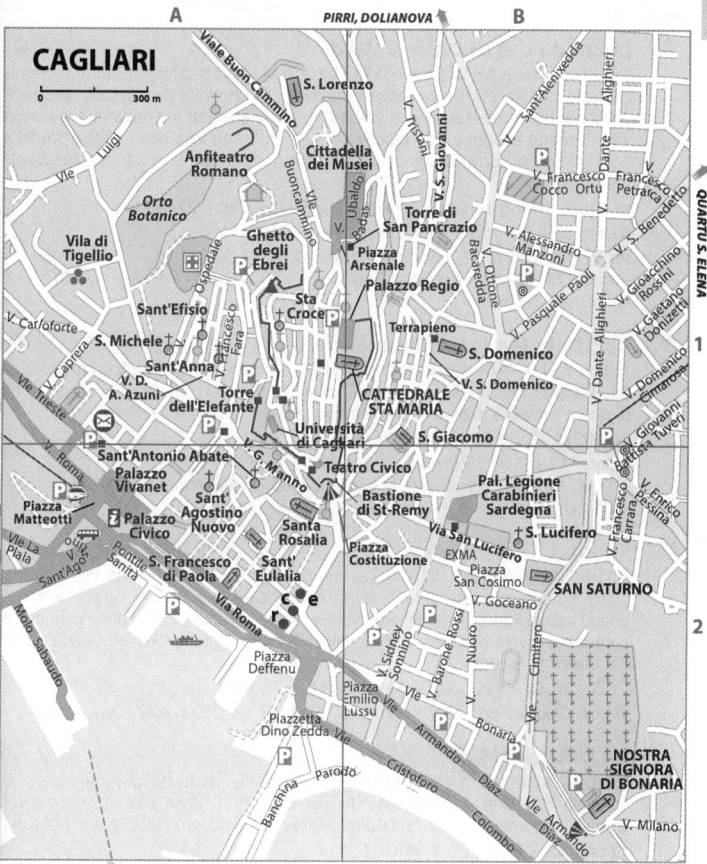

CAGLIARI

PIRRI, DOLIANOVA

Viale Buon Cammino

S. Lorenzo

MURAREVA, QUARTU S. ELENA

Anfiteatro Romano

Orto Botanico

Vila di Tigellio

Cittadella dei Musei

V. Luigi

V. Tristani

V. S. Giovanni

V. Sant'Alenxedda

Ghetto degli Ebrei

Torre di San Pancrazio

V. Francesco Cocco Ortu

Francesco Petrarca

Sant'Efisio

S. Michele

V. Catloforte

Sta Croce

Piazza Arsenale

Palazzo Regio

V. Alessandro Manzoni

V. S. Benedetto

Gioacchino Rossini

V. Gaetano Donizetti

Sant'Anna

V. D. A. Azuni

Terrapieno

V. D. Domenico

S. Domenico

V. Dante Alighieri

Torre dell'Elefante

CATTEDRALE STA MARIA

Università di Cagliari

V. S. Domenico

V. Giovanni Battista Tuveri

V. Domenico Cimarosa

Sant'Antonio Abate

Teatro Civico

S. Giacomo

V. Roma

Palazzo Vivanet

Piazza Matteotti

Palazzo Civico

Sant' Agostino Nuovo

Santa Rosalia

Bastione di St-Remy

Pal. Legione Carabinieri Sardegna

S. Lucifero

V. Francesco Crispi

V. Enrico Pessina

Vle la Plaia

S. Francesco di Paola

Sant' Eulalia

Piazza Costituzione

EXMA

Piazza San Cosimo

Via San Lucifero

SAN SATURNO

Via Roma

Piazza Deffenu

V. Goceano

V. Sidney Sonnino

V. Barone Rossi

V. Nuoro

V. Cimitero

Piazza Emilio Lussu

NOSTRA SIGNORA DI BONARIA

Piazzetta Dino Zedda

Banchina

Parodo

Castoforo

V. Bonaria

V. Armando Diaz

V. Armando Diaz

V. Colombo

V. Milano

GENOVA, CIVITAVECCHIA, NAPOLI, PALERMO, TRAPANI

MURAVERA, QUARTU S. ELENA

🍴 Luigi Pomata

PESCE E FRUTTI DI MARE · DI TENDENZA XX Ecco un angolo cittadino dove trovare lo sfizio per tutti i gusti. In primis, il ristorante, moderno, con cucina di mare legata soprattutto ai crudi ed al tonno carlofortino, terra d'origine di Luigi, chef/patron, e con un interessante business lunch a mezzogiorno. Al piano sottostante, si trova il bistrot dove gustare proposte regionali più rustiche e tradizionali. Adiacente il nuovissimo lounge bar per gli aperitivi.

Menu 50/60 € – Carta 41/75 €

Pianta: A2-r – *viale Regina Margherita 18 ⊠ 09124 – ℰ 070 672058 (consigliata la prenotazione la sera) – www.luigipomata.com – Chiuso domenica*

🍴 Cesare

CUCINA REGIONALE · CONVIVIALE XX Affacciato sull'oasi faunistica dello stagno di Molentargius, un accogliente ristorante in stile marina, dove gustare piatti tipici della cucina isolana accanto ai classici nazionali, sia di mare sia di terra. Ai piani superiori le camere del proprio hotel Caesar's.

🍴 Menu 23 € (pranzo in settimana) – Carta 28/50 €

48 cam 🛏 – †80/150 € ††99/200 €

*via Darwin 2/4, per viale Armando Diaz - B2 ⊠ 09126 – ℰ 070 304768
– www.caesarshotel.it – solo a cena escluso sabato e domenica – Chiuso 7-26 agosto*

239

ⅈ◯ Locanda dei Buoni e Cattivi ⇐ 🛱 AC

CUCINA CLASSICA · DI QUARTIERE XX Si trova in un tranquillo quartiere semi-centrale questa piacevole locanda ricavata in una villa privata, alla base c'è un progetto di reinserimento lavorativo per dare una seconda chance nella vita. Il menu propone una piacevole versione moderna della cucina sarda a base di soli prodotti stagionali. Ai piani anche 5 comode camere piacevol-mente retrò.

co Menu 16 € (pranzo in settimana)/30 € – Carta 27/49 €

5 cam ☑ – ✦47/65 € ✦✦80/96 €

via Vittorio Veneto 96, per viale Trieste A1 1 km ✉ 09124
– 𝒞 070 734 5223 – www.locandadeibuoniecattivi.it – solo a cena in agosto
– Chiuso 7-21 gennaio

ⅈ◯ La Stella Marina di Montecristo AC ⇔

PESCE E FRUTTI DI MARE · CONVIVIALE X L'andamento e l'aspetto sono quelli di una semplice osteria di mare, ci si affida ai consigli dei proprietari per una cucina di pesce semplice, ma generosa nelle porzioni e contenuta nei prezzi.

co Menu 25/35 € – Carta 20/35 €

Pianta: A2-c – *via Sardegna 140 ✉ 09124*
– 𝒞 347 578 8964 (consigliata la prenotazione) – www.ilmontecristo.com
– Chiuso 10-24 agosto e domenica

ⅈⅈ T Hotel ✿ 🕸 🛁 🖸 ⅙ AC 🛜 🛝 🚗

BUSINESS · PERSONALIZZATO Tecnologia e design: una torre in vetro rivolu-ziona il paesaggio cagliaritano senza dimenticare le tradizioni, grazie alle fre-quenti esposizioni sull'artigianato locale allestite nella hall. Belle camere, moderno centro benessere e fitness. Cucina veloce a pranzo, piatti sardi ed internazionali più elaborati la sera.

200 cam ☑ – ✦99/209 € ✦✦99/239 € – 7 suites

via dei Giudicati 66, per via Dante - B1 ✉ 09131 – 𝒞 070 47400 – www.thotel.it

📶 La Villa del Mare ⇐ AC 🛜

DIMORA STORICA · LUNGOMARE Frontemare, nel senso di "praticamente sulla spiaggia del Poetto", una bella villa dei primi '900 dalle colorate e piacevoli camere. Imperdibile la vista sul Golfo degli Angeli a ridosso della Sella del Diavolo.

12 cam ☑ – ✦70/220 € ✦✦100/220 €

lungomare Poetto 248, per viale Cristoforo Colombo - B2 – 𝒞 347 779 5884
– www.lavilladelmare.com

al bivio per Capoterra Ovest: 12 km per Teulada A2

ⅈ◯ Sa Cardiga e Su Schironi 🕸 🛱 AC ⇔ 🅿

PESCE E FRUTTI DI MARE · AMBIENTE CLASSICO XX Diverse sale avvolte nel legno, colori e un ampio espositore di pesce all'ingresso. Si può scegliere già qui il pesce, poi proposto in semplici elaborazioni perlopiù alla griglia.

co Menu 25 € (pranzo in settimana)/40 € – Carta 32/86 €

strada statale 195 bivio per Capoterra ✉ 09012 Capoterra – 𝒞 070 71652
– www.sacardigaesuschironi.it – Chiuso 20 giorni in gennaio, domenica sera,
lunedì a mezzogiorno in agosto, anche lunedì sera negli altri mesi

CALA DI VOLPE Sardegna Olbia-Tempio → Vedere Arzachena : Costa Smeralda

CALA GONONE Sardegna Nuoro → Vedere Dorgali

CALAMANDRANA

Asti – ✉ 14042 – 1 761 ab. – Alt. 151 m – Carta regionale n° **14**-D2
Carta stradale Michelin 561-H7

Violetta 🕸 🛋 ⅃ 🗤 ⇔ 🅿

CUCINA REGIONALE · FAMILIARE X Echi contadini in un locale che non lascia indifferenti: dal carretto in bella mostra nel cortile, ai piatti dalle sfumature alessandrine. Non meravigliatevi quindi di trovare in menu i classici tajarin ai funghi porcini, gli gnocchi al sugo di salsiccia, la rolata di coniglio. E, per finire, il budino alle spezie!

Menu 30/43 € – Carta 31/53 €

via Valle San Giovanni 1, Nord: 2,5 km – ℰ 0141 769011 (consigliata la prenotazione) – www.ristorantevioletta.it – Chiuso 11 gennaio-13 febbraio, mercoledì e le sere di domenica e martedì

CALAMBRONE Pisa → Vedere Tirrenia

CALANGIANUS

Olbia-Tempio – ✉ 07023 – 4 172 ab. – Alt. 500 m – Carta regionale n° **16**-B1
Carta stradale Michelin 366-Q38

Ⅱ○ Il Tirabusciò 🗤 ⇔

CUCINA REGIONALE · RUSTICO X Piccolo e curato ristorante dal caldo arredo rustico, il titolare ai fornelli cucinerà per voi piatti ispirati al territorio e qualche piccola creazione dettata dal suo gusto personale. Nota curiosa: il nome del locale rimanda alla produzione di tappi in sughero, principale attività del paese.

Carta 19/43 €

via Nino Bixio 5 – ℰ 079 661849 – Chiuso domenica

CALA PICCOLA Grosseto → Vedere Porto Santo Stefano

CALASETTA **Sardegna**

Carbonia-Iglesias – ✉ 09011 – 2 922 ab. – Carta regionale n° **16**-A3
Carta stradale Michelin 366-L49

🏠 Luci del Faro 🌳 🐾 ⟨ 🛏 ⅃ 🕸 & 🗤 🏊 🅿

FAMILIARE · MEDITERRANEO Di fronte ad una costa rocciosa nella zona della "spiaggia grande", è un borgo mediterraneo raccolto attorno ad una grande piscina; all'interno ampie camere in cui mobili, tessuti e - perfino - l'illuminazione portano il segno della tradizione sarda.

40 cam ⌷ – ♦58/162 € ♦♦116/269 € – 1 suite

località Mangiabarche, Sud: 5 km – ℰ 0781 810089 – www.hotelucidelfaro.com – Aperto 1 ° maggio-5 novembre

CALATABIANO

Catania (CT) – ✉ 95011 – 5 308 ab. – Alt. 60 m – Carta regionale n° **17**-D2

🏠 Castello di San Marco 🌳 🐾 🛏 ⅃ 🕌 🕸 🔔 & 🗤 🏊 🅿

STORICO · CLASSICO Dimora di origini seicentesche dalla splendida facciata, buona parte delle camere si aprono in una serie di dépendance anch'esse antiche o più moderne. Ma il punto di forza dell'albergo è il lussureggiante parco di vegetazione mediterranea con piscina, un piccolo paradiso.

22 cam ⌷ – ♦120/300 € ♦♦120/500 € – 8 suites

via San Marco 40 – ℰ 095 641181 – www.castellosanmarco.it – Aperto 1° aprile-5 novembre

> Prima colazione compresa? E' rappresentata dal simbolo della tazzina ⌷ dopo il numero delle camere.

CALAVINO

Trento – ✉ 38072 – 1 544 ab. – Alt. 409 m – Carta regionale n° **19**-B3
Carta stradale Michelin 562-D14

Da Cipriano

CUCINA REGIONALE · FAMILIARE X Avrete solo l'imbarazzo della scelta, tra le varie proposte - presentate a voce - dal patron Cipriano. Degni di nota restano comunque i primi, ma lasciate un piccolo spazio per i dolci perchè anche questi meritano. Un esempio? Torta di carote con Vin Santo!

Menu 28 € – Carta 20/38 €

*via Graziadei 13 – ℰ 0461 564720 – solo a cena escluso domenica – Chiuso
20 giugno-10 luglio, domenica sera e mercoledì*

CALDARO SULLA STRADA DEL VINO KALTERN AN DER WEINSTRASSE

Bolzano – ✉ 39052 – 7 908 ab. – Alt. 425 m – Carta regionale n° **19**-D3
Carta stradale Michelin 562-C15

La Residenza Gius

LUSSO · PERSONALIZZATO Non lontano dal centro del paese, edificio moderno dalle zone comuni limitate ma grandi camere, modernamente arredate, svariati servizi previsti per gli ospiti e un'incantevole terrazza panoramica.

9 suites ☲ – ♦♦200/400 €

*località Trutsch 1 – ℰ 0471 963295 – www.designhotel-kaltern.com – Chiuso
21 dicembre-28 febbraio*

Schlosshotel Aehrental

FAMILIARE · PERSONALIZZATO Bell'edificio nobiliare di metà '600 a due passi dal centro, ma circondato da un bel giardino. Camere e ambienti signorili, per un soggiorno all'insegna del buon gusto. Servizio ristorante estivo all'aperto.

19 cam – solo ½ P 95/155 € – 2 suites

– ℰ 0471 962222 – www.schlosshotel.it – Aperto 29 marzo-4 novembre

al lago Sud : 5 km

Parc Hotel

FAMILIARE · PERSONALIZZATO Lunga la costa orientale e più tranquilla del lago, solo il curato giardino lo separa dalle trasparenti acque per le quali si può partire con il pedalò. Eleganti e spaziose camere, alcune particolarmente nuove, ed un potenziato centro benessere per un esclusivo rifugio.

43 cam – solo ½ P 150/260 € – 2 suites

*Campi al lago 9 – ℰ 0471 960000 – www.parchotel.info
– Aperto Pasqua-5 novembre*

Seeleiten

FAMILIARE · PERSONALIZZATO Uno dei migliori alberghi della zona, sin dall'esterno vi appare un originale edificio dall'andamento sinuoso, imprigionato in una gabbia di legno. Dentro un brulichio di attività e servizi attendono gli ospiti, nonché camere grandi ed impeccabili.

49 cam ☲ – ♦138/177 € ♦♦250/400 € – 10 suites

*strada del Vino 30 ✉ 39052 – ℰ 0471 960200 – www.seeleiten.it – Aperto
15 marzo-15 novembre*

Hasslhof

FAMILIARE · MODERNO Immersa nei vigneti, è un'originale struttura dalle ampie camere (43 mq e 15 di terrazza), nonché arredi moderni, piacevolmente ispirati ai materiali locali, dal legno alla pietra; splendidi i bagni. Giardino-solarium con piscina e pittoresca vista sull'intero lago di Caldaro.

21 cam – solo ½ P 110/145 €

*San Giuseppe al Lago 62 – ℰ 0471 960059 – www.hasslhof.com – Aperto
Pasqua-2 novembre*

🏨 Seegarten ⌂ ⩽ 🛏 🖼 🦢 🛁 🔥 🔲 🅰🅲 🅿

FAMILIARE · PERSONALIZZATO Per gli amanti del nuoto è davvero ideale la spiaggia attrezzata di questa risorsa immersa nel verde a bordo lago e con vista sui monti; camere spaziose, luminose e ben tenute. Cucina regionale e servizio estivo in terrazza: i due punti di forza del ristorante.

33 cam ⌑ – †95/150 € ††210/300 € – 4 suites

lago di Caldaro 17 – ℰ0471960260 – www.seegarten.com – Aperto 2 aprile-2 novembre

CALDERARA DI RENO

Bologna – ✉ 40012 – 13 196 ab. – Alt. 30 m – Carta regionale n° **5**-C3
Carta stradale Michelin 562-I15

a Sacerno Ovest : 5 km ✉ 40012

🍴 Antica Trattoria di Sacerno 🆕 ⅍ 🏡 🦽 🅰🅲 🅿

PESCE E FRUTTI DI MARE · ACCOGLIENTE ХХ All'interno di una villetta di campagna a circa 20 minuti da Bologna, una giovane coppia propone tanto buon pesce raccontato in carta in due modi diversi: una pagina chiama all'appello la creatività, l'altra cita i classici tra cui i crudi e le cotture al forno. Tra i vini ampio spazio alle bollicine francesi.

Menu 50/70 € – Carta 47/104 €

via di Mezzo Levante 2/b – ℰ051 646 9050 – www.sacerno.it – solo a cena in agosto – Chiuso domenica sera e lunedì; in estate lunedì a mezzogiorno e domenica

CALDIERO

Verona – ✉ 37042 – 7 804 ab. – Alt. 44 m – Carta regionale n° **22**-B3
Carta stradale Michelin 562-F15

sulla strada statale 11 Nord-Ovest : 2,5 km

🍴 Renato ⅍ 🏡 🅰🅲 ⇌ 🅿

PESCE E FRUTTI DI MARE · CONTESTO TRADIZIONALE ХХ Se il locale ha ormai festeggiato il mezzo secolo, da più di due lustri il timone della gestione è passato dal padre - quel Renato che diede il nome al tutto - al figlio, Daniele. La cucina, invece, rimane nelle mani della madre ed è squisitamente di pesce.

Carta 35/103 €

località Vago 6 ✉ 37042 – ℰ045 982572 – www.ristoranterenato.it – Chiuso agosto, lunedì sera e martedì, anche lunedì a mezzogiorno in giugno-luglio

CALDOGNO

Vicenza – ✉ 36030 – 11 301 ab. – Alt. 53 m – Carta regionale n° **22**-A1
Carta stradale Michelin 562-F16

🍴 Molin Vecio 🏡 ⇌ 🅿

CUCINA REGIONALE · ROMANTICO ХХ Il vecchio mulino affonda le proprie radici nel Cinquecento e i successivi eventi storici non ne hanno alterato il carattere. Ancor oggi si è ospiti in un caratteristico contesto rurale e la cucina si rifà a tre grandi fili conduttori: erbe e verdure dell'orto di casa (visitabile in stagione), pesce d'acqua dolce, tradizione vicentina.

🍴 Menu 25/40 € – Carta 29/52 €

via Giaroni 116 – ℰ0444 585168 – www.molinvecio.it – Chiuso 17-21 agosto e martedì

CALENZANO

Firenze – ✉ 50041 – 17 489 ab. – Alt. 68 m – Carta regionale n° **18**-C1
Carta stradale Michelin 563-K15

Pianta di Firenze : percorsi di attraversamento

a Pontenuovo di Calenzano Nord : 6 km ⊠ 50041 – Calenzano

🏠 Meridiana Country Hotel 🕭 ⅃⅁ 🖭 ₺ 🖩 🕭 🅿

TRADIZIONALE · MODERNO L'interior design contemporaneo incontra i colori tipici della Toscana in questa struttura di grande fascino dotata di camere luminose con terrazzo o giardino privato, ed un piccolo centro wellness.

32 cam ⊡ – †70/240 € ††90/240 €

via di Barberino 253 – ℰ 055 881 9472 – www.meridianacountryhotel.it

CALESTANO
Parma – ⊠ 43030 – 2 100 ab. – Alt. 417 m – Carta regionale n° **5**-B2
Carta stradale Michelin 561-I12

🏵 Locanda Mariella 🕭 🖩 🅿

CUCINA EMILIANA · FAMILIARE ※ Armatevi di pazienza per arrivarci guidando tra le colline, ma una volta al ristorante capirete perché Mariella è da tempo un'istituzione, un'emozionante tappa gastronomica di celebri paste fresche emiliane, l'oro nero del tartufo, straordinari arrosti d'agnello e cremosi gelati, solo per citare alcuni dei memorabili piatti. L'imperdibile: guancialino di vitello brasato con porcini secchi!

Carta 31/51 €

località Fragnolo 29, Sud-Est: 5 km – ℰ 0525 52102 (consigliata la prenotazione) – Chiuso 2 settimane in settembre, lunedì e martedì

CALTAGIRONE
Catania – ⊠ 95041 – 38 686 ab. – Alt. 608 m – Carta regionale n° **17**-C2
Carta stradale Michelin 365-AW60

🏵 Coria (Domenico Colonnetta e Francesco Patti) 🕭 🖩

CUCINA MODERNA · CONTESTO CONTEMPORANEO ※※ Dedicato a Coria, appassionato e studioso di gastronomia siciliana, siamo nel suggestivo centro storico della città delle ceramiche. Due sale dall'aspetto sobrio e contemporaneo, la cucina è un omaggio ai migliori prodotti isolani.

→ Tagliatelle di canapa, salsa al nero di seppia e croccante di pane fritto. Capocollo di maialino nero di Sicilia al ginepro e vino cotto. Cornucopia di ricotta con zuppa calda di fichi e gelato al torrone.

Menu 48/90 € – Carta 56/87 €

via Infermeria 24 – ℰ 0933 26596 (consigliata la prenotazione) – www.ristorantecoria.it – Chiuso 20 giorni in febbraio, 10 giorni in novembre, domenica sera e lunedì

sulla strada statale 124 Nord : 5 km

🏠 Villa Tasca 🕭 🕭 ⋖ 🖀 ⅃ 🕭 ⅃⅁ ₺ 🖩 🅿

DIMORA STORICA · ACCOGLIENTE In posizione defilata e tranquilla, una villa nobiliare settecentesca ospita ampi spazi en plein air, una grande piscina ed il maneggio per passeggiate equestri. La cucina rielabora i sapori del territorio in chiave contemporanea.

10 cam ⊡ – †70/100 € ††90/140 €

contrada Fontana Pietra S.P. 37/II ⊠ 95041 – ℰ 0933 22760 – www.villatasca.it – Chiuso 10 gennaio-10 febbraio e 5-30 novembre

sulla strada statale 177 bis km 68 Ovest : 16 km

🏠 Vecchia Masseria 🕭 🕭 ⋖ 🖀 ⅃ ₺ 🖩 🕭 🅿

AGRITURISMO · BUCOLICO All'interno di un parco naturale, la location è sicuramente bucolica e la struttura - ricavata da una masseria del 1850 – propone ambienti di moderno design e richiami ad elementi architettonici locali. Camere semplici e menu degustazione con specialità dell'entroterra al ristorante.

30 cam ⊡ – †75/105 € ††85/105 €

contrada Cutuminello ⊠ 95041 – ℰ 331 769 1142 – www.vecchiamasseria.com – Chiuso novembre, gennaio e febbraio

CALTANISSETTA Sicilia

(CL) – ⊠ 93100 – 63 360 ab. – Alt. 568 m – Carta regionale n° **17**-C2
Carta stradale Michelin 365-AT59

🏠 San Michele 　　　　　　　🛱 ⇐ 🏊 🛏 🖃 🕭 🗚 🔏 🅿

BUSINESS · CLASSICO In posizione periferica e tranquilla, camere semplici negli arredi ma in genere ampie; per un plus, prenotarne una con vista. Piatti siciliani e nazionali al ristorante.

122 cam � – †79/105 € ††117/130 € – 13 suites

via Fasci Siciliani 6 – ℰ 0934 553750 – www.hotelsanmichelesicilia.it

CALTIGNAGA

Novara – ⊠ 28010 – 2 580 ab. – Alt. 178 m – Carta regionale n° **12**-C2
Carta stradale Michelin 561-F7

🍽 Cravero 　　　　　　　　　⇐ 🍴 🛱 🗚 🅿

CUCINA CLASSICA · ACCOGLIENTE ✗✗ Da oltre trent'anni, Cravero vizia i suoi ospiti con proposte del territorio rielaborate con creatività, in un ambiente curato e signorile. Si mangia anche all'aperto, nella bella stagione.

🍴 Menu 15 € (pranzo in settimana)/48 € – Carta 34/67 €

12 cam � – †55/75 € ††70/90 €

via Novara 8 – ℰ 0321 652696 (consigliata la prenotazione) – www.hotelcravero.it – Chiuso 1°-7 gennaio e 3 settimane in agosto

CALUSO

Torino – ⊠ 10014 – 7 586 ab. – Alt. 303 m – Carta regionale n° **12**-B2
Carta stradale Michelin 561-G5

❀ Gardenia (Mariangela Susigan) 　　　　🕸 🛱 🕭 🗚 ⇄ 🅿

CUCINA MODERNA · ELEGANTE ✗✗✗ Un elegante indirizzo piemontese: dalla casa di ringhiera ai raffinati interni, passando naturalmente per la cucina che si apre a soluzioni moderne, al pesce e, in stagione, all'utilizzo di erbe aromatiche e fiori: spesso coltivati nel proprio orto!

→ Zuppa francigena con cereali ed erbe spontanee. Rognone e lumache in giardino. Semifreddo al caramello, arachidi, frutto della passione.

🍴 Menu 25 € (pranzo in settimana)/95 € – Carta 49/101 €

corso Torino 9 – ℰ 011 983 2249 – www.gardeniacaluso.it – Chiuso 7-23 gennaio, 16-25 agosto, mercoledì a pranzo e martedì

CALVIGNANO

Pavia – ⊠ 27040 – 122 ab. – Alt. 275 m – Carta regionale n° **9**-B3
Carta stradale Michelin 561-H9

🍽 La Locanda 　　　　　　　　⇐ 🛱 🗚 🅿

CUCINA ITALIANA · ACCOGLIENTE ✗✗ Nella verdeggiante campagna dell'Oltrepò Pavese, lo stile è contemporaneo con mobili e colori di tendenza, per una cucina che i titolari definiscono "classico-italiana", di fatto quasi esclusivamente di terra. Ma il biglietto da visita non si esaurisce qui: essendo una locanda, cinque accoglienti soluzioni sono proposte per il pernottamento, e gli amici a quattro zampe non vengono lasciati alla porta.

🍴 Menu 20/50 € – Carta 25/41 €

5 cam � – †60/80 € ††70/90 €

Via Roma 10/12 – ℰ 0383 398014 (consigliata la prenotazione) – www.lalocandacalvignano.it – Chiuso 15 giorni in novembre, 15 giorni in febbraio e mercoledì

CALVISANO

Brescia – ⊠ 25012 – 8 491 ab. – Alt. 67 m – Carta regionale n° **9**-C2
Carta stradale Michelin 561-F13

۞ **Al Gambero** (Mariapaola Geroldi)   ৪৪ ᴀᴄ ৡ ⇔

CUCINA REGIONALE · ACCOGLIENTE XXX Nel centro di Calvisano, dietro all'apparente semplicità dei piatti ci sono grande cura e l'equilibrio tra tradizione e modernità affinato in oltre un secolo e mezzo di storia familiare: una cucina solida, di gusto e sostanza.

→ Risotto con punte d'asparagi alla crema di formaggi. Piccione in diverse cotture con patate e funghi porcini. Cremoso di cioccolato fondente al 70% con spuma allo yogurt e sablé al cacao amaro.

Menu 40 € (pranzo in settimana)/87 € – Carta 55/97 €

via Roma 11 – ☎ 030 968009 – Chiuso 1 settimana in gennaio, agosto e mercoledì

ⓘⓄ **Fiamma Cremisi**   ⍟ ᴘ

CUCINA MODERNA · FAMILIARE XX Cucina del territorio rivisitata e servizio estivo all'aperto sotto un gazebo, in un ristorante di campagna la cui sala principale è allietata da un caminetto. A pranzo solo menu business o carta più ridotta ed economica.

Menu 30 € (in settimana)/48 € – Carta 32/69 €

via De Gasperi 37, località Viadana, Nord: 2 km – ☎ 030 968 6300 (consigliata la prenotazione) – www.ristorantefiammacremisi.it – Chiuso 23-31 gennaio, 2 settimane in agosto, sabato a mezzogiorno e martedì

CAMAIORE

Lucca – ⊠ 55041 – 32 513 ab. – Alt. 34 m – Carta regionale n° **18**-B1
Carta stradale Michelin 563-K12

ⓘⓄ **Emilio e Bona**   ৪৪ ⍟ ⇔ ᴘ

CUCINA DEL TERRITORIO · CONTESTO STORICO XX In origine era un opificio, ma per la sua ubicazione strategica sulla riva di un torrente fu convertito presto in frantoio. Oggi è un originale ristorante, che denuncia il suo passato grazie a macine esposte in sala. Anche la cucina rimane fedele alla tradizione: solo piatti regionali, prevalentemente di carne.

Carta 29/61 €

*via Nuova 1641, località Lombrici, Nord: 3 km – ☎ 0584 989289
- www.ristoranteemilioebona.com – solo a cena escluso sabato e domenica
- Chiuso 15-31 gennaio, 15-30 novembre e lunedì*

ⓘⓄ **Locanda le Monache**   ⇦ ⍟

CUCINA TOSCANA · FAMILIARE X Gestito da sempre dalla stessa famiglia con la zia 90enne che ancora ai fornelli aiuta nei dolci ed in alcune pietanze, la vera sorpresa è la nipote, Daniela, artefice di piatti della tradizione (ma quella più ortodossa!), tutti – rigorosamente – preparati in casa dalle paste ai dolci. L'ambiente è semplice, ma curato.

⊛ Menu 15/40 € – Carta 21/57 €

11 cam ⊊ – †50/70 € ††65/95 €

*piazza XXIX Maggio 36 – ☎ 0584 989258 (consigliata la prenotazione)
- www.lemonache.com – Chiuso 10 giorni in novembre, domenica a mezzogiorno in giugno-settembre, anche domenica sera negli altri mesi*

a Montemagno Sud-Est : 6 km ⊠ 55041

⍟ **Le Meraviglie**   ⍟ �& ᴀᴄ ᴘ

CUCINA REGIONALE · FAMILIARE X Lungo una piacevole strada collinare che conduce a Lucca, il locale è gestito da due fratelli che propongono una cucina regionale a base di carne o baccalà. Specialità: maialino di latte cotto in forno a legna con patate arrosto, tortino di pere caldo e gelato alla vaniglia.

Carta 22/37 €

*via Provinciale 13 – ☎ 0584 951750 – www.lemeraviglie.it
- Chiuso 12-20 gennaio, 4-26 novembre, mercoledì e i mezzogiorno di giovedì e venerdì*

CAMARDA L'Aquila → Vedere L'Aquila

CAMERI

Novara – ⊠ 28062 – 11 019 ab. – Alt. 161 m – Carta regionale n° **12**-C2
Carta stradale Michelin 561-F7

⊞○ **Al Caminetto**   [AC]

CUCINA CLASSICA · AMBIENTE CLASSICO XX Bel locale sorto all'interno di una
casa padronale nel centro della località. Soffitti con travi a vista, gestione esperta,
cucina appetitosa e interessante.

Menu 46/52 € – Carta 45/70 €

*via Cavour 30 – ℰ 0321 518780 – www.alcaminettocameri.com – Chiuso
1 settimana in agosto, martedì a mezzogiorno e lunedì*

CAMIGLIATELLO SILANO

Cosenza – ⊠ 87052 – Alt. 1 272 m – Carta regionale n° **3**-A2
Carta stradale Michelin 564-I31

verso il lago di Cecita Nord-Est : 5 km

⊞○ **La Tavernetta**   ⅋ ⩤ ⊞ ⇔ [P]

CUCINA CALABRESE · COLORATO XX Ai fornelli, padre e figlio in un sodalizio
tutto vocato ad esaltare i profumi della loro amata Calabria e - in particolare - i
sapori montani della Sila come la carne di podolica, i funghi, le patate, i prosciutti; di solito si parte con un aperitivo sorseggiato nella fornitissima cantina.

Menu 50/70 € – Carta 39/63 €

*Hotel San Lorenzo si Alberga, contrada campo San Lorenzo 14
⊠ 87052 Camigliatello Silano – ℰ 0984 570809 – www.sanlorenzosialberga.it
– Chiuso 15 giorni in marzo, 15 giorni in dicembre e lunedì*

🏠 **San Lorenzo si Alberga**   ⅋ ⩤ ⊞ ⊡ [P]

FAMILIARE · MINIMALISTA Camere dal design minimalista e dai colori vivaci,
ideale punto di partenza per apprezzare la quiete offerta dai boschi e dalla montagna silana.

20 cam ⊡ – †60/70 € ††80/100 € – 2 suites

*contrada campo San Lorenzo 14 ⊠ 87052 Camigliatello Silano – ℰ 0984 579026
– www.sanlorenzosialberga.it – Chiuso 15 giorni in marzo e 15 giorni in dicembre*

⊞○ La Tavernetta – Vedere selezione ristoranti

CAMIN Padova → Vedere Padova

CAMOGLI

Genova – ⊠ 16032 – 5 378 ab. – Carta regionale n° **8**-C2
Carta stradale Michelin 561-I9

⊞○ **Da Paolo**   🕍 [AC]

PESCE E FRUTTI DI MARE · FAMILIARE X Ristorantino rustico a conduzione familiare, ubicato nel borgo antico poco lontano dal porticciolo; cucina di mare
secondo le disponibilità quotidiane del mercato.

Carta 50/74 €

*via San Fortunato 14 – ℰ 0185 773595 (consigliata la prenotazione)
– www.ristorantedapaolocamogli.com – Chiuso 15-28 febbraio, martedì a
mezzogiorno e lunedì*

🏠 **Cenobio dei Dogi**   ⅋ ⅋ ⩤ ⊞ ⊐ ⌂ ⊡ [AC] 🍴 [P]

LUSSO · LUNGOMARE Per un esclusivo soggiorno in questa "perla" ligure, prestigioso e panoramico albergo immerso in un lussureggiante parco, con camere eleganti recentemente rinnovate. Al ristorante, sapori regionali e meravigliosa vista
del golfo di Camogli, ma c'è anche un altro locale che - come suggerisce il
nome stesso - si trova proprio sulla spiaggia, La Playa.

95 cam ⊡ – †119/199 € ††169/539 € – 5 suites

via Cuneo 34 – ℰ 0185 7241 – www.ccnobio.it

⌂ Casmona ≤ AC P

FAMILIARE · LUNGOMARE Direttamente sul caratteristico lungomare, camere con bella vista - soprattutto le tre con ampio terrazzo affacciato sul mare - e graziose sale per la prima colazione.

19 cam ⌐ - ♦40/120 € ♦♦60/230 €

salita Pineto 13 – ☎ 0185 770015 – www.casmona.com – Chiuso 9-25 dicembre e 10-31 gennaio

⌂ Villa Rosmarino ⇔ ⌤ AC ⅌ P

FAMILIARE · ROMANTICO Sulla strada che scende verso il centro di Camogli, risorsa di charme dagli interni moderni e di design italiano, nonché piscina estiva per pause relax. Non aspettatevi numeri sulle porte, hall o portieri in livrea, perché come amano precisare i proprietari: "questo non è un albergo dove soggiornare, ma un luogo da vivere".

6 cam ⌐ - ♦140/290 € ♦♦140/290 €

via Figari 38 ✉ 16032 – ☎ 0185 771580 – www.villarosmarino.com – Aperto 1° marzo-31 ottobre

a San Rocco Sud : 6 km ✉ 16032 – San Rocco Di Camogli – Alt. 221 m

ⅱ⃝ La Cucina di Nonna Nina ⌂

LIGURE · FAMILIARE ⅹ In una classica casa ligure della pittoresca frazione, si trova questa trattoria dall'accogliente atmosfera familiare e con un'ambitissima verandina panoramica. In menu: piatti locali, di terra e di mare.

Carta 34/64 €

via Molfino 126 – ☎ 0185 773835 (prenotare) – www.nonnanina.it – Chiuso mercoledì

CAMPAGNA Novara → Vedere Arona

CAMPAGNA LUPIA

Venezia – ✉ 30010 – 7 142 ab. – Carta regionale n° **23**-C3
Carta stradale Michelin 562-F18

a Lughetto Nord-Est : 7,5 km ✉ 30010 – Campagna Lupia

✿✿ Antica Osteria Cera (Daniele Cera) ⅋ AC P

PESCE E FRUTTI DI MARE · ELEGANTE ⅹⅹⅹ Di fronte all'incalzare di cucine tecniche e sofisticate, gli amanti del pesce in purezza troveranno in questa elegante villa a gestione familiare l'appagamento che cercano: ricette tradizionali, "minimal" ed incentrate sulla proverbiale qualità del prodotto.

→ Paccheri alla "busara" di mazzancolla. Scorfano con guazzetto di calamaretti, spuma al cipollotto e salsa di lische. Essenza fredda di menta con sorbetto al lime e granita al rhum.

Menu 45 € (pranzo in settimana)/165 € – Carta 84/133 €

via Marghera 24 – ☎ 041 518 5009 – www.osteriacera.it – Chiuso 2 settimane tra gennaio e febbraio, 2 settimane in agosto, domenica sera e lunedì

CAMPAGNANO DI ROMA

Roma (RM) – ✉ 00063 – 11 571 ab. – Alt. 270 m – Carta regionale n° **7**-B2
Carta stradale Michelin 563-P19

⌂ Il Postiglione-Antica Posta dei Chigi ⌯ ⇔ ⌤ AC ⅍

STORICO · PERSONALIZZATO Nel giardino c'è ancora un tratto della via Cassia romana; locanda già nel '400, il salto della qualità avvenne nel '600 con l'acquisto e l'abbellimento della stazione di posta da parte dei Chigi. Tappa dei grand tour nell'Ottocento, vi alloggiò anche Goethe. Lo splendore continua ai giorni nostri, in camere raffinate ed eleganti bagni.

20 cam ⌐ - ♦75/125 € ♦♦90/150 €

via Cassia Antica 15 – ☎ 06 904 1214 – www.ilpostiglione.it

CAMPALTO Venezia ➜ Vedere Mestre

CAMPEGINE
Reggio nell'Emilia – ✉ 42040 – 5 029 ab. – Alt. 34 m – Carta regionale n° **5**-B3
Carta stradale Michelin 562-H13

in prossimità strada statale 9 - via Emilia Sud-Ovest : 3,5 km

🍴○ **Lago di Gruma**　　　　　　　　🏵 🏠 ⚠ 🚫 **P**

CUCINA CLASSICA • FAMILIARE XX Atmosfera d'altri tempi in una villetta di campagna, vicino ad un laghetto. La cucina è volutamente in bilico tra classico e moderno: di terra e di mare, riserva un occhio di riguardo ai prodotti di stagione.
Carta 38/63 €

vicolo Lago 7 ✉ 42040 – ☎ 0522 679336 – Chiuso 15 giorni in agosto, martedì e mercoledì

CAMPESTRI Firenze ➜ Vedere Vicchio

CAMPIANI Brescia ➜ Vedere Collebeato

CAMPIGLIA
La Spezia – ✉ 19132 – Alt. 382 m – Carta regionale n° **8**-D2
Carta stradale Michelin 561-J11

🍴○ **La Lampara**　　　　　　　　　　≤ 🏠

PESCE E FRUTTI DI MARE • FAMILIARE X La vista e il sapore del mare nella luminosa e panoramica sala di una trattoria la cui proprietaria prepara gustosi piatti di pesce - ormai - da oltre 50 anni. Più garanzia di così!
Carta 33/47 €

via Tramonti 4 – ☎ 0187 758035 – Chiuso gennaio, febbraio, dal 20 settembre al 25 ottobre e lunedì

CAMPIONE D'ITALIA
Como – ✉ 22060 – 1 995 ab. – Alt. 273 m – Carta regionale n° **9**-A2
Carta stradale Michelin 561-E8

🏵 **Da Candida** (Bernard Fournier)　　　　　　

CUCINA FRANCESE • AMBIENTE CLASSICO XX Se credete che i sapori aiutino a viaggiare restando seduti ad un tavolo, in questo raccolto ed elegante ristorante vi attende un entusiasmante incontro con il gusto e la raffinatezza della cucina francese.
➜ Tagliatelle di crespelle con salmone affumicato in casa al burro bianco. Cervella di vitello e scaloppa di foie gras d'anatra. Tortino al cioccolato fondente e il suo gelato.
Menu 40 € (in settimana)/90 € – Carta 57/83 €

viale Marco da Campione 4 – ☎ 0041 091 649 75 41 – www.dacandida.ch – Chiuso 3 settimane in luglio, martedì a mezzogiorno e lunedì

CAMPITELLO DI FASSA
Trento – ✉ 38031 – 731 ab. – Alt. 1 448 m – Carta regionale n° **19**-C2
Carta stradale Michelin 562-C17

🏨 **Gran Paradis**　　　🏌 ≤ 🚪 🖥 📶 🐾 🎱 🧴 🚗

TRADIZIONALE • STILE MONTANO All'ingresso del paese, la breve distanza dal centro non è un problema, tante sono le occasioni per distrarsi: dalla taverna con musica e sigari alla cantina-enoteca per degustazioni. Si ritorna in una dimensione più classicamente alberghiera nell'ampia sala ristorante con i tipici legni trentini e piatti nazionali.
31 cam ⚐ – †105/145 € – ††180/290 € – 8 suites
streda Dolomites 2/6 – ☎ 0462 750135 – www.granparadis.com – Aperto 20 dicembre-1° aprile e 25 maggio-4 ottobre

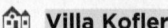 Villa Kofler 🏊 ⇐ 🏠 ♨ 🛗 & 🍴 P

TRADIZIONALE · PERSONALIZZATO Per gli amanti dei viaggi in giro per il mondo, ogni camera - dotata di sauna privata!- è dedicata ad una città di cui ne ripropone stile e motivi: Campitello, Salisburgo e Montreal, tra le migliori, poi ci sono New York, Tokyo, Montecarlo, etc... Al Della Villa Restaurant i piatti spaziano tra terra e mare con un pizzico di modernità.

5 cam � – ♛140/240 € – 5 suites

streda Dolomites 63 – ℰ 0462 750444 – www.villakofler.it
– Aperto 1 dicembre-30 marzo e 20 giugno-20 settembre

🏠 Salvan 🏊 ⇐ 🛎 🖼 🏠 ♨ 🛗 🍴 P

TRADIZIONALE · STILE MONTANO Hotel a gestione familiare, situato alle porte della località, con discrete zone comuni, piscina coperta e centro salute; mobili di legno chiaro nelle piacevoli camere. Tre spazi per il ristorante: uno ampio e classico, uno intimo e "montano" e poi la veranda.

33 cam � – ♛48/107 € ♛♛86/184 €

streda Dolomites 10 – ℰ 0462 750307 – www.hotelsalvan.it
– Aperto 16 dicembre-Pasqua e 24 giugno-17 settembre

CAMPOBASSO

(CB) – ✉ 86100 – 49 431 ab. – Alt. 701 m – Carta regionale n° 1-D3
Carta stradale Michelin 564-C25

🍽️ Miseria e Nobiltà ⇦ AC

CUCINA MODERNA · FAMILIARE XX In un palazzo di fine '700 dai piacevoli pavimenti e lampadari di Murano, la miseria allude alle tradizioni contadine, nobilitate in piatti ricercati e creativi: ravioli con ripieno di fiori di zucchine e mandorle al pomodorino e basilico per fare un esempio. Se ciò non bastasse al piano superiore la sala è dedicata alla loro pizza gourmet. Accoglienti camere per chi vuole dormire in centro.

Menu 30/60 € – Carta 23/51 €

4 cam � – ♛30/35 € ♛♛55/60 €

via Sant'Antonio Abate 16 – ℰ 0874 94268 – www.ristorantemiseriaenobilta.it
– Chiuso 22 luglio-6 agosto e domenica

🍽️ Aciniello 🌳 AC 🍴 ⇔

CUCINA TRADIZIONALE · FAMILIARE X Una semplice e schietta trattoria a carattere familiare: due salette una delle quali più raccolta, con tavoli ravvicinati e colori vivaci. I tanti habitué e la convivialità dei titolari rendono l'ambiente allegro, mentre la cucina riflette le tradizioni molisane.

Carta 21/35 €

via Torino 4 – ℰ 328 558 5484
– Chiuso 10-20 agosto e domenica

🏠 Palazzo Cannavina 🆕 AC

DIMORA STORICA · ORIGINALE Per un soggiorno immerso nell'arte - in pieno centro storico - gli affreschi originali della villa nobiliare del 1700 si fondono con contemporaneità e design.

6 cam � – ♛50/100 € ♛♛90/200 €

via Cannavina 24 – ℰ 393 482 0000 – www.palazzocannavina.com

CAMPO FISCALINO FISCHLEINBODEN Bolzano → Vedere Sesto

CAMPOGALLIANO

Modena – ✉ 41011 – 8 845 ab. – Alt. 43 m – Carta regionale n° 5-B2
Carta stradale Michelin 562-H14

⫯◯ **Osteria Emilia** 🆔 🅿️

CUCINA REGIONALE · CONVIVIALE XX Sapori e i vini regionali la fanno da padroni, ma un occhio è rivolto anche alla modernità e alla fantasia nelle preparazioni.

🍽 Menu 24/50 € – Carta 25/66 €

Hotel Modena District, via del Passatore 160, zona Dogana – ☏ 339 306 5992 – www.osteriaemilia.it

🏨 **Modena District** 🕍 🔁 ⏦ 🆔 🛗 🅿️

BUSINESS · FUNZIONALE Ben insonorizzato e in posizione strategica per chi viaggia in auto, l'hotel propone camere di diversa tipologia adatte soprattutto ad una clientela d'affari.

95 cam ⊊ – ♦90/199 € ♦♦120/239 €

via del Passatore 160, zona Dogana – ☏ 059 851505 – www.modenadistrict.it
⫯◯ **Osteria Emilia** – Vedere selezione ristoranti

in prossimità del casello autostradale A 22 Sud-Est : 3,5 km

🉐 **Trattoria Barchetta** 🎇 🍽 🆔 ⇔

CUCINA EMILIANA · FAMILIARE X Ad un km dal casello, ma già in aperta campagna, tipica trattoria familiare all'insegna della gastronomia regionale, dove tra gli "imperdibili" figurano sicuramente il riso carnaroli con pere e ristretto di lambrusco, il filetto di maiale con aceto balsamico, la zuppa inglese. Bel pergolato per il servizio estivo.

Carta 27/39 €

via Magnagallo Est 20 – ☏ 059 526218 – solo a pranzo escluso venerdì e sabato – Chiuso 25 dicembre-12 gennaio, 15 agosto-12 settembre e domenica

🉐 **Magnagallo** ⇔ 🚐 🍽 ⏦ 🆔 🛗 🅿️

CUCINA EMILIANA · CONVIVIALE X Quanti pregi riassume questo ristorante! Facile da raggiungere, a pochi metri dal casello, all'ingresso sarà la tipica ospitalità della gente di queste parti ad accogliervi insieme ad un goloso tavolo di torte. Ma prima, spazio ai tortellini in brodo di cappone e al fritto misto all'emiliana!

Carta 23/49 €

28 cam ⊊ – ♦50/100 € ♦♦70/140 €

via Magnagallo Est 7 – ☏ 059 528751 – www.magnagallo.it – Chiuso domenica sera

CAMPO LOMASO Trento → Vedere Comano Terme

CAMPOMARINO → Vedere Maruggio

CAMPO TURES SAND IN TAUFERS

Bolzano – ✉ 39032 – 5 371 ab. – Alt. 864 m – Carta regionale n° **19**-C1
Carta stradale Michelin 562-B17

⫯◯ **Toccorosso** 🍽 ⏦ 🅿️

CUCINA MODERNA · DESIGN XX In linea con il design hotel che lo ospita, il ristorante è tra i più belli di questa valle. Tutto è giocato sul territorio: a partire dalla carta, sino agli arredi con profusione di legno e cromatismi moderni. Il nome? E' il tocco nella mise en place: può essere il bicchiere o un fiore, ma il rosso non manca mai!

Carta 25/62 €

Hotel Feldmilla, via Castello 9 – ☏ 0474 677100 (prenotare) – www.feldmilla.com – solo a cena – Chiuso novembre e 3-30 aprile

Alte Mühle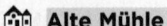

FAMILIARE · STILE MONTANO Calda accoglienza e cordialità in questo albergo in posizione centrale, con tanto legno, nonché qualche inserto antico, negli ambienti curati. Il ristorante (aperto solo la sera) è distribuito fra sala, stube e veranda.

15 cam ⌂ – ♦90/120 € ♦♦170/220 € – 5 suites

via San Maurizio 1/2 – ℰ 0474 678077 – www.alte-muehle.it – Chiuso 15 aprile-19 maggio e 4 novembre-2 dicembre

Drumlerhof

FAMILIARE · ACCOGLIENTE Nel cuore della località, gestito dalla stessa famiglia dal 1902 ma rinnovato di recente, offre camere avvolte nel legno, una piscina panoramica al quarto piano, escursioni guidate e un buon ristorante orientato sui prodotti del territorio ed alcune proposte gluten free.

35 cam ⌂ – ♦106/140 € ♦♦182/240 €

Via del Municipio 6 – ℰ 0474 678068 – www.drumlerhof.com – Chiuso 1° aprile-25 maggio e 4 novembre-7 dicembre

Feldmilla Designhotel

FAMILIARE · DESIGN Ai piedi dello storico castello, un design hotel - certificato ad impatto 0 - dalle linee sobrie, dove legno e pietra "gareggiano" a riscaldare l'ambiente. Molto belle, le camere.

35 cam ⌂ – ♦95/239 € ♦♦160/428 € – 6 suites

via Castello 9 – ℰ 0474 677100 – www.feldmilla.com – Chiuso novembre e 3-30 aprile

🍴 **Toccorosso** – Vedere selezione ristoranti

CANALE

Cuneo – ✉ 12043 – 5 686 ab. – Alt. 193 m – Carta regionale n° **14**-C2
Carta stradale Michelin 561-H5

✿ All'Enoteca (Davide Palluda)

CUCINA MODERNA · AMBIENTE CLASSICO XXX Al primo piano di un centrale palazzo ottocentesco, la sala è tanto moderna ed essenziale, quanto la cucina variopinta e creativa. Il trampolino di molti piatti sono gli straordinari prodotti piemontesi, ma ci sono anche pesce ed originali interpretazioni. All'Osteria, sapori più legati al territorio in un ambiente dall'accoglienza informale.

→ Plin (ravioli) al fumo. Agnello cotto nel fieno, caramellato al miele, con mele cotogne e senape. Mela ghiacciata, frutti esotici, spuma di lemongrass e sorbetto allo yuzu (frutto orientale).

Menu 65/90 € – Carta 57/98 €

via Roma 57 – ℰ 0173 95857 (consigliata la prenotazione) – www.davidepalluda.it – Chiuso 24 dicembre-2 gennaio, lunedì a mezzogiorno e domenica (solo domenica sera dal 1° ottobre al 9 dicembre)

🍴 Villa Tiboldi

CUCINA CREATIVA · ELEGANTE XX Splendido connubio tra cucina e ristrutturazione di un antico casolare in posizione collinare, l'atmosfera è romantica, i piatti di buon livello e la cantina merita una visita.

Menu 30/47 € – Carta 42/57 €

Agriturismo Villa Tiboldi, via Case Sparse 127, località Tiboldi, Ovest: 2 km – ℰ 0173 970388 – Chiuso 7 gennaio-13 febbraio, martedì a pranzo e lunedì, 1° ottobre-15 novembre aperto lunedì sera

Agriturismo Villa Tiboldi

CASA DI CAMPAGNA · ROMANTICO Imponente villa del Settecento, restaurata con cura, affacciata sul paesaggio collinare: interni di grande eleganza e signorilità. Camere nella villa principale o nell'ex magazzino e fienile; splendida suite.

9 cam ⌂ – ♦85/130 € ♦♦118/156 € – 1 suite

via Case Sparse 127, località Tiboldi, Ovest: 2 km – ℰ 0173 970388 – www.villatiboldi.it

🍴 **Villa Tiboldi** – Vedere selezione ristoranti

🏠 Agriturismo Villa Cornarea   🐾 ⪬ ⛟ ⌫ ⅙ **P**

DIMORA STORICA · PERSONALIZZATO Tra i celebri vigneti del Roero - molti di proprietà - villa liberty del 1908 dominante un suggestivo paesaggio collinare. Camere raffinate e suggestiva terrazza panoramica fra le due torri.

10 cam ⌂ – 🛏100/130 € 🛏🛏110/140 €

via Valentino 150 – ☏ 0173 979091 – www.villacornarea.com – Aperto 23 marzo-9 dicembre

CANALE D'AGORDO

Belluno – ✉ 32020 – 1 131 ab. – Alt. 976 m – Carta regionale n° **23**-B1
Carta stradale Michelin 562-C17

🙂 Alle Codole   🐜 ⪦ **P**

CUCINA REGIONALE · FAMILIARE ⊠ "Codole" è il soprannome del casato, cui appartengono i proprietari, che deve la propria fama all'attività dei suoi avi nelle miniere di rame. Oggi ristoratori e albergatori propongono piatti divisi tra tradizione e innovazione con grande cura nella qualità. Un piatto iconico? Fagottino di patate ai porcini con ragù di cervo e fonduta.

🍴 Menu 25 € (pranzo)/45 € – Carta 28/68 €

10 cam ⌂ – 🛏40/80 € 🛏🛏80/160 €

via 20 Agosto 27 – ☏ 0437 590396 – www.allecodole.eu – Chiuso 10 giugno-10 luglio, novembre e lunedì escluso luglio-agosto

CANAZEI

Trento – ✉ 38032 – 1 908 ab. – Alt. 1 465 m – Carta regionale n° **19**-C2
Carta stradale Michelin 562-C17

🍴 Wine & Dine   🐜 ⪬ **P**

CUCINA REGIONALE · ROMANTICO ⊠⊠ Un ristorante che riscuote un certo successo in zona: ricreando l'atmosfera di una baita con legni vecchi ed angoli romantici, la cucina si fa sfiziosa e creativa. La carta dei vini propone alcune etichette anche al bicchiere.

Carta 31/80 €

Hotel Croce Bianca, stredà Roma 5 – ☏ 0462 601111 – www.hotelcrocebianca.com – Aperto 1° dicembre-31 marzo e 1° luglio-15 settembre; chiuso martedì

🍴 El Paél   🏠

CUCINA REGIONALE · ACCOGLIENTE ⊠⊠ Interni accoglienti ed un'atmosfera invitante, per una gustosa cucina del territorio sapientemente rivisitata e piatti a tema. Da accompagnarsi con l'ottimo racconto che il patron dedica ai vini in carta. Servizio pizzeria e carni alla griglia.

Menu 27 € – Carta 34/62 €

via Roma 58 – ☏ 0462 601433 – www.elpael.com – Aperto 1° dicembre-15 aprile e inizio giugno-30 settembre; chiuso mercoledì a mezzogiorno in inverno

🏠 Croce Bianca   🏋 ⪬ ⪬ ⛟ 🎬 🕸 ♨ ⌫ 🔼 **P**

TRADIZIONALE · STILE MONTANO Saloni con biliardo, camino, stube ed area fumatori in questo accogliente hotel, faro dell'ospitalità locale dal 1869. Poche camere standard, il resto con salottino e caratteristici arredi. Piscina coperta e ben due all'aperto, nella zona benessere recentemente potenziata.

44 cam ⌂ – 🛏150/470 € 🛏🛏150/470 € – 2 suites

stredà Roma 3 – ☏ 0462 601111 – www.hotelcrocebianca.com – Aperto 1° dicembre-31 marzo e 1° giugno-30 settembre

🍴 **Wine & Dine** – Vedere selezione ristoranti

Rita

TRADIZIONALE · STILE MONTANO Centrale e bella costruzione in stile ladino che ripropone anche negli interni la stessa atmosfera montana; la zona benessere è stata potenziata con una piccola beauty. Nuovissimo ristorante Rita Stube con piccola cantina vini.

18 cam – solo ½ P 65/140 € – 3 suites

strèda de Pareda 16
– 𝒞 0462 601219 – www.hotelrita.com – Aperto 1° dicembre-Pasqua e
15 giugno-30 settembre

Gries

FAMILIARE · STILE MONTANO In una zona più tranquilla ma non distante dal centro, piccola gestione familiare che offre camere accoglienti e spaziose, quasi tutte con balcone, una sola con romantico letto a baldacchino.

19 cam ⌑ – †80/110 € ††90/160 €

via Lungo Rio di Soracrepa 22
– 𝒞 0462 601332 – www.hotelgries.it – Aperto 1° dicembre-Pasqua e
20 giugno-30 settembre

ad Alba Sud-Est : 1,5 km ✉ 38032

La Cacciatora

CUCINA MODERNA · ACCOGLIENTE ✗✗ Nella signorile stube, la carta spazia dalla tradizione ladina a proposte di pesce in chiave contemporanea assai intrigante. Eccezionale anche la cantina con grandi vini da tutto il mondo ed annate speciali: in tutto circa 800 etichette!

Carta 34/78 €

Hotel La Cacciatora, strèda de Contrin 26
– 𝒞 0462 601411 – www.lacacciatora.it – Aperto inizo dicembre-fine marzo e inizio
giugno-fine settembre

La Cacciatora

TRADIZIONALE · STILE MONTANO Sito vicino alla funivia del Ciampac, una gestione familiare - premurosa ed ospitale - propone camere confortevoli ad un ottimo prezzo ed uno splendido centro benessere. Al piano interrato c'è anche una pizzeria con pub.

37 cam ⌑ – †92/179 € ††164/336 €

strèda de Contrin 26 – 𝒞 0462 601411 – www.lacacciatora.it – Aperto inizio
dicembre-fine marzo e inizio giugno-fine settembre

⫟○ **La Cacciatora** – Vedere selezione ristoranti

Chalet Vites Mountain Hotel

FAMILIARE · STILE MONTANO Come il nome annuncia, si tratta proprio di uno chalet disegnato molto bene per valorizzare legni - alcuni secolari - e pietre di montagna che lo rendono caldo ed accogliente. Abete, larice e cirmolo coccoleranno il vostro riposo nelle belle camere, ognuna contraddistinta da un nome ladino.

11 cam ⌑ – †50/80 € ††65/90 € – 1 suite

strèda de Costa 161
– 𝒞 0462 601604 – www.chaletvites.it – Aperto inizio dicembre-Pasqua
e 15 giugno-20 settembre

CANDELI Firenze → Vedere Bagno a Ripoli

CANDIA CANAVESE

Torino – ✉ 10010 – 1 258 ab. – Alt. 285 m – Carta regionale n° **12**-B2
Carta stradale Michelin 561-G5

🍴○ **Residenza del Lago**　　　　　🐾 🛏 📶 🎍

CUCINA CLASSICA · FAMILIARE Ⅹ In una tipica casa colonica, la cucina ripercorre i migliori piatti del Piemonte con alcune aperture sui sapori più genericamente italiani, mentre la carta dei vini è addirittura cosmopolita: un doveroso occhio di riguardo è dato alla regione con Barolo e Barbaresco raccontati anno dopo anno. A sorpresa, oltre 100 etichette dalla Francia.

🍴 Menu 25/32 € – Carta 30/59 €

10 cam – 🛏65/100 € 🛏🛏75/115 € – 1 suite

via Roma 48

– ☏ 011 983 4885 – www.residenzadelago.it

CANELLI

Asti – ✉ 14053 – 10 485 ab. – Alt. 157 m – Carta regionale n° **14**-D2
Carta stradale Michelin 561-H6

❀ **San Marco** (Mariuccia Roggero)　　　🐾 🅰🅲 ♿

CUCINA PIEMONTESE · FAMILIARE ⅩⅩ Sentirsi a casa, ma al ristorante: camino acceso, una bella accoglienza familiare, l'intramontabile cucina piemontese e un ottimo rapporto qualità/prezzo.

→ Gnocchi di patata rossa di Mombarcaro, salsa al Castelmagno e noci. Rollata di coniglio, sedano rapa, patate, olive taggiasche. Sfoglia dolce, crema Chantilly, frutti rossi, gelato di nocciola.

🍴 Menu 25 € (in settimana)/55 € – Carta 43/73 €

via Alba 136

– ☏ 0141 823544 – www.sanmarcoristorante.it

– Chiuso 10 giorni in gennaio, 20 giorni in luglio-agosto, martedì e mercoledì

🍴○ **Enoteca di Canelli** ⓝ　　　　　🅰🅲 ♿

CUCINA MODERNA · CONTESTO STORICO ⅩⅩ In un palazzo di fine Ottocento, negli ambienti che furono di una storica cantina attiva fino agli anni '60, questo ristorante dalla solida conduzione familiare propone piatti di cucina del territorio e d'ispirazione contemporanea.

Menu 34/40 € – Carta 33/52 €

corso Libertà 65/a

– ☏ 0141 832182 (consigliata la prenotazione)

– www.ristoranteenotecacanelli.com – Chiuso 15 giorni in gennaio, 15 giorni in agosto, domenica sera e lunedì

🏡 **I Tre Poggi**　　🦢 🐾 ⪦ 🛋 𝔪 ⛱ ♿ 🅿

CASA DI CAMPAGNA · CONTEMPORANEO Si gode di uno spettacolare panorama da questa bella struttura che unisce il fascino di un antico casolare ristrutturato ad un arredo d'impronta più moderna. Per chi desidera prendersi cura di sé o semplicemente rilassarsi, la piccola zona benessere farà al caso suo.

14 cam ☲ – 🛏80/210 € 🛏🛏80/210 €

Regione Merlini, 22, Sud Ovest: 3 km

– ☏ 0141 822548 – www.itrepoggi.it – Chiuso 7 gennaio-1° marzo

🏡 **Agriturismo La Casa in Collina**　　🐾 ⪦ 🛏 🛋 𝔪 ♿ 🅿

FAMILIARE · TRADIZIONALE Dal romanzo di Cesare Pavese, uno dei luoghi più panoramici delle Langhe con vista fino al Monte Rosa nei giorni più limpidi. In casa: elegante atmosfera piemontese. Piccola produzione propria di moscato d'Asti e Barbera.

6 cam ☲ – 🛏90/110 € 🛏🛏110/130 €

località Sant'Antonio 54, Nord-Ovest: 2 km

– ☏ 0141 822827 – www.casaincollina.com

– Chiuso gennaio-febbraio

CANEVA

Pordenone – ✉ 33070 – 6 424 ab. – Carta regionale n° **6**-A3
Carta stradale Michelin 562-E19

Ca' Damiani

DIMORA STORICA • PERSONALIZZATO Abbracciata da un ampio parco secolare, la maestosa villa settecentesca dalla calda accoglienza propone al suo interno saloni impreziositi con arredi d'epoca e raffinate camere, contraddistinte da nomi di grandi orologiai; generosi spazi, spesso anche nei bagni.

12 cam – †45/50 € ††55/61 € – ☕9 €

via Vittorio Veneto 5, località Stevenà – ✆ 0434 799092 – www.cadamiani.com

CANEZZA Trento (TN) ➔ Vedere Pergine Valsugana

CANGELASIO Parma ➔ Vedere Salsomaggiore Terme

CANNARA

Perugia – ✉ 06033 – 4 305 ab. – Alt. 191 m – Carta regionale n° **20**-B2
Carta stradale Michelin 563-N19

Perbacco-Vini e Cucina

CUCINA REGIONALE • COLORATO X Semplice, ma colorata trattoria familiare nel bel centro storico di Cannara, la cucina celebra l'omonima famosa cipolla, ma anche frittate, paste fresche, gnocchi e carni. Suggestioni dal menu: agnello morbido alle erbe - piccione alla griglia - baccalà con prugne e uvetta - crema inglese con biscottini all'arancia - semifreddo con mela verde e zenzero.

Carta 27/49 €

via Umberto I°, 14 – ✆ 0742 720492 – solo a cena escluso giorni festivi – Chiuso 1°-15 luglio e lunedì

CANNERO RIVIERA

Verbano-Cusio-Ossola – ✉ 28821 – 969 ab. – Alt. 225 m – Carta regionale n° **12**-C1
Carta stradale Michelin 561-D8

I Castelli

CUCINA MODERNA • ELEGANTE XXX Non solo specialità lacustri, ma anche proposte internazionali, sulla terrazza di questo signorile ristorante, nella cornice di una delle più belle e romantiche passeggiate del lago Maggiore.

Menu 32/65 € – Carta 31/78 €

Hotel Cannero, piazza Umberto I° 2 – ✆ 0323 788047 – www.hotelcannero.com – Aperto 2 marzo-2 novembre

Il Cortile

CUCINA MODERNA • ROMANTICO XX Sito nel cuore della località e raggiungibile solo a piedi, un locale grazioso e curato, frequentato soprattutto da una clientela straniera, propone una cucina creativa. Dispone anche di alcune camere signorili dall'arredo ricercato.

Carta 47/80 €

9 cam ☕ – †82/87 € ††115/120 €

via Massimo D'Azeglio 73 – ✆ 0323 787213 – www.cortile.net – solo a cena escluso sabato e domenica – Aperto 24 marzo-28 ottobre; chiuso mercoledì escluso metà luglio-fine agosto

Cannero

LUSSO • ELEGANTE Prestigiosa ubicazione sul lungolago e la sensazione di trovarsi in un piccolo borgo con viuzze private tra un edificio e l'altro della struttura, angoli bar, relax e salette lettura. Le camere offrono uno standard molto competitivo e la cura maniacale della titolare le rende anche ordinate e pulitissime.

71 cam ☕ – †104/140 € ††128/176 € – 2 suites

piazza Umberto I° 2 – ✆ 0323 788046 – www.hotelcannero.com – Aperto 2 marzo-2 novembre

I Castelli – Vedere selezione ristoranti

Park Hotel Italia ⓝ

DIMORA STORICA · BORDO LAGO Affacciato sulla suggestiva passeggiata del lungolago, un hotel in pieno stile liberty interamente ristrutturato. Godetevi la vista e il relax dalle sue belle terrazze e, disponibilità permettendo, prenotate le corner room con ampia vista anche sul paesaggio verdeggiante retrostante.

29 cam ⌷ – ♦94/134 € ♦♦108/188 € – 2 suites

lungolago delle Magnolie, 19 – ☏ 0323 788488 – www.parkhotelitalia.com
– Aperto 9 marzo-4 novembre

CANNETO SULL'OGLIO

Mantova – ✉ 46013 – 4 455 ab. – Alt. 34 m – Carta regionale n° **9**-C3
Carta stradale Michelin 561-G13

a Runate Nord-Ovest : 3 km ✉ 46013 – Canneto Sull'Oglio

✿✿✿ Dal Pescatore (Nadia e Giovanni Santini)

CUCINA MODERNA · LUSSO XxX Sperduto fra i campi e le anse del parco dell'Oglio, l'incredibile destino di Runate – poche decine di abitanti – è stato quello di diventare sinonimo nel mondo di ospitalità ai più alti livelli. Di generazione in generazione, da quasi un secolo, la famiglia Santini accoglie i clienti in una fiabesca casa-ristorante: un mondo a parte dove atmosfera, cibo e servizio si fondono in una memorabile esperienza di benessere e armonia.

→ Risotto al basilico con calameretti spillo e pane nero alle erbe e lime. Lombata di fassona (allevata a Canneto) con salsa al nebbiolo, spezie e tartufo nero. Maccheroni di ananas vanigliati con frutti di stagione e coulis di lamponi.

Menu 150/250 € – Carta 122/222 €

– ☏ 0376 723001 – www.dalpescatore.com – Chiuso 2-31 gennaio,
13 agosto-8 settembre, mercoledì a mezzogiorno, lunedì e martedì

CANNIGIONE Sardegna Olbia-Tempio → Vedere Arzachena

CANNOBIO

Verbano-Cusio-Ossola – ✉ 28822 – 5 182 ab. – Alt. 214 m – Carta regionale n° **12**-C1
Carta stradale Michelin 561-D8

ⅠO Lo Scalo

CUCINA MODERNA · RUSTICO XX Merita di fare "scalo", questo ristorante sul lungolago con un bel dehors per il servizio all'aperto ed un ambiente rustico-elegante al suo interno. La cucina reinterpreta la tradizione locale con guizzi di fantasia.

Menu 26/55 € – Carta 43/83 €

piazza Vittorio Emanuele 32 – ☏ 0323 71480 (consigliata la prenotazione)
– www.loscalo.com – Chiuso novembre, martedì a mezzogiorno e lunedì escluso luglio-agosto

Park Hotel Villa Belvedere

CASA DI CAMPAGNA · PERSONALIZZATO All'interno di un meraviglioso parco secolare con piscina, la struttura è ideale per una vacanza a tutto relax, nonché a contatto diretto con la natura. Camere ampie e confortevoli, dove colori solari si abbinano a materiali naturali quali legno, cotto e pietra; tutte le stanze dispongono di terrazzo o balcone.

27 cam ⌷ – ♦120/150 € ♦♦170/200 € – 1 suite

via Casali Cuserina 2, Ovest: 1 km – ☏ 0323 70159 – www.villabelvederehotel.it
– Aperto 24 marzo-21 ottobre

Cannobio

TRADIZIONALE · ACCOGLIENTE Sulla piazza principale prospiciente il lago, la struttura si caratterizza per i suoi eleganti spazi comuni e le camere deliziosamente personalizzate. Ovunque il piacere di scoprire le sfumature dell'acqua. Ristorante con proposte classiche.

19 cam ⌷ – ♦100/120 € ♦♦195/230 € – 1 suite

piazza Vittorio Emanuele III 6 – ☏ 0323 739639 – www.hotelcannobio.com
– Aperto 15 marzo-15 novembre

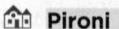 Pironi

STORICO · PERSONALIZZATO Delizioso hotel d'atmosfera in un palazzo quattro-centesco nel cuore della località: un insieme di antichi affreschi, soffitti a volta, colonne medievali e moderni elementi di arredo. Il tutto in perfetta armonia tra funzionalità e ricordi di epoche passate.

12 cam ⌑ – ♦100/140 € ♦♦150/195 €

via Marconi 35 – ℰ 0323 70624 – www.pironihotel.it
– Aperto 23 marzo-5 novembre

sulla strada statale 34 Sud : 2 km

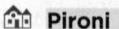 Del Lago

FAMILIARE · ACCOGLIENTE Eccellenti camere di taglio moderno, ampie e signo-rili, possono tutte vantare un romantico affaccio sul lago. Vista superba anche dalla terrazza dove - a mezzogiorno - è possibile consumare un easy lunch.

8 cam – ♦90/110 € ♦♦120/160 € – 1 suite – ⌑ 10 €

via Nazionale 2, località Carmine Inferiore ⊠ 28822 – ℰ 0323 70595
– www.hoteldellagocannobio.it – Aperto 15 marzo-fine ottobre

CANOSA DI PUGLIA

Barletta-Andria-Trani (BT) – ⊠ 76012 – 30 294 ab. – Alt. 105 m – Carta regionale n° **15**-B2
Carta stradale Michelin 564-D30

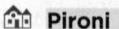 Locanda di Nunno

CUCINA REGIONALE · INTIMO XX Intimo ristorante dai toni signorili e contempo-ranei, la cui cucina esalta il territorio con piatti sia di carne che di pesce. Sicura-mente una sosta da consigliare!

Menu 35/45 € – Carta 38/54 €

via Balilla 2 – ℰ 0883 615096 (consigliata la prenotazione) – Chiuso 22-30 agosto,
domenica sera e lunedì

CANOVE

Vicenza – ⊠ 36010 – Alt. 1 001 m – Carta regionale n° **23**-B2
Carta stradale Michelin 562-E16

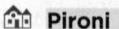 Alla Vecchia Stazione

TRADIZIONALE · ACCOGLIENTE Ubicato di fronte al museo locale un hotel che presenta ambienti di ottimo livello con accessori e dotazioni in grado di garantire un soggiorno piacevolmente signorile. Bella piscina e zona benessere, dove effet-tuare anche trattamenti e massaggi. Tre diverse sale ristorante per gli ospiti dell'-hotel, i clienti di passaggio e i banchetti.

40 cam ⌑ – ♦70 € ♦♦120 € – 1 suite

via Roma 147 – ℰ 0424 692009 – www.allavecchiastazione.it – Chiuso aprile,
ottobre e novembre

CANTALUPA

Torino (TO) – ⊠ 10060 – 2 553 ab. – Alt. 459 m – Carta regionale n° **12**-B2
Carta stradale Michelin 561-H3

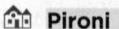 La Locanda della Maison Verte

FAMILIARE · PERSONALIZZATO È stato ispirandosi al verde circostante che la maison si è specializzata nella cure per la salute e la bellezza. In questa bucolica atmosfera l'antica cascina ottocentesca ha saputo mantenere intatto il fascino d'antan. Anche il ristorante è un omaggio al passato: è qui che si riscoprono i sapori tipici del territorio.

26 cam ⌑ – ♦63/80 € ♦♦81/108 € – 1 suite

via Rossi 34, per via XX Settembre – ℰ 0121 354610 – www.maisonvertehotel.com
– Chiuso 1°-8 gennaio

🏠 Il Furtin ⚜ ≤ 🛏 🏠 🅿

FAMILIARE · TRADIZIONALE Dedicato a tutti gli amanti della quiete e della storia: affacciato su una collina panoramica, un borgo contadino ottocentesco tra arredi semplici e qualche pezzo d'epoca.

5 cam 🍴 – 🛉60/75 € 🛉🛉80/95 €

via Rocca 28, Nord: 2,5 km – ℰ 0121 354610 – www.ilfurtin.com – Chiuso 2 gennaio-31 marzo

CANTALUPO Milano → Vedere Cerro Maggiore

CANTALUPO LIGURE

Alessandria (AL) – ✉ 15060 – 527 ab. – Alt. 383 m – Carta regionale n° **12**-D3
Carta stradale Michelin 561-H9

🍴 Belvedere 🏠 🆎 🅿

CUCINA REGIONALE · FAMILIARE ✕✕ L'atmosfera vintage celebra un ristorante qui dal 1919 nella stessa gestione familiare, mentre l'offerta della carta si concentra - quasi esclusivamente - sulla carne, proponendo un'intelligente rivisitazione dei classici piemontesi. Servizio estivo in terrazza.

Menu 32 € – Carta 30/55 €

località Pessinate 53, Nord: 7 km – ℰ 0143 93138 (prenotazione obbligatoria) – www.belvedere1919.it – Chiuso gennaio o febbraio e lunedì

CANTELLO

Varese – ✉ 21050 – 4 728 ab. – Alt. 404 m – Carta regionale n° **10**-A1
Carta stradale Michelin 561-E8

🍴 Madonnina 🛏 🏠 🅿

CUCINA CLASSICA · ELEGANTE ✕✕ Cucina che segue le stagioni e piatti ricchi d'estro, in un ristorante di ricercata eleganza composto da vari ambienti per banchetti ed eventi.

Carta 43/61 €

Hotel Madonnina, largo Lanfranco da Ligurno 1, località Ligurno – ℰ 0332 417731 – www.madonnina.it – Chiuso lunedì

🏠 Madonnina ⚜ 🛏 🏊 ⊞ 🅿

TRADIZIONALE · PERSONALIZZATO Un hotel di charme con camere raffinate, in una stazione di posta del '700 circondata da un bel parco-giardino: suite di Edda Ciano nella parte storica, camere per famiglie in quella moderna con piscina in terrazza e solarium.

24 cam – 🛉90 € 🛉🛉120 € – 2 suites – 🍴 10 €

largo Lanfranco da Ligurno 1, località Ligurno – ℰ 0332 417731 – www.madonnina.it

🍴 **Madonnina** – Vedere selezione ristoranti

CANTÙ

Como – ✉ 22063 – 39 930 ab. – Alt. 369 m – Carta regionale n° **10**-B1
Carta stradale Michelin 561-E9

🍴 La Scaletta ⇦ 🏠 🅿

CUCINA MODERNA · AMBIENTE CLASSICO ✕✕ Tono classico-elegante per un ristorante con camere confortevoli, ubicato alle porte della città: cucina inventiva con piatti di carne e di pesce in sintonia con le stagioni.

Menu 35 € – Carta 41/63 €

8 cam 🍴 – 🛉40/50 € 🛉🛉70/80 €

via Milano 30 – ℰ 031 716540 – www.trattorialascaletta.it – Chiuso 1°-7 gennaio, 3 settimane in agosto, sabato a mezzogiorno e venerdì sera

Ⅰ○ Le Querce   🛏 🏠 🗚 🅿

CUCINA CLASSICA · ELEGANTE XX Le Querce, come gli alberi che ombreggiano il grande giardino nel quale si trova questo signorile ristorante, ben attrezzato anche per banchetti e ricevimenti. Cucina regionale e gustose proposte di pesce.

Carta 33/63 €

via Marche 27 – ☏ 031 731336 – www.ristorantelequerce.com – Chiuso 2 settimane in gennaio, 3 settimane in agosto, lunedì e martedì

CAORLE

Venezia – ✉ 30021 – 11 672 ab. – Carta regionale n° **23**-D2
Carta stradale Michelin 562-F20

Ⅰ○ Al Postiglione   🏠 ♿ 🗚

PESCE E FRUTTI DI MARE · CONTESTO CONTEMPORANEO XX Con un bel dehors lungo la via del passeggio serale, un locale moderno dove gustare piatti di pesce, classici italiani e, in alternativa, la pizza (anche a mezzogiorno).

Carta 25/88 €

viale Santa Margherita 42 – ☏ 0421 81520 – www.alpostiglione.com – Aperto 1° marzo-31 ottobre

Ⅰ○ Per la Riva 🆕   🗚

CUCINA MODERNA · CONTESTO CONTEMPORANEO XX Cucina mediterranea con tocchi fantasiosi in un locale moderno e molto ben curato. Per gli amanti della pizza, ci sono anche proposte gourmet con farine più pregiate.

Carta 40/65 €

via Marconi 64 ✉ 30021 Caorle
– ☏ 0421 83494 (consigliata la prenotazione) – www.ristoranteperlariva.it – Chiuso i mezzogiorno di martedì e mercoledì

🏠 Garden Sea   ✿ ≤ 🛏 ⅃ 🏠 ♨ 🔁 ♿ 🗚 🅿

TRADIZIONALE · CLASSICO Solo la piazza divide dal mare questo hotel dagli ambienti luminosi arredati con gusto moderno e minimal; camere confortevoli, spesso ampie. Al ristorante, piatti con prevalenza di proposte mediterranee e stile moderno: in estate - a pranzo - si mangia a buffet.

52 cam ⊆ – ♦75/140 € ♦♦100/200 €

piazza Belvedere 2 – ☏ 0421 210036 – www.hotelgarden.info
– Aperto 15 aprile-30 settembre

🏠 International Beach Hotel   ✿ ⅃ ♨ 🔁 ♿ 🗚 🅿

TRADIZIONALE · CLASSICO Leggermente arretrato rispetto al mare, lungo un'arteria commerciale che in estate viene chiusa al traffico, due strutture sobriamente eleganti con aree riservate per il gioco dei più piccoli. Alcune camere sono state rinnovate in tempi recenti.

59 cam ⊆ – ♦80/110 € ♦♦130/180 €

viale Santa Margherita 57 – ☏ 0421 81112 – www.internationalbeachhotel.it
– Chiuso 20-28 dicembre e 7 gennaio-15 febbraio

🏠 Savoy   ✿ ≤ ⅃ ♨ 🔁 🗚 🅿

FAMILIARE · LUNGOMARE Per una vacanza tra bagni e tintarella è perfetto questo hotel fronte spiaggia dalla seria conduzione familiare; le camere sono state rinnovate in anni recenti. Capiente e luminosa la sala da pranzo, dove gustare una sana cucina mediterranea.

62 cam ⊆ – ♦90/120 € ♦♦110/210 € – 2 suites

via Pascoli 1 – ☏ 0421 81879 – www.savoyhotel.it – Aperto 27 aprile-2 maggio e 9 maggio-22 settembre

a Porto Santa Margherita Sud-Ovest : 6 km oppure 2 km e traghetto
✉ 30021

🏠 Oliver ☆ ≤ 🏠 ℑ 🛏 🔥 🖃 🗚 ℁ 🅿

FAMILIARE · LUNGOMARE Offre ampi spazi esterni e un ambiente familiare questo piacevole albergo, posizionato direttamente sul mare, con piccola pineta e piscina al limitare della spiaggia. Classica e luminosa la sala da pranzo.

66 cam - ♦85/110 € ♦♦110/190 € - ☲ 15 €

viale Lepanto 3 - ℰ 0421 260002 - www.hoteloliver.it
- Aperto 15 maggio-20 settembre

a San Giorgio di Livenza Nord-Ovest : 12 km ✉ 30020

🍴 Al Cacciatore 🔥 🗚 ↔ 🅿

PESCE E FRUTTI DI MARE · FAMILIARE ✕✕ Qui la qualità del pesce teme pochi confronti: guidati dal titolare che vi illustrerà il pescato del giorno, ne serberete il ricordo di uno dei migliori ristoranti di mare della zona.

Menu 35/55 € - Carta 35/55 €

corso Risorgimento 35 - ℰ 0421 80331 - www.ristorantealcacciatore.it - Chiuso 1°
10 gennaio, 1°-15 luglio e mercoledì

CAPALBIO

Grosseto - ✉ 58011 - 4 129 ab. - Alt. 217 m - Carta regionale n° **18**-C3
Carta stradale Michelin 563-O16

🍴 Tullio 🏠 🗚 ℁

CUCINA TOSCANA · AMBIENTE CLASSICO ✕✕ Poco distante dall'antica cinta muraria, ristorante familiare che dispone di una sala interna d'atmosfera e di una terrazza, dove assaporare le specialità del territorio.

Carta 30/70 €

via Nuova 27 - ℰ 0564 896196 - www.tulliocapalbio.it - Chiuso mercoledì escluso
luglio-agosto; aperto solo venerdì sera, domenica a pranzo e sabato dal 1° ottobre
a Pasqua

🏠 Agriturismo Ghiaccio Bosco ℀ 🏠 ℑ 🛏 🗚 ℁ 🅿

FAMILIARE · PERSONALIZZATO Bella piscina e confortevoli camere con piccole personalizzazioni (alcune dispongono di romantico letto a baldacchino e vasca idromassaggio), nonché accesso indipendente dal giardino. Tutt'intorno un lussureggiante parco.

14 cam ☲ - ♦60/90 € ♦♦85/140 €

strada della Sgrilla 4, Nord-Est: 4 km - ℰ 0564 896539 - www.ghiacciobosco.com
- Chiuso 7 gennaio-15 marzo

CAPANNORI Lucca → Vedere Lucca

CAPO D'ORLANDO

Messina - ✉ 98071 - 13 254 ab. - Carta regionale n° **17**-C1
Carta stradale Michelin 365-AX55

🏠 La Tartaruga ☆ ≤ ℑ 🛏 🔥 🖃 🗚 ♨ 🅿

TRADIZIONALE · LUNGOMARE Ubicato nel vero fulcro turistico della località, questa risorsa, affacciata sulla spiaggia, offre una buona ospitalità grazie a camere confortevoli e alla gestione attenta.

48 cam ☲ - ♦65/85 € ♦♦110/125 €

Lido San Gregorio 41 - ℰ 0941 955421 - www.hoteltartaruga.it - Aperto
1° aprile-30 settembre

🏨 Il Mulino

BUSINESS · LUNGOMARE Albergo ubicato sul lungomare offre ai suoi ospiti ambienti totalmente rinnovati, sia nel settore camere sia nelle aree comuni. Al ristorante, oltre alla carta tradizionale anche proposte del giorno secondo il mercato.

85 cam ⌑ – ♦70/110 € – ♦♦100/150 €

lungomare Andrea Doria 46 – ℰ 0941 902431 – www.hotelilmulino.it

---

CAPOLAGO Varese → Vedere Varese

CAPOLIVERI Livorno → Vedere Elba (Isola d')

CAPPELLA DÉ PICENARDI

Cremona – ✉ 26030 – 450 ab. – Alt. 42 m – Carta regionale n° **9**-C3

🍽️ Locanda degli Artisti

CUCINA LOMBARDA · ROMANTICO 🍴 All'interno di una cascina ristrutturata con fantasia e originalità, ricca di cimeli storici, la cucina ripercorre la storia della tradizione lombarda, a cavallo tra Cremona e Mantova, fra marubini e tortelli di zucca.

🍴 Menu 17 € (pranzo in settimana) – Carta 32/57 €

via XXV Aprile 13/1 – ℰ 0372 835576 – www.locandadegliartisti.it – Chiuso domenica sera e lunedì

CAPRESE MICHELANGELO

Arezzo – ✉ 52033 – 1 426 ab. – Alt. 653 m – Carta regionale n° **18**-D1
Carta stradale Michelin 563-L17

🍽️ Il Rifugio

CUCINA REGIONALE · TRATTORIA 🍴 Appena fuori dal piccolo borgo dove nacque uno tra i più grandi artisti di tutti i tempi, Michelangelo, la solida e simpatica gestione familiare di questo locale propone piatti a base di funghi e tartufi, nonché carne. Il giovedì, venerdì e sabato - solo su prenotazione - si preparano specialità di pesce. La sera c'è anche la pizza.

🍴 Menu 15 € (pranzo in settimana) – Carta 23/46 €

località Lama 47, Ovest: 2 km – ℰ 0575 793968 – Chiuso mercoledì escluso agosto

Michelin

CI PIACE...

La luna caprese dal terrazzo del **J.K. Place Capri**. La tradizione locale a strapiombo sul mare del **Riccio**. Da **Tonino**: la camminata per raggiungerlo è premiata da una superba carta dei vini!

CAPRI (Isola di)

(NA) – 7 205 ab. – Carta regionale n° **4**-B3
Carta stradale Michelin 564-F24

Anacapri – ✉ 80071 – 6 946 ab. – Alt. 275 m – Carta regionale n° **4**-B3

Carta stradale Michelin 564-F24

✿✿ L'Olivo   ⌘ 🏠 AC ✗

CUCINA CREATIVA · LUSSO XxXxX Un vasto e raffinato salotto dove illuminazione, tessuti e decorazioni creano un'ineguagliata armonia di stile e benessere che il servizio eleva a caratura internazionale; in cucina l'ischitano Migliaccio si fa portabandiera di piatti mediterranei e creativi, eleganti e sofisticati.

→ Candele ripiene gratinate con ragù napoletano e fonduta di caciocavallo podolico. Rombo in olio con mele annurche, finocchi croccanti e composta di arancia. Babà, composta di more e gelato al rhum.

Carta 130/188 €

Pianta: B1-p – *Capri Palace Hotel* – ℰ *081 978 0111 (prenotare)*
– www.capripalace.com – solo a cena – Aperto Pasqua-31 ottobre

🏠🏠 Capri Palace Hotel   ⇗ ⬅ 🛏 ⚒ 🗓 ⊕ 🕸 ♨ ⚓ 🔲 AC ♨

GRAN LUSSO · ORIGINALE Svetta sui tetti di Anacapri, domina il mare e custodisce straordinarie opere d'arte contemporanea, questo celebre albergo dai soffici colori dotato di una spa di prim'ordine e camere di alto livello, alcune con piscina privata. Un inno allo stile mediterraneo nella sua massima espressione! A pranzo ci si accomoda al Ragù per una cucina campana e, volendo, anche per la pizza.

51 cam ⊊ – ╂520/1280 € ╂╂520/1280 € – 18 suites

Pianta: B1-p – *via Capodimonte 14* – ℰ *081 978 0111 – www.capripalace.com*
– Aperto Pasqua-31 ottobre

✿✿ **L'Olivo** – Vedere selezione ristoranti

La guida vive con voi: raccontateci le vostre esperienze.
Comunicateci le vostre scoperte più piacevoli e le vostre delusioni.
Buone o cattive sorprese? Scriveteci!

263

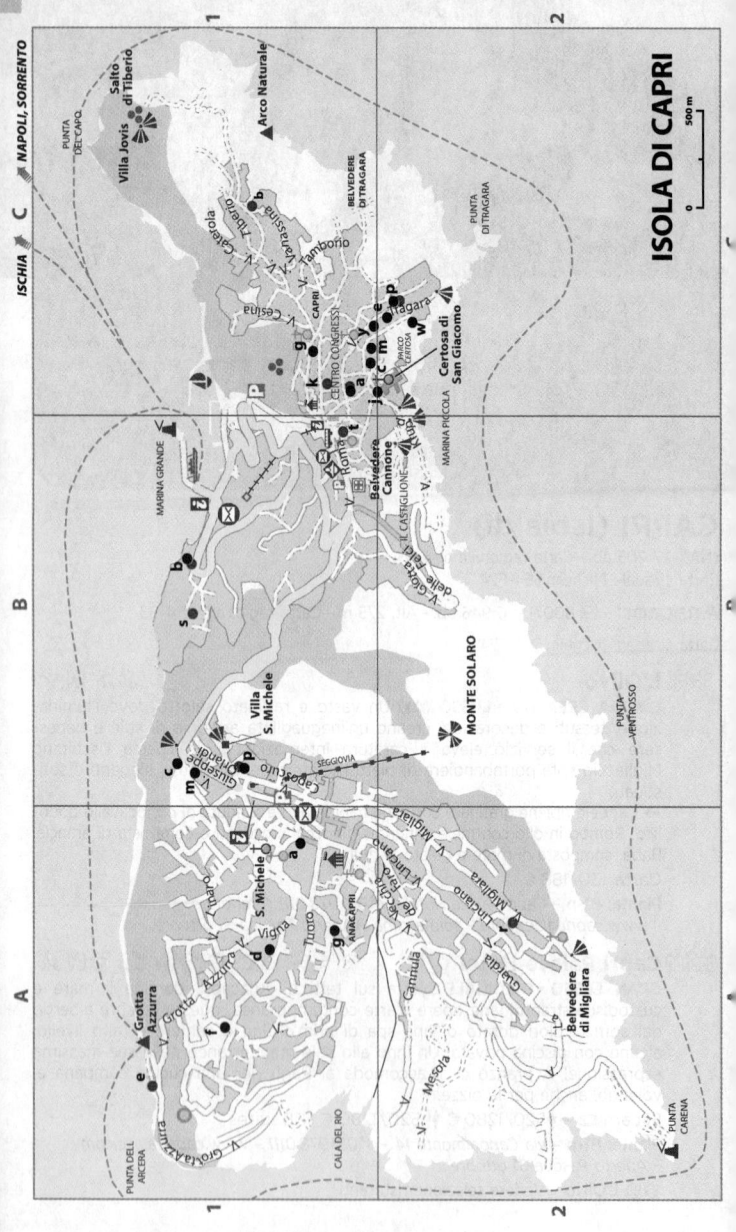

ISOLA DI CAPRI

0   500 m

NAPOLI, SORRENTO

ISCHIA

PUNTA DEL CAPO

Salto
di Tiberio
Villa Jovis di Tiberio

Arco Naturale

V. Tiberio
V. Matermania

BELVEDERE
DI TRAGARA

V. Cesina
CAPRI
V. Tamborio
CENTRO CONGRESSI
PUNTA DI TRAGARA

V. Roma
Certosa di San Giacomo
MARINA PICCOLA

MARINA GRANDE

Belvedere
Cannone
LE CASTIGLIONE
V. Gradola
V. Grotta
delle Felci

MONTE SOLARO

PUNTA
VENTROSO

Villa
S. Michele
V. Giuseppe
Orlandi

SEGGIOVIA
Capodimonte

S. Michele
Vigna

V. Tinaro
Grotta Azzurra

ANACAPRI

V. Lubano
V. Migliara

V. Caprile

Grotta
Azzurra

PUNTA DELL
ARCERA

V. Grotta Azzurra

CALA DEL RIO

V. Megria

Cannula

V. Castle

V. Guelda

Belvedere
di Migliara

PUNTA
CARENA

264

🏨 Caesar Augustus ✿ ⏃ ≤ 🛏 ⌘ 🏠 Ⅰ₅ 🔼 AC ⚒ 🎿 🅿

GRAN LUSSO · PERSONALIZZATO Nell'altera e discreta Anacapri, la vista da questo albergo è tra le più belle dell'intera isola! Qui nulla è lasciato al caso: gli eleganti arredi o l'ascensore d'epoca cattureranno la vostra attenzione, come del resto la suggestiva piscina a picco sul mare. Se a pranzo, magari all'aperto, le proposte sono decisamente easy, la sera si cena presso "La Terrazza di Lucullo" scegliendo da una carta intrigante, davanti a un panorama mozzafiato.

51 cam ⌑ – ♥360/5000 € ♥♥360/5000 € – 5 suites
Pianta: B1-c – via Orlandi 4 – 𝒞 081 837 3395 – www.caesar-augustus.com
– Aperto 12 aprile-29 ottobre

🏠 Villa Ceselle 🛏 AC ⚒

CASA DI CAMPAGNA · MEDITERRANEO Non lontano dal centro di Anacapri, la villa fu un salotto letterario che ospitò tra gli altri lo scrittore Alberto Moravia con la moglie Elsa Morante; oggi si apre ai turisti con camere moderne e confortevoli. Inoltre, si offre un comodo servizio navetta per il proprio panoramico ristorante Gelsomina.

10 cam ⌑ – ♥90/120 € ♥♥130/180 € – 3 suites
Pianta: A1-g – via Ceselle 18 – 𝒞 081 838 2236 – www.villaceselle.com – Chiuso 1° gennaio-19 marzo

🏠 Al Mulino ⏃ 🛏 AC 🅿

CASA DI CAMPAGNA · MEDITERRANEO Una ex fattoria immersa in un curatissimo giardino, collocato nella parte più "nobile" e riservata della località, quindi distante da centro, shopping e frastuono. Tutte le camere sono dotate di un grazioso patio privato.

9 cam ⌑ – ♥80/200 € ♥♥100/250 €
Pianta: A1-f – via La Fabbrica 9 – 𝒞 081 838 2084 – www.mulino-capri.com
– Aperto 1° aprile-31 ottobre

🏠 Bellavista ≤ 🛏 ⚒ AC 🅿

CASA PADRONALE · VINTAGE Sfoggia un'aria démodé negli interni anni '60 questa struttura con caratteristica architettura del luogo, dove la realtà non smentisce il nome: è davvero splendido il panorama del golfo da uno dei più antichi alberghi dell'isola!

14 cam ⌑ – ♥70/500 € ♥♥100/900 € – 2 suites
Pianta: B1-m – via Orlandi 10 – 𝒞 081 837 1463 – www.bellavistacapri.com
– Aperto 1° aprile-31 ottobre

🏨 Casa Mariantonia ✿ ⏃ 🛏 ⌘ AC

BOUTIQUE HOTEL · MEDITERRANEO Nel centro di Anacapri, storica risorsa che ospitò anche Totò e Moravia. L'attuale giovane gestione ha dato un nuovo slancio alla casa, che rimane sempre raffinata negli arredi e con un delizioso giardino agrumeto dove si apparecchiano i tavoli del semplice ristorante La Zagara. Sul corso pedonale - da poco - si è aperta la Vineria serale.

9 cam ⌑ – ♥100/300 € ♥♥120/360 €
Pianta: A1-a – via Orlandi 180 – 𝒞 081 837 2923 – www.casamariantonia.com
– Aperto 20 marzo-2 novembre

🏨 Il Giardino dell'Arte ⏃ 🛏 AC ⚒

FAMILIARE · REGIONALE Tra gli orti e i giardini delle ville di Anacapri, gli ospiti passano ore indimenticabili sulle terrazze vista mare. Ceramiche vietresi e letti in ferro battuto nelle accoglienti camere.

5 cam ⌑ – ♥60/150 € ♥♥70/200 €
Pianta: A1-d – traversa la Vigna 32/b – 𝒞 081 837 3025 – www.giardinocapri.com
– Aperto 1° aprile-5 novembre

alla Grotta Azzurra Nord-Ovest : 4,5 km

☸ Il Riccio ⩽ 😕

CUCINA CAMPANA · STILE MEDITERRANEO XX L'alta cucina mediterranea si fa strada in un ristorante balneare a picco sul mare, semplice e sofisticato al tempo stesso, radical chic dal divertente "vestito" bianco e blu. Troverete tanto pesce, nelle più saporite interpretazioni campane, ma lasciate un posto anche per i dolci facendovi accompagnare nella stanza delle tentazioni.

→ Spaghetti alla chitarra ai ricci di mare. Medaglione di merluzzo in crosta di pane con insalata di rinforzo e salsa di peperoni. La stanza delle tentazioni (dolci al buffet).

Carta 87/176 €

Pianta: A1-e – *via Gradola 4/11* – ℰ *081 837 1380* – *www.capripalace.com* – *Aperto Pasqua-fine ottobre; chiuso le sere di lunedì, martedì e mercoledì*

a Migliara Sud-Ovest : 30 mn a piedi

ⅡO Da Gelsomina ⇦ 🐾 ⩽ 😕 ⅃

CUCINA REGIONALE · LOCANDA X A piedi, o (previa telefonata) in navetta, si raggiunge un'autentica trattoria familiare e a pochi metri dal locale, i panorami mozzafiato del parco dei filosofi.

Carta 38/120 €

5 cam ⌷ – ♦95/135 € ♦♦120/220 €

Pianta: A2-r – *via Migliara 72* – ℰ *081 837 1499* – *www.dagelsomina.com* – *solo a pranzo escluso 20 aprile-10 ottobre* – *Aperto 16 marzo-10 dicembre; chiuso martedì in marzo, novembre e dicembre*

Capri – ✉ 80073 – 7 205 ab. – Alt. 142 m – Carta regionale n° 4-B3

Carta stradale Michelin 564-F24

☸ Mammà (Gennaro Esposito) ⩽ 🆎

CUCINA CREATIVA · CONTESTO CONTEMPORANEO XX A pochi passi dalla celebre piazzetta, porta la cifra di Gennaro Esposito, chef pluristellato, questo grazioso ristorante dalle tinte mediterranee e dai sapori campani, con un occhio di riguardo per i piatti della grande tradizione caprese. Nell'adiacente locale dalle caratteristiche volte seicentesche troverete una fornita cantina vini con zona degustazione e aperitivi.

→ Risotto alla zuppa di cozze mantecato all'aglio e olio. Tagliatella di seppia con insalatina e germogli. Lingotto di cioccolato con sorbetto al lampone.

Menu 85/115 € – Carta 59/135 €

Pianta: B1-t – *via Madre Serafina 6* – ℰ *081 837 7472*
– *www.ristorantemamma.com* – *Aperto 8 aprile-7 ottobre*

ⅡO Rendez Vous 🕸 😕 🆎 🍸

CUCINA MODERNA · CHIC XXX Nell'elegante sala interna, o in terrazza affacciati sulla via dello shopping per guardare o... farsi ammirare, l'appuntamento è con piatti campani e con il meglio della cucina classica di un albergo esclusivo, ma anche con piacevoli aperitivi e tante bollicine. Il servizio è sempre all'altezza!

Menu 60/90 € – Carta 70/214 €

Pianta: C1-a – *Grand Hotel Quisisana, via Camerelle 2* – ℰ *081 837 0788*
– *www.quisisana.com* – *solo a cena* – *Aperto 29 marzo-28 ottobre*

ⅡO Monzù ⩽ 😕 ⅃ 🆎 🍸

CUCINA MODERNA · LUSSO XXX La vista su Faraglioni, mare e Capri, soprattutto se si opta per il servizio all'aperto, vale già metà dell'esperienza: al resto, ci pensa il romanticismo dei lumi delle candele, ma soprattutto il cuoco indigeno che propone sapori campani rivisitati e rielaborati con gusto e fantasia.

Carta 76/134 €

Pianta: C2-p – *Hotel Punta Tragara, via Tragara 57* – ℰ *081 837 0844*
– *www.hoteltragara.com* – *Aperto 15 aprile-15 ottobre*

⫧○ Aurora   🕄 🛋 AC

CUCINA CAMPANA · FAMILIARE XX In un caratteristico vicolo del centro, la terza generazione porta avanti un ristorante la cui fama sta ormai facendo il giro del mondo in virtù di una cucina campana, dove trova spazio anche la pizza all'acqua. Per ingannare l'attesa del tavolo, ci si può intrattenere nella modaiola champagneria davanti al locale.

Carta 53/110 €

Pianta: C1-k – *via Fuorlovado 18 –* 𝒞 081 837 0181 *(consigliata la prenotazione) – www.auroracapri.com – Aperto 1° aprile-31 ottobre*

⫧○ Da Tonino   🕄 🛋

CUCINA CAMPANA · STILE MEDITERRANEO XX Armatevi di pazienza, perché per raggiungerlo bisogna camminare un po', ma una volta arrivati a destinazione, vi attendono sapori mediterranei ed una carta dei vini veramente inebriante: la bella cantina custodisce infatti più di 15000 bottiglie.

Menu 40/70 € – Carta 47/72 €

Pianta: C1-b – *via Dentecala 12 –* 𝒞 081 837 6718 *(consigliata la prenotazione) – www.ristorantedatonino.it – Chiuso 2 gennaio-14 marzo*

🏨 Grand Hotel Quisisana   🏖 🔗 🛋 ⫯ 🔲 🕸 🛋 🍽 🔲 AC 🌊 🛁

GRAN LUSSO · CLASSICO Nato nell'Ottocento come sanatorio, oggi è una delle icone dell'isola. Davanti scorre la rutilante mondanità dello shopping, nel giardino: silenzio, mare e faraglioni. Vicino alla piscina, il ristorante La Colombaia propone specialità regionali, grigliate ed anche pizza da forno a legna.

131 cam ⌑ – ⫯320/990 € ⫯⫯320/990 € – 16 suites

Pianta: C1-a – *via Camerelle 2 –* 𝒞 081 837 0788 – *www.quisisana.com – Aperto 29 marzo-28 ottobre*

⫧○ **Rendez Vous** – Vedere selezione ristoranti

🏨 Capri Tiberio Palace   🏖 🎐 🔗 ⫯ 🔲 🕸 🛋 🔲 AC

LUSSO · PERSONALIZZATO A pochi minuti dal centro, architettura eclettica che sposa richiami agli anni Cinquanta e Sessanta con soluzioni più contemporanee. Si crea così una convincente idea di viaggio. Belli gli ampi balconi incorniciati da archi e suggestive soluzioni di design per la sala da pranzo con sfogo in terrazza; cucina tradizionale e kosher.

46 cam ⌑ – ⫯350/900 € ⫯⫯350/900 € – 13 suites

Pianta: C1-g – *via Croce 11/15 –* 𝒞 081 978 7111 – *www.capritiberiopalace.com – Aperto 12 aprile-14 ottobre*

🏨 Punta Tragara   🎐 🔗 ⫯ 🛋 🔲 AC 🌊

GRAN LUSSO · ORIGINALE Posizione irripetibile su Capri e i Faraglioni, per una struttura degli anni '20 progettata dalla fervida mente di Le Corbusier. Durante la II guerra mondiale vi soggiornarono Eisenhower e Churchill. Oggi i suoi interni moderni ospitano camere di riposante sobrietà, mentre dalle favolose terrazze si gode di una vista mozzafiato. A completare l'offerta, c'è anche un'intima e gradevole beauty farm.

38 cam ⌑ – ⫯480/1300 € ⫯⫯480/1300 € – 6 suites

Pianta: C2-p – *via Tragara 57 –* 𝒞 081 837 0844 – *www.hoteltragara.com – Aperto 15 aprile-15 ottobre*

⫧○ **Monzù** – Vedere selezione ristoranti

🏨 Scalinatella   🎐 🔗 ⫯ 🛋 🔲 AC 🌊

LUSSO · MEDITERRANEO Chi ama gli spazi non rimarrà deluso! In questa splendida costruzione "a cascata" si dorme quasi sempre in junior suite con pavimenti in ceramica di Vietri e arredi d'epoca. Dalla maggior parte delle camere la vista si posa su mare e certosa di San Giacomo. Pranzi easy a bordo piscina.

30 cam ⌑ – ⫯380/1070 € ⫯⫯380/1070 € – 1 suite

Pianta: C2-e – *via Tragara 8 –* 𝒞 081 837 0633 – *www.scalinatella.com – Aperto 1° aprile-31 ottobre*

🏨 Casa Morgano

LUSSO · MEDITERRANEO Immersa nel verde, sorge questa raffinata struttura che vanta camere spaziose, arredate con estrema ricercatezza. A pranzo, possibilità di un pasto leggero a bordo piscina.

27 cam 🖃 - ♦250/630 € ♦♦250/630 €

Pianta: C1-y – *via Tragara 6 – ℰ 081 837 0158 – www.casamorgano.com – Aperto 1° aprile-31 ottobre*

🏨 Luna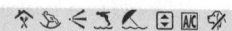

TRADIZIONALE · CLASSICO Una struttura in perfetto stile caprese - a picco sulla scogliera - con ambienti luminosi e fresche maioliche. Grande giardino fiorito e terrazza da cui contemplare il mare, i Faraglioni e la Certosa: un sogno mediterraneo!

50 cam 🖃 - ♦200/280 € ♦♦320/560 € - 4 suites

Pianta: C1-2-j – *viale Matteotti 3 – ℰ 081 837 0433 – www.lunahotel.com – Aperto Pasqua-31 ottobre*

🏨 Villa Brunella

TRADIZIONALE · MEDITERRANEO Camere spaziose ed eleganti, dove gli arredi vi guidano alla scoperta del fascino locale: alcune offrono grandi terrazze e comodi salotti, optando invece per quelle più in basso si perde parte della vista per guadagnare in spazi verdi di giardino. La vita qui si svolge in verticale, quale modo del resto per essere più fedeli all'immagine di Capri?

20 cam 🖃 - ♦160/210 € ♦♦200/395 €

Pianta: C2-w – *via Tragara 24 – ℰ 081 837 0122 – www.villabrunella.it – Aperto 30 marzo-21 ottobre*

🏨 La Minerva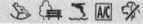

FAMILIARE · MEDITERRANEO Decorate con tipiche ceramiche vietresi, le sue camere sono ampie, panoramiche, tutte dotate di terrazza o balcone; ottima la prima colazione, mentre pranzi leggeri sono serviti a bordo piscina. Per un surplus di relax, c'è anche una piccola saletta per massaggi.

19 cam 🖃 - ♦80/140 € ♦♦190/590 €

Pianta: C1-m – *via Occhio Marino 8 – ℰ 081 837 7067 – www.laminervacapri.com – Aperto 22 marzo-4 novembre*

🏨 Canasta

TRADIZIONALE · MEDITERRANEO Semplice nei servizi e negli spazi comuni, non deluderanno invece le camere: in genere spaziose e con eleganti ceramiche vietresi.

16 cam 🖃 - ♦100/320 € ♦♦110/330 €

Pianta: C1-c – *via Campo di Teste 6 – ℰ 081 837 0561 – www.hotelcanastacapri.it – Aperto 1° marzo-30 novembre*

Marina Grande – ✉ 80073 – Carta regionale n° **4**-B3

Carta stradale Michelin 564-F24

🍴 JKitchen

CUCINA MODERNA · INTIMO ✕✕✕ A Capri quasi tutta la stagione permette di mangiare sul terrazzo che la sera potrebbe regalarvi la meraviglia della luna caprese, all'interno sempre pronto il salotto raffinato, è il JKichten: cucina moderna, contemporanea su base locale e con aperture nazionali.

Menu 110/160 € – Carta 84/134 €

Pianta: B1-b – *Hotel J.K. Place Capri, via Provinciale Marina Grande 225 – ℰ 081 838 4001 (prenotazione obbligatoria) – www.jkcapri.com – solo a cena – Aperto 19 aprile-21 ottobre*

ⅱ○ **Da Paolino Lemontrees** 🚐 🏠

CUCINA REGIONALE · CONTESTO TRADIZIONALE XX Locale rustico, molto luminoso, immerso nel verde: la "sala" è la limonaia sotto le cui fronde sono allestiti i tavoli. Cucina ricca e variegata secondo la migliore tradizione campana.

Carta 52/122 €

Pianta: B1-s – *via Palazzo a Mare 11 –* 𝒞 *081 837 6102 (prenotazione obbligatoria)*
– www.paolinocapri.com – solo a cena escluso in aprile-maggio
– Aperto 20 aprile-15 ottobre; chiuso mercoledì escluso giugno-agosto

🏠🏠 **J.K. Place Capri** ⊰ 🚐 🏋 🏠 🕹 🖡 🄰🄲 🅿

LUSSO · PERSONALIZZATO L'atmosfera e l'accoglienza di un'elegante residenza privata, dove una successione di salotti vi porta tra librerie e oggetti d'arte. Per chi non vuole rinunciare a bagnarsi nell'acqua di mare, nonostante la splendida piscina, l'albergo offre uno dei pochi accessi diretti alla spiaggia dell'isola.

22 cam ⊊ – 🛏1000/3300 € 🛏🛏1000/3300 €

Pianta: B1-b – *via Provinciale Marina Grande 225 –* 𝒞 *081 838 4001 – www.jkcapri.com*
– Aperto 19 aprile-21 ottobre

ⅱ○ **JKitchen** – Vedere selezione ristoranti

CAPRIATA D'ORBA

Alessandria – ✉ 15060 – 1 862 ab. – Alt. 176 m – Carta regionale n° **12**-C3
Carta stradale Michelin 561-H8

🍴 **Il Moro** 🏠 ⅙ 🄰🄲 ⇆

CUCINA PIEMONTESE · FAMILIARE X In centro paese, all'interno di un palazzo del '600, una trattoria dai soffitti a volta e sulla tavola la vera cucina alessandrina: agnolotti al "tocco" - guancino di fassona e peperonata - semifreddo alla nocciola e cioccolato fondente. Piccola enoteca annessa.

Carta 30/48 €

piazza Garibaldi 7 – 𝒞 *0143 46157 – www.ristoranteilmoro.it*
– Chiuso 26 dicembre-4 gennaio, 1 settimana in giugno, 1 settimana in
agosto-settembre e lunedì; da ottobre a Pasqua aperto solo su prenotazione

CAPRIATE SAN GERVASIO

Bergamo (BG) – ✉ 24042 – 8 066 ab. – Alt. 190 m – Carta regionale n° **10**-C2
Carta stradale Michelin 561-F10

ⅱ○ **Kanton Restaurant** 🏠 ⅙ 🄰🄲

CUCINA CINESE · DI TENDENZA XX Il Kanton ha aperto un mondo nuovo agli italiani che non conoscevano la vera cucina cinese: i sapori d'Oriente vengono qui proposti con finezza, a piatti che si avvicinano alla tradizione se ne troveranno altri più contemporanei. Per godere appieno dell'offerta, conviene farsi consigliare dal servizio di sala.

Menu 42 € – Carta 31/94 €

via Antonio Gramsci 17 – 𝒞 *02 9096 2671 – www.kantonrestaurant.it – Chiuso lunedì*

CAPRILE Belluno ➜ Vedere Alleghe

CAPRI LEONE Sicilia

Messina – ✉ 98070 – 4 515 ab. – Alt. 400 m – Carta regionale n° **17**-C2
Carta stradale Michelin 365-AX55

ⅱ○ **Antica Filanda** 🐎 ⇦ 🐾 ⊰ 🚐 🥢 🄰🄲 🌿 🅿

CUCINA REGIONALE · ELEGANTE XX La vista unisce mare e monti, ma la cucina sceglie questi ultimi: la tradizione dell'entroterra rivisitata con ottimi prodotti del territorio ed una predilizione per il maialino nero in tutte le declinazioni, dai salumi ai ragù. Camere nuove ed accoglienti.

Menu 40/55 € – Carta 28/74 €

16 cam ⊊ – 🛏70/99 € 🛏🛏90/125 €

contrada Raviola strada statale 157 – 𝒞 *0941 919704 – www.anticafilanda.net – Chiuso*
15 gennaio-28 febbraio e lunedì

CAPRIVA DEL FRIULI

Gorizia – ⊠ 34070 – 1 713 ab. – Alt. 49 m – Carta regionale n° **6**-C2
Carta stradale Michelin 562-E22

⅋○ Tavernetta al Castello   🐾 ⇆ 🍸 ⇆ 🛏 🏠 ⅋ AK P

CUCINA REGIONALE · RUSTICO XX Il verde dei vigneti e del vicino campo da golf allieta la taverna di tono rustico-elegante con l'immancabile camino, dove gustare piatti regionali legati alle stagioni. Camere confortevoli per un soggiorno di tranquillità e al di là della strada, oltre alla club house, c'è anche una gradevole osteria.

Menu 46 € – Carta 36/57 €

10 cam ⊊ – ♦92 € ♦♦134 €

*via Spessa 7, Nord: 1 km – 𝒞 0481 808228 – www.castellodispessa.it
– Chiuso 2 settimane in gennaio-febbraio, domenica sera e lunedì*

🏠 Castello di Spessa   🍸 ⇆ 🛏 ▣ AK 🎇 P

DIMORA STORICA · VINTAGE Poche ed esclusive camere per una vacanza di relax a contatto con la storia, in questo castello ottocentesco che ha ospitato i signori della nobiltà friulana, celato da un parco secolare e con splendida vista sui vigneti e sul campo da golf. Di recente apertura il Bistrot il Gusto di Casanova che offre piatti freddi preparati con le eccellenze locali.

15 cam ⊊ – ♦125/170 € ♦♦170/230 €

via Spessa 1, Nord: 1,5 km – 𝒞 0481 808124 – www.castellodispessa.it

🏠 Relais Russiz Superiore   🍸 ⇆ 🛏 AK P

CASA DI CAMPAGNA · ACCOGLIENTE Circondato da vigneti di proprietà, senza telefono né televisore nelle camere, un antico casale ristrutturato si propone come oasi ideale per chi è in cerca di tranquillità e relax. Incantevole posizione panoramica.

7 cam ⊊ – ♦60/90 € ♦♦136/150 €

*località Russiz Superiore, via Russiz 7 – 𝒞 331 663 6919 – www.marcofelluga.it
– Aperto 15 marzo-1° dicembre*

CARAGLIO

Cuneo – ⊠ 12023 – 6 836 ab. – Alt. 575 m – Carta regionale n° **12**-B3
Carta stradale Michelin 561-I4

⅋○ Il Portichetto   🏠 P

CUCINA DEL TERRITORIO · AMBIENTE CLASSICO XX Nel cortiletto di un edificio d'epoca, un piccolo portico introduce a questo grazioso ristorante ricco di personalizzazioni ed eleganza. Dalla cucina piatti piemontesi e sapori regionali, i prodotti qui non mancano: dallo zafferano all'aglio passando per il manzo e il Castelmagno.

Menu 26/30 € – Carta 29/56 €

via Roma 178 – 𝒞 0171 817575 – www.ilportichetto.altervista.org – Chiuso lunedì

CARAMANICO TERME

Pescara – ⊠ 65023 – 1 929 ab. – Alt. 650 m – Carta regionale n° **1**-B2
Carta stradale Michelin 563-P23

🏠 Locanda del Barone   ⇆ 🏠 ⅋ AK 🍴

CUCINA REGIONALE · CASA DI CAMPAGNA X Posizione tranquilla e panoramica per una bella casa dai toni rustici, ma molto accogliente. Specialità: ravioli di ricotta con borragine - bisteccine di pecora - guanciale croccante e pecorino.

Carta 24/49 €

6 cam ⊊ – ♦40/50 € ♦♦80 €

*località San Vittorino, Sud: 3 km – 𝒞 085 92584 (prenotare)
– www.locandadelbarone.it – Chiuso lunedì escluso da maggio a settembre*

🏨 La Réserve 🏧 🐕 ⩽ 🛏 ⚒ 🗔 ⑩ 🛥 🛗 🖂 ⚙ 🅿

SPA E WELLNESS · MODERNO Oasi di pace e benessere nel parco della Maiella, l'hotel che vanta una bella posizione panoramica dispone di ambienti moderni e di design. Attrezzato centro benessere-termale. Ampiezza e luminosa ariosità degli spazi anche nel ristorante.

72 cam ⌷ – ♦130/200 € ♦♦220/300 € – 4 suites

località Santa Croce – ℰ 085 92391 – www.lareserve.it
– Chiuso 6 gennaio-31 marzo

🏨 Cercone ⓝ 🏧 ⩽ 🗔 🛥 🛗 🖂 ⚙ 🅰 🅿

FAMILIARE · TRADIZIONALE Proprio di fronte alle Terme, hotel dalle calde ed accoglienti atmosfere nelle tradizionali sale e nelle camere; conduzione diretta attenta e pronta a coccolarvi. Se non foste ancora convinti, vi è anche una gradevole piscina e un piccolo centro benessere.

33 cam ⌷ – ♦50/70 € ♦♦70/120 € – 2 suites

viale Torre Alta 17/19 – ℰ 085 922118 – www.hotelcercone.com – Chiuso 15 gennaio-15 marzo

CARATE BRIANZA

Monza e Brianza – ✉ 20841 – 17 884 ab. – Alt. 250 m – Carta regionale n° **10**-B1
Carta stradale Michelin 561-E9

🍴 La Piana 🍽 ⚙

CUCINA CLASSICA · ACCOGLIENTE ✕✕ Nel centro della località, piccolo locale di tono moderno ospitato in un'accogliente corte lombarda. Cucina regionale e lariana, qualche piatto tipico del passato rispolverato e menu d'affari a pranzo.

Menu 30 € – Carta 25/42 €

via Zappelli 15 – ℰ 0362 909266 – www.ristorantelapiana.it – Chiuso 10 giorni in gennaio, 15-30 agosto, domenica sera e lunedì

🍴 Doma Num ⓝ 🅰

CUCINA MODERNA · AMBIENTE CLASSICO ✕✕ Passaggio del testimone con nuova gestione e cambio nome: quello che era il Ritrovo - senza nemmeno chiudere - rinasce come Doma Num con un giovane chef-patron. La cucina è moderna, inaspettatamente lombardo-siciliana.

Menu 65 € – Carta 54/72 €

via Ugo Bassi 1 bis – ℰ 0362 902287 – www.ristorantedomanum.com – Chiuso 1-22 gennaio, 26 agosto-settembre, domenica sera e lunedì

🍴 Camp di Cent Pertigh 🐜 🍽 ⚙ 🅿

CUCINA LOMBARDA · RUSTICO ✕ All'interno di una caratteristica cascina lombarda, il ristorante che occupa soltanto una parte dell'edificio, è arredato secondo uno stile rustico-elegante; cucina di taglio regionale e ampia selezione di vini.

🍽 Menu 25 € (pranzo in settimana)/52 € – Carta 44/68 €

Cascina Contrevaglio, via Trento Trieste 63, Est: 1 km, strada per Besana – ℰ 0362 900331 – www.campdicentpertigh.it – Chiuso 27 dicembre-24 gennaio, 11-24 agosto, mercoledì a mezzogiorno e martedì

CARATE URIO

Como (CO) – ✉ 22010 – 1 171 ab. – Alt. 204 m – Carta regionale n° **10**-B1
Carta stradale Michelin 561-E9

🍴 Acquadolce ⩽ 🍽 ⚙

CUCINA MODERNA · CONTESTO CONTEMPORANEO ✕✕ Direttamente sul lago - raggiungibile anche in barca grazie al suo pontile - due luminose sale ed una meravigliosa veranda per una cucina di stampo moderno, sia di carne sia di pesce.

Carta 38/90 €

via Regina Vecchia 26 – ℰ 031 400260 (consigliata la prenotazione) – www.ristoranteacquadolce.it – Chiuso 11 novembre-3 dicembre, lunedì e martedì a mezzogiorno

CARBONARA DI BARI Bari → Vedere Bari

CARBONARA SCRIVIA
Alessandria – ✉ 15050 – 1 122 ab. – Alt. 177 m – Carta regionale n° **12**-C2
Carta stradale Michelin 561-H8

⅋○ Locanda Malpassuti   🛏 🍴 ⇔ 🅿

CUCINA REGIONALE · ROMANTICO XX Le piccole sale del ristorante ricordano il vecchio Piemonte, come diversi piatti in carta, che tuttavia svolta anche verso proposte più creative e sofisticate; moderno bar per aperitivi, nonché sei camere personalizzate e dedicate al tema del viaggio nei paesi di altrettanti scrittori, dal Giappone a New York, ma anche l'Italia per chi predilige arredi più familiari.

Menu 45 € – Carta 38/64 €

vicolo Cantù 11 – ℰ 0131 892643 (consigliata la prenotazione) – www.malpassutiguest.it – solo a cena escluso sabato-domenica – Chiuso lunedì

CARLENTINI Sicilia
Siracusa – ✉ 96013 – 17 798 ab. – Alt. 200 m – Carta regionale n° **17**-D2
Carta stradale Michelin 365-AZ60

verso Villasmundo Sud-Est : 4 km

🏠 Agriturismo Tenuta di Roccadia   🌸 🐾 🛏 ㄟ 🄰🄲 🅿

CASA DI CAMPAGNA · TRADIZIONALE In posizione collinare, circondato da aranci, le camere sono semplici, ma quelle soppalcate sono particolarmente adatte alle famiglie. Molte hanno un terrazzo con un piccolo giardino.

20 cam 🖙 – †50/75 € ††70/100 €

contrada Roccadia, str. prov. 95 al km 43 ✉ 96013 Carlentini – ℰ 095 990362 – www.roccadia.com

CARLOFORTE Sardegna Carbonia-Iglesias → Vedere San Pietro (Isola di)

CARMIGNANO
Prato – ✉ 59015 – 14 450 ab. – Alt. 189 m – Carta regionale n° **18**-C1
Carta stradale Michelin 563-K15

ad Artimino Sud : 7 km ✉ 59015 – Alt. 260 m

⅋○ Da Delfina   🍴 ⇔ 🅿

CUCINA TOSCANA · CASA DI CAMPAGNA XX Tipicità e lunga tradizione per questo locale, dove gustare piatti del territorio: d'estate, sulla bella terrazza panoramica.

Carta 37/54 €

via della Chiesa 1 – ℰ 055 871 8074 – www.dadelfina.it – Chiuso 2 settimane in gennaio o febbraio, 22-28 agosto, domenica sera escluso in estate, martedì a pranzo e lunedì

CARNELLO Frosinone → Vedere Arpino

CARONA
Bergamo – ✉ 24010 – 335 ab. – Alt. 1 110 m – Carta regionale n° **9**-B1
Carta stradale Michelin 561-D11

⅋○ Locanda dei Cantù 🅽   ⇦

CUCINA DEL TERRITORIO · CONTESTO REGIONALE X Partendo dai prodotti della Val Brembana, ma non limitandosi ad essi (prova ne è che alla sera va in scena anche la pizza), locale dal sapore rustico e montano.

🍽 Menu 25/50 € – Carta 27/54 €

6 cam 🖙 – †50/65 € ††80/95 €

piazza Vittorio Veneto 3 – ℰ 0345 77044 (consigliata la prenotazione) – www.locandadeicantu.com – chiuso 1 settimana in novembre, 1 settimana in maggio e lunedì

CAROVIGNO

Brindisi – ✉ 72012 – 16 615 ab. – Alt. 161 m – Carta regionale n° **15**-C2
Carta stradale Michelin 564-E34

🏵 **Già Sotto l'Arco** (Teresa Galeone)   🕸 🎬 ⇔

CUCINA CREATIVA · ELEGANTE 𝕏𝕏 Un salotto la piazza su cui si affaccia, ma ancor più signorile il ristorante, al primo piano di un bel palazzo barocco. Cortesia e professionalità nel servizio, dalla cucina arrivano piatti creativi, sia di pesce che di carne.

→ Orecchietta al ragù bianco di agnello su crema di ricotta. Triglia croccante al pistacchio su vellutata di asparagi. Zuppetta di vino aleatico e ciliegie con gelato al bergamotto.

Menu 65/85 € – Carta 54/97 €

corso Vittorio Emanuele 71 – ☎ 0831 996286 (consigliata la prenotazione)
– www.giasottolarco.it
– Chiuso 15-30 novembre e lunedì, anche domenica sera da ottobre a maggio, sempre aperto in agosto

CARPANETO PIACENTINO

Piacenza – ✉ 29013 – 7 715 ab. – Alt. 114 m – Carta regionale n° **5**-A2
Carta stradale Michelin 562-H11

🏵 **Nido del Picchio** (Daniele Repetti)   🕸 🏠 🎬 ⇔

CUCINA MODERNA · ELEGANTE 𝕏𝕏 Atmosfera sobria e sussurrata, l'ambiente è quello di una casa privata arredata con buon gusto: camino acceso nella stagione più fredda, fresco e accogliente dehors in quella più calda. Sulla carta si concentra tutto il lavoro dei titolari e soprattutto la personalità del cuoco in piatti creativi, ingegnosi, spesso a base di pesce.

→ Tagliolini al limone candito e caviale d'aringa. Le quattro variazioni di piccione. Cilindro di cioccolato e semifreddo di prugne all'Armagnac.

Menu 50 € (in settimana)/90 € – Carta 56/95 €

viale Patrioti 6 – ☎ 0523 850909 (consigliata la prenotazione)
– www.ristorantenidodelpicchio.it – solo a cena escluso i giorni festivi – Chiuso lunedì

CARPI

Modena – ✉ 41012 – 70 699 ab. – Alt. 26 m – Carta regionale n° **5**-B2
Carta stradale Michelin 562-H14

🍴 **L'incontro**   🕸 🏠 ♿ 🎬 ⇔ 🅿

CUCINA CREATIVA · ELEGANTE 𝕏𝕏 Passione e impegno caratterizzano questo locale raccolto e accogliente, articolato in quattro salette classicamente arredate in colori caldi e vivaci. Di stampo più creativo la proposta gastronomica.

Menu 40/60 € – Carta 37/73 €

via delle Magliaie 4/1 – ☎ 059 693136 (consigliata la prenotazione)
– www.lincontroristorante.it – Chiuso 1°-5 gennaio, 1 settimana in agosto, domenica sera e lunedì a mezzogiorno

🍴 **Il Barolino**   🕸 🏠 🎬

CUCINA REGIONALE · ACCOGLIENTE 𝕏𝕏 Piatti unicamente del territorio e conduzione strettamente familiare per questo locale in posizione periferica, ma con piccolo e piacevole dehors sulla strada. Propone anche vendita di vini e di prodotti alimentari.

Carta 24/54 €

via Giovanni XXIII 110 – ☎ 059 654327 – www.ilbarolinoristorante.com – Chiuso 31 dicembre-7 gennaio, 4-26 agosto, sabato a pranzo e domenica

⁏⃝ Il 25   🛋️ &⅃ 🄰🄲

CUCINA MODERNA · CONTESTO STORICO XX In un palazzo di fine '800, la cucina non si pone confini: terra e mare, tradizione e creatività, ma un solo dogma, la pienezza del gusto tutta emiliana. Ed ora c'è anche una nuovissima cantina molto ben fornita, dove eventualmente organizzare una cena nei due tavoli a disposizione.

  🍽️ Menu 20 € (pranzo in settimana)/60 € – Carta 38/93 €

via San Francesco 20 – ☏ 059 645248 – www.il25.it – Chiuso martedì a mezzogiorno e lunedì

CARRARA

Massa-Carrara – ✉ 54033 – 63 133 ab. – Alt. 100 m – Carta regionale n° **18**-A1
Carta stradale Michelin 563-J12

a Colonnata Est : 7 km ✉ 54033

🕲 Venanzio   🛋️ 🄰🄲

CUCINA TOSCANA · SEMPLICE X Arrivarci, fra interminabili strade tortuose, è un viaggio nel cuore dei marmi toscani, che da qui sono partiti alla conquista del mondo. Indissolubilmente legato ad essi, qui troverete una delle eccellenze italiane, il lardo di Colonnata, insieme ad altri piatti di sorprendente qualità - a cominciare dalle paste fresche - in un locale per altro semplice e familiare. Suggestioni dal menu: ravioli di carne ed erbette di montagna con salsa al pomodoro fresco, maialino di latte con salsa al brandy e cipolline in agrodolce, torta di mele al profumo di Calvados.

Menu 30/40 € – Carta 29/69 €

piazza Palestro 3 – ☏ 0585 758033 – www.ristorantevenanzio.com – Chiuso 22 dicembre-15 gennaio, domenica sera e giovedì escluso agosto

CARRÈ

Vicenza – ✉ 36010 – 3 667 ab. – Alt. 219 m – Carta regionale n° **23**-B2
Carta stradale Michelin 562-E16

🏠 La Rua   🌿 🐾 ⪉ 🄰🄲 ⅍ 🄿

FAMILIARE · BUCOLICO Isolato sulle colline sovrastanti la pianura, offre camere di due tipi: da preferire le più recenti e moderne a quelle più datate e semplici. Per tutti invece un'ottima accoglienza e la piacevolissima terrazza panoramica per il servizio estivo del ristorante.

21 cam ⫿ – †60/75 € ††75/85 €

località Cà Vecchia 1, Est : 4 km – ☏ 0445 893088 – www.hotellarua.it

🏠🄸 Locanda La Corte dei Galli   🐾 🖵 🄰🄲 🄿

STORICO · ELEGANTE Struttura di charme ricavata nella barchessa di un edificio rurale del '700, rinnovato con elegante raffinatezza; mobili d'epoca nelle camere e piccola piscina interna.

7 cam ⫿ – †89/110 € ††110/130 €

via Prà Secco 1/a – ☏ 0445 893333 – www.lacortedeigalli.it

CARSOLI

L'Aquila – ✉ 67061 – 5 396 ab. – Alt. 616 m – Carta regionale n° **1**-A2
Carta stradale Michelin 563-P21

⁏⃝ Al Caminetto   🕸️ 🄰🄲 ⇩

CUCINA ABRUZZESE · FAMILIARE XX Décor rustico in un locale poliedrico con sala enoteca per degustazioni. In menu, l'offerta è ampia e variegata: si va dalle più tipiche specialità regionali, alle carni cotte alla brace, funghi e tartufi.

Carta 22/65 €

via degli Alpini 95 – ☏ 0863 995105 – www.al-caminetto.it

ⅈ⃝ L'Angolo d'Abruzzo   ⌘ 🏠 ⅼ ⌀ ⌂

CUCINA ABRUZZESE • AMBIENTE CLASSICO XX Per gli appassionati della cucina abruzzese, i migliori prodotti e i sapori più autentici della gastronomia regionale: carni, paste, salumi, formaggi, nonché funghi e tartufi (in stagione). Ottima cantina.

Menu 48 € – Carta 32/87 €

piazza Aldo Moro 8 – ☎ 0863 997429 – www.langolodiabruzzo.it

🏠 Il Casale del Colonnello   ⌂ ⌂ ⌂ ⌂ ⌂ ⌀ P

CASA DI CAMPAGNA • STILE MONTANO La posizione elevata regala alla struttura una bella vista, mentre l'architettura riprende un po' lo stile di certi chalet di montagna; camere personalizzate e un bel parco avventura con percorsi salute e didattici nel bosco. I sapori della regione caratterizzano il menu del ristorante.

6 cam ⌂ – †55 € ††75/80 €

*via degli Alpini, Nord: 4 Km – ☎ 339 199 5136 – www.ilcasaledelcolonnello.it
– Aperto giugno-agosto e i fine settimana in maggio e settembre*

in prossimità dello svincolo Carsoli-Oricola Sud-Ovest : 2 km

ⅈ⃝ Nuova Fattoria   ⌂ 🏠 P

CUCINA ABRUZZESE • RUSTICO X Ristorante fondato 40 anni fa dalla famiglia che, nelle persone di madre e figlia, lo gestisce tuttora, dispone di ambienti rustici e simpatici in comoda posizione stradale. Cucina regionale e casalinga, in stagione non mancano funghi e tartufi.

⌖ Menu 20/35 € – Carta 26/50 €

via Tiburtina km 68,3 ✉ 67063 Oricola – ☎ 0863 997388 – www.lanuovafattoria.it

CARTOSIO
Alessandria – ✉ 15015 – 747 ab. – Alt. 230 m – Carta regionale n° **12**-C3
Carta stradale Michelin 561-I7

ⅈ⃝ Cacciatori   ⌘ ⌂ ⌂ 🏠 ⌀ P

CUCINA PIEMONTESE • FAMILIARE XX Un bel paesaggio collinare vi porterà a Cartosio, dove, in una tipica casa di campagna, troverete questo caposaldo della cucina locale. In esercizio da cinque generazioni, eppure la formula è cambiata di poco: piatti piemontesi elencati a voce ricorrendo, laddove possibile, a prodotti della zona. Semplici ma gradevoli camere se desiderate fermarvi dopo cena.

Carta 34/53 €

10 cam – †55 € ††70 € – 2 suites – ⌂ 8 €

*via Moreno 30 – ☎ 0144 40123 (coperti limitati, prenotare)
– www.cacciatoricartosio.com – Chiuso 19 dicembre-20 gennaio,
25 giugno-14 luglio, mercoledì e giovedì*

CARZAGO RIVIERA
Brescia – ✉ 25080 – Alt. 202 m – Carta regionale n° **9**-D1
Carta stradale Michelin 561-F13

ⅈ⃝ Il Moretto   ⌂ 🏠 ⌸ ⌀ ⌂ P

CUCINA MODERNA • ELEGANTE XXX Grandi lampadari rinascimentali, candele sui tavoli, arredi antichi: sotto alte volte si consuma il rito serale della cena. Raffinata cucina moderna.

Menu 45/75 € – Carta 56/80 €

*Hotel Palazzo Arzaga, via Arzaga 1, località Calvagese della Riviera, Sud: 2 km
– ☎ 030 680600 – www.palazzoarzaga.it – Aperto 1° marzo-31 ottobre*

🏛️ Palazzo Arzaga   🏇 🐕 🏌️ 🚉 🎄 🖥️ 🔞 🎿 ⛷️ 🗡️ ▣ 🖃 🐟 🏧 🏊 🅿️

LUSSO · STORICO In un suggestivo palazzo del XV secolo, poliedrico hotel di lusso, per congressi, per chi ama il golf, le terapie rigenerative o il semplice relax. Più informale del ristorante Moretto, il Grill-Club House è il luogo ideale dove gustare piatti leggeri tra una partita e l'altra.

84 cam ⌂ – 🛏️150/240 € 🛏️🛏️200/328 € – 3 suites

via Arzaga 1, località Calvagese della Riviera, Sud: 2 km – 𝒞 030 680600
– www.palazzoarzaga.it – Aperto 1º marzo-31 ottobre

🍴 **Il Moretto** – Vedere selezione ristoranti

CASACANDITELLA
Chieti (CH) – ✉️ 66010 – 1 307 ab. – Alt. 432 m – Carta regionale n° **1**-C2
Carta stradale Michelin 563-P24

🏛️ Castello di Semivicoli   🐕 🏌️ 🚉 🗡️ 🎿 🖃 🏧 🏊 🅿️

DIMORA STORICA · ROMANTICO Un mirabile lavoro di restauro ha restituito splendore al palazzo baronale del XVII sec, ora vanta splendide camere, dove mobili d'epoca si alternano a pezzi più moderni. La vista spazia dai monti abruzzesi al mare: impossibile rimanere indifferenti a tanto fascino!

10 cam ⌂ – 🛏️70/90 € 🛏️🛏️140/160 € – 1 suite

via San Nicola 24, contrada Semivicoli – 𝒞 0871 890045
– www.castellodisemivicoli.com – Chiuso 7 gennaio-7 marzo

CASALABATE Lecce (LE) → Vedere Lecce

CASALE MARITTIMO
Pisa – ✉️ 56040 – 1 122 ab. – Alt. 214 m – Carta regionale n° **18**-B2
Carta stradale Michelin 563-M13

🏠 La Gelinda-Fattoria della Gioiosa   🏇

CASA DI CAMPAGNA · TRADIZIONALE Casolare seicentesco in posizione centrale, ma facente parte di un'azienda di oltre 70 ettari vocati alla produzione di olio: camere curate nei dettagli e dall'elegante atmosfera fine secolo, galleria d'arte e sala di soggiorno al primo piano. In stagione c'è anche il ristorante per piatti toscani e in alternativa vegani. A breve distanza si può usufruire della piscina del Poderino, sempre di proprietà.

6 cam ⌂ – 🛏️30/60 € 🛏️🛏️60/100 € – 3 suites

via Nardini 14 – 𝒞 334 384 0188 – www.fattoriadellagioiosa.it – Chiuso 10 giorni in novembre e 10 giorni in gennaio

CASALE MONFERRATO
Alessandria – ✉️ 15033 – 34 437 ab. – Alt. 116 m – Carta regionale n° **12**-C2
Carta stradale Michelin 561-G7

🍴 La Torre   🏡 🐟 🏧 🅿️

CUCINA REGIONALE · CONTESTO STORICO XX Cucina del territorio, quasi esclusivamente carne, in un'elegante e spaziosa sala che occupa parte di un ex mattatoio; oltre alla bella sala, il locale dispone anche di un apprezzato dehors estivo.

Carta 37/83 €

Hotel Candiani, via Candiani d'Olivola 36 – 𝒞 0142 70295
– www.ristorante-latorre.it – Chiuso agosto, mercoledì a mezzogiorno e martedì

🍴 Accademia Ristorante ⓝ

CUCINA DEL TERRITORIO · CONTESTO STORICO XX All'interno dello storico Palazzo Gozzano Treville, sede anche della Filarmonica di Casale Monferrato, apre al pubblico questo ristorante dagli ambienti classici e dai magnifici saloni affrescati; la cucina è del territorio con specialità legate alle stagioni.

Menu 36 € – Carta 29/57 €

Via Mameli 29 ✉️ 15033 Casale Monferrato – 𝒞 0142 452269 (consigliata la prenotazione) – www.accademiaristorante.it – Chiuso agosto e mercoledì

🏨 Candiani   🔲 ♿ AK ♨ P

STORICO · ACCOGLIENTE Da una sapiente ristrutturazione che ha salvaguardato l'originario stile liberty di un vecchio mattatoio del 1913, è sorto un elegante albergo, dotato di camere spaziose, molte con arredi d'inizio '900.

47 cam ⌑ – ♥90/130 € ♥♥90/130 € – 2 suites

via Candiani d'Olivola 36 – ℰ 0142 418728 – www.hotelcandiani.com

🍴 **La Torre** – Vedere selezione ristoranti

CASALFIUMANESE

Bologna – ✉ 40020 – 3 438 ab. – Alt. 125 m – Carta regionale n° **5**-C2
Carta stradale Michelin 562-I16

🍴 Valsellustra   🏡 ♿ AK P

CUCINA REGIONALE · TRATTORIA ⅹ Tipico ristorante di campagna, in posizione isolata, sobrio con tavoli ampi e ravvicinati. Piatti saporiti e appetitosi dove primeggiano funghi e cacciagione, prosciutto e culatello. Oltre ai vini troverete anche la selezione di distillati.

🍴 Menu 25/35 € – Carta 23/69 €

via Valsellustra 16, Nord: 11 km – ℰ 0542 684073 – www.ristorantevalsellustra.com – Chiuso giovedì

CASALGRANDE

Reggio nell'Emilia (RE) – ✉ 42013 – 19 310 ab. – Alt. 97 m – Carta regionale n° **5**-B2
Carta stradale Michelin 561-I14

🍴 Badessa   🏡 AK P

CUCINA TRADIZIONALE · CONTESTO REGIONALE ⅹⅹ In un antico caseificio del XIX secolo, una giovane e appassionata gestione propone piatti del territorio con selezionate materie prime dei dintorni. Il loro motto è "antichi sapori a Km 0 e aceto balsamico tradizionale".

Carta 30/57 €

via Case Secchia 2, Nord: 5 Km – ℰ 0522 989138 (prenotare) – www.ristorantebadessa.it – Chiuso 2 settimane in luglio-agosto, 1 settimana in gennaio-febbraio, sabato a mezzogiorno e lunedì

CASALNOCETO

Alessandria – ✉ 15052 – 980 ab. – Alt. 159 m – Carta regionale n° **12**-D2
Carta stradale Michelin 561-H8

🍴 La Locanda del Seicento   AK ✧

CUCINA PIEMONTESE · CONTESTO STORICO ⅹⅹ Diverse salette ricavate dai due piani di una casa del '600: ambiente di tono rustico-elegante e dalla cucina, piatti piemontesi, ma anche fragranti specialità di mare con arrivi giornalieri dalla Liguria.

Carta 41/81 €

piazza Martiri della Libertà – ℰ 0131 809614 – www.lalocandadelseicento.it – Chiuso lunedì

CASALOTTO Asti → Vedere Mombaruzzo

CASAL VELINO

Salerno – ✉ 84040 – 5 268 ab. – Alt. 170 m – Carta regionale n° **4**-C3
Carta stradale Michelin 564-G27

🏨 Agriturismo i Moresani   ✿ ♨ 🛖 ♒ P

CASA DI CAMPAGNA · REGIONALE Poco sopra la località, oasi di pace e serenità, immersa tra gli ulivi. Camere semplici ma arredate con gusto, piscina per rinfrescarsi nei caldi pomeriggi estivi. A tavola la genuinità e i sapori degli ottimi prodotti locali tra cui il cacioricotta di capra, i salumi e le verdure.

14 cam ⌑ – ♥46/72 € ♥♥70/110 €

località Moresani, Ovest: 1 km – ℰ 0974 902086 – www.agriturismoimoresani.com – Aperto 1° marzo-3 novembre

CASAMICCIOLA TERME Napoli → Vedere Ischia (Isola d')

CASEI GEROLA
Pavia – ⊠ 27050 – 2 500 ab. – Alt. 81 m – Carta regionale n° **9**-A3
Carta stradale Michelin 561-G8

🍴○ **Bellinzona** ⇐ AC 🛵

CUCINA TRADIZIONALE · CONTESTO CONTEMPORANEO ⅹ Nell'ampio ristorante con un suo ingresso separato rispetto all'hotel, si offrono piatti genuini con
paste fatte in casa e, come specialità, la brace accesa sia a pranzo sia a cena; carrello dei bolliti nel periodo invernale.

🍽 Menu 20/40 € – Carta 24/43 €

18 cam ⌷ – ♦50/55 € ♦♦60/65 €

*via Mazzini 71 – 𝒞 0383 61525 – www.hotelbellinzona.it – Chiuso 1°-7 gennaio,
7-28 agosto e sabato*

CASELLE IN PITTARI
Salerno (SA) – ⊠ 84030 – 1 956 ab. – Alt. 444 m – Carta regionale n° **4**-D3

🍴○ **Zi Filomena** 🆕 🛖 AC

CUCINA DEL TERRITORIO · FAMILIARE ⅹ Dal 1932, anno di apertura, ad oggi, si è
passati dalla nonna alla madre sino, appunto, all'attuale patron (e cuoco) Mario
che, insieme alla moglie, mette tanta passione nel mantenere vivo e verace il
gusto di questo locale perso nel verde del Parco Nazionale del Cilento. Vi si
viene per gustare carni cotte alla griglia, funghi e verdure.

Carta 20/83 €

*viale Roma 11 – 𝒞 0974 988024 – www.ristorantezifilomena.it – Chiuso mercoledì
sera escluso in luglio-agosto*

CASE NUOVE Varese → Vedere Somma Lombardo

CASERE KASERN Bolzano → Vedere Valle Aurina

CASERTA
(CE) – ⊠ 81100 – 76 326 ab. – Alt. 68 m – Carta regionale n° **4**-B2
Carta stradale Michelin 564-D25

🕸 **Le Colonne** (Rosanna Marziale) AC ⇆

CUCINA CREATIVA · ELEGANTE ⅹⅹ Gli appassionati di mozzarella di bufala troveranno qui di che deliziarsi, il ristorante celebra il famoso latticino reinterpretan-
done forme e consistenze, mentre la pasticceria di famiglia è la migliore garanzia
per un gran finale all'insegna dei dolci; i sapori, infine, sono quelli del sud, intensi
e travolgenti.

→ La pizza al contrario. Baccalà e olio. Filetto di bufalo, ricotta e stracotto.

Menu 60/100 € – Carta 53/79 €

*viale Giulio Douhet 7/9 – 𝒞 0823 467494 – www.lecolonnemarziale.it – solo a
pranzo escluso venerdì e sabato – Chiuso 7-20 agosto e martedì*

🍴○ **Antica Locanda** AC 🍽

CUCINA CAMPANA · SEMPLICE ⅹ Quasi una trattoria, si mangia in due caratteristiche sale separate da un arco in mattoni. Cucina di influenza partenopea, ma la
specialità della casa è il risotto.

Carta 24/55 €

*piazza della Seta, località San Leucio, Nord-Ovest: 4 km – 𝒞 0823 305444
– www.ristoranteanticalocanda.com – Chiuso 16-31 agosto, domenica sera e lunedì*

🏠 **Amadeus** 🛋 ⊡

FAMILIARE · FUNZIONALE Centrale, ristrutturato seguendo lo spirito del palazzo
del '700 in cui è inserito, un piccolo albergo confortevole, con camere ben tenute
e accessoriate.

12 cam ⌷ – ♦49/57 € ♦♦65/75 €

via Verdi 72/76 – 𝒞 0823 352663 – www.hotelamadeuscaserta.it

CASIER

Treviso – ⊠ 31030 – 7 752 ab. – Alt. 5 m – Carta regionale n° **23**-A1
Carta stradale Michelin 562-F18

a Dosson Sud-Ovest : 3,5 km ⊠ 31030

Alla Pasina   ⇔ 🐾 🛏 🛋 🗚 🏖 🅿

CUCINA REGIONALE · FAMILIARE ✗✗ Non è solo una casa di campagna a gestione familiare, le tre intime salette sono ben curate e la cucina si muove tra tradizione e fantasia. qualche suggestione dal menu? Ravioli ripieni di pere e caprino con erbette aromatiche e pinoli tostati - straccetti alla Pasina (manzo, vitello, formaggio e tartufo nero) - terrina di cioccolato e mandorle con fondente. Dopo un intervento architettonico, il vecchio granaio ospita camere affacciate sul fresco giardino.

Menu 30/50 € – Carta 32/54 €

7 cam 🛌 – ♦50/60 € ♦♦70/80 €

via Marie 3 – ℰ 0422 382112 – www.pasina.it – solo a cena in agosto – Chiuso 1°-7 gennaio, 7-13 agosto, domenica sera e lunedì

Villa Contarini Nenzi   ❀ 🛏 🖻 🔟 🏠 🔁 ᕱ 🗚 🏖 🅿

DIMORA STORICA · ELEGANTE Splendida ed elegante villa veneta del '700, con camere eleganti, ampio parco e moderna spa: il tutto per un soggiorno all'insegna del più totale relax. Ubicato nelle vecchie scuderie da cui prende il nome, il ristorante promuove una cucina eclettica che saprà soddisfarvi.

42 cam 🛌 – ♦120/180 € ♦♦150/220 € – 1 suite

via Guizzetti 78/82, Sud Ovest: 2 km – ℰ 0422 493249
– www.hotelvillacontarininenzi.com

CASINALBO Modena (MO) → Vedere Formigine

CASINO DI TERRA Pisa → Vedere Guardistallo

CASOLE D'ELSA

Siena – ⊠ 53031 – 3 897 ab. – Alt. 417 m – Carta regionale n° **18**-C2
Carta stradale Michelin 563-L15

☼ Il Colombaio (Maurizio Bardotti)   🕾 🛏 🛋 ⇌ 🅿

CUCINA CREATIVA · CONTESTO REGIONALE ✗✗ Ai piedi del vecchio borgo di Casole, non fatevi ingannare dalla tradizionale atmosfera del casolare: il giovane cuoco è un incessante sperimentatore e ricercatore di ingredienti e cotture, che combina con l'amore tutto toscano per i sapori schietti e intensi, ottima la materia prima utilizzata, in prevalenza legata ai produttori della zona.

→ Spaghetti alla chitarra, coniglio leprino, salsa verde, prugne secche. Maialino, arancia, fave fresche e secche affumicate. Semifreddo al formaggio blu, cremoso di gianduia, pera e tartufo.

Carta 62/111 €

S.P. 27 in Cavallano – ℰ 0577 949002 – www.ristoranteilcolombaio.it – Chiuso 15 gennaio-14 marzo, martedì a mezzogiorno e lunedì

⬤ Tosca   🛋

CUCINA REGIONALE · ELEGANTE ✗✗✗ Stile accattivante che fonde classica eleganza e tipicità toscana, archi e pareti in pietra, eleganti divanetti o comode poltroncine; la cucina richiama la tradizione locale, ma con uno spunto fresco ed innovativo.

Menu 65/77 € – Carta 56/106 €

Hotel Castello di Casole, località Querceto – ℰ 0577 961501 (prenotazione obbligatoria) - www.castellodicasole.com – solo a cena
– Aperto 22 marzo-31 ottobre

⌂⌂⌂⌂ Castello di Casole   🐾 ⪦ 🍴 🛎 🛏 ⛛ 🎱 ♿ 🅰🅲 ♨ 🅿

LUSSO · ELEGANTE All'interno di una vasta proprietà (1700 ettari) si erge questa dimora dalle origini medioevali, restaurata e riedificata nel XIX e XX secolo, diventata oggi un elegante ed esclusivo resort per soggiorni da fiaba; cena gourmet ai ristorante Tosca o più tipica ed informale al ristorante-pizzeria Pazzia.

41 cam ⊄ – ♦350/1200 € ♦♦350/1200 € – 27 suites

località Querceto – ☏ 0577 961501 – www.castellodicasole.com – Aperto 22 marzo-31 ottobre

🍴 **Tosca** – Vedere selezione ristoranti

a Pievescola Sud-Est : 12 km ⊠ 53031

🍴 Oliviera   🐾 🍴 🛖 🅰🅲 ⇄ 🅿

CUCINA ITALIANA · ELEGANTE XxX Ricavato all'interno di un frantoio, il ristorante "punta" sulle specialità toscane, pur non mancando qualche divagazione su altri piatti italiani per accontentare la clientela internazionale. Ottima anche la selezione dei vini: in particolare, dei prestigiosi rossi toscani.

Carta 58/90 €

Hotel Relais la Suvera, via La Suvera 70 – ☏ 0577 960300 (prenotazione obbligatoria) – www.lasuvera.it – solo a cena – Aperto 20 aprile-1° novembre

⌂⌂⌂⌂ Relais la Suvera   🐾 ⪦ 🍴 🏊 🛏 🍴 🍽 ⛛ ♿ 🅰🅲 ♨ 🅿

STORICO · ELEGANTE Nella campagna senese, questo castello del XVI sec (appartenuto anche a Papa Giulio II) rappresenta un perfetto connubio di storia, esclusiva eleganza e lussuoso confort: ogni camera è personalizzata con arredi d'epoca provenienti dalle collezioni private dei proprietari. Rimarchevole, il giardino all'italiana.

22 cam ⊄ – ♦314/460 € ♦♦314/460 € – 14 suites

via La Suvera 70 – ☏ 0577 960300 – www.lasuvera.it – Aperto 20 aprile-2 novembre

🍴 **Oliviera** – Vedere selezione ristoranti

CASPERIA

Rieti – ⊠ 02041 – 1 246 ab. – Alt. 397 m – Carta regionale n° **7**-B1
Carta stradale Michelin 563-O20

⌂⌂⌂ B&B La Torretta   🐾 ⪦

DIMORA STORICA · ACCOGLIENTE In un borgo pittoresco, da visitare inerpicandosi per stradine strette per lo più fatte a scala, una casa signorile del XV secolo e una terrazza che offre un'ampia magnifica vista.

6 cam ⊄ – ♦60/70 € ♦♦80/95 € – 1 suite

via Mazzini 7 – ☏ 0765 63202 – www.latorrettabandb.com – Chiuso gennaio-febbraio

CASSINO

Frosinone – ⊠ 03043 – 36 142 ab. – Alt. 40 m – Carta regionale n° **7**-D2
Carta stradale Michelin 563-R23

🍴 Evan's   🍴 🅰🅲 🍴

PESCE E FRUTTI DI MARE · MINIMALISTA Xx Gestito con tanta passione dalla famiglia Evangelista – da cui l'abbreviazione Evan's – il ristorante si è specializzato in gustose proposte di mare, elaborate prevalentemente secondo ricette classiche, ma talvolta anche locali.

Menu 35/50 € – Carta 28/58 €

via Gari 1/3 – ☏ 0776 26737 – www.evans1960.it – Chiuso 23-31 luglio, 27-31 agosto, domenica sera e lunedì

CASTAGNETO CARDUCCI

Livorno – ⊠ 57022 – 9 010 ab. – Alt. 194 m – Carta regionale n° **18**-B2
Carta stradale Michelin 563-M13

🏠 B&B Villa le Luci ⟨ 🛏 AC ⚡ P

LOCANDA · ELEGANTE Alle porte del paese, in posizione panoramica, elegante villa del 1910 con salotti e camere personalizzate. L'incanto di una vista che spazia sul mare e sulla costa...

6 cam ⌷ – ♦75/145 € ♦♦82/163 €

via Umberto I 47 – ℰ 0565 763601 – www.villaleluci.it

a Donoratico Nord-Ovest : 6 km ✉ 57024

🏠 Il Bambolo 🛏 ⌂ 🏯 ⅄ AC P

CASA DI CAMPAGNA · TRADIZIONALE A qualche km dal mare, nella quiete della campagna toscana, un grande cascinale ristrutturato con camere calde e accoglienti; indirizzo ideale per gli amanti del cicloturismo e sede di allenamento per squadre professionistiche.

42 cam ⌷ – ♦58/120 € ♦♦84/170 € – 1 suite

via del Bambolo 31, Nord: 1 km – ℰ 0565 775206 – www.hotelbambolo.com – Chiuso dicembre

a Marina di Castagneto Carducci Nord-Ovest : 9 km ✉ 57022 – Donoratico

⅃○ La Tana del Pirata ⟨ 🏯 ⌂ ⅄ & AC P

PESCE E FRUTTI DI MARE · FAMILIARE ✕✕ Sulla Costa degli Etruschi, nell'alta Maremma Toscana, uno stabilimento balneare sicuramente glamour: tra ombrelloni di rafia e tende gitane, accattivanti piatti di pesce da gustare in riva al mare, in un ambiente curato e con una luminosa veranda. La struttura ora ospita anche una nuova piscina, nonché uno spazio per massaggi e trattamenti.

Menu 40/70 € – Carta 49/127 €

via Milano 17 – ℰ 0565 744143 – www.latanadelpirata.net – Aperto inizio marzo-fine ottobre; chiuso martedì escluso giugno-settembre

🏠 Tombolo Talasso Resort ⚛ ⚛ ⟨ 🛏 ⅄ 🖻 📶 🏯 🛋 ⌂ 🖃 & AC 🎿

LUSSO · CLASSICO Uno dei vertici alberghieri della zona, si sviluppa orizzontalmente nella pineta con accesso diretto alla spiaggia; eleganti camere e bagni in travertino, splendido centro benessere con scenografiche piscine d'acqua salata incastonate nella roccia. ⚡ P

96 cam ⌷ – ♦190/330 € ♦♦230/430 € – 5 suites

via del Corallo 3 – ℰ 0565 74530 – www.tombolotalasso.it

a Bolgheri Nord : 10 km ✉ 57020

🏵 Osteria Magona 🏯 AC P

CUCINA REGIONALE · CASA DI CAMPAGNA ✕✕ L'eccellente rapporto qualità/prezzo ha già conquistato un'ampia platea di buongustai ed anche voi non vi sottrarrete al suo fascino; tra ulivi e vigneti, in questa dimora rurale la "ciccia" è la vera padrona di casa, in tutte le sue possibili, intriganti, declinazioni. Il menu racconta: cappelletti di patate con fonduta di erborinato, l'immancabile fiorentina, la crostatina con crema pasticcera e frutta caramellata, e tanto altro ancora...

Carta 24/53 €

località Vallone dei Messi 199, strada provinciale 16/b al km 2.400, Sud: 3,5 Km – ℰ 0565 762173 (consigliata la prenotazione) – www.osteriamagona.com – Chiuso 15 gennaio-28 febbraio e lunedì

CASTANO PRIMO

Milano (MI) – ✉ 20022 – 11 305 ab. – Alt. 182 m – Carta regionale n° **10**-A2
Carta stradale Michelin 561-F8

⅃○ Cafè Bistrot Gamba de Legn 🆕 🏯 & AC ⇄

CUCINA CLASSICA · BISTRÒ ✕ In centro alla località, aperto nel 2017, un bistrot moderno e ben arredato, con - all'esterno - una splendida fontana in marmo rosa e tavoli in ceramica di Caltagirone. Si parte dal mattino con le colazioni sino al dopo cena, mentre il ristorante effettua orari canonici e propone una cucina sia di mare sia di terra.

Carta 23/72 €

corso Martiri Patrioti 93 – ℰ 0331 880237 – www.gambadelegn.com

CASTELBELLO CIARDES KASTELBELL TSCHARS

Bolzano – ⊠ 39020 – 2 309 ab. – Alt. 587 m – Carta regionale n° **19**-B2
Carta stradale Michelin 562-C14

🍃 **Kuppelrain** (Jörg e Kevin Trafoier) 🕸 ⇦ ⇐ 🏠 ⚇ 🅿

CUCINA MODERNA • ROMANTICO XXX Carta ristretta, eccellenze locali e tanti prodotti fatti in casa: genitori e tre figli vi accoglieranno al Kuppelrain con straordinario affetto, offrendovi una cucina raffinata ed elegante. Più semplice la proposta del Bistrot, aperto a pranzo con prezzi più contenuti.

→ Ricciola marinata, asparagi di Castelbello, cetriolo e gelatina all`aceto di mela. Sella di capriolo nostrano con pure di sedano, cavolini Bruxelles e pera. Mousse alla fava di Tonka con fragole, zucchero muscovado e sorbetto al rododendro.

Menu 80/115 € – Carta 64/98 €

3 cam ☲ – †90 € ††140/160 €

via Stazione 16, località Maragno – 𝒞 0473 624103 (consigliata la prenotazione) – www.kuppelrain.com – solo a cena – Chiuso 1 settimana in gennaio, febbraio, domenica e lunedì

sulla strada statale 38 Est : 4,5 km

🏨 **Sand** 🏠 ⇐ 🏠 🗲 🖵 ⑳ 🎐 ♨ ⊡ 🆎 🅿

FAMILIARE • STILE MONTANO Ottimamente attrezzato per praticare attività sportive o semplicemente per rilassarsi all'aperto, vanta un piacevole giardino-frutteto con piscina, laghetto e centro benessere. Ambiente romantico nelle caratteristiche stube, tutte rivestite in legno.

28 cam ☲ – †103/124 € ††190/280 € – 16 suites

via Molino 2 ⊠ 39020 – 𝒞 0473 624130 – www.hotel-sand.com – Aperto 1° marzo-15 novembre

CASTELBIANCO

Savona – ⊠ 17030 – 290 ab. – Alt. 343 m – Carta regionale n° **8**-A2
Carta stradale Michelin 561-J6

🍽 **Gin** 🕸 ⇦ 🏠 🏠 🅿

CUCINA REGIONALE • FAMILIARE XX Piacevole ristorante nel cuore della valle che propone piatti elaborati, partendo da tradizioni locali e che amplia l'offerta con un interessante menu vegano! Altro punto di forza è l'hotel, caratterizzato da camere belle e curate e da spazi comuni ridotti. Gin: l'indirizzo giusto per un soggiorno immerso nel verde!

Menu 30/32 € – Carta 33/49 €

7 cam ☲ – †50/60 € ††80/90 € – 1 suite

via Pennavaire 99 – 𝒞 0182 77001 – www.dagin.it – solo a cena escluso domenica e giorni festivi – Chiuso novembre, gennaio, febbraio e lunedì

🍽 **Scola** 🕸 ⇦ 🏠 🅿

CUCINA REGIONALE • ACCOGLIENTE XX Si avvicina al secolo di attività questa piacevole risorsa gestita da sempre dalla famiglia Scola; il patron Fausto - con energia e simpatia pensa - ai piatti ed alla cucina dalla matrice territoriale, mentre - in sala - il figlio (rappresentante della 4a generazione!) saprà consigliarvi tra i moltissimi vini in carta. Un ristorante caldamente consigliato!

Menu 35/60 € – Carta 28/56 €

7 cam ☲ – †60 € ††80 €

via Pennavaire 166 – 𝒞 0182 77015 (consigliata la prenotazione) – www.scolarist.it – Chiuso 3 settimane in gennaio-febbraio, martedì sera e mercoledì

CASTELBUONO Sicilia

Palermo – ⊠ 90013 – 8 943 ab. – Alt. 423 m – Carta regionale n° **17**-C2
Carta stradale Michelin 365-AT56

🏵 Palazzaccio   🄰🄲

CUCINA REGIONALE • FAMILIARE ✕✕ Un piacevolissimo ristorante a conduzione familiare ubicato in pieno centro storico, lungo una via pedonale. All'interno l'ambiente rustico è impreziosito da volte in pietra, mentre la cucina rimane fortemente ancorata al territorio con molte specialità delle Madonie. Sicuramente da assaggiare: il raviolo ripieno di ricotta salata, tenerumi e fiori di zucca - filetto di maialino in crosta di pepe su crema di melanzane e miele di cardo - millefoglie al cioccolato con crema di ricotta di capra e riduzione di arancia.

Carta 31/47 €

via Umberto I 23 – ☎ 0921 676289 (prenotare) – Chiuso gennaio e lunedì

🏵 Nangalarruni   😤 🏗 🄰🄲

CUCINA SICILIANA • FAMILIARE ✕ Nel centro storico della località, pareti con mattoni a vista, antiche travi in legno ed esposizione di bottiglie, in una sala di origini ottocentesche. Piatti tipici della tradizione locale, ben fatti e curati, come i fusilli al ragù di suino nero e prodotti dell'orto, filetto di maialino in crosta di manna, mandorle e pistacchi.

🍴 Menu 25/32 € – Carta 28/79 €

via Delle Confraternite 5 – ☎ 0921 671228 – www.hostariananaglarruni.it – Chiuso 10 gennaio-10 febbraio e mercoledì da gennaio a marzo

CASTEL D'AIANO

Bologna – ✉ 40034 – 1 906 ab. – Alt. 805 m – Carta regionale n° **5**-C2
Carta stradale Michelin 562-J15

a Rocca di Roffeno Nord-Est : 7 km ✉ 40034

🏠 Agriturismo La Fenice   🌿 🐾 🛋 🍴 🄿

AGRITURISMO • BUCOLICO Piccolo agglomerato di case coloniche del XVI secolo, dove dominano pietre e legno, per vivere a contatto con la natura in un'atmosfera di grande suggestione. Al ristorante, buona cucina con tanta carne (spesso di produzione propria).

12 cam ☲ – ♦50/70 € ♦♦70/80 €

via Santa Lucia 29 – ☎ 051 919272 – www.lafeniceagritur.it – Chiuso gennaio

CASTEL D'APPIO Imperia ➜ Vedere Ventimiglia

CASTEL DEL PIANO

Grosseto – ✉ 58033 – 4 690 ab. – Alt. 637 m – Carta regionale n° **18**-C3
Carta stradale Michelin 563-N16

🏵 Antica Fattoria del Grottaione   ≤ 🏗 ⅙ 🄰🄲

CUCINA TOSCANA • RUSTICO ✕✕ C'era una volta... una fattoria, oggi divenuta trattoria, piacevolmente rustica e variopinta nella sala interna, ma con un appuntamento imperdibile sulla terrazza panoramica nella bella stagione. Il peposo, un brasato di manzo al pepe, è tra le specialità.

Menu 30/40 € – Carta 27/55 €

via della Piazza, località Montenero d'Orcia, Nord-Ovest: 14 km – ☎ 0564 954020 (consigliata la prenotazione) – www.anticafattoriadelgrattaione.it – Chiuso gennaio-febbraio e lunedì

CASTEL DI LAMA

Ascoli Piceno – ✉ 63031 – 7 568 ab. – Alt. 201 m – Carta regionale n° **11**-D3

🏠 Borgo Storico Seghetti Panichi   🌿 🐾 ≤ 🍴 🕷 🖃 ⅙ 🄰🄲 🕸 🄿

CASA PADRONALE • STORICO Vista incantevole per questa struttura che sorge su una verdeggiante collina: un panorama che spazia dalla cornice di montagne comprese fra i Monti Sibillini e la vetta del Gran Sasso, proseguendo fino alle colline dell'Appennino marchigiano. Belle camere e moderni confort nella Residenza San Pancrazio del 1600, in prossimità della piscina.

5 cam ☲ – ♦100/250 € ♦♦150/300 €

via San Pancrazio 1 – ☎ 0736 812552 – www.seghettipanichi.it

CASTELDIMEZZO

Pesaro e Urbino (PU) – ⊠ 61100 – Alt. 197 m – Carta regionale n° 11-B1
Carta stradale Michelin 563-K20

La Canonica

PESCE E FRUTTI DI MARE · RUSTICO ℁ Dove gustare un brodetto dell'Adriatico di pesci spinati? Ma sicuramente in questa caratteristica osteria ricavata nel tufo, che oltre a proporre piatti tipici di mare delizia anche con golosità di terra. Specialità: cagliata al limone e liquirizia.

Menu 29 € – Carta 32/54 €

via Borgata 20 – ℰ 0721 209017 – www.ristorantelacanonica.it – solo a cena escluso sabato e i giorni festivi – Chiuso martedì in inverno

CASTEL DI SANGRO

L'Aquila – ⊠ 67031 – 6 538 ab. – Alt. 793 m – Carta regionale n° 1-C3
Carta stradale Michelin 563-Q24

✿✿✿ Reale (Niko Romito)

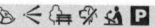

CUCINA CREATIVA · MINIMALISTA ℁℁℁ Essenzialità e minimalismo compongono il filo rosso che unisce gli ambienti eleganti della sala con la cucina creativa presentata nei piatti. Il bersaglio è la purezza dei sapori: la sua genesi è rintracciabile nella testa dello chef, ma prima ancora nasce nella terra e nel mare. Al Reale, tutto ciò viene proposto con quella grazia estetica che subito riconduce il pensiero alla cultura giapponese.

→ Tortelli di mandorla in brodo di bosco. Piccione fondente e pistacchio. Cioccolato bianco, aceto balsamico, granita di liquirizia e aceto bianco.

Menu 140/190 € – Carta 100/160 €

Hotel Casadonna, contrada Santa Liberata, località Casadonna – ℰ 0864 69382 (consigliata la prenotazione) – www.ristorantereale.it
– Chiuso 10 gennaio-28 febbraio, 10-23 ottobre, mercoledì a mezzogiorno, lunedì e martedì escluso agosto

Casadonna

DIMORA STORICA · PERSONALIZZATO Chi è alla ricerca di un Abruzzo intimo e appartato troverà a Casadonna il suo paradiso, un ex monastero cinquecentesco alle pendici di un monte oggi trasformato in albergo. Le camere riflettono l'anima dell'antica funzione: sobrie ed essenziali, non rinunciano tuttavia ad un'eleganza discreta e misurata.

6 cam ⊠ – ♦180/250 € ♦♦180/250 € – 3 suites

contrada Santa Liberata, località Casadonna – ℰ 0864 69382 – www.casadonna.it
– Chiuso 10 gennaio-28 febbraio e 10-23 ottobre

✿✿✿ **Reale** – Vedere selezione ristoranti

Il Lavatoio

FAMILIARE · ORIGINALE Il progetto di recupero architettonico del lavatoio quattrocentesco prevedeva (anche) la costruzione di un luogo di ospitalità per turisti e viandanti. L'opera è ormai compiuta: a voi la scelta di pernottare in una delle luminose stanze dei due piani o in quelle delle torri, accessibili da ampie scale a chiocciola.

13 cam ⊠ – ♦40/100 € ♦♦50/160 €

via Paradiso 18 – ℰ 0864 847009 – www.lavatoio.com

CASTELFALFI Firenze (FI) → Vedere Montaione

CASTELFRANCO D'OGLIO Cremona → Vedere Drizzona

CASTELFRANCO EMILIA

Modena – ⊠ 41013 – 32 677 ab. – Alt. 42 m – Carta regionale n° 5-C3
Carta stradale Michelin 562-I15

⊨○ La Lumira

CUCINA EMILIANA · CONTESTO REGIONALE X Al termine dei portici che ombreggiano la passeggiata lungo i negozi del centro storico, il ristorante propone i classici emiliani, a cominciare dai celebri tortellini in brodo.

Carta 37/62 €

corso Martiri 74 – ℰ 059 926550 – www.ristorantelumira.com – Chiuso agosto, domenica sera e lunedì

⌂ Aquila

FAMILIARE · ACCOGLIENTE Ospitalità tutta emiliana in un albergo centrale e di tradizione decennale. Ordine e pulizia ovunque, ma consigliamo di prenotare le camere più recentemente rinnovate.

34 cam ☲ – ♦50/110 € ♦♦60/150 €

via Leonardo da Vinci 5 – ℰ 059 923208 – www.hotelaquila.it

CASTELFRANCO VENETO

Treviso – ⊠ 31033 – 33 234 ab. – Alt. 43 m – Carta regionale n° **23**-C2
Carta stradale Michelin 562-E17

❀ Feva (Nicola Dinato)

CUCINA CREATIVA · CONTESTO CONTEMPORANEO XX Se la corte è d'epoca, lo stile del locale s'ispira - invece - ad un contemporaneo minimalismo, come la sua raffinata cucina che propone piatti di matrice moderna, dove tecnica ed ottime materie prime gareggiano per un risultato di grande spessore.

→ Paccheri alla carbonara di canestrelli, pesto di ricci di mare e santoreggia. Pescato del giorno e raccolto dell'orto. Tiramigiù.

Menu 30/70 € – Carta 53/110 €

Borgo Treviso 62 – ℰ 0423 197565 – www.fevaristorante.it – Chiuso 1 settimana in gennaio, 15 giorni in agosto, sabato a mezzogiorno e mercoledì

⌂⌂ Al Moretto

TRADIZIONALE · ACCOGLIENTE Palazzo del '500, fin dal secolo successivo locanda, oggi offre cura e accoglienza tutte al femminile con una gestione familiare prossima ai 100 anni. Molte camere sono rese fresche e gradevoli da disegni floreali alle pareti.

44 cam ☲ – ♦50/95 € ♦♦80/130 €

via San Pio X 10 – ℰ 0423 721313 – www.albergoalmoretto.it
– Chiuso 24 dicembre-6 gennaio e 2 settimane in agosto

⌂⌂ Alla Torre

TRADIZIONALE · CLASSICO Un edificio del 1600, adiacente alla torre civica dell'orologio su cui si "appoggiano" tre junior suite, le migliori camere di un hotel con molti bagni in marmo e pavimenti in parquet; colazione estiva in terrazza.

53 cam ☲ – ♦60/70 € ♦♦80/120 € – 1 suite

piazzetta Trento e Trieste 7 – ℰ 0423 498707 – www.hotelallatorre.it

a Salvarosa Nord-Est : 3 km ⊠ 31033

⊨○ Barbesin

VENEZIANA · FAMILIARE XX Piacevole locale a gestione familiare con uno stile che abbina tocchi di rusticità e di eleganza, la cucina propone piatti del territorio con tracce di modernità, mentre in estate si organizzano nel giardino serate con accompagnamento musicale. Al piano superiore, le camere dell'hotel Cà delle Rose.

☞ Menu 18 € (in settimana)/45 € – Carta 24/45 €

18 cam ☲ – ♦46 € ♦♦74 €

via Montebelluna di Salvarosa 41 – ℰ 0423 490446 – www.barbesin.it
– Chiuso 27 dicembre-9 gennaio, 7-24 agosto e domenica sera

CASTEL GANDOLFO

Roma – ✉ 00040 – 8 997 ab. – Alt. 426 m – Carta regionale n° **7**-B2
Carta stradale Michelin 563-Q19

🕽🔿 **Antico Ristorante Pagnanelli**　　　　🏵 ≼ 🏠

CUCINA CLASSICA · ELEGANTE XX Raffinata eleganza, piatti di mare e proposte dai monti nella splendida cornice del lago di Albano; caratteristiche le labirintiche cantine scavate nel tufo, con possibilità di degustazione.

Carta 35/130 €

via Gramsci 4 – ℰ 06 936 0004 (consigliata la prenotazione) – www.pagnanelli.it

🕽🔿 **Il Grottino**　　　　　　　　　　　　≼ 🆔

CUCINA CLASSICA · RUSTICO X Nella parte alta della città, con una saletta panoramica che si affaccia sul lago, il locale vi conquisterà per i suoi piatti - di mare e di terra - dalle porzioni generose.

🍴 Menu 20 € (pranzo) – Carta 28/46 €

via Saponara 2 – ℰ 06 936 1413 – www.ristoranteilgrottino.net – Chiuso gennaio e lunedì

al lago Nord-Est : 4,5 km

🏠 **Villa degli Angeli**　　　🏵 🌿 ≼ 🛏 🎿 ఉ 🆔 🍴 🅿

TRADIZIONALE · CLASSICO Avvolto dal verde nel parco dei Castelli, al limitare della strada che costeggia il lago, proverbiale la tranquillità che l'hotel offre nelle confortevoli camere, alcune con vista. La cucina della villa vi attende in sala da pranzo o sulla splendida terrazza panoramica, allestita durante la bella stagione.

33 cam ⌂ – ♦60/130 € ♦♦70/150 €

via Spiaggia del Lago 32 ✉ 00040 Castel Gandolfo – ℰ 06 9366 8241 – www.villadegliangeli.com

CASTELLABATE

Salerno (SA) – ✉ 84048 – 7 892 ab. – Alt. 278 m – Carta regionale n° **4**-C3
Carta stradale Michelin 564-G26

a San Marco Sud-Ovest : 5 km ✉ 84071

🏠 **Giacaranda**　　　🏵 🌿 🛏 🍽 🆔 🍴 🅿

LOCANDA · ORIGINALE Prende il nome da una pianta che rallegra il suo giardino, questa dimora ricca di charme tra il verde della campagna circostante e le mille attenzioni di Luisa, la padrona di casa; cucina davvero ben fatta, del territorio nel piacevole ristorantino, Liceo Mediterraneo.

6 cam ⌂ – ♦40/80 € ♦♦80/160 €

contrada Cenito, Sud: 1 km – ℰ 389 052 8026 – www.giacaranda.com – Aperto 1° aprile-30 ottobre

a Santa Maria di Castellabate Nord-Ovest : 5 km ✉ 84048

🕽🔿 **I Due Fratelli**　　　　　　　　　　≼ 🏠 🅿

CUCINA REGIONALE · AMBIENTE CLASSICO XX Ristorante di tono classico, dotato di un'ampia e bella terrazza che usufruendo della posizione fuori dal centro e rialzata rispetto alla costa offre la vista del mare. Piatti campani perlopiù di pesce e pizze, il fine settimana.

Menu 28/45 € – Carta 25/68 €

via Sant'Andrea, Nord: 1,5 km – ℰ 0974 968004 – Chiuso gennaio e mercoledì

🕽🔿 **Da Andrea**　　　　　　　　　　　≼ 🏠 🆔 🍴 🅿

PESCE E FRUTTI DI MARE · STILE MEDITERRANEO XX A tenervi compagnia, il rumore della onde che s'infrangono sugli scogli, a conquistare la vostra approvazione, invece, la cucina mediterranea con le sue specialità di pesce, nonché la carta dei vini ricca di etichette prestigiose.

Carta 29/85 € – carta semplice a pranzo

Hotel Villa Sirio, via lungomare De Simone 15 – ℰ 0974 961099 – www.villasirio.it – Aperto 1° giugno-30 settembre

🏠 Villa Sirio ≼ 🔾 ✦ AC P

TRADIZIONALE · LUNGOMARE Una dimora padronale dei primi del '900 nel centro storico, ma direttamente sul mare, dai raffinati interni ed ottime camere con alcuni pezzi di antiquariato. Le suite dotate di terrazza privata e vasca idromassaggio si trovano nella nuova ala della struttura.

34 cam ♧ – ♦100/220 € ♦♦120/340 € – 1 suite

via lungomare De Simone 15 – ℰ 0974 961099 – www.villasirio.it – Aperto 1° aprile-31 ottobre

🍴 **Da Andrea** – Vedere selezione ristoranti

CASTELL'ALFERO

Asti – ✉ 14033 – 2 763 ab. – Alt. 235 m – Carta regionale n° **12**-C2
Carta stradale Michelin 561-H6

🍴 Del Casot 🖨 🛏 AC

CUCINA PIEMONTESE · ACCOGLIENTE 𝕏 Accogliente e piccolo locale in posizione isolata e dominante a conduzione strettamente familiare, dove gustare ricette della tradizione piemontese e qualche piatto fantasioso.

Menu 40/45 € – Carta 33/79 €

regione Serra Perno 76/77, Sud: 2 km – ℰ 0141 204118 – www.ristorantedelcasot.it – Chiuso 15-30 gennaio, martedì e mercoledì

CASTELLAMMARE DEL GOLFO Sicilia

Trapani – ✉ 91014 – 15 394 ab. – Carta regionale n° **17**-B2
Carta stradale Michelin 365-AM55

🍴 Mirko's 🛏

CUCINA MEDITERRANEA · ACCOGLIENTE 𝕏𝕏 Sta guadagnando un proprio spazio nell'ambito della ristorazione locale, questo ristorantino ubicato sulla scalinata che porta a Cala Piccola. A gestirlo vi è un intero nucleo familiare: il figlio in cucina, dopo una lunga esperienza sotto gli altri, ha deciso di tentare questa avventura che si sta dimostrando appagante. In un ambiente curato e raccolto, ottime specialità di mare elaborate in chiave mediterranea e - più tipicamente - siciliana. Bravo, Mirko!

Carta 38/86 €

discesa Annunziata 1 – ℰ 0924 040592 (consigliata la prenotazione) – www.mirkosristorante.it – Chiuso lunedì a mezzogiorno dal 15 novembre al 15 marzo

🏠 Al Madarig ≼ ✦ AC ⸎ ⛰

TRADIZIONALE · ACCOGLIENTE Ricorda nel nome l'antico appellativo arabo della località questo hotel ricavato da alcuni vecchi magazzini del porto. Camere semplici e spaziose e una simpatica gestione.

38 cam ♧ – ♦49/209 € ♦♦49/209 €

piazza Petrolo 7 – ℰ 0924 33533 – www.almadarig.com

🏠 Cala Marina ≼ 🔾 ⚹ AC ⸎ 🚗

FAMILIARE · LUNGOMARE Squisita gestione familiare per questa accogliente struttura sul mare, incorniciata dal borgo marinaro, e provvista di una bella terrazza bar con vista. D'estate, anche un servizio di animazione per i più piccoli.

14 cam ♧ – ♦35/120 € ♦♦40/160 €

via Don L. Zangara 1 – ℰ 0924 531841 – www.hotelcalamarina.it – Chiuso gennaio e febbraio

CASTELLAMMARE DI STABIA

Napoli – ✉ 80053 – 66 466 ab. – Carta regionale n° **4**-B2
Carta stradale Michelin 564-E25

✿ Piazzetta Milù   🏵 � ⚙ 🆎 ✷

CUCINA CAMPANA · CHIC ✕✕ Parallelo al lungomare, sarà un'intera famiglia a coccolarvi - insieme ad un giovane cuoco dalla solida esperienza - in un ambiente elegantemente moderno. Il menu contempla piatti altrettanto contemporanei, sebbene ispirati alla tradizione locale, ma anche ottime carni alla griglia.

→ Tagliatella al caffè, battuto di gamberi crudi e limone di Sorrento. Agnello in finta genovese, yogurt di bufala e nocciole. Tira-milù.

Menu 60/75 € – Carta 47/67 €

corso Alcide De Gasperi 23 – ℰ 081 871 5779 – www.piazzettamilu.it – Chiuso domenica sera e mercoledì

○ Yacht Club Marina di Stabia   ⟨ 🏮 ⚙ 🆎 🅿

CUCINA MODERNA · DESIGN ✕✕ Stile minimal per questo locale al 1° piano (con ascensore) di un edificio in vetro e ferro all'interno della Marina di Stabia. Se dal terrazzo la superba vista di Napoli e Vesuvio sarà subordinata ai capricci del tempo, la certezza di una moderna cucina campana - ideata da un celebre chef ed eseguita da un talentuoso, giovane, cuoco - è quanto vi attende quotidianamente nei suoi spazi.

Menu 60/80 € – Carta 54/83 €

via Alcide De Gasperi 313, (zona portuale Marina di Stabia) – ℰ 081 872 2118 – www.yachtclubmarinadistabia.it – Chiuso 15 gennaio-inizio aprile e martedì escluso in estate

🏚 La Medusa Hotel   🏠 ⚙ ⟨ 🏮 ⚒ 🍴 🛗 🔲 🆎 ✷ ⚙ 🅿

LUSSO · ELEGANTE In un vasto e curato giardino-agrumeto, questa villa otto-centesca ha conservato anche nei raffinati interni lo stile e l'atmosfera fin-de-siè-cle. Molto rilassante, appartata e luminosa la Spa con area relax e piacevole cabina per massaggi di coppia. Ampi e diversificati gli spazi per la ristorazione, ce n'è davvero per tutti i gusti.

46 cam ⚏ – †90/350 € ††120/400 € – 3 suites

via passeggiata Archeologica 5 – ℰ 081 872 3383 – www.lamedusahotel.com

sulla strada statale 145 Sorrentina km 11 Ovest : 4 km

🏚 Towers Hotel Stabiae Sorrento Coast   🏠 ⚙ ⟨ ⚒ 🌐 🎷 🛗

PALACE · LUNGOMARE Ex cementificio convertito in   ⚓ 🔲 ⚙ 🆎 ✷ ⚙ 🍴
hotel, dallo stile decisamente moderno e curioso: in riva al mare, camere al passo con i tempi nel design e negli accessori, divise tra ala est e ala ovest. Light lunch a bordo piscina e, nelle calde sere d'estate, cena in terrazza con meravigliosa vista sul golfo.

142 cam ⚏ – †80/150 € ††80/450 € – 8 suites

località Pozzano – ℰ 081 394 6700 – www.towershotelsorrento.com – Aperto 16 marzo-4 novembra

CASTELL'APERTOLE Vercelli → Vedere Livorno Ferraris

CASTELL'ARQUATO

Piacenza – ✉ 29014 – 4 713 ab. – Alt. 224 m – Carta regionale n° **5**-A2
Carta stradale Michelin 562-H11

❍ Maps   ⌂ ⌖

CUCINA MODERNA · AMBIENTE CLASSICO ✕✕ Una collezione di quadri di artisti locali arreda il locale, ricavato in un vecchio mulino ristrutturato. Piccole salette moderne e servizio estivo all'aperto per una cucina di ispirazione contemporanea.

Carta 39/64 €

piazza Europa 3 – ✆ 0523 804411 – www.ristorantemaps.com
– Chiuso 7-20 gennaio e lunedì in giugno-settembre, anche martedì negli altri mesi

❍ La Rocca-da Franco   ⟨ ⌂ 🅰🅲

CUCINA REGIONALE · FAMILIARE ✕ Nel cuore del centro storico, accolto tra i maggiori monumenti della piazza, il ristorante offre una bella vista sulla campagna; la cucina proposta è semplice e fatta in casa.

Menu 31/39 € – Carta 34/46 €

– ✆ 0523 805154 (prenotazione obbligatoria la sera) – www.larocca1964.it
– Chiuso 1°-23 febbraio, 19 luglio-10 agosto e mercoledì

❍ Da Faccini   ⌂ 🅿

CUCINA REGIONALE · CONVIVIALE ✕ Lunga tradizione familiare per questa tipica trattoria, che unisce alle proposte classiche piatti più fantasiosi, stagionali. Una piccola elegante sala riscaldata dal caminetto e una attrezzata per i fumatori. I prodotti che vengono degustati nel ristorante ed altri generi alimentari legati alla tradizione gastronomica piacentina sono acquistabile presso l'annessa bottega.

Carta 29/59 €

località Sant'Antonio, Nord: 3 km – ✆ 0523 896340
– www.ristorantecastellarquato.it – Chiuso 17-31 gennaio, 1°-10 luglio e mercoledì

CASTELLETTO DI BRENZONE Verona → Vedere Brenzone

CASTELLETTO SOPRA TICINO

Novara (NO) – ✉ 28053 – 9 938 ab. – Alt. 226 m – Carta regionale n° **13**-B2
Carta stradale Michelin 561-E7

❍ Rosso di Sera   ※ 🅰🅲

CUCINA MODERNA · BISTRÒ ✕✕ "Rosso di sera", come l'antico adagio che preannunciava il bel tempo o come un buon bicchiere di vino da gustare in questo informale, ma elegante, wine-bar, che propone una grande scelta di etichette e distillati, nonché piatti della tradizione (prevalentemente di terra).

⊖ Menu 13 € (pranzo in settimana) – Carta 37/59 €

via Pietro Nenni 2 – ✆ 0331 963173 – www.osteriarossodisera.it
– Chiuso 2 settimane in agosto, 1 settimana in settembre, sabato a mezzogiorno e mercoledì

CASTELLINA IN CHIANTI

Siena – ✉ 53011 – 2 859 ab. – Alt. 578 m – Carta regionale n° **18**-D1
Carta stradale Michelin 563-L15

❍ Albergaccio di Castellina   ⌂ & 🅿

CUCINA REGIONALE · FAMILIARE ✕✕ Una genuina accoglienza familiare - il marito in sala, la moglie e il figlio in cucina - vi condurranno alla scoperta dei sapori toscani, in un ristorante dal tono rustico ed accogliente. Paste fresche, carni, salumi e formaggi, talvolta rivisti e aggiornati in un gusto più attuale. A pranzo è aperta anche l'osteria, con piatti più semplici.

Menu 40/70 € – Carta 39/76 €

via Fiorentina 63 – ✆ 0577 741042 – www.ristorantealbergaccio.com – Chiuso 25 febbraio-11 marzo, 15 novembre-7 dicembre e domenica

ⓘ◯ **La Tavola di Guido** Ⓝ ≼ 🛋 🍴 ⌷ 🆔 🕸 🅿

CUCINA REGIONALE · ELEGANTE ✗✗ Se la sala interna coccola l'ospite come il resto dell'albergo, il dehors vi farà godere della pace e della tranquillità del bellissimo giardino, mentre Guido cucina per voi piatti legati al territorio, talvolta un po' più moderni. La carta del pranzo propone una scelta leggermente ristretta.

Menu 50/65 € – Carta 54/98 €

Hotel Locanda Le Piazze, località Le Piazze 41, Sud-Ovest: 6 km – ☎ 0577 743190 (consigliata la prenotazione) – www.tavoladiguido.com
– Aperto 2 aprile-14 novembre; chiuso mercoledì

🏠 **Palazzo Squarcialupi** ✿ ≼ ⌷ 🎷 🖥 & 🆔 🅿

STORICO · TRADIZIONALE Nel centro storico della località, tipico palazzo del '400 ricco di decorazioni, camini e arredi d'epoca. Buona parte delle camere - spesso di grandi dimensioni - si affacciano sul centro storico, ma preferite l'incantevole vista sulle colline di quelle sul retro.

17 cam ⌷ – ♦110/125 € ♦♦132/135 €

via Ferruccio 22 – ☎ 0577 741186 – www.palazzosquarcialupi.com
– Aperto 25 marzo-4 novembre

🏠 **Locanda Le Piazze** ✍ ≼ 🛋 ⌷ & 🆔 🕸 🅿

CASA DI CAMPAGNA · ELEGANTE Splendida ristrutturazione di un casolare ubicato sulla sommità di una dolce collina circondata dai vigneti: ambienti di design caldi e accoglienti, sul retro la piscina incastonata tra il proprio giardino ed una vista davvero ampia.

20 cam ⌷ – ♦240/400 € ♦♦240/400 €

località Le Piazze 41, Sud-Ovest: 6 km – ☎ 0577 743190
– www.locandalepiazze.com – Aperto 2 aprile-14 novembre

ⓘ◯ **La Tavola di Guido** – Vedere selezione ristoranti

🏠 **Colle Etrusco Salivolpi** 🛋 ⌷ 🆔 🕸 🅿

CASA DI CAMPAGNA · TRADIZIONALE Appena fuori il piccolo centro storico, un'antica casa ristrutturata e con due dépendance: accoglienti interni in stile rustico-elegante e piacevole giardino con piscina.

19 cam – ♦49/189 € ♦♦49/189 € – ⌷ 8 €

via Fiorentina 89, Nord-Est: 1 km – ☎ 0577 740484 – www.hotelsalivolpi.com
– Chiuso 7 gennaio-30 marzo

🏠 **Villa Cristina** 🛋 ⌷ 🅿

DIMORA STORICA · VINTAGE Villino d'inizio Novecento con spazi comuni limitati, ma graziose camere, soprattutto quella luminosissima nella torretta. Sul retro si trova il piccolo giardino con piscina.

5 cam ⌷ – ♦50/70 € ♦♦70/98 €

via Fiorentina 34 – ☎ 393 044 2100 – www.villacristinachianti.it – Chiuso 8 gennaio-28 febbraio

a San Leonino Sud : 8 km ✉ 53011 – Castellina In Chianti

🏠 **Belvedere di San Leonino** ✿ 🛋 ⌷ 🆔 🕸 🅿

CASA DI CAMPAGNA · TRADIZIONALE Conserva l'atmosfera originale quest'antica casa colonica trasformata in confortevole albergo: arredi rustici in legno e travi a vista nelle camere, di prezzo diverso a seconda del panorama. Dal giardino si passa direttamente nelle meravigliose vigne del Chianti.

28 cam – ♦69/349 € ♦♦69/349 € – ⌷ 12 €

località San Leonino 23 – ☎ 0577 740887 – www.hotelsanleonino.com – Aperto 31 marzo-5 novembre

verso **Castellina Scalo** Sud-Ovest: 3 km

 Castello La Leccia 🐾🍽️🕊️🏠🎿🏠🚫 **P**

DIMORA STORICA · ELEGANTE Non sarà l'unico castello a vantare mille anni di storia, altri ancora sono immersi come La Leccia tra gli ulivi e i vigneti, camere dal gusto contemporaneo così eleganti non saranno le uniche in zona... ma una vista a 360° sui colli, Siena, San Gimignano e Monteriggioni è un privilegio raro, indimenticabile e mozzafiato, di cui potrete godere da alcune camere e dal giardino all'italiana.

12 cam ☑ – ♦310/380 € ♦♦310/380 €

*località La Leccia ✉ 53011 Castellina in Chianti – 𝒞 0577 743148
– www.castellolaleccia.com – Aperto 16 aprile-31 ottobre*

CASTELLO DI BRIANZA

Lecco – ✉ 23884 – 2 081 ab. – Alt. 394 m – Carta regionale n° **10**-B1
Carta stradale Michelin 561-E10

🏵️ **Dac a trà** 🍸♿ AC

CUCINA CREATIVA · AMBIENTE CLASSICO XX Un bel mix di creatività e concretezza sigilla i piatti del giovane cuoco: sarete sorpresi per alcune trovate tecniche, ma sempre confermati da sapori pieni, riconoscibili e gustosi. Da lunedì a venerdì, a pranzo ci sono anche delle proposte più semplici ed economiche.
→ Risotto al crescione di ruscello, lumache, limone candito, chiodi di garofano. Filetto di fassona in crosta di pane, tartufo nero, porcini, salsa al pecorino. 100% Frutta!... 5 esplosioni liquide.

Menu 30 € (pranzo in settimana)/90 € – Carta 66/94 €

via San Lorenzo 1, località Brianzola, Nord-Est: 1 km – 𝒞 039 531 2410 (consigliata la prenotazione) – www.dacatra.it – Chiuso 1°-17 gennaio, agosto, domenica sera e lunedì

CASTELLO DI GODEGO

Treviso (TV) – ✉ 31030 – 7 177 ab. – Alt. 51 m – Carta regionale n° **23**-C2
Carta stradale Michelin 562-E17

🍴 **Locanda al Sole** 🕊️🏠♿ AC **P**

VENEZIANA · FAMILIARE XX Gestione familiare, da sempre impegnata con uguale energia sia nel ristorante, sia nell'omonimo albergo. Uno dei titolari si occupa direttamente della cucina: paste e dolci fatti in casa, carni preparate rispettando le lunghe cotture di una volta e, come piatto forte, le ricche degustazioni di antipasti. Fresco e rilassante dehors sul retro sotto un piacevole gazebo.
🍽️ Menu 25/40 € – Carta 26/53 €

20 cam ☑ – ♦45/67 € ♦♦65/75 €

via San Pietro 1 – 𝒞 0423 760450 – www.locandaalsole.it – solo a cena escluso domenica – Chiuso agosto e lunedì

CASTEL MAGGIORE

Bologna – ✉ 40013 – 18 231 ab. – Alt. 29 m – Carta regionale n° **5**-C3
Carta stradale Michelin 562-I16

🍴 **Alla Scuderia** AC **P**

CUCINA REGIONALE · RUSTICO XX L'antica scuderia di palazzo Ercolani - riconvertita in ristorante - mantiene intatto il suo fascino: sotto le alte volte in mattoni gusterete una cucina fedele alle tradizioni emiliane, da assaggiare le paste fresche che spesso la "sfoglina" prepara in fondo alla sala, ma anche il bollito.

Carta 25/76 €

*via San pierino 48, località Castello, Est: 1,5 km – 𝒞 051 713302
– www.ristorantelascuderiabologna.com – Chiuso agosto, sabato a mezzogiorno e domenica*

a Trebbo di Reno Sud-Ovest : 6 km ⊠ 40013

🍴○ **Massimiliano Poggi** 🛱 ᣖ 🏧 ⇔ 🅿

CUCINA MODERNA · DESIGN XX Alle porte di Bologna ma in zona tranquilla, il locale porta il nome del suo bravissimo chef-patron e si propone in maniera vivace e moderna, grazie al servizio di sala del socio, nonché in virtù di una cucina che cita la tradizione bolognese, la riviera romagnola e - più ampiamente - la cucina di campagna della regione. Sempre con un occhio attento alla contemporaneità.

Menu 75 € – Carta 52/84 €

via Lame 67 ⊠ 40013 – ℰ 051 704217 – www.mpoggi.it – Chiuso 7-21 gennaio, 2 settimana in agosto, lunedì a mezzogiorno e domenica

CASTELMEZZANO
Potenza – ⊠ 85010 – 800 ab. – Alt. 750 m – Carta regionale n° **2**-B2
Carta stradale Michelin 564-F30

🌐 **Al Becco della Civetta** ⇐ 🐾 🏧 🍽

CUCINA REGIONALE · FAMILIARE X Nel centro del paesino, isolato tra le suggestive Dolomiti Lucane, ad occuparsi della cucina è la proprietaria, che fa rivivere le ricette - sovente proposte a voce - delle sue muse, mamma e nonna, come la proverbiale mousse di ricotta. Dalle finestre delle camere, la maestosa scenografia naturale; all'interno, tranquillità e calorosa accoglienza.

Menu 30 € – Carta 29/42 €

24 cam ⊊ – ∮60/90 € ∮∮80/120 €

vico I Maglietta 7 – ℰ 0971 986249 (prenotare) – www.beccodellacivetta.it – Aperto Pasqua-4 novembre

CASTELMOLA Messina → Vedere Taormina

CASTELNOVO DI BAGANZOLA Parma → Vedere Parma

CASTELNOVO DI SOTTO
Reggio nell'Emilia – ⊠ 42024 – 8 462 ab. – Alt. 27 m – Carta regionale n° **5**-B3
Carta stradale Michelin 562-H13

🍴○ **Poli-alla Stazione** 🐾 🛱 🏧 🅿

CUCINA CLASSICA · ACCOGLIENTE XXX Oltrepassata una promettente carrellata di antipasti e l'esposizione di diversi tagli di carne e tipi di pesce, vi accomoderete in due ariose sale di tono elegante o nella gradevole terrazza estiva. La specialità è la cottura alla griglia di carbone.

Carta 37/89 €

Hotel Poli, viale della Repubblica 10 – ℰ 0522 682342 – www.ristorantepoli.it – Chiuso 8-21 agosto, domenica sera e lunedì a mezzogiorno

🏠 **Poli** 🛗 ᣖ 🏧 🕼 🅿

TRADIZIONALE · CLASSICO Camere dotate di ogni confort in un'accogliente struttura, costantemente potenziata e rinnovata negli anni da una dinamica gestione familiare; le camere più recenti sono da preferire.

53 cam ⊊ – ∮65/78 € ∮∮90/115 €

via Puccini 1 – ℰ 0522 683168 – www.hotelpoli.it

🍴○ **Poli-alla Stazione** – Vedere selezione ristoranti

CASTELNOVO NE' MONTI
Reggio nell'Emilia – ⊠ 42035 – 10 465 ab. – Alt. 700 m – Carta regionale n° **5**-B2
Carta stradale Michelin 562-I13

⊪○ **Locanda da Cines**

CUCINA EMILIANA · FAMILIARE ※ Calorosa gestione familiare in un piccolo ristorante di tono rustico e moderno, dove i piatti del giorno, quali ad esempio la sella di coniglio ripiena, esplorano le tradizioni conservate nel verde dell'Appennino. I boschi dei dintorni e la salubre aria di montagna garantiscono relax anche nelle semplici camere.

🍽 Menu 20 € (pranzo in settimana)/35 € – Carta 23/33 €

10 cam ⫦ – †50/55 € ††75/80 €

piazzale Rovereto 2 – ℰ 0522 812462 (consigliata la prenotazione) – www.locandadacines.it – Chiuso gennaio-febbraio e sabato

CASTELNUOVO Padova → Vedere Teolo

CASTELNUOVO BELBO

Asti (AT) – ✉ 14043 – 895 ab. – Alt. 122 m – Carta regionale n° **14**-D1_2

🏠 **Relais 23**

CASA DI CAMPAGNA · CLASSICO Troverete camere moderne ed una bella piscina, in questa raffinata villa padronale circondata da armoniose colline. Biciclette in utilizzo gratuito per i clienti. Ristorate dal design contemporaneo negli ex spazi ad uso agricolo dell'attiguo caseggiato.

10 cam ⫦ – †60/120 € ††70/180 €

via San Colombano 25 – ℰ 0141 799180 – www.relais23.it – Chiuso 2 gennaio- 9 febbraio

CASTELNUOVO BERARDENGA

Siena – ✉ 53019 – 9 097 ab. – Alt. 351 m – Carta regionale n° **18**-C2
Carta stradale Michelin 563-L16

✿ **Poggio Rosso**

CUCINA CREATIVA · ELEGANTE ※※ Cucina di marca rigorosamente toscana, anzi chiantigiana, che lo chef personalizza in versioni contemporanee ed estrose. I piatti celebrano le produzioni artigianali più esclusive dallo zafferano di San Gimignano al cipollotto di Certaldo... Destinazione gourmet all'interno dell'albergo San Felice, la passeggiata nel borgo all'ora del tramonto è un must.

→ Animella di vitello, spinacio selvatico, pomodoro confit e crema di taralli. Petto di pollo "ficatum", scalogno brasato, patate novelle e salsa alla senape. Delizia al cioccolato.

Menu 95/125 € – Carta 70/130 €

Relais Borgo San Felice, località San Felice, Nord-Ovest: 10 km – ℰ 0577 3964 – www.borgosanfelice.com – solo a cena – Aperto 2 giugno-28 ottobre

✿ **La Bottega del 30** (Hélène Stoquelet)

CUCINA TOSCANA · ROMANTICO ※※ Il 30 di ogni mese un venditore ambulante faceva tappa in questo piccolo incantevole borgo. Nel frattempo, dalla Francia, arrivava una giovane cuoca che s'innamorò del Chianti e della sua cucina... Dedicò il suo ristorante a quel venditore e la fiaba continua ancora oggi: a trent'anni di distanza!

→ Ravioli di piccione con pesto di pinoli e rosmarino. Quaglia disossata avvolta nel lardo di Colonnata e ripiena di salsiccia toscana e biete. Torta di cioccolato fondente con liquirizia.

Menu 65/90 € – Carta 62/93 €

via Santa Caterina 2, località Villa a Sesta, Nord: 5 km – ℰ 0577 359226 (consigliata la prenotazione) – www.labottegadel30.it – solo a cena – Aperto inizio marzo-fine novembre; chiuso martedì

ⅡO Contrada   🍴 🔲 🍸 ⌦ 🅿

CUCINA MODERNA · ELEGANTE XX Nel suggestivo scenario dell'albergo Castel Monastero, vale la pena di attendere la bella stagione perché i tavoli delle tradizionali sale interne si trasferiscano sulla piazzetta di un tipico borgo toscano. Cucina di impronta mediterranea, piatti semplici o più elaborati, comunque ispirati alla qualità dei prodotti.

Menu 100 € – Carta 84/130 €

Hotel Castel Monastero, località Monastero d'Ombrone 19, Est: 10 km – ℰ 0577 570001 – www.castelmonastero.com – solo a cena – Aperto 1° maggio-31 ottobre; chiuso domenica e lunedì

ⅡO Il Convito di Curina   🕸 ⩹ 🍴 🏠 🆎 🅿

CUCINA TOSCANA · ACCOGLIENTE XX Cucina toscana, nonché ampia scelta enologica con vini regionali e champagne di piccoli produttori, in un ambiente rustico-signorile, dove (meteo permettendo) vi consigliamo di optare per la terrazza panoramica.

Menu 43/120 € – Carta 45/83 €

Hotel Villa Curina Resort, strada provinciale 62, località Curina – ℰ 0577 355647 – www.villacurinaresort.com – solo a cena – Aperto 16 marzo-31 ottobre

ⅡO L'Asinello   🏠 🆎

CUCINA MODERNA · ROMANTICO XX Un interessante locale molto ben condotto da una coppia di coniugi capaci e professionali: in cucina il marito assicura piatti di stampo tradizionale rivisitati in chiave moderna, ma non mancano anche i grandi classici più semplici.

Menu 45/55 € – Carta 47/66 €

via Nuova 6, località Villa a Sesta, Nord-Est: 8 km – ℰ 0577 359279 (consigliata la prenotazione) – www.asinelloristorante.it – solo a cena escluso domenica in estate – Chiuso lunedì, anche martedì e mercoledì in inverno

ⅡO La Porta del Chianti   🏠 &

CUCINA TRADIZIONALE · RUSTICO X Nel cuore del piccolo e suggestivo borgo di San Gusmé, all'interno di un vecchio caseggiato del '600, una squisita cucina della tradizione con specialità di pesce fresco abbinate a sapori siciliani. Nella carta dei vini anche molti piccoli produttori locali.

Menu 35/60 € – Carta 39/64 €

piazza Castelli 10, località San Gusmè, Nord: 5 km – ℰ 0577 359036 (consigliata la prenotazione) – www.ristorantelaportadelchianti.it – Chiuso 7 gennaio-7 febbraio, 6 novembre-2 dicembre, domenica sera e lunedì escluso luglio-agosto

🏚🏚 Castel Monastero   ✿ 🐾 ⩹ 🍴 🍸 🔲 🛖 ✿ ℱ 🆎 🧖 🅿

DIMORA STORICA · GRAN LUSSO Raccolto intorno ad un'incantevole piazzetta dov'era il monastero medioevale, l'albergo si è da qui successivamente sviluppato su una vasta proprietà, tra ville e dépendance, ma sempre in stile toscano, tra incantevoli panorami e camere dai sobri ma raffinati arredi in stile. La spa è una delle migliori in zona.

62 cam ⌱ – ♦430/1175 € ♦♦430/1175 € – 12 suites

località Monastero d'Ombrone 19, Est: 10 km – ℰ 0577 570001 – www.castelmonastero.com – Chiuso 7 gennaio-25 marzo

ⅡO **Contrada** – Vedere selezione ristoranti

🏚🏚 Relais Borgo San Felice   ✿ 🐾 ⩹ 🍴 🏠 ℱ 🧖 ✗ 🆎 🧖 🅿

LUSSO · ELEGANTE Lussuoso resort all'interno di un antico borgo, la cui storia si perde nel Medio Evo. Tra i vigneti del Chianti classico, belle camere distribuite in più strutture ed un moderno centro benessere, dove tra le tante opzioni i benefici del vino si estendono al corpo in trattamenti per la pelle. All'Osteria del Grigio troverete i piatti della tradizione, una semplice ma gustosa alternativa al ristorante gourmet Poggio Rosso.

25 cam ⌱ – ♦398/490 € ♦♦398/590 € – 24 suites

località San Felice, Nord-Ovest: 10 km – ℰ 0577 3964 – www.borgosanfelice.com – Aperto 2 giugno-28 ottobre

✿ **Poggio Rosso** – Vedere selezione ristoranti

Le Fontanelle

DIMORA STORICA · ELEGANTE In posizione dominante e tranquilla, suggestivo borgo agricolo "scolpito" nella pietra con rilassante vista sui dintorni. Interni raffinati, pur mantenendo un certo coté rustico. Cucina toscana nell'elegante ristorante con stupendi spazi all'aperto.

23 cam ⬚ – †400/900 € ††400/900 € – 2 suites

località Fontanelle di Pianella, Nord-Ovest: 20 km – ✆ 0577 35751
– www.hotelfontanelle.com – Aperto inizio aprile-fine ottobre

Villa Curina Resort

DIMORA STORICA · TRADIZIONALE In posizione tranquilla e con una vista che spazia fino a Siena, questa dimora cinquecentesca ospita camere personalizzate con mobili in stile e pareti allegramente colorate; alcune stanze sono situate nella villa, altre nei tipici casali toscani. Tutt'intorno, l'armonia di un curato giardino all'italiana.

21 cam ⬚ – †175/195 € ††195/215 € – 5 suites

strada provinciale 62, località Curina – ✆ 0577 355630 – www.villacurinaresort.com
– Aperto 1° aprile-31 ottobre

‖○ **Il Convito di Curina** – Vedere selezione ristoranti

CASTELNUOVO DELL'ABATE Siena (SI) ➙ Vedere Montalcino

CASTELNUOVO DEL ZAPPA Cremona ➙ Vedere Castelverde

CASTELNUOVO DI GARFAGNANA

Lucca – ✉ 55032 – 5 950 ab. – Alt. 270 m – Carta regionale n° **18**-B1
Carta stradale Michelin 563-J13

‖○ La Lanterna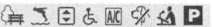

CUCINA REGIONALE · CONTESTO TRADIZIONALE ✕✕ Un'intera parete è affrescata con un trompe-l'oeil raffigurante una scena agreste, mentre il cielo è dipinto su una volta a cupola; dalla cucina, piatti del territorio ed una selezione più ristretta di proposte di mare.

⊕ Menu 15 € (pranzo in settimana)/30 € – Carta 24/53 €

Hotel La Lanterna, località alle Monache-Piano Pieve, Est: 1,5 km – ✆ 0583 639364
– www.lalanterna.eu – Chiuso 1 settimana in novembre, domenica sera e lunedì
escluso luglio e agosto

La Lanterna

BUSINESS · FUNZIONALE Nella parte più alta della località - a pochi minuti dal centro - una piacevole villetta cinta dal verde con ampi spazi comuni e confortevoli camere.

30 cam ⬚ – †55/60 € ††87/90 €

località alle Monache-Piano Pieve, Est: 1,5 km – ✆ 0583 639364 – www.lalanterna.eu
‖○ **La Lanterna** – Vedere selezione ristoranti

CASTELNUOVO MAGRA

La Spezia – ✉ 19033 – 8 415 ab. – Alt. 181 m – Carta regionale n° **8**-D2
Carta stradale Michelin 561-J12

‖○ Armanda

CUCINA REGIONALE · CONTESTO TRADIZIONALE ✕ In un caratteristico borgo dell'entroterra, andamento e ambiente familiari in una trattoria che propone piatti stagionali del territorio ben elaborati. Se volete gustare un piatto veramente speciale optate per il coniglio farcito.

Menu 37 € – Carta 31/52 €

piazza Garibaldi 6 – ✆ 0187 674410 – solo a cena – Chiuso
24 dicembre-10 gennaio, 1 settimana in ottobre, mercoledì escluso luglio-agosto,
anche martedì sera in ottobre-aprile

ⵙⵔ La Valle ⬅ 🐕 👜 🏠 **P**

CUCINA DEL TERRITORIO · CASA DI CAMPAGNA 🗴 Ai piedi dell'incantevole profilo di Castelnuovo, circondato dal verde, benché siamo a pochi chilometri dal mare la cucina vira sulla carne. Tra le specialità, le celebri torte salate liguri, paste fresche e coniglio.

Menu 30/40 € – Carta 32/42 €

6 cam � – †70 € ††80 €

via delle Colline 24, Sud-Ovest : 1 km – ℰ 0187 670101 – www.agriturismolavallesp.it
– Chiuso gennaio-febbraio e lunedì

CASTELPETROSO

Isernia – ✉ 86090 – 1 680 ab. – Alt. 872 m – Carta regionale n° **1**-C3
Carta stradale Michelin 564-C25

sulla strada statale 17 uscita Santuario dell'Addolorata Ovest : 6 km

🏨 Fonte del Benessere Resort ⛲ 👜 ⚒ 🔲 🌐 🏠 ⅃⅂ 🔄 🛗 🄰🄲 ⅏ **P**

LUSSO · CONTEMPORANEO Nei pressi del splendido santuario, hotel elegantemente moderno dalle ampie camere per un totale relax che prosegue nella spa, affidata alla qualificata consulenza Mességué.

13 suites �)))) – ††180 € – 7 cam

via Santuario 15/b – ℰ 0865 936258 – www.fontedelbenessereresort.it
– Chiuso 7 gennaio-24 marzo

CASTELRAIMONDO

Macerata – ✉ 62022 – 4 587 ab. – Alt. 307 m – Carta regionale n° **11**-C2
Carta stradale Michelin 563-M21

🏨 Borgo Lanciano ⛲ 🐕 ⬅ 👜 ⚒ 🔲 🌐 🏠 🄰🄲 ⅏ **P**

DIMORA STORICA · BUCOLICO Confortevole hotel sorto entro un antico borgo, offre camere e suite diverse per forma e arredamento, nonché aree comuni per dedicarsi ad una chiacchierata o alla lettura. Suddiviso in sale più piccole, il ristorante propone una cucina tradizionale, fedele ai prodotti della zona.

48 cam � – †75/139 € ††89/169 € – 1 suite

località Lanciano 5, Sud: 2 km – ℰ 0737 642844 – www.borgolanciano.it

CASTEL RIGONE Perugia → Vedere Passignano sul Trasimeno

CASTELROTTO KASTELRUTH

Bolzano – ✉ 39040 – 6 802 ab. – Alt. 1 060 m – Carta regionale n° **19**-C2
Carta stradale Michelin 562-C16

ⵙⵔ Zum Turm 🏠 **P**

CUCINA REGIONALE · ROMANTICO 🗴🗴 A pochi metri dal campanile, in un tipico edificio del 1511, la cucina vi farà conoscere i prodotti alpini in porzioni generose, accuratamente selezionati e cucinati. C'è una sala classica, ma vi consigliamo di prenotare un tavolo nella Stube del 1880.

Carta 27/72 €

via Colle 8 – ℰ 0471 706349 – www.zumturm.com
– Aperto 7 dicembre-24 marzo e 18 maggio-20 ottobre; chiuso mercoledì

🏠 Cavallino d'Oro ⬅ 🏠 🔄 🐕

STORICO · PERSONALIZZATO Sulla piazza del paese, suggestiva atmosfera tirolese in una casa di tradizione centenaria (già hotel nel 1326): per un surplus di romanticismo, chiedete le camere con i letti a baldacchino. Per i pasti, invece, una sala rustica o le caratteristiche stube del XVII secolo.

19 cam ☄ – †65/110 € ††128/190 € – 3 suites

piazza Krausen – ℰ 0471 706337 – www.cavallino.it – Chiuso 5-30 novembre

⌂ **Alpine Boutique Villa Gabriela**　　　🏔 🕭 ⪕ 🛏 🅿

FAMILIARE • PERSONALIZZATO Per godere appieno di uno tra i più magici panorami dolomitici, è ideale questa bella villetta circondata dal verde; camere graziose e ricche di personalizzazioni, spazi comuni moderni e rinnovati.

8 cam – solo ½ P 93/125 €

San Michele 31/1, Nord-Est: 4 km – ☎ 0471 700077 – www.villagabriela.com
– Aperto 15 dicembre-1° aprile e 18 maggio-4 novembre

CASTEL SAN PIETRO TERME

Bologna (BO) – ✉ 40024 – 20 811 ab. – Alt. 75 m – Carta regionale n° **5**-C2
Carta stradale Michelin 562-I16

a Varignana Ovest: 5 km

🏨 **Palazzo di Varignana** ⓝ 　 🏔 ⪕ 🛏 🍴 🖥 🕙 🛖 🏋 🎰 ⑆ 🅿

RESORT • CONTEMPORANEO Grande resort in posizione defilata, tranquilla e panoramica, diffuso su più edifici tra cui segnaliamo la lussuosa eleganza e raffinatezza della Villa Amagioia che ospita le camere più belle, poche ed esclusive. Nel corpo centrale - invece - la spa ed il ristorante Pool & Lounge, mentre il gourmet si apparecchia le sere da giovedì a sabato al Palazzo. Ma non finisce qui perché rinnovi ed ampliamenti sono già previsti per il futuro prossimo.

133 cam 🖙 – ♦140/345 € ♦♦180/465 € – 23 suites

via Cà Masino 611a – ☎ 051 1993 8300 – www.palazzodivarignana.com

CASTELSARDO Sardegna

Sassari – ✉ 07031 – 6 006 ab. – Carta regionale n° **16**-A1
Carta stradale Michelin 366-N38

🍽 **L'Incantu**　　　🕭 🎰 🅿

CUCINA REGIONALE • ELEGANTE 🕽🕽🕽 Accompagnati da un panorama mozzafiato, il ristorante vi proporrà specialità di pesce e piatti tipici: i presupposti per una serata romantica sono tutti là.

Menu 40/60 € – Carta 40/85 €

Hotel Bajaloglia, località Bajaloglia Sud-Ovest: 4 km – ☎ 079 474544
– www.bajalogliaresort.it – Aperto 1° aprile-31 ottobre

🍽 **Il Cormorano**　　　🕭 🎰 🖙

PESCE E FRUTTI DI MARE • ACCOGLIENTE 🕽🕽🕽 Appena dietro la piazza centrale di uno dei rari borghi medievali dell'isola, ambienti curati e piacevole veranda: le specialità sono a base di pesce locale.

Menu 35 € (pranzo)/58 € – Carta 44/75 €

via Colombo 5 – ☎ 079 470628 (consigliata la prenotazione)
– www.ristoranteilcormorano.net – Chiuso novembre, lunedì in bassa stagione, aperto solo nei week end da inizio dicembre a Pasqua

🍽 **Baga Baga**　　　🖙 🛏 ⪕ 🛏 🕭 🎰 🅿

CUCINA SARDA • CONVIVIALE 🕽🕽 Splendido ristorante panoramico immerso in un'incontaminata macchia mediterranea; oltre alla cucina mediterranea vi saranno proposte anche pizze e il tradizionale "porceddu". Camere dai tipici arredi sardi in un villino indipendente.

Carta 35/67 €

10 cam 🖙 – ♦55/300 € ♦♦55/300 €

località Terra Bianca, Est: 2 km – ☎ 079 470075 – www.hotelbagabaga.it – Chiuso novembre, lunedì, martedì, mercoledì e giovedì da dicembre a marzo

🍽 **Da Ugo**　　　⪕ 🎰 🕭

PESCE E FRUTTI DI MARE • FAMILIARE 🕽 Lungo la strada costiera, è da anni un indirizzo ben noto in zona per la freschezza e la fragranza dell'offerta ittica preparata seguendo ricette semplici e tradizionali; la carne, "porceddu" compreso, è da prenotare.

Menu 40/90 € – Carta 44/89 €

corso Italia 7/c, località Lu Bagnu, Sud-Ovest: 4 km – ☎ 079 474124 – Chiuso 1° febbraio-1° marzo e giovedì in bassa stagione

🏠 Bajaloglia

FAMILIARE · MODERNO Sulle primi pendici da cui si gode di un panorama eccezionale, davanti il mare e Castelsardo illuminata la sera, una bella struttura composta da un corpo centrale, dove si trova anche il ristorante, ed alcune piccole costruzioni disseminate nel giardino. Le camere brillano per confort: moderne e colorate si caratterizzano per gli arredi minimalisti di ultima generazione.

12 cam 🔲 – ♦120/250 € ♦♦150/300 €

località Bajaloglia, Sud-Ovest: 4 km – ℰ 079 474544 – www.bajalogliaresort.it
– Aperto 1° aprile-30 ottobre

🍴 L'Incantu – Vedere selezione ristoranti

CASTEL TOBLINO

Trento – ✉ 38076 – Sarche – Alt. 243 m – Carta regionale n° **19**-B3
Carta stradale Michelin 562-D14

🍴 Castel Toblino 🛏️ 🏠 P

CUCINA MODERNA · ROMANTICO XX Affascinante castello medioevale proteso sull'omonimo lago, in questa bucolica zona trentina dove si produce il grande Vino Santo; la cucina di stile moderno è curata dal patron mentre - davvero suggestiva - è la terrazza per il servizio estivo.

Menu 35/55 € – Carta 53/69 €

via Caffaro 1 – ℰ 0461 864036 – www.casteltoblino.com – Chiuso
24 dicembre-1° marzo, lunedì e martedì

CASTELVECCANA

Varese (VA) – ✉ 21010 – 1 999 ab. – Alt. 257 m – Carta regionale n° **9**-A2
Carta stradale Michelin 561-E8

🍴 Sunset ← 🏠 AC

CUCINA MEDITERRANEA · BISTRÒ X I tavolini danno sul piccolo porticciolo per questa risorsa in stile bistrot, ubicata proprio sulla piazzetta della suggestiva frazione di Castelveccana, in posizione fronte lago. Piatti decisamente mediterranei in menu ed un'accoglienza, nonché ospitalità, davvero proverbiali!

Carta 35/60 €

località Caldè di Castelveccana, Nord-Est: 2 km – ℰ 0332 521307
– www.santaveronicaguesthouse.com – Chiuso martedì escluso maggio-settembre

CASTELVERDE

Cremona – ✉ 26022 – 5 727 ab. – Alt. 52 m – Carta regionale n° **9**-C3
Carta stradale Michelin 561-G11

🏠 Cremona Palace Hotel 🛏️ 🔲 🖥️ 🌐 🏊 🛁 🔁 🚿 AC 🛎️ P

BUSINESS · MODERNO Senza perdervi in Castelverde, troverete l'albergo lungo la provinciale 415 che porta a Cremona, ma in posizione arretrata e protetto dai rumori del traffico. E' una grande struttura ideale per chi ama camere spaziose e moderne.

77 cam 🔲 – ♦50/250 € ♦♦60/350 €

via Castelleone 62, Sud: 5 km – ℰ 0372 471374 – www.cremonapalacehotel.it

a Castelnuovo del Zappa Nord-Ovest : 3 km ✉ 26022 – Castelverde

🍴 Al Valentino AC ♿ P

CUCINA TRADIZIONALE · FAMILIARE X In una piccola frazione della bassa, bar-trattoria dalla calorosa gestione familiare che propone una cucina casalinga fedele alla gastronomia cremonese e mantovana.

🍽 Menu 12 € (pranzo in settimana)/30 € – Carta 19/36 €

via Manzoni 27 – ℰ 0372 427557 – Chiuso 17 agosto-5 settembre, martedì e le sere di lunedì e mercoledì

CASTELVETRO DI MODENA

Modena – ✉ 41014 – 11 185 ab. – Alt. 152 m – Carta regionale n° **5**-B2
Carta stradale Michelin 562-I14

‖○ **Locanda del Feudo** ⇦ 🏠

CUCINA CREATIVA · ROMANTICO ✕✕ Sulla sommità del pittoresco borgo, un romantico nido di fantasiosa cucina, nonché eleganti suite per un soggiorno immersi nella storia, lontano dal traffico e dalla modernità. Piccolo e suggestivo dehors sulla via centrale.

Menu 35 € (pranzo in settimana) – Carta 46/63 €

6 suites ⌂ – ♦♦129/200 €

via Cialdini 9 – ℰ 059 708711 (consigliata la prenotazione)
– www.locandadelfeudo.it – Chiuso 8-24 gennaio, 13-27 agosto, domenica sera e lunedì

a Levizzano Rangone Sud-Ovest : 5 km ⊠ 41014

‖○ **Opera 02** ⇐ 🏠 🏠 🕭 📶 🅿

CUCINA EMILIANA · ELEGANTE ✕✕ Un bel ristorante dall'ottima nomea. Una struttura che coniuga sapientemente la tradizione locale fatta di sasso e legno con un ambiente moderno ed essenziale. Le sale sono arredate con gusto e le ampie vetrate sulla terrazza esterna presentano un'ampia e suggestiva vista. Cucina del territorio.

Carta 36/66 €

Agriturismo Opera 02, via Medusia 32 – ℰ 059 741019 (consigliata la prenotazione) – www.opera02.it

🏠 **Agriturismo Opera 02** 🕭 ⇐ 🏠 🗲 🕭 📶 🕭 🅿

CASA DI CAMPAGNA · MODERNO In un idilliaco contesto di colline e vigneti, cinquecento botti di aceto balsamico fiancheggiano le eleganti camere, moderne, quasi tutte soppalcate e con ampio terrazzo su un paesaggio mozzafiato.

8 cam ⌂ – ♦110/140 € ♦♦130/180 €

via Medusia 32 – ℰ 059 741019 – www.opera02.it

‖○ **Opera 02** – Vedere selezione ristoranti

CASTIGLIONCELLO

Livorno – ⊠ 57016 – Carta regionale n° **18**-B2
Carta stradale Michelin 563-L13

🏠 **Villa Martini** 🕭 🕭 ⇐ 🗲 🔁 📶 🕭 🅿

TRADIZIONALE · MODERNO In un'imponente villa degli anni '50 raccolta intorno ad un incantevole giardino, camere rinnovate in stile moderno e minimalista, alcune con vista mare.

30 cam ⌂ – ♦100/130 € ♦♦120/200 € – 3 suites

via Martelli 3 – ℰ 0586 752140 – www.villamartini.it – Chiuso 10 dicembre-15 febbraio

CASTIGLIONE DEL BOSCO Siena (SI) → Vedere Montalcino

CASTIGLIONE DEL LAGO

Perugia (PG) – ⊠ 06061 – 15 527 ab. – Alt. 304 m – Carta regionale n° **20**-A2
Carta stradale Michelin 563-M18

🕭 **L'Acquario** 🏠

CUCINA UMBRA · FAMILIARE ✕ Nel centro storico di questo gradevole borgo sopra al lago, una buona tappa per conoscere la cucina umbra e, soprattutto, la tradizione di piatti a base di pesce d'acqua dolce: il caviale del Trasimeno, i tagliolini con la tinca affumicata, la carpa in porchetta.

🍴 Menu 25 € – Carta 28/54 €

via Vittorio Emanuele 69 – ℰ 075 965 2432 – www.ristorantelacquario.it – Chiuso 7 gennaio-1° marzo, martedì escluso maggio-settembre e mercoledì escluso luglio-agosto

🏠 Locanda Poggioleone   ☆ 🛏 ⌇ 🔲 ⅃ ⅃ AC P

FAMILIARE · CLASSICO Piacevole casolare convertito in albergo tradizionale: se la frazione in cui si trova non offre grandi spunti, va decisamente meglio all'interno con arredi originali d'antiquariato e bagni in travertino. Sul retro vi stupirà il bel giardino con ulivi e piscina.

12 cam ⌷ – †50/120 € ††60/180 €

via Indipendenza 116 b, località Pozzuolo, Ovest: 8 Km – 𝒞 075 959519 – www.locandapoggioleone.it – Aperto 18 marzo-11 novembre

🏠 Antica Gabella 🆕   AC 📭

FAMILIARE · PERSONALIZZATO Una piccola bomboniera nel bel centro storico del paese; sasso, legno e marmi per un'atmosfera rilassata circondati da tanta ospitalità. A pochissimi km, le maggiori città d'interesse artistico e culturale di Umbria e Toscana: Siena, Montepulciano, Pienza, Cortona, Perugia, Assisi...

5 cam ⌷ – †50/60 € ††80/90 €

Via del Forte 29 – 𝒞 340 836 6192 – www.anticagabella.com

CASTIGLIONE DELLA PESCAIA

Grosseto – ✉ 58043 – 7 308 ab. – Carta regionale n° **18**-C3
Carta stradale Michelin 563-N14

🕸 Osteria del mare già Il Votapentole   ⅍ 🛏 AC

CUCINA MODERNA · COLORATO ✗ Partendo da ottime materie prime, lo chef vi aggiunge la sua "firma" creando piatti sempre personalizzati ed intriganti (ottimo, ad esempio, il crumble di pesche). Il locale è molto piccolo, ma questo non è un difetto: anzi, l'intimità è garantita! Di sera, nell'annessa Crudosteria, i prodotti del mare vi saranno proposti così come vengono pescati.

Carta 31/54 €

via IV Novembre 15 – 𝒞 0564 934763 – www.osteriadelmarecdp.it – solo a cena in estate – Chiuso 2 settimane in novembre e lunedì

🍽 La Terra di Nello   🛏 🛏 P

CUCINA REGIONALE · ROMANTICO ✗ Seguendo l'imprinting di nonno Nello, oggi il nipote, Gianni, continua a proporre sapori regionali: con la discendenza, però, i piatti si arricchiscono di modernità. E dalla griglia la specialità: la bistecca!

Carta 35/56 €

località Poggetto – 𝒞 347 954 6258 – www.laterradinello.it – solo a cena – Chiuso novembre , 2 settimane in marzo e martedì escluso luglio-agosto

🍽 Miramare   ⟵ 🛏 🔺 AC ⇔

PESCE E FRUTTI DI MARE · STILE MEDITERRANEO ✗ La sala-veranda di questo ristorante si affaccia sul mare appagando la vista, mentre al palato ci pensa la cucina con i suoi piatti di matrice nazionale e le fragranti specialità di pesce.

Menu 27 € – Carta 22/97 €

via Veneto 35 – 𝒞 0564 933524 – www.hotelmiramare.info – Aperto dicembre e 16 marzo-31 ottobre

🍽 Il Bivio 🆕   🛏 P

CUCINA DEL TERRITORIO · FAMILIARE ✗ In aperta campagna, locale a gestione familiare dove due coniugi con felici "precedenti" nell'ambito della ristorazione propongono, in rustiche salette o nel fresco dehors, una cucina regionale prevalentemente di terra.

Carta 23/43 €

località Ampio, Nord-Est: 9 km – 𝒞 0564 944135 – Chiuso 15 dicembre-fine gennaio e lunedì

 Miramare

FAMILIARE · FUNZIONALE Ubicato sul lungomare di Castiglione della Pescaia e ai piedi del borgo medievale, l'hotel dispone di camere accoglienti e di una gestione attenta e premurosa.

37 cam ⌷ – ♦63/133 € ♦♦86/225 €

via Veneto 35 – ℰ 0564 933524 – www.hotelmiramare.info – Aperto dicembre e 25 marzo-31 ottobre

🍴 **Miramare** – Vedere selezione ristoranti

a **Riva del Sole** Nord-Ovest : 2 km ⌷ 58043

Riva del Sole

TRADIZIONALE · FUNZIONALE In riva al mare ed abbracciato da una rigogliosa pineta, l'hotel è ideale per un soggiorno di relax, bagni e sole. Sale dalle ampie vetrate ed un giardino, per il ristorante con accanto la pizzeria serale.

155 cam ⌷ – ♦143/460 € ♦♦168/540 €

viale Kennedy – ℰ 0564 928111 – www.rivadelsole.it – Aperto 21 aprile-15 ottobre

a **Badiola** Est : 10 km ⌷ 58043 – Castiglione Della Pescaia

🕸 La Trattoria Enrico Bartolini

CUCINA MEDITERRANEA · ELEGANTE XXX Nelle affascinanti sale di rustica eleganza, si assaggerà l'ottima cucina dello chef Bartolini: non dimentichi della tradizione e del territorio, i piatti hanno una connotazione moderna unita a cotture tradizionali con spiedi e braci.

→ Le nostre insalate dell'orto. Pancia di maialino, uva fragola e pistacchio. Millefoglie con Tatin di mele, gelato al Calvados e tè nero.

Menu 95/130 € – Carta 66/127 €

Hotel L'Andana-Tenuta La Badiola – ℰ 0564 944800 (consigliata la prenotazione) – www.enricobartolini.net – solo a cena – Aperto 1° aprile-1° novembre; chiuso lunedì

L'Andana-Tenuta La Badiola

GRAN LUSSO · PERSONALIZZATO Dimora estiva del duca Leopoldo, il mare brilla in lontananza, ma sono i vigneti e gli ulivi a cingerla dappresso. Colori pastello e uno stile bucolico-contemporaneo ispirano i lussuosi interni, la cifra della casa è un lusso campestre ed ovattato.

26 cam ⌷ – ♦250/1250 € ♦♦250/1250 € – 7 suites

– ℰ 0564 944800 – www.andana.it – Aperto 1° aprile-1° novembre

🕸 **La Trattoria Enrico Bartolini** – Vedere selezione ristoranti

CASTIGLIONE DELLE STIVIERE

Mantova – ⌷ 46043 – 23 212 ab. – Alt. 116 m – Carta regionale n° **9**-D1
Carta stradale Michelin 561-F13

🕸 Hostaria Viola

CUCINA MANTOVANA · OSTERIA XX E' dal 1909 che la famiglia Viola gestisce l'Hostaria, facendo rivivere - sotto i caratteristici soffitti a volta - la tradizione gastronomica locale, accompagnata da tutti i vini in carta anche al bicchiere (bollicine, incluse!). Specialità: trittico di paste ripiene mantovane.

Carta 28/47 €

via Verdi 32 – ℰ 0376 670000 (consigliata la prenotazione) – www.hostariaviola.com – Chiuso 27 dicembre-5 gennaio, domenica sera e lunedì

 All'atto della prenotazione fatevi precisare il prezzo e la categoria della camera.

ⅼO **Osteria da Pietro** 🏠 🅰🅺 ⅀

CUCINA MODERNA · ELEGANTE ✕✕ Territorialmente alla confluenza tra la tradizione mantovana e gardesana, la cucina riprende entrambe le zone con l'aggiunta di elementi moderni. Il ristorante si trova nel centro storico della località, in un edificio seicentesco con soffitto dalle caratteristiche volte ad "ombrello".

🍴 Menu 22 € (pranzo in settimana)/60 € – Carta 40/74 €

via Chiassi 19 – ℰ 0376 673718 (consigliata la prenotazione)
– www.osteriadapietro.it – Chiuso 2-10 gennaio, 2 settimane in agosto, mercoledì e domenica sera, anche domenica a mezzogiorno in giugno-agosto

ⅼO **Hostaria del Teatro** 🏠 ♿ 🅰🅺

CUCINA MODERNA · ROMANTICO ✕✕ Un locale accogliente nel centro della località: un'appassionata coppia lo conduce con grande savoir-faire proponendo una cucina venata di fantasia e - al tempo stesso - legata alle tante tradizioni locali.

Menu 28 € (pranzo in settimana)/59 € – Carta 46/69 €

via Ordanino 5b – ℰ 0376 670813 – www.hostariadelteatro.it – Chiuso 1 settimana in gennaio, 10 giorni in agosto e giovedì

ⅼO **Trattoria Paola** 🅰🅺 ⅀ 🅿

CUCINA REGIONALE · FAMILIARE ✕ Gestione familiare in un'accogliente trattoria dalla doppia anima: se a pranzo il menu è ridotto ed economico, la sera la proposta si fa più articolata e l'interpretazione dei piatti piacevolmente personale.

🍴 Menu 15 € (pranzo in settimana)/35 € – Carta 26/82 €

via Porta Lago 23 – ℰ 0376 638829 (prenotare) – www.trattoriapaola.it – Chiuso 1°-21 agosto, mercoledì e le sere di lunedì e martedì

CASTIGLIONE D'ORCIA

Siena – ✉ 53023 – 2 346 ab. – Alt. 540 m – Carta regionale n° **18**-C2
Carta stradale Michelin 563-M16

🏠 **Relais Osteria dell'Orcia** 🛎 🐕 ≼ 🛏 ⅃ 🖃 ♿ 🅰🅺 ⅀ 🚗

DIMORA STORICA · ACCOGLIENTE Isolata nella campagna senese, all'intento del parco dell'omonima valle, un'antica stazione postale ospita camere con differenti tipologie d'arredo, due salotti e una piscina. Cucina regionale con alcuni spunti personali dello chef nel ristorante con bella sala interna e dehors.

16 cam ⅏ – ♦90/160 € ♦♦130/245 €

podere Osteria 15, Nord: 4 km – ℰ 0577 887111 – www.osteriadellorcia.com
– Chiuso 7 gennaio-4 marzo

a Rocca d'Orcia Nord : 1 km ✉ 53023

❀ **Osteria Perillà** 🏠 🅰🅺

CUCINA MODERNA · CONTESTO CONTEMPORANEO ✕✕ Ridistribuzione degli arredi con inserimento di opere d'arte ad impreziosire ulteriormente l'ambiente per una cucina di qualità e di ricerca che utilizza gli ingredienti del territorio coinvolgendo realtà produttive di piccole dimensioni e utilizzando il "chilometro qui", ovvero prodotti realizzati all'interno dell'azienda agricola di proprietà. Piatti fragranti, pacatamente creativi, con una cura nelle presentazioni piacevolmente maniacale.

➔ Baccalà ai sapori mediterranei. Faraona in doppia cottura con millefoglie di patate e taccole. Cheesecake alla barbabietola e lamponi.

Menu 48 € – Carta 40/63 €

via Borgo Maestro 74 – ℰ 0577 887263 – www.osteriaperilla.net – Chiuso 7 gennaio-28 febbraio, mercoledì a mezzogiorno e martedì

CASTIGLIONE FALLETTO

Cuneo – ✉ 12060 – 700 ab. – Alt. 350 m – Carta regionale n° **14**-C2
Carta stradale Michelin 561-I5

L'Argaj

CUCINA CREATIVA · SEMPLICE X La formula è presto detta: sala e servizio semplici, si punta tutto sulla cucina, che parte dai prodotti piemontesi per giungere a risultati di rimarchevole tecnica ed elaborazione. Esperienza gourmet ad ottimi prezzi, qualsiasi sia la vostra scelta, ma noi vi consigliamo: risotto con zafferano di Cuneo, asparagi e ricci di mare - maialino, cime di rapa, spugnole, crumble salato e sottobosco.

Menu 40/50 € – Carta 34/54 €

via Alba-Monforte 114 ✉ *12060 – ℰ 0173 62882 (coperti limitati, prenotare) – www.argajristorante.it – Chiuso febbraio, 10 giorni in luglio, mercoledì sera e giovedì*

ⅼ○ Le Torri

CUCINA PIEMONTESE · CONTESTO TRADIZIONALE XX Ristorante del centro dotato di panoramiche terrazze e ambienti classici con qualche spunto di modernità. La sua cucina? Di stretta osservanza langarola!

Menu 38 € – Carta 30/62 €

piazza Vittorio Veneto 10 – ℰ 0173 62937 – www.ristoranteletorri.it – Chiuso 27 gennaio-15 febbraio e martedì

⌂ Le Torri

FAMILIARE · CONTEMPORANEO In posizione strategica per visitare le Langhe, questa bella dimora patrizia vanta camere in stile moderno, metà delle quali dotate di cucinotto, nonché un grande terrazzo con jacuzzi e solarium: la vista panoramica abbraccia le colline circostanti.

16 cam ⌧ – †80/130 € ††90/140 €

via Roma 29 – ℰ 0173 62961 – www.letorri-hotel.com – Chiuso gennaio-febbraio e 2 settimane in agosto

CASTIGLION FIORENTINO

Arezzo – ✉ 52043 – 13 244 ab. – Alt. 345 m – Carta regionale n° **18**-D2
Carta stradale Michelin 563-L17

a Pieve di Chio Est : 7 km ✉ 52043 – Castiglion Fiorentino

⌂⌂ Casa Portagioia

CASA DI CAMPAGNA · PERSONALIZZATO In aperta campagna, un suggestivo viale di cipressi vi condurrà a quest'elegante risorsa circondata da un grande e curato giardino; camere in stile rustico, ma tutte personalizzate da raffinati dettagli.

7 cam ⌧ – †170/225 € ††195/265 €

Pieve di Chio 56 – ℰ 0575 650154 – www.tuscanbreaks.com – Aperto 1° marzo-30 novembre

a Polvano Est : 8 km ✉ 52043 – Castiglion Fiorentino

⌂⌂ Relais San Pietro in Polvano

CASA DI CAMPAGNA · REGIONALE Tutto il fascino del passato e della terra di Toscana con i suoi materiali "poveri" (il cotto, la pietra, il legno) in un settecentesco edificio di rustica raffinatezza. Servizio ristorante in terrazza con vista su colli e vallate; cucina toscana.

6 cam ⌧ – †120/130 € ††120/160 € – 4 suites

– ℰ 0575 650100 – www.polvano.com – Aperto 1° maggio-30 settembre

CASTIGLIONI Ancona (AN) ➜ Vedere Arcevia

CASTION Belluno ➜ Vedere Belluno

CASTIONE DELLA PRESOLANA

Bergamo – ✉ 24020 – 3 452 ab. – Alt. 870 m – Carta regionale n° **9**-B2
Carta stradale Michelin 561-E12

a Bratto Nord-Est : 2 km ⊠ 24020 – Alt. 1 007 m

🏨 Milano Alpen Resort   ⚘ ⪡ 🕸 🗒 ⑩ 🏊 ♨ 🗗 ♿ 🗚 🏋 🅿

SPA E WELLNESS · ELEGANTE Camere distribuite nel corpo centrale o in due dépendance, in un hotel moderno e funzionale in grado di ospitare anche meeting e congressi, ma consigliato anche per una vacanza a tutto benessere grazie alla presenza della bella Spa. Cucina classica al ristorante Al Caminone; a tema savoiardo o bergamasco presso l'Enoteca (solo serale e su prenotazione).

54 cam ⌧ – ♦60/130 € ♦♦75/280 € – 4 suites

via Silvio Pellico 3 – ℰ 0346 31211 – www.hotelmilano.com

CASTROCARO TERME

Forlì-Cesena – ⊠ 47011 – 6 426 ab. – Alt. 68 m – Carta regionale n° **5**-C2
Carta stradale Michelin 562-J17

🍴 Trattoria Bolognesi da Melania   🍴 🆔

CUCINA EMILIANA · TRATTORIA ✕✕ Nel caratteristico centro storico di Castrocaro, all'inizio di stradine tutte in salita, da Melania troverete una gloria storica della cucina romagnola. Si alternano le stagioni, ma i piatti sono sempre gustosi, alcuni ormai passati agli annali: dalle tagliatelle gratinate con fegatini di pollo e salsa al foie gras, al baccalà gratinato con porri e verdure.

Menu 32/42 € – Carta 30/40 €

piazza San Nicolò 2 – ℰ 0543 769119 – www.trattoriabolognesi.it – solo a cena escluso sabato e domenica – Chiuso lunedì

🏨 Grand Hotel & Spa   ⚘ 🕸 🏊 🗒 ⑩ 🏊 ♨ 🗗 ♿ 🆔 🏋 🅿

PALACE · ELEGANTE Splendido esempio di art-déco, sarete incantanti tanto dall'edificio quanto dalle sontuose zone comuni. Arredi contemporanei nelle camere, di diverse tipologie e in progressivo rinnovo, da preferire le più recenti.

103 cam ⌧ – ♦109/189 € ♦♦119/189 € – 6 suites

*via Roma 2 – ℰ 0543 767114 – www.termedicastrocaro.it
– Chiuso 9 gennaio-13 febbraio*

CASTROCIELO

Frosinone – ⊠ 03030 – 3 965 ab. – Alt. 250 m – Carta regionale n° **7**-D2
Carta stradale Michelin 563-R23

🍴 Villa Euchelia   🕸 🍴 ♿ 🆔 ⇔ 🅿

CUCINA CLASSICA · ELEGANTE ✕✕ Sulle prime alture del piccolo paese, in posizione isolata e tranquilla, il servizio è professionale e l'accoglienza familiare, ma ancor più degna di lode la cucina: ottime materie prime e tanta territorialità!

🍴 Menu 20/35 € – Carta 25/48 €

Hotel Villa Euchelia, via Giovenale 3 – ℰ 0776 799829 (prenotazione obbligatoria a mezzogiorno) – www.villaeuchelia.com – solo a cena escluso i giorni festivi – Chiuso martedì

🏨 Villa Euchelia   ⚶ 🕸 🗗 ♿ 🆔 🅿

LOCANDA · ELEGANTE In villa d'epoca riccamente arredata, una coppia gestisce con stile questo albergo-ristorante dalle camere graziosamente personalizzate e dagli ottimi servizi. Recentemente è stata realizzata anche una nuova stanza con bagno-spa (vasca idromassaggio e doccia con cromoterapia), ma soprattutto bella terrazza.

8 cam ⌧ – ♦70/80 € ♦♦130/150 €

via Giovenale 3 – ℰ 0776 799829 – www.villaeuchelia.com

🍴 **Villa Euchelia** – Vedere selezione ristoranti

CASTROVILLARI

Cosenza – ⊠ 87012 – 22 240 ab. – Alt. 362 m – Carta regionale n° **3**-A1
Carta stradale Michelin 564-H30

११O **Il Ristorante di Alia**   ⊛ 🖨 🛱 AC P

CUCINA CALABRESE · ACCOGLIENTE XX Nato agli inizi degli anni '50, questo ristorante di tono rustico-elegante non smette di piacere ai suoi ospiti: sarà per la qualità del
servizio, o per la cucina rigorosamente calabrese? Probabilmente, entrambi!

Menu 40 € (pranzo)/60 € - Carta 49/66 €

*Hotel La Locanda di Alia, via Jetticelli 55 - ☏ 0981 46370 - www.locandadialia.it
- Chiuso 2 settimane in agosto e domenica sera*

🏠 **La Locanda di Alia**   ⊛ 🖨 ⤢ AC 🍴 P

LOCANDA · PERSONALIZZATO Leggermente periferica rispetto al centro paese,
la locanda è composta da diversi cottage che ospitano le ampie camere, in uno di
essi c'è anche l'ariosa sala delle colazioni: tutt'intorno un curato giardino.

14 cam ⌑ - 🛏76/90 € 🛏🛏90/110 €

*via Jetticelli 55 - ☏ 333 570 1332 - www.locandadialia.it - Chiuso 2 settimane in
agosto*

११O **Il Ristorante di Alia** - Vedere selezione ristoranti

CATABBIO Grosseto → Vedere Semproniano

CATANIA Sicilia

(CT) - ⊠ 95124 - 314 555 ab. - Carta regionale n° **17**-D2
Carta stradale Michelin 365-AZ58

😊 **Me Cumpari Turiddu** 🆕   🛱 AC

CUCINA SICILIANA · VINTAGE X Originale ed accattivante, il ristorante propone un
tuffo nella vecchia Sicilia recuperando antichi lampadari, sedie e tavoli. Segue il passo
la cucina, intrigante carrellata di prodotti isolani, dai salumi dei Nebrodi all'asino ragusano, con diverse cotture alla griglia di carbone. C'è anche una carta-bistrot più semplice ed economica, nonché una rivendita di prodotti gastronomici.

Carta 30/69 €

Pianta: D2-m - *piazza Turi Ferro 36 ⊠ 95124 - ☏ 095 715 0142
- www.mecumparituriddu.it*

११O **Km.0** 🆕   🖨 AC 🚳

CUCINA SICILIANA · SEMPLICE X Alle spalle dell'orto botanico, un locale piccolo,
semplice ed essenziale, dedicato - come si intuisce dal nome - ai prodotti del territorio. Alla guida due giovani fratelli, uno in cucina, l'altro in sala; in preparazioni
semplici, protagonisti sono gli ingredienti.

Menu 40/50 € - Carta 36/68 €

Pianta: C1-k - *via Antonino Longo 26/28 ⊠ 95124 - ☏ 347 732 7788 (coperti
limitati, prenotare) - www.km0ristorante.it - Chiuso agosto, domenica sera e
lunedì*

११O **Ciciulena** 🆕   🛱 AC

CUCINA MEDITERRANEA · ACCOGLIENTE X Frutto dell'amore del proprietario
per la Sicilia e le sue ricchezze gastronomiche, la cucina del Ciciulena (semi di
sesamo in dialetto catanese) propone piatti che rivisitano con intelligenza le tradizioni isolane.

⊕ Menu 18/45 € - Carta 30/45 €

Pianta: D2-f - *via A. di Sangiuliano 207 ⊠ 95131 - ☏ 095 816 4047
- www.ciciulena.com - Chiuso domenica*

११O **Osteria Antica Marina**   🛱 AC

PESCE E FRUTTI DI MARE · FAMILIARE X Informale e familiare, affollato e con
tavoli serrati, il ristorante riflette l'anima del pittoresco e popolare mercato mat-
tutino su cui si affaccia. Imperdibile la carrellata di antipasti misti, il pesce si sceglie dall'espositore.

⊕ Menu 25/65 € - Carta 36/89 €

Pianta: C2-a - *via Pardo 29 ⊠ 95121 - ☏ 095 348197 (consigliata la prenotazione)
- www.anticamarina.it - Chiuso 15 giorni in novembre e mercoledì*

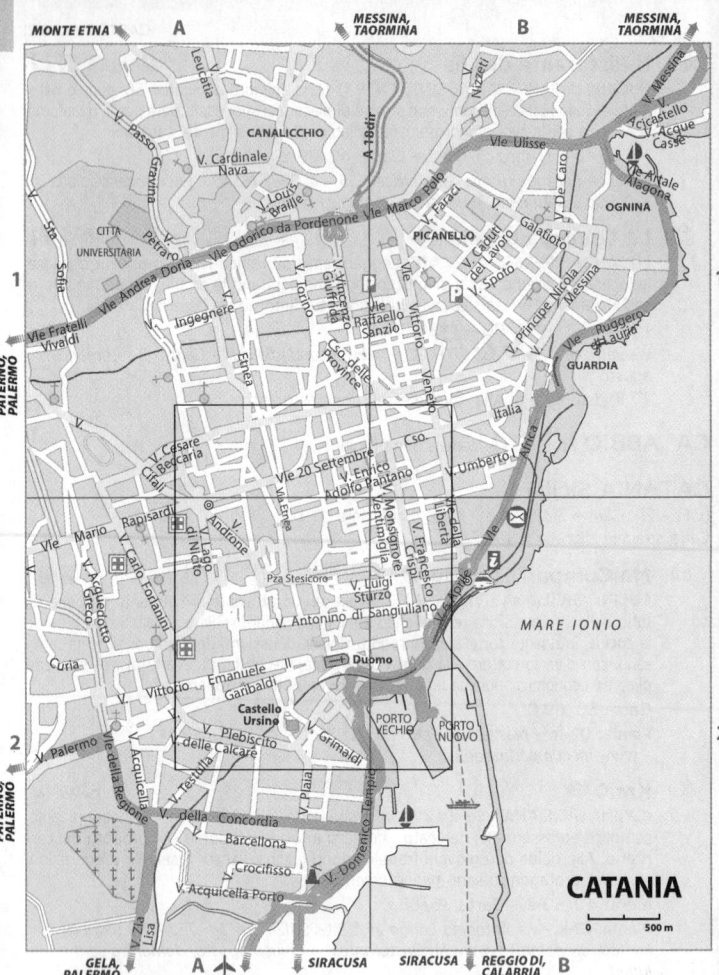

CATANIA

0 — 500 m

MARE IONIO

🏨 Romano Palace

LUSSO · MEDITERRANEO All'inizio della zona balneare detta La Playa, l'albergo è dedicato all'idea della Sicilia come crocevia di culture diverse, suggestioni arabe ed arredi etnici: tra il Barocco della città e il mare, un'oasi di incanto dominata dalla magica imponenza dell'Etna. Piatti mediterranei e moderni al ristorante Il Coriandolo.

104 cam ⌑ – ♦100/250 € ♦♦130/300 €

viale Kennedy 28, località la Playa, 1 km per Siracusa - A2 ✉ 95121
- ☏ 095 596 7111 - www.romanopalace.it

🏨 NH Parco degli Aragonesi

HOTEL DI CATENA · MODERNO Non distante dall'aeroporto, ma anche lungo la strada che costeggia le spiagge e ben attrezzato per una clientela business, l'albergo risponde ad ogni esigenza. Eleganti zone comuni, camere classiche, alcune al primo piano vedono uno scorcio di mare.

124 cam ⌑ – ♦79/419 € ♦♦79/419 €

viale Kennedy 2, località la Playa, 1 km per Siracusa - A2 ✉ 95121
- ☏ 095 723 4073 - www.nh-hotels.it

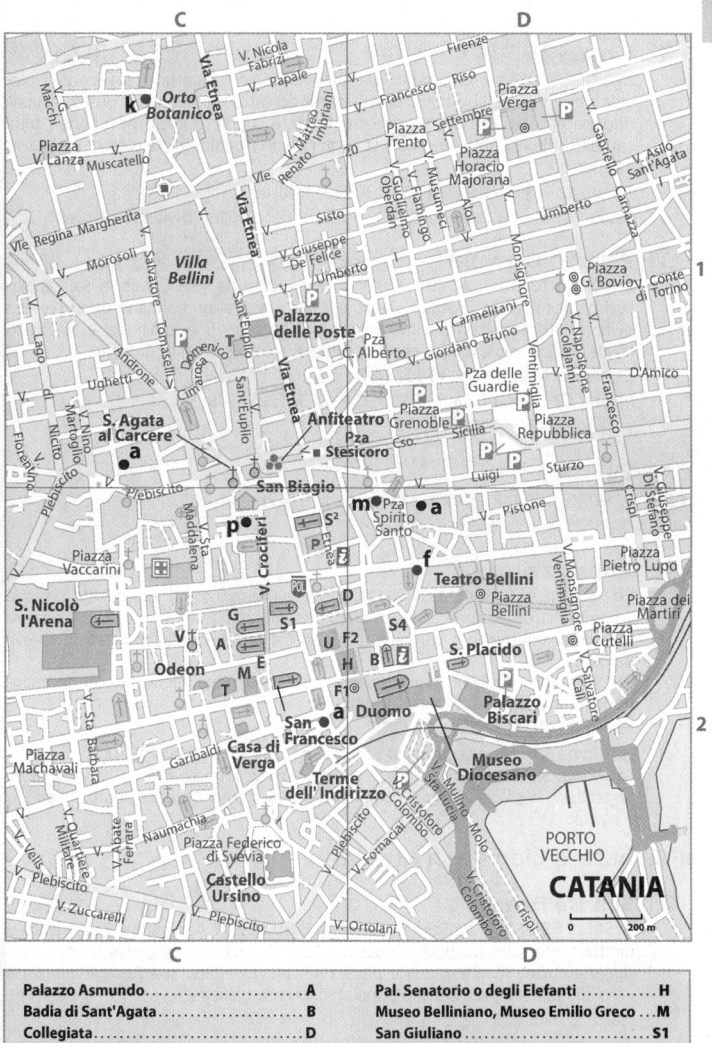

Palazzo Asmundo.................................. **A**	Pal. Senatorio o degli Elefanti .... **H**
Badia di Sant'Agata .... **B**	Museo Belliniano, Museo Emilio Greco ...**M**
Collegiata... **D**	San Giuliano **S1**
Monastero di San Benedetto .... **E**	San Michele Arcangelo **S2**
P.za del Duomo.................................... **F1**	Palazzo Sangiuliano **S4**
P.za dell'Università.............................. **F2**	Teatro Antico .... **T**
San Francesco Borgia .... **G**	Terme della Rotonda .... **V**

🏨 Romano House   🛗 🖨 🛗 AC 🛁 🏊

TRADIZIONALE · MODERNO Nato dall'unione di due palazzi, di cui uno ottocentesco che ospita una decina di camere con affreschi, stucchi o soffitti a volta, un insieme molto piacevole, che non mancherà di conquistare i turisti in visita alla "città dell'elefante".

49 cam ⌂ - 🛏89/189 € 🛏🛏129/219 € - 1 suite

Pianta: D2-a - *via G. Di Prima 20* ✉ *95124* - *℘ 095 352 0611*
- www.romanohouse.it

🏠 Liberty ⬚ & AC ᛞ

STORICO · A TEMA Circondato da anonimi edifici, l'albergo è invece una piccola perla in stile liberty, in buona parte ricreato, ma con gran gusto: lampadari, pareti e soffitti dipinti, specchi, tende e copriletti, tutto ripropone i temi cari allo stile art nouveau, a cui si aggiunge un piccolo, ma accattivante spazio all'aperto.

11 cam ⌓ – ♦70/119 € ♦♦100/180 € – 7 suites

Pianta: C1-a – *via San Vito 40 ⊠ 95124 – ℰ 095 311651 – www.libertyhotel.it*

🏠 Palazzo Cerami 🆕 AC ᛞ

DIMORA STORICA · ACCOGLIENTE A pochi passi da Villa Cerami e dai capolavori barocchi di via Crociferi, le camere si trovano al primo piano di un palazzo di fine Ottocento con pavimenti d'epoca. Accoglienti e luminose, è l'indirizzo ideale per chi vuole partire alla scoperta del centro storico di Catania.

5 cam ⌓ – ♦64/69 € ♦♦69/74 €

Pianta: C2-p – *via Cerami 11 ⊠ 95124 – ℰ 334 225 8249 – www.palazzocerami.com*

CATANZARO

(CZ) – ⊠ 88100 – 90 612 ab. – Alt. 320 m – Carta regionale n° **3**-B2
Carta stradale Michelin 564-K31

🍃 Abbruzzino 🛖 AC

CUCINA MODERNA · ELEGANTE XX Ancora più elegante ed accogliente dopo la sapiente ristrutturazione a cura di un importante architetto, Abbruzzino è sempre un valido indirizzo per chi cerca i sapori del territorio reinterpretati in chiave moderna.

→ Perché no... fusilloni, 'nduja, pecorino e ricci di mare. Merluzzo, carote, mandorle e agrumi. Pane, olio e zucchero.

Menu 55/80 € – Carta 65/97 €

via Fiume Savuto, località Santo Janni, Sud-Est: 4 km – ℰ 0961 799008 (prenotazione obbligatoria a mezzogiorno) – www.abbruzzino.it – Chiuso 15 giorni in gennaio, 15 giorni in luglio, domenica sera, mercoledì a mezzogiorno, lunedì e martedì

a Catanzaro Lido Sud : 14 km ⊠ 88063

🍴 Sunrise Beach 🛖 ⚓

PESCE E FRUTTI DI MARE · STILE MEDITERRANEO XX Appena fuori dal centro e direttamente sulla spiaggia, è questo l'indirizzo giusto per gli amanti del pesce: schietta cucina mediterranea e pizze (la sera). In estate, si aggiunge alla carta un menu più semplice per il proprio stabilimento balneare.

Carta 25/45 €

via Lungomare, località Giovino – ℰ 338 842 4193 – www.sunrisebeach.it – Chiuso lunedì

🏠 Perla del Porto ⌂ 🐾 ⬚ & AC ᛞ 🏊 🅿

BUSINESS · LUNGOMARE Direttamente sul mare, albergo adatto sia ad una clientela business sia leasure: ampie sale riunioni, piccolo centro benessere dotato anche di beauty farm. Ambiente elegante al ristorante caratterizzato da volte con vetrate artistiche.

41 cam ⌓ – ♦64/109 € ♦♦79/124 € – 4 suites

Martiri di Cefalonia 64 – ℰ 0961 360325 – www.hotelperladelporto.it

CATTOLICA

Rimini – ⊠ 47841 – 17 125 ab. – Carta regionale n° **5**-D2
Carta stradale Michelin 562-K20

ⅈ⃝ Locanda Liuzzi

CUCINA CREATIVA · ALLA MODA ✕✕ La semplicità e la tradizione non abitano in questo ritrovo di estrosi e creativi: la cucina è una continua sperimentazione di forme, colori e consistenze, per gli amanti del genere.

Menu 50/75 € – Carta 45/82 €

via Fiume 61, angolo via Carducci – ℰ 0541 830100 (consigliata la prenotazione) – www.locandaliuzzi.com – Chiuso i mezzogiorno di lunedì e martedì in giugno-agosto, lunedì negli altri mesi

🏛 Carducci 76

LUSSO · PERSONALIZZATO Un'enclave in stile neocoloniale nel cuore di Cattolica: corte interna con giardino islamico ed ispirazioni orientali. Camere originali e minimaliste.

39 cam ⌷ – ♦95/180 € ♦♦125/340 € – 6 suites

via Carducci 76 – ℰ 0541 954677 – www.carducci76.it – Aperto 1° aprile-30 settembre

🏠 Europa Monetti

TRADIZIONALE · MODERNO Vicino al mare, in zona di negozi e locali, l'impronta moderna di una gestione familiare sempre attenta alle più recenti innovazioni.

51 cam ⌷ – ♦70/120 € ♦♦90/200 € – 12 suites

via Curiel 39 – ℰ 0541 954159 – www.europamonetti.com – Aperto 1° marzo-31 ottobre

🏠 Moderno-Majestic

TRADIZIONALE · MEDITERRANEO Bell'edificio fronte mare, dove il binomio cromatico bianco-blu vi accompagnerà in una vacanza tipicamente balneare dalle confortevoli camere e graziosi bagni.

60 cam ⌷ – ♦70/80 € ♦♦140/160 €

via D'Annunzio 15 – ℰ 0541 954169 – www.modernomajestic.it – Aperto 1° giugno-15 settembre

🏠 Aurora

FAMILIARE · FUNZIONALE Ambienti recentemente rinnovati, in questa risorsa dalla dinamica conduzione familiare: camere ampie e confortevoli. La proverbiale pasta tirata al mattarello e tante altre specialità romagnole al ristorante.

18 cam ⌷ – ♦68/98 € ♦♦98/196 €

via Genova 26 – ℰ 0541 830464 – www.hotelauroracattolica.info – Aperto 20 aprile-16 settembre

🏠 Gambrinus Mare

FAMILIARE · ACCOGLIENTE Tra l'acquario e il centro, hotel dalla dinamica e attenta gestione familiare che ha saputo mantenersi al passo con i tempi: sale moderne e camere accessoriate.

40 cam ⌷ – ♦40/90 € ♦♦70/160 €

via Carducci 86 – ℰ 0541 961347 – www.hotelgambrinusmare.com – Aperto Pasqua-24 settembre

CAVA DE' TIRRENI

Salerno – ✉ 84013 – 53 659 ab. – Alt. 180 m – Carta regionale n° **4**-B2
Carta stradale Michelin 564-E26

ⅈ⃝ Pappacarbone

CUCINA MEDITERRANEA · CONTESTO CONTEMPORANEO ✕✕ In un locale di tono sobrio contemporaneo, lo chef bandisce dalla sua cucina ogni sofisticazione a favore dei veri sapori regionali, di terra e di mare, con la fragranza di molti prodotti del proprio orto: una forchettata ad occhi chiusi e... subito s'indovina cosa c'è nel piatto!

Menu 50/120 € – Carta 44/175 €

via Rosario Senatore 30 – ℰ 089 466441 – www.ristorantepappacarbone.com – solo a cena escluso sabato e domenica – Chiuso agosto, domenica sera e lunedì

CAVAGLIÀ

Biella – ✉ 13881 – 3 591 ab. – Alt. 271 m – Carta regionale n° **12**-C2
Carta stradale Michelin 561-F6

🏵○ **Osteria dell'Oca Bianca**   ✿ ⬳ & AC ✑

CUCINA REGIONALE · RUSTICO ※ Nel cuore della località, di fronte alla chiesa, classica osteria di paese che mantiene intatto lo spirito originario. Cantina ben fornita e affidabile cucina del territorio.

Carta 37/65 €

3 cam – 👤80 € 👥100 € – senza ⌗

via Umberto I 2 – ✆ 0161 966833 – www.osteriadellocabianca.it – Chiuso 25 giugno-11 luglio, 13-27 agosto, martedì e mercoledì

🏨 **UNA Golf Hotel Cavaglià**   ✿ ⬳ ⌁ ⅃ ℔ ※ ▣ ⊡ & AC ♨ P

HOTEL DI CATENA · CLASSICO Circondata dal verde, questa bella struttura è caratterizzata da un'ampia hall e da varie salette relax, nonché camere di due tipologie - standard e superior - entrambe ben accessoriate. Il retro dell'albergo ospita un campo da golf con un'accogliente club house e luminoso ristorante.

37 cam ⌗ – 👤85/125 € 👥115/125 €

via Santhià 75 – ✆ 0161 966771 – www.unagolfhotelcavaglia.it

CAVAGLIETTO

Novara – ✉ 28010 – 388 ab. – Alt. 233 m – Carta regionale n° **12**-C2
Carta stradale Michelin 561-F7

🏵○ **Arianna**   AC

CUCINA CLASSICA · ELEGANTE ※※ In un piccolo e tranquillo borgo agricolo, imprevedibilmente, un ristorante d'impronta elegante: tavoli distanziati, comode sedie, piatti di concezione moderna.

Menu 38 € – Carta 40/61 €

via Umberto 4 – ✆ 0322 806134 (prenotazione obbligatoria a mezzogiorno) – www.ristorantearianna.net – solo a cena da novembre a marzo escluso sabato e domenica – Chiuso 1°-6 gennaio, 20 luglio-5 agosto, mercoledì a mezzogiorno e martedì

CAVAGNANO Varese ➡ Vedere Cuasso al Monte

CAVAION VERONESE

Verona (VR) – ✉ 37010 – 5 849 ab. – Alt. 190 m – Carta regionale n° **23**-A3

🏵 **Oseleta**   ⬳ 🕭 ⅃ & AC P

CUCINA CREATIVA · ELEGANTE ※※※ I sontuosi e romantici ambienti di Villa Cordevigo ospitano – in una delle ali laterali della villa veneta, con ingresso indipendente – il ristorante Oseleta composto da due sale, di cui una veranda, con magnifica vista sui vigneti della tenuta Villabella. La cucina propone ricette dai sapori inaspettatamente campani e mediterranei, mirabilmente "orchestrati" da uno chef napoletano di grande talento.

➡ Spaghetto al pomodoro del piennolo, burrata e scorza di limone. Guancia di fassona, salsa al vino rosso e cacao. Green.

Menu 85/100 € – Carta 62/124 €

Hotel Villa Cordevigo, località Cordevigo, Sud-Est: 3 km – ✆ 045 723 5287 – www.ristoranteoseleta.it – solo a cena escluso sabato e domenica – Chiuso 2 gennaio-15 marzo e lunedì

🏨 **Villa Cordevigo**   ⍩ ⬳ ⅃ ♨ ℔ ⊡ & AC ✑ ♨ P

LUSSO · STORICO Sarà un giardino all'italiana a darvi il benvenuto in questo esclusivo buen retiro di origini cinquecentesche alle spalle del lago, caratterizzato da vigneti, chiesa con reliquie e romantici bagni retrò nelle belle camere. Ottima anche la qualità dei servizi.

33 cam ⌗ – 👤220/500 € 👥250/700 €

località Cordevigo, Sud-Est: 3 km – ✆ 045 723 5287 – www.villacordevigo.com – Chiuso 2 gennaio-15 marzo

🏵 **Oseleta** – Vedere selezione ristoranti

CAVALESE

Trento – ✉ 38033 – 4 100 ab. – Alt. 1 000 m – Carta regionale n° **19**-D3
Carta stradale Michelin 562-D16

ॐ **El Molin** (Alessandro Gilmozzi)   ⅋ ⅋

CUCINA CREATIVA · ROMANTICO XXX In un mulino del '600, l'interno è un susseguirsi di ballatoi e decorazioni in legno tra le antiche macine, mentre la
cucina - tecnica e creatività - porta il bosco nel piatto. Per i più tradizionalisti,
wine-bar al 1° piano con scelta ristretta di piatti e salumi trentini; spesso grandi
vini a bicchiere.

→ L'olio extravergine d'oliva e la montagna. Piccione cotto su corteccia. Miele,
bacche e aceto.

Menu 80/120 € – Carta 73/106 €

*piazza Cesare Battisti 11 – ☎ 0462 340074 – www.alessandrogilmozzi.it – solo a
cena escluso sabato e domenica su prenotazione – Aperto 1° dicembre-5 aprile
e 15 giugno-15 ottobre; chiuso martedì*

ⅠO **Costa Salici**   ☆ ❖ **P**

CUCINA REGIONALE · FAMILIARE XX E' una famiglia a gestire con grande passione e dinamismo questa casa di montagna, con sala classica e caratteristica
stube in legno di cirmolo, rivisitando con fantasia i "baluardi" della tradizione.

Menu 35/45 € – Carta 30/60 €

*via Costa dei Salici 10 – ☎ 0462 340140 (prenotare) – www.costasalici.com
– Chiuso 10 giorni in giugno, 10 giorni in ottobre e lunedì*

🏨 **Lagorai**   ☆ ⅋ < ⊜ ⌁ ▢ ⏣ ⋒ ⌂ ⊡ ⅃ ⌘ ⇔

FAMILIARE · STILE MONTANO Ad 1 km dal centro, in splendida posizione panoramica, l'hotel sembra un promontorio affacciato sulla valle: profusione di legno
abete nelle ottime camere ed un incantevole giardino a terrazze. In generale,
una generosa offerta di servizi in tutti i settori!

40 cam ☲ – ♦104/190 € ♦♦148/260 € – 10 suites

*via Val di Fontana 2 – ☎ 0462 340454 – www.hotel-lagorai.com
– Chiuso novembre e maggio*

🏨 **Laurino**   ⊜ ⋒ ⊡ ⅃ **P**

TRADIZIONALE · STILE MONTANO La posizione centrale di questo incantevole
palazzo del '600 non ne penalizza la tranquillità; camere confortevoli e gran
cura del dettaglio per un soggiorno all'insegna del romanticismo. La sera, al piccolo bistrot, taglieri di salumi e formaggi e qualche zuppa calda.

7 cam ☲ – ♦50/95 € ♦♦100/140 € – 5 suites

via Antoniazzi 14 – ☎ 0462 340151 – www.hotelgarnilaurino.it

🏨 **Bellavista**   ☆ ⋒ ⊡ ⅃ ⌘ ⇔

TRADIZIONALE · STILE MONTANO All'interno di un bell'edificio con decorazioni
che continuano nell'elegante hall, camere semplici - le più spaziose sono le tre
suite su due piani - e piatti locali nella classica sala ristorante.

42 cam ☲ – ♦60/120 € ♦♦100/400 € – 3 suites

*via Pizzegoda 5 – ☎ 0462 230228 – www.bienvivrehotels.it – Chiuso maggio e
novembre*

🏨 **Excelsior**   ☆ ⋒ ⊡ ⇔

TRADIZIONALE · STILE MONTANO In un palazzo del '500 - nel cuore storico del
paese - dai pavimenti alla splendida stufa decorata, il passato ha lasciato più di
una traccia. Camere più semplici dagli arredi contemporanei. Cucina classica o
pizzeria, le opzioni per i pasti sono variegate.

30 cam – solo ½ P 56/89 €

*piazza Cesare Battisti 11 – ☎ 0462 340403 – www.excelsiorcavalese.com – Chiuso
aprile, maggio e novembre*

🏠 Park Hotel Azalea ☆ ⇘ 𝍐 ⊡ ⅏ 🅿

TRADIZIONALE · MINIMALISTA Nel centro della rinomata località trentina, profusione di legno e design moderno per una risorsa che fa della calorosa gestione familiare il proprio punto di forza.

34 cam ⌷ – ♦60/130 € ♦♦100/210 €

via delle Cesure 1 – ℰ 0462 340109 – www.ecoparkhotelazalea.it
– Chiuso 15 aprile-15 maggio e novembre

🏠 Salvanel ☆ 𝍐 ⊡ ⅏ 𝒞 🅿

FAMILIARE · STILE MONTANO A due passi dal centro, piccolissimo albergo ricavato da una casa del Settecento. La gestione è familiare, attenta alla cura e alla pulizia delle camere piacevolmente in stile montano; l'ultimo piano ospita - ora - anche sauna e bagno turco.

7 cam ⌷ – ♦55/130 € ♦♦110/160 €

via Carlo Esterle 3 – ℰ 0462 232057 – www.salvanel.com
– Chiuso 25 giorni in giugno e 25 giorni in novembre

CAVALLINO

Venezia – ✉ 30013 – Carta regionale n° **23**-C2
Carta stradale Michelin 562-F19

🏠 Art & Park Hotel Union Lido ☆ 𝒮 ⇘ 𝍐 ⅏ ⅗ 𝒳 𝒞 ⊡ ⅏ 𝔸�ℂ

TRADIZIONALE · FUNZIONALE All'interno di un complesso turistico 𝒳 𝓢 🅿 che si estende per oltre 1 km sul mare, piacevoli sale classiche, una piccola zona fitness e beauty-wellness centre. Accanto c'è il ristorante con pizzeria.

95 cam ⌷ – ♦63/148 € ♦♦89/224 €

via Fausta 270 – ℰ 041 968043 – www.parkhotelunionlido.com – Aperto 21 aprile-1° ottobre

a Treporti Ovest : 11 km ✉ 30010

🍴 Ai Do Campanili 𝓀𝓉 𝔸ℂ

PESCE E FRUTTI DI MARE · INTIMO 𝒳 Ridotte sono le dimensioni della casa che lo ospita e piccola è anche la saletta al 1° piano, ma se non gli spazi, sarà la qualità del cibo un valido motivo per venire a trovare questa giovane e dinamica gestione. In carta non mancano mai i crudi e variazioni più moderne sul tema del pesce. Ricca selezione di vini, da acquistare anche per asporto.

Menu 65/80 € – Carta 44/101 €

piazza Santissima Trinità – ℰ 041 530 1716 (prenotare) – www.aidocampanili.it
– Chiuso mercoledì, anche martedì in novembre-aprile

CAVASSO NUOVO

Pordenone (PN) – ✉ 33092 – 1 525 ab. – Alt. 300 m – Carta regionale n° **6**-B2
Carta stradale Michelin 562-D20

🐦 Ai Cacciatori 𝔸ℂ 🅿

CUCINA FRIULANA · CONTESTO TRADIZIONALE 𝒳 Daniel e la moglie Angelina propongono - rigorosamente a voce - fragranti e gustosi piatti, fieri della propria forte radice territoriale. Ottimi gli gnocchi di patate con fonduta di Montasio, cipolla di Cavasso e pitina croccante, ma anche la polenta, i formaggi e, come il nome lascia intuire, la cacciagione!

Menu 30/45 € – Carta 29/51 €

via Diaz 4 – ℰ 0427 777800 (prenotare) – Chiuso 1 settimana in gennaio, 3 settimane in luglio, domenica sera, lunedì e martedì

CAVATORE

Alessandria – ✉ 15010 – 291 ab. – Alt. 516 m – Carta regionale n° **12**-C3
Carta stradale Michelin 561-I7

⊛ Da Fausto

🅿 ♨ ⇔ ঙ ⇐ 🏠 ⅃ 🅿

CUCINA PIEMONTESE · CONVIVIALE XX All'interno di una cascina ristrutturata, in splendida posizione collinare e panoramica - lo sguardo spazia sino alla Alpi nelle giornate più limpide - qui si celebra la cucina piemontese. Quindi tanta carne, ma anche ottime paste fresche, come i celebri agnolotti, e gustosi dolci. Camere accoglienti e moderne, per prolungare il soggiorno nel verde e nella tranquillità.

🍴 Menu 16 € (pranzo in settimana)/34 € – Carta 28/46 €

4 cam ☲ – †90/100 € ††100/110 €

località Valle Prati 1 – ℘ 0144 325387 (consigliata la prenotazione)
– www.relaisborgodelgallo.it – Chiuso 1° gennaio-10 febbraio, martedì
a mezzogiorno e lunedì, anche martedì sera in ottobre-giugno

CAVAZZO CARNICO

Udine (UD) – ✉ 33020 – 1 052 ab. – Carta regionale n° **6**-B1
Carta stradale Michelin 562-C21

⊛ Borgo Poscolle

🏠 ঙ 🅿

CUCINA TRADIZIONALE · FAMILIARE X Cucina casalinga legata al territorio (ottime le mezzelune alle ortiche con caprino di Paularo e ricotta affumicata) in una gradevole trattoria familiare, dove la ricerca del prodotto locale - possibilmente a km 0 e biologico - si è trasformata in piacevole ossessione: i dolci, la passione della cuoca-titolare! Volete una dritta? Linzer Torte con confettura di rabarbaro e gelato alla vaniglia.

Carta 24/53 €

via Poscolle 21/a – ℘ 0433 935085 – Chiuso lunedì sera, martedì e mercoledì

CAVENAGO DI BRIANZA

Monza e Brianza (MB) – ✉ 20873 – 7 261 ab. – Alt. 176 m – Carta regionale n° **10**-B2
Carta stradale Michelin 561-F10

🏨 Devero

⚘ 🔲 🌐 🛖 ⅃₄ ▣ ঙ 🆎 👙 🚗

BUSINESS · MODERNO A pochi chilometri da Milano, ma già in Brianza, Devero è un business & design hotel dalle linee nette e moderne i cui standard di confort ed accoglienza sono veramente proverbiali. Della spa segnaliamo la beauty farm, mentre per la ristorazione le scelte sono due: l'informale Bistrot o il serale (omonimo) dell'hotel.

128 cam ☲ – †69/279 € ††85/299 € – 10 suites

largo Kennedy 1 – ℘ 02 9533 5412 – www.deverohotel.it

CAVERNAGO

Bergamo – ✉ 24050 – 2 624 ab. – Alt. 199 m – Carta regionale n° **10**-C2
Carta stradale Michelin 561-F11

⊛ Il Saraceno (Roberto Proto)

🆎 🅿

CUCINA MODERNA · CONTESTO CONTEMPORANEO XXX Un cucina seria, capace di accostamenti creativi, realizzata con prodotti di ottimo valore qualitativo: il pesce è il grande protagonista del menu, bollicine e vini bianchi i suoi degni accompagnatori. La ricchezza di sapori nei piatti sarà il ricordo che porterete con voi. In alternativa alla carta, a pranzo, anche menu business.

→ Spaghetti ai ricci di mare. Zuppa di pesce. Passeggiata amalfitana.

Menu 30 € (pranzo in settimana)/85 € – Carta 65/124 €

piazza Don Verdelli 2 – ℘ 035 840007
– www.ristorante-ilsaraceno.it – Chiuso 1 settimana in gennaio, 2 settimane in
agosto, lunedì e martedì

🍴⃝ **Giordano** ⠀⠀⠀⠀⠀⠀⠀⠀⠀⠀⠀⠀⠀⠀🕸 ⇦ 🛏 🏠 AC P

CUCINA CLASSICA · ACCOGLIENTE XX E' un classico in zona e la sua cucina propone una linea nazionale, sia di carne sia di pesce, che può citare, di volta in volta, regioni diverse, sebbene ci sia sempre un occhio di riguardo per la Toscana: terra d'origine dei titolari. Al piano superiore, le moderne camere.

Menu 35 € (in settimana)/80 € – Carta 43/109 €

19 cam ⌂ – †50/60 € ††70/80 € – 1 suite

via Leopardi 1 – ✆ 035 840266 – www.hotelgiordano.it – Chiuso 26 dicembre-6 gennaio, agosto, domenica sera e lunedì

CAVI Genova (GE) ➜ Vedere Lavagna

CAVOUR
Torino – ✉ 10061 – 5 545 ab. – Alt. 300 m – Carta regionale n° **12**-B3
Carta stradale Michelin 561-H4

🍴⃝ **La Nicchia** ⠀⠀⠀⠀⠀⠀⠀⠀⠀⠀⠀⠀⠀⠀⠀⠀🕸 🏠

CUCINA REGIONALE · RUSTICO XX Una nicchia di "buon gusto" all'interno di un edificio di fine '700, già indicato in un'antica mappa napoleonica. Sulla tavola, il meglio delle materie prime locali in ricette regionali, benevolmente aperte ad intrusioni moderne. In cantina un'ottima selezione di vini, mentre il locale si sdoppia con la Vineria dove si servono piatti regionali più semplici ed economici.

🍴 Menu 15 € (in settimana)/42 € – Carta 34/64 €

via Roma 9 – ✆ 0121 600821 – www.lanicchia.net – Chiuso 2 settimane in agosto, giovedì a mezzogiorno e mercoledì

🍴⃝ **La Posta** ⠀⠀⠀⠀⠀⠀⠀⠀⠀⠀⠀⠀⠀⠀⠀⠀🕸 ⅙ AC ⇔

CUCINA PIEMONTESE · CONTESTO TRADIZIONALE XX La fantasiosa insalata di mele ed il paté di fegato di selvaggina, gli agnolotti (o i tagliolini) fatti a mano, i bolliti con le mille salse, il bonet: insomma, se volevate gustare la vera cucina piemontese siete cascati bene!

🍴 Menu 12 € (pranzo in settimana)/38 € – Carta 23/61 €

Hotel Locanda la Posta, via dei Fossi 4 – ✆ 0121 69989 – www.locandalaposta.it – Chiuso 29 dicembre-4 gennaio e venerdì

🏠⃝ **Locanda la Posta** ⠀⠀⠀⠀⠀⠀⠀⠀⠀⠀⠀⠀⠀⠀⠀⠀⠀⠀AC

FAMILIARE · STORICO Guidata dalla stessa famiglia sin dalle sue origini settecentesche, la locanda vanta camere accoglienti e in stile, intitolate ai personaggi storici che vi hanno alloggiato.

18 cam ⌂ – †55/80 € ††80/120 €

via dei Fossi 4 – ✆ 0121 69989 – www.locandalaposta.it – Chiuso 29 dicembre-4 gennaio

🍴⃝ **La Posta** – Vedere selezione ristoranti

CAVRIGLIA
Arezzo – ✉ 52022 – 9 614 ab. – Alt. 281 m – Carta regionale n° **18**-C2
Carta stradale Michelin 563-L16

🍴⃝ **Il Casale** 🆕 ⠀⠀⠀⠀⠀⠀⠀⠀⠀⠀⠀⠀⠀⠀⠀⠀⠀⠀⠀⠀ ⇦ 🛏 🏠 P

PESCE E FRUTTI DI MARE · FAMILIARE X Nonostante la collocazione non certo costiera e l'appoggio ad un agriturismo, il giovane cuoco sa come intrigare i suoi ospiti con una fragrante cucina di mare, servita in una piccola verandina affacciata sul verde.

Menu 50/70 € – Carta 41/69 €

località il Casale 259, frazione Grimoli, Sud-Ovest: 3 km – ✆ 055 966 9609 (prenotazione obbligatoria) – www.ilcasaleagriturismo.it – solo a cena escluso domenica da fine settembre a fine aprile – Chiuso 1° gennaio-7 febbraio, 17-24 settembre, lunedì, anche martedì e mercoledì da fine settembre a fine aprile

🏠 Le Lappe 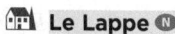 🕊️ 🐟 ⇐ 🛏️ 🗻 🎿 AC P

CASA DI CAMPAGNA · BUCOLICO Circondato da un panorama di colline e boschi toscani, due casali "uniti" da un bel giardino con piscina formano una residenza d'epoca, isolata, tipica, ma - allo stesso tempo - particolarmente curata (molti bagni ad esempio sono dotati di vasca idromassaggio). Colazioni e pasti verranno consumati nella veranda o meglio ancora, tempo permettendo, all'aperto.

11 cam ⌂ - ♦90/120 € ♦♦150/200 €

località Rimontoli, frazione Montegonzi, Sud: 3 km - ℰ 348 240 3201
– www.lelappe.it – Chiuso 9 gennaio-9 febbraio

a Meleto Nord : 9 km ⊠ 52020

🏠 Villa Barberino ☆ 🐟 ⇐ 🛏️ 🗻 🍴 AC 👥 P

CASA DI CAMPAGNA · STORICO In una fattoria del '300 con annesso borgo, un giardino all'italiana perfettamente tenuto ed una bella piscina che, oltre ad offrire momenti di piacevole relax, regala alla vista il panorama di dolci colline. La cucina toscana è rivisitata con garbo e i sapori cambiano con il mutar delle stagioni al ristorante Il Tributo.

14 cam ⌂ - ♦70/120 € ♦♦120/150 € - 3 suites

viale Barberino 19 - ℰ 055 961813 - www.villabarberino.it

CAZZAGO SAN MARTINO

Brescia – ⊠ 25046 – 10 996 ab. – Alt. 200 m – Carta regionale n° **10**-D2
Carta stradale Michelin 561-F12

🍴 Il Priore 1983 🏠 P

CUCINA MODERNA · ROMANTICO 🕯️🕯️🕯️ Due sale ampie e luminose con una piccola collezione di opere d'arte del '900 e servizio estivo in terrazza panoramica per un'interessante cucina di ampio respiro.

🍴 Menu 22 € (pranzo in settimana)/40 € – Carta 57/108 €

via Sala 70, località Calino, Ovest: 1 km - ℰ 030 725 4665
– www.ilprioreristorante.it – Chiuso 2 settimane in gennaio e martedì

CECCHINI DI PASIANO Pordenone → Vedere Pasiano di Pordenone

CECINA

Livorno – ⊠ 57023 – 28 046 ab. – Alt. 15 m – Carta regionale n° **18**-B2
Carta stradale Michelin 563-M13

🍴 Scacciapensieri 👥 AC

PESCE E FRUTTI DI MARE · ELEGANTE 🕯️🕯️ Lasciate ogni preoccupazione fuori dalla porta e concedetevi una pausa golosa, assaporando le specialità – soprattutto di mare – di questo storico ristorante in pieno centro. E se questo non bastasse, una buona bottiglia scelta nella fornita cantina contribuirà alla vostra spensieratezza!

Menu 45/70 € – Carta 37/79 €

via Verdi 22 - ℰ 0586 680900 - www.ristorantescacciapensieri.com – Chiuso lunedì

🍴 Il Doretto 🏠 ⇐ AC P

CUCINA MODERNA · ACCOGLIENTE 🕯️🕯️ Nella gradevole atmosfera di un cascinale ristrutturato, il cuoco, appassionato di Champagne di cui serve una buona selezione, reinterpreta i classici toscani, sia di terra che di mare. Concretezza di sapori ed estro inventivo ne sanciscono il successo.

Carta 36/77 €

via Pisana Livornese 32, Nord: 2,8 km - ℰ 0586 668363 (coperti limitati, prenotare) – Chiuso 7-24 novembre e mercoledì

🍴⃝ **Trattoria Senese**   🅰️🅲 ⇔

PESCE E FRUTTI DI MARE · CONTESTO TRADIZIONALE ✕ A gestione familiare, l'impostazione e i piatti sono quelli del classico ristorante di pesce e, sebbene vi sia un menu, vi consigliamo di farvi guidare nella scelta dallo chef.

Carta 27/89 €

via Diaz 23 – ☏ 0586 680335 (consigliata la prenotazione) – Chiuso martedì

CEFALÙ Sicilia

Palermo – ✉️ 90015 – 14 393 ab. – Carta regionale n° **17**-C2
Carta stradale Michelin 365-AT55

🍴⃝ **Locanda del Marinaio**   🏠 🅰️🅲

CUCINA MEDITERRANEA · ACCOGLIENTE ✕✕ Gustosi piatti che profumano di
Mediterraneo – sebbene realizzati dalla chef/titolare tedesca – in un grazioso
locale del brulicante centro di Cefalù. L'ambiente è semplice, ma la cucina sicuramente interessante!

Carta 34/67 €

via Porpora 5 – ☏ 0921 423295 – Chiuso martedì

🏠 **Riva del Sole**   🏖️ ⟨ 🔑 🖨️ 🅰️🅲 ⚡ 🏋️ 🚗

TRADIZIONALE · LUNGOMARE Fronte spiaggia e mare, senza dimenticare il centro storico a due passi, questo albergo moderno dispone di camere rinnovate,
alcune con balcone e vista sul Tirreno.

28 cam ⌁ – 🛏90/110 € 🛏🛏100/125 €

*lungomare Giardina 25 – ☏ 0921 421230 – www.rivadelsole.com – Chiuso
novembre*

CEGLIE MESSAPICA

Brindisi – ✉️ 72013 – 20 076 ab. – Alt. 298 m – Carta regionale n° **15**-C2
Carta stradale Michelin 564-F34

❀ **Al Fornello-da Ricci** (Ricci e Sookar)   🕷️ 🔄 🛎️ 🏠 🅰️🅲 ⚡ 🅿️

CUCINA PUGLIESE · RUSTICO ✕✕ La Puglia che vi aspettate servita in tavola: dai
Ricci c'è una calorosa accoglienza famigliare, un ristorante dall'atmosfera calda e
avvolgente, nonché un'ottima cucina regionale che punta sui prodotti della terra.
➜ Girandola ai sette cereali alla fonduta di stracciatella, ortaggi di stagione e tartufo. Lo spiedo misto di carni locali. Sfoglia con crema al limone e zuppetta di
frutti rossi.

Menu 50/75 € – Carta 47/67 €

1 cam ⌁ – 🛏🛏100/160 €

*via delle Grotte 11, contrada Montevicoli – ☏ 0831 377104 (consigliata la
prenotazione) – www.alfornellodaricci.com – solo a cena escluso domenica
– Chiuso 15 giorni in aprile, 20 giorni in settembre-ottobre, domenica sera, lunedì
e martedì*

🍴 **Cibus**   🕷️ 🏠 🅰️🅲

CUCINA REGIONALE · FAMILIARE ✕✕ Parlare di cucina regionale qui sarebbe
riduttivo, il ristorante custodisce infatti ricette di Ceglie, a volte persino familiari,
con una straordinaria ricerca di prodotti quando ancora la filosofia del km 0 era
ben lontana. Tra indimenticabili antipasti e gustose paste fresche, è una tappa
immancabile di ogni viaggio in Puglia. Specialità: maccheroncini alle olive men-
nelle con coniglio e verdurine saltate - straccetti di maialino nero in riduzione di
primitivo con cipolla di Acquaviva - delizia di mandorle con ricotta e canditi.

Carta 22/38 €

*via Chianche di Scarano 7 – ☏ 0831 388980 – www.ristorantecibus.it – Chiuso
1 settimana in gennaio-febbraio, 1 settimana in giugno e martedì*

ᵗⁱ○ **Da Gino**

CUCINA REGIONALE · FAMILIARE ﹪ Qui dagli anni Settanta, in sale semplici ma piacevolmente ornate di legno, il ristorante è la meta prediletta per gli amanti della cucina vegetariana: verdure ed erbe aromatiche, coltivate dal titolare, insaporiscono i tradizionali piatti pugliesi.

Carta 23/39 €

via Tratturo Cappelle 25, contrada Montevicoli – ℰ 0831 377916
– www.ristorantedagino.it – Chiuso venerdì

🏚 **Madonna Delle Grazie**

LUSSO · ELEGANTE Alchimie cosmetiche e percorsi di bellezza nell'attrezzato centro benessere di questo nuovo hotel dai confort contemporanei e dallo stile signorile; la posizione tranquilla vi ripagherà della sua ubicazione periferica rispetto al paese. Piatti regionali al ristorante con una carta vincente: una grande terrazza panoramica sulla campagna per la bella stagione.

26 cam � – †72/156 € ††110/240 €

via Fedele Grande snc, contrada Pisciacalze – ℰ 0831 381371
– www.hotelmadonnadellegrazie.it

CELLARENGO

Asti – ✉ 14010 – 720 ab. – Alt. 321 m – Carta regionale n° **14**-C1
Carta stradale Michelin 561-H5

🏠 **Agriturismo Cascina Papa Mora**

FAMILIARE · ACCOGLIENTE In aperta campagna e circondata da coltivazioni biologiche, questa bella cascina offre camere semplici, ma curate e personalizzate, nonché la possibilità di effettuare turismo equestre con corsi, escursioni e attività varie. Piatti piemontesi al ristorante.

7 cam – solo ½ P 56/80 €

via Ferrere 16, Sud: 1 km – ℰ 0141 935126 – www.cascinapapamora.it
– Chiuso 1° gennaio-4 marzo

CELLE LIGURE

Savona – ✉ 17015 – 5 237 ab. – Carta regionale n° **8**-B2
Carta stradale Michelin 561-I7

ᵗⁱ○ **Torre** 🆕

CUCINA LIGURE · FAMILIARE ﹪ Ristorante a gestione familiare - mamma in sala, figlio in cucina - per un locale che cita a piene mani la Liguria: ottimo pesce, anche crudo, verdure e qualche ricetta di terra.

Menu 38/55 € – Carta 35/60 €

via Aurelia Ponente 20 – ℰ 019 993465 – www.ristorantetorrecelle.it – Chiuso
15 ottobre-30 novembre e lunedì escluso in estate

CELLE SUL RIGO Siena ➜ Vedere San Casciano dei Bagni

CENERENTE Perugia ➜ Vedere Perugia

CENOVA

Imperia (IM) – ✉ 18026 – Alt. 558 m – Carta regionale n° **8**-A2
Carta stradale Michelin 561-J5

🏠 **Negro**

FAMILIARE · CLASSICO Armatevi di pazienza e un po' di attenzione per arrivarvi, ma alla fine se cercate una vacanza immersa nella natura e nel silenzio troverete qui il vostro indirizzo: sulla sommità di un borgo medioevale, le camere sono semplici e la conduzione familiare.

12 cam – solo ½ P 75/90 € – 1 suite

via Canada 10 – ℰ 0183 34089 – www.hotelnegro.it

CERASO

Salerno – ✉ 84052 – 2 397 ab. – Alt. 340 m – Carta regionale n° **4**-C3
Carta stradale Michelin 564-G27

a Petrosa Sud-Ovest : 7,5 km ✉ 84052 – Ceraso

🏠 Agriturismo La Petrosa　　　　　☆ ⅅ 🛏 ⛲ 🖩 ⅉ ⌘ 🅿

AGRITURISMO · AGRESTE Voglia di una vacanza rurale nel Parco del Cilento?
C'è anche un agricampeggio con alcune piazzole, in questa risorsa dalle camere
in stile rustico e un piccolo caseificio per assaggiare i proprio formaggi vaccini e
di capra. La posizione è piuttosto decentrata, ma proprio per questo garantisce
una certa tranquillità, da godere anche a bordo piscina.

10 cam ☲ – ♦50/100 € ♦♦80/180 €

via Fabbrica 25 – ℰ 0974 61370 – www.lapetrosa.it – Aperto 1° aprile-3 novembre

CERBAIA Firenze → Vedere San Casciano in Val di Pesa

CERCOLA

Napoli (NA) – ✉ 80040 – 18 267 ab. – Alt. 75 m – Carta regionale n° **4**-B2
Carta stradale Michelin 564-E25

🏠 Relais Villa Buonanno　　　　　　☆ 🛏 🖃 ⌘ 🏰 🅿

LUSSO · ELEGANTE Villa di origini seicentesche con parco/giardino curato e
nella corte un bellissimo cedro libanese di 300 anni. Interni più moderni, ottimo
confort e buoni spazi. Piatti regionali al ristorante Torre Piatta che ne ha per
tutti i gusti: cucina campana, steakhouse e qualche ricetta vegetariana. C'è
anche il wine-bar.

38 cam ☲ – ♦49/99 € ♦♦59/139 € – 2 suites

viale Buonanno 10 – ℰ 081 733 2202 – www.villabuonanno.it

CEREA

Verona (VR) – ✉ 37053 – 16 529 ab. – Alt. 18 m – Carta regionale n° **23**-B3
Carta stradale Michelin 562-G15

🏠 Villa Ormaneto　　　　　　　☆ ⅅ 🛏 🖩 🏰 🅿

DIMORA STORICA · DESIGN Camere molto confortevoli in una splendida villa
storica in aperta campagna: all'armonia dell'architettura esterna fanno eco spunti
di moderno design negli ambienti interni. Recentemente la struttura si è arricchita
anche di un buon ristorante.

8 cam ☲ – ♦65/90 € ♦♦80/110 €

via Isolella Bassa 7 – ℰ 0442 83795 – www.villaormaneto.com

CERMENATE

Como – ✉ 22072 – 9 144 ab. – Alt. 297 m – Carta regionale n° **10**-B1
Carta stradale Michelin 561-E9

🍽 Castello　　　　　　　　　　　🕮 🛋 ⌘ 🅿

CUCINA DEL TERRITORIO · ACCOGLIENTE ✗✗ Locale storico in zona, ma
moderno e minimalista negli arredi, con tante bottiglie (soprattutto di distillati) a
riempire le molte teche in vetro. Cucina stagionale e territoriale con qualche
spunto di fantasia.

Carta 42/75 €

*via Castello 28 – ℰ 031 771563 – www.comiristorantecastellocomi.it – Chiuso
26 dicembre-6 gennaio, agosto, martedì sera e lunedì*

CERMES TSCHERMS

Bolzano (BZ) – ✉ 39010 – 1 531 ab. – Alt. 292 m – Carta regionale n° **19**-B2
Carta stradale Michelin 354-AB4

‖○ **Miil** ⌂ 🅿

CUCINA CLASSICA · ELEGANTE ✕✕ All'interno della tenuta vinicola Kränzelhof, le sale del ristorante propongono un elegante mix di legni antichi e moderni, un'atmosfera raffinata e alla moda per una cucina creativa, sia di carne che pesce.
Menu 45/51 € – Carta 36/66 €

via Palade 1 – ℰ 0473 563733 – www.miil.it – Chiuso domenica e lunedì

CERNOBBIO

Como – ✉ 22012 – 6 745 ab. – Alt. 201 m – Carta regionale n° **10**-A1
Carta stradale Michelin 561-E9

‖○ **La Veranda** ≼ ⌂ ⌂ 🆔 ⅍ 🅿

CUCINA MODERNA · LUSSO ✕✕✕✕ Si gode di un magnifico panorama sui giardini e sul lago da questo raffinato ristorante che richiede un dress code serale (giacca e cravatta per gli uomini), e dove d'estate le ampie vetrate vengono abbassate per accentuare l'impressione di essere immersi nel parco: il miglior contorno immaginabile per una cucina che propone piatti della migliore tradizione italiana.
Carta 85/267 €

Hotel Villa d'Este, via Regina 40 – ℰ 031 348720 – www.villadeste.com
– Aperto inizio marzo-15 novembre

‖○ **Trattoria del Vapore** 🕸 ⌂ ⅍

CUCINA DEL TERRITORIO · AMBIENTE CLASSICO ✕✕ Un camino d'inizio secolo scorso, pietra a vista e numerose foto d'epoca conferiscono al locale un'atmosfera di calda accoglienza, mentre la cucina è legata alle tradizioni lacustri; ad essa si affianca una ricca enoteca.
Menu 30 € (pranzo in settimana) – Carta 42/58 €

via Garibaldi 17 – ℰ 031 510308 – www.trattoriadelvapore.it – Chiuso
25 dicembre-25 gennaio e mercoledì

‖○ **Materia** ⓝ ⅊ 🆔

CUCINA CREATIVA · CONTESTO CONTEMPORANEO ✕✕ Vale la pena di lasciare il lungolago per visitare questo nuovo ristorante dal taglio minimalista-contemporaneo; la cui cucina ha spunti di originalità molto interessanti, le erbe aromatiche di cui si fa largo uso sono coltivate nell'esclusiva serra.
Menu 50/90 € – Carta 50/75 €

via Cinque Giornate 32 – ℰ 031 207 5548 (consigliata la prenotazione)
– www.ristorantemateria.it – Chiuso martedì a mezzogiorno e lunedì

‖○ **Trattoria del Glicine** ⓝ 🕸 ⌂

CUCINA MODERNA · VINTAGE ✕ E' la passione che continua ad ispirare lo chef-patron di questo accogliente ristorante dall'atmosfera un po' vintage, dove tutto è preparato in maniera casalinga con anche una particolare attenzione verso chi soffre di celiachia. Servizio all'aperto su una terrazza ombreggiata da un antico glicine.
Carta 42/76 €

via Vittorio Veneto 1, località Piazza Santo Stefano, Ovest: 1,5 km – ℰ 031 511332
(consigliata la prenotazione) – www.trattoriadelglicine.com – Chiuso
31 dicembre-6 gennaio

🏨🏨 **Villa d'Este** ⌖ ⅋ ≼ ⌂ ⌁ 🏊 ⌂ 🕷 ⌂ 🆔 ⌂ 🚗

GRAN LUSSO · BORDO LAGO Più che un hotel, Villa d'Este è una destinazione ed una leggenda: eleganza classica, confort assoluto, glamour hollywoodiano. In una dimora cinquecentesca, che è un invito alla "dolce vita", il lusso si veste d'intemporalità sfoggiando stucchi, arcate, quadri, lampadari di Murano. Le alternative al ristorante Veranda sono diverse: l'ambiente del Grill si fa più rilassato, mentre Il Platano si propone come bistrot internazionale, entrambi dotati di belle terrazze dove è possibile cenare con una magnifica vista lago.
145 cam ☲ – †460/720 € ††830/1430 € – 7 suites

via Regina 40 – ℰ 031 3481 – www.villadeste.com – Aperto 8 marzo-12 novembre
‖○ **La Veranda** – Vedere selezione ristoranti

 Miralago ⚐ ⬥ ⬦ AC

TRADIZIONALE · BORDO LAGO Una signorile casa liberty affacciata sul lago e sulla passeggiata pedonale ospita un albergo accogliente; moderne camere di dimensioni limitate, ma ben accessoriate. Bella veduta del paesaggio lacustre dalla sala ristorante.

41 cam ⌂ – †75/160 € ††105/290 €

piazza Risorgimento 1 – ℰ 031 510125 – www.hotelmiralago.it – Aperto 1° marzo-15 novembre

CERNUSCO SUL NAVIGLIO

Milano – ✉ 20063 – 33 436 ab. – Alt. 134 m – Carta regionale n° **10**-B2
Carta stradale Michelin 561-F10

ⓘO Due Spade 🕸 🏠 AC

CUCINA MODERNA · ELEGANTE XxX Un "salotto" elegante, con soffitto e pavimento di legno, questo locale raccolto, che ruota tutt'intorno al camino della vecchia filanda e - d'estate - si apre ad un piacevole dehors immerso nel verde; cucina stagionale rivisitata è quanto propone il menu.

Menu 47 € – Carta 41/70 €

via Pietro da Cernusco 2/a – ℰ 02 924 9200
– www.ristoranteduespade.it – Chiuso 25 dicembre-6 gennaio, 8-31 agosto e domenica

CERRETO GUIDI

Firenze (FI) – ✉ 50050 – 10 870 ab. – Alt. 123 m – Carta regionale n° **18**-B1
Carta stradale Michelin 563-K14

ⓘO PS Ristorante 🏠 � AC ⅏ P

CUCINA CREATIVA · SEMPLICE X All'ingresso del paese, PS sono le iniziali del giovane cuoco che sposa le esperienze gastronomiche apprese in giro per il mondo con un cucina imperniata sui prodotti del territorio: fantasia ed elaborazione sono il condimento di ottimi piatti.

Menu 40/60 € – Carta 47/68 €

via Pianello val Tidone 41 – ℰ 0571 559242 – www.ps-ristorante.it
– solo a cena – Chiuso 1 settimana in gennaio o febbraio, 1 settimana in settembre, domenica e lunedì

CERRETTO LANGHE

Cuneo (CN) – ✉ 12050 – 442 ab. – Alt. 687 m – Carta regionale n° **14**-C3
Carta stradale Michelin 561-I6

ⓘO Trattoria del Bivio 🕸 ⬅ ⬦ ⅏ P

CUCINA PIEMONTESE · ROMANTICO XxX In alta Langa, l'antica cascina è stata ristrutturata e oggi offre eleganti ambienti dallo stile rurale contemporaneo. Il legame della cucina con la terra è forte, ma divagazioni sul pesce non sono escluse. I risultati, in ogni caso, sono encomiabili. Ottime infine anche le camere, come la calorosa accoglienza familiare.

Menu 45/55 € – Carta 44/73 €

6 cam ⌂ – †70/100 € ††100/140 €

località Cavallotti 9, Nord-Ovest: 4 km – ℰ 0173 520383 – www.trattoriadelbivio.it
– Chiuso 7-30 gennaio, 1°-10 luglio, lunedì e martedì

CERRO MAGGIORE

Milano – ✉ 20023 – 15 257 ab. – Alt. 205 m – Carta regionale n° **10**-A2
Carta stradale Michelin 561-F8

a Cantalupo Sud-Ovest : 3 km ✉ 20020

🍴○ **Corte Lombarda**   🏠 🄰🄲 ♻ 🄿

CUCINA CLASSICA · ELEGANTE XxX Eleganti sale interne, anche con camino, in una vecchia cascina che offre servizio estivo all'aperto; tocco fantasioso nella cucina, di pesce e di tradizione lombarda.

Carta 39/62 €

piazza Matteotti 9 – ☏ 0331 535604 – www.cortelombarda.it – Chiuso 26 dicembre-10 gennaio, 3-28 agosto, domenica sera e lunedì

CERTOSA KARTHAUS Bolzano → Vedere Senales

CERTOSA DI PAVIA

Pavia – ✉ 27012 – 3 341 ab. – Alt. 91 m – Carta regionale n° **9**-A3
Carta stradale Michelin 561-G9

✿ **Locanda Vecchia Pavia "Al Mulino"** (Annamaria Leone)   🏠 🏠

CUCINA ITALIANA · ELEGANTE XxX Presso la Certosa, ambientazione 🄰🄲 🄿 idilliaca in un mulino d'epoca nella campagna lombarda, più raffinati gli interni. La cucina tende al moderno, spaziando dalla carne al pesce.

→ Calamarata ai profumi dell'orto, crudo di gamberi e colatura di alici con il suo caviale. Arrostino di faraona disossata e farcita alla scarola e ciauscolo (insaccato tipico). Delicatezza ai limoni di Sorrento con crumble di fragole e orzo al miele.

Menu 40 € (pranzo in settimana)/75 € – Carta 58/95 €

via al Monumento 5 – ☏ 0382 925894 – www.vecchiapaviaalmulino.it – Chiuso 1°-20 gennaio, 6-26 agosto, domenica sera e lunedì

CERVERE

Cuneo – ✉ 12040 – 2 236 ab. – Alt. 304 m – Carta regionale n° **12**-B3
Carta stradale Michelin 561-I5

✿✿ **Antica Corona Reale** (Gian Piero Vivalda)   🏠 🏠 🄰🄲 🍽 ♻ 🄿

CUCINA CREATIVA · ROMANTICO XXX Uno straordinario spartito musicale, intessuto con le note dell'eccellenza gastronomica piemontese, trova qui il suo inimitabile direttore d'orchestra. L'avvio sono i prodotti della regione, il solfeggio di Vivalda li porta a melodie inimitabili. Sotto un glicine, intorno ad una fontanella, d'estate il servizio all'aperto si tinge di romanticismo.

→ Millefoglie di peperone di Carmagnola e acciughe del mar Cantabrico. Uovo in cocotte con tartufo bianco d'Alba. Piccione, rabarbaro e ciliegie.

Menu 90/240 € – Carta 75/135 €

via Fossano 13 – ☏ 0172 474132 – www.anticacoronareale.com – Chiuso 26 dicembre-10 gennaio, 6-23 agosto, martedì sera e mercoledì; solo mercoledì in ottobre-dicembre

CERVESINA

Pavia – ✉ 27050 – 1 204 ab. – Alt. 72 m – Carta regionale n° **9**-A3
Carta stradale Michelin 561-G9

🏰 **Il Castello di San Gaudenzio**   🏠 🐾 ⬜ 🖼 🄻♨ 🄰🄲 🄰🄸 🄿

STORICO · ELEGANTE Un'oasi di pace, questo castello del XIV secolo con interni in stile e dépendance intorno ad un bel giardino all'italiana. L'attrezzata area congressi rende, inoltre, la struttura particolarmente interessante per una clientela business. Cucina del territorio, in sintonia con le stagioni nel raffinato ristorante.

42 cam ⚏ – ♦90/120 € ♦♦140/200 € – 3 suites

via Mulino 1, località San Gaudenzio, Sud: 3 km – ☏ 0383 3331 – www.castellosangaudenzio.com

CERVIA

Ravenna – ✉ 48015 – 28 940 ab. – Carta regionale n° **5**-D2
Carta stradale Michelin 562-J19

⁎○ **Locanda dei Salinari**   🛖 🅰🅲

CUCINA REGIONALE · CONTESTO TRADIZIONALE ⅩⅩ Locale raccolto ed accogliente nell'antico borgo dei Salinari: lo chef-patron propone una cucina pacatamente moderna usufruendo dei migliori prodotti della Romagna, sia di terra sia di mare.

Menu 30/47 € – Carta 32/69 €

circonvallazione Sacchetti 152 – 𝒞 0544 971133 – Chiuso 10 giorni in febbraio, 10 giorni in novembre, mercoledì e giovedì escluso giugno-agosto

🏨 **Gambrinus**   🏖 ≤ 🏛 🕭 🖨 🕭 🅰🅲 🕱 🅿

TRADIZIONALE · PERSONALIZZATO Ha da poco festeggiato i 60 anni di attività, quest'hotel fronte mare dagli ambienti signorili e dove trova posto anche un piccolo centro benessere con cabine per trattamenti e vasca idromassaggio. Nel lussuoso ristorante i piatti della cucina nazionale allietano i commensali.

79 cam � – ♦70/92 € ♦♦104/220 € – 3 suites

lungomare Grazia Deledda 102 – 𝒞 0544 971773 – www.gambrinushotel.it – Aperto 10 maggio-22 settembre

🏨 **Universal**   🏖 ≤ 🏊 🕭 🖨 🅰🅲 🐕 🕱

TRADIZIONALE · LUNGOMARE 20 metri è la distanza che vi separa dalla spiaggia dorata, in questa struttura i cui toni pastello della facciata sono riproposti nelle luminose camere, dotate di moderni confort, tutte con balcone.

93 cam ⊻ – ♦65/105 € ♦♦95/210 € – 1 suite

lungomare Grazia Deledda 118 – 𝒞 0544 71418 – www.selecthotels.it – Aperto 1° aprile-10 ottobre

a Milano Marittima Nord : 2 km ✉ 48015 – Cervia-

🍴 **Osteria del Gran Fritto**   🛖

PESCE E FRUTTI DI MARE · CONVIVIALE Ⅹ Nella zona del porto canale, dei cantieri e del centro velico, bianca struttura in legno con dehors sulla spiaggia. Specialità di pesce campeggiano in menu, ma già dal nome s'intuisce che da padrone la fa il fritto, insieme al pesce azzurro; volendo anche piatti da asporto.

Carta 30/53 €

via Leoncavallo 11 – 𝒞 0544 974348 – www.osteriadelgranfritto.com – Chiuso lunedì escluso aprile-settembre

⁎○ **La Settima**   ≤ 🕭 🅰🅲 🕱 🅿

PESCE E FRUTTI DI MARE · LUSSO ⅩⅩⅩ Salendo le scale, accompagnati dal rumore rilassante di cascate e fontana, si ha l'impressione di camminare sospesi sull'acqua, ma una volta accomodati al tavolo ci si ritrova – piacevolmente – con i piedi per terra: cucina regionale reinterpretata con gusto moderno. Nella bella stagione si può cenare anche sotto le stelle allo Stars Bridge.

Carta 45/150 €

Hotel Waldorf, VII Traversa 17 – 𝒞 0544 994343 (consigliata la prenotazione) – www.premierhotels.it – solo a cena – Aperto 1° giugno-30 settembre

⁎○ **Terrazza Bartolini**   🛖

PESCE E FRUTTI DI MARE · ROMANTICO ⅩⅩ Non una, ma due terrazze, fronte mare, per gustare una cucina che privilegia la qualità del pescato senza troppe elaborazioni: crudi, paste e pesci cotti alla plancia sono irrinunciabili, a cui poi l'estro del cuoco affianca le proposte del giorno.

Carta 51/84 €

via Leoncavallo 13 – 𝒞 0544 182 0539 – www.terrazzabartolini.com – solo a cena – Aperto 15 maggio-30 settembre; chiuso lunedì

ⅼ○ Sale Grosso 🕌 🅰🄲

PESCE E FRUTTI DI MARE · ACCOGLIENTE ✕✕ Ristorante di pesce diventato un autentico punto di riferimento in città: ambiente gradevole dai colori chiari e decorazioni d'ispirazione marinara, cucina con tanti crudi ed un tocco di modernità.

Menu 35 € – Carta 36/90 €

viale 2 Giugno 15 – 𝒞 0544 971538 – www.ristorantesalegrossomilanomarittima.it – solo a cena in giugno-settembre – Chiuso novembre e lunedì escluso in aprile-settembre. aperto solo il fine settimana in inverno

ⅼ○ La Piazzetta 🄽 🕌 🅰🄲 ⇩

CUCINA MODERNA · CONTESTO CONTEMPORANEO ✕✕ Ricette e presentazioni contemporanee in un ambiente altrettanto moderno e minimalista; a due passi dalla zona pedonale di Milano Marittima, e quindi nel vivo della movida, La Piazzetta ha preso il posto de La Frasca.

Carta 43/71 €

rotonda Don Minzoni 1 ✉ 48015 Cervia – 𝒞 0544 193 5186 – www.lapiazzettamima.it – solo a cena – chiuso novembre, 8 gennaio-4 febbraio, sabato a mezzogiorno e lunedì (escluso 1° giugno-15 settembre)

🏨 Palace Hotel ✿ 🛗 🕸 🏊 🛁 ⚓ ☰ ⛴ 🅰🄲 🛎 🚗

LUSSO · ELEGANTE A pochi metri dal mare, immersa nella tranquillità di un parco di ulivi millenari, prestigiosa struttura dagli eleganti spazi arredati con mobili intarsiati, lampadari Venini e marmi provenienti dalla Turchia. Piatti sia di terra sia di mare, nel rispetto della stagionalità dei prodotti, nella capiente sala da pranzo affacciata sul giardino.

112 cam ⌁ – ♦130/410 € ♦♦170/490 € – 13 suites

viale 2 Giugno 60 – 𝒞 0544 993618 – www.selecthotels.it – Aperto 28 dicembre-9 gennaio e 16 marzo-19 ottobre

🏨 Waldorf ✿ ⟨ 🏊 ⚓ ☰ ⛴ 🅰🄲 🚿 🚗

GRAN LUSSO · DESIGN Dotate di balconi attrezzati, la maggior parte delle camere e tutte le Luxury Suites godono di vista sul mare; queste ultime sono dislocate su due livelli e dispongono di area benessere con Jacuzzi sul terrazzo. Design, raffinatezza, innovazione, in una struttura dalla forma iconica, con ampie vetrate e spazi che ripropongono i movimenti del mare. Nella bella stagione si pranza in spiaggia al ristorante Premier Palm Beach.

30 cam ⌁ – ♦150/450 € ♦♦250/600 € – 4 suites

VII Traversa 17 – 𝒞 0544 994343 – www.premierhotels.it – Aperto 10 aprile-30 settembre

ⅼ○ **La Settima** – Vedere selezione ristoranti

🏨 Premier & Suites ✿ 🏊 ⚓ ☰ ⛴ 🅰🄲 🛎 🚗

LUSSO · DESIGN Spiaggia privata, belle camere e lussuose suite con terrazzo benessere, in una struttura di raffinato design ed ottimo confort: sicuramente adatta per un turismo leisure, la risorsa offre anche spazi per la clientela business. Al ristorante, un viaggio nel gusto che fa tappa soprattutto nei sapori regionali.

40 cam ⌁ – ♦90/350 € ♦♦130/500 € – 3 suites

VII Traversa 15 – 𝒞 0544 995839 – www.premierhotels.it

🏨 Marepineta Resort ✿ 🛗 🏊 🛁 🚿 ⚓ ☰ ⛴ 🅰🄲 🛎 🚗

PALACE · DESIGN Uno dei primi alberghi aperti a Milano Marittima alla fine degli anni '20, Mare e Pineta sta subendo un totale ed interessante restyling già visibile in alcuni ambienti, come nella hall tutta vetro e luce. Il lussureggiante giardino è sicuramente un punto di forza della struttura, ma anche la spiaggia privata: una tra le più ampie della località!

165 cam ⌁ – ♦130/295 € ♦♦160/460 €

viale Dante 40 – 𝒞 0544 992262 – www.hotelmarepinetaresort.com – Aperto 1° aprile-30 novembre

🏨 Grand Hotel Gallia

PALACE · CLASSICO Un luminoso salotto all'ingresso accoglie i clienti in questo hotel dai grandi spazi arredati con preziose ceramiche ed eleganza di eco settecentesca. Attrezzata sala riunioni e piscina in giardino. Al ristorante, i sapori della gastronomia tradizionale.

99 cam ☲ – 📍95/165 € 📍📍120/395 €

piazzale Torino 16 – ℰ 0544 994692 – www.selecthotels.it – Aperto 1° aprile-10 ottobre

🏨 Aurelia

TRADIZIONALE · ACCOGLIENTE Sito direttamente sul mare e circondato da un ampio giardino che conduce alla spiaggia, l'hotel annovera camere suddivise tra corpo centrale e villa, un centro benessere e piscina climatizzata. I sapori della tradizione vengono serviti presso la sala ristorante arredata in calde tonalità.

94 cam ☲ – 📍75/170 € 📍📍110/295 € – 2 suites

viale 2 Giugno 34 – ℰ 0544 975451 – www.selecthotels.it

🏨 Globus

TRADIZIONALE · ELEGANTE Hotel elegante con ingresso al 1° piano tra lampadari in pregiato cristallo, camere di gusto classico e un moderno centro benessere. Medesima atmosfera nella piacevole sala ristorante.

80 cam – 📍70/130 € 📍📍85/250 € – ☲ 15 €

viale 2 Giugno 59 – ℰ 0544 992115 – www.hotelglobus.it – Aperto 1° aprile-30 settembre

🏨 Le Palme

TRADIZIONALE · LUNGOMARE Fronte mare e vicino al centro, ma discosto dalle vie più affollate, questo hotel coniuga la quiete della pineta con il côté glamour di Milano Marittima. Camere confortevoli, spiaggia privata, due zone benessere e due piscine: una semi olimpica e un'altra più piccola. Ricette regionali di terra e di mare al ristorante.

100 cam ☲ – 📍75/190 € 📍📍99/350 € – 2 suites

VII Traversa 12 – ℰ 0544 994661 – www.premierhotels.it – Aperto 27 dicembre-6 gennaio e 19 marzo-2 novembre

🏨 Delizia

TRADIZIONALE · LUNGOMARE Sita direttamente sul mare e a pochi passi dal centro, questa struttura dispone di camere luminose e confortevoli dall'arredo moderno: le più belle sono le cinque denominate "wellness". Piscina in terrazza all'ultimo piano.

39 cam ☲ – 📍85/125 € 📍📍110/180 €

VIII Traversa 23 – ℰ 0544 995441 – www.hoteldelizia.it – Aperto 1° aprile-30 settembre

🏨 Alexander

TRADIZIONALE · MODERNO Tavolini e piscina dominano l'ingresso di questo hotel costruito in posizione centrale che offre accoglienti camere, una terrazza-solarium ed un centro benessere.

52 cam ☲ – 📍89/150 € 📍📍120/280 €

viale 2 Giugno 68 – ℰ 0544 991516 – www.alexandermilanomarittima.it – Aperto 10 aprile-30 settembre

🏨 Mazzanti

TRADIZIONALE · LUNGOMARE In una zona tranquilla direttamente sul mare, struttura tradizionale che si avvale di un'ottima e valida gestione familiare. Negli ultimi anni, la proprietà ha provveduto al rinnovo delle camere, diventate - ora - ancora più accoglienti e confortevoli che in passato.

48 cam ☲ – 📍50/170 € 📍📍50/250 € – 2 suites

via Forlì 51 – ℰ 0544 991207 – www.hotelmazzanti.it – Aperto Pasqua-24 settembre

 Majestic ⛲ ← 〰 ▣ 🔥 ☰ 🅰 ✂ 🅿

FAMILIARE · LUNGOMARE Adatta per una vacanza con famiglia al seguito, Majestic è una struttura moderna che si rinnova di anno in anno, dotata di ambienti confortevoli e sita direttamente sulla spiaggia. Buffet di insalate e self-service a bordo piscina (solo a pranzo) oppure cucina classica nell'ampia sala ristorante.

49 cam ⌿ – †40/110 € ††60/180 € – 5 suites

X Traversa 23 – ℰ 0544 994122 – www.mimaclubhotel.it – Aperto
Pasqua-30 settembre

 Kent ⛲ ⇐ 🏠 ☰ & 🅰 🅿

TRADIZIONALE · DESIGN Praticamente rinata dopo il totale rinnovo nel 2010, graziosa struttura dai piacevoli spazi comuni arredati con tanto buon gusto; più semplici e minimal le camere. C'è anche un piccolo beauty center per trattamenti estetici e massaggi.

50 cam ⌿ – †39/599 € ††49/599 € – 5 suites

viale 2 Giugno 142 – ℰ 0544 992048 – www.hotelkent.it

CERVINIA Aosta → Vedere Breuil-Cervinia

CERVO
Imperia – ✉ 18010 – 1 187 ab. – Alt. 66 m – Carta regionale n° **8**-B3
Carta stradale Michelin 561-K6

🌼 **San Giorgio** (Caterina Lanteri Cravet) 🦃 ⇦ 🐟 ← 🍴 🅰

CUCINA REGIONALE · ROMANTICO ✕✕ Qualche vicolo in salita, tirate il fiato ed eccovi in uno dei borghi più suggestivi del Ponente ligure! All'interno del ristorante le salette raccolte e romantiche sembrano riflettere il fascino di Cervo, mentre la cucina punta sulla qualità del pescato in piatti semplici e tradizionali. Se mangiate in terrazza, prenotate un tavolo con vista su Diano e la baia, una cornice mozzafiato.

→ Tagliolini ai trenta tuorli con totanetti, pomodoro fresco, olive taggiasche e basilico. Crostacei nostrani in varie preparazioni. Gelato alla crema, salsa allo zabaione, evanescenza di panna e zabaione, crumble di nocciole.

Menu 35 € (pranzo in settimana)/60 € – Carta 56/137 €

2 cam ⌿ – †100 € ††130 €

via Ugo Foscolo 36, centro storico – ℰ 0183 400175 (consigliata la prenotazione)
– www.ristorantesangiorgio.net – Chiuso lunedì sera da ottobre a Pasqua, martedì
a mezzogiorno in luglio-agosto, anche martedì sera negli altri mesi

🍴 San Giorgino – Vedere selezione ristoranti

🍴 **San Giorgino** 🍴 🅰

CUCINA REGIONALE · CONVIVIALE ✕ E' l'alternativa più economica ed informale al San Giorgio, ma sempre di buon livello: in un frantoio del XIII secolo, la cucina stuzzicherà il vostro appetito con piatti dai marcati sapori regionali.

👄 Menu 18 € – Carta 30/68 €

via Ugo Foscolo 36, centro storico – ℰ 0183 400175
– www.ristorantesangiorgio.net – Chiuso lunedì sera da ottobre a Pasqua, martedì
a mezzogiorno in luglio-agosto, anche martedì sera negli altri mesi

CESANA TORINESE
Torino – ✉ 10054 – 967 ab. – Alt. 1 354 m – Carta regionale n° **12**-A2
Carta stradale Michelin 561-H2

🍴 **La Ginestra** ⇐ 🍴 & 🅿

CUCINA REGIONALE · FAMILIARE ✕ In centro paese, piacevole ambiente familiare con una solida cucina della regione rivisitata in chiave moderna. La struttura conta anche camere in stile ai piani superiori: particolarmente accoglienti quelle mansardate.

Carta 31/51 €

8 cam ⌿ – †55/60 € ††90/130 €

via Roma 20 – ℰ 0122 897884 – www.laginestra-cesana.it – Chiuso novembre,
maggio, lunedì sera e martedì in bassa stagione

CESENA

Forlì-Cesena – ⊠ 47521 – 96 758 ab. – Alt. 44 m – Carta regionale n° **5**-D2
Carta stradale Michelin 562-J18

🏠 Casali   ௺ 🛁 ✤ 🅰️🅲

TRADIZIONALE · CLASSICO In posizione semicentrale, la hall con zona lounge e spazio esterno è uno dei punti di forza dell'albergo, insieme al grazioso centro benessere. Camere più classiche con qualche arredo d'epoca.

47 cam ☲ – ♠95/252 € ♠♠111/252 € – 1 suite

via Benedetto Croce 81 ⊠ 47521 – ℰ 0547 22745 – www.hotelcasalicesena.com

CESENATICO

Forlì-Cesena – ⊠ 47042 – 25 796 ab. – Carta regionale n° **5**-D2
Carta stradale Michelin 562-J19

❀❀ Magnolia (Alberto Faccani)   ❀ 🌿 🅰️🅲

CUCINA CREATIVA · DESIGN ✕✕✕ Un'indiscussa realtà gastronomica la cui fama ha ormai valicato i confini della riviera romagnola: in una sala sobria e moderna, tutta l'attenzione è rivolta allo straordinario talento del giovane cuoco. Elaborazione, fantasia e originali accostamenti sono le costanti di memorabili piatti!
→ Risotto Riviera Adriatica. Branzino, carciofi, bottarga e pistacchi. Uovo tropicale.

Menu 80/90 € – Carta 59/97 €

viale Trento 31 – ℰ 0547 81598 – www.magnoliaristorante.it – solo a cena escluso sabato e domenica da settembre a maggio – Chiuso 2 settimane in marzo, 2 settimane in novembre e mercoledì

❀ La Buca   🌿 ᰚ 🅰️🅲

PESCE E FRUTTI DI MARE · MINIMALISTA ✕✕✕ Col bel tempo i romantici troveranno imperdibile il dehors lungo il porto canale di Cesenatico, mentre in condizioni avverse ci si rifugia volentieri nella moderna ed elegante essenzialità della sala interna. In ogni caso, nei piatti arriveranno prodotti del mare, dal grande assortimento di crudi a proposte più articolate, ma sempre tese ad evidenziare la qualità del pescato.
→ Pasta fresca alla chitarra con gambero crudo, bottarga e lime. Il "nostro" fritto di pesci con molluschi e crostacei. Carpaccio di ricciola, artemisia, salsa tonnata alla mandorla e riso croccante.

Menu 68 € – Carta 56/87 €

corso Garibaldi 45 – ℰ 0547 186 0764 (consigliata la prenotazione) – www.labucaristorante.it – Chiuso lunedì

☺ Osteria del Gran Fritto   🌿 ᰚ 🅰️🅲

PESCE E FRUTTI DI MARE · STILE MEDITERRANEO ✕ Il nome ne indica già la specialità, il fritto, a cui si aggiungono piatti della tradizione popolare adriatica (seppie, sarde, poverazze, calamari...) nella sala azzurra dai richiami marini o in quella ornata da suggestive foto di pescatori. Col bel tempo è una corsa ai tavoli lungo il romantico porto canale!

Carta 30/54 €

corso Garibaldi 41 – ℰ 0547 82474 – www.osteriadelgranfritto.com

🍴 12 Ristorante   🌿 🅰️🅲 ❦

PESCE E FRUTTI DI MARE · DI TENDENZA ✕✕ Ambiente originale di grande personalità per una cucina di pesce ad alti livelli, delizioso dehors affacciato sul canale che ospita i battelli storici del museo della marineria.

Menu 39/42 € – Carta 50/66 €

Casadodici, via Armellini 12a – ℰ 0547 82093 (consigliata la prenotazione) – www.12ristorante.com – solo a cena escluso sabato, domenica e periodo estivo – Chiuso martedì

🍴 Osteria da Beppe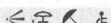

PESCE E FRUTTI DI MARE · FAMILIARE XX L'antico titolare Beppe non c'è più, ma quello attuale - tutto sorrisi e simpatia romagnola - saprà essere all'altezza... Autentica trattoria di mare, ciò che offre il mercato del giorno vi verrà elencato a voce in una successione di piatti tanto semplici quanto gustosi. Una vera griglia di carbone è tra le specialità della casa.

Carta 37/78 €

via Saffi 8 ✉ 47042 Cesenatico – 𝒞 0547 81529 – www.osteriadabeppe.com – solo a cena in giugno-settembre – Chiuso 10 giorni in novembre, 10 giorni in giugno e martedì

🍴 Vittorio 🏠

PESCE E FRUTTI DI MARE · AMBIENTE CLASSICO XX Affacciato sulla darsena, le serate estive in terrazza sono un incanto di fronte agli alberi delle barche ormeggiate. La cucina celebra il mare e segue il pescato del giorno.

Menu 50/60 € – Carta 33/117 €

porto turistico Onda Marina, via Andrea Doria 3 – 𝒞 0547 672588 – www.vittorioristorante.it – Chiuso gennaio, mercoledì a pranzo e martedì in maggio-settembre, anche mercoledì sera negli altri mesi

🍴 Marè ⇐ 🏠 ⟋ ⟋

CUCINA MODERNA · ALLA MODA X Non solo ristorante, ma anche spiaggia, bar e bottega, dalla colazione del mattino agli aperitivi con tapas, dallo spuntino veloce alla cenetta intima, sarete accolti in un ambiente informale, fresco, personalizzato.

🍴 Menu 19 € (pranzo)/45 € – Carta 32/66 €

via Molo Di Levante 74 – 𝒞 331 147 6563 – www.mareconlaccento.it – Aperto metà aprile-inizio novembre; chiuso le sere da lunedì a giovedì nei mesi di marzo, aprile e ottobre

🏨 Grand Hotel da Vinci

LUSSO · MODERNO A pochi metri dalla spiaggia, il corpo centrale è frutto del restauro di una colonia d'inizio Novecento, recentemente ampliato e trasformato in albergo nel marchio di un'eleganza lussuosa, che ha dato particolare importanza a piastrelle e lampadari, tra raffinati arredi contemporanei. Splendido centro benessere, la piscina esterna misura 700m².

80 cam ☲ – †135/380 € ††170/580 € – 6 suites

via Carducci, 7 – 𝒞 0547 83388 – www.grandhoteldavinci.com

🏠 Internazionale 🏠

TRADIZIONALE · LUNGOMARE Direttamente sul lungomare, annovera una spiaggia privata dove si trova anche la piscina attrezzata con scivoli ad acqua e una cabina per ogni stanza dell'albergo. Camere arredate in stile sia classico sia moderno; la hall e le parti comuni sono state totalmente rinnovate in tempi recenti. La cucina proposta è di impostazione tradizionale, ma soprattutto di pesce.

59 cam ☲ – †91/168 € ††156/260 € – 1 suite

via Ferrara 7 – 𝒞 0547 673344 – www.hinternazionale.it – Aperto 1° maggio-30 settembre

🏠 Maree Hotel 🏠

FAMILIARE · ACCOGLIENTE In una zona più residenziale e tranquilla di Cesenatico, troverete camere semplici ma ben tenute, dai colori luminosi, bianchi e pastello. Non c'è il ristorante, ma un'ottima colazione di prodotti fatti in casa viene servita fino a mezzogiorno.

30 cam ☲ – †35/170 € ††70/170 €

via N. Da Recco 12 – 𝒞 0547 673357 – www.mareehotel.com – Aperto 15 aprile-30 settembre

🏨 Sporting ⚹ ⋖ 𝘗 ⊡ 🆔 ⅋ 🅿

TRADIZIONALE · LUNGOMARE A più di un km dal centro - direttamente sulla spiaggia - l'hotel è consigliato a chi vuole evitare gli schiamazzi notturni e preferisce una zona verde e tranquilla. Graziose camere con carta da parati in stile inglese, tutte vista mare.

46 cam ⊠ – †80/110 € ††90/140 €

viale Carducci 191 – ℰ 0547 83082 – www.hotelsporting.it – Aperto 21 maggio-9 settembre

🏨 Miramare ⚹ ⋖ 𝘗 ⊡ 🆔 ♿ 🅿

TRADIZIONALE · FUNZIONALE L'hotel offre un'atmosfera rilassante, camere semplici e spaziose arredate in stile moderno, adatte a nuclei familiari. Possibili anche soluzioni business.

27 cam – †97/127 € ††138/200 € – ⊠ 8 €

viale Carducci 2 – ℰ 0547 80006 – www.welcompany.it

🏨 Atlantica ⚹ ⋖ 𝘗 ⊡ 🆔 ⅋ 🅿

STORICO · FUNZIONALE Affacciata sul mare, è una caratteristica villa degli anni '20 successivamente trasformata in albergo. Piacevole veranda in ferro battuto, camere semplici e gestione familiare.

24 cam – †90/110 € ††100/160 € – ⊠ 15 €

viale Bologna 28 – ℰ 0547 83630 – www.hotelatlantica.it – Aperto Pasqua-30 settembre

🏨 Casadodici ⊡ 🆔 ⅋

LOCANDA · PERSONALIZZATO Sul porto canale leonardesco, ogni camera è stata arredata in modo diverso e s'ispira a sei icone del mondo cinematografico - Sofia Loren, Brigitte Bardot, Greta Garbo, Audrey Hepburn, Jane Birkin e Grace Kelly - in una casa che offre al suo interno una sorta di show room riassumente il piacere dei viaggi dei titolari. Non meno affascinante la sala colazioni con ricordi asiatici e uno splendido tavolo di Bali.

6 cam ⊠ – †88/120 € ††99/169 €

via Armellini 12a – ℰ 0547 401709 – www.casadodici.com

⌘ **12 Ristorante** – Vedere selezione ristoranti

a Valverde Sud : 2 km ⊠ 47042 – Cesenatico

🏨 Vista Mare 🆕 ⚹ 𝘗 ⅃𝘴 ⊡ ⋖ 🆔 ♿ 🅿

TRADIZIONALE · DESIGN Sul lungomare, è uno dei migliori alberghi della località con una raffinata atmosfera contemporanea interamente giocata sul bianco e nero. Particolarmente buona la colazione con angolo bio e prodotti per celiaci, terrazza-solarium con bar e idromassaggio.

36 cam ⊠ – †60/140 € ††90/220 €

viale Carducci 286 ⊠ 47042 Cesenatico – ℰ 0547 87506 – www.hotelvistamarecesenatico.it

🏨 Caesar ⚹ ⋖ 𝘗 𝘗 ⅃𝘴 ⋖ ⊡ 🆔 🅿

TRADIZIONALE · LUNGOMARE Da oltre cinquant'anni gestito dalla stessa famiglia, camere semplici ma ben tenute e una sorridente ospitalità vi attendono in questo albergo sul lungomare, tra i pochi in zona ad offrire una piscina riscaldata.

48 cam ⊠ – †100/120 € ††100/160 €

viale Carducci 290 – ℰ 0547 86500 – www.hotel-caesar.com – Aperto 1° aprile-30 settembre

a Villamarina Sud : 3 km ⊠ 47030 – Cesenatico

🏨 Nettuno ⚹ 𝘗 ⅃𝘴 ⋖ ⊡ ♿ 🆔 ⅋ ♿ 🅿

TRADIZIONALE · CONTEMPORANEO Sul lungomare, la struttura si è trasformata da bruco in farfalla: camere nuove e di moderno design, confort di livello superiore, piscina a sfioro con angolo idromassaggio... Un piccolo paradiso sulla riviera romagnola!

53 cam ⊠ – †80/160 € ††90/190 € – 4 suites

Lungomare Carducci 338 – ℰ 0547 86086 – www.riccihotels.it

🏨 Sport & Residenza   🕊 ⤳ 🛆 🖭 👌 AC P

TRADIZIONALE · MEDITERRANEO In posizione tranquilla a 100 metri dalla spiaggia, questo hotel recentemente rinnovato dispone, ora, di attrezzate camere e possibilità di appartamenti anche in formula residence.

70 cam ⌑ – †70/140 € ††100/200 € – 30 suites

via Pitagora 5 – 𝒞 0547 87102 – www.riccihotels.it – Aperto
17 maggio-14 settembre

a Zadina Pineta Nord : 2 km ⊠ 47042 – Cesenatico

🏨 Renzo   🕊 🐾 🛏 ⤳ 🛆 🖭 AC P

FAMILIARE · CLASSICO Al termine di una strada chiusa, 50 metri di pineta e poi il mare: verde e silenzio. Piscina sul roof garden con solarium e camere di due tipologie, le standard più semplici o le confort più moderne.

36 cam – †60/80 € ††90/110 € – ⌑ 15 €

viale dei Pini 55 – 𝒞 0547 82316 – www.renzohotel.it – Aperto
Pasqua-16 settembre

CETARA

Salerno – ⊠ 84010 – 2 141 ab. – Alt. 10 m – Carta regionale n° **4**-B2
Carta stradale Michelin 564-F26

😋 Al Convento   🍴 🛋 AC

CUCINA CAMPANA · TRATTORIA 🗶 Bella trattoria-pizzeria dalle sale decorate con affreschi risalenti al Medioevo e, in menu, tante gustose specialità marinare, nonché piatti della tradizione locale (serviti d'estate anche sulla suggestiva piazzetta). Tra gli imperdibili, le diverse interpretazione dell'alice: dagli spaghetti con colatura, a quelle marinate, fritte, in scapece. Insomma, ce n'è per tutti i gusti!

Menu 35 € – Carta 32/52 €

piazza San Francesco 16 – 𝒞 089 261039 – www.alconvento.net – Chiuso
mercoledì in ottobre-maggio

🍽 San Pietro   🛋 AC

PESCE E FRUTTI DI MARE · ACCOGLIENTE 🗶🗶 Gestione familiare per questa piccola e sobria trattoria marinara, dotata di un grazioso dehors estivo, in parte sotto un porticato. Il titolare si fa garante della freschezza del pesce!

Carta 35/61 €

piazzetta San Francesco 2 – 𝒞 089 261091 – www.sanpietroristorante.it – Chiuso
15 gennaio-10 febbraio e martedì

CETONA

Siena – ⊠ 53040 – 2 755 ab. – Alt. 385 m – Carta regionale n° **18**-D2
Carta stradale Michelin 563-N17

🍽 La Frateria di Padre Eligio   🍴 ≤ 🛏 🛋 🕊 ⇔ P

CUCINA MODERNA · ELEGANTE 🗶🗶🗶 In un parco, la frateria è un convento fondato da San Francesco nel 1212 - gestito da una comunità, "Mondo X" - i cui prodotti provengono dalle varie loro sedi. Tra suggestioni mistiche, ci si lascia andare a peccati di gola.

Menu 70/100 €

via San Francesco 2, Nord-Ovest: 1 km – 𝒞 339 202 3859 (prenotazione
obbligatoria) – www.lafrateria.it – Chiuso gennaio, febbraio e martedì

🍽 Il Tiglio di Piazza Da Nilo   🛋 AC ⇔

CUCINA REGIONALE · ACCOGLIENTE 🗶🗶 Direttamente sulla piazza principale, un edificio del Seicento ospita questo piccolo locale di tono rustico-moderno, dove gustare una cucina tradizionale.

Menu 38/48 € – Carta 31/54 €

piazza Garibaldi 33 – 𝒞 0578 239040 – www.iltigliodipiazza.com – Chiuso
15 gennaio-10 febbraio e martedì escluso 20 giugno-30 settembre

La Locanda di Cetona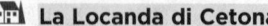

LOCANDA · ROMANTICO In fondo alla scenografica piazza Garibaldi e sotto l'imponente Rocca Medioevale, si tratta di un semplice quanto affascinante bed & breakfast, dalle camere curate e, graziosamente, personalizzate.

11 cam ⌒ – †85/100 € ††100/120 €

piazza Balestrieri 6 – ℰ 0578 237075 – www.iltigliodipiazza.it

CHAMPAGNE Aosta (AO) ➜ Vedere Verrayes

CHAMPLAS SEGUIN Torino ➜ Vedere Cesana Torinese

CHAMPOLUC
Aosta – ✉ 11020 – Alt. 1 570 m – Carta regionale n° **21**-B2
Carta stradale Michelin 561-E5

Relais des Glacier

TRADIZIONALE · PERSONALIZZATO Nel centro della località, a 5 minuti dal comprensorio sciistico, un wellness hotel con vasca idromassaggio riscaldata (all'esterno!) ed un ristorante con menu ciclici; settimanalmente due serata a tema.

36 cam ⌒ – †85/349 € ††85/349 € – 6 suites

*route G.B. Dondeynaz 9 – ℰ 0125 308182 – www.hotelrelaisdesglaciers.com
– Aperto 6 dicembre-12 aprile e 20 giugno-10 settembre*

Petit Tournalin

FAMILIARE · STILE MONTANO Caldi e tipici ambienti per un hotel a conduzione familiare ubicato ai margini della pineta: camere spaziose arredate con semplicità, ma impeccabilmente tenute, piacevole zona relax.

19 cam ⌒ – †80/120 € ††80/120 €

località Villy 2 – ℰ 0125 307530 – www.hotelpetittournalin.it

Villa Anna Maria

FAMILIARE · STILE MONTANO Vista sulla bella natura circostante, quiete silvestre e fascino d'altri tempi in un rustico chalet d'atmosfera, i cui interni sono tutti rigorosamente di legno; piccola vasca idromassaggio e relax in giardino davanti allo splendido scenario del Monte Rosa.

13 cam ⌒ – †60/133 € ††60/133 €

via Croues 5 – ℰ 0125 307128 – www.hotelvillaannamaria.com

Petit Coeur

LOCANDA · STILE MONTANO Alle porte del paese, attraversato il ponticello, un pezzettino del vostro cuore non vi apparterrà più, conquistato inesorabilmente da questa piccola risorsa con camere e ambienti ricchi di fascino.

6 cam ⌒ – †45/65 € ††70/130 €

Route Varasc 19 – ℰ 0125 941080 – www.petitcoeur-champoluc.it

CHANAVEY Aosta ➜ Vedere Rhêmes Notre Dame

CHATILLON
Aosta – ✉ 11024 – 4 772 ab. – Alt. 549 m – Carta regionale n° **21**-B2
Carta stradale Michelin 561-E4

Relais du Foyer

TRADIZIONALE · CLASSICO Vicino al Casinò di Saint Vincent, per turisti o clientela d'affari, un'elegante struttura con boiserie nelle camere in stile classico. E per gli amanti della buona tavola, oltre al servizio à la carte, buffet libero sia a pranzo sia a cena a prezzi contenuti.

32 cam ⌒ – †50/90 € ††80/210 €

località Panorama 37 – ℰ 0166 511251 – www.relaisdufoyer.it

CHERASCO

Cuneo – ✉ 12062 – 9 076 ab. – Alt. 288 m – Carta regionale n° **12**-B3
Carta stradale Michelin 561-I5

☻ **Da Francesco** (Francesco Oberto)   AC

CUCINA CREATIVA · CONTESTO STORICO XX Nel cuore della bellissima Cherasco, il ristorante si trova al primo piano di un palazzo seicentesco; occupa
due sale, in quella più grande gli affreschi di Operti del secolo successivo
vi lasceranno ammirati. In cucina non mancano i classici piemontesi, ma il
giovane cuoco non si risparmia dallo stupire con qualche piatto anche di
mare.

→ Risotto, aglio nero, lumache, caviale di lumaca, scorza di limone. Maialino, ceci,
cipollotto. Il germoglio (mousse al cioccolato bianco, frutto della passione, terra
di cacao).

Menu 55/75 € – Carta 45/75 €

via Vittorio Emanuele 103 – ☎ 339 809 6696
– www.ristorantedafrancesco.com – Chiuso 21 febbraio-7 marzo,
13-26 agosto, mercoledì a mezzogiorno e martedì

☸○ **Il Teatro** ♛   🍴 AC

CUCINA MODERNA · CONTESTO STORICO XxX Cucina della tradizione sapientemente rivisitata dal nuovo chef in questo romantico ristorante - complice l'antico
teatro a fondo sala - e bella vista dal suggestivo terrazzino.

Menu 35/58 € – Carta 44/58 € – carta semplice a pranzo

Hotel Somaschi, via Nostra Signora del Popolo 9
– ☎ 0172 488482 (consigliata la prenotazione) – www.monasterocherasco.it
– Chiuso lunedì

☸○ **La Lumaca**   ☋ AC

CUCINA PIEMONTESE · CONTESTO STORICO X Nelle cantine di un edificio di
origini cinquecentesche, caratteristico ambiente con volte in mattoni per
una cucina tradizionale dove regnano due elementi: la lumaca nel piatto e i
vini in cantina.

Menu 30/35 € – Carta 35/45 €

via San Pietro 26/a – ☎ 0172 489421 – www.osterialalumaca.it – Chiuso
27 dicembre-3 gennaio, 1°-21 agosto e lunedì, anche martedì escluso luglio

🏨 **Somaschi**   ☕ 🛏 🌀 🔒 ♿ AC ⚲ P

DIMORA STORICA · PERSONALIZZATO Ospitato nello splendido complesso
monasteriale culminante con il santuario della Madonna del Popolo, all'arrivo, il
colpo d'occhio sul chiostro è mozzafiato, soprattutto la sera quando è illuminato.
Le eleganti camere reinterpretano lo stile classico alberghiero in una versione più
moderna. Bistrot per pranzi veloci.

26 cam ⌽ – ♂40/85 € ♂♂45/95 € – 6 suites

via Nostra Signora del Popolo 9 – ☎ 0172 488482
– www.monasterocherasco.it

☸○ **Il Teatro** – Vedere selezione ristoranti

a Veglia Nord-Ovest : 8,5 km

🏨 **Il Campanile**   ❁ ☕ ♿ AC ⚲

CASA DI CAMPAGNA · TRADIZIONALE L'Antico "Palazzo delle Anime" - luogo di
ritiro spirituale - è stato trasformato in un albergo ricco di fascino e personalità,
le cui sale principali dedicate all'accoglienza degli ospiti e agli eventi sono caratterizzate dagli affreschi di C. Balocco (noto pittore della zona, specializzato in ex
voto e in sacre raffigurazioni).

15 cam ⌽ – ♂60/80 € ♂♂85/105 €

frazione Veglia 56 – ☎ 01/2 490000 – www.hotelilcampanile.com

CHIANCIANO TERME

Siena – ⊠ 53042 – 7 105 ab. – Alt. 475 m – Carta regionale n° **18**-D2
Carta stradale Michelin 563-M17

⑱ Hostaria il Buco   🖭

CUCINA REGIONALE · FAMILIARE ⅹ Appena sotto al centro storico, nella parte alta della località, un piccolo locale dalla calorosa atmosfera familiare. In menu: proposte tipiche toscane, come pici, ravioli ripieni di pecorino, tagliata, fiorentina e torta di Chianciano.
Carta 19/40 €
via Della Pace 39 – ℰ 0578 30230 – Chiuso 2-15 novembre e mercoledì

🏨 Admiral Palace   ⇧ ⌁ 🖾 🕪 ⋔ ⅃₆ ⊡ ⅌ 🖭 ⅍ 🚐

TRADIZIONALE · MODERNO Ecco un indirizzo per chi è alla ricerca del confort e della qualità a 360°! Nato nel 2007, Admiral Palace è prodigo di spazi comuni contraddistinti da uno stile moderno con qualche spunto di design. A completare l'offerta: un'ampia zona benessere e un attrezzato centro congressi.
111 cam ⌸ – †59/150 € ††59/299 € – 2 suites
via Umbria 2 – ℰ 0578 63297 – www.admiralapalace.it

🏨 Grand Hotel Terme   ⇧ ⌁ 🖾 🕪 ⋔ ⅃₆ ⊡ 🖭 **P**

TRADIZIONALE · CLASSICO E' sempre al passo con i tempi questa bella struttura con camere signorili, ben attrezzate, ed un eccellente centro benessere.
52 cam ⌸ – †45/130 € ††88/260 €
piazza Italia 8 – ℰ 0578 63254 – www.grand-hotel-terme-chianciano.com

CHIARAMONTE GULFI Sicilia

Ragusa – ⊠ 97012 – 8 238 ab. – Alt. 668 m – Carta regionale n° **17**-D3
Carta stradale Michelin 365-AX61

ⅱ○ Locanda Gulfi   ⅍ 🖭 **P**

CUCINA SICILIANA · CASA DI CAMPAGNA ⅹⅹ La sala consente una veduta della moderna cantina, ma se si lascia vagare lo sguardo non sfuggirà la bucolica bellezza della campagna e dei vigneti circostanti, mentre i più "curiosi" spieranno il lavoro dei cuochi nella cucina a vista. Ai sapori dell'isola s'ispirano i piatti.
Carta 40/55 €
Agriturismo Locanda Gulfi, Contrada Patria, Nord-Ovest: 3 km – ℰ 0932 928081 (consigliata la prenotazione) – Chiuso domenica sera e lunedì da novembre a marzo

ⅱ○ Majore   🕸 🖭

CUCINA SICILIANA · TRATTORIA ⅹ Il maiale: immancabile presenza nella storia di una famiglia e la centenaria tradizione nell'arte di cucinarlo dai salumi alle carni. Sorprendente ingresso passando per le cucine e tanti distillati oltre alla ricca cantina di vini.
Carta 15/34 €
via Martiri Ungheresi 12 – ℰ 0932 928019 – www.majore.it – Chiuso luglio e lunedì

🏡 Locanda Gulfi   🕸 ⟨ 🛏 ⌁ ⅍ 🖭 ⅍ **P**

CASA PADRONALE · CLASSICO All'interno dell'omonima azienda vinicola, in posizione isolata, nella campagna, struttura recente ma realizzata nel tipico stile isolano delle case rurali con tanto di grazioso baglio.
7 cam ⌸ – †65/90 € ††96/140 €
contrada Patria, Nord-Ovest: 3 km – ℰ 0932 928081 – www.locandagulfi.it
ⅱ○ **Locanda Gulfi** – Vedere selezione ristoranti

CHIAVARI

Genova – ⊠ 16043 – 27 398 ab. – Carta regionale n° **8**-C2
Carta stradale Michelin 561-J9

‡O **Lord Nelson**

PESCE E FRUTTI DI MARE · ELEGANTE XxX Direttamente sul lungomare, locale raffinato con american bar ed enoteca: una profusione di legno lucidato a specchio in elegante stile marinaro e stuzzicanti proposte a base di pesce.

Menu 55 € – Carta 52/74 €

5 suites ☲ – ♦♦150/180 €

corso Valparaiso 27 – ℰ 0185 302595 – www.thelordnelson.it – Chiuso 15 giorni in novembre e mercoledì

‡O **Da Felice**

PESCE E FRUTTI DI MARE · MINIMALISTA XX Ambiente moderno dai toni caldi e dallo stile minimalista, con cucina a vista e dehors estivo, per questo storico ristorante presente in città dal 1903! In menu: pesce in tante varianti, ma subordinato al mercato del giorno.

Menu 35 € – Carta 27/60 €

corso Valparaiso 136 – ℰ 0185 308016 (consigliata la prenotazione)
– www.ristorantefelice.it – Chiuso 25-31 dicembre

‡O **Vecchio Borgo**

PESCE E FRUTTI DI MARE · STILE MEDITERRANEO X In un vecchio edificio alla fine della passeggiata, sale in stile rustico ricercato e un bel dehors sulla piazzetta; fragranti piatti classici per lo più di pesce.

Carta 33/69 €

piazza Gagliardo 15/16 – ℰ 0185 309064 – Chiuso 6-30 gennaio e martedì escluso luglio-agosto

Voglia di partire all'ultimo momento? Consultate i siti Internet degli hotel per beneficiare di eventuali promozioni.

CHIAVENNA

Sondrio – ✉ 23022 – 7 379 ab. – Alt. 333 m – Carta regionale n° **9**-B1
Carta stradale Michelin 561-D10

‡O **Giardino**

CUCINA REGIONALE · CONVIVIALE X Il nome è il miglior biglietto da visita: immerso in un giardino ai piedi delle montagne, nel Garden dell'albergo Aurora troverete un'accoglienza familiare, specchio di una cucina schietta e locale: ecco l'immancabile bresaola, i pizzoccheri filanti di formaggio e la selvaggina di bosco. Ma c'è anche la pizza!

⊜ Menu 12 € (pranzo in settimana) – Carta 25/62 €

48 cam ☲ – ♦50/60 € ♦♦70/100 €

via Rezia 73, località Campedello, Est: 1 km – ℰ 0343 30175
– www.albergoaurora.it – Chiuso giovedì

a Mese Sud-Ovest : 2 km ✉ 23020

‡O **Crotasc**

CUCINA REGIONALE · CONVIVIALE X Dal 1928 il fuoco del camino scalda le giornate più fredde e le due sale riscoprono nella pietra la storia del crotto e una cordiale accoglienza; in cucina, la tradizione rivive con creatività.

Menu 45/58 € – Carta 43/66 €

via Don Primo Lucchinetti 63 – ℰ 0343 41003 – www.ristorantecrotasc.com
– Chiuso 3 settimane in giugno, lunedì e martedì

CHIENES KIENS

Bolzano (BZ) – ⊠ 39030 – 2 792 ab. – Alt. 784 m – Carta regionale n° **19**-C1
Carta stradale Michelin 562-B17

⚙ Gassenwirt ⇦ 🅿

CUCINA REGIONALE · FAMILIARE ⅔ A fianco alla chiesa del piccolo paese, l'ospitalità qui ha radici antiche, risale al 1602, e continua ancor oggi, con i sapori del territorio sudtirolese. I pressknödel (canederli pressati, ndr) su insalata di crauti freschi e gli Schlutzkrapfen (mezzelune, ndr) ripieni di patate e ricotta valgono già solo loro la sosta!

Carta 27/56 €
35 cam ⌖ – ♦55/74 € ♦♦110/148 €
via Paese 42 – ℰ 0474 565389
– www.gassenwirt.it – Chiuso novembre e maggio

CHIERI

Torino – ⊠ 10023 – 36 595 ab. – Alt. 283 m – Carta regionale n° **12**-B1
Carta stradale Michelin 561-G5

⅃○ Sandomenico 🏵 🄰🄲 ⇧

CUCINA ITALIANA · ELEGANTE ⅹⅹⅹ Luminoso ed elegante dal soffitto con travi a vista ed arredato con pochi tavoli rotondi. Dalle cucine, piatti di terra e di mare, dalle cantine, bottiglie italiane e francesi.

Menu 35/55 € – Carta 40/80 €
via San Domenico 2/b – ℰ 011 941 1864 (prenotare) – solo a cena escluso domenica – Chiuso domenica sera e lunedì

⅃○ Cascina Lautier ◍ 🍴 🏠 🕭 🄰🄲 ⇧ 🅿

CUCINA MODERNA · CASA DI CAMPAGNA ⅹⅹ Fuori dal centro abitato, sulla sommità di una collinetta, bell'ambiente signorile con proposte di cucina moderna che spaziano dalla terra al mare. A pranzo menù più tradizionali ed economici oltre alla carta serale.

🍴 Menu 18 € (pranzo)/60 € – Carta 40/50 €
strada Baldissero 121 – ℰ 011 942 3450
– www.cascinalautier.it. – Chiuso 3 settimane in gennaio-febbraio, lunedì a mezzogiorno e martedì

CHIESA IN VALMALENCO

Sondrio – ⊠ 23023 – 2 514 ab. – Alt. 960 m – Carta regionale n° **9**-B1
Carta stradale Michelin 561-D11

⅃○ Il Vassallo 🕭 ⇧ 🅿

CUCINA REGIONALE · RUSTICO ⅹⅹ Costruita intorno ad un grande masso di granito dalle sfumature policrome, l'antica residenza vescovile offre atmosfere suggestive e stuzzicanti ricette del territorio.

Carta 27/42 €
via Vassalini 27 – ℰ 0342 451200 – www.ristorantevassallo.it
– Chiuso lunedì escluso luglio-agosto

⅃○ Malenco ⇦ ⇧ 🅿

CUCINA REGIONALE · CONVIVIALE ⅹⅹ Di taglio moderno l'arredo della sala, con vetrata panoramica sulla valle, di impostazione tipica-locale invece la carta: piatti della tradizione a prezzi contenuti.

🍴 Menu 18/30 € – Carta 27/69 €
via Funivia 20 – ℰ 0342 452182
– Chiuso 15-30 giugno, 20-30 novembre e martedì

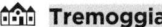 Tremoggia

FAMILIARE · CLASSICO Calda accoglienza familiare in un albergo storico della località rinnovato nel corso degli anni; oggi offre servizi completi, tra cui l'immancabile zona benessere all'ultimo piano, piccola ma graziosa. Anche il ristorante presenta la stessa cura ed attenzione al dettaglio dell'intera struttura: interessanti piatti legati alla tradizione con un pizzico di fantasia.

39 cam ☇ – ♦85/180 € ♦♦132/279 € – 4 suites

via Bernina 6 – ✆ 0342 451106 – www.tremoggia.it – Aperto 6 dicembre-15 aprile e 15 giugno-23 settembre

CHIETI

(CH) – ✉ 66100 – 51 815 ab. – Alt. 330 m – Carta regionale n° **1**-B2
Carta stradale Michelin 563-O24

sulla strada statale 5 Tiburtina - località Brecciarola Sud-Ovest : 9 km

ⅠО Da Gilda

CUCINA ABRUZZESE · CONVIVIALE X Oltre 40 anni di cucina semplice e genuina a prezzi onesti! Ecco il segreto di questa schietta trattoria, che punta su ricette locali - pasta fatta in casa o agnello alla brace - ma anche grigliate di pesce.

Carta 25/60 €

via Aterno 464 – ✆ 0871 684157 – solo a pranzo escluso giovedì, venerdì e sabato – Chiuso 10-20 agosto e lunedì

CHIOANO Perugia → Vedere Todi

CHIOGGIA

Venezia – ✉ 30015 – 49 706 ab. – Carta regionale n° **23**-C3
Carta stradale Michelin 562-G18

ⅠО El Gato

PESCE E FRUTTI DI MARE · ACCOGLIENTE XX In pieno centro, tre moderne sale dove pareti e soffitti bianchi contrastano con il nero degli arredi, creando un originale effetto positivo/negativo, mentre in estate si può scegliere il dehors sul corso. Sulla tavola il mare in ricette fragranti e gustose: difficile non rimanere soddisfatti!

Menu 60 € – Carta 48/87 €

corso del Popolo 653 – ✆ 041 400265 – www.elgato.it – Chiuso lunedì, anche martedì in ottobre-aprile

a Sottomarina Est : 1 km ✉ 30015

 Le Tegnue

TRADIZIONALE · LUNGOMARE Situato davanti al mare e circondato dal proprio giardino, questo grande complesso a conduzione diretta dispone di una spiaggia e camere di diverse tipologie. La vista dell'Adriatico si propone da tutte le stanze. Cucina tradizionale chioggiotta e specialità marinare al ristorante.

83 cam ☇ – ♦85/134 € ♦♦113/238 € – 2 suites

lungomare Adriatico 48 – ✆ 041 491700 – www.hotelletegnue.it – Aperto 1° aprile-30 ottobre

Ⅾⅰ Bristol

TRADIZIONALE · CLASSICO Sobria eleganza sia nelle sale, sia nelle accoglienti camere di questa struttura di taglio classico. Sebbene ubicato sul lungomare, con la spiaggia a due passi, il giardino e la piscina meritano una sosta.

64 cam ☇ – ♦75/200 € ♦♦90/250 €

lungomare Adriatico 46 – ✆ 041 554 0389 – www.hotelbristol.net – Chiuso 16 dicembre-13 gennaio

CHIRIGNAGO Venezia → Vedere Mestre

CHIUDUNO

Bergamo (BG) – ✉ 24060 – 5 990 ab. – Alt. 218 m – Carta regionale n° **10**-D1
Carta stradale Michelin 561-F11

✿ A'anteprima
🏵 ≽ AC P

CUCINA CREATIVA · CONTESTO CONTEMPORANEO XXX Un intrigante equilibrio tra scienza e ristorazione è alla base degli sforzi di questo bravo chef che tra fornelli e microscopi, pentole e cotture agli ultrasuoni, concede libero sfogo alla propria creatività: da una parte con una linea di cucina moderna, quella proposta nella carta vera e propria, dall'altra con menu degustazione a base di cucina molecolare.

→ Ravioli di burrata al burro di basilico, pomodorini vesuviani, olive e scaglie di fegato. Svizzera di scampi e gamberi con olio profumato al plancton marino. Sfera di cioccolato, mousse allo Champagne e gelato alle carote.

Menu 40 € (pranzo in settimana) – Carta 95/163 €

via F.lli Kennedy 12 – ☏ 035 449 6414 (consigliata la prenotazione) – www.ristoranteanteprima.com – Chiuso 1°-14 gennaio, 3-26 agosto, domenica sera e lunedì

CHIURO

Sondrio – ✉ 23030 – 2 534 ab. – Alt. 390 m – Carta regionale n° **9**-B1

⫶○ Cantarana
🏠

CUCINA REGIONALE · CONVIVIALE XX Tra mura quattrocentesche, ma c'è anche un gradevole servizio estivo all'aperto, la proposta gastronomica si divide equamente tra piatti del territorio e specialità prettamente della casa.

🍴 Menu 22 € (pranzo)/45 € – Carta 30/55 €

via Ghibellini 10 – ☏ 0342 212447 – www.ristorantecantaranachiuro.it – Chiuso domenica

CHIUSA KLAUSEN

Bolzano – ✉ 39043 – Chiusa D'Isarco – 4 863 ab. – Alt. 525 m – Carta regionale n° **19**-C1
Carta stradale Michelin 562-C16

✿✿ Jasmin (Martin Obermarzoner)
⇦ 🛗 P

CUCINA CREATIVA · ACCOGLIENTE XXX Chi ama stare a tavola affrontando lunghi menu degustazione troverà qui di che saziarsi (in tutti i sensi!): nessuna scelta, ma una decina di piatti-assaggi per entrare nell'universo creativo di un giovane enfant prodige della ristorazione sudtirolese. L'energica e simpatica moglie in sala.

→ Carpaccio di gambero rosso di Mazara del Vallo, insalatina di rape, yuzu, cioccolata. Rubia gallega (razza bovina di Galizia) con frollatura dry aged, salsa al pepe "sansho" e le sue verdurine. Mosaico "piña colada" con gelato al mango e zenzero.

Menu 115/150 €

20 cam ヱ – ♥70/145 € ♥♥92/190 €

via Gries 4 – ☏ 0472 847448 (prenotazione obbligatoria) – www.bischofhof.it – solo a cena escluso domenica in ottobre-aprile – Chiuso 1°-24 novembre, 3-15 aprile, martedì e domenica sera in maggio-settembre

🏠 Ansitz Fonteklaus
🌳 🐾 ⩵ 🛗 🍽 P

FAMILIARE · STILE MONTANO Potreste incontrare i caprioli, il picchio o lo scoiattolo in questa incantevole oasi di pace; laghetto-piscina naturale; confort e relax in un hotel tutto da scoprire. Calda atmosfera nella sala da pranzo in stile stube.

8 cam ヱ – ♥58/70 € ♥♥88/105 € – 2 suites

via Freins 4, Est: 3,6 km, alt. 897 – ☏ 0471 655654 – www.fonteklaus.it – Aperto 24 marzo-4 novembre

a Gudon Nord-Est : 4 km ⊠ 39043

⅋○ Unterwirt   ⇦ ⅍ ⌂ 🏠 🍴 🅿

CUCINA CREATIVA · CONTESTO TRADIZIONALE ✗✗ Se il tempo non consente di approfittare della gradevole terrazza, allora vi consigliamo di prenotare un tavolo nella stube del XIII secolo, una romantica culla di legno. Cucina creativa, carne e pesce, di grandi livelli.

Menu 75/78 € – Carta 42/86 €

7 cam ⚏ – ♦75/85 € ♦♦128/136 €

Gudon 45 – ☎0472 844000 – www.unterwirt-gufidaun.com – solo a cena
– Chiuso 15 giugno-3 luglio, domenica sera e lunedì

CHIUSA DI PESIO

Cuneo (CN) – ⊠ 12013 – 3 676 ab. – Alt. 575 m – Carta regionale n° **12**-B3
Carta stradale Michelin 561-J5

⅋○ Locanda Alpina   ⇦

CUCINA REGIONALE · AMBIENTE CLASSICO ✗ Cucina del territorio sempre attenta e fragrante in una semplice, ma graziosa, trattoria con possibilità di alloggio.

🍴 Menu 15 € (pranzo in settimana) – Carta 25/35 €

6 cam ⚏ – ♦40 € ♦♦60 €

via Provinciale 71, loc. San Bartolomeo – ☎0171 738287 (consigliata la prenotazione)
– Chiuso febbraio, martedì e mercoledì

CHIUSDINO

Siena – ⊠ 53012 – 1 903 ab. – Alt. 564 m – Carta regionale n° **18**-C2
Carta stradale Michelin 563-M15

⅋ Meo Modo   ⅍ ⇦ ⌂ 🏠 ⅋ ⓜ 🅿

CUCINA CREATIVA · LUSSO ✗✗✗ Nella lussuosa enclave di Borgo Santo Pietro, appena il tempo lo permette si cena sotto un porticato, davanti allo splendido giardino e colline da favola. La cucina è di marca toscana, per prodotti ed ispirazione, ma sorprende poi per tecnica, accostamenti e colori.

→ Agnolotti al coniglio, condimento di una cacciatora, mais. Agnello, piselli, fieno. Fiori e foglie, mascarpone, susine.

Menu 110/180 € – Carta 86/140 €

Hotel Borgo Santo Pietro, località Palazzetto 110, Est: 7 km – ☎0577 751222
(consigliata la prenotazione) – www.meomodo.it – Aperto inizio maggio-31 ottobre;
chiuso martedì a mezzogiorno e lunedì

🏠 Borgo Santo Pietro   ⅋ ⅍ ⇦ ⌂ 🍴 ⅋ ⓜ 🅿

GRAN LUSSO · BUCOLICO Non solo per una fuga romantica, ma per tutti coloro che sono alla ricerca di un resort esclusivo dove trascorrere un soggiorno all'insegna di un raffinato lusso. In una villa del XIII secolo, immersa nel verde di uno splendido giardino, camere barocche, pregne di calore. Oltre al gourmet, c'è anche una bella trattoria per gustare il meglio della tradizione locale.

17 cam ⚏ – ♦515/3000 € ♦♦515/3000 € – 3 suites

località Palazzetto 110, Est: 7 km – ☎0577 751222 – www.borgosantopietro.com
– Aperto 15 aprile-31 ottobre

⅋ **Meo Modo** – Vedere selezione ristoranti

CHIUSI

Siena – ⊠ 53043 – 8 704 ab. – Alt. 398 m – Carta regionale n° **18**-D2
Carta stradale Michelin 563-M17

⅋○ Osteria La Solita Zuppa   ⅍ ⓜ

CUCINA TOSCANA · FAMILIARE ✗ Un'ottima accoglienza riscalda questa rustica trattoria del centro. La cucina "parla" toscano con un occhio di riguardo per i piatti antichi e le ricette povere.

Menu 40/50 € – Carta 27/45 €

via Porsenna 21 – ☎0578 21006 – www.lasolitazuppa.it – Chiuso
10 gennaio-1° febbraio e martedì escluso da luglio a settembre

in prossimità casello autostrada A1 Ovest : 3 km

✓ **I Salotti** (Katia Maccari)　　　　　　　🐾 🍴 🏠 ⛱ 🎦 🍽 **P**

CUCINA CREATIVA · ELEGANTE XXX Ambiente raffinato e pochi tavoli (consigliamo di prenotare con largo anticipo) per un ottimo ristorante che propone una gustosa cucina, elaborata partendo da diversi prodotti provenienti dalla stessa azienda agricola.

→ Risotto con formaggio, cipolla di Certaldo e animelle croccanti. Piccione: petto al caffè, coscia confit, pralina di fegatino croccante alla nocciola. Sablé alle noci, cioccolato alle spezie, gelato allo zenzero.

Menu 50/95 € – Carta 50/92 €

Hotel Il Patriarca, località Querce al Pino, strada statale 146 ⊠ 53043 Chiusi – ℰ 0578 274407 (prenotazione obbligatoria) – www.isalottidelpatriarca.it – solo a cena – Aperto 1° maggio-31 ottobre; chiuso lunedì e martedì

🏫 **Il Patriarca**　　　　　　　🏰 ⛲ 🍴 ⚖ 🎦 ⛱ 🧳 **P**

DIMORA STORICA · ELEGANTE Racchiusa in un parco meraviglioso, la villa ottocentesca è stata edificata su un insediamento di origine etrusca e ottimamente ristrutturata con buon gusto. I classici regionali alla Taverna del Patriarca.

22 cam ⊋ – †75/85 € ††99/159 €

località Querce al Pino, strada statale 146 ⊠ 53043 Chiusi – ℰ 0578 274407 – www.ilpatriarca.it

✓ **I Salotti** – Vedere selezione ristoranti

CHIVASSO

Torino – ⊠ 10034 – 26 749 ab. – Alt. 183 m – Carta regionale n° **12**-B2
Carta stradale Michelin 561-G5

⛺ **Locanda del Sole**　　　　　　　🎦 ⇄

CUCINA CLASSICA · FAMILIARE XX Nel centro della località, due salette molto curate ed una veranda in stile giardino d'inverno, dove gustare due linee di cucina: una regionale con molte paste e carne, l'altra contemporanea con richiami al mare.

Menu 30 € – Carta 28/47 €

via Roma 16 – ℰ 011 913 1968 – www.lalocandadelsole.com – Chiuso lunedì a mezzogiorno

CIMASAPPADA Belluno → Vedere Sappada

CINQUALE Massa-Carrara → Vedere Montignoso

CIOCCARO Asti → Vedere Penango

CIPRESSA

Imperia – ⊠ 18017 – 1 290 ab. – Alt. 240 m – Carta regionale n° **8**-A3
Carta stradale Michelin 561-K5

⛺ **La Torre**　　　　　　　🏠

CUCINA TRADIZIONALE · SEMPLICE X Una serie di tornanti vi condurrà alla volta di Cipressa ed è una spettacolare vista sul mare. E' nel centro di questo caratteristico paese che si trova la trattoria: accoglienza familiare e cucina in prevalenza di terra, coniglio e cinghiale tra le specialità.

🍴 Menu 13 € (in settimana)/30 € – Carta 19/50 €

piazza Mazzini 2 – ℰ 0183 98000 – Chiuso 10 gennaio-10 febbraio e lunedì

CIRELLA

Cosenza – ⊠ 87020 – Alt. 27 m – Carta regionale n° **3**-A1
Carta stradale Michelin 564-H29

🏠 Agriturismo Fattoria di Arieste   🕏 🕭 ⇐ 🛏 🆐

CASA DI CAMPAGNA · TRADIZIONALE Azienda agricola con meravigliosa vista sul golfo di Policastro: amabile accoglienza familiare in colorate ed accoglienti camere. Cucina casalinga e genuina.

6 cam ☲ – 🛉35/60 € 🛉🛉70/120 €

strada per Maierà, Est: 1,5 km – 𝒞 0985 889050 – www.fattoriadiarieste.it – Aperto 1° aprile-30 settembre

CIRÒ MARINA

Crotone (KR) – ✉ 88811 – 14 902 ab. – Carta regionale n° **3**-B1
Carta stradale Michelin 564-I33

🍽 Max ⓝ   🕮 🆐

CUCINA CALABRESE · SEMPLICE ⅹ Una solida coppia di fratelli gestisce con professionalità questa trattoria moderna di fronte al teatro di Cirò Marina. La carta presenta carne, ma soprattutto pesce in ricette mediterranee, secondo la disponibilità del mercato giornaliero, mentre per il dopo cena concedetevi il tempo per assaporare uno dei 100 distillati proposti dalla casa.

Carta 27/75 €

via Pola – 𝒞 0962 373009 – www.trattoriamax.it – Chiuso lunedì in inverno

🏠 Il Gabbiano   🕏 🕭 ⇐ 🛏 🏊 🗻 🔁 🆐 🕉 🧖 🅿

FAMILIARE · LUNGOMARE Alla fine del lungomare, alle porte del paese: modernità e confort sia nelle camere sia negli spazi comuni. Due sale di tono elegante nel ristorante, con servizio estivo di fronte alla piscina. La sera si propongono anche pizze.

36 cam ☲ – 🛉50/100 € 🛉🛉70/120 €

via Punta Alice 2, Nord: 1,5 km – 𝒞 0962 31338 – www.gabbiano-hotel.it

CISANO BERGAMASCO

Bergamo – ✉ 24034 – 6 394 ab. – Alt. 267 m – Carta regionale n° **10**-C1
Carta stradale Michelin 561-E10

🍽 Fatur   ⇦ 🛏 🕮 🅿

CUCINA REGIONALE · FAMILIARE ⅹⅹ Ai piedi del castello dei Visconti Sozzi, nel centro del paese alle falde delle Prealpi Orobiche, questo accogliente ristorante dalla gestione familiare ha superato i 100 anni, ma continua a proporre - imperterrito e con grande soddisfazioni dei suoi ospiti - i sapori del territorio rivisitati con fantasia. Gestendo anche l'attigua pasticceria, va da sé, la particolare attenzione riservata ai dolci. Al piano superiore, camere spaziose e funzionali.

🍴 Menu 16 € (pranzo in settimana)/35 € – Carta 41/67 €

12 cam ☲ – 🛉55/75 € 🛉🛉80/90 € – 1 suite

via Roma 2 – 𝒞 035 781287 – www.fatur.it – Chiuso 2-10 gennaio, 16-30 agosto e venerdì sera

🏠 La Sosta   🕏 ⇐ 🛏 🔁 ⅙ 🆐 🅿

FAMILIARE · MODERNO Piacevole risorsa a gestione familiare in una palazzina proprio sulla sponda del fiume Adda, su cui si affaccia con le sue terrazze ed a cui sono dedicate le foto all'interno delle camere, arredate in stile minimalista che non esclude il confort. Al ristorante, cucina di ampio respiro con ricette di carne, ma anche specialità di pesce: d'acqua dolce e di mare.

11 cam ☲ – 🛉80/95 € 🛉🛉98/115 € – 1 suite

via Sciesa 7, località La Sosta, Ovest: 1,5 km – 𝒞 035 436 4232 – www.hotellasosta.it – Chiuso 1°-7 gennaio

CISON DI VALMARINO

Treviso – ✉ 31030 – 2 647 ab. – Alt. 261 m – Carta regionale n° **23**-C2
Carta stradale Michelin 562-E18

🏠 CastelBrando　　　　　　🏠 🐾 ⟨ 🖼 🕸 👘 ⅃⅄ ⬆ 𝔸𝕮 💅 ♨ 🚗

DIMORA STORICA · PERSONALIZZATO Sorge in posizione elevata questo complesso storico, le cui fondamenta risalgono all'epoca romana: grandi spazi e servizi completi, anche per congressi, area museale aperta al pubblico (su prenotazione). Ambiente e cucina classici al ristorante Sansovino; piatti più semplici e servizio pizzeria alla Fucina.

78 cam 🛏 – †89/119 € ††109/159 € – 2 suites
via Brandolini 29 – ℰ 0438 9761 – www.castelbrando.it

CISTERNA D'ASTI

Asti – ✉ 14010 – 1 245 ab. – Alt. 350 m – Carta regionale n° **14**-C1
Carta stradale Michelin 561-H6

℩○ Garibaldi　　　　　　　　　　🐾 🏠 𝔸𝕮

CUCINA PIEMONTESE · CONTESTO TRADIZIONALE ✗ C'è tutta la storia di una famiglia nella raccolta di oggetti d'epoca di uso comune (dalle pentole alle fotografie) esposta in questo originale locale, il cui menu propone la vera cucina piemontese. Sei nuove camere - di cui due con cucina - e una bella terrazza panoramica, si aggiungono a quelle già presenti nel corpo centrale.

Carta 23/40 €
12 cam 🛏 – †50/80 € ††60/100 €
via Italia 1 – ℰ 0141 979118 – www.albergoristorantegaribaldi.it – Chiuso 1 settimana in gennaio e mercoledì

CISTERNA DI LATINA

Latina – ✉ 04012 – 36 868 ab. – Alt. 77 m – Carta regionale n° **7**-C2
Carta stradale Michelin 563-R20

℩○ Il Piccolo Ducato　　　　　　🐾 🏠 ⅃ 𝔸𝕮 ⟳ 🅿

CUCINA MEDITERRANEA · AMBIENTE CLASSICO ✗✗ In aperta campagna, piatti mediterranei di terra e di mare secondo ricette abbastanza classiche e, soprattutto, senza fronzoli. Ambiente piacevolmente rustico, ma se il tempo è bello, meglio optare per il fresco dehors sotto moderni ombrelloni.

Carta 39/79 €
via Tivera ang. via Ninfina, Sud-Est: 6 km – ℰ 06 960 1284 – www.ilpiccoloducato.it – Chiuso 17-31 agosto e lunedì

CITARA Napoli → Vedere Ischia (Isola d') : Forio

CITTADELLA DEL CAPO

Cosenza – ✉ 87020 – Alt. 23 m – Carta regionale n° **3**-A1
Carta stradale Michelin 564-I29

🏠 Palazzo del Capo　　　🏠 🐾 ⟨ 🐾 ⅃ 👘 ⟨ ⬆ 𝔸𝕮 💅 ♨ 🅿

LUSSO · STORICO Uno scrigno di insospettate sorprese questa residenza storica fortificata sul mare, con torre spagnola nel giardino: eleganti interni d'epoca e servizi di elevato profilo tra cui la nuova beauty farm. Molti spazi per la ristorazione; a disposizione - solo in estate - anche la rotonda sul mare.

11 cam 🛏 – †120/189 € ††120/199 €
via Cristoforo Colombo 5 – ℰ 0982 95674 – www.palazzodelcapo.it – Aperto 1° aprile-31 ottobre

CITTÀ DELLA PIEVE

Perugia – ✉ 06062 – 7 712 ab. – Alt. 509 m – Carta regionale n° **20**-A2
Carta stradale Michelin 563-N18

🍴 **Zafferano Pievese**

CUCINA CLASSICA · ACCOGLIENTE 𝕏𝕏 Città della Pieve è famosa per lo zafferano e questo gradevole ristorante ne celebra degnamente colori e sapori, insieme ad una cucina sapida a cavallo tra Umbria e Toscana con molto spazio in carta per la vera protagonista: la griglia. Anche pizzeria.

🍴 Menu 20/30 € – Carta 24/48 €

Hotel Vannucci, viale Vanni 1 – 𝒞 0578 298063 (consigliata la prenotazione) – www.hotel-vannucci.com – Chiuso novembre

🏠 **Vannucci**

TRADIZIONALE · ACCOGLIENTE Una villa di fine Ottocento alle porte dell'incantevole paese accoglie tra le sue mura un ottimo albergo: le camere sono accoglienti con pregevoli arredi in legno, al secondo piano con vista sui tetti e sulle colline.

30 cam – solo ½ P 99/129 €

viale Vanni 1 – 𝒞 0578 298063 – www.hotel-vannucci.com

🍴 **Zafferano Pievese** – Vedere selezione ristoranti

🏠 **Relais dei Magi**

AGRITURISMO · PERSONALIZZATO Occorre percorrere una strada sterrata per giungere a quest'incantevole risorsa che accoglie i propri ospiti in tre diversi edifici. Un soggiorno appartato e raffinato con tanto di piccolo centro benessere con sauna, bagno turco, ampio idromassaggio e zona trattamenti.

12 cam ⌑ – †120/130 € ††150/170 €

località le Selve Nuove 45, Sud-Est: 4 km – 𝒞 0578 298133 – www.relaismagi.it – Chiuso 7 gennaio-31 marzo

🏠 **Agriturismo Madonna delle Grazie**

CASA DI CAMPAGNA · TRADIZIONALE Offre uno spaccato di vita contadina questo agriturismo immerso nella quiete dei colli tosco-umbri, perfetto per una vacanza a contatto con la natura, tra passeggiate a piedi e a cavallo e qualche tuffo in piscina. Nella sala ristorante interna o all'aperto, la cucina si avvale dei prodotti biologici dell'azienda.

10 cam ⌑ – †50/60 € ††90/110 €

località Madonna delle Grazie 6, Ovest: 1 km – 𝒞 0578 299822 – www.madonnadellegrazie.it

CITTÀ DEL VATICANO Vaticano → Vedere Roma

CITTÀ DI CASTELLO

Perugia – ✉ 06012 – 39 913 ab. – Alt. 288 m – Carta regionale n° **20**-B1
Carta stradale Michelin 563-L18

🍴 **Kook Dinner** 🆕

CUCINA MODERNA · CONTESTO CONTEMPORANEO 𝕏𝕏 In pieno centro storico, la giovane chef si dedica ad una cucina della tradizione rielaborata in chiave moderna. Per i più modaioli, a partire dalle 18.30, s'incomincia con un bel aperitivo nel dehors accompagnato da finger food.

Carta 35/59 €

via Tre Nonni – 𝒞 075 852 0443 – www.kookdinner.it – solo a cena – Chiuso gennaio, febbraio e domenica

🏠 **Tiferno**

STORICO · PERSONALIZZATO Porta l'antico nome della località questo raffinato albergo ricavato in un ex-convento seicentesco nel centro storico, adiacente a Palazzo Albizzini che ospita il museo dedicato al grande artista Burri; quasi tutte le camere sono state oggetto di rinnovo secondo uno stile moderno-essenziale che ben si lega con la tradizione del palazzo.

43 cam ⌑ – †60/85 € ††90/145 € – 2 suites

piazza Raffaello Sanzio 13 – 𝒞 075 855 0331 – www.hoteltiferno.it

🏠 Borgo di Celle   🏠 🌿 ⊲ 🛁 ⌶ 🖫 🏠 🖃 ᚼ

CASA DI CAMPAGNA · PERSONALIZZATO Una gran bella risorsa ubicata in collina e all'interno di un piccolo borgo medioevale: cotto e arredi essenziali in arte povera negli spazi comuni composti da sale e salette. Superlativi i giardini con la piscina panoramica. L'attrezzato centro relax completa l'offerta di questo angolo di paradiso.

23 cam ⊈ – ✝55/65 € ✝✝90/130 € – 1 suite

località Celle 7, Nord-Ovest: 7 km – ℰ 075 851 0025 – www.borgodicelle.it

CITTÀ SANT'ANGELO

Pescara – ✉ 65013 – 14 969 ab. – Alt. 317 m – Carta regionale n° **1**-B1
Carta stradale Michelin 563-O24

in prossimità casello autostrada A 14 Est : 9,5 km :

ⅼℴ Jacaranda   🛁 ᚼ 🗿 🅿

CUCINA DEL TERRITORIO · ELEGANTE ⅩⅩ Allo Jacaranda la migliore espressione della cucina del territorio rinnovata nello stile e nella presentazione. La cucina segue le stagioni della terra e del mare.

🍴 Menu 25 € – Carta 29/68 €

*Hotel Villa Michelangelo, via Lungofino 2 – ℰ 085 961 4523
– www.hotelvillamichelangelo.net*

🏠 Villa Michelangelo   🛁 ⌶ 🛏 🖃 ᚼ 🗿 ♨ 🅿

TRADIZIONALE · ELEGANTE In prossimità delle vie di comunicazione stradale, ma anche a pochi passi dal mare, una struttura che offre un servizio business e leisure per chi ama lo stile classico permeato da qualche concessione moderna.

32 cam ⊈ – ✝85/140 € ✝✝105/180 € – 2 suites

via Lungofino 2 – ℰ 085 961 4523 – www.hotelvillamichelangelo.net

ⅼℴ **Jacaranda** – Vedere selezione ristoranti

CIVIDALE DEL FRIULI

Udine – ✉ 33043 – 11 292 ab. – Alt. 135 m – Carta regionale n° **6**-C2
Carta stradale Michelin 562-D22

😊 Al Monastero   ⇔ ᚼ 🅰Ⓚ

CUCINA REGIONALE · RUSTICO Ⅹ Maltagliati al ragù d'anatra, filetto di maiale in crosta, salumi locali ed altre golosità del territorio, in un ristorante dalle accoglienti sale: originale quella con il tipico fogolar furlan o quella con l'affresco celebrativo di Bacco. Cinque graziosi appartamenti con soppalco e angolo cottura, per chi vuole prolungare la sosta.

🍴 Menu 25/60 € – Carta 27/50 €

5 cam – ✝60/120 € ✝✝80/200 € – senza ⊈

*via Ristori 9 – ℰ 0432 700808 – www.almonastero.com – Chiuso 2 settimane
in gennaio, 1 settimana in giugno, domenica sera e lunedì*

ⅼℴ Orsone   ⇔ 🌿 ⊲ 🛁 ᚼ 🅰Ⓚ ♨ 🅿

CUCINA MODERNA · ELEGANTE ⅩⅩ Ristorante della famiglia Bastianich, circondati dalle vigne, in un ambiente di esclusiva eleganza, la cucina segue una linea moderna ed internazionale con rigore e tecnicismi inappuntabili, ma non dimentica di spunti regionali. Accoglienti e raffinate camere attendono gli ospiti al piano superiore.

Menu 39 € – Carta 35/55 €

5 cam ⊈ – ✝90 € ✝✝150 €

*via Darnazzacco 63, frazione Gagliano – ℰ 0432 732053 – www.orsone.com
– Chiuso 7-21 gennaio, 21-29 agosto, domenica sera, lunedì e martedì*

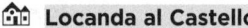 Locanda al Castello

FAMILIARE · CLASSICO All'interno dell'ottocentesco castello che fu, inizialmente, convento dei gesuiti, un albergo a gestione familiare ricco di servizi, come il centro benessere con la beauty, nonché l'omonimo ristorante con cucina di terra e di mare. Immancabile, il fogolar in sala.

27 cam ⌑ – ♦65/90 € ♦♦99/150 €

via del Castello 12, Nord-Ovest: 1,5 km – ℰ 0432 733242 – www.alcastello.net

CIVITA CASTELLANA

Viterbo – ✉ 01033 – 16 491 ab. – Alt. 145 m – Carta regionale n° **7**-B1
Carta stradale Michelin 563-P19

⅋○ Le Scuderie

CUCINA TRADIZIONALE · ACCOGLIENTE XX Nei suoi ambienti eleganti trovano spazio anche un privé ed una sala con divisori a ricordare l'impianto delle scuderie che furono; il menu elenca piatti d'impronta moderna che non disdegna la tradizione, naturalmente rivisitata.

⊛ Menu 25 € – Carta 28/46 €

Hotel Relais Falisco, via Don Minzoni 19 – ℰ 0761 515786 (consigliata la prenotazione) – www.relaisfalisco.it

⅋○ La Giaretta

CUCINA LAZIALE · SEMPLICE X Piatti laziali a cui si affiancano gustose specialità di pesce, in un sobrio locale situato in zona centrale; seria ed esperta conduzione familiare.

Carta 21/40 €

via Ferretti 108 – ℰ 0761 513398 – Chiuso 9-25 agosto, domenica sera e lunedì

🏚 Relais Falisco

STORICO · ACCOGLIENTE Il soggiorno in un palazzo signorile con origini secentesche offre atmosfere suggestive sia per il turista sia per chi viaggia per affari. Vasca idromassaggio negli originali sotterranei scavati nel tufo.

43 cam ⌑ – ♦70/100 € ♦♦90/150 € – 8 suites

via Don Minzoni 19 – ℰ 0761 5498 – www.relaisfalisco.it

⅋○ **Le Scuderie** – Vedere selezione ristoranti

CIVITANOVA MARCHE

Macerata – ✉ 62012 – 38 706 ab. – Carta regionale n° **11**-D2
Carta stradale Michelin 563-M23

⅋○ Galileo

PESCE E FRUTTI DI MARE · STILE MEDITERRANEO XX Il mare a 360° gradi: non solo perché il locale è ospitato in uno stabilimento balneare con una luminosa sala a vetrate che guardano la distesa blu, ma anche perché il menu è un invitante inno alla ricchezza ittica del Mediterraneo.

Carta 36/69 €

via IV Novembre conc. 25 – ℰ 0733 817656 (consigliata la prenotazione) – Chiuso 20 dicembre-20 gennaio e martedì

CIVITAVECCHIA

Roma – ✉ 00053 – 52 991 ab. – Carta regionale n° **7**-A2
Carta stradale Michelin 563-P17

⅋○ La Bomboniera

PESCE E FRUTTI DI MARE · FAMILIARE X Grazioso localino dove troneggia un grande camino e alle pareti, dal vivace colore arancione, stampe e riproduzioni. La cucina è prevalentemente a base di pesce con specialità sarde (per quest'ultime si consiglia la prenotazione).

Menu 45 € – Carta 33/73 €

corso Marconi 50 – ℰ 0766 25744 – www.labomboniera.info – Chiuso 15 settembre-inizio ottobre e lunedì

ⅠO Alta Marea ⑩   ≪ 🍴 AC

PESCE E FRUTTI DI MARE · STILE MEDITERRANEO X Solida conduzione familiare a garanzia di qualità per questo ristorante sul lungomare; colori marini fanno da sfondo ad una fragrante cucina di mare. degni di nota i dessert!

Menu 35 € – Carta 48/66 €

largo Marco Galli 8 – ℰ 076634887 – www.ristorantealtamarea.it – Chiuso martedì, 20 giorni in ottobre-novembre

CIVITELLA ALFEDENA

L'Aquila – ✉ 67030 – 296 ab. – Alt. 1 123 m – Carta regionale n° **1**-B3
Carta stradale Michelin 563-Q23

🏠 Antico Borgo La Torre   ✿ 🛏 ⅋ P

FAMILIARE · ACCOGLIENTE Nel centro del paese, preservato nella sua integrità storica, due strutture divise dalla torre del '300 che dà il nome all'albergo; camere semplici e rinnovate.

24 cam ☲ – †30/45 € ††50/70 €

via Castello 3 – ℰ 0864 890121 – www.albergolatorre.com

CIVITELLA CASANOVA

Pescara – ✉ 65010 – 1 815 ab. – Alt. 400 m – Carta regionale n° **1**-B2
Carta stradale Michelin 563-O23

✿ La Bandiera (Marcello e Mattia Spadone)   🏕 ← 🍽 🍴 ⅃ & AC P

CUCINA ABRUZZESE · AMBIENTE CLASSICO XxX Isolato e sperduto (meglio farsi consigliare la strada migliore per arrivarci), il ristorante è un'oasi di tranquillità, la cucina una bandiera delle specialità abruzzesi di terra. Avvolti dalla cortesia e dalle attenzioni dei titolari, c'è anche la possibilità di pernottare in camere semplici, ma che eviteranno viaggi dopo la cena.

→ L'amatricina. L'arrostigin. La bolla di Mattia.

Menu 35/70 € – Carta 44/62 €

4 cam ☲ – †70 € ††90 €

contrada Pastini 4, Est: 4 km – ℰ 085 845219 – www.labandiera.it – Chiuso 20 giorni in gennaio, domenica sera e mercoledì

ⅠO Il Ritrovo d'Abruzzo   ≪ 🍴 & AC

CUCINA MODERNA · AMBIENTE CLASSICO XxX In posizione isolata (meglio consultare una carta o farsi spiegare la strada), i due fratelli con famiglia al seguito sono impegnati a regalare momenti di piacere grazie ad una leggera rivisitazione in chiave moderna del territorio.

Menu 35/42 € – Carta 35/47 €

contrada Bosco 16 – ℰ 085 846 0019 (prenotare) – www.ilritrovodabruzzo.it – Chiuso lunedì a mezzogiorno e martedì

CIVITELLA D'AGLIANO

Viterbo (VT) – ✉ 01020 – 1 640 ab. – Alt. 262 m – Carta regionale n° **7**-B1

🏡 La Tana dell'Istrice   ✿ AC ⅋ 🛁

DIMORA STORICA · PERSONALIZZATO Dentro al piccolo centro storico, un palazzo medievale ampliato nel 1500 diventa nel 1996 un'originale realtà ricettiva con camere rustico-eleganti. Al ristorante si assaggiano i vini prodotti dal patron Sergio Mottura: tra gli altri, l'autoctono grechetto.

11 cam – solo ½ P 170 €

piazza Unità d'Italia 12 – ℰ 0761 914 5333 – www.sergiomottura.com – Chiuso 10-28 dicembre e 7 gennaio-21 marzo

CIVITELLA DEL LAGO Terni → Vedere Baschi

CIVITELLA DEL TRONTO

Teramo – ✉ 64010 – 5 116 ab. – Alt. 589 m – Carta regionale n° **1**-A1
Carta stradale Michelin 563-N23

‼○ **Zunica 1880**

CUCINA REGIONALE · ROMANTICO ✗✗ All'interno di un borgo in pietra in cima ad un colle dal quale abbracciare con lo sguardo colline, mare e montagne, un locale elegante ormai tappa gourmet dove gustare il meglio della cucina regionale. Camere confortevoli, recentemente ristrutturate.

Menu 40/65 € – Carta 35/72 €

17 cam ⌥ – ♦55/80 € ♦♦79/119 € – 3 suites

piazza Filippi Pepe 14 – ℰ 0861 91319 – www.hotelzunica.it – Chiuso 10-30 gennaio

CIVITELLA IN VAL DI CHIANA

Arezzo – ⊠ 52040 – 9 121 ab. – Alt. 280 m – Carta regionale n° **18**-C2
Carta stradale Michelin 563-L17

‼○ **L'Antico Borgo**

CUCINA REGIONALE · CONTESTO STORICO ✗ Nel cuore del borgo medioevale che domina la valle, in un piccolo palazzetto del '500, caratteristico ristorante ricavato in un ex locale per la macina dei cereali. Sulla tavola: la tipica cucina toscana, rigorosamente stagionale.

Carta 33/51 €

5 cam ⌥ – ♦55/60 € ♦♦85/95 €

via di Mezzo 31 – ℰ 0575 448051 (prenotazione obbligatoria) – www.antborgo.it – Chiuso martedì, anche lunedì, mercoledì, giovedì e domenica sera in ottobre-maggio

CIVITELLA MARITTIMA

Grosseto – ⊠ 58045 – Alt. 329 m – Carta regionale n° **18**-C2
Carta stradale Michelin 563-N15

‼○ **Locanda nel Cassero**

CUCINA TOSCANA · RUSTICO ✗ All'ombra del campanile del paese, questa piccola locanda propone specialità toscane sapide e gustose. Oltre al ristorante c'è anche un'osteria, per piatti più semplici, alcuni freddi, a prezzi molto ridotti. Al piano superiore: camere arredate in modo semplice, in armonia con l'ambiente.

Menu 30/65 € – Carta 25/46 €

5 cam ⌥ – ♦64/76 € ♦♦84/96 €

via del Cassero 29/31 – ℰ 0564 900680 (coperti limitati, prenotare) – www.locandanelcassero.com – Chiuso dicembre-febbraio, giovedì a mezzogiorno e martedì

CLAVIERE

Torino – ⊠ 10050 – 214 ab. – Alt. 1 760 m – Carta regionale n° **12**-A2
Carta stradale Michelin 561-H2

‼○ **'l Gran Bouc**

CUCINA TRADIZIONALE · FAMILIARE ✗ Nato nel 1967 come sala giochi e bar, il locale è suddiviso in due sale di stile diverso - una rustica e l'altra più raffinata - dove gustare piatti nazionali, specialità piemontesi e pizze.

Menu 15/25 € – Carta 30/64 €

via Nazionale 24/a – ℰ 0122 878830 – www.granbouc.it – Chiuso maggio, novembre e mercoledì in bassa stagione

 Se cercate un albergo particolarmente ameno per un soggiorno di charme, prenotate in un hotel evidenziato in rosso: 🏨, 🏠...🏚.

CLERAN KLERANT Bolzano → Vedere Bressanone

CLUSANE SUL LAGO Brescia → Vedere Iseo

CLUSONE
Bergamo – ✉ 24023 – 8 610 ab. – Alt. 648 m – Carta regionale n° **9**-B2
Carta stradale Michelin 561-E11

🍴○ **Commercio e Mas-cì**

CUCINA CLASSICA · FAMILIARE XX Albergo, ma soprattutto ristorante, nel grazioso centro storico. Due belle salette con camino - intime ed accoglienti - fanno da palcoscenico ad una cucina dove primeggiano le specialità locali: molta carne, anche alla griglia, e polenta.
Carta 29/58 €
18 cam ☒ – †50/75 € ††75/90 €
piazza Paradiso 1 - 𝒞 0346 21267 – www.mas-ci.it – Chiuso 3 settimane in giugno, 1 settimana in settembre e giovedì

COASSOLO
Torino (TO) – ✉ 10070 – 1 547 ab. – Alt. 742 m – Carta regionale n° **12G**-B2

🍴○ **Della Valle**

CUCINA PIEMONTESE · FAMILIARE X Dopo il trasferimento da Ceres al proprio luogo di nascita, c'è stato anche il cambio nome: da Valli di Lanzo a Della Valle, ma la mano dello chef-patron rimane salda al proprio territorio cui concede giusto qualche inserto moderno. Come sempre, dolci e gelati sono un must.
😂 Menu 13 € (pranzo in settimana)/32 € – Carta 24/58 € – carta semplice a pranzo
*via Case Vignè 98, località San Pietro - 𝒞 334 633 7286
– www.ristorantedellavalle.it – Chiuso 1°-10 settembre e lunedì*

COCCAGLIO
Brescia – ✉ 25030 – 8 767 ab. – Alt. 162 m – Carta regionale n° **10**-D2
Carta stradale Michelin 561-F11

🍴○ **Alessandro Cappotto in Villa Calini**

CUCINA MODERNA · CONTESTO STORICO XXX Non lontano dal centro, una sorta di borgo del '700 con una splendida villa interamente ristrutturata e adibita a ristorante: la linea di cucina è moderna, ma si fa tutto rigorosamente in casa come una volta (grissini, pane, pasticceria...). Una simpatica alternativa: l'orto-giardino ospita qualche tavolo per chi desidera restare ancora più a contatto con la campagna.
😂 Menu 25 € (pranzo in settimana)/75 € – Carta 48/100 € – carta semplice a pranzo
*via Ingussano 19 - 𝒞 030 724 3574 (consigliata la prenotazione)
– www.villacalini.com – Chiuso 1°-15 gennaio, 8-23 agosto, martedì e le sere di lunedì e mercoledì*

🏨🏨 **Touring**

BUSINESS · MODERNO Per affari o relax in Franciacorta, un albergo di ottimo confort, con annesso centro sportivo (c'è addirittura un campo da calcio regolamentare!): raffinata scelta di tessuti d'arredo negli eleganti interni in stile e moderna zona benessere. Piatti internazionali, specialità locali e, la sera, anche pizza, tra le proposte del ristorante.
96 cam ☒ – †75/115 € ††110/160 €
via Vittorio Emanuele II° 40 - 𝒞 030 772 1084 – www.hotel-touring.it

COCCONATO
Asti – ✉ 14023 – 1 493 ab. – Alt. 491 m – Carta regionale n° **12**-C2
Carta stradale Michelin 561-G6

Locanda Martelletti ⟨≤ 🛏 🏖

TRADIZIONALE · ACCOGLIENTE Nella parte alta del paese, spicca l'armonia tra le parti più antiche dell'edificio e soluzioni attuali di confort. Prima colazione servita in un delizioso dehors. Piccola ed accogliente sala da pranzo con proposte piemontesi.

9 cam ⌂ – ♦55/65 € ♦♦80/115 €

piazza Statuto 10 – 𝒞 0141 907686 – www.locandamartelletti.it – Chiuso 23 dicembre-1 febbraio

CODIGORO

Ferrara – ⊠ 44021 – 11 999 ab. – Carta regionale n° **5**-D1
Carta stradale Michelin 562-H18

🌣 La Zanzara (Sauro Bison) 🐝 🅰🅺 🍽 ⟳

CUCINA MODERNA · ROMANTICO ✕✕ In un affascinante contesto naturalistico, su un'isoletta del parco del delta del Po, un casone di pesca settecentesco fa da sfondo ad una cucina in prevalenza marina, servita in una raffinata sala con un bel camino.

→ Pasta fresca all'emiliana con intingolo di pesce bianco e anguilla affumicata. Anguilla di cattura grigliata su braci di legna. Millefoglie con crema Chantilly e caramello.

Carta 55/105 €

via per Volano 52, località Porticino – 𝒞 0533 355236 (coperti limitati, prenotare) – www.ristorantelazanzara.com – Chiuso 7-31 gennaio, lunedì e martedì

🌣 La Capanna di Eraclio (Maria Grazia Soncini) 🍴 🅰🅺 ⟳ 🅿

PESCE E FRUTTI DI MARE · VINTAGE ✕✕ Dal 1922, anno di apertura, l'atmosfera pare essere mutata di poco: una trattoria del cuore, piacevolmente retrò, autenticamente familiare, dove gustare degli straordinari prodotti del mare, freschi (a volte persino vivi!), paste al mattarello e selvaggina di piuma.

→ Spaghettini con i "giotoli" (seppioline). Anguilla "arost in umad". Zabaione al vin santo con ciambella.

Carta 61/125 €

località Ponte Vicini, Nord-Ovest: 8 km – 𝒞 0533 712154 (consigliata la prenotazione) – www.lacapannadieraclio.it – Chiuso 10 agosto-10 settembre, mercoledì e giovedì

CODOGNÈ

Treviso (TV) – ⊠ 31013 – 5 343 ab. – Carta regionale n° **23**-C2
Carta stradale Michelin 562-E19

Agriturismo Villa Toderini ⟨🛏 ⊡ 🅰🅺 🍽 🅿

FAMILIARE · PERSONALIZZATO Lo specchio d'acqua della peschiera riflette la maestosità e l'eleganza della nobile dimora settecentesca, dalla quale questa bella casa dista solo un breve viale di piante secolari e silenzio. Nessun indugio per chi utilizza il navigatore: il relais si trova proprio nel centro della piccola località.

10 cam ⌂ – ♦75/85 € ♦♦105/120 €

via Roma 4/a – 𝒞 0438 796084 – www.villatoderini.com – Chiuso 24 dicembre-6 gennaio e 15-25 agosto

CODROIPO

Udine – ⊠ 33033 – 16 148 ab. – Alt. 43 m – Carta regionale n° **6**-B2
Carta stradale Michelin 562-E20

🍽 La Veranda ⟨🛏 🍴 🅰🅺 ⟳ 🅿

CUCINA CLASSICA · CHIC ✕✕ In un ambiente elegantemente informale, la carta - sebbene non ampissima - concede comunque spazio a piatti sia di carne che di pesce con classici rivisitati e qualche proposta più moderna.

Carta 39/100 €

Hotel Ai Gelsi, via Circonvallazione Ovest, 12, Ovest: 1 km – 𝒞 0432 907064 – www.gelsi.com – Chiuso 7-21 agosto e lunedì

🏠🏠 Ai Gelsi 　　　　　　　　　　✿ 🖐 🈁 🄰 ♨ 🅿

TRADIZIONALE · CLASSICO A soli 2,5 km dalla storica Villa Manin, un piacevole hotel dagli ambienti accoglienti e dalle camere semplici nella loro linea-
rità, ma confortevoli. Proposte gastronomiche regionali al Flame'n Co. Brasserie.

39 cam ☲ – 🛏45/90 € 🛏🛏52/110 € – 1 suite

via Circonvallazione Ovest, 12, Ovest: 1 km – ℰ 0432 907064 – www.gelsi.com
– Chiuso 7-21 agosto

🍴 **La Veranda** – Vedere selezione ristoranti

COGNE

Aosta – ✉ 11012 – 1 417 ab. – Alt. 1 534 m – Carta regionale n° **21**-A2
Carta stradale Michelin 561-F4

🕸 Le Petit Restaurant 　　　　　🍸 ⟨ 🖐 🏠 🔲 ⅙ ♨ 🅿

CUCINA CREATIVA · INTIMO 🟦🟦🟦 Pochi coperti, del resto il nome stesso del locale
ne anticipa la caratteristica, ma le attenzioni profuse ai suoi ospiti sono immense!
Solo quattro tavoli, ciascuno di un secolo diverso, il legno è nudo senza tovaglia.
Ci penseranno i piatti ad apparecchiarli: specialità valdostane in grande stile, dalle
carni ai formaggi, quest'ultimi affinati in casa.

→ L'uovo di re Vittorio. Il filetto di manzetta cucinato nel sale grosso e fieno di
Cogne, salsa al vino. La mela valdostana.

Menu 75/90 € – Carta 58/103 €

*Hotel Bellevue & SPA, rue Grand Paradis 22 – ℰ 0165 74825 (consigliata la
prenotazione) – www.hotelbellevue.it – solo a cena escluso 15 luglio-2 settembre,
sabato e domenica – Chiuso 3-19 aprile, 30 settembre-13 dicembre e mercoledì*

🍴 Coeur de Bois 🆕 　　　　　　　⟨ 🖐 🔲 ♨ 🚗

CUCINA REGIONALE · ELEGANTE 🟦🟦🟦 E' nel soffitto ligneo dell'elegante sala
ristorante che si svela il significato del suo nome... tra boiserie in abete del '700,
antichi mobili e dipinti, la cucina propone un interessante excursus nella tradizione; ottima tappa gourmet resa ancor più piacevole dalla posizione privilegiata
sul Gran Paradiso.

Menu 35 € – Carta 35/49 €

*Hotel Miramonti, viale Cavagnet 31 – ℰ 0165 74030 (consigliata la prenotazione)
– www.miramonticogne.com – Chiuso 5-28 novembre*

🍴 Lou Ressignon 　　　　　　　　　　　　⟻ 🅿

CUCINA REGIONALE · STILE MONTANO 🟦🟦 Simpatica tradizione di famiglia sin
dal 1966! La cucina semplice e genuina valorizza i prodotti del territorio valdostano, mentre in occasioni speciali e su richiesta la taverna si anima di musica e
allegria. Quattro accoglienti camere sono a disposizione per chi volesse prolungare la sosta.

Carta 31/66 €

4 cam ☲ – 🛏50/70 € 🛏🛏85/120 €

*via des Mines 22 – ℰ 0165 74034 – www.louressignon.it – Chiuso novembre,
maggio, giugno, martedì e mercoledì escluso a Natale, febbraio e agosto*

🍴 Bar à Fromage 　　　　　　　　　　　　🏠 🅿

CUCINA REGIONALE · RUSTICO 🟦 Particolare e ricercato, un piccolo ristorante in
legno dove il formaggio è re e il legno e lo stile valligiano creano un'atmosfera
intima e calda.

Carta 32/56 €

*rue Grand Paradis 21 – ℰ 0165 749696 – www.hotelbellevue.it
– Chiuso 7 ottobre-5 dicembre, 3-19 aprile, giovedì e i mezzogiorno di martedì,
mercoledì e venerdì escluso vacanze di Natale, Carnevale e da inizio luglio a
fine agosto*

⁣⃝ Belvedere   ⇔ 🦮 ⪉ 🛏 🍴 🅿

CUCINA REGIONALE · FAMILIARE ⅹ Nella parte alta e panoramica della località, la vista spazia su tutta Cogne e sul Gran Paradiso da questo ristorante di lunga tradizione familiare, dall'ambiente rustico e cucina del territorio; piccola area relax in una struttura indipendente e camere con graziose personalizzazioni. In tal senso, le più tipiche sono quelle ospitate nella dépendance.

🍮 Menu 20/40 € − Carta 25/45 €

12 cam ⌑ − ♦40/70 € ♦♦70/110 €

località Gimillan, Nord: 2 Km − ℰ 0165 751812 (consigliata la prenotazione) − www.albergobelvedere.net − Chiuso 10 novembre-20 dicembre

🏰🏰🏰 Bellevue Hotel & SPA   ❀ ⪉ 🛏 📺 🌐 🐎 🛗 🎽 ⪉

GRAN LUSSO · STILE MONTANO Elegante chalet con interni da fiaba: mobili d'epoca, boiserie, raffinata scelta di stoffe e colori, nonché un piccolo museo d'arte popolare valdostana. La piacevolezza e la cura del dettaglio che i titolari mettono con la loro assidua presenza continua nella grande spa: 1200 m² di assoluto benessere!

31 cam ⌑ − ♦170/286 € ♦♦190/418 € − 8 suites

rue Grand Paradis 22 − ℰ 0165 74825 − www.hotelbellevue.it − Chiuso 3-19 aprile e 7 ottobre-5 dicembre

🌸 **Le Petit Restaurant** − Vedere selezione ristoranti

🏰🏰🏰 Miramonti   ❀ ⪉ 🛏 📺 🌐 🐎 🛗 🎽 ⪉

LUSSO · STILE MONTANO Entrato a far parte dei locali storici d'Italia in virtù dei suoi 90 e più anni di attività e gestione ininterrotta della stessa famiglia, Miramonti sfoggia tutto il fascino della tradizione alpina: soffitti a cassettoni, legno alle pareti e il calore del camino. Nel centro benessere, invece, le più moderne installazioni per la remise en forme.

35 cam ⌑ − ♦100/310 € ♦♦170/350 € − 3 suites

viale Cavagnet 31 − ℰ 0165 74030 − www.miramonticogne.com − Chiuso 6-20 novembre

⁣⃝ **Coeur de Bois** − Vedere selezione ristoranti

🏰🏰🏰 Sant'Orso   ❀ ⪉ 🛏 📺 🌐 🐎 🛗 🎽 ⪉

FAMILIARE · PERSONALIZZATO Elegante e accogliente, centrale e silenzioso, questo hotel si presenta con un grande prato proprio di fronte al Gran Paradiso. Anche le camere fanno eco alla piacevolezza della struttura: in funzionale stile alpino le meno "giovani", minimaliste le più recenti. Per chi volesse invece approfittare del soggiorno per coltivare la forma fisica, il centro benessere vi attende con la sua panoramica piscina.

26 cam ⌑ − ♦145/200 € ♦♦145/250 €

via Bourgeois 2 − ℰ 0165 74822 − www.hotelsantorso.com − Aperto 22 dicembre-1° aprile e 1° giugno-1° ottobre

🏰🏰 Du Grand Paradis ❻   🛏 🐎 🛗 🅿

TRADIZIONALE · STILE MONTANO Ristrutturato nei toni caldi, tipici delle case di montagna, dispone di un grazioso giardino interno e di una suggestiva spa che ricorda il fienile di un vecchio chalet. Cinque particolari suites in stile rustico, ma di design, realizzate in un antico fienile attiguo.

23 cam ⌑ − ♦75/110 € ♦♦100/170 € − 5 suites

via dottor Grappein 45 − ℰ 0165 74070 − www.hoteldugrandparadis.com − Chiuso novembre

a Cretaz Nord : 1,5 km ✉ 11012 − Cogne

🏰🏰 Notre Maison   ❀ ⪉ 🛏 📺 🌐 🐎 🛗 ⪉ ⪉

FAMILIARE · FUNZIONALE In un giardino-solarium e collegati da un passaggio coperto, un caratteristico chalet e un corpo più recente, con centro fitness e nuove camere molto confortevoli. Rustica e accogliente sala ristorante.

27 cam ⌑ − ♦102/122 € ♦♦117/234 € − 3 suites

− ℰ 0165 74104 − www.notremaison.it − Aperto 6 dicembre-3 aprile e 31 maggio-1° ottobre

a Valnontey Sud-Ovest : 3 km ✉ 11012 – Cogne

🏠 La Barme

FAMILIARE · FUNZIONALE Se rifuggite dalla mondanità, avventuratevi ai piedi del Gran Paradiso: antiche baite in pietra e legno, calda e quieta atmosfera, nonché il "rischio" di avvistare anche qualche stambecco... Arredato in stile rustico-contemporaneo, semplice e funzionale, il ristorante propone piatti tipici regionali.

16 cam ☑ – ♦50/95 € ♦♦75/132 € – 2 suites

– ☎ 0165 749177 – www.hotelcogne.com – Chiuso novembre

COGNOLA Trento → Vedere Trento

COGOLETO

Genova – ✉ 16016 – 9 172 ab. – Carta regionale n° **8**-B2
Carta stradale Michelin 561-I7

🍴 Class 🈁

PESCE E FRUTTI DI MARE · ELEGANTE XxX Non lontano dal centro, locale di tono moderno e dalla giovane, appassionata conduzione: dopo una lunga esperienza all'estero, lo chef-patron intrattiene i suoi ospiti con gustose specialità di pesce. Gran bel dehors con vista mare per cene ad alto tasso di romanticismo.

Carta 41/83 €

piazza Stella Maris 7 – ☎ 010 918 1925 – www.ristoranteclass.it – Chiuso 2 settimane in novembre, 2 settimane in gennaio e lunedì escluso giugno-agosto

🏠 Eco del Mare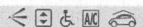

FAMILIARE · ACCOGLIENTE In posizione elevata e frontemare, hotel dalla cordiale conduzione familiare con ariosi spazi comuni ed ampie, comode, camere. Bellissima anche la terrazza esterna dalla generosa vista.

16 cam ☑ – ♦90/180 € ♦♦90/180 €

via della Madonnina Inferiore 5 – ☎ 010 918 2009 – www.hotelecodelmare.net

COGOLO Trento → Vedere Peio

COLERE

Bergamo (BG) – ✉ 24020 – 1 136 ab. – Alt. 1 013 m – Carta regionale n° **09G**-B2

al Passo della Presolana Sud: 4 km

🍴 Cesira

CUCINA CLASSICA · CONTESTO CONTEMPORANEO XX A breve distanza dal Passo e da Castione della Presolana, un'affermata gestione locale: con impegno e serietà propone una cucina classica italiana di cui la griglia e la carne sono certamente i protagonisti, seppur non manchino alcuni piatti a base di pesce e la pizza (da forno a legna). I vini si scelgono a vista tra le bottiglie in esposizione.

Carta 35/96 €

via Cantoniera 1 – ☎ 0346 30049 – Chiuso 2 settimane in gennaio, 1 settimana in giugno, 1 settimana in ottobre, lunedì e martedì

COLFIORITO

Perugia – ✉ 06034 – Alt. 760 m – Carta regionale n° **20**-C2
Carta stradale Michelin 563-M20

🏠 Benessere Villa Fiorita

TRADIZIONALE · CLASSICO Belle camere, nonché una romantica suite con letto a baldacchino e vasca idromassaggio (matrimoniale) in questa struttura dall'accogliente gestione familiare. Sosta al centro benessere per prendersi cura di sé o distensive passeggiate nel fresco giardino. La cucina ammicca ai sapori locali.

38 cam ☑ – ♦45/70 € ♦♦80/140 €

via del Lago 9 – ☎ 0742 681326 – www.hotelvillafiorita.com

COLICO

Lecco (LC) – ✉ 23823 – 7 724 ab. – Alt. 218 m – Carta regionale n° **9**-B1
Carta stradale Michelin 561-D10

🏠 Conca Azzurra ⓝ   ⚐ 🐾 ≼ 🛏 💺 ⓖ 🄿

FAMILIARE · ACCOGLIENTE In posizione panoramica sulla penisola dell'Abbazia
di Piona, albergo a conduzione famigliare dove troverete accoglienti e personalizzate camere; la cucina è curata direttamente dai titolari.

18 cam ⌷ – ♦55/80 € ♦♦75/120 €

Via Per L'abbazia Di Piona 28, località Olgiasca, Sud: 6 km ✉ 23823 Colico
– ☎ 0341 931984 – www.concazzurra.com

COLLALBO KLOBENSTEIN Bolzano → Vedere Renon

COLLEBEATO

Brescia – ✉ 25060 – 4 622 ab. – Alt. 192 m – Carta regionale n° **9**-C1
Carta stradale Michelin 561-F12

a Campiani Ovest : 2 km ✉ 25060 – Collebeato

🍽️ Carlo Magno   🕉 🕽 🄰🄺 ⇔ 🄿

CUCINA CREATIVA · ELEGANTE 🕅🕅🕅 In una possente, austera casa di campagna
dell'800, sale di suggestiva eleganza d'epoca, con travi o pietra a vista, dove
gustare piatti del territorio in chiave moderna. Curiosità: recente creazione del
giardino delle Mele Magne dedicato alle mogli di Carlo Magno, dell'Orto Beato,
nonché del campo dello zafferano.

Menu 35/65 € – Carta 42/102 €

via Campiani 9 – ☎ 030 251 1107 – www.carlomagno.it
– Chiuso 1°-12 gennaio, 6-23 agosto, lunedì e martedì

COLLE DI VAL D'ELSA

Siena – ✉ 53034 – 21 620 ab. – Alt. 141 m – Carta regionale n° **18**-D1
Carta stradale Michelin 563-L15

❀❀ Arnolfo (Gaetano Trovato)   🕉 ⇦ 🕽 🄰🄺 🕅

CUCINA CREATIVA · LUSSO 🕅🕅🕅🕅 Due fratelli al comando, uno in sala, l'altro in
cucina, danno un tocco simpaticamente familiare ad un ristorante di grande raffinatezza con romantico servizio estivo in terrazza. La cucina è piacevolmente sofisticata ed impeccabile; le camere un piccolo scrigno di eleganza.

→ Tortelli, carciofi morelli, porri, liquirizia. Il piccione: petto, coscia croccante,
nocciole e caffè. Yogurt, miele, frutti esotici, cacao, caramello salato.

Menu 120/160 € – Carta 120/200 €

4 cam ⌷ – ♦200/240 € ♦♦240 €

via XX Settembre 50/52 – ☎ 0577 920549 (consigliata la prenotazione)
– www.arnolfo.com – Chiuso 15 gennaio-7 marzo, martedì e mercoledì

🍽️ L'Antica Trattoria   🕽 🕅 ⇔

CUCINA CLASSICA · ACCOGLIENTE 🕅🕅 Nella parta bassa della località, sotto i
portici di una scenografica piazza seicentesca, le proposte si articolano intorno
alla tradizione locale a base di carne, ma anche qualche piatto di pesce.

Menu 45/60 € – Carta 32/73 €

piazza Arnolfo 23 – ☎ 0577 923747 – www.anticatrattoriaparadisienrico@
gmail.com. it – Chiuso martedì, anche domenica sera in inverno

🏨 Palazzo San Lorenzo   ⚐ 🖻 🕉 🕽 🔲 💺 🄰🄺 🛁

STORICO · ELEGANTE Nel centro storico di Colle Alta, l'ex ospedale seicentesco
propone una raffinata e moderna reinterpretazione del tradizionale stile alberghiero. Sono cinque, le imperdibili camere con vista sul borgo.

48 cam ⌷ – ♦85/135 € ♦♦115/195 €

via Gracco del Secco 113 – ☎ 0577 923675 – www.palazzosanlorenzo.it

Relais della Rovere 🏠 ⟨ 🛏 ⚒ 🔲 AC 🔆 P

TRADIZIONALE · CLASSICO Eclettica fusione di stili e di design, tra antico e moderno, in un complesso di gran classe, nato dal recupero di un'antica dimora patrizia e di un'abbazia dell'XI sec.

30 cam ⌑ – †80/449 € ††100/489 € – 4 suites

via Piemonte 10 – ℰ 0577 924696 – www.relaisdellarovere.it – Aperto 1° aprile-31 ottobre

Palazzo Pacini 🛏 AC 🔆

STORICO · ROMANTICO Incantevole giardino per le colazioni durante la bella stagione in uno splendido palazzo seicentesco lungo il corso che attraversa la parte alta del paese. Le camere sono ricercate negli arredi, a volte d'epoca: preferite quelle con vista sulla campagna.

14 cam ⌑ – †70/90 € ††100/180 €

via Gracco del Secco 14 – ℰ 0577 924080 – www.palazzopacini.com

COLLE DI VILLA BAUERNKOHLERN Bolzano → Vedere Bolzano

COLLEPIETRA STEINEGG

Bolzano – ⊠ 39053 – Alt. 820 m – Carta regionale n° **19**-D3
Carta stradale Michelin 561-C16

Steineggerhof 🏠 🐾 ⟨ 🛏 🔲 🖐 🔲 🔆 🔲 P

TRADIZIONALE · CLASSICO Per ritemprarsi e rilassarsi nello splendido scenario dolomitico, una panoramica casa tirolese dai tipici interni montani, dove il legno regna sovrano. Struttura ideale per gli amanti della mountain bike. Curata sala ristorante dal soffitto ligneo.

35 cam – solo ½ P 85/145 €

Collepietra 128, Nord-Est: 1 km – ℰ 0471 376573 – www.steineggerhof.com – Aperto 25 marzo-4 novembre

COLLI DEL TRONTO

Ascoli Piceno – ⊠ 63079 – 3 668 ab. – Alt. 168 m – Carta regionale n° **11**-D3
Carta stradale Michelin 563-N23

Villa Picena 🏠 🛏 🖐 🔆 🔲 🔆 AC 🔆 P

TRADIZIONALE · FUNZIONALE Nel cuore della vallata del Tronto, la dimora ottocentesca offre ambienti ricchi di fascino e camere arredate con gusto e sobrietà, in sintonia con lo stille della villa. Ricavata nella parte più antica della villa, la sala da pranzo propone menù degustazione e la possibilità di consumare - a pranzo - piatti veloci e leggeri mentre la sera viene presentata una carta mediterranea venata di fantasia.

39 cam ⌑ – †55/95 € ††75/130 € – 2 suites

via Salaria 66 – ℰ 0736 892460 – www.villapicena.it

COLLIO

Brescia (BS) – ⊠ 25060 – 2 108 ab. – Alt. 850 m – Carta regionale n° **9**-C2
Carta stradale Michelin 561-F11

🍴 Tamì ⓝ

CUCINA DEL TERRITORIO · TRATTORIA ✗ Tanto legno e un pizzico di design conferiscono a questa accogliente trattoria calore e familiarità; la cucina valorizza i prodotti della valle con talento e passionalità.

Menu 35/45 € – Carta 32/52 €

piazza Zanardelli 9 – ℰ 030 927112 – www.tamitrattoria.com – Chiuso lunedì e martedì escluso 22 dicembre-6 gennaio e agosto

COLLOREDO DI MONTE ALBANO

Udine – ⊠ 33010 – 2 223 ab. – Alt. 212 m – Carta regionale n° **6**-B2
Carta stradale Michelin 562-D21

ॐ **La Taverna** (Piero Galliano Zanini)   🕸 ≤ 👜 🎄 AC **P**

CUCINA MODERNA · RUSTICO XX Di fronte al castello, ambiente curato ma informale, sfumature rustiche e camino con affaccio sul bellissimo giardino che si fa "contorno" con la bella stagione. Cucina contemporanea che valorizza le materie prime.

→ Garganelli con crostacei d'Istria, profumo d'aglio e peperoncino. Carré d'agnello in panura di erbe profumate, spinacine spadellate alla noce moscata. Sfera di frutto della passione, cremoso di cioccolato bianco.

Carta 67/109 €

piazza Castello 2 – ℰ 0432 889045 – www.ristorantelataverna.it – Chiuso 2 settimane in novembre, 1 settimana in luglio, domenica sera e mercoledì

COLMEGNA Varese → Vedere Luino

COLOGNE

Brescia – ✉ 25033 – 7 667 ab. – Alt. 187 m – Carta regionale n° **10**-D2
Carta stradale Michelin 561-F11

🍽️ **Cappuccini Cucina San Francesco**   AC **P**

CUCINA CREATIVA · CONTESTO STORICO XXX Ricercatezza enologica e cucina moderna in sintonia con le stagioni, in un'elegante sala ricca di fascino storico, fra candide fiandre e candelabri. Il tutto all'interno dell'omonimo resort.

Menu 45/60 € – Carta 43/78 €

Cappuccini Resort, via Cappuccini 54, Nord: 1,5 km – ℰ 030 715 7254 – www.cappuccini.it

🏠 **Cappuccini Resort**   🦢 ⅃ 🔲 🕸 🛁 ↕ AC 🏋️ **P**

STORICO · ROMANTICO Pernottare in un antico convento circondati dal silenzio - in camere di austera eleganza, quasi tutte con camino - con un piccolo centro benessere dove coccolarsi... Sembra un sogno, ma non lo è!

14 cam ⌫ – ♦85/188 € ♦♦160/188 € – 2 suites

via Cappuccini 54, Nord: 1,5 km – ℰ 030 715 7254 – www.cappuccini.it

🍽️ **Cappuccini Cucina San Francesco** – Vedere selezione ristoranti

COLOMBARE DI SIRMIONE Brescia → Vedere Sirmione

COLOMBARO Brescia → Vedere Corte Franca

COLONNATA Massa-Carrara → Vedere Carrara

COLORETO Parma → Vedere Parma

COLORNO

Parma – ✉ 43052 – 8 991 ab. – Alt. 29 m – Carta regionale n° **5**-B1
Carta stradale Michelin 562-H13

a Vedole Sud-Ovest : 2 km ✉ 43052 – Colorno

🍽️ **Al Vedel**   🕸 ⅙ AC ⇆ **P**

CUCINA EMILIANA · AMBIENTE CLASSICO XX Tempio della produzione del cula-tello, che troverete nei piatti, ma anche nelle cantine di stagionatura di cui vi suggeriamo la visita, al celebre salume si aggiungono i piatti parmensi - giustamente rinomate le paste ripiene - e altre proposte più fantasiose. Di storia secolare, oggi Al Vedel è un elegante ristorante giunto alla sesta generazione.

Menu 38/55 € – Carta 30/70 €

via Vedole 68 – ℰ 0521 816169 – www.alvedel.it – Chiuso 24 dicembre-5 gennaio, 15 luglio-15 agosto, lunedì e martedì

COL SAN MARTINO Treviso → Vedere Farra di Soligo

COLTODINO Rieti → Vedere Fara in Sabina

COMACCHIO

Ferrara – ⊠ 44022 – 22 566 ab. – Carta regionale n° **5**-D2
Carta stradale Michelin 562-H18

⫶○ La Barcaccia   🏡 ⟨⟩ 🅰🅲

PESCE E FRUTTI DI MARE · ACCOGLIENTE ✗✗ Fiancheggia il duomo ed è un ristorante semplice e familiare che propone con successo i classici di pesce dell'Adriatico. Le cotture sulla griglia di carbone di legno sono la specialità della casa.

Menu 30 € (pranzo in settimana)/55 € – Carta 29/80 €

piazza XX Settembre 41 – ☎ 0533 311081 – www.trattorialabarcaccia.com – Chiuso 15 giorni in gennaio, 15 giorni in novembre e lunedì

🏠 Locanda La Comacina   ⟨⟩ 🔁 ⟨⟩ 🅰🅲

FAMILIARE · ACCOGLIENTE Nel cuore del centro storico, camere confortevoli ed accoglienti in una graziosa locanda sul canale Maggiore, a due passi dalla torre dell'Orologio. Nel periodo estivo: servizio-navetta gratuito (in barca, su una piccola batana tradizionale) dal parcheggio dei Trepponti all'albergo. Pesce e grigliate di qualità nel rinomato ristorante.

14 cam ⊊ – ♦50/70 € ♦♦85/130 €

via E. Fogli 17/19 – ☎ 0533 311547 – www.locandalacomacina.it – Chiuso 15 giorni in gennaio e 15 giorni in novembre

🏨 B&B Al Ponticello   ⟨⟩ 🔁 ⟨⟩ 🅰🅲 ⟨⟩ 🅿

FAMILIARE · ELEGANTE Lungo un romantico canale del centro sul quale si affacciano quasi tutte le camere, è una sistemazione elegante e piacevolmente decorata. Il titolare, guida ambientale, vi porterà alla scoperta degli uccelli del parco.

10 cam ⊊ – ♦50/130 € ♦♦80/150 €

via Cavour 39 – ☎ 0533 314080 – www.alponticello.it – Chiuso 8 gennaio-1° marzo

a Porto Garibaldi Est : 5 km ⊠ 44029

⫶○ Da Pericle   🏡 ⟨⟩ 🅰🅲

PESCE E FRUTTI DI MARE · ACCOGLIENTE ✗✗ Non esitate a prendere posto nella panoramica terrazza al primo piano per restare ammaliati dalla vista. La cucina predilige il pesce, servito in abbondanti porzioni.

Menu 32/57 € – Carta 33/103 €

via dei Mille 203 – ☎ 0533 327314 – www.ristorantepericle.it – Chiuso 6-13 novembre e lunedì

a Lido degli Estensi Sud-Est : 7 km ⊠ 44024

🏨 Logonovo   ⟨⟩ 🔁 ⟨⟩ 🅰🅲 ⟨⟩ 🅿

FAMILIARE · ACCOGLIENTE In zona residenziale, a poca distanza dal mare, l'indirizzo è adatto tanto ai vacanzieri, quanto alla clientela di lavoro. Particolarmente confortevoli le camere al quinto piano, ampie e arredate con gusto.

45 cam ⊊ – ♦60/85 € ♦♦85/150 €

viale delle Querce 109 – ☎ 0533 327520 – www.hotellogonovo.com

COMANO TERME

Trento – ⊠ 38070 – Ponte Arche – Alt. 395 m – Carta regionale n° **19**-B3
Carta stradale Michelin 562-D14

a Ponte Arche ✉ 38077 – Alt. 400 m

🏨 Grand Hotel Terme di Comano 🛎 🕭 ⪕ 🖒 ⅃ 🖵 ⊛ ⅃⌂ ⊡ ⅋

PALACE · MINIMALISTA Circondata dalla tranquillità del Parco delle 🖈 🕭
Terme, interni spaziosi e di design per questa struttura, leader per la cura della
pelle ed ottimo centro termale. Dal ristorante una splendida vista sul parco e nel
piatto cucina nazionale.

80 cam ⌧ – †50/230 € ††100/400 € – 2 suites

*– ☏ 0465 701421 – www.ghtcomano.it – Aperto 7 dicembre-6 gennaio
e 29 marzo-4 novembre*

🏨 Comano Cattoni Holiday 🛎 ⪕ 🖒 🖵 ⊛ 🕅 ⅃⌂ ⅋ ⊡ & 🔠 🖈 🕭

TRADIZIONALE · CLASSICO Hotel tradizionale a conduzione diretta che saprà
coinvolgervi in svariate attività sia gastronomiche che escursionistiche. Ideale
per vacanze in relax, dispone di camere di taglio classico.

73 cam ⌧ – †61/89 € ††108/164 €

*via Battisti 19 – ☏ 0465 701442 – www.comanocattoniholiday.it
– Aperto 5 dicembre-8 gennaio e 1° aprile-31 ottobre*

a Campo Lomaso ✉ 38070 – Lomaso – Alt. 492 m

🏨 Villa di Campo 🛎 🕭 🖒 🕅 ⅋ ⊡ 🅿

STORICO · PERSONALIZZATO Un edificio ottocentesco sapientemente ristrutturato ospita questa bella dimora d'epoca immersa in un grande parco: camere di
diverse tipologie e centro benessere per trattamenti olistici. Nell'elegante sala
ristorante, atmosfere d'altri tempi e prodotti biologici legati ai colori ed ai sapori
delle stagioni.

21 cam ⌧ – †80/190 € ††120/220 €

*frazione Campo Lomaso 40 – ☏ 0465 700072 – www.villadicampo.it – Chiuso
febbraio-marzo*

COMELICO SUPERIORE

Belluno – ✉ 32040 – 2 634 ab. – Alt. 1 210 m – Carta regionale n° **23**-C1
Carta stradale Michelin 562-C19

a Padola Nord-Ovest : 4 km ✉ 32040

🏨 La Torre 🛎 🕭 ⪕ 🕅 ⅃⌂ ⊡ & 🅿

TRADIZIONALE · MODERNO Struttura di concezione del tutto moderna: colori
chiari, grandi vetrate e, di conseguenza, tanta luce caratterizzano ogni suo settore, anche il centro benessere.

18 cam ⌧ – †75/115 € ††110/160 €

*via Milano 2 A – ☏ 0435 470160 – www.hotelspalatorre.com – Chiuso 8 giorni in
maggio e 20 giorni in novembre*

COMMEZZADURA

Trento – ✉ 38020 – 903 ab. – Alt. 852 m – Carta regionale n° **19**-B2
Carta stradale Michelin 562-D14

🏨 Tevini Dolomites 🛎 🕭 ⪕ 🖒 🖵 ⊛ 🕅 ⅃⌂ ⊡ & 🔠 🕭

TRADIZIONALE · ACCOGLIENTE In Val di Sole, un soggiorno di sicuro confort in
un albergo curato; spazi comuni rifiniti in legno e gradevole centro benessere;
suggestiva la camera nella torretta. Boiserie e tende di pizzo alle finestre, affacciate sul verde, nella sala ristorante.

70 cam ⌧ – †70/210 € ††70/290 € – 10 suites

*località Almazzago – ☏ 0463 974985 – www.hoteltevini.com – Aperto inizio
dicembre-15 aprile e inizio giugno-inizio ottobre*

COMO

(CO) – ✉ 22100 – 84 495 ab. – Alt. 201 m – Carta regionale n° **10**-A1
Carta stradale Michelin 561-E9

❀ **I Tigli in Theoria** 🏠 🄰🄲 ♿

CUCINA MODERNA · ELEGANTE XXX Nell'affascinante palazzo vescovile in centro città, I Tigli si è unito a Theoria. Il risultato? Arte, storia e piatti gourmet per un'esperienza a tutto tondo!

→ Risotto con sfumatura di seppia in bianco, grigio e nero, katsuobushi (tonno essiccato e affumicato). Coda di astice arrosto, cavolfiore, vellutata di zafferano iraniano, olio alla vaniglia. Milleveli con cremoso al caffè e gel di ribes.

Menu 50 € (pranzo in settimana)/135 € – Carta 82/128 €

Pianta: A1-a – *via Bianchi Giovini 41 – ℰ 031 305272 (consigliata la prenotazione) – www.theoriagallery.it – Chiuso domenica sera e lunedì*

ⅼ◯ **La Colombetta** 🄰🄲 ♚

CUCINA MEDITERRANEA · ELEGANTE XXX Ricavato in un'antica chiesa risalente al XIII secolo, il locale ha un grazioso dehors interno da cui si intravede il piccolo campanile a vela ed un menu che elenca piatti dai sapori schiettamente mediterranei.

Carta 52/126 €

Pianta: A1-w – *via Diaz 40 – ℰ 031 262703 – www.colombetta.it – Chiuso 15-31 gennaio e domenica*

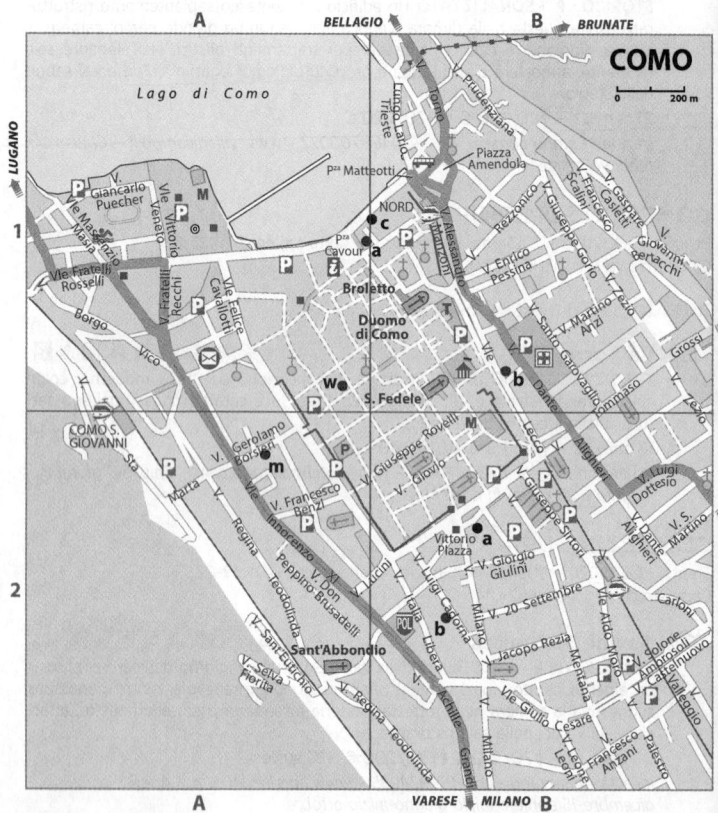

⫶⃝ Navedano   🦽 ♿ 🏠 ⚗ ✤ 🅿

CUCINA CLASSICA · CONTESTO CONTEMPORANEO ✕✕ A pochi minuti dal centro di Como, il nome deriva da un ufficiale garibaldino che decise di ritirarsi nei dintorni. Immerso in un tripudio di fiori - aristocratiche orchidee, autentica passione del proprietario - il ristorante propone con disinvoltura carne e pesce, ma tra tante gustose specialità una merita il premio fedeltà: il pollo alla creta! L'argilla è recuperata nel bosco attiguo al locale.

Carta 68/123 €

via Velzi 4, 1,5 km per Bergamo - B2 - ℰ 031 308080 - www.ristorantenavedano.it - Chiuso gennaio, mercoledì a mezzogiorno e martedì

⫶⃝ Locanda dell'Oca Bianca   ⇦ 🏠 🅿

CUCINA ITALIANA · AMBIENTE CLASSICO ✕✕ D'estate si mangia anche all'aperto in quest'antica casa seicentesca ristrutturata e riconvertita in ristorante con alloggio sulla strada per Cantù; cucina classica italiana, camere ristrutturate, ottimo rapporto qualità/prezzo.

Carta 34/61 €

21 cam ⌕ - †60/75 € ††70/90 €

via Canturina 251, 5 km per Bergamo - B2 - ℰ 031 525605 - www.hotelocabianca.it - solo a cena escluso domenica - Chiuso 2 settimane in gennaio e lunedì

⫶⃝ Er Più   🄰🄲 ✤

CUCINA CLASSICA · CONVIVIALE ✕✕ Oltre quarant'anni di attività per uno dei ristoranti più popolari della città: impressionante scelta di specialità, dai primi piatti alle carni, passando per i prodotti del mare. Difficile uscirne scontenti.

🍽 Menu 20 € (pranzo in settimana)/65 € - Carta 31/75 €

via Pastrengo 1, per via Achille Grandi - B2 - ℰ 031 272154 - www.erpiucomo.it - Chiuso 2 settimane in gennaio, 2 settimane in agosto e martedì

⫶⃝ Osteria L'Angolo del Silenzio   🏠 🄰🄲

CUCINA CLASSICA · ACCOGLIENTE ✕✕ Esperta gestione per un locale classico, con dehors estivo nel cortile; la cucina, di matrice lombarda, è senza fronzoli e fa della concretezza la sua arma vincente.

🍽 Menu 22 € (pranzo in settimana)/43 € - Carta 33/59 €

Pianta: B1-b - *viale Lecco 25 - ℰ 031 337 2157 - www.osterialangolodelsilenzio-como.com - Chiuso 10-17 gennaio, 10-24 agosto e lunedì*

⫶⃝ L'Antica Trattoria   🄰🄲

CUCINA MEDITERRANEA · DI QUARTIERE ✕✕ Locale storico ubicato in centro città: ampia sala luminosa e ricette della tradizione italiana, gastronomia di stagione nonché specialità di carne con braciere a vista. Per i celiaci, un menu completo con preparazioni senza glutine.

Menu 35/65 € - Carta 38/67 €

Pianta: B2-b - *via Cadorna 26 - ℰ 031 242777 - www.lanticatrattoria.co.it - Chiuso domenica*

⫶⃝ The Market Place Restaurant   ♿ 🄰🄲

CUCINA CREATIVA · BISTRÒ ✕ La sala è in stile bistrot con scaffali e cassette in legno a rendere ancora più friendly e conviviale l'ambiente. La cucina si basa su ingredienti semplici, ma selezionati con estrema cura ogni giorno: il cliente potrà infatti optare tra il menu degustazione classico o quello gourmet. Oppure scegliere tra le specialità à la carte in base al proprio appetito, nonché budget.

🍽 Menu 25 € (pranzo in settimana)/90 € - Carta 50/77 €

Pianta: A2-m - *via Borsieri 21/a - ℰ 031 270712 (consigliata la prenotazione) - www.themarketplace.it - solo a cena in agosto - Chiuso 14-20 agosto, lunedì a mezzogiorno e domenica*

🍴 Namaste

CUCINA INDIANA · SEMPLICE 𝕏 La semplicità di un'autentica ambientazione indiana, senza orpelli folcloristici, per provare specialità etniche che vengono da molto lontano: un'alternativa esotica e possibilità di menu vegetariano.

🍴 Menu 14 € (pranzo in settimana)/26 € – Carta 21/40 €

piazza San Rocco 8, per via Achille Grandi - B2 – 𝒞 031 261642
– www.ristorante-namaste.it – Chiuso lunedì

🏨 Sheraton Lake Como Hotel

HOTEL DI CATENA · MODERNO La moderna efficienza delle installazioni si coniuga con la raffinatezza degli interni in una risorsa - completamente ristrutturata - che dispone di superbe camere e di un attrezzato centro congressi. Nell'incantevole parco è incastonata come un'acquamarina con la piscina, con area riscaldata ed idromassaggio. Per quanto riguarda la ristorazione: proposte dai sapori italiani al ristorante Gusto, churrascheria e pizzeria nell'informale dehors del Kincho, piatti creativi al Kitchen.

137 cam – 🛏135/585 € 🛏🛏150/600 € – ⚌18 €

via per Cernobbio 41/a, 2,5 km per Lugano - A1 – 𝒞 031 5161
– www.sheratonlakecomo.com – Chiuso vacanze di Natale

🏨 Terminus

DIMORA STORICA · PERSONALIZZATO Prestigioso palazzo in stile liberty dagli interni personalizzati ed eleganti, per un soggiorno esclusivo in riva al lago: meravigliosa la penthouse all'ultimo piano di 300 metri quadrati! Calda ambientazione d'epoca nella raccolta saletta del caffè-ristorante.

46 cam ⚌ – 🛏190/250 € 🛏🛏250/350 € – 4 suites

Pianta: AB1-c – *lungo Lario Trieste 14 – 𝒞 031 329111 – www.albergoterminus.it*

🏨 Villa Flori

LUSSO · BORDO LAGO In splendida posizione panoramica, una bella struttura con camere minimaliste, ma chic, come moda impone. Cucina contemporanea nel luminoso ristorante dotato di romantica terrazza affacciata sul lago.

53 cam ⚌ – 🛏250/350 € 🛏🛏300/450 €

via per Cernobbio 12, 2 km per Lugano - A1 – 𝒞 031 33820
– www.hotelvillaflori.com – Aperto 8 marzo-8 dicembre

🏨 Le Due Corti

TRADIZIONALE · PERSONALIZZATO Magistrale, raffinato connubio di vecchio e nuovo in un hotel elegante ricavato in un'antica stazione di posta; mobili d'epoca nelle camere, con pareti in pietra a vista ed ora anche una nuova spa ben attrezzata.

63 cam ⚌ – 🛏90/170 € 🛏🛏138/245 € – 2 suites

Pianta: B2-a – *piazza Vittoria 12/13 – 𝒞 031 328111 – www.hotelduecorti.it*
– Chiuso 15 dicembre-15 gennaio

COMO (Lago di) o LARIO Como

CONCA DEI MARINI

Salerno – ✉ 84010 – 696 ab. – Carta regionale n° 4-B2
Carta stradale Michelin 564-F25

⭐ Il Refettorio

CUCINA MEDITERRANEA · LUSSO 𝕏𝕏𝕏 A circa 200 metri sul livello del mare, il panorama di cui si gode dalla sua terrazza riesce ad abbracciare cielo e mare regalando brividi a fior di pelle, mentre lo chef tedesco dimostra la sua conoscenza dell'Italia, nazione dove ormai lavora da molti anni, con proposte di cucina mediterranea ingentilite da una leggerissima, quanto equilibrata, vena moderna.
→ Tonno agli agrumi. Il pesce azzurro a primavera. Pastiera napoletana scomposta.

Menu 80 € – Carta 56/108 €

Monastero Santa Rosa Hotel & Spa, via Roma 2 – 𝒞 089 988 6212 (prenotazione obbligatoria) – www.monasterosantarosa.com – Aperto 21 aprile-4 novembre

🏨 Monastero Santa Rosa Hotel & Spa   🧖 ⩤ 🛋 ⏚ 📶 🍽 🛗 ☰

DIMORA STORICA · GRAN LUSSO In un ex monastero del XVII sec, 🅰🅲 🎗 🅿
le raffinate camere non hanno più nulla a che vedere con la spartana ospitalità di
un tempo, se non per le porticine d'accesso che le caratterizzano. Arroccato sulla
scogliera, alla bellezza del panorama fanno eco terrazze fiorite, angoli relax e una
bellissima piscina a sbalzo le cui linee si confondono armoniosamente con il mare.
Gioiello nel gioiello è certamente la spa con beauty, un luogo dove dimenticarsi
dello scorrere del tempo.

12 cam 🛎 – 🛏400/890 € 🛏🛏400/890 € – 8 suites

via Roma 2 – 𝒞 *089 832 1199 – www.monasterosantarosa.com*
– Aperto 21 aprile-4 novembre

🕸 **Il Refettorio** – Vedere selezione ristoranti

🏠 Le Terrazze   🧖 ⩤ ☰ 🅰🅲 🎗 🅿

FAMILIARE · ACCOGLIENTE A picco sul mare, quasi aggrappato alla roccia, l'hotel dispone di una terrazza panoramica mozzafiato ed ampie camere dalle tonalità chiare.

27 cam 🛎 – 🛏140/400 € 🛏🛏140/400 €

via Smeraldo 11 – 𝒞 *089 831290 – www.hotelleterrazze.it*
– Aperto 22 aprile-8 ottobre

CONCA VERDE Olbia-Tempio (OT) → Vedere Santa Teresa Gallura

CONCESIO

Brescia – ✉ 25062 – 15 465 ab. – Alt. 216 m – Carta regionale n° **9**-C1
Carta stradale Michelin 561-F12

🕸🕸 Miramonti l'Altro (Philippe Léveillé)   🍴 🏡 🅰🅲 🅿

CUCINA MODERNA · ELEGANTE 🟄🟄 Elegante villa in zona periferica, l'ospitalità
dei titolari è celebrata quanto la cucina grazie a spunti bresciani e lacustri, divagazioni marine, ispirazioni francesi. Grande cultura delle cotture tradizionali.
Ultimo, ma non ultimo, l'imperdibile carrello dei formaggi con una proverbiale
selezione italiana.

→ Ravioli liquidi di baccalà, pan d'acciughe al profumo d'anice. "Cubismo" di bollito misto. Sfera croccante di zabaione al moscato.

Menu 45 € (pranzo in settimana)/150 € – Carta 82/147 €

via Crosette 34, località Costorio – 𝒞 *030 275 1063 – www.miramontilaltro.it*
– Chiuso 13-19 agosto e lunedì

CONCO

Vicenza – ✉ 36062 – 2 158 ab. – Alt. 830 m – Carta regionale n° **23**-B2
Carta stradale Michelin 562-E16

🍽 La Bocchetta   🍴 🔲 🔄 🅿

CUCINA REGIONALE · RUSTICO 🟄🟄 Specialità tipicamente locali, con un'ampia
scelta di vini anche pregiati, in una sala dallo stile smaccatamente altoatesino.

Carta 26/48 €

Hotel La Bocchetta, sulla strada per Asiago località Bocchetta 6, Nord : 5 km
– 𝒞 *0424 700024 – www.labocchetta.it – Chiuso lunedì e martedì in bassa*
stagione

🏨 La Bocchetta   🍴 🔲 📶 🛗 ☰ 🚗

TRADIZIONALE · STILE MONTANO Sono in stile tirolese, sia la struttura, sia i
caldi interni di questo albergo, dove troverete graziose camere personalizzate
con boiserie e tessuti a motivi floreali. C'è anche un accogliente e attrezzato centro benessere.

13 suites 🛎 – 🛏🛏120/130 € – 8 cam

sulla strada per Asiago località Bocchetta 6, Nord : 5 km – 𝒞 *0424 700024*
– www.labocchetta.it

🍽 **La Bocchetta** – Vedere selezione ristoranti

CONDINO

Trento – ⊠ 38083 – 1 489 ab. – Alt. 444 m – Carta regionale n° **19**-A3
Carta stradale Michelin 562-E13

🏠 Da Rita   ☆ ⇐ 🚗 🖃 🆔 🕸 🅿

FAMILIARE · FUNZIONALE Nella zona industriale della località, l'albergo ne rappresenta la nota più colorata, come gli interni: moderni e variopinti. Valido indirizzo per una clientela, soprattutto, commerciale.

16 cam ☲ – ♦84 € ♦♦84/86 € – 2 suites

via Roma 140 – ℰ 0465 621225 – www.hoteldarita.it – Chiuso 20-31 agosto

CONEGLIANO

Treviso – ⊠ 31015 – 34 891 ab. – Alt. 72 m – Carta regionale n° **23**-C2
Carta stradale Michelin 562-E18

🍴O Città di Venezia   🏤 🆔 ⇔

PESCE E FRUTTI DI MARE · FAMILIARE X Nel salotto cittadino, raffinata atmosfera veneziana nelle sale interne o più fresca nel dehors estivo, ma in entrambi le situazioni - a farla da padrona - un'appetitosa scelta di piatti di pesce. Identiche proposte gastronomiche nella piccola osteria annessa, dove non di rado si propongono anche i classici "cicchetti".

Carta 26/70 €

via 20 Settembre 77/79 – ℰ 0438 23186 – www.trattoriacittadivenezia.it – Chiuso 15-25 agosto e lunedì

🏠🏠🏠 Relais le Betulle   ☆ ⇐ ⅃ 🕸 🖈 🖃 🕭 🆔 🕸 🅿

BUSINESS · ACCOGLIENTE E' sicuramente una bella risorsa questo albergo in collina e vicino al castello con camere dal design moderno, nonché bellissima piscina a sfioro. Nella piacevole Tea Room viene servita la prima colazione, mentre il ristorante evoca il nome di colei che lo gestisce, Enrica Miron: cucina a base di prodotti tipici.

39 cam ☲ – ♦80/200 € ♦♦100/300 €

via Costa Alta 56, Nord-Ovest: 2,5 km – ℰ 0438 21001 – www.relaislebetulle.it

🏠🏠 Canon d'Oro   ☆ 🖃 🕭 🆔 🅿

BUSINESS · CLASSICO Hotel del centro storico ospitato in un edificio del '500 con loggia ed affreschi originali sulla facciata; le camere assicurano un buon standard di confort. Adiacente c'è il ristorante InContrada, per una cucina classica sia di terra sia di mare.

46 cam – ♦75/215 € ♦♦85/255 € – 1 suite – ☲ 5 €

via 20 Settembre 131 – ℰ 0438 34246 – www.hotelcanondoro.it

CONERO (Monte) Ancona ➜ Vedere Sirolo

CONVENTO ➜ Vedere nome proprio del convento

CONVERSANO

Bari – ⊠ 70014 – 26 150 ab. – Alt. 219 m – Carta regionale n° **15**-C2
Carta stradale Michelin 564-E33

🕸 Pashà (Maria Cicorella)   ⇐ 🏤 🆔 🕸

CUCINA MODERNA · CONTESTO STORICO XX Nella nuova bella cornice all'interno di uno dei palazzi storicamente più importanti nel patrimonio monumentale della città: il Seminario Vescovile. L'architettura austera e maestosa dell'edificio cede il passo ad interni di contemporanea eleganza, mentre la cucina rimane invariata: saldamente ancorata a basi regionali si concede giusto, qua e là, il vezzo della modernità.

➜ Orecchiette fatte a mano, ragù bianco di pecora, ortaggi di stagione, formaggio locale e tartufo nero. Torcinelli di agnello (budella ripiene di animelle), patata, capperi, limone, caffè. Vellutata di mandorle tostate, gelo di caffè, biscotto all'olio, grue di cacao.

Menu 70/150 € – Carta 59/153 €

via Morgantini 2 – ℰ 080 495 1079 (consigliata la prenotazione)
– www.ristorantepasha.com – Chiuso 15 giorni in inverno e domenica sera da inizio novembre a fine aprile

PER QUELLI CHE... I GIOCATTOLI, ANCHE DA GRANDI.

Dal caramellizzatore al cake design,
METRO ti offre gli strumenti migliori.
Perfetti per uno chef come te.

YOU & METRO

PER QUELLI CHE...
DIECI COSE
PER VOLTA.

Dai nostri punti vendita alla tua porta.
Il servizio di consegna METRO recapita
tutto quello che serve al tuo menù
proprio quando vuoi.

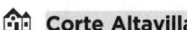 **Corte Altavilla** ⚐ ⚏ AC 🛁

STORICO · ELEGANTE Più di mille anni di storia, nel centro storico di Conversano, tra i vicoli medievali che accolgono camere e ambienti ricchi di fascino. Al terzo piano, panoramico ristorante e se non bastasse optate per un gradevole trattamento estetico o un po' di relax nella scenografica vasca idromassaggio.

26 cam ⚌ – ♦69/99 € ♦♦79/129 € – 5 suites

vico Altavilla 8 – ℰ 080 495 9668 – www.cortealtavilla.it

Agriturismo Montepaolo ⚐ ⚏ ⋖ 🛏 ⚒ **P**

LOCANDA · STORICO Tra ulivi e macchia mediterranea, una dimora cinquecentesca - meticolosamente restaurata - con diversi arredi e pavimenti d'epoca. A 200 m, la Torre del Brigante dispone di appartamenti per 4 persone ciascuno (affitto settimanale). Piatti regionali nella sala ristorante, un tempo utilizzata per la vinificazione.

14 cam ⚌ – ♦45/77 € ♦♦77/125 €

contrada Montepaolo 2, Nord-Est: 4 km
– ℰ 080 495 5087 – www.montepaolo.it

CORIANO VERONESE Verona → Vedere Albaredo d'Adige

CORLO Modena → Vedere Formigine

CORMONS

Gorizia – ⊠ 34071 – 7 414 ab. – Alt. 56 m – Carta regionale n° **6**-C2
Carta stradale Michelin 562-E22

Trattoria Al Cacciatore-della Subida ⚏ ⋖ ⚏ 🛏 🏠 **P**

CUCINA REGIONALE · ROMANTICO XX In ambiente bucolico, ma al tempo stesso elegante, tradizione regionale ed innovazione si fondono in una ricerca gastronomica che ricorda il passato... guardando già al futuro. A 100 metri, le belle camere "perse" nella natura e la versione easy di ristorazione: l'osteria!

→ Girini, briciole di pasta buttata: e la primavera è servita! Il cervo, le uova di trota ed il pistacchio. Gli gnocchi di susine, per non dimenticare le tradizioni passate.

Menu 52/65 € – Carta 51/79 €

17 cam – ♦80/150 € ♦♦120/250 € – ⚌ 15 €

via Subida 52, Nord-Est: 2 km – ℰ 0481 60531 – www.lasubida.it
– solo a cena escluso sabato e domenica – Chiuso 15-28 febbraio, martedì e mercoledì

CORNAIANO GIRLAN Bolzano → Vedere Appiano sulla Strada del Vino

CORNAREDO

Milano – ⊠ 20010 – 20 459 ab. – Alt. 140 m – Carta regionale n° **10**-A2
Carta stradale Michelin 561-F9

a San Pietro all'Olmo Sud-Ovest : 2 km ⊠ 20010

D'O (Davide Oldani) ⅆ AC ⇔

CUCINA CREATIVA · DESIGN XX Ambiente di design con amplissime finestre che si affacciano sulla gradevole piazza per una cucina "pop" che prosegue con ulteriori slanci innovativi nel difficile compito di contenere nella stessa formula qualità del cibo e prezzi.

→ Cotto-crudo, morbido-croccante, dolce-salato: asparago. Manzo cotto in cera d'api, spugnola e marmellata di cipolla. "Scarpetta" alla nocciola.

Menu 32/75 € – Carta 40/57 €

piazza della Chiesa 14 ⊠ 20010 Cornaredo
– ℰ 02 936 2209 (prenotazione obbligatoria) – www.cucinapop.do
– Chiuso 24 dicembre-6 gennaio, 18 luglio-2 settembre, domenica e lunedì

CORNIGLIANO LIGURE Genova → Vedere Genova

CORONA Gorizia → Vedere Mariano del Friuli

CORREGGIO
Reggio nell'Emilia – ✉ 42015 – 25 897 ab. – Alt. 31 m – Carta regionale n° **5**-B2
Carta stradale Michelin 562-H14

🏨 Albergo Dei Medaglioni
STORICO · ELEGANTE Sotto i portici del centro storico, l'albergo è frutto dell'unione di tre palazzi d'epoca. Gli interni ripropongono le tracce di un nobile passato, le camere sono eleganti e con arredi classici. Da considerare una sosta al ristorante, nella corte sotto un lucernaio, per la rimarchevole ricerca delle tipicità gastronomiche emiliane.

51 cam ♙ – †58/137 € ††62/196 € – 3 suites
corso Mazzini 8 – ℰ 0522 632233 – www.albergodeimedaglioni.com – Chiuso 23 dicembre-9 gennaio e 3 settimane in agosto

CORRIDONIA
Macerata (MC) – ✉ 62014 – 15 430 ab. – Alt. 255 m – Carta regionale n° **11**-C2
Carta stradale Michelin 563-M22

🏨 San Claudio
CASA DI CAMPAGNA · TRADIZIONALE Adiacente un'abbazia del 1200, alla fine di un lungo viale di cipressi che ricorda la Toscana, una bella dimora contadina sapientemente ristrutturata con tipiche volte in mattoni e ambienti rustici. Seria gestione.

25 cam ♙ – †50/65 € ††69/120 € – 3 suites
frazione San Claudio 14, Nord-Est: 7 km – ℰ 0733 288144 – www.hotelsanclaudio.it

CORRUBBIO Verona → Vedere San Pietro in Cariano

CORSANICO Lucca → Vedere Massarosa

CORTACCIA SULLA STRADA DEL VINO KURTATSCH AN DER WEINSTRASSE
Bolzano – ✉ 39040 – 2 225 ab. – Alt. 333 m – Carta regionale n° **19**-D3
Carta stradale Michelin 562-D15

🍴 Schwarz Adler
CUCINA CLASSICA · CONTESTO TRADIZIONALE XX All'interno di un palazzo d'epoca, locale modaiolo dalla veste rustico-signorile diviso in più salette arredate in legno e al centro una grande griglia. Completa il delizioso quadretto l'originale cantina a vista: per scegliere direttamente tra un'articolata varietà di etichette. Cucina prevalentemente altoatesina.

Carta 39/69 €
vicolo Chiesa 2 – ℰ 0471 096405 – www.schwarzadler.it – Chiuso martedì in luglio-agosto

🏨 Schwarz-Adler Turmhotel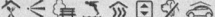
TRADIZIONALE · CLASSICO Stilemi tradizionali con materiali moderni in questo hotel nel cuore del piccolo e pittoresco centro storico della località: ampie camere di particolare confort - molte con loggia o balcone - e un bel giardino con piscina.

23 cam ♙ – †88/95 € ††156/172 € – 1 suite
Kirchgasse 2 – ℰ 0471 096400 – www.turmhotel.it – Chiuso 22-28 dicembre

CORTE DE' CORTESI
Cremona – ✉ 26020 – 1 084 ab. – Alt. 60 m – Carta regionale n° **9**-C3
Carta stradale Michelin 561-G12

🏠 Il Gabbiano
😸 🍴 🅰🄲

CUCINA LOMBARDA • FAMILIARE ✗✗ Affacciata sulla piazza centrale, la ricerca dei prodotti di nicchia è un punto d'orgoglio di questa trattoria familiare con enoteca, la cui sala - la sera - accoglie gli ospiti anche come wine-bar. Insieme alle specialità del territorio (salumi o coscia d'oca), ogni stagione commemora un ingrediente particolare: dai formaggi agli animali da cortile, dal tartufo alla selvaggina, senza mai dimenticare la mostarda e il torrone!

🍴 Menu 12 € (pranzo in settimana)/30 € – Carta 27/54 €

piazza Vittorio Veneto 10 – ℰ 0372 95108 – www.trattoriailgabbiano.it
– Chiuso 1°-10 gennaio, mercoledì sera e giovedì

CORTE FRANCA

Brescia – ☒ 25040 – 5 952 ab. – Alt. 214 m – Carta regionale n° **10**-D1
Carta stradale Michelin 562-F11

a Colombaro Nord : 2 km ☒ 25040 – Corte Franca

🏵️ Barboglio De Gaioncelli ❶
🅰🄲 🅿

CUCINA MODERNA • ELEGANTE ✗✗ Piacevoli sale rustico-eleganti al primo piano nella cascina dell'omonima cantina. La sua cucina? Ricca di fantasia con spunti regionali e stagionali!

Menu 45/65 € – Carta 45/75 €

via Nazario Sauro 5 – ℰ 030 982 6831 – www.barbogliodegaioncelli.it – Chiuso 3 settimane in gennaio, domenica sera e lunedì

a Borgonato Sud : 3 km ☒ 25040

🏵️ Due Colombe (Stefano Cerveni)
😸 🅰🄲 ⇄

CUCINA REGIONALE • ELEGANTE ✗✗✗ Un borgo millenario custodisce la preziosa cucina del ristorante che non rinuncia, al pari delle antiche mura, a citazioni storiche di piatti divenuti ormai irrinunciabili classici. Pesce e carne in accostamenti spesso originali e sempre creativi.

→ Spaghetti tiepidi, mazzancolle e ricci di mare. Insalata di pollo, sarde essiccate, pop-corn di pollo e salsa verde. Semifreddo al miele, nocciole caramellate ed olio extravergine.

Menu 38 € (pranzo in settimana)/90 € – Carta 60/109 €

via Foresti 13 – ℰ 030 982 8227 (consigliata la prenotazione) – www.duecolombe.com – Chiuso 2-10 gennaio, 2 settimane in agosto, domenica sera e lunedì, anche domenica a mezzogiorno in luglio-agosto

CORTERANZO Alessandria → Vedere Murisengo

CI PIACE...

L'eccellente centro benessere del **Rosapetra Spa Resort**. Lo splendido dehors del **El Camineto** che regala panorami unici sulle Dolomiti. La mondanità del Vip Club dell'hotel **Europa** per cene ed after in stile Dolce Vita. Il doppio volto di **Baita Fraina**, vivace a pranzo con gli sciatori, romantico la sera grazie alla sua atmosfera fiabesca.

CORTINA D'AMPEZZO

Belluno (BL) – ✉ 32043 – 5 907 ab. – Alt. 1 211 m – Carta regionale n° **23**-C1
Carta stradale Michelin 562-C18

Ristoranti

🕸 **Tivoli** (Graziano Prest)   🕸 ⇐ 🏠 **P**

CUCINA MODERNA · CHIC XX Lungo la strada per passo Falzarego, in una bella casa alpina fuori dal centro, lo chef patron dimostra di trovarsi a proprio agio con la tradizione, così come con piatti più creativi ed insoliti. Ambiente intimo e raccolto.
→ Gnocchi di patate ripieni di baccalà liquido con polvere di capperi. Variazione di agnello dell'Alpago. Strudel di mele in vetro.
Menu 90/115 € – Carta 75/147 €

località Lacedel 34, 2 km per Passo Pordoi - A2 – ℰ 0436 866400 (consigliata la prenotazione) – www.ristorantetivolicortina.it – Aperto 1° dicembre-Pasqua e 22 giugno-23 settembre; chiuso lunedì escluso agosto e vacanze di Natale, anche martedì a mezzogiorno in bassa stagione

🍽️○ **Il Gazebo**   ⅏

CUCINA CLASSICA · LUSSO XxxX Una sala circolare tutta vetrate sulle montagne della conca ed una cucina a metà tra classico ed internazionale per la clientela raffinata che frequenta la perla delle Dolomiti.
Carta 70/113 €

Pianta: B3-a – Hotel Cristallo, via Rinaldo Menardi 42 – ℰ 0436 881111 – www.cristallo.it/gazebo – solo a cena – Aperto 20 dicembre-2 aprile e inizio giugno-inizio ottobre

🍽️○ **Baita Fraina**   🕸 ⇦ 🛎️ ⇐ 🛁 🏠 **P**

REGIONALE · RUSTICO XX Tre accoglienti salette arredate con oggetti e ricordi tramandati da generazioni in una tipica baita, dove gustare curati piatti del territorio accompagnati da una fornita cantina. E per intrattenersi più a lungo nel silenzio e nel profumo dei monti, deliziose camere in calde tonalità di colore.
Carta 44/83 €

5 cam ⮂ – †50/100 € ††100/250 € – 3 suites

località Fraina, 2 km per Campo di Sotto - B3 – ℰ 0436 3634 – www.baitafraina.it – Aperto 6 dicembre-29 aprile e 16 giugno-29 settembre; chiuso lunedì in bassa stagione

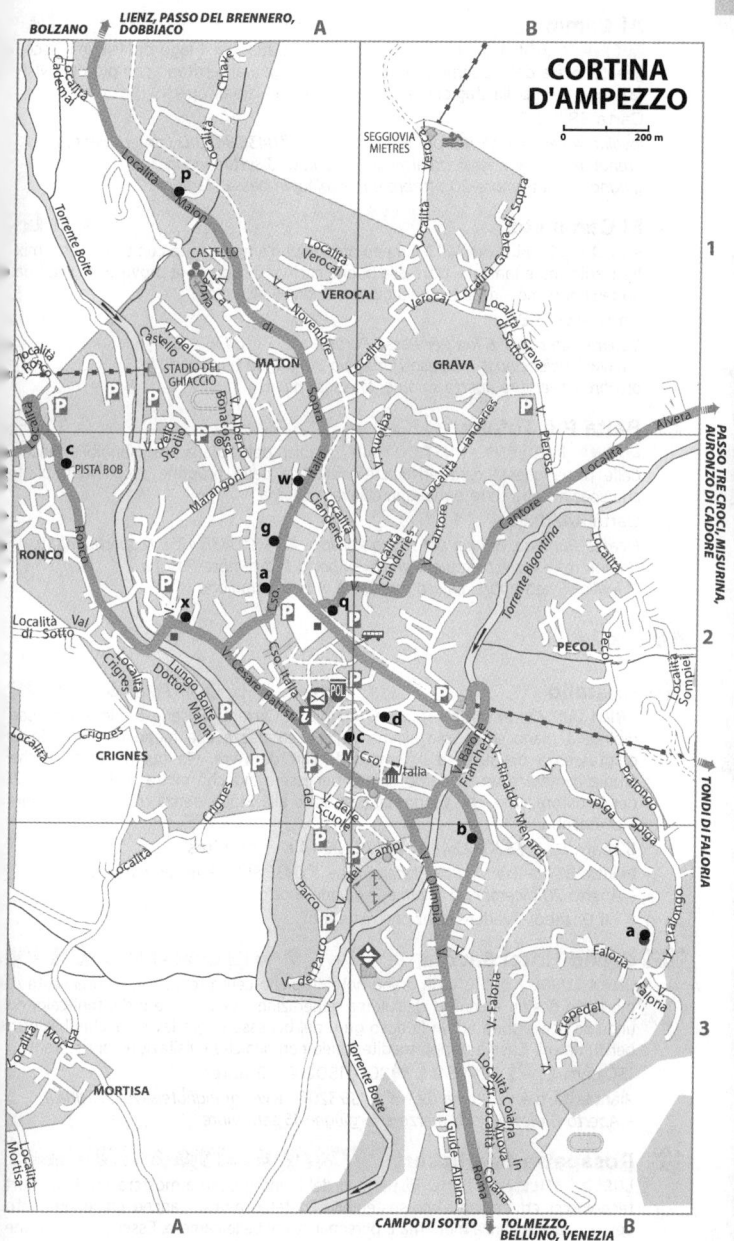

BOLZANO

LIENZ, PASSO DEL BRENNERO,
DOBBIACO

SEGGIOVIA
MIETRES

Località Cademai

Torrente Boite

Località Maion

p

CASTELLO

Località Verocai

VEROCAI

Località Grava-di-sopra

Località Cadema

Località Chiave

V. del Pin

V. Ca' Zina

Ca' Zina

V. del Castello

STADIO DEL GHIACCIO

MAJON

V. 4 Novembre

Località Sopra

Località Verocai

Località Grava-di Sotto

GRAVA

Alvera

Località Poz

Località di Sotto

P

P

P

P

V. Stadio

V. Albero Bonacossa

P

Marangoni

Località Clandieres

Località Ruoiba

Località Clandieres

Localita Cantore

Cantore

PASSO TRE CROCI, MISURINA,
AURONZO DI CADORE

Piervia

c

PISTA BOB

w

g

a

x

RONCO

Romana

V. Crignes

Lungo Boite Majon

V. Cesare Battisti

P

q

p

Località Clandieres

Torrente Bigontina

PECOL

Località Pecol

Località Somma

TONDI DI FALORIA

Località Val di Sotto

P

P

CRIGNES

Località Crignes

Località

V. Dottor Majon

V.

c

d

M

P

i

POL

Cso Italia

V. Battista Franchetti

V. Rinaldo Menardi

V. Pralongo

Spiga

Spiga

V. Pralongo

P

V. delle Scuole

V. del Campi

b

P

P

V. de Parco

Parco

Torrente Boite

V. Olimpia

a

Faloria

V. Faloria

V. Faloria

Crepedel

MORTISA

Località Mortisa

Località Colaria in
Località Nijova
Località Coiana

V. Guide Alpine

V. Coiana

A

B

CAMPO DI SOTTO

TOLMEZZO,
BELLUNO, VENEZIA

🍴○ Al Camin

CUCINA REGIONALE · ALLA MODA XX Sulla strada per il lago di Misurina, accogliente locale dal moderno stile alpino: piatti legati al territorio con piccole rivisitazioni e nella bella stagione approfittate del servizio all'aperto.

Carta 38/66 €

località Alverà 99, 1,5 Km per Misurina - B1 - 𝒞 0436 862010 (coperti limitati, prenotare) - www.ristorantealcamin.it - Chiuso 3 settimane in giugno, 20 settembre-20 ottobre e mercoledì in bassa stagione

🍴○ El Camineto

REGIONALE · ELEGANTE XX Il menu propone un'ampia scelta con un corretto mix fra tradizione e fantasia. Oltre alla buona cucina, si segnala la proverbiale vista da godersi appieno - nella bella stagione - ai tavoli all'aperto.

Carta 43/73 €

località Rumerlo 1, 6 km per Passo Pordoi - A2 - 𝒞 0436 4432 - www.ilmeloncino.it - Chiuso 1° maggio-30 giugno e martedì; in ottobre-novembre aperto solo nei fine settimana

🍴○ Baita Piè Tofana

CUCINA MODERNA · RUSTICO X Alle pendici del Tofana, raggiungibile anche dalle piste, questa caratteristica e romantica baita propone accattivanti piatti che spaziano tra terra e mare, in chiave moderna.

Carta 44/102 €

località Rumerlo, 6,5 km per Passo Pordoi - A2 - 𝒞 0436 4258 (coperti limitati, prenotare) - www.baitapietofana.it - Aperto 1° dicembre-Pasqua, 1° luglio-15 settembre; chiuso mercoledì in bassa stagione

Alberghi

🏨 Cristallo

GRAN LUSSO · PERSONALIZZATO Marmo di Carrara, boiserie e migliaia di rose dipinte a mano sono solo alcune delle ricercatezze che fanno del Cristallo la quintessenza del lusso e il tempio de l'art de vivre. Ma qui troverete anche ampie camere e un moderno centro benessere, nonché molte scelte disponibili per la ristorazione, che vanno dal Cantuccio alla Stube, senza tralasciare il gourmet Gazebo.

52 cam ☲ - ♦370/2244 € ♦♦370/2244 € - 22 suites

Pianta: B3-a – *via Rinaldo Menardi 42 - 𝒞 0436 881111 - www.cristallo.it - Aperto 20 dicembre-2 aprile e 1° giugno-8 ottobre*

🍴○ **Il Gazebo** – Vedere selezione ristoranti

🏨 Grand Hotel Savoia

GRAN LUSSO · DESIGN Un grand hotel in pieno centro che sfoggia una veste di moderno design e confort dell'ultima generazione. Belle camere dai toni caldi ed una spa che s'ispira ad un famoso guru del benessere; gradevole anche il salotto per fumatori. Cucina di tipo mediterraneo con qualche rivisitazione al ristorante.

130 cam ☲ - ♦150/950 € ♦♦200/1500 € - 5 suites

Pianta: B3-b – *via Roma 62 - 𝒞 0436 3201 - www.grandhotelsavoiacortina.it - Aperto 6 dicembre-31 marzo e 15 giugno-15 settembre*

🏨 Rosapetra Spa Resort

LUSSO · STILE MONTANO Rispettoso del legno e delle atmosfere locali, confort tecnologici ed impianti eco-sostenibili, l'hotel conquista anche chi è orientato verso un'accoglienza moderna e personalizzata; belle camere. Essenza di lampone nella "corte" che accoglie i suoi ospiti con piatti dalle raffinate presentazioni.

27 cam ☲ - ♦165/1100 € ♦♦235/1200 € - 2 suites

località Zuel di Sopra 1, 2 km per Campo di Sotto - B3 - 𝒞 0436 869062 - www.rosapetracortina.it

Faloria Mountain Spa Resort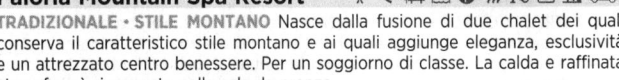

TRADIZIONALE · STILE MONTANO Nasce dalla fusione di due chalet dei quali conserva il caratteristico stile montano e ai quali aggiunge eleganza, esclusività e un attrezzato centro benessere. Per un soggiorno di classe. La calda e raffinata atmosfera è riproposta nella sala da pranzo.

31 cam ☲ – ♦130/400 € ♦♦150/550 €

località Zuel di Sopra 46, 2,5 km per Campo di Sotto – B3 – ✆ 0436 2959
– www.faloriasparesort.com – Chiuso 1° ottobre-30 novembre

Bellevue Suites & Spa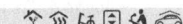

TRADIZIONALE · STILE MONTANO In pieno centro, questo gioiello dall'accoglienza ampezzana dispone di ampie camere e, numerose, raffinate suite, arredate con eleganti stoffe e legni naturali. Come lascia intuire il nome, la struttura ospita anche una piacevole spa.

46 suites ☲ – ♦♦245/1365 € – 20 cam

Pianta: A2-a *– corso Italia 197 – ✆ 0436 883400 – www.bellevuecortina.com*
– Aperto 1° dicembre-22 aprile e 22 giugno-9 settembre

 Europa

TRADIZIONALE · STORICO Vicino al centro, ma l'impressione è di trovarsi in una baita: legni grezzi, camino e arredi d'epoca per un caldo soggiorno anche in pieno inverno. Atmosfera rustica al Vip Club, buona cucina e - la notte - trasformazione in locale con musica dal vivo.

46 cam ☲ – ♦59/230 € ♦♦89/230 € – 1 suite

Pianta: A2-g *– corso Italia 207 – ✆ 0436 3221 – www.hoteleuropacortina.it*
– Aperto 6 dicembre-31 marzo e 1° giugno-30 settembre

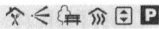 Franceschi Park Hotel

TRADIZIONALE · STILE MONTANO Spazi comuni curati e signorili, nonché un parco di 10.000 m2: puro stile alpino per questo bell'albergo centrale dalla sicura gestione familiare.

47 cam – solo ½ P 100/380 €

Pianta: A2-x *– via Cesare Battisti 86 – ✆ 0436 867041*
– www.franceschiparkhotel.com – Aperto 6 dicembre-4 aprile
e 1° giugno-30 settembre

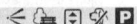 Menardi

TRADIZIONALE · STILE MONTANO Divenuta albergo negli anni '20, ma già esistente ad inizio Ottocento, questa casa di famiglia sfoggia pezzi d'antiquariato locale e religioso negli interni e mette a disposizione rilassanti distese nel giardino ombreggiato. Si affacciano sulla vegetazione esterna le vetrate della curata sala ristorante di tono rustico.

49 cam ☲ – ♦70/170 € ♦♦110/260 €

Pianta: A1-p *– via Majon 110 – ✆ 0436 2400 – www.hotelmenardi.it*
– Aperto 7 dicembre-4 aprile e 1° giugno-23 settembre

Columbia

TRADIZIONALE · STILE MONTANO Sulla strada per il Falzarego, hotel a conduzione familiare con ampie e gradevoli camere arredate in legno naturale. Deliziosa prima colazione a buffet con torte fatte in casa.

24 cam – ♦55/130 € ♦♦74/154 € – ☲ 8 €

Pianta: A2-c *– via Ronco 75 – ✆ 0436 3607 – www.hcolumbia.it*
– Aperto 23 dicembre-8 aprile e 18 giugno-5 ottobre

Ambra

TRADIZIONALE · ROMANTICO Il legno la fa da padrone con boiserie e soffitti a cassettoni in questa deliziosa casa ampezzana in pieno centro, dove non manca un pizzico di glamour e romanticismo voluti dalla locandiera stessa, sempre intenta ad apportare migliorie a questa sua piccola bomboniera.

24 cam ☲ – ♦180/800 € ♦♦180/800 €

Pianta: B2-d *– via XXIX Maggio 28 – ✆ 0436 867344 – www.hotelambracortina.it*

Cortina 〈⊡

TRADIZIONALE · STILE MONTANO Per chi non vuole perdersi proprio nulla della movida ampezzana, questo hotel in pieno centro offre ambienti in stile classico locale, un piccolo centro benessere ed una stupenda terrazza dove darsi appuntamento per un aperitivo. Al ristorante, vi attendono varie specialità della tradizione gastronomica italiana oltre che l'offerta del bar.

31 cam ☲ – 🛏150/600 € 🛏🛏260/1500 € – 14 suites

Pianta: A2-c – *corso Italia 92* – ℰ *0436 4221* – *www.hotelcortina.com* – *Aperto 5 dicembre-31 marzo e 29 maggio-20 settembre*

Natale 🏵 ⊡ 🞖 P

TRADIZIONALE · STILE MONTANO A due passi dal centro della rinomata località, una confortevole casa di montagna con ampie camere rivestite in legno ed arredate con mobili realizzati da artigiani locali. Confortevole zona relax.

13 cam ☲ – 🛏65/220 € 🛏🛏90/380 €

Pianta: A2-w – *corso Italia 229* – ℰ *0436 861210* – *www.hotelnatale.it* – *Chiuso maggio, ottobre e novembre*

Oasi P

FAMILIARE · STILE MONTANO A pochi passi dalla zona pedonale e dalla funivia, questo piccolo e curato hotel racconta dagli anni Venti la storia della famiglia. Camere semplici dal piacevole arredo ligneo.

10 cam ☲ – 🛏50/85 € 🛏🛏80/140 €

Pianta: A2-q – *via Cantore 2* – ℰ *0436 862019* – *www.hoteloasi.it* – *Chiuso 10-23 aprile e 24 settembre-28 ottobre*

CORTINA VECCHIA Piacenza → Vedere Alseno

CORTONA
Arezzo – ✉ 52044 – 22 450 ab. – Alt. 494 m – Carta regionale n° **18**-D2
Carta stradale Michelin 563-M17

⊕ La Bucaccia ⣿ ⣿

CUCINA REGIONALE · CONTESTO TRADIZIONALE X In un antico palazzo del XIII secolo, edificato su una strada romana il cui lastricato costituisce oggi il pavimento della saletta principale, una cucina squisitamente regionale dove assaggiare l'ottima selezione di formaggi, i piatti a base di chianina, ed un'accoglienza coinvolgente da parte di Romano. Si organizzano anche corsi di cucina!

Menu 29/35 € – Carta 22/48 €

Pianta: A2-f – – ℰ 0575 606039 *(consigliata la prenotazione) – www.labucaccia.it – Chiuso 15-30 gennaio e lunedì escluso in estate*

⊪○ Osteria del Teatro ⣿ ⣿ ⣿ ⣿

CUCINA TOSCANA · CONTESTO STORICO XX Cucina della tradizione in diverse sale che spaziano dall'eleganza cinquecentesca con camino, ad ambienti più conviviali in stile trattoria, ma sempre accomunate dalla passione per il teatro. E per una pausa informale, la prospiciente fiaschetteria - Fett'unta - con piatti del giorno e salumi tipici.

Carta 29/53 €

Pianta: A1-e – *via Maffei 2* – ℰ 0575 630556 – *www.osteria-del-teatro.it – Chiuso 13 novembre-4 dicembre e mercoledì*

⌂ San Michele ⣿ ⣿

DIMORA STORICA · CENTRALE In un centralissimo palazzo cinquecentesco, albergo dagli ambienti signorili e con sala colazioni dall'imponente soffitto a cassettoni; da poco inaugurati anche un bar di lusso, nonché una romantica area relax in una torre con vista a 360° su Cortona e Valdichiana.

39 cam ⌖ – ⬤119/209 € ⬤⬤119/209 € – 4 suites

Pianta: A2-a – *via Guelfa 15*
– ℰ 0575 604348 – *www.hotelsanmichele.net*
– *Aperto 30 marzo-4 novembre*

⌂ Italia ⣿ ⣿ ⣿

DIMORA STORICA · CLASSICO A pochi metri dalla piazza centrale, palazzo seicentesco restaurato di cui ricordare gli alti soffitti e soprattutto la vista sulla Val di Chiana dalla sala colazioni e dalle migliori camere: sicuramente le cinque del terzo piano, meglio prenotare!

25 cam ⌖ – ⬤60/90 € ⬤⬤80/110 €

Pianta: A1-d – *via Ghibellina 5/7*
– ℰ 0575 630254 – *www.hotelitaliacortona.com*

⌂ La Corte di Ambra ⣿ ⣿ ⣿ ⣿ ⣿

DIMORA STORICA · ROMANTICO Se volete godervi il centro di Cortona, questo piccolo palazzo del Quattrocento nasconde l'esclusivo b&b che fa al caso vostro: signorile, originale, curato in ogni dettaglio. Fulgido esempio di tanto lusso, la migliore delle camere dotata di mobili d'antiquariato, camino e di un originale affresco del Cinquecento.

5 cam ⌖ – ⬤140/160 € ⬤⬤140/160 €

Pianta: A1-c – *via Benedetti 23*
– ℰ 0575 178 8266 – *www.cortonaluxuryrooms.com*
– *Chiuso 19 febbraio-9 marzo*

sulla strada provinciale 35 verso Mercatale B2

⊪○ L'Antica Casina di Caccia ⣿ ⣿ ⣿ ⣿ ⣿ ⣿

CUCINA CLASSICA · ELEGANTE XXX In linea con la bellissima Villa di Piazzano in cui si trova, grande eleganza ed un servizio all'aperto che permette di contemplare il curatissimo giardino, mentre dalla cucina il giovane cuoco propone i sapori del territorio con piglio moderno; per onorare la storia del luogo sempre presenti alcuni piatti di cacciagione.

Menu 45/45 € – Carta 46/79 €

*Hotel Villa di Piazzano, località Piazzano 7, Est: 8 km
– ℰ 075 826226 (consigliata la prenotazione) – www.villadipiazzano.com – solo a cena – Aperto 1° aprile-31 ottobre, chiuso martedì*

⊫○ Locanda del Molino ⇐ 🏠 ⅃ 🅐🅒 🅿

CUCINA REGIONALE · CASA DI CAMPAGNA ✕✕ Bella locanda gestita dalla famiglia Baracchi: se le camere sfoggiano l'elegante semplicità della campagna toscana, il vecchio mulino di famiglia rinasce nella veste di ristorante rustico, ma vezzoso. Il gentil sesso si adopera in cucina, mentre la tradizione campeggia in menu. Da poco inaugurato anche il forno a legna per la pizza!

Carta 31/86 €

8 cam ⊡ – †60/80 € ††80/160 €

località Montanare 8/9/10, Est: 9 km ⊠ 52044 Montanare – ☏ 0575 614016
– www.locandadelmolino.com – solo a cena escluso i giorni festivi – Chiuso
15 gennaio-15 marzo e martedì

🏠 Villa di Piazzano ☆ ⊛ ⇐ 🏠 ⅃ 🄴 🅐🅒 🅐 🅿

DIMORA STORICA · PERSONALIZZATO Voluta dal Cardinale Passerini come casino di caccia, una splendida villa patrizia del XVI secolo sita tra le colline della Val di Chiana, il Lago Trasimeno e Cortona. Gli interni sono signorili, eleganti e curati al pari dello splendido giardino che la cinge con grazia.

28 cam ⊡ – †180/200 € ††200/340 € – 2 suites

località Piazzano 7, Est: 8 km – ☏ 075 826226 – www.villadipiazzano.com
– Aperto 1° aprile-31 ottobre

⊫○ **L'Antica Casina di Caccia** – Vedere selezione ristoranti

🏠 Relais la Corte dei Papi ☆ ⊛ 🏠 ⅃ 🄴 & 🅿

DIMORA STORICA · PERSONALIZZATO In un casolare padronale settecentesco, situato all'interno di un parco, si può alloggiare in esclusive camere e junior suite col plus della zona benessere individuale. Buona cucina dall'anima moderna nell'omonimo ristorante ospitato nel nuovissimo edificio.

15 cam ⊡ – †150/250 € ††180/300 € – 1 suite

località Pergo, via la Dogana 12, Est: 5 km – ☏ 0575 614109
– www.lacortedeipapi.com – Chiuso 7 gennaio-31 marzo

a San Martino Nord: 4,5 km A1 ⊠ 52044 – Cortona

🕸 Il Falconiere (Silvia Regi Baracchi) 🕸 🏠 🄰🄲 ⇦ 🅿

CUCINA TOSCANA · LUSSO ✕✕✕ Gli appassionati di cucina toscana ne ritroveranno qui tutta la forza, tra carni, spezie ed erbe aromatiche: non manca il pesce e neppure l'eleganza delle grandi occasioni!

→ Pappardella ripiena di sugo toscano ai tre macinati, pomarola e bechamel. Piccione in casseruola con ciliegie caramellate, spinaci e pancetta croccante. "Come una zuppa inglese" con biscotto al cioccolato, crema alla vaniglia e alchermes.

Menu 85/120 € – Carta 81/115 €

Hotel Il Falconiere Relais, località San Marino a Bocena 370 – ☏ 0575 612679
(consigliata la prenotazione) – www.ilfalconiere.com – Aperto
19 marzo-15 novembre; chiuso martedì

🏠 Il Falconiere Relais ⊛ ⇐ 🏠 ⅃ 🄵 🔟 🎤 🄴 & 🄰🄲 🅿

LUSSO · PERSONALIZZATO All'interno di una vasta proprietà, questa villa seicentesca ricca di fascino e di suggestioni, dispone anche di un piccolo centro benessere con vinoterapia. Camere di raffinata e nobile eleganza, per un soggiorno straordinario.

22 cam ⊡ – †300/460 € ††320/420 € – 8 suites

località San Marino a Bocena 370 – ☏ 0575 612679 – www.ilfalconiere.com
– Aperto 19 marzo-15 novembre

🕸 **Il Falconiere** – Vedere selezione ristoranti

CORVARA IN BADIA Bolzano → Vedere Alta Badia

COSENZA
(CS) – ⊠ 87100 – 67 546 ab. – Alt. 238 m – Carta regionale n° **3**-A2
Carta stradale Michelin 564-J30

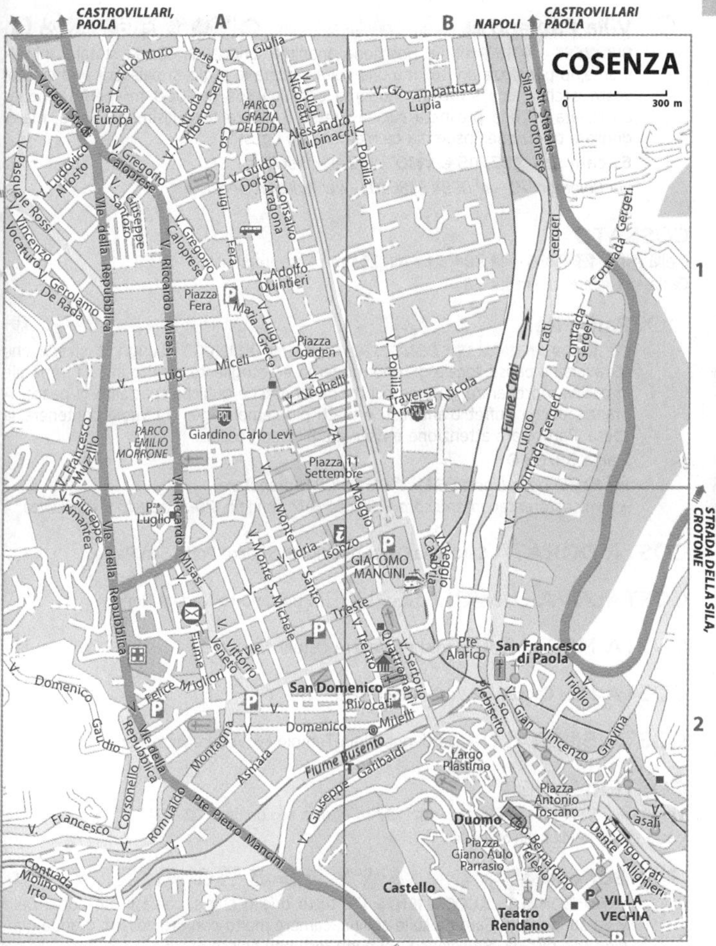

COSENZA

(map of Cosenza with labels)

CASTROVILLARI, PAOLA — A — B — NAPOLI — CASTROVILLARI PAOLA

STRADA DELLA SILA, CROTONE

CATANZARO

0 — 300 m

a Rende Nord-Ovest : 10 km ⊠ 87036 – Alt. 474 m

🍴 **Agorà** 🔵   🛋 ⅃ 🆎 🕸 🅿

PESCE E FRUTTI DI MARE · CONTESTO CONTEMPORANEO XX Gestione giovane per questo gradevole locale che si trova in una zona recente di Rende; lo chef patron ha le idee chiare su cosa cucinare: la carta propone, infatti, quasi esclusivamente pesce (sebbene, in alternativa, ci sia sempre qualche golosità di terra), la provenienza è perlopiù il Mar Ionio.

Menu 35 € – Carta 30/64 €

via Rossini 175 – 𝒞 0984 838613 – www.agorarende.com – Chiuso domenica sera e lunedì, in estate chiuso domenica

    Il tempo è bello? Concedetevi il piacere di mangiare in terrazza: 🛋

🏠 Villa Fabiano ❶ ☆ 🔲 🕥 🖥 🛦 🖂 🕭 🏦 🔐

BUSINESS · MODERNO La posizione anonima lungo una strada statale, inizialmente, lo penalizza un po', ma una volta varcata la soglia si paleserà - davanti ai
vostri occhi - una struttura moderna con una spa di 3000 m² perfettamente
attrezzata ed una prelibata cucina presso il ristorante Quasimodo: terra, mare,
griglia e tradizione. Insomma ce n'è per tutti i gusti!

62 cam ☲ – †97/115 € ††107/132 € – 6 suites
via Colombo 70 – ℰ 0984 838620 – www.villafabiano.it

COSSATO
Biella (BI) – ✉ 13836 – 14 804 ab. – Alt. 253 m – Carta regionale n° **12**-C2
Carta stradale Michelin 561-F6

🍴 Panta Rei ᴬᶜ

CUCINA PIEMONTESE · CONTESTO CONTEMPORANEO ✕✕ Lungo la strada che
attraversa il paese, locale di tono moderno e accogliente: marito in sala e moglie
in cucina a preparare gustose ricette piemontesi e qualche specialità di pesce. A
pranzo, anche buffet d'antipasti e piatti più semplici per chi vuole contenere la
spesa. Particolare attenzione è riservata ai clienti celiaci.

Carta 38/65 €
via Martiri della Libertà 67 – ℰ 015 921084 (prenotare)
– www.ristorantepantarei.com – Chiuso 8-17 gennaio, 20-31 agosto e domenica

COSTA DORATA Sardegna Olbia-Tempio → Vedere Porto San Paolo

COSTALOVARA WOLFSGRUBEN Bolzano → Vedere Renon

COSTA MERLATA Brindisi → Vedere Ostuni

COSTA REI Cagliari → Vedere Muravera

COSTA SMERALDA Sardegna Olbia-Tempio → Vedere Arzachena

COSTERMANO
Verona – ✉ 37010 – 3 738 ab. – Alt. 237 m – Carta regionale n° **23**-A2
Carta stradale Michelin 562-F14

🏠 Boffenigo ☆ 🕭 ← 🛏 🔳 🔲 🕥 🖥 🛦 🖂 🕭 🏦 🛖

TRADIZIONALE · ACCOGLIENTE C'è tutto quello che si cerca in un hotel: bella
vista sul golfo di Garda e sulle colline, camere molto confortevoli, un grande giardino con piscina. Ma l'elenco dei punti forti non finisce qui...Se avete indugiato nei
piaceri della tavola presso il ristorante (sempre dell'albergo), la moderna spa sarà
il luogo ideale dove rimettersi in forma.

72 cam ☲ – †100/300 € ††100/300 € – 3 suites
via Boffenigo 6 – ℰ 045 720 0178 – www.boffenigo.it
– Aperto 23 marzo-9 novembre

a Gazzoli Sud-Est : 2,5 km ✉ 37010 – Costermano

🍴 Da Nanni 🕭 ← 🕭 ᴬᶜ 🔐

CUCINA REGIONALE · ELEGANTE ✕✕ Preparazioni classiche e venete, pesce di
lago e di mare in questo piacevole locale di tono rustico-signorile situato nella
piccola frazione non lontana dal Garda; d'estate si mangia all'aperto. Belle le
nuove eleganti camere arredate con pezzi d'antiquariato.

Carta 35/70 €
3 cam ☲ – †90/100 € ††100/120 € – 1 suite
*– ℰ 045 720 0080 – www.dananni.com – Chiuso 15-28 febbraio, 1 settimana in
luglio, 15-30 novembre, martedì a mezzogiorno e lunedì*

verso San Zeno di Montagna

⅋○ La Casa degli Spiriti ① &⪡ 🍴 ᢦ 🅿

CUCINA MODERNA · ROMANTICO XXX Un ristorante per le grandi occasioni, quello che era un antico rudere sul ciglio della strada è stato trasformato in una lussuosa bomboniera con vista mozzafiato sul lago. La cucina è creativa, sia di terra che di mare, accompagnata da circa 1500 referenze in cantina, tra Veneto, Champagne e altre regioni. Dalle 10 alle 22 è aperta anche la Terrazza: una soluzione con proposte più semplici, nonché sandwich e pizze gourmet.

Menu 78/130 € – Carta 78/125 €

via Monte Baldo 28, Nord-Ovest: 5 km – ℰ 045 620 0766 – www.casadeglispiriti.it – Chiuso 1° gennaio-8 febbraio, martedì e mercoledì escluso aprile-settembre

COSTIERA AMALFITANA Napoli e Salerno

COSTIGLIOLE SALUZZO

Cuneo – ✉ 12024 – 3 375 ab. – Alt. 460 m – Carta regionale n° **12**-B3
Carta stradale Michelin 561-I4

🏠 Castello Rosso ⇧ ⅋ ⪡ 🍴 ⊼ 🏠 ℔ 🖃 ᢦ 🆎 ⅋ 🅿

DIMORA STORICA · CLASSICO Antico maniero, naturalmente rosso, eretto nel XVI secolo sulla sommità di un colle, oggi - come allora - avvolto dai vigneti. Charme e attenzioni all'altezza di chi ricerca confort e buon gusto. Eleganti sale accolgono il ristorante che propone una cucina eclettica.

24 cam ⫘ – ♦80/105 € ♦♦100/132 € – 1 suite

via Ammiraglio Reynaudi 5 – ℰ 0175 230030 – www.castellorosso.com

COSTOZZA Vicenza → Vedere Longare

COURMAYEUR

(AO) – ✉ 11013 – 2 807 ab. – Alt. 1 224 m – Carta regionale n° **21**-A2
Carta stradale Michelin 561-E2

⅋○ Pierre Alexis 1877

CUCINA TRADIZIONALE · CONVIVIALE XX Nel cuore antico di Courmayeur, i sapori della tradizione elaborati con un pizzico di fantasia, in questo locale tradizionale che, soprattutto in primavera, introduce piatti insaporiti da erbe spontanee raccolte in Valle.

Carta 43/60 €

Pianta: D2-m – *via Marconi 50/A – ℰ 0165 846700 (consigliata la prenotazione) – www.pierrealexiscourmayeur.it – Chiuso 15 giorni in giugno, 15 giorni in ottobre e lunedì*

⅋○ Aria &⪡ ⌂

CUCINA REGIONALE · RUSTICO XX Nell'elegante località ai piedi del Monte Bianco, ricette fantasiose e della antica tradizione valdostana rivisitata. Ottima carta dei vini: il titolare è sommelier!

Carta 32/75 €

Pianta: D2-c – *Hotel Maison Saint Jean, vicolo Dolonne 18 – ℰ 0165 842880 – www.msj.it – solo a cena – Chiuso 30 aprile-30 giugno e 2 novembre-2 dicembre*

🏨 Grand Hotel Royal e Golf ⇧ ⪡ ⊼ 🕙 🏠 ᢦ ⅋ 🛎

STORICO · ELEGANTE Regnanti, intellettuali e jet set internazionale sono stati ospiti degli accoglienti spazi di questo splendido albergo nel centro della località, che vanta più di duecento anni di storia: un intramontabile punto di riferimento per trascorrere una vacanza all'insegna della tranquillità e del benessere.

70 cam ⫘ – ♦100/800 € ♦♦100/800 € – 5 suites

Pianta: D2-a – *via Roma 87 – ℰ 0165 831611 – www.hotelroyalegolf.com – Aperto 1° dicembre-30 aprile e 25 giugno-18 settembre*

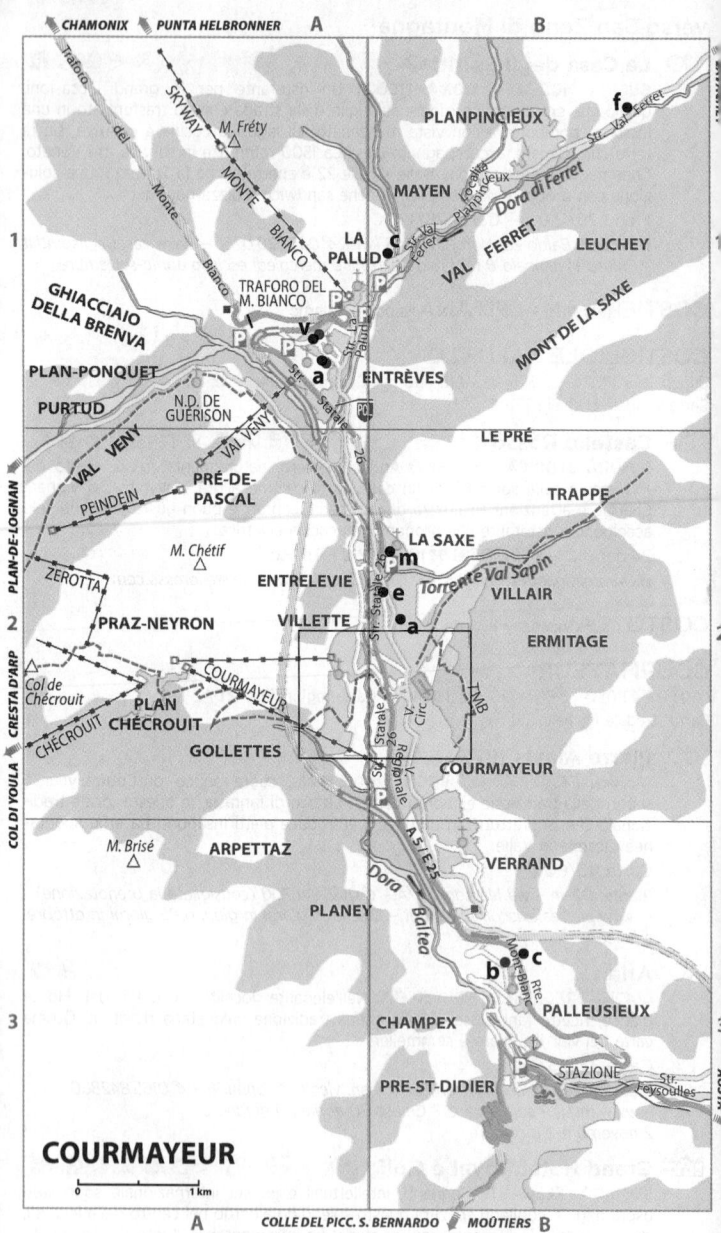

COURMAYEUR

0   1 km

Gran Baita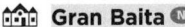

LUSSO · DESIGN A soli 10 minuti a piedi dal centro pedonale del paese e a meno di 5 minuti dai nuovi veloci impianti di risalita (un servizio gratuito di ski bus ne garantisce il collegamento), Gran Baita è un hotel di lusso, dai caldi interni con boiserie e pezzi antichi; terrazza panoramica con piscina riscaldata, coperta a metà: per un tuffo anche se fuori nevica.

54 cam ⌺ – ♦115/330 € ♦♦140/440 € – 3 suites

Pianta: B2-e – *strada Larzey 2 – ℰ 0165 844040 – www.alpissima.it*

Grand Hotel Courmayeur Mont Blanc Ⓝ

TRADIZIONALE · CONTEMPORANEO Stile montano declinato in una versione contemporanea: legno, pietra e ferro sono presenti, ma le linee risultano pulite e minimaliste. Ottimo centro benessere con grande vasca idromassaggio e per gli irriducibili del tabacco, c'è anche una cigar room. Lunch con scelta ridotta e dinner al ristorante panoramico.

68 cam ⌺ – ♦200/550 € ♦♦250/600 € – 8 suites

Pianta: D1-a – *Strada Grand Ru 1 – ℰ 0165 844542 – www.grandhotelcourmayeurmontblanc.it – Aperto 3 dicembre-7 aprile e 1° giugno-30 settembre*

Villa Novecento

TRADIZIONALE · ELEGANTE Villa liberty completamente ristrutturata che presenta una hall raffinata attraverso cui accedere a camere accoglienti con arredi ricercati e dotate di ogni confort. Il ristorante rispecchia l'atmosfera del piccolo hotel-bomboniera; anche la cucina merita di essere provata (soprattutto per chi non chiede solo specialità regionali!). Ampia scelta enologica.

26 cam ⌺ – ♦90/400 € ♦♦100/500 € – 4 suites

Pianta: B2-a – *viale Monte Bianco 64 – ℰ 0165 843000 – www.villanovecento.it – Chiuso novembre; aperto solo nei week-end in maggio e ottobre*

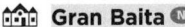

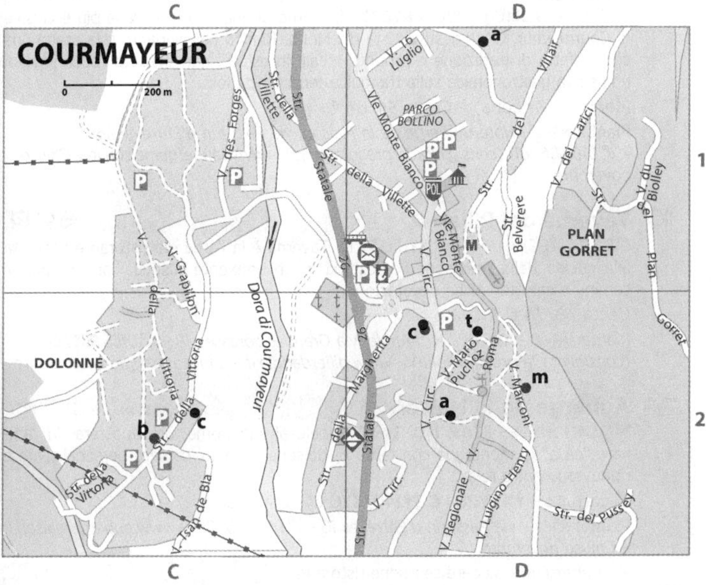

🏠 Maison Saint Jean 🗔 🕸 🖵 🕸 🅿

FAMILIARE · PERSONALIZZATO Vicino all'elegante via Roma e a 300 m dagli impianti di risalita, un recente ampliamento delle aree comuni rafforza il confort di quest'albergo dal caldo stile valdostano: tanto legno e raffinata rusticità.

20 cam � – †70/165 € ††100/260 € – 1 suite

Pianta: D2-c – *vicolo Dolonne 18 – ☎ 0165 842880 – www.msj.it*
– Chiuso 5-30 giugno e 2 novembre-2 dicembre

🕽🅾 **Aria** – Vedere selezione ristoranti

🏠 Dei Camosci 🌣 ⩽ 🖴 🅿

FAMILIARE · STILE MONTANO Per un soggiorno tranquillo, ma non lontano dal centro del paese, un albergo a conduzione familiare il cui interno si caratterizza per le numerose testimonianze di caccia all'ungulato da cui il nome della struttura; buon confort nelle camere ed un comodo servizio navetta per le funivie. Caratteristica atmosfera montana al ristorante, cucina della tradizione.

24 cam ⊊ – †55/80 € ††90/115 €

Pianta: B2-m – *località La Saxe 7 – ☎ 0165 842338 – www.hoteldeicamosci.com*
– Aperto 4 dicembre-15 aprile e 12 giugno-23 settembre

🏠 Centrale 🌣 ⩽ 🖴 🕸 🖪 🖵 🕭 🕸 🅿
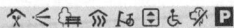

FAMILIARE · FUNZIONALE In pieno centro, ma dotata di comodo parcheggio, una risorsa ad andamento familiare, con accoglienti spazi comuni e camere confortevoli nella loro semplicità. Servizio ristorante per alloggiati e solo nei mesi di luglio e agosto.

32 cam – †65/120 € ††105/155 € – ⊊ 8 €

Pianta: D2-t – *via Mario Puchoz 7 – ☎ 0165 846644 – www.hotelscentrale.it*
– Aperto 4 dicembre-10 aprile e 24 giugno-11 settembre

ad Entrèves Nord : 4 km ✉ 11013 – Alt. 1 306 m

🕽🅾 Aubergine 🖴 🕭 🕭 🕸 🅿

CUCINA CLASSICA · ELEGANTE XX All'interno di una struttura fra le più esclusive di Courmayeur, la suggestiva vista del Monte Bianco dall'elegante sala esalta una cucina fatta di tradizione e prodotti locali. In estate, non perdete l'occasione di una sosta gastronomica sulla tranquilla terrazza-dehors.

Menu 40 € (cena) – Carta 34/64 €

Pianta: A1-a – *Hotel Auberge de la Maison, via Passerin d'Entreves 16*
– ☎ 0165 869811 (consigliata la prenotazione) – www.aubergemaison.it – Chiuso novembre

🕽🅾 Taverna del Pilier 🆕 ⩽ 🕸 🅿

CUCINA REGIONALE · RUSTICO XX La Taverna è la l'area del ristorante riservata alla cucina della tradizione valdostana in un ambiente rustico, con un grande camino e caratteristiche decorazioni.

Carta 38/74 €

Pianta: A1-v – *Hotel Pilier d'Angle, via Grandes Jorasses 18 – ☎ 0165 869760 (consigliata la prenotazione) – www.pilierdangle.it – Chiuso maggio e novembre*

🏠 Auberge de la Maison 🕭 ⩽ 🖴 🕸 🖪 🖵 🕭 🕿
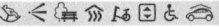

TRADIZIONALE · STILE MONTANO Fedele al suo nome, un'atmosfera da raffinata "casa" di montagna con tanto di boiserie, camino, camere personalizzate e rinnovato centro relax.

31 cam ⊊ – †125/284 € ††140/320 € – 2 suites

Pianta: A1-a – *via Passerin d'Entreves 16 – ☎ 0165 869811 – www.aubergemaison.it*
– Chiuso novembre

🕽🅾 **Aubergine** – Vedere selezione ristoranti

🏠 Pilier d'Angle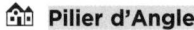

FAMILIARE · REGIONALE Tre chalet collegati tra loro compongono questa risorsa, che ha camere di diversa tipologia, ma tutte accoglienti e con lo stesso livello di confort. Il calore del camino della sala da pranzo è il miglior accompagnamento alla saporita cucina.

24 cam ☲ – †85/150 € ††110/250 € – 3 suites

Pianta: A1-v – *via Grandes Jorasses 18*
– *☎ 0165 869760 – www.pilierdangle.it*
– *Chiuso maggio e novembre*
🍴 **Taverna del Pilier** – Vedere selezione ristoranti

a La Palud Nord : 4,5 km

🏠 Dente del Gigante

FAMILIARE · STILE MONTANO Ai piedi del Monte Bianco, vicino alle funivie e alla Val Ferret, legno e pietra conferiscono alla struttura quell'inconfondibile atmosfera montana. Lo stesso "calore" lo si ritrova nelle belle camere: diverse tipologie, ma tutte curate nei minimi dettagli.

13 cam ☲ – †59/149 € ††79/184 €

Pianta: B1-c – *Strada La Palud 42*
– *☎ 0165 89145 – www.dentedelgigante.com – Aperto 4 dicembre-15 aprile e 15 giugno-23 settembre*

in Val Ferret

🍴 Miravalle

CUCINA REGIONALE · RUSTICO ✗ Nella cornice di una valle unica al mondo, al cospetto di sua maestà il Monte Bianco, un giovane chef rielabora con gusto personale specialità regionali e qualche piatto di matrice più nazionale. L'ambiente? Simpaticamente alpino!

🍽 Menu 22 € – Carta 31/75 €

11 cam ☲ – †60/160 € ††75/160 €

Pianta: B1-f – *località Planpincieux 20, Nord: 7 km*
– *☎ 0165 869777 – www.courmayeur-hotelmiravalle.it*
– *Aperto 1° dicembre-30 aprile, 21 giugno-30 settembre e i week end in ottobre, chiuso martedì in bassa stagione*

a Dolonne

🍴 Lo Sciatore 🆕

STEAKHOUSE · RUSTICO ✗ Il paradiso della carne, una steakhouse di qualità dove la carne viene cucinata su una griglia a vista; ambiente rustico e piacevolmente informale, in alternativa anche la pizzeria "Fuori Pista" al piano inferiore.

Carta 25/50 €

Pianta: C2-b – *via Mont Chetif 42*
– *☎ 0165 844788 – www.losciatore.com – Chiuso maggio, novembre e martedì in bassa stagione*

🏠 Stella del Nord

FAMILIARE · TRADIZIONALE Conduzione familiare per un albergo situato nella parte alta della frazione; arredi in legno dallo stile art déco con qualche pezzo d'epoca, cabinovia a 300 metri raggiungibile a piedi o con navetta pubblica nelle vicinanze.

12 cam ☲ – †70/190 € ††120/200 €

Pianta: C2-c – *strada della Vittoria 2*
– *☎ 0165 848039 – www.stelladelnord.com – Aperto 20 dicembre-15 aprile e 1° luglio-15 settembre*

CRANDOLA VALSASSINA

Lecco – ✉ 23832 – 251 ab. – Alt. 780 m – Carta regionale n° **9**-B2
Carta stradale Michelin 561-D10

ⅼO **Da Gigi**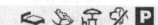

CUCINA REGIONALE • FAMILIARE ✗✗ Per gustare le specialità della Valsassina, un simpatico locale in posizione panoramica con sale di tono rustico e una cucina attenta ai prodotti del territorio (molti di origine biologica), nonché a quelli dell'orto di casa. Al piano inferiore, il laboratorio di pasticceria sforna fragranti prelibatezze.

🍴 Menu 20 € (pranzo in settimana)/39 € – Carta 33/58 €

8 cam ⌂ – ♦50/60 € ♦♦75/85 €

piazza IV Novembre 4 – ☎ 0341 840124 – www.dagigicrandola.it – Chiuso 15-30 giugno e mercoledì escluso luglio-agosto

CRAVANZANA

Cuneo – ✉ 12050 – 411 ab. – Alt. 585 m – Carta regionale n° **14**-C2
Carta stradale Michelin 561-I6

ⅼO **Da Maurizio**

CUCINA PIEMONTESE • TRATTORIA ✗ Gestione familiare alla quarta generazione, siamo nel paese celebre per la produzione delle nocciole, che rientrano anche in alcuni piatti di un menu tutto piemontese. D'estate ci si sposta in terrazza con affaccio sulle colline. Semplici, ma piacevoli le camere.

Menu 38 € – Carta 28/43 €

11 cam ⌂ – ♦70 € ♦♦85 €

via Luigi Einaudi 5 – ☎ 0173 855019 (prenotazione obbligatoria) – www.ristorantedamaurizio.net – Chiuso 8 gennaio-16 febbraio, 2-13 luglio, giovedì a mezzogiorno e mercoledì

CREDERA RUBBIANO

Cremona (CR) – ✉ 26010 – 1 621 ab. – Alt. 70 m – Carta regionale n° **10**-C3
Carta stradale Michelin 561-G10

ⅼO **Il Postiglione** 🛋 ✿ 🅿

CUCINA CLASSICA • ROMANTICO ✗✗ Affascinante restauro di una cascina storica, soffitti in legno, camini e arredi d'epoca conducono ad una cucina del territorio che si apre, però, anche al pesce per il quale la trattoria si è conquista un nome.

Carta 37/66 €

via Boschiroli 17 – ☎ 0373 66114 – www.trattoriapostiglione.it – solo a cena escluso domenica – Chiuso 8-12 gennaio e lunedì

CREMNAGO

Como – ✉ 22044 – Alt. 335 m – Carta regionale n° **10**-B1
Carta stradale Michelin 561-E9

ⅼO **Antica Locanda la Vignetta dal 1910** 🛋 ♿ 🆎 🅿

CUCINA MEDITERRANEA • TRATTORIA ✗ Cordiale accoglienza in un frequentato, simpatico locale all'interno di una villetta liberty, con solida cucina che vira dal lombardo al mediterraneo; servizio estivo sotto un pergolato.

🍴 Menu 15 € (pranzo in settimana)/50 € – Carta 36/64 €

via Garibaldi 15 – ☎ 031 698212 – www.ristorantelavignetta.com – Chiuso gennaio, agosto, lunedì sera e martedì

CREMOLINO

Alessandria – ✉ 15010 – 1 086 ab. – Alt. 405 m – Carta regionale n° **12**-C3
Carta stradale Michelin 561-I7

ᴺO **Bel Soggiorno**

CUCINA PIEMONTESE · VINTAGE XX Nell'incantevole centro storico di Cremolino, in un bel palazzo settecentesco, il titolare delizia i clienti da cinquant'anni con piatti del territorio: il fritto misto regna tra le specialità. Per chi vuole prolungare il soggiorno ci sono anche tre camere, semplici ma romantiche, con finestre sulle colline.

Menu 30/40 € – Carta 28/66 €

3 cam ⌇ – †50/55 € ††75/80 €

via Umberto I 69 – ℰ 0143 879012 – www.ristorantebelsoggiorno.it – solo a cena escluso venerdì, sabato e domenica – Chiuso 15 giorni in gennaio, 15 giorni in luglio e mercoledì

CREMONA

(CR) – ✉ 26100 – 71 901 ab. – Alt. 45 m – Carta regionale n° **9**-C3
Carta stradale Michelin 561-G12

ᴺO **La Sosta**   ᴀᴄ

CUCINA LOMBARDA · ACCOGLIENTE XX Osteria nel nome ma un moderno e colorato locale nell'ambiente. A pochi passi dal Duomo, i classici della cucina cremonese ed altre specialità nazionali.

Carta 33/64 €

Pianta: B2-b – *via Sicardo 9 – ℰ 0372 456656 – www.osterialasosta.it – Chiuso 1 settimana in febbraio, 2 settimane in agosto, domenica sera e lunedì*

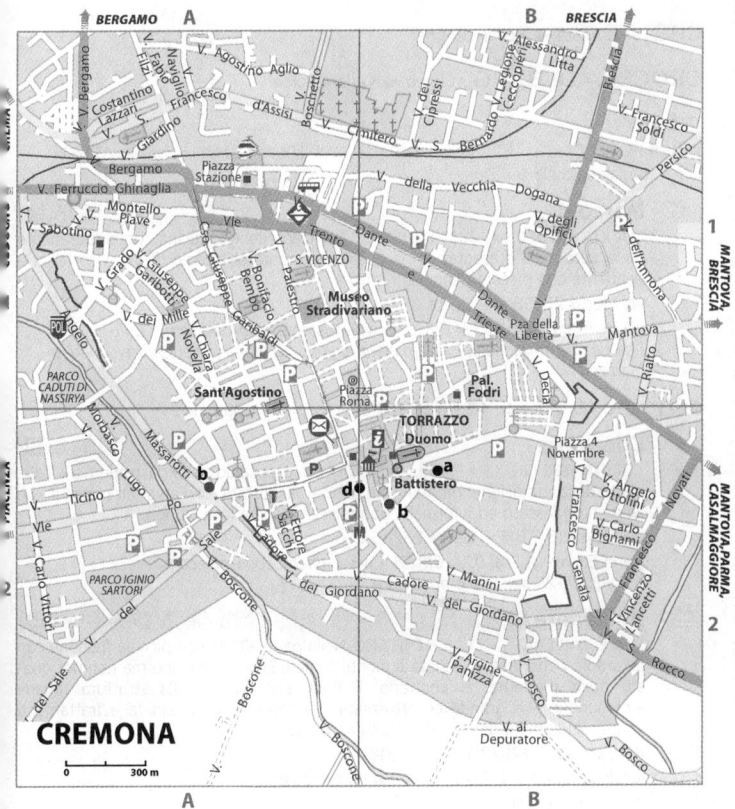

⁺○ Kandoo Nippon   斎 と ⒜ ⑳

CUCINA GIAPPONESE · STILE ORIENTALE ⅹ Colori scuri e look moderno per una pausa relax tutta nipponica a base di ottime specialità del Sol Levante: sia crude, sia cotte.

ⓔ Menu 14 € (pranzo in settimana) – Carta 25/67 €

Pianta: A2-b – *piazza Cadorna 15* – ℰ *0372 21775* – *www.sushikandoo.it* – *Chiuso 13-20 agosto e lunedì*

🏠 Delle Arti   ⒧⒮ ⒠ と ⒜ ⌂

TRADIZIONALE · MODERNO Sin dall'esterno si presenta come un design hotel caratterizzato da forme geometriche e colori sobri, prevalentemente scuri. La sala colazioni è adibita anche a galleria d'arte visitabile: una vera eccezione di modernità nel centro storico.

30 cam ⌁ – ⫪79/169 € ⫪⫪110/169 € – 3 suites

Pianta: B2-a – *via Geremia Bonomelli 8* – ℰ *0372 23131* – *www.cremonahotels.it* – *Chiuso 23 dicembre-2 gennaio e 2-24 agosto*

🏠 Impero   ⒠ と ⒜

TRADIZIONALE · ACCOGLIENTE Nel cuore del centro storico, in un austero edificio anni '30, albergo rinnovato con camere più tranquille sul retro o con vista su piazza o Torrazzo dagli ultimi piani.

51 cam ⌁ – ⫪75/149 € ⫪⫪90/149 €

Pianta: AB2-d – *piazza Pace 21* – ℰ *0372 413013* – *www.cremonahotels.it*

CRETAZ Aosta → Vedere Cogne

CROCERA DI BARGE Cuneo → Vedere Barge

CRODO

Verbano-Cusio-Ossola – ✉ 28862 – 1 404 ab. – Alt. 505 m – Carta regionale n° **12**-C1
Carta stradale Michelin 561-D6

⁺○ Marconi   斎 と ⒜

CUCINA MODERNA · ACCOGLIENTE ⅹⅹ In pieno centro, cucina contemporanea e tanta cura nelle presentazioni in questo ristorante all'interno di una villetta indipendente con piccolo dehors sul retro.

ⓔ Menu 25/55 € – Carta 38/81 €

via Pellanda 21 – ℰ *0324 618797* – *www.ristorantemarconi.com* – *Chiuso 1 settimana in gennaio, 1 settimana in giugno, 15 giorni in settembre, lunedì e martedì*

a Viceno Nord-Ovest : 4,5 km ✉ 28862 – Crodo – Alt. 896 m

🏠 Edelweiss   🚪 と ⓟ

CUCINA REGIONALE · FAMILIARE ⅹ Un vero caposaldo della gastronomia locale: piatti della tradizione montana, in primis la costata di cervo al pepe, in un ambiente rilassato ed informale. Buona scelta di vini locali e non.

ⓔ Menu 16/36 € – Carta 23/46 €

Hotel Edelweiss – ℰ *0324 618791* – *www.albergoedelweiss.com* – *Chiuso 11-25 gennaio e novembre*

🏠 Belvedere ⓝ   🏹 🦡 🚪 ⒥ ⑳ ⒩ ⒠ と ⌂

SPA E WELLNESS · STILE MONTANO Nella parte alta di una piccola frazione con un ampio panorama su vallate e monti, camere in stile montano ma non per questo poco moderne: al contrario! Il fiore all'occhiello della struttura rimane - comunque - la grande ed attrezzata spa con piscina riscaldata e trattamenti vari; spazi comuni ben curati e tanta ospitalità.

40 cam ⌁ – ⫪75/90 € ⫪⫪150/180 €

località Mozzio – ℰ *0324 61055* – *www.belvederemozzio.it* – *Chiuso 8 gennaio-29 marzo*

 Edelweiss   ⑤ ≤ 🚊 🔄 ⑩ 𝄃 🔄 ⬆ 🗚 **P**

FAMILIARE · FUNZIONALE Imbiancato dalla neve d'inverno, baciato dai raggi di un tiepido sole d'estate, un rifugio di montagna dalla calorosa gestione familiare, moderno e curato, con una piccola sala giochi.

35 cam ☒ – ♦65/90 € ♦♦100/140 €

– ✆ 0324 618791 – www.albergoedelweiss.com – Chiuso 11-25 gennaio e novembre

🕸 **Edelweiss** – Vedere selezione ristoranti

CROTONE

(KR) – ✉ 88900 – 62 178 ab. – Carta regionale n° **3**-B2
Carta stradale Michelin 564-J33

🍴○ Da Ercole   ⇦ 🍴 🗚

PESCE E FRUTTI DI MARE · ACCOGLIENTE ✗✗ Il sapore e il profumo del mar Ionio vengono esaltati nei piatti in carta, il meglio di giornata lo suggerisce a voce direttamente Ercole, lo chef-patron, anfitrione di questo accogliente locale classico sul lungomare della località.

Menu 40/70 € – Carta 36/83 €

2 cam ☒ – ♦40/60 € ♦♦70/100 €

viale Gramsci 122 – ✆ 0962 901425 – www.daercole.eu – Chiuso domenica escluso luglio-agosto

🏠 Palazzo Foti   🏠 🔄 ♿ 🗚 ✗ **P**

TRADIZIONALE · CENTRALE Sul lungomare del centro città, nuovo albergo design dalle linee moderne e dalle camere luminose, dotate di ogni confort. La ristorazione è in buone mani: un giovane cuoco locale infatti vi delizierà con una leggera, ma - al tempo stesso - moderna cucina locale.

39 cam ☒ – ♦85/105 € ♦♦130/160 €

via Colombo 79 – ✆ 0962 900608 – www.palazzofoti.it

CUASSO AL MONTE

Varese – ✉ 21050 – 3 612 ab. – Alt. 530 m – Carta regionale n° **9**-A2
Carta stradale Michelin 561-E8

🕸 Al Vecchio Faggio   🍴 ♿ **P**

CUCINA REGIONALE · CONTESTO TRADIZIONALE ✗✗ All'ombra del secolare faggio che domina il giardino, la vista si rilassa ammirando la fitta vegetazione dell'argine del lago di Lugano. Dalla cucina piatti del territorio e specialità quali: tagliatelle fresche agli asparagi bianchi di Cantello - stracotto d'asino di Busto Arsizio - torta di uvetta, nocciola, cioccolato.

🍽 Menu 25 € (pranzo)/38 € – Carta 30/58 €

via Garibaldi 8, località Borgnana, Est: 1 km – ✆ 0332 938040
– www.vecchiofaggio.com – Chiuso 7-22 gennaio, 15-30 giugno e mercoledì

a Cuasso al Piano Sud-Ovest : 4 km ✉ 21050

🍴○ Molino del Torchio   ⇦ ⑤ **P**

CUCINA REGIONALE · FAMILIARE ✗✗ All'interno di un suggestivo vecchio mulino (per raggiungere l'ingresso principale impostare sul navigatore via Ginaga a Besano), antiche ricette lombarde animano menu giornalieri attenti alla stagionalità dei prodotti. Camere personalizzate e ben tenute.

Menu 38 € – Carta 30/47 €

2 cam ☒ – ♦60 € ♦♦80 €

via Molino del Torchio 17 – ✆ 0332 920318
– www.molinodeltorchio.com – Chiuso 16-23 agosto, mercoledì a mezzogiorno, lunedì e martedì

CUMA Napoli → Vedere Pozzuoli

CUNEO
(CN) – ⊠ 12100 – 56 081 ab. – Alt. 534 m – Carta regionale n° **12**-B3
Carta stradale Michelin 561-I4

Osteria della Chiocciola
CUCINA PIEMONTESE · AMBIENTE CLASSICO XX Al pianterreno c'è l'enoteca, al primo piano la sala ristorante: entrambe semplici, ma piacevoli. La cucina di cui l'osteria va fiera è quella della tradizione locale, che utilizza i prodotti del territorio e segue l'alternarsi delle stagioni (quindi anche con presenza di tartufo bianco). In menu: tajarin, ravioli del plin, maltagliati, bollito misto, panna cotta e torte varie.

Menu 15 € (pranzo in settimana)/38 € – Carta 31/48 €

Pianta: B1-s – *via Fossano 1*
- *℘ 0171 66277 (consigliata la prenotazione)*
- *Chiuso 31 dicembre-15 gennaio e domenica*

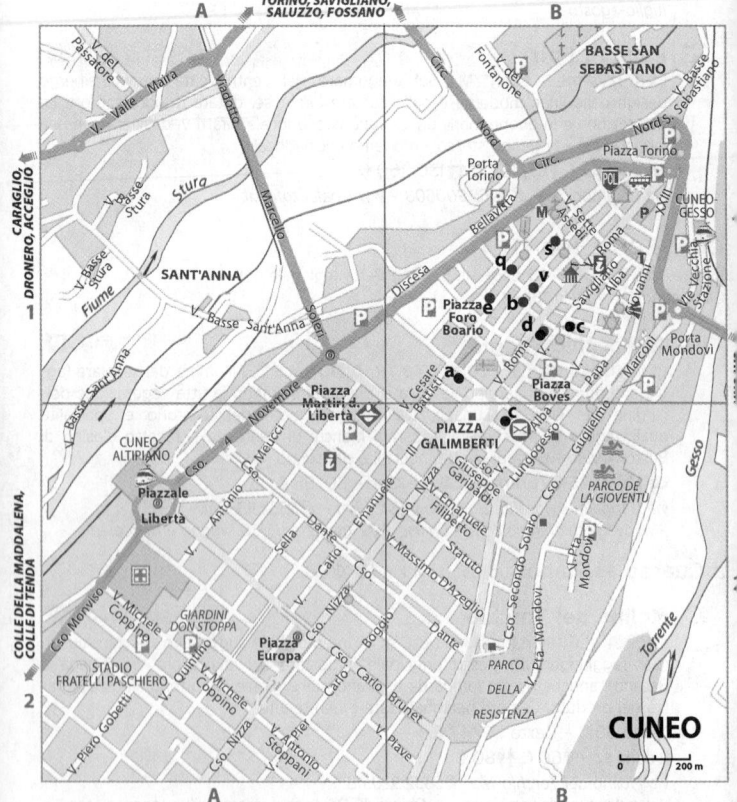

4 ciance   🛋 ᗱ

CUCINA PIEMONTESE · CONTESTO TRADIZIONALE XX Due semplici sale, una con soffitto a cassettoni, l'altra in mattoni a croce e una cucina che sa di territorio e di qualità: risotto alla zucca gialla e mousse di robiola di pecora - guancia di vitello brasata al Nebbiolo - semisfera di cioccolato, semifreddo nocciola e caffè: il Piemonte in tavola!

Menu 38 € – Carta 34/50 €

Pianta: B1-q – *via Dronero 8c* – *✆0171 489027 (consigliata la prenotazione)* – *www.4ciance.it* – *solo a cena escluso sabato e domenica* – *Chiuso martedì*

⑪◯ Lovera   🛋 AC

CUCINA PIEMONTESE · ELEGANTE XXX All'interno dell'omonimo albergo, un elegante salone è la cornice di una cucina in prevalenza di carne nelle tipiche preparazioni piemontesi, ma l'appuntamento più atteso è il servizio estivo sull'elegante e pedonalizzata via Roma.

Menu 29/18 € – Carta 32/61 €

Pianta: B1-d – *Palazzo Lovera Hotel, via Savigliano 14* – *✆0171 690429* – *www.ristoranteloveracuneo.it* – *Chiuso 1°-10 febbraio, 1°-7 giugno, 1°-7 settembre, giovedì a mezzogiorno e lunedì*

⑪◯ Bove's   🛋

CARNE · VINTAGE X Il nipote di uno dei più celebri macellai d'Italia, Martini, porta a Cuneo le sue carni, a cui la carta è quasi esclusivamente dedicata, insieme a qualche primo, insalate ed elaborati hamburger. Il tutto in due nostalgiche sale che rievocano le atmosfere di un bistrot anni '40.

Carta 22/61 €

Pianta: B1-v – *via Dronero 2/b* – *✆0171 692624* – *www.boves1929.it* – *Chiuso 1 settimana in febbraio, 1-14 giugno, 1 settimana in settembre e mercoledì*

⑪◯ L'Osteria di Christian   AC

CUCINA TRADIZIONALE · ROMANTICO X L'Osteria di Christian: ma veramente solo sua! Questo istrionico ed energico chef-patron si cura di tutto dalla A alla Z, dalla cucina alla sala, piccola, romantica e con ricordi marsigliesi, dove a voce vi propone i migliori piatti della tradizione piemontese, elaborati partendo da ottime materie prime.

Carta 33/64 €

Pianta: B1-b – *via Dronero 1e* – *✆347 155 6383 (prenotazione obbligatoria)* – *solo a cena escluso domenica da ottobre a maggio* – *Chiuso 10 giorni in agosto-settembre e lunedì, anche domenica in giugno-ottobre*

⑪◯ Osteria due Grappoli   🛋

CUCINA PIEMONTESE · TRATTORIA X Tradizione e innovazione si uniscono per dare forma a piatti tipici in chiave moderna: ricette rivisitate, proposte di pesce e dolci originali.

🍽 Menu 20 € (pranzo in settimana)/32 € – Carta 31/54 €

Pianta: B1-e – *via Santa Croce 38* – *✆0171 698178* – *www.osteriaduegrappoli.it* – *Chiuso 1 settimana in gennaio, 1 settimana in agosto, domenica e lunedì*

🏨 Palazzo Lovera Hotel   🏖 ᗱᵹ ⊡ ᗱ AC 🚗

TRADIZIONALE · CLASSICO Nel cuore della città, un palazzo nobiliare del XVI secolo che ebbe illustri ospiti, è oggi un albergo di prestigio con spaziose, eleganti, camere in stile, nonché un'eccellente gestione diretta.

40 cam ⚏ – 🛏99/135 € 🛏🛏125/155 € – 7 suites

Pianta: B1-d – *via Savigliano 14* – *✆0171 690420* – *www.palazzolovera.com*

⑪◯ **Lovera** – Vedere selezione ristoranti

🏨 Principe   ⊡ AC 🏄

BUSINESS · TRADIZIONALE Affacciato sulla scenografica piazza Galimberti, con qualche posto macchina a disposizione, le camere sono di diversa tipologia, da quelle funzionali e moderne, più semplici, a quelle in stile, a volte con arredi d'epoca, tra le migliori della città.

49 cam ⚏ – 🛏85/125 € 🛏🛏118/150 € – 1 suite

Pianta: B2-c – *piazza Galimberti 5* – *✆0171 693355* – *www.hotel-principe.it*

🏨 Royal Superga 　　　　　　　　⊡ ᾥ ⁊ℂ ᾥ 🅿

BUSINESS · ACCOGLIENTE In una dimora storica ottocentesca, la dinamica gestione al timone dell'hotel è sicuramente uno dei suoi punti di forza, ma anche le continue migliorie in termini di confort e tecnologie lo rendono ideale sia per un clientela business sia per un turismo leisure.

42 cam ⚲ – †65/99 € ††85/159 €

Pianta: B1-a – *via Pascal 3* – 𝒞 0171 693223 – *www.hotelroyalsuperga.com*

🏨 Ligure 　　　　　　　　　　　　⊡ ᾥ ᾥ 🅿

FAMILIARE · ACCOGLIENTE Nella parte storica di Cuneo, questa semplice risorsa (recentemente rinnovata) dispone di spazi comuni funzionali e camere accoglienti. La non esosa politica dei prezzi contribuisce a rendere l'indirizzo particolarmente interessante.

22 cam ⚲ – †50/68 € ††70/88 €

Pianta: B1-c – *via Savigliano 11* – 𝒞 0171 634545 – *www.ligurehotel.it*

CUORGNÈ

Torino – ✉ 10082 – 9 906 ab. – Alt. 414 m – Carta regionale n° **12**-B2
Carta stradale Michelin 561-F4

🍽 Rosselli 77 　　　　　　　　　　　　ᾥ ⇔ 🅿

CUCINA PIEMONTESE · VINTAGE XX Locale originale nella sua formula di "ristorante & antiquariato", dove il patron - che è lo chef! - ripara mobili ed oggetti che compongono l'arredamento, acquistabili tra una portata e l'altra di specialità piemontesi (piatti che variano giornalmente in base alla disponibilità del mercato). Gli imperdibili: maccheroni trafilati con ragù di carni bianche - cappello del prete vino rosso e olio extravergine - bunet di fiori d'acacia.

🍴 Menu 20/25 €

via F.lli Rosselli 77 – 𝒞 0124 651613 *(consigliata la prenotazione)* – *solo a pranzo* – *Chiuso vacanze di Natale, agosto, domenica e lunedì*

CUREGGIO

Novara – ✉ 28060 – 2 654 ab. – Alt. 289 m – Carta regionale n° **13**-A3
Carta stradale Michelin 561-E7

🍽 La Capuccina 　　　　　　　　🐾 ⇆ 🐖 🍴 🍷 ᾥ ⁊ 🅿

CUCINA REGIONALE · CASA DI CAMPAGNA XX La formula del menu a prezzo fisso unitamente ad un ambiente accogliente hanno conquistato una larga fetta di clientela. Gli spazi sono caratteristici e ben inseriti nel corpus di una cascina cinquecentesca.

Menu 40 €

9 cam ⚲ – †70/75 € ††100/120 €

via Novara 19/b, località Capuccina – 𝒞 0322 839930 *(consigliata la prenotazione)* – *www.lacapuccina.it* – *solo a cena escluso domenica* – *Chiuso 2-20 gennaio, lunedì, martedì e mercoledì*

CURNO

Bergamo – ✉ 24035 – 7 651 ab. – Alt. 244 m – Carta regionale n° **10**-C1
Carta stradale Michelin 561-E10

🍽 Trattoria del Tone 　　　　　　　　🍸 ᾥ ⇔ 🅿

CUCINA DEL TERRITORIO · AMBIENTE CLASSICO XX Ristorante dalla lunga tradizione, ci si avvicina al mezzo secolo, i cui ambienti classici sono ravvivati da fiori freschi in antichi argenti usati come vasi. La cucina è diversificata con estrema sicurezza: classica, legata al territorio come negli immortali casoncelli o nel coniglio al rosmarino con polenta, oppure ispirata al mare.

🍴 Menu 19 € (pranzo in settimana)/50 € – Carta 36/62 €

via Roma 4 – 𝒞 035 613166 – *www.trattoriadeltone.com* – *Chiuso 2 settimane in agosto, martedì e mercoledì*

CURTATONE

Mantova – ✉ 46010 – 100 ab. – Alt. 26 m – Carta regionale n° **9**-C3
Carta stradale Michelin 561-G14

a Grazie Ovest : 2 km ✉ 46010

Locanda delle Grazie

CUCINA MANTOVANA · FAMILIARE XX A voce vi sarà suggerito anche qualche piatto di mare, ma il ristorante è diventato un faro per gli appassionati della cucina mantovana: stracotto d'asino, tra gli imperdibili!

Menu 25/30 € – Carta 23/58 €

6 cam ♨ – ♦40 € ♦♦70 €

via San Pio X 2 – ℰ 0376 348038 (consigliata la prenotazione)
– www.locandagrazie.com – Chiuso 1 settimana in gennaio, 1 settimana in giugno-luglio, 16-30 agosto, martedì e mercoledì

CUSAGO

Milano – ✉ 20090 – 3 902 ab. – Alt. 126 m – Carta regionale n° **10**-A2
Carta stradale Michelin 561-F9

Da Orlando

CUCINA ITALIANA · ACCOGLIENTE XX Su una scenografica piazza con castello, ambienti classici con tavoli distanziati e accogliente gestione familiare. La cucina si divide equamente tra carne e pesce con interessanti elaborazioni.

Carta 40/64 €

piazza Soncino 19 – ℰ 02 9039 0318 – www.daorlando.com
– Chiuso 24 dicembre-1° gennaio, 7-21 agosto, sabato a mezzogiorno e domenica

Brindo by Orlando

CUCINA REGIONALE · TRATTORIA X Piccola e piacevole trattoria moderna, più informale dell'altro ristorante di famiglia (Da Orlando), ma con la stessa passione e ricerca: oltre ad alcuni classici, le specialità sono i crudi e le tartare.

Carta 34/45 €

via Libertà 18 – ℰ 02 9039 4429 – www.brindo.it – Chiuso 2 settimane in agosto, sabato a mezzogiorno e domenica

Mulino Grande

DIMORA STORICA · MINIMALISTA Dal restauro di un mulino cinquecentesco, questo elegante albergo dall'atmosfera rurale, ma dai comfort moderni racchiude design, gastronomia, benessere, sostenibilità, high-tech ed un attento recupero degli elementi del passato. Tutto è curato nei minimi dettagli per offrire il massimo lusso nel pieno rispetto della natura.

19 cam ♨ – ♦100/500 € ♦♦120/900 € – 2 suites

via Cisliano 26 – ℰ 02 9039 0731 – www.hotelmulinogrande.it – Chiuso 1°-7 gennaio e 29 luglio-26 agosto

CUSTOZA Verona → Vedere Sommacampagna

CUTIGLIANO

Pistoia – ✉ 51024 – 1 488 ab. – Alt. 678 m – Carta regionale n° **18**-B1
Carta stradale Michelin 563-J14

Trattoria da Fagiolino

CUCINA REGIONALE · FAMILIARE X Nel cuore di un grazioso paese dell'Appennino toscano, la cucina ne ripropone le specialità: salumi, paste fresche e capretto nostrano al forno con patata fondente al lardo sono alcuni dei piatti forti, insieme a funghi e tartufi. All'altezza delle aspettative anche le camere, moderne e ben tenute.

Carta 21/48 €

4 cam ♨ – ♦50/55 € ♦♦82/90 €

via Carega 1 – ℰ 0573 68014 – www.trattoriadafagiolino.it – Chiuso novembre, martedì e mercoledì escluso luglio-agosto

CUTROFIANO

Lecce (LE) – ✉ 73020 – 9 045 ab. – Alt. 85 m – Carta regionale n° **15**-D3
Carta stradale Michelin 564-G36

🏠🏠 Sangiorgio Resort & Spa   ⌂ ⌿ 🍸 🖼 🌐 ⌂ 🛁 ⬚ ⛓ 🅰🅲 ⚐ 🅿

LUSSO · PERSONALIZZATO Gorgoglianti fontane, il profumo inebriante delle
zagare e delle essenze mediterranee: se vi conduccessero qua ad occhi chiusi pen-
sereste, nel riaprirli, di essere approdati in qualche lussuoso resort keniota... Nata
come residenza estiva per le suore del convento di Santa Maria di Leuca, di cui
conserva ancora una cappella consacrata, la struttura si estende in orizzontale
ed è circondata da una grande proprietà; due piscine distanti l'una dall'altra assicurano agli ospiti una certa privacy.

18 cam ⌂ – †98/550 € ††185/650 €

provinciale Noha-Collepasso, Ovest: 4 km – 𝒞 0836 542848
– www.sangiorgioresort.it

DARFO BOARIO TERME

Brescia – ✉ 25047 – 15 599 ab. – Alt. 218 m – Carta regionale n° **9**-C2
Carta stradale Michelin 561-E12

a Boario Terme ✉ 25041

🍽️○ La Svolta   🛖

PESCE E FRUTTI DI MARE · CONVIVIALE ✕✕ Locale accogliente con fresca
veranda chiusa, le specialità sono a base di pesce, ma non mancano piatti di
terra, pizza e alcune specialità locali.

Carta 25/52 €

*viale Repubblica 15 – 𝒞 0364 532580 – www.ristorantepizzerialasvolta.it – solo a
cena – Chiuso 2-9 febbraio e mercoledì*

🏠🏠 Rizzi Aquacharme   ⌂ ⌿ 🖼 🌐 ⌂ 🛁 ⬚ ⛓ 🅰🅲 ⚐ 🚗

SPA E WELLNESS · PERSONALIZZATO Una struttura in grado di accontentare
qualsiasi tipo di clientela, dal manager in cerca di spazi dove organizzare riunioni
ed eventi, alla coppia che vuole trascorrere un week-end romantico tra natura e
remise en forme. Nell'ariosa sala da pranzo l'eleganza incontra il gusto: piatti tradizionali e menu benessere.

85 cam ⌂ – †50/100 € ††70/260 €

via Carducci 5/11 – 𝒞 0364 531617 – www.rizziaquacharme.it

a Montecchio Sud-Est : 2 km ✉ 25047 – Darfo Boario Terme

🍽️○ La Storia   🛖 🅰🅲 🅿

CUCINA REGIONALE · ACCOGLIENTE ✕✕ In zona periferica e verdeggiante, villetta che ospita due sale di taglio classico; cucina che spazia tra terra e mare
con specialità camune.

🍴 Menu 15 € (pranzo in settimana)/32 € – Carta 29/54 €

*via Fontanelli 1, Est: 2 km – 𝒞 0364 538787 – www.ristorantelastoria.it
– Chiuso 1°-5 gennaio e mercoledì*

DEIVA MARINA

La Spezia – ✉ 19013 – 1 392 ab. – Carta regionale n° **8**-D2
Carta stradale Michelin 561-J10

🏠 Bagni Arcobaleno 🅝   ⌂ 🅰🅲 🚿 🚗

FAMILIARE · LUNGOMARE Benché la maggior parte delle camere – tranne quattro con vista mare laterale – diano sul retro, l'albergo si trova proprio sulla spiaggia, compresa nel prezzo, così come il garage. Camere ampie dagli arredi
moderni, due terrazze di cui una solarium.

9 cam ⌂ – †89/119 € ††109/169 €

*lungomare C. Colombo 6 – 𝒞 0187 815801 – www.bagniarcobaleno.it – Aperto
maggio-settembre*

 **Riviera** 🏠 🛁 🔥 🅰 🛇 🅿

TRADIZIONALE · CLASSICO A pochi passi dalle spiagge, un hotel a conduzione diretta caratterizzato da camere essenziali: da buona parte di esse si vede il mare, da alcune un piccolo scorcio, da altre un bel panorama. Il tutto, in un grazioso edificio con decorazioni trompe-l'oeil.

27 cam 🚫 – †60/110 € ††80/140 €

località Fornaci 12 – ☎ 0187 815805 – www.hotelrivieradeivamarina.it – Aperto 1° aprile-1° ottobre

DELEBIO

Sondrio – ✉ 23014 – 3 207 ab. – Alt. 218 m – Carta regionale n° **9**-B1
Carta stradale Michelin 561-D10

🍽 **Osteria del Benedet** 🕸 🅰 ♿

CUCINA CREATIVA · ELEGANTE ✕✕ Ristorante che fu antica osteria, si sviluppa oggi in verticale: wine-bar al piano terra e sale a quello superiore. Cucina di ispirazione moderna.

🍴 Menu 20/50 € – Carta 36/79 €

via Roma 2 – ☎ 0342 696096 – www.osteriadelbenedet.com – Chiuso 1°-8 gennaio, agosto e domenica

DESENZANO DEL GARDA

Brescia – ✉ 25015 – 28 650 ab. – Alt. 67 m – Carta regionale n° **9**-D1
Carta stradale Michelin 561-F13

🍃 **Esplanade** (Massimo Fezzardi) 🕸 ≼ 🏡 🅰 🛇 🅿

CUCINA CREATIVA · ELEGANTE ✕✕✕ In posizione panoramica sul lago, gestione di lunga data che propone piatti soprattutto di mare in preparazioni che ne esaltano la freschezza e l'ottima qualità. Per una cena all'insegna del romanticismo, prenotate un tavolo sul pontile.

→ Risotto mantecato ai pomodorini, crostacei profumati al basilico e granita alla ciliegia. Piccione arrostito al rosmarino, carote allo zenzero, cavolo nero e latte alla liquirizia. Mousse al cioccolato bianco cotto al forno con fragola, zenzero e spuma di menta.

Menu 80/100 € – Carta 71/163 €

via Lario 10 – ☎ 030 914 3361 – www.ristorante-esplanade.com – Chiuso mercoledì a mezzogiorno in estate, anche mercoledì sera negli altri mesi

🍽 **Molin 22** 🏡 ♿ 🅰

CUCINA MEDITERRANEA · CHIC ✕✕ Nel cuore della località, un ristorante in stile moderno con una splendida terrazza vista lago. Cucina mediterranea e contemporanea rispettosa della tradizione, del territorio e della stagionalità dei prodotti. Presenti all'appello anche pizze gourmet!

Carta 49/97 €

Via Tommaso dal Molin 22 – ☎ 030 991 4437 (consigliata la prenotazione) – www.molin22.it

🍽 **La Lepre** ⓝ 🅰

CUCINA CREATIVA · DESIGN ✕✕ Nascosto nelle viuzze del centro, due sale dall'arredo design e atmosfera molto soffusa per una cucina di taglio moderno-creativo. Adiacente il bistrot con un'offerta più semplice.

Menu 54/64 € – Carta 55/90 €

via Bagatta 33 – ☎ 030 914 2313 (prenotare) – www.lalepreristorante.it

🏨 **Park Hotel** 🏠 ≼ 🛁 🔄 🅰 🐕 🚗

LUSSO · BORDO LAGO Albergo storico sul lungolago che grazie a continui rinnovi si è trasformato in un elegante connubio tra design e tradizione, piccola piscina panoramica per soggiorni d'autore.

50 cam 🚫 – †100/260 € ††100/260 € – 11 suites

lungolago Cesare Battisti 17 – ☎ 030 914 3494 – www.parkhotelonline.it

🏠 Villa Rosa

LUSSO · ELEGANTE Hotel poco distante dal centro storico e fronte lago, si caratterizza per i suoi ambienti luminosi e le camere modernamente allestite. Imperdibile, la cucina raffinata del ristorante Rose & Sapori.

62 cam � – †95/255 € ††125/255 €

lungolago Battisti 89 – ☏ 030 914 1974 – www.villarosahotel.eu – Chiuso gennaio

🏠 Nazionale

BUSINESS · FUNZIONALE Vicino al centro, storico albergo di Desenzano risorto dopo un completo restauro propone ambienti moderni, rilassanti e dai colori sobri, nonché una piacevole zona piscina.

41 cam � – †70/150 € ††90/250 € – 2 suites

via Marconi 23 – ☏ 030 915 8555 – www.hotelnazionaledesenzano.it

🏠 Desenzano

FAMILIARE · FUNZIONALE A soli 5 minuti a piedi dal centro e non lontano dalla stazione, hotel dalla capace conduzione diretta, con ampie e comode camere: particolarmente moderne quelle rinnovate di recente.

40 cam ☮ – †65/110 € ††85/160 €

viale Cavour 40/42 – ☏ 030 914 1414 – www.hoteldesenzano.it

DEUTSCHNOFEN NOVA PONENTE

DEVINCINA Trieste → Vedere Sgonigo

DIANO MARINA

Imperia – ✉ 18013 – 5 977 ab. – Carta regionale n° **8**-A3
Carta stradale Michelin 561-K6

🏠 Grand Hotel Diana Majestic

TRADIZIONALE · ELEGANTE Nella tranquillità offerta dalla posizione al termine di una via chiusa, ai due lati della struttura troverete il giardino degli ulivi e le piscine, di cui una riscaldata, davanti il mare. Ambienti moderni rinnovati con frequenza: tutte le camere vedono il mare, ma la 501 offre una suggestiva terrazza. Rimarchevole assortimento di distillati al bar.

82 cam ☮ – †69/380 € ††69/380 € – 4 suites

via degli Oleandri 15 – ☏ 0183 402727 – www.dianamajestic.com – Aperto 10 febbraio-4 novembre

🏠 Bellevue et Mediterranée

TRADIZIONALE · CLASSICO Imponente, signorile e spiccatamente familiare, l'hotel dispone di due piscine - una riscaldata, l'altra coperta per la talassoterapia - e di un ristorante con vista panoramica sul golfo di Diano Marina.

73 cam ☮ – †90/180 € ††130/235 € – 4 suites

via Generale Ardoino 2 – ☏ 0183 4093 – www.bellevueetmediterranee.it – Aperto 1° aprile-8 ottobre

🏠 Torino

TRADIZIONALE · ELEGANTE A pochi passi dall'isola pedonale, servizio accurato in un hotel signorile che dispone di camere dagli eleganti arredi contemporanei, un ristorante a bordo piscina, l'altro panoramico per le colazioni. Al quinto piano, con superba vista sulla località e sul golfo dianese, l'attrezzatissima spa (ebbene sì, mai come in questo caso l'aggettivo è meritato!) vi attende con hammam, sauna finlandese, docce emozionali, cascata di ghiaccio, ed altro ancora...

69 cam ☮ – †55/190 € ††70/290 € – 11 suites

via Milano 72 – ☏ 0183 495106 – www.hoteltorinodiano.it – Chiuso novembre e dicembre

🏨 Gabriella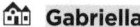

TRADIZIONALE · LUNGOMARE Sul mare verso San Bartolomeo, al termine di un cul-de-sac che lo preserva dai rumori, un'imponente edificio circondato da un verde giardino: semplice nelle zone comuni, offre camere spaziose e ben tenute, tutte vista mare.

50 cam ⌂ – ♦65/125 € ♦♦100/220 €

via dei Gerani 9 – ℰ 0183 403131 – www.hotelgabriella.it – Chiuso 23 ottobre-15 febbraio

🏨 Caravelle

TRADIZIONALE · MODERNO Diverse piscine con acqua di mare, alcune riscaldate altre con idromassaggi: gran parte delle attenzioni della gestione è stata destinata al centro di cure estetiche e talassoterapiche. Il ristorante, moderno e da poco rinnovato, dispone di grandi vetrate che permettono allo sguardo di spaziare.

51 cam ⌂ – ♦164/216 € ♦♦164/216 €

via Sausette 34 – ℰ 0183 405311 – www.hotelcaravelle.it – Aperto Pasqua-9 ottobre

🏨 Eden Park

TRADIZIONALE · CLASSICO E' sufficiente una breve passeggiata attraverso i gradevoli ambienti comuni per arrivare al bel giardino con piscina, proprio in riva al mare. Quanto alle camere, fresche e luminose, sono tutte arredate con vivaci colori. La sala ristorante offre una gradevole vista sul giardino, piatti locali ed internazionali.

33 cam ⌂ – ♦79/120 € ♦♦130/248 €

via Generale Ardoino 70 – ℰ 0183 403767 – www.edenparkdiano.it

🏨 Jasmin

TRADIZIONALE · LUNGOMARE Molte le vetrate musive policrome, alcune anche nelle stanze - spesso dai bagni grandi e originali - per la maggior parte rivolte sulla baia: accogliente, vivace e dinamico, grazie all'uso sapiente dei colori, l'hotel si trova direttamente sulla spiaggia (privata).

30 cam – ♦45/80 € ♦♦50/120 € – 3 suites – ⌂ 12 €

viale Torino 15 – ℰ 0183 495300 – www.hoteljasmin.com – Aperto 27 dicembre-10 gennaio e 1° febbraio-10 ottobre

🏨 Arc en Ciel

TRADIZIONALE · CLASSICO Circondato da ville di prestigio, tra pini marittimi e palme secolari, l'hotel si affaccia sul mare al termine della località verso Imperia e regala romantici scorci sul golfo di Diano; la spiaggia è una piattaforma attrezzata sugli scogli.

50 cam ⌂ – ♦65/150 € ♦♦90/210 €

viale Torino 39 – ℰ 0183 495283 – www.hotelarcenciel.it – Aperto 2 aprile-15 ottobre

DIMARO

Trento – ✉ 38025 – 1 298 ab. – Alt. 766 m – Carta regionale n° **19**-B2
Carta stradale Michelin 562-D14

🏨 Sporthotel Rosatti

TRADIZIONALE · STILE MONTANO Lungo la strada che porta al passo, una bella struttura che sdoppia le camere in due edifici distinti collegati da un tunnel sotterraneo. La caratteristica che accomuna le stanze è l'accoglienza anche se nella dépendance sono più moderne e in stile montano (quest'ultime da preferire). Piacevole taverna in legno per serate in allegra compagnia.

54 cam ⌂ – ♦55/145 € ♦♦80/185 € – 6 suites

via Campiglio 14 – ℰ 0463 974885 – www.sporthotel.it

DIOLO Parma → Vedere Soragna

DOBBIACO TOBLACH
Bolzano – ✉ 39034 – 3 351 ab. – Alt. 1 256 m – Carta regionale n° **19**-D1
Carta stradale Michelin 562-B18

🏵️ **Tilia** (Chris Oberhammer) 🕮 🆑 🅿️

CUCINA MODERNA · DESIGN XX Un cubo di vetro al centro di un giardino circondato da un sontuoso edificio ottocentesco: è l'originale collocazione dei cinque tavoli per sedici coperti che il cuoco di Dobbiaco delizia con una cucina contemporanea.
→ Risotto al tartufo nero e formaggio fresco. Bue brasato al vino rosso con patate fondenti e carote. Pralina di cioccolato e gianduia con gelato al cacao.
Menu 65/85 € – Carta 62/116 €

*via Dolomiti 31b – ℰ 335 812 7783 (coperti limitati, prenotare) – www.tilia.bz
– Chiuso 2 settimane in maggio o giugno, novembre, domenica sera e lunedì*

🍴 **Santer** ≤ 🕮 🕮 🅿️

CUCINA REGIONALE · ELEGANTE XX Porta lo stesso nome dell'hotel, il ristorante à la carte che dispone di una raccolta stube tirolese o di una sala più classica che funge anche da bar. Al timone del locale il figlio dei titolari, che propone piatti altoatesini, ma anche proposte di mare e creative.
Menu 30/50 € – Carta 37/65 €

*via Alemagna 4 – ℰ 0474 972142 – www.hotel-santer.com – Chiuso
10 aprile-20 maggio e 15 ottobre-30 novembre*

🏨 **Cristallo** 🕮 ≤ 🕮 🖼️ 🕮 🕮 🕮 🕮 🕮

TRADIZIONALE · ELEGANTE In centro paese, professionalità e accoglienza qui sono di casa, nonché una costante manutenzione delle camere, luminose, per la maggior parte con arredi in legno d'abete e pavimenti in larice.
36 cam ☶ – †80/150 € ††140/220 € – 2 suites

*via San Giovanni 37 – ℰ 0474 972138 – www.hotelcristallo.com
– Aperto 20 dicembre-20 marzo e 1° giugno-2 ottobre*

🏨 **Santer** 🕮 ≤ 🕮 🕮 🕮 🕮 🕮 🕮 🕮 🅿️

LUSSO · PERSONALIZZATO Per trascorrere delle vacanze in grande stile, questo è un albergo che non cessa mai di migliorarsi e ingrandirsi. Ampi saloni, splendide camere e soprattutto un eccellente centro benessere.
50 cam ☶ – †133/167 € ††111/217 € – 10 suites

*via Alemagna 4 – ℰ 0474 972142 – www.hotel-santer.com – Chiuso
10 aprile-20 maggio e 15 ottobre-30 novembre*

🍴 **Santer** – Vedere selezione ristoranti

🏨 **Park Hotel Bellevue** 🕮 🕮 🖼️ 🕮 🕮 🕮 🅿️

TRADIZIONALE · ACCOGLIENTE Lungo il viale che attraversa la località e punteggiato da alberghi, qui si trova anche il "nostro": un'elegante costruzione con camere di diversa metratura, ma tutte confortevoli. Particolarità nelle stanze ricavate dalla torretta; qualche personalizzazione maggiore nei corridoi dove sono esposti arredi e oggetti d'epoca.
37 cam ☶ – †81/132 € ††97/144 € – 5 suites

*via Dolomiti 23 – ℰ 0474 972101 – www.parkhotel-bellevue.com
– Aperto 7 dicembre-2 aprile e 25 maggio-7 ottobre*

sulla strada statale 49 Sud-Ovest : 1,5 km

🍴 **Gratschwirt** 🕮 🕮 🕮 🕮 🅿️

CUCINA REGIONALE · CONTESTO TRADIZIONALE XX All'ombra dell'imponente gruppo delle Tre Cime, in una casa dalle origini cinquecentesche ai margini della località, un ristorante dagli interni curati dove gustare piatti tipici regionali. Camere di differenti tipologie, nonché piccola ed accogliente zona benessere con diversi tipi di sauna.
Carta 30/61 €

28 cam ☶ – †50/100 € ††96/186 € – 4 suites

*via Grazze 1 ✉ 39034 – ℰ 0474 972293 – www.gratschwirt.com
– Aperto dicembre-marzo e giugno-settembre*

a Monte Rota Nord-Ovest : 5 km ⊠ 39034 – Alt. 1 650 m

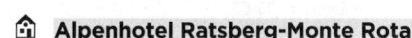

⌂ Alpenhotel Ratsberg-Monte Rota

FAMILIARE · CLASSICO Più indicato per vacanze ed escursioni estive, cinque chilometri di tornanti dal paese ripagano con una vista mozzafiato su valle e montagne. Un piccolo supplemento e il panorama continua in metà delle camere, alcune recentemente rinnovate.

29 cam – solo ½ P 59/111 €

via Monte Rota 12 – ℰ0474 972213
– www.alpenhotel-ratsberg.com
– Aperto 22 dicembre-11 marzo e 28 maggio-13 ottobre

DOGANA NUOVA Modena → Vedere Fiumalbo

DOGLIANI

Cuneo – ⊠ 12063 – 4 781 ab. – Alt. 295 m – Carta regionale n° **14**-C3
Carta stradale Michelin 561-I5

🍴 Il Verso del Ghiottone

CUCINA PIEMONTESE · CONTESTO CONTEMPORANEO XX Nel cuore del centro storico, in un palazzo settecentesco, tavoli neri quadrati con coperto all'americana e bei quadri alle pareti: ne risulta un ambiente giovanile, ma elegante. La cucina simpatizza con le ricette del territorio, che rivisita e alleggerisce, ma non mancano interessanti proposte di pesce.

Menu 39/45 € – Carta 33/64 €

via Demagistris 5 – ℰ0173 742074
– www.ilversodelghiottone.it – solo a cena escluso sabato e domenica
– Chiuso 1° gennaio-2 febbraio, 27 giugno-12 luglio, lunedì e martedì

DOLEGNA DEL COLLIO

Gorizia – ⊠ 34070 – 370 ab. – Alt. 90 m – Carta regionale n° **6**-C2
Carta stradale Michelin 562-D22

🏠 Agriturismo Venica e Venica-Casa Vino e Vacanze

CASA DI CAMPAGNA · ACCOGLIENTE Immerso nel verde e nella tranquillità della propria azienda vinicola, questo agriturismo dall'attenta conduzione familiare offre camere ampie ed accoglienti.

8 cam 🖙 – ♦105/119 € ♦♦150/170 €

località Cerò 8, Nord: 1 km ⊠ 34070 – ℰ0481 60177 – www.venica.it
– Aperto marzo-novembre

a Vencò Sud : 4 km ⊠ 34070

✿ L'Argine di Vencò (Antonia Klugmann)

CUCINA CREATIVA · ELEGANTE XX In un edificio rurale tra le colline e i vigneti, solo una quindicina di coperti ricevono le attenzioni di Antonia Klugmann: scelta ristretta per assicurare la freschezza dei prodotti che subiscono poche trasformazioni, accostamenti originali, sapiente uso di erbe aromatiche. La cifra della sua cucina!

→ Risotto, burro e salvia. Coniglio in agrodolce. Camomilla, limone e zenzero.

Menu 65/100 € – Carta 61/92 €

3 cam 🖙 – ♦85/100 € ♦♦95/125 €

località Vencò 15
– ℰ0481 199 9882 (consigliata la prenotazione)
– www.larginevenco.it – Chiuso 1°-31 luglio, lunedì e mercoledì a mezzogiorno e martedì

DOLO

Venezia – ⊠ 30031 – 14 888 ab. – Carta regionale n° **23**-C3
Carta stradale Michelin 562-F18

🍴⃝ **Villa Goetzen** ⟵ 🛋 AC P

PESCE E FRUTTI DI MARE · ROMANTICO ✕✕ La villa, appartenuta all'omonimo
conte austriaco, delizia oggi i palati con piatti esclusivamente di pesce: affidatevi
al titolare per conoscere a voce il pescato del giorno. Al piano superiore le
camere, quelle sul retro più silenziose e con vista sul canale.

Menu 60 € – Carta 43/61 €

12 cam ⌑ – ♦60/90 € ♦♦90/140 €

*via Matteotti 2/C – ☏ 041 510 2300 – www.villagoetzen.it – Chiuso agosto,
domenica sera e giovedì*

 Villa Gasparini AC ⌖

DIMORA STORICA · PERSONALIZZATO Lungo la Riviera di Brenta, una romantica villa del '700 con soffitti originali e mobili in stile veneziano: un soggiorno
aristocratico a prezzi contenuti.

15 cam ⌑ – ♦50/120 € ♦♦60/130 €

*riviera Martiri della Libertà 37, Est : 1,8 km – ☏ 041 560 8156
– www.villagasparini.com – Chiuso 7-21 gennaio*

DOLOMITI Belluno, Bolzano e Trento

DOLONNE Aosta → Vedere Courmayeur

DOMODOSSOLA

Verbano-Cusio-Ossola – ⊠ 28845 – 18 192 ab. – Alt. 272 m – Carta regionale n° **12**-C1
Carta stradale Michelin 561-D6

🍴⃝ **La Stella** ⟵ ⅏ ≼ 🛋 ሙ P

PESCE E FRUTTI DI MARE · ELEGANTE ✕✕ Un originale caminetto di design
moderno (girevole a 360°), legno e travi a vista conferiscono "calore" e tipicità a
questo rustico sapientemente ristrutturato. La cucina subisce il fascino del mare,
proponendo ottime specialità di pesce, ma c'è anche una linea più radicata al territorio che segue, quindi, la tradizione. Tre camere piacevoli e moderne in sintonia
con la semplicità del luogo.

🍽 Menu 15 € (pranzo in settimana) – Carta 42/95 €

3 cam ⌑ – ♦50/90 € ♦♦50/130 €

*borgata Baceno di Vagna 29, strada per Domobianca 1,5 Km – ☏ 0324 248470
(consigliata la prenotazione) – www.ristorantelastella.com – Chiuso 15 giorni in
febbraio, 6 giorni in novembre, lunedì e martedì*

🍴⃝ **Eurossola** 🛋 ⌖ P

CUCINA CREATIVA · AMBIENTE CLASSICO ✕✕ In un periodo dove aprono continuamente ristoranti con pretese più o meno alte, Eurossola rimane sempre un
punto fisso della località ed il suo nome echeggia da un versante all'altro della
valle. Le ragioni di tanto successo sono presto dette: una cucina che unisce tradizione e innovazione con l'utilizzo di materie prime di stagione e del territorio. Che
volete di più dalla vita? Un tavolo, subito!

Menu 45 € – Carta 46/66 €

*Hotel Eurossola, piazza Matteotti 36 – ☏ 0324 481326 (prenotazione obbligatoria a
mezzogiorno) – www.eurossola.com – Chiuso 10 gennaio-10 aprile e lunedì*

🍴⃝ **La Meridiana** AC

PESCE E FRUTTI DI MARE · CONTESTO TRADIZIONALE ✕ Totalmente rinnovato
nell'estate 2012, il locale sfoggia oggi un look da moderno bistrot. Pesce e selvaggina continuano ad essere proposti in due modi: secondo la tradizione italiana
oppure ispirandosi a quella spagnola.

🍽 Menu 18 € (pranzo in settimana)/42 € – Carta 26/63 €

*via Rosmini 11 – ☏ 0324 240858 – www.ristorantelameridiana.it – Chiuso
20 giugno-12 luglio, domenica e lunedì*

 Corona   🖈 🛋 🕼 🖱 🆑 AC 🛁 🅿

FAMILIARE · FUNZIONALE Sito nel centro della località, una risorsa di lunga tradizione e dalla solida conduzione familiare ospita ambienti arredati con signorilità e camere recentemente rinnovate. Nella spaziosa ed elegante sala da pranzo, proposte gastronomiche dai tipici sapori piemontesi.

56 cam � – ♦72/85 € ♦♦90/120 €

via Marconi 8 – ℰ 0324 242114 – www.coronahotel.net

Eurossola   🆑 AC 🍽 🅿

FAMILIARE · ACCOGLIENTE Sarà il franco sorriso di Elisabetta ad accogliervi in questa moderna risorsa, in posizione centrale, che anno dopo anno si sta migliorando grazie ad ottimi interventi e rinnovi che rendono oggi le camere ancora più confortevoli e graziose.

25 cam ⊠ – ♦75/85 € ♦♦88/105 €

piazza Matteotti 36 – ℰ 0324 481326 – www.eurossola.com

🍽️ **Eurossola** – Vedere selezione ristoranti

sulla strada statale 337 Nord-Est : 4 km per Val Vigezzo

🍽️ Trattoria Vigezzina   ♿

CUCINA REGIONALE · CONTESTO TRADIZIONALE 🕱 Una solida trattoria molto ben gestita da un giovane e capace cuoco, che con passione realizza piatti della tradizione montana rielaborati in chiave anche moderna. Ottime materie prime allo starting block.

🍴 Menu 16 € (pranzo in settimana) – Carta 36/67 €

– ℰ 0324 232874 – www.trattoriavigezzina.com – Chiuso gennaio, 1°-15 luglio, mercoledì e giovedì

DONORATICO Livorno → Vedere Castagneto Carducci

DORGALI Sardegna

Nuoro – ✉ 08022 – 8 548 ab. – Alt. 390 m – Carta regionale n° **16**-B2
Carta stradale Michelin 366-S42

🍽️ Colibrì   AC 🅿

CUCINA SARDA · SEMPLICE 🕱 Una cucina casalinga fedele ai sapori e alle tradizioni della gastronomia dorgolese, accompagnata dalla cordiale ospitalità dei gestori; tra le specialità più invitanti del menu spicca l'agnellino da latte in umido (saccaju, in sardo).

Carta 30/48 €

*via Gramsci ang. via Floris – ℰ 340721156 (prenotare)
– www.ristorantecolibridorgali.it – solo a cena 15 marzo-30 maggio – Aperto
15 marzo-10 novembre; chiuso domenica escluso agosto*

a Cala Gonone Est : 9 km ✉ 08020

🍽️ Il Pescatore   ⩽ 🛖 AC

PESCE E FRUTTI DI MARE · FAMILIARE 🕱 Ricorda vagamente un borgo marinaro questo ristorante in stile mediterraneo con – alle pareti - belle foto della costa; meglio prenotare nel caso si voglia un tavolo nel piccolo dehors sul mare.

Menu 30/60 € – Carta 78/138 €

*via Acqua Dolce 7 – ℰ 0784 93174 – www.ristoranteilpescatorecalagonone.com
– Aperto Pasqua-31 ottobre*

Nuraghe Arvu   🖈 🛖 🛋 ♿ AC 🛁 🅿

TRADIZIONALE · MEDITERRANEO Belle camere costruite ad anfiteatro intorno alla piscina in questo albergo dagli interni in stile locale, curati e luminosi. Tra il verde dei millenari ulivi, il relax non è mai stato così a portata di mano!

47 cam ⊠ – ♦80/200 € ♦♦130/280 € – 3 suites

*viale Bue Marino – ℰ 0784 920075 – www.hotelnuraghearvu.com – Aperto
15 maggio-15 ottobre*

🏠 Villa Gustui Maris

TRADIZIONALE · MODERNO In posizione panoramica, hotel dai toni moderni ed eleganti dove i dettagli vengono curati direttamente dai titolari. Per un soggiorno in pieno relax, godetevi il sole a bordo della bella piscina.

34 cam ⌂ – †136/188 € ††174/240 €

Via Marco Polo 57 ✉ 08022 Dorgali – ☏ 0784 920076 – www.villagustuimaris.it
– Aperto 1° maggio-30 settembre

🏠 Costa Dorada

FAMILIARE · ACCOGLIENTE Ubicato direttamente sul lungomare, l'hotel ospita camere raccolte arredate in stile sardo-spagnolo, un solarium ed ampie terrazze ombreggiate con vista sul golfo. Piatti di carne, ma soprattutto di pesce, nonché proposte regionali sul terrazzino affacciato sul blu.

28 cam ⌂ – †79/120 € ††115/200 € – 1 suite

lungomare Palmasera 45 – ☏ 0784 93332 – www.hotelcostadorada.it – Aperto 25 marzo-31 ottobre

alla Grotta di Ispinigoli Nord : 12 km

🍴 Ispinigoli

CUCINA REGIONALE · FAMILIARE Valido punto d'appoggio per chi desidera visitare le omonime grotte (celebri perché conservano la più alta stalagmite d'Europa!), approfittare delle molte escursioni organizzate dall'esercizio e per assaporare una buona cucina regionale. Dalle camere, semplici e confortevoli con arredi in legno, si può contemplare la tranquillità della campagna circostante.

Menu 30/40 € – Carta 28/64 €

26 cam ⌂ – †60/80 € ††70/100 €

strada statale 125 al km 210 ✉ 08022 Dorgali – ☏ 0784 95268
– www.hotelispinigoli.it – Aperto 1° aprile-31 ottobre

DOSSOBUONO Verona → Vedere Villafranca di Verona

DOSSON Treviso → Vedere Casier

DOVADOLA

Forlì-Cesena – ✉ 47013 – 1 653 ab. – Alt. 140 m – Carta regionale n° **5**-C2
Carta stradale Michelin 562-J17

🏠 Corte San Ruffillo

DIMORA STORICA · PERSONALIZZATO La splendida opera di restauro della canonica della chiesa di San Ruffillo e dell'attigua casa padronale hanno dato vita a un piccolo e romantico country resort nella quiete delle colline romagnole. Ristorante elegante fra le pareti e le volte in pietra.

12 cam ⌂ – †60/100 € ††75/140 €

via Ruffillo 1 – ☏ 0543 934674 – www.cortesanruffillo.it – Chiuso 7 gennaio-13 febbraio

DOVERA

Cremona – ✉ 26010 – 3 889 ab. – Alt. 76 m – Carta regionale n° **10**-C2
Carta stradale Michelin 561-H15

🍴 La Kuccagna

CUCINA CLASSICA · ELEGANTE In una frazione isolata e tranquilla, questa vecchia trattoria punta ora su proposte più elaborate, ma sempre partendo dalla tradizione. Immutata la gestione squisitamente familiare.

Menu 42 € – Carta 33/79 €

località Barbuzzera via Milano 14, Nord-Ovest: 2,5 km – ☏ 0373 978457 (prenotare) – www.lakuccagna.it – solo a cena escluso domenica – Chiuso 27 dicembre-2 gennaio, 5-20 agosto e lunedì

DOZZA

Bologna – ⊠ 40060 – 6 652 ab. – Alt. 190 m – Carta regionale n° **5**-C2
Carta stradale Michelin 562-I16

⅋◯ Canè
⇔ ≤ ⌂ & AC P

CUCINA REGIONALE · AMBIENTE CLASSICO XX Nel centro storico, ristorante con
una sala classica ed elegante e un'altra più caratteristica aperta ai fumatori; servizio estivo sulla bella terrazza. Camere confortevoli.

Menu 29/50 € – Carta 27/67 €

12 cam ⌂ – †50/73 € ††70/100 €

via XX Settembre 27 – ℰ 0542 678120 – www.ristorantecanet.it – Chiuso lunedì

⌂ Monte del Re
⇧ ⊛ ≤ ⌂ ⅃ ⊡ & AC ⅍ P

DIMORA STORICA · PERSONALIZZATO Un'atmosfera che invita alla meditazione
e alla speculazione filosofica: del resto, la struttura si trova all'interno di un convento del XIII sec, sapientemente ristrutturato, con mobili in stile e tappeti persiani. Notevoli il chiostro ed il pozzo del 1200, nonché la bella terrazza panoramica.

38 cam ⌂ – †89/409 € ††104/429 €

via Monte del Re 43, Ovest: 3 km – ℰ 0542 678400 – www.montedelre.it

DRIZZONA

Cremona – ⊠ 26034 – Carta regionale n° **9**-C3
Carta stradale Michelin 561-G13

a Castelfranco d'Oglio Nord : 1,5 km ⊠ 26034 – Drizzona

⌂ Agriturismo l'Airone
⇧ ⊛ ⅃ & AC ⅍ P

CASA DI CAMPAGNA · VINTAGE Nel verde della campagna del parco naturale
del fiume Oglio, una risorsa accolta da un tipico cascinale ottocentesco, sapientemente ristrutturato. Le camere, spesso arredate con mobili d'epoca, sono personalizzate e romantiche.

14 cam – solo ½ P 85 €

strada comunale per Isola Dovarese 2 – ℰ 0375 389902
– www.laironeagriturismo.com – Chiuso 1°-20 gennaio

DRONERO

Cuneo – ⊠ 12025 – 7 035 ab. – Alt. 622 m – Carta regionale n° **12**-B3
Carta stradale Michelin 561-I4

⅋◯ Rosso Rubino

CUCINA REGIONALE · ACCOGLIENTE X Piccolo quanto grazioso locale che offre
interessanti proposte - anche con menu a prezzo fisso - alcune derivanti dalla tradizione, altre più moderne. Qualche ricetta di mare per gli amanti del pesce.

⊛ Menu 17 € (pranzo in settimana)/45 € – Carta 25/58 €

piazza Marconi 2 – ℰ 0171 905678 – www.ristoranterossorubino.it – Chiuso
15-28 febbraio, 6-20 novembre e lunedì

DUINO AURISINA

Trieste – ⊠ 34013 – 8 633 ab. – Carta regionale n° **6**-D3
Carta stradale Michelin 562-E22

a Sistiana Sud-Est : 4 km ⊠ 34019

⅋◯ Bris
≤ ⌂ & AC

CUCINA CREATIVA · ELEGANTE XXX Di un'eleganza moderna, il locale vanta una
posizione incantevole con terrazza sul porticciolo e una cucina talmente ricca di
fantasia che regalerà serate indimenticabili.

Menu 70/150 € – Carta 65/135 €

Hotel Falisia Resort, strada Costiera 137, località Portopiccolo – ℰ 040 997 4444
– www.falisiaresort.com – solo a cena – Aperto 15 marzo-30 ottobre

⋔○ Antica Trattoria Gaudemus　　⇦ ⛫ 🅿

CUCINA MODERNA · INTIMO ХХ Paradiso o purgatorio? In ciascuna di queste - già dal nome - originali sale, due confessionali dell'Ottocento conservati. Sulla tavola: piatti della tradizione carsica, altri più moderni e soprattutto molto pesce. Camere accoglienti e sauna all'aperto.

Carta 42/90 €

9 cam ♑ – ♦80/150 € ♦♦90/200 €

Sistiana 57

- 𝒞 040 299255 – www.gaudemus.com – solo a cena

- Chiuso gennaio-febbraio, domenica e lunedì

🏨 Falisia Resort　　♘ ⇦ ⊼ 🏠 ♨ ⚿ 🔲 🅰🄲 🆑 🚗

LUSSO · MODERNO Cuore pulsante di questa particolare località, Falisia Resort è una struttura dall'eleganza moderna che offre variegati servizi. Oltre al ristorante interno e al gourmet si consiglia il Maxi's: direttamente sul mare, propone piatti più semplici a base di pesce.

43 cam ♑ – ♦650/800 € ♦♦650/800 € – 15 suites

strada Costiera 137, località Portopiccolo – 𝒞 040 997 4444

- www.falisiaresort.com

⋔○ **Bris** – Vedere selezione ristoranti

DUNA VERDE Venezia ➡ Vedere Caorle

EBOLI

Salerno – ✉ 84025 – 40 115 ab. – Alt. 145 m – Carta regionale n° **4**-C2
Carta stradale Michelin 564-F27

🌼 Il Papavero　　🦐 ⛫ 🄰🄲 🅿

CUCINA REGIONALE · COLORATO ХХ Al primo piano di un palazzo centrale, quattro salette molto colorate e all'esterno un bellissimo dehors; in cucina tradizione e contemporaneità si sposano in maniera semplice e ben riuscita. Non trascurabile è anche l'eccellente rapporto qualità-prezzo.

➡ Pasta mista con polpo, spuma di patate, salsa al prezzemolo, olio piccante e pomodoro affumicato. Cernia bianca, coulis di scarola, olio alle olive nere e polvere di mandorle. Tartelletta con crema al limone, salsa di albicocche e panna di bufala.

Menu 40/50 € – Carta 43/57 €

corso Garibaldi 112/113

- 𝒞 0828 330689 (consigliata la prenotazione) – www.ristoranteilpapavero.it

- Chiuso novembre, domenica sera e lunedì

EGADI (Isole) Sicilia

Trapani – 4 314 ab. – Carta regionale n° **17**-A2
Carta stradale Michelin 365-AI56

Favignana – ✉ 91023 – Carta regionale n° **17**-A2

Carta stradale Michelin 565-N18

🏨 Cave Bianche　　♘ 🐾 🛏 ⊼ 🔲 🅱 🄰🄲 🆑 🅿

CASA DI CAMPAGNA · INSOLITO Definirlo originale è riduttivo. L'albergo si trova infatti all'interno di un grande scavo di calcarenite (tipo di roccia sedimentaria) con delle alte pareti che gli fanno da perimetro; nei suoi spazi trovano posto un bel giardino con piscina, una terrazza-ristorante per la prima colazione e la cena, nonché signorili camere complete di tutto, sebbene essenzialissime.

49 cam ♑ – ♦75/165 € ♦♦135/320 €

Strada Comunale Fanfalo – 𝒞 0923 925451 – www.cavebianchehotel.it

- Aperto 12 maggio-15 ottobre

 Egadi

FAMILIARE · MEDITERRANEO Un'accogliente risorsa a gestione familiare nel cuore della località con colorate e funzionali camere in tinte pastello, nonché vista panoramica sul mare e sulla costa. Nella raffinata ed intima sala ristorante, piatti tipici a base di pesce interpretati con creatività.

11 cam ⊊ – ♦65/130 € ♦♦100/240 €

via Colombo 17/19 – ℰ 0923 921232 – www.albergoegadi.it – Aperto 2 aprile-30 ottobre

Insula

FAMILIARE · CONTEMPORANEO Di recente costruzione, questo albergo dal design contemporaneo a 150 metri dal corso principale dispone di camere spaziose e ben accessoriate.

15 cam ⊊ – ♦70/150 € ♦♦80/210 €

via Manin 2 – ℰ 0923 925437 – www.insulahotel.it – Aperto 1° maggio-30 settembre

EGNA NEUMARKT

Bolzano – ✉ 39044 – 5 232 ab. – Alt. 214 m – Carta regionale n° **19**-D3
Carta stradale Michelin 562-D15

ⅼO Johnson & Dipoli

CUCINA CLASSICA · BISTRÒ ⅼ L'atmosfera è quella vivace e colorata di un bistrot dai tavolini piccoli e rotondi, in bella stagione sistemati anche sotto i pittoreschi portici di Egna. Ma la qualità dell'originale cucina, tra prodotti locali e non, prenderà presto il sopravvento per deliziarvi.

Carta 38/76 €

via Andreas Hofer 3 – ℰ 0471 820323 – www.johnson-dipoli.it – Chiuso 23-30 novembre

Andreas Hofer

TRADIZIONALE · ACCOGLIENTE Si trova nel caratteristico centro storico di Egna, sotto i portici, in un edificio cinquecentesco che all'interno ha uno sviluppo labirintico, ricavato com'è da tre edifici uniti a formare l'albergo: camere di diversa tipologia - prenotare le più recenti - nonché piccola area relax con sauna e bagno turco. Proposte altoatesine al ristorante.

32 cam ⊊ – ♦65/70 € ♦♦100/130 €

via delle Vecchie Fondamenta 21-23 – ℰ 0471 812653 – www.hotelandreashofer.com

CI PIACE...

La splendida vista dal ristorante **Publius** e le sue specialità dell'entroterra. La dimensione agreste con galline scorrazzanti del **Sapereta.** Il grande parco di **Villa Ottone** con una completa mappatura delle principali specie vegetali presenti. Le camere "Poetiche" del **Cernia Isola Botanica**: ciascuna dedicata ad uno scrittore in particolare, tutto ruota attorno a lui.

ELBA (Isola d')

(LI) – 31 059 ab. – Alt. 1 019 m – Carta regionale n° **18**-B3
Carta stradale Michelin 563-N12

Capoliveri – ⊠ 57031 – 4 033 ab. – Carta regionale n° **18**-B3

Carta stradale Michelin 563-N13

⍥○ Il Chiasso   🎇 🛱 ㎄

CUCINA MEDITERRANEA • RUSTICO ⅄ Caratteristiche sale separate da un vicolo nelle viuzze del centro storico: piatti di terra e di mare in un ambiente simpaticamente conviviale.
Carta 76/113 €

vicolo Nazario Sauro 13
– 𝒞 0565 968709 (consigliata la prenotazione)
– solo a cena – Aperto Pasqua-30 settembre; chiuso martedì escluso giugno-settembre

⍥○ Da Pilade   ⇦ 🛱 ㊉ ㎄

CUCINA REGIONALE • CONVIVIALE ⅄ Sulla strada per Capoliveri, ristorante a conduzione familiare dove gustare piatti tradizionali sia di carne sia di pesce. Ottime specialità alla brace.
Carta 38/59 €
30 cam ⊡ – †40/100 € ††80/150 €
località Marina di Mola, Nord: 2,5 km – 𝒞 0565 968635
– www.hoteldapilade.it – solo a cena – Aperto 20 aprile-20 ottobre

a Pareti Sud : 4 km ⊠ 57031 – Capoliveri

⌂ Dino   🏠 🎇 ⇦ 🛏 🔥 ㎄ 🍽 🅿

FAMILIARE • FUNZIONALE In panoramica posizione, ospitalità familiare caratterizzata da camere luminose e fresche; uno dei plus più graditi è la piccola e bella spiaggia privata.
36 cam ⊡ – †60/160 € ††60/212 €
– 𝒞 0565 939103 – www.elbahoteldino.com
– Aperto Pasqua-31 ottobre

a **Lido** Nord-Ovest : 7,5 km ⊠ 57031 – Capoliveri

🏠 Antares

TRADIZIONALE · MEDITERRANEO A ridosso di un'insenatura, tra spiaggia e mare, due bianche strutture immerse in una tranquilla e verdeggiante macchia mediterranea; arredi in stile marinaro. Interessante anche la proposta gastronomica del ristorante: su prenotazione, cena romantica in terrazza privata.

49 cam ⌑ – †101/262 € ††116/320 €

– 𝒞 0565 940131 – www.elbahotelantares.it – Aperto 28 aprile-14 ottobre

Marciana – ⊠ 57030 – 2 186 ab. – Alt. 375 m – Carta regionale n° **18**-B3

Carta stradale Michelin 563-N12

a **Poggio** Est : 3 km ⊠ 57030 – Alt. 300 m

🍴 Publius

CUCINA REGIONALE · RUSTICO ✕✕ In posizione elevata, la vista si bea di costa e mare, il locale - caratteristico nell'arredo e nei piatti - propone una squisita cucina con solide radici isolane e toscane.

Carta 36/70 €

piazza Del Castagneto 11 – 𝒞 0565 99208 (consigliata la prenotazione la sera) – www.ristorantepublius.it – Aperto 1° aprile-5 novembre; chiuso lunedì a mezzogiorno dal 15 giugno al 15 settembre, tutto il giorno negli altri mesi

a **Sant' Andrea** Nord-Ovest : 6 km ⊠ 57030 – Marciana

🏠 Gallo Nero

FAMILIARE · PERSONALIZZATO Suggestiva posizione panoramica, contornata da rigogliose terrazze-giardino con piscina. Grande cura dei particolari, nonché arredi di buon gusto. Ristorante dalle enormi vetrate semicircolari per una vista mozzafiato a 180°; carne e pesce si spartiscono il menu.

29 cam ⌑ – †50/120 € ††80/180 €

via San Gaetano 20 – 𝒞 0565 908017 – www.hotelgallonero.it – Aperto 15 aprile-15 ottobre

🏠 Cernia Isola Botanica

FAMILIARE · PERSONALIZZATO Nati dalla passione dei proprietari, un giardino fiorito e un orto botanico con piscina avvolgono una struttura ricca di personalità e tocchi di classe. Interessanti proposte al ristorante, dove si valorizza il territorio in chiave moderna.

27 cam ⌑ – †55/175 € ††88/230 €

via San Gaetano 23 – 𝒞 0565 908210 – www.hotelcernia.it – Aperto 15 aprile-15 ottobre

🏠 Da Giacomino

FAMILIARE · MEDITERRANEO Cercate la natura e gli spazi aperti? Un grande parco (in parte frutteto ed orto) attrezzato con sdraio vi separa, a terrazze digradanti, da un'incantevole costa rocciosa; di recente apertura anche una gradevole zona benessere. Camere in stile classico, squisita ospitalità familiare e sapori casalinghi al ristorante.

33 cam ⌑ – †50/150 € ††55/160 €

– 𝒞 0565 908010 – www.hoteldagiacomino.it – Aperto Pasqua-15 ottobre

a **Spartaia** Est : 12 km ⊠ 57030 – Procchio

🏠 Désirée

TRADIZIONALE · ELEGANTE Appartato, in un giardino mediterraneo frontestante l'incantevole ed esclusiva baia di Spartaia, hotel dagli spazi ben organizzati e confortevoli camere con vista. Accesso diretto alla spiaggia privata.

69 cam ⌑ – †79/228 € ††198/550 € – 7 suites

via Spartaia snc – 𝒞 0565 907311 – www.desireehotel.it – Aperto 15 maggio-30 settembre

a Procchio Est : 13,5 km ⊠ 57030

🏨🏨 Del Golfo ⌂ ⅏ ≤ 🛏 ⚒ ※ 🔥 🖭 🗚 🆎 🅿

TRADIZIONALE · ELEGANTE Hotel composto da più strutture che abbracciano una parte della pittoresca baia: ampie e confortevoli camere inserite in curati giardini e piscina con acqua di mare. Al ristorante La Capannina: varie proposte di pesce da gustare vicino alla distesa blu.

119 cam ⌑ – ♦120/500 € ♦♦140/500 €

via delle Ginestre 31
– ℰ 0565 9021 – www.hoteldelgolfo.it
– Aperto 27 aprile-7 ottobre

Marciana Marina – ⊠ 57033 – 1 977 ab. – Carta regionale n° 18-B3

Carta stradale Michelin 563-N12

🍴 Capo Nord 🕸 ≤ 🛖 🖭

PESCE E FRUTTI DI MARE · AMBIENTE CLASSICO ✕✕ Un palcoscenico sul mare da cui godere di tramonti unici: sale sobriamente eleganti e proposte a base di pesce.

Carta 49/79 €

al porto, località La Fenicia 69
– ℰ 0565 996983 (prenotare) – www.ristorantecaponord.it
– Aperto 15 marzo-31 ottobre; chiuso lunedì in bassa stagione

🍴 Scaraboci 🕸 🖭

CUCINA CREATIVA · CONVIVIALE ✕✕ A pochi metri dall'incantevole lungomare di Marciana, ecco uno dei gioielli gastronomici dell'isola: di terra, o più spesso di mare, i piatti esaltano in prodotti, intrigano per accostamenti, seducono con le presentazioni. Terrazzo privé per cene intime nel periodo estivo.

Menu 38 € – Carta 43/75 €

via XX Settembre 27
– ℰ 0565 996868 (consigliata la prenotazione) – solo a cena
– Chiuso 11 gennaio-9 marzo e martedì escluso 1° giugno-15 settembre

Marina di Campo – ⊠ 57034 – Carta regionale n° 18-B3

Carta stradale Michelin 563-N12

🏨 Dei Coralli ⌂ 🛏 ⚒ 🕰 ※ 🖭 🆎 🅿

TRADIZIONALE · MEDITERRANEO Separato dalla spiaggia e dal mare da una rigogliosa pineta, l'hotel ha dei punti di forza che lo fanno preferire rispetto ad altre struttura: attrezzature sportive, grande piscina, parco biciclette per spostarsi nel vicino centro...

62 cam ⌑ – ♦70/190 € ♦♦110/250 €

viale degli Etruschi 567
– ℰ 0565 976336 – www.hoteldeicoralli.it
– Aperto fine aprile-15 ottobre

a Fetovaia Ovest : 8 km ⊠ 57034 – Seccheto

🏨 Montemerlo ⌂ ⅏ 🛏 ⚒ 🖭 🅿

FAMILIARE · ACCOGLIENTE Stanze confortevoli con arredi classici, ricavate da quattro villette sparse nel delizioso giardino con piscina. Non lontano dalla spiaggia, in posizione arretrata e panoramica, la tranquillità regna sovrana.

38 cam ⌑ – ♦42/100 € ♦♦84/230 €

via Canaletto 280
– ℰ 0565 988051 – www.welcometoelba.com
– Aperto 20 aprile-15 ottobre

Porto Azzurro – ⊠ 57036 – 3 751 ab. – Carta regionale n° 18-B3

Carta stradale Michelin 563-N13

↑○ Osteria dei Quattro Gatti

PESCE E FRUTTI DI MARE · RUSTICO ✗ Tra le viette del centro storico, una "ruspante" osteria con un *côté* vagamente romantico: gattini in ceramica, centrini e ninnoli vari. In menu: proposte a base di pesce, presentate con un pizzico di fantasia.

Carta 32/64 €

piazza Mercato 4 – ℰ 0565 95240 (coperti limitati, prenotare) – solo a cena – Chiuso 15 giorni in febbraio, 15 giorni in novembre e lunedì escluso 15 giugno-15 settembre

↑○ Tamata

CUCINA CREATIVA · MINIMALISTA ✗ Cucina che trae ispirazione dai prodotti locali e dalla loro stagionalità, privilegiando sempre il biologico, nel rispetto degli animali e dell'ambiente. Insomma, di esotico qua c'è solo il nome: "Tamata", ovvero "tentare" in polinesiano.

Menu 40/90 € – Carta 46/62 €

via Cesare Battisti 3 ang. via Cavallotti – ℰ 0565 940048 (coperti limitati, prenotare) – www.tamataristorante.it – solo a cena in giugno-settembre – Chiuso dicembre-gennaio

↑○ Sapereta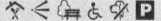

CUCINA MODERNA · AGRESTE ✗ All'interno di una storica cantina vitivinicola, un rustico e sobrio ambiente con curato giardino dove scorrazzano animali da cortile. Se, però, è vero che "l'abito non fa il monaco", rimarrete sorpresi per la sua cucina prevalentemente di terra in chiave moderna.

Carta 30/70 €

via Provinciale Ovest 73 località Mola – ℰ 0565 95033 (prenotazione obbligatoria) – www.sapereta.it – Aperto inizio aprile-inizio novembre; chiuso lunedì escluso 15 giugno-15 settembre

Portoferraio – ✉ 57037 – 11 992 ab. – Carta regionale n° **18**-B3

Carta stradale Michelin 563-N12

⌂ Villa Ombrosa

FAMILIARE · ACCOGLIENTE In zona panoramica, a 20 m dalla spiaggia delle Ghiaie, albergo a conduzione diretta che si migliora con una certa costanza; camere di differenti tipologie e stili. Due ambienti per la tavola - il più caratteristico ricorda una piacevole taverna - e in menu gustose ricette sia di carne sia di pesce.

38 cam ⌸ – †50/140 € ††75/240 €

via De Gasperi 9 – ℰ 0565 914363 – www.villaombrosa.it

a Viticcio Ovest : 5 km ✉ 57037 – Portoferraio

⌂ Viticcio

FAMILIARE · MEDITERRANEO Costruito su un incantevole promontorio, in un piccolo angolo di paradiso, l'hotel Viticcio si affaccia sull'omonimo golfo con una vista mozzafiato dalla terrazza panoramica: da qui, indimenticabili saranno i tramonti.

31 cam ⌸ – †50/100 € ††100/200 €

– ℰ 0565 939058 – www.hotelviticcio.it – Aperto 25 aprile-30 settembre

a Biodola Ovest : 9 km ✉ 57037 – Portoferraio

⌂⌂⌂ Hermitage

GRAN LUSSO · ELEGANTE Meravigliosa posizione per un elegante hotel dove vari servizi assicurano una vacanza da sogno, mare cristallino e splendide piscine; a pranzo si può scegliere tra due offerte entrambe a bordo mare.

127 cam ⌸ – †304/800 € ††468/1420 € – 2 suites

– ℰ 0565 9740 – www.hotelhermitage.it – Aprile 25 aprile-9 ottobre

⌂ Biodola   ✿ ⌂ ⇚ ⌂ ⏚ ⋔ ⁂ ⬧ ■ ⊞ AK P

LUSSO · ELEGANTE Giardino fiorito con piscina per questo complesso ubicato in una delle baie più esclusive dell'isola. Stile classico con servizi e ospitalità sicuramente ad alto livello.

88 cam ⌷ – †83/184 € ††166/472 €

via Biodola 21 – ℰ 0565 974812 – www.biodola.it – Aperto 1° aprile-30 ottobre

ad Ottone Sud-Est : 11 km ⊠ 57037 – Portoferraio

⌂ Villa Ottone   ✿ ⌂ ⇚ ⌂ ⏚ ⋔ ⅃⬧ ⁂ ⬧ ⊞ AK P

GRAN LUSSO · STORICO Suggestiva vista sul golfo di Portoferraio per questa raffinata struttura composta da una neoclassica villa ottocentesca (interamente affrescata), da un hotel e da graziosi cottage immersi in un parco secolare esteso fino alla spiaggia privata. Ultra-moderno centro benessere e golf a soli 3 km.

69 cam ⌷ – †99/300 € ††254/689 € – 6 suites

località Ottone – ℰ 0565 933042 – www.villaottone.com – Aperto 1° maggio-30 settembre

Rio nell'Elba – ⊠ 57039 – 1 148 ab. – Alt. 165 m – Carta regionale n° **18**-B3

Carta stradale Michelin 563-N13

a Bagnaia Sud-Est : 12 km ⊠ 57037 – Rio Nell'Elba

⌂ Locanda del Volterraio   ✿ ⌂ ⌂ ⏚ ⋔ ⁂ ⬧ ⅏ AK ⅍ ⇔

TRADIZIONALE · MEDITERRANEO All'interno di un complesso residenziale turistico, abbracciato da giardini fioriti e uliveti, grazioso hotel dalle ampie e confortevoli camere. Servizi in comune con l'intero complesso.

18 cam ⌷ – †60/210 € ††60/210 €

località Bagnaia-Residenza Sant'Anna – ℰ 0565 961236 – www.volterraio.it – Aperto 20 maggio-30 settembre

---

ENNA Sicilia

(EN) – ⊠ 94100 – 28 019 ab. – Alt. 931 m – Carta regionale n° **17**-C2

Carta stradale Michelin 365-AU58

⅋○ Ariston   ⅏ AK

CUCINA ITALIANA · AMBIENTE CLASSICO ✕✕ Un'insegna ben conosciuta in città risorta da tempo presso i locali attigui all'albergo Sicilia, si propone con un look contemporaneo - alcuni tavoli con vista sui tetti di Enna - e cucina del territorio con influenze nazionali. Non manca la pizza.

🍴 Menu 20/65 € – Carta 24/60 €

Hotel Sicilia, piazza Napoleone Colajanni 6 – ℰ 0935 26038 – www.aristonenna.com – Chiuso mercoledì

⅋○ Centrale   ⅏ ⅉ AK

CUCINA SICILIANA · FAMILIARE ✕ Se i numeri hanno un valore, qui c'è da divertirsi... locale storico con più di 100 anni alle spalle, l'aspetto della sala risale agli anni '30, stessa gestione familiare da più di 50 anni! Troneggia un buffet di antipasti, ma poi spazio ad una cucina di terra con qualche proposta giornaliera pesce.

🍴 Menu 16/25 € – Carta 20/55 €

piazza 6 Dicembre 9 – ℰ 0935 500963 (consigliata la prenotazione) – www.ristorantecentrale.net – Chiuso sabato a mezzogiorno

⌂ Federico II Palace Hotel   ✿ ⌂ ⏚ 🖵 ⊛ ⋔ ⅃⬧ ⊞ ⅉ AK ⅍ ⅍ P

SPA E WELLNESS · CONTEMPORANEO A pochi chilometri dal centro, circondato da una rilassante cornice verde, un albergo moderno con camere molto spaziose ed un'attrezzata spa.

85 cam ⌷ – †65/95 € ††100/130 € – 1 suite

contrada Salerno, Sud: 5 km – ℰ 0935 20176 – www.hotelfedericoenna.it

ENTRÈVES Aosta → Vedere Courmayeur

Michelin

EOLIE (Isole) Sicilia

(ME) – 13 920 ab. – Carta regionale n° **17**-D1
Carta stradale Michelin 365-AY53

Lipari – ⊠ 98055 – 12 753 ab. – Carta regionale n° **17**-C1

Carta stradale Michelin 365-AY35

⫿◯ E Pulera   🏠 🅰🅲

CUCINA SICILIANA · ELEGANTE XX Prende il nome dalle tipiche colonne eoliane che nelle case di un tempo avevano lo scopo di refrigerare in estate e riscaldare in inverno le mura, questo raffinato ristorante di cucina locale non scevra di fantasia.
Carta 36/64 €

via Isabella Vainicher Conti – ℰ 090 981 1158 – www.epulera.it – solo a cena – Aperto 1° aprile-30 ottobre

⫿◯ Filippino   🎇 🏠 🅰🅲 ⇔

PESCE E FRUTTI DI MARE · STILE MEDITERRANEO XX Piacevole e fresco il pergolato esterno di questo storico locale al traguardo dei 100 anni, dove vi verrà proposta una gustosa e ampia gamma di pescato locale elaborato in preparazioni tipiche.
Menu 30 € (pranzo in settimana)/45 € – Carta 37/58 €

piazza Municipio – ℰ 090 981 1002 – www.eolieexperience.it – Chiuso 16 novembre-15 dicembre e lunedì escluso aprile-settembre

⫿◯ L'Anfora   🏠 ♿ 🅰🅲

CUCINA SICILIANA · AMBIENTE CLASSICO XX Cucina isolana interpretata con passione e dove s'indugia - per passione della vista e non solo del palato - in giochi cromatici: il tutto servito in porzioni generose!
ꆤ Menu 25 € (in settimana)/88 € – Carta 35/106 €

vico Alicudi – ℰ 090 982 1014 – www.ristoranteanfora.it – Chiuso 1° gennaio-15 marzo

⫿◯ Nenzyna   🏠 🅰🅲

PESCE E FRUTTI DI MARE · AMBIENTE CLASSICO X Curiosa risorsa articolata in maniera originale, con la cucina al di là del vicolo della Marina Corta dove si organizza il servizio estivo. Nessun "preziosismo" ai fornelli, ma il pesce è una garanzia!
ꆤ Menu 20 € – Carta 29/55 €

via Roma 4 – ℰ 090 981 1660 – www.ristorantenenzyna.it – Aperto 1° maggio-31 ottobre

🍴 Trattoria del Vicolo · 🔣 🖾

CUCINA SICILIANA · TRATTORIA ✕ Sulla piazza da quasi 50 anni, ovviamente rimodernato ma sempre conviviale e senza fastidiosi snobismi, alle pareti alcuni dipinti dello chef/artista, in tavola le sue creazioni gastronomiche dai sapori regionali.

🍽 Menu 25 € – Carta 34/68 €

vico Ulisse 17 – ☏ 090 981 1066 – solo a cena – Aperto 1° aprile-31 ottobre; chiuso domenica

🏨 Tritone · 🖾 🖾 🖾 🖾 🖾 🖾 🖾 🖾 🖾 ℙ

TRADIZIONALE · MODERNO Non lontano dal centro, costruzione moderna con interni di classica eleganza e terrazza panoramica. Ottimo centro benessere con un'ampia scelta di trattamenti estetici e massaggi. Un'unica enorme sala è destinata alla ristorazone, ma d'estate ci si sposta a bordo piscina per il pranzo a buffet.

39 cam 🍽 – †90/175 € ††110/280 € – 1 suite

via Mendolita – ☏ 090 981 1595 – www.tritonelipari.it – Aperto 1° aprile-31 ottobre

🏨 Aktea · 🖾 🖾 🖾 🖾 🖾 🖾 🖾 🖾 ℙ

TRADIZIONALE · MODERNO Recente struttura moderna e di prestigio accolta in due edifici, con molti spazi a disposizione degli ospiti: alcuni originali dettagli richiamano lo stile della casa eoliana.

40 cam 🍽 – †70/320 € ††84/464 € – 3 suites

via Falcone e Borsellino – ☏ 090 981 4234 – www.hotelaktea.it – Aperto 1° aprile-24 ottobre

🏨 Mea · 🖾 🖾 🖾 🖾 🖾 🖾 🖾 ℙ

RESORT · MEDITERRANEO In posizione panoramica, lo stile eoliano è ripreso con attenzione ai particolari nelle belle terrazzine; echi arabeggianti caratterizzano le moderne camere, mentre la cucina riscopre i sapori mediterranei nel ristorante con vista mare.

37 cam 🍽 – †50/599 € ††80/599 €

via Falcone e Borsellino – ☏ 090 981 2077 – www.hotelmealipari.it – Chiuso 7 gennaio-28 febbraio

🏨 A' Pinnata · 🖾 🖾 🖾 ℙ

FAMILIARE · LUNGOMARE Perfetto per chi vi approda con un'imbarcazione, la vecchia piccola pizzeria di un tempo è oggi un hotel dagli spazi arredati con belle ceramiche. Prima colazione in terrazza dalla vista impagabile.

12 cam 🍽 – †85/185 € ††110/250 €

baia Pignataro – ☏ 090 981 1697 – www.pinnata.it – Aperto 1° marzo-31 ottobre

🏨 Villa Meligunis · 🖾 🖾 🖾 🖾 🖾 🖾 🖾

TRADIZIONALE · MEDITERRANEO Nel caratteristico quartiere di pescatori, un'elegante struttura all'interno di un edificio storico con fontana all'ingresso e quadri di arte contemporanea a vivacizzare gli spazi comuni. Roof garden con piccola piscina. Fantastica la vista panoramica dalla sala da pranzo.

43 cam 🍽 – †45/180 € ††60/240 €

via Marte 7 – ☏ 090 981 2426 – www.villameligunis.it – Aperto 25 marzo-30 ottobre

🏨 Rocce Azzurre · 🖾 🖾 🖾 🖾 🖾 🖾

TRADIZIONALE · MEDITERRANEO Piattaforma-solarium con splendidi scorci sul mare per questa struttura non lontano dal centro, ma in posizione tranquilla. Camere in stile classico, marina o con ceramiche di Caltagirone. In estate, viene predisposto anche un pontile d'attracco per le barche.

33 cam 🍽 – †91/170 € ††150/280 €

via Maddalena 69 – ☏ 090 981 3248 – www.hotelrocceazzurre.it – Aperto 1° aprile-31 ottobre

⌂ Oriente

TRADIZIONALE · CENTRALE In una delle sette splendide Isole Eolie, riconosciute dall'UNESCO come patrimonio dell'Umanità, Oriente è un piccolo e semplice hotel, ma dalla calda accoglienza con camere funzionali ed un tranquillo, riparato, giardino. Comodo il servizio navetta gratuito dal porto.

30 cam ☑ – †40/85 € ††60/150 €

via Marconi 35 – ☏ 090 981 1493 – www.hotelorientelipari.com – Aperto 1° aprile-31 ottobre

Panarea – ✉ 98050 – Carta regionale n° **17**-D1

Carta stradale Michelin 365-AZ52

⊪○ Hycesia

PESCE E FRUTTI DI MARE · STILE MEDITERRANEO ⅩⅩⅩ Un ristorante esclusivo nel cuore di Panarea: una delle più fornite cantine ed una selezione dei migliori prodotti, in un ambiente piacevole ed elegante in stile eoliano...con qualche contaminazione etnica.

Menu 65/80 € – Carta 52/110 €

8 cam ☑ – †70/120 € ††100/280 € – 1 suite

via San Pietro – ☏ 090 983041 – www.hycesia.it – solo a cena – Aperto 20 maggio-14 ottobre

⌂⌂ Quartara

FAMILIARE · ROMANTICO La terrazza panoramica offre una vista notevole, considerata la posizione arretrata rispetto al porto. Arredi nuovi e di qualità che offrono eleganza e personalizzazioni. Il ristorante offre una grande atmosfera.

13 cam ☑ – †100/300 € ††150/600 €

via San Pietro 15 – ☏ 090 983027 – www.quartarahotel.com – Aperto 1° aprile-31 ottobre

⌂⌂ Lisca Bianca

FAMILIARE · ELEGANTE Affacciato sul porto, offre una delle terrazze più suggestive dell'isola e camere personalizzate con arredi e maioliche eoliani.

33 cam ☑ – †100/250 € ††100/250 €

via Lani 1 – ☏ 090 983004 – www.liscabianca.it – Aperto inizio aprile-fine ottobre

⌂⌂ Cincotta

TRADIZIONALE · MEDITERRANEO Terrazza con piscina d'acqua di mare, una zona comune davvero confortevole e camere in classico stile mediterraneo, gradevoli anche per l'ubicazione con vista mare.

29 cam ☑ – †60/350 € ††90/400 €

via San Pietro – ☏ 090 983014 – www.hotelcincotta.it – Aperto 22 aprile-9 ottobre

Filicudi – ✉ 98050 – Carta regionale n° **17**-C1

Carta stradale Michelin 365-AW52

⊪○ La Canna

PESCE E FRUTTI DI MARE · RUSTICO Ⅹ Di grandissimo impatto la terrazza coperta davanti all'immensità del mare e poi una schietta, fragrante, cucina di pesce elaborata in chiave casalinga con prodotti locali e tanta buona volontà ai fornelli!

Menu 30 € (in settimana) – Carta 29/37 €

Hotel La Canna, contrada Rosa – ☏ 090 988 9956 – www.lacannahotel.it – Aperto 15 aprile-15 ottobre

⌂ La Canna

FAMILIARE · ROMANTICO Nel completo rispetto della storia e della geografia isolana, l'albergo propone un soggiorno in un'autentica casa d'epoca dalle tipiche forme squadrate e mediterranee. Ambienti semplici, terrazze all'aperto e colori marini, ecco l'indirizzo balneare che cercate.

14 cam – †40/110 € ††70/140 € – ☑ 10 €

contrada Rosa – ☏ 090 988 9956 – www.lacannahotel.it – Aperto 15 aprile-15 ottobre

⊪○ **La Canna** – Vedere selezione ristoranti

EOLIE (Isole)

Stromboli – ✉ 98050 – Carta regionale n° **17**-D1

Carta stradale Michelin 365-BA51

⅏○ Punta Lena ⌂

PESCE E FRUTTI DI MARE · FAMILIARE XX Il servizio sotto un pergolato con eccezionale vista sul mare e sullo Strombolicchio, è la compagnia migliore per qualsiasi tipo di occasione. In cucina tanto pesce.

Carta 36/64 €

via monsignor Di Mattina 8, località Ficogrande – ℰ 090 986204 – Aperto 1° maggio-15 ottobre

⌂ La Sirenetta Park Hotel ⌂ ⌂ ⌂ ⌂ ⌂ ⌂ ⌂ ⌂

LUSSO · LUNGOMARE Il bianco degli edifici che assecondano la caratteristica architettura eoliana, il verde della vegetazione, la nera sabbia vulcanica e il blu del mare: dotazioni complete! Si può gustare il proprio pasto quasi in riva al mare, ai piedi del vulcano.

55 cam 🖙 – †90/150 € ††160/300 € – 3 suites

via monsignor Di Mattina 33, località Ficogrande – ℰ 090 986025 – www.lasirenetta.it – Aperto 15 aprile-15 ottobre

⌂ La Locanda del Barbablu ⌂ ⌂

FAMILIARE · BUCOLICO Lungo la strada sopraelevata che costeggia la spiaggia, arredi artigianali e grande attenzione ai dettagli in una tipica casa stromboliana dalle camere molto curate e personalizzate.

5 cam 🖙 – †61/123 € ††95/190 €

via Vittorio Emanuele 17-19 – ℰ 090 986118 – www.barbablu.it – Aperto 10 marzo-15 novembre

Vulcano – ✉ 98055 – Carta regionale n° **17**-D1

Carta stradale Michelin 365-AY54

⌘ Il Cappero ⌂ ⌂ ⌂ ⌂

CUCINA MEDITERRANEA · ELEGANTE XXX I sapori sono spiccatamente locali e prendono spunto da questa stupenda isola adagiata nel Mediterraneo, ma la tecnica dello chef, anche in virtù della sua giovane età, sa essere moderna ed anticipatrice. A strapiombo sul mare, è il Cappero l'unico punto dell'arcipelago da cui si vedono tutte le isole Eolie.

→ L'altra caponata di melanzane. La vongola casca proprio a fagiolo. Il cappero.

Carta 66/127 €

Hotel Therasia Resort, località Vulcanello – ℰ 090 985 2555 (consigliata la prenotazione) – solo a cena – Aperto 21 aprile -13 ottobre

⌂ Therasia Resort ⌂ ⌂ ⌂ ⌂ ⌂ ⌂ ⌂ ⌂ ⌂ ⌂ ⌂ ⌂ ⌂

SPA E WELLNESS · MEDITERRANEO A strapiombo sul mare, è l'unico punto dell'arcipelago da cui si vedono tutte le isole! Circondata da un giardino con piante esotiche e palme, la struttura in stile mediterraneo privilegia gli spazi e la luminosità: qualche inserzione di elementi d'epoca, ma fondamentalmente ambienti moderni ed essenziali. Sintesi perfetta tra territorio, cultura, creatività la cucina flirta con i prodotti del territorio.

94 cam 🖙 – †200/800 € ††220/950 € – 3 suites

località Vulcanello – ℰ 090 985 2555 – www.therasiaresort.it – Aperto 21 aprile-13 ottobre

⌘ Il Cappero – Vedere selezione ristoranti

⌂ Eros ⌂ ⌂ ⌂ ⌂ ⌂ ⌂ ⌂

TRADIZIONALE · MEDITERRANEO E' facile innamorarsi di questa piccola risorsa dal nome promettente... A ridosso della spiaggia di acqua calda, dove si può godere di bagni con fanghi sulfurei, camere semplici, ma accoglienti, si snodano attorno alla piscina nell'ampio giardino.

24 cam 🖙 – †90/300 € ††90/300 € – 1 suite

via Porto di Levante 64 – ℰ 090 985 3265 – www.eroshotel.it – Aperto 1° giugno-24 settembre

Salina Carta regionale n° **17**-C1

Carta stradale Michelin 365-AY52

⊛ **Signum** (Martina Caruso)

CUCINA CREATIVA · STILE MEDITERRANEO ✕✕ Un piacevolissimo pergolato con una terrazza molto caratteristica, belle maioliche e tipici colori eoliani anticipano quanto arriverà in tavola: piatti gustosi dove emerge la straordinaria capacità della cuoca nell'interpretare ricette tradizionali locali con fantasia ed originalità. Ottima anche la selezione enologica, mirata a far conoscere anche l'eccellenze meno note dell'isola.

➜ Bottoni di seppia, nero, limone e olio affumicato al legno d'ulivo. Triglia, brodetto e asparagi di mare. Acqua di cioccolato con spugna di nocciola, crumble, caramello salato e gelato fiordilatte.

Menu 70/120 € – Carta 56/99 €

Hotel Signum, via Scalo 15, località Malfa ⊠ 98050 Malfa – ℰ 090 984 4222
(consigliata la prenotazione) – www.hotelsignum.it – Aperto 1° aprile-31 ottobre

🕸 **Nni Lausta** 🕮 ℁

PESCE E FRUTTI DI MARE · STILE MEDITERRANEO ✕ E' il pesce il protagonista della tavola, la tradizione genuina e gustosa della cucina eoliana viene interpretata con abilità, fantasia e innovazione. Se non fa troppo caldo, optare per la fresca terrazza ombreggiata.

Carta 31/69 €

via Risorgimento 188, località Santa Marina Salina ⊠ 98050 Santa Marina di Salina – ℰ 090 984 3486 – www.nnilausta.it – Chiuso 2 gennaio-31 marzo

⛪ **Signum**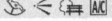

LUSSO · MEDITERRANEO Costruito come un tipico borgo eoliano dai caratteristici ambienti e dagli arredi artigianali, quest'oasi di tranquillità dispone di un centro benessere con numerose vasche tra cui una termale. La gestione è nelle mani di un nucleo familiare coeso e ospitale.

23 cam ⌷ – †160/480 € ††200/600 € – 7 suites

via Scalo 15, località Malfa ⊠ 98050 Malfa – ℰ 090 984 4222
– www.hotelsignum.it – Aperto 1° aprile-31 ottobre
⊛ **Signum** – Vedere selezione ristoranti

🏨 **La Salina Borgo di Mare**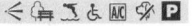

FAMILIARE · MEDITERRANEO Attiguo alla salina, ormai dismessa, un borgo anticamente destinato ad abitazione di chi della salina si occupava... Oggi, un'elegante ristrutturazione rispettosa dell'architettura eoliana originaria consente di godere appieno delle belle camere e della deliziosa posizione in riva al mare.

24 cam ⌷ – †60/180 € ††80/260 €

via Manzoni 4, frazione Lingua ⊠ 98050 Santa Marina di Salina – ℰ 090 984 3441
– www.lasalinahotel.com – Aperto 1° aprile-31 ottobre

🏠 **Punta Scario** 🕮

FAMILIARE · MEDITERRANEO Albergo di sobria eleganza, ricavato in uno dei luoghi più suggestivi dell'isola, a strapiombo sulla scogliera, accanto ad una delle poche spiagge del litorale.

17 cam ⌷ – †70/182 € ††100/260 €

via Scalo 8, località Malfa ⊠ 98050 Malfa – ℰ 090 984 4139
– www.hotelpuntascario.it – Aperto 15 maggio-15 ottobre

🏠 **Ravesi** ℁

FAMILIARE · MEDITERRANEO A fianco di una piccola chiesetta, nel cuore del paese, piacevole struttura – sebbene di modeste dimensioni - con camere standard un po' defilate e superior con vista mare (terrazzino privato in quasi tutte). Bella, anche la piscina a sfioro.

14 cam ⌷ – †63/300 € ††95/300 €

via Roma 66, località Malfa ⊠ 98050 Santa Marina Salina – ℰ 090 984 4385
– www.hotelravesi.it – Aperto 14 aprile-14 ottobre

EPPAN AN DER WEINSTRASSE APPIANO SULLA STRADA DEL VINO

ERACLEA
Venezia – ⊠ 30020 – 12 396 ab. – Carta regionale n° **23**-D2
Carta stradale Michelin 562-F20

ad Eraclea Mare Sud-Est : 10 km ⊠ 30020

🏠 **Park Hotel Pineta**   🌳 🦕 🛏 ⅃ ⚔ ♿ 🆔 ⚽ 🚗

TRADIZIONALE · LUNGOMARE A pochi passi dal mare, avvolto dalla tranquillità di una pineta, hotel a conduzione familiare diviso in più strutture con comode camere ed appartamenti. Ideale per famiglie, c'è anche un bel campo da minigolf per intrattenere i piccoli ospiti.

34 cam ⊊ – ♦50/100 € ♦♦70/200 € – 23 suites

via della Pineta 30 – ℰ 0421 66063 – www.parkhotelpineta.com – Aperto 10 maggio-30 settembre

ERBUSCO
Brescia – ⊠ 25030 – 8 633 ab. – Alt. 236 m – Carta regionale n° **10**-D2
Carta stradale Michelin 561-F11

🌼 **Da Nadia** Ⓝ (Nadia Vincenzi)   🔔 ♿ 🆔 ↩

PESCE E FRUTTI DI MARE · RUSTICO ❌❌ Continua in questa nuova sede il discorso gastronomico che ha reso celebre Nadia a Castrezzato: sotto travi a vista nella sala principale e a volte nelle tre salette interne, la sua cucina vi piacerà per le ottime proposte di pesce ideate con un'attenzione maniacale al prodotto. A pranzo, colazione di lavoro ristretta, ma se siete propensi al gourmet potete richiederlo all'atto della prenotazione.
➜ Lupini alla maniera di Nadia, serviti nel coccio con bruschetta. Tagliolini al grano arso con calamari, cannocchie, scampi, ricotta grattugiata e pomodoro. Zuppa di pesce di scoglio e crostacei in tegame di terracotta.

Menu 35 € (pranzo in settimana)/85 € – Carta 58/90 €

via Cavour 7 – ℰ 030 704 0634 (consigliata la prenotazione) – www.ristorantedanadia.com – Chiuso una settimana in gennaio, una settimana in agosto e martedì

🍽 **LeoneFelice**   🐌 ≼ 🔔 🔔 🖥 🆔 ↩ 🚗

CUCINA MODERNA · CONTESTO CONTEMPORANEO ❌❌❌ Uno chef giovane e preparato, Fabio Abbattista, propone in un ambiente elegantemente minimalista, una cucina contemporanea di grande qualità. Nuovo dehors affacciato sul verde.

Carta 78/120 €

Hotel L'Albereta, via Vittorio Emanuele 23, Nord: 1,5 km – ℰ 030 776 0550 – www.albereta.it – solo a cena – Chiuso 7-22 gennaio, 12-20 agosto, domenica e lunedì

🏨 **L'Albereta**   🌳 🦕 ≼ 🔔 🖥 🌐 🏠 ♨ ✂ 🆔 🛁 🚗

CASA PADRONALE · GRAN LUSSO Immersa in un rigoglioso parco secolare e circondata dalle vigne di Franciacorta, questa antica dimora padronale, con affreschi d'epoca e opere d'arte contemporanea, gode di una splendida vista sul lago d'Iseo: raffinate camere e la speciale cabriolet suite vi attendono in un'oasi di pace. A pranzo e a cena cucina classica, snack e insalate lungo tutto l'arco della giornata al VistaLago Bistrò, con la sua terrazza affacciata sul verde.

57 cam – ♦170/350 € ♦♦370/630 € – 7 suites – ⊊ 28 €

via Vittorio Emanuele 23, Nord: 1,5 km – ℰ 030 776 0550 – www.albereta.it – Chiuso 7-22 gennaio e 12-20 agosto

🍽 **LeoneFelice** – Vedere selezione ristoranti

ERCOLANO
Napoli (NA) – ⊠ 80056 – 53 709 ab. – Carta regionale n° **4**-B2
Carta stradale Michelin 564-E25

⫟○ Viva Lo Re   🕸 🏠 🗛

CUCINA MEDITERRANEA · WINE-BAR ⅃ Se il nome rimanda all'antico brindisi borbonico, la cucina - presentata su lavagnetta ed a voce - parte da basi regionali per stupire poi con qualche spunto di riuscita creatività. Appassionato di vini, il patron popone anche alcune bottiglie al bicchiere. Sicuramente, un imperdibile tra i ristoranti della località.

Carta 25/35 €

corso Resina 261 - 𝒞 081 739 0207 - www.vivalore.it - Chiuso 3 settimane in agosto, domenica sera e lunedì

🏠 Miglio D'Oro Parkhotel   ❄ 🔥 🛎 🗐 🕭 🗛 🏊 🅿

DIMORA STORICA · MINIMALISTA Imponente villa settecentesca nel cuore di Ercolano, gli scavi a due passi e un lussureggiante parco con fontana. Arredi moderni nelle spaziose camere e bagni di pregio: la vista più bella vi aspetta in alcune stanze dell'ultimo piano.

37 cam ☲ - †79/119 € ††99/139 € - 3 suites

corso Resina 296 - 𝒞 081 739 9999 - www.migliodoroparkhotel.it - Aperto 1° aprile-30 ottobre

ERICE Sicilia

Trapani - ✉ 91016 - 28 291 ab. - Alt. 751 m - Carta regionale n° **17**-A2
Carta stradale Michelin 365-AK55

⫟○ Monte San Giuliano   ≼ 🛎 🏠 🗛

CUCINA REGIONALE · CONVIVIALE ⅄⅄ In pieno centro e sulla via pedonale, passando per la piccola corte interna, corredata da un pozzo, si arriva nella singolare terrazza-giardino, perfetta cornice in cui gustare i piatti della tradizione isolana.

Carta 23/54 €

vicolo San Rocco 7 - 𝒞 0923 869595
- www.montesangiuliano.it
- Chiuso 7 gennaio-7 febbraio, 7 novembre-7 dicembre e lunedì escluso agosto

a Erice Mare Ovest : 10 km ✉ 91016 - Casa Santa-Erice Mare

🏠 I Mulini Resort   ❄ 🌊 ≼ 🛎 🏔 🗛 🅿

RESORT · LUNGOMARE Ricavato dalla riconversione di un'antica casa salinara sul mare con un mulino che azionava la macina ed un altro poco lontano utilizzato per la regolazione delle acque, un hotel con camere dotate dei migliori confort per un soggiorno all'insegna dell'originalità e del relax.

20 cam ☲ - †105/180 € ††160/220 € - 4 suites

lungomare Dante Alighieri - 𝒞 0923 196 3284 - www.imuliniresort.it
- Aperto inizio aprile-25 ottobre

ETROUBLES

Aosta - ✉ 11014 - 501 ab. - Alt. 1 270 m - Carta regionale n° **21**-A2
Carta stradale Michelin 561-E3

⫟○ La Croix Blanche   🏠 🍴 🅿

CUCINA REGIONALE · RUSTICO ⅃ In una locanda del XVII secolo, con tipici tetti in losa del posto e ubicazione strategica verso il Gran San Bernardo: ambiente rustico, sapori locali e nazionali.

🍽 Menu 23/46 € - Carta 26/59 €

via Nazionale Gran San Bernardo 10
- 𝒞 0165 78238 - www.croixblanche.it
- Chiuso 7 gennaio-28 febbraio, 3-27 ottobre, lunedì sera e martedì escluso luglio-agosto

FABBRICA CURONE

Alessandria – ⊠ 15050 – 808 ab. – Alt. 480 m – Carta regionale n° **12**-D2
Carta stradale Michelin 561-H9

🍴 **La Genzianella**   ⇦ 🖨 🏠

CUCINA REGIONALE • CONTESTO TRADIZIONALE ⅔ In posizione isolata, il locale vanta una cordiale gestione familiare e propone un solo menu degustazione d'ispirazione regionale, da cui però si possono scegliere anche solo alcuni piatti. La filosofia? Km zero, prodotti bio e proprio orto. Dispone anche di camere semplici e curate.

Menu 35/100 € – Carta 23/85 €

10 cam – ♦50/100 € ♦♦70/100 € – ☲ 10 €

frazione Selvapiana 7, Sud-Est: 4 km - alt. 780 – 𝒞 0131 780135
– www.lagenzianella-selvapiana.it – Chiuso settembre, lunedì e martedì escluso luglio-agosto

FABRIANO

Ancona – ⊠ 60044 – 31 480 ab. – Alt. 325 m – Carta regionale n° **11**-B2
Carta stradale Michelin 563-L20

🏠 **Residenza La Ceramica**   🔁 🗚 🏖 🅿

STORICO • PERSONALIZZATO Un piacevole palazzo del centro, già carcere e poi convento, ripropone ora ambienti moderni e alla moda, rallegrati da confortevoli spazi colorati; la struttura ospita fra le sue mura anche una piccolissima taverna-enoteca.

10 cam ☲ – ♦120/160 € ♦♦220/260 € – 4 suites

via della Ceramica 10 – 𝒞 0732 4136 – www.residenzalaceramica.com
– Chiuso 23 dicembre-8 gennaio e 5-21 agosto

sulla strada statale 76 in prossimità uscita Fabriano Est Nord-Est : 6 km

🍴 **Villa Marchese del Grillo**   🐾 ⇦ 🐿 🖨 🏠 🏖 🅿

CUCINA CREATIVA • CONTESTO STORICO ✗✗✗ Splendido edificio settecentesco fatto costruire dal celebre Marchese Onofrio: le ex cantine ospitano oggi una cucina creativa ed elaborata, ricca di fantasia. Un soggiorno aristocratico nelle camere, tra affreschi e lampadari di Murano.

Menu 38/60 € – Carta 38/69 €

15 cam ☲ – ♦70/110 € ♦♦90/135 € – 5 suites

località Rocchetta Bassa 73 ⊠ 60044 – 𝒞 0732 625690
– www.marchesedelgrillo.com – solo a cena – Chiuso 10 giorni in gennaio, 1 settimana in agosto domenica sera e lunedì

FAENZA

Ravenna – ⊠ 48018 – 58 541 ab. – Alt. 35 m – Carta regionale n° **5**-C2
Carta stradale Michelin 562-J17

🍽 **Cà Murani**   🕭 🗚

EMILIANA • RUSTICO ⅔ Lo chef-patron, Remo, vi preparerà gustosi piatti basati sui prodotti stagionali del territorio, intrigandovi con specialità come il lonzino di maiale affumicato con panzanella o coniglio in tegame alle olive nere.

Carta 31/39 €

vicolo Sant'Antonio 7 – 𝒞 0546 88054 – solo a cena escluso sabato e domenica – Chiuso 15 giorni in maggio e giovedì

🛞 La Baita ⬚🛞⎈Ⓐ🚫

CUCINA EMILIANA · RUSTICO X Osteria familiare del centro, varcato l'uscio si passa per la fornita drogheria che preannuncia le specialità della casa: formaggi in gran quantità e paste casalinghe tirate al mattarello, ma anche vino con una fornitissima cantina (più di 1000 etichette). Dalla cucina, piatti stagionali del territorio come la guancia brasata al vino.

Carta 29/42 €

via Naviglio, 25c – 𝒞 *0546 21584 (prenotare)*
– www.labaitaosteria.it – Chiuso 15 giorni in gennaio, 15 giorni in agosto, domenica e lunedì

🍴 Cinque Cucchiai 🛞⎈Ⓐ🚫

PESCE E FRUTTI DI MARE · CHIC XX Situato sotto una grande quercia secolare, all'interno del giardino della villa, il ristorante è apparecchiato in una luminosa sala-veranda all'insegna di arredi bianchi. La cucina è specializzata nel pesce con piatti classici ed altri più moderni.

🍽 Menu 16 € (pranzo in settimana)/75 € – Carta 41/104 €

Hotel Relais Villa Abbondanzi, via Emilia Ponente 23, Ovest: 1 km
– 𝒞 *0546 621527 (consigliata la prenotazione) – www.villa-abbondanzi.com*
– Chiuso 2 settimane in gennaio, martedì a pranzo e lunedì

🍴 FM ⬅🛞Ⓐ🛁

MODERNA · DI TENDENZA XX All'interno dello storico hotel Vittoria lo chef-patron vi saprà deliziare con piatti ricchi di fantasia, ma con un stretto legame al territorio. Sala liberty o quella delle ceramiche per un'eleganza informale; a pranzo è aperto il bistrot con proposte più veloci.

Menu 48/85 € – Carta 36/77 €

49 cam ⌚ – 🛏65/110 € 🛏🛏89/200 €

corso Garibaldi 23/b – 𝒞 *0546 24720 – www.fmcongusto.it – solo a cena – Chiuso domenica sera e lunedì*

🏘 Relais Villa Abbondanzi 🛏⛴⊛🕸♨⎈Ⓐ🚫🅿

DIMORA STORICA · PERSONALIZZATO In una dimora dei primi '800 - non proprio in centro, ma questo è solo un vantaggio in termini di tranquillità - il relais dispone di camere con mobili d'epoca, soppalchi e caminetti. Se l'India vi sembra lontana, la sua scienza di vita, o meglio Ayurveda, la ritrovate nei trattamenti del centro benessere.

15 cam ⌚ – 🛏97/206 € 🛏🛏107/216 € – 3 suites

via Emilia Ponente 23, Ovest: 1 km
– 𝒞 *0546 622672 – www.villa-abbondanzi.com*
– Chiuso 2 settimane in gennaio

🍴 **Cinque Cucchiai** – Vedere selezione ristoranti

FAGAGNA

Udine – ✉ 33034 – 6 385 ab. – Alt. 177 m – Carta regionale n° **6**-B2
Carta stradale Michelin 562-D21

🛞 Al Castello ⬅🛞Ⓐ⇔🅿

CUCINA REGIONALE · ACCOGLIENTE XX Nella parte alta della località, poco distante dal castello che ricorda nel nome, l'atmosfera coniuga rusticità ed eleganza, la tradizione della linea gastronomica e la modernità delle presentazioni. Per chi vuole assaggiare un piatto veramente tipico: roastbeef d'anatra e cavoli rossi stufati con le mele.

🍽 Menu 18 € (pranzo in settimana)/25 € – Carta 28/52 €

via San Bartolomeo 18
– 𝒞 *0432 800185 – www.ristorantealcastello.com – Chiuso 10 giorni in gennaio e lunedì*

‼️○ Al Bàcar 🛖 AC

CUCINA MODERNA · FAMILIARE XX Tutta una famiglia, i Lizzi, coinvolta tra l'adiacente macelleria-gastronomia e questo interessante ristorante dove il giovane figlio, a suo agio con le ottime carni selezionate da papà, ma anche con il pesce, dà vita a piatti moderni permeati da influenze territoriali.

🍴 Menu 18 € (in settimana)/50 € – Carta 29/106 €

Via Umberto I, 29 – ☏ 0432 811036 – www.ristorantealbacar.com – Chiuso 1°-15 gennaio, 9-16 agosto e domenica

🏨 Villaverde Hotel & Resort 🛖 🦌 🛋️ 🖥️ 🎛️ ⚙️ 🏛️ 🚰 🚗 AC 🐟

RESORT · MINIMALISTA Design moderno per questo raffinato resort con camere affacciate sul campo da golf, nonché dotato di un'importante area wellness, palestra attrezzata, centro medico basato sulla prevenzione e la medicina del movimento. Nella vicina club house, il ristorante non manca di servire carne e pesce in egual misura.

32 cam ⌂ – ♦120/280 € ♦♦150/320 € – 1 suite

Via delle Acacie 1 ⊠ 33034 Fagagna
– ☏ 0432 812600 – www.villaverderesort.com

FAGNANO Verona → Vedere Trevenzuolo

FAGNANO OLONA

Varese – ⊠ 21054 – 12 440 ab. – Alt. 265 m – Carta regionale n° **10**-A2
Carta stradale Michelin 561-F8

🌼 Acquerello (Silvio Salmoiraghi) 🛖 AC

CUCINA CREATIVA · ACCOGLIENTE XX C'è anche una carta, ma vi consigliamo di affidarvi alla degustazione che vi proporrà lo chef: scoprirete un percorso calibrato di sapori ricercati e combinazioni originali in straordinaria armonia, accenni all'oriente con piacevoli contrasti di cotture e temperature.

→ Anatra e anice. Piccione alla perugina. Croccante al limone.

Menu 45 € (pranzo in settimana)/120 € – Carta 61/107 €

via Patrioti 5 – ☏ 0331 611394 (coperti limitati, prenotare) – Chiuso 11-18 agosto, domenica sera e lunedì

‼️○ Menzaghi AC ⇔

CUCINA MODERNA · FAMILIARE XX Ingresso attraverso un ampio disimpegno con numerose bottiglie in bellavista: menu vario ed invitante, i piatti vi verranno serviti in una sala di tono signorile. La solida conduzione familiare - ormai alla terza generazione - è garante di un'esperienza gastronomica sicuramente felice!

Carta 39/55 €

via San Giovanni 74 – ☏ 0331 361702 – www.ristorantemenzaghi.it
– Chiuso 16-20 agosto, domenica sera e lunedì

FAI DELLA PAGANELLA

Trento – ⊠ 38010 – 894 ab. – Alt. 957 m – Carta regionale n° **19**-B2
Carta stradale Michelin 562-D15

🏨 Al Sole 🌳 🛋️ 🖥️ 🎛️ ⚙️ 🏛️ 🚰 🚗 AC 🐟 🚗

TRADIZIONALE · MODERNO Moderno, confortevole, in bella posizione panoramica sui prati: anche le camere si presentano bene in quanto a generosità di spazi e luminosità. L'attrezzato centro benessere, dotato anche di ampia beauty farm, vi rigenererà dallo stress quotidiano.

38 cam ⌂ – ♦80/130 € ♦♦160/280 € – 3 suites

via Cesare Battisti 11 – ☏ 0461 581065 – www.alsolehotel.info – Chiuso maggio e novembre

FALCADE

Belluno – ⊠ 32020 – 2 233 ab. – Alt. 1 145 m – Carta regionale n° **23**-B1
Carta stradale Michelin 562-C17

🏠 Belvedere ☆ ⇐ ⋒ ⅃₆ ▣ ६ ▣

TRADIZIONALE • STILE MONTANO Tripudio di legni per questa deliziosa e tipica casa di montagna, già piacevole dall'esterno: a 600 m dal centro e non lontano dalle piste, confortevoli camere di tono rustico, nonché attrezzata area wellness. Caratteristiche stube d'epoca costituiscono splendidi inviti per gustare la buona cucina del territorio.

40 cam ⍜ – †69/155 € ††70/240 €

via Garibaldi 24 – ℰ 0437 599021 – www.belvederehotel.info – Aperto 6 dicembre-31 marzo e 1° giugno-26 settembre

🏠 Sport Hotel Cristal ☆ ⇐ ⬱ ▣ ६ ▣

TRADIZIONALE • STILE MONTANO I prati tutt'intorno si trasformano in estate in una splendida spiaggia baciata dal sole e da una piacevole brezza; all'interno ambienti riscaldati dal tepore del legno e da luminose stoffe carminio. Rilassante pausa gastronomica al ristorante, dove gustare piatti dai sapori regionali preparati direttamente dal titolare dell'hotel.

46 cam ⍜ – †59/89 € ††98/178 €

piazza Municipio 4 – ℰ 0437 507356 – www.sporthotelcristal.net – Aperto 6 dicembre-31 marzo e 15 giugno-10 settembre

FALCONARA MARITTIMA

Ancona – ✉ 60015 – 26 565 ab. – Carta regionale n° **11**-C1
Carta stradale Michelin 563-L22

🍴 L'Arnia del Cuciniere 🛖 ६

CUCINA TRADIZIONALE • MINIMALISTA ⅔ Ai piedi del castello nel caratteristico centro di Falconara alta, l'intraprendente patron ha portato la sua cucina di mare e di terra, dove il prodotto - accuratamente selezionato - è protagonista assoluto, più che la sua elaborazione. La sera, anche pizza gastronomica. Ambienti sobriamente moderni.

Menu 30/35 € – Carta 27/55 €

via Baluffi 12 – ℰ 071 916 0055 – www.arniadelcuciniere.it – solo a cena

FALZES PFALZEN

Bolzano – ✉ 39030 – 2 753 ab. – Alt. 1 022 m – Carta regionale n° **19**-C1
Carta stradale Michelin 562-B17

🍴 Sichelburg 🛖 🛖 💯 ↻ ▣

CUCINA CREATIVA • ROMANTICO XX Regalatevi un grande pasto in un contesto da sogno: in paese, il ristorante si trova al primo piano di un castello di origini trecentesche. Romantiche sale avvolte nel legno, la cucina è creativa, ma fortemente legata ai prodotti della montagna.

Menu 39/55 € – Carta 37/81 €

via Castello 1 – ℰ 0474 055603 – www.sichelburg.it – Chiuso 3 settimane in gennaio, 1 settimana in giugno, giovedì a mezzogiorno e mercoledì

ad Issengo Nord-Ovest : 1,5 km ✉ 39030 – Falzes

🍴 Tanzer 🛖 🛖 💯 ↻ ▣

CUCINA CREATIVA • ROMANTICO XX Proprio sotto il campanile della piccola frazione, due romantiche stube, una signorile dell'Ottocento, l'altra più semplice e contadina, ma del Seicento, accolgono una cucina in prevalenza locale venata da qualche spunto moderno.

Menu 51/98 € – Carta 50/72 €

Hotel Tanzer, via del Paese 1 – ℰ 0474 565366 – www.tanzer.it – Chiuso 5-24 novembre, martedì e mercoledì

🏠 Tanzer   🧴 🛏 🏠 ☐ ♿ 🅿

FAMILIARE · ACCOGLIENTE Con il passaggio generazionale l'albergo si è rinnovato ed è ora un vero e proprio gourmet e boutique hotel dallo stile piacevolmente moderno, in cui non manca una gradevole zona benessere. Luminosità e buoni spazi - soprattutto nelle camere e suite più recenti - lo rendono un indirizzo fortemente consigliato.

16 cam ⊊ - ♦90/146 € ♦♦200/220 € - 4 suites

via del Paese 1 - ℰ 0474 565366 - www.tanzer.it - Chiuso 5-24 novembre

🍴 **Tanzer** - Vedere selezione ristoranti

a Molini Nord-Ovest : 2 km ⊠ 39030 - Chienes

⭐ Schöneck (Karl Baumgartner)   🛁 ≼ 🏠 🅰 🍽 ⇦ 🅿

CUCINA MODERNA · LUSSO XxX Quando il tempo non consente di mangiare all'aperto, la scelta è fra le romantiche stube storiche o la luminosa veranda coperta. Da tempo sugli allori, la cucina offre piatti per tutti i gusti, carne e pesce, tradizione e creatività.

→ Ravioli fatti a mano ripieni di faraona su crema di aglio orsino. Braciola di vitello di latte di razza Sprinzen rosolata nel burro con salsa all'aceto balsamico. Cialde croccanti di pasta strudel con crema bavarese e fragole marinate.

Menu 45/90 € - Carta 45/98 €

via Schloss Schöneck 11 - ℰ 0474 565550 - www.schoeneck.it
- Chiuso 18 giugno-3 luglio, lunedì e martedì escluso in alta stagione

FANNA

Pordenone - ⊠ 33092 - 1 583 ab. - Alt. 274 m - Carta regionale n° **6**-B2
Carta stradale Michelin 562-D20

🏠 Al Giardino   🏠 🛏 🔟 ♿ 🅰 🏖 🅿

FAMILIARE · CLASSICO Il nome prelude all'indovinata cornice verde della struttura, ornata da specchi d'acqua concepiti quasi all'orientale. Tutto spicca per l'estrema cura: la bella piscina e le deliziose camere, mentre terra e mare coabitano nel menu dell'omonimo ristorante.

25 cam ⊊ - ♦50/70 € ♦♦70/100 €

via Circonvallazione Nuova 3 - ℰ 0427 77178 - www.algiardino.com
- Chiuso 11 gennaio-10 febbraio

FANO

Pesaro e Urbino (PU) - ⊠ 61032 - 60 888 ab. - Carta regionale n° **11**-B1
Carta stradale Michelin 563-K21

🍴 Il Galeone   ⇦ 🅰 🅿

CUCINA CLASSICA · STILE MEDITERRANEO XX Accolto tra gli spazi dell'albergo Elisabeth Due, il ristorante da tempo si è conquistato una fama che va ben oltre i frequentatori dell'hotel, ora anche grazie alla rinnovata ed accogliente veranda chiusa con ampie vetrate a vista. Le proposte prediligono il mare in elaborazioni moderne ed accattivanti.

Menu 33/60 € - Carta 38/70 €

28 cam ⊊ - ♦80/130 € ♦♦130/170 € - 4 suites

piazzale Amendola 2 - ℰ 0721 823146 - www.ilgaleone.net - Chiuso 7-21 gennaio,
domenica sera e lunedì escluso in estate

🍴 Il Cuciniere   ♿ 🅰

CUCINA ITALIANA · ACCOGLIENTE X Una piccola trattoria che si sviluppa su due salette, rallegrate da originali foto in bianco e nero: atmosfera informale per una cucina che spazia con ecclettismo fra varie contaminazioni gastronomiche.

Carta 23/42 €

via Giordano Bruno 13 - ℰ 0721 807677 (consigliata la prenotazione) - Chiuso
giugno, luglio, agosto e martedì

⁀O **Da Maria al Ponte Rosso** ⛩ Ⓐ 🚳

PESCE E FRUTTI DI MARE · ACCOGLIENTE ✗ Preparatevi, prenotare qui non è un'impresa facile, ma questo vorrà pur significare qualcosa... Pochi tavoli, molte piante, qualche scultura realizzata da Domenica, figlia della proprietaria che segue la sala. L'ambiente è familiare ed ancor più l'accoglienza, nonché la gustosa cucina, a base di solo pesce fresco a seconda dell'offerta ittica del giorno: così vuole Maria, la titolare, che ha fatto della semplicità la propria forza!

Menu 40/50 € – Carta 35/65 €

via IV Novembre 86 – ℰ 0721 808962 (prenotazione obbligatoria) – Chiuso Natale e Pasqua

⁀O **Osteria dalla Peppa** Ⓝ ⛩

CUCINA TRADIZIONALE · RUSTICO ✗ Se il "must" è la filiera corta nell'approvvigionamento delle materie prime, non da meno è la piacevolezza dell'ambiente rustico, molto tradizionale, con tanto di "sfogline" all'opera nel vicino laboratorio a vista.

Carta 22/51 €

via Vecchia 8 – ℰ 0721 823904 (consigliata la prenotazione)
– www.osteriadallapeppa.it – Chiuso 22-28 febbraio e 24-30 giugno

🏨 **Siri** ⊡ & Ⓐ 🚗

BUSINESS · MODERNO Appena fuori le mura del centro storico, grazioso albergo riaperto nel 2010 dopo un totale restauro che gli ha conferito un appeal moderno e modaiolo. Noleggio bici e wi-fi gratuiti, camere elegantemente allestite.

20 cam � – †112/162 € ††132/215 €

viale Buozzi 69 – ℰ 0721 802593 – www.sirihotelfano.it

🏠 **Astoria** ✿ ⊡ Ⓐ

FAMILIARE · MINIMALISTA Sul lido di Fano, hotel a conduzione familiare rinnovato in anni recenti, luminosi ambienti che come le camere dispongono di arredi moderni e funzionali.

42 cam ⊽ – †50/85 € ††70/130 €

viale Cairoli 86 – ℰ 0721 800077 – www.hotelastoriafano.it – Aperto 10 aprile-24 settembre

🏡 **Villa Giulia** ✿ ⅗ ≤ 🛏 ⅃ Ⓐ Ⓟ

DIMORA STORICA · PERSONALIZZATO Immersa nel verde, struttura ricavata da un'antica residenza napoleonica con camere arredate secondo lo stile originale e 5 appartamenti con soggiorno e cucina (disponibili anche per brevi periodi). Per gli amanti della buona tavola, c'è anche il ristorante gourmet realizzato nella splendida orangerie con terrazza sul mare.

18 cam ⊽ – †70/180 € ††110/200 €

via di Villa Giulia, località San Biagio 40 – ℰ 0721 823159
– www.relaisvillagiulia.com – Aperto Pasqua-5 novembre

sulla strada nazionale Adriatica Sud 78 Sud-Est : 5 km

⁀O **Alla Lanterna** ⇆ ⛩ Ⓐ ⅍ Ⓟ

PESCE E FRUTTI DI MARE · ACCOGLIENTE ✗✗ Un indirizzo da memorizzare se siete amanti del mare nel piatto: proprietari e figli sono infatti impegnati a servirvi il miglior pesce dell'Adriatico, in un ambiente curato e piacevole. Sopra, anche la possibilità di pernottare.

🍴 Menu 25/45 € – Carta 31/79 €

18 cam ⊽ – †47/60 € ††75/90 €

località Metaurilia – ℰ 0721 884748 – www.allalanterna.com – Chiuso 23 dicembre-15 gennaio, domenica sera e lunedì

FARA FILIORUM PETRI

Chieti – ✉ 66010 – 1 943 ab. – Alt. 227 m – Carta regionale n° **1**-C2
Carta stradale Michelin 563-P24

🍴○ **Casa D'Angelo**   🕸 🏠 ♿ ✿ **P**

CUCINA REGIONALE · INTIMO XX La vecchia casa di famiglia, un locale intimo e
raffinato cui si aggiunge la sapienza di una gestione dalla lunga esperienza. Piatti
del territorio vivacizzati dalla fantasia dello chef.

Menu 36/55 € – Carta 28/65 €

via San Nicola 5 – ☎ 0871 70296 (consigliata la prenotazione)
– www.casadangelo.it – Chiuso 1°-24 novembre, domenica sera, lunedì e martedì

FARA IN SABINA

Rieti – ✉ 02032 – 13 742 ab. – Alt. 482 m – Carta regionale n° **7**-B1
Carta stradale Michelin 563-P20

a Coltodino Sud-Ovest : 4 km ✉ 02030

🏠 **Ille-Roif**   🔆 🦢 ← 🍴 ⚒ 🐟 ✕ ♿ 🎦 ⚘ **P**

FAMILIARE · ORIGINALE Originale, stravagante e colorato: a questo albergo
sono state messe le ali della fantasia e chi vi soggiorna non potrà che volare
con essa per scoprire spazi e forme, talvolta, persino bizzarri! Prima di prenotare,
date un'occhiata alla camera che più vi aggrada sul loro sito.

12 cam ☲ – †120/190 € ††190/280 €

via Valle Pisciarello 22, località Talocci, Ovest: 5,5 km – ☎ 0765 386749
– www.ille-roif.it – Chiuso vacanze di Natale e 7-31 gennaio

FARRA DI SOLIGO

Treviso – ✉ 31010 – 8 913 ab. – Alt. 163 m – Carta regionale n° **23**-C2
Carta stradale Michelin 562-E18

a Soligo Est : 3 km ✉ 31010

🍴○ **La Candola**   ⇦ 🦢 ← 🏠 ⚙ **P**

CUCINA MODERNA · ROMANTICO XX In posizione panoramica, questa romantica
locanda - oltre ad offrire un'ottima cucina legata alle stagioni - ruota attorno
all'eccellente ospitalità dei coniugi titolari: passione e cordialità sono infatti i loro
tratti distintivi. Comode camere per un relax nel verde.

Menu 35/55 € – Carta 37/68 €

7 cam ☲ – †110/155 € ††135/155 €

via San Gallo 43 – ☎ 0438 900006 (consigliata la prenotazione)
– www.locandacandola.com – Chiuso 2-15 gennaio, martedì a mezzogiorno in
estate, anche martedì sera negli altri mesi

a Col San Martino Sud-Ovest : 3 km ✉ 31010

🍴 **Locanda da Condo**   🏠 ✿

CUCINA REGIONALE · RUSTICO X Un'antica locanda che una famiglia gestisce
da almeno tre generazioni. Diverse sale ricche di fascino tutte accomunate
dallo stile tipico di una trattoria e piccola terrazza affacciata sulla graziosa
piazza del paese con disponibilità di una decina di coperti esterni per la
bella stagione. Cucina veneta, come l'immancabile pasta e fagioli o la
faraona con peverada.

🍴 Menu 25/40 € – Carta 26/42 €

via Fontana 134 – ☎ 0438 898106 – www.locandadacondo.it – Chiuso 15 giorni in
luglio, martedì sera e mercoledì

Ⅰ○ **Locanda Marinelli** ⇦ ⑧ ⇐ 斎 & 丞 **P**

CUCINA MODERNA · INTIMO XX Nella quiete di una tranquilla frazione tra i vigneti di Prosecco, cucina dallo stile pacatamente moderno a base di ottimi prodotti, sia di terra sia di mare. Bella anche la terrazza panoramica.

Carta 39/67 €

3 cam ☲ – †60 € ††90 €

via Castella 5 – ℰ 0438 987038 – www.locandamarinelli.it – Chiuso 1 settimana in gennaio, 2 settimane in settembre e martedì

FARRA D'ISONZO

Gorizia (GO) – ✉ 34072 – 1 733 ab. – Carta regionale n° **6**-C3

Ⅰ○ **Borgo Colmello** ⇦ ⑧ 🏚 斎 丞 **P**

CUCINA REGIONALE · AMBIENTE CLASSICO X Appena fuori paese, grazioso borgo rurale rinnovato attorno al museo della civiltà contadina. La struttura offre un'enoteca-bar, un ristorante di tono classico con bel dehors in giardino e, nel piatto, sapori regionali rigorosamente in sintonia con le stagioni; al piano superiore alcune camere.

Carta 25/51 €

8 cam ☲ – †60/70 € ††90/95 €

strada della Grotta 8 – ℰ 0481 889013 – www.borgocolmello.it – Chiuso domenica sera e lunedì

FASANO

Brindisi – ✉ 72015 – 39 780 ab. – Alt. 118 m – Carta regionale n° **15**-C2
Carta stradale Michelin 564-E34

Ⅰ○ **Rifugio dei Ghiottoni** 丞

CUCINA REGIONALE · RUSTICO X E' il rifugio-pizzeria di chi cerca i sapori caserecci di una cucina regionale basata su proposte locali da riscoprire in un ambiente piacevolmente semplice. Le realizzazioni più ghiotte sono certamente quelle elaborate a partire dall'impiego di prodotti ittici: freschezza, semplicità e abbondanza gli ingredienti principali.

☜ Menu 20 € – Carta 21/48 €

via Nazionale dei Trulli 116 – ℰ 080 441 4800 – Chiuso 20-30 giugno e mercoledì

FASANO DEL GARDA Brescia → Vedere Gardone Riviera

FAVIGNANA Sicilia Trapani → Vedere Egadi (Isole)

FELINO

Parma – ✉ 43035 – 8 790 ab. – Alt. 185 m – Carta regionale n° **5**-A3
Carta stradale Michelin 562-H12

a Barbiano Sud : 4 km ✉ 43035

Ⅰ○ **Trattoria Leoni** 斎 **P**

CUCINA EMILIANA · TRATTORIA X In una cornice di affascinanti dolci colline, la classica sala propone piatti parmigiani che si aprono a suggestioni di montagna, funghi e cacciagione; imperdibile panorama estivo.

☜ Menu 15 € (pranzo in settimana)/30 € – Carta 48/74 €

via Ricò 42 – ℰ 0521 831196 – www.trattorialeoni.it – Chiuso gennaio e lunedì

FELTRE

Belluno – ⊠ 32032 – 20 649 ab. – Alt. 325 m – Carta regionale n° **23**-B2
Carta stradale Michelin 562-D17

○ **Panevin**   🏡 🕭 🎬 🅿

CUCINA MODERNA · ACCOGLIENTE XX In una frazione verdeggiante, appena fuori Feltre, il ristorante è gestito da una coppia di giovani soci che propongono una cucina moderna, ma senza inutili stravaganze, con i sapori del mare in prima linea.

🍴 Menu 20 € (pranzo in settimana) – Carta 36/68 €

via Cart 16, Nord-Est: 3 km – ℰ 0439 83466 – www.ristorantepanevin.it
– Chiuso domenica sera e mercoledì

🏠 **Doriguzzi**   🔄 🕭 🅿

TRADIZIONALE · MODERNO Accogliente struttura vicino al centro storico, è un valido punto di riferimento soprattutto per una clientela di lavoro grazie agli ambienti ben accessoriati a disposizione degli ospiti.

26 cam ⊡ – ♦70/85 € ♦♦98/140 €

viale Piave 2 – ℰ 0439 2003 – www.hoteldoriguzzi.it

FENEGRÒ

Como – ⊠ 22070 – 3 213 ab. – Alt. 290 m – Carta regionale n° **10**-A1
Carta stradale Michelin 561-E9

○ **In**   🏡 🎬 ⇔ 🅿

CUCINA MEDITERRANEA · CONTESTO TRADIZIONALE XX Un locale di tono moderno e accogliente, con interni signorili e un'atmosfera comunque familiare; un po' fuori paese, di cucina mediterranea, ora più classici ora rivisitati.

Carta 37/63 €

via Monte Grappa 20 – ℰ 031 935702 – www.ristorante-in.com
– Chiuso 27 dicembre-7 gennaio, agosto e lunedì

FERENTILLO

Terni – ⊠ 05034 – 1 913 ab. – Alt. 260 m – Carta regionale n° **20**-C3
Carta stradale Michelin 563-O20

⑧ **Piermarini**   ⇔ 🕭 🎬 ⇔ 🅿

CUCINA REGIONALE · AMBIENTE CLASSICO XX Poco fuori dal centro, giardino, veranda e sale sono l'elegante cornice di una cucina spesso incentrata sul tartufo, sempre sui sapori della tradizione con ingredienti locali ed un'ottima griglia accesa in permanenza. Tra i must del menu: "picchiettini" (pasta tipica) alle erbette e uovo alla coque con tartufo.

Carta 26/71 €

via Ancaiano 23 – ℰ 0744 780714 – www.saporipiermarini.it – solo a cena
– Chiuso domenica sera e lunedì

🏠 **Abbazia San Pietro in Valle**   🏡 🌂 ⇐ ⇔ 🏦 🎬 🅿

DIMORA STORICA · ROMANTICO Nel cuore del misticismo umbro, un'esperienza irripetibile all'interno di un'abbazia d'origine longobarda del IX sec. Camere semplici in linea con lo spirito del luogo. Cucina della tradizione al ristorante.

21 cam ⊡ – ♦85/115 € ♦♦125/169 €

strada statale 209 Valnerina km 20, Nord-Est: 3,5 km – ℰ 0744 780129
– www.sanpietroinvalle.com – Aperto 1° aprile-28 ottobre

FERIOLO

Verbano-Cusio-Ossola – ⊠ 28831 – Alt. 195 m – Carta regionale n° **13**-A1
Carta stradale Michelin 561-E7

#O **Serenella** ⇔ ⌂ ⟨ P

CUCINA CLASSICA · FAMILIARE XX Da oltre mezzo secolo il punto di riferimento in zona per gli amanti della buona tavola: cucina di respiro classico-moderno in un ristorante dall'atmosfera calda e raccolta. Poco distante dal lago, l'hotel dispone di camere recentemente rinnovate con un taglio moderno.

Menu 33/45 € – Carta 38/70 €

13 cam ⌔ – ♥80/120 € ♥♥90/150 €

via 42 Martiri 5 – ℰ 0323 28112 – www.hotelserenella.net – Chiuso 1° gennaio-15 marzo e mercoledì

#O **Vistaqua** Ⓝ ⌂ AC

CUCINA MEDITERRANEA · BISTRÒ X Sul frontelago della piccola e pittoresca località, un bistrot raccolto e moderno dove gustare piatti mediterranei e pizze. Incantevole la terrazza panoramica.

Carta 36/56 €

via Mazzini 11 – ℰ 0323 28568 (consigliata la prenotazione) – www.ristorantevistaqua.it – Aperto metà marzo-fine ottobre; chiuso lunedì escluso in estate

⌂ **Carillon** ⇐ ⌂ ⟨ ⊡ AC ⊘ P

FAMILIARE · ACCOGLIENTE A conduzione familiare con accogliente hall e veranda con vista, tutte le camere si affacciano sul lago, dove c'è anche una deliziosa spiaggetta privata.

32 cam ⌔ – ♥50/100 € ♥♥60/150 €

strada nazionale del Sempione 2 – ℰ 0323 28115 – www.hotelcarillon.it – Aperto 25 marzo-20 ottobre

FERMO

(FM) – ✉ 63900 – 37 655 ab. – Alt. 319 m – Carta regionale n° **11**-D2
Carta stradale Michelin 563-M23

sulla strada statale 16-Adriatica

❀ **Emilio** (Danilo Bei) ⌂

PESCE E FRUTTI DI MARE · ELEGANTE XxX Un comodo parcheggio libero proprio di fronte all'ingresso di questo elegante locale, dove spiccano opere d'arte contemporanea. Piatti di pesce a seguire la falsariga delle tradizioni adriatiche, con molte sorprese proposte anche a voce.

→ Maccheroncino ai frutti di mare in brodo di rapa rossa. Coda di rospo stufata al forno con cipolla rossa di Tropea. Cannelloncini ripieni di pera con gelato alla vaniglia.

Menu 75 € – Carta 55/85 €

via Girardi 1, località Casabianca, Nord-Est: 10 km – ℰ 0734 640365 – www.ristoranteemilio.it – solo a cena – Chiuso 23 dicembre-3 gennaio, 27 agosto-5 settembre e lunedì

CI PIACE...

Il soggiorno alla **Locanda Corte Arcangeli** per respirare l'antica atmosfera della villa di campagna dei Savonarola. Il relax nei giardini fioriti dell'ex riserva di caccia agli **Horti della Fasanara**. I bagni con cromoterapia dell'hotel **Nazionale**.

FERRARA

(FE) – ⊠ 44121 – 133 155 ab. – Alt. 9 m – Carta regionale n° **5**-C1
Carta stradale Michelin 562-H16

Ristoranti

⊛ **Ca' d'Frara**   🕭 AC

CUCINA EMILIANA · FAMILIARE XX Tappa irrinunciabile per chi vuole conoscere la grande cucina locale, il cuoco rende uno straordinario omaggio ai cappellacci di zucca e al pasticcio alla ferrarese.

Menu 26 € – Carta 30/61 €

Pianta: B2-c – *via del Gambero 4* ⊠ *44121* – *𝒞 0532 205057 (consigliata la prenotazione)* – *www.ristorantecadfrara.it* – *Chiuso 23 luglio-7 agosto, mercoledì a mezzogiorno e martedì*

ᵀ❍ **Quel Fantastico Giovedì**   🕭 AC

CUCINA MODERNA · ELEGANTE XX Un libro di Steinbeck - scelto casualmente fra tanti - battezzò il ristorante, ma da allora poco fu lasciato al caso: sale moderne ed eleganti, qui troverete i classici ferraresi, sebbene la nomea della cucina sia prevalentemente legata all'ottimo pesce.

🍴 Menu 14 € (pranzo in settimana)/38 € – Carta 28/55 €

Pianta: B2-n – *via Castelnuovo 9* ⊠ *44121* – *𝒞 0532 760570 (consigliata la prenotazione)* – *www.quelfantasticogiovedi.com* – *Chiuso 20-30 gennaio, 27 luglio-17 agosto e mercoledì*

ᵀ❍ **Trattoria "I Tri Scalin"**   AC

CUCINA REGIONALE · TRATTORIA X Un indirizzo molto semplice, senza fronzoli, ma autentico come la sua cucina: tradizionali sapori estensi, l'immancabile carrello dei bolliti e i grandi classici della zona.

Carta 27/70 €

Pianta: A2-t – *via Darsena 52* ⊠ *44100* – *𝒞 0532 760331* – *Chiuso domenica sera e lunedì*

C'é categoria e categoria! Non aspettatevi lo stesso servizio in un ristorante X o in un albergo 🏠 rispetto ad un XxXxX o ad un 🏨🏨🏨.

▷○ **La Borsa Wine-Bar**

CUCINA REGIONALE · WINE-BAR X Informale e alla mano, con alcuni tavoli sistemati sotto il suggestivo lucernaio di un palazzo d'epoca, qui troverete le proposte
più svariate, da un'ottima selezione di salumi agli arrivi quotidiani elencati su una
lavagna di piatti più elaborati.

Carta 40/50 €

Pianta: AB1-x – *corso Ercole I D'Este 1* ✉ *44121*
– ☏ *0532 243363* – *www.ildongiovanni.com*
– *Chiuso 2 settimane in agosto, lunedì a mezzogiorno e domenica in
giugno-agosto, domenica sera e lunedì negli altri mesi*

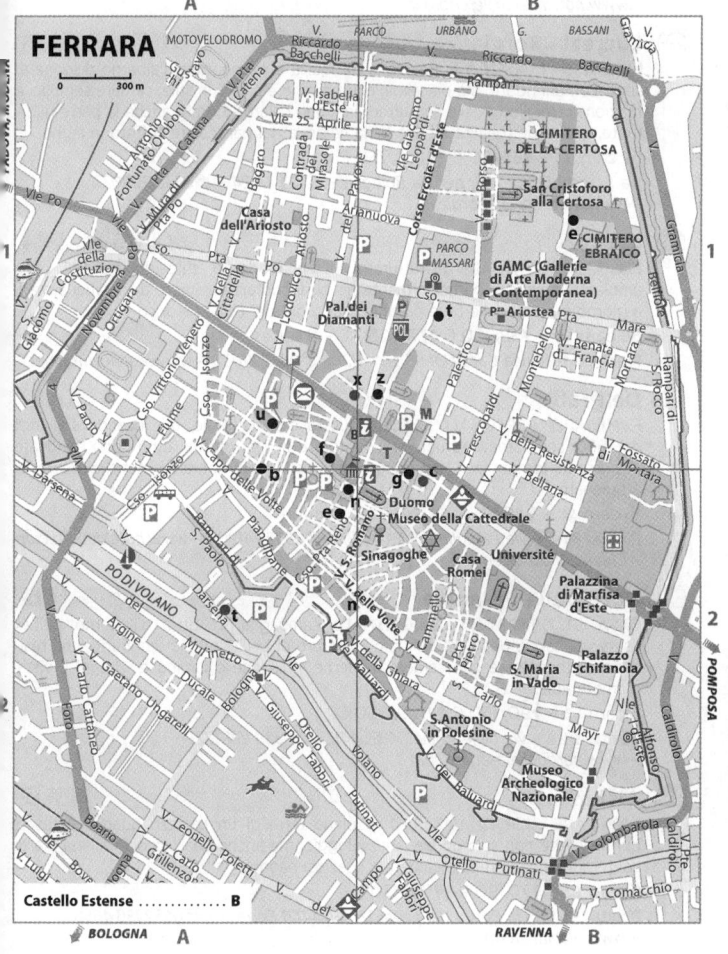

Alberghi

🏠 Annunziata ⬚ AC 🏛

FAMILIARE · MODERNO Dedicato a chi ama gli ambienti moderni, l'arte contemporanea e gli arredi sobri, ma vivacemente colorati. Per rendere il soggiorno più esclusivo, prenotate una delle sei camere affacciate sul castello.

27 cam ☐ – †89/400 € ††89/400 €

Pianta: A1-f – *piazza Repubblica 5* ✉ *44121* – ✆ *0532 201111* – *www.annunziata.it*

🏠 Nazionale AC

BOUTIQUE HOTEL · ACCOGLIENTE A due passi dalla Cattedrale e dal castello Estense, non manca certo di personalità questo piccolo boutique hotel, le cui camere di design sono contraddistinte da nomi d'importanti città italiane.

13 cam ☐ – †60/150 € ††80/250 €

Pianta: A2-n – *corso Porta Reno 32* ✉ *44121* – ✆ *0532 243596*
– *www.hotelnazionaleferrara.it*

🏠 Lucrezia Borgia 🏞 ⬚ 🚻 AC 🏛 🚌

BUSINESS · CLASSICO In una zona tranquilla e residenziale, l'albergo dispone di spazi comuni ridotti, ma piacevoli, con boiserie e arredi in stile, camere semplici e funzionali (migliori quelle con arredi in legno chiaro). Curata anche la parte ristorante, con calde tonalità ed una bella veranda dal particolare soffitto in legno.

52 cam ☐ – †65/80 € ††100/150 €

via Franchi Bononi 34, per via Bologna - A2 ✉ *44124* – ✆ *0532 909033*
– *www.hotellucreziaborgia.it*

🏠 Carlton 🛗 ⬚ 🚻 AC 🏛 🚌

BUSINESS · CENTRALE Ristrutturato in un moderno stile minimalista, offre ambienti luminosi e particolarmente ricchi di confort e camere dai pratici armadi a giorno e pareti dalle tinte pastello. Nel cuore del centro storico.

58 cam ☐ – †58/150 € ††77/250 € – 8 suites

Pianta: A1-u – *via Garibaldi 93* ✉ *44121* – ✆ *0532 211130* – *www.hotelcarlton.net*

🏠 De Prati ⬚ 🚻 AC

FAMILIARE · PERSONALIZZATO In questa casa centrale, già locanda agli inizi del '900, soggiornavano uomini di cultura e di teatro; oggi è un hotel rinnovato che ospita temporanee esposizioni di artisti contemporanei, nonché opere di artigianato.

15 cam ☐ – †48/95 € ††75/130 € – 1 suite

Pianta: B1-z – *via Padiglioni 5* ✉ *44121* – ✆ *0532 241905* – *www.hoteldeprati.com*
– *Chiuso 21-26 dicembre*

🏠 Horti della Fasanara 🌳 🚪 AC 🅿

CASA DI CAMPAGNA · ELEGANTE La campagna in città: all'interno dell'ex riserva di caccia degli Estensi, con un ettaro di bellissimi giardini fioriti, una residenza ottocentesca con camere moderne - bianche e luminose - bagni a vista, cromoterapia.

6 cam ☐ – †90/150 € ††120/250 €

Pianta: B1-e – *via delle Vigne 34* ✉ *44121* – ✆ *338 154 3721*
– *www.hortidellafasanara.com*

🏠 Alchimia 🚪 AC 🅿

FAMILIARE · PERSONALIZZATO Al piano terra di un palazzo quattrocentesco, qui troverete non solo un elegante alloggio, ma anche una piccola galleria d'arte contemporanea, raffinate camere e spaziosi bagni.

6 cam ☐ – †70/90 € ††90/130 €

Pianta: B1-t – *via Borgo dei Leoni 122* ✉ *44121 Ferrara* – ✆ *0532 186 4656*
– *www.alchimiaferrara.it*

🏠 Dolcemela · 🕉 AC 🚗

FAMILIARE · ACCOGLIENTE In un quartiere caratterizzato da deliziose casette d'epoca, troverete anche una piccola corte-giardino con fontana di Serafini. Camere semplici, ma curate, diverse mansardate con travi a vista.

7 cam 🛏 – †60/80 € ††80/100 €

Pianta: A1-2-b – *via della Sacca 35* ✉ *44121*
– ℰ 0532 769624 – www.dolcemela.it

🏠 Locanda il Bagattino · ⬍ AC ❀

FAMILIARE · FUNZIONALE Al secondo piano di un palazzo a venti metri dalla piazza della cattedrale, l'atmosfera è quella di un'elegante casa privata, ricca d'arredi e con quasi tutte le camere mansardate, più alte o più basse.

6 cam 🛏 – †60/80 € ††80/120 €

Pianta: A2-e – *corso Porta Reno 24* ✉ *44121 – ℰ 0532 241887*
– www.ilbagattino.it

🏠 Locanda Borgonuovo · 🕉 AC P

LOCANDA · ORIGINALE In uno dei più antichi bed & breakfast d'Italia, ottima accoglienza e arredi in stile nelle sue camere contraddistinte dal nome delle Imprese delle 4 Contrade - interne alle mura - del Palio di Ferrara. E nella città delle biciclette, la locanda non poteva esimersi dal metterne a disposizione degli ospiti alcune.

6 cam 🛏 – †50/70 € ††80/100 €

Pianta: B2-g – *via Cairoli 29* ✉ *44121 – ℰ 0532 211100 – www.borgonuovo.com*

🏠 Agriturismo Corte dei Gioghi · 🛋 🍽 AC P

CASA DI CAMPAGNA · TRADIZIONALE Spaziose, arredate con gusto rustico, le camere sono state ricavate nel vecchio fienile della casa colonica; spazio all'esterno per colazioni estive e gradevole piscina. Ogni sabato sera - solo su prenotazione - una cena degustazione con prodotti esclusivamente a km 0.

7 cam 🛏 – †55/80 € ††75/110 €

via Pellegrina 8, 2 km per Ravenna - B2 ✉ *44124 – ℰ 0532 745049*
– www.cortedeigioghi.com

a Ponte Gradella Est : 3 km per corso Giovecca B2 (FE) – ✉ 44123

🏠 Locanda Corte Arcangeli · 🏡 🛋 🍽 AC P

STORICO · PERSONALIZZATO Antico monastero rinascimentale, divenuta villa di campagna della famiglia Savonarola, la locanda propone ambienti rustico-eleganti, camere impreziosite da mobili d'epoca, relax, piscine ed ottimi servizi. Gustosa sintesi di cucina emiliana, umbra (dalla chianina al tartufo nero) e qualche proposta di pesce, il ristorante: sicuramente meritevole di una tappa!

6 cam 🛏 – †50/70 € ††70/100 €

via Pontegradella 503 – ℰ 0532 705052 – www.locandacortearcangeli.it

a Gaibana Sud: 10 km per Ravenna B2 ✉ 44124

🍴 Trattoria Lanzagallo · AC P

PESCE E FRUTTI DI MARE · FAMILIARE Non fatevi ingannare dall'ambiente semplice e privo di fronzoli, la Trattoria Lanzagallo è uno dei punti di riferimento in provincia per la qualità del pesce in preparazioni schiette e gustose. Un suggerimento? Rombo in crosta di patate!

Menu 33/45 € – Carta 25/45 €

via Ravenna 1048 – ℰ 0532 718001
– Chiuso 2 settimane in gennaio, 2 settimane in luglio, 2 settimane in agosto, domenica e lunedì

a **Ravalle** Ovest: 16 km per Rovigo A1 ⊠ 44123

⭑◯ **L'Antico Giardino** 🦮 🎐 🅰🅒 🅿

CUCINA MODERNA · CONTESTO CONTEMPORANEO XX Una cucina ricca di spunti fantasiosi, che mostra una predilezione per i sapori della terra, carne, funghi e tartufi particolarmente. Moderna anche l'atmosfera all'interno della villetta, nel centro della località.

Menu 45/55 € – Carta 42/72 €

via Martelli 28 – ℰ 0532 412587 – www.ristoranteanticogiardino.com – solo a cena escluso domenica – Chiuso 10 giorni in marzo, 25 agosto-7 settembre, e lunedì

FERRAZZE Verona → Vedere San Martino Buon Albergo

FERRO DI CAVALLO Perugia → Vedere Perugia

FETOVAIA Livorno → Vedere Elba (Isola d') : Marina di Campo

FIANO

Torino (TO) – ⊠ 10070 – 2 695 ab. – Carta regionale n° **12**-B2
Carta stradale Michelin 561-G4

🏠🏠 **Relais Bella Rosina** 🏡 🐾 🛋 ⌨ 🖥 🖧 🅰🅒 🅿

LUSSO · ELEGANTE Non lontano dalla Reggia di Venaria, tranquillo e con ampi spazi esterni, il relais si trova in una residenza sabauda patrimonio mondiale dell'Unesco. L'eleganza delle camere è pari al valore della struttura. Ottimo!

21 cam ⌷ – †165 € ††190 € – 2 suites

via Agnelli 2 – ℰ 011 923 3600 – www.bellarosina.it – Aperto inizio aprile-fine settembre

FIASCHERINO La Spezia → Vedere Lerici

FIDENZA

Parma – ⊠ 43036 – 26 770 ab. – Alt. 75 m – Carta regionale n° **5**-A2
Carta stradale Michelin 562-H12

🏠 **Podere San Faustino** 🛋 🎐 🖧 🅰🅒 🅿

CUCINA EMILIANA · CASA DI CAMPAGNA X Nel cuore della bassa parmense, l'antica cascina riporta alla luce romantici ricordi del tempo che fu; la cucina si adegua volentieri a questo straordinario amarcord, dai tagliolini di soli rossi d'uovo con pasta di salame, pomodorini secchi e cipolla al guancialino di maiale brasato con carpaccio di finocchio marinato all'arancia, per finire con sontuosi, imperdibili dolci.

Carta 32/61 €

via San Faustino 33 (strada statale Emilia nord) – ℰ 0524 520184 – www.poderesanfaustino.it – Chiuso 1°-10 gennaio, sabato a mezzogiorno, domenica sera e lunedì

FIERA DI PRIMIERO

Trento – ⊠ 38054 – 471 ab. – Alt. 710 m – Carta regionale n° **19**-C2
Carta stradale Michelin 562-D17

⭑◯ **La Pajara** 🎐 🎎 🅿

CUCINA ITALIANA · CHIC XX Un piacevole ambiente che unisce tradizione e modernità, dove anche la cucina segue questo trend: piatti contemporanei sia di carne sia di pesce e sapori del territorio.

🍴 Menu 23 € (in settimana)/75 € – Carta 29/64 €

via Venezia 28 – ℰ 0439 763171 – www.ristorantecastelpietra.it – Chiuso 4-20 aprile e 5 novembre-5 dicembre

ⱠO Chalet Piereni

CUCINA REGIONALE · FAMILIARE X In un contesto naturalistico di grande bellezza, solo il piacere della buona tavola vi sottrarrà dalla piacevolezza dello stare all'aria aperta; i prodotti tipici del territorio concorrono, infatti, alla realizzazione di piatti dal sapore regionali con un occhio di riguardo per i piccoli ospiti.

🍽 Menu 20/40 € – Carta 21/48 €

19 cam ⌘ – †45/90 € ††80/120 €

– ☏ 0439 62791 – www.chaletpiereni.it – Chiuso 10 gennaio-Pasqua e mercoledì in bassa stagione

🏠 Iris Park Hotel

TRADIZIONALE · STILE MONTANO Lungo la strada principale, hotel che presenta un ambiente montano davvero signorile, confortevole e personalizzato. Camere di varie tipologie, valido centro benessere. Calda atmosfera nell'elegante sala ristorante.

45 cam ⌘ – †89/119 € ††164/206 € – 10 suites

via Roma 26 – ☏ 0439 762000 – www.brunethotels.it – Aperto
4 dicembre-30 marzo e 16 giugno-30 settembre

🏠 Tressane

TRADIZIONALE · STILE MONTANO Da bozzolo a farfalla: la piccola locanda, che già nel 1923 accoglieva i propri ospiti con calore e savoir-faire, è diventata oggi una struttura moderna nei confort, ma sempre tradizionale nello stile. Non manca, un ampio centro benessere (in condivisione con l'Iris Park Hotel) ed un ristorante à la carte per gli esterni. Riservata dépendance, il Relais Le Gemme si caratterizza per i suoi ampi spazi arredati in stile montano, opulento e ricercato: idromassaggio o sauna in camera ed, in alcuni casi, anche angolo cottura.

30 cam ⌘ – †98/117 € ††162/238 € – 17 suites

via Roma 30 – ☏ 0439 762205 – www.brunethotels.it – Chiuso 23-30 maggio

🏠 Castel Pietra

TRADIZIONALE · STILE MONTANO Una giovane coppia conduce con passione un albergo carino ed accogliente, completo nella gamma dei servizi offerti: camere linde e ben organizzate, molte delle quali dotate di balconcino.

37 cam ⌘ – †49/99 € ††98/198 € – 6 suites

via Venezia 28 – ☏ 0439 763171 – www.hotelcastelpietra.it – Chiuso 4-20 aprile e 5 novembre-5 dicembre

ⱠO **La Pajara** – Vedere selezione ristoranti

FIESOLE

Firenze – ✉ 50014 – 13 969 ab. – Alt. 295 m – Carta regionale n° **18**-D3
Carta stradale Michelin 563-K15

Pianta di Firenze : percorsi di attraversamento

🏠 Villa San Michele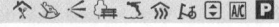

DIMORA STORICA · GRAN LUSSO Se sentite nostalgia di Florentia, in 10 minuti una navetta gratuita vi condurrà nel cuore della città. Altrimenti, godetevi la tranquillità e la maestosa vista di questa raffinata dimora del '400 immersa nel verde, la cui facciata è attribuita al più grande maestro italiano: Michelangelo.

38 cam ⌘ – †570 € ††890/4600 € – 7 suites

Pianta: B1-b – via Doccia 4 – ☏ 055 567 8200 – www.belmond.com
– Aperto 8 marzo-30 ottobre

🏠 Il Salviatino

GRAN LUSSO · STORICO Il lusso non contraddistingue solo gli spazi di questa villa cinquecentesca, con parco e vista panoramica sulla città, ma si esprime anche attraverso una formula di service ambassador: un referente a cui ogni cliente può rivolgersi 24h su 24h. Preparatevi: un soggiorno da sogno vi attende.

44 cam ⌘ – †300/960 € ††330/990 € – 8 suites

Pianta: B2-e – via del Salviatino 21 – ☏ 055 904 1111 – www.salviatino.com
– Aperto 20 marzo-3 novembre

🏠 Villa dei Bosconi   🏊 🛋 🎿 ⚿ AC 🎴 P

FAMILIARE · ACCOGLIENTE Tranquillo e accogliente albergo, condotto con professionalità, dispone di ottimi spazi all'aperto, camere di taglio moderno e una bella piscina con solarium recentemente inaugurata.

21 cam ⌑ – †69/170 € ††79/190 €

via Francesco Ferrucci 51, Nord: 1,5 km
– ☎ 055 59578 – www.villadeibosconi.it
– Aperto 15 marzo-15 novembre

🏠 Pensione Bencistà   🏡 🏊 ⇐ 🛋 🏠 🖵 P

DIMORA STORICA · VINTAGE Sulle pendici dei colli fiesolani, Firenze da questa villa trecentesca pare una cartolina. All'interno troverete un'eleganza piacevolmente retrò, a volte datata, ma ricca di fascino per chi sa apprezzare il romanticismo del tempo che fu.

41 cam ⌑ – †80/140 € ††100/200 € – 2 suites

Pianta: B1-c – *via Benedetto da Maiano 4*
– ☎ 055 59163 – www.bencista.com – Aperto 15 marzo-15 novembre

a Montebeni Est : 5 km ✉ 50014 – Fiesole

🍴 Tullio a Montebeni   🈂

CUCINA TOSCANA · FAMILIARE 🗶 Tutto ha avuto inizio nel lontano 1958: una bottega di paese con qualche piatto caldo per ristorare contadini e cacciatori della zona. Oggi sono i figli di Tullio a riproporre con passione e fedeltà, i medesimi sapori e i vini di propria produzione.

Carta 25/89 €

via Ontignano 48 – ☎ 055 697354 (consigliata la prenotazione)
– www.ristorantetullio.it – solo a cena escluso sabato e domenica – Chiuso agosto e lunedì

FIGHINE Siena (SI) → Vedere San Casciano dei Bagni

FILANDARI
Vibo Valentia – ✉ 89841 – 1 853 ab. – Alt. 486 m – Carta regionale n° **3**-A2
Carta stradale Michelin 564-L30

a Mesiano Nord-Ovest : 3 km ✉ 89851 – Filandari

ⓐ Frammichè   🈂 P

CUCINA CALABRESE · RUSTICO 🗶 In aperta campagna, al termine di una strada sterrata, questo piccolo casolare è una piacevole sorpresa. Il pergolato esterno per il servizio estivo, così come la saletta dal monumentale camino, accolgono una cucina casalinga dalle porzioni generose. Specialità: spaghettoni ai pistacchi, stinco di maiale, sfoglia con crema chantilly.

🍴 Menu 15/25 € – Carta 15/20 €

contrada Ceraso – ☎ 338 870 7476
– solo a cena escluso domenica – Chiuso domenica in estate, domenica sera e lunedì negli altri mesi

FILICUDI Sicilia Messina → Vedere Eolie (Isole)

FINALBORGO Savona (SV) → Vedere Finale Ligure

FINALE EMILIA
Modena – ✉ 41034 – 15 699 ab. – Alt. 15 m – Carta regionale n° **5**-C2
Carta stradale Michelin 562-H15

⊛ Osteria la Fefa   ⊛⊛ 🛱 🄰🄲

CUCINA REGIONALE • FAMILIARE XX In un edificio del Seicento, trattoria già nel Settecento, l'abile cuoca della Fefa continua la sua strenua difesa della cucina emiliana, all'insegna, tra l'altro, di gnocco fritto e ottimi salumi, nonché ottime paste fresche. Suggestioni dal menu: cappellacci di zucca con salvia, mandorle e amaretti - carré di agnello in crosta di erbe aromatiche e carciofi croccanti - zuppa inglese con crema pasticcera.

Menu 35 € – Carta 31/51 €

via Trento-Trieste 9/C – ✆ 0535 780202 (consigliata la prenotazione) – www.osterialafefa.it – Chiuso 3 settimane in gennaio, 3 settimane in agosto e martedì

⌂ Casa Magagnoli   ⬍ 🄰🄲

FAMILIARE • PERSONALIZZATO Nell'Ottocento ospitò un pioniere dell'arte fotografica, oggi invece dedica ogni camera, arredata con gusto minimalista, ai personaggi di Finale ricordati tra gli annali della storia.

12 cam ⚏ – †80/110 € ††100/120 €

piazza Garibaldi 10 – ✆ 0535 760046 – www.casamagagnoli.com – Chiuso 27-31 dicembre e 13-20 agosto

FINALE LIGURE

Savona – ✉ 17024 – 11 711 ab. – Carta regionale n° **8**-B2
Carta stradale Michelin 561-J7

⇱O L'Armatore ⓝ   ⇆ 🛱 🄰🄲

CUCINA MODERNA • ACCOGLIENTE XX Tra i vicoli del centro, un ristorante davvero accogliente che vede ai fornelli uno chef di esperienza: nel piatto troverete, infatti, la versione moderna del miglior pescato della regione. Attorno, l'accoglienza del Marina Hotel Charming Rooms, stessi ambienti marinaro-contemporanei ed ottimo confort.

Menu 40 € – Carta 42/63 €

13 cam ⚏ – †110/240 € ††130/280 €

via Anton Giulio Barrili 22 – ✆ 019 692561 – www.hotelmarinafinale.it – solo a cena in estate – Chiuso novembre, gennaio, martedì e mercoledì escluso in estate

⇱O Rosita   ⇆ 🕭 🛱 🄿

LIGURE • RUSTICO X Stile rustico, ma soprattutto una bella terrazza affacciata sul mare e sulla costa, che vi ripaga di un tratto di strada un po' stretto e tortuoso, necessario a raggiungere il locale. Curata direttamente dai titolari, la cucina è squisitamente all'insegna del territorio.

⊕ Menu 25/50 € – Carta 30/54 €

10 cam – †80 € ††120 € – 1 suite

via Mànie 67, Nord-Est: 3 km – ✆ 019 602437 (consigliata la prenotazione) – www.hotelrosita.it – solo a cena – Chiuso 7 gennaio-20 febbraio

🏨 Punta Est   ⇡ ⇆ 🛋 �🛋 ⬍ 🄰🄲 🛐 🄿

DIMORA STORICA • PERSONALIZZATO Antica dimora settecentesca in un parco ombreggiato da pini secolari e da palme; tutti da scoprire i deliziosi spazi esterni, tra cui una caverna naturale con stalagmiti. Elegante sala da pranzo: soffitti a travi lignee, archi, camino centrale, dehors panoramico.

34 cam ⚏ – †110/220 € ††190/320 € – 2 suites

via Aurelia 1 – ✆ 019 600611 – www.puntaest.com – Aperto 16 aprile-14 ottobre

🏨 San Pietro Palace Hotel   ⇡ ⇆ ⬍ & 🄰🄲 🛐 🄿

LUSSO • PERSONALIZZATO Sul lungomare, grazioso hotel che si propone con spazi comuni moderni e minimalisti di piccole dimensioni: il fascino e il confort sono concentrati nelle armoniose camere. Ambiente giovane e al passo coi tempi al ristorante Sottosale che propone la cucina regionale con modernità; in estate c'è un bel dehors sul viale del lungomare.

30 cam ⚏ – †110/230 € ††150/280 € – 1 suite

via San Pietro 9 – ✆ 019 604 9156 – www.hotelsanpietropalace.it

a **Finalborgo** Nord-Ovest : 2 km ⊠ 17024

🕸️ **Ai Torchi**

PESCE E FRUTTI DI MARE · CONTESTO STORICO ✕✕ Antico frantoio in un palazzo del centro storico - e come non bastasse - di un grazioso borgo medievale: in sala sono ancora presenti la macina in pietra e il torchio in legno. Bella atmosfera, servizio curato e gustosa cucina marinara mentre l'esperienza si completa col negozio di oggettistica per la casa ed anche col bistrot.

Menu 38 € – Carta 38/78 €

via dell'Annunziata 12 – ℰ 019 690531 – www.ristoranteaitorchi.com – Chiuso 7 gennaio-10 febbraio e martedì

FIORANO AL SERIO

Bergamo – ⊠ 24020 – 3 000 ab. – Alt. 396 m – Carta regionale n° **10**-D1
Carta stradale Michelin 561-E11

🕸️ **Trattoria del Sole** ㋡

CUCINA CLASSICA · FAMILIARE ✕✕ E' una cordiale e simpatica coppia a gestire questo locale, lei in sala, lui in cucina dove con capacità e fantasia mescola modernità e tradizione, utilizzando prodotti di stagione, attingendo in egual misura da terra e mare. Pietra a vista e mattoni di inizio '900 caratterizzano la sala che raggiunge la sua massima espressione nella suggestiva cantina scavata nella roccia.

🍴 Menu 23 € (pranzo in settimana)/35 € – Carta 39/81 €

piazza San Giorgio 20 – ℰ 035 711443 – www.trattoriadelsole.it – Chiuso 1°-10 gennaio, 10-30 agosto, sabato a mezzogiorno e le sere di martedì e mercoledì

FIORENZUOLA D'ARDA

Piacenza – ⊠ 29017 – 15 297 ab. – Alt. 80 m – Carta regionale n° **5**-A2
Carta stradale Michelin 562-H11

🕸️ **Mathis** ⇦ ⓜ 🅿

CUCINA EMILIANA · CONVIVIALE ✕ Piacevole atmosfera retrò con oggetti d'altri tempi a far da contorno alle specialità piacentine. Moto e macchine d'epoca in cantina. Originale, come il suo nome!

🍴 Menu 18 € – Carta 24/47 €

16 cam ⌣ – ♦65 € ♦♦85 €

via Matteotti 68 – ℰ 0523 982850 – www.mathis.it – Chiuso 15-21 agosto e domenica

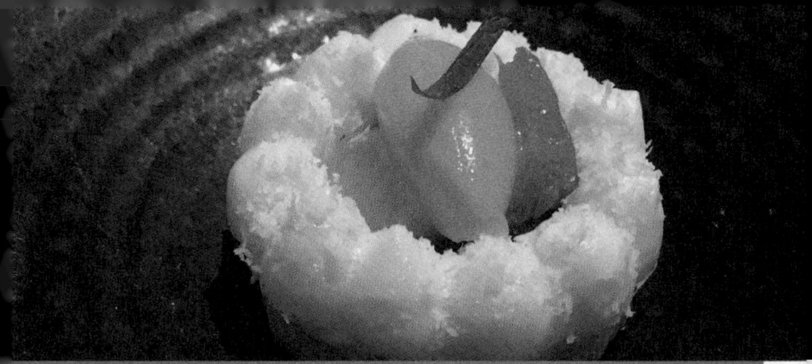

Michelin

CI PIACE...

La bistecca fiorentina preparata con diverse razze di manzo (a scelta del cliente quale ordinare!) della **Cucina Torcicoda**. La terrazza del ristorante **SE.STO on Arno** per un cocktail glamour o una romantica cena con scorci sulla città. La suggestiva vista su Ponte Vecchio da una delle camere dell'hotel **Lungarno**. Cenare all'interno dell'antica e sfarzosa corte interna del **Winter Garden by Caino**.

FIRENZE

(FI) - ✉ 50122 - 382 808 ab. - Alt. 50 m - Carta regionale n° **18**-D3
Carta stradale Michelin 563-K15

Piante pagine seguenti

Ristoranti

✿✿✿ Enoteca Pinchiorri (Annie Féolde)

CUCINA MODERNA • **LUSSO** XxXxX Da decenni Pinchiorri rappresenta il lusso e l'alta ristorazione come pochi altri ristoranti in Italia. Diverse sale, ma soprattutto in quella storica vi sentirete in un museo, avvolti da un servizio di gran classe con due leggendari padroni di casa, Annie e Giorgio. La cucina interpreta a grandi livelli ogni genere di spartito, toscano, italiano e internazionale. La celebrità della cantina è mondiale!

➜ Spaghetti alla chitarra, frutti di mare e bottarga. Maialino allo spiedo, radice di prezzemolo al cartoccio, salsa verde e limone. Acqua e cioccolato.

Menu 150/275 € - Carta 180/310 €

Pianta: E2-x - *via Ghibellina 87 ✉ 50122*
- *✆ 055 242777 (consigliata la prenotazione)*
- *www.enotecapinchiorri.com*
- *solo a cena - Chiuso 1 settimana a Natale, 3 settimane in agosto, domenica e lunedì*

✿ Winter Garden by Caino

CUCINA CREATIVA • **LUSSO** XxxX Un tempo vi entravano le carrozze, oggi l'antica corte del St. Regis, trasformata in giardino d'inverno, ospita la cucina maremmana di Valeria Piccini, nel lussureggiante contorno di uno degli alberghi più raffinati di Firenze.

➜ Linguine con gamberi rossi, sedano e mandorle. Sella di maialino con finocchi , lamponi e crumble alla finocchiona. Cioccolato, liquirizia e frutti esotici.

Menu 95 € - Carta 78/125 €

Pianta: D2-a - *Hotel The St. Regis Florence, piazza Ognissanti 1*
- *✆ 055 2716 (consigliata la prenotazione)*
- *www.stregisflorence.com - solo a cena*

✿ Il Palagio ⌀ ⍩ 🛋 ♿ AC ⌘

CUCINA MODERNA · CONTESTO STORICO XxX Lo sfarzo di uno dei palazzi più eclatanti di Firenze si rinnova in uno stile più agile e contemporaneo, al pari della cucina, tesa verso la reinterpretazione della tradizione italiana in piatti elaborati e gustosi.

→ Cavatelli cacio e pepe con gamberi rossi marinati e calamaretti spillo. Piccione al vin santo, cotto in vescica con frutta caramellata al timo. Cremoso al cioccolato con croccante di liquirizia.

Menu 130 € – Carta 104/219 €

Pianta: F1-a – *Four Seasons Hotel Firenze, borgo Pinti 99* ✉ *50121*
- 📞 *055 262 6450*
- *www.ilpalagioristorante.it*
- *solo a cena – Chiuso 15 gennaio-13 febbraio e domenica sera dal 1° novembre al 30 marzo*

✿ Borgo San Jacopo ⌀ AC

CUCINA MODERNA · ROMANTICO XxX All'interno di uno dei più suggestivi alberghi della città, il ristorante ne condivide tutto: lo stile raffinato ed esclusivo. La cucina – una sorta di "palestra" creativa dello chef - sorprende per originalità e fantasia; due sale, ma il privilegio è prenotare uno dei pochi romantici tavoli sul balcone davanti all'Arno.

→ Senza farina: spaghetto di patata al pesto. Gioco di consistenza: riso di patata, maialino, scampo e vermut. Il "Maledetto Toscano" terre di toscana: sigaro di cioccolato e grappa.

Menu 115/120 € – Carta 94/133 €

Pianta: G2-s – *Hotel Lungarno, borgo San Jacopo 62/R* ✉ *50125*
- 📞 *055 281661* – *www.lungarnocollection.com* – *solo a cena*

Per utilizzare al meglio la guida, consultate le istruzioni per l'uso illustrate nelle pagine introduttive: simboli, classifiche e abbreviazioni non saranno più un mistero per voi!

✿ La Leggenda dei Frati (Filippo Saporito) ⍩ ⌘ 🅿

CUCINA CREATIVA · CONTESTO STORICO XxX S'inizia bene e si continua meglio... Dopo una salita vertiginosa per chi lo raggiunge a piedi, varcata la soglia del bellissimo complesso museale di Villa Bardini (non lontano da Palazzo Vecchio), vi attende un'atmosfera elegante ed accogliente, mentre la cucina riesce a stupirvi con sapori creativi e moderni, sicuramente convincenti. Una vera e propria esperienza multisensoriale!

→ Spaghettone ai grani antichi e triglia rossa con crema di finocchio e agrume . Piccione arrostito con polenta croccante e salsa all'uva. 100 % Cioccolato.

Menu 50 € (pranzo in settimana)/110 € – Carta 69/113 €

Pianta: E3-a – *Costa San Giorgio 6/a* ✉ *50122* – 📞 *055 068 0545 (consigliata la prenotazione)* – *www.laleggendadeifrati.it* – *Chiuso 2 settimana in agosto, martedì a mezzogiorno e lunedì*

✿ Ora D'Aria (Marco Stabile) AC

CUCINA MODERNA · ELEGANTE XxX La sala si specchia nelle cucine a vista, il dialogo tra i clienti e i cuochi è continuo: molti piatti vi verranno serviti dalla brigata di cucina, che utilizza in prevalenza prodotti toscani mischiando con destrezza tradizione e modernità.

→ Tortelli farciti di faraona. Manzo impanato alla fiorentina. "Olio dolce".

Menu 35 € (pranzo)/150 € – Carta 75/124 €

Pianta: H2-e – *via dei Georgofili 11r* ✉ *50122* – 📞 *055 200 1699 (consigliata la prenotazione)* – *www.oradariaristorante.com* – *Chiuso 28 gennaio-12 febbraio, 5-31 agosto, lunedì a mezzogiorno e domenica*

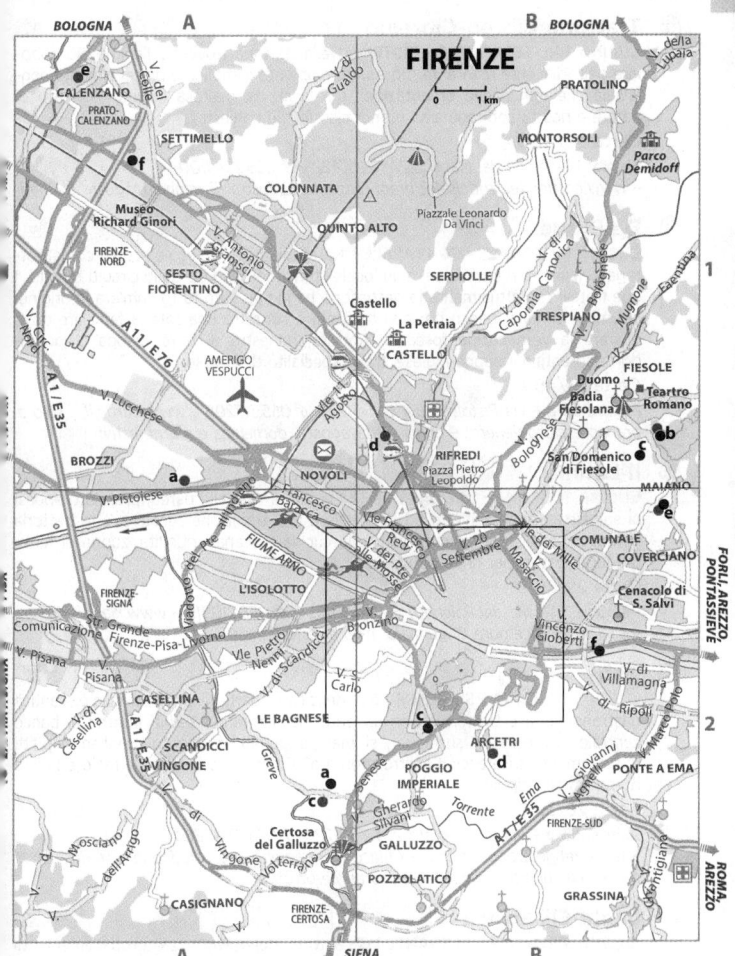

FIRENZE

0   1 km

☆ **La Bottega del Buon Caffè**   ⚬ſT ⒶⓀ

CUCINA CREATIVA · CONTESTO CONTEMPORANEO XX Sul Lungarno, atmosfera urban chic, ma anche stile fiorentino, in un elegante locale con grazioso
dehors e cucina rigorosamente a vista. Piatti incentrati su materie prime di
grande qualità - senza limiti di territorialità e tradizione - trattate con intelligenza e rispetto in un twist creativo, ragionato e spontaneo. Bella carta dei
vini con oltre 1000 etichette!

➜ Lingua di vitello con sedano, gamberi rossi, agrumi e prezzemolo liquido. Bar-
chette ripiene di parmigiano reggiano 24 mesi con ortica e anguilla affumicata.
Sottobosco: cremoso al gianduia, cacao e frutto della passione.

Menu 80/145 € – Carta 115/168 €

Pianta: E3-b – *lungarno Benvenuto Cellini, 63/r* ✉ *50122*
– ✆ *055 553 5677* – *www.borgointhecity.com* – *Chiuso lunedì a mezzogiorno e
domenica*

431

ⓐ Trattoria Cibrèo-Cibreino   🗚

CUCINA DEL TERRITORIO · BISTRÒ ✕ Nella trattoria troverete l'anima più popolare dell'adiacente ristorante Cibreo, un ambiente semplice e piacevolmente conviviale che non riceve prenotazioni, ma la stessa gustosa cucina; sformato di patate e ricotta con ragù tra i grandi classici più richiesti.

Carta 30/37 €

Pianta: F2-f – *via dei Macci 122/r* ✉ *50122 –* ✆ *055 234 1100*
– www.edizioniteatrodelsalecibreofirenze.it – Chiuso 1°-7 gennaio, agosto e lunedì

ⓐ Da Burde   🗚

CUCINA REGIONALE · CONVIVIALE ✕ Nato agli inizi del secolo scorso come bottega di alimentari e trattoria, è un locale storico lontano dai soliti circuiti turistici. I due fratelli che attualmente lo gestiscono hanno lasciato tutto com'era in origine: salumi in vendita, banco bar con tabacchi e sul retro una saletta familiare dove gustare la vera cucina toscana. Ribollita, minestra di farro, pappa al pomodoro, fiorentina e zuppa inglese, tra le specialità della casa.

Carta 23/45 €

Pianta: A1-a – *via Pistoiese 154* ✉ *50122 –* ✆ *055 317206 – www.burde.it – solo a pranzo escluso venerdì – Chiuso 11-19 agosto, domenica e giorni festivi*

ⓐ Il Latini   🗚

CUCINA TOSCANA · DI QUARTIERE ✕ Fiaschi di vino alle pareti, prosciutti appesi al soffitto, servizio schietto ed informale e una tradizione secolare: è la trattoria cittadina per eccellenza che celebra la cucina toscana... ribollita, zuppa di farro, grandi arrosti e, per finire, tiramisù.

Carta 29/79 €

Pianta: G1-j – *via dei Palchetti 6 r* ✉ *50123 –* ✆ *055 210916 – www.illatini.com*
– Chiuso 25 dicembre, 1° gennaio, 1°-15 agosto e lunedì

ⓐ Zeb   ♿ 🗚

CUCINA TOSCANA · SEMPLICE ✕ Nel delizioso quartiere di San Niccolò, l'antica gastronomia si è trasformata in un originale ristorante: seduti intorno al banco centrale, come in un sushi bar, si mangia gomito a gomito scegliendo piatti gustosamente casarecci. Il nostro preferito? Cinghiale cotto con le mele e bollito di manzo con cipolle.

Carta 28/39 €

Pianta: E3-z – *via San Miniato 2r* ✉ *50122 –* ✆ *055 234 2864*
– www.zebgastronomia.com – Chiuso 16-31 agosto, mercoledì e le sere di domenica, lunedì e martedì escluso aprile-ottobre

🍴◯ Santa Elisabetta 🆕   🗚

CUCINA CREATIVA · ELEGANTE ✕✕✕ La torre della Pagliazza, probabilmente di origini bizantine, ebbe tante destinazioni; nel dodicesimo secolo fu anche carcere femminile, ma oggi custodisce uno dei più promettenti ristoranti gourmet della città. Cuoco campano, la carta è improntata ad una cucina fresca e mediterranea, non priva tuttavia di fantasia ed elaborazione.

Menu 67/109 € – Carta 73/95 €

Pianta: H1-c – *Hotel Brunelleschi, piazza Santa Elisabetta 3* ✉ *50122 (consigliata la prenotazione) – www.hotelbrunelleschi.it – solo a cena – Chiuso agosto, domenica e lunedì*

🍴◯ SE.STO on Arno   🌳 🗚 ⇄

CUCINA CREATIVA · CHIC ✕✕✕ Al sesto piano dell'albergo Excelsior, se anche d'inverno la vista è mozzafiato attraverso le pareti vetrate, nella bella stagione in terrazza vi sembrerà di volare su Firenze. Cucina creativa, ma a pranzo la carta è più semplice e ristretta.

Menu 33 € (pranzo)/130 € – Carta 56/145 €

Pianta: D2-b – *Hotel The Westin Excelsior, piazza Ognissanti 3* ✉ *50123*
– ✆ *055 2715 2783 (consigliata la prenotazione) – www.sestoonarno.com*

🍴 The Fusion Bar & Restaurant   ⅙ 🆎

FUSION · DI TENDENZA ✗✗✗ Giovane e modaiolo, è un bar-ristorante dagli elaborati cocktail, carta semplice a pranzo e un bel mix di cucina occidentale e asiatica la sera, a cominciare dal sushi.

Menu 48 € – Carta 41/57 € – carta semplice a pranzo

Pianta: G2-u – *Gallery Hotel Art, vicolo dell'Oro 5* ✉ *50123* – 𝒞 *055 2726 6987*
– *www.lungarnocollection.com – solo a cena*

🍴 Benedicta   🍴 🏠 🆎 🛇

CUCINA MEDITERRANEA · CONTESTO CONTEMPORANEO ✗✗✗ Nel quartiere di Santa Maria Novella, le antiche volte a crociera e i mattoni della Firenze di un tempo s'intrecciano ad elementi architettonici high-tech, per dar vita ad un locale fresco, giovane, informale. Modernità anche ai fornelli, dove la tradizione toscana cede il passo ad una cucina gustosamente creativa.

Carta 37/87 €

Pianta: D2-m – *Hotel Rivoli, via Benedetta 12/r* ✉ *50123* – 𝒞 *055 27861*
– *www.ristorantebenedicta.it – solo a cena*

🍴 Cibrèo   🕸 ⅙ 🆎 ⟺

CUCINA TOSCANA · ELEGANTE ✗✗✗ Un'elegante sala - quasi un salotto privato - ed un servizio piacevolmente cordiale e amichevole sono il contorno di una cucina che punta su grandi sapori, seguendo una carrellata di piatti ormai storici. Un'istituzione a Firenze.

Carta 77/120 €

Pianta: F2-f – *via A. Del Verrocchio 8/r* ✉ *50122* – 𝒞 *055 234 1100*
– *www.cibreo.com – Chiuso 1 settimana in gennaio, agosto e lunedì*

🍴 Caffè dell'Oro   🆎

CUCINA TOSCANA · ROMANTICO ✗✗ Cucina toscana e - più ampiamente - mediterranea, in un ristorante dalla superba vista su Ponte Vecchio. L'ambiente è molto elegante: in stile con il vicino albergo.

Menu 45/80 € – Carta 51/71 €

Pianta: G2-a – *Hotel Portrait Firenze, lungarno Acciaiuoli 4* – 𝒞 *055 2726 8912 (consigliata la prenotazione) – www.lungarnocollection.com – Chiuso domenica in inverno*

🍴 Buca Mario   🆎 ⟺

CUCINA REGIONALE · CONTESTO TRADIZIONALE ✗✗ Dal 1886 un baluardo della tradizione cittadina, è spesso frequentatissimo, eppure vi troverete una rara cortesia e affabilità, nonché un'ottima bistecca alla fiorentina, vero piatto culto della Buca.

Carta 40/118 €

Pianta: G1-h – *piazza Degli Ottaviani 16 r* ✉ *50123* – 𝒞 *055 214179*
– *www.bucamario.it – solo a cena – Chiuso 10-21 dicembre*

🍴 Baccarossa   🆎

CUCINA MEDITERRANEA · ALLA MODA ✗✗ Tavoli in legno, vivaci colori ed eleganza in questa enoteca bistrot che propone una gustosa cucina mediterranea: paste fatte in casa, specialità di pesce e qualche piatto a base di carne.

Menu 35/75 € – Carta 38/84 €

Pianta: F2-g – *via Ghibellina 46/r* ✉ *50122* – 𝒞 *055 240620 (consigliata la prenotazione) – www.baccarossa.it – solo a cena – Chiuso domenica*

🍴 Enoteca La Barrique   🍴 🏠 🆎 🛇

CUCINA MEDITERRANEA · ROMANTICO ✗✗ Caratteristico e romantico, ancor di più se avete la fortuna di cenare nel piccolo spazio all'aperto, è l'indirizzo per chi vuole uscire dalla tradizione e provare piatti più creativi e personali.

Carta 32/59 €

Pianta: D2-f – *via Leone 40/r* ✉ *50127* – 𝒞 *055 224192*
– *www.enotecalebarrique.com – Chiuso 8-23 agosto e lunedì*

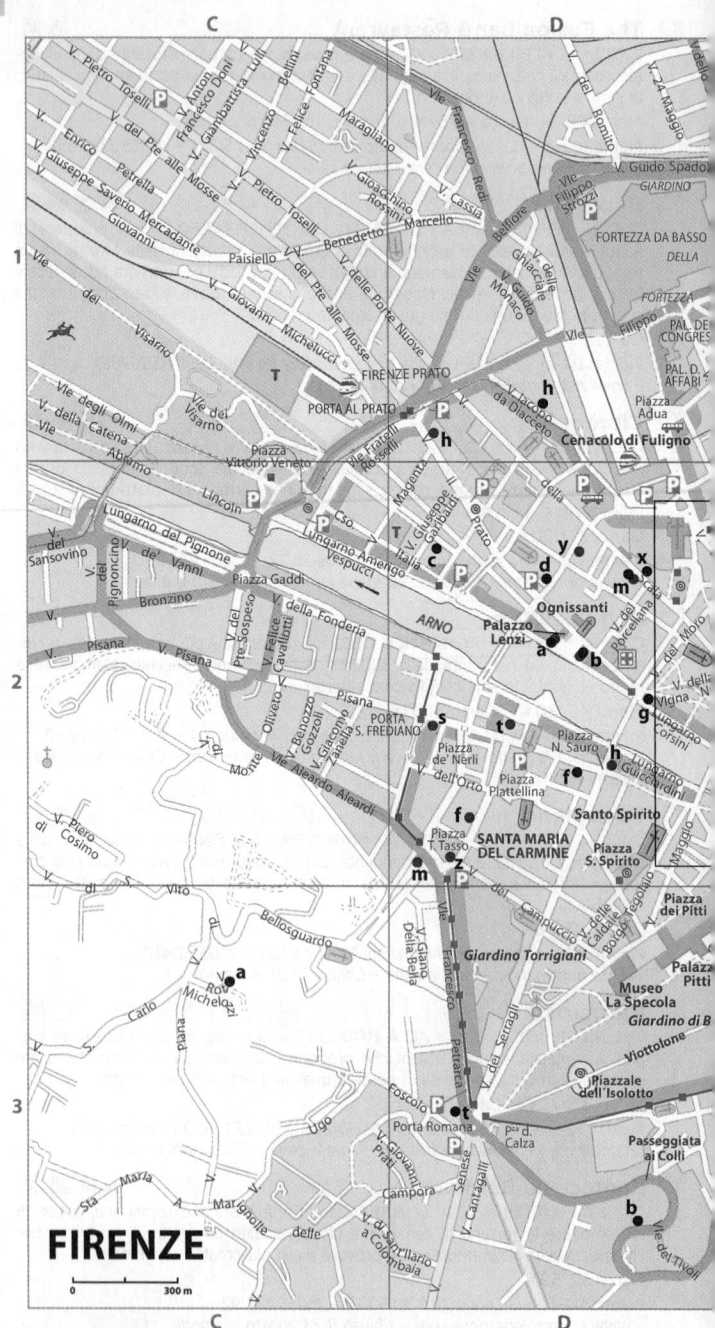

FIRENZE

0   300 m

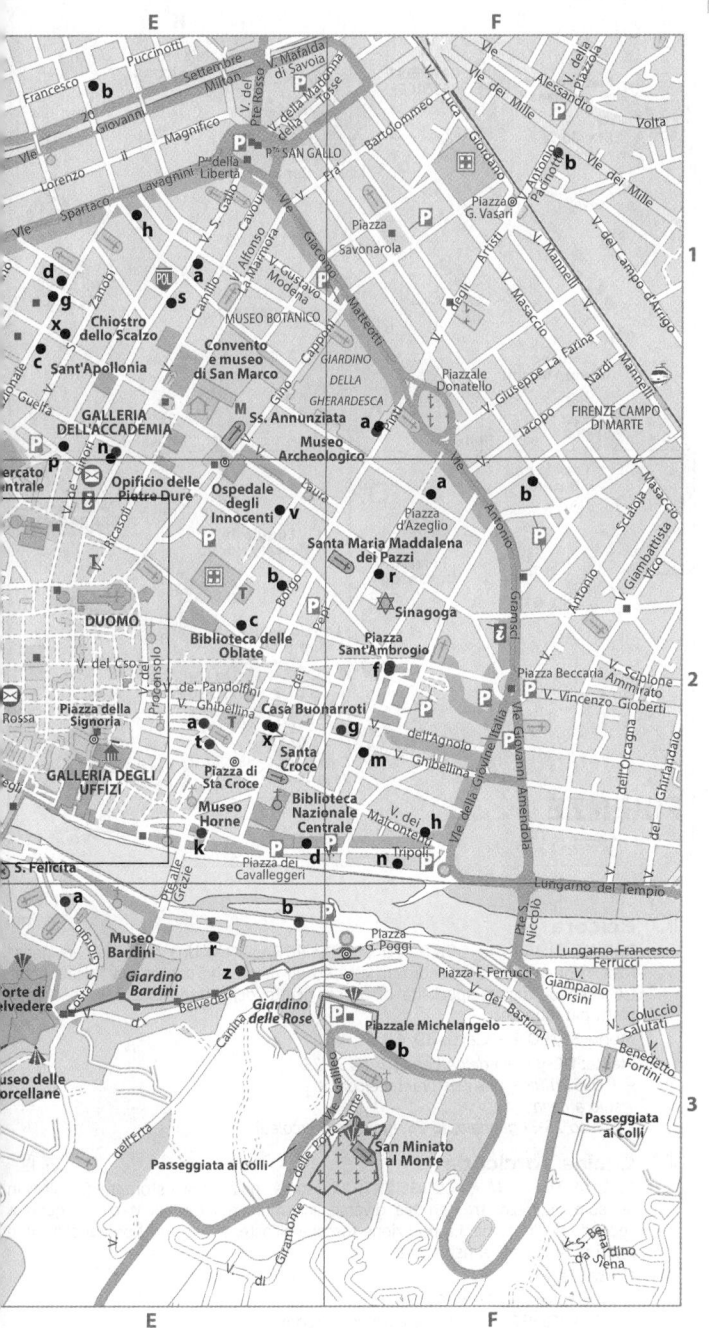

FIRENZE

🍴 **Belcore** AC

CUCINA CLASSICA · CONTESTO CONTEMPORANEO XX Una carta dei vini generosa in quanto a numero di etichette ed un menu che contempla "idealmente" tre linee di cucina: specialità di pesce, ricette della tradizione italo-toscana e piatti più moderni.

Menu 35/50 € – Carta 39/68 €

Pianta: D2-y – *via dell'Albero 30r* ⊠ *50123*
- *℘ 055 211198 – www.ristorantebelcore.it*
- *solo a cena*
- *Chiuso 25-31 gennaio, 16-25 agosto e mercoledì*

🍴 **Cucina Torcicoda** 🛋 AC

CUCINA TOSCANA · ACCOGLIENTE XX Osteria, pizzeria e ristorante (serale): in un solo indirizzo, tre formule diverse, in ambienti informali o più eleganti a seconda dell'opzione. La tradizione toscana all'osteria, pizze di tipo napoletano e piatti più ricercati al ristorante.

Carta 33/84 €

Pianta: E2-t – *via Torta 5/r*
- *℘ 055 265 4329 – www.cucinatorcicoda.com*

436

ⅈO **Io Osteria Personale**   ⅙ AC

CUCINA CREATIVA · BISTRÒ ✕✕ Sala di grande semplicità con mattoni e travi a vista, tavoli affiancati, praticamente nient'altro; tutto è concentrato sulla cucina, creativa e personalizzata, per chi vuole sfuggire ai cliché della tradizione fiorentina da trattoria.

Menu 40/55 € – Carta 42/64 €

Pianta: D2-s – *Borgo San Frediano 167r* ✉ *50124 Firenze* – ☎ *055 933 1341 (consigliata la prenotazione)* – *www.io-osteriapersonale.it* – *solo a cena* – *Chiuso 3 settimane in gennaio-febbraio, 3 settimane in agosto e domenica*

ⅈO **Il Santo Bevitore**   ⌖

CUCINA TOSCANA · RUSTICO ✕ Rustico e conviviale, a pranzo la proposta è semplice e ristretta. Di sera, il locale si anima e la cucina dà il meglio di sé con piatti della tradizione e proposte più creative.

Carta 27/60 €

Pianta: D2-h – *via Santo Spirito 64/66 r* ✉ *50125* – ☎ *055 211264* – *www.ilsantobevitore.com* – *Chiuso 10-20 agosto e lunedì a mezzogiorno*

ⅈO **Il Desco**   📶

CUCINA REGIONALE · OSTERIA ✕ In un ambiente molto grazioso, in pieno stile bistrot con tovagliette ed autentica informalità, i piatti portano in tavola la più schietta tipicità toscana. Nel periodo estivo la corte interna è molto gettonata, ma anche la piccola saletta principale ha un suo fascino; a completare il tutto il piccolo dehors sul marciapiede della via principale.

Carta 28/47 €

Pianta: E1-2-n – *Hotel Il Guelfo Bianco, via Cavour 29* – ☎ *055 288330 (consigliata la prenotazione)* – *www.ildescofirenze.it* – *Chiuso domenica escluso in aprile-ottobre*

ⅈO **Il Borro Tuscan Bistro**   ⅙ AC

CUCINA DEL TERRITORIO · BISTRÒ ✕ Ristorante, wine-bar e negozio: uno spazio poliedrico dove gustare i più tradizionali sapori toscani a due passi dall'Arno. Ambiente moderno ed informale.

Carta 29/54 €

Pianta: G2-e – *lungarno Acciaiuoli 80r* ✉ *50122* – ☎ *055 290423* – *www.ilborrotuscanbistro.it* – *Chiuso 22 gennaio-12 febbraio e lunedì escluso in aprile-ottobre*

ⅈO **Osteria Caffè Italiano**   AC ⌖

CUCINA TRADIZIONALE · RUSTICO ✕ Tipica trattoria informale e conviviale, a pranzo in settimana viene servita una selezione di piatti ristretta e più economica, che si amplia la sera e nel week-end con una variegata scelta di carni alla griglia: autentica specialità della casa!

🍸 Menu 25/70 € – Carta 24/141 €

Pianta: E2-a – *via Isola delle Stinche 11* ✉ *50122* – ☎ *055 289368* – *www.caffeitaliano.it*

ⅈO **Fiorenza**   AC

CUCINA CLASSICA · FAMILIARE ✕ Decentrata, non semplice da raggiungere, priva di pretese per quanto accogliente, ma nel piatto rivela tutte le sue potenzialità: grande cucina toscana, dal giovedì al sabato ci sono anche diversi piatti di pesce.

Carta 35/75 €

Pianta: B1-d – *via Reginaldo Giuliani 51 r* ✉ *50141* – ☎ *055 412847* – *Chiuso agosto, sabato a mezzogiorno e domenica*

ⅈO **Baldini**   AC

CUCINA TOSCANA · OSTERIA ✕ Semplice e familiare trattoria, nei pressi della Porta al Prato, si articola in due salette informali nelle quali gustare una cucina genuina, piatti tipici fiorentini ma anche nazionali.

Carta 29/45 €

Pianta: D1-h – *via il Prato 96 r* ✉ *50123* – ☎ *055 287663* – *www.trattoriabaldini.com* – *Chiuso 24 dicembre-3 gennaio, 1°-20 agosto, sabato e domenica sera; anche domenica a mezzogiorno in giugno-agosto*

⭑○ Dim Sum   AC

CUCINA CANTONESE · STILE ORIENTALE ✗ Un ristorantino cinese che in località è caldeggiato da molti addetti al settore… e ne hanno ben donde: cucina cinese di carne e di pesce fatta di piccole porzioni – dimsum, per l'appunto – accompagnate da un'intrigante selezione di tè.

⌖ Menu 10/12 € – Carta 33/53 €

Pianta: H2-b – Via de' Neri 37/r ✉ 50122 – ☏ 055 284331 (consigliata la prenotazione) – www.dimsumrestaurant.it – Chiuso lunedì

⭑○ Alla Vecchia Bettola   AC

CUCINA TOSCANA · DI QUARTIERE ✗ Caratteristica ed informale trattoria di S. Frediano, con tavoloni di marmo e fiasco di Chianti a consumo. Casalinga cucina fiorentina, atmosfera ospitale e servizio veloce.

Carta 30/71 €

Pianta: D2-m – viale Vasco Pratolini 3/7 n ✉ 50124 – ☏ 055 224158 – www.allavecchiabettola.it – Chiuso vacanze di Natale, 15-22 agosto, domenica e lunedì

⭑○ Osteria al Tranvai   AC

CUCINA TOSCANA · TRATTORIA ✗ Il titolare è il vero oste, come uno se lo immagina: simpatico, cordiale, generoso. La sua cucina, schietta come lui: tra frattaglie varie e i proverbiali crostini, qui si assiste alla celebrazione pagana dei classici toscani.

Carta 25/46 €

Pianta: D2-z – Piazza T. Tasso 14r ✉ 50122 – ☏ 055 225197 – www.altranvai.it – Chiuso vacanze di Natale e domenica

⭑○ Del Fagioli   AC ⇗

CUCINA TOSCANA · TRATTORIA ✗ Trattoria popolare con tutti i crismi del genere: cucina a vista all'ingresso, atmosfera chiassosa ed informale, piatti toscani con gran scelta di carni, anche alla griglia. Turisti, fiorentini e tanta convivialità si ritrovano qui.

Carta 23/74 €

Pianta: E2-k – corso Tintori 47 r ✉ 50122 – ☏ 055 244285 – Chiuso agosto, sabato e domenica

⭑○ Essenziale ❶   ⬤ AC

CUCINA MODERNA · MINIMALISTA ✗ Come suggerisce il nome, si tratta di un locale giovane ed essenziale nell'aspetto, ma dalla grande cortesia nell'accoglienza, nonché servizio. Simpatica l'idea delle posate nel cassetto del tavolo che rimandano a realtà casalinghe di altri tempi. E i piatti? Un avvicendarsi di sorprese!

Menu 35/55 € – Carta 57/77 €

Pianta: D2-t – piazza di Cestello 3R ✉ 50124 – ☏ 055 247 6956 – www.essenziale.me – solo a cena – Chiuso 1 settimana in febbraio, 3 settimane in agosto e lunedì

Alberghi

🏨 Four Seasons Hotel Firenze   🕴 🛎 ⓐ 🦌 🛁 🗄 🍸 AC 🏋

DIMORA STORICA · GRAN LUSSO Le austere mura di un palazzo quattrocentesco celano il più grande parco privato della città: camere sontuose, arredi classici, luminose corti riparate da lucernai per un soggiorno esclusivo. La Villa ex convento del XV secolo è preferita, invece, da chi predilige privacy e tranquillità. Gustosa carrellata sui piatti toscani e nazionali all'Atrium; pizza e grigliate estive in giardino.

116 cam – ✦350/1600 € ✦✦350/1600 € – 20 suites – ⌸ 40 €

Pianta: F1-a – borgo Pinti 99 ✉ 50121 – ☏ 055 26261 – www.fourseasons.com/florence

❀ Il Palagio – Vedere selezione ristoranti

🏨 The St. Regis Florence ☆ 🍸 ⅃⅄ ⬚ 🔁 AC ⅏

DIMORA STORICA · GRAN LUSSO Raffinato palazzo fiorentino, originariamente progettato da Brunelleschi, gli interni risplendono per ricercatezza e buon gusto, le camere - alcune con vista sull'Arno - reinterpretano lo stile tradizionale toscano.

83 cam – ⅃320/920 € ⅃⅃350/980 € – 17 suites – ⌑ 46 €

Pianta: D2-a – *piazza Ognissanti 1* ✉ 50123 – ✆ 055 27163
– *www.stregisflorence.com*

  ❀ **Winter Garden by Caino** – Vedere selezione ristoranti

🏨 The Westin Excelsior ⅃⅄ ⬚ ⅃ AC ⅏

GRAN LUSSO · CLASSICO In un imponente palazzo affacciato sull'Arno e su una graziosa piazzetta, l'Excelsior offre la più classica atmosfera da grande albergo, ideale per chi non ama soprese di design e preferisce essere cioccolato dal lusso più tradizionale.

171 cam – ⅃730/980 € ⅃⅃980/1210 € – 22 suites – ⌑ 45 €

Pianta: D2-b – *piazza Ognissanti 3* ✉ 50123 – ✆ 055 27151 –
www.westinflorence.com

  ⒑ **SE.STO on Arno** – Vedere selezione ristoranti

🏨 Villa Cora ☆ 🐾 ≤ 🛏 ⅂ 👜 🍸 ⅃⅄ ⬚ ⅃ AC ⅍ ⅏ 🅿

DIMORA STORICA · ELEGANTE E' tutto un susseguirsi di sale affrescate, marmi e stucchi in questa signorile villa di fine '800, immersa in un parco secolare con piscina. Piccola e squisitamente panoramica la terrazza lounge per aperitivi e momenti di relax. Cucina di ricerca nel ristorante con servizio estivo in veranda.

44 cam – ⅃300/850 € ⅃⅃320/920 € – 7 suites – ⌑ 32 €

Pianta: D3-b – *viale Machiavelli 18* ✉ 50125 – ✆ 055 228790 – *www.villacora.it*

🏨 Portrait Firenze ≤ ⬚ ⅃ AC

GRAN LUSSO · VINTAGE Lussuoso, elegante, originale, un hotel di grande impatto composto esclusivamente da suite di varie metrature, ma tutte accomunate da accessori di ultimissima generazione. Uno dei fiori all'occhiello dell'ospitalità fiorentina.

30 suites – ⅃⅃500/850 € – 7 cam – ⌑ 35 €

Pianta: G2-a – *lungarno Acciaiuoli 4* ✉ 50123 – ✆ 055 2726 8000
– *www.lungarnocollection.com*

  ⒑ **Caffè dell'Oro** – Vedere selezione ristoranti

🏨 Relais Santa Croce ☆ ⬚ AC

DIMORA STORICA · PERSONALIZZATO Lusso ed eleganza nel cuore di Firenze, un'atmosfera unica tra tradizione e modernità, nella quale mobili d'epoca si accostano ad elementi di design e a tessuti preziosi. Tempo, esperienza e passione: gli ingredienti essenziali per realizzare piatti semplici e gustosi di antiche ricette toscane presso il ristorante Guelfi e Ghibellini.

18 cam – ⅃220/605 € ⅃⅃220/605 € – 6 suites – ⌑ 28 €

Pianta: E2-x – *via Ghibellina 87* ✉ 50122 – ✆ 055 234 2230
– *www.baglionihotels.com*

🏨 Regency ☆ 🛏 ⬚ AC ⅏ 🚗

LUSSO · STORICO Affacciato su una delle più eleganti piazze-giardino di Firenze, il palazzo ottocentesco offre lusso e classicità di arredi per chi non ama il design contemporaneo e preferisce essere rassicurato da uno stile intramontabile.

29 cam ⌑ – ⅃174/795 € ⅃⅃189/795 € – 3 suites

Pianta: F2-a – *piazza Massimo D'Azeglio 3* ✉ 50121 – ✆ 055 245247
– *www.regency-hotel.com – Chiuso 29 gennaio-14 marzo*

🏨 Brunelleschi ☆ ≤ ⅃⅄ ⬚ ⅃ AC ⅏

LUSSO · CENTRALE Nella bizantina Torre della Pagliazza, camere molto accoglienti (all'ultimo piano la strepitosa Pagliazza Tower Suite) e nelle fondamenta un piccolo museo con rovine d'epoca romana. Contrapposto al ristorante gourmet Santa Elisabetta, l'elegante bistrot Osteria della Pagliazza.

82 cam ⌑ – ⅃224/864 € ⅃⅃239/919 € – 14 suites

Pianta: H1-c – *piazza Santa Elisabetta 3* ✉ 50122 – ✆ 055 27370
– *www.hotelbrunelleschi.it*

  ⒑ **Santa Elisabetta** – Vedere selezione ristoranti

Savoy ⇑ ⅃ᢙ 🗔 ⅄ Ⓚ 🚳 ⅄

LUSSO · CLASSICO Affacciato sull'elegante piazza della Repubblica, salotto dei caffè storici fiorentini, al Savoy sarete avvolti da un eccellente servizio, sorrisi e attenzioni. Raffinate camere in stile classico rivisitato, alcune sulla piazza, altre sulla cupola del Brunelleschi. Si può mangiare a tutte le ore del giorno presso il ristorante Irene con bel dehors sulla piazza.

102 cam – ⅈ235/510 € ⅈⅈ300/870 € – 14 suites – 🖵 40 €

Pianta: H1-q - *Piazza della Repubblica 7* ✉ *50123* - 𝒞 *055 27351*
- *www.hotelsavoy.it*

Helvetia e Bristol ⇑ 🗔 Ⓚ ⅄

PALACE · PERSONALIZZATO Nel centro di Firenze, di fronte a Palazzo Strozzi, albergo dall'armoniosa facciata ottocentesca, ideale base di partenza per scoprire i vicini luoghi d'interesse. Le raffinate camere e le splendide suite sono arredate con aristocratiche personalizzazioni.

52 cam 🖵 – ⅈ180/650 € ⅈⅈ230/870 € – 15 suites

Pianta: G1-c - *via dei Pescioni 2* ✉ *50123* - 𝒞 *055 26651*
- *www.royaldemeure.com*

Bernini Palace ⇑ 🗔 Ⓚ ⅄

LUSSO · ELEGANTE Nella sala Parlamento si riunivano deputati e senatori ai tempi di Firenze, capitale del Regno d'Italia. Nei suoi ampi corridoi e nelle sue splendide camere (proverbiali quelle del *Tuscan Floor*), nonché nel suo delizioso ristorante, si aggirano oggi turisti esigenti in termini di qualità.

63 cam 🖵 – ⅈ190/450 € ⅈⅈ190/800 € – 11 suites

Pianta: H2-w - *piazza San Firenze 29* ✉ *50122* - 𝒞 *055 288621*
- *www.hotelbernini.duetorrihotels.com*

Villa La Vedetta ⇑ ⅏ ⩽ 🛏 ⅄ 🕅 🗔 ⅄ Ⓚ ⅄ 🅿

DIMORA STORICA · ELEGANTE Circondata da un parco secolare, una villa neori-nascimentale è stata trasformata in raffinato albergo nei cui interni convivono arredi di design e pezzi d'antiquariato. Ogni camera ha un suo carattere, ma tutte sono ricche di preziosi dettagli: comodini in onice o in coccodrillo, scrivanie in cristallo e sete pregiate.

11 cam 🖵 – ⅈ150/980 € ⅈⅈ150/1100 € – 7 suites

Pianta: F3-b - *viale Michelangiolo 78* ✉ *50125* - 𝒞 *055 681631*
- *www.villalavedettahotel.com* - *Chiuso 16 gennaio-16 febbraio*

Lungarno ⩽ 🗔 Ⓚ ⅄

LUSSO · PERSONALIZZATO L'importante ristrutturazione ha aggiunto ulteriore fascino a questo salotto di charme posto nel cuore dell'Oltrarno fiorentino che vanta una collezione di oltre 450 opere d'arte originali, tra cui Picasso e Cocteau, distribuite negli spazi comuni e nelle camere. Quest'ultime brillano anch'esse per raffinatezza e confort; le più ambite godono di un terrazzo con vista spettacolare su Ponte Vecchio sino ai colli.

51 cam – ⅈ400/650 € ⅈⅈ400/650 € – 12 suites – 🖵 40 €

Pianta: G2-s - *borgo San Jacopo 14* ✉ *50125* - 𝒞 *055 27261*
- *www.lungarnocollection.com*

🕸 **Borgo San Jacopo** – Vedere selezione ristoranti

Leone Blu ⅏ 🗔 Ⓚ 🚳

DIMORA STORICA · GRAN LUSSO Ospiti della storia e della più raffinata aristo-crazia fiorentina, perché Leone Blu è la dimora del casato dei Ricasoli che ora apre i battenti agli ospiti che vorranno soggiornare nelle sue originali suite: una diversa dall'altra, mobili antichi s'interfacciano ad altri più moderni in un riuscito gioco di equilibrismi.

9 suites 🖵 – ⅈⅈ260/580 €

Pianta: D2-g - *piazza Carlo Goldoni 2* - 𝒞 *055 290270* - *www.leoneblu.com*

J.K. Place Firenze

BOUTIQUE HOTEL · INSOLITO Una casa-bomboniera piuttosto che un albergo, un romantico rifugio dove storia e modernità si affiancano con gran classe. Abbiate cura di prenotare una camera con vista sulla magnifica piazza o sui tetti di Firenze. Al J.K. Lounge ampio dehors sulla piazza e cucina di qualità a tutte le ore del giorno.

18 cam ☑ – ♦550/1500 € ♦♦550/1500 € – 2 suites

Pianta: G1-e – *piazza Santa Maria Novella 7* ✉ *50123* – ℰ *055 264 5181*
– *www.jkplace.com*

Palazzo Magnani Feroni

DIMORA STORICA · ROMANTICO Straordinario palazzo seicentesco che custodisce una favolosa collezione d'oggetti d'arte, corridoi principeschi, camere enormi e un'incantevole terrazza con vista sul Duomo e Palazzo Vecchio.

13 suites ☑ – ♦♦200/960 €

Pianta: D2-f – *borgo San Frediano 5* ✉ *50124* – ℰ *055 239 9544*
– *www.palazzomagnaniferoni.it*

Cellai

DIMORA STORICA · ACCOGLIENTE Prendete tempo e frequentate gli eleganti salotti di quest'albergo, tra foto d'epoca e arredi del '900; nella bella stagione ci si trasferisce in una romantica terrazza. Per spiriti romantici e vintage.

68 cam ☑ – ♦118/169 € ♦♦189/260 €

Pianta: E1-x – *via 27 Aprile 14* ✉ *50129* – ℰ *055 489291* – *www.hotelcellai.it*

Ville sull 'Arno

LUSSO · PERSONALIZZATO Affacciato sull'Arno, i suoi interni un po' country, ma di lusso, non mancano di ospitare un'attrezzata spa con piscina interna ed esterna. Belle anche le camere, tutte personalizzate in stile moderno ed accogliente.

45 cam ☑ – ♦190/990 € ♦♦240/990 €

Pianta: B2-f – *Lungarno Cristoforo Colombo 1/3* ✉ *50122 Firenze* – ℰ *055 670971*
– *www.hotelvillesullarno.com*

Continentale

BUSINESS · CENTRALE In un'antica torre del '500 dominante Ponte Vecchio, oggi regna il design anni 50 e in cima ad essa La Terrazza: rooftop bar con vista a 360° sulla città. La White Iris Spa by Confort Zone propone un'ottima lista di trattamenti benessere dedicati al corpo e al viso.

42 cam – ♦210/430 € ♦♦210/430 € – ☑18 €

Pianta: GH2-y – *vicolo dell'Oro 6 r* ✉ *50123* – ℰ *055 27262*
– *www.lungarnocollection.com*

Santa Maria Novella

BUSINESS · ELEGANTE Affacciata sull'omonima piazza, la struttura riserva agli ospiti un'accogliente atmosfera, fatta di piccoli salottini ed eleganti camere tutte diverse per colori, nonché arredi. E per non perdersi nulla di questa magica città, a disposizione anche una graziosa, panoramica, terrazza.

69 cam ☑ – ♦150/600 € ♦♦185/1200 € – 2 suites

Pianta: G1-d – *piazza Santa Maria Novella 1* ✉ *50123* – ℰ *055 271840*
– *www.hotelsantamarianovella.it*

Gallery Hotel Art

BUSINESS · MINIMALISTA Dedicato agli amanti dell'arte contemporanea, l'albergo ospita esposizioni tematiche, mentre le camere offrono ambienti rilassanti di tonalità sabbia, alcune con vista sul centro storico.

69 cam – ♦200/400 € ♦♦200/400 € – 5 suites – ☑28 €

Pianta: G2-u – *vicolo dell'Oro 5* ✉ *50123* – ℰ *055 27263*
– *www.lungarnocollection.com*

🍽 **The Fusion Bar & Restaurant** – Vedere selezione ristoranti

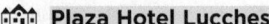

🏨 Plaza Hotel Lucchesi ⛲ ⟨ 🛋 ⊟ ♿ 🆈 🚗

PALACE · ELEGANTE Elegante albergo sul lungarno caratterizzato da camere con arredi in stile impero e generosi spazi comuni; vista a 360° su tetti e monumenti cittadini dalla terrazza all'ultimo piano con bar e piccola piscina per rinfrescarsi.

82 cam � - †250/550 € ††310/950 € – 10 suites

Pianta: E2-d – *lungarno della Zecca Vecchia 38* ✉ 50122 – ✆ 055 26236
– *www.hotelplazalucchesi.it*

🏨 Firenze Number Nine 🏋 ᵭ ⊟ ♿ 🆈

BOUTIQUE HOTEL · DESIGN Colori soffici e tenui reinterpretano la tradizione alberghiera fiorentina con un soffio di modernità. La camera 107 dà un tocco di classe in più, come la cortesia del personale, e per gli appassionati c'è un'ottima palestra e un'area relax completa: praticamente una rarità, se si considera la posizione centrale della struttura!

45 cam ⊠ - †139/599 € ††169/699 €

Pianta: G1-b – *via dei Conti 9/31r* ✉ 50123 – ✆ 055 293777
– *www.firenzenumbernine.com*

🏨 Adler Cavalieri 🏋 ᵭ ⊟ ♿ 🆈 🐾

TRADIZIONALE · ACCOGLIENTE Albergo di equilibrata eleganza in prossimità della stazione. Ottimamente insonorizzato, dispone di camere luminose e di accoglienti spazi comuni dove il legno è stato ampiamente usato.

60 cam ⊠ - †115/345 € ††145/430 €

Pianta: D2-x – *via della Scala 40* ✉ 50123 – ✆ 055 277810
– *www.hoteladlercavalieri.com*

🏨 Grand Hotel Adriatico ⛲ 🍴 ᵭ ⊟ ♿ 🆈 🐾 🅿

BUSINESS · ACCOGLIENTE Ampia hall e moderne camere di sobria eleganza per questa struttura in comoda posizione centrale. Proposte toscane e nazionali nella tranquilla sala ristorante o nel piacevole giardino.

126 cam ⊠ - †90/360 € ††100/590 € – 3 suites

Pianta: D2-d – *via Maso Finiguerra 9* ✉ 50123 – ✆ 055 27931
– *www.hoteladriatico.it*

🏨 Il Guelfo Bianco ⊟ ♿ 🆈

TRADIZIONALE · PERSONALIZZATO Intrigante commistione d'opere d'arte contemporanea e arredi storici, molte delle camere al primo piano offrono anche soffitti a cassettoni originali. Il ristorante Desco funziona anche come bistrot ed è aperto da pranzo fino alle ore 22.

40 cam ⊠ - †80/160 € ††90/260 €

Pianta: E1-2-n – *via Cavour 29* ✉ 50129 – ✆ 055 288330 – *www.ilguelfobianco.it*
🍴 Il Desco – Vedere selezione ristoranti

🏨 Pierre ⊟ ♿ 🆈 🍸 🐾

TRADIZIONALE · CENTRALE L'eleganza si affaccia ovunque in questo hotel sito in pieno centro dai caldi e confortevoli ambienti arredati in stile, ma dotati di accessori moderni; da alcuni tavoli della sala colazioni si scorge il Duomo.

49 cam ⊠ - †120/265 € ††160/410 € – 1 suite

Pianta: H2-t – *via Dè Lamberti 5* ✉ 50123 – ✆ 055 216218 – *www.remarhotels.com*

🏨 Rivoli 🍴 ⊟ ♿ 🆈 🐾

TRADIZIONALE · CLASSICO Nel centro storico della Città del Giglio, un convento quattrocentesco è diventato, oggi, un raffinato hotel dai soffitti a volta (o a cassettoni) e con un grazioso patio che ospita la vasca idromassaggio. Camere spaziose.

84 cam ⊠ - †90/360 € ††100/890 € – 3 suites

Pianta: D2-m – *via della Scala 33* ✉ 50123 – ✆ 055 27861 – *www.hotelrivoli.it*
🍴 Benedicta – Vedere selezione ristoranti

🏨 Roma ⊟ 🝢 🛋

TRADIZIONALE · VINTAGE Ubicata in maniera strategica per visitare la città, questa bella risorsa dispone di piacevoli spazi comuni e camere (praticamente quasi tutte nuove) con arredi moderni ed eleganti.

57 cam ⌂ – 🛏114/315 € 🛏🛏142/420 €

Pianta: G1-x – *piazza Santa Maria Novella 8* ✉ 50123 – 𝒞 055 210366
– *www.hotelromaflorence.com*

🏨 Palazzo Vecchietti ⊟ 🝢

LUSSO · PERSONALIZZATO Qui troverete ancora i resti delle duecentesche mura fiorentine, nonché un'incantevole corte interna trasformata in salottino, su cui si affacciano romantici ballatoi che portano alle camere, lussuose, con piccola cucina e di una rara raffinatezza negli arredi contemporanei.

7 cam ⌂ – 🛏350/1000 € 🛏🛏350/1000 € – 5 suites

Pianta: G1-p – *via degli Strozzi 4* – 𝒞 055 230 2802 – *www.palazzovecchietti.com*

🏨 Home Florence 🛢 ⊟ 🚻 🝢 🛋

BOUTIQUE HOTEL · MINIMALISTA All'interno della graziosa palazzina si respira un'atmosfera giovane, modaiola, ma - come il nome lascia intendere - anche di casa. La prima colazione si condivide su tre soli tavoli e il colore bianco regna sovrano. Originale!

39 cam ⌂ – 🛏80/460 € 🛏🛏100/610 €

Pianta: F2-h – *piazza Piave 3* ✉ 50122
– 𝒞 055 243668 – *www.hhflorence.it*

🏨 Antica Torre di via Tornabuoni 1 ⊟ 🝢

DIMORA STORICA · ELEGANTE Alloggiati in una torre duecentesca o nell'adiacente palazzo quattrocentesco, troverete comunque camere eleganti, sovente spaziose: per tutti, delle terrazze mozzafiato con vista a 360° su Firenze.

19 cam ⌂ – 🛏200/800 € 🛏🛏200/800 € – 6 suites

Pianta: G2-m – *via Tornabuoni 1* ✉ 50123 – 𝒞 055 265 8161
– *www.tornabuoni1.com*

🏨 Monna Lisa 🛥 🚪 🛢 ⊟ 🝢 🛋

STORICO · CLASSICO Nel centro storico, un palazzo di origini medievali con un imponente scalone, pavimenti in cotto e soffitti a cassettoni, ospita camere e spazi comuni arredati in stile rinascimentale. Stanze più recenti, ma sempre eleganti come la restante parte della dimora, nelle due dépendance al di là dello splendido giardino. Completa il tutto una panoramica terrazza-solarium.

45 cam ⌂ – 🛏89/209 € 🛏🛏139/299 € – 4 suites

Pianta: E2-b – *via Borgo Pinti 27* ✉ 50121 – 𝒞 055 247 9751 – *www.monnalisa.it*

🏨 Inpiazzadellasignoria ⊟ 🝢 ⌀

FAMILIARE · PERSONALIZZATO Semplice gestione familiare, ma con tante premure e piccole attenzioni per i suoi ospiti; alcune camere offrono una vista sulla piazza, altre sui tetti e campanili del centro.

10 cam ⌂ – 🛏200/290 € 🛏🛏250/320 € – 2 suites

Pianta: H2-z – *via de' Magazzini 2* ✉ 50122 – 𝒞 055 239 9546
– *www.inpiazzadellasignoria.com*

🏨 Calzaiuoli ⊟ 🝢

TRADIZIONALE · ACCOGLIENTE In pieno centro storico, tra piazza del Duomo e piazza della Signoria, sorge sulle vestigia di una torre medievale; al suo interno, spazi comuni di modeste dimensioni e camere confortevoli.

52 cam ⌂ – 🛏120/650 € 🛏🛏130/750 € – 1 suite

Pianta: H1-v – *via Calzaiuoli 6* ✉ 50122 – 𝒞 055 212456 – *www.calzaiuoli.it*

🏨 Palazzo Castri 1874   🛬 🕸 🛗 ♨ 🛗 👤 AC 🏖

DIMORA STORICA · PERSONALIZZATO Aperto nelle primavera del 2015, l'albergo dispone di un'insolita limonaia e di un bel giardino fiorito: in quest'ultimo una piccola piscinetta idromassaggio mette in comunicazione l'ospite con il piacevole centro benessere. Funzionali e molto ben equipaggiate, le camere sfoggiano uno stile di moderna essenzialità.

51 cam ♨ – †150/450 € ††200/550 € – 8 suites

Pianta: E1-c – *Piazza Indipendenza 7 ✉ 50122 – ☎ 055 472118*
– www.palazzocastri.com

🏨 De Rose Palace   🛗 AC 🍴

TRADIZIONALE · PERSONALIZZATO Ospitato in un palazzo fiorentino nei pressi del teatro Comunale, offre eleganti e spaziose camere, alcune con arredo ricercato ed una piacevole atmosfera familiare.

18 cam ♨ – †90/180 € ††120/380 €

Pianta: D2-c – *via Solferino 5 ✉ 50123 – ☎ 055 239 6818*
– www.florencehotelderose.com

🏨 Villa Belvedere   🏊 ⪦ 🛬 ♨ 🍴 🛗 AC 🍴 P

TRADIZIONALE · ACCOGLIENTE Al centro di uno splendido giardino con piscina, dal quale si possono ammirare la città e le colline tutt'intorno, la villa assicura tranquillità ed ambienti signorili, ma familiari.

26 cam ♨ – †80/150 € ††120/207 €

Pianta: B2-c – *via Benedetto Castelli 3 ✉ 50124 – ☎ 055 222501*
– www.villabelvederefirenze.it – Aperto 1° marzo-15 novembre

🏨 River   ⪦ 🛗 🛗 AC

FAMILIARE · ACCOGLIENTE Elegante e raffinato, in una bella palazzina ottocentesca, le camere sono classiche o in stile più contemporaneo: alcune - all'ultimo piano - offrono una romantica vista sull'Arno.

38 cam ♨ – †100/400 € ††100/400 €

Pianta: F2-n – *lungarno della Zecca Vecchia 18 ✉ 50122 – ☎ 055 234 3529*
– www.hoteriver.com

🏨 Malaspina   🛗 🛗 AC 🍴

BUSINESS · FUNZIONALE Affacciato su un'elegante piazza-giardino in cui si giocarono i destini della Firenze rinascimentale, palazzo ed ingresso signorili lasciano spazio a camere più semplici, ma ben tenute (in genere ampie).

31 cam ♨ – †50/175 € ††80/275 €

Pianta: E1-g – *piazza dell'Indipendenza 24 ✉ 50129 – ☎ 055 489869*
– www.malaspinahotel.it

🏨 Rapallo   🛗 🛗 AC

BUSINESS · PERSONALIZZATO Sobria eleganza e una moderna rivisitazione dello stile fiorentino in tonalità bianco-grigie sono il marchio dell'albergo, insieme alla competenza artistica del titolare che vi darà utili consigli per il vostro soggiorno in città.

26 cam ♨ – †84/250 € ††90/270 €

Pianta: E1-d – *via Santa Caterina d'Alessandria 7 ✉ 50122 Firenze – ☎ 055 472412*
– www.hotelrapallofirenze.it

🏨 Degli Orafi   🛗 🛗 AC 🍴

TRADIZIONALE · ACCOGLIENTE L'albergo rivela le sue carte un po' alla volta: semplice hall all'ingresso, ma già al primo piano c'è una sala colazioni mozzafiato con soffitto affrescato e, all'ultimo, una romantica vista dalle terrazze del bar.

42 cam ♨ – †120/280 € ††190/600 €

Pianta: H2-a – *lungarno Archibusieri 4 ✉ 50122 – ☎ 055 26622*
– www.hoteldegliorafi.it

🏠 Silla ⊕ 🕸 🚗

LOCANDA · VINTAGE Semplice ma confortevole, in un palazzo storico d'Oltrarno, le camere sono in corso di rinnovo (optare per le più recenti): d'inverno, quando il fogliame non impedisce la vista, alcune si affacciano sul-
l'Arno.

36 cam ☲ - †90/250 € ††120/320 €

Pianta: E3-r - *via dei Renai 5 ✉ 50125* - *℘ 055 234 2889* - *www.hotelsilla.it*

🏠 Della Robbia ⊕ 🕸 🅿

TRADIZIONALE · PERSONALIZZATO Pratico ed utile indirizzo per chi sceglie un
soggiorno alla scoperta della cultura artistica fiorentina: costruito nel primo Novecento, il villino sfoggia suggestioni liberty nei signorili interni.

19 cam ☲ - †80/149 € ††100/210 €

Pianta: F2-b - *via dei della Robbia 7/9 ✉ 50132* - *℘ 055 263 8570*
- *www.hoteldellarobbia.it* - Chiuso agosto

🏠 Fiorino 🕸 🕸

FAMILIARE · ACCOGLIENTE Accoglienza cortese e familiare, passione per l'ospitalità e arredi semplici in questo piccolo albergo che occupa tre piani di un edificio alle spalle degli Uffizi e di palazzo Vecchio.

23 cam ☲ - †55/180 € ††65/180 €

Pianta: H2-d - *via Osteria del Guanto 6 ✉ 50122* - *℘ 055 210579*
- *www.hotelfiorino.it* - Chiuso 15 giorni in dicembre, 15 giorni in agosto e 15 giorni
in novembre

🏠 La Casa di Morfeo ⊕ 🕸 🕸

FAMILIARE · PERSONALIZZATO Al primo piano di un palazzo seicentesco, solo
due camere hanno soffitti affrescati, ma quasi tutte dispongono di cromoterapia
e sono piacevolmente arredate in stile contemporaneo e personalizzato (bagni
con docce-idromassaggio!).

9 cam ☲ - †45/240 € ††50/240 €

Pianta: F2-m - *via Ghibellina 51 ✉ 50122 Firenze* - *℘ 055 241193*
- *www.lacasadimorfeo.it*

🏠 Botticelli ⊕ ♿ 🕸

FAMILIARE · ACCOGLIENTE Poco distante dal mercato di S.Lorenzo e dalla cattedrale, l'hotel si trova in un palazzo del '500 nelle cui zone comuni conserva
volte affrescate; camere graziose ed una piccola terrazza coperta.

34 cam ☲ - †70/150 € ††100/240 € - 1 suite

Pianta: E1-p - *via Taddea 8 ✉ 50123* - *℘ 055 290905* - *www.hotelbotticelli.it*

🏠 Palazzo Niccolini al Duomo ⊕ 🕸 🅿

LUSSO · ROMANTICO Nel '400 in questo palazzo accanto al Duomo, Donatello
aveva la sua bottega. Oggi, potrete trovare camere con soffitti affrescati, arredi
di pregio e marmi bellissimi, anche la metratura si farà ricordare... mentre dalla
"Dome suite" la cupola la si tocca quasi con la mano!

12 cam ☲ - †150/260 € ††180/600 €

Pianta: H1-m - *via dei Servi 2 ✉ 50122* - *℘ 055 282412*
- *www.niccolinidomepalace.com*

🏠 Villa Antea 🚕 🕸 🅿

FAMILIARE · ELEGANTE Villa del 1887 in zona residenziale circondata da un piccolo giardino, sarete sorpresi dalla cura degli ambienti, dall'ospitalità familiare,
ma soprattutto dall'ampiezza ed eleganza dei bagni.

6 cam ☲ - †70/190 € ††70/190 €

Pianta: E1-b - *via Francesco Puccinotti 46 ✉ 50129* - *℘ 055 484106*
- *www.villaantea.com*

B&B Antica Dimora Firenze

CASA PADRONALE · ELEGANTE Ogni camera racconta qualcosa di sè, a cominciare dalla tinta pastello che la contraddistingue: dal verde all'azzurro. La grammatica di base è però la stessa: cura e attenzione assolute, mobili antichi e tutte - salvo una - coccolano il sonno dell'ospite dentro letti a baldacchino impreziositi da vaporosi tendaggi.

6 cam ☲ – †50/120 € ††60/150 €

Pianta: E1-s – *via Sangallo 72* ✉ *50129* – *☎ 055 462 7296*
– *www.antichedimorefiorentine.it*

1865 Residenza d'epoca

STORICO · PERSONALIZZATO Nel 1865 Firenze diventa capitale e nasce l'elegante quartiere in cui si trova questa residenza; cinque camere dedicate ad altrettanti scrittori con raffinati arredi che vi si ispirano, quattro con soffitti affrescati.

5 cam ☲ – †90/285 € ††100/295 €

Pianta: F2-r – *via Luigi Carlo Farini 12* ✉ *50121* – *☎ 340 383 8020* – *www.1865.it*

Antica Dimora Johlea

LOCANDA · PERSONALIZZATO Al terzo piano di un elegante palazzo d'epoca, il centro a due passi, tante ricercatezze nelle camere e cortesie del personale sono benvenute, ma più di tutto sarete ammaliati dalla romantica terrazza con vista sui tetti di Firenze.

6 cam ☲ – †50/140 € ††70/170 €

Pianta: E1-a – *via Sangallo 80* ✉ *50129* – *☎ 055 463 3292*
– *www.antichedimorefiorentine.it*

Palazzo Galletti B&B

FAMILIARE · PERSONALIZZATO Se già Firenze è una città magica, pernottare in questa residenza ottocentesca sarà aggiungere ulteriore fascino al soggiorno... Camere eclettiche, dove pezzi etnici si alternano a mobili in stile toscano, in una sinfonia ben orchestrata che conferisce carattere e personalità alle stanze.

11 cam ☲ – †100/180 € ††100/180 €

Pianta: E2-c – *via Sant'Egidio 12* ✉ *50122* – *☎ 055 390 5750*
– *www.palazzogalletti.it*

Villino Fiorentino

LOCANDA · ELEGANTE Ottimo per visitare Firenze arrivando con l'auto (c'è anche un comodissimo parcheggio), la struttura è il fiore all'occhiello della sua proprietaria, Sara, che ha trasformato questo tipico villino fiorentino degli anni '30 in un boutique bed & breakfast di ricercata eleganza. Non c'è altro da aggiungere: bisogno solo affrettarsi a prenotare!

6 cam ☲ – †128/180 € ††128/180 €

Pianta: E1-m – *via delle Cinque Giornate 12* ✉ *50122* – *☎ 389 999 2606*
– *www.villinofiorentino.com*

Residenza Il Villino

STORICO · ACCOGLIENTE Un ottimo indirizzo, per una serie di motivi: nel centro storico, siamo all'interno di un ex monastero di cui rimane una certa tranquillità, grazie al fatto che tutte le camere - su tre piani - si affacciano sulla piccola corte interna del palazzo, dove, nella bella stagione, vengono servite le colazioni. Una al primo piano ha un balcone privato, ma per la vista bisogna salire al secondo dove le finestre si aprono sul capolavoro del Brunelleschi.

6 cam ☲ – †49/149 € ††59/169 €

Pianta: E2-v – *via della Pergola 53* ✉ *50122 Firenze* – *☎ 055 200 1116*
– *www.ilvillino.it* – *Chiuso 23-25 dicembre*

B&B Residenza Johanna I

LOCANDA · PERSONALIZZATO Una cordiale accoglienza sarà il benvenuto offerto da questo sobrio e familiare b&b al primo piano di un palazzo dell'Ottocento caratterizzato da camere spaziose e di buon confort. A due passi, vi attende la basilica di S. Lorenzo con le tombe medicee ed il vivace mercato.

10 cam ☲ – †60/105 € ††70/155 €

Pianta: E1-h – *via Bonifacio Lupi 14* ✉ *50129* – *☎ 055 481896*
– *www.antichedimorefiorentine.it*

🏠 La Casa del Garbo ≤ AC 🛇

FAMILIARE · ELEGANTE Gode di una posizione veramente unica, questo piccolo bed & breakfast ricco di charme, che propone camere eleganti – molte delle quali affacciate su piazza della Signoria e Palazzo Vecchio – nonché miniappartamenti con angolo cottura: una piacevole soluzione per sentirsi "come a casa".

9 cam ⌂ – ♦135/180 € ♦♦145/190 €

Pianta: H2-z – *piazza della Signoria 8* ✉ 50122 – ☏ 055 293366
– *www.casadelgarbo.it*

🏠 La Terrazza su Boboli ⊡ AC

FAMILIARE · ACCOGLIENTE A cinquanta metri dall'ingresso dei celebri giardini, siamo al primo piano di un palazzo settecentesco; tre camere si affacciano su Porta Romana, ma preferite quelle sul retro, con terrazza e più tranquille.

6 cam ⌂ – ♦70/130 € ♦♦80/149 €

Pianta: D3-t – *viale Francesco Petrarca 122* ✉ 50122 Firenze – ☏ 055 233 7394
– *www.laterrazzasuboboli.com*

sui Colli

🏨 Torre di Bellosguardo ⅗ ≤ 🍴 🏊 ⊡ AC 🚗

DIMORA STORICA · ELEGANTE Si respira un fascino d'*antan* nei saloni e nelle camere di austera eleganza di questo albergo, che fa della vista mozzafiato su Firenze il proprio punto di forza. Parco con giardino botanico e piscina: sembra uscito direttamente da un libro di fiabe.

16 cam – ♦110/160 € ♦♦260/300 € – 7 suites – ⌂ 20 €

Pianta: C3-a – *via Roti Michelozzi 2* ✉ 50124 – ☏ 055 229 8145
– *www.torrebellosguardo.com*

a Galluzzo Sud : 6,5 km B2 ✉ 50124

🛑 Trattoria Bibe ⇦ 🍴 🅿

CUCINA TOSCANA · CONTESTO REGIONALE X Anche Montale immortalò nei suoi versi questa trattoria, gestita dalla stessa famiglia da quasi due secoli, dove trovare piatti tipici della tradizione toscana, in primis la zuppa di ceci e funghi, e un piacevole servizio estivo all'aperto. Appartamenti con cucina a disposizione non solo per soggiorni medio-lunghi.

Carta 33/45 €

3 cam – ♦60/80 € ♦♦90/120 € – ⌂ 10 €

Pianta: A2-c – *via delle Bagnese 15* – ☏ 055 204 9085 – *www.trattoriabibe.com*
– *solo a cena – Chiuso 2 settimane in febbraio, 1 settimana in novembre e mercoledì*

🏠 Marignolle Relais & Charme ⅗ ≤ 🍴 🏊 AC 🛇 🅿

LUSSO · PERSONALIZZATO In posizione incantevole sui colli, questa signorile residenza offre molte attenzioni e stanze tutte diverse, dai raffinati accostamenti di tessuti; piscina panoramica nel verde.

8 cam ⌂ – ♦105/180 € ♦♦115/290 € – 1 suite

Pianta: A2-a – *via di San Quirichino 16, località Marignolle* – ☏ 055 228 6910
– *www.marignolle.com*

ad Arcetri Sud : 5 km B2 ✉ 50125

🍴 Omero ⅗ ≤ 🍴

TOSCANA · RUSTICO XX Storico ristorante fiorentino, è la meta di chi vuole aprire una finestra sulla campagna senza allontanarsi da Firenze. Cucina locale, d'inverno la ribollita è imperdibile, ma proverbiali sono anche la pasta e ceci, i fritti e le grigliate.

Carta 36/70 €

Pianta: B2-d – *via Pian de' Giullari 49* – ☏ 055 220053 – *www.ristoranteomero.it*

FISCIANO

Salerno – ✉ 84084 – 13 820 ab. – Alt. 320 m – Carta regionale n° **4**-B2
Carta stradale Michelin 564-E26

a Gaiano Sud-Est : 2 km ✉ 84084 – Fisciano

🏠 Agriturismo Barone Antonio Negri   ✿ ⌂ ≪ 🛏 ⌁ 🏠 ₺ 🅿

CASA DI CAMPAGNA · PERSONALIZZATO In posizione tranquilla e dominante, agriturismo biologico di charme all'interno di una vasta tenuta con ampio giardino, deliziosa piscina e spaziose camere in stile rustico. Al ristorante: cucina casalinga, sapori tipici campani e squisiti dolci alla nocciola.

5 cam 🛏 – ✚100/110 € ✚✚110/130 €

via Subia 15 – 𝒞 089 958561 – www.agrinegri.it – Chiuso 7 gennaio-31 marzo

FIUGGI

Frosinone – ✉ 03014 – 10 536 ab. – Alt. 747 m – Carta regionale n° **7**-C2
Carta stradale Michelin 563-Q21

🍴 La Locanda

CUCINA REGIONALE · RUSTICO 🕏 Troverete i sapori della tradizione ciociara nella rustica e caratteristica sala di questo ristorante, accolto nelle cantine di un edificio del '400. Cucina del territorio.

Carta 20/38 €

via Padre Stanislao 4 – 𝒞 0775 505855 – www.lalocandafiuggi.it – Chiuso febbraio, 1°-7 luglio e lunedì

🍴 Trattoria da Gino ⓝ   🛏 🏠 🆔 🅿

CUCINA LAZIALE · CONTESTO TRADIZIONALE 🕏 Dal 1966 la famiglia Giorgilli promuove la cucina ciociara e casalinga in questo piacevole locale che in estate vi accoglie (anche) in spazi all'aperto; un'attenzione particolare è riservata ai giovani ospiti ai quali è dedicato un piccolo parco giochi.

Carta 21/34 €

via Valle Molella 5 – 𝒞 0775 515203 – www.trattoriadagino.it – Chiuso 15-30 giugno e lunedì

a Fiuggi Fonte Sud : 4 km ✉ 03014 – Alt. 621 m   ✿ ⌂ ≪ 🛏 ⌁ 🔲 🕸 🏠 ⅃♭

🏨 Grand Hotel Palazzo della Fonte   ✿ ⌂ ≪ 🛏 ⌁ 🔲 🕸 🏠 ⅃♭

LUSSO · STORICO Non sono tanti gli alberghi che possono   🍽 🔲 ₺ 🆔 🎿 🅿 vantare una tenuta così impeccabile. Qui, veramente, c'è un posto per ogni cosa ed ogni cosa è al suo posto... Sulla cima di un colle, un parco con piscina e, poi, stucchi , decorazioni, camere raffinate e bagni marmorei, in una dimora Liberty (già hotel dal 1912).

152 cam 🛏 – ✚120/150 € ✚✚150/250 € – 1 suite

via dei Villini 7 – 𝒞 0775 5081 – www.palazzodellafonte.com – Chiuso gennaio-marzo

🏨 Fiuggi Terme   ✿ 🛏 ⌁ 🔲 🕸 🏠 🍽 🔲 ₺ 🆔 🎿 🅿

SPA E WELLNESS · FUNZIONALE All'interno di un parco, elegante struttura con camere belle e confortevoli. Per gli amanti dello sport, una grande piscina e due campi da tennis tra pini ed ippocastani. Per tutti, una spa che coniuga tecnologie innovative nel campo del benessere e raffinate ambientazioni. Cucina mediterranea nel luminoso ristorante.

60 cam 🛏 – ✚65/120 € ✚✚100/200 € – 4 suites

via Capo i Prati 9 – 𝒞 0775 515212 – www.hotelfiuggiterme.it

🏨 Ambasciatori Place   ✿ 🔲 🕸 🏠 🔲 🆔 🦌 🎿 🚗

SPA E WELLNESS · CLASSICO Centrale, vicino a terme e negozi, due grandi terrazze consentono di evadere dal rumore. Marmi lucenti nella hall, camere d'impostazione classica. Diverse sale ristorante, la più grande con soffitti a lucernari in vetro colorato.

86 cam 🛏 – ✚49/189 € ✚✚89/249 €

via dei Villini 8 – 𝒞 0775 514351 – www.ambasciatoriplacehotel.com – Chiuso 23-26 dicembre

FIUMALBO

Modena – ✉ 41022 – 1 280 ab. – Alt. 953 m – Carta regionale n° **5**-B2
Carta stradale Michelin 562-J13

a Dogana Nuova Sud : 2 km ✉ 41022

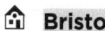 **Bristol**   ⚐ ⩽ 🛏 **P**

FAMILIARE · ACCOGLIENTE Situato all'inizio della Val di Luce, un elegante hotel realizzato in tipico stile montano che dispone di moderne e confortevoli camere. Ideale punto di partenza per escursioni estive. Accomodatevi nell'accogliente sala da pranzo per gustare i piatti della tradizione emiliana.

23 cam ⌑ – ♦35/55 € ♦♦80/100 €

via Giardini 274 – ☎ 0536 73912 – www.hotelbristol.tv – Chiuso ottobre-novembre

FIUME VENETO

Pordenone – ✉ 33080 – 11 697 ab. – Alt. 20 m – Carta regionale n° **6**-B3
Carta stradale Michelin 562-E20

🍽 **L'Ultimo Mulino**   🛏 🏠 🅰🅲 **P**

CUCINA MODERNA · RUSTICO XX Variazioni sul tema della cucina veneto-friulana: tanto pesce, ottime materie prime ed interessanti spunti creativi. Nella bella stagione, l'atmosfera si arricchisce dello scenario di una cena lungo il fiume.

Carta 44/79 €

Hotel L'Ultimo Mulino, via Molino 45, località Bannia, Sud-Est: 3,5 km
– ☎ 0434 957911 – www.lultimomulino.com – solo a cena – Chiuso
gennaio, agosto, domenica sera e lunedì

🏠 **L'Ultimo Mulino**   ⌒ 🛏 🅰🅲 🍷 **P**

CASA DI CAMPAGNA · BUCOLICO Là dove il torrente si divide in tre rami, cinquecento anni fa fu costruito l'attuale mulino, su un'isoletta avvolta dallo scroscio dell'acqua, troverete un angolo fiabesco nel verde della campagna. Diversi cimeli ne ricordano l'antica funzione, le camere coniugano un'atmosfera rustica con tocchi di eleganza.

8 cam ⌑ – ♦85/120 € ♦♦150/180 €

via Molino 45, località Bannia, Sud-Est: 3,5 km – ☎ 0434 957911
– www.lultimomulino.com – Chiuso gennaio e agosto

🍽 **L'Ultimo Mulino** – Vedere selezione ristoranti

FIUMICELLO SANTA VENERE Potenza → Vedere Maratea

FIUMICINO

Roma – ✉ 00054 – Carta regionale n° **7**-B2
Carta stradale Michelin 563-Q18

🏵 **Il Tino** (Daniele Usai)   🏖 ♿ 🍸 ♻ **P**

CUCINA CREATIVA · DI TENDENZA XxX Ben situato all'interno del Nautilus Marina,l'ambiente è moderno e dal design minimalista, la qualità della cucina è sempre una certezza e ora un nuovo servizio "private Spa" in pieno stile scandinavo.

→ Tortelli ai gamberi gobbetti, pomodoro, vaniglia e basilico. Ricciola sotto la cenere, mais ed eucalipto. Fior di fragola.

Menu 65/90 € – Carta 49/77 €

via Monte Cadria 127 ✉ 00054 – ☎ 06 562 2778 (consigliata la prenotazione)
– www.ristoranteiltino.com – solo a cena

🍽 **Bistrot quarantunododici** – Vedere selezione ristoranti

⬚ Pascucci al Porticciolo   器 ⇐ 佘 AC ✛

PESCE E FRUTTI DI MARE · ELEGANTE XX Recentemente ristrutturato, Pascucci al Porticciolo è il locale da scegliere – senza troppe esitazioni – se è il mare l'amico che vorreste invitare alla vostra tavola: rarità e ricercatezze premiano, infatti, la sfida del cuoco che riesce ad essere originale pur nella necessaria e rispettosa semplicità delle sue proposte in prevalenza ittiche.

→ Trenette aglio, olio e peperoncino con telline e gamberi rossi al lime. Centrolofo in foglia di limone con taccole e olio alla salvia. Millefoglie di crema bourbon e cioccolato.

Menu 85/100 € – Carta 57/92 €

7 cam ☑ – ♦70/90 € ♦♦80/100 €

viale Traiano 85, angolo via Fiumara 2 – ℰ 06 6502 9204
– www.pascuccialporticciolo.com – Chiuso 16-28 agosto, domenica sera e lunedì

ⅰ○ L'Osteria dell'Orologio   佘 AC

PESCE E FRUTTI DI MARE · MINIMALISTA X Giovani e pieni di entusiasmo, qui troverete un'intelligente proposta di pesce, basata su un pescato locale che a volte ricerca varietà di pesce più rare o povere, tutte da scoprire, nonché crudi. Le basi sono quelle della cucina marinara classica, a cui il cuoco aggiunge qualche personalizzazione.

Menu 50/60 € – Carta 44/62 €

via di Torre Clementina 114 – ℰ 06 650 5251 – www.osteriadellorologio.net
– Chiuso lunedì

ⅰ○ Bistrot quarantunododici   佘 ₽

CUCINA MEDITERRANEA · BISTRÒ X Al piano terra del ristorante gourmet Il Tino, un vivace bar-bistrot che offre piatti legati al territorio, ma non privi dell'estro di un talentuoso chef.

Carta 35/65 €

Il Tino, via Monte Cadria 127 – ℰ 06 658 1179 – solo a pranzo

FLAIBANO

Udine (UD) – ⊠ 33030 – 1 156 ab. – Carta regionale n° **6**-B2
Carta stradale Michelin 562-D20

ⅰ○ Grani di Pepe   ⇐ 佘 AC

CUCINA MODERNA · RUSTICO XX Di antico c'è solo il fatto che nel '700 l'attuale ristorante era un umile casolare. Oggi, nella nuova e luminosa sala-veranda, il design si è piacevolmente impadronito degli spazi, mentre accenti moderni caratterizzano la cucina, equamente divisa tra terra e mare. Sobrio ed elegante minimalismo nelle camere.

Menu 48/58 € – Carta 42/68 €

7 cam ☑ – ♦70/90 € ♦♦85/100 €

via Cavour 44 – ℰ 0432 869356 (prenotazione obbligatoria)
– www.granidipepe.com – solo a cena escluso sabato e domenica

FOGGIA

(FG) – ⊠ 71121 – 151 991 ab. – Alt. 76 m – Carta regionale n° **15**-A2
Carta stradale Michelin 564-C28

ⅰ○ Cicolella al Viale   AC

CUCINA MEDITERRANEA · ACCOGLIENTE XX Se arrivate a Foggia e non volete allontanarvi dall'omonimo albergo, il ristorante è un buon approdo gastronomico per chi ama il servizio classico del "tutto a vista": buffet di antipasti, espositore di pesci e formaggi, carrello dei dolci. Troverete le specialità nazionali e l'immancabile pizza, ma i piatti forti sono quelli della tradizione pugliese.

Menu 35 € – Carta 40/66 €

Hotel Mercure Cicolella, viale 24 Maggio 60 ⊠ 71121 – ℰ 0881 566111
– www.hotelcicolella.it – Chiuso 2 settimane in dicembre-gennaio, 2 settimane in agosto, sabato e domenica

❦ Giordano-Da Pompeo   AC ❧

CUCINA REGIONALE · AMBIENTE CLASSICO ❆ Nel cuore della città, ristorante con cucina a vista e proposte legate al territorio, elaborate a partire da prodotti scelti in base all'offerta quotidiana del mercato.
Carta 27/67 €
vico al Piano 14 ⊠ 71121 – ☎ 0881 724640 – Chiuso 14-24 agosto e domenica

🏠 Hotel Cicolella   ⬆ AC ♨

BUSINESS · ELEGANTE In centro città e nei pressi della stazione ferroviaria, prestigioso hotel dei primi '900, da sempre gestito dai Cicolella: struttura versatile, in quanto indirizzo di riferimento per uomini d'affari e turisti.
102 cam ⌂ – †100/145 € ††160/190 € – 13 suites
viale 24 Maggio 60 ⊠ 71121 – ☎ 0881 566111 – www.hotelcicolella.it
❦ **Cicolella al Viale** – Vedere selezione ristoranti

🏠 La Civetta   AC

LOCANDA · PERSONALIZZATO Nell'elegante quartiere di passeggio e negozi, gli arredi di ciascuna delle raffinate camere sono ispirati ad un celebre film. Ottimo e continuativo anche il servizio, nonché vasta scelta di prodotti per una colazione continentale o internazionale.
6 cam ⌂ – †52/92 € ††57/97 €
piazza Umberto Giordano 77 ⊠ 71121 Foggia
– ☎ 0881 777717 – www.lacivetta.net

FOIANA VÖLLAN 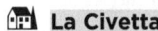 Bolzano → Vedere Lana

FOIANO DELLA CHIANA
Arezzo – ⊠ 52045 – 9 516 ab. – Alt. 318 m – Carta regionale n° **18**-D2
Carta stradale Michelin 563-M17

a Pozzo Nord : 4,5 km ⊠ 52045 – Foiano Della Chiana

🏠 Villa Fontelunga   ⇗ ⅋ ≤ 🛏 ⌁ ♨ AC P

CASA DI CAMPAGNA · PERSONALIZZATO In posizione panoramica e tranquilla, le camere sono arredate con semplicità ed eleganza: il colore grigio si declina in varie sfumature, interrotto solo dalla cromaticità di falsi d'autore. Il fiore all'occhiello è sicuramente il bel giardino che ospita diversi ulivi da quali si ricava un ottimo olio, spesso oggetto di omaggio nelle stanze.
9 cam ⌂ – †175/365 € ††175/365 €
via Cunicchio 5 – ☎ 0575 660410 – www.fontelunga.com – Aperto
21 marzo-5 novembre

FOLGARIA
Trento – ⊠ 38064 – 3 191 ab. – Alt. 1 166 m – Carta regionale n° **19**-B3
Carta stradale Michelin 562-E15

🏠 Villa Wilma   ⇗ ⅋ ≤ 🛏 ⌂ 🛁 ⬆ ♨ P

TRADIZIONALE · STILE MONTANO Nella parte alta e più tranquilla della località, vista che spazia dal campanile del centro alle montagne tutt'intorno per un'accogliente gestione familiare con profusione di legni in stile tirolese. Per quanto piccolo, è gradevole il luminoso centro benessere. Sala ristorante calda e accogliente.
24 cam ⌂ – †50/70 € ††76/120 € – 1 suite
via della Pace 12 – ☎ 0464 721278 – www.hotelvillawilma.it – Aperto
1° dicembre-31 marzo e 1° giugno-30 settembre

FOLGARIDA

Trento – ✉ 38025 – Dimaro – Alt. 1 302 m – Carta regionale n° **19**-B2
Carta stradale Michelin 562-D14

🏠 Alp Hotel Taller   ❄ ⟋ 🔲 💿 🛖 🏌 🔁 🍴 **P**

TRADIZIONALE · STILE MONTANO Nella parte alta della località, di fronte al palazzo del ghiaccio, l'hotel dispone di ampi spazi comuni, centro benessere completo e camere luminose. La conduzione è appassionata anche nella gestione del ristorante, in raffinato stile rustico.

30 cam – solo ½ P 65/125 € – 4 suites

strada del Roccolo 39 – ℰ 0463 986234 – www.hoteltaller.it – Aperto 1° dicembre-15 aprile e 1° luglio-30 settembre

FOLIGNO

Perugia (PG) – ✉ 06034 – 57 155 ab. – Alt. 234 m – Carta regionale n° **20**-C2
Carta stradale Michelin 563-N20

🍽️ Le Mura   ⇦ ₺ 🎬 🎎

CUCINA REGIONALE · SEMPLICE ✗ Ristorante ed omonimo albergo si trovano a ridosso della chiesa di S. Giacomo e all'interno delle mura medievali, da cui il nome. E' rinomato in zona per le specialità umbre come la griglia ardente in sala e le paste fresche ma anche per l'atmosfera conviviale.

Carta 22/45 €

36 cam ⊿ – ♦45/85 € ♦♦49/89 €

Via Mentana 25, angolo via Bolletta – ℰ 0742 354648 – www.lemura.net – Chiuso 30 luglio-12 agosto e martedì

🏠 Villa dei Platani   🔁 ₺ 🎬 **P**

TRADIZIONALE · MODERNO Pregevole realtà ricettiva nata dal sapiente restauro di un'eclettica villa del primo '900, con spazi interni di tono minimalista e dalle calde tonalità. Moderni confort hi-tech nelle camere e stupenda terrazza, al secondo piano della struttura, arredata con eleganti mobili da esterno. Area benessere, Luxury Wellness Room, aperta tutti i giorni (su prenotazione).

27 cam ⊿ – ♦69/100 € ♦♦89/150 €

viale Mezzetti 29 – ℰ 0742 355839 – www.villadeiplatani.com

FOLLINA

Treviso – ✉ 31051 – 3 873 ab. – Alt. 191 m – Carta regionale n° **23**-C2
Carta stradale Michelin 562-E18

❀ La Corte   ⛊ 🍴 🎬 ⇔

CUCINA MODERNA · ELEGANTE ✗✗✗ Ambienti sontuosi impreziositi da camino, affreschi e decorazioni d'epoca ricevono la meritata ricompensa gastronomica: dalla laguna veneta arrivano diverse interpretazioni marine, ma ci sono anche piatti di carne che uniscono creatività e semplicità, il marchio di fabbrica del giovane cuoco. A lato, il bistrot per una sosta più informale, sebbene sempre molto signorile.

→ Risotto al cartizze. Variazione di agnello d'Alpago. Tiramisù 1955.

Menu 49/79 € – Carta 62/111 €

Hotel Villa Abbazia, via Roma 24 – ℰ 0438 971761 (prenotazione obbligatoria a mezzogiorno) – www.lacortefollina.com – Chiuso 7 gennaio-15 marzo e martedì

🍽️ Osteria dei Mazzeri   🍴 ₺ 🎬

CUCINA REGIONALE · FAMILIARE ✗✗ In un edificio del 1704 che fu municipio di Follina, due fratelli propongono i migliori sapori del territorio scanditi dal ritmo delle stagioni. Un bel gelso, antico simbolo del paese particolarmente attivo nell'allevamento del bacco da seta, allieta la sosta nel dehors.

Carta 31/59 €

via Pallade 18 – ℰ 0438 971255 – www.osteriadaimazzeri.com – Chiuso 15 febbraio-1° marzo, martedì a mezzogiorno e lunedì

🏨 Villa Abbazia   🍴 🛏 AC 🚗

LUSSO · PERSONALIZZATO Straordinario mix di eleganza ed accoglienza familiare, dormirete in una bomboniera risalente al 1600 con annesso villino liberty. Un romantico giardino fa da corona a camere personalizzate e raffinate. Ambiente piacevolmente rustico al bistrot La Cantinetta per gustare le specialità della cucina veneta.

15 cam ⌂ – ♦170/305 € ♦♦180/355 € – 3 suites

via Martiri della Libertà – ℰ 0438 971277 – www.hotelabbazia.it
– Chiuso 7 gennaio-15 marzo

   🌼 **La Corte** – Vedere selezione ristoranti

🏨 Dei Chiostri   🔳 ♿ AC 🚗

TRADIZIONALE · PERSONALIZZATO All'interno di un palazzo adiacente al municipio, struttura dotata di spazi comuni limitati, ma di piacevoli personalizzazioni e buon gusto nelle camere. E se l'appetito si fa sentire, il vicino ristorante la Corte vi attende con tante specialità.

15 cam ⌂ – ♦85/140 € ♦♦114/190 €

piazza 4 Novembre 20 – ℰ 0438 971805 – www.hoteldeichiostri.com
– Chiuso 7 gennaio-28 febbraio

FOLLONICA

Grosseto – ✉ 58022 – 21 605 ab. – Carta regionale n° **18**-B3
Carta stradale Michelin 563-N14

🐸 Il Sottomarino   🛖 ♿ AC

PESCE E FRUTTI DI MARE · ROMANTICO ✕✕ Elegante nella sala interna, ma in alta stagione vale la pena prenotare in anticipo un tavolo in terrazza con vista mare. A ragion veduta, il pesce è ottimo e i prezzi ragionevoli. Specialità: cestino di pasta fillo con crema al frutto della passione e more.

Carta 32/47 €

Via Fratti 1 – ℰ 0566 40772 (consigliata la prenotazione la sera)
– www.ilsottomarino.it – solo a cena in giugno-agosto – Chiuso lunedì e martedì

🍴 Il Veliero   AC 🅿

PESCE E FRUTTI DI MARE · FAMILIARE ✕✕ Conduzione familiare ormai più che quarantennale e corretta proporzione qualità/prezzo per un classico ristorante con piatti tipicamente marinari, sito sulla via che conduce verso Punta Ala.

Menu 30/50 € – Carta 34/68 €

via delle Collacchie 20, località Puntone Vecchio, Sud-Est: 3 km – ℰ 0566 866219
– www.ristoranteilveliero.it – Chiuso mercoledì da settembre a giugno e i mezzogiorno di mercoledì e giovedì in luglio

FONDI

Latina – ✉ 04022 – 39 809 ab. – Carta regionale n° **7**-D3
Carta stradale Michelin 563-R22

🍴 Riso Amaro   🛖 ♿ AC

CUCINA MODERNA · ELEGANTE ✕✕ Si trova in pieno centro, vicino al castello, questo locale elegantemente contemporaneo dove le proposte rimangono di tono creativo con sfiziose elaborazioni.

🍽 Menu 18 € (pranzo in settimana)/50 € – Carta 35/58 €

viale Regina Margherita 22 – ℰ 0771 523655 – www.ristoranterisoamaro.it – solo a cena in estate escluso sabato e domenica – Chiuso 2 settimane in febbraio, 1 settimana in novembre, martedì a mezzogiorno e lunedì

🍴 Da Fausto   🛖 ♿ AC 🍸

CUCINA MODERNA · CONTESTO CONTEMPORANEO ✕✕ Aperto nel 2015 nel centro della località, Fausto mixa stile moderno, gusto classico e richiami al territorio, mentre a fine pasto non mancano mai due passioni dello chef: cioccolato e gelato.

Menu 40/50 € – Carta 37/66 €

piazza Cesare Beccaria 6 – ℰ 0771 531268 – www.dafausto.it – solo a cena in agosto – Chiuso mercoledì escluso in luglio-agosto

⇈◯ **Vicolo di Mblò**   ⿸ ⿸ ⧠

CUCINA REGIONALE · CONTESTO STORICO ⌘ Al termine del corso pedonale, dove si erge la torre con castello, un antico edificio di origine gonzaghesca nelle cui stalle è nato un caratteristico ristorante. Cucina regionale, il meglio di giornata proposto a voce ed un'importante carta dei vini con bottiglie sia italiane sia estere, molto spazio allo champagne. A 200 metri, comode camere per chi vuole prolungare la sosta.

Menu 35 € – Carta 24/59 €

corso Appio Claudio 11 – ℰ 0771 502385 – www.mblo.it – Chiuso 23-30 dicembre e martedì escluso luglio-agosto

FONDO
Trento – ⊠ 38013 – 1 448 ab. – Alt. 987 m – Carta regionale n° **19**-B2
Carta stradale Michelin 562-C15

⌂ **Lady Maria**   ⿸ ⿸ ⿸ ⿸ ⿸ ⿸ ⧠ ⿸ ▣

TRADIZIONALE · STILE MONTANO Struttura a seria conduzione familiare con ambientazione e arredi tipicamente montani: le camere più belle si trovano al terzo piano. Specialità della cucina trentina, servite nel luminoso ristorante.

42 cam ⊊ – ♦40/70 € ♦♦60/140 € – 4 suites

via Garibaldi 20 – ℰ 0463 830380 – www.ladymariahotel.com – Chiuso 3-30 novembre

FONDOTOCE Verbano-Cusio-Ossola ➜ Vedere Verbania

FONTANAFREDDA Cuneo (CN) ➜ Vedere Serralunga d'Alba

FONTANASALSA Sicilia Trapani ➜ Vedere Trapani

FONTANELLE Cuneo ➜ Vedere Boves

FONTANELLE Parma ➜ Vedere Roccabianca

FONTENO
Bergamo (BG) – ⊠ 24060 – 637 ab. – Carta regionale n° **10**-D1
Carta stradale Michelin 561-E12

⇈◯ **Panoramico**   ⿸ ⿸ ⿸ ⿸ ⿸ ▣

CUCINA MODERNA · FAMILIARE ⌘⌘ Superati i 50 anni, il ristorante familiare si concede un bellissimo restyling: le pareti di vetri regalano uno splendida vista sul lago d'Iseo, mentre la cucina - d'ispirazione contemporanea - si destreggia abilmente tra pesce d'acqua dolce, di mare e non ultima la carne. Comode camere da cui rimirare la bellezza della natura circostante.

Menu 40 € – Carta 40/81 €

13 cam ⊊ – ♦60/120 € ♦♦75/165 €

via Palazzine 30 – ℰ 035 969027 (prenotare) – www.panoramicohotel.com – Chiuso lunedì e martedì in novembre-marzo

FOPPOLO
Bergamo – ⊠ 24010 – 193 ab. – Alt. 1 508 m – Carta regionale n° **9**-B1
Carta stradale Michelin 561-D11

⇈◯ **K 2**   ⿸ ⿸ ▣

CUCINA REGIONALE · FAMILIARE ⌘ Fuori dal centro abitato, ambiente grazioso con arredi in legno chiaro e una curata rusticità, offre piatti locali ed un'ottima selvaggina. Ai piani superiori si trovano camere con cucina: 3, davvero carine, rinnovate recentemente.

⌘ Menu 20 € (pranzo)/40 € – Carta 27/58 €

19 cam – ♦40/200 € ♦♦40/260 € – ⊊ 10 €

via Foppelle 42 – ℰ 0345 74105 (prenotare) – www.ristorantek2.com – Chiuso maggio e novembre escluso i fine settimana

FORIO Napoli → Vedere Ischia (Isola d')

FORLÌ

(FC) – ✉ 47121 – 117 913 ab. – Alt. 34 m – Carta regionale n° **5**-D2
Carta stradale Michelin 562-J18

🅞 **Casa Rusticale dei Cavalieri Templari** 🛖 ⅙ 🅰🅲 ⟷ 🅿

CUCINA MODERNA • RUSTICO ✕✕ "Hospitale" di S. Bartolo dei Cavalieri Templari
sin dal XIII secolo, il bel locale continua la tradizione di accoglienza in atmosfere
piacevolmente rustiche nelle sale interne, non prive di eleganza. Cucina contemporanea con qualche sprazzo di creatività e un bel servizio all'aperto sotto un
pergolato di uva fragola.

🍽 Menu 18/35 € – Carta 26/60 €

viale Bologna 275, 1 km per Faenza ✉ *47121 –* ℰ *0543 701888 (prenotare)*
– www.osteriadeitemplari.it – Chiuso 25 aprile-1° maggio, agosto, lunedì
e domenica sera in settembre-maggio, sabato a mezzogiorno, domenica e lunedì
in giugno, anche sabato sera in luglio

🅞 **Elsa** ⅙ 🅰🅲 🍴

CUCINA CREATIVA • MINIMALISTA ✕✕ In zona periferica e poco turistica, vale la
pena tuttavia addentrarsi in questo ristorante dalle linee semplici e trasparenti,
essenziali e minimaliste, dove la cucina gioca la carta della creatività con ottimi
risultati.

Menu 28 € (pranzo in settimana)/50 € – Carta 40/54 €

via Benedetta Bianchi Porro 16 – ℰ *0543 405504 (consigliata la prenotazione)*
– www.elsaristorante.it – Chiuso 1 settimana in dicembre o gennaio,
agosto, sabato a mezzogiorno, domenica sera e lunedì

🅞 **Trattoria 'petito** 🛖 ⅙ 🅰🅲 🅿

CUCINA EMILIANA • CONVIVIALE ✕ Il nome è la contrazione dell'augurio "buon
appetito": una promessa che non sarà delusa! La cucina attinge a piene mani dal
territorio emiliano-romagnolo, fra carni, salumi, qualche specialità di pesce, vini
(molto Sangiovese, naturalmente) ed altro ancora... Chi ama i distillati, troverà
una ricca carta dedicata al genere.

Carta 27/53 €

via Corridoni 14 – ℰ *0543 35784 – www.trattoriapetito.it – Chiuso 6-19 agosto,*
domenica e festivi

🅞 **Don Abbondio** 🍴 🛖 ⅙ 🅰🅲

CUCINA REGIONALE • CONVIVIALE ✕ Nei pressi del complesso di S. Domenico,
ambiente rustico-moderno diviso su due piani: sulla tavola, i migliori prodotti
della regione, sia di terra sia di mare, e qualche interessante binomio piatto-vino
al bicchiere. Specialità: passatelli con cozze, vongole poveracce e lischi basotti
con crema di piselli - stracotto di manzo al Sangiovese con purè di sedano rapa
- cassata romagnola.

Menu 28/35 € – Carta 24/46 €

piazza Guido da Montefeltro 16 ✉ *47121 –* ℰ *0543 25460*
– www.osteriadonabbondio.it – Chiuso 10-15 agosto, sabato a mezzogiorno e
domenica in luglio-agosto, lunedì negli altri mesi

🅞 **Osteria Casa di Mare** 🅝 🛖 ⅙ 🅰🅲

PESCE E FRUTTI DI MARE • CONVIVIALE ✕ Anche se non siete qui in visita ad
una delle mostre degli antistanti Musei San Domenico, l'osteria è un punto di riferimento in città per il pesce, in scelta ristretta, secondo l'offerta del mercato. Si
privilegia l'informalità tra qualche originale decorazione marina, col bel tempo
troverete dei tavoli sotto un pergolato di rose e uva.

Carta 31/59 €

piazza Guido da Montefeltro – ℰ *0543 20836 – www.casadimare.info – Chiuso*
2 settimane in agosto e lunedì

🏨 Globus City 🏃 🎴 ♨ ⬆ ♿ AC 🛎 P

BUSINESS · ELEGANTE Hotel di stile classico tra la città e il casello autostradale caratterizzato da ambienti di buon confort e camere accoglienti. Ottima la prima colazione. Al ristorante I Meridiani: cucina classica con alcune proposte locali.

96 cam ⌤ – †79/149 € ††99/189 € – 2 suites

via Traiano Imperatore 4, 3,5 km per Ravenna ⊠ 47122 – ℰ 0543 722215 – www.hotelglobuscity.com – Chiuso 3-25 agosto

FORMAZZA

Verbano-Cusio-Ossola – ⊠ 28863 – 445 ab. – Alt. 1 280 m – Carta regionale n° **12**-C1
Carta stradale Michelin 561-C7

🍴 Walser Schtuba 🛖

CUCINA MODERNA · RUSTICO 🕊 Nella parte più alta e pittoresca della Val Formazza, una piacevolissima risorsa in perfetto stile alpino: grazioso dehors per la bella stagione e tante gustose specialità locali, rivisitate con estro e alleggerite quanto basta.

Carta 33/62 €

Hotel Walser Schtuba, località Riale – ℰ 0324 634352 – www.locandawalser.it – Chiuso maggio e ottobre e mercoledì, anche domenica sera in inverno

🏨 Walser Schtuba ♨ 🍸

LOCANDA · STILE MONTANO Collegato all'omonimo ristorante, si è voluto puntare più sulla qualità che sulla quantità in questo bel cascinale in sasso e legno immerso nella natura: le camere sono - infatti - solo sei, ma tutte contraddistinte da uno stile alpino ricercato ed accogliente.

6 cam ⌤ – †85 € ††110 €

località Riale ⊠ 28863 – ℰ 0324 634352 – www.locandawalser.it – Chiuso maggio e ottobre

🍴 **Walser Schtuba** – Vedere selezione ristoranti

FORMIA

Latina – ⊠ 04023 – 38 127 ab. – Carta regionale n° **7**-D3
Carta stradale Michelin 563-S22

🏨 Grande Albergo Miramare 🏃 ← 🍽 🌊 🦋 ⬆ 🎴 🛎 P

PALACE · LUNGOMARE Serie di villette tra i pini ed il mare per un soggiorno di tono e relax. Le camere più affascinanti si affacciano sul golfo; ampie sale al ristorante dal fascino retrò.

55 cam – †90/115 € ††115/130 € – 1 suite – ⌤ 9 €

via Appia 44, Est: 2 km – ℰ 0771 320047 – www.grandealbergomiramare.it

FORMIGINE

Modena – ⊠ 41043 – 34 323 ab. – Alt. 82 m – Carta regionale n° **5**-B2
Carta stradale Michelin 562-I14

a Casinalbo Nord : 2 km ⊠ 41041

🏨 Modena Resort 🏃 🍽 🌊 🞖 🎴 ♨ AC P

TRADIZIONALE · MODERNO Moderna struttura lungo la strada per Modena: d'inverno il lavoro è legato alla clientela commerciale, ma d'estate sono le famiglie ad approfittare delle camere dedicate con piccola cucina e giardino privato. Piatti tradizionali nel nuovo ristorante adiacente all'albergo.

76 cam – †69/350 € ††89/400 € – ⌤ 4 €

via Giardini Nord 438 – ℰ 059 511151 – www.modenaresort.it

FORMIGLIANA

Vercelli – ⊠ 13030 – 501 ab. – Alt. 157 m – Carta regionale n° **12**-C2
Carta stradale Michelin 561-F6

🍴 Franz   ⅏ 🗛 ⟷

PESCE E FRUTTI DI MARE · ACCOGLIENTE ⅩⅩ Oltre alla cucina tipica del vercellese c'è un'ampia proposta di pesce in questa che - da vecchia trattoria di paese - si è trasformata negli anni in un punto di riferimento per la cucina mediterranea. Bravi!

Carta 26/117 €

via Roma 35 – ✆ 0161 877005 – www.ristorantefranz.it – solo a cena – Chiuso 10 giorni in agosto, lunedì e martedì

FORNO DI ZOLDO

Belluno – ✉ 32012 – 2 330 ab. – Alt. 848 m – Carta regionale n° **23**-C1
Carta stradale Michelin 562-C18

🍴 Tana de 'l Ors   ⟷

CUCINA MODERNA · BISTRÒ Ⅹ In questa zona di caccia, lo chef propone una cucina moderna, dove la carne è la protagonista principale, ma troverete anche qualche ispirazione proveniente dal mare. La struttura mette a disposizione mono e bilocali con angolo cottura.

🍴 Menu 18 € (pranzo in settimana)/50 € – Carta 33/63 €

5 cam – ♦55/80 € ♦♦70/110 € – � 8 €

via Roma 28 – ✆ 0437 794097 (consigliata la prenotazione la sera)
– www.ristorantetanadelors.it – Chiuso 2-22 maggio, 2-24 novembre e domenica sera in bassa stagione

a Mezzocanale Sud-Est : 10 km ✉ 32013 – Forno Di Zoldo – Alt. 620 m

🏵 Mezzocanale-da Ninetta   🍴 ⟷ 🅿

CUCINA TRADIZIONALE · FAMILIARE Ⅹ Oltre 120 anni di storia per questo punto di ristoro lungo la strada Forno di Zoldo-Longarone: sala-bar riscaldata dal fogolar ottocentesco o sala classica, una cortese accoglienza familiare a voce spiega le specialità della cucina dolomitica. Imperdibili gli gnocchi di zucca con ricotta affumicata e il cervo alla salvia.

Carta 26/58 €

via Canale 22 – ✆ 335 531 1365 – www.trattoriadaninetta.it – Chiuso metà settembre-metà ottobre, martedì sera e mercoledì

FORNOVO DI TARO

Parma – ✉ 43045 – 6 100 ab. – Alt. 158 m – Carta regionale n° **5**-B2
Carta stradale Michelin 562-H12

🍴 La Maison   🍴 ⅏ ⟷

CUCINA EMILIANA · CONTESTO TRADIZIONALE ⅩⅩ Pietre, mattoni e travi a vista raccontano la storia di un'osteria che ha rifocillato viandanti sin dal Medioevo. Ora al timone ci sono mamma e figlio, ma la cucina è rimasta fedele alla tradizione, con i celebri salumi, le paste fresche e carni tra i secondi piatti, in sale ricche di calore ed ospitalità.

Carta 33/55 €

piazza del Mercato 5 – ✆ 0525 2691 – www.ristorantemaison.com – Chiuso 1 settimana in gennaio, 15 giorni in agosto, martedì sera e mercoledì

FORTE DEI MARMI

Lucca – ✉ 55042 – 7 510 ab. – Carta regionale n° **18**-A1
Carta stradale Michelin 563-K12

⃝ Lorenzo   🎇 🗛 ⅏ ⟷

PESCE E FRUTTI DI MARE · ELEGANTE ⅩⅩⅩ Una leggenda trentennale cesellata d'imperdibili momenti, dalla celebre maionese preparata in sala alla qualità del servizio, ma, su tutto, il pesce, una garanzia di freschezza firmata Lorenzo.
→ Bavette sul pesce. Tagliata di ricciola con maionese al bitter e salsa all'ortica. Variazione ai tre cioccolati.

Menu 90/120 € – Carta 70/150 €

via Carducci 61 – ✆ 0584 874030 – www.ristorantelorenzo.com
– Chiuso 15 dicembre-31 gennaio, martedì a mezzogiorno e lunedì

⊞ Bistrot ⚘ 斎 AC ⇔

PESCE E FRUTTI DI MARE · DI TENDENZA XxX Da sempre un punto di riferimento per gli amanti del pesce nelle sue più svariate declinazioni dal crudo al vapore, passando per la brace, Bistrot accoglie i propri ospiti nella cornice di eleganti sale sul lungomare.

→ Spaghetto aglio, olio e peperoncino, battuto di gamberi e bottarga di muggine. Zuppa di pesce 2017. Soufflé caldo al cocco con sorbetto al mango.

Menu 85/95 € – Carta 67/141 €

viale Franceschi 14 – ℰ 0584 89879 (consigliata la prenotazione)
– www.bistrotforte.it – solo a cena escluso sabato e festivi
– Chiuso 8-18 gennaio e martedì

⊞ La Magnolia ⚘ 🛏 斎 AC 🅿

CUCINA CREATIVA · LUSSO XxX Il giovane chef sorrentino porta tutta la solarità della sua terra natale qui in Versilia e forte dell'esperienza maturata presso importanti ristoranti stellati, continua la tradizione creativa del locale, personalizzandola però con un'impronta schietta e scevra da ogni tecnicismo: una cucina "fusion tosco-campana", come lui stesso ama definirla.

→ Bottoni di pasta fresca al burro di bufala e salvia, lumache e lime. Rombo alla mugnaia, asparagi di mare e bottarga di tonno rosso. Rigatone al pomodoro, cremoso di bufala e basilico.

Menu 90/150 € – Carta 86/139 €

Hotel Byron, viale Morin 46
– ℰ 0584 787052 – www.hotelbyron.net
– Aperto 1° aprile-15 ottobre

⊞ Lux Lucis 🛏 斎 ▦ ⊿ AC 🚗

CUCINA CREATIVA · ELEGANTE XxX Circondato da ampie vetrate, la luce diventa qui complemento d'arredo: ambiente di moderna eleganza e design minimal per una cucina creativa frutto di un approfondito lavoro di ricerca sia nelle tecniche di preparazione sia nella selezione dei migliori ingredienti.

→ Maccheroncino al karkadè con anguilla al profumo di timo. Piccione glassato al polpo e litchi. Moon Light, meringa acida e cremoso di mais.

Menu 65/130 € – Carta 68/138 €

Hotel Principe Forte dei Marmi, viale A. Morin 67
– ℰ 0584 783636 – www.principefortedeimarmi.com
– solo a cena – Aperto vacanze di Natale, 15 marzo-fine ottobre; chiuso lunedì e martedì escluso luglio-agosto

⅃○ Osteria del Mare ⚘ 斎

PESCE E FRUTTI DI MARE · STILE MEDITERRANEO XX Sul lungomare di questa prestigiosa stazione balneare, due luminose sale ed un gradevole dehors dove gustare piatti (soprattutto) a base di pesce. Ampia carta dei vini.

Menu 40 € (in settimana)/80 € – Carta 43/90 €

viale Franceschi 4
– ℰ 0584 83661 (prenotare) – www.marcodavid.com – Chiuso giovedì escluso luglio-agosto

⅃○ Pesce Baracca 斎 AC

PESCE E FRUTTI DI MARE · BISTRÒ X Locale informale, giovane ed originale nel suo concept: pescheria con angolo di gastronomia anche da asporto, la scelta qui si fa veloce e il pesce cucinato viene poi "recuperato" direttamente in cucina dal cliente stesso. Ma per gli amanti del "servito in tavola" c'è anche uno spazio con dehors, classico menu e camerieri alla vostra mercé.

Carta 36/73 €

Viale Franceschi 2 ✉ 55042 Forte dei Marmi – ℰ 0584 171 6337
– www.pescebaracca.it – Chiuso lunedì

⑩ The Fratellini's ⌗ ⌂ 🅰

PESCE E FRUTTI DI MARE · MINIMALISTA ✕ Ambiente moderno recentemente ristrutturato ed ottimo servizio in questo ristorante quasi esclusivamente votato al pesce. La specialità è il crudo: al naturale, in piatti più elaborati o in versione giapponese, sushi e sashimi.

Menu 45/80 € – Carta 39/95 €

via Franceschi 2b – ℰ 0584 82931 – www.marcodavid.com – Chiuso 2 settimane in novembre e lunedì

🏨 Grand Hotel Imperiale ☆ 🗲 🕉 ⅃ ⚲ 🖃 ⅃ 🅰 ⅍ 🎿 🚗

LUSSO · ELEGANTE Atmosfera e servizio impeccabile sono i principali atout di questo albergo, dove il lusso si declina nei dettagli dipinti color oro, nonché nell'attrezzata beauty farm. E l'esclusività raggiunge il mare: spiaggia privata a pagamento Minerva Beach con servizio ristorante annesso.

34 suites – ♗♗1200/4000 € – 12 cam – ⌑ 28 €

via Mazzini 20 – ℰ 0584 78270 – www.grandhotelimperiale.it

🏨 Principe Forte dei Marmi ☆ 🗲 ⅃ 🖂 ⊕ 🕉 ⅃ ⚲ 🖃 ⅃ 🅰 🚗

LUSSO · MODERNO Lontano dalla classicità alberghiera tradizionale, Principe Forte dei Marmi è un hotel di lusso immerso nel verde sullo sfondo delle Alpi Apuane e a pochi metri dalla spiaggia. Inondata da luce, minimalista negli arredi, la struttura è al tempo stesso sofisticata e moderna.

28 cam ⌑ – ♗390/2500 € ♗♗420/3600 €

viale A. Morin 67 – ℰ 0584 783636 – www.principefortedeimarmi.com

❀ **Lux Lucis** – Vedere selezione ristoranti

🏨 Augustus Lido ☆ 🗲 ⅃ ⚲ 🖃 🅰 🅿

DIMORA STORICA · VINTAGE Splendida villa neorinascimentale di fine Ottocento, fu anche celebre dimora degli Agnelli: dell'epoca rimangono molti arredi e tessuti, nonché un'atmosfera tra l'inglese e il retrò. Piacevole plus: è l'unico albergo con sottopasso per la spiaggia!

21 cam ⌑ – ♗300/750 € ♗♗300/900 € – 2 suites

viale Morin 72 – ℰ 0584 787442 – www.augustushotelresort.com – Aperto 15 maggio-30 settembre

🏨 Villa Roma Imperiale ⌗ 🗲 ⅃ 🖃 ⅃ 🅰 ⅍ 🅿

LUSSO · PERSONALIZZATO Abbracciata da un tranquillo giardino con piscina, una villa anni '20 d'impeccabile tenuta: interni sobri ed eleganti giocati sulle sfumature del colore sabbia e qualche accenno etnico in alcune camere.

23 cam ⌑ – ♗300/1800 € ♗♗300/1800 € – 8 suites

via Corsica 9 – ℰ 0584 78830 – www.villaromaimperiale.com – Aperto 30 marzo-2 ottobre

🏨 Byron 🗲 ⅃ 🖃 🅰 🅿

LUSSO · CLASSICO Si respira un'atmosfera discreta e riservata - quasi da dimora privata - in questa elegante struttura nata dall'unione di due ville di fine '800, immersa in un delizioso giardino con piscina.

28 cam ⌑ – ♗270/450 € ♗♗370/710 €

viale Morin 46 – ℰ 0584 787052 – www.hotelbyron.net – Aperto 1° aprile-15 ottobre

❀ **La Magnolia** – Vedere selezione ristoranti

🏨 Augustus ☆ ⌗ 🗲 ⅃ 🕉 🖂 🖃 🅰 ⅍ 🅿

LUSSO · PERSONALIZZATO All'interno di villa Pesenti, edificio razionalista degli anni '30 poi ampliato, o in sette villini distribuiti nel parco, l'Augustus è meta di chi cerca il silenzio e un fascino retrò mai sorpassato.

70 cam ⌑ – ♗300/750 € ♗♗300/900 € – 10 suites

viale Morin 169 – ℰ 0584 787200 – www.augustushotelresort.com – Aperto 1° aprile-30 ottobre

☖☖☖ Villa Grey   ✿ ⇦ 🗝 ☧ & 🅰🅒 🅿

STORICO · PERSONALIZZATO Fronte mare, siamo in un'elegante villa di fine '800 trasformata all'interno in ambienti moderni giocati sulle sfumature del grigio, a cui fa eco il verde dell'incantevole giardino sul retro.

23 cam ☲ – ♦210/550 € ♦♦210/880 € – 5 suites

viale Italico 84 – ℰ 0584 787496 – www.villagrey.it
– Chiuso novembre e febbraio

☖☖☖ California Park Hotel   ✿ 🅢 ⇦ 🗝 ⅃ō ☧ & 🅰🅒 🕉 🐾 🅿

TRADIZIONALE · MEDITERRANEO Immersa in un lussureggiante parco, una bella struttura - moderna e funzionale - dall'aspetto estivo e mediterraneo. Composta da un corpo principale e da dépendance vanta un comune denominatore: l'ottimo confort.

40 cam ☲ – ♦400/500 € ♦♦600/700 € – 6 suites

via Cristoforo Colombo 32 – ℰ 0584 787121
– www.californiaparkhotel.com
– Aperto 1° maggio-30 settembre

☖☖☖ Il Negresco   ✿ 🅢 ⇦ ⅃ ☧ & 🅰🅒 🐾 🅿

DIMORA STORICA · PERSONALIZZATO Sul lungomare, l'albergo splende di marmi con camere tematiche per piano e colori; circa metà si affacciano sul mare, per tutti c'è una terrazza-solarium panoramica in cima all'edificio.

40 cam ☲ – ♦110/550 € ♦♦150/700 €

viale Italico 82 – ℰ 0584 78820 – www.hotelilnegresco.com – Chiuso 20 giorni in dicembre e 10 giorni in gennaio

☖☖ Hermitage   ✿ 🅢 ⇦ ⅃ ⅃ō ☧ & 🅿

TRADIZIONALE · MEDITERRANEO Tra il verde dei pini e dei lecci, cinto da un giardino con piscina, un albergo piacevole, sito in una zona quieta della località. Simpatica area giochi per i bambini e comoda navetta per la spiaggia.

56 cam ☲ – ♦180/330 € ♦♦220/600 € – 3 suites

via Cesare Battisti 50 – ℰ 0584 787144
– www.albergohermitage.it
– Aperto 1° maggio-30 settembre

☖☖ Mignon   ✿ ⇦ ⅃ ⌂ ⅃ō ☧ & 🅰🅒 🅿

FAMILIARE · ELEGANTE Quasi una piccola bomboniera composta da un curato giardino, eleganti salotti, verande e camere confortevoli: nella categoria, uno dei migliori alberghi di Forte. Terrazza-solarium con piccola piscina.

34 cam ☲ – ♦80/230 € ♦♦120/270 €

via Carducci 58 – ℰ 0584 787495 – www.hotelmignon.it – Aperto
1° aprile-31 ottobre

☖☖ Hotel 1908   ✿ ⇦ ⅃ ☧ 🅰🅒 🅿

STORICO · ACCOGLIENTE Un edificio liberty degli anni '30 è il bel biglietto da visita di questa struttura, centrale e con piccola piscina, che si apre all'interno su ambienti e camere eterogenee, sobri ma confortevoli.

26 cam – ♦80/380 € ♦♦120/640 € – 1 suite – ☲ 15 €

via Flavio Gioia 2 – ℰ 0584 787531 – www.hotel1908.com – Chiuso 17-29 dicembre

☖☖ Kyrton   ✿ 🅢 ⇦ ⅃ ☧ & 🅰🅒 🅿

FAMILIARE · PERSONALIZZATO Camere semplici, ma confortevoli, in un hotel immerso nel verde di un curato giardino con piscina, la cui cordiale gestione familiare vi farà sentire un po' come ospiti da amici.

33 cam ☲ – ♦60/260 € ♦♦70/290 € – 1 suite

via Raffaelli 16 – ℰ 0584 787461 – www.hotelkyrton.it
– Aperto 20 marzo-31 ottobre

🏠 Sonia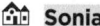

FAMILIARE · PERSONALIZZATO Tra cimeli e decorazioni, il Sonia assomiglia più ad un'accogliente casa privata che ad un albergo. Raccolto intorno a un piccolo giardino interno con idromassaggio, la sua anima è la proprietaria, una simpatica amica per gli ospiti dell'hotel.

18 cam ☐ – ♦80/200 € ♦♦100/250 €

via Matteotti 42 – ☏ 0584 787146 – www.albergosonia.it

🏠 Piccolo Hotel

FAMILIARE · FUNZIONALE Immerso nel verde e vicino alla spiaggia (con accesso anche dal lungomare), un hotel a gestione familiare, che da oltre mezzo secolo offre buoni confort e piacevoli camere.

32 cam ☐ – ♦130/280 € ♦♦160/340 €

viale Morin 24 – ☏ 0584 787433
– www.albergopiccolohotel.it – Aperto 15 maggio-15 settembre

🏠 Tarabella

FAMILIARE · ACCOGLIENTE Piacevole edificio niveo con qualche decorazione dipinta, un piccolo giardino lo circonda. E sebbene sia una risorsa dal sapore familiare, confortevole e tranquilla, con una sala giochi per i bambini, Tarabella promuove lo spirito green grazie a colonnine elettriche per la ricarica di auto ecologiche.

32 cam ☐ – ♦80/120 € ♦♦90/210 €

viale Versilia 13/b – ☏ 0584 787070 – www.tarabellahotel.it – Aperto 15 aprile-10 ottobre

FORTUNAGO

Pavia – ✉ 27040 – 390 ab. – Alt. 482 m – Carta regionale n° **9**-B3
Carta stradale Michelin 561-H9

🏠 Agriturismo Cascina Casareggio

FAMILIARE · ACCOGLIENTE In posizione isolata e tranquilla, immerso in un parco, l'agriturismo ha preso il posto del piccolo paesino. Nei diversi caseggiati, il fascino di camere accoglienti, inaspettatamente arredate con mobili classici. Piacevoli e curate, le sale del ristorante si aprono su una cucina casalinga e regionale.

2 cam ☐ – ♦65/75 € ♦♦80/90 €

località Casareggio 1, Ovest: 5 km – ☏ 0383 875228 – www.cascinacasareggio.it

FORZA D'AGRÒ Sicilia

Messina – ✉ 98030 – 911 ab. – Alt. 420 m – Carta regionale n° **17**-D2
Carta stradale Michelin 565-N27

🏠 Baia Taormina

LUSSO · MEDITERRANEO Sito sullo scoglio panoramico che si affaccia sull'omonima baia, un suggestivo hotel recentemente ampliatosi con una nuova ala: spiaggia privata e, in terrazza, due piscine raggiungibili con l'ascensore.

122 cam ☐ – ♦170/310 € ♦♦240/620 € – 3 suites

via Nazionale km 39, Est: 5 km – ☏ 0942 756292 – www.baiataormina.com – Aperto 1° aprile-31 ottobre

FOSDINOVO

Massa-Carrara (MS) – ✉ 54035 – 4 883 ab. – Alt. 500 m – Carta regionale n° **18**-A1
Carta stradale Michelin 563-J12

🏠 La Castellana

TRADIZIONALE · CLASSICO Una vista mozzafiato su due regioni, colline e mare è il motivo principale per dormire qui, avendo cura di prenotare una camera panoramica. Arredi sobri e contemporanei, luce e spazi sono la cifra della struttura. Al ristorante anche pizze.

30 cam ☐ – ♦90/100 € ♦♦100/120 €

via Pilastri 18, Sud-Est: 4 km – ☏ 0187 680010 – www.albergolacastellana.com

FOSSANO

Cuneo (CN) – ✉ 12045 – 24 739 ab. – Alt. 375 m – Carta regionale n° **12**-B3
Carta stradale Michelin 561-I5

⑩ **Antiche Volte** ⑱ ⑭ ⑭ ⑭

CUCINA MODERNA · ELEGANTE XXX Sotto le antiche volte di Palazzo Righini una sosta gourmet: cucina moderna - soprattutto a base di carne - e qualche specialità di mare. Con oltre 4000 bottiglie tra vini d'autore, annate prestigiose, bollicine italiane e straniere, la cantina merita la lode. A pranzo la proposta è più ridotta, per una scelta più ampia l'appuntamento è serale.

Menu 54/65 € – Carta 55/78 €

Hotel Palazzo Righini, via Negri 20 – ℰ 0172 666666 (consigliata la prenotazione) – www.palazzorighini.it

🏠 **Palazzo Righini** ⑰ ⑭ ⑭ ⑭ ⑭

DIMORA STORICA · GRAN LUSSO Straordinario esempio di restauro e trasformazione alberghiera di un palazzo seicentesco, a pochi metri dai negozi dell'affascinante via Roma. Un gusto contemporaneo ispira gli ambienti, inserzioni moderne tra intramontabili citazioni, intorno ad una graziosa corte interna. Camere sempre diverse, ma a numero sei offrirà un soggiorno indimenticabile.

24 cam ⑰ – †100/175 € ††135/185 €

via Negri 20 – ℰ 0172 666666 – www.palazzorighini.it
⑩ **Antiche Volte** – Vedere selezione ristoranti

FRABOSA SOPRANA

Cuneo – ✉ 12082 – 759 ab. – Alt. 891 m – Carta regionale n° **12**-B3
Carta stradale Michelin 561-J5

⑩ **Ezzelino** ⑱ ⑭ ⑭ ⑭ ⑭ ⑭

CUCINA CREATIVA · ACCOGLIENTE XX Una sala con camino dell'albergo Miramonti è dedicata a questa nicchia gourmet, frequentata da chi vuole regalarsi un trattamento speciale con piatti creativi e originali, accompagnati da un'interessante carta dei vini, ricca di spiegazioni sui singoli vitigni.

Menu 39/59 € – Carta 40/65 €

Hotel Miramonti, via Roma 84 – ℰ 0174 244533 – www.miramonti.cn.it – Chiuso 26 marzo-30 aprile, 2 novembre-2 dicembre; aperto solo nei weekend in aprile, ottobre e dicembre

🏠 **Miramonti** ⑰ ⑳ ⑭ ⑭ ⑰ ⑭ ⑭ ⑭

TRADIZIONALE · ACCOGLIENTE Se le camere sono semplici, ma ben tenute e a prezzi contenuti, il soggiorno in quest'albergo trova la sua ragione d'essere nella cura del corpo a cui è destinato il centro benessere e soprattutto nell'avere una serie di agevolazioni ed intrattenimenti per i piccoli ospiti.

48 cam – †65/85 € ††101/116 € – ⑰ 8 €

via Roma 84 – ℰ 0174 244533 – www.miramonti.cn.it – Chiuso 26 marzo-30 aprile e 2 novembre-2 dicembre; aperto solo nei weekend in aprile, ottobre e dicembre
⑩ **Ezzelino** – Vedere selezione ristoranti

FRANCAVILLA AL MARE

Chieti – ✉ 66023 – 25 422 ab. – Carta regionale n° **1**-C1
Carta stradale Michelin 563-O24

⑩ **Il Brigantino - Chiavaroli**

PESCE E FRUTTI DI MARE · ACCOGLIENTE XX Ubicato lungo la via principale del lungomare, Il Brigantino - Chiavaroli resta sempre un riferimento per gli abitanti del luogo, ma anche per il turista di passaggio, per la freschezza del suo pesce. E dopo 40 anni d'indefessa attività, il titolare si "apre" - ora - anche alla modernità dei piatti d'asporto.

Menu 35/45 € – Carta 25/69 €

viale Alcione 101 – ℰ 085 810929 – Chiuso lunedì, anche domenica sera da settembre a giugno

⅒○ La Nave ⪮ 🏠 🆔 ⇌

PESCE E FRUTTI DI MARE · AMBIENTE CLASSICO ✕✕ Una sorta di Titanic felliniano arenato sulla spiaggia di Francavilla questa nave-ristorante: sul "ponte", il servizio estivo, in tavola, le fragranze del mare presentate a voce. Ora, anche piatti d'asporto e menu per tutti i budget.

Menu 45/25 € – Carta 29/113 €

viale Kennedy 2 – 𝒞 085 817115 – Chiuso mercoledì

🏨 Villa Maria Hotel & Spa 🐾 🦮 ⪮ 🛏 ⌁ 🗔 📶 🏋 🧖 🐆 🖸 ⚲ 🆔 🎿

SPA E WELLNESS · ELEGANTE Piacevole soggiorno nella quiete di un 🅿 grande parco e nel confort delle camere, a cui si aggiungono un'attrezzata spa ed una panoramica sala colazioni per lasciarsi svegliare dai riflessi del mare. In un'atmosfera intima e raffinata, la sobrietà del ristorante si coniuga alla valorizzazione del territorio.

87 cam ⌑ – †79/169 € ††119/189 € – 10 suites

contrada Pretaro, via San Paolo, Nord-Ovest: 3 km – 𝒞 085 450051
– www.hvillamaria.it

🏨 Punta de l'Est 🐾 ⪮ 🆔 🅿

FAMILIARE · LUNGOMARE Praticamente sulla spiaggia, albergo a conduzione diretta composto dall'unione di due belle ville: luminosi gli spazi comuni, confortevoli le camere.

48 cam ⌑ – †50/100 € ††75/170 €

viale Alcione 188 – 𝒞 085 498 2076 – www.puntadelest.it – Aperto
23 aprile-15 ottobre

FRASCATI

Roma – ✉ 00044 – 22 087 ab. – Alt. 320 m – Carta regionale n° **7**-B2
Carta stradale Michelin 563-Q20

⅒○ Cacciani 🛵 ⇦ ⪮ 🏠 🆔 🚗

CUCINA LAZIALE · ACCOGLIENTE ✕✕ Molte generazioni hanno contribuito al successo di questo locale, le cui proposte spaziano dai classici laziali a piatti più innovativi. Terrazza panoramica per il servizio estivo.

🍴 Menu 25 € (pranzo in settimana) – Carta 42/83 €

22 cam ⌑ – †60/80 € ††80/100 €

via Diaz 15 – 𝒞 06 942 0378 – www.cacciani.it – Chiuso 16-19 agosto, domenica
sera e lunedì

⅒○ Zarazà 🏠

CUCINA LAZIALE · CONTESTO TRADIZIONALE ✕ Locale a gestione familiare che nell'insegna ricorda il nome del nonno; semplice ma ben tenuto, propone l'autentica cucina popolare laziale. D'estate il servizio è all'aperto.

Carta 25/45 €

viale Regina Margherita 45 – 𝒞 06 942 2053 – www.trattoriazaraza.it – Chiuso
2 settimane in agosto, 1 settimana in gennaio, domenica sera escluso
giugno-settembre e lunedì

⅒○ Da una Cantina

CUCINA DEL TERRITORIO · CONTESTO TRADIZIONALE ✕ Se cercate la vera cucina del territorio arricchita da suggestioni personali, fermatevi qui: in questa bella trattoria a conduzione familiare.

Carta 24/45 €

via Regina Margherita 7/9
– 𝒞 06 941 7379 (consigliata la prenotazione) – www.ristorantedaunacantina.it
– solo a cena escluso sabato – Chiuso 14-20 agosto e lunedì, anche domenica a
mezzogiorno in estate

Flora　　　　　　　　　　　　　　　　　　　🏠 🛜 🖃 AC 🛋 P

STORICO · ELEGANTE A due passi dal centro, lo stile Liberty della struttura vi farà certamente assaporare l'aristocratica atmosfera di quando Frascati era meta di villeggiatura della nobiltà romana. *Roof garden* panoramico.

37 cam – †75/110 € ††90/140 € – 3 suites – ☒ 10 €

viale Vittorio Veneto 8
- 𝒞 06 941 6110 – www.hotel-flora.it

Colonna　　　　　　　　　　　　　　　　　　　🛓 AC 🍽 🚗

FAMILIARE · ACCOGLIENTE Siete nel centro storico, ma il palazzo che ospita l'albergo è di epoca più recente, ideale per chi vuole scoprire le ricchezze artistiche di Frascati senza rinunciare al confort moderno. Deliziosamente affrescata la sala per la prima colazione.

20 cam ☒ – †65/85 € ††75/110 €

piazza del Gesù 12
- 𝒞 06 9401 8088 – www.hotelcolonna.it

FRATTA Forlì-Cesena ➜ Vedere Bertinoro

FRATTA TODINA
Perugia – ✉ 06054 – 1 839 ab. – Alt. 215 m – Carta regionale n° **20**-B2
Carta stradale Michelin 563-N19

La Palazzetta del Vescovo　　　　🏠 🐎 ⬅ 🛜 🛋 🍽 P

CASA DI CAMPAGNA · PERSONALIZZATO Elegante e ricca di fascino, arredata con mobili antichi, attenzione ai particolari e una calda armonia di colori; nel rigoglioso giardino, essenze mediterranee e un'ampia piscina a raso.

9 cam ☒ – †195/275 € ††195/275 €

via Clausura 17, località Spineta, Ovest: 3 km
- 𝒞 075 874 5183 – www.lapalazzettadelvescovo.com – Aperto
1° aprile-2 novembre

FREIBERG Bolzano ➜ Vedere Merano

FROSSASCO
Torino – ✉ 10060 – 2 864 ab. – Alt. 376 m – Carta regionale n° **12**-B2
Carta stradale Michelin 561-H4

🍴 Adriano Mesa　　　　　　　　　　　　　　　　　　　🛓

CUCINA MODERNA · FAMILIARE XX In una sala accogliente come un salotto di casa, lo chef patron - dalla sua cucina a vista - giorno per giorno (in base al mercato ed al suo estro) compone un menu degustazione in cui di volta in volta cita il territorio, la modernità, la carne o il pesce, mantenendo fisso il proprio stile e la propria firma.

Menu 40 €

via Principe Amedeo 57
- 𝒞 0121 353455 (prenotazione obbligatoria) – Chiuso lunedì

FUMANE
Verona – ✉ 37022 – 4 119 ab. – Alt. 198 m – Carta regionale n° **22**-A2
Carta stradale Michelin 562-F14

Costa degli Ulivi　　　　　🏠 🐎 ⬅ 🛜 🛋 🍽 🖃 AC 🛋 P

AGRITURISMO · BUCOLICO Vecchio casolare di campagna cinto da una vasta proprietà; all'interno camere semplici arredate con mobili rustici in legno, luminose quelle nuove affacciate sui vigneti. Polenta abbrustolita con soppressa e lardo, pasta e fagioli, grigliate miste e dolci casalinghi nell'ampia sala verandata del ristorante.

18 cam ☒ – †60/90 € ††100/120 €

via Costa 5 – 𝒞 045 683 8088 – www.costadegliulivi.com
- Chiuso 8 gennaio-1° febbraio

FUNO Bologna → Vedere Argelato

FURLO Pesaro e Urbino (PU) → Vedere Acqualagna

FURORE
Salerno (SA) – ⊠ 84010 – 830 ab. – Alt. 300 m – Carta regionale n° **4**-B2
Carta stradale Michelin 564-F25

Hostaria di Bacco
CUCINA REGIONALE · ACCOGLIENTE XX Ampia scelta di piatti del territorio
molto ben elaborati in un locale dall'ottima conduzione famigliare con terrazza
panoramica; se dalla carta fanno capolino le lagane (tipo di pasta, ndr) con baccalà e ceci di Cicerale o la pastiera napoletana rivisitata, il menu saprà soddisfare
anche bambini e vegani.
Menu 40 € – Carta 35/72 €

*Hotel Bacco, via G.B. Lama 9 – ℰ 089 830360 – www.baccofurore.it – Chiuso
martedì nel periodo invernale*

Bacco Ⓝ
FAMILIARE · TRADIZIONALE Bisogna ammetterlo: qui, la cosa più bella è la
vista che abbraccia Furore e la costa. Ma anche le camere nella loro semplicità si prestano a soggiorni tranquilli ed ognuna di esse, nel nome, evoca il
ricordo di vecchie canzoni napoletane: Lazzarella, Reginella, Cerasella, Bam-
menella...
19 cam � – ♦70/120 € ♦♦77/134 €

via G.B. Lama 9 – ℰ 089 830360 – www.baccofurore.it
ⓐ **Hostaria di Bacco** – Vedere selezione ristoranti

Agriturismo Sant'Alfonso
AGRITURISMO · PERSONALIZZATO Tra i tipici terrazzamenti della costiera,
un ex convento dell'Ottocento - ora agriturismo - conserva ancora la cappella e un museo del vino con torchio del 1500, quindi, ceramiche ed affreschi, nonché il forno a legna di quel periodo. Camere semplici. Prodotti di
stagione, il vino dell'azienda ed il profumo elle erbe aromatiche in sala o in
terrazza.
9 cam ⊊ – ♦55/80 € ♦♦70/100 €

*via S. Alfonso 6 – ℰ 089 830515 – www.agriturismosantalfonso.it – Chiuso
15 gennaio-15 febbraio*

FUSIGNANO
Ravenna – ⊠ 48010 – 8 222 ab. – Carta regionale n° **5**-C2
Carta stradale Michelin 562-I17

⫶Ⓞ La Voglia Matta
CUCINA REGIONALE · CHIC XX Al piano terra dell'albergo Ca' Ruffo, una piccola
bomboniera dove gustare una saporita cucina divisa equamente tra terra e
mare. Qualche ricetta vegetariana ed economiche proposte per pranzi di lavoro.
⊕ Menu 13 € (in settimana)/15 € – Carta 30/65 €
8 cam ⊊ – ♦65/75 € ♦♦80/100 € – 1 suite

*via Vittorio Veneto 63 – ℰ 0545 954034 – www.caruffo.it – Chiuso 1 settimana in
gennaio, 3 settimane in agosto, sabato a mezzogiorno e domenica*

 Non confondete i coperti X e le stelle ✿! I coperti definiscono una
categoria di confort e di servizio. Le stelle premiano unicamente
la qualità della cucina, indipendentemente dalla categoria
dell'esercizio.

GABBIANO Firenze → Vedere Scarperia

GABICCE MARE
Pesaro e Urbino (PU) – ⊠ 61011 – 5 781 ab. – Carta regionale n° **11**-B1
Carta stradale Michelin 563-K20

⅋○ **Il Traghetto** 　　　　　　　　　　　　　　　🛱 🄰🄺
PESCE E FRUTTI DI MARE · SEMPLICE ⅩⅩ Dotato di uno spazio riservato ai fumatori, il ristorante propone una gustosa cucina regionale e di pesce con qualche proposta più moderna. Tra le specialità: l'antipasto *Traghetto*. Bel dehors sulla banchina del porto canale.

Carta 37/84 €

via del Porto 27 – 𝒞 0541 958151 – www.ristoranteiltraghetto.com – Chiuso 25 novembre-12 febbraio e martedì escluso agosto

🏨 **Sans Souci** 　　　　　🌳 ⩽ 🛏 ⴵ ♨ ᴸ͜ᵃ 🖲 ⅟ 🄰🄺 ♨̸ 🅿
TRADIZIONALE · ACCOGLIENTE In posizione panoramica, questo moderno hotel, recentemente rinnovato, domina la costa ed offre ambienti dai semplici arredi di gusto moderno ed una dependance.

66 cam – ⼧55/250 € ⼧⼧75/274 € – 11 suites – ⌧ 25 €

viale Mare 9 – 𝒞 0541 950164 – www.parkhotels.it – Chiuso gennaio e febbraio

🏨 **Alexander** 　　　　　　🌳 ⩽ 🛏 ⴵ ♨ ᴸ͜ᵃ 🖲 🄰🄺 ♨̸ 🅿
TRADIZIONALE · PERSONALIZZATO Ubicata tra mare e collina, ma a pochi metri dalla spiaggia, una struttura classica con ambienti di moderna eleganza, area fitness ed attrezzature per le vacanze dei più piccoli. L'hotel riserva inoltre speciali attenzioni ai cicloturisti e golfisti.

48 cam ⌧ – ⼧55/110 € ⼧⼧110/200 €

via Panoramica 35 – 𝒞 0541 954166 – www.alexanderhotel.it – Aperto 1° aprile-30 settembre

🏨 **Majestic** 　　　　　　　　　　🌳 ⩽ ⴵ ᴸ͜ᵃ 🖲 🄰🄺 🅿
TRADIZIONALE · MEDITERRANEO Nella zona alta della località, una piscina separa la struttura principale dalla dépendance, camere gradevoli e dalle linee semplici.

56 cam ⌧ – ⼧60/130 € ⼧⼧90/160 €

*via Balneare 10 – 𝒞 0541 953744 – www.majestichotel.it
– Aperto 15 maggio-20 settembre*

🏨 **Du Parc** 　　　　　　　　　　　🌳 ⴵ ⅟ ⴵ 🄰🄺 🅿
FAMILIARE · ACCOGLIENTE Hotel rinnovato in anni recenti, a conduzione familiare, offre spazi e camere modernamente arredate. La terrazza roof è allestita con mobili da giardino ed è qui che si organizzano cene ed eventi.

39 cam ⌧ – ⼧50/150 € ⼧⼧60/160 €

via Panoramica 48 – 𝒞 0541 954761 – www.duparchotel.it – Aperto 1° maggio-30 settembre

🏨 **Grand Hotel Michelacci** 　　🌳 ⩽ ⴵ 🖲 ♨ ⅃ 🖲 🄰🄺 ♨̸ 🅿
TRADIZIONALE · CLASSICO Nel cuore della città, l'elegante risorsa si affaccia sul golfo ed offre ambienti curati nei dettagli: bella piscina, moderno centro benessere ed un'attrezzata sala congressi.

140 cam ⌧ – ⼧115/170 € ⼧⼧200/270 € – 10 suites

piazza Giardini Unità d'Italia 1 – 𝒞 0541 954361 – www.michelacci.com

🏨 **Thea** 　　　　　　　　　　　　　🌳 ⩽ ⅃ 🖲 🄰🄺
TRADIZIONALE · LUNGOMARE Direttamente sul mare con accessso diretto alla spiaggia, l'hotel mette a disposizione degli ospiti ambienti recentemente rinnovati negli arredi e camere con echi orientali. Sala da pranzo al primo piano con vista sul Mediterraneo.

29 cam ⌧ – ⼧29/199 € ⼧⼧39/299 €

via Vittorio Veneto 11 – 𝒞 0541 950052 – www.hotelthea.it – Aperto 1° aprile-1° ottobre

⌂ Marinella   ☆ ≤ 劢 ⅃₆ ⬚ 區

FAMILIARE · TRADIZIONALE In pieno centro, la risorsa è gestita da una famiglia di provata esperienza e dispone di ampie camere. Ideale punto di appoggio per escursioni nei dintorni, serba un occhio di riguardo ai cicloturisti! Nella sala ristorante affacciata sul mare, in giardino o in veranda, vi attende un ricco buffet.

56 cam �££ – ♦50/120 € ♦♦50/120 € – 8 suites

via Vittorio Veneto 127 – ℰ 0541 954571 – www.hotel-marinella.it – Aperto 1° aprile-30 settembre

⌂ Atlantic   ☆ 劢 ⬚ & 區 P

FAMILIARE · MODERNO Hotel che ha subito negli ultimi tempi una profonda ristrutturazione: le nuove camere dispongono di un arredo semplice (di categoria superiore quelle all'ultimo piano), gli ambienti comuni sono moderni e c'è anche una piccola zona benessere.

46 cam �££ – ♦70/190 € ♦♦80/200 €

via Panoramica 22 – ℰ 0541 954254 – www.hatlantic.it – Aperto 1° aprile-30 settembre

a Gabicce Monte Est : 2,5 km ⊠ 61011 – Gabicce Mare – Alt. 144 m

ⅠO Posillipo   ❀ ≤ 📠 🏠 ⅃ & 區 P

PESCE E FRUTTI DI MARE · ELEGANTE XX Si sono avvicendate ben tre generazioni in questo rinomato ristorante che entusiasma i suoi clienti per l'incantevole vista sull'Adriatico e per l'interessante reinterpretazione di piatti del territorio. La carta dei vini meriterebbe un capitolo a parte... più di mille etichette in lista!

Menu 30 € (pranzo in settimana)/90 € – Carta 46/114 €

Hotel Posillipo, via dell'Orizzonte 1 – ℰ 0541 953373 (consigliata la prenotazione) – www.ristoranteposillipo.com – Aperto 23 marzo-4 novembre; chiuso lunedì escluso 15 maggio-15 settembre

ⅠO Dalla Gioconda   ≤ 🏠 ⇄

PESCE E FRUTTI DI MARE · STILE MEDITERRANEO XX Nel punto più alto della località, splendida posizione panoramica per un locale di lunga tradizione familiare; cucina di mare in un ambiente romantico e personalizzato, curato dai fratelli Andrea e Michele.

Menu 45 € – Carta 40/65 €

via dell'Orizzonte 2 – ℰ 0541 962295 (consigliata la prenotazione) – www.dallagioconda.com – Chiuso novembre e mercoledì

⌂⌂⌂ Posillipo   ❀ ≤ 📠 ⅃ ⬚ & 區 ⅏ P

TRADIZIONALE · PERSONALIZZATO Sovrastando il verde e il mare in cima al colle di Gabicce, l'hotel dispone di rilassanti spazi comuni tra cui una bella piscina ed ampie camere (di standard superiore le junior suite all'ultimo piano della casa).

31 cam �££ – ♦70/140 € ♦♦110/200 € – 2 suites

via dell'Orizzonte 1 – ℰ 0541 953373 – www.hotelposillipo.com – Aperto 23 marzo-4 novembre

ⅠO **Posillipo** – Vedere selezione ristoranti

GADANA Pesaro e Urbino → Vedere Urbino

GAETA

Latina – ⊠ 04024 – 20 834 ab. – Carta regionale n° **7**-D3
Carta stradale Michelin 563-S23

ⅠO Claudio Petrolo   🏠 & 區

PESCE E FRUTTI DI MARE · DI TENDENZA XX Nella città vecchia ai piedi della cattedrale e a due passi dalla distesa blu, la passione del titolare per la cucina sfocia nelle sue "storie di mare": fantasiosi piatti di pesce elaborati partendo da un'ottima materia prima.

Menu 45 € – Carta 40/68 €

piazza Conca 20 – ℰ 0771 65129 – www.claudiopetrolo.com – solo a cena – Chiuso 2 settimane in febbraio e lunedì escluso luglio-agosto

🏨 Villa Irlanda Grand Hotel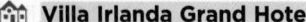

LUSSO • STORICO In un susseguirsi di situazioni diverse, ogni ambiente della risorsa celebra il gusto del bello in un mix di antico e moderno: si parte dalla piscina immersa nel parco con villa neoclassica e convento del '900, sino ai resti di una domus romana. Un complesso di grande fascino, tra il mare e le prime alture.

48 cam ⌑ – 🛏62/239 € 🛏🛏79/290 € – 5 suites

lungomare Caboto 6, Nord: 4 km
– ☎ 0771 712581 – www.villairlanda.com

sulla strada statale 213

🏨 Grand Hotel Le Rocce

LUSSO • MEDITERRANEO Armoniosamente inserito in una suggestiva insenatura, fra una natura rigogliosa e un'acqua cristallina, ariose terrazze fiorite e camere di differenti tipologie. Ristorante di sobria eleganza con un'incantevole vista: la cucina delizia i palati con piatti tradizionali e specialità di pesce la sera, proposte più semplici a pranzo.

57 cam ⌑ – 🛏90/350 € 🛏🛏90/450 € – 4 suites

via Flacca km 23,300, (Ovest: 6,8 Km) ✉ 04024
– ☎ 0771 740985 – www.lerocce.com
– Aperto 1° maggio-30 settembre

🏨 Grand Hotel Il Ninfeo

TRADIZIONALE • LUNGOMARE Proprio sulla spiaggia dell'incantevole insenatura di S. Vito, una bella risorsa digradante sul mare: adiacenti alla struttura i resti della villa romana "Il Ninfeo" con angoli perfetti per un cocktail o un aperitivo, tra una moltitudine di fiori ed un parco secolare. Un vero quadro sulla marina blu la suggestiva sala ristorante.

40 cam ⌑ – 🛏90/150 € 🛏🛏120/220 €

via Flacca km 22,700, (Ovest: 7,4 km) ✉ 04024
– ☎ 0771 742291 – www.grandhotelilninfeo.it – Aperto 1° aprile-30 ottobre

GAGGIANO

Milano – ✉ 20083 – 9 032 ab. – Alt. 117 m – Carta regionale n° **10**-A2
Carta stradale Michelin 561-F9

🍴 Antica Osteria Magenes

CUCINA MODERNA • CONTESTO REGIONALE XX A Barate di Gaggiano, una piccola località immersa nelle risaie, c'è questa bella realtà gestita dalla stessa famiglia da più di 100 anni: ci si aspetterebbe di trovare una cucina prettamente della tradizione e, invece, no! A dispetto del nome, i piatti - sebbene si avvalgano di prodotti locali - sono moderni, a volte creativi.

🍽 Menu 18 € (pranzo in settimana)/70 € – Carta 42/80 €

via Cavour 7, località Barate, Sud : 1,5 km – ☎ 02 908 5125
– www.osteriamagenes.it – Chiuso gennaio, 16-26 agosto e lunedì

🍴 Ada e Augusto-Cascina Guzzafame 🟢

CUCINA MODERNA • ACCOGLIENTE XX All'interno della Cascina Guzzafame - progetto autenticamente bucolico con fattoria didattica, caseificio, bottega, orto biologico e agriturismo – trova posto il primo farm restaurant gourmet "Ada e Augusto", dove lo chef giapponese Takeshi Iwai propone piatti di cucina italiana e creativa ricchi di contaminazioni. Il tutto all'insegna di un'ambiziosa sfida: usare quasi unicamente materie prime autoprodotte, dalle verdure alla carne, dai formaggi al riso.

Menu 45/58 €

località Cascina Guzzafame – ☎ 389 454 3109
– www.cascinaguzzafame.it – solo a cena – Chiuso agosto, domenica, lunedì e martedì

a Vigano Sud : 3 km ✉ 20083 – Gaggiano

ⵔO **Antica Trattoria del Gallo**   🐎 🛖 🏠 ⬥ 🅰️🅲 🅿️

CUCINA LOMBARDA · CONTESTO TRADIZIONALE ⊠⊠ Meta di gite fuoriporta - fin dal 1870 - è la "trattoria dei milanesi" che, gestita per ben tre generazioni dalla famiglia Gerli e dal 1990 da uno chef-patron dalle idee chiare, conserva ancora oggi ricette e calore di un tempo. Come contorni tutt'altro che secondari la cantina con oltre 1000 etichette diverse e la graziosa bottega all'ingresso con alcuni prodotti artigianali.

Menu 45 € – Carta 36/60 €

via Privata Gerli 3 – ℰ 02 908 5276 – www.trattoriadelgallo.com – Chiuso 26 dicembre-5 gennaio, 6-29 agosto, lunedì e martedì

GAIANO Salerno → Vedere Fisciano

GAIBANA Ferrara → Vedere Ferrara

GAIOLE IN CHIANTI
Siena – ✉ 53013 – 2 758 ab. – Alt. 360 m – Carta regionale n° **18**-C2
Carta stradale Michelin 563-L16

ⵘ **Il Pievano**   🏠 🅰️🅲 ℅ ⬥ 🅿️

CUCINA MODERNA · CONTESTO STORICO ⊠⊠⊠ Nello straordinario contesto di un monastero millenario, la carta è un originale connubio d'ispirazione toscana e campana; oltre alla carne c'è un'ottima proposta di pesce, ma soprattutto un'eleganza nei piatti difficilmente dimenticabile. Nella bella stagione si cena nella romantica corte.

→ Risotto, pomodorino giallo, astice, pancia di maiale e polvere di basilico. Emozione di mare. La nocciola incontra il salato.

Menu 75/90 € – Carta 64/106 €

Hotel Castello di Spaltenna, località Spaltenna 13 – ℰ 0577 749483
– www.spaltenna.it – solo a cena – Aperto 1° aprile-31 ottobre

🏛️ **Castello di Spaltenna**   🏠 🐟 ⬅ 🛖 ⌘ 🗔 ⵔ 🛁 ℅ 🅰️🅲 ℅ 🅿️

DIMORA STORICA · ELEGANTE Sulla sommità del paese, l'albergo - chiamato castello per la presenza delle torri - è ricavato all'interno di un ex monastero con annessa pieve dell'anno mille. La tipica eleganza bucolica toscana si alterna nelle romantiche camere, indimenticabili, quanto gli spazi panoramici all'aperto.

32 cam ⌫ – †190/280 € ††220/310 € – 5 suites

località Spaltenna 13 – ℰ 0577 749483 – www.spaltenna.it
– Aperto 1° aprile-31 ottobre

ⵘ **Il Pievano** – Vedere selezione ristoranti

🏠 **Castello di Meleto**   🏠 🐟 ⬅ 🛖 ⵔ 🅰️🅲 ℅ 🅿️

DIMORA STORICA · CLASSICO Circondato da tanto verde e vigneti, questo vero castello del 1200 ospita saloni e poche camere, ma molto belle e in stile. A dar manforte all'ospitalità, c'è però il borgo che consta di più rustici disseminati nella proprietà con altre stanze ed appartamenti affittabili anche per una sola notte; terrazze e piscine completano la cartolina, insieme ad un incantevole piccolo teatro del 1741 nuovamente utilizzato per spettacoli. Infine, per non annoiarsi, sono state introdotte numerose attività come cooking class, vineyard tour, picnic in the field.

24 cam ⌫ – †75/160 € ††95/185 € – 6 suites

località Meleto Sud: 2 km – ℰ 0577 749129 – www.castellomeleto.it

🏠 **L'Ultimo Mulino**   🏠 🐟 🛖 ⵔ 🅰️🅲 🅿️

CASA DI CAMPAGNA · ORIGINALE Celato dalla tranquillità dei boschi, l'hotel nasce dal restauro di un antico mulino medievale arredato in stile e dotato di confort moderni.

13 cam ⌫ – †109/159 € ††159/209 € – 1 suite

località La Ripresa di Vistarenni 43, Ovest: 6 km – ℰ 0577 738520
– www.ultimomulino.it – Aperto 1° aprile-31 ottobre

sulla strada statale 408

Le Pozze di Lecchi 🏠 🕸 🛏 🍴 🍴 🔌 🆎 🅿

CASA DI CAMPAGNA · BUCOLICO Al termine di 1,5 km di strada sterrata, vi attende una casa delle fiabe nata sulle fondamenta di un mulino quattrocentesco. Tanto verde, tranquillità ed un ponticello in pietra che attraversa il torrente; nelle camere letti in ferro battuto: difficile resistere a tanto fascino!

14 cam 🖙 – †105/182 € ††115/192 €

località Molinaccio al km 21, Sud-Ovest: 6,3 km – 𝒸 0577 749655 – www.lepozzedilecchi.it – Aperto 1° aprile-4 novembre

GAIONE Parma → Vedere Parma

GALATINA
Lecce – ✉ 73013 – 27 109 ab. – Alt. 75 m – Carta regionale n° **15**-D3
Carta stradale Michelin 564-G36

🍴 Anima & Cuore 🕸 🆎

CUCINA REGIONALE · ACCOGLIENTE 𝕏 A due passi dal Duomo, al primo piano di in un affascinante palazzo settecentesco dai pavimenti originali a mosaico, la gestione è giovane e affabile, la cucina pugliese, sia di mare che di terra, talvolta rivisitata. Servizio estivo in ampia terrazza.

🍴 Menu 25 € (pranzo)/40 € – Carta 31/73 €

corso Giuseppe Garibaldi 7 – 𝒸 0836 564301 – www.animaecuore.it – Chiuso mercoledì da novembre ad aprile e domenica sera da gennaio ad aprile

🏠 Palazzo Baldi 🛏 🕸 🆎 ♨ 🚗

STORICO · VINTAGE In pieno centro, un'elegante residenza vescovile di origini cinquecentesche custodisce camere di differenti tipologie con arredi in stile, arricchiti con inserti in ceramica. Dall'ampia terrazza la vista spazia su tetti e chiese del centro storico.

11 cam 🖙 – †78/95 € ††90/120 € – 5 suites

corte Baldi 2 – 𝒸 0836 568345 – www.hotelpalazzobaldi.it

GALEATA
Forlì-Cesena – ✉ 47010 – 2 516 ab. – Alt. 237 m – Carta regionale n° **5**-CD2

🍴 La Campanara 🛏 🏠 🍴

CUCINA REGIONALE · FAMILIARE 𝕏 La cinquecentesca canonica dell'adiacente chiesa dei Miracoli è diventata una bella osteria gestita da una vivace coppia, dove gustare specialità tosco-romagnole, casalinghe e fragranti. Nella casa accanto si trova la locanda con sei eccellenti camere, un paio addirittura con bagno turco.

Carta 28/44 €

6 cam 🖙 – †60 € ††90 €

località Pianetto via Borgo 24/a – 𝒸 0543 981561 (consigliata la prenotazione) – www.osterialacampanara.it – solo a cena escluso sabato, domenica e festivi – Chiuso 15-30 gennaio, lunedì e martedì

GALLARATE
Varese – ✉ 21013 – 53 343 ab. – Alt. 238 m – Carta regionale n° **10**-A2
Carta stradale Michelin 561-F8

🏵 Ilario Vinciguerra 🕸 🛏 🏠 🆎 🌀 🅿

CUCINA MODERNA · ELEGANTE 𝕏𝕏𝕏 Simpatia e genuina ospitalità all'interno di un'imponente villa liberty sono il biglietto da visita di un'eccellente cucina che non cessa di crescere e sorprendere all'insegna di prodotti e colori mediterranei. È un regalo per gli amanti dell'olio d'oliva, i sapori intensi e i prodotti di qualità.
→ Pasta only for you (pasta cotta sottovuoto e mantecata con crostacei, davanti al cliente). Maialino con foie gras e limoni. The crash (esplosioni di dolci partenopei).

Menu 70/120 € – Carta 78/148 €

via Roma 1 – 𝒸 0331 791597 (consigliata la prenotazione) – www.ilariovinciguerra.it – Chiuso 2-10 gennaio, 8-29 agosto, domenica sera e mercoledì

⑩○ **Trattoria del Ponte** 🆎 🅿

CUCINA MEDITERRANEA · ACCOGLIENTE ⅘ Frequentata trattoria non molto distante dal centro. Le specialità profumano di mare e valgono una cena, ma per chi ha fretta c'è un'ottima lista di pizze.

🍴 Menu 10 € (pranzo in settimana)/25 € – Carta 21/57 €

corso Sempione 99 – 𝒞 0331 777292 – www.trattoriadelponte.com

a Malpensa Aeroporto Terminal 1 Ovest : 11 km

🏨 **Sheraton Milan Malpensa** 🎿 🔲 ⑩ 🐒 🕭 🔁 🔥 🆎 🌣

BUSINESS · MODERNO Design contemporaneo per un hotel dalle imponenti dimensioni e dai grandi confort: camere dotate del proverbiale Sweet Sleeper Bed (lenzuola morbidissime, piumino deluxe ed una selezione di cuscini in piuma o ipoallergenici), moderna Spa ed un attrezzato fitness ideale per rilassarsi o ricaricarsi prima o dopo un volo internazionale.

437 cam – †89/414 € ††99/439 € – 6 suites – ⭐ 22 €

Terminal 1 ✉ 21013 Gallarate – 𝒞 02 23351 – www.sheratonmilanmalpensa.com

GALLIATE

Novara (NO) – ✉ 28066 – 15 670 ab. – Alt. 153 m – Carta regionale n° **12**-C2
Carta stradale Michelin 561-F8

⑩○ **Osteria del Borgo** 🆎

CUCINA CREATIVA · FAMILIARE ⅘⅘ Partito con una cucina tipicamente piemontese, l'intraprendente cuoco se ne è via via discostato - sebbene alcuni piatti figurino ancora in menu - per proporre sue personalissime elaborazioni e anche pesce: ormai l'attrazione principale del locale!

Menu 42 € – Carta 28/32 €

via Pietro Custodi 5 – 𝒞 0321 866312 (consigliata la prenotazione)
– www.osteriadelborgo.eu – Chiuso lunedì

GALLIERA VENETA

Padova – ✉ 35015 – 7 146 ab. – Alt. 49 m – Carta regionale n° **22**-B1
Carta stradale Michelin 562-F17

⑧ **Al Palazzon** 🎪 🔥 🆎 🔄 🅿

CUCINA REGIONALE · TRATTORIA ⅘ Esternamente la struttura è quella di un cascinale d'inizio Novecento, all'interno si scoprono tre eleganti salette. In menu: lasagnette con ragù d'oca ed erbette - agnellino al rosmarino con carciofi - sfogliatina ai frutti di bosco, nonché altre gustose tipicità venete.

🍴 Menu 19 € (pranzo in settimana) – Carta 29/56 €

via Cà Onorai 2, località Mottinello Nuovo – 𝒞 049 596 5020 – www.alpalazzon.it
– Chiuso 14-20 agosto, 30 dicembre-3 gennaio, domenica sera e lunedì

GALLIO

Vicenza – ✉ 36032 – 2 396 ab. – Alt. 1 090 m – Carta regionale n° **23**-B2
Carta stradale Michelin 562-E16

🏨 **Gaarten** 🎿 ≼ 🔲 🐒 🔁 🌣 🍴

TRADIZIONALE · STILE MONTANO Risorsa polifunzionale d'impostazione moderna, decisamente confortevole e ideale per congressi in altura e, grazie al centro benessere, consigliata anche per vacanze "relax". Cucina internazionale nel rispetto e nell'attenta valorizzazione dei prodotti tipici.

45 cam ⭐ – †90/130 € ††160/240 €

via Kanotole 13/15 – 𝒞 0424 65568 – www.hotelgaarten.com

471

GALLIPOLI

Lecce – ⊠ 73014 – 20 724 ab. – Carta regionale n° **15**-D3
Carta stradale Michelin 564-G35

🍴○ **La Puritate** ⠀⠀⠀⠀⠀⠀⠀⠀⠀⠀⠀⠀⠀⠀⠀⠀⠀⠀⠀⠀⠀⠀⠀⠀⠀AC

PESCE E FRUTTI DI MARE · CONVIVIALE XX Sulla passeggiata che costeggia le mura, il ristorante dispone di un'elegante veranda in legno e una cucina con proposte esclusivamente a base di pesce. Imperdibili: il giro di antipasti e i gamberi.
Carta 34/72 €

via Sant'Elia 18 – ℰ 0833 264205 – Chiuso novembre e mercoledì escluso giugno-settembre

🏨 **Palazzo del Corso** ⠀⠀⠀⠀⠀⠀⠀⠀⠀🕱 ℔ ⬍ AC ⌘ 🚗

LUSSO · STORICO A pochi passi dal centro storico, sarete ospiti di un palazzo ottocentesco dagli eleganti ambienti arredati con tessuti e mobili di pregio ed un roof-garden dove trova posto il ristorante La DolceVita. A lato della reception accogliente saletta/enoteca per degustazioni e asporto.

8 cam ⌷ – †119/599 € ††129/799 € – 6 suites

corso Roma 145 – ℰ 0833 264040 – www.hotelpalazzodelcorso.it – Aperto 1° aprile-31 ottobre

🏨 **Relais Corte Palmieri** ⠀⠀⠀⠀⠀⠀⠀⠀⠀⠀⠀⠀🛇 AC ⌘

STORICO · PERSONALIZZATO Tra terrazzamenti e muri bianchi, più palazzi storici costituiscono questa singolare risorsa ricca di fascino. La struttura ha inoltre il vantaggio di trovarsi vicino alla pittoresca spiaggia della Purità, nonché nell'epicentro della vita serale e notturna di Gallipoli.

20 cam ⌷ – †74/299 € ††74/339 € – 2 suites

corte Palmieri 3 – ℰ 0833 266814 – www.relaiscortepalmieri.it – Aperto 1° aprile-31 ottobre

🏨 **Palazzo Mosco Inn** ⠀⠀⠀⠀⠀⠀⠀⠀⠀⠀⠀⠀⠀⠀⠀⠀⠀AC ⌘

DIMORA STORICA · CENTRALE Tra vicoli e palazzi storici, un edificio dell'Ottocento ospita nei suoi ambienti decorati con mosaici originali, raffinate camere e terrazze con vista sul golfo (per la prima colazione e l'aperitivo serale).

12 cam ⌷ – †74/299 € ††74/379 €

via Micetti 26 – ℰ 0833 266562 – www.palazzomoscoinn.it – Aperto 1° aprile-31 ottobre

sulla strada litoranea per Santa Maria di Leuca Sud-Est : 6 km

🏨 **Costa Brada Resort** ⠀⠀⠀🕱 🛇 ≼ 🛏 ⌱ ℔ ⚲ ⬍ ⅁ AC ⌘ 🎿 🚗

TRADIZIONALE · MEDITERRANEO Direttamente sulla spiaggia, questa struttura dalle bianche pareti dispone di ampie zone comuni e camere confortevoli dagli arredi curati. I tradizionali sapori mediterranei trovano consenso nell'elegante sala da pranzo.

76 cam ⌷ – †65/480 € ††75/540 €

litoranea per Santa Maria di Leuca ⊠ 73014 – ℰ 0833 202551 – www.grandhotelcostabrada.it – Aperto 1° aprile-31 ottobre

🏨 **Masseria Li Foggi** ⠀⠀⠀⠀⠀⠀⠀⠀🛇 🛏 ⌱ AC ⌘ P

AGRITURISMO · ECOSOSTENIBILE Immerso nella campagna salentina, l'eco-resort invita a ristabilire un autentico contatto con la natura: i colori, i suoni e l'aria lievemente profumata di salmastro ed erbe selvatiche riconciliano l'ospite con il mondo. Colori caldi e graziose personalizzazioni nelle belle camere e negli appartamenti.

10 cam ⌷ – †112/220 € ††140/220 €

contrada Li Foggi – ℰ 0833 277217 – www.masserialifoggiresort.it – Aperto 1° aprile-31 ottobre

GALLODORO Sicilia

Messina – ⊠ 98030 – 367 ab. – Alt. 388 m – Carta regionale n° **17**-D2
Carta stradale Michelin 565-N27

Ⅱ○ **Noemi** ⟨ 🏠 🅰️

CUCINA SICILIANA · FAMILIARE ⅹ Splendida la vista sulla costa, suggestivo biglietto da visita per questa trattoria che propone un menu fisso con vari assaggi di cucina siciliana, quindi specialità quali: pappardelle ai funghi porcini e pistacchio, involtini, polpette, semifreddi alla mandorla e la proverbiale cassata.

Menu 28/40 € – Carta 22/50 €

via Manzoni 8 – ℰ *0942 37162 – Chiuso 29 giugno-18 luglio, martedì, anche lunedì sera in inverno*

GALLUZZO Firenze → Vedere Firenze

GALZIGNANO TERME

Padova – ✉ 35030 – 4 371 ab. – Alt. 22 m – Carta regionale n° **23**-B3
Carta stradale Michelin 562-G17

🏠 **Belvedere Resort ai Colli** ✿ ⇆ ⊟ 🅰️ 🅿️

TRADIZIONALE · PERSONALIZZATO Piccola intima struttura, gestita con passione e cortesia dai titolari, che hanno personalizzato gli ambienti rendendoli deliziosi: camere confortevoli con balconcino, in stile classico o shabby. Nel rinomato ristorante dall'atmosfera romantica, cucina tradizionale e vegetariana; in estate il servizio, a lume di candela, si sposta in terrazza su Val Pianzio.

20 cam ⇆ – †50/80 € ††80/110 €

via Siesa 5 – ℰ *049 913 0005 – www.resortbelvedere.it – Chiuso 1 settimana in gennaio e 1 settimana in agosto*

GAMBARIE

Reggio di Calabria – ✉ 89050 – Alt. 1 300 m – Carta regionale n° **3**-A3
Carta stradale Michelin 564-M29

🐷 **L'Angolo del Gusto**

CUCINA REGIONALE · FAMILIARE ⅹ In ambienti di stile montano con un vago appeal classico, al ristorante dell'hotel Centrale potrete gustare prelibatezze della cucina regionale, come il fagottino farcito ai porcini o il cannolo di ricotta aspromontana in coppa.

🍴 Menu 25 € (in settimana)/35 € – Carta 20/36 €

Hotel Centrale, piazza Mangeruca 23 – ℰ *0965 743133 – www.hotelcentrale.net*

🏠 **Centrale** 🏔 ⊟ 🏋️

FAMILIARE · ACCOGLIENTE Nel centro della località e a pochi passi dalla seggiovia, una semplice risorsa con camere dall'arredo montano ed un grazioso centro benessere. Possibilità di escursioni in mountain-bike (presso un'associazione esterna).

48 cam ⇆ – †50/80 € ††70/100 €

piazza Mangeruca 23 – ℰ *0965 743133 – www.hotelcentrale.net*

🐷 **L'Angolo del Gusto** – Vedere selezione ristoranti

GAMBELLARA

Vicenza – ✉ 36053 – 3 398 ab. – Alt. 70 m – Carta regionale n° **23**-B3
Carta stradale Michelin 562-F16

Ⅱ○ **Antica Osteria al Castello** 🏠 🅰️ ⇔ 🅿️

CUCINA REGIONALE · CONTESTO TRADIZIONALE ⅹⅹ Gestito da due dinamici fratelli, lei ai fornelli, lui in sala, piacevoli ambienti per una cucina che riuscirà a stupirvi per fantasia e regionalità.

Carta 38/60 €

via Castello 23, località Sorio, Sud: 1 km – ℰ *0444 444085 – www.anticaosteriaalcastello.com – Chiuso 3 settimane in agosto e domenica*

GAMBOLÒ

Pavia – ⊠ 27025 – 10 091 ab. – Alt. 106 m – Carta regionale n° **9**-A3
Carta stradale Michelin 561-G8

⑩ **Da Carla** ⬦ ⊗ ⌂ AK P

CUCINA REGIONALE · TRATTORIA ⚹ Nei pressi di un pittoresco canale, una trattoria di campagna dove gustare piatti regionali. Tra le specialità: oca, rane e la fiorentina/costata di fassona piemontese. I vini sono proposti a voce; le camere dotate di ogni confort.

⊕ Menu 19 € (pranzo in settimana) – Carta 29/65 €

9 cam ⚏ – ♦75/95 € ♦♦95/120 €

via Necchi 3/5 fraz.Molino Isella, Est: 6 km – ℰ 0381 930006
– www.trattoriadacarla.com – Chiuso 10 giorni in agosto e mercoledì

GANZIRRI Sicilia Messina → Vedere Messina

GARBAGNATE MILANESE

Milano – ⊠ 20024 – 27 175 ab. – Alt. 179 m – Carta regionale n° **10**-B2
Carta stradale Michelin 561-F9

⑩ **La Refezione** ⌂ AK P

CUCINA ITALIANA · ELEGANTE ⚹⚹⚹ Un'elegante club-house all'interno di un centro sportivo dove gustare una fantasiosa cucina, sia di terra sia di mare; per effettuare la scelta migliore, lasciatevi guidare dall'esperto titolare e dalla sua giovane équipe di collaboratori.

⊕ Menu 22 € (pranzo in settimana)/55 € – Carta 50/74 €

via Milano 166 – ℰ 02 995 8942 – www.larefezione.it – Chiuso
25 dicembre-6 gennaio, agosto, lunedì a mezzogiorno e domenica

GARDA

Verona – ⊠ 37016 – 4 092 ab. – Alt. 67 m – Carta regionale n° **23**-A2
Carta stradale Michelin 562-F14

⑩ **Regio Patio** ⅋⅋ ⊕ ⌂ AK ⅍ ⇌ P

CUCINA CREATIVA · VINTAGE ⚹⚹⚹ Nella luminosa veranda abbellita da grandi affreschi che riproducono paesaggi locali, la carta illustra una cucina regionale con alcune cose più internazionali, sempre presentate in maniera moderna.

Menu 55 € – Carta 58/106 €

Hotel Regina Adelaide, via San Francesco d'Assisi 23 – ℰ 045 725 5977
– www.regiopatio.it – Chiuso 7 gennaio-15 marzo

🏨 **Regina Adelaide** ☆ ⊕ ⌾ ⌧ ⑩ ⅍ ⒧ ⊟ ⅋ AK ⚒ P

SPA E WELLNESS · PERSONALIZZATO Uno tra gli alberghi più blasonati del Garda. La fama che lo procede ha sicuramente un fondamento: la famiglia Tedeschi ed il suo staff coniugano la proverbiale simpatia italiana con una professionalità e una precisione quasi austro-ungarica, mentre le belle camere tradiscono l'amore del patron per l'antiquariato e i mobili d'epoca.

49 cam ⚏ – ♦131/216 € ♦♦175/288 € – 10 suites

via San Francesco d'Assisi 23
– ℰ 045 725 5977 – www.regina-adelaide.it
– Chiuso 7 gennaio-15 marzo

⑩ **Regio Patio** – Vedere selezione ristoranti

🏨 **Poiano** ☆ ⊗ ⬦ ⊕ ⌾ ⌧ ⑩ ⅍ ⒧ ⚹ ⊟ AK ⅋ ⚒ P

RESORT · FUNZIONALE Non lontano dal lago, albergo circondato da ampi spazi verdi e attrezzati per differenti sport; l'ultima nata è un'elegante spa per rendere il soggiorno un'occasione d'impagabile relax.

120 cam ⚏ – ♦104/177 € ♦♦110/186 €

via Poiano, Est: 2 km
– ℰ 045 720 0100 – www.poiano.com
– Aperto 30 marzo-31 ottobre

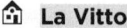 **La Vittoria**   ☆ ⟨ ⬚ ⬚ ⬚

DIMORA STORICA · PERSONALIZZATO Fronte lago e nel centro della località, l'hotel occupa gli ambienti di una villa Liberty ristrutturata: camere spaziose e ben arredate, alcuni mobili d'epoca disseminati qua e là.

12 cam ⚏ – ♦80/220 € ♦♦98/256 €

lungolago regina Adelaide 57 – ℰ 045 627 0473 – www.hotellavittoria.it
– Aperto 21 marzo-10 novembre

GARDA (Lago di) o BENACO Brescia, Trento e Verona

GARDONE RIVIERA
(BS) – ✉ 25083 – 2 660 ab. – Alt. 71 m – Carta regionale n° **9**-C2
Carta stradale Michelin 561-F13

🍴 **Villa Fiordaliso**   🐾 ⬚ ⟨ ⬚ ⬚ ⬚ **P**

CUCINA MODERNA · ROMANTICO ✖✖✖ Cucina creativa in una delle ville di inizio '900 che punteggiano il lungolago: circondata da un bel parco e protesa sulla distesa blu con un pontile, qui più che altrove non si contano i personaggi celebri che ai suoi tavoli si accomodarono.

Menu 110 € – Carta 75/185 €

3 suites ⚏ – ♦♦250/500 € – 2 cam

corso Zanardelli 150
– ℰ 0365 20158 – www.villafiordaliso.it
– Aperto 21 marzo-4 novembre; chiuso martedì a mezzogiorno e lunedì

🍴 **Osteria Antico Brolo**   ⬚ ⬚

CUCINA MODERNA · ACCOGLIENTE ✖✖ In una vecchia abitazione del '700, alcune salette vi accoglieranno per gustare i prodotti del territorio sapientemente elaborati. Il tavolo sul balconcino...un'emozione! Nuove ed intime camere dal gusto contemporaneo per chi vuole anche pernottare.

Carta 36/62 €

4 cam ⚏ – ♦80/125 € ♦♦85/150 €

via Carere 10
– ℰ 0365 21421 (prenotazione obbligatoria a mezzogiorno)
– www.ristoranteanticobrolo.it
– Chiuso 1° novembre-15 dicembre, 1°-6 febbraio e lunedì

🍴 **Agli Angeli**   ⬚ ⬚

CUCINA REGIONALE · FAMILIARE ✖✖ Tra il Giardino Botanico e il Vittoriale, una locanda accogliente e romantica dove la cucina flirta con il pesce, ma non dimentica la carne: piatti, comunque, d'impronta regionale. In alternativa, la pizzeria antistante con terrazza panoramica per la bella stagione e a pochi metri, in un edificio d'epoca dalla caratteristica corte interna, graziose camere con letti a baldacchino.

Carta 36/79 €

14 cam ⚏ – ♦75/135 € ♦♦95/150 € – 2 suites

piazza Garibaldi 2, località Vittoriale – ℰ 0365 20832 – www.agliangeli.biz – solo a cena escluso sabato e domenica – Aperto 1° marzo-6 novembre; chiuso martedì escluso luglio-agosto

🏨 **Grand Hotel Gardone**   ☆ ⟨ ⬚ ⬚ ⬚ ⬚ ⬚ ⬚ ⬚ **P**

STORICO · PERSONALIZZATO Oziare negli ambienti accoglienti ed eleganti che furono testimoni dell'idillio tra Gabriele D'Annunzio ed Eleonora Duse. Oppure, godere delle vedute mutevoli ed accattivanti offerte dalla stupenda terrazza-giardino: un grand hotel, non solo nel nome. Carta accattivante dai sapori mediterranei e specialità locali al ristorante Il Giardino dei Limoni.

167 cam ⚏ – ♦128/180 € ♦♦215/302 €

corso Zanardelli 84 – ℰ 0365 20261 – www.grandhotelgardone.it – Aperto 1° aprile-31 ottobre

🏠 Villa Sofia   ⩽ 🛏 ⌁ 🖃 ⟐ 🄰🄲 🅿

LUSSO · PERSONALIZZATO Villa d'inizio '900 in posizione dominante e panoramica. Tanto verde ben curato vicino alla piscina, confort elevato e accoglienza cordiale nei caldi ambienti interni.

35 cam ⌑ – †109/220 € ††147/292 €

via Cornella 9
– ℰ 0365 22729 – www.villasofiahotel.it
– Aperto 15 aprile-15 ottobre

🏠 Savoy Palace   ⚘ ⩽ 🛏 ⌁ 🕉 🛁 🖃 🄰🄲 🎱 🏇

STORICO · ELEGANTE Imponente edificio liberty dominante il lago: panoramica terrazza e camere dagli arredi eleganti, ben rifiniti. Raffinata sala da pranzo con accesso diretto alla piscina; buona scelta in menu.

60 cam ⌑ – †118/223 € ††157/310 €

via Zanardelli 2/4
– ℰ 0365 290588 – www.savoypalace.it
– Aperto aprile-ottobre

🏠 Villa Capri   ⩽ 🛏 ⌁ 🖃 🄰🄲 🕊 🅿

LUSSO · ELEGANTE Grande e moderna struttura in riva al lago: ambienti spaziosi, ma il gioiello è il giardino-solarium affacciato sull'acqua.

45 cam ⌑ – ††260/290 €

corso Zanardelli 172 – ℰ 0365 21537 – www.hotelvillacapri.com – Aperto 13 aprile-14 ottobre

🏠 Bellevue   ⩽ 🛏 ⌁ 🖃 🄰🄲 🕊 🅿

FAMILIARE · FUNZIONALE Giardino con terrazza vista lago in questa villa di inizio '800 dallo stile eclettico-liberty. Spazi interni più semplici rispetto alla maestosità della facciata, camere sobrie, ma accoglienti.

30 cam ⌑ – †95 € ††129/145 €

corso Zanardelli 87
– ℰ 0365 290088 – www.hotelbellevuegardone.com
– Aperto 1° aprile-7 ottobre

🏠 Dimora Bolsone   ⚘ 🐿 ⩽ 🛏 🅿

FAMILIARE · ELEGANTE Storico casale di campagna, le cui origini risalgono al XV sec., inserito in un grande parco che arriva a lambire il Vittoriale. "Giardino dei sensi" con piante di diverse specie ed idromassaggio all'aperto in una bella vasca marmorea.

6 cam ⌑ – †190 € ††240 €

via Panoramica 23, Nord-Ovest: 2,5 km – ℰ 0365 21022 – www.dimorabolsone.it
– Aperto 1° marzo-31 ottobre

Fasano del Garda Nord-Est : 2 km ✉ 25083

❀ Lido 84 (Riccardo Camanini)   ⩽ 🛏 🍴 🕊 ↻ 🅿

CUCINA CREATIVA · ROMANTICO ✕✕✕ Che si mangi all'interno, nella veranda o nella piccola dépendance in giardino, l'acqua è a pochi metri (con possibilità di attracco), la vista romantica e la cucina eccellente: spunti lacustri e bresciani, creatività unita alla flessibilità di ciò che offre il mercato di più fresco.

→ Spaghettone con burro e lievito di birra. Anguilla di lago alla brace candita in grasso d'anatra. Torta di rose cotta al momento con cremino di zabaione e limoni del Garda.

Menu 65/75 € – Carta 55/102 €

corso Zanardelli 196
– ℰ 0365 20019 (consigliata la prenotazione la sera) – www.ristorantelido84.com
– Chiuso 8 gennaio-13 febbraio, 12 novembre-6 dicembre, mercoledì a mezzogiorno e martedì

🍴○ **Il Fagiano**　　　　　　🛏 🏠 ♿ 🅰🅲 🚫 🅿

CUCINA REGIONALE · ELEGANTE XxxX Per accedere a questo ristorante - all'interno del Grand Hotel Fasano e Villa Principe - si passa attraverso una suggestiva sala in legno: una delle più antiche e meglio conservate della struttura. La sala da pranzo, invece, ritorna ad un elegante classicismo alberghiero, mentre la carta propone diverse specialità lacustri.

Menu 75/95 € - Carta 63/128 €

Grand Hotel Fasano e Villa Principe, corso Zanardelli 190 - ☎ 0365 290220
- www.ghf.it - solo a cena - Aperto Pasqua-30 ottobre

🍴○ **Maximilian 1904**　　　　🕸 ≤ 🛏 🏠 ♿ 🅰🅲 🚫 🅿

CUCINA CLASSICA · ELEGANTE XxX All'interno dell'hotel Villa del Sogno, ambiente fin-de-siècle con soffitto decorato e bel pavimento ligneo: luci soffuse, sapori sublimi e ottima cucina nazionale con un occhio di riguardo per i prodotti del lago.

Carta 54/92 €

Hotel Villa del Sogno, corso Zanardelli 107
- ☎ 0365 290181 - www.villadelsogno.it - Aperto Pasqua-22 ottobre

🍴○ **Riva Carne al Fuoco**　　　　　　🏠

CARNE · DI TENDENZA XX Il nome solletica l'immaginazione, mentre il palato si delizia con piatti prevalentemente di terra e specialità alla brace: il grill a vista permette all'ospite di scegliere la provenienza ed il taglio delle carni. Ambiente informale.

Carta 40/116 €

Hotel Bella Riva, via Mario Podini 1/2
- ☎ 0365 540773 - www.bellarivagardone.it - Aperto 1° aprile-31 ottobre; chiuso mercoledì

🏨 **Grand Hotel Fasano e Villa Principe**　　🕯 ≤ 🛏 🏊 📺 🆒 🐾 💆

GRAN LUSSO · ELEGANTE Camere affacciate sul lago, 🔔 📧 🅰🅲 🔧 🅿 oppure all'interno, con scenografici elementi barocchi che ben si inseriscono in quel contesto di sobria eleganza dell'intera risorsa. Aqua Parc è il nome della nuova zona wellness all'aria aperta: due piscine sono state aggiunte, una delle quali è collegata direttamente con l'interno del centro benessere dove un percorso Kneipp e saune varie rappresentano la moderna alternativa all'antica arte venatoria della caccia al fagiano.

75 cam ⌿ - ♦150/250 € ♦♦290/590 € - 5 suites
corso Zanardelli 190
- ☎ 0365 290220 - www.ghf.it - Aperto Pasqua-30 ottobre
🍴○ **Il Fagiano** - Vedere selezione ristoranti

🏨 **Villa del Sogno**　　　🕸 ≤ 🛏 🏊 💆 🍽 📧 🅰🅲 🚫 🅿

LUSSO · STORICO Dal lontano 1904 (anno in cui fu costruita), questa raffinata risorsa non smette di affascinare grazie ai suoi spazi di neoclassica memoria con mobili antichi, preziosi tappeti e grandi quadri mitteleuropei: retaggi dell'Austria di fine '800. La struggente bellezza di una dimensione onirica, o meglio, Villa del Sogno!

28 cam ⌿ - ♦250/400 € ♦♦280/460 € - 4 suites
corso Zanardelli 107 - ☎ 0365 290181 - www.villadelsogno.it - Aperto
1° aprile-25 ottobre
🍴○ **Maximilian 1904** - Vedere selezione ristoranti

🏨 **Bella Riva**　　　　　　≤ 🛏 🏊 📧 🅰🅲 🅿

LUSSO · BORDO LAGO Fronte lago, la ristrutturazione di un edificio d'epoca ha dato vita a questo design hotel dalle originali soluzioni: ad accogliervi, la splendida hall con riproduzioni di opere di G. Klimt. Belle camere e prestigiose suite con terrazza. A pranzo si propone una piccola carta snack.

23 cam ⌿ - ♦200/800 € ♦♦200/800 € - 8 suites
via Mario Podini 1/2 - ☎ 0365 540773 - www.bellarivagardone.it - Aperto
1° aprile-31 ottobre
🍴○ **Riva Carne al Fuoco** - Vedere selezione ristoranti

GARGANO (Promontorio del) Foggia

GARGNANO
Brescia – ⊠ 25084 – 2 934 ab. – Alt. 66 m – Carta regionale n° **9**-C2
Carta stradale Michelin 561-E13

✿✿ Villa Feltrinelli   🏠 🛜 AC ⅍ ⟳ P

CUCINA CREATIVA · LUSSO XxxX Carne e pesce, ma anche un'insolita insalata con cento diversi tipi di erbe e venticinque fiori: uno dei piatti più celebri di Stefano Baiocco, cuoco alfiere di una cucina verde e creativa, sfoggiata in uno dei contesti più sfarzosi del lago. Si cena nei salotti della villa, in terrazza, o in cinque, romanticissimi tavoli in riva all'acqua.
→ Gnocchetti soffici di latte crudo cagliato in casa, caviale e crema di cavolfiore. Il branzino dorato sulla pelle con insalata di piselli alla menta e vinaigrette di fragole. La crespella di latte gratinata e farcita con spuma di yogurt magro e zenzero.
Menu 160/220 € – Carta 110/233 €
Grand Hotel a Villa Feltrinelli, via Rimembranza 38/40 – ☎ 0365 798000
(prenotazione obbligatoria) – www.villafeltrinelli.com – solo a cena – Aperto
1° aprile-8 ottobre; chiuso martedì

✿ Villa Giulia ⓝ   ⪡ 🏠 🛜 ⌶ AC P

CUCINA CREATIVA · ROMANTICO XXX Impagabile l'atmosfera nella terrazza sul lago, per una cucina estrosa ricca di carattere e fantasia, che presenta ottimi viaggi nei prodotti del mare e di lago con ottima precisione nelle cotture e sapori sempre fragranti al palato. A pranzo vi sono anche altre proposte più "tradizionali" o veloci.
→ Trota con crema di lattuga, avocado, burrata, quinoa. Coregone col suo caviale, carota, zenzero e pop corn di amaranto. Millefoglie di albicocca e pistacchio.
Menu 50 € (pranzo)/90 € – Carta 53/89 €
Hotel Villa Giulia, viale Rimembranza 20 – ☎ 0365 71022 (prenotazione
obbligatoria) – www.villagiulia.it – Aperto inizio aprile-fine ottobre

✿ La Tortuga (Maria Cozzaglio)   🕸 AC ⅍

CUCINA CLASSICA · ELEGANTE XX Piccola, ma incantevole bomboniera a pochi metri dalla piazzetta del porticciolo, è la meta ideale per una serata romantica; anche i gourmet appassionati di pesce di lago non saranno delusi, per quanto non manchino carne e pescato d'acqua salata.
→ Cannolo nero con astice e crema di broccoletti. Petto di piccione su germogli di spinaci e salsa al Madeira. Torta tiepida di pere.
Menu 80/90 € – Carta 73/121 €
via XXIV Maggio 5 – ☎ 0365 71251 – www.ristorantelatortuga.it – solo a
cena escluso domenica da settembre a giugno – Aperto 1° marzo-31 ottobre;
chiuso martedì

🏨 Grand Hotel a Villa Feltrinelli   🕸 ⪡ 🏠 ⌶ ♨ 🏊 🔲 AC ⅍ P

LUSSO · BORDO LAGO Costruita alla fine dell'Ottocento in stile eclettico-liberty, è una delle ville più straordinarie della zona: ancora, oggi, più dimora che albergo, si propone come romantico rifugio retrò in riva al lago.
16 cam ⊊ – †1150/2950 € ††1150/2950 € – 4 suites
via Rimembranze 38/40 – ☎ 0365 798000 – www.villafeltrinelli.com – Aperto
1° aprile-8 ottobre
✿✿ **Villa Feltrinelli** – Vedere selezione ristoranti

🏨 Villa Giulia   🕸 ⪡ 🏠 ⌶ 🕸 ♨ 🏊 AC P

LUSSO · PERSONALIZZATO Posizione incantevole, leggermente decentrata, per un'ex residenza estiva in stile Vittoriano, avvolta da un curato giardino e con due piccoli annessi; nuovo centro benessere dotato di zona relax con sale dell'Himalaya, massaggi, docce emozionali, etc.
23 cam ⊊ – †200/300 € ††360/400 € – 2 suites
viale Rimembranza 20 – ☎ 0365 71022 – www.villagiulia.it – Aperto inizio
aprile-fine ottobre
✿ **Villa Giulia** – Vedere selezione ristoranti

⌂ Riviera   ⮜ 🔲 🔥 🕱

FAMILIARE · CLASSICO Nel centro storico, a pochi metri dall'incantevole porticciolo, gestione familiare in un palazzo del 1840: camere accoglienti e splendida terrazza panoramica per la prima colazione.

20 cam ☲ – †50/94 € ††65/109 €

via Roma 1 – ℰ 0365 72292 – www.garniriviera.it
– Aperto Pasqua-20 ottobre

⌂ Palazzina   🕱 ⮜ 🍴 ⤾ 🔲 🕱 🅿

FAMILIARE · CLASSICO Sopraelevato rispetto al paese, un albergo dotato di piscina su terrazza panoramica protesa sul blu; conduzione familiare e clientela per lo più abituale. Suggestiva anche l'atmosfera al ristorante grazie alla particolare vista sul lago e sui monti che offre ai commensali.

25 cam ☲ – †57/66 € ††98/116 €

via Libertà 10 – ℰ 0365 71118 – www.hotelpalazzina.it – Aperto 1° aprile-14 ottobre

sulla strada provinciale 9 Ovest : 7 km

ⅼ◯ La Grande Limonaia   ⮜ 🏠 🔥 🆔 🕱 🅿

CUCINA MODERNA · LUSSO 𝖃𝖃𝖃 Qui tutto è di ampio respiro: la limonaia che profuma dei suoi frutti dorati l'ampia ed elegante sala, la vista panoramica sul lago di Garda, la cucina solare e mediterranea.

Menu 80/110 € – Carta 63/99 €

Lefay Resort & Spa, via Angelo Feltrinelli 136 – ℰ 0365 241800
– www.lefayresorts.com – solo a cena
– Chiuso 8 gennaio-1° febbraio

🏨 Lefay Resort & Spa   🕱 🏊 ⮜ 🍴 ⤾ 🔲 📺 🌀 ⛲ 🔲 🔥 🆔 🛁 🚗

GRAN LUSSO · MEDITERRANEO Sette chilometri tutti in salita per godere di uno dei panorami più belli del lago in una struttura moderna, dalle camere ampie ed eleganti, tutte con vista e con splendidi bagni; vasto centro benessere con incantevole piscina a sfioro sul lago.

93 cam ☲ – †230/540 € ††290/680 € – 5 suites

via Angelo Feltrinelli 136 – ℰ 0365 241800 – www.lefayresorts.com
– Chiuso 8 gennaio-1° febbraio

ⅼ◯ **La Grande Limonaia** – Vedere selezione ristoranti

GARGONZA Arezzo → Vedere Monte San Savino

GARLENDA

Savona (SV) – ✉ 17033 – 890 ab. – Alt. 70 m – Carta regionale n° **8**-A2
Carta stradale Michelin 561-J6

ⅼ◯ Il Rosmarino   🎋 🍴 🏠 🆔 ♻ 🅿

CUCINA MEDITERRANEA · ELEGANTE 𝖃𝖃𝖃 Piatti della tradizione mediterranea esaltati dai profumi di questa terra - timo, salvia, l'irrinunciabile basilico... - in una dozzina di piatti che cambiano giornalmente in sintonia con le stagione. Vasta anche la scelta enologica.

Menu 70/80 € – Carta 54/91 €

Hotel La Meridiana, via ai Castelli – ℰ 0182 580271 (consigliata la prenotazione)
– www.lameridianaresort.com – solo a cena
– Aperto 1° aprile-30 novembre; chiuso lunedì escluso luglio-agosto

🏨 La Meridiana   🕱 🏊 🍴 🔲 🌀 🔲 🆔 🛁 🅿

RESORT · GRAN LUSSO A metà strada fra la mondana Montecarlo e la pittoresca Portofino, ospitalità ad alti livelli per una deliziosa residenza di campagna avvolta dal profumo del mirto e della ginestra. A pranzo c'è il Bistrot, sostituito - in estate - dalla carta a bordo piscina.

22 cam – †192/300 € ††240/475 € – 3 suites – ☲ 22 €

via ai Castelli – ℰ 0182 580271 – www.lameridianaresort.com – Aperto
1° aprile-30 novembre

ⅼ◯ **Il Rosmarino** – Vedere selezione ristoranti

GASSINO TORINESE

Torino – ✉ 10090 – 9 432 ab. – Alt. 230 m – Carta regionale n° **12**-B1

🏠 Cascina Domina
🏡 🦌 🍴 ⅙ 🅿️

FAMILIARE · ACCOGLIENTE Cascina ottocentesca immersa nella quiete delle colline con lo sguardo che spazia da Superga alle Alpi; si farà fatica a credere che Torino dista meno di un quarto d'ora!

10 cam ⌂ – 🛏60 € 🛏🛏90 €

– ☏ 011 960 1415 – www.cascinadomina.com – Chiuso 16 agosto-1° settembre

GATTEO A MARE

Forlì-Cesena – ✉ 47043 – 5 992 ab. – Carta regionale n° **5**-D2
Carta stradale Michelin 562-J19

🏠 Flamingo
🏡 ≤ ⍸ 🛁 🍽 ⊟ 🆊 🛋

TRADIZIONALE · LUNGOMARE In un affascinante e bizzarro palazzo, troverete una gestione familiare di rara ospitalità: ottime camere con vista mare ed accesso diretto in spiaggia.

48 cam ⌂ – 🛏90/100 € 🛏🛏150/165 €

viale Giulio Cesare 31 – ☏ 0547 87171 – www.hotel-flamingo.com – Aperto 1° maggio-30 settembre

GATTINARA

Vercelli – ✉ 13045 – 8 084 ab. – Alt. 263 m – Carta regionale n° **12**-C2
Carta stradale Michelin 561-F7

🍴 Locanda Villa Cavalleri
↩ 🏠 🆊

CUCINA TRADIZIONALE · CONTESTO STORICO XX Lungo la strada principale del paese, un bel caseggiato di fine '800 gestito da un intero nucleo famigliare capace e determinato. Nelle sue salette classico-signorili si serve una cucina regionale ben articolata nelle proposte. La struttura consta anche di cinque grandi camere interamente ristrutturate.

Carta 30/75 €

5 cam ⌂ – 🛏70 € 🛏🛏90 €

corso Valsesia 157 – ☏ 0163 831120 (consigliata la prenotazione) – www.locandavillacavalleri.it – Chiuso 7-14 gennaio, 15-31 agosto e giovedì

GAVARDO

Brescia (BS) – ✉ 25085 – Carta regionale n° **9**-D1
Carta stradale Michelin 563-F13

🏠 Villa dei Campi Boutique Hotel
🏡 🦌 🍴 ⍸ 🏛 ⊟ ⅙ 🆊 🅿️

BOUTIQUE HOTEL · ELEGANTE Cascina recuperata con anni di ristrutturazione: filosofia bio, materiali eco-compatibili, nonché camere personalizzate ognuna diversa dall'altra. Insomma, un vero gioiellino di ospitalità!

12 cam ⌂ – 🛏80/120 € 🛏🛏105/195 €

via Limone 27, Sud-Est: 2 Km – ☏ 0365 374548 – www.hotelvilladeicampi.com – Aperto 23 marzo-15 ottobre

GAVI

Alessandria – ✉ 15066 – 4 614 ab. – Alt. 233 m – Carta regionale n° **12**-C3
Carta stradale Michelin 561-H8

🍴 La Gallina
🍷 ≤ 🏠 🆊 🍸 ⊙ 🅿️

CUCINA PIEMONTESE · CASA DI CAMPAGNA XX In una location molto suggestiva, dove trova posto anche un'elegante e romantica sala ricavata nell'antico fienile, cucina creativa che fa del contrasto dei sapori giusto un accenno e mai un'esaltazione. Col bel tempo ci si trasferisce all'aperto con vista su colline e vigneti.

Menu 60/80 € – Carta 53/86 €

Hotel L'Ostelliere, frazione Monterotondo, 56, Nord-Est: 4 km – ☏ 0143 685132 (consigliata la prenotazione) – www.villasparinaresort.it – solo a cena escluso sabato e domenica – Aperto 15 marzo-27 novembre

⅟○ Cantine del Gavi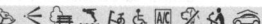

CUCINA REGIONALE · CONTESTO STORICO XX Nel bel centro storici di Gavi, un palazzo settecentesco ospita due sale ricche d'atmosfera, di cui una - l'ex cappella - con il soffitto affrescato, oltre alla possibilità di mangiare nella suggestiva cantina. Cucina del territorio accompagnata da ottimi vini.

Carta 43/83 €

via Mameli 69 – ℰ 0143 642458 – www.ristorantecantinedelgavi.it – Chiuso febbraio, 10 giorni in luglio, lunedì e martedì

L'Ostelliere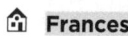

STORICO · ELEGANTE All'interno e proprio sopra le cantine dell'azienda vinicola con la quale, insieme al ristorante, forma il Villa Sparina Resort, L'Ostelliere è un hotel nato da un'importante azione di recupero architettonico che ha dato vita ad una risorsa di grande charme e confort. Bella vista su colline e vigneti.

33 cam ⌑ – †145/210 € ††170/350 € – 8 suites

frazione Monterotondo, 56, Nord-Est: 4 km – ℰ 0143 607801
– www.villasparinaresort.it – Aperto 15 marzo-27 novembre

⅟○ **La Gallina** – Vedere selezione ristoranti

GAVINANA

Pistoia – ✉ 51025 – Alt. 820 m – Carta regionale n° **18**-B1
Carta stradale Michelin 563-J14

🏠 Franceschi ✿ ⋖ ⊡

FAMILIARE · ACCOGLIENTE Antiche origini per questo bianco edificio, posizionato nel cuore di un paesino medievale; rinnovato totalmente all'interno, offre un'atmosfera accogliente e familiare. Sala da pranzo di taglio moderno, con un camino in uno stile d'altri tempi.

28 cam ⌑ – †40/60 € ††65/80 €

piazza Ferrucci 121 – ℰ 0573 66444 – www.albergofranceschi.it

GAVIRATE

Varese – ✉ 21026 – 9 323 ab. – Alt. 261 m – Carta regionale n° **9**-A2
Carta stradale Michelin 561-E8

⊛ Tipamasaro 🏠 P

CUCINA CLASSICA · FAMILIARE X A metà strada tra il centro storico e il lago, l'intera famiglia si dedica con passione al locale: un ambiente simpatico e un fresco gazebo estivo per riscoprire l'appetitosa cucina locale. Lavarello alla calderina, bavarese alla menta con cremoso al cioccolato... giusto per dare un'idea!

Carta 31/50 €

via Cavour 31 – ℰ 0332 743524 – Chiuso 1°-21 luglio, domenica sera e lunedì

GAVORRANO

Grosseto (GR) – ✉ 58023 – 8 580 ab. – Alt. 273 m – Carta regionale n° **18**-C3
Carta stradale Michelin 563-N14

sulla strada provinciale 31 Nord-Est: 14 km

⅟○ Conti di San Bonifacio ●

CUCINA DEL TERRITORIO · ELEGANTE XxX Nel bel mezzo di campagna e vigneti, in posizione tranquilla e dominante, cucina del territorio elaborata con gusto moderno accompagnata da vini della casa (tra cui un Syrah eccezionale!) e non solo.

Menu 65/85 € – Carta 53/73 €

7 cam ⌑ – †200/350 € ††250/590 € – 5 suites

località Casteani 1 – ℰ 0566 80006 – www.contidisanbonifacio.com

GAZZOLA

Piacenza – ✉ 29010 – 2 056 ab. – Alt. 139 m – Carta regionale n° **5**-A2
Carta stradale Michelin 562-H10

a Rivalta Trebbia Est : 3,5 km ✉ 29010 – Gazzola

ⅼO **Locanda del Falco** 🏵 🏠 **P**

CUCINA DEL TERRITORIO · RUSTICO 🏵🏵 In un antico borgo medievale una locanda caratteristica dove vengono serviti i piatti della tradizione piacentina e ricette alternative permeate da fantasia e creatività, il tutto annaffiato da vini locali (ci sono proprio tutti nell'ampia carta!) e di altre regioni. Ampi camini all'interno ravvivano le serate invernali, mentre nella bella stagione un glicine secolare ombreggia i tavoli dell'accogliente cortile interno.

🍽 Menu 12 € (pranzo in settimana)/65 € – Carta 33/64 €

Castello di Rivalta, 4 – 𝒞 0523 978101
– www.locandadelfalco.com
– Chiuso 8-16 gennaio, 16-31 agosto, lunedì e martedì

🏠 **Residenza Torre di San Martino** 🏵 🖃 🅰🅲 **P**

DIMORA STORICA · ELEGANTE In un borgo originario dell'XI secolo con tanto di castello visitabile, una residenza di charme che ne ricalca lo stile e il calore: camere di diversa tipologia tutte accomunate però dall'atmosfera di cordiale accoglienza e ospitalità "antica".

9 cam ⌂ – ♦90/250 € ♦♦135/360 € – 1 suite

località Borgo di Rivalta
– 𝒞 0523 972002 – www.hoteltorredisanmartino.it

🏠 **Agriturismo Croara Vecchia** 🏵 ≼ 🍴 🏠 ♿ 🅰🅲 🏊 **P**

CASA DI CAMPAGNA · AGRESTE Fino al 1810 fu un convento, poi divenne un'azienda agricola che oggi ospita graziose camere (sei con angolo cottura), tutte identificabili dal nome di un fiore. In un prato sempre curato, che domina il fiume, la bella piscina, nonché un centro equestre con istruttori.

15 cam ⌂ – ♦85/90 € ♦♦100/110 €

località Croara Vecchia, Sud: 1,5 km
– 𝒞 333 219 3845 – www.croaravecchia.it
– Aperto 1° aprile-4 novembre

GAZZOLI Verona → Vedere Costermano

GENAZZANO

Roma (RM) – ✉ 00030 – 6 036 ab. – Alt. 375 m – Carta regionale n° **7**-C2
Carta stradale Michelin 563-Q20

🕸 **Aminta Resort** (Marco Bottega) 🏵 ⇦ 🍴 🏠 🏊 🅰🅲 **P**

CUCINA CREATIVA · ELEGANTE 🏵🏵 Tra colline disseminate di ulivi e prodotti agricoli che troverete poi anche in tavola, il casolare ottocentesco è la casa di uno dei più interessanti cuochi della campagna romana. Spunti di cucina laziale, ma spazio a divagazioni di ogni genere, sempre all'insegna di una cucina gustosa; gli amanti dello Champagne troveranno qui una straordinaria proposta.

→ "Non è una carbonara". Cinghiale e radicchio. Tartelletta al limone con ricotta di pecora.

Menu 70/100 € – Carta 65/85 €

8 cam ⌂ – ♦60/70 € ♦♦90/100 € – 1 suite

via Trovano 3 – 𝒞 06 957 8661
– www.amintaresort.it
– Chiuso novembre, domenica sera e lunedì

482

GENGA

Ancona – ⊠ 60040 – 1 797 ab. – Alt. 322 m – Carta regionale n° **11**-B2
Carta stradale Michelin 563-L20

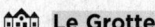 **Le Grotte**   ⚐ 🦢 ⪻ 🛏 ⤳ 🐾 ⊡ ♿ Ⓐ 🎽 🐕 🅿

TRADIZIONALE · CLASSICO In un suggestivo paesaggio naturalistico fra gole e
grotte di Frasassi, un albergo moderno con piccolo centro benessere, nonché
camere spaziose ed eleganti. Nel ristorante dalla lunga tradizione gastronomica
vi attendono ottimi piatti di cucina regionale. E' possibile organizzare colazioni
di lavoro e cerimonie.

23 cam ⌑ – †75/85 € ††110/220 € – 1 suite
località Pontebovesecco 14, Sud: 2 km – ℰ 0732 972065 – www.hotellegrotte.it

E. Mymrin/Moment

CI PIACE...

L'impressione di cenare "a bordo" suscitata da **Toto al Porto Antico**, locale sul molo della nuova zona portuale. L'incantevole posizione del ristorante **Capo Santa Chiara** a Boccadasse. Indugiare nell'enciclopedica carta dei vini di **Bruxaboschi**, ristorante con più di 150 anni di attività!

GENOVA

(GE) – ✉ 16124 – 586 655 ab. – Alt. 19 m – Carta regionale n° **8**-C2
Carta stradale Michelin 561-I8

Ristoranti

ⅰ○ **Ippogrifo**   🆎 ⇔

PESCE E FRUTTI DI MARE · ELEGANTE XXX Ottima cucina a base di pesce in un elegante locale rinnovato secondo un gusto moderno e luminoso. Frequentato da habitué e gestito da due abili fratelli, il ristorante si trova in zona fiera.

Carta 45/102 €

Pianta: F3-n – *via Gestro 9/r* ✉ *16129*
– ℰ *010 592764* – *www.ristoranteippogrifo.it*
– *Chiuso 13-28 agosto*

ⅰ○ **Le Perlage**   ⅜⅜ 🆎

PESCE E FRUTTI DI MARE · CHIC XXX Ottimo indirizzo per gli amanti del pesce: nelle due piccole, ma eleganti salette, il *patron* vi farà assaggiare le squisitezze di mare preparate dalla moglie. Volendo, accompagnate da una buona scelta di vini e champagne.

🍷 Menu 25 € (pranzo in settimana)/80 € – Carta 42/91 €

Pianta: F3-b – *via Mascherpa 4/r* ✉ *16129*
– ℰ *010 588551* – *www.leperlage.com*
– *Chiuso 12-27 agosto e domenica*

ⅰ○ **Capo Santa Chiara**   ≼ 🏠 ⅙ 🆎

CUCINA CREATIVA · ELEGANTE XX All'estremo della romantica spiaggetta di Boccadasse, un locale rinnovato e moderno dove lo chef propone la sua cucina creativa forte di tanti anni di sperimentazione. Incantevole terrazza sul mare per la bella stagione.

Menu 60 € – Carta 53/83 €

Pianta: B2-a – *via Al Capo di Santa Chiara, 69 Boccadasse* ✉ *16124*
– ℰ *010 798 1571* – *www.ristorantecaposantachiara.com* – *Chiuso lunedì da ottobre ad aprile*

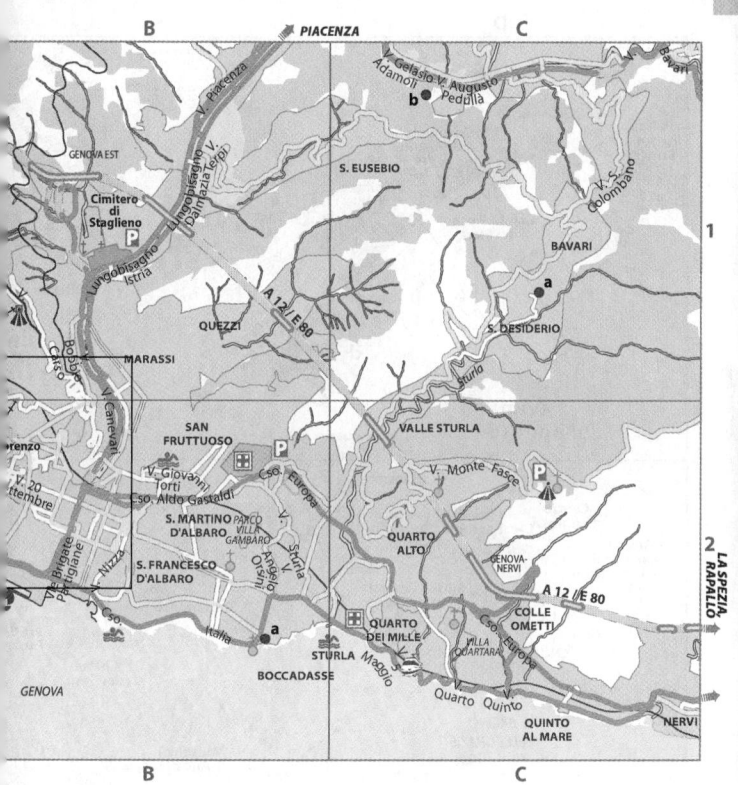

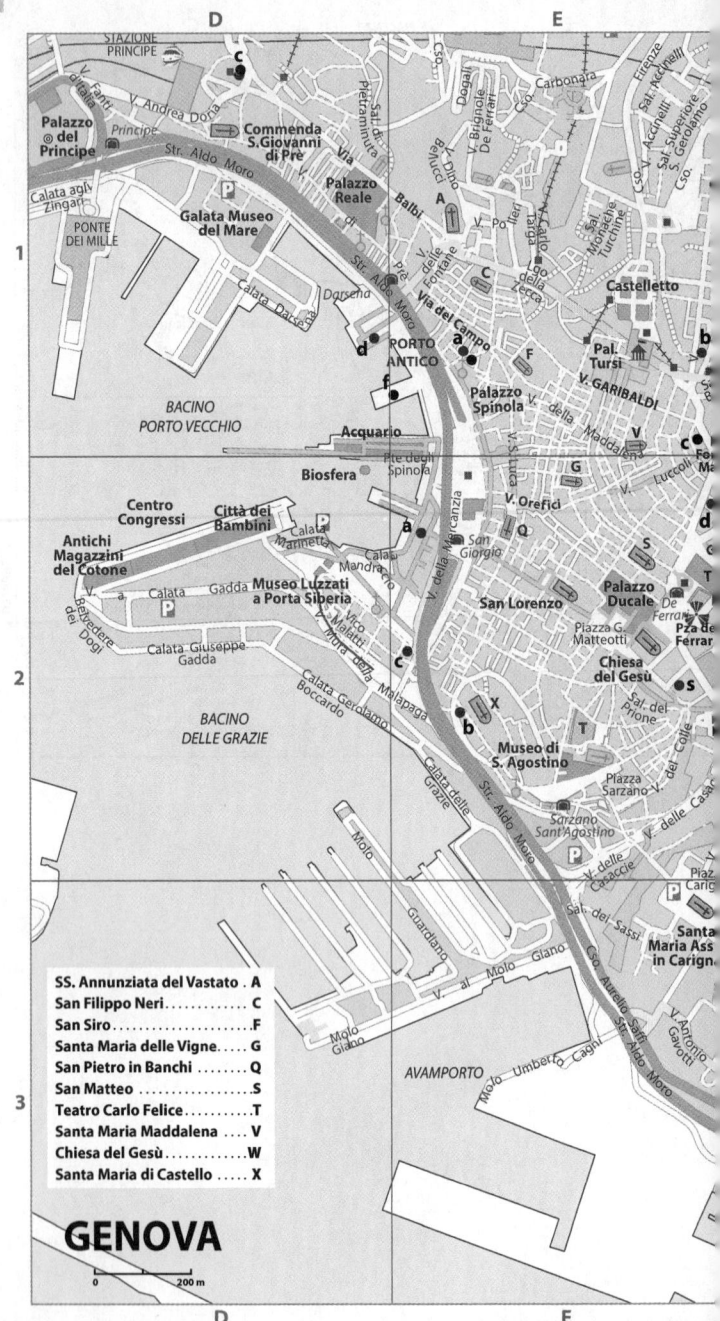

GENOVA

0   200 m

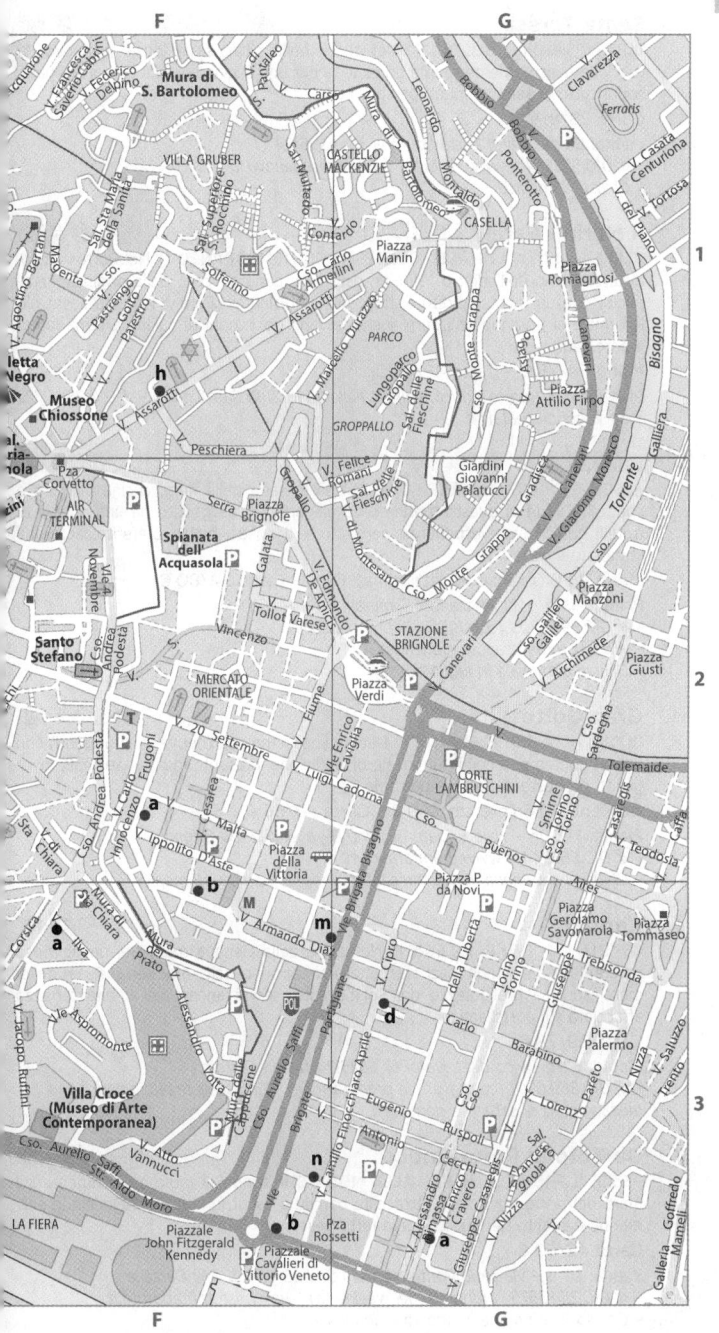

🍴 Santa Teresa 🏠 AC

CUCINA LIGURE • RUSTICO XX Nel cuore della città, se il locale è nuovo, la gestione è sicuramente rodata ed esperta per una cucina ligure e di mare venata, soprattutto la sera, di spunti personali.

Carta 28/81 €

Pianta: E2-s – *via di Porta Soprana 55r* ✉ *16124*
– *☎ 010 583534* – *www.ristorantesantateresagenova.it*
– *Chiuso domenica*

🍴 Il Marin - Eataly ≼ 🏠 ♿ AC

PESCE E FRUTTI DI MARE • CONTESTO CONTEMPORANEO XX Nel Porto Antico, al terzo piano dell'edificio Millo, un ristorante panoramico e dalla originale semplicità con un menu ispirato al territorio e al marchio Eataly. Per una sosta più informale si possono utilizzare anche le varie postazioni di cucina a tema lungo il percorso.

Menu 54/75 € – Carta 48/88 €

Pianta: E2-a – *porto Antico, edificio Millo* ✉ *16121* ⓜ *San Giorgio* – *☎ 010 869 8722*
– *www.genova.eataly.it*

🍴 San Giorgio 🦀 AC

PESCE E FRUTTI DI MARE • CHIC XX Non lontano dalla fiera, cucina di mare e specialità liguri in questo moderno ed elegante locale gestito da una coppia di fratelli con provata esperienza nel settore. Il nostro piatto preferito: acciughe impanate e fritte.

Menu 45 € (pranzo in settimana)/60 € – Carta 34/80 €

Pianta: G3-a – *via Alessandro Rimassa 150 r* ✉ *16129*
– *☎ 010 595 5205 (consigliata la prenotazione)*
– *www.ristorantesangiorgiogenova.it*
– *Chiuso domenica in luglio-agosto*

🍴 Gran Gotto ♿ AC

CUCINA LIGURE • ELEGANTE XX Due luminosi ambienti (nuova sala fumatori) con quadri contemporanei, in un locale di tradizione, presente in città dal 1938; invoglianti proposte di pesce e non solo.

🍸 Menu 20 € (pranzo)/40 € – Carta 48/66 €

Pianta: FG3-m – *viale Brigate Bisagno 69/r* ✉ *16129* ⓜ *Brignole*
– *☎ 010 564344* – *www.grangotto.com*
– *Chiuso 1 settimana in agosto, sabato a mezzogiorno e domenica*

🍴 Kapperi 🏠 AC

CUCINA LIGURE • FAMILIARE XX Nel cuore della Genova marinara, un delizioso ristorantino dalle molteplici sfaccettature: sapori classici mediterranei, crudo di mare, sushi e prelibatezze del Sol Levante, serviti anche nell'ambita terrazza affacciata sul porto antico.

Carta 39/78 €

Pianta: E2-c – *vico dei Lavatoi 6r* ✉ *16124* ⓜ *San Giorgio*
– *☎ 010 869 6901 (consigliata la prenotazione)* – *Chiuso gennaio, lunedì e i mezzogiorno di sabato e domenica*

🍴 Da Toto al Porto Antico ≼ 🏠 AC

PESCE E FRUTTI DI MARE • ALLA MODA XX In fondo al molo, praticamente sul mare del porto dove sono attraccate barche e yacht, un piacevole locale in stile marina-elegante per una cucina a tutto pesce.

Carta 42/69 €

Pianta: D1-d – *via Molo Ponte Morosini Sud 20* ✉ *16124* ⓜ *Darsena*
– *☎ 010 254 3879 (prenotare nei week-end)* – *www.ristorantedatoto.it*
– *Chiuso 2 settimane in agosto e domenica*

⁺○ Le Cicale in Città
AC ⇖

PESCE E FRUTTI DI MARE · ACCOGLIENTE XX Intima atmosfera in questo locale diviso in ambienti comunicanti, impreziositi da specchi antichi: piatti prevalentemente a base di pesce fresco, cucinati in maniera classica.

Carta 40/97 €

Pianta: F3-b – *via Macaggi 53* ⊠ *16121* Ⓜ *Brignole* – ℰ *010 592581*
– *www.le-cicale.it* – *Chiuso 2 settimane in agosto, sabato a mezzogiorno e domenica*

⁺○ Da Rina
AC

CUCINA LIGURE · FAMILIARE XX Sotto le caratteristiche volte del '400 di una trattoria presente dal 1946, un "classico" della ristorazione cittadina, che da anni garantisce il meglio del mercato ittico.

🍽 Menu 25 € (pranzo in settimana)/60 – Carta 32/83 €

Pianta: E2-b – *via Mura delle Grazie 3/r* ⊠ *16128* Ⓜ *Sarzano Sant'Agostino*
– ℰ *010 246 6475* – *www.ristorantedarina.it* – *Chiuso 5 agosto-1° settembre e lunedì*

⁺○ Voltalacarta
AC

CUCINA MODERNA · ALLA MODA XX "Volta la carta" è una canzone estremamente allegorica: dietro ogni figura si nasconde un personaggio. Dietro la porta di questo locale si cela un ambiente grazioso e curato, dove un giovane e dinamico chef prepara intriganti specialità di mare, selezionando ottimi prodotti.

Menu 50 € – Carta 41/83 €

Pianta: F1-h – *via Assarotti 60/r* ⊠ *16122* – ℰ *010 831 2046 (coperti limitati, prenotare)* – *www.voltalacartagenova.it* – *solo a cena* – *Chiuso 1°-5 gennaio, 16 agosto-5 settembre e domenica*

⁺○ Tralalero
🏠 AC

CUCINA LIGURE · OSTERIA X Un'ottima cucina che poggia le sue basi sulla tradizione locale, proponendo i proverbiali cavalli di battaglia del ricettario regionale non disgiunti da altre specialità di pesce: più classiche, ma comunque convincenti!

🍽 Menu 18 € (in settimana)/55 € – Carta 29/56 €

Pianta: D1-c – *Grand Hotel Savoia, via Arsenale di Terra 5* Ⓜ *Principe*
– ℰ *010 277 2834* – *www.trattoriatralalero.it*

⁺○ Il Michelaccio
🤝 AC

CUCINA CREATIVA · BISTRÒ X Centrale, ad un passo da via XX Settembre, un vero e proprio bistrot con proposte di cucina creativa su carta o del giorno elencate in lavagna. Vini solo naturali.

Carta 30/73 €

Pianta: F2-a – *via Frugoni 49 r* ⊠ *16121* – ℰ *010 570 4274* – *www.ilmichelaccio.it*
– *Chiuso 6-29 agosto, sabato a mezzogiorno e domenica*

⁺○ Soho Restaurant & Fish Work
🏠 AC ⇖

PESCE E FRUTTI DI MARE · BISTRÒ X In uno dei vicoli di fronte all'Acquario, locale multitasking ed informale, dominato dal contrasto fra antico e moderno: è un ristorante, wine-bar, pescheria. Pleonastico dire che le specialità attingono al mare.

🍽 Menu 25/60 € – Carta 33/78 €

Pianta: E1-a – *via al Ponte Calvi 20 r* ⊠ *16124 Genova* Ⓜ *Darsena*
– ℰ *010 869 2548* – *www.ristorantesoho.it*

⁺○ Spin Ristorante-Enoteca Sola
🔗 AC ⇖

CUCINA REGIONALE · BISTRÒ X Un piccolo locale stile bistrot, nato come enoteca e poi trasformatosi anche in ristorante: ampia scelta di etichette con grande attenzione ai vini biodinamici e una cucina schietta, che punta sulla qualità della materia prima. In vendita anche prodotti enogastronomici di qualità genovesi e non solo.

Carta 32/68 €

Pianta: G3-d – *via Carlo Barabino 120/r* ⊠ *16129* Ⓜ *Brignole* – ℰ *010 594513*
– *www.enotecasolaristorante.com* – *Chiuso domenica in agosto*

⬤ **Le Rune**

CUCINA LIGURE · RUSTICO ⅄ Diverse piccole salette con tavoli anche sopra la cucina – apparentemente molto ambiti, sebbene faccia un po' caldo – per una linea gastronomica legata alla regione e al mare; proposte economiche e piatti unici.

⬤ Menu 11 € (pranzo in settimana) – Carta 22/46 €

Pianta: E1-b – *salita Sant'Anna 13R* ⊠ *16124* – ℰ *010 594951*
– *www.ristorantelerune.it* – *Chiuso domenica e sabato a mezzogiorno*

Alberghi

⬤⬤⬤⬤ **Grand Hotel Savoia**   ⬤ ⬤ ⬤ ⬤ ⬤ ⬤ ⬤ ⬤

STORICO · GRAN LUSSO A lato della stazione di Piazza Principe, storico hotel riportato allo splendore di un tempo grazie ad un accurato restauro: raffinatezza negli arredi e confort di alto livello, nonché una bellissima terrazza panoramica al 7° piano che ospita - in estate - le colazioni e il ristorante serale "La terrazza di Salgari".

115 cam ⊡ – ♦134/594 € ♦♦149/609 € – 2 suites

Pianta: D1-c – *via Arsenale di Terra 5* ⊠ *16126* ⬤ *Principe* – ℰ *010 27721*
– *www.grandhotelsavoiagenova.it*

⬤ **Tralalero** – Vedere selezione ristoranti

⬤⬤⬤⬤ **Melià Genova**   ⬤ ⬤ ⬤ ⬤ ⬤ ⬤ ⬤ ⬤

GRAN LUSSO · CONTEMPORANEO In un bel palazzo dei primi '900, nel prestigioso quartiere Carignano, hotel di lusso caratterizzato da spazi moderni, centro benessere con piccola piscina, camere confortevoli dove predominano colori ricercati ed eleganti: platino, titanio e rame. Sapori mediterranei, rivisitati in chiave moderna e talvolta "alleggeriti", al Blue Lounge bar and restaurant.

97 cam ⊡ – ♦150/420 € ♦♦165/420 € – 2 suites

Pianta: F3-a – *via Corsica 4* ⊠ *16128* – ℰ *010 531 5111* – *www.melia.com*

⬤⬤⬤⬤ **NH Marina**   ⬤ ⬤ ⬤ ⬤ ⬤ ⬤ ⬤

HOTEL DI CATENA · ORIGINALE Ardesia, mogano e acero sono il leitmotiv degli eleganti, caldi interni di questo moderno, ideale "vascello", costruito sul Molo Calvi, di cui restano tracce nella hall. Decorazioni che evocano vele e navi nel ristorante "a prua" dell'hotel; dehors estivo.

133 cam – ♦89/629 € ♦♦109/809 € – 7 suites – ⊡ 25 €

Pianta: E1-f – *molo Ponte Calvi 5* ⊠ *16124* ⬤ *Darsena* – ℰ *010 25391*
– *www.nhcollection.com*

⬤⬤⬤ **Bristol Palace**   ⬤ ⬤ ⬤ ⬤ ⬤

LUSSO · STORICO Sull'elegante via XX Settembre, la raffinatezza d'antan in questo antico palazzo di fine '800. La splendida scala ellittica si snoda nella piccola hall per condurvi a camere d'indiscusso charme. Spazi comuni su differenti livelli con stucchi e tappezzerie; ristorante al secondo piano nella sala affrescata.

128 cam ⊡ – ♦109/300 € ♦♦119/470 € – 5 suites

Pianta: F2-n – *via XX Settembre 35* ⊠ *16121* ⬤ *De Ferrari* – ℰ *010 592541*
– *www.hotelbristolpalace.com*

⬤⬤⬤ **City Hotel**   ⬤ ⬤ ⬤ ⬤ ⬤

BUSINESS · CENTRALE Vicino a piazza De Ferrari, confort omogeneo per un hotel con zone comuni di taglio classico, camere sobrie e funzionali, nonché mini suite panoramiche all'ultimo piano. Contenuto, ma accogliente il nuovo centro benessere.

64 cam ⊡ – ♦99/233 € ♦♦107/272 €

Pianta: E2-e – *via San Sebastiano 6* ⊠ *16123* ⬤ *De Ferrari* – ℰ *010 584707*
– *www.bwcityhotel-ge.it*

🏠 **Porto Antico** ⬆ AC

BUSINESS · ACCOGLIENTE Fra il centro storico e la marina del porto antico, un nuovissimo hotel con camere molto belle, moderne e funzionali. Dal terrazzo delle suite all'ultimo piano, la vista abbraccia città e mare.

50 cam – ♦85/250 € ♦♦95/290 € – � 3 €

Pianta: E1-a – *Via al Ponte Calvi, 5* ✉ *16124* Ⓜ *Darsena* – ☎ *010 251 8249*
– www.hotelportoantico.it

🏠 **Metropoli** ⬆ AC

BUSINESS · CENTRALE A due passi dall'antica "Via Aurea" sorge questa piacevole struttura dotata di confortevoli camere, dove la predominanza dei colori pastello fa risaltare i mobili in noce e il caldo parquet.

52 cam ⊒ – ♦72/153 € ♦♦89/178 €

Pianta: E1-c – *piazza Fontane Marose* ✉ *16123* Ⓜ *De Ferrari* – ☎ *010 246 8888*
– www.hotelmetropoli.it

verso Molassana Nord: 5,5 km B1

🍴 **La Pineta** 🛋 P

CUCINA LIGURE · AMBIENTE CLASSICO XX Un gran camino troneggia in questo luminoso e caldo ristorante, che dispone anche di un grazioso dehors. Cucina tradizionale casalinga, tra le specialità: carne e pesce alla brace.

Carta 33/49 €

Pianta: C1-b – *via Gualco 82, a Struppa* ✉ *16165* – ☎ *010 802772*
– www.ristorantelapineta.org – Chiuso 1 settimana in febbraio, 3 settimane in agosto, domenica sera e lunedì

a Cornigliano Ligure Ovest: 7 km direzione Nervi ✉ 16152

🍴 **Da Marino** AC

CUCINA LIGURE · FAMILIARE X Locale semplice ed accogliente, grazie alla grande dedizione delle titolari. La stessa cura è riservata alla cucina: tradizionale ligure, eseguita con grande amore.

Carta 37/68 €

Pianta: A1-d – *via Rolla 36/r* – ☎ *010 651 8891 – solo a pranzo – Chiuso sabato e domenica*

a San Desiderio Nord-Est: 8 km per via Timavo ✉ 16133

🍽 **Bruxaboschi** 🎋 🛋 P

CUCINA LIGURE · CONVIVIALE XX Dal 1862 la tradizione si è perpetuata di generazione in generazione in una trattoria con servizio estivo in terrazza. Cucina del territorio e periodiche serate a tema alla riscoperta di antichi piatti delle valli liguri, nonché interessante selezione di vini e distillati. Indecisi sulla scelta? Il fritto misto alla genovese è sempre una certezza!

Carta 29/62 €

Pianta: C1-a – *via Francesco Mignone 8* – ☎ *010 345 0302 (prenotazione obbligatoria a mezzogiorno) – www.bruxaboschi.com*
– Chiuso 24 dicembre-5 gennaio, 3 settimane in agosto, domenica sera e lunedì

a Sestri Ponente Ovest: 10 km direzione aeroporto ✉ 16154

🍴 **Toe Drûe** AC

CUCINA CREATIVA · ACCOGLIENTE XX Toe Drûe – tavole spesse, per chi non mastica il ligure – come di spessore è la sua cucina fatta di specialità regionali rivisitate con creatività in un ambiente caldo e di discreta eleganza con fonte battesimale dei primi dell'Ottocento.

🍽 Menu 25 € (pranzo in settimana) – Carta 36/67 €

via Corsi 44/r – ☎ 010 650 0100 – www.toedrue.it – Chiuso 1 settimana in agosto, sabato a mezzogiorno e domenica

a Voltri Ovest: 18 km direzione aeroporto ⊠ 16158

Ostaia da ü Santü ⟨⟩ 🏠 🅿

CUCINA LIGURE · OSTERIA 🕇 La breve passeggiata a piedi lungo una stradina di campagna sarà l'anticipo di quello che troverete all'osteria: una gustosa cucina casalinga per riscoprire i genuini sapori locali, come i taglierini al sugo di verdure stagionali o il coniglio in arrosto al rosmarino. Piacevole pergolato per il servizio estivo.

Carta 27/38 €

via al Santuario delle Grazie 33, Nord: 1,5 km
- ℰ 010 613 0477 (consigliata la prenotazione) – www.ostaiadausantu.com
- Chiuso 25 dicembre-10 febbraio, 16-30 settembre, domenica sera, lunedì, martedì e le sere di mercoledì e giovedì da ottobre a giugno

Il Gigante ᴀᴄ

PESCE E FRUTTI DI MARE · CONVIVIALE 🕇🕇 Un ex olimpionico di pallanuoto appassionato di pesca gestisce questo simpatico locale: due salette di taglio classico e sobria semplicità e piatti, ovviamente, di mare.

Menu 30/50 € – Carta 34/94 €

via Lemerle 12/r
- ℰ 010 613 2668 – www.ristoranteilgigante.it
- Chiuso domenica sera e lunedì

La Voglia Matta ♿ ᴀᴄ

CUCINA CREATIVA · CONTESTO CONTEMPORANEO 🕇🕇 Avete una voglia matta di gustare specialità di pesce? Bussate in questo bel palazzo del Cinquecento: fra le sue mura troverete un locale fresco e giovanile, con tante fantasiose proposte ittiche.

Menu 35/100 € – Carta 40/64 €

via Cerusa 63 r
- ℰ 010 610 1889 (consigliata la prenotazione la sera) – www.lavogliamatta.org
- Chiuso domenica sera e lunedì, anche domenica a mezzogiorno in luglio-agosto

a Pegli Ovest: 13 km direzione aeroporto ⊠ 16155

Teresa 🕅 ♿ ᴀᴄ

CUCINA MODERNA · AMBIENTE CLASSICO 🕇🕇 Foto d'epoca alle pareti e conduzione tutta al femminile per proposte di mare, ma non solo, in un ristorante che ha festeggiato più di 40 anni! Ambiente piacevolmente classico.

Menu 26 € (pranzo in settimana)/65 € – Carta 42/96 €

piazza Lido di Pegli 5 r
- ℰ 010 697 3774 – www.ristoranteteresa.com
- Chiuso martedì

GHEDI

Brescia – ⊠ 25016 – 18 905 ab. – Alt. 85 m – Carta regionale n° **9**-C1
Carta stradale Michelin 561-F12

Trattoria Santi ⟨⟩ 🏠 🕅 ♲ 🅿

CUCINA REGIONALE · FAMILIARE 🕇 Dal 1919 un'intramontabile osteria di campagna, che si fregia di avere come obiettivo la riscoperta della genuina cucina locale: casoncelli, paste fatte in casa e grigliate miste.

🍴 Menu 19/50 € – Carta 20/28 €

via Calvisano 73, Sud-Est: 4 km
- ℰ 030 901345 – www.trattoriasanti.it
- Chiuso gennaio, martedì sera e mercoledì

GHIFFA

Verbano-Cusio-Ossola – ⊠ 28823 – 2 413 ab. – Alt. 201 m – Carta regionale n° **13**-B1
Carta stradale Michelin 561-E7

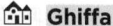 **Ghiffa**

FAMILIARE · ACCOGLIENTE In riva al lago, signorile struttura di fine '800 dotata di terrazza-giardino con piscina riscaldata: ottimi confort e conduzione professionale. Pavimento in parquet nella sala da pranzo con grandi vetrate; cucina classica e del territorio.

37 cam ⌴ – ♦105/145 € ♦♦175/265 €

corso Belvedere 88 – ℰ 0323 59285 – www.hotelghiffa.com – Aperto 13 aprile-11 ottobre

GHIRLANDA Grosseto → Vedere Massa Marittima

GIARDINI NAXOS **Sicilia**

Messina – ✉ 98035 – 9 415 ab. – Carta regionale n° **17**-D2
Carta stradale Michelin 365-BA56

🍴 **Sea Sound**

PESCE E FRUTTI DI MARE · STILE MEDITERRANEO ⅩⅩ Sentirete il suono del mare in questo locale estivo con servizio su una bella terrazza immersa nel verde: indiscutibile punto di riferimento per una cucina di pesce schietta e fragrante.

Carta 32/67 €

via Jannuzzo 37 – ℰ 0942 54330 – Aperto 22 aprile-31 ottobre

 Palladio

FAMILIARE · LUNGOMARE Affacciato sulla baia, un roof garden all'aperto con bellissima vista sul golfo di Naxos e un'ondata di genuina ospitalità siciliana che vi avvolgerà in ambienti carichi di artigianato e prodotti isolani. L'amore per questa terra continua anche nei piatti del ristorante con prodotti locali selezionati tra il biologico e il commercio equosolidale.

18 cam ⌴ – ♦50/210 € ♦♦60/305 € – 1 suite

corso Umberto I° 470 – ℰ 0942 52267 – www.hotelpalladiogiardini.com – Chiuso 11 gennaio-28 febbraio

GIAU (Passo di) Belluno → Vedere Cortina d'Ampezzo

GIGLIO (Isola del)

Grosseto – 1 413 ab. – Alt. 498 m – Carta regionale n° **18**-C3
Carta stradale Michelin 563-O14

Giglio Porto – ✉ 58012 – Carta regionale n° **18**-C3

Carta stradale Michelin 563-O14

🍴 **La Vecchia Pergola**

PESCE E FRUTTI DI MARE · ROMANTICO Ⅹ La risorsa a gestione familiare, consta di un'unica sala e di una terrazza, con vista contemporaneamente sul paese e sul porto, dove assaggiare prelibatezze di mare.

Carta 21/45 €

via Thaon de Revel 31 – ℰ 0564 809080 – Aperto 15 marzo-15 ottobre; chiuso mercoledì

a Giglio Campese Nord-Ovest : 8,5 km ✉ 58012

 **Campese**

FAMILIARE · ACCOGLIENTE Direttamente sulla spiaggia, l'hotel vanta ampi ambienti di tono classico con soluzioni d'arredo lineari in tinte chiare e sfumature azzurre (da preferirsi le 8 nuove camere superior con balcone!). In posizione panoramica, affacciato sul mare, il ristorante propone ricette regionali di carne e di pesce.

47 cam – solo ½ P 120/160 €

via Della Torre 18 – ℰ 0564 804003 – www.hotelcampese.com – Aperto 1° maggio-30 settembre

🏠 Le Poste di Simplicio   AC P

FAMILIARE · MEDITERRANEO Tipica casa isolana affacciata sulla romantica spiaggia di Campese, le camere sono semplici e bianco-azzurre, ciascuna dispone di un piccolo terrazzino con sedie sdraio dove viene servita la colazione. Pochi gradini e si è al mare.

6 cam 🖵 – ♥70/100 € ♥♥100/160 €

via di Mezzo Franco 12 – ✆ 347 174 4809 – www.lepostedisimplicio.it – Aperto Pasqua-31 ottobre

a Giglio Castello Nord-Ovest : 6 km ⊠ 58012

🍴 Da Maria

CUCINA REGIONALE · RUSTICO X Nel centro medievale del Castello, una casa d'epoca dai toni rustici ospita un ristorante a conduzione familiare con proposte del territorio e soprattutto specialità di pesce.

Carta 28/57 €

via della Casamatta 12 – ✆ 0564 806062 – Chiuso gennaio, febbraio e mercoledì escluso 15 giugno-15 settembre

🍴 Il Grembo ⓝ   AC

CUCINA DEL TERRITORIO · FAMILIARE X In una cantina del XII secolo, un ambiente familiare e romantico dove gustare una cucina locale, non necessariamente di mare. Su richiesta, si organizzano anche cene in spiaggia.

Menu 35 € (pranzo)/61 € – Carta 36/71 €

via di Mezzo Franco 27/2 ⊠ 58012 – ✆ 370 1231640 – Chiuso mercoledì in bassa stagione

GIGNOD

Aosta – ⊠ 11010 – 1 710 ab. – Alt. 988 m – Carta regionale n° **21**-A2
Carta stradale Michelin 561-E3

🏵️ La Clusaz (Maurizio Grange)   🍴 ⟵ 🚗

CUCINA REGIONALE · RUSTICO XX La storia di questa casa montana è ormai millenaria, le sue pietre e i suoi ambienti vi raccontano le tradizioni valdostane non meno della cucina, giunta ora ad emozionanti livelli. Tra ricette storiche e prodotti regionali, il territorio regala piatti di grande originalità che non troverete altrove. L'ospitalità continua nelle camere, da quelle più semplici a quelle decorate da un'artista locale; rinnovata la sala colazione in uno stile rustico-contemporaneo.

➔ Spaghetti di Gragnano al cacio e pepe (caprino locale stagionato e leggermente affumicato). Piccione in due cotture... e la sua anima. La tarte Tatin nelle diverse declinazioni stagionali (pere Martin inverno, pesche estate).

Menu 50 € (in settimana)/65 € – Carta 41/85 €

14 cam – ♥65/85 € ♥♥75/120 € – 🖵 10 €

località La Clusaz, Nord-Ovest: 4,5 km – ✆ 0165 56075 (consigliata la prenotazione) – www.laclusaz.it – Chiuso 11 maggio-7 giugno, 11 novembre-6 dicembre, mercoledì a mezzogiorno e martedì escluso agosto

GIOIA DEL COLLE

Bari – ⊠ 70023 – 27 682 ab. – Alt. 358 m – Carta regionale n° **15**-C2
Carta stradale Michelin 564-E32

🏠 Osteria del Borgo Antico   🍴 AC

CUCINA REGIONALE · CONVIVIALE X Nel centro storico, sotto le volte in tufo, ma d'estate si mangia anche all'aperto, un ristorante che promuove la cucina del territorio in chiave moderna. Specialità: spaghettoni alla Poveraccia - guancia di vitello brasata con fonduta di scamorza fumé e carciofi fritti.

🍴 Menu 25 € (pranzo)/35 € – Carta 25/55 €

corso Cavour 89 – ✆ 080 343 0837 – www.borgoanticaosteria.it – Chiuso 9-16 gennaio, 21-28 agosto, domenica sera e lunedì

🍴○ **Trattoria Pugliese**   AC

CUCINA PUGLIESE • FAMILIARE ✗ La trattoria sarà anche pugliese, ma ai fornelli ci sta un intraprendente chef siciliano i cui piatti (rigorosamente locali!) "danzano" al ritmo delle stagioni.

Carta 23/45 €

via Concezione 9/11 – ℰ 080 343 1728 – www.trattoriapugliese.it – Chiuso domenica sera e lunedì

GIOVI Arezzo → Vedere Arezzo

GIOVINAZZO
Bari – ✉ 70054 – 20 480 ab. – Carta regionale n° **15**-B2
Carta stradale Michelin 564-D32

🏨 **Lafayette**   ✿ ⅃ � ⊡ � AC ⅍ P

TRADIZIONALE • ACCOGLIENTE Lungo la litoranea per Molfetta, l'albergo offre camere accoglienti dagli arredi contemporanei, una grande piscina, un'altra più piccola per bambini e accesso diretto a due spiagge, in cemento o ghiaia. Ristorante direttamente sul mare con specialità ittiche e bella terrazza.

20 cam � – ♦90/110 € ♦♦140/160 €

s.s. 16, km 781+400 – ℰ 080 394 7022 – www.lafaiette.com

GIOVO
Trento – ✉ 38030 – 2 464 ab. – Alt. 496 m – Carta regionale n° **19**-B2
Carta stradale Michelin 562-D15

a Palù Ovest : 2 km ✉ 38030 – Palù Di Giovo

🏨 **Agriturismo Maso Pomarolli**   ✿ ⅌ ⪡ ⅗ ⅍ P

FAMILIARE • TRADIZIONALE Per chi ama la tranquillità, il panorama e la natura, ecco un agriturismo attorniato da vigneti e frutteti con camere semplici ed accoglienti. Imperdibile il sentiero del melo con 52 varietà di pomi.

7 cam ⊡ – ♦40/50 € ♦♦70 €

*località Maso Pomarolli 10 – ℰ 0461 684571 – www.agriturmasopomarolli.it
– Chiuso 8 gennaio-22 febbraio*

GIULIANOVA LIDO
Teramo – ✉ 64021 – 21 634 ab. – Carta regionale n° **1**-B1
Carta stradale Michelin 563-N23

😊 **Osteria dal Moro**   AC

PESCE E FRUTTI DI MARE • FAMILIARE ✗ Ristorantino stile bistrot, dove la cucina esclusivamente di pesce cambia in funzione della disponibilità del mercato. La proposta è a voce: lasciatevi quindi consigliare, ma non perdetevi la frittura mista.

Carta 23/50 €

lungomare Spalato 74 – ℰ 085 800 4973 – Chiuso 2-15 gennaio, 20-25 giugno, 7-21 settembre, martedì, anche mercoledì in settembre-maggio

🍴○ **Bistrot 900**   ⅗ ⅏ AC P

CUCINA CREATIVA • BISTRÒ ✗✗ Una cucina creativa che ama stupire, ma la sostanza c'è! E si manifesta nella fantasia cromatica delle sue presentazioni, nonché nelle buone materie prime artefici delle sue ricette. Tra luci soffuse che creano atmosfera, un moderno bistrot.

Menu 44/56 €

*via Galileo Galilei 226 – ℰ 085 800 7494 – www.ristorantebistrot900giulianova.it
– solo a cena – Chiuso domenica da metà settembre a metà maggio*

🏨 Sea Park Spa Resort

SPA E WELLNESS · CONTEMPORANEO A 100 m dal mare, un'architettura originale tra terrazze pensili, piscina e confortevoli camere di tono moderno. Struttura con una spiccata vocazione sportiva dispone di palestra, campo e scuola calcio. Al ristorante, un ricco buffet di verdure calde e fredde, i prodotti classici nazionali e proposte di pesce.

50 cam ☲ - ♦50/100 € ♦♦80/150 €

via Arenzano 19 – ℰ 085 802 5323 – www.seaparkresort.com – Aperto 1° aprile-30 settembre

🏨 Cristallo

BUSINESS · LUNGOMARE Frontemare, l'hotel offre luminosi spazi comuni di gusto moderno dalle calde tonalità di colore e camere confortevoli, adatte ad una clientela d'affari e turistica (quelle del quarto piano sono arredate secondo i dettami della bioarchitettura); al quinto c'è invece una terrazza solarium con vasche idromassaggio. Al ristorante, una delle più interessanti cucine di pesce della città.

70 cam ☲ - ♦55/110 € ♦♦70/170 € – 1 suite

lungomare Zara 73 – ℰ 085 800 3780 – www.hcristallo.it

🏨 Parco dei Principi

TRADIZIONALE · LUNGOMARE In prima fila sul lungomare - in un contesto tranquillo, immerso nel verde dei pini - l'hotel propone camere confortevoli (le migliori ai piani più alti), con vista panoramica sul mare o sulla collina. Per i piccoli ospiti, un bellissimo parco giochi per momenti di magico divertimento.

87 cam ☲ - ♦55/150 € ♦♦70/210 €

lungomare Zara
– ℰ 085 800 8935 – www.giulianovaparcodeiprincipi.it
– Aperto 15 maggio-17 settembre

🏨 Europa

BUSINESS · LUNGOMARE In posizione centrale e davanti al mare, la clientela d'affari apprezzerà l'efficienza dei servizi mentre quella balneare sarà conquistata dalla singolare piscina in spiaggia. Presso le ampie sale del ristorante è possibile anche allestire banchetti.

77 cam ☲ - ♦64/99 € ♦♦74/119 € – 2 suites

lungomare Zara 57 – ℰ 085 800 3600 – www.htleuropa.it

GIUSTINO Trento → Vedere Pinzolo

GIZZERIA LIDO

Catanzaro – ✉ 88048 – 3 648 ab. – Carta regionale n° **3**-A2
Carta stradale Michelin 564-K30

sulla strada statale 18

🍴 La Lampara

PESCE E FRUTTI DI MARE · FAMILIARE XX A pochi metri dal mare su cui si affaccia con la sua grande terrazza, un ristorante in stile classico-contemporaneo la cui attività risale al 1966. Da sempre paladini di una cucina marinara, fra i piatti più apprezzati: l'antipasto della Lampara e gli appetitosi fritti.

Carta 31/74 €

10 cam ☲ - ♦70/90 € ♦♦100/120 €

località Caposuvero, Nord-Ovest: 6 km ✉ 88040 – ℰ 0968 466193
– www.lalampararistorante.org – Chiuso 22 dicembre-5 gennaio e martedì escluso luglio e agosto

Pesce Fresco

PESCE E FRUTTI DI MARE • SEMPLICE XX In posizione comoda, sulla statale ma non lontano dal mare, il nome anticipa già i contenuti: fresco pescato giornaliero alla base dei piatti per cui, va da sé, molte proposte sono fatte a voce. Non mancano, però, le carni.

Carta 37/79 €

via Nazionale 33, Nord-Ovest: 2 km ✉ 88040 - ✆ 0968 466200 - www.ristoranteilpescefresco.com - Chiuso 24 dicembre-5 gennaio e domenica sera

GLORENZA GLURNS

Bolzano - ✉ 39020 - 896 ab. - Alt. 907 m - Carta regionale n° **19**-A2
Carta stradale Michelin 562-C13

Zur Post

CUCINA REGIONALE • CONVIVIALE X Locale sempre affollatissimo (gettonatissima la graziosa terrazza esterna), un po' per la sua cucina a metà strada tra il regionale ed il classico-italiano, un po' per la tipicità dell'ambiente: ultimo, ma non ultimo il buon rapporto qualità/prezzo. Il gröstl alla tirolese, in alternativa allo speck, tra i piatti forti della casa.

Menu 24 € (in settimana)/32 € - Carta 27/71 €

Hotel Zur Post, via Flora 15 - ✆ 0473 831208 - www.hotelpostglurns.com - Chiuso 6 gennaio-30 marzo

Zur Post

FAMILIARE • STILE MONTANO All'interno della cinta muraria della pittoresca Glorenza, un albergo di antichissime tradizioni: una sorta di Gasthaus familiare e semplicissima, ormai alla quinta generazione, ideale per chi vuole soggiornare in una struttura "corretta" a prezzi contenuti.

29 cam - †45/75 € ††100/140 €

via Flora 15 - ✆ 0473 831208 - www.hotelpostglorenza.com - Chiuso 6 gennaio-30 marzo

Zur Post - Vedere selezione ristoranti

GLURNS GLORENZA

GODIA Udine → Vedere Udine

GODIASCO SALICE TERME

Pavia (PV) - ✉ 27052 - 3 229 ab. - Alt. 196 m - Carta regionale n° **9**-A3
Carta stradale Michelin 561-H9

Guado

CUCINA REGIONALE • CONTESTO TRADIZIONALE XX Se la moderna sala al piano superiore si propone per aperitivi e piccole proposte gastronomiche - salumi e schiacciate ripiene (focacce) - ambienti più classici al pianterreno ospitano una cucina del territorio e qualche caposaldo della tradizione nazionale.

Carta 39/54 €

viale delle Terme 57 - ✆ 0383 91223 - www.ristoranteguado.it - Chiuso 15 giorni in gennaio, venerdì a mezzogiorno e giovedì

Ca' Vegia

MODERNA • ACCOGLIENTE XX Centrale, si è avvolti dalla romantica rusticità di pietre a vista e arredi in legno. Se ne distacca la cucina con piatti più moderni e fantasiosi, a prevalenza di pesce. D'estate, al night cafè *L' Officina* s'inizia o - viceversa -finisce la serata.

Menu 40/60 € - Carta 38/97 €

viale Diviani 27 - ✆ 0383 934088 (consigliata la prenotazione) - www.cavegia.it - solo a cena escluso sabato, domenica e festivi - Chiuso martedì

GOLFO ARANCI Sardegna

Olbia-Tempio (OT) – ✉ 07020 – 2 429 ab. – Carta regionale n° **16**-B1
Carta stradale Michelin 366-S37

🍴○ **Terza Spiaggia** ⟨ 🏖 AC ⟩

PESCE E FRUTTI DI MARE · ACCOGLIENTE XX Approdare ad una spiaggia così, è il sogno di tutti: stabilimento balneare di giorno e romantico ristorante la sera, pochi coperti ed un'interessante cucina a base di pesce.

Carta 44/101 € – carta semplice a pranzo

via degli Asfodeli, località Terza Spiaggia – ✆ 0789 46485 (consigliata la prenotazione) – www.terzaspiaggia.com – solo a cena in alta stagione – Aperto 1° aprile-30 settembre; chiuso mercoledì in aprile-maggio

🏠 **Villa Margherita** ⟨ 🏖 🌡 ♨ 🛗 AC 🅿 ⟩

FAMILIARE · PERSONALIZZATO Signorile hotel a conduzione diretta che si ubica in centro, ma fronteggia la spiaggia: ameno giardino con piscina, camere di buon livello tutte rinnovate. Piacevole zona relax con bagno turco. Ambiente ricercato dai caldi colori al ristorante, dove la cucina locale sposa sapori forti e semplici, terra e mare.

40 cam ⟐ – †124/305 € ††144/335 € – 2 suites

via Libertà 91 – ✆ 0789 46912 – www.margheritahotel.net – Aperto 1° aprile-31 ottobre

🏠 **Gabbiano Azzurro** ⟨ 🌡 🏖 🛗 AC ⟩

TRADIZIONALE · CLASSICO Hotel a conduzione familiare ubicato all'inizio della "Terza Spiaggia". Bella vista dalle terrazze e da alcune delle confortevoli camere. Anche dalla sala ristorante si scorge l'isola di Tavolara. Cucina prevalentemente a base di pesce.

80 cam ⟐ – †140/265 € ††160/550 € – 6 suites

via dei Gabbiani – ✆ 0789 46929 – www.hotelgabbianoazzurro.com – Aperto 1° maggio-18 ottobre

GORIZIA

(GO) – ✉ 34170 – 34 844 ab. – Alt. 84 m – Carta regionale n° **6**-D2
Carta stradale Michelin 562-E22

🍴○ **Rosenbar** 🏠

PESCE E FRUTTI DI MARE · VINTAGE X Piacevole bistrot dal gusto retrò con ampio dehors estivo: il menu viene stabilito di giorno in giorno e i piatti di pesce hanno sicuramente la meglio. Tuttavia, può capitare che vi venga suggerita - a voce - qualche altra specialità.

Carta 26/68 €

via Duca d'Aosta 96 – ✆ 0481 522700 – www.rosenbar.it – Chiuso 1 settimana in agosto, 2 settimane in febbraio, domenica sera e lunedì

🏠 **Grand Hotel Entourage** 🛗 ♿ AC

TRADIZIONALE · CLASSICO Nel cinquecentesco palazzo dei conti Strassoldo, in un'atmosfera di raffinata tranquillità, ampie ed eleganti camere di gusto classico, nonché una corte interna ricca di storia.

40 cam ⟐ – †65/80 € ††86/140 € – 8 suites

piazza Sant'Antonio 2 – ✆ 0481 550235 – www.entouragegorizia.com

🏠 **Gorizia Palace** 🛗 ♿ AC 🅿

BUSINESS · MODERNO Moderno albergo situato in posizione centrale, dispone di ambienti funzionali e confortevoli, ideali tanto per soggiorni di relax quanto per incontri di lavoro.

69 cam – †60/165 € ††70/180 € – ⟐ 3 €

corso Italia 63 – ✆ 0481 82166 – www.goriziapalace.com

GOVONE

Cuneo – ✉ 12040 – 2 203 ab. – Alt. 301 m – Carta regionale n° **14**-C2
Carta stradale Michelin 561-H6

‼️○ Il San Pietro

PESCE E FRUTTI DI MARE · AMBIENTE CLASSICO XX Intimo ed elegante locale gestito con grande savoir-faire da due fratelli. Due sono anche le loro passioni: lo champagne da aprire sempre con la scenografica sciabola ed il pesce, quasi esclusivamente di provenienza sarda.

Menu 75 € – Carta 54/86 €

strada per Priocca 3, frazione San Pietro – 𝒞 0173 58445 (prenotazione obbligatoria) – www.ristoranteilsanpietro.it – solo a cena – Chiuso agosto e mercoledì

‼️○ Trattoria Pautassi

CUCINA PIEMONTESE · SEMPLICE X Ai piedi del castello, gradevole trattoria dall'arredo sobrio e moderno, per una cucina del territorio che investe tanta energia nella ricerca di prodotti locali. Tra le "star" del menu, il coniglio con pomodorini secchi e pesto di lardo.

Menu 20/30 € – Carta 23/41 €

via Boetti 21 – 𝒞 0173 58010 – www.trattoriapautassi.it – solo a cena mercoledì, giovedì e venerdì – Chiuso 27 dicembre-13 febbraio, lunedì e martedì; anche il mercoledì da dicembre a maggio

🏠 Il Molino ≤ 🈂 P

FAMILIARE · VINTAGE Adiacente al castello sabaudo, un'atmosfera d'altri tempi aleggia negli ambienti di questo mulino ottocentesco ospitante eleganti camere in stile vecchio Piemonte con diversi arredi d'epoca e un panorama che, dalle colline, si estende sino alle Alpi.

5 cam ⊡ – †60/75 € ††75/90 €

via XX Settembre 15 – 𝒞 328 872 3082 – www.ilmolinoalba.it – Chiuso gennaio e febbraio

GRADARA

Pesaro e Urbino – ✉ 61012 – 4 835 ab. – Alt. 142 m – Carta regionale n° **11**-B1
Carta stradale Michelin 563-K20

‼️○ Osteria del Borgo-La Botte 🈂

CUCINA REGIONALE · RUSTICO X Nel cuore del borgo medievale di Gradara, in un ambiente piacevolmente rustico ed informale, piatti dagli spiccati sapori regionali. Tra mura antiche che sussurrano il passato, atmosfera più raffinata e ricercatezza nelle presentazioni al ristorante La Botte.

Menu 15 € – Carta 20/45 €

piazza V Novembre 11 – 𝒞 0541 964404 – www.labottegradara.it – solo a cena – Chiuso novembre e mercoledì escluso giugno-settembre

🏠 Villa Matarazzo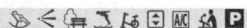

TRADIZIONALE · CLASSICO Su un colle di fronte al castello di Gradara, una serie di terrazze con vista panoramica su mare e costa; un complesso esclusivo, raffinato, piccolo paradiso nella natura.

15 cam ⊡ – †70/150 € ††100/270 €

via Farneto 1, località Fanano – 𝒞 0541 964645 – www.villamatarazzo.it – Aperto 1° aprile-30 settembre

🏠 Castello di Granarola

STORICO · ECOSOSTENIBILE Antico complesso risorto dopo un restauro attento che ha prediletto materiali naturali ed ecologici e che grazie ad un design originale offre un'atmosfera unica ai propri ospiti. Le soluzioni abitative sono dotate di cucina e nei mesi estivi si predilige un soggiorno settimanale.

9 cam – †99/180 € ††130/210 € – ⊡ 15 €

via Castello 1, località Granarola – 𝒞 0541 969970 – www.castellodigranarola.it

GRADISCA D'ISONZO

Gorizia – ⊠ 34072 – 6 497 ab. – Alt. 32 m – Carta regionale n° **6**-C3
Carta stradale Michelin 562-E22

⑪○ **Al Ponte**　　　　　　　　　　⅋ 斎 ⅗ ⅗ ⇔ 🅿

CUCINA CLASSICA · AMBIENTE CLASSICO ✗✗ Tre sale di cui due con camino ed uno stile che spazia con disinvoltura dal rustico al moderno della luminosa veranda; cucina locale di lunga tradizione, bella scelta di vini regionali e servizio estivo sotto un fresco pergolato.
ⓢ Menu 25/75 € – Carta 28/56 €
Hotel Al Ponte, Sud-Ovest: 2 km – ℰ 0481 99213 – www.albergoalponte.it
– Chiuso agosto, domenica sera e lunedì

⋔⋔ **Al Ponte**　　　　　　⇐ ⅗ ⋔ ✗ ▣ & ⅗ ⅗ ⅍ 🅿

TRADIZIONALE · CLASSICO Alle porte della località in una zona verdeggiante e tranquilla, capace conduzione familiare in un hotel dagli ambienti signorili e dalle confortevoli camere. Inedito e unico nel suo genere il campo da tennis in ...erba!
40 cam ⊊ – ∲60/80 € ∲∲80/120 € – 2 suites
viale Trieste 124, Sud-Ovest: 2 km – ℰ 0481 961116 – www.albergoalponte.it
– Chiuso 20-28 dicembre
⑪○ **Al Ponte** – Vedere selezione ristoranti

⋔⋔ **Franz**　　　　　　　⇧ ⇐ ⅗ ▣ & ⅗ ⅗ ⅍ 🅿

TRADIZIONALE · MINIMALISTA Poco distante dal centro, l'albergo ha ultimato nel 2013 il totale rinnovo che consegna agli ospiti, soprattutto business, uno stile minimal-moderno e nuovi spazi all'aperto con giardino e piscina.
52 cam ⊊ – ∲66/105 € ∲∲66/169 €
viale Trieste 45 – ℰ 0481 99211 – www.hotelfranz.it

GRADO

Gorizia (GO) – ⊠ 34073 – 8 251 ab. – Carta regionale n° **6**-C3
Carta stradale Michelin 562-E22

⑪○ **Tavernetta all'Androna**　　　　　　　　斎 ⅗

PESCE E FRUTTI DI MARE · CONTESTO CONTEMPORANEO ✗✗ Tra le strette calli del centro, un locale d'atmosfera tra il rustico ed il moderno, dove gustare deliziosi piatti di pesce ricchi di fantasia.
Menu 30 € (pranzo in settimana)/60 € – Carta 51/88 €
calle Porta Piccola 6 – ℰ 0431 80950 – www.androna.it – Chiuso
28 novembre-28 febbraio, lunedì e martedì da ottobre a marzo

⑪○ **De Toni**　　　　　　　　　　　　　　斎 ⅗

PESCE E FRUTTI DI MARE · FAMILIARE ✗✗ Nel centro storico, sulla via pedonale, ristorante familiare di lunga esperienza (più di 60 anni!). Ricette gradesi e specialità di pesce, da gustare in un ambiente particolarmente curato: nella luminosa sala o nel bel dehors.
Carta 39/59 €
piazza Duca d'Aosta 37 – ℰ 0431 80104 – www.trattoriadetoni.it – Aperto
15 marzo-1° novembre; chiuso mercoledì escluso in estate

⑪○ **Altogradimento**　　　　　　　　　　　斎 ⅗

CUCINA MODERNA · CONTESTO CONTEMPORANEO ✗✗ Lasciato l'ingresso dell'hotel Fonzari, un ascensore vi condurrà all'ultimo piano dove vi attendono sapori mediterranei, nonché uno stupendo panorama dal dehors-terrazza. Il livello di gradimento del locale è veramente alto!
Carta 36/67 €
Hotel Fonzari, piazza Biagio Marin – ℰ 0431 876360 – www.hotelfonzari.com
– Aperto 15 marzo-1° novembre

❌◯ Alla Buona Vite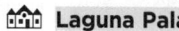

CUCINA REGIONALE · ACCOGLIENTE ✗ Superata la laguna prendete la prima strada a destra, per raggiungere questa trattoria gestita da una famiglia di viticoltori. Servizio estivo accanto al piccolo parco-giochi. Dispone anche di confortevoli appartamenti per chi desidera prolungare il soggiorno, immersi nella natura.

Carta 27/78 €

4 cam - ♦40/50 € ♦♦70/90 € - ☑ 8 €

via Dossi 7, località Boscat, Nord : 10 km – ℰ 0431 88090 – www.girardi-boscat.it – Chiuso dicembre, gennaio e giovedì escluso luglio-agosto

🏠 Laguna Palace

PALACE · MODERNO Lussuosa struttura affacciata sulla laguna, dispone di ampie camere dal design contemporaneo, tutte con balcone. All'ultimo piano ci sono l'attrezzato centro wellness ed il panoramico ristorante Laguna Sky con cucina classica. Indubbiamente, uno dei migliori indirizzi della località!

42 cam ☑ - ♦69/169 € ♦♦89/259 € - 29 suites

riva Brioni 17 – ℰ 0431 85612 – www.lagunapalacehotel.it

🏠 Grand Hotel Astoria

TRADIZIONALE · CLASSICO A due passi da centro e spiaggia, albergo storico nella tradizione turistica dell'Isola del Sole dispone di camere confortevoli, piscina e solarium sulla bella terrazza, centro thalassoterapico con cure a base di acqua marina. Al settimo piano c'è ...il Settimo Cielo, panoramico ristorante à la carte.

124 cam ☑ - ♦74/214 € ♦♦79/299 € - 54 suites

largo San Grisogono 3 – ℰ 0431 83550 – www.hotelastoria.it – Chiuso 8 gennaio-15 marzo

🏠 Savoy

TRADIZIONALE · MODERNO Nel cuore di Grado, sorge questo bel gioiello di confort e ospitalità; diversificata possibilità di camere ed appartamenti per soddisfare qualsiasi tipo di clientela.

79 cam ☑ - ♦110/140 € ♦♦200/250 € - 12 suites

via Carducci 33 – ℰ 0431 897111 – www.hotelsavoy-grado.it – Aperto 23 marzo-28 ottobre

🏠 Fonzari

TRADIZIONALE · MODERNO Adiacente il grazioso centro storico, questa moderna struttura ospita ampie camere e belle suite. Per gli amanti del fitness, l'hotel dispone di una piccola palestra.

75 cam ☑ - ♦105/143 € ♦♦140/190 € - 45 suites

piazza Biagio Marin – ℰ 0431 876360 – www.hotelfonzari.com – Aperto 15 marzo-1° novembre

❌◯ **Altogradimento** – Vedere selezione ristoranti

🏠 Abbazia

TRADIZIONALE · CLASSICO Ai margini della zona pedonale, hotel a conduzione diretta con spazi comuni personalizzati, camere ben accessoriate ed ampia piscina coperta. Il ristorante in estate si trasferisce nella veranda dai vetri decorati.

48 cam ☑ - ♦39/199 € ♦♦69/299 €

– ℰ 0431 80038 – www.hotel-abbazia-grado.com – Aperto 1° aprile-31 ottobre

🏠 Metropole

TRADIZIONALE · ACCOGLIENTE Gradevole atmosfera ed accogliente servizio in un mitico albergo di Grado, meta di vacanze degli Asburgo e della nobiltà mitteleuropea. Anche la gestione non delude: giovane e motivata, si farà in quattro per soddisfare le vostre richieste!

19 cam - ♦49/199 € ♦♦69/369 € - 4 suites - ☑ 12 €

piazza San Marco 15 – ℰ 0431 876207 – www.gradohotel.com – Chiuso 1° novembre-31 gennaio

🏠 Diana   ☆ ⬦ AC

TRADIZIONALE · VINTAGE Nelle camere e negli eleganti spazi comuni domina
una rilassante tonalità verde. Da oltre cinquant'anni una lunga tradizione familiare
su una delle vie pedonali a vocazione commerciale. Proposte d'albergo con divagazioni marine al ristorante. Tra la Riva prospiciente l'Isola della Schiusa e il Lungomare verso la spiaggia principale, sorge la piccola dépendance Villa Rosa con
stanze semplici, ma dove non manca nulla!

61 cam ⌂ – †40/120 € ††70/190 €

via Verdi 1 – ℰ 0431 80026 – www.hoteldiana.it – Aperto 15 aprile-15 ottobre

🏠 Park Spiaggia   ⬦ AC

FAMILIARE · CLASSICO Nella zona pedonale, che la sera diviene un mondano
passeggio, non lontano dalla grande e attrezzata spiaggia privata della località,
l'hotel vanta spazi comuni confortevoli e camere luminose.

28 cam ⌂ – †40/80 € ††80/220 €

via Mazzini 1 – ℰ 0431 82366 – www.hotelparkspiaggia.it
– Aperto 1° aprile-31 ottobre

🏠 Antares   ⬦ AC P

FAMILIARE · ACCOGLIENTE Ai margini del centro storico, nei pressi del mare,
una piccola struttura a conduzione familiare, dove l'attenzione al cliente è
costante. Comode camere tutte con balcone.

19 cam ⌂ – †75/140 € ††100/200 €

via delle Scuole 4 – ℰ 0431 84961 – www.antareshotel.info
– Chiuso 12 novembre-14 febbraio

alla pineta Est : 4 km

🏠 Mar del Plata   ☆ 🚲 ⤾ 🔨 ⬦ AC P

FAMILIARE · ACCOGLIENTE Nella verdeggiante zona della pineta, hotel a conduzione familiare, dotato di camere moderne e piacevole piscina sul retro. La spiaggia attrezzata dista circa 100 metri.

35 cam ⌂ – †47/85 € ††94/170 €

viale Andromeda 5 – ℰ 0431 81081 – www.hotelmardelplata.it – Aperto
15 aprile-15 ottobre

sulla strada provinciale 19 al km 14,800 Nord-Est : 7 km

🍴 Tarabusino   🌿 AC

CUCINA MODERNA · CONTESTO CONTEMPORANEO XX Nella splendida location
sulla laguna ammirabile dalla terrazza panoramica, il ristorante propone un'interessante rivisitazione dei piatti tradizionali elaborati partendo da un'accurata selezione di materie prime locali. I risultati, poi, non stentano ad arrivare...

Menu 55/70 € – Carta 53/80 € – carta semplice a pranzo

Hotel Oche Selvatiche, via Luseo 1, località Primero – ℰ 0431 878918 (consigliata la
prenotazione) – www.tarabusino.it – Chiuso 5 novembre-7 dicembre,
8 gennaio-11 febbraio, e lunedì escluso in estate

🏠 Oche Selvatiche   🕸 ⪡ ⬦ ⟨ AC P

BOUTIQUE HOTEL · MODERNO A pochi passi dal golf ed immerso nello splendido scenario della laguna di Grado, un boutique hotel costruito secondo i ferrei
diktat dell'architettura ecosostenibile. Camere ampie dalle moderne linee e materiali naturali.

7 cam ⌂ – †170/250 € ††190/270 €

via Luseo 1, località Primero – ℰ 0431 878918 – www.ocheselvatiche.it
– Chiuso 5 novembre-7 dicembre e 8 gennaio-11 febbraio

🍴 **Tarabusino** – Vedere selezione ristoranti

GRADOLI

Viterbo – ✉ 01010 – 1 353 ab. – Alt. 470 m – Carta regionale n° 7-A1
Carta stradale Michelin 563-O17

⑪○ La Ripetta

PESCE E FRUTTI DI MARE · SEMPLICE ✗ All'ingresso della località, lungo la strada principale, un ristorante dove gustare fragranti piatti di pesce, sia di lago che di mare. Servizio estivo su una grande terrazza.

🍴 Menu 25/35 € – Carta 25/65 €

via Roma 46 – ℰ 0761 456100 – Chiuso martedì a mezzogiorno e lunedì

GRAGNANO

Napoli (NA) – ✉ 80054 – 29 136 ab. – Alt. 141 m – Carta regionale n° **04G**-B2
Carta stradale Michelin 564-E25

⑪○ La Galleria

CAMPANA · CONTESTO CONTEMPORANEO ✗✗ Centrale, in questa caotica località famosa in tutto il mondo per i suoi pastifici artigianali, omaggiati da una bella selezione fatta dal giovane cuoco che, oltre ai primi, si cimenta con grande passione in altri eccellenti sapori della sua terra.

Menu 35/58 € – Carta 40/75 €

piazza Augusto Aubry 8 – ℰ 081 873 3029 – www.lagalleriaristorante.it – Chiuso 15-28 agosto, domenica sera e lunedì

GRANDZON Aosta → Vedere Verrayes

GRAPPA (Monte) Belluno, Treviso e Vicenza

GRAVEDONA

Como – ✉ 22015 – 4 218 ab. – Alt. 201 m – Carta regionale n° **9**-B1
Carta stradale Michelin 428-D9

⑪○ Ca dè Matt

CUCINA REGIONALE · FAMILIARE ✗ Prodotti locali, specialità ittiche lacustri, formaggi, salumi e, in stagione, funghi: insomma, schietta cucina regionale in una ruspante trattoria nel vecchio borgo, a due passi dal lungolago.

Carta 34/60 €

via al Castello 6 – ℰ 0344 85640 – Aperto 1° marzo-30 novembre, chiuso mercoledì escluso maggio-settembre

🏠 La Villa

FAMILIARE · PERSONALIZZATO Luminosa, moderna e accogliente: sono gli aggettivi che più si addicono a questa curata villa nell'incantevole scenario del lago di Como. Le ampie camere assicurano confort e relax, il giardino e la piscina garantiscono distensivi momenti en plein air.

14 cam 🖾 – ♥70/100 € ♥♥90/155 €

via Regina Ponente 21 – ℰ 0344 89017 – www.hotel-la-villa.com – Chiuso 20 dicembre-10 febbraio

GRAVINA IN PUGLIA

Bari – ✉ 70024 – 43 872 ab. – Alt. 338 m – Carta regionale n° **15**-B2
Carta stradale Michelin 564-E31

⑪○ Madonna della Stella

CUCINA REGIONALE · FAMILIARE ✗ La sala scavata nella roccia naturale, il bianco e antico villaggio di fronte sarà il suggestivo ritratto da contemplare, dalla sapienza dei due fratelli i sapori e le tradizioni di un passato mai dimenticato!

Menu 80 € – Carta 25/80 €

via Madonna della Stella – ℰ 080 325 6383 (consigliata la prenotazione la sera) – www.madonnadellastellaresort.com – Chiuso martedì

GRAZIE Mantova → Vedere Curtatone

GRESSONEY-LA-TRINITÉ
Aosta – ⊠ 11020 – 303 ab. – Alt. 1 624 m – Carta regionale n° **21**-B2
Carta stradale Michelin 561-E5

🏠 Jolanda Sport ☆ ⪡ 🖃 💷 ⋔ ⅃⅃ 🖃 🅿
TRADIZIONALE · STILE MONTANO Costruito con l'omonima seggiovia nel 1957,
ma completamente ristrutturato in anni recenti, l'hotel ripropone la tradizione dei
tipici *Stadel Walzer*: camere curate nei minimi particolari, con colori caldi e legno
a vista. Assolutamente da provare, il centro benessere recentemente ampliato.
32 cam – solo ½ P 98/160 €
località Edelboden Superiore 31 – ℰ 0125 366140 – www.hoteljolandasport.com
– Chiuso maggio, ottobre e novembre

GREVE IN CHIANTI
Firenze – ⊠ 50022 – 13 862 ab. – Alt. 236 m – Carta regionale n° **18**-D3
Carta stradale Michelin 563-L15

🍴 Villa Bordoni 🏡 ዿ 🖩 🍽
CUCINA MODERNA · ROMANTICO ✕✕ Nelle due intime stanze affacciate sul giardino che profuma di rose o, nella bella stagione, direttamente all'aperto tra le
palme e le siepi, la terra e il mare s'incontrano nei piatti di questo ristorante:
charmant, come il resto della casa.
Carta 45/72 €
Hotel Villa Bordoni, via San Cresci 31/32, località Mezzuola, Ovest: 3 Km
– ℰ 055 854 6230 (prenotare) – www.ristorantevillabordoni.com – Aperto
1° marzo-30 novembre

🏠 Villa Bordoni 🕭 ⪡ 🛏 ⅃ ⅃⅃ 🖃 ዿ 🖩 🍽 🅿
STORICO · PERSONALIZZATO Un riuscito mix di lusso e design, rustico toscano
e ultime mode del mondo in questa bella villa patrizia circondata dalla campagna
chiantigiana: una bomboniera country-hip, dove trascorrere un indimenticabile
soggiorno.
9 cam � – ♦170/395 € ♦♦170/395 € – 2 suites
via San Cresci 31/32, località Mezzuola, Ovest: 3 Km – ℰ 055 854 6230
– www.villabordoni.com – Aperto 1° marzo-30 novembre
🍴 **Villa Bordoni** – Vedere selezione ristoranti

🏠 Agriturismo Villa Vignamaggio ☆ 🕭 ⪡ 🛏 ⅃ ⅃⅃ 🍽 🖩 🅿
DIMORA STORICA · PERSONALIZZATO C'è anche un piccolo centro estetico in
questo elegante podere quattrocentesco, che racchiude la memoria del Rinascimento toscano. Fra vigneti e uliveti, un'ospitalità da sogno nelle belle camere e
negli appartamenti (con angolo cottura).
30 cam ⊑syg – ♦200/250 € ♦♦220/280 €
strada per Lamole, Sud-Est: 4 km – ℰ 055 854 6653 – www.vignamaggio.com
– Chiuso 15 dicembre-15 marzo

a Panzano Sud : 6 km ⊠ 50020 – Alt. 478 m

🍴 Antica Macelleria Cecchini-Solociccia 🏡 🖩
CUCINA REGIONALE · RUSTICO ✕ Uno dei più celebri macellai d'Italia diventa
anche cuoco! Propone pochi piatti, naturalmente incentrati sulla carne di manzo:
elaborati e di vari tagli al ristorante Solociccia, mentre all'Officina troverete la tradizionale bistecca fiorentina e medaglioni di hamburger.
Menu 30/50 €
via Chiantigiana 5 – ℰ 055 852727 (prenotare) – www.dariocecchini.com

🏠 Villa le Barone

DIMORA STORICA · ELEGANTE Nel cuore del Chianti Classico - tra uliveti e vigne - in questa villa padronale di proprietà dei Della Robbia, si sono dati appuntamento charme e raffinatezza. Sulla fresca terrazza o all'interno dell'elegante ristorante viene servita una saporita ed intrigante cucina con prodotti del territorio.

28 cam 🖵 – ♦184/250 € ♦♦189/320 €

via San Leonino 19, Est: 1,5 km – ☏ 055 852621 – www.villalebarone.com – Aperto 30 marzo-31 ottobre

a Strada in Chianti Nord : 9 km ✉ 50027

🍴 Il Caminetto del Chianti

CUCINA REGIONALE · ACCOGLIENTE 🍴🍴 Fuori dal centro della località, lungo la strada che porta a Firenze, un ristorantino dalla cordiale gestione familiare, dove gustare piatti della tradizione regionale ben presentati sulla carta (quasi giornaliera).

🍽 Menu 15/35 € – Carta 30/61 €

via della Montagnola 52, Nord: 1 km – ☏ 055 858 8909 – www.ilcaminettodelchianti.com – Chiuso mercoledì a mezzogiorno e martedì

GREZZANA

Verona – ✉ 37023 – 10 788 ab. – Alt. 169 m – Carta regionale n° **22**-A2
Carta stradale Michelin 562-F15

🏠 La Pergola

TRADIZIONALE · PERSONALIZZATO Albergo a conduzione familiare che ogni anno s'inventa qualcosa di diverso: camere semplici e confortevoli, le più recenti (una quindicina in tutto) hanno uno stile moderno molto originale e fantasioso. In quest'ultime regna il colore.

35 cam 🖵 – ♦50/65 € ♦♦72/90 €

via La Guardia 1 – ☏ 045 907071 – www.hotellapergolaverona.it

GRIGNANO Trieste → Vedere Trieste

GRINZANE CAVOUR

Cuneo – ✉ 12060 – 1 786 ab. – Alt. 260 m – Carta regionale n° **14**-C2
Carta stradale Michelin 561-I5

❀ Marc Lanteri Al Castello

CUCINA MODERNA · CONTESTO STORICO 🍴🍴🍴 All'interno dell'affascinante castello che fu dimora di Camillo Benso conte di Cavour, vi sentirete parte della "storia", in compagnia di piatti curati in ogni ben che minimo dettaglio. Cucina del territorio con divagazioni moderne.

→ Mezzelune di pasta fresca ripiene all'ossobuco con fonduta di Castelmagno. Scamone di fassona piemontese con salsa al Barolo e verdure dell'orto. Nocciola con caramello salato e sorbetto.

Menu 50/90 € – Carta 50/85 €

via Castello 5 – ☏ 0173 262172 – www.marclanteri.it – Chiuso 7 gennaio-6 febbraio, lunedì sera e martedì

🏠 Casa Pavesi

DIMORA STORICA · ELEGANTE Vicino al celebre castello dove soggiornò il grande statista risorgimentale Camillo Benso, una casa ottocentesca sapientemente restaurata: camere eleganti, curate nei dettagli, alcune affacciate sul romantico rollìo collinare langarolo. Piccoli salotti completano il quadro signorile del vostro soggiorno.

10 cam 🖵 – ♦110 € ♦♦160/180 € – 2 suites

via IV Novembre 11 – ☏ 0173 231149 – www.hotelcasapavesi.it – Chiuso 22 dicembre-30 gennaio

GROSIO

Sondrio – ✉ 23033 – 4 443 ab. – Alt. 656 m – Carta regionale n° **9**-C1
Carta stradale Michelin 561-D12

⊓○ **Sassella**   🐕 ⇔ ⅃ ᴀᴄ 🐕

CUCINA REGIONALE · **CONVIVIALE** ⅈⅈ Ai piedi della splendida chiesa di S. Giuseppe, la gestione familiare centenaria custodisce i tesori gastronomici dell'alta Valtellina: pizzoccheri, ma non solo. Camere confortevoli (nella loro semplicità), quelle all'ultimo piano offrono una graziosa vista sui tetti del centro storico.

Menu 30/45 € – Carta 26/67 €
26 cam ☲ – ∲56/76 € ∲∲81/140 €

via Roma 2
– ☏ 0342 847272 – www.hotelsassella.it

GROSSETO

(GR) – ✉ 58100 – 82 087 ab. – Alt. 10 m – Carta regionale n° **18**-C3
Carta stradale Michelin 563-N15

⊓○ **Canapone**   🐕 🏠 ᴀᴄ

CUCINA MODERNA · **FAMILIARE** ⅈⅈ Nel cuore della "capitale" della Maremma, un ristorante storico - ormai alla terza generazione - affacciato sulla piazza centrale, che oggi si presenta con un aspetto elegante e raffinato. All'Enoteca Canapino una buona scelta di piatti tradizionali a prezzo contenuto.

Menu 32/60 € – Carta 38/71 €
piazza Dante 3 – ☏ 0564 24546 (consigliata la prenotazione)
– www.ristorantecanapone.blogspot.it
– Chiuso 10-20 agosto e domenica, anche il mercoledì sera nel periodo invernale

⊓○ **Grantosco**   🏠 ᴀᴄ

CUCINA REGIONALE · **BISTRÒ** ⅈⅈ Elegantemente informale, questo bistrot-ristorante ubicato in pieno centro è l'indirizzo giusto dove gustare un'ottima cucina maremmana, elaborata partendo da prodotti, spesso, a Km 0. Cordiale accoglienza da parte della titolare, la vera anima del locale!

🍴 Menu 25 € (pranzo in settimana) – Carta 34/68 €

via Solferino 4
– ☏ 0564 26027 – www.grantosco.it
– Chiuso 15-28 febbraio e domenica, escluso periodo estivo

⊓○ **L'Uva e il Malto**   🐕 🏠 ᴀᴄ

PESCE E FRUTTI DI MARE · **FAMILIARE** ⅈ In pieno centro, è una coppia molto brillante a gestire questo intimo e moderno locale con annesso wine-bar. In carta si trova soprattutto pesce, a voce il meglio del mercato ittico.

Carta 37/70 €
via Mazzini 165
– ☏ 0564 411211
– Chiuso domenica sera

🏨 **Airone**   ✿ 🏠 ♨ 🖥 ⅃ ᴀᴄ 🐕 🚙

BUSINESS · **MODERNO** A pochi passi dal centro storico, l'hotel dispone di belle camere dal confort moderno e con soluzioni d'arredo di design. Una panoramica Spa al piano attico, parcheggio privato e 5 sale conferenze rendono la struttura ideale per una clientela d'affari (ma non solo).

68 cam ☲ – ∲70/80 € ∲∲100/140 € – 4 suites
via Senese 35
– ☏ 0564 412441 – www.hotelairone.eu

GROTTAFERRATA

Roma – ✉ 00046 – 20 327 ab. – Alt. 320 m – Carta regionale n° **7**-B2
Carta stradale Michelin 563-Q20

ⅼ○ L' Oste della Bon'Ora   ☂ ⓐⓒ 🄿

CUCINA ROMANA · ACCOGLIENTE ⅩⅩ Il simpatico titolare, l'oste come ama definirsi, vi guiderà nei sapori della cucina del territorio con piatti stuzzicanti. Ambiente piacevole e accogliente: in sottofondo, la musica della ricca collezione di vinili.

Menu 30/45 € – Carta 30/57 €

viale Vittorio Veneto 133
– ☎ 06 941 3778 (consigliata la prenotazione) – www.lostedellabonora.com
– Chiuso 15 luglio-7 agosto

ⅼ○ Taverna dello Spuntino   ⅋⅋ ⓐⓒ

CUCINA LAZIALE · RUSTICO Ⅹ E' tutta all'interno la peculiarità di questa trattoria romana: dagli antichi camminamenti scavati nel tufo trasformati in cantina al di sotto del locale alle scenografiche sale sotto archi in mattoni dove trionfa una coreografica esposizione di prosciutti, fiaschi di vino, frutta e antipasti.

Carta 38/72 €

Hotel Locanda dello Spuntino, via Cicerone 20 – ☎ 06 945 9366
– www.tavernadellospuntino.com

ⅼ○ Nando   ⓐⓒ

CUCINA REGIONALE · ACCOGLIENTE Ⅹ Oltre alle sale interne che si presentano in caldo ed avvolgente stile vintage, c'è la caratteristica cantina nella grotta di tufo (da visitare!), nonché un delizioso giardino d'inverno ed uno spazio esterno immerso nel verde. Concedetevi, inoltre, uno strappo alla regola con le dolci prelibatezze della pasticceria artigianale.

⊕ Menu 20 € – Carta 28/56 €

via Roma 4 – ☎ 06 941 1878 – www.peppaenando.com

🏠 Park Hotel Villa Grazioli   ☂ ⅋ ⌂ ⓐ 🄟

STORICO · ELEGANTE Abbracciata da un immenso parco, questa villa cinquecentesca vanta una splendida posizione panoramica sulle colline di Frascati. Ma il suo fascino non si esaurisce nella location: l'antica dimora custodisce al suo interno diverse sale decorate dal pennello di importanti artisti e camere con pregevoli mobili in noce.

60 cam ⌸ – †80/220 € ††90/250 € – 2 suites

via Umberto Pavoni 19
– ☎ 06 945400 – www.villagrazioli.com

🏠 Locanda dello Spuntino   🔁 ⓐⓒ ℀

FAMILIARE · ELEGANTE Divani e caminetti rendono piacevole l'ingresso di questa locanda, ma tutta la cura è riservata alle camere, dal parquet ai bagni in travertino con intarsi in marmo e mosaici.

9 cam ⌸ – †130/265 € ††155/330 € – 1 suite

via Cicerone 22 – ☎ 06 9431 5985 – www.locandadellospuntino.com
ⅼ○ **Taverna dello Spuntino** – Vedere selezione ristoranti

GROTTAMMARE

Ascoli Piceno – ✉ 63066 – 16 006 ab. – Carta regionale n° **11**-D3
Carta stradale Michelin 563-N23

🏠 La Torretta sul Borgo   ⅋ ⓐⓒ

LOCANDA · STORICO Un'attenta opera di restauro ha mantenuto le caratteristiche di questa bella casa nel centro del borgo antico: ambienti rustici con una caratteristica saletta dai soffitti a volte e camere personalizzate.

6 cam ⌸ – †40/75 € ††55/85 €

via Camilla Peretti 2 – ☎ 0735 736864 – www.latorrettasulborgo.it

verso San Benedetto del Tronto

⅋○ Lacchè 🚧 🛗 🅰️🅲

PESCE E FRUTTI DI MARE · ACCOGLIENTE XX Menu a voce, sulla base del mercato ittico giornaliero, e alla carta: uno degli indirizzi più "gettonati" in paese, ove lasciarsi sedurre da sapori strettamente marini. Nella bella stagione, a pranzo, anche diversi e accattivanti panini, sempre con riferimenti al mare.

Menu 30 € (pranzo)/55 € – Carta 38/80 €

via Procida 1/3, Sud: 2,5 km ✉ 63013 – ℰ 0735 582728
– Chiuso 24 dicembre-10 gennaio e lunedì

⅋○ Don Diego 🚧 🅰️🅲

PESCE E FRUTTI DI MARE · STILE MEDITERRANEO X Senza grandi fronzoli, ma con un pescato giornaliero davvero proverbiale per varietà e qualità, nonché un giardino di erbe aromatiche con 45 specie diverse che insaporiscono piatti di cucina regionale. Un indirizzo, senza ombra di dubbio, da consigliare.

Carta 32/74 €

Viale De Gasperi, 25 – ℰ 0735 588257 (consigliata la prenotazione)
– www.ristorantechaletdondiego.it – Aperto 1° aprile-14 ottobre

🏨 Parco dei Principi 🏖️ 🛋️ 🍽️ 🎿 📺 🛗 🅰️🅲 🏊 🚗 🅿️

RESORT · LUNGOMARE Nel contesto di un paesaggio tropicale, avvolto da un parco in cui si collocano campi da gioco e persino una vivace voliera, Parco dei Principi dispone di ambienti in stile mediterraneo e spazi ad hoc per i più piccoli. A lato della bella piscina, suite a uno o due piani ideali per soggiorni familiari (posto auto riservato). La posizione fronte mare è un altro asso nella manica.

52 cam ☷ – †70/100 € ††100/200 € – 10 suites
lungomare De Gasperi 90, Sud: 1 km ✉ 63013 – ℰ 0735 735066
– www.hotelparcodeiprincipi.it

🏠 Roma 🏖️ ⛱️ 🛋️ 🎿 📺 🅰️🅲 🅿️

FAMILIARE · PERSONALIZZATO Frontemare, hotel dall'appassionata conduzione al femminile, dove le originali personalizzazioni abbondano in simpatiche soluzione di design e recupero di oggetti vari; posto ideale per una vacanza balneare.

59 cam ☷ – †50/80 € ††90/130 €
lungomare De Gasperi 60 – ℰ 0735 631145 – www.hotelromagrottammare.com
– Aperto Pasqua-5 novembre

GROTTA ZINZULUSA Lecce → Vedere Castro Marina

GRUMELLO DEL MONTE
Bergamo – ✉ 24064 – 7 366 ab. – Alt. 208 m – Carta regionale n° **10**-D1
Carta stradale Michelin 561-F11

⅋○ Al Vigneto 🚧 🛗 🅰️🅲 🅿️

CUCINA SICILIANA · ELEGANTE XXX In zona precollinare, il vecchio fienile è stato trasformato in un elegante ristorante, circondato dai propri vigneti e frutteti, scorgibili dalle vetrate della sala. Nel piatto molto pesce proposto in chiave moderna, soprattutto di origine siciliana e con una pagina dedicata ai crudi.

🍽 Menu 25 € (pranzo in settimana)/56 € – Carta 51/82 €
via Don P. Belotti 1 – ℰ 035 831979 – www.alvigneto.it – Chiuso 1°-9 gennaio, 8-28 agosto e martedì

⅋○ Vino Buono 🍷 🚧 🛗 🅰️🅲

CUCINA REGIONALE · WINE-BAR X Un'osteria con piccola cucina, o meglio: un originale wine-bar in pieno centro con ottima mescita di vini al bicchiere e possibilità di scegliere tra salumi, formaggi, primi piatti, insalate e qualche specialità di carne, nonché di pesce (rigorosamente di lago).

Carta 31/52 €
via Castello 20 – ℰ 035 442 0450 – www.vinobuono.net – solo a cena
– Chiuso 10 giorni in agosto e lunedì

GSIES VALLE DI CASIES

GUALDO CATTANEO

Perugia – ⊠ 06035 – 6 155 ab. – Alt. 446 m – Carta regionale n° **20**-B2
Carta stradale Michelin 563-N19

a Saragano Ovest : 5 km ⊠ 06035

🏠 Agriturismo la Ghirlanda

🛇 🌣 ≤ ⛩ ⊼ 🅿

CASA DI CAMPAGNA · STORICO Una struttura ricca di charme: una casa padronale di fine '800 nel verde e nella tranquillità delle colline umbre. Ambienti personalizzati con mobili d'epoca, caminetti, qualche letto a baldacchino. Ristorante di cucina italiana, spesso nel piatto specialità locali, e servizio estivo all'aperto.

12 cam ⌚ – ♦82/93 € ♦♦114/136 €

via del Poggio 4 – ℰ0742 98731 – www.laghirlanda.it
– Chiuso 7 gennaio-25 marzo

GUARDIAGRELE

Chieti – ⊠ 66016 – 9 084 ab. – Alt. 576 m – Carta regionale n° **1**-C2
Carta stradale Michelin 563-P24

🍴 Villa Maiella (Angela Di Crescenzo)

🍴 ⇔ 🎍 🅰🅲 🛇 🅐 🅿

CUCINA ABRUZZESE · ELEGANTE XxX Al limitare del Parco della Maiella, il vero Km 0 con allevamento per il solo ristorante di alcuni animali e un bel giardino di verdure: il locale è stato recentemente rinnovato, ma c'è in programma una nuova rivisitazione degli spazi. Sulla tavola continuano a trionfare i migliori sapori abruzzesi preparati con maestria dai proprietari. Per chi volesse indugiare nel romanticismo, spettacolare servizio estivo sulla terrazza e confortevoli camere, realizzate secondo le moderne tecnologie.

→ Chitarra al ragù d'agnello e ricotta affumicata al ginepro. Pollo di campagna alla brace in due servizi. Tortino tiepido di sfoglia e mele con salsa alla cannella.

Menu 50/70 € – Carta 39/70 €

14 cam ⌚ – ♦70/80 € ♦♦70/90 €

località Villa Maiella 30, Sud-Ovest: 1,5 km – ℰ0871 809319 – www.villamaiella.it
– Chiuso 1 settimana in gennaio, 2 settimane in luglio, domenica sera e lunedì

GUARDIALFIERA

Campobasso (CB) – ⊠ 86030 – 1 065 ab. – Alt. 285 m – Carta regionale n° **1**-D2
Carta stradale Michelin 564-B26

🍴 Terre del Sacramento

⇔ 🌣 🎍 🕭 🅰🅲 🛇 🅿

CUCINA DEL TERRITORIO · ACCOGLIENTE X Mutuando il nome dal romanzo omonimo di Francesco Jovine, scrittore locale del Novecento, in questo caratteristico casale si gusta una cucina che segue le tipicità territoriali e la stagionalità dei prodotti. Al primo piano, quattro camere semplici, ma linde e ben tenute.

🍴 Menu 25 € (in settimana)/35 € – Carta 19/29 €

4 cam ⌚ – ♦25/30 € ♦♦50/60 €

contrada Colle Falcone snc, Nord-Ovest: 2,5 Km – ℰ347 601 6923
– www.leterredelsacramento.com – Chiuso 23 gennaio-7 febbraio e martedì

Semplicemente un buon pasto: i ristoranti 🍴 propongono una cucina di qualità.

GUARDISTALLO

Pisa – ⊠ 56040 – 1 234 ab. – Alt. 278 m – Carta regionale n° **18**-B2
Carta stradale Michelin 563-M13

a Casino di Terra Nord-Est : 5 km ⊠ 56040

🍴○ **Mocajo**　　　　　　　　　　　　　　🖵 🕭 AC P

CUCINA TOSCANA · AMBIENTE CLASSICO XX Per fortuna l'esterno poco invitante, un'ex fabbrica abbandonata, verrà cancellato dall'interno: ambiente di tono,
coperto elegante e camino, in un locale dalla solida gestione familiare che propone
i migliori prodotti del territorio ed ottime specialità di carne, anche cacciagione.
Ancora piatti regionali nell'informale La Dispensa. Al top nella provincia di Pisa.

Menu 40/55 € – Carta 39/69 €

strada statale 68 – ℰ 0586 655018 (prenotazione obbligatoria a mezzogiorno)
– www.ristorantemocajo.it – Chiuso mercoledì (escluso le sere di agosto)

GUARENE

Cuneo – ⊠ 12050 – 3 596 ab. – Alt. 360 m – Carta regionale n° **14**-C2
Carta stradale Michelin 561-H6

🏵 **La Madernassa**　　　　　　🕸 🛋 🖵 🍽 🌼 P

CUCINA MODERNA · CONTESTO TRADIZIONALE XX Qui c'è un giovane chef ai
fornelli, ma la sua cucina è già diventata una tappa irrinunciabile nel circuito dei
grandi ristoranti della regione. I suoi piatti esprimono rigore, tecnica e precisione,
ma l'anima viene dalla tradizione e dai prodotti piemontesi, a cui si aggiungono
proposte di mare e una passione per le erbe aromatiche coltivate nell'orto del
ristorante. D'estate ci si trasferisce in terrazza con vista sulle Langhe.
→ BBQ: spaghetti cotti in estrazione e prosciutto crudo di Cuneo. Tokyo-Gua-
rene: filetto di vitella fassona marinato al miso (condimento giapponese) d'orzo
e profumato all'alga. Gentile: dessert alla nocciola e sciroppo d'acero.

Menu 60/100 € – Carta 53/103 €

*località Lora 2, Ovest: 2,5 km – ℰ 0173 611716 – www.lamadernassa.it – Chiuso
7 gennaio-9 febbraio, martedì a mezzogiorno e lunedì*

🍴○ **Castello di Guarene** 🆕　　　　　🍽 🛋 🖵 P

CUCINA MODERNA · CONTESTO STORICO XXX In una sala da togliere il fiato per
la suggestiva atmosfera - il soffitto è articolato in nove voltini a vela di mattoni
nudi, sorretti da alti pilastri - la cucina fa della sapienza gastronomica di Roero e
Langhe il proprio punto di forza, spalancando tuttavia le braccia ad una buona
dosa di creatività.

Menu 60/80 € – Carta 58/76 € – carta semplice a pranzo

via Alessandro Roero 2 – ℰ 0173 441332 (consigliata la prenotazione)
*– www.castellodiguarene.com – solo a cena escluso sabato e domenica – Chiuso
10 gennaio-1° febbraio; chiuso mercoledì*

🏨🏨 **Castello di Guarene**　　🕸 🍽 🛋 🖵 🅿️ 🍸 🛗 🗘 AC 🔱 P

GRAN LUSSO · STORICO Maestoso castello costruito nel 1726 dai conti Roero
con giardino all'italiana e vista a 360° su Langhe, Roero ed Alpi; gli interni si
aprono su sontuose camere, atmosfere fiabesche e cimeli storici. Al piano nobile,
imperdibile museo con percorso lungo le stanze originali dei conti.

12 cam ⊑ – ♦350/595 € ♦♦350/595 € – 3 suites

*via Alessandro Roero 2 – ℰ 0173 441332 – www.castellodiguarene.com – Chiuso
10 gennaio-1° febbraio*

🍴○ **Castello di Guarene** – Vedere selezione ristoranti

🏠 **Casalora**　　　　　　　　　　　　　🛋 🛗 🌼 P

CASA DI CAMPAGNA · ACCOGLIENTE Casolare della seconda metà dell'800
ristrutturato in chiave moderna e minimalista: sala massaggi nell'ex fienile, vasca
idromassaggio e terrazza panoramica. La piscina si trova, invece, a pochi metri
presso il ristorante.

6 cam ⊑ – ♦65/120 € ♦♦80/120 €

località Lora, Ovest: 2,5 km – ℰ 334 829 9339 – www.casalora.it

GUBBIO

Perugia – ✉ 06024 – 32 216 ab. – Alt. 522 m – Carta regionale n° **20**-B1
Carta stradale Michelin 563-L19

⃝ **Taverna del Lupo**   ⅋ 🏠 🅰🅲

CUCINA REGIONALE · ACCOGLIENTE ⅩⅩⅩ Una successione di sale creano ambienti caratteristici con soffitti a volta, mentre dalla cucina arrivano le specialità umbre, dai tartufi alle carni. Per una cena romantica ed elegante, è il ristorante da consigliare!

🍴 Menu 19/40 € – Carta 28/70 €

Pianta: AB1-f – *via Ansidei 21* – ☏ 075 927 4368 – *www.mencarelligroup.com*

⃝ **Porta Tessenaca**   🏠

CUCINA UMBRA · ELEGANTE ⅩⅩⅩ In uno dei tanti edifici storici del centro, sotto altissime volte di mattoni, si apparecchiano le eleganti sale di un locale dove gustare le migliori materie prime della regione e dove non mancano mai alcuni piatti a base di pesce.

🍴 Menu 22/35 € – Carta 35/65 €

Pianta: A1-e – *via Piccardi 21* – ☏ 075 927 7345
– *www.ristorantediportatessenaca.it* – *Chiuso 16-31 gennaio e lunedì*

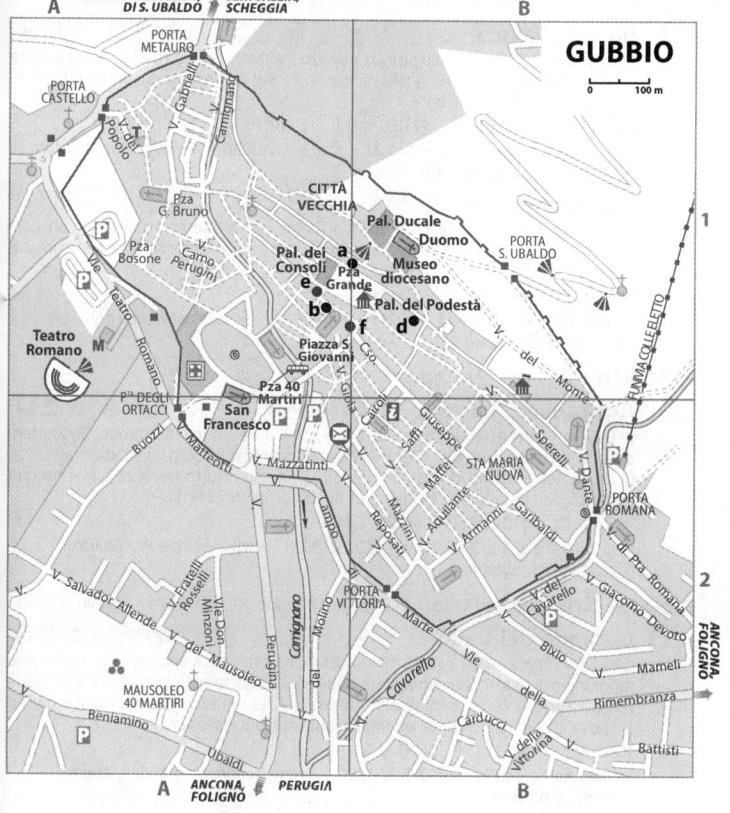

🍴 **Nicolao** 　　　　　　　　　🍴 🏠 & 🆔 ℅ ⇔ 🅿

CUCINA CLASSICA · ELEGANTE XxX In un attento mix di opere d'arte moderna e arredi d'epoca, anche la cucina si diverte a coniugare due stili diversi, recuperando da una parte le tradizioni umbre con grande impiego di sua maestà il tartufo, dall'altra aprendosi alla modernità.

Carta 43/71 €

Park Hotel ai Cappuccini, via Tifernate, per Fano - A1 - ℰ 075 9234
– www.parkhotelaicappuccini.it

🏨 **Park Hotel ai Cappuccini** 　 ⑤ ≼ 🍴 🔲 🌐 🛖 🕼 ℅ 🖃 & 🆔 🐃 ☎

STORICO · PERSONALIZZATO Non correte subito in camera, ma fermatevi nelle zone comuni: quasi un museo d'arte dal '400 ad oggi. Nell'ex convento le stanze sono in stile antico; un riuscito mix con il moderno, invece, nell'ala nuova. Splendida piscina, enorme palestra.

87 cam ☵ – ♦119/280 € ♦♦148/330 € – 5 suites

via Tifernate, per Fano - A1 - ℰ 075 9234 – www.parkhotelaicappuccini.it

🍴 **Nicolao** – Vedere selezione ristoranti

🏨 **Relais Ducale** 　　　　　　　⑤ 🍴 🖃 & 🆔 🐃

DIMORA STORICA · CLASSICO Nella parte più nobile di Gubbio, giardino pensile con vista città e colline per un hotel di classe, ricavato da un complesso di tre antichi palazzi del centro storico.

26 cam ☵ – ♦110/130 € ♦♦130/240 € – 5 suites

Pianta: AB1-a – *via Galeotti 19 - ℰ 075 922 0157 – www.relaisducale.com*

🏨 **Bosone Palace** 　　　　　　　　　　　🖃 🆔

STORICO · CLASSICO Nello storico palazzo Raffaelli, tessuti rossi e un'imponente scala portano alle camere, qualcuna con vista sul centro e due con soffitti affrescati, come la sala colazioni.

28 cam ☵ – ♦80/100 € ♦♦110/140 € – 2 suites

Pianta: B1-d – *via 20 Settembre 22 - ℰ 075 922 0688 – www.hotelbosone.com*
– Chiuso 10 gennaio-12 febbraio

🏠 **Gattapone** 　　　　　　　　　　　≼ 🖃 &

TRADIZIONALE · CLASSICO In edificio medievale di pietra e mattoni, con persiane ad arco, camere in tinte pastello e scorci sui pittoreschi vicoli eugubini e sulla centrale chiesa di S. Giovanni.

18 cam ☵ – ♦45/80 € ♦♦60/110 €

Pianta: A1-b – *via Beni 13 - ℰ 075 927 2489 – www.hotelgattapone.net*
– Chiuso 10-31 gennaio

a Scritto Sud : 14 km per Foligno A2 ✉ 06020

🏨 **Agriturismo Castello di Petroia** 　　　　🏵 ⑤ 🍴 🍵 🅿

STORICO · VINTAGE Nell'assoluta tranquillità e nel verde dei propri 200 ettari, dove si produce olio e si allevano bovini, incantevole castello medioevale ricco di storia: torre del 1000, castello del 1380, ma soprattutto nel 1422 qui vi nacque Federico da Montefeltro. Ambienti raffinati con arredi in stile.

13 cam ☵ – ♦100/230 € ♦♦120/230 €

località Petroia, Sud-Est: 2 km - ℰ 075 920287 – www.petroia.it – Chiuso 8 gennaio-28 febbraio

a Santa Cristina Sud-Ovest : 21,5 km per Foligno A2 ✉ 06024 – Gubbio

🏨 **Locanda del Gallo** 　　　　　　🏵 ⑤ ≼ 🍴 🍵 ℅ 🅿

CASA DI CAMPAGNA · PERSONALIZZATO Lontano dal mondo, ma facilmente raggiungibile, quest'antica magione nobiliare, immersa nel verde, è il luogo ideale per trascorrere vacanze di assoluto relax. Nei suoi interni il calore rustico umbro si sposa con mobili d'epoca orientali, soprattutto indonesiani.

10 cam ☵ – ♦120 € ♦♦160 €

località Santa Cristina - ℰ 075 922 9912 – www.locandadelgallo.it – Aperto 7 aprile-31 ottobre

GUDON GUFIDAUN Bolzano → Vedere Chiusa

GUGLIONESI
Campobasso – ⊠ 86034 – 5 321 ab. – Alt. 369 m – Carta regionale n° **1**-D2
Carta stradale Michelin 563-Q26

verso Termoli Nord-Est : 5,5 km

🟊○ **Ribo**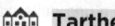

PESCE E FRUTTI DI MARE · AMBIENTE CLASSICO ✗✗ In campagna, sulle colline molisane, il rosso e il nero: Bobo e Rita, due figure veraci e "politiche". Nei piatti, una grande passione e la maniacale ricerca della qualità: strepitoso il pesce.

🍴 Menu 25/50 € – Carta 20/61 €

9 cam ⊃ – ♦50 € ♦♦80 €

contrada Malecoste 7 ⊠ 86034 – ℰ 0875 680655 (consigliata la prenotazione)
– www.ribomolise.it – Chiuso lunedì

GUSPINI Sardegna
Medio Campidano (VS) – ⊠ 09036 – 11 975 ab. – Carta regionale n° **16**-A3
Carta stradale Michelin 366-M46

🏠🏠🏠 **Tarthesh**

LUSSO · PERSONALIZZATO Un'inaspettata oasi di lusso e classe in questa zona priva d'interesse turistico, ma che diviene punto di partenza per girare l'entro-terra e, soprattutto, la costa e le spiagge (la più vicina a soli 15 minuti). Al suo interno: suggestioni etniche, influenze arabe e artigianato sardo in ambienti moderni, ricchi di fascino. Splendidi anche il giardino e la piscina.

32 cam ⊃ – ♦95/143 € ♦♦115/163 € – 6 suites

via Parigi snc – ℰ 070 972 9000 – www.tartheshotel.com – Aperto 1°
maggio-30 settembre

HAFLING AVELENGO

IGEA MARINA Rimini → Vedere Bellaria Igea Marina

IGLIANO
Cuneo (CN) – ⊠ 12060 – 74 ab. – Alt. 532 m – Carta regionale n° **12**-C3
Carta stradale Michelin 561-I6

🟊○ **Le Piemontesine**

CUCINA MODERNA · CONTESTO CONTEMPORANEO ✗✗ Lo chef d'Oltralpe ha fatto suoi i prodotti del territorio per creare sfiziosi piatti che seguono le stagioni. Ambiente squisitamente moderno e rilassante.

Menu 32/68 € – Carta 44/62 €

Hotel Le Piemontesine, via San Luigi 25 – ℰ 0174 785012
– www.le-piemontesine.com – Chiuso 15 febbraio-7 marzo, 1°-10 settembre e
lunedì

🏠🏠 **Le Piemontesine**

CASA DI CAMPAGNA · CONTEMPORANEO In una piccola frazione dell'alta Langa, l'albergo è stato ricavato da due cascine, ma gli interni sono piacevol-mente contemporanei, con vista sui boschi e colline dalle camere e dalla sala colazione. Un soggiorno ideale per chi cerca pace e tranquillità.

10 cam ⊃ – ♦95 € ♦♦125 €

via San Luigi 25 – ℰ 0174 785012 – www.le-piemontesine.com – Chiuso
15 febbraio-7 marzo e 1°-10 settembre

🟊○ **Le Piemontesine** – Vedere selezione ristoranti

ILLASI

Verona – ✉ 37031 – 5 265 ab. – Alt. 157 m – Carta regionale n° **22**-B2
Carta stradale Michelin 562-F15

‖○ Le Cedrare   ⇦ 🛋 AC 🍴 🚫

CUCINA CREATIVA · ACCOGLIENTE XX Nella settecentesca villa Perez-Pompei-Sagramoso, nello spazio che un tempo era adibito a serra per la conservazione delle piante di agrumi, cucina regionale reinterpretata creativamente. Il luogo è incantevole, la tavola altrettanto.

Carta 36/66 €

stradone Roma 8 – ℰ 045 652 0719 (prenotazione obbligatoria a mezzogiorno) – www.lecedrare.it
– Chiuso 10 gennaio-10 febbraio, lunedì e martedì, anche mercoledì in inverno

IMOLA

Bologna – ✉ 40026 – 69 797 ab. – Alt. 47 m – Carta regionale n° **5**-C2
Carta stradale Michelin 562-I17

✿✿ San Domenico (Valentino Marcattilii e Max Mascia)   🍸 🛋 AC

CUCINA CLASSICA · LUSSO XxxX Affacciato su un'elegante piazza del centro storico, una successione di sale moltiplica i piaceri di una cucina ad un tempo regionale e creativa, di terra e di mare. L'ospitalità schietta e genuina dei Marcatilii vi lascerà un ricordo indelebile nel tempo, come la suggestiva visita a una delle più belle e fornite cantine d'Italia.

→ Uovo in raviolo con burro di malga, parmigiano dolce e tartufo bianco. Petto e coscia di piccione con scaloppa di fegato d'oca al tartufo nero. Barretta al cioccolato con croccante alle nocciole e sorbetto ai frutti rossi.

Menu 60 € (pranzo in settimana)/170 € – Carta 101/168 €

via Sacchi 1 – ℰ 0542 29000 (consigliata la prenotazione) – www.sandomenico.it
– Chiuso 1 settimana in gennaio, 3 settimane in agosto, domenica sera e lunedì; anche i mezzogiorno di sabato e domenica in giugno-agosto

‖○ Osteria Callegherie   AC

CUCINA ITALIANA · ELEGANTE XX Se volete abbandonare - il tempo di una sosta - la classica cucina regionale, tanto diffusa in zona, per assaporare i famosi sapori dello Stivale rivisitati in chiave moderna, questo ristorante in pieno centro, dall'ambiente elegante quasi signorile, farà al caso vostro.

Carta 37/62 €

via Callegherie 13
– ℰ 0542 33507 – www.callegherie.it
– Chiuso 1°-9 gennaio, agosto, sabato a mezzogiorno e domenica; anche sabato sera in luglio-agosto

‖○ Osteria del Vicolo Nuovo   🍸 🛋 AC

CUCINA CLASSICA · FAMILIARE X In uno storico palazzo del '600, una trattoria la cui solidità è confermata da più di 30 anni di gestione alle spalle. Sempre eclettica la sua cucina, tra carne e pesce; a pranzo si aggiungono i piatti unici - "I colori del Mezzogiorno" – mentre da maggio a ottobre si chiude la strada per allestirla con tavoli per il servizio all'aperto.

Menu 29 € – Carta 28/47 €

via Codronchi 6, ang. via Calatafimi – ℰ 0542 32552 – www.vicolonuovo.it
– Chiuso 15 luglio-20 agosto, domenica sera e lunedì

‖○ E Parlamintè   🛋 AC

CUCINA REGIONALE · SEMPLICE X Una parte della storia politica italiana è passata di qui, a discutere sotto le stesse travi dell'800 ove, oggi, si gustano il pesce e i piatti della tradizione emiliana.

Menu 29 € – Carta 24/48 €

via Mameli 33 – ℰ 0542 30144 – www.eparlaminte.it
– Chiuso 26-28 dicembre, 15 luglio-20 agosto, domenica sera e lunedì, anche domenica a mezzogiorno in maggio-agosto

 B&B Callegherie 21

CASA PADRONALE · PERSONALIZZATO Per vivere il centro storico in modo un po' diverso, un accogliente "boutique bed&breakfast" dagli ambienti minimalisti, ma personalizzati e ben accessoriati, nonché una colazione preparata a misura di cliente. In sostanza un'elegante casa in città.

3 cam ☑ – †95/110 € ††110/130 €

via Callegherie 21/23
– ✆ 0542 26793 – www.callegherie21.it

IMPERIA

(IM) – ⊠ 18100 – 42 034 ab. – Carta regionale n° **8**-A3
Carta stradale Michelin 561-K6

ad Oneglia ⊠ 18100

✿ Agrodolce ⏵⏷ ⱯⒸ

CUCINA MODERNA · ELEGANTE ✗✗ Un giovane cuoco è da poco ai fornelli di questo ottimo ristorante ricavato all'interno di un vecchio magazzino del porto cittadino; la cucina rimane all'altezza delle attese del locale, grazie a piatti semplici e allo stesso tempo gustosi, moderni senza essere cerebrali.

→ Plin al basilico di palamita, salsa al pomodoro grigliato, spuma di aglio nero. Baccalà in olio cottura con spuma di patate affumicate e acetosa. Nocciola, nocciola, nocciola...

Menu 45/70 € – Carta 51/93 €

Pianta: C1-d – *via Calata G.B. Cuneo 25*
– ✆ 0183 293702 – www.ristoranteagrodolceimperia.it
– solo a cena da inizio luglio a fine settembre
– Chiuso 10 giorni in novembre, 15 giorni in gennaio, mercoledì a mezzogiorno e martedì

⊛ Didù ⱯⒸ

CUCINA LIGURE · DI QUARTIERE ✗ Non sarete di fronte al mare e neppure nel centro storico, ma quanto ne vale la pena venire qui a mangiare! Un'unica semplice saletta, piatti elencati su lavagnette e voilà servite delle ottime specialità liguri, dai tagliolini con gamberi di Oneglia ai calamari ripieni.

Carta 26/42 €

Pianta: B1-a – *viale Matteotti 76*
– ✆ 0183 273636 (consigliata la prenotazione) – www.osteriadidu.it
– solo a cena escluso sabato e domenica – Chiuso 2 settimane in ottobre, lunedì e martedì

⑩ Salvo-Cacciatori ⏵⏷ ⱯⒸ

CUCINA LIGURE · ELEGANTE ✗✗✗ Ristorante di fama storica, nato come piccola osteria annessa alla mescita di vini e cresciuto negli anni fino all'attuale elegante ristorante. Due sale, di cui quella interna con vista sulla cucina e proposte creative di cucina ligure.

Menu 38/60 € – Carta 35/80 €

Pianta: C1-e – *via Vieusseux 12*
– ✆ 0183 293763 – www.ristorantesalvocacciatori.it
– Chiuso 1 settimana in gennaio, 2 settimane in agosto, domenica sera e lunedì

🏠 Rossini al Teatro ⏏ ⏻ ⏼ ⱯⒸ ⏾ ⏿

BUSINESS · FUNZIONALE Sorto sulle vestigia dell'antico teatro, moderno hotel di design, all'avanguardia per dotazioni, dispone di camere decisamente confortevoli. Altrettanto interessante la sua ubicazione: nel centro storico di Oneglia, vicino a portici e negozi.

48 cam ☑ – †70/150 € ††95/250 € – 2 suites

Pianta: C1-b – *piazza Rossini 14* – ✆ 0183 74000 – www.hotel-rossini.it

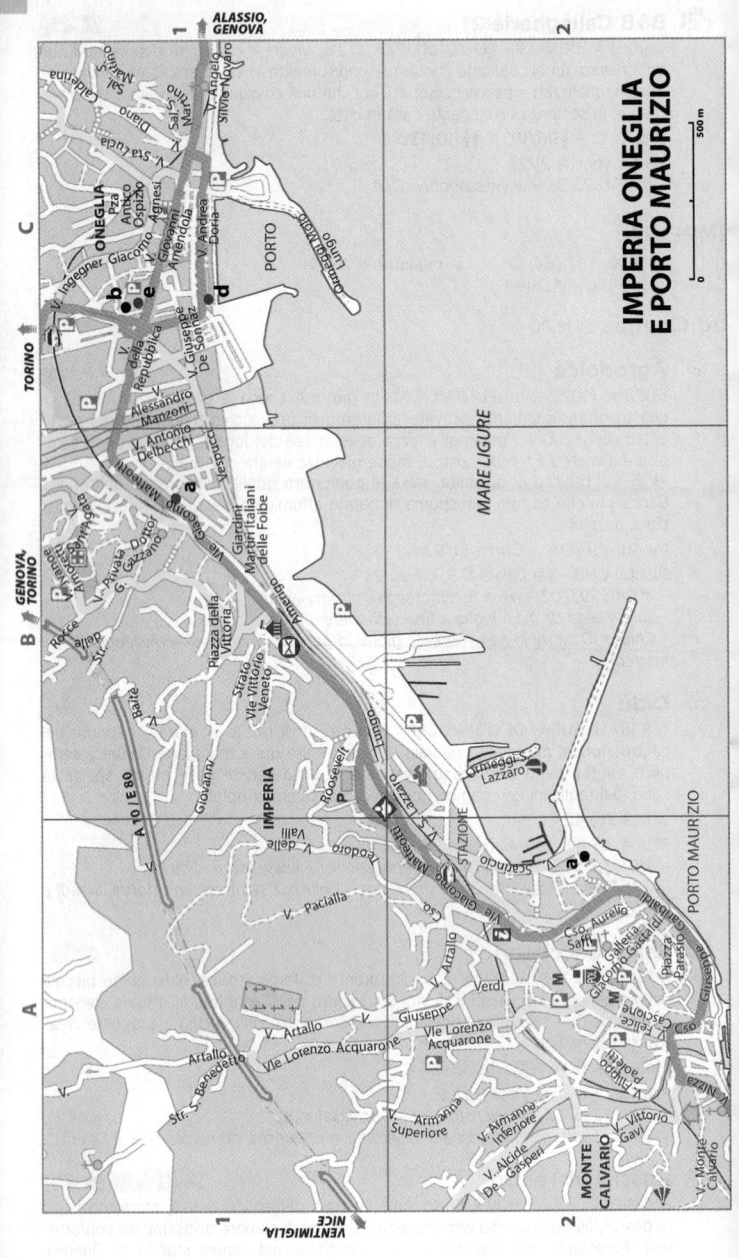

IMPERIA ONEGLIA
E PORTO MAURIZIO

0 500 m

a Porto Maurizio ⊠ 18100

ॐ **Sarri** 🕸 🎋 ৬ 🎴 ↻

PESCE E FRUTTI DI MARE · DI TENDENZA 🏵🏵 In un piccolo borgo di ex pescatori - incastonato fra le case del lungomare - accogliente ristorante con qualche tavolo all'aperto di cui il clima ligure consente, talvolta, di approfittare anche a pranzo d'inverno. La cucina punta sulla sostanza dei sapori che giungono nel piatto in colorate e raffinate presentazioni.
→ Spaghetti ai ricci di mare con gamberi, bottarga e pesto di rucola. Il mio cappon magro! Cioccolato soffiato con crema di limoni e gelato alla liquirizia.

Menu 45 € – Carta 49/87 €

via C. Colombo 108 (borgo Prino) A2
– 𝒞 0183 754056 *(consigliata la prenotazione)* – *www.ristorantesarri.it*
– *solo a cena dal 15 luglio a fine agosto*
– *Chiuso 2 settimane in febbraio, 1 settimana in novembre, giovedì a mezzogiorno e mercoledì*

🏠 **Croce di Malta** 🕴 ≼ 🔑 🔟 ৬ 🎴 🛁 🅿

BUSINESS · FUNZIONALE Richiama nel nome all'antico "Borgo Marina" di Porto Maurizio, dove sorgeva la chiesa dei Cavalieri Maltesi. Maggiormente vocato ad una clientela commerciale, una risorsa moderna a pochi passi dal mare e con comodo parcheggio privato (a pagamento). Spaziosa e dalle linee sobrie la sala da pranzo.

39 cam 🖂 – †65/95 € ††75/130 €

Pianta: A2-a – *via Scarincio 148*
– 𝒞 0183 667020 – *www.hotelcrocedimalta.com*
– *Aperto inizio aprile-fine ottobre*

INCISA IN VAL D'ARNO

Firenze – ⊠ 50064 – 23 505 ab. – Alt. 122 m – Carta regionale n° **18**-C2
Carta stradale Michelin 563-L16

a Palazzolo Nord : 5 km ⊠ 50064

🏠 **Relais Villa al Vento** 🕭 ≼ 🚪 🍴 🎴 🅿

DIMORA STORICA · PERSONALIZZATO Villa d'inizio Novecento in posizione panoramica e facilmente raggiungibile; più che altrove - qui - le camere sono individualizzate, moderne, retrò o antiche, ma sempre all'insegna di romantiche atmosfere e deliziosi particolari.

16 cam 🖂 – †80/120 € ††100/180 €

via Santa Maria Maddalena 9-13
– 𝒞 348 381 2822 – *www.relaisvillaalvento.com*

INDUNO OLONA

Varese – ⊠ 21056 – 10 329 ab. – Alt. 394 m – Carta regionale n° **10**-A1
Carta stradale Michelin 561-E8

🍽 **Olona-da Venanzio dal 1922** 🕸 🚪 🎋 ↻ 🅿

CUCINA REGIONALE · ELEGANTE 🏵🏵 Indirizzo di grande tradizione, con cucina del territorio rivisitata ed interessanti proposte enologiche. Ambiente elegante e servizio ad ottimi livelli.

Menu 40/55 € – Carta 42/75 €

via Olona 38
– 𝒞 0332 200333 – *www.davenanzio.com*
– *Chiuso lunedì*

INNICHEN SAN CANDIDO

INTRA Verbano-Cusio-Ossola → Vedere Verbania

INVERNO-MONTELEONE
Pavia (PV) – ⊠ 27010 – 1 489 ab. – Alt. 74 m – Carta regionale n° **9**-B3
Carta stradale Michelin 561-G10

Monteleone – ⊠ 27010 – Carta regionale n° **9**-B3

⊛ **Trattoria Righini Ines**   🕭 〔A/C〕 **P**
CUCINA REGIONALE · SEMPLICE 𝕏 Ambiente semplice e vivace, voi sedetevi e loro inizieranno a portarvi un'infinità di assaggi che faranno sì che vi alziate da tavola sazi, allegri e con un "arrivederci a presto"! Una delle specialità: coniglio all'aceto.
  ⊛ Menu 15 € (in settimana), 20/37 €
via Miradolo 108 – ℰ 0382 73032 – Chiuso gennaio, 15 luglio-31 agosto, lunedì, martedì, i mezzogiorno di giovedì-venerdì e le sere di mercoledì-domenica

INVORIO
Novara – ⊠ 28045 – 3 958 ab. – Alt. 416 m – Carta regionale n° **13**-A2
Carta stradale Michelin 561-E7

🕆〇 **Pascia**   🕸 〔A/C〕 ⅋ **P**
CUCINA MODERNA · ELEGANTE 𝕏𝕏 Una cucina che semplicemente "non c'è" come ama definirla lo chef, che l'interpreta - invece - come forza viva e poderosa, interagente con l'essere umano a livello fisico e mentale, energetico e spirituale; cibo per l'anima oltre che per il corpo. In sintesi, cerebrale!
Menu 85/95 €
via Monte Rosa 9 – ℰ 0322 254008 – www.ristorantepascia.it – Chiuso domenica sera e lunedì

CI PIACE...

La mediterranea semplicità, confortevole e fronte mare, di **Casa Celestino**. La cucina di Nino Di Costanzo al **Danì Maison**: tra le migliori del sud d'Italia! La terrazza panoramica del **Punta Chiarito** che ricorda il ponte di una nave. Strepitosi tramonti compresi nel prezzo al **Garden & Villas Resort.**

ISCHIA (Isola d')

(NA) – 64 031 ab. – Carta regionale n° **4**-A2
Carta stradale Michelin 564-E23

Barano d'Ischia – ⊠ 80070 – 10 113 ab. – Alt. 210 m – ⊠ Barano D'Ischia
– Carta regionale n° **4**-A2

Carta stradale Michelin 564-E23

a Maronti Sud : 4 km ⊠ 80070 – Barano D'Ischia

San Giorgio Terme ⌂⌂⌂ 🕉 🐾 ⪉ 🧖 🖼 🕸 🐾 🔏 AC 🕸 P

TRADIZIONALE · CONTEMPORANEO Leggermente elevata rispetto al mare, una moderna risorsa dai vivaci colori, nata dalla fusione di due strutture collegate tra loro; dalla fiorita terrazza, un panorama mozzafiato. A circa 300 metri c'è la spiaggia.

76 cam ⌂ – ♦104/159 € ♦♦178/288 €
Pianta: B2-b – *via dei Maronti 40*
– ℰ 081 990098 – *www.hotelsangiorgio.com*
– *Aperto 21 aprile-21 ottobre*

Parco Smeraldo Terme ⌂⌂⌂ 🕉 🐾 ⪉ 🧖 🖼 🕸 🔏 🔏 🖂 AC 🕸 P

TRADIZIONALE · LUNGOMARE A ridosso della rinomata spiaggia dei Maronti, albergo dal confort concreto e dallo stile classico, dotato di centro termale che si completa con la piscina, sempre termale, collocata su una bella terrazza fiorita.

65 cam ⌂ – ♦126/215 € ♦♦232/510 €
Pianta: B2-a – *via Maronti 42* – ℰ 081 990127 – *www.hotelparcosmeraldo.com*
– *Aperto 24 marzo-28 ottobre*

Gli esercizi segnalati con il simbolo 🏠 non offrono gli stessi servizi di un hotel. Queste forme alternative di ospitalità si distinguono spesso per l'accoglienza e l'ambiente: specchio della personalità del proprietario. Quelli contraddistinti in rosso 🏠 sono più ameni.

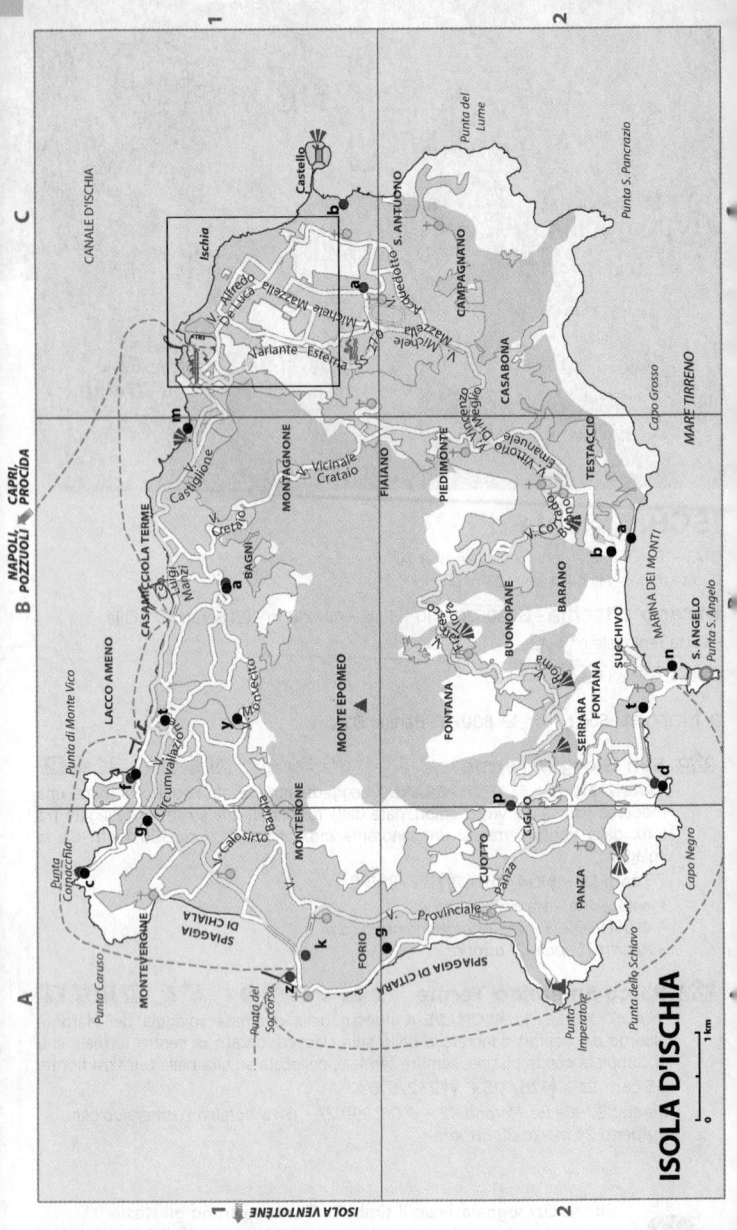

ISOLA D'ISCHIA

Lacco Ameno – ⊠ 80076 – 4 853 ab. – Carta regionale n° **4**-A2

Carta stradale Michelin 564-E23

ⓒ **Indaco**   🏠 🎼 🞲 🅿

CUCINA CREATIVA · LUSSO XXX A pochi metri dall'acqua, affacciato su una delle baie più incantevoli dell'isola, l'arrivo dei piatti vi introdurrà in un'altra magia: quella del giovane cuoco ischitano e i suoi ricordi d'infanzia che riemergono tra i fornelli trasformandosi in piatti creativi, giocosi e sorprendenti.
→ Risi, bottarga e limone. Pezzogna e foie gras, crema di carote al vermouth dry e alghe di mare con uva marinata. La Coppa di Nestore.

Menu 95/200 € – Carta 71/150 €

Pianta: B1-f – *L'Albergo della Regina Isabella, piazza Restituta 1 – ℰ 081 994322*
- www.reginaisabella.it – solo a cena
- Aperto inizio aprile-fine ottobre

🏨 **L'Albergo della Regina Isabella**   🞲 ⩵ 🛏 🗮 🖂 🞲 🞲 ᴌ⌁ 🞲 🡇

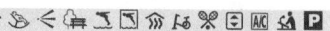

GRAN LUSSO · ELEGANTE Con quest'albergo, negli anni '50, Angelo   🎼 🞲
Rizzoli inventò il turismo ischitano d'alto livello, rubò clienti a Capri e portò qui il bel mondo. Oggi l'incanto continua e si moltiplica in suggestivi saloni, arredi d'epoca e preziose decorazioni: un meraviglioso universo in cui perdersi...

128 cam ⌂ – †148/450 € ††198/890 € – 9 suites

Pianta: B1-f – *piazza Santa Restituta 1 – ℰ 081 994322 – www.reginaisabella.it*
- Aperto 27 dicembre-6 gennaio e Pasqua-1° novembre
ⓒ **Indaco** – Vedere selezione ristoranti

🏨 **Grazia Terme**   🞲 🞲 ⩵ 🛏 🗮 🖂 🞲 ᴌ⌁ 🞲 🖂 🎼 🞲 🅿

TERMALE · REGIONALE Sulla via Borbonica, la risorsa si sviluppa su diversi corpi raccolti intorno ad un grande giardino con piscina; dispone anche di un nuovo parco idro aromaterapico (5000 mq!!!) completissimo nell'offerta.

80 cam ⌂ – †80/155 € ††120/270 € – 3 suites

Pianta: B1-y – *via Borbonica 2*
- ℰ 081 994333 – www.hotelgrazia.it
- Aperto 12 aprile-31 ottobre

🏠 **Villa Angelica**   🞲 🛏 🗮 🎼 🞲

TRADIZIONALE · CLASSICO Raccolta attorno ad un piccolo rigoglioso giardino nel quale è stata realizzata una piscina, semplice struttura ad andamento familiare che si cinge del fascino di una casa privata. Pass gratuito per posteggio sulla strada davanti l'ingresso.

20 cam ⌂ – †75/95 € ††110/150 €

Pianta: B1-t – *via 4 Novembre 28*
- ℰ 081 994524 – www.villaangelica.it
- Aperto 1°-8 gennaio e 9 aprile-5 novembre

Sant'Angelo – ⊠ 80070 – Carta regionale n° **4**-A2

🏨 **Miramare Sea Resort**   🞲 🞲 ⩵ 🞲 🎼

LUSSO · LUNGOMARE Nel parco termale Aphrodite Apollon, collegato all'hotel da lunga passeggiata e, soprattutto, dalla medesima gestione, Miramare Sea Resort è adagiato sulla più bella baia di S. Angelo e dalle sue camere o dalle terrazze la vista è memorabile. Ambienti spaziosi, servizio professionale, nonché piatti mediterranei vi attendono presso il ristorante affacciato sul mare.

50 cam ⌂ – †200/500 € ††350/700 €

Pianta: B2-n – *via Comandante Maddalena 29*
- ℰ 081 999219 – www.ristoranteilmare.com
- Aperto 1° aprile-4 novembre

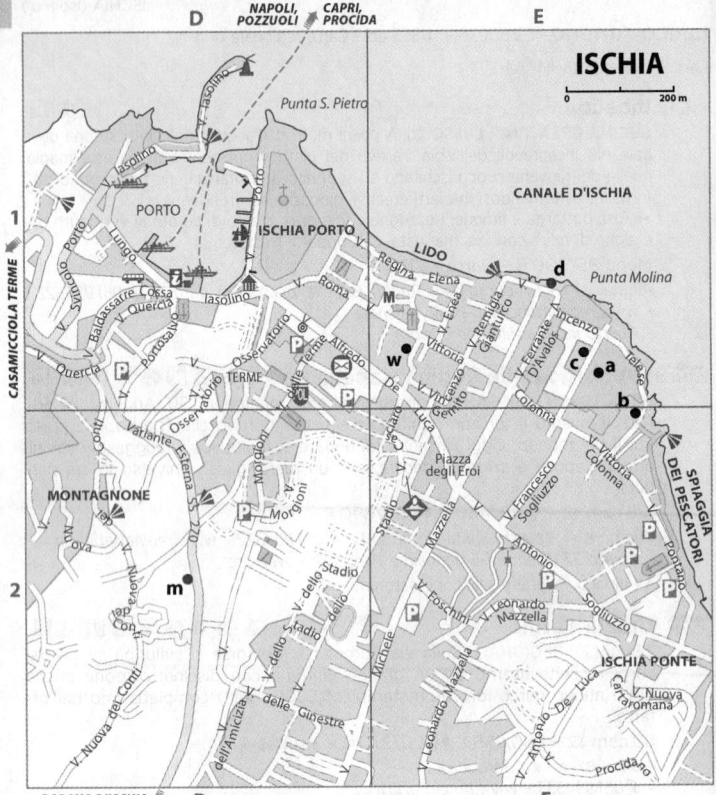

NAPOLI,
POZZUOLI
CAPRI,
PROCÍDA

ISCHIA

0   200 m

🏠 Casa Celestino 🟢🟢🟢🟢 A/C

BOUTIQUE HOTEL · LUNGOMARE All'inizio del paese, ma già in zona pedonale, una dimora caratterizzata da un solare stile mediterraneo, dove il bianco abbinato al blu rallegra tessuti e ceramiche. Le stanze si adeguano a tale piacevolezza: spaziose e quasi tutte con balconcino.

20 cam ☕ – ♦80/175 € ♦♦90/320 € – 1 suite

Pianta: B2-t – *via Chiaia di Rose 20* – ℰ *081 999213* – *www.hotelcelestino.it*
– *Aperto 24 aprile-14 ottobre*

Casamicciola Terme – ✉ 80074 – 8 362 ab. – Carta regionale n° **4**-A2

⚜ Il Mosaico 🟢🟢🟢🟢🟢

CREATIVA · ROMANTICO XxX Il Mosaico torna a far parlare di sé: con la stagione 2016, infatti, riapre ed inizia con una nuova linea gastronomica affidata ad un cuoco, già premiato in altre location grazie ad una cucina creativa dal grande impatto visivo. Carne e pesce si alternano mentre in sottofondo si cita spessissimo la Campania.

➔ Riso carnaroli al pomodoro mantecato con burro di gamberi rossi su stracciata di bufala. La mia zuppa di pesce. Interpretazione della sfogliatella.

Menu 95/150 € – Carta 77/129 €

Pianta: B1-a – *Terme Manzi Hotel & Spa, piazza Bagni 4*
– ℰ *081 994722 (consigliata la prenotazione)* – *www.termemanzihotel.com*
– *solo a cena*
– *Aperto 19 aprile-20 ottobre; chiuso mercoledì*

🏨 Terme Manzi Hotel & Spa ⟡ ⟁ 🖼 ⑩ 𝕸 🛁 🔑 🖻 🕸 🧖 🅿

LUSSO · PERSONALIZZATO Meravigliosa sintesi delle più disparate influenze, mai semplice, sempre grandioso, spesso sfarzoso; un edificio moderno sorto sulla fonte Gurgitello e che ha saputo ben integrarsi nell'architettura dell'isola con richiami moreschi mischiati ad impronte eclettiche a testimoniare la storia della località. Tanta meraviglia nasconde un ulteriore gioiello intorno al quale il palazzo si raccoglie: una bella corte che svela un lussureggiante giardino impreziosito da fontane e statue neoclassiche.

55 cam ⌓ – ♦180/250 € ♦♦270/370 € – 3 suites

Pianta: B1-a – *piazza Bagni 4*
– ℰ 081 994722 – www.termemanzihotel.com
– *Aperto 19 aprile-20 ottobre*

🕸 **Il Mosaico** – Vedere selezione ristoranti

Forio – ✉ 80075 – 17 615 ab. – Carta regionale n° **4**-A2

Carta stradale Michelin 564-E23

ⓘ○ Chandelier ⟨🛏 🏠 AC 🅿

CUCINA MEDITERRANEA · ELEGANTE ✗✗ Sulla terrazza panoramica o, nei giorni di maltempo, nell'elegante sala interna, nel ristorante gourmet di un esclusivo hotel di lusso vi verrà proposta una grande carta di cucina regionale e nazionale, rivisitata con maestria ed esperienza da un bravo cuoco.

Menu 60/130 € – Carta 62/129 €

Pianta: A1-c – *Hotel Mezzatorre Resort & Spa, via Mezzatorre 23, località San Montano, Nord: 3 km*
– ℰ 081 986111 (consigliata la prenotazione) – www.mezzatorre.it
– *solo a cena – Aperto 19 aprile-20 ottobre*

ⓘ○ Umberto a Mare

PESCE E FRUTTI DI MARE · STILE MEDITERRANEO ✗✗ Resterà indelebile una cena sulla terrazza, una ringhiera a strapiombo sul mare, per gustare una cucina in continua evoluzione eppure sempre fedele ad una tradizione di famiglia. Belle anche le camere, anch'esse panoramiche.

Menu 65 € – Carta 50/92 €

11 cam ⌓ – ♦100/190 € ♦♦130/200 €

Pianta: A1-z – *via Soccorso 8*
– ℰ 081 997171 (consigliata la prenotazione) – www.umbertoamare.it
– *Aperto 20 aprile-15 ottobre*

ⓘ○ Il Saturnino ⟨ 🧖

PESCE E FRUTTI DI MARE · FAMILIARE ✗✗ Vicino alla torre saracena, una giovane ed ospitale coppia, una veranda chiusa sulla baia, ma soprattutto un'autentica cucina mediterranea: semplice, schietta e saporita.

Menu 42/57 € – Carta 48/81 €

Pianta: A1-k – *via Marina, al porto* – ℰ 081 998296 (consigliata la prenotazione)
– www.ristorantesaturnino.it – *Chiuso febbraio, martedì
escluso 15 giugno-15 settembre e 27 dicembre-10 gennaio; in novembre-marzo
aperto solo venerdì, sabato e domenica*

ⓘ○ Da "Peppina" di Renato 🏠 ♻ 🅿

CUCINA REGIONALE · CASA DI CAMPAGNA ✗ Occorre essere prudenti lungo la stretta strada, l'ultimo tratto cinto da muri a secco, ma la tipicità del posto costruita su tradizione e originalità sarà una gradita ricompensa; in una grotta tufacea, la cantina-enoteca. Piatti locali a partire dai prodotti dell'orto.

Carta 26/52 €

Pianta: AB2-p – *via Montecorvo 42* – ℰ 081 998312 (consigliata la prenotazione)
– www.trattoriadapeppina.it – *solo a cena – Chiuso 15 novembre-15 febbraio
e mercoledì escluso giugno-settembre*

🏚️ Mezzatorre Resort & Spa   ≫ ≤ 🏠 ℑ 🖳 🐠 ♨ ℅ ⚹ ⌂ AC P

GRAN LUSSO · PERSONALIZZATO Il buen retiro ischitano per eccellenza. Immerso in un bosco e arroccato su un promontorio, il complesso sorge intorno ad una torre saracena del XVI sec: eleganti camere e privacy. Per i pasti più semplici e tradizionali, appuntamento al ristorante Sciué Sciué o al bar a bordo piscina, a due passi dal mare.

44 cam ⌕ – ♦270/440 € ♦♦370/840 € – 12 suites

Pianta: A1-c – *via Mezzatorre 23, località San Montano, Nord: 3 km*
  – *𝒞 081 986111 – www.mezzatorre.it*
  – *Aperto 19 aprile-20 ottobre*
  ↑○ **Chandelier** – Vedere selezione ristoranti

🏚️ Garden & Villas Resort   ⚘ ≫ 🏠 ℑ 🖳 🐠 🕉 ℅ AC P

LUSSO · ELEGANTE I numeri sono eloquenti: 3 ettari di boschi e giardini ospitano 9 ville-palazzine con 7 diverse categorie di camere tra cui le nuove suite. Addirittura un anfiteatro panoramico. Ovunque generosità di spazi per un soggiorno all'insegna del verde e dell'indipendenza!

52 cam ⌕ – ♦190/250 € ♦♦210/300 € – 3 suites

Pianta: A1-g – *via Provinciale Lacco 284*
  – *𝒞 081 997978 – www.gardenvillasresort.it*
  – *Aperto 21 aprile-14 ottobre*

a Panza Sud : 4,5 km ✉ 80070 – Alt. 155 m

↑○ Chiarito   ≤ 🏠 ℑ AC P

CUCINA REGIONALE · CONTESTO TRADIZIONALE ℅℅ Si viene per il panorama, si torna per la cucina: pochi tavoli e una terrazza affacciati su S. Angelo, i piatti esaltano con fantasia i prodotti campani, rivisitandoli secondo l'estro di chi sta dietro ai fornelli.

Menu 35/70 € – Carta 30/87 €

Pianta: B2-d – *Hotel Punta Chiarito, via Sorgeto 87, Sud: 1 km*
  – *𝒞 081 908102 (consigliata la prenotazione) – www.puntachiarito.it*
  – *solo a cena*
  – *Aperto 27 dicembre-8 gennaio e 28 marzo-3 novembre*

🏠 Punta Chiarito   ⚘ ≫ ≤ ℑ 🕉 AC P

FAMILIARE · MEDITERRANEO Camere semplici, ma panoramiche e con arredi in ciliegio, in una graziosa risorsa in posizione isolata, su uno scenografico promontorio a picco sul mare: attraverso una comoda scala si raggiunge la famosa Baia di Sorgeto sede di acqua calda termale.

26 cam – solo ½ P 80/320 €

Pianta: B2-d – *via Sorgeto 87, Sud: 1 km*
  – *𝒞 081 908102 – www.puntachiarito.it*
  – *Aperto 27 dicembre-8 gennaio e 28 marzo-3 novembre*
  ↑○ **Chiarito** – Vedere selezione ristoranti

a Citara Sud : 2,5 km ✉ 80075 – Forio

🏚️ Providence Terme   ⚘ ≫ ≤ 🏠 ℑ ⌂ AC P

FAMILIARE · ACCOGLIENTE Si affaccia sulla spiaggia di Citara, questa bella struttura in stile mediterraneo che dispone anche di una grande terrazza-solarium con piscina termale. Cuore del giardino è l'Eden dei Sensi: percorso relax tra erbe aromatiche e vigna. Il giusto spazio è dedicato alle piccole terme ed alla beauty con sala massaggi. Cucina mediterranea o pizze nella luminosa sala da pranzo.

63 cam ⌕ – ♦68/131 € ♦♦136/228 €

Pianta: A1-g – *via Giovanni Mazzella 162*
  – *𝒞 081 997477 – www.hotelprovidence.it*
  – *Aperto 14 aprile-29 ottobre*

Ischia – ⊠ 80077 – 19 915 ab. – Carta regionale n° **4**-A2

Carta stradale Michelin 564-E23

❀❀ **Danì Maison** (Nino Di Costanzo)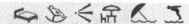

CUCINA CREATIVA · ELEGANTE XXX Un piccolo, romantico salotto avvolto da un bel giardino mediterraneo, in cui gustare le ricette che hanno reso famoso lo chef, Nino Di Costanzo: cucina tecnica, ma anche creativa, mentre il cuore batte per i sapori del Mediterraneo. Il mare non si vede, ma la bellezza estetica dei piatti vi renderà comunque felici.

→ Paste e patate. Agnello in parmigiana di melanzane. Napul'è.

Menu 190/220 € – Carta 90/220 €

Pianta: C1-a – *via I traversa Montetignuso 28*
– ℰ 081 993190 *(prenotazione obbligatoria)* – www.danimaison.it
– *Aperto inizio aprile-fine ottobre; chiuso martedì a mezzogiorno e lunedì*

---

⑪○ **Giardino Eden**

PESCE E FRUTTI DI MARE · ROMANTICO XX Quel che il nome promette, poi mantiene: un vero Eden sul mare completato dalle camere e dalla spiaggia, mentre la vista spazia tra Capri, Napoli, Vesuvio, Procida e nel piatto tante, fragranti specialità di pesce. La sera faticherete a contare le candele accese! (Attenzione: prenotando si potrà usufruire del servizio gratuito di taxi nautico che parte sotto il Castello).

Menu 70 € (in settimana) – Carta 61/140 € – carta semplice a pranzo

7 cam ☲ – ♦90/340 € ♦♦95/350 €

Pianta: C1-b – *via Nuova Cartaromana 62, Sud-Est: 1,5 km*
– ℰ 333 142 6944 – www.giardinoedenischia.com
– *Aperto 28 aprile-1° ottobre; chiuso domenica sera*

---

⑪○ **Alberto**

PESCE E FRUTTI DI MARE · STILE MEDITERRANEO XX Quasi una palafitta sulla spiaggia risalente ai primi anni '50, una sola sala verandata aperta sui tre lati per gustare una cucina di mare tradizionale reinterpretata con fantasia. A pranzo, formule più semplici ed economiche, ma sempre di qualità.

⊗ Menu 25 € (pranzo)/60 € – Carta 33/89 €

Pianta: E1-d – *lungomare Cristoforo Colombo 8*
– ℰ 081 981259 *(consigliata la prenotazione la sera)* – www.albertoischia.it
– *Aperto 29 marzo-3 novembre*

---

⑪○ **Damiano**

PESCE E FRUTTI DI MARE · FAMILIARE X Lasciata l'auto, alcuni gradini conducono alla veranda dalle grandi finestre affacciate sulla città e sulla costa. Semplici le proposte della cucina basata soprattutto su aragoste e coniglio di fosso. Andamento familiare.

Carta 31/75 €

Pianta: D2-m – *via Variante Esterna strada statale 270*
– ℰ 081 983032 – *solo a cena* – *Chiuso da lunedì a venerdì in ottobre-aprile*

🏨 **Grand Hotel Excelsior**

LUSSO · MEDITERRANEO Tra la vegetazione, l'imponente struttura dall'architettura mediterranea fa capolino sul mare con le sue eleganti camere dai colori freschi e marini accentuati da belle maioliche. Completa zona benessere in cui convivono offerte termali e beauty. La cucina regionale sfrutta le fragranze del proprio orto e viene servita nell'elegante sala e in terrazza.

78 cam ☲ – ♦180/240 € ♦♦230/460 € – 5 suites

Pianta: E1-a – *via Emanuele Gianturco 19*
– ℰ 081 991522 – www.excelsiorischia.it
– *Aperto 28 aprile-13 ottobre*

🏨 Punta Molino Hotel Beach Resort & Spa ♙ 🕉 ≼ 🛏 🍽 🔲 🖼 🏖

LUSSO · CLASSICO Signorile e direttamente sul 🕉 🛁 🔥 🔲 🗚 ♨ **P** mare, con tanto di pontile privato, tra i confort si citano due grandi piscine, nonché stanze abbellite dalle preziose ceramiche di Vietri e arredate con pezzi d'antiquariato. L'attigua villa per chi desidera maggior riservatezza.

81 cam ♊ – ♦130/265 € ♦♦185/570 € – 3 suites

Pianta: E1-2-b – *lungomare Cristoforo Colombo 23* – *𝒞 081 991544* – *www.hotelpuntamolinoischia.com* – *Aperto 20 aprile-15 ottobre*

🏨 Il Moresco ♙ 🕉 ≼ 🛏 🍽 🔲 ♨ 🕉 🛁 🔥 🔲 🗚

LUSSO · STORICO Nasce come dimora privata questa casa dal fascino esclusivo: la piscina coperta è stata realizzata dove era prevista la serra e la zona benessere è negli ex alloggi del personale. All'ombra del pergolato o nella sala interna, le fragranze del Mediterraneo.

66 cam ♊ – ♦215/275 € ♦♦290/410 € – 2 suites

Pianta: E1-c – *via Emanuele Gianturco 16* – *𝒞 081 981355* – *www.ilmoresco.it* – *Aperto 1° aprile-30 ottobre*

🏨 Le Querce ♙ 🕉 ≼ 🛏 🍽 🔲 ♨ 🕉 🛁 🔥 🗚 ♨ **P**

TRADIZIONALE · ACCOGLIENTE Albergo d'impostazione e stile classico, offre uno dei panorami più incantevoli dell'isola, nonché affascinanti terrazze a picco sul blu. Ristorante serale e servizio easy a pranzo.

69 cam ♊ – ♦100/300 € ♦♦200/550 € – 4 suites

Pianta: BC1-m – *via Baldassarre Cossa 29* – *𝒞 081 982378* – *www.albergolequerce.it* – *Aperto inizio aprile-fine ottobre*

🏨 La Villarosa ♙ 🕉 🛏 🍽 🔥 🔲 🗚 **P**

DIMORA STORICA · PERSONALIZZATO In pieno centro ma varcata la soglia del giardino sarete come inghiottiti da un'atmosfera d'altri tempi, un insieme di ambienti dal fascino antico, un susseguirsi di sale e salette tutte diverse fra loro. Panoramica sala ristorante all'ultimo piano.

37 cam ♊ – ♦65/128 € ♦♦100/226 €

Pianta: E1-w – *via Giacinto Gigante 5* – *𝒞 081 991316* – *www.dicohotels.it* – *Aperto 13 aprile-30 ottobre*

ISEO

Brescia – ✉ 25049 – 9 179 ab. – Alt. 198 m – Carta regionale n° **10**-D1
Carta stradale Michelin 561-F12

🏨 Iseolago ♙ 🕉 🛏 🍽 🕉 🛁 🔲 🖢 🗚 ♨ 🚵 **P**

TRADIZIONALE · BORDO LAGO Inserito nel verde di un vasto impianto turistico alle porte della località, elegante complesso alberghiero con belle camere ed accesso diretto al lago (solo durante la stagione estiva attraverso il centro balneare Sassabanek, che accoglie gli ospiti gratuitamente da giugno a settembre). Alla scoperta dei piatti e dei vini della Franciacorta nell'elegante ristorante L'Alzavola con fresco pergolato per quando il clima è mite.

66 cam ♊ – ♦80/107 € ♦♦114/179 € – 10 suites

via Colombera 2, Ovest: 1 km – *𝒞 030 98891* – *www.iseolagohotel.it*

sulla strada provinciale per Polaveno Est : 6 km

🏨 I Due Roccoli ♙ ≼ 🛏 🍽 🎾 🔲 🖼 🚵 **P**

TRADIZIONALE · ACCOGLIENTE All'interno di una vasta proprietà affacciata sul lago, un'antica ed elegante residenza di campagna con parco, adeguata alle più attuali esigenze e con locali curati. Ristorante raffinato, con angoli intimi, camino moderno e uno spazio all'aperto, "sull'aia".

26 cam – ♦90/135 € ♦♦100/176 € – 4 suites – ♊10 €

via Silvio Bonomelli ✉ 25049 – *𝒞 030 982 2977* – *www.idueroccoli.com* – *Aperto 16 aprile-20 ottobre*

a Clusane sul Lago Ovest : 5 km ✉ 25049

🍴 Conte di Carmagnola ⛰ ⛱ AC 🚭 🅿

CUCINA CLASSICA • ELEGANTE XXX In posizione dominante con splendida vista sul lago, il ristorante "mutua" il nome dalla prima tragedia di A. Manzoni. Elegante e à la page, la sua cucina propone piatti internazionali e specialità del lago, con grande attenzione all'olio (di produzione propria), nonché alla carta dei vini che annovera le eccellenze della Franciacorta.

Carta 37/86 € – carta semplice a pranzo

Hotel Relais Mirabella, via Mirabella 34, Sud: 1,5 km – ☏ 030 989 8051 – www.relaismirabella.it – Aperto 1° aprile-31 ottobre

🍴 Al Porto AC ⚓

CUCINA REGIONALE • FAMILIARE X Più di 150 anni di celebrazione della tradizione in un bel palazzo di fronte al porticciolo, tante sale con richiami storici e lacustri e qualche tavolo con vista sul lago... che arriva poi nel piatto con il pescato del giorno: Iseo in tavola!

Carta 29/50 €

piazza Porto dei Pescatori 12 – ☏ 030 989014 – www.alportoclusane.it – Chiuso mercoledì escluso aprile-ottobre

🏨 Relais Mirabella 🌳 ⛰ ⛰ 🏊 🎾 ⇕ ♿ AC 🏋 🅿

LUSSO • CLASSICO Un'elegante oasi di tranquillità, in un borgo di antiche case coloniche con eccezionale vista sul lago, 70 ettari di bosco e piscina. All'atto della prenotazione, se disponibili, richiedere le camere con terrazzino panoramico.

28 cam ☕ – 👤80/190 € 👥140/210 € – 1 suite

via Mirabella 34, Sud: 1,5 km – ☏ 030 989 8051 – www.relaismirabella.it – Aperto 1° aprile-31 ottobre

🍴 **Conte di Carmagnola** – Vedere selezione ristoranti

ISERA

Trento (TN) – ✉ 38060 – 2 735 ab. – Carta regionale n° **19**-B3
Carta stradale Michelin 562-E15

☺ Casa del Vino ⛰ ⛱

CUCINA REGIONALE • RUSTICO X Il fior fiore della gastronomia locale in un palazzo cinquecentesco del centro. Il menu è fisso, ma si può mangiare anche solo qualche piatto (ottimi i canederli al formaggio d'alpeggio e tartufo nero!), mentre tutti i vini in carta sono serviti al bicchiere. Molto belle le camere ai piani superiori della casa.

∞ Menu 25/35 € – Carta 32/47 €

8 cam ☕ – 👤70/90 € 👥90/110 €

piazza San Vincenzo 1 – ☏ 0464 486057 – www.casadelvino.info

ISOLA... ISOLE ➔ Vedere nome proprio della o delle isole

ISOLA D'ASTI

Asti – ✉ 14057 – 2 012 ab. – Alt. 245 m – Carta regionale n° **14**-D1
Carta stradale Michelin 561-H6

🏨 Castello di Villa ⛶ 🌳 ⛰ ⛰ 🏊 ⇕ AC 🅿

STORICO • ELEGANTE Questa imponente villa patrizia del XVII sec. non smette di far sognare il viandante: splendidi spazi comuni, nonché lussuose camere con soffitti affrescati, arredi e decorazioni eclettiche. Uno stile barocco, ricco ma non *kitsch*, per rivivere i fasti del passato senza rinunciare ai confort moderni.

18 cam ☕ – 👤150/250 € 👥160/300 € – 1 suite

via Mauro Bausola 2, località Villa, Est: 2,5 km – ☏ 0141 958006 – www.castellodivilla.it – Aperto 1° aprile-26 novembre

sulla strada statale 231 Sud-Ovest : 2 km

🍃 **Il Cascinalenuovo** (Walter Ferretto)　　　🐕‍🦺 🍃 🛗 🛋 🎬 Ⓐ🅒 🅿

CUCINA MODERNA • AMBIENTE CLASSICO ✕✕✕ La sala elegante - sebbene essenziale - si allontana dall'ufficialità piemontese: non la cucina, che ne propone glorie e tradizioni in un carosello dei migliori piatti; in aggiunta anche del pesce. D'estate, situazione alternativa nel fresco dehors con l'Altro Cascinale, dove gustare ricette più semplici, pizze e schiacciate, a prezzi contenuti.

→ Agnolotti ripieni di fonduta con tartufo bianco d'Alba. Maialino croccante con mele golden, cipolle rosse, salsa soia e vino rosso. Giro-tondo di Langa.

Menu 50/80 € - Carta 52/82 €

15 cam - ♦70/100 € ♦♦70/100 € - ⬚ 10 €

statale Asti-Alba 15 ✉ *14057* - ✆ *0141 958166 (prenotazione obbligatoria a mezzogiorno) - www.walterferretto.com*

- Chiuso 26 dicembre-20 gennaio, 12-18 agosto, domenica sera e lunedì

ISOLA DELLA SCALA

Verona - ✉ 37063 - 11 536 ab. - Alt. 31 m - Carta regionale n° **23**-A3
Carta stradale Michelin 562-G15

🍴 **L'Artigliere**　　　　　　🍃 🛗 🛋 ⅃ Ⓐ🅒 🅿

CUCINA MODERNA • ACCOGLIENTE ✕✕ Tra le mura ristrutturate di un antico mulino per la lavorazione del riso, uno chef "navigato" rilancia la propria cucina dal taglio decisamente moderno; possibilità anche di pernottamento in comode camere.

🍴 Menu 18 € (pranzo in settimana)/100 € - Carta 48/88 €

5 cam ⬚ - ♦90/110 € ♦♦110/160 €

via Boschi 5

- ✆ 045 663 0710 - www.artigliere.net

- Chiuso 1°-6 gennaio, 1°-26 agosto, lunedì e martedì

ISOLA DELLE FEMMINE Sicilia

Palermo - ✉ 90040 - 7 290 ab. - Alt. 6 m - Carta regionale n° **17**-B2
Carta stradale Michelin 365-AO54

🏠 **Sirenetta**　　　🕽 ⬅ ⅃ 🦪 🖃 ⅃ 🎬 ⌥ 🔧 🅿

FAMILIARE • LUNGOMARE Incastrato tra splendide montagne e un'affasciante baia, gestione familiare con camere semplici, ma accoglienti. Sala e cucina classiche d'albergo: spiccano i sottopiatti in ceramica siciliana.

22 cam ⬚ - ♦75/115 € ♦♦80/160 € - 7 suites

viale Dei Saraceni 81, Sud-Ovest: 1,5 km

- ✆ 091 867 1538 - www.sirenetta.it

ISOLA DEL LIRI

Frosinone - ✉ 03036 - 11 715 ab. - Alt. 217 m - Carta regionale n° **7**-D2
Carta stradale Michelin 563-Q22

🍴 **Scala alla Cascata**　　　　　　🍃 Ⓐ🅒

CUCINA LAZIALE • SEMPLICE ✕ Dal 1860 l'antica tradizione culinaria della zona si ritrova nella cucina di questo ristorante. Il nome non è casuale: il locale si apre, infatti, sulla cascata principale del paese, mentre l'albergo situato nella piazza centrale ospita ampie camere.

Carta 19/46 €

18 cam ⬚ - ♦50 € ♦♦70 €

piazza Gregorio VII

- ✆ 0776 808100 - www.scalaallacascata.it - Chiuso domenica sera

ISOLA DI CAPO RIZZUTO

Crotone - ✉ 88841 - 17 643 ab. - Alt. 90 m - Carta regionale n° **3**-B2
Carta stradale Michelin 564-K33

ⵕ○ **Ruris** 🝔 **P**

PESCE E FRUTTI DI MARE · ACCOGLIENTE ☆☆ La carta trova nel pesce il suo alleato preferito, rielaborato con guizzi di fantasia, in un locale recentemente ristrutturato secondo quel mood che da sempre lo contraddistingue; la nuova cantina custodisce ora oltre 200 etichette di vino e più di 60 distillati internazionali pregiati.

Menu 50 € (in settimana)/80 € – Carta 40/101 €

località Mazzotta, Sud-Est: 3 Km
– ✆ 0962 791460 (consigliata la prenotazione) – www.ruris.it
– solo a cena escluso domenica – Chiuso lunedì e martedì

a Praialonga Ovest : 12 km

✿ **Pietramare Natural Food** 🛏 🛖 🝔 🍴 **P**

CUCINA CREATIVA · ELEGANTE ☆☆ All'interno del Praia Art-Resort, in una raffinata atmosfera di muretti a secco e vegetazione mediterranea, la cucina è un gustoso connubio tra le eccellenze gastronomiche calabresi e l'inventiva del cuoco campano. La cucina a vista vi permetterà di vedere lo chef all'opera da tutte le aree del ristorante, coccolati da un servizio attento che strizza l'occhio ad abbinamenti a base di sakè e whisky dal Giappone.

→ Tagliolini all'uovo con gamberi rossi e tartufo del Pollino. Rombo chiodato scottato con la sua zuppetta, bietoline e spugnole. Zuppetta di cocco, fragole e pesca bianca, gelato alla camomilla e crumble al cacao.

Menu 70/120 € – Carta 57/181 €

Hotel Praia Art-Resort, Strada Statale 106 – ✆ 0962 190 2890 (prenotazione obbligatoria) – www.praiaartresort.com – solo a cena – Aperto
5 maggio-20 ottobre

🏨 **Praia Art-Resort** 🌳 🐾 🛏 🛎 🗝 🝔 🍴 **P**

TRADIZIONALE · MEDITERRANEO Al termine di una discesa che giunge sino al mare, solo una piccola pineta separa l'albergo dalla spiaggia privata, con romantiche amache ondeggianti sull'acqua. Camere di raffinata sobrietà, arredate con materiali locali d'artigianato, quasi tutte con patio privato. Pranzo in piscina, tanto pesce e grigliate.

16 cam ⌇ – ♦380/480 € ♦♦380/480 €

Strada Statale 106 – ✆ 0962 190 2890 – www.praiaartresort.com – Aperto
5 maggio-20 ottobre

✿ **Pietramare Natural Food** – Vedere selezione ristoranti

ISOLA DOVARESE

Cremona – ✉ 26031 – 1 159 ab. – Alt. 35 m – Carta regionale n° **9**-C3
Carta stradale Michelin 561-G12

🍴 **Caffè La Crepa** 🍸 🛖 🛋

CUCINA LOMBARDA · VINTAGE ☆ Affacciato su una scenografica piazza rinascimentale, il caffè risale al primo '800, poco più tarda la trattoria. Oggi vi invita ad un nostalgico viaggio dal Risorgimento agli anni '60, passando per il liberty. Dalla cucina, piatti del territorio come lo gnòc à la mulinèra (ricetta riscoperta dai mugnai del fiume).

Menu 35/55 € – Carta 30/56 €

piazza Matteotti 13 – ✆ 0375 396161 – www.caffelacrepa.it – Chiuso 8-25 gennaio, 2-10 luglio, 10-26 settembre, lunedì e martedì

🏨 **Palazzo Quaranta** 🌳 🖥 🗝 🝔 **P**

STORICO · PERSONALIZZATO Nel cuore di un suggestivo complesso architettonico, il palazzo tardo settecentesco ospita camere signorili, quasi tutte affrescate, diverse con bagni principeschi.

8 cam ⌇ – ♦50/100 € ♦♦80/200 €

via Largo Vittoria 12 – ✆ 0375 396162 – www.palazzoquaranta.it

ISOLA RIZZA

Verona – ⊠ 37050 – 3 266 ab. – Alt. 23 m – Carta regionale n° **23**-B3
Carta stradale Michelin 562-G15

all'uscita superstrada 434 verso Legnago

🕄 **Perbellini**　　　　　　　　　　　　　　🕸 ふ Ⓚ ⇔ 🅿

CUCINA CREATIVA · ELEGANTE XxX Il giovane cuoco (già qui in veste di sous-chef), Francesco Baldissarutti, si conferma con un'ottima cucina, intelligentemente non complessa, alquanto fantasiosa, sempre ricercata e di alto livello qualitativo, oggi rinforzata da alcuni prodotti del proprio orto.

➜ Risotto "ho mantecato una pizza alla marinara!". Pancia di mora romagnola affumicata e cotta allo spiedo con finocchio brasato e cardamomo. Millefoglie "strachin".

Menu 28 € (in settimana)/75 € – Carta 41/96 €

via Muselle 130 ⊠ 37050 – ℰ 045 713 5352 – www.ristoranteperbellini.it – Chiuso 10 giorni in gennaio, 3 settimane in agosto, domenica sera, lunedì e martedì; anche domenica a mezzogiorno in luglio-agosto

ISOLA ROSSA Sardegna Olbia-Tempio ➜ Vedere Trinità d'Agultu

ISOLA SANT'ANTONIO

Alessandria (AL) – ⊠ 15050 – 717 ab. – Carta regionale n° **12**-C2
Carta stradale Michelin 561-G8

🕪 **Da Manuela**　　　　　　　　　　　　🕸 ╬ 🏠 Ⓚ 🅿

CUCINA REGIONALE · TRATTORIA XX Cucina lombarda con qualche spunto piemontese, in un accogliente locale ubicato in aperta campagna. Le specialità sono le rane e i pesci d'acqua dolce, ma ottima è anche la cantina!

Menu 32/45 € – Carta 30/65 €

frazione Capraglia, Nord-Ovest: 3 km – ℰ 0131 857177 – www.ristorantedamanuela.it – Chiuso 1°-21 agosto e lunedì, anche martedì la prima settimana di ogni mese

ISSENGO ISSENG Bolzano ➜ Vedere Falzes

ISSOGNE

Aosta – ⊠ 11020 – 1 343 ab. – Alt. 387 m – Carta regionale n° **21**-B2
Carta stradale Michelin 561-F5

🕪 **Al Maniero**　　　　　　　　　　　　　　⇔ ふ 🏠 🅿

CUCINA REGIONALE · FAMILIARE XX Non molto distante dal maniero locale, ambiente semplice con piatti del territorio e camere accoglienti; nuovissima zona wellness denominata La Rascard.

🍴 Menu 24/35 € – Carta 26/51 €

6 cam ☲ – †60/70 € ††80/90 €

frazione Pied de Ville 58 – ℰ 0125 929219 – www.ristorantealmaniero.it – Chiuso 15-30 giugno e lunedì escluso agosto

IVREA

Torino – ⊠ 10015 – 23 606 ab. – Alt. 253 m – Carta regionale n° **12**-B2
Carta stradale Michelin 561-F5

🕪 **La Mugnaia**　　　　　　　　　　　　　　🏠 ⇔

CUCINA MODERNA · CONTESTO CONTEMPORANEO XX Una giovane coppia, appassionata e professionale, gestisce questo piacevole locale nascosto in una vietta del centro. Il cuoco è lui e propone una linea di cucina moderna, attenta all'estetica, in cui convivono i sapori del territorio con aperture mediterranee. Non manca il pesce.

Menu 36/50 € – Carta 39/56 €

via Arduino 53 – ℰ 0125 40530 – www.mugnaia.com – solo a cena escluso sabato e domenica – Chiuso 7-20 gennaio, 20-29 giugno, 5-15 settembre e lunedì

🏠 Spazio Bianco

FAMILIARE · PERSONALIZZATO Ricavato dove una volta c'era una centrale elettrica, Spazio Bianco dedica ogni sua camera ad un momento culturale del territorio: troverete, quindi, la camera Olivetti, quella dedicata al Carnevale e quella al librettista Giacosa. Tutte accomunate da un alto standard di confort.

6 cam ☑ – ♦80/90 € ♦♦95/110 €

via Patrioti 17
– ☎ 0125 196 1620 – www.spaziobiancoivrea.it

JESI

Ancona – ✉ 60035 – 40 399 ab. – Alt. 97 m – Carta regionale n° **11**-C2
Carta stradale Michelin 563-L21

🏨 Federico II

BUSINESS · CLASSICO Elegante complesso immerso nel verde, garantisce un soggiorno confortevole e rilassante grazie anche al moderno centro benessere. Gli spazi comuni sono ampi e le camere arredate con gusto classico. Una luminosa sala panoramica invita a gustare una cucina classica e locale.

113 cam ☑ – ♦60/145 € ♦♦90/221 € – 16 suites

via Ancona 100
– ☎ 0731 211079 – www.hotelfederico2.it

JESOLO

Venezia – ✉ 30016 – 26 122 ab. – Carta regionale n° **23**-D2
Carta stradale Michelin 562-F19

🍴 Da Guido

PESCE E FRUTTI DI MARE · ELEGANTE 🅇🅇 Se il bianco è l'attore principale delle sale di tono elegantemente contemporaneo, sulla tavola il riflettore è puntato su appetitosi piatti di mare, la specialità è la cottura alla griglia. L'atmosfera diventa romantica in giardino.

Menu 28 € (pranzo in settimana)/75 € – Carta 42/110 €

via Roma Sinistra 25
– ☎ 0421 350380 – www.ristorantedaguido.com
– Chiuso gennaio, febbraio, 10 giorni in novembre, martedì a mezzogiorno e lunedì

JESOLO PINETA Venezia (VE) ➜ Vedere Lido di Jesolo

JOUVENCEAUX Torino ➜ Vedere Sauze d'Oulx

JOVENÇAN Aosta (AO) ➜ Vedere Aosta

KALTERN AN DER WEINSTRASSE CALDARO SULLA STRADA DEL VINO

KASTELBELL TSCHARS CASTELBELLO CIARDES

KASTELRUTH CASTELROTTO

KLAUSEN CHIUSA

KOLFUSCHG COLFOSCO

KURTATSCH AN DER WEINSTRASSE CORTACCIA SULLA STRADA DEL VINO

LABICO

Roma – ✉ 00030 – 6 379 ab. – Alt. 319 m – Carta regionale n° **7**-C2
Carta stradale Michelin 563-Q20

❀ **Antonello Colonna Labico** ≤ 🛏 🍴 ⅋ 🅰🄼 ⇄ 🅿

CUCINA MODERNA · MINIMALISTA 🎄🎄🎄 Natura e modernità armoniosamente fuse in una struttura originale ed avveniristica: siamo all'interno di un parco, tra grandi spazi quasi museali ed opere d'arte, dove la cucina recupera la tradizione campestre laziale sostenuta dall'abilità tecnica di un grande cuoco.
→ Negativo di carbonara. Maialino. Diplomatico: crema, cioccolato e caramello al sale.
Menu 90 € – Carta 63/125 €

Antonello Colonna Labico Resort, via di Valle Fredda 52 – ☏ 06 951 0032
(consigliata la prenotazione) – www.antonellocolonna.it – Chiuso
1° gennaio-31 marzo, domenica sera e lunedì

🏠🏠🏠 **Antonello Colonna Labico Resort** ♨ ≤ 🛏 🏊 🄽 🕸 🛖 ⅋ 🅰🄼

LUSSO · MINIMALISTA Immersa nel verde della campagna di Valle- 🏋 🅿
fredda, una bella struttura il cui design minimalista e luminoso viene completato dal servizio pronto ad accontentare qualunque richiesta. Le pareti sono spoglie, ma all'arte contemporanea è dedicata una sala-museo. Camere "nude".
12 cam ⊊ – 🛏200/400 € 🛏🛏200/600 €

via di Valle Fredda 52 – ☏ 06 951 0032 – www.antonellocolonna.it – Chiuso
1° gennaio-31 marzo

❀ **Antonello Colonna Labico** – Vedere selezione ristoranti

LA CALETTA Sardegna Nuoro → Vedere Siniscola

LACCO AMENO Napoli → Vedere Ischia (Isola d')

LACES LATSCH

Bolzano – ✉ 39021 – 5 188 ab. – Alt. 639 m – Carta regionale n° **19**-B2
Carta stradale Michelin 562-C14

🍴O **Paradiso** ⅋ 🅿

CUCINA CREATIVA · ROMANTICO 🎄🎄 Cucina sudtirolese che strizza l'occhio alla creatività e con frequenti citazioni internazionali all'interno di una deliziosa stube in cirmolo.
Menu 110/140 € – Carta 49/77 €

via Sorgenti 12 – ☏ 0473 622225 (consigliata la prenotazione)
– www.hotelparadies.com – solo a cena – Chiuso 7 gennaio-19 aprile e lunedì

🏠🏠🏠 **Paradies** 🏠 ♨ ≤ 🛏 🏊 🄽 🕸 🛖 🗐 ⅋ 🅿

FAMILIARE · STILE MONTANO In posizione davvero paradisiaca, bella struttura nella pace dei frutteti e del giardino ombreggiato con piscina; accoglienti ambienti interni e curato centro benessere.
48 cam ⊊ – 🛏140/165 € 🛏🛏280/330 € – 20 suites

via Sorgenti 12 – ☏ 0473 622225 – www.hotelparadies.com – Chiuso
8 gennaio-30 marzo

🍴O **Paradiso** – Vedere selezione ristoranti

LADISPOLI

Roma – ✉ 00055 – 41 078 ab. – Carta regionale n° **7**-B2
Carta stradale Michelin 563-Q18

🍴O **The Cesar** ≤ 🛏 🍴 🄽 🅰🄼 ⅋ 🅿

CUCINA MODERNA · ELEGANTE 🎄🎄 In un ristorante romanticamente affacciato sulla distesa blu del Mare Nostrum, la sala interna è certamente elegante, ma la terrazza offre il fascino della vista sulla costa; in carta piatti mediterranei preparati - prevalentemente - con i prodotti biologici del proprio orto.
Menu 125 € – Carta 76/127 €

Hotel La Posta Vecchia, località Palo Laziale, Sud: 2 km – ☏ 06 994 9501
– www.lapostavecchia.com – Aperto 29 marzo-3 novembre

La Posta Vecchia

STORICO · ELEGANTE Costruita nel '600 dal Principe Odescalchi, che la volle appositamente per accogliere amici e viaggiatori, come in una sorta di predestinazione, la residenza è stata trasformata oggigiorno in esclusivo hotel: uno scrigno di tesori d'arte di ogni epoca con pavimenti musivi e lussuose camere.

14 cam ⌂ – ✦380/725 € ✦✦380/725 € – 5 suites

località Palo Laziale, Sud: 2 km – ℰ 06 994 9501 – www.lapostavecchia.com
– Aperto 29 marzo-3 novembre

🍴 **The Cesar** – Vedere selezione ristoranti

LAGO → Vedere nome proprio del lago

LAGO MAGGIORE o VERBANO Novara, Varese e Cantone Ticino

LAGUNDO ALGUND

Bolzano – ✉ 39022 – 5 029 ab. – Alt. 350 m – Carta regionale n° **19**-B1
Carta stradale Michelin 562-B15

Pianta: vedere Merano

🍴 Zur Blauen Traube

CUCINA ALTOATESINA · FAMILIARE 🗶 Una delle trattorie più antiche della zona, la sua esistenza è accertata almeno dal 1454. Testimonianze storiche anche nelle sale interne, la carta propone prodotti e ricette del territorio.

Carta 39/75 €

Pianta: A1-e – *strada Vecchia 44 – ℰ 0473 447103 – www.blauetraube.it – Chiuso 10 gennaio-1° marzo, 25 giugno-3 luglio e martedì*

🍴 Schnalshuberhof

CUCINA REGIONALE · RUSTICO 🗶 Tra le mura di una casa del 1300, in due stube (unica nel suo genere quella ricoperta di giornali), la famiglia Pinggera propone gustosi piatti a base di ingredienti biologici, accompagnati da vini di produzione propria. Ottimo speck e distillati.

🍽 Menu 25/38 € – Carta 18/50 €

Pianta: A1-d – *Oberplars 2 – ℰ 0473 447324 (prenotazione obbligatoria) – www.gallorosso.it – solo a cena – Chiuso 17 dicembre-1° marzo, 23 luglio-8 agosto, lunedì, martedì e mercoledì*

🏨 Pergola

LUSSO · DESIGN Eccellente esercizio architettonico del celebre Matteo Thun: in una piccola casa, profusione di legno, luce e - grazie alla posizione rialzata sul paese - splendido panorama. Le ampie camere dispongono tutte di un cucinino.

12 suites – ✦✦238/330 € – 2 cam – ⌂ 15 €

Pianta: A1-f – *San Cassiano 40 – ℰ 0473 201435 – www.pergola-residence.it – Aperto 1 aprile-12 novembre*

a Vellau/ Velloi Nord-Ovest : 8 km ✉ 39022

🍴 Oberlechner

CUCINA REGIONALE · CONTESTO TRADIZIONALE 🗶 Da Merano si sale fino a mille metri di altitudine, dove lo sguardo abbraccia città e monti in un panorama mozzafiato. Ma anche la cucina si rivela all'altezza: molti prodotti locali, all'insegna della tradizione, a cui si aggiunge un po' d'estro. La vista continua nelle belle camere, tutte con balcone; cinque appartamenti con angolo cottura.

Menu 32 € – Carta 28/64 €

10 cam ⌂ – ✦75/85 € ✦✦110/130 €

Località Velloi – ℰ 0473 448350 – www.gasthofoberlechner.com – Chiuso 15 gennaio-15 marzo e mercoledì

LAIGUEGLIA

Savona – ✉ 17053 – 1 810 ab. – Carta regionale n° **8**-B2
Carta stradale Michelin 561-K6

🏠 Splendid Mare   🕸 ⤢ 🔑 🔲 AC 🐾 P

STORICO · ACCOGLIENTE Un soggiorno rilassante negli ambienti signorili di un edificio quattrocentesco, ristrutturato nel 1700 e poi ancora in anni recenti, che conserva il fascino di un antico passato. Camere piacevoli, alcune si affacciano sul mare, altre sulla bella piscina.

40 cam ⊡ – †60/90 € ††100/220 € – 2 suites

piazza Badarò 3 – ☏ 0182 690325 – www.splendidmare.it – Aperto 25 marzo-30 settembre

LAMA MOCOGNO

Modena – ✉ 41023 – 2 734 ab. – Alt. 842 m – Carta regionale n° **5**-B2
Carta stradale Michelin 562-J14

🏡 Vecchia Lama   🏠 🐾 ⇄

CUCINA REGIONALE · ACCOGLIENTE ❌ Cordialità ed ospitalità sono i padroni di casa, insieme ad un'ottima cucina di sola carne con specialità emiliane e montane, nonché tartufi in stagione. D'estate si pranza sulla terrazza affacciata sul giardino. Specialità: tortelloni ricotta e ortiche ai funghi porcini, fiorentina alla toscana su pietra calda.

🍴 Menu 25 € – Carta 23/74 €

via XXIV Maggio 24 – ☏ 0536 44662 – www.ristotantevecchialama.it – Chiuso lunedì escluso luglio-agosto

LAMEZIA TERME

Catanzaro – ✉ 88046 – 70 714 ab. – Alt. 216 m – Carta regionale n° **3**-A2
Carta stradale Michelin 564-K30

a Nicastro ✉ 88046

🍴 Novecento   🎋 ♿ AC

CUCINA REGIONALE · FAMILIARE ❌❌ Nel centro storico della località, in fondo alla sala con mattoni a vista è stata ricavata nel pavimento un'area trasparente e calpestabile, il cui interno custodisce una riproduzione della vecchia Nicastro. La calda ospitalità accompagna invece i numerosi piatti della tradizione.

Carta 30/57 €

largo Sant'Antonio 5 – ☏ 0968 448625 – www.ristorantenovecento.net – Chiuso agosto e domenica

sulla strada statale 18 Sud-Ovest : 11 km

🏨 Ashley   🕸 🛏 ⤢ 🔲 ♿ AC 🐾 🏋 P

LUSSO · PERSONALIZZATO Nelle vicinanze dell'aeroporto, una nuova realtà dalla raffinata ed elegante atmosfera, caratterizzata da mobili d'antiquariato in stile Impero e da spazi curati in ogni settore. La piacevolezza della struttura non risparmia il ristorante: gustose specialità di pesce ed un'interessante carta dei vini.

46 cam ⊡ – †90 € ††150 € – 3 suites

località Marinella ✉ 88046 Lamezia Terme – ☏ 0968 51851 – www.hotelashley.it

LA MORRA

Cuneo – ✉ 12064 – 2 724 ab. – Alt. 513 m – Carta regionale n° **14**-C2
Carta stradale Michelin 561-I5

🕸 Massimo Camia ⠀⠀⠀⠀⠀⠀⠀🏵 🛋 AC P

CUCINA CREATIVA · AMBIENTE CLASSICO XxX Un anonimo edificio lungo una strada trafficata, ma una volta raggiunta la sala al primo piano la vista si apre sulle colline. Del territorio anche i piatti in carta, a cui tuttavia si aggiunge qualche proposta di pesce.

→ Il "nuovo" vitello tonnato. Gnocchi di patate gialle con vongole veraci, zucchina e il suo fiore. Costatina di agnello islandese sulla pietra con verdure grigliate e salsa bbq.

Menu 65/80 € – Carta 52/92 €

strada provinciale 3 Alba-Barolo 122, Sud-Est: 5 km
– ℰ 0173 56355 (consigliata la prenotazione) – www.massimocamia.it – Chiuso 18 giorni in marzo, 15 giorni in agosto, mercoledì a mezzogiorno e martedì

⫟○ Bovio ⠀⠀⠀⠀⠀⠀⠀⠀🏵 ⩽ 🛋 AC P

CUCINA PIEMONTESE · AMBIENTE CLASSICO XxX In una bella villa con vista sui vigneti, la famiglia Bovio continua a portar avanti l'importante tradizione gastronomica delle Langhe. La vista dalla terrazza è, a dir poco, spettacolare!

Menu 47 € – Carta 40/69 €

via Alba 17 bis – ℰ 0173 590303 (consigliata la prenotazione)
– www.ristorantebovio.it – Chiuso 1° febbraio-2 marzo, 27 luglio-11 agosto, mercoledì e giovedì

🏠 Corte Gondina ⠀⠀⠀⠀⠀⠀⠀⇚ ⌇ 🛖 ⅋ AC P

DIMORA STORICA · CLASSICO Elegante casa d'epoca a due passi dal centro, curata in ogni dettaglio: all'interno camere personalizzate, mentre la sala colazioni e il salottino hanno un respiro quasi anglosassone. Nel rilassante giardino la piscina.

14 cam ⭤ – ♦110/135 € ♦♦120/150 €

via Roma 100 – ℰ 0173 509781 – www.cortegondina.it – Chiuso 18-27 dicembre e 15 gennaio-28 febbraio

🏠 Palas Cerequio - Barolo Cru Resort ⠀⠀🏵 🐦 ⩽ ⇚ ⌇ AC 🐾 P

DIMORA STORICA · PERSONALIZZATO Nella tranquillità di una settecentesca residenza di campagna con tanto di cappella privata, camere in stile moderno minimalista o barocco piemontese: la maggior parte, con piccola spa privata (sauna e idromassaggio). Piatti della tradizione locale ed alcune specialità di pesce al ristorante.

9 cam ⭤ – ♦170/330 € ♦♦190/350 € – 7 suites

Borgata Cerequio – ℰ 0173 50657 – www.palascerequio.com
– Chiuso 8 gennaio-15 marzo

🏠 Uve Rooms & Wine Bar ⠀⠀⠀⠀⠀⠀⠀⠀⠀⠀AC

DIMORA STORICA · ELEGANTE Tra i viottoli del borgo antico di La Morra, a pochi metri dalla celebre balconata sulle colline, Uve occupa un incantevole edificio storico, racchiuso intorno ad una romantica corte. Gli arredi delle camere sono contemporanei e raffinati. Non c'è un vero ristorante, ma qualche semplice piatto caldo o freddo.

8 cam ⭤ – ♦120/260 € ♦♦140/280 €

via Umberto I, 13
– ℰ 0173 50740 – www.uvelanghe.it – Chiuso 8-31 gennaio

🏠 Rocche Costamagna Art Suites ⠀⠀⠀⠀⠀⠀⩽ ⇚ AC

TRADIZIONALE · ELEGANTE Le camere sono sopra la cantina storica dell'azienda (che è possibile visitare): semplici ed eleganti, offrono relax e vista panoramica dalle belle terrazze individuali.

4 cam ⭤ – ♦140/160 € ♦♦140/160 €

via Vittorio Emanuele 6 – ℰ 0173 509225 – www.rocchecostamagna.it
– Chiuso 7 gennaio-10 febbraio

🏠 La Morra Brandini ⚡ 🐾 ≼ 🛋 🏊 🖨 🗺 🅿

CASA DI CAMPAGNA · CONTEMPORANEO Ai margini di una piccola frazione dove la collina digrada verso la pianura, la cascina, circondata dai vigneti dell'omonima azienda vinicola biologica, offre confort moderni imperniati sull'ecosostenibilità, due camere soppalcate per chi ama gli spazi, una piscina panoramica e un'ottima cucina piemontese. Nel prezzo della camera è inclusa una visita guidata alle cantine e la degustazione di due bicchieri di vino.

5 cam ☲ – †85/95 € ††120/135 €

– *✆ 0173 50266 – www.agriturismolamorra.it*

– *Chiuso gennaio e febbraio*

🏠 Fior di Farine 🏊 🗺 🅿

FAMILIARE · CLASSICO Nella corte interna di uno dei più celebri mulini in pietra, una struttura del '700 con soffitti a cassettoni e camere arredate in stile rustico-elegante; nuoto controcorrente nella piccola piscina-solarium. Imperdibile la prima colazione: proverbiali pizze e dolci fatti con farina di loro produzione.

5 cam ☲ – †80/85 € ††100/110 €

via Roma 110 – ✆ 0173 509860 – www.fiordifarine.com – Chiuso gennaio e febbraio

a Rivalta Nord: 4 km ✉ 12064 – La Morra

🏠 Bricco dei Cogni 🐾 ≼ 🛋 🏊 🅿

FAMILIARE · STORICO Qui troverete un'elegante casa ottocentesca trasformata negli anni in una romantica raccolta di oggetti d'antiquariato, passione della coppia che gestisce questo b&b. I nostalgici si innamoreranno delle sue atmosfere retrò, comunque accompagnate dalle moderne comodità e da una bella piscina attrezzata.

6 cam – †80/120 € ††100/140 € – ☲ 8 €

frazione Rivalta Bricco Cogni 39

– *✆ 0173 509832 – www.briccodeicogni.it*

– *Chiuso 15-28 dicembre*

a Annunziata Est : 4 km ✉ 12064 – La Morra

❀ Osteria dell'Arborina 🆕 (Andrea Ribaldone) 🕸 ≼ 🏠

CUCINA MODERNA · CONTESTO CONTEMPORANEO XX Ambiente moderno e raffinato, con una magnifica terrazza che - nella bella stagione - si apre sui vigneti del Barolo, per una cucina creativa ma pur sempre legata alla tradizione, elaborata da uno chef di grande esperienza che continua con questa sfida il proprio percorso professionale. Insomma, dell'osteria - nel senso classico del termine - qui c'è ben poco. Ma va bene così!

→ Riso, zucchine e pino mugo. Stracotto di manzo, fondo al ginepro. Banana split.

Menu 65 € – Carta 45/70 €

Hotel Arborina Relais, frazione Annunziata 27/b – ✆ 0173 500340 (consigliata la prenotazione) – www.arborinarelais.it – Chiuso 8 gennaio-16 marzo, domenica sera e lunedì

❀ Osteria Veglio 🕸 ≼ 🏠 🅿

PIEMONTESE · CONTESTO REGIONALE XX La casa, costruita negli anni Venti, sa di tradizione e di Piemonte, come la cucina, gustosa e avvolgente, che vi racconterà i sapori gastronomici delle Langhe - dai ravioli del plin alla guancia di vitella brasata - con qualche inserimento di pesce. Col bel tempo ci si trasferisce in terrazza, affacciati su vigneti e colline.

Menu 35 € – Carta 32/60 €

frazione Annunziata 9 – ✆ 0173 509341 (coperti limitati, prenotare)

– *www.osteriaveglio.it – Chiuso febbraio, 10 giorni in agosto, domenica e lunedì*

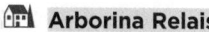 Arborina Relais

FAMILIARE · ORIGINALE Piccolo e prezioso hotel con un magnifico belvedere affacciato sulle colline del Barolo, chi ama il design moderno s'innamorerà di lui: quasi tutte le camere hanno un cucinotto, quelle al piano terra si affacciano su un piccolo giardino privato, balcone per quelle al primo piano; tanta luce dalle pareti vetrate e una vista da cartolina.

6 suites ⬜ – ♥♥260/420 € – 4 cam

frazione Annunziata 27/b
– ☎ 0173 500351 – www.arborinarelais.it
– Chiuso 8 gennaio-16 marzo

✿ **Osteria dell'Arborina** – Vedere selezione ristoranti

Agriturismo La Cascina del Monastero

CASA DI CAMPAGNA · BUCOLICO Nel mezzo di un'aperta vallata circondata dalle colline, qui vivrete l'atmosfera di una vera azienda vinicola, ospitati dalla calorosa e simpatica titolare che vi consiglierà i sentieri per le camminate. Godrete di ampi spazi, sia all'aperto che nelle camere, quasi tutte con cucinotto, ideali per famiglie.

10 cam ⬜ – ♥95/120 € ♥♥128/140 €

cascina Luciani 112/a
– ☎ 0173 509245 – www.cascinadelmonastero.it
– Aperto 1° marzo-15 dicembre

a Santa Maria Nord-Est : 4 km ✉ 12064 – La Morra

ⅰ○ L'Osteria del Vignaiolo

CUCINA PIEMONTESE · TRATTORIA ✗ In questa piccola frazione nel cuore del Barolo, un piacevole edificio in mattoni ospita quella che è diventata una piacevole osteria. Nella luminosa sala, i piatti della tradizione sono reinterpretati con fantasia: i cubetti di scamone scottati con pane alle erbette aromatiche, ne sono un esempio. Spaziose e confortevoli le camere.

Menu 38 € – Carta 31/42 €

5 cam ⬜ – ♥50 € ♥♥70 €

– ☎ 0173 50335 – www.osteriadelvignaiolo.it
– Chiuso gennaio, 15-30 giugno, mercoledì e giovedì

LAMPEDUSA (Isola di) Sicilia

Agrigento – 6 569 ab. – Alt. 16 m – Carta regionale n° **17**-C3
Carta stradale Michelin 365-AK70

Lampedusa – ✉ 92010

Carta stradale Michelin 565-U19

ⅰ○ Gemelli

CUCINA MEDITERRANEA · CONVIVIALE ✗✗ Ristorante a poca distanza dall'aeroporto, dove è possibile gustare al meglio i prodotti ittici locali. Il servizio estivo viene effettuato sotto ad un fresco pergolato.

Carta 38/81 €

via Cala Pisana 2
– ☎ 0922 970699 – solo a cena – Aperto Pasqua-31 ottobre

ⅰ○ Lipadusa

CUCINA MEDITERRANEA · ACCOGLIENTE ✗✗ Nel centro del paese, fragrante cucina di pesce proposta in chiave tradizionale, ampio dehors sotto un fresco pergolato, servizio attento e dinamico. Insomma: una certezza, sempre!

Menu 70 € – Carta 34/68 €

via Bonfiglio 12 – ☎ 0922 970267 – www.lipadusa.com – solo a cena – Aperto 1° maggio-31 ottobre

‼○ **Cavalluccio Marino**   ⪡ 🛆 🛱 AC 🍴 **P**

CUCINA MODERNA • AMBIENTE CLASSICO 𝕏 Cucina fantasiosa in un locale di lunga tradizione familiare rinnovatasi con il passaggio alle nuove generazioni: periferico rispetto al centro, ma facilmente raggiungibile, la sua posizione fronte mare è veramente invidiabile. Buona selezione enologica regionale, nonché internazionale.

Menu 55/75 € – Carta 41/106 €

Hotel Cavalluccio Marino, contrada Cala Croce 3 – 𝒞 0922 970053
– www.hotelcavallucciomarino.com – solo a cena – Aperto 15 maggio-31 ottobre

‼○ **Lampegusto**   🛱

CUCINA MEDITERRANEA • SEMPLICE 𝕏 Tranquillamente seduti in uno dei tavolini del piccolo dehors o utilizzando la formula take away per coloro che fanno gite in barca o abitano da queste parti, piatti mediterranei sostanziali a base di pesce.

🐌 Menu 10 € – Carta 31/56 €

via Vittorio Emanuele 19 – 𝒞 388 628 4356 (consigliata la prenotazione la sera)
– www.lampegusto.it – Aperto 1° giugno-30 settembre

🏠 **O'Scià**   ⬍ ⅃ AC 🍴 **P**

TRADIZIONALE • PERSONALIZZATO In prossimità del porto turistico e a pochi passi dal centro storico, raggiungibile tramite una lunga scalinata, struttura molto carina dalle atmosfere ed arredi orientaleggianti: colori sgarianti già nella hall, camere spaziose e con accessori dell'ultima generazione. Senza ombra di dubbio, tra le più intriganti risorse dell'isola!

26 cam ☲ – 🛏45/95 € 🛏🛏77/190 € – 5 suites

via Cameroni 8 – 𝒞 0922 975799 – www.osciahotel.it – Aperto 1° aprile-18 ottobre

🏠 **Luagos Club**   🕭 🛆 ⌿ 🛁 AC **P**

CASA PADRONALE • MEDITERRANEO In un'originale struttura a semicerchio, le ampie camere dispongono di entrata con piccolo patio esterno e tutte convergono verso una sorta di piazzetta caratterizzata da una fitta macchia mediterranea. Gestione molto ospitale, gentile e premurosa. Difficile pretendere di più!

7 cam ☲ – 🛏70/120 € 🛏🛏120/240 €

via del Mediterraneo, 1 – 𝒞 0922 970131 – www.luagos.com – Aperto
15 maggio-31 ottobre

🏠 **Cavalluccio Marino**   🕭 ⪡ 🛆 AC 🍴 **P**

FAMILIARE • ACCOGLIENTE Affacciato sul mare, fuori dal caotico centro storico e portuale, una bella struttura con una ricca macchia mediterranea a farle da cornice. Camere graziose ed un senso dell'ospitalità da parte dei proprietari veramente encomiabile!

10 cam ☲ – 🛏95/135 € 🛏🛏143/203 €

contrada Cala Croce 3 – 𝒞 0922 970053 – www.hotelcavallucciomarino.com
– Aperto 15 maggio-31 ottobre

‼○ **Cavalluccio Marino** – Vedere selezione ristoranti

LAMPORECCHIO

Pistoia – ✉ 51035 – 7 508 ab. – Alt. 56 m – Carta regionale n° **18**-B1
Carta stradale Michelin 563-K14

🕸 **Atman a Villa Rospigliosi** (Igles Corelli)   ⇦ 🕭 🛆 AC **P**

CUCINA CREATIVA • ELEGANTE 𝕏𝕏 In una splendida villa seicentesca alle porte della località si è insediato lo chef Igles Corelli con la sua cucina "garibaldina" e creativa, nata per unire gusti e sapori di tutta Italia. Al primo piano del palazzo, ora, ci sono anche 4 nuove suite, ampie e suggestive, con accessori vintage.

→ Mojito di Parma: riso in assoluto di parmigiano in 2 temperature, menta e lime. Pluma di maiale iberico, latte di cocco e prezzemolo con "frozen" di rafano. Cetriolo, la sua centrifuga e mousse di yogurt al basilico con sesamo tostato.

Menu 120/110 € – Carta 78/130 €

4 suites ☲ – 🛏🛏800/900 €

– 𝒞 0573 803432 – www.atmanavillarospigliosi.it – solo a cena escluso domenica
– Chiuso 3 settimane a gennaio, 2 settimane ad agosto, domenica sera e lunedì

LANA

Bolzano – ⊠ 39011 – 11 929 ab. – Alt. 310 m – Carta regionale n° **19**-B2
Carta stradale Michelin 562-C15

⍄○ **G. Lounge and Vinothek**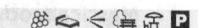

CUCINA MODERNA · ACCOGLIENTE ✗✗ Immerso nel verde del Golf Club di Lana, ma anche delle montagne circostanti, ristorante dagli ambienti di contemporanea signorilità e una pregevole terrazza dove pranzare godendosi la vista sui dintorni. La cucina propone in chiave moderna e fantasiosa ricette tradizionali, ma non solo: se siete in zona, è sicuramente un imperdibile!

⇨ Menu 15 € (pranzo in settimana)/54 € – Carta 31/74 €

via Brandis 13, golf club – ℰ*0473 562447 (consigliata la prenotazione)* – *www.restaurant-g.bz* – *Chiuso 1° gennaio-15 febbraio, 14-30 novembre e lunedì*

a Foiana Sud-Ovest : 5 km ⊠ 39011 – Lana D'Adige – Alt. 696 m

⍄○ **Kirchsteiger**

CUCINA CREATIVA · CONTESTO TRADIZIONALE ✗✗ Da tempo uno dei ristoranti più interessanti della zona, il cuoco continua la sua abile operazione di sintesi fra tradizione e modernità in cucina, ma anche nelle sale, raffinate rivisitazioni di materiali locali. Per le camere, invece, preferire quelle più recenti.

Menu 43/62 € – Carta 25/85 €

16 cam ⊑ – †55/90 € ††90/110 € – 4 suites

via prevosto Wieser 5 – ℰ*0473 568044* – *www.kirchsteiger.com* – *Chiuso 10 gennaio-15 marzo e giovedì*

🏠🏠 **Alpiana Resort**

LUSSO · PERSONALIZZATO Un'oasi di pace nella cornice di una natura incantevole: piacevole giardino con piscina riscaldata, interni d'ispirazione moderna e splendido wellness. Lodevole attenzione alla qualità della cucina: ora anche con proposta, su prenotazione, di un menu degustazione vegano e vegetariano.

58 cam ⊑ – †146/215 € ††238/394 €

via prevosto Wieser 30 – ℰ*0473 568033* – *www.alpiana.com* – *Chiuso 7 gennaio-23 marzo*

🏠🏠 **Waldhof2**

FAMILIARE · PERSONALIZZATO Due costruzioni distinte: classica con i tipici arredi altoatesini la prima, splendidamente avvolta dal legno la seconda. In una raccolta nicchia del bar, solo alla sera e su prenotazione, menu gourmet di cucina creativa che segue le stagionalità dei prodotti abbinandoli a preparazioni accurate.

43 cam – solo ½ P 136/176 € – 7 suites

via Mayenburg 32 – ℰ*0473 568081* – *www.derwaldhof.com* – *Chiuso 7 gennaio-23 marzo*

a San Vigilio Nord-Ovest : 5 mn di funivia ⊠ 39011 – Vigiljoch – Alt. 1 485 m

⍄○ **1500**

CUCINA MODERNA · ELEGANTE ✗✗ Luce, spazio e legno sono l'architrave del ristorante, al primo piano dell'albergo Vigilius. Cucina tecnica e sofisticata, troverete prodotti locali, ma si ricorre volentieri anche altrove, pesce compreso.

Carta 52/107 €

Vigilius Mountain Resort, via Pavicolo 43 – ℰ*0473 556600 (consigliata la prenotazione)* – *www.vigilius.it* – *solo a cena* – *Chiuso 12 marzo-12 aprile e 8-27 novembre*

Vigilius Mountain Resort 🏔 🐾 ← 🛏 🖼 ⑨ ♨ 🍽 ⚫ 🚗

LUSSO · PERSONALIZZATO Raggiunto l'albergo con la funivia di Lana, troverete ambienti semplici e minimalisti, atmosfere di elegante essenzialità tra legno e architettura ecologica. "Ida" offre il calore di una stube storica, nonché una cucina tipica altoatesina.

35 cam ⊆ – ♦190/360 € ♦♦270/470 € – 6 suites

via Pavicolo 43 – ℰ 0473 556600 – www.vigilius.it
– Chiuso 12 marzo-12 aprile e 8-27 novembre

🍽 **1500** – Vedere selezione ristoranti

LANGHIRANO

Parma – ✉ 43013 – 10 315 ab. – Alt. 265 m – Carta regionale n° **5**-B2
Carta stradale Michelin 562-I12

a Pilastro Nord : 9 km ✉ 43013 – Alt. 176 m

🍽 Masticabrodo 🏡 ⚫ 🅰🅲 🅿

CUCINA EMILIANA · FAMILIARE ☓ All'ombra del Castello di Torrechiara, in aperta campagna, la trattoria propone piatti legati alle tradizioni locali e specialità di stagione. L'accurata selezione di materie prime, qui, è un imperativo categorico!

Carta 23/47 €

strada provinciale per Torrechiara 45/A, Nord: 7 km – ℰ 0521 639110
– www.masticabrodo.com – Chiuso 10 luglio-6 agosto, domenica sera e lunedì

LANGTAUFERS VALLELUNGA

LA PALUD Aosta → Vedere Courmayeur

LAPIO Vicenza → Vedere Arcugnano

L'AQUILA

(AQ) – ✉ 67100 – 69 753 ab. – Alt. 714 m – Carta regionale n° **1**-A2
Carta stradale Michelin 563-O22

✿ Magione Papale 🅰🅲

CUCINA CREATIVA · ELEGANTE ☓☓☓ Di straniero, qui, c'è solo il nome dello chef. In realtà, William è originario della zona e la cucina si avvale dei migliori prodotti locali, plasmati dalla sua grande creatività e da una quasi "maniacale" attenzione alle cotture. Non è nella sala grande che si cena, ma in quella un po' più piccola e comunque accogliente.
→ Distillato di finocchi, gamberi e limone. Manzetto alla pizzaiola. Olio d'oliva, yogurt e pompelmo rosa.

Menu 50/100 € – Carta 52/82 €

Hotel Magione Papale, via Porta Napoli 67/I – ℰ 0862 404426 (prenotazione obbligatoria) – www.magionepapale.it – solo a cena escluso domenica – Chiuso gennaio, domenica sera e lunedì

Magione Papale 🏔 🐾 🛏 🍽 🍽 🅰🅲 🅿

CASA DI CAMPAGNA · PERSONALIZZATO Un relais di campagna, dove tutti (almeno una volta nella vita) dovrebbero pernottare. In un mulino ristrutturato, camere tutte diverse, ma accomunate da elementi architettonici che rimandano all'originaria funzione della struttura.

17 cam ⊆ – ♦80/100 € ♦♦100/120 €

via Porta Napoli 67/I – ℰ 0862 414983 – www.magionepapale.it – Chiuso gennaio
✿ **Magione Papale** – Vedere selezione ristoranti

LARI

Pisa – ✉ 56035 – 12 529 ab. – Alt. 130 m – Carta regionale n° **18**-B2
Carta stradale Michelin 563-L13

a Lavaiano Nord-Ovest : 9 km ⊠ 56030

🍽️ **Castero-Banca della Bistecca**   🕸 🍴 🏠 🖐 🆎 ⇄ 🅿️

CUCINA TOSCANA · CONTESTO REGIONALE XX Locale all'interno di una villa d'epoca con ameno giardino: ambiente accogliente ed impreziosito da alcuni affreschi, servizio informale e veloce. La specialità? Il nome è un ottimo indizio: carne e ancora carne, naturalmente cotta alla brace, mentre la carta dei vini è solo una traccia. In cantina c'è molto di più!

Carta 51/79 €

via Galilei 2
– 𝄐0587 616121 – www.ristorantecastero.it – Chiuso 1°-7 gennaio, domenica sera e lunedì

LARIO → Vedere Como (Lago di)

LA SALLE

Aosta – ⊠ 11015 – 2 087 ab. – Alt. 1 001 m – Carta regionale n° **21**-A2
Carta stradale Michelin 561-E3

🏨 **Mont Blanc Hotel Village**   ✿ 🌙 ⪡ 🍴 ⌛ 🖥️ 📶 🏠 🛗 📅 🖐 🎿 🚗

LUSSO · ELEGANTE A darvi il benvenuto un caldo stile valdostano con tappeti, legno e camino. Nelle camere gli ambienti diventano ancora più originali, dormirete tra materiali tipici, ma in un'atmosfera di grande confort. Chi ama la montagna troverà al ristorante di che deliziarsi, non solo per l'eleganza della sala d'ispirazione alpina, ma soprattutto per le proposte dei menu degustazione: una deliziosa carrellata di prodotti regionali a cui si aggiunge qualche divagazione marina. Dalla sala colazioni è spettacolare la vista sulla cima da cui prende il nome.

27 cam 🛏️ – 🛏️200/410 € 🛏️🛏️224/440 € – 13 suites

La Croisette 36
– 𝄐0165 864111 – www.hotelmontblanc.it
– Chiuso ottobre-novembre

LA SPEZIA

(SP) – ⊠ 19124 – 93 959 ab. – Carta regionale n° **8**-D2
Carta stradale Michelin 561-J11

🍽️ **La Posta**   🕸 🆎

CUCINA CLASSICA · ELEGANTE XXX Sobria eleganza ed oggetti d'arte creano l'ambiente ideale per gustare una cucina di terra e di mare, che riserva grosse attenzioni alla qualità delle materie prime: vera passione del patron così come, in stagione, il celebre tartufo bianco! Ottimo indirizzo.

Carta 52/85 €

Pianta: B2-d *– via Giovanni Minzoni 24 ⊠ 19121 – 𝄐0187 760437*
– www.lapostadiclaudio.com – Chiuso 1 settimana in agosto e domenica

🍽️ **Antica Trattoria Sevieri**   🏠

CUCINA REGIONALE · AMBIENTE CLASSICO XX Ristorante di tradizione nei pressi del mercato coperto dove si approvvigiona giornalmente, una garanzia per la freschezza dei prodotti! Piacevole dehors ed un piccolo ambiente - all'ingresso del locale - nel quale intrattenersi per sorseggiare un aperitivo.

Carta 30/72 €

Pianta: A2-f *– via della Canonica 13 ⊠ 19124*
– 𝄐0187 751776 (consigliata la prenotazione)
– Chiuso 1°-7 febbraio, 15-30 novembre e domenica

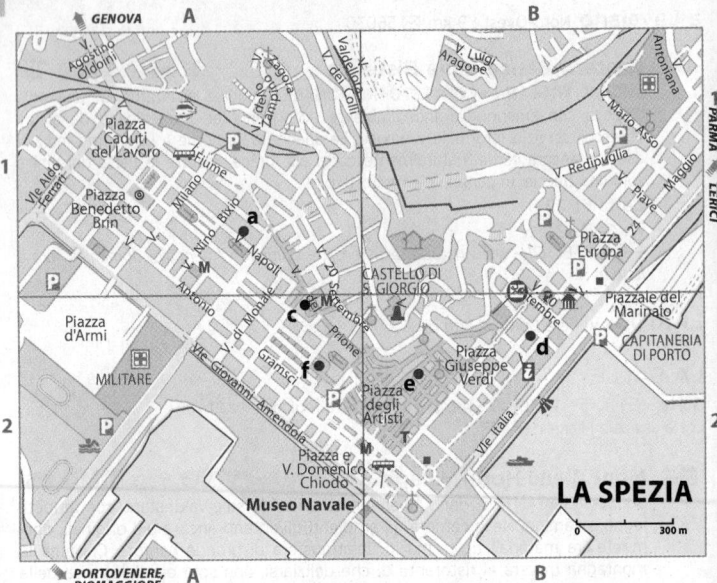

‖○ **L'Osteria della Corte**

CUCINA MEDITERRANEA · FAMILIARE ⅩⅩ Appassionata gestione familiare in un accogliente locale dai toni rustici, con piacevole cortile interno. La cucina si segnala per l'attenta ricerca delle materie prime: eccellenze liguri e italiane affollano un menu di grande interesse.

Menu 40 € – Carta 31/86 €

Pianta: A1-a – *via Napoli 86* ✉ *19122*
- ☏ *0187 715210 (consigliata la prenotazione) – www.osteriadellacorte.com*
- *Chiuso 1 settimana in gennaio e lunedì a mezzogiorno*

‖○ **Le Ville** ❶

CUCINA MODERNA · FAMILIARE Ⅹ Spettacolare terrazza affacciata sul golfo, la cucina ruba tuttavia presto la scena: se volete sfuggire ai classici locali, in questo ristorante troverete proposte più creative e ragionate, sia di carne che di pesce, nonché diversi piatti vegetariani.

Hotel Le Ville Relais, salita al Piano 18/19, (strada per Campiglia), per Portovenere -A2 (prenotazione obbligatoria)
- *solo a cena – Aperto 22 dicembre-6 gennaio, 1° marzo-31 ottobre; chiuso martedì in bassa stagione*

‖○ **La Suprema**

CUCINA MODERNA · DI TENDENZA Ⅹ Accanto alla propria omonima forneria con bar, in pieno centro pedonale, ecco un piccolo salottino modaiolo e gourmet dove viene servita una cucina di mare e di terra in chiave moderna, ma senza esagerazioni. A pranzo, l'offerta è ridotta, il prezzo più economico.

Carta 41/78 € – carta semplice a pranzo

Pianta: B2-e – *piazza Sant'Agostino 7* ✉ *19121*
- ☏ *0187 730453 (coperti limitati, prenotare) – www.lasuprema.it – Chiuso domenica*

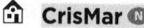 CrisMar

FAMILIARE · CLASSICO Si fatica a crederlo, ma una volta qui, in questo piccolo cul-de-sac che sfocia sulla zona pedonale e commerciale, c'era un torrente, e l'attuale albergo nell'Ottocento era un mulino... All'interno di una deliziosa casetta, tutto è all'insegna della semplicità, nonché di un'accogliente gestione familiare.

9 cam ☲ – †50/80 € ††70/150 €

Pianta: A2-c – *vicolo dello Stagno 7 (ang. via Prione)* ✉ *19121 – ℰ 0187 778539 – www.hotelcrismar.it – Chiuso novembre, gennaio e febbraio*

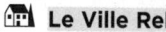 Le Ville Relais

FAMILIARE · ACCOGLIENTE La posizione elevata con superba vista sul golfo, rende la struttura un'autentica oasi di tranquillità, dove trovano posto camere signorili, tutte con vista mare, verdi terrazze ed una scenografica piscina.

12 cam ☲ – †90/220 € ††100/250 €

salita al Piano 18/19, per Portovenere - A2 ✉ *19131 – ℰ 0187 735299 – www.levillerelais.it – Aperto 22 dicembre-6 gennaio e 1° marzo-31 ottobre*

  ⫟○ **Le Ville** – Vedere selezione ristoranti

LA THUILE

Aosta – ✉ 11016 – 761 ab. – Alt. 1 441 m – Carta regionale n° **21**-A2
Carta stradale Michelin 561-E2

⫟○ Le Coq au Vin

CUCINA CREATIVA · ACCOGLIENTE XX Un'ottima cucina - moderatamente creativa - realizzata con prodotti biologici e dove trovano spazio anche piatti vegetariani. La sera, ci si può accomodare nella più intima stube con camino.

Menu 35 € (cena)/65 € – Carta 43/72 €

Hotel Chalet Eden, frazione Villaret 74 – ℰ 0165 885050 – www.chaleteden.it – Chiuso 25 aprile-1° giugno e 20 settembre-28 ottobre

Le Miramonti

TRADIZIONALE · PERSONALIZZATO Recentemente ristrutturato, questo hotel ha il grande pregio di trovarsi in centro paese a circa 800/900 metri dagli impianti di risalita (raggiungibili tramite navetta privata). Internamente rivestito in legno presenta signorili spazi comuni, piccola area benessere e camere piacevolmente arredate.

36 cam ☲ – †90/320 € ††100/420 € – 4 suites

via Piccolo San Bernardo 3 – ℰ 0165 883084 – www.lemiramonti.it – Chiuso maggio, ottobre e novembre

Chalet Eden

TRADIZIONALE · DESIGN Una bella struttura familiare, ma rinnovata e moderna senza tradire legno e tradizioni locali, con tante camere di dimensioni generose. La sua ubicazione ai margini della località, non può che essere un pregio...

27 cam ☲ – †75/190 € ††110/290 € – 8 suites

frazione Villaret 74 – ℰ 0165 885050 – www.chaleteden.it – Chiuso 4-31 maggio e 1°-27 ottobre

  ⫟○ **Le Coq au Vin** – Vedere selezione ristoranti

Nira Montana

LUSSO · DESIGN Vasta gamma di servizi, compresa una moderna spa, in un hotel dal design moderno che strizza l'occhio ai tradizionali materiali locali: il legno che riveste pavimenti e soffitti gli conferisce, infatti, un senso di "calda" atmosfera. Al ristorante, a pranzo, carta ridotta e pizza; su richiesta piccoli eventi privati nella cantina-enoteca.

55 cam ☲ – †207/236 € ††251/289 €

Località Arly 87 – ℰ 0165 883125 – www.niramontana.com – Aperto 7 dicembre-8 aprile e 16 giugno-16 settembre

🏠 Locanda Collomb   ♨ 📶 🏠 ⊟ **P**

LOCANDA · ELEGANTE "Gli uomini potevano chiudere gli occhi davanti alla grandezza, davanti all'orrore, davanti alla bellezza, e turarsi le orecchie davanti a melodie o a parole seducenti. Ma non potevano sottrarsi al profumo" P. Süskind...Camere a tema letterario e aromaterapiche in una deliziosa locanda dalla conduzione cordiale familiare. Impianti di risalita a soli 200 metri.

10 cam ⌷ – ♥92/172 € ♥♥112/192 €

frazione Bathieu 51 – ℰ 0165 885119 – www.locandacollomb.it – Chiuso maggio; aperto solo nel week end in giugno, ottobre e novembre

🏠 Martinet   ♨ < 📶 🧖 ﷽ 🚗

FAMILIARE · ROMANTICO In una frazione di La Thuile, piccolo albergo immerso nella pace e nel silenzio dei monti, in posizione panoramica. Camere con legni tradizionali e nuova zona benessere.

13 cam ⌷ – ♥30/60 € ♥♥60/120 €

*frazione Petite Golette 159
– ℰ 0165 884656 – www.hotelmartinet.it*

LATINA

(LT) – ✉ 04100 – 125 985 ab. – Alt. 21 m – Carta regionale n° **7**-C3
Carta stradale Michelin 563-R20

🍴 Enoteca dell'Orologio   🍴 AK ♺ ✧

CUCINA CLASSICA · AMBIENTE CLASSICO XX Accogliente locale del centro, nella sala al 1° piano, di tono elegante, proverete piatti della tradizione, mentre allettanti e più semplici sono le offerte nell'adiacente enoteca. Alcuni champagne fanno capolino nella carta dei vini. D'estate, il servizio si sposta anche all'aperto.

Carta 42/77 €

piazza del Popolo 20 – ℰ 0773 473684 – www.enotecadellorologio.it – Chiuso 1°-7 gennaio, 15-31 agosto, lunedì a mezzogiorno e i giorni festivi

a Lido di Latina Sud: 9 km ✉ 04010 – Borgo Sabotino

✿ Il Vistamare   < 🍴 ⌂ & AK **P**

CUCINA MODERNA · MINIMALISTA XX La spiaggia ed il mare sono letteralmente a portata di mano, perchè la sala - grazie alle pareti di vetro - pare un acquario panoramico. Nuovo chef ai fornelli, ma le caratteristiche di fantasia, creatività e gusto restano sempre le cifre distintive del locale.

→ Spaghettone aglio, olio e colatura di alici di Anzio. Anatra, pesca e cetriolo. PH3: cioccolato fondente, frutto della passione, caffè.

Menu 85/105 € – Carta 59/98 €

*Hotel Il Fogliano, piazzale Gaetano Loffredo ✉ 04100
– ℰ 0773 273418 (consigliata la prenotazione) – www.ilfoglianohotel.it
– solo a cena in luglio-agosto – Aperto 1° marzo-1° dicembre; chiuso giovedì*

🍴 Il Funghetto   🦟 ⫛ 🍴 **P**

CUCINA CLASSICA · ACCOGLIENTE XX Dietro i fornelli e in sala lavora la seconda generazione della medesima famiglia che gestisce il locale da oltre 40 anni: solidità ed esperienza, nonché una cucina che si aggiorna pur rimanendo fedele a sè stessa. Molto pesce, un po' di carne, tanto vino.

Menu 35/50 € – Carta 36/83 €

*strada Litoranea 11412, località Borgo Grappa
– ℰ 0773 208009 – www.ristoranteilfunghetto.it – solo a cena escluso domenica
– Chiuso 1 settimana in settembre e mercoledì, anche domenica sera in luglio-agosto*

🏠 Il Fogliano ← 🔥 ⊞ ⛟ 🅐🅒 🅿

LUSSO · LUNGOMARE Direttamente sul mare, un piccola ed esclusiva risorsa dall'arredo moderno con camere tutte vista mare e suite con vasca idromassaggio: quest'ultima presente anche nel bel solarium sul tetto.

13 cam ⌑ – ♦119/169 € ♦♦144/570 € – 6 suites

piazzale Gaetano Loffredo – ☏ 0773 273418 – www.ilfoglianohotel.it – Aperto 1° marzo-1° dicembre

❀ **Il Vistamare** – Vedere selezione ristoranti

a Borgo Faiti Est: 10 km ✉ 04010

🍴 Locanda del Bere ⛟ 🅐🅒 ⇔

CUCINA REGIONALE · FAMILIARE ✕✕ Solida gestione per questo ristorante dall'accogliente e calda atmosfera. Le proposte della cucina si orientano su piatti di carne, in inverno, e sul pesce nei mesi più caldi.

Carta 29/64 €

via Foro Appio 64 – ☏ 0773 258620 – Chiuso 15-30 agosto e domenica sera

🍴 Cucinarium 🍴 🍴 ⛟ 🅐🅒 ⇔ 🅿

CUCINA REGIONALE · CONVIVIALE ✕✕ La carta del Cucinarium è solo uno spunto: il maître vi guiderà con piacere nella scelta di piatti - soprattutto a base di prodotti locali - sia di carne che di pesce. Le sere da giovedì a domenica l'offerta raddoppia col menu fisso tradizionale della rustica Fraschetta d'Orazio.

☏ Menu 25 € – Carta 34/105 €

Hotel Foro Appio Mansio, via Appia km 72,800 – ☏ 0773 877434 – www.foroappiohotel.it

🏠 Foro Appio Mansio 🍴 🍴 🌀 🅛⛟ ⊞ ⛟ 🅐🅒 🅢🅐 🅿

BUSINESS · ACCOGLIENTE Ex stazione di posta romana, l'attuale edificio fu disegnato da Valadier e conserva la sobrietà monastica del progetto originale. Pavimenti in antico cotto conducono alle camere volutamente essenziali: spiccano tuttavia le spalliere dei letti di fine '800. Ampi spazi esterni e anche gite fluviali sul canale che costeggia l'hotel.

37 cam ⌑ – ♦85/90 € ♦♦90/100 € – 1 suite

via Appia km 72,800 – ☏ 0773 877434 – www.foroappiohotel.it

🍴 **Cucinarium** – Vedere selezione ristoranti

a Le Ferriere Ovest: 14,5 km ✉ 04010

🍴 Satricvm 🍴 ⛟ 🅐🅒 🅿

CUCINA MODERNA · CHIC ✕✕ Le esperienze raccolte a Londra ed in giro per il mondo dallo chef tornano nei piatti moderni, a volte creativi, dove si citano spesso le origini con l'utilizzo di prodotti del territorio, ma anche nell'atmosfera piacevolmente internazionale che non ci si aspetterebbe in queste lande. Da metà settembre a metà giugno, la domenica va in scena il brunch.

Menu 42/62 € – Carta 38/52 €

strada Nettunense 1277 – ☏ 349 192 3153 – www.maxcotilli.com – Chiuso 1° settimana in gennaio e mercoledì; anche domenica in inverno, in luglio-agosto prenotazione obbligatoria a mezzogiorno

LATSCH LACES

LAVAGNA

Genova – ✉ 16033 – 12 791 ab. – Carta regionale n° **8**-C2
Carta stradale Michelin 561-J10

🍴 Il Gabbiano ← 🍴 🅐🅒 🅿

CUCINA MEDITERRANEA · ACCOGLIENTE ✕✕ In posizione panoramica sulle prime colline prospicenti il mare, specialità ittiche e di terra da gustare nell'accogliente sala recentemente rinnovata o nella veranda con vista.

Menu 33/40 € – Carta 36/54 €

via San Benedetto 26, Est: 1,5 km – ☏ 0185 390228 (consigliata la prenotazione) – www.ristoranteilgabbiano.com – Chiuso 1 settimana in gennaio, 1 settimana in febbraio, 2 settimane in novembre, lunedì, anche martedì in novembre-febbraio

a Cavi Sud-Est : 3 km ⊠ 16030

⊛ Raieû

LIGURE · FAMILIARE Ⅹ Autentiche lampare sono sospese sopra i tavoli di questa caratteristica trattoria con una sala dagli arredi in legno e tavoli divisi da panche, nonché un'altra più tradizionale e luminosa. Cucina regionale dove primeggiano gli gnocchi di pesce alle vongole e la buridda di seppie: il pescato arriva direttamente da una barca di proprietà per essere poi preparato secondo ricette locali.

Carta 28/53 €

via Milite Ignoto 25 – ℰ 0185 390145 – www.trattoriaraieu.it – Chiuso 2 settimane in febbraio-marzo, novembre e lunedì

LAVAGNO

Verona – ⊠ 37030 – 6 222 ab. – Alt. 70 m – Carta regionale n° **22**-B3
Carta stradale Michelin 561-F15

ⅠO Antica Ostaria de Barco

CUCINA REGIONALE · RUSTICO Ⅹ Tra i vigneti, in una casa colonica riadattata conservando l'architettura originale, un ristorante a cui si accede passando dalla cucina e che propone un piacevole servizio estivo in terrazza. Tra le specialità spiccano le carni alla brace e, per gli amanti del genere, anche le lumache!

Carta 30/79 €

via Barco di Sopra 5 – ℰ 045 898 0420 – www.anticaostariadebarco.it
– Chiuso 1°-7 gennaio, 13-23 agosto, sabato a mezzogiorno, domenica sera, anche domenica a mezzogiorno in luglio-agosto

LAVAIANO Pisa ➜ Vedere Lari

LAVENO MOMBELLO

Varese – ⊠ 21014 – 8 813 ab. – Alt. 205 m – Carta regionale n° **9**-A2
Carta stradale Michelin 561-E7

⹇ La Tavola (Riccardo Bassetti)

CUCINA MODERNA · AMBIENTE CLASSICO ⅩⅩ Sala classica all'interno, ma l'imperdibile appuntamento è sulla terrazza, costruita proprio sull'acqua, con la vista che abbraccia il lago. Cucina raffinata ed estrosa, l'artefice è un giovane cuoco a suo agio sia con il pesce di mare che di lago, nonché la carne.

➜ Spaghetti aglio ed alici con spuma di peperone rosso. "Ho preso uno storione e ne ho fatto un cono". Brioche con canditi ed uvetta, imbevuta al rum, crema mousseline e confettura di arance amare.

Menu 58/98 € – Carta 72/96 €

Hotel il Porticciolo, via Fortino 40, Ovest: 1,5 km – ℰ 0332 667257
– www.ilporticciolo.com – Chiuso 2 settimane in gennaio, martedì e mercoledì

⯑ Il Porticciolo

FAMILIARE · CLASSICO Lungo la strada che costeggia il lago, una volta all'interno il traffico è presto dimenticato: buone camere dagli arredi contemporanei, ma soprattutto una romantica vista sul Maggiore, da una costa all'altra. Oltre al ristorante gourmet vi è una proposta più semplice a L'Osteria.

10 cam ⊡ – ♥120/150 € ♥♥139/189 €

via Fortino 40, Ovest: 1,5 km – ℰ 0332 667257 – www.ilporticciolo.com – Chiuso 2 settimane in gennaio

⹇ **La Tavola** – Vedere selezione ristoranti

LA VILLA STERN Bolzano ➜ Vedere Alta Badia

LAVIS

Trento – ⊠ 38015 – 8 915 ab. – Alt. 232 m – Carta regionale n° **19**-B3
Carta stradale Michelin 562-D15

a Sorni Nord : 6,5 km ✉ 38015 - Lavis

Trattoria Vecchia Sorni

CUCINA REGIONALE • FAMILIARE X Accoglienza vera e dialettale per una trattoria panoramica sita nella zona nord e vinicola di Trento, da godersi al meglio nella terrazza panoramica sulla valle. La cucina è fragrante e gustosa, ovviamente regionale, ma ben presentata: tagliatelle alla farina di segale con mortadella della Valsugana - rognone di vitello con polenta e salsa al gin di Pilzer - crumble di ciliegie e gelato cannella.

Carta 32/49 €

piazza Assunta 40 - ✆ 0461 870541 (consigliata la prenotazione) - www.trattoriavecchiasorni.it - Chiuso 29 gennaio-19 febbraio, domenica sera e lunedì

LAZISE

Verona - ✉ 37017 - 6 901 ab. - Alt. 76 m - Carta regionale n° **23**-A3
Carta stradale Michelin 562-F14

Alla Grotta

PESCE E FRUTTI DI MARE • ACCOGLIENTE X La brace a vista invita a gustare le tante proposte ittiche (d'acqua dolce e salata) di questo frequentatissimo ristorante sul lungolago. Situato all'interno di un edificio d'epoca, durante la bella stagione il servizio si sposta anche all'aperto.

Carta 39/59 €

12 cam - †90/105 € ††90/105 € - ☕12 €

vicolo Fontana 8 - ✆ 045 758 0035 (consigliata la prenotazione) - www.allagrotta.it - Chiuso 20 dicembre-10 febbraio e martedì

Corte Valier

LUSSO • MODERNO Grande e moderno complesso che si svolge intorno ad una corte, in realtà un parco con enorme piscina: è questo il punto forte della struttura che gli ospiti si godono senza alcun disturbo di rumori, neppure delle macchine, giacché soltanto il lungolago pedonale li separa dall'acqua. Stesso stile per il Dome, accogliente ristorante con una sorpesa: un singolo tavolo per chi desideri cenare sul terrazzo di fronte alla magia del lago.

78 cam ☕ - †144/261 € ††196/364 € - 6 suites

via della Pergolana 9
- ✆ 045 647 1210 - www.cortevalier.com
- Chiuso 7 gennaio-1° marzo

Principe di Lazise

RESORT • MODERNO In posizione defilata rispetto al paese, ma non lontano dai parchi di divertimento, complesso alberghiero di tono moderno con camere spaziose, centro benessere: il tutto di taglio moderno. Stuzzicanti piatti al ristorante.

84 cam ☕ - †99/204 € ††145/250 € - 5 suites

via Greghe 7, Sud: 3 km
- ✆ 045 649 0177 - www.hotelprincipedilazise.com
- Chiuso 7 gennaio-2 marzo

Villa Cansignorio

FAMILIARE • ELEGANTE Signorili interni, poche le camere a disposizione degli ospiti ma deliziose e ben arredate in questa elegante villa situata in pieno centro; il giardino confina con le mura di cinta.

8 cam ☕ - †95/109 € ††130/165 €

corso Cangrande 30
- ✆ 045 758 1339 - www.hotelcansignorio.com
- Aperto 10 marzo-3 novembre

⌂ Lazise   🗶 🖾 🖃 🖾 🦾 🚗

TRADIZIONALE · CONTEMPORANEO Piacevole posizione per un albergo tradizionale a conduzione diretta: confortevoli zone comuni e grande solarium con piscina, le camere sono state tutte rinnovate nel corso degli ultimi anni e sono caratterizzate da grandi terrazze la maggior parte affacciate sul lago.

73 cam 🖙 – ♦60/85 € ♦♦80/162 €

via Manzoni 10

– ℰ 045 647 0466 – www.hotellazise.it – Aperto 1° aprile-30 settembre

sulla strada statale 249 Sud : 1,5 km

⑪○ Casa Mia   🖴 🖾 🗶 🗞 🅿

CUCINA REGIONALE · ACCOGLIENTE X In questo ristorante dallo stile piacevolmente rustico, il re della sala è sicuramente un grande caminetto, mentre la regina della tavola è una cucina di matrice territoriale in sintonia con le stagioni.

🍴 Menu 24/50 € – Carta 25/57 €

Park Hotel Casa Mia, via del Terminon 1 ✉ 37017

– ℰ 045 647 0244 (consigliata la prenotazione) – www.ristorantecasamia.it – solo a cena escluso domenica e festivi – Aperto 15 marzo-31 ottobre; chiuso lunedì

⌂ Park Hotel Casa Mia   🖴 🗶 🕸 🖾 🖃 🦾 🅿

TRADIZIONALE · FUNZIONALE Lontano dall'animato centro storico, immerso in un grande parco con piscina, l'hotel propone camere differenti, alcune classiche alcune un po' vecchio stile. Interessante proposta regionale nella sala dalle tonalità rustiche con camino.

41 cam 🖙 – ♦71/160 € ♦♦100/178 € – 2 suites

via del Terminon 1 ✉ 37017

– ℰ 045 647 0244 – www.hotelcasamia.com – Aperto 1° marzo-31 ottobre

⑪○ **Casa Mia** – Vedere selezione ristoranti

LECCE

(LE) – ✉ 73100 – 94 773 ab. – Alt. 49 m – Carta regionale n° **15-D2**
Carta stradale Michelin 564-F36

⑪○ Le Quattro Spezierie   🕸 🖾 🦾

CUCINA REGIONALE · LUSSO XXX La cucina cambia rotta e torna ad esprimere la sua territorialità, prodotti, sapori e colori della terra salentina; immutato lo stile della sala, ma in estate si può cenare al roof con vista sui tetti e le chiese della città.

Carta 35/67 €

Pianta: B1-d – *Hotel Risorgimento Resort, via Augusto Imperatore 19*
– ℰ 0832 246311 – www.risorgimentoresort.it
– Chiuso 7-28 gennaio

⑪○ Primo Restaurant   🕸 🖾

CUCINA MEDITERRANEA · BISTRÒ XX In pieno centro, vicino alla famosa piazza Mazzini, Primo Restaurant è una sorta di piccolo bistrò signorile con pochi posti a sedere in una sala caratterizzata da un'originale parete verticale di bottiglie. Sul retro un bel cortiletto per il dehors estivo, mentre la tavola ospita fantasiosi piatti regionali.

Menu 40/50 € – Carta 39/63 €

Pianta: B1-b – *47° Reggimento Fanteria 7 ✉ 73100 Lecce*
– ℰ 0832 243802 (consigliata la prenotazione) – www.primorestaurant.it – solo a cena in gennaio, luglio e agosto – Chiuso 8-21 gennaio, 13-16 agosto e martedì

⑪○ Osteria degli Spiriti   🖾

CUCINA REGIONALE · CONVIVIALE XX Vicino ai giardini pubblici, ampliata con una nuova sala di design più moderno, una trattoria dagli alti soffitti - tipici di una vecchia masseria - e cucina mediterranea.

Carta 28/77 €

Pianta: B1-a – *via Cesare Battisti 4*
– ℰ 0832 246274 (consigliata la prenotazione) – www.osteriadeglispiriti.it – Chiuso 1°-15 settembre, domenica sera e lunedì a mezzogiorno

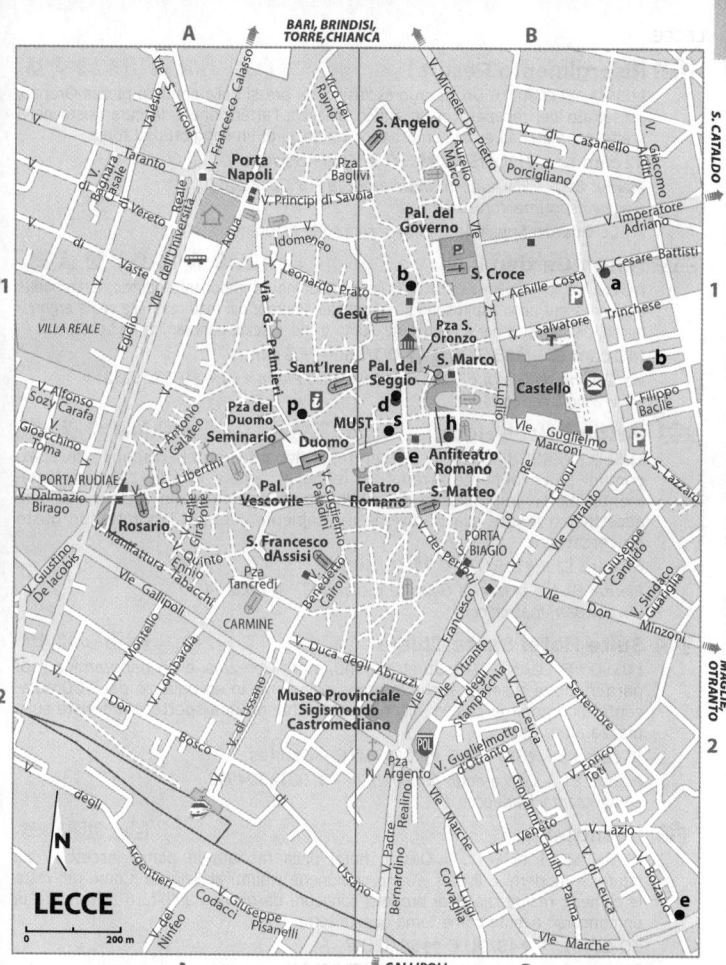

LECCE

BARI, BRINDISI, TORRE, CHIANCA

S. CATALDO

MAGLIE, OTRANTO

GALLIPOLI

🍴○ **Bros'** Ⓝ   ⅄ 🅰🅲

CUCINA CREATIVA · MINIMALISTA ✕✕ Ai Blues Brothers noi preferiamo i Bros' Brothers, ovvero i fratelli Pellegrino, che danno vita ad una cucina creativa ed intrigante
frutto di molteplici esperienze all'estero presso importanti ristoranti e coadiuvati a fornelli da una brigata altrettanto giovane, capace, motivata. Bravi e ad maiora!

Menu 60/100 € – Carta 47/84 €

Pianta: B1-h – *via degli Acaya 2 – ℰ 0832 092601 (consigliata la prenotazione)
– www.brosrestaurant.it – Chiuso martedì*

🍴○ **La Torre di Merlino**   🍴 🅰🅲

CUCINA REGIONALE · CONVIVIALE ✕✕ Nel centro storico barocco della città,
cuore della "movida" cittadina, un caratteristico ristorante dall'eclettica proposta: dalla pizza ai gamberoni rossi di Gallipoli, la cucina non è mai banale e interpreta in chiave moderna il territorio.

Menu 40/60 € – Carta 36/105 €

Pianta: B2-e – *via G. B. del Tufo 10 – ℰ 0832 242091 (consigliata la prenotazione)
– www.torredimerlino.it – Chiuso lunedì a mezzogiorno*

🏨 Risorgimento Resort

LUSSO · ELEGANTE Un albergo esclusivo nei pressi della centrale piazza Oronzo, il risultato del recupero di un antico palazzo, l'attenzione e la cura posta nella scelta dei materiali e dei confort sono garanzia di un soggiorno al *top*.

42 cam ☲ – ♦120/155 € ♦♦150/250 € – 5 suites

Pianta: B1-d – *via Augusto Imperatore 19* – *𝒞 0832 246311*
– *www.risorgimentoresort.it*

🍴 **Le Quattro Spezierie** – Vedere selezione ristoranti

🏨 Hilton Garden Inn

HOTEL DI CATENA · ELEGANTE In un moderno ed imponente edificio, la comodità e il benessere degli ospiti sono il "credo" dell'albergo, dai materassi alle sedie ergonomiche, alla navetta per il centro. All'ultimo piano, piscina panoramica su Lecce.

140 cam ☲ – ♦85/300 € ♦♦100/350 € – 3 suites

via Cosimo de Giorgi 62, per via Michele De Pietro - B1 – *𝒞 0832 5252*
– *www.hgilecce.com*

🏨 Patria Palace Hotel

LUSSO · PERSONALIZZATO In centro, l'elegante hotel dispone di spazi comuni piacevolmente arredati in legno e camere in stile classico, lievemente liberty, impreziosite da antichi inserti decorativi. In cucina, proposte accattivanti legate alla tradizione ma sapientemente rielaborate con gusto e ricercatezza.

67 cam ☲ – ♦105/170 € ♦♦135/300 €

Pianta: B1-b – *piazzetta Gabriele Riccardi 13* – *𝒞 0832 245111*
– *www.patriapalace.com*

🏨 Suite Hotel Santa Chiara

LUSSO · ELEGANTE Tessuti straripanti, marmi preziosi e un panoramico roof garden, dove si serve anche la prima colazione, in un palazzo del '700 adiacente all'omonima chiesa: alcune camere hanno una spettacolare vista sulla piazza alberata.

18 cam ☲ – ♦80/120 € ♦♦100/160 € – 3 suites

Pianta: B1-2-s – *via degli Ammirati 24* – *𝒞 0832 304998*
– *www.santachiaralecce.it*

🏨 Eoshotel

BUSINESS · MINIMALISTA Design hotel dalla facciata in pietra leccese, i cui interni – moderni e lineari – sono comunque ispirati al Salento. Come del resto le camere: realizzazione di progetti concepiti da giovani architetti nell'ambito di un concorso avente come tema questa terra.

30 cam ☲ – ♦48/90 € ♦♦58/120 €

Pianta: B2-e – *viale Alfieri 11* – *𝒞 0832 230030* – *www.hoteleos.it*

🏨 Palazzo Rollo

LOCANDA · STORICO Affacciato su un'elegante strada pedonale, un palazzo del '600 con arredi d'epoca e splendidi pavimenti: non mancate di visitare il roof garden, la sera, con vista sul campanile del Duomo illuminato.

9 cam ☲ – ♦50/80 € ♦♦85/95 €

Pianta: A1-p – *via Vittorio Emanuele 14*
– *𝒞 0832 307152* – *www.palazzorollo.it*

a Villa Convento Ovest : 10 km Lecce – ✉ 73051

🍴 Folie

CUCINA CREATIVA · INTIMO XX All'interno del complesso banchettistico Verdalia, in una cava dismessa in un parco, un angolo gourmet che trae origine dalle tradizioni gastronomiche salentine per rivisitarle con gusto molto moderno.

Menu 30/38 € – Carta 30/59 €

strada provinciale 4 Lecce - Novoli – *𝒞 340 536 4024 (consigliata la prenotazione)*
– *www.ristorantefolie.it – solo a cena escluso giugno-settembre – Chiuso lunedì
e martedì in giugno-settembre, anche mercoledì in maggio e giovedì in ottobre-aprile*

a Casalabate Nord-Est : 15 km

🏨 Tenuta Monacelli ❶ 🏵 🐾 ♨ 🅰🅲 🅿

STORICO · BUCOLICO A 2 km dal mare, due antiche masserie circondate da millenari ulivi costituiscono un'oasi di pace e di tranquillità dove rilassarsi. Ed è ancora il territorio rivisitato, il principe della tavola.

26 cam ♫ – ♦200/350 € ♦♦200/350 €

via Giacomo Monticelli – ℰ 0832 382037 – www.tenutamonacelli.com
– Aperto 1° aprile-30 ottobre

LECCO

(LC) – ✉ 23900 – 47 999 ab. – Alt. 214 m – Carta regionale n° **10**-B1
Carta stradale Michelin 561-E10

❁ Al Porticciolo 84 (Fabrizio Ferrari) 🏠

PESCE E FRUTTI DI MARE · FAMILIARE ✗✗ Lungo la strada della Valsassina, il ristorante si trova in un vicolo di un quartiere periferico: l'ambiente è rustico-elegante, caratterizzato da un camino e da grandi acquari. La sua fantasiosa cucina di mare si sdoppia in due menu degustazione da cui si può estrarre anche solo qualche piatto.
➜ Taglierini di pasta fresca con ragout e riduzione di gallinella e cime di rapa. Spigola con zucchina tonda al forno, robiolina, salsa di mandorle e spinacino. Barretta cremosa di cioccolato e liquirizia con banana, spuma di caffè e pistacchio.

Menu 75/95 € – Carta 63/93 €

via Valsecchi 5/7, per corso Matteotti – ℰ 0341 498103 (consigliata la prenotazione) – www.porticciolo84.it – solo a cena escluso i giorni festivi – Chiuso 25 dicembre-5 gennaio, agosto, lunedì e martedì

🍴○ Nicolin ⇦ 🏠 🅿

CUCINA CREATIVA · ELEGANTE ✗✗ Gestito dalla stessa famiglia da oltre trent'anni, ma totalmente rinnovato in tempi recenti, ristorante con proposte tradizionali affiancate da piatti più fantasiosi e da una buona cantina; servizio estivo in terrazza.

🍽 Menu 25 € (pranzo in settimana)/35 € – Carta 44/76 €

12 cam ♫ – ♦65/70 € ♦♦90/95 €

via Paisiello 4, località Maggianico, 3,5 km per Milano – ℰ 0341 422122 – Chiuso 26 dicembre-3 gennaio, agosto, domenica sera e martedì

🏨 Alberi ⇦ 🛋 ⛴ 🅰🅲 🏵

FAMILIARE · ACCOGLIENTE Hotel di recente costruzione a gestione diretta, in posizione panoramica di fronte al lago: aree comuni essenziali, belle camere di tono moderno, spaziose e confortevoli.

20 cam ♫ – ♦78/98 € ♦♦98/128 €

lungo Lario Isonzo 4 – ℰ 0341 350992 – www.hotelalberi.it
– Chiuso 20 dicembre-10 gennaio

LE CLOTES Torino ➜ Vedere Sauze d'Oulx

LE FERRIERE Latina (LT) ➜ Vedere Latina

LEGNAGO

Verona – ✉ 37045 – 25 351 ab. – Alt. 16 m – Carta regionale n° **23**-B3
Carta stradale Michelin 562-G15

a San Pietro Ovest : 3 km ✉ 37045 – San Pietro Di Legnago

🍴○ Pergola 🍸⇦ ⛴ 🅰🅲 🏋 🅿

CUCINA CLASSICA · ACCOGLIENTE ✗✗ La famiglia Montagnoli nasce nella ristorazione, prima ancora che nell'attività alberghiera e... si vede! Ottimi piatti, soprattutto del territorio, ed una bella carta dei vini in un ambiente piacevole, nonché elegante.

🍽 Menu 22/45 € – Carta 26/75 €

78 cam ♫ – ♦49/149 € ♦♦69/199 €

via Verona 140 – ℰ 0442 629103 – www.hotelpergola.com – Chiuso 23 dicembre-6 gennaio, 10-20 agosto, domenica sera e venerdì

LEGNANO

Milano – ✉ 20025 – 60 262 ab. – Alt. 199 m – Carta regionale n° **10**-A2
Carta stradale Michelin 561-F8

🍴○ **Koiné ⓝ** ⇦ 🅰️🅲 ♿

CUCINA CREATIVA · CONTESTO CONTEMPORANEO ✕✕ Piccolo locale gestito da una coppia di fratelli da anni attivi nel settore, mentre in cucina si segnala un cuoco che dopo aver fatto la "gavetta" in cucine super stellate, qui si cimenta col proprio menu di cucina creativa. Segnaliamo anche le sei comodissime camere.

Menu 47/62 € – Carta 53/78 €

6 cam ☑ – ♦65/85 € ♦♦90/120 €

vicolo Filippo Corridoni 2/c – ℰ 0331 599384 – www.koinerestaurant.com – Chiuso martedì

LEGNARO

Padova (PD) – ✉ 35020 – 8 797 ab. – Alt. 8 m – Carta regionale n° **23**-C3
Carta stradale Michelin 562-F17

🍴○ **AB Baretta** ⇦ 🍴🏡🛋♿🅰️🅲♿🅿️

PESCE E FRUTTI DI MARE · CONTESTO STORICO ✕✕ In una villa del '700, suggestivi affreschi nell'eleganti sale per una cucina che dà il meglio di sé nelle specialità di pesce e crostacei. Una cornice di grande fascino per "fare colpo"!

🍽 Menu 25 € (pranzo in settimana)/75 € – Carta 28/70 €

17 cam ☑ – ♦55/75 € ♦♦90/110 €

via Roma 33 ✉ 35020 – ℰ 049 883 0088 – www.ristorantebaretta.it – Chiuso 1°-15 gennaio, domenica sera e lunedì

LE GRAZIE La Spezia → Vedere Portovenere

LEIFERS LAIVES

LEMEGLIO Genova (GE) → Vedere Moneglia

LENNO

Como – ✉ 22016 – 5 180 ab. – Alt. 209 m – Carta regionale n° **9**-A2
Carta stradale Michelin 561-E9

🏠 **Lenno** 🌲🐾⇦🛋🏨🛏♿🅰️🅲♿🛶

FAMILIARE · BORDO LAGO Ospitalità signorile in hotel moderno in posizione panoramica sul delizioso e tranquillo lungolago; ampie camere ben accessoriate, con vista sulla quieta distesa d'acqua. Ariosa sala da pranzo, con grandi vetrate che "guardano" un incantevole paesaggio.

46 cam ☑ – ♦80/190 € ♦♦90/230 €

via Cesare Lomazzi 23 – ℰ 0344 57051 – www.albergolenno.com
– Aperto 9 marzo-3 novembre

LEONESSA

Rieti (RI) – ✉ 02016 – 2 435 ab. – Carta regionale n° **7**-C1
Carta stradale Michelin 563-O20

🍴○ **Leon d'Oro** 🏡🅰️🅲

CUCINA REGIONALE · ACCOGLIENTE ✕ Griglia e camino a vista per la cottura delle carni in questo accogliente locale rustico nel cuore della città, un ambiente simpatico ed informale, in cui regna la mano femminile.

Carta 17/53 €

corso San Giuseppe 120 – ℰ 0746 923320 – www.ristoranteleondoroleonessa.com
– Chiuso 30 giugno-6 luglio e lunedì

LEPORANO

Taranto – ⌀ 74020 – 8 068 ab. – Alt. 47 m – Carta regionale n° **15**-C3

✕○ **Oblò** ⫷ 🏠 ⟨ & 🖾

PESCE E FRUTTI DI MARE · ELEGANTE ✕✕ E' la classica cucina di mare, elaborata partendo da ottime materie prime, la fedele compagna di questo moderno locale affacciato su una panoramica baia ed un'attrezzata spiaggia. Nella bella stagione, la terrazza si presta per romantiche cene.

Menu 40/50 € – Carta 43/64 €

viale Lido Gandoli s.n., alla Marina
– ☎ 099 533 4985 – www.obloristorante.it
– Chiuso lunedì

LE REGINE Pistoia → Vedere Abetone

LERICI

La Spezia – ⌀ 19032 – 10 228 ab. – Carta regionale n° **8**-D2
Carta stradale Michelin 561-J11

✕○ **I Doria** ⫷ 🏠 🖾 ⚉ 🅿

PESCE E FRUTTI DI MARE · AMBIENTE CLASSICO ✕✕ Elegante la sala ma, in stagione, meglio ancora la terrazza con bella vista sul Golfo dei Poeti. Dalla cucina specialità ittiche e qualche interessante piatto a base di carne. La carta dei vini abbraccia le più importanti regioni vinicole, ma non si fa scappare qualche pezzo forte d'Oltralpe. Proposte anche al bicchiere.

Menu 55/80 € – Carta 60/109 €

Doria Park Hotel, via Carpanini 9
– ☎ 0187 967124 (consigliata la prenotazione) – www.doriahotels.com
– solo a cena – Chiuso 22 dicembre-13 gennaio e domenica

🏠 **Piccolo Hotel del Lido** ⫷ ⟨ & 🖾 ⚉ 🅿

LUSSO · MINIMALISTA L'incantevole centro di Lerici raggiungibile con una piacevole passeggiata, l'albergo sembra costruito praticamente sulla spiaggia, di fronte all'incantevole Golfo dei Poeti. Terrazze a non finire, vasca idromassaggio, camere dagli arredi minimalisti.

12 cam � – †210/320 € ††210/320 €

lungomare Biaggini 24
– ☎ 0187 968159 – www.hoteldellido.it
– Aperto 1° aprile-15 ottobre

🏠 **Doria Park Hotel** ⚉ ⫷ 🍴 🔁 🖾 🅿

TRADIZIONALE · CLASSICO In posizione tranquilla, sulla collina che domina Lerici, hotel dotato di terrazza con suggestiva vista sul golfo; piacevoli interni ben accessoriati, camere luminose. Per il lunch c'è una carta di piatti freddi.

49 cam ⊥ – †140/249 € ††170/320 €

via Carpanini 9 – ☎ 0187 967124 – www.doriahotels.it
✕○ **I Doria** – Vedere selezione ristoranti

🏠 **Florida** ⫷ 🔁 🖾 ⚉

TRADIZIONALE · CLASSICO Affacciato sull'incantevole baia con spiaggetta di sabbia e libera, quasi tutte le camere – dagli arredi semplici – offrono una vista sul mare, frontale o laterale. Piccola terrazza solarium, permessi a pagamento per i parcheggi pubblici.

40 cam ⊥ – †100/130 € ††140/200 €

lungomare Biaggini 35
– ☎ 0187 967332 – www.hotelflorida.it – Chiuso 20 dicembre-1° marzo

553

🏠 Costa di Faraggiana ⓝ   🌊 ⬅ 🛎 🗜 🛋 🔄 🆎 🅿

AGRITURISMO · ACCOGLIENTE Agriturismo di lusso sulle colline, la tranquillità e la vista su Montale sono alcuni dei punti di forza della struttura, insieme alle eleganti camere rivestite in legno, di cui due con terrazzo. Piscina panoramica e navetta per il centro.

8 cam ⌂ – ♦150/170 € ♦♦150/170 €

località Faraggiana, Nord: 2,5 km – ℰ 0187 807802 – www.costadifaraggiana.com – Aperto 15 marzo-2 novembre

a Fiascherino Sud-Est : 3 km ⊠ 19032

🏠 Il Nido   🌊 ⬅ 🔄 🔥 🆎 🧼 🅿

TRADIZIONALE · MEDITERRANEO Circa metà delle camere si trovano sul lato collina, ma per avere un più facile accesso a tutti i servizi vi consigliamo quelle della casa principale, in particolare quelle con vista mare. Una discesa vi porterà ad una spiaggetta incastonata tra le rocce con terrazza-solarium e beach-bar.

31 cam ⌂ – ♦60/100 € ♦♦100/180 €

via Fiascherino 75 – ℰ 0187 967286 – www.hotelnido.com – Aperto 11 marzo-31 ottobre

a Tellaro Sud-Est : 4 km ⊠ 19032

🏵 Miranda   ⬅ 🅿

PESCE E FRUTTI DI MARE · FAMILIARE ✗✗ All'inizio di una passeggiata che porta a Tellaro, un incantevole paese con romantici belvedere sul Golfo dei Poeti, locanda con interni raffinati e una sala ristorante che sembra un salotto, dove assaporare idilliache rielaborazioni culinarie.

Menu 30/50 € – Carta 48/74 €

7 cam ⌂ – ♦100 € ♦♦100 € – 2 suites

via Fiascherino 92 – ℰ 0187 968130 – www.locandamiranda.com – Chiuso 14 dicembre-15 gennaio e lunedì

LESA

Novara – ⊠ 28040 – 2 276 ab. – Alt. 198 m – Carta regionale n° **13**-B2
Carta stradale Michelin 561-E7

🏵 Battipalo   🛋 🆎

CUCINA MODERNA · CONVIVIALE ✗✗ Adiacente all'attracco dei traghetti, le sue ampie vetrate offrono romantici scorci del lago. Pur essendo decisamente moderna, come l'ambiente recentemente rinnovato, la cucina spazia con concretezza fra carne e pesce, quest'ultimo non necessariamente di lago. Ottima cura anche nella lista dei vini e piacevole dehors per il servizio estivo.

Carta 37/60 €

viale Vittorio Veneto, 2 – ℰ 0322 76069 (consigliata la prenotazione) – www.battipalolesa.it – Chiuso 2 settimane in gennaio-febbraio, lunedì e i mezzogiorno di martedì e giovedì

verso Comnago Ovest : 2 km

🏵 Al Camino   ⬅ 🛋

CUCINA REGIONALE · RUSTICO ✗ Trota alle mandorle ed altri piatti regionali campeggiano nel menu di questa ex cascina dei primi del '900 ristrutturata: ambiente rustico accentuato da un intonaco grezzo, sala con camino e una deliziosa veranda affacciata sul lago.

Carta 27/51 €

via per Comnago 30 ⊠ 28040 – ℰ 0322 7471 – www.alcaminolesa.com – Chiuso mercoledì

LESINA

Foggia (FG) – ⊠ 71010 – 6 410 ab. – Alt. 5 m – Carta regionale n° **15**-A1
Carta stradale Michelin 564-B28

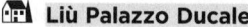 Liù Palazzo Ducale ⬦ AC

FAMILIARE · PERSONALIZZATO Nella "città dell'anguilla", il lago si trova a pochi passi da questo grazioso palazzo d'inizio '900: camere personalizzate, alcune di gusto retrò, altre moderne, deliziosi bagni.

6 cam ⬡ – 🛏35/40 € 🛏🛏60/70 €

via Dante 19/21 – ✆ 0882 990258 – www.liupalazzoducale.it

LEVANTO

La Spezia – ✉ 19015 – 5 499 ab. – Carta regionale n° **8**-D2
Carta stradale Michelin 561-J10

ⅱ○ L'Oasi 🍽 ⛴ AC 🕉

PESCE E FRUTTI DI MARE · CONTESTO TRADIZIONALE ✕✕ Una bella e luminosa veranda e un piccolo giardino per un ristorante che fa dell'eccellente selezioni delle materie prime la sua bandiera in preparazioni semplici e schiette. Per gli amanti del crudo di pesce e secondo le disponibilità del mercato (raramente il lunedì), questo è sicuramente l'indirizzo giusto!

Carta 35/107 €

piazza Cavour – ✆ 0187 800856 – www.oasihotel.eu – Aperto 25 dicembre-6 gennaio e 16 marzo-14 novembre: chiuso mercoledì (escluso luglio-agosto)

ⅱ○ La Sosta di Ottone III 🗝 🐾 ← 🍴 🍽 AC 🅿

CUCINA TRADIZIONALE · ACCOGLIENTE ✕ In mezzo al verde e lontano dalla calca, è necessario percorrere un tratto a piedi per raggiungere quest'incantevole ristorantino (meglio farsi suggerire la strada e dove lasciare la vettura), all'interno di una residenza del XVI secolo. Il menu propone una scelta ristretta, ma fra le più interessanti in zona per ricerca di prodotti locali; splendide anche le ampie camere, due dedicate alla luce, bianche e luminose.

Menu 55/70 € – Carta 60/80 €

6 cam – 🛏220/250 € 🛏🛏220/250 € – ⬡ 18 €

località Chiesanuova 39 ✉ 19015 Levanto – ✆ 0187 814502 (prenotazione obbligatoria) – www.lasosta.com – solo a cena – Aperto inizio aprile-fine ottobre; chiuso domenica

ⅱ○ L'Antica Abetaia 🍴 🍽 ⛴ 🅿

LIGURE · ACCOGLIENTE ✕ Non siamo sul mare e nemmeno nel centro storico, però il locale offre la comodità della vicinanza all'autostrada e, soprattutto, una buona cucina sia di mare sia di terra (anche cacciagione in autunno-inverno).

Carta 25/57 €

località Pian del Momo, (uscita autostrada A12 Carrodano), Nord: 7 km – ✆ 0187 893323 – www.ristorantelanticaabetaia.it – Chiuso 15 gennaio-15 febbraio e martedì

ⅱ○ InCucina 🍽

CUCINA MODERNA · CONTESTO CONTEMPORANEO ✕ Lontano dal mare, ormai in collina, anche il ristorante sembra voler sfuggire i cliché della più classica cucina marinara della Levanto balneare: la scelta è ristretta per assicurare la qualità dei prodotti, vengono spesso inseriti piatti di carne – in stagione anche selvaggina – e non manca qualche scelta più creativa, il tutto in una sala semplice dalla simpatica gestione familiare.

🍴 Menu 25/60 € – Carta 35/115 €

Hotel L'Abetaia, località Pian del Momo, (uscita autostrada A12 Carrodano), Nord: 7 km – ✆ 0187 893036 (coperti limitati, prenotare) – www.hotelabetaia.it – solo a cena – Chiuso 20 novembre-15 dicembre

ⅱ○ Osteria Tumelin 🍽 AC

PESCE E FRUTTI DI MARE · AMBIENTE CLASSICO ✕ Interni classici in un ristorante gestito da un'intera famiglia e collocato nel cuore della cittadina: si propone una classica cucina di mare dalle fragranti preparazioni fatte in casa.

Carta 30/76 €

via Grillo 32 – ✆ 0187 808379 – www.tumelin.it – Chiuso 9 gennaio-9 febbraio e giovedì escluso 15 giugno-15 settembre

⌂ Park Hotel Argento   ☆ 🏊 ⅃ 🏠 ⊡ ♿ AC 🧖 P

TRADIZIONALE · ACCOGLIENTE Recente costruzione che si sviluppa in discesa sui colli con navetta per il centro e la stazione, Park Hotel Argento offre ampie camere (alcune, non molte per la verità, con vista mare) ed un grazioso centro benessere. In posizione leggermente elevata rispetto alla cittadina, la tranquillità è assicurata.

40 cam ☲ – ♦160/210 € ♦♦220/350 € – 7 suites

via per Sant'Anna – 𝒞 *0187 801223 – www.parkhotelargento.com – Aperto 17 marzo-30 novembre*

⌂ L'Abetaia ⓝ   ♿ AC P

TRADIZIONALE · MODERNO Comodo per chi giunge a Levanto in macchina e intende spostarsi frequentemente, l'albergo si trova in zona boschiva, ma è facilmente raggiungibile a poca distanza dal casello autostradale. Camere spaziose dagli arredi moderni.

12 cam ☲ – ♦70/90 € ♦♦95/130 €

località Pian del Momo, (uscita autostrada A12 Carrodano), Nord: 7 km – 𝒞 0187 893036 – www.hotelabetaia.it – Chiuso 7 gennaio-10 febbraio

🍴 **InCucina** – Vedere selezione ristoranti

⌂ Agriturismo Villanova   🐎 ⇐ AC P

CASA DI CAMPAGNA · TRADIZIONALE Si producono olive e uva da vino, in questo signorile agriturismo ricavato da un antico borgo settecentesco con chiesetta (consacrata). Le camere si dividono tra la storica casa e un rustico; qualche mini-appartamento per chi volesse effettuare soggiorni più lunghi con a disposizione un barbecue nel giardino. Incantevole terrazza per le colazioni all'aperto, soprattutto in maggio quando il glicine è fiorito. Navetta per Levanto.

7 suites ☲ – ♦110/140 € – 6 cam

località Villanova, Est: 1,5 km – 𝒞 0187 802517 – www.agriturismovillanova.it – Aperto 2 marzo-4 novembre

a Mesco Sud : 3,5 km ⊠ 19015 – Levanto

⌂ La Giada del Mesco   🐎 ≤ ⇐ ⅃ ♿ AC P

CASA DI CAMPAGNA · MEDITERRANEO L'incantevole vista su mare e costa (sino al promontorio di Portofino!) è garantita da tutte le camere di questo edificio ottocentesco in splendida posizione su un promontorio. Ma c'è anche una bella terrazza per la prima colazione, nonché la navetta gratuita per stazione, spiaggia e ristoranti del centro.

12 cam ☲ – ♦110/140 € ♦♦150/180 €

via Mesco 16 – 𝒞 0187 802674 – www.lagiadadelmesco.it – Aperto 1° marzo-31 ottobre

LEVICO TERME

Trento – ⊠ 38056 – 7 915 ab. – Alt. 506 m – Carta regionale n° **19**-B3
Carta stradale Michelin 562-D15

🍴 Boivin   ⌂

REGIONALE · FAMILIARE ⅄ All'interno di un'antica casa del centro, il locale si basa sulla personalità e le idee dello chef-patron, Riccardo, che mixa con originalità tradizione trentina ed inserti pacatamente moderni. Specialità: trio di canederlotti di pane al burro e salvia, puntine di maiale con polenta e cavolo rosso in agrodolce, strudel di mele. Accanto c'è l'hotel Romanda gestito dal fratello.

Menu 40 € (cena) – Carta 34/55 €

via Garibaldi 9 – 𝒞 0461 701670 – www.boivin.it – solo a cena – Chiuso 9-31 gennaio, 1°-18 novembre e lunedì

Bellavista Relax Hotel

TRADIZIONALE · CLASSICO Immerso in un gradevole giardino con piscina, un complesso alberghiero risalente al primo Novecento dotato di ampi spazi comuni, confortevoli camere di differenti tipologie (alcune più semplici), e pregevole centro benessere. Proposte del Bel Paese nella capiente sala ristorante utilizzata anche per cerimonie.

85 cam ⌑ – ♦54/150 € ♦♦78/200 € – 1 suite

via Vittorio Emanuele III 7
– ℰ 0461 706136 – www.bellavistarelax.it
– Aperto 1° maggio-15 ottobre

Al Sorriso

TRADIZIONALE · CLASSICO In posizione piacevolmente decentrata – a soli 100 metri dal lago, attorno un parco che dispone di numerose attrezzature sportive – hotel dalla brillante gestione familiare caratterizzato da ambienti luminosi ed un bel centro benessere con piscina coperta. Nell'elegante sala ristorante, cucina nazionale e locale con verdure del proprio orto.

63 cam ⌑ – ♦75/105 € ♦♦168/208 € – 2 suites

lungolago Segantini 14
– ℰ 0461 707029 – www.hotelsorriso.it
– Aperto Pasqua-3 novembre

Lucia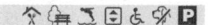

FAMILIARE · FUNZIONALE Immersa in un parco con alberi d'alto fusto che circondano la piscina, una casa a gestione familiare con camere semplici, alcune in stile montano. Indirizzo ideale per vacanze di relax o sugli sci, la gustosa cucina del ristorante è un motivo in più per sceglierlo.

33 cam ⌑ – ♦30/60 € ♦♦60/120 €

viale Roma 20
– ℰ 0461 706229 – www.luciahotel.it – Aperto 1° dicembre-6 gennaio e Pasqua-31 ottobre

Scaranò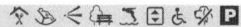

FAMILIARE · CONTEMPORANEO In posizione panoramica e tranquilla, questa casa nasce dove sorgeva un vecchio maso ed ospita al suo interno ambienti spaziosi. Stessa gestione, ormai quasi quarantennale, per il ristorante - recentemente rinnovato - che propone la tipica cucina trentina e piatti di pesce. Splendida la vista sulla vallata.

33 cam ⌑ – ♦45/55 € ♦♦85/100 €

strada provinciale per Vetriolo 86, Nord: 2 km
– ℰ 0461 706810 – www.hotelscarano.it
– Chiuso 8 gennaio-13 febbraio

LEVIZZANO RANGONE Modena (MO) → Vedere a Castelvetro di Modena

LEZZENO

Como – ✉ 22025 – 2 060 ab. – Alt. 202 m – Carta regionale n° **9**-A2
Carta stradale Michelin 561-E9

 Filario Hotel ⓝ

LUSSO · DESIGN La pietra grigia locale che riveste il prospetto riprende la tradizione architettonica del luogo e consente all'edificio d'integrarsi perfettamente nel contesto naturale in cui sorge. Al suo interno, elementi di design, cura dei dettagli ed un intimo ristorante.

12 cam ⌑ – ♦250/600 € ♦♦250/1500 € – 1 suite

Strada Statale 583, 89
– ℰ 031 914035 – www.filario.it
– Aperto 1° aprile-30 ottobre

LICATA Sicilia

Agrigento – ✉ 92027 – 37 797 ab. – Carta regionale n° **17**-C3
Carta stradale Michelin 365-AS61

⯀⯀ La Madia (Pino Cuttaia)　　　　　　　　⯀ & 🄰🄺 ⯀

CUCINA CREATIVA · CONTESTO CONTEMPORANEO XXX "La memoria è l'ingrediente segreto di piatti che raccontano una storia", sostiene Cuttaia. Vero! La nostalgia emotiva della sua cucina è fortissima, ma anche la ricerca e l'innovazione; uno straordinario lavoro che parte dai prodotti, li trasforma per giungere alla loro essenza, spesso con risultati di grande originalità.

→ Minestra di crostacei. Ricciola alla carbonella di mandorle. Cornucopia: cialda di cannolo con ricotta e gelato al Marsala.

Menu 95/130 € – Carta 74/127 €

corso Filippo Re Capriata 22
– ☏ 0922 771443 (consigliata la prenotazione) – www.ristorantelamadia.it
– Chiuso 2 settimane in gennaio, 2 settimane in giugno, martedì, anche domenica sera in inverno e domenica a mezzogiorno dal 15 giugno al 15 settembre

❍ L'Oste e il Sacrestano　　　　　　　　　　🍴 🄰🄺 ⯀

CUCINA MODERNA · RUSTICO X Un piccolo ristorante accogliente a "denominazione di origine siciliana": a darvi il benvenuto Chiara, ai fornelli invece Peppe da cui farvi consigliare per un percorso fra rivisitazione e tradizione.

Menu 43/65 € – Carta 44/68 €

via Sant'Andrea 19
– ☏ 0922 774736 – www.losteeilsacrestano.it – Chiuso novembre, domenica sera e lunedì escluso agosto

---

LIDO Livorno → Vedere Elba (Isola d') : Capoliveri

LIDO DEGLI ESTENSI Ferrara → Vedere Comacchio

LIDO DI CAMAIORE

Lucca (LU) – ✉ 55041 – Carta regionale n° **18**-B1
Carta stradale Michelin 563-K12

❍ Il Merlo ⓝ　　　　　　　　　　　　　🍴 & 🄰🄺 🅿

CUCINA MEDITERRANEA · CONTESTO CONTEMPORANEO XX Nuova location per Il Merlo, direttamente sulla spiaggia con una sala accogliente e dall'eleganza contemporanea, i piatti prediligono il pesce, ma vi sono anche stuzzicanti ricette di carne.

Menu 45 € – Carta 61/95 €

via S.Bernardini 660 ✉ 55041 Lido di Camaiore – ☏ 0584 166 0839
– www.ilmerlocamaiore.it – Chiuso 28 giorni tra gennaio-febbraio, mercoledì a mezzogiorno e martedì

❍ Ghigo ⓝ　　　　　　　　　　　　　　　　🍴

CUCINA CREATIVA · STILE MEDITERRANEO XX Se è vero come ricordava nonna Eugenia, capostipite di questo locale, che "lo stomaco è vicino al cuore", qui troverete una cucina fatta con amore, venata di fantasia, "aperta" a prodotti locali, piatti vegani e senza glutine.

Menu 35/60 € – Carta 35/97 €

Hotel Giulia, lungomare Pistelli 77 – ☏ 0584 617518 – www.giuliahotel.it – solo a cena – Aperto 20 aprile-30 settembre

⌂⌂⌂ UNA Hotel Versilia　　　⯀ 🍴 ⯀ 🖵 🌐 ⯀ ⯀ ⯀ ⯀ & 🄰🄺 ⯀ 🅿

HOTEL DI CATENA · LUNGOMARE Nuova ed imponente struttura sul lungomare progettata per offrire un alto standing di confort. Zone comuni ariose e luminose: non mancano lussureggianti spazi verdi. Ottime anche le camere.

99 cam ⯀ – ♦120/920 € ♦♦120/920 € – 72 suites

viale Bernardini 335/337 – ☏ 0584 012001 – www.unahotels.it

 Giulia 🆕 ✿ ⬅ ⬆ AC P

FAMILIARE · CLASSICO Un ventata di novità ha investito questa struttura felicemente ubicata di fronte al mare: a partire dagli arredi è tutto moderno e gradevole, così come i servizi che prevedono trekking e gite nei dintorni o la possibilità di affidare i piccoli ospiti ad una baby-sitter (a pagamento).

40 cam ⌂ – ♦34/200 € ♦♦39/240 €

lungomare Pistelli 77 – ☎ 0584 617518 – www.giuliahotel.it – Aperto
20 aprile-30 settembre

⇶ **Ghigo** – Vedere selezione ristoranti

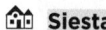 Siesta ✿ ⬅ ⇶ ⬆ AC P

TRADIZIONALE · LUNGOMARE Sono ora i figli a condurre questa risorsa sul lungomare cinta da un piacevole giardino; camere confortevoli e ben rifinite, una terrazza per la prima colazione e noleggio biciclette. Al ristorante è stato potenziato il servizio dei dolci con angolo di esposizione anche caldo.

33 cam ⌂ – ♦70/120 € ♦♦100/250 €

viale Bernardini 327 – ☎ 0584 619161 – www.hotelsiesta.it – Chiuso novembre

Sylvia ✿ 🛏 ⇶ ⬆ AC ⚒ P

FAMILIARE · ACCOGLIENTE Hotel dalla cordiale gestione familiare: il mare è raggiungibile a piedi, ma una via più tranquilla e il verde che circonda l'albergo assicurano il riposo dei clienti, mentre ospitalità e camere accoglienti coronano il loro soggiorno.

34 cam ⌂ – ♦50/150 € ♦♦60/210 €

via Manfredi 15 – ☎ 0584 617994 – www.hotelsylvia.it
– Aperto 1° aprile-4 novembre

Bacco ✿ 🛏 ⇶ 🍴 ⬆ AC P

TRADIZIONALE · PERSONALIZZATO In una strada tranquilla non lontano dal mare, la hall è un omaggio alla figura mitologica di Bacco; camere di diverse tipologie, sala da pranzo interna e terrazza ristorante esterna fronte piscina.

28 cam – solo ½ P 85/160 € – 1 suite

via Rosi 24 – ☎ 0584 619540 – www.bacco-hotel.com – Aperto 1° aprile-31 ottobre

Sirio ✿ ⬆ AC P

FAMILIARE · ACCOGLIENTE Nonno Sirio aprì l'albergo nel 1964 in una traversa del lungomare; oggi siamo alla terza generazione e l'albergo, ristrutturato, offre camere semplici, ma accoglienti, nonché una simpatica ospitalità familiare.

24 cam ⌂ – ♦50/100 € ♦♦90/200 €

via Italica 6 – ☎ 0584 618047 – www.hotelsirio.com – Chiuso
15 dicembre-20 gennaio

LIDO DI JESOLO

Venezia – ✉ 30016 – Carta regionale n° **23**-D2
Carta stradale Michelin 562-F19

Cucina da Omar 🍴 AC

PESCE E FRUTTI DI MARE · ACCOGLIENTE ✕✕ Affacciato sul passeggio della zona centrale, Omar è il ritrovo degli appassionati di pesce fresco che non amano elaborazioni eccessive, ma prediligono la fragranza dei sapori: qui trovano un porto di sicura qualità.

Menu 80 € – Carta 47/145 €

via Dante 21 – ☎ 0421 93685 (consigliata la prenotazione la sera)
– www.ristorantedaomar.it – Chiuso 22 dicembre-10 gennaio, mercoledì a
mezzogiorno in estate, tutto il giorno negli altri mesi

Almar Jesolo Resort & Spa

PALACE · MODERNO Grande, moderna struttura concepita per garantire ai propri privilegiati ospiti spazio e luce in ogni momento della giornata: lo stile minimal ed i colori tenui sono il contenitore ideale per un ventaglio di servizi davvero ampio, tra i quali un centro benessere con zona umida e ampia beauty. Nel bel mezzo della terrazza fa bella mostra una piscina lunga 70 metri!

197 cam ⊠ – ♦220/585 € ♦♦235/600 € – 16 suites

via Dante Alighieri 106 – ℰ 0421 388111 – www.almarjesolo.com – Aperto 15 marzo-15 novembre

Atlantico

FAMILIARE · LUNGOMARE Piacevolmente affacciato sulla spiaggia, l'hotel dispone di ambienti curati e camere di diversa tipologia, rinnovate in tempi recenti o più classiche. Dalla panoramica piscina situata all'ultimo piano (ce n'è una anche in basso) vi sembrerà di toccare il cielo con un dito!

66 cam ⊠ – ♦88/155 € ♦♦155/230 €

via Bafile, 3° accesso al mare 11 – ℰ 0421 381273 – www.hotel-atlantico.it – Aperto 1° aprile-30 settembre

Ril

TRADIZIONALE · MODERNO Uno degli alberghi più eleganti di Jesolo, interamente giocato su tonalità écru, si contraddistingue per le sue linee semplici e moderne; piscina con solarium, accesso diretto al mare e palestra panoramica all'ultimo piano.

51 cam ⊠ – ♦140/180 € ♦♦140/280 €

via Zanella 2 – ℰ 0421 972848 – www.hotelril.it – Aperto 15 aprile-25 settembre

Delle Nazioni

TRADIZIONALE · LUNGOMARE L'imponente torre che svetta sul frontemare ospita tra le sue mura spazi comuni essenziali e signorili, nonché camere di gusto moderno, tutte con splendida vista sull'Adriatico; a disposizione degli ospiti un'innovativa stazione di ricarica per auto elettriche. Al primo piano, il ristorante dalle interessanti proposte culinarie.

46 cam ⊠ – ♦126/250 € ♦♦187/300 € – 4 suites

via Padova 55 – ℰ 0421 971920 – www.hotelnazionijesolo.it
– Aperto 9 maggio-24 settembre

Cavalieri Palace

TRADIZIONALE · LUNGOMARE Bianco e blu si ripetono armonicamente nelle accoglienti sale di questa bella struttura che gode di una panoramica posizione frontemare: tutte le camere dispongono di un balcone, ma particolarmente gradevoli sono quelle personalizzate da colorati tessuti. Graziosa anche la sala ristorante, a pranzo ci si sposta a bordo piscina.

56 cam ⊠ – ♦65/115 € ♦♦110/230 € – 4 suites

via Mascagni 1 – ℰ 0421 971969 – www.hotelcavalieripalace.com – Aperto Pasqua-1° ottobre

Adriatic Palace

TRADIZIONALE · LUNGOMARE E' il bianco a caratterizzare tutti gli ambienti di questa moderna struttura con camere accoglienti e confortevoli. Frontemare, l'hotel dispone anche di una gradevole terrazza con piscina, per i più flemmatici che non vogliono compiere nemmeno due passi per raggiungere la spiaggia!

46 cam ⊠ – ♦95/290 € ♦♦115/350 € – 2 suites

via Vittorio Veneto 30, 2° accesso al mare – ℰ 0421 380027
– www.hoteladriaticpalace.com – Aperto 15 aprile-15 ottobre

🏨 Termini Beach Hotel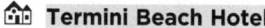

FAMILIARE · LUNGOMARE Albergo che domina il mare, dotato di spazi comuni eleganti ed ariosi, arredati con gusto e camere di differenti tipologie, tutte confortevoli e personalizzate; nel parcheggio la possibilità di ricaricare le auto elettriche. Al ristorante, bianche colonne ed ampie finestre affacciate sul blu.

48 cam ☼ – ♦60/140 € ♦♦90/195 € – 10 suites

via Altinate 4, 2° accesso al mare
– ☎ 0421 960100 – www.hoteltermini.it
– Aperto 25 aprile-10 ottobre

🏨 Rivamare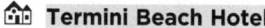

FAMILIARE · LUNGOMARE Conduzione familiare di grande esperienza in un albergo recentemente rinnovato, a due passi dalla spiaggia: camere dalle linee moderne e spazi comuni abbelliti da tappeti. Gradevole zona piscina.

53 cam ☼ – ♦87/172 € ♦♦134/272 € – 6 suites

via Bafile, 17° accesso al mare
– ☎ 0421 370432 – www.rivamarehotel.com
– Aperto 1° maggio-30 settembre

a Jesolo Pineta Est : 6 km ✉ 30016 – Lido Di Jesolo

🏨 Mediterraneo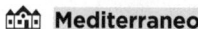

TRADIZIONALE · MODERNO Immerso nella quiete di un lussureggiante giardino che lambisce la spiaggia, l'albergo anno dopo anno è cresciuto e migliorato parecchio diventando un riferimento per la zona. Sembra di pranzare nel parco nella sala ristorante con vetrate che si aprono sul verde!

54 cam ☼ – ♦95/150 € ♦♦180/290 € – 6 suites

via Oriente 106
– ☎ 0421 961175 – www.mediterraneojesolo.com
– Aperto 15 maggio-20 settembre

🏨 Jesolopalace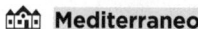

FAMILIARE · MODERNO Immerso nella quiete di un lussureggiante giardino che lambisce la spiaggia, la struttura propone camere ampie, tutte con terrazza: le suite dispongono di angolo cottura particolarmente apprezzato dalle famiglie.

34 cam ☼ – ♦92/126 € ♦♦140/250 € – 25 suites

via Airone 1/3
– ☎ 0421 961013 – www.jesolopalace.it
– Aperto 1° maggio-30 settembre

🏨 Gallia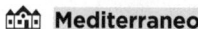

FAMILIARE · ACCOGLIENTE Una splendida pineta separa dal mare e dalla piscina questo elegante hotel in stile neoclassico, dotato di spaziose zone comuni. Perfetto per una vacanza a tutto relax.

56 cam – ♦65/250 € ♦♦90/400 € – 10 suites – ☼12 €

via del Cigno Bianco 5
– ☎ 0421 961018 – www.hotelgallia.com – Aperto 15 maggio-15 settembre

🏨 Bauer & Sporting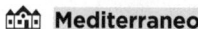

TRADIZIONALE · LUNGOMARE All'interno di un giardino e con diretto accesso al mare, si compone di un edificio principale con camere fresche e moderne, e da una dépendance con camere più spaziose, alcune con angolo cottura.

42 cam ☼ – ♦84/180 € ♦♦156/296 € – 6 suites

via Bucintoro 6 – ☎ 0421 961363 – www.hotelbauer.it
– Aperto 1° maggio-30 settembre

LIDO DI LATINA Latina → Vedere Latina

LIDO DI NOTO Sicilia Siracusa → Vedere Noto

LIDO DI PORTONUOVO Foggia → Vedere Vieste

LIDO DI SAVIO
Ravenna – Carta regionale n° **5**-D2
Carta stradale Michelin 562-J19

🏨 Vistamare   ☆ ⩻ ⅃ 㕁 ℔ ⊡ ⅄ ⃟ 🅿

LUSSO · DI TENDENZA Strizza l'occhio alla moda e cerca di anticiparla il patron di questo relais sul mare, comodamente unito a Milano Marittima dal servizio navetta con divertente auto americana. Confort e stile in tutti gli ambienti, ma soprattutto il mare: a portata di vista e di mano! Al ristorante, buona cucina di pesce e tante bollicine nel bicchiere.

12 suites ⌑ – ♊120/500 € – 8 cam

viale Romagna 199 – ℰ 348 829 2125 – www.vistamaresuite.com

LIDO DI SPISONE Sicilia Messina → Vedere Taormina

LIDO DI TARQUINIA Viterbo → Vedere Tarquinia

LIDO DI VENEZIA Venezia → Vedere Venezia

LIERNA
Lecco – ⊠ 23827 – 2 141 ab. – Alt. 202 m – Carta regionale n° **9**-B2
Carta stradale Michelin 561-E9

🍴 La Breva   㕁 ⃟ ⇆ 🅿

PESCE E FRUTTI DI MARE · ELEGANTE ✕✕ Prende il nome da una brezza foriera di bel tempo, questo accogliente salotto a conduzione familiare con un'appendice anche estiva per banchetti. Squisita cucina a base di pesce.

🍥 Menu 25 € (pranzo in settimana) – Carta 38/73 €

via Roma 24 – ℰ 0341 741490 – www.ristorantelabreva.it – Chiuso gennaio, lunedì sera e martedì escluso giugno-settembre

LIGNANO SABBIADORO
Udine (UD) – ⊠ 33054 – 6 950 ab. – Carta regionale n° **6**-C3
Carta stradale Michelin 562-E21

🍴 Bidin   ⇞ 㕁 ⃟ 🅿

PESCE E FRUTTI DI MARE · CONTESTO TRADIZIONALE ✕✕ Solida gestione familiare da parte di due fratelli: la carta spazia dai piatti di pesce alla tradizione friulana, servita in una sala elegante o, in estate, nell'ambiente più informale sotto al piccolo porticato.

Carta 31/64 €

viale Europa 1 – ℰ 0431 71988 – www.ristorantebidin.com – Chiuso 7 gennaio-28 febbraio, mercoledì a mezzogiorno da metà maggio a metà settembre, anche mercoledì sera negli altri mesi

🏨 Italia Palace   ☆ ⅃ 㕁 ℔ ⅃ ⊡ ⅄ ⃟ ⅍ ⅏ 🅿

TRADIZIONALE · ELEGANTE Sembra ancora di sentire il fruscio delle crinoline o il profumo di cipria, in questo storico albergo della Belle Epoque ritornato al suo antico splendore. Lo charme non risparmia le camere: generose per dimensioni, eleganti negli arredi e nei toni azzurro/bianco. All'ultimo piano si cena nella Terrazza per una cucina classica con molto pesce.

62 cam ⌑ – ♊91/254 € ♊♊140/254 € – 9 suites

viale Italia 7 – ℰ 0431 71185 – www.hotelitaliapalace.it – Aperto 28 marzo-9 ottobre

🏨 Bellavista ☆ ← ⊐ ⚲ 🖭 AC 🚗

TRADIZIONALE · CONTEMPORANEO A pochi passi dal centro della località, l'immacolata facciata di questa bella struttura - ubicata direttamente sul lungomare - incanta i passanti... Ma non finisce qui: camere accoglienti ed una piacevole terrazza-solarium per vivere appieno la vacanza!

44 cam ⊡ – 🛏85/200 € 🛏🛏120/270 € – 4 suites

lungomare Trieste 70 – ✆ 0431 71313 – www.bellavistalignano.it
– Aperto 1° maggio-30 settembre

🏨 Atlantic ☆ ← ⊟ ⊐ ⚲ 🖭 & AC P

TRADIZIONALE · CLASSICO Cordiale e premurosa gestione in un albergo classico di fronte alla celebre e rinomata spiaggia, visibile dalla maggior parte delle accoglienti camere: ideale per una vacanza a tutto mare!

58 cam ⊡ – 🛏70/150 € 🛏🛏89/199 €

lungomare Trieste 160 – ✆ 0431 71101 – www.hotelatlantic.it – Aperto
10 maggio-23 settembre

🏨 Trieste Mare 🖭 & AC P

FAMILIARE · FUNZIONALE A due passi dalla spiaggia - in una tranquilla via laterale del lungomare - piccolo e moderno albergo: il confort non manca nelle funzionali camere. Posteggio a circa 400 metri.

31 cam ⊡ – 🛏34/125 € 🛏🛏49/179 €

via Tirolo 13 – ✆ 0431 721165 – www.hoteltriestelignano.it – Aperto
13 aprile-24 settembre

a Lignano Pineta Sud-Ovest : 5 km ✉ 33054

🏨 Greif ☆ ⊟ ⊐ 🕙 🐾 ⚲ 🖭 & AC 🏊 ♨ P

LUSSO · CLASSICO La rigogliosa pineta custodisce il solo albergo 5 stelle della zona, un grande complesso alberghiero dai raffinati interni, pensato per un soggiorno di completo relax. Spazioso e raffinato il ristorante, illuminato da ampie vetrate che si aprono sul verde.

87 cam ⊡ – 🛏145/340 € 🛏🛏160/460 € – 22 suites

arco del Grecale 25 – ✆ 0431 422261 – www.greifhotel.it
– Aperto 1° marzo-30 novembre

🏨 Park Hotel ☆ ⊐ 🖭 AC P

TRADIZIONALE · CONTEMPORANEO Albergo d'ispirazione moderna dal design essenziale, dispone di ambienti essenziali e luminosi; forse un po' decentrato rispetto al centro della località, poco distante dal mare.

36 cam ⊡ – 🛏63/128 € 🛏🛏106/236 € – 5 suites

viale delle Palme 41 – ✆ 0431 422380 – www.parkhotel-lignano.com – Aperto
1° maggio-30 settembre

🏨 Medusa Splendid ☆ ⊟ ⊐ ⚲ 🖭 & AC P

TRADIZIONALE · ACCOGLIENTE Verde e blu si ripetono ritmicamente in questo hotel dotato di ampi spazi, anche nelle confortevoli camere; il mare è distante solo poche centinaia di metri. Fresca e piacevole sala ristorante semicircolare, con vetrate che guardano verso il giardino e la piscina.

56 cam ⊡ – 🛏66/119 € 🛏🛏102/207 €

raggio dello Scirocco 33 – ✆ 0431 422211 – www.hotelmedusa.it
– Aperto 15 maggio-15 settembre

🏨 Erica ☆ ⊐ ⚲ 🖭 & AC 🚗

FAMILIARE · ACCOGLIENTE Poltrone in midollino nella fresca hall con affaccio sulla moderna piscina e camere sobrie, ma sicuramente confortevoli; la prima colazione è servita nella luminosa sala-veranda attigua al ristorante.

40 cam ⊡ – 🛏82/108 € 🛏🛏116/170 € – 1 suite

arco del Grecale 21/23 – ✆ 0431 422123 – www.ericahotel.it – Aperto
15 maggio-15 settembre

⌂ Bella Venezia Mare ☆ ⊼ ∠ ⊟ AC P

FAMILIARE · FUNZIONALE A breve distanza tanto dal centro quanto dalla spiaggia, un hotel a gestione diretta. Piacevole lo spazio destinato alla piscina, con vasca idromassaggio.

50 cam ⊊ – †80/110 € ††120/200 €

arco del Grecale 18/a – ℰ 0431 422184 – www.bellaveneziamare.it – Aperto 15 maggio-20 settembre

a Lignano Riviera Sud-Ovest : 7 km ⊠ 33054 – Lignano Sabbiadoro

⭑○ Al Cason ⍩ P

PESCE E FRUTTI DI MARE · ROMANTICO XX Dove il fiume incontra il mare, splendidi tramonti godibili dalla bella terrazza per il servizio all'aperto, mentre gli interni mantengono le caratteristiche dell'antico ricovero per pescatori che fu. Le specialità della casa "omaggiano" il pescato del giorno.

Carta 42/95 €

corso dei Continenti 167 – ℰ 0431 423029 – www.ristorantealcason.it – aperto 1° aprile-30 settembre

⌂ Arizona ☆ ⊼ ⊟ ⅋ AC P

FAMILIARE · MODERNO Accoglienza familiare e dinamica per un soggiorno di relax. All'ingresso, qualche arredo etnico in legno intrecciato e un design dalle linee moderne. Il mare poco distante.

42 cam ⊊ – †50/80 € ††90/160 €

calle Prassitele 2 – ℰ 0431 428528 – www.hotel-arizona.it – Aperto 15 maggio-15 settembre

⌂ Smeraldo ☆ ⊼ ⍟ ∠ ⊟ AC P

FAMILIARE · CLASSICO Camere fresche e luminose, vivacizzate dai colorati pannelli alle pareti, un nuovo piccolo centro benessere e la piacevole atmosfera da vacanze tra sole e mare. Conduzione familiare.

64 cam ⊊ – †70/98 € ††124/180 €

viale della Musica 4 – ℰ 0431 428781 – www.hotelsmeraldo.net – Aperto 20 maggio-15 settembre

LIMITO Milano → Vedere Pioltello

LIMONE PIEMONTE
Cuneo – ⊠ 12015 – 1 485 ab. – Alt. 1 009 m – Carta regionale n° **12**-B3
Carta stradale Michelin 561-J4

⭑○ Osteria Il Bagatto ⍩

CUCINA MODERNA · STILE MONTANO XX Avvolti da un ambiente tipicamente montano, una cucina attenta ai dettagli, dove ottime materie prime vengono plasmate dalle abili mani dello chef. La carta propone piatti del territorio, ma non solo: ci sono, infatti, proposte di pesce ed altre d'ispirazione contemporanea.

⊕ Menu 25 € (pranzo in settimana)/42 € – Carta 38/64 €

via XX Settembre 16
– ℰ 0171 927543 (consigliata la prenotazione) – www.osteriailbagatto.it
– Chiuso 4-29 giugno, 5-24 novembre, giovedì a mezzogiorno e mercoledì escluso alta stagione

LINATE (Aeroporto di) → Vedere Milano

LINGUAGLOSSA Sicilia
Catania (CT) – ⊠ 95015 – 5 403 ab. – Alt. 550 m – Carta regionale n° **17**-D2
Carta stradale Michelin 365-AZ56

⁂ Shalai   🦞 🛖 ㏒ ㏒ ℀ 🅿

CUCINA MODERNA · CONTESTO CONTEMPORANEO ✗✗ Gioia e benessere - shalai in dialetto siciliano - è la promessa che vi fa il ristorante. Due sobrie ma eleganti sale, piccola corte interna nel bel palazzo per le cene estive, coccolati da un ottimo servizio, i piatti ripercorrono la sicilianità con escursioni fantasiose e ben presentate.

→ Vitellina a punta di coltello affumicata con fonduta ai formaggi e bacche di ginepro. Tonno rosso del Mediterraneo "fuori dalla norma". Il cannolo alla ricotta secondo Shalai.

Menu 70 € - Carta 48/96 €

Hotel Shalai Resort, via Guglielmo Marconi 25

- 📞 095 643128 (consigliata la prenotazione) - www.shalai.it - solo a cena escluso sabato ed i giorni festivi

⏸O Dodici Fontane ⓝ   🛖 ㏒ ℀

CUCINA MODERNA · ELEGANTE ✗✗✗ Il nome allude alle dodici fontane che ornano il servizio all'aperto; si cena anche lungo la piscina o, se il tempo non lo permette, nell'elegante sala interna. In ogni caso la cucina merita una sosta per la rimarchevole interpretazione creativa di eccellenze isolane: crostacei di Mazzara, maialino dei Nebrodi, tartufo nero di Palazzolo, pistacchio di Bronte, nocciole etnee, salsiccia linguaglossese...

Menu 65/80 € - Carta 54/106 € - carta semplice a pranzo

Villa Neri Resort & Spa, contrada Arrigo

- 📞 095 813 3002 (consigliata la prenotazione) - www.hotelvillanerietna.com - solo a cena - Aperto 29 marzo-31 ottobre

⏸O Boccaperta   ㏒

CUCINA REGIONALE · FAMILIARE ✗✗ Un piacevolissimo ambiente - tra il rustico e il signorile - per piatti raccontati a voce che pescano tra i prodotti dei paesi etnei, ma anche nel mare con qualche proposta di pesce giornaliera.

Carta 30/49 €

via Umberto 98 - 📞 095 777 4333 (prenotare) - www.ristoranteboccaperta.com - Chiuso 15-30 novembre e martedì

🏠🏠 Villa Neri Resort & Spa   🌿 ⇆ 🛋 ⊕ 🍸 🔲 ㏒ 🅿

LUSSO · ELEGANTE In splendida posizione panoramica sull'Etna e sulla campagna, la villa è del 2012, ma ripercorre con tanta intelligenza le forme, i materiali e i colori siciliani da sembrar d'epoca. Eleganti camere, alcune con arredi storici, altre con vista sull'Etna; i bagni con ceramiche ragusane.

24 cam ☲ - †192/248 € ††240/360 € - 3 suites

contrada Arrigo - 📞 095 813 3002 - www.hotelvillanerietna.com - Aperto 31 marzo-31 ottobre

⏸O **Dodici Fontane** - Vedere selezione ristoranti

🏠 Shalai Resort   🍸 ㏒ 🅿

STORICO · DESIGN Nel cuore del caratteristico centro storico di Linguaglossa, il palazzo ottocentesco si sposa all'interno con gli arredi moderni di camere sobrie e luminose, di raffinata eleganza, di cui due affrescate. Centro benessere e tanta ospitalità dall'ottima gestione.

12 cam ☲ - †110/130 € ††130/190 €

via Guglielmo Marconi 25 - 📞 095 643128 - www.shalai.it

⁂ **Shalai** - Vedere selezione ristoranti

🏠 Azienda Agrituristica Arrigo ⓝ   🌿 ⇐ ⇆ 🍸 ㏒ 🅿

DIMORA STORICA · CLASSICO In posizione tranquilla ed isolata, in un palmento ottocentesco in tipico stile locale, offre alcune camere con più letti, ideali per famiglie, ma il punto di forza della struttura è il giardino con piscina e vista sull'Etna.

6 cam ☲ - †65/80 € ††80/120 €

contrada Arrigo - 📞 339 333 6793 - www.arrigo.it - Aperto marzo-ottobre

LIPARI Sicilia Messina → Vedere Eolie (Isole)

LIVIGNO
Sondrio - ⌧ 23030 - 6 389 ab. - Alt. 1 816 m - Carta regionale n° **9**-B1
Carta stradale Michelin 561-C12

⑪○ Camana Veglia   ⇦ 🏠 🅿

CUCINA REGIONALE · RUSTICO ✕✕ Un ristorante che è anche un piccolo museo: i suoi interni, infatti, risalgono all'inizio del '900 e provengono da vecchie baite di Livigno. Davvero particolare è la "Stua Mata" nella quale cenare diventa una vera e propria esperienza polisensoriale. In menu, proposte del territorio, ma con spunti di moderna creatività.

Menu 45/70 € - Carta 49/95 €

14 cam ⌓ - †85/240 € ††120/330 € - 1 suite

via Ostaria 583 - ℰ 0342 996310 - www.camanaveglia.com - Aperto
1° dicembre-30 aprile e 1° luglio-30 settembre; chiuso martedì in luglio-settembre,
i mezzogiorno di martedì e giovedì in inverno

⑪○ Cantina    🔲 ⇆ 🕸

CUCINA MODERNA · ROMANTICO ✕✕ Ricette raffinate, ispirate ai prodotti e alle tradizioni locali, ma rielaborate in chiave moderna per un ristorante che - a dispetto della sua ubicazione geografica - non disdegna il mare.

Menu 60/90 € - Carta 55/120 €

Hotel Bivio, via Plan 422/a - ℰ 0342 996137 - www.biviolifelivigno.it - solo a cena
- Chiuso dal 2 al 28 maggio e dal 2 al 27 novembre

⑪○ Cuore di Cembro ⓝ   ⇦ 🕸

CUCINA MODERNA · CONTESTO TRADIZIONALE ✕ Adiacente all'impianto del Carosello, attraversato il vivace SkyBar si entra nel cuore dell'hotel Allegra. Piacevole ed informale atmosfera montana con piatti rallegrati da tocchi di fantasia, ma non dimentichi del territorio.

Carta 36/65 €

13 cam ⌓ - †68/158 € ††90/210 €

via Saroch 1274 ⌧ 23030 Livigno - ℰ 0342 996134 - www.robylonga.it - Chiuso
novembre e 15 maggio-15 giugno

🏨 Lac Salin Spa & Mountain Resort   ⇱ ⅏ 🔲 ⊕ 🕸 🧖 🔈 🔥 🎠 🕸

LUSSO · ELEGANTE Hotel dal design minimalista, in armonia con l'atmosfera montana. Originali le feeling room: sette camere ispirate ai chakra (punti energetici del corpo, secondo la filosofia orientale) ed arredate in base ai principi del feng-shui. Ottimo confort anche nelle camere più classiche.

65 cam ⌓ - †90/230 € ††130/300 € - 3 suites

via Saroch 496/d - ℰ 0342 996166 - www.lungolivigno.com - Chiuso
14 ottobre-30 novembre e 1° maggio-18 giugno

🏨 Baita Montana   ⇱ ⇔ 🔲 ⊕ 🕸 🔥 🔈 🍽 🎠 🕸

SPA E WELLNESS · STILE MONTANO Valida gestione in un hotel completamente rinnovato, con bella vista su paese e montagne; spazi comuni sui toni chiari del legno, luminose e recenti camere con balcone. Ampia sala da pranzo di tono elegante con arredi in legno e un'intera parete di vetro.

35 cam - solo ½ P 92/102 € - 13 suites

via Mont da la Nef 87 - ℰ 0342 997798 - www.hotelbaitamontana.com - Aperto
4 dicembre-30 aprile e 10 giugno-31 ottobre

🏨 Sonne   

LUSSO · MINIMALISTA In centro, questa risorsa totalmente rinnovata è un fulgido esempio di armonia tra pietra e legno, linee tradizionali e spunti di design. Le camere si differenziano per tipologia e dimensioni. Piacevole centro benessere.

16 cam ⌓ - †90/220 € ††140/440 €

via Plan 151/c - ℰ 0342 996433 - www.hotelsonne.net
- Chiuso 2 maggio-20 giugno e 15 ottobre-30 novembre

Bivio ⌂ ▤ 🏠 ⛱ ⊟ ♿ 🚗

TRADIZIONALE · STILE MONTANO In pieno centro storico, hotel a conduzione diretta dagli interni piacevoli e accoglienti, con pareti rivestite in perlinato; gradevoli camere in moderno stile montano. Piatti gourmet al ristorante Cantina.

30 cam ⊡ – †120/331 € ††160/442 € – 10 suites
via Plan 422/a – ☎ 0342 996137 – www.biviolifelivigno.it
🍴 **Cantina** – Vedere selezione ristoranti

Concordia ⌂ 🏠 ⊟ ♿ 🅿

TRADIZIONALE · ACCOGLIENTE Nel cuore della località, albergo di recente ristrutturazione, con interni curati dove il legno, lavorato o decorato, è l'elemento essenziale; confort di alto livello. Divanetti a parete e atmosfera distinta nell'ampia sala da pranzo.

24 cam ⊡ – †99/299 € ††108/378 € – 7 suites
via Plan 114 – ☎ 0342 990200 – www.lungolivigno.com

Alba ⌂ ⊟ ♿ 🅿

FAMILIARE · MODERNO A due passi dagli impianti di risalita, dalle piste da sci e dai sentieri per il trekking, l'hotel dispone di ambienti caldi e luminosi; le sue camere arredate con materiali naturali, sebbene essenziali, risultano molto graziose ed accoglienti.

33 cam ⊡ – †60/190 € ††90/280 €
via Saroch 948 – ☎ 0342 970230 – www.hotelalbalivigno.it
– Aperto 8 dicembre-2 maggio e 17 giugno-2 ottobre

Francesin 🏠 ⛱ ⊟ 🚗

FAMILIARE · ACCOGLIENTE Accoglienza e servizio familiari in un piccolo albergo, che dispone di comode camere ed attrezzato centro fitness con palestra. In sintesi, l'indirizzo ideale per gli sportivi.

21 cam ⊡ – †65/160 € ††90/220 €
via Ostaria 442 – ☎ 0342 970320 – www.francesin.it

Crosal 🆕 ⌂ 🏠 ⊟ ♿ 🚗

FAMILIARE · ACCOGLIENTE Accoglienza familiare per un piccolo hotel nel vivace centro dello shopping cittadino; gradevole la zona benessere.

14 cam ⊡ – †61/150 € ††102/240 €
via dal Gesa 38 – ☎ 0342 996214 – www.hotelcrosal.com – Chiuso 2-24 maggio e 6-28 novembre

LIVORNO

(LI) – ✉ 57123 – 159 219 ab. – Carta regionale n° **18**-B2
Carta stradale Michelin 563-L12

🍴 Gran Duca 🆎 ⇧

PESCE E FRUTTI DI MARE · CONTESTO TRADIZIONALE XX Di fronte al mare e a poche centinaia di metri dall'imbarco per le isole, un'ottima tappa gastronomica con l'immancabile caciucco. In menu, anche tante altre specialità di pesce.

Menu 30 € – Carta 38/107 €
Pianta: A2-b – *Hotel Gran Duca, piazza Giuseppe Micheli 16 ✉ 57123*
– ☎ 0586 891325 – www.ristoranteilgranduca.it – Chiuso 26 dicembre-6 gennaio

Grand Hotel Palazzo 🆕 ⌂ ← 🛗 ▤ 🌐 🏠 ⛱ ⊟ ♿ 🆎 ⚘ 🏊 🅿

LUSSO · CLASSICO Nacque alla fine dell'Ottocento come residenza di villeggiatura dei Savoia e ancor oggi la sontuosità dell'edificio svetta sul lungomare di Livorno. All'interno troverete ambienti opulenti, camere eleganti, ricche di elementi contemporanei e di design, nonché una piscina panoramica all'ultimo piano. Qui, si trova anche il Mascagni Restaurant con specialità ittiche e toscane.

113 cam ⊡ – †85/125 € ††129/579 € – 10 suites
Pianta: A3-a – *viale Italia 195 ✉ 57127 – ☎ 0586 260836 – www.ghpalazzo.it*

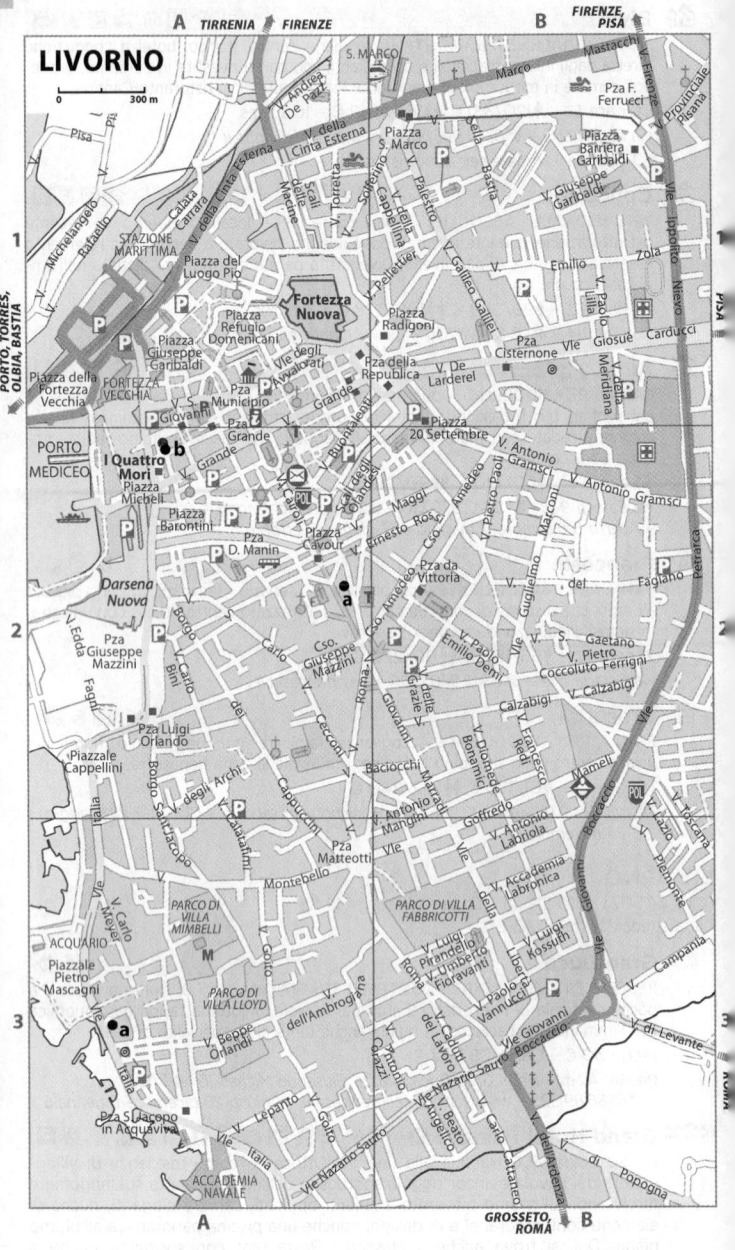

LIVORNO

0   300 m

S. MARCO

Mastacchi

Marco

Pza F. Ferrucci

V. Andrea De Pazzi

V. della Cinta Esterna

Piazza S. Marco

Piazza Barriera Garibaldi

Pisa

Cala Carrara

STAZIONE MARITTIMA

Piazza del Luogo Pio

Scali delle Macine

Torretta

Solferino

V. della Cappellina

V. Palestro

V. Galileo Galilei

V. Giuseppe Garibaldi

V. Ippolito Nievo

Emilio

Zola

V. Paolo Lilla

PORTO, TORRES, OLBIA, BASTIA

Michelangelo

Rafaello

Piazza Refugio Domenicani

Fortezza Nuova

Piazza Radigoni

Pza Cisternone

Giosuè Carducci

V. De Larderel

Vle

Meridiana

Piazza Giuseppe Garibaldi

FORTEZZA VECCHIA

Vle degli Avvalorati

Pza della Republica

Piazza della Fortezza Vecchia

V. S. Giovanni

Pza Municipio

Grande

Buontalenti

Piazza 20 Settembre

V. Antonio Gramsci

V. Antonio Gramsci

PORTO MEDICEO

I Quattro Mori b

Piazza Micheli

Grande

V. degli Orlandi

Maggi

Marconi

V. Amedeo

Pza della Larderel

Piazza Barontini

Pza D. Manin

Piazza Cavour

V. Ernesto Rossi

Pza da Vittoria

Darsena Nuova

V. Edda

Pza Giuseppe Mazzini

Borgo

V. Carlo Binni

Cso. Giuseppe Mazzini

Roma

a

Cso. Amedeo

V. Paolo Emilio Demi

S. Gaetano

V. Guglielmo

del

Fagliano

Coccoluto Ferrigni

Calzabigi

Calzabigi

Pza Luigi Orlando

dei

V. degli Archi

Ceccoli

V. della Grazie

V. Giovanni

Baciocchi

V. Diomede Bonamici

Mameli

Piazzale Cappellini

Faggi

Borgo S.Jacopo

Cappuccini

V. Antonio Mangini

Goffredo

V. Antonio Labriola

Pza Matteotti

Vle

V. Accademia Labronica

V. Pietro

V. Toscana

Piemonte

ACQUARIO

V. Carlo Meyer

PARCO DI VILLA MIMBELLI

M

Montebello

PARCO DI VILLA FABBRICOTTI

V. Luigi Prandello

V. Luigi Kossuth

Campania

Piazzale Pietro Mascagni

PARCO DI VILLA LLOYD

V. Beppe Orlandi

dell'Ambrogiana

V. Umberto Fioravanti

V. Paolo Del Lavoro

V. Paolo Vannucci

V. Giovanni Boccaccio

V. di Levante

a

Italia

Pza S.Jacopo in Acquaviva

Vle Lepanto

Golfo

V. Antonio Pazzi

Vle Italia

Vle Nazario Sauro

V. Cateri del Lavoro

Beato Angelico

Carlo Cattaneo

dell'Ardenza

di Popogna

ACCADEMIA NAVALE

568

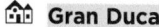 Gran Duca

TRADIZIONALE · ACCOGLIENTE Albergo ubicato nel tipico ambiente del Bastione Mediceo: spaziosa hall e camere di diversa tipologia, più o meno recenti nei rinnovi, ma comunque confortevoli.

60 cam ☲ – †80/90 € ††90/110 € – 2 suites

Pianta: A2-b – *piazza Giuseppe Micheli 16* ☒ 57123 – ✆ *0586 891024*
– *www.granduca.it*

⑩ **Gran Duca** – Vedere selezione ristoranti

Al Teatro

TRADIZIONALE · PERSONALIZZATO Vicino al teatro, un piccolo ma delizioso albergo con camere personalizzate dall'atmosfera retrò e qualche arredo d'antiquariato. Sul retro, un gradevole giardinetto con magnolia secolare, dove, nella bella stagione, vengono servite le colazioni.

8 cam ☲ – †75/95 € ††95/120 €

Pianta: A2-a – *via Mayer 42* ☒ 57125 – ✆ *0586 898705* – *www.hotelalteatro.com*
– *Chiuso 24 dicembre-6 gennaio*

ad Ardenza Sud: 4 km per Grosseto B3 ☒ 57128 – Ardenza

⑩ Oscar

PESCE E FRUTTI DI MARE · FAMILIARE Fuori dalle rotte turistiche - in una graziosa zona residenziale - il ristorante è la meta prediletta dei livornesi che desiderano mangiare pesce fresco, in preparazioni semplici e senza tanti fronzoli, in un ambiente informale.

Carta 38/92 €

via Franchini 78 – ✆ *0586 501258* – *www.ristoranteoscar.it* – *Chiuso
27 dicembre-15 gennaio, 1°-7 settembre e lunedì*

ad Antignano per viale Italia A3: 5 km ☒ 57128 – Antignano

 Universal ⓝ

DIMORA STORICA · ELEGANTE Frontemare una bella villa liberty rinnovata in anni recenti sfoggia fascino antico - grazie ai suoi preziosi pavimenti a mosaico - unito ad un arredo d'impronta più moderna. Al ristorante si predilige il pesce.

22 cam ☲ – †85/95 € ††85/200 €

viale di Antignano 4 ☒ 57123 – ✆ *0586 500327* – *www.livornohoteluniversal.com*
– *Chiuso gennaio*

LIVORNO FERRARIS
Vercelli – ☒ 13046 – 4 483 ab. – Alt. 188 m – Carta regionale n° **12**-C2
Carta stradale Michelin 561-G6

a Castell'Apertole Sud-Est : 10 km ☒ 13046 – Livorno Ferraris

⑩ Balin

CUCINA REGIONALE · VINTAGE In un'antica cascina in aperta campagna, varcata la soglia si ha già la sensazione di aver fatto una buona scelta: ambienti in stile rustico separati da un grande camino e piatti della tradizione piemontese.

Menu 35/49 € – Carta 37/70 €

frazione Castell'Apertole 10 – ✆ *0161 477536* – *www.balinrist.it* – *Chiuso
domenica sera e lunedì*

LIZZANO
Taranto (TA) – ☒ 74020 – 10 125 ab. – Alt. 67 m – Carta regionale n° **15**-C3
Carta stradale Michelin 564-F34

Masseria Bagnara

DIMORA STORICA · ELEGANTE Masseria di origini settecentesche a meno di un chilometro dal mare, tufo e ceramiche ispirano l'elegante sobrietà degli interni, affascinate tributo alle tradizioni locali. Se la piscina panoramica sulla campagna è il fiore all'occhiello, non perdetevi la visita della suggestiva cantina nell'antica "pagliara". Infine, piccola area benessere con hammam e massaggi.

17 cam ☲ – †150/330 € ††180/330 € – 4 suites

strada provinciale 125, Sud: 6 km – ✆ *099 955 8337* – *www.masseriabagnara.it*

LOANO

Savona – ✉ 17025 – 11 407 ab. – Carta regionale n° **8**-B2
Carta stradale Michelin 561-J6

🏵 Bagatto
🛖 🗚

LIGURE · RUSTICO ✕ Nascosta in un carruggio del centro, simpatica trattoria dal particolare soffitto con mattoni a vista: un ottimo indirizzo per gli amanti della cucina ligure e di mare. Frittura mista tra le specialità della casa.
Carta 30/59 €
via Ricciardi 24 – ℰ 019 675844 (coperti limitati, prenotare) – Chiuso mercoledì sera e martedì, in estate sempre aperto la sera

🏨 Garden Lido
≼ 🛎 ꒰ 🎿 𝄢 ⟨ 🖃 ᕼ 🗚 ♨ 🅿

TRADIZIONALE · MEDITERRANEO Albergo di fronte al porto turistico, con gradevole giardino, piscina e belle camere di diversa tipologia tra cui preferire, naturalmente, le più recenti. Ristorante in spiaggia - aperto solo nei mesi estivi - con menu alla carta.
67 cam ☲ – †80/220 € ††95/267 €
lungomare Nazario Sauro 9 – ℰ 019 669666 – www.gardenlido.com

LOCOROTONDO

Bari – ✉ 70010 – 14 162 ab. – Alt. 410 m – Carta regionale n° **15**-C2
Carta stradale Michelin 564-E33

🏠 Sotto le Cummerse
🗚

LOCANDA · PERSONALIZZATO Un sistema simpatico per vivere il caratteristico centro storico della località: camere ed appartamenti seminati in vari punti, sempre piacevoli e dotati di ogni confort.
13 cam ☲ – †80/150 € ††120/220 €
via Vittorio Veneto 138 – ℰ 080 431 3298 – www.sottolecummerse.it

LODI

(LO) – ✉ 26900 – 44 945 ab. – Alt. 87 m – Carta regionale n° **9**-B3
Carta stradale Michelin 561-G10

🏠 Concorde Lodi Centro
🖃 🗚

FAMILIARE · ACCOGLIENTE In questa cittadina dal tipico carattere lombardo, un hotel centrale - situato proprio di fronte alla stazione ferroviaria - la cui attenta gestione apporta continue migliorie. Camere confortevoli nella loro semplicità.
28 cam ☲ – †60/100 € ††90/130 €
piazzale Stazione 2 – ℰ 0371 421322 – www.hotel-concorde.it – Chiuso 20 dicembre-3 gennaio

LODRONE Trento → Vedere Storo

LOIANO

Bologna – ✉ 40050 – 4 294 ab. – Alt. 714 m – Carta regionale n° **5**-C2
Carta stradale Michelin 562-J15

🏨 Palazzo Loup
✿ 🐾 ≼ 🛎 🎿 🖵 ⊕ 🎿 ꒰ 🖃 ᕼ ♨ 🅿

DIMORA STORICA · PERSONALIZZATO Incredibile fusione di passato e presente, in una dimora di origine medievale immersa in uno splendido parco con piscina e vista sulle colline tosco-emiliane. Tra i migliori servizi della struttura, citiamo certamente i 450 mq di spa.
47 cam ☲ – †70/110 € ††100/160 € – 1 suite
via Santa Margherita 21, località Scanello, Est: 3 km – ℰ 051 654 4040 – www.palazzo-loup.it

LONATO

Brescia – ✉ 25017 – 16 246 ab. – Alt. 188 m – Carta regionale n° **9**-D1
Carta stradale Michelin 561-F13

a Barcuzzi Nord : 3 km ✉ 25080 – Lonato

🍴○ **Da Oscar**

CUCINA CREATIVA • FAMILIARE XX Specialità ittiche (anche di acqua dolce) e ricette di terra, nonché un'interessante proposta di pizze lievitate - solo la sera e su prenotazione - in un raffinato locale ubicato sulle colline che guardano il lago di Garda; servizio estivo in terrazza.

Menu 40 € – Carta 41/75 €

via Barcuzzi 16 – 𝒞 030 913 0409 – www.daoscar.it
– Chiuso 11-31 gennaio, lunedì e i mezzogiorno di martedì, mercoledì e giovedì

LONGARE

Vicenza – ✉ 36023 – 5 688 ab. – Alt. 29 m – Carta regionale n° **22**-B2
Carta stradale Michelin 562-F16

🍴○ **Agri-Ristorante Le Vescovane**

CUCINA REGIONALE • RUSTICO XX Spariti i cavalli, le ex stalle della casa-fortezza cinquecentesca ospitano oggi una cucina imperniata su ottimi prodotti, talvolta di nicchia - sia dell'azienda agrituristica che del territorio veneto - in piatti estrosi ed elaborati.

Menu 35/60 € – Carta 40/63 €

Agriturismo Le Vescovane, via San Rocco 19/2, Ovest: 4 km
– 𝒞 0444 273570 – www.levescovane.com – solo a cena escluso venerdì, sabato e festivi – Chiuso lunedì e martedì

🏠 **Agriturismo Le Vescovane**

FAMILIARE • TRADIZIONALE Pochi chilometri fuori Vicenza per trovare, meglio se facendosi consigliare la strada dai proprietari, una torre di caccia cinquecentesca nel silenzio dei monti Berici.

9 cam ⬓ – †60/70 € ††80/150 €

via San Rocco 19/2, Ovest: 4 km
– 𝒞 0444 273570 – www.levescovane.com

🍴○ **Agri-Ristorante Le Vescovane** – Vedere selezione ristoranti

LONGIANO

Forlì-Cesena – ✉ 47020 – 7 126 ab. – Alt. 179 m – Carta regionale n° **5**-D2
Carta stradale Michelin 562-J18

🏵 **Dei Cantoni**

CUCINA REGIONALE • FAMILIARE X All'ombra del castello malatestiano, due sale con mattoni a vista che ricordano il bel ciottolato del centro ed un piacevole servizio estivo in veranda. Sabina preparerà per voi gustose specialità regionali; assolutamente, da provare gli arrostini misti disossati con patatine all'uso di Romagna.

⊚ Menu 25 € – Carta 27/37 €

via Santa Maria 19 – 𝒞 0547 665899 – www.ristorantedeicantoni.it – Chiuso 15 febbraio-15 marzo e mercoledì

🍴○ **Terre Alte**

PESCE E FRUTTI DI MARE • ELEGANTE XX Un ristorante dai toni eleganti per trovare il pescato del giorno accuratamente selezionato dal titolare stesso ed una cucina semplice che ne valorizza la qualità. Dalla terrazza lo sguardo abbraccia la Romagna.

Carta 38/84 €

via Olmadella 11, località Balignano
– 𝒞 0547 666138 (consigliata la prenotazione) – www.ristoranteterrealte.com
– Chiuso 10 giorni in gennaio, 10 giorni in maggio, 10 giorni in agosto, martedì a mezzogiorno c lunedì

LONIGO

Vicenza – ✉ 36045 – 16 391 ab. – Alt. 31 m – Carta regionale n° **23**-B3
Carta stradale Michelin 562-F16

❀❀ **La Peca** (Nicola Portinari)   ❀ & 🅰🅲 ⇔ 🅿

CUCINA CREATIVA · ELEGANTE XxX Creativa, ma senza strafare, regionale, ma
senza interdirsi esperienze diverse, elegante, ma lasciando che i clienti si sentano
a loro agio: la Peca è una straordinaria tappa gastronomica, rafforzata anche
dalla grande selezione di vini. Senza dimenticarsi della vista sui colli.
→ Bigoli integrali con acciughe, alici marinate e gelato di cipolle rosse. Anguilla in
forno di braci con guava (frutto tropicale) e tamarindo. Nocciola delle Langhe,
caramelle d'olio, mou salato e caffè.
Menu 40/190 € – Carta 76/165 €

via Alberto Giovanelli 2 – ℰ 0444 830214 – www.lapeca.it
– Chiuso 25-30 dicembre, 1 settimana in gennaio, 2 settimane in giugno, la
settimana di Ferragosto, domenica sera e lunedì, anche domenica a mezzogiorno
in estate

LOREGGIA

Padova – ✉ 35010 – 7 598 ab. – Alt. 26 m – Carta regionale n° **23**-C2
Carta stradale Michelin 562-F17

🅾 **Locanda Aurilia**   ❀ ⇔ & 🅰🅲 ❀

CUCINA REGIONALE · AMBIENTE CLASSICO X La passione per la cucina e un
forte legame per le tradizioni del territorio hanno scandito gli oltre cinquant'anni
di attività della locanda, che continua a proporre gustosi piatti in prevalenza di
terra, ma anche qualcuno di mare.
Menu 30 € (in settimana) – Carta 27/45 €
16 cam – 🛏45/60 € 🛏🛏75/85 € – ☲ 5 €

via Aurelia 27 – ℰ 049 930 0677 (consigliata la prenotazione)
– www.locandaaurilia.com – Chiuso 1°-8 gennaio, 5-23 agosto e martedì

LORETO

Ancona – ✉ 60025 – 12 814 ab. – Alt. 127 m – Carta regionale n° **11**-D2
Carta stradale Michelin 563-L22

❀ **Andreina** (Errico Recanati)   ❀ 🏠 🅰🅲 ⇔ 🅿

CUCINA REGIONALE · ELEGANTE XxX Una coppia di coniugi e una grande passione per la materia prima: in costante crescita gastronomica negli anni, in virtù
di una cucina che rivede la tradizione – quasi esclusivamente di carne – con succulenti proposte alla brace e allo spiedo tra i secondi piatti.
→ Raviolo liquido, finto minestrone e ristretto di fagiano. Faraona cotta da lontano, mele, radici e aceto di lamponi. Lo scampo rincorre la lepre.
Menu 75/95 € – Carta 60/90 €

via Buffolareccia 14 – ℰ 071 970124 – www.ristoranteandreina.it – Chiuso i
mezzogiorno di martedì e mercoledì in agosto e dicembre, anche martedì sera
negli altri mesi

LORETO APRUTINO

Pescara – ✉ 65014 – 7 479 ab. – Alt. 294 m – Carta regionale n° **1**-B1
Carta stradale Michelin 563-O23

🅾 **L'antico Torchio** ⓝ   ≼ 🌫 🅰🅲 ❀ 🅿

CUCINA CLASSICA · LUSSO XxX Nelle affascinati sale del castello, dove il grande
torchio fa bella mostra di sé al centro del locale, eleganza a tutto tondo e nei
piatti creatività e territorio.
Menu 35/50 € – Carta 35/53 €

Hotel Castello Chiola, via degli Aquino 12 – ℰ 085 829 0690 (prenotazione
obbligatoria) – www.castellochiola.com – solo a cena escluso domenica

🍴◯ **Carmine**   🎱 ⅄ 𝐀𝐂 ⇔

PESCE E FRUTTI DI MARE · AMBIENTE CLASSICO ✕✕ Gestione familiare di
grande esperienza per un grazioso locale con veranda, dove gustare piatti di
mare a base di ricette tradizionali abruzzesi. Il giovane chef vi aiuterà nella scelta,
ma noi vi suggeriamo un imperdibile: la carbonara di mare!

Menu 40/55 € – Carta 25/96 €

*contrada Remartello 52, Est: 4,5 km – ℰ 085 820 8553 – www.ristorantecarmine.it
– Chiuso martedì a pranzo e lunedì*

🏰 **Castello Chiola**   ⑤ ⪦ ⬧ ⌸ ⅄ 𝐀𝐂 ⚗ 🅿

STORICO · ELEGANTE Si respira una romantica atmosfera nelle sale ricche di
fascino di un'incantevole, antica residenza medioevale, nella parte panoramica
della cittadina; camere raffinate.

32 cam ☲ – ✚79/149 € ✚✚89/189 € – 4 suites

via degli Aquino 12 – ℰ 085 829 0690 – www.castellochiola.com

🍴◯ **L'antico Torchio** – Vedere selezione ristoranti

LORO CIUFFENNA

Arezzo – ✉ 52024 – 5 819 ab. – Alt. 330 m – Carta regionale n° **18**-C2
Carta stradale Michelin 563-L16

🍴◯ **Il Cipresso-da Cioni**   𝐀𝐂 🅿

CUCINA REGIONALE · COLORATO ✕ Quadri di arte contemporanea realizzati dal
titolare-pittore rallegrano la sala, mentre le migliori specialità del territorio
- salumi, pane, paste e le celebri carni toscane - e l'ottimo gelato fatto in casa
deliziano gli avventori, che potranno prolungare il piacere dei sapori gustati por-
tandosi a casa prodotti locali acquistabili nella piccola enoteca.

Carta 28/57 €

*via De Gasperi 28 – ℰ 055 917 1127 (consigliata la prenotazione) – Chiuso
15-28 febbraio, sabato a mezzogiorno e mercoledì*

LOVENO Como → Vedere Menaggio

LOVERE

Bergamo – ✉ 24065 – 5 270 ab. – Alt. 208 m – Carta regionale n° **10**-D1
Carta stradale Michelin 561-E12

🍴◯ **Mas**   🎱 ⅄ 𝒮 ⇔

CUCINA MODERNA · BISTRÒ ✕ Simpatico, informale e modaiolo: Mas ha praticamente tutto per piacere ad un target che va dai giovani ai più maturi, soprattutto
se si opta - a pranzo - per la formula più semplice di cucina mediterranea. La
sera, invece, come una vera signora, la carta si fa più sofisticata!

Carta 23/56 €

via Gregorini 21 – ℰ 035 983705 – Chiuso 1°-7 febbraio, 15-30 giugno e martedì

🏠 **Castello**   ⑂ ⪦ 𝕸 ⌸ ⅄ ⚗ 🚗

TOWNHOUSE · MODERNO Piccolo nelle dimensioni, ma grande nel confort, grazie
alle sue moderne suite tutte con balcone e vista lago (sebbene alcune laterali), nonché piccolo centro benessere in funzione da inizio 2016. E il panorama si ripropone
dalla terrazza del ristorante "Il Salotto", rinomato per le sue specialità di pesce di mare.

9 suites ☲ – ✚✚150/225 €

via del Santo 1 – ℰ 035 964129 – www.hotelcastellolovere.it

LUCARELLI Siena (SI) → Vedere Radda in Chianti

CI PIACE...

La **Buca di Sant'Antonio** con la sua caratteristica sala dei "rami" dal cui soffitto pendono paioli di fogge varie. Lo scorcio sulla sottostante Piazza S. Michele dalla suite del Colonnello di **Palazzo Rocchi.** Alternanza di sapori dolci e salati nel buffet della prima colazione **Alla Corte degli Angeli.** Un vero tuffo nella storia, tra le pareti di una delle due suite affrescate di **Palazzo Tucci.**

LUCCA

(LU) – ⊠ 55100 – 89 046 ab. – Alt. 19 m – Carta regionale n° **18**-B1
Carta stradale Michelin 563-K13

Ristoranti

⸙ **L'Imbuto** (Cristiano Tomei)   🕭 🅰🅲

CUCINA CREATIVA · MINIMALISTA ⌇ All'interno del museo d'arte contemporanea, la cucina, creativa e fantasiosa, ne riflette la vocazione avanguardista. Si sceglie solo il numero delle portate e si parte per uno straordinario viaggio di sorprese.
→ Ravioli ripieni d'olio extravergine e parmigiano reggiano con seppie e cavolo nero. Bistecca primitiva sulla corteccia di pino marittimo. Sorbetto con latte di mandorla, limone e rosmarino.
Menu 50/90 €
Pianta: B1-t – *via della Fratta 38* – ℰ *329 084 3180 – www.limbuto.it – Chiuso lunedì*

🟡 **Buca di Sant'Antonio**   🕭 🍴 🅰🅲 ⇪

CUCINA TOSCANA · CONTESTO TRADIZIONALE ⌇⌇⌇ Al piano terra quella che in origine era la stalla per il cambio dei cavalli, mentre la "buca" è la sala al piano inferiore. Una grande varietà di oggetti appesi alle pareti o pendenti dal soffitto tipicizzano l'ambiente; il menu è invece vivacizzato da piatti regionali eseguiti secondo antiche ricette.
∞ Menu 22 € (pranzo)/32 € – Carta 35/50 €
Pianta: B2-a – *via della Cervia 1/5* – ℰ *0583 55881 – www.bucadisantantonio.com – Chiuso 16-29 gennaio, domenica sera e lunedì*

🟡 **All'Olivo**   🕭 🍴 🅰🅲 ⇪

CUCINA REGIONALE · FAMILIARE ⌇⌇ In una delle caratteristiche piazze del centro storico, quattro sale elegantemente arredate, di cui una adibita ai fumatori, dove gustare una squisita cucina del territorio di terra e di mare. Piacevole servizio estivo all'aperto.
Menu 35/55 € – Carta 37/99 €
Pianta: B2-p – *piazza San Quirico 1* – ℰ *0583 493129 (consigliata la prenotazione) – www.ristoranteolivo.it – Chiuso mercoledì in novembre, gennaio e febbraio*

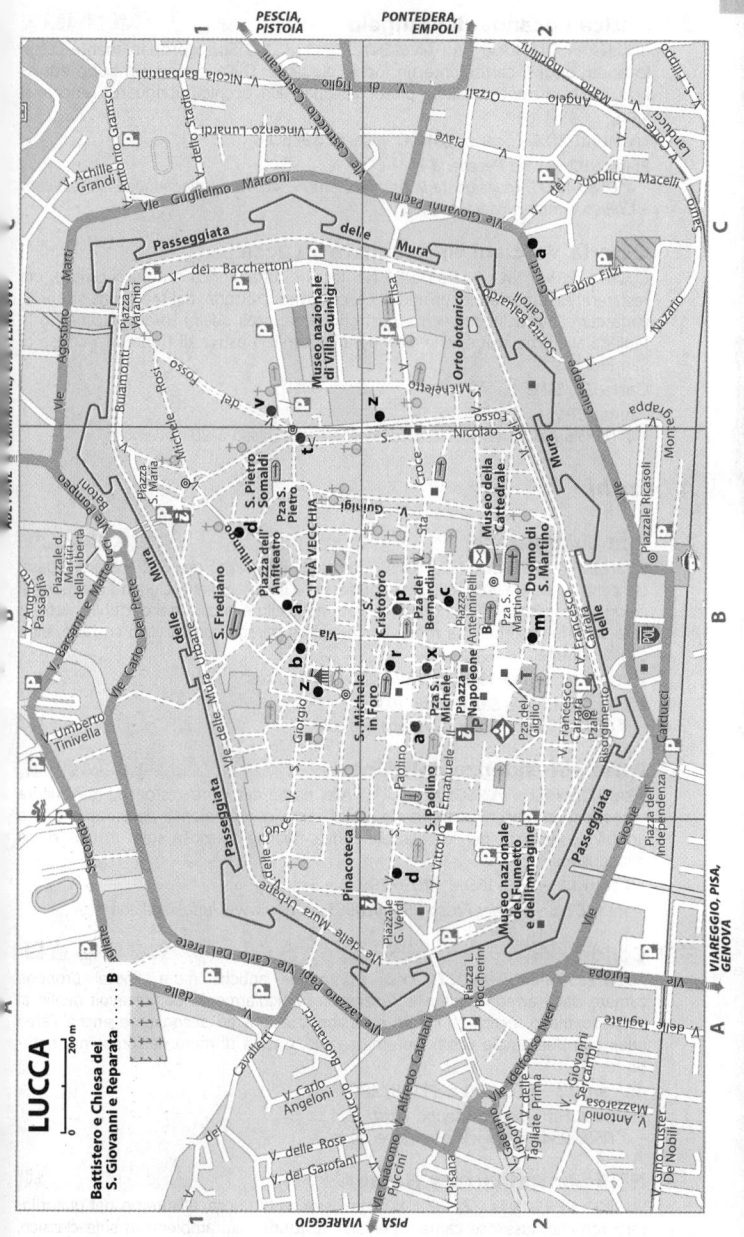

LUCCA

0 ————— 200 m

Battistero e Chiesa dei
S. Giovanni e Reparata...... B1

PESCIA, PISTOIA

PONTEDERA, EMPOLI

Passeggiata   delle   Mura

V. Achille Grandi

V. Nicola Barbandini

V. dello Stadio

V. Vincenzo Lunardi

V. di Tiglio

Vle Guglielmo Marconi

Orzali

V. Mario Ingulli

V. Angelo

L. Corte Landucci

V. S. Filippo

V. Giovanni Pacini

Piave

V. de' Pubblici Macelli

V. Fabio Filzi

Nazzario

Passeggiata   delle   Mura

V. dei Bacchettoni

Elisa

Museo nazionale
di Villa Guinigi

Orto botanico

V. Micheletto

Sorsa Bajardo

Carolli

V. Giuseppe

Montegrappa

Piazza L. Valianini

Vle Agostino Marti

Fosso

Rossi

Michele

del

Fosso

Buamonti

Piazza S. Maria

S. Pietro Somaldi

Pza S. Pietro

CITTÀ VECCHIA

Guinigi

V. S. Croce

S. Nicolao

del

Fosso

Mura

V. Pineto Pennon

Vle Augusto Passaglia

Piazzale d. Maria Martiri della Libertà

Plmtti

Piazza dell'Anfiteatro

S. Frediano

delle

Mura

S. Maria

V. Borgomero e Matteo

S. Cristoforo

V. Fillungo

Pza dei Bernardini

Museo della Cattedrale

Piazzale Ricasoli

V. Carlo Del Prete

V. Umberto Tinivella

Vle delle Mura Urbane

V. Giorgio

S. Michele in Foro

Pza S. Michele

Piazza Antelminelli

Duomo di
S. Martino

Pza S. Martino

delle

V. Francesco Carrara

Piazzale Verdi

Pinacoteca

S. Paolino

V. Vittorio Emanuele

Museo nazionale
del Fumetto
e dell'Immagine

Piazza Napoleone

Pza del Giglio

V. Francesco Carrara

Piazza dell'Indipendenza

Passeggiata

V. Kazzaroi Papi

Vle delle Mura Urbane

Piazzale G. Verdi

V. delle Conce

V. S. Paolino

Piazza L. Boccherini

V. delle tagliate

Europa

Piazza dell'Indipendenza

Gigliata

Gaetani

Gaddi

VIAREGGIO, PISA, GENOVA

B

delle

V. Cavallieri

Botanica

V. Carlo Angeloni

V. delle Rose

V. dei Garofani

V. Giacomo Puccini

V. Gaetano Luporini

V. Gaetano Tagliate Prima

V. S. Ildefonso Nieri

V. Antonio Mazzarosa

V. delle tagliate

Vle Giacomo Puccini

Gino Custer De Nobili

V. Giovanni Sercambi

V. Pisana

V. Alfredo Catalani

PISA, VIAREGGIO

575

⫶○ Antica Locanda dell'Angelo ⌘ 斎 ㋐ ⟺

CUCINA MEDITERRANEA · AMBIENTE CLASSICO XX Sorto probabilmente come locanda, oggi è certamente un locale elegante. Dalle cucine, un buon equilibrio tra tradizione locale e piatti nazionali. Un occhio di riguardo anche al vino.

Menu 20 € (pranzo)/40 € – Carta 39/50 €

Pianta: B2-x – *via Pescheria 21*
– 𝒞 0583 467711 (consigliata la prenotazione) – www.anticalocandadellangelo.com
– Chiuso domenica sera e lunedì

⫶○ Osteria Verciani "il Mecenate a Lucca" 斎

CUCINA TOSCANA · FAMILIARE X Nei locali di una storica tintoria lucchese, qui respirerete l'atmosfera di un'autentica, conviviale trattoria; dal menu una straordinaria carrellata delle eccellenze gastronomiche locali quali i tordelli lucchesi o la tagliata alle erbe aromatiche. Scenografico servizio estivo di fronte alla chiesa di San Francesco.

Carta 33/52 €

Pianta: C1-v – *via del Fosso 94*
– 𝒞 0583 511861 – www.ristorantemecenate.it – Chiuso 5-20 novembre

Alberghi

🏨 San Luca Palace ⬧ ㋐ 🛗 ㋐ 🚗

BUSINESS · PERSONALIZZATO All'interno di un palazzo del '500 - a pochi passi dal centro - ospitalità e indiscussa professionalità in ambienti eleganti dai morbidi colori. Le camere si distinguono per l'ottimo livello e la cura del dettaglio. Attrezzata sala riunioni, bar/tea room, parcheggio e garage con servizio cortesia, biciclette gratuite.

23 cam ⬲ – †80/190 € ††150/290 € – 3 suites

Pianta: A2-d – *via San Paolino 103*
– 𝒞 0583 317446 – www.sanlucapalace.com

🏨 Ilaria e Residenza dell'Alba ⬧ & ㋐ 🛗 🚗

TRADIZIONALE · PERSONALIZZATO Alle porte del centro storico, ma ancora accessibile in macchina, troverete arredi semplici e funzionali nelle camere, una gradevole terrazza per le colazioni estive, nonché spaziose suite in una vicina dépendance.

39 cam ⬲ – †69/189 € ††99/299 € – 5 suites

Pianta: C2-z – *via del Fosso 26 – 𝒞 0583 47615 – www.hotelilaria.com*

🏨 Celide ⬧ 斎 ⬧ ㋐ 🛗 🅿

BUSINESS · PERSONALIZZATO Di fronte alle antiche mura, l'hotel propone camere dagli arredi moderni e funzionali, particolarmente confortevoli quelle al secondo piano, ricche di colore e design; raccolta ed accogliente anche l'area relax con due ampie vasche idromassaggio. Cucina di mare nell'omonimo ristorante.

49 cam ⬲ – †85/160 € ††105/280 €

Pianta: C2-a – *viale Giuseppe Giusti 25*
– 𝒞 0583 954106 – www.albergocelide.it

🏨 N°15 Santori Luxury Home 🆕 ㋐

LUSSO · PERSONALIZZATO Nel centro storico di Lucca, all'interno del quadrilatero romano, lussuose camere per una struttura i cui ambienti in stile classico, impreziositi da affreschi, fanno rivivere all'ospite la tipica atmosfera delle residenze nobiliari lucchesi.

6 cam ⬲ – †199/279 € ††249/349 € – 1 suite

Pianta: B2-c – *via del Gallo 15 – 𝒞 0583 152 3371 – www.santoriluxuryhome.com*

San Marco

BUSINESS · PERSONALIZZATO Moderno e originale edificio in mattoni che esternamente ricorda una chiesa, mentre al suo interno propone ariosi ambienti in stile contemporaneo. Piacevoli serate sorseggiando vino e birra (di produzione propria) sulla bella terrazza, dove viene anche servita la prima colazione.

42 cam ⊊ – †90/170 € ††120/220 €

via San Marco 368, per Castelnuovo - B1 – ℰ 0583 495010
– www.hotelsanmarcolucca.com

Alla Corte degli Angeli

LOCANDA · ACCOGLIENTE Incastonato in una struttura storica, ma dotato dei migliori confort moderni, l'hotel propone ambienti dai colori vivaci, travi a vista e camere arredate con estrema ricercatezza, seguendo come leit motiv le peculiarità cromatiche di un fiore.

21 cam ⊊ – †75/150 € ††130/250 €

Pianta: B1-b *– via degli Angeli 23 – ℰ 0583 469204*
– www.allacortedegliangeli.com – Chiuso 15 gennaio-15 febbraio

San Martino

FAMILIARE · FUNZIONALE In posizione tranquilla nelle vicinanze del Duomo, un gioiellino d'atmosfera - caldo ed accogliente - sin dal suo piccolo ingresso. La struttura propone camere di modeste dimensioni, ma particolarmente curate nei dettagli. La prima colazione può essere consumata anche nel piccolo dehors.

12 cam ⊊ – †50/120 € ††90/160 €

Pianta: B2-m *– via Della Dogana 9 – ℰ 0583 469181 – www.albergosanmartino.it*

La Luna

TRADIZIONALE · CENTRALE A pochi passi dalla celebre piazza dell'Anfiteatro, dispone di ambienti accoglienti e ben tenuti, seppur non molto ampi, e camere funzionali. Nelle adiacenze, una dépendance.

29 cam ⊊ – †60/140 € ††75/250 € – 1 suite

Pianta: B1-a *– via Fillungo, corte Compagni 12 – ℰ 0583 493634*
– www.hotellaluna.it – Chiuso 8 gennaio-8 febbraio

Palazzo Tucci

DIMORA STORICA · PERSONALIZZATO Sono principesche le camere di questo palazzo nobiliare del '700 in pieno centro. Ma anche i saloni ricchi di fascino e storia, stucchi e affreschi, contribuiscono a rendere fiabesco il soggiorno.

6 cam ⊊ – †130/170 € ††150/190 €

Pianta: B1-z *– via Cesare Battisti 13 – ℰ 0583 464279 – www.palazzotucci.com*

Palazzo Rocchi

LOCANDA · PERSONALIZZATO Alle spalle della chiesa di San Michele, al terzo piano di un palazzo trecentesco con affreschi e arredi d'epoca, quattro camere si affacciano sull'omonima piazza. Per chi volesse regalarsi un sogno, suggeriamo la suite dell'ammiraglio.

5 cam ⊊ – †90/110 € ††125/140 €

Pianta: B2-r *– piazza San Michele 30 – ℰ 0583 467479 – www.palazzorocchi.it*

A Palazzo Busdraghi

DIMORA STORICA · PERSONALIZZATO Al primo piano dell'omonimo palazzo duecentesco affacciato sul corso principale, antiquariato e accessori d'avanguardia si fondono mirabilmente per offrire un piacevole soggiorno, "coccolati" dalla squisita ospitalità di tutto lo staff.

8 cam ⊊ – †75/180 € ††90/300 €

Pianta: B1-d *– via Fillungo 170 – ℰ 0583 950856 – www.apalazzobusdraghi.it*
– Chiuso 8-21 gennaio

🏠 Lucca in Azzurro   ⬦ AC P

LOCANDA · PERSONALIZZATO Grazioso villino liberty d'inizio Novecento, il centro dista meno di un chilometro: l'atmosfera è semplice, ma curata, con pavimenti originali al primo e al secondo piano. Vasca idromassaggio e noleggio biciclette.

9 cam ⌑ – †56/110 € ††82/250 €

viale Giacomo Puccini 450, per via Catalani - A2 – ℰ 0583 190 0329
– www.luccainazzurro.it – Chiuso 11 gennaio-11 marzo

🏠 Villa Romantica   ♿ 🏊 AC ⚘ P

LOCANDA · ACCOGLIENTE Se il nome è già un'eloquente presentazione, all'interno troverete colori ed un'attenta cura per i dettagli. Romanticamente nel sottotetto, un piccolo centro benessere con bagno turco.

6 cam ⌑ – †59/89 € ††79/129 €

via Inigo Campioni 19, per Pescia - C1 – ℰ 0583 496872 – www.villaromantica.it
– Chiuso 12-27 dicembre e 8 gennaio-10 febbraio

sulla strada statale 12 r   per viale Europa A2

🍴 La Cecca   🏠 ⬦ P

CUCINA TOSCANA · CASA DI CAMPAGNA Ⅹ Alle pendici della collina di Coselli, il locale ricorda nell'insegna il nome della fondatrice che negli anni '40 aprì qui un negozio di alimentari. A distanza di qualche generazione, la trattoria si infittisce ancora di buongustai alla ricerca di un ambiente accogliente e familiare, ma soprattutto dei piatti più famosi della regione.

Carta 28/50 €

località Coselli, Sud: 5 km ✉ 55060 Capannori – ℰ 0583 94284 – www.lacecca.it
– Chiuso 1º-10 gennaio, 1 settimana in agosto, mercoledì sera e lunedì

🏠 Villa Marta   ⚘ 🐾 ≼ ♿ 🏊 🚗 AC ⚘ P

LOCANDA · ACCOGLIENTE Magnolie, pini e camelie in un melting pot verdeggiante che abbraccia questa ottocentesca dimora di caccia, mutuante il proprio nome dall'ultima proprietaria che qui vi abitò: la signora Marta. Camere dal sapore antico, con pavimenti originali, alcune affrescate, per un soggiorno all'insegna del relax e del romanticismo.

17 cam ⌑ – †70/299 € ††90/299 €

via del Ponte Guasperini 873, località San Lorenzo a Vaccoli, Sud: 5,5 km ✉ 55100
– ℰ 0583 370101 – www.albergovillamarta.it – Chiuso gennaio-febbraio

🏠 Marta Guest House   🐾 ♿ P

LOCANDA · ACCOGLIENTE Tra Lucca e Pisa, la nostalgica bellezza di una villa in stile tardo Liberty con splendidi pavimenti, bei soffitti ed arredi d'epoca. Due camere con ampio terrazzo e, per tutti, generosa colazione sia dolce che salata.

6 cam ⌑ – †55/75 € ††80/110 €

via del Querceto 47, località Santa Maria del Giudice, Sud: 10 km ✉ 55100
– ℰ 320 636 4530 – www.martaguesthouse.it – Chiuso 10 gennaio-20 marzo

a Marlia Nord: 6 km per Camaiore B1 ✉ 55014

🐚 Butterfly (Fabrizio Girasoli)   ♿ 🏠 AC P

CUCINA MODERNA · CASA DI CAMPAGNA ⅩⅩⅩ Immerso in un curato giardino, ottocentesco casolare dove cotto e travi si uniscono ad un'elegante atmosfera. Gestione familiare, cucina elaborata dalle presentazioni ricercate.
→ Risotto alla mela verde con gamberi rossi crudi e whisky. Il piccione con foglie, tuberi e radici. "Il pozzo dei desideri".

Menu 50 € (pranzo)/100 € – Carta 62/96 €

strada statale 12 dell'Abetone – ℰ 0583 307573 (consigliata la prenotazione)
– www.ristorantebutterfly.it – solo a cena escluso i giorni festivi
– Chiuso 2 settimane in febbraio e mercoledì

a Capannori Est: 6 km per Pontedera C2 ⊠ 55012

⫶⃝ Forino   ⍟ 🕭 ⅙ 🎧 ⇄ **P**

PESCE E FRUTTI DI MARE · FAMILIARE ⅩⅩ Rinomato nella zona per la sua cucina di
mare sapientemente elaborata, realizzata con selezionate materie prime, Forino è ormai
giunto alla terza generazione con le due simpatiche e competenti figlie al timone. Per i
vegetariani, la casa mette a disposizione un menu a loro dedicato.

Menu 30/45 € – Carta 30/67 €

*via Carlo Piaggia 21 – ℰ 0583 935302 – www.ristoranteforino.it – Chiuso
26 dicembre-1° gennaio, 15 giorni in agosto, domenica sera e lunedì*

a Ponte a Moriano Nord: 9 km per Camaiore B1 ⊠ 55029

⊛ Antica Locanda di Sesto   🎧 **P**

CUCINA TOSCANA · LOCANDA ⅩⅩ Simpatica e calorosa gestione familiare per
questa storica locanda di origini medievali che ha saputo conservare autenticità
e genuinità, oggi riproposte in gustose ricette regionali. Un esempio? Pappa al
pomodoro - trippa in casseruola - frutta caramellata al forno.

Carta 27/62 €

*via Ludovica 1660, a Sesto di Moriano, Nord-Ovest: 2,5 km – ℰ 0583 578181
– www.anticalocandadisesto.it – Chiuso 24 dicembre-1° gennaio e sabato*

a Segromigno in Monte Nord : 10 km per Camaiore B1 ⊠ 55018

🏠 Fattoria Mansi Bernardini   ⛰ 🕭 ⇘ 🍸 ⅋ **P**

CASA DI CAMPAGNA · PERSONALIZZATO In un'affascinante cornice, tra colline
e vigneti, la grande azienda agricola produttrice di olio si compone di diversi
casolari e riserva agli ospiti arredi d'epoca e camere spaziose. L'atmosfera è piacevolmente retrò!

15 cam ⊇ – †100/110 € ††140/160 €

*via di Valgiano 34, Nord: 3 km – ℰ 0583 921721 – www.fattoriamansibernardini.it
– Aperto 1° aprile-29 novembre*

sulla strada statale 435 per Pescia C1

⊛ I Diavoletti   🕭 🎧 **P**

CUCINA TOSCANA · FAMILIARE Ⅹ In questa ex casa del popolo (dove si riunivano i "diavoletti" rossi), tre sorelle al lavoro in difesa dei prodotti della lucchesia:
in sale allegre e variopinte, qui sarete introdotti alle specialità del territorio.
Ottima la mousse di ricotta con frutti di bosco su cialda di fagioli rossi locali.

Carta 23/41 €

*via stradone di Camigliano 302, Est: 9 km ⊠ 55012 Capannori – ℰ 0583 920323
– www.ristorantepizzeriaidiavoletti.it – solo a cena escluso domenica – Chiuso
1°-7 settembre e mercoledì*

⫶⃝ Serendepico   🕭 🎧 ⅋ ⇄ **P**

FUSION · MINIMALISTA Ⅹ Lo chef giapponese si diverte a reinterpretare i sapori
dello Stivale, in maggior modo quelli delle regioni dove lui stesso si è fatto le
ossa (Marche, Piemonte, Toscana), ma lo fa con una delicatezza tutta nipponica,
in punta di piedi o meglio di forchetta! Cucina della tradizione, quindi, che porge
il destro ad abbinamenti insoliti ed intriganti.

Menu 35/80 € – Carta 35/54 €

*Hotel Relais del Lago, via della Chiesa di Gragnano 36, Est: 12 km
⊠ 55012 Capannori – ℰ 0583 975026 (consigliata la prenotazione)
– www.serendepico.com – Chiuso 3 gennaio-3 febbraio e martedì escluso agosto*

🏠 Relais del Lago   🕭 ⇘ 🍸 🎧 ⅋ **P**

CASA DI CAMPAGNA · PERSONALIZZATO Raffinata modernità all'interno di un
casolare seicentesco circondato da un curato giardino e isolato sulle colline della
lucchesia. Graziosissime le camere caratterizzate da qualche richiamo rustico.

7 cam ⊇ – †60/110 € ††80/170 € – 2 suites

*via della Chiesa di Gragnano 36, Est: 12 km ⊠ 55012 Capannori – ℰ 0583 975026
– www.relaisdellago.com – Chiuso 3 gennaio-3 febbraio*

⫶⃝ **Serendepico** – Vedere selezione ristoranti

a Cappella per Nord: 10 km per Camaiore B1 ⊠ 55100

🏠 Relais La Cappella ☆ ⌂ ≼ 🛋 ⌱ ⌘ 🅿

DIMORA STORICA · PERSONALIZZATO Si procede in salita per qualche chilometro, prima di arrivare alle porte di questo ex convento del '600 adagiato tra le colline: vista panoramica e mobili d'epoca nelle accoglienti camere. E per chi volesse fare acquisti, vendita di vini locali e di olio dell'azienda.

12 cam ⌂ – ♦115/125 € ♦♦125/145 €

via dei Tognetti 469, località Ceccuccio – ✆ 0583 394347
- www.relaislacappella.com – Aperto 1° marzo-6 novembre

sulla strada per Valgiano Nord-Est: 8 km direzione Abetone B1

🏠 Tenuta San Pietro ☆ ⌂ ≼ 🛋 ⌱ 🔲 🅰🅲 🅿

CASA DI CAMPAGNA · PERSONALIZZATO In posizione bucolica e panoramica - piccola nelle dimensione, ma non nel confort - la risorsa offre camere personalizzate e moderne che ben si armonizzano al contesto. Cucina del territorio reinterpretata con gusto contemporaneo.

8 cam – ♦130/210 € ♦♦130/260 € – 2 suites – ⌂ 15 €

via per San Pietro 22/26, località San Pietro a Marcigliano – ✆ 0583 926676
- www.tenuta-san-pietro.com – Aperto 1° aprile-5 novembre

LUCERA

Foggia – ⊠ 71036 – 33 724 ab. – Alt. 219 m – Carta regionale n° **15**-A2
Carta stradale Michelin 564-C28

🍽 Il Cortiletto 🏠 🅰🅲 ⌘

CUCINA REGIONALE · CONTESTO STORICO 🟔🟔 Il nome è mutuato dal patio di un palazzo nobiliare del XVII secolo, ambiente caldo e signorile dai soffitti a mattoni a vista e in menu il territorio con i suoi prodotti e piatti ricercati.

Carta 27/66 €

via De Nicastri 26, (adiacenze Museo Fiorelli) – ✆ 0881 542554 (prenotare)
- www.ristoranteilcortiletto.it – Chiuso domenica sera

LUCRINO Napoli → Vedere Pozzuoli

LUGANA Brescia → Vedere Sirmione

LUGHETTO Venezia → Vedere Campagna Lupia

LUINO

Varese – ⊠ 21016 – 14 786 ab. – Alt. 202 m – Carta regionale n° **9**-A2
Carta stradale Michelin 561-E8

a Colmegna Nord : 2,5 km ⊠ 21016 – Luino

🏠 Camin Hotel Colmegna ☆ ≼ 🛋 🕸 🖪 🛁 🅿

RESORT · BORDO LAGO Circondata da un ameno parco in riva al lago, in splendida posizione panoramica, questa villa d'epoca dispone di camere confortevoli per un soggiorno piacevole e rilassante: le nuove stanze mansardate offrono un respiro ampio e romantico.

31 cam ⌂ – ♦85/130 € ♦♦170/210 € – 5 suites

via Palazzi 1 – ✆ 0332 510855 – www.caminhotel.com
- Chiuso 18 dicembre-16 marzo

LUSIA

Rovigo – ⊠ 45020 – 3 533 ab. – Alt. 10 m – Carta regionale n° **23**-B3
Carta stradale Michelin 562-G16

in prossimità strada statale 499 Sud : 3 km

⑭ Trattoria al Ponte 🏠 🆔 ⅋ ⇔ 🅿

CUCINA REGIONALE · FAMILIARE ✗ Fragranze di terra e di fiume si intersecano ai sapori di una volta e alla fantasia dello chef per realizzare instancabili piatti della tradizione, come il mitico risotto (in base alla stagione!). Un'oasi nel verde, al limitare di un ponte, con laghetto illuminato.

👄 Menu 25 € (in settimana)/40 € – Carta 25/49 €

via Bertolda 27, località Bornio ⊠ 45020 – ☏ 0425 669890
– www.trattorialponte.it – Chiuso 1 settimana in agosto e lunedì

LUTAGO LUTTACH Bolzano → Vedere Valle Aurina

MACERATA

(MC) – ⊠ 62100 – 42 473 ab. – Alt. 315 m – Carta regionale n° **11**-C2
Carta stradale Michelin 563-M22

⑪〇 L'Enoteca 🏠 🆔 ⇔ 🅿

CUCINA CREATIVA · RUSTICO ✗✗ Ambiente rustico-elegante per piatti vegetariani o di pesce elaborati con molta fantasia. Per la scelta del vino non esitate a farvi consigliare: notevole è, infatti, la loro proposta enologica.

Carta 32/52 €

Hotel Le Case, contrada Mozzavinci 16/17, Nord-Ovest: 6 km – ☏ 0733 231897
– www.ristorantelecase.it – solo a cena – Chiuso 20 giorni in gennaio, 10 giorni in agosto, domenica, lunedì e martedì

🏠 Le Case 🔜 🐕 ← 🛌 🖼 🌐 🐟 🛴 ⊡ 🅱 🆔 🔱 🅿

CASA PADRONALE · TRADIZIONALE L'ombra dei cipressi conduce ad un complesso rurale del X secolo, che comprende anche un piccolo, ma ben strutturato, museo contadino. Eleganza e buon gusto fanno da cornice a soggiorni di classe, immersi nella pace della campagna. Oltre al ristorante L'enoteca vi è la trattoria con proposte di terra e pizze da farine selezionate.

19 cam ⊡ – †75/90 € ††100/120 € – 5 suites

contrada Mozzavinci 16/17, Nord-Ovest: 6 km – ☏ 0733 231897
– www.ristorantelecase.it – Chiuso 20 giorni in gennaio e 10 giorni in agosto

⑪〇 **L'Enoteca** – Vedere selezione ristoranti

MADDALENA (Arcipelago della) Sardegna

Olbia-Tempio – Carta regionale n° **16**-B1
Carta stradale Michelin 366-R36

La Maddalena – ⊠ 07024 – 11 332 ab. – Carta regionale n° **16**-B1

Carta stradale Michelin 366-R36

🏠 Ma&Ma 🔜 🐕 🛌 🍴 🖼 🌐 🐟 🛴 ⊡ 🆔 ⅋ 🔱 🅿

LUSSO · MODERNO A 300 metri dal mare, questa recente struttura vi accoglierà con moderne soluzioni ed un appeal accattivante. Le camere propongono stili diversi: a voi scegliere quello che più vi aggrada... compatibilmente con la disponibilità!

85 cam ⊡ – †179/369 € ††229/399 € – 7 suites

località Nido d'Aquila, Ovest: 3 km – ☏ 0789 722406
– www.grandhotelmaema.com – Aperto 21 aprile-21 ottobre

🏠 Excelsior ⊡ 🅱 🆔

FAMILIARE · MODERNO In centro e fronte porto, questa struttura piccola nelle dimensioni, ma non nel confort, si contraddistingue per la moderna eleganza e il design. Piacevole terrazza-solarium con vista mare ed ottime camere, ampie e funzionali.

27 cam ⊡ – †34/499 € ††39/499 € – 1 suite

via Amendola 7 – ☏ 0789 721047 – www.excelsiormaddalena.com – Aperto 1° marzo-31 ottobre

MADESIMO

Sondrio – ✉ 23024 – 587 ab. – Alt. 1 536 m – Carta regionale n° **9**-B1
Carta stradale Michelin 561-C10

ॐ **Il Cantinone e Sport Hotel Alpina** (Stefano Masanti)   ॐ ⇦ ☒
CUCINA MODERNA · RUSTICO ⅩⅩ Calda atmosfera nelle sale di ele-   ⅋ ⅋ ☐
gante stile montano, ambiance riproposta poi nelle accoglienti camere. Menu
degustazione gourmet solo su prenotazione; in alternativa la proposta bistrot è
più veloce e semplice.
→ Ravioli di gallina nel loro brodo. Lombo di capriolo con il suo ristretto al burro
d'alpeggio e nespole fermentate. Mousse di patate di montagna con sorbetto di
barbabietola, nocciole tostate e prezzemolo.
Menu 70/105 €
8 cam � – †130/220 € ††180/300 €
via A. De Giacomi 39 – ℰ 0343 56120 (prenotazione obbligatoria)
– www.ristorantecantinone.com – solo a cena – Aperto 1° dicembre-8 aprile;
chiuso martedì escluso vacanze di Natale

🏠 **Andossi** ⓝ   ☆ ☒ 🌐 ⌂ 🛴 ☒ ⅍ ☐
FAMILIARE · STILE MONTANO Hotel di tradizione non lontano dal centro e conduzione famigliare per un'ospitalità a tutto tondo: camere in stile montano e centro benessere per approfittare appieno del soggiorno.
40 cam ⊆ – †80/120 € ††120/180 €
via A. De Giacomi 37 – ℰ 0343 57000 – www.hotelandossi.com – Aperto
1° dicembre-30 aprile e 1° luglio-10 settembre

a Pianazzo Ovest : 2 km ✉ 23024

🍴 **Bel Sit**   ⇦ ☐
CUCINA REGIONALE · FAMILIARE Ⅹ Ristorante ubicato lungo una strada di passaggio, presenta ambienti di estrema semplicità. Noto in zona per la cucina tradizionale, con ampio utilizzo di selvaggina.
🍴 Menu 20 € – Carta 26/44 €
8 cam ⊆ – †40/60 € ††80/100 €
via Nazionale 19 – ℰ 0343 53365 – www.albergobelsit.com
– Chiuso 1°-10 settembre e giovedì

MADONNA DI CAMPIGLIO

(TN) – ✉ 38086 – 700 ab. – Alt. 1 522 m – Carta regionale n° **19**-B2
Carta stradale Michelin 562-D14

Ristoranti

❀ Il Gallo Cedrone

CUCINA CREATIVA · CHIC XxX Al Gallo Cedrone si è sempre celebrata la montagna, dalle cotture al fumo di fieno ai salumi e formaggi trentini. Il lago e i pesci d'acqua dolce non sono lontani, come la selvaggina. Ma ora un giovane e talentuoso nuovo chef apre la porta della cucina anche a prodotti esteri.
→ Spaghettoni di Gragnano tiepidi alla carbonara di mare e caviale italiano. Lombo di cervo con il suo filetto in tartare, salsa vaniglia, soffice di patate e pere. Crema soffiata al passion fruit, zuppa e sorbetto di mandarino.
Menu 65/110 € – Carta 63/117 €

Hotel Bertelli, via Cima Tosa 80 – ☎ 0465 441013 – www.ilgallocedrone.it – solo a cena – Aperto 1° dicembre-8 aprile e 29 giugno-9 settembre; chiuso lunedì

❀ Dolomieu

CUCINA MODERNA · STUBE XX Pochi tavoli d'alta cucina sulle vette di Madonna di Campiglio e dei piatti che vi faranno volare ancora più in alto! È al Dolomieu che troverete uno dei più giovani e migliori cuochi delle Dolomiti con proposte di sorprendente creatività e fantasia.
→ Raviolo d'anatra. Sella di capriolo. Tiramisù di mamma Franca.
Menu 90/130 € – Carta 76/172 €

Hotel DV Chalet, via Castelletto Inferiore 10 – ☎ 0465 443191 (prenotare) – www.dvchalet.it – solo a cena – Aperto 1° dicembre-3 aprile e 29 giugno-31 agosto

⅋○ Stube Hermitage

CUCINA CREATIVA · STUBE XX Il nome è eloquente: si cena all'interno di una romantica ed antica stube, un inno ai piaceri alpini, meta di chi vuole portare la montagna in tavola.
Carta 69/111 €

Bio-Hotel Hermitage, via Castelletto Inferiore 69, Sud: 1,5 km – ☎ 0465 441558 – www.stubehermitage.it – solo a cena – Aperto 3 dicembre-31 marzo e 10 luglio-4 settembre

🍴○ Osteria del Circo

CUCINA REGIONALE · COLORATO XX Tra colori ed oggetti dalla calda stravaganza, ecco a voi il nuovo angolo gourmet del bell'hotel Cristal Palace! Solida è la radice italiana dei piatti in carta, completati da soprese annunciate a voce, ma anche dalla possibilità di degustare taglieri con i migliori salumi nostrani e non solo.

Carta 40/75 €

Hotel Cristal Palace, via Cima Tosa 104/a – ℰ 0465 446020
– www.osteriadelcirco.it – solo a cena
– Aperto 4 dicembre-10 aprile e 24 giugno-16 settembre

🍴○ Da Alfiero

CUCINA REGIONALE · CONTESTO TRADIZIONALE XX Colori, decorazioni e travi a vista: Alfiero è un locale d'impostazione classica sia nel servizio sia nella cucina, che cita nel piatto tanto il territorio quanto i sapori d'Italia.

Menu 35/30 € – Carta 41/76 €

via Vallesinella 5 – ℰ 0465 440117 – www.hotellorenzetti.it – Aperto
1° dicembre-31 marzo e 1° luglio-31 agosto

🍴○ Il Convivio

CUCINA MODERNA · STUBE XX Calda atmosfera nella stube, dove la sera gustare piatti ricchi di originalità; a pranzo, invece, nel lounge, vi attende una cucina dalla matrice spiccatamente italiana.

Menu 60/95 € – Carta 38/88 €

Alpen Suite Hotel, viale Dolomiti di Brenta 84 – ℰ 0465 440100 (prenotare)
– www.alpensuitehotel.it – Aperto 1° dicembre-Pasqua e 25 giugno-15 settembre

🍴○ Due Pini

CUCINA REGIONALE · RUSTICO XX Cucina legata al territorio, ma allo tempo stesso reinterpretata in chiave estrosa e moderna, per questo ristorante forte della sua tipicità alpina, sebbene sia stato rinnovato in anni recenti.

Menu 65 € – Carta 42/78 €

Hotel Chalet del Sogno, via Spinale 37/bis – ℰ 0465 441033
– www.ristoranteduepini.com – solo a pranzo carta semplice da lunedì al sabato
da giugno a settembre – Aperto 25 novembre-15 aprile e 2 giugno-7 ottobre

Alberghi

🏨 Bio-Hotel Hermitage

LUSSO · BUCOLICO Immerso in un parco con le cime del Brenta come sfondo, la natura si trasferisce all'interno: costruito secondo i criteri della bioarchitettura, la tranquillità e l'eleganza sono di casa.

25 cam – solo ½ P 100/250 € – 5 suites

via Castelletto Inferiore 69 – ℰ 0465 441558 – www.biohotelhermitage.it – Aperto
4 dicembre-31 marzo e 1° luglio-14 settembre

🍴○ **Stube Hermitage** – Vedere selezione ristoranti

🏨 Cristal Palace

LUSSO · ELEGANTE Nella parte alta della località, l'alternanza di legno e marmo conferisce un côté modernamente raffinato a questo hotel di recente apertura, che dispone di camere molto confortevoli, nonché di un attrezzato centro benessere per momenti di piacevole relax.

61 cam ⌧ – ♦80/1300 € ♦♦80/1300 € – 2 suites

via Cima Tosa 104/a – ℰ 0465 446020 – www.cristalpalacecampiglio.it
– Aperto 4 dicembre-10 aprile e 24 giugno-16 settembre

🍴○ **Osteria del Circo** – Vedere selezione ristoranti

Alpen Suite Hotel

LUSSO · ELEGANTE Per chi ama gli spazi, una sobria essenzialità e qualche richiamo montano: le camere sono ampie con pochi, eleganti arredi. Per gli appassionati anche una cigar room. Charme e relax alpino al centro benessere.

28 suites ☐ – ♥♥199/679 €

viale Dolomiti di Brenta 84
– ☏ 0465 440100 – www.alpensuitehotel.it – Aperto 1° dicembre-Pasqua e
25 giugno-15 settembre
🍴 **Il Convivio** – Vedere selezione ristoranti

DV Chalet

LUSSO · DESIGN Affascinanti ambienti moderni, profili geometrici e colori sobri: se cercate raffinatezza e design sulle Alpi, DV Chalet - con sottotitolo "Boutique Hotel & Spa" - è sicuramente l'indirizzo che fa per voi!

20 cam ☐ – ♥70/600 € ♥♥140/600 €

via Castelletto Inferiore 10
– ☏ 0465 443191 – www.dvchalet.it – Aperto 1° dicembre-3 aprile e
29 giugno-31 agosto
🌸 **Dolomieu** – Vedere selezione ristoranti

Chalet Laura

LUSSO · DESIGN A due passi dalla piazza principale, un albergo che si ispira alla natura: l'unicità del luogo si riflette nell'esclusività e semplicità del progetto di design, caratterizzato da interni delicati, prestigiose suite ed una rilassante area wellness. E' come alloggiare in una casa privata di lusso.

20 cam ☐ – ♥100/250 € ♥♥180/380 € – 4 suites

via Pradalago 21 – ☏ 0465 441246 – www.chaletlaura.it – Aperto
1° dicembre-19 aprile e 16 giugno-14 settembre

Spinale

SPA E WELLNESS · ELEGANTE Praticamente attaccata all'omonimo impianto di risalita, gran bella casa dall'inconfondibile stile alpino che si fa decisamente signorile al suo interno. I servizi? Non c'è spazio per elencarli tutti! Meglio scoprirli di persona. Angolo per pizza gourmet al ristorante.

55 cam ☐ – ♥79/1300 € ♥♥79/1300 € – 6 suites

via Monte Spinale 39 – ☏ 0465 441116 – www.spinalehotelcampiglio.it – Aperto
inizio dicembre-aprile e 15 giugno-inizio settembre

Chalet del Sogno

LUSSO · ACCOGLIENTE Il sogno diventa realtà: a pochi passi dagli impianti di risalita, albergo in stile montano con ambienti signorili ed ampie camere. Al termine di una giornata attiva e dinamica, quanto di meglio che una sosta nel moderno ed attrezzato centro benessere?

12 suites ☐ – ♥♥180/950 € – 6 cam

via Spinale 37/bis – ☏ 0465 441033 – www.hotelchaletdelsogno.com
– Aperto 25 novembre-15 aprile e 2 giugno-7 ottobre
🍴 **Due Pini** – Vedere selezione ristoranti

Campiglio Bellavista

TRADIZIONALE · STILE MONTANO A ridosso della piste da sci, rimodernato secondo i più severi dettami di bioarchitettura, un hotel tutto in legno completo nella gamma dei servizi offerti ed aggiornato nei confort: compreso il buon ristorante che porta il nome dei titolari.

38 cam ☐ – ♥90/240 € ♥♥150/400 €

via Pradalago 38 – ☏ 0465 441034 – www.hotelcampigliobellavista.it – Aperto
1° dicembre-15 aprile e 1° luglio-15 settembre

Lorenzetti

TRADIZIONALE · CLASSICO Faro dell'ospitalità a Campiglio, il personale prevede e realizza ogni esigenza dei clienti. Relax sulla terrazza-solarium e dolci a volontà per i più golosi. Cucina ladina nell'elegante sala ristorante: i clienti privi di camera panoramica si rifaranno con le finestre sulle cime di Brenta.

48 cam ⌷ – †100/400 € ††180/440 € – 12 suites

viale Dolomiti di Brenta 119, Sud: 1,5 km
– 𝒞 0465 441404 – www.hotellorenzetti.com – Aperto 1° dicembre-10 aprile e
1° luglio-10 settembre

Gianna

TRADIZIONALE · ACCOGLIENTE In posizione tranquilla, ma non lontano dal centro, la tradizione trentina si sposa con il gusto moderno, grazie ad una gestione familiare che si adopera al continuo rinnovo. Appetitosa cucina regionale nelle due graziose sale ristorante e nella stube.

25 cam ⌷ – †75/300 € ††150/460 € – 3 suites

via Vallesinella 16
– 𝒞 0465 441106 – www.hotelgianna.it – Aperto 1° dicembre-15 aprile e
29 giugno- 23 settembre

Bertelli

TRADIZIONALE · STILE MONTANO Apprezzabile la serietà della gestione e l'ampiezza degli spazi (mansarde comprese), in questo edificio montano da diversi lustri nelle mani della stessa famiglia. All'interno: ambienti in stile, con qualche arredo anni '70.

49 cam ⌷ – †80/388 € ††80/388 € – 5 suites

via Cima Tosa 80 – 𝒞 0465 441013 – www.hotelbertelli.it
– Aperto 1° dicembre-8 aprile e 29 giugno-9 settembre
❀ **Il Gallo Cedrone** – Vedere selezione ristoranti

Majestic Mountain Charme

LUSSO · STILE MONTANO In pieno centro, a lato degli impianti di risalita, hotel elegante con lounge bar - fashion e ricercato - aperto agli esterni con menu light per il pranzo. In stile alpino con inserti moderni, le signorili camere si abbandoneranno con meno rimpianto se la destinazione è il grazioso centro benessere all'ultimo piano. Il ristorante serale Majestic Gourmet ha nel nome la propria vocazione.

39 cam ⌷ – †80/350 € ††140/540 € – 14 suites

piazza Righi 33 – 𝒞 0465 441080 – www.majesticmchotel.com – Aperto
5 dicembre-Pasqua e 1° luglio-15 settembre

Crozzon

TRADIZIONALE · CLASSICO Non lontano dal centro, Crozzon è un hotel a conduzione familiare che si è ampliato in anni recenti e che ora dispone di un moderno centro benessere e nuove camere, quelle che noi consigliamo! Presso il ristorante, cucina legata al territorio.

34 cam ⌷ – †59/149 € ††99/199 €

viale Dolomiti di Brenta 96 – 𝒞 0465 442222 – www.hotelcrozzon.com
– Aperto 1° dicembre-8 aprile e 24 giugno-9 settembre

Dello Sportivo

FAMILIARE · STILE MONTANO Ambiente simpatico in un hotel dal confort essenziale e gestito con passione. Ben posizionato tra impianti di risalita e centro, vi consentirà piacevoli soggiorni.

11 cam ⌷ – †50/125 € ††90/230 €

via Pradalago 29 – 𝒞 0465 441101 – www.dellosportivo.com
– Aperto 1° dicembre-15 aprile e 15 giugno-1° ottobre

MAGIONE

Perugia – ✉ 06063 – 14 865 ab. – Alt. 299 m – Carta regionale n° **20**-B2
Carta stradale Michelin 563-M18

ⅠⅠ○ L'Umbricello del Coccio   🍴 🏠 ₺ ♿

CUCINA UMBRA • CONTESTO TRADIZIONALE ⅹ Marco, lo chef-patron, meglio conosciuto come il "re degli umbricelli", si è trasferito in questa nuova sede: un piacevole rustico nei pressi del Santuario di Montemelini. Oltre alla tipico spaghettone, carni alla brace e specialità locali. In estate si può godere della bella terrazza panoramica.

🍽 Menu 25/50 € – Carta 20/52 €

via Dei Montemelini 22, Sud-Est: 8 km (Santuario Madonna di Lourdes) ✉ 06063
– ☎ 075 847 6534 – www.lumbricellodelcoccio.it – Chiuso 15 giorni in gennaio, lunedì e martedì

MAGLIANO ALFIERI

Cuneo – ✉ 12050 – 2 153 ab. – Alt. 328 m – Carta regionale n° **14**-C2
Carta stradale Michelin 561-H6

ⅠⅠ○ Stefano Paganini alla Corte degli Alfieri   🆎 ⇔

CUCINA MODERNA • CONTESTO STORICO ⅩⅩ All'interno di un sontuoso castello seicentesco, tra le due sale di servizio i più romantici sceglieranno quella delle rose con splendidi soffitti affrescati. Niente scelta alla carta, ma solo menu degustazione (dal quale - tuttavia - si possono "estrarre" a piacere dei piatti), di ottimo livello e con un eccellente rapporto qualità/prezzo.

Menu 30/50 € – Carta 39/71 €

via Alfieri 4 – ☎ 0173 66244 – www.stefanopaganini.it – Chiuso 10 giorni in gennaio, 10 giorni in agosto, mercoledì a mezzogiorno e martedì

MAGLIANO IN TOSCANA

Grosseto – ✉ 58051 – 3 619 ab. – Alt. 128 m – Carta regionale n° **18**-C3
Carta stradale Michelin 563-O15

ⅠⅠ○ Antica Trattoria Aurora   🍴 🏠 ⇔

CUCINA TOSCANA • ACCOGLIENTE ⅩⅩ All'ingresso del borgo antico cinto da mura, nelle sale il tono è piacevolmente rustico, incantevole (zanzare permettendo) il servizio all'aperto in giardino, ma su tutto s'impone la cucina, che elabora creativamente le risorse locali: un ottimo ristorante.

Carta 32/57 €

via Lavagnini 12/14 – ☎ 0564 592774 – Chiuso gennaio, febbraio e mercoledì

MAGLIANO SABINA

Rieti – ✉ 02046 – 3 774 ab. – Alt. 222 m – Carta regionale n° **7**-B1
Carta stradale Michelin 563-O19

ⅠⅠ○ Degli Angeli   🕸 ⇔ ← 🏠 ⅃ 🆎 ♿ 🅿

CUCINA REGIONALE • ELEGANTE ⅩⅩ Affacciata sulla valle del Tevere, cucina tipicamente locale in un locale dove ora trova posto anche una cantina che ospita oltre 400 etichette di vini, distillati e champagne. Ospitalità, discrezione e semplicità avvolgono l'hotel, in posizione ideale per un week-end lontano dai ritmi frenetici della città. E, per non farsi mancare nulla, gli ospiti possono acquistare prodotti di produzione propria nell'adiacente Bottega delle Delizie; fiore all'occhiello l'oleoteca con 80 produttori Italiani in lista.

Menu 40/80 € – Carta 34/73 €

8 cam ⌧ – †67/83 € ††83/100 €

località Madonna degli Angeli, Nord: 3 km – ☎ 0744 91377
– www.ristorantedegliangeli.it – Chiuso 2 settimane in agosto, domenica sera e lunedì

sulla strada statale 3 - via Flaminia Nord-Ovest : 3 km

🍽️ La Pergola   ⇦ 🛋 & 🅰🄲 🚗 🅿

CUCINA ROMANA · RUSTICO ✕✕ Cucina laziale nelle due sale ricavate in un'antica stazione di posta: una rustica, dove si trovano due griglie per la cottura delle carni, ed una elegante, illuminata da grandi vetrate.

🍴 Menu 25 € (in settimana)/70 € – Carta 30/63 €

23 cam ☲ – ♦45/60 € ♦♦65/95 €

via Flaminia km 63,900 ⌂ 02046 – ℰ 0744 919841 – www.lapergola.it

MAGLIE

Lecce (LE) – ⌂ 73024 – 14 418 ab. – Alt. 81 m – Carta regionale n° **15**-D3
Carta stradale Michelin 564-G36

🍽️ Bel Ami 🆕   ⇦ 🛋 & 🅰🄲

PESCE E FRUTTI DI MARE · CONTESTO STORICO ✕✕ Palazzo ottocentesco rinnovato con gusto moderno sia nel ristorante che nelle camere; la cucina predilige il mare, i crudi e gli champagne.

Carta 32/74 €

7 cam ☲ – ♦65/90 € ♦♦90/150 € – 1 suite

via Roma 86 – ℰ 0836 312930 – www.bel-ami.it

🏠 Corte dei Francesi   🅰🄲

STORICO · ELEGANTE All'interno di un museo d'arte conciaria (visibili ancora le vasche di lavorazione e molti attrezzi utilizzati all'epoca), la risorsa dispone di belle camere dai caratteristici muri in pietra, dove predomina il bianco e lo stile mediterraneo; ariosa corte e terrazza soleggiata per il relax degli ospiti.

10 cam ☲ – ♦60/125 € ♦♦80/180 € – 1 suite

via Roma 138 – ℰ 0836 424282 – www.cortedeifrancesi.it

MAIORI

Salerno – ⌂ 84010 – 5 573 ab. – Carta regionale n° **4**-B2
Carta stradale Michelin 564-E25

🍽️ Torre Normanna   ⇦ 🛋 🅰🄲 🅿

PESCE E FRUTTI DI MARE · CONTESTO STORICO ✕✕ Lungo questa costa che tutto il mondo ci invidia, specialità a base di pesce e vista "ravvicinata" sul mare, in un delizioso locale all'interno dell'antica torre. Per chi desidera piatti più semplici o pizza vi è l'alternativa sulle terrazze in basso alla costruzione.

Menu 65/85 € – Carta 48/101 €

*via Diego Taiani 4 – ℰ 089 877100 – www.ristorantetorrenormanna.it
– Chiuso 2 settimane in gennaio, 2 settimane in novembre e lunedì escluso maggio-ottobre*

🏠 Botanico San Lazzaro   🌴 🐕 ⇦ 🛋 🏊 🛗 ☐ 🅰🄲 🚐

LUSSO · PERSONALIZZATO Vi sembrerà di toccare il cielo con un dito, quando l'ascensore panoramico vi condurrà in questa romantica struttura; la vista si fa regina nelle camere di grande charme, in piscina e nei vari terrazzamenti dove poter godere della massima tranquillità. Una breve passeggiata nel giardino botanico donerà nuovo vigore al vostro spirito, ma risparmiate le energie se intendete raggiungere il centro a piedi...

14 cam ☲ – ♦200/1200 € ♦♦200/1500 € – 5 suites

*via Lazzaro 25 – ℰ 089 877750 – www.hbsl.com
– Aperto 1° aprile -31 ottobre*

sulla costiera amalfitana Sud-Est : 4,5 km

 Il Faro di Capo d'Orso (Pierfranco Ferrara)

CUCINA MODERNA · LUSSO XXX Arrampicato su un promontorio, la sala offre uno strepitoso panorama della costiera amalfitana. Lo stupore continua nel piatto con una cucina mediterranea e dai sapori campani, non priva di fantasia.

→ Risotto mantecato con burrata, colatura di alici, asparagi e sashimi di gamberi rossi. Cernia confit in olio d'oliva e finocchietto selvatico fresco con salsa di capperi. Il limone sfusato amalfitano in diverse consistenze.

Carta 66/100 €

Hotel Relais Tenuta Solomita, via Diego Taiani 48 – ℰ 089 877022
– www.ilfarodicapodorso.it – Chiuso novembre, martedì e anche mercoledì in marzo

 Badia Santa Maria De Olearia

DIMORA STORICA · INSOLITO Bella, recente ristrutturazione di un ex convento adiacente all'omonima badia e le cui celle monastiche - ora - sono state trasformate in comode camere di design, tutte con vista: quest'ultima diventa spettacolare nella "grotta", che ospita la sala colazioni all'aperto.

8 cam ☑ – †180/250 € ††200/300 €

via Diego Taiani 45 – ℰ 089 854060 – wwww.santamariadeolearia.com
– Aperto 1° maggio-30 ottobre

 Relais Tenuta Solomita

LOCANDA · BUCOLICO I sensi vi saranno grati: soprattutto la vista che si beerà degli splendidi scorci sul golfo dalle terrazze con piscine e dai vari angoli relax che questo raffinato relais propone. Una dimensione paradisiaca avvolta dal profumo di erbe officinali.

6 cam ☑ – †100/200 € ††100/200 €

via Diego Taiani 51 – ℰ 089 877022 – www.ilfarodicapodorso.it

 Il Faro di Capo d'Orso – Vedere selezione ristoranti

MALALBERGO

Bologna – ✉ 40051 – 8 943 ab. – Alt. 12 m – Carta regionale n° **5**-C2
Carta stradale Michelin 562-I16

║○ **Rimondi**

PESCE E FRUTTI DI MARE · AMBIENTE CLASSICO XX In centro paese, si entra in quella che pare una casa privata, per arredi e atmosfera, con due sale riscaldate da altrettanti camini. Il ristorante si è fatto un nome per la cucina di pesce che, nei classici piatti nazionali, esaurisce il menu, ma lo chef-cacciatore prepara anche selvaggina di valle (su prenotazione).

Carta 36/66 €

via Nazionale 376 – ℰ 051 872012 – solo a cena – Chiuso 15-30 giugno, domenica sera, lunedì e martedì

ad Altedo Sud : 5 km✉ 40051

 Agriturismo Il Cucco

CASA DI CAMPAGNA · TRADIZIONALE Un centinaio di metri di strada sterrata e giungerete in un casolare, con orto e pollame, le cui stanze sono abbellite da mobili in arte povera e antiquariato, ma non prive di tecnologie moderne. Della cucina si occupa direttamente la titolare a garanzia di cura ed attenzione.

11 cam ☑ – †60/120 € ††80/140 €

via Nazionale 83, al km 115,600 – ℰ 051 660 1124 – www.ilcucco.it – Chiuso 27 dicembre-5 gennaio e agosto

MALCESINE

Verona – ✉ 37018 – 3 736 ab. – Alt. 89 m – Carta regionale n° **23**-A2
Carta stradale Michelin 562-E14

✿ **Vecchia Malcesine** (Leandro Luppi)   ≼ 🛬 🛖 ⇔

CUCINA MODERNA · DESIGN XX Due passi a piedi, poi, superato il giardino, si entra nel locale colorato e panoramico, dove lo chef-patron reinterpreta con fantasiosa leggerezza le tradizioni del territorio proponendo sia carne sia pesce con predilezione per quello di lago.
→ Spaghetti, gin tonic e gambero rosso. Salmerino, hummus, animelle. Rape rosse, yogurt, papavero.
Menu 75 € (in settimana)/110 € – Carta 90/160 €

via Pisort 6 – ☏ 045 740 0469 – www.vecchiamalcesine.com – Aperto 15 marzo-inizio novembre; chiuso mercoledì

ⅰ○ **Re Lear**   🛖 🅰🅲 🏖

CUCINA MODERNA · RUSTICO X Nel centro storico, locale dai toni rustici, ma dal trend giovanile, i cui piatti creativi riescono a coniugare tradizione ed innovazione.
Menu 55 € – Carta 43/85 €

piazza Cavour 23 – ☏ 045 740 0616 – Aperto 1° marzo-30 novembre; chiuso martedì

🏨 **Bellevue San Lorenzo**   ✿ 🐾 ≼ 🛬 ⚒ 🏯 ⊡ 🅰🅲 🏖 🚗

STORICO · CONTEMPORANEO E' il giardino la punta di diamante di questa villa d'epoca: dotato di piscina e con un'incantevole vista panoramica del lago, congiunge i diversi edifici della struttura. Tutte le camere sono confortevoli, alcune più classiche, altre più moderne, da molte si scorge il Garda.
51 cam 🛏 – ♦150/200 € ♦♦200/270 € – 2 suites

via Gardesana 164, Sud: 1,5 km – ☏ 045 740 1598 – www.bellevue-sanlorenzo.it – Aperto 10 aprile-20 ottobre

🏨 **Maximilian**   ✿ 🐾 ≼ 🛬 ⚒ 🗋 🌐 🏯 🛁 🏖 ⊡ ⅙ 🅰🅲 🚗

SPA E WELLNESS · CLASSICO Un giardino-uliveto in riva al lago ed un piccolo centro benessere con vista panoramica caratterizzano questo hotel dalla dinamica gestione diretta, sempre attenta alla cura dei servizi.
36 cam 🛏 – ♦100/170 € ♦♦160/300 € – 14 suites

località Val di Sogno 8, Sud: 2 km – ☏ 045 740 0317 – www.hotelmaximilian.com – Aperto Pasqua-7 ottobre

🏨 **Val di Sogno**   ✿ 🐾 ≼ 🛬 ⚒ 🏯 🛁 ⊡ ⅙ 🅰🅲 🏖 🚗

TRADIZIONALE · MODERNO Sogno o son desto? E' la domanda che ci si potrebbe porre svegliandosi la mattina in una delle sue belle camere realizzate usando materiali legati all'ambiente esterno - legno, sasso, marmo - e con un'attenzione encomiabile all'eco-sostenibilità. Anche gli spazi esterni brillano per piacevolezza: dal giardino con piscina riscaldata, la vista che vi si offre è quella di una delle più suggestive insenature del lago di Garda.
35 cam 🛏 – ♦55/300 € ♦♦74/450 € – 1 suite

via Val di Sogno 16, Sud: 2 km – ☏ 045 740 0108 – www.hotelvaldisogno.com – Aperto 1° maggio-14 ottobre

🏨 **Baia Verde**   ✿ ≼ 🛬 ⚒ 🗋 🌐 🏯 🛁 ⊡ ⅙ 🅰🅲 🏌 🚗

TRADIZIONALE · CLASSICO Struttura moderna, ma arredata senza eccessi, badando più alla funzionalità e confort degli ospiti, che possono godere di svariati servizi tra cui la buona cucina del ristorante.
40 cam 🛏 – ♦100/180 € ♦♦120/260 € – 3 suites

via Gardesana 142, località Val di Sogno – ☏ 045 740 0396 – www.hotelbaiaverde-malcesine.it – Aperto 1° marzo-30 ottobre

🏠 Park Hotel Querceto 🍴 🐕 ⊲ 🛏 ⌇ 🛋 📶 🅰🅲 🦶 🅿

TRADIZIONALE · STILE MONTANO In posizione elevata, assai fuori dal paese e quindi tranquillissimo, l'albergo si contraddistingue per i suoi originali interni in pietra e legno, nonché per lo splendido giardino naturale con piscina incastonata nel verde. I sapori della tradizione altoatesina avvolti dal calore di una romantica stube.

22 cam ⌇ – 🛏110/140 € 🛏🛏160/240 €

via Panoramica 113, Est: 5 km, alt. 378 – 🕿 045 740 0344
– www.parkhotelquerceto.com – Aperto 1° maggio-1° ottobre

🏠 Primaluna 🍴 ⊲ 🛏 ⌇ 🛋 🛗 🅰🅲 🦶 🅿

FAMILIARE · PERSONALIZZATO Gestito da una giovane coppia, l'albergo offre ai suoi ospiti accattivanti interni dal design modaiolo ed il calore di chi da sempre lavora nel settore. Durante la bella stagione, il beach bar BB diventa uno dei locali più gettonati dalla movida locale.

36 cam ⌇ – 🛏50/100 € 🛏🛏110/280 €

via Gardesana 165 – 🕿 045 740 0301 – www.ambienthotel.it – Aperto 25 marzo-30 ottobre

🏠 Casa Barca ⊲ 🛏 ⌇ 📶 🛋 🛗 🅰🅲 🦶 🅿

TRADIZIONALE · MODERNO In "seconda linea" rispetto al lago, ma circondata dal verde del proprio giardino con uliveto e piscine, una risorsa a conduzione familiare dotata di camere dal design moderno, piccola zona benessere e solarium panoramico all'ultimo piano.

29 cam ⌇ – 🛏102/195 € 🛏🛏200/230 € – 2 suites

via Panoramica 15 – 🕿 045 740 0842 – www.casabarca.com
– Aperto 29 marzo-29 ottobre

🏠 Meridiana 🛏 📶 🛋 🛗 🦶 🅰🅲 🦶 🅿

TRADIZIONALE · PERSONALIZZATO Vicino alla funivia del monte Baldo, struttura dalla squisita gestione femminile con interni moderni dal design personalizzato e buon confort. Gradito bonus: la saletta relax con sauna e la grande vasca idromassaggio in giardino.

23 cam ⌇ – 🛏125/135 € 🛏🛏180/210 €

via Navene Vecchia 39 – 🕿 045 740 0342 – www.hotelmeridiana.it – Aperto 1° aprile-31 ottobre

MALÉ

Trento – ✉ 38027 – 2 179 ab. – Alt. 738 m – Carta regionale n° **19G**-B2
Carta stradale Michelin 562-C14

🍴○ Vecchia Canonica 🛖

CUCINA MODERNA · MINIMALISTA 🗶 Nel centro di Malè, ristorante-pizzeria rinnovatosi con un taglio più moderno ed una linea di ristorazione che rispolvera la tradizione in chiave decisamente contemporanea; bello anche il dehors.

🍽 Menu 14 € (pranzo in settimana)/40 € – Carta 24/63 €

Via Bresadola 14 – 🕿 0463 902064 – www.allavecchiacanonica.it – Chiuso 20 giorni in novembre , 20 giorni in maggio-giugno, e lunedì escluso luglio-agosto

MALEO

Lodi – ✉ 26847 – 3 155 ab. – Alt. 58 m – Carta regionale n° **9**-B3
Carta stradale Michelin 561-G11

🍴○ Albergo Del Sole ⊲ 🛏 🛖 🏃 🅿

CUCINA REGIONALE · ROMANTICO 🗶🗶 Cucina tradizionale nell'osteria di posta dalle antiche origini: scegliete la rusticità della calda sala con camino o, nella bella stagione, il pittoresco giardino.

Menu 30 € (in settimana)/70 € – Carta 35/64 €

3 cam ⌇ – 🛏70 € 🛏🛏120 €

via Monsignor Trabattoni 22 – 🕿 0377 58142 – www.ilsoledimaleo.com – Chiuso gennaio, agosto, domenica sera e lunedì

🍴 **Leon d'Oro**   �ᴬᶜ ♿

CUCINA CLASSICA · FAMILIARE XX Prodotti scelti con cura garantiscono una cucina del territorio interpretata con abilità dallo chef; un piccolo ingresso immette in tre salette eleganti in un piacevole stile rustico.

Carta 39/75 €

via Dante 69 – 𝒞 0377 58149 – www.leondoromaleo.com
– Chiuso 1°-5 gennaio, 10-24 agosto, sabato a mezzogiorno e mercoledì

MALGRATE

Lecco (LC) – ✉ 23864 – 4 228 ab. – Alt. 231 m – Carta regionale n° **10**-B1
Carta stradale Michelin 561-E10

🍴 **L'Altro Griso** ⓝ   ⇐ 🚧 ᴬᶜ ᴾ

CUCINA MODERNA · ELEGANTE XXX Un splendido panorama sul lago - grazie alle ampie vetrate - vi accompagnerà verso un viaggio tra innovazione e specialità nazionali, sapori inediti e gioco dei contrasti. Un indiscusso riferimento gastronomico in zona!

Menu 35/100 € – Carta 56/94 €

Hotel Il Griso, via Provinciale 51 – 𝒞 0341 239 8721 – www.griso.info – solo a cena in agosto

🏨 **Il Griso**   ⇐ 🔲 🚧 ᴬᶜ 🔱 ᴾ

TRADIZIONALE · BORDO LAGO Affacciata sul celebre lago quest'affascinante architettura segue il profilo della costa: le camere di conseguenza beneficiano tutte di un'impareggiabile vista sulla natura circostante, oltre ad essere ampie ed accoglienti.

55 cam ⌿ – ♦90/130 € ♦♦110/170 €

via Provinciale 51 – 𝒞 0341 239 8721 – www.griso.info

🍴 **L'Altro Griso** – Vedere selezione ristoranti

MALLES VENOSTA MALS

Bolzano – ✉ 39024 – 5 162 ab. – Alt. 1 051 m – Carta regionale n° **19**-A2
Carta stradale Michelin 562-B13

a Burgusio Nord : 3 km ✉ 39024 – Malles Venosta – Alt. 1 215 m

🏨 **Das Gerstl** ⓝ   🏠 🛁 ⇐ 🛗 🔲 🌐 🏔 🛋 🔲 🚗

FAMILIARE · MODERNO Squisita gestione famigliare in un hotel che - come quasi tutti le strutture altoatesine - non lesina su costanti lavori di ammodernamento. Completo nella gamma dei servizi offerti, una bella spa ed un giardino con laghetto balneabile rendono il soggiorno una splendida esperienza.

28 cam ⌿ – ♦133/166 € ♦♦216/306 € – 20 suites

Schlinig 4, Est : 4 Km – 𝒞 0473 831416 – www.dasgerstl.com – Chiuso
18 novembre-21 dicembre e 9-27 aprile

🏨 **Weisses Kreuz**   🏠 🛁 ⇐ 🛁 🔲 🏔 🔲 🚗

FAMILIARE · STILE MONTANO Totale ristrutturazione per questo hotel, il più signorile e completo in termini di servizi della località: camere molto confortevoli, un'ampia zona relax ed, ultimo ma non ultimo, una bella terrazza baciata dal sole.

28 cam ⌿ – ♦97/135 € ♦♦174/276 € – 17 suites

Burgusio 82 – 𝒞 0473 831307 – www.weisseskreuz.it – Chiuso
4 novembre-21 dicembre e 8-29 aprile

🏨 **Zum Mohren & Plavina**   🏠 🛁 ⇐ 🛗 🔲 🌐 🏔 🛋 🔲 ᴾ

TRADIZIONALE · CLASSICO Ideale punto di appoggio per chi ama le montagne, l'hotel dispone di ampie camere in stile altoatesino e una zona benessere con saune ed idromassaggio. Per i pasti, è possibile rivolgersi al vicino ristorante Al Moro.

49 cam ⌿ – ♦70/130 € ♦♦140/280 €

piazza Centrale 81 – 𝒞 0473 831223 – www.mohren-plavina.com
– Chiuso 5 novembre-25 dicembre

MALNATE

Varese – ✉ 21046 – 16 847 ab. – Alt. 355 m – Carta regionale n° **10**-A1
Carta stradale Michelin 561-E8

Crotto Valtellina

CUCINA REGIONALE • RUSTICO XX All'ingresso la zona bar-cantina, a seguire la sala rustica ed elegante nel contempo. Cucina di rigida osservanza valtellinese e servizio estivo a ridosso della roccia.

Menu 46 € – Carta 38/72 €

via Fiume 11, località Valle – ☎ 0332 427258 – www.crottovaltellina.it – solo a cena escluso sabato e domenica – Chiuso martedì

MALO

Vicenza – ✉ 36034 – 14 951 ab. – Alt. 116 m – Carta regionale n° **22**-A1
Carta stradale Michelin 562-F16

La Favellina

CUCINA MODERNA • ELEGANTE XXX La signora Gianello, innamoratasi di questo delizioso borgo di fine '800, acquistò un locale e lo ristrutturò con gusto femminile e raffinato. Ora, un figlio ai fornelli e l'altro ad occuparsi della sala, La Favellina ha saputo crearsi una propria fama in zona, grazie alla sua cucina di stampo moderno e all'accurata selezione di materie prime.

Carta 46/115 €

via Cosari 4/6, località San Tomio, Sud: 2,5 km – ☎ 0445 605151 – www.lafavellina.it – solo a cena escluso domenica – Chiuso 1°-15 gennaio, 1°-15 novembre, lunedì e martedì

MALOSCO

Trento – ✉ 38013 – 464 ab. – Alt. 1 041 m – Carta regionale n° **19**-B2
Carta stradale Michelin 562-C15

Bel Soggiorno

TRADIZIONALE • STILE MONTANO In posizione rilassante, circondato da un giardino soleggiato, l'albergo offre camere in stile rustico, sale da lettura e una piccola area benessere. Al ristorante, la classica cucina trentina.

38 cam ☕ – 🚹53/70 € 🚹🚹61/75 €

via Miravalle 7 – ☎ 0463 831205 – www.h-belsoggiorno.com – Chiuso febbraio-marzo e novembre

MALPENSA (Aeroporto di) → Vedere Gallarate

MALS MALLES VENOSTA

MANAROLA

La Spezia – ✉ 19017 – Carta regionale n° **8**-D2
Carta stradale Michelin 561-J11

Marina Piccola

PESCE E FRUTTI DI MARE • STILE MEDITERRANEO X Se non volete perdervi nulla dello spirito delle Cinque Terre, concedetevi una sosta a base di prodotti ittici in questo ristorante con gradevole servizio all'aperto.

Carta 30/61 €

via lo Scalo 16 – ☎ 0187 920923 – www.ristorantemarinapiccola.it – Chiuso dicembre-gennaio e lunedì

Ca' d'Andrean

FAMILIARE • ACCOGLIENTE Nel centro pedonale del grazioso borgo, alberghetto a gestione familiare dotato anche di un piccolo giardino, dove nella bella stagione viene servita la prima colazione. Risorsa semplice, ma assolutamente valida.

10 cam – 🚹70/105 € 🚹🚹80/165 € – ☕ 7 €

via Discovolo 101 – ☎ 0187 920040 – www.cadandrean.com – Aperto 1° marzo-30 novembre

🏠 Marina Piccola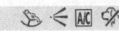

TRADIZIONALE · ACCOGLIENTE Nella parte bassa della località, non lontano dagli scogli, le camere sorprendono per qualità e qualche originalità negli arredi. Sette con vista mare, da segnalare per chi non ama le scale che sono distribuite su quattro piani senza ascensore.

12 cam ⬚ – †110/130 € ††130/150 €

via Birolli 120 – ℰ 0187 920770 – www.hotelmarinapiccola.com
– Chiuso 8 gennaio-9 febbraio

🏠 La Torretta

TRADIZIONALE · ELEGANTE Nella parte più alta della località - l'ingresso è sulla piazzetta della chiesa - la Torretta si distingue per la ricercatezza degli arredi e delle decorazioni delle camere, nonché per l'incantevole vista sul mare e sui i tetti del paese. Una serie di servizi coccolano gli ospiti, dalla navetta con trasporto bagagli per la stazione al riordino pomeridiano delle stanze.

13 cam ⬚ – †100/400 € ††200/400 €

piazza della Chiesa (vico Volto 20) – ℰ 0187 920327 – www.torrettas.com
– Aperto 1° aprile-1° dicembre

MANCIANO

Grosseto – ✉ 58014 – 7 354 ab. – Alt. 444 m – Carta regionale n° **18**-C3
Carta stradale Michelin 563-O16

🍴 La Filanda

CUCINA TOSCANA · ALLA MODA ✕✕ Nel centro storico, il ristorante realizza un elegante mix di modernità - in una sala che pare sospesa al secondo piano - e il contesto d'epoca. E' anche l'anima della cucina, tradizionale, ma rivisitata.

Carta 39/71 €

via Marsala 8 – ℰ 0564 625156 (consigliata la prenotazione) – www.lafilanda.biz
– solo a cena escluso venerdì, sabato e domenica – Chiuso 1 settimana in gennaio,
1 settimana in novembre e martedì

🏠 Agriturismo Quercia Rossa

LOCANDA · PERSONALIZZATO In posizione tranquilla e panoramica, ampi spazi esterni, accoglienza signorile e nelle camere un raffinato mix di antico e moderno, nonché produzione propria di miele, marmellate ed olio: insomma, un angolo di paradiso nel verde delle colline maremmane!

6 cam ⬚ – †60/100 € ††80/120 €

strada statale 74 km 23,800, Ovest: 13 Km – ℰ 0564 629529
– www.querciarossa.net – Aperto 15 marzo-15 novembre

MANDURIA

Taranto (TA) – ✉ 74024 – 31 420 ab. – Alt. 79 m – Carta regionale n° **15**-C2
Carta stradale Michelin 564-F34

🏠 Corte Borromeo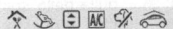

DIMORA STORICA · ELEGANTE Celebre per il vino, Manduria vanta anche un grazioso centro storico, di cui questo palazzo del 1572 costituisce un'eclatante testimonianza. All'interno, un elegante mix di tufo e arredi contemporanei e una bella terrazza sui tetti della città.

5 cam ⬚ – †79/129 € ††89/169 € – 2 suites

vico I Marco Gatti 11 – ℰ 099 974 2511 – www.corteborromeohotel.it

MANERBA DEL GARDA

Brescia – ✉ 25080 – 3 378 ab. – Alt. 132 m – Carta regionale n° **9**-D1
Carta stradale Michelin 561-F13

⛺ Capriccio (Giuliana Germiniasi)

CUCINA MODERNA · ELEGANTE XxX Una ventata di freschezza ha ringiovanito l'elegante locale con uno stile più contemporaneo ed ammiccante. La cucina - sempre di grande appeal - gli fa eco con piatti moderni; nella bella stagione la terrazza con vista è un'imprescindibile.

→ Spaghetti lavanda e rosmarino, gamberi rossi e burrata di bufala. Bianco di cernia, crema di ceci, mitili e lingotto di zafferano. Semifreddo di banane caramellate, ganache al cioccolato e granita di albicocca e curry.

Menu 55/70 € – Carta 53/132 €

piazza San Bernardo 6, località Montinelle

– ☎ 0365 551124 – www.ristorantecapriccio.it – Chiuso gennaio, i mezzogiorno di lunedì e martedì in luglio-agosto, martedì negli altri mesi; in febbraio aperto solo nel week-end

❒ La Corte Antica 🈺 🅿

CUCINA MEDITERRANEA · ACCOGLIENTE XX In pieno centro a Manerba del Garda, all'interno di una bella corte del 1600, è uno chef siculo il principe dei fornelli; viste quindi le sue origini la cucina non poteva che essere mediterranea, "sbilanciata" su proposte ittiche in chiave moderna.

Menu 45 € – Carta 36/65 €

via Marchesini 18 F

– ☎ 0365 552996 – www.lacorteantica.com – solo a cena escluso sabato e i giorni festivi – Chiuso 15 novembre-10 dicembre e mercoledì

MANFREDONIA

Foggia – ✉ 71043 – 57 279 ab. – Carta regionale n° **15**-B1
Carta stradale Michelin 564-C29

❒ Coppola Rossa 🈺 ᴴ 🅰🅲

PESCE E FRUTTI DI MARE · FAMILIARE XX Nel centro storico e non lontano dal mare, che ritorna nei piatti in un caratteristico ristorante a conduzione familiare. Buffet di antipasti e tanto pesce, c'è anche una griglia a vista di utilizzo invernale per qualche proposta di carne.

🍴 Menu 25 € (in settimana)/45 € – Carta 23/71 €

via Maddalena 28

– ☎ 0884 582522 – www.coppolarossa.com – Chiuso domenica sera e lunedì escluso in luglio-agosto

❒ Osteria Boccolicchio 🅰🅲 ᴴ

CUCINA PUGLIESE · FAMILIARE XX Dopo essersi "fatto le ossa" in diversi ristoranti del vecchio Continente, Tespi torna a casa ed apre in pieno centro storico, a due passi dal mare, questo delizioso locale piccolo nelle dimensioni, ma grande in termini di passione per i prodotti ittici, protagonisti indiscussi di ricette regionali. Ottima la selezione enologica che comprende anche una buona scelta di bollicine.

Carta 28/56 €

via Arco Boccolicchio 15

– ☎ 0884 090317 – Chiuso 10 giorni in gennaio, 10 giorni in novembre e mercoledì da ottobre a maggio, i mezzogiorno di lunedì ,martedì e mercoledì in giugno-settembre

🏨 Regio Hotel Manfredi

BUSINESS · MODERNO Poco lontano dal centro, ma già immersa tra grandi spazi verdi, struttura di taglio decisamente moderno dotata di un centro congressuale attrezzato e di uno spazio benessere.

100 cam 🖙 – †49/189 € ††49/189 €

strada statale per San Giovanni Rotondo al km 12, Ovest: 2 km – ☎ 0884 530122 – www.regiohotcl.it

MANGO

Cuneo – ✉ 12056 – 1 308 ab. – Alt. 521 m – Carta regionale n° **14**-C2
Carta stradale Michelin 561-H6

🏨 Villa Althea   ⊰ ⇔ 🖼 🕅 ⅃ 🖻 ⇥

CASA PADRONALE · PERSONALIZZATO Atmosfera allo stesso tempo familiare e
raffinata, in una graziosa struttura riscaldata da sorprendenti accostamenti di
colore, nonchè arredi in vari stili, tutti però rigorosamente autentici! Per i vostri
momenti ludici: una sala biliardo e un'enorme scacchiera all'aperto, avvolta dalla
tranquillità delle colline.

6 cam 🖙 – ♦95/120 € ♦♦95/120 € – 1 suite

*località Luigi 18, Nord-Ovest: 1 km – 𝒞 335 529 5508 – www.villaalthea.it – Chiuso
1° gennaio-15 marzo*

MANIAGO

Pordenone – ✉ 33085 – 11 698 ab. – Alt. 283 m – Carta regionale n° **6**-A2
Carta stradale Michelin 562-D20

🍴 Parco Vittoria   ⇔ 🏠 🅰🅒 🚗

PESCE E FRUTTI DI MARE · ACCOGLIENTE ❌❌ Eleganza e soluzioni moderne nel-
l'ampia sala con piacevole vista sul parco: nella bella stagione, il servizio si sposta
anche all'esterno. In cucina protagonista è il pesce, in preparazioni classiche che
puntano sulla qualità del pescato.

Menu 28 € (in settimana) – Carta 32/63 €

*Eurohotel Palace Maniago, viale della Vittoria 3 – 𝒞 0427 71432
– www.eurohotelfriuli.it – Chiuso 10-20 agosto, domenica sera e i mezzogiorno di
lunedì e sabato*

🏨 Eurohotel Palace Maniago   ⇔ 🖃 ♿ 🅰🅒 🖻 🚗

BUSINESS · CLASSICO Con un parco secolare alle spalle, hotel dagli spaziosi e
confortevoli ambienti, arredati in elegante stile minimalista.

37 cam 🖙 – ♦68/85 € ♦♦102/137 € – 1 suite

*viale della Vittoria 3 – 𝒞 0427 71432 – www.eurohotelfriuli.it
– Chiuso 10-20 agosto*

🍴 **Parco Vittoria** – Vedere selezione ristoranti

MANOPPELLO

Pescara (PE) – ✉ 65024 – 6 996 ab. – Alt. 257 m – Carta regionale n° **1**-B2
Carta stradale Michelin 563-P24

a Manoppello Scalo Nord : 8 km

🍴 Trita Pepe   ♿ 🅰🅒 🅿

CUCINA REGIONALE · CONTESTO CONTEMPORANEO ❌ In un ambiente di stile
contemporaneo, la cucina è schietta e genuinamente locale con qualche espressione di modernità. Si propone anche un menu degustazione (pecora o baccala
su prenotazione), ma anche scegliendo à la carte i prezzi rimangono contenuti.
Specialità: tagliata di pecora - carpaccio di ananas profumato alla cannella con
gelato.

🍽 Menu 18 € – Carta 21/41 €

*via Gabriele D'Annunzio 4 – 𝒞 085 856 1510 (consigliata la prenotazione)
– www.trattoriatritapepe.it – Chiuso 1°-7 gennaio e mercoledì sera*

MANTELLO

Sondrio (SO) – ✉ 23016 – 756 ab. – Alt. 211 m – Carta regionale n° **9**-B1
Carta stradale Michelin 353-R7

✿ **La Préséf**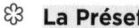

CUCINA CREATIVA · RUSTICO ✗✗ La Preséf è una romantica ed intima "stüa" valtellinese in legno di pino cembro, dal profumo arboreo, che si affaccia sul giardino interno. I piatti creativi del cuoco rendono l'atmosfera ancor più magica: gli ingredienti a chilometro zero e la sperimentazione visivo-sensoriale sono i tratti distintivi della sua carta.

→ Un sogno, un'emozione: uovo rubato nel pollaio, le patate, fonduta al bitto e tartufo. Gnocco di patate di montagna con cuore di bitto, misultin del Lario. Capriolo, polenta, mela della Valtellina e barbabietola rossa.

Carta 75/100 €

Agriturismo La Fiorida, via Lungo Adda 12 – 𝒞 0342 680846 – www.lapresef.it – Chiuso domenica e lunedì

🏠 **La Fiorida**

SPA E WELLNESS · AGRESTE Camere in larice e pietra, spaziosissime e sobriamente eleganti, per una moderna struttura dedicata agli amanti del benessere e della buona cucina. Aperto per tutti coloro che desiderano incontrare la Valtellina nel piatto, il ristorante Quattro Stagioni offre splendide sale caratterizzate con oggetti che richiamano la stagione nel nome di ognuna.

29 cam ⌑ – ♦70/159 € ♦♦99/178 €

via Lungo Adda 12 – 𝒞 0342 680846 – www.lafiorida.com

✿ **La Préséf** – Vedere selezione ristoranti

F. Iacobelli/AWL Images/

CI PIACE...

Il giardino del ristorante **Il Cigno Trattoria dei Martini**, in cui si ammira un antico pozzo del 1400. Respirare l'antica atmosfera teatrale dell'**Osteria della Fragoletta**, aperta nel '700 da un'attrice così soprannominata. Il gran fritto di mare ed altri piatti che profumano di salsedine a **L'Ochina Bianca**.

MANTOVA

(MN) – ✉ 46100 – 48 671 ab. – Alt. 19 m – Carta regionale n° **9**-C3
Carta stradale Michelin 561-G14

Ristoranti

⅏○ **Il Cigno Trattoria dei Martini**   ㎡ ⅗ 🅰🅒 ⇦

CUCINA MANTOVANA • CONTESTO TRADIZIONALE ✕✕ Lunga tradizione familiare, in una casa del Cinquecento, ovviamente classica, ma magicamente accogliente nel ricordare il passato. Le proposte partono dal territorio per arrivare in tavola.

Menu 40 € (pranzo) – Carta 42/80 €

Pianta: A1-u – *piazza Carlo d'Arco 1* – ℰ *0376 327101*
– *www.ristoranteilcignomantova.com*
– *Chiuso 31 dicembre-5 gennaio, 3 settimane in agosto, lunedì e martedì*

⅏○ **Acqua Pazza**   ㎡ 🅿

PESCE E FRUTTI DI MARE • ACCOGLIENTE ✕✕ L'insegna dà un incipit sulla cucina: squisitamente di mare e di ottima qualità, convince gli amanti del pesce a spingersi fino alle porte della città, dove si è "nascosto". Un ristorante che farà parlare di sé.

Carta 31/87 €

viale Monsignore Martini 1, 1 km direz. Cremona – A2 – ℰ *0376 220891*
– *www.acquapazzaristorantebistrot.it* – *Chiuso 1 settimana in agosto e lunedì*

⅏○ **Aquila Nigra**   ⅍⅍ 🅰🅒 ⇦

CUCINA MANTOVANA • CONTESTO STORICO ✕✕ Vecchia casa in un vicolo nei pressi del Palazzo Ducale, che conserva ancora alcune caratteristiche originali: soffitti a cassettoni, affreschi alle pareti e tipica cucina mantovana. La porta accanto si schiude su un bistrot di design contemporaneo con scelta gastronomica più ridotta, a prezzi più contenuti.

Carta 50/88 €

Pianta: B1-b – *vicolo Bonacolsi 4* – ℰ *0376 327180* – *www.aquilanigra.it*
– *Chiuso domenica sera e lunedì, anche domenica a mezzogiorno in gennaio-febbraio e luglio-agosto*

MANTOVA

BRESCIA, VERONA

PADOVA, FERRARA

PALAZZO TE · CASA D. MANTEGNA

REGGIO EMILIA, MODENA

🍴 Osteria della Fragoletta

CUCINA MANTOVANA · COLORATO 🍴 In un angolo del centro, due sale vivaci e colorate nelle quali vengono proposte le specialità della cucina locale, talvolta rielaborate con gusto; notevole assortimento di formaggi accompagnati dall'immancabile mostarda.

Carta 27/47 €

Pianta: B2-r – piazza Arche 5/a – ℰ 0376 323300 – www.fragoletta.it – Chiuso lunedì

🍴 Cento Rampini

CUCINA MANTOVANA · FAMILIARE 🍴 Uno dei locali storici della città, in splendida posizione centrale: fortunatamente non ha ceduto alle lusinghe della moda rustico-chic. Cucina tradizionalmente "ortodossa".

Carta 34/53 €

Pianta: B2-z – piazza delle Erbe 11 – ℰ 0376 366349
– www.ristorantecentorampini.com – Chiuso domenica sera e lunedì

🍴 L'Ochina Bianca

PESCE E FRUTTI DI MARE · BISTRÒ 🍴 Un piccolo ristorante dal côté bistrot: due salette ed un piccolo privé - decorati con foto, quadri e ricordi di viaggio - accolgono una cucina di chiara ispirazione mantovana con qualche piatto di pesce. Il fritto di mare e verdure, tra le specialità della casa.

Carta 32/57 €

Pianta: A1-c – via Finzi 2 – ℰ 0376 323700 (consigliata la prenotazione)
– www.ochinabianca.it – Chiuso 31 luglio-20 agosto, domenica sera e lunedì

599

Alberghi

🏨 Casa Poli   🔼 & 🆎 ⌫ 🛁 🚗

TRADIZIONALE · MODERNO Bella struttura nel panorama alberghiero cittadino, gestita dall'intera famiglia Poli: confort moderno e omogeneo, con camere diverse per disposizione, ma identiche nello stile e servizi.

34 cam ⌲ – ♦90/120 € ♦♦100/190 €

corso Garibaldi 32, per via Trieste - B2 - ☎ 0376 288170 - www.hotelcasapoli.it – Chiuso 23-26 dicembre

🏨 Rechigi   🔼 & 🆎 ⌫ 🛁 🚗

TRADIZIONALE · ACCOGLIENTE Se l'hotel è a due passi dalle meraviglie architettoniche rinascimentali del centro storico, i suoi suggestivi spazi comuni raccolgono una collezione d'arte contemporanea. Camere dal confort recente.

50 cam – ♦90/400 € ♦♦110/400 € – ⌲ 15 €

Pianta: B2-c – *via Calvi 30 - ☎ 0376 320781 - www.rechigi.com*

🏠 Broletto   🔼 🆎 ⌫

TRADIZIONALE · MODERNO A pochi passi da piazza delle Erbe, l'hotel Broletto raddoppia con la dépendance - a circa 100 metri - la Residenza (medesimi i confort moderni!). Se gli spazi comuni sono inesistenti, risulta invece interessante il rapporto qualità/prezzo.

13 cam ⌲ – ♦65/130 € ♦♦70/150 €

Pianta: B2-a – *via Accademia 1 - ☎ 0376 326784 - www.hotelbroletto.com*

a Borgo Virgilio Sud: 4 km per Reggio Emilia - B2 ✉ 46030

🍴 Corte Bertoldo Antica Locanda   & 🆎 🅿

CUCINA REGIONALE · AMBIENTE CLASSICO 🕱🕱 Appassionata gestione per un locale di classica atmosfera: bella sala dall'alto soffitto con l'unico vezzo dei lampadari moderni. Cucina prevalentemente di carne, si cita il territorio senza però dimenticare che siamo nel terzo millennio...

Carta 29/49 €

strada statale Cisa 116 - ☎ 0376 448003 - www.cortebertoldo.it - Chiuso 2 settimane in gennaio, 1 settimana in agosto, domenica sera e lunedì, anche domenica a mezzogiorno in luglio-agosto

MANZANO

Udine (UD) - ✉ 33044 - 6 455 ab. – Alt. 71 m – Carta regionale n° **06D**-C2
Carta stradale Michelin 562-E22

🏨 Elliot   🍴 🕉 🔼 & 🛁 🅿

TRADIZIONALE · CONTEMPORANEO Circondato dal verde dei vigneti, Elliot è un piacevole hotel che coniuga nei suoi ambienti tradizione e modernità; le sue camere sono ampie e la zona benessere è sicuramente moderna. Piatti ricercati al ristorante, più semplici e tradizionali all'enoteca.

13 cam ⌲ – ♦90/160 € ♦♦120/160 €

via Orsaria 50 - ☎ 0432 751383 - www.elliothotel.it - Chiuso 3 settimane in gennaio

MARANELLO

Modena - ✉ 41053 - 17 359 ab. – Alt. 137 m – Carta regionale n° **5**-B2
Carta stradale Michelin 562-I14

🍴 MikEle   🆎 ⌫

PESCE E FRUTTI DI MARE · ELEGANTE 🕱🕱🕱 In zona periferica e residenziale, un'inaspettata "parentesi" ittica tra tanti bolliti modenesi: dalla cucina, infatti, i classici piatti marinari all'italiana.

Carta 47/108 €

via Flavio Gioia 1 - ☎ 0536 941027 - www.ristorantemikele.com - Chiuso 1 settimana in gennaio, 3 settimane in agosto, sabato a mezzogiorno, domenica sera e lunedì

sulla strada statale 12 - Nuova Estense Sud-Est : 4 km

🍴 **Locanda del Mulino**   🛖 AC P

CUCINA CLASSICA • RUSTICO XX Simpatico locale dai sapori emiliani rivisitati, dalle cui vetrate è ancora possibile vedere parti del vecchio mulino che lo ospita. Piacevole il dehors estivo immerso nel verde.

Menu 30 € – Carta 23/48 €

via Nuova Estense 3430 ⊠ 41053 Maranello – ℰ 0536 948895
– www.locandadelmulino.com – Chiuso sabato a mezzogiorno

🏠 **Locanda del Mulino**   ⊡ ⅃ AC P

FAMILIARE • TRADIZIONALE Per chi vuole sfuggire le zone industriali, qui si dorme in posizione isolata, ma di facile raggiungibilità con la vettura. All'interno, una piacevole atmosfera rustica che sa già di montagna.

17 cam ⊇ – ♦59/89 € ♦♦85/120 €

via Nuova Estense 3430 ⊠ 41053 Maranello – ℰ 0536 944175
– www.locandadelmulino.com

MARANO LAGUNARE

Udine – ⊠ 33050 – 1 844 ab. – Carta regionale n° **6**-C3
Carta stradale Michelin 562-E21

🍴 **Alla Laguna-Vedova Raddi**   🛖 AC ↻

PESCE E FRUTTI DI MARE • AMBIENTE CLASSICO XX Situato sul porto - di fronte al mercato ittico - il locale valorizza in preparazioni semplici, ma gustose, i prodotti del mare. Ristoratori da sempre, la lunga tradizione familiare è una garanzia!

Carta 33/69 €

piazza Garibaldi 1 – ℰ 0431 67019 – www.vedovaraddi.it – Chiuso 15 giorni in novembre, domenica sera da ottobre a maggio e lunedì

MARATEA

Potenza – ⊠ 85046 – 5 139 ab. – Alt. 300 m – Carta regionale n° **2**-B3
Carta stradale Michelin 564-H29

🍴 **Il Sacello**   🛗 🛖 AC P

CUCINA MEDITERRANEA • CONTESTO TRADIZIONALE XX I sapori del Mediterraneo pervadono la tavola di questo grazioso ristorante: stracci di pasta fresca con baccalà e pepi cruschi - cernia di scoglio in umido con patate, capperi, pomodorini e olive - sformatino di ricotta di bufala con sorbetto al limone.

Carta 31/54 €

Hotel La Locanda delle Donne Monache, via Carlo Mazzei 4 – ℰ 0973 876139
– www.locandamonache.com – Aperto 29 aprile-10 ottobre

🍴 **Taverna Rovita**   AC ⅗ ↻

CUCINA LUCANA • CONTESTO STORICO X A pochi metri dalla piazza centrale della vecchia Maratea, la taverna è uno storico e caratteristico locale con un angolo cucina del '700, ceramiche di Vietri, ma soprattutto un grande entusiasmo nel farvi conoscere le produzioni gastronomiche di nicchia lucane.

Carta 34/90 €

via Rovita 13 – ℰ 0973 876588 (consigliata la prenotazione)
– www.tavernarovitamaratea.it – solo a cena – Aperto 1° aprile-30 settembre; chiuso martedì escluso in estate

🏨 **La Locanda delle Donne Monache**   🛗 ⅃ ⅃ AC ⅙ P

STORICO • TRADIZIONALE In un ex convento del XVIII sec, le spaziose camere - alcune con letto a baldacchino e vista panoramica sui tetti della vecchia Maratea - propongono una dimensione epicurea della vacanza: lo splendore della Lucania e il ritrovare il ritmo lento del tempo.

27 cam ⊇ – ♦115/175 € ♦♦115/275 € – 5 suites

via Carlo Mazzei 4 – ℰ 0973 876139 – www.locandamonache.com
– Aperto 29 aprile-10 ottobre

🍴 **Il Sacello** – Vedere selezione ristoranti

a Fiumicello Santa Venere Ovest : 5 km ⊠ 85046

⊓○ Zà Mariuccia ⩽ 佘

PESCE E FRUTTI DI MARE · AMBIENTE CLASSICO XX Caratteristico ristorante che coniuga felicemente specialità di mare e bell'ambiente. In estate, accomodatevi nella terrazza affacciata sul porto (pochi tavoli: è preferibile prenotare). Uno dei migliori locali della costa!

Carta 39/73 €

via Grotte 2, al porto – ℰ 0973 876163 – www.zamariuccia.it – solo a cena – Aperto 1° marzo-31 novembre; chiuso lunedì escluso agosto

🏠🏠 Il Santavenere 🏠 🐟 ⩽ 🛏 ⌰ 🛀 ⌂ ※ ⼃ 📖 🅰 🅿

GRAN LUSSO · MEDITERRANEO Nel cuore di uno straordinario parco di pini, ulivi e vegetazione mediterranea che giunge sino al mare, l'albergo occupa un intero, pittoresco tratto di costa a strapiombo sul mare. Lussuosi interni decorati con ceramiche di Vietri e un originale centro benessere, che nella penombra offre una suggestiva carrellata di trattamenti asiatici e non solo.

34 cam ⊊ – ♦170/700 € ♦♦170/700 € – 5 suites

via Conte Stefano Rivetti 1 – ℰ 0973 876910 – www.santavenere.it

🏠🏠 Villa delle Meraviglie 🐟 ⩽ 🛏 ⌰ ⼃ ⌂ 📖 🅿

TRADIZIONALE · MEDITERRANEO Al termine di una serie di tornanti in discesa verso il mare, l'albergo è circondato da una pineta e da una lussureggiante vegetazione mediterranea. Camere semplici ma accoglienti, alcune con vista, molte hanno un patio o un terrazzo. Snack freddi in piscina per pranzo, un sentiero e sarete in spiaggia.

16 cam ⊊ – ♦60/210 € ♦♦60/210 €

località Ogliastro, Nord: 1,5 km – ℰ 0973 871125 – www.hotelvilladellemeraviglie.com – Aperto 12 maggio-30 settembre

ad Acquafredda Nord-Ovest : 10 km ⊠ 85046

🏠🏠 Villa Cheta Elite 🏠 🐟 ⩽ 🛏 ⌰ ⼃ 📖 🅿

STORICO · VINTAGE Pregevole villa liberty d'inizio secolo, dove vivere una dolce atmosfera vagamente retrò. O dove assaporare la fragranza delicata delle meravigliose terrazze fiorite. Sala sobria ma elegante e servizio ristorante estivo nell'incantevole giardino.

22 cam ⊊ – ♦80/150 € ♦♦150/300 €

via Timpone 46, Sud: 1 km – ℰ 0973 878134 – www.villacheta.it – Aperto 30 aprile-31 ottobre

🏠 Gabbiano 🏠 🐟 🛏 ⌰ 📖 ※ 🅿

TRADIZIONALE · CLASSICO Se cercate una vacanza all'insegna del mare e della tranquillità, questo è il vostro albergo. Abbandonata la strada principale, qualche tornante e vi troverete in una piccola baia dalla spiaggia ghiaiosa. Proprio di fronte, l'albergo, dalle camere semplici, a gestione familiare.

39 cam ⊊ – ♦40/200 € ♦♦40/390 €

via Luppa 24 – ℰ 0973 878011 – www.hotelgabbianomaratea.it – Aperto Pasqua-31 ottobre

MARCIAGA Verona ➔ Vedere Costermano

MARCIANA Livorno ➔ Vedere Elba (Isola d')

MARCIANA MARINA Livorno ➔ Vedere Elba (Isola d')

MARCON

Venezia – ⊠ 30020 – 17 380 ab. – Carta regionale n° **23**-A2
Carta stradale Michelin 562-F18

🏠 Relais Agriturismo Ormesani 　　🐾 🍴 ⬚ 🎵 ⓛⓖ ⓖ 🎱 🛁 **P**

CASA DI CAMPAGNA • FUNZIONALE Sofisticato agriturismo all'interno di una tenuta di oltre 20 ettari con rare piante autoctone, animali in libertà, vigne, frutteti e tanto altro ancora. Tutto da assaggiare al ristorante aperto però solo per gruppi e qualche volta il sabato. Le camere sono semplici ed essenziali.

11 cam ⬚ – ♦85/120 € ♦♦95/140 €

via Zuccarello 42/g, località San Liberale
– ☏ 041 596 9510 – www.ormesanivenice.com
– Chiuso luglio-agosto

MARCONIA Matera → Vedere Pisticci

MARGHERITA DI SAVOIA

Barletta-Andria-Trani (BT) – ✉ 76016 – 11 974 ab. – Carta regionale n° **15**-B2
Carta stradale Michelin 564-C30

ⅱ○ **Canneto Beach 2** 　　🐾 ⇦ 🍴 🄰🄲

PESCE E FRUTTI DI MARE • CONTESTO CONTEMPORANEO ✕✕ Tra distese di sabbia e sale che hanno reso celebre la località, specialità di mare e ricette tipiche della Valle dell'Ofanto, nonché pizze dalle ricercate e inusuali farine. La struttura ospita anche alcune camere al piano superiore; altre si trovano invece in un bed and breakfast distante solo pochi passi.

Menu 30/50 € – Carta 30/78 €

10 cam ⬚ – ♦30/75 € ♦♦40/95 €

via Amoroso 11
– ☏ 0883 651091 – www.ristorantecannetobeach2.com – Chiuso martedì in ottobre-marzo

MARIANO COMENSE

Como – ✉ 22066 – 24 484 ab. – Alt. 252 m – Carta regionale n° **10**-B1
Carta stradale Michelin 561-E9

ⅱ○ **La Rimessa** 　　🐾 🍴 🄰🄲 ⇔ **P**

CUCINA ITALIANA • AMBIENTE CLASSICO ✕✕ In una villa fine '800, all'interno della ex rimessa per le carrozze, un caratteristico ristorante con un'ulteriore, intima saletta, ricavata nel fienile soppalcato. Dalla cucina, tante proposte moderne e creative pronte a soddisfare ogni palato!

Menu 30/40 € – Carta 38/71 €

via Cardinal Ferrari 13/bis
– ☏ 031 749668 – www.larimessa.it – Chiuso 1°-6 gennaio, 2 settimana in agosto, domenica sera e lunedì

MARIANO DEL FRIULI

Gorizia – ✉ 34070 – 1 530 ab. – Alt. 32 m – Carta regionale n° **6**-C2
Carta stradale Michelin 562-E22

a Corona Est : 1,7 km ✉ 34070

😊 **Al Piave** 　　🍴 ⓖ 🄰🄲

CUCINA REGIONALE • FAMILIARE ✕ Curata e accogliente trattoria a gestione familiare, che si articola in due gradevoli sale con camino e bel giardino estivo; in menu i piatti del territorio che si avvicendano a seconda delle stagioni. Tra i più gettonati: tagliatelle con l'anatra, stinco di vitello al forno con patate, gelato alla crema con fichi al rum.

Carta 29/49 €

via Cormons 6 – ☏ 0481 69003 – www.trattoriaalpiave.it – Chiuso 10 giorni a Carnevale, 15 giorni in luglio e martedì

MARINA DEL CANTONE Napoli → Vedere Massa Lubrense

MARINA DELLA LOBRA Napoli → Vedere Massa Lubrense

MARINA DI ASCEA
Salerno – ✉ 84046 – Carta regionale n° **4**-C3
Carta stradale Michelin 564-G27

🏠 Iscairia   ☆ 🛏 🏠 🕭 🅿
CASA DI CAMPAGNA · ACCOGLIENTE Nel giardino un laghetto balneabile, all'interno camere personalizzate con qualche pezzo di antiquariato e la possibilità di acquistare alcuni prodotti tipici campani (ceramiche di Vietri, marmellate, etc.). Dalla cucina, la tradizione del Cilento, pane e dolci fatti in casa.

7 cam ☲ – ♦48/60 € ♦♦80/100 €

via Isacia 7, località Velia, Nord: 1 km – 𝒞 *347 018 0475 – www.iscairia.it – Chiuso 12-28 dicembre*

MARINA DI BIBBONA
Livorno (LI) – ✉ 57020 – Carta regionale n° **18**-B2
Carta stradale Michelin 563-M13

❀ La Pineta (Luciano Zazzeri)   🕸 ≤ 🏠 🅻 🅿
PESCE E FRUTTI DI MARE · AMBIENTE CLASSICO ✕✕ Con la vettura, attraversata una pineta, si arriva quasi in spiaggia e quello che sembra un ordinario stabilimento balneare svela all'interno un raffinato ristorante di pesce. Piatti di mare toscani, italiani e qualche proposta più creativa, in genere all'insegna della semplicità, protagonista qui è la qualità del pescato.

→ Straccetti di pasta fresca con le triglie. Pesce al vapore con maionese e bottarga di muggine. Semifreddo al croccante di pistacchio.

Menu 75/85 € – Carta 49/120 €

via dei Cavalleggeri Nord 27 – 𝒞 *0586 600016 (consigliata la prenotazione) – www.lapinetadizazzeri.it*
– Chiuso 8-24 gennaio, 23 ottobre-11 novembre, martedì a mezzogiorno e lunedì, anche martedì sera in novembre-febbraio

🏠 Marinetta   ☆ 🛏 🛋 🏠 🅵🅰 🕭 🔸 🆎 ⑨ 🍴 🅿
RESORT · LUNGOMARE Hotel per una vacanza estiva a tutto tondo: camere moderne, piscine e spiaggia privata, ideale per le famiglie, ma non solo. Coccole a non finire presso il centro relax-benessere.

133 cam ☲ – ♦49/499 € ♦♦49/499 € – 6 suites

via dei Cavalleggeri Nord 3 – 𝒞 *0586 600598 – www.hotelmarinetta.it – Chiuso 3-18 novembre*

MARINA DI CAMEROTA
Salerno – ✉ 84059 – Carta regionale n° **4**-D3
Carta stradale Michelin 564-G28

🍴 Da Pepè   🛏 🏠 🅻 🅿
PESCE E FRUTTI DI MARE · SEMPLICE ✕ Lungo la strada che conduce a Palinuro, tra i riflessi argentei degli ulivi, ottima cucina di pesce approvvigionata da un peschereccio di proprietà del ristorante stesso.

Carta 32/67 €

via delle Sirene 41 – 𝒞 *0974 932461 – www.villaggiodapepe.net – Aperto 1° giugno-30 settembre*

MARINA DI CAMPO Livorno → Vedere Elba (Isola d')

MARINA DI CAPOLIVERI Livorno → Vedere Elba (Isola d') : Capoliveri

MARINA DI CARRARA
Massa-Carrara (MS) – ✉ 54036 – Carta regionale n° **18**-A1
Carta stradale Michelin 563-J12

‼️○ **Ciccio Marina** 🛋️ ⚡ 🆔

PESCE E FRUTTI DI MARE · AMBIENTE CLASSICO ✕✕ Sul lungomare nei pressi del porto, moderno ristorante dalle luminose sale e con bar pubblico per ottimi aperitivi. Il pesce è tra le specialità della casa.

Carta 34/66 €

viale da Verrazzano 1
– 𝒸 0585 780286 – www.cicciomarina.it
– Chiuso lunedì sera escluso in estate

MARINA DI CASTAGNETO CARDUCCI Livorno → Vedere Castagneto Carducci

MARINA DI CECINA

Livorno – ✉️ 57023 – Carta regionale n° **18**-B2
Carta stradale Michelin 563-M13

‼️○ **Da Andrea** 🛋️ 🆔

PESCE E FRUTTI DI MARE · ELEGANTE ✕✕ Moderno, bianco e lineare, su tutto prevale la vista del Tirreno attraverso la parete vetrata, ma ancor di più dalla terrazza estiva. E sempre il mare ritorna nel piatto, con proposte elencate a voce a seconda del pescato giornaliero.

Carta 40/88 €

viale della Vittoria 68
– 𝒸 0586 620143 – www.ristorantedaandrea.net
– Chiuso gennaio e martedì

‼️○ **El Faro** ⟵ 🛋️ 🛥️

PESCE E FRUTTI DI MARE · AMBIENTE CLASSICO ✕ Oltre a gustose specialità ittiche, nel menu troverete le proposte del pescaturismo, che consiste nel prenotare un'uscita in mare con la barca del locale (naturalmente accompagnati da uno dei proprietari) per poi gustare il pescato al ristorante in riva al mare; angolo pescheria per chi vuole acquistare il prodotto e poi cucinarselo a casa propria.

Menu 40/55 € – Carta 38/80 €

viale della Vittoria 70
– 𝒸 0586 620164 – www.ristorantelfaro.it
– Chiuso 15 giorni in gennaio e mercoledì

MARINA DI GIOIOSA IONICA

Reggio di Calabria – ✉️ 89046 – 6 625 ab. – Carta regionale n° **3**-B3
Carta stradale Michelin 564-M30

❀ **Gambero Rosso** (Riccardo Sculli) 🎖️ 🆔 ✂️ ⟷

PESCE E FRUTTI DI MARE · CHIC ✕✕ Gli amanti del pesce troveranno in questa coppia di fratelli uno dei più gettonati ristoranti della regione: sulla tavola, infatti, il meglio che i pescatori trovano quotidianamente lungo la costa jonica, da gustare nelle proposte di crudo che attirano clienti da ogni angolo della Calabria, ma anche nelle imperdibili paste o nei secondi in cui il mare incontra la campagna. Di ottimo livello anche i dolci.

→ Spaghettone con cernia, datterino giallo, limone e bottarga di muggine. Dentice con topinambur, mango e liquirizia. Mousse di yogurt e formaggio in salsa di lamponi e frutti calabri.

Menu 50/85 € – Carta 36/90 €

via Montezemolo 65
– 𝒸 0964 415806 – www.gamberorosso.net
– Chiuso 10-30 gennaio e lunedì

MARINA DI GROSSETO

Grosseto – ✉ 58100 – Carta regionale n° **18**-C3
Carta stradale Michelin 563-N14

🏨 Terme Marine-Leopoldo II   ✿ 🛋 🖼 🕙 🖥 ❤ AC 🛎 🚗

LUSSO · MODERNO Poco distante dal mare e dal cuore della località, una gran bella struttura che ha come centro l'imponente piscina con idromassaggio e solarium; camere accoglienti e spaziose con arredi signorili e accessori moderni. L'attrezzata spa e le sale conferenze fanno della risorsa il luogo ideale per un soggiorno business & pleasure.

150 cam 🖙 – †90/190 € ††120/280 €

via 4 Novembre 133 – ℰ 0564 010100 – www.termemarine.com – Chiuso 8 gennaio-2 marzo

MARINA DI LEUCA

Lecce – ✉ 73040 – Carta regionale n° **15**-D3
Carta stradale Michelin 564-H37

🏨 L'Approdo   ✿ ≼ 🛏 🖥 AC 🛎 🅿

TRADIZIONALE · PERSONALIZZATO Poco distante dal lungomare, l'hotel dalla caratteristica facciata nivea offre un comodo parcheggio, un'invitante piscina, colorate sale e una boutique. Proposte di pesce presso l'ampia sala ristorante o sulla panoramica veranda con vista mare.

52 cam 🖙 – †60/180 € ††100/330 € – 1 suite

via Panoramica 1 – ℰ 0833 758548 – www.hotelapprodo.com – Aperto 1° aprile-31 ottobre

🏨 Terminal   ✿ ≼ 🛏 🛋 🗻 🖥 AC 🛎

TRADIZIONALE · CLASSICO Sul lungomare, un albergo dagli spazi luminosi caratterizzati da sobri arredi e camere in legno chiaro ciascuna dedicata ad un monumento della penisola salentina. Particolarmente organizzata per ospitare cicloturisti, la struttura mette a disposizione biciclette per i meno attrezzati. Nella suggestiva sala ristorante è il pesce a dominare la tavola, accanto ad ortaggi, frutta, vini ed olii tipici della zona.

55 cam 🖙 – †70/140 € ††80/190 €

lungomare Colombo 59 – ℰ 0833 758242 – www.carolihotels.it – Aperto 1° aprile-31 ottobre

🏠 Villa La Meridiana   🛏 🛋 AC ⌀

DIMORA STORICA · PERSONALIZZATO Visto l'esiguo numero di camere non vi sembrerà nemmeno di essere clienti, ma ospiti: in un'originale villa ottocentesca affacciata sul mare, lo stile della dimora è stato mantenuto integro e l'atmosfera è quella delle case dell'epoca.

5 cam 🖙 – †130/400 € ††130/400 €

lungomare Colombo 61 – ℰ 0833 758242 – www.carolihotels.it

MARINA DI MASSA

Massa-Carrara – ✉ 54100 – Carta regionale n° **18**-A1
Carta stradale Michelin 563-J12

🍴 La Péniche   🏠 AC

PESCE E FRUTTI DI MARE · ROMANTICO 🗙🗙 Un angolo di Francia lungo il canale, si mangia in una palafitta dagli originali e romantici ambienti. Crudità - ostriche comprese - fra le specialità, d'estate sono ambitissimi i tavoli sulla zattera.

Menu 32/45 € – Carta 42/88 €

via Lungo Brugiano 3 – ℰ 0585 240117 – www.lapeniche.com

🏠 Villa Maremonti ☆ 🕭 ⬛ AC P

DIMORA STORICA · ROMANTICO Di fronte al mare, villa d'inizio '900 con parco e piscina: signorile negli arredi, sia nelle parti comuni sia nelle confortevoli camere affacciate sul mare, laterali o sul lussureggiante giardino retrostante. Al ristorante la cura dei dettagli è una piacevole compagna di pranzi e cene.

21 cam – ♦90/280 € ♦♦90/280 € – ⌂ 15 €

viale lungomare di Levante 19, località Ronchi – 𝒞 0585 241008
– www.hotelmaremonti.com – Aperto 1° aprile-15 ottobre

🏠 Nedy ☆ 🕭 🕭 ⬛ 🖪 🗐 AC 🖪 P

FAMILIARE · CLASSICO In zona decentrata e molto traquilla, questo grazioso hotel totalmente rinnovato in anni recenti dispone di gradevoli sale e confortevoli camere: ideale per un soggiorno all'insegna del relax!

25 cam ⌂ – ♦60/250 € ♦♦60/250 €

via del Fescione, località Ronchi ✉ 54039 Ronchi – 𝒞 0585 807011
– www.hotelnedy.it – Aperto 1° febbraio-20 ottobre

MARINA DI PIETRASANTA

Lucca – ✉ 55044 – Carta regionale n° **18**-B1
Carta stradale Michelin 563-K12

🍴 Blanco 🕭 ⬛ AC P

PESCE E FRUTTI DI MARE · DESIGN XX Bianco come il colore che ispira gli interni: il ristorante propone una carta elaborata e fantasiosa, apprezzata da chi vuole per una volta sottrarsi alla classicità della tradizione. In estate si cena anche a bordo piscina, location ideale per aperitivi.

Carta 29/59 €

Mondial Resort & Spa, via Duca della Vittoria 129/131 – 𝒞 0584 745911
– www.mondialresort.it – Aperto 1° febbraio-30 ottobre

🍴 Franco Mare 🕭 ⬛ AC P

PESCE E FRUTTI DI MARE · STILE MEDITERRANEO XX Sia che si volga lo sguardo all'ambiente, sia che il palato indugi sui sapori della sua cucina, Franco Mare non lascia indifferenti i suoi ospiti: fragrante cucina di mare con qualche intrigante concessione alla terra.

Menu 70 € – Carta 62/125 €

via lungomare Roma 41 – 𝒞 0584 20187 (consigliata la prenotazione)
– www.ristorantefrancomare.com – solo a cena in estate – Chiuso ottobre,
mercoledì sera, lunedì e martedì escluso giugno-settembre

🍴 Alex 🕭 🕭 🕭 ⬛ AC

CUCINA MEDITERRANEA · BISTRÒ XX In un palazzo d'inizio '900, un piacevole ristorante-enoteca arredato con echi etnici che propone specialità di mare e di terra. Interessante selezione di vini della solatia Spagna!

Menu 40 € (in settimana)/75 € – Carta 47/93 €

via Versilia 157/159 – 𝒞 0584 746070 – www.ristorantealex.it – solo a cena escluso
i giorni festivi – Chiuso novembre, martedì e mercoledì escluso giugno-settembre

🏠 Mondial Resort & Spa ⬛ 🕭 🕭 🗐 🕭 AC 🖪 P

BOUTIQUE HOTEL · PERSONALIZZATO A 200 metri dal mare, è consigliato per la tranquillità, ma soprattutto per il design moderno d'ispirazione americana. Vista sul Tirreno dagli ultimi piani e motoscafo per gite al largo, ma per chi preferisce la stanzialità c'è anche un piacevole e piccolo centro benessere fornito di tutto. Autentici sapori toscani nell'immacolato ristorante Blanco.

43 cam ⌂ – ♦100/400 € ♦♦200/650 € – 1 suite

via Duca della Vittoria 129/131 – 𝒞 0584 745911 – www.mondialresort.it – Aperto
1° febbraio-30 ottobre

🍴 **Blanco** – Vedere selezione ristoranti

MARINA DI PISA

Pisa – ⊠ 56128 – Carta regionale n° **18**-B2
Carta stradale Michelin 563-K12

⫯○ **Foresta** ⟨ 🏠 🛥 & AC

PESCE E FRUTTI DI MARE · ELEGANTE XX Ristorante dall'ambiente elegante, affacciato sul Tirreno sia dalla sala veranda interna, sia dai bei tavoli all'aperto. Servizio attento e ottima accoglienza; la cucina è di qualità e propone molti piatti di pesce.
Menu 35 € (pranzo)/60 € – Carta 38/112 €
via Litoranea 2 – ☎ 050 35082 (consigliata la prenotazione)
– www.ristoranteforesta.it – Chiuso 15 gennaio-15 febbraio e giovedì

⫯○ **Da Gino** 🏠 AC ⫯

PESCE E FRUTTI DI MARE · ACCOGLIENTE XX Di fronte al nuovo porto turistico, una gestione familiare dalla collaudata esperienza vi dà il benvenuto in un ambiente accogliente e luminoso; la ricca esposizione di pesce fresco all'ingresso non lascia dubbi sullo stile del rinomato locale.
Carta 37/100 €
via delle Curzolari 2 – ☎ 050 35408 – www.daginoamarina.it – Chiuso 1 settimana in gennaio, 1 settimana in settembre, lunedì e martedì

MARINA DI PULSANO Taranto → Vedere Pulsano

MARINA DI RAGUSA Sicilia

Ragusa – ⊠ 97010 – Carta regionale n° **17**-C3
Carta stradale Michelin 365-AW63

⫯○ **Da Serafino** ⟨ 🏠 🛥

PESCE E FRUTTI DI MARE · STILE MEDITERRANEO XX Classica trattoria di mare con un'esperienza alle spalle di oltre 60 anni: semplice, ma corretta nella preparazione di piatti di pesce, oltre al servizio ristorante ci sono anche la pizzeria, il bar e la spiaggia attrezzata.
Carta 27/87 €
lungomare Doria – ☎ 0932 239522 – www.locandadonserafino.it – Aperto 1° aprile-31 ottobre; chiuso martedì a mezzogiorno in aprile-maggio

🏠 **La Moresca** 🦢 & AC

STORICO · PERSONALIZZATO Non lontano dal mare, l'affascinante edificio liberty degli anni '20 è stato restaurato con cura e conserva all'interno memorie di artigianato siciliano coordinate con arredi contemporanei in un insieme ricco d'atmosfera. Con il bel tempo le colazioni sono servite nella corte interna.
15 cam � – ♦112/240 € ♦♦140/300 €
via Dandolo 63 – ☎ 0932 239495 – www.lamorescahotel.it

MARINA DI SAN VITO

Chieti – ⊠ 66035 – Carta regionale n° **1**-C2
Carta stradale Michelin 563-P25

⫯○ **L'Angolino da Filippo** AC ⫯

PESCE E FRUTTI DI MARE · ACCOGLIENTE XX A pochi metri dal mare, affacciato sul molo, ristorante dall'ambiente rustico-elegante e cucina di pesce: alcuni piatti preparati secondo ricette tradizionali, altri leggermente più attuali.
Menu 38 € (in settimana)/38 € – Carta 40/74 €
via Sangritana 1 – ☎ 0872 61632 – Chiuso lunedì

MARINA DI VASTO

Chieti – ⊠ 66054 – Carta regionale n° **1**-C2
Carta stradale Michelin 563-P26

sulla strada statale 16

🍴○ **Villa Vignola** ← ⅏ ← ⌂ ⌂ ⬠ Ⓜ 🄿

PESCE E FRUTTI DI MARE · ELEGANTE ✕✕ Con la vista sul mare ed il suo stile essenziale e fresco, Villa Vignola propone una cucina di pesce tipica del territorio, rivisitata in chiave contemporanea, sempre curata nei minimi dettagli. La sera, servizio all'aperto in una romantica cornice. Bianco quasi assoluto e spunti mediterranei che ricordano le isole greche nell'elegante boutique hotel: camere curate ed accoglienti, atmosfera intima ed assoluto relax.

Carta 34/62 €

7 cam ⚏ – ♦90/170 € ♦♦120/220 €

località Vignola, Nord: 6 km ✉ 66054

– ℰ 0873 310050 – www.villavignola.it

– Chiuso 23 dicembre-10 febbraio, domenica sera escluso periodo estivo

MARINA EQUA Napoli → Vedere Vico Equense

MARINA GRANDE Napoli → Vedere Capri (Isola di)

MARINELLA Sicilia Trapani → Vedere Selinunte

MARLENGO MARLING

Bolzano – ✉ 39020 – 2 634 ab. – Alt. 363 m – Carta regionale n° **19**-B2
Carta stradale Michelin 562-C15

Pianta : vedere Merano

🍴○ **Oberwirt** 🕸 ⌂ ▥ ⅍ ⇆ ⌂

CUCINA REGIONALE · ELEGANTE ✕✕✕ Romantici ambienti tirolesi nelle diverse stube in cui potrete sedervi, la cucina dell'albergo Oberwirt vi sorprenderà per qualità ed elaborazione, nonché varietà, dai classici regionali al mare.

Menu 60/68 € – Carta 42/84 €

Pianta: A2-n *– Hotel Oberwirt, vicolo San Felice 2*

– ℰ 0473 222020 – www.oberwirt.com

– Aperto 16 marzo-12 novembre

🏘 **Oberwirt** ⅃ ▥ 🕸 ⅍ Ⅼ ⊡ ⅏ ⌂

FAMILIARE · ELEGANTE In pieno centro paese, una gran bella struttura ubicata da più di due secoli e mezzo nella mani della stessa famiglia - gestione sicuramente da record! - tradizione elegante, ma anche confort moderni.

36 cam ⚏ – ♦112/165 € ♦♦125/178 € – 14 suites

Pianta: A2-n *– vicolo San Felice 2*

– ℰ 0473 222020 – www.oberwirt.com

– Aperto 16 marzo-12 novembre

🍴○ **Oberwirt** – Vedere selezione ristoranti

🏘 **Marlena** ⌂ ⅏ ← ⌂ ⅃ ▥ 🕸 ⅍ Ⅼ ✕ ⊡ �& amp; Ⓜ ⅏ ⌂

SPA E WELLNESS · CONTEMPORANEO Nel relax di un paesaggio verdeggiante e panoramico, struttura dall'architettura innovativa, in linea con il moderno design degli interni. Contributi di artisti locali e piacevole giardino con piante di varia provenienza.

50 cam ⚏ – ♦101/178 € ♦♦222/318 €

Pianta: A2-k *– via Tramontana 6*

– ℰ 0473 222266 – www.marlena.it

– Aperto 25 marzo-13 novembre

MARLIA Lucca → Vedere Lucca

MARLING MARLENGO

MARONTI Napoli → Vedere Ischia (Isola d') : Barano

MAROSTICA
Vicenza – ✉ 36063 – 13 989 ab. – Alt. 103 m – Carta regionale n° **23**-B2
Carta stradale Michelin 562-E16

⑩ **Al Castello Superiore**　　　≤ 🍴 🏠 AC P
CUCINA REGIONALE · ACCOGLIENTE ✕✕ All'interno del bel castello duecentesco
che domina la località, cucina sia di carne sia di pesce con qualche attenzione al territorio. L'ambiente signorile è arricchito da un bellissimo dehors per la stagione estiva.
🍴 Menu 15 € (pranzo in settimana)/50 € – Carta 35/59 €
*via Cansignorio della Scala 4/A – ℰ 0424 73315 – www.castellosuperiore.it
– Chiuso giovedì a mezzogiorno e mercoledì*

⑩ **Osteria Madonnetta** ⓝ　　　🏠 AC
CUCINA TRADIZIONALE · TRATTORIA ✕ Una semplice realtà familiare davvero accogliente e simpatica. All'interno di un palazzo storico dietro la piazza
con la famosa scacchiera, soffitto antico a grosse travi, pochi tavoli in legno ed
uno scoppiettante camino; un gradevole dehors lascia intravedere parte delle
mura cittadine. La cucina è impostata dalla signora Annamaria, ambasciatrice di un sapere casalingo di cucina veneta, rispettosa della stagionalità,
soprattutto delle verdure.
Menu 28/40 € – Carta 21/39 €
*via Vajenti 21 – ℰ 0424 75859 – www.osteriamadonnetta.it – Chiuso
2 settimane in agosto e giovedì*

a Valle San Floriano Nord : 3 km ✉ 36063 – Alt. 127 m

⑭ **La Rosina**　　　🛏 🦫 ≤ 🍴 🏠 AC ⅋ 🎿 P
CUCINA REGIONALE · AMBIENTE CLASSICO ✕✕ Nel 2017 si sono festeggiati i
primi 100 anni di storia di questo ottimo ristorante, che nel frattempo si è
rifatto il look ma non l'anima: quest'ultima rimane - infatti - saldamente ancorata alla tradizione del baccalà alla vicentina, dei bigoli al sugo d'anatra e
della griglia accesa in sala. Dalle camere si gode di una gradevole vista sui
colli circostanti.
Menu 48 € – Carta 28/75 €
9 cam �└ – †65/120 € ††130/150 €
*via Marchetti 4, Nord: 2 km – ℰ 0424 470360 – www.larosina.it – Chiuso
1 settimana in gennaio e martedì*

MAROTTA
Pesaro e Urbino – ✉ 61032 – Carta regionale n° **11**-B1
Carta stradale Michelin 563-K21

🏠 **Imperial**　　　🌤 ≤ 🍴 🗲 🔁 AC P
TRADIZIONALE · FUNZIONALE Hotel completo di buoni confort, spazi generosi nelle parti comuni e camere dal lineare arredo. Bel giardino attorno alla
piscina.
42 cam – †35/95 € ††50/180 € – �└ 8 €
*lungomare Faà di Bruno 119 – ℰ 0721 969445 – www.hotel-imperial.it
– Aperto 28 aprile-30 settembre*

verso **Mondolfo** Sud-Ovest : 3,5 km

⇔ 🐽 🅿 ⫶◯ **Locanda Per Bacco**

CUCINA REGIONALE · RUSTICO ⫶ Cucina del territorio dove tutto è fatto in casa, ottime le specialità alla brace, in un ristorante con dépendance immerso nel verde di un ampio giardino. Se c'è posto, vi consigliamo di prenotare nella vecchia struttura in mattoni, a nostro giudizio più suggestiva.

🍽 Menu 12 € (pranzo in settimana)/25 € – Carta 24/53 €

4 cam 🖾 – 🛉50/60 € 🛉🛉60/70 €

via dell'Artigianato 26 – 𝒞 0721 959698 – www.countryhouseperbacco.it – Chiuso 3 settimane in novembre, lunedì sera e martedì

MARRADI

Firenze – ⊠ 50034 – 3 139 ab. – Alt. 328 m – Carta regionale n° **18**-C1
Carta stradale Michelin 563-J16

⫶◯ **Il Camino**

CUCINA REGIONALE · FAMILIARE ⫶ Tipica trattoria familiare di paese, la cucina si ispira alle specialità del Mugello: crostini tra gli antipasti e carni tra i secondi. I primi - dai passatelli ai tortellini in brodo - propongono un'eco della vicina Romagna.

🍽 Menu 16 € (in settimana) – Carta 27/52 €

viale Baccarini 38 – 𝒞 055 804 5069 – www.ristoranteilcamino.net – Chiuso 10 giorni in settembre e mercoledì

MARTINA FRANCA

Taranto – ⊠ 74015 – 49 118 ab. – Alt. 431 m – Carta regionale n° **15**-C2
Carta stradale Michelin 564-E34

⫶◯ **La Tana** 🅰️🅲

CUCINA REGIONALE · CONVIVIALE ⫶ Nella facciata destra del barocco Palazzo Ducale, in quelli che una volta erano gli uffici del dazio, un locale informale in stile trattoria. Specialità locali rivisitate.

Menu 30/45 € – Carta 26/57 €

via Mascagni 2 – 𝒞 080 480 5320 – www.ristorantelatana.it – Chiuso mercoledì in inverno

MARTINSICURO

Teramo – ⊠ 64014 – 16 033 ab. – Carta regionale n° **1**-B1
Carta stradale Michelin 563-N23

🏨 **Sympathy** 🛱 ⟨ ☐ & 🅰️🅲 🚗

TRADIZIONALE · LUNGOMARE Fronte mare, nella zona più animata del centro, la prima colazione è servita su un'indimenticabile terrazza panoramica. Le camere migliori sono al terzo e quarto piano.

40 cam 🖾 – 🛉50/80 € 🛉🛉60/100 €

lungomare Europa 26 – 𝒞 0861 760222 – www.sympathyhotel.it – Aperto 1° aprile-31 ottobre

a **Villa Rosa** Sud : 5 km ⊠ 64014

🏨 **Paradiso** 🛱 ⟨ ☐ & 🅰️🅲 🚗 🅿

TRADIZIONALE · FUNZIONALE Un hotel dedicato ai bambini: sin dall'arrivo, ogni momento della giornata sarà organizzato per loro con attività ad hoc, garantendo agli adulti un soggiorno di sport e relax.

67 cam 🖾 – 🛉50/80 € 🛉🛉60/120 €

via Ugo La Malfa 14 – 𝒞 0861 713888 – www.hotelparadiso.it – Aperto 19 maggio-16 settembre

611

MARZAMEMI Sicilia Siracusa → Vedere Pachino

MARZOCCA Ancona → Vedere Senigallia

MASARÈ Belluno → Vedere Alleghe

MASERA
Verbano-Cusio-Ossola (VB) – ⊠ 28855 – 1 529 ab. – Alt. 297 m
– Carta regionale n° **12**-C1
Carta stradale Michelin 561-D6

⫯○ **Divin Porcello** ⇦ 🏠 **P**

    CUCINA REGIONALE · RUSTICO ✕ Calde e rustiche sale personalizzate vi
accoglieranno per farvi assaggiare la proverbiale cucina ossolana. Tra le specialità, le carni ed i salumi provenienti dalla loro norcineria.

    Menu 35/50 € – Carta 29/55 €

    3 cam – ♦40 € ♦♦80 € - senza ☷

    frazione Cresta 11 – ☏ 0324 35035 (prenotare nei week-end)
– www.divinporcello.it – Chiuso 8-15 gennaio e lunedì

MASERÀ DI PADOVA
Padova (PD) – ⊠ 35020 – 9 081 ab. – Alt. 9 m – Carta regionale n° **23**-C3
Carta stradale Michelin 562-G17

🏨 **Ca' Murà Natura & Resort** ⅏ 🛏 🏠 ₷ & 🅰🄲 🛇 🛋 **P**

    CASA DI CAMPAGNA · ACCOGLIENTE Nella tranquillità di un frutteto che
confina con l'antica chiesetta di Ca' Murà, l'hotel ricrea al suo interno l'atmosfera agreste del luogo, ma lo fa sotto la cifra dell'eleganza: camere ampie in
stile moderno ed un piccolo centro relax.

    24 cam ☷ – ♦89/100 € ♦♦119/180 €

    via Ca' Murà 21/b, località Bertipaglia, Sud-Est: 2 km – ☏ 049 886 8229
– www.ca-mura.com

MASIO
Alessandria – ⊠ 15024 – 1 420 ab. – Alt. 142 m – Carta regionale n° **14**-D1
Carta stradale Michelin 561-H7

🐷 **Trattoria Losanna** 🅰🄲 🛇 **P**

    CUCINA PIEMONTESE · SEMPLICE ✕ Iniziando con un antipasto misto della
casa, potrete poi proseguire con abbondanti piatti della tradizione monferrina
(ottimo il brasato al Nebbiolo!), tutto proposto a voce in un ambiente familiare e dall'atmosfera simpaticamente chiassosa.

    Carta 25/45 €

    via San Rocco 40, Est: 1 km – ☏ 0131 799525 – Chiuso 27 dicembre-15 gennaio,
agosto, domenica sera e lunedì

MASON VICENTINO
Vicenza (VI) – ⊠ 36064 – 3 503 ab. – Alt. 103 m – Carta regionale n° **23**-B2
Carta stradale Michelin 562-E16

⫯○ **Al Pozzo** 🏠 🅰🄲

    CUCINA MODERNA · ELEGANTE ✕✕ Ristorante del centro storico, attiguo ad
uno dei due pozzi artesiani che un tempo rifornivano d'acqua la località:
ambienti curati che uniscono muri rustici e tocchi signorili, in estate c'è anche
un piacevole servizio all'aperto. I piatti sono interessanti, impostati dal patron
che predilige il mare.

    Carta 33/86 €

    via Chiesa 10 – ☏ 0424 411816 – www.alpozzoilristorante.it – solo a cena
– Chiuso 2 settimane in agosto e martedì

MASSA

(MS) – ⊠ 54100 – 69 479 ab. – Alt. 65 m – Carta regionale n° **18**-A1
Carta stradale Michelin 563-J12

⊞○ Il Trillo   ≤ 🛋 AC P

CUCINA MODERNA · CONTESTO CONTEMPORANEO ✗✗ Sulle colline che
dominano la città, in un'antica residenza che oggi ospita anche la cantina del-
l'azienda vinicola di proprietà, la bella stagione permette di cenare sulla terrazza panoramica sotto i limoni. Cucina fantasiosa, eleganti presentazioni,
atmosfera raffinata.

Carta 33/61 €

– ☏ 0585 46755 (consigliata la prenotazione) – www.iltrillo.net – solo a
cena escluso domenica e giorni festivi – Chiuso 8 gennaio-5 febbraio e lunedì
escluso luglio-agosto

⊞○ Osteria del Borgo   🕸 🛋 AC

CUCINA TRADIZIONALE · TRATTORIA ✗ Sotto le volte in pietra di questo
ristorante, tra foto in bianco e nero alle pareti e un'esposizione di bottiglie
d'epoca, rivivono i sapori decisi e le genuine tradizioni gastronomiche locali.
Se poi amate gli arrosticini di angus, l'indirizzo farà per voi!

Carta 24/50 €

via Beatrice 17 – ☏ 0585 810680 (prenotare) – solo a cena escluso domenica
– Chiuso 1 settimana in ottobre e martedì

MASSACIUCCOLI (Lago di) Lucca → Vedere Torre del Lago Puccini

MASSA LUBRENSE

Napoli – ⊠ 80061 – 14 243 ab. – Alt. 121 m – Carta regionale n° **4**-B2
Carta stradale Michelin 564-F25

⊞○ Antico Francischiello-da Peppino   ≤ 🛋 🛋 AC P

CUCINA CAMPANA · VINTAGE ✗✗ Gli oggetti di varia natura che ricoprono le
pareti testimoniano i cento anni di attività di questo locale, sempre nelle mani
della stessa gestione che vede la nuova generazione al timone della cucina.
Invariato lo stile: si segue la tradizione con predilezione per i piatti di mare.

Menu 55 € – Carta 42/86 €

via Partenope 40, Nord: 1,5 km – ☏ 081 533 9780 – www.francischiello.com
– Chiuso mercoledì escluso aprile-ottobre

🏨 Delfino   🏖 🐬 ≤ 🛋 �🌊 ⬛ AC 🦺 P

TRADIZIONALE · CLASSICO In una pittoresca insenatura con terrazze e
discesa a mare, un albergo da cui godere di un panorama eccezionale sull'i-
sola di Capri. Struttura d'impostazione classica ed ariosa sala ristorante.

65 cam ⌗ – ♦150/300 € ♦♦200/1000 € – 1 suite

via Nastro d'Oro 2, Sud-Ovest: 2,5 km – ☏ 081 878 9261
– www.hoteldelfino.com – Aperto 1° aprile-30 ottobre

a Santa Maria Annunziata Sud : 2,5 km ⊠ 80061 – Massa Lubrense

🕲 La Torre   🛋 AC

CUCINA REGIONALE · FAMILIARE ✗ I ravioli alla caprese e la millefoglie
scomposta con crema chantilly sono solo due delle tante specialità partenopee di questa verace trattoria, a pochi metri da un belvedere con vista su
Capri. Specialità: orata gratinata agli agrumi di Sorrento.

🍽 Menu 25/36 € – Carta 26/53 €

piazza Annunziata 7 – ☏ 081 808 9566 – www.latorreonefire.it – solo a
cena 1° luglio-15 settembre – Chiuso gennaio, novembre e martedì a
mezzogiorno escluso 1° luglio-15 settembre

a Nerano-Marina del Cantone Sud-Est : 11 km ⊠ 80061 - Termini

❀❀ Quattro Passi (Antonio Mellino) ℬ ⟷ ⊗ ≼ ⛁ ⛻ ⛉ AC ⅍ P

CUCINA MODERNA · CONTESTO CONTEMPORANEO XxX In posizione panoramica su una delle più romantiche baie della costiera ed avvolti da una lussureggiante vegetazione, il ristorante offre ambienti in cui lo stile mediterraneo si declina tra lusso e modernità. In pratica, un distillato di Campania: dalla cucina che sposa tradizione e creatività - sempre verace e passionale - al proprietario, di travolgente empatia.

→ Fusillone con riccio di mare. Cubo di scampi, insalata di parmigiana. Seppia, wasabi e finger lime.

Menu 90/180 € – Carta 77/148 €

6 cam ⌷ – �160/180 € ♦♦180/220 € – 3 suites

via Vespucci 13/n, Nord: 1 km
– ℰ 081 808 1271 – www.ristorantequattropassi.com
– Aperto 15 marzo-31 ottobre; chiuso martedì sera e mercoledì escluso 15 giugno-15 settembre

❀ Taverna del Capitano (Alfonso Caputo) ℬ ≼ ⟍ AC ⅍ ⇔

CUCINA CREATIVA · STILE MEDITERRANEO XxX Il viaggio per arrivarci non è breve, ma si è alla fine premiati con due sale affacciate su una delle più belle spiagge della costa. Da questo mare i piccoli pescherecci portano al ristorante il pesce che troverete in tavola, talvolta di specie locali e poco conosciute, spesso proposto in originali elaborazioni.

→ Il palamito sulla pietra di mare. La zuppa di murena con pasta mischiata. Crunch di sfogliatella napoletana.

Menu 70/110 € – Carta 69/99 €

Hotel Taverna del Capitano, piazza delle Sirene 10/11
– ℰ 081 808 1028 (consigliata la prenotazione) – www.tavernadelcapitano.it
– Aperto 10 marzo-4 novembre; chiuso lunedì e martedì escluso in estate

⌂ Taverna del Capitano ⊗ ≼ AC ⅍ ⇔

FAMILIARE · LUNGOMARE Proprio di fronte alla baia di Nerano, una della più belle e nascoste della penisola sorrentina, con i propri ombrelloni, un piccolo albergo dotato di camere molto confortevoli con inserti tipici. Alcune con ampi terrazzi panoramici.

10 cam ⌷ – ♦120/150 € ♦♦180/200 € – 2 suites

piazza delle Sirene 10/11
– ℰ 081 808 1028 – www.tavernadelcapitano.it
– Aperto 11 marzo-5 novembre

❀ **Taverna del Capitano** – Vedere selezione ristoranti

a Termini Sud : 5 km ⊠ 80061

❀ Relais Blu ≼ ⛁ ⛻ ⛉ AC ⅍ P

CUCINA MODERNA · DESIGN XxX Un posto incantevole, che raggiunge l'apice nella bella terrazza con vista su Capri mentre da ogni angolo della casa il blu del cielo e del mare vanno a braccetto col bianco degli arredi e dei muri. In tanta rilassante bellezza troverete una cucina fantasiosa e moderna, con pesce e carne, tradizione e innovazione, nonché le erbe del proprio orto.

→ Tagliolini al basilico su battuto di gamberetti con calamaretti e pomodorini. Rombo chiodato con zuppetta di farro, orzo, cicerchie e cipolla di Tropea in agrodolce. Soufflé ai limoni di Massa Lubrense con gelato alla crema.

Menu 75/120 € – Carta 53/97 €

Hotel Relais Blu, via Roncato 60 – ℰ 081 878 9552 – www.relaisblu.com
– Aperto 30 marzo-31 ottobre; chiuso lunedì escluso agosto

 Relais Blu ⊗ ≤ ⇔ ⏚ ⊡ ⅙ AC P

LUSSO · DESIGN Piccolo, appartato, esclusivo relais in grado di coccolare i suoi ospiti con ambienti minimal-mediterranei realizzati con linee sobrie, tanto bianco e soprattutto con uno splendido panorama che vi si offre da ogni suo angolo.

11 cam ☲ – ♦245/345 € ♦♦245/450 € – 1 suite

via Roncato 60
- ☎ 081 878 9552 – www.relaisblu.com
- *Aperto 30 marzo-31 ottobre*
- ❀ **Relais Blu** – Vedere selezione ristoranti

MASSA MARITTIMA

Grosseto – ✉ 58024 – 8 375 ab. – Alt. 380 m – Carta regionale n° **18**-B2
Carta stradale Michelin 563-M14

⅋○ Osteria da Tronca AC

CUCINA REGIONALE · RUSTICO ⅍ In un vicolo ai margini del corso centrale - nel bel centro storico cittadino - l'atmosfera è rustica e familiare, la cucina maremmana, tra crostini, tortelli, carni e baccalà.

Carta 24/44 €

vicolo Porte 5
- ☎ 0566 901991
- *Chiuso 15 dicembre-1° marzo e mercoledì escluso agosto*

⅋○ Taverna del Vecchio Borgo

CUCINA TOSCANA · CONTESTO TRADIZIONALE ⅍ Caratteristico locale, o meglio, tipica taverna ricavata nelle antiche cantine di un palazzo sorto nel Seicento. Insieme gestito con cura, specialità della cucina toscana.

Menu 30 € – Carta 26/53 €

via Parenti 12
- ☎ 0566 902167 – *solo a cena*
- *Chiuso 15 gennaio-15 febbraio e lunedì*

⌂ La Fenice ⇔ ⏚ ⊡ ⅙ AC P

FAMILIARE · ACCOGLIENTE Risorsa nata come residence, ora funziona come hotel: piacevoli interni e camere molto confortevoli, nonché una piscina per momenti di distensivo relax. La cura riservata alla prima colazione è un momento che ben predispone alla giornata!

17 cam ☲ – ♦100/120 € ♦♦125/210 € – 12 suites

corso Diaz 63
- ☎ 0566 903941 – www.lafeniceparkhotel.it – *Aperto 1° aprile-30 ottobre*

a Ghirlanda Nord-Est : 2 km ✉ 58024

❀❀ Bracali ⅜ AC P

CUCINA CREATIVA · ELEGANTE ⅩⅩⅩ La piccola e sobria frazione nasconde un locale d'inaspettata eleganza, la cucina propone accostamenti originali, a volte lontano dalla tradizione. Due fratelli, uno in sala, l'altro ai fornelli, sono gli artefici di questa piccola gemma maremmana. Possibilità di alloggio in pieno centro storico, i proprietari ne assicurano il trasporto.
→ Gnocchi d'ortica con budino di fegato grasso e caviale d'uva fragola. Piccione con salsa di carote e cioccolato. Lo yogurt incontra il mare.

Menu 130/190 € – Carta 130/170 €

via di Perolla 2
- ☎ 0566 902318 (consigliata la prenotazione) – www.mondobracali.it
- *Chiuso 10 gennaio-10 febbraio, domenica e lunedì*

al lago di Accesa Sud : 10 km

🏠 Agriturismo Tenuta del Fontino 🀄 🐾 ⋐ 🚭 ⌨ 🐾 🅿

CASA DI CAMPAGNA · PERSONALIZZATO Particolarmente frequentata da cicloturisti, imponente villa ottocentesca in posizione isolata e collinare; le camere - a seconda delle preferenze - dispongono di arredi d'epoca o più moderni. Splendida piscina panoramica, vino e salumi di cinta prodotti dall'azienda.

23 cam ⌷ - ♦68/122 € ♦♦100/190 €

località Accesa, Est: 1,5 km ⌑ 58024 Massa Marittima - 𝒞 0566 919232
- www.tenutafontino.it - Aperto 1° aprile-1° novembre

a Tatti Est : 23 km ⌑ 58040

🍴 Il Barrino di Tatti ❶ ⋐ 🀄

CUCINA DEL TERRITORIO · CONVIVIALE 🕸 Piacevole locale con grande e panoramico servizio all'aperto per la bella stagione: partendo da un'accurata selezione delle materie prime, è qui che gusterete piatti di cucina maremmana e regionale. Forno a legna per pizze (solo la sera).

Carta 25/50 €

Hotel La Fattoria di Tatti, via Matteotti 10 - Chiuso lunedì

🏠 La Fattoria di Tatti 🐾 ⋐ 🚭

LOCANDA · CONTEMPORANEO Nella parte più alta del paese, vicino al castello e agli ultimi piani di un palazzo ottocentesco, è l'indirizzo per chi desidera una vacanza nella tranquillità di una piccola frazione, ma con vista che abbraccia sino al mare.

8 cam ⌷ - ♦60/85 € ♦♦95/120 €

via Matteotti 10 - 𝒞 0566 912001 - www.tattifattoria.it - Aperto
15 marzo-31 ottobre

🍴 **Il Barrino di Tatti** - Vedere selezione ristoranti

MASSA MARTANA

Perugia (PG) - ⌑ 06056 - 3 770 ab. - Carta regionale n° **20**-B2
Carta stradale Michelin 563-N19

🏠 San Pietro Sopra Le Acque 🀄 🐾 🚭 ⌨ 🐾 🎰 🍴 🖂 🅿 ⑆ 🆔 🚴

STORICO · PERSONALIZZATO Affreschi originali restaurati, in un ex convento del '600, convertito in elegante residenza di campagna completa nella mappa dei servizi offerti: interni curati, arredi d'epoca, la chiesetta, nonché un piccolo centro benessere. Il tutto nella magica quiete di un parco secolare con piscina e campo da tennis.

13 cam - ♦80/140 € ♦♦90/180 € - 3 suites - ⌷ 6 €

vocabolo Capertame 533, Sud-Ovest: 2 Km - 𝒞 075 889132
- www.sanpietroresort.com

MASSAROSA

Lucca - ⌑ 55054 - 22 471 ab. - Alt. 10 m - Carta regionale n° **18**-B1
Carta stradale Michelin 563-K12

🍴 La Chandelle  ⟵ ⋐ 🚭 🏨 🎰 🐾 🅿

CUCINA CLASSICA · FAMILIARE 🕸🕸 In posizione dominante sulle colline, circondato da un fiorito e fresco giardino in cui d'estate si trasferisce il servizio, è soprattutto per i suoi piatti di pesce - oltre alla cacciagione - che questo bel locale è apprezzato. Eleganti camere, spaziose e decorate a mano, alcune panoramiche.

Menu 50 € - Carta 25/73 €

8 cam ⌷ - ♦60/100 € ♦♦80/130 €

via Casa Rossa 303 - 𝒞 0584 938290 - www.lachandelle.it - Chiuso domenica
sera e martedì in settembre-giugno

a Corsanico Nord-Ovest : 10 km ⊠ 55040

🏠 Agriturismo Le Querce   🌤 🐾 ⪜ 🛋 🏊 🎿 AC P

CASA DI CAMPAGNA · AGRESTE Edificio rustico in collina tra gli ulivi. Posizione panoramica sulla costa e sul mare aperto. Interni ristrutturati con risultati positivi; piscina nel verde del giardino.

10 cam ⚤ – ♦60/70 € ♦♦115/128 €

via delle Querce 200 – ℰ 0584 954680 – www.quercedicorsanico.com – Aperto Pasqua-30 novembre

MATERA

(MT) – ⊠ 75100 – 60 436 ab. – Alt. 401 m – Carta regionale n° **2**-D1
Carta stradale Michelin 564-E31

🍴 Le Bubbole   🏠 & AC

CUCINA REGIONALE · ELEGANTE XX In un raffinato ristorante tra le mura di Palazzo Gattini, dimora storica nel cuore dei Sassi, piatti elaborati di prodotti comunque lucani (per tutte le materie prime utilizzate se ne individua la tracciabilità). Nuova gestione!

Menu 50 € – Carta 45/70 €

Pianta: B1-g – *Hotel Palazzo Gattini, via San Potito 57/a – ℰ 346 656 8117 – solo a cena – Chiuso domenica e lunedì*

🍴 Baccanti   🐧 🏠 ℅

CUCINA MODERNA · CONTESTO STORICO XX In una delle zone più suggestive dei sassi, di fronte al scenografico dirupo del parco delle chiese rupesti, il ristorante occupa gli spazi di antiche grotte, ma la cucina, pur ispirata dalle tradizioni locali, si fa più moderna, a volte creativa, sempre di ottimo livello.

Carta 41/67 €

Pianta: B2-h – *via Sant'Angelo 58/61 – ℰ 0835 333704 (consigliata la prenotazione) – www.baccantiristorante.com – Chiuso 14-28 febbraio, 2-17 luglio, domenica sera e lunedì*

🍴 L'Abbondanza Lucana   🏠 AC

CUCINA LUCANA · CONTESTO STORICO XX All'interno di una serie di grotte o, all'aperto, nel paesaggio dei sassi, la cucina vi sorprenderà per l'abbondanza delle porzioni: soprattutto nella degustazione di antipasti, ma ancor di più per l'approfondita ricerca di prodotti e piatti lucani. Un viaggio gastronomico attraverso la Basilicata.

Menu 40 € – Carta 30/63 €

Pianta: B2-n – *via Bruno Buozzi 11 – ℰ 348 898 4528 (coperti limitati, prenotare) – Chiuso domenica sera e lunedì*

🍴 Alle Fornaci   🏠 & AC

PESCE E FRUTTI DI MARE · ACCOGLIENTE X Locale in posizione centrale a pochi passi dai Sassi, ambiente curato dove gustare fragranti piatti di mare: il pescato viene comprato giornalmente nei mercati dello Ionio e del Tirreno.

🍴 Menu 22 € (pranzo in settimana)/60 € – Carta 34/116 €

Pianta: A1-a – *piazza Cesare Firrao 7 – ℰ 0835 335037 – www.ristoranteallefornaci.it – Chiuso 1 settimana in gennaio, 1 settimana in agosto, domenica sera e lunedì*

🏠 Palazzo Gattini   🐾 ⪜ 🕷 🖥 & AC 🛁

CASA PADRONALE · ELEGANTE Nella piazza centrale che dà sui Sassi, un albergo di lusso – già casa nobiliare riportata all'antico splendore grazie ad un accurato restauro – con centro benessere piccolo, ma fornito di tutto punto: zona relax tisaneria, bagno turco, doccia sensoriale, grande vasca idromassaggio.

16 cam ⚤ – ♦240/480 € ♦♦280/540 € – 4 suites

Pianta: B1-g – *Piazza Duomo, 13/14 – ℰ 0835 334358 – www.palazzogattini.it*

🍴 **Le Bubbole** – Vedere selezione ristoranti

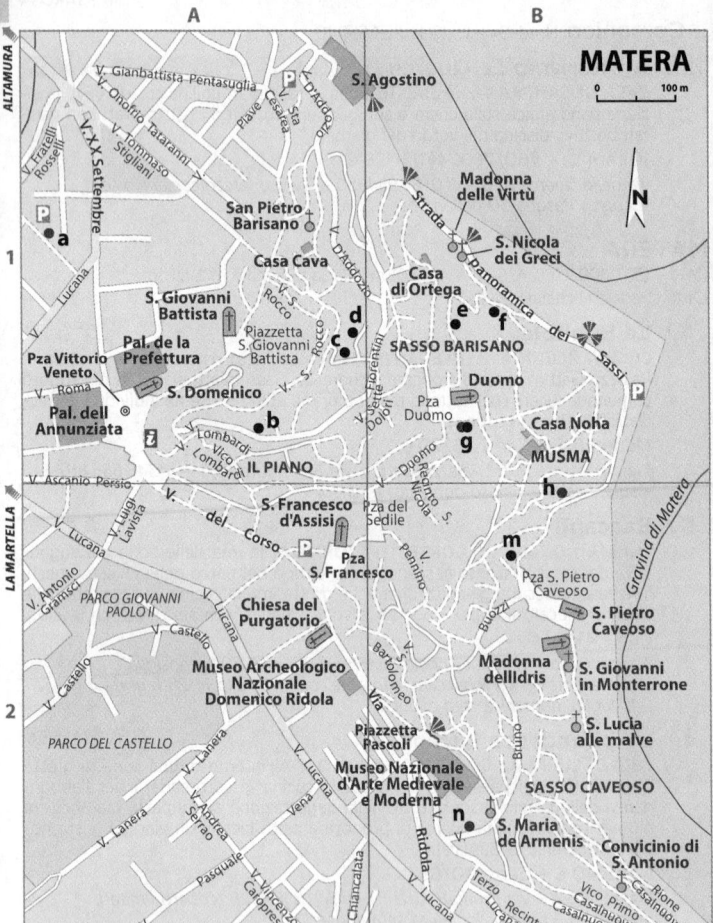

MATERA

0 ___ 100 m

ALTAMURA

LA MARTELLA

A

B

🏨 **Sant'Angelo** ☂ ♨ ⪡ AC 🛗

STORICO · CONTEMPORANEO Un concetto di ospitalità originale ed intrigante: centro nevralgico della struttura, dalla hall si diramano cortili e viottoli che portano alle varie camere, alcune aperte in grotte, dalle pareti in tufo ed eleganti arredi contemporanei. Le migliori offrono una vista mozzafiato sulla chiesa di San Pietro Caveoso.

23 cam ☑ – ♦160/400 € ♦♦160/400 € – 7 suites

Pianta: B2-m – *piazza San Pietro Caveoso* – 📞 *0835 314010* – *www.santangeloresort.it*

🏨 **Sextantio - Le Grotte della Civita** ♨ ⪡ AC

STORICO · ORIGINALE Sapiente opera di recupero di spazi antichissimi oggi trasformati, nel pieno rispetto della loro integrità strutturale, in un resort di lusso per vivere la magia di un soggiorno in grotta. Indimenticabile sala colazioni, come la camera numero 4, ricavata in un'ex chiesa rupeste.

18 cam ☑ – ♦200/1000 € ♦♦200/1000 € – 6 suites

Pianta: B1-f – *via Civita 28* – 📞 *0835 332744* – *www.sextantio.it*

🏚 Pietra 🐾 AC

STORICO · ROMANTICO Nel cuore dei sassi, ai piedi del Duomo, l'albergo è stato ricavato all'interno di un'ex chiesa seicentesca sconsacrata. Ancor oggi, nei suoi ambienti in tufo, rimane un'elegante atmosfera monastica; la camera 1004, con uno straordinario bagno, rimarrà memorabile.

9 cam ☲ – †70/120 € ††85/160 €

Pianta: A1-d – *via San Giovanni Vecchio 22 – 𝒞 0835 344040*
– www.hotelinpietra.it

🏚 Locanda di San Martino 🐾 ⪡ 🖼 🕉 🔁 AC

STORICO · PERSONALIZZATO Nel cuore del centro storico, la risorsa dispone di originali camere ricavate all'interno di grotte naturali: stanze sobriamente eleganti, molte delle quali ingegnosamente collegate agli spazi comuni attraverso cunicoli. In un contesto altamente suggestivo e solo apparentemente spartano, trova posto anche un piccolo centro benessere.

25 cam ☲ – †65/155 € ††67/240 € – 8 suites

Pianta: A1-b – *via Fiorentini 71 – 𝒞 0835 256600*
– www.locandadisanmartino.it

🏚 Sassi Hotel 🐾 ⪡ 🔁 AC

STORICO · ACCOGLIENTE Risorsa ideale per chi vuole scoprire l'attrazione più famosa della città, i Sassi. L'hotel s'inserisce a meraviglia in questo straordinario tessuto urbanistico: i suoi ambienti, infatti, sono stati ricavati da una serie di abitazioni del '700 restaurate rispettandone l'anima sobria.

33 cam ☲ – †70/90 € ††94 € – 2 suites

Pianta: A1-c – *via San Giovanni Vecchio 89 – 𝒞 0835 331009*
– www.hotelsassi.it

🏚 Le Monacelle 🐾 ⪡ 🛏 🔁 ⅖ AC ⅍

TRADIZIONALE · ACCOGLIENTE A ridosso del Duomo e nei pressi dei Sassi, splendida terrazza affacciata sul parco delle chiese rupestri, biblioteca multilingue con circa 2000 volumi e cappella consacrata in un antico convento cinquecentesco. La gemma è un piccolo, mistico giardino, là dove nel '900 c'era la prima cattedrale di Matera.

12 cam ☲ – †45/55 € ††85/95 €

Pianta: B1-e – *via Riscatto 9 – 𝒞 0835 344097 – www.lemonacelle.com*

MATTINATA

Foggia – ✉ 71030 – 6 310 ab. – Alt. 75 m – Carta regionale n° **15**-B1
Carta stradale Michelin 564-B30

🏚 Il Porto 🏠 ⪡ 🛏 🗻 🔁 ⅖ AC ⅗ 🅿

TRADIZIONALE · ELEGANTE In un complesso turistico-residenziale a circa 500 m dal mare, belle camere arredate in stile mediterraneo e mini appartamenti per soggiorni lunghi o brevi (anche una sola notte); spiaggia privata con servizio navetta.

31 suites ☲ – ††140/300 € – 17 cam

via del Mare, strada provinciale 53 al km 1,5 – 𝒞 0884 552511
– www.hotelresidenceilporto.it – Aperto 1° marzo-31 ottobre

sulla strada litoranea Nord-Est : 17 km

🏚 Baia dei Faraglioni 🏠 🐾 🛏 🗻 🕉 ⅖ 🏖 AC 🅿

LUSSO · PERSONALIZZATO A pochi passi dalla spiaggia della baia di Mergoli con vista incantevole sui faraglioni, questo bianco e lussuoso resort può vantare non pochi atout: un ascensore privato per la spiaggia privata e splendide camere, giusto per citarne due...

60 cam ☲ – †90/250 € ††110/350 € – 5 suites

località Baia dei Mergoli ✉ 71030 – 𝒞 0884 552500 – www.allegroitalia.it
– Aperto 18 maggio-23 settembre

MAULS MULES

MAZARA DEL VALLO Sicilia
Trapani – ✉ 91026 – 51 718 ab. – Carta regionale n° **17**-A2
Carta stradale Michelin 365-AK58

🏠 Mahara   ✿ 🏠 🛌 🐾 🔒 ⊡ 🚻 🅰 🚗
LUSSO · LUNGOMARE Dell'antica vineria appartenuta agli Hobbs, famosa dinastia inglese che insieme ad altri connazionali contribuì alla diffusione del Marsala, vi è rimasto solo qualche sbiadito ricordo: ora è un hotel moderno ed accogliente, piacevolmente frontemare.
81 cam ⌑ – ♦60/100 € ♦♦80/160 €
lungomare San Vito 3 – ℰ 0923 673800 – www.maharahotel.it

MAZZARÒ Sicilia Messina → Vedere Taormina

MEDUNO
Pordenone – ✉ 33092 – 1 574 ab. – Alt. 313 m – Carta regionale n° **6**-B2
Carta stradale Michelin 562-D20

🍴 La Stella   🏡 🍽 ⇔
CUCINA REGIONALE · FAMILIARE ✗ Rimane fedele alla tradizione, ai prodotti tipici della zona ed alla loro stagionalità, la cucina di questa graziosa trattoria di paese dalla brillante gestione familiare. Tutto - dal cibo al vino - viene proposto a voce!
Carta 24/65 €
via Principale 38 – ℰ 0427 86124 – Chiuso 1°-10 gennaio, 1°-7 settembre, sabato a mezzogiorno, domenica sera e mercoledì

MEINA
Novara – ✉ 28046 – 2 479 ab. – Alt. 214 m – Carta regionale n° **13**-B2
Carta stradale Michelin 561-E7

🏠 Villa Paradiso   ✿ ⇐ 🏠 🛌 🔒 ⊡ 🚻 🅰 🚗 🅿
TRADIZIONALE · VINTAGE Grande costruzione d'inizio '900, in posizione panoramica, avvolta da un parco, in cui è inserita la piscina, dotata anche di spiaggetta privata. Gestione intraprendente. Al ristorante le ricercatezze negli arredi donano all'atmosfera una certa eleganza.
56 cam ⌑ – ♦75/140 € ♦♦120/180 €
via Sempione 125 – ℰ 0322 660488 – www.hotelvillaparadiso.com – Aperto 27 marzo-30 ottobre

🏠 Bel Sit   ⇐ 🔒 ⊡ 🚻 🅰 🍽 🚗
FAMILIARE · BORDO LAGO Piccola struttura dagli interni confortevoli e lineari, soprattutto nelle camere moderne. Il retro dell'hotel è tutto proiettato sul lago con attracco per barche e spiaggetta.
18 cam ⌑ – ♦100/120 € ♦♦140/165 €
via Sempione 76 – ℰ 0322 660880 – www.bel-sit.it
– Aperto 30 marzo-31 ottobre

MELDOLA
Forlì-Cesena – ✉ 47014 – 9 970 ab. – Alt. 58 m – Carta regionale n° **5**-D2
Carta stradale Michelin 562-J18

⊛ Il Rustichello 🕏 🎧 ⚋ ⚙

CUCINA REGIONALE · CONTESTO TRADIZIONALE ⅩⅩ Trattoria appena fuori dal centro in cui rivivono i sapori della tradizione gastronomica romagnola e dove la gentile ospitalità è di casa nella giovane gestione. Specialità: mezze-lune di zucca e patate al formaggio di fossa.

🕿 Menu 25 € (pranzo in settimana)/30 € – Carta 22/66 €

via Vittorio Veneto 7 – ℰ 0543 495211 – Chiuso 6-31 agosto, lunedì e martedì

MELETO Arezzo → Vedere Cavriglia

MELFI

Potenza – ✉ 85025 – 17 767 ab. – Alt. 530 m – Carta regionale n° **2**-A1
Carta stradale Michelin 564-E28

⊛ La Villa 🎧 ⇆ 🅿

CUCINA LUCANA · ACCOGLIENTE ⅩⅩ Ricette locali rispettose dei prodotti del territorio, in un ristorante con orto e produzione propria di uova e farina: ambiente intimo e curato, grazie alle tante attenzioni della famiglia che lo gestisce. Vivamente consigliati: il capretto lattone alle erbette aromatiche spontanee su brace di pietra lavica - mousse di ricotta vaccina al vino cotto di Aglianico e mandorle.

🕿 Menu 10 € (in settimana)/45 € – Carta 20/46 €

*strada statale 303, verso Rocchetta Sant'Antonio, Nord: 1,5 Km
– ℰ 0972 236008 – Chiuso 23 luglio-7 agosto, domenica sera e lunedì*

ⅠⅠ○ Novecento 🕭 ⇆ 🎧 🎧 🏋 🅿

CUCINA DEL TERRITORIO · FAMILIARE Ⅹ Ai margini della località, in posizione tranquilla, la gestione familiare vi preparerà piatti locali a prezzo contenuto, in un soggiorno che può prolungarsi in camere semplici ma accoglienti.
Carta 22/45 €

7 cam 🖙 – ⅰ70/75 € ⅰⅰ85/95 € – 3 suites

*contrada Incoronata, Ovest: 1,5 km – ℰ 0972 237470 – www.novecentomelfi.it
– Chiuso domenica sera e lunedì*

MELITO IRPINO

Avellino – ✉ 83030 – 1 920 ab. – Alt. 242 m – Carta regionale n° **4**-C1
Carta stradale Michelin 564-D27

ⅠⅠ○ Antica Trattoria Di Pietro 🎧

CUCINA REGIONALE · FAMILIARE Ⅹ Trattoria con alle spalle una lunga tradizione familiare, giunta ormai alla terza generazione. Pizze e cucina campana, preparata e servita con grande passione.

🕿 Menu 25 € (in settimana)/35 € – Carta 18/36 €

corso Italia 8 – ℰ 0825 472010 – www.anticatrattoria-dipietro.com – Chiuso 10-20 settembre e mercoledì

MENAGGIO

Como – ✉ 22017 – 3 143 ab. – Alt. 203 m – Carta regionale n° **9**-A2
Carta stradale Michelin 561-D9

🏨 Grand Hotel Menaggio 🕏 ≤ 🕭 🎋 🎧 🔔 ⤢ 🎧 🏋 🚗

DIMORA STORICA · BORDO LAGO Prestigioso hotel affacciato direttamente sul lago, presenta ambienti di grande signorilità ed eleganza e una terrazza con piscina dalla meravigliosa vista panoramica. Le emozioni di un pasto consumato in compagnia della bellezza del lago.

94 cam 🖙 – ⅰ150/190 € ⅰⅰ190/520 € – 1 suite

*via 4 Novembre 77 – ℰ 0344 30640 – www.grandhotelmenaggio.com
– Aperto 1° marzo-31 ottobre*

MENFI Sicilia

Agrigento – ⊠ 92013 – 12 592 ab. – Alt. 119 m – Carta regionale n° **17**-B2
Carta stradale Michelin 365-AM58

in prossimità del bivio per Porto Palo Sud-Ovest : 4 km

🏠 La Foresteria-Planeta Estate   🏠 🕭 🛋 ⌇ ♨ ⊡ ⅃ 🅐🅒 🅿

RESORT · PERSONALIZZATO Per un soggiorno all'insegna del relax, a pochi minuti d'auto c'è anche la spiaggia privata presso il Lido dei Fiori, un "wine resort" come amano definirsi, circondati dai vigneti dell'azienda ed avvolti dai profumi delle erbe aromatiche, che con il loro nome contraddistinguono le camere. Cucina siciliana contemporanea al ristorante.

14 cam ⊆ – ♦150/270 € ♦♦180/300 €

*Contrada Passo di Gurra – ℰ 0925 195 5460 – www.planetaestate.it
– Chiuso 10 novembre-26 dicembre e 7 gennaio-28 febbraio*

CI PIACE...

L'ospitalità familiare del **Meister's Hotel Irma**. Il fascino dell'illustre passato Belle Epoque dell'hotel **Bavaria**. La terrazza affacciata su centro storico e passeggiate del ristorante **Sigmund**. La vista mozzafiato dalla terrazza del **Castel Fragsburg**, aggrappati su uno sperone di roccia!

MERANO MERAN

(BZ) – ✉ 39012 – 39 462 ab. – Alt. 325 m – Carta regionale n° **19**-B2
Carta stradale Michelin 562-C15

Ristoranti

❀ **Sissi** (Andrea Fenoglio)   🎴 🅰🅲 ⟷
CUCINA MODERNA · VINTAGE ✗✗ Lampadari, pavimenti, decorazioni... una sala liberty e dal sapore retrò che costituisce un gioiello in sé. La cucina invece si evolve in continuazione, sempre tesa a dare nuove forme e colori a vecchi classici.
→ Spaghetti "Omega3". Cappello del prete di vitello con salsa al tartufo nero. Cioccolato -7°.
Menu 40 € (pranzo in settimana)/90 € – Carta 56/87 €
Pianta: C1-x – *via Galilei 44* – ☏ 0473 231062 – *www.sissi.andreafenoglio.com*
– Chiuso 3 settimane in febbraio-marzo, martedì a mezzogiorno e lunedì

🍴 **Kallmünz**   🎴 🏡 🅿
CUCINA CLASSICA · CONTESTO TRADIZIONALE ✗✗ Riferimenti alla tradizione gastronomica del territorio e qualche specialità a base di pesce - in sintesi, quindi, cucina classica variegata - in un piacevole locale del centro con wine-bar per aperitivi e dopo-cena.
Menu 40/65 € – Carta 39/72 €
Pianta: D2-e – *piazza Rena 12*
– ☏ 0473 212917 – www.kallmuenz.it
– Chiuso 15 gennaio-15 marzo, 1 settimana in luglio, 1 settimana in novembre

🍴 **Sigmund** Ⓝ   ⟷ 🏡 🅰🅲
CUCINA DEL TERRITORIO · CONTESTO TRADIZIONALE ✗✗ Pietra grezza, tavoli distanziati, rappresentazioni moderne alle pareti, per una cucina classica legata alla regione in un locale centrale e con origini storiche.
Carta 31/81 €
4 cam ⌑ – 🛏120/160 € 🛏🛏170/210 €
Pianta: D2-a – *corso della Libertà 2* ✉ 39012 – ☏ 0473 237749
– www.restaurantsigmund.it – Chiuso mercoledì

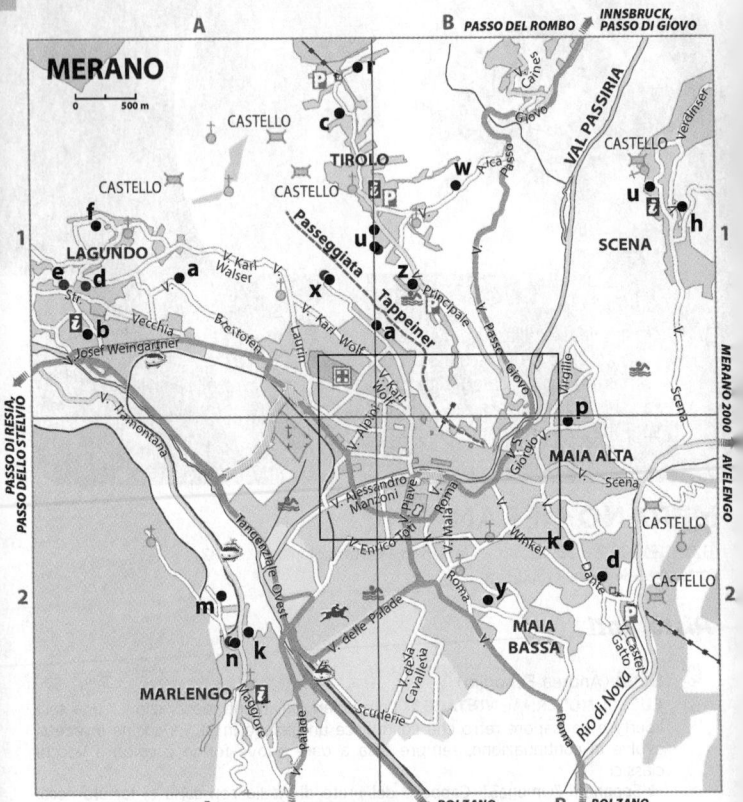

CASTELLO
CASTELLO
TIROLO
CASTELLO
LAGUNDO

V. Karl Walser
Passeggiata Tappeiner
V. Vecchia
Str.
Josef Weingartner
V. Karl Wolf
V. Laurin
V. Breitofen

SCENA
CASTELLO

VAL PASSIRIA
INNSBRUCK, PASSO DEL ROMBO
PASSO DI GIOVO

V. Giovo
V. Carnes
Passo

MAIA ALTA
V. Giorgio V.
V. Scena
CASTELLO

MERANO 2000
AVELENGO
MERANO 2000

PASSO DI RESIA,
PASSO DELLO STELVIO

V. Tramontana
Tangenziale Ovest
V. Alpini
V. Karl Wolf
V. Alessandro Manzoni
V. Enrico Toti
V. Maia Roma
V. della Palade
V. delle Palade
V. della Cavalleria
Scuderie
V. Maggiore

Virgilio
V. Scena
V. Winkel
V. Dante
Castel Gatto
Rio di Nova
Roma

MAIA BASSA
CASTELLO

MARLENGO

LANA
BOLZANO
BOLZANO

Alberghi

🏨🏨🏨 Park Hotel Mignon

🏔 🐕 ⚔ 🏊 🎿 🖼 🧖 🏋 🎱 🔒 🆎 🚗

SPA E WELLNESS · PERSONALIZZATO A due passi dal centro, ma immerso in un parco alberato e con uno straordinario centro benessere; non deluderanno neppure le camere, moderne, spesso arredate con materiali locali e una splendida terrazza-solarium.

50 cam ♨ – ♦195/246 € ♦♦290/344 € – 13 suites

Pianta: D2-v – *via Grabmayr 5 – ℰ 0473 230353 – www.hotelmignon.com – Aperto 28 marzo-13 novembre*

🏨🏨🏨 Meister's Hotel Irma

🏔 🐕 ⚔ 🏊 🎿 🖼 🧖 🏋 🎱 🆎 🚗

SPA E WELLNESS · ELEGANTE Safari lodge (suite racchiusa da una tenda nel mezzo del giardino) o camera sugli alberi? Ma c'è anche la casa principale e le dépendance - ognuna con il suo stile - un giardino con roseto, il laghetto dei cigni, la terrazza panoramica all'ultimo piano per le straordinarie colazioni, una romantica stube, nonché la più affettuosa accoglienza familiare. Ecco uno degli alberghi più belli della regione!

50 cam ♨ – ♦162/265 € ♦♦172/305 € – 19 suites

Pianta: B2-p – *via Belvedere 17 – ℰ 0473 212000 – www.hotel-irma.com – Aperto 15 marzo-15 novembre*

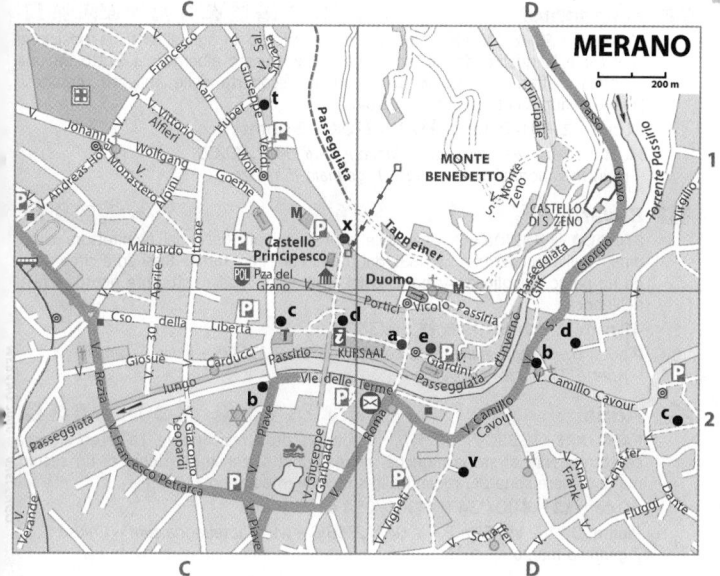

🏨 Villa Tivoli 　　　　　　🕸️🐾🛋️🍽️🔥🖥️🏠📶🎁🚗

FAMILIARE · PERSONALIZZATO Risorsa di livello, in posizione soleggiata e isolata, connotata da un piacevole stile d'ispirazione mediterranea e da un lussureggiante parco-giardino. Nelle camere troverete un sapiente mix di antico e
moderno, alcune di design contemporaneo, mentre nelle dépendance - aperte
tutto l'anno - diversi luminosi (e ancor più defilati) appartamenti.

18 cam ☕ – †135/150 € ††206/240 € – 3 suites

Pianta: A1-x – *via Verdi 72* – ✆ *0473 446282* – *www.villativoli.it* – *Aperto
18 marzo-6 novembre*

🏨 Ansitz Plantitscherhof 　　🕸️🛋️🍽️🔥🖥️🕹️📶🛁🎁🚗

SPA E WELLNESS · PERSONALIZZATO Un gradevolissimo buen retiro
immerso nei vigneti: non parrà neppure di essere alla periferia di Merano!
Splendido giardino con terrazze, le camere sono continuamente rinnovate.

40 cam ☕ – †170/265 € ††320/490 € – 10 suites

Pianta: B2-k – *via Dante 56*
– ✆ 0473 230577 – www.plantitscherhof.com
– Chiuso inizio gennaio-inizio marzo

🏨 Pienzenau am Schlosspark 　　🕸️🛋️🍽️🔥🖥️📶🎁🚗

FAMILIARE · PERSONALIZZATO In zona collinare alla periferia di Merano ma
ben collegato con il centro grazie ad un autobus che passa ogni quindici
minuti, l'hotel è un inno a sua maestà la rosa, che si ritrova ovunque, a
cominciare dai saponi profumati in vendita alla reception. In stile country,
vagamente inglese, le camere sono tutte ampie e spesso anche i bagni. Terrazza solarium panoramica.

25 cam ☕ – †180/200 € ††240/280 € – 5 suites

Pianta: B2-d – *via Pienzenau 1*
– ✆ 0473 234030 – www.hotelpienzenau.com
– Aperto 26 marzo-14 novembre

🏨 Meranerhof 🌾 🍴 🛏 🕎 🛋 ⚙ 🔒 ♿ 🅰🅲 🏔 🅿

STORICO · FUNZIONALE All'interno di un edificio in stile liberty, la posizione centrale e la qualità dei servizi fanno sì che questo albergo sia eletto da una clientela d'affari, così come da turisti alla scoperta delle bellezze meranesi. Nuovo beauty center e curato giardino.

61 cam ☲ – ♦120/185 € ♦♦230/270 € – 3 suites

Pianta: C2-b – *via Alessandro Manzoni 1* – *℘ 0473 230230*
– *www.meranerhof.com* – *Chiuso 1° gennaio-15 marzo*

🏨 Bavaria 🌾 🍴 🛏 🕎 🔒 🅿

STORICO · FUNZIONALE Una delle espressioni più belle dell'architettura cittadina, la villa fu costruita nel 1883 dal fratello dell'imperatrice Sissi ed è circondata da un parco rigoglioso. Arredi classici all'interno, la sala ristorante ricorda i fasti dell'epoca.

49 cam ☲ – ♦95/199 € ♦♦180/330 €

Pianta: D2-b – *via salita alla Chiesa 15* – *℘ 0473 236375* – *www.bavaria.it*
– *Aperto 23 marzo-4 novembre*

🏨 Adria 🌾 🦮 🍴 🛏 🕎 🛋 ⚙ 🔒 🏔 🅿

FAMILIARE · PERSONALIZZATO In zona verde e residenziale, l'albergo sfoggia centotrent'anni di storia, nonché un romantico ascensore vecchio di un secolo, ma le camere sono più recenti e in stile contemporaneo.

40 cam ☲ – ♦110/134 € ♦♦166/254 € – 5 suites

Pianta: D2-d – *via Gilm 2* – *℘ 0473 236610* – *www.hotel-adria.com* – *Chiuso 7 gennaio-marzo*

🏨 Pollinger 🌾 🦮 🍴 🛏 🕎 🕎 ⚙ 🔒 🛋 🅰🅲 🐾 🍴

FAMILIARE · PERSONALIZZATO L'ubicazione consente di godere di una notevole tranquillità: aspetto che certamente sarà apprezzato dagli ospiti di questa bella risorsa con balconi in tutte le camere, giardino ben curato e piscina riscaldata.

32 cam ☲ – ♦124/152 € ♦♦178/200 €

Pianta: B2-y – *via Santa Maria del Conforto 30* – *℘ 0473 270004*
– *www.pollinger.it* – *Chiuso 7 gennaio-25 marzo*

🏨 ImperialArt 🔒 🅰🅲 🐾

LOCANDA · PERSONALIZZATO Una modernissima risorsa in pieno centro: piccola è la hall, più spazio è dedicato invece all'omonimo bar adiacente, assai frequentato e dove si serve la prima colazione. Ai piani, le camere impreziosite dal lavoro di artisti contemporanei.

12 cam ☲ – ♦117/290 € ♦♦195/360 €

Pianta: C2-d – *corso della Libertà 110* – *℘ 0473 237172* – *www.imperialart.it*

🏨 Ottmanngut 🍴 🅿

STORICO · VINTAGE A due passi dal centro ma in posizione tranquilla, è l'esempio di uno splendido recupero di una casa del 1290 con arredi d'epoca, incantevole giardino con piccolo agrumeto e orangerie, vigneto e prodotti locali serviti a colazione.

9 cam ☲ – ♦124/129 € ♦♦240/298 €

Pianta: C1-t – *via Verdi 18* – *℘ 0473 449656* – *www.ottmanngut.it*
– *Chiuso 8 gennaio-22 marzo*

🏨 Sonnenhof 🌾 🦮 🍴 🛏 ⚙ 🛋 🔒 ♿ 🍴

FAMILIARE · ROMANTICO Hotel edificato secondo uno stile che richiama alla mente una fiabesca dimora con giardino. Gli interni sono accoglienti, soprattutto le camere, semplici e spaziose.

16 cam ☲ – ♦78/120 € ♦♦164/204 € – 3 suites

Pianta: D2-c – *via Leichter 3* – *℘ 0473 233418* – *www.sonnenhof-meran.com*
– *Chiuso 8 gennaio-22 marzo*

🏠 Agriturismo Sittnerhof

FAMILIARE · PERSONALIZZATO Un indirizzo straordinario e per più di un motivo! Non lontano dal centro - eppure già inserito in un contesto verde con le colline alle spalle - quest'edificio rustico del 1366 molto ben restaurato, pratica prezzi interessanti, accoglienza simpatica e familiare, camere nuove, ma anche tre appartamenti. La prima colazione è servita in una romantica stube dell'Ottocento.

6 cam ☲ – ∗80/105 € ∗∗118/150 €

Pianta: AB1-a – *via Verdi 60*
– *✆ 0473 221631 – www.bauernhofurlaub.it*

a Freiberg Sud-Est : 7 km per Avelengo B2 ⊠ 39012 – Merano – Alt. 800 m

🌸 Castel Fragsburg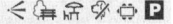

CUCINA MODERNA · ROMANTICO ✗✗ Cambio di guardia nel 2017 con un ragazzo di origini siciliane che imposta una fresca cucina basata su tre menu, dove l'armonia di mare e monti non mancherà di conquistare il vostro palato. E se non bastasse, la vista dalla terrazza è eccellente!
➜ Canederli di barbabietola con insalatina e salsa fine. Filetto di cervo con mirtilli rossi e contorni delicati. "Frag-sacher".

Menu 85/150 € – Carta 62/120 €

Hotel Castel Fragsburg, via Fragsburg 3
– *✆ 0473 244071 (consigliata la prenotazione) – www.fragsburg.com – solo a cena*
– *Aperto 20 aprile-14 novembre; chiuso lunedì*

🏰 Castel Fragsburg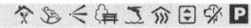

DIMORA STORICA · PERSONALIZZATO Ad un passo dal cielo, ma fortemente radicato nella roccia è il biglietto da visita di questo splendido albergo lussuoso nelle camere ed attento al benessere dei suoi ospiti che troveranno presso la spa trattamenti moderni e preparati terapeutici realizzati con elementi raccolti manualmente in loco.

20 suites ☲ – ∗∗360/720 €

via Fragsburg 3
– *✆ 0473 244071 – www.fragsburg.com*
– *Aperto 20 aprile-11 novembre*
  🌸 **Castel Fragsburg** – Vedere selezione ristoranti

MERCATALE Firenze ➜ Vedere San Casciano in Val di Pesa

MERCATO SAN SEVERINO

Salerno (SA) – ⊠ 84085 – 22 322 ab. – Alt. 146 m – Carta regionale n° **4**-B2
Carta stradale Michelin 564-E26

🌸 Casa del Nonno 13

CUCINA CREATIVA · RUSTICO ✗✗ Ebbene sì, il nuovo chef ha portato una simpatica ventata di creatività in cucina; restano – tuttavia - i menu degustazione legati alla tradizione e la tipicità dell'ambiente, ospiti in quelle che un tempo erano bottaie per l'invecchiamento e la conservazione dei vini. Adiacente l'invitante locale più easy, 13 Salumeria & Cucina.
➜ Ravioli di gamberi rossi, lemongrass, bisque e burrata. Tonno rosso croccante, tapioca, maionese di miso, salsa di ostriche e katsuobushi. Crumble alla fava di tonka, cremoso al caffè, spuma e gelato al cioccolato.

Menu 55/70 € – Carta 56/84 €

via Caracciolo 13, località Sant'Eustachio
– *✆ 089 894399 – www.casadelnonno13.it – solo a cena escluso sabato e domenica – Chiuso agosto, domenica sera e martedì*

MERCENASCO

Torino – ⊠ 10010 – 1 257 ab. – Alt. 249 m – Carta regionale n° **12**-B2
Carta stradale Michelin 561-F5

🕪 **Darmagi**

CUCINA REGIONALE • FAMILIARE XX Villetta in posizione defilata caratterizzata da una calda atmosfera familiare, soprattutto nella bella sala con camino. La cucina è ricca di proposte della tradizione.

🍴 Menu 21/35 € – Carta 37/54 €

via Rivera 7 – ℰ 0125 710094 – www.ristorantedarmagi.it – Chiuso 1 settimana in giugno, lunedì e martedì

MERGOZZO

Verbano-Cusio-Ossola – ⊠ 28802 – 2 185 ab. – Alt. 204 m – Carta regionale n° **13**-A1
Carta stradale Michelin 561-E7

🕪 **La Quartina**

CUCINA REGIONALE • FAMILIARE XX Alle porte della località, un piacevole locale affacciato sul lago con una luminosa sala ed un'ampia terrazza dove assaporare la cucina del territorio e specialità lacustri. Camere semplici, accoglienti e sempre curate.

Menu 30/65 € – Carta 43/74 €

8 cam ⊿ – †80/100 € ††125/135 € – 5 suites

*via Pallanza 20 – ℰ 0323 80118 – www.laquartina.com – Aperto
2 marzo-31 ottobre; chiuso martedì a mezzogiorno*

🕪 **Caffetteria la Fugascina**

CUCINA MODERNA • BISTRÒ X Direttamente sulla piazzetta con piacevole dehors, simpatico locale-caffetteria dove potersi accomodare per gustare piatti della tradizione regionale oppure per un aperitivo.

Carta 37/58 €

*piazza Vittorio Veneto 8 – ℰ 0323 800970 – www.fugascina.it
– Chiuso 10 gennaio-10 febbraio, lunedì escluso giugno-settembre, solo su prenotazione la sera in ottobre-marzo*

🏠 **Due Palme**

FAMILIARE • CLASSICO In un'oasi di tranquillità - sulle rive del lago di Mergozzo, ma a pochi passi dal centro - un'elegante residenza d'epoca trasformata in hotel offre camere di taglio classico. Al ristorante: tradizionale cucina del territorio servita nelle belle sale dal caratteristico stile leggermente retrò o sulla terrazza dalla vista impareggiabile sui dintorni. A 30 metri ca. dalla casa madre, su cui ci si appoggia per i servizi generali, una graziosa realtà anch'essa d'indiscusso confort.

48 cam ⊿ – †70/85 € ††125/135 €

*via Pallanza 1 – ℰ 0323 80112 – www.hotelduepalme.it
– Aperto 20 marzo-20 ottobre*

MESCO La Spezia → Vedere Levanto

MESE Sondrio → Vedere Chiavenna

MESIANO Vibo Valentia → Vedere Filandari

MESSADIO Asti → Vedere Montegrosso d'Asti

MESSINA Sicilia

(ME) – ⊠ 98122 – 238 439 ab. – Carta regionale n° **17**-D1
Carta stradale Michelin 365-BC54

ⅱ◯ Marina del Nettuno   🍴 🅰🅲

CUCINA CREATIVA · ELEGANTE ✗✗✗ Come il nome lascia intendere, questo ristorante e lounge bar si trova proprio sul molo dello Yachting Club Messina. Se l'ambiente è minimalista ed elegante, la sua cucina creativa predilige il pesce.

Carta 39/72 €

Batteria Masotto-viale della Libertà – 𝄡 347 289 0478 – www.marinadelnettuno.it – solo a cena – Chiuso lunedì escluso in estate

ⅱ◯ La Durlindana   🍴 🅳 🅰🅲

PESCE E FRUTTI DI MARE · ACCOGLIENTE ✗✗ Alle spalle del tribunale, cucina a vista, nonché ambienti originali valorizzati da un curato cortile interno con veranda e dehors, per una cucina a carattere regionale. Tra gli imperdibili: stocco alla ghiotta e il Colapesce (pesce spada in umido con sautè di cozze e vongole).

Carta 28/60 €

Pianta: AB3-a – *via Nicola Fabrizi 143/145 ✉ 98123 – 𝄡 090 641 3156 (consigliata la prenotazione) – www.ladurlindana.com – Chiuso domenica in luglio-agosto*

ⅱ◯ Piero   🅳 🅰🅲 ⟷

CUCINA REGIONALE · AMBIENTE CLASSICO ✗✗ Dal 1962 l'omonimo titolare gestisce questo ristorante classico ed elegante, recentemente rinnovato; specialità marinare, ma non mancano insalatone, ricette di carne, pizze e proposte per celiaci.

🍴 Menu 25/30 € – Carta 36/51 €

Pianta: B3-s – *via Ghibellina 119 ✉ 98123 – 𝄡 090 640 9354 – Chiuso 15-31 agosto e domenica sera*

a Ganzirri per viale della Libertà Nord : 9 km B1 ✉ 98165

🙂 La Sirena   🍴 🅰🅲 🚳

PESCE E FRUTTI DI MARE · SEMPLICE ✗ Sul lago di Ganzirri, una trattoria che propone solo pesce locale, dagli involtini di spada, di aguglia reale o di spatola alle vongole veraci: preparazioni schiette e semplici, ma di grande gusto per il palato.

Menu 35/50 € – Carta 23/49 €

via Lago Grande 96 – 𝄡 090 391268 (consigliata la prenotazione) – Chiuso mercoledì

MESTRE

Venezia – ✉ Mestre – Carta regionale n° **23**-C2
Carta stradale Michelin 562-F18

🙂 Ostaria da Mariano   🅰🅲

CUCINA REGIONALE · FAMILIARE ✗ Vicino al centro storico, il patron è cresciuto tra le mura di questa osteria che ha varcato la soglia dei 50 anni di storia: allegra e conviviale come sempre, qui si possono gustare i piatti della tradizione come i bigoi in salsa, il fegato alla veneziana o il baccalà mantecato.

Menu 40 € (in settimana) – Carta 24/57 €

Pianta: B1-c – *via Spalti 49 ✉ 30137 – 𝄡 041 615765 – www.ostariadamariano.it – Chiuso vacanze di Natale, 2 settimane in agosto, sabato e domenica*

ⅱ◯ Da Tura   🍴 🅰🅲 🚳 ⟷ 🅿

CUCINA ITALIANA · CONTESTO CONTEMPORANEO ✗✗ Ha una propria vita autonoma e non potrebbe essere diversamente visto che nacque prima il ristorante dell'hotel; la cucina si destreggia abilmente tra piatti veneti e classici nazionali. Si raddoppia con il bar-bistrot: carta light a pranzo e piatti regionali la sera.

Carta 28/54 €

Pianta: A2-e – *Hotel Bologna, via Piave 214 ✉ 30171 – 𝄡 041 252 8740 – www.hotelbologna.com – Chiuso agosto*

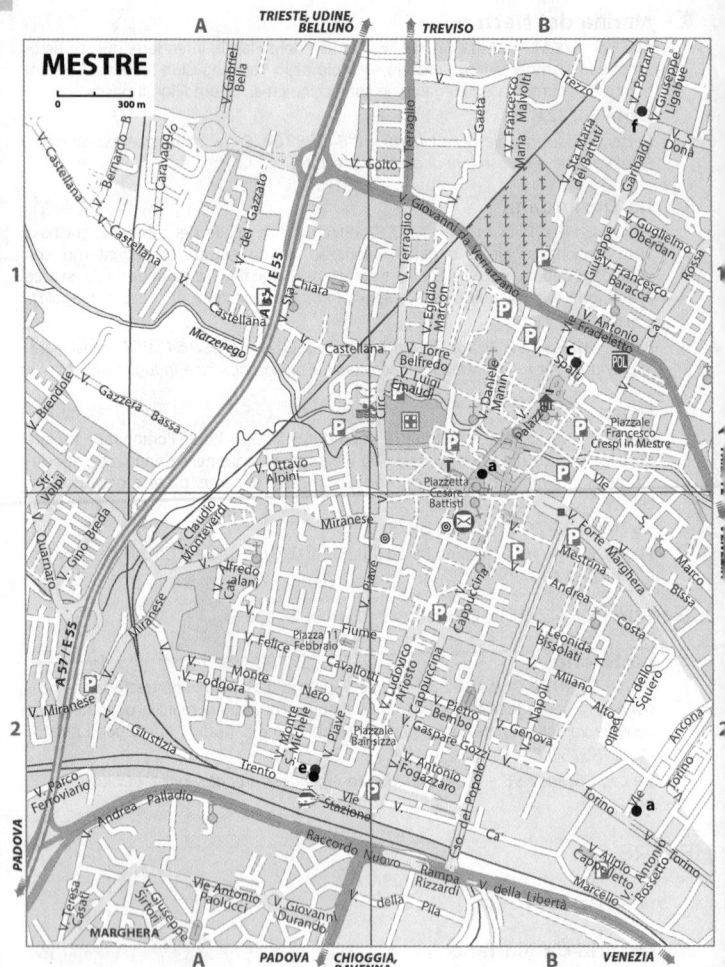

🍽 Al Leone di San Marco

PESCE E FRUTTI DI MARE · FAMILIARE X Sono ormai parecchi anni che il ristorante - a gestione diretta - si fa apprezzare per le sue fragranti specialità di pesce: non mancano mai le crudità così come la griglia accesa pranzo e cena. Il tutto da gustare in un ambiente semplice, ma accogliente.

Carta 50/68 €

Pianta: B1-f – via Trezzo 6, località Carpenedo ⊠ 30174 – ℰ 041 534 1742 (consigliata la prenotazione) – Chiuso 1°-10 gennaio, 6-26 agosto, domenica sera e lunedì

🏨 NH Laguna Palace

PALACE · MODERNO Due edifici chiamati "building", distinti e ingegnosamente separati da un canale-darsena: in entrambi camere spaziose ed una propria sala per la prima colazione, ma l'edificio A ospita in più il ristorante ed un grande centro congressi.

376 cam ⊵ – †60/365 € ††60/365 €

Pianta: B2-a – viale Ancona 2 ⊠ 30172 – ℰ 041 829 6111 – www.nh-hotels.com

🏠 Bologna   ⊞ 🆈 ⅏ 🅿

TRADIZIONALE · MODERNO Davanti la stazione ferroviaria, oltre cent'anni di attività e nemmeno una ruga! Il merito è della famiglia che lo gestisce, sempre la stessa e sempre con la stessa passione. L'hotel offre confort e camere di taglio moderno.

109 cam – ♦90/260 € ♦♦120/370 € – � 5 €

Pianta: A2-e – *via Piave 214* ✉ *30171* – ℰ *041 931000 – www.hotelbologna.com*

🍴 **Da Tura** – Vedere selezione ristoranti

🏠 Al Vivit   ⊞ ♿ 🆈 🕸 🅿

TRADIZIONALE · CLASSICO Chi è alla difficoltosa ricerca del piccolo centro storico di Mestre troverà il suo nido: affacciato sulla piazza centrale, vicino al teatro, cortesia e accoglienza sono di casa.

28 cam � – ♦69/155 € ♦♦89/178 € – 2 suites

Pianta: B1-a – *piazza Ferretto 73* ✉ *30174* – ℰ *041 951385 – www.hotelvivit.com*

a Zelarino Nord : 2 km per Treviso B1 ✉ 30174

🍴 Al Segnavento   🈵 🏠 ⅃ 🆈 🅿

CUCINA REGIONALE · FAMILIARE XX Dall'azienda agricola al piatto: frutta, verdura, ovini, maiali e un'invitante varietà d'anatre sono il fiore all'occhiello di un ristorante a chilometro zero. A lato un nuovissimo bistrot, l'agriosteria Ai Brillanti, per degustazioni più easy e mescita di vini.

Carta 45/57 €

Agriturismo al Segnavento-Fiori e Frutti, via Gatta 76/c, località Santa Lucia di Tarù (prenotazione obbligatoria a mezzogiorno) – Chiuso gennaio, agosto, domenica sera, lunedì e martedì

🏠 Agriturismo al Segnavento-Fiori e Frutti   🐾 🈵 ⅃ 🆈 🅿

CASA DI CAMPAGNA · PERSONALIZZATO Allevamento di ovini, suini e avicoli di tutte le razze in questa elegante farm house caratterizzata da raffinate camere, contraddistinte ognuna da un leit motiv decorativo.

14 cam � – ♦70/130 € ♦♦79/229 €

via Gatta 76/c, località Santa Lucia di Tarù – ℰ 041 502 0075 – www.alsegnavento.it

🍴 **Al Segnavento** – Vedere selezione ristoranti

a Campalto Est: 5 km per Trieste A1 ✉ 30030

🍴 Trattoria Al Passo   🏠 🆈

PESCE E FRUTTI DI MARE · FAMILIARE XX Da oltre 70 anni un avvicendarsi di generazioni appartenenti alla stessa famiglia guidano questo gradevole ristorante fuori città, nella sala interna stile marina o nella luminosissima sala-veranda vi verrà proposta una cucina a tutto pesce: crudi, cotture alla griglia, fritti e numerosi condimenti per i primi piatti. A sancire il gran finale un'ampia carta dei dessert.

Carta 52/97 €

via Passo 118 ✉ *30124 – ℰ 041 900470 – Chiuso 26 dicembre-6 gennaio, agosto, lunedì e martedì*

a Chirignano Ovest : 2 km per via Miranese A2 ✉ 30030

🍴 Ai Tre Garofani   🏠 ⟳ 🅿

PESCE E FRUTTI DI MARE · AMBIENTE CLASSICO XX Un inaspettato angolo di eleganza nella campagna veneta unito a tocchi di calda rusticità; tanto pesce cotto in sala allo spiedo e un celebre risotto con i gò (pesce di laguna).

Carta 33/65 €

via Assegiano 308 – ℰ 041 991307 – www.ristoranteaitregarofani.it – Chiuso lunedì

MEZZANA

Trento – ✉ 38020 – Mezzana – 895 ab. – Alt. 940 m – Carta regionale n° **19**-B2
Carta stradale Michelin 562-D14

🏠 Val di Sole   ✿ ≼ 🛏 🗔 🐖 🕸 ⅃ᴼ ⊡ 🧖 🛋

TRADIZIONALE · FUNZIONALE In posizione rientrante, ma sempre lungo la via principale del paese, un hotel a conduzione familiare che offre piacevoli camere, un'attrezzata spa e, per i più piccoli, un mini parco acquatico dedicato.

66 cam ⚌ – †70/75 € ††120/140 €

via 4 Novembre 135 – 𝒞 0463 757240 – www.hotelvaldisole.it – Aperto inizio dicembre-inizio aprile e 15 giugno-15 settembre

MEZZANE DI SOTTO

Verona – ✉ 37030 – 2 519 ab. – Alt. 122 m – Carta regionale n° **22**-B2
Carta stradale Michelin 562-F15

🏠 Agriturismo i Tamasotti   ✿ 🐎 ≼ 🛏 🆎 🧖 🅿

FAMILIARE · AGRESTE Per chi è in cerca di tranquillità, qui ce n'è da vendere. Tra il verde dei vigneti, è la proprietaria ad occuparsi dei fornelli, proponendo gustosi piatti del territorio in un grazioso agriturismo con poche camere, tutte ben curate.

6 cam ⚌ – †100/120 € ††120/150 €

via dei Ciliegi 8, Nord: 2 km – 𝒞 045 888 0003 – www.itamasotti.it

MEZZOCANALE Belluno → Vedere Forno di Zoldo

MEZZOLOMBARDO

Trento – ✉ 38017 – 7 067 ab. – Alt. 227 m – Carta regionale n° **19**-B2
Carta stradale Michelin 562-D15

🍴 Per Bacco   🏠 🅿

CUCINA MODERNA · RUSTICO ХХ Il ristorante è stato ricavato nelle stalle di una casa di fine Ottocento e arredato con lampade di design; nato come wine-bar vanta una bella scelta di vini locali al calice.

Menu 35/45 € – Carta 33/59 €

via E. De Varda 28 – 𝒞 0461 600353 – www.ristorante-perbacco.com – solo a cena – Chiuso 2 settimane in agosto-settembre, domenica e martedì

MIANE

Treviso – ✉ 31050 – 3 329 ab. – Alt. 259 m – Carta regionale n° **23**-C2
Carta stradale Michelin 562-E18

🍴 Da Gigetto   🕸 🆎 🧖 ⇆ 🅿

CUCINA REGIONALE · FAMILIARE ХХ Grazie alla solida gestione familiare, il locale si segnala come uno dei miglior indirizzi della provincia: in ambiente rustico-elegante, la cucina cavalca l'onda della tradizione regionale con alcune aggiunte dal mare ed un menu degustazione più moderno. Eccellente e da visitare la cantina con tante sorprese e verticali!

Carta 39/59 €

via De Gasperi 5 – 𝒞 0438 960020 – www.ristorantedagigetto.it – Chiuso 15 giorni in gennaio, 20 giorni in agosto, lunedì sera e martedì

MIGLIARA Napoli → Vedere Capri (Isola di) : Anacapri

MILANO

Cenare in un locale dove lo sguardo corre libero dalle due terrazze sempre aperte, anche nel rigido inverno meneghino, Milano da qui appare in tutto il suo magico splendore, con la sua *allure* da capitale metropolitana e la sua vocazione a grande città di provincia che si mescolano in un calibrato cocktail da gustare a piccoli sorsi. Pranzare in un ristorante, dove se ci si vuole lavare le mani bisogna mettersi in vetrina. O ancora luci soffuse e atmosfera newyorkese in un locale etnico, le cui proposte colpiscono per leggerezza, creatività e piacevolezza. Ma se ci si vuole concedere un piccolo cambiamento rispetto al consueto ristorante "al chiuso", la città pullula di indirizzi che – al primo raggio di sole – aprono i loro spazi all'aperto, più o meno tranquilli a seconda del quartiere. Insomma, Milano è un grande scrigno di proposte e, qui di seguito, non mancherete di trovare quella più adatta a voi…

Milano (MI) – ✉ 20123 – 1 337 155 ab. – Alt. 122 m

Carta regionale n°10-B2

Carta stradale Michelin n° 561-F9

LISTA ALFABETICA DEI RISTORANTI

Cultura Exclusive/Stefano Oppo/Getty Images

RISTORANTI PER TIPO DI CUCINA

638

TAVOLI ALL'APERTO

AlexPro9500/iStock

EdwardShtern/iStock

LISTA ALFABETICA DEGLI ALBERGHI

641

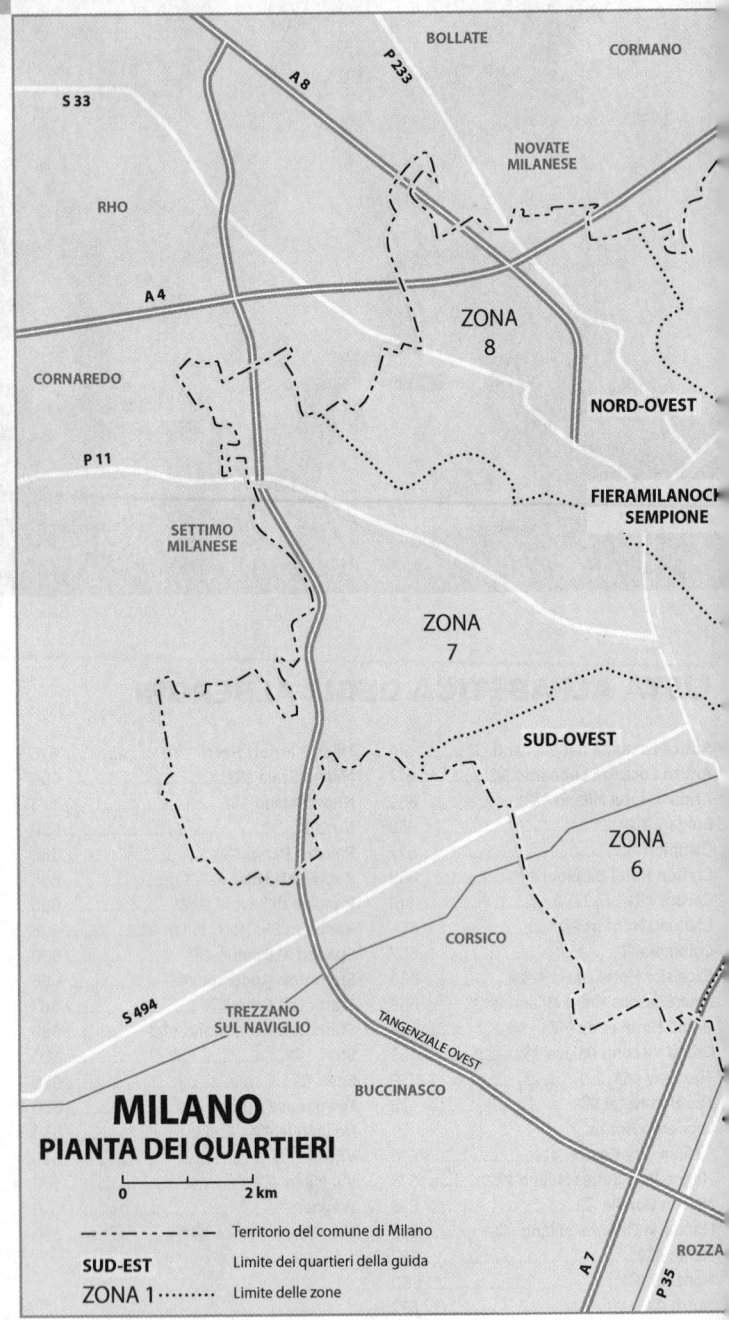

BOLLATE

CORMANO

S 33

A 8

P 233

RHO

NOVATE
MILANESE

A 4

ZONA
8

CORNAREDO

NORD-OVEST

P 11

FIERAMILANOC
SEMPIONE

SETTIMO
MILANESE

ZONA
7

SUD-OVEST

ZONA
6

CORSICO

S 494

TREZZANO
SUL NAVIGLIO

TANGENZIALE OVEST

BUCCINASCO

MILANO
PIANTA DEI QUARTIERI

0   2 km

ROZZA

A 7

P 35

—·—·—·—·— Territorio del comune di Milano

SUD-EST   Limite dei quartieri della guida

ZONA 1 ········· Limite delle zone

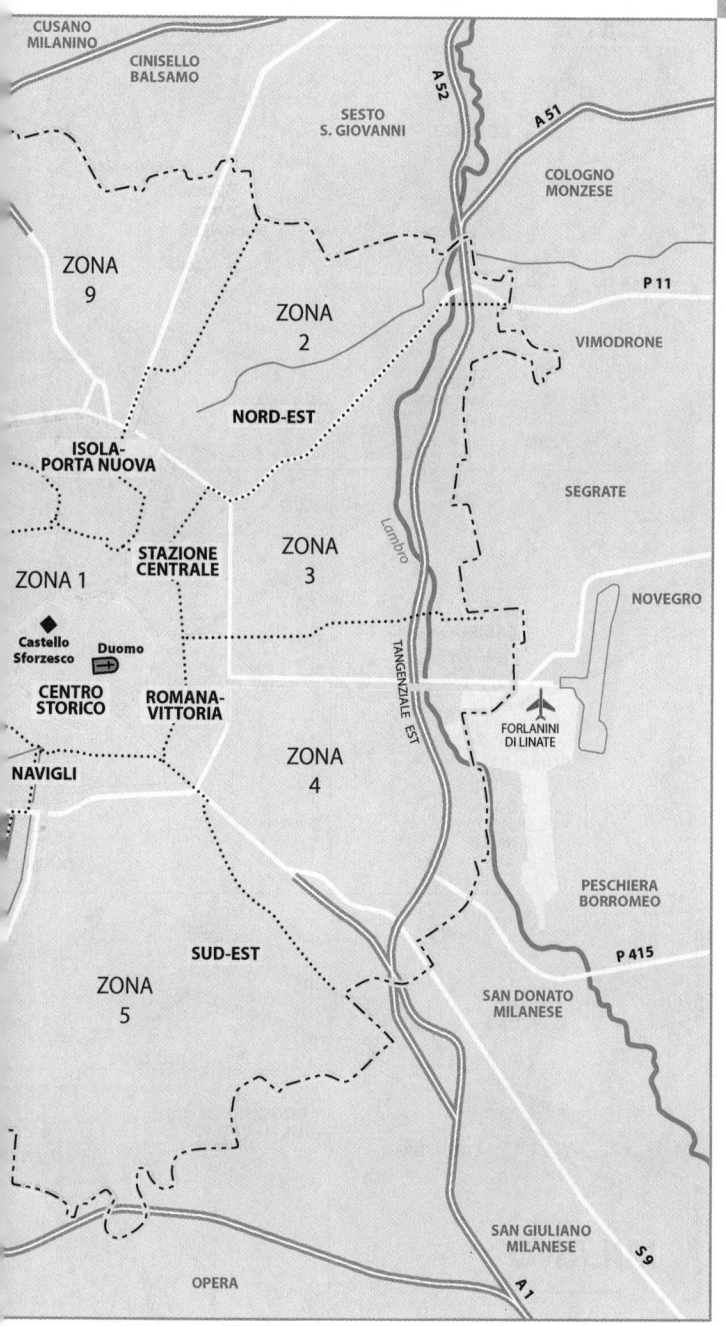

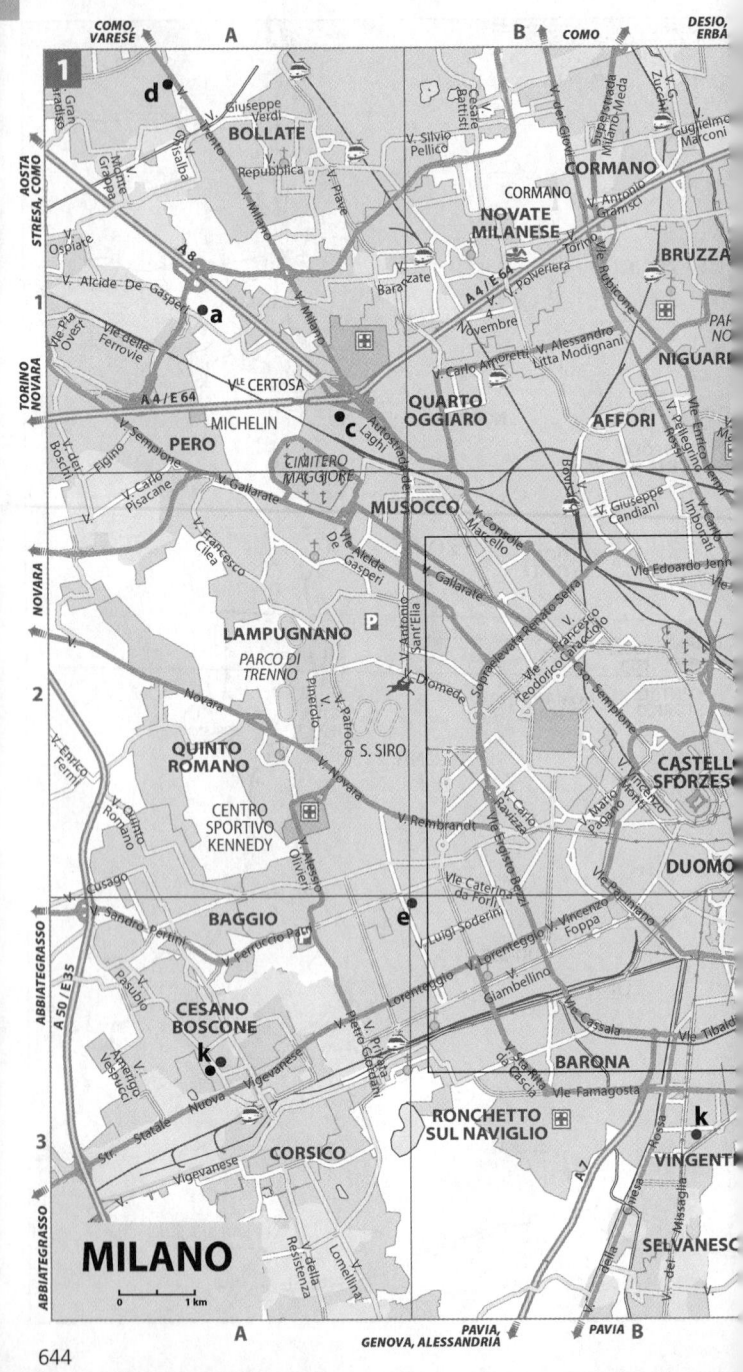

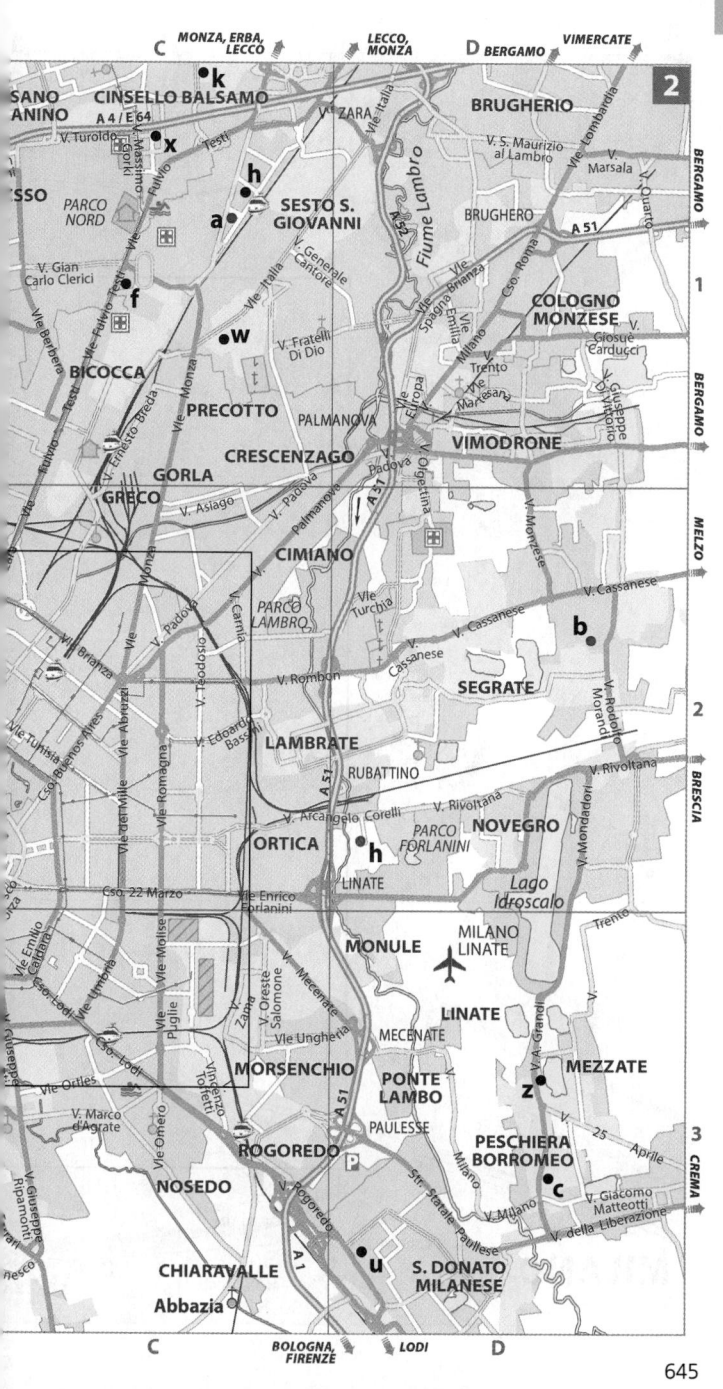

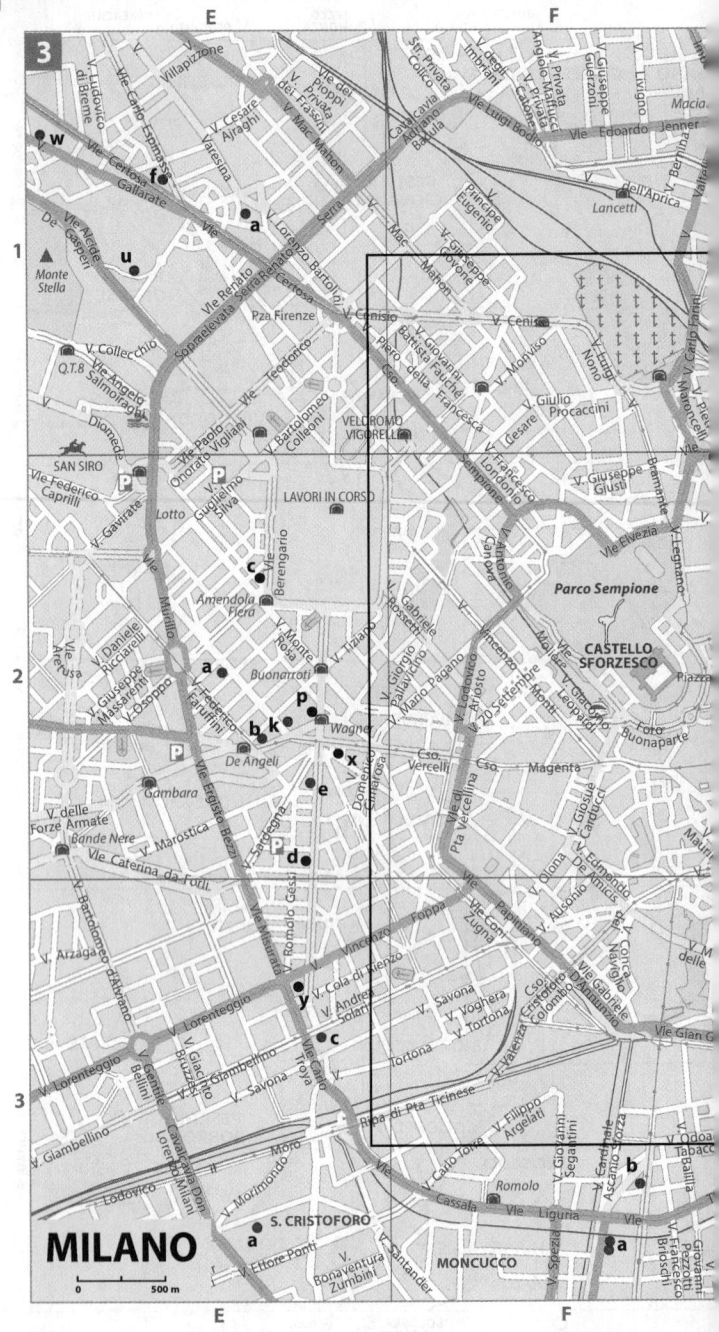

MILANO

0 500 m

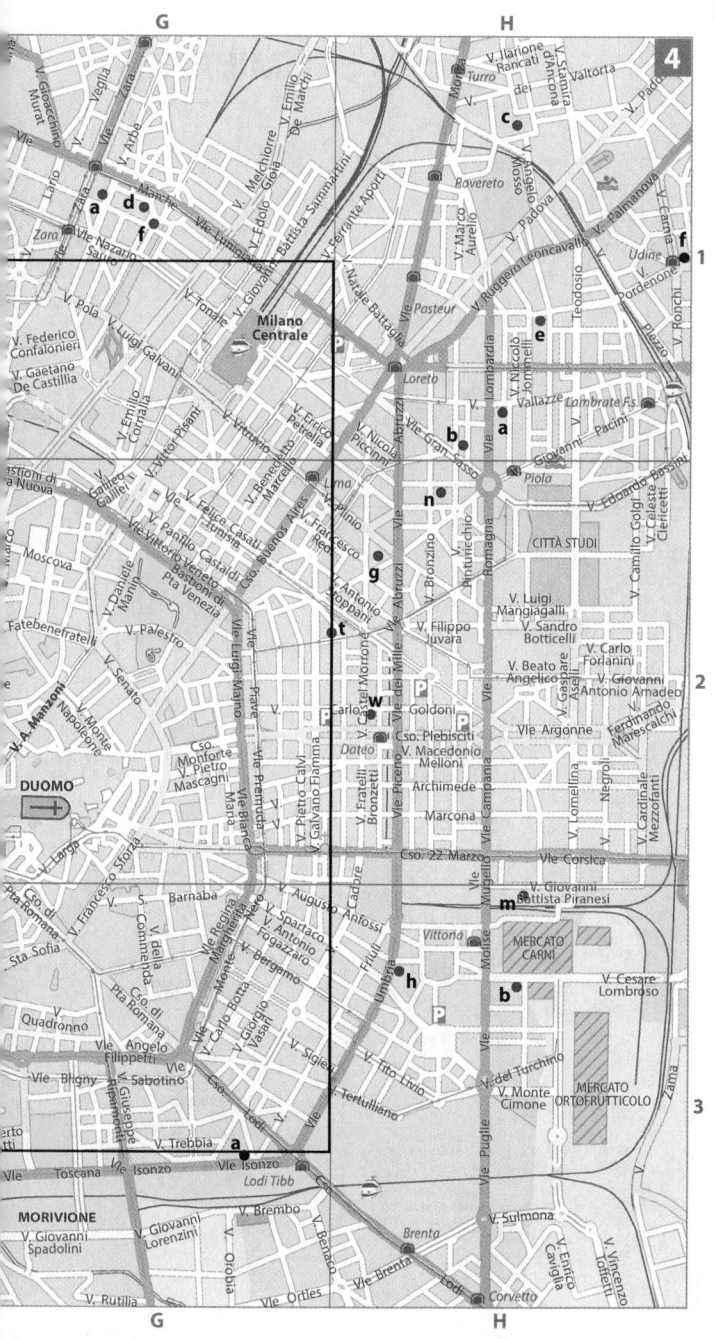

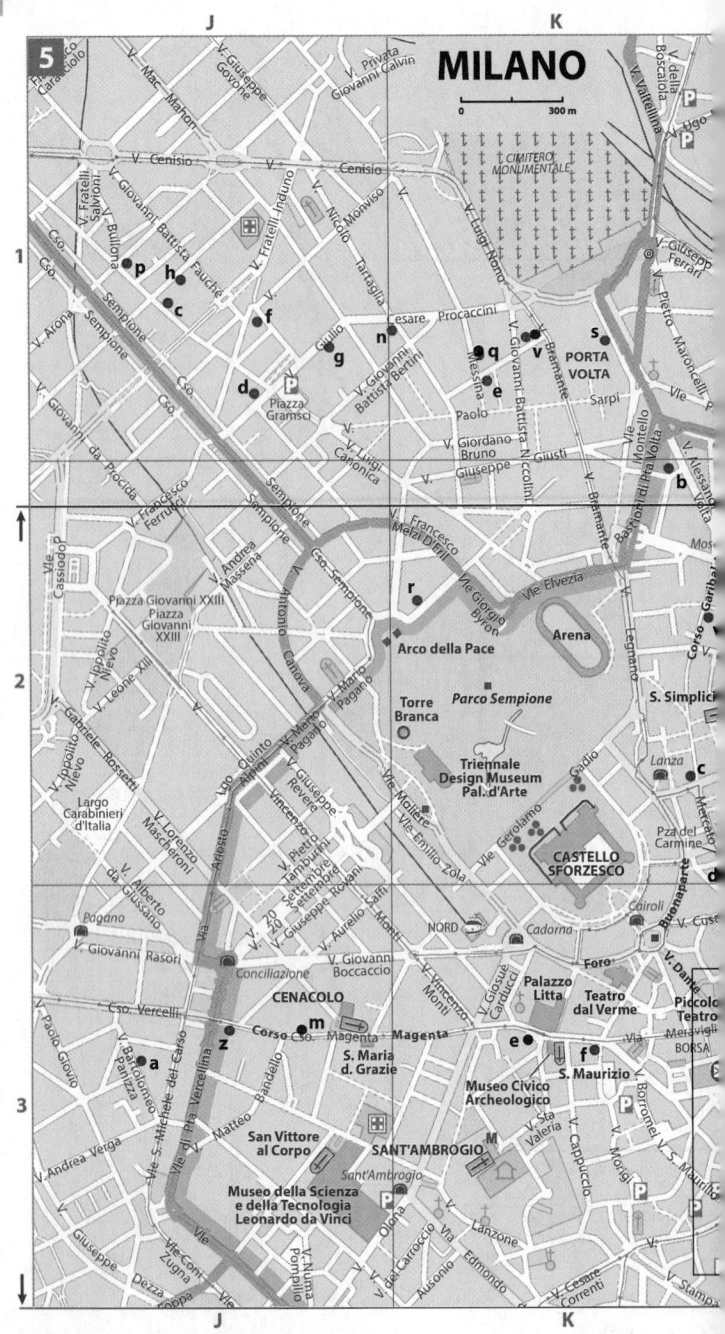

MILANO

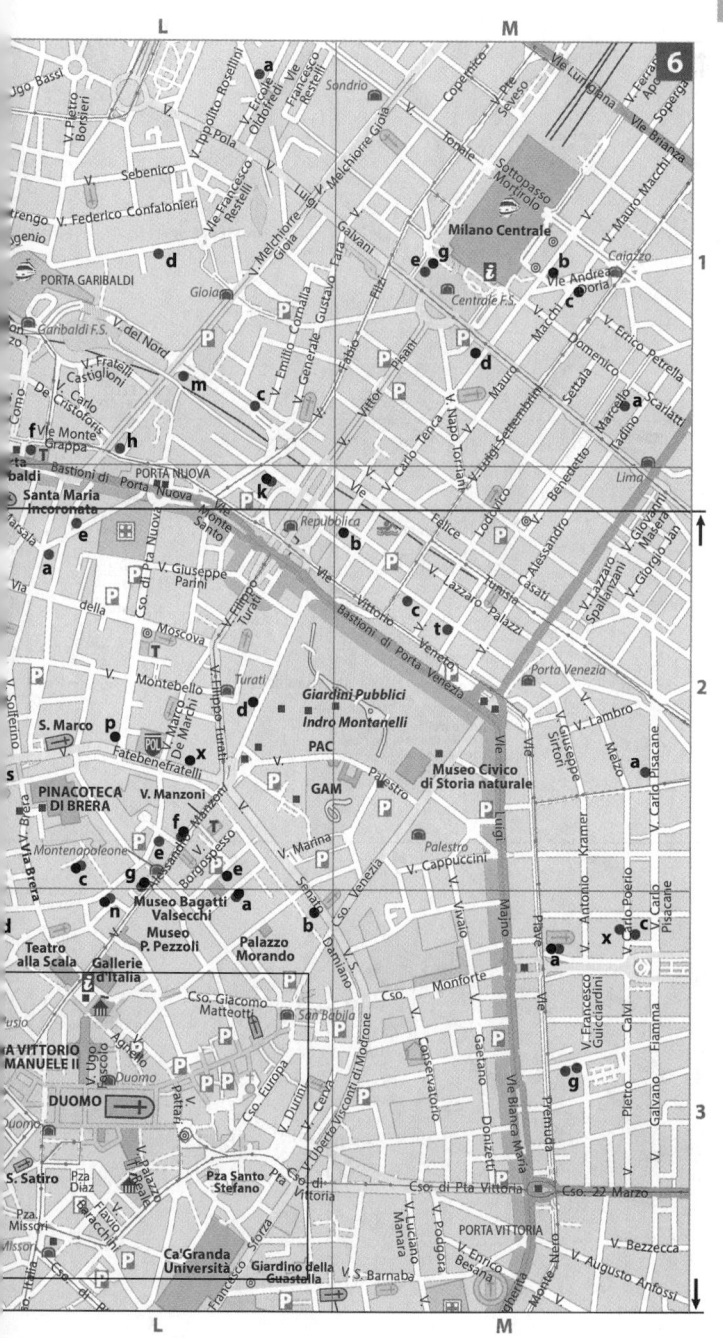

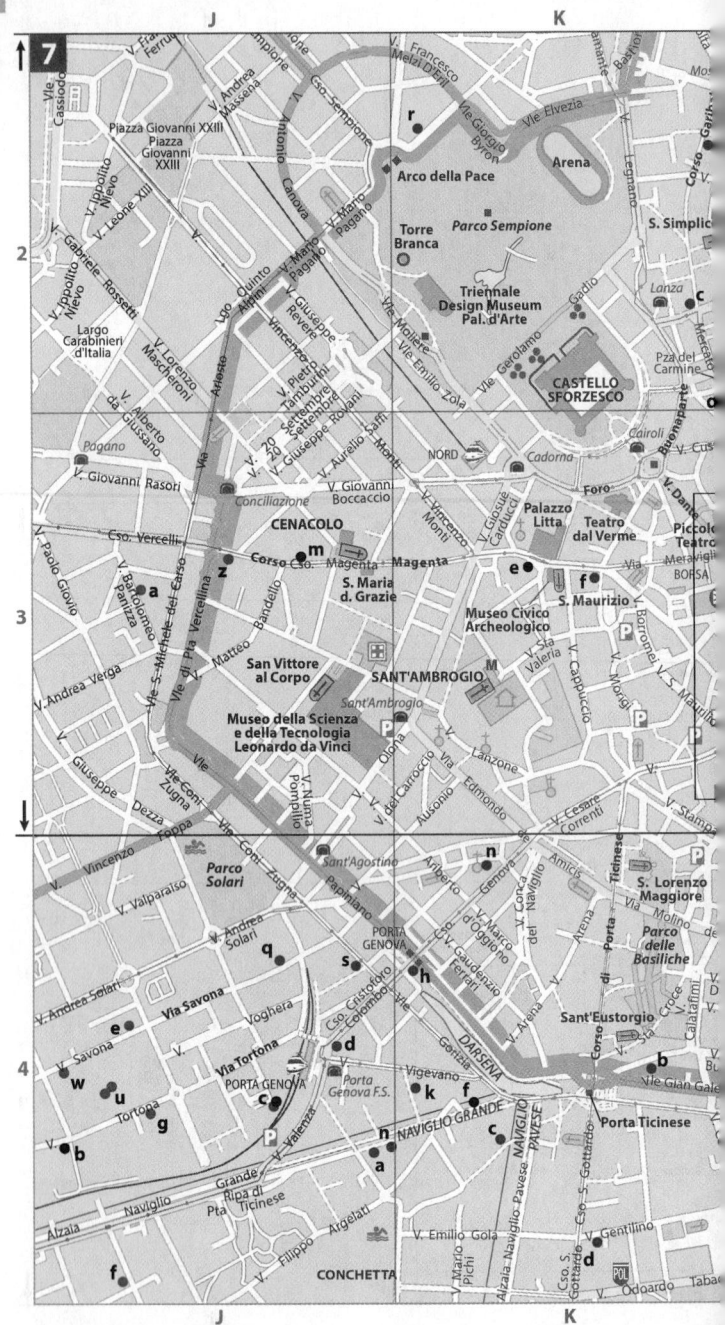

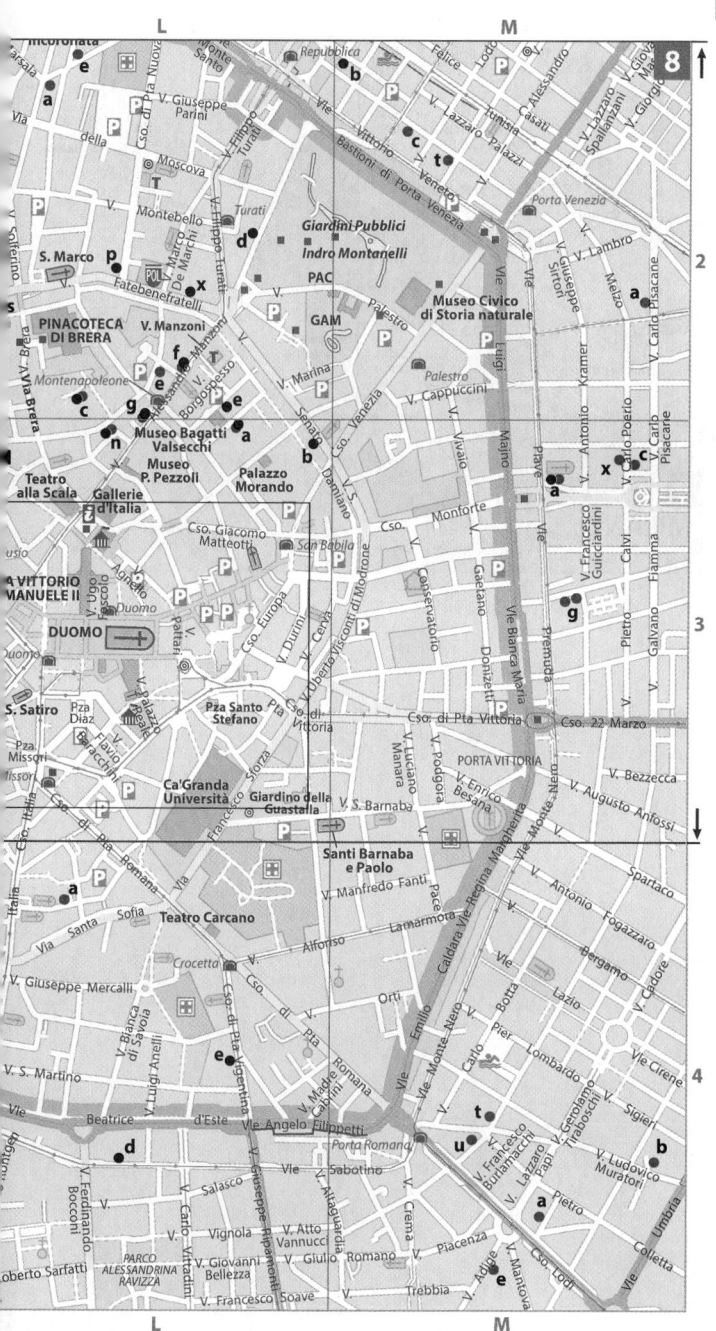

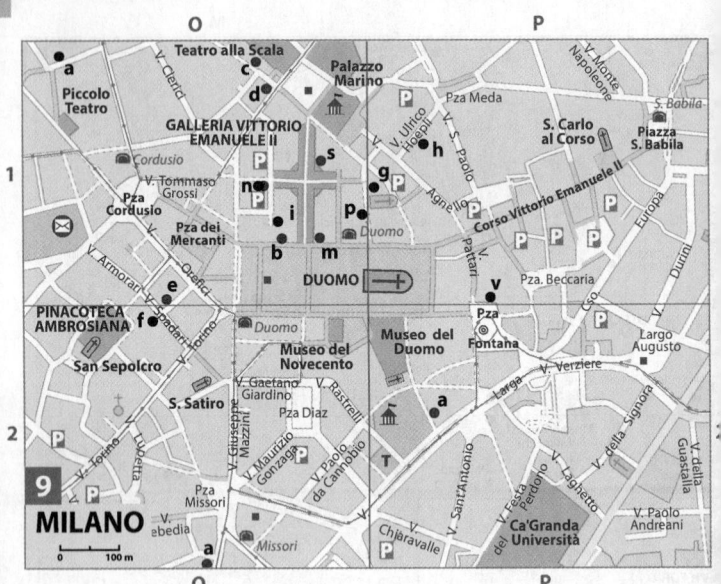

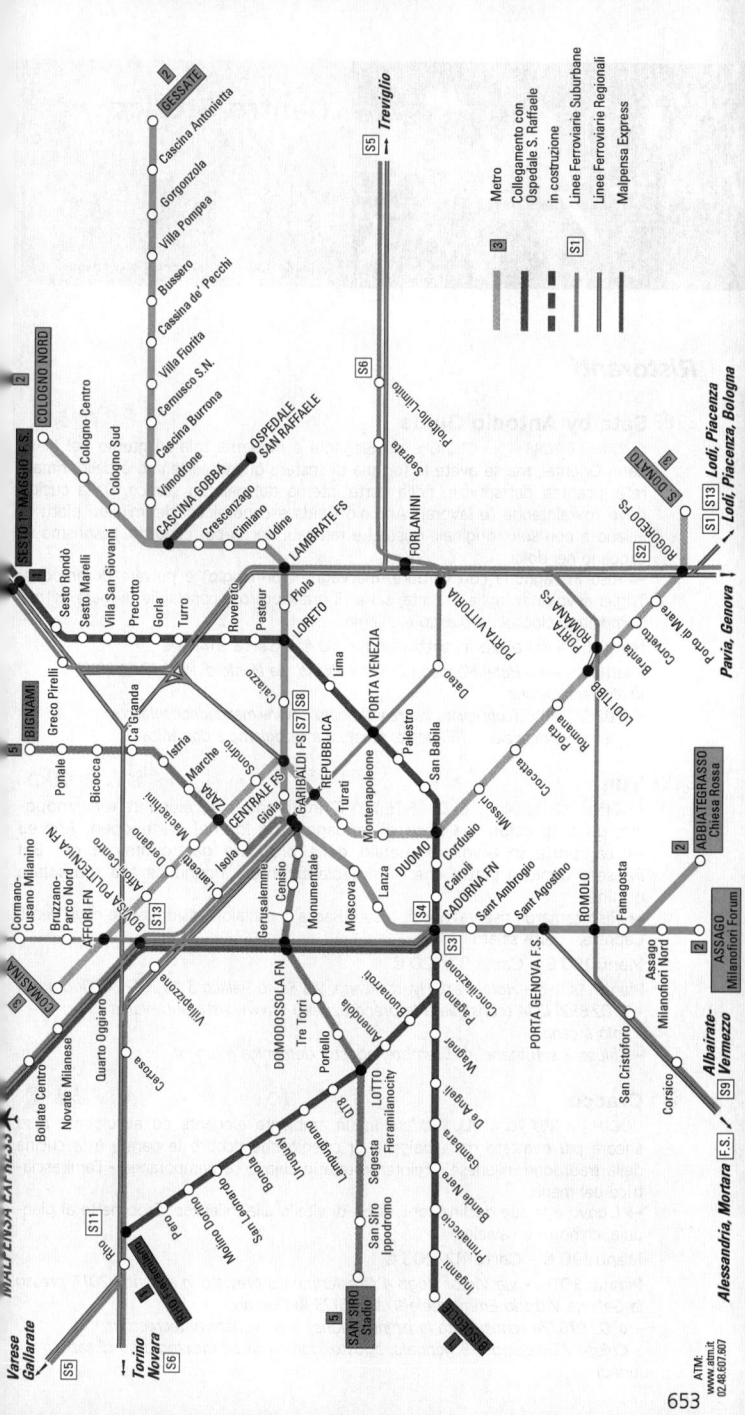

653

Ristoranti

⊛⊛ Seta by Antonio Guida   🕸 🏠 🕭 AC

CUCINA CREATIVA · DESIGN XxxX Elegante e moderna sala all'interno del Mandarin Oriental, ma se avete la fortuna di sostare quando il tempo è bello, rimarrete incantati dal servizio nella corte interna del palazzo storico. Dalla cucina dove sovraintende (e lavora!) Antonio Guida escono alcuni dei migliori piatti di Milano e non solo: originali, gustosi e raffinati. Per la par condicio, l'esotismo fa capolino nei dolci.

→ Riso in cagnone con verdure, maccagno (formaggio) e polvere di lampone. Triglia avvolta in foglia di bieta, salsa di granciporro e conchiglie di mare. Bitter, pompelmo, cioccolato bianco e ciliegia.

Menu 65 € (pranzo in settimana)/190 € – Carta 91/171 €

Pianta: 8L3-n – *Hotel Mandarin Oriental Milano, via Monte di Pietà 18* ✉ *20121* Ⓜ *Montenapoleone*
- ✆ *02 8731 8897 (consigliata la prenotazione)* – *www.mandarinoriental.com*
- *Chiuso 1°-8 gennaio, 5-26 agosto, sabato a mezzogiorno e domenica*

⊛⊛ Vun   🕸 🕭 AC 🎇 ⇔

CUCINA MODERNA · ELEGANTE XxxX E' in un ambiente elegante e cosmopolita, privo di colori ma ricco di tendaggi, che lo chef partenopeo, Andrea Aprea, porta in tavola il meglio delle proposte gastronomiche del Bel Paese e qualche piatto che – immediatamente – riconduce alla sua solare origine.

→ Riso carnaroli riserva, nord... e sud. Baccalà, pizzaiola disidratata e olive verdi. Caprese... dolce salato.

Menu 150 € – Carta 92/120 €

Pianta: 9O1-n – *Hotel Park Hyatt Milano, via Silvio Pellico 3* ✉ *20121* Ⓜ *Duomo*
- ✆ *02 8821 1234 (consigliata la prenotazione)* – *www.ristorante-vun.it*
- *solo a cena*
- *Chiuso 2 settimane in dicembre, agosto, domenica e lunedì*

⊛ Cracco   🕸 🕭 AC

CUCINA CREATIVA · LUSSO XxxX In un ambiente elegante ed avvolgente reso ancora più ovattato dalla boiserie di ciliegio che ricopre le pareti, è la cucina della tradizione milanese - reinterpretata in chiave contemporanea - l'ambasciatrice del menu.

→ L'uovo e le sue declinazioni. Cubo di vitello alla milanese. Crocchette al gianduja, chinotto e caviale.

Menu 190 € – Carta 112/203 €

Pianta: 9O1-e – *via Victor Hugo 4 (trasferimento previsto in autunno 2017, presso la Galleria Vittorio Emmanuele II)* ✉ *20123* Ⓜ *Duomo*
- ✆ *02 876774 (consigliata la prenotazione)* – *www.ristorantecracco.it*
- *Chiuso 23 dicembre-9 gennaio, agosto, domenica e i mezzogiorno di sabato e lunedì*

✿ Il Ristorante Trussardi alla Scala   🕸 ⅂ 🆎

CUCINA MODERNA · LUSSO XxXX Accostamenti sorprendenti ma mai audaci o eccessivamente azzardati, attenta selezione delle materie prime, stagionalità dei prodotti sono i capisaldi della cucina gourmet di questo ristorante che fa della rivisitazione della tradizione italiana il proprio credo. Tutto ciò nella splendida cornice di un palazzo affacciato su piazza della Scala.

→ Patate e caviale Trussardi. Piccione al barbecue, Porto e fichi. Mandorla e carote.

Menu 140/150 € – Carta 80/178 €

Pianta: 9O1-d – *piazza della Scala 5, (palazzo Trussardi)* ✉ *20121* Ⓜ *Duomo – ✆ 02 8068 8201 (consigliata la prenotazione) – www.trussardiallascala.com – Chiuso 2 settimane in dicembre-gennaio, 2 settimane in agosto, sabato a mezzogiorno e domenica*

🕯️○ Café Trussardi – Vedere selezione ristoranti

✿ Felix Lo Basso   ⪕ 🏠 ⅂ 🆎 🕸

CUCINA CREATIVA · CONTESTO CONTEMPORANEO XxX Lo chef pugliese, Felice Lo Basso, non smette di dar prova del suo talento e qui lo ritroviamo nella nuova location con vista mozzafiato sulle guglie del Duomo, ma con la sua riconosciuta propensione per piatti creativi, leggeri, colorati: una cucina che pone l'accento sulle ottime materie prime nazionali e che "gioca" allegramente con le consistenze.

→ Tortelli di basilico farciti con ricotta di bufala e 'nduja, scampo e acqua di pomodoro. Agnello pugliese in tre passaggi. Chicco cremoso con cuore al caffè e tapioca al cacao croccante.

Menu 140/170 € – Carta 106/147 €

Pianta: 9P1-b – *Hotel Townhouse Duomo, piazza Duomo 21 (5° piano)* ✉ *20122* Ⓜ *Duomo – ✆ 02 4952 8914 – www.felixlobassorestaurant.it – Chiuso 1-8 gennaio, 13-27 agosto, sabato a mezzogiorno e domenica*

✿ Armani   ⪕ ⅂ 🆎 🔁

CUCINA MODERNA · LUSSO XxX Sopra una "scacchiera" e con la cornice di ampie vetrate che regalano sublimi scorci di Milano, si accomodano gli ospiti di questo esclusivo ristorante dallo stile griffato che coniuga l'eccellenza del gusto italiano con incursioni nelle cucine del mondo ispirandosi alla filosofia Umami, la perfezione del quinto gusto.

→ Risotto mantecato, crescione, ragù di rane e porri, cialda all'olio. Vitello alla milanese, rape cotte e crude, salsa maltese. Cioccolato cremoso alla gianduia, biscotto alla nocciola, infusione di arancia e senape.

Menu 150/200 € – Carta 86/162 € – solo a cena

Pianta: 8L2-f – *Armani Hotel Milano, via Manzoni 31* ✉ *20121* Ⓜ *Montenapoleone – ✆ 02 8883 8888 (consigliata la prenotazione) – www.armanihotelmilano.com – Chiuso 1°-8 gennaio, 5-27 agosto, domenia e lunedi*

🕯️○ Savini   🕸 ⅂ 🆎

CUCINA CREATIVA · LUSSO XxXX L'ingresso è attraverso le vetrine del Caffè Savini, che propone una carrellata dei piatti più rinomati della cucina italiana, ma è un ascensore che vi porterà alle delizie gourmet del ristorante al primo piano: dal 1867, la tradizione meneghina, ma anche piatti più estrosi.

Menu 95/50 € – Carta 85/132 €

Pianta: 9O1-s – *galleria Vittorio Emanuele II* ✉ *20121* Ⓜ *Duomo – ✆ 02 7200 3433 – www.savinimilano.it – Chiuso 1°-7 gennaio, 3 settimane in agosto, sabato a mezzogiorno e domenica*

🕯️○ La Veranda   🛏️ 🏠 🆎 🔁 🚗

CUCINA CLASSICA · LUSSO XxX Anche i più giovani non avranno difficoltà a scegliere un piatto, visto che la casa mette a disposizione un menu a loro interamente dedicato; per tutti gli altri, sapori mediterranei ed un'ampia proposta di specialità vegetariane mentre la vista indugia sul chiostro attraverso le grandi vetrate della moderna sala.

Menu 95/125 € – Carta 63/162 €

Pianta: 6L3-a – *Hotel Milano Four Seasons, via Gesù 6/8* ✉ *20121* Ⓜ *Montenapoleone – ✆ 02 7708 1478 – www.fourseasons.com/milan*

ⅈ○ Don Carlos 🄰🄲

CUCINA MODERNA · ROMANTICO XxX Il tributo che il Grand Hotel dedica a Verdi si accompagna nelle piccole sale del Don Carlos ad un omaggio alla cucina milanese e italiana. In un susseguirsi di bozze, immagini e quadri dedicati al mondo della lirica, per i melomani il ristorante è un appuntamento imperdibile una volta terminati gli spettacoli nella vicina Scala. Ideale anche per una piacevole serata romantica.

Menu 75/90 € – Carta 80/119 €

Pianta: 6L2-3-g - *Grand Hotel et de Milan, via Manzoni 29* ✉ *20121*
Ⓜ *Montenapoleone* - *✆ 02 7231 4640 (coperti limitati, prenotare)*
– www.ristorantedoncarlos.it – solo a cena – Chiuso agosto

ⅈ○ Bulgari-Il Ristorante 🄰🄶🄳🄲🄰🄲🄰

CUCINA MODERNA · DI TENDENZA XxX La stessa esclusività dell'hotel si ripropone nel piacevole ristorante affacciato su un inaspettato, quanto bellissimo giardino. La cucina gioca in chiave moderna ed attuale con i migliori sapori italiani.

Menu 42/150 € – Carta 73/121 € – carta semplice a pranzo

Pianta: 8L2-c - *Hotel Bulgari* ✉ *20121* Ⓜ *Montenapoleone* - *✆ 02 805 8051*
(consigliata la prenotazione) - www.bulgarihotels.com

ⅈ○ Mio Bar 🄰🄳🄲

CUCINA MODERNA · ALLA MODA XxX Presso il bar del prestigioso hotel Park Hyatt Milan, un luogo accogliente e dinamico - aperto dalle sei del mattino all'una di notte - con una piccola, ma rappresentativa, carta ed un menu "Assaggi" per le ore che precedono la cena.

Carta 64/84 €

Pianta: 9O1-n - *Hotel Park Hyatt Milano, via Tommaso Grossi 1* - *✆ 02 8821 1234*
– www.milan.park.hyatt.com

ⅈ○ Ristorante Marchesi alla Scala di Gualtiero Marchesi 🄳

CUCINA MODERNA · AMBIENTE CLASSICO XxX Nel corpo del Teatro alla 🄰🄲 Scala, un ristorante con caffetteria e sala da tè: un calibrato mix di colonne classiche, quadri moderni ed arredi di design. Cucina raffinata e presentazioni di elegante essenzialità, in puro stile Gualtiero Marchesi.

Menu 49 € (in settimana)/180 € – Carta 64/173 €

Pianta: 9O1-c - *via Filodrammatici 2, (angolo piazza della Scala)* ✉ *20121*
Ⓜ *Duomo* - *✆ 02 7209 4338 (consigliata la prenotazione) - www.marchesi.it*
– Chiuso 1°-7 gennaio, 5-26 agosto, sabato a mezzogiorno e domenica

ⅈ○ Sushi B 🄰🄲

CUCINA GIAPPONESE · MINIMALISTA XxX Locale neo glam che si presenta estremamente elegante nel suo minimalismo orientale; molto bello il bar all'ingresso per la zona aperitivo, mentre al primo piano si sviluppa il ristorante vero e proprio con tavoli ben distanziati e la possibilità di mangiare al banco del teppanyaki, in cui - un vetro trasparente - separa la zona cottura dagli ospiti. Delizioso il giardino verticale che abbellisce il dehors estivo.

Menu 30 € (pranzo)/130 € – Carta 61/133 € – carta semplice a pranzo

Pianta: 6L2-s - *via Fiori Chiari 1/A* ✉ *20121* - *✆ 02 8909 2640 - www.sushi-b.it*
– Chiuso 1°-9 gennaio, 5-20 agosto, 24-31 dicembre, domenica e lunedì

ⅈ○ Nobu Milano 🄰🄲 ⇔

FUSION · MINIMALISTA XX Linee pure e minimaliste nel più tipico stile Armani, ma anche caratteristiche di un certo design nipponico, in un locale che ha "gemelli" sparsi per il mondo... La sua cucina? Fusion con influenze sudamericane.

Carta 58/105 €

Pianta: 6L2-e - *via Pisoni 1* ✉ *20121* Ⓜ *Montenapoleone* - *✆ 02 6231 2645*
– www.armanirestaurants.com – Chiuso 13-20 agosto e domenica a mezzogiorno

⍥○ Wicky's - Wicuisine   占 AC 外 ⇧

CUCINA GIAPPONESE · DESIGN XX In un elegante locale di design con colori e luci che ricordano la volta celeste, Wicky's - Wicuisine Seafood è l'indirizzo giusto dove gustare la cucina Kaiseki: veri sapori giapponesi con ingredienti mediterranei e tecnica tutta nipponica appresa dallo chef-patron nella terra del Sol Levante!

Carta 59/171 €

Pianta: 9O2-a – *corso Italia 6 ⊠ 20123* **Ⓜ** *Missori* – *𝒞 02 8909 3781 (consigliata la prenotazione) – www.wicuisine.it – Chiuso 25 dicembre-1° gennaio, agosto, domenica ed i mezzogiorno di lunedì e sabato*

⍥○ Emilia e Carlo   88 AC

CUCINA MODERNA · RUSTICO XX In un palazzo del primo Ottocento, ambientazione rustica con archi e soffitto con travetti a vista per una cucina giovane e creativa. Ottima, la scelta enologica.

Carta 52/80 €

Pianta: 5K2-3-d – *via Sacchi 8 ⊠ 20121* **Ⓜ** *Cairoli* – *𝒞 02 875948 – www.emiliaecarlo.it – Chiuso vacanze Natale, agosto, sabato a mezzogiorno e domenica*

⍥○ La Brisa   88 🍴

CUCINA MODERNA · CONTESTO TRADIZIONALE XX Due sale, di cui la più caratteristica in una veranda nella corte interna del palazzo, la cucina incanta con fegato grasso e risotti, pescato del giorno e maialini da latte iberici.

Menu 32 € (pranzo in settimana)/55 € – Carta 48/93 €

Pianta: 7K3-f – *via Brisa 15 ⊠ 20123* **Ⓜ** *Cairoli Castello.* – *𝒞 02 8645 0521 (consigliata la prenotazione) – www.ristorantelabrisa.it – Chiuso 2 settimane a Natale, 3 settimane in agosto, domenica a mezzogiorno e sabato*

⍥○ Jade Café   AC

CUCINA ASIATICA · DI TENDENZA XX A pochi metri dal Duomo, un ristorante etnico che propone cucina giapponese, cinese e thailandese in un ambiente moderno e informale, vari menu a prezzo fisso per il mezzogiorno.

🍜 Menu 10 € (in settimana) – Carta 21/62 €

Pianta: 9P2-a – *via Palazzo Reale 5 ⊠ 20121* **Ⓜ** *Duomo* – *𝒞 02 7209 5535 (consigliata la prenotazione) – www.jadecafe.it – Chiuso agosto*

⍥○ Café Trussardi   占 AC

CUCINA MEDITERRANEA · DI TENDENZA X Se il vostro obiettivo è quello di consumare un pasto veloce, senza fronzoli o tecnicismi, fermatevi qui: in un ambiente effervescente e cosmopolita, i sapori più intriganti della cucina mediterranea.

Carta 39/93 €

Pianta: 9O1-d – *Il Ristorante Trussardi alla Scala, piazza della Scala 5 ⊠ 20121* **Ⓜ** *Duomo* – *𝒞 02 8068 8295 – www.cafetrussardi.com – Chiuso 2 settimane in dicembre-gennaio, 2 settimane in agosto e domenica*

⍥○ Spazio Milano   AC

CUCINA CREATIVA · DESIGN X All'ultimo piano del Mercato del Duomo, qui muovono i primi passi professionali i ragazzi della scuola di cucina di Romito, tre stelle in Abruzzo, ma non aspettatevi degli apprendisti... Tre sale con vista rispettivamente sulle cucine, Galleria e Duomo (vi consigliamo quest'ultima), e una gustosa cucina, incentrata sulla valorizzazione dei prodotti.

Carta 39/62 €

Pianta: 9O1-m – *galleria Vittorio Emanuele II (3° piano del Mercato del Duomo) ⊠ 20123* **Ⓜ** *Duomo* – *𝒞 02 878400 (consigliata la prenotazione) – www.nikoromitoformazione.it – Chiuso 14-31 agosto*

⑩ Rovello 18   🕸 🄰🄲

CUCINA ITALIANA · VINTAGE ⅞ Nuova sede a circa 300 metri dalla precedente, che rimane come ricordo nel nome. Il resto si riconferma senza il
minimo dubbio: ambiente piacevolmente retro, informale e ricercato allo
stesso tempo. La cucina è italiana: pesce ma, soprattutto, ottima carne ed
una intelligente carta dei vini.

Carta 39/78 €

*Pianta: 5K2-c – via Tivoli 2 ang. Corso Garibaldi ⊠ 20123 ⓜ Lanza
– ℰ 02 7209 3709 – www.rovello18.it – Chiuso 3 settimane in agosto, domenica a
mezzogiorno e sabato*

⑩ Al Mercato   🄯 🄰🄲

CUCINA MODERNA · BISTRÒ ⅞ Nella prima piccolissima sala - intima e ben arredata - cucina gourmet, a cena, e, a pranzo, carta light con aggiunta di alcuni piatti
presenti nel menu della sera (solo su prenotazione), nonché variazioni sul tema
dell'hamburger. Nell'altra area del locale, il dinamico Burger Bar (senza prenotazione e con tempi d'attesa, talvolta, un po' importanti), propone street food e
l'immancabile hamburger.

Menu 50/100 € – Carta 52/132 €

*Pianta: 8L4-a – via Sant'Eufemia 16 ⊠ 20121 ⓜ Missori – ℰ 02 8723 7167 (coperti
limitati, prenotare) – www.al-mercato.it – solo a cena – Chiuso agosto*

Alberghi

🏨🏨 Four Seasons Hotel Milano   🛬 🖵 🕸 🍸 🏃 🄴 🄳 🄲 🄰🄲 🛁 🚗

GRAN LUSSO · CLASSICO Avvolto in una suggestiva atmosfera, l'hotel è riuscito
a creare una perfetta simbiosi tra i dettagli architettonici della struttura originaria
(un convento del '400) e l'elegante design contemporaneo. Non stupitevi quindi
di trovare nelle stupende camere - ricavate dalle spartane celle monastiche – il
meglio della tecnologia moderna.

93 cam – ♥575/1300 € ♥♥575/1300 € – 25 suites – � 38 €

*Pianta: 6L3-a – via Gesù 6/8 ⊠ 20121 ⓜ Montenapoleone – ℰ 02 77088
– www.fourseasons.com/milan*

⑩ **La Veranda** – Vedere selezione ristoranti

🏨🏨 Mandarin Oriental Milano   🍽 🖵 🍸 🏃 🄴 🄳 🄲 🛁

GRAN LUSSO · DESIGN Quattro diversi edifici riuniti sotto un'unica insegna
compongono un affascinante albergo, dove l'eccellenza del servizio e la qualità del design nelle camere hanno pochi rivali in centro città, come le dimensioni della piscina che si raggiunge attraverso un suggestivo percorso. Per chi
predilige una ristorazione più semplice, il Mandarin Bar & Bistrot offre un'ampia scelta di gustosi piatti essenzialmente italiani, nonché sandwich ed insalate.

104 cam – ♥590/1350 € ♥♥590/1350 € – 21 suites – ⊻ 35 €

*Pianta: 8L3-n – via Andegari 9 ⊠ 20121 Milano ⓜ Montenapoleone
– ℰ 02 8731 8888 – www.mandarinoriental.com*

❀❀ **Seta by Antonio Guida** – Vedere selezione ristoranti

🏨🏨 Park Hyatt Milano   🏃 🄴 🄳 🄲 🄰🄲 🛁

LUSSO · MODERNO In un palazzo del 1870, il design contemporaneo abbraccia
ed accoglie i migliori confort moderni: camere ampie e bagni altrettanto spaziosi. Il travertino è l'epidermide della casa introdotta da uno splendido quadro
di Anish Kapoor, "Untitled" (2013).

90 cam – ♥560/1700 € ♥♥560/1700 € – 16 suites – ⊻ 40 €

*Pianta: 9O1-n – via Tommaso Grossi 1 ⊠ 20121 ⓜ Duomo – ℰ 02 8821 1234
– www.milan.park.hyatt.com*

❀❀ **Vun** • ⑩ **Mio Bar** – Vedere selezione ristoranti

🏨 Grand Hotel et de Milan   ✿ ⅃ゟ ⊡ ⟨AC⟩ ⚔

GRAN LUSSO · STORICO Oltre un secolo e mezzo di vita per questo hotel che ha ospitato grandi nomi della musica, del teatro, del cinema e della politica nei suoi raffinati e suggestivi ambienti. Luminoso ristorante dedicato al tenore che in questo albergo registrò il suo primo disco.

87 cam – ♦402/1444 € ♦♦430/1472 € – 7 suites - senza ⌧

Pianta: 6L2-3-g – *via Manzoni 29* ⊠ *20121* Ⓜ *Montenapoleone* – *☎ 02 723141*
– www.grandhoteletdemilan.it

🍴 **Don Carlos** – Vedere selezione ristoranti

🏨 Carlton Hotel Baglioni   ✿ ⅃ゟ ⊡ ⌖ ⟨AC⟩ ⚔ 🚗

LUSSO · ELEGANTE Ospiti d'élite hanno pernottato in questa splendida struttura che si propone come una sorta di "casa fuori casa", trasmettendo una sensazione di calda familiarità, senza rinunciare al lusso. Pezzi d'antiquariato e dipinti impreziosiscono gli spazi comuni, mentre nelle camere convivono stucchi e moderne tecnologie.

87 cam – ♦350/825 € ♦♦350/825 € – ⌧ 36 €

Pianta: 6L3-b – *via Senato 5* ⊠ *20121* Ⓜ *San Babila* – *☎ 02 77077*
– www.baglionihotels.com

🏨 Armani Hotel Milano   ≤ ⌂ ⅃ゟ ⊡ ⌖ ⟨AC⟩ ⚔

GRAN LUSSO · MINIMALISTA Nel rigore di un austero edificio del 1937, espressione più pura dello stile Armani, un'ospitalità innovativa curata da lifestyle manager che assistono ospiti e non clienti. Lussuosa spa di oltre 1000 metri quadrati e camere molto ampie.

95 cam – ♦500/1500 € ♦♦500/1500 € – 32 suites – ⌧ 40 €

Pianta: 8L2-f – *via Manzoni 31* ⊠ *20123* Ⓜ *Montenapoleone* – *☎ 02 8883 8888*
– www.armanihotelmilano.com

❀ **Armani** – Vedere selezione ristoranti

🏨 Bulgari   🛏 🔲 🌐 ⌂ ⅃ゟ ⊡ ⌖ ⟨AC⟩ ⚔ 🚗

BOUTIQUE HOTEL · DESIGN Dalla famosa *maison* di gioielli, un tributo all'*hôtellerie* di lusso. Colori caldi e materiali preziosi nelle camere, nonché una delle più belle spa della città, dove l'hammam in vetro verde ricorda uno smeraldo.

49 cam – ♦800/950 € ♦♦800/950 € – 9 suites – ⌧ 40 €

Pianta: 8L2-c – *via privata Fratelli Gabba 7/b* ⊠ *20121* Ⓜ *Montenapoleone*
– ☎ 02 805 8051 – www.bulgarihotels.com

🍴 **Bulgari-Il Ristorante** – Vedere selezione ristoranti

🏨 Starhotels Rosa Grand   ✿ ⌂ ⅃ゟ ⊡ ⌖ ⟨AC⟩ ⚔

PALACE · MODERNO Nel cuore di Milano, risorsa il cui interno ruota attorno alla corte, replicando forme semplici e squadrate, unite ad una naturale ricercatezza. Confort ed eleganza sono presenti in tutte le camere, ma solo da alcune è possibile ammirare le guglie del Duomo.

326 cam ⌧ – ♦170/790 € ♦♦180/800 € – 4 suites

Pianta: 9P1-v – *piazza Fontana 3* ⊠ *20122* Ⓜ *Duomo* – *☎ 02 88311*
– www.starhotels.com

🏨 The Gray   ✿ ⊡ ⌖ ⟨AC⟩

BOUTIQUE HOTEL · PERSONALIZZATO Camere diverse fra loro, tutte da scoprire nei loro dettagli di pregio, alcune soppalcate, tre con vista sulla Galleria, per questa struttura che brilla per piacevolezza: quindi "Gray" solo nel nome! Le Noir è il ristorante all'interno dell'albergo dall'atmosfera notturna e cucina mediterranea.

19 cam – ♦500 € ♦♦550/900 € – 2 suites – ⌧ 33 €

Pianta: 9P1-g – *via San Raffaele 6* ⊠ *20121* Ⓜ *Duomo* – *☎ 02 720 8951*
– www.sinahotels.com

🏨 Townhouse Duomo ⬅ ⊡ ♿ AC

LUSSO · CENTRALE Albergo lussuoso che ha nella vista sul Duomo di Milano e sulla splendida omonima piazza il suo vero gioiello: se ne godrà dalle lussuose camere (tutte al 3° piano), disegnate da diversi architetti ma anche dal terrazzino delle colazioni (al 1° piano) che vi propone le guglie secolari a portata di mano.

14 cam – ♦400/2500 € ♦♦400/2500 € – ☲ 30 €

Pianta: 9O1-i – *via Silvio Pellico 2 ⊠ 20121 Ⓜ Duomo – 𝒞 02 4539 7600*
– www.townhousehotels.com

🍽 **Felix Lo Basso** – Vedere selezione ristoranti

🏨 Milano Scala ⌂ ╚ ⊡ ♿ AC ⊗ ⅏

BOUTIQUE HOTEL · PERSONALIZZATO Albergo di charme, a propensione ecosostenibile, nato nel 2010. Gli ambienti comuni offrono un'atmosfera di stile e se il ristorante propone un'originale cucina "green" con ingredienti freschi provenienti da produttori del Parco del Ticino e dal magnifico orto sul tetto dell'hotel, lo Sky Terrace Bar Milano Scala – completamente rinnovato – si fa intrigante location per aperitivi con vista a 360° sulla città (aperto ai clienti interni ed esterni alla struttura).

56 cam ☲ – ♦170/590 € ♦♦210/640 € – 6 suites

Pianta: 8L3-d – *via dell'Orso 7 ⊠ 20121 Ⓜ Cairoli – 𝒞 02 870961*
– www.hotelmilanoscala.it – Chiuso 2 settimane a Natale e 2 settimane a Ferragosto

🏨 Manzoni ⌂ ╚ ⊡ ♿ AC ⊗ ⅏

TRADIZIONALE · CLASSICO Elegante, come la zona centrale in cui si trova, hotel sorto nel 1951 e rinnovato totalmente qualche anno fa all'insegna di boiserie, marmi, parquet e specchi; al suo interno vi trova posto anche un piccolo centro benessere con vasca idromassaggio e bagno turco. In linea lo stile, quasi british, del ristorante.

44 cam – ♦250/400 € ♦♦270/800 € – 3 suites – ☲ 23 €

Pianta: 8L2-e – *via Santo Spirito 20 ⊠ 20121 Ⓜ Montenapoleone – 𝒞 02 7600 5700*
– www.hotelmanzoni.com – Chiuso 23 dicembre-2 gennaio e 3 settimane in agosto

🏨 Straf ⌂ ╚ ⊡ ♿ AC ⅏

BOUTIQUE HOTEL · DESIGN Adiacente al Duomo, un albergo modernissimo dal design modaiolo declinato con materiali inusuali come ardesia, ottone brumato, cemento e dove prevalgono i toni scuri tra cui il nero. Piacerà ai viaggiatori più curiosi e alla moda. Ottimo l'aperitivo (martedì e giovedì con musica dal vivo) all'omonimo bar.

64 cam ☲ – ♦189/786 € ♦♦229/816 € – 2 suites

Pianta: 9O1-p – *via San Raffaele 3 ⊠ 20121 Ⓜ Duomo – 𝒞 02 805081 – www.straf.it*

🏨 Spadari al Duomo ⊡ AC ⅏

TRADIZIONALE · MODERNO Soggiornare allo Spadari significa pernottare in una moderna struttura del centro, che omaggia con discrezione il mondo dell'arte di cui i proprietari sono appassionati collezionisti: camino di Giò Pomodoro nella hall, mobili unici e studiato gioco di luci. Alcune camere si affacciano sulle guglie del Duomo, altre sono dotate di balconcino.

39 cam ☲ – ♦120/250 € ♦♦180/500 € – 1 suite

Pianta: 9O2-f – *via Spadari 11 ⊠ 20123 Ⓜ Duomo – 𝒞 02 7200 2371*
– www.spadarihotel.com – Chiuso 22-27 dicembre

🏨 De la Ville ⌂ 🎬 ⅏ ╚ ⊡ ♿ AC ⅏

TRADIZIONALE · ELEGANTE Se alcune camere sfoggiano uno stile piuttosto contemporaneo, le altre si rifanno ad un gusto Old England: fil rouge di questa casa che ripropone nei suoi spazi comuni boiserie, stampe con soggetti ippici e di caccia alla volpe, camino. Rilassante piscina al roof con cupola trasparente da cui s'intravedono le guglie del Duomo.

107 cam ☲ – ♦440/460 € ♦♦470/490 € – 1 suite

Pianta: 9P1-h – *via Hoepli 6 ⊠ 20121 Ⓜ Duomo – 𝒞 02 879 1311*
– www.sinahotels.com

Cavour

TRADIZIONALE · CLASSICO Preziosi i materiali usati, dai pavimenti alle boiserie, in questo albergo di sobria eleganza, poco distante dai principali siti d'interesse socio-culturale della città. Al ristorante una linea "brasserie" (h. 11-19) a prezzi contenuti.

121 cam ☷ – ♦115/600 € ♦♦126/800 € – 7 suites

Pianta: 6L2-x – *via Fatebenefratelli 21* ✉ *20121* Ⓜ *Turati* – ☏ *02 620001*
– *www.hotelcavour.it*

Antica Locanda dei Mercanti

CASA PADRONALE · ROMANTICO All'interno di un palazzo storico (di cui occupa tre piani), piccolo, quanto accogliente albergo di sobria eleganza, dispone di camere spaziose all'insegna del parquet e dei tessuti bianchi. Alcune sono provviste di terrazzo.

12 cam ☷ – ♦205/295 € ♦♦205/295 € – 3 suites

Pianta: 701-a – *via San Tomaso 6* ✉ *20121* Ⓜ *Cordusio* – ☏ *02 805 4080*
– *www.locanda.it*

Isola-Porta Nuova

V. Valletta/AGF Foto/Photononstop

Ristoranti

☸ Berton

CUCINA CREATIVA · DESIGN XXX Luminoso, moderno ed essenziale, il ristorante riflette la personalità della cucina, i cui piatti sono imperniati su pochi prodotti, talvolta combinati in forma originale, sempre elegantemente presentati.

→ Risotto alla pizzaiola con acqua di mozzarella. Brodo di prosciutto crudo, merluzzo sfogliato, pane al prezzemolo e rapanelli. Uovo di yogurt e mango.

Menu 120/135 € – Carta 82/188 €

Pianta: 6L1-c – *via Mike Bongiorno 13* ✉ *20123* Ⓜ *Gioia* – ☏ *02 6707 5801*
– *www.ristoranteberton.com* – *Chiuso vacanze di Natale, 2 settimane in agosto, domenica e i mezzogiorno di sabato e lunedì*

☸ Alice-Eataly Smeraldo (Viviana Varese)

CUCINA CREATIVA · DESIGN XXX Il celebre Teatro Smeraldo diviene nel 2014 un grande Eataly milanese di cui certamente il ristorante Alice è uno degli assi nella manica: l'ambiente dal design accattivante è luogo perfetto per gustare una cucina creativa con tanto pesce e tanta fantasia.

→ "Superspaghettino" con brodo affumicato, julienne di calamaro, vongole, polvere di tarallo e limone. Ossobuco al barbecue con diaframma scottato, tartare di fassone, cipollotto, maionese di senape e neve all'aceto. Rivisitazione della pastiera napoletana.

Menu 47 € (pranzo)/150 € – Carta 74/148 €

Pianta: 6L1-f – *piazza XXV Aprile 10* ✉ *20123* Ⓜ *Porta Garibaldi FS* – ☏ *02 4949 7340*
(consigliata la prenotazione) – *www.aliceristorante.it* – *Chiuso domenica*

⑬ Serendib   AC

CUCINA INDIANA • SEMPLICE X Serendib, l'antico nome dello Sri Lanka, significa "rendere felici": una sfida ardua, ma questo ristorante vince la scommessa! Fedele alle sue origini, la cucina conquista con ricette indiane e cingalesi. Chicken Tikka Masala, il re del menu!

🍴 Menu 13/25 € - Carta 23/57 €

Pianta: 5K2-b - via Pontida 2 ✉ 20121 ⓂMoscova - ℰ02 659 2139
- www.serendib.it - solo a cena

⑩ Ceresio 7   ⩶ 🏠 AC

CUCINA MODERNA • DESIGN XxX Se l'interior design gioca con ottone, marmo, legno in un riuscito mix di colori suadenti e stile vintage, lo sguardo corre libero dalle due terrazze aperte sempre, anche quando la colonnina del mercurio scende vertiginosamente. La vista è mozzafiato: uno scorcio sorprendente sulla città che spazia dall'imponente cimitero Monumentale alla nuova area dei grattacieli di porta Garibaldi, mentre la cucina rispolvera, modernizzandoli, i grandi classici della tradizione italiana.

Menu 40 € (in settimana)/95 € - Carta 67/116 €

Pianta: 5K1-s - via Ceresio 7 ✉ 20123 ⓂMonumentale - ℰ02 3103 9221 (consigliata la prenotazione la sera) - www.ceresio7.com - Chiuso 1°-4 gennaio e 14-17 agosto

⑩ Daniel   🏠 ⅋ AC

CUCINA ITALIANA • CONTESTO CONTEMPORANEO XxX Il biglietto da visita, all'ingresso, è la cucina a vista, dove troverete il cuoco che interagisce simpaticamente con i clienti. Meta di chi ama i classici italiani con qualche divagazione più estrosa, nel piatto, solo il meglio delle materie prime. A pranzo c'è anche una proposta più semplice.

Menu 60/80 € - Carta 52/90 €

Pianta: 6L2-e - via Castelfidardo 7, angolo via San Marco ✉ 20121 - ℰ02 6379 3837
- www.danielcanzian.com - Chiuso 3 settimane in agosto, sabato a mezzogiorno e domenica

⑩ Finger's Garden   🍴 🏠 AC

FUSION • ALLA MODA XX Locale dall'atmosfera orientale con luci soffuse ed un deciso target mondano. Lo chef-patron si destreggia con disinvoltura fra proposte di pesce crudo e originali creazioni fusion, in cui inserisce qualche tocco brasiliano. I più gourmet si affideranno al suo menu a mano libera.

Menu 70/120 € - Carta 37/87 €

Pianta: 4G1-f - ✉ 20121 - ℰ02 606544 - www.fingersrestaurants.com - solo a cena
- Chiuso domenica

⑩ Il Liberty   AC

CUCINA CREATIVA • ACCOGLIENTE XX All'interno di un palazzo liberty, un locale piccolo nelle dimensioni - due sale ed un soppalco - ma grande in quanto ad ospitalità e piacevolezza. La cucina s'interessa sia al mare, sia alla terra. A pranzo ci sono anche proposte più semplici ed economiche.

🍴 Menu 18 € (pranzo in settimana)/75 € - Carta 48/72 €

Pianta: 6L1-h - viale Monte Grappa 6 ✉ 20124 - ℰ02 2901 1439 (coperti limitati, prenotare) - www.il-liberty.it - Chiuso 1°-7 gennaio, 12-19 agosto, sabato a mezzogiorno e domenica

⑩ Pacifico   AC

CUCINA PERUVIANA • BISTRÒ XX La cosmopolita Milano apre le proprie porte a questo istrionico locale, ambasciatore dei sapori peruviani non scevri da influenze asiatiche. Ottima la vasta scelta di ceviche: piatti a base di pesce e/o frutti di mare crudi e marinati nel limone, insaporiti da alcune spezie come il peperoncino e il coriandolo, tipici della gastronomia di alcuni paesi dell'America Latina che si affacciano sull'oceano Pacifico.

🍴 Menu 25 € (pranzo)/70 € - Carta 47/99 €

Pianta: 6L2-h - via Moscova 29 ✉ 20123 Milano - ℰ02 8724 4737 (consigliata la prenotazione) - www.wearepacifico.com - Chiuso 7-21 agosto

ÎO Barbacoa 🛖 ᘿ AC ℅ ⇄

CUCINA INTERNAZIONALE • MINIMALISTA XX Prima apertura europea di una catena di ristoranti brasiliani, il Barbacoa celebra la carne: il manzo regna sovrano, ma ci sono anche pollo, maiale e agnello. Il tour continua con la caipirinha, bevanda tipica a base di zucchero, lime e cachaça. Insalate miste e dessert di frutta esotica chiudono l'offerta.

Menu 29/48 € – Carta 40/75 €

Pianta: 6L1-a – *via delle Abbadesse 30* ⊠ *20123* Ⓜ *Zara* – ℰ *02 688 3883* – *www.barbacoa.it* – *solo a cena escluso domenica*

ÎO Pisacco AC

CUCINA MODERNA • ALLA MODA X Moderno ed informale, ma attento al servizio così come ai prezzi, da Pisacco troverete un'ottima selezione di piatti creativi, nonché una rivisitazione di grandi classici, dalla polenta e baccalà alla Caesar salad. Tra le specialità che meritano attenzione vi sono: gli spinaci, uovo morbido, pane tostato e bottarga di muggine - crumble, menta, liquirizia.

🍴 Menu 14 € (pranzo in settimana) – Carta 41/63 €

Pianta: 6L2-a – *via Solferino 48* ⊠ *20121* Ⓜ *Moscova* – ℰ *02 9176 5472* – *www.pisacco.it* – *Chiuso 12-19 agosto e lunedì*

ÎO Ratanà 🛖 AC

CUCINA CLASSICA • VINTAGE X Ritmo e dinamismo all'interno di un edificio ristrutturato che fu cinema e poi rimessa tramviaria: oggi è un locale dove la materia prima è protagonista, il piacevole dehors sul piccolo parco pubblico un atout in più!

Menu 50 € (cena) – Carta 46/80 €

Pianta: 6L1-d – *via G. de Castilla 28* ⊠ *20124* – ℰ *02 8712 8855 (consigliata la prenotazione)* – *www.ratana.it* – *Chiuso 24 dicembre-7 gennaio e 10-27 agosto*

ÎO Casa Fontana-23 Risotti AC ℅

CUCINA LOMBARDA • CONTESTO TRADIZIONALE X Val la pena aspettare i canonici 25 minuti per assaggiare la specialità della casa, celebrata anche dalle immagini di mondine alle pareti: il proverbiale risotto. Declinato in tante gustose varianti.

Carta 42/69 €

Pianta: 4G1-d – *piazza Carbonari 5* ⊠ *20125* Ⓜ *Sondrio* – ℰ *02 670 4710* – *www.23risotti.it* – *Chiuso 1°-12 gennaio, 15 giorni in agosto, lunedì e anche sabato a mezzogiorno in estate*

ÎO Osaka AC ℅

CUCINA GIAPPONESE • MINIMALISTA X Lungo l'antica via che portava da Milano a Como, nascosto in una breve galleria, un locale dove regna sovrana un'atmosfera sobria e minimalista, tipicamente orientale. Dalla cucina piatti nipponici, serviti anche al banco, di fronte allo chef che li prepara espressi. A pranzo prevale la formula menu: se volete una carta più articolata è preferibile venire la sera.

🍴 Menu 14 € (pranzo)/40 € – Carta 36/125 € – carta semplice a pranzo

Pianta: 5K2-v – *corso Garibaldi 68* ⊠ *20121* Ⓜ *Moscova* – ℰ *02 2906 0678* – *www.milanoosaka.com*

ÎO Bésame Mucho Ⓝ 🛖 ᘿ AC ℅

CUCINA MESSICANA • DI TENDENZA X Ristorante etnico dalla triplice anima: veloce per la pausa pranzo, modaiolo nella sua proposta di aperitivo accompagnato da un buon piatto del menu, messicano vero e proprio - la sera - con ricette ispirate alla tradizione. Ambienti moderni e vivaci con vista sullo skyline di Porta Nuova.

🍴 Menu 25/80 € – Carta 37/70 € – carta semplice a pranzo

Pianta: 6L1-m – *piazza Alvar Aalto* ⊠ *20123* Ⓜ *Gioia* – ℰ *02 2906 0313* – *www.besamemucho.global*

MILANO

Alberghi

🏨 **Palazzo Parigi** ☆ ⌂ 🖃 📶 🕸 🏐 🔼 よ AC 🏋 🚗

GRAN LUSSO · ELEGANTE Uno straordinario palazzo, sorto ex novo per garantire tutti i confort della più elevata classe alberghiera, coniugata con una minuziosa ricerca di raffinati arredi, marmi preziosi, luminosità e una vista sulla città dalle camere degli ultimi piani.

61 cam – †500/1250 € ††500/1250 € – 27 suites – ☲ 40 €
Pianta: 8L2-p – *corso di Porta Nuova 1 ✉ 20121 – ☏ 02 625625*
– *www.palazzoparigi.com*

Stazione Centrale

killer tomato/iStock

Ristoranti

⌘ **Joia** (Pietro Leemann) ⍩ AC ⇔

CUCINA VEGETARIANA · MINIMALISTA XxX Piatti che lasciano sempre trasparire la loro essenza, nel colore, nel gusto, nella consistenza, nonché nella presentazione. O per meglio dire, utilizzando le parole stesse dello chef, "il riassunto di una ricerca dove gli ingredienti della cucina mediterranea si incontrano con le culture del mondo, una scelta naturale e senza carne, una filosofia alimentare dove la natura viene accolta e rispettata"... Cullati da un dolce sottofondo di suoni melodiosi, in un ambiente dalle linee pure.

→ Ombelico del mondo (risotto con finferli, pomodoro e pepe del Sarawak, profumo di rose). Sotto una coltre tenue (sentori di bosco, cuore di zucchine e melissa, ricotta affumicata, salvia croccante... e altro ancora, sotto un soffice manto). Gong (spuma vaporosa di latte con croccante e frutti di bosco).

Menu 40 € (pranzo in settimana)/120 € – Carta 68/106 €
Pianta: 6M2-c – *via Panfilo Castaldi 18 ✉ 20124 Ⓜ Repubblica – ☏ 02 2952 2124*
– *www.joia.it* – *Chiuso 24 dicembre-7 gennaio, 14-20 agosto e domenica*

⊛ **Da Giannino-L'Angolo d'Abruzzo** AC

CUCINA ABRUZZESE · CONTESTO TRADIZIONALE X Una calorosa accoglienza, un ambiente semplice ma vivace e sempre molto frequentato e il piacere di riscoprire, in piatti dalle abbondanti porzioni, la tipica cucina abruzzese. Ottimi, gli spaghetti alla chitarra al sugo di agnello e i mitici arrosticini!

Carta 29/38 €
Pianta: 4GH2-t – *via Pilo 20 ✉ 20129 Ⓜ Porta Venezia – ☏ 02 2940 6526*

🍴 **Acanto** AC ⇔

CUCINA MODERNA · LUSSO XxX Grandi spazi luminosi ed eleganti sono le vesti di questo moderno ristorante dove sarete coccolati da un ottimo servizio e potrete assaporare piatti dai sapori classico-contemporanei. Per il pranzo, originale formula con "La Tavolozza dello Chef": primo, secondo e contorno in un'unica portata a scelta.

Menu 35 € (pranzo in settimana)/90 € – Carta 72/157 € – carta semplice a pranzo
Pianta: 6L2-k – *Hotel Principe di Savoia, piazza della Repubblica 17 ✉ 20124*
Ⓜ *Repubblica – ☏ 02 6230 2026 – www.dorchestercollection.com – Chiuso*
8-23 agosto

⅋○ Terrazza Gallia 🛜 &. 🅰🅲

CUCINA CREATIVA · LUSSO XXXX Splendida terrazza, di sera riservata al rito milanese dell'aperitivo, a pranzo dedicata ad una cucina creativa e colorata gestita da due giovani fratelli partenopei con importanti esperienze. Anche la sala interna, come il favoloso hotel che la ospita, vi avvolge con linee contemporanee.

Menu 40 € (in settimana)/105 € – Carta 59/166 €

Pianta: 6M1-e – *Excelsior Hotel Gallia, piazza Duca d'Aosta 9* Ⓜ *Centrale FS* – 𝒞 *02 6785 3514 – www.terrazzagallia.com*

⅋○ Rubacuori by Venissa Ⓝ 🔲 🅰🅲 ⇪

CUCINA MODERNA · LUSSO XXX Il vostro cuore, nonché il palato saranno rapiti dalla calda, intima, atmosfera di questo ristorantino i cui piatti traboccano di fantasia; a pranzo la carta si fa più ridotta e veloce.

⊕ Menu 21 € (pranzo) – Carta 40/110 € – carta semplice a pranzo

Pianta: 8M3-a – *Hotel Château Monfort, corso Concordia 1* ✉ *20129* – 𝒞 *02 776761 (consigliata la prenotazione) – www.hotelchateaumonfort.com*

⅋○ Glauco &. 🅰🅲

PESCE E FRUTTI DI MARE · INTIMO XX Intimo, accogliente, moderno: il giovane chef dalle belle esperienze pregresse vi farà gustare una cucina che profuma di mare. La maggior parte del pescato di provenienza sicula.

Menu 70 €, 80 € – Carta 74/110 €

Pianta: 4H2-g – *via Achille Maiocchi 29* ✉ *20123* Ⓜ *Lima* – 𝒞 *02 2024 1973 (consigliata la prenotazione) – www.ristoranteglaucomilano.com – solo a cena* – *Chiuso 1-7 gennaio, 6-27 agosto e domenica*

⅋○ Trattoria Trombetta Ⓝ 🛜 &. 🅰🅲

CUCINA MODERNA · DI QUARTIERE XX E' una moderna trattoria milanese, dall'atmosfera rilassata e rilassante; i suoi piatti "parlano" di Lombardia e d'Italia in senso lato, con una particolare attenzione ai prodotti stagionali. La domenica - a pranzo - brunch e carta più ristretta.

Carta 41/69 €

Pianta: 8M2-t – *largo Bellintani 1* ✉ *20123* Ⓜ *Porta Venezia* – 𝒞 *02 3594 1975* – *www.trattoriatrombetta.eu – solo a cena escluso domenica – chiuso lunedì*

⅋○ 13 Giugno 🅰🅲 ⇪

CUCINA SICILIANA · COLORATO XX Pasta con i ricci di mare, caponata di melanzane, sarde a beccafico, cous-cous: sono solo alcune anticipazioni dei sapori siciliani che vi attendono in questo effervescente locale, dove non manca un delizioso giardino d'inverno.

Carta 57/175 €

Pianta: 4H2-w – *via Goldoni 44 ang.via Uberti 5* ✉ *20129* – 𝒞 *02 719654* – *www.ristorante13giugno.it*

⅋○ Dim Sum Ⓝ 🅰🅲 ⇪

CUCINA CANTONESE · DI QUARTIERE XX In ambienti ricchi di dettagli, è qui che si scopre il senso delle piccole porzioni che caratterizza questa tradizione gastronomica: tipica cucina cantonese e del sud della Cina per una esperienza asiatica a tutto tondo!

Menu 85/140 € – Carta 33/83 €

Pianta: 6M2-a – *via Nino Bixio 29* ✉ *20123* – 𝒞 *02 2952 2821 – www.dim-sum.it*

⅋○ La Cantina di Manuela 🕸 🛜 🅰🅲

CUCINA MODERNA · BISTRÒ X Si mangia circondati da bottiglie di vino in un ambiente giovane e dinamico. Ad una carta di piatti particolarmente elaborati si aggiungono la sera gli antipasti, sostituiti a pranzo da insalate assortite per una clientela business orientata a proposte veloci.

Carta 32/50 €

Pianta: 6M3-x – *via Carlo Poerio 3* ✉ *20129* – 𝒞 *02 7631 8892 (consigliata la prenotazione) – www.lacantinadimanuela.it*

⫼○ Just India 🖭 🍴

CUCINA INDIANA · DI QUARTIERE ✗ Piccolo ed accogliente questo locale vi accoglierà con profumati piatti speziati e cotture al tandoori: per una sosta rilassate dopo lo shopping in corso Buenos Aires.

🍽 Menu 10 € (pranzo in settimana)/22 € – Carta 24/43 €

Pianta: 6M1-a – *via Benedetto Marcello 34* ⊠ *20124* Ⓜ *Lima* – ℰ *02 2048 0385*
– *www.ristoranteindianojustindia.com* – *Chiuso 10-25 agosto e lunedì*

Alberghi

🏠🏠 Principe di Savoia 🖾 🏢 🏠 ⫟ 🗐 🖭 🚲

GRAN LUSSO · ELEGANTE Affacciata su piazza della Repubblica, la bianca costruzione ottocentesca offre subito di sé un'immagine maestosa e signorile, ma è forse il respiro internazionale che la contraddistingue, il suo vero fiore all'occhiello. Splendide camere, attrezzature sportive e spazi benessere per un soggiorno di relax.

257 cam – †255/960 € ††285/990 € – 44 suites – 🍴 45 €

Pianta: 6L2-k – *piazza della Repubblica 17* ⊠ *20124* Ⓜ *Repubblica* – ℰ *02 62301*
– *www.dorchestercollection.com*

⫼○ **Acanto** – Vedere selezione ristoranti

🏠🏠 Excelsior Hotel Gallia 🌂 🖾 🏢 🏠 ⫟ 🗐 🖭 🚲

GRAN LUSSO · MODERNO In questa nuova veste totalmente rinnovata, Excelsior Gallia ha saputo coniugare l'eleganza dello storico edificio dei primi '900 con un design contemporaneo milanese; cromature e marmi danno vita ad un effetto scenografico di grande impatto estetico, supportato comunque da servizi di ottimo livello. Raffinati momenti di piacere attendono gli ospiti nella splendida spa, dove moderne attrezzature incontrano l'expertise di una lussuosa casa di cosmetici.

182 cam – †300/1100 € ††300/1100 € – 53 suites – 🍴 40 €

Pianta: 6M1-g – *piazza Duca d'Aosta 9* ⊠ *20124* Ⓜ *Centrale FS* – ℰ *02 67851*
– *www.excelsiorhotelgallia.com*

⫼○ **Terrazza Gallia** – Vedere selezione ristoranti

🏠🏠 Château Monfort 🖾 🏢 ⫟ 🗐 🗐 🖭 🚲

GRAN LUSSO · ROMANTICO Eleganza non ostentata in un prestigioso palazzo liberty che porta la firma dell'architetto Paolo Mezzanotte: camere glamour-chic, da sogno quelle ispirate all'opera, ed una piccola SPA per momenti di grande relax.

77 cam – †290/990 € ††290/990 € – 🍴 26 €

Pianta: 8M3-a – *corso Concordia 1* ⊠ *20129* – ℰ *02 776761*
– *www.hotelchateaumonfort.com*

⫼○ **Rubacuori by Venissa** – Vedere selezione ristoranti

🏠🏠 The Westin Palace 🌂 🏠 ⫟ 🗐 🗐 🖭 🚲 🚗

PALACE · GRAN LUSSO A pochi minuti a piedi dalla Stazione Centrale e ben collegato a Fieramilano, l'hotel dispone di moderne camere e suite (splendida quella Presidenziale con terrazza privata e mini pool). The Westin Palace dispone anche di 13 sale riunioni modulari, che possono ospitare fino ad un massimo di 400 persone. Cucina mediterranea reinterpretata con maestria al ristorante Casanova.

227 cam – †90/2499 € ††90/2499 € – 5 suites – 🍴 40 €

Pianta: 6M2-b – *piazza della Repubblica 20* ⊠ *20124* Ⓜ *Repubblica* – ℰ *02 63361*
– *www.westinpalacemilan.it*

🏠🏠 Starhotels Anderson 🌂 ⫟ 🗐 🗐 🖭 🚲

PALACE · DESIGN Hotel dalla calda atmosfera design: ambienti intimi e alla moda, camere accoglienti dotate di tutti i confort della categoria. Un piccolo ristorante serale allestito nella raffinata lounge con proposte gastronomiche di tono moderno.

106 cam – †109/950 € ††119/950 € – 🍴 20 €

Pianta: 6M1-b – *piazza Luigi di Savoia 20* ⊠ *20124* Ⓜ *Centrale FS* – ℰ *02 669 0141*
– *www.starhotels.com*

🏨 Starhotels Echo

BUSINESS • MINIMALISTA Eco Contemporary Hotel: è la definizione di questa moderna struttura che fonde principi di ecosostenibilità, design e confort. Insomma, un indirizzo che non mancherà di piacere agli spiriti green.

143 cam – 🛏119/1200 € 🛏🛏119/1500 € – 6 suites – 🍽 20 €

Pianta: 6M1-c – *viale Andrea Doria 4* ✉ 20123 ⓜ *Caiazzo* – 𝒞 02 67891
– *www.starhotels.com*

🏨 Manin

BUSINESS • ELEGANTE Sito nel cuore dell'attività socio-culturale della città, l'hotel propone camere di design moderno-contemporaneo recentemente ristrutturate: le panoramiche all'ultimo piano si affacciano sul parco. Piatti della tradizione nell'ambiente raccolto dell'omonimo ristorante.

124 cam 🍽 – 🛏126/520 € 🛏🛏148/550 € – 1 suite

Pianta: 6L2-d – *via Manin 7* ✉ 20121 ⓜ *Palestro* – 𝒞 02 659 6511 – *www.hotelmanin.it*
– *Chiuso agosto*

🏨 Colombia

TRADIZIONALE • ACCOGLIENTE Grazioso hotel a gestione familiare, ristrutturato negli ultimi tempi, dispone di camere confortevoli in stile minimal design. Piacevole giardinetto interno per la prima colazione: praticamente una rarità a Milano!

48 cam 🍽 – 🛏75/340 € 🛏🛏115/520 €

Pianta: 6M1-d – *via Lepetit 15* ✉ 20124 ⓜ *Centrale FS* – 𝒞 02 669 2532
– *www.hotelcolombiamilano.com* – *Chiuso 21-27 dicembre*

Romana-Vittoria

chengwaidefeng/iStock

Ristoranti

😊 Trippa

CUCINA ITALIANA • TRATTORIA 🍽 Semplice, informale e con un tocco retrò, la trippa è una delle proposte di quinto quarto che troverete spesso in carta, che tuttavia si amplia a piatti di ogni regione, di immediata forza e comprensibilità, senza inutili fronzoli. La qualità dei prodotti e le capacità di un grande interprete - il giovane cuoco - ne fanno una delle migliori trattorie della città. Specialità: risotto alla milanese con midollo alla brace, vitello tonnato, e la sempre presente trippa!

Carta 32/52 €

Pianta: 8M4-t – *Via Giorgio Vasari, 3* ✉ 20135 ⓜ *Porta Romana* – 𝒞 327 668 7908
(consigliata la prenotazione) – *www.trippamilano.it* – *solo a cena* – *Chiuso 2 settimane in agosto e domenica*

😊 Dongiò

CUCINA CALABRESE • FAMILIARE 🍽 Come poteva approdare la Calabria tra i meneghini? Così come tutti la conosciamo: un ambiente semplice e frequentatissimo - a conduzione familiare - come ormai se ne trovano pochi. Se la specialità della casa sono gli spaghettoni alla tamarro, in menu primeggiano comunque paste fresche, 'nduja e l'immancabile peperoncino.

Carta 25/45 €

Pianta: 8M4-u – *via Corio 3* ✉ 20135 ⓜ *Porta Romana* – 𝒞 02 551 1372 *(consigliata la prenotazione)* – *Chiuso 20 giorni in agosto, sabato a mezzogiorno e domenica*

ⅈO Finger's   ⚹ 🅰 ↔

CUCINA GIAPPONESE · ALLA MODA XX Esperienza nipponica a tuttotondo, mangiando sul tatami, o più occidentalizzata optando per dei normali tavolini, ma quello che vi suggerisce il menu allude ad una cucina giapponese creativa con qualche influenza brasiliana (la moglie di Okabe, lo chef, è in effetti di Rio). Un promettente ristorante nel panorama meneghino.

Menu 70/120 € – Carta 37/87 €

Pianta: 8M4-a – *via San Gerolamo Emiliani 2* ✉ *20121* Ⓜ *Lodi T.I.B.B.*
– *𝒞 02 5412 2675 (prenotazione obbligatoria) – www.fingersrestaurants.com*
– *solo a cena – Chiuso 7-25 agosto, 24 dicembre-7 gennaio e lunedì*

ⅈO Da Giacomo   🅰 ⅏

PESCE E FRUTTI DI MARE · CONVIVIALE XX Ai nostalgici del mare, tante specialità di pesce - sebbene il menu annoveri anche qualche piatto di terra e (in stagione) tartufo d'Alba, ovoli e funghi porcini - in una vecchia trattoria milanese dei primi del '900.

Carta 53/132 €

Pianta: 6M3-g – *via P. Sottocorno 6* ✉ *20129 – 𝒞 02 7602 3313*
– *www.giacomoristorante.com*

ⅈO Giacomo Bistrot   🅰

CUCINA CLASSICA · BISTRÒ XX Tavoli ravvicinati come in un bistrot parigino, ma anche atmosfere british come le belle librerie con ranghi serrati di volumi in marocchino, per un locale aperto fino a notte fonda, che propone una linea di cucina focalizzata su carne, selvaggina, ostriche e tartufi (in stagione).

Carta 57/100 €

Pianta: 6M3-g – *via P. Sottocorno 6* ✉ *20129 – 𝒞 02 7602 2653*
– *www.giacomobistrot.com*

ⅈO Gong   🕸 ⚹ 🅰

CUCINA CINESE · MINIMALISTA XX Binomio culinario fra Italia e Sol Levante che fa parte dell'anima stessa della cucina di Gong e della sua costante evoluzione, Guglielmo e Keisuke vi coccoleranno con specialità cinesi, "contaminazioni" internazionali e tanta voglia di deliziare il cliente.

Menu 85 € – Carta 37/130 €

Pianta: 6M3-b – *corso Concordia 8* ✉ *20123 – 𝒞 02 7602 3873*
– *www.gongmilano.it – Chiuso 14-19 agosto e lunedì a mezzogiorno*

ⅈO Un Posto a Milano-Cascina Cuccagna   🏡 🅰

CUCINA CLASSICA · CASA DI CAMPAGNA X Un angolo verde e naturalistico nel contesto cittadino di Milano: la ristrutturazione di una ex cascina comunale ha dato vita a questa oasi non solo gastronomica, ma anche culturale. A pranzo, si può approfittare di un buffet molto ricco ad un prezzo interessante; la sera, la carta è più articolata, senza pertanto "infierire" sul rapporto qualità/prezzo.

🍸 Menu 15 € (pranzo in settimana)/25 € – Carta 35/60 €

Pianta: 8M4-b – *via Cuccagna 2* ✉ *20121 Milano – 𝒞 02 545 7785*
– *www.unpostoamilano.it – Chiuso lunedì*

ⅈO Masuelli San Marco   🅰

CUCINA LOMBARDA · VINTAGE X Ambiente rustico di tono signorile in una trattoria tipica, con la stessa gestione dal 1921; linea di cucina saldamente legata alle tradizioni lombardo-piemontesi.

🍸 Menu 22 € (pranzo in settimana) – Carta 39/71 €

Pianta: 4H3-h – *viale Umbria 80* ✉ *20135* Ⓜ *Lodi TIBB*
– *𝒞 02 5518 4138 – www.masuellitrattoria.it*
– *Chiuso 26-30 dicembre, 1°-7 gennaio, 25 agosto-9 settembre, lunedì a mezzogiorno e domenica*

Alberghi

🏨 Grand Visconti Palace

PALACE · INDUSTRIALE Nei grandi spazi di un ex mulino industriale è stato ricavato questo grande albergo di tono elegante: accogliente centro benessere, sale congressi e grazioso giardino. Se l'espressione al "settimo cielo" indica uno stato di grazia, al ristorante Quinto Piano il gusto ha trovato di che appagarsi... Cucina di ricerca, di fantasia e di cuore.

162 cam ⌿ – ♦100/1000 € ♦♦100/1000 € – 10 suites

Pianta: 4G3-a – *viale Isonzo 14* ✉ *20135* Ⓜ *Lodi TIBB*
– ☏ *02 540341* – *www.grandviscontipalace.com*

🏨 Vittoria

FAMILIARE · ACCOGLIENTE Albergo dai tratti eleganti e quasi sontuosi, camere non grandi, ma curate nei dettagli, ambienti comuni confortevoli; per le colazioni, in estate, ci si avvale di un piccolo cortiletto interno.

47 cam ⌿ – ♦80/450 € ♦♦110/550 €

Pianta: 6M3-d – *via Pietro Calvi 32* ✉ *20121*
– ☏ *02 545 6520* – *www.hotelvittoriamilano.it*
– *Chiuso 15 giorni in agosto*

Navigli

artolympic/iStock

Ristoranti

✿✿ Enrico Bartolini al Mudec

CUCINA CREATIVA · CONTESTO CONTEMPORANEO XxxX Al terzo piano del Museo delle Culture, in una sala dal gusto contemporaneo e raffinato, la collocazione è tanto originale, quanto il servizio attento e premuroso. L'apparente sobrietà della carta dà il la ad un concerto di piatti dove suonano straordinari prodotti solisti, rappresentazioni corali di più ingredienti o variazioni intorno al medesimo tema, declinato in più portate d'inesauribile fantasia. Direttore d'orchestra il giovane Bartolini, un abito di misura e compostezza sopra un vulcano di passione ed energia.

→ Bottoni di olio e lime con salsa cacciucco e polpo arrosto. Animelle di vitello glassate con carciofi, menta e liquirizia. Crema bruciata con mirtilli ghiacciati, amarene e meringhe.

Menu 110/160 € – Carta 95/265 €

Pianta: 7J4-u – *via Tortona 56* ✉ *20123* Ⓜ *Porta Genova*
– ☏ *02 8429 3701* – *www.enricobartolini.net*
– *Chiuso 2 settimane in agosto, lunedì a mezzogiorno e domenica*
🍴 **Mudec Bistrot** – *Vedere selezione ristoranti*

Sadler 🏵 😕 🗚 ⇦

CUCINA CREATIVA · ELEGANTE XxX Periferico rispetto alla movida milanese, sebbene affacciato sul Naviglio, piatti creativi – soprattutto a base di pesce - ma anche ricette vegetariane e menu "young": simpatico stratagemma per avvicinare le nuove generazioni alla cucina gourmet.

→ Gnocchi rossi e neri farciti di pesto con gamberi marinati e cardi. Padellata di crostacei con verdure alla griglia e spuma al dragoncello. Varietà di cioccolato in differenti forme e sapori.

Menu 80 € (in settimana)/130 € – Carta 78/158 €

Pianta: 3F3-a – *via Ascanio Sforza 77* ✉ 20141 Ⓜ *Romolo* – ℰ *02 5810 4451*
– *www.sadler.it* – *solo a cena* – *Chiuso 1 settimana in gennaio, 2 settimane in agosto e domenica*

Contraste (Matias Perdomo) 🏵 🛱 🗚

CUCINA MODERNA · ELEGANTE XxX Una cucina cerebrale che tende a sollecitare l'interesse per la portata successiva con idee sempre originali, piatti d'autore nei due menu degustazione, dove i sapori della tradizione vengono reinterpretati nelle forme e nell'aspetto - a volte anche in contrasto - ma sempre pronti a stupire l'ospite. La carta dei vini è altrettanto entusiasmante: più di mille referenze!

→ Tortelli di risotto allo zafferano. Carpaccio di manzo, foie gras. Tarte Tatin rivisitata.

Menu 90/130 € – solo menu

Pianta: 3F3-b – *via Meda 2* ✉ 20123 – ℰ *02 4953 6597 (consigliata la prenotazione)*
– *www.contrastemilano.it* – *solo a cena escluso domenica* – *Chiuso 1°-10 gennaio, 2 settimane in agosto, martedì dal 12 settembre al 15 giugno, domenica negli altri mesi*

Tokuyoshi 🕭 🗚 🕵

CUCINA CREATIVA · MINIMALISTA Xx Quando si parla di creatività in cucina, il pensiero corre inesorabilmente a Yoji Tokuyoshi che la celebra da un paio di anni nel ristorante omonimo milanese. Con l'umiltà che contraddistingue i popoli del Sol Levante, ma con quel rigore che trova pochi pari altrove, lo chef porta in tavola piatti dai sapori decisi, talvolta insoliti, in un ideale viaggio tra il Giappone - suo paese natale - e l'Italia, culla della sua crescita professionale.

→ Spaghetti omaggio a Noto. Maialino da latte perso nella foresta. Cemento e terra (dessert).

Menu 90/135 € – Carta 74/134 €

Pianta: 7K4-n – *via San Calocero 3* ✉ 20123 Ⓜ *Sant'Ambrogio* – ℰ *02 8425 4626*
– *www.ristorantetokuyoshi.com* – *solo a cena escluso domenica* – *Chiuso 2 settimane in gennaio, 3 settimane in agosto e lunedì*

Tano Passami l'Olio (Gaetano Simonato) 🗚

CUCINA CREATIVA · ELEGANTE Xx Vent'anni di attività ai margini del Naviglio Grande, dove l'eleganza classica degli ambienti fa spazio ad una cucina decisamente più originale, che si distingue per inusitati accostamenti e raffinate presentazioni, oltre che, naturalmente, per gli ottimi oli che arrivano a guarnire i piatti nel corso della cena. Sala fumatori.

→ Tiramisù di seppia, mascarpone e patata. Piccione laccato nel suo fondo e miele d'acacia. Gel di fragola, asparagi e riduzione al balsamico.

Menu 85/125 € – Carta 95/145 €

Pianta: 7J4-f – *via Villoresi, 16* ✉ 20143 – ℰ *02 839 4139 (consigliata la prenotazione)*
– *www.tanopassamilolio.it* – *solo a cena* – *Chiuso 24 dicembre-6 gennaio, agosto e domenica*

🍴 Da Noi In 🛱 ᕃ 🗚 🅿

CUCINA CLASSICA · MINIMALISTA XxX Cambio di testimone ai fornelli, ma non nel genere di cucina che rimane d'impronta creativo-contemporanea, in questo ristorante meravigliosamente affacciato su un giardino interno: polmone verde ricco di piante e arbusti che scandiscono le stagioni... Se per voi, il tempo non è poi così tiranno, l'optimum sarebbe iniziare con un aperitivo al Liquidambar. Servizio valet parking!

Menu 75 € (cena)/150 € – Carta 59/97 €

Pianta: 7J4-c – *Hotel Magna Pars Suites Milano, via Forcella 6* ✉ 20123
Ⓜ *Porta Genova FS* – ℰ *02 837 8111* – *www.danoi-in.it* – *Chiuso 3 settimane in agosto e domenica*

‖○ Al Porto · ▣

PESCE E FRUTTI DI MARE · AMBIENTE CLASSICO ✕✕ Rinnovato negli arredi della sala superiore e con nuovo banco per più veloci e informali ordinazioni al piano d'ingresso, nell'800 era il casello del Dazio di Porta Genova, oggi un ristorante classico d'intonazione marinara molto frequentato sia a cena che a pranzo, sicuramente per la qualità del pesce, fresco, proposto anche crudo.

Carta 50/80 €

Pianta: 7K4-h – *piazzale Generale Cantore* ⊠ *20123* Ⓜ *Porta Genova FS*
– ℰ 02 8940 7425 – www.alportomilano.it – Chiuso 24 dicembre-4 gennaio, agosto, lunedì a mezzogiorno e domenica

‖○ Langosteria · 🏛 ▣

PESCE E FRUTTI DI MARE · DI TENDENZA ✕✕ Per gli amanti delle specialità ittiche questo locale può essere una vera e propria rivelazione: crudo, ostriche e frutti di mare sono alla base di questa cucina, senza dimenticare il pesce esclusivamente di cattura. Un'ottima cantina e un ambiente glamour completano il quadro.

Menu 90 € – Carta 54/112 €

Pianta: 7J4-q – *via Savona 10* ⊠ *20123* Ⓜ *Porta Genova FS* – ℰ *02 5811 1649*
(consigliata la prenotazione) – www.langosteria.com – solo a cena – Chiuso 1 settimana in dicembre, 1 settimana in agosto e domenica

‖○ Dou Asian Passion · ♿ ▣

CUCINA ASIATICA · DESIGN ✕✕ Realizzato da un famoso architetto di Milano, il locale sfoggia uno stile contemporanea-internazionale, con qualche intrigante spunto orientale. La cucina abbraccia diverse zone dell'Asia: il menu spazia infatti dai dim sum, alla carne e al pesce, senza dimenticare i proverbiali ravioli al vapore (uno dei piatti più gettonati del take-away).

🍴 Menu 10 € (pranzo in settimana) – Carta 32/78 €

Pianta: 3E3-c – *piazza Napoli 25* ⊠ *20123* – ℰ *02 4963 6318*
– www.douasianpassion.com – Chiuso lunedì, domenica in estate

‖○ Osteria di Porta Cicca · 🏠 ♿ ▣

CUCINA MODERNA · ROMANTICO ✕ Ambiente accogliente e intimo di sapore un po' provenzale nella vivace cornice dei navigli. La cucina vira verso la modernità e l'innovazione, dell'osteria - oltre al nome - vi è ben poco!

Menu 35/55 € – Carta 44/85 €

Pianta: 7J4-n – *ripa di Porta Ticinese 51* ⊠ *20143* Ⓜ *Porta Genova* – ℰ *02 837 2763 (consigliata la prenotazione) – www.osteriadiportacicca.com – solo a cena escluso domenica – Chiuso 14-21 agosto e lunedì*

‖○ Al fresco · 🍽 🏠 ♿ ▣

CUCINA MEDITERRANEA · COLORATO ✕ All'interno di un'ex fabbrica di inizio Novecento, l'atmosfera è originale e bohémien, ma il gioiello è il servizio estivo nell'incantevole cortile interno: "al fresco", come puntualizzerebbero gli anglosassoni mutuando una parola italiana. Dalla cucina prodotti di stagione e sapori mediterranei in preparazioni a basse temperature.

Carta 33/73 €

Pianta: 7J4-e – *via Savona 50* ⊠ *20121* Ⓜ *Porta Genova* – ℰ *02 4953 3630*
– www.alfrescomilano.it – Chiuso lunedì

‖○ Al Pont de Ferr · ▣

CUCINA CREATIVA · OSTERIA ✕ Lungo quel canale artificiale ideato e costruito nel 1179 a Milano, inizialmente utilizzato per l'irrigazione dei campi e in seguito solcato da barconi, davanti al vecchio ponte di ferro, quest'osteria rustica propone una cucina atemporale che abbraccia terra e mare incondizionatamente.

🍴 Menu 20 € (pranzo in settimana)/75 € – Carta 36/90 €

Pianta: 7J4-a – *Ripa di Porta Ticinese 55* ⊠ *20143* Ⓜ *Porta Genova FS*
– ℰ 02 8940 6277 – www.pontdeferr.it – Chiuso 24 dicembre-6 gennaio

⑪○ Esco Bistrò Mediterraneo   ♿ AC

CUCINA MEDITERRANEA · ALLA MODA X Un concept moderno di ristorazione, informale ma accogliente, dove la prima sensazione - in questo caso, non l'unica a contare! - è quella di trovarsi in uno studio di architettura, ospiti del patron. Tutto questo, però, è solo il preambolo per poi lasciarsi andare alle prelibatezze dello chef che con mano decisa abbina qualità dei prodotti, innovazione e tecnica.

🍴 Menu 14 € (pranzo in settimana)/50 € – Carta 24/55 €

Pianta: J4-g – *via Tortona 26* ✉ *20123* – ☎ *02 835 8144*
– www.escobistromediterraneo.it – Chiuso 13-26 agosto, sabato a mezzogiorno e domenica

⑪○ Chic'n Quick   AC

CUCINA MODERNA · ACCOGLIENTE X Chic'n'Quick è l'interpretazione di trattoria moderna all'italiana dello chef Sadler. Si tratta di uno spazio informale e dinamico con una proposta di cucina tradizionale quanto basta e protesa al moderno. Un ambiente casual/elegante.

🍴 Menu 21 € (pranzo)/45 € – Carta 35/71 €

Pianta: 3F3-a – *via Ascanio Sforza 77* ✉ *20141* Ⓜ *Romolo* – ☎ *02 8950 3222*
– www.sadler.it – Chiuso 1 settimana in gennaio, 2 settimane in agosto, lunedì a mezzogiorno e domenica

⑪○ 28 Posti   🪑 AC

CUCINA MODERNA · MINIMALISTA X Il nome anticipa la capacità ricettiva del locale: 28 posti a sedere. Cucina a vista in un ambiente rustico con tavoli e sedie in legno grezzo, accostati a muri in alcuni punti volutamente non intonacati. Total window offrono alla vista un piacevole *continuum* con l'esterno; piatti ad alto tasso di modernità nei menu degustazione, più contenuta nella ristretta scelta à la carte.

Menu 45/75 € – Carta 48/80 €

Pianta: 7K4-k – *via Corsico 1* ✉ *20123* Ⓜ *Porta Genova* – ☎ *02 839 2377*
– www.28posti.org – Chiuso 14-28 agosto, martedì a mezzogiorno e lunedì

⑪○ Trattoria Trinacria   AC

CUCINA SICILIANA · FAMILIARE X A gestione familiare, un locale accogliente nella sua semplicità confermata dal servizio informale. Tra luci soffuse e candele sui tavoli, il menu in dialetto (con sottotitoli in italiano) celebra le specialità siciliane, ma la lavagna suggerisce anche piatti del giorno d'asporto.

🍴 Menu 25 € – Carta 28/67 €

Pianta: 7J4-w – *via Savona 57* ✉ *20144* Ⓜ *Sant' Agostino* – ☎ *02 423 8250*
– www.trattoriatrinacria.it – Chiuso 6-21 agosto, sabato a mezzogiorno e domenica

⑪○ Shiva   AC ⇄

CUCINA INDIANA · AMBIENTE ESOTICO X Ristorante indiano con grandi sale e un intimo soppalco. Ambienti confortevoli e caratteristici con luci soffuse e decori tipici. Cucina del nord con diverse specialità.

🍴 Menu 18/28 € – Carta 23/46 €

Pianta: 7K4-b – *viale Gian Galeazzo 7* ✉ *20136* – ☎ *02 8940 4746*
– www.ristoranteshiva.it – Chiuso lunedì a mezzogiorno

⑪○ Trattoria Madonnina   🪑

CUCINA ITALIANA · FAMILIARE X Trattoria milanese d'inizio '900 rimasta invariata nello stile: arredi d'epoca con locandine e foto, cucina semplice e gustosa. Piccolo dehors con pergola e tavoli in pietra.

Carta 23/42 €

Pianta: 7K4-d – *via Gentilino 6* ✉ *20136* – ☎ *02 8940 9089* – *Chiuso 3 settimane in agosto, domenica e le sere di lunedì e martedì*

⑪○ Mudec Bistrot

CUCINA ITALIANA · BISTRÒ X La versione basic della cucina di chef Bartolini al piano terra dello stesso museo. Aperto già per le prime colazioni mattutine, si propone prevalentemente a pranzo con piatti classici e stagionali.

🍴 Menu 8/29 € – Carta 29/52 €

Pianta: 7J4-u – *via Tortona 56* ✉ *20123* – ☎ *02 8429 3706* – *www.enricobartolini.net*
– solo a pranzo escluso giovedì e sabato

Alberghi

🏨 Magna Pars Suites Milano

GRAN LUSSO · DESIGN Espressione tangibile degli stupendi, ma - per definizione - eterei profumi creati dai titolari, ogni camera di questo hotel di lusso vive di una sua nota olfattiva, a cui s'ispirano anche le opere d'arte che l'arredano. E per gli irriducibili, ora c'è anche la "LabSolue": perfume laboratory in cui scoprire e acquistare le 39 fragranze che contraddistinguono ogni stanza.

39 cam ⬚ – ♦290/900 € ♦♦350/1200 € – 28 suites

Pianta: 7J4-c – *via Forcella 6* ⬚ *20123* Ⓜ *Porta Genova FS* – *☏ 02 833 8371* – *www.magnapars-suitesmilano.it*

🍴 **Da Noi In** – Vedere selezione ristoranti

🏨 Nhow Milano

LUSSO · DESIGN Ha fascino da vendere questo design hotel ospitato in un'ex area industriale: uno show room permanente in cui sono esposte eccellenze stilistiche ed artistiche, nonché confort inappuntabile nelle camere eclettiche.

245 cam – ♦110/700 € ♦♦110/700 € – 1 suite – ⬚ 28 €

Pianta: 7J4-b – *via Tortona 35* ⬚ *20144* – *☏ 02 489 8861* – *www.nhow-hotels.com*

🏨 Maison Borella

CASA PADRONALE · ORIGINALE Nel cuore della vecchia Milano, in una tipica casa di ringhiera direttamente affacciata sul Naviglio, le camere precipitano l'ospite in un'atmosfera fine Ottocento con travi a vista, ma arredi in stile moderno.

30 cam ⬚ – ♦160/900 € ♦♦160/900 €

Pianta: 7K4-f – *Alzaia Naviglio Grande 8* ⬚ *20144* – *☏ 02 5810 9114* – *www.hotelmaisonborella.com* – *Chiuso 12-16 agosto*

Fieramilanocity-Sempione

P. Jacques/hemis.fr

Ristoranti

❀ Iyo

CUCINA GIAPPONESE · MINIMALISTA ✕✕ La presenza in cucina di figure internazionali, tra Italia e Giappone, assicura quella continuità che caratterizza lo stile culinario di Iyo; la proposta gastronomica rimane sempre originale, creativa, ispirata al Sol Levante, sebbene proiettata verso il futuro. Proverbiale anche la carta dei vini che elenca circa ottocento etichette, nonché quella dei sake: diverse tipologie da degustare in base all'abbinamento col piatto.

→ Ika somen: crudo di calamaro sfrangiato, caviale, verdure croccanti, uovo di quaglia. Gin dara: carbonaro nero d'Alaska in salsa di miso. Sfera di meringa al lime, mousse al cioccolato, sorbetto, composta di mela verde e menta.

Menu 95 € – Carta 36/112 €

Pianta: 5J1-p – *via Piero della Francesca 74* ⬚ *20154* Ⓜ *Gerusalemme* – *☏ 02 4547 6898 (consigliata la prenotazione)* – *www.iyo.it* – *Chiuso vacanze di Natale, 2 settimane in agosto, martedì a mezzogiorno e lunedì*

Essenza (Eugenio Boer)   🛒 AC

CUCINA MODERNA • AMBIENTE CLASSICO XX L'indirizzo giusto per romantici gastrogourmet: varcato il delizioso cortiletto vi attende una proposta creativa ma concreta, fatta di struttura e di tecnica, che va all'essenza del gusto e del cuore. In due parole: una cucina pervasiva ed intrigante!

→ Rognone di coniglio, spugnole, asparagi bianchi, nocciole. Agnello pressato, bagna cauda, yogurt, menta. Pavlova: meringa di ceci senza uova, Chantilly di riso, frutti rossi e dragoncello.

Menu 50/110 € – Carta 66/108 €

Pianta: E2-b – via Marghera 34 ✉ 20149 Ⓜ Wagner – 𝒞 02 498 6865
– www.essenzaristorante.it – Chiuso vacanze di Natale, 3 settimane in agosto, lunedì a mezzogiorno e domenica

La Cantina di Manuela   🛒 ♿ AC

CUCINA MODERNA • DI QUARTIERE XX Ancora un nuovo chef ai fornelli, ma il livello è sempre buono oltre che interessante in termini di qualità/prezzo. In aggiunta ai grandi classici che hanno reso celebre il locale - memorabile la costoletta di vitello alla milanese! - anche altri piatti tradizionali rivisitati. A noi sono piaciuti: la tagliata di fassona e il tiramisù alla maniera pugliese.

Carta 32/56 €

Pianta: 5J1-g – via Procaccini 41 ✉ 20154 Ⓜ Gerusalemme – 𝒞 02 345 2034
– www.lacantinadimanuela.it

🍴 Morelli Ⓝ   ♿ AC

CUCINA CREATIVA • DESIGN XxX Apertura cittadina del noto chef Giancarlo Morelli, all'interno di un nuovo quanto bell'hotel: la proposta creativa della sera è affiancata dal Bulk, mixology and food bar con carta più semplice nelle ore canoniche. Su prenotazione potrete sedervi al tavolo in cucina dove il cuoco esprime la propria creatività in un menu a sorpresa.

Menu 95/140 € – Carta 90/110 €

Pianta: 5K1-v – Hotel Viu Milan, via Aristotile Fioravanti 4 ✉ 20154 Ⓜ Cenisio
– 𝒞 02 8001 0918 – www.giancarlomorelli.it – solo a cena – Chiuso domenica

🍴 Bon Wei   ♿ AC

CUCINA CINESE • DESIGN XX Nessuna nota fusion, bensì una proposta gastronomica fatta d'ingredienti freschi e materie prime di assoluta qualità, filologicamente corretta, e che vi farà ricredere sul ritrito assioma per cui la cucina cinese è equivalente a cibi iperfritti o di scarsa qualità. In sale scure, moderne ed eleganti, le specialità attingono un po' da tutto il Paese.

Carta 31/107 €

Pianta: 5J1-h – via Castelvetro 16/18 ✉ 20154 Ⓜ Gerusalemme – 𝒞 02 341308
(consigliata la prenotazione) – www.bon-wei.it – Chiuso 10-25 agosto e lunedì

🍴 Olei   AC ⟷

PESCE E FRUTTI DI MARE • ELEGANTE XX Dedicato al prodotto principe della dieta mediterranea, l'olio è il filo conduttore di molti piatti del ristorante, quasi tutti di pesce, ispirati ai classici della cucina italiana, semplici e senza eccessive elaborazioni. Una sala interna è stata inoltre adibita a bistrot, con proposte diverse, veloci, ma sempre di elevata qualità.

Menu 40/65 € – Carta 47/98 €

Pianta: 3E2-e – via Washington 20 ✉ 20146 Ⓜ Wagner – 𝒞 02 498 3997
– www.ristoranteolei.it – Chiuso agosto, vacanze di Natale, sabato a mezzogiorno e domenica

🍴 Bianca   🛒 ♿ AC

PESCE E FRUTTI DI MARE • DESIGN XX In una delle zone più belle di Milano, il bianco trionfa negli essenziali e moderni arredi delle sale, mentre la cucina "colora" i piatti grazie a specialità di pesce con molti crudi e marinati.

Carta 41/76 €

Pianta: 7J3-a – via Panizza 10 ✉ 20121 Ⓜ Conciliazione – 𝒞 02 4540 9037
– www.ristorantebianca.com – Chiuso sabato a pranzo

MILANO

⁛○ Arrow's 🕿 �& ℀

PESCE E FRUTTI DI MARE • FAMILIARE ✕✕ Un espositore di pesce all'ingresso è il migliore biglietto da visita per chi vuole sincerarsi della freschezza del pescato, che la cucina prepara in ricette siciliane, marchigiane e di altre regioni. Un buon indirizzo per godersi il mare anche a Milano!

🕭 Menu 25 € (pranzo in settimana) – Carta 33/77 €

Pianta: 5J1-f – *via A. Mantegna 17/19 ✉ 20154 🌑 Gerusalemme – ℰ 02 341533 – www.ristorantearrows.it – Chiuso 3 settimane in agosto, lunedì a mezzogiorno e domenica*

⁛○ La Rosa dei Venti ℀

PESCE E FRUTTI DI MARE • CONTESTO TRADIZIONALE ✕✕ Piccolo locale ideale per chi ama il pesce, preparato secondo ricette semplici, ma personalizzate, e proposto puntando su un interessante rapporto qualità/prezzo. Il ristorante fa parte del circuito AIC, Associazione Italiana Celiachia: aspettatevi, quindi anche molti piatti, nonché pane e pasta, senza glutine.

Menu 40 € – Carta 34/74 €

Pianta: 5J1-c – *via Piero della Francesca 34 ✉ 20154 🌑 Gerusalemme – ℰ 02 347338 – www.ristorantelarosadeiventi.it – Chiuso 31 dicembre-3 gennaio, 31 luglio-21 agosto, sabato a mezzogiorno e lunedì*

⁛○ Bistrot Leonardo 🕿 ℀ 🚗

CUCINA CLASSICA • BISTRÒ ✕✕ Il ristorante Bistrot Leonardo rinnova la sua passione per la cucina locale, con un'attenzione particolare alle richieste sempre più frequenti di una clientela raffinata ed esigente.

Carta 35/55 €

Pianta: 5K1-q – *Leonardo Hotels Milan City Centre, via Messina 10 ✉ 20154 🌑 Cenisio – ℰ 02 318170 – www.fedegroup.it*

⁛○ Ba Asian Mood 🕿 ℀

CUCINA CINESE • CHIC ✕✕ La famiglia che lo gestisce la sa lunga in materia di ristorazione, e i risultati poi non stentano ad arrivare... All'interno di un'elegante sala illuminata da luci soffuse, cucina tipica cinese preparata con serietà ed ottimi prodotti.

Carta 26/144 €

Pianta: E2-a – *via R. Sanzio 22 ang. Via Carlo Ravizza 10 ✉ 20123 🌑 De Angeli – ℰ 02 469 3206 (consigliata la prenotazione) – www.ba-restaurant.com – Chiuso vacanze di Natale, 3 settimane in agosto e lunedì*

⁛○ Zero Milano ℀ 🍸

CUCINA GIAPPONESE • MINIMALISTA ✕ Non mancano i classici giapponesi, ma l'anima del ristorante sono i piatti "zero", frutto della contaminazione con la cucina occidentale e parziali cotture alla fiamma. Consigliamo di prenotare al sushi-bar per assistere dal vivo alle preparazioni tra pannelli di onice retroilluminati.

Menu 49/64 € – Carta 39/96 €

Pianta: 7J3-z – *corso Magenta 87 ✉ 20123 🌑 Conciliazione – ℰ 02 4547 4733 (consigliata la prenotazione) – www.zeromagenta.com – solo a cena – Chiuso 24 dicembre-6 gennaio, 2 settimane in agosto e lunedì*

⁛○ Kiyo 🕿 ℀

CUCINA GIAPPONESE • CHIC ✕ Gestione italiana, ma cuoco giapponese: limpide e pure - questo il significato di Kyio - le sale ornate di legno accolgono le classiche proposte nipponiche, affiancate da gustosi dolci europei.

🕭 Menu 19 € (pranzo in settimana)/55 € – Carta 33/79 €

Pianta: 3E2-k – *via Carlo Ravizza 4 ✉ 20121 🌑 Wagner – ℰ 02 481 4295 – www.kiyo.it*

⁛○ Trattoria Montina 🕿 ℀

CUCINA TRADIZIONALE • CONVIVIALE ✕ Se della trattoria si riprende lo stile, semplice e familiare, ma non privo di d'atmosfera, dalla cucina arrivano piatti di mare, benché ci sia anche spazio per chi preferisce la carne.

Carta 33/58 €

Pianta: 5J1-d – *via Procaccini 54 ✉ 20154 🌑 Gerusalemme – ℰ 02 349 0498 – www.trattoriamontina.it – Chiuso 25 dicembre-3 gennaio, Pasqua, 5-27 agosto, lunedì a mezzogiorno e domenica*

⭑O **Al Vecchio Porco**   🏡 ᵹ 🄰🄲

CUCINA DEL TERRITORIO • DI QUARTIERE ✗ Forse il nome non è troppo elegante, ma si rifà ai tanti maialini che decorano i vari angoli di questo simpatico locale formato da due sale principali e da una taverna (utilizzata soprattutto per feste private, nonché eventi). Cucina locale, attenta ai prodotti stagionali.

Carta 38/62 €

Pianta: 5K1-e – *via Messina 8* ✉ *20154* Ⓜ *Cenisio* – *☏ 02 313862 (consigliata la prenotazione)* – *www.alvecchioporco.it* – *Chiuso Natale, 2 settimane in agosto, lunedì a mezzogiorno e domenica*

⭑O **Quadrifoglio**   🄰🄲 🅿

CUCINA TRADIZIONALE • FAMILIARE ✗ In una delle zone più brillanti di Milano, due salette rallegrate da quadri e ceramiche alle pareti. In menu: piatti della cucina classica nazionale, tante insalate e sostanziosi piatti unici.

Carta 31/51 €

Pianta: 5K1-n – *via Procaccini 21 angolo via Aleardi* ✉ *20154* Ⓜ *Gerusalemme* – *☏ 02 341758* – *www.trattoriailquadrifoglio.net* – *Chiuso 1°-5 gennaio, 4-25 agosto, mercoledì a mezzogiorno e martedì*

Alberghi

🏨 **Leonardo Hotels Milan City Centre**   🔁 ᵹ 🄰🄲 🛗 🚗

LUSSO • ELEGANTE In un quartiere brulicante di attività e negozi, un indirizzo sempre valido nel panorama dell'hôtellerie milanese in virtù anche di una nuova gestione che prosegue nel proporre un raffinato confort e moderne installazioni.

122 cam ⌿ – ♦109/360 € ♦♦129/380 € – 8 suites

Pianta: 5K1-q – *via Messina 10* ✉ *20154* Ⓜ *Cenisio* – *☏ 02 318170* – *www.leonardo-hotels.com*

⭑O **Bistrot Leonardo** – Vedere selezione ristoranti

🏨 **Milan Marriott Hotel**   🍽 🛵 🔁 🄰🄲 🌾 🛗

HOTEL DI CATENA • CONTEMPORANEO Non lontano dal brulicante corso Vercelli, la struttura si caratterizza per la sua doppia anima: architettura esterna moderna ed ampi interni classicheggianti. Camere funzionali in stile. Specialità regionali e sapori mediterranei a La Brasserie de Milan.

321 cam – ♦105/400 € ♦♦125/420 € - senza ⌿

Pianta: 3E2-d – *via Washington 66* ✉ *20146* Ⓜ *Wagner* – *☏ 02 48521* – *www.milanmarriotthotel.com*

🏨 **Viu Milan** Ⓝ   🏊 🏠 🛵 🔁 ᵹ 🄰🄲

BUSINESS • DESIGN Un nuovo hotel di design nel cuore della Chinatown milanese. Approfittate della sua sala colazioni (che funge anche da lounge) all'ultimo piano: da qui la vista spazia sui tetti della città, con l'appendice della piscina che - seppur non grande - rimane piacevolissima.

115 cam ⌿ – ♦250/750 € ♦♦250/750 € – 9 suites

Pianta: 5K1-v – *via Aristotile Fioravanti 6* ✉ *20154* Ⓜ *Cenisio* – *☏ 02 8001 0910* – *www.hotelviumilan.com*

⭑O **Morelli** – Vedere selezione ristoranti

🏨 **Wagner**   🔁 🄰🄲 🌾

BUSINESS • TRADIZIONALE Accanto all'omonima stazione della metropolitana, l'hotel è stato completamente ristrutturato e offre ambienti ben curati nei dettagli, arredati con marmi e moderni accessori.

49 cam ⌿ – ♦80/699 € ♦♦90/699 €

Pianta: 3E2-p – *via Buonarroti 13* ✉ *20149* Ⓜ *Wagner* – *☏ 02 463151* – *www.hotelwagnermilano.it*

🏨 Metrò   🔲 ⚹ AC

BUSINESS · ACCOGLIENTE Conduzione familiare per una risorsa in una delle vie più rinomate per lo shopping; camere piuttosto eleganti, gradevolissima sala colazioni panoramica al roof-garden.

40 cam ☲ – ♦70/240 € ♦♦90/340 € – 2 suites

Pianta: 3E2-x – *corso Vercelli 61* ✉ 20144 ⓜ *Wagner* – ✆ *02 498 7897*
– *www.hotelmetro.it*

🏨 Antica Locanda Leonardo   🖼 🔲 AC 🛇

FAMILIARE · ACCOGLIENTE L'atmosfera signorile si sposa con l'accoglienza familiare in un albergo affacciato su un piccolo cortile interno, in ottima posizione vicino al Cenacolo leonardesco. Camere con arredi d'epoca o contemporanei.

17 cam ☲ – ♦85/380 € ♦♦120/400 €

Pianta: 7J3-m – *corso Magenta 78* ✉ 20123 ⓜ *Conciliazione*
– ✆ *02 4801 4197* – *www.anticalocandaleonardo.com*
– *Chiuso 6-19 agosto*

🏨 Campion   🔲 ⚹ AC

FAMILIARE · FUNZIONALE Hotel situato di fronte all'ingresso di Fieramilano City, a pochi passi dal metrò. Conduzione familiare efficiente, camere classiche e confortevoli.

27 cam ☲ – ♦59/359 € ♦♦79/469 €

Pianta: 3E2-c – *viale Berengario 3* ✉ 20149 ⓜ *Amendola*
– ✆ *02 462363* – *www.hotelcampion.com*
– *Chiuso agosto*

Zona urbana Nord-Ovest

Michelin

Ristoranti

⍟ Innocenti Evasioni (Arrigoni e Picco)   🕮 🖼 🍴 AC ⇵

CUCINA CREATIVA · DI TENDENZA XX Un piacevole locale dalle grandi vetrate che si aprono sul giardino dove incontrare una cucina classica rivisitata con tecnica creativa. Splendido servizio estivo all'aperto.

→ Spaghetti di Gragnano al pesto di nocciole e foglie di sedano, capperi e limone. Polipo rosolato, patata affumicata, cime di rapa, pomodoro e pane croccante alla cipolla. Sfera di cioccolato, lamponi alle tre consistenze e cioccolata calda.

Menu 49/73 € – Carta 52/73 €

Pianta: 3E1-a – *via privata della Bindellina* ✉ 20155 ⓜ *Portello*
– ✆ *02 3300 1882 (consigliata la prenotazione)* – *www.innocentievasioni.com*
– *solo a cena – Chiuso 1º-10 gennaio, 6-31 agosto e domenica*

MILANO

ⓘO Unico Milano ⇦ ♿ 🄰🄲

CUCINA CREATIVA · ELEGANTE XXX Milano, dal ventesimo piano della WJC Tower dove si trova l'unico ristorante cittadino con vista che abbraccia tutto lo skyline, sembra una sorta di plastico; mentre dalla cucina curata dal nuovo chef escono piatti d'impronta creativa.

🍽 Menu 25 € (pranzo in settimana)/140 € – Carta 75/126 €

Pianta: 3E1-u – *via Achille Papa 30, palazzo World Join Center* ✉ *20149* Ⓜ *Portello* – ✆ *02 3921 4847* – *www.unicorestaurant.it* – *Chiuso sabato a mezzogiorno*

ⓘO La Pobbia 1850 🏠 ♿ 🄰🄲 ⇵

CUCINA LOMBARDA · ELEGANTE XXX La Pobbia, un omaggio ai pioppi che scuotevano le loro fronde lungo questa via che a fine '800 era ancora aperta campagna, una vecchia ma elegante cascina in cui si celebra la cucina meneghina: pochi piatti, quasi esclusivamente di carne, in buona parte dedicati alla cucina lombarda. Ora, c'è anche un nuovo e piacevolissimo dehors in giardino.

🍽 Menu 25/35 € – Carta 42/75 €

Pianta: 3E1-w – *via Gallarate 92* ✉ *20151* – ✆ *02 3800 6641* – *www.lapobbia.com* – *Chiuso 26 dicembre-6 gennaio, 3 settimane in agosto e domenica*

ⓘO Fiorenza 🄰🄲

PESCE E FRUTTI DI MARE · ACCOGLIENTE XX Ebbene sì, è sempre lui, un indirizzo noto ed apprezzato dai milanesi, ma non solo. Ora, però, in una nuova sede, che lo rende ancora più caldo ed accogliente. La cucina, invece, è rimasta immutata: essenzialmente basata sul pesce, non manca di proporre anche qualche ricetta di terra.

🍽 Menu 20 € – Carta 39/79 €

Pianta: 3E1-f – *Via Marcantonio del Re 38* ✉ *20123* Ⓜ *Portello* – ✆ *02 3320 0659* – *www.ristorantefiorenza.com* – *Chiuso 1 settimana in gennaio, 3 settimane in agosto, lunedì a mezzogiorno e domenica*

ⓘO InGalera Ⓝ 🄰🄲 🄿

CUCINA CLASSICA · CONTESTO CONTEMPORANEO X Si volta pagina da un passato difficile già InGalera, grazie a questo ristorante nato per offrire agli ospiti della casa circondariale di Bollate un'opportunità di riscatto e competenze atte al reinserimento nel mondo del lavoro una volta scontata la pena. La cucina è semplice, ben fatta e dai contenuti nobili, il servizio è attento; poche, ma buone etichette di vino.

🍽 Menu 12 € (pranzo in settimana)/50 € – Carta 34/65 €

Pianta: 1A1-a – *via Cristina Belgioioso 120 (all'interno della Casa di Reclusione Milano Bollate)* ✉ *20157* – ✆ *334 308 1189 (prenotazione obbligatoria)* – *www.ingalera.it* – *Chiuso agosto, domenica e lunedì*

Alberghi

🏨 Radisson Blu Hotel Milan 🏠 📺 🛋 🍴 🔁 ♿ 🄰🄲 🧖 🏋

BUSINESS · MODERNO E' sicuramente l'indirizzo ideale per una clientela business: a pochi minuti dall'imbocco autostradale, il minimalismo qui è riconducibile solo al tipo di eleganza. Per il resto, grandi spazi - alcune camere veramente ampie – e qualche richiamo ad atmosfere indonesiane che dà un ulteriore tocco di personalità.

250 cam � – ♦100/650 € ♦♦100/650 € – 34 suites

Pianta: 1B2-a – *via Villapizzone 24* ✉ *20156* – ✆ *02 363 1888* – *www.radissonblu.com/hotel-milan*

🏨 The Hub Hotel 🏠 📺 🛁 🍴 🔁 🄰🄲 🏋 🚐

BUSINESS · FUNZIONALE In una zona un po' defilata, ma di fronte all'Expo, un moderno urban hotel con camere abbastanza ampie, buoni spazi congressuali ed un'attrezzata spa all'ultimo piano. I classici italiani rivisitati e minimalismo metropolitano al ristorante.

162 cam ⊆ – ♦79/890 € ♦♦89/890 €

Pianta: 1A1-c – *via Privata Polonia 10* ✉ *20157* – ✆ *02 7862 7000* – *www.thehubhotel.com*

Zona urbana Nord-Est

Ristoranti

ⅰ🔾 Manna   &. AC

CUCINA MODERNA · SEMPLICE XX Lontano dai riflettori, in un angolo inaspettatamente grazioso della periferia milanese, una cucina creativa e riuscita, attenta alle
presentazioni, con proposte sia di carne che di pesce.

Menu 18 € (pranzo in settimana) – Carta 38/62 €

Pianta: 4H1-c – *piazzale Governo Provvisorio 6 ⊠ 20127 – 𝒞 02 2680 9153
– www.mannamilano.it – Chiuso 1°-7 gennaio, 15 agosto-7 settembre e domenica*

ⅰ🔾 Nassa Osteria di Mare   AC

PESCE E FRUTTI DI MARE · MINIMALISTA XX Un indirizzo senza ombra di dubbio da
consigliare, in virtù dei suoi molteplici atout: ambiente moderno molto raccolto, chef-
titolare con ampia conoscenza del mercato ittico e, di conseguenza, ottime specialità
di pesce in tavola!

Menu 55/70 € – Carta 35/89 €

Pianta: 4H2-n – *via Donatello 22 ⊠ 20123 – 𝒞 02 2668 4810 – www.nassaosteria.it
– solo a cena – Chiuso 1°-3 gennaio, 11-19 agosto, sabato a mezzogiorno e domenica*

ⅰ🔾 Vietnamonamour   ⇦ 🏠 AC

CUCINA VIETNAMITA · AMBIENTE ESOTICO X Lungo una graziosa strada punteg-
giata di edifici d'inizio Novecento, specialità del Vietnam settentrionale nella raccolta
sala con soppalco e nell'intimo giardino d'inverno. L'atmosfera continua nelle romantiche camere, un angolo d'Asia a Milano.

Menu 25 € – Carta 24/45 €

4 cam ☲ – ♦70/140 € ♦♦90/200 €

Pianta: 4H1-b – *via A. Pestalozza 7 ⊠ 20131 Ⓜ Piola – 𝒞 02 7063 4614 (consigliata la
prenotazione) – www.vietnamonamour.com – Chiuso lunedì a mezzogiorno e
domenica*

ⅰ🔾 Mirta   &. AC

CUCINA LOMBARDA · FAMILIARE X Una simpatica trattoria dalla doppia anima: affol-
lata ed economica a pranzo, più tranquilla la sera. L'ambiente è semplice ed informale, mentre la cucina propone piatti della tradizione lombarda, ma non solo. Lo
chef è, infatti, uruguaiano.

Carta 34/55 €

Pianta: 4H1-e – *piazza San Materno 12 ⊠ 20131 – 𝒞 02 9118 0496
– www.trattoriamirta.it – Chiuso vacanze di Natale, agosto, sabato e i giorni festivi*

ⅰ🔾 Baia Chia   AC ⇦

CUCINA SARDA · FAMILIARE X Un semplice, ma genuino locale come la cucina che
una famiglia sarda ha portato con sé dall'isola. In prevalenza pesce, non manca - tuttavia - il celebre maialino, da ordinare con qualche giorno d'anticipo.

Carta 30/49 €

Pianta: 4H1-a – *via Bazzini 37 ⊠ 20131 Ⓜ Piola – 𝒞 02 236 1131
– www.ristorantesardobaiachia.it – Chiuso vacanze di Natale e 7-24 agosto*

MILANO

Alberghi

 Nu ⇧ ⊡ ⅙ AC 🏋

TRADIZIONALE · PERSONALIZZATO Art hotel di recente apertura, dove elementi naturali flirtano con tecnologia e modernità dando vita ad un'atmosfera ad alto tasso di originalità. Un esempio? Circa 2000 lampadine avvolgono la struttura di una luce calda e personalizzata. All'ultimo piano, presso il ristorante panoramico, sfiziosi piatti di terra e di mare.

38 cam ⌒ – ♥80/326 € ♥♥117/576 €
Pianta: 4H1-f – *via Feltre 19b* ✉ *20132* Ⓜ *Udine* – *☎ 02 971 5451* – *www.nu-hotel.com*

 Susa ⅙ ⊡ AC

BUSINESS · ACCOGLIENTE Situato in una zona strategica di Milano, Città Studi, l'hotel si propone come un valido riferimento sia per una clientela business sia per turisti in visita al capoluogo lombardo. Camere moderne e funzionali; spazi comuni arredati in stile sobrio e minimalista.

19 cam ⌒ – ♥90/200 € ♥♥120/330 €
Pianta: 4H2-d – *viale Argonne 14* ✉ *20133* – *☎ 02 7010 2897*
– *www.hotelsusamilano.it*

Zona urbana Sud-Est

Eva Katalin/iStock

Ristoranti

😋 **La Cucina Dei Frigoriferi Milanesi** Ⓜ ⊞ ⅙

CUCINA MODERNA · CONTESTO CONTEMPORANEO ✕ Location intrigante nel contesto artistico-culturale dei Frigoriferi Milanesi, per questo ristorante dai toni moderni sia nell'ambiente sia nella cucina che introduce il nuovo concept di carta "destrutturata", ovvero: non divisa tradizionalmente in antipasti, primi e secondi, ma composta da piatti che possono essere accostati secondo l'estro del momento. I preferiti dall'ispettore: tartare di ricciola con rucola e passion fruit - coniglio in crosta di erbe, pomodoro e agretti - crema caramellata al mango.

🍽 Menu 14 € (pranzo in settimana) – Carta 33/43 €
Pianta: H23-m – *via Piranesi 10* ✉ *20121* – *☎ 02 3966 6784*
– *www.lacucinadeifrigoriferimilanesi.it* – *Chiuso sabato a pranzo e domenica*

🍴 **Trattoria del Nuovo Macello** AC ⇄

CUCINA MODERNA · TRATTORIA ✕ Battezzata con questo nome nel 1927 - quando di fronte ad essa sorse il nuovo macello - trent'anni dopo il nonno di uno degli attuali soci la prese in gestione, fiutando il "buon affare" in base all'usura della soglia. Non si sbagliò affatto! Piatti fedeli ai sapori di un tempo, rielaborati in chiave contemporanea.

🍽 Menu 18 € (pranzo in settimana)/36 € – Carta 45/70 €
Pianta: 4H3-b – *via Cesare Lombroso 20* ✉ *20137* – *☎ 02 5990 2122 (consigliata la prenotazione)* – *www.trattoriadelnuovomacello.it* – *Chiuso 31 dicembre-6 gennaio, 6-30 agosto, sabato a mezzogiorno e domenica*

‖○ Kitchen ⛩ 🚻 🅰️🅲

CUCINA MODERNA · ALLA MODA 🍴 Piccolo, ma grazioso, ristorante che fa delle verdure provenienti dai propri orti il suo punto di forza, insieme a ricette tradizionali regionali e ad una particolare attenzione alle intolleranze al glutine. A pranzo, proposta più semplice ed economica, nonché un estratto dalla carta serale.

 Menu 11 € (pranzo in settimana)/30 € – Carta 31/48 €

Pianta: 2B3-k – *via Neera 40* ✉️ *20143* Ⓜ️ *Abbiategrasso* – ☎️ *02 8489 5749*
(consigliata la prenotazione la sera) – www.kitchenristorante.com – Chiuso
7-20 agosto, sabato a mezzogiorno e domenica

Zona urbana
Sud-Ovest

Michelin

Ristoranti

🏵️🏵️ Il Luogo di Aimo e Nadia (Alessandro Negrini e Fabio Pisani) 🎐 🅰️🅲

CUCINA CREATIVA · DESIGN 🍴🍴🍴 Se Aimo e Nadia hanno ormai lasciato i fornelli del ristorante, il loro stile di cucina ha trovato due eccellenti interpreti, che ripropongono la loro credo storico della casa, quello di una cucina regionale italiana rivisitata, da sempre fondata sull'eccellenza e il rispetto dei prodotti, anche quando le mode erano altre. Valori oggi universalmente condivisi, ma che videro in via Montecuccoli una delle loro culle e che ritroviamo nelle mani dei due discepoli con interpretazioni emozionanti, a volte memorabili.

→ Tagliolini semola e crescione con aglio orsino, peperoncino e guazzetto di frutti di mare. Anguilla caramellata alla birra doppio malto con cecina e marmellata di limoni. Notebook: crema bruciata, arance amare e sanguinelle, mango e liquirizia calabrese.

Menu 45 € (pranzo in settimana)/150 € – Carta 87/181 €

Pianta: 1A2-e – *via Montecuccoli 6* ✉️ *20147* Ⓜ️ *Primaticcio* – ☎️ *02 416886*
– *www.aimoenadia.com – Chiuso 1°-8 gennaio, agosto, sabato a mezzogiorno*
e domenica

🏵️ Lume 🎐 ⛩ 🚻 🅰️🅲 🅿️

CUCINA MODERNA · DESIGN 🍴🍴🍴 Inserito in un contesto di archeologia industriale, Lume evoca già nel nome il ruolo primario che riveste la luce nel locale grazie alle ampie vetrate. La cucina, invece, ruota attorno alla grande personalità dello chef, Luigi Taglienti, che propone piatti di ricerca tra il moderno ed il creativo, citando a volte la Lombardia, altre la Liguria sua terra d'origine.

→ Ravioli di faraona alla cacciatora. Musetto di vitello allo spumante. Tartufo nero, tiramisù.

Menu 40 € (pranzo in settimana)/150 € – Carta 78/237 €

Pianta: 3E3-a – *via Watt 37* ✉️ *20123* – ☎️ *02 8088 8624 – www.lumemilano.com*
– *Chiuso 10 giorni in gennaio, 14-26 agosto, domenica sera e lunedì*

‖○ Erba Brusca Ⓝ 🚻 🎐

CUCINA DEL MERCATO · SEMPLICE 🍴 In zona periferica che ricorda le trattorie della vecchia Milano, a ridosso del Naviglio Pavese, un orto privato e l'ambiente informale vi daranno il benvenuto nel regno di Alice: giovane cuoca americana che propone una cucina "fresca" di mercato.

Menu 32 € (cena)/45 € – Carta 34/59 €

Alzaia Naviglio Pavese 286, per via della Chiesa Rossa – *1B3* – ☎️ *02 8738 0711*
– *www.erbabrusca.it – Chiuso gennaio, lunedì c martedì*

Dintorni di Milano

Michelin

al Parco Forlanini (lato Ovest) Est : 10 km (Milano : pianta 2)

⅋○ Osteria I Valtellina 🛱 ⇔ 🅿

CUCINA VALTELLINESE · ELEGANTE ✗✗ Un ambiente caratteristico, quasi un museo della vita quotidiana lombarda, l'osteria propone una cucina classica con piatti dai sapori tipicamente valtellinesi.

Menu 35 € (pranzo in settimana)/50 € – Carta 39/79 €

Pianta: 2D2-h – *via Taverna 34* ✉ *20134* – *☏ 02 756 1139 (consigliata la prenotazione)*
– *www.ivaltellina.it* – *Chiuso 1°-4 gennaio, 14-18 aprile, 7-27 agosto, i mezzogiorno di venerdì e sabato*

a Linate Aeroporto Est : 10 km (Milano : pianta 2 D3)

⅋○ Michelangelo Restaurant A/C

CUCINA MODERNA · ACCOGLIENTE ✗✗ All'interno dell'aeroporto di Linate, le ampie vetrate regalano l'insolito spettacolo di decolli ed atterraggi; la sala è moderna, come del resto la sua cucina... quella a vista e quella proposta al palato.

Menu 30 € (pranzo in settimana)/70 € – Carta 42/79 €

via Forlanini ✉ *20090 Segrate* – *☏ 02 7611 9975 (consigliata la prenotazione)*
– *www.michelangelorestaurantlinate.it* – *Chiuso 23 dicembre-7 gennaio, 3 settimane in agosto e domenica*

Vedere anche risorse alberghiere a **Malpensa Aeroporto**

MILANO 2 Milano → Vedere Segrate

MILANO MARITTIMA Ravenna → Vedere Cervia

MILAZZO Sicilia

Messina – ⌧ 98057 – 31 646 ab. – Carta regionale n° **17**-D1
Carta stradale Michelin 365-BA54

⫶○ Doppio Gusto ⨉⨉ ▦ ⫶

PESCE E FRUTTI DI MARE · AMBIENTE CLASSICO ⨉⨉ Sono le specialità di pesce a connotare la cucina di questo locale dal design contemporaneo con tratti di eleganza, ma informale nel servizio. Buona scelta enologica con proposte anche al calice.

Carta 42/62 €

via Luigi Rizzo 1/2 – ℰ 090 924 0045 – Chiuso lunedì

⫶○ Il Bagatto ▦ ▦ ⫶

CUCINA REGIONALE · FAMILIARE ⨉ Cucina strettamente di terra con prodotti di nicchia provenienti anche da altre regioni, in un ristorante dai toni rustici; le camere sfoggiano invece uno stile di moderno design.

Carta 36/52 €

Locanda del Bagatto, via M. Regis 11 – ℰ 090 922 4212 (consigliata la prenotazione) – www.locandadelbagatto.com – solo a cena – Chiuso 1 settimana in novembre e domenica

⌂⌂⌂ Eolian Milazzo Hotel ⟡ ⫷ ⇔ ⌁ ⌃ ⫶ ⊡ ⅋ ▦ ⊿ ▣

BUSINESS · LUNGOMARE Dopo una sapiente ristrutturazione, l'albergo ha ancora più appeal, forte della sua panoramica ubicazione sul promontorio di capo Milazzo con vista su un mare blu cobalto e curati spazi verdi.

38 cam ⌁ – †85/250 € ††94/290 € – 8 suites

via Salita Cappuccini 21/23 ⌧ 98057 Milazzo – ℰ 090 922 1992 – www.eolianmilazzohotel.it

⌂⌂ La Chicca Palace Hotel ⊡ ⅋ ▦ ⫶

FAMILIARE · ACCOGLIENTE In pieno centro ad un passo sia dal porto che dal lungomare, una nuova struttura raccolta e accogliente. Modernità ed essenzialità caratterizzano ogni settore con omogeneità.

21 cam ⌁ – †65/105 € ††89/230 €

via Tenente La Rosa 1 – ℰ 090 924 0151 – www.lachiccahotel.com

⌂⌂ La Bussola ⟡ ⊡ ▦ ⊿ ⌖

FAMILIARE · DESIGN Agile punto di riferimento per quanti, dopo una buona e abbondante colazione, desiderano riprendere il viaggio alla volta delle Eolie: il recente rinnovo con soluzioni di design lo caratterizza per eleganza e originalità. Al ristorante, cucina semplice e sapori di mare come ostriche, astici e crudi vari.

26 cam ⌁ – †70/90 € ††80/130 € – 1 suite

via Nino Bixio 11/12 – ℰ 090 922 1244 – www.hotelabussola.it

⌂⌂ Cassisi ⊡ ▦

FAMILIARE · DESIGN Nell'area del porto, un albergo design dagli arredi sobri ed essenziali: linee geometriche e moderne. Prima colazione a buffet, ricca per varietà e qualità.

14 cam ⌁ – †40/90 € ††60/130 €

via Cassisi 5 – ℰ 090 922 9099 – www.cassisihotel.com

⌂⌂ Locanda il Bagatto ▦ ⫶

BOUTIQUE HOTEL · MINIMALISTA Mai come in questo caso, il vecchio adagio "poco, ma buono" risulta azzeccato. Solo sei camere, moderne e di design, dove l'architetto non ha tenuto a freno la fantasia. Il risultato è un insieme intrigante e originale!

6 cam ⌁ – †70/80 € ††90/120 €

via M. Regis 11 – ℰ 090 922 4212 – www.locandadelbagatto.com

⫶○ **Il Bagatto** – Vedere selezione ristoranti

MILETO

Vibo Valentia – ⊠ 89852 – 6 763 ab. – Alt. 365 m – Carta regionale n° **3**-A3
Carta stradale Michelin 564-L30

Il Normanno 🛖 🅰🅲

CUCINA CALABRESE • CONTESTO REGIONALE X In una rustica trattoria nel cuore
della località, marito in sala e moglie ai fornelli a preparare piatti della tradizione
locale, come la fileda (pasta filata a mano) con sugo alla "normanna" (peperoni, porcini e pomodoro); tra i classici anche il pollo cotto nel forno a legna, utilizzato anche
per pane e naturalmente per la pizza serale.

🍴 Menu 15 € (pranzo in settimana) – Carta 17/36 €

*via Duomo 12 – 𝒞 0963 336398 – www.ilnormanno.com – Chiuso 20 giorni in
settembre e lunedì escluso agosto*

MILLESIMO

Savona – ⊠ 17017 – 3 383 ab. – Carta regionale n° **8**-B2
Carta stradale Michelin 561-I6

Locanda dell'Angelo (Massimiliano Torterolo) 🅰🅲 ⇄

CUCINA MODERNA • AMBIENTE CLASSICO XX In un incantevole borgo di origini
medioevali, gli interni rivelano un sapiente mix di antico e moderno, mentre la cucina
dell'esperto cuoco sposa con bravura la classicità di certe tecniche di cucina con un
leggero piglio moderno.

→ Fagotto farcito di erbe spontanee. Vacca extra con ketchup di fragole. Fondente,
ciliegie e gelato alle erbe digestive.

Menu 50/90 € – Carta 57/114 €

*via Roma 30 – 𝒞 019 565657 (prenotare) – www.lalocandadellangelo.eu
– Chiuso 20 giugno-5 luglio, martedì sera e mercoledì*

MINERVINO MURGE

Barletta-Andria-Trani – ⊠ 76013 – 9 032 ab. – Alt. 429 m – Carta regionale n° **15**-B2
Carta stradale Michelin 564-D30

La Tradizione-Cucina Casalinga 🅰🅲 ⌘

CUCINA REGIONALE • RUSTICO X Celebre trattoria del centro storico, accanto alla
chiesa dell'Immacolata. Ambiente piacevole, in stile rustico, foto d'epoca alle pareti e
piatti tipici del territorio come i troccoli alla murgese e il cutturiello di agnello da latte
con cime di rape.

🍴 Menu 15/30 € – Carta 16/40 €

*via Imbriani 11/13 – 𝒞 0883 691690 – www.osterialatradizione.net – Chiuso
21-28 febbraio, 1°-15 settembre, domenica sera e giovedì*

MINORI

Salerno – ⊠ 84010 – 2 752 ab. – Carta regionale n° **4**-B2
Carta stradale Michelin 564-E25

Giardiniello 🛖

PESCE E FRUTTI DI MARE • STILE MEDITERRANEO XX Ristorante e pizzeria situato
nel centro della località, dove gustare piatti del luogo, soprattutto di mare; gradevole
servizio estivo sotto un pergolato.

Carta 36/75 €

*corso Vittorio Emanuele 17 – 𝒞 089 877050 – www.ristorantegiardiniello.com
– Chiuso mercoledì escluso 1° aprile-15 ottobre*

Santa Lucia 🏡 🔥 ♿ 🅰🅲 🛏

FAMILIARE • CLASSICO Nella ridente cittadina dell'incantevole costiera Amalfitana,
un albergo a gestione familiare, con camere in stile classico e graziose. Sapori campani con una carta interessante al ristorante Garum.

35 cam ⌷ – ♦71/130 € ♦♦94/190 €

*via Strada Nuova 44 – 𝒞 089 877142 – www.hotelsantalucia.it – Chiuso
7 gennaio-17 marzo*

MIRA

Venezia – ⊠ 30034 – 38 575 ab. – Carta regionale n° **23**-C3
Carta stradale Michelin 562-F18

🍴◯ **Margherita**   🕼 🕿 🅰🅲 ⇔ 🅿

CUCINA CLASSICA · ELEGANTE XxX Le grandi vetrate della sala offrono deliziosi
scorci del giardino, mentre l'interno è all'insegna di una calda eleganza. Il menu allude
ad una cucina classica basata su un'attenta selezione dei migliori ingredienti, in primis il pesce.

Menu 40/98 € – Carta 60/112 €

Hotel Villa Franceschi, via Don Minzoni 28 – 𝒞 041 426 6531
– www.villafranceschi.com

🍴◯ **Nalin**   ♨ 🅰🅲 🅿

PESCE E FRUTTI DI MARE · AMBIENTE CLASSICO XX Una lunga tradizione - ini-
ziata nel 1914 - da parte della stessa famiglia, per questo locale che propone
piatti d'ispirazione ittica e dove la cottura su una vera brace è la specialità del
ristorante. Alla quarta generazione, i cent'anni sono portati con grazia!

Menu 35 € (in settimana)/85 € – Carta 28/81 €

via Argine sinistro Novissimo 29
– 𝒞 041 420083 – www.trattorianalin.it – Chiuso 27 dicembre-7 gennaio,
15 agosto-1° settembre, domenica sera e lunedì

🍴◯ **Dall'Antonia**   🅰🅲 ⌘ 🅿

PESCE E FRUTTI DI MARE · AMBIENTE CLASSICO XX Romanticamente affacciato
sulla riva del Brenta, un tripudio di piante e fiori vi accoglierà all'interno, insieme
alle classiche proposte venete di pesce.

Menu 60/70 € – Carta 41/59 €

via Argine Destro del Novissimo 75, Sud: 2 km
– 𝒞 041 567 5618 – www.trattoriadallantonia.it – Chiuso gennaio, agosto,
domenica sera e martedì

🏠 **Villa Franceschi**   🕼 🏊 🖵 🕭 🅰🅲 🐾 🅿

DIMORA STORICA · PERSONALIZZATO In una villa risalente al XVI secolo in
stile palladiano con arredi d'epoca o in una barchessa in stile country: a ciascuno la sua scelta, ma per tutti c'è un romantico soggiorno affacciato sul
fiume Brenta.

15 cam ⌑ – †140/200 € ††215/480 € – 10 suites

via Don Minzoni 28 – 𝒞 041 426 6531 – www.villafranceschi.com

🍴◯ **Margherita** – Vedere selezione ristoranti

🏠 **Villa Margherita**   🕼 🅰🅲 🅿

DIMORA STORICA · ELEGANTE All'ombra di un ampio parco, una splendida villa
secentesca anticipata da un romantico viale costellato di tigli, per un soggiorno
di classe: ambienti raffinati, riccamente ornati e abbelliti da affreschi e quadri
d'autore.

15 cam ⌑ – †100/127 € ††148/215 € – 4 suites

via Nazionale 416 – 𝒞 041 426 5800 – www.villa-margherita.com

🏠 **Do Ciacole In Relais**   🕭 🏊 🕼 🏊 🖾 🕭 🅰🅲 🅿

CASA DI CAMPAGNA · MODERNO Piacevole relais di campagna sorto all'interno
di muri antichi, oggi rappresenta una risorsa, ospitale, arredata con cura e stile
moderno cinta oltre che dalla tranquillità della campagna, dal proprio piccolo
giardino con piscina. Ottima fama per l'omonimo ristorante dove il patron prepara carne e pesce con uguale bravura.

11 cam ⌑ – †65/135 € ††80/140 €

via Malpaga 116, località Olmo, Nord-Est: 3 km – 𝒞 041 426 5210
– www.dociacoleinrelais.it

a Oriago Est : 4 km ⊠ 30034

¶O **Nadain** 🄰🄲 ⌘ 🄿

PESCE E FRUTTI DI MARE · RUSTICO Ⅹ Ha ormai più di 50 anni di vita questo ristorante a conduzione familiare in zona periferica: ricette della tradizione regionale a tutto pesce e rigorosamente presentate a voce, mentre nel pomeriggio si apre la "cicchetteria".

👄 Menu 16 € (in settimana) – Carta 29/80 €

via Ghebba 26 – ☏ 041 429387 – www.nadain.it – Chiuso 2 settimane in luglio, giovedì a mezzogiorno e mercoledì

MIRAMARE Rimini ➜ Vedere Rimini

MIRANO

Venezia – ⊠ 30035 – 27 045 ab. – Alt. 9 m – Carta regionale n° **23**-C2
Carta stradale Michelin 562-F18

🄰 **Da Flavio e Fabrizio "Al Teatro"** 🛋 🄰🄲 ⌘

PESCE E FRUTTI DI MARE · FAMILIARE Ⅹ Adiacente al cinema-teatro, la sala d'ingresso si presta a pasti veloci; per occasioni più importanti salite al primo piano. In ogni caso, cucina tradizionale veneta di mare, tra cui spiccano il risotto con scampi, zafferano iraniano e liquirizia - il filetto di San Pietro con finferli.

Carta 23/44 €

via della Vittoria 75 – ☏ 041 440645 (consigliata la prenotazione) – www.ristorantedaflavioefabrizio.it – Chiuso 9-21 agosto e lunedì

🏠 **Park Hotel Villa Giustinian** 📶 ⌂ ⬚ 🄰🄲 ⚒ 🄿

DIMORA STORICA · CLASSICO In un ampio parco con piscina, una villa del Settecento dagli ambienti rilassanti e ornati in stile - sia nelle camere sia nella hall - affiancata da due dépendance con stanze più sobrie.

40 cam ☲ – ♥55/95 € ♥♥65/190 € – 2 suites

via Miranese 85 – ☏ 041 570 0200 – www.villagiustinian.com – Chiuso 22-28 dicembre

🏠 **Relais Leon d'Oro** 🌸 🐾 📶 ⌂ 🕸 ⬚ 🄲 ⚒ 🄿

FAMILIARE · CLASSICO Costruito nel 1860 dal Vescovado di Padova per il ritiro dei Padri Francescani, il relais si presenta oggi come una raffinata residenza di campagna non priva di moderni confort: interni curati, ambienti signorili e camere personalizzate.

30 cam ☲ – ♥69/89 € ♥♥69/99 €

via Canonici 3, Sud: 3 km – ☏ 041 432777 – www.leondoro.it – Chiuso 23-27 dicembre

a Vetrego Sud : 4 km ⊠ 30035

🄰 **Il Sogno** 📶 🛋 🄰🄲 🄿

VENEZIANA · FAMILIARE Ⅹ In un locale di campagna, ex circolo culturale, buona cucina personalizzata da un pizzico di fantasia, ma con evidenti radici regionali. Da ottobre a marzo è presente il carrello dei bolliti con salse e mostarda. Suggestioni dal menu: tagliolini freschi con sughi di pesce - crema bruciata al caffè.

👄 Menu 11 € (pranzo in settimana)/50 € – Carta 27/36 €

via Vetrego 8 – ☏ 041 577 0471 – www.trattoriailsogno.com – Chiuso domenica sera e lunedì

MISANO ADRIATICO

Rimini – ⊠ 47843 – 13 014 ab. – Carta regionale n° **5**-D2
Carta stradale Michelin 562-K20

ⅈℹ️ Le Vele   ≼ 🛱 AC 🍽

PESCE E FRUTTI DI MARE · ALLA MODA ✕✕ Con i piedi quasi nella sabbia ed il mare a portata di mano, un locale moderno, lineare, dove tutto è finalizzato ad offrire agli ospiti specialità ittiche presentate, senza esagerazioni, in chiave moderna.

Carta 33/77 €

via Litoranea Sud 71, Bagni 70 – ℰ 349 241 8018 (consigliata la prenotazione) – www.ristorantelevele.net – solo a cena in luglio-agosto escluso sabato e domenica – Chiuso 15 gennaio-15 marzo, lunedì, martedì e mercoledì escluso luglio-agosto

🏠 Atlantic Riviera   🕆 ⅃ ≼ 🖭 AC 🐕 🅿

FAMILIARE · ACCOGLIENTE Particolare la terrazza solarium sulla quale si trova anche una bella piscina panoramica affacciata sulla Riviera; funzionali le camere, non prive di qualche tocco di eleganza. Dalla cucina romagnola ai classici nazionali, al ristorante.

49 cam ⊊ – ✦75/130 € ✦✦100/200 € – 2 suites

via Sardegna 28 – ℰ 0541 614161 – www.atlanticriviera.com – Aperto Pasqua-30 settembre

MISSIANO MISSIAN Bolzano → Vedere Appiano sulla Strada del Vino

MISURINA

Belluno – ✉ 32040 – Alt. 1 756 m – Carta regionale n° **23**-C1
Carta stradale Michelin 562-C18

🏠 Lavaredo   🕆 🦢 ≼ 🕊 🍽 🅿

TRADIZIONALE · STILE MONTANO Si riflette sullo specchio lacustre antistante questa risorsa a gestione familiare che offre un'incantevole vista sulle cime e camere semplici, ma accoglienti. Cucina classica italiana nel ristorante anch'esso affacciato sul lago.

27 cam – ✦50/160 € ✦✦75/210 € – 1 suite – ⊊ 9 €

via Monte Piana 11 – ℰ 0435 39227 – www.lavaredohotel.it – Aperto 23 dicembre-31 marzo e 1° giugno-30 settembre

MOCRONE Massa-Carrara → Vedere Villafranca in Lunigiana

Michelin

MODENA

(MO) – ✉ 41121 – 184 973 ab. – Alt. 34 m – Carta regionale n° **5**-B2
Carta stradale Michelin 562-I14

Ristoranti

✿✿✿ **Osteria Francescana** (Massimo Bottura)   🕃 & 🔟 🕅 ⇔

CUCINA CREATIVA · CONTESTO CONTEMPORANEO 🟏🟏🟏 Una cucina certamente con una marcia in più: grande equilibrio, capacità di innovare piatti della tradizione grazie ad un approccio critico e non nostalgico, molta attenzione anche alla leggerezza. Insomma, l'Osteria Francescana si riconferma ai vertici della ristorazione internazionale e Bottura, un talento ai fornelli osannato da tutto il mondo.
→ Tortellini in crema di Parmigiano Reggiano. Bollito non bollito. Oops! Mi è caduta la crostata al limone.
Menu 220/250 € – Carta 175/275 €
Pianta: A2-b – *via Stella 22* ✉ *41121 –* ☎ *059 223912 (consigliata la prenotazione) – www.osteriafrancescana.it – Chiuso 3 settimane in gennaio, 2 settimane in agosto, domenica e lunedì*

✿ **L'Erba del Re** (Luca Marchini)   🕃 🛋 & 🔟 🕅 ⇔

CUCINA CREATIVA · ELEGANTE 🟏🟏 Un nuovo ingresso più caldo ed accogliente per questo locale essenziale, luminoso, con quadri contemporanei alle pareti. L'abile chef affianca ai piatti della tradizione emiliana proposte più personali ed estrose con risultati davvero encomiabili.
→ Spaghetto cotto nel brodo di acciuga, stracciatella, fondo di pesce e scorza di limone. Piccione in cinque cotture, mais, peperoni rossi e verdi. CioccoRe.
Menu 55/100 € – Carta 65/111 €
Pianta: A2-c – *via Castelmaraldo 45* ✉ *41121 –* ☎ *059 218188 (consigliata la prenotazione) – www.lerbadelre.it – Chiuso 1°-7 gennaio, 4-27 agosto, lunedì a mezzogiorno e domenica*

🍴🔾 **Zelmira**   🛋 & 🔟 ⇔

CUCINA REGIONALE · ACCOGLIENTE 🟏🟏 Cucina emiliana e qualche piatto innovativo sono le proposte di questo locale dalla gestione esperta, situato in pieno centro storico. Servizio estivo sulla suggestiva piazzetta.
Carta 41/82 €
Pianta: A2-g – *piazzetta San Giacomo 17* ✉ *41121 –* ☎ *059 222351 (consigliata la prenotazione) – Chiuso giovedì*

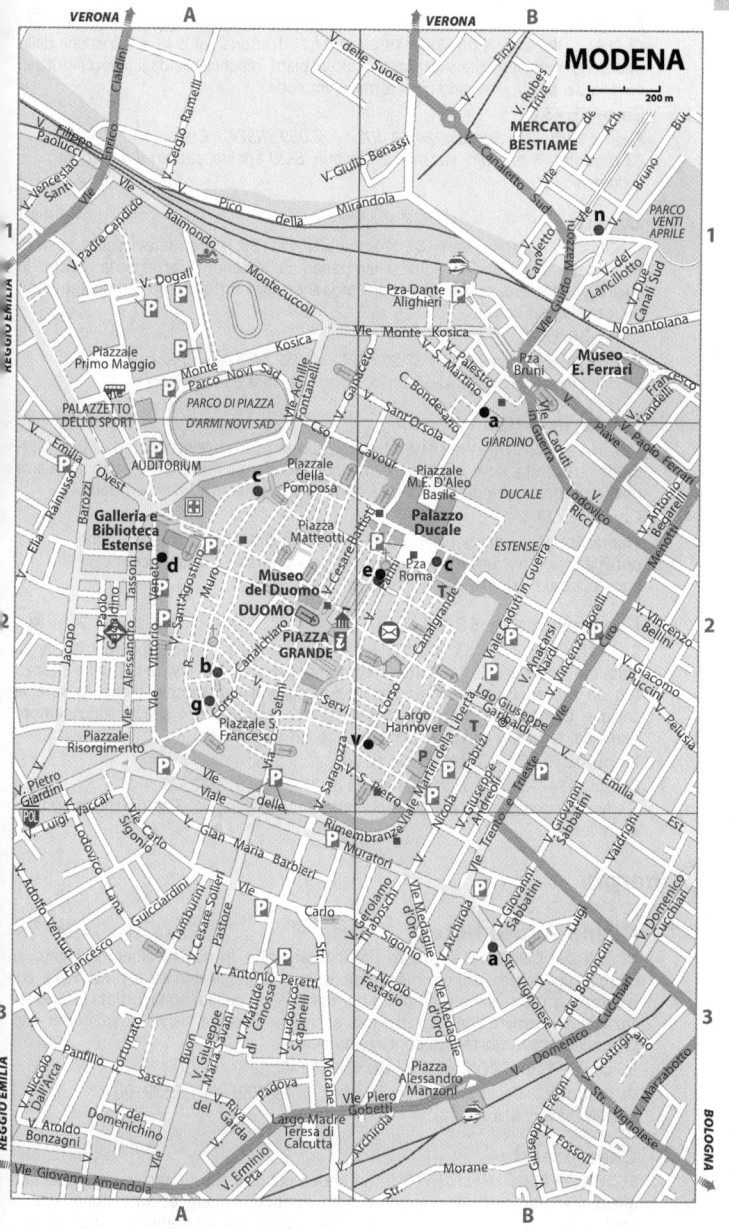

MODENA

VERONA · VERONA

0 — 200 m

REGGIO EMILIA

REGGIO EMILIA

BOLOGNA

MERCATO BESTIAME

Museo E. Ferrari

PARCO VENTI APRILE

V. delle Suore
V. Rubes Trive
Finzi
V. Giulio Benassi
V. Candeletto Sud
Buti
V. Achi
V. de
V. Bruno
V. Candeletto Sud
V. del Lancillotto
n
V. Due Canali Sud
Nonantolana

V. Filippo Paolucci
V. Enrico Tazzoli
Venceslao Santi
V. Padre Candido
V. Pico della Mirandola
V. Dogali
V. Raimondo
Montecuccoli
V. Sergio Ramelli
Cialdini

Piazzale Primo Maggio
PALAZZETTO DELLO SPORT
Vle Ovest
AUDITORIUM
Monte Kosica
Parco Novi Sad
PARCO DI PIAZZA D'ARMI NOVI SAD
V. Achille Fontanelli
Pza Dante Alighieri
Vle Monte Kosica
V. S. Martino
C. Bondesano
V. Sant'Orsola
V. Palestro
Pza Bruni

V. Vandelli
Francesco
V. Paolo Ferrari
V. Antonino Begarelli
GIARDINO DUCALE
ESTENSE
Plave
V. Carandi in Guerra
Lodovico Ricci
Vincenza Bellini

Galleria e Biblioteca Estense
d
Piazzale della Pomposa
c
Piazza Matteotti
Piazzale M.E. D'Aleo Basile
Palazzo Ducale
e
Pza Roma
c
T
V. Cesare Battisti
V. Gionta
V. Sant'Orsola
Cavour
Cso Canalgrande

Museo del Duomo
DUOMO
PIAZZA GRANDE
b
g
Piazzale S. Francesco
V. Canalchiaro
Corso
Servi
V
Largo Hannover
Largo Giuseppe Garibaldi
T
V. Andrea Naidi
V. Vincenzo Borelli
V. Giacomo Puccini
V. Peluzia
V. Emilia Est

Piazzale Risorgimento
V. Pietro Giardini
V. Luigi Yaccari
V. Carlo Sigonio
V. Gian Maria Barbieri
V. Muratori
V. Saragozza
V. S. Pietro
Vle Martiri della Liberta
Vle Trento e Trieste
Rimembranze
V. Giuseppe Rabiti
V. Giovanni Sabbatini
V. Giovanni Sabbatini
Luigi
V. Domenico Cucchiari
Est
Valdrighi

V. Pietro Giardini
V. Lodovica Lana
V. Adolfo Venturi
V. Cesare Sollier
Pastore
Tamburini
V. Antonio Peretti
Carlo
V. Gerolamo Tiraboschi
V. Nicola Festasio
V. Medaglie d'Oro
V. Archirola
V. Medaglie d'Oro
a
V. Nicola Festasio
V. Vignolese
V. dei Bononcini
V. Costrignano
V. Marzabotto
V. Domenico
Str.
a

V. Niccolo Dall'Arca
V. Aroldo Bonzagni
V. Giovanni Amendola
Panfilia
Fortunato
Sassi
V. Giuseppe Maria Salani
V. Ludovico Scapinelli
V. Matilde di Canossa
Buon
V. del Domenichino
V. Erminio Pta
V. del Riva di Garda
Padova
Morane
Largo Madre Teresa di Calcutta
V. Piero Gobetti
V. Archirola
Piazza Alessandro Manzoni
Morane
Str.
V. Giuseppe Fregni
V. Fossoli
V. Vignolese
BOLOGNA

689

⁇○ **Bianca**   🛋 AC P

CUCINA EMILIANA • CONTESTO REGIONALE XX Trattoria dal 1948, è il bastione della tradizione modenese che si esplicita in alcuni piatti irrinunciabili: dagli gnocchi fritti al carrello dei bolliti, passando per i tortellini in brodo.

Carta 31/73 €

Pianta: B1-n – *via Spaccini 24* ✉ *41122* – ✆ *059 311524 – Chiuso 23 dicembre-6 gennaio, vacanze di Pasqua, 5-20 agosto, sabato a mezzogiorno e domenica*

⁇○ **Oreste**   AC ⇔

CUCINA EMILIANA • VINTAGE XX Immutato dal '59, soffermatevi sull'atmosfera retrò delle sedie di Gio Ponti, i lampadari di Murano e l'argenteria. Anche la cucina si adegua a questo amarcord modenese, fra tortellini, un ottimo zampone e il carrello dei dolci.

Carta 38/61 €

Pianta: B2-c – *piazza Roma 31* ✉ *41121* – ✆ *059 243324 – Chiuso 26 dicembre-6 gennaio, 10-31 luglio, domenica sera e mercoledì*

⁇○ **Hosteria Giusti**   🍴 🛋 AC 🍽

CUCINA EMILIANA • VINTAGE X Nel retrobottega di un'elegante ed antica salumeria, troverete solo quattro tavoli in una sala gustosamente retrò. In carta poche proposte, ma di gran qualità e imperniate sulle tradizioni emiliane.

Carta 48/77 €

Pianta: B2-e – *vicolo Squallore 46* ✉ *41121* – ✆ *059 222533 (prenotazione obbligatoria) – www.hosteriagiusti.it – solo a pranzo – Chiuso dicembre, agosto, domenica, lunedì e i giorni festivi*

⁇○ **Franceschetta 58**   🛋 ♿ AC

CUCINA CLASSICA • SEMPLICE X È la versione light e decisamente friendly di Massimo Bottura, questa trattoria contemporanea che si divide in due: a pranzo (ad un prezzo fisso e vantaggioso!) si sceglie da un piccolo menu, la sera la carta si amplia e le proposte diventano più tradizionali. I sapori sono sempre quelli del territorio con ovvie "aperture" a tutto lo Stivale.

Menu 48/65 € – Carta 40/56 €

Pianta: B3-a – *strada Vignolese 58* ✉ *41124* – ✆ *059 309 1008 – www.franceschetta58.it – Chiuso 2 settimane in gennaio, 3 settimane in agosto e domenica*

Alberghi

🏨 **Milano Palace Hotel**   🎱 🏋 🛗 ♿ AC 🧖 🚗

BUSINESS • DESIGN Si è optato per il total white, in questo albergo ubicato ai margini del centro storico, raggiungibile però tranquillamente a piedi, nella cui recente ristrutturazione si è optato per materiali di qualità ed un'ottima insonorizzazione. Le camere sono curatissime, anche qui regna il bianco sovrano per una signorilità indiscutibilmente contemporanea.

55 cam – 🛏119/380 € 🛏🛏129/410 € – ⊑ 8 €

Pianta: B1-a – *Corso Vittorio Emanuele II 68* ✉ *41121* – ✆ *059 223011 – www.milanopalacehotel.it*

🏨 **Canalgrande**   🛗 AC

STORICO • PERSONALIZZATO In un antico palazzo che fu anche convento, sale affrescate e stuccate di grande impatto estetico: camere di tono signorile e di confort adeguati alla categoria, tutte con tappezzerie differenti. Il cortile interno, racchiuso tra le dimore storiche del centro, è un vero gioiello.

68 cam ⊑ – 🛏79/130 € 🛏🛏99/180 € – 2 suites

Pianta: B2-v – *corso Canalgrande 6* ✉ *41121* – ✆ *059 217160 – www.canalgrandehotel.it – Chiuso 1°-8 gennaio*

🏨 Central Park

BUSINESS · FUNZIONALE Albergo moderno a frequentazione prevalentemente commerciale: i colori e la qualità degli arredi si faranno tuttavia apprezzare anche da chi è alla ricerca della Modena più turistica.

44 cam ⌨ – †105/180 € ††179/280 € – 3 suites

Pianta: A2-d – *via Vittorio Veneto 10* ✉ 41124 – ☎ 059 225858
– *www.centralparkmodena.com*

🏨 Libertà

TRADIZIONALE · ACCOGLIENTE Centrale, poco distante dal Palazzo Ducale e provvisto di un comodo garage, offre graziose e sobrie camere e moderni spazi comuni. Clientela soprattutto commerciale.

51 cam ⌨ – †70/130 € ††110/240 € – 1 suite

Pianta: B2-e – *via Blasia 10* ✉ 41121
– ☎ 059 222365 – *www.hotelliberta.it*

sulla strada statale 9 - via Emilia Est località Fossalta per : 4 km B2-3

🍴 Antica Moka

CUCINA MODERNA · ELEGANTE XxX I sapori regionali profumano le eleganti sale di questa ex scuola di inizio '900: i celebri tortellini in brodo, i succulenti arrosti ed una considerevole proposta di pesce.

Menu 60/80 € – Carta 52/95 €

via Emilia Est 1496 ✉ 41126 Modena – ☎ 059 284008 – *www.anticamoka.it*
– *Chiuso 2 settimane in agosto, 1 settimana a Natale e sabato a mezzogiorno*

🍴 Vinicio

CUCINA REGIONALE · CONTESTO TRADIZIONALE XxX Caldo ed elegante il look di questo ristorante: ricavato negli ambienti in cui un tempo c'erano le stalle, propone piatti locali. D'estate si pranza anche all'aperto.

Carta 34/61 €

via Emilia Est 1526 ✉ 41126 Modena – ☎ 059 280313 – *www.ristorantevinicio.it*
– *Chiuso 24 dicembre-5 gennaio, agosto e lunedì*

🏨 Rechigi Park Hotel

TRADIZIONALE · CLASSICO Ospitato in un'antica residenza di grande fascino, l'hotel è circondato da un piccolo giardino e propone camere classiche e caldi spazi comuni. Encomiabile la cortesia.

72 cam ⌨ – †75/180 € ††85/280 €

via Emilia Est 1581 ✉ 41122 Modena – ☎ 059 283600 – *www.rechigiparkhotel.it*
– *Chiuso vacanze di Natale e agosto*

in prossimità casello autostrada A1 Modena Sud Sud-Est : 8 km

per strada Vignolese B3

🏨 Real Fini-Baia del Re

BUSINESS · MODERNO A pochi metri dall'ingresso dell'autostrada, l'albergo si compone di una struttura principale e due dépendance: in queste ultime le camere, ovunque moderne e sobrie, sono tuttavia leggermente più grandi, alcune con piccolo giardino.

78 cam ⌨ – †89/170 € ††89/220 € – 6 suites

via Vignolese 1684 ✉ 41126 Modena – ☎ 059 479 2111 – *www.hotelbaiadelre.com*

 Attenzione! In alcuni ristoranti è consigliata la prenotazione: non fatevi cogliere impreparati.

sulla strada statale 9 - via Emilia Ovest A2

🕄 **Strada Facendo** (Emilio Barbieri)　　　　　🏨 🍴 🅰🅒 ⟷

CUCINA CREATIVA · ACCOGLIENTE ✕✕ Il marito-cuoco in cucina e la moglie-sommelier in sala sono gli artefici di un piccolo e grazioso locale: vi troverete i classici modenesi, ma lo chef si lascia prendere volentieri la mano da proposte più estrose, sia di carne che di pesce.

→ Spaghetti alla chitarra con astice e scalogno. Lombata d'agnello in crosta alle erbe e spugna di topinambur, cacao e animelle. Semifreddo alla nocciola con foglioline d'oro e crema di pistacchio.

Menu 32 € (pranzo in settimana)/100 € – Carta 53/119 €

via Emilia Ovest 622 ⊠ 41123 Modena – 𝒞 059 334478
– www.ristorantestradafacendo.it – Chiuso 1 settimana in gennaio, 3 settimane in agosto, sabato a mezzogiorno e domenica

🍴O **La Masseria**　　　　　🍴 ⟷ 🅿

CUCINA PUGLIESE · CONTESTO REGIONALE ✕✕ Un angolo di Puglia dove trovare piccoli capolavori di una cucina solare e saporita, nonché un titolare di grande simpatia e competenza. Paste fresche, imperdibili e fantasiose torte di verdure, nonché grigliate di carne.

Menu 30/35 € – Carta 28/64 €

via Chiesa 61, località Marzaglia, Ovest: 9 km ⊠ 41123 Modena – 𝒞 059 389262
– www.ristorantemasseria.com – Chiuso 16 agosto-7 settembre e lunedì

MODICA Sicilia

Ragusa – ⊠ 97015 – 54 633 ab. – Alt. 296 m – Carta regionale n° **17**-D3
Carta stradale Michelin 565-Q26

🕄 **Accursio** (Accursio Craparo)　　　　　🦽 🅰🅒

CUCINA CREATIVA · CONTESTO STORICO ✕✕ Cucina originale, creativa e policroma, in un ristorante che suggerisce l'intimità della casa privata nelle sua saletta interna - arredata con sobria eleganza - a cominciare dalle bellissime cementine che ornano il pavimento.

→ Spremuta di Sicilia (spaghetti con crema di acciuga, finocchietto selvatico e cipollotto). Pizzaiola di ricciola, crema di patate, capperi e pomodoro confit. Cialda di cannolo con crema gelata di frutti rossi, ricotta e cioccolato.

Menu 65/100 € – Carta 70/100 €

via Grimaldi 41 – 𝒞 0932 941689 (consigliata la prenotazione)
– www.accursioristorante.it – solo a cena in agosto
– Chiuso 10 gennaio-10 febbraio e lunedì

🍴O **Fattoria delle Torri**　　　　　🏨 🍴 ⟷

CUCINA MODERNA · ACCOGLIENTE ✕✕ Al termine di un vicolo un po' nascosto che sbocca sul centrale corso Umberto, il ristorante occupa una sala al primo piano di un palazzo con un piacevole servizio in terrazza tra i limoni. Ma più di tutto ricorderete la cucina, siciliana, intensa e colorata.

Menu 45/80 € – Carta 41/74 €

vico Napolitano 14 – 𝒞 0932 751286 – www.fattoriadelletorri.it
– Chiuso 3 settimane in novembre, 3 settimane in gennaio e lunedì escluso in estate

🍴O **La Locanda del Colonnello** 🆕　　　　　🍴 🅰🅒

CUCINA SICILIANA · CONVIVIALE ✕ Se non vi arrivate in macchina, salire sino a Modica alta dal sottostante corso Umberto può essere una passeggiata un po' impegnativa, ma ricca di pittoreschi scorci, come quello che vi offrirà il ristorante sulle prelibatezze siciliane, talvolta rivisitate con tocchi di modernità.

Carta 31/47 €

vico Biscari 6 - piazza Santa Teresa – 𝒞 0932 752423
– www.locandadelcolonnello.it - Chiuso gennaio-febbraio e martedì

Palazzo Failla
⊞ ⚹ Ⓐ⚹ 🈂️ 🚗

STORICO · PERSONALIZZATO In una città tanto bella e superba da regalarsi due centri storici, Palazzo Failla fu costruito nel '700 scegliendo la parte alta di Modica. Le camere sono di due tipologie: quelle al primo piano risalgono all'originaria dimora con preziosi mobili antichi, mentre al secondo gli arredi si fanno più moderni e funzionali.

10 cam ☲ – ♦55/69 € ♦♦69/109 €

via Blandini 5 – 𝒞 0932 941059 – www.palazzofailla.it

Pietre Nere Resort ❶
⚹ 🍴 🍸 🛖 🛁 🈂️ ⊞ ⚹ Ⓐ⚹ 🅿️

TRADIZIONALE · MODERNO In campagna, tra villette e muretti a secco, nella zona archeologica di Cava Ispica, l'albergo è la soluzione congeniale per chi predilige tranquillità, desidera muoversi frequentemente con la macchina e apprezza camere moderne e luminose. Cucina mediterranea con attenzione alle allergie da glutine.

30 cam ☲ – ♦60/120 € ♦♦60/240 €

via Pietre Nere Cava Ispica 142, Est: 7 km – 𝒞 0932 753051
– www.pietrenereresort.it

🏠 Casa Talia
⟨ 🍴 Ⓐ ⚹

DIMORA STORICA · DESIGN Camere ispirate ai paesi mediterranei in un contesto di straordinario fascino storico, giardino pensile e vista indimenticabile...

10 cam ☲ – ♦130/180 € ♦♦160/210 €

via Exaudinos 1 – 𝒞 0932 752075 – www.casatalia.it – Aperto
15 marzo-15 novembre

MOENA
Trento – ✉ 38035 – 2 680 ab. – Alt. 1 184 m – Carta regionale n° **19**-C2
Carta stradale Michelin 562-C16

🏵️ Malga Panna (Paolo Donei)
🏸 ⟨ 🍴 🅿️

CUCINA CREATIVA · CONTESTO TRADIZIONALE XX Della malga c'è giusto il nome e la panoramica posizione sopra Moena e la valle. Il resto, invece, è alta ristorazione, grazie alla bravura e alla creatività dello chef-patron che vi emozionerà con piatti ispirati al territorio. Sempre presenti, alcune ricette più semplici.
→ Tortelli con cagliata di latte fresco, ristretto di vitello e tartufo estivo trentino. Filetto di cervo rosè, grano saraceno, cetriolo e ristretto al pinot nero. Il bosco.

Menu 60/75 € – Carta 50/98 €

strada de Sort 64, località Sorte, Ovest: 1,5 km – 𝒞 0462 573489
– www.malgapanna.it – Aperto 1° dicembre-30 aprile e 21 giugno-2 ottobre;
chiuso lunedì escluso luglio-agosto e vacanze di Natale

🏵️ Agritur El Mas
⟨ 🐖 🍴 🈂️ 🅿️

CUCINA REGIONALE · RUSTICO X Sopra il paese, un vero e proprio agritur-ristorante con allevamento di mucche, cavalli, maiali e produzione di carne, salumi e formaggi: il tutto da gustare insieme ad altre prelibatezze della valle (ottimi i canederli al formaggio puzzone), in un bell'ambiente tra legni antichi. Nello stesso edificio costruito secondo i criteri della bioedilizia ci sono anche delle gradevoli camere.

Carta 28/48 €

8 cam ☲ – ♦50/70 € ♦♦80/130 €

strada de Saslonch, località Col de Soldai – 𝒞 0462 574221 (prenotare)
– www.ag321elmas.it – Chiuso lunedì

🍽️ Tyrol
⟨ 🍴 Ⓐ ⚹

CUCINA REGIONALE · FAMILIARE XX La sala classica - in legno - l'avrete già vista in tanti ristoranti, ma non la cucina: legata al territorio, esalta i sapori ladini senza inutili artifici. Per un'esperienza indimenticabile.

Menu 34/48 € – Carta 36/57 €

12 cam ☲ – ♦50/70 € ♦♦94/140 €

piaz de Ramon 9 – 𝒞 0462 573760 – www.posthotelmoena.it – Aperto
1° dicembre-Pasqua e 25 giugno-20 settembre; chiuso martedì in inverno

Alle Alpi

TRADIZIONALE · STILE MONTANO Situato nella parte superiore della località, albergo con interni caldi ed eleganti, cura dei dettagli e centro benessere dotato di piccola beauty. Cucina d'ispirazione contemporanea nella capiente e luminosa sala ristorante; la carta dei vini è impostata dalla titolare (sommelier!).

28 cam ☑ – ♦95/190 € ♦♦160/300 € – 5 suites

strada de Moene 67 – & 0462 573194 – www.hotelallealpi.it
– Aperto 7 dicembre-2 aprile e 16 giugno-16 settembre

Garden

TRADIZIONALE · STILE MONTANO Albergo a ridosso del centro che punta ad offrire una vacanza "benessere" ai propri ospiti, sciatori e non. Vasta gamma di programmi di animazione o cure estetiche.

43 cam ☑ – ♦90/228 € ♦♦150/430 € – 1 suite

strada de le Chiesure 3 – & 0462 573314 – www.hotelgarden-moena.it – Aperto
1° dicembre-15 aprile e 15 giugno-15 settembre

Park Hotel Leonardo

TRADIZIONALE · STILE MONTANO Tranquillo, panoramico, immerso nel verde: gli accoglienti interni s'ispirano alle tradizioni locali e quattro camere beneficiano di una terrazza-giardino. Il centro della località? Ancora raggiungibile a piedi.

27 cam ☑ – ♦50/80 € ♦♦100/160 € – 3 suites

strada dei Ciroch 15 – & 0462 573355 – www.parkhotelleonardo.it – Aperto
1° dicembre-31 marzo e 16 giugno-23 settembre

Stella Alpina

FAMILIARE · STILE MONTANO In posizione tranquilla e panoramica, Stella Alpina rimane sempre un indirizzo da consigliare, soprattutto, in virtù del recente rinnovo. Sulla gestione cordiale si potrebbe addirittura scrivere un intero capitolo. In difetto di spazio, ci limiteremo a dire che la spumeggiante Carla vi accoglierà con mille riguardi.

26 cam ☑ – ♦50/110 € ♦♦50/110 € – 1 suite

strada de Ciampian 21 – & 0462 573351 – www.hotelstellaalpina.it – Aperto
1° dicembre-15 aprile e 15 giugno-30 settembre

Rancolin

FAMILIARE · STILE MONTANO Profusione di legno in questo piccolo hotel a gestione familiare, tranquillo sebbene centrale. Non trascurabile il buon rapporto qualità/prezzo.

23 cam ☑ – ♦50/100 € ♦♦100/200 € – 1 suite

strada de Moene 31 – & 0462 573115 – www.hotelrancolin.it – Aperto Natale-Pasqua
e 1° giugno-30 settembre

sulla strada statale 48 Sud : 3 km

Foresta

CUCINA REGIONALE · STILE MONTANO XX Alle spalle di una fitta abetaia, un classico della valle all'interno dell'omonimo hotel dove poter assaggiare i sapori del territorio da accompagnarsi con uno dei tanti vini che forniscono la bella cantina. I nostri preferiti: orzotto mantecato con trota fumé e rucola oppure guanciale al teroldego con polenta di Storo.

Menu 34/50 € – Carta 25/57 €

Hotel Foresta, strada de la Comunità de Fiem 42 – & 0462 573260
– www.hotelforesta.it – Chiuso 9-25 dicembre e 15 giugno-7 luglio, domenica sera e
venerdì in bassa stagione

Foresta

TRADIZIONALE · STILE MONTANO Un'accoglienza calorosa in una bella casa sita lungo la strada che porta a Moena: camere generose nelle dimensioni e una gradevole zona relax completano l'offerta.

17 cam ☑ – ♦76/125 € ♦♦142/205 € – 6 suites

strada de la Comunità de Fiem 42 – & 0462 573260 – www.hotelforesta.it – Chiuso
9-25 dicembre e 15 giugno-7 luglio

⦿ **Foresta** – Vedere selezione ristoranti

MOGGIONA Arezzo → Vedere Poppi

MOIA DI ALBOSAGGIA Sondrio → Vedere Sondrio

MOLINI MÜHLEN Bolzano → Vedere Falzes

MOLTRASIO
Como – ✉ 22010 – 1 607 ab. – Alt. 247 m – Carta regionale n° **10**-B1
Carta stradale Michelin 561-E9

⁑○ Imperialino ≼ 🍴 🏠 ㄣ 🅰🅲 ℀
CREATIVA · ELEGANTE ✗✗ Specialità mediterranee permeate da una vena creativa, da assaporare voluttuosamente nella suggestiva atmosfera di questo ristorante che dopo un completo restyling rimane direttamente affacciato sul lago.
Menu 40 € (pranzo)/125 € – Carta 51/108 €
Grand Hotel Imperiale, via Regina 26 – ℰ 031 346600 (consigliata la prenotazione) – www.hotelimperialecomo.it – Chiuso 10 gennaio-28 febbraio

⁑○ La Veranda ⇦ ≼ 🏠 🅰🅲 🛁
CUCINA REGIONALE · AMBIENTE CLASSICO ✗✗ In centro, ristorante a gestione diretta, con camere in parte ristrutturate: sala da pranzo di tono elegante dove gustare pesce lacustre; "fresco" servizio estivo all'aperto.
Carta 37/63 €
17 cam ⌂ – ♦85/170 € ♦♦99/210 €
piazza San Rocco 5 – ℰ 031 290444 – www.hotel-posta.it – Chiuso gennaio-febbraio e mercoledì a mezzogiorno in inverno

🏠🏠 Grand Hotel Imperiale ⚘ 🦢 ≼ 🍴 🛋 ⊕ 🦢 ㇄ ℀ ⊞ ㄣ 🅰🅲 ℀ 🛁
DIMORA STORICA · ELEGANTE Splendido resort costruito in tardo liberty 🚗 con lussureggiante vegetazione che si estende fino al lago, composto da una struttura principale dotata di centro benessere I-SPA con campo da tennis e dall'esclusiva Villa Imperiale: una sorta di hotel nell'hotel con lussuose camere e terrazze vista lago che si affacciano sulla piscina panoramica. Specialità italiane nel ristorante "La Cascata" con giardino.
119 cam ⌂ – ♦110/850 € ♦♦120/900 € – 2 suites
via Regina 24/26 – ℰ 031 346111 – www.hotelimperialecomo.it – Chiuso 7 gennaio-14 marzo
⁑○ **Imperialino** – Vedere selezione ristoranti

MOLVENO
Trento – ✉ 38018 – 1 134 ab. – Alt. 865 m – Carta regionale n° **19**-B3
Carta stradale Michelin 562-D14

⁑○ El Filò 🅰🅲
CUCINA REGIONALE · RUSTICO ✗✗ Incantevole caratteristica stube, completamente rifinita in legno: luci soffuse, divanetti a muro rossi e proposte di cucina tipica, ma anche piatti legati alla stagione.
Carta 28/53 €
piazza Scuole 5 – ℰ 0461 586151 – Aperto maggio-ottobre; negli altri mesi aperto solo il week-end

🏠🏠 Alexander ⚘ ≼ 🍴 📺 ⊕ 🦢 ㇄ ⊞ 🅰🅲 ℀ 🛁 🚗
TRADIZIONALE · STILE MONTANO Affacciata sul lago, con il gruppo del Brenta a farle da sfondo, un'elegante dimora le cui camere si faranno ricordare per ampiezza e vivacità. La struttura pensa anche al divertimento dei più piccoli, riservando loro un'apposita sala. Piatti e vini soprattutto regionali al ristorante L'Aquila Nera e Cima Tosa.
35 cam ⌂ – ♦70/130 € ♦♦98/180 € – 6 suites
via Nazionale 6/A – ℰ 0461 586928 – www.alexandermolveno.com – Chiuso 3-16 aprile e 2 novembre-14 dicembre

🏨 Alle Dolomiti   ✿ ≤ 🛏 🍵 🏠 🛗 ⊡ 🅿

TRADIZIONALE · ACCOGLIENTE Dinnanzi al parco del lungolago, una storica casa di famiglia è stata convertita in albergo; le accoglienti camere sono anticipate dallo splendido pavimento in onice della hall, mentre - tra le recenti novità - va ricordato il centro benessere "Il Bosco Incantato" con sauna finlandese, bagno turco, cabina a infrarossi, vasca per ozonoterapia ed altro ancora...Ampio giardino con piscina sul retro e nella raffinata sala da pranzo, cucina tipica trentina preparata dal titolare.

38 cam ♨ – ♦70/90 € ♦♦90/150 € – 5 suites

via Lungolago 18 – ☎ 0461 586057 – www.alledolomiti.com – Chiuso 4-30 aprile e 5 novembre 20 dicembre

🏨 Alpenresort Belvedere   ✿ ≤ 🛏 🖵 🕘 🏠 🛗 ⊡ 🛋

TRADIZIONALE · MODERNO L'albergo è stato completamente rinnovato in uno stile moderno-montano, senza esagerazioni o stravaganti eccessi, ma ampliando quasi ovunque gli spazi a disposizione degli ospiti. Camere ancora più ampie e confortevoli, nonché la certezza di una spa attrezzata.

46 cam ♨ – ♦95/133 € ♦♦145/183 € – 10 suites

via Nazionale 9 – ☎ 0461 586933 – www.belvedereonline.com – Chiuso 3-24 aprile e 4 novembre-7 dicembre

🏨 Du Lac   ✿ ≤ 🛏 🍵 🛗 ⊡ 🌿 🅿

FAMILIARE · STILE MONTANO Alle porte del paese, una struttura tipica montana abbracciata dal verde e sita vicino al lago dispone di camere classiche ed accoglienti rinnovate in anni recenti. Nel curato giardino, la piscina.

40 cam ♨ – ♦70/130 € ♦♦80/160 €

via Nazionale 4 – ☎ 0461 586965 – www.hoteldulac.it – Chiuso aprile e novembre

MOMBARUZZO
Asti (AT) – ✉ 14046 – 1 117 ab. – Carta regionale n° **12**-C3
Carta stradale Michelin 561-H7

a Casalotto Ovest : 4 km ✉ 14046

🏨 La Villa   ✿ ≤ 🛏 🍵 🛗 ⏣ 🅿

CASA DI CAMPAGNA · PERSONALIZZATO Nel cuore delle colline del Monferrato, una signorile villa dei primi del '700 gestita da una coppia inglese, dispone di camere diverse negli arredi e una terrazza panoramica.

14 cam ♨ – ♦120/200 € ♦♦210/240 € – 4 suites

via Torino 7 – ☎ 0141 793890 – www.lavillahotel.net – Aperto 1° aprile-30 novembre

MOMBELLO MONFERRATO
Alessandria – ✉ 15020 – 1 038 ab. – Alt. 273 m – Carta regionale n° **12**-C2
Carta stradale Michelin 561-G6

🍽️ Dubini   ⇔ ⏣

CUCINA PIEMONTESE · FAMILIARE Ospitalità e simpatia in un locale ubicato tra le splendide colline del Monferrato, qui dall'Ottocento ma - ora - con una nuova gestione. Specialità del territorio ricche di gusto proposte a voce e, dall'altra parte della stradina, la cascina con le camere in stile country.

Carta 37/63 €

4 cam ♨ – ♦50/80 € ♦♦80/120 €

via Roma 34 – ☎ 0142 944116 – www.ristorantedubini.it – Chiuso 1°-20 agosto e mercoledì

MOMO
Novara – ✉ 28015 – 2 549 ab. – Alt. 213 m – Carta regionale n° **12**-C2
Carta stradale Michelin 561-F7

⫟○ **Macallè** ⇦ 🄰🄲 🅿

CUCINA PIEMONTESE · **ELEGANTE** XXX Elegante locale storico della zona, con alcune accoglienti stanze e un'ampia sala luminosa di taglio classico-elegante, dove si propongono ricercati piatti della tradizione.

Menu 28/60 € – Carta 32/72 €

8 cam ⌂ – ⵵70/90 € ⵵⵵90/120 €

via Boniperti 2 – ℰ0321 926064 – www.macalle.it – Chiuso 10 giorni in gennaio, 10 giorni in luglio e mercoledì

MONASTEROLO DEL CASTELLO

Bergamo – ✉ 24060 – 1 150 ab. – Alt. 365 m – Carta regionale n° **10**-D1
Carta stradale Michelin 561-E11

⫟○ **Locanda del Boscaiolo** ⇦ 🕸 ⪉ 🎐 🄺 🅿

CUCINA REGIONALE · **CONVIVIALE** XX Con la bella stagione potrete accomodarvi sotto un pergolato, in riva al lago; nelle serate più fredde vi attenderà invece l'accogliente e romantica saletta. Genuine proposte culinarie tipiche del luogo. Semplici e sempre tenute con cura le camere, ideali per un soggiorno di tranquillità.

Carta 30/50 €

11 cam – ⵵50 € ⵵⵵60 € – ⌂8 €

via Monte Grappa 41 – ℰ035 814513 – www.locandadelboscaiolo.it – Chiuso novembre e martedì escluso maggio-settembre

MONASTIER DI TREVISO

Treviso – ✉ 31050 – 3 496 ab. – Carta regionale n° **23**-A1
Carta stradale Michelin 562-F19

⫟○ **Menegaldo** 🄰🄲 🅿

PESCE E FRUTTI DI MARE · **FAMILIARE** X L'insegna subito anticipa il carattere familiare del ristorante; all'interno, un ambiente piacevolmente retrò che si distingue per la calorosa accoglienza e le ottime specialità ittiche dell'Adriatico. Il fritto è il loro biglietto da visita!

Carta 31/83 €

via Pralongo 216, Est: 4 km – ℰ0422 898802 – www.trattoriamenegaldo.it – Chiuso 15-25 febbraio, agosto, martedì sera e mercoledì

MONCALIERI

Torino – ✉ 10024 – 57 294 ab. – Alt. 219 m – Carta regionale n° **12**-A1
Carta stradale Michelin 561-G5

Pianta d'insieme di Torino

⫟○ **La Maison Delfino** 🎐 🄰🄲

PESCE E FRUTTI DI MARE · **ELEGANTE** XX Sono due fratelli a gestire con passione e capacità questo elegante locale fuori dal centro, ora dotato anche di raffinato portico per il dehors. Due menu: uno semplice, l'altro più creativo, dai quali è possibile scegliere anche solo alcuni piatti, ma tutti rigorosamente di pesce!

Menu 50/60 € – Carta 44/70 €

via Lagrange 4, borgo Mercato – ℰ011 642552 – www.lamaisondelfino.it – solo a cena – Chiuso 1°-10 gennaio, 9-22 agosto, domenica e lunedì

⫟○ **Ca' Mia** 🕼 ♿ 🄰🄲 ⟳ 🅿

CUCINA PIEMONTESE · **AMBIENTE CLASSICO** XX Nella cornice delle colline di Moncalieri - un locale classico e affermato - ideale per ogni occasione, dai pranzi di lavoro alle cerimonie: cucina tradizionale e del territorio, ma anche forno a legna per pizze d'autore!

🕿 Menu 25/30 € – Carta 26/39 €

Pianta: 2D3-c – *strada Revigliasco 138 – ℰ011 647 2808 – www.camia.it – Chiuso mercoledì*

ⅈ○ Al Borgo Antico AC ⇧

CUCINA REGIONALE · FAMILIARE ⅟ Nel suggestivo centro storico di Moncalieri, tutto sali scendi ed eleganti piazze, qui si officia la cucina tradizionale piemontese: sempre presenti - in stagione - funghi e tartufi, ma anche qualche proposta di pesce.

🍴 Menu 20/30 € – Carta 28/52 €

via Santa Croce 34 – ☎ 011 644455 – www.al-borgoantico.it – Chiuso 30 luglio-30 agosto, domenica sera e lunedì

a Revigliasco NE : 8 km ✉ 10024

⊛ La Taverna di Fra' Fiusch AC

CUCINA PIEMONTESE · ACCOGLIENTE ⅟ Incastonato in un delizioso borgo collinare, gli amanti della tradizione troveranno tutti i cavalli di battaglia della zona aggiornati con un gusto ed un'estetica più moderni. Specialità: risotto alla toma - capretto al forno.

Menu 35 € – Carta 31/56 €

Pianta: D3-d – *via Beria 32 – ☎ 011 860 8224 (consigliata la prenotazione) – www.frafiusch.it – solo a cena escluso sabato ed i giorni festivi – Chiuso lunedì*

MONCALVO

Asti – ✉ 14036 – 3 033 ab. – Alt. 305 m – Carta regionale n° **12**-C2
Carta stradale Michelin 561-G6

⌂ La Locanda del Melograno ⥺ ⊟ ⅇ AC P

LOCANDA · ACCOGLIENTE Camere molto spaziose in un edificio di fine '800 - già in origine locanda - sottoposto a restauro con esiti mirabili: rispetto per le origini e affascinanti incursioni nel moderno.

9 cam ⌂ – †70/80 € ††90/100 €

corso Regina Margherita 38 – ☎ 0141 917599 – www.lalocandadelmelograno.it

MONCENISIO

Torino – ✉ 10050 – 36 ab. – Alt. 1 461 m – Carta regionale n° **12**-B2
Carta stradale Michelin 561-G2

ⅈ○ Chalet sul Lago ⥤ ⊛ ⥺ ⌂ 🛁 P

CUCINA PIEMONTESE · CONTESTO TRADIZIONALE ⅟ Cucina genuina e casereccia con piatti di cacciagione e qualche pesce d'acqua dolce, in uno chalet situato in posizione panoramica sulla riva di un laghetto naturale; c'è anche un piacevole dehors. Magnifica la vista dalle finestre ed accoglienti le stanze, sobriamente arredate.

🍴 Menu 19 € (in settimana)/29 € – Carta 22/41 €

6 cam ⌂ – †65/80 € ††65/80 €

regione lago 8 – ☎ 0122 653315 – www.chaletsullago.it – Chiuso 3 novembre-3 dicembre

MONCHIERO

Cuneo (CN) – ✉ 12060 – 571 ab. – Alt. 235 m – Carta regionale n° **14**-C3

🏠 Antico Borgo Monchiero ⅋ ⥺ ⌂ 🍴 🏠 ⊟ ⅇ AC 🎿 P

DIMORA STORICA · BUCOLICO Nel borgo, in cima alla collina che domina la valle del Tanaro, elegante hotel ricavato da un antico monastero settecentesco. Ma la modernità ha poi il sopravvento nella piccola zona benessere e nel giardino con piscina.

17 cam ⌂ – †160/180 € ††180/200 € – 4 suites

località Monchiero Alto 3 – ☎ 0173 792190 – www.anticoborgomonchiero.it

MONCIONI Arezzo (AR) → Vedere Montevarchi

MONDELLO Sicilia Palermo → Vedere Palermo

MONDOVÌ
Cuneo – ⊠ 12084 – 22 023 ab. – Alt. 559 m – Carta regionale n° **12**-B3
Carta stradale Michelin 561-I5

ⅈО **La Borsarella** ≤ ☆ 🎛 🔅 **P**

CUCINA PIEMONTESE • ACCOGLIENTE XX Ricavato negli ambienti di un cascinale di origine settecentesca, propone una cucina piemontese ancorata ai sapori della tradizione. Nel cortile anche il vecchio forno per il pane e un laghetto artificiale.

🍴 Menu 25/39 € – Carta 35/53 €

via del Crist 2, Nord-Est: 2,5 km – 𝒞 0174 42999 – www.laborsarella.it – Chiuso 10 giorni in gennaio, 1 settimana in agosto e domenica sera

MONEGLIA
Genova – ⊠ 16030 – 2 809 ab. – Carta regionale n° **8**-C2
Carta stradale Michelin 561-J10

🏠 **Villa Edera** 🐾 ≤ 🛏 🔟 𝕬 𝕵 🔄 🖳 🎛 🛬

FAMILIARE • MEDITERRANEO In posizione predominante e poco distante dal centro, un hotel a conduzione diretta d'ispirazione contemporanea: ampie e ariose sale, camere accoglienti. A disposione degli ospiti degustazioni di prodotti locali di alta qualità.

27 cam ☑ – ♦120/195 € ♦♦120/200 €

via Venino 12/13 – 𝒞 0185 49291 – www.villaedera.com – Aperto 28 marzo-21 ottobre

🏠 **Piccolo Hotel** 🏠 🔲 𝕵 🖳 🖳 🎛 🛬

FAMILIARE • ACCOGLIENTE A pochi passi dalla spiaggia, valido albergo del centro che si sviluppa su due edifici collegati tra loro: accoglienti spazi comuni e piacevoli camere di buon confort. Grande e luminosa sala da pranzo.

38 cam ☑ – ♦80/120 € ♦♦100/190 €

corso Longhi 19 – 𝒞 0185 49374 – www.piccolohotel.it – Aperto 1° aprile-20 ottobre

🏠 **Villa Argentina** 🏠 🛏 🖳 🖳 🎛 🛬 **P**

FAMILIARE • ACCOGLIENTE Salda e professionale la gestione familiare di questa moderna struttura, non lontana dal centro e circondata da un bel giardino ombreggiato. Le sue camere sono spaziose e ben insonorizzate.

18 cam ☑ – ♦60/90 € ♦♦80/130 €

via Torrente San Lorenzo 2 – 𝒞 0185 49228 – www.villa-argentina.it

🏠 **Abbadia San Giorgio** 🐾 🛏 🎛 🛬 **P**

DIMORA STORICA • ELEGANTE Mura quattrocentesche e confort moderno per eleganti camere ricavate in un ex convento francescano. Il bel chiostro, in cui gli ospiti possono fruire per la colazione, l'aperitivo o semplicemente per rilassarsi, conferisce ulteriore fascino alla struttura.

6 cam ☑ – ♦155/170 € ♦♦175/190 €

piazzale San Giorgio – 𝒞 0185 491119 – www.abbadiasangiorgio.com – Aperto 15 marzo-1° novembre

a Lemeglio Sud-Est : 2 km

ⅈО **La Ruota** ≤ 🖳 **P**

PESCE E FRUTTI DI MARE • ACCOGLIENTE XX Giovane e dinamica conduzione in un locale dall'ambiente familiare, che propone solo menu degustazione a base di pesce fresco. Bella vista del mare e di Moneglia.

Menu 36 € (pranzo)/50 €

via per Lemeglio 6, alt. 200 – 𝒞 0185 49565 (consigliata la prenotazione) – www.laruotamoneglia.it – solo a cena escluso sabato e domenica da metà settembre a metà giugno – Chiuso novembre e mercoledì

MONFALCONE

Gorizia – ✉ 34074 – 28 258 ab. – Carta regionale n° **6**-C3
Carta stradale Michelin 562-E22

⊛ Ai Campi di Marcello ⇦ 🍴 🏠 🅿

PESCE E FRUTTI DI MARE • FAMILIARE ✗ Non lontano dai cantieri navali, piacevole atmosfera in un locale a conduzione familiare dalle valide proposte ittiche. Tra le tante specialità, noi consigliamo: la seppiolina in vapore con riduzione di aceto e miele. Nota curiosa: la passione del titolare per il rum, si traduce in un'intrigante ed inaspettata selezione di tale liquore.

Carta 31/81 €

14 cam ☲ – †54/70 € ††82/110 €

via Napoli 11 – ☎ 0481 481937 (consigliata la prenotazione) – www.hotel-ami.it – Chiuso 1 settimana in agosto e lunedì a mezzogiorno

🏠 Europalace 🔲 ⴤ 🆎 🐪 🅿

BUSINESS • MODERNO Dalla ristrutturazione di un palazzo degli anni '20, che fu albergo degli impiegati dei cantieri, nasce questa bella struttura con raffinati spazi comuni e camere elegantemente moderne. Per gli amanti dell'arte, esposizioni mensili di talenti locali.

40 cam ☲ – †60/100 € ††85/200 €

via Callisto Cosulich 20 – ☎ 0481 710709 – www.europalacehotel.com – Chiuso 23 dicembre-5 gennaio

MONFORTE D'ALBA

Cuneo – ✉ 12065 – 2 056 ab. – Alt. 480 m – Carta regionale n° **14**-C3
Carta stradale Michelin 561-I5

🍴 Giardino-da Felicin 🐪 ⇦ 🕭 ⬱ 🏠 🐪 🅿

CUCINA PIEMONTESE • AMBIENTE CLASSICO ✗✗✗ Di generazione in generazione, da oltre cento anni, è un appuntamento imperdibile con la cucina langarola. Pochi fronzoli o provocazioni, ma tanti sapori e concretezza, la cucina di Felicin è un classico di cui non ci si disinnamora mai, coccolati da un'ospitalità con pochi eguali.

Menu 45/75 € – Carta 50/80 €

30 cam ☲ – †105/135 € ††135/150 €

via Vallada 18 – ☎ 0173 78225 – www.felicin.it – solo a cena escluso domenica – Chiuso 10 dicembre-25 febbraio, 3 settimane in agosto, domenica sera e lunedì

🍴 Trattoria della Posta 🐪 🏠 ⴤ 🅿

CUCINA PIEMONTESE • ELEGANTE ✗✗✗ In aperta campagna, un caldo sorriso e tanto savoir faire vi accoglieranno sin dall'ingresso in questa casa di campagna, non priva di tocchi romantici e spunti eleganti: lume di candela ed argenteria. La cucina perpetua la tradizione locale ed anche il proverbiale carrello dei formaggi propone il meglio della regione.

Carta 32/79 €

località Sant'Anna 87, Est: 2 km – ☎ 0173 78120 (consigliata la prenotazione) – www.trattoriadellaposta.it – Chiuso febbraio, venerdì a mezzogiorno e giovedì

🍴 Le Case della Saracca 🐪

CUCINA REGIONALE • ALLA MODA ✗ Si sviluppa su molti livelli nel suggestivo scenario delle Case della Saracca: cristallo e acciaio sono elementi distintivi assieme a intimi tavolini, cucina regionale e wine-bar.

Menu 30 € – Carta 24/46 €

Le Case della Saracca, via Cavour 5 – ☎ 0173 789222 (consigliata la prenotazione) – www.saracca.com – solo a cena – Chiuso mercoledì in agosto-settembre

 Villa Beccaris

CASA PADRONALE · STORICO Racchiusa nel silenzio della parte più alta e antica di Monforte, la villa fu residenza settecentesca dell'omonimo generale, oggi è un rifugio elitario, un mondo a sé stante, tra arredi d'epoca, romantica corte interna, giardino d'inverno per le colazioni ed incantevole giardino con piscina e gazebo.

22 cam ☲ – †140/330 € ††150/330 € – 1 suite

via Bava Beccaris 1 – € 0173 78158 – www.villabeccaris.it – Chiuso 24-27 dicembre e 7-30 gennaio

Le Case della Saracca

STORICO · INSOLITO Nella parte alta di Monforte, una struttura unica, scavata nella roccia, che si snoda fra cunicoli labirintici e passaggi in vetro che conducono a camere sobrie, quasi spartane, ma originali e tematiche.

6 cam – †133/155 € ††148/171 € – ☲ 10 €

via Cavour 5 – € 0173 789222 – www.saracca.com

⇥○ **Le Case della Saracca** – Vedere selezione ristoranti

MONFUMO

Treviso – ✉ 31010 – 1 398 ab. – Alt. 227 m – Carta regionale n° **23**-C2
Carta stradale Michelin 562-E17

⇥○ Da Gerry

CUCINA CLASSICA · FAMILIARE ✖✖ Carne e pesce si contendono la carta di questa moderna trattoria nel centro del paese, dotata anche di camere spaziose e confortevoli. Piacevolissimo il dehors esterno con ampia vista sulle colline circostanti.

⇔ Menu 25/40 € – Carta 38/65 €

5 cam ☲ – †70 € ††90 €

via Chiesa 6 – € 0423 545082 – www.ristorantedagerry.com – Chiuso 2-9 gennaio, 16-29 agosto e lunedì

MONGARDINO Bologna → Vedere Sasso Marconi

MONGHIDORO

Bologna – ✉ 40063 – 3 749 ab. – Alt. 841 m – Carta regionale n° **5**-C2
Carta stradale Michelin 562-J15

in Valle Idice Nord : 10 km

Agriturismo La Cartiera dei Benandanti

FAMILIARE · PERSONALIZZATO Come indica il nome, si tratta di una vecchia cartiera risalente al XVII secolo, oggi, convertita in un semplice agriturismo isolato nel verde: tutto in pietra con legni a vista, anche le camere sono all'insegna dell'essenzialità, ma pur sempre confortevoli. Disponibili anche due appartamenti con uso cucina, uno nella struttura stessa, l'altro nella vicina azienda agricola.

7 cam ☲ – †34/65 € ††68/130 €

via Idice 13, strada provinciale 7 km 28 – € 051 655 1498 – www.lacartiera.it

MONGUELFO WELSBERG

Bolzano – ✉ 39035 – 2 895 ab. – Alt. 1 087 m – Carta regionale n° **19**-D1
Carta stradale Michelin 562-B18

a Tesido Nord : 2 km ✉ 39035 – Monguelfo – Alt. 1 219 m

Alpen Tesitin

FAMILIARE · STILE MONTANO Nella parte più alta della frazione, l'albergo offre tranquillità, vista e straordinari ambienti in legno, dagli eleganti salotti della hall alle ultime nuove camere. Splendido centro benessere, tra i migliori della valle. Il menu del ristorante si declina in tante formule: gourmet, à la carte, dietetico o vital per vegetariani.

42 cam ☲ – †108/162 € ††192/244 € – 14 suites

Riva di Sotto 22, Ovest : 1 km – € 0474 950020 – www.alpentesitin.it – Aperto 16 dicembre-3 marzo e 1° aprile 14 ottobre

MONIGA DEL GARDA

Brescia – ✉ 25080 – 2 533 ab. – Alt. 125 m – Carta regionale n° **9**-D1
Carta stradale Michelin 561-F13

🍴○ **L'Osteria H2O** ⪡ 🛋 AC P

CUCINA CREATIVA · MINIMALISTA XX Posizione stradale, ma sala rivolta verso il lago, per un ambiente solare e minimalista dove gustare una fantasiosa cucina personalizzata che predilige i prodotti ittici marini e lacustri.

Menu 60/100 € – Carta 58/102 €

via Pergola 10 – 𝒞 0365 503225 – www.losteriah2o.it – Chiuso gennaio e lunedì

MONOPOLI

Bari – ✉ 70043 – 49 133 ab. – Carta regionale n° **15**-C2
Carta stradale Michelin 564-E33

🏨 **La Peschiera** ⇡ 🐾 ⪡ ⅃ 🐾 🏊 AC 🍽 P

LUSSO · MEDITERRANEO Lussuoso hotel ricavato da un'antica peschiera borbonica: posizione invidiabile con il mare di fronte e tre grandi piscine alle spalle. Per un soggiorno in assoluta tranquillità, non sono ammessi bambini di età inferiore ai 12 anni. Ristorante dallo stile fresco e marino, ma elegante. Cucina di mare e del territorio.

13 cam ⌑ – ♦400/900 € ♦♦400/900 € – 3 suites

contrada Losciale 63, Sud-Est: 9 km ✉ 70043 Monopoli – 𝒞 080 801066 – www.peschierahotel.com – Aperto 1° maggio-31 ottobre

🏨 **Don Ferrante** ⇡ 🐾 AC 🍽

STORICO · PERSONALIZZATO Nel cuore del centro storico, inaccessibile alle auto che possono essere parcheggiate comunque non lontano, un'antica fortezza restaurata nel rispetto delle forme originarie. Spazi contenuti, ma di grande fascino.

11 cam ⌑ – ♦150/270 € ♦♦220/420 € – 2 suites

via San Vito 27 – 𝒞 080 742521 – www.donferrante.it – Chiuso 10 gennaio-28 febbraio

MONREALE Sicilia

Palermo – ✉ 90046 – 39 389 ab. – Alt. 310 m – Carta regionale n° **17**-B2
Carta stradale Michelin 365-AO55

🍴○ **Taverna del Pavone** 🍽 AC

CUCINA SICILIANA · FAMILIARE X Nel caotico centro storico, ma nei pressi del meraviglioso duomo, tavoli piuttosto ravvicinati per chi desidera gustare semplici "capolavori" della Trinacria gastronomica in un ambiente familiare e simpatico.

🍴 Menu 23/35 € – Carta 22/48 €

vicolo Pensato 18 – 𝒞 091 640 6209 – www.tavernadelpavone.eu – Chiuso 2 settimane in giugno e lunedì

🏨 **Palazzo Ducale Suites** ⊡ AC 🍽 🚗

LOCANDA · ROMANTICO Nella centro storico della splendida Monreale, una recente ristrutturazione ha dato vita a belle camere e suite anche con terrazzo, arredi moderni e raffinati accessori.

9 cam ⌑ – ♦40/90 € ♦♦50/100 €

via Duca degli Abruzzi 8 – 𝒞 091 640 4298 – www.palazzoducalesuites.it

MONRUPINO

Trieste – ✉ 34016 – 893 ab. – Alt. 418 m – Carta regionale n° **6**-D3
Carta stradale Michelin 562-E23

⊛ Krizman 🐾🦐🕭🍴🏠 🅿

CUCINA REGIONALE · RUSTICO Strucolo bollito con spinaci e ricotta, filetto di manzo cotto nel fieno, braciole d'agnello con erbe del Carso e tante altre specialità del territorio, in un piacevole locale dall'ambiente rustico e dalla consolidata gestione familiare. Servizio estivo in giardino e, in posizione privilegiata per una rilassante vacanza nel verde, Krizman offre anche camere semplici, ideali per un soggiorno lontano dai rumori della città.

🍴 Menu 18/35 € – Carta 19/42 €

17 cam 🖃 – ❖50/55 € ❖❖70/80 €

località Repen 76, Ovest: 1,5 km
– ℰ040 327115 – www.hotelkrizman.eu – Chiuso martedì e lunedì a mezzogiorno;
in gennaio aperto solo nei week end

MONSELICE

Padova – ⊠ 35043 – 17 599 ab. – Carta regionale n° **23**-B3
Carta stradale Michelin 562-G17

⍥ La Torre 🗚🄲

CUCINA TRADIZIONALE · AMBIENTE CLASSICO In pieno centro storico, nella piazza principale della città, piatti di cucina della tradizione e ricette a base di prodotti pregiati: tra le specialità la cottura alla griglia. Ambiente classico.

Carta 32/61 €

piazza Mazzini 14 – ℰ0429 73752 – www.ristorantelatorremonselice.it – Chiuso
26 dicembre-6 gennaio, 25 luglio-21 agosto, domenica sera e lunedì

MONSUMMANO TERME

Pistoia – ⊠ 51015 – 21 338 ab. – Alt. 20 m – Carta regionale n° **18**-B1
Carta stradale Michelin 563-K14

⍥ La Foresteria 🦐🕭⟨🏠 🅿

CUCINA REGIONALE · ROMANTICO Sovrasta la vallata di Nievole questo locale elegante e sobrio, all'interno di un piccolo borgo medievale. Un paesaggio suggestivo nel quale gustare specialità del territorio - leggermente rivisitate ed alleggerite - con buona cura delle presentazioni.

🍴 Menu 25/37 € – Carta 30/50 €

5 cam 🖃 – ❖80/90 € ❖❖110/120 €

località Monsummano Alto, piazza Castello 10 – ℰ0572 520097
– www.ristorantelaforesteria.it – solo a cena escluso sabato e domenica in inverno
– Chiuso novembre e lunedì

⍥ Osteria Il Maialetto 🏠🄲

CUCINA TOSCANA · FAMILIARE Accanto alla macelleria di famiglia, vivace osteria dallo spirito giovanile dove gustare una schietta cucina toscana, nonché carni e prosciutti di allevamenti propri.

Carta 23/53 €

via Della Repubblica 372 – ℰ0572 953849 – www.ilmaialetto.com – solo a cena
– Chiuso lunedì

🏨 Grotta Giusti 🏖🦐🕭🍳🌀🎐🛋🎍🗙✚🦐🄲🎿 🅿

LUSSO · PERSONALIZZATO Nella quiete di un grande parco con piscina - all'interno del celebre complesso termale con grotte naturali (di cui una vanta il primato europeo per dimensioni) - una bella struttura completa nella gamma dei servizi e camere di diverse ampiezze, eleganti, in stile: alcune sono davvero grandi!

64 cam 🖃 – ❖185/258 € ❖❖270/728 €

via Grotta Giusti 1411, Est : 2 km – ℰ0572 90771 – www.grottagiustispa.com

MONTÀ

Cuneo (CN) – ✉ 12046 – 4 733 ab. – Alt. 316 m – Carta regionale n° **14**-C2
Carta stradale Michelin 561-H5

Marcelin

CUCINA MODERNA • ELEGANTE XX In una regione gastronomicamente tradizionalista, qui la cucina va alla ricerca di proposte creative, sempre esteticamente curate, con qualche piatto anche di pesce (non c'è da stupirsi, lo chef è pugliese!). Il tutto al primo piano di un'ex segheria che ha ceduto il passo ad un ristorante di sobria raffinatezza.

Menu 49 € (cena)/67 € – Carta 49/75 €

Hotel Casa Americani, piazzetta della Vecchia Segheria 1, (ex piazza Vittorio Veneto) – ☎ 0173 975569 – www.marcelin.it – Chiuso 3 settimane in gennaio, domenica sera e lunedì

Casa Americani

FAMILIARE • PERSONALIZZATO Il nome dell'albergo ricorda che i vecchi proprietari della casa emigrarono negli Stati Uniti, guadagnandosi quindi il soprannome di "americani"; le sue camere situate in un edificio a ringhiera di fine '800 assicurano però confort moderni. Particolarmente originale la mansardata rocca del pettirosso.

7 cam ☕ – †68/75 € ††90/98 €

piazzetta della Vecchia Segheria 1 (ex piazza Vittorio Veneto) – ☎ 0173 976744 – www.casaamericani.it – Chiuso 15 giorni in gennaio

Marcelin – Vedere selezione ristoranti

Belvedere

TRADIZIONALE • CLASSICO Centrale, costruito sulle pendici di un colle, il suo nome è eloquente: tutte le camere offrono un bella vista sulla campagna Roero. Alcune con arredi d'epoca, sempre cullati dall'ospitalità familiare, anche la cucina merita una sosta.

10 cam ☕ – †65 € ††90 €

vicolo San Giovanni 3 – ☎ 0173 976156 – www.albergobelvedere.com – Chiuso 10 giorni in gennaio e 20 giorni in agosto

MONTAGNA MONTAN

Bolzano (BZ) – ✉ 39040 – 1 641 ab. – Alt. 497 m – Carta regionale n° **19**-D3
Carta stradale Michelin 562-D15

Dorfnerhof

CUCINA REGIONALE • CONTESTO TRADIZIONALE X Se vi trovate a salire tra boschi e romantici villaggi, non vi siete persi, ma è la lunga strada che vi conduce al Dorfner, un'eccellente tappa gastronomica per chi vuol scoprire antichi sapori di montagna.

Carta 30/64 €

6 cam ☕ – †65/75 € ††88/130 €

località Casignano 5, Sud: 8 Km – ☎ 0471 819924 – www.dorfner.it – Chiuso gennaio o febbraio, 1 settimana in giugno e lunedì

MONTAGNAGA Trento (TN) → Vedere Baselga di Pinè

MONTAGNA IN VALTELLINA Sondrio → Vedere Sondrio

MONTAGNANA

Padova – ✉ 35044 – 9 214 ab. – Alt. 16 m – Carta regionale n° **23**-B3
Carta stradale Michelin 562-G16

✗○ Hostaria San Benedetto   🛋 AC

CUCINA REGIONALE · ELEGANTE XX Locale ubicato nel cuore della "città murata": una sala di tono signorile in cui provare proposte di cucina del luogo rivisitata; servizio estivo all'aperto.

Menu 30/35 € – Carta 31/43 €

via Andronalecca 13 – 𝒞 0429 800999 – www.hostariasanbenedetto.it – Chiuso mercoledì

MONTAGNANA Modena → Vedere Serramazzoni

MONTAIONE

Firenze – ✉ 50050 – 3 700 ab. – Alt. 242 m – Carta regionale n° **18**-B2
Carta stradale Michelin 563-L14

🏨 UNA Palazzo Mannaioni   🏖 ≤ 🛋 🗄 ⑤ ㊊ AC 🛋 🏖

TRADIZIONALE · ELEGANTE In un'antica dimora cinquecentesca addossata alle mura castellane, un hotel abbellito da un giardino con piscina: eleganti interni in stile rustico e confortevoli camere. La vera cucina toscana vi attende nella raffinata sala ristorante, un tempo frantoio, dal suggestivo soffitto a vela.

47 cam ⊊ – †77/206 € ††158/324 €

via Marconi 2 – 𝒞 0571 69277 – www.unahotels.it – Aperto 1° aprile-13 novembre

a San Benedetto Nord-Ovest : 5 km ✉ 50050 – Montaione

✗○ Casa Masi   ✿ 🛋 🏖 AC 🅿

CUCINA REGIONALE · RUSTICO XX Una terra ricca di ottimi prodotti, tra i quali eccelle il tartufo bianco, e l'abilità di Luciana ai fornelli danno vita ad una cucina che si rifà alla tradizione montaionese, pur rimanendo moderna. Anche l'ambiente non è lasciato al caso: uno studiato mix di rustico ed elegante, una romantica limonaia, un bel giardino.

Carta 32/58 €

B&B Villa Sestilia, via Collerucci 53 – 𝒞 0571 677081 (consigliata la prenotazione) – Chiuso 19 febbraio-13 marzo, martedì a mezzogiorno e lunedì

🏨 B&B Villa Sestilia   ✿ 🛋 🏖 ✗ AC ✗ 🅿

STORICO · PERSONALIZZATO In un caratteristico borgo agricolo, questa elegante casa di campagna - accuratamente restaurata - ospita poche camere, ma tutte spaziose e personalizzate.

4 cam ⊊ – †70/140 € ††90/190 €

via Collerucci 39 – 𝒞 0571 677081 – www.villasestilia.it

  ✗○ **Casa Masi** – Vedere selezione ristoranti

a Castelfalfi Ovest: 11 km ✉ 50050

✗○ La Rocca di Castelfalfi ⓝ   ≤ 🛋 AC

CUCINA CREATIVA · ROMANTICO XXX All'interno del castello del 1400, sale eleganti ed una terrazza affacciata sul bel panorama sulle dolci colline; creatività e tecnica in cucina dove la Toscana viene rivisitata sotto varie angolazioni.

Carta 45/95 €

Hotel Il Castelfalfi, via Castelfalfi Castello 85 – 𝒞 0571 891400 – www.castelfalfi.com – Chiuso giovedì a mezzogiorno e mercoledì

🏨 Il Castelfalfi ⓝ   🏖 ✿ ≤ 🛋 🗄 🗐 ⑩ ㊙ 🎢 ✗ 🗄 ⑤ 🛋 AC 🏖

RESORT · MODERNO Costruito secondo i principi della bioedilizia, usando materiali tradizionali come legno e pietra, Castelfalfi pensa al benessere dei propri ospiti mettendo a loro disposizione un'ampia spa - in armonia con la natura circostante - in cui dominano le piscine e le aree destinate ai trattamenti. Le camere con letti king size fanno di questa aristocratica struttura l'indirizzo giusto per vivere un soggiorno in pieno relax.

120 cam ⊊ – †316/600 € ††336/620 € – 12 suites

località Castelfalfi – 𝒞 0571 892000 – www.castelfalfi.it – Chiuso 7 gennaio-15 febbraio

  ✗○ **La Rocca di Castelfalfi** – Vedere selezione ristoranti

MONTALBANO Rimini → Vedere Santarcangelo di Romagna

MONTALCINO
Siena (SI) - ✉ 53024 - 5 093 ab. - Alt. 567 m - Carta regionale n° **18**-C2
Carta stradale Michelin 563-M16

🕸 ≤ 🏠 ℅

⫶○ Boccon DiVino

CUCINA TOSCANA · CONTESTO TRADIZIONALE XX Una casa colonica alle porte del paese: si può scegliere fra la curata sala rustica o la terrazza estiva con vista. Nel piatto, i sapori del territorio leggermente rivisitati in chiave moderna.

Menu 38 € – Carta 38/56 €

via Traversa dei Monti 201, località Colombaio Tozzi, Est: 1 km – ℰ 0577 848233 (prenotare) – www.boccondivinomontalcino.it – Chiuso martedì

🏠 Il Giglio

✿ ≤ 🆔 🅿

TRADIZIONALE · REGIONALE A pochi passi dal Palazzo Comunale, in un albergo di antica tradizione, tipica ambientazione toscana con travi e mattoni a vista. Camere in stile locale, vi segnaliamo in particolare la numero "1" per il terrazzo panoramico sulla val d'Orcia. Fiori freschi e buon vino (anche al bicchiere) nell'ottimo ristorante. Cucina regionale.

12 cam ⌑ – ♦92/112 € ♦♦138/148 €

via Soccorso Saloni 5 – ℰ 0577 848167 – www.gigliohotel.com – Chiuso 7-31 gennaio

🏠 Vecchia Oliviera

≤ 🛏 🎵 ఈ 🆔 🅿

TRADIZIONALE · PERSONALIZZATO A 2 minuti a piedi dal centro, con vista sulla Val d'Orcia, un antico frantoio è stato trasformato in hotel con eleganti interni in stile locale e molte camere con vasca idromassaggio. All'aperto: piscina, giardino e bella terrazza panoramica per la prima colazione.

10 cam ⌑ – ♦70/120 € ♦♦110/170 € – 1 suite

porta Cerbaia – ℰ 0577 846028 – www.vecchiaoliviera.com – Chiuso vacanze di Natale

a Castiglione del Bosco Nord-Ovest : 12 km ✉ 53024

⫶○ Campo del Drago

≤ 🏠 ఈ 🆔 ℅ 🅿

CUCINA ITALIANA · ELEGANTE XXX Strategicamente al centro del borgo, una cucina di alta fattura assecondata da una raffinata atmosfera ed un accurato servizio, che donano allo spirito quella rilassatezza per godere al top. La cucina ha un respiro nazionale e propone piatti italiani talvolta rivisitati.

Menu 115 € – Carta 65/104 €

Hotel Castiglion del Bosco – ℰ 0577 191 3001
– www.rosewoodhotels.com/castigliondelbosco – solo a cena
– Aperto 1° aprile-20 novembre

🏛 Castiglion del Bosco

✿ 🎵 ≤ 🛏 🎵 🎶 ⅃♭ ℅ 🔳 ఈ 🆔 🅿

GRAN LUSSO · ELEGANTE Una decina di chilometri lungo una strada bianca vi condurranno in uno degli alberghi più esclusivi della regione: immerso in un'immensa proprietà collinare, le camere - ricavate dalla ristrutturazione di un borgo medioevale, alcune in villa - sono ampie e ispirate ad una sobria, raffinata eleganza.

18 suites – ♦♦578/2167 € – 5 cam – ⌑ 35 €

– ℰ 0577 191 3001 – www.rosewoodhotels.com/castigliondelbosco
– Aperto 1° aprile-20 novembre

⫶○ **Campo del Drago** – Vedere selezione ristoranti

a Castelnuovo dell'Abate Sud-Est : 10 km ✉ 53020

🏛 Castello di Velona

✿ 🎵 ≤ 🛏 ⅃ 🔳 ⊛ 🎶 ⅃♭ ⊡ ఈ 🆔 🦢 🅿

DIMORA STORICA · GRAN LUSSO Soggiorno esclusivo negli eleganti ambienti di un castello dell'XI secolo completamente restaurato: moderna spa, nonché vista a 360° su colline e Val d'Orcia. Diverse possibilità ristorative, dalle migliori ricette della tradizione gastronomica toscana ai piatti gourmet del ristorante Settimo Senso.

37 cam ⌑ – ♦500/800 € ♦♦500/800 € – 9 suites

località Velona – ℰ 0577 839002 – www.castellodivelona.it
– Chiuso 12 gennaio-14 febbraio

a Poggio alle Mura Sud-Ovest : 19 km ✉ 53024 – Montalcino

⅋◯ **Sala dei Grappoli**　　　　🍴 🛜 ᪲ ⒜⒞ ⌘ 🅿

CUCINA CREATIVA • ROMANTICO XxX Una volta all'interno, le viti che ornano le pareti illustreranno il nome del ristorante, ma meglio ancora farà la cucina: chi ama la rielaborazione della tradizione in forme creative, nonché eleganti presentazioni correrà qui, ai piedi di un magnifico castello medioevale. Mentre dalla cantina solo e soltanto vini di produzione propria che coprono, per altro, diversi territori.

Menu 115/135 € – Carta 80/117 €

Hotel Castello Banfi-Il Borgo, località Sant'Angelo Scalo – 𝒞 0577 877524 (consigliata la prenotazione) – www.castellobanfiilborgo.com – solo a cena – Aperto 29 marzo-17 novembre

🏠 **Castello Banfi-Il Borgo**　　🌳 🐾 ≤ 🍴 ♨ ᪲ ⒜⒞ ⌘ ᪲ 🅿

CASA DI CAMPAGNA • GRAN LUSSO Nel castello, di origini medioevali e circondato dal più tipico paesaggio toscano, troverete la sala lettura e il museo del vetro; intorno, il borgo settecentesco e le camere, di raffinata bucolica eleganza e straordinari bagni. Incantevole, il giardino delle rose.

9 cam ⌑ – ♦539/1540 € ♦♦539/1540 € – 5 suites

località Sant'Angelo Scalo – 𝒞 0577 877700 – www.castellobanfiilborgo.com – Aperto 29 marzo-17 novembre

⅋◯ **Sala dei Grappoli** – Vedere selezione ristoranti

MONTALLEGRO

Agrigento (AG) – ✉ 92010 – 2 519 ab. – Alt. 100 m – Carta regionale n° **17**-B2
Carta stradale Michelin 365-AP59

⅋◯ **Capitolo Primo del Relais Briuccia**　　　🔜 ᪲

CUCINA SICILIANA • CONTESTO STORICO XX Un angolo di amena familiarità in un anonimo vicolo del centro: protagonista è una coppia che mettendo a frutto la propria esperienza internazionale propone piatti siciliani (ottimo il filetto di tonno su insalatina di cous cous aromatica), nonché ospitalità di ottima qualità. La sala e le camere evidenziano un eccellente gusto.

Menu 40/50 € – Carta 31/50 €

5 cam ⌑ – ♦80 € ♦♦100 €

via Trieste 1 – 𝒞 0922 847755 (consigliata la prenotazione) – www.relaisbriuccia.it – Chiuso lunedì

MONTAN MONTAGNA

MONTE BERG Bolzano ➔ Vedere Appiano sulla Strada del Vino

MONTE … MONTI ➔ Vedere nome proprio del o dei monti

MONTEBELLO VICENTINO

Vicenza – ✉ 36054 – 6 571 ab. – Alt. 53 m – Carta regionale n° **22**-A2
Carta stradale Michelin 562-F16

a Selva Nord-Ovest : 3 km ✉ 36054 – Montebello Vicentino

⅋◯ **La Marescialla**　　　　≤ 🛜 ᪲ ⇦ 🅿

CUCINA REGIONALE • CONTESTO TRADIZIONALE XX Pur non mancando qualche specialità di carne, è il pesce il prediletto del menu di questo accogliente locale in aperta campagna, che propone nella stagione estiva anche un fresco dehors.

Carta 32/68 €

via Capitello 3 – 𝒞 0444 649216 (consigliata la prenotazione) – www.ristorantelamarescialla.it – Chiuso 1°-5 gennaio, 13-27 agosto, domenica sera e lunedì

MONTEBELLUNA

Treviso – ✉ 31044 – 31 228 ab. – Alt. 109 m – Carta regionale n° **23**-C2
Carta stradale Michelin 562-E18

🍽️○ **Nidaba**   🕸 🕏 Ⓐ🅒 **P**

CUCINA MODERNA · DI TENDENZA ✗ L'esperienza di Andrea e Daniela, con l'entusiasmo dei giovani collaboratori, dà corpo ad un locale realmente moderno, frutto di una visione cosmopolita nonostante si trovi in provincia. Cucina moderna, ma anche fritti accanto a sandwich, nonché hamburger gourmet. E poi il nuovo angolo dei cocktail con un'ampia scelta di whisky e l'importante mescita di birre: in un anno girano circa 200 tipi diversi alla spina. Insomma, un indirizzo giustamente premiato dal successo di una grande affluenza!

Carta 16/35 €

via Argine 15 – ✆ 0423 609937 (consigliata la prenotazione) – www.nidabaspirit.it – solo a cena – Chiuso domenica

MONTEBENI Firenze → Vedere Fiesole

MONTEBENICHI

Arezzo – ✉ 52021 – Pietraviva – Alt. 508 m – Carta regionale n° **18**-C2
Carta stradale Michelin 563-L15

🍽️○ **Osteria L'Orciaia**   🕏

CUCINA REGIONALE · CONTESTO STORICO ✗ Caratteristico localino rustico all'interno di un edificio cinquecentesco, con un raccolto dehors estivo. Cucina tipica toscana elaborata partendo da ottimi prodotti.

Carta 26/52 €

via Capitan Goro 10 – ✆ 055 991 0067 (prenotazione obbligatoria) – Aperto 24 aprile-31 ottobre; chiuso martedì

🏯 **Castelletto di Montebenichi**   🦅 🍴 🍸 🏠 Ⓛ🅒 Ⓐ🅒 🅢 **P**

DIMORA STORICA · PERSONALIZZATO In un borgo medioevale, l'emozione di soggiornare, tra quadri e reperti archeologici, nei ricchi interni di un piccolo castello privato; a 100 metri ca. si trova il panoramico giardino con piscina.

9 cam ☑ – ♦250/340 € ♦♦290/340 € – 3 suites

piazza Gorizia 19 – ✆ 055 991 0110 – www.castelletto.it – Aperto 15 aprile-15 ottobre

MONTECALVO VERSIGGIA

Pavia – ✉ 27047 – 547 ab. – Alt. 410 m – Carta regionale n° **9**-B3
Carta stradale Michelin 561-H9

🍽️○ **Prato Gaio**   🕸 🕏 Ⓐ🅒 **P**

CUCINA REGIONALE · ACCOGLIENTE ✗✗ La ristorazione è nel Dna di famiglia: osti già nell'Ottocento, ci si ispira ancora oggi alla tradizione dell'Oltrepò, talvolta riproposta come si faceva un tempo, talvolta corretta con personalità e attualità. Una tappa obbligatoria per gli amanti dei sapori locali.

Menu 40/55 € – Carta 35/66 €

località Versa, bivio per Volpara, Est: 3 km – ✆ 0385 99726 (prenotazione obbligatoria la sera) – www.ristorantepratogaio.it – Chiuso 7 gennaio-7 febbraio, lunedì e martedì

MONTECARLO

Lucca – ✉ 55015 – 4 428 ab. – Alt. 162 m – Carta regionale n° **18**-B1
Carta stradale Michelin 563-K14

ⅱ○ Antico Ristorante Forassiepi ⋐ 🏠 🏠 AC P

CUCINA MEDITERRANEA • ACCOGLIENTE ✕✕✕ Qui troverete la storia di un grazioso borgo medioevale, un bel panorama sulla valle, ma soprattutto un'eccellente cucina. Se il risotto al piccione è il piatto storico, il successo delle proposte di pesce è enorme e giustificato.

Menu 55/60 € – Carta 42/90 €

via della Contea 1 – ☎ 0583 229475 – www.ristoranteforassiepi.it – Chiuso 15 gennaio-5 febbraio, 1°-7 luglio e martedì

ⅱ○ Nina ⇐ 🥢 ⋐ 🏠 🏠 AC ✕ P

CUCINA TOSCANA • FAMILIARE ✕✕ In posizione panoramica, Nina propone la cucina della tradizione e diverse specialità alla griglia, agnello, manzo e piccione. Nella bella stagione scegliete i tavoli allestiti all'esterno del casolare, nella veranda che profuma di glicine e vite americana. Camere spaziose, arredate in stile.

Carta 31/46 €

10 cam 🖙 – ✚50 € ✚✚65 € - senza 🖙

via San Martino 54, Nord-Ovest: 2,5 km – ☎ 0583 22178 (prenotare) – www.lanina.it – Chiuso 15 febbraio-10 marzo, lunedì sera e martedì

ⅱ○ Enoteca la Torre ⋐ 🏠 🏠 AC P

CUCINA REGIONALE • RUSTICO ✕ Un ristorantino che si esprime al meglio in estate, quando tutto si trasferisce all'aperto. La cucina, invece, non subisce influenze particolari se non un'attenzione encomiabile nel promuovere i prodotti di stagione. Specialità toscane.

Carta 32/42 €

Agriturismo Fattoria la Torre, via provinciale di Montecarlo 7 – ☎ 0583 22981 – www.fattorialatorre.it – solo a cena escluso sabato-domenica – Chiuso martedì

🏠 Antica Dimora Patrizia AC

STORICO • PERSONALIZZATO Il nome è già un ottimo biglietto da visita... in un antico palazzo del XV secolo appartenuto alla nobile famiglia Lavagna, sete, broccati e opere d'arte concorrono a rievocare l'atmosfera medievale della Toscana. Il piano nobile ospita le due stanze dei conti Sinibaldo e Gaia, oggi trasformate in spazi per cene private ed eventi. Ma anche le altre camere brillano per cura e personalizzazione.

6 cam 🖙 – ✚65/85 € ✚✚90/130 €

piazza Carmignani 12 – ☎ 0583 179 7017 – www.anticadimorapatrizia.it

🏠 Agriturismo Fattoria la Torre ⋐ 🏠 ⛵ 🔄 AC P

LOCANDA • MODERNO Accanto alla produzione di olio e vino, l'ospitalità alberghiera: all'interno, un curioso contrasto tra l'atmosfera di una casa ottocentesca e camere realizzate in design. A completare la struttura anche nove appartamenti con cucina arredati in stile toscano.

6 cam 🖙 – ✚60/80 € ✚✚100/140 €

via provinciale di Montecarlo 7 – ☎ 0583 22981 – www.fattorialatorre.it

ⅱ○ **Enoteca la Torre** – Vedere selezione ristoranti

MONTECASSIANO Macerata (MC) → Vedere Macerata

MONTE CASTELLO DI VIBIO
Perugia – ✉ 06057 – 1 567 ab. – Alt. 423 m – Carta regionale n° **20**-B2
Carta stradale Michelin 563-N19

a Doglio Sud-Ovest : 9,5 km ✉ 06057 – Monte Castello Di Vibio

🏠 Agriturismo Fattoria di Vibio 🏵 🥢 ⋐ 🏠 ⛵ 🔄 🕮 🦮 🌿 🛁 P

CASA DI CAMPAGNA • TRADIZIONALE Calda, informale ospitalità in un antico casale trasformato in una raffinata residenza di campagna immersa nel verde: eleganza e cura del dettaglio nei suoi confortevoli interni, molto bello il centro benessere. Della cucina si occupano direttamente i titolari.

14 cam 🖙 – ✚85/160 € ✚✚90/190 €

località Buchella 9 – ☎ 075 874 9607 – www.fattoriadivibio.com – Aperto inizio marzo-inizio novembre

709

MONTECATINI TERME

Pistoia – ✉ 51016 – 20 409 ab. – Alt. 29 m – Carta regionale n° **18**-B1
Carta stradale Michelin 563-K14

⁑○ Gourmet   ⅋ AC

PESCE E FRUTTI DI MARE · AMBIENTE CLASSICO XXX Moderno e sobrio, elegante e raffinato: se il nome è una promessa, il ristorante vi sedurrà con una serie di proposte territoriali e non, nonché una giustificata celebrità legata ai piatti di pesce.
Menu 65 € – Carta 45/107 €
Pianta: A1-r – *viale Amendola 6 – ℰ 0572 771012 – www.gourmetristorante.com – Chiuso 7-17 gennaio, 20 giorni in agosto, mercoledì a mezzogiorno e martedì*

⁑○ Enoteca Giovanni   ⅋ �...AC ⇔

CUCINA REGIONALE · CONTESTO CONTEMPORANEO XX Chi non ama i guizzi di cucina sperimentale o gli ambienti design, qui troverà una piacevole classicità nella sala, un servizio attento e dei piatti in prevalenza di pesce su cui nel tempo il ristorante ha costruito la sua fama. Sala fumatori.
Menu 35 € – Carta 53/103 €
Pianta: A2-b – *via Garibaldi 25/27 – ℰ 0572 73080 – www.enotecagiovanni.it – Chiuso 19 febbraio-4 marzo, 21 agosto-4 settembre e lunedì*

⁑○ La Pecora Nera   🌿 AC

CUCINA MEDITERRANEA · ELEGANTE XX Ci sono i lampadari di Murano e gli eleganti pavimenti d'epoca, ma in ambienti freschi e rivisitati con un gusto attuale e soprattutto un'ottima cucina fantasiosa, in buona parte di pesce.
Carta 38/82 €
Pianta: B2-t – *Hotel Ercolini e Savi, via San Martino 18 – ℰ 0572 70331 – www.ercolinisavi.it – solo a cena escluso sabato e i giorni festivi – Chiuso 8 gennaio-5 febbraio e lunedì*

🏚 Grand Hotel e La Pace   ⋋ ⅍ 🛏 🗵 🗵 📶 🤍 🛎 🦺 ⚕ AC 🦼 🅿

DIMORA STORICA · ELEGANTE Gli amanti di un gusto retrò e d'antan, spesso grandioso, ma a volte anche un po' sorpassato, troveranno qui il grande albergo per eccellenza: enormi saloni e tanta nostalgia per la belle époque.
120 cam ⊊ – †130/190 € ††190/290 € – 30 suites
Pianta: A2-y – *via della Torretta 1 – ℰ 0572 9240 – www.grandhotellapace.it – Aperto 1° aprile-3 novembre*

🏚 Grand Hotel Croce di Malta   ⋋ 🛏 🗵 📶 🤍 🦺 ⚕ AC 🦼

SPA E WELLNESS · PERSONALIZZATO La proverbiale tradizione alberghiera di Montecatini s'intreccia con quella di questo storico albergo, che tuttavia si rinnova in continuazione. Oggi offre ambienti moderni, chiari e luminosi, camere più o meno recenti con eleganti bagni.
108 cam ⊊ – †70/280 € ††95/430 € – 27 suites
Pianta: B1-x – *viale 4 Novembre 18 – ℰ 0572 9201 – www.grandhotelcrocedimalta.com*

🏚 Columbia   ⋋ 🗵 📶 🤍 ⚕ AC 🦺 🅿

BOUTIQUE HOTEL · PERSONALIZZATO L'elegante edificio preannuncia gli originali interni di un giocoso albergo che reinterpreta in forma moderna vari stili, dal liberty all'impero; mai sottotono, ad un passo dall'eccesso, ma sempre con stile. Ristorante panoramico al quinto piano.
64 cam ⊊ – †39/198 € ††59/298 € – 2 suites
Pianta: A2-g – *corso Roma 19 – ℰ 0572 70661 – www.hotelcolumbia.it – Aperto 29 dicembre-7 gennaio e 16 marzo-19 novembre*

🏚 Ercolini e Savi   ⋋ ⚕ AC

TRADIZIONALE · PERSONALIZZATO Conduzione diretta - dinamica ed efficiente - ormai alla quarta generazione, in un hotel classico e di tradizione che offre belle camere ariose. Piacevole terrazza per i momenti di relax.
81 cam ⊊ – †59/290 € ††69/290 €
Pianta: B2-t – *via San Martino 18 – ℰ 0572 70331 – www.ercolinisavi.it*
⁑○ **La Pecora Nera** – Vedere selezione ristoranti

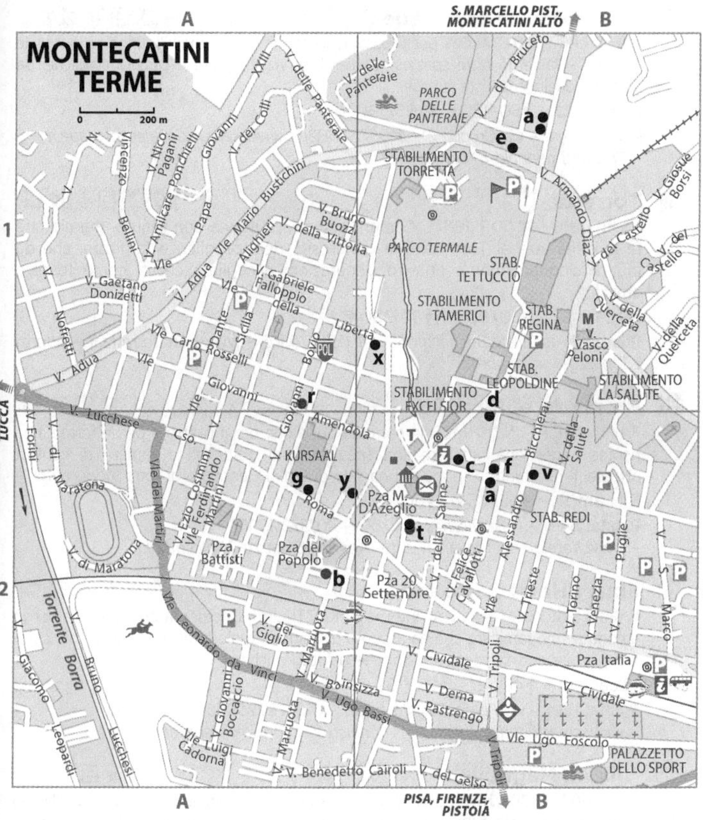

Manzoni

TRADIZIONALE • CENTRALE Centrale, ma anche al termine di una via chiusa che lo protegge dai rumori, il Manzoni offre originali soluzioni di arredi contemporanei. Due piscine, di cui una d'acqua salata, coperte d'inverno.

94 cam – 50/100 € 70/120 € – 2 suites

Pianta: B2-c – *viale Manzoni 28 – 0572 70175 – www.hotelmanzoni.info – Aperto 1° marzo-15 novembre*

Michelangelo

TRADIZIONALE • CENTRALE Non lontano dalle terme, questa struttura rinnovatasi in tempi recenti si distingue per confort e arredi attuali. Citazioni orientali nella graziosa zona benessere. Ampio menu proposto nella moderna sala ristorante.

66 cam – 50/130 € 70/200 € – 2 suites

Pianta: B1-a – *viale Fedeli 9 – 0572 911700 – www.hotelmichelangelo.org – Aperto 24 marzo-5 novembre*

Adua & Regina di Saba

SPA E WELLNESS • CENTRALE Variopinti ed eleganti salotti vi accolgono in un albergo che fa dei colori e di un bel centro benessere i propri punti di forza; la piscina all'aperto viene coperta nei mesi freddi.

69 cam – 65/140 € 80/250 € – 3 suites – 12 €

Pianta: B2-a – *viale Manzoni 46 – 0572 78134 – www.hoteladua.it – Aperto 1° marzo-8 dicembre*

🏨 Settentrionale Esplanade   ☆ 🛁 🎿 ⊟ AC 🐟 🚗

FAMILIARE · CENTRALE A pochi passi dalle terme - raggiungibili lungo un bel viale alberato - l'albergo offre spaziosi ambienti, servizio cortese e camere classiche: da preferire quelle con vista sui colli.

99 cam 🛏 – ✝50/120 € ✝✝65/190 €

Pianta: B2-d – *via Grocco 2* – ☏ *0572 70021* – *www.settentrionaleesplanade.it*
– *Chiuso 8 gennaio-8 marzo*

🏨 Torretta   ☆ 🎿 ⊟ 🕭 AC P

FAMILIARE · ACCOGLIENTE Camere semplici, tuttavia ben tenute, ma ciò che fa la differenza al Torretta è la generosità dell'accoglienza familiare, che da più di cinquant'anni e quattro generazioni accoglie i clienti come fossero amici!

59 cam 🛏 – ✝50/90 € ✝✝80/130 €

Pianta: B1-e – *viale Bustichini 63* – ☏ *0572 70305* – *www.hoteltorretta.it* – *Aperto 25 marzo-4 novembre*

🏨 Brennero e Varsavia   ☆ ⊟ AC P

FAMILIARE · FUNZIONALE In comoda posizione per il centro e per le terme, una risorsa a gestione familiare con spazi comuni gradevoli e camere di confort attuale. Il ristorante dispone di una sala di taglio classico e di tono moderno.

54 cam 🛏 – ✝35/45 € ✝✝50/75 €

Pianta: B2-v – *viale Bicchierai 70/72* – ☏ *0572 70086*
– *www.hotelbrenneroevarsavia.it* – *Aperto 16 marzo-21 dicembre*

🏠 Smart Hotel Bartolini   AC 🕭

FAMILIARE · CENTRALE All'interno della ZTL, un piccolo, ma omogeneo albergo a conduzione familiare che ha assunto uno stile attuale e minimalista; la sala colazioni ospita spesso mostre pittoriche o fotografiche.

12 cam 🛏 – ✝49/79 € ✝✝59/99 €

Pianta: B2-f – *via Felice Cavallotti 106* – ☏ *0572 770900*
– *www.smarthotelbartolini.com* – *Chiuso 15 gennaio-11 febbraio*

🏠 Villa le Magnolie   🛁 ⊟ AC 🚗

LOCANDA · PERSONALIZZATO Tra le mura di un incantevole villino d'inizio Novecento, questo b&b offre ricercatezza e dettagli d'epoca non frequenti neppure nei più blasonati alberghi. In più, tutti i servizi dell'adiacente hotel Michelangelo.

6 cam 🛏 – ✝50/130 € ✝✝70/200 €

Pianta: B1-a – *viale Fedeli 15* – ☏ *0572 911700* – *www.villalemagnolie.it*

a Nievole Est : 7 km B1 ✉ 51010

🍴 Da Pellegrino   🏮 ✿ P

CUCINA TOSCANA · CONVIVIALE 🗶 Trattoria a gestione familiare dall'ambiente semplice e conviviale. La carne è la specialità della casa - in particolare la chianina e il maiale di cinta senese - tra le cotture, un'ottima griglia. Ultimo, ma non ultimo, un bel forno a legna per gli amanti dei lievitati.

😋 Menu 22/28 € – Carta 18/49 €

località Renaggio 6 – ☏ *0572 67158* – *solo a cena escluso sabato e i giorni festivi*
– *Chiuso 1 settimana in gennaio, 1 settimana in settembre e mercoledì*

MONTECCHIO Brescia → Vedere Darfo Boario Terme

MONTECCHIO PRECALCINO

Vicenza – ✉ 36030 – 5 038 ab. – Alt. 84 m – Carta regionale n° **22**-A1
Carta stradale Michelin 562-F16

ⅱ○ La Locanda di Piero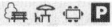

CUCINA MODERNA · ELEGANTE XX Piatti d'impronta moderna che ripercorrono un po' tutto il Bel Paese in una villetta di campagna che evoca l'atmosfera di una raffinata residenza privata.

Menu 35 € (pranzo in settimana)/70 € – Carta 50/85 €

via Roma 32, strada per Dueville, Sud: 1 km – 𝒞 0445 864827
– www.lalocandadipiero.it – Chiuso 1°-14 gennaio, 13-31 agosto, domenica e i mezzogiorno di lunedì e sabato

MONTECHIARO D'ASTI

Asti – ✉ 14025 – 1 276 ab. – Alt. 292 m – Carta regionale n° **12**-C2
Carta stradale Michelin 561-G6

ⅱ○ Tre Colli

CUCINA PIEMONTESE · ACCOGLIENTE X La dinamica gestione al femminile ha ringiovanito il locale con toni più luminosi e colorati; sempre apprezzata la terrazza panoramica e le loro specialità piemontesi.

🍴 Menu 20 € (pranzo in settimana)/35 € – Carta 35/49 €

piazza del Mercato 3/5 – 𝒞 0141 901027 (consigliata la prenotazione)
– www.trecolli.com – Chiuso 23 luglio-14 agosto, lunedì, martedì e mercoledì

MONTECHIARUGOLO

Parma (PR) – ✉ 43022 – 10 813 ab. – Alt. 128 m – Carta regionale n° **5**-A3
Carta stradale Michelin 562-H13

ⅱ○ Mulino di Casa Sforza

CUCINA REGIONALE · RUSTICO X Ambienti d'atmosfera e ricchi di fascino in un antico mulino quattrocentesco con spazi all'aperto per le sere d'estate; nella sala sono ancora visibili le antiche macine in pietra, mentre nel canale continua a scorrere l'acqua che alimentava la ruota. Cucina del territorio, quindi, paste fresche molto buone, salumi e carne.

🍴 Menu 25 € – Carta 32/64 €

via Maestà 63, località Basilicanova – 𝒞 0521 683158
– www.ristorantemulinodicasasforza.com – Chiuso lunedì

MONTECILFONE

Campobasso (CB) – ✉ 86032 – 1 348 ab. – Alt. 405 m – Carta regionale n° **1**-D2
Carta stradale Michelin 564-B26

🏠 Masseria Grande

LOCANDA · BUCOLICO Nella tranquillità delle verdeggianti colline, signorile atmosfera country dove rilassarsi, magari a bordo piscina. La zona notte dispone di camere personalizzate, tutte dotate di ampie finestre con vista sulle vallate circostanti.

10 cam 🖙 – ♦59/88 € ♦♦89/119 €

contrada Macchie – 𝒞 0875 976006 – www.masseria-grande.it – Aperto 13 maggio-31 ottobre

MONTECOSARO

Macerata – ✉ 62010 – 7 113 ab. – Alt. 252 m – Carta regionale n° **11**-D2
Carta stradale Michelin 563-M22

ⅱ○ Signore te ne ringrazi ⓝ

CUCINA MODERNA · CONTESTO STORICO XX Nelle affascinanti sale delle cantine del palazzo comunale, lo chef Biagiola fa della tradizione gastronomica locale il suo portabandiera: tanta fantasia, verdura ed erbe aromatiche.

Menu 50/65 € – Carta 30/64 €

Via Bruscantini 1 – 𝒞 0733 222273 – www.signoreteneringrazi.it – solo a cena escluso sabato e domenica – Chiuso mercoledì

🏠 La Luma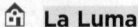

FAMILIARE · STORICO In una struttura medievale, un delizioso alberghetto d'atmosfera, con terrazza panoramica e suggestive grotte tufacee nei sotterranei; camere in stile, alcune con vista.

10 cam ⌂ – ♦55/65 € ♦♦70/85 € – 1 suite

via Cavour 1 – ☎ 0733 229466 – www.laluma.it

MONTECRESTESE
Verbano-Cusio-Ossola – ✉ 28864 – 1 266 ab. – Alt. 486 m – Carta regionale n° **12**-C1
Carta stradale Michelin 561-D6

🍴 Osteria Gallo Nero

CUCINA REGIONALE · FAMILIARE ⅹ Due fratelli hanno saputo valorizzare questo locale che deve il suo successo all'ambiente informale - soprattutto a mezzogiorno - alla cucina del territorio e ad una ricca cantina con oltre 400 etichette (alcuni vini sono serviti anche al calice e conservati sotto azoto in un'apposita apparecchiatura).

🍴 Menu 15 € (pranzo in settimana)/30 € – Carta 25/57 €

località Pontetto 102 – ☎ 0324 232870 – www.osteriagallonero.it – Chiuso lunedì escluso agosto

MONTEDORO Bari → Vedere Noci

MONTEFALCO
Perugia – ✉ 06036 – 5 679 ab. – Alt. 472 m – Carta regionale n° **20**-C2
Carta stradale Michelin 563-N19

🏠 Palazzo Bontadosi

DIMORA STORICA · PERSONALIZZATO Antichi muri rinascimentali ospitano moderne forme di design, e se gli ambienti comuni accolgono una piccola galleria d'arte, la struttura coccola anche gli amanti della forma fisica con un piccolo centro benessere. Offerta culinaria seria e professionale al ristorante Locanda del Teatro.

12 cam ⌂ – ♦90/130 € ♦♦170/220 € – 1 suite

piazza del Comune 19 – ☎ 0742 379357 – www.hotelbontadosi.it

🏠 Agriturismo Camiano Piccolo

CASA DI CAMPAGNA · AGRESTE Un borgo ristrutturato, immerso tra ulivi secolari, a poche centinaia di metri dalle mura della località. Bella piscina scoperta in giardino per chi è in cerca di relax.

23 cam ⌂ – ♦50/80 € ♦♦70/110 €

località Camiano Piccolo 5 – ☎ 0742 379492 – www.camianopiccolo.com

a San Luca Sud-Est : 9 km ✉ 06036 – Montefalco

🏠 Villa Zuccari

DIMORA STORICA · ELEGANTE Imponente villa d'epoca immersa nella campagna, estesi spazi verdi e ampie camere con lampadari di Murano faranno sognare un passato ricco e signorile. Al ristorante Le Zuppiere cucina e vini soprattutto regionali.

31 cam ⌂ – ♦95/175 € ♦♦110/250 € – 3 suites

– ☎ 0742 399402 – www.villazuccari.com

MONTEFIASCONE
Viterbo – ✉ 01027 – 13 432 ab. – Alt. 590 m – Carta regionale n° **7**-A1
Carta stradale Michelin 563-O18

🏠 Urbano V

STORICO · ACCOGLIENTE Palazzo storico seicentesco, completamente ristrutturato, raccolto attorno ad un cortiletto interno e impreziosito da una terrazza con vista quasi a 360° su tetti e colline.

22 cam ⌂ – ♦54/70 € ♦♦70/110 €

corso Cavour 107 – ☎ 0761 831094 – www.hotelurbano-v.it

MONTEFIORINO

Modena – ✉ 41045 – 2 203 ab. – Alt. 797 m – Carta regionale n° **5**-B2
Carta stradale Michelin 562-I13

🍽 Lucenti ◇ ⋖

CUCINA EMILIANA • ACCOGLIENTE ✕✕ In questa piccola casa a gestione familiare trova posto un locale di taglio classico, arredato in caldi colori pastello, dove potrete gustare una cucina fedele al territorio. Accoglienti e ben tenute le camere, tutte con vista sulla valle del Dolo.

◎ Menu 25/39 € – Carta 30/55 €

7 cam – 👤50 € 👥60 € – ☕8 €

via Mazzini 38 – ✆ 0536 965122 (prenotare) – www.lucenti.net – Chiuso martedì a mezzogiorno e lunedì escluso luglio-agosto

MONTEFIRIDOLFI

Firenze – ✉ 50020 – Alt. 310 m – Carta regionale n° **18**-D3
Carta stradale Michelin 563-L15

🏠 Agriturismo Fonte de' Medici ✧ ⚘ ⋖ ⛲ ⛰ ♨ 🏋 ✂ AC P

CASA DI CAMPAGNA • ELEGANTE Per una vacanza difficile da dimenticare, Fonte de' Medici (di proprietà della Famiglia Antinori) è un antico borgo risalente al 1400: si trova nel cuore del Chianti Classico, immerso tra i vigneti del Solaia e del Tignanello.

28 cam ☕ – 👤90/130 € 👥120/190 €

località Santa Maria a Macerata 41, Sud-Est: 3 km – ✆ 055 824 4700 – www.fontedemedici.com – Chiuso 8 gennaio-11 marzo

MONTEFOLLONICO

Siena – ✉ 53040 – Alt. 567 m – Carta regionale n° **18**-D2
Carta stradale Michelin 563-M17

🍽 La Costa ⋖ ⛱ ⚹ ⌬ P

CUCINA CLASSICA • RUSTICO ✕✕ Sulla terrazza estiva o sotto gli archi in pietra degli ex granai, la cucina perpetua la storia: ricette antiche legate al territorio, pici, risotti e grigliate.

◎ Menu 25/50 € – Carta 23/74 €

Relais La Costa, via Coppoli 15/19/25 – ✆ 0577 668026 – www.lacosta.it – Chiuso 8 gennaio-1° marzo e giovedì escluso aprile-ottobre

🍽 La Botte Piena ✿ ⛱ AC

CUCINA REGIONALE • SEMPLICE ✕ Piccole graziose realtà: il borgo in cui si trova, famoso per la festa del vin santo, nonché questa moderna osteria dove, circondati dalle molte bottiglie, sarete sorpresi dal bel gusto estetico con cui si presentano piatti di sapida cucina toscana.

Menu 38/45 € – Carta 33/63 €

piazza Cinughi 12 – ✆ 0577 669481 – www.labottepiena.com – Chiuso febbraio, 1 settimana in giugno, 1 settimana in novembre, giovedì a mezzogiorno e mercoledì

🏠 Relais La Costa ⚘ ⋖ ⛲ ⛰ AC ⚹

DIMORA STORICA • PERSONALIZZATO Fattoria del 1300 in centro paese con camere rustiche, ma eleganti, alcune con vista sull'incantevole Val di Chiana.

4 cam ☕ – 👤90/120 € 👥120/250 €

via Coppoli 15/19/25 – ✆ 0577 669488 – www.lacosta.it – Chiuso 8 gennaio-1° marzo

🍽 **La Costa** – Vedere selezione ristoranti

MONTEFORTINO

Fermo – ✉ 63858 – 1 178 ab. – Alt. 612 m – Carta regionale n° **11**-C3
Carta stradale Michelin 563-N22

🏠 Agriturismo Antico Mulino   ⭐ 🌲 ⛲ 🖥 ♿ ✗ 🅿

FAMILIARE · TRADIZIONALE Un mulino ad acqua fortificato, con origini trecentesche, ristrutturato per accogliere una struttura caratteristica, di tono sobrio e con
arredi in arte povera. Alla dimensione agreste contribuiscono anche gli animali
dell'azienda agricola (cavalli, caprette, etc.) che si aggirano liberamente nei pressi.

15 cam ⌂ – †60/80 € ††60/80 €

*località Tenna 2, Nord: 2 km – ☎ 0736 859530 – www.anticomulino.it – Aperto
Pasqua-11 novembre*

MONTEGABBIONE

Terni – ✉ 05010 – 1 216 ab. – Alt. 594 m – Carta regionale n° **20**-A2
Carta stradale Michelin 563-N18

sulla strada per Parrano Sud-Ovest : 9 km

🏠 Agriturismo Il Colombaio   ⭐ 🌲 ⛲ 🍴 ✗ 📺 🐾 🅿

CASA DI CAMPAGNA · TRADIZIONALE Immerso nel verde di grandi prati, un
agriturismo a conduzione familiare caratterizzato da arredi rustici, ma confortevoli. Pietra a vista nella sala da pranzo, che in estate si trasferisce in terrazza.

20 cam ⌂ – †40/45 € ††70/80 €

*località Colombaio – ☎ 0763 838495 – www.agriturismoilcolombaio.it – Chiuso
15 gennaio-15 febbraio*

MONTEGIORGIO

Fermo – ✉ 63833 – 6 851 ab. – Alt. 411 m – Carta regionale n° **11**-D2
Carta stradale Michelin 563-M22

a Piane di Montegiorgio Sud : 5 km ✉ 63025

🍴 Oscar e Amorina   ⇦ ⛲ 🍴 📺 🐾 🅿

CUCINA MARCHIGIANA · CONVIVIALE XX Sala rossa o sala rosa? Qualsiasi sia la
scelta, la cucina "sforna" tipiche specialità marchigiane in porzioni abbondanti.
Tra le tante proposte, la nostra preferita rimane il capretto all'Amorina.

🍽 Menu 20 € (pranzo)/35 € – Carta 28/69 €

19 cam ⌂ – †45/55 € ††70/80 €

*via Faleriense Ovest 69 – ☎ 0734 967351 – www.oscareamorina.it – Chiuso lunedì
a mezzogiorno*

MONTEGRIDOLFO

Rimini – ✉ 47837 – 1 012 ab. – Alt. 290 m – Carta regionale n° **5**-D3
Carta stradale Michelin 562-K20

🏰 Relais Palazzo Viviani   ⭐ 🌲 ⇦ ⛲ 🍴 🏫 💆 📺 🐾 🚗

DIMORA STORICA · ELEGANTE Un tempo residenza di una nobile famiglia (le cui
origini risalgono al XIII sec), la struttura è stata restaurata nel rispetto dell'originale architettura. Oggi, l'hotel si diffonde su tutta l'area del borgo medievale e
propone diverse sistemazioni, per soddisfare le più disparate esigenze.

53 cam ⌂ – †79/190 € ††89/200 €

*via Roma 38 – ☎ 0541 855350 – www.palazzoviviani.com – Chiuso
7 gennaio-31 marzo e novembre*

MONTEGROSSO Barletta-Andria-Trani → Vedere Andria

MONTEGROSSO D'ASTI

Asti – ✉ 14048 – 2 344 ab. – Alt. 244 m – Carta regionale n° **14**-D1
Carta stradale Michelin 561-H6

a Messadio Sud-Ovest : 3 km ⊠ 14048 – Montegrosso D'Asti

🍴○ **Locanda del Boscogrande**   ⌗ ⇦ ⌗ ⌇ ⌗ ⌗ ⌗ 🅿

CUCINA PIEMONTESE · ACCOGLIENTE XX Per godersi il rilassante panorama delle colline del Monferrato, cascina ristrutturata con un ottimo equilibrio tra qualità gastronomica e confort delle camere.

Menu 30 € – Carta 30/54 €

7 cam ⌑ – †75/90 € ††110/130 €

via Boscogrande 47 – 𝒸 0141 956390 – www.locandaboscogrande.com – Chiuso gennaio e martedì

MONTEGROTTO TERME

Padova – ⊠ 35036 – 11 331 ab. – Alt. 11 m – Carta regionale n° **23**-B3
Carta stradale Michelin 562-F17

🍴○ **Al Bosco**   ⌇ ⌗ 🆎 🅿

CUCINA REGIONALE · ACCOGLIENTE XX Poco lontano dal centro, ma già in posizione collinare in un contesto verde ed ombreggiato, un ristorante rustico-elegante con caminetti e pareti decorate: dal soffitto pendono originali paioli in rame. La specialità tra i secondi piatti sono le cotture alla brace di legna.

Carta 32/65 €

*via Cogolo 8 – 𝒸 049 794317 (consigliata la prenotazione)
– www.alboscomontegrotto.it – Chiuso 7-31 gennaio, martedì a mezzogiorno e mercoledì*

🍴○ **Da Cencio**   ⌗ ⌗ ⌗ 🆎 ⇦ 🅿

CUCINA REGIONALE · FAMILIARE XX Affezionata clientela di habitué per questo ristorante d'impostazione classica con luminosa veranda stile giardino d'inverno e un grazioso servizio estivo sotto una vite americana. La cucina propone specialità del territorio e qualche piatto di pesce.

Carta 24/56 €

*via Fermi 11, Ovest: 1,5 km – 𝒸 049 793470 (consigliata la prenotazione)
– www.ristorantecencio.it – Chiuso 1 settimana in gennaio-febbraio, 1 settimana in giugno-luglio e lunedì*

🍴○ **Da Mario**   ⌗ 🆎

CUCINA CLASSICA · ACCOGLIENTE XX All'entrata della località, una sala con ampie vetrate e un dehors per una linea gastronomica tradizionale, di terra e di mare. Ideale per una gratificante sosta culinaria, dopo una giornata alle terme!

Carta 34/58 €

corso delle Terme 4 – 𝒸 049 794090 (consigliata la prenotazione) – Chiuso mercoledì a mezzogiorno e martedì

🏨 **Terme Neroniane** 🅝   ✿ ⌇ ⇦ ⌗ ⌗ 🕙 ⌗ ⌗ ⌗ ⌗ 🆎 ⌗ 🅿

SPA E WELLNESS · CONTEMPORANEO All'interno di un parco di 40.000 metri quadrati, con tre piscine a diversa temperatura di cui una olimpionica, l'albergo è stato completamente ristrutturato e propone camere classiche o contemporanee con balconi-loggia. Nella sala ristorante, attraverso gli oblò del pavimento, vedrete scorci delle antiche terme romane.

97 cam ⌑ – †88/116 € ††150/168 € – 3 suites

via Neroniane 21/23 – 𝒸 049 891 1694 – www.neroniane.it – Aperto 4 marzo-27 novembre

🏨 **Grand Hotel Terme**   ✿ ⇦ ⌗ ⌗ 🕙 ⌗ ⌗ ⌗ ⌗ ⌗ 🆎 ⌗ 🅿

SPA E WELLNESS · CLASSICO Un'elegante classicità attende gli ospiti in questo albergo centrale a decennale gestione familiare. Camere simili negli arredi, cambiano le metrature. Ristorante serale panoramico al sesto piano.

107 cam ⌑ – †121/150 € ††218/270 € – 29 suites

*viale Stazione 21 – 𝒸 049 891 1444 – www.grandhotelterme.it
– Chiuso 12 novembre-22 dicembre*

🏠 Continental Terme   🖋 🍴 🛏 🗄 🌐 🏧 ℔ 🍸 🎯 ⚑ AC 🛁 🅿

SPA E WELLNESS · ACCOGLIENTE Il parco ricco di servizi sportivi è il punto di forza di questo hotel un po' defilato dal centro, ma che - in compenso - fa del relax e delle cure termali il suo fiore all'occhiello, con ben cinque piscine. Suite di stampo sia moderno sia classico per gli amanti di entrambi i generi.

172 cam 🖃 – ♦66/71 € ♦♦120/130 €

via Neroniana 8 – ☎ 049 793522 – www.continentaltermehotel.it – Chiuso 9-18 dicembre e 7 gennaio-8 febbraio

🏠 Garden Terme   🖋 🍴 🛏 🗄 🌐 🏧 ℔ 🍸 🎯 ⚑ AC 🛁 🅿

SPA E WELLNESS · CLASSICO In un parco-giardino con piscina termale, un bel complesso, che offre un'ampia gamma di cure rigenerative psico-fisiche; eleganti interni, con un'esotica "sala indiana".

110 cam 🖃 – ♦60/123 € ♦♦132/182 € – 7 suites

corso delle Terme 7 – ☎ 049 891 1549 – www.gardenterme.it – Chiuso 1° dicembre-1° marzo

🏠 Terme Bellavista   🖋 🍴 🛏 🗄 🌐 🏧 ℔ 🍸 🎯 AC 🛁 🅿

SPA E WELLNESS · CLASSICO Cordiale conduzione diretta che vi accoglierà in curati salotti ed un'attrezzata zona benessere: camere totalmente rinnovate e di piacevole stile. Nella spaziosa sala ristorante sobriamente arredata, le tradizionali proposte culinarie.

69 cam 🖃 – ♦50/150 € ♦♦89/300 €

via dei Colli 5 – ☎ 049 793333 – www.bellavistaterme.com – Chiuso 10 gennaio-10 marzo

🏠 Terme Preistoriche   🖋 🐾 🍴 🛏 🗄 🏧 ℔ 🍸 🎯 ⚑ AC 🛁 🅿

TERMALE · CLASSICO Piacevole villa dei primi '900 con ampio parco-giardino e piscine termali: gli interni riflettono l'eleganza esterna grazie a raffinate sale ed accoglienti camere di diversa tipologia e prezzi, dalle classiche alle più recenti.

47 cam 🖃 – ♦75/190 € ♦♦120/400 €

via Castello 5 – ☎ 049 793477 – www.termepreistoriche.it – Chiuso 10-20 dicembre

🏠 Terme Olimpia   🖋 🍴 🛏 🗄 🌐 🏧 ℔ 🍸 🎯 ⚑ 🛁 AC 🅿

SPA E WELLNESS · FUNZIONALE Il tocco femminile della gestione si fa sentire nella calorosa accoglienza e nei gradevoli spazi comuni. Camere confortevoli - in parte rinnovate - ed attrezzato centro benessere. Originale, il giardino zen. Cucina mediterranea al ristorante.

102 cam 🖃 – ♦65/130 € ♦♦130/260 € – 6 suites

viale Stazione 25 – ☎ 049 793499 – www.hoteltermeolimpia.com – Chiuso 10-25 dicembre e luglio

MONTELEONE Pavia → Vedere Inverno-Monteleone

MONTELUCCI Arezzo → Vedere Pergine Valdarno

MONTEMAGGIORE AL METAURO

Pesaro e Urbino – ✉ 61030 – 2 893 ab. – Alt. 197 m – Carta regionale n° **11-B1**
Carta stradale Michelin 563-K20

🏠 Agriturismo Villa Tombolina   🐾 ≼ 🍴 🛏 AC 🏊 🅿

CASA DI CAMPAGNA · TRADIZIONALE Nell'antica residenza estiva degli arcivescovi di Urbino, un agriturismo con vista sulle colline, che accosta ambienti spaziosi e signorili (nella residenza principale) a zone più informali (nel casale). A Villa Tombolina è possibile anche acquistare prelibatezze di produzione propria: olio extravergine di oliva e salumi nostrani.

4 cam 🖃 – ♦50/200 € ♦♦70/200 €

via Tombolina, Sud: 4,5 km – ☎ 0721 891918 – www.villatombolina.it

MONTEMAGNO

Asti – ⊠ 14030 – 1 153 ab. – Alt. 260 m – Carta regionale n° **12**-C2
Carta stradale Michelin 561-G6

⑪○ **La Braja** 🔟 🕉 ⇌ **P**

CUCINA PIEMONTESE · **ELEGANTE** ✕✕✕ I bei dipinti che decorano le pareti sono realizzati dal titolare e da suo figlio, ma l'arte non si limita ai quadri e trova una propria espressione anche in cucina: proposte locali condite da un pizzico di fantasia.

Menu 65 € – Carta 48/88 €

via San Giovanni Bosco 11 – ☎ 0141 653925 – www.labraja.it – Chiuso
27 dicembre-20 gennaio, 2 settimane in agosto, lunedì e martedì

MONTEMAGNO Lucca → Vedere Camaiore

MONTEMARCELLO La Spezia → Vedere Ameglia

MONTEMARCIANO Arezzo → Vedere Terranuova Bracciolini

MONTEMERANO

Grosseto – ⊠ 58014 – Alt. 303 m – Carta regionale n° **18**-C3
Carta stradale Michelin 563-O16

❀❀ **Caino** (Valeria Piccini) 🏵 ⇦ 🕊 🔟 🕉

CUCINA MODERNA · **ELEGANTE** ✕✕ Nel cuore di un grazioso borgo medioevale, l'elegante ma sobrio ristorante ha fatto conoscere al mondo la cucina maremmana, fatta d'intensi sapori, legati alla terra e reinterpretati dalla personalità di una grande cuoca.

→ Bottoni di pollo alla cacciatora con brodo al ribes. Piccione con toni di rosso e cenere di cipolla. I sapori dell'arcobaleno.

Menu 100/140 € – Carta 103/155 €

3 cam ⌑ – †140/180 € ††180/250 €

via della Chiesa 4
– ☎ 0564 602817 – www.dacaino.it
– Chiuso 1 settimana in novembre, 8 gennaio-8 febbraio, 1 settimana in
luglio, giovedì a mezzogiorno e mercoledì

⑪○ **La Limonaia** 🔁 🏠 🕉 **P**

CUCINA REGIONALE · **ROMANTICO** ✕✕ E' la titolare stessa ad occuparsi della cucina: piatti maremmani con ampio uso di materie prime (e vini) di produzione propria. Dalle ampie vetrate, si scorge in lontananza l'antico borgo medievale di Montemerano.

Menu 50/110 € – Carta 38/63 €

Hotel Relais Villa Acquaviva, località Acquaviva 10, Nord: 2 km
– ☎ 0564 602890 – www.villacquaviva.com – solo a cena
– Aperto 2 aprile-1° novembre

🏠 **Villa Acquaviva** 🕊 ⇐ 🔁 ⫶ 🕉 ⅏ **P**

DIMORA STORICA · **AGRESTE** Gode di splendida vista sui colli e sui vigneti di proprietà, questa villa di fine Ottocento con vicina dépendance immersa in un grande parco: raffinata rusticità negli interni e bella piscina.

23 cam ⌑ – †75/90 € ††100/190 € – 2 suites

località Acquaviva 10, Nord: 2 km
– ☎ 0564 602890 – www.villacquaviva.com
– Chiuso 8 gennaio-1° marzo
⑪○ **La Limonaia** - Vedere selezione ristoranti

MONTEPAGANO Teramo → Vedere Roseto degli Abruzzi

MONTE PETRIOLO Perugia (PG) → Vedere Perugia

MONTE PORZIO CATONE
Roma – ⊠ 00040 – 8 693 ab. – Alt. 451 m – Carta regionale n° **7**-B2
Carta stradale Michelin 563-Q20

◧○ Il Monticello   🛱 P
CUCINA LAZIALE • RUSTICO ⅍ Poco fuori dal centro, cucina romano-laziale con sapiente uso dei sapori e, come chicca, le verdure del proprio orto, in un ristorante dal piacevole e caldo ambiente rustico.
Carta 34/47 €
via Romoli 27 – ℰ 06 944 9353 – www.ristoranteilmonticello.it – Chiuso 24 agosto-3 settembre e lunedì, anche domenica sera in inverno

MONTEPULCIANO
Siena – ⊠ 53045 – 14 097 ab. – Alt. 605 m – Carta regionale n° **18**-D2
Carta stradale Michelin 563-M17

◧○ La Grotta   ⅋⅋ �غ 🛱 🄰🄲
CUCINA TOSCANA • AMBIENTE CLASSICO ⅍⅍ Di fronte alla chiesa di San Biagio, all'interno di un edificio del '500, locale rustico-elegante, con bel servizio estivo in giardino. Ottima la cucina: toscana, sapientemente rivisitata.
Menu 55 € – Carta 43/69 €
località San Biagio 16, Ovest: 1 km – ℰ 0578 757479
– www.lagrottamontepulciano.it – Chiuso 10 gennaio-10 marzo e mercoledì

◧○ Le Logge del Vignola   ⅋⅋ 🛱 🄰🄲
CUCINA TOSCANA • CONTESTO TRADIZIONALE ⅍⅍ Buona risorsa questo piccolo locale nel centro storico, con tavoli un po' ravvicinati, ma coperto e materia prima regionale assai curati. Interessante anche la carta dei vini.
Menu 50 € – Carta 32/61 €
via delle Erbe 6 – ℰ 0578 717290 (consigliata la prenotazione)
– www.leloggedelvignola.com – Chiuso 2 settimane in novembre-dicembre e martedì

⌂⌂ Villa Cicolina   🏡 🕭 🚆 🛋 🄰🄲 P
DIMORA STORICA • ROMANTICO Splendida villa seicentesca circondata da un curato giardino e piscina panoramica, gli interni non sono meno incantevoli: camere in genere ampie con arredi d'epoca, un sogno toscano d'altri tempi.
13 cam ⊒ – ⶿150/180 € ⶿⶿160/190 € – 8 suites
via Provinciale 11, Nord-Est: 2 Km – ℰ 0578 758620 – www.villacicolina.it – Aperto 30 dicembre-5 gennaio e 1° aprile-3 novembre

⌂⌂ Villa Poggiano   🕭 🗲 🚆 🛋 🄰🄲 🛁 P
DIMORA STORICA • GRAN LUSSO Un vasto parco con scenografica piscina in stile art-déco accoglie gli ospiti tra silenzio e profumi. Nel mezzo una villa del '700 che ha mantenuto intatta l'atmosfera della dimora storica.
10 suites ⊒ – ⶿⶿220/330 € – 4 cam
via di Poggiano 7, Ovest: 2 km – ℰ 0578 758292 – www.villapoggiano.com
– Aperto 1° aprile-7 novembre

MONTERIGGIONI
Siena – ⊠ 53035 – 9 810 ab. – Alt. 274 m – Carta regionale n° **18**-D1
Carta stradale Michelin 563-L15

ⅱ○ Il Pozzo   ⍭ ⌂

CUCINA REGIONALE · CONTESTO TRADIZIONALE ✗✗ Nel cuore del piccolo borgo chiuso da mura, con la chiesa e il piccolo pozzo al centro, un locale rustico dove soffermarsi a gustare i sapori della Toscana, dai cibi al vino. Suggestivo giardino per il servizio all'aperto.

Carta 38/77 €

piazza Roma 20
– ℰ 0577 304127 – www.ilpozzo.net
– Chiuso 1° gennaio-30 marzo, domenica sera escluso giugno-agosto e lunedì

🏠 Il Piccolo Castello   ⍭ ⍾ ⼍ 🛁 🅿️ ⼳ AC ⼳ 🅿️

TRADIZIONALE · ELEGANTE Non un castello in realtà, ma un elegante albergo con camere dai raffinati arredi in stile neoclassico, tutte a piano terra, che si aprono sul giardino della struttura. Essenzialmente carne al ristorante, la specialità è la griglia di carbone.

50 cam 🖙 – ⬥70/140 € ⬥⬥90/160 € – 1 suite
Strada Provinciale Colligiana 8, Ovest: 1,5 km
– ℰ 0577 307300 – www.ilpiccolocastello.com

🏠 Monteriggioni   ⍾ ⍾ ⼍ 🅿️ AC 🅿️

STORICO · TRADIZIONALE All'interno del borgo medievale, un hotel in pietra di piccole dimensioni con camere in stile rustico dai letti in ferro battuto, un piacevole giardino sul retro e piscina.

11 cam 🖙 – ⬥100/150 € ⬥⬥185/230 € – 1 suite
via 1° Maggio 4
– ℰ 0577 305009 – www.hotelmonteriggioni.net
– Aperto 15 marzo-5 novembre

🏠 Borgo Gallinaio   ⍾ ⍾ ⍾ ⼍ ⼳ 🅿️

CASA DI CAMPAGNA · REGIONALE Dopo un tratto di strada sterrata, eccovi giunti a questo splendido casale del '400, abbracciato da ulivi e tanto verde, con camere signorili nella loro semplicità ed impeccabili nella tenuta. Ma non finisce qui: al limitare del bosco - in posizione isolata e suggestiva - sua maestà, la piscina!

12 cam 🖙 – ⬥100/135 € ⬥⬥130/170 €
strada del Gallinaio 5, Ovest: 2 km
– ℰ 0577 304751 – www.gallinaio.it
– Aperto 1° aprile-4 novembre

a Strove Sud-Ovest : 4 km ⊠ 53035

🏠 Castel Pietraio   ⍾ ⍾ ⼍ AC ⼳ ⼳ 🅿️

STORICO · CLASSICO Meta ideale per trascorrere romantici soggiorni a contatto con la natura, la struttura di origine altomedievale - un avamposto difensivo senese - ospita ora camere ben arredate ed una piscina. Nel castello, anche 5 appartamenti con cucina.

13 cam 🖙 – ⬥90/110 € ⬥⬥125/155 €
località Castelpietraio strada di Strove 33, Sud-Ovest: 4 km
– ℰ 0577 300020 – www.castelpietraio.it

🏠 Relais Castel Bigozzi   ⍾ ⍾ ⼍ ⼍ ⍾ 🅿️ AC 🅿️

DIMORA STORICA · CLASSICO Per soggiorni all'insegna del relax, nella quiete della campagna senese, questo castello-fortezza di origini medioevali dispone di ampie camere ed appartamenti in un contesto di bucolica bellezza.

18 cam 🖙 – ⬥90/120 € ⬥⬥110/140 €
località Bigozzi
– ℰ 0577 300000 – www.castellobigozzi.it

MONTERONI D'ARBIA

Siena – ⊠ 53014 – 9 088 ab. – Alt. 161 m – Carta regionale n° **18**-C2
Carta stradale Michelin 563-M16

verso Buonconvento Sud-Est : 6 km

🏠 Casa Bolsinina ⚡ 🌭 ⋜ 🛏 ⌇ AC 🐾 P

CASA DI CAMPAGNA · TRADIZIONALE Tipico esempio di architettura toscana, questa casa di campagna si caratterizza per i suoi interni caldi e familiari. Dopo una giornata all'aria aperta, sarà piacevole ritirarsi nelle sue belle camere arredate con qualche mobile d'epoca.

6 cam 🖙 – ♦100/125 € ♦♦125/138 €

località Casale Caggiolo
– 𝒞 0577 718477 – www.bolsinina.com – Aperto 15 marzo-5 novembre

MONTEROSSO AL MARE

La Spezia – ⊠ 19016 – 1 464 ab. – Carta regionale n° **8**-D2
Carta stradale Michelin 561-J10

🍴 Da Miky 🍸 🍽 AC

PESCE E FRUTTI DI MARE · ALLA MODA ✗✗ Uno dei migliori ristoranti in zona quanto a ricerca del pescato – a cominciare dalle celebri acciughe di Monterosso – Miky si trova proprio di fronte al mare e ad un grande parcheggio qualora arrivaste in macchina. C'è anche una piccola rivendita di prodotti locali.

Carta 51/102 €

via Fegina 104
– 𝒞 0187 817608 – www.ristorantemiky.it – Aperto 15 marzo-2 novembre; chiuso martedì

🍴 L'Ancora della Tortuga ⋜ 🍽 AC

PESCE E FRUTTI DI MARE · STILE MEDITERRANEO ✗ Locale in stile marina letteralmente aggrappato alla scogliera (una parete è di roccia viva): dal dehors superiore la vista è mozzafiato, mentre la cucina onora il mare, ma non dimentica la terra.

Menu 35 € – Carta 41/103 €

via salita Cappuccini 4 – 𝒞 0187 800065 (consigliata la prenotazione)
– Aperto 9 marzo-14 novembre; chiuso lunedì

🍴 La Cantina di Miky 🍽 AC

CUCINA REGIONALE · BISTRÒ ✗ Sulla passeggiata del lungomare di Fegina, locale moderno, alla moda ed informale dove gustare piatti regionali, ma anche bruschette e focacce fantasiose; in carta selezione sia di vini sia di birre. Due i dehors: meglio quello vista mare.

Carta 30/64 €

via Fegina 90 – 𝒞 0187 802525 – www.cantinadimiky.it – Aperto Pasqua-31 ottobre; chiuso mercoledì

🏨 Porto Roca ⚡ 🌭 ⋜ 🛏 ⌇ 🛎 🔁 AC

TRADIZIONALE · MEDITERRANEO E' paradisiaca la posizione di questa struttura abbarbicata alla scogliera a strapiombo sulla distesa blu e dall'atmosfera un po' démodé negli interni in stile; camere di differenti tipologie, accomunate da un alto standard di confort, nonché un'originale piscina a sfioro con vista sull'orizzonte con acqua di mare. Spettacolare terrazza estiva per il ristorante con vista sulla baia e sul paese.

40 cam 🖙 – ♦125/310 € ♦♦240/340 € – 4 suites

via Corone 1 – 𝒞 0187 817502 – www.portoroca.it – Aperto 30 marzo-3 novembre

🏠 La Colonnina

TRADIZIONALE · CLASSICO Nei tranquilli carruggi pedonali, si presenta con un piccolo giardino ombreggiato questo hotel dall'attenta conduzione familiare. All'interno camere confortevoli: noi vi consigliamo di prenotate quelle con terrazza.

21 cam ⌑ – †100/150 € ††120/200 €

via Zuecca 6 – 𝒞 0187 817439 – www.lacolonninacinqueterre.it
– Aperto 15 aprile-31 ottobre

🏠 Pasquale

FAMILIARE · CLASSICO Costruito sulla parete rocciosa, gli spazi comuni sono limitati, ma le camere – con il vantaggio di essere tutte rivolte sulla piccola baia – sorprenderanno per la raffinatezza degli arredi e delle decorazioni.

15 cam ⌑ – †85/180 € ††140/260 €

via Fegina 4 – 𝒞 0187 817477 – www.hotelpasquale.it
– Aperto 12 marzo-5 novembre

🏠 Ca' du Gigante

TRADIZIONALE · ACCOGLIENTE A pochi metri dal mare, signorili ambienti comuni e confort contemporaneo di buon livello nelle accoglienti camere: per una vacanza romantica e rilassante.

6 cam ⌑ – †80/175 € ††80/175 €

via IV Novembre 11 – 𝒞 0187 817401 – www.ilgigantecinqueterre.it

🏠 Locanda il Maestrale

TRADIZIONALE · CLASSICO In un palazzo del 1700, Locanda il Maestrale è un rifugio raffinato e romantico con terrazza per colazioni all'aperto, nonché belle camere in stile di cui due, superior, soppalcate e con soffitto affrescato. La struttura si trova all'ingresso del centro storico e della strada pedonale.

6 cam ⌑ – †80/120 € ††90/155 €

via Roma 37 – 𝒞 0187 817013 – www.locandamaestrale.net – Chiuso gennaio e febbraio

MONTE ROTA RADSBERG Bolzano (BZ) → Vedere Dobbiaco

MONTEROTONDO

Roma – ✉ 00015 – 40 830 ab. – Alt. 165 m – Carta regionale n° **7**-B2
Carta stradale Michelin 563-P19

🍴 Antica Trattoria dei Leoni

CUCINA REGIONALE · CONTESTO CONTEMPORANEO ҉ Il ristorante sfoggia una veste contemporanea, ma non mancano la griglia e lo spiedo. Le camere sono state ricavate dalla ristrutturazione di un antico convento, quelle che si affacciano sulla piazza sono le più spaziose.

🍴 Menu 15 € – Carta 25/42 €

34 cam ⌑ – †35/140 € ††55/140 € – 3 suites
piazza del Popolo 11/15 – 𝒞 06 9062 3591 – www.albergodeileoni.it

MONTE SAN PIETRO PETERSBERG Bolzano → Vedere Nova Ponente

MONTE SAN SAVINO

Arezzo – ✉ 52048 – 8 743 ab. – Alt. 330 m – Carta regionale n° **18**-C2
Carta stradale Michelin 563-M17

🍴 La Terrasse

CUCINA CLASSICA · AMBIENTE CLASSICO ҉҉ A ridosso delle mura del centro storico, il ristorante dispone di una bella veranda estiva: un angolo verde e raccolto affacciato sulle colline la cui vista si "offre" anche ai molti tavoli delle sale interne. Cucina toscana e nazionale con qualche specialità di pesce.

Carta 23/49 €

via G. di Vittorio 2/4 – 𝒞 0575 844111 – www.ristorantelaterrasse.it – Chiuso 15-30 novembre e mercoledì

Logge dei Mercanti

TRADIZIONALE · CENTRALE Nel centro storico, di fronte alle cinquecentesche logge dei mercanti, la vecchia farmacia di paese è stata trasformata in un incantevole albergo, specchio di un altrettanto piccolo gioiello: Monte S. Savino. Le tante decorazioni introdotte in fase di rinnovo hanno aggiunto un ulteriore tocco di amenità alla struttura.

12 cam ☲ – †50/65 € ††75/90 € – 1 suite

corso San Gallo 40/42 – € 0575 810710 – www.loggedeimercanti.it

a Gargonza Ovest : 7 km ⊠ 52048 – Monte San Savino – Alt. 543 m

 Castello di Gargonza

DIMORA STORICA · PERSONALIZZATO Isolamento, silenzio e la suggestione di un glorioso passato: gli ospiti che hanno alloggiato al castello non sono solo vip, ma anche illustri personaggi nazionali (Dante, ad esempio, si fermò qui in fuga da Firenze). Una strada a mulinello si arrampica fino ad una piazzetta: intorno, camere di sobria eleganza.

40 cam ☲ – †90/120 € ††160/170 €

– € 0575 847021 – www.gargonza.it – Chiuso 10 gennaio-1° marzo

MONTE SANT' ANGELO
Foggia – ⊠ 71037 – 12 657 ab. – Alt. 796 m – Carta regionale n° **15**-B1
Carta stradale Michelin 564-B29

Medioevo

CUCINA REGIONALE · SEMPLICE Pancotto con verza, patate e fave ed altre specialità regionali elaborate partendo da prodotti stagionali, in questo semplice ristorante del centro, raggiungibile solo a piedi.

Carta 24/48 €

via Castello 21 – € 0884 565356 – www.ristorantemedioevo.it – Chiuso lunedì escluso agosto-settembre

⫯O **Li Jalantuùmene**

CUCINA CREATIVA · ROMANTICO Affacciato su un'incantevole piazzetta, la travolgente passione del cuoco vi guiderà alla scoperta dei giacimenti gastronomici pugliesi, in un piccolo, ma romantico, ristorante diretto dalla moglie.

⬡ Menu 25 € (pranzo in settimana)/70 € – Carta 35/60 €

4 cam ☲ – †80/110 € ††90/160 €

piazza de Galganis 9 – € 0884 565484 (consigliata la prenotazione)
– www.li-jalantuumene.it – Chiuso 8-28 gennaio e martedì escluso aprile-ottobre

 Palace Hotel San Michele

TRADIZIONALE · ELEGANTE Sulla sommità del paese, dalla quale si domina il Gargano, l'hotel si è ampliato col centro benessere e la dépendance dotata di camere con vista: foresta, castello o golfo, a voi la scelta. Ristorazione disponibile in vari ambienti, ugualmente curati.

61 cam ☲ – †49/120 € ††49/220 € – 5 suites

via Madonna degli Angeli – € 0884 565653 – www.palacehotelsanmichele.it

MONTE SAN VITO
Ancona – ⊠ 60037 – 6 848 ab. – Alt. 135 m – Carta regionale n° **11**-C1
Carta stradale Michelin 563-L21

Poggio Antico

CASA DI CAMPAGNA · BUCOLICO La risorsa, in posizione panoramica tra le colline, dispone di appartamenti, zona notte separata, in stile rustico-contadino, arredati con un tocco di romanticismo.

13 suites – ††110/203 € – ☲ 30 €

via Malviano b, località Santa Lucia – € 071 740072 – www.poggio-antico.com
– Aperto 21 aprile-31 ottobre

MONTESCUDAIO

Pisa – ✉ 56040 – 2 144 ab. – Alt. 242 m – Carta regionale n° **18**-B2
Carta stradale Michelin 563-M13

ⓣ○ Il Frantoio ⑩

AC

CUCINA TOSCANA · COLORATO ✗ Se rimangono il nome ed i caratteristici archi in mattone del vecchio frantoio, tutto il resto rinasce a nuova vita e gestione col 2017: un giovane cuoco ha rinfrescato ed alleggerito la sala, proponendo una cucina toscana con mano lievemente moderna. Quindi, seppur di fatto è come fosse un nuovo locale, lo consigliamo nuovamente.

Carta 32/54 €

via della Madonna 9 – ☎ 0586 650381 – www.ristorantefrantoio.com – Chiuso 10 gennaio-13 febbraio, martedì ed i mezzogiorno di mercoledì, giovedì e venerdì

MONTESILVANO MARINA

Pescara – ✉ 65015 – 53 738 ab. – Carta regionale n° **1**-B1
Carta stradale Michelin 563-O24

ⓣ○ La Polena

🛖 AC P

PESCE E FRUTTI DI MARE · CONTESTO CONTEMPORANEO ✗✗✗ Protagonista è il mare, non solo per la strategica posizione del locale a pochi passi dalla spiaggia, o per la scelta del nome, ma soprattutto per le fragranti specialità ittiche presenti in menu: il cui posto d'onore è riservato ai crostacei. Una zona lounge per rilassarsi nel dopocena è la novità dell'ultim'ora.

Menu 45 € – Carta 38/179 €

viale Aldo Moro 3 – ☎ 085 66007 – www.lapolena.it

ⓣ○ Ninì

🛖 AC ⌀

CUCINA REGIONALE · RUSTICO ✗✗ Se un tempo la cucina omaggiava soprattutto la carne con interessanti rivisitazioni, ora il menu si apre anche al pesce, mentre il locale si farà ricordare per la sua pietra a vista, le volte a vela e - ultimo, ma non ultimo – il panorama del mare. Servizio estivo all'aperto.

Menu 38/60 € – Carta 32/53 €

*piazza Giardino 1, località Montesilvano Colle, Ovest: 4 km
– ☎ 085 468 9174 (prenotare) – solo a cena escluso sabato e domenica – Chiuso lunedì*

ⓣ○ Sette Vele ⑩

🛖 ♿ AC

PESCE E FRUTTI DI MARE · ACCOGLIENTE ✗✗ Piccolo locale condotto da una giovane coppia che ha realizzato il sogno di un locale tutto loro. Fragranti piatti a base di pesce elaborati con un pizzico di fantasia.

Carta 31/63 €

via Giolitti 3, (angolo via Verrotti) – ☎ 085 862 2738 – www.settevele.it – Chiuso 25 gennaio- 7 febbraio, domenica sera, martedì a mezzogiorno e lunedì

MONTESPERTOLI

Firenze – ✉ 50025 – 13 537 ab. – Alt. 257 m – Carta regionale n° **18**-C2
Carta stradale Michelin 563-L15

ⓣ○ L'Artevino

AC

CUCINA REGIONALE · FAMILIARE ✗ Nel centro storico, tanta passione per servire pochi tavoli in un'unica saletta; troverete i piatti toscani di sempre, ma anche qualche proposta più creativa e alcune a base di pesce.

Carta 33/60 €

via Sonnino 28 – ☎ 0571 608488 – Chiuso 15 gennaio-5 febbraio; prenotazione obbligatoria a mezzogiorno in novembre-aprile

MONTESPLUGA

Sondrio – ⊠ 23024 – Alt. 1 908 m – Carta regionale n° **9**-B1
Carta stradale Michelin 561-C9

🍴○ **Posta**   𝔅 ⇦ 🦐 🍴 **P**

CUCINA TRADIZIONALE · RUSTICO X In un paesino di alta montagna, quasi al confine svizzero, un'accogliente sala in stile montano con molto legno, cucina ispirata alla tradizione e camere personalizzate. E per chi vuole continuare a godere delle prelibatezze di questo indirizzo, c'è anche un piccolo negozio di alimentari ed enoteca da asporto.

Carta 26/57 €

8 cam – ♦60/80 € ♦♦100/120 € – ⊡ 10 €

via Dogana 8 – 𝒞 0343 54234 – www.albergopostaspluga.it – Chiuso gennaio-febbraio

MONTEU ROERO

Cuneo – ⊠ 12040 – 1 634 ab. – Alt. 395 m – Carta regionale n° **14**-C2
Carta stradale Michelin 561-H5

🏵 **Cantina dei Cacciatori**   𝔅 🏠 𝔸𝔠 ⇔ **P**

PIEMONTESE · CONTESTO REGIONALE X L'insegna originale dipinta sulla facciata ammicca alla storia ultracentenaria del locale. Nato dal recupero di una vecchia trattoria fuori paese - fra castagni e rocce di tufo - il ristorante propone piatti tipici piemontesi ma non solo, come i ravioli di borragine e carne al burro profumato e pancetta croccante. Incantevole dehors per la bella stagione.

🍽 Menu 22 € (pranzo in settimana)/30 € – Carta 26/46 €

località Villa Superiore 59, Nord-Ovest: 2 km – 𝒞 0173 90815 – www.cantinadeicacciatori.it – Chiuso 15-30 gennaio, 1°-15 luglio, martedì a mezzogiorno e lunedì

MONTEVARCHI

Arezzo – ⊠ 52025 – 24 378 ab. – Alt. 144 m – Carta regionale n° **18**-C2
Carta stradale Michelin 563-L16

a Moncioni Sud-Ovest : 8,5 km ⊠ 52025

🏠 **Villa Sassolini**   🏔 🦐 ≤ 🛏 ⫤ 𝔫 ⊡ 𝔸𝔠

BOUTIQUE HOTEL · STORICO Albergo "diffuso" - sebbene con un corpo centrale - dispone di camere eleganti dove le tonalità del grigio sono declinate nelle varie sfumature e riscaldate da elementi d'arredo di grande suggestione. Mirabile esempio di recupero architettonico, in grado di dimostrare come sia possibile coniugare passato e moderna ospitalità, *Villa Sassolini* è situata al confine tra la Valle dell'Arno e le Colline del Chianti. La campagna toscana qui è strepitosa e la struttura di un lusso sofisticato.

12 cam ⊡ – ♦160/180 € ♦♦198/385 € – 3 suites

piazza Rotondi 17 – 𝒞 055 970 2246 – www.villasassolini.it – Aperto 15 marzo-2 novembre

MONTEVECCHIA

Lecco – ⊠ 23874 – 2 623 ab. – Alt. 479 m – Carta regionale n° **10**-B1
Carta stradale Michelin 561-E10

🍴○ **La Piazzetta**   🏠 ⇔ **P**

CUCINA LOMBARDA · CONTESTO TRADIZIONALE XX Nella parte alta del paese, un locale ubicato all'interno di un edificio ristrutturato. Un ristorante di taglio classico con due sale luminose e una cucina interessante con proposte classiche e contemporanee.

Menu 40 € – Carta 32/44 €

largo Agnesi 3 – 𝒞 039 993 0106 – www.ristolapiazzetta.it – Chiuso 15 giorni in gennaio, 15 giorni in agosto o settembre, martedì a mezzogiorno e lunedì

MONTICCHIELLO Siena → Vedere Pienza

MONTICELLI BRUSATI
Brescia – ⊠ 25040 – 4 516 ab. – Alt. 283 m – Carta regionale n° **10**-D1
Carta stradale Michelin 561-F12

⅋○ **Hostaria Uva Rara** 　　　　　　　　　　　　　🖈 ⅙ 🄰🄲
CUCINA REGIONALE · ACCOGLIENTE ⅩⅩ Gestione professionale in un antico cascinale del '400 con arredi di gusto e caratteristici soffitti sorretti da volte in pietra. La cucina si divide equamente tra terra, lago e mare; a pranzo, disponibilità di menu più economici.

Menu 28 € (pranzo in settimana)/55 € – Carta 38/68 €

via Foina 42 – 𝒞 030 685 2643 – www.hostariauvararara.it – Chiuso mercoledì

MONTICELLI D'ONGINA
Piacenza – ⊠ 29010 – 5 302 ab. – Alt. 40 m – Carta regionale n° **5**-A1
Carta stradale Michelin 562-G11

🏵 **Antica Trattoria Cattivelli** 　　　　　　　　　🖈 🄰🄲 🄿
CUCINA DEL TERRITORIO · FAMILIARE Ⅹ Gli appassionati della cucina della bassa padana troveranno qui uno dei migliori ristoranti della zona, e non da ieri: dal dopoguerra Cattivelli è un baluardo dei piatti del territorio, dai pisarei al cotechino passando per la faraona ripiena. Specialità tra le specialità: cappelletti al cacio del Po e storione stufato alle verdure.

👓 Menu 19 € (pranzo in settimana) – Carta 32/55 €

via Chiesa 2, località Isola Serafini – 𝒞 0523 829418 – www.trattoriacattivelli.it – Chiuso 15 giorni in luglio, martedì sera e mercoledì

MONTICELLI TERME
Parma – ⊠ 43022 – Alt. 99 m – Carta regionale n° **5**-A3
Carta stradale Michelin 562-H13

🏨 **Delle Rose** 　　　　　🐾 🐕 🛋 🛌 🕯 🛜 🎗 🖥 ⅙ 🄰🄲 🧖 🄿
SPA E WELLNESS · CLASSICO In un parco-pineta, una struttura con piacevoli spazi comuni e una piscina termale coperta. Per chi è in cura alle terme, ma anche per clientela d'affari e di passaggio.

58 cam ⚏ – †90/100 € ††130/150 € – 10 suites

via Montepelato Nord 4/a – 𝒞 0521 657425 – www.termedimonticelli.it – Chiuso 7 gennaio-7 febbraio

MONTICHIARI
Brescia – ⊠ 25018 – 25 198 ab. – Alt. 104 m – Carta regionale n° **9**-D1
Carta stradale Michelin 561-F13

⅋○ **Osteria dei Matti** 　　　　　　　　　　　　　🖈 ⅙ 🄰🄲
CUCINA REGIONALE · RUSTICO Ⅹ Simpatica e moderna osteria dove gustare un'ottima cucina di terra preparata scegliendo accuratamente le materie prime; camino acceso e atmosfera più "calda" nella confortevole cantina.

👓 Menu 17 € (pranzo in settimana) – Carta 36/60 €

via G.A. Poli 26 – 𝒞 030 965 7175 – www.osteriadeimatti.it – Chiuso 1 settimana in agosto e lunedì

⅋○ **Dal Dosso Salamensa** 　　　　　　　　　　　　　　🄰🄲
CUCINA REGIONALE · CONVIVIALE Ⅹ Un open space aperto 7 giorni su 7, 365 giorni all'anno, dal bar per le prime colazioni al ristorante classico con pizze a lievitazione naturale. Se l'ambientazione è molto moderna minimal-conviviale, l'attenzione riservata alla scelta delle materie prime e alle preparazioni è di ottimo livello.

Menu 38 € – Carta 35/56 €

via Monsignor Oscar Romero 69 – 𝒞 030 961025

🏠 Palazzo Novello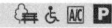

FAMILIARE · STORICO In un palazzo settecentesco nel centro storico della località, un bellissimo scalone centrale conduce ai piani: ovunque aleggia un'atmosfera antica, ma la gestione è giovane e dinamica, le camere arredate con cura. Un piccolo gioiello vicino a fiera ed aeroporto.

18 cam ☲ – †72/110 € ††95/110 €

via Tito Speri 17 – ℰ 030 965 0907 – www.palazzonovello.it

MONTICIANO

Siena – ✉ 53015 – 1 571 ab. – Alt. 375 m – Carta regionale n° **18**-C2
Carta stradale Michelin 563-M15

🍴 Da Vestro

CUCINA TOSCANA · RUSTICO Alle porte della località e circondato da un ampio giardino, un antico podere ospita una trattoria dalle cui cucine si affacciano i piatti e i sapori della tradizione toscana. Dispone anche di alcune camere semplici dagli arredi in legno e ben curate.

Menu 15/29 € – Carta 22/43 €

14 cam ☲ – †35/75 € ††50/85 €

via 2 Giugno 1 – ℰ 0577 756618 (prenotare) – www.davestro.it – Chiuso 10-26 dicembre, 15 gennaio-19 marzo e lunedì

MONTICOLO MONTIGGLER SEE Bolzano → Vedere Appiano sulla Strada del Vino

MONTIERI

Grosseto – ✉ 58026 – 1 204 ab. – Alt. 704 m – Carta regionale n° **18**-C2
Carta stradale Michelin 563-M15

🏠 Agriturismo La Meridiana-Locanda in Maremma

LOCANDA · PERSONALIZZATO Arredi di grande gusto in questa elegante country house ricavata da un'antica stalla: letti in ferro battuto e ampio scrittoio in travertino nelle amene camere. Percorso vita di circa 1 km e grazioso giardino che sconfina nel bosco. Piatti regionali nel rustico ristorante.

13 cam ☲ – †65/90 € ††90/120 €

strada provinciale 5 le Galleraie, Sud-Est: 2,5 km – ℰ 335 809 0510 – www.lameridiana.net – Aperto 1° maggio-30 settembre

MONTIGNOSO

Massa-Carrara – ✉ 54038 – 9 798 ab. – Alt. 132 m – Carta regionale n° **18**-A1
Carta stradale Michelin 563-J12

🍴 Il Bottaccio

CUCINA CLASSICA · ELEGANTE Costruito su un antico mulino, il Bottaccio è divenuto il ritrovo di spiriti amanti dell'arte e dell'originale, che si ritrovano nella sala ristorante dispiegata intorno ad una piccola piscina - pesce, anche crudo, e carne in proposte classiche - e alloggiano in camere di stupefacente bellezza.

Menu 50/120 € – Carta 55/130 €

5 suites – ††380/790 € – 3 cam – ☲ 28 €

via Bottaccio 1 – ℰ 0585 340031 – www.bottaccio.com

a Cinquale Sud-Ovest : 5 km ✉ 54030

🏠 Villa Undulna-Terme della Versilia

SPA E WELLNESS · CONTEMPORANEO Un curato e piacevole giardino incornicia le varie strutture di questo hotel a pochi passi dal mare: centro benessere ed ampie camere per una vacanza a tutto relax. Il ristorante propone una cucina nazionale e regionale in sale sobrie e signorili.

54 cam ☲ – †88/300 € ††100/400 € – 24 suites

viale Marina 191 – ℰ 0585 807788 – www.termedellaversilia.com – Aperto 1° aprile-30 settembre

🏠 Giulio Cesare

FAMILIARE · CLASSICO Un piccolo giardino garantisce un soggiorno all'insegna della tranquillità presso questa risorsa familiare; all'interno gli ambienti sono arredati con gusto moderno e sobrio.

12 cam 🛏 – 🛏42/150 € 🛏🛏52/190 €

via Giulio Cesare 29 – 𝒞 0585 309318 – www.hotelgiuliocesarecinquale.com – Chiuso 8 gennaio-8 febbraio

MONTOGGIO

Genova – ✉ 16026 – 2 067 ab. – Alt. 438 m – Carta regionale n° **8**-C1
Carta stradale Michelin 561-I9

🏢 Roma 🛏 🄰🄲

CUCINA LIGURE · FAMILIARE XX La sua cucina altro non è che un inno alla tradizione locale sia di carne sia di pesce. Tra le tante proposte del menu quella che ci ha maggiormente convinto è l'uovo poché con fonduta di Castelmagno e tartufo nero e, a seguire, la crema al mascarpone con canestrelli.

Menu 18 € (pranzo in settimana)/45 € – Carta 26/50 €

via Roma 15 – 𝒞 010 938925 – www.romamontoggio.it – solo a pranzo lunedì, martedì e mercoledì in ottobre-maggio – Chiuso 1°-7 luglio e giovedì

MONTONE

Perugia – ✉ 06014 – 1 680 ab. – Alt. 482 m – Carta regionale n° **20**-B1
Carta stradale Michelin 563-L18

🍴 La Locanda del Capitano 🛏🛏

CUCINA MODERNA · ELEGANTE XX La cucina si avventura in piatti estrosi e personali in cui si incontrano Umbria e Puglia, riferimenti alla Francia nonché al Mediterraneo con risultati a dir poco eccellenti: insomma, è il ristorante per chi desidera uscire dalle proposte più turistiche e prevedibili.

Menu 50/80 € – Carta 39/80 €

10 cam 🛏 – 🛏90/110 € 🛏🛏100/140 €

via Roma 7 – 𝒞 075 930 6521 – www.ilcapitano.com – solo a cena escluso domenica e i giorni festivi – Chiuso 1°-26 dicembre, 6 gennaio-10 marzo e lunedì

🏡 Torre di Moravola 🛏🛏

CASA DI CAMPAGNA · PERSONALIZZATO Splendido lavoro di design e restauro di un'antica casa con torre del XII secolo persa nel verde del giardino d'Italia. Non c'è che dire: i coniugi che la gestiscono, un architetto ed una designer dalla vision internazionale, sono riusciti nel difficile intento di sposare muri storici con uno stile moderno e rilassante, nonché dettagli di alto livello.

7 cam 🛏 – 🛏260/320 € 🛏🛏330/800 €

località Moravola Alta 70, (Pietralunga) – 𝒞 075 946 0965 – www.moravola.com – Aperto 15 marzo-1° novembre

MONTOPOLI IN VAL D'ARNO

Pisa – ✉ 56020 – 11 148 ab. – Alt. 98 m – Carta regionale n° **18**-B2
Carta stradale Michelin 563-K14

🍴 Quattro Gigli 🛏🛏

CUCINA TOSCANA · CONTESTO REGIONALE XX Nel centro del caratteristico borgo, in un'atmosfera calda ed accogliente, Fulvia incanta i suoi ospiti con piatti regionali di terra e di mare serviti in ceramiche disegnate ad hoc, mentre passione e attenzioni particolari sono riservate alle ricette storiche, nonché alla cucina rinascimentale.

Menu 35 € – Carta 29/61 €

21 cam 🛏 – 🛏75 € 🛏🛏90 €

piazza Michele da Montopoli 2 – 𝒞 0571 466878 – www.quattrogigli.it – Chiuso lunedì a mezzogiorno

MONTRIGIASCO Novara → Vedere Arona

MONTÙ BECCARIA

Pavia – ✉ 27040 – 1 690 ab. – Alt. 277 m – Carta regionale n° **9**-B3
Carta stradale Michelin 561-G9

🍴○ **Colombi** 🅰🅺 ⇔ 🅿

CUCINA REGIONALE · CONVIVIALE 🗶🗶 Da quasi 70 anni la famiglia Colombi offre la propria esperienza nel settore della ristorazione, gestendo con grande professionalità e calorosa ospitalità questo bel locale. La cucina, così come la carta dei vini, celebra la solida tradizione dell'Oltrepò.

🍴 Menu 18 € (pranzo in settimana)/45 € – Carta 27/52 €

località Loglio di Sotto 1, Sud-Ovest: 5 km – ℰ 0385 60049
– www.ristorantecolombi.it – Chiuso lunedì

🍴○ **La Locanda dei Beccaria** 🏠 🅰🅺 ⇔

CUCINA MODERNA · ACCOGLIENTE 🗶🗶 All'interno della Cantina Storica della località, un ristorante rustico e curato con caratteristici soffitti in legno, dove assaporare due linee di cucina: una con proposte curiose e innovative, una più tradizionale.

Menu 40 € – Carta 39/61 €

via Marconi 10 – ℰ 0385 262310 – www.lalocandadeibeccaria.it – Chiuso 2 settimane in gennaio, lunedì e martedì

MONZA

(MB) – ✉ 20900 – 122 671 ab. – Alt. 162 m – Carta regionale n° **10**-B2
Carta stradale Michelin 561-F9

🍴○ **Derby Grill** 🏠 🅰🅺 🍽 🅿

CUCINA MODERNA · BORGHESE 🗶🗶🗶 Valida cucina tra il classico ed il moderno, preziose boiserie e un servizio esclusivo contraddistinguono questo raffinato ristorante, perfetto per un pranzo d'affari o una cena romantica, nel periodo estivo anche sulla terrazza con vista sulla Villa Reale. A pranzo offerta molto vantaggiosa di piatti unici.

Menu 49 € (pranzo in settimana)/75 € – Carta 59/89 €

Hotel De la Ville, viale Regina Margherita di Savoia 15 – ℰ 039 39421 (consigliata la prenotazione) – www.derbygrill.it – Chiuso 22 dicembre-7 gennaio, 3-26 agosto e i mezzogiorno di sabato e domenica

🍴○ **Arco del Re Champagnerie** 🕭 🅰🅺

CUCINA CREATIVA · DI TENDENZA 🗶 In un bel palazzo del centro, l'atmosfera è vivace e frizzante come gli Champagne che servono, insieme ad altri vini, nazionali e non. La cucina propone pochi piatti, più semplici a pranzo; in genere non mancano pesci di lago e crudità di mare. E' un locale stile bistrot dove non ci si fa problemi a consumare anche un solo piatto.

🍴 Menu 12 € (pranzo in settimana)/24 € – Carta 33/68 €

via Vittorio Emanuele II 36 – ℰ 039 601 3644 (consigliata la prenotazione la sera) – www.arcodelre.it – Chiuso 1°-6 gennaio, 6-27 agosto, domenica e lunedì

🏠🏠 **De la Ville** 🔼 🕭 🅰🅺 🍽 🎎 🚗

DIMORA STORICA · PERSONALIZZATO Un lusso discreto tutto inglese avvolge gli ospiti in un grande albergo di fronte alla Villa Reale che ha nella sua gestione familiare il solido motivo del proprio successo; un indirizzo che piacerà sicuramente agli amanti delle collezioni di oggetti d'antiquariato.

70 cam – ♦130/320 € – ♦♦180/550 € – 3 suites – 🍴 29 €

viale Regina Margherita di Savoia 15 – ℰ 039 39421 – www.hoteldelaville.com
– Chiuso 22 dicembre-7 gennaio e 3-26 agosto

🍴○ **Derby Grill** – Vedere selezione ristoranti

MONZUNO

Bologna – ✉ 40036 – 6 328 ab. – Carta regionale n° **5**-C2
Carta stradale Michelin 562-J15

ⅱ○ Gustavino & Passalacqua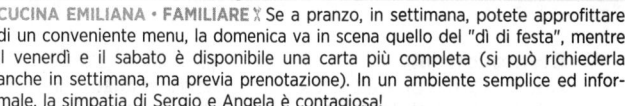

CUCINA EMILIANA · FAMILIARE ⅹ Se a pranzo, in settimana, potete approfittare di un conveniente menu, la domenica va in scena quello del "dì di festa", mentre il venerdì e il sabato è disponibile una carta più completa (si può richiederla anche in settimana, ma previa prenotazione). In un ambiente semplice ed informale, la simpatia di Sergio e Angela è contagiosa!

Menu 14 € (in settimana)/45 € – Carta 27/53 €

località Le Selve 261/a – ℰ 051 677 0549 (consigliata la prenotazione)
– www.gustavinopassalacqua.com – solo a pranzo escluso venerdì e sabato
– Chiuso domenica sera

⬚ Lodole Country House

DIMORA STORICA · ACCOGLIENTE Questa rustica dimora del Seicento, adiacente il Golf Club Molino del Pero, ripropone l'atmosfera informale di una vera country house, non priva di spunti di eleganza made in Italy.

7 cam ⚏ – ♦35/60 € ♦♦50/90 €

località Lodole 325, Ovest: 2,4 km – ℰ 051 677 1189 – www.lodole.com

MORANO CALABRO

Cosenza – ✉ 87016 – 4 576 ab. – Alt. 694 m – Carta regionale n° **3**-A1
Carta stradale Michelin 564-H30

⌂ Villa San Domenico

FAMILIARE · STORICO All'ombra di olmi secolari e nelle vicinanze del monastero di San Bernardino, signorile dimora del '700 con alcune vestigia ancora più antiche, come uno scorcio del sistema idraulico d'epoca romana. Al suo interno, raffinatezza e mobili d'epoca; mentre i balconi delle camere offrono lo spettacolo naturale del Pollino.

11 cam ⚏ – ♦80 € ♦♦110 € – 3 suites

via Sotto gli Olmi snc
– ℰ 0981 399881 – www.albergovillasandomenico.it

⬚ Agriturismo la Locanda del Parco

CASA DI CAMPAGNA · PERSONALIZZATO Circondato dalla campagna e incorniciato dai monti del Parco del Pollino, signorile agriturismo dove si tengono anche corsi di cucina; sulla tavola, squisite ricette calabresi, spesso a base delle verdure del proprio orto sinergico. E per gli amanti del benessere, un simpatico percorso salute nel verde, nonché piscina a forma di lago.

10 cam ⚏ – ♦40/80 € ♦♦60/120 €

contrada Mazzicanino 12, Nord-Est: 4 km – ℰ 0981 31304
– www.lalocandadelparco.it

MORBEGNO

Sondrio – ✉ 23017 – 12 221 ab. – Alt. 262 m – Carta regionale n° **9**-B1
Carta stradale Michelin 561-D10

⊛ Osteria del Crotto

CUCINA REGIONALE · RUSTICO ⅹ Risale all'inizio dell'800 questo caratteristico crotto addossato alla parete boscosa delle montagne composto da due salette interne più una fresca terrazza estiva. Dalla cucina, piatti della tradizione locale come i tortelli di ricotta di capra e ortiche, l'agnello nostrano al forno e la golosa crème brûlée ai fiori d'acacia.

Menu 20 € (pranzo in settimana)/36 € – Carta 31/43 €

via Pedemontana 22-24, seguire per via Santuario
– ℰ 0342 614800 – www.osteriadelcrotto.it – Chiuso 20 agosto-6 settembre, domenica sera e lunedì a mezzogiorno

MORCIANO DI ROMAGNA

Rimini – ⊠ 47833 – 7 045 ab. – Alt. 83 m – Carta regionale n° **5**-D2

🕯️O **Controcorrente**   🏠 AC

PESCE E FRUTTI DI MARE • CONTESTO CONTEMPORANEO XX In pieno centro, ambienti accoglienti leggermente rustici, andamento giovanile e vivace, piatti che prediligono il pesce in preparazioni per nulla scontate: difficile non rimanerne conquistati!

Menu 30/45 € – Carta 36/60 €

via XXV luglio 23 – 𝒞 0541 988036 – www.ristorantecontrocorrente.com – solo a cena in giugno-15 settembre

MORIMONDO

Milano – ⊠ 20081 – 1 140 ab. – Alt. 109 m – Carta regionale n° **10**-A3
Carta stradale Michelin 561-F8

🕯️O **Trattoria di Coronate**   ❀ 🏠 & AC P

CUCINA MODERNA • CASA DI CAMPAGNA XX Sull'antica strada del sale, una cascina lombarda di origini cinquecentesche ospita un ristorante di raffinata semplicità, dove gustare una cucina di taglio contemporaneo. Nella bella stagione, il servizio si sposta all'aperto: allora, vi si proporrà uno scorcio da cartolina di altri tempi. La carta dei vini si segnala sia per le scelte sia per i prezzi!

Carta 38/76 €

località Cascina Coronate di Morimondo, Sud: 2 km – 𝒞 02 945298 (consigliata la prenotazione) – www.trattoriadicoronate.it – Chiuso 26 dicembre-5 gennaio, agosto, domenica sera e lunedì

MORNAGO

Varese – ⊠ 21020 – 5 029 ab. – Alt. 281 m – Carta regionale n° **10**-A1
Carta stradale Michelin 561-E8

🕯️O **Alla Corte Lombarda**   ❀ & 🕹️ ⇆ P

CUCINA REGIONALE • FAMILIARE XX In un bel rustico ai margini del paese, un vecchio fienile ristrutturato racchiude un locale suggestivo: cucina tradizionale rivisitata, ricca carta dei vini ed ottima selezione di birre.

Menu 30/70 € – Carta 41/81 €

via De Amicis 13 ang. via Cadore – 𝒞 0331 904376 (prenotazione obbligatoria a mezzogiorno) – www.allacortelombarda.it – Chiuso 7 -14 gennaio, 2 settimane in agosto, 1 settimana in settembre, domenica sera e lunedì

MORRANO NUOVO Terni ➔ Vedere Orvieto

MORTARA

Pavia – ⊠ 27036 – 15 386 ab. – Alt. 108 m – Carta regionale n° **9**-A3
Carta stradale Michelin 561-G8

🕯️O **Guallina**   ❀ AC P

CUCINA REGIONALE • ACCOGLIENTE XX Nella generosa campagna lomellina, circondata da acacie e sambuchi, sorge questa bella trattoria, intima e raccolta. La cucina è prevalentemente legata al territorio e alla tradizione, riveduta e corretta in base alla stagionalità dei prodotti, nonché all'offerta del mercato.

Menu 45 € – Carta 30/69 €

via Molino Faenza 19, località Guallina, Est: 4 km – 𝒞 338 726 1869 – www.trattoriaguallina.it – Chiuso 20 giorni in giugno-luglio e martedì

⅏○ **Il Cuuc** ⇦

CUCINA LOMBARDA · ACCOGLIENTE ⅄ Colorate sale ospitano un piacevole ristorante condotto da una giovane coppia, dove gustare una cucina legata alla tradizione in leggera chiave moderna. La specialità della casa? L'oca! Comode camere per chi vuole prolungare la sosta.

Carta 33/63 €

18 cam ⌑ – ♦50/58 € ♦♦80/90 € – 1 suite

corso Garibaldi 20 – ℰ 0384 99106 – www.ilcuuc.it
– Chiuso 4 agosto-3 settembre, domenica sera e lunedì; anche domenica a pranzo da 17 giugno-4 agosto

MORTEGLIANO

Udine – ✉ 33050 – 5 010 ab. – Alt. 41 m – Carta regionale n° **6**-C2

⅏○ **Da Nando** 🕸 ⇦ 🛋 🅰🅲 🚿 🅿

CUCINA REGIONALE · AMBIENTE CLASSICO ⅄⅄ E' un'intera famiglia a gestire questa tipica trattoria diventata ormai un portabandiera della regione. In ambienti di tono classico-signorile, i piatti denunciano influenze territoriali: ottimi prosciutti, buon pesce e, in stagione, anche sua maestà il tartufo! Con le sue 120.000 bottiglie, la vasta cantina riuscirà a soddisfare qualunque desiderio.

Menu 38/98 € – Carta 39/72 €

12 cam ⌑ – ♦76/84 € ♦♦110/122 €

via Divisione Julia 4 – ℰ 0432 760187 – www.danando.it – Chiuso 7-14 gennaio, 15 giorni in agosto, domenica sera e martedì

MOSCIANO Firenze → Vedere Scandicci

MOSCIANO SANT'ANGELO

Teramo – ✉ 64023 – 9 308 ab. – Alt. 227 m – Carta regionale n° **1**-B1
Carta stradale Michelin 563-N23

⍟ **Borgo Spoltino** 🕸 ⇜ 🛋 🅰🅲 🅿

CUCINA CLASSICA · AGRESTE ⅄⅄ Tra colline e campi di ulivi - all'orizzonte, mare e monti - un locale luminoso con mattoni e cucina a vista, dove assaporare piatti regionali accanto a fantasiose creazioni, nonché i tanti prodotti dell'orto di casa. il nostro preferito: cosciotto di agnello alla Brace.

Menu 38/50 € – Carta 26/45 €

strada Selva Alta, Sud: 3 km – ℰ 085 807 1021 – www.borgospoltino.it – solo a cena escluso domenica – Chiuso 20 giorni in gennaio-febbraio, lunedì e martedì

MOSO MOOS Bolzano → Vedere Sesto

MOZZO

Bergamo – ✉ 24030 – 7 481 ab. – Alt. 252 m – Carta regionale n° **10**-C1
Carta stradale Michelin 561-E10

⅏○ **La Caprese** 🛋 ⅊ 🅰🅲

PESCE E FRUTTI DI MARE · ELEGANTE ⅄⅄⅄ Padre, madre e figlia vi accolgono nel raffinato salotto di una villetta: una bomboniera dove deliziarsi con i sapori e i profumi della bella Capri, proposti - sempre - secondo la disponibilità del mercato giornaliero.

Menu 35 € (pranzo in settimana)/90 € – Carta 45/147 €

via Garibaldi 7, località Borghetto – ℰ 035 437 6661
– www.ristorantelacaprese.com – Chiuso 22-29 dicembre, 25-31 agosto, domenica sera e lunedì

MULES MAULS

Bolzano – ✉ 39040 – Alt. 905 m – Carta regionale n° **19**-C1
Carta stradale Michelin 562-B16

✿✿ **Gourmetstube Einhorn**   🖴 🕸 **P**

CUCINA CREATIVA · ROMANTICO 🟬🟬 Pochi tavoli, la romantica atmosfera di una
stube in legno intarsiato di origini medioevali e una scelta ristretta di menu degustazione con piatti ordinabili anche alla carta: Peter Girtler, chef qui all'Unicorno
(Einhorn auf Deutsch!), saprà stupirvi con una delle cucine creative più interessanti della regione.
→ Canederlo di speck interpretato modernamente. "Pesce di mare": filetto di
branzino, fondo bouillabaisse e peperone. Cioccolata e verdura.
Menu 88/139 €

*Hotel Stafler, Campo di Trens – ℰ 0472 771136 (coperti limitati, prenotare)
– www.stafler.com – solo a cena escluso i giorni festivi – Chiuso
24 dicembre-2 febbraio, 9-26 marzo, 15 giugno-15 luglio, martedì e mercoledì*

⫣O **Gasthofstube Stafler**   🖴 🕎 **P**

CUCINA REGIONALE · STUBE 🟬🟬 Nella cornice dello splendido Stafler hotel, sulla
rotta verso l'Austria, la cordiale accoglienza dello staff vi darà il benvenuto per un
pranzo di passaggio, per una cena romantica nella comoda stube o, nelle belle
giornate, nel giardino interno. La cucina è tradizionale tirolese, ma non mancano
intriganti personalizzazioni dello chef. Buon appetito!
Menu 38/59 € – Carta 38/62 €

*Hotel Stafler, Campo di Trens – ℰ 0472 771136 – www.stafler.com – Chiuso
novembre, gennaio e mercoledì*

🏚 **Stafler**   🖴 🖵 🕸 🔁 🛁 **P**

TRADIZIONALE · CLASSICO Quella che sul finire del XIII secolo era una stazione
di posta, si è trasformata oggi in un hotel ricco di fascino, eleganza e tradizione
tirolese, con tanto di moderna azienda per la produzione di latte bovino.
25 cam ⫩ – 🕇75/103 € 🕇🕇134/192 € – 6 suites

Campo di Trens – ℰ 0472 771136 – www.stafler.com – Chiuso novembre e gennaio
✿✿ **Gourmetstube Einhorn** · ⫣O **Gasthofstube Stafler** – Vedere selezione ristoranti

MURANO Venezia → Vedere Venezia

MURAVERA

Cagliari (CA) – ✉ 09043 – 5 248 ab. – Alt. 11 m – Carta regionale n° **16**-B3
Carta stradale Michelin 566-I10

a Costa Rei Nord-Est : 13 km ✉ 09040 – Castiadas

⫣O **Escargot**   ⟨ 🕎 🆎 **P**

CUCINA CREATIVA · STILE MEDITERRANEO 🟬🟬 Affacciato su una delle spiagge
più belle dell'isola, il ristorante si propone con una cucina creativa in cui si citano
le migliori materie prime sarde come il pesce, il pecorino naturalmente, le paste
tipiche, il bue rosso. La carta dei vini non è amplissima, ma è personale, conce-
dendo la possibilità di assaggiare la quasi totalità di vini anche al bicchiere.
Menu 50/70 € – Carta 51/81 € – carta semplice a pranzo

*via Marco Polo 4 – ℰ 070 994 7206 – www.escargotrestaurant.com – Aperto
15 aprile-10 ottobre*

MURISENGO

Alessandria – ✉ 15020 – 1 436 ab. – Alt. 338 m – Carta regionale n° **12**-C2
Carta stradale Michelin 561-G6

a Corteranzo Nord : 3 km ✉ 15020 – Murisengo – Alt. 377 m

🏠 Canonica di Corteranzo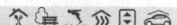

AGRITURISMO · STORICO Nel cuore del piccolo paese - all'interno di una casa di fine '600, che fu anche canonica - ambienti raffinati e camere personalizzate, alcune con affreschi. Sul retro, la cantina dove si producono vini: barbera, in primis!

10 cam ♨ – ♦100 € ♦♦135 €

via Recinto 15 Murisengo – ☎ 0141 693110 – www.canonicadicorteranzo.it – Chiuso 1° gennaio-28 febbraio

MUTIGNANO Teramo → Vedere Pineto

NÀLLES / NALS

Bolzano (BZ) – ✉ 39010 – 1 942 ab. – Alt. 321 m – Carta regionale n° **19**-B2
Carta stradale Michelin 562-C15

🏠 Zum Rosen Baum

TRADIZIONALE · MODERNO Elegante sin dalla facciata, l'albergo, ricavato da un edificio seicentesco, esce dalle consuete atmosfere montane proponendo ambienti piacevolmente moderni, talvolta di design, altrove in connubio con caratteri piacevolmente rustici e tirolesi.

18 cam ♨ – ♦94/139 € ♦♦138/216 € – 8 suites

vicolo d'Oro 3 – ☎ 0471 678636 – www.rosenbaum.it – Aperto 9 marzo-4 novembre

a Sirmiano di Sopra Sud-Ovest : 3 km ✉ 39010 – Alt. 1 000 m

🍴 Apollonia 🍴 🏠 🅿

CUCINA TRADIZIONALE · CONTESTO CONTEMPORANEO ⅄ Al termine di una salita dove ad ogni svolta il paesaggio si arricchisce di affascinanti scorci, da tre generazioni la famiglia Geiser allieta i clienti con una cucina che oggi si è fatta più creativa, ma sempre fedele al territorio, dagli asparagi alle castagne. Giardino con sdrai per chi vuole prolungare la giornata rilassandosi nel verde.

Carta 25/65 €

via Sant'Apollonia 3, località Sirmiano Sopra, Sud-Ovest: 2 km – ☎ 0471 678656 – www.restaurant-apollonia.it – Chiuso 10 giorni in luglio e lunedì; anche martedì e mercoledì dal 15 novembre al 20 dicembre

Eric Hamester/iStock

NAPOLI

(NA) – ✉ 80133 – 974 074 ab. – Carta regionale n° **4**-B2
Carta stradale Michelin 564-E24

Piante pagine seguenti

Ristoranti

⍟ **Il Comandante** ⑱ ≤ ☆ & 🅰 🍸

CUCINA CREATIVA · DESIGN XxX All'ultimo piano dell'avveniristico albergo Romeo, dal porto la vista si estende sul golfo di Napoli, ma gli interni, moderni e originali, non sono meno scenografici. La cucina sorprende per la sofisticata semplicità e le raffinate presentazioni dei piatti.

→ Animelle di vitello, mela e crema di erbe. Crostacei dentro e fuori. Consistenze di cioccolato ai tre pepi.

Menu 69/150 € – Carta 73/108 €

Pianta: 5K3-a – *Hotel Romeo, via Cristoforo Colombo 45* ✉ *80133*
– ✆ *081 017 5001 (consigliata la prenotazione) – www.romeohotel.it*
– *solo a cena*
– *Chiuso martedì*

⍟ **Palazzo Petrucci** ≤ & 🅰

CUCINA CREATIVA · CONTESTO CONTEMPORANEO XxX Il 2016 sancisce il trasferimento di questo locale dal centro storico al mare di Posillipo. Se la cucina rimane fedele alla sua - seppur breve - storia e continua a proporre sapori locali rivisitati con creatività, monumenti e vicoli del centro sono ora sostituiti da una splendida vista che spazia dal mare al Vesuvio, dalla penisola Sorrentina sino alle celebri isole davanti alla città.

→ Mozzarella di bufala e crudo di gamberi rossi. Paccheri ripieni di ricotta e ragù napoletano. Stratificazione di pastiera napoletana.

Menu 80/150 € – Carta 62/126 €

Pianta: 1B3-y – *via Posillipo 16 b/c* ✉ *80133*
– ✆ *081 575 7538 (consigliata la prenotazione) – www.palazzopetrucci.it*
– *solo a cena in agosto*
– *Chiuso 19-26 agosto, domenica sera e lunedì a mezzogiorno, anche domenica a mezzogiorno in estate*

⌘ Veritas   ⌂ 🄰🄲 ⚁

CUCINA MODERNA · ACCOGLIENTE XX Ecco un locale accogliente di cui si parla tanto in città, stiloso seppur leggero e minimal, con un ottimo servizio in sala. Ma soprattutto con uno chef che conosce i sapori della napoletanità che rielabora riuscendo ad essere semplice e insieme convincente, consegnandoci la tradizione su un piatto di fantasia.

→ Cavatelli con totani, fagioli e guanciale. Merluzzo al vapore con vongole e crostini al lime, aglio, olio e peperoncino. Zuppetta napoletana con bagna al Calvados, mele e cannella.

Menu 57/90 € – Carta 47/85 €

Pianta: 3E3-a – *corso Vittorio Emanuele 141* ⊠ *80121* Ⓜ *Amedeo* – ✆ *081 660585 – www.veritasrestaurant.it – solo a cena escluso domenica – Chiuso 3 settimane in agosto, lunedì in ottobre-maggio, domenica negli altri mesi*

⊛ Locanda N'Tretella   🕭 🄰🄲

CUCINA DEL TERRITORIO · INTIMO X Porta il nome della fidanzata di Pulcinella, maschera per antonomasia di Napoli, questa minuscola, ma accogliente trattoria gestita con passione e signorilità, dove gustare una cucina verace a prezzi imbattibili. Specialità: risotto alla pescatora, pastiera o zuccotto.

Carta 26/72 €

Pianta: 5J3-c – *salita S. Anna di Palazzo 25* ⊠ *80132* – ✆ *081 427783 (prenotare) – www.locandantretella.com – Chiuso mercoledì*

⛶O Caruso Roof Garden   ⋜ 🕭 🄰🄲 ⚁

CUCINA CLASSICA · ELEGANTE XxX In una città già ricca di roof garden, Caruso si segnala come uno dei ristoranti più prestigiosi per frequentazione e vista panoramica. In menu, qualche piatto di cucina internazionale, ma sono le proposte basate sui sapori napoletani, sia di carne sia di pesce, che vi consigliamo di provare.

Carta 62/106 €

Pianta: 3F3-n – *Grand Hotel Vesuvio, via Partenope 45* ⊠ *80121* – ✆ *081 764 0044 – www.vesuvio.it – Chiuso lunedì*

⛶O Sancta Sanctorum Ⓝ   ⌂ 🕭 🄰🄲

CUCINA MODERNA · DI TENDENZA XxX Lungo la via per eccellenza dello shopping di lusso, Sancta Sanctorum è un locale recente, ma già di tendenza, che si sviluppa su più piani partendo dal CruBar al piano terra, quindi le belle salette per una cucina moderna (dietro cui si cela una firma importante), e in cima la terrazza. Il tutto accompagnato da un'ottima selezione enologica. Sicuramente farà parlare di sé!

Carta 45/95 €

Pianta: 5J3-a – *via Filangeri 16c* ⊠ *80133* – ✆ *081 1957 8000 – www.sanctasanctorum.it – solo a cena escluso sabato – Chiuso 5-19 agosto e domenica*

⛶O La Cantinella   🄰🄲

CUCINA REGIONALE · AMBIENTE CLASSICO XxX Uno scrigno di bambù con finestre sul Golfo e sul Vesuvio, ma soprattutto un caposaldo della cucina partenopea: nel 2016, La Cantinella ha festeggiato, infatti, i suoi primi 40 anni di attività. La cucina come sempre sposa la tradizione locale a piatti più personali, più classica sul pesce, più moderna con le carne.

Menu 50/65 € – Carta 47/103 €

Pianta: 4G3-v – *via Cuma 42* ⊠ *80132* – ✆ *081 764 8684 (consigliata la prenotazione la sera) – www.lacantinella.it – Chiuso domenica*

⛶O Mimì alla Ferrovia   🕭 🄰🄲

PESCE E FRUTTI DI MARE · CONVIVIALE XX Ne sono passati di personaggi da questo storico locale e, le foto ricordo appese alle pareti, ne testimoniano la sosta. Anche la cucina è un inno alla città: ricette di mare e di terra elaborate secondo la più classica tradizione partenopea. Una tappa obbligatoria per chi passa da Napoli!

Menu 40 € – Carta 25/47 €

Pianta: 6M1-b – *via Alfonso d'Aragona 21* ⊠ *80139* Ⓜ *Garibaldi* – ✆ *081 553 8525 (consigliata la prenotazione) – www.mimiallaferrovia.com – Chiuso domenica sera in dicembre, tutto il giorno negli altri mesi*

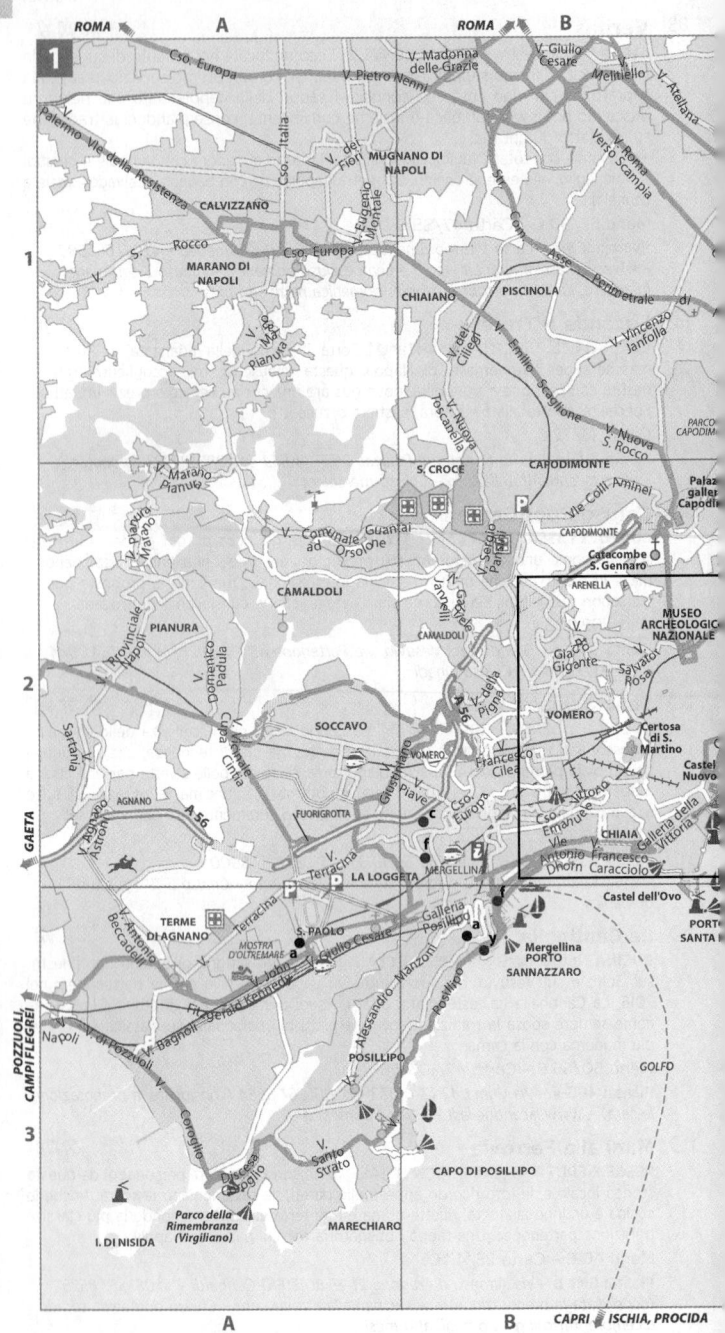

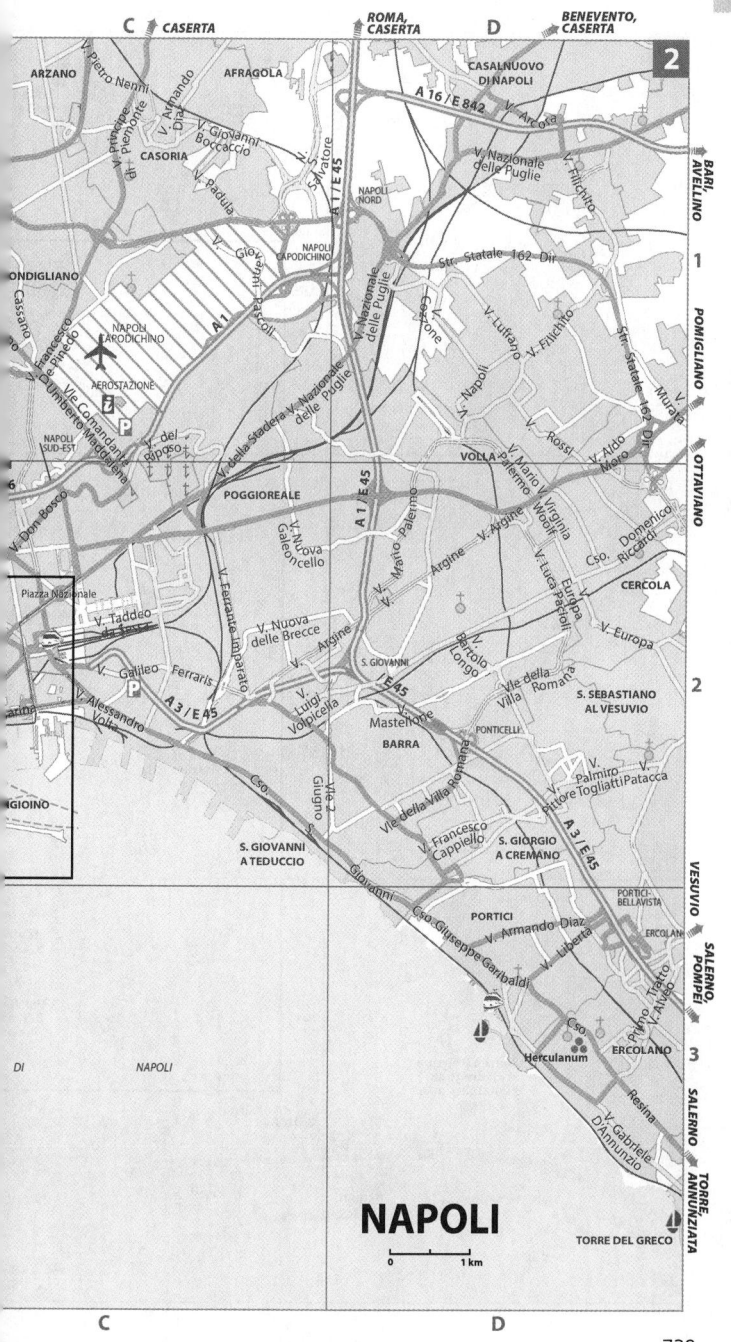

NAPOLI

0   1 km

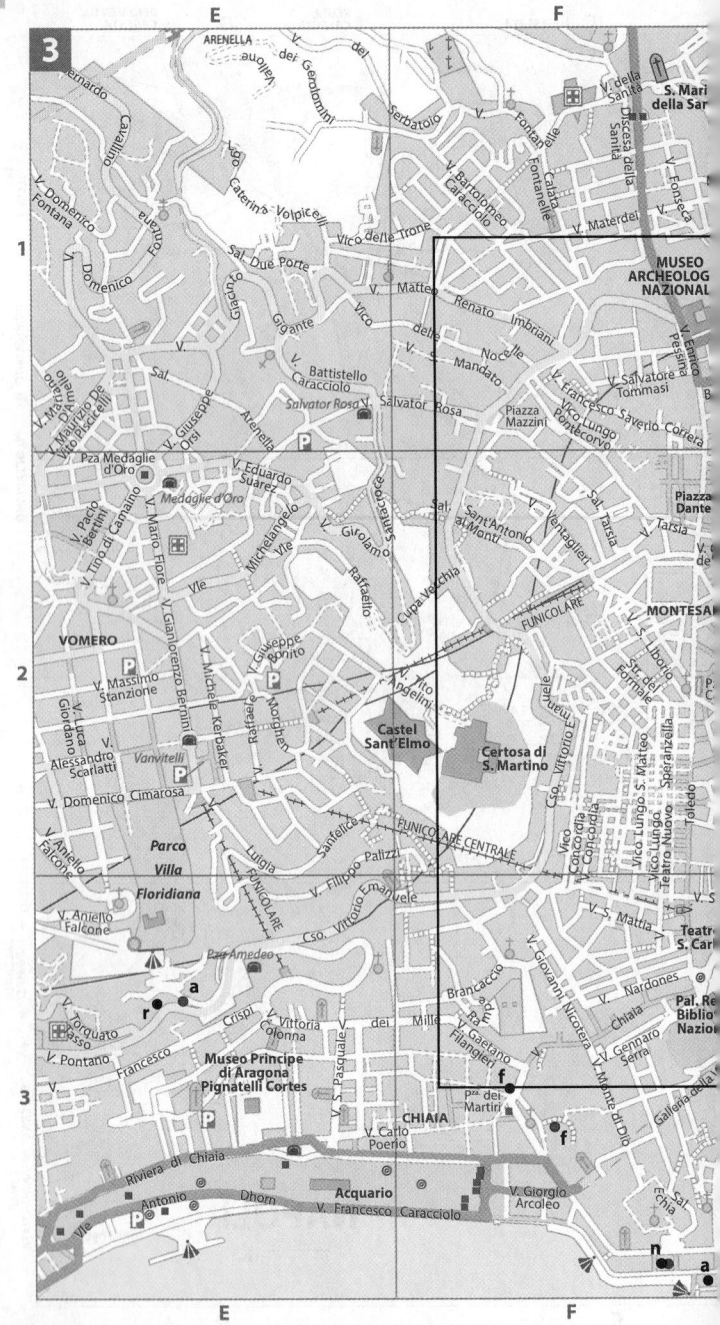

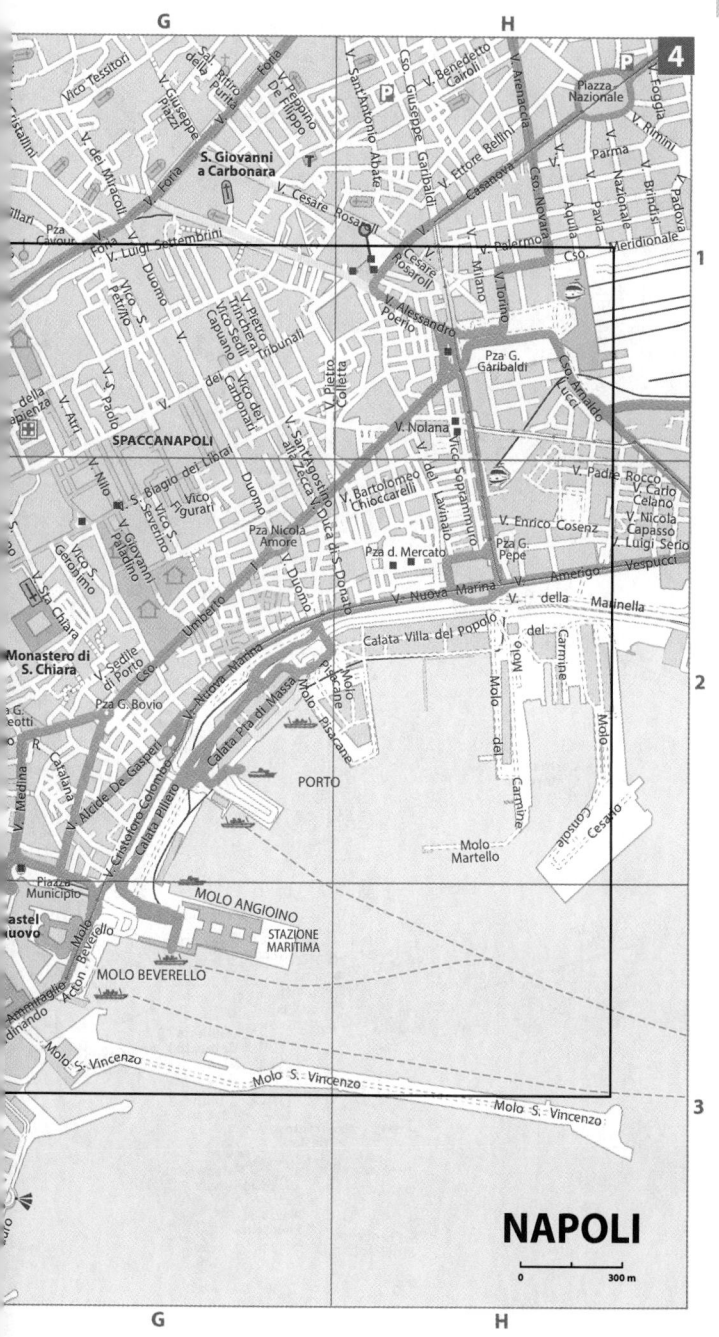

NAPOLI

0   300 m

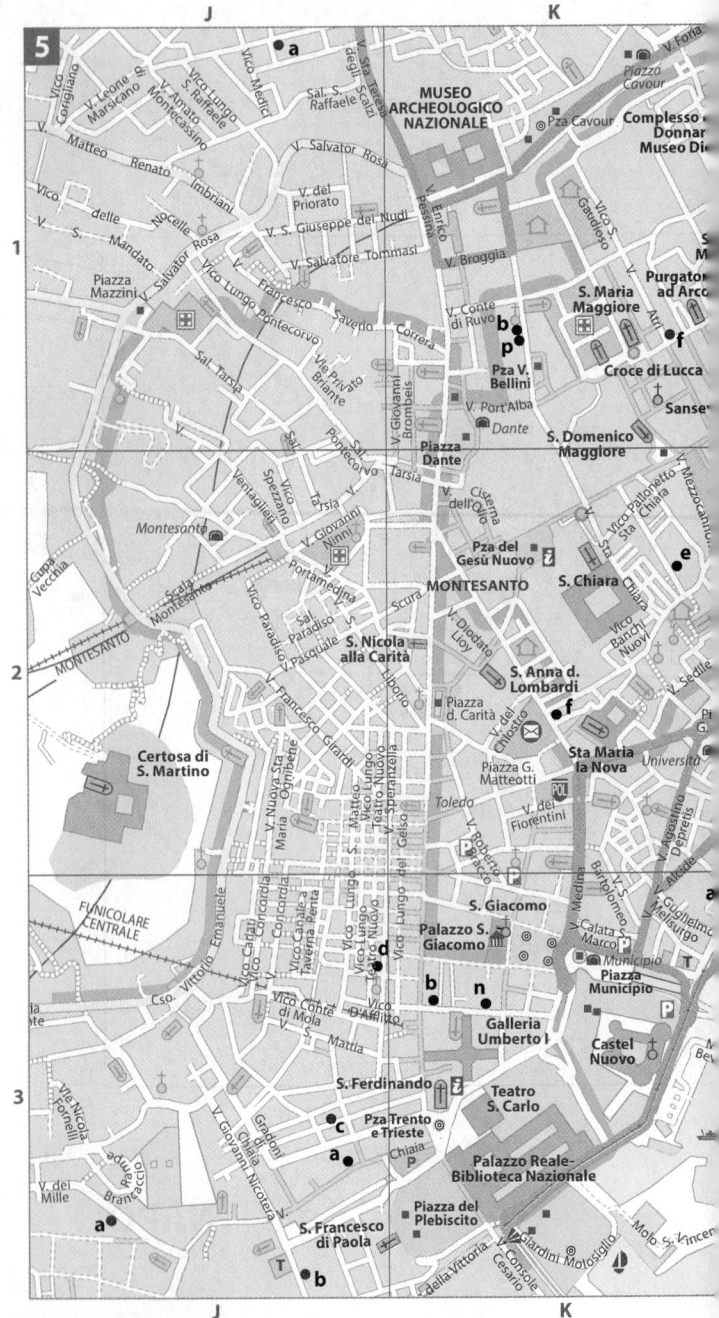

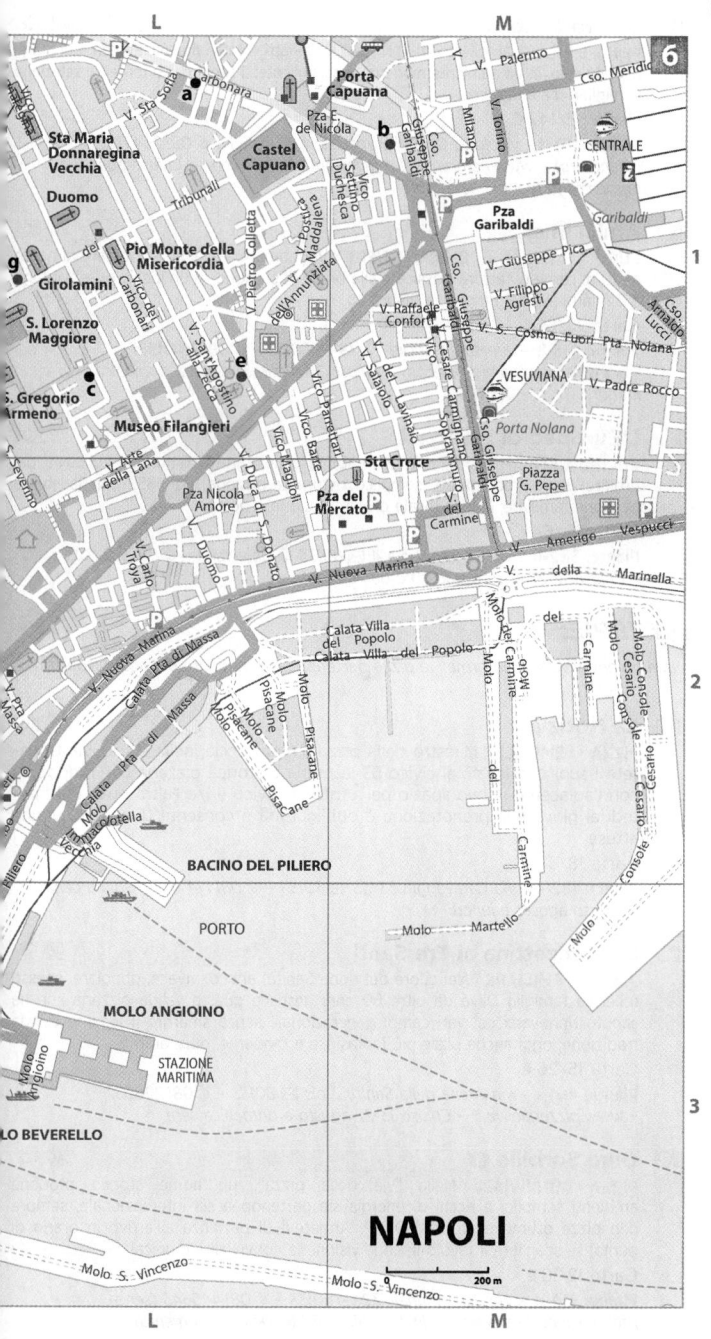

ⅱ◯ L'Altro Coco Loco

PESCE E FRUTTI DI MARE · DI TENDENZA ✕✕ Piatti creativi prevalentemente di mare, ma non solo, in un ambiente moderno e accogliente: il titolare - ai fornelli - seleziona le migliori materie prime.

Carta 58/142 €

Pianta: 3F3-f – vicoletto Cappella Vecchia 4 ⊠ 80133 – ✆ 081 764 1722 (prenotare) – www.ristorantealtroloco.com – solo a cena – Chiuso agosto e domenica in maggio-settembre

ⅱ◯ Amici miei

CUCINA ITALIANA · DI QUARTIERE ✕ Vegetariani astenersi! Sostanzialmente piatti di carne di fattura classica e alla brace di carbone, in un locale quasi vintage a 5 minuti a piedi da piazza Plebiscito.

Carta 22/61 €

Pianta: 5J3-b – via Monte di Dio 77/78 ⊠ 80133 – ✆ 081 764 4981 – www.ristoranteamicimiei.com – Chiuso 20 luglio-31 agosto, domenica sera e lunedì

ⅱ◯ L'Europeo di Mattozzi

CUCINA CAMPANA · FAMILIARE ✕ Habitué o no, sarete comunque coccolati dal titolare di un frequentato, semplice ristorante-pizzeria, dal 1852 con la stessa gestione familiare; cucina locale divisa tra carne e pesce.

Carta 30/64 €

Pianta: 5K2-h – via Campodisola 4 ⊠ 80133 Ⓜ Università – ✆ 081 552 1323 – Chiuso 12-27 agosto, sabato e domenica

PIZZERIE:

in ambienti vivaci ed informali le pizze partenopee selezionate dai nostri ispettori

ⅱ◯ La Notizia

PIZZA · SEMPLICE ✕ Maestro della pizza, Enzo Coccia, nella stessa via troverete i suoi due locali: al civico 53 la prima e storica pizzeria che raddoppia con l'adiacente nuovo spazio per i fritti, al civico 94/a l'altra dove dal martedì al giovedì la prenotazione è obbligatoria e consente di evitare lunghe attese.

Carta 18/34 €

Pianta: 1B2-c – via Caravaggio 53/55 ⊠ 80133 – ✆ 081 714 2155 – solo a cena – Chiuso agosto e lunedì

ⅱ◯ Da Concettina ai Tre Santi

PIZZA · FAMILIARE ✕ Nel cuore del rione Sanità: antico, vivace, popolare, spesso folle. La famiglia Oliva da oltre 60 anni gestisce questa valida pizzeria che ha saputo rinnovarsi coi vari cambi generazionali, senza smarrire il legame con la tradizione; oggi anche pizze più fantasiose e moderne, oltre ai fritti.

Carta 15/26 €

Pianta: 4G1-c – via Arena della Sanità 7 bis ⊠ 80133 – ✆ 081 290037 – www.pizzeriaoliva.it – Chiuso 13-27 agosto e domenica sera

ⅱ◯ Gino Sorbillo Ⓝ

PIZZA · CONVIVIALE ✕ Nella "via della pizza", un nome storico propone ambienti semplici e ricchi di energia sia partenopea sia internazionale, sempre con pizze ottime e prodotti D.O.P. Armatevi di pazienza all'arrivo in orario di punta: se scegliete il tavolo in condivisione la convivialità è unica!

Carta 12/18 €

Pianta: 6L1-g – Via dei Tribunali, 32 ⊠ 80133 – ✆ 081 446643 (senza prenotazione) – www.sorbillo.it – Chiuso 6-26 agosto e domenica

‖○ **50 Kalò** 🍴 AC

PIZZA · **ALLA MODA** ✗ Tra gergo di pizzaioli e cabala napoletana, il nome di questo recente locale si potrebbe tradurre con "impasto buono": qui troverete una formula moderna con solide radici nella tradizione, anche perchè il patron, Ciro Salvo, è figlio d'arte. A voi scegliere tra pizze tradizionali o personalizzate con prodotti di stagione; c'è anche una piccola selezione di vini.

Carta 17/36 €

Pianta: **1B3-f** – *piazza Sannazzaro 201/b* ⊠ 80133 **Ⓜ** *Mergellina* – 𝒞 *081 1920 4667* – *www.50kalo.it* – *Chiuso 15 giorni in agosto*

‖○ **Antonio e Gigi Sorbillo** AC

PIZZA · **SEMPLICE** ✗ Uno dei nomi più celebrati fra le pizzerie cittadine, da Antonio e Gigi troverete pizze tradizionali e altre dai sapori più moderni, sempre con lievitazioni eccellenti. Tradizionale attesa all'arrivo ma la velocità di servizio potrà sorprendervi!

Carta 13/43 €

Pianta: **5K1-f** – *via dei Tribunali 38* ⊠ 80138 – 𝒞 *081 033 1009 (senza prenotazione)* – *www.pizzeria-sorbillo.it* – *Chiuso domenica*

‖○ **Da Michele**

PIZZA · **SEMPLICE** ✗ La pizzeria dei record: qui dal 1870 - con i numeri distribuiti all'esterno per regolare l'affluenza - è anche una delle migliori di Napoli. Solo "marinara" e "margherita". Orario continuato dalle 10 alle 23.

Carta 6/8 €

Pianta: **6L1-e** – *via Cesare Sersale 1/7* ⊠ 80139 – 𝒞 *081 553 9204* – *www.damichele.net* – *Chiuso 5-19 agosto e domenica escluso dicembre*

‖○ **Starita** AC

PIZZA · **DI QUARTIERE** ✗ Tra le pizzerie storiche, con i suoi oltre 100 anni di attività e 4 generazioni alla guida, il successo di Starita è legato alla qualità delle pizze, di ogni sorta, anche quella eccellente fritta. Senza scordare la celebrità che le procurò il film "L'Oro di Napoli"!

Carta 8/29 €

Pianta: **5J1-a** – *via Materdei 27* ⊠ 80133 – 𝒞 *081 557 3682* – *www.pizzeriastarita.it* – *Chiuso 2 settimane in agosto e lunedì*

Alberghi

🏨 **Grand Hotel Vesuvio** ⪡ 🗔 🏠 🛆 ☲ ⅙ AC 🛎 🚗

GRAN LUSSO · **STORICO** Con il suo blasone e la sua bella facciata in stile postfascista, l'albergo domina l'offerta alberghiera cittadina quanto l'omonimo vulcano svetta sul golfo di Napoli. Il suo charme si dipana nei lussuosi saloni distribuiti sotto lampadari di Murano, nonché nelle splendide camere tradizionali. C'è anche un wellness center.

139 cam ⊇ – ♥290/600 € ♥♥336/670 € – 21 suites

Pianta: **3F3-n** – *via Partenope 45* ⊠ 80121 – 𝒞 *081 764 0044* – *www.vesuvio.it*

‖○ **Caruso Roof Garden** – Vedere selezione ristoranti

🏨 **Romeo** 🏠 ⪡ ⅃ 🏠 🛆 ☲ ⅙ AC ⑨ 🛆

LUSSO · **DESIGN** E' probabilmente l'edificio più moderno di fronte alla zona portuale, gli interni sono una splendida sintesi di acqua e trasparenze, d'arte moderna e antica raccontate con una vasta collezione di oggetti, quadri e foto; avveniristica spa a luci soffuse. Cucina giapponese al Romeo Bar.

82 cam ⊇ – ♥245/470 € ♥♥255/520 € – 15 suites

Pianta: **5K3-a** – *via Cristoforo Colombo 45* ⊠ 80133 – 𝒞 *081 017 5002* – *www.romeohotel.it*

🕸 **Il Comandante** – Vedere selezione ristoranti

🏨 Grand Hotel Parker's 　　　　🔆 ⪡ 🏮 ⅃⅁ 🔽 ⅃ 🆒 🐜 🚗

LUSSO · PERSONALIZZATO Eleganti saloni in marmo e camere dagli arredi classici, ideali per chi non desidera brividi modernisti high-tech, in un albergo nato dall'infatuazione di un turista inglese per la città partenopea. Facile suggerire di prenotare una camera nei piani alti: da qui le finestre si aprono sul golfo e sul Vesuvio. All'ultimo piano, il George's propone una cucina classica con ovvi richiami alla tradizione.

82 cam ⊡ – ♦218/421 € ♦♦269/820 € – 6 suites

Pianta: 3E3-r – *corso Vittorio Emanuele 135* ⊠ *80121* Ⓜ *Amedeo* – ℰ *081 761 2474*
– *www.grandhotelparkers.com*

🏨 Palazzo Caracciolo 　　　　　🔆 🏮 ⅃⅁ 🔽 ⅃ 🆒 🐜

DIMORA STORICA · CONTEMPORANEO Il cuore di questo palazzo storico - le cui origini si perdono nel Trecento - è certamente il chiostro cinquecentesco coperto; da lì si parte con la prima colazione, mentre il resto è all'insegna del confort e dello stile attuali (completati recentemente con la graziosa zona benessere). Grande attenzione è dedicata alla ristorazione: nel piatto i sapori del Mediterraneo.

146 cam ⊡ – ♦90/260 € ♦♦110/280 €

Pianta: 6L1-a – *via Carbonara 111/112* ⊠ *80139* Ⓜ *Cavour* – ℰ *081 016 0111*
– *www.palazzocaracciolo.com*

🏨 Grand Hotel Santa Lucia 　　　🔆 ⪡ ⅃⅁ 🔽 ⅃ 🆒 🍴 🐜

PALACE · MEDITERRANEO Ospitalità curata in una struttura di fine '800 con splendida vista sul golfo e su Castel dell'Ovo: interni di grande fascino e raffinatezza classica, camere all'altezza. Al piano terra, pasti e drink al "ristobar" Pavone.

89 cam ⊡ – ♦150/500 € ♦♦250/1000 € – 6 suites

Pianta: 3F3-a – *via Partenope 46* ⊠ *80121* – ℰ *081 764 0666* – *www.santalucia.it*

🏨 Palazzo Alabardieri 　　　　　　　　🔽 ⅃ 🆒 🐜

LUSSO · PERSONALIZZATO Piacevole atmosfera, al contempo elegante e signorile, completata dal servizio accurato, in un palazzo di fine '800 tra i negozi più chic della città. Sala colazioni e salone per serate di gala sotto antichi soffitti a volte.

43 cam ⊡ – ♦115/220 € ♦♦145/250 €

Pianta: 3F3-f – *via Alabardieri 38* ⊠ *80121* – ℰ *081 415278*
– *www.palazzoalabardieri.it*

🏨 Costantinopoli 104 　　　　　　　　　🛄 🆒 🅿

TRADIZIONALE · ELEGANTE Poco rimane dell'originaria villa Spinelli, ma la splendida vetrata, il giardino con piccola piscina, le eleganti camere e gli ottimi spazi comuni, assicurano, insieme alla calda e simpatica accoglienza della titolare, un soggiorno unico.

19 cam ⊡ – ♦100/230 € ♦♦180/280 € – 6 suites

Pianta: 5K1-b – *via Santa Maria di Costantinopoli 104* ⊠ *80138* Ⓜ *Cavour-Museo*
– ℰ *081 557 1035* – *www.costantinopoli104.it*

🏨 Palazzo Decumani 　　　　　　　　🔽 ⅃ 🆒 🍴

BUSINESS · CENTRALE A pochi passi da via San Gregorio Armeno - la celebre strada degli artigiani del presepe - un'inserzione inaspettatamente moderna nella Napoli barocca: minimalismo, essenzialità, ed eleganti tocchi di design.

24 cam ⊡ – ♦110/300 € ♦♦120/300 € – 4 suites

Pianta: 6L1-c – *piazzetta Giustino Fortunato 8* ⊠ *80138* – ℰ *081 420 1379*
– *www.palazzodecumani.com*

🏨 Palazzo Esedra 　　　　　　　🔽 ⅃ 🆒 🍴 🐜 🅿

BUSINESS · PERSONALIZZATO Originale recupero di un edificio nato agli albori della seconda guerra mondiale, all'interno del complesso della Mostra d'Oltremare (proprio di fianco allo stadio cittadino), con camere moderne ed un comodissimo parcheggio per gli ospiti.

106 cam ⊡ – ♦68/98 € ♦♦79/122 €

Pianta: 1A3-a – *piazzale Vincenzo Tecchio 50* ⊠ *80133* Ⓜ *Campi Flegrei*
– ℰ *081 242 1111* – *www.palazzoesedra.it*

🏨 Paradiso ☆ ≤ ⊡ AC 🛁

TRADIZIONALE · MODERNO E' davvero paradisiaca la vista su golfo, città e Vesuvio da questo hotel in posizione impagabile sulla collina di Posillipo. Negli ultimi anni si sono rinnovate tutte le camere e gli ambienti sono ora all'insegna di un gusto moderno-mediterraneo con generoso utilizzo di colori chiari. Dotato di panoramica terrazza, il ristorante Paradisoblanco inneggia ai sapori locali.

72 cam ⊑ – ⸙100/180 € ⸙⸙150/240 €

Pianta: 1B3-a – *via Catullo 11* ⊠ *80122* – *𝒞 081 247 5111* – *www.hotelparadisonapoli.it*

🏨 La Ciliegina Lifestyle Hotel ⊡ AC 🍽

BUSINESS · MODERNO In comoda posizione per gli imbarchi, sebbene dietro la centrale via Toledo, la struttura offre poche camere - tutte al 3° piano - di una moderna eleganza ed immerse nel bianco del pavimento in marmo; l'accoglienza è calda e personalizzata. Con il bel tempo, la Terrazza dei Gabbiani è il luogo eletto per la prima colazione, oltre ad ospitare il bar vi è anche una vasca idromassaggio: è qui che la vista spazia dal Vesuvio alla cupola della galleria Umberto I.

14 cam ⊑ – ⸙100/200 € ⸙⸙150/400 €

Pianta: 5K3-n – *via P. E. Imbriani 30* ⊠ *80132* Ⓜ *Municipio* – *𝒞 081 1971 8800* – *www.cilieginahotel.com*

🏨 Decumani Hotel de Charme ⊡ AC

TRADIZIONALE · VINTAGE Ampliatosi di recente, ora occupa due piani di un palazzo del '600, splendido salone con stucchi barocchi rivestiti d'oro, arredi d'epoca ed eleganti bagni per un soggiorno aristocratico nel cuore di Napoli.

39 cam ⊑ – ⸙129/159 € ⸙⸙169/199 €

Pianta: 5K2-e – *via S.Giovanni Maggiore Pignatelli 15* ⊠ *80134* Ⓜ *Università* – *𝒞 081 551 8188* – *www.decumani.com*

🏨 Chiaja Hotel de Charme ⊡ AC

FAMILIARE · STORICO In un cortile, gioiello dell'architettura partenopea, una risorsa di grande fascino e atmosfera, tra spirito aristocratico e popolare. Pasticceria napoletana per colazione.

33 cam ⊑ – ⸙79/129 € ⸙⸙99/169 €

Pianta: 5J3-a – *via Chiaia 216* ⊠ *80121* – *𝒞 081 415555* – *www.hotelchiaia.it*

🏨 Piazza Bellini ⊡ ♿ AC 🍽 🛁

FAMILIARE · ORIGINALE Presso l'omonima piazza, ritrovo intellettuale di caffè letterari, siamo in un affascinante palazzo cinquecentesco con graziosa corte interna. Più semplici, moderne e funzionali le camere, mentre la vista offerta dai loro terrazzi privati rendono eccellenti le camere 607 e 608!

48 cam ⊑ – ⸙75/170 € ⸙⸙85/180 €

Pianta: 5K1-p – *via S. M. di Costantinopoli 101* ⊠ *80138* Ⓜ *Dante* – *𝒞 081 451732* – *www.hotelpiazzabellini.com*

🏨 Santa Brigida ⊡ ♿ AC 🍽

TRADIZIONALE · MINIMALISTA Al 3° piano di un palazzo che dà su via Toledo, un piccolo albergo dal design moderno ed accattivante: lo stile tende al minimal, ma non mancano inserti e decori personalizzati. A pagamento, si effettua anche servizio di car vallet verso un posteggio convenzionato.

12 cam ⊑ – ⸙117/169 € ⸙⸙174/229 €

Pianta: 5K3-b – *via Santa Brigida 6* ⊠ *80133 Napoli* Ⓜ *Toledo* – *𝒞 081 1933 8206* – *www.hotelsantabrigida.it*

🏨 Il Convento ⊡ AC

FAMILIARE · CENTRALE Nei caratteristici, popolari quartieri spagnoli, a pochi passi dalla frequentatissima via Toledo, un piccolo albergo mantenuto sempre in ordine da un'attenta proprietà. La prima colazione può indifferentemente esser consumata in saletta o in camera. Consigliamo una delle due camere con terrazzino.

14 cam ⊑ – ⸙45/105 € ⸙⸙49/160 €

Pianta: 5J3-d – *via Speranzella 137/a* ⊠ *80132* Ⓜ *Toledo* – *𝒞 081 403977* – *www.hotelilconvento.it*

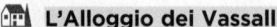 L'Alloggio dei Vassalli

FAMILIARE · TRADIZIONALE Al primo piano del settecentesco Palazzo Donnal-bina, sito proprio all'ingresso di Spaccanapoli, le sue camere brillano per fascino e storia: una simpatica alternativa per chi rifugge dal formalismo alberghiero.

7 cam ♏ – †55/95 € ††85/115 €

Pianta: 5K2-f – *via Donnalbina 56* ✉ *80134* **Ⓜ** *Università* – *𝒞 081 551 5118*
– www.alloggiodeivassalli.it

NAPOLI (Golfo di) Napoli

NARNI

Terni – ✉ 05035 – 19 785 ab. – Alt. 240 m – Carta regionale n° **20**-C3
Carta stradale Michelin 563-O19

a Narni Scalo Nord : 2 km ✉ 05035 – Narni Stazione

 Terra Umbra Hotel

BUSINESS · CLASSICO Serve comodamente la zona industriale di Narni Scalo, ma è anche riparato dai rumori in un contesto verde e poco rumoroso. La capiente sala con travi a vista del ristorante Al Canto del Gallo ospita una cucina di matrice regionale dai sapori decisi: carne, tartufo, pizza (la sera).

27 cam ♏ – †39/69 € ††49/109 € – 2 suites
via Maratta Bassa 61, Nord-Est: 3 km – *𝒞 0744 750304* – *www.terraumbra.it*

NATURNO NATURNS

Bolzano – ✉ 39025 – 5 739 ab. – Alt. 528 m – Carta regionale n° **19**-B2
Carta stradale Michelin 562-C15

⑩ Dolce Vita Stube

CUCINA MODERNA · ACCOGLIENTE XxX Lo chef dà spazio alla propria creatività avvalendosi dei prodotti del territorio, compresi quelli dell'orto di casa, in un scelta limitata di proposte per garantirne la freschezza.

Menu 98 € – Carta 72/109 €
Hotel Preidlhof, via San Zeno 13 – *𝒞 0473 666251 (prenotazione obbligatoria)*
– www.preidlhof.it – solo a cena – Aperto 26 dicembre-6 gennaio e
2 febbraio-25 novembre

Lindenhof

SPA E WELLNESS · CONTEMPORANEO Uno splendido giardino con piscina riscal-data, centro benessere e ambienti eleganti, felice connubio di moderno e tradizio-nale, per regalarvi un soggiorno esclusivo. Sala da pranzo molto luminosa che d'estate si sposta in terrazza; per chi vuole è prenotabile un tavolo direttamente in cucina.

40 cam – solo ½ P 140/200 € – 40 suites
via della Chiesa 2 – *𝒞 0473 666242* – *www.lindenhof.it*
– Aperto 26 dicembre-6 gennaio e 24 marzo-29 novembre

Preidlhof

SPA E WELLNESS · STILE MONTANO In posizione leggermente rialzata sul paese, il corpo centrale della struttura è stato completamente rinnovato sfoggiando un'ele-ganza pari a quella dell'edificio sul retro. Straordinario centro benessere con diverse terrazze panoramiche per rilassarsi dopo i trattamenti.

70 cam – solo ½ P 150/201 € – 13 suites
via San Zeno 13 – *𝒞 0473 666251* – *www.preidlhof.it – Aperto*
26 dicembre-6 gennaio e 2 febbraio-25 novembre
⑩ **Dolce Vita Stube** – Vedere selezione ristoranti

🏨 Feldhof

SPA E WELLNESS · STILE MONTANO Albergo centrale, circondato da un ameno giardino con piscine (di cui una di acqua salata); interni in stile tirolese, graziose camere e completo centro benessere in cui ritagliarsi momenti di relax.

38 cam – solo ½ P 145/187 € – 22 suites

via Municipio 4
– ✆ 0473 666366 – www.feldhof.com – Aperto vacanze di Natale e
20 marzo-22 novembre

🏨 Funggashof

SPA E WELLNESS · STILE MONTANO In posizione panoramica, hotel immerso in un giardino-frutteto con piscina, ideale per gli amanti della quiete; eleganti ambienti "riscaldati" dal sapiente uso del legno. Nella stube tirolese, una cucina leggera e gustosa con prodotti del territorio.

24 cam – solo ½ P 100/120 € – 10 suites

via al Fossato 1 – ✆ 0473 667161 – www.funggashof.it – Aperto
17 marzo-4 novembre

NE

Genova – ✉ 16040 – 106 ab. – Alt. 186 m – Carta regionale n° **8**-C2
Carta stradale Michelin 561-I10

La Brinca

CUCINA REGIONALE · FAMILIARE ✕✕ Animato da una grande passione enologica, il proprietario ha curato personalmente l'allestimento della cantina, che vanta infatti un'ampia selezione di etichette nazionali ed estere. Tale entusiasmo permea anche la tavola: piatti del territorio alleggeriti e presentati con cura. Se volete provare una specialità veramente unica, noi consigliamo il coniglio arrosto ripieno alle erbe.

Menu 32/37 € – Carta 32/55 €

via Campo di Ne 58
– ✆ 0185 337480 (consigliata la prenotazione) – www.labrinca.it – solo a
cena escluso sabato, domenica e giorni festivi – Chiuso lunedì

NEGRAR

Verona – ✉ 37024 – 17 119 ab. – Alt. 190 m – Carta regionale n° **22**-A2
Carta stradale Michelin 562-F14

🍴 Locanda '800

CUCINA MODERNA · ACCOGLIENTE ✕✕ Nell'intima sala di questa bella villa oppure nell'accogliente veranda riscaldata con una originale stube "giardino d'inverno", piatti interessanti di gusto moderno realizzati con prodotti stagionali e del territorio.

Carta 42/118 €

via Moron 46 – ✆ 045 600 0133 – www.locanda800.it – solo a cena in
luglio-agosto – Chiuso lunedì

🍴 Trattoria alla Ruota

CUCINA REGIONALE · ACCOGLIENTE ✕ Sulle prime alture con splendida vista dalla terrazza estiva, locale luminoso e vivace: la conduzione familiare ripropone i sapori del territorio.

Carta 37/57 €

via Proale 6, località Mazzano, Nord: 5 km
– ✆ 045 752 5784 (prenotare) – www.trattoriaallaruota.it – Chiuso lunedì e
martedì

NEIVE

Cuneo – ✉ 12052 – 3 405 ab. – Alt. 308 m – Carta regionale n° **14**-C2
Carta stradale Michelin 561-H6

⑩ **La Luna nel Pozzo**   ⅋ 🚗 AC

CUCINA PIEMONTESE · AMBIENTE CLASSICO ⅩⅩ La passione per la cucina e per l'accoglienza ha incentivato un medico ed una biologa a passare alla ristorazione: in questo locale del centro storico, la tradizione è regina incontrastata.

Menu 45/58 € – Carta 42/65 €

piazza Italia – 𝒞 0173 67098 (consigliata la prenotazione)
– www.lalunanelopozzo-neive.it – Chiuso 7-17 gennaio, 25 giugno-15 luglio,
martedì sera e mercoledì

NEPI

Viterbo – 9 687 ab. – Alt. 227 m – Carta regionale n° **7**-B1
Carta stradale Michelin 563-P19

⑩ **Casa Tuscia**   🚗 ⅋ AC ⇔

CUCINA MODERNA · ALLA MODA ⅩⅩ Una passeggiata archeologica tra porte romane, mura e castello rinascimentali: nell'ex mattatoio novecentesco una sorprendente cucina nazionale rivisitata con fantasia.

☙ Menu 25 € (cena)/38 € – Carta 25/50 €

via di Porta Romana – 𝒞 0761 555070 (consigliata la prenotazione)
– www.ristorantecasatuscia.it – Chiuso lunedì e domenica sera

NERANO Napoli → Vedere Massa Lubrense

NERVESA DELLA BATTAGLIA

Treviso – ✉ 31040 – 6 789 ab. – Alt. 78 m – Carta regionale n° **23**-C2
Carta stradale Michelin 562-E18

⑩ **Miron**   🚗 AC ⇔

CUCINA VENEZIANA · ACCOGLIENTE ⅩⅩ Specialità ai funghi e non solo, in un locale classico gestito dal 1935 dalla stessa famiglia. Nella carta dei vini non mancano proposte francesi e distillati di ogni tipo.

☙ Menu 18 € (in settimana)/50 € – Carta 32/61 €

piazza Sant'Andrea 26 – 𝒞 0422 885185 – www.ristorantemiron.com
– Chiuso 8-22 gennaio, 13-20 agosto, domenica sera, lunedì e giovedì

NERVI

Genova – ✉ 16167 – Carta regionale n° **8**-C2
Carta stradale Michelin 561-I9

⑩ **Il Roseto**   🍴 🚗 AC ⅌ ⇔ 🅿

CREATIVA · ELEGANTE ⅩⅩⅩ Se l'architettura che ospita questo ristorante è una celebrazione dell'Oriente, la cucina si riappropria dell'identità locale con piatti regionali e i classici italiani. Splendida terrazza estiva ed ambienti raffinati.

Carta 30/60 €

Hotel Villa Pagoda, via Capolungo 15 – 𝒞 010 323200 (consigliata la prenotazione)
– www.villapagoda.it – Chiuso inizio novembre-inizio marzo

🏨 **Villa Pagoda**   ≼ 🍴 ⅃ 🖃 AC 🛁 🅿

LUSSO · STORICO Una villa ottocentesca, costruita per volere di un ricco mercante che sperava, in tal modo, di placare la struggente nostalgia della sua asiatica compagna, ospita raffinati interni con candelieri di Murano e pavimenti in marmo. Tra olii essenziali e musiche di sottofondo, è bello concedersi un massaggio nel moderno centro benessere.

13 cam ⊊ – ♦90/320 € ♦♦100/380 € – 4 suites

via Capolungo 15 – 𝒞 010 323200 – www.villapagoda.it – Chiuso inizio
novembre-inizio marzo

⑩ **Il Roseto** – Vedere selezione ristoranti

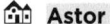 Astor ⚜ 🛎 🖂 🅰🅲 🍴 🅿

TRADIZIONALE · CLASSICO Abbracciato da un piccolo parco secolare, l'hotel totalmente ristrutturato dispone di interni di taglio classico e camere confortevoli. Ideale per una clientela d'affari, ma anche per gli amanti di un soggiorno rilassante. Servizio ristorante estivo sulla fresca veranda.

41 cam ⊋ – †85/175 € ††145/235 €

viale delle Palme 16 – ℰ 010 329011 – www.astorhotel.it

NERVIANO

Milano – ⊠ 20014 – 17 343 ab. – Alt. 175 m – Carta regionale n° **10**-A2
Carta stradale Michelin 561-F8

ⅼⵔ La Guardia 🛎 🏠 🅰🅲 ♻ 🅿

CUCINA REGIONALE · ELEGANTE ✕✕ Lungo la statale del Sempione, un villino indipendente arredato in stile rustico-elegante e ingentilito da una bella veranda affacciata sul giardino. La cucina attinge alla tradizione, ma non mancano anche interessanti piatti di pesce.

Carta 37/78 €

via 20 Settembre 73, ang. statale Sempione – ℰ 0331 415370
– www.ristorantelaguardia.it – Chiuso 1°-8 gennaio, 16-28 agosto e lunedì

ⅼⵔ Antica Locanda del Villoresi ⇦ 🅰🅲 🎾 🅿

CUCINA CLASSICA · ACCOGLIENTE ✕✕ Tante specialità d'impronta mediterranea in un caratteristico ristorante, le cui ampie vetrate si affacciano sul canale Villoresi. Piatti di pesce, pasta fresca e dolci fatti in casa, fra gli highlights del menu.

Carta 37/69 €

16 cam ⊋ – †50/130 € ††70/170 €

strada statale Sempione 4 – ℰ 0331 559450 – www.locandavilloresi.it – Chiuso fine dicembre-inizio gennaio, agosto, sabato a mezzogiorno e lunedì

NEUMARKT EGNA

NEUSTIFT NOVACELLA

NEVIANO DEGLI ARDUINI

Parma – ⊠ 43024 – 3 649 ab. – Alt. 517 m – Carta regionale n° **5**-B2
Carta stradale Michelin 561-I12

ⅼⵔ Trattoria Mazzini 🏠 🅰🅲 ♻

CUCINA EMILIANA · ROMANTICO ✕✕ Cucina del territorio con varianti creative in una romantica e graziosa sala in stile provenzale arricchita da leziosità tutte femminili, lo stesso stile viene ricreato in estate anche nella piacevole terrazza in legno.

Carta 28/47 €

via Bruno Ferrari 84 – ℰ 0521 843102 – Chiuso lunedì e martedì in luglio-agosto, anche mercoledì e giovedì negli altri mesi

NICASTRO Catanzaro → Vedere Lamezia Terme

NICOLOSI Sicilia

Catania – ⊠ 95030 – 7 463 ab. – Alt. 700 m – Carta regionale n° **17**-D2
Carta stradale Michelin 365-AZ58

a Piazza Cantoniera Etna Sud Nord : 18 km - Alt. 1 881 m

 Corsaro ⚜ 🐾 ⇐ 🕸 🅿

TRADIZIONALE · ACCOGLIENTE In un paesaggio lunare di terreno lavico, è quasi un rifugio con vista su un quarto della Sicilia, mare e Calabria da alcune camere del secondo piano. Autentici sapori locali nell'omonimo ristorante, dove si mangia a buffet: paste, funghi, verdure e grigliate di carne. Impianti di risalita nelle vicinanze.

17 cam ⊋ – †89/145 € ††89/190 €

piazza Cantoniera – ℰ 095 914122 – www.hotelcorsaro.it – Aperto 1° aprile-2 novembre

NIEDERDORF VILLABASSA

NIEVOLE Pistoia → Vedere Montecatini Terme

NIZZA MONFERRATO

Asti – ✉ 14049 – 10 429 ab. – Alt. 138 m – Carta regionale n° **14**-D2
Carta stradale Michelin 561-H7

🕙 Le Due Lanterne 🔘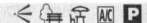

CUCINA PIEMONTESE · FAMILIARE ℵ Affacciato sulla piazza dove si tiene il mercato settimanale, Le Due Lanterne è una bella trattoria a conduzione familiare dove sentirsi coccolati e guidati alla scoperta di una cucina tradizionale piemontese. I preferiti dall'ispettore: agnolotti del plin con sugo d'arrosto - costolette d'agnello panate e fritte -dolce alle mandorle e bunet al cioccolato.

Carta 30/39 €

piazza Garibaldi 52 – ℰ 0141 702480 – Chiuso 25 febbraio-7 marzo,
20 giugno-10 luglio, lunedì sera e martedì

🕙 La riserva del Gusto 🔘 ⪡ 🕭 🏠 🗚 🅿

CUCINA DEL TERRITORIO · ELEGANTE ℵℵ Una bella villa d'epoca con giardino e dehors per una cucina della tradizione assaporata in ambienti eleganti e curati; per chi ricerca una maggior intimità, c'è la saletta in torretta.

Menu 36 € – Carta 40/60 €

Agriturismo Tenuta La Romana, strada Canelli 57, Sud : 2 km – ℰ 0141 721812
(consigliata la prenotazione) – www.larisevadelgusto.it
– Chiuso 10 gennaio-10 febbraio e martedì

🏠 Agriturismo Tenuta La Romana ⌖ ⪡ 🕭 ⊐ 🕭 🗚 🏠 🅿

CASA DI CAMPAGNA · ROMANTICO In posizione panoramica, fra le armoniose colline delle Langhe e del Monferrato, Tenuta La Romana è una cascina settecentesca completamente ristrutturata dagli ampi e gradevoli spazi comuni, sia interni sia esterni.

20 cam � – ♦80/130 € ♦♦120/175 €

strada Canelli 59, Sud: 2 km – ℰ 0141 727521 – www.tenutalaromana.it
– Chiuso 3 gennaio-4 febbraio

🕙 **La riserva del Gusto** – Vedere selezione ristoranti

NOBIALLO Como → Vedere Menaggio

NOCERA INFERIORE

Salerno (SA) – ✉ 84014 – 46 043 ab. – Alt. 43 m – Carta regionale n° **4**-B2
Carta stradale Michelin 564-E25

🕙 Osteria Al Paese 🔘 🏠 🗚

CUCINA CAMPANA · ROMANTICO ℵℵ In pieno centro, un ex officina meccanica è stata stravolta dal rinnovo che ne ha fatto un bel locale, in grado di ricreare una romantica atmosfera da casa privata: luci soffuse, modernissimi centrini sui tavoli ed un'illuminazione che anticipa le mode. Mentre il cuoco, di grande esperienza, padroneggia con disinvoltura il top delle materie prime regionali.

Menu 30/50 € – Carta 36/63 €

via Papa Giovanni XXIII 11 – ℰ 081 517 6722 – www.osterialpaese.it – solo a
cena escluso sabato e domenica – Chiuso domenica sera e lunedì

NOCERA SUPERIORE

Salerno – ✉ 84015 – 24 263 ab. – Alt. 70 m – Carta regionale n° **4**-B2
Carta stradale Michelin 564-E26

⫚○ La Fratanza

CUCINA REGIONALE · ACCOGLIENTE ✕✕ Poco fuori dal paese, questa solida famiglia - un poco alla volta - cresce e migliora il ristorante sia in termini di decoro sia in termini di cucina: di fatto, però, sempre legata al territorio. Splendido giardino per la bella stagione.

🍴 Menu 23/45 € – Carta 25/53 €

via Garibaldi 37 – 𝄞 081 936 8345 – www.lafratanzaristorante.it – Chiuso 20-31 dicembre, domenica sera e lunedì

NOCERA TERINESE

Catanzaro – ✉ 88047 – 4 731 ab. – Alt. 240 m – Carta regionale n° **3**-A2
Carta stradale Michelin 564-J30

a Marina di Nocera Terinese Sud-Ovest : 6 km ✉ 88040

⫚○ L'Aragosta

PESCE E FRUTTI DI MARE · STILE MEDITERRANEO ✕✕ Una sala arredata in stile vecchia marina inglese accompagna fragranti piatti a base di pesce, la provenienza è spesso locale mentre le preparazioni sono decisamente classiche. Il mare e la spiaggia non si vedono dalla sala e dal dehors, ma distano solo 100 metri. In sintesi, the place to be!

Carta 46/105 €

villaggio del Golfo – 𝄞 0968 93385 (consigliata la prenotazione) – www.ristorantelaragosta.com – Chiuso lunedì escluso luglio-agosto

NOCETO

Parma – ✉ 43015 – 13 001 ab. – Alt. 76 m – Carta regionale n° **5**-A3
Carta stradale Michelin 562-H12

⫚○ 19-28 Pub Gourmet Ⓝ

CUCINA CLASSICA · COLORATO ✕ Due porte per due formule diverse: a sinistra l'ingresso per la paninoteca gourmet - atmosfera giovane, tanta birra artigianale e musica - a destra l'ingresso che conduce al ristorante vero e proprio (al 1° piano) dove gustare una cucina preparata con mano sicura da una cuoca di affermata esperienza.

Carta 32/52 €

via Cairoli 3/5 – 𝄞 0521 625398 – www.19-28.it – Chiuso 15-31 luglio e martedì

NOCI

Bari – ✉ 70015 – 19 283 ab. – Alt. 420 m – Carta regionale n° **15**-C2
Carta stradale Michelin 564-E33

⫚○ L'Antica Locanda

CUCINA REGIONALE · AMBIENTE CLASSICO ✕ In uno dei vicoli del caratteristico borgo - sotto volte in tufo - i sapori autentici della regione ispirano la cucina, elaborata partendo dai prodotti di questa terra.

Menu 35/50 € – Carta 21/37 €

via Spirito Santo 49 – 𝄞 080 497 2460 – www.pasqualefatalino.it – Chiuso domenica sera e martedì

🏠 Abate Masseria

CASA DI CAMPAGNA · ELEGANTE Bel complesso agricolo con edifici in tufo e trulli intorno ad un curato giardino cinto da mura. Le camere affacciate sul prato - alcune di esse con un proprio spazio riservato – vantano una tenuta perfetta e bei mobili. Per chi non rinuncia allo sport neanche in vacanza: piscina, campo da tennis e da calcetto.

8 cam ⊠ – †84/144 € ††99/169 €

zona F 83/C, strada provinciale per Massafra, Sud-Est: 1 km – 𝄞 080 497 8288 – www.abatemasseria.it – Aperto 1° aprile-31 ottobre

🏨 **Santarosa Relais ①** ⌂ 🔁 AC

STORICO · ROMANTICO Nel cuore del centro storico, affascinante realtà ricavata da un palazzo nobiliare con origini trecentesche; ampie ed eleganti camere di cui tre affrescate. Da non perdere la panoramica terrazza-solarium.

6 cam ⌷ – ♦60/90 € ♦♦80/110 € – 3 suites

Via Santa Rosa 5 ✉ 70015 Noci
– ℰ 080 494 9220 – www.santarosarelais.it

a Montedoro Sud-Est : 3 km ✉ 70015 – Noci

🍽️ **Il Falco Pellegrino** 🛗 ☂ ⅙ AC P

CUCINA MODERNA · CONVIVIALE ✕✕ Immerso nella bella campagna nocese, questo ristorante propone piatti che prediligono il pesce e le primizie del proprio orto; piacevole servizio all'aperto.

Carta 33/53 €

zona B 47/c – ℰ 080 497 4304 – www.ilfalcopellegrino.com – Chiuso
8-22 gennaio e domenica sera

NOGAREDO

Trento (TN) – ✉ 38060 – 2 065 ab. – Alt. 216 m – Carta regionale n° **19**-B3

🍴 **Locanda D&D Maso Sasso** ⇔ ⅋ ⪦ 🛗 ☂ P

CUCINA REGIONALE · ACCOGLIENTE ✕✕ Strigolo fatto a mano al ragù di scottona o coniglio al cubo servito con polenta, verdure e crema di funghi? Magari tutti e due! Cucina regionale venata di fantasia in un maso che domina buona parte della valle dell'Adige; bella terrazza panoramica per l'estate e confortevoli camere per un tranquillo soggiorno.

🍴 Menu 25/33 € – Carta 35/55 €

7 cam ⌷ – ♦50 € ♦♦80 €

Via Maso 2, località Sasso, Sud-Ovest: 3 km – ℰ 0464 410777 – www.locandaded.it
– Chiuso martedì

🏨 **Relais Palazzo Lodron** ⅋ 🛗 🖼 🕭 AC 🚗

STORICO · MINIMALISTA Risale addirittura al 1400 l'origine di questo palazzo la cui lunga storia annovera anche i processi alle streghe...Ora in ambienti ampi ed eleganti, arredati con mobili di design, preziosi e minimal, l'ospite può contare sui migliori confort moderni, quali un delizioso centro benessere.

10 cam – ♦54/70 € ♦♦72/108 € – ⌷ 8 €

via Conti Lodron 5 – ℰ 0464 413152 – www.relaispalazzolodron.com – Chiuso
17 gennaio-22 marzo

NOLA

Napoli – ✉ 80035 – 34 431 ab. – Alt. 34 m – Carta regionale n° **4**-B2
Carta stradale Michelin 564-E25

🍽️ **Le Baccanti** 🕭 ☂ AC ✻

CUCINA REGIONALE · FAMILIARE ✕✕ Semplice locale dotato di due grandi finestre che si affacciano sulle cucine; altrettanto semplici i piatti a metà tra tradizione e modernità, mentre il servizio informale cede il passo ad una superba carta dei vini che annovera circa 1.000 referenze, quasi tutte italiane.

Carta 29/64 €

via Puccini 5 – ℰ 081 512 2117 – Chiuso 12-29 agosto, domenica sera e lunedì

NOLI

Savona – ✉ 17026 – 2 736 ab. – Carta regionale n° **8**-B2
Carta stradale Michelin 561-J7

❀ **Il Vescovado**   🏨 🍴 ⇔

CUCINA MODERNA · ROMANTICO 🕱🕱 Tre deliziose salette all'interno del prestigioso complesso architettonico noto come Palazzo Vescovile e nel periodo estivo un piacevole servizio in terrazza con vista mare. Curiosi di saperne di più circa la cucina? Decisamente ligure, con qualche apprezzabile tocco estroso.

➜ Palamita in crosta di pane con maionese di bottarga e giardiniera di verdure. Fagottini di ricotta di pecora brigasca e limone con guazzetto di gamberi bianchi. Cappon magro.

Menu 80/120 € – Carta 70/120 €

Residenza Palazzo Vescovile, piazzale Rosselli
– ☏ 019 749 9059 – www.ristorantevescovado.it
– Chiuso 10-25 gennaio, 1°-21 novembre, mercoledì a mezzogiorno e martedì dal 12 aprile al 31 ottobre, anche mercoledì sera negli altri mesi

🍴◯ **Nazionale**   AC

PESCE E FRUTTI DI MARE · SEMPLICE 🕱 Lungo la statale, all'estremità della località, locale di lunga tradizione familiare "vecchia maniera". Preparazioni semplici, sapori netti, porzioni abbondanti.

Carta 36/68 €

corso Italia 37 – ☏ 347 848 5068
– Aperto 24 dicembre-5 gennaio e 10 marzo-1° novembre; chiuso lunedì

🍴◯ **Controcorrente** ◉   🍴 ċ AC

CUCINA MODERNA · DESIGN 🕱 New entry della ristorazione locale questa giovane coppia ha totalmente rinnovato in chiave contemporanea un edificio del centro. Non è, quindi, sul mare, sebbene quest'ultimo lo si ritrovi sulla tavola con tante proposte di pesce ed uno stile che abbina sapori liguri e modernità.

Carta 44/83 €

via Colombo 101 – ☏ 349 220 8133 – www.ristorantecontrocorrente.it
– solo a cena escluso sabato e domenica – Chiuso lunedì e martedì eslcuso in estate

🏨 **Residenza Palazzo Vescovile**   ⩽ ❀ 🅿

STORICO · PERSONALIZZATO Una suggestiva e indimenticabile vacanza nell'antico Palazzo Vescovile, in ambienti ricchi di fascino: alcuni impreziositi da affreschi e con splendidi arredi d'epoca. Vista sublime dalle terrazze. Si posteggia accanto al mare e si sale con ascensore e piccola cremagliera.

8 cam ⌑ – 🛏120/160 € 🛏🛏190/250 €

piazzale Rosselli – ☏ 019 749 9059 – www.hotelvescovado.it – Chiuso 10 gennaio-12 febbraio e 5 novembre-20 dicembre

    ❀ **Il Vescovado** – Vedere selezione ristoranti

a Voze Nord-Ovest : 4 km ✉ 17026 – Noli

🍴◯ **Lilliput**   🛏 🍴 AC 🅿

PESCE E FRUTTI DI MARE · ACCOGLIENTE 🕱🕱 In una piacevole casa circondata da un giardino ombreggiato con minigolf, un locale dall'ambiente curato che propone piatti di mare; servizio estivo in terrazza.

Menu 40/55 € – Carta 37/97 €

via Zuglieno 49
– ☏ 019 748009 – solo a cena escluso sabato, domenica e festivi
– Chiuso 10 gennaio-31 marzo e lunedì

 Il migliore amico dell'uomo è benvenuto in tutti gli esercizi ad esclusione di quelli contrassegnati dal simbolo ❀.

NORCIA

Perugia – ✉ 06046 – 4 957 ab. – Alt. 604 m – Carta regionale n° **20**-D2
Carta stradale Michelin 563-N21

❀ Vespasia   🍴 🈺 ⅄ 🆑 ⅍

CUCINA MODERNA · ELEGANTE XxX Si rincomincia più forti di prima e più determinati di un tempo! Al timone di questo ristorante risorto a nuova vita dopo il sisma dell'ottobre 2016, uno chef italiano rientrato da una significativa esperienza in Giappone; interessante valorizzazione di prodotti locali, generosità e soprattutto precisione tecnica in tutti i piatti.
→ Spaghetti al pomodoro. Maialino da latte umbro. Nero (gelato al tartufo).

Menu 60 € (pranzo in settimana)/140 € – Carta 84/161 €

Hotel Palazzo Seneca, via Cesare Battisti 10
– ✆ 0743 817434 (prenotazione obbligatoria) – www.vespasia.com
– Chiuso 8 gennaio-10 febbraio e martedì in febbraio-marzo

⊛ Granaro del Monte   🈺 ⇔

CUCINA REGIONALE · RUSTICO X Le scosse sismiche di fine 2016 hanno danneggiato la sede storica di questo apprezzato ristorante di cucina casalinga, ma la tempra stoica e la voglia di continuare hanno spinto la famiglia a trovare una momentanea soluzione di ripiego, in attesa della riapertura prevista nel 2018. La clientela, commossa, ringrazia!

🍮 Menu 20/40 € – Carta 22/87 €

Hotel Grotta Azzurra, via Alfieri 12
– ✆ 0743 816513 – www.bianconi.com

🏨 Palazzo Seneca   🍴 🈺 ⬆ ⅄ 🆑

LUSSO · PERSONALIZZATO All'interno di un signorile palazzo cinquecentesco, le zone comuni si frammentano in una serie di salotti e biblioteche, le camere austere rivisitano in chiave moderna l'artigianato umbro con qualche arredo d'epoca e bagni in marmo.

23 cam ⊊ – †90/300 € ††135/450 € – 1 suite

via Cesare Battisti 10
– ✆ 0743 817434 – www.palazzoseneca.com
– Chiuso 8 gennaio-10 febbraio

❀ **Vespasia** – Vedere selezione ristoranti

🏠 Grotta Azzurra   ⬆ 🈺 ⅍

FAMILIARE · ACCOGLIENTE A pochi metri dal cuore monumentale di Norcia, l'inizio dell'attività alberghiera risale all'Ottocento, ma il sisma dell'autunno 2016 ne ha compromesso la funzionalità. Riapertura prevista primavera 2018.

46 cam ⊊ – †50/100 € ††65/140 € – 4 suites

via Alfieri 12
– ✆ 0743 816513 – www.hotelgrottaazzurra.com
– Aperto Pasqua-31 dicembre

⊛ **Granaro del Monte** – Vedere selezione ristoranti

🏡 Agriturismo Casale nel Parco dei Monti Sibillini   ⌂ ⅀ ⪡ 🍴 ⅄ 🅿

CASA DI CAMPAGNA · PERSONALIZZATO Un'oasi di pace e relax colpita dal terremoto, ma non distrutta. La coraggiosa e determinata famigliatitolare offre ancora oggi 6 graziose camere; e noi tutto il nostro sostegno. Cucina classico-regionale al ristorante.

6 cam ⊊ – †50/70 € ††70/100 €

località Fontevena 8, Nord: 1,5 km
– ✆ 0743 816481 – www.casalenelparco.com
– Chiuso 9 novembre-18 dicembre e 7 gennaio-19 febbraio

NOSADELLO Cremona → Vedere Pandino

NOTARESCO
Teramo – ⊠ 64024 – 6 907 ab. – Alt. 267 m – Carta regionale n° **1**-B1
Carta stradale Michelin 563-O23

sulla strada statale 150 Sud : 5 km

🏵 3 Archi   A/C P
CUCINA REGIONALE · RUSTICO XX Cucina abruzzese e teramana in un locale
caldo ed accogliente, caratterizzato da un grande disimpegno arredato in stile
rustico e due sale con spazio per la cottura di carni alla griglia. Specialità: ravioli
di ricotta e speck in salsa pistacchio - guanciale di vitello in cottura morbida.
Menu 28 € – Carta 23/41 €

via Antica Salara 25 ⊠ *64024 –* 𝒞 *085 898140 – www.trearchi.net – Chiuso
novembre, martedì sera e mercoledì*

NOTO Sicilia
Siracusa – ⊠ 96017 – 23 913 ab. – Alt. 152 m – Carta regionale n° **17**-D3
Carta stradale Michelin 365-AZ62

🍴 Crocifisso   🕰 ⚫ A/C 🍴
CUCINA SICILIANA · MINIMALISTA XX Nella parte alta del centro storico, anno
dopo anno, il ristorante non cessa di crescere ed è ormai diventato uno dei
migliori dell'intera provincia. Senza trascurare un eccellente servizio e la carta
dei vini; la cucina vi sorprenderà con un'estrosa rilettura dei classici siciliani.
Menu 45 € – Carta 37/62 €

via Principe Umberto 48 – 𝒞 *0931 571151 (consigliata la prenotazione)*
– www.ristorantecrocifisso.it – solo a cena in agosto
– Chiuso 8 gennaio-18 marzo e mercoledì escluso agosto

🏡 Masseria degli Ulivi   🕊 🐾 🛬 🏊 A/C 🍴 P
STORICO · MEDITERRANEO Immersa nel verde della campagna iblea, un bella
masseria ristrutturata ed ampliata: tipica corte interna con zone relax, piscina e
vasche idromassaggio con acqua riscaldata. Sullo sfondo, i riflessi argentei degli
ulivi.
34 cam ⌷ – ♦70/130 € ♦♦80/160 €

contrada Porcari, (S.S. 287 al km 16,5), Nord: 9 km – 𝒞 *0931 813019*
– www.masseriadegliulivi.com – Aperto 20 marzo-22 ottobre

🏨 Seven Rooms Villadorata 🆕   🔄 A/C 🍴 P
DIMORA STORICA · GRAN LUSSO Nel centro storico, spettacolare struttura ricavata all'interno di un palazzo nobiliare del XVII secolo e ampliato nell'Ottocento
con l'ala che ospita il Seven Rooms. Elegantissime camere arredate con uno squisito mix di antico e moderno, straordinari saloni e una panoramica terrazza per le
colazioni nella bella stagione.
8 cam ⌷ – ♦149/449 € ♦♦149/449 €

via C. B. Cavour 53 – 𝒞 *0931 835575 – www.7roomsvilladorata.it – Aperto
Pasqua-3 novembre*

a Lido di Noto Sud-Est : 7,5 km ⊠ 96017 – Noto

🏡 La Corte del Sole   🕊 🐾 ⬅ 🛬 🏊 A/C 🍴 P
CASA DI CAMPAGNA · MEDITERRANEO Tipica struttura siciliana ottocentesca
con baglio interno: camere accoglienti, possibilità di massaggi classici e ayurvedici, ristorante panoramico con giardino-terrazza su campagna e mare. Nel vecchio frantoio viene servita la colazione.
34 cam ⌷ – ♦128/238 € ♦♦128/238 €

contrada Bucachemi, località Eloro-Pizzuta – 𝒞 *0931 820210*
– www.lacortedelsole.it – Aperto 27 dicembre-6 gennaio e 1° marzo-15 novembre

🏠 Villa Mediterranea

FAMILIARE · MEDITERRANEO Il nome la descrive in pieno: una bianca villa mediterranea riconvertita in albergo familiare con camere semplici e grazioso ristorante serale. Attraversata la strada, si è già in spiaggia!

15 cam ☵ – †58/128 € ††78/168 €

viale Lido – 𝒞 0931 812330 – www.villamediterranea.it
– Aperto 18 maggio-21 ottobre

🏨 Zahir ⓝ

CASA DI CAMPAGNA · ELEGANTE Ad una passeggiata dalla spiaggia, è una nuova costruzione in tipico stile siciliano tra uliveti e mandorleti. Le camere sono eleganti, curate nei dettagli e nella scelta dei materiali, particolarmente belle le maioliche dei bagni.

6 cam ☵ – †110/200 € ††110/200 €

contrada Bucachemi, località Eloro-Pizzuta – 𝒞 331 876 5259
– www.zahircountryhouse.it

NOVACELLA NEUSTIFT
Bolzano – ✉ 39040 – Alt. 590 m – Carta regionale n° **19**-C1
Carta stradale Michelin 562-B16

🏨 Pacherhof

FAMILIARE · ACCOGLIENTE Splendidamente incorniciata dai vigneti dei bianchi dell'Alto Adige, questa bella casa in stile garantisce piacevoli soggiorni conditi con una sana eleganza agreste. Cucina servita in tre caratteristiche stube di cui una è tra le più antiche della regione; piacevole piscina all'aperto riscaldata.

22 cam – solo ½ P 78/115 € – 5 suites

vicolo Pacher 1, località Varna – 𝒞 0472 835717 – www.pacherhof.com – Chiuso 15 gennaio-16 marzo

NOVAFELTRIA
Rimini (RN) – ✉ 47863 – 7 164 ab. – Alt. 275 m – Carta regionale n° **5**-D3
Carta stradale Michelin 563-K18

🍴 Del Turista-da Marchesi

CUCINA REGIONALE · CONTESTO TRADIZIONALE Tra Marche e Romagna, un rifugio per chi riconosce la buona cucina, quella attenta a ciò che la tradizione ha consegnato. Piacevole l'ambiente, di tono turistico, riscaldato da un caminetto in pietra. Specialità: tortelloni al burro fuso e tartufo, faraona alle mele e sidro, crema catalana.

🍽 Menu 20/30 € – Carta 19/51 €

località Cà Gianessi 7, Ovest: 4 km – 𝒞 0541 920148 – www.damarchesi.it
– Chiuso 23-30 giugno, 1°-7 settembre e martedì escluso agosto

NOVA LEVANTE WELSCHNOFEN
Bolzano – ✉ 39056 – 1 925 ab. – Alt. 1 182 m – Carta regionale n° **19**-D3
Carta stradale Michelin 562-C16

🌸 Johannes-Stube

CUCINA MODERNA · INTIMO È' il gioiello dell'albergo Engel: per la romantica bellezza della Stube storica in cui si svolge il servizio, nonché per la qualità della cucina. In sala il giovane figlio Johannes, esperto di vini, vi orienterà alla scelta.
→ Stinco di manzo wagyu, fagottini ripieni con pesci d'acqua dolce, mosto ridotto. Cervo in due atti, ossobuco, radici, patate dolci, gremolata di funghi. Piselli verdi e cioccolato bianco, strauben (frittelle dolci) e salvia selvatica.

Menu 90/130 € – Carta 65/97 €

Hotel Engel, via San Valentino 3 – 𝒞 0471 613131 (prenotazione obbligatoria)
– www.hotel-engel.com – solo a cena – Chiuso 3 aprile-2 giugno, domenica, lunedì e martedì

 **Engel** ✿ ⌀ ⪪ 🛏 🎿 🖥 📶 ⅏ ⅃⅄ ✕ 🔒 ⅄ **P**

LUSSO · STILE MONTANO Albergo dal 1862, ora gestito dalla quinta generazione, continui interventi ne hanno fatto una delle strutture più eleganti della zona. Ampie camere in stile alpino ma con tocchi personalizzati, anche la qualità del servizio è tra i punti forti dell'Engel.

63 cam – solo ½ P 130/190 € – 4 suites

via San Valentino 3 – ℰ 0471 613131 – www.hotel-engel.com
– Chiuso 10 aprile-25 maggio

❀ **Johannes-Stube** – Vedere selezione ristoranti

NOVA PONENTE DEUTSCHNOFEN

Bolzano – ✉ 39050 – 3 883 ab. – Alt. 1 357 m – Carta regionale n° **19**-D3
Carta stradale Michelin 562-C16

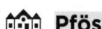 **Pfösl** ✿ ⌀ ⪪ 🛏 🖥 📶 ⅏ ⅃⅄ 🔒 ⅄ **P**

SPA E WELLNESS · ELEGANTE Grande casa in stile montano ristrutturata con gusto moderno, in mezzo al verde, con incantevole veduta delle Dolomiti; camere rinnovate di recente, bel centro relax. Per soddisfare l'appetito si può optare per la sala con vista sulla valle o per la stube.

40 cam ⊑ – ♦250/400 € ♦♦250/400 € – 10 suites

via rio Nero 2, Est: 1,5 km – ℰ 0471 616537 – www.pfoesl.it – Aperto
7 dicembre-2 aprile e 10 giugno-15 novembre

a Obereggen / San Floriano Sud-Est: 5 km

🍴 **Gourmetstube**

CUCINA MODERNA · ROMANTICO XxX Il nome è il biglietto da visita del ristorante: una Stube storica, splendido intarsio di legno, dove si officina una cucina gourmet, creativa e di alto livello, per pochi romantici tavoli.

Menu 68/89 € – Carta 46/79 €

Hotel Sonnalp, Obereggen 28 – ℰ 0471 615842 (prenotazione obbligatoria)
– www.sonnalp.com – solo a cena – Aperto 7 dicembre-8 aprile
e 8 giugno-7 ottobre; chiuso domenica e lunedì

 **Sonnalp** ✿ ⌀ ⪪ 🎿 🖥 📶 ⅏ ⅃⅄ ⅄ 🔒 🚗

SPA E WELLNESS · STILE MONTANO In una zona tranquilla e rialzata del paese, con le piste da sci che vi passano proprio sotto gli occhi, tra i prati l'estate, qui troverete le tipiche e calorose atmosfere alpine, ma se preferite un tocco di modernità, prenotate le camere più recenti.

31 cam – solo ½ P 109/170 € – 7 suites

Obereggen 28 – ℰ 0471 615842 – www.sonnalp.com – Aperto 7 dicembre-8 aprile
e 8 giugno-7 ottobre

🍴 **Gourmetstube** – Vedere selezione ristoranti

Cristal ⓝ ✿ ⌀ ⪪ 🎿 🖥 📶 ⅏ ⅃⅄ 🔒 🏂 🚗

FAMILIARE Dopo importanti lavori di potenziamento, l'albergo torna a pieno titolo a far parlare di sé: capienza raddoppiata, spazi comuni curati ed una strepitosa nuova spa.

70 cam – solo ½ P 101/200 € – 20 suites

Obereggen 31 – ℰ 0471 615511 – www.hotelcristal.com
– Aperto 8 dicembre-8 aprile e 14 giugno-7 ottobre

Maria ✿ ⪪ 🛏 🖥 📶 ⅏ ⅃⅄ 🔒 🏊 🚗

FAMILIARE · STILE MONTANO Affacciato sulla strada, ma quasi tutte le camere aprono le finestre sulle verdi montagne del retro. Particolarmente indicato per chi è in vacanza con i bambini che troveranno tante opportunità per divertirsi e personale che se ne occupa.

25 cam – solo ½ P 85/155 €

Obereggen 12 – ℰ 0471 615772 – www.hotel-maria.it – Aperto 1° dicembre-15 aprile
e 1° giugno-25 ottobre

NOVARA

(NO) - ✉ 28100 - 104 380 ab. - Alt. 162 m - Carta regionale n° **12**-C2
Carta stradale Michelin 561-F7

🕸️ **Tantris** (Marta Grassi) ⇦ ⚕ 🆔 🌂

CUCINA CREATIVA · ELEGANTE XxX Un'unica sala, moderna ed elegante, e una
carta che vi invita ad un viaggio gastronomico creativo, dagli accostamenti a
volte originali, sia di terra che di mare.

→ Risotto al limone, bufala, triglie e scorzette candite. Rombo, parmentier di
mare con porri, patate, mele e emulsione di carota. Liquirizia e menta con granita
al vermouth.

Menu 65/90 € - Carta 63/97 €

2 cam 🛏️ - ♦80/90 € ♦♦120/130 €

corso Risorgimento 384, Nord: 3 km
- 𝒞 0321 657343 (consigliata la prenotazione) - www.ristorantetantris.com
- Chiuso 1°-5 gennaio e 3 settimane in agosto, domenica sera e lunedì

🍽️ **Cannavacciuolo Cafè & Bistrot** 🏠 🆔

CUCINA MODERNA · BISTRÒ XX E' il neonato del blasonato chef che dopo
qualche anno di ristrutturazione ha visto sorgere questa piacevole realtà in
pieno centro. In una porzione del teatro Coccia, al pian terreno ci s'imbatte
nel bar-pasticceria che propone un easy lunch e dinner anch'esso piuttosto
frugale. Se mezzanino e secondo sono appannaggio del bistrot, bello e molto
curato nei suoi ambienti e arredi, la punta di diamante è sicuramente l'ampia
balconata per il servizio estivo con tavoli e divanetti: nella bella stagione, the
place to be.

Menu 38/60 € - Carta 49/87 €

Piazza Martiri della Libertà, 1 - 𝒞 0321 612109 (consigliata la prenotazione)
- www.cannavacciuolobistrot.it - Chiuso 2 settimane in agosto e lunedì

🍽️ **Cà Restaurant & Resort** 🏖️ 🏠 🛋️ 🆔 🅿️

CUCINA MODERNA · DI TENDENZA XX Siamo già in campagna, sebbene la città
disti poco, per questo locale moderno con curato dehors: ottimo per una cena
glamour o per un pranzo d'affari, la sua cucina cavalca l'onda della modernità.

🍴 Menu 17 € (pranzo in settimana) - Carta 32/70 €

via Case Sparse di Santa Rita 6, per via Valsesia - A1 - 𝒞 0321 612414 (consigliata
la prenotazione) - www.cavallotta.com - Chiuso lunedì

🏨 **La Bussola** 🏠 ⊡ ⚕ 🆔 🧖

TRADIZIONALE · ELEGANTE Albergo dallo stile ricercato, un po' barocco, con
zone comuni che abbondano di preziosi divanetti, statue liberty ed orologi antichi
(vera passione del titolare-collezionista). Generosità di metri quadrati nelle
camere e nei bagni. Curato ristorante di tono elegante.

93 cam 🛏️ - ♦89/189 € ♦♦114/250 € - 3 suites

via Boggiani 54 - 𝒞 0321 450810 - www.labussolanovara.it

🏨 **Cavour** 🏋️ 🧖 ⊡ ⚕ 🆔 🧖 🚗

BUSINESS · MODERNO La bella hall con ampie vetrate affacciate sul piazzale
della stazione anticipa lo stile moderno dell'hotel. Taglio contemporaneo e soluzioni di design anche nelle camere, dove il minimalismo delle testiere in legno
wengè s'intreccia con l'eleganza degli armadi in legno laccato bianco.

38 cam 🛏️ - ♦70/150 € ♦♦75/200 €

via San Francesco d'Assisi 6 - 𝒞 0321 659889 - www.hotelcavournovara.com

NOVA SIRI MARINA

Matera - ✉ 75020 - 6 775 ab. - Carta regionale n° **2**-D3
Carta stradale Michelin 564-G31

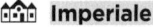 Imperiale

TRADIZIONALE · CLASSICO Imponente struttura con ampi spazi per meeting e banchetti, nonché piacevoli aree comuni in stile contemporaneo. Anche le confortevoli camere ripropongono la modernità della risorsa.

31 cam ☲ – †60/75 € ††90/120 €

via Pietro Nenni – ☎ 0835 536900 – www.imperialehotel.it – Chiuso inizio novembre-fine febbraio

NOVE

Vicenza (VI) – ✉ 36055 – 5 038 ab. – Alt. 91 m – Carta regionale n° **23**-B2
Carta stradale Michelin 562-E17

 Momi

CUCINA MODERNA · DI TENDENZA ХХ Ristorante all'ultimo piano dell'hotel, uno splendido panorama su Marostica e dintorni vi accompagnera per una cena con sfiziosi piatti in un ambiente decisamente alla moda.

Carta 40/75 €

Hotel Le Nove, via Rizzi 51
– ☎ 0424 590947 – www.momirestaurant.it – solo a cena escluso domenica
– Chiuso 1°-8 gennaio e 12-29 agosto

Le Nove

BUSINESS · DESIGN Tra Marostica e Bassano del Grappa, camere ampie con connessione wi-fi gratuita e concept moderno in un hotel dagli ambienti minimal, impreziositi però da ceramiche locali.

37 cam ☲ – †75/85 € ††80/99 €

via Rizzi 51 – ☎ 0424 590947 – www.lenovehotel.it

‖○ **Momi** – Vedere selezione ristoranti

NOVENTA DI PIAVE

Venezia – ✉ 30020 – 6 985 ab. – Carta regionale n° **23**-A1
Carta stradale Michelin 562-F19

‖○ Guaiane

PESCE E FRUTTI DI MARE · RUSTICO ХХ Tradizionale casa di campagna che si è creata una meritata fama per la qualità del pesce, dal crudo alla cottura su brace di legna. C'è anche un'osteria per chi preferisce piatti più semplici.

Menu 50 € – Carta 33/75 €

via Guaiane 146, Est: 2 km – ☎ 0421 65002 – www.guaiane.com – Chiuso 1°-5 gennaio, 3 settimane in agosto, martedì sera e lunedì

NOVENTA PADOVANA

Padova – ✉ 35027 – 11 265 ab. – Alt. 13 m – Carta regionale n° **23**-C3
Carta stradale Michelin 562-F17

‖○ Boccadoro

CUCINA REGIONALE · AMBIENTE CLASSICO ХХ Un'intera famiglia al lavoro per proporvi il meglio di una cucina legata al territorio e alle stagioni, in un ambiente curato e piacevole. Degna di nota, la cantina.

Menu 26 € (pranzo in settimana)/60 € – Carta 35/71 €

via della Resistenza 49 – ☎ 049 625029 – www.boccadoro.it
– Chiuso 1°-15 gennaio, 12- 28 agosto e mercoledì

NOVENTA VICENTINA

Vicenza – ⊠ 36025 – 8 947 ab. – Alt. 16 m – Carta regionale n° **23**-B3
Carta stradale Michelin 562-G16

🍴 Alla Busa 😋 ⇆ 🦢 🏠 ⅚ 🅰🅲 🕳 🅿

CUCINA REGIONALE · CONTESTO TRADIZIONALE ✕✕ Nel centro storico, struttura a tradizione familiare ampliatasi nel tempo fino alle attuali quattro sale decorate con quadri realizzati dal titolare stesso, nonché attiguo spazio giochi per intrattenere i piccoli ospiti mentre i genitori cenano. Piatti veneti, i capisaldi del menu e, la sera, anche pizza.

Menu 26/30 € – Carta 26/52 €

18 cam � – ♦55/65 € ♦♦85/100 € – 1 suite

corso Matteotti 70 – ☏ 0444 887120 – www.alla-busa.it – Chiuso lunedì

NOVERASCO Milano → Vedere Opera

NUMANA

Ancona – ⊠ 60026 – 3 775 ab. – Carta regionale n° **11**-D1
Carta stradale Michelin 563-L22

🍴 La Torre ≼ 🏠 🅰🅲

CUCINA CREATIVA · MINIMALISTA ✕✕ In prossimità del belvedere, il ristorante offre una spettacolare vista a 180° del litorale. Cucina eclettica: si passa dalle tradizionali grigliate dell'Adriatico a piatti più estrosi.

Menu 40 € – Carta 30/53 €

via La Torre 1 – ☏ 071 933 0747 – www.latorrenumana.it

🏠 Scogliera ☆ ≼ 🍺 🗻 ⊡ 🅰🅲 🅿

TRADIZIONALE · FUNZIONALE In prossimità del centro e del porto turistico, a ridosso della scogliera di Numana, hotel a conduzione familiare con camere confortevoli, che fa della cucina regionale - soprattutto di mare - il proprio punto di forza.

36 cam ⊒ – ♦70/131 € ♦♦100/190 €

via del Golfo 21 – ☏ 071 933 0622 – www.hotelscogliera.it – Aperto 29 marzo-10 ottobre

🏠 Eden Gigli ☆ 🦢 ≼ 🛏 🗻 🗔 🕰 ✕ 🥃 🔥 🚗

TRADIZIONALE · MEDITERRANEO Nel centro storico, ma già immerso in un giardino digradante su un'incantevole spiaggia incastonata fra le rocce bianche, camere confortevoli nella loro squisita semplicità. Cucina classica nelle sale ristorante: una semplice, l'altra moderna.

40 cam ⊒ – ♦70/105 € ♦♦140/190 €

viale Morelli 11 – ☏ 071 933 0652 – www.giglihotels.com – Aperto Pasqua-30 settembre

🏠 La Spiaggiola ☆ 🦢 ≼ 🥃 🅰🅲 🕳 🅿

FAMILIARE · FUNZIONALE Al termine di una strada chiusa, che conduce al mare, l'albergo si trova proprio di fronte alla spiaggia. Camere semplici, ma confortevoli e un ristorante - tra terra e mare - dove rinfrescarsi con insalatone, lasciando che la vista spazi sulla distesa blu.

21 cam ⊒ – ♦60/80 € ♦♦70/140 €

via Colombo 12 – ☏ 071 736 0271 – www.laspiaggiola.it – Aperto Pasqua-30 settembre

OBEREGGEN / SAN FLORIANO Bolzano → Vedere Nova Ponente

ODERZO

Treviso – ⊠ 31046 – 20 379 ab. – Alt. 13 m – Carta regionale n° **23**-A1
Carta stradale Michelin 562-E19

✿ **Gellius** (Alessandro Breda)　　　　　　　　　　　　🕸 AC

CUCINA MODERNA · CONTESTO STORICO ✕✕✕ Cucina moderna, a tratti creativa, in un ambiente unico: metà ristorante, metà museo con resti archeologici
d'epoca romana, la stessa atmosfera intrigante non risparmia il bistrot Nyù,
che propone piatti più semplici - express made - alla piastra.

→ Lasagnetta gratinata all'amatriciana, cacio e pepe. Piccione in casseruola, croc-
chetta peverada e lattuga arrosto. Semifreddo alla banana e caramello.

Menu 75 € – Carta 64/92 €

*calle Pretoria 6 – ☏ 0422 713577 – www.ristorantegellius.it
– Chiuso 2 settimane tra gennaio-febbraio, 2 settimane tra giugno-luglio,
domenica sera e lunedì*

🏨 **Postumia Hotel Design**　　　　　　　　　🏠 ⊡ 🕭 AC 🛁 P

BUSINESS · MODERNO In pieno centro, ma con parcheggio privato videosorve-
gliato, un hotel dal design moderno, personalizzato con opere di artisti trevisani
ed accessori rari. *L'art de bien vivre* caratterizza anche le camere, che dispongono
di aroma e cromoterapia. Il Bully's è un moderno locale serale: una sorta di
bistrot ribattezzato "prosciutteria".

28 cam � – 🛏75/108 € 🛏🛏130/150 € – 1 suite

*via Cesare Battisti 2 – ☏ 0422 713820 – www.postumiahoteldesign.it – Chiuso
21 dicembre-10 gennaio e 8-31 agosto*

OLANG VALDAORA

OLBIA Sardegna

(OT) – ✉ 07026 – 59 368 ab. – Carta regionale n° **16**-B1
Carta stradale Michelin 366-S38

🍴 **Officina del Gusto** 🆕　　　　　　　　　　　🛖 AC

CUCINA MEDITERRANEA · ACCOGLIENTE ✕✕ Piccolo ristorante del centro storico, dove l'ambiente è una riuscita sintesi di rustico e contemporaneo; sulla
piazza il suggestivo dehors estivo. La cucina propone piatti della tradizione italiana elaborati in chiave moderna.

Carta 33/73 €

*piazza Matteotti 1 – ☏ 0789 28701 (consigliata la prenotazione)
– www.leofficinedelgusto.it – solo a cena in giugno-agosto – Chiuso gennaio
e domenica*

🍴 **L'Essenza Bistrot** 🆕　　　　　　　　　　　🛖 AC

CUCINA MEDITERRANEA · BISTRÒ ✕ Accogliente ed originale bistrot-ristorante
del centro storico: le pareti rivestite in sasso sono un richiamo alle architetture
del territorio, mentre la cucina ha un taglio più contemporaneo.

Menu 45/60 € – Carta 48/67 €

*via delle Terme 10 – ☏ 0789 25594 (consigliata la prenotazione)
– www.essenzabistrot.it – Chiuso domenica e lunedì escluso 15 maggio-31 ottobre*

🏨 **Panorama**　　　　　　　　　🛋 ⅃ゟ ⊡ 🕭 AC 🍽 P

TRADIZIONALE · ACCOGLIENTE Nel centro storico, camere spaziose, materiali di
pregio e bagni in marmo sono i punti di forza dell'albergo, insieme ad una terrazza con sdraio prendisole e vista a 360° su Olbia.

34 cam ⊡ – 🛏70/170 € 🛏🛏85/190 €

via Mazzini 7 – ☏ 0789 26656 – www.hotelpanoramaolbia.it

🏨 **La Locanda Del Conte Mameli**　　　　　　　⊡ AC 🍽 P

CASA PADRONALE · PERSONALIZZATO A pochi passi dall'elegante e commerciale corso Umberto, un'aristocratica dimora ottocentesca dai raffinati interni
offre un "rifugio" di grande confort al viandante di passaggio; piccoli appartamenti per chi predilige una formula di soggiorno diversa nel residence di fronte.

8 cam ⊡ – 🛏65/160 € 🛏🛏70/199 €

via delle Terme 8 – ☏ 0789 23008 – www.lalocandadelcontemameli.com

🏠 Cavour ☰ 🖢 🗚 🅿

FAMILIARE · ACCOGLIENTE Dall'elegante ristrutturazione di un edificio d'epoca del centro storico è nato un hotel dai sobri interni rilassanti, arredati con gusto; parcheggio e piccolo solarium.

21 cam ☲ – ∲50/65 € ∲∲75/120 €

via Cavour 22 – ℰ 0789 204033 – www.hotelcavourolbia.it

sulla strada Panoramica Olbia-Golfo Aranci per - B1

🏠🏠🏠 The Pelican Beach Resort ♤ ♨ ⟨ 🛏 ⅃ ⑨ 🖾 🝤 🖢 🗚 🚗

TRADIZIONALE · MEDITERRANEO Circondata da un verde giardino, questa bella risorsa si divide in due strutture: l'edificio principale "casa garden" e la villa sul mare "casa beach". Camere confortevoli in entrambe le costruzioni. Al ristorante oltre al menu degustazione, la carta offre specialità locali e di pesce. Attenzione: per assicurare il relax e la tranquillità dei propri ospiti, la direzione accetta prenotazioni solo per adulti.

61 cam ☲ – ∲165/345 € ∲∲340/560 € – 4 suites

via Mar Adriatico 34, località Pittulongu, Nord-Est: 7 km – ℰ 0789 39094
– www.thepelicanbeachresort.it – Aperto 1° maggio-30 settembre

🏠🏠 Stefania ♤ ⟨ 🛏 ⅃ 🖾 🝤 ☰ 🗚 ⁂ 🜨 🅿

TRADIZIONALE · MEDITERRANEO A pochi passi dal mare, in un grande baia di fronte l'imponente e spettacolare isola di Tavolara, struttura di taglio arabo-moresco con ampio e curato giardino, piscina panoramica, camere spaziose.

43 cam ☲ – ∲97/231 € ∲∲129/291 €

località Pittulongu, Nord-Est: 6 km – ℰ 0789 39027 – www.stefaniahotel.it
– Aperto 15 aprile-20 ottobre

all'aeroporto Pianta: B2

🍴 Bacchus 🏠 🖢 🗚 ⁂ 🅿

CUCINA MODERNA · MINIMALISTA ✕✕ Ideale se si è di passaggio in città, ocale moderno, fresco e giovane, per una cucina che spazia dal territorio a preparazioni di pesce più sfiziose. Clima permettendo, optate per un tavolo nella bella terrazza affacciata sulla piscina.

🍴 Menu 25/15 € – Carta 27/65 €

Hotel Jazz, via degli Astronauti 2 – ℰ 0789 651010 – www.bacchusristorante.it
– Chiuso domenica escluso maggio-settembre

🏠🏠🏠 Jazz Hotel ⅃ 🝤 🖾 ☰ 🖢 🗚 🜨 🚗

BUSINESS · MODERNO Sono carinissime, spaziose e ben insonorizzate, le camere di questo design hotel che, grazie al suo ampio parcheggio e alle moderne installazioni, risulta particolarmente adatto ad una clientela business.

72 cam ☲ – ∲69/299 € ∲∲69/299 € – 3 suites

via degli Astronauti 2 – ℰ 0789 651000 – www.jazzhotel.it

🍴 **Bacchus** – Vedere selezione ristoranti

sulla strada statale 125 per Nuoro - B2- Sud-Est: 10 km

🍴 S'Ollastu 🏠 🗚 🅿

PESCE E FRUTTI DI MARE · STILE MEDITERRANEO ✕✕ Nella bella terrazza estiva o nelle raccolte e accoglienti sale interne, la cucina si basa sui sapori regionali arricchendoli - di tanto in tanto - con un pizzico di fantasia.

Menu 35/120 € – Carta 42/144 €

Hotel Ollastu, località Costa Corallina – ℰ 0789 36744 – www.ollastu.it – Aperto 10 marzo-4 novembre

🏨 Ollastu   🦡 🗜 ✖ 🔬 🖨 AC 🛁 P

RESORT · MEDITERRANEO In posizione panoramica sovrastante il promontorio, una costruzione in stile mediterraneo ospita ampi ambienti di moderna eleganza, piscina, campi da tennis e da calcetto.

48 cam ⌂ – 🛏80/500 € 🛏🛏100/600 € – 10 suites

località Costa Corallina ✉ 07026 Olbia
– ✆ 0789 36744 – www.ollastu.it
– Aperto 10 marzo-4 novembre

🍴 **S'Ollastu** – Vedere selezione ristoranti

a Porto Rotondo Nord: 15,5 km per Arzachena B1 ✉ 07020

🏨 Sporting   🏝 🦡 ⇐ 🛏 🗜 🔬 🔥 AC P

GRAN LUSSO · ACCOGLIENTE Cuore della mondanità, un elegante villaggio mediterraneo con camere simili a villette affiancate, affacciate sul giardino o splendidamente proiettati sulla spiaggetta privata. In sala e soprattutto in veranda, la tradizione regionale a base di pesce rivisitata con creatività.

46 cam ⌂ – 🛏379/1240 € 🛏🛏472/1560 € – 1 suite

via Clelia Donà dalle Rose 16
– ✆ 0789 34005 – www.sportingportorotondo.com
– Aperto 21 maggio-25 settembre

OLEGGIO CASTELLO

Novara – ✉ 28040 – 2 036 ab. – Alt. 293 m – Carta regionale n° **13**-A2
Carta stradale Michelin 561-E7

🍴 Bue D'Oro   🛖 P

CUCINA CLASSICA · CONTESTO TRADIZIONALE ✕✕ Ambiente rustico-elegante, per una cucina che segue le stagioni: in autunno, predominanza di carne abbinata a funghi, tartufi, etc., nelle altre stagioni prevalenza di pesce. Un grazioso dehors, vi attende se il tempo lo permette!

Carta 32/58 €

via Vittorio Veneto 2
– ✆ 0322 53624 – www.buedoro.it – Chiuso mercoledì

🏨 Castello dal Pozzo   🏝 🛏 🖨 🔥 AC 🛁 🚗

DIMORA STORICA · PERSONALIZZATO Ambienti storici di grande fascino per una realtà che ha origini intorno all'anno 1000: camere nel palazzo padronale e otto "chicche" nel vero e proprio castello (visitabile anche con la guida del marchese). Il tutto circondato da un grande parco.

33 cam ⌂ – 🛏128/260 € 🛏🛏178/308 € – 6 suites

via Visconti 8 – ✆ 0322 53713 – www.castellodalpozzo.com – Aperto 10 marzo-12 novembre

OLEVANO ROMANO

Roma – ✉ 00035 – 6 687 ab. – Alt. 571 m – Carta regionale n° **7**-C2
Carta stradale Michelin 563-Q21

🍴 Sora Maria e Arcangelo   🎎 🛖 AC ⇕

CUCINA REGIONALE · RUSTICO ✕✕ Scendete le scale per raggiungere le sale ricche di atmosfera, situate negli stessi spazi in cui un tempo si trovavano i granai. Dalla cucina, piatti da sempre legati alle tradizioni con un'attenta ricerca di prodotti genuini e di qualità, possibilmente km zero.

Menu 35 € – Carta 37/43 €

via Roma 42 – ✆ 06 956 4043 – www.soramariaearcangelo.com
– Chiuso 1°-10 febbraio, 10-29 luglio, domenica sera, lunedì e mercoledì

OLGIATE OLONA

Varese – ✉ 21057 – 12 394 ab. – Alt. 239 m – Carta regionale n° **10**-A2
Carta stradale Michelin 561-F8

⁣ Ma.Ri.Na. (Rita Possoni)　　　　　　　Ⓐ ⇔ 🅿

PESCE E FRUTTI DI MARE · ELEGANTE ⵣⵣ Dopo 40 anni di attività, le specialità di pesce - generalmente proposte in maniera classica - cedono talvolta il destro ad interpretazioni molto fantasiose ed insolite. Sicuramente, un caposaldo della ristorazione in provincia!

→ Trofie con pesto leggero, vongole veraci, crostacei e pecorino di fossa. Scampi alla santoreggia e purea di patate. Gelato al fiordilatte con fragoline di bosco e zabaione allo zibibbo.

Menu 120/140 € – Carta 73/143 €

piazza San Gregorio 11 – ℰ 0331 640463 – solo a cena escluso i giorni festivi – Chiuso 24 dicembre-4 gennaio, 8 agosto-8 settembre e mercoledì

in prossimità uscita autostrada di Busto Arsizio Nord-Ovest : 2 km:

⁣🅞 Idea Verde　　　　　　　　　🖨 🏡 ♿ Ⓐ ⇔ 🅿

PESCE E FRUTTI DI MARE · ALLA MODA ⵣⵣ Continua a preferire il mare, la cucina di questo allegro locale dalle ampie vetrate, immerso in un tranquillo giardino.

Menu 26 € (pranzo in settimana)/60 € – Carta 46/90 €

via San Francesco 17/19 – ℰ 0331 629487 – www.ristoranteideaverde.it – Chiuso 26 dicembre-5 gennaio e 12-31 agosto, sabato a mezzogiorno e domenica

OLIENA Sardegna

Nuoro – ✉ 08025 – 7 145 ab. – Alt. 379 m – Carta regionale n° **16**-B2
Carta stradale Michelin 366-R42

⁣ Sa Corte　　　　　　　　　　⇦ 🏡 🏠 Ⓐ

CUCINA SARDA · FAMILIARE ⵣ La tradizione gastronomica nuorese è presentata al meglio in questo locale rustico che propone squisite paste, ottime carni e profumati vini sardi. I nostri piatti preferiti? Raviolini in salsa di arancia e pecorino - capretto e maialetto allo spiedo - biancomangiare con vincotto e mandorle croccanti di Oliena.

Menu 28/50 € – Carta 25/49 €

10 cam ⌂ – ♦60 € ♦♦80/100 €

via Nuoro 143 – ℰ 0784 187 6131 (consigliata la prenotazione) – www.sacorte.it – Chiuso 10 gennaio-29 febbraio

⁣🅞 Enis　　　　　　　　　　　　⇦ 🍸 ⇦ 🏠 🅿

CUCINA REGIONALE · SEMPLICE ⵣ Immerso in un bosco di lecci secolari, ristorante-pizzeria con proposte di cucina regionale. Dispone anche di alcune camere semplici ma confortevoli, dalle quali si ha una bella vista sulle cime.

🍴 Menu 24/38 € – Carta 21/43 €

17 cam ⌂ – ♦45/56 € ♦♦79/92 €

località Monte Maccione, Est: 4 km – ℰ 0784 288363 (consigliata la prenotazione) – www.coopenis.it

alla sorgente Su Gologone Nord-Est : 8 km

⁣ Su Gologone　　　　　　　🖇 ⇦ 🖨 🏠 Ⓐ ⇔ 🅿

CUCINA SARDA · CONTESTO TRADIZIONALE ⵣⵣ Tre sale, scegliere la più suggestiva non è facile: quella con immenso camino per assistere alla cottura del celebre porceddu, quella più intima dedicata ad una celebre ceramista, o ancora quella di un pittore sardo. Comunque sia, il ristorante si fa scrupolo di seguire e ricercare la tradizione sarda, ovviamente dell'entroterra.

Carta 35/61 €

Hotel Su Gologone ✉ 08025 – ℰ 0784 287512 – www.sugologone.it – Aperto inizio marzo-fine novembre

🏨 **Su Gologone** 　　　　　🕭 ⪕ 🛏 ⛾ 🏊 ⅋ AC ⅏ P

RESORT · PERSONALIZZATO A Su Gologone da oltre mezzo secolo, la struttura è sicuramente una delle migliori dell'isola. Indirizzo giusto per vivere un'esperienza all'insegna dell'arte sarda nelle sue molteplici applicazioni: ceramiche, tessuti, sculture e tanto altro ancora...

61 cam ☑ – ⧫160/330 € ⧫⧫210/380 € – 12 suites

⊠ 08025 – ℰ 0784 287512 – www.sugologone.it – Aperto inizio marzo-fine novembre

🍴 **Su Gologone** – Vedere selezione ristoranti

OLMO Firenze ➔ Vedere Fiesole

OLMO Perugia (PG) ➔ Vedere Perugia

ONEGLIA Imperia ➔ Vedere Imperia

OPI

L'Aquila – ⊠ 67030 – 420 ab. – Alt. 1 250 m – Carta regionale n° **1**-B3
Carta stradale Michelin 563-Q23

sulla strada statale 83-bivio per Forca D'Acero Sud : 1 km

🍴 **La Madonnina** 　　　　　🖾 ⅊ 🕭

CUCINA ABRUZZESE · FAMILIARE ⅄ Ai piedi di Opi, bar-trattoria a gestione familiare specializzato in carni alla griglia, ma con un'appetitosa selezione di salumi, formaggi e paste fresche in lista. Specialità: ravioli di ricotta di pecora - agnello alla brace - tiramisù.

Carta 19/40 €

via Forca D'Acero – ℰ 0863 912714 – Chiuso lunedì

ORBASSANO

Torino – ⊠ 10043 – 23 188 ab. – Alt. 273 m – Carta regionale n° **12**-A1
Carta stradale Michelin 561-G4

Pianta d'insieme di Torino

🍴 **Casa Format** 　　　　　⇦ ⅊ AC P

CUCINA MODERNA · DESIGN ⅄⅄ Un nuovo progetto di cucina e ospitalità responsabile che si declina in tutte le sue possibili varianti: dalla struttura vera e propria all'orto, passando per la selezione dei fornitori, tutto è pensato per un futuro più sostenibile mettendo in risalto la qualità delle scelte fatte. Moderne camere per completare il soggiorno.

Menu 38 € – Carta 33/58 €

5 cam ☑ – ⧫120/150 € ⧫⧫120/150 €

Pianta: 1B3-a – Via Giordano Bruno 13, localita Tetti Valfrè, Est: 4 km
– ℰ 011 903 5436 – www.casaformat.it – Chiuso 1°-22 gennaio e mercoledì

ORBETELLO

Grosseto – ⊠ 58015 – 14 878 ab. – Carta regionale n° **18**-C3
Carta stradale Michelin 563-O15

🍴 **L'Oste Dispensa** 🅝 　　　　　⪕ AC

CUCINA DEL TERRITORIO · CONVIVIALE ⅄ Locale annesso all'hotel di famiglia dove si gusta una cucina prettamente locale e di laguna, con la possibilità di acquistare anche tanti prodotti fatti casa (marmellate, biscotti...), nonché eccellenze del territorio, ma non solo. Specialità: spaghetti alla chitarra con bottarga di Orbetello - Stocchetto di ficamaschia in umido.

⊜ Menu 25/35 € – Carta 33/44 €

strada provinciale Giannella 113, Ovest : 7 Km – ℰ 0564 820085
– www.ostedispensa.it – Chiuso 23 dicembre-28 febbraio e mercoledì

ORIAGO Venezia → Vedere Mira

ORISTANO **Sardegna**
(OR) – ✉ 09170 – 31 630 ab. – Carta regionale n° **16**-A2
Carta stradale Michelin 366-M44

🏠 **Mistral 2** ✿ ⊐ ↕ AC 🐕 🚗
BUSINESS · FUNZIONALE Non lontano dal centro, hotel di contemporanea fattura con ambienti sobri e funzionali adatti ad una clientela di lavoro. Al ristorante si propone una linea di cucina volutamente e fortemente legata alla tradizione sarda.

132 cam ⊑ – ♦35/83 € ♦♦48/106 €

via XX Settembre 34 – 𝒞 0783 210389 – www.hotelmistral2oristano.it

ORMEA
Cuneo – ✉ 12078 – 1 617 ab. – Alt. 736 m – Carta regionale n° **12**-C3
Carta stradale Michelin 561-J5

a Ponte di Nava Sud-Ovest : 6 km ✉ 12078

🕸 **Ponte di Nava-da Beppe** 🐾 ⇆ ≤ **P**
CUCINA PIEMONTESE · AMBIENTE CLASSICO ✗ Il menu riflette l'ambiguità territoriale in cui sorge Ponte di Nava, fondendo le tradizioni langarole con quelle dell'entroterra ligure. Ecco allora che dalla cucina giungono funghi e tartufi, bagna caoda, cacciagione, nonché i nostri preferiti: lasagnette di grano saraceno con patate di Ormea e fonduta di castelmagno - capriolo in civet al vino Ormeasco - gelato di castagne al rum.

🍴 Menu 20/28 € – Carta 21/53 €

15 cam – ♦35 € ♦♦60 € – ⊑ 5 €

via Nazionale 32 – 𝒞 0174 399924 (consigliata la prenotazione la sera) – www.albergopontedinava.ormea.eu – Chiuso 8 gennaio-15 marzo, martedì e mercoledì escluso luglio, agosto e giorni festivi

ORNAGO
Monza e Brianza – ✉ 20876 – 4 931 ab. – Alt. 193 m – Carta regionale n° **10**-B2
Carta stradale Michelin 561-E10

🍴 **Osteria della Buona Condotta** 🏠 AC ⇔ **P**
CUCINA LOMBARDA · CONTESTO TRADIZIONALE ✗ Un cascinale d'inizio '900, sapientemente ristrutturato, ospita questo piacevole ristorante che propone una cucina d'impronta regionale con antipasti e piatti di carne, varietà di formaggi, pesci di acqua dolce e buona selezione di vini.

Menu 30 € (pranzo) – Carta 36/62 €

via per Cavenago 2 – 𝒞 039 691 9056 – www.osteriabuonacondotta.it – Chiuso domenica sera

OROSEI **Sardegna**
Nuoro – ✉ 08028 – 7 015 ab. – Alt. 19 m – Carta regionale n° **16**-B2
Carta stradale Michelin 366-T41

🍴 **Su Barchile** ⇆ 🏠 AC
CUCINA DEL TERRITORIO · FAMILIARE ✗✗ Nella cornice della costa sarda, grazioso ristorante arredato con piacevole gusto femminile, fedele ai colori locali. Piatti derivati dalla tradizione agropastorale dell'isola, ma anche qualche ricetta di pesce, nonché pizze preparate con farine gluten-free, specialità vegane e vegetariane. Per i più golosi, piccola rivendita di composte di frutta e verdure da abbinare ai formaggi.

Menu 35/60 € – Carta 26/102 €

12 cam ⊑ – ♦34/299 € ♦♦39/399 €

via Mannu 5 – 𝒞 0784 98879 – www.subarchile.it

ORTACESUS Sardegna
Cagliari (CA) – ⊠ 09040 – 956 ab. – Carta regionale n° **16**-B3
Carta stradale Michelin 366-P46

ⅢO **Da Severino "Il Vecchio"** ⇦ 舎 ৬ 風 ⁑ 🅿

PESCE E FRUTTI DI MARE · SEMPLICE ⅩUn'intera famiglia ruota intorno al successo di questo ristorante all'ingresso del paese; diversi piatti di carne, ma la brillante nomea è stata costruita intorno al pesce. Avvolte dalla medesima familiare atmosfera, anche le semplici camere.
Menu 30 € (in settimana) – Carta 26/102 €
20 cam ⌑ – ♦45/50 € ♦♦65/75 €

via Kennedy 1 – ☏ 070 980 4197 – www.severinoilvecchio.com – Chiuso gennaio, domenica sera e lunedì

ORTA SAN GIULIO
Novara – ⊠ 28016 – 1 185 ab. – Alt. 294 m – Carta regionale n° **13**-A2
Carta stradale Michelin 561-E7

❀❀ **Villa Crespi** (Antonino Cannavacciuolo) හ ⇪ 風 ⇩ 🅿

CUCINA CREATIVA · LUSSO ⅩⅩⅩ L'ottima materia prima utilizzata dal noto chef campano si allea con tecnica e precisione estetica per creare piatti dai sapori netti e ben distinti, che valorizzano il sud e il mare. Un vero ambasciatore della cucina italiana!
➜ Riso carnaroli all'olio, vongole, timo e limone. Suprema di piccione, fegato grasso al gruè di cacao, salsa al Banyuls. Mango e carote, mela verde e sedano.
Menu 120/170 € – Carta 105/190 €

Hotel Villa Crespi, via Fava 18, Est: 1,5 km – ☏ 0322 911902 (consigliata la prenotazione) – www.villacrespi.it – Chiuso 1° gennaio-30 marzo, martedì a mezzogiorno e lunedì

❀ **Locanda di Orta** හ ⇦

CUCINA MODERNA · ROMANTICO ⅩⅩ Nel centro storico di uno dei borghi lacustri più romantici d'Italia, una cartolina d'altri tempi, questo piccolo edificio ospita un ristorante dal design moderno; in estate la terrazza panoramica offre una vista sulla località circostante. La cucina si vuole moderna.
➜ Insalata fredda di spaghetti, yuzu, gambero rosso di Mazara e caviale. Wafer di maialino, aglio nero, frutto della passione e zenzero candito. Lingotto pralinato, cioccolato, crumble e spugna di pistacchi.
Menu 45/75 € – Carta 51/105 €
9 cam ⌑ – ♦65/70 € ♦♦75/160 €

via Olina 18 – ☏ 0322 905188 (consigliata la prenotazione) – www.locandaorta.com – Chiuso 6 gennaio-14 febbraio, mercoledì a mezzogiorno e martedì

ⅢO **Ai Due Santi** 舎 ⇩

CUCINA MEDITERRANEA · CONTESTO TRADIZIONALE Ⅹ Un bel dehors sulla suggestiva piazzetta davanti all'imbarcadero per l'isola di San Giulio e due caratteristiche salette in sasso per una cucina mediterranea in sintonia con le stagioni.
Carta 28/56 €

piazza Motta 18 – ☏ 0322 90192 – www.aiduesanti.com – Chiuso febbraio, novembre e mercoledì

🏚 **San Rocco** ⇪ ॐ ⇦ ⇪ ⊥ ⊡ 風 ♨ ⌂

STORICO · FUNZIONALE In un ex monastero del '600 e villa barocca della prima metà del '700, esclusivo albergo con vista sull'isola di San Giulio. La posizione è idilliaca, gli interni signorili non sono da meno; amena terrazza fiorita in riva al lago con piscina.
71 cam ⌑ – ♦190/300 € ♦♦210/450 € – 2 suites

via Gippini 11 – ☏ 0322 911977 – www.hotelsanrocco.it – Chiuso 2 gennaio-15 marzo

🏠🏠🏠 Villa Crespi

GRAN LUSSO · STORICO Sulla struttura campeggia un minareto a ricordo di quel signor Crespi che, incantato dal fascino di Baghdad dove acquistava partite di cotone, fece costruire qui - a fine '800 - questa villa in stile moresco. Letti a baldacchino e mobili del XVIII e XIX secolo nelle splendide suite: tutte diverse tra loro per la scelta di un colore dominante nell'arredo, altro non fanno che contribuire alla magia da "Mille e Una Notte" di questa raffinata dimora.

8 suites 🖙 – †195/995 € – 6 cam

via Fava 18, Est: 1,5 km – 𝒞 0322 911902 – www.villacrespi.it – Chiuso 1°gennaio-30 marzo

🕸🕸 **Villa Crespi** – Vedere selezione ristoranti

🏠🏠 Leon d'Oro 🆕

STORICO · BORDO LAGO Immerso tra le pietre antiche del borgo d'Orta San Giulio, in posizione centralissima, questo albergo vanta oltre 200 anni di storia al suo attivo; rinnovato recentemente offre camere eleganti e romantiche. Piacevole ubicazione anche per il ristorante che lambisce le acque del lago.

32 cam 🖙 – †100/170 € ††110/200 € – 2 suites

piazza Motta 42 – 𝒞 0322 911991 – www.albergoleondoro.it – Chiuso 3-31 gennaio

🏠🏠 La Bussola

FAMILIARE · ACCOGLIENTE A ridosso del centro in posizione elevata, un hotel dall'atmosfera vacanziera con una bella vista sul lago e sull'isola di San Giulio. Camere recenti, bella piscina. La sala ristorante si apre sulla terrazza e sul panorama.

40 cam 🖙 – †90/160 € ††130/210 € – 2 suites

via Panoramica 24 – 𝒞 0322 911913 – www.hotelbussolaorta.it – Chiuso novembre

🏠 La Contrada dei Monti

LOCANDA · ROMANTICO Affascinante risorsa, ricca di stile e cura per i dettagli. Un nido ideale per soggiorni romantici dove si viene accolti con cordialità familiare e coccolati dal buon gusto.

16 cam 🖙 – †100/110 € ††110/170 €

via dei Monti 10 – 𝒞 0322 905114 – www.lacontradadeimonti.it – Chiuso 1° gennaio-15 marzo e novembre

ORTE

Viterbo – ✉ 01028 – 8 923 ab. – Alt. 132 m – Carta regionale n° **7**-B1
Carta stradale Michelin 563-O19

🏠🏠 La Locanda della Chiocciola

AGRITURISMO · ELEGANTE Tra verdi colline, un casale del XV sec ospita camere raffinate ed eleganti, arredate con mobili di antiquariato. La bella vallata è lo spettacolo offerto dall'intimo centro benessere, che propone diversi trattamenti. Cucina casalinga servita in una bella sala da pranzo, impreziosita da un camino del XVI secolo.

8 cam 🖙 – †65/100 € ††100/130 €

località Seripola, Nord-Ovest: 4 km – 𝒞 0761 402734 – www.lachiocciola.net – Chiuso 18-26 dicembre e 15 gennaio-4 febbraio

ORTISEI ST. ULRICH

Bolzano – ✉ 39046 – 4 780 ab. – Alt. 1 234 m – Carta regionale n° **19**-C2
Carta stradale Michelin 562-C17

🕸 Anna Stuben

CUCINA CREATIVA · ROMANTICO XxX Tante signore "Anna", spesso eccellenti cuoche, si sono succedute nella famiglia che gestisce il ristorante. Anche se oggi ai fornelli c'è un brillante giovane cuoco, nel nome delle incantevoli Stuben in cui si mangia se ne coltiva il ricordo, mentre la cucina prende il volo verso proposte più sofisticate, spesso basate su prodotti del territorio alpino.

→ Ravioli d'agnello, fondo di finocchio grigliato, olio all'aglio selvatico e capperi. Lombata di capriolo, sedano, more e scalogno. Miele, germogli di abete rosso e pane nero.

Menu 89/110 € – Carta 70/116 €

Hotel Gardena-Grödnerhof, via Vidalong 3 – 𝒞 0471 796315 (prenotare) – www.annastuben.it – solo a cena – Chiuso 18 marzo-3 agosto e domenica

○ Tubladel 🏠 ⇔ P

CUCINA CREATIVA · ROMANTICO XX Avvolti nei legni e nel calore di quella che sembra un'antica baita di montagna, la cucina prevede qualche spunto del territorio, ma se ne discosta volentieri, verso interpretazioni più creative, spesso di grande qualità. E' un'ottima tappa gourmet da non perdere nel vostro soggiorno ad Ortisei.

Carta 43/90 €

via Trebinger 22 – ℰ 0471 796879 (consigliata la prenotazione la sera) – www.tubladel.com – Chiuso maggio e novembre

○ Concordia 🏛 AC ⇔

CUCINA REGIONALE · FAMILIARE XX C'è una sala classica, ma vi consigliamo di prenotare un tavolo nella piccola ed accogliente stube, per sentire tutta l'atmosfera tirolese. Tra i piatti i crafuncins (ravioli di spinaci) e le costine di maiale meritano più di un assaggio!

Carta 34/66 €

via Roma 41 – ℰ 0471 796276 – www.restaurantconcordia.com – Chiuso maggio e novembre

🏨 Gardena-Grödnerhof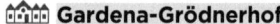

LUSSO · ELEGANTE Il palace alpino per eccellenza, svetta sul centro della località come un palazzo da mille e una notte. Ampi spazi e un eccellente servizio vi attendono all'interno, mentre le camere sono arredate nel tipico stile montano, destinate a chi ama l'eleganza classica senza sussulti modaioli.

48 cam ☲ – ♦189/675 € ♦♦290/750 € – 6 suites

via Vidalong 3 – ℰ 0471 796315 – www.gardena.it – Chiuso 18 marzo-3 agosto

❀ **Anna Stuben** – Vedere selezione ristoranti

🏨 Adler Dolomiti Spa & Sport Resort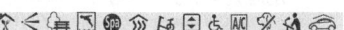

SPA E WELLNESS · ELEGANTE Cinto da un grazioso parco, questo AC ❀ 🚗 storico hotel nel cuore di Ortisei offre ambienti eleganti in stile montano. Adler Balance, il "fratello" di dimensioni più contenute, ospita anche una medical Spa. L'ampio e completo centro benessere è a disposizione di entrambe le strutture, ma ognuna di esse ha il suo ristorante: ampio per l'Adler, più intimo al Balance.

105 cam – solo ½ P 153/389 € – 9 suites

via Rezia 7 – ℰ 0471 775001 – www.adler-dolomiti.com – Chiuso 8 aprile-15 maggio

🏨 Alpin Garden Wellness Resort ❀ 🏊 < ⌘ 🖥 ⑩ 🐾 ⮭ ⬆

SPA E WELLNESS · STILE MONTANO Ai piani eleganti camere in stile alpino, ma se volete un brivido di raffinato design scegliete quelle dislocate al quarto: legni antichi, arredi moderni e vivaci colori!

27 cam – solo ½ P 143/391 € – 5 suites

via J. Skasa 68 – ℰ 0471 796021 – www.alpingarden.com – Chiuso 5-26 giugno

🏨 Arnaria ❀ ⌘ 🖥 ⑩ 🐾 ⮭ ⬆ & ❀ P

SPA E WELLNESS · STILE MONTANO Fuori dal paese, ma collegato al centro con navetta d'inverno e bus d'estate, l'albergo, costruito nel 2008, offre ambienti freschi e luminosi, camere molto ampie arredate con legni chiari in stile alpino.

21 cam – solo ½ P 80/250 €

strada Arnaria 15 – ℰ 0471 796649 – www.arnaria.com – Aperto 3 dicembre-10 aprile e 2 giugno-10 ottobre

🏨 Angelo-Engel

TRADIZIONALE · ACCOGLIENTE Uno dei primi storici alberghi di Ortisei, a questo imponente, tipico, edificio di montagna vi si può accedere in macchina, ma dall'albergo - in pochi passi - sarete nel centro pedonale commerciale. Belle camere arredate in stile tradizionale con mobili rifiniti a mano in cirmolo locale ed un centro benessere paradisiaco: non a caso siete all'Angelo!

32 cam – solo ½ P 98/235 € – 6 suites

via Petlin 35 – ℰ 0471 796336 – www.hotelangelo.net – Chiuso 2 aprile-20 maggio e 15 ottobre-6 dicembre

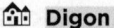

Digon

FAMILIARE • STILE MONTANO Ad 1,5 km da Ortisei, con la fermata dell'autobus proprio di fronte all'albergo, qui apprezzerete un bel panorama sulla città da quasi tutte le camere, cinque con accesso diretto al parco che circonda la struttura, ma tutte recentemente rinnovate.

18 cam ☕ – 🚶50/100 € 🚶🚶90/200 € – 6 suites

via Digon 22 – ✆ 0471 797266 – www.hoteldigon.com – Chiuso 15 aprile-24 maggio e 15 ottobre-30 novembre

a Bulla Sud-Ovest : 6 km ✉ 39040 – Ortisei – Alt. 1 481 m

Uhrerhof-Deur

STORICO • STILE MONTANO In una piccola frazione, Ortisei appare piccola e lontana da questo nido di romanticismo di origini quattrocentesche, tra cimeli d'epoca, stanze in legno e un giardino con 6000 rose. Splendide Stuben al ristorante, di cui una originale del '400.

10 cam – solo ½ P 111/146 € – 4 suites

Bulla 26 – ✆ 0471 797335 – www.uhrerhof.com – Chiuso 8 aprile-17 maggio e 7 ottobre-20 dicembre

ORVIETO

(TR) – ✉ 05018 – 20 630 ab. – Alt. 325 m – Carta regionale n° **20**-B3
Carta stradale Michelin 563-N18

I Sette Consoli

CUCINA MODERNA • CHIC XX In un locale sobrio eppure dal tono signorile, indimenticabili proposte di cucina moderna accanto a richiami del territorio; servizio estivo serale in giardino con splendida vista sul Duomo.

Menu 20 € (in settimana)/42 € – Carta 40/57 €

Pianta: B2-g – *piazza Sant'Angelo 1/A – ✆ 0763 343911 (consigliata la prenotazione) – www.isetteconsoli.it – Chiuso domenica sera e mercoledì*

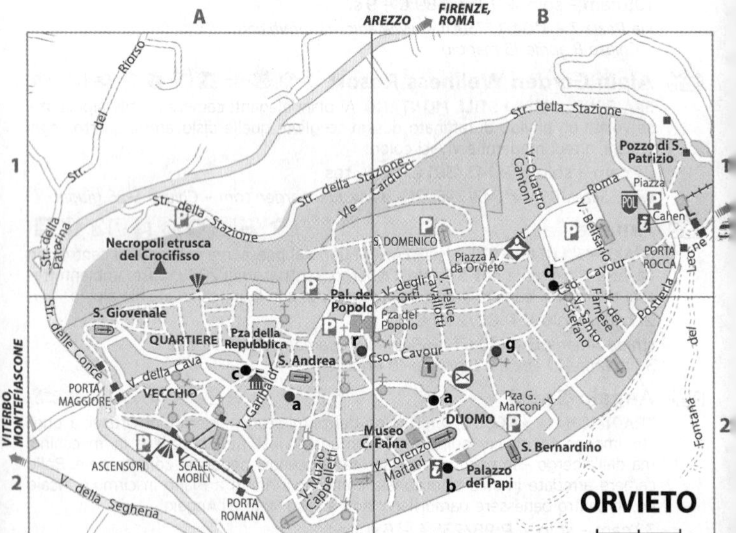

ⅼO La Badia

CUCINA REGIONALE • RUSTICO ✕✕ Un ristorante che si caratterizza per il susse-guirsi di sale e salette, la principale dominata da un enorme camino con griglia che completa un'offerta di cucina decisamente legata al territorio umbro.

Carta 44/67 €

Hotel La Badia, località La Badia 8, per Viterbo - A2 - 𝒞 0763 301207 (consigliata la prenotazione) - www.labadiahotel.it - Chiuso 7 gennaio-25 marzo

ⅼO Del Moro - Aronne

CUCINA REGIONALE • FAMILIARE ✕ Tre salette all'insegna della semplicità e un'informale, ma cordiale, accoglienza familiare: dalla cucina piatti caserecci, umbri e sapori intensi quanto ruspanti. A lato una nuova gastronomia-bistrot per spuntini più veloci all'insegna di salumi e formaggi locali.

Carta 20/44 €

Pianta: A2-r – *via San Leonardo 7 - 𝒞 0763 342763 - www.trattoriadelmoro.info - Chiuso 10 giorni in luglio, 10 giorni in novembre e martedì*

ⅼO La Palomba

CUCINA REGIONALE • FAMILIARE ✕ Vera e ruspante trattoria del centro storico, gestita dalla stessa famiglia da più di 50 anni: da sempre propongono agli ospiti la cucina umbra con paste fatte in casa, cacciagione e il proverbiale piccione!

Carta 20/47 €

Pianta: A2-a – *via Cipriano Manente 16 - 𝒞 0763 343395 (consigliata la prenotazione) - Chiuso 1 settimana in dicembre, 7-13 marzo, 3 settimane in luglio e mercoledì*

La Badia

STORICO • PERSONALIZZATO Ai piedi della rocca orvietana, la Badia è un impo-nente complesso in tufo, quasi un museo di architettura medioevale; più semplici le camere dagli arredi classici alberghieri.

22 cam ⌂ – ♦90/160 € ♦♦120/210 € – 5 suites

località La Badia 8, per Viterbo - A2 - 𝒞 0763 301959 - www.labadiahotel.it - Chiuso 7 gennaio- 25 marzo

ⅼO **La Badia** – Vedere selezione ristoranti

Duomo

FAMILIARE • CLASSICO Per chi non ama le sorprese, l'albergo offre ambienti classici, comodi e funzionali, non privi di qualche ricercatezza negli arredi in cilie-gio; da alcune camere si vede uno scorcio del Duomo.

18 cam ⌂ – ♦70/90 € ♦♦100/130 €

Pianta: B2-a – *vicolo Maurizio 7 - 𝒞 0763 341887 - www.orvietohotelduomo.com - Chiuso gennaio*

Filippeschi

FAMILIARE • CLASSICO Nel cuore della cittadina, un albergo piacevolmente col-locato in un palazzo con origini settecentesche: accogliente hall e camere confor-tevoli con parquet.

15 cam ⌂ – ♦45/73 € ♦♦60/110 €

Pianta: A2-c – *via Filippeschi 19 - 𝒞 0763 343275 - www.hotelfilippeschi.it - Chiuso vacanze di Natale*

Corso

FAMILIARE • ACCOGLIENTE Le dimensioni ridotte della hall e la gestione simpa-tica, ma familiare, non lasciano sospettare camere d'inaspettata cura: un raffinato soggiorno lungo il viale pedonale e commerciale del centro storico.

16 cam ⌂ – ♦60/75 € ♦♦80/110 €

Pianta: B1-d – *corso Cavour 343 - 𝒞 0763 342020 - www.hotelcorso.net - Chiuso 23-26 dicembre*

🏠 Virgilio ⊰ 🔁 AC 🚫

FAMILIARE · CENTRALE Intimo e accogliente, metà delle camere si affacciano su una delle chiese più belle d'Italia: stanze semplici, ma con graziosi armadi dipinti a mano e bagni moderni. La splendida piazza ospita i tavolini del bar.

13 cam ☲ – †60/120 € ††70/200 €

Pianta: **B2-b** – *piazza del Duomo 5* – ℰ*0763 394937*
– *www.orvietohotelvirgilio.com* – *Chiuso 15 novembre-1° dicembre*

🏠 B&B Chiara e Benedetta ⊰ 🛏 AC 🚫 P

LOCANDA · CLASSICO Presso l'ascensore per il vicino centro storico, un bed & breakfast in tufo di nuova costruzione, ma tipico stile orvietano. Il secondo piano ospita le camere più panoramiche; terrazza-belvedere per romantiche colazioni.

6 cam ☲ – †55/75 € ††70/100 €

via Adige 23, per Porta Maggiore – *A2* – ℰ*0763 393436*
– *www.chiaraebenedetta.com*

a Morrano Nuovo Nord : 15 km per Arezzo AB1 ✉ 05018

🏠 Relais Borgo San Faustino 🏠 🛁 ⊰ 🛏 ⟋ 🐾 AC 🏛 P

CASA DI CAMPAGNA · PERSONALIZZATO Adagiato sulle colline, il borgo invita ad una vacanza all'insegna del relax, tra arredi artigianali in legno ed un incantevole giardino con piscina. Nel bel ristorante, piatti della tradizione regionale.

22 cam ☲ – †70/100 € ††110/180 €

borgo San Faustino 11/12 – ℰ*0763 215303* – *www.borgosanfaustino.it*

a Rocca Ripesena Ovest : 5 km per Viterbo A2✉ 05018

🍴 Altarocca 🛏 🍽 AC P

CUCINA MODERNA · AMBIENTE CLASSICO XX Cinto da una vetrata sui colli orvietani e assistito da un ottimo servizio, il ristorante offre spunti di cucina umbra e segue la stagionalità della materia prima.

Menu 52 € – Carta 46/58 €

Altarocca Wine Resort, Rocca Ripesena 62, Ovest: 7 km – ℰ*0763 344210*
– *www.laroccaorvieto.com* – *Chiuso 7-30 gennaio, novembre e lunedì*

🏠 Locanda Palazzone 🏠 🛁 ⊰ 🛏 ⟋ 🔁 🚿 AC 🚫 P

CASA DI CAMPAGNA · STORICO Residenza cardinalizia del 1299, incastonata in uno straordinario paesaggio, bifore e tufo introducono in camere dagli arredi moderni e ricercati, tutte soppalcate tranne una. Tutto attorno vigne, alcune di proprietà: di fatti sul retro c'è la propria omonima cantina.

7 cam ☲ – †150/200 € ††160/350 €

Rocca Ripesena 67, Ovest: 7 km – ℰ*0763 393614* – *www.locandapalazzone.com*
– *Chiuso 7 gennaio-20 marzo*

🏠 Altarocca Wine Resort 🛁 ⊰ 🛏 ⟋ 🖥 🌐 🚿 🏋 🔁 🚿 AC 🚫 P

CASA DI CAMPAGNA · PERSONALIZZATO Una moderna country house diffusa su più edifici in uno splendido paesaggio collinare, dove funzionalità ed organizzazione sono a livello di un vero e proprio hotel: camere accoglienti, un bel centro benessere e tanto, tanto verde tutto attorno.

37 cam ☲ – †70/115 € ††120/155 €

Rocca Ripesena 62, Ovest: 7 km – ℰ*0763 344210* – *www.laroccaorvieto.com*
– *Chiuso 8 gennaio-8 febbraio*

🍴 **Altarocca** – Vedere selezione ristoranti

ORZINUOVI

Brescia (BS) – ✉ 25034 – 12 644 ab. – Alt. 88 m – Carta regionale n° **10**-D2
Carta stradale Michelin 561-E13

‖○ **Sedicesimo Secolo** Ⓝ   🅰🅲 ⇔ 🄿

CUCINA CREATIVA · CONTESTO REGIONALE XX Un giovane chef che torna verso casa, in campagna, dopo la classica gavetta fuori regione e apre un locale tutto suo. Il nome fa riferimento all'epoca d'origine dell'edificio - ex scuderia dell'adiacente castello - in cui si è ricavata la sala, tra pavimento in cotto, soffitti originali, camini, la modernità degli arredi, però, dona all'insieme la giusta leggerezza; allo stesso modo anche la cucina mette insieme creatività con un leggerissimo richiamo al territorio

Menu 50 €, 65 € – Carta 53/74 €

via Gerolanuova 4, località Pudiano, Est: 5 km – ℰ 030 563 6125 (prenotazione obbligatoria a mezzogiorno) – www.ristorantesedicesimosecolo.it – Chiuso lunedì

OSIO SOTTO

Bergamo – ✉ 24046 – 12 443 ab. – Alt. 182 m – Carta regionale n° **10**-C2
Carta stradale Michelin 561-F10

‖○ **La Braseria** Ⓝ   ⇦ 🏠 🅰🅲

STEAKHOUSE · RUSTICO XX Ristorante rustico-elegante in pieno centro, la cui versatilità lo porta ad essere anche macelleria gourmet con pregevoli varietà di carni, possibilità di cibi da asporto e, per i piccoli ospiti, la "Casa Giocattolo", ovvero: camere ispirate alla favola di Biancaneve.

Menu 40/50 € – Carta 44/93 €

8 cam ヱ – ♦60/90 € ♦♦85/140 €

via Risorgimento 15/17 – ℰ 035 808692 – www.la-braseria.com – Chiuso domenica in giugno-15 settembre

OSNAGO

Lecco (LC) – ✉ 23875 – 4 806 ab. – Alt. 249 m – Carta regionale n° **10**-B1
Carta stradale Michelin 561-E10

‖○ **Osteria Roncate di Papà Nenè**   🏠 🅰🅲 🄿

CUCINA SICILIANA · FAMILIARE XX Specialità di mare e appetitosa cucina siciliana in un locale moderno ed informale: nella raccolta ed intima sala un bel camino decorativo.

Menu 50 € – Carta 41/81 €

*via Pinamonte 24 – ℰ 039 58220 – www.osteriaroncate.it
– Chiuso 27 dicembre-4 gennaio, 16-29 agosto e lunedì*

OSPEDALETTI

Imperia – ✉ 18014 – 3 367 ab. – Carta regionale n° **8**-A3
Carta stradale Michelin 561-K5

‖○ **Acquerello**   🏠 🅰🅲

CUCINA CLASSICA · AMBIENTE CLASSICO XX La nostalgia può fare anche questo: ritornare dagli Stati Uniti ed aprire un piccolo, ma raffinato, ristorante con cucina a vista e piatti della migliore tradizione mediterranea. Il marito italiano in cucina, la moglie americana in sala, di travolgente, spontanea simpatia!

Menu 45/55 € – Carta 37/66 €

corso Regina Margherita 25 – ℰ 0184 682048 – www.ristoranteacquerello.it – solo a cena – Chiuso 1 settimana in ottobre, martedì e mercoledì escluso luglio-agosto

‖○ **Byblos**   🏠 ⟋ 🅰🅲 🄿

PESCE E FRUTTI DI MARE · ELEGANTE XX All'estremo della bella passeggiata, con pista ciclabile che porta proprio dinnanzi all'ingresso, ristorante di una certa eleganza affacciato sul mare: piatti a base di pesce semplici e gustosi.

Carta 40/84 €

lungomare Colombo 6/8 – ℰ 0184 689002 – www.ristorantebyblos.it – Chiuso 1 settimana in giugno, 3 settimane in novembre e lunedì

OSPEDALETTO Verona → Vedere Pescantina

OSPEDALETTO D'ALPINOLO
Avellino – ✉ 83014 – 2 145 ab. – Alt. 725 m – Carta regionale n° **4**-B2
Carta stradale Michelin 564-E26

ⓐ Osteria del Gallo e della Volpe
CUCINA REGIONALE · CONTESTO TRADIZIONALE XX Una sala accogliente, pochi tavoli e molto spazio, per una conduzione familiare dal servizio curato e cordiale; il menu propone la tradizione locale con alcune personalizzazioni. Specialità: ravioli con ragù bianco di agnello - agnello con mentuccia e pecorino - mousse al torroncino.

Carta 27/44 €

piazza Umberto I° 14 – ℰ 0825 691225 (prenotare)
– www.osteriadelgalloedellavolpe.it – solo a cena escluso sabato e domenica
– Chiuso domenica sera e lunedì

OSPEDALICCHIO Perugia → Vedere Bastia Umbra

OSSANA
Trento – ✉ 38026 – 858 ab. – Alt. 1 003 m – Carta regionale n° **19**-B2
Carta stradale Michelin 562-D14

ⓐ Antica Osteria
REGIONALE E DEL TERRITORIO · ROMANTICO X Piacevole ristorante diviso in tre belle salette ricche di fascino. Tutta la famiglia è dedita all'attività, con risultati proverbiali: sapori regionali in ricette sfiziose, come ad esempio il raviolo di pasta fresca con caprino della Val di Pejo e ortica selvatica o il lombo di coniglio con pistacchio di Bronte e lardo.

Carta 30/42 €

3 cam ☲ – ♦60/70 € ♦♦100/120 €

via Venezia 11 – ℰ 0463 751713 – www.anticaosteriaossana.net – Chiuso mercoledì e a mezzogiorno da lunedì a venerdì in bassa stagione

⌂ Pangrazzi
FAMILIARE · ACCOGLIENTE Struttura rifinita in legno e pietra con invitanti spazi comuni in stile montano. Abbellita da un gradevole piccolo giardino è ideale per un turismo familiare. Al ristorante si servono piatti del territorio e tradizionali.

322 cam ☲ – ♦40/70 € ♦♦80/100 € – 4 suites

frazione Fucine alt. 982 – ℰ 0463 751108 – www.hotelpangrazzi.com – Aperto 1° dicembre-30 aprile e 15 giugno-20 settembre

OSTELLATO
Ferrara – ✉ 44020 – 6 200 ab. – Carta regionale n° **5**-C2
Carta stradale Michelin 562-H17

⌂ Villa Belfiore
CASA DI CAMPAGNA · PERSONALIZZATO Una bella casa di campagna nel silenzio della pianura ferrarese, ma anche comoda per muoversi a poca distanza com'è dalla superstrada. Atmosfera rustica attualizzata, ospitalità familiare.

18 cam ☲ – ♦65/90 € ♦♦90/110 €

via Pioppa 27 – ℰ 0533 681164 – www.villabelfiore.com

OSTUNI
Brindisi – ✉ 72017 – 31 318 ab. – Alt. 218 m – Carta regionale n° **15**-C2
Carta stradale Michelin 564-E34

⊛ Cielo   🎴 AC 🍸

CUCINA CREATIVA · LUSSO XxX Protagonisti di romantiche cene estive tra gli agrumi del piccolo giardino spagnolo oppure ospiti della bianca sala dal soffitto a botte, vi sembrerà di toccare il cielo con un dito... la cucina parte dall'eccellenze gastronomiche della regione per farsi - via via - più creativa.

→ Spaghettini con erba cipollina, scalogno e tonno rosso. Baccalà mantecato, peperoni gialli e rossi, polenta. Crema catalana, caramello.

Menu 85/180 € – Carta 84/150 €

Hotel La Sommità, via Scipione Petrarolo 7 – ✆ 0831 305925 (consigliata la prenotazione) – www.lasommita.it – Chiuso 7 gennaio-1° febbraio

⊛ Osteria Piazzetta Cattedrale   AC 🍸

CUCINA REGIONALE · ELEGANTE XX A pochi metri dalla cattedrale, moglie in cucina e marito in sala gestiscono questo locale come una piccola bomboniera. Brillante per la qualità dei prodotti, in prevalenza pugliesi, come la purea di fave con verdure di stagione. Specialità: sfoglia all'uovo, manzo, cicoriella e ricotta - nodino di vitello da latte cotto a bassa temperatura, insalata e kiwi piccante - zuccotto di ricotta, fichi e mandorle tostate.

Menu 30/45 € – Carta 29/58 €

largo Arcidiacono Trinchera 7 – ✆ 0831 335026 (consigliata la prenotazione) – www.piazzettacattedrale.it – Chiuso 10 gennaio-20 febbraio e martedì escluso luglio-agosto

ⅡO Porta Nova   🏮 🎴 AC ⟷

PESCE E FRUTTI DI MARE · CONTESTO STORICO XxX *Location* invidiabile su un torrione aragonese con vista panoramica sulla distesa di ulivi e sulla Marina di Ostuni, per questo elegante ristorante che propone essenzialmente cucina di mare. Menu 90/65 € – Carta 40/73 €

via Petrarolo 38 – ✆ 0831 338983 – www.ristoranteportanova.it

ⅡO Osteria del Tempo Perso   AC 🍸

CUCINA REGIONALE · ROMANTICO X Nel centro storico, le sale sembrano scavate nelle grotta. Esistente dal Cinquecento, fu a lungo il forno in cui si cuoceva il pane impastato in casa, oggi è la fucina di una cucina pugliese, sapida e casareccia.

Carta 33/65 €

via Tanzarella Vitale 47 – ✆ 0831 304819 – www.osteriadeltempoperso.com – Chiuso 2 settimane in gennaio o novembre e lunedì escluso giugno-settembre

🏠 La Sommità   🌿 🐾 ⬇ 🖭 AC

LUSSO · MINIMALISTA Nella parte più alta di Ostuni, in un palazzo cinquecentesco, eleganti camere in stile moderno-minimalista ed imperdibili terrazze con vista mozzafiato. A pranzo, in alternativa al gourmet, anche una formula bistrot con piatti del territorio.

10 cam ☕ – ♦210/450 € ♦♦210/450 € – 5 suites

via Scipione Petrarolo 7 – ✆ 0831 305925 – www.lasommita.it – Chiuso 7 gennaio-1° febbraio

⊛ **Cielo** – Vedere selezione ristoranti

🏠 Ostuni Palace   🌿 🎐 ⬇ 🔥 AC 🏋 🚐

TRADIZIONALE · ELEGANTE Antico e moderno fusi insieme: raggiungibile in macchina e dotato delle più recenti facilitazioni, una passeggiata vi porterà nel centro storico. Da alcune camere la vista su Ostuni è mozzafiato.

34 cam ☕ – ♦115/170 € ♦♦180/300 €

corso Vittorio Emanuele 218/222 – ✆ 0831 338885 – www.ostunipalace.com

🏠 Masseria Cervarolo   🌿 🐾 ⛳ 🌊 AC 🍸 P

DIMORA STORICA · ELEGANTE Adagiata su un riposante paesaggio collinare, la masseria cinquecentesca è stata convertita in elegante dimora di campagna, ricorrendo ai raffinati arredi dell'artigianato pugliese; tre camere in altrettanti trulli.

17 cam ☕ – ♦170/265 € ♦♦170/265 €

contrada Cervarolo, Sud-Ovest: 7 km, lungo la SP14 Ostuni-Martina Franca – ✆ 0831 303729 – www.masseriacervarolo.it – Aperto 1° marzo-4 novembre

🏠 Masseria le Carrube ⚜ 🐾 🍴 🌲 🛏 ♨ ♿ 🅰 🅿

DIMORA STORICA · MEDITERRANEO Tipica masseria imbiancata a calce con i tradizionali tetti a coppi, immersa nel verde e nella tranquillità più totale, dove soggiornare in camere signorili e ambienti total white. E l'attenzione per il binomio psiche-soma continua a tavola con la proposta di una cucina vegetariana e vegana, nonché nello spazio benessere che in questa struttura è orientato più su tecniche meditative e di well-being mentale.

19 cam ⬚ – †90/300 € ††100/350 €

strada statale 16 al km 873, Nord-Ovest: 5 km – 𝒞 0831 342595
– www.masserialecarrube.it

🏠 Monte Sarago ⚜ 🌲 🔲 ♿ 🅰 🏋 🚗

TRADIZIONALE · MINIMALISTA Ad un chilometro dal centro storico, linee moderne ed essenziali ispirano gli arredi delle camere, alcune con vista sulla città bianca. Piscina raggiungibile salendo 150 gradini o con navetta.

38 cam ⬚ – †60/180 € ††80/240 € – 2 suites

corso Mazzini 233 – 𝒞 0831 334470 – www.hotelmontesarago.it

🏠 Masseria Tutosa 🐾 🍴 🌲 🅰 🍽 🅿

FAMILIARE · BUCOLICO Una vacanza a tutto relax - tra piscina e spazi verdi - in un'antica masseria fortificata: poche camere semplici ed essenziali, nonché qualche appartamento con angolo cottura.

21 cam ⬚ – †60/150 € ††80/220 €

contrada Tutosa, Nord-Ovest: 7,5 km – 𝒞 0831 359046 – www.masseriatutosa.com
– Aperto 1° aprile-4 novembre

🏠 Masseria Il Frantoio ⚜ 🐾 🍴 🌲 🅿

FAMILIARE · VINTAGE Se volete scoprire lo spirito di un'autentica masseria, questo è l'indirizzo in cui dormire e sognare. Di origini cinquecentesche, gli ambienti retrò sono un romantico omaggio al bel tempo che fu; non mancano un vecchio frantoio e una rivendita di oli della casa.

18 cam ⬚ – †80/180 € ††100/300 €

strada statale 16 km 874, Nord-Ovest: 5 km – 𝒞 0831 330276
– www.masseriailfrantoio.it

a Costa Merlata Nord-Est : 15 km ✉ 72017

🏠 Grand Hotel Masseria Santa Lucia ⚜ 🐾 🌲 🛏 🍽 🍴 ♿ 🅰 🏋 🅿

RESORT · ACCOGLIENTE Ricavato dal riadattamento di un'antica masseria, ogni ambiente si distingue per funzionalità ed omogeneità degli arredi, nonché per l'atmosfera di relax e tranquillità che vi aleggia. Vocazione turistica e congressuale.

128 cam ⬚ – †80/350 € ††90/400 € – 4 suites

strada statale 379 km 23,500 – 𝒞 0831 356111 – www.masseriasantalucia.it

OTRANTO

Lecce – ✉ 73028 – 5 731 ab. – Carta regionale n° **15**-D3
Carta stradale Michelin 564-G37

🍴 Atlantis-Bel Ami ⪕ 🏠 🍴

PESCE E FRUTTI DI MARE · STILE MEDITERRANEO ✕✕ Gustose ricette di pesce, oltre a vari crudi e frutti di mare, in un ristorante sulla spiaggia con annesso stabilimento balneare: la zona è di suggestiva bellezza!

Carta 31/76 €

via Porto Craulo – 𝒞 0836 804401 (consigliata la prenotazione)
– www.atlantisbeach.it – Aperto 15 marzo-20 ottobre

🍴 **Retrogusto**

CUCINA REGIONALE · FAMILIARE X Ambiente classico con arredo semplice, ma di qualità, musica di sottofondo ed atmosfera informale: leggermente arretrato rispetto al lungomare, è solo una piccola deviazione di pochi metri compensata da una cucina di qualità dai tipici sapori salentini.

Carta 29/80 €

via Tenente Eula 7 – 𝒞 320 777 6406 – www.ristoranteretrogusto.com – Chiuso febbraio, novembre e martedì escluso giugno-settembre

🏠 **Relais Valle dell'Idro**

LUSSO · MEDITERRANEO I dettagli qui non sono lasciati al caso, ma studiati con grande senso estetico: ne deriva una bella realtà con accoglienti camere e un piccolo, ma grazioso giardino, dove nella bella stagione viene servita la prima colazione. La terrazza con vasca idromassaggio propone una suggestiva vista sulla città vecchia e sul mare.

27 cam ☲ – †74/299 € ††74/299 €

via Giovanni Grasso 4 – 𝒞 0836 804427 – www.otrantohotel.com – Aperto 1° aprile-31 ottobre

🏠 **Masseria Bandino** ⓝ

CASA DI CAMPAGNA · BUCOLICO In posizione tranquilla e verdeggiante a pochi chilometri dal centro, una bella masseria dalle confortevoli camere, piacevole piscina e zona giochi per i più piccoli. Particolare cura nel luminoso ristorante, dove il "Salento gastronomico" viene proposto in chiave contemporanea.

20 cam ☲ – †65/150 € ††90/190 €

via Vicinale Sant'Emiliano, (verso Uggiano La Chiesa), Sud Ovest: 2 km – 𝒞 0836 804647 – www.masseriabandino.it – Aperto 1°aprile-31 ottobre

🏠 **Villa Rosa Antico**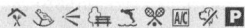

FAMILIARE · STORICO In posizione decentrata e non propriamente vicina al mare, è una storica villa di fine Cinquecento ad ospitare il piccolo albergo dall'attenta e capace gestione familiare. Graziose e ben accessoriate le camere, piacevole sostare in giardino.

25 cam ☲ – †50/160 € ††70/220 € – 2 suites

Strada Statale 16 – 𝒞 0836 801563 – www.hotelvillarosaantico.it

🏠 **Masseria Panareo**

CASA DI CAMPAGNA · MEDITERRANEO Un antico eremo ospita questa bella masseria, interamente ristrutturata, ubicata in aperta campagna ma non troppo lontana dal mare. Moderna piscina con bella terrazza-solarium per momenti di piacevole relax.

18 cam ☲ – †50/200 € ††50/200 €

litoranea Otranto-S. Cesarea Terme, Sud: 10 km – 𝒞 0836 812999 – www.masseriapanareo.com – Chiuso 4 novembre-27 dicembre

OTTONE Livorno (LI) ➜ Vedere Elba (Isola d') : Portoferraio

OVADA

Alessandria – ✉ 15076 – 11 477 ab. – Alt. 186 m – Carta regionale n° **12**-C3
Carta stradale Michelin 561-I7

🍴 **La Volpina** 🏠 ✦ **P**

CUCINA PIEMONTESE · ACCOGLIENTE XX In tranquilla posizione collinare, La Volpina è una casa accogliente dove si propone una cucina del territorio - tra Piemonte e Liguria - con caratteristiche di entrambe le regioni: ricette reinterpretate ed alleggerite.

Menu 40/52 € – Carta 39/56 €

strada Volpina 1, Sud: 1 km – 𝒞 0143 86008 (consigliata la prenotazione) – www.ristorantelavolpina.it – Chiuso 9-25 gennaio, 7-30 agosto, domenica sera e lunedì; anche le sere di martedì e mercoledì in inverno

ⓘ○ L'Archivolto-Osteria Nostrale ⚘ 🅖 🅐🅒

CUCINA PIEMONTESE · TRATTORIA 🍴 Sulla piazza principale del paese, l'atmosfera è quella tipica e piacevolmente familiare di una trattoria, ma non sottovalutatene la cucina: dagli antipasti rustici al fassone, passando per i ravioli di carne fatti a mano. Qui troverete uno straordinario viaggio nel cuore gastronomico del Piemonte!

Menu 45/60 € – Carta 40/106 €

piazza Garibaldi 25/26 – 𝒞 0143 835208 – www.archivoltoosterianostrale.it – Chiuso 24 gennaio-7 febbraio, 27 giugno-11 luglio e mercoledì

OVIGLIO

Alessandria (AL) – ⊠ 15026 – 1 265 ab. – Alt. 107 m – Carta regionale n° **12**-C2
Carta stradale Michelin 561-H7

ⓘ○ Bistrot Donatella 🏠 🅖 🅐🅒

CUCINA PIEMONTESE · ELEGANTE 🍴🍴 Nel cuore del piccolo paese, la variopinta sala vi accoglierà nella stagione fredda, ma col bel tempo è una corsa a prenotare un tavolo nella corte interna, sotto il campanile di Oviglio. Materie prime e ricette piemontesi sono il vanto di una carta semplice, ma gustosa.

Carta 31/57 €

Piazza Umberto I°, 1 – 𝒞 0131 776907 (prenotare) – www.donatellabistrot.it – solo a cena escluso sabato e domenica – Chiuso lunedì e martedì

🏠 Castello di Oviglio 🏵 ⇜ ⇚ 🔼 🅐🅒 🔩 🅿

DIMORA STORICA · ELEGANTE All'interno di un castello del XIII secolo, per immergersi nella suggestiva atmosfera che lo avvolge, noi vi consigliamo di prenotare una delle tre camere in stile, le altre hanno arredi più moderni.

7 cam ⌂ – †90/120 € ††100/120 € – 2 suites

via 24 Maggio 1 – 𝒞 0131 776166 – www.castellodioviglio.it

PACECO – Sicilia Trapani → Vedere Trapani

PACENTRO

L'Aquila – ⊠ 67030 – 1 174 ab. – Alt. 690 m – Carta regionale n° **1**-B2
Carta stradale Michelin 563-P23

🕲 Taverna dei Caldora 🏠 🅐🅒 ⌘

CUCINA ABRUZZESE · FAMILIARE 🍴🍴 Un curioso intrico di stradine disegna il centro storico di Pacentro, mentre nelle cantine di un imponente palazzo del '500 si celebra la cucina regionale, che trova la propria massima espressione nella chitarra con tartufo e zafferano.

🍴 Menu 25/45 € – Carta 30/45 €

piazza Umberto I 13 – 𝒞 0864 41139 – Chiuso 1 settimana in ottobre, domenica sera e martedì

PACHINO – Sicilia

Siracusa (SR) – ⊠ 96018 – 22 205 ab. – Alt. 65 m – Carta regionale n° **17**-D3
Carta stradale Michelin 365-AZ63

a Marzamemi Nord-Est : 4 km ⊠ 96010

ⓘ○ La Cialoma ⇚ 🏠 🅐🅒

PESCE E FRUTTI DI MARE · STILE MEDITERRANEO 🍴 Con una bella terrazza sul mare che a pranzo si sostituisce all'assolato dehors sulla scenografica piazza di questo borgo-tonnara, un'incantevole trattoria di mare con tovaglie ricamate e il pesce più fresco: l'eccellenza nella semplicità!

Carta 35/60 €

piazza Regina Margherita 23 – 𝒞 0931 841772 (consigliata la prenotazione) – www.tavernalacialoma.it – Chiuso 10-30 novembre e martedì in ottobre-febbraio

🏠 Le Maree ➊   🛏 ⊟ ⅏ AC P

FAMILIARE · MODERNO E' una moderna villetta davanti al mare e a due passi dalla celebre tonnara dismessa di Marzamemi e i suoi pittoreschi ristoranti, utili per chi non vuole muoversi in macchina. Solo poche camere si affacciano sulla costa, ma tutte hanno arredi piacevolmente moderni e ben tenuti, oltre ad un buon rapporto qualità/prezzo.

9 cam ⌑ – 🛉60/80 € 🛉🛉70/100 €

via Corrado Montoneri 18
– 𝒞 327 454 0457 – www.lemareebb.com

PADENGHE SUL GARDA

Brescia – ✉ 25080 – 4 458 ab. – Alt. 127 m – Carta regionale n° **9**-D1
Carta stradale Michelin 561-F13

sulla strada statale Gardesana Est : 1 km

🍴 Il Rivale - L'Osteria di Palazzo   🛋 ⅏ AC P

CUCINA TRADIZIONALE · ACCOGLIENTE ✕✕ Elaborazioni su basi classiche in un locale accogliente distribuito su diversi ambienti, un "plus" la saletta in cantina con tante bottiglie a fare da arredo. Un rivale per molti altri ristoranti.

Menu 50 € – Carta 37/80 €

Hotel Splendido Bay, via Marconi 93 ✉ 25080 – 𝒞 030 990 8306 – www.ilrivale.it
– Chiuso 7 gennaio-14 febbraio

🍴 Aquariva   🏖 🛋 ⅏ AC ↔ P

CUCINA TRADIZIONALE · DI TENDENZA ✕✕ In riva al lago, totale ristrutturazione per questo locale dotato di una bellissima terrazza affacciata sul porticciolo; il menu suggerisce piatti gourmet principalmente di mare, possibilmente accompagnati da una flûte della mirabile selezione di champagne.

Menu 62 € – Carta 50/95 €

via Marconi 57 ✉ 25080 – 𝒞 030 990 8899 – www.aquariva.it – Chiuso 2 settimane in gennaio e lunedì

🏨 Splendido Bay ➊   ≤ 🛏 ⅏ 🏊 🖵 🕹 🛀 ⊟ ⅏ AC 🐕 P

SPA E WELLNESS · ELEGANTE Con ampio giardino digradante verso il lago, dove godersi attimi di relax a bordo piscina, lo Splendido Bay dispone di camere dal design contemporaneo e alcune con patio privato. Ottima Spa e una nuova area lounge.

67 cam ⌑ – 🛉120/308 € 🛉🛉230/475 € – 9 suites

via Marconi 99 ✉ 25080 – 𝒞 030 207 7731 – www.splendidobay.com – Chiuso 7 gennaio-14 febbraio

🍴 Il Rivale - L'Osteria di Palazzo – Vedere selezione ristoranti

PADERNO Treviso (TV) ➔ Vedere Ponzano Veneto

PADERNO DEL GRAPPA

Treviso – ✉ 31017 – 2 192 ab. – Alt. 292 m – Carta regionale n° **23**-B2
Carta stradale Michelin 562-E17

🍴 Osteria Bellavista   🛋 AC P

CUCINA CLASSICA · FAMILIARE ✕ Ottima osteria di moderna concezione dalla calda accoglienza familiare. La cucina asseconda l'estro, il mercato e le tradizioni, orientandosi equamente su carne e pesce.

Carta 38/59 €

via Piovega 30 – 𝒞 0423 949329 – Chiuso 10 giorni in febbraio, 10 giorni in agosto e mercoledì

PADOLA Belluno → Vedere Comelico Superiore

PADOVA

(PD) – ⊠ 35122 – 210 401 ab. - Alt. 12 m – Carta regionale n° **23**-C3
Carta stradale Michelin 562-F17

🍴○ **Belle Parti**　　　　　　　　　　　　　　　　　　　A/C 🛇 🔄

CUCINA CLASSICA · ROMANTICO XX In un grazioso vicolo porticato del centro - in
un ambiente caldamente intimo con quadri alle pareti, specchi e boiserie - il menu si
accorda con le stagioni, proponendo una rassegna di gustosi piatti di carne e di pesce.
Carta 42/95 €

Pianta: CD2-h – via Belle Parti 11 ⊠ 35139 – 𝒞 049 875 1822
– www.ristorantebelleparti.it – Chiuso domenica e giorni festivi

🍴○ **Tola Rasa** ⓝ　　　　　　　　　　　　　　　　　　🏠 & A/C 🔄

CUCINA MODERNA · DESIGN XX Lo chef rivisita con successo i classici della tradizione italiana in questo ristorante dal design elegante ed essenziale, con annessa enoteca
e stuzzichini al piano terra. Per vederlo all'opera prenotate un tavolo di fronte alla cucina!
🍽 Menu 23 € (pranzo in settimana) – Carta 47/81 €

Pianta: C2-t – via Vicenza 7 ⊠ 35138 – 𝒞 049 723032 (consigliata la
prenotazione) – www.tolarasa.it – Chiuso martedì a mezzogiorno e lunedì, in
estate anche domenica a mezzogiorno

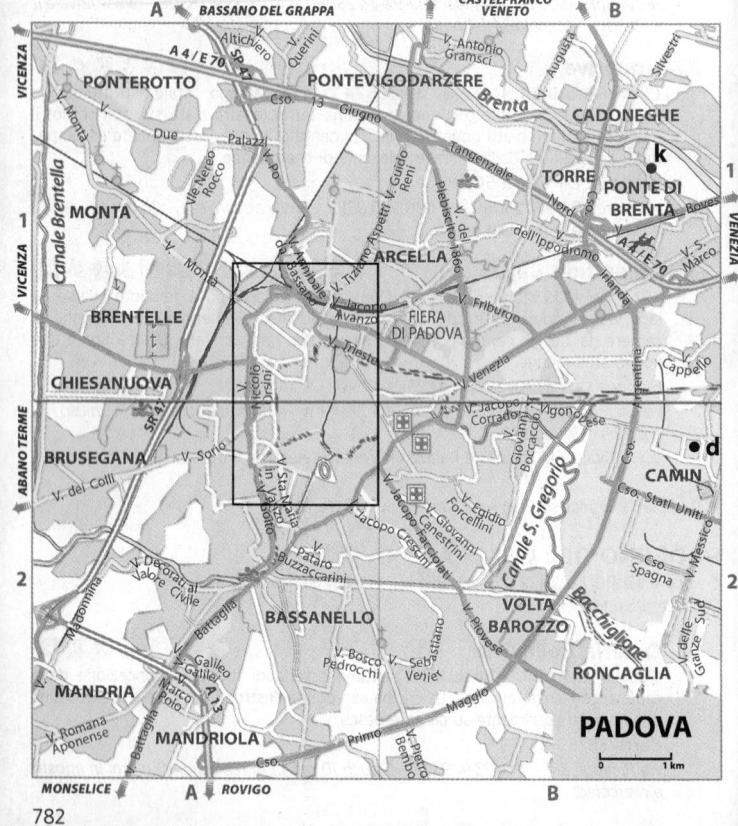

PADOVA

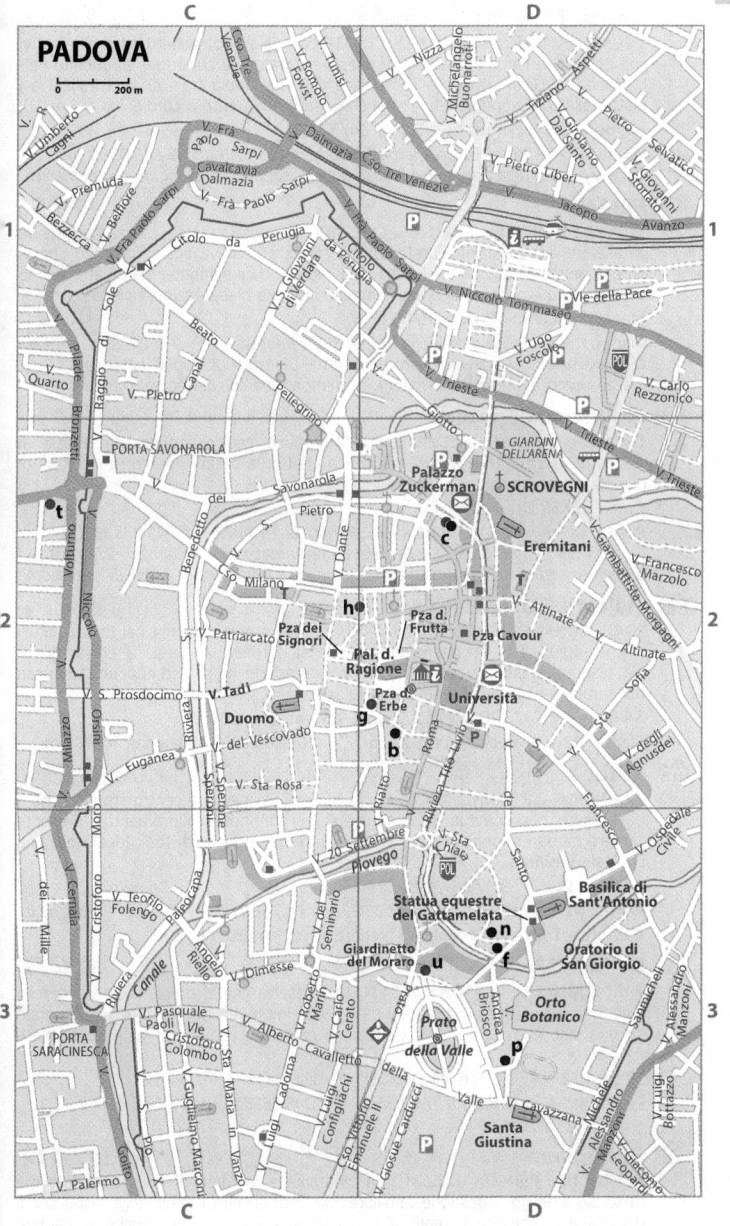

⫶○ **Antica Trattoria Zaramella**　　　 ⅊ 𝔸�ℂ ⚡ ⇩

CUCINA CLASSICA · AMBIENTE CLASSICO ✗✗ Quali potrebbero essere i motivi che portano a varcare la soglia di questo ristorante, le cui origini affondano nell'Ottocento? Sicuramente la sua cucina che si sdoppia tra i classici italiani e i piatti della tradizione veneta, ma anche il servizio attento e cordiale.

⊜ Menu 25 € (pranzo) – Carta 34/52 €

Pianta: D2-c – *Hotel Europa, largo Europa 9* ⊠ *35137 –* ℰ *049 876 0868 – www.ristorantezaramella.it – Chiuso agosto, sabato a mezzogiorno e domenica*

⫶○ **Fuel** ⓝ　　　 🌣 𝔸ℂ

CUCINA CREATIVA · AMBIENTE CLASSICO ✗✗ Affacciato sulla piazza più grande d'Italia, se alla tradizione preferite una sferzata creativa ecco l'indirizzo che vi darà la giusta benzina. C'è qualche richiamo alla cucina veneta, ma i piatti escono dal consueto e propongono accostamenti inediti e presentazioni ricercate.

Menu 40/80 € – Carta 38/63 €

Pianta: D3-u – *Prato della Valle 4/5* ⊠ *35122 Padova –* ℰ *049 662429 (consigliata la prenotazione) – www.fuelristorante.com – Chiuso 16-23 luglio, lunedì a mezzogiorno e domenica in maggio-settembre; mercoledì negli altri mesi*

⫶○ **La Vecchia Enoteca**　　　 🌣 𝔸ℂ

CUCINA CLASSICA · ACCOGLIENTE ✗✗ In pieno centro storico, nei pressi di piazza delle Erbe, tra i portici dell'antico ghetto, la cucina ripercorre i classici di diverse regioni italiane.

Carta 35/52 €

Pianta: D2-g – *via Santi Martino e Solferino 32* ⊠ *35122 –* ℰ *049 875 2856 (coperti limitati, prenotare) – www.lavecchiaenoteca.com – Chiuso 5-27 agosto, domenica sera e lunedì; lunedì a mezzogiorno e domenica in luglio-15 settembre*

⩤⩤ **Majestic Toscanelli**　　　 ☷ 𝔸ℂ ⅏ 🚗

TRADIZIONALE · PERSONALIZZATO Uno degli storici alberghi nel centro cittadino, raggiungibile anche in auto grazie ai permessi concessi a chi vi alloggia, dispone di camere personalizzate con arredi di vari stili ed epoche. American bar serale per piacevoli momenti di relax.

34 cam – ♦101/200 € ♦♦121/250 € – 3 suites – ⊆ 15 €

Pianta: D2-b – *via dell'Arco 2* ⊠ *35122 –* ℰ *049 663244 – www.toscanelli.com*

⩚⩚ **Europa**　　　 ⌙ ☷ ⅊ 𝔸ℂ ⅏ 🚗

TRADIZIONALE · FUNZIONALE Cappella degli Scrovegni e centro storico sono a pochi metri, così come la stazione: l'hotel è in continuo miglioramento e presenta camere moderne, nonché spazi comuni luminosi e dai caldi toni. Ideale per una clientela business.

80 cam ⊆ – ♦79/170 € ♦♦89/230 €

Pianta: D2-c – *largo Europa 9* ⊠ *35137 –* ℰ *049 661200 – www.hoteleuropapd.it*

⫶○ **Antica Trattoria Zaramella** – Vedere selezione ristoranti

⩚ **Belludi 37**　　　 𝔸ℂ ⚡ 🅿

TRADIZIONALE · PERSONALIZZATO Una casetta che si presenta con una mini reception, ma ai piani (da salire a piedi) offre imprevedibili arredi per la categoria ed uno stile non indifferente. Le migliori camere? Le due con vista sulla chiesa del Santo!

16 cam ⊆ – ♦70/99 € ♦♦100/250 € – 1 suite

Pianta: D3-f – *Via Belludi 37* ⊠ *35123 –* ℰ *049 665633 – www.belludi37.it – Chiuso 7-27 gennaio*

⩚ **Al Fagiano**　　　 ☷ ⅊ 𝔸ℂ 🅿

FAMILIARE · PERSONALIZZATO La creatività è la forza di questo piccolo ma delizioso albergo a gestione familiare, la cui originalità risiede nelle installazioni disseminate ovunque e realizzate riciclando materiali usati. Anche le camere - sempre diverse - non si sottraggono ad un fantasioso uso delle decorazioni più disparate.

37 cam – ♦50/75 € ♦♦79/95 € – ⊆ 7 €

Pianta: D3-n – *via Locatelli 45* ⊠ *35123 –* ℰ *049 875 3396 – www.alfagiano.com*

⌂ Al Prato ❶ 🔆 AC P

FAMILIARE · MINIMALISTA Strategicamente posizionato tra Prato della Valle (la più grande piazza d'Italia), l'orto botanico (patrimonio dell'Unesco) e la basilica di San Giustina, l'albergo si ispira ad un design, semplice, moderno ed essenziale; oltre a distinguersi per un buon rapporto qualità/prezzo.

16 cam ⌂ – ♦60/100 € ♦♦80/120 €

Pianta: D3-p – *Prato della Valle 54* ✉ *35122 –* 𝒞 *049 664924*
– www.hotelalpratopadova.it

a Ponte di Brenta Nord-Est : 6 km B1 ✉ 35129

ⅱ○ Dotto di Campagna 👜 ⌂ AC ⇔ P

CUCINA REGIONALE · CONTESTO TRADIZIONALE XX Un simpatico indirizzo, un po' fuori città, ove poter assaporare i piatti della tradizione veneta nella più completa rilassatezza e in un ambiente di elegante rusticità. Tra le specialità invernali il bollito, mentre d'estate fa capolino il pesce.

Carta 28/56 €

Pianta: B1-k – *via Randaccio 4, località Torre –* 𝒞 *049 625469*
– www.dottodicampagna.com – Chiuso 27 dicembre-8 gennaio, 6-27 agosto, domenica sera e lunedì; anche domenica a mezzogiorno in luglio

PAESTUM
Salerno – ✉ 84047 – Carta regionale n° **4**-C3
Carta stradale Michelin 564-F27

ⅱ○ Tre Olivi 🕉 👜 ⌂ AC 🕱 P

CUCINA MODERNA · STILE MEDITERRANEO XXX Invitanti specialità del Cilento nell'elegante sala, affacciata sul giardino dalla lussureggiante vegetazione sub-tropicale. Mozzarella di bufala, pasta di Gragnano, pesce locale, ma anche piatti mediterranei in "salsa" mediterranea: nel piatto, il top gastronomico del meridione.

Carta 43/70 €

Hotel Savoy Beach, via Poseidonia 291 – 𝒞 *0828 720023*
– www.hotelsavoybeach.it

ⅱ○ Nonna Sceppa ⌂ AC 🕱

CUCINA REGIONALE · STILE MEDITERRANEO XX Fondata negli anni '60 da nonna Giuseppa, la trattoria è diventata oggi ristorante, ma la conduzione è sempre nelle mani della stessa famiglia: nipoti e pronipoti si dividono tra sala e cucina dove la mano è da sempre femminile. Ricette del Cilento nel menu, che cambia quotidianamente. Pizzeria solo la sera.

Carta 23/85 €

via Laura 45 – 𝒞 *0828 851064 – www.nonnasceppa.com – solo a pranzo da ottobre a Pasqua escluso sabato – Chiuso 2 settimane in ottobre e giovedì escluso luglio-agosto*

ⅱ○ Nettuno 👜 ⌂ AC P

CUCINA MEDITERRANEA · CONTESTO STORICO XX Adiacente all'ingresso dell'area archeologica, cucina ittica e cilentina in un una casa colonica di fine '800, già punto di ristoro negli anni '20, con servizio estivo in veranda: splendida vista su Basilica e tempio di Nettuno.

🍽 Menu 14 € (pranzo in settimana) – Carta 24/79 €

via Nettuno 2, zona archeologica – 𝒞 *0828 811028 – www.ristorantenettuno.com*
– Aperto 1° marzo-10 novembre e lunedì

ⅱ○ Brezza Marina ❶ ⌂ & AC P

CUCINA CAMPANA · COLORATO XX Sarà una coppia di fratelli ad accogliervi in questo piacevole locale dove già la carta s'impone con una spiccata personalità: paste, dessert ed antipasti che - in realtà - valgono anche come piatti principali, mentre la maggior parte delle verdure provengono dal proprio orto. Cocktail bar Charlie Brown per il dopocena.

Carta 26/60 €

via F. Gregorio 42 – 𝒞 *0828 851017 – solo a cena escluso sabato e domenica*
– Chiuso inizio novembre-fine febbraio e mercoledì

🏨 Oleandri Resort ⓝ 　🍽️ 🌳 🛴 🏊 ⚓ 👤 🅰️🅲 🏖️ 🅿️

BOUTIQUE HOTEL · BUCOLICO Ottima struttura in stile mediterraneo che nel passaggio generazionale sta ulteriormente innalzando il proprio livello. Immersa in un lussureggiante parco con piscina, offre camere classiche con belle ceramiche di Vietri o comodi appartamenti con cucina mentre all'appetito degli ospiti pensano i due ristoranti: il Rosmarino, per sapori del territorio, e a - bordo spiaggia e solo a pranzo - l'estivo Giglio di Mare.

76 cam – †70/350 € ††90/350 € – ☲ 12 €

via Poseidonia 177 – ☎ 0828 851876 – www.oleandriresort.com – Aperto Pasqua-31 ottobre

🏨 Savoy Beach 　👤 🏊 🏠 𝄞 🍽️ ⚓ 🔲 👤 🅰️🅲 🏖️ 🅿️

LUSSO · ELEGANTE Si parte dall'amplissima hall in stile neo-classico, così come l'esterno che cita il tempio degli scavi archeologici, per proseguire nelle confortevoli camere, anch'esse generose in metri quadrati. Gli spazi si dilatano ulteriormente negli esterni, dove padroneggia l'ampia piscina ad anfiteatro.

42 cam ☲ – †83/749 € ††110/998 € – 1 suite

via Poseidonia 41 – ☎ 0828 720100 – www.hotelsavoybeach.it

⅃○ Tre Olivi – Vedere selezione ristoranti

🏨 Grand Hotel Paestum Tenuta Lupo' 　🍽️ 👤 🏊 🔲 👤 🅰️🅲 🏖️ 🅿️

TRADIZIONALE · ELEGANTE All'interno di una vasta proprietà, nel XIX secolo tenuta di caccia, eleganti soluzioni sia nella residenza originaria, sia nel moderno corpo centrale costruito in anni recenti. A disposizione degli ospiti un vasto giardino ed una piscina.

62 cam ☲ – †60/125 € ††80/280 € – 2 suites

via Laura 201 – ☎ 0828 851813 – www.grandhotelpaestum.it

🏨 Le Palme 　🍽️ 🌳 👤 🏊 🏖️ ⚓ 🔲 🅰️🅲 🏖️ 🅿️

FAMILIARE · MEDITERRANEO Separato dal mare e dalla spiaggia (dove si trova il ristorante estivo) solo dalla rigogliosa pineta, l'albergo propone camere gradevoli e piacevole zona piscina. Gestione attenta e cordiale.

84 cam – solo ½ P 65/112 €

*via Poseidonia 123 – ☎ 0828 851025 – www.lepalme.it
– Aperto 1° aprile-11 novembre*

🏨 Schuhmann 　🍽️ 🌳 ⟨ 👤 ⚓ 🔲 🅰️🅲 🏖️ 🏍️ 🚗

TRADIZIONALE · LUNGOMARE Alle spalle una piccola pineta, mentre di fronte l'affaccio è sul mare, dove si trova la spiaggia privata. Camere spaziose ed arredate in stile classico. Enormi sale e veranda al ristorante.

53 cam ☲ – †60/140 € ††80/160 €

via Marittima 5 – ☎ 0828 851151 – www.hotelschuhmann.com

🏠 Il Granaio dei Casabella 　🍽️ 👤 🅰️🅲 🏖️ 🏍️ 🅿️

DIMORA STORICA · PERSONALIZZATO Di fronte alla Porta Aurea, una delle quattro porte dell'Antica Città di Paestum, questa dimora di campagna è l'esito della sapiente ristrutturazione di un antico granaio: camere arredate con gusto, mobili d'epoca o in arte povera. Sapori del Cilento nella piccola, ma elegante sala ristorante con bellissimo dehors sull'erba.

14 cam ☲ – †60/80 € ††80/100 €

via Tavernelle 84 – ☎ 0828 721014 – www.ilgranaiodeicasabella.com – Aperto 1° aprile-31 ottobre

🏠 Villa Rita 　🍽️ 🌳 👤 🏊 🅰️🅲 🏖️ 🅿️

FAMILIARE · ACCOGLIENTE Nella campagna prospiciente le antiche mura, immersa in un parco-giardino, Villa Rita è una tranquilla risorsa a conduzione familiare in cui si respira semplicità e sobrietà; le rovine sono solo a due passi!

22 cam ☲ – †50/120 € ††70/130 €

via Nettuno 9, zona archeologica – ☎ 0828 811081 – www.hotelvillarita.it – Aperto 15 marzo-15 novembre

🏠 Agriturismo Seliano　　　🏡 🐕 🛋 🏊 🏧 🅿

CASA DI CAMPAGNA · BUCOLICO In posizione tranquilla, tra curati giardini e una bella piscina, le antiche stalle sono state accuratamente ristrutturate per offrire camere con arredi d'epoca e moderni confort. Menu fisso al ristorante, dove gustare i prodotti dell'azienda.

14 cam 🖙 - 🛏60/100 € 🛏🛏70/110 €

via Seliano 11, Nord: 2 km - 𝒞 335 664 2739 – www.agriturismoseliano.it
– Aperto 6 aprile-4 novembre

sulla strada statale 166　Nord-Est : 7,5 km

🌿 Le Trabe　　　🐕 🛋 🏠 🏧 🖐 🅿

CUCINA MODERNA · CONTESTO STORICO 🏮🏮🏮 Immerso nel verde di una splendida tenuta, paesaggi bucolici ed orizzonti campestri sono la cornice di sale rustiche ed eleganti, dove materiali antichi sono combinati con finezze moderne e ove il servizio si svolge con stile. Il viaggio gastronomico vi porta sulle ali di creatività e fantasia in una cucina campana "vestita" di moderna attualità.

→ Bavette alle alghe, scampi, lime e bottarga. Rombo alla mugnaia, patate prezzemolate ed ostriche. Bufala e lampone.

Menu 65/90 € – Carta 43/75 €

via Capodifiume 4 ✉ 84047 Paestum – 𝒞 0828 724165 (consigliata la
prenotazione) – www.letrabe.it – solo a cena escluso sabato e domenica
– Chiuso 18 dicembre-10 gennaio, domenica sera e lunedì

a Capaccio　Est: 9 km ✉ 84047

🏠 Borgo la Pietraia 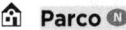　　🏡 🐕 ⟨ 🛋 🏊 🏧 🅿

CASA DI CAMPAGNA · BUCOLICO Non lontano dalla costa e dal suo gioiello archeologico, Paestum, questo delizioso agriturismo si trova sulla collina di Capaccio. Cinto dal verde e dagli ulivi offre oltre a confort moderni, belle camere ed un buon ristorante, nonché una stupenda vista che abbraccia la bella costa campana, sullo sfondo Capri.

10 cam 🖙 - 🛏68/127 € 🛏🛏80/150 € – 1 suite

via Provinciale 13, (incrocio via Cupone), Ovest: 1 km - 𝒞 0828 199 0285
– www.borgolapietraia.com – Chiuso 15-30 gennaio e 15-30 novembre

PALADINA Bergamo → Vedere Almè

PALAGANO
Modena (MO) – ✉ 41046 – 2 194 ab. – Alt. 703 m – Carta regionale n° **5**-B2

🏠 Parco 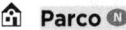　　　🏡 🛋 🔲 🏧 🅿

FAMILIARE · STILE MONTANO Piccolo hotel famigliare che soddisfa pienamente le aspettative: ambienti e camere in stile montano (alcune più moderne), curato giardino e buona cucina.

12 cam 🖙 - 🛏35/45 € 🛏🛏70/80 €

via Aravecchia 27 - 𝒞 0536 073690 – www.hotelristoranteparco.it – Chiuso
20 giorni in gennaio, 20 giorni in settembre

PALAU Sardegna
Olbia-Tempio (OT) – ✉ 07020 – 4 214 ab. – Carta regionale n° **16**-B1
Carta stradale Michelin 366-R36

🍴 La Gritta　　　⟨ 🛋 🏠 🅿

PESCE E FRUTTI DI MARE · ROMANTICO 🏮🏮🏮 Non è solo la posizione incantevole che permette allo sguardo di perdersi tra i colori dell'arcipelago a deliziare l'ospite, ma anche la cura della cucina che attinge al pescato locale come al proprio orto, senza disdegnare i migliori prodotti nazionali ed esteri. Un connubio di elementi che gratifica e conquista chi si trova a sostare qui.

Menu 70/90 € – Carta 61/108 €

località Porto Faro - 𝒞 0789 708045 – www.ristorantelagritta.it – Aperto inizio
aprile-fine ottobre; chiuso mercoledì escluso 15 giugno-15 settembre

🍴 Da Robertino

PESCE E FRUTTI DI MARE · SEMPLICE X Esperta gestione familiare in una simpatica trattoria sulla via principale di questa importante località turistica. In una terra tradizionalmente di pastori, il locale non dimentica il mare... Gustose specialità di pesce e crostacei a prezzi interessanti.

Carta 34/60 €

via Nazionale 20 – ℰ 0789 709610 – Chiuso inizio dicembre-fine febbraio e lunedì escluso in giugno-settembre

🏠 La Vecchia Fonte

TRADIZIONALE · ACCOGLIENTE In centro paese di fronte al porto turistico, piccolo hotel di arredo signorile con ampie e confortevoli sale dai caldi colori. Presso il bar è possibile consumare qualche piatto veloce.

37 cam ⌂ – ♦74/339 € ♦♦84/429 € – 3 suites

via Fonte Vecchia 48 – ℰ 0789 709750 – www.lavecchiafontehotel.it – Aperto14 aprile-15 ottobre

🏠 La Roccia

FAMILIARE · MEDITERRANEO Un ambiente familiare sito nel cuore della località offre camere semplici ed ordinate e deve il suo nome all'imponente masso di granito che domina sia il giardino che la hall. Per chi fosse interessato, una convenzione con un ristorante del centro consente di proporre anche la formula di mezza pensione.

22 cam ⌂ – ♦39/80 € ♦♦64/135 €

via dei Mille 15 – ℰ 0789 709528 – www.hotellaroccia.com – Aperto 15 aprile-31 ottobre

PALAZZAGO

Bergamo – ✉ 24030 – 4 475 ab. – Alt. 397 m – Carta regionale n° **10**-C1
Carta stradale Michelin 561-E10

🍴 Osteria Burligo

CUCINA REGIONALE · SEMPLICE X Semplice esercizio fuori porta dalla vivace gestione familiare, che propone piatti genuini e gustosi come il coniglio al rosmarino, i ravioli di trota o la torta di nocciole e cioccolato: memoria di una tradizione contadina. Terrazza estiva.

Carta 26/40 €

località Burligo 12, Nord-Ovest: 2,5 km – ℰ 035 550456 – solo a cena escluso domenica e giorni festivi – Chiuso 1°-10 settembre, lunedì e martedì

PALAZZOLO Firenze (FI) → Vedere Incisa in Val d'Arno

PALAZZOLO ACREIDE

Siracusa – ✉ 96010 – 8 808 ab. – Alt. 670 m – Carta regionale n° **17**-D3
Carta stradale Michelin 365-AY61

🍴 Andrea - Sapori Montani

CUCINA SICILIANA · FAMILIARE XX Nel centro della cittadina barocca di origini greche, testimone ne è lo stupendo teatro, il ristorante è gestito da una capace coppia: ambienti piacevoli e, nel piatto, i migliori prodotti dell'entroterra siciliano (ottimi, i cavati di sugo con pancetta e cipolletta fresca affumicati o il vitello agli aromi). Ben articolata anche la carta dei vini che omaggia l'isola.

Menu 33/35 € – Carta 26/49 €

via Gabriele Judica 4, (angolo corso Vittorio Emanuele) – ℰ 0931 881488 – www.ristoranteandrea.it – Chiuso 15-30 novembre e martedì

PALAZZOLO SULL'OGLIO

Brescia – ✉ 25036 – 20 134 ab. – Alt. 166 m – Carta regionale n° **10**-D2
Carta stradale Michelin 561-F11

ⅢO La Corte 🏨 ⓐ ⑨ ⇔ 🅿

CUCINA LOMBARDA • ROMANTICO ※※ Romantica ed elegante casa di campagna impreziosita da arredi d'epoca - la passione del titolare - insieme ad un'ottima cucina, in prevalenza di pesce.

◎ Menu 18 € (pranzo in settimana)/50 € – Carta 39/70 €

via San Pancrazio 41 – ℰ 030 740 2136 – www.ilristorantelacorte.it
– Chiuso 2 settimane in gennaio, 3 settimane in agosto, sabato a mezzogiorno
e lunedì

ⅢO Osteria della Villetta 🏠 ⇔

CUCINA LOMBARDA • VINTAGE ※ Da oltre cent'anni baluardo della tradizione bresciana, arredi liberty e atmosfera retrò sono il contorno di gustosi piatti del territorio: tutti conditi da una genuina ospitalità familiare!

Menu 35/45 € – Carta 29/41 €

via Marconi 104 – ℰ 030 740 1899 – www.osteriadellavilletta.it – Chiuso
30 dicembre-7 gennaio, 7-31 agosto, domenica, lunedì e le sere di martedì e
mercoledì

PALAZZUOLO SUL SENIO

Firenze – ✉ 50035 – 1 154 ab. – Alt. 437 m – Carta regionale n° **18**-C1
Carta stradale Michelin 563-J16

ⅢO Locanda Senio 🏠

CUCINA REGIONALE • ROMANTICO ※ Ci sono tanti locali che vantano una cucina del territorio, ma in questa locanda si fa della tradizione il proprio verbo! In una bella atmosfera familiare, Roberta vi proporrà i piatti forti della regione, accompagnandovi inoltre alla scoperta di ricette medievali rivisitate con passione.

Menu 35/55 € – Carta 40/55 €

Locanda Senio, borgo dell'Ore 1 – ℰ 055 804 6019 – www.locandasenio.com – solo
a cena escluso sabato e i giorni festivi – Chiuso inizio gennaio-fine marzo, lunedì,
martedì e mercoledì escluso giugno-settembre

🏠 Locanda Senio

FAMILIARE • PERSONALIZZATO Come cornice un caratteristico borgo medievale, come note salienti la cura, le personalizzazioni, la bella terrazza con piscina...insomma un soggiorno proprio piacevole.

6 cam ⌣ – ♦135/165 € ♦♦135/165 € – 2 suites

borgo dell'Ore 1 – ℰ 055 804 6019 – www.locandasenio.com – Chiuso inizio
gennaio-fine marzo

ⅢO **Locanda Senio** – Vedere selezione ristoranti

CI PIACE...

La splendida posizione e la storia che trasuda da ogni ambiente del **Grand Hotel Villa Igiea**. Le lezioni individuali di cucina dell'**Osteria dei Vespri**. L'elegante hall del **Grand Hotel Piazza Borsa**, splendido chiostro, visitabile e intatto, del 1584.

PALERMO Sicilia

(PA) – ⊠ 90133 – 674 435 ab. – Carta regionale n° **17**-B2
Carta stradale Michelin 365-AP55

Ristoranti

⑩ Cuvée du Jour ☞ 🆎 🅿

CUCINA CREATIVA · LUSSO ✗✗✗ Una piccola saletta molto elegante e sempre in stile, con numerose, pregevoli, etichette in bella mostra ed ampie vetrate affacciate su una suggestiva limonaia. La cucina è tutta da scoprire...
Menu 52/95 € – Carta 60/78 €
Pianta: B2-e – *Grand Hotel Villa Igiea, salita Belmonte 43 ⊠ 90142*
– ☎ 091 631 2111 – solo a cena – Aperto inizio aprile-fine ottobre; chiuso lunedì

⑩ Gagini Social Restaurant 🆎

CUCINA CREATIVA · DI TENDENZA ✗✗ Nel cuore pulsante di Palermo - tra la Vucciria e la Cala - un locale moderno nelle proposte di cucina e nelle presentazioni; rustico - invece - negli arredi e nello stile con pietra viva.
Menu 65/115 € – Carta 47/87 €
Pianta: D2-a – *via dei Cassari 35 ⊠ 90133 – ☎ 091 589918*
– www.gaginirestaurant.com

⑩ A' Cuncuma ♿ 🆎

CUCINA CREATIVA · CONTESTO CONTEMPORANEO ✗✗ Locale raccolto e ristrutturato dove una famiglia palermitana doc propone le sue ricette basate su prodotti locali, non solo di mare, interpretate con gusto e colore.
Menu 50/60 € – Carta 51/86 €
Pianta: C2-a – *Via Judica 21/23 ⊠ 90133 – ☎ 091 887 2991 (consigliata la prenotazione) – www.acuncuma.com – solo a cena – Chiuso 15-30 gennaio, 12-26 agosto e domenica*

La selezione degli esercizi varia ogni anno. Anche voi, rinnovate ogni anno la vostra guida MICHELIN!

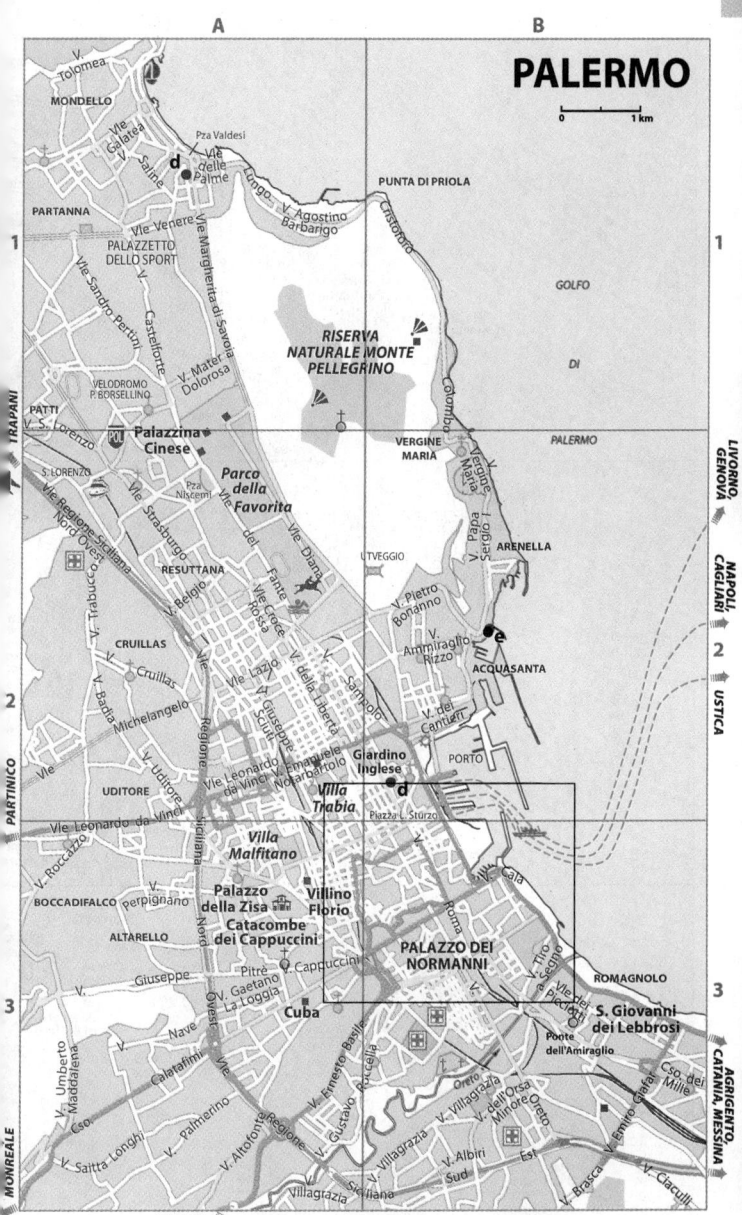

PALERMO

0   1 km

MONDELLO
V. Tolomea
Vle Galatea
V. Saline
Vle delle Palme
d
Lungo. V. Agostino Barbarigo
PUNTA DI PRIOLA
Cristanoro
GOLFO

PARTANNA
Vle Venere
Vle Margherita di Savoia
PALAZZETTO DELLO SPORT
Vle Sandra Pertini
Castelforte
V. Mater Dolorosa

RISERVA NATURALE MONTE PELLEGRINO

DI

VELODROMO P. Borsellino
PATTI
V. S. Lorenzo
S. LORENZO
Palazzina Cinese
Pza Niscemi
Parco della Favorita
VERGINE MARIA
Vergine Maria
Papa Sergio
Colombo
PALERMO

Vle Regione Siciliana Nord Ovest
RESUTTANA
Vle Diana
UTVEGGIO
ARENELLA

CRUILLAS
Cruillas
V. Badia
V. Trabucco
Bergio
Vle del
Vle Croce Rossa
Fante
V. Pietro Bonanno
V. Ammiraglio Rizzo
e
ACQUASANTA

V. Michelangelo
Vle Regione
Vle Lazio
V. Giuseppe Sciuti
Sampolo
V. dei Cantieri
PORTO

UDITORE
Vle Leonardo da Vinci
V. Emanuele Notarbartolo
Vle della Libertà
Giardino Inglese
Villa Trabia
d
Piazza L. Sturzo

Vle Leonardo da Vinci
V. Roccazzo
Villa Malfitano
Nord Ovest
Palazzo della Zisa
Villino Florio
V. Cala
Roma

BOCCADIFALCO
perpignano
Catacombe dei Cappuccini
Pitrè
V. Gaetano La Loggia
Cappuccini
PALAZZO DEI NORMANNI
V. Tiro a Segno
ROMAGNOLO

ALTARELLO
Giuseppe
Cuba
V. Ernesto Basile
Vle Regione
Ponte dell'Amiraglio
Oreto
V. dei Picciotti
S. Giovanni dei Lebbrosi

V. Umberto Maddalena
Cso.
Nave
Calatafimi
V. Palmerino
V. Altofonte
V. Gustavo Roccella
V. villagrazia
V. dell'Orsa Minore
Cso dei Mille
AGRIGENTO, CATANIA, MESSINA

V. Saitta Longhi
Villagrazia
Siciliana
V. Albiri
Sud
V. Brasca
V. Emiro Giafar
V. Ciaculli

SCIACCA

TRAPANI
PARTINICO
MONREALE

LIVORNO, GENOVA
NAPOLI, CAGLIARI
USTICA

791

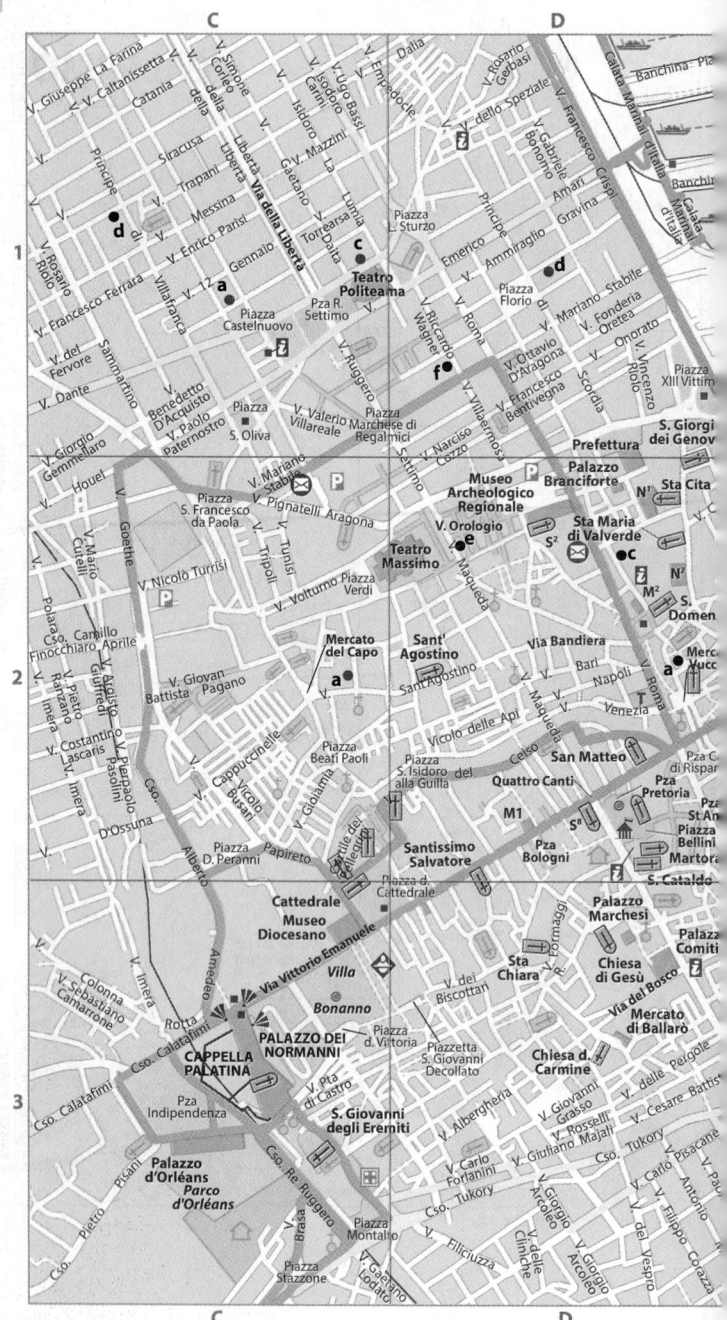

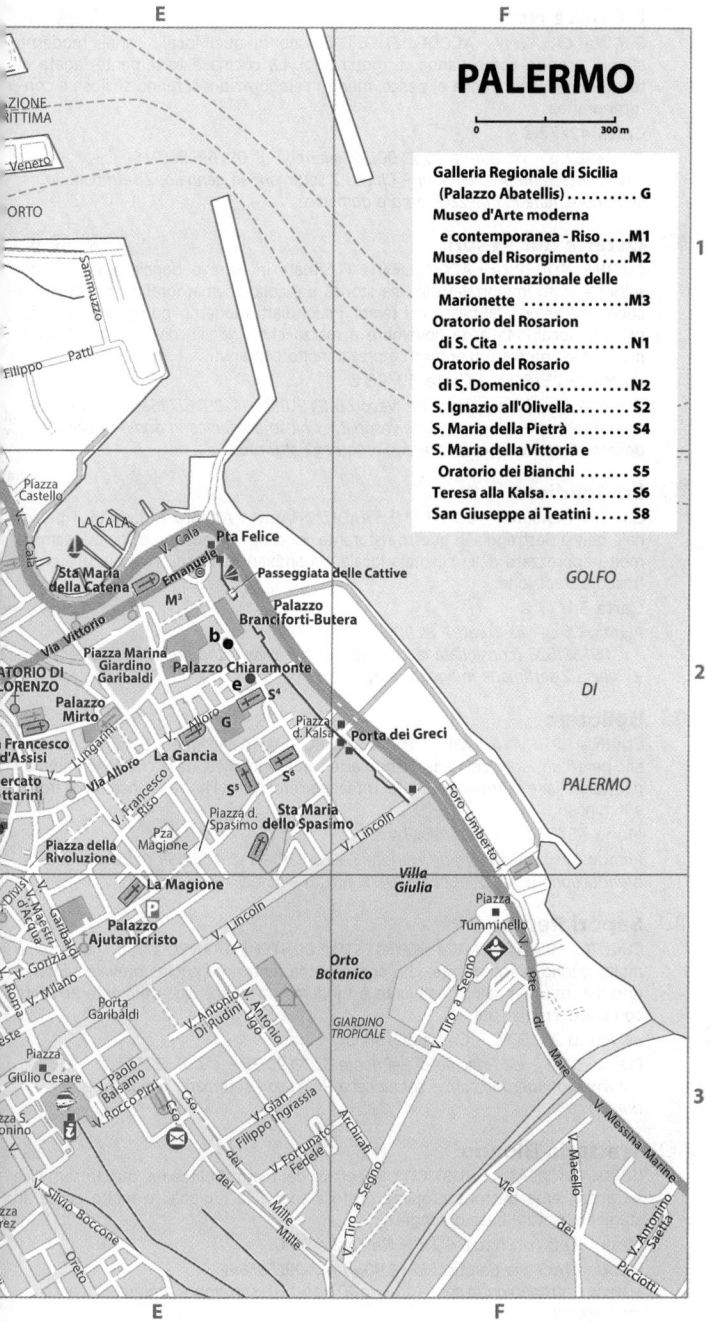

PALERMO

0   300 m

GOLFO

DI

PALERMO

ZIONE
RITTIMA

Veneto

ORTO

Sammuzzo

Filippo   Patti

Piazza
Castello

LA CALA

Pta Felice

Sta Maria
della Catena

Emanuele

Passeggiata delle Cattive

Via Vittorio

M³

Palazzo
Branciforti-Butera

Piazza Marina
Giardino
Garibaldi

Palazzo Chiaramonte

b

ATORIO DI
LORENZO

Palazzo
Mirto

Allorο

e

G

S⁴

Piazza
d. Kalsa

Porta dei Greci

Francesco
d'Assisi

Lungarini

La Gancia

Via Alloro

ercato
ttarini

V. Francesco
Riso

S⁵

S⁶

Piazza della
Rivoluzione

Pza
Magione

Piazza d.
Spasimo

Sta Maria
dello Spasimo

V. Lincoln

Foro Umberto I

La Magione

P

Villa
Giulia

Palazzo
Ajutamicristo

Lincoln

Piazza
Tumminello

Porta
Garibaldi

Orto
Botanico

Piazza
Giulio Cesare

V. Paolo
Balsamo

V. Antonio
Di Pudini

V. Antonio
Ugo

GIARDINO
TROPICALE

V. Tiro a Segno

V. Messina Marine

za S.
onino

V. Rocco Pirri

V. Gian
Filippo Ingrassia

V. Fortunato
Fedele

Archirafi

V. Tiro a Segno

Vle

V. Macello

V. Antonino
Saetta

za
erez

V. Silvio Boccone

Oreto

dei

Mille

Mille

dei

Picciotti

ⅰ○ L'Ottava Nota ☂ 🄰🄲 ⟷

CUCINA CREATIVA · ACCOGLIENTE XX E' uno di quei locali, carini, moderni, allegri: proprio come vanno di moda oggi. La cucina è fortemente legata al territorio e quindi anche al pesce, mentre l'elaborazioni si fanno sfiziose e contemporanee.

Carta 42/72 €

Pianta: E2-e – *via Butera 55 ✉ 90133 Palermo – 𝒞 091 616 8601 – www.ristoranteottavanota.it – Chiuso 2 settimane in gennaio, 2 settimane in settembre, lunedì a mezzogiorno e domenica*

ⅰ○ Osteria dei Vespri 🕸 ☂ 🄰🄲

CUCINA MODERNA · ACCOGLIENTE XX Situata in zona pedonale, uno dei suoi saloni è stato immortalato in una storica pellicola cinematografica e sebbene la cucina sia sempre al passo coi tempi, i suoi piatti moderni "poggiano" su veraci prodotti locali. Ma è da novembre a marzo che il locale diventa un'osteria in pieno stile con piatti giornalieri a prezzi molto contenuti.

🍴 Menu 25/80 € – Carta 59/98 €

Pianta: E2-r – *piazza Croce dei Vespri 6 ✉ 90133 – 𝒞 091 617 1631 (consigliata la prenotazione) – www.osteriadeivespri.it – Chiuso domenica in aprile-ottobre, domenica sera e lunedì a mezzogiorno negli altri mesi*

ⅰ○ Lo Scudiero ♿ 🄰🄲

CUCINA CLASSICA · CONTESTO TRADIZIONALE XX Attento e garbato il personale ben si destreggia in questo ristorante del centro di austera eleganza, sempre molto apprezzato dalla clientela locale: un ambiente vivace dove gustare pesce fresco e tradizione.

Carta 34/77 €

Pianta: C1-c – *via Turati 7 ✉ 90139 – 𝒞 091 581628 (consigliata la prenotazione) – www.ristoranteloscudiero.com – Chiuso 2 settimane in agosto e domenica*

ⅰ○ Bellotero 🄰🄲

CUCINA CREATIVA · AMBIENTE CLASSICO XX Al piano interrato di un palazzo, alle pareti un'esposizione di opere d'arte contemporanea, dalla cucina le maggiori ricette siciliane di terra e di mare. Un leggero restyling l'ha reso ancora più fresco e luminoso.

Menu 35/55 € – Carta 40/74 €

Pianta: B2-d – *via Giorgio Castriota 3 ✉ 90139 – 𝒞 091 582158 (consigliata la prenotazione la sera) – Chiuso 10-25 agosto e lunedì*

ⅰ○ Sapori Perduti 🄰🄲

CUCINA MEDITERRANEA · CONTESTO CONTEMPORANEO XX Un ristorantino molto buono e accogliente, che propone una fantasiosa cucina prevalentemente di mare, ma non solo. L'ambiente è moderno, raccolto, piacevolmente arredato con vivaci cromatismi.

🍴 Menu 25/30 € – Carta 30/54 €

Pianta: D1-d – *via Principe di Belmonte 32 ✉ 90139 – 𝒞 091 327387 – www.saporiperduti.com – solo a cena – Chiuso 1 settimana in agosto e domenica*

ⅰ○ Trattoria Biondo 🄰🄲

CUCINA SICILIANA · RUSTICO X Nei pressi del teatro Politeama, questa semplice ed accogliente trattoria propone gustose specialità regionali e molto pesce. In stagione, piatti a base di funghi.

Menu 30 € (pranzo)/40 € – Carta 32/58 €

Pianta: C1-a – *via Carducci 15 ✉ 90141 – 𝒞 091 583662 – www.trattoriabiondo.com – Chiuso 10 agosto-1° settembre e mercoledì a mezzogiorno*

Alberghi

🏨 Grand Hotel Villa Igiea   ☆ ⪦ 🛏 🏊 ⅃♨ ✗ ⅃ 🖂 ㅻ 🎿 ½ 🅿

DIMORA STORICA · GRAN LUSSO Imponente villa Liberty di fine '800, strategicamente posizionata sul golfo di Palermo e da sempre esclusivo ritiro per principi e regnanti. Nel ristorante le emozioni gastronomiche si mescolano a quelle artistiche con un dipinto di G. Boldini, che fa da sfondo ad una cucina eclettica e siciliana.

115 cam – ♦155/370 € ♦♦200/440 € – 6 suites – ⛺18 €

Pianta: **B2-e** – *salita Belmonte 43* ✉ *90142* – ☏ *091 631 2111* – *www.villa-igiea.it*

🍴 **Cuvée du Jour** – Vedere selezione ristoranti

🏨 Grand Hotel Piazza Borsa   ☆ 🕯 ⅃♨ ⊡ 🄰🄲 ½

PALACE · STORICO In un palazzo ricco di storia da farsi raccontare dall'esperto e simpatico direttore, la hall è un chiostro del 1500 rimasto intatto, mentre tutt'intorno la dimora subiva varie trasformazioni fino a quella attuale che l'ha resa un lussuoso hotel nel centro della città.

116 cam ⛺ – ♦131/210 € ♦♦176/230 € – 11 suites

Pianta: **D2-a** – *via Dei Partari 18* ✉ *90133* – ☏ *091 320075*
– *www.piazzaborsa.com*

🏨 Grand Hotel Wagner   🕯 ⅃♨ ⊡ ♿ 🄰🄲 ½ 🎿

LUSSO · CLASSICO Palazzo nobiliare dei primi del '900, l'albergo è caratterizzato da stucchi, boiserie ed affreschi che ne riproducono lo stile sontuoso e neobarocco. Nel cuore della città e tra i due più importanti teatri, Teatro Massimo e Politeama.

58 cam ⛺ – ♦120/250 € ♦♦210/320 € – 3 suites

Pianta: **D1-f** – *via Wagner 2* ✉ *90139* – ☏ *091 336572* – *www.grandhotelwagner.it*

🏨 Principe di Villafranca   ⅃♨ ⊡ 🄰🄲 ½ 🎿

LUSSO · CONTEMPORANEO Sono molto ben accessoriate e con arredi di moderna eleganza le camere di questa risorsa totalmente ristrutturata qualche anno fa, che ora si presenta in una veste decisamente fashion, dove il contrasto tra il bianco e il grigio è un must. Tra le originalità dell'hotel, numerose opere di pittura e fotografia contemporanea realizzate da artisti dell'isola.

32 cam ⛺ – ♦79/253 € ♦♦99/297 €

Pianta: **C1-d** – *via G. Turrisi Colonna 4* ✉ *90141* – ☏ *091 611 8523*
– *www.principedivillafranca.it*

🏨 Porta Felice   ☆ 🕯 ⅃♨ ⊡ ♿ 🄰🄲 ½ 🎿

DIMORA STORICA · CONTEMPORANEO Quando l'antico incontra il moderno: in un bel palazzo del '700, camere spaziose con arredi design ed un'attrezzata area benessere. A darvi il buongiorno, la suggestiva sala colazioni nel roof garden con vista sulla Palermo vecchia; è sempre qui che si svolge anche il servizio ristorante serale.

30 cam ⛺ – ♦65/150 € ♦♦70/190 € – 3 suites

Pianta: **E2-b** – *via Butera 45* ✉ *90133* – ☏ *091 617 5678* – *www.hotelportafelice.it*

🏨 Massimo Plaza Hotel   🄰🄲

FAMILIARE · CENTRALE Di fronte al Teatro Massimo, l'attenzione è protesa a creare un ambiente raffinato e in stile, armonioso nei colori e ricercato nei particolari sebbene in spazi contenuti; moderno e di classe, non manca di coccolare i suoi ospiti con eleganza e signorilità.

15 cam ⛺ – ♦90/150 € ♦♦100/250 €

Pianta: **D2-e** – *via Maqueda 437* ✉ *90133* – ☏ *091 325657*
– *www.massimoplazahotel.com*

Posta ⬍ AC P

FAMILIARE · ACCOGLIENTE Gestito da oltre ottant'anni dalla stessa famiglia e spesso frequentato da attori che recitano nel vicino teatro, l'hotel è sempre un valido riferimento di riferimento in città. Camere curate e piccolo roof garden in terrazza per aperitivi, nonché piacevoli momenti di relax.

30 cam ⬍ – ♦65/110 € ♦♦65/145 €

Pianta: D2-c – via Antonio Gagini 77 ✉ 90133 – ☎ 091 587338
– www.hotelpostapalermo.it

a Mondello Nord-ovest: 11 km ✉ 90151

☸ Bye Bye Blues (Patrizia Di Benedetto) ⅏ AC

CUCINA CREATIVA · DI TENDENZA ℝℝ Un televisore piatto in sala mostra in diretta i gustosi e curati piatti elaborati in cucina da Patrizia, che riscopre la tradizione regionale, arricchendola con fantasia. In un ambiente moderno e minimalista - tra tanti vini al bicchiere - sarà facile dire "addio" alla malinconia.
→ Cavatelli neri in salsa di mare e schiuma di ricci. Ricciola in crosta di olive nocellare. Cremoso alla vaniglia in guscio di cioccolata bianca e frutti rossi.

Menu 60/70 € – Carta 46/74 €

Pianta: A1-d – via del Garofalo 23 – ☎ 091 684 1415 (prenotare)
– www.byebyeblues.it – Chiuso lunedì; anche domenica a mezzogiorno nel periodo estivo

PALINURO

Salerno – ✉ 84064 – Carta regionale n° **4**-D3
Carta stradale Michelin 564-G27

⊛ Da Carmelo ⬅ 🏠 AC ⅌ P

PESCE E FRUTTI DI MARE · ACCOGLIENTE ℝℝ Al confine della località, lungo la statale per Camerota, il ristorante propone una gustosa cucina di mare, basata su ottime materie prime, il meglio di giornata che nonostante ci sia la carta, viene giustamente spiegato e raccontato a voce dalla signora Adele. Specialità: spaghetti alla "Carmelo", le alici di menaica, gamberi e burrata.

Carta 30/50 €

7 cam ⬍ – ♦28/55 € ♦♦55/110 €

località Isca, Est: 1 km – ☎ 0974 931138 – www.ristorantebebdacarmelo.it
– Aperto 28 marzo-1° novembre

🏨 Grand Hotel San Pietro ☆ ⅏ ⬱ ⌘ ⅏ 🛁 ⬍ AC 🛎 P

RESORT · MEDITERRANEO In pieno centro e - al tempo stesso - direttamente sul mare, camere spaziose ed un'esclusiva suite con grande vasca idromassaggio interna, in una struttura raffinata la cui ubicazione offre un'impareggiabile vista su Tirreno e costa cilentina. Ottimo anche il ristorante.

48 cam ⬍ – ♦99/190 € ♦♦129/240 € – 2 suites

corso Carlo Pisacane – ☎ 0974 931466 – www.grandhotelsanpietro.com – Aperto 1° aprile-4 novembre

🏨 Santa Caterina ☆ ⬱ ⬍ ⅋ AC P

TRADIZIONALE · CENTRALE Hotel lungo il corso centrale, appare moderno e al passo con i tempi, ma nel rispetto della propria storia; consigliamo caldamente una delle sei camere superior, dotate di balcone e soprattutto di ottima vista. Il ristorante è aperto solo in estate.

27 cam ⬍ – ♦70/180 € ♦♦90/190 €

via Indipendenza 53 – ☎ 0974 931019 – www.albergosantacaterina.com – Aperto 23 dicembre-7 gennaio e 4 marzo-4 novembre

 La Conchiglia ⚐ ← 🗉 🗚 🅿

FAMILIARE · ACCOGLIENTE Hotel a gestione familiare e dal taglio moderno, ubicato in pieno centro. Le sue caratteristiche sono gli spazi comuni ben attrezzati, le camere spaziose ed una bella terrazza vista mare. Il tutto completato dal ristorante Vicoletto, anch'esso dotato di una sua gradevole belvedere.

28 cam ⌕ – †63/183 € ††86/206 €

via Indipendenza 52 – ℰ 0974 931018 – www.hotellaconchiglia.it – Chiuso 15-28 dicembre

PALLANZA Verbano-Cusio-Ossola ➡ Vedere Verbania

PALLEUSIEUX Aosta ➡ Vedere Pré Saint Didier

PALMANOVA
Udine – ✉ 33057 – 5 444 ab. – Alt. 27 m – Carta regionale n° **6**-C3
Carta stradale Michelin 562-E21

⌂ Ai Dogi ㅊ 🗚 🔏 🅿

FAMILIARE · CLASSICO Accanto alla cattedrale, piccolo albergo di recente apertura dagli ambienti raccolti e sobriamente arredati: camere di taglio classico-elegante dotate di ogni confort.

22 cam ⌕ – †75 € ††90 €

piazza Grande 11 – ℰ 0432 923905 – www.hotelaidogi.it

PALMI
Reggio di Calabria – ✉ 89015 – 18 930 ab. – Alt. 228 m – Carta regionale n° **3**-A3
Carta stradale Michelin 564-L29

🍴 De Gustibus-Maurizio ㅊ 🗚

PESCE E FRUTTI DI MARE · ACCOGLIENTE ✕✕ Come piace ricordare a Maurizio, titolare di questo locale del centro, nei piatti - presentati rigorosamente a voce - non ci sono effetti speciali, ma solo effetti "normali": ovvero, una buona materia prima locale, cucinata con semplicità e classicità, per sentire il reale e fragrante sapore degli ingredienti.

Carta 26/78 €

viale delle Rimembranze 58/60 – ℰ 0966 25069 – www.degustibuspalmi.it – solo a cena in agosto – Chiuso 2 settimane in settembre, domenica sera e lunedì escluso 15 luglio-30 agosto

PALÙ Trento ➡ Vedere Giovo

PANAREA Sicilia Messina ➡ Vedere Eolie (Isole)

PANCHIÀ
Trento – ✉ 38030 – 825 ab. – Alt. 981 m – Carta regionale n° **19**-D3
Carta stradale Michelin 562-D16

🏠 Castelir Suite Hotel ⚘ 🍴 🗆 🏠 🔏 ✕ 🗉 ㅊ ✕ 🅿

LUSSO · STILE MONTANO Come a casa, anzi molto meglio! Le grandi camere, l'intimità e le varie zone a disposizione (come l'ampio centro benessere) si "coalizzano" per rendere le vostre vacanze uniche.

5 cam ⌕ – †89/140 € ††140/280 € – 2 suites

via Nazionale 57 – ℰ 0462 810001 – www.castelir.it – Aperto 1° dicembre-6 aprile e 1° giugno-27 settembre

PANICALE

Perugia – ✉ 06064 – 5 692 ab. – Alt. 431 m – Carta regionale n° **20**-A2
Carta stradale Michelin 563-M18

⫯⃝ Lillo Tatini   🏤 ⌂

CUCINA REGIONALE • ROMANTICO ✗ Nel cuore di un borgo-castello di origini medioevali, la fiaba continua nella piccola sala decorata con gusto femminile, dalla cucina salumi locali, paste fresche, tartufo, pesce di lago e selvaggina.

Menu 30/55 € – Carta 34/54 €

*piazza Umberto I 13-14 – 𝒞 075 837771 (consigliata la prenotazione)
– www.lillotatini.it – Chiuso 7 gennaio-1° marzo e lunedì*

🏠 Villa Rey   ✿ 🐾 ≼ 🏠 ⅃ 🎥 🎾 🅿

CASA DI CAMPAGNA • PERSONALIZZATO Bella situazione verdeggiante per questa country house distribuita su più strutture le quali offrono interni dal confort moderno, ma il meglio si esprime - tempo permettendo - all'aperto, nel giardino, dove far colazione, pranzo e cena. Qui trova posto anche la piscina.

6 cam ⌨ – ♦110/150 € ♦♦130/220 €

*località Santa Maria Seconda 13, Sud-Est: 4 km – 𝒞 075 835 2286
– www.villarey.eu – Aperto 15 marzo-15 novembre*

verso Montali ✉ 06068 – Panicale

🏠 Villa di Monte Solare   ✿ 🐾 ≼ 🏠 ⅃ 🛏 🎽 🎥 🛁 🅿

CASA DI CAMPAGNA • PERSONALIZZATO All'interno di un'area sottoposta a vincolo paesaggistico e archeologico, una villa patrizia di fine '700 con annesse fattoria e piccola chiesa; elevata ospitalità e cura dei particolari: c'è anche una piacevole beauty farm. Al ristorante gustosi piatti del territorio.

15 cam ⌨ – ♦75/150 € ♦♦99/198 € – 10 suites

*via Montali 7, località Colle San Paolo, Est : 11 km – 𝒞 075 835 5818
– www.villamontesolare.com – Chiuso 7 gennaio-10 marzo*

🏠 Agriturismo Montali   ✿ 🐾 ≼ 🏠 ⅃ 🅿

AGRITURISMO • PERSONALIZZATO Cinque chilometri di strada panoramica non asfaltata, con una vista che spazia sul Lago Trasimeno, il basso senese e il perugino: al termine si giunge ad un complesso rurale in posizione isolata e cinto dai propri 1500 ulivi. Tipica cartolina dell'Umbria? Non proprio! L'arredo delle stanze arriva tutto direttamente da Bali e la cucina - da sempre - è strettamente vegetariana.

9 cam – solo ½ P 120 €

*via Montali 23, località Montali, Nord-Est: 15 km – 𝒞 075 835 0680
– www.montalionline.com – Aperto 15 maggio-15 settembre*

PANTELLERIA (Isola di) Sicilia

Trapani – 7 442 ab. – Carta regionale n° **17**-A3
Carta stradale Michelin 365-AG62

Pantelleria – ✉ 91017 – Carta regionale n° **17**-A3

Carta stradale Michelin 565-Q17

⫯⃝ Al Tramonto   ≼ 🏤 🅿

PESCE E FRUTTI DI MARE • DI TENDENZA ✗✗ Ristorante con una romantica terrazza da cui ammirare il tramonto, magari sorseggiando un aperitivo, in attesa delle specialità pantesche riproposte in chiave moderna.

🍴 Menu 19 € (pranzo) – Carta 37/75 €

*C.da Scauri Basso 12/a (loc. Penna) – 𝒞 349 537 2065
– www.ristorantealtramonto.it – Aperto 15 maggio-15 ottobre*

⅋○ La Nicchia

PESCE E FRUTTI DI MARE FAMILIARE ⅍ Un locale semplice, ma ben tenuto dove provare specialità marinare tipiche, nelle sale interne con arredi essenziali o all'esterno, sotto un delizioso pergolato.

Carta 26/77 €

a Scauri Basso – ℰ 0923 916342 – www.lanicchia.it
– solo a cena – Aperto inizio aprile-fine ottobre

⅋○ Osteria il Principe e il Pirata

CUCINA SICILIANA · STILE MEDITERRANEO ⅍ In una tipica casa isolana con una grande terrazza vista mare e arredi rustici, la cucina, curata personalmente dalla titolare, è attenta già dalla scelta delle materie prime. Specialità siciliane.

Carta 33/67 €

località Punta Karace 7
– ℰ 0923 691108 – www.principeepirata.it – Aperto 1° aprile-31 ottobre; chiuso lunedì escluso 1° giugno-15 settembre

⌂ Zubebi Resort

RESORT · MEDITERRANEO In una vasta e quieta proprietà dove la macchia mediterranea fa da sfondo ai tipici dammusi che costituiscono l'albergo, il ristorante è in un giardino arabo molto pittoresco. Assolutamente da non perdere: l'aperitivo sul tetto con il tramonto sullo sfondo!

8 cam ⌂ – ♦110/220 € ♦♦140/330 €

contrada Zubebi – ℰ 0923 697033 – www.zubebi.com – Aperto 25 aprile-4 novembre

Tracino – ⌧ 91017 – ⌧ Pantelleria – Carta regionale n° **17**-A3

Carta stradale Michelin 565-Q18

⌂ Pantelleria Dream

RESORT · REGIONALE Nella suggestiva macchia mediterranea, affacciate sul mare, tipiche costruzioni pantesche con il caratteristico patio offrono un sobrio confort per soggiorni all'insegna del relax.

46 cam ⌂ – ♦100/350 € ♦♦100/400 €

contrada Tracino località Kania
– ℰ 0923 915131 – www.pantelleriadreamresort.it – Aperto 1° giugno-15 ottobre

PANTIERE Pesaro e Urbino → Vedere Urbino

PANZA Napoli → Vedere Ischia (Isola d') : Forio

PANZANO Firenze → Vedere Greve in Chianti

PARABIAGO

Milano – ⌧ 20015 – 27 692 ab. – Alt. 184 m – Carta regionale n° **10**-A2
Carta stradale Michelin 561-F8

⅋○ Da Palmiro

PESCE E FRUTTI DI MARE · AMBIENTE CLASSICO ⅍⅍ In posizione centrale, una vera chicca per gli amanti della cucina di mare: ampia scelta e grande varietà anche di crudo, da abbinare all'ampia selezione di sali e pepi da tutto il mondo.

Carta 40/75 €

via del Riale 16 – ℰ 0331 552024 – www.ristorantedapalmiro.it – Chiuso 1 settimana in gennaio, 2 settimane in agosto, domenica sera e lunedì

PARADISO Udine → Vedere Pocenia

PARAGGI
Genova – ⊠ 16038 – Carta regionale n° **8**-C2
Carta stradale Michelin 561-J9

🏨 Eight Paraggi ⠀⠀⠀⠀⠀⠀⠀⠀⠀⠀⠀⠀⠀⠀⠀ 🏖 ≤ 🔥 ⊡ 🅰🅲

LUSSO · DESIGN In una delle baie più esclusive della Penisola - tra Portofino e S. Margherita - spazi comuni ridotti, ma signorili, e camere ineccepibili dal punto di vista del confort. Splendida location sul mare.

12 cam ⊡ – ♦690 € ♦♦690 € – 1 suite
via Paraggi a Mare 8 – ℰ0185 289961 – www.eighthotels.it – Aperto 1° aprile-31 ottobre

PARCINES PARTSCHINS
Bolzano – ⊠ 39020 – 3 652 ab. – Alt. 626 m – Carta regionale n° **19**-B2
Carta stradale Michelin 562-B15

a Rablà Ovest : 2 km⊠ 39020

🍴 Hanswirt ⠀⠀⠀⠀⠀⠀⠀⠀⠀⠀⠀⠀⠀⠀⠀⠀⠀⠀⠀ 🏡 ⅄ ✿ 🅿

CUCINA REGIONALE · ROMANTICO XX Ricavato all'interno di un antico maso, stazione di posta, un locale elegante e piacevole, dall'ambiente caldo e tipicamente tirolese. In menu, piatti di cucina contemporanea rivisitata in chiave moderna.
Carta 41/88 €
Hotel Hanswirt, piazza Gerold 3 – ℰ0473 967148 (consigliata la prenotazione) – www.hanswirt.com – Aperto 25 dicembre-5 gennaio e 26 marzo-11 novembre

🍴 Roessl ⠀⠀⠀⠀⠀⠀⠀⠀⠀⠀⠀⠀⠀⠀⠀⠀ ≤ 🍽 🏡 🔲 ⅄ ✿ 🚗

CUCINA REGIONALE · CONTESTO TRADIZIONALE XX La cucina alterna piatti della tradizione ad altri più contemporanei e - soprattutto - di stagione, in un locale gettonatissimo anche dagli abitanti del posto. Atmosfera curata.
Carta 37/74 €
Hotel Rooesl, via Venosta 26 – ℰ0473 967143 – www.roessl.com – Chiuso 27 novembre-1° marzo

🏨 Hanswirt ⠀⠀⠀⠀⠀⠀⠀⠀⠀⠀⠀⠀⠀⠀ 🍽 ⅄ 🎐 ⊡ ⅄ 🚗

STORICO · STILE MONTANO Uno dei pochi alberghi storici di tutto l'Alto Adige, questa recente struttura nata dall'ampliamento di un bell'edificio antico va ad arricchire l'offerta dell'omonimo ristorante. Ampi spazi e camere eleganti.
16 cam ⊡ – ♦180/240 € ♦♦240/360 € – 5 suites
piazza Gerold 3 – ℰ0473 967148 – www.hanswirt.com – Aperto 25 dicembre-5 gennaio e 26 marzo-11 novembre
🍴 **Hanswirt** – Vedere selezione ristoranti

🏨 Roessl ⠀⠀⠀⠀⠀⠀⠀⠀ ≤ 🍽 ⅄ 🔲 🌐 🎐 ⅄ ⊡ 🅰🅲 🚗

SPA E WELLNESS · STILE MONTANO Decorato e sito lungo la via principale, con molte stanze affacciate sui frutteti, albergo con buone attrezzature e piacevole giardino con piscina.
55 cam ⊡ – ♦100/200 € ♦♦190/240 € – 8 suites
via Venosta 26 – ℰ0473 967143 – www.roessl.com – Aperto 2 marzo-26 novembre
🍴 **Roessl** – Vedere selezione ristoranti

PARCO NAZIONALE D'ABRUZZO L'Aquila-Isernia-Frosinone

PARETI Livorno → Vedere Elba (Isola d') : Capoliveri

Getty Images

PARMA

(PR) – ✉ 43121 – 192 836 ab. – Alt. 57 m – Carta regionale n° **5**-A3
Carta stradale Michelin 562-H12

Ristoranti

ॐ **Parizzi**   ॐ ⎕ ⎕ ⎕ ⎕

CUCINA CREATIVA · ELEGANTE XxX La sala moderna e minimalista sembra voler eliminare distrazioni e preparare il palato all'incontro con la cucina di Parizzi. Vi troverete riferimenti parmigiani, ma anche una creatività sofisticata ed intelligente che reinterpreta con stile classici italiani ed internazionali.
→ Insalata di maialino affumicato con tartufo nero. Punta di vitello al forno con piccole verdure. Tartare di cavallo con caviale, polline e pane al curry.
Menu 50/70 € – Carta 50/74 €

Pianta: C2-h – *Parizzi Suites & Studio, strada della Repubblica 71 ✉ 43121 – ℰ 0521 285952 (consigliata la prenotazione) – www.ristoranteparizzi.it – Chiuso 8-15 gennaio, 4-25 agosto e lunedì*

ॐ **Inkiostro** (Terry Giacomello)   ⎕ ⎕ ⎕

CUCINA CREATIVA · DESIGN XxX Locale dal design elegante-minimalista, la cui cucina propone piatti incentrati su una materia prima di grande qualità trattata con intelligenza e rispetto in un twist creativo. Anche le presentazioni non sono trascurate, chi ama l'originalità e la ricerca di novità troverà qui la sua strada.
→ Spirale: l'uovo cotto a freddo. Corteccia di nocciole, polline, zucchero di aghi di pino e mousse al tè verde. "Medusa" midollo di tonno, brodo freddo di pomodorini, spugna croccante ai crostacei.
Menu 135 € – Carta 77/126 €

Hotel Link124, via San Leonardo 124, 4 km per Mantova - B1 ✉ 43122 – ℰ 0521 776047 – www.ristoranteinkiostro.it – Chiuso 1°-7 gennaio, 2 settimane in agosto e domenica

 Le migliori tavole d'Italia selezionate dalla guida? Ora è possibile trovarle anche sull'app gratuita MICHELIN Ristoranti.

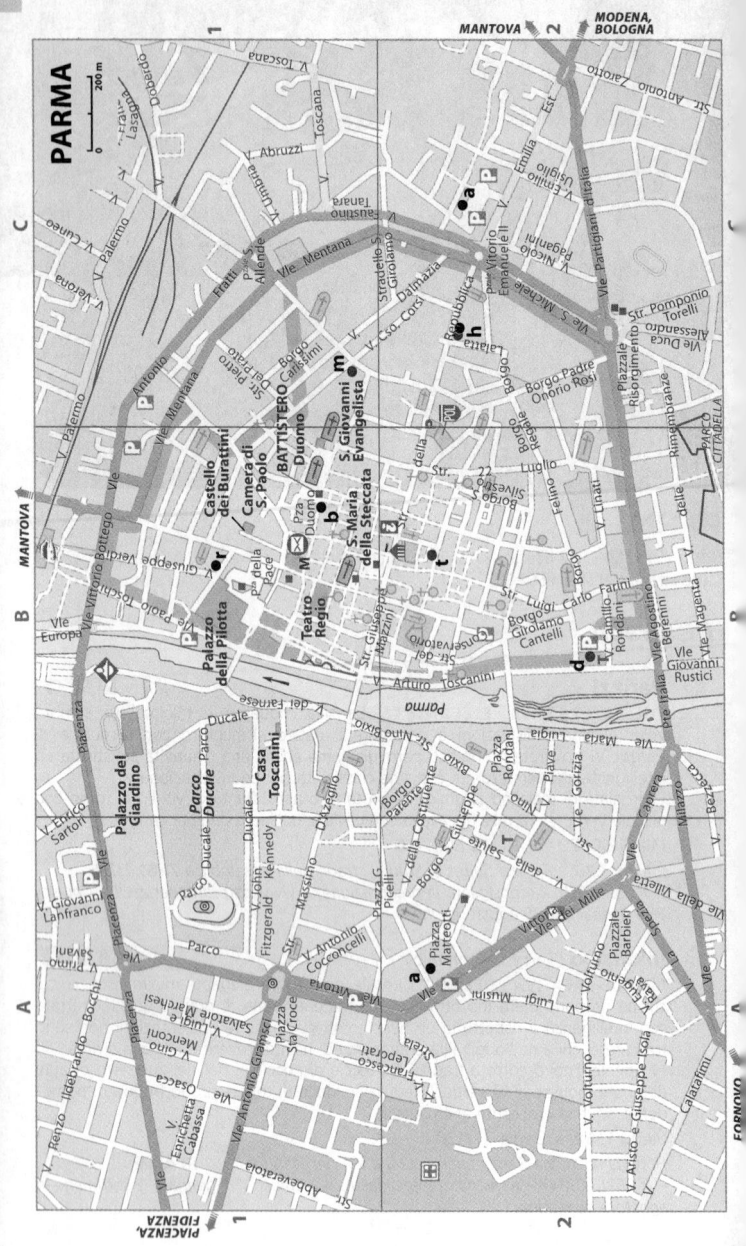

⊛ Shakespeare   Ⓐ︎Ⓒ︎

CUCINA CLASSICA · DI TENDENZA XX Nel moderno complesso del Teatro Due, se il nome omaggia il grande drammaturgo inglese, la cucina è tutta votata ai classici emiliani con qualche inserimento di pesce. Musica dal vivo la sera, quasi tutto fatto in casa, ma le paste fresche sono un must.

& Menu 13 € (pranzo in settimana)/40 € – Carta 29/50 €

Pianta: B2-d – *via Goito 1* ✉ *43100 Parma* – *ℰ 0521 237969 (consigliata la prenotazione) – www.shakespearecafe.it – Chiuso 5-25 agosto e i mezzogiorno di sabato e domenica*

⊛ Osteria del 36   Ⓐ︎Ⓒ︎

CUCINA EMILIANA · OSTERIA X La più antica osteria del centro, dal 1880 delizia cittadini e turisti in due salette semplici e conviviali. Cucina regionale, molti piatti sono preparati all'istante, dalle ottime paste ad un morbidissimo gelato alla crema. Specialità: tortelli d'erbetta alla parmigiana - rognoncini trifolati al prezzemolo - gelato di crema montato al momento.

Carta 31/61 €

Pianta: C1-m – *via Saffi 26/a* ✉ *43121* – *ℰ 0521 287061 (prenotare) – Chiuso 24 dicembre-2 gennaio e 1° luglio-25 agosto*

⍥O Meltemi   🛋 & Ⓐ︎Ⓒ︎

PESCE E FRUTTI DI MARE · DESIGN XX Un'isola di mare in una città tradizionalmente votata alla carne, il ristorante propone esclusivamente piatti di pesce, con diverse proposte di crudo tra gli antipasti, in un gradevole ambiente dal design moderno e accattivante.

Carta 42/66 €

Pianta: B2-t – *piazzale Carbone 3* ✉ *43121* – *ℰ 0521 030814 (consigliata la prenotazione) – www.ristorantemeltemi.com – Chiuso 2 settimane in agosto, lunedì a mezzogiorno e domenica*

⍥O Cocchi   🕸 Ⓐ︎Ⓒ︎ ⇔ 🅿︎

CUCINA EMILIANA · FAMILIARE XX Annessa all'hotel Daniel, una gloria cittadina che, in due ambienti raccolti e rustici, propone la tipica cucina parmigiana accompagnata da una ricercata lista vini.

Carta 32/66 €

Hotel Daniel, via Gramsci 16/a, per Piacenza - A1 ✉ *43126* – *ℰ 0521 981990 – www.ristorantecocchi.it – Chiuso 24 dicembre-6 gennaio, agosto, sabato, anche domenica in giugno-luglio*

⍥O Parma Rotta   🕸 🛋 ⇔ 🅿︎

GRIGLIA · CONTESTO TRADIZIONALE XX Il nome è quello attribuito al quartiere ai tempi in cui le piene del torrente Parma rompevano gli argini. All'interno di una vecchia casa colonica, un labirinto di salette ospita una cucina che trova la propria massima espressione nei dolci, in particolare le praline, nonché nelle specialità allo spiedo e alla brace rigorosamente di legna.

Carta 34/74 €

strada Langhirano 158, per viale Francesco Basetti - B2 ✉ *43124* – *ℰ 0521 966738 – www.parmarotta.com – Chiuso domenica e lunedì*

⍥O Al Tramezzo   🕸 🛋 Ⓐ︎Ⓒ︎ ⇔

CUCINA MODERNA · AMBIENTE CLASSICO XX A fine 2016, Marta ha preso in mano le redini dei fornelli dando un nuovo e tutto femminile slancio alla cucina di questo solido ristorante, che pur rimanendo fedele alla tradizione locale non manca di proporre anche ricette più creative.

Carta 45/101 €

via Del Bono 5/b, 3 km per Modena-Bologna - C2 ✉ *43123 – ℰ 0521 487906 – www.altramezzo.it – Chiuso 25 giugno-8 luglio e domenica*

⅛○ I Tri Siochètt 🏠 ⅙ 🅰🄲 ⇆ 🅿

CUCINA TRADIZIONALE · CASA DI CAMPAGNA ✗ Appena fuori dall'agglomerato urbano, già in aperta campagna, una bella casa colonica - colorata ed invitante - ospita quest'antica trattoria, un tempo gestita da una sorella e due fratelli un po' pazzerelli, i tri siochètt, oggi fucina di specialità gastronomiche locali per golosi buongustai.

Carta 23/47 €

strada Farnese 74, (Sud-Ovest: 2 km), per viale della Villetta - A2 ✉ 43125 – 𝒞 0521 929415 – www.itrisiochett.it – Chiuso 24 dicembre-2 gennaio, 7-23 agosto e domenica sera

Alberghi

🏨 Park Hotel Pacchiosi 🏠 ⅙ 🔁 🅰🄲 🆓 🅿

DIMORA STORICA · CONTEMPORANEO Nato come clinica all'inizio del Novecento, non si lesinò certo sugli spazi, sia esterni che interni: colpiscono infatti l'incrociarsi scenografico delle scale, nonché l'ampiezza dei corridoi. Per i mobili si è scelto di affidarne la costruzione ad un arredatore fiorentino; lo stile, seppure contemporaneo, si adatta bene alla storia della struttura, senza però particolari personalizzazioni, le camere di fatto variano solo per ampiezza.

45 cam ⊇ – †110/330 € ††130/660 € – 14 suites

Pianta: A2-a – *Strada del Quartiere 4 ✉ 43121 – 𝒞 0521 077077 – www.parkhotelpacchiosi.it*

🏨 Grand Hotel de la Ville 🏠 🏋 🌶 🔁 ⅙ 🅰🄲 🧖 🚐

BUSINESS · FUNZIONALE Elegante hall con spazi e luci d'avanguardia per questa risorsa ricavata da un ex pastificio, riprogettato all'esterno da Renzo Piano. Ottima insonorizzazione nelle belle camere dagli arredi più classici. Ristorante con proposte di ogni origine: ricette parmigiane, elaborazioni classiche e specialità di pesce.

107 cam ⊇ – †145/360 € ††185/400 €

Pianta: C2-a – *largo Piero Calamandrei 11, (Barilla Center) ✉ 43121 – 𝒞 0521 0304 – www.grandhoteldelaville.it*

🏨 Stendhal 🔁 🅰🄲 🆓 🧖 🚐

TRADIZIONALE · ELEGANTE Nel cuore di Parma, in un'area cortilizia dell'antico Palazzo della Pilotta, una piacevole struttura con camere variamente decorate, dallo stile veneziano al Luigi XIII. Al primo piano, invece, nuove stanze dall'arredo più moderno.

63 cam – †85/306 € ††101/320 € – ⊇ 14 €

Pianta: B1-r – *via Gian Battista Bodoni 3 ✉ 43121 – 𝒞 0521 208057 – www.mercure.com/parma*

🏨 Link124 🏠 🏋 🌶 🔁 ⅙ 🅰🄲 🧖 🚐

BUSINESS · MODERNO Non lontano dal casello autostradale, è un albergo a vocazione business in un moderno edificio, di cui si apprezzeranno le camere ottimamente insonorizzate, la sobrietà dei colori e la contemporaneità degli arredi.

118 cam ⊇ – †75/180 € ††95/280 € – 2 suites

via San Leonardo 124, 4 km per Mantova - B1 - 𝒞 0521 179 0330 – www.link124hotel.com

❀ **Inkiostro** – Vedere selezione ristoranti

🏠 Daniel 🔁 🅰🄲 🅿

FAMILIARE · TRADIZIONALE In posizione stradale, piccolo albergo dalla gestione familiare a soli 100 m dall'inizio del centro storico. Design contemporaneo e colori sobri nelle accoglienti camere.

32 cam ⊇ – †70/250 € ††90/300 €

via Gramsci 16 ang. via Abbeveratoia, per Piacenza - A1 ✉ 43126 – 𝒞 0521 995147 – www.hoteldaniel.biz – Chiuso agosto

⅛○ **Cocchi** – Vedere selezione ristoranti

Palazzo dalla Rosa Prati 🔁 🗚 ⚓

DIMORA STORICA · ELEGANTE Affacciato sul Battistero e sul Duomo, oggi, dopo sei secoli, la famiglia Dalla Rosa Prati apre le porte del suo palazzo agli ospiti e li riceve in camere spaziose, con arredi dal '700 al liberty, tutte con angolo cottura. Sala polifunzionale per riunioni, mostre, eventi, nonché caffè e piccola rivendita di specialità gastronomiche.

11 cam ⌑ – ♦95/350 € ♦♦125/550 €

Pianta: B1-b – *strada al Duomo 7 ✉ 43121*
– ☎ 0521 386429 – www.palazzodallarosaprati.it

🏠 Parizzi Suites & Studio 🔁 🗚

TRADIZIONALE · CONTEMPORANEO Una soluzione residenziale che si adatta anche a soggiorni lunghi: dalle camere più piccole di 35 m² alla sontuosa stanza (n. 155) con soffitto affrescato, fino ad un moderno e romantico loft con ampia vasca idromassaggio in mansarda.

13 cam – ♦70/90 € ♦♦70/180 € – ⌑ 10 €

Pianta: C2-h – *strada della Repubblica 71 ✉ 43121*
– ☎ 0521 207032 – www.parizzisuite.com
❀ **Parizzi** – Vedere selezione ristoranti

a Coloreto Sud-Est : 4 km per viale Duca Alessandro C2 ✉ 43100 – Parma

🏵 Trattoria Ai Due Platani 🌾

CUCINA EMILIANA · TRATTORIA ⅹ Se amate la tradizione e quella straordinaria atmosfera delle trattorie di campagna, ai Due Platani ne troverete uno straordinario esempio: cucina emiliana dove spiccano il maialino laccato e mele, il piccione con pane alle noci e ribes, il risotto alla quaglia. Tutto memorabile!

Carta 29/51 €

via Budellungo 104/a
– ☎ 0521 645626 (consigliata la prenotazione)
– Chiuso 15 febbraio-2 marzo, 16 agosto-6 settembre, lunedì sera e martedì, anche lunedì a mezzogiorno in estate

a Gaione Sud-Ovest : 5 km per via della Villetta A2 ✉ 43100

○ Trattoria Antichi Sapori 🗚 ✪

CUCINA EMILIANA · TRATTORIA ⅹⅹ Trattoria di campagna alle porte della città, propone una cucina regionale, accompagnata da qualche piatto di pesce e dal dinamismo di una giovane conduzione.

🍴 Menu 25/33 € – Carta 29/51 €

via Montanara 318
– ☎ 0521 648165 – www.trattoria-antichisapori.com – Chiuso 2 settimane in agosto e martedì

a Castelnovo di Baganzola Nord : 6 km per viale Europa B1 ✉ 43126

○ Le Viole 🗚 ✿ 🅿

CUCINA MODERNA · ACCOGLIENTE ⅹⅹ Cucina creativa in questo simpatico indirizzo alle porte di Parma, dove due dinamiche sorelle sapranno allettarvi prendendo semplicemente spunto dai prodotti di stagione.

Carta 30/38 €

strada nuova di Castelnuovo 60/a
– ☎ 0521 601000
– Chiuso 15-31 gennaio 15-30 agosto, lunedì e martedì

PARTSCHINS PARCINES

PASIANO DI PORDENONE
Pordenone – ⊠ 33087 – 7 733 ab. – Alt. 13 m – Carta regionale n° **6**-A3
Carta stradale Michelin 562-E19

a Rivarotta Ovest : 6 km ⊠ 33087

🏨 Villa Luppis   ⇪ 🛏 🗲 ⌇ ⌂ ☶ ⅏ 🖨 ⷒ ⅏ ꙰ 🅿
LUSSO · PERSONALIZZATO Storia e raffinatezza negli antichi ambienti di un convento dell'XI secolo circondato da un ampio parco con giardino all'italiana, piscina e campi da tennis. Al ristorante Lupus in Tabula, le due linee gastronomiche s'intrecciano tra modernismi e tradizione.

39 cam ⌑ – †77/145 € ††110/210 € – 5 suites
via San Martino 34 – ℰ *0434 626969* – *www.villaluppis.it*

PASSIGNANO SUL TRASIMENO
Perugia – ⊠ 06065 – 5 746 ab. – Alt. 289 m – Carta regionale n° **20**-A2
Carta stradale Michelin 563-M18

🍴 Il Fischio del Merlo   ⇪ 🛖 ⌇ ⅗ ⅏ 🅿
PESCE E FRUTTI DI MARE · FAMILIARE 🕸 Il lago non è distante, ma qui a farla da padrone è il pesce di mare, oltre a qualche proposta regionale di carne, in sale arredate a profusione con tavoli in ceramica di Deruta; degna di nota anche la bella cantina (visitabile).

Menu 29/45 € – Carta 26/59 €
località Calcinaio 17/A, Est: 3 km
– ℰ 075 829283 (consigliata la prenotazione) – www.ilfischiodelmerlo.it
– Chiuso novembre e martedì

🏨 Kursaal   ⇪ 🛏 ⮜ 🗲 ⌇ 🅇 🖨 ⅗ 🅿
TRADIZIONALE · BORDO LAGO Direttamente sul lago, un piccolo albergo ricavato in una villa dei primi '900 (nella proprietà anche un camping) con camere accoglienti ed eleganti: l'attenta conduzione si avverte anche nelle zone comuni, luminose e spaziose. Servizio ristorante estivo effettuato nella bella veranda.

13 cam ⌑ – †67/76 € ††89/94 €
via Europa 24 – ℰ *075 828085* – *www.kursaalhotel.net* – *Aperto 24 marzo-4 novembre*

PASSO → Vedere nome proprio del passo

PASTENA
Frosinone – ⊠ 03020 – 1 462 ab. – Alt. 318 m – Carta regionale n° **7**-D2
Carta stradale Michelin 563-R22

🍴 Mattarocci   ⮜ 🛖 🍽
CUCINA LAZIALE · SEMPLICE 🕸 Vicoli stretti in cima al paese, poi la piazza del Municipio: qui un bar-tabacchi. All'interno, un localino noto per le leccornie sott'olio. Servizio estivo in terrazza.

Carta 20/31 €
piazza del Maggio 19 – ℰ *0776 546537*

PASTRENGO
Verona – ⊠ 37010 – 3 092 ab. – Alt. 192 m – Carta regionale n° **23**-A3
Carta stradale Michelin 561-F14

⫟○ Stella d'Italia   🏶 ⇦ 🚗 🍽

CUCINA REGIONALE · ELEGANTE XX Da architetto, l'attuale patron, si è convertito a ristoratore per onorare un'attività di famiglia che ormai supera il mezzo secolo. In ambienti caldi ed eleganti, si mangia la tradizionale cucina del territorio: le lumache sono una delle specialità. Piacevole giardino per il servizio estivo.

Carta 34/62 €

2 cam � – ♦50/70 € ♦♦70/120 € – 1 suite

piazza Carlo Alberto 25
– ℰ 045 717 0034 – www.stelladitalia.it
– Chiuso 1 settimana in gennaio, mercoledì in giugno-settembre; anche domenica sera negli altri mesi

a Piovezzano Nord : 1,5 km ⊠ 37010

🎱 Eva   🚗 🅰️🅲 🅿

CUCINA REGIONALE · SEMPLICE X Nelle colline appena fuori dal paese, una trattoria vecchia maniera, con un'ampia sala dagli alti soffitti, gestione familiare e piatti locali, tra cui i bolliti al carrello e gli ottimi tortelli di zucca.

Carta 19/38 €

via Due Porte 43 – ℰ 045 717 0110 – www.ristoranteeva.com
– Chiuso 11-19 agosto

PAVIA

(PV) – ⊠ 27100 – 72 576 ab. – Alt. 77 m – Carta regionale n° **9**-A3
Carta stradale Michelin 561-G9

⫟○ Peo   🚗 ⅙ 🅰️🅲 ⇔ 🅿

CUCINA CLASSICA · ACCOGLIENTE XX Molto conosciuto in città, Peo è il ristorante dell'albergo Moderno e porta in tavola una gustosa cucina legata al territorio, ma non solo. Ultimo, ma non ultimo, il buon rapporto qualità/prezzo.

Carta 33/53 €

Hotel Moderno, viale Vittorio Emanuele 29 – ℰ 0382 538449
– www.hotelmoderno.it – Chiuso 21 dicembre-1° gennaio

⫟○ Antica Osteria del Previ   🅰️🅲

CUCINA REGIONALE · CONVIVIALE X Sede di una locanda fin dal 1860 nel vecchio borgo di Pavia - lungo il Ticino - un piacevole e curato locale con specialità tipiche della cucina lombarda; travi in legno, focolare, aria d'altri tempi.

🍽 Menu 15 € (pranzo in settimana)/30 € – Carta 24/47 €

via Milazzo 65, località Borgo Ticino – ℰ 0382 26203
– www.anticaosteriadelprevi.com – Chiuso 1°-10 gennaio, agosto e domenica sera

🏚 Moderno   🐿 ⅃⅚ ⊡ ⅙ 🅰️🅲 ⅏ 🅿

BUSINESS · STORICO Moderno non solo nel nome, ma anche di fatto! Sul piazzale della stazione, questo albergo d'inizio '900 si sta rinnovando progressivamente, soppiantando le vecchie camere - ancora funzionali - con stanze assai più accattivanti e contemporanee. Nella zona relax, jacuzzi, bagno turco ed un paio di cyclette. Quanto basta per mantenersi in forma.

48 cam ⊡ – ♦115/145 € ♦♦145/180 € – 3 suites

viale Vittorio Emanuele 41
– ℰ 0382 303401 – www.hotelmoderno.it – Chiuso 21 dicembre-1° gennaio
⫟○ **Peo** – Vedere selezione ristoranti

🏨 Cascina Scova

SPA E WELLNESS · CONTEMPORANEO Non lontano dal centro, sebbene già in aperta campagna, relais contornato da curati giardini e piccoli specchi d'acqua: camere moderne e ampie, come anche il centro benessere, nonché cucina italiana al ristorante (a pranzo c'è un servizio snack bar).

39 cam ⌧ – †90/130 € ††100/165 €

*via del Vallone 18, per Piacenza – ℰ 0382 572665 – www.cascinascova.it
– Chiuso 23-30 dicembre*

sulla strada statale 35 Nord: 4 km per Milano A1

🍴 Al Cassinino

CUCINA CLASSICA · ELEGANTE XxX Sul Naviglio pavese, tra Pavia e la Certosa, elegante casa direttamente sul corso d'acqua, dove gustare sapori classici sia del territorio sia di mare. La carta non le riporta, ma in cantina ci sono tante importanti etichette.

Carta 57/96 €

via Cassinino 1 ⌧ 27100 – ℰ 0382 422097 (consigliata la prenotazione) – Chiuso 15 giorni in agosto e mercoledì

PAVIA DI UDINE

Udine (UD) – ⌧ 33050 – Carta regionale n° **6**-C2
Carta stradale Michelin 562-E21

a Risano Sud-Ovest : 6 km ⌧ 33050

🏠 Casa Orter

FAMILIARE · ACCOGLIENTE All'interno di un casolare di campagna, si sono realizzati tutti i confort di un albergo dei giorni nostri: camere con letti in ferro battuto e dal disegno moderno, piccola e deliziosa saletta per le colazioni, elegante ristorante dove campeggia una grande arpa.

12 cam ⌧ – †60/85 € ††90/110 €

via della Stazione 11 – ℰ 0432 564773 – www.casaorter.it – Chiuso 6-23 agosto

PAVONE CANAVESE

Torino – ⌧ 10018 – 3 895 ab. – Alt. 262 m – Carta regionale n° **12**-B2
Carta stradale Michelin 561-F5

🏨 Castello di Pavone

DIMORA STORICA · ORIGINALE Ricchi interni sapientemente conservati, saloni affrescati ed una splendida corte: una struttura storica e di sicuro fascino, dove si respira ancora una fiabesca e pulsante atmosfera medievale. Squisita cucina del territorio nelle romantiche sale del ristorante.

28 cam ⌧ – †105/135 € ††135/165 €

via Dietro Castello – ℰ 0125 672111 – www.castellodipavone.com

PAVULLO NEL FRIGNANO

Modena – ⌧ 41026 – 17 383 ab. – Alt. 682 m – Carta regionale n° **5**-B2
Carta stradale Michelin 562-I14

🏨 Vandelli

FAMILIARE · PERSONALIZZATO Lungo la strada che attraversa il paese, la calorosa ospitalità familiare è pari solo alla bellezza delle camere: tutte diverse, dal fascino retrò e con arredi d'epoca. Eleganti anche i saloni con camino.

35 cam ⌧ – †60/75 € ††85/98 €

via Giardini Sud 7 – ℰ 0536 20288 – www.hotelvandelli.it

PECCIOLI

Pisa – ✉ 56037 – 4 807 ab. – Alt. 144 m – Carta regionale n° **18**-B2
Carta stradale Michelin 563-L14

Pratello Country Resort

CASA DI CAMPAGNA · PERSONALIZZATO Una villa settecentesca al centro di una tenuta faunistico-venatoria, ambienti comuni e camere elegantemente allestite con pezzi di antiquariato ed una cappella del '600. Interessanti, anche i tre appartamenti familiari annessi alla struttura.

10 cam ☐ – †80/320 € ††80/320 € – 2 suites

località Pratello via di Libbiano 70, Est: 5 km – ℰ 0587 630024 – www.pratello.it – Aperto 20 aprile-21 ottobre

PECETTO TORINESE

Torino – ✉ 10020 – 3 995 ab. – Alt. 407 m – Carta regionale n° **12**-A1
Carta stradale Michelin 561-G5

Pianta d'insieme di Torino

Hostellerie du Golf

BUSINESS · ACCOGLIENTE Nel contesto del Golf Club, l'hotel offre belle camere in stile country ed è ideale tanto per una clientela sportiva quanto per quella d'affari, considerata la vicinanza a Torino. Dal ristorante si gode una discreta vista sul "green".

26 cam ☐ – †68/78 € ††78/88 €

Pianta: 2D3-a – *strada Valle Sauglio 130, Sud: 2 km – ℰ 011 860 8138 – www.hostelleriedugolf.it – Chiuso 22 dicembre-10 gennaio*

PECORONE Potenza → Vedere Lauria

PEDEGUARDA Treviso → Vedere Follina

PEDEMONTE Verona → Vedere San Pietro in Cariano

PEDENOSSO Sondrio → Vedere Valdidentro

PEGLI Genova → Vedere Genova

PEIO

Trento – ✉ 38020 – 1 908 ab. – Alt. 1 389 m – Carta regionale n° **19**-A2
Carta stradale Michelin 562-C14

a Cogolo Est : 3 km ✉ 38024

Kristiania Leading Nature & Wellness Resort

SPA E WELLNESS · STILE MONTANO Ideale per svagare la mente, ci si trastullerà tra il disco-pub, il bar après-ski, la pizzeria o nelle eleganti camere in stile montano; riappropriandosi, invece, del corpo nel seducente centro benessere con piscina, sauna, trattamenti ayurvedici ed altro ancora. Cucina classica e piatti locali al ristorante.

43 cam – solo ½ P 80/180 € – 5 suites

via Sant'Antonio 18 – ℰ 0463 754157 – www.hotelkristiania.it – Chiuso maggio, ottobre e novembre

🏨 Cevedale 　　　　　🕭 🖼 🎛 🏠 🛋 🔁 ⚄ 🛁 🚗

TRADIZIONALE · STILE MONTANO Sulla piazza centrale, senza essere sfarzoso la gestione familiare moltiplica le cure per i classici ambienti montani. Piacevole centro benessere dallo stile inaspettatamente moderno. Al ristorante, si cena avvolti nel legno: specialità tradizionali trentine e vini consigliati dai titolari sommelier.

31 cam ⌂ – ♦50/65 € ♦♦95/110 € – 2 suites

via Roma 33 – ☏ 0463 754067 – www.hotelcevedale.it – Aperto 1° dicembre-15 aprile e 15 giugno-30 settembre

🏨 Chalet Alpenrose 　　　　　🕭 🥾 🚐 🏠 🚗

TRADIZIONALE · ROMANTICO Bucolica posizione, ideale per escursioni sia invernali che estive, camere distribuite nel settecentesco maso o in quello più recente dove di ubica la zona benessere. Ambienti caldi, rifiniti in legno e ben curati in ogni particolare, anche nel ristorante seguito dal titolare stesso.

19 cam ⌂ – ♦80/140 € ♦♦100/198 € – 5 suites

via Malgamare, località Masi Guilnova, Nord: 1,5 km – ☏ 0463 754088 – www.chaletalpenrose.it – Aperto 5 dicembre-5 aprile e 30 maggio-5 ottobre

---

PELLARO Reggio di Calabria → Vedere Reggio di Calabria

PELLIO INTELVI

Como – ✉ 22020 – 977 ab. – Alt. 750 m – Carta regionale n° **9**-A2

❀ La Locanda del Notaio 　　　　　🚐 🏠 🔁 ⚄ 🍴 P

CUCINA CREATIVA · CASA DI CAMPAGNA ✗✗ Un giovane chef è protagonista di questo bel locale nella regione dei laghi, a due passi dalla Svizzera, un "buen retiro" affacciato sul verde. La sua abile mano - affinata con esperienze in grandi ristoranti internazionali - dà alla carta un'impronta pacatamente moderna con carne e pesce sia d'acqua dolce sia di mare.

→ Gnocchi di patate arrosto, morchelle e ricotta di pecora stagionata. Filetto di triglia, crema di finocchietti e salsa alle ostriche. Cioccolato fumé leggermente piccante con gelato allo yogurt.

Menu 65/250 € – Carta 65/115 €

Hotel La Locanda del Notaio, piano delle Noci 42, Est: 1,5 km – ☏ 031 842 7016 – www.lalocandadelnotaio.com – Chiuso gennaio-febbraio, martedì a mezzogiorno e lunedì; in novembre e dicembre da domenica sera a giovedì a mezzogiorno

🏨 La Locanda del Notaio 　　　　　🥾 🚐 🔁 ⚄ P

FAMILIARE · PERSONALIZZATO Villa dell'Ottocento che in passato fu locanda e oggi è una risorsa arredata con grande cura. Belle camere in legno personalizzate; giardino con laghetto d'acqua sorgiva.

18 cam ⌂ – ♦80/180 € ♦♦90/200 € – 2 suites

piano delle Noci 42, Est: 1,5 km – ☏ 031 842 7016 – www.lalocandadelnotaio.com – Chiuso gennaio-febbraio

❀ **La Locanda del Notaio** – Vedere selezione ristoranti

PENANGO

Asti – ✉ 14030 – 488 ab. – Alt. 264 m – Carta regionale n° **12**-C2
Carta stradale Michelin 561-G6

a Cioccaro Est : 3 km ✉ 14030 – Cioccaro Di Penango

🏨 Relais Sant'Uffizio   🏤 🐾 ⇐ 🛋 🎄 🖥 ☏ 🕭 ⚒ 🖤 🅰 🔄 🅿

LUSSO · ACCOGLIENTE Nel cuore del Monferrato, all'interno di un parco con piscina, un edificio cinquecentesco - sede dell'inquisitore Domenicano di Casale - è stato convertito in struttura di lusso con belle camere personalizzate e un modernissimo centro benessere. Nuove stanze nella struttura che un tempo ospitava le scuderie.

50 cam ⌑ – ♦95/300 € ♦♦110/500 € – 4 suites

strada Sant'Uffizio 1 – ℰ 0141 916292 – www.relaissantuffizio.com
– Chiuso 14 gennaio-10 marzo

🏠 Relais Il Borgo   🏤 🐾 ⇐ 🛋 🎄 🔄 🅿

CASA DI CAMPAGNA · ELEGANTE Un piccolo borgo costruito ex novo con fedeli richiami alla tradizione piemontese. Invece è quasi inglese l'atmosfera delle camere, ma dai colori pastello d'ispirazione provenzale.

12 cam ⌑ – ♦100 € ♦♦120 €

via Biletta 60 – ℰ 0141 921272 – www.ilborgodicioccaro.com
– Aperto 15 aprile-10 dicembre

PENNA ALTA Arezzo ➜ Vedere Terranuova Bracciolini

PENNABILLI

Rimini (RN) – ✉ 47864 – 2 869 ab. – Alt. 629 m – Carta regionale n° **5**-D3
Carta stradale Michelin 563-K18

✿ Il Piastrino (Riccardo Agostini)   🍴 🍽 🔄 🅿

CUCINA MODERNA · STILE MONTANO ✕✕ Bella costruzione in pietra all'interno di un parco: pavimento in cotto, sedie e divanetti in pelle, il tutto sapientemente dosato e misurato negli accostamenti. La cucina si distingue per le sue spaziali alchimie di molecole ricche e povere, territoriali e lontane, stagionali e perenni.

➜ Zuppa di fagiolo nel cappelletto con gamberi di fiume. Piccione rosato ai carboni, bietola e cannella. Freddo di mascarpone, sedano e zenzero.

🍴 Menu 24 € (pranzo in settimana)/90 € – Carta 48/72 €

via Parco Begni 9 – ℰ 0541 928106 (consigliata la prenotazione)
– www.piastrino.it
– Chiuso mercoledì in luglio-agosto, anche martedì in aprile-dicembre, da lunedì a giovedì in gennaio-marzo

PERGINE VALDARNO

Arezzo – ✉ 52020 – 3 162 ab. – Alt. 361 m – Carta regionale n° **18**-C2
Carta stradale Michelin 563-L17

a Montelucci Sud-Est : 2,5 km ✉ 52020 – Pergine Valdarno

🏠 Agriturismo Fattoria Montelucci   🏤 🐾 ⇐ 🛋 🎄 🍽 🔄 🅿

AGRITURISMO · BUCOLICO Fattoria seicentesca isolata sulle colline e completa di ogni confort, ideale per una vacanza di relax, ma anche per un soggiorno di sport: mountain bike, escursioni in pick up, pesca sportiva, caccia, nonché ippica.

34 cam – ♦70/80 € ♦♦90/120 € – ⌑ 10 €

– ℰ 0575 896525 – www.montelucci.it – Chiuso 7 gennaio-10 marzo

PERGINE VALSUGANA

Trento – ✉ 38057 – 21 280 ab. – Alt. 482 m – Carta regionale n° **19**-B3
Carta stradale Michelin 562-D15

🎯 Osteria Storica Morelli   🅿

CUCINA REGIONALE · ACCOGLIENTE 🗙 Una cucina che prende spunto dalla regione e che si esprime in un'accorta selezione delle materie prime, a cui si aggiunge un interessante rapporto qualità/prezzo. Specialità: salmerino della Val di Fiemme affumicato caldo.

Menu 35 € – Carta 28/48 €

· *piazza Petrini 1, località Canezza di Pergine, Est: 2,5 km ✉ 38057 Pergine Valsugana – 𝒞 0461 509504 – www.osteriastoricamorelli.it – Chiuso 1 settimana in gennaio, 2 settimane in giugno-luglio, martedì a mezzogiorno e lunedì escluso agosto e vacanze di Natale*

🍴 Castel Pergine   🅱️🔚🌳🍽️🅿

CUCINA REGIONALE · ROMANTICO 🗙🗙 Cucina regionale reinterpretata con gusto moderno in un suggestivo locale dagli alti soffitti a cassettoni, all'interno di un castello medievale. La risorsa dispone anche di alcune camere sobrie ed essenziali, in linea con lo stile del maniero.

Menu 42 € – Carta 37/55 €

21 cam ☲ – �|71/107 € ♦♦71/107 €

*via al Castello 10, Est: 2,5 km – 𝒞 0461 531158 – www.castelpergine.it
– Aperto 29 marzo-5 novembre; chiuso lunedì a mezzogiorno*

PERUGIA

(PG) – ✉ 06121 – 166 134 ab. – Alt. 493 m – Carta regionale n° **20**-B2
Carta stradale Michelin 563-M19

🍴 Gradale 🆕   🅱️🍽️🆎🅿

CUCINA CLASSICA · DI TENDENZA 🗙🗙 Splendido connubio tra design moderno e storia locale per una cucina del territorio squisitamente rivisitata; splendida terrazza per il servizio estivo.

Carta 31/64 €

*Hotel Castello di Monterone, strada Montevile 3, 2,5 km per via dal Pozzo - B2
✉ 06126 – 𝒞 075 572 4214 – www.castellomonterone.com*

🍴 Antica Trattoria San Lorenzo   🆎🌂🛋️

CUCINA CREATIVA · INTIMO 🗙🗙 E' attorno al simpatico chef che ruota il ristorante, situato proprio nel cuore del salotto cittadino, egli vi propone la sua cucina moderna con alcune citazioni del territorio.

Carta 63/85 €

Pianta: B2-c – *piazza Danti 19/A ✉ 06122 – 𝒞 075 572 1956
– www.anticatrattoriasanlorenzo.com – Chiuso domenica*

🍴 Giò Arte e Vini   🅱️♿🆎🌂🅿

CUCINA REGIONALE · AMBIENTE CLASSICO 🗙🗙 Accolto tra gli spazi dell'albergo Giò Wine e Jazz Area, il ristorante si è conquistato una fama che va ormai ben oltre i frequentatori dell'hotel. La cucina è innanzitutto umbra, ma limitarsi a questa definizione significherebbe fare un torto all'estro creativo del cuoco, che esalta prodotti e ricette regionali presentando sfiziosi piatti colorati. Dalle paste fresche alle zuppe, dal piccione all'agnello, una passeggiata gastronomica, cui si accosta, quasi con arte, una superba cantina.

Menu 28/45 € – Carta 29/52 €

*via Ruggero D'Andreotto 19, per Città della Domenica - A3 ✉ 06124
– 𝒞 075 573 1100 – www.hotelgio.it – solo a cena in agosto – Chiuso domenica sera*

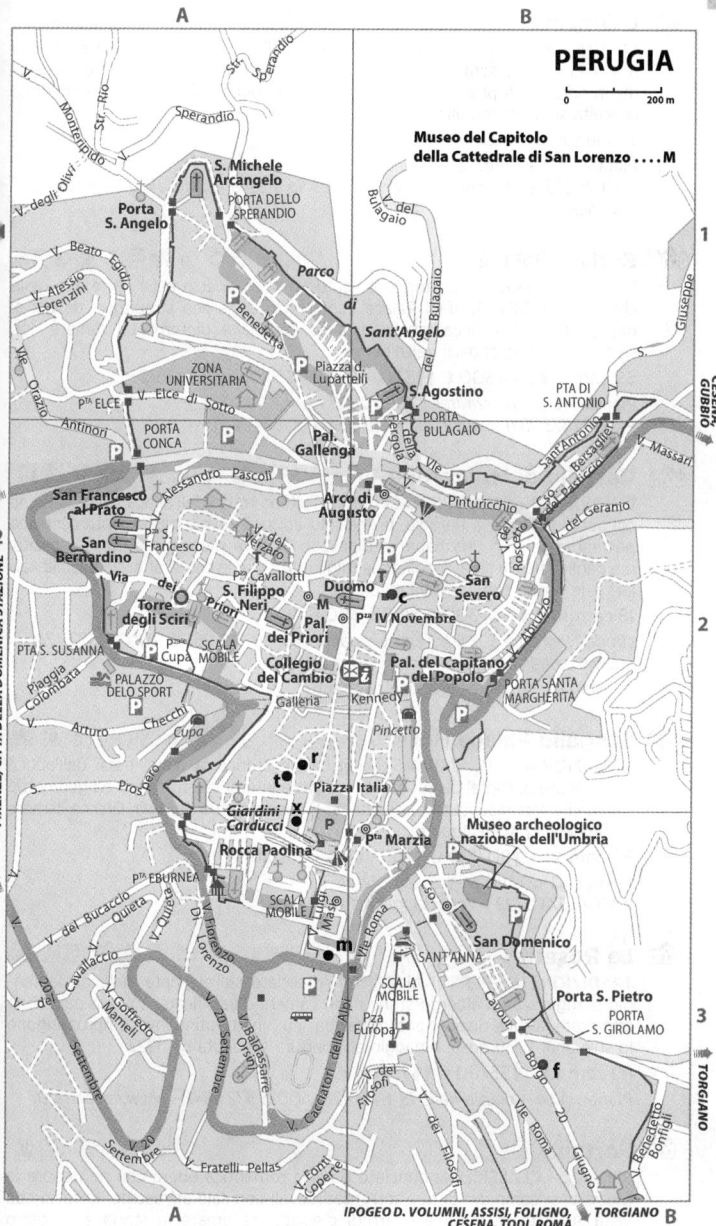

PERUGIA

0 200 m

Museo del Capitolo
della Cattedrale di San Lorenzo . . . . M

S. Michele
Arcangelo

Porta
S. Angelo

PORTA DELLO
SPERANDIO

Parco

di

Sant'Angelo

ZONA
UNIVERSITARIA

Piazza d.
Lupattelli

S. Agostino

PORTA
CONCA

Pal.
Gallenga

PORTA
BULAGAIO

PTA DI
S. ANTONIO

PTA ELCE

San Francesco
al Prato

Arco di
Augusto

San
Bernardino

Via

Torre
degli Sciri

S. Filippo
Neri

Duomo

San
Severo

Pal.
dei Priori

P.ta IV Novembre

Collegio
del Cambio

Pal. del Capitano
del Popolo

PTA S. SUSANNA

PALAZZO
DELO SPORT

Galleria

PORTA SANTA
MARGHERITA

Kennedy

Pincetto

Piaggia
Colombata

Piazza Italia

Giardini
Carducci

Rocca Paolina

P.ta Marzia

Museo archeologico
nazionale dell'Umbria

PTA EBURNEA

SCALA
MOBILE

SANT'ANNA

San Domenico

Porta S. Pietro

SCALA
MOBILE

PORTA
S. GIROLAMO

P.za
Europa

CESENA,
GUBBIO

TORGIANO

IPOGEO D. VOLUMNI, ASSISI, FOLIGNO,   TORGIANO
CESENA, TODI, ROMA

813

⊫○ L'Officina 🗚 ✦

CUCINA CREATIVA · FAMILIARE ※ Stanchi della cucina tradizionale e deside-
rosi di novità? La sera all'Officina troverete fantasia, piatti di ricerca e accostamenti originali. A pranzo ci si accomoda al piccolo ed adiacente Emporio dove
la scelta si fa più semplice, ristretta ed economica.

🍽 Menu 25/40 € – Carta 29/50 €

Pianta: B3-f – *Borgo XX Giugno 56* ✉ *06121*
*– ☏ 075 572 1699 – www.l-officina.net – solo a cena – Chiuso15-22 agosto
e domenica*

🏨 Brufani Palace ✿ ≤ 🖾 🕸 🖪 🖃 🔆 🗚 🐚 �])

LUSSO · ACCOGLIENTE Storico e sontuoso hotel aperto nella parte alta della
città già dal 1884, Brufani Palace vanta un roof-garden strepitoso: da qui si
gode, infatti, di un'incantevole vista su Perugia e dintorni. Le camere non
smentiscono lo standard dell'albergo.

59 cam – †250/300 € ††350/450 € – 35 suites – ⌑ 18 €

Pianta: A3-x – *piazza Italia 12* ✉ *06121*
– ☏ 075 573 2541 – www.sinahotels.com

🏨 Castello di Monterone ⟋ ≤ 🛏 ⌁ 🕸 🖃 🗚 🐚 🅿

DIMORA STORICA · ORIGINALE Lungo l'ultimo tratto dell'antica via regalis che
conduce da Roma a Perugia, un piccolo ed incantevole castello ottocentesco
per immergersi in una fiaba medioevale. Camere monastiche per semplicità,
ma dagli arredi in stile, scegliete le migliori tra quelle che si affacciano sulla vallata e le poche con affreschi medievali.

18 cam ⌑ – †120/390 € ††135/390 €

strada Monteville 3, 2,5 km per via dal Pozzo - B2 ✉ *06126 – ☏ 075 572 4214
– www.castellomonterone.com*

⊫○ **Gradale** – Vedere selezione ristoranti

🏨 Sangallo Palace Hotel ✿ ≤ 🖾 🖪 🖃 🔆 🗚 🐚

TRADIZIONALE · CLASSICO Sito nel centro storico, a pochi passi dall'antica
Rocca Paolina, l'hotel dispone di buoni spazi interni caratterizzati da geometrie
lineari che rappresentano l'essenza del Rinascimento a Perugia. Ottime camere
ed una bella piscina coperta.

98 cam ⌑ – †80/120 € ††95/180 € – 2 suites

Pianta: A3-m – *via Masi 9* ✉ *06121*
– ☏ 075 573 0202 – www.sangallo.it

🏨 La Rosetta ✿ 🖃 🗚 🐚

TRADIZIONALE · PERSONALIZZATO Affacciato sull'elegante viale di passeggio perugino, è un albergo storico con camere diversificate: solo un paio sono
affrescate, alcune dispongono di balconcino, una trentina invece ripropongono
lo stile anni Venti quale omaggio all'apertura avvenuta nel 1922.

82 cam ⌑ – †55/90 € ††75/130 €

Pianta: A2-r – *piazza Italia 19* ✉ *06121 – ☏ 075 572 0841 – www.larosetta.eu*

🏨 Fortuna 🖃 🗚

STORICO · CLASSICO Annunciato da una romantica edera che ne ricopre la
facciata, si compone di due torri medioevali con sale affrescate, terrazzi con
vista sui tetti di Perugia e arredi d'epoca: se amate la storia è il vostro
albergo!

51 cam ⌑ – †59/105 € ††70/160 €

Pianta: A2-t – *via Bonazzi 19* ✉ *06123 – ☏ 075 572 2845
– www.umbriahotels.com*

a Casaglia Ovest : 4 km per Firenze A2 ✉ 06126

🍴○ **Stella**　　　　　　　　　　　　　　⇐ 🏠 AC ⅊

CUCINA DEL TERRITORIO · FAMILIARE ⅋ Un'intraprendente coppia ha fatto crescere con cura e passione il locale dei genitori di lei, proponendo una cucina che valorizza i prodotti del territorio, nonché i vini: quelli naturali tra i preferiti. Camere personalizzate dal piacevole design.

Carta 28/40 €

5 cam ⌁ – 🛏50/60 € 🛏🛏75/85 €

via dei Narcisi 47/a

– ✆ 075 692 0002 – www.stellaperugia.it – solo a cena – Chiuso 2 settimane in agosto e martedì

a Ponte San Giovanni Sud-Est: 7 km per Torgiano B3 ✉ 06135 – Alt. 189 m

🍴○ **Deco**　　　　　　　　　　　⇐ 🛋 🏠 AC 🅐 🅿

PESCE E FRUTTI DI MARE · AMBIENTE CLASSICO ⅋⅋ Sito entro il Decohotel, ma in una struttura a parte, ristorante classico di tono elegante che pur proponendo sapori locali, si è fatto conoscere per la sua linea ittica. Servizio estivo all'aperto.

Carta 28/64 €

35 cam ⌁ – 🛏59/89 € 🛏🛏110/130 €

via del Pastificio 8 – ✆ 075 599 0950 – www.decohotel.it – Chiuso 24-30 dicembre e 13-20 agosto

🍴○ **La Forchetta Bistrot** 🆕　　　　　　　　　🏠 🅐 AC

CUCINA CREATIVA · BISTRÒ ⅋ Una cucina contemporanea eseguita con buone materie prime, equilibrio e precisione, tra gli accoglienti spazi di un moderno bistrot. Il servizio attento e la cordialità dei titolari costituiscono un piacevole plus.

Menu 35/40 € – Carta 34/59 €

Via Ponte Vecchio 60

– ✆ 075 395009 (coperti limitati, prenotare) – www.laforchettabistrot.it

– Chiuso 1 settimana in gennaio, 1 settimana in agosto martedì a mezzogiorno e lunedì

ad Olmo Ovest : 8 km per Firenze A2 ✉ 06012 – Corciano – Alt. 284 m

🏨 **Relais dell'Olmo**　　　　　　🛁 🕭 🅙 🔲 🅐 AC 🅐 🚗

TRADIZIONALE · ACCOGLIENTE Una casa colonica ospita una bella struttura alberghiera, moderna e funzionale, caratterizzata da arredi curati e di stile elegante e da un'ampia gamma di servizi tra cui il piccolo centro benessere (a pagamento) da utilizzare su prenotazione.

52 cam ⌁ – 🛏90/560 € 🛏🛏100/860 €

strada Olmo Ellera 2/4 – ✆ 075 517 3054 – www.relaisolmo.com

a Bosco Est: 12 km per Gubbio B2 ✉ 06134

🏨 **Relais San Clemente**　　　　🕭 🏊 ⇐ 🛋 🛁 🍴 🔲 🅐 AC 🅐 🅿

STORICO · CLASSICO Un'antica dimora in un grande parco di 5 ettari dove trovano posto anche i campi da tennis coperti; un relais che trae il nome dalla chiesa ancora presente nel complesso; camere ineccepibili per tenuta e confort.

64 cam ⌁ – 🛏49/109 € 🛏🛏59/219 €

strada Passo dell' Acqua 34 – ✆ 075 591 5100 – www.relais.it

a **Ripa** Est : 17 km per Gubbio B2 ✉ 06134

🏠 Ripa Relais Colle del Sole   ✿ ⬩ ⌧ 🄰🄲 ⌂ 🅿

CASA DI CAMPAGNA · TRADIZIONALE Romantici letti a baldacchino, pavimenti in cotto e travi a vista, suite con graziosi angoli soggiorno: tutto concorre a creare un'atmosfera raffinata in questa risorsa che si sviluppa su quattro costruzioni, raccolte intorno ad un giardino ricco di profumi ed erbe aromatiche.

16 cam 🛏 – ♦45/100 € ♦♦60/200 €

via Aeroporto Sant'Egidio 5, Sud: 1,5 km – 𝒞075 602 0131 – www.riparelais.com – Chiuso 7 gennaio-12 febbraio

a **Monte Petriolo** Sud-Ovest : 19 km per Firenze A3 ✉ 06100

🏘 Borgo dei Conti Resort   ✿ 🐾 ⛲ ⌧ 🏠 🛁 🄴 🄰🄲 ⌂ 🅿

LUSSO · PERSONALIZZATO Abbracciato da un bosco secolare, un antico borgo composto da una dimora padronale, vari complessi abitativi e la chiesa d'ispirazione barocca è diventato un lussuoso resort: piacevole zona benessere e luminoso ristorante La Limonaia per finire in bellezza la giornata.

55 cam 🛏 – ♦210/390 € ♦♦260/410 € – 6 suites

strada Montepetrolio 26 – 𝒞075 600338 – www.borgodeicontiresort.com

PESARO
(PU) – ✉ 61121 – 94 582 ab. – Carta regionale n° **11**-B1
Carta stradale Michelin 563-K20

✿ Nostrano (Stefano Ciotti)   🍴 🄰🄲

CUCINA CREATIVA · ALLA MODA XX La città, e non solo, gli ha decretato il successo: un'ottima cucina senza incertezza alcuna, piatti dalla spiccata personalità e nitidezza di sapori. A pochi metri dalla celebre scultura a sfera di A. Pomodoro, un locale frizzante come il suo giovane staff.
→ Risotto squaccquerone, cucunci (frutti del cappero), caviale. Calamari arrosto, parmigiano, polvere di Sicilia, crema di pere e vaniglia. Cioccolato dolce, un po' salato.

Menu 45/90 € – Carta 51/100 €

Pianta: B2-a – *piazzale della Libertà 7 ✉ 61121 – 𝒞0721 639813 (consigliata la prenotazione) – www.nostranoristorante.it – Chiuso 5 novembre-2 dicembre, mercoledì a mezzogiorno e martedì*

🍽 '59 Restaurant   🍴 ♿ 🄰🄲 ⌷

CUCINA CLASSICA · ALLA MODA XXX Cucina prevalentemente di pesce con leggeri tocchi moderni in ambienti eleganti dal design retrò. La sera, ci si può accomodare ai tavoli del Lido a bordo spiaggia.

Carta 43/94 €

Pianta: B2-b – *Hotel Excelsior, lungomare Nazario Sauro 30/34 ✉ 61121 – 𝒞0721 630004 (consigliata la prenotazione) – www.59restaurantpesaro.it*

🍽 Lo Scudiero   🐾 🍷

CUCINA MODERNA · ELEGANTE XXX Non perde un'oncia del suo fascino, questo bel locale gestito con intraprendenza e passione: eleganti ambienti nelle storiche scuderie per una cucina che si fa - di volta, in volta - tradizionale o moderna. Al piano terra un'interessante area eclettica e conviviale dove poter sorseggiare un aperitivo, acquistare e degustare vini, consumare piatti più informali.

Menu 52/85 € – Carta 50/86 €

Pianta: A2-e – *via Baldassini 2 ✉ 61121 – 𝒞0721 165 1804 – www.ristorantescudiero.it – Chiuso 25 maggio-7 giugno, martedì a mezzogiorno e lunedì escluso in agosto e dicembre*

ⅼ⃝ **Gibas** ⟨ 🏠 **P**

PESCE E FRUTTI DI MARE · ALLA MODA XX Lungo la strada che partendo dalla città va verso nord, locale moderno in posizione panoramica sul mare, da godersi appieno - in estate - sulla pedana all'aperto. Cucina prevalentemente di pesce d'impronta contemporanea.

Menu 38 € – Carta 38/96 €

strada Panoramica Adriatica, 4 km per Bologna - A2 ⊠ 61121
– 𝒞 0721 405344 – www.gibasristorante.it
– Chiuso 25 giorni in ottobre-novembre, mercoledì, anche giovedì a mezzogiorno in settembre-maggio

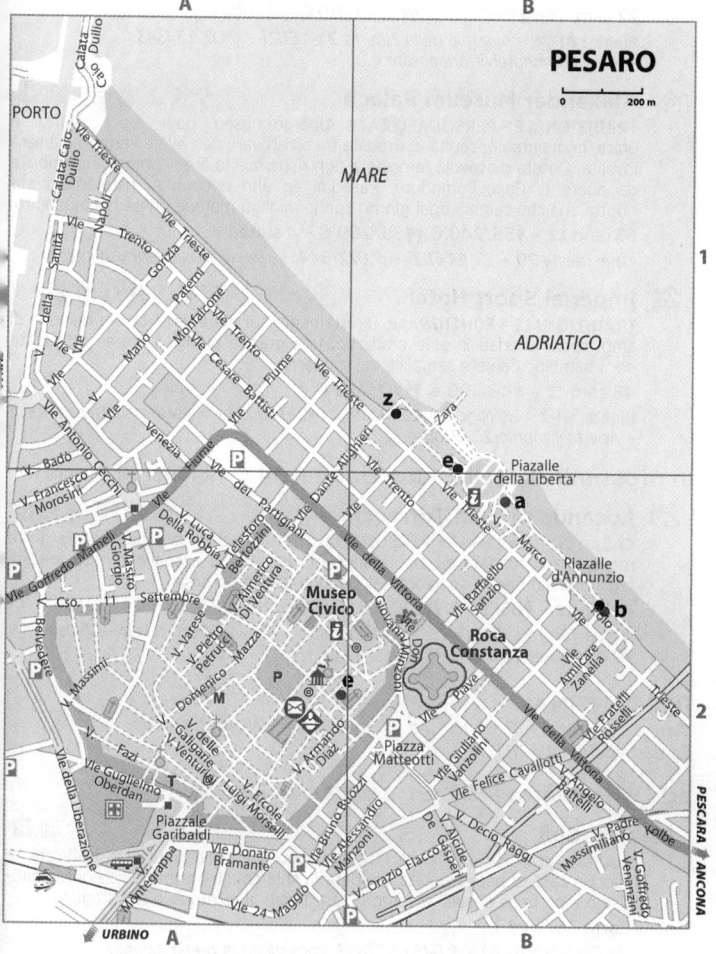

🏨 Excelsior ♤ ≼ 🔲 🕙 🛖 🗇 ⚠ 🖃 ⟟ 🆔 🎧 🚗

LUSSO · DESIGN Lussuoso design hotel in prima fila che coniuga linee moderne con richiami ai mitici anni '50 americani. Tra i tanti servizi offerti, ricordiamo l'esclusiva spa e la spiaggia privata. Al Bistrot: carta semplice di piatti mediterranei, ma si servono anche insalate e piadine.

52 cam 🔲 – ♦119/529 € ♦♦139/609 € – 14 suites

Pianta: B2-b – *lungomare Nazario Sauro 30/34* ✉ 61121 – 🕽 0721 630011
– *www.excelsiorpesaro.it*

🍽 **'59 Restaurant** – Vedere selezione ristoranti

🏨 Vittoria ♤ ≼ 🔲 🔲 🕙 🗇 ⚠ 🖃 🆔 🎧 🅿

STORICO · ELEGANTE In una zona tranquilla e con un'eccellente vista mare, questa storica villa che ospita eleganti spazi arredati con mobili antichi, sale conferenza, sauna ed una piccola palestra ha ricevuto - a ragione - il marchio di qualità dell'ospitalità italiana.

27 cam 🔲 – ♦155/800 € ♦♦185/1300 € – 9 suites

Pianta: B1-2e – *piazzale della Libertà 2* ✉ 61121 – 🕽 0721 34343
– *www.grandhotelvittoriapesaro.it*

🏨 Alexander Museum Palace ♤ ≼ 🔲 🆔 🖃 🆔 🎧

TRADIZIONALE · PERSONALIZZATO Albergo-museo dove ogni stanza è unica, in quanto concepita e arredata da artisti vari, per vivere l'arte in maniera insolita. Questa piacevole atmosfera non risparmia le aree comuni impreziosite da opere di Chia, Pomodoro, Palladini ed altri ancora. Al ristorante carta ridotta, ma che cambia ogni giorno con le migliori materie prime del momento.

63 cam 🔲 – ♦55/240 € ♦♦85/260 € – 4 suites

viale Trieste 20, - B2 ✉ 61121 – 🕽 0721 34441 – *www.alexandermuseum.it*

🏨 Imperial Sport Hotel ♤ ≼ 🔲 🗇 🆔 🖃 🆔 🚗

TRADIZIONALE · FUNZIONALE Direttamente sul mare, la struttura dispone di ampi spazi arredati in stile moderno, una grande piscina ed aree attrezzate per i bambini. Camere semplici, ma moderne.

48 cam 🔲 – ♦40/100 € ♦♦70/230 €

Pianta: B1-z – *via Ninchi 6* ✉ 61121 – 🕽 0721 370077 – *www.imperialsporthotel.it*
– *Aperto 1° aprile-20 ottobre*

in prossimità casello autostrada A 14 Ovest : 5 km per Bologna A2

🏨 Locanda di Villa Torraccia ℅ ≼ 🏠 🆔 🅿

CASA DI CAMPAGNA · PERSONALIZZATO Ricavata da una piccola torre medievale circondata da piante secolari, una risorsa accogliente con suite di taglio rustico per un soggiorno all'insegna della tradizione.

4 cam 🔲 – ♦65/80 € ♦♦100/130 € – 4 suites

strada Torraccia 3 ✉ 61122 – 🕽 0721 21852 – *www.villatorraccia.it* – *Chiuso 20 dicembre-4 gennaio*

PESCANTINA

Verona – ✉ 37026 – 17 128 ab. – Alt. 80 m – Carta regionale n° **22**-A2
Carta stradale Michelin 562-F14

ad Ospedaletto Nord-Ovest : 3 km ✉ 37026 – Pescantina

🍽 Alla Coà 🍴 🆔

CUCINA REGIONALE · ROMANTICO ⅹ Lungo una strada piuttosto trafficata, la vecchia casa di paese è stata arredata in stile country e un pizzico di romanticismo e propone ai suoi avventori piatti legati al territorio e alle stagioni.

Carta 38/59 €

via Ospedaletto 70 – 🕽 045 657 7853 *(consigliata la prenotazione)*
– *www.trattoriaallacoa.it* – *Chiuso gennaio, agosto, domenica e lunedì*

🏨 **Villa Quaranta Tommasi Wine Hotel & SPA** 🕏 🕸 🛅 🗴

TRADIZIONALE · ELEGANTE Antico ⬜ 🕸 🕅 🛅 🛅 🛅 🛅 e 🗐 🕸 🕅 🛅 🕅 🗴 🛅 🚗
moderno, gli opposti si attraggono! Una villa del '600 (con tanto di cappella
consacrata) ed un edificio più recente formano questo raffinato complesso,
poliedrico nell'offerta dei servizi: camere classiche, sale congressi ed una bella
spa con centro medico. Il tutto immerso nella splendida cornice di un grande
parco. Il Borgo Antico è un ristorante elegante con cucina tradizionale e classica che raddoppia con la sala rustica cinta da bottiglie di vino della Bottega
del Gusto.

73 cam 🖙 - ♦115/185 € ♦♦149/218 € - 6 suites
via Ospedaletto 57 - 𝒞 045 676 7300 - www.villaquaranta.com

PESCARA

(PE) – ✉ 65122 – 121 014 ab. – Carta regionale n° **1**-C1
Carta stradale Michelin 563-O24

❀ **Café Les Paillotes** 🕸 🛱 🅺 🕅 🗴 ⇔

CUCINA MODERNA · ALLA MODA XxX Affacciato sulla spiaggia, pare un elegante stabilimento balneare con atmosfere dalle allusioni orientali. Tutta italiana invece la cucina: dalla tradizione adriatica ai piatti più creativi, il Café è
un'eccellente tappa gastronomica.
→ Spaghettone quadrato cacio e pepe con gamberi bianchi marinati al lime.
Composizione di pesci e crostacei dell'Adriatico alla griglia. Sablé al cioccolato,
cremoso alla gianduja, sorbetto al lampone.

🕾 Menu 25 € (pranzo)/50 € - Carta 44/90 €
piazza Le Laudi 2, per viale Guglielmo Marconi - B2 ✉ *65129 -* 𝒞 *085 61809
- www.lespaillotes.it - Chiuso gennaio, domenica e lunedì*

ⓐ **Taverna 58** 🕭 🕅 ⇔

CUCINA REGIONALE · CONTESTO TRADIZIONALE X Trattoria dall'ambiente
curato, dove un'interessante cucina legata alla tradizione gastronomica abruzzese dà vita a piatti sapidi e generosi, difficilmente ritrovabili altrove. Un esempio? Pecora della Maiella al tegame! Visitabili le cantine con vestigia medievali
e romane.

🕾 Menu 18 € (pranzo in settimana)/29 € - Carta 30/49 €
Pianta: B2-s *- corso Manthoné 46* ✉ *65127 -* 𝒞 *085 690724 - www.taverna58.it
- Chiuso 24 dicembre-1° gennaio, agosto, domenica e i mezzogiorno di venerdì
e sabato*

ⅠⓄ **Carlo Ferraioli** 🕸 🕅 🗴

PESCE E FRUTTI DI MARE · AMBIENTE CLASSICO XX Elegante ristorante affacciato sul canale e sui caratteristici pescherecci: cucina rigorosamente a base di
pesce. A disposizione, una sala per fumatori.

Menu 30 € (pranzo in settimana)/50 € - Carta 30/79 €
Pianta: B2-d *- via Paolucci 79* ✉ *65121 -* 𝒞 *085 421 0295 - www.carloferraioli.it
- Chiuso lunedì*

ⅠⓄ **La Rete** 🛱 🕅 🗴 ⇔

PESCE E FRUTTI DI MARE · FAMILIARE X Solo pesce in questo locale dalla cordiale gestione familiare: semplice e gustoso, il menu della giornata è tracciato
ogni mattina a seconda di quello che offrono l'Abruzzo e l'Adriatico.

Menu 30/45 € - Carta 26/51 €
Pianta: A1-m *- via De Amicis 41* ✉ *65123 -* 𝒞 *085 27054 (consigliata la
prenotazione) - www.lareteristorante.com - Chiuso 10 giorni in gennaio,
1 settimana in agosto, domenica sera e lunedì a mezzogiorno*

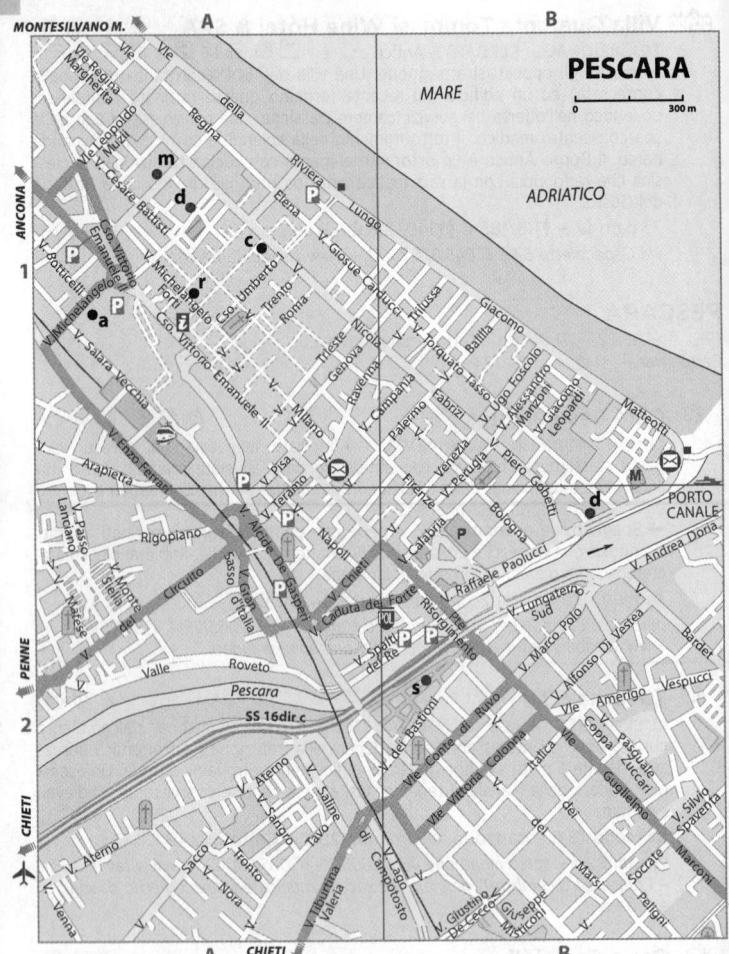

PESCARA

MARE
ADRIATICO

ANCONA

PENNE

CHIETI

CHIETI

PORTO
CANALE

🍴 **Drogheria del Mercato** Ⓝ 🏠

CUCINA CREATIVA · BISTRÒ 🗡 Un ristorantino non privo di originalità, dove la cucina mostra tecnica, ricerca ed una discreta dose di sperimentazione: ne risultato piatti stuzzicanti, ben equilibrati e soprattutto con un buon rapporto qualità prezzo.

Menu 30/40 € – Carta 28/42 €

Pianta: A1-d – *Piazza Michele Muzii 48* – *𝒞 085 867 1838 – solo a cena in giugno-settembre – Chiuso 10 giorni in febbraio, 10 giorni in agosto, lunedì e martedì*

🏨 **G Hotel** Ⓝ 📶 ♿ AC P

BUSINESS · DESIGN Ad una manciata di minuti dal mare e a pochi passi dal corso principale, hotel dal moderno design di recente apertura. Ottimi accessori nelle confortevoli camere.

76 cam 🍽 – �69/299 € ♦♦94/299 €

Pianta: A1-a – *Via Stazione Ferroviaria 100* ✉ 65121 – *𝒞 085 27689 – www.ghotelpescara.it*

 Victoria

TRADIZIONALE · DESIGN In pieno centro, nuova risorsa di grande effetto e squisito confort. Modernità e design per una clientela esigente. Piccola zona benessere.

22 cam ☐ – †90/110 € ††110/140 € – 1 suite

Pianta: A1-c – *via Piave 142* ✉ *65122* – ✆ *085 374132*
– *www.victoriapescara.com*

Alba

TRADIZIONALE · CLASSICO Nel centro turistico-commerciale della città, piccolo ma piacevole hotel caratterizzato da sale in stile liberty - stuccate ed affrescate - più classiche, invece, le camere.

50 cam – †70/90 € ††90/130 € – ☐ 6 €

Pianta: A1-r – *via Forti 14* ✉ *65122* – ✆ *085 389145*
– *www.hotelalbapescara.com*

PESCASSEROLI

L'Aquila – ✉ 67032 – 2 203 ab. – Alt. 1 167 m – Carta regionale n° **1**-B3
Carta stradale Michelin 563-Q23

🍽 Alle Vecchie Arcate

CUCINA REGIONALE · FAMILIARE Parenti, ma non della stessa famiglia che gestisce l'omonimo albergo, il locale offre una casareccia cucina abruzzese in una struttura di inizi '600: caratteristica, la sala con arcate in pietra e camino.

Carta 25/36 €

via della Chiesa 41 – ✆ *347 184 1230* – *Chiuso novembre martedì e lunedì in maggio-giugno ed ottobre*

Villa Mon Repos

STORICO · ORIGINALE Costruita nel 1919 dallo zio di Benedetto Croce, una residenza d'epoca in un parco non lontano dal centro; stile tardo liberty, molto eclettico, anche all'interno e piccolo centro benessere (solo su prenotazione a coppia).

13 cam ☐ – †80/120 € ††80/120 € – 1 suite

viale Santa Lucia – ✆ *0863 912858* – *www.villamonrepos.it*

Paradiso

FAMILIARE · STILE MONTANO A meno di 2 km dal centro, è ideale per una vacanza familiare nel verde: il parco entra in albergo con atmosfere rustiche in legno, camino e una tavernetta.

21 cam ☐ – †49/90 € ††60/140 €

via Fonte Fracassi 4 – ✆ *0863 910422* – *www.albergo-paradiso.it*

PESCHICI

Foggia – ✉ 71010 – 4 521 ab. – Carta regionale n° **15**-B1
Carta stradale Michelin 564-B30

🍽 Porta di Basso

PESCE E FRUTTI DI MARE · CONTESTO CONTEMPORANEO Nella città vecchia, abbiate cura di prenotare uno dei pochi tavoli a strapiombo sul mare, in terrazza o all'interno. Il cuoco è impegnato in una meritoria ricerca dei prodotti del Gargano, di terra e di mare... dagli ottimi risultati!

Menu 50/60 € – Carta 41/74 €

3 cam ☐ – †80/120 € ††120/240 €

via Colombo 38 – ✆ *0884 355167 (consigliata la prenotazione)*
– *www.portadibasso.it* – *Chiuso gennaio-marzo, novembre e lunedì escluso giugno-settembre*

⌂ Elisa

FAMILIARE · LUNGOMARE Ai piedi del borgo marinaro di Peschici e vicino al porto turistico, un hotel dall'ottima gestione familiare con camere luminose dagli arredi in legno bianco o azzurro e vista sul mare. Ampie vetrate ed ottimi piatti di pesce al ristorante: buonissime le paste fatte in casa.

43 cam ☲ – ♦60/75 € ♦♦75/125 €

borgo Marina 20 – ℰ 0884 964012 – www.hotelelisa.it – Aperto 1° aprile-30 settembre

⌂ La Chiusa delle More

CASA DI CAMPAGNA · PERSONALIZZATO Circondati da un parco di ulivi secolari, dormirete in un antico frantoio rupestre trasformato in elegante agriturismo, a meno di 1 km dal mare e con grande vista su Peschici.

10 cam ☲ – ♦180/260 € ♦♦200/260 €

località Padula, Ovest: 1,5 km – ℰ 330 543 766 – www.lachiusadellemore.it – Aperto 25 maggio-30 settembre

PESCHIERA BORROMEO

Milano – ✉ 20068 – 23 397 ab. – Alt. 101 m – Carta regionale n° **10**-B2
Carta stradale Michelin 561-F9

Pianta d'insieme di Milano

⫶○ Trattoria dei Cacciatori

CUCINA REGIONALE · CONTESTO STORICO ✗ Cascinale all'interno del castello di Longhignana, antica residenza di caccia della famiglia Borromeo e da oltre 80 anni gestito dalla stessa famiglia: belle sale rustiche e una veranda più attuale per gustare specialità legate alla tradizione, grigliate e qualche ricetta originale dei tempi dell'apertura.

Carta 34/59 €

via Trieste 2, Nord: 4 km – ℰ 02 753 1154 – www.trattoriacacciatori.it – Chiuso 27 dicembre-5 gennaio, 9-18 agosto, domenica sera e lunedì

PESCHIERA DEL GARDA

Verona – ✉ 37019 – 10 354 ab. – Alt. 68 m – Carta regionale n° **23**-A3
Carta stradale Michelin 562-F14

⫶○ Locanda di Noris 🆕

PESCE E FRUTTI DI MARE · CONTESTO CONTEMPORANEO ✗✗ Moderno locale a circa 300 metri dal lago, diviso su due piani (con ascensore), con doppio servizio all'aperto: in terrazza o al pian terreno. La cucina propone una gran bella scelta di prodotti del mare, dai crudi ai crostacei al pescato, la cui qualità è garantita dal fatto che la fornitura è assicurata dalle pescherie di uno dei soci gestori.

Carta 40/87 €

via Bassana 5 – ℰ 045 640 2016 – Chiuso 24 dicembre-4 gennaio, lunedì e martedì

a San Benedetto di Lugana Ovest : 2,5 km ✉ 37019

⌂ The Ziba Hotel & Spa

TRADIZIONALE · MODERNO Stupendo e d'impatto già al primo sguardo, questo moderno hotel nato dalla ristrutturazione di un edificio ottocentesco dispiega il proprio fascino anche all'interno: arredi lineari ed essenziali, belle camere equipaggiate con tecnologia d'avanguardia. Nel sottosuolo un'area benessere molto carina ed attrezzata.

23 cam ☲ – ♦95/155 € ♦♦125/225 € – 2 suites

via Bell'Italia 41 – ℰ 045 640 2522 – www.thezibahotel.it

PESCIA

Pistoia – ⊠ 51017 – 19 644 ab. – Alt. 62 m – Carta regionale n° **18**-B1
Carta stradale Michelin 563-K14

🏠 San Lorenzo e Santa Caterina   ✿ ⅋ < 🛏 ⤴ 🖸 AC P

DIMORA STORICA · PERSONALIZZATO Hotel ricavato dalla sapiente ristrutturazione di una cartiera del 1700 affacciata sul fiume Pescia: ambienti piacevolmente rustici e confort moderni. Sala ristorante con soffitti a volte; simpatica
enoteca con vecchi macchinari.

74 cam ⌧ – †45/70 € ††75/100 € – 4 suites

*località San Lorenzo 15/24, Nord: 2 km – ℰ 0572 408340 – www.rphotels.com
– Aperto 1° aprile-15 ottobre*

PESCOCOSTANZO

L'Aquila – ⊠ 67033 – 1 128 ab. – Alt. 1 395 m – Carta regionale n° **1**-B2
Carta stradale Michelin 563-Q24

ⅇO La Corniola   ⅋⅋ & ⅌ ⭗

CUCINA CREATIVA · ELEGANTE ⅩⅩ Se la cittadina di Pescocostanzo è rinomata in tutta Italia per i suoi merletti al tombolo, i veri sapori abruzzesi hanno
trovato dimora alla Corniola: lombetto di coniglio con crema di finocchi e vinaigrette, rigatoni di pasta all'uovo con ragù bianco di agnello e radicchio. Il tutto
ingentilito e rivisitato con passione.

Menu 40 € – Carta 37/58 €

*Hotel Relais Ducale, via dei Mastri Lombardi 26 – ℰ 0864 642470 (consigliata la
prenotazione) – www.lacorniola.com – Chiuso 1 settimana in maggio,
1 settimana in ottobre, martedì e mercoledì*

🏠 Relais Ducale   🛏 🖸 ⊛ 🕸 ⅙ ⅌ 🖸 & ⅌ ⅍ P

LUSSO · STILE MONTANO All'ingresso del paese, la montagna è protagonista
in albergo con le tipiche decorazioni in legno, camino e selvaggina. Camere
più classiche, navetta per le piste da sci e mini club per bambini, nonché piccolo, ma attrezzato centro benessere.

24 cam ⌧ – †115/210 € ††190/380 € – 5 suites

– ℰ 0864 642484 – www.relaisducale.it

ⅇO **La Corniola** – Vedere selezione ristoranti

🏠 Il Gatto Bianco   ✿ ⅋ 🛏 🕸 P

CASA DI CAMPAGNA · CONTEMPORANEO Risorsa raccolta, ma di grande
fascino avvolta da un'atmosfera di eleganza ed intimità. Insolito connubio di
legno antico e moderno. Piccola zona benessere.

6 cam ⌧ – †150/250 € ††180/300 € – 2 suites

viale Appennini 3 – ℰ 0864 641466 – www.ilgattobianco.it

PETRALIA SOTTANA Sicilia

Palermo – ⊠ 90027 – 2 821 ab. – Carta regionale n° **17**-C2
Carta stradale Michelin 365-AT57

svincolo A 19 uscita Resuttano Sud : 7 km

Agriturismo Monaco di Mezzo   ✿ ⅋ 🛏 ⤴ 🕸 ⅌ & AC P

AGRITURISMO · BUCOLICO Nel verde delle Madonie, un'antica masseria
ristrutturata offre diversi appartamenti con cucina dall'aspetto curato. Il paesaggio si può ammirare comodamente anche dal bordo della piscina, sotto la
quale si trova un'attrezzata zona relax e massaggi. Piatti della tradizione al
ristorante.

15 cam ⌧ – †55/80 € ††55/80 €

*contrada Monaco di Mezzo ⊠ 90027 – ℰ 0934 673949
– www.monacodimezzo.com*

PETRIGNANO DEL LAGO Perugia (PG) → Vedere Castiglione del Lago

PETROGNANO Firenze → Vedere Barberino Val d'Elsa

PETROSA → Vedere Ceraso

PETTENASCO
Novara – ⊠ 28028 – 1 380 ab. – Alt. 300 m – Carta regionale n° **13**-A2
Carta stradale Michelin 561-E7

‖○ Giardinetto   ⇐ 🏠 🅿

CUCINA MODERNA · AMBIENTE CLASSICO XX Con numerose terrazze, sia interne, sia esterne, d'estate l'atmosfera si fa particolarmente romantica: lumi di candela ed ampia vista sul lago. I piatti sono creativi con una solida base regionale e dalla cantina etichette pregevoli.

Menu 35/44 € – Carta 39/65 €

*Hotel Giardinetto, via Provinciale 1 – ℰ 0323 89118 – www.giardinettohotel.com
– Aperto Pasqua-20 ottobre*

🏠 L'Approdo   🏠 ⇐ 🛏 ⅃ 🕏 ✗ 🏔 🖭 🕭 🛏 🅿

TRADIZIONALE · BORDO LAGO Con un grande sviluppo orizzontale e un grazioso giardino con vista lago e monti, completamente protesa sull'acqua, una valida risorsa per clienti d'affari e turisti. Al ristorante ambienti curati e di tono o una gradevole terrazza esterna.

67 cam ⊊ – †79/159 € ††99/204 € – 5 suites

*corso Roma 80 – ℰ 0323 89345 – www.approdohotelorta.com
– Aperto 30 marzo-21 ottobre*

🏠 Giardinetto   ⇐ 🛏 ⅃ 🖭 🆎 🅿

TRADIZIONALE · BORDO LAGO Un bianco albergo lambito dalle acque del lago, una struttura confortevole dotata di camere più che discrete, con arredi classici di buona funzionalità.

58 cam ⊊ – †78/112 € ††93/162 € – 1 suite

*via Provinciale 1 – ℰ 0323 89118 – www.giardinettohotel.com
– Aperto Pasqua-20 ottobre*

‖○ **Giardinetto** – Vedere selezione ristoranti

PETTINEO Sicilia
Messina – ⊠ 98070 – 1 350 ab. – Alt. 300 m – Carta regionale n° **17**-C2
Carta stradale Michelin 365-AU56

🏠 Casa Migliaca   🏠 ⅋ ⇐ 🛏 ⅋ 🅿

CASA DI CAMPAGNA · PERSONALIZZATO Appena fuori dal paese e contornato da ulivi, un ex frantoio del '600 propone una tranquillità assoluta e una vista impagabile attraverso la vallata, fino al mare. I 12 ettari dell'azienda agrituristica sono in parte coltivati con metodi biodinamici. Alcuni di questi prodotti imbandiscono la tavola del ristorante.

8 cam ⊊ – †80 € ††120 €

contrada Migliaca – ℰ 0921 336722 – www.casamigliaca.com

PFALZEN FALZES

PIACENZA
(PC) – ⊠ 29121 – 102 191 ab. – Alt. 61 m – Carta regionale n° **5**-A1
Carta stradale Michelin 562-G11

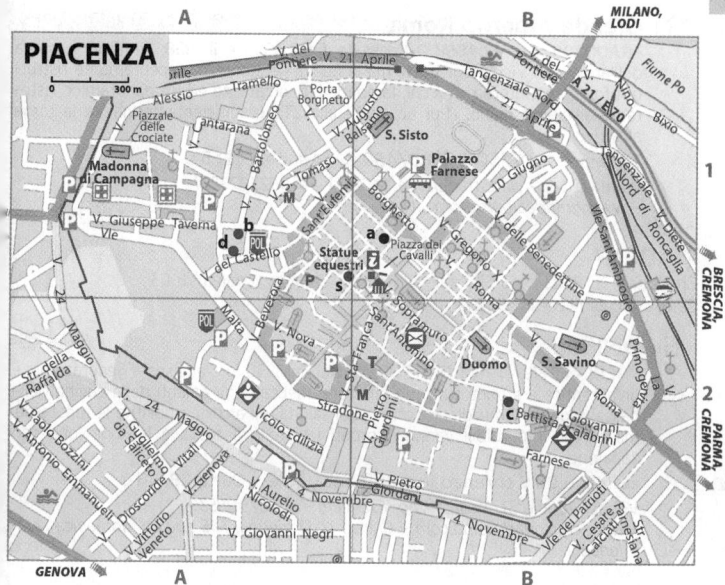

PIACENZA

0 — 300 m

MILANO, LODI

BRESCIA, CREMONA

PARMA, CREMONA

GENOVA

🍴○ **Vecchia Piacenza**   ♿ 🆑 ⇔

CUCINA EMILIANA · **ELEGANTE** XX Sulla via per il centro storico, un ambiente caratteristico, stracarico di ornamenti, dove gustare la vera cucina piacentina con prodotti a Km 0 ed altre specialità tipiche della regione.

Carta 26/54 €

Pianta: A1-b – *via San Bernardo 1 ✉ 29121 – ℰ 0523 305462 (consigliata la prenotazione)* – *www.locandavecchiapiacenza.it* – *Chiuso 1°-6 gennaio, luglio e domenica*

🍴○ **Peppino**   🆑 ⇔

PESCE E FRUTTI DI MARE · **ELEGANTE** XX Eleganti salette in un palazzo del 1700, per una cucina che predilige il mare aprendosi, tuttavia, anche ad altre proposte. Molte le influenze siciliane, terra d'origine del titolare.

Carta 44/88 €

Pianta: B2-c – *via Scalabrini 49/a ✉ 29121 – ℰ 0523 329279 – Chiuso domenica in giugno-agosto, lunedì negli altri mesi*

🍴○ **Osteria del Trentino da Marco**   🏡 🆑

CUCINA EMILIANA · **ACCOGLIENTE** X Ristorante storico: il nome allude all'origine di uno dei primi titolari, ma il locale oggi è la roccaforte di una cucina piacentina con le tipiche specialità cittadine.

Carta 30/55 €

Pianta: A1-d – *✉ 29121 – ℰ 0523 324260 (consigliata la prenotazione la sera)* – *Chiuso domenica*

🍴○ **Trattoria San Giovanni**   🆑

EMILIANA · **FAMILIARE** X Sotto antiche volte a vela, in un ambiente semplice, ma accogliente, qui la cucina lombardo-emiliana rispolvera i suoi cavalli di battaglia: salumi piacentini, pisarei, tortelli "con le code" e le immancabili carni, dalla tartare agli stracotti.

Carta 28/51 €

Pianta: AB1-s – *via Garibaldi 49/a ✉ 29121 Piacenza – ℰ 0523 321029* – *www.trattoriasangiovanni.net* – *solo a cena escluso sabato, domenica e festivi* – *Chiuso 10-31 luglio e lunedì, anche domenica in giugno-agosto*

⌂ Grande Albergo Roma   ☆ ⼞ ↳ ⊡ & AC ♨ ⇔

TRADIZIONALE · CLASSICO Costruito fra il 1956 e il 1958, l'edificio è opera dell'architetto Vico Magistretti, ma la nuova gestione l'ha recentemente ristrutturato; al suo interno, stucchi, lampadari, ricercatezze ed un panoramico ristorante all'ultimo piano. (Per accedere alla ZTL è sufficiente segnalare la targa all'arrivo.)

72 cam – ♦80/350 € ♦♦80/450 € – 4 suites – ☲ 5 €

Pianta: B1-a – *via Cittadella 14* ⊠ *29121* – ℰ *0523 323201*
– *www.grandealbergoroma.it*

PIADENA

Cremona – ⊠ 26034 – 3 570 ab. – Alt. 34 m – Carta regionale n° **9**-C3
Carta stradale Michelin 561-G13

⊛ Dell'Alba   ♨ AC ⇱

CUCINA LOMBARDA · TRATTORIA Ⅹ Qui dal 1850, ora alla sesta generazione, è un'autentica e storica trattoria familiare, mecca degli amanti della cucina della bassa padana. Straordinari sono i suoi salumi, gli arrosti, i bolliti e le mostarde, ma tra gli imperdibili vanno ricordati i tortelli di zucca e la sbrisolona con zabaione.

⊛ Menu 25 € (pranzo in settimana)/38 € – Carta 28/48 €

Via del Popolo 31, località Vho, Est: 1 km – ℰ *0375 98539*
– *www.trattoriadellalba.com* – *Chiuso 17-31 giugno, 1-16 agosto, domenica sera
e lunedì*

PIANAZZO Sondrio → Vedere Madesimo

PIANCASTAGNAIO

Siena – ⊠ 53025 – 4 230 ab. – Alt. 772 m – Carta regionale n° **18**-D3
Carta stradale Michelin 563-N17

ⅠО Anna   ⇱

CUCINA TOSCANA · TRATTORIA Ⅹ Ad 800 metri di altezza, vi si arriva lungo un suggestivo paesaggio collinare, per trovare infine questa trattoria familiare di storia decennale. La zuppa di funghi e castagne è la specialità della casa, insieme ai pici con vari condimenti e, d'inverno, la carne alla brace. Camere semplici per chi desidera prolungare il soggiorno.

⊛ Menu 20/38 € – Carta 18/37 €

8 cam ☲ – ♦35/40 € ♦♦60/70 €

viale Gramsci 486 – ℰ *0577 786061* – *www.annaristorante.com* – *Chiuso lunedì
escluso 15 luglio-15 settembre*

PIANE DI MONTEGIORGIO Fermo → Vedere Montegiorgio

PIANIGA

Venezia – ⊠ 30030 – 12 280 ab. – Carta regionale n° **23**-C2
Carta stradale Michelin 562-F18

⊛ Trattoria da Paeto   AC 🅿 ⇤

CUCINA REGIONALE · FAMILIARE Ⅹ Piccola trattoria persa tra canali e campagna, gestita da una coppia di soci che con serietà e impegno porta avanti la tradizione di queste terre. Suggestioni dal menu: spaghettini con gli "zotoi", frittura mista di pesce, mousse al cioccolato con salsa ai frutti rossi. Sempre presenti anche alcuni piatti un po' più moderni.

Carta 22/52 €

via Patriarcato 78 – ℰ *041 469380 (consigliata la prenotazione)* – *Chiuso lunedì
e martedì*

🏨 Hotel In · ⚜️ 🔁 ♿ 🆑 🛜 🅿️

TRADIZIONALE · PERSONALIZZATO Apprezzato dalla clientela commerciale, ma anche da chi non vuole rinunciare al design: forme e colori originali nelle camere si accompagnano a docce a vista nei bagni. Terrazza estiva attrezzata.

12 cam ⌸ – †60/80 € ††80/120 €

via Provinciale Nord 47, località Cazzago di Pianiga, Sud-Est : 5 Km – ☎ 041 513 8336 – www.hotel-in.it

PIANO D'ARTA Udine → Vedere Arta Terme

PIANOPOLI

Catanzaro – ✉ 88040 – 2 589 ab. – Alt. 250 m – Carta regionale n° **3**-A2
Carta stradale Michelin 564-K31

🏠 Agriturismo Le Carolee · 🌳 🦌 ≼ 🛏 🍴 🅿️

DIMORA STORICA · ACCOGLIENTE In lontananza si scorge la bella vista della costa e del mare da questa casa ottocentesca fortificata, immersa nel silenzio degli ulivi; il glorioso passato di questa terra riproposto in chiave moderna.

7 cam ⌸ – †50/60 € ††80/100 €

contrada Gabella 1, Est: 3 km – ☎ 0968 35076 – www.lecarolee.it

PIANORO

Bologna – ✉ 40065 – 17 460 ab. – Alt. 200 m – Carta regionale n° **5**-C2
Carta stradale Michelin 562-I16

a Rastignano Nord : 8 km ✉ 40067

🍷 Osteria al numero Sette · 🆑

CUCINA REGIONALE · OSTERIA ✗ Zuppa imperiale, tagliatelle al ragù, tortellini in brodo sono solo alcuni dei classici emiliani che troverete accanto ad una discreta selezione di salumi e formaggi in questa piccola, ma vivace osteria alle porte di Bologna.

Carta 24/44 €

via A. Costa 7 – ☎ 051 742017 (consigliata la prenotazione) – Chiuso 1 settimana in gennaio, 24-31 agosto, domenica sera e lunedì

PIAZZA ARMERINA Sicilia

Enna (EN) – ✉ 94015 – 21 886 ab. – Alt. 697 m – Carta regionale n° **17**-C2
Carta stradale Michelin 365-AV59

🍴 Al Fogher · 🌿 🏡 ♿ 🅿️

CUCINA MODERNA · INTIMO ✗✗ Da tempo un'istituzione che richiama appassionati pronti ad affrontare un viaggio non breve, ma dai suggestivi paesaggi; troverete una sala ricca di legno e calore, nonché una cucina elaborata, generosa di ingredienti in ogni piatto, sia di terra che di mare.

Menu 45 € – Carta 47/77 €

strada statale 117 bis, Nord: 3 km – ☎ 0935 684123 – www.alfogher.net – Chiuso domenica sera e lunedì

🍴 Trattoria la Ruota · 🏡 🅿️

CUCINA SICILIANA · CONVIVIALE ✗ A pochi metri dai resti archeologici della villa romana, un piacevole edificio con rustico porticato dove godersi una sana e genuina cucina siciliana; il servizio è protratto fino alle h. 16.00.

🍴 Menu 15 € (pranzo) – Carta 22/36 €

contrada Paratore Casale, Ovest: 3,5 km – ☎ 0935 680542 – www.trattorialaruota.it – solo a pranzo

PICERNO

Potenza – ✉ 85055 – 5 985 ab. – Alt. 721 m – Carta regionale n° **2**-A2
Carta stradale Michelin 564-F28

in prossimità Superstrada Basentana Ovest : 3 km

🏨🏨 **Bouganville**   ✿ ⅌ 🛏 🖳 🕭 📭 🏦 **P**

LUSSO · CONTEMPORANEO Camere sempre molto up-to-date e di alto confort in una struttura che non smette di essere ai vertici delle classifiche, mentre la sua posizione tranquilla è forse una delle caratteristiche più apprezzabili. Al ristorante: eleganti ambienti, vasti e luminosi, con affaccio esterno.

67 cam ♌ – †68/86 € ††85/121 € – 1 suite
strada provinciale 83 ✉ 85055 Picerno – ℰ 0971 991084
– www.hotelbouganville.it

PICINISCO

Frosinone – ✉ 03040 – 1 218 ab. – Alt. 725 m – Carta regionale n° **7**-D2
Carta stradale Michelin 563-R23

🏠 **Sotto le Stelle**   ⅌ ≤ 🛏 📭 🕉

DIMORA STORICA · ELEGANTE In posizione dominante sulla Val Comino, un gioiellino di albergo diffuso nel cuore di un piccolo borgo d'origine medievale: appartamenti dotati di angolo cottura, modernamente arredati, ognuno con computer incorporato nel televisore. Prima colazione eventualmente servita in camera.

6 suites ♌ – ††220/275 €
via Giustino Ferri 1/7 – ℰ 346 602 7120 – www.sottolestellepicinisco.it

PIEDIMONTE ETNEO

Catania (CT) – ✉ 95017 – 3 963 ab. – Alt. 348 m – Carta regionale n° **17**-D2

🍴 **Talé** ⓝ   ≤ 🛏 🏠 📭 **P**

CUCINA CREATIVA · ACCOGLIENTE ✕✕ All'interno dell'omonimo albergo, le esperienze estere del cuoco riportano in Sicilia con piatti di ispirazione internazionale, accanto a proposte più schiettamente isolane. Nella bella stagione, è un incanto mangiare in terrazza con lo sguardo che dalle colline scende sino al mare.

Menu 40/80 € – Carta 44/72 €
Hotel Talé, via Bellini 186, Sud-Est: 3 km – ℰ 349 578 7243 (consigliata la prenotazione) – www.talehotel.it – solo a cena escluso domenica – Chiuso mercoledì (escluso in estate)

🏨 **Talé** ⓝ   ≤ 🛏 🍽 📭 **P**

CASA DI CAMPAGNA · MINIMALISTA Tra Fiumefreddo e Piedimonte, in un antico palmento a mezza collina, un corridoio di maioliche siciliane vi condurrà a camere sobrie ed essenziali, ma eleganti, con vista Etna o mare, di cui cinque in una dépendance a 150 metri, il tutto immerso in un agrumeto e ciliegeto. "Talé": guarda, ammira, in dialetto siciliano.

10 cam ♌ – †105/136 € ††130/170 €
via Bellini 186, Sud-Est: 3 km – ℰ 349 578 7243 – www.talehotel.it – Chiuso 7 gennaio-7 febbraio
🍴 **Talé** – Vedere selezione ristoranti

PIEGARO

Perugia – ✉ 06066 – 3 669 ab. – Alt. 356 m – Carta regionale n° **20**-A2
Carta stradale Michelin 563-N18

🏠 Ca' de Principi Relais   🗓 🕸 🖒

STORICO · CLASSICO All'interno di un borgo ricco di fascino, un edificio sette-centesco appartenuto alla nobile famiglia dei Pallavicini, con affreschi d'epoca e dettagli di pregio. Per gli amanti della gastronomia locale, a richiesta, piatti della cucina tradizionale umbra.

21 cam ☲ – †65/90 € ††90/120 €

via Roma 43
– ✆ 075 835 8040 – www.dimorastorica.it – Aperto 1° aprile-3 novembre

PIENZA

Siena (SI) – ✉ 53026 – 2 107 ab. – Alt. 491 m – Carta regionale n° **18**-C2
Carta stradale Michelin 563-M17

🍽️ La Terrazza del Chiostro 🅝   ≼ 🛋 🛋 🆒

CUCINA MODERNA · CONTESTO STORICO 🕱🕱 Nel cuore della "città perfetta", si accede al ristorante attraverso un romantico chiostro, per trovare poi - al suo interno - una cucina di ottimo livello. Proposte tradizionali toscane ed altre più creative, le ricette vi conquisteranno per l'intelligente sforzo di elabo-razione, nonché intensità di sapori. A pranzo c'è una carta più semplice, ma - a richiesta - vi verrà servita anche quella gourmet. Apoteosi estiva sulla terrazza panoramica che abbraccia la val d'Orcia.

Menu 45/125 € – Carta 73/93 €

Hotel Relais il Chiostro di Pienza, via del Balzello, traversa di corso Il Rossellino
– ✆ 0578 748183 – www.laterrazzadelchiostro.com
– Aperto 18 dicembre-7 gennaio e 15 marzo-15 novembre

🏠 Relais Il Chiostro di Pienza   🕸 ≼ 🛋 🗓 🖒 🆒 🕸 🖒

STORICO · TRADIZIONALE Nel cuore di questo gioiellino toscano voluto da Pio II Piccolomini, un chiostro quattrocentesco incastonato in un convento: per soggiornare nella suggestione della storia.

37 cam ☲ – †80/119 € ††80/119 €

corso Rossellino 26 – ✆ 0578 748129 – www.relaisilchiostrodipienza.it – Aperto 1° aprile-31 ottobre
🍽️ **La Terrazza del Chiostro** – Vedere selezione ristoranti

🏠 Corsignano   🕸 🗓 🖒 🆒 🅿

TRADIZIONALE · CONTEMPORANEO A pochi passi dal centro, una ventata di originalità rispetto ai consueti arredi rustici della regione: ambienti dall'elegante stile contemporaneo, qui la comodità si sposa con l'estetica, un ottimo punto di partenza per andare alla scoperta della Val d'Orcia.

30 cam ☲ – †80/120 € ††110/165 €

via della Madonnina 11
– ✆ 0578 748501 – www.hotelcorsignano.it – Aperto 15 marzo-10 novembre e i week-end in novembre-febbraio

🏠 San Gregorio   🕸 🗓 🗓 🆒 🖒 🚗

DIMORA STORICA · CLASSICO La città rinascimentale progettata dal Rossel-lino, il vecchio teatro del 1935, oggi riproposto come risorsa ricettiva. Ampie e comode camere, molte con angolo cottura (affittate anche in formula resi-dence). Delizie toscane nel raffinato ristorante: ideale per cerimonie e feste pri-vate.

19 cam ☲ – †70/90 € ††75/98 € – 16 suites

via della Madonnina 4
– ✆ 0578 748059 – www.sangregorioresidenchotel.it

🏠 **Piccolo Hotel La Valle**

FAMILIARE · ACCOGLIENTE A pochi metri dal centro storico, albergo a conduzione familiare dove, accanto ad una buona tenuta in ambienti accoglienti,
spiccano le camere con una romantica vista sui colli, alcune con accesso diretto
al giardino.

15 cam ♀ – ♦65/100 € ♦♦85/150 €

*via di Circonvallazione 7 – ℰ0578 749402 – www.piccolohotellavalle.it – Chiuso
9-22 dicembre*

🏘 **La Bandita Townhouse**

TRADIZIONALE · DESIGN Boutique hotel dal design intrigante, dove linee contemporanee flirtano con l'antica struttura. Piatti del territorio e qualche proposta più light e moderna nel ristorante con cucina a vista; d'estate si mangia
anche all'aperto.

12 cam ♀ – ♦295/395 € ♦♦295/395 €

*corso Rossellino 111 ⊠ 53026 Pienza – ℰ0578 749005
– www.labanditatownhouse.com
– Chiuso 7 gennaio-25 marzo*

sulla strada statale 146 Nord-Est : 7,5 km

🏘 **Relais La Saracina**

CASA DI CAMPAGNA · BUCOLICO In un antico podere tra l'ocra senese degli
antichi pendii, la suggestiva magia di un ambiente di rustica signorilità con
camere amene di differenti tipologie.

6 cam ♀ – ♦200/270 € ♦♦240/290 €

*strada statale 146 km 29,7 – ℰ0578 748022 – www.lasaracina.it – Aperto
1° aprile-1° novembre*

a Monticchiello Sud-Est : 6 km ⊠ 53026

🍴 **La Porta** ← 🏠

CUCINA REGIONALE · CONTESTO TRADIZIONALE Come dice il nome, si
trova all'ingresso del piccolo e caratteristico borgo di Monticchiello per un'o-
steria - simpatica e informale - in cui non manca la terrazza panoramica. Cucina
regionale e ampia scelta enologica (anche al bicchiere) per un'esperienza
gastronomica in prevalenza toscana di ottimo livello.

Menu 30/35 € – Carta 29/64 €

*via del Piano 2 – ℰ0578 755163 – www.osterialaporta.it
– Chiuso 7 gennaio-10 febbraio e giovedì*

🏘 **L'Olmo**

DIMORA STORICA · BUCOLICO A pochi chilometri da Pienza, una piccola
tenuta che vi farà vivere in pieno relax una sosta a contatto con la natura; le
suite in elegante stile toscano, con soffitti di travi in legno, pavimenti in parquet e antiche pietre di recupero, godono di una spettacolare vista sulla Val
D'Orcia.

5 cam ♀ – ♦297 € ♦♦297 € – 2 suites

*Sp 88 Orcia delle Macchie – ℰ0578 755133 – www.olmopienza.it – Aperto
30 marzo-4 novembre*

PIETRA LIGURE

Savona – ⊠ 17027 – 8 992 ab. – Carta regionale n° **8**-B2
Carta stradale Michelin 561-J6

ⅱ◎ **Buca di Bacco**

PESCE E FRUTTI DI MARE · DI QUARTIERE ✕✕ Le specialità marinare, la cura nella scelta delle materie prime e l'originalità del proprietario caratterizzano questo locale, sito nel seminterrato di un edificio.

🍴 Menu 25/100 € – Carta 35/119 €

corso Italia 149 – ℰ 019 615307 – Chiuso 8 gennaio-8 febbraio e lunedì escluso luglio-agosto

PIETRALUNGA

Perugia – ✉ 06026 – 2 111 ab. – Alt. 566 m – Carta regionale n° **20**-B1
Carta stradale Michelin 563-L19

🏠 **Agriturismo La Cerqua** 🕭 🦮 ⋖ 🍃 🌫 P

CASA DI CAMPAGNA · TRADIZIONALE Sulle spoglie di un antico monastero in cima a un colle, un casolare arredato con mobili d'arte povera e la fattoria didattica per una vacanza tutta relax e belle passeggiate a cavallo. Legumi, cereali, pasta e birra dell'azienda sono i punti forti della ristorazione.

11 cam 🖙 – †40/60 € ††78/98 €

*voc. San Salvatore 27, Ovest: 2,2 km alt. 650 – ℰ 075 946 0283 – www.cerqua.it
– Chiuso gennaio-febbraio*

PIETRANSIERI L'Aquila → Vedere Roccaraso

PIETRAPIANA Firenze → Vedere Reggello

PIETRASANTA

Lucca – ✉ 55045 – 24 007 ab. – Alt. 14 m – Carta regionale n° **18**-B1
Carta stradale Michelin 563-K12

ⅱ◎ **Filippo** ⓝⓞ ⛄ 🅰️🅲

CUCINA MODERNA · DI TENDENZA ✕✕ Moderno ed elegante, Filippo estrae giornalmente dal "cilindro" tre prodotti con cui cucinerà per voi un piatto a sorpresa. L'idea è sicuramente originale e meritevole di essere provata, ma per i meno avventurosi c'è - comunque - sempre un piccolo menu.

Menu 45/80 € – Carta 50/97 €

*via Barsanti 45 – ℰ 0584 70010 (consigliata la prenotazione)
– www.filippopietrasanta.it – solo a cena in giugno-settembre – Chiuso 15 giorni in febbraio, 15 giorni in novembre, martedì a mezzogiorno e lunedì*

ⅱ◎ **La Brigata di Filippo** 🕭 🏠 ⛄ 🅰️🅲

CUCINA MEDITERRANEA · BISTRÒ ✕ Con bel dehors sulla strada pedonale, un bistrot moderno con pochi piatti all'insegna del prodotto scelto con cura. Qualora voleste pernottare, vi sono anche semplici e gradevoli camere.

Menu 35/45 € – Carta 34/61 €

4 cam 🖙 – †50/100 € ††80/160 €

*via Stagio Stagi 22 – ℰ 0584 70010 – www.filippopietrasanta.it – Chiuso
2 settimane in febbraio, 2 settimane in novembre e lundì*

🏠 **Versilia Golf** 🕭 🦮 🏠 🖼 🔁 ⛄ 🅰️🅲 ✖ 🚡 P

CASA DI CAMPAGNA · ELEGANTE Per gli amanti del golf ma anche de l'art de vivre, una raffinata struttura pregna di fascino: eleganti camere arredate con mobili d'antiquariato e con autentiche opere d'arte. Cucina mediterranea al ristorante con bel dehors affacciato sul green.

17 cam 🖙 – †154/450 € ††154/750 € – 1 suite

*via della Sipe 100 – ℰ 0584 881574 – www.versiliagolf.com – Aperto
1° marzo-31 ottobre*

🏨 **Albergo Pietrasanta** ⇦ ⌂ ⊡ AC ⚙ ⌂

STORICO · PERSONALIZZATO A pochi passi dal Duomo, una straordinaria dimora seicentesca con giardino d'inverno e collezione d'arte contemporanea. Arredi d'epoca e marmi pregiati nelle lussuose camere: un vero palazzo all'italiana!

20 cam ⌂ – ♦165/275 € ♦♦270/460 € – 2 suites

via Garibaldi 35 – ℰ 0584 793726 – www.albergopietrasanta.com – Chiuso 15 ottobre-6 dicembre

PIETRAVAIRANO
Caserta – ✉ 81040 – 2 984 ab. – Alt. 250 m – Carta regionale n° **4**-A1
Carta stradale Michelin 564-D24

🍴 **La Caveja** ⇦ ⌂ ⅄ AC **P**

CUCINA CAMPANA · FAMILIARE ⅄ La cucina proposta da questo antico cascinale è un'istituzione in zona. Spontanea, varia e genuina, ripercorre i sentieri della tradizione gastronomica locale con qualche divagazione.

Menu 30/45 € – Carta 26/36 €

16 cam ⌂ – ♦55/70 € ♦♦80 €

via Santissima Annunziata 10 – ℰ 0823 984824 – www.lacaveja.com – Chiuso le sere di domenica e lunedì

PIEVE A NIEVOLE Pistoia → Vedere Montecatini Terme

PIEVE D'ALPAGO
Belluno – ✉ 32010 – 1 872 ab. – Alt. 690 m – Carta regionale n° **23**-C1
Carta stradale Michelin 562-D19

❀ **Dolada** (Riccardo De Prà) ⅋ ⇦ ⅄ ⅄ ⇦ **P**

CUCINA MODERNA · ELEGANTE ⅄⅄ Splendidamente arroccato sul monte Dolada nella conca dell'Alpago, la saga familiare continua da oltre 90 anni all'insegna della ricerca gastronomica, ma nel rispetto dei sapori della tradizione locale. Quando tradizione e modernità convivono felicemente.
→ La carbonara di Riccardo. Vitello tonnato 1853. Zabaione gratinato alle fragole di bosco con gelato alla crema.

Menu 68/88 € – Carta 50/106 €

6 cam ⌂ – ♦78/88 € ♦♦88/114 € – 1 suite

via Dolada 21, località Plois alt. 870 – ℰ 0437 479141 (consigliata la prenotazione) – www.dolada.it – Chiuso 2 settimane in gennaio, 2 settimane in marzo, domenica sera, lunedì e martedì

PIEVE DI CENTO
Bologna – ✉ 40066 – 7 019 ab. – Alt. 18 m – Carta regionale n° **5**-C3
Carta stradale Michelin 562-H15

🍴 **Buriani dal 1967** ⓝ ⅄ AC

CUCINA MODERNA · AMBIENTE CLASSICO ⅄⅄ Storica quanto affermata gestione familiare per un ottimo indirizzo nella provincia di Bologna, non manca nulla per star bene: servizio, ambiente, carta dei vini e naturalmente la cucina, moderna ma senza esagerazioni, con piatti di mare e di terra e qualche velato richiamo alla tradizione.

Carta 44/76 €

via provinciale 2/a, ang. via Matteotti 66 – ℰ 051 975177 – www.ristoranteburiani.com – Chiuso martedì e mercoledì

PIEVE DI CHIO Arezzo → Vedere Castiglion Fiorentino

PIEVE DI LIVINALLONGO
Belluno – ⊠ 32020 – Alt. 1 475 m – Carta regionale n° **23**-B1
Carta stradale Michelin 562-C17

🏠 Cèsa Padon   🏔 🐾 ⇐ 🛖 🎿 🚗
TRADIZIONALE · STILE MONTANO In un'incantevole posizione panoramica,
ideale soggiorno in ambienti accoglienti e camere in stile montano permeate
dal calore della titolare che le ha personalmente curate. Servizio navetta per
gli impianti da sci e piatti regionali al ristorante.
21 cam – solo ½ P 61/99 €

via Sorarù 62 – 𝒞 0436 7109 – www.cesa-padon.it – Aperto 7 dicembre-9 aprile
e 11 maggio-30 settembre

PIEVESCOLA Siena → Vedere Casole d'Elsa

I prezzi indicati dopo il simbolo 🛉 corrispondono al prezzo minimo
in bassa stagione e massimo in alta stagione per una camera
singola. Lo stesso principio è applicato al simbolo 🛉🛉 riferito ad una
camera per due persone.

PIGANO PIGEN Bolzano → Vedere Appiano sulla Strada del Vino

PIGNA
Imperia – ⊠ 18037 – 859 ab. – Alt. 280 m – Carta regionale n° **8**-A3
Carta stradale Michelin 561-K4

😊 Terme   ⇦ 🐾 🛁 **P**
CUCINA DEL TERRITORIO · SEMPLICE ⅹ Nell'entroterra ligure, un ristorante-
trattoria di rustica semplicità che offre una serie di piatti ben fatti e fragranti. I
nostri "eletti": zuppetta di fagioli bianchi di Pigna - agnello da latte alle erbe
- mousse allo zabaione.
🍴 Menu 22/32 € – Carta 25/43 €
11 cam ⊆ – 🛉35/40 € 🛉🛉58/65 €

via Madonna Assunta – 𝒞 0184 241046 – www.ristoranteterme.com – Chiuso
8 gennaio-16 febbraio e mercoledì; anche martedì sera in ottobre-maggio

🏠 La Casa Rosa   🐾
FAMILIARE · STORICO Nel centro storico un'ingegnosa ristrutturazione ha
dato vita a questa particolare risorsa con poche camere, ma tanta originalità,
all'interno di un antico edificio tinteggiato di rosa.
5 cam ⊆ – 🛉50/60 € 🛉🛉70/90 €

corso De Sonnaz 35 – 𝒞 347 522 7119 – www.bebcasarosa.com – Chiuso
15 gennaio-15 febbraio

PILA Aosta → Vedere Aosta

PILASTRO Parma (PR) → Vedere Langhirano

PINARELLA Ravenna → Vedere Cervia

PINEROLO

Torino – ✉ 10064 – 35 808 ab. – Alt. 376 m – Carta regionale n° **12**-B2
Carta stradale Michelin 561-H3

😣 **Zappatori** (Christian Milone)   AC

CUCINA MODERNA · CONTESTO CONTEMPORANEO XX Le luci soffuse della
bella sala sono un invito ad abbandonarsi all'intrigante cucina dello chef-
patron. Il menu si caratterizza infatti per la sua doppia lettura: se da un lato
cita i classici piemontesi, dall'altro si diverte con piatti più moderni.
→ I plin... il brodo. Sottofiletto al pepe verde. Giro goloso del nostro Piemonte.
🍴 Menu 25 € (pranzo in settimana)/90 € – Carta 51/83 €
corso Torino 34 – ☎ 0121 374158 (consigliata la prenotazione)
– www.trattoriazappatori.it – Chiuso gennaio, domenica sera e lunedì

🍴◯ **Taverna degli Acaja**   😣 ⴲ AC

CUCINA REGIONALE · INTIMO XX Locale elegante e moderno dove non mancano alcuni piatti del territorio ma per chi vuole uscire dai confini piemontesi
e conoscere altre specialità regionali, troverà qui molte proposte di cucina italiana moderna, anche di pesce. Nella carta dei vini grande spazio è dedicato
alle bollicine.
Menu 43 € – Carta 33/63 €
corso Torino 106 – ☎ 0121 794727 – www.tavernadegliacaja.it – Chiuso
1°-8 gennaio, lunedì a mezzogiorno e domenica

🍴◯ **Regina**   ⇦ AC ⴲ P

CUCINA PIEMONTESE · CONVIVIALE XX La scenografia è quella di un ristorante in cui si respira la tradizione piemontese, il cast è costituito dai piatti e
dai vini del territorio che qui si susseguono. La risorsa dispone anche di camere
semplici ma confortevoli per quanti desiderano prolungare il loro soggiorno nel
cuore della città.
🍴 Menu 25/47 € – Carta 30/58 €
15 cam ⴲ – †55/75 € ††80/105 €
piazza Barbieri 22 – ☎ 0121 322157 – www.albergoregina.net – Chiuso
1°-25 agosto e domenica

🏚 **Il Torrione**   ⴲ ⴲ ⴲ ⴲ ⴲ P

DIMORA STORICA · STORICO È su un curato prato all'inglese che si apre il
cancello di questa villa neoclassica progettata dall'architetto di casa Savoia,
Xavier Kurten. Al suo interno gli antichi criteri di ospitalità si affiancano a ricercate forme barocche, soggetti mitologici e moderne soluzioni di confort.
10 cam ⴲ – †40/70 € ††80/140 €
via Galoppatoio 20 – ☎ 0121 323358 – www.iltorrione.com

PINETO

Teramo – ✉ 64025 – 14 904 ab. – Carta regionale n° **1**-B1
Carta stradale Michelin 563-O24

🍴◯ **La Conchiglia d'Oro**   ⴲ AC ⴲ

PESCE E FRUTTI DI MARE · DESIGN XX Ambienti contemporanei, delicate tonalità lilla alle pareti e la gigantografia di una marina, quasi ad introdurre alla
cucina schiettamente di pesce elaborata con un pizzico di fantasia.
Menu 35/45 € – Carta 37/79 €
via Nazionale Adriatica nord (Complesso Poseidon) – ☎ 085 949 2333
– www.ristorantelaconchigliadoro.it – Chiuso 7-20 gennaio, domenica sera
escluso luglio-agosto e lunedì

🏨 Ambasciatori ♟ 🦢 ⋖ 🛋 ⚒ 🔒 🖿 AC ✂ P

TRADIZIONALE · ACCOGLIENTE Fronte mare - in zona molto tranquilla - pochi minuti a piedi e siete già sulla bella passeggiata, ma anche in centro. Le camere presentano arredi "freschi" e leggeri, perfettamente in linea con la vacanza balneare.

31 cam ☲ – †70/125 € ††85/170 €

via XXV Aprile 110 – ℰ 085 949 2900 – www.pineto.it – Aperto 15 maggio-20 settembre

🏠 Villa Arlini ♟ 🛋 ⚒ AC ✂ P

CASA PADRONALE · ACCOGLIENTE Ubicato fuori città, lungo la costa ma in posizione elevata e collinare, alti soffitti - talvolta anche affrescati - e graziose camere. Al pian terreno, il ristorante dalle ampie vetrate affacciate sul giardino.

9 cam ☲ – †43/93 € ††58/151 €

Via Messico 10 – ℰ 085 949 3586 – www.villarlini.com – Aperto 1° maggio-30 settembre

a Mutignano Sud-Ovest : 6,5 km ✉ 64038

☺ Bacucco d'Oro ⋖ P

CUCINA REGIONALE · FAMILIARE X Piccolo ristorante di tono rustico a conduzione familiare, dalla cui terrazza estiva si gode una splendida vista della costa. Capretto e pizza dolce sono solo un accenno delle gustose specialità presenti in menu.

Carta 25/38 €

via del Pozzo 10 – ℰ 085 936227 – www.bacuccodoro.com – Chiuso 20 giorni in novembre e mercoledì

PINO TORINESE

Torino – ✉ 10025 – 8 379 ab. – Alt. 495 m – Carta regionale n° **12**-A1
Carta stradale Michelin 561-G5

Pianta d'insieme di Torino

🍴 Pigna d'Oro   P

CUCINA REGIONALE · AMBIENTE CLASSICO XX Lungo la strada che taglia il paese, un piacevole edificio rustico, tipico delle campagne piemontesi, nel quale gustare la vera cucina locale, i cui ingredienti seguono le stagioni. Qualche specialità alternativa di mare.

🍽 Menu 25 € (pranzo in settimana)/50 € – Carta 35/62 €

Pianta: 2D2-t – *via Roma 130 – ℰ 011 841019 – www.ristorantepignadoro.com – Chiuso 3 settimane in gennaio, 1 settimana in agosto, martedì a mezzogiorno e lunedì*

PINZOLO

Trento – ✉ 38086 – 3 118 ab. – Alt. 770 m – Carta regionale n° **19**-B3
Carta stradale Michelin 562-D14

🏨 Beverly ♟ 🛋 🖾 🌐 🏊 ♨ 🔔 💆 P

TRADIZIONALE · STILE MONTANO Strategicamente ubicato fra il centro e gli impianti di risalita, l'hotel ripropone il tipico stile trentino: ambienti luminosi e legno chiaro, relax e bella piscina.

24 cam ☲ – †70/180 € ††120/300 € – 12 suites

via Carè Alto 2 – ℰ 0465 501158 – www.beverlyhotel.it – Aperto 1° dicembre-15 aprile e 15 giugno-15 settembre

🏨 Europeo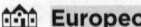

TRADIZIONALE · STILE MONTANO Vicino al centro, ma anche adiacente al parco, negli anni questa risorsa si è saputa rinnovare ed - oggi - offre camere montane dal design moderno, a cui si aggiunge un piacevole e completo centro benessere. Nell'ampio ristorante: la cucina, l'orgoglio della casa!

37 cam – solo ½ P 110/150 € – 5 suites

corso Trento 63 – ℰ 0465 501115 – www.hoteleuropeo.com – Aperto
1° dicembre-30 marzo e 1° giugno-30 settembre

🏨 Cristina

TRADIZIONALE · STILE MONTANO Albergo nel più classico stile montano, a conduzione diretta e dotato di un piccolo e completo centro benessere. Ambiente familiare, in posizione strategica per gli impianti.

28 cam – solo ½ P 85/199 €

viale Bolognini 39 – ℰ 0465 501620 – www.hotelcristina.info – Aperto
1° dicembre-15 aprile e 15 giugno-20 settembre

a Giustino Sud : 1,5 km ⊠ 38086 – Alt. 770 m

🍴 Mildas

CUCINA REGIONALE · CONTESTO STORICO ✕✕ In una cripta del '300 con moderno refettorio, la cucina rivisita i classici trentini: a cominciare dalla polenta, protagonista di diversi piatti. Carta dei vini illustrata e descritta.

Menu 38 € – Carta 32/89 €

via Rosmini 7, località Vadaione, Sud: 1 km – ℰ 0465 502104 (consigliata la prenotazione) – www.ristorantemildas.com – solo a cena escluso sabato, domenica e giorni festivi – Chiuso 1° maggio-20 giugno,
20 settembre-31 ottobre e lunedì

a Sant'Antonio di Mavignola Nord-Est : 6 km ⊠ 38086 – Alt. 1 122 m

🏠 La Soldanella

FAMILIARE · STILE MONTANO Piccola struttura a conduzione familiare che si affaccia sulla valle; a metà strada tra Pinzolo e Madonna di Campiglio propone piacevoli camere e ambienti in caratteristico in stile montano.

12 cam ⌂ – †60/70 € ††80/120 €

Via Vedretta del Lares 8 ⊠ 38086 Pinzolo – ℰ 0465 507212
– www.garnilasoldanella.it – Chiuso 10 giorni in giugno

PIOBESI D'ALBA

Cuneo – ⊠ 12040 – 1 288 ab. – Alt. 194 m – Carta regionale n° **14**-C2
Carta stradale Michelin 561-H5

✿ 21.9 (Flavio Costa)

CUCINA CREATIVA · ELEGANTE ✕✕ All'interno di una tenuta vinicola già cantina nel '400, le proposte in carta fanno incontrare il mare ligure con il territorio piemontese, puntando su qualità dei prodotti e raffinate presentazioni. Con la bella stagione, terrazza panoramica sulle colline; per dormire, romantiche camere custodi di memorie di viaggio.

➜ Crema di zucchine trombette, seppie al nero e scorzette candite di limone. Tortelli di gallo in brodo denso alla nocciola. Cioccolato, carote e chinotti.

Menu 60/100 € – Carta 56/106 €

10 cam ⌂ – †80/100 € ††150/180 € – 1 suite

località Carretta 4 – ℰ 0173 619261 – www.ristorante21punto9.it
– Chiuso 2 settimane in gennaio, 3 settimane in agosto, mercoledì a mezzogiorno e martedì escluso 1° ottobre-6 gennaio

PIOLTELLO

Milano – ⊠ 20096 – 36 912 ab. – Alt. 122 m – Carta regionale n° **10**-B2
Carta stradale Michelin 561-F9

a Limito Sud : 2,5 km ⊠ 20090

⫶○ **Antico Albergo**   🏠 🗚🗚 ↔

CUCINA ITALIANA · RUSTICO 🗙🗙 Nel centro storico, è da tre generazioni che l'amore per la cucina lombarda e, più in generale, italiana, vengono celebrate in quest'antica, elegante, locanda con servizio estivo sotto un pergolato. Ottima anche l'ospitalità.

Menu 47 € – Carta 39/67 €

via Dante Alighieri 18 – ℰ 02 926 6157 – www.anticoalbergo.it
– Chiuso 26 dicembre-7 gennaio, 8-31 agosto, sabato a mezzogiorno e domenica

PIOMBINO

Livorno – ⊠ 57025 – 34 060 ab. – Carta regionale n° **18**-B3
Carta stradale Michelin 563-N13

⫶○ **Lo Scoglietto**   🗚🗚

PESCE E FRUTTI DI MARE · AMBIENTE CLASSICO 🗙 L'impegno e la passione profusi in cucina si concretizzano in piatti sorprendenti, per i quali l'attenta ricerca dei prodotti si unisce all'esaltazione del gusto degli stessi; per gli amanti della pizza c'è anche un forno a legna.

🍴 Menu 15/25 € – Carta 28/64 €

via Carlo Pisacane 118 – ℰ 0565 30594 (prenotare) – Chiuso domenica sera

PIOVEZZANO Verona (VR) → Vedere Pastrengo

PIOZZO

Cuneo (CN) – ⊠ 12060 – 995 ab. – Alt. 327 m – Carta regionale n° **12**-C3
Carta stradale Michelin 561-I5

⫶○ **Casa Baladin**   ↩ 🗚🗚

CUCINA MODERNA · ALLA MODA 🗙 Conturbante, giovane, alla moda: una casa della birra - unica bevanda, oltre a qualche tè - intesa ad accompagnare in tavola il menu degustazione di cucina moderna e creativa. Lo stile si ripropone anche nelle camere impreziosite da materiali naturali e affreschi recenti.

🍴 Menu 25 € (in settimana)/55 €

5 cam ⊡ – 🛏80/120 € 🛏🛏80/120 €

piazza 5 Luglio 35 – ℰ 0173 795239 (prenotazione obbligatoria)
– www.casabaladin.it – solo a cena – Chiuso 2 settimane in gennaio e mercoledì

PISA

(PI) – ⊠ 56125 – 89 158 ab. – Carta regionale n° **18**-B2
Carta stradale Michelin 563-K13

⫶○ **La Clessidra**   🏠 ⅃ 🗚🗚 ↔

CUCINA REGIONALE · ACCOGLIENTE 🗙🗙 Sito in centro, un locale classico che si distingue per la poliedricità dell'offerta: la carta si divide tra cucina di mare e di terra, sulla lavagnetta i piatti del giorno. In aggiunta c'è anche la pizza ed una discreta carta dei vini.

Menu 35 € – Carta 24/47 €

Pianta: B1-b – *via del Castelletto 26/30 ⊠ 56127 – ℰ 050 540160*
– www.ristorantelaclessidra.net – solo a cena – Chiuso 1°-7 gennaio, 5-25 agosto e domenica

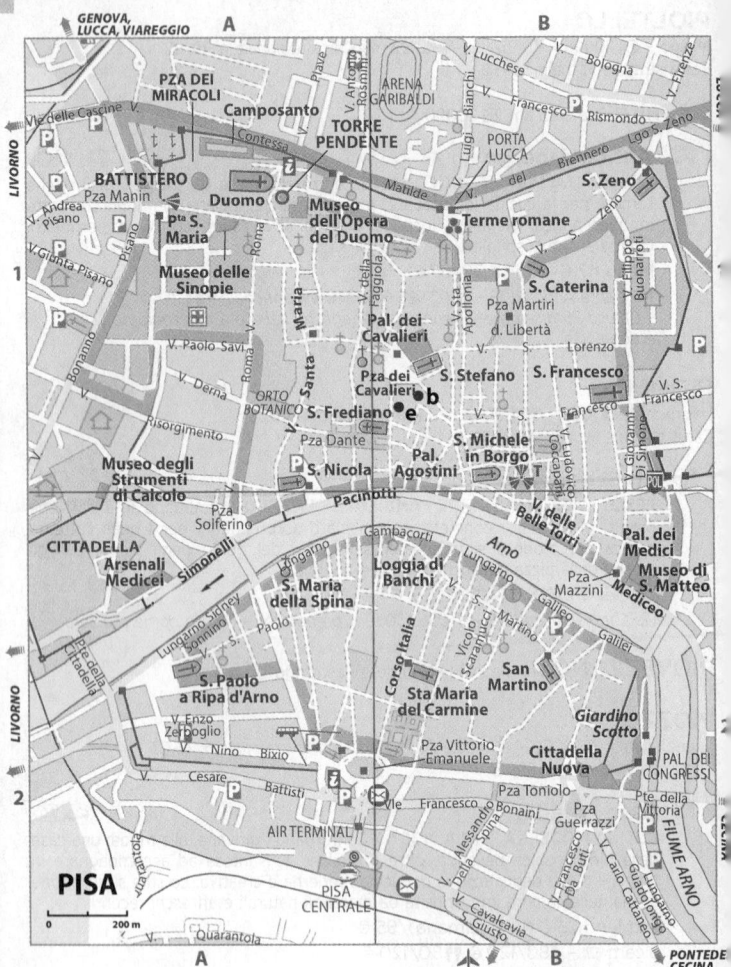

PISA

GENOVA, LUCCA, VIAREGGIO

LIVORNO

PZA DEI MIRACOLI
Camposanto
TORRE PENDENTE
BATTISTERO
Pza Manin
DUOMO
P.ta S. Maria
Museo dell'Opera del Duomo
Museo delle Sinopie
ORTO BOTANICO
Pal. dei Cavalieri
Pza dei Cavalieri
S. Stefano
S. Francesco
S. Frediano
S. Michele in Borgo
Museo degli Strumenti di Calcolo
S. Nicola
Pal. Agostini
CITTADELLA
Arsenali Medicei
S. Maria della Spina
Loggia di Banchi
Arno
Pal. dei Medici
Museo di S. Matteo
S. Paolo a Ripa d'Arno
Corso Italia
Sta Maria del Carmine
San Martino
Giardino Scotto
Cittadella Nuova
PAL. DEI CONGRESSI
AIR TERMINAL
PISA CENTRALE
FIUME ARNO
PONTEDE CECINA

ARENA GARIBALDI
PORTA LUCCA
Terme romane
S. Zeno
S. Caterina
Pza Martiri d. Libertà

0   200 m

🍴 **Osteria dei Cavalieri** 🏵 ⒶⒸ

CUCINA TOSCANA · TRATTORIA ✗ A pochi passi dall'università Normale, un'osteria ben frequentata con ambienti semplici e una cucina che si divide tra terra e mare. Buona selezione di vini e distillati, la stessa che si trova anche a 50 metri alla "Sosta": più piccola, ma con cucina assai rimarchevole.

Menu 28/33 € – Carta 26/48 €

Pianta: B1-e – *via San Frediano 16* ⊠ *56126* – ℰ *050 580858 (coperti limitati, prenotare)* – *www.osteriacavalieri.pisa.it* – *Chiuso vacanze di Natale, 6-26 agosto, sabato a mezzogiorno e domenica*

PISCIOTTA

Salerno – ⊠ 84066 – 2 641 ab. – Alt. 170 m – Carta regionale n° **4**-C3
Carta stradale Michelin 564-G27

⍩○ Perbacco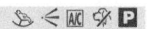

CUCINA CAMPANA · RUSTICO ✗ Rustica risorsa dove trovare il vero sapore "selvaggio" del Cilento, sia grazie alla vegetazione mediterranea esplosiva che lo cinge, sia grazie ai sapori del territorio: molto mare negli antipasti, più terra nei secondi, anche la carta dei vini descrive molto bene la regione. Possibilità di alloggio in gradevole camere.

Carta 23/65 €

3 cam ⌐ – †60/135 € ††70/190 €

contrada Marina Campagna 5, Nord-Ovest: 2 km
– 𝕮 0974 973889 (consigliata la prenotazione)
– www.perbacco.it
– Aperto Pasqua- fine ottobre

⌂ Marulivo 🜨 ≼ AC ⍟ P

DIMORA STORICA · PERSONALIZZATO Un giorno il fascino bussò alle porte di un convento trecentesco nel centro storico del pittoresco borgo di Pisciotta e... nacque Marulivo: una splendida struttura con una suggestiva terrazza affacciata sul mare e camere dove l'austerità monastica ha lasciato il posto a raffinate personalizzazioni e confort moderni (quando prenotate, assicuratevi una camera con vista, tutte la offrono salvo un paio).

11 cam ⌐ – †60/185 € ††70/185 €

via Castello
– 𝕮 0974 973792 – www.marulivohotel.it
– Aperto 24 marzo-2 novembre

a Marina di Pisciotta Sud-Ovest: 4 km

⊛ Angiolina 🜨

CUCINA CAMPANA · STILE MEDITERRANEO ✗✗ Se avete – giustamente - optato per questo tranquillo localino dal piacevole servizio estivo all'aperto, non potete non gustare le tipiche ricette a base di alici di "menaica" (rete a maglie strette utilizzata per la pesca da queste parti): in tortino, fritte, marinate, alla scapece. In menu, però, anche tanti altri piatti campani, col pescato del giorno si spende ovviamente qualcosa in più.

Carta 22/56 €

via Passariello 2, località Marina di Pisciotta, Sud: 4 km
– 𝕮 0974 973188 (consigliata la prenotazione)
– www.ristoranteangiolina.it
– Aperto Pasqua-15 ottobre; chiuso lunedì e martedì in aprile-maggio

PISTICCI

Matera – ✉ 75015 – 17 768 ab. – Carta regionale n° **2**-D2
Carta stradale Michelin 564-F31

a Marconia Sud-Est : 15 km ✉ 75015

⌂⌂ Agriturismo San Teodoro Nuovo ⍟ ⍤ ⌿ AC P

CASA DI CAMPAGNA · PERSONALIZZATO Tra le mura di una masseria del Novecento adagiata nella pianura metapontina, una tenuta agricola orto-frutticola ospita appartamenti arredati con ricercatezza e personalità. Presso le antiche scuderie, le specialità della gastronomia regionale.

10 cam ⌐ – †70/85 € ††120/140 €

contrada San Teodoro Nuovo km 442
– 𝕮 0835 470042 – www.tenutavisconti.com

PISTOIA

⊠ 51100 – 90 315 ab. – Alt. 67 m – Carta regionale n° **18**-B1
Carta stradale Michelin 563-K14

ⅱ◯ Trattoria dell'Abbondanza 🛖

CUCINA TOSCANA · DI QUARTIERE X All'insegna della tipicità e della tradizione, in un'atmosfera accogliente e simpatica, la gestione è recentemente cambiata, ma la proposta gastronomica rimane sempre all'insegna della regionalità con qualche nuovo spunto moderno.

Carta 24/53 €

via dell'Abbondanza 10/14 – 𝒞 0573 368037 – www.trattoriadellabbondanza.it – Chiuso mercoledì

ⅱ◯ Il Cucciolo 🄰🄲

CUCINA MEDITERRANEA · FAMILIARE X Ricavato all'interno delle antiche mura, Il Cucciolo è un locale raccolto e moderno; il menu dimostra particolare interesse per il mare in fragranti piatti anche d'asporto.

Carta 47/98 €

piazza Leonardo Da Vinci 33 – 𝒞 0573 29230 – www.ristoranteilcucciolo.it – Chiuso 7-31 agosto, sabato a mezzogiorno e domenica

🏠 Villa Parri 🠔 🛜 🝙 🄰🄲 🅿

LOCANDA · PERSONALIZZATO Villa ottocentesca con parco e giardino a terrazze: nei salotti troverete una piccola raccolta d'oggetti di altri tempi, in molte camere una cucina per chi preferisce il fai-da-te al ristorante.

10 cam – ⸙70/120 € ⸙⸙80/130 € – ⚏ 10 €

via Modenese 206, Nord: 4 km per via Dalmazia – 𝒞 0573 417062 – www.villaparri.it – Aperto 22 dicembre-6 gennaio e 10 marzo-3 novembre

PITIGLIANO

Grosseto – ⊠ 58017 – Carta regionale n° **18**-D3
Carta stradale Michelin 563-O16

ⅱ◯ Il Tufo Allegro 🕸 🛖

CUCINA TOSCANA · ROMANTICO X Nel cuore della località etrusca, nei pressi della Sinagoga: piatti toscani, un piccolo ristorante con una nutrita cantina di vini e salette ricavate nel tufo.

Menu 28/70 € – Carta 33/73 €

vicolo della Costituzione 5 – 𝒞 0564 616192 – www.iltufoallegro.com – Chiuso 10 gennaio-10 febbraio, mercoledì a mezzogiorno e martedì

PITRIZZA Sardegna Olbia-Tempio → Vedere Arzachena : Costa Smeralda

PIZZIGHETTONE

Cremona – ⊠ 26026 – 6 548 ab. – Alt. 46 m – Carta regionale n° **9**-B3
Carta stradale Michelin 561-G11

ⅱ◯ Da Giacomo 🛖 🄰🄲

CUCINA LOMBARDA · CONTESTO STORICO XX Nel centro storico di questa pittoresca località cinta da mura, un ristorantino che esprime una riuscita miscela di rusticità e design. Cucina del territorio reinterpretata.

Menu 45/50 € – Carta 38/64 €

piazza Municipio 2 – 𝒞 0372 730260 (coperti limitati, prenotare) – www.dagiacomo.it – Chiuso 8-18 gennaio, 16 agosto-5 settembre e lunedì

PIZZO

Vibo Valentia (VV) – ⊠ 89812 – 9 278 ab. – Alt. 44 m – Carta regionale n° **3**-A2
Carta stradale Michelin 564-K30

ⅱ○ Locanda Toscano   [AC]

CUCINA CREATIVA · FAMILIARE XX Vicino al castello e al belvedere di Pizzo, moglie e marito - rispettivamente in cucina e in sala - vi danno il benvenuto in due salette semplici ma accoglienti. La cucina offre spunti creativi in fantasiosi abbinamenti, prevale il pesce, ma gli appassionati di carne apprezzeranno il manzo podolico e il maiale nero.

Menu 35/55 € – Carta 45/51 €

via Benedetto Musolino 14/16 – ✆ 0963 531089 (consigliata la prenotazione) – Chiuso gennaio e lunedì

sulla strada per Vibo Marina

ⅱ○ ME Restaurant 🅝   🛏 🛋 ㅊ [AC] [P]

CUCINA MEDITERRANEA · CONTESTO CONTEMPORANEO XX Nasce sulle "ceneri" dell'Olimpus questo gradevole locale, ampio e spazioso, ricavato dal restauro di un ex casale; lo gestisce una coppia che propone ai propri ospiti una gustosa cucina mediterranea in cui si cita la Calabria a più riprese, ma anche la Campania, terra di origine dello chef.

Menu 40 € – Carta 26/69 €

strada provinciale per Vibo Marina, località Ponte di Ferro – ✆ 0963 534532 – www.merestaurant.com – Chiuso mercoledì escluso in estate

POCENIA

Udine – ⊠ 33050 – 2 536 ab. – Carta regionale n° **6**-B3
Carta stradale Michelin 562-E21

a Paradiso Nord-Est : 7 km ⊠ 33050 – Pocenia

ⅱ○ Al Paradiso   🛏 🛋 [AC] ⇄ [P]

CUCINA REGIONALE · ROMANTICO XX Una piccola bomboniera in un antico cascinale, con decorazioni e tendaggi ovunque. Spunti moderni nella cucina che segue il territorio (tanta carne e cacciagione). Ideale per una cena romantica.

Carta 40/50 €

via Sant' Ermacora 1 – ✆ 0432 777000 – www.trattoriaparadiso.it – solo a cena escluso sabato e domenica – Chiuso lunedì e martedì

POGGIBONSI

Siena – ⊠ 53036 – 29 196 ab. – Alt. 116 m – Carta regionale n° **18**-D1
Carta stradale Michelin 563-L15

ⅱ○ La Galleria   🛋 [AC]

PESCE E FRUTTI DI MARE · FAMILIARE X Non sarà il quartiere residenziale, né la galleria in cui si trova il ristorante a condurvi qui, così come l'ambiente, semplice e classico a gestione familiare, ma la cucina, più orientata verso il mare, in una serie di stuzzicanti proposte elencate a voce.

Carta 34/81 €

via del Commercio (galleria Cavalieri Vittorio Veneto) – ✆ 0577 982356 – Chiuso 3 settimane in agosto e domenica

ⅱ○ Osteria al Torrione di San Fabiano   🛋 ㅊ [AC] ⇄

CUCINA TOSCANA · TRATTORIA X Alcuni chilometri di sterrato conducono a questo grazioso locale tra cipressi, vigneti e colline. Ma la tranquillità della campagna senese non è che uno dei suoi tanti piacevoli aspetti, all'interno - infatti - lo stile rustico toscano introduce l'ospite ad una cucina moderna, che rimane tuttavia ancorata alla tradizione regionale.

Carta 24/34 €

località il Torrione 2, Est: 5 Km – ✆ 392 700 7770 (consigliata la prenotazione) – www.osteriaaltorrione.it – Aperto 25 dicembre-6 gennaio e 1° maggio-30 ottobre; chiuso lunedì

POGGIO Livorno → Vedere Elba (Isola d') : Marciana

POGGIO ALLE MURA Siena → Vedere Montalcino

POGGIRIDENTI
Sondrio (SO) – ✉ 23020 – 1 924 ab. – Alt. 564 m – Carta regionale n° **9**-B1
Carta stradale Michelin 563-U6

🏠 **Wine Hotel Retici Balzi** ❶   ⬅ 🛏 🕭 🖥 ♿ AC 🅿
FAMILIARE · MODERNO In posizione panoramica, hotel piccolo nelle dimensioni, ma non nel confort, dispone di ampie - moderne - camere dedicate ai grandi vini della zona e ai suoi vigneti (chiedete di fare la loro degustazione!). Piccola zona benessere tra le chicche della struttura.
11 cam 🍴 – ♦80/120 € ♦♦100/140 €
via Panoramica 2 – ☏ 0342 382092 – www.hotelreticibalzi.it

POLESINE PARMENSE
Parma – ✉ 43010 – 1 414 ab. – Alt. 36 m – Carta regionale n° **5**-A1
Carta stradale Michelin 562-G12

🕸 **Antica Corte Pallavicina** (Massimo Spigaroli)   🎛 ⬅ 🦆 🛏 🍴 🅿
CUCINA DEL TERRITORIO · ROMANTICO XxX Pare un castello, nacque come dogana sul Po nel Trecento, oggi è uno dei templi del culatello di cui vi mostreranno la suggestiva cantina per la stagionatura. Oltre al celebre salume, quasi tutto è allevato o coltivato nella proprietà. La cucina esalta le tradizioni del fiume, dalle paste agli animali da cortile, passando per il maiale.
→ Ravioli di gallina su vellutata allo zafferano e bietoline. Faraona ricoperta di culatello avvolta nella creta del Po con verdure di stagione. Cilindretto al cioccolato e violetta di Parma.
Menu 86/160 € – Carta 57/99 €
7 cam 🍴 – ♦110/260 € ♦♦140/260 € – 4 suites
strada del Palazzo Due Torri 3 – ☏ 0524 936539 – www.acpallavicina.com
– Chiuso 8-25 gennaio e lunedì

🍴 **Al Cavallino Bianco**   🎛 ⬅ AC 🅿
CUCINA EMILIANA · CONTESTO TRADIZIONALE XX Secolare tradizione familiare alla quale affidarsi per assaporare il proverbiale culatello e specialità regionali, lungo le rive del grande fiume. Al "Tipico di Casa Spigaroli", in settimana a pranzo, troverete piatti locali a prezzi contenuti, menu tematici nel week-end.
Menu 60 € – Carta 34/59 €
via Sbrisi 3 – ☏ 0524 96136 – www.fratellispigaroli.it
– Chiuso 23 gennaio-7 febbraio e martedì

a Santa Franca Ovest : 3 km ✉ 43010 – Polesine Parmense

🍴 **Colombo**   🍴 AC 🅿
CUCINA EMILIANA · VINTAGE XX Servizio estivo sotto un pergolato in una mitica trattoria familiare: l'attuale proprietaria segue le orme paterne anche per produzione e stagionatura di salumi (tra i quali il prezioso culatello). Cucina emiliana.
Carta 29/63 €
via Mogadiscio 103 – ☏ 0524 98114 – Chiuso 7-22 gennaio, 26 luglio-8 agosto, lunedì sera e martedì

POLIGNANO A MARE
Bari – ✉ 70044 – 18 023 ab. – Carta regionale n° **15**-C2
Carta stradale Michelin 564-E33

⫶◯ **L'Osteria di Chichibio** 🛋 ▣ ⌧

PESCE E FRUTTI DI MARE · CONVIVIALE ✗✗ Connubio di semplicità e allegria - non privo di eleganza - e l'occasione per mangiare pesce e verdure cotti in un forno a legna, serviti in piatti di ceramica. Il locale si è recentemente ampliato e anche la cucina non smette di "crescere".

Carta 36/69 €

largo Gelso 12 – ℰ 080 424 0488 – www.osteriadichichibio.it
– Chiuso 8 gennaio-9 febbraio e lunedì

⌂ **Giovì Relais ◐** 🛋

TRADIZIONALE · ELEGANTE Nel cuore del paese popolato da suggestivi vicoli, piccola ed elegante struttura dalle camere confortevoli; inaspettato centro relax con mini piscina in grotta!

12 cam ⌕ – †110/250 € ††140/300 €

via Roma 26 – ℰ 080 425 1510 – www.giovirelais.com

⌂ **Malù** ⊡ ▣

FAMILIARE · FUNZIONALE Vicino alla statua di Modugno, originario della località, sei camere ciascuna intitolata ad una sua canzone. Tre si affacciano sul mare, ma tutte sono accomunate dalla piacevolezza di ciò che è nuovo e fresco: complici i colori chiari, nonché la luce che filtra dalle finestre. Sulla terrazza panoramica, la prima colazione.

6 cam ⌕ – †60/100 € ††80/160 €

lungomare Domenico Modugno 7 – ℰ 333 799 1353 – www.bebmalu.it – Chiuso novembre

---

POLLEIN Aosta → Vedere Aosta

POLLENZO Cuneo → Vedere Bra

POLLONE

Biella – ✉ 13814 – 2 109 ab. – Alt. 630 m – Carta regionale n° **12**-C2
Carta stradale Michelin 561-F5

✿ **Il Patio** (Sergio Vineis) ஐ ⫞ 🛋 ⇔ ▣

CUCINA MODERNA · ELEGANTE ✗✗✗ Ristorante dall'atipica ambientazione in antiche stalle, ma c'è anche una bella terrazza affacciata sul giardino, dove gustare piatti che puntano sulla valorizzazione dei prodotti locali senza negligere la creatività.
→ Caldo-freddo di asparagi con salsa "brusca" e crumble salato. Lombatina d'agnello alle erbe con carote, liquirizia e lampone. Cannolo di fragole, cioccolato bianco, menta e meringhe.

Menu 55/65 € – Carta 58/94 €

via Oremo 14 – ℰ 015 61568 (prenotare) – www.ristoranteilpatio.it – Chiuso lunedì e martedì

⫶◯ **Il Faggio ◐** ▣

CUCINA MODERNA · AMBIENTE CLASSICO ✗✗ Stile e sobria eleganza contraddistinguono questo ristorante che propone una carta ampia ed equilibrata: la scelta spazia dal pesce alla cucina del territorio.

Menu 45/60 € – Carta 46/85 €

via Oremo 54 – ℰ 015 61252 (consigliata la prenotazione)
– www.ristoranteilfaggio.it – Chiuso 15 giorni in gennaio, 15 giorni in agosto e lunedì

🏠 Villa La Vittoria ⓝ   🐎 🛏 🍸 🏄 🅿

CASA PADRONALE · ELEGANTE Una grande villa anni '60 allietata da giardino e piscina con acqua salata, all'interno un sorprendente concentrato di lusso e buongusto, mobili antichi e tessuti preziosi. Arricchiscono l'offerta, un salone delle feste, nonché una sala cinema utilizzabile per meeting.

3 cam ♨ – †99/129 € ††99/129 € – 1 suite

via Benedetto Croce 35 – ☎ 015 610135 – www.villalavittoria.it – Chiuso 31 gennaio-15 marzo e 2 novembre-2 dicembre

POLVANO Arezzo → Vedere Castiglion Fiorentino

POLVERINA Macerata → Vedere Camerino

POMONTE Livorno → Vedere Elba (Isola d') : Marciana

POMPEI
Napoli – ✉ 80045 – 25 358 ab. – Alt. 14 m – Carta regionale n° **4**-B2
Carta stradale Michelin 564-E25

🏵 President (Paolo Gramaglia)   🕸 🏡 🆎 🌿 🅿

CUCINA MEDITERRANEA · ELEGANTE 𝕏𝕏 Ottimi sono il cibo e l'ospitalità nel locale di una coppia che si prodiga affinché il cliente sia assolutamente al centro dell'attenzione. La moglie cura sala e vini mentre il marito si dedica al piacere del palato a cui propone una cucina campana e stagionale - moderatamente creativa - con rare, ma interessanti riproposizioni degli antichi sapori pompeiani. Solo otto tavoli tra mobili preziosi e uno studio attento delle luci: meglio prenotare!

→ Spaghetti agli sconcigli, ricci di mare e anemoni. Assoluto di pezzogna in salsa bouillabaisse, agrumi canditi e anice. La caprese indecisa, polvere di caprese, semifreddo al cappuccino e mousse di caffè.

Menu 55/90 € – Carta 43/67 €

piazza Schettini 12/13 – ☎ 081 850 7245 (consigliata la prenotazione) – www.ristorantepresident.it – Chiuso 7-28 gennaio, 13-17 agosto, domenica sera e lunedì

🍴 La Bettola del Gusto   🏡 🆎

CUCINA TRADIZIONALE · FAMILIARE 𝕏𝕏 Centrale, davanti alla stazione, il nome è fuorviante: siamo in un simpatico e grazioso locale, dove dalla cucina arrivano piatti semplici all'insegna della tipicità campana, completati dalle due vetrine dei pesci e delle carni da cuocere alla griglia.

⊛ Menu 25/34 € – Carta 25/50 €

via Sacra 48/50 – ☎ 081 863 7811 (consigliata la prenotazione) – www.labettoladelgusto.it – Chiuso lunedì

🏠 Forum   🌳 🛏 📺 🔥 🆎 🏄 🅿

TRADIZIONALE · MODERNO Vicino al famoso Santuario e anche all'ingresso agli scavi (lato Anfiteatro), varcato l'ingresso sarà un piacere sentire il silenzio dell'incantevole giardino interno. Man mano che si sale di piano, le camere si fanno di categoria superiore: più costose e con vista sul parco della zona archeologica.

32 cam ♨ – †70/100 € ††80/150 € – 1 suite

via Roma 99/101 – ☎ 081 850 1170 – www.hotelforum.it

🏠 Amleto   📺 🔥 🆎 🌿 🏄 🐎

TRADIZIONALE · ART DÉCO A pochi passi dal Santuario, edificio degli anni Venti ristrutturato con cura: ingresso in stile neoclassico, con una breve rampa di scale, e pavimento con riproduzioni musive.

18 cam ♨ – †50/85 € ††70/110 €

via San Michele 11, angolo via Bartolo Longo – ☎ 081 863 1004 – www.hotelamleto.it

PONSACCO

Pisa (PI) – ⌧ 56038 – 15 611 ab. – Alt. 24 m – Carta regionale n° **18**-B2
Carta stradale Michelin 563-L13

⫙○ **Locanda di Camugliano** Ⓝ   🛏 🏠 ⚐ 🅰🅲 🅿

CUCINA TOSCANA · CONTESTO STORICO Ⅹ All'interno della vasta quanto stupenda tenuta del marchese di Camugliano, una piccola "trattoria", curata ed accogliente all'interno, tranquilla e verdeggiante all'esterno, dove appagarsi dei sapori del territorio e della fragranza dei prodotti dei propri orti, allevamenti e della tenuta di caccia.

Menu 35 € – Carta 32/82 €

via Camugliano 17, Sud-Est: 1,5 km – ℰ 0587 733293 (prenotare)
– www.camugliano.com – solo a cena escluso sabato-domenica – Chiuso lunedì

PONTE A MORIANO Lucca → Vedere Lucca

PONTE ARCHE Trento → Vedere Comano Terme

PONTE DELL'OLIO

Piacenza – ⌧ 29028 – 4 794 ab. – Alt. 216 m – Carta regionale n° **5**-A2
Carta stradale Michelin 561-H10

⧯ **Locanda Cacciatori**   ⇦ 🦐 🏠 🅰🅲 🅿

CUCINA EMILIANA · RUSTICO Ⅹ Oltre 50 anni di esperienza per questa locanda da sempre gestita dalla stessa famiglia. Semplici le quattro sale affacciate sulle colline, dove riscoprire una cucina regionale fatta di gustose paste casalinghe, nonché carni come faraona e anatra al forno, bolliti e costate, ma anche tanti funghi in vari modi. Attenzione, onde evitare di perdersi, impostare il navigatore su Ponte dell'Olio - viale San Bono - poi proseguire per 2,5 Km.

🍴 Menu 20/40 € – Carta 21/36 €

9 cam ⌂ – ♦55 € ♦♦110 €

località Mistadello di Castione, Est: 2,5 km – ℰ 0523 877206
– www.locandacacciatori.com – Chiuso 10-30 gennaio e mercoledì

⫙○ **Riva**   🐕 🏠 ⚐ 🅰🅲

CUCINA MODERNA · INTIMO ⅩⅩ In un piccolo borgo con un affascinante castello merlato, la moglie propone una cucina raffinata, misurato equilibrio di territorio e creatività; ai vini pensa il marito.

Menu 45/70 € – Carta 45/88 €

via Riva 16, Sud: 2 km – ℰ 0523 875193 (prenotare) – www.ristoranteriva.it
– Chiuso martedì a mezzogiorno e lunedì

PONTEDERA

Pisa – ⌧ 56025 – 29 223 ab. – Alt. 14 m – Carta regionale n° **18**-B2
Carta stradale Michelin 563-L13

⫙○ **La Polveriera**   🏠 ⚐ 🅰🅲

PESCE E FRUTTI DI MARE · ACCOGLIENTE ⅩⅩ Un localino nato dalla ristrutturazione di un effervescente circolo ricreativo, dove spesso la discussione terminava in scazzottate e in un gran "polverone" (da qui il soprannome di polveriera). Nell'insospettabile cortile durante la bella stagione, o nelle curate salette, la carta ruota attorno al pesce, alle verdure e si amplia con un secondo menu articolato e completo di cucina vegana.

Carta 27/66 €

via Fratelli Marconcini 54 – ℰ 328 962 5643 – www.ristorantelapolveriera.it
– Chiuso 19 agosto-2 settembre, sabato a mezzogiorno e domenica

🏨 Armonia · ☝ ⓪ ⒶⒸ ℅ ⏧ ☂

STORICO · PERSONALIZZATO Storico edificio per una proverbiale accoglienza, in città, sin da metà '800; ospiti illustri, atmosfere eleganti, qualità impeccabile e signorile. La maggior parte delle camere rispecchiano lo stile della casa, mentre - all'ultimo piano - ve ne sono otto più recenti e dallo stile moderno.

33 cam ☲ – ♦90/130 € ♦♦110/150 € – 2 suites

piazza Caduti Div. Acqui, Cefalonia e Corfù 11
– ℘ 0587 278511 – www.hotelarmonia.it
– Chiuso 6-26 agosto

PONTE DI BRENTA Padova → Vedere Padova

PONTE DI LEGNO
Brescia – ✉ 25056 – 1 729 ab. – Alt. 1 257 m – Carta regionale n° **9**-C1
Carta stradale Michelin 561-D13

🍴 Kro · ☝ ℅ ⏧ 🅿

CUCINA REGIONALE STILE MONTANO ⅩⅩ Sono molti i punti che colpiscono di questo locale: la cortesia, l'ambiente curato tra legno e pietra, la cucina con piatti del territorio in chiave moderna. Eseguiti per soddisfare vista e palato!

👄 Menu 15 € (pranzo in settimana) – Carta 36/81 €

via Tollarini 70/C Località Pontagna di Temù, Est 2,5 km
– ℘ 0364 906411 – www.ristorantekro.it
– Chiuso 15 maggio-15 giugno martedì e mercoledì

🍴 San Marco · ℅

CUCINA CLASSICA · FAMILIARE Ⅹ Centrale, sebbene non nella zona storica della cittadina, un locale vecchio stile nell'arredo ma di accogliente atmosfera; cucina dalle connotazioni regionali con anche qualche piccola variazione.

👄 Menu 25 € (pranzo in settimana)/45 € – Carta 34/59 €

piazzale Europa 18 – ℘ 0364 91036 – www.ristorante-sanmarco.it
– Chiuso 15-30 settembre e lunedì

🏨 Cristallo  · ☝ ≤ ⏧ Ⓓ 🅿

TRADIZIONALE · MODERNO A due passi dal centro storico, e di recente apertura, l'hotel in posizione panoramica verso il gruppo del Castellaccio offre un confort dal concept moderno; gradevole zona benessere con vista.

34 cam ☲ – ♦55/250 € ♦♦66/274 €

via Bulfera 7 ✉ 25056 Ponte di Legno
– ℘ 0364 91074 – www.hotelcristallopontedilegno.it
– Aperto 4 dicembre-16 aprile e 15 giugno-20 settembre

PONTE DI NAVA Cuneo → Vedere Ormea

PONTE GRADELLA Ferrara → Vedere Ferrara

PONTELONGO
Padova (PD) – ✉ 35029 – 3 819 ab. – Alt. 5 m – Carta regionale n° **23**-C3
Carta stradale Michelin 562-G18

⛨ **Lazzaro 1915** (Piergiorgio Siviero)   🏠 ♿ 🆎 ⅋

CUCINA MODERNA · AMBIENTE CLASSICO ⅩⅩ La sorella - di squisita gentilezza e preparazione - in sala, il fratello in cucina: siamo in provincia, ma la
cucina non si sottrae a sofisticate elaborazioni. Troverete in prevalenza
pesce, accompagnato da un ventaglio di ingredienti dal tocco a volte esotico.

➜ Pién de rovinassi, raviolo con rigaglie di capretto, ricotta di capra e
piselli. A-mare, cappone di mare alla brace, asparagi alle mandorle,
latte tostato, noccioli d'oliva. Martinica, ananas, caffè, capperi e cardamomo.

🍴 Menu 25 € (pranzo in settimana)/90 € – Carta 55/98 €

via Roma 351
– ☏ 049 977 5072 (consigliata la prenotazione) – www.lazzaro1915.it
– *Chiuso 1 settimana in gennaio, 2 settimane in agosto, lunedì e martedì*

Voglia di remise en forme?
Individuate le strutture con il simbolo 🌀.

PONTE NELLE ALPI

Belluno – ✉ 32014 – 8 363 ab. – Alt. 397 m – Carta regionale n° **23**-C1
Carta stradale Michelin 562-D18

🏠 **La Locanda alla Stazione**   ✿ 🔁 🆎 ⅋ 🅿

LOCANDA · PERSONALIZZATO A più di 100 anni dalla sua apertura, la
locanda rinasce a nuova vita, grazie ad un bel restauro che omaggia gli anni
Venti e Trenta nei mobili che arredano le belle camere e nel ristorante dove si
gustano specialità regionali.

6 cam � – ▮70/90 € ▮▮80/120 €

viale Stazione 1
– ☏ 0437 989031 – www.lalocandaallastazione.it

PONTENUOVO DI CALENZANO Firenze ➜ Vedere Calenzano

PONTE SAN GIOVANNI Perugia ➜ Vedere Perugia

PONTE SAN MARCO Brescia ➜ Vedere Calcinato

PONTE SAN PIETRO

Bergamo – ✉ 24036 – 11 478 ab. – Alt. 224 m – Carta regionale n° **10**-C1
Carta stradale Michelin 561-E10

ⅰ○ **Cucina Cereda** 🅽   🏠 ♿ ⅋

CUCINA MODERNA · CONTESTO STORICO ⅩⅩ L'edificio risale al XV secolo e si
inserisce in una corte dal grande fascino storico - con la bella stagione è anche
qui che ci si può accomodare - mentre all'interno sono le belle vetrate piom-
bate ad attirare l'attenzione dell'ospite, nonché la suggestiva cantina. Menu a
prezzo più contenuto per gli under 30.

Menu 40/65 € – Carta 50/84 €

Via Piazzini 33
– ☏ 035 437 1900 (consigliata la prenotazione) – www.cucinacereda.com
– *Chiuso 5-11 febbraio, 1°-15 settembre, sabato a mezzogiorno e lunedì*

PONTIDA

Bergamo – ⊠ 24030 – 3 301 ab. – Alt. 310 m – Carta regionale n° **10**-C1
Carta stradale Michelin 561-E10

‖○ **Hosteria la Marina** ⟋ 🍴 🏠 🏄 **P**

CUCINA LOMBARDA · FAMILIARE 🗶 Sulle colline alle spalle di Pontida, trattoria familiare per piatti ruspanti e saporiti, legati anche alle tradizioni locali; il vino lo si può scegliere direttamente nella piccola cantina. Appartamenti con angolo cottura, mono o bilocali, per un soggiorno in tranquillità.

🍽 Menu 13 € (pranzo in settimana)/50 € – Carta 21/57 €

8 cam ⌂ – 🛏55/75 € 🛏🛏100/120 € – 5 suites

via Don Aniceto Bonanomi 283, frazione Grombosco, Nord: 2 km – 𝒞 035 795063 – www.lamarinaristhotel.it – Chiuso martedì

🏠 **Polisena l'Altro Agriturismo** ✧ 🐾 ⟋ 🍴 🐟 🚭 🅰🅲 🏄 **P**

FAMILIARE · PERSONALIZZATO Posizione tranquilla e panoramica per questo agriturismo ecosostenibile affiancato alla propria azienda vinicola Tosca; interni in legno e materiali ecologici a sottolineare lo stretto contatto con la natura. Buona attenzione anche alla ristorazione, cui è dedicata una piacevole sala con camino, mentre della cucina se ne occupa il figlio dei titolari.

5 cam ⌂ – 🛏78/90 € 🛏🛏103/130 €

via Ca' di Maggio 333, località Riviera, Nord: 3 km – 𝒞 035 795841 – www.agriturismopolisena.it – Chiuso 1 settimana in gennaio

PONTINIA

Latina (LT) – ⊠ 04014 – 14 920 ab. – Alt. 4 m – Carta regionale n° **07D**-C3
Carta stradale Michelin 563-R21

‖○ **Essenza** 🏠 🅰🅲

CUCINA MODERNA · CONTESTO CONTEMPORANEO 🗶🗶 Simone, giovane chef promettente, dopo il doveroso giro d'esperienze ritorna nel paese natio per aprire il proprio locale; la sala si presenta moderna e quasi elegante, così come moderna è la sua cucina dove risalta un gusto tutto italiano, ma materie prime soprattutto locali. In primis, dal mare.

Menu 30/55 € – Carta 41/59 €

via Leopardi 13 – 𝒞 0773 848935 – www.essenzaristorante.com – solo a cena in giugno-settembre – Chiuso 10 giorni in settembre, domenica sera escluso giugno-settembre e mercoledì

PONTI SUL MINCIO

Mantova (MN) – ⊠ 46040 – 2 357 ab. – Alt. 113 m – Carta regionale n° **9**-D1
Carta stradale Michelin 561-F14

‖○ **Portofino** 🏠 🅰🅲

PESCE E FRUTTI DI MARE · CONTESTO CONTEMPORANEO 🗶🗶 Immerso nel verde delle colline moreniche, i proprietari si sono specializzati nella cucina di mare, con piatti elaborati secondo uno stile decisamente semplice, ma accattivante!

Menu 40 € – Carta 29/104 €

strada Pozzolengo 11 – 𝒞 0376 808234 – www.albergoristoranteportofino.it – Chiuso lunedì

PONTREMOLI

Massa-Carrara – ⊠ 54027 – 7 357 ab. – Alt. 236 m – Carta regionale n° **18**-A1
Carta stradale Michelin 563-I11

⅋O **Cà del Moro** ⊕ 🛱 AC ⇪ P

CUCINA TOSCANA · ACCOGLIENTE XX Ristorante dalle caratteristiche ed intime sale, dove gustare piatti del territorio soprattutto a base di carne. Interessante ed articolata la scelta enologica.

Carta 31/50 €

Hotel Cà del Moro, località Casa Corvi, via Giovanni Bellotti 2 – ℰ 0187 832202 – www.cadelmororesort.it – Chiuso 8 gennaio-13 febbraio, domenica sera e lunedì

🏠 **Cà del Moro Resort** ⭐ 🐾 ⊕ ⻌ 🕭 🖻 AC 🛁 P

TRADIZIONALE · ACCOGLIENTE Immerso nella campagna lunigianese tra prati, golf 4 buche e campo pratica, delizioso resort con camere accoglienti caratterizzate da qualche accenno in stile country.

24 cam ☲ – †60/90 € ††100/137 € – 2 suites

località Casa Corvi, Via Giovanni Bellotti 2 – ℰ 0187 832202 – www.cadelmororesort.it

⅋O **Cà del Moro** – Vedere selezione ristoranti

🏠 **Agriturismo Costa D'Orsola** ⭐ 🐾 ≤ ⻌ ⅋ P

AGRITURISMO · STORICO Camere di buona fattura, ricavate nei caratteristici locali di un antico borgo rurale restaurato con cura. Gestione familiare cortese, atmosfera tranquilla e rilassata. Ristorante suggestivo, con ampi spazi esterni.

14 cam ☲ – †50/90 € ††100/130 €

località Orsola, Sud-Ovest: 2 km – ℰ 0187 833332 – www.costadorsola.it – Aperto 1° aprile-31 ottobre

PONZA (Isola di)

Latina – 3 312 ab. – Carta regionale n° **7**-C3
Carta stradale Michelin 563-S18

Ponza – ✉ 04027 – Carta regionale n° **7**-C3

🎖 **Acqua Pazza** (Patrizia Ronca) 🕭 ≤ 🛱 AC ⅋

PESCE E FRUTTI DI MARE · ELEGANTE XX E' il riferimento gourmet di Ponza: il locale di Luigi Pesce, sito lungo lo splendido proscenio del porto, un anfiteatro sul mare da godersi appieno anche grazie al servizio all'aperto, mentre i piatti cucinati dalla padrona di casa celebrano i prodotti dell'isola – dai crudi all'omonima acqua pazza - con un pizzico di fantasia.

→ Rigatoni con calamaretti spillo e lime. Dentice al forno con pomodorini infornati e pesto di basilico. Bianco mangiare alle mandorle, mango e frutto della passione.

Menu 75 € – Carta 62/105 €

piazza Carlo Pisacane – ℰ 0771 80643 – www.acquapazza.com – solo a cena – Aperto 1° marzo-30 novembre

⅋O **Eea** ≤ 🛱 AC

CUCINA MODERNA · ACCOGLIENTE XX Mediterraneo e dai toni eleganti, il locale di Davide si trova in centro - rialzato e panoramico su mare e porto - ci si accomoda in terrazza o nella sala interna con bel pavimento in marmo di Siena. Dalla cucina il meglio dei sapori locali, proposti in chiave leggermente moderna.

Carta 42/75 €

via Umberto I – ℰ 0771 80100 – www.monadoeea.it – solo a cena escluso aprile-maggio – Aperto inizio aprile-metà ottobre

ⅰ⃝ Il Tramonto ≤ 🏠

PESCE E FRUTTI DI MARE · ROMANTICO X Un servizio brillante e dinamico, una cucina legata alla tradizione isolana dove regna il pesce ed una meravigliosa vista sull'isola di Palmarola per veder tramontare il sole... direttamente nel vostro bicchiere.

Carta 41/79 €

via campo Inglese, Nord: 4 km
– ℰ 0771 808563 – solo a cena
– Aperto 1° maggio-30 settembre

ⅰ⃝ Gennarino a Mare ⇦ ≤ 🏠 AC

PESCE E FRUTTI DI MARE · CONTESTO TRADIZIONALE X Posizione incantevole: una palafitta sul mare dotata di attracco privato, al termine della baia con vista sul porto. E il panorama si "offre" anche dai suoi interni, nelle camere semplici ma con graziose ceramiche, mentre la cucina rispolvera i classici piatti di mare della tradizione italiana.

Carta 32/78 €

12 cam ☲ – †70/140 € ††140/250 €

via Dante 64 – ℰ 0771 80071 – www.gennarinoamare.com – Aperto Pasqua-30 settembre

🏨 Grand Hotel Santa Domitilla ✿ 🐾 🛏 ⌚ ☐ AC 🛎 🚗

CASA DI CAMPAGNA · MEDITERRANEO In posizione tranquilla seppur vicino al centro, troverete ispirazioni orientali e ceramiche vietresi, ma sono le piscine a rappresentare il clou di un raffinato soggiorno. Cucina isolana in chiave moderna presso il ristorante Al Melograno e, nei week-end di giugno-luglio, si apre la "cruderia" per aperitivi e cene modaiole.

48 cam ☲ – †90/170 € ††180/270 € – 6 suites

via Panoramica – ℰ 0771 809951 – www.santadomitilla.com – Aperto Pasqua-15 ottobre

🏠 Piccolo Hotel Luisa 🐾 🛏 AC P

FAMILIARE · MEDITERRANEO In posizione rialzata e tranquilla in una breve salita dal centro, le camere sono arredate con originalità e buon gusto: tra le migliori, quella in cui visse - confinato dal regime fascista - l'ex presidente, Sandro Pertini. Eccellente la colazione in terrazza.

15 cam ☲ – †30/200 € ††50/220 €

via Chiaia di Luna – ℰ 0771 80128 – www.piccolohoteluisa.it – Aperto 25 marzo-2 novembre

🏠 Bellavista ✿ 🐾 ≤ 🔥 ☐ AC 🍽

FAMILIARE · LOCANDA Arroccato su uno scoglio e cullato dalle onde, l'hotel dispone di camere funzionali e semplici, nonché di un piccolo terrazzo con vista panoramica: qui il ristorante dà il meglio di sé, proponendo sapori mediterranei e regionali.

24 cam ☲ – †90/260 € ††90/260 €

via Parata 1 – ℰ 0771 80036 – www.hotelbellavistaponza.it – Chiuso 11 dicembre-28 febbraio

PONZANO Firenze → Vedere Barberino Val d'Elsa

PONZANO VENETO

Treviso – ✉ 31050 – 10 894 ab. – Alt. 28 m – Carta regionale n° **23**-A1
Carta stradale Michelin 562-E18

a Paderno Nord-Ovest : 2 km ⊠ 31050 – Ponzano

🏨 Relais Monaco 🏠 🐾 🍴 🎵 🖥 🕸 🏀 ⑤ 🕏 🏧 🧖 ⛴ 🅿

RESORT · CLASSICO A breve distanza da Treviso, hotel ricavato in villa storica con l'aggiunta di un'ala nuova. Ottima per un soggiorno di svago (soprattutto estivo) grazie anche alla "Country Spa" di 700 m², la struttura è anche indicata per una clientela business, grazie all'ampio centro congressi. Specialità venete e piatti della tradizione nazionale nell'elegante ristorante La Vigna.

78 cam ⌘ – †75/110 € ††100/150 € – 1 suite

via Postumia 63, Nord: 1 km – 𝒞 0422 9641 – www.relaismonaco.it

POPPI

Arezzo – ⊠ 52014 – 6 160 ab. – Alt. 437 m – Carta regionale n° **18**-C1
Carta stradale Michelin 563-K17

🍴 L'Antica Cantina 🏮 🏠 🗚

CUCINA TOSCANA · CONTESTO STORICO ✕✕ Lasciata la parte più moderna del paese a valle, sulla collina è adagiato un incantevole borgo medievale: in un ambiente suggestivo, sotto antiche volte in mattoni adibite per lungo tempo a cantina, una cucina moderna non dimentica delle tradizioni.

🍽 Menu 20/28 € – Carta 35/56 €

via Lapucci 2 – 𝒞 0575 529844 – www.anticacantina.com – Chiuso 1 settimana in gennaio, lunedì, anche martedì a mezzogiorno in inverno

🏠 La Torricella 🏠 🐾 ≼ 🍴 ⑤ 🅿

CASA DI CAMPAGNA · PERSONALIZZATO Sulla cima di una collina panoramica, a due passi dal rinomato borgo medievale dove sorge il castello dei Conti Guidi, un tipico casolare toscano ben ristrutturato con sala da pranzo rustica - travi in legno e veranda panoramica - nonché belle camere: le migliori nelle ex stalle.

20 cam ⌘ – †40/65 € ††65/90 € – 1 suite

località Torricella 14, Ponte a Poppi ⊠ 52013 – 𝒞 0575 527045
– www.latorricella.com

a Moggiona Sud-Ovest : 5 km ⊠ 52014 – Alt. 708 m

🍴 Il Cedro ≼

CUCINA TOSCANA · TRATTORIA ✕ Vera cucina casentinese in versione casalinga - tortelli di patate, coniglio in porchetta, latte alla portoghese e torta di mele secondo la ricetta della nonna - in una semplice trattoria a pochi chilometri dal suggestivo convento di Camaldoli.

Carta 22/38 €

via di Camaldoli 20 – 𝒞 0575 556080 (consigliata la prenotazione)
– www.ristoranteilcedro.com – solo a pranzo da novembre a Pasqua
– Chiuso lunedì escluso 1° luglio-15 settembre

🏠 I Tre Baroni 🏠 🐾 ≼ 🍴 🎵 🕸 🅿

CASA DI CAMPAGNA · PERSONALIZZATO Lungo la strada per Camaldoli, un piccolo gioiello di ospitalità ricavato da un antico fienile, con terrazza panoramica, un'originale piscina a sfioro e piccola spa (eventualmente affittabile per coppie). La tranquillità regna sovrana!

24 cam ⌘ – †55/85 € ††75/95 €

via di Camaldoli 52 – 𝒞 0575 556204 – www.itrebaroni.it
– Aperto 3 dicembre-9 gennaio e 26 marzo-1° novembre

POPULONIA Livorno → Vedere Piombino

PORDENONE
(PN) – ⊠ 33170 – 51 229 ab. – Alt. 24 m – Carta regionale n° **6**-B3
Carta stradale Michelin 562-E20

🏵 La Ferrata   AC
CUCINA FRIULANA · VINTAGE X Foto di locomotive, pentole e coperchi di
rame arredano le pareti di questa osteria accogliente e conviviale. Dalla cucina,
porzioni generose con sapori della tradizione locale, tra cui il frico croccante
con patate e speck.
Carta 24/46 €
via Gorizia 7 – 𝒞 0434 20562 – www.osterialaferrata.it – solo a cena
– Chiuso 1° luglio-20 agosto e martedì

🏵○ Moderno   & AC ♿ P
PESCE E FRUTTI DI MARE · AMBIENTE CLASSICO XX A dispetto del nome, si
respira un'atmosfera di classica eleganza in questo ristorante, la cui cucina si
sofferma più sui prodotti del mare che su quelli di terra.
Carta 29/81 €
Palace Hotel Moderno, viale Martelli 1 – 𝒞 0434 29009 (consigliata la
prenotazione) – www.eurohotelfriuli.it

🏨 Palace Hotel Moderno   ♨ ⅃ẟ 🗇 & AC 🏊 🚗
TRADIZIONALE · CLASSICO Centralissimo, proprio accanto al teatro Verdi,
gradevoli sale arredate con gusto ed ampie camere in linea con lo stile della
struttura. Brillano per originalità le due *design suite,* La Dolce Vita in particolare.
91 cam � – †80/125 € ††90/150 € – 5 suites
viale Martelli 1 – 𝒞 0434 28215 – www.palacehotelmoderno.it
🏵○ **Moderno** – Vedere selezione ristoranti

PORLEZZA
Como (CO) – ⊠ 22018 – 4 890 ab. – Alt. 275 m – Carta regionale n° **9**-A2
Carta stradale Michelin 561-D9

🏵○ Acquada   🛱 & AC
CUCINA MODERNA · DI TENDENZA XX In dialetto comasco "acquada" è l'ac-
quazzone che ci coglie impreparati per strada... un po' come l'abilità della giovane e talentuosa chef, Sara, che sorprende l'ospite con le sue proposte culinarie moderne ed originali.
Menu 80/115 € – Carta 52/95 €
piazza Giovanni e Giacomo da Porlezza – 𝒞 0344 72305 (consigliata la
prenotazione) – www.acquada.com – Chiuso domenica sera e lunedì

🏵○ La Masseria   🛱 & AC
CUCINA REGIONALE · CONTESTO CONTEMPORANEO XX Un bel ristorante nel
senso più ampio del termine, complice anche la suggestiva terrazza esterna
con vista lago... I piatti spaziano dal classico al mediterraneo con alcune elaborazioni più semplici per soste veloci.
Carta 40/78 €
Hotel Parco San Marco Lifestyle Beach Resort, località Cinì 21, Cima di Porlezza,
Sud: 2 Km – 𝒞 0344 629131 – www.la-masseria.eu – solo a cena – Aperto inizio
aprile-fine ottobre

 Parco San Marco Lifestyle Beach Resort

LUSSO · MEDITERRANEO Struttura in  stile svizzero-tedesco suddivisa in diversi edifici digradanti sul lago: moderne suite con angolo cottura ed una panoplia di attività, nonché spazi, dedicati ai bambini. Nell'ambiente rustico della bicentenaria cantina a volta o sulla splendida terrazza del ristorante La Masseria, cucina contemporanea ed un'interessante proposta di carni alla griglia.

70 suites ☑ – ♦♦215/575 € – 10 cam

viale Privato San Marco 1, località Cima, Sud: 2 km – 𝒞 0344 629111 – www.parco-san-marco.com – Chiuso 2 gennaio-21 marzo

🍴 **La Masseria** – Vedere selezione ristoranti

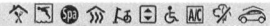 Mulinum

LOCANDA · TRADIZIONALE La ristrutturazione ha valorizzando gli elementi storici dell'antico mulino ad acqua del 1800, mentre la sua posizione immersa nel verde a fianco del fiume Cuccio rende questo luogo un ideale rifugio dallo stress della vita quotidiana. La passione di una simpatica, nonché accogliente titolare, e le graziose camere dai soffitti in legno faranno il resto.

10 cam ☑ – ♦65/75 € ♦♦85/95 €

via Venini 2 – 𝒞 0344 61341 – www.ilmulinum.it – Aperto 1° aprile-31 ottobre

PORRETTA TERME

Bologna (BO) – ✉ 40046 – Porretta Terme – 4 764 ab. – Alt. 349 m
– Carta regionale n° **5**-C2
Carta stradale Michelin 562-J14

 Helvetia Thermal SPA

TRADIZIONALE · ACCOGLIENTE Preparatevi ad un viaggio nel benessere: in un edificio liberty dei primi del '900, moderne camere ed un'attrezzata spa termale con una zona secca per i trattamenti medico-estetici, nonché una zona umida ricavata in una grotta, scavata nella roccia durante la I Guerra Mondiale.

48 cam ☑ – ♦120/220 € ♦♦151/270 €

piazza Vittorio Veneto 11 – 𝒞 0534 22214 – www.helvetiabenessere.it

Santoli

FAMILIARE · ACCOGLIENTE Adiacente alle rinnovate Terme, un albergo a gestione diretta che richiama nei colori e nelle linee gli anni '70, ma arricchito da un'accogliente spa. La cura verso gli ospiti è espressa in molte piccole attenzioni, tanto più apprezzabili se si considerano i prezzi competitivi. Segnaliamo anche il ristorante, "Il Bassotto": sempre un buon indirizzo mangereccio!

48 cam ☑ – ♦50/80 € ♦♦75/110 €

via Roma 3 – 𝒞 0534 23206 – www.hotelsantoli.com – Chiuso 20-26 dicembre

PORTALBERA

Pavia – ✉ 27040 – 1 524 ab. – Alt. 64 m – Carta regionale n° **9**-B3
Carta stradale Michelin 561-G9

🍴 Osteria dei Pescatori

CUCINA TRADIZIONALE · SEMPLICE Semplice quanto piacevole trattoria di paese in una piccola frazione del Pavese. Il marito ai fornelli, la moglie in sala: la cucina è decisamente casalinga, dal gusto deciso, nonché legata al territorio. L'oca diventa la protagonista indiscussa di tanti piatti.

🍽 Menu 11 € (pranzo in settimana) – Carta 26/43 €

località San Pietro 13 – 𝒞 0385 266085 – Chiuso 1°-10 gennaio, 10 luglio-1° agosto e mercoledì

PORTESE Brescia → Vedere San Felice del Benaco

PORTICELLO Sicilia Palermo → Vedere Santa Flavia

PORTICO DI ROMAGNA
Forlì-Cesena – ⊠ 47010 – Alt. 309 m – Carta regionale n° **5**-C2
Carta stradale Michelin 562-J17

🍴○ **Al Vecchio Convento** ⇦

CUCINA REGIONALE · RUSTICO ⅹ Ristorante omonimo dell'hotel, di cui occupa parte del piano terra con le sue salette rustiche, dove i due fratelli titolari propongono ottime materie prime (pasta fresca, funghi e tartufi, carne e cacciagione) rielaborate secondo la tradizione gastronomica locale... ma, a sorpresa, non manca mai qualche piatto più moderno. Nell'albergo diffuso, accoglienti camere per chi ama le atmosfere d'antan.

Carta 33/59 €

15 cam � – †69/95 € ††108/110 €

*via Roma 7 – ℰ 0543 967053 (consigliata la prenotazione)
– www.vecchioconvento.it – Chiuso 18 gennaio-6 febbraio e mercoledì escluso in luglio-agosto*

PORTO AZZURRO Livorno → Vedere Elba (Isola d')

PORTOBUFFOLÈ
Treviso (TV) – ⊠ 31040 – 755 ab. – Alt. 10 m – Carta regionale n° **23**-C2
Carta stradale Michelin 562-E19

🍴○ **Ai Campanili** ⏠ 🕭 & AC 🍽 P

CUCINA CLASSICA · AMBIENTE CLASSICO ⅹⅹⅹ In un'originale barchessa veneziana, accanto alla villa del XVII sec che ospita il romantik hotel, ambienti classico-eleganti e cucina della tradizione elaborata partendo dai famosi prodotti della "marca trevigiana".

Menu 27 € (pranzo in settimana)/47 € – Carta 38/71 €

*Hotel villa Giustinian, via Giustiniani 11 – ℰ 0422 850244 – www.villagiustinian.it
– Aperto 8 aprile-20 agosto e 29 agosto-30 ottobre; chiuso domenica sera e lunedì*

PORTO CERVO Sardegna Olbia-Tempio → Vedere Arzachena : Costa Smeralda

PORTO CONTE Sardegna Sassari → Vedere Alghero

PORTO EMPEDOCLE **Sicilia**
Agrigento (AG) – ⊠ 92014 – 17 044 ab. – Alt. 2 m – Carta regionale n° **17**-B2
Carta stradale Michelin 365-AQ60

🏠 **Villa Romana** ⚓ ⬳ ⌁ ⚲ ⊞ & AC P

TRADIZIONALE · CLASSICO Hotel fronte mare nella zona dei lidi: ambienti signorili, originale piscina a forma di pentagono, camere ampie ed eleganti (molte con terrazzo). Mare e terra nel menu del ristorante.

43 cam ⊏ – †80/140 € ††80/240 €

lungomare Nettuno 1 – ℰ 0922 535319 – www.hotelvillaromana.com

PORTO ERCOLE
Grosseto (GR) – ⊠ 58018 – Carta regionale n° **18**-C3
Carta stradale Michelin 563-O15

‡○ **Dama Dama** ⟨ 🗼 ఈ 🆎 🕸

CUCINA MODERNA · LUSSO XxX Un locale inatteso, ricorda certi chalet di montagna con finti trofei di caccia, velluti e tessuti naturali, per una cucina mediterranea di terra e di mare con particolare attenzione ai prodotti del territorio. Piatti semplici a pranzo, la sera la carta diventa più elaborata e stimolante.

Menu 80 € (cena) – Carta 49/176 €

Argentario Golf Resort, via Acquedotto Leopoldino – 𝒞 0564 810292
– www.argentariogolfresortspa.it

🏨 **Argentario Resort Golf & Spa** 🌊 ⟨ 🗼 🍳 🖵 🖼 🕸 🕭 🎾 🖼 🔲

LUSSO · PERSONALIZZATO Campo da golf e hotel di 🕭 🆎 🕭 🚗 lusso accomunati da un unico concept: il design personalizzato. All'interno dominano il bianco e il nero; fuori, il verde della natura.

73 cam ⌷ – ♦265/434 € ♦♦295/465 € – 7 suites

via Acquedotto Leopoldino – 𝒞 0564 810292 – www.argentariogolfresortspa.it
‡○ **Dama Dama** – Vedere selezione ristoranti

sulla strada Panoramica Sud-Ovest : 4,5 km

⁂ **Il Pellicano** 🌊 ⟨ 🗼 🍳 🆎 🅿

CUCINA CREATIVA · LUSSO XxXX Appena il tempo vira al bello, si cena su un'incantevole terrazza affacciata sul mare, la romantica cornice di una cucina mediterranea, variopinta ed elaborata, con ricordi pugliesi e toscani.
➔ Risotto, granseola del Tirreno, emulsione al frutto della passione e burro al nasturzio. Scottona IGP, burrata, indivia belga e pane toscano. Yogurt, composta di mirtilli al finocchietto, sorbetto al mango e peperoncino.

Menu 160 € – Carta 77/163 €

Hotel il Pellicano, località Lo Sbarcatello ⊠ 58018 – 𝒞 0564 858111 (consigliata la prenotazione) – www.pellicanohotel.com – solo a cena
– Aperto 12 aprile-21 ottobre

🏨 **Il Pellicano** 🌴 🌊 ⟨ 🗼 🖵 🕸 🕭 🎾 🛶 🆎 🕭 🚗

GRAN LUSSO · PERSONALIZZATO Nato come inno all'amore di una coppia anglo-americana che qui volle creare il proprio nido, in uno dei punti più esclusivi della Penisola, villini indipendenti tra verde e ulivi. La spiaggia-piattaforma incastonata fra le rocce è raggiungibile grazie ad una romantica discesa o - in alternativa - con l'ascensore.

39 cam ⌷ – ♦460/995 € ♦♦460/995 € – 11 suites

località Lo Sbarcatello ⊠ 58018 – 𝒞 0564 858111 – www.pellicanohotel.com
– Aperto 12 aprile-21 ottobre
⁂ **Il Pellicano** – Vedere selezione ristoranti

PORTOFERRAIO Livorno ➔ Vedere Elba (Isola d')

PORTOFINO

Genova – ⊠ 16034 – 420 ab. – Carta regionale n° **8**-C2
Carta stradale Michelin 561-J9

‡○ **Chuflay** 🌊 🍳 🆎 🕸

PESCE E FRUTTI DI MARE · LUSSO XxX Nella splendida cornice di Portofino, locale di tono elegante con fresco dehors sulla famosa piazzetta. La sera, le dolci note di un piano accompagneranno le deliziose specialità di mare. Non dimenticatevi di prenotare!

Carta 121/156 €

Hotel Belmond Splendido Mare, via Roma 2 – 𝒞 0185 267 8562 (consigliata la prenotazione) – www.belmond.com – Aperto 13 aprile-14 ottobre

🏨 **Belmond Hotel Splendido** 🏔 🐾 ⋖ 🛏 🏊 🏧 🛗 ⚶ 🖃 AC 🎿 🚗

GRAN LUSSO · MEDITERRANEO Nella magnifica cornice del Golfo del Tigullio, questo esclusivo resort si propone come un microcosmo di eleganza e raffinatezza. Confort di ottimo livello e cura del dettaglio nelle lussuose camere, la maggior parte delle quali dotate di balcone o terrazza con vista sulla baia. Piatti di ligure memoria al ristorante.

55 cam ⌂ – 🛏580 € 🛏🛏930 € – 12 suites

salita Baratta 16 – ☎ 0185 267801 – www.belmond.com
– Aperto 30 marzo-4 novembre

🏨 **Belmond Splendido Mare** 🖃 AC

GRAN LUSSO · LUNGOMARE Posizionato proprio sulla nota piazzetta di questa capitale della mondanità, un gioiellino dell'hôtellerie locale: pieno confort e comoda eleganza.

14 cam ⌂ – 🛏530 € 🛏🛏710 € – 2 suites

via Roma 2 – ☎ 0185 267802 – www.belmond.com – Aperto 13 aprile-14 ottobre
🍴○ **Chuflay** – Vedere selezione ristoranti

PORTO GARIBALDI Ferrara → Vedere Comacchio

PORTOMAGGIORE
Ferrara – ✉ 44015 – 11 841 ab. – Alt. 3 m – Carta regionale n° **5**-C2
Carta stradale Michelin 562-H17

a Quartière Nord-Ovest : 4,5 km ✉ 44019

🍴○ **La Chiocciola** 🎋 ⋖ 🐾 🍴 ₠ AC **P**

CUCINA REGIONALE · SEMPLICE ✗✗ Ricavato con originalità da un vecchio magazzino di deposito del grano, il locale è curato sin nei dettagli e propone specialità locali dall'oca, alle rane e alle lumache. Sobrie e funzionali le camere.

Menu 50 € – Carta 35/68 €

6 cam ⌂ – 🛏60 € 🛏🛏75 €

*via Runco 94/F – ☎ 0532 329151 – www.locandalachiocciola.it – Chiuso
2 settimane in gennaio, 2 settimane in giugno, 2 settimane in settembre,
domenica sera e lunedì, anche domenica a mezzogiorno in luglio-agosto*

PORTO MANTOVANO Mantova → Vedere Mantova

PORTO MAURIZIO Imperia → Vedere Imperia

PORTONOVO Ancona → Vedere Ancona

PORTOPALO DI CAPO PASSERO Sicilia
Siracusa – ✉ 96010 – 3 887 ab. – Alt. 20 m – Carta regionale n° **17**-D3
Carta stradale Michelin 365-AZ63

🍴○ **Scala** ⋖ 🍴 ₠ AC

PESCE E FRUTTI DI MARE · SEMPLICE ✗ Questa piccola trattoria con annesso albergo la cui insegna è "Perseo" (dal soprannome del titolare) saprà conquistarvi con la sua generosa proposta di mare - secondo il mercato - e l'ottimo rapporto qualità/prezzo.

🍴 Menu 22/35 € – Carta 28/63 €

19 cam ⌂ – 🛏40/80 € 🛏🛏50/95 € – 1 suite

*via Carducci 6/8 – ☎ 0931 842701 (consigliata la prenotazione)
– www.grupposcala.it*

PORTO POTENZA PICENA

Macerata – ⊠ 62018 – Carta regionale n° **11**-D2
Carta stradale Michelin 563-L22

🍴○ **La Terrazza**   🕸 ⇦ 🅰🅲 🕸 **P**

PESCE E FRUTTI DI MARE · VINTAGE 🕽 In una tranquilla via a due passi dal mare, una risorsa che vi lascerà soddisfatti grazie ai suoi piatti che celebrano l'Adriatico; comode e funzionali le camere a disposizione.

Carta 26/57 €

21 cam � – †48/58 € ††65/80 €

via Rossini 86 – ℰ 0733 688208 (consigliata la prenotazione) – www.hotellaterrazza.com

PORTO RECANATI

Macerata – ⊠ 62017 – 12 531 ab. – Carta regionale n° **11**-D2
Carta stradale Michelin 563-L22

sulla strada per Numana Nord : 4 km

🍴○ **Il Tiglio in Vita ⓝ**   🛋 🅵 🅰🅲

CUCINA CREATIVA · ELEGANTE 🕽🕽🕽 Il Tiglio ha ripreso a vivere, evviva! Riapre, infatti, sul bel lungomare di Porto Recanati portando con sé le storiche ricette che gli hanno regalato tanta fama, integrandole con specialità di pesce ricche di fantasia e gusto.

Menu 44/63 € – Carta 48/71 €

lungomare Scarfiotti 45 – ℰ 071 979 8839 – www.iltiglioinvita.com – Chiuso lunedì e martedì

🍴○ **Dario**   🛋 🅰🅲 🕸 ⇦ **P**

PESCE E FRUTTI DI MARE · STILE MEDITERRANEO 🕽🕽 Sulla spiaggia, a poche centinaia di metri dai monti del Conero, una graziosa casetta con persiane rosse: il pesce dell'Adriatico e una gestione ormai quarantennale.

Carta 43/82 €

via Scossicci 9 ⊠ 62017 – ℰ 071 976675 (prenotazione obbligatoria a mezzogiorno) – www.ristorantedario.com – Chiuso 24 dicembre-26 gennaio e lunedì

🏠 **Il Brigantino**   🛎 ⇦ 🛋 🕸 🅻 🖻 🅵 🅰🅲 🛋 **P**

TRADIZIONALE · LUNGOMARE Direttamente sul mare, con il Conero che si staglia sullo sfondo, Il Brigantino dispone di una scenografica terrazza affacciata sul blu e belle camere (optate per quelle con vista mare). Specialità ittiche nel ristorante panoramico.

44 cam �⊇ – †55/72 € ††80/136 €

viale Ludovico Scarfiotti 10/12 ⊠ 62017 – ℰ 071 976684 – www.brigantinohotel.it

PORTO ROTONDO Sardegna Olbia-Tempio → Vedere Olbia

PORTO SAN GIORGIO

Fermo – ⊠ 63822 – 16 121 ab. – Carta regionale n° **11**-D2
Carta stradale Michelin 563-M23

🍴○ **L'Arcade ⓝ**   🅰🅲

CUCINA CREATIVA · CONTESTO CONTEMPORANEO 🕽🕽🕽 E' nelle due intime ed eleganti salette di contemporanea atmosfera che il giovane chef-patron intrattiene i suoi ospiti con un cucina creativa per divertirsi con loro in percorsi gustativi.

Menu 65/100 € – Carta 32/41 €

via Giordano Bruno 76 – ℰ 0734 675961 (coperti limitati, prenotare) – www.ristorantelarcade.it – Chiuso 24-29 dicembre, 7-21 gennaio, 1°-15 agosto mercoledì, giovedì a mezzogiorno e domenica sera

⑪ Tentacolo

PESCE E FRUTTI DI MARE · ELEGANTE XX Attinge al mare la cucina di questo elegante e personalizzato locale sulla passeggiata della località: luminoso ed accogliente, le sue terrazze offrono scorci di Adriatico.

Menu 35 € (pranzo in settimana)/55 € – Carta 34/77 €

lungomare Gramsci 57
– ℰ 0734 673553 – www.ristorantetentacolo.it
– Chiuso lunedì in inverno

⑪ Damiani e Rossi Mare

PESCE E FRUTTI DI MARE · STILE MEDITERRANEO XX Posizionato proprio sulla spiaggia, la cucina s'ispira al mare, sebbene non manchino alcune specialità vegetariane, piatti per celiaci, nonché una vasta scelta di vini del territorio e non solo.

Menu 50/60 € – Carta 45/75 €

lungomare Gramsci centro
– ℰ 0734 674401 – www.damianierossi.it
– Chiuso 10 gennaio-10 marzo e lunedì

🏠 Il Caminetto

TRADIZIONALE · LUNGOMARE Frontemare, l'esercizio è adatto per un soggiorno balneare ma anche per una clientela commerciale ed è dotato di un ascensore panoramico in vetro che conduce alle camere. Presso la capiente sala da pranzo arredata nelle calde tinte del rosa e dell'arancione, proposte di stampo nazionale e specialità ittiche.

34 cam ☲ – ♦70/110 € ♦♦90/160 €

lungomare Gramsci 365
– ℰ 0734 675558 – www.hotelcaminetto.it

🏠 David Palace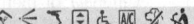

FAMILIARE · LUNGOMARE Una collezione di radio d'epoca, autentica passione del titolare, vi darà il benvenuto in questa piacevole risorsa di fronte al porto turistico, dove troverete confortevoli camere di due tipologie (a prezzi differenti). Specialità marinare e marchigiane presso l'elegante ristorante.

50 cam ☲ – ♦65/100 € ♦♦95/150 €

Via Spontini 10 – ℰ 0734 676848 – www.hoteldavidpalace.it

 La guida MICHELIN è social, scarica la app gratuita oppure naviga sul sito www.guida.michelin.it per trovare tutti i ristoranti segnalati dall'edizione corrente con foto e commenti degli internauti!

PORTO SAN PAOLO **Sardegna**
Olbia-Tempio – ✉ 07020 – Vaccileddi – Carta regionale n° **16**-B1
Carta stradale Michelin 366-S38

⑪ Il Portolano

PESCE E FRUTTI DI MARE · FAMILIARE XX Proprio sul lungomare di fronte all'isola di Tavolara, un semplice ristorante gestito da una coppia di grande esperienza affiancata da un bravo cuoco che esalta il miglior pesce della zona, soprattutto del mercato di Siniscola. In estate è caldamente consigliata la prenotazione!

Carta 40/80 €

via Molara 11 – ℰ 0789 40670 (consigliata la prenotazione)
– www.ristoranteilportolano.it – Aperto 15 aprile-2 novembre

a Costa Dorata Sud-Est : 1,5 km ✉ 07020 – Vacciledди

🏨 Don Diego
LUSSO · MEDITERRANEO Complesso di villini disseminati nel verde dagli arredi semplici e richiami sardi nei tessuti ed arredi, alcune camere con vista mare. La spiaggia è una romantica baia di fronte alla Tavolara.

52 cam ☲ – ♦150/304 € ♦♦198/431 € – 6 suites

località costa Dorata
– ☎ 0789 40006 – www.hoteldondiego.com
– Aperto 12 maggio-29 settembre

PORTO SANTA MARGHERITA Venezia ➜ Vedere Caorle

PORTO SANTO STEFANO
Grosseto (GR) – ✉ 58019 – Carta regionale n° **18**-C3
Carta stradale Michelin 563-O15

🍴 La Fontanina
PESCE E FRUTTI DI MARE · FAMILIARE ⅹ In aperta campagna, attorniati da vigneti e frutteti, il servizio estivo si sposta sotto un fresco pergolato: solo la musica di cicale e grilli accompagna le gustose leccornie d'impronta regionale. Per il piacere degli ospiti, ci sono anche due belle camere, con un romantico terrazzo affacciato sul mare.

Carta 29/86 €

2 cam ☲ – ♦60/110 € ♦♦60/110 €
località San Pietro, Sud: 3 km
– ☎ 0564 825261 – www.lafontanina.com
– Chiuso gennaio, novembre e mercoledì

a Santa Liberata Est : 4 km ✉ 58019

🍴 Gourmet con Gusto
CUCINA CREATIVA · ELEGANTE ⅹⅹⅹ Nella veranda affacciata sul mare - sospesi nell'azzurro - o nella sala interna comunque con ampie vetrate, piatti creativi e colorati preparati da uno chef nativo della zona, ma arricchitosi con numerose e significative esperienze in giro per l'Italia. Prodotti del territorio uniti ad altri più internazionali, materie prime povere, ma non per questo meno accattivanti, insomma: una cucina davvero gustosa!

Carta 33/77 €

Hotel Villa Domizia, strada provinciale 161, 40
– ☎ 0564 812735 – www.gourmetcongusto.com – solo a cena
– Aperto 1° marzo-31 ottobre

🏨 Villa Domizia
FAMILIARE · ACCOGLIENTE In posizione incantevole bagnata dallo stupendo mare di Porto Santo Stefano, sul Monte Argentario, Villa Domizia è il luogo ideale per rilassarsi sulla terrazza, il giardino o la spiaggia privata. Alcune camere in tempi recenti sono state oggetto di restyling.

32 cam ☲ – ♦140/226 € ♦♦200/336 €

Strada Provinciale 161,40
– ☎ 0564 812735 – www.villadomizia.it
– Aperto 1° aprile-31 ottobre
🍴 **Gourmet con Gusto** – Vedere selezione ristoranti

a Cala Piccola Sud-Ovest : 10 km ⊠ 58019 – Porto Santo Stefano

🏰 Torre di Cala Piccola ♁ ⓢ ⟨ 🛏 ⚒ 🔥 AC 🛁 P

LUSSO · PERSONALIZZATO Attorno ad una torre spagnola del '500, nucleo di rustici villini nel verde di pini marittimi, oleandri e olivi su un promontorio panoramico: Giglio, Giannutri e Montecristo davanti a voi! Splendida anche la terrazza ristorante, dove si svolge il servizio estivo.

50 cam ⊊ – ♦140/999 € ♦♦180/999 € – 3 suites

– ℰ 0564 825111 – www.torredicalapiccola.com – Aperto 1° aprile-31 ottobre

PORTOSCUSO **Sardegna**

Carbonia-Iglesias (CI) – ⊠ 09010 – 5 188 ab. – Carta regionale n° **16**-A3
Carta stradale Michelin 566-J7

🍴 Sa Musciara 🍴 AC

PESCE E FRUTTI DI MARE · AMBIENTE CLASSICO 🕱 Locale moderno e fresco, sito proprio nel porto turistico e adiacente al municipio cittadino, dalle cui finestre si vede il mare... ed è proprio da qui che la materia prima "sbarca" in tavola, elaborata dallo chef/patron, nonché velista.

Carta 32/81 €

lungomare C. Colombo 15 ⊠ 09010 Portoscuso – ℰ 0781 507099
– www.ristorantesamusciara.it – Chiuso 24-31 dicembre, domenica sera dal 1° ottobre al 31 maggio, anche domenica a mezzogiorno negli altri mesi

PORTO TORRES **Sardegna**

Sassari (SS) – ⊠ 07046 – 22 313 ab. – Alt. 5 m – Carta regionale n° **16**-A1
Carta stradale Michelin 366-L38

sulla strada statale 131 Sud-Est : 3 km

🍴 Li Lioni 🛏 🍴 AC ♿ P

CUCINA SARDA · CONVIVIALE 🕱 Ristorante a gestione familiare dove gustare una buona e fragrante cucina casalinga realizzata a vista: piatti alla brace e specialità regionali.

Carta 33/51 €

regione Li Lioni ⊠ 07046 – ℰ 079 502286 (consigliata la prenotazione)
– www.tenutayalilioni.it – Chiuso mercoledì, anche domenica sera in inverno

PORTOVENERE

La Spezia – ⊠ 19025 – 3 630 ab. – Carta regionale n° **8**-D2
Carta stradale Michelin 561-J11

🍴 Locanda Lorena ⇔ ⓢ ⟨ 🍴

PESCE E FRUTTI DI MARE · CONTESTO TRADIZIONALE 🕱 Il servizio barca privato vi condurrà sull'isola Palmaria, dove potrete gustare piatti di pesce fresco e soggiornare nella quiete della natura. A 450 metri, inoltre, ci sono le altre 6 camere del Resort Residenza Maiella, una sorta di dépendance con vista strepitosa.

Carta 36/56 €

11 cam ⊊ – ♦100/120 € ♦♦130/150 €

via Cavour 4, (sull'isola Palmaria) – ℰ 0187 792370 (consigliata la prenotazione)
– www.locandalorena.com – Aperto 14 febbraio-10 novembre; chiuso mercoledì escluso giugno-settembre

Grand Hotel Portovenere   佘 ≮ 渝 ⌂ ⊡ 匭 ⇔

LUSSO · CLASSICO Ricavata all'interno di un monastero del 1300, una seducente finestra sul variopinto porticciolo di Portovenere, mentre molte camere
offrono una vista da cartolina sul pittoresco paese. Il ristorante Palmaria offre
anche un delizioso servizio in terrazza.

49 cam ⌴ – ♦190/400 € ♦♦240/850 €

*via Garibaldi 5 – 𝒞 0187 777751 – www.portoveneregrand.com – Aperto
16 marzo-1° novembre*

Torre Portovenere Ⓝ   匭 ⌀

DIMORA STORICA · DESIGN A fianco alla torre medioevale in pietra, qui dormirete in un'altra torre, quella cinquecentesca cannonaria della Repubblica di
Genova. All'interno troverete camere dagli arredi moderni, alcune con vista sul
mare, quattro con docce a vista. Col bel tempo, le colazioni sono servite sulla
terrazza panoramica.

6 cam ⌴ – ♦100/200 € ♦♦120/250 €

*piazza Bastreri 1 ✉ 19025 Portovenere – 𝒞 346 182 9583
– www.torreportovenere.it*

Michelin

POSITANO

(SA) – ⊠ 84017 – 3 955 ab. – Carta regionale n° **4**-B2
Carta stradale Michelin 564-F25

Ristoranti

❀ **Zass**   ∰ ≼ ⌂ ⅋ **P**

CUCINA MODERNA · LUSSO XxXxX La forza dei colori e dei sapori del Mediterraneo si esaltano nello splendido ristorante del mitico hotel San Pietro, dove la cucina campana si veste di una leggera nota creativa. Il sogno diventa realtà grazie alla terrazza affacciata sul mare e sulla costa con tutti i suoi gioielli.

→ Ravioli ripeni di baccalà e porri, salsa al caviale. Pesce San Pietro al limone con purea di patate e porri. Crema bruciata allo yougurt di bufala con mela verde e basilico.

Carta 71/125 €

Hotel San Pietro, via Laurito 2, Est: 2 km
- ℰ 089 875455 (consigliata la prenotazione) – www.ilsanpietro.it
- Aperto 6 aprile-27 ottobre

❀ **La Sponda**   ∰ ⌂ ⌂ ⅋ **P**

CUCINA MEDITERRANEA · LUSSO XxxX Elegante sala all'interno di uno degli alberghi più prestigiosi della costa, ma appena il tempo lo permette ci si trasferisce in terrazza, affacciati sulla cascata di case di Positano. In ogni caso l'atmosfera sarà sempre impreziosita da centinaia di candele! La cucina vi invita alla scoperta dei sapori del sud.

→ Spaghetti di Gragnano ai ricci di mare e peperoncini verdi. San Pietro arrostito in casseruola, gobbetti e jus di spinaci. Terrina di cioccolato fondente all'arancia e carote.

Menu 90/120 € – Carta 96/175 €

Hotel Le Sirenuse, via Colombo 30
- ℰ 089 875066 (consigliata la prenotazione)
- www.sirenuse.it – solo a cena
- Aperto 26 marzo-28 ottobre

⌘ La Serra ⓝ

CUCINA MODERNA · ELEGANTE XxX Il panoramico ristorante di questo bell'hotel indossa un nuovo abito "gourmet"! Rinnovata la sala in stile elegante-mediterraneo, ai fornelli c'è ora un giovane chef artefice di una cucina moderna e creativa, preparata - spesso - con prodotti del territorio.

→ Tagliolini alle alghe con tartufi e ricci di mare. Totano ripieno di totanetti. Limone sfusato d'Amalfi (dessert).

Menu 100/140 € – Carta 118/150 €

Hotel Le Agavi, via Marconi 127, località Belvedere Fornillo – ℰ 089 875733 (consigliata la prenotazione) – www.agavi.it – solo a cena – Aperto 17 aprile-20 ottobre; chiuso lunedì

⌘ Al Palazzo

CUCINA MODERNA · ROMANTICO XxX Prelibati piatti - sia di mare sia di terra - da assaporare all'aperto in un piccolo angolo di paradiso, un incantevole giardino botanico con piscina nella corte del palazzo o, all'interno, in piccole ed eleganti salette. A pranzo, si propone una formula più veloce e leggera sia nel servizio che nell'offerta gastronomica.

Menu 100 € (cena)/150 € – Carta 51/118 € – carta semplice a pranzo

Hotel Palazzo Murat, via Dei Mulini 23/25 – ℰ 089 875177 – www.palazzomurat.it – Aperto 29 marzo-3 novembre

⌘ Rada

CUCINA MODERNA · CHIC XxX Ancora più bello ed elegante dopo il rinnovo, questo incantevole locale sito sul mare della Spiaggia Grande dispone di sale con vista su Praiano e Positano: è qui che lo chef propone i sapori del territorio reinterpretandoli in chiave moderna. La terrazza panoramica ospita, invece, il mondano lounge bar Fly, mentre al piano terra si trova la storica discoteca. Suggestiva cantina scavata nella roccia.

Carta 82/133 €

via Grotte dell'Incanto 51 – ℰ 089 875874 (consigliata la prenotazione) – www.radarestaurant.it – solo a cena – Aperto inizio aprile-fine ottobre

⌘ Covo dei Saraceni

CUCINA CLASSICA · STILE MEDITERRANEO XxX Se l'asso nella manica di questo ristorante, omonimo rispetto all'hotel che lo ospita, è la terrazza con la spiaggia quasi a portata di mano, la sua cucina - in bilico tra classico e campano - non è da meno.

Menu 90 € – Carta 56/108 € – carta semplice a pranzo

Hotel Covo dei Saraceni, via Regina Giovanna 5 – ℰ 089 875400 (consigliata la prenotazione) – www.covodeisaraceni.it – Aperto 26 marzo-4 novembre

⌘ Li Galli

CUCINA MODERNA · DI TENDENZA XxX All'interno del Villa Franca, il ristorante condivide il buon gusto glamour e raffinato dell'albergo. Si cena in una veranda affacciata sul mare e gli isolotti Li Galli, che si apre d'estate sotto il cielo. Cucina mediterranea, talvolta creativa e sorprendente, di ottimo livello.

Carta 76/145 €

Hotel Villa Franca, viale Pasitea 318 – ℰ 089 875655 – www.villafrancahotel.it – solo a cena – Aperto 26 marzo-11 novembre

⌘ Next2

PESCE E FRUTTI DI MARE · ACCOGLIENTE XX Lungo la strada che attraversa il paese, è un susseguirsi di vari locali, ma noi vi suggeriamo di fermarvi qui: in questo moderno ristorante (piacevole anche per il dopocena) con una bella zona all'aperto, cucina a vista e saletta "enoteca" per un ambiente più informale. Specialità di mare.

Carta 61/112 €

via Pasitea 242 – ℰ 089 812 3516 – www.next2.it – solo a cena – Aperto 1° aprile-31 ottobre

⋔○ La Taverna del Leone ⟵ 🏠 Ⓐ🄲

CUCINA CLASSICA · AMBIENTE CLASSICO XX Sulla costiera in posizione decentrata, ma con servizio navetta, la cucina attinge al territorio, mentre l'ambiente punta sui toni della classicità. A cena, possibilità anche di pizza.

🍴 Menu 25 € (pranzo in settimana)/50 € – Carta 32/65 €

4 cam ⌷ – ┆40/60 € ┆┆70/90 €

via Laurito 43, Est: 2,5 km – ℰ 089 875474 – www.latavernadelleone.com
– Chiuso 6 gennaio-14 febbraio e martedì escluso giugno-settembre

⋔○ Da Vincenzo 🏠 Ⓐ🄲

CUCINA REGIONALE · RUSTICO X Nonno Vincenzo fondò il locale oltre 50 anni fa ed, oggi, l'omonimo nipote ne ha preso il timone. Inconfondibile impronta dei sapori di una volta nei piatti del menu, che variano a seconda della disponibilità del mercato e del pescato.

Carta 39/73 €

viale Pasitea 172/178 – ℰ 089 875128 – www.davincenzo.it – Aperto
Pasqua-30 novembre; chiuso martedì a mezzogiorno in giugno-agosto

⋔○ La Cambusa ⟵ 🏠 Ⓐ🄲

CUCINA CAMPANA · CONTESTO REGIONALE X Nel cuore di Positano, nella piazzetta di fronte alla spiaggia, una specie di terrazza-veranda con ambienti di sobria classicità; naturalmente anche la nuova gestione (insediatasi nel 2016) punta a far gustare piatti legati al territorio.

Carta 35/100 €

piazza Vespucci 4 – ℰ 089 812051 – www.lacambusapositano.com
– Chiuso 3 novembre-26 dicembre

⋔○ Buca di Bacco ⟵ 🏠 Ⓐ🄲 ᛘ

PESCE E FRUTTI DI MARE · CONTESTO REGIONALE X Piatti campani ed un trionfo di pesce per questo storico locale che ha più di un secolo di vita. Passando nella via, gettate l'occhio - attraverso la grande vetrata – sulla cucina, ed accomodatevi nella veranda affacciata sulla Spiaggia Grande: uno dei punti più animati della "città romantica".

Carta 37/94 €

Hotel Buca di Bacco, via rampa Teglia 4 – ℰ 089 875699 – www.bucadibacco.it
– Aperto inizio aprile-fine ottobre

Alberghi

🏨 San Pietro 🔆 🌀 ⟵ 🗜 🏠 ⅃ᛘ ᛘ 🖉 🗖 Ⓐ🄲 🅿

GRAN LUSSO · MEDITERRANEO E' stato definito uno degli alberghi più belli del mondo. Dalle terrazze si tocca il cielo con un dito, mentre scendendo a mare la colonna sonora è il fragore delle onde: in spiaggia o al ristorantino diurno. Invisibile all'esterno, si snoda in un promontorio affacciato su Positano con cui sembra rivaleggiare in bellezza.

30 cam ⌷ – ┆370/660 € ┆┆370/1300 € – 26 suites

via Laurito 2, Est: 2 km – ℰ 089 812080 – www.ilsanpietro.it
– Aperto 6 aprile-27 ottobre

🍃 **Zass** – Vedere selezione ristoranti

🏨 Le Sirenuse 🔆 🌀 ⟵ 🖨 ⅃ 🕓 🏠 ᛘ 🖉 🗖 Ⓐ🄲 ᛘ 🅿

LUSSO · PERSONALIZZATO Nel centro della località, un'antica dimora patrizia trasformata in raffinato e storico hotel negli anni '50: lo charme è realmente ovunque, dalle splendide camere ricche di decori e impreziosite da un panorama realmente a portata di occhio e di mano. Due terrazze estive per finger-food, sushi e tante bollicine all'*Oyster e Champagne bar*.

56 cam ⌷ – ┆550/2000 € ┆┆550/2000 € – 2 suites

via Colombo 30 – ℰ 089 875066 – www.sirenuse.it – Aperto 26 marzo-28 ottobre

🍃 **La Sponda** – Vedere selezione ristoranti

🏨 Le Agavi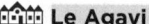

LUSSO · MEDITERRANEO Poco fuori Positano, lungo la Costiera, una serie di terrazze digradanti sino al mare offrono una vista mozzafiato; si scende con ascensori e funicolare in una riuscita sintesi tra elegante confort e natura. Buona anche la scelta per la ristorazione che prevede un ristorante sulla spiaggia - Remmese - con servizio di taxi boat gratuito dal porticciolo della località.

48 cam ⌧ – ♦300/530 € ♦♦300/550 € – 6 suites

via Marconi 127, località Belvedere Fornillo – ℰ 089 875733 – www.agavi.it – Aperto 17 aprile-20 ottobre

❀ **La Serra** – Vedere selezione ristoranti

🏨 Covo dei Saraceni

LUSSO · LUNGOMARE Un'antica casa di pescatori, al limitar del mare, legata alla saga saracena: oggi, elegante hotel con angoli signorili e ottimo servizio. All'ultimo piano, la terrazza con piscina che ora propone anche pochi tavoli dove poter mangiare rilassandosi davanti ad uno strepitoso panorama. Piatti semplici e pizza anche alla Brasserie, vicino alla spiaggia.

66 cam ⌧ – ♦420/450 € ♦♦420/450 €

via Regina Giovanna 5 – ℰ 089 875400 – www.covodeisaraceni.it – Aperto 26 marzo-4 novembre

🍴 **Covo dei Saraceni** – Vedere selezione ristoranti

🏨 Palazzo Murat

STORICO · ROMANTICO Barocco napoletano in questo bel palazzo dotato di splendida terrazza-giardino, scelto da Murat quale dimora estiva. Le camere sono in due edifici: le più romantiche sono nella casa più antica. Charme tra gli scorci nel cuore del suggestivo borgo e camere incantevoli.

33 cam ⌧ – ♦200/550 € ♦♦240/690 € – 2 suites

via dei Mulini 23 – ℰ 089 875177 – www.palazzomurat.it – Aperto 29 marzo-3 novembre

🍴 **Al Palazzo** – Vedere selezione ristoranti

🏨 Marincanto

TRADIZIONALE · PERSONALIZZATO Bianco abbagliante e minimalismo mediterraneo che dilata gli spazi, l'albergo è in perfetto stile positanese: belle camere quasi tutte con ampio balconcino, piacevole piscina e solarium sulle sottostanti terrazze. Nel nome, la promessa di un soggiorno all'insegna del romanticismo...

37 cam ⌧ – ♦250/370 € ♦♦250/370 € – 2 suites

via Colombo 50 – ℰ 089 875130 – www.marincanto.it – Aperto 1° aprile-1° novembre

🏨 Villa Franca

BOUTIQUE HOTEL · DI TENDENZA Nella parte alta della località, tripudio di bianco, blu e giallo, di luce che penetra ovunque: un'ambientazione molto elegante, ma con una piacevole sferzata di design e appeal modaiolo. Sulla terrazza con piscina e ristorantino Grill, la vista mozzafiato abbraccia a 360° Positano e dintorni.

44 cam ⌧ – ♦350/1500 € ♦♦350/1500 € – 3 suites

viale Pasitea 318 – ℰ 089 875655 – www.villafrancahotel.it – Aperto 26 marzo-11 novembre

🍴 **Li Galli** – Vedere selezione ristoranti

🏨 Poseidon

TRADIZIONALE · MEDITERRANEO Tipicamente mediterranea questa casa anni Cinquanta, sorta come abitazione e successivamente trasformata in hotel, dispone di un'ampia e panoramica terrazza-giardino con piscina, dove meteo permettendo (quasi sempre quindi!) si serve la buona cucina del ristorante Tridente.

46 cam ⌧ – ♦400/510 € ♦♦400/510 € – 4 suites

via Pasitea 148 – ℰ 089 811111 – www.hotelposeidonpositano.it – Aperto 19 aprile-28 ottobre

🏨 Eden Roc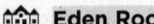

TRADIZIONALE · CLASSICO Uno dei primi alberghi che si incontrano provenendo da Amalfi. Il servizio è di buon livello e le camere, quasi tutte junior-suite, brillano per dimensioni, raffinatezza e confort. Pasti al ristorante o sulla terrazza con piscina e vista sulla costa.

25 cam ☲ – ♦200/485 € ♦♦295/850 €

via G. Marconi 110 – ☎ 089 875844 – www.edenroc.it – Aperto 1° marzo-30 novembre

🏨 Buca di Bacco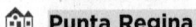

TRADIZIONALE · LUNGOMARE Da un'originaria taverna - sorta ai primi del '900 come covo di artisti - un hotel creato da tre corpi collegati, estesi dalla piazzetta alla spiaggia. Il buon livello di confort non risparmia le camere.

46 cam ☲ – ♦300/670 € ♦♦300/670 €

via rampa Teglia 4 – ☎ 089 875699 – www.bucadibacco.it – Aperto inizio aprile-fine ottobre

🍴 **Buca di Bacco** – Vedere selezione ristoranti

🏨 Punta Regina

BOUTIQUE HOTEL · PERSONALIZZATO Delizioso albergo che si propone con signorili ambienti e ampie camere arredate con gusto (alcune dotate di jacuzzi!). In terrazza, una piacevole piscina relax per rinfrescarsi nelle calde giornate e, solo a pranzo, servizio snack bar.

19 cam ☲ – ♦210/380 € ♦♦265/620 € – 2 suites

viale Pasitea 224 – ☎ 089 812020 – www.puntaregina.com – Aperto 28 marzo-12 novembre

🏨 Miramare

FAMILIARE · REGIONALE Affacciato sulla scogliera, l'albergo nasce nel secondo dopoguerra, uno dei primi di questa bianca località: classica architettura a terrazze con camere in stile ed un'originale sala colazioni a veranda, il cui soffitto è rallegrato da tralci di bouganville insinuatisi nel tempo al suo interno. Attenzione, la struttura è raggiungibile solo a piedi.

18 cam ☲ – ♦260/350 € ♦♦310/420 € – 1 suite

via Trara Genoino 27 – ☎ 089 875002 – www.miramarepositano.it – Aperto 14 aprile-2 novembre

🏨 Posa Posa

TRADIZIONALE · MEDITERRANEO Delizioso edificio a terrazze nel tipico stile di Positano, con una splendida veduta del mare e della località; arredi in stile nelle camere, dotate di ogni confort. All'ultimo piano, il bel ristorante: il panorama? Ça va sans dire.

24 cam ☲ – ♦155/395 € ♦♦155/395 €

viale Pasitea 165 – ☎ 089 812 2377 – www.hotelposaposa.com – Chiuso 6 gennaio-13 marzo

🏨 Villa Rosa

CASA PADRONALE · PERSONALIZZATO Bella villa a terrazze digradanti verso il mare, nel tipico stile di Positano: le camere hanno piacevoli arredi chiari (alcuni dipinti dalla proprietaria) ed enormi terrazze con vista da sogno: essendo gli spazi comuni molto piccoli, le colazioni vengono servite qui, ma sarà solo un piacere!

12 cam ☲ – ♦250/270 € ♦♦250/270 €

via Colombo 127 – ☎ 089 811955 – www.villarosapositano.it – Aperto 1° aprile-31 ottobre

🏨 Montemare

FAMILIARE · REGIONALE Squisita gestione familiare in ambienti semplici all'insegna dello stile locale: le camere sono accoglienti, dalla terrazza la vista spazia su mare e costa. Qui si trova anche il recente lounge bar. Al ristorante sono i sapori campani e la pizza a deliziare l'ospite.

23 cam ☲ – ♦340/600 € ♦♦340/600 € – 3 suites

viale Pasitea 119 – ☎ 089 875010 – www.hotelmontemare.it – Aperto 16 aprile-31 ottobre

Royal Prisco

FAMILIARE · MEDITERRANEO Gestione famigliare per questo piccolo, ma grazioso hotel: un imponente scalone conduce alle spaziose camere, dove vi sarà anche servita la prima colazione.

12 cam ⌀ – †120/140 € ††160/200 € – 1 suite

viale Pasitea 102 – ✆ 089 812 2022 – www.royalprisco.com – Aperto 1° aprile-15 novembre

Savoia

FAMILIARE · MEDITERRANEO Tipica costruzione locale, con pavimenti in maiolica e soffittature costituite da volte a cupola. Una gestione piacevolmente famigliare, per vivere il cuore di Positano.

38 cam ⌀ – †60/150 € ††80/220 € – 1 suite

via Colombo 73 – ✆ 089 875003 – www.savoiapositano.it – Aperto Pasqua-1° novembre

Reginella

FAMILIARE · ROMANTICO La vista abbraccia la costa, in questa bella risorsa a gestione diretta, particolarmente indicata per chi ama le realtà piccole ed intime: camere piacevolmente personalizzate, tutte rivolte verso il mare.

11 cam ⌀ – †150/250 € ††180/280 € – 1 suite

via Pasitea 154 – ✆ 089 875324 – www.reginellahotel.it – Aperto 29 marzo-5 novembre

Villa La Tartana

LOCANDA · CENTRALE A due passi dalla spiaggia e al tempo stesso nel centro della località, struttura dai "freschi" interni nei colori chiari e mediterranei. Piacevoli e ariose le camere, dove - su richiesta - si serve anche la prima colazione.

9 cam ⌀ – †130/250 € ††130/250 €

vicolo Vito Savino 4/8 – ✆ 089 812193 – www.villalatartana.it – Aperto 30 marzo-30 novembre

La Fenice

DIMORA STORICA · ACCOGLIENTE Due ville distinte - una ottocentesca, l'altra d'inizio '900 - impreziosite dalla flora mediterranea che fa del giardino un piccolo orto botanico. La semplicità delle camere non le priva di personalità...Cento gradini per raggiungere il mare.

10 cam ⌀ – †155/170 € ††170/210 €

via Marconi 8, Est: 1 km – ✆ 089 875513 – www.lafenicepositano.com – Aperto 1° marzo-30 ottobre

POSTA FIBRENO

Frosinone – ✉ 03030 – 1 139 ab. – Alt. 430 m – Carta regionale n° **7**-D2
Carta stradale Michelin 563-Q23

sulla strada statale 627 Ovest : 4 km

⊞ Il Mantova del Lago

CUCINA CLASSICA · AMBIENTE CLASSICO ✕✕✕ In riva al piccolo lago, all'interno di un edificio rustico ben restaurato e cinto da un parco, un'elegante oasi di pace: soffitti decorati, sapori di pesce e di carne.

Carta 40/105 €

località La Pesca 9 ✉ 03030 – ✆ 0776 887344 – www.ilmantovadellago.it – Chiuso 3 settimane in novembre, 1 settimana in agosto, domenica sera e lunedì

POSTAL BURGSTALL

Bolzano – ⊠ 39014 – 1 858 ab. – Alt. 270 m – Carta regionale n° **19**-B2
Carta stradale Michelin 562-C15

‼️○ Hidalgo   🕸️ 🔁 🏠 ♨️ 🏊 P

CUCINA CLASSICA · ACCOGLIENTE ✕✕ Cucina in prevalenza di tradizione mediterranea con tanta carne, anche alla griglia; nella sala Beeftasting, su prenotazione, proposte a base di pregiate carni di manzo (wagyu, neozelandese, argentina, US beef). Per chi alloggia possibilità di usufruire anche di piscina estiva, sauna e palestra.

Menu 50/110 € – Carta 41/181 €
20 suites 😑 – ♦♦178/240 €
via Roma 7, Nord: 1 km – ☎ 0473 292292 – www.restaurant-hidalgo.it

🏨 Muchele   ⛷️ ≤ 🏠 🏊 🖼️ 🎱 🐒 🖫 🍽️ 🗲 � & 🅰️ ♨️ 🚗

FAMILIARE · PERSONALIZZATO In questo ameno angolo di Sud Tirolo, immerso tra le montagne e circondato da un giardino fiorito con piscina riscaldata, un bel complesso con numerose offerte sportive ed un'attrezzata spa. Possibilità di assaporare le delizie culinarie dell'Alto Adige.

37 cam 😑 – ♦150/220 € ♦♦164/308 € – 3 suites
vicolo Maier 1 – ☎ 0473 291135 – www.muchele.com – Aperto
15 marzo-15 novembre

POTENZA

(PZ) – ⊠ 85100 – 67 122 ab. – Alt. 819 m – Carta regionale n° **2**-B2
Carta stradale Michelin 564-F29

‼️○ Antica Osteria Marconi   🏠

CUCINA CREATIVA · ACCOGLIENTE ✕✕ In un piccolo stabile, il locale si presenta con una zona d'ingresso (che d'inverno diventa saletta) ed una sala principale, fresca ed intima, mentre la cucina è permeata da un'interessante vena creativa. Accogliente dehors.

🍴 Menu 20 € (pranzo in settimana)/48 € – Carta 39/56 €
viale Marconi 235 – ☎ 0971 56900 – www.anticaosteriamarconi.it – Chiuso
15 giorni in luglio-agosto, domenica sera e lunedì

🏨 Grande Albergo Potenza   ⛷️ ≤ 🖫 🅰️ ♨️ ♨️ 🚗

BUSINESS · CLASSICO Nei pressi del centro storico (con qualche difficoltà di parcheggio, sormontabile), un grande albergo nato nel 1959, le cui camere sono state rinnovate in anni recenti; ampie e funzionali le aree comuni. Calde tonalità nell'elegante ristorante, dove gustare specialità lucane e piatti della gastronomia internazionale.

61 cam 😑 – ♦95/110 € ♦♦110/140 € – 2 suites
corso 18 Agosto 46 – ☎ 0971 410220 – www.grandealbergopotenza.it

sulla strada statale 407 Est : 4 km

🏨 La Primula   ⛷️ 🐒 🏠 🏊 🖼️ 🖫 & 🅰️ ♨️ 🚗

FAMILIARE · PERSONALIZZATO In posizione decentrata, a circa 5 minuti dal centro cittadino, interni personalizzati e piacevoli esterni, dove spicca la grande piscina nel bel mezzo di un curato giardino. Encomiabile la calda e simpatica accoglienza della famiglia che lo gestisce. Nel ristorante intimo e curato sono di casa i sapori locali.

46 cam 😑 – ♦80/85 € ♦♦105/130 €
via delle Primule, 84 ⊠ 85100 – ☎ 0971 58310 – www.albergolaprimula.it

POVO Trento (TN) ➡️ Vedere Trento

POZZA DI FASSA

Trento – ⊠ 38036 – 2 282 ab. – Alt. 1 325 m – Carta regionale n° **19**-C2
Carta stradale Michelin 562-C17

⅋○ **El Filò**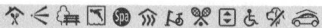

CUCINA REGIONALE · FAMILIARE ✗✗ Tappa imperdibile per chi vuole completare la vacanza con una conoscenza anche gastronomica delle Dolomiti: El Filo' propone prodotti e piatti della regione, talvolta rivisitati dal virtuoso chef-patron.

Menu 34/50 € – Carta 28/71 €

strada Dolomites 103 – ☏ 0462 763210 (consigliata la prenotazione)
– www.el-filo.com – solo a cena escluso sabato e domenica in bassa stagione
– Chiuso 10 maggio-20 giugno, 3 novembre-5 dicembre e martedì
escluso vacanze di Natale, febbraio, luglio e agosto

🏠 **Ladinia**

TRADIZIONALE · STILE MONTANO Offre svariati servizi e diverse tipologie di sistemazione questa tipica struttura montana in posizione centrale: ottima per soggiorni familiari, le camere invece più indicate per le coppie sono certamente quelle con i letti a baldacchino.

38 cam ⌧ – †70/140 € ††130/280 € – 2 suites

strada de Chieva 2 – ☏ 0462 764201 – www.hotelladinia.com
– Aperto 21 dicembre-31 marzo e 21 giugno-16 settembre

🏠 **Sport Hotel Majarè**

FAMILIARE · STILE MONTANO A soli 100 m dagli impianti di risalita del Buffaure, ambienti ispirati alla tradizione tirolese e piccolo, ma accogliente, centro benessere. Caldo legno ovunque per la sala ristorante e forno a legna per la pizza.

31 cam ⌧ – †50/200 € ††100/300 €

strada De Sot Comedon 51 – ☏ 0462 764760 – www.hotelmajare.com – Aperto
6 dicembre-31 marzo e 20 giugno-30 settembre

🏠 **Renè**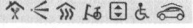

TRADIZIONALE · STILE MONTANO Gestione familiare in una zona tranquilla, ma ancora centrale, per un'accogliente struttura con camere ben tenute ed un centro benessere dal nome promettente: La Carezza! Indimenticabile la piscina sotto un cono di vetro.

35 cam ⌧ – †70/150 € ††120/300 € – 5 suites

strada de la Veish 69 – ☏ 0462 764258 – www.hotelrene.com
– Aperto 8 dicembre-19 marzo e 20 giugno-25 settembre

🏠 **Touring**

FAMILIARE · STILE MONTANO E' l'albergo ideale per partire in vacanza con la famiglia: gestione cordiale (e paziente con i piccoli ospiti), piacevoli spazi comuni e camere semplici, ma confortevoli. Interessante rapporto qualità/prezzo.

27 cam ⌧ – †50/120 € ††84/180 €

Troi de Vich 72, Sud : 2 km – ☏ 0462 763268 – www.touringhotel.info
– Aperto 20 dicembre-Pasqua e 15 giugno-15 settembre

POZZO Arezzo → Vedere Foiano della Chiana

POZZOLENGO

Brescia (BS) – ✉ 25010 – 3 497 ab. – Alt. 135 m – Carta regionale n° **9**-D1
Carta stradale Michelin 561-F13

⅋○ **Antica Locanda del Contrabbandiere**

CUCINA TRADIZIONALE · RUSTICO ✗✗ In aperta campagna, calde salette di tono rustico-elegante accompagnano le proposte dello chef che riprendono la tradizione con "mano" moderna. Per chi desidera indugiare nella piacevolezza del luogo, camere d'atmosfera arredate con mobili d'epoca.

Carta 33/59 €

3 cam ⌧ – †80/100 € ††100/125 €

località Martelosio di Sopra 1, Est: 1,5 km – ☏ 030 918151 (consigliata la
prenotazione) – www.locandadelcontrabbandiere.com – solo a cena escluso i
giorni festivi – Chiuso 10-30 gennaio e lunedì

🏠○ **Moscatello Muliner** ⇦ ⑳ 🛋 🏠 ⅃

CUCINA REGIONALE • RUSTICO ⅄ Intima e calda atmosfera per un ristorante in bucolico contesto, i cui piatti si legano al territorio con grande gusto. Per chi volesse prolungare la sosta, consigliamo le belle camere personalizzate da pitture dello chef-artista.

Menu 75/95 € – Carta 41/82 €

11 cam ⌧ – †80/110 € ††100/140 €

località Moscatello 3/5, Sud-Est: 2,5 km – ℰ 030 918521 – www.agriturismomoscatello.it – solo a cena escluso sabato, domenica e giorni festivi – Chiuso martedì

POZZOLO FORMIGARO

Alessandria (AL) – ⌧ 15068 – 4 775 ab. – Alt. 171 m – Carta regionale n° **12**-C3
Carta stradale Michelin 561-H8

🏠○ **Locanda dei Narcisi** 🏠 ⅃ 🄰🄲 🄿

CUCINA MODERNA • ELEGANTE ⅄⅄ Un "gioiellino" in una piccola frazione, in prossimità dell'outlet di Serravalle: ambiente curato e romantico, dove sfiziosi piatti di mare e qualche specialità del territorio vengono proposti in chiave moderna. Quasi tutto è fatto in casa, dal pane, alle paste, passando per le verdure dell'orto.

Menu 39/45 € – Carta 44/71 €

strada Barbotti 1, località Bettole, Nord-Est: 4 km – ℰ 348 511 6638 (consigliata la prenotazione) – www.lalocandadeinarcisi.it – Chiuso 1 settimana in luglio o settembre e lunedì

POZZUOLI

Napoli (NA) – ⌧ 80078 – 81 661 ab. – Carta regionale n° **4**-A2
Carta stradale Michelin 564-E24

🏠○ **Baia Marinella** ⩽ 🏠 🄰🄲

PESCE E FRUTTI DI MARE • ALLA MODA ⅄⅄ Cucina di mare in un locale dalla strepitosa posizione a strapiombo sulla costa: la vista del golfo è mozzafiato ed i clienti possono approfittare di un solarium, nonché di discesa a mare.

Carta 29/77 €

via Napoli 4 – ℰ 081 853 1321 – www.baiamarinella.it

🏠○ **Ludovico** 🏠 🄰🄲

PESCE E FRUTTI DI MARE • FAMILIARE ⅄ Un piacevole ristorante affacciato sul porto, che punta sulla qualità del pescato in preparazioni semplici: crudo di mare, paste e zuppa di pesce tra i piatti più riusciti. Naturalmente il conto varierà, anche parecchio, a seconda del pesce scelto!

Carta 37/102 €

via Roma 15/19 – ℰ 081 526 8255 – Chiuso domenica sera e lunedì escluso luglio-agosto

🏠○ **Abraxas Osteria** 🏠 🄰🄲 🄿

CUCINA CAMPANA • FAMILIARE ⅄ In zona interna e leggermente rialzata rispetto alla costa, un locale su due piani dove le attenzioni sono tutte concentrati sui sapori del territorio e sulla carta dei vini. Il rapporto qualità/prezzo è molto buono, ma se si opta per la carne alla griglia - e ne vale la pena - si spende qualcosa in più.

Menu 34/45 € – Carta 27/53 €

via Scalandrone 15, località Lucrino ⌧ 80078 Pozzuoli – ℰ 081 854 9347 – www.abraxasosteria.it – solo a cena escluso sabato, domenica e giorni festivi – Chiuso vacanze di Natale, 15 giorni in agosto, domenica sera e martedì

a Lucrino Ovest : 2 km ⊠ 80078

🏠 Villa Luisa   🏠 🛴 ⊡ AC 🚗

FAMILIARE · ACCOGLIENTE Oasi di ristoro incastonata tra le terme romane neroniane e il lago d'Averno, la villa propone camere arredate in legno chiaro, molte con terrazza, e un gradevole centro benessere.

37 cam ⊊ – ♦70/119 € ♦♦80/175 €

via Tripergola 50 – ℰ 081 804 2870 – www.villaluisaresort.it

a Cuma Nord-Ovest : 10 km(NA) – ⊠ 80070

🏠 Villa Giulia   🐾 ≼ 🍴 ⤴ 🅿

CASA PADRONALE · PERSONALIZZATO Villa settecentesca in tufo circondata da un delizioso giardino mediterraneo. All'interno, arredi ricercati, materiali di pregio e una gentilissima titolare seguita da una muta di splendidi Siberian Husky.

6 cam ⊊ – ♦70/110 € ♦♦100/140 €

via Cuma Licola 178 – ℰ 081 804 4356 – www.villagiulia.info

POZZUOLO MARTESANA

Milano (MI) – ⊠ 20060 – 8 458 ab. – Alt. 121 m – Carta regionale n° **10**-C2

🍴 Volm 🅽   AC

CUCINA CREATIVA · DI QUARTIERE 🆇🆇 Largo a questi due giovani cuochi che in un paesino tra Bergamo e Milano cercano la propria strada; la sala è curata, i tavoli pochi - in legno e ferro, ben distanti - la cucina decisamente creativa. Ogni volta che se si può si utilizzano verdure e frutta, anche del proprio orto.

Menu 45/80 € – Carta 44/93 €

via IV Novembre 55 – ℰ 02 9535 8617 – www.volm.it – Chiuso 1 settimana in dicembre, 1 settimana in aprile, agosto, domenica sera e lunedì

PRADELLA Bergamo → Vedere Schilpario

PRAIANO

Salerno – ⊠ 84010 – 2 047 ab. – Carta regionale n° **4**-B2
Carta stradale Michelin 564-F25

🍴 M' Ama   ≼ 🍴 🍴 ⤴ 🚗

CUCINA REGIONALE · ACCOGLIENTE 🆇🆇 All'ultimo piano, su una meravigliosa terrazza en plein air con suggestiva vista della costa, il menu privilegia le specialità campane, ma non dimentica i crudi di mare e le tempure e - grazie all'apporto del nuovo cuoco - nemmeno un tocco di modernità.

Menu 30/40 € – Carta 42/86 €

Hotel Margherita, via Umberto I 70 – ℰ 089 874776 (consigliata la prenotazione) – www.mamarestaurant.it – solo a cena – Chiuso 9-dicembre-16 marzo

🏠 Onda Verde   ✿ 🐾 ≼ ⤴ ⊡ AC 🧺 🅿

FAMILIARE · INSOLITO Poco fuori dalla località, lungo la costa, ubicazione tranquilla e suggestiva, per una struttura le cui camere sono state recentemente rinnovate con buon gusto e ricercatezza. La sala ristorante offre una vista mozzafiato a strapiombo sugli scogli ed una cucina casalinga dai sapori del mare.

25 cam ⊊ – ♦150/340 € ♦♦150/340 €

via Terra Mare 3 – ℰ 089 874143 – www.ondaverde.it – Aperto 1° aprile-31 ottobre

🏠 Margherita   ≼ 🍴 ⤴ 🛴 ⊡ AC 🚗

FAMILIARE · FUNZIONALE Struttura a circa 1 km dalla costa, in posizione leggermente rialzata, da oltre 40 anni gestita dalla stessa famiglia ed oggi dalla nuova, giovane ed intraprendente generazione: il reparto notte è stato recentemente rimodernato, così come le terrazze all'aperto.

28 cam ⊊ – ♦130/200 € ♦♦155/307 €

via Umberto I 70 – ℰ 089 874628 – www.hotelmargherita.info – Chiuso 9 dicembre-16 marzo

🍴 **M' Ama** – Vedere selezione ristoranti

🏠 Tramonto d'Oro 　　　　　　　　　　　☆ ≤ ℑ 𝔸 ↔ ☰ 𝔸𝕮 🅿

FAMILIARE · ACCOGLIENTE Architettura mediterranea, esaltata nelle camere più recenti dai colori del cielo, per un hotel che già nel nome allude alla possibilità di godere di suggestivi tramonti dalla bella terrazza-solarium con piscina. Al ristorante, il piacere di gustare piatti di cucina tradizionale allietati - ancora una volta - dal bel panorama.

40 cam ⊡ - †80/300 € ††170/800 €

via Gennaro Capriglione 119 - ℰ 089 874955 - www.tramontodoro.it
- Aperto 21 aprile-28 ottobre

sulla costiera amalfitana Ovest : 2 km

🍽 Un Piano nel Cielo 　　　　　　　　　　🕸 ≤ 🍴 🅚 𝔸𝕮 ⅚ 🅿

CUCINA MEDITERRANEA · ROMANTICO XxX Un suggestivo ascensore panoramico vi condurrà dall'albergo (Casa Angelina) al ristorante, dal nome quanto mai eloquente. Con il bel tempo si cena su una terrazza, a lume di candela e dalla vista mozzafiato sulla costiera, mentre i piatti brillano di una cucina mediterranea ed estrosa, che rilegge con fantasia le specialità campane.

Carta 70/160 €

Hotel Casa Angelina, via Capriglione 147 - ℰ 089 813 1333 - www.casangelina.it
- solo a cena - Aperto 1° aprile-28 ottobre

🏨 Casa Angelina 　　　　　　　　⅏ ≤ ℑ 🅚 🕸 🅚 ↔ 𝔸𝕮 ⅚ 🅿

LUSSO · DESIGN Abbandonata la costiera, una serie di tornanti in discesa verso il mare vi porteranno a Casa Angelina: una dimora moderna, dalle bianche ed essenziali atmosfere - punteggiate d'opere d'arte - tra cui i colorati vetri di Murano realizzati su disegno di un artista cubano. E, come se non bastasse, la struttura gode di una straordinaria vista che abbraccia Positano e i faraglioni.

43 cam ⊡ - †420/1000 € ††530/1000 €

via Capriglione 147 - ℰ 089 813 1333 - www.casangelina.it - Aperto
28 marzo-28 ottobre

🍽 **Un Piano nel Cielo** - Vedere selezione ristoranti

🏨 Grand Hotel Tritone 　　　　　　　☆ ⅏ ≤ ℑ 🅚 ↔ 𝔸𝕮 ⅍ 🅿

TRADIZIONALE · MEDITERRANEO Aggrappato alla scogliera, oltre all'ascensore c'è un sinuoso e ripido camminamento adatto solo ai più sportivi, in fondo alla piscina ed una "spiaggia" ricavata fra gli scogli. Capiente sala da pranzo e servizio ristorante in terrazza, a picco sulla Costiera.

52 cam ⊡ - †220/320 € ††280/400 € - 8 suites

via Campo 5 ⊠ 84010 - ℰ 089 874333 - www.tritone.it
- Aperto 20 aprile-20 ottobre

PRALBOINO

Brescia (BS) - ⊠ 25020 - 3 009 ab. - Alt. 47 m - Carta regionale n° **9**-C3
Carta stradale Michelin 561-I8

🏵 Leon d'Oro (Alfonso Pepe) 　　　　　　　　　　🍴 𝔸𝕮 ⅚

CUCINA MODERNA · ROMANTICO XxX Ospitato in un bel caseggiato rustico in centro paese, caldi ambienti in legno con camino e una simpatica carta che propone piatti regionali accanto ad altri con verve più creativa e solitamente a base di pesce.

→ Tortelli d'anatra muta allo zabaione di grana. Capretto alla bresciana, polentina, insalata al cipollotto. Ricotta, miele, pere marinate al liquore, zenzero.

Menu 85/90 € - Carta 70/95 €

via Gambara 6 - ℰ 030 954156 - www.locandaleondoro.it - Chiuso 10 giorni in
gennaio, 10 giorni in agosto, domenica sera e lunedì

PRATI WIESEN Bolzano → Vedere Vipiteno

PRATO

(PO) - ⊠ 59100 - 191 150 ab. - Alt. 61 m - Carta regionale n° **18**-C1
Carta stradale Michelin 563-K15

ⅈ○ Il Piraña ⒶⒸ ⟷

PESCE E FRUTTI DI MARE · STILE MEDITERRANEO ✕✕ Classico ristorante di pesce, non vi troverete svolazzi tecnici od invenzioni avanguardiste, ma un espositore con i prodotti del mare in preparazioni semplici, un porto sicuro per gli amanti della tradizione.

Menu 60 € – Carta 47/106 €

via G. Valentini 110 – ℰ 0574 25746 – www.ristorantepirana.it – Chiuso agosto, sabato a mezzogiorno e domenica sera, in estate anche domenica a mezzogiorno

ⅈ○ Tonio ⌂ ⒶⒸ ⟷

PESCE E FRUTTI DI MARE · AMBIENTE CLASSICO ✕✕ In attività dagli anni '50, commensali illustri sono ritratti nelle foto in bianco e nero, mentre nei piatti prevalgono le specialità di mare in proposte classiche e fragranti.

Carta 44/97 €

piazza Mercatale 161 – ℰ 0574 21266 – www.ristorantetonio.it – Chiuso 1°-11 settembre, lunedì a mezzogiorno e domenica

🏨 Art Hotel Museo ⌖ ⌱ 🖥 ⅖ ⒶⒸ ⅗ 🚗

BUSINESS · CONTEMPORANEO Nei pressi del Museo d'Arte Contemporanea Luigi Pecci, la struttura offre ampi spazi comuni e camere dotate di ogni confort (al quinto piano, quelle più moderne e ricercate). Bella piscina all'aperto ed attrezzato centro congressi.

106 cam ⌂ – ⅋69/250 € ⅋⅋79/250 €

viale della Repubblica 289, per viale Monte Grappa - B2 - ℰ 0574 5787 – www.arthotel-museo.it

🏠 Giardino 🖥 ⒶⒸ

FAMILIARE · CENTRALE In pieno centro - tra la stazione e piazza del Duomo - questo albergo a conduzione familiare propone spazi comuni di ridotte dimensioni, ma camere piacevolmente confortevoli.

25 cam ⌂ – ⅋50/90 € ⅋⅋70/110 €

via Magnolfi 4 – ℰ 0574 606588 – www.giardinohotel.com

PREDAPPIO

Forlì-Cesena – ⊠ 47016 – 6 346 ab. – Alt. 133 m – Carta regionale n° **5**-D2
Carta stradale Michelin 562-J17

ⅈ○ Del Moro ⅖ ⒶⒸ ⅗ ⟷

CUCINA REGIONALE · SEMPLICE ✕ Sulla via principale, in comoda posizione per quanti arrivano qui per riscoprire o curiosare nella storia del Duce, il locale propone una cucina dai sapori regionali, presentati in porzioni abbondanti.

Carta 24/30 €

viale Roma 8 – ℰ 0543 922257 – www.ristorantedelmoro.it – Chiuso 11-29 giugno, lunedì e martedì

PREDAZZO

Trento – ⊠ 38037 – 4 536 ab. – Alt. 1 018 m – Carta regionale n° **19**-C2
Carta stradale Michelin 562-D16

🏠 Sporthotel Sass Maor ⌖ 🐾 🖥 ⅖ ⅗ 🚗

FAMILIARE · STILE MONTANO Semplici, ma confortevoli, camere in stile montano, per questa gradevole risorsa in pieno centro, dotata di centro benessere (ottima la zona umida!). Due piccole sale e una stube per il ristorante.

27 cam ⌂ – ⅋50/70 € ⅋⅋80/140 €

via Marconi 4 – ℰ 0462 501538 – www.sassmaor.com – Chiuso aprile e novembre

PREGANZIOL

Treviso – ✉ 31022 – 16 749 ab. – Alt. 12 m – Carta regionale n° **23**-A1
Carta stradale Michelin 562-F18

🍴○ **Magnolia**　　　　　　　　　　　🛏 🛋 ᾰ AC **P**

PESCE E FRUTTI DI MARE · AMBIENTE CLASSICO XX Nel contesto dell'omonimo hotel, ma completamente indipendente, un ristorante a valida gestione familiare con specialità venete, soprattutto a base di pesce. Sale spaziose e curato giardino.

🍴 Menu 20 € (pranzo in settimana)/45 € – Carta 28/60 €

via Terraglio 136, Nord: 1 km – ℰ *0422 633131 (consigliata la prenotazione) – www.magnoliaristorante.com – Chiuso 5-25 agosto, domenica sera e lunedì*

PRÉ-SAINT-DIDIER

Aosta – ✉ 11010 – 1 050 ab. – Alt. 1 014 m – Carta regionale n° **21**-A2
Carta stradale Michelin 561-E2

Pianta : vedere Courmayeur

a Palleusieux Nord : 2,5 km ✉ 11010 – Pré Saint Didier – Alt. 1 100 m

🍴○ **Emma** Ⓝ　　　　　　　　　　　　　　　　**P**

CUCINA CREATIVA · CONTESTO REGIONALE XX Grazie alla sinergia di due cugini nasce questo ristorante che sa interpretare in chiave personalissima la cucina del territorio; l'ambiente è estremamente accogliente.

Menu 40 € – Carta 35/61 €

Pianta: B3-b – rue des Salasses 20 – ℰ *0165 185 6596 (consigliata la prenotazione) – www.emmarestaurant.it – Chiuso 20 maggio-20 giugno, 3 novembre-6 dicembre e martedì*

🏨 **QC Terme Monte Bianco**　　🔭 ≤ 🛏 ᚎ 🔲 ⊞ 🍴 ⅃ 🚻 ᾰ ♨ 🚗

SPA E WELLNESS · STILE MONTANO In posizione panoramica, hotel dall'elegante stile alpino dotato di uno strepitoso centro benessere, valida alternativa ad una sciata o ad una passeggiata nel verde. Le camere, ricoperte di legno come nella tradizione locale, differiscono solo per metratura; compreso nel prezzo anche l'ingresso alle terme di Pré Saint Didier.

55 cam ⌑ – †196/480 € ††214/600 € – 2 suites

Pianta: B3-c – route Mont Blanc 28 – ℰ *0165 87004 – www.qctermemontebianco.it*

PRESEZZO

Bergamo (BG) – ✉ 24030 – 4 898 ab. – Alt. 236 m – Carta regionale n° **10**-C1

🏨 **Settecento**　　　　　　　　🔭 ⅃ 🔲 ⊞ AC ᾰ 🚗

FAMILIARE · STORICO Un interessante indirizzo dell'ospitalità bergamasca: moderna struttura, ricavata dalla settecentesca cascina Olmetta, offre ampi spazi esterni e camere di raffinata eleganza. Stesse qualità che troverete nell'omonimo, valido ristorante: carta light a pranzo, ampia la sera. Ideale per chi vuole visitare la città del Colleoni o i viaggiatori in transito all'aeroporto di Orio.

52 cam ⌑ – †70/90 € ††75/110 €

via Milano 3 – ℰ *035 466089 – www.settecentohotel.com*

PRIOCCA D'ALBA

Cuneo – ✉ 12040 – 2 017 ab. – Alt. 253 m – Carta regionale n° **14**-C2
Carta stradale Michelin 561-H6

🏵 Il Centro (Elide Mollo)

CUCINA PIEMONTESE · FAMILIARE XX Il Piemonte in purezza: qui troverete una delle più riuscite espressioni della cucina regionale, interpretata con intelligente fedeltà alle ricette originali, sorretta dai migliori prodotti e introdotta da una tanto genuina quanto competente gestione familiare. Suggestiva cantina visitabile.
→ Agnolotti con ragù di salsiccia e fegatini. Guanciale di manzo caramellato ai fichi. Dolce di nocciole.

Menu 68 € – Carta 42/71 €

via Umberto I° 5 – ℰ 0173 616112 (consigliata la prenotazione)
– www.ristoranteilcentro.com – Chiuso 1°-15 marzo, 1°-14 agosto e martedì

PROCCHIO Livorno → Vedere Elba (Isola d') : Marciana

PROCENO

Viterbo (VT) – ✉ 01020 – 557 ab. – Carta regionale n° **7**-A1
Carta stradale Michelin 563-N17

🏠 Castello di Proceno

DIMORA STORICA · ORIGINALE Ai piedi di una fortezza medievale, una risorsa carica di storia, albergo diffuso con appartamenti e camere arredati con gusto antico. Originale la tomba etrusca all'interno dell'enoteca. Cucina legata al territorio.

14 cam ☷ – †80/110 € ††110/135 €

corso Regina Margherita 155 – ℰ 0763 710072 – www.castellodiproceno.it – Chiuso 7 gennaio-10 febbraio e 15 giorni in novembre

PROCIDA (Isola di)

Napoli – 10 530 ab. – Carta regionale n° **4**-A2
Carta stradale Michelin 564-E24

Procida – ✉ 80079 – Carta regionale n° **4**-A2

🍴 Caracalè

PESCE E FRUTTI DI MARE · SEMPLICE X Caracalè: la "baia bella" (in greco) si arricchisce qui di bontà. All'interno di un ex deposito delle barche o d'estate all'aperto - a pochi metri dall'acqua - preparazioni semplici, ma fragranti di pesce isolano.

Menu 25/55 € – Carta 28/59 €

località Marina Corricella 62 – ℰ 081 896 9192 – Chiuso 16 dicembre-25 dicembre, 16 gennaio-28 febbraio e martedì escluso luglio-agosto

🍴 Gorgonia

PESCE E FRUTTI DI MARE · FAMILIARE X Affacciato su una delle baie più romantiche d'Italia, capita ancora di vedere i pescatori cucire le reti, mentre nei piatti arriva il pesce in preparazioni classiche e fragranti.

Carta 22/60 €

località Marina Corricella – ℰ 081 810 1060 (consigliata la prenotazione) – Chiuso 1° dicembre-28 febbraio e lunedì escluso giugno-agosto; aperto nei week end in marzo e novembre

🏨 La Suite Hotel

LUSSO · DESIGN Ubicato in un'oasi di tranquillità, il resort, nato dalla ristrutturazione di un antico palazzo, dispone di belle camere dal design moderno. Tra gli atout della struttura vanno ricordati il giardino, la terrazza-solarium panoramica, nonché la spa in pietra lavica.

20 cam ☷ – †200/450 € ††200/450 €

via Flavio Gioia 81 – ℰ 081 810 1564 – www.lasuiteresort.com – Aperto 1° maggio-30 ottobre

🏠 La Vigna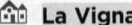

TRADIZIONALE · PERSONALIZZATO A pochi minuti dalla baia della Corricella, si dorme in un edificio di fine '700 con ceramiche d'epoca, piccolissima spa con bagno turco e cabina per massaggi, nonché giardino-vigneto. Praticamente un eden sull'isola, in virtù anche della spettacolare vista sul Golfo.

12 cam ☲ - ♦75/165 € ♦♦90/180 € - 1 suite

via Principessa Margherita 46 - ☏ 081 896 0469 - www.albergolavigna.it - Chiuso 8 gennaio-8 febbraio

🏠 La Casa sul Mare

FAMILIARE · MEDITERRANEO In salita, verso l'abbazia di San Michele, camere semplicemente arredate in stile locale, ma tutte con una grande sorpresa: la superba vista sulla baia più pittoresca dell'isola che si gode anche dal giardino delle colazioni.

10 cam ☲ - ♦80/160 € ♦♦90/170 €

via Salita Castello 13 - ☏ 081 896 8799 - www.lacasasulmare.it

PROSERPIO

Como (CO) - ✉ 22030 - 926 ab. - Alt. 456 m - Carta regionale n° **10**-B1

🍽️ Inarca

CUCINA REGIONALE · ACCOGLIENTE XX Con l'avvento della nuova generazione, il ristorante che fu trattoria si è trasformato in un luminoso e panoramico locale. Piatti tradizionali permeati da una leggera vena moderna, in un ambiente giovane e dinamico.

Menu 40 € - Carta 35/65 €

via Inarca 16 - ☏ 031 620424 - www.ristoranteinarca.it - Chiuso 2 settimane in gennaio-febbraio e lunedì

PULA Sardegna

Cagliari - ✉ 09010 - 7 422 ab. - Carta regionale n° **16**-B3
Carta stradale Michelin 366-P49

🍽️ Cucina Machrì

CUCINA MODERNA · DI QUARTIERE X Raccolto ed intimo, mediterraneo nella prevalenza dei toni bianchi, ma con un vago e caldo tocco country. Decisamente mediterranea è la linea di cucina dello chef-patron che propone pesce e carne in saporite specialità a cui non manca un vago tocco moderno.

Carta 40/82 €

via Lamarmora 53 - ☏ 070 920 9205 - www.cucinamachri.it - solo a cena - Aperto Pasqua-fine ottobre; chiuso domenica escluso giugno-settembre

🏨 Lantana Resort

LUSSO · MEDITERRANEO Gradevole struttura disposta attorno ad un grande giardino con palme, piscina e piccola fontana arabeggiante, in un angolo ombreggiato c'è anche il gazebo per i massaggi. Camere tutte identiche negli arredi d'impeccabile tenuta: possibilità di alloggio con formula residence. Ultimo, ma non ultimo, servizio navetta per spiagge e golf.

57 cam ☲ - ♦174/382 € ♦♦239/478 €

viale Nora 37 - ☏ 070 924411 - www.lantanaresort.it - Aperto 28 marzo-31 ottobre

🏨 Nora Club Hotel

TRADIZIONALE · MEDITERRANEO Paradisiaca enclave di quiete. Superato il caseggiato principale, vi accoglie un seducente giardino di piante mediterranee e tropicali con al centro la piscina, mentre attorno - distribuite a forma d'anello - ci sono le semplici camere in arte povera. Possiede anche un piccolo centro benessere.

27 cam ☲ - ♦85/150 € ♦♦140/200 €

strada per Nora - ☏ 070 924422 - www.noraclubhotel.it

🏠 **Villa Madau** ☆ 🔄 🅰️🅲️

FAMILIARE · PERSONALIZZATO Centralissimo di fronte alla chiesa di San Giovanni, fresco e variopinto hotel i cui arredi coniugano tradizione e pezzi etnici; al
ristorante carne e pesce da gustare in terrazza o sulla caratteristica piazzetta.

10 cam ☕ – ♦70/95 € ♦♦90/150 €

via Nora 84 – ☏ 070 924 9033 – www.villamadau.it

sulla strada statale 195 Sud-Ovest : 9 km

🏨 **Is Morus Relais** ☆ ⏳ ≤ 🛏 🥂 🏍 🛁 ✂️ ⚔ 🔥 🅰️🅲️ 🛋 🧖 🅿️

LUSSO · LUNGOMARE Immerso nella propria pineta, solo un giardino lo separa
dal mare. Varie soluzioni di alloggio, camere classiche e romantiche ville, e nessun tipo di animazione. Per la ristorazione ci sono la sala classica ed elegante o
il grill a bordo mare: l'Eden per chi desidera silenzio e tranquillità!

46 cam ☕ – ♦109/180 € ♦♦218/420 €

*SS 195, al km 37,4, Sud-Ovest: 9 km ✉ 09010 Santa Margherita di Pula
– ☏ 070 921171 – www.ismorus.com – Aperto 1° marzo-31 ottobre*

FORTE VILLAGE:

*in un contesto di grande spessore naturalistico, questo lussuoso resort propone
poliedriche soluzioni ricettive.*

🍴 **Belvedere** 🍽 🅰️🅲️ 🧖 🅿️

CUCINA CREATIVA · ELEGANTE ⋈⋈ Il Belvedere è la proposta gourmet del Forte
Village, la sola aperta anche a chi non alloggia in questo lussuoso luogo di turismo. Sala interna o terrazze cinte da un incantato giardino, la cucina si fa
moderna con una decisa base mediterranea. Si paga un prezzo fisso, ma si sceglie à la carte.

Menu 120 €

*Hotel Villa del Parco ✉ 09010 Santa Margherita di Pula – ☏ 070 92171
(prenotazione obbligatoria) – www.fortevillage.com – solo a cena – Aperto
10 maggio-20 settembre*

🏨 **Castello** ☆ ⏳ ≤ 🛏 🏍 📺 🛁 ✂️ ⚔ 🔄 🅰️🅲️ 🧖 🅿️

LUSSO · MODERNO A un passo dal mare e per vivere un soggiorno da fiaba, è la
struttura di punta del complesso con camere elegantemente arredate in un detta-
gliato e caratteristico stile locale.

172 cam – solo ½ P 435/5600 € – 6 suites

*✉ 09010 Santa Margherita di Pula – ☏ 070 92171 – www.fortevillage.com – Aperto
1° maggio-1° ottobre*

🏨 **Villa del Parco** ⏳ 🛏 🏍 📺 🛁 ✂️ ⚔ 🔄 🅰️🅲️ 🧖 🅿️

LUSSO · MEDITERRANEO Incorniciata dal verde, la struttura dalla facciata lilla
propone spaziose camere dagli arredi fioriti all'inglese ed eleganti bungalow. Il
tutto vicino alle piscine di talassoterapia.

47 cam – solo ½ P 745/980 €

*✉ 09010 Santa Margherita di Pula – ☏ 070 92171 – www.fortevillage.com – Aperto
1° maggio-1° ottobre*

🍴 **Belvedere** – Vedere selezione ristoranti

🏨 **Le Dune** ☆ ⏳ ≤ 🛏 🏍 📺 🛁 ✂️ ⚔ 🅰️🅲️ 🧖 🅿️

LUSSO · PERSONALIZZATO Nel silenzio e nella discrezione del parco, i bungalow sono pronti ad accogliere coloro che auspicano una vacanza in piena libertà,
senza formalismi o dress code, interessati solo a perseguire il relax ed il contatto
con la natura. Gli arredi delle camere sono volutamente sobri, in linea con la tradizione locale: alcune sistemazioni dispongono di patio e giardino, altre di terrazza.

44 suites – solo ½ P 960/1280 € – 39 cam

*✉ 09010 Santa Margherita di Pula – ☏ 070 92171 – www.fortevillage.com – Aperto
1° maggio-1° ottobre*

🏨 Le Palme

LUSSO · PERSONALIZZATO Particolarmente adatto per famiglie numerose, dispone di camere decisamente ampie (alcune comunicanti) e di un paradisiaco giardino con ben duemila varietà di piante.

90 cam – solo ½ P 345/570 €

✉ 09010 Santa Margherita di Pula – ℰ 070 92171 – www.fortevillage.com – Aperto 1° maggio-1° ottobre

🏨 Il Borgo

LUSSO · MEDITERRANEO Le camere sfoggiano arredi e colori ispirati al tipico artigianato sardo, in questa struttura ideale per chi ama l'atmosfera raccolta di un antico villaggio. Adatto per le famiglie.

35 cam – solo ½ P 405/515 €

✉ 09010 Santa Margherita di Pula – ℰ 070 92171 – www.fortevillage.com – Aperto 1° maggio-1° ottobre

🏨 Bouganville

TRADIZIONALE · MEDITERRANEO Immerso in un giardino tropicale, il villaggio propone accoglienti bungalow, molti comunicanti, tutti con patio o giardino privato. Prima colazione presso la piscina Oasis.

133 cam – solo ½ P 370/490 €

✉ 09010 Santa Margherita di Pula – ℰ 070 92171 – www.fortevillage.com – Aperto 1° maggio-1° ottobre

🏨 Pineta

TRADIZIONALE · MEDITERRANEO Adagiata nel parco all'ombra di alberi secolari, la struttura offre ampie camere arredate in caldi colori: una proposta ideale per una vacanza di tranquillità, riposo e mare. Numerose attività di animazione per i piccoli ospiti.

102 cam – solo ½ P 490/640 €

✉ 09010 Santa Margherita di Pula – ℰ 070 92171 – www.fortevillage.com – Aperto 1° maggio-1° ottobre

PULFERO

Udine – ✉ 33046 – 962 ab. – Alt. 184 m – Carta regionale n° **6**-C2
Carta stradale Michelin 562-D22

🍴 Al Vescovo

CUCINA REGIONALE · FAMILIARE Per una gita nelle valli, da non perdere questo ristorantino a conduzione familiare dove la cucina del territorio viene preparata con amore e cura. Terrazza sul fiume per i pasti all'aperto ed accoglienti camere per chi volesse allungare la sosta.

Menu 20 € (pranzo in settimana)/65 € – Carta 25/46 €

18 cam ☲ – ♦55/58 € ♦♦85/88 €

via Capoluogo 67 – ℰ 0432 726375 – www.alvescovo.com – Chiuso 15 giorni in febbraio, mercoledì, anche martedì sera in ottobre-marzo

PULSANO

Taranto – ✉ 74026 – 11 311 ab. – Alt. 37 m – Carta regionale n° **15**-C3
Carta stradale Michelin 564-F34

a Marina di Pulsano Sud : 3 km ✉ 74026 – Pulsano

🍴 La Barca

PESCE E FRUTTI DI MARE · FAMILIARE Uno dei migliori ristoranti di pesce della zona per qualità e quantità offerta, nonché prezzi contenuti. Il proprietario, instancabile in sala, vi suggerirà a voce il pescato del giorno: affidatevi a lui e sarete ricompensati, a cominciare dai crostacei, crudi o cotti. Suggestioni dal menu: dentice affumicato con mandorle e cotto di fichi.

Menu 30/40 € – Carta 32/57 €

litoranea Salentina – ℰ 099 533 3335 – Chiuso 2 settimane in gennaio, 1 settimana in novembre, domenica sera e lunedì escluso luglio-agosto

ⅰ○ Il Grillo
🏠 ㊑ ⅇ 🄰🄲 🄿

CUCINA MODERNA · ACCOGLIENTE ✕✕ Piatti della tradizione riproposti in chiave moderna, all'interno di un locale moderno e curato con vetrate su piscina oppure nel bel giardino esterno.

Menu 30/50 € – Carta 31/66 €

Hotel Il Grillo, località Canne snc, litoranea Salentina – ✆ *099 533 3025*
– www.ilgrillo.it

🏠 Il Grillo
🛏 ㊑ 🖭 ⅇ 🄰🄲 🛇 🄿

TRADIZIONALE · FUNZIONALE Praticità e funzionalità sono le cifre di questo albergo, non lontano dal mare, che offre camere semplici ma confortevoli. Il tutto circondato da un piccolo, ma curato giardino.

16 cam 🖙 – ♦60/120 € ♦♦80/130 €

località Canne snc, litoranea Salentina
– ✆ *099 533 3025 – www.ilgrillo.it*

ⅰ○ **Il Grillo** – Vedere selezione ristoranti

🏠 Il Galeone
🛏 ㊑ 🄰🄲 🛇 🄿

FAMILIARE · MEDITERRANEO In una bella villa sul lungomare con accesso diretto alla spiaggia, ampie camere dall'arredo moderno ed una grande piscina. Ricca colazione con torte fatte in casa.

6 cam 🖙 – ♦50/80 € ♦♦70/140 €

litoranea Salentina al km 9,200, Est: 2 Km
– ✆ *333 208 7470 – www.ilgaleonebb.it*

PUNTA ALA
Grosseto (GR) – ✉ 58040 – Carta regionale n° **18**-B3
Carta stradale Michelin 563-N14

ⅰ○ La Pagoda
🛏 🏠 ⌂ 🛇 🄿

CUCINA MEDITERRANEA · STILE MEDITERRANEO ✕✕ Proprio sulla spiaggia e a ridosso della bella pineta, questa sorta di cottage interamente in legno offre una cucina di ampio respiro. Aperto solo a pranzo, propone un gran buffet ad un prezzo interessante e la possibilità di scegliere dall'esposizione una carne o un pesce da fare alla griglia (in tal caso, il costo aumenta leggermente). E per gli irriducibili dell'alimento principe della gastronomia italiana, c'è anche un forno per poche pizze e focaccine.

Menu 30/50 €

Gallia Palace Hotel, via delle Sughere – ✆ *0564 922022 – www.galliapalace.it*
– solo a pranzo – Aperto 19 maggio-30 settembre

🏨 Gallia Palace Hotel
🕊 🐾 🛏 ㊑ 🛁 ✕ ⌂ 🖭 ⅇ 🄰🄲 🛋 🄿

LUSSO · ELEGANTE Immerso nella macchia mediterranea, un grand hotel che dispone di un piccolo centro benessere, camere spaziose dagli arredi classici e splendido giardino con piscina (c'è anche l'idromassaggio!).

45 cam 🖙 – ♦250/600 € ♦♦350/700 € – 22 suites

via delle Sughere – ✆ *0564 922022 – www.galliapalace.it – Aperto*
19 maggio-30 settembre

ⅰ○ **La Pagoda** – Vedere selezione ristoranti

🏠 Arli Hotel Hideaway Punta Ala
🛏 ㊑ 📶 🛁 🖭 🄰🄲 🄿

TRADIZIONALE · DI TENDENZA Nella verdeggiante e rinomata località balneare, Arli è un hotel a conduzione diretta totalmente rinnovato: luminosi ambienti, moderne camere e, come chicca, un bel giardino con piscina.

28 cam 🖙 – ♦99/189 € ♦♦140/390 €

via del Pozzino 2 – ✆ *0564 923184 – www.arlihotelpuntaala.com*

PUOS D'ALPAGO

Belluno (BL) – ⊠ 32015 – 2 483 ab. – Alt. 419 m – Carta regionale n° **23**-C1
Carta stradale Michelin 562-D19

❀ **Locanda San Lorenzo** (Renzo Dal Farra)　　　🍴 ⇆ 🏠 **P**

CUCINA MODERNA · ACCOGLIENTE XX Passione e costanza sono le caratteristiche di un'intera famiglia che da oltre un secolo entusiasma gli avventori con una cucina saldamente legata ai prodotti locali, in certi piatti reinterpretata con gusto contemporaneo. Due differenti arredi per le camere: uno sobrio leggermente moderno, l'altro tipicamente rustico.

→ Bigoli al torchio con ragù di pollo e limone candito. Quinto quarto di vitello brasato al vino rosso e purè di topinambur. Crumble salato al pistacchio con gelée al limone, gelato di ricotta e yogurt all'olio evo.

Menu 30/80 € – Carta 49/107 €

11 cam ⊡ – †74/90 € ††90/110 € – 1 suite

*via IV Novembre 79, incrocio via G. Cantore – ℰ 0437 454048
– www.locandasanlorenzo.it – Chiuso 23 gennaio-8 febbraio e mercoledì*

PUTIGNANO

Bari (BA) – ⊠ 70017 – 26 859 ab. – Alt. 372 m – Carta regionale n° **15**-C2
Carta stradale Michelin 564-E33

❀ **Angelo Sabatelli** 🆕　　　　　🍴 ♿ 🄰🄲

CUCINA MODERNA · ELEGANTE XxX Da poco trasferitosi nel caratteristico centro storico, lo chef sembra aver trovato nuovi stimoli per coccolare e allietare il cliente. Sale storicamente eleganti e al tempo stesso contemporanee, per una cucina tecnica che valorizza il territorio, simpatizzando anche con sapori asiatici.

→ Bianco e nero di melanzana arrosto. Spigola, rucola e pomodoro. "Zuppa" di caffè e latte con taralli scottati.

Carta 62/120 €

*via Santa Chiara, 1 – ℰ 080 405 2733 – www.angelosabatelliristorante.com
– Chiuso domenica sera e lunedì*

QUADRIVIO Salerno → Vedere Campagna

QUARONA

Vercelli (VC) – ⊠ 13017 – 4 158 ab. – Alt. 406 m – Carta regionale n° **12**-C1
Carta stradale Michelin 561-E6

🍴○ **Italia**　　　　　　　　　🍸

CUCINA REGIONALE · CONTESTO CONTEMPORANEO XX E' una piacevole sorpresa questo curato e familiare locale di taglio moderno in una casa del centro della località; piatti di creativa cucina piemontese.

🍴 Menu 20 € (pranzo in settimana) – Carta 32/54 €

*Hotel Grand'Italia, piazza della Libertà 27 – ℰ 0163 430147
– www.albergograndolitalia.it – Chiuso 1°-21 agosto e lunedì*

🏠 **Grand'Italia**　　　　　　⊡ ♿ 🄰🄲 🍸 🚗

FAMILIARE · MODERNO Completamente trasformato e ristrutturato, è ora un'elegante palazzina con interni moderni e spaziosi, linee sobrie ed essenziali ed accenni di design minimalista.

12 cam ⊡ – †80/90 € ††110/150 € – 2 suites

piazza Libertà 19 – ℰ 0163 431244 – www.albergograndolitalia.it – Chiuso 8-29 agosto

🍴○ **Italia** – Vedere selezione ristoranti

QUARTIÈRE Ferrara → Vedere Portomaggiore

QUARTO
Napoli (NA) – ⊠ 80010 – 40 930 ab. – Alt. 55 m – Carta regionale n° **4**-A2
Carta stradale Michelin 564-E24

Pianta d'insieme di Napoli

🌣 **Sud** (Marianna Vitale)   🛐 AC P

CUCINA MODERNA · CONTESTO CONTEMPORANEO XX Superato un contesto
ambientale non brillante, apprezzerete ancor di più gli sforzi di una delle cucine
più interessanti del napoletano. Il nome del ristorante è un lapidario, ma eloquente, manifesto gastronomico che vi conduce attraverso appetiti meridionali.
→ Spaghetti con anemoni di mare. Triglia fritta su latte di arachidi, pomodoro del
Vesuvio e pompelmo. Citrico, agrumi, pistacchio e cioccolato bianco.

Menu 45/68 € – Carta 48/74 €

*via Santi Pietro e Paolo 8 – ℰ 081 020 2708 – www.sudristorante.it – solo a
cena escluso sabato e domenica – Chiuso 1 settimana in gennaio, 3 settimane in
agosto, domenica sera e mercoledì*

QUARTO CALDO Latina → Vedere San Felice Circeo

QUARTO D'ALTINO
Venezia – ⊠ 30020 – 8 200 ab. – Carta regionale n° **23**-A1
Carta stradale Michelin 562-F19

🍴○ **Da Odino**   🌐 ⇦ 🌊 🛏 🛐 ⅆ AC P

PESCE E FRUTTI DI MARE · FAMILIARE XX A circa 100 m dal Park Hotel Junior,
ristorante a gestione familiare, informale ed elegante al tempo stesso, le cui specialità ruotano sempre attorno al mare, sebbene ultimamente vi trovino posto
anche piatti di terra e vegetariani.

Menu 28/55 € – Carta 45/83 €

32 cam 🖙 – ♦50/150 € ♦♦60/350 € – 1 suite

via Roma 89 – ℰ 0422 825421 – www.daodino.it – Chiuso martedì

🏘 **Borgo Ca' dei Sospiri**   🎎 🌊 🛏 ⅉ 🔅 ⅆ AC 🛝 🚗

CASA DI CAMPAGNA · PERSONALIZZATO Comodo per chi viaggia in autostrada,
ma al tempo stesso immerso nella campagna, a fianco al fiume Sile, l'albergo offre
gradevoli interni con tessuti, parquet e un bel cotto nelle eleganti camere. Al
ristorante "La Corte" piatti di cucina tradizionale in un ambiente signorile.

35 cam 🖙 – ♦70/125 € ♦♦79/215 € – 2 suites

*via Roma 146 – ℰ 0422 823117 – www.borgocadeisospiri.it – Chiuso
24 dicembre-6 gennaio*

QUARTO DEI MILLE Genova → Vedere Genova

QUATTORDIO
Alessandria – ⊠ 15028 – 1 637 ab. – Alt. 135 m – Carta regionale n° **14**-D1
Carta stradale Michelin 561-H7

🍴○ **Corte dei Civalieri**   🛏 🛐 🔅 ⅉ ⅆ AC 🍽 P

CUCINA MODERNA · ACCOGLIENTE XX All'interno del bel Relais Rocca Civalieri,
preceduto da una spettacolare ghiacciaia trecentesca, molta attenzione è dedicata alla ristorazione: eccellente cucina contemporanea con spunti regionali, nel-
l'elegante sala interna o nel dehors estivo.

Menu 45 € – Carta 32/68 €

*Relais Rocca Civalieri, strada Cascina Rocca Civalieri 23 ⊠ 15028 Quattordio
– ℰ 0131 797333 (consigliata la prenotazione) – www.ristorantecortedeicivalieri.it
– Chiuso 23 dicembre-8 gennaio*

🏨 Relais Rocca Civalieri 🐕 🍴 🎿 🏮 🖥 🌡 ⚒ ♨ 🅿

LUSSO · DESIGN In un piacevole contesto di campagna, qui alloggerete in uno degli alberghi più eleganti della provincia. Sorto intorno ad un complesso colonico trecentesco, gli interni propongono arredi contemporanei, che si faranno apprezzare per spazi e design.

26 cam ☶ - †130/145 € ††150/205 € – 3 suites

strada Cascina Rocca Civalieri 23 ✉ 15028 - ℰ 0131 797333
– www.hotelroccacivalieri.it

🍴 **Corte dei Civalieri** – Vedere selezione ristoranti

QUATTRO CASTELLA

Reggio nell'Emilia – ✉ 42020 – 13 195 ab. – Alt. 161 m – Carta regionale n° **5**-B3
Carta stradale Michelin 562-I13

a Rubbianino Nord : 13 km ✉ 42020

�{3} Ca' Matilde (Andrea Incerti Vezzani) 🍃 🐕 🍴 🏮 🅿

CUCINA MODERNA · MINIMALISTA ✗✗ Razionalità funzionale, materiali semplici quali ferro e legno, linee essenziali ma decise sono le cifre distintive di questo bel locale recentemente ristrutturato. Un restyling che riflette le scelte innovative della continua ricerca gastronomica per una cucina al tempo stesso moderna e contadina.

→ Tortelli verdi e di zucca mantecati al burro. Stinco di maialino da latte con crema di patate, finocchi croccanti e senape. Il ricordo della mia torta di riso.

Menu 55/85 €

4 cam ☶ - †80/90 € ††110/130 €

via Polita 14 – ℰ 0522 889560 – www.camatilde.it – solo a cena escluso i giorni festivi – Chiuso lunedì

QUISTELLO

Mantova (MN) – ✉ 46026 – 5 595 ab. – Alt. 17 m – Carta regionale n° **9**-D3
Carta stradale Michelin 561-G14

🌿🌿 Ambasciata (Romano Tamani) 🎇 🖩 ↔ 🅿

CUCINA MANTOVANA · ROMANTICO ✗✗✗ Uno sfarzo circense e rinascimentale è il contorno di piatti sontuosi e barocchi, l'eccesso è favorito, la misura osteggiata: i fratelli Tamani mettono in scena i fasti della gloriosa cucina mantovana.

→ Agnolini in brodo di cappone. Guancialino di maiale brasato. Torta di sfoglia.

Carta 80/150 €

piazzetta Ambasciatori del Gusto 1 – ℰ 0376 619169 (consigliata la prenotazione) – www.ristoranteambasciata.com – Chiuso 2 settimane in gennaio, 2 settimane in agosto, domenica sera e lunedì

🍴 All'Angelo 🎇 🍃 🍴 🎿 🖩 🅿

CUCINA CLASSICA · ELEGANTE ✗✗ L'impostazione è quella classica da trattoria, mentre la cucina si sposa con la tradizione proponendo piatti del territorio, specialità al tartufo (in stagione) ed una pregevole carta dei vini. Cinque camere per chi vuole prolungare la sosta in questa villa dell'Ottocento.

🍷 Menu 19 € (pranzo in settimana)/65 € – Carta 30/93 €

5 cam ☶ - †70 € ††110 €

via Cantone, 60 – ℰ 0376 618354 – www.allangelo.eu
– Chiuso 9-16 gennaio, 6-17 agosto, domenica sera e lunedì

RABBI

Trento (TN) – ✉ 38020 – Carta regionale n° **19**-B2
Carta stradale Michelin 562-C14

 Maso Fior di Bosco

FAMILIARE · STILE MONTANO A un km dalle Terme di Rabbi, due masi a tutto legno uniti in un unico ed accogliente "esercizio rurale": la giornata inizia - al mattino - con una gustosa colazione, per concludersi - la sera - con una cena preparata dalle titolari. All'ultimo piano, la camera più accogliente con antichi mobili di famiglia.

9 cam ☲ – ⫶50/75 € ⫶⫶60/100 €

frazione Pralongo 221/d, località San Bernardo – ℰ 0463 985543
– www.masofiordibosco.it – Chiuso 4-14 giugno e 22 ottobre-6 dicembre

RABLÀ RABLAND Bolzano → Vedere Parcines

RACALE
Lecce (LE) – ⌧ 73055 – 10 971 ab. – Carta regionale n° **15**-D3
Carta stradale Michelin 564-H36

L'Acchiatura

CUCINA REGIONALE · CONTESTO STORICO X In un ristorante caratterizzato da diverse sale e patii interni, saporita cucina pugliese tra cui spiccano le orecchiette alle cime di rapa con mollica di pane, i gamberoni al sale affogati con olio d'oliva, la sfoglia calda con crema pasticciera. Il fascino del passato rivive anche nelle belle ed accessoriate camere, nonché nella scenografica piscina ospitata in una grotta.

Carta 20/52 €

6 cam ☲ – ⫶40/65 € ⫶⫶80/110 € – 1 suite

via Marzani 12 – ℰ 0833 558839 – www.acchiatura.it – solo a cena escluso festivi
– Chiuso 8-25 gennaio e 8-25 ottobre; aperto solo le sere nei week-end dal 25 ottobre al 31 marzo

RACINES RATSCHINGS
Bolzano (BZ) – ⌧ 39040 – 3 902 ab. – Alt. 1 290 m – Carta regionale n° **19**-B1
Carta stradale Michelin 562-B16

Panoramahotel Taljörgele

SPA E WELLNESS · STILE MONTANO Grande struttura a gestione familiare, in posizione squisitamente panoramica ed in perfetto stile altoatesino: il legno regna sovrano e la generosità degli spazi interessa sia le camere, sia il centro benessere. Non lontano, il maneggio di proprietà.

24 suites – solo ½ P 95/192 € – 23 cam

Obere Gasse 14 – ℰ 0472 656225 – www.taljoergele.it

RADDA IN CHIANTI
Siena (SI) – ⌧ 53017 – 1 613 ab. – Alt. 530 m – Carta regionale n° **18**-D1
Carta stradale Michelin 563-L16

⫶O La Botte di Bacco

CUCINA TOSCANA · AMBIENTE CLASSICO XX La Toscana e la Campania, passione e amore, cultura ed emozione, s'incontrano nel romantico ristorante gourmet del giovane chef, Flavio D'Auria: una raffinata esperienza gastronomica accompagnata da charme e vista impareggiabile sul verde Chianti.

Menu 55/90 € – Carta 55/88 €

via XX Settembre 23 – ℰ 0577 739008 – www.ristorantelabottedibacco.it
– Chiuso 15 novembre-1° dicembre e giovedì

Palazzo Leopoldo

STORICO · ELEGANTE Nella piccola via del centro storico, un ottimo esempio di conservazione di un palazzo medievale: vi si ripropongono con sobrietà ed eleganza stili ed atmosfere cariche di storia. Ristorante dalla forte impronta locale, sia negli ambienti sia nelle proposte gastronomiche.

28 cam – ⫶109/179 € ⫶⫶169/219 € – 5 suites – ☲ 10 €

via Roma 33 – ℰ 0577 735605 – www.palazzoleopoldo.it

Palazzo San Niccolò

STORICO · CONTEMPORANEO In pieno centro - a poche decine di metri dalla "casa madre" (hotel Palazzo Leopoldo) - questa dimora quattrocentesca offre ampie camere arredate con gusto ed un suggestivo salone, al primo piano, interamente affrescato in stile liberty.

18 cam ☞ – ♦90/110 € ♦♦117/157 €

via Roma 16 – ℰ 0577 735666 – www.hotelsannicolo.com – Aperto 1° aprile-31 ottobre

 Relais Vignale

STORICO · ELEGANTE All'inizio del paese, questo palazzotto signorile dispone di deliziosi spazi all'aperto affacciati sui colli: un panorama condiviso da alcune camere, comprese quelle della dépendance attraversata la strada.

37 cam ☞ – ♦100/180 € ♦♦200/320 € – 5 suites

via Pianigiani 9 – ℰ 0577 738300 – www.vignale.it

sulla strada provinciale 429

 Radda

TRADIZIONALE · MODERNO Hotel realizzato rispettando la tradizione locale nell'utilizzo di pietra e legno, ma declinati in forme di design moderno con colori che spaziano dal grigio al sabbia. Camere ampie e confortevoli; nella bella stagione, si pranza nella sala Chianti affacciata sulla piscina con servizio a buffet.

58 cam ☞ – ♦55/240 € ♦♦75/350 € – 1 suite

località La Calvana 138, Ovest: 1,5 km
– ℰ 0577 73511 – www.compagniedeshotels.com – Aperto 19 dicembre-10 gennaio e 15 marzo-8 novembre

Il Borgo di Vescine

CASA DI CAMPAGNA · TRADIZIONALE Conserva l'originaria struttura del paesino medievale, questo borgo composto da varie abitazioni di campagna con camere confortevoli, sala colazioni in terrazza ed, ultimamente, anche un percorso nel bosco. Per gli amanti del frutto della vite, appuntamento al bar-enoteca; sapori chiantigiani vanno, invece, in scena al ristorante.

28 cam ☞ – ♦115/150 € ♦♦160/230 €

località Vescine, Ovest: 6,5 km
– ℰ 0577 741144 – www.vescine.it – Aperto 1° aprile-31 ottobre

Villa Sant'Uberto

FAMILIARE · CLASSICO Immersa nel silenzio dei colli, un'antica casa patronale è stata convertita nell'attuale risorsa e dispone di camere spaziose: alcune più rustiche, altre quasi signorili. D'estate, godetevi la piacevolezza della terrazza-solarium panoramica sui colli.

12 cam ☞ – ♦60/82 € ♦♦71/96 €

località Sant'Uberto 33, Ovest: 6,8 km – ℰ 0577 741088 – www.villasantuberto.it – Aperto 20 aprile-4 novembre

a Lucarelli Nord-Ovest : 8 km ✉ 53017

Osteria Le Panzanelle

CUCINA TOSCANA · OSTERIA Una cucina del territorio eseguita con gusto e generosità: paste fatte in casa e ottime carni, in una simpatica trattoria di paese informale e sbarazzina. Specialità: tagliatelle al ragù di agnello, cinghiale con le olive, cantucci e vinsanto.

Carta 22/44 €

località Lucarelli 29
– ℰ 0577 733511 – www.osteria.lepanzanelle.it – Chiuso 15 gennaio-28 febbraio, 1 settimana in novembre e lunedì

a **Volpaia** Nord : 7,5 km ✉ 53017

🍴○ **La Bottega dal 1708**   🏠

CUCINA REGIONALE • TRATTORIA 🍴 La tranquillità del posto non ha prezzo e, comunque, non si spende molto, in questa piccola trattoria dal sapore familiare, dove gustare la schietta cucina del territorio e in stagione le verdure del proprio orto: proprio a fianco alla terrazza con vista sui colli dove si svolge il servizio estivo.

Carta 20/49 €

piazza della Torre 1 – ☎ 0577 738001 – www.labottegadivolpaia.it – Chiuso 20 gennaio-20 marzo e martedì

RADEIN REDAGNO

RAGONE Ravenna ➜ Vedere Ravenna

CI PIACE...

La rara e grande cortesia del personale del **Relais Antica Badia**, prodigo di consigli sui luoghi più interessanti della città! Il "**Giardino sul Duomo**", non solo un'insegna d'hotel, ma una promessa mantenuta, per rilassarsi sul giardino pensile, intorno alla sua piccola piscina. La triade confort, benessere e sport assicurata dallo **Sheraton Donnafugata Golf Resort**. L'atmosfera dell'**Antico Convento dei Cappuccini** sulla punta di Ibla, davanti alla vallata: un soggiorno dal sapore mistico.

RAGUSA Sicilia

(RG) – ⊠ 97100 – 73 313 ab. – Alt. 502 m – Carta regionale n° **17**-D3
Carta stradale Michelin 365-AX62

Ristoranti

⁜⁜ Locanda Don Serafino

CUCINA MODERNA · ROMANTICO ✗✗✗ L'essenziale eleganza della sala mette in rilievo la straordinarietà dell'ubicazione del ristorante tra le rocce dell'antica Ibla, mentre spetta a Vincenzo Candiano il compito di ricercare il meglio della produzione gastronomica isolana. Non meno affascinante la cantina, così come la romantica camera ricavata al piano superiore con giardino e idromassaggio privati.

→ Spaghetti freschi neri con ricci, ricotta e seppia. Filetto di mupa in un mare di verdure. I peccati di Montezuma.

Menu 120/155 € – Carta 85/160 €

via Avv. Ottaviano 13, (Ibla)
– ✆ 0932 248778 – www.locandadonserafino.it – Chiuso 15 giorni in novembre, 15 giorni in gennaio, martedì dal 15 settembre al 15 luglio, i mezzogiorno di domenica, lunedì e martedì negli altri mesi

⁜⁜ Duomo (Ciccio Sultano)

CUCINA CREATIVA · ELEGANTE ✗✗✗ A pochi metri dal Duomo di San Giorgio, in piccole ma eleganti sale, la cucina è una dichiarazione d'amore per la Sicilia, i piatti una straordinaria carrellata di eccellenze del territorio, elaborati in ricette dove la semplicità è bandita, l'accostamento di sapori diversi e tavolta contrastanti esaltata.

→ Spaghettone in salsa moresca con bottarga di tonno e succo di carote. Maialino nero dei Nebrodi laccato alla carruba. Cannolo di ricotta vaccina ragusana, zuppa calda di fichi d'India di San Cono e sorbetto.

Menu 45 € (pranzo in settimana)/195 € – Carta 91/139 €

via Cap. Bocchieri 31, (Ibla) – ✆ 0932 651265 (consigliata la prenotazione)
– www.cicciosultano.it – Chiuso 7 gennaio-28 febbraio, lunedì a mezzogiorno e domenica

✿ La Fenice 🏵 ♿ AC P

CUCINA CREATIVA · DESIGN XXX Circondati da pareti vetrate che si affacciano sul giardino dell'albergo, in un'atmosfera luminosa e minimalista, tutta l'attenzione si rivolge alla cucina che ricorre ai prodotti siciliani in preparazioni creative ed estrose.

→ Tagliatelle di gamberi di Mazara con emulsione d'uovo marinato, gelato di frumento affumicato e crostini di focaccia ai pistacchi. Costine di suino nero siciliano cotto a bassa temperatura con finocchi e patate. Ravioli gratinati con crema tiepida al limone su insalatina di agrumi e frutto della passione.

Menu 80 € – Carta 55/90 €

Hotel Villa Carlotta, via Gandhi 3 – ℰ 0932 604140 (consigliata la prenotazione) – www.lafeniceristorante.com – Chiuso domenica in novembre, gennaio, febbraio e marzo

ⅇO Baglio - la Pergola 🏵 🛋 ♿ AC ⇔ P

CUCINA REGIONALE · CASA DI CAMPAGNA XX Un antico baglio che è stato trasformato in un locale di sobria e contenuta eleganza. Tavoli estivi sotto l'ampio porticato, ampia carta dei vini, servizio pizzeria serale.

Menu 30 € (pranzo in settimana) – Carta 25/54 €

contrada Selvaggio, zona stadio – ℰ 0932 686430 – www.baglio.it – Chiuso 2 settimane in gennaio e martedì

ⅇO Tocco - Sicilian Ways ⇔ AC

CUCINA MODERNA · ACCOGLIENTE XX Ristorante recentemente rinnovato, l'ambiente è accogliente e personalizzato, mentre la cucina esprime al meglio il concetto di "sicilianità" reinterpretata - però - in chiave contemporanea; gourmet la sera e in versione light a pranzo.

Menu 45/70 € – Carta 37/74 €

54 cam � – 🛏50/70 € 🛏🛏75/110 €

via San Giuseppe 14 ang. corso Italia – ℰ 0932 621133 – www.ristorantetocco.com – solo a cena – Chiuso domenica

ⅇO I Banchi 🛋

CUCINA SICILIANA · BISTRÒ X Nei bassi del novecentesco Palazzo Di Quattro, nel cuore di Ibla, un locale che non si accontenta di esser ristorante, ma è anche panetteria e pasticceria dove oltre al pane e dolciumi è possibile acquistare prodotti alimentari regionali sceltissimi. La linea di cucina prevede elaborazioni accurate di piatti della tradizione e non solo, a cui si aggiungono - la sera - le pizze.

Menu 30 € (pranzo)/65 € – Carta 33/78 €

via Orfanotrofio 39, (Ibla) – ℰ 0932 655000 – www.ibanchiragusa.it – Chiuso 8-28 gennaio e giovedì

ⅇO Monsù ℕ 🛋 AC

CUCINA CREATIVA · CONVIVIALE X Lei bretone, lui ragusano, una giovane coppia porta una ventata di novità negli antichi bassi di grazioso edificio d'epoca di Ibla. La cucina sposa specialità siciliane e francesi, in omaggio alla tradizione isolana, da sempre aperta a contaminazioni di ogni tipo.

Menu 30/42 € – Carta 28/53 €

corso XXV aprile 84 – ℰ 0932 191 3438 – Chiuso novembre, gennaio e mercoledì escluso in estate

Alberghi

🏠 Relais Antica Badia ✿ 🏵 🖥 AC 🛁 P

DIMORA STORICA · ELEGANTE In un palazzo del 1700 accanto alla cattedrale, un'elegante residenza dai preziosi marmi e soffitti nobili, a cui fanno eco camere dalle intriganti personalizzazioni. Di recente apertura, il Truffle Bistrot dalla spiccata predilezione per le ricette della tradizione piemontese e siciliana.

12 cam ⊒ – 🛏90/270 € 🛏🛏120/300 €

corso Italia 115 – ℰ 0932 247995 – www.relaisanticabadia.com

🏠 Villa Carlotta

BUSINESS · MODERNO In una cornice di macchia mediterranea, tra carrubi e olivi secolari, l'albergo è frutto del restauro e trasformazione di una fattoria dell'Ottocento in moderno hotel di design minimalista.

25 cam ⌑ – 🛏100/120 € 🛏🛏120/140 €

via Gandhi 3 – 📞 *0932 604140 (consigliata la prenotazione)*
– www.villacarlottahotel.com

❀ **La Fenice** – Vedere selezione ristoranti

🏠 Il Barocco

FAMILIARE · CLASSICO Si apre attorno ad una corte lastricata, quest'immobile di fine '800 nato come falegnameria e riconvertito poi in albergo: affreschi su alcune pareti e arredi in arte povera, ad eccezione dell'ultima camera creata, in stile più moderno. A disposizione degli ospiti, alcuni pass per posteggiare l'auto ad Ibla.

17 cam ⌑ – 🛏50/75 € 🛏🛏80/125 €

via S. Maria La Nuova 1, (Ibla)
– 📞 *0932 663105 – www.ilbarocco.it*

🏠 Antico Convento dei Cappuccini

DIMORA STORICA · MINIMALISTA Splendidamente ubicato all'interno dei giardini iblei, il convento d'inizio Seicento che vi ospiterà è uno dei pochi edifici sopravvissuti al terremoto del 1693. Alloggerete nelle antiche celle dei cappuccini, trasformate in camere non particolarmente grandi e dagli arredi sobri, affacciate sulla valle, sul chiostro o sul giardino. I pasti sono serviti nell'ex refettorio, ornato di affreschi ottocenteschi; piatti siciliani e possibilità di frequentare corsi di cucina.

16 cam ⌑ – 🛏50/60 € 🛏🛏80/100 €

viale Margherita 41 ✉ *97100 Ragusa*
– 📞 *0932 686750 – www.anticoconventoibla.it – Chiuso gennaio*

🏠 Locanda Don Serafino

DIMORA STORICA · PERSONALIZZATO Piccola bomboniera a due passi dal Duomo, la locanda nasce dal restauro di un palazzo ottocentesco: pochi spazi comuni, ma tutti sprigionanti un fascino particolare. Il ristorante omonimo dista circa 500 metri a piedi.

11 cam ⌑ – 🛏100/225 € 🛏🛏126/225 €

via XI Febbraio 15, (Ibla)
– 📞 *0932 220065 – www.locandadonserafino.it*

🏠 Sabbinirica ⓝ

STORICO · PERSONALIZZATO Non lontano da raggiungere dal parcheggio di via Ottaviano (da cui verrete prelevati e accompagnati), ma già nel cuore dell'antica Ibla, in un palazzo di fine Seicento, le camere paiono scavate nella roccia - alcune con vista - splendide piastrelle, arredi e spalliere d'epoca.

6 cam ⌑ – 🛏60/145 € 🛏🛏80/145 €

via Mons. Iacono 49 – 📞 *0932 228138 – www.sabbinirica.com*

🏠 Giardino sul Duomo

FAMILIARE · MODERNO Nel cuore di Ibla, due sono i privilegi che fanno il vanto di quest'albergo. 1. E' uno dei pochi palazzi a possedere un giardino con frutteto e piscina. 2. La piccola terrazza solarium dalla quale la straordinaria vista - soprattutto la sera con la città illuminata - spazia dalla cupola del Duomo a Ragusa alta. Nelle camere arredi moderni.

12 cam ⌑ – 🛏60/90 € 🛏🛏75/120 €

Via Capitano Bocchieri 24, (Ibla) – 📞 *0932 682157 – www.giardinosulduomo.it*

verso Marina di Ragusa Sud-Ovest : 14 km

🏠 Eremo della Giubiliana ☂ 🐕 🛏 🍴 ⚅ AK P

STORICO · TRADIZIONALE Immerso nello splendido paesaggio rurale dei muretti a secco, senza uscire dalla proprietà troverete una sequela di testimonianze di duemila anni di storia: un ipogeo romano, la necropoli paleocristiana, il monastero quattrocentesco, un romantico hortus conclusus con piscina e una corte con fontana in stile arabo. Le camere propongono un'eleganza sobria con arredi d'epoca, tre con terrazza.

17 cam ☲ – 🛏100/209 € 🛏🛏153/323 € – 4 suites
contrada Giubiliana ✉ 97100 Ragusa – ✆ 0932 669119
– www.eremodellagiubiliana.it

🏠 Poggio del Sole ☂ 🍴 🐕 🛗 🎛 🛗 AK ❀ ⛱ 🚗

BUSINESS · FUNZIONALE Hotel moderno in posizione stradale all'uscita da Ragusa, si propone come un'ottima risorsa per una clientela che necessita di spostarsi frequentemente e predilige camere ampie e moderne.

65 cam ☲ – 🛏60/90 € 🛏🛏90/130 € – 3 suites
strada provinciale 25 Ragusa/Marina km 5,700 ✉ 97100 Ragusa – ✆ 0932 668521
– www.poggiodelsoleresort.it

strada per Santa Croce Camerina Sud-Ovest : 25 km

🏨 Sheraton Donna Fugata Golf Resort ☂ 🐕 ⚔ 🛏 🍴 🖼 ⑨ 🐕

LUSSO · MODERNO Direttamente sui campi da golf, 🛗 🖼 🎛 🛗 AK ⛱ P moderno ed elegante resort dove natura e tranquillità accompagnano un soggiorno ad alti livelli. Diverse proposte per la ristorazione, dalla pizzeria ai piatti gourmet del Carrubo.

186 cam ☲ – 🛏160/350 € 🛏🛏240/640 € – 10 suites
strada provinciale 19, contrada Piombo ✉ 97100 Ragusa – ✆ 0932 914200
– www.donnafugatagolfresort.com – Chiuso 11-27 dicembre

🏡 Antica Locanda Del Golf 🐕 ⚔ 🛏 🍴 🖼 🛗 AK ❀ P

CASA DI CAMPAGNA · MODERNO All'interno dell'antico feudo tutt'oggi appartenente alla nobile famiglia Arezzo, le camere sono il risultato di un attento recupero architettonico delle vecchie guest house che il marchese era solito mettere a disposizione dei suoi ospiti per le battute di caccia. Per raggiungere la sala colazione sarà necessaria una passeggiata o la macchina - se non richiedete che vi venga servita in camera - ma la distanza è ripagata da un contesto naturalistico straordinario, nonché camere ampie ed eleganti.

12 cam ☲ – 🛏110/140 € 🛏🛏120/150 €
strada Provinciale 19, contrada Piombo ✉ 97100 Ragusa – ✆ 0932 186 5180
– www.anticalocandadelgolf.it – Chiuso gennaio-febbraio

RAITO Salerno → Vedere Vietri sul Mare

RANCIO VALCUVIA

Varese – ✉ 21030 – 902 ab. – Alt. 296 m – Carta regionale n° **9**-A2
Carta stradale Michelin 561-E8

🐸 Gibigiana 🎏 ⛵ P

CUCINA REGIONALE · FAMILIARE ✕✕ La grande griglia troneggia in mezzo alla sala principale, preludio di quanto sarà servito in tavola: specialità locali e alla brace, nonché i superbi gnocchi alla Gibigiana o lo zabaione al Marsala con gelato artigianale alla vaniglia.

⬛ Menu 25/40 € – Carta 23/48 €
via Roma 19 – ✆ 0332 995085 – Chiuso 1°-15 agosto e martedì

RANCO

Varese (VA) – ✉ 21020 – 1 314 ab. – Alt. 214 m – Carta regionale n° **9**-A2
Carta stradale Michelin 561-E7

�𝄁○ **Il Sole di Ranco** ⚅ ≼ 🏠 🏡 🅰 ⬦ 🅿

CUCINA CREATIVA · ELEGANTE XxX Bella terrazza liberty vista lago e delizioso giardino d'inverno per una cucina, che intreccia tradizione e modernità, nel rispetto e nella riscoperta dei prodotti del territorio.

Menu 50/100 € – Carta 55/135 €

Hotel Il Sole di Ranco, piazza Venezia 5 – ☏ 0331 976507 – www.ilsolediranco.it
– Chiuso 1°-14 gennaio, i mezzogiorno di lunedì e martedì in alta stagione, anche le sere di lunedì e martedì in bassa stagione

�𝄁○ **La Veranda** ≼ 🏠 🅰 🍽 🅿

CUCINA LOMBARDA · AMBIENTE CLASSICO XX Intimo ed elegante, aperto tutto l'anno, d'estate il ristorante può far leva su un ulteriore appeal: la bella terrazza affacciata sul lago. La cucina promuove la valorizzazione dei piatti della tradizione lacustre e della campagna lombarda.

Menu 40/52 € – Carta 33/71 €

Hotel Conca Azzurra, via Alberto 53 – ☏ 0331 975710 – www.laverandaranco.it
– solo a cena escluso da maggio a settembre e sabato-domenica
– Chiuso 3 gennaio-13 febbraio

🏠 **Il Sole di Ranco** ⚅ ≼ 🏠 🍳 🍸 ⊕ 🅰 🅿

LOCANDA · PERSONALIZZATO La risorsa non è molto grande, ma fa di questo "raccoglimento" il proprio punto di forza. La posizione elevata, fronte lago con giardino, si fa complice nel creare quell'atmosfera incantata che affascinerà l'ospite. E la magia continua poi negli ambienti interni, nonché nelle camere più o meno spaziose: qualcuna con bagni in marmo di Carrara, altre con arredi in antico stile lombardo. Tutte, comunque, di una bellezza abbagliante: non per niente si chiama il Sole!

14 cam ⌂ – �♦120/300 € ♦♦150/350 €

piazza Venezia 5 – ☏ 0331 976507 – www.ilsolediranco.it – Chiuso 1°-14 gennaio
⟁○ **Il Sole di Ranco** – Vedere selezione ristoranti

🏠 **Conca Azzurra** ⚅ ≼ 🏠 🍳 🍸 🔥 ⊕ 🅰 🎿 🅿

TRADIZIONALE · BORDO LAGO Un albergo di tono classico con una buona offerta di servizi, tra cui un moderno centro benessere, e camere accoglienti (tutte dotate di balcone o terrazzo). Ideale per chi vuole approfittare di un rilassante soggiorno in riva al lago.

29 cam ⌂ – ♦90/110 € ♦♦105/180 €

– ☏ 0331 976526 – www.concazzurra.it – Chiuso 3 gennaio-13 febbraio
⟁○ **La Veranda** – Vedere selezione ristoranti

🏠 **Belvedere** ⛲ ⚅ ≼ 🏠 🍸 ⊕ ♿ 🎿 🅿

TRADIZIONALE · ACCOGLIENTE In centro e contemporaneamente a pochi passi dal lago, l'hotel offre ai suoi ospiti un'atmosfera familiare ed ampie camere arredate con mobili in legno chiaro. Dalla cucina: specialità di lago, piatti rivisitati in chiave moderna e una lunga tradizione (dal 1865!) nel campo della ristorazione.

12 cam ⌂ – ♦90/110 € ♦♦115/160 €

via Piave 11 – ☏ 0331 975260 – www.hotelristorantebelvedere.it
– Chiuso 24 dicembre-7 febbraio

RANDAZZO Sicilia

Catania – ✉ 95036 – 10 900 ab. – Alt. 765 m – Carta regionale n° **17**-D2
Carta stradale Michelin 365-AY56

⬤ Veneziano ⬤ 🍴 🎍 ᕼ ᴬᶜ P

CUCINA SICILIANA · CONTESTO TRADIZIONALE XX Sono i funghi i padroni assoluti della cucina, che qui, alle pendici dell'Etna, si trovano con facilità. Piatti locali, quindi, e un servizio familiare serio ed efficiente in sale che rinnovano con buon gusto la tradizione di un antico palmento.

Carta 22/53 €

contrada Arena, strada statale 120 km 187, Est: 2 km – ℰ 095 799 1353
– www.ristorantveneziano.it – Chiuso lunedì, anche domenica sera in inverno

⬤ Le Delizie ⬤ 🍴 🎍 ᴬᶜ P

CUCINA CLASSICA · FAMILIARE X In una sala dagli arredi semplici e classici, a gestione familiare, il ristorante è una tappa imprescindibile per la sua cucina locale e non, nonché per i prezzi contenuti. Camere ben tenute, optare per quelle più recentemente rinnovate.

🍽 Menu 15 € (in settimana)/35 € – Carta 17/33 €

30 cam 🛏 – ♦50/60 € ♦♦85/90 €

via Bonaventura 2 – ℰ 095 921596 – www.hotelscrivano.com

RANZANICO

Bergamo – ✉ 24060 – 1 207 ab. – Alt. 519 m – Carta regionale n° **10**-D1
Carta stradale Michelin 561-E11

⬤ Pampero 🕸 🍴 🎍 ᴬᶜ P

PESCE E FRUTTI DI MARE · ELEGANTE XX Cucina prevalentemente a base di pesce con piatti elaborati in chiave moderna, in una piacevolissima struttura ubicata lungo la statale del piccolo e suggestivo lago di Endine. Ad introdurre gli ospiti, un bel giardino con prato all'inglese.

Menu 35/75 € – Carta 41/89 €

via Nazionale 229 – ℰ 035 811304 (consigliata la prenotazione)
– www.ristorantepampero.com – Chiuso 15-31 gennaio, martedì a mezzogiorno
e lunedì

RANZO

Imperia – ✉ 18020 – 556 ab. – Alt. 300 m – Carta regionale n° **8**-A2
Carta stradale Michelin 561-J6

⬤ Il Gallo della Checca 🕸 🎍 P

CUCINA REGIONALE · ACCOGLIENTE XX Ristorante-enoteca che offre interessanti proposte gastronomiche sull'onda di una cucina prevalentemente regionale. In sala bottiglie esposte ovunque: cantina di buon livello.

🍽 Menu 25 € (pranzo in settimana)/45 € – Carta 42/87 €

località Ponteretto 31, Est: 1 km – ℰ 0183 318197 (consigliata la prenotazione)
– www.gallochecca.ory.it – Chiuso lunedì

RAPALLO

Genova (GE) – ✉ 16035 – 29 796 ab. – Carta regionale n° **8**-C2
Carta stradale Michelin 561-I9

⬤ Le Cupole ⬤ 🍴 🎍 ᴬᶜ P

CUCINA MODERNA · LUSSO XXX Se leggendo il nome di questo ristorante, immaginate un roof garden con vista mozzafiato sul Promontorio di Portofino: ebbene, avete indovinato! Al decimo piano del Grand Hotel Bristol, la cucina abbraccia tutto lo Stivale, ma riserva un occhio di riguardo alle specialità regionali. Imperdibili: i tortelli di preboggion (erbe tipiche locali) su crema di Vaise con spuma di noci.

Carta 54/94 €

Grand Hotel Bristol, via Aurelia Orientale 369, 1,5 km per La Spezia
– ℰ 0185 273313 (prenotazione obbligatoria a mezzogiorno) – www.lecupole.eu
– solo a cena

🏨 Excelsior Palace Hotel 🏠 ⚲ ⚔ ⚒ 📺 🌐 🐾 ♨ ⚓ 🛗 AC 🛁 🚗

GRAN LUSSO · LUNGOMARE Un "grande albergo": non solo per le sue dimensioni, ma in quanto punto di riferimento per il bel mondo internazionale, splendida cornice per vacanze in ambienti eleganti ed accoglienti, nelle raffinate camere o nelle splendide suite sul mare. La proposta culinaria dispone di due ristoranti e altrettanti bar. Inoltre a disposizione uno stabilimento balneare privato con piscine, nonché gazebo per i massaggi all'aria aperta.

103 cam ⌑ – ♦163/767 € ♦♦199/954 € – 16 suites

via San Michele di Pagana 8 – ℰ 0185 230666 – www.excelsiorpalace.it

🏨 Grand Hotel Bristol 🏠 ⚔ 🛏 ⚒ 🌐 🐾 🛗 🛗 ♿ AC 🛁 🚗

LUSSO · PERSONALIZZATO Storico albergo frontemare - rinnovato in anni recenti - con ambienti comuni moderni, camere spaziose ed un iper moderno centro benessere.

77 cam ⌑ – ♦80/200 € ♦♦120/450 € – 6 suites

*via Aurelia Orientale 369, 1,5 km per La Spezia – ℰ 0185 273313
– www.grandhotelbristol.it*

🍴 **Le Cupole** – Vedere selezione ristoranti

🏨 L'Approdo 🔗 ⚔ 🛗 AC 🅿

FAMILIARE · MINIMALISTA Ambienti moderni e camere minimaliste in una struttura dalla seria ed affidabile gestione familiare. Il panorama dalle stanze dell'ultimo piano non delude mai!

32 cam ⌑ – ♦84/240 € ♦♦84/240 €

*via Pagana 160, località San Michele di Pagana, per S. Margherita Ligure
– ℰ 0185 234568 – www.approdohotel.it – Aperto Pasqua-15 ottobre*

🏨 Riviera 🔗 ⚔ 🛗 AC 🛁

FAMILIARE · LUNGOMARE Struttura d'epoca, completamente rinnovata, affacciata sul mare, dotata di ampi e luminosi ambienti. Buon livello delle camere e del servizio.

20 cam ⌑ – ♦67/145 € ♦♦70/185 € – 3 suites

piazza 4 Novembre 2 – ℰ 0185 50248 – www.hotelrivierarapallo.com – Chiuso 1° novembre-10 dicembre

RAPOLANO TERME

Siena – ✉ 53040 – 5 249 ab. – Alt. 334 m – Carta regionale n° **18**-C2
Carta stradale Michelin 563-M16

🍴 Osteria Il Granaio 🔗 ♿ AC

CUCINA CLASSICA · CONTESTO TRADIZIONALE ✕✕ Nel centro storico di Rapolano, si chiama osteria ma in realtà è un ristorante dalle eleganti sale sotto gli archi in mattoni di un palazzo di origini seicentesche. In carta troverete specialità toscane, dai pici con vari condimenti al peposo, nonché una selezione di piatti di pesce.

Carta 33/79 €

via dei Monaci – ℰ 0577 726975 – www.osteriailgranaio.it – Chiuso 15 gennaio-20 febbraio, martedì e mercoledì

🏨 2 Mari 🏠 🛏 ⚒ 📺 🌐 🛗 AC 🍴 🛁 🅿

TRADIZIONALE · CLASSICO Ambienti accoglienti e funzionali in questo hotel dalla capace gestione familiare. All'esterno un bel giardino custodisce la piscina, mentre nel centro benessere si usano prodotti home made. Menu regionali presso la luminosa sala ristorante.

57 cam ⌑ – ♦58/64 € ♦♦80/120 €

*via Giotto 1, località Bagni Freddi – ℰ 0577 724070 – www.hotel2mari.com
– Chiuso 3 giugno-12 luglio*

🏨 Terme San Giovanni   🏠 🍴 ⌿ 🖼 ♨ ✕ 🎰 P

TERMALE · TRADIZIONALE Un ampio parco termale e curati giardini fanno da cornice a questo confortevole hotel, che dispone di camere di varia tipologia e prezzo. Al ristorante i menu spaziano dalla tradizione all'innovazione.

57 cam ☲ – ⚊50/110 € ⚊⚊80/180 €

località Terme San Giovanni 52, Sud : 1 km
– ✆ 0577 724030 – www.termesangiovanni.it
– Chiuso 20 novembre-6 dicembre

🏨 Villa Buoninsegna   ⟨ 🍴 ⌿ P

DIMORA STORICA · TRADIZIONALE Una poderosa villa del 1600 al centro di una vastissima proprietà, le cui ampie camere - arredate con mobili antichi - si affacciano sul salone del piano nobile. La struttura dispone di due piscine all'aperto e di vasti percorsi per escursioni.

9 cam ☲ – ⚊90/100 € ⚊⚊100/130 €

località La Buoninsegna, Sud-Est : 5 km
– ✆ 0577 724380 – www.buoninsegna.com
– Aperto 1° aprile-5 novembre

RASEN ANTHOLZ RASUN ANTERSELVA

RASUN ANTERSELVA RASEN ANTHOLZ
Bolzano (BZ) – ✉ 39030 – 2 853 ab. – Alt. 1 030 m – Carta regionale n° **19**-C1
Carta stradale Michelin 562-B18

ad Anterselva di Mezzo (BZ) – ✉ 39030 – Alt. 1 100 m

🏨 Santéshotel   🏠 🍴 🖼 ♨ ✕ 🎰 ⅋ P

FAMILIARE · STILE MONTANO Struttura caratterizzata da una gestione attenta alle esigenze dei "grandi" come dei più piccoli, capace inoltre di mantenersi sempre al passo con i tempi. Piccola e intima stube per apprezzare una genuina cucina del territorio.

26 cam ☲ – ⚊65/120 € ⚊⚊120/220 € – 2 suites

ad Anterselva di Mezzo, via St. Georg 11
– ✆ 0474 492130 – www.santeshotel.it
– Aperto 24 dicembre-Pasqua e 1° maggio-31 ottobre

RASTIGNANO Bologna → Vedere Pianoro

RATSCHINGS RACINES

RAVALLE Ferrara → Vedere Ferrara

RAVASCLETTO
Udine – ✉ 33020 – 536 ab. – Alt. 950 m – Carta regionale n° **6**-B1

🏨 La Perla   🏠 ⟨ 🍴 🖼 📶 ♨ ⌿ ✕ ⅋ P

TRADIZIONALE · CLASSICO Ottima gestione, giunta ormai alla terza generazione: l'albergo si segnala per la completezza dei servizi che comprendono - oltre al centro benessere - anche la ristorazione, curata e con ampio spazio dedicato alle golosità della Carnia.

35 cam ☲ – ⚊42/62 € ⚊⚊80/98 €

via Santo Spirito 43
– ✆ 0433 66039 – www.hotellaperla-carnia.it
– Chiuso aprile e novembre

RAVELLO

Salerno (SA) – ✉ 84010 – 2 490 ab. – Alt. 350 m – Carta regionale n° **4**-B2
Carta stradale Michelin 564-F25

✿ **Rossellinis**   ⬝⬝ 🚪 🛋 AC ✷

CUCINA MODERNA • LUSSO XxxX Elegante e sofisticato nelle sale interne, ma l'appuntamento imperdibile è con la terrazza estiva affacciata su uno degli scorci più suggestivi della costiera amalfitana: tra mare e monti sembra veramente di spiccare il volo. Cucina tecnica ed elaborata, innamorata del territorio e dei prodotti campani.

→ Il riso. L'astice blu. La nocciola di Giffoni e la mela annurca.

Menu 110/150 € – Carta 101/155 €

Hotel Palazzo Avino, via San Giovanni del Toro 28
– ☎ 089 818181 (consigliata la prenotazione) – www.palazzoavino.com
– solo a cena – Aperto 31 marzo-22 ottobre

⭘ **Belvedere Restaurant**   🚪 🛋 AC ✷ ⬦

CUCINA MODERNA • LUSSO XxxX Sulla spettacolare ed elegantissima terrazza affacciata sul Mediterraneo o nell'altrettanto elegante sala interna, quando il clima è un po' più rigido, saranno piatti mediterranei a soddisfare il vostro appetito. Per chi ricerca, invece, qualcosa di più "leggero" e mondano - da poco, la sera - va in scena il "bubbles bar".

Menu 88/195 € – Carta 66/230 €

Hotel Belmond Caruso, piazza San Giovanni del Toro 2
– ☎ 089 858801 – www.belmond.com
– Aperto inizio aprile-fine ottobre

⭘ **Il Flauto di Pan**   ⬝⬝ ≤ 🚪 🛋 ⌁ AC ✷ ⬦

CUCINA CREATIVA • ROMANTICO XxX Come rapita dal canto delle sirene, la cucina si lascia cullare dal mare, non scevra di prodotti e colori campani; all'interno di uno straordinario parco a strapiombo sul mare, la terrazza estiva del ristorante è uno degli angoli più romantici della costiera.

Menu 80/130 € – Carta 82/129 €

Hotel Villa Cimbrone, via Santa Chiara 26
– ☎ 089 857459 – www.hotelvillacimbrone.it – solo a cena
– Aperto 18 aprile-31 ottobre

🏚 **Belmond Hotel Caruso**   ⬝ ≤ 🚪 ⌁ 🛗 ⊡ AC 🚗

DIMORA STORICA • GRAN LUSSO Vivere tra cielo e mare, succede nell'incantevole Ravello, così accade al *Caruso*, abbarbicato com'è nella parte alta della località, fa del panorama a strapiombo sulla costiera amalfitana il proprio dna: camere perfette, infinity pool e moderno centro benessere.

42 cam ⊇ – ♦550/700 € ♦♦680/3000 € – 8 suites

piazza San Giovanni del Toro 2 – ☎ 089 858801 – www.belmond.com
– Aperto inizio aprile-fine ottobre

⭘ **Belvedere Restaurant** – Vedere selezione ristoranti

🏚 **Palazzo Avino**   ⟡ ⬝ ≤ 🚪 ⌁ 🏊 🏋 🛗 ⊡ ⬝ AC 🍴 🚗

GRAN LUSSO • ELEGANTE Senza dubbio uno dei migliori alberghi della costiera: grande eleganza e servizio di livello eccellente, ambienti comuni raffinati, stanze perfette, panorama mozzafiato. E giù - a mare - anche la spiaggia. Leggere proposte culinarie al ristorante Caffè dell'Arte, da gustare in una distinta saletta o in terrazza.

33 cam ⊇ – ♦420/2600 € ♦♦420/2600 € – 10 suites

via San Giovanni del Toro 28
– ☎ 089 818181 – www.palazzoavino.com
– Aperto 31 marzo-22 ottobre

✿ **Rossellinis** – Vedere selezione ristoranti

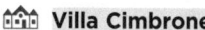 Villa Cimbrone

DIMORA STORICA · ROMANTICO Dimora patrizia del XII sec e hotel di lusso: due anime per una villa che offre intense suggestioni, sia per la posizione - su un costone dominante il mare - sia per lo spessore della sua storia. Senza dimenticare che si trova all'interno dell'omonimo parco, uno dei più belli e panoramici d'Italia!

17 cam ☲ – †330/515 € ††425/860 € – 2 suites

via Santa Chiara 26 – ℰ 089 857459 – www.hotelvillacimbrone.it
– Aperto 18 aprile-31 ottobre

🍴 **Il Flauto di Pan** – Vedere selezione ristoranti

Villa Fraulo

TRADIZIONALE · ELEGANTE Si presenta con luminose camere di taglio signorile e contemporaneo, tutte con bella vista, questa deliziosa risorsa con terrazza-ristorante e cucina del territorio.

21 cam ☲ – †152/192 € ††189/239 € – 5 suites

via S. Giovanni del Toro 6 – ℰ 089 858283 – www.villafraulo.com – Aperto 1° aprile-3 novembre

Rufolo

TRADIZIONALE · ELEGANTE Nel centro storico con panorama sul golfo e su Villa Rufolo, la struttura dispone di camere curate e di una bella piscina inserita nell'ampio giardino. Ultimo, ma non ultimo, il ristorante Sigilgaida, che offre oltre ad una valida cucina anche un bel panorama.

35 cam ☲ – †190/235 € ††250/390 €

via San Francesco 1 – ℰ 089 857133 – www.hotelrufolo.it – Chiuso gennaio e febbraio

Villa Maria

FAMILIARE · ACCOGLIENTE Struttura signorile ubicata in una zona tranquilla del paese e raggiungibile soltanto a piedi (il parcheggio è molto vicino). Dotata di un'elegante zona soggiorno comune. Servizio ristorante estivo sotto un pergolato con una stupefacente vista di mare e costa.

23 cam ☲ – †210/250 € ††280/330 €

via Santa Chiara 2 – ℰ 089 857255 – www.villamaria.it

Giordano

DIMORA STORICA · PERSONALIZZATO A pochi passi dalla piazza, nella direzione di Villa Cimbrone, facilmente raggiungibile in auto e dotato di parcheggio, palazzotto di fine '800 con camere funzionali e grazioso giardino.

33 cam ☲ – †190/210 € ††230/255 €

via Trinità 14 – ℰ 089 857255 – www.giordanohotel.it – Aperto 1° aprile-31 ottobre

sulla costiera amalfitana Sud : 6 km

Marmorata

TRADIZIONALE · LUNGOMARE Arroccato sugli scogli, ma con discesa privata a mare, albergo ricavato dall'abile ristrutturazione di un'antica cartiera: arredi in stile vecchia marina e deliziosa piscina con idromassaggio. Cucina mediterranea e specialità ittiche nella sala ristorante o sulle terrazze con lo sciabordio delle onde come sottofondo.

40 cam ☲ – †100/250 € ††150/350 €

via Bizantina 3, località Marmorata ✉ 84010 – ℰ 089 877777 – www.marmorata.it
– Aperto 16 aprile-31 ottobre

Villa San Michele

FAMILIARE · LUNGOMARE Hotel letteralmente affacciato sul mare, a ridosso degli scogli, inserito in un verde giardino. In perfetta armonia con la natura: per un soggiorno dalle forti emozioni.

12 cam ☲ – †90/170 € ††100/224 €

via Carusiello 2 ✉ 84010 – ℰ 089 872237 – www.hotel-villasanmichele.it
– Aperto 6 marzo- 2 novembre

RAVENNA

(RA) – ✉ 48121 – 159 116 ab. – Carta regionale n° **5**-D2
Carta stradale Michelin 562-I18
Si prega di compilare questo campo

🍴 **Antica Trattoria al Gallo 1909**　　　　　　　　　　⇄

CUCINA CLASSICA · VINTAGE ✕✕ Facente parte dei "Locali Storici d'Italia", un riferimento ineludibile nel panorama della ristorazione ravennate: trattoria solo nel nome, un tripudio di decorazioni liberty vi attende al suo interno, insieme ad una schietta cucina regionale. Salottino per fumatori al primo piano.

Carta 31/53 €

Pianta: A1-t – *via Maggiore 87* ✉ *48121*
– ✆ *0544 213775 – www.algallo1909.it*
– *Chiuso 23 dicembre-7 gennaio, domenica sera, lunedì e martedì*

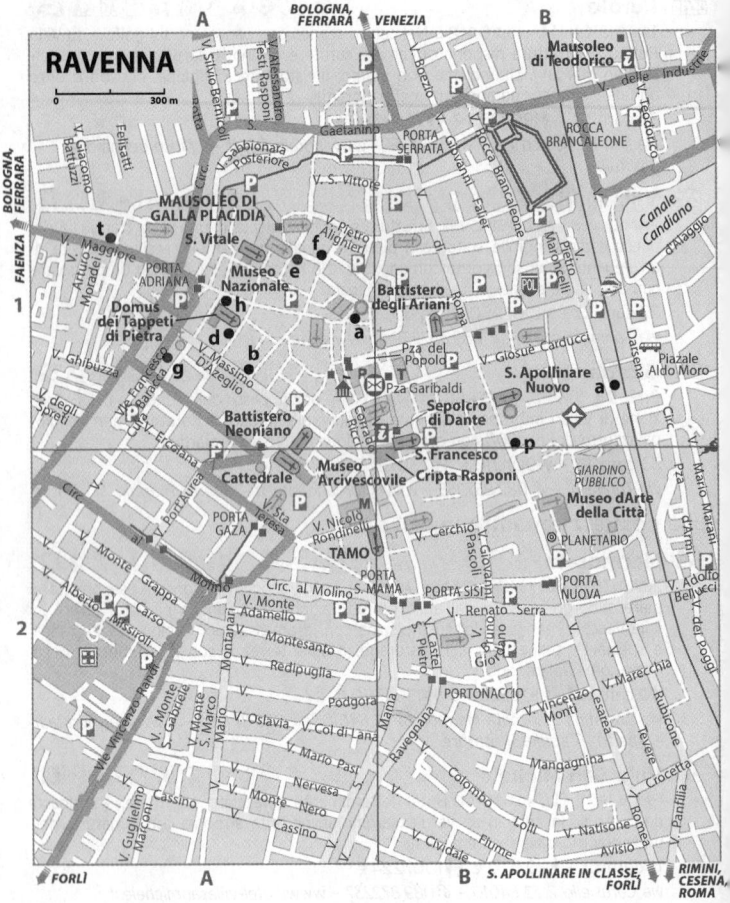

ⅱ○ Osteria del Tempo Perso   ⅏ 🍴 AC

PESCE E FRUTTI DI MARE · DI QUARTIERE ⅹ Insospettabile cucina di mare in un piccolo ristorante del centro dall'ambiente rustico personalizzato con luci soffuse, sottofondo jazz, tanti libri, bottiglie di vino, foto in bianco e nero.

Carta 33/56 €

Pianta: A1-e – via Gamba 12 ✉ 48121 – ✆ 0544 215393 – www.osteriadeltempoperso.it – solo a cena escluso sabato, domenica e giorni festivi

ⅱ○ L'Acciuga   ⅋ AC

PESCE E FRUTTI DI MARE · FAMILIARE ⅹ Il nome lascia intuire la linea di cucina del locale: di mare, con una doppia formula. A pranzo c'è la carta, mentre - la sera - si propone un singolo menu degustazione arricchito da alcune alternative. Sempre presenti, le ottime acciughe!

Menu 40/45 € – Carta 35/61 €

Pianta: A1-g – viale Francesco Baracca, 74 ✉ 48121 – ✆ 0544 212713 – www.osterialacciuga.it – Chiuso 12-19 agosto, domenica sera e lunedì

🏨 Palazzo Bezzi   ⅏ 🛗 ⅋ AC

LUSSO · MINIMALISTA A due passi dal centro, adiacente la Basilica di Sant'Apollinare Nuovo, l'albergo si apre su interni di moderna eleganza, con parquet e arredi in wengè nelle camere dalle tinte sobrie. All'ultimo piano, una piccola terrazza-solarium panoramica.

32 cam ⌧ – †59/209 € ††69/219 €

Pianta: B1-2-p – via Di Roma 45 ✉ 48121 – ✆ 0544 36926 – www.palazzobezzi.it

🏨 Cappello   ⅋ 🛗 AC 🏛

STORICO · PERSONALIZZATO La tradizione popolare racconta che qui vi nacque Francesca da Polenta, moglie di Gianciotto Malatesta, la sventurata amante della commedia dantesca. E' un piacere, quasi un privilegio, essere ospiti di una risorsa così elegante e signorile. Pezzi di design convivono nelle belle camere con affreschi e soffitti a cassettoni: stanze piacevolmente decorate in diversi colori che ne hanno ispirato i loro nomi di fantasia: Oro Verde, Sogno Amaranto, Gemma Gialla...

5 cam ⌧ – †90/179 € ††90/189 € – 2 suites

Pianta: A1-a – via IV Novembre 41 ✉ 48121 – ✆ 0544 219813 – www.albergocappello.it

🏨 Bisanzio   ⅋ 🛗 AC 🏛

BUSINESS · CLASSICO Nei pressi della Basilica di San Vitale e del Mausoleo di Galla Placidia, un albergo con marmi e lampadari di Murano nella hall, nonché camere lineari, complete nei servizi.

38 cam ⌧ – †77/162 € ††85/180 €

Pianta: A1-f – via Salara 30 ✉ 48121 – ✆ 0544 217111 – www.bisanziohotel.com

🏨 S. Andrea   ⅋ 🛗 AC

FAMILIARE · CLASSICO Ex convento di origine secentesca, ha conservato l'atmosfera tranquilla acquisendo un tono familiare più da casa privata che da albergo. Piccolo giardino, grande oasi.

12 cam ⌧ – †80/100 € ††110/140 € – 1 suite

Pianta: A1-d – via Cattaneo 33 ✉ 48121 – ✆ 0544 215564 – www.santandreahotel.com – Chiuso 13 novembre-5 febbraio

🏨 Italia   ⅋ 🛗 ⅋ AC 🅿

FAMILIARE · FUNZIONALE A pochi passi dalla stazione ferroviaria, hotel con camere funzionali ed accoglienti, adatto a chi ha bisogno di parcheggio senza allontanarsi troppo dal centro. Al ristorante specialità montane e valtellinesi faranno ricordare le origini dello chef.

45 cam – †55/105 € ††80/150 € – ⌧ 8 €

Pianta: B1-a – viale Pallavicini 4/6 ✉ 48121 – ✆ 0544 212363 – www.hitalia.it

🏨 Santa Maria Foris

LUSSO · DESIGN Bella casa nel centro della città, in grado di offrire camere spaziose, lussuose e stilose grazie all'estro dell'architetto che l'ha ridisegnata. Lampadari preziosi, grandi specchi, terrazzino per le colazioni estive e, in generale, un elegante gioco di chiaroscuri.

11 cam – ♦79/129 € ♦♦79/129 € – ☐ 10 €

Pianta: A1-b – *via Giuseppe Pasolini 61* ✉ *48121* – ✆ *0544 212163*
– www.villaforis.it – Chiuso gennaio e febbraio

🏨 M Club Deluxe

DIMORA STORICA · PERSONALIZZATO Bella risorsa a brevissima distanza dalla Basilica di San Vitale, ricavata nella casa di famiglia risalente al XV secolo: dettagli di pregio, mobili d'antiquariato, nonché svariati quadri e stampe formano un interessante insieme.

5 cam ☐ – ♦70/120 € ♦♦90/130 €

Pianta: A1-h – *piazza Baracca 26* ✉ *48121* – ✆ *333 955 6466 – www.m-club.it*
– Chiuso 3 settimane in febbraio e 3 settimane in novembre

a San Michele Ovest: 8 km direzione Bologna A1 ✉ 48124 – Ravenna

🍴 Osteria al Boschetto

CUCINA ITALIANA · ACCOGLIENTE ✕✕ Non lontano dal casello autostradale di S. Vitale, all'interno di una palazzina d'inizio '900, locale assai gradevole con due salette disposte su due piani ed un fresco dehors estivo. Cucina di varia ispirazione.

Carta 43/78 €

via Faentina 275 – ✆ 0544 414312 – www.ristorantealboschetto.it – Chiuso 1°-14 settembre e giovedì

a Ragone Sud-Ovest: 15 km direzione Forlì A2 ✉ 48125

🍴 Trattoria Flora

CUCINA REGIONALE · FAMILIARE ✕ Atmosfera di altri tempi, caratterizzata da sapori autentici e nel rispetto della tradizione romagnola, per una semplice trattoria, grande nel gusto. I nostri preferiti: tagliolino al tartufo - faraona alla cacciatora - zuppa inglese.

🍴 Menu 13 € – Carta 19/39 €

via Ragone 104 – ✆ 0544 534044 – solo a cena escluso sabato, domenica e giorni festivi – Chiuso 6-26 agosto e mercoledì

RAVINA Trento → Vedere Trento

RECANATI
Macerata (MC) – ✉ 62019 – 21 349 ab. – Alt. 293 m – Carta regionale n° **11**-C2
Carta stradale Michelin 563-L22

🍴 Cafè Opera ⓝ

CUCINA CLASSICA · DESIGN ✕✕ Piacevole sosta nella moderna sala dove la cucina marchigiana viene reinterpretata con fantasia e creatività da un giovane e capace chef.

Menu 30/65 € – Carta 28/56 €

Gallery Hotel Recanati, via Falleroni 85 – ✆ 071 981914 – www.ghr.it – solo a cena

🏨 Gallery Hotel Recanati

STORICO · MODERNO Nato dall'accurato restauro di un seicentesco palazzo nobiliare del centro storico (in seguito diventato seminario e scuola), un hotel che coniuga modernità e recupero di parti storiche.

63 cam ☐ – ♦55/159 € ♦♦89/199 € – 5 suites

via Falleroni 85 – ✆ 071 981914 – www.ghr.it

🍴 **Cafè Opera** – Vedere selezione ristoranti

RECCO

Genova – ⌧ 16036 – 9 752 ab. – Carta regionale n° **8**-C2
Carta stradale Michelin 561-I9

ⓘ○ **Da ö Vittorio**   🏦 ⌂ ⇄ 🅿

PESCE E FRUTTI DI MARE · VINTAGE ※※ Piatti liguri e specialità ittiche in uno dei Locali Storici d'Italia composto da due piacevoli sale: una di tono rustico-elegante, l'altra più sobria. C'è anche l'alternativa dell'Antica Osteria del Vastato che propone, su lavagna giornaliera, piatti facili ed economici. Settore notte con camere di taglio classico nel corpo principale, in stile e moderne nella dépendance.

🍴 Menu 22/40 € – Carta 21/63 €

via Roma 160 – 𝒞 0185 74029 – www.daovittorio.it

ⓘ○ **Manuelina**   ⇦ 🛏 ⌂ 🄰🄲 ⅋ ⚐ 🅿

CUCINA REGIONALE · CONVIVIALE ※※ Sono pochi i locali che possono competere con la lunga tradizione gastronomica di Manuelina: più di 125 anni di cucina ligure, ricerca di ricette che seguono le stagioni, rivalutazione dei prodotti autoctoni e scrupolosa selezione delle materie prime. Difficile stargli al passo!

Menu 39/64 € – Carta 46/73 €

23 cam ⌑ – †70/120 € ††90/150 €

via Roma 296 – 𝒞 0185 74128 – www.manuelina.it – Chiuso 8-25 gennaio e mercoledì

RECOARO TERME

Vicenza – ⌧ 36076 – 6 453 ab. – Alt. 450 m – Carta regionale n° **23**-B2
Carta stradale Michelin 562-E15

🏨 **Trettenero**   🏖 🛏 ⌂ ⚐ 📶 ⚑ 🅿

STORICO · PERSONALIZZATO Sorto all'inizio dell'Ottocento, prende il nome dal suo fondatore. Si distingue per l'originalità dei decori, per gli ampi spazi a disposizione e per il piccolo parco. Molto capiente la sala da pranzo: colpisce per l'altezza del soffitto e per le decorazioni.

58 cam ⌑ – †60/100 € ††105/150 € – 1 suite

via Vittorio Emanuele 16/E – 𝒞 0445 780380 – www.hoteltrettenero.it

RECORFANO Cremona → Vedere Voltido

REDAGNO RADEIN

Bolzano (BZ) – ⌧ 39040 – Alt. 1 566 m – Carta regionale n° **19**-D3
Carta stradale Michelin 562-C16

ⓘ○ **Stube 1600**   ⅋

CUCINA REGIONALE · ROMANTICO ※※ La tipica stube fatta di legni antichi si è trasformata in piccolo ristorante, la Stube 1600: data d'origine della costruzione, ma anche altitudine della casa. Cucina tradizionale, con tanti ingredienti coltivati in loco, ed un imperdibile Gewurztraminer "Pinus" di propria produzione.

Carta 43/83 €

Hotel Zirmerhof, via Oberradein 59 – 𝒞 0471 887215 (prenotazione obbligatoria) – www.zirmerhof.com – solo a cena – Aperto 8 maggio-6 novembre; chiuso martedì

🏠 **Zirmerhof**   🏖 🛏 ⪪ ⇦ ⌁ ⚐ 🚗

FAMILIARE · PERSONALIZZATO Albergo di tradizione ricavato da un antico maso tra i pascoli: un'oasi di pace con bella vista su monti, arredi d'epoca e quadri antichi. Tre curatissimi chalet (da prenotare con debito anticipo) per un soggiorno da favola!

40 cam ⌑ – †120/150 € ††220/400 € – 6 suites

via Oberradein 59 – 𝒞 0471 887215 – www.zirmerhof.com – Aperto 8 maggio-6 novembre

ⓘ○ **Stube 1600** – Vedere selezione ristoranti

REGGELLO

Firenze (FI) – ⊠ 50066 – 16 290 ab. – Alt. 390 m – Carta regionale n° **18**-C1
Carta stradale Michelin 563-K16

a Pietrapiana Nord : 3,5 km ⊠ 50066

⇆ ⑤ ≤ 🏠 🅿

⑩ Da Archimede

CUCINA TOSCANA · FAMILIARE 🗶 Qui non manca lo spazio: ci sono infatti tanti
coperti, ma anche tanta simpatica accoglienza toscana e una cucina regionale in
sale rustiche con ampio assortimento di carne o trote alla griglia tra i secondi.
🍴 Menu 25 € – Carta 23/44 €
19 cam � – 🛉60/80 € 🛉🛉75/95 €
*Hotel Archimede, strada per Vallombrosa – ℰ 055 869055
– www.ristorantearchimede.it – Chiuso 23-27 gennaio*

a Vaggio Sud-Ovest : 5 km (FI) – ⊠ 50066

🖨 🏠 ᴀ/ᴄ ⇔ 🅿

⑩ Il Vecchio Torchio

CUCINA MODERNA · ELEGANTE 🗶🗶 I rustici spazi, un tempo adibiti a magazzino,
ospitano oggi la vera cucina toscana: carni, affettati e verdure, provenienti - principalmente - da macellai ed aziende locali.
🍴 Menu 25/58 € – Carta 22/60 €
*Hotel Villa Rigacci, via Manzoni 76 – ℰ 055 865 6718 – www.villarigacci.it – solo a
cena escluso giugno-agosto – Aperto 15 Aprile-15 ottobre*

🏠 Villa Rigacci

⑤ ≤ 🖨 ⃛ ᴀ/ᴄ 🅿

DIMORA STORICA · PERSONALIZZATO Incantevole villa di campagna quattrocentesca - immersa nel verde - dispone di camere confortevoli, recentemente
ristrutturate. Un luogo ideale per trascorrere un indimenticabile soggiorno nell'a-
mena terra toscana.
24 cam � – 🛉75/115 € 🛉🛉85/170 € – 4 suites
*via Manzoni 76 – ℰ 055 865 6718 – www.villarigacci.it – Aperto
15 marzo-8 novembre*
⑩ **Il Vecchio Torchio** – Vedere selezione ristoranti

a San Donato Fronzano Nord : 4,5 km (FI) – ⊠ 50066

🏠 Agriturismo Podere Picciolo

⃯ ≤ 🖨 ⃛ ᴀ/ᴄ 🅿

CASA DI CAMPAGNA · AGRESTE In un pittoresco casale cinquecentesco immerso
nella campagna toscana, le camere s'ispirano ad antichi mestieri, proponendo -
così come gli ambienti comuni - un'atmosfera di grande serenità domestica.
6 cam ⊏2 – 🛉65/90 € 🛉🛉90/136 €
*via Picciolo 72 – ℰ 055 865 2165 – www.agriturismopoderepicciolo.com
– Chiuso 8 gennaio-31 marzo*

REGGIO DI CALABRIA

(RC) – ⊠ 89125 – 183 035 ab. – Carta regionale n° **3**-A3
Carta stradale Michelin 564-M28

⑩ L'A Gourmet L'Accademia ⑩

🖇 ≤ ᴀ/ᴄ

PESCE E FRUTTI DI MARE · AMBIENTE CLASSICO 🗶🗶 Dal primo piano (senza
ascensore) di questo palazzo d'inizio Novecento, dove si trova la sala classica, si
vedono il mare e lo stretto, mentre il menu anticipa una carrellata di piatti a base
di pesce sospesi tra classicità e modernità (c'è, però, anche una paginetta dedicata alla carne). Oltre metà della carta dei vini omaggia la Calabria.
Menu 38/70 € – Carta 36/68 €
*via Largo C. Colombo 6 ⊠ 89123 – ℰ 0965 312968 – www.laccademia.it – Chiuso
15 giorni in novembre*

🍽 Baylik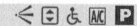

PESCE E FRUTTI DI MARE · FAMILIARE 🏶 Alla periferia della località, da oltre sessant'anni questo locale continua a deliziare i clienti con piatti prevalentemente di pesce. Tra i più gettonati: la carbonara di mare.

Menu 28 € (in settimana) – Carta 22/48 €

vico Leone 1, per Villa San Giovanni ✉ *89122*
- *✆ 0965 48624 – www.baylik.it*
- *Chiuso 10 giorni in luglio*

a Pellaro Sud: 8 km direzione Melito di Porto Salvo ✉ 89134

🍽 Alle Cantine della Lampara 🏠 & 🕪 🅿

CUCINA REGIONALE · STILE MEDITERRANEO 🏶🏶 La romantica terrazza affacciata sullo Ionio, l'elegante patio o la bella ed intima sala interna sono gli spazi che invitano alla buona tavola: sfiziose ricette calabresi e piatti che variano con l'alternarsi delle stagioni.

🍴 Menu 25/60 € – Carta 26/61 €

Hotel La Lampara, lungomare Pellaro
- *✆ 0965 359590 – www.allecantinedellalampara.com*
- *Chiuso lunedì escluso luglio-agosto*

🏠 La Lampara ⇐ 🖸 & 🕪 🅿

DIMORA STORICA · LUNGOMARE Sul lungomare con vista sullo stretto e Sicilia, camere ampie e confortevoli in un edificio d'epoca totalmente ristrutturato: per chi volesse abbronzarsi senza scendere in spiaggia, recentemente è stato allestito un grazioso solarium.

22 cam 🖙 – ♦50/90 € ♦♦70/100 €

lungomare Pellaro
- *✆ 0965 359590 – www.hotel-lampara.com*

🍽 **Alle Cantine della Lampara** – Vedere selezione ristoranti

REGGIOLO

Reggio nell'Emilia – ✉ 42046 – 9 178 ab. – Alt. 20 m – Carta regionale n° **5**-B1
Carta stradale Michelin 562-H14

verso Gonzaga Nord-Est : 3,5 km

🍽 Trattoria al Lago Verde 🚍 🏠 & 🕪 ⇄ 🅿

CUCINA EMILIANA · CONTESTO TRADIZIONALE 🏶 Dove assaggiare degli ottimi ravioli al cacao con pere e taleggio se non in questa trattoria di campagna, in posizione isolata e tranquilla? L'ambiente è molto accogliente e la cucina si fa apprezzare per la propria genuinità.

🍴 Menu 12 € (pranzo in settimana) – Carta 28/48 €

via Caselli 24 ✉ *42046*
- *✆ 0522 973560 – www.trattoriaallagoverde.it*
- *Chiuso domenica sera e lunedì*

verso Guastalla Ovest : 3 km

🏠 Villa Montanarini 🌿 🚍 🖸 🕪 🆚 🅿

DIMORA STORICA · VINTAGE Elegante villa patrizia del '600 nel verde della campagna reggiana: ambienti confortevoli e lussuosi, impreziositi da tappeti persiani, mobili d'epoca ed arazzi policromi. Al Torchio, sapori del territorio e divagazioni nazionali.

16 cam 🖙 – ♦75/90 € ♦♦110/130 €

via Mandelli 29, località Villarotta ✉ *42045 Luzzara*
- *✆ 0522 820001 – www.villamontanarini.com*
- *Chiuso 6-14 gennaio e 1°-21 agosto*

REGGIO NELL'EMILIA

(RE) – ⊠ 42121 – 171 345 ab. – Alt. 58 m – Carta regionale n° **5**-B3
Carta stradale Michelin 562-H13

Ⅰ○ **Caffè Arti e Mestieri**   ⛱ Ⓐ︎Ⓒ︎

CUCINA MODERNA · ELEGANTE ✗✗ Carta bifronte, da una parte gli imperdibili
classici regionali, dall'altra le proposte più creative - pesce compreso - il tutto
servito nella sala al primo piano. A pranzo - al piano terra - da lunedì a venerdì,
spazio anche per una proposta più semplice ed economica; col bel tempo, si
mangia all'aperto nella romantica corte interna del palazzo.

Menu 45/65 € – Carta 53/94 €

Pianta: B2-y – *via Emilia San Pietro 16* ⊠ *42123*
– ☏ *0522 432202* – *www.giannidamato.it*
– *Chiuso 8-22 agosto, domenica sera e lunedì in ottobre-maggio, anche domenica
a mezzogiorno negli altri mesi*

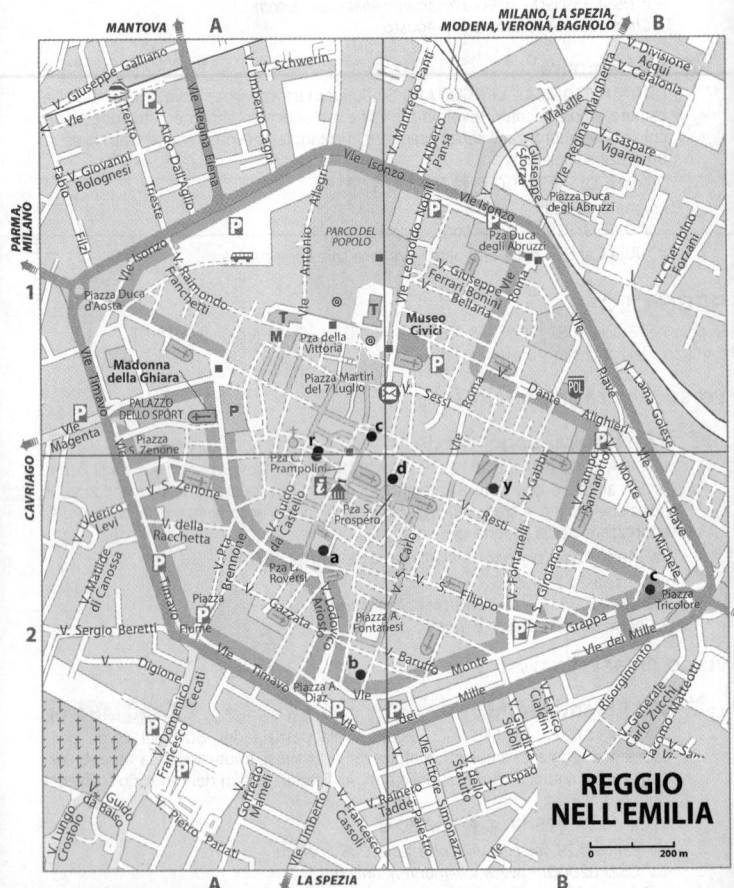

🕸🅾 **A Mangiare**   AC

CUCINA CLASSICA · AMBIENTE CLASSICO XX Gestione dinamica per un ristorante d'impostazione classica, ubicato sulla cerchia che circonda il centro storico di Reggio: in menu sia la godereccia Emilia, sia i sapori nazionali.

Menu 35 € – Carta 31/57 €

Pianta: B2-c – *viale Monte Grappa 3/a* ⊠ *42121 – 𝒞 0522 433600*
– www.ristoranteamangiare.it – Chiuso 10-30 agosto e domenica

🕸🅾 **Marta in Cucina**   AC

CUCINA CREATIVA · CONTESTO CONTEMPORANEO XX Per chi desidera uscire dalla stretta osservanza gastronomica emiliana, qui una giovane cuoca propone piatti creativi e originali, distribuiti in menu degustazione e una ristretta scelta alla carta. Sala sobria e minimalista.

Menu 55/85 € – Carta 49/76 €

Pianta: A2-a – *vicolo Folletto 1/C* ⊠ *42121 – 𝒞 0522 435755*
– www.martaincucina.it – Chiuso agosto, domenica e lunedì

🕸🅾 **Delle Notarie**   ⅏ AC ⇧

CUCINA REGIONALE · AMBIENTE CLASSICO XX Ristorante raccolto e curato, propone piatti della tradizione con interessanti "escursioni" verso il mare e l'innovazione. A pranzo, possibilità di piatti più semplici ed economici.

Menu 28/45 € – Carta 39/59 €

Pianta: A1-2-r – *Albergo delle Notarie, via Aschieri 4* ⊠ *42121 – 𝒞 0522 453700*
– www.ristorantenotarie.it – Chiuso vacanze di Natale, 2 settimane in agosto e domenica

🕸🅾 **Il Pozzo**   ⅏ 🏠 AC ⇧

CUCINA REGIONALE · LOCANDA X Nelle ex cantine di un palazzo storico, piatti d'impronta semplice che puntano sulla freschezza dei prodotti e delle preparazioni.

Menu 30 € – Carta 30/62 €

Pianta: A1-b – *viale Allegri 7* ⊠ *42121 – 𝒞 0522 451300 – Chiuso 10-18 agosto, lunedì a mezzogiorno e domenica*

🏨 **Albergo delle Notarie**   🛗 ⬆ 👍 AC 🧖 🚗

STORICO · PERSONALIZZATO Ricavato da un centralissimo palazzo d'epoca, questo signorile albergo si farà ricordare per l'ampiezza delle camere di due tipi, standard o, per chi cerca ambienti più storici e signorili, le de luxe, con bagni in marmo e spesso travi a vista. Due romantiche mansardate con vista sui tetti.

51 cam � – ♦85/145 € ♦♦110/200 € – 3 suites

Pianta: A1-2-r – *via Palazzolo 5* ⊠ *42121 – 𝒞 0522 453500*
– www.albergonotarie.it – Chiuso vacanze di Natale e 2 settimane in agosto

🕸🅾 Delle Notarie – Vedere selezione ristoranti

🏨 **Posta**   🛗 ⬆ AC 🧖 🅿

DIMORA STORICA · TRADIZIONALE Ubicata nel medievale Palazzo del Capitano del Popolo, una risorsa ricca di fascino e dalla lunga tradizione nell'arte dell'ospitare che dispone di eleganti ambienti. Ideale per partecipare alla vita culturale e commerciale della città, la dépendance Reggio, offre ampie camere dagli arredi semplici e lineari.

38 cam ⊒ – ♦85/160 € ♦♦105/210 €

Pianta: A1-c – *piazza Del Monte 2* ⊠ *42121 – 𝒞 0522 432944*
– www.hotelposta.re.it – Chiuso vacanze di Natale e 2 settimane in agosto

🏠 **B&B Del Vescovado**   ⬆ AC

FAMILIARE · PERSONALIZZATO A due passi dalla cattedrale, entrando in questa risorsa si assapora la piacevole sensazione di sentirsi a casa. Stato d'animo rinvenibile anche nelle camere: ampie con qualche arredo d'epoca.

6 cam ⊒ – ♦58/62 € ♦♦75/80 €

Pianta: B2-d – *stradone Vescovado 1* ⊠ *42121 – 𝒞 0522 430157*
– www.delvescovado.it – Chiuso agosto

RENON RITTEN

Bolzano – 6 848 ab. – Alt. 800 m – Carta regionale n° **19**-C2
Carta stradale Michelin 562-C16

a Collalbo ⊠ 39054 – Alt. 1 154 m

🍴 **Kematen** 🏫 **P**

CUCINA REGIONALE · RUSTICO ✕✕ Circondato da pascoli e boschi, il locale è stato ricavato in un antico fienile: avvolti dal "calore" del legno e dall'inconfondibile stile tirolese, è un piacere gustare le numerose proposte del territorio, nonché le specialità di stagione. Nei mesi caldi: qualche spunto mediterraneo e, soprattutto, la terrazza panoramica e il bel giardino.

🍴 Menu 25/85 € – Carta 17/119 €

Hotel Kematen, località Caminata 29, Nord-Ovest: 2,5 km – ℰ 0471 356356 – www.kematen.it – Chiuso 11 gennaio-3 febbraio

🏨 **Bemelmans Post**

TRADIZIONALE · VINTAGE Collocato in un elegante contesto di case di montagna nobiliari armoniosamente disseminate nel paesaggio montano, l'albergo offre uno splendido mix di calore familiare e struggenti atmosfere retrò, che continuano anche nelle romantiche sale del ristorante che ospitarono, tra l'altro, Sigmund Freud.

53 cam ⊊ – †98/200 € ††200/285 € – 7 suites

*via Paese 8 – ℰ 0471 356127 – www.bemelmans.com
– Chiuso 28 gennaio-25 marzo*

🏨 **Kematen** ⌛ ≤ 🏠 🛏 🗙 ⚓ **P**

TRADIZIONALE · STILE MONTANO Posizione incantevole e vista sulle cime dolomitiche, per questa casa con stube neogotiche, mobili e decorazioni in stile tirolese. Ampio giardino-terrazza per piacevoli momenti di relax.

24 cam ⊊ – †92/96 € ††108/115 € – 4 suites

*località Caminata 29, Nord-Ovest: 2,5 km – ℰ 0471 356356 – www.kematen.it
– Chiuso 11 gennaio-3 febbraio*

🍴 **Kematen** – Vedere selezione ristoranti

a Costalovara Sud-Ovest : 5 km ⊠ 39054 – Soprabolzano – Alt. 1 206 m

🏨 **Lichtenstern** ⌂ ⚓ ≤ 🏠 🛏 🕌 **P**

FAMILIARE · PERSONALIZZATO Un'oasi di pace, con uno stupendo panorama sulle Dolomiti. Conduzione familiare caratterizzata da uno spiccato senso dell'ospitalità; ambienti curati, freschi e luminosi. Accoglienti sale da pranzo rivestite in legno e una bella e ariosa veranda coperta.

32 cam ⊊ – †79/99 € ††138/158 €

*via Stella 8, Nord-Est : 1 km – ℰ 0471 345147 – www.lichtenstern.it – Aperto
25 novembre-8 gennaio e 8 aprile-8 novembre*

a Soprabolzano Sud-Ovest : 7 km ⊠ 39054 – Alt. 1 221 m

🏨 **Park Hotel Holzner** ⌂ ≤ 🏠 🛏 🗙 ⚓ 🕌 🗙 ⊡ **P**

TRADIZIONALE · STILE MONTANO Molto ben ubicata, all'arrivo della funivia proveniente da Bolzano e della ferrovia a cremagliera, affascinante struttura d'inizio secolo scorso immersa in un lussureggiante parco con tennis e piscina riscaldata. Gradevole la sala ristorante interna, così come la zona pranzo esterna.

35 cam – solo ½ P 116/234 € – 18 suites

*via Paese 18 – ℰ 0471 345231 – www.parkhotel-holzner.com – Aperto
25 dicembre-6 gennaio e 28 aprile-23 dicembre*

REVERE

Mantova – ⊠ 46036 – 2 521 ab. – Alt. 16 m – Carta regionale n° **9**-D3
Carta stradale Michelin 561-G15

❄️⃝ Il Tartufo 🛐 🗚 ⇔

CUCINA REGIONALE · ACCOGLIENTE XX Ospitato in una villetta nella zona residenziale del paese, ristorante intimo ed appartato, dove deliziarsi di una gustosa cucina mantovana: in stagione, la specialità diventa il tartufo (assolutamente locale), nel resto dell'anno, invece, si predilige il mare.

Carta 36/98 €

via Guido Rossa 13 – 𝒞 0386 846076 – www.ristoranteiltartufo.com – Chiuso 15 febbraio-10 marzo, domenica sera e giovedì

REVIGLIASCO Torino → Vedere Moncalieri

REVINE

Treviso – ✉️ 31020 – Alt. 260 m – Carta regionale n° **23**-C2
Carta stradale Michelin 562-D18

⊛ Ai Cadelach 🕉 📭 🛐 🌾 ⇔ 🄿

VENEZIANA · FAMILIARE XX In una sala dallo stile rustico, o a bordo piscina nella bella stagione, il menu onora la tradizione locale, privilegiando le carni, come ad esempio: tartare di carne cruda condita al momento. Ottima la cantina gestita da uno dei titolari: è la "Caneva de Ezio".

Carta 29/59 €

Hotel Ai Cadelach, via Grava 2 – 𝒞 0438 523010 – www.cadelach.it

🏠 Ai Cadelach 🕉 📭 🛐 🛢 👀 🛐 🕟 🝰 🗚 🌾 🄰 🄿

FAMILIARE · CLASSICO Il bel giardino con piscina, il continuo potenziamento della struttura e delle dotazioni, la gestione attenta: un insieme di fattori che rendono la struttura piacevole. Le camere migliori si trovano nella dépendance sul retro.

27 cam ⊊ – 🛏60/100 € 🛏🛏90/140 €

via Grava 2 – 𝒞 0438 523010 – www.cadelach.it

⊛ **Ai Cadelach** – Vedere selezione ristoranti

REZZATO

Brescia – ✉️ 25086 – 13 472 ab. – Alt. 147 m – Carta regionale n° **9**-C1
Carta stradale Michelin 561-F12

🏨 Villa Fenaroli Palace Hotel 🝰 📭 🕟 🗖 🗚 🄰 🄿

LUSSO · STORICO Una villa che sfoggia tutto il suo splendore sia negli spazi esterni sia nei suoi ambienti interni, grazie a saloni dagli affreschi settecenteschi. Le camere, sebbene più comuni, non lesinano sul confort.

85 cam ⊊ – 🛏60/150 € 🛏🛏60/250 € – 1 suite

via Mazzini 14 – 𝒞 030 279 3223 – www.villafenaroli.it

RHÊMES-NOTRE-DAME

Aosta – ✉️ 11010 – 95 ab. – Alt. 1 723 m – Carta regionale n° **21**-A2
Carta stradale Michelin 561-F3

a Chanavey Nord : 1,5 km ✉️ 11010 – Rhêmes-Notre-Dame – Alt. 1 696 m

🏠 Granta Parey 🝰 🕉 ≼ 📭 🛐 🗖 🄳 🄿

FAMILIARE · STILE MONTANO Proprio di fronte alle piste da sci, caldo ed accogliente hotel in stile alpino dotato di centro relax; oltre alla classica sala ristorante, la struttura dispone di un self-service al piano inferiore.

29 cam ⊊ – 🛏65/85 € 🛏🛏100/130 €

– 𝒞 0165 936104 – www.rhemesgrantaparey.com – Chiuso maggio, ottobre e novembre

RHO

Milano – ✉ 20017 – 50 434 ab. – Alt. 158 m – Carta regionale n° **10**-A2
Carta stradale Michelin 561-F9

⫟○ La Barca   🎏 ᕒ 🅰️

PESCE E FRUTTI DI MARE • FAMILIARE XX Dal 1967 la famiglia Virgilio gestisce
con passione questo locale diventato una pietra miliare della buona tavola in
zona. Pur privilegiando il pesce, la carta accontenta anche gli amanti della carne,
i nostalgici dei classici pugliesi o gli irriducibili delle specialità lombarde. A
pranzo, una pagina cita piatti più economici.

🍽 Menu 12 € (pranzo in settimana)/50 € – Carta 33/64 €

via Ratti 54 – ℰ 02 930 3976 – www.trattorialabarca.it – Chiuso martedì sera

RIACE

Reggio di Calabria – ✉ 89040 – 2 238 ab. – Alt. 300 m – Carta regionale n° **3**-B3
Carta stradale Michelin 564-L31

a Riace Marina Sud-Est : 9 km ✉ 89040 – Riace

⌂ Federica   🏖 ← 🛏 ᕒ 🅰️ 🚗

FAMILIARE • LUNGOMARE Direttamente sulla spiaggia, hotel a conduzione familiare con gradevoli camere, le più richieste sono quelle con grande terrazzo. Della
cucina di mare del ristorante se ne occupa uno dei due fratelli titolari; particolarmente piacevole il servizio estivo all'aperto.

17 cam ⊐ – †50/80 € ††60/140 €

via Nazionale 158 – ℰ 0964 771302 – www.hotelfederica.it

RICADI Vibo Valentia → Vedere Tropea

RICCIONE

Rimini (RN) – ✉ 47838 – 34 965 ab. – Carta regionale n° **5**-D2
Carta stradale Michelin 562-J19

⫟○ Da Fino   ← 🍽 🅰️

PESCE E FRUTTI DI MARE • ALLA MODA XX Le acque del porto canale lambi-
scono la terrazza di questo ristorante dal design moderno; ampie finestre scorre-
voli consentono anche a chi pranza all'interno di gustare con lo sguardo la posizione. Un menù vegetariano ed uno per bambini.

Carta 24/90 €

*via Galli 1 – ℰ 0541 648542 – www.dafino.it – Chiuso 21 novembre-3 dicembre e
domenica sera in inverno*

⫟○ Brasserie ❶   🍽 🅰️

CUCINA TRADIZIONALE • COLORATO XX A ridosso del vivacissimo viale Cecca-
rini, questo ristorante-vetrina con vetrate terra-cielo cela al suo interno un
ambiente raffinato fatto di colori e arredi curati nei minimi particolari, quasi a
voler riproporre l'eleganza di una casa privata. E la cucina? Della tradizione!
Nella sua migliore interpretazione.

Carta 60/115 €

*via Ippolito Nievo 14/16 ✉ 47838 – ℰ 0541 693197 (prenotazione obbligatoria)
– www.brasserie.it – solo a cena escluso sabato e domenica – Chiuso febbraio e
lunedì*

⫟○ Sol y Mar   🍽

PESCE E FRUTTI DI MARE • ACCOGLIENTE X Sulla spiaggia al limite della località,
l'esterno è coerente con l'interno, grazioso ed informale; il menu propone specialità di pesce in elaborazioni moderne, piatti vegetariani e vegani.

🍽 Menu 25 € (pranzo in settimana)/48 € – Carta 41/68 €

*viale D'Annunzio 190 – ℰ 0541 648528 (consigliata la prenotazione)
– www.ristorantesolymar.it – Chiuso vacanze di Natale e lunedì*

 Grand Hotel Des Bains

LUSSO · ELEGANTE Sfarzo, originalità e charme per questo albergo centrale. L'ingresso è abbellito da una fontana, mentre ogni ambiente pullula di marmi, stucchi, specchi e dorature. Notevole anche la zona benessere.

70 cam ☑ – ♦119/190 € ♦♦169/269 € – 6 suites

viale Gramsci 56 – ☎ 0541 601650 – www.grandhoteldesbains.com

Lunariccione

TRADIZIONALE · ELEGANTE L'eleganza esterna dell'edificio è solo un anticipo dei luminosi ambienti all'interno: una piccola risorsa in cui confort e raffinatezza si fondono con la verdeggiante tranquillità della zona residenziale in cui si inserisce. Un piacevole stile mediterraneo in sala da pranzo, con accenni di gusto contemporaneo.

45 cam ☑ – ♦90/350 € ♦♦130/350 € – 8 suites

viale Ariosto 5 – ☎ 0541 692150 – www.lunariccione.it – Aperto 1° aprile-31 ottobre

Atlantic

SPA E WELLNESS · MEDITERRANEO Bianco e blu sono i colori dominanti di questa grande struttura mediterranea affacciata sul mare, che mette a disposizione dei suoi ospiti anche un nuovo centro benessere. Elegante e panoramica la sala da pranzo.

64 cam ☑ – ♦120/490 € ♦♦170/560 € – 5 suites

via Milano 11 – ☎ 0541 601155 – www.hotel-atlantic.com

Corallo

SPA E WELLNESS · ELEGANTE Imponente struttura per una vacanza in grande stile, arricchita da un complesso fronte mare con eleganti suite e una deliziosa piscina. Colori chiari e grandi motivi a rilievo sulle pareti nella spaziosa sala da pranzo.

99 cam ☑ – ♦70/310 € ♦♦85/375 € – 33 suites

viale Gramsci 113 – ☎ 0541 600807 – www.corallohotel.com – Chiuso 21-27 dicembre

Ambasciatori

SPA E WELLNESS · MODERNO Albergo moderno e lineare, assolutamente in prima fila: con i recenti rinnovi la casa si è dotata di servizi completi, come il centro benessere e le 2 wellness-suite! Sul lungomare si apre anche il bistrot per gli aperitivi.

70 cam ☑ – ♦80/200 € ♦♦110/300 € – 2 suites

viale Milano 99 – ☎ 0541 606517 – www.ambasciatorihotel.net – Chiuso 21-27 dicembre

Belvedere

SPA E WELLNESS · MODERNO Essendo un bike hotel, questa moderna struttura mette a disposizione dei suoi ospiti un parco bici, davvero entusiasmante. Ma i suoi pregi non si esauriscono qui e continuano nelle curate camere, nella bella piscina con bar, nell'attrezzata spa (in alta stagione ci sono tariffe che la includono; chiedere all'atto della prenotazione).

32 cam ☑ – ♦169/297 € ♦♦268/388 € – 10 suites

viale Gramsci 95 – ☎ 0541 601506 – www.belvederericcione.com – Aperto 19 marzo-15 ottobre

Diamond

TRADIZIONALE · PERSONALIZZATO Non lontano dalle spiagge hotel dagli ambienti personalizzati e di calda atmosfera, dispone di camere confortevoli arredate in stile mediterraneo. Una particolare organizzazione tiene impegnati i piccoli ospiti.

39 cam ☑ – ♦40/80 € ♦♦45/120 €

viale Fratelli Bandiera 1 – ☎ 0541 602600 – www.hoteldiamond.it – Aperto 1° aprile-30 settembre

🏨 Select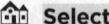

SPA E WELLNESS · CONTEMPORANEO Terminato il rinnovo delle camere di questa moderna struttura a due passi dal mare: servizio attento, una bella spa e lo sky bar al 5° piano.

36 cam ⌀ – ♦60/300 € ♦♦60/600 € – 14 suites

viale Gramsci 89 – 𝒞 0541 600613 – www.hotelselectriccione.com – Chiuso 10-28 dicembre

🏨 Novecento

DIMORA STORICA · ELEGANTE Una piccola piscina con angoli idromassaggio, nonché giochi d'acqua, e poi la bella facciata Liberty a denunciare le origini della struttura: uno dei primi alberghi nati a Riccione agli inizi del XX secolo. Al ristorante: pranzo a buffet e servizio al tavolo per la cena.

33 cam ⌀ – ♦50/150 € ♦♦60/220 €

viale D'Annunzio 30 – 𝒞 0541 644990 – www.hotelnovecento.it – Aperto 1° marzo-31 ottobre

🏨 Admiral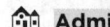

TRADIZIONALE · CLASSICO Validissima gestione familiare, riscontrabile nella cura del minimo dettaglio e nelle inesauribili attenzioni riservate al cliente. Si respira un'atmosfera di residenza privata.

40 cam ⌀ – ♦57/100 € ♦♦104/200 € – 4 suites

viale D'Annunzio 90 – 𝒞 0541 642202 – www.hoteladmiral.com – Aperto 20 maggio-30 settembre

🏨 Gala

TRADIZIONALE · MINIMALISTA Piccolo gioiello dai servizi contenuti, ma dall'indiscutibile charme: stile minimalista e moderno, bei bagni e diverse camere con spaziose terrazze.

28 cam ⌀ – ♦99/135 € ♦♦115/150 €

viale Martinelli 9 – 𝒞 0541 607822 – www.hotelgalariccione.com – Aperto 1° aprile-19 ottobre

🏠 Darsena

FAMILIARE · FUNZIONALE Poco lontano dal mare, albergo a conduzione familiare con camere accoglienti nella loro semplicità, tutte dotate di un piccolo balcone. La titolare ai fornelli assicura piatti casalinghi dai sapori locali.

36 cam ⌀ – ♦38/70 € ♦♦68/120 €

viale Galli 5 – 𝒞 0541 648064 – www.darsenahotel.it – Chiuso febbraio

🏠 Atlas

FAMILIARE · CONTEMPORANEO Albergo a conduzione familiare che si sta rinnovando, più moderne le ultime camere ristrutturate (possibilmente, richiedere queste!): un soggiorno di relax a 200 metri dalla spiaggia.

36 cam ⌀ – ♦47/80 € ♦♦50/90 €

viale Catalani 28 – 𝒞 0541 646666 – www.atlashotel.it – Aperto 30 maggio-13 settembre

RIETI

(RI) – ✉ 02100 – 47 698 ab. – Alt. 405 m – Carta regionale n° **7**-C1
Carta stradale Michelin 563-O20

🍽️ Bistrot

CUCINA REGIONALE · ACCOGLIENTE XX Locale accogliente e romantico, affacciato su una graziosa e tranquilla piazzetta, dove gustare le specialità della tradizione locale spesso corrette con gusto personale. Non mancano piatti a base di pesce, sebbene la specialità della casa siano i maltagliati alla Bistrot.

Carta 29/47 €

piazza San Rufo 25 – 𝒞 0746 498798 – www.bistrotrieti.it – solo a cena – Chiuso 20 ottobre-10 novembre, domenica e lunedì

⌂ Park Hotel Villa Potenziani   ✿ ⊗ ≼ ⇱ ⚒ ♨ ✵ ⊟ 🅰️ ⚿ 🅿️

DIMORA STORICA · PERSONALIZZATO Raffinata ed accogliente, intima e maestosa, la dimora di caccia settecentesca racconta tra gli affreschi e i dettagli dei suoi ambienti la storia della ricca famiglia reatina.

28 cam ⌂ – ●60/70 € ●●90/110 € – 1 suite

via San Mauro 6
– ☎ 0746 202765 – www.villapotenziani.com
– Chiuso 1° gennaio-31 marzo

⌂ Miramonti   ✿ ⊟ 🅰️ ⚿

TRADIZIONALE · CLASSICO Soffermatevi nella Sala Romana: di fronte a voi il punto in cui partiva la trecentesca cinta muraria della città! Ma la risorsa non è solo il palazzo più antico di Rieti, Miramonti offre infatti camere accoglienti e servizi up-to-date.

25 cam ⌂ – ●55/100 € ●●60/130 € – 2 suites

piazza Oberdan 5
– ☎ 0746 201333 – www.hotelmiramonti.rieti.it

RIGUTINO Arezzo → Vedere Arezzo

RIMINI
147 750 ab. – Carta regionale n° **5**-D2
Carta stradale Michelin 562-J19

ⵔ○ Quartopiano Suite Restaurant   🕸 🍽 🅰️ 🅿️

CUCINA CREATIVA · ELEGANTE XX Gestione esperta e competente in un locale moderno all'ultimo piano di un edificio adibito ad uffici, con servizio "à la carte" e percorsi di degustazione sia di carne sia di pesce. Grande e bella terrazza per una serata all'aria aperta.

Menu 58 € – Carta 40/78 €

via Chiabrera 34/b, per viale Ugo Bassi – B2 ✉ 47924
– ☎ 0541 393238 – www.quartopianoristorante.com – solo a cena
– Chiuso 1°-10 gennaio e domenica

ⵔ○ Osteria de Börg   🍽

CUCINA REGIONALE · VINTAGE X Se il primo piano si caratterizza per gli originali canovacci, grembiuli e tovaglioli decorati su disegni di Tonino Guerra e vecchi coperchi sono stati trasformati in lampade, al piano terra sono le pentole in alluminio a diventare lampadari tipicizzando l'ambiente. E la cucina? Squisitamente regionale!

Menu 28/35 € – Carta 28/54 €

Pianta: A1-c – *via Forzieri 12 ✉ 47921 – ☎ 0541 56074 (consigliata la prenotazione) – www.osteriadeborg.it*

ⵔ○ Dallo Zio   🅰️ ⇄

PESCE E FRUTTI DI MARE · CONTESTO TRADIZIONALE X Un giovane cuoco s'ispira ai classici dell'Adriatico: dal crudo agli antipasti misti e grigliate, serviti in salette moderne alle quali fanno eco *affiche* pubblicitarie retrò.

Menu 45/70 € – Carta 28/75 €

Pianta: A2-b – *via Santa Chiara 16 ✉ 47921 – ☎ 0541 786747 (consigliata la prenotazione) – www.ristorantedallozio.it*

ⵔ○ Abocar Due Cucine   🍽 🅰️

CUCINA MODERNA · TRATTORIA X Nascosta nelle vie del centro, trattoria moderna condotta da due capaci giovani: poche proposte che vi conquisteranno per fantasia e qualità, piacevole corte interna per il servizio estivo. A pranzo, cucina più tradizionale a prezzi contenuti; la sera si dà spazio alla creatività.

Menu 39 € (cena)/68 € – Carta 42/74 €

Pianta: A2-a – *via Farini 13/15 ✉ 47921 – ☎ 0541 22279 (consigliata la prenotazione) – www.abocarduecucine.it – solo a cena in giugno-settembre*
– Chiuso 5 febbraio-5 marzo, lunedì in giugno-settembre, anche domenica negli altri mesi

RIMINI

MARE ADRIATICO

ZONA AL MARE

al mare

ⅈ○ i-Fame

CUCINA CREATIVA · ALLA MODA XX Una sorta di simpatico viaggio nel futuro: sale moderne e luminose, luci colorate e proiezioni. Anche la cucina sposta lo sguardo in avanti, ma non dimentica il passato.

Menu 45/80 € – Carta 38/98 €

Pianta: B2-a – *Hotel i-Suite, Lungomare Murri 65 ⊠ 47921 – ℰ 0541 386331 – www.i-fame.it – solo a cena – Chiuso 20-26 dicembre e martedì escluso 15 giugno-10 settembre*

ⅈ○ Lo Squero

PESCE E FRUTTI DI MARE · AMBIENTE CLASSICO XX Tanti coperti e altrettanti pesci: sono le cifre di un ristorante simbolo della cucina di mare, dopo decenni d'inossidabile attività. Tanti affezionati clienti si possono sbagliare?

Menu 40 € – Carta 38/77 €

Pianta: B1-h – *lungomare Tintori 7 ⊠ 47921 – ℰ 0541 53881 – www.ristorantelosquero.com – Chiuso 13 novembre-15 gennaio e martedì escluso agosto*

🏨 Grand Hotel Rimini ❀ ≤ 🛏 🍴 🛎 🌀 ⅃₅ ⚘ 🖨 ᵭ 🏧 🎿 🅿

GRAN LUSSO · STORICO Icona del turismo internazionale e splendido esempio Liberty, immortalato in diversi film di Fellini, che ne ha fatto il suo "buen retiro" personale, il Grand Hotel Rimini accoglie da più di un secolo i suoi ospiti in lussuose camere dall'atmosfera vagamente retrò e saloni decorati con stucchi, mettendo loro a disposizione un parco con piscina riscaldata.

154 cam ⌖ – ♦255/480 € ♦♦310/720 € – 18 suites

Pianta: B1-g – parco Federico Fellini 1 ✉ 47921 – ℰ 0541 56000
– www.grandhotelrimini.com

🏨 i-Suite ≤ 🛏 ⅃ 🌀 🖨 ᵭ 🏧 🚗

LUSSO · DESIGN Innovativo sin dall'esterno: è un tripudio di luce e trasparenze in ambienti essenziali e minimalisti. Nella panoramica Spa, non mancano gli ultimi ritrovati tecnologici.

52 cam ⌖ – ♦150/350 € ♦♦200/550 €

Pianta: B2-a – viale Regina Elena 28 ✉ 47921 – ℰ 0541 309671 – www.i-suite.it
– Chiuso 20-26 dicembre
🍴 **i-Fame** – Vedere selezione ristoranti

🏨 National ❀ ≤ ⅃ 🌀 ⅃₅ ⚘ 🖨 ᵭ 🏧 🎿 🅿

TRADIZIONALE · ELEGANTE Camere rinnovate e cambio arredi per questo nome storico dell'hôtellerie riminese. Ma salendo al piano attico troverete sempre il centro wellness, l'idromassaggio ed una superba vista a tenervi compagnia.

84 cam ⌖ – ♦80/250 € ♦♦90/300 € – 15 suites

Pianta: B1-b – viale Vespucci 42 ✉ 47921 – ℰ 0541 390940 – www.nationalhotel.it
– Chiuso 15-28 dicembre e 3-15 gennaio

🏨 De Londres ≤ 🌀 ⅃₅ 🖨 ᵭ 🏧 🎿 🅿

TRADIZIONALE · PERSONALIZZATO In prima fila sul mare, eleganza e charme si fondono con la tecnologia e i confort attuali; il candore degli esterni, un piacevole contrappunto ai caldi ambienti che ricreano uno stile anglosassone. Meritevole di visita, la piccola zona wellness all'ultimo piano.

48 cam ⌖ – ♦99/215 € ♦♦115/235 € – 3 suites

Pianta: B1-w – viale Vespucci 24 ✉ 47921 – ℰ 0541 50114 – www.hoteldelondres.it

🏨 Club House ≤ ⅃ 🖨 ᵭ 🏧 🎿 🅿

TRADIZIONALE · MODERNO Recentemente ristrutturata, una casa dal design moderno ed elegante con ampi balconi che girano intorno a ciascun piano, di cui il primo leggermente sopraelevato. Imperdibile la prima colazione.

49 cam ⌖ – ♦45/220 € ♦♦60/280 € – 1 suite

Pianta: B1-d – Viale Vespucci 52 ✉ 47921 – ℰ 0541 391460 – www.clubhouse.it

🏨 Savoia Rimini ❀ ≤ ⅃ 🔲 🍴 🌀 ⅃₅ ⚘ 🖨 ᵭ 🏧 🎿 🚗

HOTEL DI CATENA · MODERNO Su progetto dell'architetto P. Portoghesi, un'architettura curiosa: un'ampia "conchiglia" rivolta verso il viale centrale, con camere che si affacciano sul mare. Attrezzato centro benessere ed ottimi servizi fanno del soggiorno un'esperienza indimenticabile.

108 cam ⌖ – ♦129/429 € ♦♦139/549 € – 2 suites

Pianta: B1-d – lungomare Murri 13 ✉ 47921 – ℰ 0541 396600
– www.savoiahotelrimini.com

🏨 Le Rose Suite Hotel ≤ ⅃ 🔲 🍴 🌀 ⅃₅ 🖨 ᵭ 🏧 🎿 🅿

SPA E WELLNESS · MODERNO Ricorda vagamente una casa coloniale, tutta bianca, questo accogliente albergo gestito con dinamismo e passione: risorsa che incontra il gusto di una clientela giovane, ma anche di famiglie con figli al seguito (quasi tutte le camere sono dotate di angolo cottura).

26 cam ⌖ – ♦53/249 € ♦♦60/400 € – 26 suites

viale Regina Elena 46, per Riccione - B2 ✉ 47921 – ℰ 0541 394289
– www.lerosesuitehotel.com

 Luxor 🖼️ & 🗚 🌣 🅿️

TRADIZIONALE · MEDITERRANEO Il legno, i colori del mare e la luce sono gli elementi presi in prestito dalla natura per caratterizzare il design di questo hotel: mix di sobrietà, eleganza e cordiale ospitalità. Un cocktail vincente apprezzato dai tanti clienti italiani e stranieri!

34 cam ⚏ – †49/139 € ††55/189 €

Pianta: B2-m – *viale Tripoli 203* ✉ *47921* – ℰ *0541 390990* – *www.riminiluxor.com*

Rimini Artis ≤ ⌿ ⌧ ⊡ & 🗚 🐟 ⌂

BUSINESS · MODERNO Costruito in anni recenti, Artis si caratterizza per la sua architettura fatta di forme "pulite" e lineari. Anche all'interno, poche concessioni agli orpelli: si è pensato piuttosto a creare ambienti di moderno design e camere ben accessoriate. E per chi non ama svegliarsi presto, la prima colazione è servita fino alle ore 11.

57 cam ⚏ – †60/300 € ††80/400 €

Pianta: B1-s – *viale Vespucci 38* ✉ *47921* – ℰ *0541 382340* – *www.artishotel.it*

a Rivabella Nord: 3 km per Cesenatico A1 ✉ 47900

Accademia ⊡ & 🗚

TRADIZIONALE · MODERNO In zona tranquilla - a due passi dalle spiagge - hotel rinnovato in anni recenti che propone camere di moderno confort ed una squisita prima colazione per propiziarsi la giornata.

31 cam ⚏ – †80/190 € ††150/290 €

viale Sabotino 6 – ℰ *0541 25422* – *www.hotelaccademiarimini.com*

a Rivazzurra Sud : 4 km per Pesaro B2 ✉ 47924

De France ⌂ ≤ ⌧ ⊡ & 🗚 🅿️

FAMILIARE · LUNGOMARE In prima fila sul mare, la hall si apre su un grande portico coperto che diventa la sala di soggiorno estiva, direttamente affacciata sulla piscina. Gestione prettamente familiare.

75 cam ⚏ – †55/125 € ††80/136 €

viale Regina Margherita 48 – ℰ *0541 371551* – *www.hoteldefrance.it*
– *Aperto 20 maggio-20 settembre*

a Miramare Sud: 5 km per Pesaro B2 ✉ 47924

✿ Guido (Gian Paolo Raschi) ≤ ⌂ 🗚 🌣

PESCE E FRUTTI DI MARE · ACCOGLIENTE ✕✕✕ Rinnovato nel 2015, i colori richiamano l'arenile, mentre arredi moderni e dalle linee minimaliste accolgono l'ospite in questo bel ristorante il cui legame con il mare non si è mai interrotto dal 1946. Sulla spiaggia, di fronte al blu, la cucina esalta i profumi del pescato in piatti che rinnovano le tradizioni dell'Adriatico.

→ Spaghetti alle ostriche. Spigola grigliata e marinata. Torta della nonna rovesciata.

Menu 80 € – Carta 51/84 €

lungomare Spadazzi 12 – ℰ *0541 374612* – *www.ristoranteguido.it* – *solo a cena escluso sabato e domenica*

Terminal Palace & Spa ⌂ ≤ ⌧ 🖼️ ⊕ 🐟 ⌿ ⊡ & 🗚 🐟 ⌂

TRADIZIONALE · MODERNO Frontemare, hotel dall'arredo moderno con camere dotate di tutti i comfort che la categoria richiede e, in aggiunta, un piccolo centro wellness. La piscina, qui, è funzionante tutto l'anno.

85 cam ⚏ – †39/139 € ††49/149 €

viale Regina Margherita 100
– ℰ *0541 378772* – *www.terminalpalace.it*

a **Viserbella** Nord : 6 km per Cesenatico A1 ✉ 47922

 Life ❀ ≤ ⌁ ⌂ ⌂ ⊞ 🄰🄲 🄿

TRADIZIONALE · FUNZIONALE Ampi spazi comuni ben rifiniti ed importanti lavori di ristrutturazione hanno reso questa risorsa ancora più confortevole e, quindi, da consigliare!

46 cam ⌁ – ♦39/110 € ♦♦49/160 € – 4 suites

via Porto Palos 34 – ℰ 0541 738370 – www.hotellife.it – Chiuso dicembre, febbraio e marzo

 Diana ❀ ≤ ⌁ 🄰🄲 🄿

FAMILIARE · ACCOGLIENTE Proprio di fronte alla spiaggia, offre una grande piscina, servizio gratuito di biciclette, ampi spazi all'aperto per il relax e una gestione familiare sempre attenta ai bisogni della clientela. Camere in progressivo rinnovo, prenotare una delle più nuove.

38 cam – ♦30/50 € ♦♦50/70 € – ⌁6 €

via Porto Palos 15 – ℰ 0541 738158 – www.hoteldiana-rimini.com – Aperto 25 aprile-30 settembre

 Apollo ❀ ⌂ ⌁ ⌂ ⌂ ⊞ 🄰🄲 🄿

FAMILIARE · FUNZIONALE Albergo dall'arredo sobrio, ma curato, dispone di un baby club per il divertimento degli ospiti più piccoli ed il relax di quelli più adulti: il tutto in un contesto tranquillo, non lontano dalla spiaggia. Formula a buffet al ristorante.

52 cam ⌁ – ♦50/120 € ♦♦60/150 € – 2 suites

via Spina 3 – ℰ 0541 734639 – www.apollohotel.it – Aperto 15 aprile-30 settembre

a **Coriano** Sud-Ovest : 6,5 km per San Marino A2 ✉ 47853

(◉) **Vite** 🕸 ≤ ⌂ 🏠 & 🄰🄲 ⇦ 🄿

CUCINA MEDITERRANEA · DI TENDENZA ✕✕ Vite è il ristorante della comunità di San Patrignano. E sono proprio i ragazzi di "Sampa" a svolgere il servizio in cucina e in sala, guidati dall'esperienza e bravura dello chef, Fabio Rossi, che propone una cucina moderna in gran parte basata su materie prime prodotte in casa. Piatti più semplici, a pranzo. Assolutamente da provare: tortelli di bietola con sfoglia verde, ricotta affumicata e limone candito.

Menu 35/44 € – Carta 34/63 €

via Montepirolo 7 – ℰ 0541 759138 (prenotare) – www.ristorantevite.it – solo a cena in luglio e agosto – Chiuso martedì da settembre a giugno

RIO DI PUSTERIA
Bolzano (BZ) – ✉ 39037 – 3 065 ab. – Alt. 777 m – Carta regionale n° **19**-C1
Carta stradale Michelin 562-B16

🍴 **Ansitz Strasshof** 🏠 🄿

CUCINA REGIONALE · FAMILIARE ✕ Ai margini del paese, è una caratteristica casa di origini medioevali con tipiche stube tirolesi all'interno. La cucina però cambia rotta e propone diverse specialità mediterranee e di pesce, in particolari sarde, regione d'origine della cuoca.

Carta 36/58 €

via Spinga 2 – ℰ 0472 886142 (coperti limitati, prenotare) – Chiuso 2 settimane in giugno-luglio, martedì sera e mercoledì

a **Valles** Nord-Ovest : 7 km ✉ 39037 – Rio Di Pusteria – Alt. 1 354 m

 Masl ❀ ≤ ⌂ ⌁ 🄽 ⊛ 🏠 ⌂ ✖ ⊞ & 🚗

SPA E WELLNESS · MODERNO Modernità e tradizione con secoli di vita alle spalle (dal 1680) per una casa recentemente ampliata con nuovi spazi e ulteriori servizi. Particolarmente indicata per una vacanza in famiglia, ai bambini è dedicata anche un'apposita piscina.

52 cam ⌁ – ♦135/185 € ♦♦208/350 €

Unterlande 21 – ℰ 0472 547187 – www.hotel-masl.com – Aperto 1° dicembre-15 aprile e 15 maggio-7 novembre

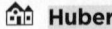 Huber 　　　　　　🏠 🐾 ⪕ 🛏 🎗 🖥 ⏱ 🛎 💈 📺 🛗 🚗

FAMILIARE · ACCOGLIENTE L'inestimabile bellezza delle verdissime vallate, fa da sfondo naturale a vacanze serene e tranquille. Accogliente gestione familiare particolarmente indicata per famiglie.

40 cam ⚁ – ‡90/180 € ‡‡180/260 €

via della Chiesa 4 – ℰ 0472 547186 – www.hotelhuber.com
– Chiuso 5 novembre-15 dicembre e 8 aprile-10 maggio

RIOMAGGIORE

La Spezia – ✉ 19017 – 1 576 ab. – Carta regionale n° **8**-D2
Carta stradale Michelin 561-J11

🍴 Dau Cila 　　　　　　⪕ 🛖 AC

PESCE E FRUTTI DI MARE · STILE MEDITERRANEO 🍴 Nella parte più bassa di Riomaggiore, i tavolini all'aperto sono sistemati lungo una romantica strada in discesa che porta all'acqua, quasi un grande scivolo tra barche ormeggiate e case pittoresche. Serietà in cucina come nel servizio accompagnano piatti di mare in ricette tradizionali, in prevalenza liguri.

Carta 39/85 €

via S. Giacomo 65 – ℰ 0187 760032 (consigliata la prenotazione)
– www.ristorantedaucila.com – Chiuso gennaio e febbraio e lunedì in novembre e dicembre

🍴 Rio Bistrot ⓝ 　　　　　　🛖

CUCINA CLASSICA · DI TENDENZA 🍴 Tra barche ormeggiate e scorci da cartolina, gli interni del bistrot rivisitano in chiave moderna le antiche atmosfere della pittoresca località, al pari della cucina che, a fianco ai classici di mare, propone qualche rivisitazione più creativa.

Menu 39 € – Carta 41/71 €

via San Giacomo 46
– ℰ 0187 920616 (coperti limitati, prenotare) – Chiuso 20 gennaio-20 febbraio, novembre e martedì

RIO MARINA Livorno → Vedere Elba (Isola d')

RIO NELL'ELBA Livorno → Vedere Elba (Isola d')

RIONERO IN VULTURE

Potenza – ✉ 85028 – 13 230 ab. – Alt. 656 m – Carta regionale n° **2**-A1
Carta stradale Michelin 564-E29

🍴 La Pergola 　　　　　　🐾 🛖 AC ⇄ 🅿

CUCINA TRADIZIONALE · SEMPLICE 🍴 E' una gestione molto capace e di lunga esperienza – più di 50 anni - a condurre questo grazioso locale, che delizia i suoi ospiti con una cucina di stampo casalingo, la griglia sempre accesa, buffet di antipasti e di dolci. Dehors ombreggiato sul retro.

Carta 17/43 €

Hotel La Pergola, via Luigi Lavista 27/33
– ℰ 0972 721179 – www.ristorantelapergolarionero.it – Chiuso lunedì

🏠 La Pergola 　　　　　　📺 💈 AC 🚗

FAMILIARE · CLASSICO Buon rapporto qualità/prezzo, in un albergo che offre camere confortevoli dall'aspetto semplice, ma accogliente.

38 cam ⚁ – ‡45/50 € ‡‡60/70 € – 1 suite

via Luigi La Vista 27/33
– ℰ 0972 721179 – www.hotelristorantelapergola.it
🍴 **La Pergola** – Vedere selezione ristoranti

RIPA Perugia ➔ Vedere Perugia

RIPALTA CREMASCA

Cremona – ✉ 26010 – 3 048 ab. – Alt. 77 m – Carta regionale n° **10**-C2
Carta stradale Michelin 561-G11

a Bolzone Nord-Ovest : 3 km ✉ 26010 – Ripalta Cremasca

🍽 **Trattoria Via Vai** ⛱ A/C

CUCINA LOMBARDA • AMBIENTE CLASSICO X Carta ristretta e piatti del territorio, esclusivamente di carne, dove primeggiano gli animali da cortile, in un ambiente raccolto con arredi in legno e tovaglie bianche.

Menu 30 € (in settimana)/50 € – Carta 27/56 €

via Libertà 18
– ✆ 0373 268232 – www.trattoriaviavai.it – solo a cena escluso sabato, domenica e festivi – Chiuso agosto, martedì e mercoledì

Se vuoi segnalarci una struttura manda una cartolina o scrivici a laguidamichelin-italia@michelin.it

RIPATRANSONE

Ascoli Piceno – ✉ 63065 – 4 309 ab. – Alt. 494 m – Carta regionale n° **11**-D3
Carta stradale Michelin 563-N23

a San Savino Sud: 6 km ✉ 63038

🏡 **I Calanchi** ⌂ 🪑 👁 🌳 🏊 A/C 🗣 🅿

CASA DI CAMPAGNA • AGRESTE Un'oasi di tranquillità sulle panoramiche colline dell'entroterra: ricavata da un antico podere agricolo, la risorsa dispone di camere accoglienti - la metà delle quali recentemente rinnovate - nonché ampi spazi comuni (anche all'aperto). Cucina marchigiana e soprattutto piatti di terra al ristorante.

32 cam ☕ – 👤70/120 € 👥80/180 €

contrada Verrame 1 – ✆ 0735 90244 – www.i-calanchi.com
– Aperto 25 dicembre-5 gennaio e 15 maggio-30 settembre

RIPOSTO

Catania (CT) – ✉ 95018 – 14 838 ab. – Alt. 8 m – Carta regionale n° **17**-D2
Carta stradale Michelin 365-BA57

🍽 **La Cucina di Donna Carmela** ⛱ A/C 🅿

CUCINA MODERNA • ELEGANTE XX Nell'accogliente sala o nel bel dehors all'ombra delle palme, specialità siciliane e i migliori prodotti provenienti dagli orti, frutteti ed agrumeti di proprietà della risorsa. Il tutto presentato con stile attuale.

Menu 50/80 € – Carta 48/60 € – carta semplice a pranzo

Hotel Donna Carmela, località Carruba di Riposto, contrada Grotte 5, Sud: 8 km
– ✆ 348 595 2412 – Chiuso 3 settimane in gennaio

🏠 **Donna Carmela** 🪑 👁 🌳 🏊 ⇕ ♿ A/C 🚫 🗣 🅿

CASA DI CAMPAGNA • PERSONALIZZATO Immerso in uno straordinario giardino di piante mediterranee e tropicali, la struttura offre un riuscito mix di antico moderno, con camere personalizzate da originali arredi e vista sull'Etna o sul mare, a cui si aggiungono otto esclusivi lodge.

28 cam ☕ – 👤110/185 € 👥140/210 €

località Carruba di Riposto, contrada Grotte 7, Sud: 8 km – ✆ 095 809383
– www.donnacarmela.com – Chiuso 3 settimane in gennaio

🍽 **La Cucina di Donna Carmela** – Vedere selezione ristoranti

ad Archi Sud: 2,5 km ✉ 95018

🍴○ **Zash** ⌂ 🍽 ⌁ **P**

CUCINA CREATIVA · ROMANTICO XX Nelle cantine di un palmeto, le sale trasmettono un gran fascino per il loro carattere ruvido e autentico. Si accompagnano all'opposto ad una cucina raffinata ed elegante, una delle esperienze gastronomiche più interessanti in zona.

Carta 45/75 €

strada provinciale 2 I/II 60, località Archi, Sud: 2,5 Km (prenotare) – solo a cena – Chiuso 7-31 gennaio e martedì

🏠 **Zash Country Boutique Hotel** ⌂ ⌁ 🖼 🕸 🄰🄲 **P**

DIMORA STORICA · DESIGN Immerso in un esteso agrumeto, con biciclette a disposizione degli ospiti, quest'agriturismo di lusso trova ospitalità in una casa padronale dei primi del '900. Due splendide piscine, in particolare quella esterna in resina e a sfioro, camere dagli arredi moderni, piccolo terrazzo con vista sulla costa.

10 cam ⌑ – �d2150/235 € �175/260 €

strada provinciale 2 I/II 60, località Archi, Sud: 2,5 Km – ℰ 095 782 8932 – www.zash.it – Chiuso 7-31 gennaio

🍴○ **Zash** – Vedere selezione ristoranti

RISANO Udine (UD) ➜ Vedere Pavia di Udine

RISCONE REISCHACH Bolzano ➜ Vedere Brunico

RITTEN RENON

RIVABELLA Rimini ➜ Vedere Rimini

RIVA DEL GARDA
Trento – ✉ 38066 – 16 926 ab. – Alt. 73 m – Carta regionale n° **19**-B3
Carta stradale Michelin 562-E14

🍴○ **Il Re della Busa** ≤ 🍽 🄰🄲 🕸 **P**

CUCINA MODERNA · CHIC XxX Lo stesso stile minimal e contemporaneo dell'hotel Lido Palace contraddistingue anche il ristorante gourmet; nel piatto una linea anch'essa moderna, mentre dalle ampie finestre e dalla terrazza-dehors è la vista del lago ad imporsi.

Menu 75/95 € – Carta 62/107 €

Hotel Lido Palace, viale Carducci 10 – ℰ 0464 021923 – www.lido-palace.it – solo a cena – Chiuso 16 gennaio-5 marzo

🍴○ **Al Volt** 🍽 🄰🄲

CUCINA REGIONALE · FAMILIARE XX Sito nel centro storico, un ambiente elegante articolato su più sale comunicanti, con volte basse e mobili antichi propone una cucina trentina con tocchi di creatività.

Menu 50/50 € – Carta 45/69 €

via Fiume 73 – ℰ 0464 552570 – www.ristorantealvolt.com – solo a cena in luglio-agosto escluso venerdì, sabato e domenica – Chiuso 15 febbraio-15 marzo e lunedì

🍴○ **Villetta Annessa** ⌂ 🍽 ⌁ **P**

CUCINA CLASSICA · INTIMO XX Ristornate dalla calda atmosfera e dalla griglia sfrigolante: le specialità sono le carni alla brace, ma non mancano piatti legati alle tradizioni locali. Piacevole zona esterna per l'estate.

Menu 40 € – Carta 42/65 €

Hotel Villa Miravalle, via Monte Oro 9 – ℰ 0464 552335 – www.hotelvillamiravalle.com – solo a cena – Chiuso febbraio e lunedì

ⅼ○ Antiche Mura 🔄 🏠 ⓐⓒ

CUCINA MEDITERRANEA · AMBIENTE CLASSICO ✗✗ Alle spalle del centro storico, un ristorante gestito da due fratelli originari di Ischia che si propongono ai rivani ed ai moltissimi turisti del lago con una cucina mediterranea sia di terra sia di mare (soprattutto!), con un piccolo spazio dedicato anche al territorio. Sopra una decina di semplici, ma confortevoli camere.

Menu 55 € – Carta 41/72 €

10 cam ⊊ – ♦30/40 € ♦♦75/100 €

via Bastione 19
- *📞 0464 556063 – www.antiche-mura.it*
- *Chiuso febbraio e mercoledì*

🏨 Lido Palace 🔆 ⟨ 🛁 ⌲ 🖾 ⑨ ⋒ ⌕ 🖭 ⓐⓒ 🚿 🅿

LUSSO · DESIGN Struttura Belle Epoque aggiornata con uno stile dal design minimalista di grande attualità, ampio parco sulla passeggiata a lago, nonché centro benessere esclusivo. Piatti classici, ma anche moderni al Tremani bistrot.

34 cam ⊊ – ♦250/350 € ♦♦700/1600 € – 8 suites

viale Carducci 10
- *📞 0464 021899 – www.lido-palace.it*
- *Chiuso 16 gennaio-5 marzo*

ⅼ○ **Il Re della Busa** – Vedere selezione ristoranti

🏨 Du Lac et Du Parc 🔆 ♿ ⟨ 🛁 ⌲ 🖾 ⑨ ⋒ ⌕ ✗ 🖭 ⓐⓒ 🚿 🅿

PALACE · CLASSICO Grande e moderna struttura che attraverso un parco di alberi secolari vi porta sino al lago: davanti l'acqua, dietro le Dolomiti. Le camere sono tanto numerose quanto diverse tra loro, generalmente moderne e funzionali. Attrezzato centro benessere. Diversi gli angoli e le possibilità per ristorarsi.

153 cam ⊊ – ♦109/320 € ♦♦140/380 € – 67 suites

viale Rovereto 44
- *📞 0464 566600 – www.dulacetduparc.com*
- *Aperto 12-18 gennaio e 23 marzo-10 novembre*

🏨 Luise 🔆 ⌲ 🖾 🖭 ♿ ⓐⓒ 🚿 🅿

TRADIZIONALE · DESIGN Una struttura fortemente personalizzata che offre ambienti stilosi impreziositi da colori caldi e da pezzi vintage con rimandi agli anni Sessanta. Nell'ampio giardino sul retro della casa trovano posto la piscina ed il bar estivo. Al ristorante la scelta può cadere sul buffet o sulla carta.

67 cam ⊊ – ♦79/279 € ♦♦89/299 €

viale Rovereto 9
- *📞 0464 550858 – www.hotelluise.com*
- *Aperto 28 marzo-11 novembre*

🏨 Parc Hotel Flora ⌲ 🖾 ⑨ ⋒ 🖭 ⓐⓒ 🅿

TRADIZIONALE · CLASSICO Ottenuto dal restauro e dall'ampliamento di una villa liberty, l'albergo è circondato da un giardino con piscina. Camere per ogni budget e confort: da quelle standard, alla raffinatezza di arredi delle più recenti.

45 cam ⊊ – ♦69/250 € ♦♦99/300 € – 7 suites

viale Rovereto 54
- *📞 0464 571571 – www.parchotelflora.it*

🏨 Kristal Palace 🔆 🖾 ⌕ 🖭 ⓐⓒ 🚿 🅿

TRADIZIONALE · MODERNO A breve distanza dal lago, un albergo moderno dotato di buoni spazi, anche e soprattutto nelle camere. Tra i plus, lo Sky Pool Bar presso il roof garden dove, tempo permettendo, si può far colazione e pranzare.

58 cam ⊊ – ♦120/250 € ♦♦120/250 €

via Confalonieri 8
- *📞 0464 550650 – www.hotelkristalpalace-lagodigarda.it*
- *Aperto 24 dicembre-17 gennaio e 18 marzo-5 novembre*

🏠 Villa Miravalle   ⬅ ⌷ ⍚ **P**

FAMILIARE · CLASSICO Splendidamente incastonata tra il centro storico, le vecchie mura cittadine che la attraversano e il costone delle suggestive montagne, questa villa d'inizio '900 dispone di un luminoso soggiorno verandato, camere semplici, ma accoglienti, nonché valido ristorante serale.

32 cam ⌷ – ♦89/209 € ♦♦89/289 €

via Monte Oro 9
– ☎ 0464 552335 – www.hotelvillamiravalle.com – Chiuso febbraio e novembre
🍴 **Villetta Annessa** – Vedere selezione ristoranti

🏠 Gabry   ⌷ ⬅ ⌷ ⍚ ⊡ ⌶ ⍙ **P**

TRADIZIONALE · CLASSICO Piacevole zona relax ed ampio giardino con piscina in un hotel a conduzione familiare dotato di camere confortevoli: al primo piano, alcune hanno la terrazza.

42 cam ⌷ – ♦68/155 € ♦♦93/165 €

via Longa 6
– ☎ 0464 553600 – www.hotelgabry.com – Aperto 1° aprile-31 ottobre

🏠 Vittoria   ⍟ ⊡ ⌶ ⍚ ⌶

FAMILIARE · TRADIZIONALE Nel cuore del centro storico, uno dei più "vecchi" hotel di Riva del Garda: piccolo, dispone di camere arredate con semplicità e di un ristorante, il Kapuziner am See, dove "avvicinarsi" alla cucina bavarese.

11 cam ⌷ – ♦45/100 € ♦♦60/150 € – 1 suite

via Dante 39
– ☎ 0464 559231 – www.hotelvittoriariva.it – Chiuso febbraio

RIVA DEL SOLE Grosseto → Vedere Castiglione della Pescaia

RIVA DI SOLTO

Bergamo – ✉ 24060 – 881 ab. – Alt. 186 m – Carta regionale n° **10**-D1
Carta stradale Michelin 561-E12

🍴 Zu'   ⬅ ⌂ **P**

PESCE E FRUTTI DI MARE · ELEGANTE ✕✕ Locale d'impostazione classica, è diventato un riferimento per tutto il lago d'Iseo per quanti vogliano assaggiare il meglio delle specialità lacustri. In aggiunta anche piatti di terra e di mare. Servizio in veranda panoramica con splendida vista e possibilità di attracco sul pontile privato.

Menu 35 € (in settimana)/50 € – Carta 41/71 €

via XXV Aprile 53, località Zù, Sud: 2 km
– ☎ 035 986004 – www.ristorantezu.it – Chiuso 2 settimane in gennaio,
2 settimane in novembre e martedì

a Zorzino Ovest : 1,5 km ✉ 24060 – Riva Di Solto – Alt. 329 m

🍴 Miranda   ⬅ ⌷ ⬅ ⬅ ⌶ ⌶ ⍚ **P**

CUCINA REGIONALE · FAMILIARE ✕✕ D'estate l'appuntamento è in terrazza, direttamente affacciati sul giardino e sul superbo specchio lacustre. La cucina è del territorio e privilegia i prodotti di mare e di lago. Belle camere e una fresca piscina a disposizione di chi alloggia.

🍴 Menu 20 € (in settimana)/55 € – Carta 38/70 €

25 cam ⌷ – ♦55/59 € ♦♦82/96 €

via Cornello 8
– ☎ 035 986021 – www.hotelristorantemiranda.com – Chiuso 2 settimane in novembre

RIVALTA Cuneo → Vedere La Morra

RIVALTA SUL MINCIO

Mantova (MN) – ⊠ 46040 – Carta regionale n° **9**-C3
Carta stradale Michelin 561-G14

⫩○ Il Tesoro Living Resort   🛶 🐂 🛏 🛋 🏠

CUCINA MODERNA · DESIGN XX I sapori del territorio cedono talvolta il passo a sperimentazioni più moderne, in questa bella struttura dallo stile contemporaneo e dalla cornice agreste: qui, vi attendono anche un gradevole giardino botanico, l'attrezzato centro benessere e le splendide suite.

🍴 Menu 15 € (pranzo in settimana)/70 € – Carta 31/54 €

4 cam ⌑ – ♦90/100 € ♦♦120/150 € – 4 suites

via Settefrati 96
– ℰ 0376 681381 – www.tesororesort.it – Chiuso 1 settimana in gennaio e lunedì

RIVALTA TREBBIA Piacenza → Vedere Gazzola

RIVANAZZANO TERME

Pavia – ⊠ 27055 – 5 312 ab. – Alt. 153 m – Carta regionale n° **9**-A3
Carta stradale Michelin 561-H9

⫩○ Il Caminetto   🛏 🛋 🅿️

CUCINA CLASSICA · ELEGANTE XX Ristorante elegante, a salda conduzione familiare ormai di lunga tradizione: un'accogliente sala con parquet, toni giallo-ocra e camino rifinito in marmo. La cucina è classica italiana con alcuni piatti più legati al territorio.

Carta 27/64 €

via Cesare Battisti 15
– ℰ 0383 91391 – Chiuso 1 settimana in gennaio, domenica sera e lunedì

⫩○ Selvatico   🐂 🛶 🛏 🛋

CUCINA REGIONALE · AMBIENTE CLASSICO XX Mobili d'epoca ed un coperto elegante allietano la sosta dei suoi clienti, la cucina li intrattiene con gustosi piatti del territorio preparati dalla titolare con una delle figlie. Svelato il segreto del successo di un locale che nel 2012 ha soffiato su 100 candeline!

Menu 30/35 € – Carta 40/59 €

21 cam ⌑ – ♦50 € ♦♦80 €

via Silvio Pellico 19
– ℰ 0383 944720 – www.albergoselvatico.com – Chiuso 1°-12 gennaio, domenica sera e lunedì

RIVAROLO CANAVESE

Torino – ⊠ 10086 – 12 488 ab. – Alt. 304 m – Carta regionale n° **12**-B2
Carta stradale Michelin 561-F5

⫩○ Antica Locanda dell'Orco   🐂 🛏 🛋 🛂

CUCINA REGIONALE · CONTESTO TRADIZIONALE XX Ambiente rustico e signorile dove accomodarsi per gustare una valida e tradizionale cucina piemontese; possibilità di prendere posto all'aperto durante la bella stagione.

Menu 36/44 € – Carta 36/56 €

via Ivrea 109
– ℰ 0124 425101 – www.locanda-dellorco.it – Chiuso 12 giorni in gennaio, 10 giorni in agosto e lunedì

RIVAROTTA Pordenone → Vedere Pasiano di Pordenone

RIVA TRIGOSO Genova → Vedere Sestri Levante

RIVAZZURRA Rimini ➜ Vedere Rimini

RIVERGARO

Piacenza – ⊠ 29029 – 7 005 ab. – Alt. 140 m – Carta regionale n° **5**-A2
Carta stradale Michelin 561-H10

⊛ **Caffè Grande**

CUCINA DEL TERRITORIO · FAMILIARE XX Moderno ed antico si interfacciano con grande naturalezza in questo bel ristorante di provincia la cui cucina si adagia nell'alveo della tradizione locale. Tra i suoi must i proverbiali salumi piacentini, tortelli di ricotta e spinaci con parmigiano e burro fuso, guancialino di vitello cotto piano piano con riduzione al Gutturnio, zabaione di vigna del Volta con lingue di gatto.

Carta 27/50 €

piazza Paolo 9 – ℰ 0523 958524 – www.caffegrande.it – Chiuso 2 settimane in gennaio-febbraio, 2 settimane in settembre e martedì

RIVIERA DI LEVANTE Genova e La Spezia

RIVIGNANO

Udine – ⊠ 33050 – 6 349 ab. – Alt. 13 m – Carta regionale n° **6**-B3
Carta stradale Michelin 562-E21

✿ **Al Ferarùt** (Alberto Tonizzo)

CUCINA MODERNA · ELEGANTE XXX Da appassionato studioso e conoscitore del mare, lo chef, figlio del patron, (insieme formano due generazioni ed un totale di oltre 50 anni di storia del locale!), offre con le sue ricette tutta la fragranza del buon pesce, ma anche un'originale personalità; non mancano, tuttavia, specialità a base di carne. Proposte più semplici ed economiche presso la "Salumeria Ittica".
➜ Bonbon di barbabietola rossa, brovade e salsa al vermouth. Anguilla tostata, pelle soffiata, alici del Cantabrico, mela cotta. Ganache di cioccolato alla menta, gelato alla fragola, cristalli di caramello al cioccolato.

Menu 50/90 € – Carta 53/110 €

via Cavour 34 – ℰ 0432 775039 (prenotazione obbligatoria a mezzogiorno) – www.ristoranteferarut.it – Chiuso 1°-7 gennaio, 20-31 ottobre e mercoledì

RIVISONDOLI

L'Aquila – ⊠ 67036 – 700 ab. – Alt. 1 320 m – Carta regionale n° **1**-B3
Carta stradale Michelin 563-Q24

⊛ **Da Giocondo**

CUCINA ABRUZZESE · RUSTICO X Personalmente ai fornelli, la titolare assicura ottimi piatti di cucina abruzzese talvolta esposti a voce, secondo le disponibilità del mercato: la freschezza dei prodotti è così garantita! Tra le specialità si ricordano gli arrosticini di pecora e la crostata con la scrucchiata (marmellata d'uva di Montepulciano).

Carta 24/46 €

via Suffragio 2 – ℰ 0864 69123 – www.ristorantedagiocondo.it – Chiuso martedì in bassa stagione

RIVODORA Torino (TO) ➜ Vedere Baldissero Torinese

RIVODUTRI

Rieti – ⊠ 02010 – 1 253 ab. – Alt. 560 m – Carta regionale n° **7**-C1
Carta stradale Michelin 563-O20

ababab **La Trota** (Sandro e Maurizio Serva)   ⚐ ⛺ ☕ ⛐ AC ⟳ P

CUCINA CREATIVA · ELEGANTE XxxX Dopo aver vinto i pregiudizi sul pesce d'acqua dolce, questi eccellenti ristoratori si dimostrano a proprio agio ai vertici della gastronomia nazionale con una carta che delizia i clienti con carpe, tinche, gamberi di fiume, anguille, lucci e naturalmente trote, ma non solo. Scommessa vinta!
→ Zuppa di tinca con passaggio speziato e capelli d'angelo. Trota fario e foie gras con pesche confit. Zuppa di agrumi, cioccolato bianco al sale ripieno di mango e gelato di olive nere.

Menu 110/130 € – Carta 75/116 €

via Santa Susanna 33, località Piedicolle, Sud: 4 km – ℰ 0746 685078 (consigliata la prenotazione) – www.latrota.com – Chiuso 7 gennaio-13 febbraio, 10 giorni in luglio, domenica sera e mercoledì

RIVOIRA Cuneo → Vedere Boves

RIVOLI

Torino – ✉ 10098 – 48 791 ab. – Alt. 390 m – Carta regionale n° **12**-A1
Carta stradale Michelin 561-G4

Pianta d'insieme di Torino

ab **Combal.zero** (Davide Scabin)   ⚐ ≤ AC ⅔

CUCINA CREATIVA · DESIGN XxxX Accanto al museo d'Arte Contemporanea del castello di Rivoli, del quale riprende le forme moderne ed essenziali, la cucina di Scabin propone i classici piemontesi e i sapori italiani in presentazioni molto belle, lo chef-patron indugia anche su piatti più estrosi e creativi, soprattutto nei menu degustazione in cui si concentra tutta la sua ricerca culinaria.
→ Agnolotti del plin, mozzarella di bufala e "tomatoes Combal blend". Fassona al camino. Fusione a freddo (dessert creativo).

Menu 120/200 € – Carta 105/185 €

Pianta: 1A2-u – *piazza Mafalda di Savoia – ℰ 011 956 5225 – www.combal.org – solo a cena – Chiuso vacanze di Natale, agosto, domenica e lunedì*

⌾ **Locanda del Lupo**   ⚐ ⛺ AC

PIEMONTESE · FAMILIARE XX Nel cuore del centro storico, alle pendici del castello, un bel ristorante dove gustare una cucina prettamente piemontese: dietro ai fornelli una coppia locale che 10 anni fa ha avuto il coraggio di realizzare la propria passione.

Carta 27/71 €

Pianta: 1A2-n – *piazza Bollani 14/b – ℰ 011 953 6564 – www.locandadellupo.eu – Chiuso 25-31 agosto, domenica sera e lunedì a mezzogiorno*

ROCCABRUNA

Cuneo – ✉ 12020 – 1 454 ab. – Alt. 700 m – Carta regionale n° **12**-B3
Carta stradale Michelin 561-I3

a Sant'Anna Nord : 6 km (CN) – ✉ 12020 – Roccabruna – Alt. 1 250 m

⌾ **La Pineta**   ≤ ⛆ ⛺ ⅔ P

CUCINA PIEMONTESE · FAMILIARE XX Bisogna armarsi di pazienza e affrontare tornanti fra boschi e colline per arrivare alla Pineta, ma alla fine la cucina ricompensa il viaggio. Proposta ristretta - c'è solo un menu degustazione che può essere accorciato nel numero di portate - in cui regna da sempre il fritto misto alla piemontese, il piatto culto del ristorante. Se vi volete fermare, troverete anche accoglienti e spaziose camere.

⛆ Menu 20/35 €

12 cam – ♦50 € ♦♦80 € - senza ⛆

piazzale Sant'Anna 6 – ℰ 0171 918472 – www.lapinetaalbergo.it – Chiuso 7 gennaio-/ marzo, martedì, anche lunedì sera escluso 20 giugno-20 settembre

ROCCA CORNETA Bologna → Vedere Lizzano in Belvedere

ROCCA DI ROFFENO Bologna → Vedere Castel d'Aiano

ROCCA D'ORCIA Siena (SI) → Vedere Castiglione d'Orcia

ROCCA PIETORE
Belluno – ⊠ 32020 – 1 256 ab. – Alt. 1 143 m – Carta regionale n° **23**-B1
Carta stradale Michelin 562-C17

🏠 Pineta ✿ ≼ 🛏 ⁿ ₤ 🔄 ₤ ⁿ 🅿

TRADIZIONALE · STILE MONTANO Ai piedi della Marmolada, a 200 m dalla frazione Boscoverde, una dinamica gestione familiare ha fatto sì che l'hotel si migliorasse di anno in anno: ambienti caratteristici e camere alpine confortevoli. Sapori locali al ristorante e buona pasticceria.

33 cam 🖙 – †75/180 € ††115/270 €

via Marmolada 13, Ovest: 2 km – ℰ 0437 722035 – www.hotelpineta.net – Aperto 24 dicembre-Pasqua e 1° giugno-16 settembre

ROCCARASO
L'Aquila – ⊠ 67037 – 1 627 ab. – Alt. 1 236 m – Carta regionale n° **1**-B3
Carta stradale Michelin 563-Q24

ⅱ◯ Villa Sette Pini 🕷

CUCINA MODERNA · CHIC ✕✕ Nelle due sale con camino di questa signorile villa degli anni '40, si serve una cucina che riscopre antichi sapori e li abbina a materie prime selezionate alla luce di una sensibilità più attuale.

Carta 32/65 €

piazza Giochi della Gioventù 1 ⊠ 67037 Roccaraso – ℰ 0864 62013 – www.villasettepini.it – Chiuso 15 aprile-5 luglio e lunedì; inizio settembre-8 dicembre aperto solo nel fine settimana

🏠 Garnì Astoria ⁿ 🔄 🅿

TRADIZIONALE · STILE MONTANO In zona defilata, sulla strada che porta alla frazione di Pietransieri, il parcheggio privato anticipa tutta una serie di comodità che vi attendono varcata la soglia. Spazi comuni non ampi, ma carini e ben disimpegnati, zona benessere interrata con bagno turco, doccia emozionale e vasca idromassaggio. Sebbene ci si trovi in Abruzzo, le belle camere sono in stile ampezzano per una personale predilezione estetica del padrone di casa.

12 cam 🖙 – †60/150 € ††80/280 €

via Pietransieri snc – ℰ 0864 62707 – www.hotelastoriaroccaraso.it

a Pietransieri Est : 4 km ⊠ 67037 – Alt. 1 288 m

ⅱ◯ La Preta 🏡 🕷

CUCINA ABRUZZESE · FAMILIARE ✕ Piccolo ristorante familiare, custode della memoria storica e gastronomica del paese tra foto d'epoca appese alle pareti e ricette della tradizione servite in tavola.

Carta 22/38 €

via Adua 7/9 – ℰ 0864 62716 – Chiuso 20 giorni in maggio e martedì in bassa stagione

ad Aremogna Sud-Ovest : 9 km ⊠ 67037 – Alt. 1 622 m

🏠 Boschetto ✿ 🐾 ≼ 🛏 🔲 ⁿ ⁿ ₤ 🔄 🚗

SPA E WELLNESS · STILE MONTANO C'è anche un attrezzato centro benessere con tanto di Spa privata, vera e propria camera con letto matrimoniale ad uso esclusivo di chi la riserva, in quest'albergo dagli accoglienti saloni in legno e stanze sobrie, costantemente in via di ammodernamento. Ambiente suggestivo al ristorante, grazie all'incantevole vista sui monti.

44 cam – solo ½ P 70/180 €

via Aremogna 42 – ℰ 0864 602367 – www.hboschetto.it – Aperto 1° dicembre-30 aprile e 1° luglio-15 settembre

ROCCA RIPESENA Terni → Vedere Orvieto

ROCCA SAN CASCIANO

Forlì-Cesena (FC) – ⊠ 47017 – 1 910 ab. – Alt. 210 m – Carta regionale n° **5**-C2
Carta stradale Michelin 562-J17

⫴○ **La Pace**
CUCINA TRADIZIONALE • TRATTORIA ⅄ Al primo piano di un palazzo situato sulla piazza principale, trattoria molto semplice con accoglienza e servizio familiari. Dal territorio le specialità di stagione, in preparazioni casalinghe.
Carta 15/29 €

piazza Garibaldi 16 – ℰ 0543 951344 – Chiuso lunedì sera e martedì

ROCCA SAN GIOVANNI

Chieti – ⊠ 66020 – 2 360 ab. – Alt. 155 m – Carta regionale n° **1**-C2
Carta stradale Michelin 563-P25

in prossimità casello autostrada A 14 - uscita Lanciano Nord-Ovest : 6 km :

🏨 **Villa Medici**   ⫴ ⌘ 🖽 ⎰ ⌸ 🎧 ⌸ ⌸ & AC ⫠ 👙 **P**
TRADIZIONALE • CONTEMPORANEO Raffinatezza, modernità e confort per questo hotel in comoda posizione stradale, non lontano da Lanciano: ideale per una clientela d'affari che cerca cortesia, professionalità e un'ampia disponibilità di spazi (piacevole area relax ben organizzata!). L'eleganza continua al ristorante, con un'ampia capacità ricettiva per ogni occasione.
46 cam ⊊ – ♦49/90 € ♦♦59/170 €

contrada Santa Calcagna 71/72 – ℰ 0872 717645 – www.hotelvillamediciabruzzo.it

ROCCASTRADA

Grosseto – ⊠ 58036 – Carta regionale n° **18**-C2
Carta stradale Michelin 563-M15

🏨 **La Melosa**   ⫴ 🐾 ⪕ 🍴 ⌘ 🎧 AC **P**
CASA DI CAMPAGNA • PERSONALIZZATO In posizione defilata e tranquilla, la struttura di aspetto colonico propone nei suoi interni la spontanea arte toscana, che si esprime attraverso deliziosi affreschi presenti in ciascuna delle 12 camere. Non mancano, tuttavia, confort moderni, quali una bella piscina ed un attrezzato centro benessere.
12 cam ⊊ – ♦74/144 € ♦♦84/164 €

*strada Provinciale 157, Nord: 2 km – ℰ 0564 563349 – www.lamelosa.it
– Aperto 27 dicembre-9 gennaio e 20 marzo-2 novembre*

ROCCELLA IONICA

Reggio di Calabria (RC) – ⊠ 89047 – 6 557 ab. – Alt. 16 m – Carta regionale n° **3**-B3
Carta stradale Michelin 564-M31

⫴○ **La Cascina**   🍴 🍴 AC ⫠ **P**
CUCINA ITALIANA • RUSTICO ⅄⅄ Lungo la statale, un piacevole e rustico locale ricavato dalla ristrutturazione di un casolare di fine Ottocento con sale dalle pareti in pietra e soffitti lignei. Il menu recita una serie di proposte di terra e di mare, mentre nell'adiacente bottega sono in vendita prelibatezze del territorio (spesso di produzione propria), molte di esse a base di bergamotto!
Carta 27/84 €

*strada statale 106, Sud-Ovest : 2 km – ℰ 0964 866675 – www.lacascina1899.it
– Chiuso martedì escluso luglio-agosto*

🏠 **Parco dei Principi Hotel** ☆ 🏠 🗲 🖾 🖾 🖪

LUSSO · CLASSICO Un uliveto dai riflessi argentei incornicia questa elegante struttura che richiama i fasti del passato: una sontuosa hall e splendide sale dai soffitti affrescati, nonché camere di moderno confort.

58 cam ⬚ – ♦69/129 € ♦♦89/149 € – 2 suites

strada statale 106, località Badessa, Sud-Ovest: 2 km
– ☎ 0964 860201 – www.parcodeiprincipi-roccella.com

ROCCHETTA TANARO

Asti – ✉ 14030 – 1 450 ab. – Alt. 107 m – Carta regionale n° **14**-D1
Carta stradale Michelin 561-H7

🍴 **I Bologna** ☜ 🏠 🖾 🕸

CUCINA PIEMONTESE · ACCOGLIENTE ✕✕ Un classico della ristorazione monferrina, da anni propone gli immutabili piatti che ci si aspetta di gustare in Piemonte. Gli ambienti sono rustici e l'atmosfera calda. La corte interna ospita camere accoglienti e ben accessoriate.

Menu 35 € (pranzo in settimana)/45 € – Carta 40/62 €

6 cam ⬚ – ♦80 € ♦♦100 €

via Nicola Sardi 4
– ☎ 0141 644600 – www.trattoriaibologna.it – Chiuso 10 gennaio-10 febbraio e martedì

RODDI

Cuneo – ✉ 12060 – 1 607 ab. – Alt. 284 m – Carta regionale n° **14**-C2
Carta stradale Michelin 561-H5

🍴 **Il Vigneto** ☜ 🖾 🗈 🖪

CUCINA PIEMONTESE · CONTESTO TRADIZIONALE ✕✕ Una tranquilla cascina di campagna - restaurata con gusto e raffinatezza - dove gustare piatti piemontesi, ma non solo: in estate trionfa il pesce. Piacevole l'ombreggiato dehors. Accoglienza di classe e premurosa attenzione anche nelle camere, dalle cui finestre si dominano le colline dei dintorni.

Carta 48/128 €

6 cam ⬚ – ♦90/110 € ♦♦90/150 €

località Ravinali 19/20, Sud-Ovest : 2,5 Km
– ☎ 0173 615630 – www.ilvignetodiroddi.com
– Chiuso gennaio-febbraio, mercoledì a mezzogiorno e martedì

RODI GARGANICO

Foggia – ✉ 71012 – 3 693 ab. – Carta regionale n° **15**-A1
Carta stradale Michelin 564-B29

🏠 **Villa Vittoria** ☆ 🏠 🗲 🖾 🖪

TRADIZIONALE · ACCOGLIENTE In posizione rialzata sul mare, il profilo del borgo chiude romanticamente la vista della costa. Camere semplici ma accoglienti, la terrazza panoramica sul porticciolo del ristorante regalerà incantevoli serate.

16 cam ⬚ – ♦40/85 € ♦♦70/170 €

contrada Petrara snc
– ☎ 0884 965630 – www.albergovillavittoria.it
– Aperto 1° aprile-10 ottobre

ROLETTO

Torino – ✉ 10060 – 2 009 ab. – Alt. 412 m – Carta regionale n° **12**-B2
Carta stradale Michelin 561-H3

⊛ Il Ciabot 🛖

CUCINA REGIONALE · FAMILIARE ✕✕ Piacevolmente riscaldato nei mesi freddi da un caminetto, il Ciabot vanta un'appassionata gestione familiare e propone una cucina regionale, attenta alle tradizioni e "contaminata" da un tocco attuale. Il menu suggerisce: risotto Carnaroli al pesto di aglio orsino e scaloppa di baccalà al latte o nella punta di maialino cotta a bassa temperatura in crosta di pane speziato.

Menu 29/40 € – Carta 30/54 €

via Costa 7 – 𝒞 0121 542132 (prenotazione obbligatoria) – www.mauroaguchef.it – Chiuso lunedì

ROLO

Reggio nell'Emilia (RE) – ✉ 42047 – 4 105 ab. – Alt. 21 m – Carta regionale n° **5**-B1
Carta stradale Michelin 562-H14

⑩ Prima o Poi 🛖 AC

CUCINA CLASSICA · FAMILIARE ✕ In un rustico sito all'ingresso del paese, distante pochi chilometri dal casello autostradale, il patron vi invita ad assaggiare una cucina classica e mediterranea, di terra e di mare: prima o poi, è qua, che bisogna venire...

🍽 Menu 22 € (pranzo in settimana)/35 € – Carta 28/60 €

via Battisti 57 – 𝒞 0522 666184 (consigliata la prenotazione) – www.primaopoi.eu – Chiuso 1°-16 gennaio e sabato a mezzogiorno

ROMA

Essenziale negli antipasti, decisa nei primi piatti, robusta nei secondi, originale nei contorni: la cucina romana ha indubbiamente carattere, ma lo spirito di Roma, unica città al mondo che può fregiarsi del titolo di "Eterna", non si arresta nei confini dell'Urbe e, con la generosità che caratterizza i suoi abitanti, apre le braccia e le porte di locali tra i più disparati. Si spazia, infatti, dalla cucina del mercato, a quella moderna, dalla giapponese – ebbene sì, tra la fontana di Trevi e piazza di Spagna – a quella di mare, dalla toscana alla marchigiana.
Senza dimenticare le tante trattorie, riferimento inscindibile se si pensa alla Capitale in termini di tavola; tutte pronte a deliziare i propri ospiti con piatti quali fettuccine e tonnarelli cacio e pepe, abbacchio e coda alla vaccinara, puntarelle e carciofi alla giudea... per poi finire, dulcis in fundo, con una buona zuppa inglese che - a dispetto del nome, in pochi sanno - ha origini tipicamente romane.

Roma (RM) – ✉ 00186 – 2 872 021 ab. – Alt. 20 m
- Carta regionale n°7-B2
- Carta stradale Michelin n° 563-Q19

ELENCO ALFABETICO DEI RISTORANTI

Michelin

g-stockstudio/iStock

ESERCIZI CON STELLE

❀❀❀

Una cucina unica. Merita il viaggio!

❀❀

Una cucina eccellente. Merita la deviazione!

❀

Una cucina di grande qualità. Merita la tappa!

BIB GOURMAND
Il nostro migliore rapporto qualità-prezzo

RISTORANTI PER GENERE DI CUCINA

Boris_Kuznets/iStock

Cucina mediterranea

Cucina moderna

Cucina peruviana

Cucina romana

Cucina siciliana

Cucina tradizionale

Cucina vegetariana

Fusion

Libanese

Ligure

Pesce e frutti di mare

antoniotruzzi/iStock

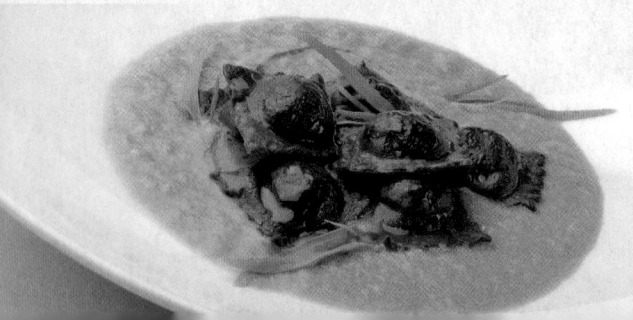

Lauri Patterson/iStock

TAVOLI ALL'APERTO

933

LISTA ALFABETICA DEGLI ALBERGHI

ymgerman/iStock

Esperanza33/iStock

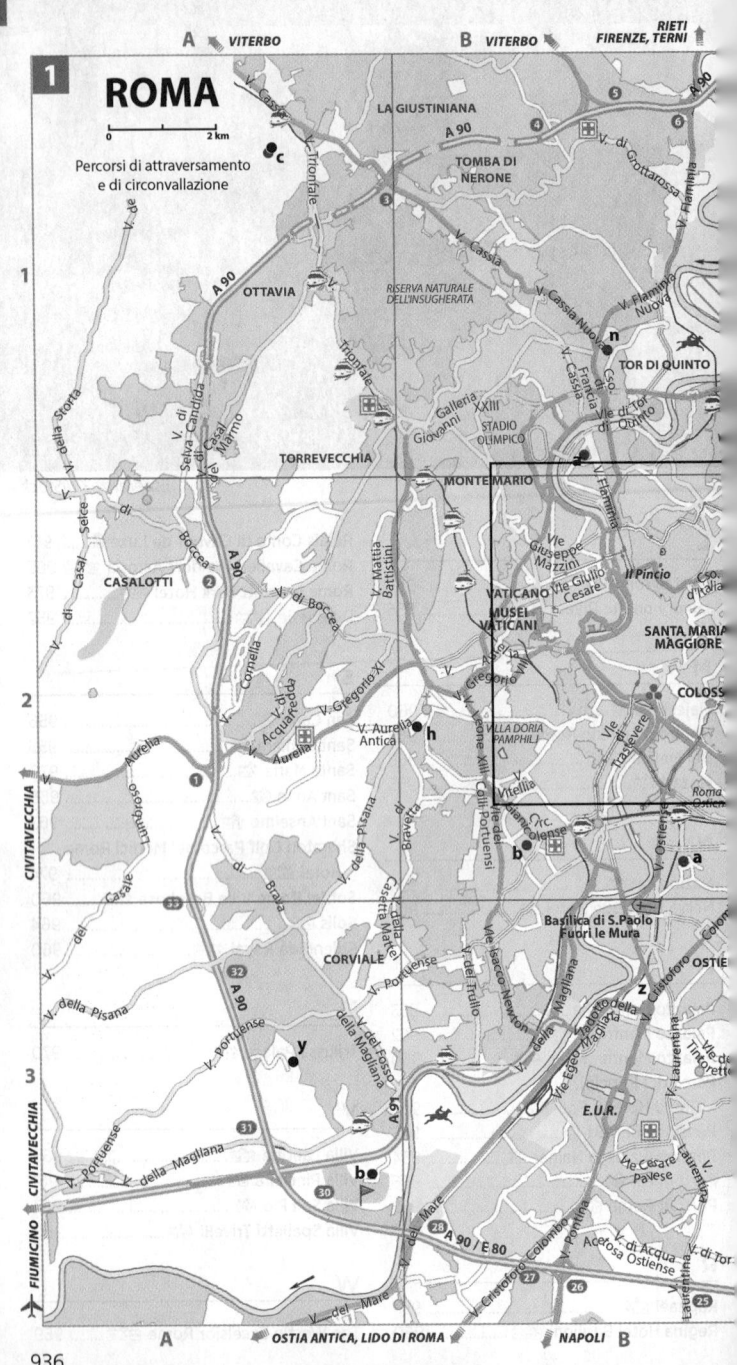

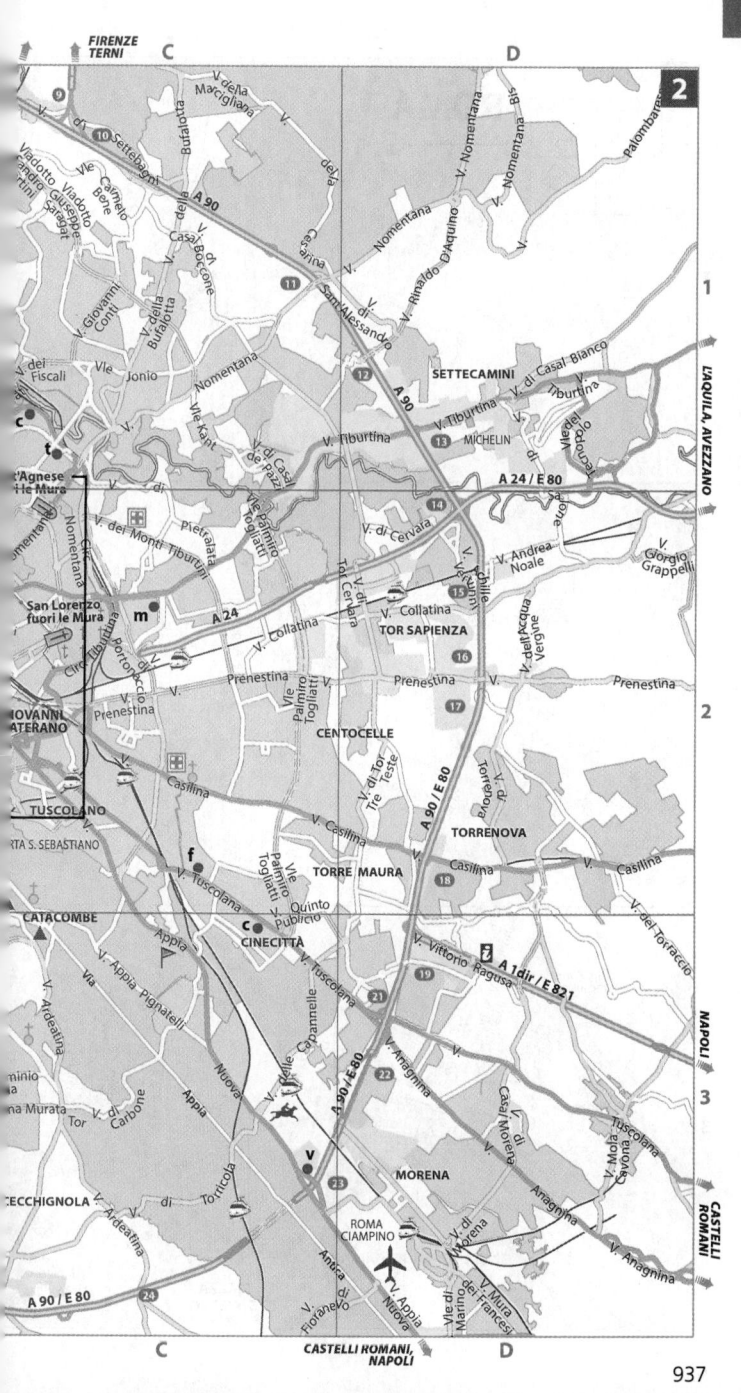

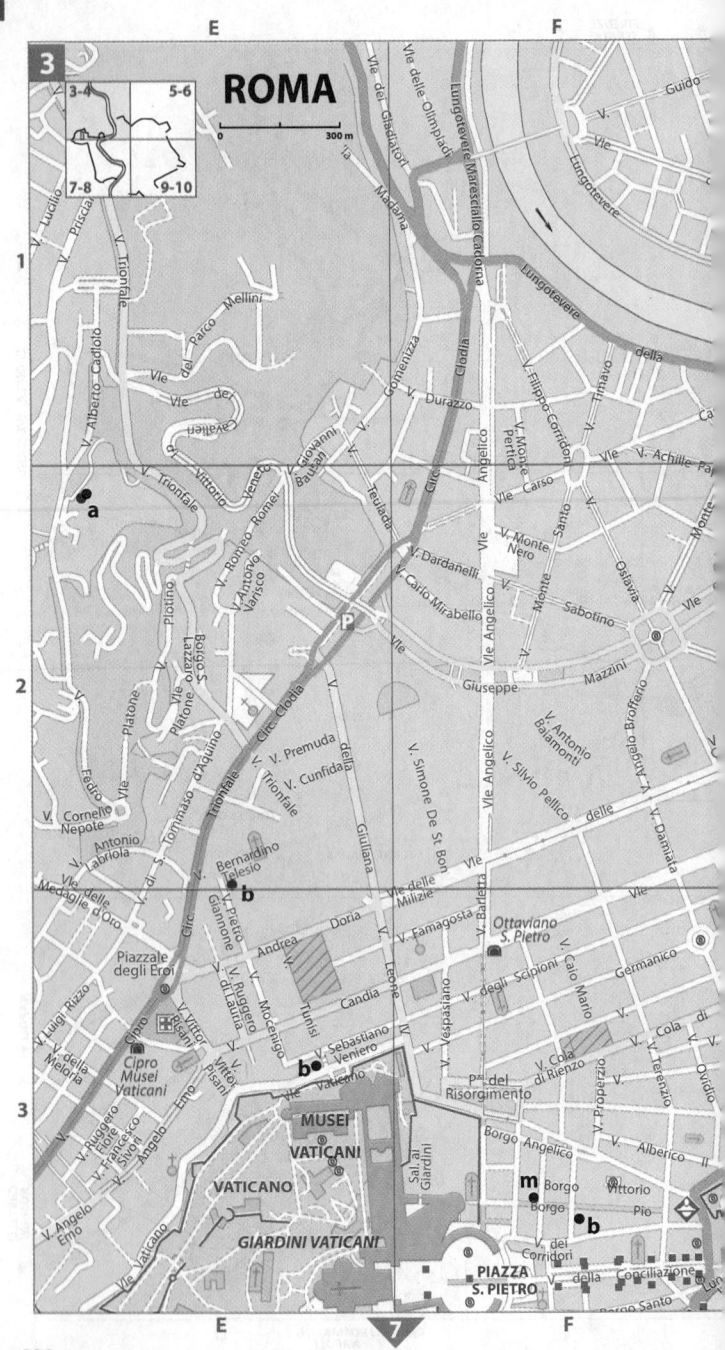

ROMA

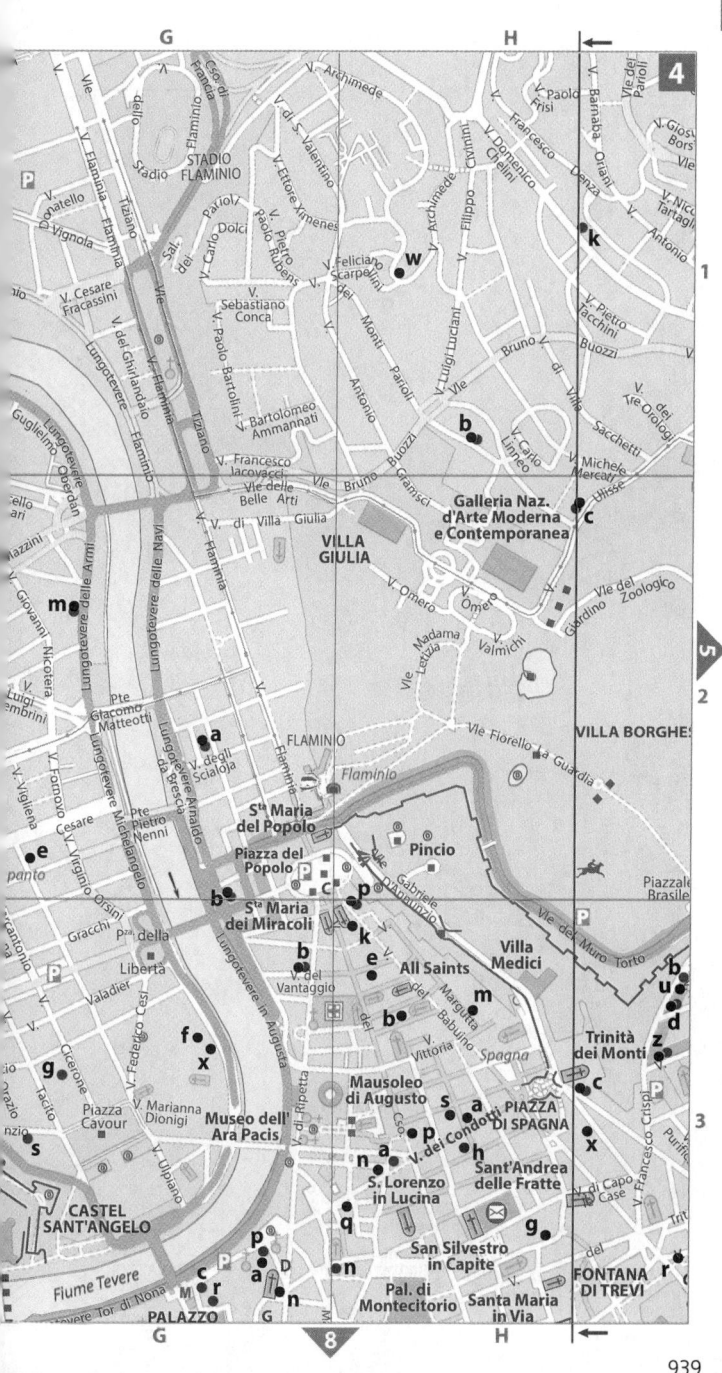

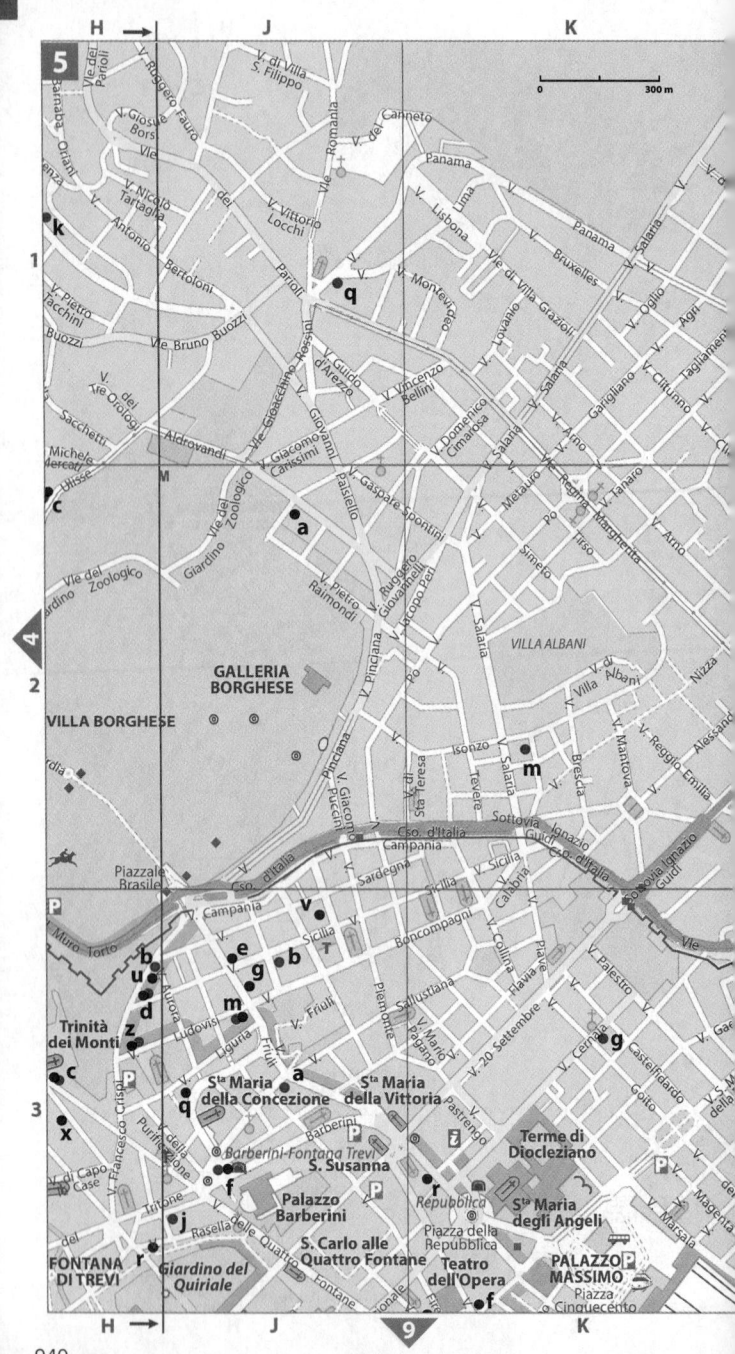

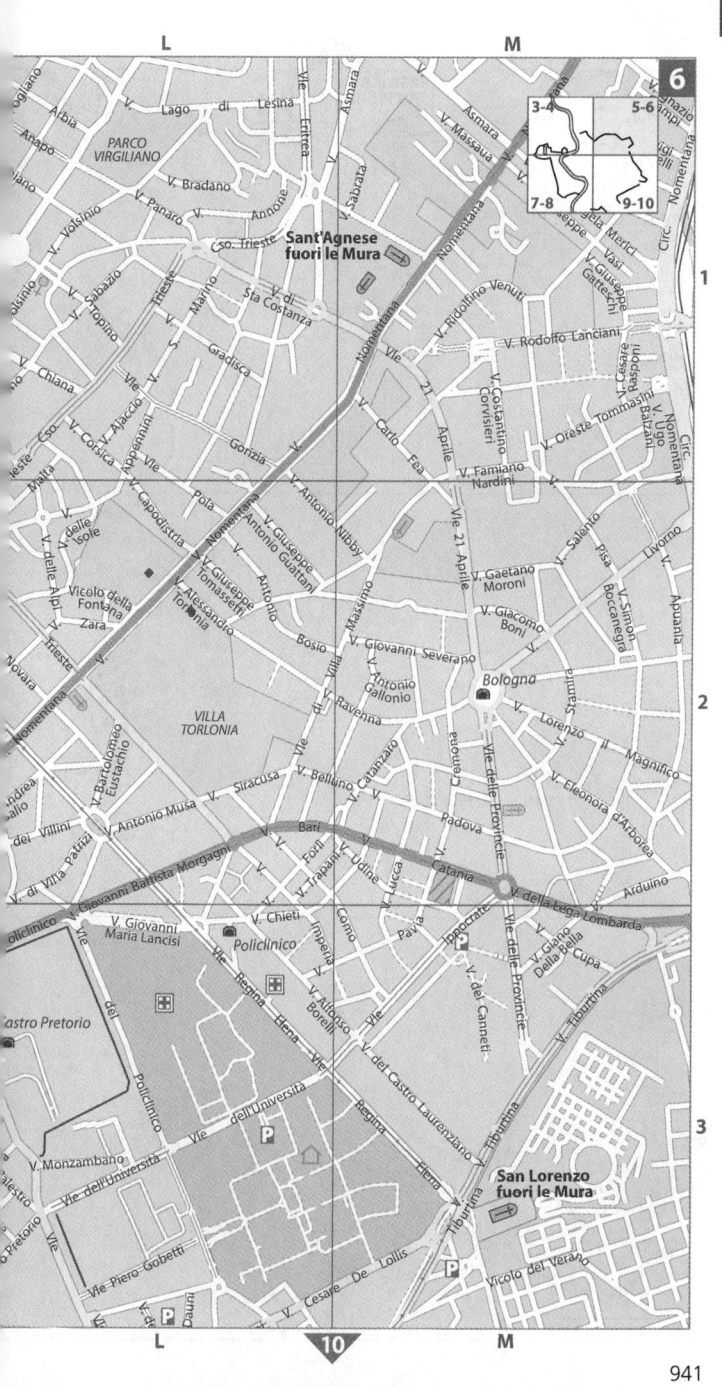

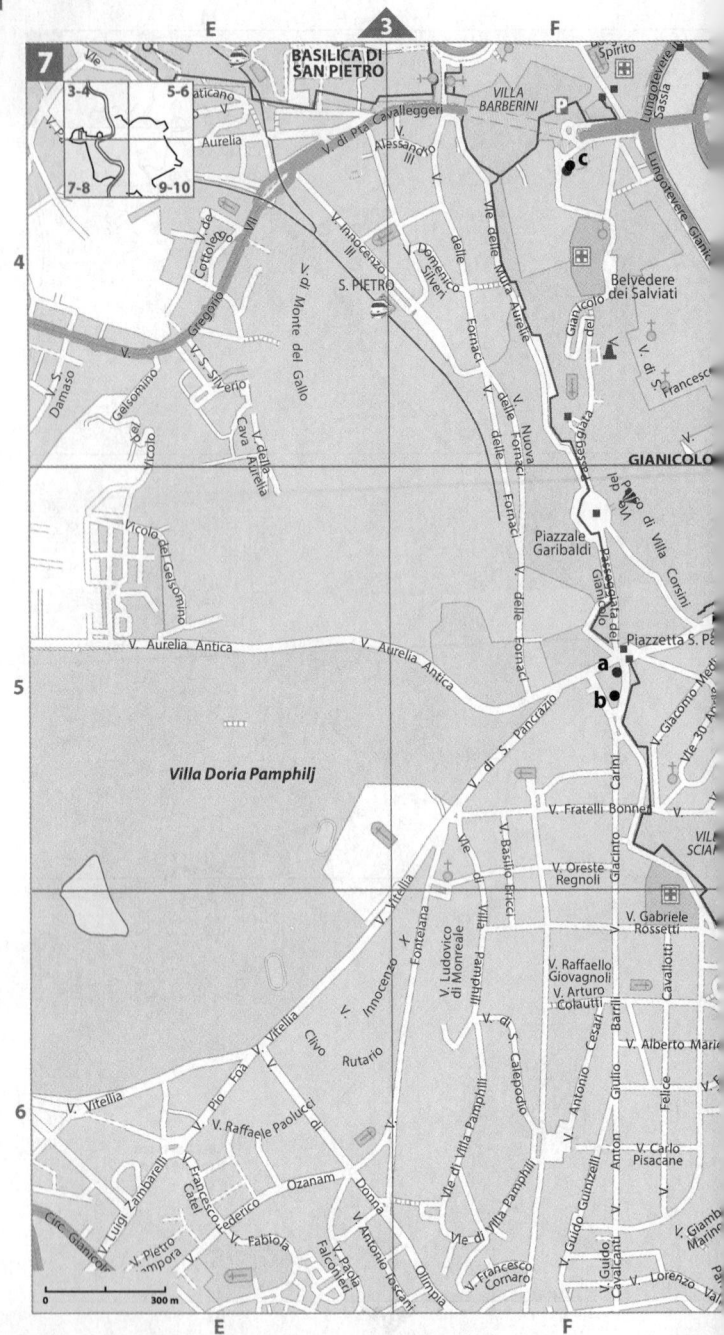

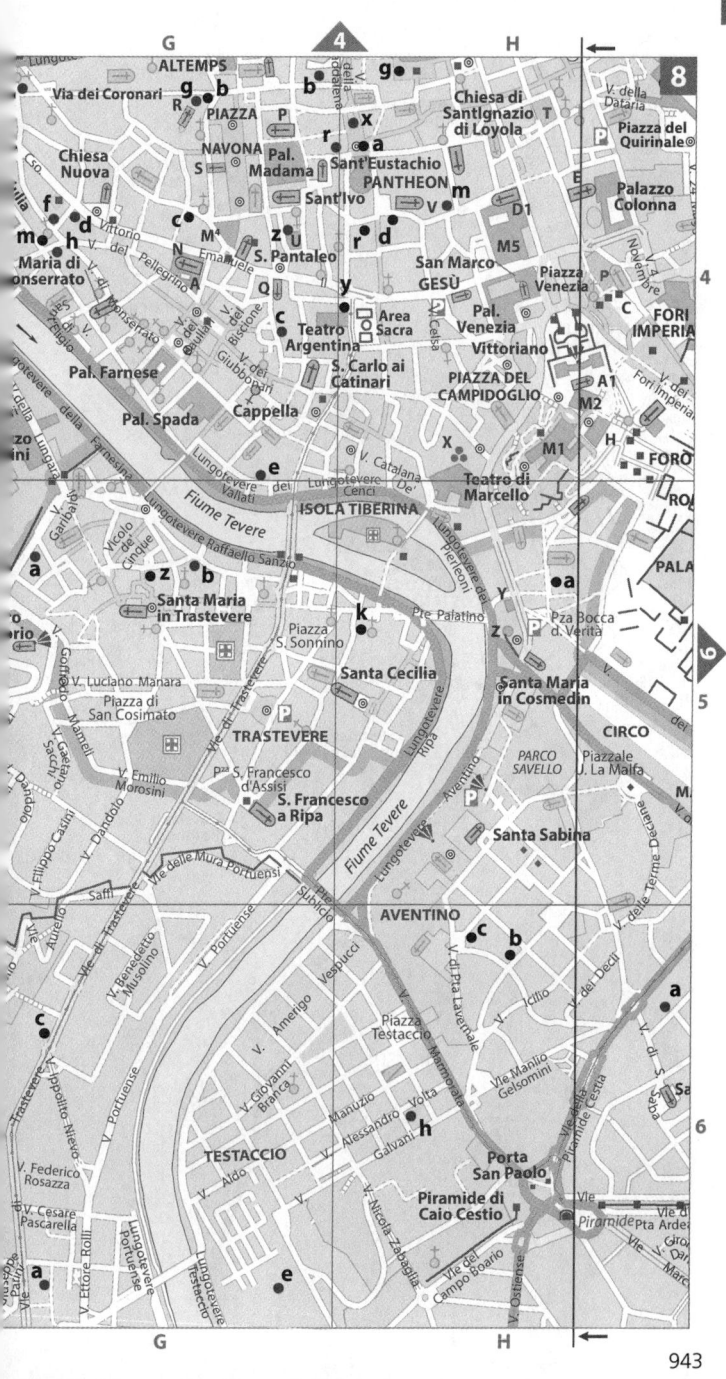

ALTEMPS

Via dei Coronari · g · b · b · g

Chiesa di
Sant'Ignazio
di Loyola

V. della
Dataria

Piazza del
Quirinale

R

PIAZZA

P

x

NAVONA

r · a

Chiesa
Nuova

Pal.
Madama

Sant'Eustachio
PANTHEON

m

Palazzo
Colonna

f

Sant'Ivo

D1

m · h · d

c

M⁴

San Marco
GESÙ

M5

V

Vittorio
Emanuele

z

Piazza
Venezia

P · C

Maria di
onserrato

S. Pantaleo

r · d

FORI
IMPERIA

Q

y

Pal.
Venezia

Pal. Farnese

Teatro
Argentina

Area
Sacra

Vittoriano

V. dei
Fori Imperia

Pal. Spada

S. Carlo ai
Catinari

PIAZZA DEL
CAMPIDOGLIO

A1

M2

zo
ini

Cappella

e

V. Catalana

X

M1

H

FORO

Lungotevere dei
Vallati

Lungotevere De'

Teatro di
Marcello

RO

ISOLA TIBERINA

Fiume Tevere

PALA

a

z

b

Santa Maria
in Trastevere

k

Pte. Palatino

a

erio

Piazza
S. Sonnino

Santa Cecilia

Pza Bocca
d. Verità

z

V. Luciano Manara

Santa Maria
in Cosmedin

CIRCO

Piazza di
San Cosimato

TRASTEVERE

PARCO
SAVELLO

Piazzale
J. La Malfa

M

Pза S. Francesco
d'Assisi

S. Francesco
a Ripa

Fiume Tevere

Santa Sabina

Vie delle Mura Portuensi

AVENTINO

c · b

a

c

Piazza
Testaccio

Santa Sa

h

TESTACCIO

Porta
San Paolo

F. Federico
Rosazza

Piramide di
Caio Cestio

Piramide

a

e

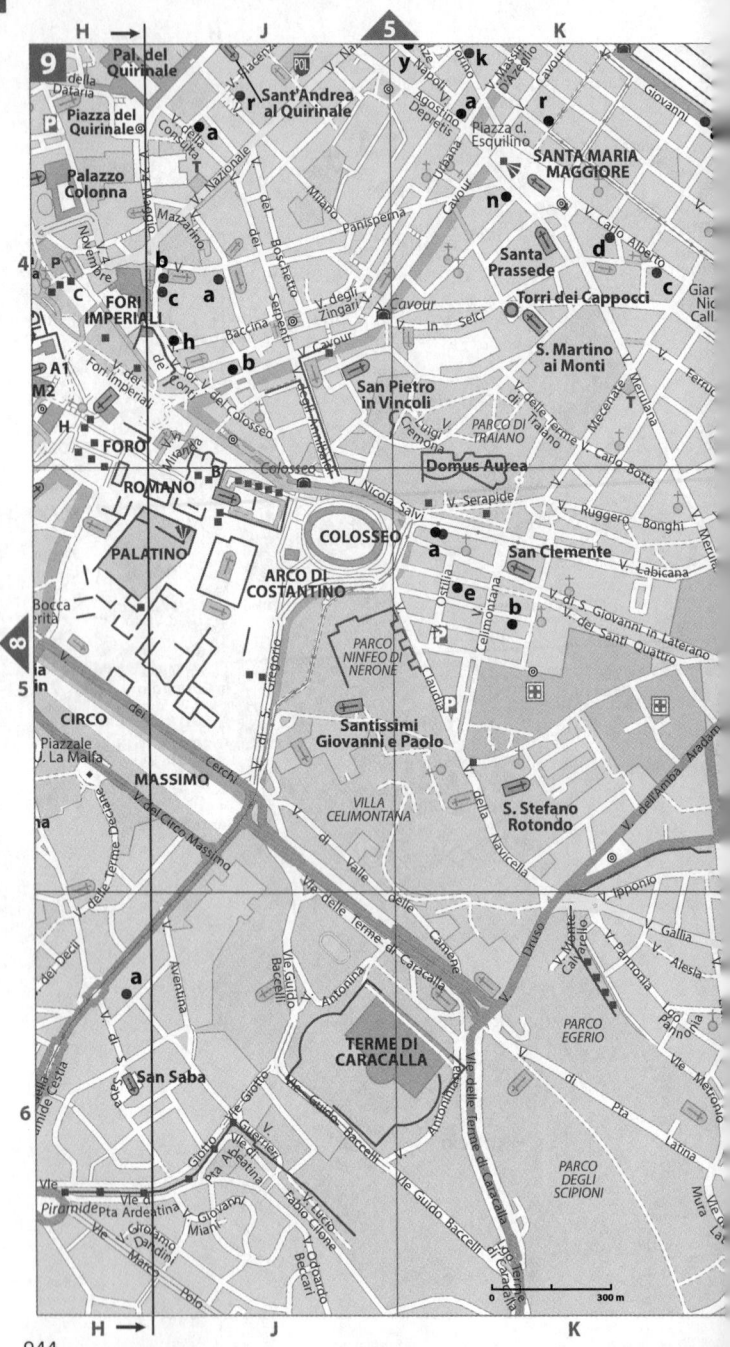

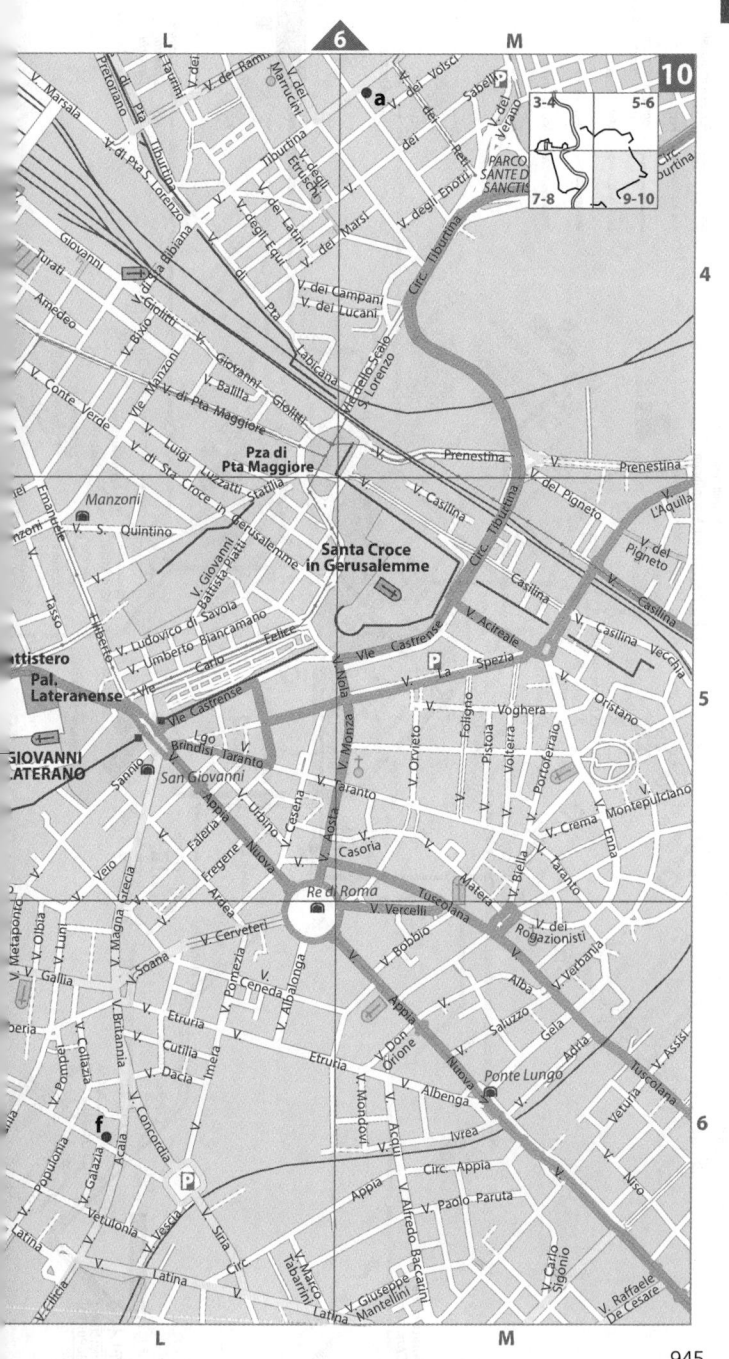

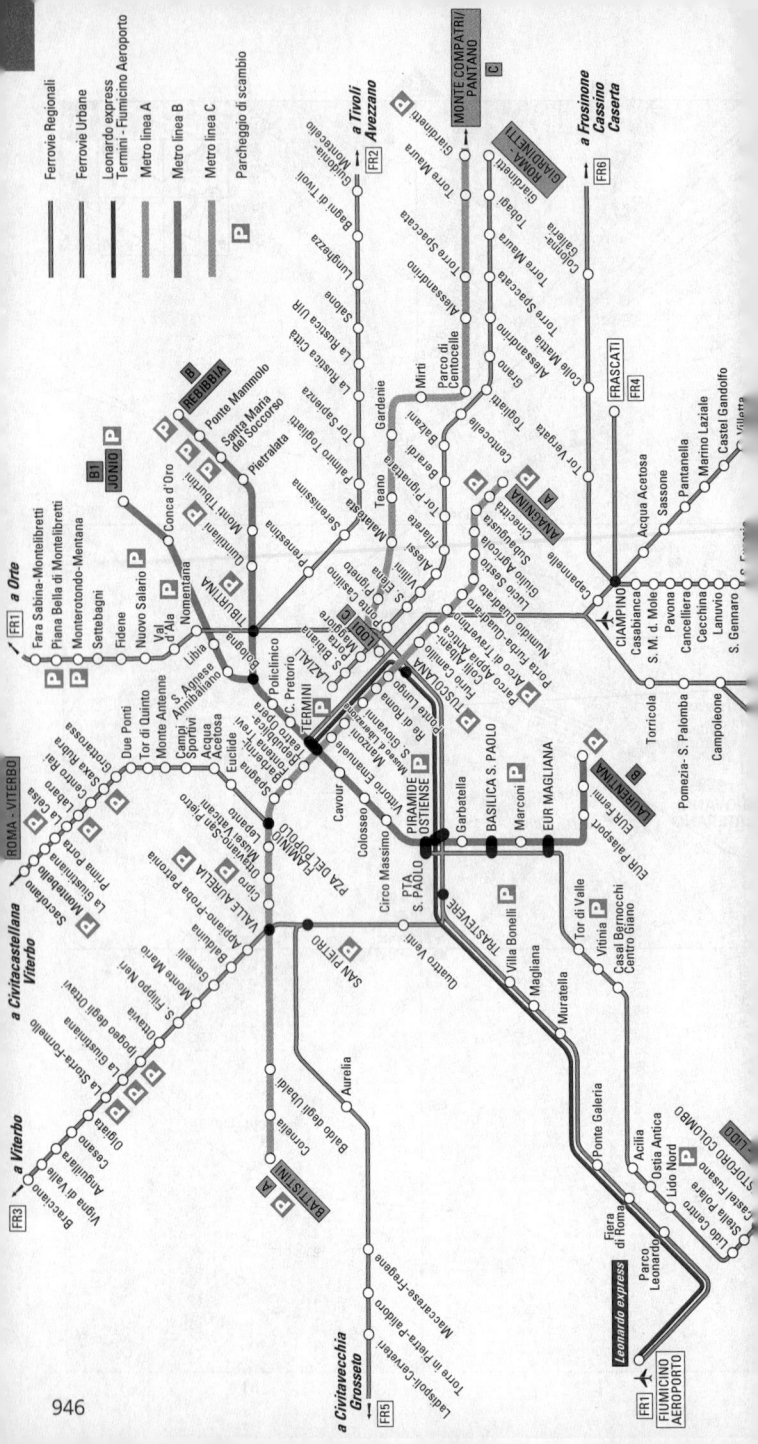

Centro Storico

Ruhey/iStock

Ristoranti

✿✿ **Il Pagliaccio** (Anthony Genovese)   🏵 🆎 🍴

CUCINA CREATIVA · ELEGANTE XxX Una scossa al cuore della Roma rinascimentale: la cucina svecchia la tradizione e si mette alla costante ricerca di prodotti ed accostamenti innovativi.
→ "L'Omaggio", spaghetti mediterranei e stoccafisso. "L'Insolito", anatra laccata e prugne. Passione, sale e caramello.
Menu 75 € (pranzo)/170 € – Carta 85/145 €

Pianta: 8G4-f – *via dei Banchi Vecchi 129/a* ✉ *00186*
*– ☎ 06 6880 9595 (consigliata la prenotazione) – www.ristoranteilpagliaccio.com
– Chiuso 25 gennaio-8 febbraio, 3 settimane in agosto, domenica, martedì a pranzo e lunedì*

✿ **Imàgo**   🆎 🍴

CUCINA MODERNA · LUSSO XxX Il percorso professionale dello chef è facilmente intuibile dai piatti che arrivano in tavola e che combinano sapori asiatici a prodotti, nonché concetti mediterranei, in abbinamenti talvolta anche un po' celebrali. Una cucina volutamente di contrasti, mentre incontrastabile è l'incantevole vista offerta dalle ampie vetrate sulla Città Eterna.
→ Risotto alla marinara, cozze e black lime. Petto di anatra in stile tandoori. Dolce mozzarella di bufala.
Menu 120/160 € – Carta 99/157 €

Pianta: 4H3-c – *Hotel Hassler, piazza Trinità dei Monti 6* ✉ *00187* Ⓜ *Spagna
– ☎ 06 6993 4726*
– www.imagorestaurant.com – solo a cena – Chiuso 2 settimane in gennaio

✿ **Pipero** Ⓝ   ♿ 🆎

CUCINA CREATIVA · ELEGANTE XxX Nuova sede per un sodalizio da tempo noto ai gourmet capitolini: Alessandro Pipero gestisce ora una sala di elegante e contemporanea raffinatezza davanti alla Chiesa Nuova, con un spazio soppalcato per chi è alla ricerca di maggior riservatezza, mentre in cucina le proposte di Luciano Monosilio si incentrano su piatti all'apparenza semplici, di pochi prodotti, ma d'innegabile personalità.
→ Linguina, ostrica e paprika affumicata. Rombo, alghe e lattuga. Zafferano, cardamomo e liquirizia.
Menu 110/140 € – Carta 90/110 €

Pianta: 8G4-d – *corso Vittorio 246* ✉ *00186*
– ☎ 06 6813 9022 (consigliata la prenotazione) – www.piperoroma.com – solo a cena in agosto – Chiuso domenica

---

Un pasto con i fiocchi senza spendere una fortuna? Cercate i Bib Gourmand ⊛. Vi aiuteranno a trovare le buone tavole che coniugano una cucina di qualità al prezzo giusto!

ⓈⒶ **Acquolina** Ⓝ (Alessandro Narducci)   ✸ & 𝔸ℂ

PESCE E FRUTTI DI MARE • **MINIMALISTA** %% Dal quartiere periferico Fleming in cui si trovava, all'atmosfera raffinata tra opere d'arte originali, dipinti e sculture, ove si è trasferito: all'Acquolina lo chef porta in tavola ricette a base di pesce, ispirate alla cultura gastronomica mediterranea e accompagnate ad una selezione enologica pregiata.

→ A qualcuno piace crudo: pesci, molluschi e crostacei. Mare e monti: spaghettone, ricci e 'nduja. Polpo alla Luciana... al contrario.

Menu 95/130 € – Carta 85/105 €

Pianta: 4G3-b – *The First Luxury Art Hotel Roma, via del Vantaggio 14* Ⓜ *Spagna* – 𝒞 *06 320 0655* – *www.acquolinaristorante.it* – *solo a cena* – *Chiuso 13-21 agosto e domenica*

ⓈⒶ **Il Convivio-Troiani** (Angelo Troiani)   ✸ 𝔸ℂ ✢

CUCINA MODERNA • **ELEGANTE** %% Un elegante salotto nel cuore del centro storico: tra affreschi, quadri e moderna essenzialità, brilla una cucina vetrina dei più celebri piatti italiani, dai risotti alle paste con un occhio di riguardo alle tradizioni locali.

→ Amatriciana de Il Convivio. Spalla di vitella "alla fornara", mostarda di capperi, midollo e liquirizia. Tiramisù de Il Convivio.

Menu 110/150 € – Carta 81/140 €

Pianta: 4G3-r – *vicolo dei Soldati 31* ✉ *00186* – 𝒞 *06 686 9432* – *www.ilconviviotroiani.com* – *solo a cena* – *Chiuso 24-26 dicembre, 1 settimana a Ferragosto e domenica*

ⓈⒶ **Per Me Giulio Terrinoni**   ❦ & 𝔸ℂ

CUCINA CREATIVA • **CONTESTO CONTEMPORANEO** %% In un vicolo traverso di via Giulia, un locale, intimo e minimal, ove il bravissimo chef-patron propone una cucina creativa, sempre attenta ai sapori ed agli equilibri, celebre per le preparazioni a base di pesce seppur altrettanto abile con la carne. A pranzo, la carta è accompagnata anche dai "tappi", mini assaggi a prezzi ragionevoli. Vantandovi, potrete così affermare: "Per Me, cucina Giulio "...

→ Linguine ai frutti di mare, salsa harissa e gelato al pomodoro. Zuppa di pesce, molluschi e crostacei. Orient Express, sablè di anacardi, confettura di pompelmo e gelato al caffè.

Menu 80/130 € – Carta 78/146 €

Pianta: 8G4-h – *vicolo del Malpasso 9* ✉ *00186 Roma* – 𝒞 *06 687 7365 (coperti limitati, prenotare)* – *www.giulioterrinoni.it* – *Chiuso 10 giorni in agosto*

ⓈⒶ **Enoteca al Parlamento Achilli**   ✸ ❦ 𝔸ℂ

CUCINA CREATIVA • **ELEGANTE** %% In pieno centro, dall'esterno ben poco farebbe pensare ad un ristorante, ma varcati gli ambienti dell'elegante enoteca, due sale in successione avvolte dal legno ospitano una cucina molto personalizzata, basata su contrasti ed audaci accostamenti, amata da chi vuole sfuggire alla tradizione. Alcuni tavoli sono dedicati al bistrot con piatti più semplici e territoriali.

→ Ravioli cacio e pepe con consommé di guanciale. Coniglio, spuma di ostriche. Banana, caviale e cioccolato bianco.

Menu 100/150 € – Carta 82/110 €

Pianta: 4H3-n – *via dei Prefetti 15* ✉ *00186* Ⓜ *Spagna* – 𝒞 *06 8676 1422* – *www.enotecalparlamento.com* – *Chiuso 14-31 agosto, domenica e festivi*

⭘ **Le Jardin de Russie**   ❧ ❦ & 𝔸ℂ ⌘

CUCINA MEDITERRANEA • **LUSSO** %%%% A dispetto del nome francese, i sapori sono decisamente tricolori, reinterpretati creativamente in una linea di cucina contemporanea ed ammiccante. Ricco buffet in alternativa alla carta, solo a pranzo; sabato e domenica brunch. Allo Stravinskij Bar - oltre che per un drink - il servizio ristorante si protrae per tutta la giornata.

Menu 40 € (pranzo in settimana)/58 € – Carta 68/146 €

Pianta: 4H2-p – *Hotel De Russie, via del Babuino 9* ✉ *00187* Ⓜ *Piazzale Flaminio* – 𝒞 *06 3288 8870* – *www.roccofortehotels.com/it/hotel-de-russie*

⫶◯ Hostaria dell'Orso ♨ AC 🍸 ⇔

CUCINA MODERNA · LUSSO XxxX Un palazzotto quattrocentesco di cui ci sareb-bero tracce storiche per la sua attività di locanda, si presenta ora con piano bar, ristorante al primo piano ed ancora sopra un'esclusiva discoteca, La Cabala. L'at-mosfera è volutamente priva di superflui artifici d'arredo, in simbiosi con la cucina, omaggio alle materie prime prescelte.

Carta 46/85 €

Pianta: 4G3-c – *via dei Soldati 25/c* ✉ 00186 – ✆ *06 6830 1192 (consigliata la prenotazione) – www.hdo.it – solo a cena – Chiuso agosto e domenica*

⫶◯ Il Sanlorenzo ♨ AC ⇔

PESCE E FRUTTI DI MARE · ELEGANTE XxX Un palazzo storico costruito sulle fon-damenta del Teatro Pompeo per un locale d'atmosfera, che unisce storia ed arte contemporanea. Ma il vero protagonista è il pesce, principalmente di provenienza isola di Ponza, servito crudo o elaborato senza complicazioni, sicuramente dall'appeal moderno.

Menu 85/100 € – Carta 78/147 €

Pianta: 8G4-c – *via dei Chiavari 4/5* ✉ 00186 – ✆ *06 686 5097 (consigliata la prenotazione) – www.ilsanlorenzo.it – Chiuso 6-30 agosto, e i mezzogiorno di sabato e lunedì*

⫶◯ Pacifico Roma 🄽 🛋 ₺ AC

CUCINA PERUVIANA · DI TENDENZA XX Dopo l'enorme successo di pubblico e critica ottenuto a Milano, questa firma italiana dedicata ad una cucina fusion il cui epicentro è il Perù apre anche nella capitale: all'interno di un bellissimo albergo di cui riprende lo stile sospeso tra liberty e design modaiolo.

Menu 65/120 € – Carta 44/134 €

Pianta: 4G2-b – *Hotel Palazzo Dama, lungotevere Arnaldo da Brescia 2* ✉ 00186 🄼 *Lepanto* – ✆ *06 3207 7042 – www.wearepacifico.com*

⫶◯ Casa Coppelle ♨ ₺ AC ⇔

CUCINA MEDITERRANEA · INTIMO XX Nel cuore della città, un suggestivo e intimo salotto dalle molteplici sfaccettature: si passa dalla "galleria" dei ritratti all'atmosfera più british della saletta delle librerie, nonché all'herbier con stampe a tema sulle pareti. Un angolo per ognuno, per tutti – invece - la moderna rivisita-zione di una cucina mediterranea.

Menu 85 € – Carta 49/108 €

Pianta: 8G4-b – *piazza delle Coppelle 49* ✉ 00186 – ✆ *06 6889 1707 (consigliata la prenotazione) – www.casacoppelle.com*

⫶◯ Zuma 🛋 ₺ AC 🍸

FUSION · DI TENDENZA XX Firma internazionale vocata ad una cucina giappo-nese contemporanea che per il suo sbarco in Italia ha scelto il 4° e 5° piano (con terrazza!) di Palazzo Fendi. In un mood decisamente modaiolo e riconosci-bile, la cucina si divide tra le delizie del sushi corner, del robata grill o di una linea moderna e creativa. Un successo di pubblico sin dall'apertura!

Menu 31 € (pranzo in settimana)/145 € – Carta 40/205 €

Pianta: 4H3-a – *via della Fontanella di Borghese 48* ✉ 00186 🄼 *Spagna* – ✆ *06 9926 6622 (consigliata la prenotazione) – www.zumarestaurant.com* – *Chiuso 14-21 agosto*

⫶◯ La Rosetta 🛋 AC

PESCE E FRUTTI DI MARE · INTIMO XX A pochi passi dallo splendido scenario del Pantheon, pesce fresco e di grande qualità da fare invidia ad una località di mare... Saporite ricette mediterranee, tenendo ben presente l'evoluzione del gusto moderno.

Menu 40 € (pranzo)/89 € – Carta 78/187 €

Pianta: 8H4-x – *via della Rosetta 8/9* ✉ 00186 – ✆ *06 686 1002* – *www.larosettaristorante.it – Chiuso 12-21 agosto*

‖○ Taverna Giulia 🏠 🅰🄲 %

LIGURE · FAMILIARE ✕✕ Ci sono giorni in cui - complice il bel tempo - sottrarsi al fascino di Roma è impossibile. Se capitate in una di queste giornate optate per il grazioso dehors, altrimenti vi aspettano gli spazi interni – pur sempre piacevoli – dove gustare proposte di cucina ligure.

Menu 35 € (in settimana) – Carta 31/54 €

Pianta: 8G4-p – *vicolo dell'Oro 23* ✉ *00186*
– *𝒞 06 686 9768 (consigliata la prenotazione) – www.tavernagiulia.it*
– *Chiuso domenica*

‖○ I Sofà di Via Giulia 🏠 ♿ 🅰🄲 %

CUCINA MODERNA · CONTESTO CONTEMPORANEO ✕✕ Proposte che si legano al territorio in chiave leggermente moderna, nonché una carta dei vini che si mostra all'altezza del locale, in un ambiente dinamico e di design. Piacevole appendice: nella bella stagione, servizio serale al roof garden con vista panoramica sul centro città.

Carta 53/81 €

Pianta: 8G4-a – *Hotel Indigo Rome St. George, via Giulia 62* ✉ *00186*
– *𝒞 06 6866 1846 – www.isofadiviagiulia.com*

‖○ Mater Terrae 🅝 🏠 🅰🄲

CUCINA VEGETARIANA · LUSSO ✕✕ Il nome è già abbastanza evocativo: il ristorante privilegia, infatti, la strada vegetariana e biologica su splendide terrazze affacciate sui tetti e le cupole del centro storico.

Menu 80/100 € – Carta 56/86 €

Pianta: 8G4-g – *Hotel Raphaël, largo Febo 2* ✉ *00186*
– *𝒞 06 682831 – www.raphaelhotel.com*
– *Chiuso lunedì in febbraio*

‖○ Evangelista 🏠 🅰🄲

CUCINA ROMANA · FAMILIARE ✕ Un ristorante che, a più di 50 anni dalla sua apertura, è ancora gestito dalla stessa famiglia di chi l'ha fondato: il sig. Evangelista, per l'appunto! Ambiente classico e ben tenuto per una cucina mediterranea, che trova la propria massima espressione nei carciofi al mattone (ricetta rigorosamente top secret), ma anche in altri piatti top romani.

Menu 38/45 € – Carta 38/76 €

Pianta: 8G4-e – *via delle Zoccolette 11/a* ✉ *00186*
– *𝒞 06 687 5810 – www.ristorantevangelista.com*
– *solo a cena – Chiuso agosto e domenica*

‖○ Colline Emiliane 🅰🄲 ⇔

CUCINA EMILIANA · TRATTORIA ✕ A due passi da piazza Barberini, calorosa gestione familiare in questo semplice locale dai pochi tavoli serrati, rinnovato nell'aspetto, ma non nel carattere. Se passate la mattina vedrete preparare le specialità della casa nel loro laboratorio: paste tirate a mano come un tempo ed altri gustosi piatti della tradizione emiliana.

Carta 32/64 €

Pianta: 5J3-j – *via degli Avignonesi 22* ✉ *00187* 🅼 *Barberini*
– *𝒞 06 481 7538 (consigliata la prenotazione)*
– *Chiuso agosto, domenica sera e lunedì*

‖○ Le Streghe 🏠 🅰🄲

CUCINA ROMANA · ACCOGLIENTE ✕ Nei pressi del Tevere, due piccole ed accoglienti sale, dove fermare il tempo per gustare la vera cucina romana e qualche piatto nazionale.

Carta 26/59 €

Pianta: 8G4-u – *vicolo del Curato 13* ✉ *00186*
– *𝒞 06 687 8182 – www.osterialestreghe.com*
– *Chiuso agosto e domenica*

ⅼ○ Da Armando al Pantheon [AC]

CUCINA ROMANA · FAMILIARE X A pochi metri dal Pantheon, locale piccolo a conduzione familiare che da anni conquista romani e non con la sua cucina tradizionale: prenotare è quasi indispensabile se si vuole trovare un tavolo.

Carta 33/57 €

Pianta: 8G4-r – *salita dè Crescenzi 31* Ⓜ *Spagna* – *℘ 06 6880 3034 (coperti limitati, prenotare)* – *www.armandoalpantheon.it* – *Chiuso agosto, sabato sera e domenica*

ⅼ○ La Campana [AC]

CUCINA ROMANA · FAMILIARE X Un locale tra la trattoria ed il ristorante, che con la sua storia ha superato secoli, vantandosi quindi di essere uno degli indirizzi più antichi della città. Informale è l'atmosfera romana, mentre la cucina è quella della tradizione dove non poteva che regnare sovrano il carciofo!

Carta 30/54 €

Pianta: 4G3-p – *vicolo della Campana 18-20* ✉ *00186* – *℘ 06 686 7820* – *www.ristorantelacampana.com* – *Chiuso agosto e lunedì*

ⅼ○ Green T. [AC] ⇦

CUCINA CINESE · MINIMALISTA X La maestra, Yan, introdurrà i neofiti al "Tao del Tè" (percorso di conoscenza e degustazione di quest'antica bevanda) in un originale locale - non lontano dal Pantheon – disposto su quattro livelli. Sapori d'Oriente in menu.

⊛ Menu 10 € (pranzo)/18 € – Carta 26/77 €

Pianta: 8H4-m – *Via del Piè di Marmo 28* ✉ *00186* – *℘ 06 679 8628* – *www.green-tea.it* – *Chiuso 1 settimana in agosto e domenica*

ⅼ○ Casa Bleve [88] [AC]

CUCINA MEDITERRANEA · FAMILIARE X Nei pressi di Palazzo Madama, in un antico palazzo del 1492 con ampi soffitti a volte, menu à la carte con specialità nazionali; in bella mostra all'entrata molte etichette di vini anche pregiati.

Carta 45/83 €

Pianta: 8G4-z – *via del Teatro Valle 48/49* ✉ *00186* – *℘ 06 686 5970* – *www.casableve.it* – *Chiuso 3 settimane in agosto e domenica*

Alberghi

🏨 Hassler ⌂ 🔊 ⬆ 🔥 [AC] 🏊 🏋

GRAN LUSSO · ELEGANTE In pregevole posizione, in cima alla scalinata di Trinità dei Monti, l'hotel coniuga tradizione, prestigio ed eleganza. La raffinatezza raggiunge il suo apice nella splendida suite che occupa per intero l'ottavo piano: ascensore privato, eventuale alloggio supplementare per lo staff di security, due terrazze panoramiche, arredi moderni e tecnologie avanzate.

92 cam – †295/505 € ††380/640 € – 13 suites – ⊑ 38 €

Pianta: 4H3-c – *piazza Trinità dei Monti 6* ✉ *00187* Ⓜ *Spagna* – *℘ 06 699340* – *www.hotelhasslerroma.com*

❀ **Imàgo** – Vedere selezione ristoranti

🏨 De Russie ⟿ 🔊 ⌂ 🔥 ⬆ 🔥 [AC] 🏊 🏋

GRAN LUSSO · PERSONALIZZATO Tra le migliori risorse dell'Urbe, design leggero e armonico in un edificio disegnato da Valadier nei primi anni del XIX secolo. La raffinatezza avvolge le camere e nella primavera del 2016 è stata completata la ristrutturazione delle suite Popolo e Picasso: praticamente due appartamenti privati arredati con opere d'arte originali e antiquariato. Rose e gelsomini profumano il "giardino segreto".

121 cam – †405/705 € ††525/910 € – 25 suites – ⊑ 40 €

Pianta: 4H2-p – *via del Babuino 9* ✉ *00187* Ⓜ *Flaminio* – *℘ 06 328881* – *www.roccofortehotels.com/hotel-de-russie*

ⅼ○ **Le Jardin de Russie** – Vedere selezione ristoranti

🏛️ Grand Hotel Plaza   🏵️ ▣ ♿ 🅰🅲

GRAN LUSSO · PERSONALIZZATO Straordinari, immensi saloni di fine '800: trionfo liberty di marmi, soffitti a cassettoni, affreschi e vetrate. Arredi d'epoca anche nelle camere e terrazza panoramica con Champagne bar. L'atmosfera d'altri tempi non risparmia la suggestiva sala ristorante.

183 cam – 🛏️250/350 € 🛏️🛏️300/450 € – 10 suites – 🍴25 €

Pianta: 4H3-p – *via del Corso 126* ✉️ *00186* Ⓜ️ *Spagna* – ✆ *06 67495*
– *www.grandhotelplaza.com*

🏛️ Grand Hotel de la Minerve   🏵️ 🛁 ▣ ♿ 🅰🅲 🛜 🔆

LUSSO · ELEGANTE Un edificio storico cinto da antichi monumenti. All'interno, preziosi lampadari, statue neoclassiche e camere moderne, mentre la dea campeggia nel soffitto liberty della hall. Avvolto da un'atmosfera di raffinatezza, il ristorante offre una carta fantasiosa d'impronta tradizionale. Suggestiva la vista dalla terrazza.

135 cam – 🛏️230/470 € 🛏️🛏️280/520 € – 4 suites – 🍴35 €

Pianta: 8H4-d – *piazza della Minerva 69* ✉️ *00186*
– ✆ *06 695201* – *www.grandhoteldelaminerve.com*

🏛️ D'Inghilterra   🏵️ ▣ ♿ 🅰🅲

DIMORA STORICA · PERSONALIZZATO Dal lontano Seicento accoglie turisti di tutto il mondo con l'inconfondibile cifra di una raffinata casa privata e deliziose camere personalizzate. Bar d'atmosfera ed eleganti salotti. Al ristorante, cucina semplice e classica a pranzo, più elaborata ed ambiziosa la sera.

81 cam 🍴 – 🛏️270/340 € 🛏️🛏️270/600 € – 7 suites

Pianta: 4H3-h – *via Bocca di Leone 14* ✉️ *00187*
– ✆ *06 699811* – *www.starhotels.it*

🏛️ Indigo Rome St. George   🏵️ 🛁 ▣ ♿ 🅰🅲 🛜

BOUTIQUE HOTEL · DESIGN Boutique e design hotel in una delle vie più belle della capitale: autentico scrigno di raffinatezza, l'albergo si fregia di lussuosi arredi, sia negli spazi comuni, sia nelle ampie camere.

64 cam – 🛏️260/380 € 🛏️🛏️320/560 € – 🍴29 €

Pianta: 8G4-a – *via Giulia 62* ✉️ *00186* – ✆ *06 686611*
– *www.hotelindigo.com/romestgeorge*

🍽️ **I Sofà di Via Giulia** – Vedere selezione ristoranti

🏛️ Palazzo Dama Ⓝ   🛎️ 🏊 🛁 ▣ ♿ 🅰🅲

DIMORA STORICA · DESIGN Una bellissima villa liberty che nel nome ricorda quando - oltre a nobili ed intellettuali - era frequentata da molte dame. Sul retro un bello spazio all'aperto con piccolo giardino, tavolini e piscina, mentre gli interni, grazie ad un accurato restauro, creano uno stile design con chiari e voluti riferimenti vintage, tra tappeti e quadri, divanetti ed ottoni.

26 cam 🍴 – 🛏️280/2000 € 🛏️🛏️280/2000 € – 3 suites

Pianta: 4G2-b – *lungotevere Arnaldo da Brescia 2* ✉️ *00186* Ⓜ️ *Lepanto*
– ✆ *06 8956 5272* – *www.palazzodama.com*

🍽️ **Pacifico Roma** – Vedere selezione ristoranti

🏛️ Raphaël   🛁 ▣ 🅰🅲 🔆

BOUTIQUE HOTEL · ROMANTICO La facciata ricoperta di rampicanti è ormai il suo celebre segno distintivo, ma i veri tesori sono all'interno, dove troverete opere di Picasso, De Chirico, Mirò e tanti altri. Arredi contemporanei nelle camere.

49 cam 🍴 – 🛏️150/480 € 🛏️🛏️200/530 € – 1 suite

Pianta: 8G4-b – *largo Febo 2* ✉️ *00186*
– ✆ *06 682831* – *www.raphaelhotel.com*

🍽️ **Mater Terrae** – Vedere selezione ristoranti

J.K. Place Roma ⭐ 🖼 ⚐ ♿ 🅰

LUSSO · VINTAGE In una parte del palazzo che un tempo ospitava le aule della facoltà di architettura, ora si snodano i raffinati ambienti del J.K. Place Roma, degni eredi di quella ricerca estetica e cura del dettaglio che qui si esercitava. Tra elementi vintage e di design, ampi divani e specchi, il soggiorno si svolge all'insegna del massimo confort e dell'esclusività.

28 cam 🖙 - 🛏490/2100 € 🛏🛏600/2300 € – 2 suites

Pianta: 4H3-n – *via di Monte d'Oro 30 ✉ 00186*
– ☎ 06 982634 – www.jkroma.com

The First Luxury Art Hotel Roma ⭐ ⛱ 🖼 ⚐ ♿ 🅰

LUSSO · DESIGN Camere raffinate e terrazze panoramiche sui tetti del centro in un elegante palazzo ottocentesco, che si apre all'interno verso ambienti luminosi e moderni, arredati con opere d'arte contemporanea.

16 suites – 🛏🛏365/700 € – 13 cam – 🖙 30 €

Pianta: 4G3-b – *via del Vantaggio 14 ✉ 00186 Ⓜ Flaminio – ☎ 06 4561 7070*
– www.thefirsthotel.com

✿ **Acquolina** – Vedere selezione ristoranti

Dei Borgognoni 🖼 🅰 ⛱ 🚗

TRADIZIONALE · CONTEMPORANEO In un palazzo ottocentesco, signorile albergo dalle ariose sale in stile contemporaneo e camere confortevoli, che uniscono uno stile classico a soluzioni piu moderne.

51 cam 🖙 - 🛏180/230 € 🛏🛏190/285 €

Pianta: 4H3-g – *via del Bufalo 126 ✉ 00187 Ⓜ Spagna – ☎ 06 6994 1505*
– www.hotelborgognoni.it

Nazionale 🖼 🅰 ⛱

TRADIZIONALE · ELEGANTE Affacciato sulla piazza di Montecitorio, l'hotel è ospitato in un edificio settecentesco con sale di tono signorile e camere arredate in stili diversi. In una città spesso presa d'assalto dai turisti, l'orario di apertura continuato del ristorante (12-19) sarà uno degli aspetti più interessanti oltre alle sue sfiziose proposte mediterranee.

102 cam 🖙 - 🛏150/220 € 🛏🛏160/310 € – 1 suite

Pianta: 8H4-g – *piazza Montecitorio 131 ✉ 00186 – ☎ 06 695001*
– www.hotelnazionale.it

D.O.M. ⭐ 🖼 ⚐ ♿ 🅰 ⛱

LUSSO · MODERNO Deo Optimo Maximo: il palazzo seicentesco coniuga elementi sacri provenienti da una chiesa attigua con arredi contemporanei, colori smorzati e tre opere di Andy Warhol. All'ultimo piano troverete una terrazza-bar.

14 cam 🖙 - 🛏280/600 € 🛏🛏280/600 € – 4 suites

Pianta: 8G4-m – *via Giulia 131 ✉ 00186 Roma – ☎ 06 683 2144*
– www.domhotelroma.com

Piranesi-Palazzo Nainer ⛱ 🖼 🅰 ✂

TRADIZIONALE · CLASSICO Eleganti marmi, decorazioni ed una particolare esposizione di tessuti, anche storici, impreziosiscono la hall, le camere ed i corridoi. Roof garden ed un solarium multilivello.

32 cam 🖙 - 🛏125/160 € 🛏🛏145/235 €

Pianta: 4-5H3-k – *via del Babuino 196 ✉ 00187 Ⓜ Flaminio – ☎ 06 328041*
– www.hotelpiranesi.com

Albergo del Senato ⛱ 🖼 🅰

FAMILIARE · FUNZIONALE Punto d'incontro tra Rinascimento e Barocco, questo palazzo ottocentesco sfoggia una classica eleganza, dai marmi policromi che impreziosiscono i pavimenti, agli arredi delle camere. E quando il clima si fa un po' più mite, panoramico roof garden con piccolo bar.

52 cam 🖙 - 🛏115/265 € 🛏🛏175/440 € – 4 suites

Pianta: 8H4-a – *piazza della Rotonda 73 ✉ 00186 Ⓜ Spagna – ☎ 06 678 4343*
– www.albergodelsenato.it

ROMA

⛪ Portrait Roma 🔁 AC

LUSSO · PERSONALIZZATO Splendida dimora, lussuosa e di stile, ad angolo su via Condotti con le sue grandi firme della moda tra cui naturalmente quella del padrone di casa, Ferragamo. Le fotografie appese ai muri ripercorrono la storia della maison, mentre all'ultimo piano si trova un bel terrazzino con splendido panorama sul centro: se il clima lo consente, è qui che s'inizia la giornata con la prima colazione, altrimenti servita in camera.

14 cam ☲ - ♦400/700 € ♦♦400/700 € - 6 suites

Pianta: 4H3-a - *via Bocca di Leone 23* ✉ *00186 Roma* Ⓜ *Spagna* - ℰ *06 6938 0742* - *www.lungarnocollection.com*

⛪ G-Rough 🔁 AC

BOUTIQUE HOTEL · VINTAGE Il piccolo edificio di origine settecentesca si è prestato magnificamente a questo restauro in chiave vintage: la casa è oggi stupendamente arredata con moltissimi mobili originari degli anni Cinquanta e tanti altri originali di grandi firme del design. Luce soffuse al G-Bar.

10 suites - ♦♦400/1500 € - ☲ 25 €

Pianta: 8G4-c - *piazza Di Pasquino 69* ✉ *00186* - ℰ *06 6880 1085* - *www.g-rough.it*

⛪ Manfredi Suite in Rome 🔁 AC ⌘

LOCANDA · ELEGANTE Piccola bomboniera nella famosa via Margutta: al terzo piano di un palazzo signorile, differenti tipologie di camere, ma tutte arredate con eleganza ed accessori di ultima generazione. Proverbiale la prima colazione intercontinentale a base di prodotti naturali (yogurt e dolci fatti in casa).

21 cam ☲ - ♦119/240 € ♦♦120/330 € - 1 suite

Pianta: 4H3-m - *via Margutta 61* ✉ *00187* Ⓜ *Spagna* - ℰ *06 320 7676* - *www.hotelmanfredi.it*

⛪ Santa Chiara 🔁 ♿ AC ⌘

TRADIZIONALE · FUNZIONALE Dal 1830 un'ininterrotta tradizione familiare di ospitalità in questo albergo moderno e funzionale situato alle spalle del Pantheon ed articolato su tre differenti palazzi. Gran parte delle camere sono state recentemente rinnovate: aspettatevi, quindi, gran confort!

93 cam ☲ - ♦100/210 € ♦♦180/300 € - 3 suites

Pianta: 8H4-r - *via Santa Chiara 21* ✉ *00186* - ℰ *06 687 2979* - *www.albergosantachiara.com*

⛪ Gregoriana 🔁 AC

TRADIZIONALE · CLASSICO A due passi da Trinità dei Monti, questo piccolo albergo occupa un convento del XVII secolo. Spazi comuni limitati, ma belle camere dalle eleganti decorazioni d'ispirazione art decò.

21 cam ☲ - ♦120/168 € ♦♦180/288 € - 1 suite

Pianta: 4-5H3-x - *via Gregoriana 18* ✉ *00187* Ⓜ *Spagna* - ℰ *06 679 4269* - *www.hotelgregoriana.it* - *Chiuso 29 luglio-19 agosto*

⛪ Mozart 🔁 AC ⌘

TRADIZIONALE · ACCOGLIENTE Ospitato in un palazzo dell'800, l'albergo dispone di ambienti comuni di raffinata eleganza e camere in stile. A pochi passi dall'albergo, la dépendance Vivaldi Luxury Rooms offre stanze moderne e leggermente più ampie, nonché una sala colazioni dedicata.

78 cam ☲ - ♦99/299 € ♦♦109/309 €

Pianta: 4H3-b - *via dei Greci 23/b* ✉ *00187* Ⓜ *Spagna* - ℰ *06 3600 1915* - *www.hotelmozart.com*

⛪ Pensione Barrett AC ⌘

DIMORA STORICA · PERSONALIZZATO Calorosa ospitalità familiare ed eco di storia senza fine in questo hotel: un palazzo quattrocentesco con un autentico arco romano e camere dalle decorazioni barocche.

20 cam ☲ - ♦100/130 € ♦♦135/160 €

Pianta: 8H4-y - *largo Torre Argentina 47* ✉ *00186* - ℰ *06 686 8481* - *www.pensionebarrett.com*

🏠 Fontanella Borghese　　　　　　　　　　　⊞ AC

FAMILIARE · CLASSICO Al 2° e 3° piano di un palazzo appartenuto ai principi Borghese, l'hotel offre camere elegantemente arredate, particolarmente silenziose quelle affacciate sulla corte interna.

29 cam ☲ – †90/180 € ††130/260 €

Pianta: 4H3-q – *largo Fontanella Borghese 84* ✉ *00186* Ⓜ *Spagna*
– ☏ *06 6880 9504* – *www.fontanellaborghese.com*

🏠 Portoghesi　　　　　　　　　　　　　　⊞ AC

FAMILIARE · ACCOGLIENTE Accanto alla chiesa dedicata a S.Antonio dei Portoghesi, l'hotel offre camere impreziosite da decorazioni classiche e da raffinati tessuti. Nella bella stagione, la giornata incomincia sotto il buon auspicio della prima colazione servita sulla terrazza del roof garden.

27 cam ☲ – †100/160 € ††130/200 €

Pianta: 4G3-n – *via dei Portoghesi 1* ✉ *00186* – ☏ *06 686 4231*
– *www.hotelportoghesiroma.it*

🏠 Due Torri　　　　　　　　　　　　　　　⊞ AC

FAMILIARE · FUNZIONALE In un angolo tranquillo della vecchia Roma, l'accogliente atmosfera di una casa privata che nel tempo ha ospitato cardinali e vescovi. Negli ambienti, arredi in stile e tessuti rossi.

26 cam ☲ – †80/130 € ††110/200 €

Pianta: 4G3-a – *vicolo del Leonetto 23* ✉ *00186* Ⓜ *Spagna* – ☏ *06 6880 6956*
– *www.hotelduetorriroma.com*

🏠 San Carlo　　　　　　　　　　　　　　⊞ AC 🍴

TRADIZIONALE · ACCOGLIENTE Parallelo alla via Condotti, hotel accogliente con gradevoli camere ed una terrazza per le colazioni che raggiunge il proprio apice di charme nella bella stagione.

50 cam ☲ – †80/130 € ††100/240 €

Pianta: 4H3-s – *via Delle Carrozze 92/93* ✉ *00187* Ⓜ *Spagna* – ☏ *06 678 4548*
– *www.hotelsancarloroma.com*

🏠 Centrale　　　　　　　　　　　　　　　⊞ AC 🍴

FAMILIARE · FUNZIONALE Alla scoperta della Città Eterna, partendo da questo albergo, recentemente ristrutturato, che dispone di spazi comuni un po' ridotti, ma curati; come del resto le camere: di diversa metratura, ma tutte confortevoli ed accoglienti.

21 cam ☲ – †60/140 € ††85/180 €

Pianta: 4H3-e – *via Laurina 34* ✉ *00187* Ⓜ *Flaminio* – ☏ *06 8740 30890*
– *www.hotelcentraleroma.it*

🏠 Fellini　　　　　　　　　　　　　　　　⊞ AC 🍴

FAMILIARE · FUNZIONALE A poca distanza dal Quirinale e dalla Fontana di Trevi, una risorsa rinnovata che dispone anche di un terrazzino estivo per le colazioni.

33 cam – †44/294 € ††59/389 € – ☲ 7 €

Pianta: 4-5H3-r – *via Rasella 56* ✉ *00187* Ⓜ *Barberini* – ☏ *06 4274 2732*
– *www.hotelfellini.com*

🏠 Luxury on the River　　　　　　　　　　⊞ AC 🍴

FAMILIARE · CONTEMPORANEO Al primo piano di un palazzo ottocentesco, le camere offrono arredi moderni, alcune si affacciano sul Tevere, quelle sul retro sono più tranquille. Non mancano attenzioni e cortesie per gli ospiti che raggiungono il centro con una breve passeggiata.

8 cam ☲ – †75/120 € ††100/135 €

Pianta: 4G3-x – *lungotevere dei Mellini 34* ✉ *00186 Roma* Ⓜ *Flaminio*
– ☏ *06 321 9470* – *www.luxuryontheriver.it/com*

encrier/iStock

Ristoranti

✿ La Terrazza ⓝ ⊕   器 ≤ 🄰🄲 ⅍ ⇎

CUCINA MODERNA · LUSSO XxxX Se la sala è stata completamente rinnovata all'insegna del lusso e della signorilità, giustamente si riparte con due eccellenti conferme: la spettacolare terrazza sul centro storico ed il magistrale chef che - dopo la riapertura - rilancia con ancor più grinta e passione una cucina moderna, curata e di ottimo gusto.

→ Calamarata (pasta secca) con coulis di pomodoro e acciughe. Stracotto di manzo con asparagi e funghi. Fondente e pistacchio.

Menu 145/220 € – Carta 141/210 €

Pianta: 4H3-z – *Hotel Eden, via Ludovisi 49* ✉ *00187* Ⓜ *Barberini* – ✆ *06 47812752 (consigliata la prenotazione) – www.dorchestercollection.com – solo a cena – Chiuso 17-31 gennaio, 7-21 agosto e martedì*

✿ Magnolia   斎 & 🄰🄲

CUCINA CREATIVA · LUSSO XxxX Dopo aver percorso una galleria, le cui pareti rivestite di marmo nero sono percorse da un velo d'acqua e da luci avvolgenti, un superbo chiostro vi dà il benvenuto e diventa la location ideale per mangiare all'aperto, clima permettendo. La cucina ha uno stile moderno e creativo: i piatti vanno ben oltre la convenzione e si presentano come quadri, vere opere d'arte.

→ Tortello racing con ricotta, pomodoro e parmigiano. Merluzzo carbonaro, spugnole, crema di carota e aneto. Sinfonia, frutto della passione, peperoncino, cioccolato, caramello, arancia e carota, fave di cacao e gelato allo zucchero di palma.

Menu 90/105 € – Carta 82/150 €

Pianta: 8OU-e – *Grand Hotel Via Veneto, via Sicilia 24* ✉ *00187* Ⓜ *Barberini* – ✆ *06 487881 (consigliata la prenotazione) – www.magnoliarestaurant.it – solo a cena – Chiuso agosto*

✿ Antonello Colonna   器 🄰🄲

CUCINA CREATIVA · CONTESTO CONTEMPORANEO XxX All'interno dell'imponente Palazzo delle Esposizioni, un *open space* di vetro è lo scrigno per una cucina creativa, ma rispettosa della tradizione, sempre pronta a stupire.

→ Negativo di carbonara. Maialino croccante, patate affumicate e mostarda di frutta. Diplomatico: crema e cioccolato con caramello al sale.

Menu 95 € – Carta 80/118 €

Pianta: 9J4-r – *scalinata di via Milano 9/a, (Palazzo delle Esposizioni)* ✉ *00184* Ⓜ *Termini* – ✆ *06 4782 2641 (consigliata la prenotazione) – www.antonellocolonna.it – solo a cena – Chiuso agosto, domenica e lunedì*

🍽️○ La Terrasse   器 斎 🄰🄲 ⅍ ⇎

CUCINA MODERNA · CHIC XxX Come si intuisce dal nome, il fiore all'occhiello del ristorante è la sua splendida terrazza con vista panoramica, ma non pensiate che la cucina sia da meno: sapori mediterranei elaborati con un pizzico di fantasia e, a mezzogiorno, una linea più semplice.

Menu 28 € (pranzo in settimana)/80 € – Carta 69/128 €

Pianta: 4-5H3-d – *Hotel Sofitel Rome Villa Borghese, via Lombardia 47* ✉ *00187* Ⓜ *Barberini* – ✆ *06 4780 22944 (consigliata la prenotazione la sera) – www.laterrasseroma.com*

⁇○ Giuda Ballerino!   ⁇ ⁇ AC ⁇

CUCINA MODERNA · ELEGANTE XXX La cucina è entrata nella sala e, se da una parte
vi si rivolge totalmente aperta, dall'altra la grande parete finestrata guarda il magnifico panorama romano: siamo all'8° piano dello storico hotel Bernini, elegante palcoscenico del moderno ristorante Giuda Ballerino! Tra le icone del fumetto - soprattutto
Dylan Dog - tanto care allo chef, piatti creativi ed una bella carta dei vini.

Menu 35 € (pranzo)/110 € – Carta 87/139 €

Pianta: 5J3-f – *Hotel Bernini Bristol, piazza Barberini 23* ✉ *00187* Ⓜ *Barberini*
– ℰ 06 4201 0469 – www.giudaballerino.com
– solo a cena – Chiuso 2 settimane in gennaio e domenica

⁇○ Brunello Lounge & Restaurant   ⁇ AC ⁇

CUCINA MODERNA · INTIMO XX Suggestioni orientali nella calda e raffinata sala,
dove gustare meravigliose ricette dai sapori mediterranei, ma anche piatti internazionali adatti agli stranieri in visita alla capitale.

Menu 70/80 € – Carta 58/122 €

Pianta: 5J3-m – *Regina Hotel Baglioni, via Vittorio Veneto 72* ✉ *00187* Ⓜ *Barberini*
– ℰ 06 421111 (consigliata la prenotazione) – www.baglionihotels.com

⁇○ Orlando   ⁇ AC

CUCINA SICILIANA · ALLA MODA XX Elegante ristorante in stile contemporaneo a
due passi da via Veneto; cucina della tradizione siciliana espressa in chiave moderna.

⁇ Menu 20 € (pranzo in settimana)/70 € – Carta 41/83 €

Pianta: 5J3-b – *via Sicilia 41* ✉ *00186*
– ℰ 06 4201 6102 (consigliata la prenotazione) – www.ristoranteorlando.com – Chiuso
3 settimane in agosto, sabato a mezzogiorno e domenica

⁇○ Pastificio San Lorenzo   AC

CUCINA MODERNA · COLORATO X Nel nome c'è la genesi di questo moderno
locale dallo stile very international. Ex edificio industriale, sede in passato di
un pastificio, il luogo divenne in seguito polo di aggregazione per artisti, ed
- al centro del quartiere universitario San Lorenzo - mantiene ancora quel
côté vivace, sebbene fuori dagli itinerari turistici. La tavola non delude, anzi
intriga, grazie alla capacità di coniugare regionalità e modernità con grande
disinvoltura.

⁇ Menu 12/45 € – Carta 36/58 € – carta semplice a pranzo

Pianta: 10M4-a – *via Tiburtina 196* ✉ *00186*
– ℰ 06 9727 3519 (consigliata la prenotazione la sera) – www.pastificiosanlorenzo.com
– Chiuso luglio, agosto e domenica

⁇○ Trimani il Wine Bar   ⁇ AC ⁇

CUCINA DEL TERRITORIO · WINE-BAR X Enoteca costruita nel rispetto di alcune
peculiarità tipiche delle antiche mescite di vino capitoline: vastissima scelta di etichette, con una pagina fitta dedicata a quelle offerte al bicchiere. Il menu propone
piatti caldi e freddi, nonché un buon assortimento di formaggi italiani e d'Oltralpe.

Carta 28/52 €

Pianta: 5K3-g – *via Cernaia 37/b* ✉ *00185*
– ℰ 06 446 9630 – www.trimani.com
– Chiuso 6-27 agosto, domenica e giorni festivi escluso dicembre

⁇○ Trattoria Monti   AC

CUCINA MARCHIGIANA · CONTESTO TRADIZIONALE X Dopo i lavori di restauro
effettuati qualche anno fa, la trattoria si presenta in chiave pacatamente moderna,
pur mantenendo un'aura particolare con sedie in legno e le lampade che scendono
sui tavoli. Le specialità spaziano dal Lazio alle Marche, terra di origine del fondatore
del locale.

Carta 33/51 €

Pianta: 9K4-c – *via di San Vito 13/a* ✉ *00185* Ⓜ *Cavour* – *ℰ 06 446 6573 (consigliata*
la prenotazione) – Chiuso 24 dicembre-3 gennaio, agosto, domenica sera e lunedì

ⅢO Moma   AC

CUCINA MODERNA • ALLA MODA ⅩUn indirizzo da consigliare, in virtù della sua versatilità: bar-bistrot e ristorante, se a mezzogiorno l'atmosfera è un po' concitata, la sera il locale si fa più intimo ed intrigante. Accattivanti reinterpretazioni di cucina regionale con qualche proposta creativa.

Menu 55 € – Carta 43/74 €

Pianta: 5J3-a – *via San Basilio 42/43* ✉ 00186 **Ⓜ** *Barberini* – ℰ *06 4201 1798*
– *www.ristorantemoma.it* – *Chiuso domenica*

ⅢO Mandaloun   🛋 AC ⅜

LIBANESE • TRADIZIONALE ⅩAmbiente informale per gustare la tradizionale cucina libanese: hummus, taboulé oppure lasciarsi conquistare dai mezeh (piccoli e numerosi assaggi di antipasti). Cucina non-stop dalle h. 12 alle 24.

⊜ Menu 12 € (pranzo in settimana)/30 € – Carta 28/50 €

Pianta: 4-5H3-b – *via di Porta Pinciana 16/b* ✉ 00186 – ℰ *06 6482 4507 (consigliata la prenotazione)* – *www.mandaloun.it*

ⅢO La Tavola, il Vino e la Dispensa Ⓝ   AC

CUCINA MEDITERRANEA • DI TENDENZA ⅩInformale ed accogliente con splendida vista sul Mercato Centrale e la Cappa Mazzoniana, il ristorante propone sapori tricolori reinterpretati dall'estro e dalla creatività dello chef; un'esperienza di gusto ripetibile a pranzo e a cena.

Menu 48 € – Carta 37/59 €

Pianta: 9K4-a – *via G. Giolitti 36* ✉ 00186 – ℰ *06 4620 2989*
– *www.lacucinadioliver.com , oliverglowig.com*

Alberghi

🏨 Eden Ⓝ   ✿ ≼ ⅙ ⊟ & AC 🖍 🅿

GRAN LUSSO • ELEGANTE Dopo un importante restauro durato più di 18 mesi, questa storica insegna romana si concede ora al pubblico ancora più splendente e glamour: la sua classe risorge mentre la sobrietà che le era consona lascia spazio al lusso, al marmo, all'esclusività che Dorchester Collection vuole dai propri alberghi. Tra le novità l'elegante beauty e la nuova offerta del ristorante Giardino con una scelta davvero ampia: cucina classica, vegetariana e vegana, salumi e pizza.

80 cam – ✝630/905 € ✝✝730/1145 € – 18 suites – ⊊ 45 €

Pianta: 4H3-z – *via Ludovisi 49* ✉ 00187 **Ⓜ** *Barberini* – ℰ *06 478121*
– *www.dorchestercollection.com*

❀ La Terrazza – Vedere selezione ristoranti

🏨 The Westin Excelsior Rome   ✿ 🔲 ⑩ 🛋 ⅙ ⊟ & AC 🖍 🚗

GRAN LUSSO • TRADIZIONALE Situato a pochi passi dalla centralissima piazza di Spagna e dal verde di Villa Borghese, The Westin Excelsior affonda le sue radici nella strada più prestigiosa della capitale, via Veneto. Tra le varie suite, Villa La Cupola è sicuramente una delle più grandi d´Europa.

284 cam – ✝350/450 € ✝✝500/1050 € – 32 suites – ⊊ 35 €

Pianta: 5J3-g – *via Vittorio Veneto 125* ✉ 00187 **Ⓜ** *Barberini* – ℰ *06 47081*
– *www.restaurantdoney.com*

🏨 Grand Hotel Via Veneto   ✿ ⑩ 🛋 ⅙ ⊟ & AC 🖍

GRAN LUSSO • MODERNO Sulla via della Roma by night, un grand hotel nel vero senso della parola: stupende camere in stile retrò e una collezione di oltre 500 quadri d'autore. Due situazioni diverse, ma entrambe valide, per la ristorazione: cucina creativa al Magnolia; piatti nazionali ed internazionali, ma anche grande scelta di cocktail al Time.

105 cam – ✝255/850 € ✝✝315/970 € – 11 suites – ⊊ 33 €

Pianta: 5J3-e – *via Vittorio Veneto 155* ✉ 00187 **Ⓜ** *Barberini* – ℰ *06 487881*
– *www.ghvv.it*

❀ Magnolia – Vedere selezione ristoranti

🏨 Regina Hotel Baglioni 🎬 🗼 ⬆ 🔥 AC 🕵

STORICO • ELEGANTE Hotel storico in edificio Liberty, al suo interno ritroviamo quell'eleganza antica, ma mai tramontata, fatta di stucchi, mobili d'epoca ed un'imponente scalinata in bronzo e marmo. L'unica concessione alla modernità riguarda i confort e le installazioni, nonché le splendide camere - alcune di design - ed una prestigiosa suite di oltre 500 m^2.

117 cam – 🛏285/500 € 🛏🛏285/500 € – 10 suites – ⬜ 33 €

Pianta: 5J3-m – via Vittorio Veneto 72 ✉ 00187 Ⓜ Barberini – 𝒞 06 421111

– www.baglionihotels.com

🍴 Brunello Lounge & Restaurant – Vedere selezione ristoranti

🏨 Splendide Royal 🏞 🗼 ⬆ 🔥 AC 🍸 🕵

LUSSO • ELEGANTE Stucchi dorati, tessuti damascati e sontuosi arredi antichi: un tributo al barocco romano dedicato a tutti coloro che non apprezzano l'imperante minimalismo. Nelle camere il blu pervinca, il giallo oro, il rosso cardinalizio si rincorrono creando un'atmosfera di lussuosa classicità.

60 cam ⬜ – 🛏250/2500 € 🛏🛏250/2500 € – 9 suites

Pianta: 4-5HJ3-u – via di porta Pinciana 14 ✉ 00187 Ⓜ Barberini – 𝒞 06 421689

– www.splendideroyal.com

🏨 Majestic 🏞 🗼 ⬆ 🔥 AC 🍸 🕵

STORICO • ELEGANTE Se gli appassionati di cinema riconosceranno lo scenario del celebre film di Fellini "La Dolce Vita", certo è che questo hotel nato a fine '800, rimane ancora oggi alfiere dell'ospitalità di lusso di via Veneto: pezzi d'antiquariato, arazzi, affreschi, ma anche confort attuali.

94 cam – 🛏190/465 € 🛏🛏315/720 € – 4 suites – ⬜ 30 €

Pianta: 5J3-q – via Vittorio Veneto 50 ✉ 00187 Ⓜ Barberini – 𝒞 06 421441

– www.hotelmajestic.com

🏨 Sofitel Rome Villa Borghese ⬆ AC 🕵

BOUTIQUE HOTEL • ELEGANTE A due passi dalla cosmopolita via Veneto, uno storico edificio del 1890 ospita questo delizioso boutique hotel con camere stupende e raffinati spazi comuni d'ispirazione neoclassica.

78 cam ⬜ – 🛏715 € 🛏🛏935 € – 3 suites

Pianta: 4-5H3-d – via Lombardia 47 ✉ 00187 Ⓜ Barberini – 𝒞 06 478021

– www.sofitel.com

🍴 La Terrasse – Vedere selezione ristoranti

🏨 Bernini Bristol 🎬 🗼 ⬆ 🔥 AC 🕵

LUSSO • ELEGANTE Ormai parte integrante della celebre piazza, raffinato hotel con camere dagli arredi classici o di stile contemporaneo: è consigliabile optare per quelle panoramiche poste ai piani più alti. Menu à la carte "alleggerito" presso il ristorante "Giuda Ballerino A pranzo".

117 cam – 🛏380/470 € 🛏🛏600/660 € – 10 suites – ⬜ 33 €

Pianta: 5J3-f – piazza Barberini 23 ✉ 00187 Ⓜ Barberini – 𝒞 06 488931

– www.sinahotels.com

🍴 Giuda Ballerino! – Vedere selezione ristoranti

🏨 Palazzo Montemartini 🏞 🔲 💧 🎬 🗼 ⬆ 🔥 AC 🕵

LUSSO • ELEGANTE Adiacente alle terme di Diocleziano, l'acqua rappresenta l'elemento di giuntura con l'aristocratico palazzo ottocentesco che, all'interno, svolta verso una modernità a tratti minimalista ed essenziale, funzionale e luminosa.

82 cam ⬜ – 🛏180/600 € 🛏🛏200/650 € – 4 suites

largo Giovanni Montemartini 20 ✉ 00186 Roma Ⓜ Termini – 𝒞 06 45661

– www.palazzomontemartini.com

🏨 Villa Spalletti Trivelli 🚭 🎬 🗼 AC 🍸 🕵 🅿

LUSSO • STORICO A pochi passi dal Quirinale, alle vette del monte, questa residenza si affaccia sui giardini e nelle tranquille vie limitrofe: spazi comuni di gran classe - bellissime le imponenti sale biblioteca - e camere arredate con mobili d'epoca.

14 cam ⬜ – 🛏390/625 € 🛏🛏390/625 € – 4 suites

Pianta: 9J4-a – via Piacenza 4 ✉ 00184 – 𝒞 06 4890 7934

– www.villaspallettitrivelli.com

COPPINI ARTE OLEARIA

già nel 1946

LA NOSTRA PASSIONE

IL VOSTRO OLIO

OLIO EXTRA VERGINE

Tracciabilità Origine Prodotto

www.coppiniarteolearia.com

seguiteci su:

#coppiniarteolearia

Antico Palazzo Rospigliosi

STORICO • CLASSICO Residenza nobiliare del XVI secolo, dell'epoca mantiene intatti il fascino che aleggia nei grandi saloni e l'eleganza nonchè cura del dettaglio che caratterizzano le belle camere. Pregevole il chiostro-giardino impreziosito da una gorgogliante fontana e la splendida cappella interna del '600, perfettamente conservata.

39 cam – 115/165 € 149/220 €

Pianta: 9K4-n – *via Liberiana 21 ✉ 00185 Ⓜ Cavour – ✆ 06 4893 0495 – www.hotelrospigliosi.com*

Villa Pinciana

DIMORA STORICA • ELEGANTE A due passi da via Veneto, ma in zona tranquilla, un incantevole villino d'inizio '900 dagli interni signorili ed un grazioso cortile per le colazioni estive. Un indirizzo suggestivo: ci si sente ospiti di un'esclusiva dimora privata.

25 cam – 60/350 € 80/550 €

Pianta: 5J2-3-v – *via Abruzzi 9/11 ✉ 00187 Ⓜ Barberini – ✆ 06 9604 2921 – www.hotelvillapinciana.com*

Columbia

FAMILIARE • ACCOGLIENTE Camere accoglienti con arredi in arte povera e dettagli personalizzati, in una confortevole risorsa, nei pressi della stazione Termini. Nella bella stagione, prima colazione sulla terrazza roof garden.

43 cam – 157/198 € 166/275 €

Pianta: 5K3-f – *via del Viminale 15 ✉ 00184 Ⓜ Termini – ✆ 06 488 3509 – www.hotelcolumbia.com*

Relais Conte di Cavour de Luxe

FAMILIARE • PERSONALIZZATO Sicuramente la sua vicinanza alla stazione Termini, lo farà preferire ad altre strutture magari apparentemente più tradizionali. In realtà, al quarto piano di un signorile palazzo, vi attendono ampie camere dall'elegante arredo e bagni moderni.

5 cam – 50/125 € 55/130 € – 7 €

Pianta: 9K4-r – *via Farini 16 ✉ 00186 – ✆ 06 482 1638 – www.relaiscontedicavour.com*

Roma Antica

Elena_Danileiko/iStock

Ristoranti

Aroma

CUCINA CREATIVA • LUSSO XXX Se la terrazza offre un panorama mozzafiato su Roma antica, dal Colosseo sino al cupolone, il nome è un omaggio alla città e agli aromi della cucina mediterranea che qui viene servita, sebbene lo chef non manchi mai di condire i suoi piatti con un tocco di creatività. Ora anche servizio bistrot per una sosta informale.

➜ Busiate con gamberoni rossi, pesto di pomodori Pachino confit e mandorle. Filetti di mupa ai tre colori (giallo, rosso e verde), calamaretti spillo e gel di scorzonera. Sfera di cocco con cuore di albicocca su crumble al cioccolato bianco.

Menu 115/240 € – Carta 113/204 €

Pianta: 9K5-a – *Hotel Palazzo Manfredi, via Labicana 125 ✉ 00184 Ⓜ Colosseo – ✆ 06 9761 5109 (consigliata la prenotazione la sera) – www.aromarestaurant.it*

❀ **The Corner Marco Martini** ⬦ 🏠 AC

CUCINA CREATIVA • ALLA MODA XX E' l'angolo in cui lo chef Martini in collaborazione con il suo staff elabora una cucina moderna e fantasiosa; l'ambiente è un giardino d'inverno con contaminazioni di stili, ma c'è anche una terrazza lounge per aperitivi e qualche assaggio, "tutelata" da un Superman di marmo a grandezza naturale. Su prenotazione anticipata, carta gourmet anche a pranzo.

→ Ravioli al vapore, pollo e brodo di patate. Merluzzo, patanegra e arancia amara. Cioccolato affumicato, scorzanera e vermouth.

Menu 60/200 € – Carta 61/81 €

11 cam – 🛏100/230 € 🛏🛏100/230 € – ☐ 6 €

Pianta: 8-9H6-a – *viale Aventino 121* ✉ 00186

- ℰ *06 4559 7350 (consigliata la prenotazione)*
- *www.marcomartinichef.com*
- *Chiuso 7-14 gennaio, 14-21 agosto, sabato a mezzogiorno e domenica*

🍴O **Yugo** ⓝ 🏠 ઙ AC

FUSION • DI TENDENZA XX Un ristorante che nelle sue proposte coniuga materie prime italiane a tecniche di cottura orientali, ma non solo: è anche un cocktail bar dove ascoltare un po' di musica (dal vivo il martedì sera) in un ambiente dall'atmosfera rilassante e design essenziale.

😋 Menu 15 € (pranzo in settimana)/60 € – Carta 34/60 €

Pianta: 9J4-c – *largo Angelicum 2* ✉ 00186 Roma

- ℰ *06 679 4549 (consigliata la prenotazione)*
- *www.yugofusionbar.com*
- *Chiuso lunedì*

🍴O **Hasekura** 🏠

CUCINA GIAPPONESE • STILE ORIENTALE X Consolidato da una gestione ultraventennale, questo piccolo e intimo ristorante di cucina giapponese offre una bella fotografia del paese del Sol Levante: dagli ambienti alla musica in sottofondo, nonché nei piatti tra cotture leggere, crudi, tempura e zuppe.

😋 Menu 17 € (pranzo)/45 € – Carta 26/88 €

Pianta: 9J4-a – *via dei Serpenti 27* ✉ 00186

- ℰ *06 483648*
- *Chiuso agosto, lunedì a mezzogiorno e domenica*

🍴O **Madre** ⓝ 🏠 ઙ AC

CUCINA MEDITERRANEA • DI TENDENZA X Pizzeria gourmet con piatti di pesce crudo (ceviche in testa), in un ambiente piacevole e moderno dove piante e lo scorrere dell'acqua evocano un fresco giardino; da lunedì a venerdì - a pranzo - tre light lunch e la possibilità di ordinare alla carta.

😋 Menu 18 € (pranzo in settimana) – Carta 40/94 € – carta semplice a pranzo

Pianta: 9J4-b – *largo Angelicum 1/a* ✉ 00186

- ℰ *06 678 9046 (consigliata la prenotazione) – www.madreroma.com*

Alberghi

🏠🏠🏠 **Palazzo Manfredi** ⬦ 🔲 ઙ AC ✗

LUSSO • MODERNO Fascino e ricercatezza nelle camere e nelle splendide suite di un piccolissimo relais pieno di soprese. Prima fra tutte la vista e gli affacci sul Colosseo e sulla Domus Aurea, seguita dalla terrazza roof garden: location privilegiata per la prima colazione e per romantiche soste gastronomiche.

14 cam ☐ – 🛏350/700 € 🛏🛏350/700 € – 2 suites

Pianta: 9K5-a – *via Labicana 125* ✉ 00184 Ⓜ Colosseo

- ℰ *06 7759 1380 - www.palazzomanfredi.com*

❀ **Aroma** – Vedere selezione ristoranti

🏨 Fortyseven

TRADIZIONALE · PERSONALIZZATO Il nome allude al numero civico della via che scende dal Teatro di Marcello, ognuno dei 5 piani di questo austero palazzo degli anni '30 è dedicato ad un artista italiano del '900: Greco, Quagliata, Mastroianni, Modigliani e Guccione. Quadri, sculture, litografie: l'arte contemporanea trova il suo albergo-museo. All'ultimo piano si trova il ristorante Circus.

59 cam ⌂ – ♦200/500 € ♦♦200/500 € – 2 suites

Pianta: 8H5-a – *via Luigi Petroselli 47* ⊠ *00186* – ℰ *06 678 7816*
– *www.fortysevenhotel.com*

🏨 Capo d'Africa

TRADIZIONALE · CONTEMPORANEO A due passi dal Colosseo, la finezza degli arredi e l'ambiente moderno contraddistinguono tutta la struttura, impreziosita da alcune opere d'arte contemporanea, mentre tradizione culinaria italiana e modernità si stringono idealmente la mano all'ultimo piano, ne L'Attico Bistrot. Durante la bella stagione, si potrà cenare anche all'aperto nelle terrazze panoramiche.

65 cam ⌂ – ♦180/405 € ♦♦200/425 €

Pianta: 9K5-b – *via Capo d'Africa 54* ⊠ *00184* Ⓜ *Colosseo* – ℰ *06 772801*
– *www.hotelcapodafrica.com*

🏨 Sant'Anselmo

STORICO · ELEGANTE Villa liberty con piccolo giardino interno, dove modernità e antico fascino si fondono armoniosamente dando vita ad uno stile cosmopolita e raffinato. Le camere esprimono un carattere ricercato e personalizzato, condensato in nomi evocativi : Mille e una notte, Non ti scordar di me, Cuori coccole e carezze...

34 cam ⌂ – ♦160/390 € ♦♦180/410 €

Pianta: 8H6-c – *piazza Sant'Anselmo 2* ⊠ *00153* – ℰ *06 570057*
– *www.aventinohotels.com*

🏨 Celio

FAMILIARE · PERSONALIZZATO E' un trionfo di mosaici artistici il pavimento delle zone comuni, dei corridoi ma anche delle eleganti stanze, ricche di dettagli e scaldate da tappezzerie colorate di questo albergo proprio di fronte al Colosseo. C'è anche un hammam con annessa zona relax.

19 cam ⌂ – ♦130/195 € ♦♦170/280 € – 1 suite

Pianta: 9K5-e – *via dei Santi Quattro 35/c* ⊠ *00184* Ⓜ *Colosseo*
– ℰ *06 7049 5333* – *www.hotelcelio.com*

🏨 Villa San Pio

TRADIZIONALE · ELEGANTE La fisionomia di una bella villa residenziale completata da altri due edifici, immersi in un rigoglioso giardino mediterraneo e - all'interno - mobili in stile impero, tappeti orientali e quadri antichi; camere dalle piacevoli personalizzazioni e bagni in marmo.

77 cam ⌂ – ♦105/270 € ♦♦150/360 €

Pianta: 8H6-b – *via di Santa Melania 19* ⊠ *00153* Ⓜ *Piramide* – ℰ *06 570057*
– *www.aventinohotels.com*

🏨 Nerva Boutique Hotel

BOUTIQUE HOTEL · DESIGN Piccola risorsa a conduzione familiare, ubicata in zona amena, in una via nell'area dei Fori Imperiali a cinque minuti dal Colosseo e dalla Fontana di Trevi. Se è vero che gli spazi comuni sono limitati, è altrettanto vero che sono graziosi e ancor più lo sono le camere, davvero confortevoli.

14 cam ⌂ – ♦80/199 € ♦♦100/349 € – 5 suites

Pianta: 9J4-h – *via Tor de' Conti 3* ⊠ *00184* Ⓜ *Colosseo* – ℰ *06 678 1835*
– *www.hotelnerva.com*

Solis ⊡ & AC ⅀

FAMILIARE · FUNZIONALE Dispone ora di una hall al piano terra questo signorile, piccolo albergo raccolto, nelle adiacenze del Colosseo; camere ampie, ben arredate, con ogni confort moderno.

17 cam ⌂ - ♦70/130 € ♦♦80/180 €

Pianta: 9J4-b – *via Cavour 311 ⊠ 00184* **Ⓜ** *Cavour* – *℘ 06 6992 0587*
– www.hotelsolis.it

San Pietro (Città del Vaticano)

F. Feli/robertharding/age fotostock

Ristoranti

❀❀❀ La Pergola ఴ ⪡ 斎 & AC ⅀ ⇄ 🅿

CUCINA MODERNA · LUSSO XXXX Sospesa nel cielo della Città Eterna, nella magnifica cornice di un panoramico roof garden, La Pergola è il luogo d'incontro di quel gusto mediterraneo – passione mai sopita dello chef, Heinz Beck – e di una sistematica ricerca del prodotto migliore, dell'accostamento più riuscito. Il tutto condito da una buona dose di creatività. La ricetta del suo successo è servita!
→ Pinzimonio 2017. Piccione ai profumi di sottobosco. Come un cannolo siciliano.

Menu 130/245 € – Carta 135/227 €

Pianta: 3E2-a – *Hotel Rome Cavalieri, via Cadlolo 101 ⊠ 00136*
– ℘ 06 3509 2152 (prenotazione obbligatoria) – www.romecavalieri.it – solo a cena
– Chiuso 3 settimane in gennaio, 3 settimane in agosto, domenica e lunedì

❀ Enoteca la Torre ఴ 斎 AC ⅀

CUCINA MODERNA · LIBERTY XXX Quando la classe non è acqua: un ambiente di raffinata eleganza, tra mobili antichi, fiori, colonne e stucchi, lo stile liberty si sublima come nelle migliori case di Parigi mentre la cucina, grazie all'abilità ed al talento di un giovane cuoco, celebra la creatività. L'esperienza di cui si gode è davvero ottima.
→ Risotto al limone di Amalfi, tartufi di mare, asparagi e yogurt di bufala. Piccione marinato alla soja, sedano rapa e chutney di pomodoro del piennolo. Crostatina meringata al limone, tamarindo e wasabi.

Menu 60 € (pranzo in settimana)/130 € – Carta 80/130 €

Pianta: 4G2-m – *Hotel Villa Laetitia, lungotevere delle Armi 22/23 ⊠ 00195*
Ⓜ *Lepanto* – *℘ 06 4566 8304 – www.enotecalatorreroma.com – Chiuso 10 giorni in agosto, lunedì a mezzogiorno e domenica*

❀ Tordomatto (Adriano Baldassarre) & AC ⇄

CUCINA MODERNA · DI TENDENZA XX A pochi passi dai Musei Vaticani, dietro i vetri delle finestre piante di erbe aromatiche allietano la sosta, mentre «la cucina è sia tradizionale che creativa con il territorio sempre presente - racconta lo chef - perché i sapori devono in qualche modo raccontare e condurre al luogo in cui si trova». Scommessa vinta! I suoi piatti sono, infatti, audaci e intelligenti.
→ Patate, senape nera, latte di capra e burro affumicato. Animelle, pinzimonio, aglio e curcuma. Pesca, vino e mandorle.

Menu 65/120 € – Carta 75/125 €

Pianta: 3E2-b – *via Pietro Giannone 24 ⊠ 00195* – *℘ 06 6935 2895 (consigliata la prenotazione) – www.tordomattoroma.com – Chiuso i mezzogiorno di lunedì e martedì*

ⅱ◯ Vivavoce   ⇦ & AC ⅍

CUCINA MEDITERRANEA · ELEGANTE XxX A disposizione della Città Eterna, un grande esempio di cucina gourmet ispirata ai sapori della costiera amalfitana, sapientemente elaborati.

Menu 70/95 € – Carta 66/98 €

Pianta: 7F4-c – *Hotel Gran Melià Roma, via del Gianicolo 3* ✉ 00165
– ℰ 06 925901 – *www.ristorantevivavoce.com* – solo a cena – Chiuso gennaio e domenica

ⅱ◯ Antico Arco   ⅍ AC ⇧

CUCINA CREATIVA · CHIC XX Moderno, luminoso e alla moda, il cuoco seleziona i migliori prodotti italiani per reinterpretarli con fantasia e creatività: piatti unici ed originali. Ma anche la cantina ha un suo perchè, tra i punti di forza troverete infatti una buona selezione di vini della Borgogna.

Carta 57/87 €

Pianta: 7F5-a – *piazzale Aurelio 7* ✉ 00152 – ℰ 06 581 5274 – *www.anticoarco.it*

ⅱ◯ Settembrini   ⅍ 🍴 AC ⇧

CUCINA MODERNA · BISTRÒ X Nel giro di poco più di 10 anni questo bistrot alla moda è diventato un riferimento in città, cambiando recentemente anche pelle: la sala è ora aperta sugli spazi vivaci del proprio caffè, mentre la cucina è semplice, fresca, contemporanea. Se amate i contesti insoliti, c'è sempre il tavolo in cantina circondato dai vini.

Carta 30/56 €

Pianta: 3F2-a – *via Settembrini 25* ✉ 00195 Ⓜ *Lepanto* – ℰ 06 9761 0325 (consigliata la prenotazione la sera) – *www.viasettembrini.com* – Chiuso domenica sera

ⅱ◯ Da Cesare   AC

CUCINA CLASSICA · TRATTORIA X Come allude il giglio di Firenze sui vetri all'ingresso, la specialità di questo locale sono toscane, ma anche il "mare" gioca un ruolo di tutto rispetto tra le proposte del menu. Ambiente accogliente, la sera anche pizzeria, e bottega storica in virtù della sua fondazione avvenuta nel 1921.

Carta 33/85 €

Pianta: 4G3-s – *via Crescenzio 13* ✉ 00193 Ⓜ *Lepanto* – ℰ 06 686 1227
– *www.ristorantecesare.com* – Chiuso 16-26 agosto

ⅱ◯ L'Arcangelo   AC

CUCINA ROMANA · CONTESTO TRADIZIONALE X Semplice e austero: la meritata fama del ristorante è legata alla ricerca dei migliori prodotti, regionali e non solo. Vera passione del proprietario che, come un arcangelo, vi guida nel paradiso del gusto e delle nicchie gastronomiche.

Menu 30 € (pranzo in settimana)/60 € – Carta 47/78 €

Pianta: 4G3-g – *via G.G. Belli 59* ✉ 00193 Ⓜ *Lepanto* – ℰ 06 321 0992
– *www.ristorantelarcangelo.com* – Chiuso agosto, sabato a mezzogiorno e domenica

Alberghi

🏨 Rome Cavalieri Waldorf Astoria   ⛲ ≤ ⇦ 🗝 🔝 ⑨ 🖧 ⅃♭ ⅍ 🖼

GRAN LUSSO · ELEGANTE E' un imponente edificio che severa- & AC 🏋 🚗 mente guarda dall'alto l'intera città; all'interno tutto è all'insegna dell'eccellenza, dalla collezione d'arte alle terrazze del giardino con piscina, ai cui bordi si trova il ristorante dove cenare con musica dal vivo.

345 cam – ♦265/565 € ♦♦265/565 € – 25 suites – 😊 38 €

Pianta: 3E2-a – *via Cadlolo 101* ✉ 00136 – ℰ 06 35091 – *www.romecavalieri.it*
❀❀❀ **La Pergola** – Vedere selezione ristoranti

🏨 Gran Melià Roma

LUSSO · MODERNO La storia qui è di casa: nell'ex villa di Agrippina (madre di Nerone), negli spazi che un tempo ospitarono anche un convento, un'eleganza di gusto moderno impreziosisce i vari ambienti comuni e le stanze, alcune delle quali con suggestive vasche di design visibili dal letto stesso. Un ottimo indirizzo per charme e completezza di servizi.

116 cam – ♦375/575 € ♦♦450/750 € – 8 suites – ☲ 36 €

Pianta: 7F4-c – *via del Gianicolo 3* ✉ 00165 – 𝒞 06 925901
– *www.granmeliarome.com*

⒔〇 **Vivavoce** – Vedere selezione ristoranti

🏨 Villa Laetitia

DIMORA STORICA · ROMANTICO Romanticamente sul Lungotevere, una deliziosa villa Liberty apre i propri battenti per accogliere i suoi ospiti come in una dimora privata... e che casa! Le camere, curatissime e personalizzate, portano infatti il sigillo estetico della famosa stilista Anna Fendi.

21 cam ☲ – ♦90/180 € ♦♦99/400 €

Pianta: 4G2-m – *lungotevere delle Armi 22/23* ✉ 00195 Ⓜ *Lepanto*
– 𝒞 06 322 6776 – *www.villalaetitia.com*

❀ **Enoteca la Torre** – Vedere selezione ristoranti

🏨 Farnese

TRADIZIONALE · ELEGANTE La hall è un curioso scrigno d'arte e di atmosfera d'epoca con il suo paliotto in marmo policromo del XVII secolo; atmosfera d'epoca e raffinatezza nei curati interni in stile. Dalla terrazza, la cupola di san Pietro.

23 cam ☲ – ♦120/220 € ♦♦160/380 €

Pianta: 4G2-e – *via Alessandro Farnese 30* ✉ 00192 Ⓜ *Lepanto* – 𝒞 06 321 2553
– *www.hotelfarnese.com*

🏨 Dei Mellini

TRADIZIONALE · PERSONALIZZATO Splendida sintesi tra le ultime innovazioni tecnologiche e ambienti in stile art déco con diverse opere di gusto moderno nella hall; servizio e professionalità all'ordine del giorno.

66 cam ☲ – ♦160/215 € ♦♦170/270 € – 14 suites

Pianta: 4G3-f – *via Muzio Clementi 81* ✉ 00193 Ⓜ *Lepanto* – 𝒞 06 324771
– *www.hotelmellini.com*

🏨 Alimandi Vaticano

TRADIZIONALE · ELEGANTE Per un gradevole soggiorno proprio di fronte all'ingresso dei Musei Vaticani, marmi e legni pregiati contribuiscono all'eleganza delle camere, ricche di accessori e dotazioni.

24 cam – ♦100/250 € ♦♦100/250 € – ☲ 15 €

Pianta: 3E3-b – *viale Vaticano 99* ✉ 00165 Ⓜ *Cipro* – 𝒞 06 3974 5562
– *www.alimandi.com*

🏨 Sant'Anna

TRADIZIONALE · STORICO In un palazzo cinquecentesco a pochissimi passi da San Pietro, un piccolo e accogliente albergo caratterizzato da ambienti d'atmosfera con soffitti a cassettoni e da un grazioso cortile interno.

20 cam ☲ – ♦120/200 € ♦♦150/250 €

Pianta: 3F3-m – *borgo Pio 133* ✉ 00193 Ⓜ *Ottaviano-San Pietro*
– 𝒞 06 6880 1602 – *www.hotelsantanna.com*

🏨 Bramante

STORICO · ELEGANTE Nel cuore del caratteristico e pedonalizzato quartiere Borgo, l'albergo è stato crocevia della storia: ancora intuibile nelle parti più vecchie del '400.

16 cam ☲ – ♦100/150 € ♦♦140/200 €

Pianta: 3F3-b – *vicolo delle Palline 24* ✉ 00193 Ⓜ *Ottaviano-San Pietro*
– 𝒞 06 6880 6426 – *www.hotelbramante.com*

⌂ Arcangelo ≤ 🗐 AC 🗑

FAMILIARE · ACCOGLIENTE Albergo di tradizione per chi non ama gli esperimenti design, siamo all'interno di una palazzina di inizio '900 con alcune vetrate originali, tessuti alle pareti di quasi tutte le camere e buoni bagni. Terrazza panoramica con vista sulla cupola di San Pietro.

33 cam ⚌ – †70/160 € ††90/260 €

Pianta: 3F3-f – *via Boezio 15* ✉ *00192* Ⓜ *Lepanto* – 𝄐 *06 687 4143*
– *www.hotelarcangeloroma.com*

Parioli

olgna/iStock

Ristoranti

❀ Assaje 🕼 ㅐ AC P

CUCINA MODERNA · STILE MEDITERRANEO ❌❌❌ Assaje: "abbondanza" in napoletano; e generoso è, infatti, il richiamo alla cucina mediterranea in un menu composto da piatti moderni, ma "rassicuranti": carne e pesce vengono proposti in ricette classiche o più estrose, servite con grande professionalità e cordialità.

→ Tagliolini al limone con burrata, gamberi rossi crudi, asparagi di mare e foglia d'ostrica. Maialino da latte porchettato con scorzonera, scalogno al Porto e senape rustica. Paccheri di ananas con cremoso all'anice stellato, gelato di fior di latte e amarene.

Menu 110/140 € – Carta 80/119 €

Pianta: 4-5H2-c – *Hotel Aldrovandi Villa Borghese, via Ulisse Aldrovandi 15*
Ⓜ *Policlinico*
– 𝄐 *06 322 3993* – *www.aldrovandi.com*

❀ Metamorfosi (Roy Caceres) AC ⇔

CUCINA CREATIVA · ELEGANTE ❌❌❌ La sala è un tributo all'architettura contemporanea e sfoggia linee minimal, ma colori che richiamano il calore della terra e della natura. Nel piatto, l'eclettismo dello chef colombiano si traduce in continue riletture della tradizione gastronomica. In sintesi: una costante metamorfosi!

→ Anti-paste. Anguilla di Comacchio, farro franto e carpione gelato. Yuzu (agrume giapponese), mandorla e camomilla.

Menu 100/130 € – Carta 80/121 €

Pianta: 4-5H1-k – *via Giovanni Antonelli 30/32* ✉ *00197* – 𝄐 *06 807 6839*
– *www.metamorfosiroma.it* – *solo a cena in agosto* – *Chiuso sabato a mezzogiorno e domenica*

❀ All'Oro Ⓝ (Riccardo Di Giacinto) 🕸 ㅐ AC ⇔

CUCINA CREATIVA · DESIGN ❌❌ Dopo averci lasciati orfani per parecchi mesi, Riccardo e Ramona riaprono i battenti di questo locale e lo fanno cambiare totalmente pelle, stile, ambiente. Nella sala dal design insieme moderno-newyorchese, piacevolmente sofisticata, oppure in quella dal mood vagamente inglese, la linea di cucina si riconferma nella sua creatività, ma non scevra di spunti regionali.

→ "Susci" di fassona, tartufo, parmigiano e aceto balsamico. Pollo alla cacciatora. Latte e miele.

Menu 78/130 € – Carta 80/118 €

Pianta: 4G2-a – *Hotel The H'All Tailor Suite, via Giuseppe Pisanelli 25* ✉ *00196*
𝄐 *06 9799 6907* – *www.ristorantealloro.it* – *solo a cena escluso sabato e domenica*

‖○ Sapori del Lord Byron   🗚 🍽 ⇔

CUCINA ITALIANA • LUSSO XXX Pareti a specchio, tavoli scuri ottagonali e pregiati marmi sono l'intrigante cornice Art Déco di una cucina che porta in tavola i generosi sapori della nostra penisola, magistralmente esaltati dalla creatività dello chef.

Carta 48/74 €

Pianta: 4H1-b – *Hotel Lord Byron, via G. De Notaris 5* ✉ *00197* – ☏ *06 322 0404* – *www.lordbyronhotel.com* – *solo a cena* – *Chiuso domenica*

‖○ Al Ceppo   😂 🗚 ⇔

CUCINA MEDITERRANEA • ELEGANTE XX La bella boiserie vi darà il benvenuto all'entrata di questo ristorante di sobria eleganza borghese, dove gustare piatti mediterranei reinterpretati in chiave moderna. Specialità tra i secondi: carni e pesce alla griglia, preparati direttamente in sala.

🍽 Menu 25 € (pranzo in settimana) – Carta 42/76 €

Pianta: 5J1-q – *via Panama 2* ✉ *00198* – ☏ *06 855 1379* – *www.ristorantealceppo.it* – *Chiuso 10-25 agosto, sabato a mezzogiorno in giugno-settembre, lunedì a mezzogiorno negli altri mesi*

Alberghi

🏨🏨 Parco dei Principi Grand Hotel & Spa   ⚑ ≤ 🛏 ⌇ 🖥 🕸 🐬 ♨

PALACE • GRAN LUSSO A pochi passi da Via Veneto e 🔲 ♿ 🗚 🛎 🚗 affacciato sul parco di Villa Borghese, questo esclusivo Urban Resort di Roma è ideale per un soggiorno nel cuore della capitale, grazie al confort e all'eleganza delle sue camere, nonché al centro benessere Prince SPA di 2000 mq con le tecnologie e i trattamenti più all'avanguardia.

165 cam – ‡350/460 € ‡‡450/650 € – 14 suites – ⌇ 35 €

Pianta: 5J2-a – *via Gerolamo Frescobaldi 5* ✉ *00198* – ☏ *06 854421* – *www.parcodeiprincipi.com*

🏨🏨 Lord Byron   🐾 🔲 🗚

LUSSO • ART DÉCO La personalità di una grande casa, le suggestioni art déco in tutti i dettagli: un lusso di grande eleganza che dona la giusta attenzione a tessuti e arredi. Servizio caldo e personalizzato.

24 cam ⌇ – ‡190/540 € ‡‡200/560 € – 8 suites

Pianta: H1-b – *via G. De Notaris 5* ✉ *00197* – ☏ *06 322 0404* – *www.lordbyronhotel.com*

‖○ **Sapori del Lord Byron** – Vedere selezione ristoranti

🏨🏨 Aldrovandi Villa Borghese   ⚑ 🛏 ⌇ 🐬 ♨ 🔲 ♿ 🗚 🛎 🅿

LUSSO • CLASSICO Defilato ma esclusivo, in un quartiere prestigioso e a pochi passi da Villa Borghese, le camere sono state - quasi tutte - recentemente rinnovate. Il ristorante The Grill vi aspetta tutti i giorni a pranzo e a cena.

91 cam – ‡204/1920 € ‡‡204/1920 € – 12 suites – ⌇ 28 €

Pianta: 4-5H2-c – *via Ulisse Aldrovandi 15* ✉ *00197* Ⓜ *Policlinico* – ☏ *06 322 3993* – *www.aldrovandi.com*

❀ **Assaje** – Vedere selezione ristoranti

🏨 The H'All Tailor Suite Ⓝ   🔲 🗚 🅿

BOUTIQUE HOTEL • DESIGN Piccolo, personalizzato, curato albergo "tailor made", ovvero costruito sui desideri degli ospiti che oltre a godere di ambienti confortevoli, dal design moderno ma caldo, potranno iniziare le giornate con deliziose colazioni gourmet ideate e pensate dallo chef-patron.

14 cam ⌇ – ‡220/600 € ‡‡270/720 € – 1 suite

Pianta: 4G2-a – *via Giuseppe Pisanelli 23* ✉ *00186* Ⓜ *Lepanto* – ☏ *06 3211 0128* – *www.thehallroma.com*

❀ **All'Oro** – Vedere selezione ristoranti

stigalenas/iStock

Trastevere - Testaccio

Ristoranti

⁣⁣ Glass Hostaria (Cristina Bowerman)

CUCINA CREATIVA · DESIGN XX Nel cuore di Trastevere un locale all'insegna del design, dove un originale e creativo gioco di luci crea un'atmosfera avvolgente, qualche volta piacevolmente conturbante. Ad accendersi in pieno è la cucina: fantasiosamente moderna.

→ Bottoncini ripieni di lampascione, brodo di pecorino e miele, nocciole tostate e midollo. Sella di coniglio, lattuga, pomodoro, pinoli, uvetta e liquirizia. Piselli e fragola.

Menu 90/140 € – Carta 64/116 €

Pianta: 8G5-d – *vicolo del Cinque 58* ✉ *00153* – ✆ *06 5833 5903*
– *www.glasshostaria.it* – *solo a cena* – *Chiuso 8-30 gennaio, 2-24 luglio e lunedì*

⁣⁣ Stazione di Posta

CUCINA CREATIVA · ALLA MODA X All'interno dell'ex mattatoio e della "città dell'altra economia", atmosfera frizzante dettata dal moderno open space a carattere post industriale, per una cucina di stampo creativo realizzata da un nuovo chef e dal suo giovane, dinamico, team. Anche cockatil bar e proposte più semplici a pranzo.

→ Spaghetti all'aglio nero, anemoni di mare e mandorle. Manzo alla cenere con carote e insalata. Dolce bianco.

Menu 28 € (pranzo)/100 € – Carta 62/88 €

Pianta: 8G6-e – *largo Dino Frisullo snc* ✉ *00153* Ⓜ *Piramide* – ✆ *06 574 3548*
– *www.stazionediposta.eu* – *solo a cena in luglio-agosto* – *Chiuso martedì*

⁣⁣ Felice a Testaccio

CUCINA TRADIZIONALE · CONVIVIALE X L'ambiente semplice - stile "trattoria familiare" - è ormai così popolare che una prenotazione con anticipo è quasi obbligatoria. Come del resto, assaggiare il mitico abbacchio al forno con patate, ma anche i tonnarelli cacio e pepe o il tiramisù al cucchiaio. Senza dubbio, una delle roccaforti della cucina laziale!

Carta 32/48 €

Pianta: 8H6-h – *via Mastrogiorgio 29* ✉ *00153* – ✆ *06 574 6800 (consigliata la prenotazione)* – *www.feliceatestaccio.com* – *Chiuso 1 settimana in agosto*

⁣⁣ Antica Pesa

CUCINA LAZIALE · ELEGANTE XXX La cucina seleziona accuratamente le materie prime, elaborandole poi in ricette dalla "firma" romana, in questo ex deposito del grano dell'attiguo Stato Pontificio. Luci soffuse, candele sui tavoli, ma i faretti mostrano le pareti imbellite da grandi dipinti di artisti contemporanei, anche presso il salottino con caminetto accanto all'ingresso.

Carta 49/88 €

Pianta: 8G5-a – *via Garibaldi 18* ✉ *00153* – ✆ *06 580 9236* – *www.anticapesa.it*
– *solo a cena* – *Chiuso domenica*

⑩ Vizi Capitali ❶ ⛱

PESCE E FRUTTI DI MARE · CONTESTO CONTEMPORANEO XX Un piccolo locale in stile contemporaneo: alle pareti i nomi dei sette vizi capitali, all'ingresso una vetrinetta espone il miglior pescato del giorno. Proverbiale la sequenza di antipasti cotti e crudi.

Carta 45/142 €

Pianta: 8G5-b – *vicolo dell'Arenella 94*
– *𝒞 06 581 8840 (consigliata la prenotazione) – www.vizicapitali.com – solo a cena*
– *Chiuso 15 giorni in gennaio-febbraio, 15 giorni in agosto e domenica*

⑩ Sora Lella ⒶⒸ

CUCINA ROMANA · CONTESTO TRADIZIONALE XX Figlio e nipoti della famosa "Sora Lella", ora scomparsa, perpetuano degnamente la tradizione sia nel calore dell'accoglienza che nella tipicità romana delle proposte.

Menu 45 € – Carta 34/72 €

Pianta: 8H5-g – *via di Ponte Quattro Capi 16, Isola Tiberina* ✉ 00186
– *𝒞 06 686 1601 – www.trattoriasoralella.it*
– *Chiuso 15-22 agosto e martedì*

⑩ Osteria Fernanda ⒶⒸ

CUCINA CREATIVA · MINIMALISTA X Nel quartiere celebre per il mercato di Porta Portese, una brillante gestione a due: un socio segue la sala minimal, mentre l'altro, con passione strabordante, si occupa di una cucina creativa che oltre a citare i prodotti del territorio è anche abile nel proporre ingredienti presi altrove. Un indirizzo decisamente da consigliare.

Menu 39/65 € – Carta 42/70 €

Pianta: G6-a – *via Crescenzo Del Monte 18/24* ✉ 00186
– *𝒞 06 589 4333 – www.osteriafernanda.com – Chiuso 1 settimana in febbraio, 13-20 agosto, sabato a mezzogiorno e domenica*

Alberghi

🏨 Trilussa Palace 🜁 ᴸᴶ ⬆ ♿ ⒶⒸ ⅌ 🛎 🚗

TRADIZIONALE · ELEGANTE Tra la stazione di Trastevere ed il quartiere vecchio, hotel di tono signorile con pavimenti in marmo negli spazi comuni, piacevole centro benessere e panoramico roof garden: l'inconfondibile stile italiano in un albergo internazionale.

45 cam ☲ – ♦80/290 € ♦♦90/380 € – 4 suites

Pianta: 8G6-c – *piazza Ippolito Nievo 25/27* ✉ 00153 – *𝒞 06 588 1963*
– *www.trilussapalacehotel.it*

🏨 Santa Maria ⃠ 🜁 ⒶⒸ ⅌

FAMILIARE · FUNZIONALE A pochi passi da S.Maria in Trastevere, nata dove c'era un chiostro del '400, questa tranquilla risorsa si sviluppa su un piano intorno ad un cortile-giardino; a disposizione degli ospiti, anche alcune biciclette.

14 cam ☲ – ♦70/199 € ♦♦99/239 € – 6 suites

Pianta: 8G5-z – *vicolo del Piede 2* ✉ 00153 – *𝒞 06 589 4626*
– *www.hotelsantamaria.info*

🏠 Arco dei Tolomei ⒶⒸ

LOCANDA · PERSONALIZZATO In un antico palazzo di origine medievale, una residenza privata apre le proprie porte ed accoglie l'ospite facendolo sentire come a casa propria: il calore del parquet nelle belle camere, arredate con gusto e piacevolmente funzionali.

5 cam ☲ – ♦100/170 € ♦♦125/205 €

Pianta: 8H5-k – *via dell'Arco dè Tolomei 27* ✉ 00153 – *𝒞 06 5832 0819*
– *www.bbarcodeitolomei.com*

izusek/iStock

Zona Urbana Nord-Est

Ristoranti

⸙ Bistrot 64 　　　　　　　　　　　　　　AC ⌖

CUCINA MEDITERRANEA · BISTRÒ X Nello stile è ancora un bistrot con la sua piacevole informalità, il servizio però è cortese e pieno di attenzioni, mentre la cucina una sorpresa di creatività, nonché fantasia.

→ Spaghetto di patate, burro e alici. Spigola all black. Marrone (semifreddo all'aglio nero).

Menu 40/90 € – Carta 57/82 €

Pianta: 1B1-a – *via Guglielmo Calderini 64* ✉ *00196*
– ☏ *06 323 5531 (consigliata la prenotazione)*
– *www.bistrot64.it*
– *solo a cena escluso venerdì, sabato e domenica* – *Chiuso 1 settimana in gennaio, 15 giorni in agosto e martedì*

⍔ Marzapane 　　　　　　　　　　　　　AC ⌖

CUCINA CREATIVA · AMBIENTE CLASSICO XX Giovane ed informale in sala, ma tecnica e rigorosa in cucina: una cuoca di origini spagnole ha sposato i sapori romani, di cui propone alcuni classici insieme a spunti iberici e divagazioni più creative, spesso di ottimo livello. In settimana - a pranzo - c'è anche l'alternativa di piatti più semplici e veloci.

Menu 30 € (pranzo in settimana)/84 € – Carta 50/89 €

Pianta: 5K2-m – *via Velletri 39* ✉ *00198*
– ☏ *06 6478 1692 (consigliata la prenotazione)*
– *www.marzapaneroma.com*
– *Chiuso 2-10 gennaio, 10-25 agosto, martedì a mezzogiorno e lunedì*

⍔ Gabriele 　　　　　　　　　　　　　　AC ⌖

PESCE E FRUTTI DI MARE · AMBIENTE CLASSICO XX Storico ristorante di pesce, da cinquant'anni clienti affezionati lo frequentano affidandosi al titolare che espone a voce le specialità di mare secondo gli arrivi, in piatti semplici che privilegiano la materia prima.

Carta 35/75 €

Pianta: 2C2-m – *via Ottoboni 74* ✉ *00159*
– ☏ *06 439 3498* – *www.ristorantegabriele.net*
– *Chiuso agosto, sabato e domenica*

⍔ Mamma Angelina 　　　　　　　⊛ 🛋 AC ⌖

PESCE E FRUTTI DI MARE · TRATTORIA X Dopo il buffet di antipasti, la cucina si trova ad un bivio: da un lato segue la linea del mare, dall'altra la tradizione romana. A mettere d'accordo entrambi, il baccalà in cartoccio, passatina di ceci e porri croccanti.

Carta 26/47 €

Pianta: 2C1-c – *viale Arrigo Boito 65* ✉ *00199*
– ☏ *06 860 8928* – *Chiuso agosto e mercoledì*

971

Tischi Toschi 🔘   🔥 AC ⊗

CUCINA SICILIANA · FAMILIARE ፠ Come nell'omonimo locale di Taormina gestito da familiari, si propongono gustose ricette siciliane in un ambiente di ordinata e fresca semplicità.

Carta 33/53 €

Pianta: 2C1-t – *via Gadames 9* ✉ *00199*
– *𝒞 06 8366 2023* – *solo a cena escluso domenica*
– *Chiuso agosto, domenica sera e lunedì*

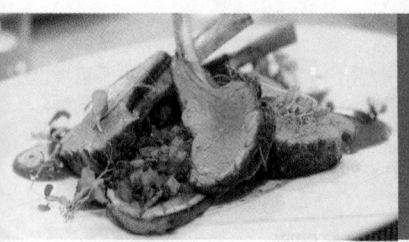

Zona Urbana Sud-Est

Kondor83/iStock

Ristoranti

😊 Domenico dal 1968   🔥 AC

CUCINA ROMANA · SEMPLICE ፠ Vale la pena di uscire dagli usuali percorsi turistici per sperimentare un'autentica trattoria romana: è qui che potrete assaggiare la zuppa di arzilla e broccoli o la classica trippa. Ma è anche da Domenico che troverete piatti a base di pesce, che cambiano quasi giornalmente secondo la disponibilità del mercato.

Carta 35/51 €

Pianta: 10L6-f – *via Satrico 21* ✉ *00183*
– *𝒞 06 7049 4602* – *www.domenicodal1968.it*
– *Chiuso 3 settimane in agosto, domenica sera e lunedì*

😊 Profumo di Mirto   AC

PESCE E FRUTTI DI MARE · FAMILIARE ፠ Un omaggio alla Sardegna, terra natia dei proprietari, la cucina, però, si apre anche a sapori mediterranei, soprattutto di mare, rielaborati in specialità gustose e caserecce. Specialità: ravioli con polpa di spigola - gamberoni alla Vernaccia di Oristano - seadas.

🍽 Menu 22 € (in settimana)/45 € – Carta 27/80 €

Pianta: 2C2-f – *viale Amelia 8/a* ✉ *00181*
– *𝒞 06 786206* – *www.profumodimirto.it*
– *Chiuso agosto e lunedì*

Villa Rinaldo all'Acquedotto   🔥 & AC ⊗ 🅿

CUCINA DEL MERCATO · AMBIENTE CLASSICO ፠፠ Vicino al Grande Raccordo Anulare, un ristorante dagli spazi enormi che si propone con la sua cucina regionale ed eclettica, dove spiccano le specialità di pesce, senza per questo negligere la carne.

Menu 35 € – Carta 26/61 €

Pianta: 2C3-v – *via Appia Nuova 1267* ✉ *00178*
– *𝒞 06 718 3910* – *www.villarinaldo.it*
– *Chiuso 16-25 agosto e martedì*

Zona Urbana Sud-Ovest

SilviaJansen/iStock

Ristoranti

⊛ Al Ristoro degli Angeli   ╬ AC

CUCINA ROMANA · VINTAGE ↯ Nel quartiere della Garbatella, una particolare
osteria dall'atmosfera un po' bistrot con tavoli, sedie e lampadari decisamente
vintage. Dalla cucina piatti essenzialmente laziali come gli spaghetti cacio e
pepe in cialda di parmigiano croccante, ma anche molte golosità a base di verdure e pesce.

Carta 28/56 €

Pianta: 2B2-a – *via Luigi Orlando 2* ✉ *00154* – 𝒞 *06 5143 6020*
– *www.ristorodegliangeli.it* – *solo a cena*
– *Chiuso domenica*

⫶◯ Trattoria del Pesce   AC ⅋

PESCE E FRUTTI DI MARE · BISTRÒ ↯ Pesce fresco e crudo in tutte le sue declinazioni, in un ambiente accogliente, vagamente bistrot, dalla giovane e capace
gestione. Vale la pena di pazientare per trovare parcheggio.

Carta 31/77 €

Pianta: 1B2-b – *via Folco Portinari 27* ✉ *00186* – 𝒞 *349 335 2560*
– *www.trattoriadelpesce.it*
– *Chiuso 14-20 agosto e lunedì a mezzogiorno*

Alberghi

⌂⌂⌂ Crowne Plaza Rome St. Peter's & Spa   ⇧ ⇦ ⌁ ▨ ⊛ ⋙ ⅃⅍

HOTEL DI CATENA · CONTEMPORANEO Nel verde di ⊠ 🖶 ⅋ AC 🎿 P
Villa Doria Pamphili, l'hotel offre servizi e standard elevati per soddisfare tutte
le esigenze dei suoi ospiti. Ampie camere arredate in stile moderno e dalle
calde tonalità garantiscono un soggiorno ai massimi livelli. Al ristorante: cucina
italiana ed internazionale.

308 cam ヱ – ♦100/300 € ♦♦100/300 € – 10 suites

Pianta: 1B2-h – *via Aurelia Antica 415* ✉ *00165* – 𝒞 *06 66420*
– *www.hotel-invest.com*

⌂⌂⌂ Rome Marriott Park Hotel   ⇧ ⇦ ⌁ ▨ ⊛ ⋙ ⅃⅍ 🖶 ⅋ AC ⅋ 🎿 P

BUSINESS · ELEGANTE Che sia una struttura smisurata, lo si percepisce già
dalle dimensioni della hall, dove giganteggia un originale affresco della Città
Eterna, ma anche il numero delle camere - sempre ordinate e di tenuta impeccabile - nonché il centro benessere concorrono in questa ideale corsa verso il
top!

587 cam ヱ – ♦330/440 € ♦♦352/462 € – 14 suites

Pianta: 1A3-y – *via Colonnello Tommaso Masala 54* ✉ *00148* – 𝒞 *06 658821*
– *www.marriott.com*

Sheraton Golf Parco de' Medici Rome Hotel

PALACE · MODERNO Uno dei complessi alberghieri più grandi d'Europa, ideale per congressi, ma con un *côté* vacanziero, dove lo stile country si alterna all'essenzialità del moderno design. Immerso in uno splendido campo da golf, l'hotel si compone di tre edifici distinti ed autonomi (collegati da un servizio non stop di navetta).

817 cam ⌧ – ♦110/330 € ♦♦125/345 € – 33 suites

Pianta: 1A3-b – *viale Salvatore Rebecchini 39, (uscita Parco dei Medici Grande Raccordo Anulare)* ✉ 00148 – ℰ 06 65288
– *www.sheratonparcodemedicirome.com*

Grand Hotel del Gianicolo

TRADIZIONALE · CLASSICO Raffinato hotel del Gianicolo con camere confortevoli, spazi comuni ricercati e l'illusione di essere ospiti di un'elegante dimora di campagna, grazie alla bella piscina all'aperto: praticamente, una rarità a Roma! Cucina moderna alla Corte degli Archi.

48 cam ⌧ – ♦90/380 € ♦♦110/410 €

Pianta: 7F5-b – *viale delle Mura Gianicolensi 107* ✉ 00152 ⓜ *Cipro Musei Vaticani* – ℰ 06 5833 3405 – *www.grandhotelgianicolo.it*

Dintorni di Roma

photopalace/iStock

sulla strada statale 3 - via Cassia Nord-Ovest: 15 km A1

🍽️ Castello della Castelluccia

CUCINA MODERNA · ELEGANTE XXX Impreziosito da un bellissimo camino che troneggia in fondo alla sala, il ristorante propone una cucina che partendo dal territorio laziale si allarga allo stile italiano moderno. Gli ingredienti sono rigorosamente di prima qualità e sempre in sintonia con le stagioni.

Menu 44/55 € – Carta 32/59 €

Pianta: 1A1-c – *Hotel Castello della Castelluccia, località la Castelluccia, via Cavina 40* ✉ 00123 – ℰ 06 3020 7041 *(prenotazione obbligatoria)*
– *www.lacastelluccia.com*

Castello della Castelluccia

DIMORA STORICA · ROMANTICO Immerso nel verde, un antico castello con angoli romantici e deliziosi giardini all'italiana. Le camere, personalizzate con mobili d'epoca e camini graziosamente disposti qua e là, costituiscono una piacevole successione di sorprese: da quelle a mansarda o con letto a baldacchino, alle superior con piccola vasca idromassaggio.

23 cam ⌧ – ♦89/299 € ♦♦109/299 € – 3 suites

Pianta: 1A1-c – *località la Castelluccia, via Cavina 40* ✉ 00123 – ℰ 06 3020 7041
– *www.lacastelluccia.com*

🍽️ **Castello della Castelluccia** – Vedere selezione ristoranti

ROMANO CANAVESE

Torino – ✉ 10090 – 2 752 ab. – Alt. 270 m – Carta regionale n° **12**-B2
Carta stradale Michelin 561-F5

🏛️ **Relais Villa Matilde**　　　🏡 🕭 ⟨ 🛏 🛏 🌀 ⚄ ❌ 🅿 ⚃ 🛄 🕸

DIMORA STORICA · ELEGANTE Cinta da un parco rigoglioso, la villa settecentesca che fu residenza vescovile è stata convertita in un gradevole albergo di charme, con ambienti comuni dalle sale affrescate e camere suddivise in diversi edifici, tra cui suggeriamo naturalmente quelle del corpo centrale, storico. Suggestiva ed elegante la sala ristorante, realizzata nella vecchia scuderia che le dà il nome: Le Scuderie.

32 cam ⌑ – ♦163/194 € ♦♦285/357 € – 11 suites
via Marconi 29 – ☏ 0125 639290 – www.sinahotels.com
– Aperto 27 marzo-27 ottobre

ROMANO D'EZZELINO

Vicenza – ✉ 36060 – 13 547 ab. – Alt. 132 m – Carta regionale n° **23**-B2
Carta stradale Michelin 562-E17

🍴 **Al Pioppeto**　　　🛏 🍴 ⚄ ⟲ 🅿

CUCINA REGIONALE · CONTESTO TRADIZIONALE 🍴🍴 Linea gastronomica d'ispirazione regionale, ma anche un menu per celiaci, e servizio attento in un ristorante di tono classico, dove troneggia un grande camino a "riscaldare" l'ambiente.

🍴 Menu 25/35 € – Carta 22/43 €
via San Gregorio Barbarigo 13, località Sacro Cuore, Sud: 4 km – ☏ 0424 570502
– www.pioppeto.it – Chiuso 1°-18 agosto e martedì

ROMAZZINO Sardegna Olbia-Tempio ➔ Vedere Arzachena : Costa Smeralda

ROMENO

Trento (TN) – ✉ 38010 – 1 385 ab. – Carta regionale n° **19**-B2
Carta stradale Michelin 562-C15

🏡 **Nerina**　　　🍴 🅿

CUCINA REGIONALE · SEMPLICE 🍴 Tanta semplicità, ospitalità ed informalità in un locale che nasconde alcune gemme tra i prodotti trentini, nonché specialità genuine della casa come gli gnocchi di pane e ortiche con salsiccia e cipolla brasata o i bocconcini d'agnello disossato con patate.

Carta 31/51 €
via De Gasperi 31, località Malgolo – ☏ 0463 510111 (consigliata la prenotazione)
– www.albergonerina.it – Chiuso 15-31 ottobre, martedì escluso luglio e agosto

RONCADELLE Brescia ➔ Vedere Brescia

RONCEGNO

Trento – ✉ 38050 – Carta regionale n° **19**-C3
Carta stradale Michelin 562-D16

🏡 **Coronata Haus**　　　🕭 ⟨ 🛏 🌀 ⚄ 🍴 🛄 🕸

FAMILIARE · STILE MONTANO Piacevole casa di montagna coccolata sul retro dalla calma del bosco: tra camere e stube è il legno il vero protagonista, così come la storia di un territorio che ricorda il confine dell'impero austroungarico.

10 cam ⌑ – ♦45/50 € ♦♦80/180 €
località Maso Vazzena – ☏ 0461 185 1508 – www.coronatahaus.it

RONCOFREDDO

Forlì-Cesena (FC) – ✉ 47020 – 3 386 ab. – Alt. 314 m – Carta regionale n° **5**-D2
Carta stradale Michelin 562-J18

🏠 I Quattro Passeri   🐾 ⪬ 🛋 🌲 🏠 ᴀᴄ 🕸 🅿

CASA DI CAMPAGNA · PERSONALIZZATO Casa colonica in pietra: il suo gioiello è la terrazza panoramica con piscina e vista sui colli fino al mare. Interni rustici con diversi arredi d'epoca, è una piccola, romantica bomboniera.

6 cam ⌴ – †80/120 € ††120/220 €

*via dei Laghi 541, località Santa Paola – ☏ 0541 949522 – www.4passeri.com
– Chiuso dicembre, gennaio e febbraio*

RONZONE

Trento – ✉ 38010 – 424 ab. – Alt. 1 085 m – Carta regionale n° **19**-B2
Carta stradale Michelin 562-C15

⑩ Orso Grigio   🐿 🛋 🏡 ⇄ 🚗

CUCINA CLASSICA · ROMANTICO XXX Ristorante di famiglia, gestito con professionalità da due fratelli gemelli: uno segue la cucina dove la linea storica a base di carne è ampliata con una piccola offerta a base di pesce, l'altro la fornitissima cantina, ricca di eccellenze.

Menu 60/90 € – Carta 49/77 €

*Hotel Villa Orso Grigio, via Regole 10 – ☏ 0463 880625 – www.orsogrigio.it
– Chiuso martedì a pranzo*

🏘 Villa Orso Grigio   🐾 🛋 🌲 🏠 ⊡ 🏊 🚗

LUSSO · PERSONALIZZATO In una cornice naturalistica che ricorda una fiaba dei fratelli *Grimm*, una sintesi perfetta fra stile locale - con tanta profusione di legno - e modernità dei servizi, tra cui la nuova sala per i massaggi. Le belle camere hanno un proprio spazio delimitato all'interno del parco con tanto di biolago. La mezza pensione, in realtà, è servita ...à la carte!

6 cam – solo ½ P 99/195 € – 4 suites

via Regole 10/12 – ☏ 0463 880559 – www.orsogrigio.it

⑩ **Orso Grigio** – Vedere selezione ristoranti

ROSETO DEGLI ABRUZZI

Teramo – ✉ 64026 – 25 537 ab. – Carta regionale n° **1**-B1
Carta stradale Michelin 563-N24

🏘 Roses   🎋 🛋 🌲 🏊 ⪬ ⊡ ⅙ ᴀᴄ 🏊 🚗

RESORT · LUNGOMARE Grande e moderno complesso per chi ama gli spazi e la tranquillità da godere con tutta la famiglia: ampie camere tutte vista mare, piscina semiolimpionica e accesso diretto alla spiaggia.

88 cam ⌴ – †50/130 € ††65/220 €

*viale Makarska 1 – ☏ 085 893 6203 – www.roseshotel.it – Aperto
1° aprile-30 ottobre*

a Montepagano Ovest: 6 km per Teramo (TE) – ✉ 64020

⑧ D.One Restaurant ⓝ   ⪬ ᴀᴄ 🕸

CUCINA MODERNA · ROMANTICO XXX Così come esiste da tempo l'albergo diffuso, ora c'è anche il ristorante che può fregiarsi di questa particolarità: D.one! Cucina in bilico tra semplicità e sperimentazione creativa, l'attenzione è posta a preservare le proprietà organolettiche degli ingredienti, dando una particolare importanza alla selezione delle materie prime.

→ Spaghetti ai ricci di mare e tartufo nero. Pecora: castrato alla brace su pepita di liquirizia, albicocche caramellate e tuberi. Tortino di mela pianella col suo sorbetto e olio extravergine di oliva.

Menu 55/95 € – Carta 43/73 €

5 cam ⌴ – †65 € ††95 €

*via del Borgo 1 – ☏ 085 894 4508 – www.donerestaurant.it – solo a cena escluso
domenica – Chiuso gennaio, domenica sera e lunedì*

ROSIGNANO SOLVAY

Livorno – ⊠ 57016 – Carta regionale n° **18**-B2
Carta stradale Michelin 563-L13

ⅈ○ **Volvér** ⓝ   🏠 🕭 AC

PESCE E FRUTTI DI MARE · CONTESTO CONTEMPORANEO XX Cucina contemporanea eseguita con precisione e senza eccessi, partendo da materie prime d'indubbia qualità. Volvèr, un indirizzo dove ritornare con piacere, complice la bella sala le cui ampie vetrate affacciate sul mare evocano la sensazione di essere a bordo di un elegante yacht.

Menu 65 € – Carta 45/75 €

Porto Turistico Cala De Medici – 𝒞 0586 744312 – www.portodelgusto.it – Chiuso 2 settimane in gennaio,1 settimana in novembre e mercoledì

ROSSANO STAZIONE

Cosenza – ⊠ 87068 – Carta regionale n° **3**-B1
Carta stradale Michelin 564-I31

🏵 **Il Giardino di Iti**   ⇦ 🕭 🛏 🏠 🍽 Ⓟ

CUCINA CALABRESE · CASA DI CAMPAGNA X Antica proprietà risalente al 1662, in inverno si mangia nelle stanze che furono il frantoio, in estate nel suggestivo prato interno coltivato ad agrumi. La cucina segue le stagioni e utilizza i prodotti bio dell'azienda: assolutamente da assaggiare i cavatelli con piselli e finocchio selvatico, nonché la crostata con marmellate della casa. Camere semplici nelle vecchie abitazioni contadine.

Carta 12/33 €

12 cam ☲ – †35/45 € ††70/90 €

Contrada Amica – 𝒞 0983 64508 (prenotare) – www.giardinoiti.it – Chiuso 23-26 dicembre

ROTA D'IMAGNA

Bergamo – ⊠ 24037 – 835 ab. – Alt. 665 m – Carta regionale n° **10**-C1
Carta stradale Michelin 561-E10

🏠 **Resort & Spa Miramonti**   🤸 🕭 ≤ 🛏 🖥 ☎ 🏋 🔁 Ⓟ

SPA E WELLNESS · MODERNO Negli ultimi anni, questa ottima gestione familiare ha investito parecchio nel proprio hotel che oggi si presenta con camere personalizzate ed un centro benessere tra i migliori della zona. Anche il ristorante partecipa della qualità totale della casa: accogliente, sobriamente elegante, con una cucina sempre legata al territorio.

35 cam ☲ – †59/159 € ††59/359 €

via alle Fonti 5 – 𝒞 035 868000 – www.hotelmiramontibergamo.com – Chiuso 8 gennaio-9 febbraio

ROTA (Monte) RADSBERG Bolzano → Vedere Dobbiaco

ROTONDA

Potenza – ⊠ 85048 – 3 494 ab. – Alt. 580 m – Carta regionale n° **2**-C3
Carta stradale Michelin 564-H30

🏵 **Da Peppe**   ⇦ AC

CUCINA REGIONALE · FAMILIARE X Nel centro storico del paesello all'interno del parco del Pollino, ai fornelli di questo storico locale vige un unico imperativo: riscoprire i sapori della cucina lucana, come i ravioli alle punte di ortica - agnello patate e lampascioni - mousse di ricotta e pistacchio di Stigliano. Quattro camere a poche centinaia di metri, moderne e confortevoli.

🍴 Menu 19 € (pranzo in settimana)/40 € – Carta 20/45 €

6 cam ☲ – †30/50 € ††55/75 €

corso Garibaldi 13 – 𝒞 0973 661251 – www.peppe1980.it – Chiuso domenica sera escluso agosto

ROTTOFRENO

Piacenza – ⊠ 29010 – 12 127 ab. – Alt. 65 m – Carta regionale n° **5**-A1
Carta stradale Michelin 561-G10

⑪○ **Trattoria la Colonna**   ⅋ 🏠 AC

CUCINA TRADIZIONALE • CONTESTO STORICO XX Nel '700 era una stazione di posta, oggi può vantarsi di essere l'edificio più longevo della località! Nella vecchia stalla trova posto il ristorante che propone i piatti della tradizione di terra e di mare venati invece di moderna creatività.

⇔ Menu 20 € (pranzo in settimana)/65 € – Carta 39/91 €

via Emilia Est 6, località San Nicolò, Est: 5 km – 𝒞 0523 768343
– www.ristorantelacolonna.com – Chiuso 7-28 agosto, domenica sera e martedì

⑪○ **Antica Trattoria Braghieri**   AC ⅍ **P**

CUCINA EMILIANA • TRATTORIA X E' dal 1921 che le donne di famiglia si succedono nella gestione della trattoria! Due sale: una sobria, l'altra più elegante, dove assaporare paste fatte in casa e preparazioni casalinghe tradizionali, come lo stracotto d'asina.

⇔ Menu 12 € (pranzo in settimana)/35 € – Carta 20/34 €

località Centora 21, Sud: 2 km – 𝒞 0523 781123 (consigliata la prenotazione) – solo a pranzo escluso venerdì e sabato – Chiuso 1°-15 gennaio, agosto e lunedì

ROVERCHIARA

Verona – ⊠ 37050 – 2 771 ab. – Alt. 20 m – Carta regionale n° **23**-B3

⑪○ **Locanda le 4 Ciacole**   ⅋ ⇐ 🏠 AC

CUCINA CLASSICA • RUSTICO X Perché dovreste scegliere questo locale? Sicuramente per l'attenzione posta alle materie prime rigorosamente italiane - carni, farine, ortaggi, salumi - e poi per una delle passioni del titolare: i formaggi. La selezione ne contempla oltre 100!

Carta 44/84 €

4 cam ⊡ – ♦40 € ♦♦70 €

piazza Vittorio Emanuele 10 – 𝒞 0442 685115 – www.le4ciacole.it – Chiuso 1°-10 febbraio, 2 settimane in agosto e domenica in estate, mercoledì negli altri mesi

ROVERETO

Trento – ⊠ 38068 – 39 289 ab. – Alt. 204 m – Carta regionale n° **19**-B3
Carta stradale Michelin 562-E15

⑪○ **Novecento**   🏠 AC ⇔ **P**

CUCINA REGIONALE • ACCOGLIENTE XX Ristorante accogliente con sala interna classica raddoppiata da una bella veranda colorata da bottiglie tinte a mano. La carta è ben diversificata: c'è un filone regionale, pochi piatti mantovani ed altri dal gusto nazionale. Inoltre, c'è la pizza a lievitazione naturale e cotta nel forno elettrico.

⇔ Menu 20 € (pranzo in settimana) – Carta 31/58 €

Hotel Rovereto, corso Rosmini 82 d – 𝒞 0464 435222 – www.hotelrovereto.it
– Chiuso 3 settimane in gennaio, 3 settimane in agosto e domenica

⑪○ **San Colombano**   🏠 & AC ⇔ **P**

CUCINA REGIONALE • FAMILIARE XX Situato poco fuori città - lungo la strada che porta a Vicenza - la gestione è assolutamente familiare: nelle due sale dagli arredi classici "presidia" un fratello, mentre l'altro, coadiuvato da moglie e figlio, sta in cucina. Piatti regionali in menu.

Carta 28/55 €

via Vicenza 30, strada statale 46, Est: 1 km – 𝒞 0464 436006
– www.ristorantesancolombano.it – Chiuso 15 giorni in agosto, domenica sera e lunedì

 Rovereto

TRADIZIONALE · CLASSICO Albergo centrale, ben gestito da una famiglia che produce anche vino a nome Castel Noarna. Buon confort nelle stanze che ora si distinguono esclusivamente per le diverse metrature.

49 cam ☑ – †70/115 € ††95/145 €

corso Rosmini 82 d – ℰ 0464 435222 – www.hotelrovereto.it

🍴○ **Novecento** – Vedere selezione ristoranti

ROVIGO

(RO) – ✉ 45100 – 51 867 ab. – Carta regionale n° **23**-C3
Carta stradale Michelin 562-G17

🍴○ Tavernetta Dante 1936

CUCINA REGIONALE · CONTESTO STORICO Ⅹ Un'oasi lungo il corso trafficato che attraversa il centro di Rovigo: dall'ambientazione all'interno di un piccolo e grazioso edificio, alla cucina di mare e di terra.

Carta 26/64 €

corso del Popolo 212 – ℰ 0425 26386

RUBANO

Padova – ✉ 35030 – 16 173 ab. – Alt. 18 m – Carta regionale n° **22**-B2
Carta stradale Michelin 562-F17

✿✿✿ Le Calandre (Massimiliano Alajmo)

CUCINA CREATIVA · ALLA MODA ⅩⅩⅩⅩ In una sala sobria e immersa nell'oscurità, tutta l'illuminazione e l'attenzione sono riservate ai piatti, serviti su tavoli senza tovaglia, in un'atmosfera che riflette la giocosa essenzialità della cucina. La carta elenca lunghi percorsi degustazione: si va dai piatti storici a quelli più recenti, che si è tuttavia liberi di scegliere e ridurre a piacimento.

→ Cappuccino di seppie al nero. Risotto allo zafferano, ginepro e polvere di liquirizia. Mozzarella di mandorle.

Menu 135/225 €

via Liguria 1, località Sarmeola – ℰ 049 630303 – www.alajmo.it
– Chiuso 1°-17 gennaio, 12 agosto-4 settembre, domenica, martedì a mezzogiorno e lunedì

🍴○ Il Calandrino

CUCINA DEL TERRITORIO · CONTESTO CONTEMPORANEO Ⅹ Bar, enoteca, pasticceria, ristorante: il tutto ad ottimi livelli, per soddisfare in ogni momento la voglia di dolce o di salato. *Start up* con la prima colazione, per passare all'aperitivo, un pranzo veloce o una cena elegante. Piatti semplici, ma curati, per gustare al meglio gli ingredienti di stagione.

Carta 52/78 €

strada statale 11, località Sarmeola – ℰ 049 630303 – www.alajmo.it – Chiuso domenica sera

🍴○ L' Officina Enoteca & Cucina

PESCE E FRUTTI DI MARE · DESIGN Ⅹ Un locale dalla doppia anima: moderno bistrot/enoteca con proposte ed economici menu del giorno, ma anche sala ristorante classica con prevalenza di specialità ittiche.

🍽 Menu 15 € (pranzo in settimana) – Carta 30/76 €

via della Provvidenza 4/6
– ℰ 049 690145 – www.officinaristorante.it
– Chiuso lunedì a mezzogiorno e domenica in estate, domenica sera e lunedì negli altri mesi

RUBBIANINO Reggio Emilia (RE) → Vedere Quattro Castella

RUBIERA

Reggio nell'Emilia – ✉ 42048 – 14 864 ab. – Alt. 53 m – Carta regionale n° **5**-B2
Carta stradale Michelin 562-I14

❀ **Arnaldo-Clinica Gastronomica** (Anna Degoli e Roberto Bottero)

CUCINA EMILIANA · CONTESTO TRADIZIONALE ✗✗ Siamo nel tempio ⇦
della cultura gastronomica emiliana e - come tale – un luogo "sacro" per chi
adora salumi, pasta fatta in casa e quell'universo di secondi piatti a base di
carne che raggiunge la propria apoteosi con il carrello dei bolliti. La tradizione
qui è la sacerdotessa della tavola.
→ Spugnolata. Carrello dei bolliti e degli arrosti. Carrello dei dolci.
Menu 55/70 € – Carta 32/81 €
32 cam ☲ – †49/94 € ††64/109 €
*piazza 24 Maggio 3 – 𝒞 0522 626124 (prenotare) – www.clinicagastronomica.com
– Chiuso 8-15 gennaio, 6-27 agosto, domenica sera e lunedì a mezzogiorno, anche
domenica a mezzogiorno da fine maggio a fine settembre*

⑩ **Osteria del Viandante** ⸙ 🏠 ⇦

CUCINA REGIONALE · CONTESTO STORICO ✗✗ Salite le scale di un edificio del
1300, il ristorante si compone di sale affrescate e ambienti eleganti. Ampia selezione di vini per accompagnare le ricercate carni e le paste fatte in casa, tra cui
primeggiano gli ottimi cappelletti.
Menu 60 € – Carta 50/96 €
*piazza 24 Maggio 15 – 𝒞 0522 260638 (prenotare)
– www.osteriadelviandante.com – Chiuso sabato a mezzogiorno e domenica*

RUBIZZANO Bologna → Vedere San Pietro in Casale

RUDA

Udine – ✉ 33050 – 2 935 ab. – Alt. 12 m. – Carta regionale n° **6**-C3
Carta stradale Michelin 562-E22

❀ **Osteria Altran** ⸙ 🏠 � ⇦ 🅿

CUCINA MODERNA · ROMANTICO ✗✗ In un'azienda vinicola immersa nel verde,
locale apparentemente rustico - in realtà, squisitamente romantico – dove
gustare una cucina moderna che punta sulla qualità delle materie prime e sulla
loro esaltazione.
→ Chitarre al prezzemolo, aglio, olio e peperoncino affogate nella zuppa di
pesce. Sottile presa di maiale iberico laccata ai semi di sesamo. Soffice di carota
e mandorle, sorbetto all'arancia e carota, crema al latte di mandorla.
Menu 75/85 € – Carta 66/96 €
*località Cortona 19, Sud-Est: 4 km – 𝒞 0431 969402 – solo a cena escluso sabato
ed i giorni festivi – Chiuso 10 giorni in febbraio, 10 giorni in luglio, 10 giorni in
novembre, lunedì e martedì*

RUNATE Mantova → Vedere Canneto sull'Oglio

RUSSI

Ravenna – ✉ 48026 – 12 247 ab. – Alt. 13 m – Carta regionale n° **5**-D2
Carta stradale Michelin 562-I18

⑩ **Insolito Ristorante** 🆎

CUCINA CLASSICA · ACCOGLIENTE ✗ Piccolo locale del centro gestito da una
coppia di soci: uno in sala, l'altro in cucina, e nel piatto i sapori della regione.
Pasta tirata a mano (da una "sfoglina") e selezione di formaggi, tra le specialità
della casa.
🍴 Menu 14 € (pranzo in settimana) – Carta 32/63 €
*via Babini 22 – 𝒞 0544 582954 – www.ristoranteinsolito.com – Chiuso 6-17 agosto
e mercoledì; anche i mezzogiorno di sabato e domenica in giugno-agosto*

a San Pancrazio Sud-Est : 5 km ⊠ 48026

😊 La Cucoma   AC ⇔ P

PESCE E FRUTTI DI MARE · FAMILIARE ※ Ubicato lungo la strada principale del paese, specialità ittiche - come la grigliata mista alla brace - in un ristorante dal côté simpaticamente familiare, celebre in zona per il buon rapporto qualità/prezzo.

Menu 38/50 € – Carta 29/61 €

via Molinaccio 175 – 𝒞 0544 534147 – www.ristorantecucoma.com – Chiuso 29 luglio-27 agosto, domenica sera e lunedì

🏠 Relais Villa Roncuzzi   ⇱ ⇚ 🏊 ⬆ AC 🚫

STORICO · PERSONALIZZATO Immersa nel verde, residenza di campagna dei primi del '900 completamente ristrutturata e trasformata in uno scrigno accogliente, personalizzato ed accattivante.

20 cam ⚏ – †75/110 € ††140/280 €

via della Liberta 6/10
– 𝒞 0544 534776 – www.villaroncuzzi.it

RUVO DI PUGLIA

Bari – ⊠ 70037 – 25 534 ab. – Alt. 256 m – Carta regionale n° **15**-B2
Carta stradale Michelin 564-D31

😊 U.P.E.P.I.D.D.E.   ⁂ 🚫 ⇔

CUCINA REGIONALE · FAMILIARE ※ Indiscutibilmente caratteristico e fresco! Scavate all'interno della roccia che costituiva le antiche mura aragonesi, le quattro salette si susseguono sotto archi di mattoni con - dulcis in fundo - la bella cantina visitabile. Altrettanto storica la cucina delle Murge, che trova la sua massima espressione nella grigliata di carni locali al barbecue o nelle braciole di puledro al ragù antico.

🍴 Menu 25/37 € – Carta 22/43 €

vico S. Agnese 2, angolo corso Cavour – 𝒞 080 361 3879 (consigliata la prenotazione) – www.upepidde.it – Chiuso 10 luglio-25 agosto e lunedì

🏨 Pineta ⓝ   ⇱ ⇚ 🏊 🏠 ⬆ ⬇ 👍 AC 🚫 🧖 🚗

BUSINESS · MODERNO Moderna struttura dalle linee essenziali e colori caldi dispone di accoglienti camere dove rilassarsi dopo un bel bagno in piscina o nella loro zona benessere. Al ristorante Basilico, cucina d'ispirazione regionale, ma non solo.

39 cam ⚏ – †94/129 € ††99/134 €

via Carlo Marx 5 – 𝒞 080 360 0035 – www.hotelpinetaruvo.it

SABAUDIA

Latina – ⊠ 04016 – 20 432 ab. – Carta regionale n° **7**-C3
Carta stradale Michelin 563-S21

sul lungomare Sud-Ovest : 2 km :

🏨 Le Dune   ⇱ 🏖 ≤ ⇚ 🏊 🏠 🎣 ※ ⛷ ⬆ 👍 AC 🧖 P

TRADIZIONALE · MEDITERRANEO Nel cuore del parco del Circeo, un edificio bianco di indubbio fascino, ideale per una vacanza di relax da trascorrere tra mare, campi da tennis ed ampi ambienti luminosi. Presso la spaziosa ed accogliente sala ristorante, la classica cucina nazionale.

78 cam ⚏ – †70/120 € ††120/320 € – 2 suites

via lungomare 9700 ⊠ 04016 – 𝒞 0773 51291 – www.ledune.com – Aperto 1° aprile-31 ottobre

SACILE

Pordenone – ⊠ 33077 – 19 837 ab. – Alt. 25 m – Carta regionale n° **6**-A3
Carta stradale Michelin 562-E19

⫶○ Il Pedrocchino ❀ 🍴 & 🆊

PESCE E FRUTTI DI MARE · CHIC ✕✕✕ Grazie ad un'esperienza trentennale il
locale è diventato un riferimento in zona per la cucina di pesce che, proposto a
voce, viene preparato in maniera classica. La cantina si presenta con mille risorse
ed un occhio di riguardo per gli champagne!

Carta 45/165 €

piazza 4 Novembre 4 – 𝒞 *0434 70034 – www.ilpedrocchino.it – Chiuso
3 settimane in agosto, domenica sera e lunedì*

⫶○ Porca l'Oca 🆊

CUCINA MODERNA · ACCOGLIENTE ✕ La passione della titolare per la cucina
porta in tavola sia piatti di carne legati alla tradizione sia specialità di pesce, il
tutto rielaborato in un'accattivante chiave moderna. Ottima la sua ubicazione nel
centro storico.

Carta 38/75 €

via Luigi Nono 13 – 𝒞 *0434 780870 (coperti limitati, prenotare) – Chiuso
domenica*

🏠 Due Leoni ⿻ 🗗 ⊡ & 🆊 ⅗ 🏋 🚗

BUSINESS · CLASSICO Affacciato sulla piazza, edificio porticato che nei due
leoni in pietra ricorda la storia della città. Al suo interno: ambienti di discreta eleganza e piccolo centro relax con palestra e, a pagamento, anche sauna nonché
bagno turco.

58 cam � – ♦110/150 € ♦♦110/150 € – 2 suites

piazza del Popolo 24 – 𝒞 *0434 788111 – www.hoteldueleoni.com*

SAINT PIERRE

Aosta – ⊠ 11010 – 3 165 ab. – Alt. 676 m – Carta regionale n° **21**-A2
Carta stradale Michelin 561-E3

🏠 La Meridiana Du Cadran Solaire ⿻ ⊡ & 🏋 🚗

FAMILIARE · ELEGANTE Affascinante contesto storico-naturalistico, lungo la
strada per Courmayeur, *La Meridiana Du Cadran Solaire* è una raccolta struttura
dall'amabile conduzione familiare; camere graziosamente arredate con mobili
dalla tipica linea valdostana.

15 cam ⊑ – ♦90/150 € ♦♦100/200 € – 2 suites

località Chateau Feuillet 17 – 𝒞 *0165 903626 – www.albergomeridiana.it*

SAINT VINCENT

Aosta – ⊠ 11027 – 4 660 ab. – Alt. 575 m – Carta regionale n° **21**-B2
Carta stradale Michelin 561-E4

⫶○ Le Grenier 🆊 ⟷

CUCINA CREATIVA · RUSTICO ✕✕ Nel cuore di Saint-Vincent, la suggestione di un
vecchio granaio (*grenier*, in francese) con frumento a cascata, camino e utensili
d'epoca alle pareti. Ma le sorprese non finiscono qui: è il turno della cucina a
sedurre gli ospiti, inaspettatamente moderna con qualche richiamo alle tradizioni
valdostane.

Menu 42 € – Carta 55/103 €

piazza Monte Zerbion 1 – 𝒞 *0166 510138 (consigliata la prenotazione)
– www.ristorantelegrenier.com – solo a cena escluso venerdì sabato e domenica
– Chiuso mercoledì*

۱O Olympic ⇦ 🛋 AC

CUCINA CLASSICA · CONVIVIALE XX Nel centro della località, in una sala illuminata da grandi vetrate, piatti classici, ma anche regionali, e - a dispetto dell'ubicazione geografica - divagazioni di mare.

🍴 Menu 25/50 € – Carta 45/86 €

10 cam 🛏 – ♦60/80 € ♦♦90/120 €

via Marconi 2 - ℰ 0166 512377 - www.holympic.it - Chiuso
11-25 giugno, 28 ottobre-11 novembre e martedì

۱O Petit Bijou ⓝ 🛋 & AC

CUCINA REGIONALE · ACCOGLIENTE X Un piccolo gioiello di ospitalità questo accogliente e caldo ristorante con caminetto, il cui dehors si affaccia sulla piazza centrale della località.

Menu 29/37 € – Carta 33/45 €

Hotel Bijou, piazza Cavalieri di Vittorio Veneto 3 - ℰ 334 938 8467
- www.ristorantepetitbijou.it - Chiuso domenica sera e lunedì escluso
luglio-agosto e vacanze di Natale

🏨 Grand Hotel Billia ☆ ⇐ 🎋 🔅 🔲 🕸 🏠 ♨ ⅍ ※ 🖭 & AC 🛁 P

GRAN LUSSO · ELEGANTE Una facciata belle époque e due torrioni a dominare il fondovalle in un parco ombreggiato con piscina: dal 1908, questo hotel storico - risorto dopo una radicale opera di rinnovo - vanta ora anche un'attrezzatissima spa. Elegante soggiorno nella Vallée!

42 cam 🛏 – ♦317/497 € ♦♦317/497 € – 17 suites

viale Piemonte 72 - ℰ 0166 5231 - www.saintvincentresort.it

🏨 Paradise ⇐ 🔲 🏠 🖭 & 🚘

TRADIZIONALE · CLASSICO Vicina al Casinò, graziosa hall con ricevimento, salottino e rinnovata sala colazioni dove si propongono ai propri ospiti prodotti locali e di qualità, camere classiche in legno chiaro.

32 cam – ♦50/120 € ♦♦85/160 € – 🛏 10 €

viale Piemonte 54 - ℰ 0166 510051 - www.hparadise.com

🏨 Alla Posta ⓝ ☆ 🔲 🔅 ⅍ 🖭 & AC 🛁

TRADIZIONALE · PERSONALIZZATO Un'ottima struttura adiacente alla funicolare che collega il centro storico alle Terme; totalmente ristrutturato offre camere dotate di ogni confort e un centro benessere che sorge su vestigia romane ancora visibili.

33 cam – ♦50/160 € ♦♦88/240 € – 7 suites – 🛏 12 €

piazza 28 Aprile 1 - ℰ 0166 512250 - www.hotelpostavda.it

🏨 Bijou 🏠 🖭 & AC

FAMILIARE · ACCOGLIENTE All'interno del centro storico, ma vicino ad un parcheggio comunale, albergo dagli interni allegri e camere affacciate sulla piazza; una piccola area benessere con sauna e bagno turco allieta i clienti.

31 cam 🛏 – ♦50/65 € ♦♦75/115 €

piazza Cavalieri di Vittorio Veneto 3 - ℰ 0166 510067 - www.bijouhotel.it

۱O **Petit Bijou** – Vedere selezione ristoranti

SALA BAGANZA

Parma – ✉ 43038 – 5 561 ab. – Alt. 162 m – Carta regionale n° **5**-A3
Carta stradale Michelin 562-H12

۱O I Pifferi 🍴 🛋 ⇔ P

CUCINA EMILIANA · TRATTORIA X Un solo chilometro basta per abbandonare il paese ed entrare nel verde del Parco Regionale dei Boschi di Carrega. Qui si trova un'antica stazione di posta - risalente all'epoca di Maria Luigia - trasformata in ristorante: incantevole contesto per i piatti parmigiani di sempre.

🍴 Menu 25/40 € – Carta 31/53 €

via Zappati 36, Ovest: 1 km - ℰ 0521 833243 - www.ipifferi.com - Chiuso lunedì

SALA COMACINA

Como – ✉ 22010 – 552 ab. – Alt. 213 m – Carta regionale n° **9**-A2
Carta stradale Michelin 561-E9

🍴○ **Taverna Bleu**   🛏 🏡 **P**

CUCINA ITALIANA · AMBIENTE CLASSICO XX Una fresca sala nei toni del colore da cui prende il nome e un romantico giardino affacciato sul lago. La cucina si fa apprezzare per le specialità del lago e italiane per la grande attenzione che lo chef dedica alla qualità degli ingredienti che elabora.

Carta 49/74 €

via Puricelli 4 – ℰ 0344 55107 – www.tavernableu.it – Aperto 2 aprile-31 ottobre; chiuso martedì

🏠 **Taverna Bleu**   ⪡ 🛏 ▣ 🛉 **P**

FAMILIARE · PERSONALIZZATO Adiacente alla piccola darsena della navigazione lacustre, questo alberghetto affacciato sul lago dispone di un bel giardino con varie terrazze e camere in arte povera.

15 cam – ♦110/150 € ♦♦110/500 € – ⛁ 8 €

via Puricelli 4 – ℰ 0344 55107 – www.tavernableu.it – Aperto 2 aprile-31 ottobre

🍴○ **Taverna Bleu** – Vedere selezione ristoranti

SALEA Savona → Vedere Albenga

SALE MARASINO

Brescia – ✉ 25057 – 3 362 ab. – Alt. 200 m – Carta regionale n° **10**-D1
Carta stradale Michelin 561-E12

🏠🏠 **Villa Kinzica**   ✿ ⪡ 🛏 ▤ ▣ ⅋ 🅰🅲 🚗

TRADIZIONALE · PERSONALIZZATO Affacciata sul lago d'Iseo e separata da esso e dalla strada da un grazioso giardino, una bella villa con patio esterno, ambienti e confort curati in ogni dettaglio. Camere di diverse tipologie e dimensioni; piatti accattivanti nell'elegante ristorante.

17 cam ⛁ – ♦75/140 € ♦♦80/180 € – 1 suite

via Provinciale 1 – ℰ 030 982 0975 – www.villakinzica.it

SALERNO

(SA) – ✉ 84121 – 135 261 ab. – Carta regionale n° **4**-B2
Carta stradale Michelin 564-E26

🌸 **Re Maurì**   ⪡ 🏡 🅰🅲 ⅋ **P**

CUCINA CREATIVA · STILE MEDITERRANEO XXX La passione per la pasticceria non l'ha mai abbandonata, ma dopo importanti esperienze in alcuni tra i ristoranti più in auge dello Stivale, lo chef si muove ora con passo sicuro nell'ambito di una cucina mediterranea e creativa che attinge a piene mani dalle eccellenze enogastronomiche di cui questa regione è ricca.

→ Riso all'olio, aglio e peperoncino con ventresca di tonno e polpa di ricci. Baccalà con cetrioli, sedano e alghe. Fragole, pistacchi e lime.

Menu 100/110 € – Carta 73/193 €

Hotel Lloyd's Baia, via Benedetto Croce snc ✉ 84121 – ℰ 089 763 3687 (consigliata la prenotazione) – www.remauri.it – Chiuso mercoledì a mezzogiorno e martedì

🍴○ **Il Timone**   🅰🅲

PESCE E FRUTTI DI MARE · AMBIENTE CLASSICO XX Servizio veloce, ma non per questo poco curato, in un locale classico e molto frequentato, ideale per gustare del buon pesce fresco che sta in mostra in sala - nell'espositore del pescato e nel buffet degli antipasti - e lì viene scelto dal cliente.

🍴 Menu 25/60 €

via Salvador Allende 29/35 ✉ 84131 – ℰ 089 335111 – Chiuso 1 settimana in agosto, domenica sera e lunedì

ⅡO **13 Salumeria & Cucina**   🔳

CUCINA MEDITERRANEA · BISTRÒ ⅩOriginale stile per questo bel locale tipo bistrot: tanto legno e sasso, cucina a vista, nonché un bancone da salumiere con una "promettente" affettatrice circondata da pregiati insaccati e formaggi. La carta presenta piatti mediterranei di buon livello, a pranzo ampliata da ricette più semplici ed economiche.

⊛ Menu 13 € (pranzo in settimana)/31 € – Carta 35/51 €

Pianta: B2-a – *corso Garibaldi 214 – 𝒞 089 995 1350 – www.13salumeria.it*

🏨 **Lloyd's Baia**   🔆 ⇆ ♨ ⌢ ▣ ⅙ 🔳 ⅏ ⅍ 🅿

PALACE · ELEGANTE Aggrappato alla roccia della costiera, grand hotel dall'atmosfera classico-elegante, dotato di una terrazza con magnifica vista mare e di un comodo ascensore diretto per la spiaggia. Convincerà tanto il cliente business quanto il turista.

132 cam ⌸ – ✝69/340 € ✝✝79/350 € – 11 suites

via Benedetto Croce snc ⊠ 84121 – 𝒞 089 763 3111 – www.lloydsbaiahotel.it

⛊ **Re Maurì** – Vedere selezione ristoranti

SALGAREDA

Treviso – ⊠ 31040 – 5 215 ab. – Carta regionale n° **23**-A1
Carta stradale Michelin 562-E19

ⅡO **Marcandole**   🕸 🏕 🔳 ⇕ 🅿

PESCE E FRUTTI DI MARE · ELEGANTE ⅩⅩ Nei pressi dell'argine del fiume Piave, due fratelli gestiscono con passione e competenza quello che è diventato un caposaldo della ristorazione trevigiana grazie ad una cucina di pesce, in "bilico" tra classico e moderno, servita in sale eleganti e romantiche.

Menu 30 € (pranzo in settimana) – Carta 45/96 €

via Argine Piave 9, Ovest: 2 km – 𝒞 0422 807881 – www.marcandole.it – Chiuso mercoledì sera e giovedì

SALINA Sicilia Messina → Vedere Eolie (Isole)

SALÒ

Brescia – ⊠ 25087 – 10 693 ab. – Alt. 75 m – Carta regionale n° **9**-D1
Carta stradale Michelin 561-F13

ⅡO **Villa Arcadio**   ⇐ 🍴 🏕 🔳 ⅙

CUCINA MODERNA · ROMANTICO ⅩⅩ Se la carta è interessante, articolata, creativa, con proposte sia locali che internazionali, la sosta si farà ancor più piacevole se - tempo permettendo - prenoterete un tavolo sulla romantica terrazza.

Menu 60/95 € – Carta 58/103 €

Hotel Villa Arcadio, via Palazzina 2, località Villa di Salò, Sud: 3 km – 𝒞 0365 42281 – www.hotelvillaarcadio.it/ristorante.htm – Aperto 16 marzo-31 ottobre

ⅡO **QB DuePuntoZero** Ⓝ   🏕 🔳

CUCINA MODERNA · MINIMALISTA ⅩⅩ Sul lungolago fronte porticciolo, ambiente moderno dalle linee sobrie con gradevole zona per il servizio estivo; cucina in chiave contemporanea con prodotti selezionati.

Menu 38/60 € – Carta 39/80 €

via Pietro da Salò 23 – 𝒞 0365 520421 – www.qbduepuntozero.com – Chiuso 10 giorni in gennaio, 2 settimane in novembre e lunedì; anche la domenica sera nel periodo invernale

🏨 **Laurin**   🔆 🍴 ⅍ ▣ 🔳 ⅍ 🅿

LUSSO · VINTAGE Bella villa liberty con saloni affrescati e giardino con piscina; interni con arredi, oggetti, dettagli dal repertorio dell'Art Nouveau, per un romantico relax sul Garda. Piatti classici rivisitati serviti fra un tripudio di decori floreali, dipinti, colonne.

25 cam ⌸ – ✝100/200 € ✝✝180/350 €

viale Landi 9 – 𝒞 0365 22022 – www.hotellaurinsalo.it – Aperto 15 marzo-31 ottobre

🏠 Villa Arcadio

LUSSO · STORICO Elegante risultato della ristrutturazione di un monastero del XIX secolo all'interno di un immenso parco, con piscina e terrazze panoramiche. Ambienti raffinati che fondono modernità e charme, affreschi originali nei corridoi e nelle camere sobrie, ma curate nella loro semplicità. Invitanti seduzioni gastronomiche al ristorante che, con il bel tempo, si uniscono a quelle dello splendido panorama sul lago.

17 cam ☑ – ♦150/250 € ♦♦270/370 € – 1 suite

via Palazzina 2, località Villa di Salò, Sud: 3 km – 𝒞 0365 42281
– www.hotelvillaarcadio.it – Aperto 16 marzo-31 ottobre
⦿ **Villa Arcadio** – Vedere selezione ristoranti

🏠 Bellerive

TRADIZIONALE · ELEGANTE Affacciato sul porticciolo turistico e con bella piscina circondata da un giardino alla provenzale, Bellerive è un gradevole hotel di tono signorile dove l'attenzione al cliente è davvero proverbiale!

38 cam ☑ – ♦165/300 € ♦♦190/300 € – 12 suites

*via Pietro da Salò 11 – 𝒞 0365 520410 – www.hotelbellerive.it – Chiuso
1° dicembre-1° marzo*

🏠 Vigna

FAMILIARE · ACCOGLIENTE Sullo splendido lungolago rinnovato e pedonalizzato, camere semplici ma accoglienti: buona parte con vista sull'acqua.

27 cam ☑ – ♦75/170 € ♦♦85/190 €

*lungolago Zanardelli 62 – 𝒞 0365 520144 – www.hotelvignasalo.it
– Chiuso 1° dicembre-1° marzo*

🏠 Locanda del Benaco

FAMILIARE · DESIGN Totalmente rinnovato in tempi recenti, in felice posizione sul lungolago, questo tranquillo albergo d'impronta minimalista offre camere confortevoli ed una schietta conduzione familiare. Ristorante con proposte del territorio in leggera chiave moderna.

12 cam ☑ – ♦80/200 € ♦♦130/300 € – 1 suite

*lungolago Zanardelli 44 – 𝒞 0365 20308 – www.benacohotel.com
– Chiuso 8 gennaio-28 febbraio*

🏠 Villa Bissiniga

LOCANDA · ELEGANTE Una vista impareggiabile su Salò e un tripudio di pezzi d'antiquariato sono le caratteristiche di questa bella casa, totalmente a impatto ambientale zero anche nella nuovissima bio piscina. Il relax è garantito!!!

12 cam ☑ – ♦70/120 € ♦♦80/180 €

*via Rezzano, località Renzano, Ovest: 2 km – 𝒞 0365 198 0408
– www.villabissiniga.com*

SALSOMAGGIORE TERME

Parma – ✉ 43039 – 19 831 ab. – Alt. 157 m – Carta regionale n° **5**-A2
Carta stradale Michelin 562-H11

🏵 L'Osteria del Castellazzo

CUCINA EMILIANA · SEMPLICE ⅝ E' una storia di passione e di caparbietà quella della giovane titolare, laureata in lettere e poi convertitasi alla passione per la cucina. La penna è diventata un mestolo e dalla cucina escono gustosi piatti locali, dal savarin di riso alla punta di vitello, con qualche prestito piacentino o mantovano, come i pisarei e la sbrisolona.

Carta 26/47 €

Pianta: A1-f – *via Borgo Castellazzo 40 – 𝒞 0524 578218 (consigliata la prenotazione)
– Chiuso 15 giorni in febbraio, 15 giorni in agosto, giovedì a mezzogiorno e mercoledì*

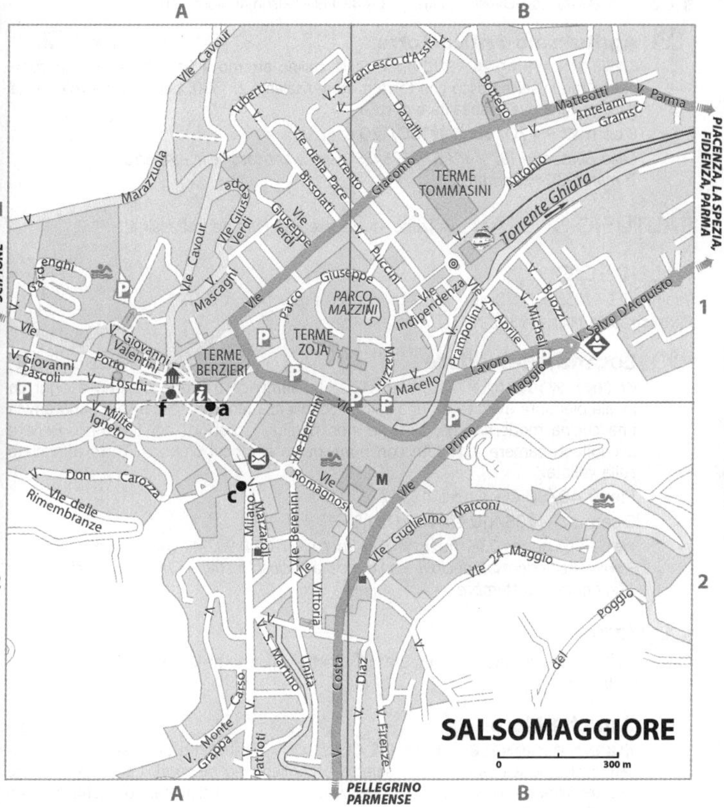

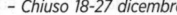

SALSOMAGGIORE

0 — 300 m

🏠 **Villa Fiorita**   ⚒ 🏛 ⬆ ⚹ AC ⛵ 🚗

TRADIZIONALE • CLASSICO Centralissimo albergo all'interno di un palazzo liberty che rimane scintillante grazie all'impegno dell'accorta conduzione familiare. Ottimo confort sia nelle camere sia negli spazi comuni. Cucina della tradizione nella grande sala da pranzo.

44 cam ☲ – †80/150 € ††110/190 € – 4 suites

Pianta: A2-c – via Milano 2 – 𝒞 0524 573805 – www.hotelvillafiorita.it – Chiuso 17-28 dicembre

---

🏠 **Casa Romagnosi**   ⚒ 🏛 ⬆ ⚹ AC 🅿

STORICO • ELEGANTE Affacciate sul corso o sulle terme, le camere di questo palazzo settecentesco sono eleganti con un tocco di rusticità nei soffitti con travi a vista. Gestione familiare e parcheggio a 150 metri.

36 cam ☲ – †65/120 € ††90/180 € – 3 suites

Pianta: A2-a – piazza Berzieri 3/B – 𝒞 0524 576534 – www.albergoromagnosi.it – Chiuso 18-27 dicembre

---

Un pasto accurato a prezzo contenuto? Cercate i Bib Gourmand ⊛.

a Cangelasio Sud-Ovest: 3,5 km A1 ⊠ 43039 – Salsomaggiore Terme

🏠 **Agriturismo Antica Torre** 🏠 ⅏ ≼ 🍴 🗜 **P** 📑

CASA DI CAMPAGNA · BUCOLICO Sulle colline attorno a Salsomaggiore, un complesso rurale seicentesco con torre militare risalente al 1300: bella e piacevole realtà di campagna ove l'ospitalità è di casa.

8 cam ⊊ – ∤70/90 € ∤∤100/120 €

Case Bussandri 197 – ℰ 0524 575425 – www.anticatorre.it – Aperto 1° marzo-30 novembre

SALTUSIO SALTAUS Bolzano → Vedere San Martino in Passiria

SALUDECIO

Rimini – ⊠ 47835 – 3 120 ab. – Alt. 343 m – Carta regionale n° **5**-D3
Carta stradale Michelin 562-K20

🍴 **Locanda Belvedere** ⇔ ⅏ ≼ 🍴 🗜 ♿ 🅰🅲 **P**

CUCINA MODERNA · ACCOGLIENTE ✕✕ La semplice trattoria-pizzeria è oggi un locale elegante avvolto da una calda accoglienza familiare. Nella sala panoramica una cucina moderna che, tuttavia, non neglige i prodotti del territorio. Belle e accoglienti camere, arredate con buon gusto e mobili d'epoca. Tutte affacciate sulla vallata.

Menu 40/60 € – Carta 45/77 €

8 cam ⊊ – ∤65/110 € ∤∤80/110 €

via San Giuseppe 736, frazione San Rocco – ℰ 0541 982144 (prenotare) – www.belvederesaludecio.it – solo a cena escluso festivi – Chiuso martedì escluso 15 giugno-15 settembre

SALUZZO

Cuneo – ⊠ 12037 – 16 960 ab. – Alt. 340 m – Carta regionale n° **12**-B3
Carta stradale Michelin 561-I4

🍴 **Antiche Mura** 🅰🅲

CUCINA REGIONALE · AMBIENTE CLASSICO ✕✕ Ristorante dallo stile contemporaneo che si sviluppa su due salette accoglienti ed eleganti. La cucina attinge alla tradizione regionale, ma gli appassionati di pesce troveranno anche qualche proposta marina.

Carta 33/57 €

Hotel Antiche Mura, via Palazzo di Città 75 – ℰ 0175 218825 – www.antichemuraristorante.it – solo a cena escluso domenica – Chiuso giovedì a mezzogiorno e mercoledì

🍴 **Taverna San Martino** 🅰🅲

CUCINA PIEMONTESE · FAMILIARE ✕ Lungo il viale ottocentesco che attraversa la parte bassa di Saluzzo, le piccole dimensioni del ristorante - un'unica sala - e l'esposizione a voce dei piatti sono alla base di un successo fatto di ottime materie prime locali e ricette piemontesi.

Carta 24/37 €

corso Piemonte 109 – ℰ 0175 42066 – www.tavernasanmartino.com – Chiuso 1°-28 agosto, lunedì sera, martedì sera e mercoledì

🏠 **San Giovanni** 🏠 ⅏ ≼ 🖃 🅰🅲 🅰 **P**

DIMORA STORICA · PERSONALIZZATO Nella parte più alta della Saluzzo medioevale (accesso alla ZTL con pass dell'albergo), si dorme nella magica atmosfera di un convento del '400. Camere dagli arredi sobri ma eleganti, in linea con l'antica funzione del luogo: alcune con terrazzino affacciato sul chiostro, la numero 11 con affreschi originali.

13 cam ⊊ – ∤79/135 € ∤∤140/165 €

via San Giovanni 9/a – ℰ 0175 45420 – www.sangiovanniresort.it

🏠 Poggio Radicati 🕭 ≼ 🛏 AC � 🅿

TRADIZIONALE · ELEGANTE Atmosfera da dimora privata in questo albergo dalle camere sempre molto ampie: quelle al piano terra hanno addirittura un giardinetto privato, mentre alcune delle altre si affacciano sulla pianura sino alle Langhe.

9 cam ⌗ – †95/105 € ††119/135 €

via San Bernardino 19 ✉ 12037 Saluzzo – ℰ 0175 248292 – www.poggioradicati.it – chiuso 8 gennaio-8 febbraio

🏠 Antiche Mura 🛏 ❏ ⅛ AC

TRADIZIONALE · CLASSICO Nella prima cerchia di mura di Saluzzo, lungo i romantici vicoli della città medioevale, al piano nobile (il primo), troverete le camere migliori, più ordinarie quelle del secondo, formula residence al terzo.

22 cam ⌗ – †60/95 € ††85/140 €

via Palazzo di Città 75 – ℰ 0175 46744 – www.antichemurasaluzzo.com

🍴 **Antiche Mura** – Vedere selezione ristoranti

SALVAROSA Treviso → Vedere Castelfranco Veneto

SAMASSI Sardegna

Medio Campidano (VS) – ✉ 09030 – 5 206 ab. – Alt. 56 m – Carta regionale n° **16**-A3
Carta stradale Michelin 366-O47

🍴 Il Campidano AC

CUCINA SARDA · FAMILIARE 🕽 Da pochi anni, rientrato a casa dopo aver fatto un po' di esperienza qui e là, il figlio dei titolari di questo quarantennale albergo di provincia ha preso le redini del ristorante dandogli un leggero tocco attuale: si propone con una cucina sia di terra sia di mare, mentre la sorella segue la sala.

Menu 40 € – Carta 36/56 €

viale Stazione 29 – ℰ 070 938 8121 – Chiuso 23 settembre-7 ottobre e mercoledì

SAMBUCO

Cuneo – ✉ 12010 – 92 ab. – Alt. 1 184 m – Carta regionale n° **12**-B3
Carta stradale Michelin 561-I3

🏵 Della Pace ⇦ 🕭 ≼ 🛏 �

CUCINA PIEMONTESE · CONTESTO TRADIZIONALE 🕽 Affacciato sulla piazza del municipio di un grazioso paese di montagna della Val Stura, l'attività iniziò nel 1882, oggi, alla quinta generazione, trovate un piccolo gioiello di cucina locale, ottimi prezzi e deliziose camere in legno. I cruzet (pasta) e l'agnello sambucano sono tra le imperdibili specialità.

🍴 Menu 20 € (pranzo)/32 € – Carta 24/40 €

14 cam ⌗ – †65/70 € ††65/70 €

via Umberto I 32 – ℰ 0171 96550 – www.albergodellapace.com – solo a pranzo – Chiuso 10 giorni in giugno, 20 ottobre-30 novembre e lunedì a mezzogiorno

SAMPÈYRE

Cuneo – ✉ 12020 – 1 022 ab. – Alt. 976 m – Carta regionale n° **12**-B3
Carta stradale Michelin 561-I3

🏠 Torinetto ⇧ 🕭 ≼ 🛏 ⵣ ❏ � 🅿

FAMILIARE · STILE MONTANO Poco lontano dalla statale, ma in posizione tranquilla, hotel di montagna dai tipici arredi lignei. Disponibilità anche di appartamenti ad uso settimanale e, per i più sportivi, un bel rifugio (1850 m). Cucina casalinga.

74 cam ⌗ – †40/60 € ††60/90 €

borgata Calchesio 7, Ovest: 1,5 km – ℰ 0175 977181 – www.torinetto.com

SAN BARTOLOMEO Reggio Emilia → Vedere Reggio nell'Emilia

SAN BASILIO Rovigo → Vedere Ariano nel Polesine

SAN BENEDETTO Firenze → Vedere Montaione

SAN BENEDETTO DEL TRONTO
Ascoli Piceno – ⊠ 63074 – 47 303 ab. – Carta regionale n° **11**-D3
Carta stradale Michelin 563-N23

⅞○ **Degusteria del Gigante**

CUCINA CREATIVA · CONTESTO STORICO XX Dimora storica ottocentesca su fondazioni quattrocentesche nella parte alta della città: il territorio firma la cucina, ma lo chef lo reinterpreta con gusto moderno.
Menu 60/45 € – Carta 36/59 €
via degli Anelli 19 – ℰ 0735 588644 – www.degusteriadelgigante.it – solo a cena
– Chiuso 1 settimana in giugno, 1 settimana in novembre e martedì escluso agosto

🏠 **Arlecchino**

TRADIZIONALE · LUNGOMARE Direttamente sul mare, l'Arlecchino propone un'ospitalità in stile moderno: luminosità e servizio personalizzato sono i suoi punti di forza, insieme alla terrazza-solarium all'ultimo piano con vasca idromassaggio.
32 cam ⊑ – ♦65/130 € ♦♦75/170 € – 1 suite
viale Trieste 22 – ℰ 0735 85635 – www.hotelarlecchino.it

🏠 **Progresso**

DIMORA STORICA · LUNGOMARE Sul bel lungomare di San Benedetto, questo hotel degli anni '20 ha mantenuto il proprio stile architettonico Liberty, ad eccezione delle camere all'ultimo piano più moderne. Per gli amanti della lettura c'è anche una sala bibilioteca con tanti volumi autografati dagli autori stessi; gli amanti della buona tavola troveranno - invece - piatti nazionali e tante proposte di pesce nella luminosa sala ristorante.
39 cam – ♦60/150 € ♦♦85/250 € – ⊑ 10 €
viale Trieste 40 – ℰ 0735 83815 – www.hotelprogresso.it

SAN BENEDETTO DI LUGANA Verona → Vedere Peschiera del Garda

SAN BERNARDINO Torino → Vedere Trana

SAN BERNARDO Torino → Vedere Ivrea

SAN BERNARDO Genova → Vedere Bogliasco

SAN BONIFACIO
Verona – ⊠ 37047 – 21 284 ab. – Alt. 31 m – Carta regionale n° **23**-B3
Carta stradale Michelin 562-F15

⅞○ **Degusto Cuisine**

CUCINA CREATIVA · MINIMALISTA XX Un locale moderno-minimalista, ma elegante, con una grande cucina completamente a vista. Stretta di mano all'abile chef che esalta le materie prime con tecnica e capacità creativa.
Carta 47/117 €
via Camporosolo 9/a – ℰ 328 182 4572 (consigliata la prenotazione)
– www.ristorantedegusto.it – Chiuso mercoledì a mezzogiorno e martedì, anche domenica in luglio-agosto

⑪ Le Muse ⇔ 🕸 📱 🛜 🅿

CUCINA MODERNA · ELEGANTE XX All'interno di una bella villa, ci si accomoda nell'elegante sala neoclassica; in cucina, Davide rispolvera i sapori del territorio alternandoli a piatti più moderni. Belle le camere: alcune sopra al ristorante, altre nel country lodge a 100 m. La mattina si parte con la "colazione gourmet".

Carta 45/100 €

23 cam ⊡ – ♦63/90 € ♦♦90/120 €

via Perarolo 33, località Locara ⊠ 37047 San Bonifacio – 𝒞 045 766 0063 (consigliata la prenotazione) – www.le-muse.net – Chiuso sabato a mezzogiorno e domenica sera

⑪ I Tigli 🦽 📱

PIZZA · DI TENDENZA X Non poteva che nascere in Italia la pizzeria "gourmet"! Inaspettatamente non a Napoli, bensì nel veronese, Simone Padoan è maestro di lievitazione proponendo fantasiose creazioni con gamberi crudi, tartare di manzo, guanciale, baccalà... Ottimi anche i dessert.

Carta 19/46 €

via Camporosolo 11 – 𝒞 045 610 2606 – www.pizzeriaitigli.it – Chiuso martedì sera e mercoledì

🏠 Relais Villabella 🏕 🐾 🌿 🛋 📱 🦽 🅿

STORICO · ELEGANTE Tra i vigneti della Bassa veronese, un relais di campagna ricavato da un'elegante struttura colonica. Ricche di fascino e di confort le camere, completate da graziosi piccoli bagni in marmo rosa; raffinato ristorante con piatti che seguono le stagioni.

10 cam ⊡ – ♦65/95 € ♦♦125/145 €

via Villabella 72, Ovest: 2 km – 𝒞 045 610 1777 – www.relaisvillabella.it

SAN CANDIDO INNICHEN

Bolzano (BZ) – ⊠ 39038 – 3 305 ab. – Alt. 1 175 m – Carta regionale n° **19**-D1
Carta stradale Michelin 562-B18

⑪ Helmhotel Ristorante e Pizzeria ⇔ 🕸 🅿

CUCINA REGIONALE · STILE MONTANO X Numerose salette e angolini tutti rivestiti in legno e molto decorati, creano un ambiente naturalmente caldo, che ben predispone ai piaceri della tavola: piatti tipici altoatesini, ma anche pizze cotte nel forno a legna.

🍴 Menu 15 € (pranzo in settimana) – Carta 23/70 €

30 cam ⊡ – ♦60/100 € ♦♦110/180 €

via Bolzano 2, località Versciaco, Est: 3,5 km – 𝒞 0474 910103 – www.helmhotel.com

🏠 Post Alpina-Family Mountain Chalets 🏕 🐾 ⇆ 🌿 🛋 🔲 👙 🐾

SPA E WELLNESS · STILE MONTANO Un piccolo borgo a se 🛁 ⊡ 🦽 🛜 🚗 stante, creato da dieci chalet e da un edificio centrale: piacevole giardino ed armonioso centro benessere per una vacanza tra natura e relax. Nella romantica sala da pranzo, specialità altoatesine e piatti d'ispirazione mediterranea.

65 suites – solo ½ P 112/283 €

via Elmo 9, località Versciaco, Est: 3 Km – 𝒞 0474 913133 – www.posthotel.it – Aperto 7 dicembre-2 aprile e 29 maggio-15 ottobre

🏠 Leitlhof Dolomiten 🏕 🐾 ⇆ 🌿 🛋 🔲 👙 🐾 🛁 ⊡ 🦽 🚗

LUSSO · STILE MONTANO In tranquilla posizione periferica, con bel panorama su valle e Dolomiti, hotel d'imponenti dimensioni dotato di centro benessere di grande impatto e camere che brillano per confort! A disposizione anche un punto-ricarica per auto elettriche.

62 cam – solo ½ P 103/225 €

via Pusteria 29 – 𝒞 0474 913440 – www.leitlhof.com – Aperto 6 dicembre-3 aprile e 31 maggio-4 ottobre

🏠 Cavallino Bianco-Weisses Rössl ☆ 🔍 🌐 🕉 🛋 ⬆ 🅰🅲 🚗

FAMILIARE · STORICO Nella zona pedonale di fianco alla chiesa, non ci si sbaglia a definirlo "storico" essendo gestito dalla stessa famiglia da più di 450 anni! Tanti divertimenti per i bambini, diverse camere con arredi dipinti a mano e una sauna panoramica.

25 cam – solo ½ P 188/360 € – 18 suites

via Duca Tassilo 1 – ℰ 0474 913135 – www.cavallinobianco.info
– Aperto 22 dicembre-25 marzo e 24 giugno-23 settembre

🏠 Post Hotel-Tradition & Lifestyle ☆ 🔍 🕉 ⬆ 🚗

DIMORA STORICA · MODERNO Chi non ama i tradizionali arredi alpini e preferisce ambienti più moderni troverà qui l'atmosfera che cerca: l'edificio, in centro, è storico, ma le spaziose camere hanno arredi eleganti e contemporanei. Attenzione: si accettano ospiti dai 14 anni in su.

42 cam – solo ½ P 92/199 €

via dei Benedettini 11/c – ℰ 0474 913133 – www.posthotel.it
– Aperto 7 dicembre-2 aprile e 31 maggio-15 ottobre

SAN CASCIANO DEI BAGNI

Siena – ⊠ 53040 – 1 632 ab. – Alt. 582 m – Carta regionale n° **18**-D3
Carta stradale Michelin 563-N17

🍴 Daniela 🛋 ⅗ 🅰🅲

CUCINA REGIONALE · ROMANTICO 🟅🟅 A poco meno di 100 m dall'albergo Sette Querce, di fronte ad uno splendido belvedere, il ristorante occupa le antiche scuderie del castello. I soffitti a volta e le pietre d'un tempo creano un'atmosfera suggestiva, al palato ci pensa un'ottima cucina del territorio.

Carta 37/69 €

Hotel Sette Querce, piazza Matteotti 7 – ℰ 0578 58234 – www.settequerce.it
– Chiuso 3 settimane in febbraio e mercoledì escluso in aprile-ottobre

🏠 Fonteverde ☆ ⅘ ⪡ 🛒 🎄 🔍 🌐 🕉 🛋 ⬆ ⅗ 🅰🅲 🧖 🅿

TERMALE · ELEGANTE Splendida villa medicea con dépendance adiacente di costruzione recente, è il grande albergo termale per eccellenza, fastoso, dalle camere eleganti - più sontuose quelle dell'edificio storico - meglio ancora se ne prenotate una con vista. Cena al ristorante Ferdinando I o soluzioni meno impegnative per pasti più veloci, ce n'è per tutti i gusti!

65 cam ⊡ – †297/874 € ††414/1448 € – 13 suites

località Terme 1 – ℰ 0578 57241 – www.fonteverdespa.com

🏠 Sette Querce ⅗ 🅰🅲

FAMILIARE · PERSONALIZZATO All'ingresso del paese, un'antica locanda degli anni '30 è diventata un accogliente albergo, praticamente privo di aree comuni, ma dotato di ampie ed eleganti camere con terrazze all'ombra delle querce.

9 cam ⊡ – †70/130 € ††90/150 €

viale Manciati 2 – ℰ 0578 58174 – www.settequerce.it – Chiuso 3 settimane in febbraio

🍴 **Daniela** – Vedere selezione ristoranti

a Fighine Nord-Est: 5 km ⊠ 53040

✿ Castello di Fighine (Heinz Beck) 🛒 🛋 ⅗ 🅰🅲 ⅗ 🅿

CUCINA CREATIVA · ELEGANTE 🟅🟅🟅 Una strada sterrata vi condurrà in un luogo fiabesco, un castello medioevale in posizione panoramica e collinare con romantica terrazza ricoperta di glicine: qui, nella bella stagione, viene servita una cucina fresca e personalizzata, che ripara nelle sale interne in caso di bisogno. Per chi volesse prolungare la sosta, due appartamenti - sempre gestiti dal ristorante - sono a disposizione presso Casa Parretti.

➜ Risotto al sambuco con carpaccio di scampi e ciliegie. Filetto di chianina al Chianti, crema di barbabietole e polvere di lemongrass e zenzero. Il Bosco.

Menu 75/90 € – Carta 73/102 €

– ℰ 0578 56158 – www.fighine.it – Aperto inizio aprile-inizio novembre; chiuso martedì a mezzogiorno e lunedì

SAN CASCIANO IN VAL DI PESA

Firenze – ✉ 50026 – 17 062 ab. – Alt. 310 m – Carta regionale n° **18**-D3
Carta stradale Michelin 563-L15

🏠 Villa il Poggiale   ✿ ≤ 🍴 ⊼ 🕭 AC 🛎 P

LUSSO · STORICO Nel cuore del Chianti a pochi chilometri da Firenze, in
un'oasi di pace circondata da incantevoli giardini, questa dimora rinascimentale vizia gli ospiti con tutte quelle attenzioni che rendono il soggiorno un'e-
sperienza indimenticabile. A contribuire a tanto piacere, c'è anche il centro
benessere, dove approfittare di ottimi trattamenti creati in esclusiva per la
villa. Al ristorante: piatti tipici della tradizione toscana, accompagnati da una
buona selezione di vini locali.

24 cam ⊊ – ♥100/200 € ♥♥120/300 € – 2 suites

via Empolese 69, Nord-Ovest: 1 km
– ☏ 055 828311 – www.villailpoggiale.it

🏠 Villa i Barronci   ✿ ⊛ ⊼ 🕭 ⊡ AC ⅋ P

TRADIZIONALE · PERSONALIZZATO Grande vista sulle colline circostanti in una
struttura signorile con camere spaziose e personalizzate da bei mobili di famiglia.
Piccolo centro benessere per pensare al soggiorno anche in termini di remise en
forme. Piatti toscani al ristorante.

18 cam ⊊ – ♥54/399 € ♥♥59/499 € – 3 suites

via Sorripa 10, Ovest: 3 Km
*– ☏ 055 820598 – www.ibarronci.com – Aperto 27 dicembre-13 gennaio e
4 marzo-11 novembre*

a Mercatale Sud-Est : 4 km : ✉ 50020

🏠 Agriturismo Salvadonica   ✿ ⊛ ≤ 🍴 ⊼ ⅋ P

CASA DI CAMPAGNA · PERSONALIZZATO Fra gli olivi, un'oasi di tranquillità e di
pace, questo piccolo borgo agrituristico caratterizzato da semplicità e cortesia
familiare. A scelta, le camere sono in stile rustico o più moderne.

30 cam ⊊ – ♥59/199 € ♥♥69/229 €

via Grevigiana 82, Ovest: 1 km
– ☏ 055 821 8039 – www.salvadonica.com – Aperto 14 febbraio-20 novembre

a Cerbaia Nord-Ovest : 6 km ✉ 50020

🍴 La Tenda Rossa   ⅋⅋ AC

CUCINA CREATIVA · ELEGANTE ✕✕ Conduzione familiare e, più spiccatamente
femminile, per un locale di grande eleganza, la cui cucina si sforza di essere sempre creativa.

Menu 50 € (pranzo)/110 € – Carta 46/98 €

piazza del Monumento 9/14
*– ☏ 055 826132 – www.latendarossa.it – Chiuso 2 settimane in agosto, lunedì a
mezzogiorno e domenica*

a Bargino Sud: 3 km ✉ 50026

🍴 Rinuccio 1180   ⌂ AC ⅋ P

CUCINA TOSCANA · BISTRÒ ✕ Situato sul tetto della nuova cantina Antinori nel
Chianti Classico, la cucina profuma di tradizione locale e si accompagna – ça va
sans dire – ad una scelta enologica di rispetto. Bellissima la visita che abbraccia
colline e vigneti; se il tempo lo permette optate per il dehors.

Menu 40 € (pranzo)/70 € – Carta 37/57 €

via Cassia per Siena 133
*– ☏ 055 235 9720 – www.antinorichianticlassico.it – solo a pranzo – Chiuso
vacanze di Natale*

SAN CASSIANO ST. KASSIAN Bolzano → Vedere Alta Badia

SAN CIPRIANO ST. ZYPRIAN Bolzano → Vedere Tires

SAN CIPRIANO PICENTINO
Salerno (SA) – ⊠ 84099 – 6 631 ab. – Carta regionale n° **4**-C2
Carta stradale Michelin 564-E26

⌂ Villa Rizzo Resort & Spa   ⌂ ⌂ ≤ ⌂ ⊼ ⚙ ⌂ ⌂ 🅰🅲 🅿

CASA DI CAMPAGNA · BUCOLICO Tra ulivi, noccioli ed alberi da frutto, squisita accoglienza in un raffinato relais dalle camere personalizzate con pezzi d'antiquariato e pregevoli mobili di recupero casalingo. Intrigante la proposta della Spa, che prevede la possibilità di prenotare lo spazio a proprio uso esclusivo, per la durata del percorso benessere. Cucina tradizionale nel bel ristorante.

22 cam ⊡ – ♦40/120 € ♦♦95/220 € – 2 suites

via Gerardo Napolitano, località Sigliano, (Sud-Est: 2 km) – ℰ 089 862108 – www.villarizzo.com

SAN CLEMENTE A CASAURIA (Abbazia di) ★★ Pescara

SAN COSTANZO
Pesaro e Urbino – ⊠ 61039 – 4 786 ab. – Alt. 150 m – Carta regionale n° **11**-B1
Carta stradale Michelin 563-K21

⅙○ Da Rolando   ⌂ 🅰🅲 🅿

CUCINA REGIONALE · FAMILIARE ⅙ Rolando, il simpatico patron, propone piatti stagionali a base di carne, funghi, tartufi e un po' di pesce, legati alla tradizione marchigiana.

⊕ Menu 25/60 € – Carta 24/58 €

corso Matteotti 125 – ℰ 0721 950990 (consigliata la prenotazione) – www.darolando.it – Chiuso mercoledì

SAN DANIELE DEL FRIULI
Udine – ⊠ 33038 – 8 013 ab. – Alt. 252 m – Carta regionale n° **6**-B2
Carta stradale Michelin 562-D21

⅙○ Osteria la Pergola   ⌂ ⌖ 🅰🅲 🅿

CUCINA REGIONALE · RUSTICO ⅙ Ambiente rustico con il celebre prosciutto di San Daniele a salutare i clienti all'ingresso. D'inverno il quadro si fa ancora più ruspante con le zuppe esposte in sala. Cucina fondamentalmente di terra, ma non manca qualche piatto di pesce.

⊕ Menu 18/30 € – Carta 33/58 €

– ℰ 0432 954909 (prenotazione obbligatoria) – www.lapergolasandaniele.it

SAN DESIDERIO Genova → Vedere Genova

SAND IN TAUFERS CAMPO TURES

SAN DOMINO Foggia → Vedere Tremiti (Isole)

SAN DONÀ DI PIAVE
Venezia – ⊠ 30027 – 41 778 ab. – Carta regionale n° **23**-A1
Carta stradale Michelin 562-F19

⅙○ Forte del 48 ⓝ   ⌖ 🅰🅲 ⌖ 🅿

VENEZIANA · FAMILIARE ⅙ Una lunga tradizione famigliare giunta ormai alla sua terza generazione per questo piacevole ristorante dove la passione dei titolari per l'ospitalità è davvero sentita; cucina della tradizione elaborata partendo da buoni ingredienti e capacità ai fornelli.

⊕ Menu 25 € (in settimana) – Carta 33/60 €

via Vizzotto 1 – ℰ 0421 44244 – www.hotelfortedel48.com – Chiuso 26 dicembre-7 gennaio, 3-19 agosto e domenica

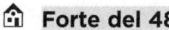

Forte del 48

TRADIZIONALE · CLASSICO Nella zona dove sorgeva un fortino austriaco otto-centesco, l'albergo offre tre tipologie di camere, superior, classic ed economy, con altrettanti confort e prezzi. All'omonimo ristorante si mangia una valida cucina regionale.

46 cam ⚏ – ♦57/85 € ♦♦70/110 €

via Vizzotto 1 – ℰ 0421 44018 – www.hotelfortedel48.com

○ **Forte del 48** – Vedere selezione ristoranti

SAN DONATO FRONZANO Firenze → Vedere Reggello

SAN DONATO IN POGGIO Firenze → Vedere Tavarnelle Val di Pesa

SANDRIGO

Vicenza – ⊠ 36066 – 8 453 ab. – Alt. 64 m – Carta regionale n° **22**-A1
Carta stradale Michelin 562-F16

○ Trattoria da Palmerino

VENEZIANA · ACCOGLIENTE Ⅹ Poco fuori paese, è ormai arrivato alla quarta generazione quest'insolito ristorante che conferisce il ruolo di protagonista asso-luto a sua maestà il baccalà: nelle decorazioni del locale, nonché nel piatto!

⊕ Menu 15 € (pranzo in settimana)/50 € – Carta 22/48 €

via Piave 13 – ℰ 0444 659034 – www.palmerino.eu – Chiuso 15 giorni in luglio, martedì sera e mercoledì

SAN FELICE CIRCEO

Latina – ⊠ 04017 – 10 032 ab. – Carta regionale n° **7**-C3
Carta stradale Michelin 563-S21

a Quarto Caldo Ovest : 4 km ⊠ 04017 – San Felice Circeo

Punta Rossa

LUSSO · MEDITERRANEO Sulla scogliera, con giardino digradante a mare, il luogo ideale per chi sia alla ricerca di una vacanza isolata, sul promontorio del Circeo; linee mediterranee e relax. Al ristorante una tavola panoramica da sogno.

36 cam ⚏ – ♦170/265 € ♦♦230/450 € – 6 suites

via delle Batterie 37 – ℰ 0773 548085 – www.puntarossa.it – Aperto 25 marzo-14 ottobre

SAN FELICE DEL BENACO

Brescia – ⊠ 25010 – 3 391 ab. – Alt. 109 m – Carta regionale n° **9**-D1
Carta stradale Michelin 561-F13

○ Sogno

CUCINA MODERNA · ELEGANTE ⅩⅩ In un ristorante come questo, è facile sognare ad occhi aperti: elegante, la sua cucina di stampo contemporaneo con-quisterà il vostro palato, la romantica terrazza in riva al lago, il vostro cuore.

Carta 46/126 €

Hotel Sogno, via Porto San Felice 41 – ℰ 0365 62102 – www.sognogarda.it – Aperto 1° aprile-31 ottobre

Sogno

LUSSO · ELEGANTE Le camere standard sono classiche e spaziose, le suite offrono la miglior vista sul lago, le zone comuni formano un unico open space, piacevole l'esterno con piscina e pontile privato: insomma, un soggiorno da sogno in un hotel dal nome promettente.

18 cam ⚏ – ♦100/190 € ♦♦130/270 € – 4 suites

via Porto San Felice 41 – ℰ 0365 62102 – www.sognogarda.it – Aperto 15 febbraio-31 ottobre

○ **Sogno** – Vedere selezione ristoranti

🏠 Garden Zorzi

FAMILIARE · BORDO LAGO A pochi metri dall'acqua e con spazi all'aperto, che vanno dalla spiaggia (con ghiaia!) al giardino, passando per diversi pontili d'attracco per barche a motore, la struttura è l'indirizzo giusto per godersi il microclima gardesano ed un soggiorno all'insegna del relax.

26 cam 🔄 – †60/85 € ††90/210 €

viale delle Magnolie 10, località Porticcioli, Nord: 3,5 km – ℰ 0365 43688
– www.hotelzorzi.it – Aperto 1° aprile-7 ottobre

a Portese Nord : 1,5 km ✉ 25010 – San Felice Del Benaco

🏨 Bella Hotel

BOUTIQUE HOTEL · BORDO LAGO Nel nome, la caratteristica principale della risorsa: la bellezza! A tale peculiarità partecipano le moderne stanze, la piccola, ma completa area benessere, il servizio estivo sulla terrazza prospiciente il lago.

40 cam 🔄 – †90/260 € ††90/260 €

via Preone 6 – ℰ 0365 626090 *– www.bellahotel.com – Chiuso inizio gennaio-fine marzo*

SAN FLORIANO Bolzano → Vedere Nova Ponente

SAN FRANCESCO AL CAMPO

Torino – ✉ 10070 – 5 005 ab. – Alt. 327 m – Carta regionale n° **12**-B2
Carta stradale Michelin 561-G4

🍴 Restaurant Relais

CUCINA REGIONALE · ELEGANTE XX Negli spazi dai soffitti ad archi, in un'intima saletta o nel fresco del giardino, specialità di pesce e piatti tipici piemontesi, con piccole interpretazioni fantasiose.

🍽 Menu 23 € (pranzo in settimana)/42 € – Carta 31/88 €

Hotel Furno, via Roggeri 2 – ℰ 011 927 9932 *– www.romantichotelfurno.com – Chiuso 16-24 agosto*

🏨 Furno

LUSSO · ELEGANTE Alla fine dell'Ottocento era una dimora estiva per le battute di caccia. Oggi è un moderno albergo immerso in un'oasi verde con camere raffinate, che qua e là tradiscono il rustico passato. Molto belle le junior suite con camino, così come le tre superior con letto a baldacchino.

33 cam 🔄 – †70/115 € ††90/200 €

via Roggeri 2 – ℰ 011 927 4900 *– www.romantichoteltorino.com – Chiuso 3 settimane in agosto*

🍴 **Restaurant Relais** – Vedere selezione ristoranti

SAN GENESIO

Bolzano – ✉ 39030 – 1 364 ab. – Alt. 1 353 m – Carta regionale n° **19**-C1
Carta stradale Michelin 562-C15

😊 Antica Locanda al Cervo-Landgasthof zum Hirschen 🆕

CUCINA REGIONALE · CONTESTO TRADIZIONALE X Accoglienti sale o sulla terrazza panoramica e soleggiata per gustare una generosa cucina legata al territorio e all'attività maschile della famiglia: allevamento di bestiame e puledri. Specialità: sella di puledro, gröstl (rosticciata) di patate, strudel di mela in bicchiere con gelato alla panna acida.

🍽 Menu 14 € (pranzo) – Carta 22/58 €

Hotel Antica Locanda al Cervo-Landgasthof zum Hirschen, via Schrann 9/c – ℰ 0471 354195 *– www.hirschenwirt.it – Chiuso 1° febbraio-31 marzo*

Belvedere Schoenblick

FAMILIARE · ACCOGLIENTE Vanta una gestione familiare giunta ormai alla terza generazione questa curata struttura dall'invidiabile posizione panoramica: due appartamenti con cucina e servizi alberghieri a richiesta, molte camere con vista su monti e vallata, nonché una spa che per allietare i propri ospiti si è recentemente vestita di nuovo. Cucina locale interpretata in chiave contemporanea al Frieda's.

35 cam ♥ – ♦128/156 € ♦♦129/157 € – 6 suites
*via Pichl 15 – ℰ 0471 354127 – www.belvedere-hotel.it
– Chiuso 14 gennaio-15 marzo*

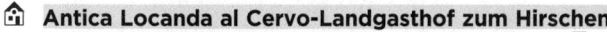 Antica Locanda al Cervo-Landgasthof zum Hirschen

FAMILIARE · ACCOGLIENTE In centro paese, ma con diverse camere che aprono le finestre su uno straordinario paesaggio montano, tutte rallegrate da opere grafiche di artisti locali, la struttura ha tutti gli atout per allietare i propri ospiti; per gli appassionati di equitazione c'è anche un maneggio.

11 cam ♥ – ♦65/192 € ♦♦105/192 € – 4 suites
*via Schrann 9/c – ℰ 0471 354195 – www.hirschenwirt.it – Chiuso
1° febbraio-31 marzo*

🍴 **Antica Locanda al Cervo-Landgasthof zum Hirschen** – Vedere selezione ristoranti

SAN GENNARO VESUVIANO
Napoli (NA) – ✉ 80040 – 11 966 ab. – Alt. 56 m – Carta regionale n° **4**-B2
Carta stradale Michelin 564-E25

🍴 Taverna Vesuviana

CUCINA MODERNA · CONTESTO CONTEMPORANEO ✕✕ Lo chef-patron ha esperienza e passione e le mette al servizio del piacere degli ospiti del suo locale moderno; tra tradizione e modernità, i piatti sono preparati con prodotti stagionali, spesso biologici. Non mancano piccole attenzioni anche per i vegani. E il giovedì sera una sorpresa: "chef a cena", per mettersi alla prova in cucina!

Menu 40/120 € – Carta 33/75 €
*via Nuova Saviano 207 – ℰ 081 528 6181 (prenotare) – www.tavernavesuviana.com
– Chiuso luglio-agosto, domenica sera e lunedì*

SAN GIMIGNANO
Siena – ✉ 53037 – 7 820 ab. – Alt. 324 m – Carta regionale n° **18**-C2
Carta stradale Michelin 563-L15

✿ Cum Quibus

CUCINA CREATIVA · CONTESTO REGIONALE ✕ Cum Quibus, perché è "con loro" che partirete alla scoperta di una cucina di grande livello. Pochi coperti in una sala piccola e dall'atmosfera rustica, per piatti - imperniati su prodotti toscani - creativi ed originali.

→ Cervello fritto in salsa olandese. Pasta mista, lumache, senape e crema all'aglio. Variazione di cioccolato fondente con torta all'olio.

Menu 65/85 € – Carta 62/104 €
Pianta: A1-c – *via San Martino 17 – ℰ 0577 943199 (consigliata la prenotazione)
– www.cumquibus.it – Chiuso 8 gennaio-28 febbraio, 1°-7 novembre e martedì*

🍴 Da Pode

CUCINA TOSCANA · CONTESTO TRADIZIONALE ✕✕ In un'antica cascina che conserva alcuni elementi architettonici propri della ruralità di un tempo, è la signora Lucia ad occuparsi della cucina... da cui escono prelibatezze toscane: un attentato alla linea, ma per la dieta c'è sempre tempo!

Carta 26/63 €
Hotel Sovestro, località Sovestro 63, Est: 2 km – ℰ 0577 943153 (consigliata la prenotazione) – www.dapode.com – Chiuso giovedì

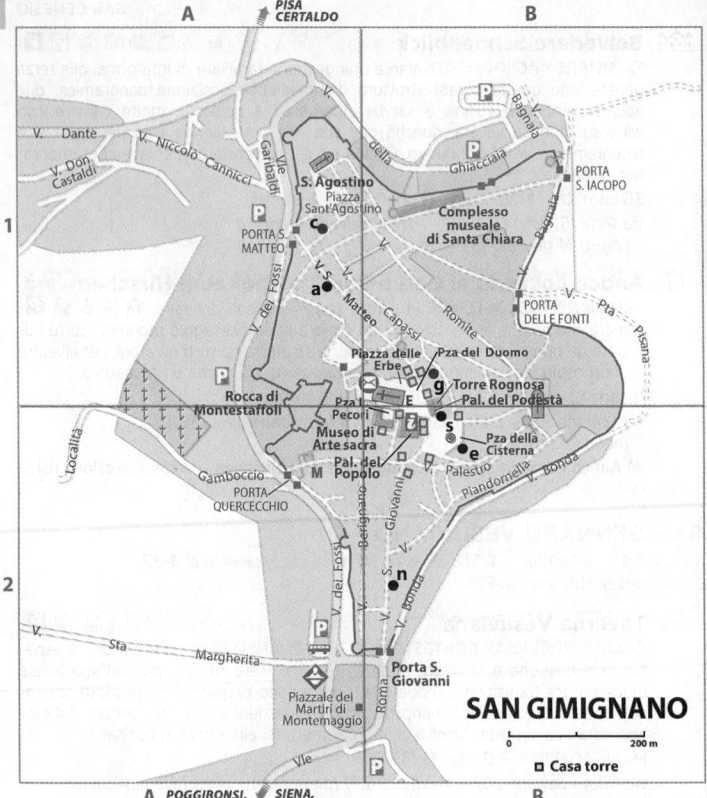

PISA CERTALDO

SAN GIMIGNANO

0 — 200 m

□ Casa torre

V. Dante
V. Don Castaldi
V. Niccolò Cannicci
Vle Garibaldi
V. della Ghiacciaia
V. Bagnaia

S. Agostino
Piazza Sant'Agostino

PORTA S. MATTEO

Complesso museale di Santa Chiara

PORTA S. IACOPO

V. del Fossi
V. S. Matteo
V. Capassi
V. Romite
PORTA DELLE FONTI
V. Pta pisana

Piazza delle Erbe
Pza del Duomo
Torre Rognosa
Pal. del Podestà

Rocca di Montestaffoli

Pza Pecori
Museo di Arte sacra
Pal. del Popolo

Pza della Cisterna

V. Palestro
V. Piandornella
V. Bonda

Gambeccio
PORTA QUERCECCHIO

V. Bergognano
V. Giovanni

V. del Fossi
V. S. Bonda

V. Sta
Margherita

Porta S. Giovanni

Piazzale dei Martiri di Montemaggio

V. Roma
Vle

POGGIBONSI, VOLTERRA **SIENA, FIRENZE**

🍽️ **Dorandò** 🅰🅲 ⟁

CUCINA REGIONALE · ACCOGLIENTE XX In un vicolo del pittoresco centro, lo chef-patron rispolvera antichi ricettari regionali ed offre una schietta cucina locale, correttamente alleggerita. La carta dei vini parla esclusivamente con accento toscano.

Menu 50 € – Carta 45/68 €

Pianta: B1-g – *vicolo dell'Oro 2 – ☎ 0577 941862 – www.ristorantedorando.it – Chiuso 9-31 gennaio, 13 novembre-25 dicembre, sabato in luglio-agosto, lunedì negli altri mesi*

🏨 **L'Antico Pozzo** ⊡ 🅖 🅐🅒 🆑

STORICO · CLASSICO Atmosfera elegante in un palazzo del '400 nel cuore del centro storico della "Manhattan del medioevo": stanze affrescate con pavimenti in cotto e ambienti di raffinato buon gusto. In estate, la prima colazione è servita nella corte interna.

18 cam ⊇ – ♦80/100 € ♦♦109/139 €

Pianta: A1-a – *via San Matteo 87 – ☎ 0577 942014 – www.anticopozzo.com – Chiuso 8 gennaio-13 febbraio*

🏨 **La Cisterna** ⌂ ⟨ ⊡ 🅐🅒

STORICO · TRADIZIONALE Nell'omonima e vivace piazza, panoramico albergo in un edificio medievale "mosso" su vari corpi, dispone di una suggestiva sala in stile trecentesco e mobili di gusto fiorentino nelle camere. La favolosa vista accompagna una gustosa cucina del territorio.

48 cam ⊇ – ♦54/80 € ♦♦89/159 €

Pianta: B2-e – *piazza della Cisterna 24 – ☎ 0577 940328 – www.hotelcisterna.it – Chiuso 7 gennaio-23 marzo*

998

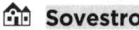 Sovestro

CASA DI CAMPAGNA · CLASSICO Hotel a soli 2 km da S. Gimignano, immerso nel verde della campagna senese: i continui lavori di manutenzione da parte degli attenti proprietari fanno sì che la struttura garantisca sempre un buon confort.

40 cam ⊊ – †70/105 € ††90/155 €

località Sovestro 63, Est: 2 km – ℰ 0577 943153 – www.hotelsovestro.com
🍴 **Da Pode** – Vedere selezione ristoranti

Bel Soggiorno

STORICO · ACCOGLIENTE Presso la Porta S. Giovanni, all'interno delle mura, un confortevole hotel di proprietà della stessa famiglia dal 1886! Camere di diversa tipologia, ma la 1, la 2 e la 6 condividono una terrazza con strepitosa vista sui colli.

21 cam – †70/80 € ††82/118 € – ⊊ 6 €

Pianta: B2-n – *via San Giovanni 91 – ℰ 0577 940375 – www.hotelbelsoggiorno.it*
– Aperto 1°-8 gennaio e 19 marzo-2 novembre

Leon Bianco

STORICO · ACCOGLIENTE Nel cuore della città, in un edificio medioevale, le camere sono di diverse categorie, ma vale la pena spendere un supplemento e prenotarne una con vista: fra tutte, la 36 si affaccia contemporaneamente sulla piazza e sulla campagna, due cartoline!

26 cam ⊊ – †65/85 € ††90/130 €

Pianta: B2-s – *piazza della Cisterna 13 – ℰ 0577 941294 – www.leonbianco.com*
– Chiuso 10 novembre-10 febbraio

Molino di Foci

CASA DI CAMPAGNA · CLASSICO Poco prima dello svincolo per Colle di Val d'Elsa, il mulino cinquecentesco è stato oggi convertito in un piccolo, ma grazioso albergo dalle eleganti rifiniture in stile country contemporaneo e una bella piscina circondata dalle colline.

16 cam ⊊ – †65/125 € ††75/140 €

località Molino di Foci, Est: 6 km – B2 – ℰ 0577 907031 – www.molinodifoci.com

verso Certaldo A1

Villasanpaolo Hotel

SPA E WELLNESS · CLASSICO Circondato dal più tipico paesaggio toscano, il corpo principale propone camere moderne, alcune con vista sulle torri di San Gimignano, mentre nelle due ville storiche gli irriducibili romantici troveranno qualche decorazione più ricercata. Diverse opportunità e spazi per la ristorazione.

72 cam ⊊ – †140/190 € ††190/275 € – 6 suites

località Casini, 5 km per via Garibaldi ✉ 53037 San Gimignano – ℰ 0577 955100
– www.villasanpaolo.com

Le Renaie

CASA DI CAMPAGNA · ACCOGLIENTE Antica casa colonica immersa nel verde delle colline senesi e del suo magnifico giardino fiorito di ortensie e piante di agrumi. Situata proprio sulla via Francigena, è arredata con stile semplice e luminoso. Camere con tutti i confort.

25 cam ⊊ – †67/85 € ††92/155 €

località Pancole 10/b, 6 km per via Garibaldi - A1 ✉ 53037 Pancole
– ℰ 0577 955044 – www.hotellerenaie.com – Aperto 20 marzo-1° novembre

Agriturismo Il Casale del Cotone

AGRITURISMO · TRADIZIONALE Camere dagli arredi rustici ma curati, in un complesso rurale di fine '600 cinto da 30 ettari di vigneti ed uliveti. La maggior parte delle stanze gode di una meravigliosa vista panoramica sulle colline circostanti.

19 cam ⊊ – †70/100 € ††120/140 €

via Cellole 59, 3 km per via Garibaldi ✉ 53037 San Gimignano – ℰ 0577 943236
– www.casaledelcotone.com – Aperto 16 marzo-1° novembre

🏠 Il Rosolaccio   🏕 🐾 ⇐ 🛏 🛎 P

CASA DI CAMPAGNA • BUCOLICO Quasi fuori dal mondo, nella più bella campagna toscana, in una posizione dominante e tranquilla, un casolare che, nella propria eleganza, conserva un'agreste rusticità.

6 cam 🛏 – ♦80/120 € ♦♦90/135 €

località Capezzano, 9 km per via Garibaldi ⊠ 53037 San Gimignano
– ℰ0577 944465 – www.rosolaccio.com – Chiuso 20-28 dicembre

SANGINETO LIDO
Cosenza – ⊠ 87020 – 1 521 ab. – Carta regionale n° **3**-A1
Carta stradale Michelin 564-I29

🍴 Convito   AC ⌀

PESCE E FRUTTI DI MARE • FAMILIARE ❌ Sulle prime colline oltre la costa, una calorosa accoglienza familiare farà gli onori di casa. Iniziarono con specialità di carne, ma oggi è il pesce che va per la maggiore, in preparazioni semplici e mediterranee, con l'importante aiuto delle verdure coltivate nell'orto del ristorante e tante varietà di peperoncino. Specialità: medaglione di tonno con cipolla di Tropea.

🍽 Menu 21 € (pranzo in settimana)/30 € – Carta 23/59 €

località Pietrabianca 11, Est: 1 km – ℰ0982 96333 (consigliata la prenotazione)
– www.convito.it – Chiuso dicembre e martedì

SAN GIORGIO DELLA RICHINVELDA
Pordenone (PN) – ⊠ 33095 – 4 650 ab. – Alt. 86 m – Carta regionale n° **6**-B2
Carta stradale Michelin 562-D20

a Rauscedo Ovest : 4 km ⊠ 33095

🍴 Il Favri   🛋 AC

CUCINA FRIULANA • FAMILIARE ❌ Antica osteria già vocata al cibo ad inizio Ottocento e rimodernata dall'attuale gestore, Mauro, che con un'inesauribile energia segue la sala, raccontando a voce la carta dei vini. Dalla cucina il meglio dei sapori del territorio; a pranzo, oltre alla carta completa, anche un menu più semplice ed economico.

🍽 Menu 10 € (pranzo in settimana) – Carta 24/50 €

via Borgo Meduna 12 – ℰ0427 94043 – www.ilfavri.it – Chiuso 16-30 giugno,
domenica sera e lunedì

SAN GIORGIO DI LIVENZA Venezia → Vedere Caorle

SAN GIORGIO DI VALPOLICELLA Verona → Vedere Sant' Ambrogio di
Valpolicella

SAN GIOVANNI AL NATISONE
Udine – ⊠ 33048 – 6 197 ab. – Alt. 66 m – Carta regionale n° **6**-C2
Carta stradale Michelin 562-E22

🍴 Campiello   🏖 ⇐ ⅊ AC P

PESCE E FRUTTI DI MARE • ELEGANTE ❌❌ Accomodatevi nell'elegante sala per gustare prelibatezze a base di pesce da accompagnare ai molti vini in carta. Per gli incontentabili, basterà chiedere al patron: in cantina ci sono parecchie sorprese! All'Hosteria wine-bar, invece, l'atmosfera si fa più informale e i piatti, più semplici, prediligono la carne.

Menu 30/78 € – Carta 50/88 €

17 cam – ♦70/75 € ♦♦110 € – 🛏 12 €

via Nazionale 40 – ℰ0432 757910 – www.ristorantecampiello.it
– Chiuso 7-28 agosto, sabato a mezzogiorno e domenica

SAN GIOVANNI D'ASSO
Siena – ⊠ 53020 – 853 ab. – Alt. 310 m – Carta regionale n° **18**-C2
Carta stradale Michelin 563-M16

⚫ La Locanda del Castello

CUCINA REGIONALE · RUSTICO ✗✗ All'interno di un castello del '500, una bella scalinata conduce agli ambienti signorili del ristorante, mentre nel piatto gli inconfondibili sapori di questa terra. Menu di stagione a base di tartufo.

Menu 80 € – Carta 31/72 €

9 cam ☲ – ♦100/120 € ♦♦120/140 €

piazza Vittorio Emanuele II 4 – ℰ0577 802939 – www.lalocandadelcastello.com
– Chiuso 6 gennaio-Pasqua e martedì; solo martedì a pranzo in luglio-settembre

🏠 Borgo Lucignanello Bandini

STORICO · PERSONALIZZATO Pochi chilometri di strada fra cipressi e ulivi, fino a giungere in questo posto incantato emblema della Toscana più bella e aristocratica. In un borgo ormai quasi disabitato se non fosse per la dimora storica appartenente alla famiglia Piccolomini e per il negozietto di alimentari, un albergo diffuso dove non manca la cura per il dettaglio, un ampio giardino con piscina-solarium e vista a 360° sulla natura circostante.

6 suites – ♦♦169/790 € – ☲15 €

località Lucignano d'Asso 51, Sud: 5 km – ℰ0577 803068
– www.borgolucignanello.com – Chiuso 8-31 gennaio

SAN GIOVANNI IN MARIGNANO

Rimini – ✉ 47842 – 9 417 ab. – Alt. 29 m – Carta regionale n° **5**-D2
Carta stradale Michelin 562-K20

🏠 Riviera Golf Resort

RESORT · DESIGN Enormi vetrate, pietra chiara di Noto, vasche da bagno molto grandi: un relais non solo per gli amanti del golf ma, più in generale, del relax declinato in maniera personale e lussuosa. Gli amanti del nuoto avranno di che divertirsi nella grande piscina lunga 82 m; per i buongustai cucina mediterranea al ristorante (anche piatti unici a pranzo).

32 cam ☲ – ♦80/350 € ♦♦110/350 €

via Conca Nuova, 1236 – ℰ0541 956499 – www.rivieragolfresort.com

SAN GIOVANNI IN PERSICETO

Bologna – ✉ 40017 – 27 982 ab. – Alt. 21 m – Carta regionale n° **5**-C3
Carta stradale Michelin 562-I15

⚫ Osteria del Mirasole 〔AC〕

CUCINA REGIONALE · TRATTORIA ✗ A pochi passi dal Duomo, una piccola osteria stretta ed allungata, con una profusione di legni scuri, vecchie foto, utensili vari e sul fondo una piccola brace. Nel piatto tanti buoni sapori del territorio che la rendono caldamente consigliata.

Menu 38/55 € – Carta 33/91 €

via Matteotti 17/a – ℰ051 821273 (consigliata la prenotazione)
– www.osteriadelmirasole.it

SAN GIOVANNI LA PUNTA

Catania – ✉ 95037 – 23 060 ab. – Alt. 350 m – Carta regionale n° **17**-D2
Carta stradale Michelin 365-AZ58

⚫ Giardino di Bacco

CUCINA REGIONALE · CONVIVIALE ✗✗ In una bella dimora dei primi del Novecento con giardino di agrumi antistante, al suo interno si susseguono le quattro stanze arredate con mobili in arte povera in cui si respirano le atmosfere siciliane dell'epoca. La tavola omaggia il territorio.

Carta 31/61 €

via Piave 3 – ℰ095 751 2727 (consigliata la prenotazione)
– www.giardinodibacco.com – solo a cena

SAN GIOVANNI ROTONDO

Foggia – ⊠ 71013 – 27 184 ab. – Alt. 566 m – Carta regionale n° **15**-A1
Carta stradale Michelin 564-B29

🏨 **Grand Hotel Degli Angeli**   ⇗ ⭇ 🛏 ⌁ ▣ AC 🚗

FAMILIARE · ACCOGLIENTE Ubicato alle porte della località, poco distante dal Santuario, hotel signorile a gestione familiare dotato di un ottimo livello di confort generale. Al ristorante: sala rosa per la carta, verde per i gruppi.

113 cam – solo ½ P 130 €

prolungamento viale Padre Pio
– ☏ 0882 454646 – www.grandhoteldegliangeli.it
– Chiuso gennaio-febbraio

SAN GIULIANO MILANESE

Milano – ⊠ 20098 – 38 226 ab. – Alt. 98 m – Carta regionale n° **10**-B2
Carta stradale Michelin 561-F9

sulla strada statale 9 - via Emilia Sud-Est : 3 km

⍾○ **Antica Osteria la Rampina**   🐾 🏠 AC ⇦ **P**

CUCINA REGIONALE · CONTESTO REGIONALE XX Da quasi trent'anni, due fratelli propongono piatti stagionali e lombardi, spesso rivisitati, in un cascinale del '500 rinnovato con cura; il casello autostradale di Melegnano non è molto lontano.

🍴 Menu 25 € (pranzo in settimana)/45 € – Carta 46/71 €

frazione Rampina 3 ⊠ 20098
– ☏ 02 983 3273 – www.rampina.it – Chiuso 16-31 agosto e mercoledì

SAN GIULIANO TERME

Pisa (PI) – ⊠ 56017 – 31 399 ab. – Alt. 6 m – Carta regionale n° **18**-B1
Carta stradale Michelin 563-K13

🏨 **Bagni di Pisa**   ⇗ ⭇ 🛏 🖼 🌐 🏊 ♨ ⌁ 🛗 AC 🐾 **P**

LUSSO · PERSONALIZZATO Antica residenza settecentesca vocata al lusso con bellissimi affreschi che, almeno al piano nobile, entrano anche nelle camere. Tra i suoi molti punti di forza, vanno ricordate le due ali della struttura dedicate alla grande oasi termale e alla spa (dalle quali se ne uscirà rinati!). Svariate possibilità al ristorante Dei Lorena: dai classici toscani, a piatti mediterranei, ma - a pranzo - carta light e snack bar.

52 cam ⊊ – †200/334 € ††240/460 € – 9 suites

largo Shelley 18
– ☏ 050 88501 – www.bagnidipisa.com

🏠 **Locanda Sant'Agata**   ⇗ ⭇ AC **P**

FAMILIARE · ACCOGLIENTE Sulla strada per Pisa, piacevole locanda che dispone di accoglienti e accessoriate camere; assai valido anche l'omonimo ristorante dove il patron prepara sfiziose specialità legate al territorio, con carne e pesce, il tutto accompagnato da una valida "carta" (in realtà su tablet) dei vini.

9 cam ⊊ – †54/114 € ††59/119 €

strada statale12 dell'Abetone e del Brennero al Km 5,812
– ☏ 050 820328 – www.locandasantagata.it

SAN GIUSTINO VALDARNO

Arezzo – ⊠ 52024 – 1 344 ab. – Alt. – Carta regionale n° **18**-C2
Carta stradale Michelin 563-L17

‖○ Osteria del Borro

CUCINA MODERNA · ELEGANTE XtX Stile elegante dai colori tenui nella sala gourmet al primo piano, con ascensore, mentre la cucina sfodera i classici regionali, rivisitati con gusto attuale ed un pizzico di modernità. Al Tuscan Bistro - al piano terra - proposte più semplici, ma non per questo meno appetitose: fortemente legate al territorio.

Menu 60/80 € – Carta 51/82 €

Relais il Borro, località Borro 52, Sud: 1 km
– ☎ 055 977 2333 (consigliata la prenotazione) – www.osteriadelborro.it
– solo a cena – Aperto 21 dicembre-6 gennaio e 15 marzo-20 novembre

⌂ Relais Il Borro

DIMORA STORICA · GRAN LUSSO Complesso di nobili ed antiche origini - dalla villa alle prestigiose suite distribuite nell'attiguo borgo medioevale - Relais il Borro abbina ad un confort di alto livello un'atmosfera country chic. Al suo interno trovano spazio vigne, cantina, ulivi e orti; ultimi, ma non ultimi anche i cavalli.

35 suites 🖙

località Borro 1, Sud: 1 km
– ☎ 055 977053 – www.ilborro.it – Aperto 21 dicembre-6 gennaio e
15 marzo-20 novembre
‖○ **Osteria del Borro** – Vedere selezione ristoranti

SAN GREGORIO

Lecce – ✉ 73053 – Patù – Carta regionale n° **15**-D3
Carta stradale Michelin 564-H36

⌂ Monte Callini

TRADIZIONALE · MEDITERRANEO La struttura ricorda le antiche masserie salentine dalle grandi arcate; circondata da un bel giardino dispone di stanze spaziose, un'originale "suite benessere" e una nuova camera, Nefeli Beauty Room, anch'essa vocata alla remise en forme - in esclusiva - dei suoi occupanti. Non manca l'orto dal quale la cucina attinge.

42 cam 🖙 – ❗35/259 € ❗❗39/399 € – 5 suites

via provinciale San Gregorio-Patù
– ☎ 0833 767850 – www.hotelmontecallini.com
– Chiuso novembre-dicembre

SAN GREGORIO NELLE ALPI

Belluno – ✉ 32030 – 1 613 ab. – Alt. 528 m – Carta regionale n° **23**-C1
Carta stradale Michelin 562-D18

‖○ Locanda a l'Arte

REGIONALE · ACCOGLIENTE XX Ampi spazi verdi cingono questo rustico casolare sopra al paese: interni signorili nei quali si incontrano piatti tipici del territorio conditi con stagionalità e un pizzico di fantasia.

Carta 31/55 €

– ☎ 0437 800124 (prenotazione obbligatoria a mezzogiorno)
– www.locandabaitaalarte.com – Chiuso martedì a mezzogiorno e lunedì

Non confondete i coperti X e le stelle ❀! I coperti definiscono una categoria di confort e di servizio. Le stelle premiano unicamente la qualità della cucina, indipendentemente dalla categoria dell'esercizio.

SAN GUSMÈ Siena (SI) → Vedere Castelnuovo Berardenga

SANKTA CHRISTINA IN GRÖDEN SANTA CRISTINA VALGARDENA

SANKT LEONHARD IN PASSEIER SAN LEONARDO IN PASSIRIA

SANKT MARTIN IN PASSEIER SAN MARTINO IN PASSIRIA

SANKT ULRICH ORTISEI

SANKT VALENTIN AUF DER HAIDE SAN VALENTINO ALLA MUTA

SANKT VIGIL ENNEBERG SAN VIGILIO DI MAREBBE

SAN LEO
Rimini (RN) – ✉ 47865 – 2 972 ab. – Alt. 589 m – Carta regionale n° **5**-D3
Carta stradale Michelin 563-K19

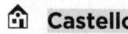 **Castello**

STORICO · MINIMALISTA Risorsa familiare direttamente sulla piazza del caratteristico borgo con vista panoramica sulle colline del Montefeltro o sulla fortezza e cucina casalinga al ristorante.
13 cam ☲ – ✦45/60 € ✦✦60/80 €
piazza Dante 11/12
– ℰ 0541 916214 – www.hotelristorantecastellosanleo.com
– *Chiuso 1° febbraio-15 marzo e 15-30 novembre*

SAN LEONARDO IN PASSIRIA ST. LEONHARD IN PASSEIER
Bolzano – ✉ 39015 – 3 582 ab. – Alt. 689 m – Carta regionale n° **19**-B1
Carta stradale Michelin 562-B15

verso Passo di Monte Giovo Nord-Est : 10 km - Alt. 1 269 m

 **Jägerhof**

FAMILIARE · STILE MONTANO In quasi tutte le camere regna il legno chiaro - non trattato - dei boschi circostanti, l'atmosfera è piacevolmente familiare e lo stile tipicamente montano con arredi tirolesi.
20 cam ☲ – ✦55/65 € ✦✦50/69 €
località Valtina 80 ✉ 39010 Valtina
– ℰ 0473 656250 – www.jagerhof.net
– *Chiuso 3 aprile-10 maggio*

SAN LEONE Sicilia Agrigento → Vedere Agrigento

SAN LEONINO Siena → Vedere Castellina in Chianti

SAN LORENZO Macerata → Vedere Treia

SAN LORENZO DI SEBATO SANKT LORENZEN
Bolzano – ✉ 39030 – 3 870 ab. – Alt. 810 m – Carta regionale n° **19**-C1
Carta stradale Michelin 562-B17

🏵 Lerchner's In Runggen   ⪕ 🍴 🏠 🅿

CUCINA REGIONALE · RUSTICO ✗ Se cercate i sapori altoatesini di una volta, questo è uno degli indirizzi più indicati! Ambienti in legno, ingentiliti da spunti romantici, servizio in costume ed una carta che cita i migliori prodotti di questa meravigliosa terra del nord: ravioli di patate ripieni di formaggio grigio su verza, brasato di vitello con purea di Topinambur, canederlo di albicocche su crema di vaniglia...

😋 Menu 15 € (pranzo in settimana) – Carta 22/68 €

via Ronchi 3/a – ☏ 0474 404014 – Chiuso 15 giorni in gennaio, 15 giorni in giugno e lunedì

⅏ Saalerwirt   🍴 🅿

CUCINA REGIONALE · ROMANTICO ✗✗ Piatti tipici della tradizionale locale, preparati con una particolare attenzione alla selezione delle materie prime e senza velleità modaiole, in un caratteristico ristorante con due belle stube settecentesche.

Menu 30 € (cena)/36 € – Carta 28/54 €

Hotel Saalerwirt, località Sares, Sud-Ovest: 4 Km – ☏ 0474 403147 – www.saalerwirt.com – Chiuso 2 aprile-10 maggio, 4 novembre-22 dicembre e martedì

🏨 Sporthotel Winkler   

SPA E WELLNESS · STILE MONTANO Una piacevolissima struttura ubicata poco distante dagli impianti sciistici di Plan de Corones, in una piccola frazione che offre un incantevole panorama sui monti circostanti. Spazi comuni ben strutturati, camere rinnovate, per la maggior parte di grandi dimensioni ed elegantemente arredate.

84 cam ⊿ – ♦150/210 € ♦♦150/210 €

località Santo Stefano 28a, Sud-Est: 1,5 km – ☏ 0474 549020 – www.winklerhotels.com

🏨 Schloss Sonnenburg   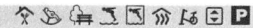

DIMORA STORICA · ELEGANTE Mille anni di storia, prima come castello, poi monastero e infine albergo, alloggerete sulla sommità di una collina con vista a 360° sulla vallata. All'interno affreschi quattrocenteschi, i resti di una chiesa e una suite speciale, la numero 14, con stube ottocentesca. Tutt'intorno, giardino-solarium panoramico.

30 cam ⊿ – ♦134/201 € ♦♦222/392 € – 8 suites

località Castelbadia, Ovest: 1,5 km – ☏ 0474 479999 – www.sonnenburg.com – Chiuso 7 aprile-5 maggio e 5 novembre-15 dicembre

🏨 Saalerwirt   🐾 🍴 🏠 🅿

FAMILIARE · STORICO Tranquillità, confort e buona tavola. Tre parole per sintetizzare la piacevolezza di un soggiorno in questo antico maso del XIII secolo, dove trova posto anche una casa del benessere - come amano definirla i proprietari - dotata di saune e salette per trattamenti vari, nonché zona relax panoramica.

28 cam ⊿ – ♦95/110 € ♦♦150/180 €

località Sares, Sud-Ovest: 4 Km – ☏ 0474 403147 – www.saalerwirt.com – Chiuso 4 novembre-22 dicembre e 2 aprile-10 maggio

⅏ **Saalerwirt** – Vedere selezione ristoranti

SAN LORENZO IN CAMPO

Pesaro e Urbino – ✉ 61047 – 3 414 ab. – Alt. 209 m – Carta regionale n° **11**-B1
Carta stradale Michelin 563-L20

⅏ Giardino   🌿 ⪕ 🅿 ⅋ 🆎 🅿

CUCINA CLASSICA · ACCOGLIENTE ✗✗ E' nella cucina, solida e dal gusto classico, che risiede la vera forza della casa, ma come due damigelle al seguito, anche l'eccellente carta dei vini e la cordialità del servizio.

😋 Menu 23 € (in settimana)/45 € – Carta 32/50 €

15 cam ⊿ – ♦44/57 € ♦♦58/76 €

via Mattei 4, Ovest: 1,5 km – ☏ 0721 776803 (prenotare) – www.hotelgiardino.it – Chiuso 15 gennaio-15 febbraio, domenica sera e lunedì

SAN LUCA Perugia ➜ Vedere Montefalco

SAN MARCO Salerno (SA) ➜ Vedere Castellabate

SAN MARINO ➜ Vedere alla fine dell'elenco alfabetico

SAN MARTINO Arezzo ➜ Vedere Cortona

SAN MARTINO BUON ALBERGO
Verona – ✉ 37036 – 14 940 ab. – Alt. 45 m – Carta regionale n° **22**-B3
Carta stradale Michelin 562-F15

a **Ferrazze** Nord-Ovest : 2 km ✉ 37036

🏠 **Musella**   🐾 🚗 🌊 ⅃ ₺ 🗚 ⌘ 🅿
STORICO · BUCOLICO La parte più antica di questa risorsa immersa nel verde
risale alla fine del '400. Oggi offre camere e appartamenti in stile country, alcuni
con caminetto. Troverete vino, olio e miele di loro produzione.
15 cam ⬭ – ♦80/120 € ♦♦125/165 €
via Ferrazzette 2 – ℰ 335 729 4627 – www.musella.it
– Chiuso 15 dicembre-15 gennaio

SAN MARTINO DI CASTROZZA
Trento – ✉ 38054 – Alt. 1 467 m – Carta regionale n° **19**-C2
Carta stradale Michelin 562-D17

😊 **Chalet Pra delle Nasse-da Anita**   ⬅ ⌘ 🅿
CUCINA REGIONALE · FAMILIARE ✗✗ Si trova proprio sulle piste da sci, questo
storico baluardo della ristorazione di San Martino, curato e modernamente alpino,
completato da belle camere. Ai piatti storici e più tradizionali della signora Anita,
si integrano gli spunti più attuali del figlio. Tra le specialità: pappardelle al rosmarino e zafferano al ragù di cervo - e strudel di mele con gelato alla cannella.
🍴 Menu 25/45 € – Carta 28/66 €
8 cam ⬭ – ♦110/180 € ♦♦180/280 €
via Cavallazza 24, località Pra delle Nasse – ℰ 0439 768893
– www.ristorante-da-anita.com – Aperto 15 dicembre-Pasqua
e 20 giugno-30 settembre, solo sabato e domenica negli altri mesi

🍴 **Malga Ces**   ⬅ 🐾 ⪡ 🏠 ₺ 🅿
CUCINA REGIONALE · RUSTICO ✗✗ A 1600 m di altitudine, è quasi un rifugio sulle
piste innevate che offre un servizio di pick-up dal centro della località al ristorante in minibus (d'inverno, ma solo la sera, anche con motoslitta. Cucina regionale e ambiente caratteristico, nonché ampie camere in stile montano per chi
ama il silenzio.
Carta 25/58 €
7 cam ⬭ – ♦68/94 € ♦♦138/188 € – 2 suites
località Ces, Ovest: 3 km – ℰ 0439 68223 – www.malgaces.it
– Aperto 2 dicembre-9 aprile e 21 giugno-30 settembre

🏠 **Regina**   ⚡ ⪡ 🖵 ⊕ 🏠 🎧 ⊡ 🅿
TRADIZIONALE · STILE MONTANO In centro paese, di sobrio c'è solo la facciata:
gli interni sono un tripudio di cavalli in legno, case delle bambole e splendide
camere borghesi, arredi mitteleuropei con accenti inglesi. Sempre un ottimo riferimento per l'ospitalità della zona.
36 cam ⬭ – ♦105/165 € ♦♦130/250 € – 5 suites
via Passo Rolle 154 – ℰ 0439 68221 – www.hregina.it – Aperto
1º dicembre-14 aprile e 15 giugno-20 settembre

 Letizia ⛄ ← 🏔 🛗 🅿 🚗

TRADIZIONALE · STILE MONTANO Per gli amanti dello stile tirolese, sin dall'esterno l'albergo è un tripudio di decorazioni; camere tutte diverse, ma sempre affascinanti con alcuni dettagli ripresi da baite montane mentre nelle più romantiche il sonno sarà cullato da letti a baldacchino.

19 cam 🖵 – ♦80/190 € ♦♦120/300 € – 15 suites

via Colbricon 6 – ☏ 0439 768615 – www.hletizia.it – Aperto 1° dicembre-1° aprile e 15 giugno-30 settembre

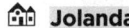 Jolanda ⛄ ← 🏔 🖥 🌐 🏔 🛗 🅿 🚗

TRADIZIONALE · STILE MONTANO All'ingresso del paese, Jolanda è una gestione familiare dalle tipiche atmosfere montane con camere in continuo rinnovo (optate per le due suite più recenti!). Piccolo, ma completo centro benessere ed un'ariosa sala ristorante, dove gustare i classici nazionali.

40 cam 🖵 – ♦55/115 € ♦♦92/200 € – 5 suites

via Passo Rolle 267 – ☏ 0439 68158 – www.hoteljolanda.com – Aperto 19 dicembre-30 marzo e 25 giugno-15 settembre

SAN MARTINO DI VENEZZE

Rovigo (RO) – ✉ 45030 – 3 960 ab. – Alt. 6 m – Carta regionale n° **23**-C3
Carta stradale Michelin 562-G17

🍽 Osteria alla Busa 🍴 🍸 🆎 ⇄ 🅿

CUCINA MEDITERRANEA · FAMILIARE ✕ Ottima gestione per questo ristorante di provincia che propone almeno due validi motivi per sceglierlo: ottimo pesce (anche crudo), nonché le freschissime verdure del proprio orto.

Menu 40/120 € – Carta 35/147 €

via Borgo sud 370 – ☏ 0425 99076 (consigliata la prenotazione) – www.trattoriaallabusa.it – Chiuso domenica sera, lunedì e martedì

SAN MARTINO IN PASSIRIA ST. MARTIN IN PASSEIER

Bolzano – ✉ 39010 – 3 210 ab. – Alt. 597 m – Carta regionale n° **19**-B1
Carta stradale Michelin 562-B15

sulla strada Val Passiria Sud : 5 km :

🍽 1897 🅝 🆎 🚗

CUCINA CREATIVA · ELEGANTE ✕✕✕ In uno spazio di raffinata eleganza che dispone anche di un intimo privé separato da qualche scalino, il nuovo angolo gourmet propone differenti menu degustazione di stampo decisamente creativo.

Menu 72/92 €

via Passiria 47 – ☏ 0473 645474 – www.quellenhof.it – solo a cena – Chiuso gennaio-febbraio, lunedì, martedì e mercoledì

🏨🏨 Resort Quellenhof ⛄ ← 🏔 ⛷ 🖥 🌐 🏔 🛗 ✕ 🅿 🆎 🚗

SPA E WELLNESS · STILE MONTANO Immerso nel verde di un lussureggiante giardino, Quellenhof è quanto di meglio si possa trovare in termini di completezza dei servizi: raffinate e spaziose camere, un'invitante piscina e campi da gioco. C'è anche un'area interamente consacrata al confort e alla riscoperta della bellezza e del benessere. Diverse possibilità per rifocillarsi, dalle specialità sudtirolesi a piatti della tradizione mediterranea.

150 cam 🖵 – ♦160/250 € ♦♦320/500 €

via Passiria 47 ✉ 39010 San Martino in Passiria – ☏ 0473 645474 – www.quellenhof.it – Chiuso 8 gennaio-25 febbraio

🍽 **1897** – Vedere selezione ristoranti

a Saltusio Sud : 8 km ⊠ 39010 – Alt. 490 m

🏠 **Castel Saltauserhof** 🏠 ⇦ 🐾 ♨ 🖻 🖥 🐾 🏠 🗡 🖥 🕹 🅿

SPA E WELLNESS · FUNZIONALE La parte più antica risale all'XI secolo, ma per chi preferisce la modernità, c'è un'ala recente con camere classiche dotate di balcone. Gli spazi non lesinano sulla generosità. Quattro affascinanti stube dove gustare specialità locali.

38 cam 🖙 – ♦50/150 € ♦♦80/300 € – 3 suites
via Passiria 6 – ✆ *0473 645403 – www.saltauserhof.com*
– Aperto 24 marzo-10 novembre

SAN MARZANO OLIVETO

Asti – ⊠ 14050 – 1 047 ab. – Alt. 301 m – Carta regionale n° **14**-D2
Carta stradale Michelin 561-H6

🍴 **Del Belbo-da Bardon** 🐾 🏠 🖾 🍽 ⇦ 🅿

CUCINA PIEMONTESE · CONTESTO TRADIZIONALE 🗡🗡 La secolare storia della trattoria è raccontata dai contributi che ogni generazione vi ha lasciato: foto e suppellettili d'epoca fino alla esemplare cantina allestita dagli attuali proprietari. Cucina della tradizione astigiana.

Carta 27/54 €
valle Asinari 25, Sud-Est: 4 km
– ✆ *0141 831340 – Chiuso*
20 dicembre-20 gennaio, 20 agosto-1° settembre, mercoledì e giovedì

🏠 **Tenuta Assenza Parisi** 🏠 ⇦ 🗡 🖾 🐾 🅿

CASA DI CAMPAGNA · ACCOGLIENTE Cambia insegna, ma non gestione, questa grande casa di campagna circondata dai vigneti dell'azienda: ottima ospitalità in camere fresche ed attrezzate e cucina casalinga al ristorante.

17 cam 🖙 – ♦55/70 € ♦♦90/100 €
regione Mariano 22, Sud-Est: 3 km
– ✆ *0141 824525 – www.leduecascine.com – Chiuso 26 gennaio-16 febbraio*

SAN MASSIMO ALL'ADIGE Verona → Vedere Verona

SAN MAURIZIO CANAVESE

Torino – ⊠ 10077 – 10 237 ab. – Alt. 317 m – Carta regionale n° **12**-B2
Carta stradale Michelin 561-G4

🏵 **La Credenza** (Igor Macchia) 🐾 🏠 🖾 ⇦

CUCINA CREATIVA · ELEGANTE 🗡🗡🗡 Sala accogliente, semicircolare e con bei tocchi d'elegante modernità: in realtà è una luminosa veranda con le ampie finestre su di un grazioso giardino per caffè o aperitivi serali. Piatti creativi, sia di carne che di pesce, dalla tradizione locale e dall'estro dello chef.

→ Gnocchi alla parigina, piselli, guanciale saltato e fonduta di grana padano. Scamone di manzo impanato nei grissini, sedano rapa alla senape. Insalata di frutta fresca, pan di Spagna croccante al melograno, cereali, sesamo e sciroppo ai fiori di sambuco.

Menu 80/145 € – Carta 58/92 €
via Cavour 22
– ✆ *011 927 8014 – www.ristorantelacredenza.it – Chiuso 1°-21 gennaio, martedì e mercoledì*

SAN MAURO A MARE

Rimini – ⊠ 47030 – Carta regionale n° **05D**-D2
Carta stradale Michelin 562-J19

⑪ **Onda Blu** 🏵 🍴 🕭 🎟

PESCE E FRUTTI DI MARE · STILE MEDITERRANEO ✗✗ E' il mare in tutte le sue più saporite declinazioni a caratterizzare la cucina di questo elegante e fresco ristorante, in origine chiosco balneare. Arredi moderni e vele al soffitto per non dimenticarsi della location.

Carta 44/73 €

via Orsa Minore 1 – ℰ 0541 344886 (consigliata la prenotazione)
– www.ristoranteondablu.com – Chiuso domenica sera in ottobre-aprile

SAN MENAIO

Foggia – ✉ 71010 – Carta regionale n° **15**-A1
Carta stradale Michelin 564-B29

🏠 **Park Hotel Villa Maria** 🏠 🦮 🍴 🔲 🕭 🎟 🛁 🅿

DIMORA STORICA · ACCOGLIENTE In posizione rialzata a duecento metri dal mare, è un'incantevole villa liberty degli anni Venti. Camere semplici ma pulite, alcune con ampio e piacevole terrazzo affacciato sul verde. Particolarmente buono il ristorante: delizia per chi ama il pesce fresco!

13 cam 🖵 – ♦50/140 € ♦♦70/180 €

via del Carbonaio 15 – ℰ 0884 968700 – www.parkhotelvillamaria.it
– Chiuso 5 novembre-31 gennaio

SAN MICHELE ST. MICHAEL Bolzano → Vedere Appiano sulla Strada del Vino

SAN MICHELE Ravenna (RA) → Vedere Ravenna

SAN MICHELE DEL CARSO Gorizia → Vedere Savogna d'Isonzo

SAN MINIATO

Pisa – ✉ 56028 – 27 934 ab. – Alt. 140 m – Carta regionale n° **18**-B2
Carta stradale Michelin 563-K14

⑪ **Pepenero** 🍴 🎟 🔄

CUCINA REGIONALE · DESIGN ✗✗ In pieno centro, all'interno di un palazzo storico, ambiente design, giovane e frizzante, per una cucina - di terra e di mare - anch'essa complice nella modernità. Romantici scorci della campagna toscana dalla terrazza per il servizio estivo.

Menu 30/50 € – Carta 42/68 €

via IV Novembre 13 – ℰ 0571 419523 (consigliata la prenotazione)
– www.pepenerocucina.it – Chiuso 6-16 gennaio sabato a mezzogiorno e martedì

⑪ **Papaveri e Papere** 🍴 🕭 🎟 🔄 🅿

CUCINA TOSCANA · ACCOGLIENTE ✗✗ La carta introduce ad una cucina dallo stile moderno, ma che attinge a piene mani dalla tradizione regionale: potrete scegliere tra carne e pesce, quest'ultimo soprattutto in estate, mentre in autunno va di scena il tartufo bianco locale. Fuori dal centro, il ristorante sfoggia interni caldi, curati ed accoglienti.

Menu 43/52 € – Carta 37/58 €

via Dalmazia 159 d, (Sud: 1 km) – ℰ 0571 409422 – www.papaveriepaolo.com – solo a cena escluso domenica – Chiuso 20 febbraio-7 marzo, domenica in estate, mercoledì negli altri mesi

🏠 **Relais Sassa al Sole** 🆕 🏠 🦮 🍴 🔲 🕭 🎟 🅿

CASA DI CAMPAGNA · PERSONALIZZATO Piccolo relais dall'anima bucolica e situato nel proprio "anfiteatro" naturale e verdeggiante, al suo interno le personalizzazioni sono calde e generose, mentre il giardino è - a dir poco - curato ed accogliente. Il ristorante Operà, così come il nome delle camere rendono omaggio al grande Puccini.

10 cam 🖵 – ♦130/300 € ♦♦130/500 € – 2 suites

via Zara 186, località Genovini, Sud: 3,5 km – ℰ 0571 460494 – www.sassaalsole.com
– Chiuso 7 gennaio-Pasqua

🏠 Villa Sonnino 　　　　🔊 🐾 📶 ⊟ 🅿 AC �̇ 🅿

STORICO · CLASSICO La storia di questa villa ha inizio nel '500 quando viene edificato il corpo centrale, mentre nel '700 si procedette ad un ampliamento. Parco e signorilità sono invariati. Nell'affascinante sala ristorante, proposte di cucina toscana con ottimo rapporto qualità-prezzo.

13 cam ☐ – ♦65/85 € ♦♦75/98 € – 1 suite

via Castelvecchio 9/1, località Catena, Est: 4 km – ℰ 0571 484033
– www.villasonnino.com

🏠 San Miniato 　　　　🔊 🍴 ⊟ 🖥 AC �̇ 🅿

TRADIZIONALE · CLASSICO Ricavato da un convento medioevale con annessa chiesa sconsacrata, ora adibita a ristorante, l'hotel sembra avere tutto per piacere ai viaggiatori del terzo millennio: camere di tono moderno e dal luminoso arredo, piccola area benessere.

26 cam ☐ – ♦55/75 € ♦♦80/105 €

via Aldo Moro 2 – ℰ 0571 418904 – www.hotelsanminiato.com

SAN NICOLÒ Bolzano (BZ) → Vedere Ultimo

SAN PANCRAZIO Ravenna (RA) → Vedere Russi

SAN PANTALEO Sardegna
Olbia-Tempio – ✉ 07020 – Alt. 169 m – Carta regionale n° **16**-B1
Carta stradale Michelin 366-R37

🍽️ Giagoni in Piazza 　　　　🍴 AC

CUCINA MODERNA · ACCOGLIENTE XX Nel nome si sintetizza la biografia della famiglia Giagoni che nel 2014 ha trasferito lo storico ristorante in questa nuova sede, appunto, su di una graziosa piazza. Apprezzabile l'elegante stile mediterraneo dell'ambiente, così come l'approcio moderno dello chef che propone una cucina con tanto pesce, ma anche carne.

Carta 71/101 €

piazza della Chiesa 6 ✉ 07021 San Pantaleo – ℰ 0789 65224
– www.ristorantegiagoni.it – Chiuso 1° gennaio-28 febbraio, lunedì e martedì escluso in estate

🏨 Petra Segreta 　　　　🔊 🐾 ⬅ 📶 🏊 🏠 🧖 AC 🅿

GRAN LUSSO · MEDITERRANEO In splendida posizione molto tranquilla e panoramica, il resort si compone di una serie di costruzioni basse dall'ottimo confort e dall'assoluta riservatezza. Nel verde, con il color smeraldo sullo sfondo, piccolo centro benessere dove viziarsi. Stile italiano con forte richiamo regionale al ristorante serale "Il Fuoco Sacro".

20 cam ☐ – ♦180/700 € ♦♦180/700 € – 3 suites

strada di Buddeo, Ovest: 2,5 Km – ℰ 0789 187 6441 – www.petrasegretaresort.com
– Aperto 1° aprile-31 ottobre

SAN PAOLO D'ARGON
Bergamo – ✉ 24060 – 5 591 ab. – Alt. 255 m – Carta regionale n° **10**-C1
Carta stradale Michelin 561-E11

⌘ Florian Maison 🅽 (Umberto De Martino) 　　　　🕸 🍴 🅿

CUCINA MEDITERRANEA · ELEGANTE XxX Sulle colline che osservano San Paolo d'Argon, in un ambiente elegante ed accogliente, Florian Maison è l'indirizzo giusto per esperienze gastronomiche che non si limitano al business lunch, ma prevedono percorsi di degustazione guidata. Qualsiasi sia la scelta, la cucina interpretata dallo chef si esprime a livelli di assoluta eccellenza.

→ Lumache al lardo, fave ed asparagi. Controfiletto d'agnello, melanzana e fonduta di provolone del Monaco. Rapa rossa, frutti di bosco e gelato allo yogurt.

🍴 Menu 22 € (pranzo in settimana)/85 € – Carta 52/84 €

Hotel Relais Florian Maison, via Madonna d'Argon 4/6 – ℰ 035 425 4202
(consigliata la prenotazione) – www.florianmaison.it – Chiuso 15 giorni in gennaio, 15 giorni in agosto e lunedì

Relais Florian Maison

CASA DI CAMPAGNA • PERSONALIZZATO La sapiente ristrutturazione di una casa di campagna ha dato vita ad un piccolo ed esclusivo relais in posizione panoramica e tranquilla.

6 cam ☑ – †90/110 € ††150/170 €

via Madonna d'Argon 4/6 – 𝒞 035 425 4202 – www.florianmaison.it – Chiuso 15 giorni in gennaio e 15 giorni in agosto

⌘ **Florian Maison** – Vedere selezione ristoranti

SAN PELLEGRINO (Passo di)

Trento – ☒ 38035 – Moena – Alt. 1 918 m – Carta regionale n° **19**-C2
Carta stradale Michelin 562-C17

🍴 **Rifugio Fuciade**

CUCINA REGIONALE • RUSTICO ⅄ Telefonate e concordate il tragitto per tempo, perché con la neve vi occorrono 45 min a piedi o la motoslitta del ristorante...Per trovare, infine, un paesaggio mozzafiato tra le cime dolomitiche e sulla tavola una gustosa cucina regionale!

Menu 50/65 € – Carta 26/57 €

8 cam ☑ – †75/100 € ††75/100 €

località Fuciade – 𝒞 0462 574281 (consigliata la prenotazione la sera) – www.fuciade.it – Aperto 15 dicembre-15 aprile e 1° giugno-15 ottobre

SAN PIETRO Verona → Vedere Legnago

SAN PIETRO ALL'OLMO Milano → Vedere Cornaredo

SAN PIETRO DI FELETTO

Treviso (TV) – ☒ 31020 – 4 679 ab. – Alt. 264 m – Carta regionale n° **23**-C2
Carta stradale Michelin 562-E18

🏠 **Cà del Poggio Resort**

FAMILIARE • MODERNO Tra gli ultimi alberghi aperti in provincia, Cà del Poggio Resort offre un'ospitalità moderna ed un panorama sui colli e sulle vigne davvero rilassante. Le modeste dimensioni del centro benessere ne impongono la prenotazione. A garanzia della qualità dell'omonimo ristorante è la lunga tradizione della famiglia titolare che da sempre propone piatti a base di pesce.

26 cam ☑ – †99/119 € ††115/162 € – 2 suites

via dei Pascoli 8/a – 𝒞 0438 787154 – www.cadelpoggio.it

SAN PIETRO IN CARIANO

Verona – ☒ 37029 – 12 897 ab. – Alt. 151 m – Carta regionale n° **22**-A2
Carta stradale Michelin 562-F14

a Pedemonte Ovest : 4 km ☒ 37029

🏨 **Villa del Quar**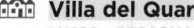

LUSSO • PERSONALIZZATO Arredi, decori e colori rievocano uno stile neoclassico che concilia il gusto delle comodità e della raffinatezza con la nobile bellezza dell'antichità. A pranzo, si mangia in "semplicità" al Quar 12, con tanto di griglia!

15 cam ☑ – †210/1000 € ††210/1000 € – 10 suites

via Quar 12, Sud-Est: 1,5 km – 𝒞 045 680 0681 – www.hotelvilladelquar.it – Aperto 1° aprile-31 ottobre

a Corrubbio Sud-Ovest : 2 km ⊠ 37029

🟊⃠

🍽️ **Amistà 33**

CUCINA CREATIVA · ELEGANTE XXX In un angolo del bellissimo hotel Byblos ove, come nel resto dalla casa, convivono l'antichità dei muri con l'arte contemporanea sparsa ovunque, lo chef propone 2 percorsi di degustazione a tutta creatività in cui il bello delle presentazioni si completa col buono dei sapori.

Menu 110/75 € – Carta 68/153 €

Hotel Byblos Art Hotel Villa Amistà – ☎ 045 685 5555 (prenotazione obbligatoria) – www.amista33.it – solo a cena – Aperto 1° marzo-31 ottobre; chiuso domenica e lunedì

🏨 **Byblos Art Hotel Villa Amistà** 🏡 🐕 🛏️ 🅿️ ♨️ 🛎️ 🔒 & 🆑 🧖 🚗

DIMORA STORICA · GRAN LUSSO Design, moda ed ospitalità si fondono nel suggestivo contesto di questa villa patrizia del XVI sec. Il risultato è Byblos Art Hotel Villa Amistà: un raffinato albergo concepito come una mostra permanente di arte contemporanea, che ospita nei suoi spazi opere di nomi famosi. Tante opzioni per la ristorazione, ma la punta di diamante, la sera, è la cucina gourmet dell'Amistà 33.

53 cam ⌀ – ♦200/395 € ♦♦275/395 € – 6 suites

via Cedrare 78, Corrubbio di Negarine, Nord: 2 km – ☎ 045 685 5555 – www.byblosarthotel.com – Aperto 1° marzo-31 ottobre

🍽️ **Amistà 33** – Vedere selezione ristoranti

SAN PIETRO IN CASALE

Bologna – ⊠ 40018 – 12 202 ab. – Alt. 17 m – Carta regionale n° **5**-C3
Carta stradale Michelin 562-H16

🍽️ **Dolce e Salato** 🍴 🆑 🔄

CUCINA REGIONALE · CONTESTO TRADIZIONALE X Piazza del mercato: una vecchia casa, in parte ricoperta dall'edera, con ambienti rallegrati da foto d'altri tempi e dallo stile rustico. In menu, tante paste fresche, schietti piatti del territorio, ma - soprattutto - ottime carni che arrivano dall'attigua macelleria di famiglia.

🍽️ Menu 14 € (pranzo in settimana)/50 € – Carta 24/83 €

piazza L. Calori 16/18 – ☎ 051 811111

SAN PIETRO IN CERRO

Piacenza (PC) – ⊠ 29010 – 878 ab. – Alt. 44 m – Carta regionale n° **5**-A1
Carta stradale Michelin 562-G11

🏨 **Locanda del Re Guerriero** 🐕 🛏️ 🆑 🧖 🅿️

STORICO · ACCOGLIENTE Un interessante mosaico di diverse situazioni: il piacere di soggiornare nella natura, la storicità del luogo, ma anche i confort moderni. In sintesi, una country house a tutto tondo che non vi farà rimpiangere l'albergo tradizionale. L'attiguo castello ospita il MiM, Museum in Motion, con collezioni d'arte contemporanea a rotazione.

7 cam ⌀ – ♦110/160 € ♦♦130/190 € – 5 suites

via Melchiorre Gioia 5 – ☎ 0523 839056 – www.locandareguerriero.it

SAN PIETRO IN CORTE Piacenza ➜ Vedere Monticelli d'Ongina

SAN PIETRO (Isola di) **Sardegna**

Carbonia-Iglesias (CI) – 6 692 ab. – Carta regionale n° **16**-A3

Carloforte – ⊠ 09014 – Carta regionale n° **16**-A3

Carta stradale Michelin 366-K49

⅑○ Da Nicolo

CUCINA MODERNA · ACCOGLIENTE ✕✕ Strategica posizione sulla passeggiata, dove si svolge il servizio estivo in veranda, ma il locale è frequentato soprattutto per la qualità della cucina: di pesce con specialità carlofortine in suggestioni moderne. E il tonno, avant tout.

Carta 35/66 €

corso Cavour 32 – ℰ 0781 854048 – www.danicolo.com – solo a cena escluso 1° luglio-30 settembre – Aperto Pasqua-30 settembre

⅑○ Al Tonno di Corsa

PESCE E FRUTTI DI MARE · STILE MEDITERRANEO ✕✕ Un locale vivace e colorato, due terrazze affacciate sui tetti del paese, dove gustare uno sfizioso menu dedicato al tonno e tante altre specialità di mare.

Menu 35 € – Carta 35/65 €

via Marconi 47 – ℰ 0781 855106 – www.tonnodicorsa.it – Chiuso gennaio, febbraio e lunedì escluso luglio-agosto

🏠 Riviera

TRADIZIONALE · MODERNO Lungomare, il design inaspettatamente sposa moderno e gusto mediterraneo: forme sobrie e lineari si ripetono nelle camere dai colori pastello mentre il sonno, in quasi tutte le camere, è coccolato da letti a baldacchino; suggestiva la terrazza panoramica che abbraccia paese e mare.

46 cam 🖙 – †85/149 € ††106/214 €

corso Battellieri 26 – ℰ 0781 853234 – www.hotelriviera-carloforte.com – Aperto inizio aprile-fine ottobre

🏠 Villa Pimpina

FAMILIARE · PERSONALIZZATO In una casa ottocentesca nella parte alta del paese, dalle camere dell'ultimo piano si apre una romantica vista sui tetti e sul mare; in tutte troverete la personalizzazione di un originale e caldo mix di arredi carlofortini e design moderno. Tempo permettendo, si fa colazione all'aperto!

10 cam 🖙 – †50/90 € ††60/130 €

via Genova 106/108 – ℰ 0781 854180 – www.villapimpina.it

🏠 Nichotel

FAMILIARE · MODERNO Piacevole albergo gestito da una famiglia carlofortina doc e sito in un vicolo del centro. Gli spazi comuni sono un po' limitati, ma in compenso le camere hanno un ottimo charme; vi consigliamo vivamente di prendere quelle con vista sul mare e sul porto.

17 cam 🖙 – †54/250 € ††74/314 €

via Garibaldi 7 – ℰ 0781 855674 – www.nichotel.it – Aperto 1° marzo-31 ottobre

🏠 Hieracon

FAMILIARE · MEDITERRANEO Affacciato sul lungomare, elegante edificio liberty di fine '800 - forse uno dei palazzi più eleganti di Carloforte - arredato con elementi d'antiquariato, materiali raffinati e tutt'intorno il giardino con una chiesetta del '700.

23 cam 🖙 – †50/110 € ††70/200 €

corso Cavour 62 – ℰ 0781 854028 – www.hotelhieracon.com

SAN PIETRO SUL PICCOLO MARE Taranto → Vedere Taranto

SAN POLO D'ENZA

Reggio nell'Emilia – ✉ 42020 – 6 083 ab. – Alt. 166 m – Carta regionale n° **5**-B2
Carta stradale Michelin 562-I13

⅑○ Mamma Rosa

PESCE E FRUTTI DI MARE · AMBIENTE CLASSICO ✕✕ All'interno di un semplice caseggiato ai margini del paese, tutti gli sforzi si concentrano su una cucina di mare sostenuta dal migliore pescato e da uno stile mediterraneo.

Menu 50/40 € – Carta 33/74 €

via 24 Maggio 1 – ℰ 0522 874760 – www.ristorante-mammarosa.it – solo a cena escluso domenica – Chiuso 10 giorni in gennaio, 20 giorni in settembre, lunedì e martedì

SAN POLO DI PIAVE

Treviso – ✉ 31020 – 4 857 ab. – Alt. 27 m – Carta regionale n° **23**-A1
Carta stradale Michelin 562-E19

🕸 Osteria Enoteca Gambrinus   🏠 AC 🍽 P

CUCINA REGIONALE • BRASSERIE X All'Osteria il menu è decisamente sbilanciato verso il mare, sebbene non dimentichi gli amanti della carne con qualche proposta di terra. Specialità: Profondo Verde - Divagarsi sul tema tra uova e asparagi.

Carta 23/30 €

località Gambrinus 18 – ℰ 0422 855043 – www.gambrinus.it – Chiuso 27 dicembre-7 gennaio

🕸O Parco Gambrinus   ⇦ 🕸 🏠 AC 🍽 P

CUCINA TRADIZIONALE • ROMANTICO XX Salette rustiche e romantiche al tempo stesso per una cucina tradizionale e creativa, elaborata partendo da prodotti tipici della zona e orientata all'etica, nonché sostenibilità (c'è anche un percorso vegano e senza glutine); animali esotici nel parco dove un ruscello ospita gamberi, anguille, storioni.

Carta 32/54 €

6 cam ⌿ – ♦55 € ♦♦90 €

località Gambrinus 18 – ℰ 0422 855043 – www.gambrinus.it – Chiuso 27 dicembre-7 gennaio, lunedì, martedì e mercoledì

🕸 **Osteria Enoteca Gambrinus** – Vedere selezione ristoranti

SAN PROSPERO SULLA SECCHIA

Modena – ✉ 41030 – 5 860 ab. – Alt. 22 m – Carta regionale n° **5**-B2
Carta stradale Michelin 562-H15

🏠 Corte Vecchia   🍃 🕭 AC 🍽 P

CASA DI CAMPAGNA • PERSONALIZZATO Ricavato dalla ristrutturazione di un antico casale affacciato su una corte, dispone di camere spaziose arredate in un armonioso stile classico ma dotate dei moderni confort.

24 cam ⌿ – ♦75/165 € ♦♦101/242 €

via San Geminiano 1 – ℰ 059 809272 – www.cortevecchia.com – Chiuso 21 dicembre-6 gennaio e 3-26 agosto

SAN QUIRICO D'ORCIA

Siena (SI) – ✉ 53027 – 2 662 ab. – Alt. 409 m – Carta regionale n° **18**-C2
Carta stradale Michelin 563-M16

🕸O Taverna da Ciacco   AC

CUCINA TOSCANA • CONTESTO TRADIZIONALE X Accogliente locale dai toni rustici: ai fornelli, il titolare stesso saprà conquistarvi con piatti della tradizione interpretati con fantasiosa creatività e sporadiche proposte di pesce. Filettino di cinta senese avvolto nel rigatino croccante su fonduta di cipolle, il nostro preferito!

Carta 36/60 €

via Dante Alighieri 30/a – ℰ 0577 897312 – www.daciacco.it – Chiuso gennaio, 20-30 novembre e martedì

🕸O Trattoria Toscana al Vecchio Forno   🏠 AC

CUCINA TOSCANA • RUSTICO X Cucina schiettamente toscana, semplice e sapida, in un ambiente genuino con salumi appesi e bottiglie di vino in esposizione. Piacevole servizio estivo nel giardino denso di ricordi storici: tra un vecchio porticato ed un pozzo ancora funzionante.

Menu 39/49 € – Carta 33/68 €

Hotel Palazzo del Capitano, via Poliziano 18 – ℰ 0577 897380 – www.capitanocollection.com

Palazzo del Capitano

STORICO · ROMANTICO Nel centro storico, eleganti ambienti d'atmosfera rustico-elegante, raffinatezza in chiave toscana. Ma il fiore all'occhiello è il giardino con idromassaggio tra pergolati, viti, ulivi e cipressi, una romantica nicchia fra i tetti di San Quirico.

17 cam ⌂ – 120/280 € 140/350 € – 5 suites

via Poliziano 18 – 0577 899028 – www.capitanocollection.com

○ **Trattoria Toscana al Vecchio Forno** – Vedere selezione ristoranti

Casanova

SPA E WELLNESS · CLASSICO Circondata dalle colline toscane e vicina al centro storico, la struttura consta di una grande hall, camere dagli arredi sobri, un soggiorno panoramico e la nuova spa Grotte Saline Etrusche, le cui acque vantano proprietà termali e talassoterapiche. Si consiglia di prenotare una delle camere panoramiche sulla Val d'Orcia.

70 cam ⌂ – 85/110 € 120/140 €

località Casanova 6/c – 0577 898177 – www.residencecasanova.it – Chiuso 7 gennaio- 12 febbraio

La Villa del Capitano

LUSSO · ELEGANTE In un edificio neorinascimentale alle porte del centro storico, l'atmosfera all'interno è inaspettatamente contemporanea, di raffinata eleganza e luminosità. Camere in genere ampie con bagni in travertino, due sono mansardate con idromassaggio, la Penelope con vista sui colli.

18 cam ⌂ – 120/150 € 170/350 €

via Dante Alighieri 119 ⊠ 53027 San Quirico d'Orcia – 0577 899028 – www.capitanocollection.com

Agriturismo Il Rigo

CASA DI CAMPAGNA · STORICO Un po' di pazienza nel percorrere due chilometri di strada sterrata e vi troverete in uno dei paesaggi più incantevoli della regione: vista a 360° sui colli, un fiabesco casale di origini cinquecentesche, camere al piano terra con accesso diretto al giardino e una deliziosa raccolta di arredi d'epoca.

17 cam ⌂ – 85/95 € 100/130 €

località Casabianca, Sud-Ovest: 4,5 km – 0577 897291 – www.agriturismoilrigo.com – Chiuso 10 gennaio-1° marzo

a Bagno Vignoni Sud-Est : 5 km ⊠ 53027

○ Osteria del Leone

CUCINA TOSCANA · RUSTICO ✗ Nel cuore di Bagno Vignoni, affacciata sulla vasca termale che è la piazza di questo borgo della Val d'Orcia, un'osteria di antica tradizione con sale semplici, gestione familiare e cucina toscana, di carne, a volte con qualche integrazione di pesce. Se il tempo lo permette, optate per il servizio all'aperto.

Menu 40 € – Carta 30/62 €

via dei Mulini 3 – 0577 887300 – www.osteriadelleone.it – Chiuso 9 gennaio-8 febbraio e lunedì

Posta-Marcucci

SPA E WELLNESS · CLASSICO Storico albergo a due passi dalla vasca della sorgente, nel 2017 ha subito un avvicendamento nella gestione che - ora - vede protagonista una famosa famiglia di albergatori dell'Alta Badia. L'atmosfera retrò, però, non cambia, anzi si arricchisce di dettagli e calore, mentre il jolly rimane la spettacolare piscina termale affacciata sui colli.

36 cam – solo ½ P 250/400 €

via Ara Urcea 43 – 0577 887112 – www.postamarcucci.it – Chiuso 7 gennaio-8 febbraio

🏠 La Locanda del Loggiato   AC

CASA DI CAMPAGNA · TRADIZIONALE Nel cuore della località - accanto alla vasca d'acqua un tempo piscina termale - edificio del 1300 rivisitato con grande senso estetico da due intraprendenti sorelle, che ne hanno fatto un rifugio davvero *charmant*. Camere d'atmosfera in stile rustico locale con un bel salone per gli ospiti; colazione in una vicina e gradevole sala.

6 cam 🖵 – ♦60/100 € ♦♦100/160 €

piazza del Moretto 30 – ℰ 335 430 427 – www.loggiato.it – Chiuso 17-25 dicembre

SAN QUIRINO

Pordenone – ✉ 33080 – 4 383 ab. – Alt. 116 m – Carta regionale n° **6**-A2
Carta stradale Michelin 562-D20

🕸 La Primula (Andrea Canton)   🕸 ⇦ 🛋 AC P

CUCINA MODERNA · ELEGANTE XxX L'esperienza qui sicuramente non fa difetto: l'elegante locale - a breve distanza da Pordenone - vanta oltre 140 anni di attività! Gestita dall'intera famiglia, la bella sala è dominata da un camino e da piatti curati e sapori rassicuranti, mentre la carta dei vini entusiasma per la scelta di etichette a prezzi sorprendentemente corretti.

→ Spaghettini con burro d'ostriche, alghe e gamberi rossi. Medaglioni di vitello con spuma al latte speziato e cialda di patate croccanti. Tre consistenze al cioccolato fondente con gelato alla menta piperita.

Menu 80 € – Carta 48/72 €

7 cam – ♦60/65 € ♦♦75/90 € – 🖵 10 €

via San Rocco 47 – ℰ 0434 91005 – www.ristorantelaprimula.it – solo a cena escluso i giorni festivi – Chiuso 8-25 gennaio, 9-31 luglio, domenica sera e lunedì

🍴 Osteria alle Nazioni   🕸 AC P

CUCINA CLASSICA · CONVIVIALE X Rustico, accogliente e simpatico, un locale dove fermarsi per gustare piatti semplici della tradizione locale o nazionale, in un clima conviviale ed informale.

Carta 24/39 €

via San Rocco 47/1 – ℰ 0434 91005 – www.ristorantelaprimula.it – Chiuso 8-22 gennaio, 9-31 luglio, domenica sera e lunedì

SAN REMO

Imperia – ✉ 18038 – 54 807 ab. – Carta regionale n° **8**-A3
Carta stradale Michelin 561-K5

🕸 Paolo e Barbara (Paolo Masieri)   AC ⇔

CUCINA CREATIVA · INTIMO XxX Un affresco riproducente un bucolico paesaggio di campagna dà profondità alla piccola sala, mentre a dar risalto alla cucina contribuiscono le ottime materie prime: il pesce e le verdure (quasi tutte raccolte nella piccola azienda agricola allestita per lo scopo).

→ Raviolini alle erbette selvatiche, pesto di noci e cagliata. Selezione di pesce crudo in stile mediterraneo. Crema di ricotta di pecora, marmellata di limoni e crema di pistacchio.

Menu 65/90 € – Carta 72/176 €

Pianta: A2-p – *via Roma 47 – ℰ 0184 531653 (prenotare) – www.paolobarbara.it – solo a cena escluso sabato e i giorni festivi in ottobre-maggio – Chiuso 12-30 dicembre, 20-24 maggio, 11-14 giugno, mercoledì e giovedì*

🍴 Tortuga   🛋 AC

CUCINA LIGURE · SEMPLICE X L'insegna non tragga in inganno: la cucina è ligure, schietta e fragrante. Scendete, quindi, con fiducia i pochi scalini che portano al ristorante!

Carta 32/65 €

Pianta: B2-a – *via Nino Bixio 93/a – ℰ 0184 840307 – Chiuso martedì a mezzogiorno e lunedì*

Royal Hotel Sanremo

GRAN LUSSO • STORICO Grand hotel di centenaria tradizione, gestito dalla fine dell'800 dalla stessa famiglia; interni molto signorili e giardino fiorito con piscina d'acqua di mare riscaldata. In memoria degli antichi fasti, il grande salone con fiori in vetro di Murano firmerà una sosta gastronomica davvero esclusiva.

113 cam ☕ - 🚹229/425 € 🚹🚹314/603 € - 13 suites

Pianta: A2-h - *corso Imperatrice 80* - *✆ 0184 5391* - *www.royalhotelsanremo.com* - *Aperto 8 febbraio-20 novembre*

Nazionale

TRADIZIONALE • FUNZIONALE A pochi passi dal casinò e dalle boutique delle più celebri firme della moda, la risorsa offre ambienti moderni caratterizzati da continui ed attenti interventi di rinnovamento. Ampia terrazza roof garden e solarium per godere dell'aria iodata della Riviera. Specialità liguri nell'originale ristorante in stile marina.

79 cam - 🚹70/180 € 🚹🚹80/600 € - 4 suites - ☕10 €

Pianta: A2-v - *via Matteotti 3* - *✆ 0184 577577* - *www.hotelnazionalesanremo.com*

Paradiso

TRADIZIONALE • CLASSICO In una struttura di inizio secolo scorso a soli 100 metri dal mare, questo hotel di antiche tradizioni, ma rinnovato di anno in anno, è circondato da un giardino con piante esotiche ed ampia piscina; nella stagione estiva l'albergo offre l'utilizzo gratuito della spiaggia privata con cabina, ombrellone e sdraio compresi. Belle anche le camere, nonché gli ampi spazi comuni. Piatti liguri al ristorante.

41 cam ☕ - 🚹80/170 € 🚹🚹100/310 €

Pianta: A2-g - *via Roccasterone 12* - *✆ 0184 571211* - *www.paradisohotel.it* - *Chiuso 8-31 gennaio e 1° novembre-21 dicembre*

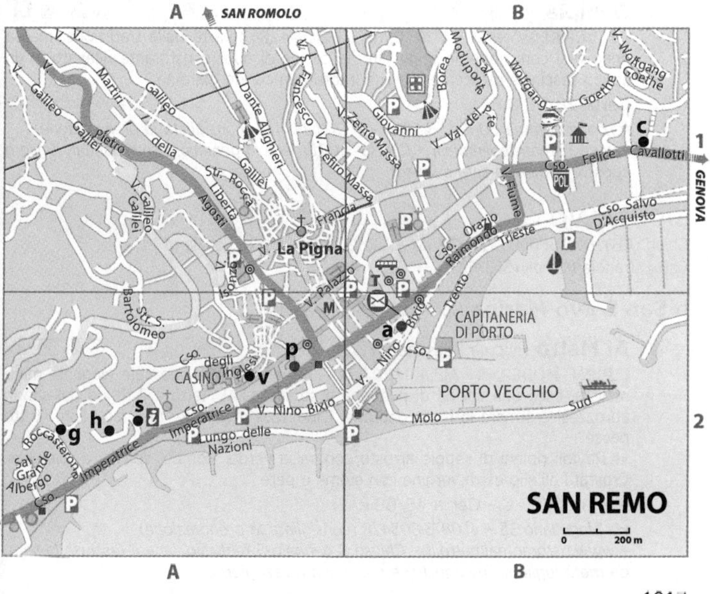

🏨 Lolli Palace Hotel ☆ �⃝ ✉ AC

STORICO · CLASSICO Il fascino del Liberty rivive in un palazzo storico sul lungo-mare, a fianco del Casinò: eleganti ambienti comuni e camere accoglienti, alcune con idromassaggio. Un accattivante roof garden con vista mare rende ancora più piacevole la sosta al ristorante.

52 cam ⌂ – †60/85 € ††80/260 €

Pianta: A2-s – corso Imperatrice 70 – ℰ 0184 531496 – www.lollihotel.it
– Chiuso 4 novembre-20 dicembre

🏨 Eveline-Portosole ✉ AC 🚗

TRADIZIONALE · A TEMA E' all'interno che si rivela il fascino di questo villino: arredi d'epoca, mazzetti al profumo di lavanda e tessuti in stile inglese...E per aggiungere ulteriore charme, prima colazione servita a lume di candela e le 4 camere Hammam e Japan, una sorta di "viaggio nel viaggio".

21 cam ⌂ – †90/150 € ††99/200 €

Pianta: B1-c – corso Cavallotti 111 – ℰ 0184 503430 – www.evelineportosole.com
– Chiuso 16-28 dicembre e 7 gennaio-10 febbraio

a Bussana Est: 5,5 km direzione Genova B1 ✉ 18038

🍴 La Kambusa 🛖 AC ⌘

CUCINA CLASSICA · TRATTORIA ⅹ Situato sul lungomare, il locale vanta una gestione appassionata ed una cucina che spazia tra mare e terra e propone piatti della tradizione, così come creazioni più innovative.

Carta 31/64 €

via al Mare 87 – ℰ 0184 514537 – solo a cena – Chiuso mercoledì

SAN ROCCO Genova → Vedere Camogli

SAN SALVATORE MONFERRATO
Alessandria (AL) – ✉ 15046 – 4 299 ab. – Alt. 205 m – Carta regionale n° **12**-C2
Carta stradale Michelin 561-G7

🍴 Olimpia 🞉 🛖 AC 🅿

CUCINA REGIONALE · CONTESTO REGIONALE ⅹⅹ Parte dalla tradizione, ma sa rinnovarsi con moderna originalità, la cucina di questo ristorante ricavato in un antico cascinale ottocentesco. Tutt'intorno un curato giardino.

Carta 28/56 €

frazione Olimpia 60, Est: 3,5 km – ℰ 0131 233445 (consigliata la prenotazione)
– www.ristoranteolimpia.it – Chiuso 3 settimane in gennaio, 1 settimana in luglio o agosto, domenica sera e lunedì

SAN SALVO
Chieti (CH) – ✉ 66050 – 20 016 ab. – Alt. 100 m – Carta regionale n° **1**-D2
Carta stradale Michelin 563-P26

a San Salvo Marina Nord-Est : 4,5 km ✉ 66050

⊛ Al Metrò (Nicola Fossaceca) 🛖 ⅙ AC ⌘

CUCINA MODERNA · ALLA MODA ⅹⅹ Caratterizzato da uno stile elegante-mini-malista, ecco una cucina di passione e sostanza: Al Metrò è il regno dei sapori abruzzesi e il mare la fa da padrone. L'indirizzo giusto per un gran pasto "tutto pesce"!

→ Ravioli ripieni di seppie arrosto con salsa verde. Rombo, spinaci e foie gras. Crostata all'olio extra vergine con crema e pere.

Menu 60/80 € – Carta 45/69 €

via Magellano 35 – ℰ 0873 803428 (consigliata la prenotazione)
– www.ristorantealmetro.it – Chiuso 8 gennaio-5 febbraio, lunedì (escluso la sera da metà luglio a fine agosto) e martedì a mezzogiorno

SANSEPOLCRO
Arezzo – ✉ 52037 – 15 884 ab. – Alt. 330 m – Carta regionale n° 18-D2
Carta stradale Michelin 563-L18

😊 Fiorentino e Locanda del Giglio ⬅ 🅰🅲

CUCINA REGIONALE · TRATTORIA ✗ Gestione di lungo corso che si adopera con professionalità e abilità per accogliere al meglio i propri ospiti in un locale che di anni ne ha circa duecento. Specialità: piatti locali e dell'antica tradizione rinascimentale, ma anche straccetti di pasta fresca con salsa di cime di rapa, hamburger di carne chianina (da 200 grammi) cotto alla griglia.

🍴 Menu 25/40 € – Carta 23/49 €

4 cam ⯀ – ♦45/65 € ♦♦75/85 €

via Luca Pacioli 60 – ℰ 0575 742033 – www.ristorantefiorentino.it – Chiuso 15-30 gennaio, 25-30 novembre e mercoledì, anche domenica sera in dicembre-febbraio

ⅠⓄ Osteria Il Giardino di Piero ⓃＮ 🍽 🅰🅲 ✕

CUCINA TOSCANA · AMBIENTE CLASSICO ✗✗ In ambienti eleganti a due passi dal Museo Civico (ospitante opere del grande Piero della Francesca), il meglio dei prodotti del territorio, ovvero: salumi, verdure, paste fresche e molta carne tra cui la chianina dei propri allevamenti!

Carta 38/48 €

via N. Aggiunti 98/b – ℰ 0575 733119 (prenotazione obbligatoria a mezzogiorno) – www.osteriailgiardinodipiero.it – Chiuso lunedì

ⅠⓄ La Balestra ⬅ 🍽 🅰🅲 ✕ 🛁 🅿

CUCINA REGIONALE · AMBIENTE CLASSICO ✗✗ Si sa che la Toscana vanta una grande tradizione enogastronomica, ma quando ci si accomoda al desco di questo ristorante, si capisce anche il perché: tartufo bianco e funghi porcini, pasta fatta in casa, carne di razza Chianina, olio di oliva extra vergine proveniente dalle migliori aziende locali. E con tutto ciò dell'ottimo vino!

🍴 Menu 20 € – Carta 22/46 €

51 cam ⯀ – ♦62/84 € ♦♦88/103 € – 1 suite

– ℰ 0575 735151 – www.labalestraristorante.it – Chiuso 1°-25 agosto e domenica sera

ⅠⓄ Oroscopo di Paola e Marco ⬅ 🍽 ✕ 🅿

CUCINA MODERNA · ELEGANTE ✗✗ Due coniugi gestiscono questo elegante nido fuori dal centro, ma a breve distanza, in cui – oltre a poter pernottare – si assaporano piatti di cucina moderna in prevalenza a base di pesce. Ambiente raffinato e lo charme di una casa privata.

Carta 32/60 €

10 cam ⯀ – ♦50/60 € ♦♦70/90 €

via Togliatti 68, località Pieve Vecchia, Nord-Ovest: 1 km – ℰ 0575 734875 – www.relaisoroscopo.com – solo a cena – Chiuso 23 dicembre-10 gennaio , 25 giugno-25 luglio e domenica

ⅠⓄ Da Ventura ⬅

CUCINA TOSCANA · CONTESTO REGIONALE ✗ Un unico nome per tre generazioni, perché ciò che più conta è saper entusiasmare chi ama la cucina locale con prodotti freschi e genuini.

Carta 23/38 €

5 cam ⯀ – ♦50 € ♦♦70 €

via Aggiunti 30 – ℰ 0575 742560 – www.albergodaventura.it – Chiuso 10 giorni in gennaio, 20 giorni in agosto, domenica sera e lunedì

Relais Palazzo di Luglio

DIMORA STORICA · PERSONALIZZATO Sulle prime colline intorno al paese, aristocratica villa seicentesca un tempo adibita a soggiorni estivi in campagna. Spazi, eleganza in simbiosi con rusticità tradizionale e storia si ripropongono immutati.

14 cam ☲ – ♦80/100 € ♦♦110/130 € – 10 suites
via Marechiese 35, frazione Cigliano, Nord-Ovest: 2 km – ℰ 0575 750026
– www.relaispalazzodiluglio.com

SAN SEVERINO LUCANO

Potenza – ✉ 85030 – 1 563 ab. – Alt. 877 m – Carta regionale n° **2**-C3
Carta stradale Michelin 564-G30

 Paradiso

TRADIZIONALE · CLASSICO Ideale punto di partenza per gite - motorizzate, a piedi o a cavallo - nel Parco del Pollino, questa risorsa dispone d'interessanti strutture sportive. Camere semplici. Immersi tra una natura ancora vera, i sapori locali "influenzano" i piatti.

62 cam ☲ – ♦45/65 € ♦♦60/100 €
via San Vincenzo snc – ℰ 0973 576586 – www.hotelparadiso.info

SAN SEVERINO MARCHE

Macerata – ✉ 62027 – 12 726 ab. – Alt. 235 m – Carta regionale n° **11**-C2
Carta stradale Michelin 563-M21

🍽️ **Cavallini** 🅰️©

PESCE E FRUTTI DI MARE · ACCOGLIENTE ✕✕ Al primo piano, un ristorante dai toni allegri e dal design personalizzato: da giovedì a domenica al tradizionale menu di terra si aggiunge una ricca scelta di piatti di pesce, vera passione dello chef.

Menu 28/50 € – Carta 31/71 €
viale Bigioli 47 ✉ 62027 San Severino Marche – ℰ 0733 634608
– www.ristorantecavallini.com – Chiuso vacanze di Natale, 15 giorni in agosto, martedì sera e mercoledì

🏠 **Locanda Salimbeni**

CASA DI CAMPAGNA · ACCOGLIENTE Veramente una bella realtà a pochi chilometri dal centro: camere gradevolissime e personalizzate, alcune con letto a baldacchino, altre con testiera in ferro battuto.

8 cam ☲ – ♦45/50 € ♦♦65/70 €
strada provinciale 361, Ovest: 4 km – ℰ 0733 634047 – www.locandasalimbeni.it

SAN SEVERO

Foggia – ✉ 71016 – 53 905 ab. – Alt. 86 m – Carta regionale n° **15**-A1
Carta stradale Michelin 564-B28

 La Fossa del Grano 🔥🅰️©

CUCINA REGIONALE · FAMILIARE ✕ Nel centro storico, trattoria di pochi coperti sotto i tradizionali soffitti a vela e a botte, dove gustare una straordinaria carrellata di prodotti pugliesi: immancabile, interminabile, ma soprattutto indimenticabile la serie di antipasti. Specialità: cicatelli con salsiccia, finocchietto selvatico e pomodorini secchi - punta di filetto in tagliata al mosto cotto d'uva - croccante al torrone.

Carta 23/55 €
via Minuziano 63 – ℰ 0882 241122 – www.lafossadelgrano.com – Chiuso 25 agosto-7 settembre, domenica sera e lunedì

SAN SIRO Mantova → Vedere San Benedetto Po

SANTA BARBARA Trieste → Vedere Muggia

SANTA CATERINA VALFURVA

Sondrio - ⊠ 23030 - Alt. 1 738 m – Carta regionale n° **9**-C1
Carta stradale Michelin 561-C13

⊓○ Caffè Bormio

CUCINA REGIONALE · INTIMO ⅩⅩ Se la famosa sciatrice presta il nome all'albergo, la cucina non poteva che essere...della mamma, custode di antiche ricette montane. In un ambiente romantico ed elegante, al rientro da una sciata o da una passeggiata, c'è di che deliziarsi!
Carta 38/79 €

Hotel Baita Fiorita di Deborah, via Frodolfo 3
– ℰ 0342 925119 – www.compagnoni.it – Aperto 2 dicembre-9 aprile
e 30 giugno-9 settembre

⌂ Baita Fiorita di Deborah

FAMILIARE · PERSONALIZZATO E' proprio quello che si cerca in un albergo di montagna: il calore del legno, camere confortevoli ed un piacevole centro benessere per rilassarsi dopo una giornata passata sulle piste o *en plein air*.
22 cam ⌿ – †70/170 € ††100/300 € – 4 suites

via Frodolfo 3 – ℰ 0342 925119 – www.compagnoni.it
– Aperto 2 dicembre-9 aprile e 30 giugno-9 settembre
⊓○ **Caffè Bormio** – Vedere selezione ristoranti

SANTA CESAREA TERME

Lecce - ⊠ 73020 – 3 015 ab. – Alt. 25 m – Carta regionale n° **15**-D3
Carta stradale Michelin 564-G37

⌂ Alizè

FAMILIARE · FUNZIONALE In posizione panoramica e poco distante dal centro, un hotel con influenze architettoniche arabeggianti, luminose aree comuni, camere sobrie negli arredi, solarium e piscina. Al ristorante, la classica e gustosa cucina del bel Paese.
55 cam ⌿ – †45/85 € ††70/150 €

via Paolo Borsellino – ℰ 0836 944041 – www.hotelalize.it – Aperto
1° maggio-30 ottobre

SANTA CRISTINA Perugia → Vedere Gubbio

SANTA CRISTINA D'ASPROMONTE

Reggio di Calabria (RC) - ⊠ 89056 – 929 ab. – Alt. 514 m – Carta regionale n° **3**-A3

⊓○ Qafiz ⓝ

CUCINA MODERNA · INTIMO ⅩⅩ All'interno di una nobile villa di fine Settecento, nel verde selvaggio dell'Aspromonte, questo elegante ed intimo locale offre quattro tavoli sotto antiche volte ed uno solo sul terrazzino per la bella stagione. Il giovane chef-patron si presenta con una cucina di qualità: ingredienti regionali, sia di terra sia di mare, ben presentati e accompagnati da una valida selezione di vini.
Menu 65/120 € – Carta 50/80 €

località Calabretto, Nord-Ovest: 12 km – ℰ 0966 878800 (prenotazione obbligatoria) – www.qafiz.it – Chiuso lunedì e martedì

SANTA DOMENICA Vibo Valentia → Vedere Tropea

SANTA FLAVIA Sicilia
Palermo (PA) – ⊠ 90017 – 11 272 ab. – Carta regionale n° **17**-B2
Carta stradale Michelin 365-AQ55

a Porticello Nord-Est : 1 km ⊠ 90010

⫟○ **Al Faro Verde da Benito**   ⅏ 斦
PESCE E FRUTTI DI MARE · FAMILIARE ⅩⅩ Con i suoi 35 anni di storia – siamo ormai alla seconda generazione – questo storico locale non smette di soddisfare i suoi ospiti: un'ampia scelta fra crostacei e pesce di ogni genere, proposti in maniera leggermente creativa, da accompagnarsi con eccellenti vini locali. Servizio estivo all'aperto, le onde del mare lì accanto.
Carta 33/78 €
largo San Nicolicchio 14 – ℰ 091 957977 – www.alfaroverde.it
– Chiuso martedì escluso agosto

SANTA FRANCA Parma → Vedere Polesine Parmense

SANT'AGATA DE' GOTI
Benevento – ⊠ 82019 – 11 216 ab. – Alt. 159 m – Carta regionale n° **4**-B1
Carta stradale Michelin 564-D25

🏠 **Dimora Storica Mustilli**   ⌂ ⚿ 🅿
FAMILIARE · VINTAGE E' magica la combinazione di fascino, storia e cordiale accoglienza familiare in questa elegante dimora nobiliare settecentesca, in pieno centro, gestita con cura e passione. Per i pasti il ristorante con cucina casalinga.
6 cam ⊡ – ♦50 € ♦♦80 €
piazza Trento 4 – ℰ 0823 718142 – www.mustilli.com

SANT'AGATA SUI DUE GOLFI
Napoli – ⊠ 80064 – Alt. 391 m – Carta regionale n° **4**-B2
Carta stradale Michelin 564-F25

🕄 🕄 **Don Alfonso 1890** (Alfonso ed Ernesto Iaccarino)   ⅏ 🛏 ⅏ ⇔ 🚗
CUCINA CREATIVA · LUSSO ⅩⅩⅩⅩ Benvenuti in un'enclave di lusso nel cuore di Sant'Agata, in una cittadella di piaceri dove la famiglia Iaccarino si erge a baluardo della cucina e dell'accoglienza mediterranee: tra ceramiche di Vietri e meravigliosi giochi di rosa e bianco, la cucina flirta con la creatività. Non mancate di visitare le cantine, veri e propri cunicoli risalenti ad epoche antiche!
→ Strascinati di nonno Ernesto su leggero ragù di pomodori San Marzano. Agnello laticauda con battuto di erbe fresche mediterranee. Sfogliatella napoletana con amarene selvatiche di Punta Campanella.
Menu 155/175 € – Carta 112/191 €
Hotel Don Alfonso 1890, corso Sant'Agata 11 – ℰ 081 878 0026
– www.donalfonso.com – solo a cena in estate – Aperto 24 marzo-31 ottobre;
chiuso lunedì in estate, anche martedì negli altri mesi

🕄 **Lo Stuzzichino**   斦 🅰🅲
CUCINA CAMPANA · FAMILIARE Ⅹ Cucina completamente a vista in open space con ceramiche artigianali della Costiera Amalfitana e nuovo design della sala per questa moderna trattoria sita in pieno centro. Ottime specialità della tradizione culinaria campana come pasta e patate con Provolone del Monaco o gli scialatielli ai frutti di mare. Buona anche la selezione di vini.
Menu 30/39 € – Carta 22/44 €
via Deserto 1A – ℰ 081 533 0010 – www.ristorantelostuzzichino.it
– Chiuso 10 gennaio-9 febbraio e mercoledì

Don Alfonso 1890 ⛴ ⌂ ⊞ ⌘ 🚗

LUSSO · ROMANTICO Un'oasi di tranquillità e buon gusto, nonché un'enclave di eleganza, nel centro della località: raffinate camere e suite, curato giardino accanto al quale far colazione nei giorni di bel tempo, rimirando le maioliche antiche del pavimento.

4 cam ⌂ – †210/370 € ††290/500 € – 4 suites

corso Sant'Agata 11 – ℰ 081 878 0026 – www.donalfonso.com – Aperto 24 marzo-31 ottobre

❀❀ **Don Alfonso 1890** – Vedere selezione ristoranti

Sant'Agata ⌂ ⛴ ⊞ ⊡ ⌂ ⌘ 🚗

FAMILIARE · CLASSICO Tranquillità e confort sono i principali atout di questa struttura, particolarmente indicata per spostarsi o soggiornare in Costiera; bel porticato esterno. Ambiente curato al ristorante: sale capienti con arredi piacevoli.

46 cam ⌂ – †60/80 € ††80/120 €

via dei Campi 8/A – ℰ 081 808 0800 – www.hotelsantagata.com – Aperto 15 marzo-31 ottobre

SANT'AGNELLO

Napoli – ✉ 80065 – 9 122 ab. – Carta regionale n° **4**-B2
Carta stradale Michelin 564-F25

❀ **Don Geppi** 🎍 ⊞ ⌘ 🅿

CUCINA MODERNA · ROMANTICO XXX Quadri del Settecento napoletano, uno splendido specchio ed un grammofono con un "segreto", eleganza e stile nella piccola salle à manger, ma tempo permettendo anche l'alternativa del dehors nel romantico giardino. Sempre e comunque, invece, il piacere di una cucina campana rivisitata in chiave moderna.

→ Linguine, canocchie e limone. Sandwich di sogliola alla mugnaia con zucchine alla scapece. Ricotta e pere.

Menu 75/120 € – Carta 62/122 €

*Hotel Majestic, corso Marion Crawford 40 – ℰ 081 807 2050
– www.dongeppirestaurant.com – solo a cena – Aperto 1° aprile-31 ottobre; chiuso martedì*

⍥○ **Coku** ⌃ 🎍

INFLUENZE ASIATICHE · STILE MEDITERRANEO XX Aperto solo la sera e solo in estate, all'aperto... ma vale la pena prenotare! Un cuoco giapponese, utilizzando materia prima locale di qualità, importa in Italia lo stile del Sol Levante reinterpretato, protagonista, oltre ai crudi, la "robata", una particolare griglia usata nella cucina del nord del Giappone e che consente una cottura molto lenta degli alimenti.

Carta 71/146 €

Grand Hotel Cocumella, via Marion Crowford 2 – ℰ 081 878 2933 (prenotazione obbligatoria) – solo a cena – Aperto 1° giugno-30 settembre

Grand Hotel Cocumella ⌂ ⛴ ⊞ 🎍 ♨ ⌘ ⊡ ⊞ ♨ 🅿

LUSSO · PERSONALIZZATO L'edificio risale al '500 quando fu costruito dai Padri Gesuiti. Diverse destinazioni e fortune ne accompagnarono da allora la storia, ma sono ormai quasi due secoli che il Cocumella offre ospitalità ai viaggiatori di tutto il mondo. Corollario di tanta atmosfera: camere incantevoli e bagni lussureggianti.

38 cam ⌂ – †430/560 € ††430/560 € – 8 suites

via Cocumella 7 – ℰ 081 878 2933 – www.cocumella.com – Aperto 1° aprile-31 ottobre

⍥○ **Coku** – Vedere selezione ristoranti

🏨 Mediterraneo ☆ ⪻ 🛎 🍴 🔑 🖨 AC 🎐 🛁 **P**

TRADIZIONALE · ACCOGLIENTE Fronte mare e abbellito da un ameno giardino con piscina, hotel dalla bella facciata che ne rivela il fascino d'un tempo mentre internamente propone confort adeguati al presente tra cui l'ascensore per la spiaggia. All'ultimo piano, 3 giorni a settimana, va in scena il Vista Sky Bar, sovente con musica dal vivo. Cucina campana o classica italiana, pizza, sala interna o bordo piscina: a voi la scelta!

69 cam ☲ – ♦150/750 € ♦♦150/950 €

corso Marion Crawford 85 – ☏ 081 878 1352 – www.mediterraneosorrento.com – Aperto 1° aprile-31 ottobre

🏨 Majestic ☆ ⪻ 🍴 🖨 ⅙ AC 🎐 🛁 **P**

TRADIZIONALE · CLASSICO In seconda fila rispetto alla litoranea, si "riscatta" grazie al contesto verdeggiante in cui è inserito. Molti i lavori di ammodernamento intrapresi in questi ultimi anni: le camere sono, infatti, ormai, graziose e ben curate. Piacevole anche la grande sala ristorante con ampie vetrate e arredi signorili.

90 cam ☲ – ♦80/250 € ♦♦100/350 €

corso Marion Crawford 40 – ☏ 081 807 2050 – www.majesticpalace.it – Aperto 28 dicembre-2 gennaio e 1° aprile-31 ottobre

❀ **Don Geppi** – Vedere selezione ristoranti

SANT'AGOSTINO

Ferrara – ✉ 44047 – 6 853 ab. – Alt. 19 m – Carta regionale n° **5**-C2
Carta stradale Michelin 562-H16

🍴 Trattoria la Rosa 𝄪 ⪻ AC

CUCINA REGIONALE · FAMILIARE ⅩⅩ Cinque generazioni ai fornelli avranno ben un significato! La trattoria festeggia un secolo di successi - oggi in ambienti moderni ed essenziali - valorizzando la cucina regionale, con un occhio di riguardo agli insegnamenti del famoso chef Artusi e un altro alla creatività.

🍴 Menu 20 € (pranzo in settimana)/50 € – Carta 34/59 €

5 cam ☲ – ♦65 € ♦♦80 €

via Facchini 55 – ☏ 0532 84098 (prenotare) – www.trattorialarosa1908.it – Chiuso domenica sera e lunedì, anche sabato a pranzo in giugno-agosto

SANTA LIBERATA Grosseto → Vedere Porto Santo Stefano

SANTA LUCIA DEI MONTI Verona → Vedere Valeggio sul Mincio

SANTA MARGHERITA LIGURE

Genova – ✉ 16038 – 9 338 ab. – Carta regionale n° **8**-C2
Carta stradale Michelin 561-J9

🍴 Vistamare ⪻ 🍴 AC 🎐

CUCINA CLASSICA · ELEGANTE ⅩⅩⅩ In un salone decorato con stucchi e affreschi la cucina sposa la tradizione ligure con la più raffinata modernità. Se poi volete aggiungere alla cornice un pizzico di romanticismo, prenotate un tavolo sulla terrazza: davanti ai vostri occhi, il Golfo del Tigullio.

Menu 60/90 € – Carta 54/87 €

Grand Hotel Miramare, lungomare Milite Ignoto 30 – ☏ 0185 287013 – www.grandhotelmiramare.it – solo a cena in giugno-settembre – Chiuso 7 gennaio-23 marzo

🍴 L' Altro Eden 🍴 ⅙ AC

PESCE E FRUTTI DI MARE · DESIGN ⅩⅩ Sul molo con vista porto, locale di taglio moderno con un'originale sala a forma di tunnel e fresco dehors. Il menu è un trionfo di specialità di pesce.

Carta 43/103 €

via Calata Porto 11 – ☏ 0185 293056 (consigliata la prenotazione) – www.laltro.ristoranteeden.com – solo a cena escluso sabato e domenica – Chiuso 9-29 dicembre e martedì

⁞◯ Antonio   🛋 AC

PESCE E FRUTTI DI MARE · ELEGANTE XX Piatti ben curati sia sotto il profilo delle materie prime impiegate sia per l'abilità di valorizzarne il gusto in un locale di taglio classico con fresco dehors sotto un bel glicine. Le proposte di pesce sono predominanti, la carta dei vini tende all'ottimo!

Menu 28 € (pranzo in settimana) – Carta 38/90 €

piazza San Bernardo 6

– 𝒞 0185 289047 – Chiuso 14-28 febbraio, 10 giorni in novembre, martedì a mezzogiorno e lunedì; i mezzogiorno di lunedì, martedì e mercoledì in giugno-15 ottobre

⁞◯ Acqua Pazza   AC

CUCINA MODERNA · INTIMO XX Ristorante intimo e raccolto, a pochi passi dal mare, gestito da una coppia di grande esperienza. La carta è un inno al prodotto principe della costa - il pesce - reinterpretato in chiave moderna.

Menu 45 € – Carta 43/69 €

via Maragliano 15

– 𝒞 328 937 5514 (consigliata la prenotazione) – Chiuso 15-30 novembre e lunedì

⁞◯ L'Insolita Zuppa   🛋 AC

CUCINA REGIONALE · BISTRÒ X Uno stile vagamente bistrot, allegro ed informale, per una cucina che pur trovandosi in una località di mare privilegia la terra (il menu annovera, comunque, anche qualche specialità ittica). E per gli irriducibili romantici, solo sei tavolini nel piccolo giardino nascosto sotto l'albero di olivo: è necessaria la prenotazione!

Carta 32/55 €

via Romana 7

– 𝒞 0185 289594 – www.insolitazuppa.it – solo a cena

– Chiuso 7 gennaio-10 febbraio, mercoledì escluso luglio-agosto, anche lunedì e martedì in novembre

⁞⛫⛫⛫ Imperiale Palace Hotel   🛋 🌊 🛋 🗤 🛋 🗠 AC 🗠 🛋 P

PALACE · ELEGANTE Imponente struttura fine '800 a monte dell'Aurelia, ma con spiaggia privata; parco-giardino sul mare con piscina riscaldata e fascino di una pietra miliare dell'hotellerie. Suggestiva sala da pranzo: stucchi e decorazioni davvero unici; signorilità infinita.

86 cam 🖙 – ♦300/400 € ♦♦390/450 € – 3 suites

via Pagana 19

– 𝒞 0185 288991 – www.imperialepalacehotel.it – Aperto 29 marzo-14 ottobre

⁞⛫⛫⛫ Grand Hotel Miramare   🌊 🛋 🗤 🗠 🗠 AC 🛋 🗠

PALACE · STORICO Palme, oleandri, pitosfori e un centenario cedro del Libano: no, non siamo in un giardino botanico, ma nello splendido parco di un'icona dell'ospitalità di Santa. Tra raffinatezza liberty e relax di lusso, c'è posto anche per un moderno centro benessere.

76 cam 🖙 – ♦151/324 € ♦♦220/599 € – 4 suites

lungomare Milite Ignoto 30

– 𝒞 0185 287013 – www.grandhotelmiramare.it – Chiuso 7 gennaio-23 marzo

⁞◯ **Vistamare** – Vedere selezione ristoranti

⁞⛫⛫ Metropole   🌊 🛋 🗤 🗠 🗠 🗠 AC 🛋 P

DIMORA STORICA · LUNGOMARE Con un parco fiorito, digradante verso il mare la spiaggia privata, tutto il fascino di un hotel d'epoca e la piacevolezza di una grande professionalità unita all'accoglienza. Elegante sala ristorante dove gustare anche piatti liguri di terra e di mare.

53 cam 🖙 – ♦80/170 € ♦♦120/290 € – 4 suites

via Pagana 2 – 𝒞 0185 286134 – www.metropole.it – Chiuso 1° novembre-27 dicembre

🏨 Continental ⇗ ⪕ 🛏 🏵 ❦ ⚓ ⛰ AC ⚒ 🚗

TRADIZIONALE · LUNGOMARE In posizione panoramica e con ampio parco sul mare, questo hotel è indirizzo tra i più "gettonati" per quanto riguarda confort e relax. La sala da pranzo è quasi un tutt'uno con la terrazza, grazie alle ampie vetrate aperte.

68 cam ⌸ – ♦60/280 € ♦♦90/325 €

via Pagana 8 – ☎ 0185 286512 – www.hotel-continental.it – Chiuso 1° gennaio-23 marzo

🏠 Minerva 🦢 🛏 🏵 ⬆ ⛓ AC ⚒ 🚗

FAMILIARE · MEDITERRANEO Ubicazione tranquilla, a pochi minuti a piedi dal mare, per una risorsa d'impostazione classica condotta con professionalità, passione e attenzione per la clientela; ricca colazione a buffet e nuova terrazza panoramica con solarium, sauna e cyclette all'aperto. A disposizione anche un appartamento con cucina.

35 cam ⌸ – ♦90/142 € ♦♦110/285 € – 1 suite

via Maragliano 34/d – ☎ 0185 286073 – www.hotelminerva.eu – Chiuso 1° novembre-20 dicembre

🏨 Agriturismo Roberto Gnocchi 🦢 🛏 ⬛ 🅿

FAMILIARE · MEDITERRANEO E' come essere ospiti in una casa privata negli accoglienti interni di questa risorsa in posizione incantevole con vista mare dalla terrazza-giardino. Deliziose camere arredate con gusto.

12 cam ⌸ – ♦50/90 € ♦♦85/120 €

via San Lorenzo 29, località San Lorenzo della Costa, Ovest: 3 km – ☎ 0185 283431 – www.villagnocchi.it – Aperto 25 aprile-15 ottobre

SANTA MARIA Cuneo (CN) → Vedere La Morra

SANTA MARIA ANNUNZIATA Napoli → Vedere Massa Lubrense

SANTA MARIA DEGLI ANGELI Perugia → Vedere Assisi

SANTA MARIA DELLA VERSA
Pavia – ⊠ 27047 – 2 430 ab. – Alt. 199 m – Carta regionale n° **9**-B3
Carta stradale Michelin 561-H9

🍴 Sasseo ⪕ 🛏 🏠 AC ⚒ ⟳ 🅿

CUCINA MODERNA · ACCOGLIENTE XX Ubicato tra i vigneti, un grande casolare del 1700 sapientemente ristrutturato ospita due salette in tono rustico-elegante con camino. Cucina moderna e fantasiosa.

Menu 38/50 € – Carta 38/47 €

località Sasseo 3, Sud: 3 km – ☎ 0385 278563 – www.sasseo.com – Chiuso martedì a mezzogiorno e lunedì

🍴 Al Ruinello 🛏 🏠 AC ⚒ 🅿

CUCINA REGIONALE · FAMILIARE X Sembra di essere nel salotto "buono" di una casa privata... Ristorante a conduzione familiare, ricavato in una villetta privata, con piatti del territorio proposti a voce. Il menu segue le stagioni.

Carta 26/42 €

località Ruinello di sotto 1/a, Nord: 3 km – ☎ 0385 798164 (consigliata la prenotazione) – www.ristorantealruinello.it – Chiuso 15-27 gennaio, 4-27 luglio e da lunedì a giovedì

SANTA MARIA DEL MONTE (Sacro Monte) Varese (VA) → Vedere Varese

SANTA MARIA LA CARITÀ
Napoli (NA) – ⊠ 80050 – 11 722 ab. – Alt. 16 m – Carta regionale n° **04G**-B2

⊛ Gerani ⓐⓒ

CUCINA CAMPANA · SEMPLICE ✗ In un piccolo comune non distante da Pompei, si ferma ed apre il suo primo locale un cuoco napoletano che ha lavorato in molti ristoranti stellati. Qui la formula è quella della semplicità, sia nell'ambiente sia in cucina che è campana di terra e di mare. Il tutto ad un ottimo rapporto Q/P. Specialità: controfiletto di manzo glassato al Taurasi con tortino di patate e scalogno - babà.

Menu 30/40 € – Carta 28/45 €

piazza Borrelli – ✆ 081 874 4361 (prenotare) – www.geraniristorante.it – Chiuso 7-27 agosto, domenica sera e lunedì

SANTA MARIA MAGGIORE

Verbano-Cusio-Ossola – ✉ 28857 – 1 266 ab. – Alt. 816 m – Carta regionale n° **12**-C1
Carta stradale Michelin 561-D7

⊓○ Le Colonne

CUCINA REGIONALE · FAMILIARE ✗✗ Piatti ricchi di fantasia legati alle prelibatezze del territorio in un piccolo ed accogliente locale del centro. Bello il tavolo conviviale per chi ama la compagnia.

Carta 48/71 €

via Benefattori 7 – ✆ 0324 94893 (consigliata la prenotazione) – www.ristorantelecolonne.it – Chiuso 6-14 settembre, lunedì sera e martedì

SANTA MARIA NAVARRESE **Sardegna**

Ogliastra (OG) – ✉ 08040 – Carta regionale n° **16**-B2
Carta stradale Michelin 366-T44

⌂ Lanthia Resort ✿ ⊶ ⌱ ⚷ ▣ ⅙ ⒶⒸ ⅍ ℗

TRADIZIONALE · ACCOGLIENTE Albergo moderno a sviluppo orizzontale con sottopassaggio per la spiaggia attrezzata, si caratterizza per il suo ampio giardino con piscina, arredi moderni e - su prenotazione - anche massaggi.

28 cam ☲ – ♦110/300 € ♦♦159/350 € – 1 suite

via Lungomare snc – ✆ 0782 615103 – www.lanthiaresort.com – Aperto 1° maggio-1° ottobre

SANT'AMBROGIO DI VALPOLICELLA

Verona – ✉ 37015 – 11 737 ab. – Alt. 174 m – Carta regionale n° **23**-A3
Carta stradale Michelin 562-F14

⊓○ Groto de Corgnan ⅏ ⌤ ⅍ ⇆

CUCINA REGIONALE · RUSTICO ✗ E' una cucina rispettosa della tradizione ed in sintonia con le stagioni, quella proposta in questa piacevole casa di paese, con piccolo dehors: ambiente decoroso e rallegrato dal camino.

Menu 60/70 € – Carta 45/58 €

via Corgnan 41 – ✆ 045 773 1372 (prenotazione obbligatoria) – www.grotodecorgnan.it – solo a cena – Chiuso 24 dicembre-8 gennaio, domenica e lunedì

a San Giorgio di Valpolicella Nord-Ovest : 1,5 km ✉ 37015
- Sant'Ambrogio Di Valpolicella

⊓○ Dalla Rosa Alda ⅏ ⇆ ⅊ ⌤ ⅙

CUCINA REGIONALE · FAMILIARE ✗ Le star sono sicuramente le tagliatelle Enbogonè - una pasta fatta completamente a mano, condita con un sugo di fagioli borlotti, olio extravergine locale e rosmarino - ma il menu ha ancora tanto altro da offrire... Una cucina semplice, scandita e dominata dai prodotti del territorio selezionati con cura e passione. Accostati ad un'ottima selezione di vini locali.

Menu 40/70 € – Carta 26/56 €

10 cam ☲ – ♦65/75 € ♦♦90/110 €

strada Garibaldi 4 – ✆ 045 770 1018 – www.dallarosalda.it – Chiuso 8 gennaio-26 febbraio, domenica sera e lunedì

SANT'ANDREA Livorno → Vedere Elba (Isola d') : Marciana

SANT'ANGELO Macerata (MC) → Vedere Castelraimondo

SANT'ANGELO Napoli (NA) → Vedere Ischia (Isola d')

SANT'ANGELO IN PONTANO
Macerata – ⊠ 62020 – 1 436 ab. – Alt. 473 m – Carta regionale n° **11**-C2
Carta stradale Michelin 563-M22

ⅈ○ **Pippo e Gabriella**　　　　　　　　　　　　& ⇩ 🅿

CUCINA MARCHIGIANA · TRATTORIA X Un'osteria molto semplice, in posizione tranquilla, dove vige un'atmosfera informale ma cortese e si possono gustare specialità regionali. Griglia in sala.

Carta 18/43 €

località contrada l'Immacolata 33 – ℰ 0733 661120
– Chiuso 12 gennaio-12 febbraio, 1°-7 luglio e lunedì, anche domenica sera in ottobre-maggio

SANT'ANGELO IN VADO
Pesaro e Urbino (PU) – ⊠ 61048 – 4 133 ab. – Alt. 359 m – Carta regionale n° **11**-A1
Carta stradale Michelin 563-L19

🏠 **Palazzo Baldani**　　　　　　　　　　⇪ 🔁 & 🆎

DIMORA STORICA · PERSONALIZZATO Un palazzo del 1700 trasformato in un piccolo, ma delizioso albergo con camere dai toni caldi e letti in ferro battuto. Per un surplus di romanticismo: chiedete la stanza con il baldacchino.

14 cam ⌕ – †90/110 € ††90/110 €

via Mancini 4 – ℰ 0722 818892 – www.taddeoefederico.it

SANT'ANNA Como → Vedere Argegno

SANT'ANNA Cuneo → Vedere Roccabruna

SANT'ANTIOCO **Sardegna**
Carbonia-Iglesias – ⊠ 09017 – 11 313 ab. – Carta regionale n° **16**-A3
Carta stradale Michelin 366-L49

ⅈ○ **Moderno-da Achille**　　　　　　　　　　　　　⇦

CUCINA SARDA · FAMILIARE XX Un ambiente originale nelle mani di un abile chef, in grado di soddisfare il palato del cliente con proposte gastronomiche tradizionali e specialità sarde.

Menu 45/60 € – Carta 41/67 €

16 cam ⌕ – †45/70 € ††70/120 €

via Nazionale 82 – ℰ 0781 83105 – www.hotel-moderno-sant-antrioco.it – solo a cena – Aperto inizio giugno-fine settembre

SANT'ANTONIO DI GALLURA
Olbia-Tempio (OT) – ⊠ 07030 – 1 514 ab. – Alt. 355 m – Carta regionale n° **16**-B1
Carta stradale Michelin 366-Q38

🏠 **Aldiola Country Resort** ⓝ　　　　⇪ 🐾 ⇠ 🏊 🛎 🆎 🅿

CASA DI CAMPAGNA · TRADIZIONALE Fra le colline galluresi adagiato in una rigogliosa macchia mediterranea, questo piccolo albergo di charme affacciato sul sottostante lago del Liscia ha camere distribuite in numerosi cottage e una splendida piscina. Ideale punto di partenza per escursioni in Costa Smeralda o nell'interno.

20 cam ⌕ – †118/278 € ††118/278 €

strada provinciale 137, Lago del Liscia, Nord: 5,5 km – ℰ 079 668026
– www.aldiolacountry.com – Aperto inizio aprile-fine ottobre

SANTARCANGELO DI ROMAGNA

Rimini – ⊠ 47822 – 22 089 ab. – Alt. 42 m – Carta regionale n° **5**-D2
Carta stradale Michelin 562-J19

⅋○ **Lazaroun** ⇦ 🏠 AC

CUCINA REGIONALE · ACCOGLIENTE ✕✕ Il prototipo del locale romagnolo, dove un'efficiente e calorosa gestione familiare fa da supporto ad una cucina forte sia fra i primi, sia fra i secondi (paste fresche, salumi, carne anche cotta alla brace). Tra le particolarità del locale è da segnalare la presenza di antichissime grotte tufacee che caratterizzano parte del sottosuolo della località: realizzate intorno al 400 d.C. e riattivate poi dai Malatesta come vie di fuga grazie al loro intricato sviluppo a reticolo, il tratto di pertinenza del locale è visitabile.

Menu 45 € – Carta 33/60 €
8 cam – 🛏60/80 € 🛏🛏88/100 € - senza ⌑

via Del Platano 21
– ☏ 0541 624417 – www.lazaroun.it – Chiuso 15 giorni in gennaio, 15 giorni in
giugno e giovedì

⅋○ **Osteria la Sangiovesa** 🍴 🏠 AC 🔥

CUCINA EMILIANA · RUSTICO ✕ C'è un'osteria, semplice e informale, ideale per trascorrere una serata in compagnia, attorno a tavolini imbanditi di piadine, salumi e allegria. C'è anche il ristorante, un susseguirsi di salette, ricavate nelle gallerie di un antico palazzo, nelle quali giocano luci ed ombre e si ricordano personaggi legati alla storia locale. Qui anche la cucina si ispira al suo territorio e alle sue tradizioni per condurvi in un viaggio alla scoperta della Romagna; strozzapreti al guanciale di Saiano e torta allo squacquerone tra gli imperdibili del menu.

Menu 36 € – Carta 34/60 €

piazza Simone Balacchi 14
– ☏ 0541 620710 – www.sangiovesa.it – solo a cena escluso i giorni festivi – Chiuso
24 dicembre-1° gennaio

🏠 **Il Villino** 🛗 🏠 ⊡ ⅏ AC 🅿

CASA PADRONALE · PERSONALIZZATO Ai margini del centro storico, villa seicentesca ristrutturata con atmosfere provenzali. Oltre alle due camere, Pavone e Fagiano, i cui decori si rifanno al volatile di riferimento, altre eclettiche stanze ripropongono nel nome lo stile che le contraddistingue: da quella esotica in omaggio alla Cina, alla camera più austera in stile napoleonico. Recentemente inaugurate anche due nuove suite (denominate LUI e LEI), rifugi per viaggiatori molto esigenti.

12 cam ⌑ – 🛏70/100 € 🛏🛏100/160 €

via Ruggeri 48
– ☏ 0541 685959 – www.hotelilvillino.it

a Montalbano Ovest : 6 km ⊠ 47822 – Santarcangelo Di Romagna

🏠 **Agriturismo Locanda Antiche Macine** 🌿 🐾 🛗 ⛲ 🍴 AC 🏇

CASA DI CAMPAGNA · ACCOGLIENTE Ricavata in un antico frantoio, 🅿 accogliente ed elegante locanda immersa nel verde della campagna riminese, con un percorso natura ed un laghetto per la pesca sportiva. La tipicità non riguarda solo l'ambiente, ma "veste" anche la tavola con piatti della tradizione romagnola a base di prodotti stagionali (molti provenienti dalla propria azienda agricola): passatelli, strozzapreti alle verdure, tagliatelle al ragù, tagliata di manzo.

14 cam ⌑ – 🛏60/150 € 🛏🛏90/200 €

via Provinciale Sogliano 1540 – ☏ 0541 627161 – www.antichemacine.it – Chiuso
8-18 gennaio

SANTA REGINA Siena → Vedere Siena

SANTA REPARATA Sardegna Olbia-Tempio → Vedere Santa Teresa Gallura

SANTA TERESA GALLURA **Sardegna**
Olbia-Tempio – ⊠ 07028 – 5 232 ab. – Carta regionale n° **16**-B1
Carta stradale Michelin 366-Q36

ⅈ◯ **L'Osteria**   ⌂

PESCE E FRUTTI DI MARE · INTIMO X Trattoria marinara affacciata sul porto turistico dispone di una saletta interna e un bel dehors; specialità ittiche secondo il mercato.

Carta 45/56 €

località Porto Turistico – ℰ 0789 755216 – Aperto 25 aprile-20 settembre; chiuso lunedì sino al 15 giugno

🏠 **Corallaro**   ✿ ⅗ ⋖ 🛏 🍴 ⊡ & 🄰🄲 ⅏ 🅿

FAMILIARE · MEDITERRANEO Immerso nella rigogliosa macchia mediterranea con vista sulle Bocche di Bonifacio, un hotel moderno dalle camere confortevoli e ben arredate ed una nuova piscina solarium. A due passi dalla bianca spiaggia.

81 cam ⊡ – ♦90/200 € ♦♦160/350 € – 2 suites

spiaggia Rena Bianca – ℰ 0789 755475 – www.hotelcorallaro.it
– Aperto 10 maggio-15 ottobre

🏠 **Marinaro**   ✿ ⊡ 🄰🄲

FAMILIARE · ACCOGLIENTE Sito nel centro ma non distante dalla spiaggia, un edificio dal tipico disegno architettonico con ambienti dal vivace impatto cromatico.

27 cam ⊡ – ♦45/100 € ♦♦65/135 €

via Angioy 48 – ℰ 0789 754112 – www.hotelmarinaro.it – Aperto 20 marzo-2 novembre

a Santa Reparata Ovest : 3 km ⊠ 07028 – Santa Teresa Gallura

ⅈ◯ **S'Andira**   🛏 ⌂ & 🅿

PESCE E FRUTTI DI MARE · ELEGANTE XX Un indirizzo di solida gestione e simpatica cortesia: piacevoli sale, nonché grazioso dehors immerso nel verde della macchia mediterranea. Specialità di pesce in menu.

Carta 49/89 €

via Orsa Minore 1 – ℰ 0789 754273 – www.sandira.it – Aperto 1° maggio-30 settembre

a Conca Verde Sud-Est : 12 km (OT) – ⊠ 07028 – Santa Teresa Gallura

🏠🏠 **La Coluccia**   ✿ 🛏 🍴 🕭 🍸 ℩🅰 ⊡ & 🄰🄲 🅿

TRADIZIONALE · MODERNO Sulla piccola spiaggia di Conca Verde, questo hotel dal raffinato stile moderno dispone di belle camere alcune con affaccio sul mare, altre sulla rigogliosa macchia mediterranea che abbraccia la struttura.

49 cam ⊡ – ♦122/343 € ♦♦196/578 €

località Conca Verde, via Ulisse – ℰ 0789 758004 – www.hotellacoluccia.com
– Aperto inizio aprile-fine ottobre

sulla strada statale 133 Sud-Est : 12 km

🏠🏠🏠 **Resort Valle dell'Erica Thalasso & SPA**   ✿ ⅗ 🛏 🍴 🕭 ℩🅰 ℩🅰

LUSSO · MEDITERRANEO Splendida posizione in un parco di 50   🄰🄲 🍽 🅿 ettari, escursioni organizzate alle isole dell'arcipelago della Maddalena o a quelle del sud della Corsica. Diversi ristoranti con proposte a buffet o alla carta e grande attenzione per i piccoli ospiti con baby e mini club seguiti da personale specializzato.

271 cam – solo ½ P 150/320 € – 14 suites

località Valle dell'Erica – ℰ 0789 790018 – www.resortvalledellerica.com – Aperto 1° maggio-30 settembre

SANTA TRADA DI CANNITELLO Reggio di Calabria → Vedere Villa San Giovanni

SANTA VITTORIA D'ALBA
Cuneo – ✉ 12069 – 2 506 ab. – Alt. 346 m – Carta regionale n° **14**-C2
Carta stradale Michelin 561-H5

🏰 Castello di Santa Vittoria

DIMORA STORICA · MODERNO C'è ancora la torre dell'anno mille in cui si può salire per ammirare la vallata e le Langhe. Con meno fatica, prenotate una camera con vista, nei giorni più limpidi il panorama è mozzafiato. Edificio novecentesco, ma gli arredi all'interno sono contemporanei.

38 cam ⌧ – ♦90/120 € ♦♦150/170 €
via Cagna 4 – ℰ 0172 478198 – www.santavittoria.org

SAN TEODORO **Sardegna**
Olbia-Tempio – ✉ 08020 – 4 934 ab. – Carta regionale n° **16**-B1
Carta stradale Michelin 366-Q36

a **Puntaldia** Nord : 6 km ✉ 08020 – San Teodoro

🏰 Due Lune Resort Golf & Spa

LUSSO · PERSONALIZZATO In riva al mare, vicina al campo da golf e circondata da un giardino con prato all'inglese, una struttura dal confort esclusivo e raffinato dotata di beauty farm e zona relax. In un'elegante sala ristorante interna è possibile farsi servire proposte gastronomiche classiche dai sapori regionali.

64 cam – solo ½ P 178/336 € – 2 suites
– ℰ 0784 864075 – www.duelune.com – Aperto 11 maggio-7 ottobre

SANT'EUFEMIA DELLA FONTE Brescia → Vedere Brescia

SANT'ILARIO D'ENZA
Reggio nell'Emilia – ✉ 42049 – 11 205 ab. – Alt. 59 m – Carta regionale n° **5**-A3
Carta stradale Michelin 562-H13

🍴 Prater

CUCINA REGIONALE · CONTESTO CONTEMPORANEO XX Nel centro cittadino, in una sala moderna, la carta ospita sia piatti di pesce che di carne, ma sono soprattutto le ricette della tradizione a riscuotere successo, dai tortelli di zucca ai cappelletti sino alla punta di vitello.

Carta 30/51 €
via Roma 39 – ℰ 0522 672375 – www.ristorante-prater.it – Chiuso 1°-7 gennaio, 1°-20 agosto, sabato a mezzogiorno, domenica in luglio, mercoledì negli altri mesi

SANT'OMOBONO TERME
Bergamo (BG) – ✉ 24083 – 3 078 ab. – Alt. 498 m – Carta regionale n° **10**-C1
Carta stradale Michelin 561-E10

🍴 Posta

CUCINA LOMBARDA · FAMILIARE XX Esperta conduzione familiare in un locale che propone una cucina fatta di piatti moderni e tradizione, mentre a disposizione degli ospiti - ora - ci sono anche un paio di confortevoli camere.

Menu 18 € (pranzo in settimana)/65 € – Carta 45/77 €
2 cam ⌧ – ♦70/90 € ♦♦85/120 €
*viale Vittorio Veneto 169 – ℰ 035 851134 (prenotare) – www.frosioristoranti.it
– Chiuso lunedì e martedì escluso luglio-agosto*

🏨 Villa delle Ortensie 🛎 🦢 ⪦ ⊒ 🖥 🏧 🏫 🛋 🖵 ⛸ 🏋 🅿

SPA E WELLNESS · CLASSICO Nel cuore verde della valle Imagna, una residenza gentilizia di fine '800 che ha mantenuto inalterato il fascino di un tempo. Le moderne e molteplici proposte in ambito salutistico, termale o estetico fanno del soggiorno a Villa delle Ortensie un momento di vero benessere.

37 cam ⬮ – ♦85/175 € ♦♦130/310 €

viale alle Fonti 117 – ☎ 035 852242 – www.villaortensie.com – Chiuso 8-26 dicembre e 9 gennaio-1° marzo

SANTO STEFANO Treviso (TV) ➜ Vedere Valdobbiadene

SANTO STEFANO AL MARE

Imperia – ✉ 18010 – 2 197 ab. – Carta regionale n° **8**-A3
Carta stradale Michelin 561-K5

🍽 La Cucina 🏠 🅰🅲

PESCE E FRUTTI DI MARE · TRATTORIA ✗ Il turista non può che trovare di proprio gradimento questo locale! Tra i carruggi del centro, l'ingresso attraverso una veranda estiva, poi una sala più caratteristica, rustica e simpatica. Proposte locali, soprattutto marinare.

🍴 Menu 23 € (pranzo in settimana)/32 € – Carta 32/55 €

piazza Cavour 7 – ☎ 0184 485040 – www.ristorantelacucina.it – solo a cena da lunedì a venerdì in luglio-agosto – Chiuso lunedì

SANTO STEFANO BELBO

Cuneo – ✉ 12058 – 3 984 ab. – Alt. 170 m – Carta regionale n° **14**-D2
Carta stradale Michelin 561-H6

✿ Il Ristorante di Guido da Costigliole (Luca Zecchin) 😎 ⪦ 🍴

CUCINA PIEMONTESE · ELEGANTE ✗✗✗ Circondati da un paesag- 🏠 🅰🅲 ⇔ 🅿
gio romantico, le Langhe, le cui colline coltivate a vigneti sono diventate patrimonio UNESCO, incantevoli tramonti rendono indimenticabile la sosta, soprattutto d'estate, quando è consigliata una cena sulla terrazza panoramica. L'austera sobrietà della sala è il magico contorno di una serata romantica e gastronomica, all'insegna dei classici piemontesi - in prevalenza di carne - accompagnati da qualche proposta più creativa.

➜ Agnolotti del plin. Capretto di Roccaverano al forno. Crostatina di cioccolato fondente.

Menu 90/240 € – Carta 79/143 €

Hotel Relais San Maurizio, località San Maurizio 39, Ovest: 3 km – ☎ 0141 844455 – www.guidosanmaurizio.com – solo a cena – Chiuso martedì

🏨 Relais San Maurizio 🛎 🦢 ⪦ 🍴 ⊒ 🖥 🏧 🏫 🛋 🖵 ⛸ 🅰🅲 🏋 🅿

LUSSO · ELEGANTE Dominante un incantevole paesaggio collinare, il monastero del 1619 ha lasciato spazio ad un raffinato ed esclusivo albergo, composto da un'infilata d'incantevoli salotti, eleganti camere dagli arredi classici e una spa di più di mille metri quadrati. Non solo elegante ristorante, San Maurizio Truffle Bistrot è anche un vero e proprio centro di sperimentazione culinaria.

20 cam ⬮ – ♦250/330 € ♦♦380/660 € – 16 suites

località San Maurizio, Ovest: 3 km – ☎ 0141 841900 – www.relaissanmaurizio.it
✿ **Il Ristorante di Guido da Costigliole** – Vedere selezione ristoranti

SANTO STEFANO DI CADORE

Belluno – ✉ 32045 – 2 609 ab. – Alt. 908 m – Carta regionale n° **23**-C1
Carta stradale Michelin 562-C19

la cura

la passione

l'equilibrio

PARMA
PROSCIUTTO DI PARMA

La Zìria

CUCINA REGIONALE · FAMILIARE ✗ Diverse sale e stube per un locale che dedica molte energie al vino: oltre 600 etichette sono, infatti, custodite nella bella cantina ed ottima è anche la selezione al bicchiere che accompagna le gustose specialità regionali della casa. In primis, i casunziei "La Zìria".
🍴 Menu 25/95 € – Carta 28/97 €

Monaco Sport Hotel, via Lungo Piave 60 – ℰ 0435 420440 (prenotazione obbligatoria a mezzogiorno) – www.monacosporthotel.com – Chiuso 3-27 aprile,
30 settembre-30 ottobre, 4 novembre-6 dicembre e lunedì

🏠 **Monaco Sport Hotel** ≤ 🏠 ⬍ 🅰🅲 🚗

LOCANDA · TRADIZIONALE Fuori dal centro, oltre il fiume, risorsa dall'atmosfera familiare che propone gradevoli aree comuni e camere semplici, arredate nel caratteristico stile montano.
26 cam ⌚ – †50/95 € ††90/195 €

via Lungo Piave 60 – ℰ 0435 420440 – www.monacosporthotel.com – Chiuso
3-27 aprile, 30 settembre-30 ottobre e 4 novembre-6 dicembre
🍴 **La Zìria** – Vedere selezione ristoranti

SAN TROVASO Treviso → Vedere Preganziol

SANTUARIO → Vedere nome proprio del santuario

SANTU LUSSURGIU Sardegna

Oristano (OR) – ✉ 09075 – 2 383 ab. – Alt. 503 m – Carta regionale n° **16**-A2

🍴◯ **Antica Dimora del Gruccione** 🏠 🅰🅲

CUCINA SARDA · LOCANDA ✗ Nella bella stagione si mangia nella piccola corte interna, altrimenti ci si accomoda nella sala che un tempo fu cantina; dalla cucina un menu degustazione che cambia di giorno in giorno inseguendo la stagionalità e cercando di presentare il meglio delle materie prime dell'isola.
Menu 35/50 €

Hotel Antica Dimora del Gruccione, via Michele Obinu 31 – ℰ 0783 552035
– www.anticadimora.com – solo a cena escluso domenica – Chiuso
7 gennaio-10 febbraio

🏠 **Antica Dimora del Gruccione** 🦌 🅰🅲

DIMORA STORICA · PERSONALIZZATO Nel piccolo centro storico, vive e rivive la lunga tradizione sarda soprattutto in questa bella casa di origini settecentesche, convertita in albergo diffuso; nelle camere calde e personalizzate, elementi tipici della zona si sposano con colori ricercati e linee anni Cinquanta.
17 cam ⌚ – †60/100 € ††90/150 € – 2 suites

via Michele Obinu 31 – ℰ 0783 552035 – www.anticadimora.com – Chiuso
7 gennaio-10 febbraio
🍴◯ **Antica Dimora del Gruccione** – Vedere selezione ristoranti

SAN VIGILIO Bergamo (BG) → Vedere Bergamo

SAN VIGILIO VIGILJOCH Bolzano (BZ) → Vedere Lana

SAN VIGILIO DI MAREBBE ST. VIGIL ENNEBERG

Bolzano – ✉ 39030 – Alt. 1 285 m – Carta regionale n° **19**-C1
Carta stradale Michelin 562-B17

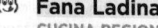 **Fana Ladina** 🏠 🅿

CUCINA REGIONALE · ROMANTICO ✗ In una delle case più antiche di San Vigilio questo ristorante offre proposte tipiche della cucina ladina, in sale arredate con abbondanza di legno ed una graziosa stube. Tra le varie specialità del menu, meritano un assaggio i medaglioni di cervo in salsa ai mirtilli rossi.
Carta 28/63 €

strada Plan de Corones 10 – ℰ 0474 501175 – www.fanaladina.com – Aperto
1° dicembre-3 aprile e 22 giugno-7 ottobre; chiuso mercoledì in bassa stagione

⏺️🟰 Tabarel ⠀⠀⠀⠀⠀⠀⠀⠀⠀⠀⠀⠀⠀⠀⠀⠀⠀🏵 ⏦

CUCINA REGIONALE · INTIMO XX Sulla piazza del paese, questo locale vi darà la possibilità di scegliere tra rustico bistrot e curato ristorante con proposte sia tipiche sia gourmet. Noi vi consigliamo il secondo dove gustare in prevalenza specialità regionali, ma il piatto forte sono vari tipi di carne cotti nel proverbiale forno a legna Josper. Ultima, ma non ultima, la cantina con degustazioni di salumi e, su prenotazione, fondute.

Menu 48/58 € – Carta 24/72 €

via Catarina Lanz 28 – ☎ 0474 501210 – www.tabarel.com – Aperto
1º dicembre-10 aprile e 20 giugno-10 ottobre

🏠 Almhof-Hotel Call ⠀⠀⠀⠀⠀⠀⠀⠀⠀⠀⠀⠀🏠⠀🏢🛈 📶 🏋 🗘 **P**

FAMILIARE · STILE MONTANO Un piacevolissimo rifugio montano, valido punto di riferimento per concedersi un soggiorno all'insegna della natura, del relax e del benessere, coccolati dal confort. Al ristorante per un curato momento dedicato al palato.

46 cam – solo ½ P 115/230 €

via Plazores 8 – ☎ 0474 501043 – www.almhof-call.com – Aperto 2 dicembre-8 aprile
e 1º giugno-10 ottobre

🏠 Excelsior ⠀⠀⠀⠀⠀⠀⠀⠀🏠🐾⟨⠀🏠⠀❄️🏢🛈 📶 🏋 🗘 ♿ 🅿 🚗

SPA E WELLNESS · STILE MONTANO A pochi metri dalle piste da sci, ma non lontano dal centro, oltre che per le buone camere dagli arredi tradizionali in legno, l'albergo si segnala per l'ampio centro benessere, ben 1300 m^2, quattro piscine, di cui una esterna e riscaldata.

43 cam ⌑ – ♦158/310 € ♦♦270/608 € – 7 suites

via Valiares 44 – ☎ 0474 501036 – www.myexcelsior.com – Aperto 7 dicembre-2 aprile
e 1º luglio-6 ottobre

🏠 Aqua Bad Cortina et Mineral Baths ⠀⠀⠀⠀🏠🐾🏠 📶 🗘 ♿ **P**

FAMILIARE · PERSONALIZZATO Un'oasi di tranquillità affacciata sul Parco Naturale: alcune camere sono dedicate alle leggende locali, altre s'ispirano all'acqua e alle proprietà curative della sorgente attorno alla quale la struttura si colloca e che alimenta l'area wellness, nonché l'acqua che scorre dai rubinetti di ogni bagno. Nella bella stagione, non perdetevi l'incanto del giardino con idromassaggio a cielo aperto.

21 cam – solo ½ P 170/187 €

strada Fanes 40 – ☎ 0474 501215 – www.aquabadcortina.it – Aperto
1º dicembre-15 aprile e 1º giugno-5 ottobre

🏠 Teresa ⠀⠀⠀⠀⠀⠀⠀⠀⠀⠀⠀⠀⠀⠀🏠🏢 📶 🏋 🗘 ♿ ♿ **P**

FAMILIARE · TRADIZIONALE Fatevi coccolare dalla zona benessere o partecipate alle numerose escursioni naturalistiche organizzate dall'accogliente famiglia: sia che optiate per la prima o la seconda scelta, presto scoprirete che la piacevolezza di questa struttura non si esaurisce nelle belle camere e negli spazi comuni in stile alpino moderno.

32 cam ⌑ – ♦76/141 € ♦♦152/282 €

strada Plan de Corones 2 – ☎ 0474 501001 – www.hotel-teresa.com
– Aperto 3 dicembre-8 aprile e 26 maggio-8 ottobre

SAN VINCENZO

Livorno – ✉ 57027 – 6 911 ab. – Carta regionale n° **18**-B2
Carta stradale Michelin 563-M13

⏺️🟰 La Perla del Mare ⠀⠀⠀⠀⠀⠀⠀⠀⠀⠀⠀⟨ 🏮 🛶 ♿ 🅰️

PESCE E FRUTTI DI MARE · ELEGANTE XX Moderna struttura di legno e acciaio, scenograficamente affacciata sulla spiaggia di San Vincenzo, da cui si gode, all'orizzonte, il profilo delle isole Capraia, Corsica ed Elba. Anche il menu cita il mare in piatti d'ispirazione contemporanea.

Menu 55/65 € – Carta 50/89 €

via della Meloria 9 – ☎ 0565 702113 (consigliata la prenotazione)
– www.laperladelmare.it – Chiuso 8 gennaio-15 febbraio, 4 novembre-4 dicembre; in
inverno aperto solo nel fine settimana

Sabbia d'Oro ✿ ⪡ 🏠 ⊡ 🅰🅲 ⅏ �car

TRADIZIONALE · DESIGN Praticamente sul mare con la sua bella spiaggia attrezzata, ambienti luminosi che uniscono uno stile moderno ad uno più tipicamente marinaresco; anche le camere si differenziano per questi due generi. A completare l'offerta un piccolo e grazioso centro benessere.

40 cam ☲ – ❙200/260 € ❙❙340/420 €

via della Repubblica 38 – ☎ 0565 701332 – www.hotel-sabbiadoro.it

sulla strada per San Carlo

🍴 **Il Sale** 🏠 🅰🅲

CUCINA REGIONALE · ROMANTICO XX Dove le colline, i cipressi e gli ulivi del più tipico paesaggio toscano incontrano il mare nasce il ristorante Il Sale: il legame con il territorio e la qualità dei piatti sono rafforzati dai numerosi prodotti coltivati dall'azienda stessa. A pranzo light lunch, la sera à la carte.

Carta 41/63 € – carta semplice a pranzo

Poggio ai Santi, via San Bartolo 100, frazione San Carlo, Est: 3,5 km
– ☎ 0565 798015 (consigliata la prenotazione)
– solo a cena in giugno-settembre
– Aperto 21 marzo-30 ottobre, chiuso martedì

🏨 **Poggio ai Santi** 🌿 ⪡ 🛏 🔒 🅰🅲 ⅏ 🅿

LUSSO · ELEGANTE Arrampicato tra splendide colline, ma con vista che arriva sino alla Corsica, camere di raffinata eleganza ed uno splendido giardino botanico: un eden tutto toscano!

14 cam ☲ – ❙225 € ❙❙480 €

via San Bartolo 100, frazione San Carlo, Est: 3,5 km
– ☎ 0565 798032 – www.poggioaisanti.com
– Aperto 21 marzo-31 ottobre
🍴 **Il Sale** – Vedere selezione ristoranti

SAN VITO DI CADORE

Belluno – ✉ 32046 – 1 857 ab. – Alt. 1 010 m – Carta regionale n° **23**-C1
Carta stradale Michelin 562-C18

🌸 **Aga** (Del Favero e Piras) 🔒 🍴 🅿

CUCINA CREATIVA · INTIMO XX Tecnica, avanguardia ed originalità: ai piedi del monte Pelmo, pochi tavoli per viziare al meglio i propri ospiti con piatti che rileggono in modo personale i classici della cucina internazionale. Dal pane al burro, fino a proposte gastronomiche più sofisticate, partirete per un appassionante viaggio di sorprese e scoperte emozionanti.
→ Reginette alla colatura di ragù, tamarindo e menta. Pollo in due servizi: "tonnato" con brodo alla vaniglia e coscia con aceto di albicocche. Il non tiramisù.

Menu 70/95 € – Carta 59/103 €

via Trieste 6
– ☎ 0436 890134 – www.agaristorante.it – Aperto 12 dicembre-10 aprile e
19 giugno-10 ottobre; chiuso mercoledì

🏨 **Parkhotel Ladinia** ✿ 🌿 ⪡ 🍴 🔲 ⊕ 🏠 💪 ⊡ 🔒 🍴 🚗

TRADIZIONALE · PERSONALIZZATO Nella parte alta e soleggiata della località, in zona tranquilla e panoramica, l'hotel si è potenziato ed in parte rinnovato in anni recenti: 700 mq di benessere nell'attrezzata Spa e la splendida piscina coperta dalle cui vetrate a tutt'altezza si ammirano le Dolomiti.

40 cam ☲ – ❙65/140 € ❙❙120/260 €

via Ladinia 14
– ☎ 0436 890450 – www.hladinia.it – Aperto 5 dicembre-18 marzo e
18 giugno-20 settembre

SAN VITO DI LEGUZZANO

Vicenza – ⊠ 36030 – 3 608 ab. – Alt. 158 m – Carta regionale n° **23**-B2
Carta stradale Michelin 562-E16

🕲 Antica Trattoria Due Mori   ⇔ 🎟 ⌂

VENEZIANA · CONTESTO TRADIZIONALE XX La stessa famiglia da sempre al timone del ristorante propone una linea gastronomica basata sulla memoria veneta con alcune specialità della casa - le fettuccine al colombaccio, tra le nostre preferite - antipasti a vista e carni alla brace.

Carta 30/54 €

9 cam ⌷ – ♦50 € ♦♦78 €

via Rigobello 39 – ℰ 0445 511611 – www.trattoriaduemori.it – Chiuso 1°-15 agosto e lunedì a mezzogiorno

SAN VITO LO CAPO Sicilia

Trapani – ⊠ 91010 – 4 654 ab. – Carta regionale n° **17**-A2
Carta stradale Michelin 365-AL54

🍴 Tha'am   ⇔ 🎐 🎟 ⅏

CUCINA MEDITERRANEA · AMBIENTE ESOTICO XX Ceramiche colorate, lampade e illuminazioni di gusto orientaleggiante: la Sicilia incontra le tendenze arabe per culminare in una cucina mediterranea dalle specialità tunisine. Curate e ricche di dettagli, le camere sono tutte graziose e della stessa atmosfera arabeggiante.

Carta 27/49 €

4 cam ⌷ – ♦40/108 € ♦♦45/120 € *via Duca degli Abruzzi 32 – ℰ 0923 972836 – www.sanvitoweb.com/thaam – Aperto 1° aprile-10 novembre; chiuso mercoledì escluso giugno-settembre*

🍴 Profumi del Cous Cous   🎐 ⅋ 🎟

CUCINA REGIONALE · STILE MEDITERRANEO XX Se al cous cous spetta il ruolo di primo attore della carta, non per questo vanno trascurate le altre specialità isolane. Locale d'atmosfera: soprattutto d'estate, nella bella corte interna tra le piante di agrumi.

Carta 29/63 €

Hotel Ghibli, via Regina Margherita 80 – ℰ 0923 974155 – www.ghiblihotel.it – Aperto 1° aprile-31 ottobre

🍴 Da Alfredo   ⇐ 🛋 🎐 🅿

CUCINA DEL TERRITORIO · AGRESTE X La gestione è familiare e molto simpatica, a partire proprio da Alfredo che si occupa della cucina: saporita e siciliana, da provare le paste fatte in casa. Servizio estivo sotto il pergolato.

Menu 30/45 € – Carta 27/57 €

contrada Valanga 3, Sud: 1 km – ℰ 0923 972366 – www.ristorantealfredosanvito.it – Chiuso gennaio, lunedì a pranzo in estate, anche lunedì sera negli altri mesi

🍴 Gna' Sara   🎐 🎟

CUCINA DEL TERRITORIO · CONVIVIALE X Lungo la strada parallela al corso principale, un locale sobrio e affollato (ma c'è anche un bel dehors) dove riscoprire i piatti della tradizione locale, come il cous cous di pesce, le busiate fatte a mano o l'immancabile pizza.

Carta 30/67 €

via Duca degli Abruzzi 6 – ℰ 0923 972100 – www.gnasara.it – Aperto 1° marzo-3 novembre

🏨 Baglio La Porta di San Gerardo   🌳 🏊 ⇐ 🛋 🎐 🎟 🅿

LUSSO · MINIMALISTA Stile moderno-minimalista, eleganza e charme, in un baglio settecentesco appartenuto al barone omonimo; i motivi per cui sceglierlo si dividono tra la tranquilla posizione panoramica e le camere del corpo centrale, le più affascinanti, o quelle nelle ex stalle, le più luminose.

15 cam ⌷ – ♦126/234 € ♦♦140/260 € – 5 suites

contrada Fauci Grande, Sud-Est: 8 Km ⊠ 91010 – ℰ 0923 974216 – www.bagliolaporta.it – Aperto 1° aprile-31 ottobre

Capo San Vito ⚡ ⋜ 🛋 🔑 🖂 ⚅ 🆔

LUSSO · LUNGOMARE Direttamente sulla spiaggia, la struttura dispone anche di uno spazio in cui si effettuano trattamenti benessere e massaggi. Eleganti le camere, molte delle quali con vista mare.

35 cam ☲ – †126/450 € ††140/450 €

via San Vito 1 – 𝒞 0923 972122 – www.caposanvito.it – Aperto 20 marzo-15 novembre

Ghibli 🛋 🔑 🖂 ⚅ 🆔 🍽

TRADIZIONALE · MEDITERRANEO Grande attenzione è stata riservata alla scelta dell'arredo delle camere che presentano mobili d'epoca in stile liberty, tutti siciliani. Fresca corte interna e una piccola area wellness.

16 cam ☲ – †65/220 € ††70/230 € – 1 suite

via Regina Margherita 80 – 𝒞 0923 974155 – www.ghiblihotel.it
– Aperto 1 aprile-31 ottobre

🍽 **Profumi del Cous Cous** – Vedere selezione ristoranti

Alaba ⚅ 🆔 🍽 🚗

FAMILIARE · MODERNO Un nuovo albergo dalle linee sinuose e dal design minimalista voluto da una gestione già impegnata in questo settore: camere moderne e la bella spiaggia a pochi metri.

11 cam ☲ – †60/200 € ††70/230 €

via Mazzini 13 – 𝒞 0923 621405 – www.alabahotel.com – Aperto 1° marzo-31 ottobre

Halimeda ⚅ 🆔 🍽

FAMILIARE · PERSONALIZZATO Accogliente e originale, a pochi metri dal mare, ad ogni camera è stato attribuito un nome che ha ispirato lo stile dell'arredamento: un viaggio tra i cinque continenti. All'ultimo piano, una bella terrazza per la prima colazione.

9 cam ☲ – †40/70 € ††60/145 €

via Generale Arimondi 100 – 𝒞 0923 972399 – www.hotelhalimeda.com – Aperto 1° marzo-30 ottobre

B and B San Vito 🆔

FAMILIARE · MEDITERRANEO Nel centro della località, ma a pochi metri dalla spiaggia, la titolare è una simpatica signora che ha deciso di riconvertire la propria abitazione in una struttura ricettiva. E il fascino da casa privata si percepisce – senza alcun indugio – nelle spaziose camere dagli arredi personalizzati (testate e accessori in bambù).

5 cam ☲ – †40/120 € ††50/130 €

via San Vito 26 – 𝒞 360 409 905 – www.bbsanvito.com

SAN VITTORE OLONA

Milano – ✉ 20028 – 8 420 ab. – Alt. 197 m – Carta regionale n° **10**-A2
Carta stradale Michelin 561-F8

La Fornace 🆔 **P**

CUCINA ITALIANA · AMBIENTE CLASSICO ✕✕ Nel contesto strutturale dell'hotel Poli, ma con ingresso indipendente, raccolto e curato dall'ottima gestione diretta, ristorante con proposte stuzzicanti di cucina italiana completate dai fuori carta, dal menu "a mano" libera più creativo e dal piatto unico del pranzo.

🍴 Menu 25/80 € – Carta 45/82 €

Poli Hotel, strada statale Sempione, ang.via Pellico – 𝒞 0331 518308
– www.ristorantelafornace.it – Chiuso 1°-20 agosto

Poli Hotel 🖂 ⚅ 🆔 🚗

BUSINESS · MODERNO Confortevole hotel lungo la statale del Sempione, contraddistinto da modernità ed ottimo confort. Gestione cordiale e competente. Ideale per una clientela business. E' dotato anche di un ottimo ristorante!

49 cam ☲ – †60/399 € ††70/400 € – 8 suites

strada statale Sempione, ang. via Pellico – 𝒞 0331 423411 – www.polihotel.com

🍽 **La Fornace** – Vedere selezione ristoranti

SAN ZENO DI MONTAGNA

Verona (VR) – ✉ 37010 – 1 355 ab. – Alt. 581 m – Carta regionale n° **23**-A2
Carta stradale Michelin 562-F14

⅏○ **Taverna Kus** 🛋 **P**

CUCINA REGIONALE · VINTAGE ✕✕ Ambiente rustico-elegante reso originale da un'ampia collezione di specchi, ceramiche ed altro ancora in una taverna molto apprezzata in provincia per la sua proverbiale attenzione alla cucina locale, nonché alla stagionalità delle materie prime.

Menu 43/52 € – Carta 35/65 €

contrada Castello 14 – ☎ 045 728 5667 – www.tavernakus.it
– Chiuso 9 gennaio-10 febbraio, martedì a mezzogiorno e lunedì in inverno

🏠 **Diana** ☆ 🐾 ≤ 🍴 ⅃ 🕸 ✕ 🖂 🕭 🔟 🕸 **P**

TRADIZIONALE · ACCOGLIENTE Una grande struttura, immersa nel verde di un boschetto-giardino e con vista sul Lago di Garda, aggiornata di continuo in servizi e dotazioni; sport, relax e benessere. Dal ristorante ci si affaccia sulla verde quiete lacustre.

50 cam ☲ – ♦68/88 € ♦♦80/150 €

Contrada Cà Montagna 54 – ☎ 045 728 5113 – www.hoteldiana.biz – Aperto
15 aprile-15 ottobre

SAPPADA

Belluno (BL) – ✉ 32047 – 1 414 ab. – Alt. 1 250 m – Carta regionale n° **23**-C1
Carta stradale Michelin 562-C20

🕸 **Laite** (Fabrizia Meroi) 🕸 🕭 🕸

CUCINA REGIONALE · ROMANTICO ✕✕ Tra fienili e case d'epoca, si mangia in due romantiche, secolari stube. Una coppia al timone: Roberto in sala, competente ed ospitale, molto bravo nella gestione dei vini (anche al bicchiere), Fabrizia in cucina ad esaltare i prodotti e le ricette locali. Si punta ai sapori, più che ai virtuosismi tecnici.

➜ Tortello all'uovo. "Sopa coada" di piccione. Tiramisù.

Menu 80/120 € – Carta 62/108 €

borgata Hoffe 10 – ☎ 0435 469070 (consigliata la prenotazione)
– www.ristorantelaite.com – Chiuso giugno, ottobre, giovedì a mezzogiorno e
mercoledì escluso dicembre e luglio-agosto

⅏○ **Baita Mondschein** 🕭 **P**

CUCINA REGIONALE · FAMILIARE ✕✕ A pranzo, il locale è frequentato soprattutto da sciatori e dagli amanti delle passeggiate tra i boschi; maggior intimità - la sera - ed una carta più ampia con piatti del territorio rivisitati e alleggeriti. Nel solco dell'atmosfera ospitale delle baite montane!

Menu 35/65 € – Carta 31/82 €

borgata Bach 96 – ☎ 0435 469585 (consigliata la prenotazione)
– www.ristorantemondschein.it – Chiuso 15 maggio-15 giugno, 2-30 novembre e
martedì in bassa stagione

🏠 **Haus Michaela** ☆ ≤ 🍴 ⅃ 🕸 🖂 🖾 🏔

TRADIZIONALE · STILE MONTANO Bio-hotel che piacerà sicuramente agli spiriti green, grazie al suo approvvigionamento energetico derivante da fonti rinnovabili ed ecosostenibili. Caratterizzata da accoglienti camere in stile montano e una zona benessere con piccola beauty, la struttura convince a 360°.

19 cam ☲ – ♦60/110 € ♦♦86/150 € – 4 suites

borgata Fontana 40 – ☎ 0435 469377 – www.hotelmichaela.com – Aperto
20 dicembre-31 marzo e 1° giugno-10 ottobre

🏠 **Bladen** ☆ ≤ 🍴 🕸 🖾 🖂 **P**

TRADIZIONALE · STILE MONTANO Nella parte alta della località, un hotel che si migliora di anno in anno; camere accoglienti ed attrezzata zona benessere. Per i più piccoli vi è anche uno spazio a loro dedicato.

24 cam ☲ – ♦75/85 € ♦♦150/170 €

borgata Bach 155 – ☎ 0435 469233 – www.hotelbladen.it – Aperto 1° dicembre-Pasqua
e 20 giugno-30 settembre

Posta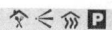

FAMILIARE · ACCOGLIENTE Piccole dimensioni, ma grande accoglienza: tutta la famiglia è coinvolta nella gestione di questa casa dalle camere in stile locale. Al ristorante, cucina casalinga legata al territorio.

17 cam ⌂ – ♦40/80 € ♦♦80/160 €

via Palù 22 – ☎ 0435 469116 – www.hotelpostasappada.it – Aperto 1° dicembre-Pasqua e 1° giugno-30 settembre

Le Coccole

FAMILIARE · STILE MONTANO Ottima sintesi tra stile alpino (profusione di legno e vista sui monti), nonché design moderno (pulito e lineare), in una struttura che ha aperto i battenti a fine 2012. All'ultimo piano: piccolo, ma luminoso centro benessere da affittare in esclusiva.

7 cam ⌂ – ♦70/93 € ♦♦110/186 €

borgata Lerpa 88
– ☎ 0435 469926 – www.lecoccolesappada.it

a Cimasappada Est : 4 km (BL) – ⌂ 32047 – Sappada – Alt. 1 295 m

Agriturismo Voltan Haus

LOCANDA · PERSONALIZZATO Caratteristica casa in legno risalente al 1754, ristrutturata con cura e rispetto del passato: legno ovunque e attenzione al dettaglio. Nella graziosa *stube* è servita la prima colazione.

6 cam ⌂ – ♦45/55 € ♦♦80/100 €

via Cima 65
– ☎ 0435 66168 – www.voltanhaus.it – Chiuso novembre e aprile

SAPRI

Salerno – ⌂ 84073 – 6 770 ab. – Carta regionale n° **4**-D3
Carta stradale Michelin 564-G28

⭑〇 La Specola ❶

PESCE E FRUTTI DI MARE · INTIMO X Piccolissima sala interna completata da un grazioso servizio all'aperto, nel centro di Sapri (il mare è, comunque, a breve distanza). Sebbene la cucina sia squisitamente mediterranea col pesce a fare da protagonista, non mancano alcune proposte a base di carne. Vini esclusivamente regionali.

Carta 26/127 €

via Marsala 18 – ☎ 349 364 7426 (coperti limitati, prenotare) – Chiuso gennaio e mercoledì escluso luglio-agosto

Pisacane

TRADIZIONALE · ACCOGLIENTE Hotel di piccole dimensioni, dotato di camere arredate con mobilio di tono moderno e decorate con ceramiche. Graziosa facciata con balconi fioriti. Il parcheggio si trova a circa 300 metri.

16 cam ⌂ – ♦40/120 € ♦♦60/140 €

via Carlo Alberto 35
– ☎ 0973 605074 – www.hotelpisacane.it

Mediterraneo

FAMILIARE · LUNGOMARE All'ingresso della località, direttamente sul mare, un albergo reso concorrenziale grazie ad un'eccellente gestione familiare; dotato di parcheggio privato e di camere ben curate, costituisce una comoda e valida risorsa. Easy cucina a pranzo con pochi piatti anche della tradizione.

20 cam ⌂ – ♦35/150 € ♦♦50/200 €

via Verdi 15 – ☎ 0973 391774 – www.hotelmed.it – Aperto 15 maggio-30 settembre

SARACENA

Cosenza (CS) – ✉ 87010 – 3 828 ab. – Alt. 606 m – Carta regionale n° **3**-A1
Carta stradale Michelin 564-H30

Osteria Porta del Vaglio

CUCINA MODERNA • CONTESTO TRADIZIONALE XX Ubicato tra gli scalini del centro storico, il locale offre un ambiente confortevole: due raccolte salette dai soffitti in legno e arredi di qualità con opere d'arte di un giovane calabrese. Per quanto concerne la cucina, passo dopo passo, lo chef "cresce" e i suoi piatti narrano in maniera personale i sapori di questa generosa terra.

Menu 60 € – Carta 38/59 €

vico I Santa Maria Maddalena 12 – ☎ 340 871 2279 (prenotazione obbligatoria a mezzogiorno) – www.osteriaportadelvaglio.it – Chiuso 15 giorni in settembre-ottobre, martedì a mezzogiorno e lunedì

SARAGANO Perugia

→ Vedere Gualdo Cattaneo

SARENTINO SARNTHEIN

Bolzano – ✉ 39058 – 7 035 ab. – Alt. 961 m – Carta regionale n° **19**-B2
Carta stradale Michelin 562-C16

Terra (Heinrich Schneider)

CUCINA CREATIVA • ELEGANTE XXX Una raffinata casa al termine d'un tratto di strada tra i boschi per una cucina di grande spessore, grazie alla capacità di un talentuoso chef che attraverso i suoi piatti fa scoprire i deliziosi sapori della regione e l'eccellenza delle erbe spontanee locali. Ricerca, tecnica e personalità suggellate da grande armonia.

→ Meringa con fiori estivi e fragranza al bergamotto. Salmerino con la sua essenza con perle alla cenere e al levistico. Schiuma di asperula ghiacciata con succo di acetosella e gelè alla camomilla.

Menu 189 €

Hotel Auener Hof, località Prati 21, Ovest: 7 km, alt. 1 600 – ☎ 0471 623055 – www.terra.place – solo a cena – Chiuso 11 marzo-26 aprile, 6 novembre-20 dicembre, domenica e lunedì

Alpes (Egon Heiss)

CUCINA MODERNA • ROMANTICO XX Tre tavoli nella Stube viola, dall'atmosfera contemporanea e raffinata, altrettanti in quella del contadino, storica e romantica. Ovunque vi sediate, qui troverete una cucina creativa e sofisticata, amata da chi privilegia le novità e la sperimentazione.

→ La barbatietola della Val Passiria. Il manzo: rib eye e cipolla, spalla brasata con senape e speck, filetto battuto. Il latte del contadino.

Menu 105/115 €

Hotel Bad Schorgau, Sud: 2 Km – ☎ 0471 623048 (coperti limitati, prenotare) – www.bad-schoergau.com – solo a cena – Chiuso marzo, lunedì e martedì

Braunwirt (N)

CUCINA DEL TERRITORIO • CONTESTO CONTEMPORANEO XX Moderno ed accogliente locale nel cuore della località: gusterete piatti della tradizione regionale, ma anche alternative di pesce, il tutto elaborato secondo tecniche e sensibilità attuali.

Menu 13 € (pranzo in settimana)/77 € – Carta 46/66 €

piazza Chiesa ✉ 39058 Sarentino – ☎ 0471 620165 – www.braunwirt.it – Chiuso 3 settimane in gennaio, 1°-14 luglio, domenica sera e lunedì

Bad Schörgau

FAMILIARE • PERSONALIZZATO Ai Bagni di Serga, gli amanti della natura si troveranno a loro agio in quest'albergo appartato e immerso nel verde, che sposa benessere e design contemporaneo. Al bistrot Veranda si soddisfano i palati alla ricerca di semplicità e del territorio.

22 cam ☕ – †90/200 € ††184/290 € – 8 suites

Sud: 2 Km – ☎ 0471 623048 – www.bad-schoergau.com – Chiuso marzo

✿ **Alpes** – Vedere selezione ristoranti

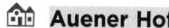 Auener Hof   ◐ ⪡ ⇱ **P**

FAMILIARE · STILE MONTANO Chi ama il silenzio e la solitudine, paesaggi e animali di montagna, camere ampie, sobriamente arredate secondo uno stile alpino contemporaneo, troverà qui il suo rifugio, un luogo intimo, raccolto ed elegante.

8 cam ⌑ – �192/245 € – ♦♦275/350 € – 2 suites

località Prati 21, Ovest: 7 km, alt. 1 600 – ℰ 0471 623055 – www.terra.place – Chiuso 11 marzo-26 aprile e 6 novembre-20 dicembre

❀❀ **Terra** – Vedere selezione ristoranti

SAREZZO

Brescia (BS) – ✉ 25068 – 13 553 ab. – Alt. 273 m – Carta regionale n° **9**-C2
Carta stradale Michelin 561-F12

ⅈ○ **Osteria Vecchia Bottega**   舒 ⅆ ⇔

CUCINA REGIONALE · RUSTICO X Dopo un accurato lavoro di restyling della "osteria" e della "vecchia bottega" rimane solo il nome...e la cucina: squisitamente fedele alla tradizione regionale e al Bel Paese, ricerca i migliori prodotti, prestando una certa attenzione alle presentazioni.

Menu 35 € – Carta 32/65 €

piazza Cesare Battisti 29 – ℰ 030 890 0191 – www.osteriavecchiabottega.com – Chiuso 1°-7 gennaio, 7-31 agosto, domenica sera e lunedì

SARNICO

Bergamo – ✉ 24067 – 6 660 ab. – Alt. 197 m – Carta regionale n° **10**-D1
Carta stradale Michelin 561-E11

ⅈ○ **Al Tram**   舒 Ⓐ🅒 **P**

CUCINA REGIONALE · ELEGANTE XX Sul lungolago, luminoso ed elegante, il servizio estivo all'aperto regalerà un'emozione in più! La carta propone piatti locali, di carne e di pesce sia d'acqua dolce che di mare; le bottiglie dell'azienda vinicola di proprietà, Il Calepino, sono proposte anche al bicchiere.

Menu 30/50 € – Carta 33/58 €

via Roma 1 – ℰ 035 910117 – www.ristorantealtram.it – Chiuso mercoledì

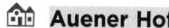 **Cocca Hotel**   ⚚ ⪡ ⅉ 🔲 ⑳ 𝄞 ⬆ Ⓐ🅒 ⅏ 🚗

TRADIZIONALE · BORDO LAGO Una confortevole risorsa che mostra un bel connubio tra la classica ospitalità italiana, espressa al meglio nelle 4 camere dedicate al grande produttore di barche Riva, i cui cantieri sono a breve distanza, ed un tocco orientaleggiante sia nella Royal Thai Spa (specializzata in massaggi thailandesi), sia al ristorante - Bèla Eta - che si divide tra cucina thai e cucina lombarda.

62 cam ⌑ – ♦89/105 € ♦♦124/174 € – 4 suites

via Predore 75 – ℰ 035 426 1361 – www.coccahotel.com

SARNTHEIN SARENTINO

SARONNO

Varese – ✉ 21047 – 39 401 ab. – Alt. 212 m – Carta regionale n° **10**-A2
Carta stradale Michelin 561-F9

ⅈ○ **I Poeti del Gusto**   ⅏ 舒 ⅆ Ⓐ🅒 ⇔ **P**

CUCINA CLASSICA · BISTRÒ X Due sale leggermente rustiche ed informali, più un giardino sul retro, per una cucina che spazia dalla carne al pesce con qualche excursus nelle ricette tradizionali. Buona la selezione enologica che strizza l'occhio ai vini francesi.

Menu 30 € – Carta 32/82 €

via Frua 12 – ℰ 02 960 0075 – www.ipoetidelgusto.net – Chiuso domenica sera

SARTEANO

Siena - ✉ 53047 - 4 717 ab. - Alt. 573 m - Carta regionale n° **18**-D2
Carta stradale Michelin 563-N17

🍴○ Santa Chiara   🛁 ⇦ ⅋ ≼ 🛏 🏡 **P**

CUCINA REGIONALE · RUSTICO 🟥🟥 Splendida collocazione in un convento del XV
secolo immerso nel verde per questo locale con camere; sala con travi e mattoni
a vista, ameno servizio estivo in giardino.
Carta 22/44 €
6 cam 🛏 - ♦90 € ♦♦110 € – 1 suite
piazza Santa Chiara 30 – ℰ 0578 265412 – www.conventosantachiara.it – Aperto
1° aprile-31 ottobre, solo venerdì, sabato e domenica negli altri mesi; chiuso martedì

🏠 La Sovana   🌣 ⅋ ≼ 🛏 ⅉ 🍴 ㄥ 🄰🄲 🍴 **P**

TRADIZIONALE · ELEGANTE Una raffinata oasi di relax immersa nel verde della campagna toscana - da non mancare la visita dei vigneti e della cantina - a cui fa eco una
cucina della tradizione, amorevolmente preparata dalla titolare stessa.
20 cam 🛏 - ♦115/148 € ♦♦158/212 €
Strada provinciale SP 478 km 1.6, Nord Est: 6 km – ℰ 0578 274086
– www.lasovana.com – Aperto 24 marzo-2 novembre

SARTURANO Piacenza (PC) ➜ Vedere AGAZZANO

SASSARI Sardegna

(SS) - ✉ 07100 - 127 525 ab. - Alt. 225 m - Carta regionale n° **16**-A1
Carta stradale Michelin 366-M39

🏠 Leonardo da Vinci   🛗 ㄥ 🄰🄲 🛁 🚗

BUSINESS · ACCOGLIENTE Marmi e divani nell'elegante, spaziosa hall che introduce
in un centrale albergo di moderna funzionalità, comodo per clientela sia d'affari e
congressuale sia turistica.
116 cam 🛏 - ♦55/80 € ♦♦70/110 €
via Roma 79 – ℰ 079 280744 – www.leonardodavincihotel.it

SASSETTA

Livorno - ✉ 57020 - 514 ab. - Alt. 330 m - Carta regionale n° **18**-B2
Carta stradale Michelin 563-M13

🏠 La Bandita   🌣 ⅋ ≼ 🛏 ⅉ 🍴 **P**

CASA DI CAMPAGNA · ELEGANTE Villa di fine '700 all'interno di una vasta proprietà.
Interni molto curati con arredi d'epoca, notevoli soprattutto nelle aree comuni.
Camere eleganti, bella piscina. Fiori ai tavoli, paste fatte in casa e selvaggina nella
luminosa sala da pranzo.
27 cam 🛏 - ♦90/150 € ♦♦120/180 €
via Campagna Nord 30, Nord-Est: 3 km – ℰ 0565 794224 – www.labandita.com
– Aperto 29 marzo-3 novembre

SASSO MARCONI

Bologna - ✉ 40037 - 14 735 ab. - Alt. 128 m - Carta regionale n° **5**-C2
Carta stradale Michelin 562-I15

⭐ Marconi (Aurora Mazzucchelli)   🛁 🏡 ㄥ 🄰🄲 ⇔ **P**

CUCINA CREATIVA · CONTESTO CONTEMPORANEO 🟥🟥 Fratello e sorella ci mettono
passione ed impegno in questo bel locale dal design moderno dove rovere e luce
naturale sono tra gli elementi di maggiore impatto, mentre una bella veranda estiva
accoglie gli ospiti con una bella vista (inimmaginabile arrivando dalla Porrettana!).
Nel piatto, piacevolmente immutata, la creatività di Aurora.
➜ Maccheroni al torchio, anguilla affumicata, ostriche crude e spinaci. Agnello, pancia
cotta sulla pietra, bacio di dama al pecorino con crema di cervella. Raviolo d'ananas
ripieno di ricotta, caviale di caffè Sidamo, uvetta e pinoli.
Menu 65/85 € – Carta 62/91 €
via Porrettana 291 – ℰ 051 846216 – www.ristorantemarconi.it – Chiuso 1°-10 gennaio,
13 agosto-4 settembre, domenica sera e lunedì

a **Mongardino** Nord-Ovest : 5 km ✉ 40037 – Alt. 369 m

⁀○ **La Grotta dal 1918** 🏠 ⚿ 🅿

CUCINA REGIONALE · FAMILIARE ⅄ Portano la firma del noto designer bolognese Dino Gavina, gli arredi interni ed esterni di questo ristorante fondato nel 1918 dove gustare ottime proposte locali: paste fresche (spesso preparate sotto gli occhi dei clienti dalle sfogline presenti in sala), ma anche selvaggina, funghi, tartufi, nonché il tipico fritto misto dolce e salato. Terrazza per i piatti estivi.

Carta 31/56 €

via Mongardino 52, ang. via Tignano – ☎ 051 675 5110 – www.lagrotta1918.it – solo a cena escluso sabato e domenica – Chiuso 8 gennaio-9 febbraio e mercoledì

🏠 **Le Mingarine** 🐾 🖙 🅿

CASA DI CAMPAGNA · ACCOGLIENTE All'interno di una azienda agricola con produzione di olio, vino e ortaggi, un vero B&B dove gli ospiti condividono con i proprietari gli ambienti comuni e l'atmosfera di dimora privata è assolutamente autentica. Camere spaziose, caldamente personalizzate, belli anche i bagni.

3 cam ⌑ – ♦90 € ♦♦150 €

via Montechiaro 53 – ☎ 051 675 5270 – www.lemingarine.it

verso Calderino Nord-Ovest : 11 km

⁀○ **Nuova Roma** 🎵 🖙 🏠 🆈🅲 🅿

CUCINA REGIONALE · TRATTORIA ⅄ Una trattoria semplice, sulla strada tra Calderino e Sasso Marconi, dove gustare una cucina regionale con un bicchiere da scegliere ad hoc da una completa carta dei vini: un occhio di riguardo è comunque riservato all'Emilia Romagna.

Carta 27/61 €

via Olivetta 87 ✉ 40037 – ☎ 051 676 0140 – www.ristorantenuovaroma.it – Chiuso 16-30 gennaio, 1°-31 agosto, mercoledì a mezzogiorno e martedì

SASSUOLO

Modena – ✉ 41049 – 40 853 ab. – Alt. 121 m – Carta regionale n° **5**-B2
Carta stradale Michelin 562-I14

⁀○ **Osteria dei Girasoli** 🎵 ♿ 🆈🅲 ✛

CUCINA DEL TERRITORIO · CONTESTO CONTEMPORANEO ⅄⅄ Eleganza e modernità si coniugano perfettamente in questo ristorante di design che dispone di una saletta privé e di un'ottima cantina. Cucina contemporanea e del territorio.

Menu 50 € – Carta 31/59 €

via Circonvallazione Nord/Est 217/219 – ☎ 0536 801233 (consigliata la prenotazione) – www.osteriadeigirasoli.com – Chiuso 2 settimane in agosto, lunedì sera e domenica

⁀○ **La Paggeria** 🆈🅲 ✛

CUCINA EMILIANA · DI QUARTIERE ⅄⅄ Nel cuore del centro storico, a pochi passi dalla piazza dove emerge l'enorme mole del Palazzo Ducale, cucina classica e regionale. Imperdibili le paste fresche e secche, nonché il tartufo (in stagione).

Carta 27/64 €

via Rocca 16/20 – ☎ 0536 805190 (consigliata la prenotazione) – www.ristorantelapaggeria.com – Chiuso 1°-10 gennaio, sabato a mezzogiorno e domenica sera

🏨 **Michelangelo** 🔁 ♿ 🆈🅲 ⚿ 🛏 🚗

BUSINESS · CLASSICO All'interno di un contesto residenziale, un elegante albergo di gusto classico, sobriamente arredato con legni, marmi e tessuti dalle calde tonalità.

75 cam ⌑ – ♦65/120 € ♦♦95/185 €

via Circonvallazione Nord/Est 85 – ☎ 0536 998511 – www.michelangelohp.com – Chiuso 20 dicembre-6 gennaio e agosto

SATURNIA

Grosseto – ⊠ 58014 – Alt. 294 m – Carta regionale n° **18**-C3
Carta stradale Michelin 563-O16

🍴 **I Due Cippi-da Michele**　　　　　　　　　　　　　🐕 🏠 ☼

CUCINA TOSCANA · ACCOGLIENTE ✕✕ Affacciato sulla semplice, ma suggestiva piazza del paese dove si svolge il servizio estivo, la brace per la cottura delle carni accoglie i clienti all'ingresso. Ampia scelta di vino con rivendita nell'adiacente enoteca della stessa proprietà.

Carta 42/83 €

piazza Veneto 26/a – ℰ 0564 601074 – www.iduecippi.com – solo a cena escluso sabato e domenica in giugno-settembre – Chiuso 20 giorni in gennaio e martedì escluso agosto e giorni festivi

🍴 **Da Mario**　　　　　　　　　　　　　　　　　　　🏠 🍴

CUCINA TOSCANA · FAMILIARE ✕ Brace in sala per cuocere le proverbiali carni chianine, bruschette di ogni genere e i grandi classici della Maremma: insomma, un locale sicuramente da consigliare. D'estate, poi, è disponibile un fresco dehors con ombrelloni.

Menu 35 € (cena)/70 € – Carta 29/80 €

via Mazzini 16/18 a – ℰ 0564 601309 – www.ristorantedamario.net – Chiuso 1 settimana in gennaio e giovedì

🏠 **Saturno Fontepura**　　　　　　　🏂 🐕 ⩽ 🏠 🍴 🎠 🕭 🅰🅲 🅿

FAMILIARE · ACCOGLIENTE Costruito quasi come un piccolo, moderno borgo ad un chilometro dal paese, le camere sono fresche e luminose, squisiti i titolari, incantevole il panorama dal giardino-solarium con piscina termale.

23 cam ⌚ – ♦110/150 € ♦♦150/200 €

località La Crocina, Sud: 1 km – ℰ 0564 601313 – www.hotelsaturnofontepura.com – Chiuso 10-28 gennaio

🏠 **Villa Clodia**　　　　　　　　　🐕 ⩽ 🏠 🍴 🎠 🛁 🅰🅲 🍴

FAMILIARE · ACCOGLIENTE Nel centro, in zona panoramica, bella villa circondata dal verde di un curato giardino-solarium con piscina: ambiente familiare negli interni decorati con gusto e camere accoglienti.

10 cam ⌚ – ♦75/90 € ♦♦98/120 €

via Italia 43 – ℰ 0564 601212 – www.hotelvillaclodia.it – Chiuso 10 gennaio-5 febbraio

🏠 **Villa Garden**　　　　　　　　　　　　🐕 ⩽ 🏠 🅰🅲 🅿

FAMILIARE · AGRESTE A metà strada tra il paese e le Terme, una villetta immersa nella quiete, con un gradevole giardino; piacevoli e curati spazi comuni, camere di buon livello.

8 cam ⌚ – ♦65/75 € ♦♦75/95 €

via Sterpeti 56, Sud: 1 km – ℰ 0564 601182 – www.villagarden.net – Chiuso 20 giorni in gennaio e 15 giorni in febbraio

alle terme Sud-Est : 3 km

🏠🏠 **Terme di Saturnia Spa & Golf Resort**　　🏂 🐕 ⩽ 🏠 🍴 🏌 🎠 🛁 🍴

SPA E WELLNESS · GRAN LUSSO Esclusivo complesso, 🖼 🎦 🅰🅲 🆑 🅿 ideale per vacanze rigeneranti nel cuore della Maremma. Tra i suoi argomenti migliori ci sono il centro benessere - tra i migliori d'Italia - e la millenaria fonte di acqua termale. Per quanto riguarda la ristorazione si propongono due diverse opzioni: cucina sofisticata e creativa al ristorante L'Acquacotta, piatti più semplici dagli intensi sapori toscani a L'Aqualuce.

128 cam ⌚ – ♦350/370 € ♦♦450/550 € – 2 suites

via della Follonata – ℰ 0564 600111 – www.termedisaturnia.it – Chiuso 9-26 gennaio

SAURIS

Udine – ⊠ 33020 – 416 ab. – Alt. 1 400 m – Carta regionale n° **6**-A1
Carta stradale Michelin 562-C20

 Alla Pace

CUCINA REGIONALE · SEMPLICE ⅍ Locanda di tradizione situata in un antico palazzo fuori dal centro e gestita dalla stessa famiglia dal 1804. Accoglienti le salette rustiche dove gustare cucina tipica del luogo: cjarsons, frico di patate e formaggio, semifreddi.
Carta 22/41 €

Hotel Schneider, via Sauris di Sotto 38 – ℰ 0433 86010 – www.ristoranteallapace.it – Chiuso 10 giorni in dicembre, 3 settimane in giugno, martedì sera e mercoledì escluso luglio-settembre

 Schneider

FAMILIARE · STILE MONTANO A qualche numero civico di distanza dal ristorante di famiglia, solo poche camere in termini numerici, ma ampie per quanto riguarda i metri quadrati a loro consacrati: lo stile è montano, il confort internazionale.
8 cam – solo ½ P 70/80 €

via Sauris di Sotto 92 – ℰ 0433 86010 – www.ristoranteallapace.it – Chiuso 10 giorni in dicembre e 3 settimane in giugno

Alla Pace – Vedere selezione ristoranti

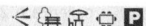 Riglarhaus

TRADIZIONALE · STILE MONTANO E' da più generazioni che in questa casetta in posizione panoramica e dotata di una graziosa zona benessere, si offrono ospitalità e, nell'omonimo ristorante su due salette di cui una con un bel fogolar, cucina casalinga e calda accoglienza.
7 cam ☒ – ♦55/60 € ♦♦84/96 €

località Laites, Sud-Ovest: 6 km – ℰ 0433 86049 – www.riglarhaus.it – Chiuso 11 gennaio-10 febbraio

SAUZE D'OULX

Torino – ✉ 10050 – 1 109 ab. – Alt. 1 509 m – Carta regionale n° **12**-A2
Carta stradale Michelin 561-G2

⅃◯ Naskira

CUCINA REGIONALE · RUSTICO ⅩⅩ Il nome allude alla stella più luminosa della costellazione del Capricorno, mentre tutto il resto richiama il meglio della montagna torinese. In una tipica sala alpina: a mezzogiorno piatti classici per la clientela frettolosa impegnata tra una pista e l'altra, mentre la sera la carta cambia, assumendo una veste più gourmet e ricercata. Servizio anche all'aperto sulla valle.
Carta 52/92 €

Chalet Hotel Il Capricorno, via Case Sparse 21, località Le Clotes – ℰ 0122 850273 (consigliata la prenotazione) – www.chaletilcapricorno.it – Chiuso 20 giorni in maggio e 20 giorni in novembre

Chalet Hotel Il Capricorno

LOCANDA · STILE MONTANO In una splendida pineta ed in comoda posizione sulle piste da sci, una struttura piccola nelle dimensione ma grande nel calore che sa regalare ai suoi ospiti grazie ad arredi artigianali, tanto legno sin dentro le camere, un servizio di livello ed una vista mozzafiato sui monti dell'Alta Val di Susa. D'inverno, sarà una motoslitta ad accompagnarvi in hotel!
10 cam ☒ – ♦180/195 € ♦♦230/290 €

via Case Sparse 21, località Le Clotes – ℰ 0122 850273 – www.chaletilcapricorno.it – Chiuso 20 giorni in maggio e 20 giorni in novembre

⅃◯ Naskira – Vedere selezione ristoranti

Jouvenceaux Ovest : 2 km ✉ 10050 – Sauxe D'Oulx

Chalet Chez Nous

FAMILIARE · ACCOGLIENTE In un borgo con strade strette e case in pietra, è una vecchia stalla adattata ad ospitare questo albergo accogliente e tranquillo, dotato di buoni confort. Sala colazioni con soffitto a volte.
10 cam ☒ – ♦40/100 € ♦♦80/120 €

via Principale 41 – ℰ 0122 859782 – www.chaletcheznous.it – Aperto 7 dicembre-15 aprile e 20 giugno-10 settembre

SAVELLETRI

Brindisi – ⊠ 72010 – Carta regionale n° **15**-C2
Carta stradale Michelin 564-E34

⍥○ **Due Camini** ⍭ AK P

CUCINA MODERNA · LUSSO XxxX E' il ristorante più romantico di Borgo Egnazia, quello da prenotare per celebrare una ricorrenza importante, una fuga romantica o semplicemente per regalarsi una sosta gourmet grazie a una cucina che utilizza e rivisita l'eccellenze gastronomiche locali.

Menu 90/140 € – Carta 61/142 €

Hotel Borgo Egnazia, contrada Masciola, Nord-Ovest: 2 Km – ℰ 080 225 5351 (prenotazione obbligatoria) – www.ristoranteduecamini.it – Chiuso 20 giorni in gennaio e martedì

⍥○ **Le Palme** ⍚ ⍭ AK ℀ P

CUCINA REGIONALE · ELEGANTE XxX Atmosfera elegante e campestre allo stesso tempo, il ristorante della masseria vi offre un'ottima selezione di prodotti pugliesi, a cominciare dalle celebri verdure. Romantico ed inevitabile corollario, il servizio in giardino sotto i limoni dove ci si trasferisce col bel tempo.

Carta 50/74 €

Masseria Torre Maizza, contrada Coccaro, Sud Ovest: 2 Km ⊠ 72015 Savelletri – ℰ 080 482 7838 – www.masseriatorremaizza.com

🏨🏨 **Borgo Egnazia** ⌖ ⌗ ⍚ ⌥ ⍗ ⍟ ⍝ ⎯ ✕ ⍀ ⌴ ⌶ ⍜ AK ℀ ⍸ P

⁻**GRAN LUSSO · ELEGANTE** Un nuovo concept di ospitalità creato ispirandosi alla bellezza del territorio pugliese su cui sorge. Un tipico borgo medioevale completamente ricreato è - infatti - lo scenario di questa intrigante struttura: pietra naturale, macchia mediterranea, vicoli e piazzette... a cui si aggiungono servizi d'eccellenza e 29 ville top exclusive. Servizio navetta a disposizione degli ospiti per raggiungere la spiaggia privata.

183 cam ⍩ – ♦240/6500 € ♦♦240/6500 €

contrada Masciola, Nord-Ovest: 2 Km – ℰ 080 225 5351 – www.ristoranteduecamini.it – Chiuso 20 giorni in gennaio

⍥○ **Due Camini** – Vedere selezione ristoranti

🏨🏨 **Masseria San Domenico** ⌖ ⌗ ⍚ ⌥ ⍗ ⍟ ⍝ ⎯ ✕ ⍀ ⌴ AK ℀

GRAN LUSSO · MEDITERRANEO Relax, benessere ed eco dal passato in ⍸ P questa masseria del '400 tra ulivi secolari e ampi spazi verdi, che accolgono un caratteristico frantoio ipogeo ed una splendida piscina con acqua di mare, "ideale" angolo di costa marina. Ma per chi volesse abbandonare anche solo il tempo di qualche ora quest'oasi paradisiaca, c'è anche un servizio navetta per la spiaggia privata. Nell'elegante terrazza come nella bella sala dal soffitto a volte, i capolavori di una cucina della tradizione.

40 cam ⍩ – ♦330/704 € ♦♦330/704 € – 16 suites

strada litoranea 379, località Petolecchia, Sud-Est: 2 km – ℰ 080 482 7769 – www.masseriasandomenico.com – Chiuso10 gennaio-31 marzo

🏨 **Masseria Torre Coccaro** ⌖ ⌗ ⍚ ⌥ ⍟ ⍝ ⎯ ⍀ ⌴ ⌶ AK ⍸ P

CASA DI CAMPAGNA · ELEGANTE Elegante e particolare struttura che rispetta l'antico spirito fortilizio del luogo conservando la torre cinquecentesca: camere quasi tutte nello stesso stile con qualche particolarità. Per gli amanti del mare, sosta "obbligata" al Coccaro Beach Club: un esclusivo lounge sul limpidissimo mare del Salento. Suggestivo anche il ristorante, accolto in sale ricavate nelle stalle settecentesche.

36 cam ⍩ – ♦260/500 € ♦♦384/650 €

contrada Coccaro 8, Sud-Ovest: 2 km – ℰ 080 482 9310 – www.masseriatorrecoccaro.com

Masseria Torre Maizza

LUSSO · ELEGANTE Scorci di Mediterraneo davanti ai vostri occhi, frutteti e coltivazioni i sentieri che attraverserete: l'eleganza del passato si unisce ad una storia più recente e alla sete di benessere. La struttura condivide con Masseria Torre Coccare un esclusivo lounge sulla spiaggia, il Coccaro Beach Club.

28 cam ☲ – †264/1592 € ††304/1632 € – 2 suites

contrada Coccaro, Sud Ovest: 2 Km – ℰ 080 482 7838
– www.masseriatorremaizza.com

⑪○ **Le Palme** – Vedere selezione ristoranti

Masseria Cimino

LOCANDA · ELEGANTE Nata come guest house dell'annesso campo da golf, la struttura ha un'antica storia alle spalle... All'interno degli scavi archeologici di Egnatia, questa masseria con torre del '700 continua ad ammaliare l'ospite per la tranquillità della sua posizione isolata e per gli ambienti rustici, ma non privi di eleganza.

15 cam ☲ – †150/230 € ††180/350 €

contrada Masciola, Nord-Ovest: 2,5 Km – ℰ 080 482 7886
– www.masseriacimino.com

SAVIGNO

Bologna – ✉ 40060 – 2 712 ab. – Alt. 259 m – Carta regionale n° **5**-C2
Carta stradale Michelin 562-I15

✿ **Trattoria da Amerigo** (Alberto Bettini)

CUCINA DEL TERRITORIO · CONTESTO REGIONALE ✗ L'atmosfera retrò, curatissima in ogni suo dettaglio, a partire dalla bottega all'ingresso sino al suggestivo affresco murale "Il Bosco delle Meraviglie di Amerigo" in una delle due sale al primo piano, lascia intuire che avete prenotato il posto giusto! E, infatti, il palato sarà deliziato da una cucina rispettosa di una regione tanto prodiga di specialità. La ricerca dei prodotti sul territorio è davvero encomiabile: alcune ricette sono quelle originali dei nonni, altre creazioni inedite, ma sempre partendo da prodotti locali. Camere a 100 metri molto graziose e personalizzate.

→ Ravioli di friggione con burro e parmigiano 36 mesi. Taglio di coscia di cervidi dell'appennino cotta nel fieno con erbe e vegetali selvatici. Fiordilatte bolognese con spuma di amaretto e briciole di biscotto.

Menu 35/55 € – Carta 35/59 €

5 cam ☲ – †40/75 € ††60/100 €

via Marconi 16 – ℰ 051 670 8326 (consigliata la prenotazione)
– www.amerigo1934.it – solo a cena escluso i giorni festivi e sabato – Chiuso
15 gennaio-9 febbraio, 4-22 giugno e lunedì, anche martedì da gennaio a maggio

SAVIO

Ravenna (RA) – ✉ 48020 – Carta regionale n° **5**-D2
Carta stradale Michelin 562-J18

⑪○ **CâMì**

CUCINA REGIONALE · ELEGANTE ✗ Nel verde della campagna del fiume Savio, ma a soli 3 km da Milano Marittima, un ristorante all'interno di un agriturismo dove uno chef di grande spessore reinterpreta i sapori regionali, utilizzando al meglio i prodotti ortofrutticoli delle proprie coltivazioni.

Carta 41/59 €

via Argine Sinistro 84 – ℰ 0544 949250 – www.camiagriturismo.it – solo a cena escluso sabato e i giorni festivi – Chiuso 20 giorni in ottobre-novembre e mercoledì

SAVOGNA D'ISONZO

Gorizia – ⊠ 34070 – 1 717 ab. – Alt. 49 m – Carta regionale n° **6**-C2
Carta stradale Michelin 562-E22

a San Michele del Carso Sud-Ovest : 4 km ⊠ 34070

🏵 **Lokanda Devetak**   🎴 ⇔ 🐾 🖨 🗑 🅰️🅲 🅿️

CUCINA REGIONALE · FAMILIARE XX Tra le specialità del menu, soffermatevi sulla coscia di coniglio arrostita con elicriso e peperoni Rafioi o i morbidi biscotti alle carote ripieni di confettura, ben sapendo che questa tipica gostilna oltre a proporre vari piatti regionali e mitteleuropei vanta una fornita cantina - ad uso enoteca - scavata nella pietra. A completare l'offerta, vi è anche la "Casa dei sapori": laboratorio per la creazione di marmellate, sciroppi, sottaceti e miele.

Menu 38/45 € – Carta 29/50 €

8 cam �H2 – ✚70/80 € ✚✚110/130 €

via Brezici 22 – ☎ 0481 882488 (prenotare) – www.devetak.com – Chiuso lunedì, martedì e i mezzogiorno di mercoledì e giovedì

SAVONA

(SV) – ⊠ 17100 – 61 345 ab. – Carta regionale n° **8**-B2
Carta stradale Michelin 561-J7

🍴 **A Spurcacciun-a**   🎴 ⇔ 🖨 🗑 🅰️🅲 ↔️ 🅿️

PESCE E FRUTTI DI MARE · ELEGANTE XxX Emozioni visive nella sala denominata "tappeti volanti", giochi di colore e luci alla "cromo dinner", il fragore delle onde nel bel servizio all'aperto o un'unica esperienza tattile al tavolo del menu "solo mani"... ma in tutto ciò è pur sempre il mare a farla da padrone.

Menu 45/150 € – Carta 57/146 €

Pianta: A2-c – Hotel Mare, via Nizza 89/r – ☎ 019 862263 – www.aspurcacciun-a.it
– Chiuso 20 dicembre-20 gennaio e mercoledì

🍴 **Suavis**   🅰️🅲

CUCINA ITALIANA · INTIMO X Informale cortesia in una piccola sala dall'arredo moderno e di buon gusto: l'accento è infatti posto sulla cucina, le cui interessanti preparazioni risentono d'influenze liguri e piemontesi.

Carta 33/81 €

Pianta: B2-e – via Astengo 36R – ☎ 019 812811 (coperti limitati, prenotare)
– Chiuso 1°-8 gennaio, 13-27 agosto, domenica e lunedì

🍴 **Sushi Beach**   ⇔ 🗑 🅰️🅲 🅿️

CUCINA GIAPPONESE · DI TENDENZA X Il Sol Levante illumina le proposte gastronomiche del Sushi beach, alle quali – in estate – si aggiungono specialità liguri più semplici.

Menu 35 € – Carta 43/128 €

Pianta: A2-c – Hotel Mare, via Nizza 89/r – ☎ 019 264065 (consigliata la prenotazione) – www.sushibeach.it – solo a cena – Chiuso
20 dicembre-20 gennaio e lunedì, anche mercoledì in giugno-agosto

🏨 **Mare**   ⇔ 🏊 🏌️ 📺 🅰️🅲 🐾 🚗

TRADIZIONALE · ACCOGLIENTE E' certamente un riferimento tra gli alberghi della zona per il suo bel ventaglio di servizi, tra cui spiccano i ristoranti, nonché per la costanza nell'apportare migliorie alla struttura stessa. La zona notte si divide fra camere classiche ed altre più moderne.

66 cam ⊞ – ✚70/250 € ✚✚90/250 €

Pianta: A2-c – via Nizza 89/r – ☎ 019 264065 – www.marehotel.it – Chiuso
20 dicembre-20 gennaio

🍴 **A Spurcacciun-a** · 🍴 **Sushi Beach** – Vedere selezione ristoranti

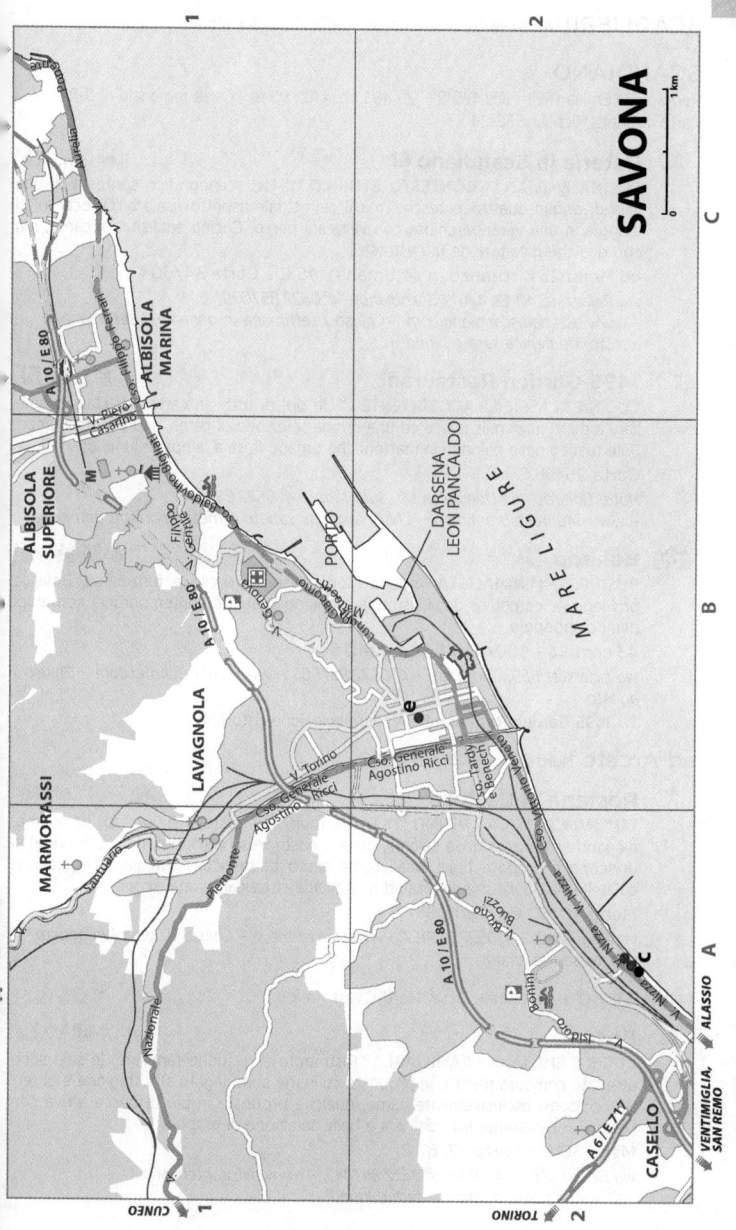

SAVONA

0   1 km

MARE LIGURE

PORTO

DARSENA
LEON PANCALDO

ALBISOLA
MARINA

ALBISOLA
SUPERIORE

LAVAGNOLA

MARMORASSI

CASELLO

Cso. generale
Agostino Ricci

V. Torino

Cso. Tardy
e Benech

Cso. Vittorio Veneto

Cso. generale
Agostino Ricci

Piemonte

Nazionale

V. Santuario

A 10 / E 80

A 10 / E 80

A 6 / E 717

V. Nizza-A...

V. Brilla

V. Buzzi

V. Istoro

V. Aurelia

V. Piero e C...
Casarino

Por. Baldovino Bgliolini

V. Genova

Fiume Letimbro

Fiume Letimbro

Filippo Ferrari

A 10 / E 80

V. Genova

1

2

A

B

C

VENTIMIGLIA,
SAN REMO

ALASSIO   A

CUNEO   1

TORINO   2

SCAGLIERI Livorno → Vedere Elba (Isola d') : Portoferraio

SCANDIANO
Reggio nell'Emilia (RE) – ✉ 42019 – 25 483 ab. – Alt. 95 m – Carta regionale n° **5**-B2
Carta stradale Michelin 562-I14

⍟○ Osteria in Scandiano ⓝ   🛋 🏠 ⅙ ♻

CUCINA EMILIANA · CONTESTO STORICO XxX Nel scenografico contesto di una villa di origini quattrocentesche, ma il cui attuale aspetto risale all'Ottocento, si mangia in una veranda chiusa con vista sul parco. Cucina emiliana, di carne, ma con qualche divagazione più estrosa.

⌘ Menu 25 € (pranzo in settimana)/45 € – Carta 34/60 €

via Palazzina 40 ✉ 42019 Scandiano – ℰ 0522 857079
– www.osteriainscandiano.com – Chiuso 1 settimana in gennaio, 1 settimana in agosto, domenica sera e lunedì

⍟○ 1495 Garden Restaurant   🏠 ⅙ 🆎 🅿

CUCINA CLASSICA · ACCOGLIENTE XX Un po' di tutto in carta, dai classici emiliani a piatti nazionali, pesce ed una buona selezione di carne, soprattutto manzo. Stile rustico nelle colonne in mattoni che ornano la sala, ampia e luminosa.

Carta 25/58 €

Hotel Boiardo, via Ubersetto 59, Sud: 1 km – ℰ 0522 856872
– www.1495restaurant.com – Chiuso agosto, sabato a mezzogiorno e domenica

🏨 Boiardo   🛋 ⊟ ⅙ 🆎 🛄 🚗

BUSINESS · MINIMALISTA Appena fuori paese, luminoso e funzionale, Boiardo privilegia la comodità degli ospiti in ambienti pratici e contemporanei con ampi piani d'appoggio.

43 cam ⊇ – ♦60/220 € ♦♦75/240 €

via Ubersetto 59, Sud: 1 km – ℰ 0522 857605 – www.boiardohotel.com – Chiuso agosto

⍟○ **1495 Garden Restaurant** – Vedere selezione ristoranti

ad Arceto Nord-Est : 3,5 km ✉ 42010

⍟○ Rostaria al Castello   🏠 🆎

CUCINA CLASSICA · INTIMO XxX Tra le mura del castello di Arceto, un intimo, elegante, ristorante dove salame, pane e paste fresche (di propria produzione) si uniscono a prodotti tipici locali come aceto balsamico, parmigiano reggiano o culatello di Zibello dando vita ad una cucina stuzzicante, mai scontata.

Menu 40/50 € – Carta 36/71 €

via Pagliani 2 – ℰ 0522 989157 – www.larostaria.it – Chiuso 10 giorni in agosto, sabato sera e lunedì

sulla strada statale 467 Nord-Ovest : 4 km :

⍟○ Bosco   🕸 🏠 🆎 ♻ 🅿

CUCINA EMILIANA · FAMILIARE XX Ristorante a gestione familiare, le sale sono arredate con cura mentre le proposte culinarie sono legate alla stagione e al territorio: quasi esclusivamente carne, qualche proposta in più di pesce arriva con l'estate. Interessante lista dei vini e bella selezione di grappe.

Menu 30 € – Carta 37/67 €

via Bosco 133 ✉ 42019 – ℰ 0522 857242 – www.ristorantebosco.it
– Chiuso agosto, domenica sera e lunedì

SCANDICCI
Firenze – ✉ 50018 – 50 609 ab. – Alt. 47 m – Carta regionale n° **18**-D3
Carta stradale Michelin 563-K15

Pianta d'insieme di Firenze

a Mosciano Sud-Ovest : 3 km ⊠ 50018 – Scandicci

🏠 **Tenuta Le Viste** 🕴 🐾 ≤ 🛏 ⤴ 🔟 💖 **P**

DIMORA STORICA · ELEGANTE In posizione dominante, un'oasi di pace avvolta dal profumo degli ulivi: un'elegante residenza di campagna dagli ambienti arredati con mobili d'epoca, splendidi spazi esterni con una grande piscina, nonché una terrazza panoramica su Firenze.

4 cam ☲ – ♦110/120 € ♦♦143/166 €

via del Leone 11 – ☎ 055 768002 – www.tenuta-leviste.it – Chiuso 23-28 dicembre

SCANDOLARA RIPA D'OGLIO

Cremona – ⊠ 26047 – 547 ab. – Alt. 47 m – Carta regionale n° **9**-C3
Carta stradale Michelin 561-G12

🍴 **Locanda del Gheppio** 🔟 💖

CUCINA LOMBARDA · SEMPLICE 🅇 Ingredienti del passato - in parte dimenticati – concorrono nella composizione di piatti della tradizione: rollino di anguilla in carpione dolce, filetto di pesce gatto con cipolle o marubini in brodo di cappone... Lo spazio per la descrizione è modesto e la lista delle specialità lunga!

☞ Menu 12 € (pranzo in settimana)/35 € – Carta 28/47 €

– ☎ 0372 89140 – www.locanda-del-gheppio.it – Chiuso 3 settimane in agosto, lunedì sera e martedì

SCANNO

L'Aquila – ⊠ 67038 – 1 847 ab. – Alt. 1 050 m – Carta regionale n° **1**-B2
Carta stradale Michelin 563-Q23

🍴 **Lo Sgabello**

CUCINA ABRUZZESE · FAMILIARE 🅇 Nel paese dal lago a forma di cuore e dalla disposizione "a sgabello" (in latino, scamnum) delle case del centro storico, un locale familiare dove apprezzare piatti fedeli alla tradizione abruzzese. Piacevole terrazza estiva con ampia vista sulle bellezze naturali.

☞ Menu 20/25 € – Carta 18/39 €

via Pescatori 45 – ☎ 0864 747476 – www.losgabelloscanno.it – Chiuso mercoledì

SCANSANO

Grosseto – ⊠ 58054 – 4 427 ab. – Alt. 500 m – Carta regionale n° **18**-C3
Carta stradale Michelin 563-N16

🍴 **La Castagneta** 🛏 🏡 💖 **P**

CUCINA TOSCANA · FAMILIARE 🅇🅇 In un ambiente particolarmente curato, una versione aggiornata ed alleggerita della cucina toscana: olio extravergine d'oliva, paste e zuppe rigorosamente fatte in casa, nonché l'immancabile carne maremmana-chianina. In carta, ottimi vini e, a sorpresa, qualche buona birra artigianale.

Carta 30/80 €

Hotel Antico Casale di Scansano, località Castagneta, Sud-Est: 3 km
– ☎ 0564 507219 – www.anticocasalediscansano.it – Chiuso 10 gennaio-21 marzo

🏠 **Antico Casale di Scansano**

DIMORA STORICA · TRADIZIONALE Di facile accesso, per chi non ama le strade sterrate, conserva tuttavia intatto il fascino dell'antica fattoria ottocentesca in pietra. Tra corsi di equitazione, noleggio biciclette (con tanto di organizzazione di gite e percorsi ad hoc!) e un campo prova golf, non c'è veramente tempo per annoiarsi.

30 cam ☲ – ♦46/64 € ♦♦72/100 € – 4 suites

località Castagneta, Sud-Est: 3 km – ☎ 0564 507219
– www.anticocasalediscansano.it – Chiuso 10 gennaio-21 marzo
🍴 **La Castagneta** – Vedere selezione ristoranti

SCAPEZZANO Ancona → Vedere Senigallia

SCARLINO
Grosseto – ⊠ 58020 – 3 847 ab. – Alt. 229 m – Carta regionale n° **18**-B3
Carta stradale Michelin 563-N14

🏠 Relais Vedetta   ↑ ⊗ ≤ 🛏 🌊 & 🗛 🅿

CASA DI CAMPAGNA · PERSONALIZZATO Sulla sommità di una collina panoramica sul mare, si tratta di un casolare elegantemente ristrutturato; nelle camere troverete un sapiente mix di antico e moderno, con bagni particolarmente suggestivi. Per un soggiorno ancora più "naturale", nel verde circostante, trovano posto otto palafitte in legno e una tenda.

6 cam ☺ – ♦150/300 € ♦♦250/500 €

poggio La Forcola 12, Ovest: 5 km – ℰ 0566 37023 – www.relaislavedetta.eu
– Chiuso 9 gennaio-31 marzo

SCARPERIA
Firenze – ⊠ 50038 – 12 217 ab. – Alt. 292 m – Carta regionale n° **18**-C1
Carta stradale Michelin 563-K16

🍴 Locanda San Barnaba   🗛

CUCINA TOSCANA · CONVIVIALE ⅹ Una cucina classica toscana in un locale semplice, ma sufficientemente confortevole, la cui conduzione familiare, esperta e di buon livello, fa sì che lo consigli, senza esitazione!

Carta 36/64 €

Hotel Locanda San Barnaba, viale J.F. Kennedy 15/17 – ℰ 055 843 0384
(consigliata la prenotazione) – www.lalocandasanbarnaba.com

🏠 Locanda San Barnaba   ⊡ & 🗛

LOCANDA · ACCOGLIENTE In uno dei borghi più belli d'Italia, immerso nel verde della collina toscana, una deliziosa locanda le cui camere affrescate, una diversa dall'altra, evocano più atmosfere casalinghe che alberghiere.

13 cam ☺ – ♦63/100 € ♦♦84/180 €

viale J.F. Kennedy 15/17 – ℰ 055 843 1125 – www.lalocandasanbarnaba.com
🍴 **Locanda San Barnaba** – Vedere selezione ristoranti

a Gabbiano Ovest : 7 km ⊠ 50038 – Scarperia

🏠 UNA Poggio Dei Medici   ↑ ⊗ ≤ 🌊 🐾 🖼 & 🗛 ♨ 🅿

TRADIZIONALE · ACCOGLIENTE Vicino al borgo medievale di Scarperia, nella valle del Mugello, questo elegante resort è il paradiso dei golfisti grazie al suo green 18 buche. Il restauro di antichi casali toscani ha preservato la tipicità del luogo, creando al tempo stesso camere spaziose, dotate di moderni confort.

63 cam ☺ – ♦115/540 € ♦♦115/540 € – 7 suites

via San Gavino 27 – ℰ 055 84350 – www.unahotels.it – Aperto
28 febbraio-15 novembre

SCENA SCHENNA
Bolzano – ⊠ 39017 – 2 927 ab. – Alt. 600 m – Carta regionale n° **19**-B1
Carta stradale Michelin 562-B15

Pianta : vedere Merano

🍴 Zmailer-Hof   ≤ 🏡 🍽 🅿 🗟

CUCINA TRADIZIONALE · STILE MONTANO ⅹ Chilometri di strada in salita per arrivare ad uno dei panorami più belli della zona, pare di volare sulla valle. Scelta limitata di piatti della tradizione, stube interna, ma è ovvio che - col bel tempo - conviene venire qui per mangiare all'aperto.

Carta 20/52 €

via Berg 17, per via Verdins - B1 – ℰ 0473 945881 – solo a pranzo – Aperto
1° aprile-20 novembre; chiuso venerdì in giugno-agosto

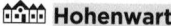 **Hohenwart**

SPA E WELLNESS · STILE MONTANO Ampie camere in una bella struttura dotata di gradevole giardino e nuovissima spa, la cui piscina – strategicamente collocata sul tetto - offre una pregevole vista su monti e vallata; cucina del territorio nella capiente sala da pranzo.

83 cam – solo ½ P 126/202 € – 10 suites

Pianta: B1-h – *via Verdines 5*
– *℘ 0473 944400 – www.hohenwart.com – Chiuso 10-20 dicembre e 8 gennaio-18 marzo*

Schlosswirt

FAMILIARE · FUNZIONALE Bella terrazza con vista e piscina riscaldata in giardino in questa centralissima struttura con interni in stile locale di moderna concezione; gradevoli le camere. Luminose finestre rischiarano la capace sala ristorante.

34 cam � – †85/130 € ††160/250 €

Pianta: B1-u – *via al Castello 2*
– *℘ 0473 945620 – www.schlosswirt.it – Aperto 1° dicembre-7 gennaio e 23 marzo-7 novembre*

SCHEGGINO

Perugia – ✉ 06040 – 461 ab. – Alt. 282 m – Carta regionale n° **20**-C3
Carta stradale Michelin 563-N20

🍴 **Del Ponte**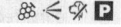

CUCINA REGIONALE · LOCANDA 🕱 Trote e tartufi, i prodotti tipici della zona, sono i principali ingredienti cui si ispira la cucina. La sala, invece, un omaggio alla semplicità, aperta sul verde. Nasceva come locanda e ora dispone di accoglienti camere colorate e allegre, per un soggiorno immerso nella tranquillità della natura.

Carta 24/61 €

12 cam – †33/60 € ††45/60 € – ☲ 3 €

via di Borgo 15 ✉ 06040
– *℘ 0743 61253 – www.hoteldelpontescatolini.it – Chiuso 2-28 novembre e lunedì*

SCHENNA SCENA

SCHIO

Vicenza – ✉ 36015 – 39 355 ab. – Alt. 200 m – Carta regionale n° **23**-B2
Carta stradale Michelin 562-E16

🌼 **Spinechile** (Corrado Fasolato)

CUCINA CREATIVA · ROMANTICO 🕱🕱 Non semplice da scovare, ma di fiabesca atmosfera, tra i boschi delle colline sovrastanti Schio, l'ex fienile di una romantica baita sforna una cucina creativa, generosa ed intrigante.
→ Fettucce di seppia alla carbonara. Capriolo cotto al vapore di erbe e fieno di montagna. Sensazioni di rum e tabacco.

Menu 65/95 € – Carta 50/90 €

contra' Pacche 2, località Tretto, Nord: 10 km
– *℘ 0445 169 0107 (consigliata la prenotazione) – www.spinechileresort.com*
– *solo a cena escluso sabato e domenica – Chiuso domenica sera e lunedì*

 Il simbolo 🍷 segnala una carta dei vini particolarmente interessante.

SCHLANDERS SILANDRO

SCHNALS SENALES

SCIACCA Sicilia
Agrigento – ✉ 92019 – 40 928 ab. – Alt. 60 m – Carta regionale n° **17**-B2
Carta stradale Michelin 365-AN58

🏠 Villa Palocla   🏠 🦢 🛋 🌊 🍽 ⚓ ✂ 🧖 🅿
CASA DI CAMPAGNA · TRADIZIONALE All'interno di un edificio in stile tardo
barocco le cui origini risalgono al 1750, caratteristico hotel avvolto da un giardino-agrumeto in cui trova posto anche la piscina. Al ristorante per gustare una
saporita cucina di mare.
8 cam ⌂ – 🛏50/90 € 🛏🛏70/130 €
contrada Raganella, Ovest: 4 km – 𝒞 0925 902812 – www.villapalocla.it – Chiuso
15 giorni in novembre

sulla strada statale 115 km 131 Est : 10 km

🏘🏘 Verdura Resort   🏠 🦢 ⛵ 🍽 🌊 🌐 🏊 ⛳ 🍴 ⚓ 📷 & ⚓ ✂ 🧖 🅿
GRAN LUSSO · MINIMALISTA Resort di gran lusso con tre campi da golf disegnati dall'architetto californiano K. Phillips, una grande spa con programmi
benessere personalizzati e camere dotate di terrazza privata. Per la ristorazione
si può spaziare da La Zagara, locale gourmet serale, all'Amare, un dehors con
tanto pesce; sapori siciliani e pizza al Liolà.
197 cam ⌂ – 🛏225/912 € 🛏🛏225/912 € – 26 suites
località Verdura ✉ 92019 Sciacca – 𝒞 0925 998001 – www.roccofortehotels.com

SCICLI Sicilia
Ragusa (RG) – ✉ 97018 – 27 077 ab. – Alt. 106 m – Carta regionale n° **17**-D3
Carta stradale Michelin 365-AX63

🍽 Satra   🍴 ✂
CUCINA MODERNA · ALLA MODA ✕✕ Ex dispensa di un antico convento del
1200 ristrutturato, i soffitti sono stati mantenuti nella loro caratteristica
architettura a volta, ma gli arredi non hanno saputo sottrarsi al gusto
moderno. Estimatrice del timo selvatico (satra, in dialetto) e dei piatti della
tradizione, la cuoca-titolare ne ripropone i sapori reinterpretandoli con
gusto personale.
Carta 46/71 €
via Duca degli Abruzzi, 1 – 𝒞 0932 842148 – www.ristorantesatra.it – solo a
cena domenica, martedì e giovedì in luglio-agosto – Chiuso 7 gennaio-13 febbraio
e martedì

🏠 Novecento   A/C
STORICO · ACCOGLIENTE Nel cuore del centro storico barocco, un palazzo
d'epoca dagli interni inaspettatamente moderni e piacevoli: se disponibili, meglio
prenotare le camere al 1° piano con soffitti affrescati.
9 cam ⌂ – 🛏70/130 € 🛏🛏90/200 € – 1 suite
via Dupré 11 – 𝒞 0932 843817 – www.hotel900.it

SCOGLITTI Ragusa (RG) → Vedere Vittoria

SCOPELLO Sicilia
Trapani – ✉ 91014 – Alt. 106 m – Carta regionale n° **17**-B2
Carta stradale Michelin 365-AL55

Tenute Plaia

FAMILIARE · MEDITERRANEO Costruita attorno ad una piccola corte interna, la struttura è gestita da una famiglia di imprenditori vinicoli. Semplici e accoglienti le camere con letti in ferro battuto e decorazioni floreali. Cucina tipica siciliana preparata con i prodotti dell'azienda agricola stessa e una particolare attenzione per il vino.

10 cam ☲ - †25/157 € ††25/157 €

Contrada Scopello 3 - ℰ 0924 541476 - www.agriturismotenuteplaia.it - Aperto 1° aprile-30 ottobre

Tranchina

FAMILIARE · TRADIZIONALE Graziosa pensione dagli ambienti estremamente sobri e dall'accoglienza cordiale nel cuore del piccolo caratteristico paese. Lei, cinese, si occupa soprattutto delle camere. Il patron, siciliano, è l'anima e l'estro della buona tavola.

10 cam ☲ - †50/65 € ††70/100 €

via A. Diaz 7 - ℰ 0924 541099 - www.pensionetranchina.com

SCORZÈ

Venezia - ✉ 30037 - 18 863 ab. - Alt. 16 m - Carta regionale n° **23**-C2
Carta stradale Michelin 562-F18

⁜ San Martino (Raffaele Ros)

CUCINA MODERNA · CONTESTO CONTEMPORANEO ✕✕ Sobrio ed elegante, tutta l'attenzione ruota intorno alla cucina: moderna, personalizzata, divisa tra carne e - soprattutto - pesce. A mezzogiorno si sdoppia con una seconda piccola carta light.

→ Risotto con astice al rosmarino e salsa di agrumi. Sogliola con cremoso alle erbe e spuma all'olio evo. Tutto limone.

Menu 60/85 € - Carta 50/80 €

piazza Cappelletto 1, località Rio San Martino, Nord: 1 km - ℰ 041 584 0648 (prenotare) - www.ristorantesanmartino.info - Chiuso domenica sera e lunedì

⁙○ Osteria Perbacco

CUCINA REGIONALE · FAMILIARE ✕✕ Due piacevoli sale fresche e luminose in combinazione con elementi rustici e camino, d'estate ci si trasferisce in terrazza sopra il fiume. Carne e pesce in ricette venete o più creative per chi è in vena di novità.

Carta 36/79 €

*via Moglianese 37, strada per Mogliano - ℰ 041 584 0991
- www.ristoranteperbaccoscorze.it - Chiuso 1 settimana in gennaio, 2 settimane in agosto sabato a mezzogiorno e domenica*

⁙○ I Savi

PESCE E FRUTTI DI MARE · FAMILIARE ✕✕ Un ristorante improntato alla più semplice e genuina qualità: pur essendoci un menu stampato, sarà il titolare stesso ad illustrarvi a voce il pescato del giorno sul quale orientare la vostra scelta. Un'attenzione particolare ai vegani con alcuni piatti a loro riservati.

Menu 30 € (pranzo in settimana)/40 € - Carta 41/74 €

*via Spangaro 6, località Peseggia di Scorzè - ℰ 041 448822 - www.isavi.it
- Chiuso 1°-7 gennaio, domenica sera e lunedì*

⌂ Antico Mulino

TRADIZIONALE · MODERNO Ubicato in aperta campagna, il nome tradisce l'originaria funzione dell'edificio, ma le molteplici e sapienti ristrutturazioni ben poco hanno lasciato della vecchia architettura. L'antico mulino ospita ora camere belle e moderne, dagli arredi curati e funzionali, atte a soddisfare qualsiasi tipo di clientela.

30 cam ☲ - †39/110 € ††49/220 €

*via Moglianese 37, strada per Mogliano - ℰ 041 584 0700
- www.hotelantpicomulino.com*

⁙○ **Osteria Perbacco** - Vedere selezione ristoranti

SCRITTO Perugia → Vedere Gubbio

SEGGIANO

Grosseto – ✉ 58038 – 961 ab. – Alt. 491 m – Carta regionale n° **18**-C3
Carta stradale Michelin 563-N16

❀ **Silene** (Roberto Rossi)   ⬅ ◔ ⬱ ❦ **P**

CUCINA TOSCANA · CONTESTO TRADIZIONALE ✗✗ In un paesino di montagna di poche anime, lo chef-patron seduce i suoi ospiti con una linea di cucina decisamente toscana dai sapori intensi e fragranti. Ottimi i primi e le proverbiali carni, qualche proposta di pesce, il tutto condito con olio di produzione propria, erbe e verdure dell'orto di casa (proprio di fronte al ristorante dove c'è anche l'eliporto!).
→ Tortelli maremmani al parmigiano e olio denocciolato. Petto e coscia di piccione. Zuppetta di frutta con tortellini di cioccolato.

Menu 75 € – Carta 49/84 €

4 cam ⊡ – ♦85 € ♦♦85 €

località Pescina, Est: 3 km – ☎ 0564 950805 (prenotazione obbligatoria) – www.ilsilene.it – Chiuso inizio gennaio-metà febbraio, domenica sera e lunedì

SEGRATE

Milano – ✉ 20090 – 35 037 ab. – Alt. 115 m – Carta regionale n° **10**-B2
Carta stradale Michelin 561-F9

Pianta d'insieme di Milano

⃝ **Osteria Dei Fauni**   ⌂ ⒶⒸ

CUCINA MODERNA · RUSTICO ✗✗ Se l'ambiente è "caldo" e frizzante, non da meno lo sono le accattivanti proposte gastronomiche che spaziano tra terra e mare; interessante scelta di vini al bicchiere.
⊛ Menu 20 € (in settimana) – Carta 33/58 €

Pianta: 2D2-b – *via Turati 5 – ☎ 02 2692 1411 – www.osteriadeifauni.it – Chiuso 26 dicembre-8 gennaio, 13 agosto-4 settembre, sabato a mezzogiorno e domenica*

SEGROMIGNO IN MONTE Lucca → Vedere Lucca

SEIS AM SCHLERN SIUSI ALLO SCILIAR

SEISER ALM ALPE DI SIUSI

SELINUNTE Sicilia

Trapani – Carta regionale n° **17**-B2
Carta stradale Michelin 365-AL58

a Marinella Sud : 1 km ✉ 91022

🏠 **Admeto**   ✿ ⬱ ⊡ ⅁ ⒶⒸ ♨ ⇔

FAMILIARE · LUNGOMARE Fronte mare, un candido edificio ospita camere moderne ed essenziali con panoramica sala colazione sul celebre tempio greco. Al ristorante, cucina tradizionale siciliana.

56 cam ⊡ – ♦50/98 € ♦♦70/160 € – 1 suite

via Palinuro 3 – ☎ 0924 46796 – www.hoteladmeto.it

SELLIA MARINA

Catanzaro – ✉ 88050 – 7 513 ab. – Carta regionale n° **3**-B2
Carta stradale Michelin 564-K32

Agriturismo Contrada Guido

CASA DI CAMPAGNA · PERSONALIZZATO Un signorile borgo agricolo settecentesco con una bella piscina circondata da piante e fiori: fatevi indicare il gelso antico che racconta con la sua presenza la storia di queste lande un tempo dedite al baco da seta. Camere raffinate e cura per i dettagli; cucina di insospettabile fantasia.

14 cam ⇄ – ♦40/70 € ♦♦60/140 €

località contrada Guido, strada statale 106 km 202 – 𝒞 0961 961495
– www.contradaguido.it – Chiuso 8-31 gennaio

SELVA Brindisi → Vedere Fasano

SELVA Vicenza (VI) → Vedere Montebello Vicentino

SELVA DI CADORE

Belluno – ✉ 32020 – 520 ab. – Alt. 1 335 m – Carta regionale n° **23**-C1
Carta stradale Michelin 562-C18

 Ca' del Bosco

FAMILIARE · PERSONALIZZATO Moderna struttura che ben si integra con il contesto paesaggistico, panoramico e quieto, che la avvolge. Particolarmente curati gli arredi negli ambienti e nelle belle camere affrescate.

12 cam ⇄ – ♦40/75 € ♦♦70/120 €

via Monte Cernera 10, località Santa Fosca, Sud-Est: 2 km – 𝒞 0437 521258
– www.hotelcadelbosco.it – Aperto
26 dicembre-10 marzo e 15 giugno-15 settembre

 La Stua

FAMILIARE · STILE MONTANO Buon rapporto qualità/prezzo in questo piccolo garnì dalle piacevoli camere in stile montano. Tipica zona bar con una caratteristica stufa in pietra refrattaria.

12 cam ⇄ – ♦47/57 € ♦♦74/98 €

via Dei Denever 25/27, località Santa Fosca, Sud Est: 2 Km – 𝒞 0437 521238
– www.hotelgarnilastua.com – Aperto 20 dicembre-1° aprile e
1° giugno-14 settembre

Michelin

CI PIACE...

La vista dallo **Chalet Gerard**. La nuova spa dell'**Alpenroyal Grand Hotel**. La modernità non solo culinaria del ristorante **Nives**. Tra silenzio e panorami, il buen retiro alpino dello **Chalet Prà Ronch**.

SELVA DI VAL GARDENA WOLKENSTEIN IN GRÖDEN

(BZ) – ⊠ 39048 – 2 622 ab. – Alt. 1 563 m – Carta regionale n° **19**-C2
Carta stradale Michelin 562-C17

Ristoranti

ॐ **Alpenroyal Gourmet** 🐝 🛏 🕭 🎟 ⅌ 🅿

CUCINA CREATIVA · ELEGANTE XxX Nicchia gastronomica dell'omonimo hotel, l'ambientazione della sala è classica ed elegante, il servizio di grande livello, ma protagonista è la cucina: sofisticata, impegnata in raffinate presentazioni, basata su prodotti di montagna, ma non solo.
→ Spighe di grano alla barbabietola, capriolo, sedano rapa. Stinco di vitello e il suo midollo, mela cotogna, cavolo cappuccio bianco. Cioccolato, croccante alla nocciola, mandarino e melograno.
Menu 85/105 € – Carta 64/94 €
Alpenroyal Grand Hotel, via Meisules 43 – 𝒞 0471 795555 – www.alpenroyal.com – solo a cena – Aperto 7 dicembre-2 aprile e 9 giugno-2 ottobre; chiuso domenica

⅋○ **Tyrol** ⓝ ⇐ 🛏 🍴 ▨ ⅌ 🚗

CUCINA REGIONALE · CONTESTO TRADIZIONALE XxX Piatti creativi dalla forte connotazione tradizionale e sapori che attingono alle più gustose specialità mediterranee per questo ristorante che serba un occhio di riguardo verso chi soffre d'intolleranze alimentari. Carta dei vini dalla grande personalità!
Menu 60/90 € – Carta 44/89 €
Hotel Tyrol, strada Puez 12 – 𝒞 0471 774100 – www.tyrolhotel.it – Aperto 14 dicembre-3 aprile e 28 giugno-15 settembre

⅋○ **Nives** 🍴 🕭 🔄

CUCINA MODERNA · DESIGN XX Se siete alla ricerca di una cucina più creativa e amate lasciarvi sorprendere da rivisitazioni di piatti classici, ecco il vostro ristorante! Piatti da fotografia e sapori non solo montani. Per i più romantici c'è anche una stube.
Menu 59 € – Carta 40/77 €
Hotel Nives, via Nives 4 – 𝒞 0471 773329 (consigliata la prenotazione) – www.hotel-nives.com – Aperto 1° dicembre-31 marzo e 1° giugno-30 settembre

Alberghi

🏨 Alpenroyal Grand Hotel   ☆ ⬔ 🛏 🍽 🖥 🕸 🏊 ⛱ 🔆 🛗 ♨ 🚗

GRAN LUSSO · STILE MONTANO Eleganza e tradizione abitano qui: all'ingresso del paese, l'albergo si sviluppa orizzontalmente intorno al giardino privato. Se amate arredi dall'intramontabile gusto classico, sicuramente apprezzerete questa casa, che offre uno dei più completi centri benessere della valle.

32 cam ⬚ – ♦180/972 € ♦♦236/1018 € – 24 suites

via Meisules 43 – ☏0471 795555 – www.alpenroyal.com – Aperto 7 dicembre-2 aprile e 9 giugno-2 ottobre

❀ **Alpenroyal Gourmet** – Vedere selezione ristoranti

🏨 Portillo Dolomites 1966   ☆ ⬔ 🛏 🍽 🖥 🕸 🏊 ⛱ 🔆 ♨ 🚗

LUSSO · STILE MONTANO Alle porte della località, contesto familiare di grande signorilità ristrutturato in stile lodge. Eccellente centro benessere, belle piscine, camere molto ampie e arredate con gusto: insomma, confort allo stato puro!

33 cam ⬚ – ♦100/400 € ♦♦160/600 € – 5 suites

via Meisules 65 – ☏0471 795205 – www.portillo-dolomites.it – Aperto 29 novembre-1° aprile e 14 giugno-28 settembre

🏨 Welponer   ☆ ⬳ ⬔ 🛏 🍽 🕸 ⛱ 🔆 🛗 🚗

FAMILIARE · STILE MONTANO Vicino al centro, ma in posizione panoramica e tranquilla, la gestione è semplice e familiare: le camere vi sorprenderanno per dimensioni e qualità degli arredi, quasi tutte con vista.

20 cam – solo ½ P 99/250 € – 3 suites

strada Rainel 6 – ☏0471 795336 – www.welponer.it – Aperto 1° dicembre-20 aprile e 25 maggio-15 ottobre

🏨 Gran Baita   ☆ ⬳ ⬔ 🛏 🍽 🖥 🕸 🏊 ⛱ 🔆 🛗 ♨ 🚗

SPA E WELLNESS · STILE MONTANO Camere luminose e una fra le più belle spa della valle (con tanto di grotta salina!) per un hotel di grande tradizione, dove il sapiente utilizzo del legno regala agli ambienti un'atmosfera avvolgente.

51 cam – solo ½ P 100/250 € – 14 suites

via Nives, 11 – ☏0471 795210 – www.hotelgranbaita.com – Aperto 1° dicembre-15 aprile e 15 giugno-15 ottobre

🏨 Tyrol   ⬳ ⬔ 🛏 🍽 🖥 🕸 🏊 ⛱ 🔆 🛗 🚗

LUSSO · PERSONALIZZATO Nella tranquillità dei monti, un albergo che "guarda" le Dolomiti; zone comuni signorili, con soffitti in legno lavorato e tappeti, camere spaziose ed eleganti, nonché un ampio centro benessere.

50 cam ⬚ – ♦168/488 € ♦♦210/610 € – 2 suites

strada Puez 12 – ☏0471 774100 – www.tyrolhotel.it – Aperto 6 dicembre-3 aprile e 15 giugno-24 settembre

‖○ **Tyrol** – Vedere selezione ristoranti

🏨 Genziana   ☆ ⬔ 🛏 🍽 🕸 ⛱ 🔆 ♨ 🚗

FAMILIARE · ACCOGLIENTE Una vacanza rilassante in un albergo ubicato in pieno centro, lontano dai minimalismi in voga, arredamenti classici in camere confortevoli e calore di montagna nelle rinnovate zone comuni. Raccolto, ma attrezzato centro benessere.

27 cam ⬚ – ♦150/250 € ♦♦150/250 €

via Ciampinei 2 – ☏0471 772800 – www.hotel-genziana.it – Aperto 1° dicembre-30 aprile e 1° luglio-30 settembre

🏨 Freina   ☆ ⬔ 🛏 🕸 ⬅ 🔆 ♨ 🚗

FAMILIARE · STILE MONTANO E' in paese, ma le piste da sci sembrano arrivare proprio dentro casa, a pochi metri ci sono gli impianti di risalita. Discreti i salotti, però il punto forte sono le camere, eleganti e quasi sempre spaziose.

22 cam ⬚ – ♦80/280 € ♦♦140/400 € – 2 suites

via Freina 23 – ☏0471 795110 – www.hotelfreina.com – Aperto 1° dicembre-Pasqua e 20 giugno-1° ottobre

🏠 Nives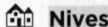

FAMILIARE · MODERNO Sobrietà di design e legni chiari sono le cifre della moderna eleganza di questo albergo, ispirato alle più recenti tendenze del design alpino. Una calda casa nel cuore di Selva.

11 cam – solo ½ P 123/347 € – 2 suites

via Nives 4 – 𝒞 0471 773329 – www.hotel-nives.com
– Aperto 1° dicembre-31 marzo e 1° giugno-30 settembre
🍴 **Nives** – Vedere selezione ristoranti

🏠 Chalet Dlaces

TRADIZIONALE · ACCOGLIENTE Verrà amato da chi cerca vacanze all'insegna dei panorami e della tranquillità: a meno di due chilometri dal centro, sentieri e piste da sci partono proprio dall'albergo. Gli arredi delle camere - quasi tutte con vista - così come la sauna prediligono materiali e legni non trattati.

20 cam ☲ – †80/160 € ††110/240 €

via La Selva 98 – 𝒞 0471 795446 – www.dlaces.it – Aperto 3 dicembre-8 aprile
e 9 giugno-30 settembre

🏠 Chalet Elisabeth

LOCANDA · ELEGANTE In centro, a due passi dagli impianti di risalita, quella che all'esterno sembra una semplice casa di montagna si rivela all'interno un bijou di legno: cirmolo e larice avvolgono le camere, romantici scrigni dedicati ai grandi tesori naturali della valle. Quattro camere con sauna privata.

8 cam ☲ – †72/110 € ††130/310 € – 1 suite

via Freina 8 ✉ 39048 Selva di Val Gardena – 𝒞 0471 795 5321
– www.chaletelisabeth.it – Chiuso 8 aprile-30 maggio e 7 ottobre-6 dicembre

🏠 Pozzamanigoni

FAMILIARE · STILE MONTANO Splendida vista su Sassolungo e pinete da un albergo a gestione diretta, dotato di scuola di equitazione, nonché laghetto con pesca alla trota. Piatti della tradizione nel ristorante dell'albergo oppure proposte più semplici, texane o pizze in un originale contesto: affacciati sul maneggio in un edificio antistante.

13 cam – solo ½ P 75/120 €

strada La Selva 51, Sud-Ovest: 1 km – 𝒞 0471 794138 – www.pozzamanigoni.it
– Aperto 5 dicembre-8 aprile e 15 giugno-1° ottobre

🏠 Chalet Prà Ronch

FAMILIARE · BUCOLICO Una dimora di charme incastonata all'interno di un giardino panoramico e situata - praticamente - sulle piste da sci: semplice, accogliente e familiare, insomma una vacanza ideale all'insegna del relax!

5 cam ☲ – †82/170 € ††90/180 €

via La Selva 80 – 𝒞 0471 794064 – www.chaletpraronch.com – Aperto inizio
dicembre-15 aprile e 15 maggio-15 ottobre

verso Passo Gardena Sud-Est : 6 km

🍴 Chalet Gerard

CUCINA REGIONALE · STILE MONTANO XX Un palcoscenico naturale affacciato sul gruppo Sella e sul Sassolungo, ma non aspettatevi un rifugio, bensì un ristorante di cucina tradizionale con piacevoli sale. Ancor più belle le camere in legno, quasi tutte con vista mozzafiato, e per il relax: sauna, fitness, nonché giardino con idromassaggio. Indossati gli sci, si è subito in pista!

Carta 37/67 €

12 cam ☲ – †128/210 € ††220/420 €

via Plan de Gralba 37 ✉ 39048 – 𝒞 0471 795274 – www.chalet-gerard.com
– Aperto 6 dicembre-Pasqua e 1° giugno-15 ottobre

SELVAZZANO DENTRO

Padova – ✉ 35030 – 22 886 ab. – Alt. 18 m – Carta regionale n° **23**-B3
Carta stradale Michelin 562-F17

⸭ **La Montecchia** (Massimiliano Alajmo)   🏦 🛋 AC ⅏ P

CUCINA CREATIVA · ELEGANTE ✗✗ Amena ubicazione nel Golf Club della Montecchia per un locale originale e signorile ricavato in un vecchio essiccatoio per il tabacco; l'ampia sala al primo piano ospita uno dei ristoranti gourmet della galassia Alajmo, tre stelle a Rubano! Cucina sferzante ed innovativa con diversi piatti vegetariani.

→ Gnocchi di rapa rossa con salsa di gorgonzola e Roquefort. La tartare di Erminio. Dolce di spinaci e liquirizia.

Menu 50/90 € – Carta 65/75 €

via Montecchia 12, Sud-Ovest: 3 km – ☎ 049 805 5323 (consigliata la prenotazione) – www.alajmo.it
– Chiuso 26 dicembre-9 gennaio, 8-28 agosto, mercoledì a mezzogiorno, lunedì e martedì

🍴 **abc Montecchia** – Vedere selezione ristoranti

🍴 **abc Montecchia**   🛋 AC ⅏ P

CUCINA REGIONALE · SEMPLICE ✗ Al piano terra del ristorante La Montecchia, di fronte ai campi da golf, l'offerta si fa più semplice ed informale: piatti semplici ed "accessibili", ma sfiziosi e ben preparati, nonché una selezione di originali pizze.

Carta 37/57 €

via Montecchia 12, Sud-Ovest: 3 km – ☎ 049 805 5323 – www.alajmo.it
– Chiuso 26 dicembre-9 gennaio e 8-28 agosto, mercoledì a mezzogiorno, lunedì e martedì

SELVINO

Bergamo – ✉ 24020 – 2 010 ab. – Alt. 960 m – Carta regionale n° **10**-C1
Carta stradale Michelin 561-E11

🏨 **T'AMI Hotel Resort SPA**   🏖 🐎 ⬳ 🍴 🏠 ⬆ ⅋ ⅏ 🚗

FAMILIARE · ACCOGLIENTE Una deliziosa casa di montagna, ha portato una ventata di modernità, anche negli arredi, nel panorama alberghiero della località. Tanta cura è stata dedicata alle camere, tutte diverse: classiche, moderne, mansardate, etniche, anni '60. Della cucina si occupa in prima persona il patron. Per noi, è sempre un ottimo indirizzo!

10 cam ⊑ – ♦70/150 € ♦♦70/200 €

via Monte Purito 3 – ☎ 035 763999 – www.tamihotel.it
– Chiuso 1°-15 ottobre

SEMPRONIANO

Grosseto – ✉ 58055 – 1 059 ab. – Alt. 601 m – Carta regionale n° **18**-C3
Carta stradale Michelin 563-N16

a Catabbio Sud : 6 km ✉ 58014

🍴 **La Posta**   🛋

CUCINA TOSCANA · FAMILIARE ✗ La proprietaria in cucina e i figli in sala in una curata trattoria di paese: locale genuino tanto nella tavola e nei piatti, quanto nel servizio schietto e informale.

Carta 26/38 €

via Verdi 9 – ☎ 0564 986376 – www.trattorialaposta.com
– solo a cena escluso i giorni festivi – Chiuso 10 gennaio-5 febbraio, 1 settimana in luglio e lunedì escluso agosto

SENAGO

Milano – ⊠ 20030 – 21 795 ab. – Alt. 176 m – Carta regionale n° **10**-B2
Carta stradale Michelin 561-F9

⭑○ La Brughiera   🕷 🎤 🅰 🔌 🅿

CUCINA REGIONALE · AMBIENTE CLASSICO XX Un bel locale ricavato da una vecchia cascina ora compresa nel parco delle Groane. Ampio e grazioso l'interno, ma anche il dehors non è da meno. Cucina di stampo regionale ed ampia carta dei vini.

Menu 40/60 € – Carta 48/66 €

via XXIV Maggio 23 – ☎ 02 998 2113 – www.labrughiera.it – Chiuso 2 settimane in agosto

SENALES SCHNALS

Bolzano – ⊠ 39020 – 1 403 ab. – Alt. 1 327 m – Carta regionale n° **19**-B1
Carta stradale Michelin 561-B14

a Madonna di Senales Nord-Ovest : 4 km ⊠ 39020 – Senales – Alt. 1 500 m

⭑○ Tonzhaus   🎤 🅿

CUCINA REGIONALE · ACCOGLIENTE X Oltre che padrone di casa, Andreas Götsch è anche chef del ristorante (dell'omonimo albergo). Sua la passione per i prodotti biologici locali, che spesso rientrano nei suoi piatti: a volte legati alla tradizione, altre cucinati con tocco più mediterraneo. Lo strudel di mele nel bicchiere è tra i must della casa.

Menu 28/60 € – Carta 27/60 €

Hotel Tonzhaus, via Madonna 27 – ☎ 0473 669688 – www.tonzhaus.com – Chiuso mercoledì

⭑○ Oberraindlhof   🕷 ⋖ 🎤 🍴 🅿

CUCINA TRADIZIONALE · ROMANTICO X In un maso di origini cinquecentesche, in posizione panoramica sulla valle e gestito dalla stessa famiglia ormai da cinque generazioni, nelle romantiche stube viene servita una cucina che ricerca antiche e perdute ricette di Senales.

Menu 60 € – Carta 40/74 €

Hotel Oberraindlhof, Raindl 49, Sud-Est: 2 km
– ☎ 0473 679131 (consigliata la prenotazione) – www.oberraindlhof.com
– Chiuso 10-30 novembre

🏠 Oberraindlhof   🏊 ⋖ 🐾 🔽 🅿

FAMILIARE · STILE MONTANO A due chilometri da Madonna di Senales, si svolta a sinistra, pochi tornanti ed ecco un albergo-maso; camere semplici, ben tenute e quasi tutte rivestite in legno, il silenzio e il contatto con la natura sono assicurati.

29 cam – solo ½ P 70/130 €

Raindl 49, Sud-Est: 2 km – ☎ 0473 679131 – www.oberraindlhof.com – Chiuso 10-30 novembre

⭑○ **Oberraindlhof** – Vedere selezione ristoranti

🏠 Tonzhaus   ⋖ 🛋 🐾 🔽 🅿

FAMILIARE · STILE MONTANO Ancora più accogliente dopo il recente restyling questa casa a "misura" di famiglia, situata in posizione tranquilla tra prati e cime: perfetta per un soggiorno di passeggiate, sport e relax.

22 cam ⊡ – ♦95/170 € ♦♦170/246 €

via Madonna 27
– ☎ 0473 669688 – www.tonzhaus.com

⭑○ **Tonzhaus** – Vedere selezione ristoranti

a **Certosa** Nord-Ovest : 2 km ⊠ 39020 – Senales Schnals – Alt. 1 327 m

🏠 Rosa d'Oro-Zur Goldenen Rose ⭐ 🕭 ⩽ 🛏 🕭 🖃 ⅌ 🅿

FAMILIARE · STILE MONTANO L'antica certosa, pur trasformata nel tempo ed oggi residenza civile, è visitabile a pochi metri dall'albergo, una romantica casa di montagna, dove troverete un'atmosfera tipica ma soprattutto una calorosa accoglienza familiare.

20 cam ⌑ – ♦90/134 € ♦♦150/260 € – 8 suites

via Certosa 29 – ☏ 0473 679130 – www.goldenerose.it – Chiuso maggio e novembre

SENIGALLIA

Ancona – ⊠ 60019 – 45 027 ab. – Carta regionale n° **11**-C1
Carta stradale Michelin 563-K21

✿✿ Uliassi 🕭 ⩽ 🕭 🅰🅲 ⅌

PESCE E FRUTTI DI MARE · ELEGANTE XXX Quasi sulla spiaggia, con il mare all'orizzonte e la luce che si riverbera sugli spazi bianchi: la raffinata eleganza della sala introduce ad una cucina elaborata ed estrosa, imperniata soprattutto su straordinari sapori di pesce, ma anche di selvaggina.

→ Spaghetti affumicati, vongole e pomodorini grigliati. Rana pescatrice in "potacchio". Biscotto al molasses, gelato di cioccolato e caffè, caramello.

Menu 105 € (pranzo in settimana)/140 € – Carta 86/143 €

banchina di Levante 6 – ☏ 071 65463 (consigliata la prenotazione) – www.uliassi.it – Aperto 31 marzo-26 dicembre; chiuso lunedì

🅐 Trattoria Vino e Cibo 🕭 🅰🅲

PESCE E FRUTTI DI MARE · CONVIVIALE X Nelle vie del centro, solo una sala e quattro grandi tavoli in legno, il tutto all'insegna della convivialità e semplicità. Piatti preparati con quello che offre il mercato del giorno (se ci sono, optate per i sardoncini scottadito): ne rimarrete entusiasti!

Carta 21/55 €

via Fagnani 16/18 – ☏ 071 63206 (coperti limitati, prenotare) – Chiuso 10 giorni in novembre e lunedì

🍽 Al Cuoco di Bordo 🅰🅲

PESCE E FRUTTI DI MARE · CONTESTO CONTEMPORANEO XX Sul lungomare, un locale dal piacevole arredo con veranda e piccola sala: il re della tavola è il pesce con una preferenza per i crudi.

Menu 45/65 € – Carta 42/101 €

lungomare Dante Alighieri 94 – ☏ 071 792 9661 – www.alcuocodibordo.it – Chiuso novembre, domenica sera, anche i mezzogiorno di lunedì e martedì nel periodo estivo

🏠 Terrazza Marconi Hotel & Spa Marine ⭐ ⩽ 🕭 🗝 🖃 ⅁ 🅰🅲

BOUTIQUE HOTEL · MODERNO Di fronte alla Rotonda, una moderna casa con terrazza sul mare offre eleganza, servizio curato e belle camere, nonché un piccolo centro benessere. Piatti regionali e di pesce nella sala da pranzo al piano terra, mentre in estate si può scegliere il panorama del roof garden con il lounge bar, Terrazza by Niko.

27 cam ⌑ – ♦119/364 € ♦♦159/374 € – 3 suites

lungomare Marconi 37 – ☏ 071 792 7988 – www.terrazzamarconi.it – Chiuso 20-29 dicembre e 2-14 gennaio

🏠 Hotel B ⭐ ⩽ 🗝 🖃 🅰🅲 ⅌

TRADIZIONALE · ACCOGLIENTE Ideale per famiglie con bambini, l'albergo dispone di camere d'ispirazione contemporanea ed ampi spazi attrezzati per animare le giornate dei più piccoli. Un'ampia sala moderna per il ricco buffet, mentre l'originale "Tana dell'orso Bo" accoglie i bimbi con menu a loro dedicati.

37 cam ⌑ – ♦40/200 € ♦♦40/300 € – 3 suites

lungomare Mameli 57 – ☏ 071 792 3590 – www.hbologna.net – Aperto 1° aprile-30 settembre

🏠 Mareblù   佘 ⩽ ⌣ 𝘊 ⊞ AC 𝒳

FAMILIARE · MINIMALISTA Una piccola risorsa fronte mare a gestione familiare con ambienti classici e semplici negli arredi, sala giochi, biblioteca. Organizzata zona per gli aperitivi e ampia piscina.

53 cam ⌁ – †63/125 € ††110/200 €

lungomare Mameli 50 – 𝒞 071 792 0104 – www.hotel-mareblu.it – Aperto Pasqua-30 settembre

a **Marzocca** Sud : 6 km ✉ 60019

🕄🕄 Madonnina del Pescatore (Moreno Cedroni)   𝔅 ⩽ 🕼 AC

CUCINA CREATIVA · ELEGANTE XxX Trent'anni di creatività millesimati in carta con piatti che han fatto la storia della cucina italiana e un genio ben lontano dal-l'esaurirsi: ancora oggi Cedroni innova e crea tendenze. La Madonnina, un laboratorio di eccellenze della cucina di mare!

→ Risotto all'ostrica, alghe e panna acida. Mazzancolle turgide, maionese allo yuzu, cipolla agrodolce, porro fumé. Venticinque grammi di gelato al cubo, gelato al cioccolato bianco, salsa al frutto della passione.

Menu 60 € (pranzo in settimana)/140 € – Carta 81/135 €

via Lungomare Italia 11 – 𝒞 071 698267 (consigliata la prenotazione) – www.morenocedroni.it – Aperto 1° febbraio-31 ottobre; chiuso mercoledì

a **Scapezzano** Ovest : 6 km ✉ 60019

🏠🏠 Bel Sit   佘 ⧖ ⩽ 🛏 ⌣ 𝘒 ℓ6 𝒳 𝘊 ㅎ AC 𝖘🄰 🅿

CASA DI CAMPAGNA · CONTEMPORANEO Abbracciato da un parco secolare e con vista sul mare, la villa Ottocentesca dispone di un nuovo centro benessere, sale comuni con arredi lignei e semplici camere spaziose.

32 cam ⌁ – †65/110 € ††80/140 € – 6 suites

via dei Cappuccini 15 – 𝒞 071 660032 – www.belsit.net – Chiuso 2-31 gennaio

🏠 Locanda Strada della Marina   ⩽ 🛏 ⌣

CASA PADRONALE · ACCOGLIENTE Una casa colonica circondata dal parco offre camere sapientemente ristrutturate, arredate con mobili d'epoca, pavimenti lignei e sale per eventi.

9 cam ⌁ – †57/65 € ††110/125 €

strada della Marina 265 – 𝒞 071 660 8633 – www.locandastradadellamarina.it

SEREGNO

Monza e Brianza – ✉ 20831 – 44 651 ab. – Alt. 222 m – Carta regionale n° **10**-B2
Carta stradale Michelin 561-F9

🕄 Pomiroeu (Giancarlo Morelli)   𝔅 🕼

CUCINA CREATIVA · ACCOGLIENTE XX Nella corte di un palazzo del centro storico, un locale sempre accogliente con dehors tranquillo e riparato. Eccellente lista dei vini ed una cucina che offre sempre spunti di creatività su basi legate alle tradizioni locali.

→ Riso carnaroli mantecato alla ricotta di bufala affumicata, tartare di gamberi e tartufo nero. Piccione in doppia cottura, rabarbaro, crema di piselli e salsa di ibisco. Cremoso al latte cotto, croccante di burro e noci, gelato al miele di erbe balsamiche.

🍴 Menu 25 € (pranzo)/90 € – Carta 67/110 €

via Garibaldi 37 – 𝒞 0362 237973 – www.pomiroeu.it – Chiuso agosto, domenica sera e lunedì

SERNAGLIA DELLA BATTAGLIA

Treviso (TV) – ✉ 31020 – 6 202 ab. – Alt. 117 m – Carta regionale n° **23**-C2
Carta stradale Michelin 562-E18

⊛ Dalla Libera

VENEZIANA · COLORATO Nei suoi ambienti - recentemente ristrutturati - due linee di cucina: una più semplice e l'altra invece stagionale, pensata dallo chef-titolare giorno per giorno. Se poi siete amanti del vino con qualche anno... avete trovato il posto giusto! Il raviolo con piopparelli patata di montagna e polvere di steccherino o la battuta di carne di Sorana con capperi di Salina e ristretto di pomodoro datterino sono solo alcune delle tante specialità della casa.

Carta 31/57 €

via Farra 24/a – ℰ 0438 966295 – www.trattoriadallalibera.it – Chiuso 1 settimana in gennaio, 2 settimane in agosto e lunedì

SERRALUNGA D'ALBA

Cuneo (CN) – ⊠ 12050 – 564 ab. – Carta regionale n° **14**-C2
Carta stradale Michelin 561-I6

⊛ La Rei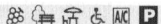

CUCINA MODERNA · LUSSO Qui la cucina tradizionale piemontese incontra il Mediterraneo, le paste all'uovo e la carne si alternano al pesce in piatti fantasiosi. Sala interna dall'atmosfera sobria e contemporanea, ma appena potete venite per mangiare all'aperto: vi aspetta una straordinaria vista sulle colline.

→ Spaghetto, nocciole, bottarga di tonno e zenzero. Vitella in crosta di midollo, carciofi. Babà, rabarbaro e fragole.

Menu 80/95 € – Carta 66/119 €

Hotel Il Boscareto Resort, via Roddino 21 – ℰ 0173 613042
– www.ilboscaretoresort.it – Chiuso 9 gennaio-30 marzo, mercoledì a mezzogiorno e martedì

🏨 Il Boscareto Resort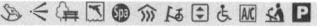

LUSSO · CONTEMPORANEO Qui non troverete il vecchio Piemonte, ma una moderna struttura con vista su uno dei più suggestivi paesaggi delle Langhe. L'atmosfera contemporanea continua all'interno, caratterizzato da luce e ampi spazi dallo stile sobrio e moderno.

29 cam ⊡ – ♦200/280 € ♦♦230/420 € – 10 suites

via Roddino 21 – ℰ 0173 613036 – www.ilboscaretoresort.it
– Chiuso 9 gennaio-30 marzo

⊛ **La Rei** – Vedere selezione ristoranti

a Fontanafredda Nord : 5 Km ⊠ 12050

⊛ Guido (Ugo Alciati)

CUCINA PIEMONTESE · ELEGANTE Nella splendida cornice dell'ottocentesca Villa Fontanafredda, dove si consumò la storia d'amore tra Vittorio Emanuele II e la Bela Rosin, Guido - da sempre - propone le eccellenze piemontesi, una tappa imperdibile per gli amanti della regione, in eleganti sale che recuperano l'antico miscelandolo abilmente con il moderno.

→ Ravioli di magro con pesto di mandorle, crema di fave e Montebore (formaggio misto vaccino e ovino). Pollo ruspante al mattone con limone e vino arneis. Gelato fiordilatte mantecato al momento.

Menu 80/150 € – Carta 61/94 €

via Alba 15 – ℰ 0173 626162 – www.guidoristorante.it – solo a cena escluso sabato e domenica – Chiuso 3 settimane in dicembre-gennaio, 3 settimane in agosto, domenica sera e lunedì

 Il símbolo ⊗ sottolinea la tranquillità di un albergo.

SERRAVALLE LANGHE

Cuneo – ✉ 12050 – 315 ab. – Alt. 762 m – Carta regionale n° **14**-C3
Carta stradale Michelin 561-I6

⅄○ La Coccinella ⇔ 🅿

CUCINA PIEMONTESE · CONTESTO TRADIZIONALE ✗✗ Tre fratelli conducono con passione ed esperienza questo valido ristorante d'impostazione classica. La cucina è soprattutto piemontese - talvolta tradizionale, altre più moderna - con qualche piatto di pesce.

Carta 37/69 €

via Provinciale 5 – ✆ 0173 748220 (consigliata la prenotazione)
– www.trattoriacoccinella.com – Chiuso 6 gennaio-10 febbraio, 27 giugno-7 luglio, mercoledì a mezzogiorno e martedì

SERRAVALLE PISTOIESE

Pistoia (PT) – ✉ 51030 – 11 659 ab. – Alt. 182 m – Carta regionale n° **18**-B1
Carta stradale Michelin 563-K14

🏵 Trattoria da Marino 🏠

CUCINA TOSCANA · FAMILIARE ✗ In attività da quasi un secolo, l'ambiente è quello di un'accogliente trattoria, la cucina sfodera i piatti forti della regione con qualche simpatica rivisitazione: tortelli con ragù di crostaceo - guancia di vitello stufata al Brunello - crema soffiata.

🍽 Menu 22/33 € – Carta 30/52 €

via Provinciale Lucchese 102, località Ponte di Serravalle, Ovest: 2 km
– ✆ 0573 51042 – Chiuso 20 giorni in luglio e martedì

SERRAVALLE SCRIVIA

Alessandria – ✉ 15069 – 6 128 ab. – Alt. 225 m – Carta regionale n° **12**-C3
Carta stradale Michelin 561-H8

🏠 Villa la Bollina ✿ ⅏ ≼ 📶 🔁 AC 🏋 🅿

STORICO · ELEGANTE In un'oasi di tranquillità, dimora nobiliare del XIX secolo trasformata in elegante ed accogliente hotel con camere raffinate, arredate con mobili in stile. Nelle nobili sale e fresche terrazze del ristorante, la cucina è espressamente dedicata ai piatti piemontesi con le sue carni, le sue paste, e l'immancabile tartufo.

10 cam ☲ – †80/200 € ††120/280 € – 2 suites

via Monterotondo 60, Ovest: 2 km – ✆ 0143 65334 – www.hotelvillalabollina.com
– Chiuso 25 gennaio-1° marzo

SESSAME

Asti (AT) – ✉ 14058 – 271 ab. – Carta regionale n° **14**-D2
Carta stradale Michelin 561-H7

⅄○ Il Giardinetto 🐝 🏠 🅿

CUCINA TRADIZIONALE · FAMILIARE ✗ Gli antipasti sono fissati quotidianamente, si scelgono invece le portate successive, specialità casalinghe piemontesi e liguri. Piccolo e tranquillo il dehors.

🍽 Menu 16/40 € – Carta 24/57 €

strada provinciale Valle Bormida 24, Sud: 4 km – ✆ 0144 392001
– www.ilgiardinettoristorante.it – solo a cena escluso sabato, domenica e i giorni festivi – Chiuso 25 gennaio-13 febbraio, 27 agosto-5 settembre, giovedì, anche da lunedì a mercoledì in febbraio-Pasqua

SESTO SEXTEN

Bolzano – ✉ 39030 – 1 893 ab. – Alt. 1 310 m – Carta regionale n° **19**-D1
Carta stradale Michelin 562-B18

Monika

FAMILIARE · STILE MONTANO Nel Parco Naturale delle famose Tre Cime di Lavaredo, una risorsa recentemente ristrutturata in chiave moderna, ma rispettosa del contesto alpino nella quale si trova: aspettatevi, quindi, un attrezzato spazio benessere con una bellissima piscina coperta e tanto legno nelle "calde" camere.

58 cam – solo ½ P 150/220 € – 11 suites

via del Parco 2 – ℰ 0474 710384 – www.monika.it
– Aperto 4 dicembre-28 marzo e 26 maggio-4 novembre

St. Veit

SPA E WELLNESS · ELEGANTE Gestione dinamica in un albergo in area residenziale, dominante la vallata; zona comune ben arredata, camere tradizionali e con angolo soggiorno, ideali per famiglie. Nella sala da pranzo, vetrate che si aprono sulla natura; accogliente stube caratteristica.

41 cam – solo ½ P 170/299 € – 5 suites

via Europa 16 – ℰ 0474 710390 – www.hotel-st-veit.com
– Aperto 1° dicembre-Pasqua e 1° giugno-18 ottobre

a Moso (Moos) Sud-Est : 2 km ⊠ 39030 – Sesto – Alt. 1 339 m

Bad Moos

SPA E WELLNESS · PERSONALIZZATO Suggestiva veduta sulle Dolomiti da un hotel moderno, dotato di buone attrezzature, tra cui un ampio centro benessere, e camere confortevoli. Calda atmosfera nella sala da pranzo; ristorante in stube del XIV-XVII secolo.

32 cam ⌑ – †166/269 € ††314/526 € – 30 suites

via Val Fiscalina 27 – ℰ 0474 713100 – www.badmoos.it – Aperto
1° dicembre- 3 aprile e 1°giugno-5 novembre

Rainer

FAMILIARE · ELEGANTE Nella parte alta della località con ampia apertura sulle Dolomiti, una struttura che si è ripotenziata in tutte le sue parti, metrature generose nelle camere e begli affacci. Ma le attenzioni per il cliente non si esauriscono qui: i piccoli ospiti potranno, infatti, approfittare di una vasta area giochi sorvegliata da una baby-sitter per tutto l'arco della giornata, nonché piste da sci a loro dedicate. Sull'altro lato della strada, collegati con sottopassaggio, appartamenti con due camere e cucina ma con servizio alberghiero, ancora più ideali per famiglie.

26 cam – solo ½ P 90/170 € – 19 suites

via San Giuseppe 40 – ℰ 0474 710366 – www.familyresort-rainer.com – Aperto
1° dicembre-Pasqua e 2 giugno-15 ottobre

Berghotel

SPA E WELLNESS · STILE MONTANO Splendida vista delle Dolomiti e della valle Fiscalina, da un albergo in posizione soleggiata: zona comune in stile montano di taglio moderno, camere luminose e una spa di tutto rispetto (idromassaggio fra la neve!).

63 cam – solo ½ P 100/190 €

via Monte Elmo 10 – ℰ 0474 710386 – www.berghotel.com – Aperto
4 dicembre-Pasqua e fine maggio-inizio novembre

Tre Cime-Drei Zinnen

STORICO · VINTAGE Cordiale conduzione in una struttura in posizione dominante, progettata da un famoso architetto viennese nel 1930; interni luminosi ed eleganti, camere con arredi d'epoca.

35 cam ⌑ – †80/200 € ††140/340 €

via San Giuseppe 28 – ℰ 0474 710321 – www.hoteltrecime.it – Aperto
23 dicembre-19 marzo e 4 giugno-3 ottobre

a Monte Croce di Comelico (Passo) Sud-Est : 7,5 km ✉ 39030
– Sesto – Alt. 1 636 m

🏨 Passo Monte Croce-Kreuzbergpass ⛷ ❄ ⌲ 🗑 🐴 ♨ ♨ ☕ ⚒ ♿

TRADIZIONALE · ELEGANTE Nel silenzio di suggestive cime dolomitiche, **P** una struttura a ridosso degli impianti di risalita con propria scuola sci e noleggio attrezzatura sportiva, spaziose camere e suite per famiglie, spa alpina con centro benessere e saune. Un'attenzione particolare è riservata ai piccoli ospiti con programmi speciali e gite guidate sia per grandi che per piccini. Ottima cucina regionale-mediterranea con una cantina vini che annovera più di 200 etichette.

48 cam – solo ½ P 84/136 € – 10 suites
*via San Giuseppe 55 – ☎ 0474 710328 – www.passomontecroce.com
– Chiuso 8 aprile-1° giugno e 8 ottobre-26 novembre*

SESTO AL REGHENA

Pordenone – ✉ 33079 – 6 356 ab. – Alt. 13 m – Carta regionale n° **6**-B3
Carta stradale Michelin 562-E20

🍴 Abate Ermanno ♿ 🗛 ♻ **P**

CUCINA CLASSICA · AMBIENTE CLASSICO XX Bisogna avere le idee ben chiare (e un buon appetito), per accomodarsi in questo ristorante: la carta è infatti amplissima e "racconta" di tanti piatti regionali. Tra le specialità vi suggeriamo la peverada, una zuppa di molluschi e crostacei.

🍴 Menu 15/25 € – Carta 28/36 €
Hotel In Sylvis, via Friuli 2 – ☎ 0434 694950 – www.hotelinsylvis.com

🏨 In Sylvis ▣ ♿ 🗛 🐴 **P**

TRADIZIONALE · CLASSICO Non lontano dalla suggestiva abbazia benedettina di S. Maria, hotel di non grandi dimensioni costituito da due strutture divise da un grazioso patio interno, usato anche per manifestazioni o serate a tema.

37 cam ☲ – ♦55/65 € ♦♦75/85 €
via Friuli 2 – ☎ 0434 694911 – www.hotelinsylvis.com
🍴 **Abate Ermanno** – Vedere selezione ristoranti

SESTO CALENDE

Varese – ✉ 21018 – 11 079 ab. – Alt. 198 m – Carta regionale n° **9**-A2
Carta stradale Michelin 561-E7

🍴 MoMa-l'ospite e il gusto 🏡 ♿ 🗛

CUCINA MODERNA · ACCOGLIENTE XX Una piccola bomboniera a pochi passi dalla passeggiata sull'acqua, per un locale di giovane e contemporanea eleganza. La cucina va di pari passo con l'atmosfera del ristorante sfornando piatti moderni ed intriganti.

Menu 48/60 € – Carta 47/70 €
*piazza Berera 18 Sesto Calende – ☎ 0331 923473 (consigliata la prenotazione)
– www.ristorantemoma.com – Chiuso 15 giorni in gennaio, 1 settimana in agosto, lunedì e martedì*

🍴 La Biscia 🏡

PESCE E FRUTTI DI MARE · AMBIENTE CLASSICO XX Nel centro del paese, sul lungolago, ristorante con una confortevole sala di tono signorile e piacevole dehors fronte lago; linea culinaria di pesce, di mare e di lago.

Menu 48/59 € – Carta 40/75 €
piazza De Cristoforis 1 – ☎ 0331 924435 – www.ristorantelabiscia.com – Chiuso 26-31 gennaio, 15-31 agosto, domenica sera e lunedì

⊪○ **Tre Re** ≤ AC

CUCINA MEDITERRANEA · ELEGANTE ✗✗ Ambienti gradevoli e di recente ristrutturazione, molto bella la veranda coperta sulla passeggiata lungo foce Ticino, per una cucina d'impostazione classica che propone pesce e carne in egual misura.

⊛ Menu 15 € (pranzo in settimana) – Carta 35/62 €

Hotel Tre Re, piazza Garibaldi 25 – ℰ 0331 924229 – www.hotel3re.it
– Chiuso 20 dicembre-5 febbraio e mercoledì

⌂ **Tre Re** ≤ ⊡ AC

FAMILIARE · BORDO LAGO Piacevolmente ubicato in riva al Ticino, nel punto in cui il fiume abbandona il lago Maggiore, camere accoglienti e con dotazioni moderne, nonché una luminosa sala ristorante dove gustare specialità lacustri.

31 cam – ♦70/110 € ♦♦100/150 € – ⊡ 15 €

piazza Garibaldi 25 – ℰ 0331 924229 – www.hotel3re.it
– Chiuso 20 dicembre-6 febbraio

⊪○ **Tre Re** – Vedere selezione ristoranti

SESTOLA

Modena – ⊠ 41029 – 2 508 ab. – Alt. 1 020 m – Carta regionale n° **5**-B2
Carta stradale Michelin 562-J14

⌂ **Al Poggio** ⌖ ≤ ⌂ ⌱ ⊡ ⅁ **P**

FAMILIARE · ACCOGLIENTE Hotel ubicato in posizione tranquilla, che offre una vista meravigliosa della vallata in particolar modo da alcune delle camere. Conduzione familiare al femminile. Sale sobrie e confortevoli dove accomodarsi a gustare la cucina tipica locale.

32 cam ⊡ – ♦55/96 € ♦♦90/120 € – 1 suite

via Poggioraso 88, località Poggioraso, Est: 2 km – ℰ 0536 61147
– www.alpoggio.it – Chiuso novembre e 1 settimana in maggio

SESTO SAN GIOVANNI

Milano – ⊠ 20099 – 81 608 ab. – Alt. 140 m – Carta regionale n° **10**-B2
Carta stradale Michelin 561-F9

Pianta d'insieme di Milano

⊪○ **Villa Campari** ⌖ ⅁ AC **P**

CUCINA ITALIANA · ELEGANTE ✗✗ Nella storica villa ottocentesca, un ristorante dal carattere contemporaneo ma che ben si armonizza con la prestigiosa dimora, per decenni sede di rappresentanza del vecchio stabilimento di famiglia. La carta propone una carrellata di piatti anch'essi moderni da degustare nelle varie salette o nella fresca corte esterna. Dalle 18.30 entra in scena il lounge per l'aperitivo con un protagonista facilmente intuibile.

Menu 39/44 € – Carta 41/102 € – carta semplice a pranzo

Pianta: C1-a – *via Campari 23 – ℰ 02 2247 1108 – www.villacampariristorante.it*
– Chiuso 1-9 gennaio, 6-20 agosto, sabato a mezzogiorno domenica

SESTRIERE

Torino – ⊠ 10058 – 873 ab. – Alt. 2 033 m – Carta regionale n° **12**-A2
Carta stradale Michelin 561-H2

⊪○ **Shackleton Restaurant** ≤ ⅁ AC

CUCINA MODERNA · CONTESTO CONTEMPORANEO ✗✗ Una bella sala luminosa e panoramica, grazie alle ampie vetrate che dal soffitto corrono fino a terra: un ambiente moderno e conviviale, ravvivato anche dal bel camino centrale. In menu, specialità territoriali allo stesso tempo gustose e leggere.

Menu 28/48 € – Carta 27/60 €

Hotel Shackleton Mountain Resort, via Assietta 3 – ℰ 0122 750773
– www.shackleton-resort.it – Aperto 29 novembre-14 aprile 1° luglio-4 settembre

‖○ La Vineria del Colle 🕯 ⛄ 👒

CUCINA REGIONALE · ELEGANTE ✕✕ Cucina classica italiana con ovvii riferimenti regionali, servita in ambiente rustico e signorile al tempo stesso, ricavato in una vecchia cantina... e l'omaggio al vino continua con una carta dalle "mille" soprese.

🍽 Menu 7/20 € – Carta 33/59 €

Grand Hotel Sestriere, via Assietta 1 – 𝒞 0122 76476 – www.grandhotelsestriere.it
– Aperto 1° dicembre- 10 aprile e 1° giugno- 10 settembre e lunedì

🏨 Shackleton Mountain Resort ⬅ 🛗 ⊡ ⛄ 🛁 🚗

LUSSO · STILE MONTANO "L'eleganza in una dimensione familiare": è la formula vincente di questo moderno albergo dalle ampie camere con balcone dove farsi contagiare dalla filosofia slow-life dei titolari. All'ultimo piano, spettacolare panorama da una terrazza chiusa.

13 cam ⌑ – †90/150 € ††118/190 € – 5 suites

via Assietta 3 – 𝒞 0122 750773 – www.shackleton-resort.it
– Aperto 29 novembre-14 aprile e 1° luglio-4 settembre

‖○ **Shackleton Restaurant** – Vedere selezione ristoranti

🏨 Grand Hotel Sestriere 🍹 🛗 ♨ 🐾 🛗 ⊡ ⛄ 🛁 🚗

TRADIZIONALE · ACCOGLIENTE Se dalle finestre e dai balconi potrete vedere le piste olimpiche, nei suoi ambienti ritroverete un'atmosfera rustica, ma con qualche tocco di eleganza. Beauty farm con vinoterapia.

94 cam ⌑ – †72/140 € ††144/280 € – 5 suites

via Assietta 1 – 𝒞 0122 76476 – www.grandhotelsestriere.it – Aperto
1° dicembre-10 aprile e 1° giugno-10 settembre

‖○ **La Vineria del Colle** – Vedere selezione ristoranti

SESTRI LEVANTE

Genova – ✉ 16039 – 18 578 ab. – Carta regionale n° **8**-C2
Carta stradale Michelin 561-J10

‖○ Dei Castelli ⬅ 🍹 🛖 🗻 ⛄ 🄰🄲 🅿

CUCINA CLASSICA · LUSSO ✕✕✕ Un indirizzo delizioso, sia in termini architettonici sia per il valore della cucina che prevede classici liguri e – soprattutto - di mare, rivisitati con un pizzico di personalità.

Menu 55/65 € – Carta 48/95 €

Grand Hotel Dei Castelli, via alla Penisola 26 – 𝒞 0185 456087
– www.ristoranteaicastelli.it – Aperto 17 marzo-5 novembre

‖○ Portobello 🛖 ⛄ 🄰🄲 👒

PESCE E FRUTTI DI MARE · ALLA MODA ✕✕ In una delle insenature più belle d'Italia, la Baia del Silenzio, cucina prevalentemente a base di pesce: in estate servita sull'incantevole terrazza affacciata sul mare. Inoltre, servizio bar esclusivo per i clienti dell'hotel, con aperitivo e cocktail dopocena; beach bar per la stagione più calda.

Menu 70/85 € – Carta 51/120 €

via Portobello 16 – 𝒞 0185 41566 – www.ristoranteportobello.com – solo a cena in luglio-agosto – Aperto 23 marzo-30 novembre; chiuso mercoledì escluso luglio e agosto

‖○ El Pescador 🕯 ⬅ 🄰🄲 🅿

PESCE E FRUTTI DI MARE · STILE MEDITERRANEO ✕✕ Lungo le pareti delle due sale corrono ampie vetrate che si affacciano su una colorata Baia delle Favole mentre tra i fornelli è esaltata la cucina regionale, carni alla griglia e fragranze marine.

Menu 50/60 € – Carta 41/79 €

via Pilade Queirolo, al porto – 𝒞 0185 42888 (consigliata la prenotazione) – www.ristoranteelpescador.com – Chiuso gennaio, febbraio e martedì; in giugno-settembre chiuso i mezzogiorno di lunedì, martedì e mercoledì

⅟○ San Marco dal 1957

PESCE E FRUTTI DI MARE · STILE MEDITERRANEO ✕✕ Sulla punta estrema della banchina del porticciolo, direttamente sul mare, un ristorante pieno di luce e mondano, arredato in stile marina; proposte di piatti di pesce.

Menu 15 € (pranzo in settimana)/38 € – Carta 31/104 €

via Pilade Queirolo 27, al porto – ☏ 0185 41459 – www.sanmarco1957.it
– Chiuso 4 novembre-2 dicembre, 8 gennaio-15 marzo e mercoledì escluso
1° giugno-15 settembre

⅟○ Rezzano Cucina e Vino

PESCE E FRUTTI DI MARE · FAMILIARE ✕✕ In una piazzetta rientrante dal lungo-mare, locale d'atmosfera - sobrio e signorile - dove la grande profusione di legno può ricordare vagamente lo stile nautico. Specialità di pesce.

Menu 35/50 € – Carta 48/92 €

via Asilo Maria Teresa 34 – ☏ 0185 450909 – solo a cena escluso i giorni festivi in ottobre-maggio – Chiuso 2 settimane in febbraio, 2 settimane in novembre

⅟○ Baia del Silenzio

PESCE E FRUTTI DI MARE · CONTESTO CONTEMPORANEO ✕✕ Nella luminosa sala di taglio moderno o sulle due terrazze con splendida vista sulla baia, ma c'è anche l'intrigante opzione di alcuni tavoli direttamente in spiaggia sulla sabbia, la cucina si fa contemporanea, indugiando piacevolmente nelle presentazioni. La carta si divide equamente fra terra e mare.

Carta 54/104 €

Hotel Miramare, via Cappellini 9 – ☏ 0185 485807
– www.miramaresestrilevante.com – Chiuso 8 gennaio-9 febbraio

⅟○ Olimpo

CUCINA MEDITERRANEA · ROMANTICO ✕✕ Vi sembrerà di stare sul monte degli dei, grazie alle ampie vetrate che permettono alla vista di abbracciare il golfo e l'intrigante Sestri Levante: un ambiente decisamente elegante, per una cucina ricercata e di mare.

Menu 70/80 € – Carta 53/117 €

Hotel Vis à Vis, via della Chiusa 28 – ☏ 0185 480801 – www.ristoranteolimpo.com
– Aperto 23 marzo-30 novembre

⅟○ Balin Cuisine

PESCE E FRUTTI DI MARE · ACCOGLIENTE ✕ Una bomboniera sul lungomare di Sestri con materie prime freschissime e una cucina che ha come principale ambizione la semplicità per valorizzarle al massimo. La sfida è vinta: risultati encomiabili ed una gestione cortese e professionale.

Carta 55/101 €

viale Rimembranza 33 – ☏ 0185 44397 (coperti limitati, prenotare) – solo a cena
– Chiuso lunedì

⏣ Grand Hotel Villa Balbi

DIMORA STORICA · PERSONALIZZATO Sul lungomare, un'antica villa aristocratica del '600 con un rigoglioso parco-giardino con piscina: splendidi interni in stile con affreschi, camere eleganti. Continuate a viziarvi pasteggiando nella raffinata sala da pranzo.

105 cam ♴ – †95/220 € ††148/520 € – 3 suites

viale Rimembranza 1 – ☏ 0185 42941 – www.villabalbi.it
– Aperto 30 marzo-14 ottobre

⏣ Vis à Vis

FAMILIARE · MEDITERRANEO Sul promontorio che domina le due baie, albergo panoramico collegato al centro da un ascensore scavato nella roccia; splendida terrazza-solarium con piscina riscaldata ed accoglienti interni di taglio moderno.

46 cam ♴ – †110/320 € ††150/350 € – 3 suites

via della Chiusa 28 – ☏ 0185 42661 – www.hotelvisavis.com
– Aperto 23 marzo-30 novembre

⅟○ **Olimpo** – Vedere selezione ristoranti

Due Mari ☆ ⪡ 🛏 🏊 🔲 🐕 🏊 ⌗ 🔲 & AC 🏛 🚗

FAMILIARE · MEDITERRANEO Tra romantici edifici pastello, un classico palazzo seicentesco da cui si scorge la Baia del Silenzio, abbellito da un piccolo e sugge-stivo giardino, interni in stile, a cui si aggiunge una raccolta, ma completa spa. Specialità di terra e di mare nell'elegante sala da pranzo.

53 cam � – †90/150 € ††95/250 € – 2 suites

*vico del Coro 18 – ☏0185 42695 – www.duemarihotel.it – Chiuso
15 ottobre-24 dicembre*

Grand Hotel dei Castelli 🐾 ⪡ 🛏 🔑 🔲 AC 🏛 🅿

DIMORA STORICA · PERSONALIZZATO Bella vista su mare e coste, in un carat-teristico hotel con costruzioni in stile medievale e ascensori per la spiaggia. Nota biografica: il grande parco sul promontorio ospita la torre di avvistamento risa-lente al 13° secolo, in cui Guglielmo Marconi nel luglio del 1934 coronò con suc-cesso i suoi esperimenti sulla navigazione cieca.

43 cam ⊂ – †110/150 € ††220/320 € – 6 suites

*via alla Penisola 26 – ☏0185 487020 – www.hoteldeicastelli.it – Aperto
17 marzo-5 novembre*

🍴 **Dei Castelli** – Vedere selezione ristoranti

Miramare ⪡ 🔑 🔲 & AC 🏊 🏛 🚗

FAMILIARE · LUNGOMARE A ridosso della quieta Baia del Silenzio, la struttura è stata completamente rinnovata: le camere sono ora all'insegna del design attuale, molte con un'incantevole vista sulla distesa blu.

35 cam ⊂ – †190/295 € ††190/295 € – 4 suites

*via Cappellini 9 – ☏0185 480855 – www.miramaresestrilevante.com
– Chiuso 7 gennaio-9 febbraio*

🍴 **Baia del Silenzio** – Vedere selezione ristoranti

Suite Hotel Nettuno ☆ ⪡ 🔲 & 🏛 🅿

STORICO · LUNGOMARE Direttamente sulla passeggiata del lungomare, questo edificio in stile Liberty si caratterizza per la generosità degli spazi, sia nelle armo-niose camere sia nelle parti comuni. Aperitivi serali presso il lounge bar panora-mico e specialità liguri nell'ampio ristorante.

18 cam ⊂ – †130/470 € ††150/500 € – 7 suites

piazza Bo 23/25 – ☏0185 481796 – www.suitehotelnettuno.com

Helvetia 🐾 ⪡ 🛏 🏊 🔑 🔲 AC 🏊 🚗

LUSSO · LUNGOMARE In un angolo tranquillo e pittoresco di Sestri, una costru-zione d'epoca dai luminosi ambienti arredati con gusto, nonché piscina riscaldata e idromassaggio sulla terrazza panoramica.

17 cam ⊂ – †200/350 € ††300/420 € – 4 suites

*via Cappuccini 43 – ☏0185 41175 – www.hotelhelvetia.it – Aperto
29 marzo-3 novembre*

Villa Agnese 🐾 🛏 🏊 & AC 🚗

LOCANDA · PERSONALIZZATO Ai piedi della settecentesca villa Pallavicini, le camere in stile classico con accenni provenzali - più o meno spaziose - dispon-gono di balcone, patio o giardinetto. E' una risorsa ideale per chi, non ossessio-nato dalla spiaggia, desidera muoversi con facilità sul territorio e trovare al rien-tro il relax di un tuffo in piscina.

16 cam ⊂ – †80/150 € ††140/200 €

*Via Alla Fattoria Pallavicini 1/a – ☏0185 457583 – www.hotelvillaagnese.com
– Aperto 29 marzo-1° novembre*

Relais San Rocco 🐾 ⪡ 🛏 🏊 ⌗ AC 🅿

STORICO · MINIMALISTA Sulla strada per il passo Bracco, questo piccolo hotel - rinnovato in anni recenti - dispone di camere accoglienti, ma i punti di forza sono indubbiamente la posizione e il panorama.

13 cam ⊂ – †60/110 € ††70/160 €

*via Aurelia 261, frazione Makalle, Est: 5 km – ☏0185 458409
– www.relaissanrocco.com – Aperto Pasqua-15 ottobre*

SESTRI PONENTE Genova → Vedere Genova

SETTEQUERCE SIEBENEICH Bolzano → Vedere Terlano

SETTIMO MILANESE
Milano (MI) – ✉ 20019 – 19 913 ab. – Alt. 134 m – Carta regionale n° **10**-B2
Carta stradale Michelin 561-F9

⊛ CristianMagri ⌂ ⒜ 🅿

CUCINA REGIONALE · RUSTICO ⅹ Affacciato su un laghetto di pesca sportiva, il locale vanta una location decisamente bucolica, mentre la cucina s'inventa specialità fantasiose e creative: risotto al pomodoro San Marzano, basilico e stracciatella - capocollo cotto in olio extravergine d'oliva con mele e cumino - millefoglie con crema chantilly, cioccolato bianco e luppolo... Piatti tradizionali sono invece presentati nell'annesso bistrot. Ottima la pasticceria e i gelati di produzione propria.

Menu 35 € (pranzo in settimana)/90 € – Carta 34/72 €

via Meriggia 3
– ℰ 02 3359 9042 – www.cristianmagri.it
– Chiuso 8-22 agosto e lunedì

SEVESO
Monza e Brianza – ✉ 20822 – 23 431 ab. – Alt. 211 m – Carta regionale n° **10**-B2
Carta stradale Michelin 561-F9

ⅺ◯ La Sprelunga ⌂ ⒜ ⅗ 🅿

PESCE E FRUTTI DI MARE · ELEGANTE ⅩⅩⅩ Moderna cucina mediterranea, dove il pesce è il vero protagonista in questo elegante locale di lunga tradizione giunto ormai alla terza generazione. Se il tempo lo permette, prenotate un tavolo nel dehors con affaccio sul piccolo giardino.

⊛ Menu 21 € (pranzo in settimana)/73 € – Carta 37/88 €

via Sprelunga 55
– ℰ 0362 503150 (consigliata la prenotazione) – www.lasprelunga.it
– Chiuso 1 settimana in gennaio, 3 settimane in agosto, domenica sera e lunedì

SEXTEN SESTO

SICULIANA Sicilia
Agrigento – ✉ 92010 – 4 547 ab. – Alt. 129 m – Carta regionale n° **17**-B2
Carta stradale Michelin 365-AP59

a Siculiana Marina Sud-Ovest : 4 km ✉ 92010 – Siculiana

ⅺ◯ La Scogliera ⌂ ⅙ ⒜

PESCE E FRUTTI DI MARE · STILE MEDITERRANEO ⅹ Ristorantino a conduzione familiare con una bella terrazza affacciata sul mare. Una risorsa ideale per apprezzare appetitose preparazioni a base di pesce fresco.

Carta 34/61 €

via San Pietro 54
– ℰ 0922 817532 (coperti limitati, prenotare) – www.ristorantelascogliera.com
– Chiuso 1°-15 gennaio, domenica sera e lunedì escluso da maggio a ottobre

Un importante pranzo d'affari o una cena tra amici?
Il simbolo ⟷ indica la presenza di una sala privata.

SIDDI

Medio Campidano (VS) – ⊠ 09020 – 655 ab. – Alt. 184 m – Carta regionale n° **16**-B2
Carta stradale Michelin 566-H8

🕸 **S'Apposentu** (Roberto Petza) 🏵 ⇆ 🍴 ⛱ Ⓐ🖸

CUCINA CREATIVA · ELEGANTE XXX Un gioiello sperduto nel cuore della Sardegna, ma che merita un viaggio per trovare i sapori perduti di paste artigianali, animali da cortile, mandorle e zafferano dell'isola, pecorini prodotti dal cuoco... è una gustosa cucina di campagna con un occhio al mare.
➜ Cacciatora di coniglio. Piccione, rape, nocciole e raviolini di fegatelli alla piastra. Passeggiata nell'orto.
Menu 65 € – Carta 56/78 €
3 cam ヱ – †80/85 € ††90/95 €
vico Cagliari 3 – ℰ 070 934 1045 (consigliata la prenotazione)
– www.sapposentu.it – Chiuso 2 settimane in novembre, domenica sera e lunedì in giugno-settembre, anche martedì negli altri mesi

SIDERNO

Reggio di Calabria – ⊠ 89048 – 18 191 ab. – Carta regionale n° **3**-B3
Carta stradale Michelin 564-M30

🍴O **La Vecchia Hosteria** ♿ Ⓐ🖸

PESCE E FRUTTI DI MARE · FAMILIARE X Rustico e accogliente, questo locale a simpatica gestione familiare conserva ancora l'atmosfera di un tempo, mentre la cucina propone le fragranze del litorale, i profumi del mare, ma anche i sapori a base di carne. Ricette del territorio per un assaggio di Calabria!
Carta 25/64 €
via Matteotti 5 – ℰ 0964 388880 (consigliata la prenotazione)
– www.lavecchiahostaria.com – Chiuso mercoledì

fotostock

SIENA

(SI) – ⊠ 53100 – 53 903 ab. – Alt. 322 m – Carta regionale n° **18**-C2
Carta stradale Michelin 563-M16

Ristoranti

La Taverna di San Giuseppe   🕸 ⌖ AC

CUCINA TOSCANA · TRATTORIA X L'edificio racconta le origini di Siena, dalla cantina, visitabile, che fu una casa etrusca del III secolo a.C., alla sala del ristorante, una galleria di mattoni di epoca romana. Nel personale troverete una rara cortesia, nella cucina la schiettezza dei sapori toscani: pici cinghiale e porcini, bocconcini di fiorentina in umido con patate, coppa della taverna, pera al Brunello e gelato alla crema...
Carta 32/67 €
Pianta: D2-c – *via Giovanni Duprè 132* – ℰ *0577 42286 (consigliata la prenotazione)* – *www.tavernasangiuseppe.it*
– *Chiuso 15-30 gennaio, 20 luglio-3 agosto e domenica*

⌘ Tre Cristi   AC ⇔

PESCE E FRUTTI DI MARE · ELEGANTE XX Ambiente elegante e servizio competente, in questo storico ristorante senese dove apprezzare lo stuzzicante menu di mare e qualche piatto del territorio.
Menu 35/65 € – Carta 39/68 €
Pianta: D1-d – *vicolo di Provenzano 1/7* – ℰ *0577 280608* – *www.trecristi.com*
– *Chiuso festività natalizie e domenica*

⌘ Porri One   🕸 ⌂ AC

CUCINA CREATIVA · AMBIENTE CLASSICO XX Nel cuore della città - a due passi da piazza del Campo - Ermanno, lo chef-patron, gioca con il nome della via ed imbastisce una delle cucine più creative e fantasiose della città, aiutandosi con raffinate presentazioni e un'ottima cantina.
Menu 75/110 € – Carta 65/94 €
Pianta: D2-g – *via Porrione 28*
– ℰ *0577 221442* – *www.porrionecucinaevino.it*
– *Chiuso novembre e mercoledì*

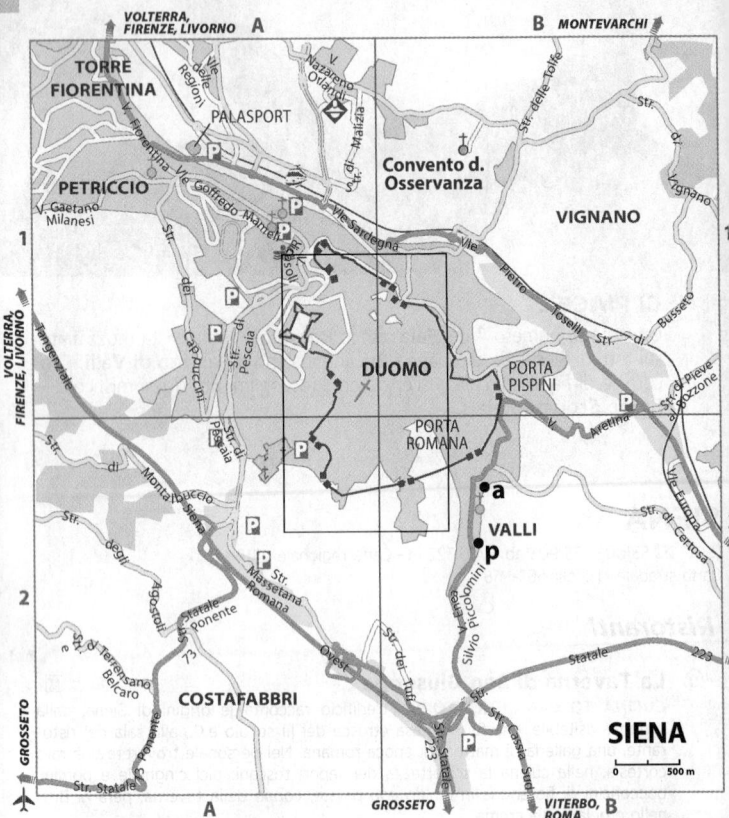

TORRE
FIORENTINA

PALASPORT

PETRICCIO

Convento d.
Osservanza

VIGNANO

DUOMO

PORTA
PISPINI

PORTA
ROMANA

a

VALLI

p

COSTAFABBRI

SIENA

0   500 m

⁙○ Osteria le Logge
🕸 🏠 AC ⇔

CUCINA TOSCANA · VINTAGE X Chi ama le atmosfere retrò qui troverà una sala
d'altri tempi, un'ex drogheria con banco d'ingresso e antichi armadi a vetrina.
Ma ci pensa la cucina a ricordare che siamo in un ristorante, e di quale livello!
Più semplice la sala al primo piano. Gli appassionati di vino possono chiedere di
visitare la vicina cantina, un tunnel di origine etrusca.

Carta 56/81 €

Pianta: D2-p – *via del Porrione 33*
– 𝒞 0577 48013 – www.osterialelogge.it
– Chiuso 10 gennaio-3 febbraio e domenica

⁙○ Millevini
🕸 🏠

CUCINA TOSCANA · ACCOGLIENTE X Location molto particolare: all'interno del
bastione del Forte di Santa Barbara, l'ingresso è in comune con l'Enoteca Italiana
(la cui sala espositiva viene anche utilizzata per eventi), sotto alti soffitti in mattoni, la cucina esalta i prodotti del territorio, sebbene non manchi qualche incur-
sione dal mare.

Carta 25/58 €

Pianta: C1-a – *Fortezza Medicea 1*
– 𝒞 0577 247121 – www.ristorantemillevini.it
– Chiuso 6-20 gennaio e domenica

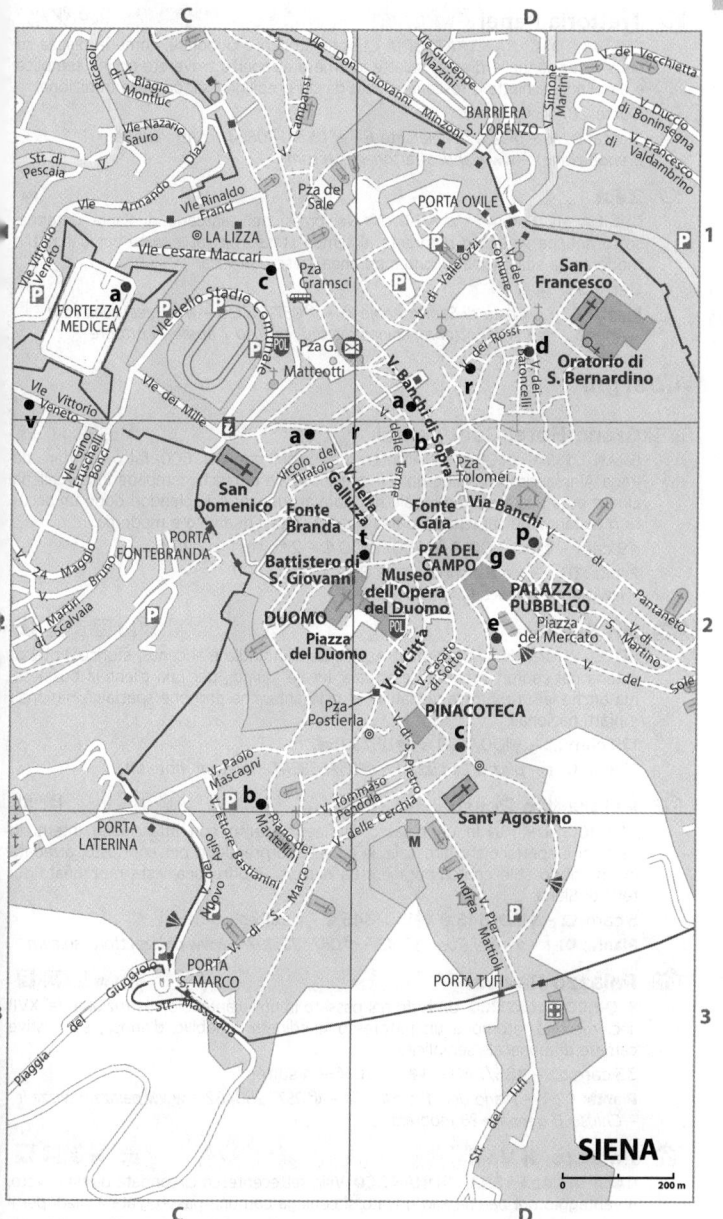

SIENA

0   200 m

⅋○ **Trattoria Papei** 🏠 🎍 ⇆

CUCINA TOSCANA · TRATTORIA X Locale storico e popolare, come la piazza su cui si affaccia, nelle diverse salette interne o all'aperto troverete cucina semplice e casalinga, schietta e toscana, amata da chi predilige i sapori della tradizione.

Carta 28/45 €

Pianta: D2-e – *piazza del Mercato 6* – 𝒞 *0577 280894 (consigliata la prenotazione)* – *www.anticatrattoriapapei.com*

⅋○ **Zest** ⇆

CUCINA MODERNA · WINE-BAR X Nei pressi del santuario di Santa Caterina, sotto antiche volte, un ristorante al tempo stesso bistrot e wine-bar dallo stile moderno: la sua cucina è contemporanea, fresca, sfiziosa.

Carta 36/54 €

Pianta: C2-r – *Costa di Sant'Antonio 13* – 𝒞 *0577 47139* – *www.zestsiena.com* – *Aperto 1° marzo-31 ottobre; chiuso martedì escluso 7 aprile-15 ottobre*

Alberghi

🏨 **Grand Hotel Continental** 🏠 ⊡ 🛗 🅰🅲 🏋

GRAN LUSSO · ELEGANTE All'interno di un palazzo del '600, fatto costruire da Papa Alessandro VII, l'albergo è impreziosito da affreschi, lampade in porcellana cinese e da una torre medievale riportata ai suoi antichi splendori dopo un accurato restauro. Le camere sono una riuscita sintesi di antico e moderno.

49 cam – 🛏190/500 € 🛏🛏250/1000 € – 2 suites – ⊵ 26 €

Pianta: D1-a – *via Banchi di Sopra 85* – 𝒞 *0577 56011* – *www.grandhotelcontinentalsiena.com*

🏨 **NH Siena** 🏠 🛋 ⊡ 🛗 🅰🅲 🏋

HOTEL DI CATENA · CLASSICO Adiacente allo stadio e al centro storico, hotel di catena dal confort moderno e attuale: ideale, quindi, per una clientela business, ma anche leisure. Stessa versatilità al ristorante, che propone specialità regionali e piatti nazionali.

129 cam ⊵ – 🛏100/330 € 🛏🛏115/345 €

Pianta: C1-c – *piazza La Lizza 1* – 𝒞 *0577 382111* – *www.nh-hotels.it*

🏨 **Palazzetto Rosso** ⊡ 🅰🅲

STORICO · DESIGN In un palazzo di fine Trecento con affascinanti interni in mattoni e spettacolare giroscala, le camere sorprendono per contrasto, arredate in un sobrio stile contemporaneo. La numero 7 offre una vista mozzafiato sui tetti di Siena.

5 cam ⊵ – 🛏150/345 € 🛏🛏150/345 € – 4 suites

Pianta: D1-r – *via dei Rossi 38-42* – 𝒞 *0577 236197* – *www.palazzettorosso.com*

🏨 **Palazzo Ravizza** ⇆ ⊡ 🅰🅲 🅿

STORICO · CLASSICO Un tuffo nel passato in un'incantevole costruzione del XVII sec. raccolta intorno a un pittoresco giardinetto; mobilio d'epoca, suggestive camere di monacale semplicità.

35 cam ⊵ – 🛏85/240 € 🛏🛏85/315 € – 4 suites

Pianta: C2-b – *Piano dei Mantellini 34* – 𝒞 *0577 280462* – *www.palazzoravizza.it* – *Chiuso 1° gennaio-28 febbraio*

🏨 **Palazzo di Valli** < ⇆ 🛗 🅰🅲 🅿

CASA DI CAMPAGNA · ROMANTICO Villa settecentesca circondata da un uliveto, il vantaggio del parcheggio privato si coniuga con una passeggiata a piedi per il centro; all'interno camere ampie con vista su un romantico paesaggio collinare da cartolina, ceramiche di Vietri nei bagni e pavimenti d'epoca.

11 cam ⊵ – 🛏59/99 € 🛏🛏99/199 €

Pianta: B2-p – *via Enea Silvio Piccolomini 135* – 𝒞 *0577 226102* – *www.palazzodivalli.it* – *Chiuso 7 gennaio-23 febbraio*

⌂ La Villa di STR   🛏 ⬆ 🅰🅲

STORICO · CLASSICO Alle porte della città, in un elegante contesto residenziale di ville d'epoca come quella che ospita l'albergo, la raffinatezza dei salotti e il grazioso giardino d'inverno per le colazioni sono tra i punti di forza della struttura, insieme alle camere, accoglienti e ben tenute.

17 cam ⌂ – †50/130 € ††90/180 €

Pianta: C1-v – *viale Vittorio Veneto 11* – ℰ *0577 188 2807* – *www.lavilladistr.it*
– *Chiuso 15 gennaio-15 febbraio*

⌂ Santa Caterina   🛏 ⬆ 🅰🅲 🅿

TRADIZIONALE · CLASSICO In una villa d'epoca, a pochi passi dal centro storico e dalla Piazza del Campo, un piccolo hotel che mantiene le sue romantiche atmosfere retrò. Il giardino panoramico ombreggiato dove viene servita la prima colazione (nella bella stagione!) è sicuramente uno dei punti di forza della struttura, insieme alla gentilezza del personale e a camere arredate in caldo stile toscano: alcune con vista sulle colline senesi.

22 cam ⌂ – †40/155 € ††60/275 €

Pianta: B2-a – *via E. S. Piccolomini 7* – ℰ *0577 221105*
– *www.hotelsantacaterinasiena.com*

🏠 Campo Regio Relais   ⬅ ⬆ 🅰🅲 ✂

STORICO · ROMANTICO Una dimora d'epoca curata e calda come una lussuosa abitazione privata, ospita mobili antichi e confort moderni, nonché due camere con vista mozzafiato sul Duomo e tetti di Siena (spettacolare la 5); un panorama di cui possono comunque godere tutti da un romantico terrazzino usato per le colazioni estive. L'indirizzo giusto per un soggiorno esclusivo nella contrada del Drago!

6 cam ⌂ – †150/200 € ††190/250 €

Pianta: C2-a – *via della Sapienza 25* – ℰ *0577 222073* – *www.camporegio.com*
– *Chiuso 8 gennaio-21 marzo*

🏠 Il Battistero   🅰🅲

FAMILIARE · ACCOGLIENTE Con rara e autentica ospitalità, il giovane titolare e sua mamma vi apriranno le porte di quella che fu la residenza di papa Alessandro VII. In un elegante mix di antico e moderno, tre camere si affacciano sul battistero, altrettante, particolarmente tranquille, sulla basilica di San Domenico.

6 cam ⌂ – †100/200 € ††100/400 €

Pianta: D2-t – *piazza San Giovanni 13* – ℰ *331 957 0519* – *www.battisterosiena.com*

🏠 Antica Residenza Cicogna   🅰🅲 ✂

FAMILIARE · ACCOGLIENTE In un palazzo di origini medievali, camere graziosamente arredate e personalizzate con affreschi ottocenteschi o liberty: una con letto a baldacchino.

7 cam ⌂ – †65/90 € ††85/110 €

Pianta: D2-b – *via delleTerme 76* – ℰ *0577 285613*
– *www.anticaresidenzacicogna.it*

a Santa Regina Est: 2,5 km B2 ⊠ 53100 – Siena

🏠 Frances' Lodge Relais   ⚲ ⬅ 🛏 ⚒ ✂ 🅿

CASA DI CAMPAGNA · INSOLITO La vista tra le colline si spinge sino al profilo di Siena, Duomo e torre del Mangia compresi in questa casa immersa nel verde della campagna toscana, impreziosita da un giardino storico in cui spicca la limonaia. Ambienti di charme e gusto, camere personalizzate ispirate al viaggio: da sogno!

6 cam ⌂ – †160/180 € ††220/260 €

strada Valdipugna 2 – ℰ *337 671 608* – *www.franceslodge.eu* – *Aperto 24 marzo-10 novembre* a Vagliagli Nord-Est : 11,5 km A1 ⊠ 53010

ⅈⅇ La Taverna di Vagliagli 🏠

REGIONALE · TRATTORIA XX In un caratteristico borgo del Chianti, locale rustico molto gradevole, con pietra a vista e arredi curati; specialità alla brace, cucinate davanti ai clienti.

Carta 28/53 €

via del Sergente 4 – ℰ 0577 322532 – www.tavernadivagliagli.com – solo a cena escluso sabato ed i giorni festivi – Chiuso 8-22 gennaio e martedì

🏠 Borgo Scopeto Relais ♀ ☍ ≼ ⌂ ⅉ 🕙 ⋔ 𝄞 ℅ 🅿

DIMORA STORICA · ELEGANTE Attorno ad un'antica torre di avvistamento del XIII sec, dove già nel 1700 sono stati costruiti altri rustici, si snoda questa originale struttura: un vero borgo con camere personalizzate e curate nei dettagli, nel più tipico ed isolato paesaggio chiantigiano, ideale per chi cerca silenzio e solitudine.

40 cam ⊡ – †200/400 € ††200/500 € – 18 suites
strada Comunale 14 n° 18, Località Borgo Scopeto, Sud Est: 5 Km Vagliagli – ℰ 0577 320001 – www.borgoscopetorelais.it – Chiuso gennaio-febbraio

---

SIGNATO Bolzano → Vedere Bolzano

SILANDRO SCHLANDERS

Bolzano – ⊠ 39028 – 6 016 ab. – Alt. 721 m – Carta regionale n° **19**-A2
Carta stradale Michelin 562-C14

a Vezzano Est : 4 km ⊠ 39028 – Silandro

🏠 Sporthotel Vetzan ♀ ≼ ⌂ 🖵 ⋔ ℅ ⅉ 🚗

FAMILIARE · STILE MONTANO Per vacanze nel verde, un albergo immerso tra i frutteti in posizione soleggiata e tranquilla; zone comuni in stile montano di taglio moderno, spaziose camere classiche.

25 cam – solo ½ P 99/125 € – 1 suite
strada Del Paese 14 – ℰ 0473 742525 – www.sporthotel-vetzan.com – Aperto 24 marzo-4 novembre

SILEA

Treviso – ⊠ 31057 – 10 167 ab. – Carta regionale n° **23**-A1
Carta stradale Michelin 562-F18

ⅈⅇ Da Dino 🏠 🄰🄲 ℅ 🅿

VENEZIANA · AMBIENTE CLASSICO XX Locale semplice e familiare: nelle due salette in stile rustico, ma di tono signorile, "scaldate" da uno scoppiettante camino, la carta varia praticamente tutti i giorni, ma quasi sempre troverete il bollito. Venerdì e sabato, qualche piatto di pesce in più.

Carta 37/55 €

via Lanzaghe 13 – ℰ 0422 360765 – www.trattoriadadino.com – Chiuso vacanze di Natale,1 settimana in luglio, martedì sera e mercoledì

SILVIGNANO Perugia → Vedere Spoleto

SILVI MARINA

Teramo – ⊠ 64028 – 15 626 ab. – Carta regionale n° **1**-B1
Carta stradale Michelin 563-O24

 Mion ♀ ≤ ⌇ ⚿ 🔁 AC ⚙ 🛆

TRADIZIONALE · CONTEMPORANEO Fronte mare, l'hotel è cinto da un curato giardino, offre piacevoli spazi comuni arredati con eleganza e gusto coloniale ed alcune camere impreziosite da mobilio d'epoca. Nell'elegante sala ristorante proposte di cucina italiana; d'estate il servizio è anche nella fiorita terrazza accanto alla piscina.

59 cam 🖵 – ♦140/280 € ♦♦140/280 € – 5 suites

viale Garibaldi 22 – & 085 935 0935 – www.mionhotel.com
– Aperto 25 maggio-9 settembre

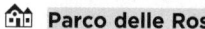 Parco delle Rose ♀ ≤ ⌂ ⚿ ⚿ 🔁 AC P

TRADIZIONALE · LUNGOMARE Direttamente sulla spiaggia, bianca costruzione circondata da un profumato giardino di gelsomini e rose, dispone di vasti spazi comuni arredati con pezzi d'antiquariato e semplici camere confortevoli. Prodotti locali e piatti nazionali al ristorante.

63 cam 🖵 – ♦78/103 € ♦♦108/128 € – 11 suites

viale Garibaldi 36 – & 085 935 0989 – www.parcodellerose.it – Aperto
1° giugno-9 settembre

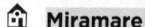 Miramare ♀ ≤ ⌂ ⚿ ⚿ 🔁 AC

TRADIZIONALE · LUNGOMARE Hotel dall'accoglienza familiare che vi accompagnerà per una vacanza a tutto mare; un bel giardino con piscina lo separa, infatti, dalla spiaggia privata.

55 cam 🖵 – ♦35/70 € ♦♦50/95 €

viale Garibaldi 134 – & 085 930235 – www.miramaresilvi.it – Aperto
16 aprile-30 settembre

SINAGRA Sicilia

Messina – ✉ 98069 – 2 705 ab. – Alt. 260 m – Carta regionale n° **17**-D2
Carta stradale Michelin 365-AY55

🏵 Trattoria da Angelo Borrello ≤ 🏡 AC P

CUCINA REGIONALE · FAMILIARE ⅛ Distensivo e indimenticabile il pranzo in veranda: intorno a voi l'intera vallata, al suo centro un antico torchio per le olive, sul vostro piatto i sapori della Sicilia. Ottime le specialità di carne, proveniente dai propri allevamenti di suino nero dei Nebrodi.

🍴 Menu 15/35 € – Carta 21/43 €

strada principale 139 per Ucria, Sud: 2 km – & 0941 594433 (consigliata la
prenotazione) – Chiuso lunedì

SINALUNGA

Siena – ✉ 53048 – 12 764 ab. – Alt. 364 m – Carta regionale n° **18**-C2
Carta stradale Michelin 563-M17

🏰 Locanda dell'Amorosa ♀ ⚘ ≤ ⌂ ⚿ ⚿ AC 🍸 P

STORICO · AGRESTE C'è anche una cappella privata - tuttora consacrata - in questo antico borgo con casa padronale e fattoria: gli spazi qui si fanno ampi e luminosi, l'arredo rustico, ma suggestivo. All'esterno, una piscina panoramica tra le colline senesi.

19 cam 🖵 – ♦252/396 € ♦♦280/440 € – 8 suites

località l'Amorosa, Sud: 2 km – & 0577 677211 – www.amorosa.it – Aperto
16 marzo-14 novembre

a Bettolle Est : 6,5 km ✉ 53040

🍴 Walter Redaelli ← ⌂ 🏡 AC

CUCINA MODERNA · RUSTICO ⅩⅩ In un'antica casa colonica di fine '700 con mattoni a vista, travi al soffitto e un imponente camino, si celebra la sapida cucina toscana elaborata partendo da ingredienti locali e con tanta carne. Abbandonatevi al piacere della tavola, comodamente adagiati nelle confortevoli poltroncine.

Menu 60 € – Carta 41/61 €

6 cam 🖵 – ♦90/100 € ♦♦140/160 €

via XXI Aprile 26 – & 0577 623447 – www.ristoranteredaelli.it – Chiuso lunedì da
novembre a marzo

SINIO

Cuneo – ✉ 12050 – 522 ab. – Alt. 357 m – Carta regionale n° **14**-C2
Carta stradale Michelin 561-I6

🏠 Castello di Sinio   ✿ ⅏ ⇐ 🛏 🔁 🅰🅲 🕉

DIMORA STORICA · ELEGANTE Ristrutturato nel pieno rispetto della sua storia, l'antico castello troneggia nel centro del piccolo borgo isolato, al suo interno: charme, eleganza e alcuni confort moderni. Nella corte, un grazioso giardino.

11 cam – †239/375 € ††239/375 € – ☲ 15 €

vicolo Castello 1 – ℰ 0173 263889 – www.hotelcastellodisinio.com – Chiuso
15 dicembre-15 marzo

🏠 Agriturismo Le Arcate   ✿ ⅏ ⇐ ⅃ 🅿

AGRITURISMO · ACCOGLIENTE Una genuina ed ospitale coppia vi accoglierà in questa tradizionale casa piemontese all'insegna di spazi e vista su colline e castelli. Fra tutte, il panorama della camera cinque è mozzafiato. Vino e nocciole i prodotti dell'agriturismo.

5 cam ☲ – †50 € ††80 €

località Gabutto 2 – ℰ 0173 613152 – www.agriturismolearcate.it – Chiuso
gennaio e febbraio

SIRACUSA Sicilia

(SR) – ✉ 96100 – 122 291 ab. – Carta regionale n° **17**-D3
Carta stradale Michelin 365-BA61

🍴 Regina Lucia   🍴 🅰🅲

CUCINA MODERNA · ROMANTICO XxX Per quanto vi abbiano già anticipato il fascino di piazza Duomo, non si arriverà mai sufficientemente preparati a tanta bellezza, soprattutto la sera. I tavoli del Regina consentono di apprezzarla al meglio, ma anche in caso di mal tempo le sale ricavate dalle ex stalle del palazzo settecentesco hanno di che stupirvi. Cucina creativa su basi siciliane.

Menu 50/70 € – Carta 47/83 €

Pianta: C3-b – *piazza Duomo 6, (Ortigia) – ℰ 0931 22509 – www.reginalucia.it*
– Chiuso novembre e martedì

🍴 Don Camillo   ⅋⅋ 🅰🅲

CUCINA MODERNA · ELEGANTE XxX Soffitti a volta, pietre a vista e un servizio di sala numeroso ed attento, sono le caratteristiche più salienti di questo ristorante, dove mare e terra di Sicilia s'incontrano nel piatto; anche la cantina non passa inosservata.

Menu 35/70 € – Carta 36/80 €

Pianta: D3-a – *via Maestranza 96, (Ortigia) – ℰ 0931 67133*
– www.ristorantedoncamillo.it – Chiuso
23-26 dicembre, 7-31 gennaio, 8-22 luglio, e i giorni festivi

🍴 Porta Marina   🅰🅲

PESCE E FRUTTI DI MARE · CONTESTO STORICO Xx In un edificio del 1400 lasciato volutamente spoglio, in modo da evidenziare le pietre a vista e il soffitto a volte a crociera, il locale si è imposto come uno degli indirizzi più eleganti di Siracusa. Cucina promettente con alcune preparazioni, che si sbilanciano verso elaborazioni e personalismi ben riusciti. Non mancate di scegliere il pesce dall'espositore, le proposte spaziano da quelle più semplici e classiche sino ad altre più creative.

Menu 35/50 € – Carta 34/61 €

Pianta: C2-q – *via dei Candelai 35, (Ortigia) – ℰ 0931 22553 (consigliata la*
prenotazione la sera) – www.ristoranteportamarina.135.it – Chiuso 1°-13 febbraio e
lunedì

Ⅰ○ **Al Mazarì** [AC] 🍴

CUCINA SICILIANA · ACCOGLIENTE 🍴 Parentesi gastronomica trapanese nel cuore di Siracusa in eleganti ambienti (molto bella la sala in pietra medievale con cantina vini!) che riflettono la storia del palazzo: tra couscous e pasta con le sarde, il menu è scritto scherzosamente in dialetto siciliano (ma con traduzioni).

Carta 29/79 €

Pianta: D3-n – *via Torres 7/9, (Ortigia)* – ☏ *0931 483690* – *www.almazari.com*
– *Chiuso 15 gennaio-28 febbraio e domenica in inverno*

Ⅰ○ **O' Scinà** 🛖

CUCINA SICILIANA · TRATTORIA 🍴 Pareti in pietra fanno da cornice ad un localino giovane ed accogliente nel cuore dell'Ortigia, mentre la cucina propone specialità regionali in chiave contemporanea.

Carta 33/50 €

Pianta: C2-a – *Via D. Scinà 12/14* – ☏ *0931 64667 (consigliata la prenotazione)*
– *www.trattoriaoscina.it* – *Chiuso 1°-10 dicembre, gennaio, novembre e martedì*

🏨 **Des Etrangers et Miramare** ✿ 🖵 🌐 🐾 ♨ 🖶 ⅛ AC 🕽

LUSSO · TRADIZIONALE Tornato ai fasti del passato, un hotel di tradizione che non ha perso l'eleganza e la raffinatezza di un tempo. Spazi generosi nelle camere e negli ambienti comuni. Ristorante roof-garden con vista affascinante sulla città.

74 cam ☑ – ♦85/245 € ♦♦105/265 €

Pianta: C3-h – *passeggio Adorno 10/12, (Ortigia)* – ☏ *0931 319100*
– *www.desetrangers.it*

🏨 **Grand Hotel Ortigia** ✿ 🐾 🖶 ⅛ AC 🕽 🕽 🅿

LUSSO · PERSONALIZZATO Qui le camere, così come gli spazi comuni, riescono a fondere e a comprendere in modo mirabile, elementi di design contemporaneo, reperti classici e decorazioni moderne. Il ristorante roof-garden offre una vista panoramica eccezionale sulla città e sul mare.

56 cam ☑ – ♦125/170 € ♦♦199/280 € – 2 suites

Pianta: C2-c – *viale Mazzini 12, (Ortigia)* – ☏ *0931 464600*
– *www.grandhotelortigia.it*

🏨 **Grand Hotel Villa Politi** ✿ ≤ ⅃ 🖶 ⅛ AC 🕽 🅿

TRADIZIONALE · CLASSICO Nello spettacolare contesto del parco delle Latomie dei Cappuccini (le antiche cave greche, nonché prigioni), Grand Hotel Villa Politi ospita ambienti comuni sontuosi ed eleganti stanze - la maggioranza - panoramiche. Al ristorante ritroverete ancora l'atmosfera di una certa nobile e raffinata "sicilianità".

97 cam ☑ – ♦60/130 € ♦♦90/200 € – 3 suites

Pianta: C1-a – *via Politi Laudien 2* – ☏ *0931 412121* – *www.villapoliti.com*

🏨 **Algilà** ✿ 🖶 ⅛ AC 🕽 🖕

STORICO · ELEGANTE Albergo di charme all'interno di una residenza dove un'attenta ristrutturazione ha valorizzato le vecchie mura e particolari storici. Arte povera e qualche pezzo d'antiquariato impreziosiscono le camere, mentre il piccolo giardino d'inverno con una gorgogliante fontana rimanda inevitabilmente ad atmosfere moresche. Prestigiosa dépendance in uno splendido edificio barocco del '700.

54 cam ☑ – ♦120/150 € ♦♦160/260 €

Pianta: D2-e – *via Vittorio Veneto 93, (Ortigia)* – ☏ *0931 465186* – *www.algila.it*
– *Chiuso 7-31 gennaio*

🏨 **Cavalieri** 🖶 ⅛ AC 🕽

TRADIZIONALE · CONTEMPORANEO Palazzo ottocentesco riconvertito in piccolo e grazioso albergo di charme, dove l'intrigante design - curato dal patron architetto - fonde classico e moderno in ambienti luminosissimi. Bella terrazza roof garden.

22 cam ☑ – ♦100/250 € ♦♦140/300 € – 1 suite

Pianta: C2-g – *via Malta 42* – ☏ *0931 483635* – *www.hotelcavalierisiracusa.it*

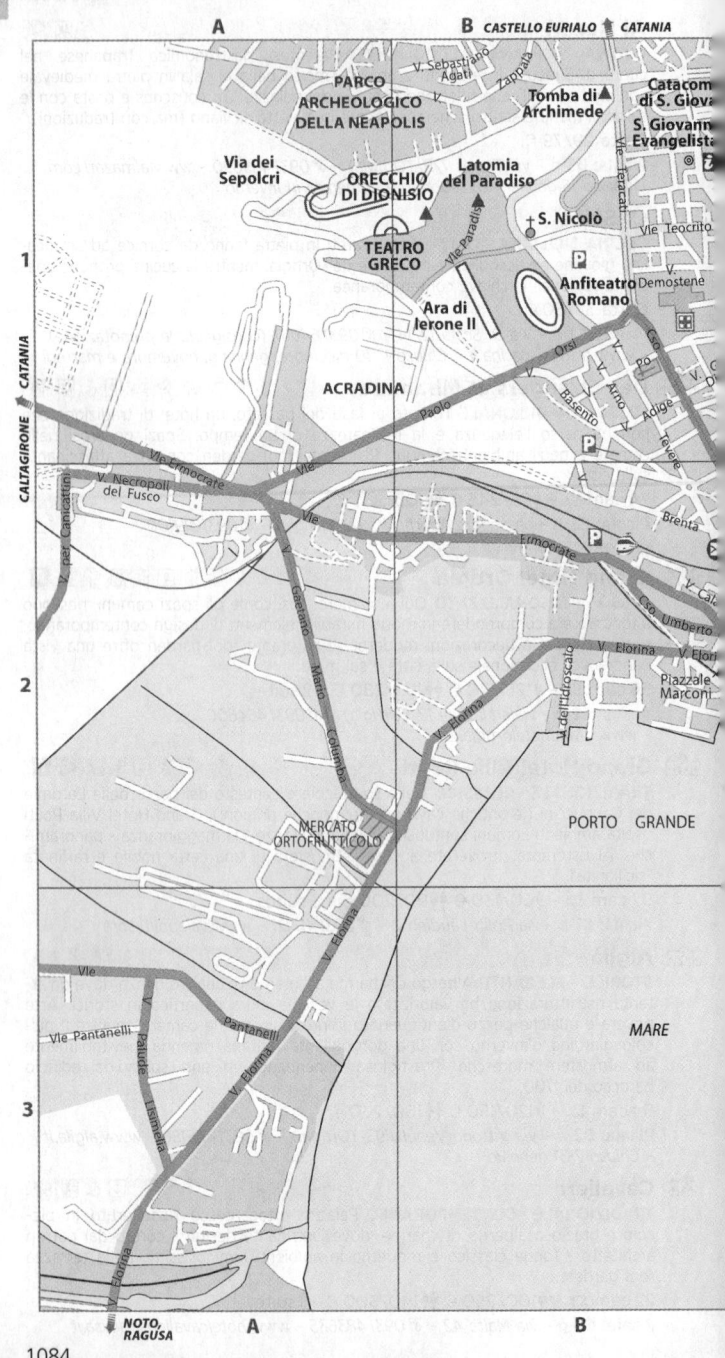

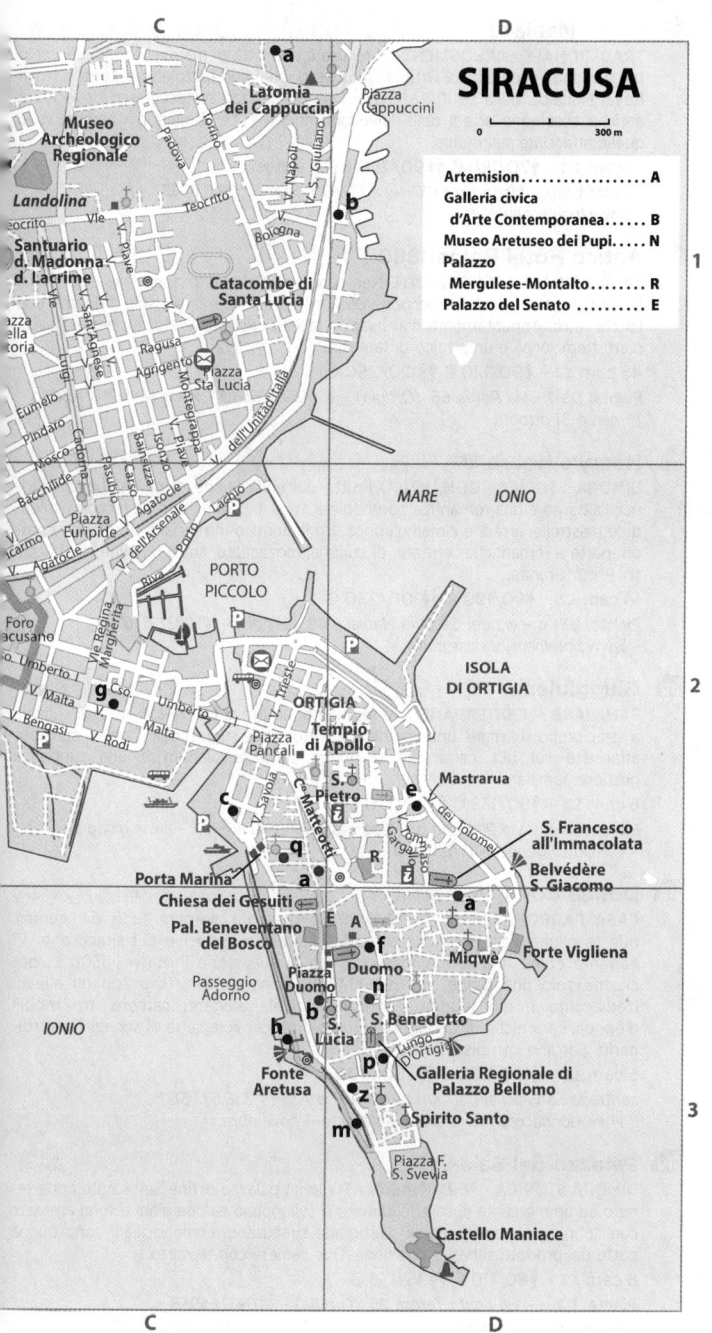

SIRACUSA

0 _____ 300 m

Artemision	A
Galleria civica d'Arte Contemporanea	B
Museo Aretuseo dei Pupi	N
Palazzo Mergulese-Montalto	R
Palazzo del Senato	E

Piazza Cappuccini

a

Latomia dei Cappuccini

Museo Archeologico Regionale

Landolina

Teocrito

Santuario d. Madonna d. Lacrime

Piazza ella toria

Catacombe di Santa Lucia

Piazza Sta Lucia

dell'Unità d'Italia

b

V. Napoli

Teocrito

Bologna

Ragusa

Agrigento

MARE IONIO

PORTO PICCOLO

Foro acusano

Umberto

g

V. Malta

V. Bengasi V. Rodi

ORTIGIA

Piazza Pancali

Tempio di Apollo

ISOLA DI ORTIGIA

C.so Matteotti

S. Pietro

e

Mastrarua

S. Francesco all'Immacolata

c

q

a

R

Belvédère S. Giacomo

Porta Marina

Chiesa dei Gesuiti

Pal. Beneventano del Bosco

Passeggio Adorno

IONIO

E A

f

Piazza Duomo

b

h

S. Lucia

Duomo

n

Miqwe

a

Forte Vigliena

S. Benedetto

Fonte Aretusa

p

z

m

Lungo d'Ortigia

Galleria Regionale di Palazzo Bellomo

Spirito Santo

Piazza F. S. Svevia

Castello Maniace

🏨 Royal Maniace ⩽ ⛴ 🖭 ⟨⟩ 🔲 ♿ AC

TRADIZIONALE · ACCOGLIENTE Siracusa è una città di mare, che nello specchio blu si allunga con l'isola di Ortigia. Su questo splendido fazzoletto di terra si trova Royal Maniace, bella struttura ricavata da un palazzo settecentesco dove mura antiche accolgono arredi dalle linee più moderne. Le camere più ambite sono quelle affacciate sullo Ionio.

21 cam ⌧ – †70/180 € ††90/250 € – 2 suites

Pianta: D3-p – *lungomare d'Ortigia 13, (Ortigia)* – ℰ 0931 67437
– *www.maniacehotel.it*

🏨 Antico Hotel Roma 1880 ⟨⟩ 🖭 ♿ AC 🏋 🚗

TRADIZIONALE · ACCOGLIENTE Nel cuore di Ortigia, proprio alle spalle del Duomo, un albergo che si propone con una veste che miscela stile moderno con tocchi retrò. Appuntamento con i sapori locali al ristorante Monzù: pesce fresco, piatti tradizionali e un pizzico di fantasia.

45 cam ⌧ – †90/120 € ††120/250 €

Pianta: D3-f – *via Roma 66, (Ortigia)* – ℰ 0931 465630 – *www.algila.it* – Aperto 1° marzo-31 ottobre

🏨 Henry's House ⓝ 🏊 🖭 AC 🍽

DIMORA STORICA · ROMANTICO Frutto dell'unificazione di diversi palazzi storici, l'albergo è una romantica bomboniera in cui il proprietario ha raccolto splendide piastrelle, arredi e cimeli d'epoca. Un labirintico intrecciarsi di saloni e corridoi porta a romantiche terrazze, di cui una, mozzafiato, sotto una vite, si affaccia sul Porto Grande.

14 cam ⌧ – †90/190 € ††100/230 €

Pianta: D3-m – *via del Castello Maniace 68, (Ortigia)* – ℰ 0931 21361
– *www.hotelhenryshouse.com*

🏨 Giuggiulena 🏊 ⩽ 🖭 AC 🍽 🚗

FAMILIARE · MEDITERRANEO Al termine di un breve cul-de-sac, la casa si trova a strapiombo sul mare, una scalinata e vi troverete sugli scogli. Camere spaziose affacciate sul blu, ceramiche di Vietri, terrazza-solarium e una simpatica gestione familiare.

6 cam ⌧ – †90/135 € ††90/170 €

Pianta: D1-b – *via Pitagora da Reggio 35* – ℰ 0931 468142 – *www.giuggiulena.it*
– *Chiuso 10 gennaio-10 febbraio*

🏨 Donna Coraly Resort ⟨⟩ 🏊 ⛴ 🛏 AC 🍽 🅿

CASA PADRONALE · MEDITERRANEO Se preferite dormire fuori dal centro, questa è una delle strutture più affascinanti ed esclusive del siracusano. Vi apparirà come una sobria masseria, ma la sua storia inizia nel 1300 e, per citarne solo una tappa, qui nel 1943 fu firmato l'armistizio con gli alleati. L'adiacente e più moderna foresteria rivela eleganti camere, tra mobili d'epoca, ceramiche di Caltagirone e una rimarchevole serie di servizi. Straordinario giardino con piscina.

5 cam ⌧ – †150/250 € ††250/400 €

contrada San Michele, 10 Km per Siracusa A3 – ℰ 338 637 6121
– *www.donnacoraly.it* – Aperto 24 marzo-4 novembre

🏨 Palazzo del Sale ⓝ AC 🍽

DIMORA STORICA · PERSONALIZZATO In un palazzo di fine Settecento appartenuto ad un mercante di sale, le camere si sviluppano su due piani e sono arredate con sobri, ma raffinati mobili d'artigiano siracusano, come siciliani sono buona parte dei prodotti serviti a colazione. Due camere con terrazzo.

6 cam ⌧ – †80/110 € ††95/135 €

Pianta: D3-z – *via Santa Teresa 25, (Ortigia)* – ℰ 0931 65958
– *www.palazzodelsale.com*

verso Lido Arenella Sud direzione Ragusa A3

🏨 Grand Hotel Minareto

LUSSO · MEDITERRANEO Atmosfera medio-orientale già annunciata nel nome, in questo resort che occupa un intero promontorio. Elegante e con spiaggia privata, le camere si trovano in intime strutture disseminate un po' ovunque. Impreziosito da boiserie e intarsi in marmo, il ristorante Nesos propone una cucina in bilico tra territorio e modernità.

81 cam ♜ - †150/350 € ††160/450 € – 4 suites

via del Faro Massolivieri 26/a, 7,8 km per Ragusa - A3 ✉ *96100 Siracusa*
– 𝒞 0931 721222 – www.grandhotelminareto.it
– Aperto 20 marzo-11novembre

🏨 Dolce Casa

FAMILIARE · ACCOGLIENTE Piacevole struttura a metà strada tra la città e le spiagge, attorniata da un giardino mediterraneo, inserita in un'oasi di tranquillità: per un soggiorno rilassante, amorevolmente accolti in famiglia.

8 cam ♜ - †40/60 € ††60/80 €

via Lido Sacramento 4, 4 km per Noto - A3 ✉ *96100 Siracusa – 𝒞 0931 721135*
– www.bbdolcecasa.it

sulla strada provinciale 14 Mare Monti direzione Caltagirone A1

🏨 Lady Lusya

DIMORA STORICA · TRADIZIONALE Masseria settecentesca, poi anche residenza vescovile, Lady Lusya si trova in splendida collocazione per scoprire allo stesso tempo Siracusa, il mare di Fontane Bianche, ma soprattutto la Sicilia agreste. In un crogiolo di limoni, l'arrivo in questa villa borbonica è trionfante e mozzafiato, tanto è splendida la facciata che intervalla pietra ed intonaco. Anche gli spazi interni non tradiscono l'impressione di trovarsi in un'aristocratica casa di campagna, particolarmente suggestivo il moltiplicarsi di scale ed archi a disegnare prospettive e labirinti.

19 cam ♜ - †60/80 € ††90/155 € – 2 suites

località Spinagallo 16, Sud-Ovest: 14 km - A3 - 𝒞 0931 710277 – www.ladylusya.it
– Aperto 1° marzo-31 ottobre

SIRIO (Lago) Torino → Vedere Ivrea

SIRMIANO DI SOPRA Bolzano → Vedere Nàlles / Nals

SIRMIONE

(BS) – ✉ 25019 – 8 137 ab. – Carta regionale n° **9**-D1
Carta stradale Michelin 561-F13

⭐ La Rucola 2.0 (Gionata Bignotti)

CUCINA CREATIVA · CONTESTO CONTEMPORANEO XxX In uno dei vicoli più seducenti di Sirmione, a fianco del Castello Scaligero, la Rucola 2.0 si è rifatta il look: rinnovata e modernizzata, la cucina è parzialmente a vista e la sala ha assunto una veste più dinamica, ma pur sempre elegante e raffinata. Il menu lascia presto intuire un debole per il mare, sebbene anche la terra non manchi di fare qua e là capolino.

→ Spaghettone cacio, pepe e ricci di mare. Maialino da latte, purea di rapa bianca e riduzione di yuzu (agrume giapponese). Gelatina di arancia, sorbetto al bitter e crumble al pistacchio.

Menu 55/120 € – Carta 65/91 €

vicolo Strentelle 7 - 𝒞 030 916326 – www.ristorantelarucola.it
– Chiuso giovedì a mezzogiorno

ᐅO La Speranzina Restaurant & Relais 🕸 ⇔ ⊰ 🏠 🅰🅲

CUCINA CREATIVA · ELEGANTE XXX Nel cuore di Sirmione, vicino al castello e con il lago a fare da romantico sfondo, La Speranzina si è rifatta il look ed ora sfoggia un concept che s'ispira ad un elegante minimalismo dove predominano colori chiari e discreti. La cucina, invece, rimane immutabile nella sua capacità di ammaliare l'ospite con piatti ricercati e creativi. Come sempre, quindi, un'ottima sosta gastronomica a cui si aggiungono tre camere "gioiello" molto ampie e con dotazioni esclusive.

Menu 88/120 € – Carta 74/163 €

3 suites ⌷ – ♦♦600/1500 €

via Dante 16 – ℰ 030 990 6292 – www.lasperanzina.it – Chiuso lunedì escluso 27 febbraio-4 novembre

ᐅO Tancredi ⊰ 🛒 🏠 🅰🅲 🅿

CUCINA CREATIVA · ALLA MODA XX Sulla terrazza sospesa tra cielo e lago o nella suggestiva sala a vetri, la gradevolezza della location è un ulteriore punto a favore di questo locale. In menu, piatti dai sapori mediterranei leggermente reinterpretati.

Menu 55 € (in settimana)/160 € – Carta 64/147 €

via XXV Aprile 75 – ℰ 030 990 4391 – www.tancredi-sirmione.com – Chiuso 2 gennaio-13 febbraio e lunedì

ᐅO Risorgimento 🕸 🏠 🅰🅲 ⇔

CUCINA CLASSICA · RUSTICO XX Una cucina dall'ampio respiro e d'ispirazione contemporanea, in un ristorante elegante con dehors sulla centrale piazza Carducci. Prestigiose etichette ammiccano dagli scaffali della saletta-enoteca al primo piano.

Menu 45 € (pranzo in settimana) – Carta 51/126 €

piazza Carducci 5/6 – ℰ 030 916325 – www.risorgimento-sirmione.com – Chiuso 2 gennaio-13 febbraio e martedì escluso in giugno-settembre

🏨 Villa Cortine Palace Hotel 🕿 🍸 🛒 ⽊ 🍴 ⚓ 🗓 🅰🅲 🆗 🅿

GRAN LUSSO · STORICO Nel centro storico, una villa ottocentesca in stile neoclassico all'interno di uno splendido grande parco digradante sul lago; incantevoli interni di sobria eleganza. Raffinatezza e classe nell'ampia sala da pranzo: se il clima lo permette, optate per il romantico servizio all'aperto.

54 cam ⌷ – ♦315/520 € ♦♦370/585 €

viale C. Gennari 2 – ℰ 030 990 5890 – www.palacehotelvillacortine.com – Aperto 29 marzo-22 ottobre

🏨 Grand Hotel Terme 🕿 ⊰ 🛒 ⽊ 🗓 🕸 🍴 ⚓ 🗓 🅰🅲 🆗 🅿

LUSSO · ELEGANTE Alle porte del centro storico, hotel di lunga tradizione dalle atmosfere eleganti; oltre alle cure termali un fornito centro benessere con piscina per un relax a tutto tondo. E per concludere al top la giornata: una bella cena con vista lago!

53 cam ⌷ – ♦160/330 € ♦♦197/412 € – 1 suite

viale Marconi 7 – ℰ 030 990 4922 – www.termedisirmione.com – Chiuso 9 gennaio-9 febbraio

🏨 Olivi 🕿 🍸 ⊰ 🛒 ⽊ 🗓 🕸 🍴 🗓 🅰🅲 🅿

LUSSO · FUNZIONALE In posizione panoramica - tra il centro e le grotte di Catullo - sfugge al caos turistico ed offre belle camere immerse nel verde, nonché una nuova zona benessere con piscina termale e trattamenti di vario genere. Ampia sala da pranzo di tono elegante, utilizzata anche per banchetti.

56 cam ⌷ – ♦100/200 € ♦♦110/340 €

via San Pietroin Mavino 5 – ℰ 030 990 5365 – www.hotelolivi.com – Chiuso 10-27 dicembre e 8 gennaio-8 febbraio

Continental 🏠🦢⪡🛏🗲🛎🔲🆔🛁🅿

LUSSO · ELEGANTE Sulla punta della penisola di Sirmione, hotel di taglio contemporaneo dagli arredi razionali, modernamente lineari. Recentemente potenziata, la zona benessere vanta ora anche una nuova piscina termale.

54 cam ☑ – ♦140/210 € ♦♦170/365 € – 2 suites

via Punta Staffalo 7/9 – ℰ 030 990 5711 – www.continentalsirmione.com – Chiuso 15 novembre-15 marzo

Eden ⪡🔲♿🆔🚗

LUSSO · MODERNO In pieno centro, hotel moderno e di design caratterizzato da camere belle e confortevoli; solarium sul pontile affacciato sulle azzurre acque del lago.

30 cam ☑ – ♦100/300 € ♦♦120/350 €

piazza Carducci 18/19 – ℰ 030 916481 – www.hoteledensirmione.it – Aperto 10 marzo-30 novembre

AQVA Ⓝ 🗲🔲♿🆔🏊🅿

BOUTIQUE HOTEL · MINIMALISTA Una giovane coppia ha aperto il suo piccolo boutique hotel, a pochi passi dal centro: ambienti di sobrio design minimalista ed una spiaggia con piscina lato lago dove poter anche usufruire di un servizio light lunch.

18 cam ☑ – ♦90/110 € ♦♦140/280 €

via XXV Aprile 4 – ℰ 030 919 6345 – www.aqvaboutiquehotel.it – Aperto aprile-ottobre

Catullo 🏠⪡🛏🔲🆔🅿

FAMILIARE · CLASSICO Spazi comuni curati e belle camere, da preferire quelle con vista lago, in uno dei più antichi alberghi di Sirmione annoverato tra i "Locali storici d'Italia". Affacciato sul suggestivo giardino che ricorda antichi fasti, il ristorante propone la cucina nazionale.

57 cam ☑ – ♦85/120 € ♦♦110/160 €

piazza Flaminia 7 – ℰ 030 990 5811 – www.hotelcatullo.it – Aperto vacanze di Natale e fine marzo-inizio novembre

Du Lac 🏠⪡🛏🗲🔑🆔🏊🅿

TRADIZIONALE · ACCOGLIENTE Gestione diretta d'esperienza in un hotel classico, in riva al lago, dotato di spiaggia privata; zone comuni con arredi di taglio moderno stile anni '70, camere lineari. Fresca sala da pranzo, affidabile cucina d'albergo.

35 cam ☑ – ♦70/140 € ♦♦90/220 €

via 25 Aprile 60 – ℰ 030 916026 – www.hoteldulacsirmione.com – Aperto 1° aprile-10 ottobre

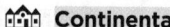 Pace 🆔🔲

FAMILIARE · BORDO LAGO Nel centro storico e fronte lago, una dimora dei primi '900 dagli interni vagamente british: un dedalo di corridoi e scale in cui si è cercato di preservare gli elementi d'epoca. Prima colazione a buffet, ricca e variegata.

22 cam ☑ – ♦65/95 € ♦♦90/150 €

piazza Porto Valentino 5 – ℰ 030 990 5877 – www.pacesirmione.it – Chiuso novembre

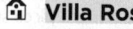 Villa Rosa 🆔♿🔲🏊🅿

FAMILIARE · ACCOGLIENTE Camere dotate di balcone e di ogni confort tecnologico, in questo hotel recentemente ristrutturato nelle immediate vicinanze del centro storico: raggiungibile a piedi o con le biciclette dell'albergo (noleggio gratuito).

14 cam – ♦70/90 € ♦♦95/105 € – ☑ 18 €

via Quasimodo 4 – ℰ 030 919 6320 – www.hotel-villarosa.com – Aperto 15 marzo-10 novembre

⌂ Corte Regina ⊞ ⟨ 💧 ⊞ 🅿

FAMILIARE · CENTRALE Nel centro storico, adiacente al castello, piccola struttura a carattere familiare con camere di semplice confort; la sala mansardata per la prima colazione offre una romantica vista sui tetti.

14 cam ☲ – ♦90/110 € ♦♦110/130 € – 2 suites

via Antiche Mura 11 – 𝒞 030 916147 – www.corteregina.it – Aperto 15 aprile-15 ottobre

a Colombare di Sirmione Sud : 3,5 km ⊠ 25019

⌂⌂ Europa ☆ ⑂ ⪡ 🛏 ⛱ ⊞ 🆔 ⅏ 🚗

FAMILIARE · CLASSICO In riva al lago, con bella piscina e piccola spiaggia privata, l'hotel Europa si è arricchito - recentemente - di una nuova e moderna struttura; camere di due tipologie e al ristorante sapori lacustri e di terra.

40 cam ☲ – ♦80/140 € ♦♦95/160 €

via Liguria 1 – 𝒞 030 919047 – www.europahotelsirmione.it – Aperto 1° aprile-3 novembre

a Lugana Sud-Est : 5 km ⊠ 25019 – Colombare Di Sirmione

⌂ Bolero 🛏 ⛱ 🆔 ⅏ 🅿

FAMILIARE · PERSONALIZZATO Sembra di essere in una casa privata in questo tranquillo e intimo albergo familiare; spazi comuni in stile rustico, abbelliti da quadri, camere confortevoli.

8 cam ☲ – ♦60/120 € ♦♦70/160 €

via Verona 254 – 𝒞 030 919 6120 – www.hotelbolero.it – Chiuso dicembre e gennaio

SIROLO

Ancona – ⊠ 60020 – 4 051 ab. – Carta regionale n° **11**-D1
Carta stradale Michelin 563-L22

ⅠⓄ Rocco 🍽 🆔

PESCE E FRUTTI DI MARE · ELEGANTE ⅏ Come ogni locanda che si rispetti, anche questa ha il suo ristorantino e, per giunta, carino! In un tipico edificio in pietra marchigiano, un'intelligente e stuzzicante selezione di piatti di pesce, a cui si accompagna una buona scelta enologica (siamo in terra di Verdicchio).

Carta 30/40 €

Hotel Locanda Rocco, via Torrione 1 – 𝒞 071 933 0558 (coperti limitati, prenotare) – Aperto Pasqua-30 ottobre; chiuso martedì escluso 15 giugno-15 settembre

⌂⌂ Locanda Rocco ⊞ 🆔 ⅏

LOCANDA · MINIMALISTA Tra le mura di una locanda trecentesca del centro, una struttura a gestione giovane e moderna: all'interno spazi comuni minimi, ma stanze di design accattivante e dai colori vivaci.

7 cam ☲ – ♦125/170 € ♦♦125/170 €

via Torrione 1 – 𝒞 071 933 0558 – www.locandarocco.it

ⅠⓄ **Rocco** – Vedere selezione ristoranti

al monte Conero (Badia di San Pietro) Nord-Ovest : 5,5 km ⊠ 60020 – Sirolo – Alt. 572 m

⌂⌂ Monteconero ☆ ⑂ ⪡ 🛏 ⛱ 🕸 🍽 ⊞ 🆔 ♨ 🅿

DIMORA STORICA · VINTAGE In posizione isolata nel bosco del parco a picco sul mare, nacque nel 1400 come convento e ancor oggi il soggiorno è all'insegna del silenzio e della natura. Molti i confort, tra cui, oltre alla sauna, la sala per i massaggi. La panoramica sala ristorante propone piatti legati alla tradizione locale.

50 cam ☲ – ♦77/125 € ♦♦110/170 € – 10 suites

via Monteconero 26 – 𝒞 071 933 0592 – www.hotelmonteconero.it – Aperto 1° aprile-2 novembre

SISTIANA Trieste → Vedere Duino Aurisina

SIUSI ALLO SCILIAR SEIS AM SCHLERN

Bolzano – ⊠ 39040 – Alt. 988 m – Carta regionale n° **19**-C2
Carta stradale Michelin 562-C16

⌂ Wanderhotel Europa   ⾕ ⇠ ⇔ ⌁ ⛃ ⇪ ⊡ ⌂

FAMILIARE · ACCOGLIENTE Bella struttura dove tutte le stanze sono state rimodernate in legno di cirmolo, pavimento in quercia, docce e balcone privato; centro benessere con immancabile zona relax. Ma i pregi di questa risorsa non si esauriscono qui: inseguendo una passione diventata filosofia di accoglienza, escursioni con servizi ad hoc vengono organizzate quotidianamente. Cucina altoatesina al ristorante.

34 cam – solo ½ P 120/197 € – 8 suites
piazza Oswald Von Wolkenstein 5 – ℰ 0471 706174
– www.wanderhoteleuropa.com
– Chiuso 8 aprile-19 maggio e 4 novembre-20 dicembre

⌂ Silence & Schlosshotel Mirabell   ⾕ ⅏ ⇠ ⇔ ⌁ ⛃ ⇪ ⊡ ⵯ

TRADIZIONALE · ACCOGLIENTE In zona defilata e molto tranquilla, fra le alte vette, la villa di un nobile russo è stata ampliata e trasformata in hotel con spaziose ed accoglienti salette per il relax, nonchè un grande giardino dal quale ammirare il profilo dei monti.

37 cam ⵣ – ❙120/250 € ❙❙170/360 €
via Laranza 1, Nord: 1 km
– ℰ 0471 706134 – www.hotel-mirabell.net
– Aperto 20 dicembre-25 marzo e 25 maggio-15 ottobre

SIZZANO

Novara – ⊠ 28070 – 1 468 ab. – Alt. 225 m – Carta regionale n° **12**-C2
Carta stradale Michelin 561-F13

❙❙○ Impero   ⇧ ⒶⒸ ⇆

CUCINA REGIONALE · ACCOGLIENTE ⅩⅩ Due sorelle, due interessi, un unico obiettivo: soddisfare l'ospite alla loro tavola, grazie ai preziosi suggerimenti di chi dal 1934 le ha precedute. Il rinnovo degli ultimi anni ha accresciuto la classe e la personalità dell'ambiente che non manca di un piccolo giardino per il servizio estivo; cucina del territorio.

Carta 40/79 €
via Roma 13
– ℰ 0321 820576 – www.ristoranteimpero.eu – Chiuso 27 dicembre-5 gennaio,
3 settimane in agosto, domenica sera e lunedì

SOAVE

Verona – ⊠ 37038 – 7 116 ab. – Alt. 40 m – Carta regionale n° **23**-B3
Carta stradale Michelin 562-F15

❙❙○ Locanda Lo Scudo   ⇠ ⇧ ⒶⒸ ⅏ ⵯ

CUCINA CLASSICA · ACCOGLIENTE ⅩⅩ L'indirizzo giusto dove assaporare la gustosa cucina del territorio nel dehors con giardino d'inverno o nella raccolta saletta dai soffitti in legno. Il centro storico è a due passi.

Carta 40/64 €
4 cam – ❙68 € ❙❙68 € – senza ⵣ
via Covergnino 9
– ℰ 045 768 0766 (consigliata la prenotazione) – www.loscudo.vr.it – Chiuso
domenica e lunedì

🍽️ Al Gambero

CUCINA DEL TERRITORIO · CONTESTO STORICO ⅹ Sorto come locanda nella seconda metà dell'800, questo edificio storico ospita un'ampia sala, accogliente e rustica, dove gustare i piatti della tradizione veneta, di terra e di mare. Graziose le camere, arredate con mobili d'epoca. Qualche piatto e i dolci per un pasto veloce nella semplice osteria wine-bar.

Carta 27/48 €

12 cam – solo ½ P 60/70 €

corso Vittorio Emanuele 5 – ℰ 045 768 0010 – www.ristorantealgambero.it
– Chiuso 1 settimana in gennaio, agosto, martedì sera e mercoledì

🍽️ Enoteca Realda

CUCINA CLASSICA · RUSTICO ⅹ Moderno locale, simile ad un wine-bar, la cui giovane gestione propone una cucina della tradizione - come la parmigiana di melanzane - affiancata da piatti unici ironicamente chiamati "fast food": hamburger, piadina e club sandwich.

Carta 36/67 €

piazza Giuliano Castagnedi 2 – ℰ 045 660 0624 – www.enotecarealda.it – Chiuso 10-17 agosto, sabato a mezzogiorno e martedì

🏠 Damaranto Residenza e Cucina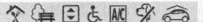

LOCANDA · PERSONALIZZATO Nel cuore della località, il grande senso estetico di questa bella villa si esprime nell'armoniosa fusione di antico e moderno. Interessanti proposte gastronomiche, dove la tradizione si veste di attualità.

6 cam ⌂ – ♦80/90 € ♦♦100/140 €

corso Vittorio Emanuele 50 – ℰ 045 619 0701 – www.damaranto.com – Chiuso 10 giorni in gennaio ed agosto

SOCI Arezzo → Vedere Bibbiena

SOGHE Vicenza → Vedere Arcugnano

SOIANO DEL LAGO

Brescia – ✉ 25080 – 1 896 ab. – Alt. 196 m – Carta regionale n° **9**-D1
Carta stradale Michelin 561-F13

🏵️ Villa Aurora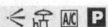

CUCINA REGIONALE · ACCOGLIENTE ⅩⅩ Splendida vista sul lago in un locale signorile, che propone tante specialità regionali rivisitate con estro. Un esempio? Risotto al pesce di lago, ma anche cialda con macedonia di frutta fresca, salsa inglese e sorbetto.

Menu 30 € – Carta 28/54 €

via Ciucani 1/7 – ℰ 0365 674101 – www.ristorantevillaaurora.it – Chiuso mercoledì

SOLANAS Sardegna Cagliari → Vedere Villasimius

SOLDA SULDEN

Bolzano – ✉ 39029 – Alt. 1 906 m – Carta regionale n° **19**-A2
Carta stradale Michelin 562-C13

🏠 Cristallo

FAMILIARE · STILE MONTANO In posizione centrale e panoramica, albergo ammodernato con spazi comuni luminosi e confortevoli. Centro benessere ben ristrutturato, camere spaziose. Ristorante con annessa stube tirolese.

37 cam ⌂ – ♦80/120 € ♦♦140/240 €

Solda 31 – ℰ 0473 613234 – www.cristallo.info
– Aperto 21 novembre-30 aprile e 16 giugno-14 settembre

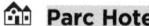 **Parc Hotel**

FAMILIARE · STILE MONTANO A lato degli impianti di risalita, pur rimanendo in centro, una gran bella struttura con camere, rinnovate e molto accoglienti, particolarmente interessanti quelle mansardate con balcone e splendida vista sul comprensorio naturale. Nella spa, la piccola piscina riscaldata che fuoriesce nella neve, offrirà ai più temerari l'ebrezza dello shock termico.

50 cam ⌂ – ♦80/120 € ♦♦120/220 € – 2 suites

Kirch Weg 130

– 𝒞 0473 613133 – www.parc-hotel.it – Chiuso 2 maggio-14 giugno e 26 settembre-31 ottobre

SOLIGO Treviso → Vedere Farra di Soligo

SOMMACAMPAGNA

Verona – ✉ 37066 – 14 821 ab. – Alt. 121 m – Carta regionale n° **22**-A3
Carta stradale Michelin 562-F14

a Custoza Sud-Ovest : 5 km ✉ 37066

🍽○ **Villa Vento**

CUCINA REGIONALE · CASA DI CAMPAGNA XX In una villa d'epoca, il ristorante vanta un andamento familiare. Dalla cucina, piatti tipici del posto ed in sala una griglia sempre calda. Il piccolo parco ombreggia la terrazza.

Carta 25/46 €

strada Ossario 24

– 𝒞 045 516003 – www.ristorantevillavento.com

– Chiuso 1°-14 gennaio, 1 settimana in luglio, 1 settimana in novembre, lunedì e martedì

SOMMA LOMBARDO

Varese – ✉ 21019 – 17 779 ab. – Alt. 282 m – Carta regionale n° **9**-A2
Carta stradale Michelin 561-E8

🍽○ **Corte Visconti** 🍴 Ⓜ ⇄

CUCINA MEDITERRANEA · RUSTICO XX Ambiente classico di tono rustico con mura in pietra, volte in mattone e soffitti in legno. La cucina invece, pur partendo dal territorio, spicca per creatività. Bel dehors estivo con suggestivi giochi di luce.

Menu 55/48 € – Carta 41/66 €

via Roma 9

– 𝒞 0331 254873 – www.cortevisconti.it

– Chiuso martedì a mezzogiorno e lunedì

SONA

Verona – ✉ 37060 – 17 683 ab. – Alt. 169 m – Carta regionale n° **23**-A3
Carta stradale Michelin 562-F14

🍽○ **El Bagolo** 🍴 ⅃

CUCINA REGIONALE · RUSTICO X Questa semplice dimora del XIII secolo è diventata una trattoria a gestione familiare dalla simpatica atmosfera in cui gustare cucina del territorio, tradizionale o rivisitata; gradevole servizio in giardino.

🍴 Menu 25/45 € – Carta 26/59 €

via Molina 1

– 𝒞 045 608 2117 (consigliata la prenotazione) – www.elbagolo.it – Chiuso 21-28 febbraio, 1°-15 settembre e lunedì

SONDRIO

(SO) – ⊠ 23100 – 21 778 ab. – Alt. 307 m – Carta regionale n° **9**-B1
Carta stradale Michelin 561-D11

🏛️ **Grand Hotel Della Posta**   ✿ 🍴 🌐 🏄 ↳ ⊡ 🛗 🅰🅲 🕭 🅿

DIMORA STORICA · ELEGANTE Affacciato su una scenografica piazza del centro, edificio ed albergo nacquero insieme nel 1862; oggi rimangono diverse testimonianze d'epoca, arricchite da sculture e dipinti moderni. Camere signorili, mansardate all'ultimo piano. Al ristorante, la montagna scende metaforicamente in città per incontrare una cucina eclettica ed inventiva, che si confronta agevolmente anche con il mare.

37 cam ⊡ – ♦99/194 € ♦♦119/219 € – 1 suite
piazza Garibaldi 19 – ℰ 0342 200397 – www.grandhoteldellaposta.eu

a Montagna in Valtellina Nord-Est : 2 km ⊠ 23020 – Alt. 567 m

🍴 **Trippi**   🏡 ✿ 🅿

CUCINA ITALIANA · CONVIVIALE XX Una nuova gestione giovane e appassionata, che elabora con fantasia e rispetto buone materie prime - non necessariamente del territorio - e ingredienti stagionali.

🍴 Menu 15 € (pranzo in settimana)/25 € – Carta 35/52 €
via Stelvio 297 – ℰ 0342 615584 – www.ristorantetrippi.it – Chiuso vacanze di Natale, 10 giorni in luglio, martedì sera e domenica

SOPRABOLZANO OBERBOZEN Bolzano → Vedere Renon

SORAFURCIA Bolzano → Vedere Valdaora

SORAGNA

Parma – ⊠ 43019 – 4 834 ab. – Alt. 47 m – Carta regionale n° **5**-B2
Carta stradale Michelin 561-H12

🏵️ **Locanda Stella d'Oro** (Marco Dallabona)   🏵️ 🍴 🏡 🅰🅲

CUCINA REGIONALE · CONTESTO REGIONALE XX Nelle terre verdiane, l'ambiente offre ancora tutto il sapore e la magia di una trattoria. E neppure la cucina se ne discosta tanto, è la tradizione personalizzata.
→ Savarin di riso con lingua salmistrata e salsa classica. Piccione: petto, coscia, fegatini con scalogni caramellati e purea di sedano. Zuppa inglese con zabaione caldo e amaretti ai due modi.

Carta 56/81 €
14 cam – ♦65/75 € ♦♦110/120 € – ⊡ 4 €
via Mazzini 8 – ℰ 0524 597122 – www.ristorantestelladoro.it

🏛️ **Locanda del Lupo**   ✿ ⊡ 🅰🅲 🕭 🅿

STORICO · TRADIZIONALE Bella costruzione del XVIII sec., sapientemente restaurata: soffitti con travi a vista negli interni di tono elegante con arredi in stile; camere accoglienti e sala congressi. Calda atmosfera al ristorante con bel mobilio in legno.

45 cam ⊡ – ♦75/150 € ♦♦100/200 € – 1 suite
via Garibaldi, 64 – ℰ 0524 597100 – www.locandadellupo.com – Chiuso 22 dicembre-6 gennaio e 9-28 agosto

a Diolo Nord : 5 km ⊠ 43019 – Soragna

🍴 **Osteria Ardenga**   🅰🅲 🅿

CUCINA DEL TERRITORIO · TRATTORIA X Un'autentica trattoria, che scalda il cuore a mangiarvi, dove il tempo sembra essersi fermato decenni orsono. Al confine tra due province, la cucina predilige le specialità parmigiane con diversi prodotti coltivati in proprio e piccola rivendita di sott'aceti e confetture.

Carta 24/45 €
via Maestra 6 – ℰ 0524 599337 – www.osteriardenga.it – Chiuso martedì sera e mercoledì

SORBO SERPICO
Avellino – ✉ 83050 – 583 ab. – Carta regionale n° **4**-C2

✿ **Marennà** ⟨ 🛋 ᴠ 🅐🅒 🅿

CUCINA CREATIVA · DI TENDENZA XX Nata da un connubio d'idee tra designer di varie nazionalità, Marennà propone una cucina fedele alla gastronomia locale, ma rivisitata con tocchi di modernità. Bella vista sulle colline circostanti dalle ampie vetrate.
→ Pasta di piselli e piselli... Riso "caprese". "La nostra" pastiera.
Menu 58/68 € – Carta 56/72 €

località Cerza Grossa – ☏ 0825 986666 – www.feudi.it
– Chiuso 7-25 gennaio, 1 settimana in luglio-agosto, domenica sera e martedì

SORGENTE SU GOLOGONE Nuoro → Vedere Oliena

SORICO
Como – ✉ 22010 – 1 246 ab. – Alt. 201 m – Carta regionale n° **9**-B1
Carta stradale Michelin 561-D10

ⅱ○ **Beccaccino** ◍ 🛋 ᴠ 🅐🅒 🅿

CUCINA MEDITERRANEA · CONTESTO CONTEMPORANEO XX All'interno di una riserva naturale, ambienti valorizzati da materiali naturali e da una grande luminosità per questo locale recentemente rinnovato; la cucina propone soprattutto piatti di pesce (lago e mare).
⊜ Menu 20/48 € – Carta 42/68 €

via Boschetto 49, Est: 3 km – ☏ 0344 84241 (consigliata la prenotazione)
– www.beccaccino.it – Chiuso mercoledì

SORISO
Novara – ✉ 28010 – 761 ab. – Alt. 452 m – Carta regionale n° **13**-A2
Carta stradale Michelin 561-E7

✿✿ **Al Sorriso** (Luisa Valazza) 🕸 ⇦ 🦡

CUCINA CLASSICA · ELEGANTE XxX Gli appassionati del Piemonte e della montagna troveranno qui il loro piccolo paradiso: il titolare è impegnato in una costante ricerca delle eccellenze gastronomiche regionali, la moglie, in cucina, sforna piatti gustosi e tradizionali. Una sosta gourmet d'obbligo tra le piacevoli colline novaresi.
→ Gnocchi soffiati di zucca e caprino con nocciole di Piemonte. La patata, l'uovo, il parmigiano e il tartufo d'Alba. Il parfait di basilico con datterino caramellato.
Menu 130/160 € – Carta 84/160 €
8 cam ⊡ – †160 € ††160/180 €

– ☏ 0322 983228 (consigliata la prenotazione) – www.alsorriso.com – Chiuso
8-20 gennaio, 10 giorni in agosto, lunedì e martedì

SORISOLE
Bergamo (BG) – ✉ 24010 – 9 073 ab. – Alt. 415 m – Carta regionale n° **10**-C1
Carta stradale Michelin 561-E10

ⅱ○ **Villa Patrizia** 🕸 🛋 🛋 🅐🅒 ⇔ 🅿

CUCINA MODERNA · ELEGANTE XX Tra Bergamo e il fresco colle della Maresana, una villa dagli eleganti interni dove gustare la classica cucina italiana - di carne e di pesce - presentata con gusto moderno, accompagnata da una bella carta dei vini.
Menu 38/45 € – Carta 30/41 €

via Rigla 27, località Petosino, Nord: 1 Km – ☏ 035 571223
– www.alrusticovillapatrizia.it – Chiuso 1°-7 gennaio, 2 settimane in agosto, lunedì e martedì

SORNI Trento → Vedere Lavis

CI PIACE...

L'en plein air del ristorante L'Orangerie, **Grand Hotel Excelsior Vittoria**: la sua apertura è subordinata ai capricci del meteo. La vista meravigliosa che vi si porge sia dalla splendida zona colazioni, sia dalla terrazza della sala da pranzo del **Bellevue Syrene 1820**. **Maison la Minervetta** che con la sua terrazza vi serve mare e costa nella tazzina del caffè: una piccola risorsa, ma di grande personalità! Quando il sommelier si allontana dalla sala del ristorante **Il Buco**, per poi ricomparire dalla cantina, a circa 100 metri, con un grande vino da degustare.

SORRENTO

Napoli – ⊠ 80067 – 16 679 ab. – Carta regionale n° 4-B2
Carta stradale Michelin 564-F25

Ristoranti

☼ **Terrazza Bosquet**   ⌘ ≤ ⌂ 🏠 ⅄ 🄰🄺 ⌁ ⇄ 🄿

CUCINA CREATIVA · ROMANTICO XxxX Nella sontuosa cornice dell'Excelsior Vittoria, rendez-vous in un'elegante sala nei mesi freddi, ma l'appuntamento con gli occhi è sulla terrazza affacciata sul Golfo di Napoli, mentre la cucina – ora nelle mani di un nuovo chef – non fa altro che sottolineare con levità, ma fermezza, l'appartenenza al luogo.

→ Omaggio a Pollock: pasta e patate affumicate con erba cipollina e caviale. Lombo di agnello e peperoni alla sorrentina. Soffice al cioccolato con cremoso alle arance e fior di sale.

Menu 115/140 € – Carta 90/140 €

Pianta: B1-u – *Grand Hotel Excelsior Vittoria, piazza Tasso 34 – 𝒞 081 877 7111 (prenotazione obbligatoria a mezzogiorno) – www.excelsiorvittoria.com – Chiuso 7 novembre-7 dicembre e 7 gennaio-31 marzo*

☼ **Il Buco** (Giuseppe Aversa)   ⌘ 🏠 🄰🄺 ⇄

CUCINA MODERNA · ACCOGLIENTE XX Cucina che senza complicarsi la vita con inutili tecnicismi sposa tradizione e modernità, una selezione vini che cita circa 1.000 etichette, ma anche tanta simpatia e informale professionalità. Cos'altro? Ricavato nelle cantine di un ex monastero nel cuore di Sorrento, un'esperienza gourmet col calore di casa!

→ Riso ai tre pomodori con pesce spatola marinato. Trancio di pescato del giorno, patate in carpione, crema all'aglio e croccante di pomodori. Migliaccio napoletano (dolce tradizionale) con soffice di ricotta e gelato all'arancia e cannella.

Menu 85/100 € – Carta 62/111 €

Pianta: B1-b – *Il Rampa Marina Piccola 5 – 𝒞 081 878 2354 (consigliata la prenotazione la sera) – www.ilbucoristorante.it – Chiuso 1° gennaio-8 febbraio e mercoledì*

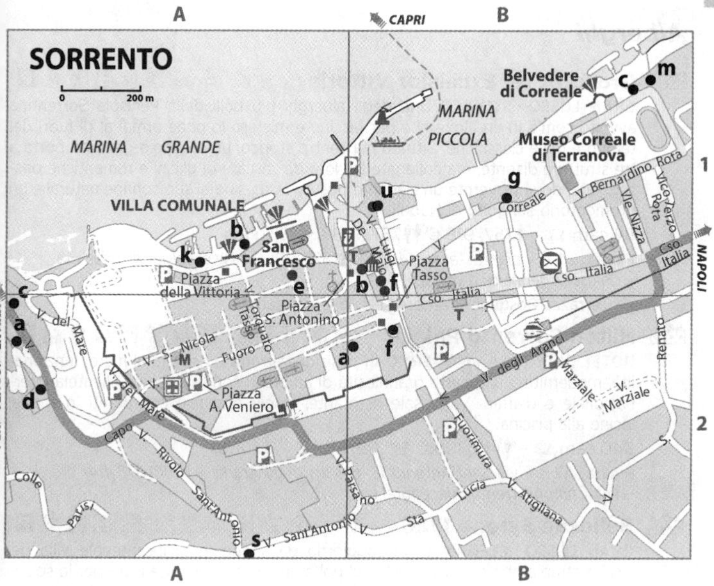

SORRENTO

Scale: 0 — 200 m

Map labels: CAPRI, A, B, MARINA GRANDE, MARINA PICCOLA, Belvedere di Correale, Museo Correale di Terranova, VILLA COMUNALE, San Francesco, Piazza della Vittoria, Piazza S. Antonino, Piazza Tasso, Piazza A. Veniero, Cso. Italia, NAPOLI, V. Bernardino Rota, Vico Pozzo Rota, Vie Nizza, Renato, V. degli Aranci, V. Marziale, V. Lucia, V. Atigliana, Capo, V. del Mare, V. S. Nicola, Fuoro, Torquato Tasso, V. Rivolo, V. Sant'Antonio, V. Sant'Antonio, Colle Parisi, Sta

---

‖○ L'Antica Trattoria

CUCINA REGIONALE · INTIMO ✕✕ Varie salette di taglio elegante, impreziosite con caratteristici elementi decorativi, per questo ristorante che propone soprattutto piatti di pesce. Ameno servizio estivo.

⊛ Menu 20 € (pranzo)/80 € – Carta 62/96 €

Pianta: A1-e – *via Padre R. Giuliani 33* – ℰ *081 807 1082 (consigliata la prenotazione)* – *www.lanticatrattoria.com* – *Chiuso 7 gennaio-20 marzo e lunedì escluso aprile-ottobre*

‖○ Caruso

CUCINA REGIONALE · ELEGANTE ✕✕ E' un vero e proprio museo dedicato al famoso cantante lirico: quattro piacevoli salette, decorate con foto e oggetti dedicati al maestro; cucina di mare d'ispirazione partenopea, ininterrotta da mezzogiorno a mezzanotte!

Menu 45/55 € – Carta 42/65 €

Pianta: B1-f – *via Sant'Antonino 12* – ℰ *081 807 3156*
– *www.ristorantemuseocaruso.com*

‖○ La Basilica

CUCINA REGIONALE · CONVIVIALE ✕ Cucina calda ininterrotta da mezzogiorno all'una di notte, per questo locale attiguo alla piccola basilica dalla quale trae il nome. Proposte di terra, di mare, nonché vegetariane in un menù amplissimo dove ce n'è per tutti i gusti. Si mangia in un'ampia sala classica o all'aperto nel vicoletto.

Menu 30/40 € – Carta 33/52 €

Pianta: B1-f – *via Sant'Antonino 28* – ℰ *081 877 4790*
– *www.ristorantelabasilica.com*

Budget modesto? Optate per il menu del giorno generalmente a prezzo più contenuto.

Alberghi

🏨 Grand Hotel Excelsior Vittoria

GRAN LUSSO · STORICO Uno degli alberghi più belli della Penisola Sorrentina avvolto com'è in un alone che per fascino e mistero lo pone ormai al di fuori del tempo e delle classifiche. Situato nel centro storico, un corridoio-giardino porta a tre strutture distinte, ma collegate tra loro da cascate di glicini e romantiche passeggiate, dove troverete un'elegante beauty farm, sino al suo confine naturale, un promontorio sul golfo di Napoli.

84 cam ☷ – †757/918 € ††757/918 € – 15 suites

Pianta: B1-u – *piazza Tasso 34 – ℰ 081 877 7111 – www.excelsiorvittoria.com – Chiuso 7 gennaio-31 marzo*

☸ **Terrazza Bosquet** – Vedere selezione ristoranti

🏨 Hilton Sorrento Palace

HOTEL DI CATENA · MODERNO In posizione arretrata rispetto al mare, funzionalità, modernità e una certa grandiosità di ambienti soddisfano una clientela internazionale e d'affari. Varie sale ristorante, la più originale con pareti in roccia, vicino alla piscina.

340 cam ☷ – †149/199 € ††309/509 € – 3 suites

Pianta: A2-s – *via Sant'Antonio 13, per via degli Aranci – ℰ 081 878 4141 – www.hiltonsorrentopalacehotel.com*

🏨 Bellevue Syrene 1820

GRAN LUSSO · ELEGANTE Un soggiorno da sogno in un'incantevole villa del '700 a strapiombo sul mare: vista sul golfo, angoli fioriti e ascensore per la spiaggia, raffinati ambienti con affreschi. Nella dépendance trova posto anche una piccola beauty farm. Ampie vetrate garantiscono un bel panorama dalla sala interna per le colazioni e le pause gourmet, ma è la terrazza il luogo preferito per pranzi light o cene gastronomiche. Il tramonto a fare da sfondo.

42 cam ☷ – †330/1180 € ††350/1200 € – 8 suites

Pianta: A1-k – *piazza della Vittoria 5 – ℰ 081 878 1024 – www.bellevue.it – Chiuso 4 gennaio-18 marzo*

🏨 Grand Hotel Royal

LUSSO · ELEGANTE Se l'esterno si fa ricordare per la sua suggestiva location, proprio a picco sul mare, con terrazze, piscina e un indispensabile ascensore per la spiaggia, i suoi interni sono caratterizzati da mobili ad intarsio tipici dell'artigianato sorrentino. Insomma, un'ospitalità di livello sin dalla fine dell'Ottocento!

101 cam ☷ – †180/810 € ††190/870 € – 17 suites

Pianta: B1-g – *via Correale 42 – ℰ 081 807 3434 – www.royalsorrento.com – Chiuso gennaio-febbraio*

🏨 Imperial Tramontano

LUSSO · ELEGANTE Un bel giardino e terrazze a strapiombo su Marina Piccola, per questa risorsa ospitata in un edificio del '500, casa natale di T. Tasso e che divenne albergo già da metà Ottocento. Se le camere sono arredate con sobria eleganza, il nome del ristorante, Belvedere, è presto spiegato: dalla sua sala potrete infatti ammirare il superbo paesaggio, quasi un dipinto!

113 cam ☷ – †170/250 € ††200/450 €

Pianta: A1-b – *via Vittorio Veneto 1 – ℰ 081 878 2588 – www.hoteltramontano.it – Chiuso 3 gennaio-20 marzo*

🏨 Bristol

TRADIZIONALE · CLASSICO Complesso in posizione dominante sul mare, abbellito da amene terrazze panoramiche con piscina; camere quasi tutte disposte sul lato mare, più silenziose agli ultimi piani. Incantevole vista su mare e città dalla spaziosa sala ristorante.

129 cam ☷ – †110/190 € ††140/240 € – 15 suites

Pianta: A2-a – *via Capo 22 – ℰ 081 878 4522 – www.bristolsorrento.com – Aperto 1° marzo-31 ottobre*

Grand Hotel Capodimonte 🕊 ≤ ᗕ ᗌ ↻ ᴬᶜ 🍽 🅿

PALACE · CLASSICO Una struttura che ha il grande pregio di mantenersi sempre aggiornata, con belle camere di gusto classico, una splendida posizione panoramica e scenografiche piscine che cadono una nell'altra.

184 cam ⌧ – †120/450 € ††180/1150 € – 2 suites

Pianta: A2-d – *via Capo 15*
– *☏ 081 878 4555* – *www.capodimontesorrento.com*
– *Aperto 1°aprile-31 ottobre*

Grand Hotel Riviera 🕊 ⌙ ≤ ᗕ ᗌ ᛚ 🖼 ᴬᶜ 🍽 🅿

LUSSO · ELEGANTE Incantevole la posizione dell'hotel, a strapiombo sulla scogliera con la sua terrazza, la bella piscina e la spiaggia privata raggiungibile comodamente con l'ascensore; all'interno domina invece il bianco, dai marmi di Carrara all'elegante arredo. Dalla tradizione alla creatività, la cucina è servita in una candida sala, allestita con sontuosità.

106 cam – †165/260 € ††176/510 € – 1 suite – ⌧ 17 €

Pianta: B1-m – *via Califano 22*
– *☏ 081 807 2011* – *www.hotelriviera.com*
– *Aperto 30 marzo-31 ottobre*

Grand Hotel Ambasciatori 🕊 ≤ ᗕ ᗌ 🖼 ᛚ 🖼 ᴬᶜ 🅿

LUSSO · PERSONALIZZATO Struttura a strapiombo sulla scogliera, la cui eleganza è dettata da mobili di pregio con tipici intarsi sorrentini che arredano gli ambienti, così come le camere; nuovo centro fitness, area wellness e piscina riscaldata.

100 cam ⌧ – †160/700 € ††220/820 €

Pianta: B1-c – *via Califano 18*
– *☏ 081 878 2025* – *www.ambasciatorisorrento.com*
– *Aperto 24 marzo-31 ottobre*

Maison la Minervetta ⌙ ≤ 🖼 ᴬᶜ 🍽 🅿

LOCANDA · PERSONALIZZATO Spettano al proprietario i riconoscimenti per l'elegante struttura dell'albergo: la hall è un raffinato salotto di casa, le stanze - tutte diverse fra loro e davvero molto personalizzate - si affacciano sul mare. Gradini privati conducono al borgo di pescatori di Marina Grande.

12 cam ⌧ – †210/430 € ††210/480 €

Pianta: A2-c – *via Capo 25*
– *☏ 081 877 4455* – *www.laminervetta.com*
– *Chiuso 8 gennaio-8 febbraio*

Palazzo Jannuzzi Relais 🖼 ᴬᶜ

FAMILIARE · MEDITERRANEO Nel cuore della vita sorrentina, camere moderne e luminose, nonché calda accoglienza familiare con dolci preparati in casa per la prima colazione: nella bella stagione servita anche in terrazza. Poche camere sono dotate di terrazzino affacciato proprio su piazza Tasso, si consiglia perciò di prenotare per tempo.

12 cam ⌧ – †140/340 € ††140/360 €

Pianta: B2-f – *piazza Torquato Tasso, (Vico S. Aniello 39)*
– *☏ 081 877 2862* – *www.palazzojannuzzi.com*
– *Chiuso 7 gennaio-18 marzo*

Palazzo Tasso 🖼 ᴬᶜ 🍽

FAMILIARE · FUNZIONALE Nel cuore di Sorrento, in un vicolo sotto il celebre campanile, camere nuove e moderne, molte delle quali affacciate sull'elegante passeggio di corso Italia.

11 cam ⌧ – †45/300 € ††50/350 €

Pianta: A-B2-a – *via S. Maria della Pietà 33*
– *☏ 081 010 2821* – *www.palazzotasso.com*

SOTTOMARINA Venezia → Vedere Chioggia

SOVANA

Grosseto – ✉ 58010 – Alt. 291 m – Carta regionale n° **18**-D3
Carta stradale Michelin 563-O16

🏠 **Sovana**　　　　　　　　　　🦖 ⊜ ⏅ 🖼 ⏏ 🗲 Ⓐ🅒 **P**

STORICO · TRADIZIONALE Di fronte al duomo, casa colonica completamente
rinnovata: ideale per un soggiorno ambientato nell'eleganza e con divagazioni
nel verde degli uliveti, in fondo ai quali c'è anche un piccolo labirinto.

18 cam ⌑ – ♦95/125 € ♦♦115/150 € – 1 suite

via del Duomo 66 – 𝒞 0564 617030 – www.sovanahotel.it – Aperto
25 dicembre-7 gennaio e 18 marzo-12 novembre

SOVERATO

Catanzaro – ✉ 88068 – 10 805 ab. – Carta regionale n° **3**-B2
Carta stradale Michelin 564-K31

🍽️○ **Riviera**　　　　　　　　　　　　　　　🗲 Ⓐ🅒 ⌀

CUCINA REGIONALE · ACCOGLIENTE 🌻🌻 Al timone di questo ristorante storico
nel centro di Soverato, c'è lo chef Paolo, che continua a portare avanti una linea
gastronomica attenta ai sapori locali: di grande qualità le materie prime utilizzate.
Buona cura anche nella mise-en-place.

Menu 40/70 € – Carta 33/92 €

via Regina Elena 4/6 – 𝒞 0967 530196 – www.ristoranterivierasoverato.com

SOVERIA MANNELLI

Catanzaro (CZ) – ✉ 88049 – 3 076 ab. – Alt. 774 m – Carta regionale n° **3**-A2
Carta stradale Michelin 564-J31

🏠 **Agriturismo La Rosa nel Bicchiere**　　🌳 ⊜ ⏅ 🗲 🛁 **P**

CASA DI CAMPAGNA · AGRESTE Un'oasi di pace e di tranquillità per chi ama la
montagna, per questo agriturismo che produce frutti, castagne e verdura dal proprio orto; al tempo stesso è anche un curato ristorante con una piccola carta delle
specialità in alta stagione, nonché un menu guidato in bassa. Camere confortevoli.

6 cam ⌑ – ♦60/110 € ♦♦80/180 €

località Polso – 𝒞 0968 666668 – www.larosanelbicchiere.it – Chiuso
10-30 gennaio

SPARTAIA Livorno → Vedere Elba (Isola d') : Marciana

SPELLO

Perugia – ✉ 06038 – 8 645 ab. – Alt. 280 m – Carta regionale n° **20**-C2
Carta stradale Michelin 563-N20

🍽️○ **La Bastiglia**　　　　　　　🐗 ⪕ 🏡 ⏅ Ⓐ🅒 ⟳

CUCINA MODERNA · ACCOGLIENTE 🌻🌻 Ripartito negli ultimi anni con nuove
energie, il ristorante dell'omonimo albergo compone un menu che prende spunto
dal meglio del territorio umbro, continuando a proporre l'accattivante selezione
enologica di sempre.

🍃 Menu 18/55 € – Carta 31/60 €

Hotel La Bastiglia, via Salnitraria 15 – 𝒞 0742 651277 – www.labastiglia.com
– Chiuso 7-31 gennaio e mercoledì

🏠 **Palazzo Bocci**　　　　　　　　　⪕ ⏏ Ⓐ🅒 🛁

STORICO · CLASSICO Palazzo nobiliare settecentesco, al primo piano vi sorprenderà un salone affrescato nell'Ottocento e qualche camera con soffitti egualmente affrescati, più semplici le altre; terrazza per le colazioni estive.

17 cam ⌑ – ♦70/90 € ♦♦90/120 € – 6 suites

via Cavour 17 – 𝒞 0742 301021 – www.palazzobocci.com
– Chiuso 7 gennaio-28 febbraio

🏚 La Bastiglia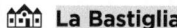

TRADIZIONALE · CLASSICO Tipico edificio d'epoca nella parte più alta del centro storico, gli arredi delle camere sono sobri, ma diverse hanno un incantevole spazio all'aperto sui colli umbri.

33 cam ♀ – †80/105 € ††100/155 €

via Salnitraria 15 – ℰ 0742 651277 – www.labastiglia.com
– Chiuso 7-31 gennaio

🍴 **La Bastiglia** – Vedere selezione ristoranti

🏚 Del Teatro ⩽ 🖪 🔊

FAMILIARE · CLASSICO Nell'incantevole centro storico, alcune camere offrono una bella vista, ma anche chi ne è privo potrà, nella bella stagione, usufruirne dalla terrazza per le colazioni. Parquet e bagni in marmo.

11 cam ♀ – †55/65 € ††80/90 €

via Giulia 24 – ℰ 0742 301140 – www.hoteldelteatro.it – Aperto
1° aprile-1° novembre

SPERLONGA

Latina – ✉ 04029 – 3 333 ab. – Carta regionale n° **7**-D3
Carta stradale Michelin 563-S22

🍴 Gli Archi 🏚 🔊

PESCE E FRUTTI DI MARE · CONTESTO STORICO ✕✕ Nell'affascinante dedalo di viuzze del centro storico, uno dei più esclusivi e pittoreschi borghi d'Italia, Gli Archi è stato completamente ristrutturato, ma la sua cucina semplice rimane piacevolmente fedele ai prodotti ittici.

Carta 27/89 €

via Ottaviano 17, centro storico
– ℰ 0771 548300 (coperti limitati, prenotare) – www.gliarchi.com
– Chiuso 9 gennaio-8 febbraio, mercoledì, solo mercoledì a mezzogiorno in estate

🏚 Ganimede

LUSSO · MEDITERRANEO Non proprio sul mare, la spiaggia privata è raggiungibile anche con navetta in questa struttura moderna dal servizio attento e dallo stile mediterraneo, dove predomina il bianco intervallato dalle gradevoli ceramiche al posto delle testiere dei letti.

21 cam – †59/249 € ††69/259 € – 4 suites – ♀ 10 €

via Ulisse 323
– ℰ 0771 557096 – www.hotelganimede.it

🏚 Aurora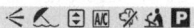

FAMILIARE · LUNGOMARE Direttamente sul mare, albergo immerso nel verde di un giardino mediterraneo, un'impronta artistica contribuisce a rendere l'atmosfera familiare e straordinaria al tempo stesso. Piacevole terrazza sul borgo antico. Servizio di snack freddi a pranzo.

52 cam ♀ – †90/815 € ††90/815 €

via Cristoforo Colombo 57 – ℰ 0771 549266 – www.aurorahotel.it – Aperto
29 marzo-3 novembre

🏚 Moresco Park Hotel

FAMILIARE · MEDITERRANEO In posizione defilata e, proprio per questo, tranquilla e panoramica, offre camere ariose dotate di giardinetto privato. Tempo permettendo, la colazione viene servita su una piacevole terrazza.

14 cam ♀ – †88/220 € ††88/220 €

via Fontana della Camera 3, Ovest: 1 Km – ℰ 0771 549667
– www.morescoparkhotel.it
– Aperto 15 aprile-15 ottobre

SPEZIALE Brindisi ➜ Vedere Fasano

SPILIMBERGO

Pordenone – ✉ 33097 – 12 124 ab. – Alt. 132 m – Carta regionale n° **6**-B2
Carta stradale Michelin 562-D20

La Torre

CUCINA REGIONALE • ROMANTICO XX Nella pittoresca cornice del castello medievale di Spilimbergo, la splendida facciata con affreschi del Trecento cela due raccolte sale rustico-eleganti. Che siate interessati ad una cena romantica o ad una cucina creativa ed elaborata, questo è il vostro ristorante.

Menu 25 € (pranzo in settimana)/60 € – Carta 40/76 €

piazza Castello 8 – ✆ 0427 50555 (consigliata la prenotazione) – www.ristorantelatorre.net – Chiuso domenica sera e lunedì

Osteria da Afro

CUCINA REGIONALE • FAMILIARE X Trattoria dall'esperta conduzione familiare, poco distante dal centro storico, dove gustare genuini piatti stagionali presentati su una lavagnetta che gira di tavolo in tavolo. A disposizione degli ospiti anche graziose camere in legno di abete o ciliegio.

Menu 25/40 € – Carta 25/53 €

8 cam – †60/65 € ††90/100 €

via Umberto I 14 – ✆ 0427 2264 (consigliata la prenotazione) – www.osteriadaafro.net – Chiuso domenica sera

SPINETTA MARENGO Alessandria ➜ Vedere Alessandria

SPIRANO

Bergamo – ✉ 24050 – 5 700 ab. – Alt. 154 m – Carta regionale n° **10**-C2
Carta stradale Michelin 561-F11

3 Noci-da Camillo

CUCINA REGIONALE • FAMILIARE X Il tocco femminile delle proprietarie ha ingentilito il côté rustico dell'ambiente. Ne risulta una piacevolissima trattoria, dove si possono gustare ancora i ruspanti sapori della bassa e carni cotte sulla grande griglia in sala. Gazebo per il servizio estivo all'aperto.

Menu 25 € (pranzo in settimana)/55 € – Carta 44/66 €

via Petrarca 16 – ✆ 035 877158 – www.ristorantetrenoci.it – Chiuso 1°-10 gennaio, 14-30 agosto, domenica sera e lunedì

SPOLETO

Perugia – ✉ 06049 – 38 218 ab. – Alt. 396 m – Carta regionale n° **20**-C3
Carta stradale Michelin 563-N20

San Lorenzo

CUCINA MODERNA • AMBIENTE CLASSICO XXX Se elegante e luminosa è la sala interna, si fa più conviviale lo spazio esterno allestito su una piazza del centro storico; rinomato per i suoi piatti di mare, non mancano tuttavia proposte più legate alle tradizioni umbre.

Carta 32/70 €

Pianta: A2-a – *Hotel Clitunno, piazza Sordini 6 – ✆ 0743 221847 – www.hotelclitunno.com – Chiuso lunedì*

Il Tempio del Gusto

CUCINA CREATIVA • FAMILIARE XX Una piccola bomboniera nel cuore di Spoleto, officina di una delle cucine più interessanti e gustose della zona: tradizioni e ricette umbre rielaborate con fantasia ed abilità.

Menu 30/60 € – Carta 30/69 €

Pianta: A2-e – *via Arco di Druso 11 – ✆ 0743 47121 (consigliata la prenotazione la sera) – www.iltempiodelgusto.com – Chiuso giovedì*

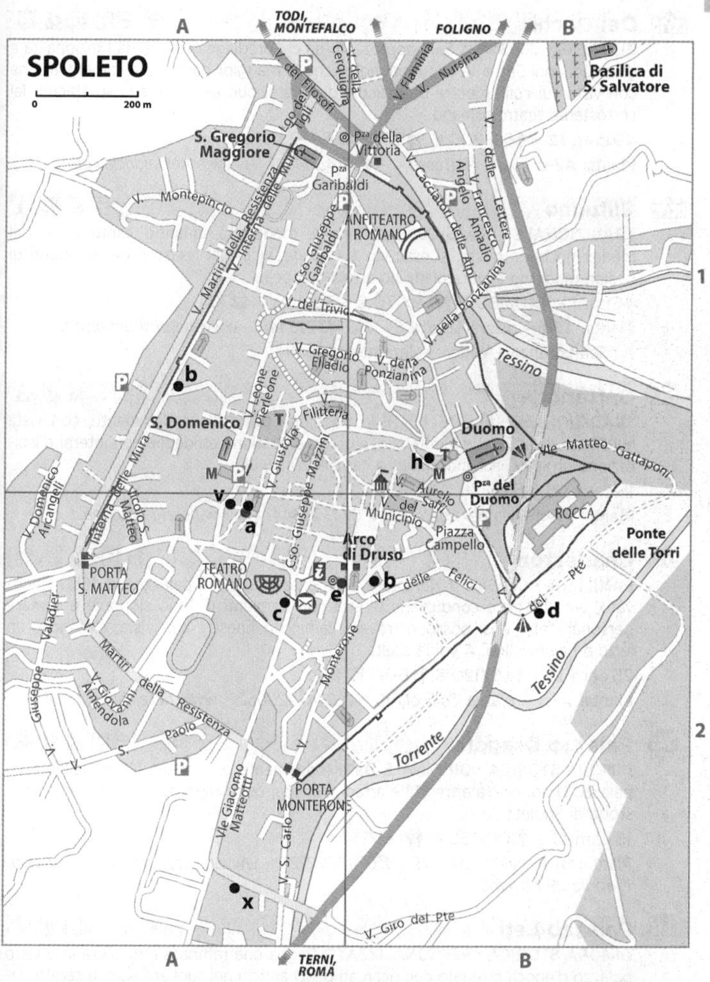

San Luca

TRADIZIONALE • CLASSICO Una volta conceria, oggi uno dei più bei palazzi della città. Tonalità ocra accompagnano i clienti dalla corte interna alle camere, passando per raffinati saloni e corridoi.

35 cam ☕ – 🕴85/240 € 🕴🕴130/240 € – 1 suite

Pianta: A1-b – *via Interna delle Mura 21*

– *✆ 0743 223399 – www.hotelsanluca.com*

Albornoz Palace Hotel

BUSINESS • DESIGN Hotel moderno con originali e ampi interni abbelliti da opere di artisti contemporanei; camere eleganti e "artistiche", attrezzato ed apprezzato centro congressi. Specialità regionali nello spazioso ristorante.

90 cam ☕ – 🕴71/240 € 🕴🕴81/250 € – 4 suites

Pianta: A2-x – *viale Matteotti 16*

– *✆ 0743 221221 – www.albornozpalace.com*

🏨 Dei Duchi ✿ ⌖ ⊟ AC ẛ P

BUSINESS · CLASSICO Sarà apprezzato da chi predilige gli spazi, la funzionalità e gli arredi anni Settanta che rendono uniche la maggior parte delle camere, alcune con vista sui colli, mentre dai balconi di altre si può assistere agli spettacoli del sottostante teatro romano.

49 cam ⌂ – ♥65/200 € ♥♥90/200 € – 2 suites

Pianta: A2-c – *viale Matteotti 4* – ℰ *0743 44541* – *www.hoteldeiduchi.com*

🏨 Clitunno ⊟ ᕧ AC ẛ

TRADIZIONALE · CLASSICO Tradizione e modernità, quando espressione del medesimo buon gusto, si esaltano a vicenda: vicino al teatro romano, spunti di design moderno si mescolano ad arredi d'epoca.

45 cam – ♥40/160 € ♥♥59/170 € – 3 suites – ⌂ 10 €

Pianta: A2-a – *piazza Sordini 6* – ℰ *0743 223340* – *www.hotelclitunno.com*

🍴 **San Lorenzo** – Vedere selezione ristoranti

🏨 Gattapone ➥ ⌖ ⇖ AC ẛ

TRADIZIONALE · ACCOGLIENTE In posizione tranquilla e dominante, con vista sul Ponte delle Torri e Monteluco, albergo a gestione affidabile con interni d'ispirazione orginale, accenni sixties e camere piacevoli.

15 cam ⌂ – ♥70/170 € ♥♥90/230 €

Pianta: B2-d – *via del Ponte 6* – ℰ *0743 223447* – *www.hotelgattapone.it*

🏨 Charleston 🕯 ⊟ AC ⚲ ⇔

FAMILIARE · CLASSICO Nel cuore della cittadina, in un palazzo del 1600 rinnovato, un albergo a conduzione diretta con ambienti di tono signorile e camere personalizzate, vi si possono trovare camino o finestre con vista, c'è anche un letto a baldacchino. A voi la scelta.

25 cam ⌂ – ♥40/120 € ♥♥60/210 €

Pianta: A2-v – *piazza Collicola 10* – ℰ *0743 220052* – *www.hotelcharleston.it*

🏨 Palazzo Dragoni ⌖ ⊟ AC ⚲ ẛ

DIMORA STORICA · ORIGINALE Dalle fondamenta preromane al cinquecentesco palazzo Dragoni: tra affreschi e arredi d'epoca, qui è rappresentata in verticale la storia di Spoleto.

15 cam ⌂ – ♥100/150 € ♥♥125/150 €

Pianta: B1-h – *via Duomo 13* – ℰ *0743 222220* – *www.palazzodragoni.it* – *Aperto 1° aprile-29 novembre*

🏨 Palazzo Leti ➥ ⌖ ⇖ ⊟ AC ⚲

DIMORA STORICA · PERSONALIZZATO Regna una raffinata atmosfera in questo palazzo d'epoca arredato con ricercati pezzi antichi nei suoi ambienti e caratterizzato da un giardino-terrazza con vista sui colli.

12 cam ⌂ – ♥80/140 € ♥♥120/180 €

Pianta: B2-b – *via degli Eremiti 10* – ℰ *0743 224930* – *www.palazzoleti.com* – *Chiuso 10-31 gennaio*

sulla strada statale 3 Nord : 8 km per via Flaminia - B1

🍴 Al Palazzaccio-da Piero 🍽 P

CUCINA TRADIZIONALE · FAMILIARE ✕ Per chi è alla ricerca di piatti genuini e privi di complicazioni, una trattoria semplice e familiare per gustare una cucina casareccia e umbra.

🍴 Menu 15/35 € – Carta 17/56 €

località San Giacomo km 134 ✉ *06048 San Giacomo di Spoleto* – ℰ *0743 520168 (consigliata la prenotazione)* – *www.alpalazzaccio.it* – *Chiuso lunedì*

100% NATURALE

·· Il Piacere dell'Incontro ·····

I grandi sapori hanno sempre una storia originale,
una lunga tradizione, un luogo che li rende unici e ne
custodisce i segreti.

Scopri dove e come nasce il gusto unico del Parmigiano
Reggiano, la sua versatilità in cucina,
la sua straordinaria digeribilità.

Vai su www.parmigianoreggiano.it,
potrai conoscere caseifici e maestri casari e scoprire
il meglio di una grande tradizione.

Incontrarci sarà un piacere.

 /parmigianoreggiano

 @theonlyparmesan

 theonlyparmesan

 #ParmigianoReggiano

a **Silvignano** Nord-Est : 13 km per Foligno - B1 ✉ 06049

🏠 Le Logge di Silvignano 🦢 🛏 🌊 🕿

STORICO · PERSONALIZZATO Splendido esempio di architettura medievale, in passato sede di guarnigione militare e residenza patrizia, con un loggiato del '400 che ne orna la facciata: all'interno la cura del dettaglio si declina nei pavimenti in cotto, nelle ceramiche di Deruta o nelle maioliche di Vietri. Soggiorno in una dimensione atemporale.

6 cam - ♦94/146 € ♦♦94/146 € - senza ⌧

Frazione Silvignano 14 – ☎ 0743 274098 – www.leloggedisilvignano.it – Aperto 1° aprile-5 novembre

SPOTORNO

Savona – ✉ 17028 – 3 803 ab. – Carta regionale n° **8**-B2
Carta stradale Michelin 561-J7

🍴 Al Cambio 🖽

CUCINA MEDITERRANEA · ACCOGLIENTE XX A pochi passi dalla passeggiata, il locale propone la tradizione gastronomica ligure rielaborata in una sfiziosa cucina mediterranea; simpatia, accoglienza e informalità da parte del titolare.

Menu 35/50 € – Carta 32/64 €

via XXV Aprile 72 – ☎ 019 741 5537 (prenotare) – Chiuso 15-30 ottobre e giovedì escluso in estate

🏨 Acqua Novella 🖼 🦢 ⟨ 🌊 🗚 ⊞ 🖽 🕿 🐎 🅿

TRADIZIONALE · MEDITERRANEO In posizione elevata e, quindi, panoramica (ma dotato di ascensori per scendere sino a livello della strada al di là della quale c'è la propria spiaggia), le camere sono luminose, molte con intriganti scorci. Oltre al ristorante interno con vista a perdita d'occhio, ci sono bar e ristorante diurno giù al mare.

74 cam – ♦60/230 € ♦♦85/280 € – ⌧ 3 €

via Acqua Novella 1, Est: 1 km – ☎ 019 741665 – www.acquanovella.it – Aperto 1° aprile-31 ottobre

🏠 Villa Imperiale 🖼 🗝 ⊞ ⅗ 🖽

STORICO · ART DÉCO In pieno centro lungo la passeggiata, camere ampie - accuratamente personalizzate - nonché spazi comuni ben distribuiti, in una villa anni '30 sapientemente ristrutturata. Piacevole ristorante con ingresso indipendente: cucina mediterranea in chiave moderna.

17 cam ⌧ – ♦59/254 € ♦♦96/254 € – 9 suites

via Aurelia 47 – ☎ 019 745122 – www.villaimperiale.it – Aperto 1° marzo-15 ottobre

🏠 Premuda 🖼 ⟨ 🗝 🅿

TRADIZIONALE · LUNGOMARE Un dancing degli anni '30 divenuto ora un piccolo albergo ordinato e ben gestito, in bella posizione in riva al mare; piacevoli e "freschi" interni, camere lineari. Ristorazione a bordo spiaggia in estate e - in ogni caso - aperta solo a pranzo.

21 cam ⌧ – ♦65/140 € ♦♦85/155 €

piazza Rizzo 10 – ☎ 019 745157 – www.hotelpremuda.it – Aperto 1° aprile-31 ottobre

STANGHELLA

Padova (PD) – ✉ 35048 – 4 197 ab. – Alt. 7 m – Carta regionale n° **23**-B3
Carta stradale Michelin 562-G17

🍴 Da Marco 🖾 🖽 ⟷ 🅿

GRIGLIA · AMBIENTE CLASSICO XX Ristorante, oggi come allora, gestito dalla stessa famiglia; in ambienti accoglienti e con un tocco di eleganza si possono gustare specialità di terra cucinate alla brace di legna e verdure a km 0.

🍴 Menu 20 € (pranzo in settimana)/65 € – Carta 34/74 €

via Canaletta Inferiore 167 – ☎ 0425 958584 – www.ristorantedamarco.net – Chiuso 7-14 gennaio e lunedì

STEGONA STEGEN Bolzano → Vedere Brunico

STEINEGG COLLEPIETRA

STENICO
Trento – ✉ 38070 – 1 170 ab. – Alt. 666 m – Carta regionale n° **19**-B3
Carta stradale Michelin 562-D14

🏠 **Flora**   ⚘ ⬚ 🏊 ♨ ⬚ 🛗 ⬚ 🆎 **P**
TRADIZIONALE · FUNZIONALE Base d'appoggio per una vacanza all'insegna
delle escursioni e del turismo termale: ariosi, seppur minimal, ambienti in stile
contemporaneo e camere semplici, ma spaziose. Vista sui monti dal grazioso
giardino con al centro una bella piscina.
65 cam ⬚ – ♦69/90 € ♦♦108/130 €
*località Maso da Pont 1, Sud: 2 km – ℰ 0465 701549 – www.hotelfloracomano.it
– Aperto 1° dicembre-8 gennaio e 1° aprile-31 ottobre*

STERN LA VILLA

STERZING VIPITENO

STINTINO
Sassari (SS) – ✉ 07040 – Carta regionale n° **16**-A1
Carta stradale Michelin 366-K38

🏠 **Club Hotel Ancora** Ⓝ   ⚘ ⬚ ⬚ 🏠 🝐 🆎 **P**
CASA DI CAMPAGNA · MEDITERRANEO All'interno di un bel complesso residenziale questo albergo si caratterizza per la sua perfetta simbiosi con la macchia
circostante; camere rinnovate in stile mediterraneo, dal curato giardino si accede
direttamente alla spiaggia attrezzata (con piscina!).
54 cam ⬚ – ♦50/230 € ♦♦70/300 €
*località Ancora – ℰ 079 527085 – www.hotelancora.info – Aperto
18 maggio-15 ottobre*

ST. KASSIAN SAN CASSIANO

STRADA IN CHIANTI Firenze → Vedere Greve in Chianti

STRADELLA Mantova (MN) → Vedere Bigarello

STREGNA
Udine – ✉ 33040 – 356 ab. – Alt. 404 m – Carta regionale n° **6**-C2
Carta stradale Michelin 562-D22

🍴 **Sale e Pepe**   ⬚
CUCINA DEL TERRITORIO · ACCOGLIENTE ✕ Quasi al confine con la Slovenia, qui
il bilinguismo regna sovrano, come la cordialità della coppia che gestisce il ristorante, nonché la qualità del cibo: riflesso delle tradizioni di un territorio di confine
presente anche in cucina.
Carta 23/45 €
*via Capoluogo 19 – ℰ 0432 724118 (prenotare) – solo a cena escluso sabato e
domenica – Chiuso martedì e mercoledì*

STRESA
Verbano-Cusio-Ossola – ✉ 28838 – 4 994 ab. – Alt. 200 m – Carta regionale n° **13**-A1
Carta stradale Michelin 561-E7

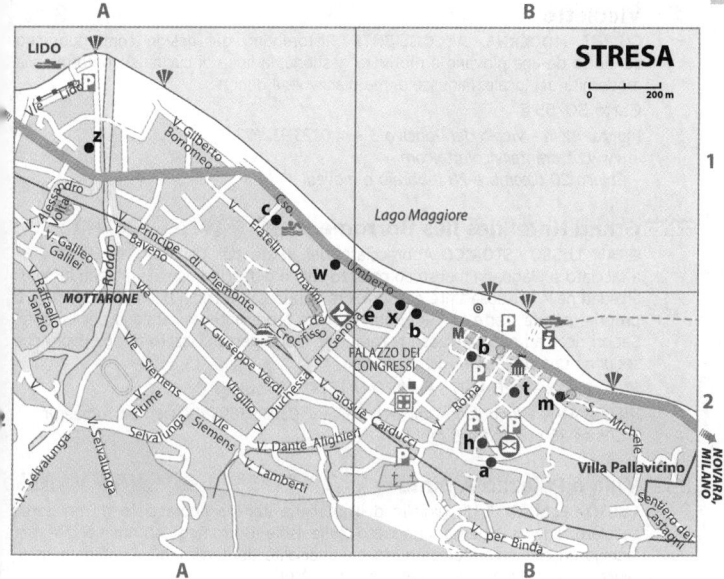

Lago Maggiore

MOTTARONE

PALAZZO DEI CONGRESSI

Villa Pallavicino

🍴 Lo Stornello

CUCINA MEDITERRANEA • ACCOGLIENTE XX Offre qualità e professionalità in un contesto molto turistico, questo ristorantino ben frequentato anche dalla gente del posto. Cucina mediterranea a 360°, fantasiosa nell'elaborazioni.

Carta 34/63 €

Pianta: B2-b – *via Cavour 35* – *𝒞 0323 30444 (consigliata la prenotazione)* – *www.ristorantelostornello-stresa.it*

🍴 Piemontese

CUCINA REGIONALE • AMBIENTE CLASSICO XX Nel cuore della località, ma a due passi dal lungolago, uno dei ristoranti più prestigiosi della romantica Stresa: piatti regionali e piacevole servizio estivo sotto un pergolato.

Menu 39/55 € – Carta 39/85 €

Pianta: B2-t – *via Mazzini 25* – *𝒞 0323 30235* – *www.ristorantepiemontese.com* – *Chiuso 1° dicembre-28 febbraio e lunedì*

🍴 Il Clandestino

PESCE E FRUTTI DI MARE • INTIMO XX A pochi metri dal lungolago, ma già nel cuore del centro storico, un grazioso locale dai toni caldi, dove gustare un'ottima cucina di pesce. Un suggerimento: lasciatevi consigliare dallo *chef-patron*!

Menu 40/60 € – Carta 51/112 €

Pianta: B2-m – *via Rosmini 5* – *𝒞 0323 30399* – *www.ristoranteilclandestino.com* – *solo a cena escluso venerdì, sabato e domenica* – *Chiuso 10 giorni in febbraio-marzo, 1 settimana in novembre e martedì*

🍴 Osteria Mercato 🆕

CUCINA MEDITERRANEA • ACCOGLIENTE XX A pochi passi dal centro storico, un ambiente raccolto e accogliente con piacevole dehors. Cucina mediterranea e della vicina Ossola - talvolta - rielaborata con fantasia.

Carta 30/58 €

Pianta: B2-a – *Piazza Capucci 9* – *𝒞 0323 34245 (consigliata la prenotazione)* – *Chiuso Martedì*

ⅼ️○ Vicoletto 🛖 🆎

CUCINA MODERNA · ACCOGLIENTE ℁ Ristorantino dal design contemporaneo condotto da una giovane e motivata gestione: la linea di cucina si conforma alla modernità del locale. Minuscolo, ma piacevole il dehors.

Carta 30/55 €

Pianta: B2-h – *vicolo del Poncivo 3 –* ☎ *0323 932102*
- *www.ristoranteilvicoletto.com*
- *Chiuso 20 dicembre-28 febbraio e giovedì*

🏨 Grand Hotel des Iles Borromées 🛥 ⟨ 🛖 ⌥ 🖫 ⊕ 🛖 ᴸ❺ ✕ 🖃

GRAN LUSSO · STORICO Abbracciato dal verde del parco e 👌 🆎 🛌 🚗 affacciato sul lago, un maestoso palazzo carico di fascino ospita ambienti lussuosi arredati nelle preziose tinte porpora, oro e indaco. I corridoi dei piani sono vere e proprie gallerie d'arte, di cui in ogni camera è presente un catalogo per la visita. Sapori ricercati nello sfarzoso ristorante e menu personalizzato per gli ospiti che seguono una particolare dieta alla Spa.

179 cam ☷ – ♦204/275 € ♦♦204/451 € – 15 suites

Pianta: A1-w – *lungolago Umberto I 67 –* ☎ *0323 938938* – *www.borromees.it*
- *Chiuso 26 novembre-8 febbraio*

🏨 Villa e Palazzo Aminta 🛥 ⟨ 🛖 ⌥ ⊕ 🛖 ᴸ❺ ✕ ⟨ 🖃 👌 🆎 🛌 🅿

LUSSO · ELEGANTE Un gioiello dell'hôtellerie italiana abbracciato da un parco secolare: l'unico albergo affacciato sulle isole Borromeo incanta l'ospite per fascino ed eleganza. Carta gourmet e specialità del territorio nel raffinato ristorante Le Isole. Menu italiano nel colorato I Mori.

59 cam ☷ – ♦225/249 € ♦♦490/623 € – 13 suites

Via Sempione Nord 123, 1,5 km per Baveno - A1 – ☎ *0323 933818*
- *www.villa-aminta.it – Aperto 23 marzo-28 ottobre*

🏨 Grand Hotel Bristol 🛥 ⟨ 🛖 ⌥ 🖫 🛖 ᴸ❺ 🖃 👌 🆎 🛌 🚗

LUSSO · STORICO Una conduzione professionale per questo hotel dagli interni arredati con pezzi antichi, lampadari di cristallo, cupole in vetro policromo e nel parco una piscina riscaldata. Affacciato sulle Isole Borromee, il ristorante propone un'elegante sala ed un piacevole dehors.

245 cam – ♦40/200 € ♦♦80/300 € – 8 suites – ☷ 25 €

Pianta: A1-c – *lungolago Umberto I 73/75 –* ☎ *0323 32601*
- *www.zaccherahotels.com – Aperto 1° aprile-31 ottobre*

🏨 Regina Palace 🛥 ⟨ 🛖 ⌥ 🖫 ⊕ 🛖 ᴸ❺ ✕ 🖃 👌 🆎 🛌 🚗

PALACE · STORICO In un edificio del primo '900 immerso nel verde, ambienti eleganti, sale congressi, campo da tennis e da calcetto. Scenografica piscina con fondale riproducente quello marino nel centro benessere. Tinte dorate e cucina moderna nell'ampia sala da pranzo.

214 cam ☷ – ♦100/260 € ♦♦100/365 € – 11 suites

Pianta: B2-b – *lungolago Umberto I 29 –* ☎ *0323 936936 – www.reginapalace.it*
- *Chiuso 20 dicembre-6 gennaio*

🏨 La Palma 🛥 ⟨ 🛖 ⌥ 🛖 ᴸ❺ ⟨ 🖃 👌 🆎 🛌 🚗

LUSSO · PERSONALIZZATO Risorsa a gestione attenta con camere signorili, rilassanti spazi comuni, Sky bar e idromassaggio panoramico in terrazza all'ultimo piano. Dalla magnifica piscina in riva al lago si scorgono le isole Borromee! L'intima sala ristorante propone alta cucina italiana ed internazionale. Nota eco-friendly: ricarica per auto elettriche nel parcheggio.

120 cam – ♦100/325 € ♦♦125/350 € – 2 suites – ☷ 20 €

Pianta: B2-e – *lungolago Umberto I 33 –* ☎ *0323 32401 – www.hlapalma.it*
- *Aperto 24 febbraio-25 novembre*

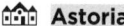 **Astoria**

PALACE · PERSONALIZZATO Situato sul lungolago, l'hotel dispone di ampi spazi e belle camere. Si contendono il fiore all'occhiello il curato giardino con piscina ed il roof garden con solarium. Il ristorante vanta una deliziosa veranda ed una cucina regionale di stampo moderno.

100 cam � – †135/260 € ††280/380 €

Pianta: B2-x – *lungolago Umberto I 31*
– *℘ 0323 32566 – www.hotelastoriastresa.it*
– *Aperto 1 aprile-21 ottobre*

 **Royal**

FAMILIARE · PERSONALIZZATO Nella cornice del Lago Maggiore, l'antica villa offre spazi moderni e confortevoli, una rilassante sala lettura, la tranquillità di un parco ed una terrazza solarium; possibilità di ricarica auto elettriche nel parcheggio. Nuove camere panoramiche al quarto piano: spettacolari quelle d'angolo.

72 cam – †50/150 € ††70/210 € – ☐ 30 €

Pianta: A1-z – *viale Lido 1*
– *℘ 0323 32777 – www.hotelroyalstresa.com*
– *Aperto 31 marzo-14 ottobre*

Isole Borromee Alt. 200 m – Carta regionale n° **13**-A1

Isola Superiore o dei Pescatori ⊠ 28049 – Stresa

Verbano

STORICO · BORDO LAGO Risvegliarsi con vista sull'Isola Bella in un'oasi di natura e suggestioni non è un'esperienza da poco... ma anche il ristorante non è da meno nell'offrire una terrazza davvero incantevole. Camere graziosi e signorili; la maggior parte rinnovate.

12 cam ☐ – †110/170 € ††120/210 €

via Ugo Ara 2
– *℘ 0323 30408 – www.hotelverbano.it*
– *Aperto 15 marzo-30 ottobre*

STROMBOLI Sicilia Messina → Vedere Eolie (Isole)

STRONGOLI
Crotone (KR) – ⊠ 88816 – 6 571 ab. – Alt. 342 m – Carta regionale n° **3**-B2
Carta stradale Michelin 564-J33

Dattilo (Caterina Ceraudo)

CUCINA CREATIVA · ELEGANTE XxX Immerso nella campagna, è un agriturismo che si è distinto nella produzione biologica di vino ed olio, ma da alcuni anni l'attenzione va anche alla qualità della cucina moderna e creativa, nonché al calore dell'accoglienza, vivo e pulsante nel cuore di tutti i membri della generosa famiglia Cearudo. Le camere sono semplici, all'insegna di una vita piacevolmente rustica ed agricola, ma la sorpresa è la piscina all'ombra di un ulivo millenario.

→ Bottoni, mandorle e 'nduja. Spigola, emulsione di pesce e limone candito. Mousse di cioccolato nero con rosmarino.

Menu 60/120 € – Carta 58/96 €

6 cam ☐ – †50/60 € ††100/120 €

contrada Dattilo, Est: 2 km
– *℘ 0962 865613 (prenotazione obbligatoria) – www.dattilo.it – solo a cena escluso domenica in inverno*
– *Chiuso 7 gennaio-29 marzo, 5-22 novembre, lunedì, martedì e mercoledì escluso 21 giugno-16 settembre*

STROVE Siena ➜ Vedere Monteriggioni

ST. ULRICH ORTISEI

SUBBIANO
Arezzo – ⊠ 52010 – 6 331 ab. – Alt. 266 m – Carta regionale n° **18**-D2
Carta stradale Michelin 563-L17

🕻◯ **La Corte dell'Oca**   ⇦ 🏠 ৬ 🗚

CUCINA REGIONALE · FAMILIARE ¾ Tra tortellini, bolliti e, in generale, una cucina della tradizione non rivisitata, si è avverato un sogno, quello del titolare, che ha raccolto oggetti, riviste e suppellettili degli anni '50 per ricreare un'atmosfera da amarcord. Tutte differenti tra loro, le camere si affacciano sul cortile o sul borgo.
Carta 24/45 €
22 cam ⌧ – ♦55/70 € ♦♦70/100 € – 1 suite
viale Europa 16 – ℰ 334 665 0665 – www.cortedelloca.it

🏠🏠 **Torre Santa Flora**   ⌂ ⇦ ⇦ ⌁ 🗚 **P**

DIMORA STORICA · AGRESTE Residenza di campagna seicentesca immersa nel verde: calda atmosfera negli splendidi interni in elegante stile rustico di taglio moderno, piacevoli camere accoglienti. Al ristorante, nelle quattro salette con soffitti in mattoni o con travi di legno a vista, una bella carta di soli risotti e - oltre alla cucina toscana - anche una linea più moderna e rivisitata.
15 cam ⌧ – ♦65/115 € ♦♦99/135 € – 1 suite
località ponte Caliano 169, Sud-Est: 3 km – ℰ 0575 421045
– www.torresantaflora.it

SULDEN SOLDA

SULMONA
L'Aquila – ⊠ 67039 – 24 557 ab. – Alt. 405 m – Carta regionale n° **1**-B2
Carta stradale Michelin 563-P23

🕾 **Clemente**   🏠 🗚

CUCINA ABRUZZESE · FAMILIARE ¾¾ Ambiente accogliente che prevede anche una sala bistrot per il pranzo, con un'offerta più semplice e contenuta nei prezzi, nonché aperitivi serali. Le pappardelle con ricotta cremosa, guanciale, pecorino e zafferano - a nostro giudizio - tra i piatti più interessanti del menu.
Carta 24/45 €
piazza Santa Monica – ℰ 0864 210679 – www.ristoranteclemente.com
– Chiuso 24-27 dicembre, domenica sera e giovedì

🕻◯ **Gino**   ⇦ 🗚 ⅀

CUCINA ABRUZZESE · FAMILIARE ¾ Piccola arca della tipicità gastronomica abruzzese: salumi, formaggi, pasta fresca e carni della regione. I primi anche acquistabili nell'adiacente negozio di famiglia.
Carta 23/51 €
4 cam ⌧ – ♦70/75 € ♦♦85/90 €
piazza Plebiscito 12 – ℰ 0864 52289 – www.lalocandadigino.it – solo a pranzo
– Chiuso domenica

SULZANO
Brescia – ⊠ 25058 – 1 917 ab. – Alt. 200 m – Carta regionale n° **10**-D1
Carta stradale Michelin 561-E12

🏠🏠 **Rivalago**   ৶ ⇦ ⇦ ⌁ ⅃ 🖳 ৬ 🗚 ⅀ **P**

TRADIZIONALE · PERSONALIZZATO In tranquilla posizione fronte lago, hotel dagli ambienti signorili e luminosi con splendido giardino e piscina riscaldata. Camere armoniose ed accoglienti.
36 cam ⌧ – ♦78/98 € ♦♦136/199 €
via Cadorna 7 – ℰ 030 985011 – www.rivalago.it – Aperto 26 marzo-24 ottobre

SUNA Verbania → Vedere Verbania

SUSEGANA
Treviso – ⊠ 31058 – 11 835 ab. – Alt. 76 m – Carta regionale n° **23**-C2
Carta stradale Michelin 562-E18

🏠 Maso di Villa   ॐ ≤ ਇ ੴ ਙ ☝ **P**
CASA DI CAMPAGNA · ROMANTICO Bella casa colonica trasformata in romantico relais, con tonalità diverse in ogni ambiente: al suo interno si è giocato infatti coi colori, sin dentro le accoglienti e calde camere, tutte con letti in ferro battuto e affaccio sul giardino che si sviluppa tra piscina, ulivi, vigne ed uno splendido roseto.

6 cam ⊊ – ♦120/140 € ♦♦120/170 €
via Col di Guarda 15, località Collalto, Nord-Ovest: 5 km – ℰ 0438 841414
– www.masodivilla.it – Chiuso 15-30 novembre

SUTRIO
Udine – ⊠ 33020 – 1 332 ab. – Alt. 570 m – Carta regionale n° **6**-B1
Carta stradale Michelin 562-C20

🍴 Alle Trote   ⇦ ਇ ੴ ਙ ☝ **P**
CUCINA CLASSICA · FAMILIARE X Nei pressi del torrente, un locale a gestione diretta dove la specialità è preannunciata dal suo nome; la fragranza dei pesci la si deve - invece - all'annesso allevamento. Comode camere, al piano superiore.
Carta 21/43 €

5 cam ⊊ – ♦40/45 € ♦♦70/80 €
via Peschiera, frazione Noiaris, Sud: 1 km – ℰ 0433 778329
– Chiuso 15-25 marzo, 20 settembre-12 ottobre e martedì

SUVERETO
Livorno – ⊠ 57028 – 3 072 ab. – Alt. 90 m – Carta regionale n° **18**-B2
Carta stradale Michelin 563-M14

🍴 Gualdo del Re   ᴀᴄ
CUCINA REGIONALE · RUSTICO X Un ristorantino con pochi tavoli ravvicinati, raccolti intorno ad un camino (nella breve apertura invernale intorno a Natale): le pareti e i mobili bianchi gli conferiscono un vago stile provenzale, mentre la luminosa veranda viene anche utilizzata per corsi di cucina. Piatti d'ispirazione toscana.
Carta 31/56 €
località Notri 77 – ℰ 0565 829888 (prenotare) – www.gualdodelre.it – Aperto Pasqua-31 ottobre e solo nei week end in dicembre

🍴 l' Ciocio-Osteria di Suvereto   ੴ ਙ 占 ⇔
CUCINA REGIONALE · RUSTICO X Nello splendido scenario del centro storico su cui si affaccia con un delizioso dehors, ambienti caratteristici come la "dispensa" del piano inferiore, prodotti bio e a km 0 per una cucina legata al territorio.
Menu 35/50 € – Carta 33/66 €
piazza dei Giudici 1 – ℰ 0565 829947 (consigliata la prenotazione)
– www.osteriadisuvereto.it – Chiuso 10-30 gennaio, domenica a mezzogiorno in estate, domenica sera e lunedì negli altri mesi

🏠 Agriturismo Bulichella   ॐ ੴ ਙ 🅰 **P**
CASA DI CAMPAGNA · ACCOGLIENTE Immerso nella campagna suveretana, ad 1 km dal borgo medievale, l'agriturismo offre ospitalità in appartamenti e camere confortevoli: più isolate e tranquille, le stanze al di là dei vigneti.
14 cam ⊊ – ♦60/80 € ♦♦85/120 €
località Bulichella 131, Sud-Est: 1 km – ℰ 0565 829892 – www.bulichella.it – Chiuso gennaio-febbraio

SUZZARA

Mantova – ⊠ 46029 – 21 161 ab. – Alt. 20 m – Carta regionale n° **9**-C3
Carta stradale Michelin 561-I9

🍽 Mangiare Bere Uomo Donna   ⇦ 🖼 AC

FUSION · FAMILIARE X Lei è di Hong Kong, lui di Suzzara: coppia nella vita, in tandem gestiscono questo accogliente ristorante ricavato nell'abitazione di famiglia. La cucina propone piatti locali, classici italiani ed alcune intriganti sorprese dall'oriente come i Xialong Bao (ravioli cinesi al vapore con carne di maiale e zenzero). Per chi non si vuol scostare dal sentiero della tradizione opterà invece per dei cappelletti in brodo con farina bio - sbrisolona con zabaione caldo - ed altro ancora...

Menu 27/28 € – Carta 24/61 €

4 cam ⊡ – †40/45 € ††60/65 €

viale Zonta 19 – ℰ 334 880 6508 (coperti limitati, prenotare)
– www.mangiarebereuomodonna.com – solo a cena – Chiuso martedì

TABIANO

Parma (PR) – ⊠ 43030 – Alt. 162 m – Carta regionale n° **5**-A2
Carta stradale Michelin 562-H12

🏠 Park Hotel Fantoni   🌳 🐾 ⅏ ⌇ 🕌 🖼 ⊡ AC

TERMALE · CLASSICO In una zona un po' defilata e già collinare, si apre un giardino con piscina: una parentesi blu nel verde, preludio alla comodità dell'hotel. Non manca l'ascensore diretto per le terme ed un piccolo, ma attrezzato, centro benessere con bagno turco, idromassaggio e trattamenti vari.

33 cam ⊡ – †40/100 € ††65/160 € – 1 suite

via Castello 6 – ℰ 0524 565141 – www.parkhotelfantoni.it – Aperto
1° aprile-10 novembre

TAMION Trento → Vedere Vigo di Fassa

Photononstop

CI PIACE...

L'attenzione riservata ai prodotti biologici da parte del ristorante **Casa Gioli**. La vista spettacolare su costa emare dalle terrazze del ristorante del **Belmond Grand Hotel Timeo**.Un aperitivo nel chiostro del **San Domenico Palace**. Le serate musicali organizzate nell'eleganti zone comuni del **Metropole**.

TAORMINA Sicilia

Messina – ✉ 98039 – 10 960 ab. – Alt. 204 m – Carta regionale n° **17**-D2
Carta stradale Michelin 565-N27

Ristoranti

✿✿ Principe Cerami   🏨 🍽 🕏 🅿

CUCINA MODERNA · LUSSO XxxX Al Principe Cerami il merito di aver trasformato nel 1896 l'ex convento domenicano in albergo, al cuoco Massimo Mantarro d'incantare i clienti con le magie siciliane della sua cucina. Il tutto nell'antica opulenza delle sale interne o, d'estate, su una romantica terrazza.
→ Ravioli di pasta rustica in farcia di "parmigiana" con pomodorini, mozzarella e basilico. Calamaretto di paranza con patate e pomodori datterini alla ghiotta messinese. Pistacchio: l'oro verde di Bronte.
Menu 90/150 € – Carta 100/157 €
Pianta: A2-m – Hotel San Domenico Palace, piazza San Domenico 5
– ℰ 0942 613111 (prenotazione obbligatoria) – www.san-domenico-palace.com
– solo a cena – Aperto 1° giugno-30 ottobre (apertura prevista in giugno 2018 in seguito a lavori di ristrutturazione)

ⅼⓄ Vicolo Stretto   🍽 🕏

CUCINA REGIONALE · ELEGANTE XX Nel pieno centro di Taormina, ristorante dall'ambiente raccolto e signorile, dove gustare una cucina isolana intrigante e ben fatta. Dalla suggestiva terrazza, la vista abbraccia mare e Giardini Naxos.
Carta 44/81 €
Pianta: A1-c – vicolo Stretto 6 – ℰ 0942 625554 – www.vicolostrettotaormina.it
– solo a cena in agosto – Chiuso 7 gennaio-15 marzo

ⅼⓄ Casa Gioli   🍽 🆎

CUCINA MEDITERRANEA · COLORATO XX Le due salette accoglienti e ben arredate si sdoppiano all'esterno in due angoli che creano un dehors abbastanza suggestivo. Il menu presenta piatti decisamente mediterranei con prodotti stagionali.
Carta 56/91 €
Pianta: A1-b – Via Giordano Bruno 2 – ℰ 0942 683017 (consigliata la prenotazione) – www.casagioli.it – solo a cena – Chiuso 10 gennaio-20 febbraio e martedì in gennaio-febbraio

1113

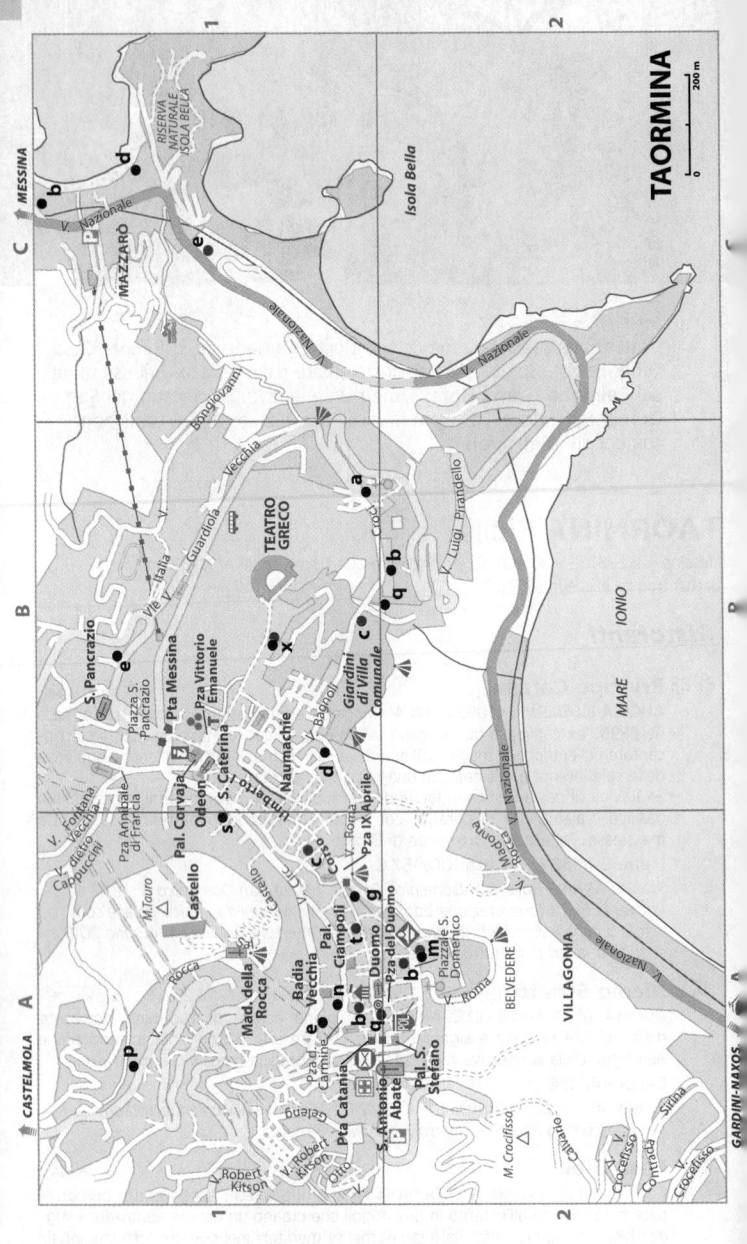

TAORMINA

ⅰ○ Osteria Nero D'Avola 🛖 🄰🄲

CUCINA SICILIANA • CONVIVIALE XX Cucina mediterranea con la ricerca di prodotti di stagione prevalentemente biologici a chilometro 0, in questo simpatico locale dalla bella terrazza estiva ed un'ottima carta dei vini.

Menu 40/70 € – Carta 49/66 €

Pianta: A2-b – *piazza San Domenico 2B* – *𝒞 0942 628874 (consigliata la
prenotazione) – solo a cena in luglio-settembre – Aperto Pasqua-31 ottobre;
chiuso lunedì*

ⅰ○ Tischi Toschi 🛖 🄰🄲

CUCINA SICILIANA • FAMILIARE X Il nome definisce il siciliano emigrato che al
rientro è riconoscibile per aver perso la parlata e il modo di fare tradizionali.
Sulla tavola di questo ristorante, invece, gli autentici sapori di Sicilia hanno la
meglio: ottime materie prime trattate con cura in un ambiente semplice e simpatico, in pieno centro.

Carta 42/56 €

Pianta: A1-t – *via Francesco Paladini 3* – *𝒞 339 364 2088
– www.tischitoschitrattoria.com – Chiuso 15 gennaio-10 febbraio, lunedì a
mezzogiorno in agosto, anche lunedì sera negli altri mesi*

ⅰ○ Andreas 🛖 ♿ 🄰🄲

CUCINA MEDITERRANEA • CONVIVIALE X Il nuovo locale di un cuoco dal passato
glorioso, che qui propone una schietta cucina mediterranea e, più specificata-
mente, siciliana in un ambiente sobrio e moderno.

Menu 45/60 € – Carta 37/82 €

Pianta: B2-c – *via Bagnoli Croci 88* – *𝒞 0942 24011 – Chiuso
10 gennaio-10 febbraio, martedì a mezzogiorno e lunedì*

Alberghi

🏨 Belmond Grand Hotel Timeo 🏝 🦐 ≼ 🛏 ⌂ 🕸 🄻 🔲 ♿ 🄰🄲 🆂

GRAN LUSSO • STORICO A pochi metri dal teatro greco, l'eccellenza del 🄿
Timeo prende forme così diverse che ogni turista finirà per portare a casa un
ricordo proprio e personale: splendidi interni con fastosi saloni che dischiudono
angoli più privati e belle camere con balconi panoramici, alcuni affacciati sul teatro.

62 cam ⌷ – ♦590/950 € ♦♦590/950 € – 8 suites

Pianta: B1-x – *via Teatro Greco 59* – *𝒞 0942 627 0200 – www.belmond.com
– Aperto 15 marzo-15 novembre*

🏨 San Domenico Palace 🏝 🦐 ≼ 🛏 ⌂ 🄻 🔲 ♿ 🄰🄲 🆂 🄿

GRAN LUSSO • CENTRALE L'eco della pace e dei lontani silenzi contemplativi
aleggia negli eleganti ambienti - ricchi di antichi ricordi - di questo lussuoso
hotel ricavato tra le mura di un convento medievale. Suggestive vedute dal giardino e dalle terrazze. A tavola, i classici italiani e piatti locali.

102 cam ⌷ – ♦400/800 € ♦♦600/1000 € – 8 suites

Pianta: A2-m – *piazza San Domenico 5* – *𝒞 0942 613111
– www.san-domenico-palace.com – Aperto 1° giugno-30 ottobre (apertura
prevista in giugno 2018 in seguito a lavori di ristrutturazione)*

❀❀ **Principe Cerami** – Vedere selezione ristoranti

🏨 Nh Collection Taormina 🏝 ≼ ⌂ 🕸 🄻 🔲 ♿ 🄰🄲 🆂 🚗

GRAN LUSSO • MODERNO Ubicato nelle vicine retrovie rispetto alla suggestiva
passeggiata di Taormina, la sua hall davvero imperiosa ospita un bar da cui si
scorge la soprastante piscina trasparente, una vera chicca! Le camere sono altrettanto lussuose con uno stile classico-moderno ed ampi bagni; non manca un'attrezzata zona benessere.

58 cam ⌷ – ♦135/499 € ♦♦165/619 € – 5 suites

Pianta: A1-s – *Via Circonvallazione, 11* – *𝒞 0942 625202 – www.nh-hotels.it
– Chiuso 8 gennaio-24 marzo*

🏨 Metropole

LUSSO · PERSONALIZZATO E' risorto dalle ceneri, ancora più bello, uno dei primi alberghi ad animare la località qualche lustro fa... Centralissimo con ingresso su corso Umberto, nonché affaccio su dirupo e mare, ambienti lussuosi, camere di alto standing ed un susseguirsi di terrazze panoramiche (ma è solo l'ultima ad ospitare la piscina).

25 cam ⌷ – ♦365/1219 € ♦♦365/1219 € – 11 suites

Pianta: A1-g – *corso Umberto I° 154* – ☏ *0942 24013*
– *www.hotelmetropoletaormina.it* – *Chiuso 9 gennaio-15 marzo*

🏨 The Ashbee

GRAN LUSSO · STORICO A pochi passi da corso Umberto, questa villa storica progettata da un noto architetto inglese dei primi del '900 - molto ben appartata e in un contesto altamente panoramico - sfoggia un'aria vagamente british anche nell'impostazione. Molto curata e lussuosa negli interni con un bel salone relax e una terrazza-giardino davvero incantevole, la struttura dispone di una suggestiva piscina a sfioro sul sottostante mare.

24 cam ⌷ – ♦350/600 € ♦♦350/600 € – 7 suites

Pianta: B1-e – *viale San Pancrazio 46* – ☏ *0942 23537* – *www.theashbeehotel.com*
– *Aperto 1° aprile-31 ottobre*

🏨 Villa Diodoro

LUSSO · CLASSICO Attrezzata palestra e zona massaggi-trattamenti estetici in una storica risorsa dai generosi spazi all'aperto. Rinnovate le camere e la hall - ora più ampia ed ariosa - mentre incastonato su una terrazza, lo zaffiro di questo gioiello: la panoramica piscina. Al ristorante, primeggiano i sapori dell'isola.

109 cam ⌷ – ♦152/300 € ♦♦182/300 € – 1 suite

Pianta: B2-q – *via Bagnoli Croci 75* – ☏ *0942 23312* – *www.hotelvilladiodoro.com*

🏨 Villa Carlotta

LUSSO · MEDITERRANEO Abbracciata da una folta vegetazione, la villa riprende il suo nome originario ed offre ai suoi ospiti ambienti eleganti e di tendenza, nonché una suggestiva vista sullo Ionio e sull'Etna. La sosta al bar diventa il pretesto per ammirare i resti di una necropoli bizantina.

18 cam ⌷ – ♦150/320 € ♦♦180/700 € – 10 suites

Pianta: B1-a – *via Pirandello 81* – ☏ *0942 626058*
– *www.hotelvillacarlottataormina.com*

🏨 El Jebel

LUSSO · CENTRALE Riservatezza ed esclusività nel cuore dell'antica Taormina: servizio personalizzato in camere arredate con stili differenti, solarium panoramico e piatti isolani - in chiave moderna - al ristorante.

6 cam ⌷ – ♦390 € ♦♦390 € – 4 suites

Pianta: A1-n – *salita Ciampoli 9* – ☏ *0942 625494* – *www.hoteleljebel.com*
– *Chiuso 3 novembre-15 dicembre*

🏨 Villa Ducale

LUSSO · ROMANTICO Un rifugio splendidamente panoramico e scrigno delle celebri ceramiche siciliane: una piccola bomboniera deliziosamente curata dai titolari come un'elegante casa privata. La navetta o una scenografica scalinata per scendere in paese.

14 cam ⌷ – ♦169/429 € ♦♦169/429 € – 6 suites

Pianta: A1-p – *via Leonardo da Vinci 60* – ☏ *0942 28153* – *www.villaducale.com*
– *Aperto 18 marzo-12 novembre*

🏨 Villa Sirina

FAMILIARE · TRADIZIONALE Artigiani locali hanno contribuito con le loro creazioni ad arredare ad *hoc* le semplici camere della villa, già di famiglia dagli anni Settanta. Nel giardino, la bella piscina.

16 cam ⌷ – ♦125/145 € ♦♦143/157 €

via Crocifisso 30, 2 km per via Crocifisso - A2 – ☏ *0942 51776* – *www.villasirina.it*
– *Aperto 1° aprile-31 ottobre*

Villa Belvedere ⚘ ≤ 🛬 ⌧ 🎑 AC P

TRADIZIONALE · MEDITERRANEO Una vista mozzafiato sul bel parco con palme e piscina tanto dagli ambienti comuni quanto dalla maggior parte delle camere. Storica struttura da sempre a gestione familiare. Cucina tradizionale nel ristorante esclusivamente en plein air ed aperto solo a pranzo.

49 cam ⊆ – 🛏120/680 € 🛏🛏140/490 € – 7 suites

Pianta: B2-b – *via Bagnoli Croci 79* – ℰ 0942 23791 – www.villabelvedere.it

 Villa Schuler 🌢 ≤ 🛬 ⌧ AC 🌂 🚗

TRADIZIONALE · STORICO Sorto nei primi anni del Novecento e gestito sempre dalla stessa famiglia, storico albergo del centro incorniciato tra giardini mediterranei e con splendida terrazza vista mare per la colazione del mattino.

31 cam ⊆ – 🛏98/170 € 🛏🛏99/280 € – 6 suites

Pianta: B1-d – *piazzetta Bastione* – ℰ 0942 23481 – www.hotelvillaschuler.com
– *Aperto 3 marzo-18 novembre*

🏠 **Villa Taormina** 🌢 🛬 ⌧ AC 🌂

LOCANDA · PERSONALIZZATO Il fascino discreto di un'elegante residenza ottocentesca, impreziosita con mobili d'antiquariato e con un delizioso giardino con terrazze e vasca Jacuzzi. Vista panoramica dalla sala colazioni all'ultimo piano.

8 cam ⊆ – 🛏170/600 € 🛏🛏170/600 €

Pianta: A1-e – *via T. Fazzello 39* – ℰ 0942 620072 – www.hotelvillataormina.com
– *Aperto 1° aprile-30 novembre*

a Mazzarò Est 5,5 km o 5 mn di cabinovia C1 ✉ 98030

🍽 **Da Giovanni** ≤ 🌂

PESCE E FRUTTI DI MARE · ACCOGLIENTE ✕ Qualche difficoltà nel trovare il posteggio, ma una breve passeggiata non potrà che farvi meglio apprezzare la semplice cucina di mare della tradizione. Veranda panoramica sul mare e sull'Isola Bella.

Carta 27/32 €

Pianta: C1-e – *via Nazionale* – ℰ 0942 23531 – *Chiuso 7 gennaio-8 febbraio e lunedì*

 Belmond Villa Sant'Andrea ⚘ ≤ 🛬 ⌧ 🎑 🛁 🏊 ⌧ 占 AC 🅿 🚗

GRAN LUSSO · LUNGOMARE In un angolo di una suggestiva baia - direttamente sulla spiaggia - una dimora ottocentesca il cui grazioso giardino panoramico resta l'unica traccia della commissione di un gentiluomo inglese. Deliziose le camere, tutte con vista sul mare.

61 cam ⊆ – 🛏615/1113 € 🛏🛏615/1113 € – 7 suites

Pianta: C1-d – *via Nazionale 137* – ℰ 0942 627 1200 – www.belmond.com
– *Aperto 1° aprile-2 novembre*

Grand Hotel Mazzarò Sea Palace ⚘ ≤ ⌧ 🎑 🛁 🏊 ⌧ AC 🅿 🚗

GRAN LUSSO · LUNGOMARE L'esplosione del sole e dei colori siciliani si riflette nelle camere superbamente arredate, ricche di tessuti e decorazioni; marmi e lucernai nelle zone comuni. Le terrazze si "sprecano": la più bella è un solarium con piscina sulla splendida baia. Sala ristorante e spazi all'aperto dove cenare a lume di candela.

88 cam ⊆ – 🛏188/427 € 🛏🛏357/667 € – 9 suites

Pianta: C1-b – *via Nazionale 147* – ℰ 0942 612111 – www.mazzaroseapalace.it
– *Aperto 30 marzo-4 novembre*

a Lido di Spisone Nord-Est: 1,5 km direzione Messina C1 ✉ 98030 – Mazzarò

🌸 **La Capinera** (Pietro D'Agostino) 🏵 ≤ 🛤 AC

CUCINA CREATIVA · CONVIVIALE ✕✕ Cucina innovativa su base regionale, dove la ricerca delle migliori materie prima diventa simpaticamente maniacale per questo locale - recentemente ristrutturato - dalle linee calde ed avvolgenti. Bel servizio estivo in terrazza.

➔ Agnolotti con ristretto di crostacei e piccoli frutti di mare al basilico. Dentice con finocchi all'affumicatura di caffè. Dolce: lasciatevi stupire dallo chef.

Menu 75 € – Carta 61/106 €

via Nazionale 177 - C1 – ℰ 0942 626247 (*consigliata la prenotazione*)
– *www.pietrodagostino.it* – *Chiuso febbraio, lunedì escluso agosto, anche domenica in gennaio e marzo*

🏠 Caparena ☆ ⋞ 🛏 ⌛ 🕸 🐾 🔥 🖃 ⚙ 🅰🄲 🎾 🛎 🅿

LUSSO · LUNGOMARE Bellezza e confort, palme e acqua limpida, tranquillità e relax e una beauty farm davvero interessante con bagno turco e un'ampia gamma di trattamenti e massaggi. Spiaggia e bar. D'estate la sala da pranzo si apre all'esterno, completamente immersa nel verde; a pranzo carta leggera.

85 cam ⌁ – 🛏130/250 € 🛏🛏160/290 € – 1 suite

via Nazionale 189 - C1 - ℰ 0942 652033 - www.gaishotels.com – Aperto 1° aprile-31 ottobre

a Castelmola Nord-Ovest : 5 km A1 ⊠ 98030 – Alt. 529 m

🏠 Villa Sonia ☆ 🦢 ⋞ 🛏 ⌛ 🕸 🖃 ⚙ 🅰🄲 🛎 🅿

FAMILIARE · MEDITERRANEO Caratteristico e tranquillo il borgo che accoglie questa antica villa arredata con una raccolta di preziosi oggetti d'antiquariato e d'artigianato siciliano. Suggestiva vista da molte camere. Sobriamente elegante la sala da pranzo arredata qua e là con numerose rare suppellettili. D'estate si pranza a bordo piscina.

44 cam ⌁ – 🛏110/140 € 🛏🛏140/205 € – 2 suites

via Porta Mola 9 - ℰ 0942 28082 - www.hotelvillasonia.com – Aperto 1° aprile- 31 ottobre

---

TARANTO

(TA) – ⊠ 74123 – 201 100 ab. – Carta regionale n° **15**-C2
Carta stradale Michelin 564-F33

🍴 Al Gatto Rosso 🕸 🅰🄲

PESCE E FRUTTI DI MARE · FAMILIARE 🕽 Ambiente semplice e curato, nonché proposte unicamente a base di pesce, in un piccolo ristorantino dalla lunga gestione familiare: siamo oramai alla terza!

Menu 35 € (in settimana) – Carta 29/61 €

Pianta: B1-c – *via Cavour 2* ⊠ 74123 – ℰ 340 533 7800
- www.ristorantegattorosso.com – solo a pranzo nei giorni festivi – Chiuso 1°-15 settembre e lunedì

🏠 Al Faro ☆ ⋞ 🛏 🅰🄲 🅿

STORICO · MEDITERRANEO Atipica masseria settecentesca, costruita in riva al mare per l'allevamento dei molluschi. L'attività volge oggi all'ospitalità alberghiera, di ottimo livello in ogni aspetto. Sala ristorante ricavata sotto suggestive volte a crociera.

18 cam ⌁ – 🛏70/80 € 🛏🛏80/90 €

via della Pineta 3/5, per Brindisi, Nord-Est: 5Km - A1 ⊠ 74123 – ℰ 099 471 4444 - www.alfarotaranto.it

a San Pietro sul Mar Piccolo Nord-Est: 13 km direzione Brindisi C2 ⊠ 74100

🏠 Relais Histò ☆ 🦢 🛏 ⌛ 🖵 ⌛ 🕸 🔥 🖃 ⚙ 🅰🄲 🎾 🛎 🅿

LUSSO · STORICO Sintesi perfetta di natura, storia, arte e tecnologia, Relais Histò è il risultato del restauro conservativo di una masseria medievale. Immerso in un grande uliveto e circondato da possenti mura, erette un tempo a difesa della dimora, l'hotel assicura ai propri ospiti tranquillità e privacy; camere moderne e rituali olistici presso la spa, nonché la possibilità di escursioni a cavallo con scuderia propria.

44 cam ⌁ – 🛏145/215 € 🛏🛏160/270 € – 4 suites

- ℰ 099 472 1188 - www.relaishisto.it

TARCENTO

Udine – ⊠ 33017 – 9 012 ab. – Alt. 230 m – Carta regionale n° **6**-C2
Carta stradale Michelin 562-D21

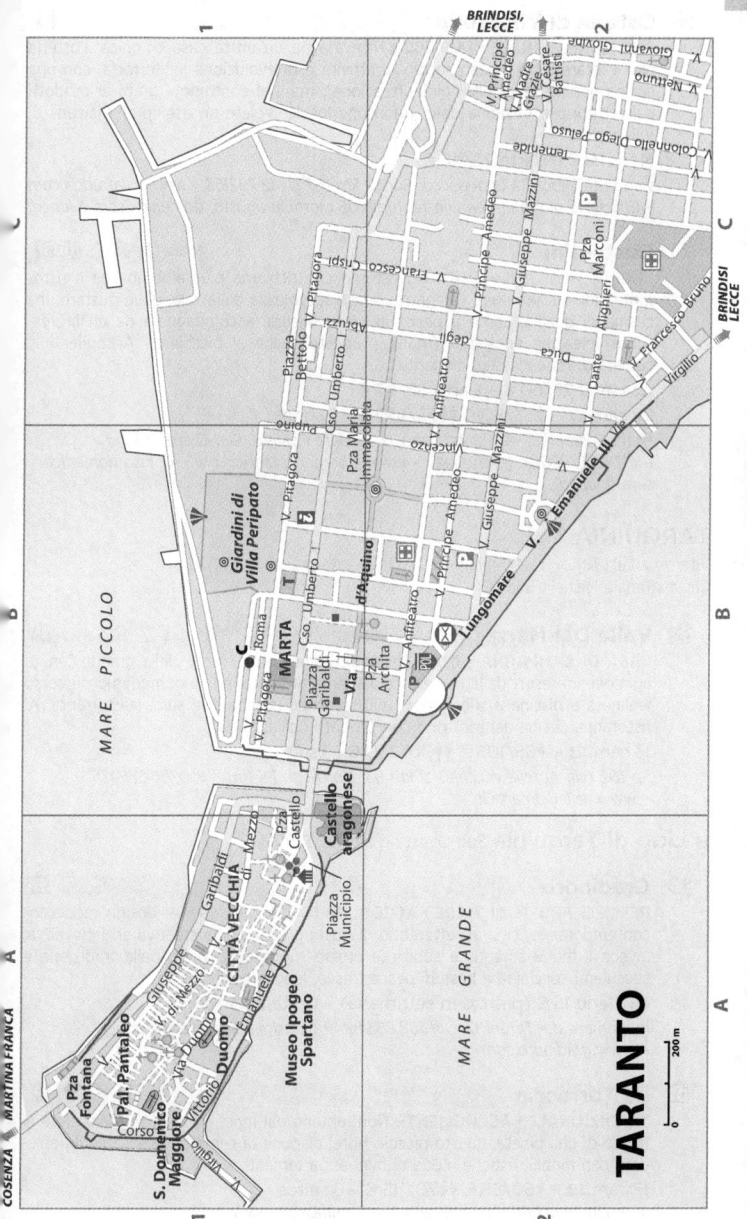

TARANTO

MARE PICCOLO

MARE GRANDE

0 200 m

CITTÀ VECCHIA

Castello aragonese

Museo Ipogeo Spartano

Pza Fontana
S. Domenico Maggiore
Pal. Pantaleo
Duomo
Corso Vittorio Emanuele II
Via Duomo
V. di Mezzo
Garibaldi
V. Giuseppe

Pza Castello
Pza di Mezzo
Piazza Municipio

MARTA
Piazza Garibaldi
Via Roma
Corso Umberto I
Pza Archita
V. Pitagora
V. Anfiteatro

Giardini di Villa Peripato

Piazza Bettolo
V. Pitagora
V. Francesco Crispi
Corso Umberto I
Pza Maria Immacolata
V. Vincenzo
V. Anfiteatro
V. Principe Amedeo
V. Giuseppe Mazzini

Lungomare
V. Vittorio Emanuele III

Abruzzi
degli
V. Principe Amedeo
V. Giuseppe Mazzini
Pza Marconi
Duca
Dante Alighieri
Virgilio
V. Francesco Bruno

V. Principe Amedeo
V. Madre
Grazie
V. Cesare Battisti
V. Nettuno
V. Giovanni Giovine
Ternensie
V. Colonnello Diego Peluso

COSENZA MARTINA FRANCA

BRINDISI, LECCE

BRINDISI LECCE

1
C
B
A
2

1119

⊛ Osteria di Villafredda   🏠 **P**

CUCINA REGIONALE · RUSTICO ҉ Ricavata da un'antica casa colonica, l'osteria può vantare oltre mezzo secolo di attività e di evoluzione ininterrotta, con una cucina non vittima della "globalizzazione", ma - al contrario - grata ai prodotti del territorio e paladina della tradizione locale. Volete un esempio? Cjalsons di Villafredda.

Menu 31 € – Carta 22/46 €

via Liruti 7, località Loneriacco, Sud: 2 km – 𝒞 0432 792153 – www.villafredda.com – Chiuso 15 giorni in gennaio-febbraio, 15 giorni in agosto, domenica sera e lunedì

⃝ Costantini   ⊛ ⇐ 🏠 🏠 🔥 AC **P**

CUCINA MODERNA · CHIC ҉҉҉ L'esterno che richiama più l'albergo che il risto-rante, non lascia intuire l'eleganza e la piacevolezza della sala, dove gustare una cucina di qualità, carne e pesce in egual misura, accompagnata da un'interes-sante selezione enologica (molte proposte anche al bicchiere). Accoglienti le camere di tono classico-elegante.

⊛ Menu 25/60 € – Carta 33/67 €

22 cam ⊡ – †53/80 € ††75/100 € – 2 suites

Hotel Costantini, via Pontebbana 12, località Collalto, Sud-Ovest: 4 km – 𝒞 0432 792004 (prenotare) – www.albergocostantini.com – Chiuso domenica sera e lunedì

TARQUINIA

Viterbo – ✉ 01016 – 16 475 ab. – Alt. 133 m – Carta regionale n° **7**-A2
Carta stradale Michelin 563-P17

🏠 Valle Del Marta   🌳 🐾 🏠 🏊 🏠 🔥 🍸 **P**

CASA DI CAMPAGNA · TRADIZIONALE Immerso nel verde della grande tenuta agricola, un resort dalle camere caldamente arredate in legno, moderno percorso wellness e piscina a sfioro; per i più romantici chiedete le suite sul torrente. Al ristorante, cucina del territorio con prodotti dell'azienda.

13 cam ⊡ – †65/105 € ††90/250 € – 1 suite

Sp 102 (via Aurelia vecchia) al km 93, Nord-Est: 1,5 Km – 𝒞 0766 855475 – www.valledelmarta.it

a Lido di Tarquinia Sud-Ovest : 6 km ✉ 01010

⃝ Gradinoro   🏠 🔥 AC **P**

PESCE E FRUTTI DI MARE · ACCOGLIENTE ҉҉ In una sala di design moderno-contemporaneo, ci si aspetterebbe di gustare una cucina creativa ed innovativa; invece il menu smentisce subito le attese suggerendo piatti della tradizione e succulenti specialità a base di pesce fresco. Meglio così!

⊛ Menu 15 € (pranzo in settimana) – Carta 32/61 €

lungomare dei Tirreni 17 – 𝒞 388 883 8948 (consigliata la prenotazione) – www.gradinoro.com

🏠 La Torraccia   🏠 🔥 AC **P**

TRADIZIONALE · ACCOGLIENTE Non lontano dal mare, in zona residenziale e al fresco di una pineta, questo piccolo hotel dispone di camere graziosamente arre-date con mobili rustici e moderni mini-appartamenti.

17 cam ⊡ – †50/85 € ††70/115 € – 6 suites

– 𝒞 0766 864375 – www.torraccia.it – Chiuso gennaio

TARTANO

Sondrio – ✉ 23010 – 195 ab. – Alt. 1 210 m – Carta regionale n° **9**-B1
Carta stradale Michelin 561-D11

La Gran Baita 🏠 ⌂ ← 📶 ⊡ **P**

FAMILIARE · TRADIZIONALE In Val Tartano, nel Parco delle Orobie, un'oasi di assoluta pace e relax ove potersi godere anche vari servizi naturali per la salute; conduzione familiare e confort. Al ristorante ambiente rustico avvolto dal legno, con vetrate sulla natura.

34 cam ⊑ - ♦40/45 € ♦♦65/68 €

via Castino 7 - ℰ 0342 645043 - www.albergogranbaita.com
- Chiuso 1° febbraio-31 marzo

TARVISIO
Udine - ✉ 33018 - 4 326 ab. - Alt. 732 m - Carta regionale n° **6**-C1
Carta stradale Michelin 562-C22

 Ilija 🏠 ♿

CUCINA MODERNA · ALLA MODA XX Un indirizzo che farà gola non solo agli appassionati golfisti che qui troveranno un percorso a 18 buche, ma anche ai tanti buongustai che si delizieranno con una cucina di stampo moderno particolarmente orientata sul pesce.

Menu 50/75 € - Carta 32/79 €

via Priesnig 17 - ℰ 0428 645030 - www.ilijaristorante.it - Chiuso 1 settimana in aprile, 2 settimane in novembre e lunedì escluso giugno-15 settembre

TATTI Grosseto (GR) → Vedere Massa Marittima

TAVAGNACCO
Udine - ✉ 33010 - 12 142 ab. - Alt. 137 m - Carta regionale n° **6**-C2

 Al Grop 🐾 ⇐ 📶 🏠 **P**

CUCINA CLASSICA · FAMILIARE XX Lunga tradizione per un ristorante rustico con un imponente e scoppiettante camino centrale: i piatti seguono le stagioni, carni alla griglia e l'asparago bianco locale (quando è il periodo!). A 100 metri, i confortevoli appartamenti con angolo cottura e graziosa corte.

Carta 27/62 €

9 cam ⊑ - ♦60/90 € ♦♦120/150 € - 9 suites

via Matteotti 1 - ℰ 0432 660240 - www.algrop.com - Chiuso 15 giorni in agosto, giovedì a mezzogiorno e mercoledì

TAVARNELLE VAL DI PESA
Firenze - ✉ 50028 - 7 800 ab. - Alt. 378 m - Carta regionale n° **18**-C2
Carta stradale Michelin 563-L15

🌼 **La Torre** 📶 🏠 ⌇ ♿ 🅰 ⊗ **P**

CUCINA CREATIVA · ELEGANTE XxX La cucina è lì a raccontare - a chi ha il privilegio di sedersi nell'elegante sala in tema con l'hotel - le varie esperienze dello chef presso ristoranti importanti: piatti di grande impatto emotivo ricchi di gusto e sostanza.
→ Agnolotti ripieni di parmigiano, sugo di lumache del Chianti, spugnole e croccante di pane. Piccione, petto glassato al vin santo, coscia croccante, barbabietola rossa e spinaci. Torta di mele "a modo mio", mela, biscotto croccante e gelato alla cannella.
Menu 105/180 € - Carta 90/165 €

Hotel Castello del Nero, strada Spicciano 7 - ℰ 055 806470
- www.castellodelnero.com - solo a cena - Chiuso 7 gennaio-21 marzo

🍴 **Osteria La Gramola** 🐾 🏠

CUCINA REGIONALE · FAMILIARE X È un incontro tra l'architettura paesana e lo scorrere di una dimensione rurale fatta di antiche abitudini, lenti rituali e solide certezze. Vino, olio, carni provenienti da allevamenti della zona: Cecilia, la cuoca, sa valorizzare con grande talento i prodotti, le ricette e la cultura gastronomica della sua terra.
Menu 30/35 € - Carta 25/52 €

via delle Fonti 1 - ℰ 055 805 0321 (prenotare) - www.gramola.it - Chiuso martedì a mezzogiorno in giugno-agosto, anche martedì sera negli altri mesi

🏠 Castello del Nero   🦢 🍴 ⅃ 🕭 ╔ ✗ 🗗 ⅋ 🄰🄲 ⅋ 🛁 🅿

DIMORA STORICA · GRAN LUSSO In posizione dominante sulle colline, una residenza di campagna di origini duecentesche, dove gli elementi storici si fondono con arredi moderni e accessori d'avanguardia. Centro benessere con trattamenti *up-to-date*.

32 cam ☲ – †430/660 € ††430/660 € – 18 suites
strada Spicciano 7 – ℰ055 806470 – www.castellodelnero.com
– Chiuso 7 gennaio-21 marzo
   ❀ **La Torre** – Vedere selezione ristoranti

🏠 Antica Pieve   🍴 🦢 ⅃ 🄰🄲

FAMILIARE · ACCOGLIENTE Una piacevole casa colonica - sapientemente ristrutturata - a metà strada fra Firenze e Siena, sulla famosa via Cassia: poche camere, ma ben arredate e curate nei particolari. Ottimi spazi all'esterno con piscina e giardino.

6 cam ☲ – †65/100 € ††80/120 €
strada della Pieve 1 – ℰ055 807 6314 – www.anticapieve.net – Chiuso 15-30 gennaio

a San Donato in Poggio Sud-Est : 7 km ✉ 50020

😋 Antica Trattoria La Toppa   🕭 ✿

CUCINA REGIONALE · FAMILIARE ✗ Nel cuore di un borgo medioevale da cartolina, mezzo secolo di tradizione familiare e cucina casereccia non s'improvvisano, dalle pappardelle all'anatra allo stracotto al chianti, terminando con una bella zuppa inglese!

Carta 23/51 €
via del Giglio 41 – ℰ055 807 2900 – www.anticatrattorialatoppa.com
– Chiuso 10 gennaio-20 febbraio e lunedì

🍴 La Locanda di Pietracupa   ⅋⅋ ⇦ 🕭

CUCINA REGIONALE · LOCANDA ✗✗ Immerso tra le dolci colline del Chianti, d'estate è senz'altro piacevole prendere posto ai tavoli in giardino; in cucina c'è passione e fantasia perchè ogni stagione sia rappresentata dal menu più consono. Colori tenui e rilassanti nelle camere e da tutte una vista spettacolare sul verde.

Carta 38/54 €
4 cam ☲ – †60/80 € ††65/95 €
via Madonna di Pietracupa 31 – ℰ055 807 2400 (consigliata la prenotazione)
– www.locandapietracupa.com – Chiuso 25 dicembre-31 gennaio e martedì escluso Pasqua-30 ottobre

a Badia a Passignano Est : 7 km ✉ 50028 – Tavarnelle Val Di Pesa

❀ Osteria di Passignano   ⅋⅋ 🕭 ⅋ 🄰🄲

CREATIVA · ROMANTICO ✗✗ Incantevole ubicazione: di fianco all'abbazia, nelle cantine fine '800 dei marchesi Antinori; non è da meno la cucina, di stampo moderno con solide radici nella tradizione.

→ L'orto di Passignano (ravioli farciti di verdure) al liquido di caprino e fiori. Petto di piccione al forno, cosce farcite di frutta secca e terrina di fegato. Cake all'olio extravergine con spuma di ricotta e perle di ribes.

Menu 80/90 € – Carta 72/94 €
via Passignano 33 – ℰ055 807 1278 (consigliata la prenotazione la sera)
– www.osteriadipassignano.com – Chiuso 7 gennaio-10 febbraio e domenica

TEGLIO

Sondrio – ✉ 23036 – 4 540 ab. – Alt. 851 m – Carta regionale n° **9**-B1
Carta stradale Michelin 561-D12

sulla strada statale 38 al km 38,750 Sud-Ovest : 8 km

🔘 **Fracia** 🏠

CUCINA VALTELLINESE · RUSTICO XX Pizzoccheri, guanciale di vitello a lenta cottura, tortino alle mele con salsa vaniglia ed altre ottime specialità valtellinesi, in un rustico cascinale in pietra con vista panoramica sulla valle circostante. Un'oasi di tradizione ed intriganti sapori: da non perdere il menu degustazione del territorio.

Menu 30 € – Carta 32/55 €

località Fracia ⊠ 23036 Teglio – 𝒞 0342 482671 (coperti limitati, prenotare) – www.ristorantefracia.it – Chiuso 15-28 giugno e mercoledì

TELESE TERME

Benevento (BN) – ⊠ 82037 – 7 486 ab. – Alt. 55 m – Carta regionale n° **4**-B1

❀ **La Locanda del Borgo** 🍴 🛋 🏠 🌿 🅿

CUCINA CREATIVA · CASA DI CAMPAGNA XX Nessun compromesso! I veri protagonisti qui sono gli ingredienti: la semplicità delle materie prime e dei prodotti biologici del Sannio, che il giovane chef (con esperienze significative anche all'estero!) reinterpreta con creatività, ma profondo rispetto.

→ Vermicelloni con polpo, piselli e cipolla bruciata. Petto e coscia di galletto in due cotture. Crema al cioccolato bianco, lamponi e basilico.

Menu 60/90 € – Carta 44/82 €

Hotel Aquapetra Resort e Spa, località Monte Pugliano n° 1, (S.S. Telesina 372 Uscita Cerreto), Nord: 1,5 km – 𝒞 0824 975007 – www.aquapetra.com – Chiuso lunedì e martedì

❀ **Krèsios** (Giuseppe Iannotti) 🍴 🔄 🛋 🏠 ⅊ 🅰🅺 🅿

CUCINA CREATIVA · ELEGANTE XX Ecco un'accogliente casa di campagna che rivela all'interno un piacevole mix di antico e moderno, nonché delle cucine a vista dove sorvegliare l'operato del cuoco: piatti creativi e personalizzati, spesso di ricerca, mai banali.

→ Spaghetto allo scoglio. Agnello e funghi. Festival di dessert.

Menu 90/130 €

4 cam ☲ – ♦150 € ♦♦150 €

via San Giovanni 59 – 𝒞 0824 940723 – www.kresios.com – Chiuso domenica sera e lunedì

🏨 **Aquapetra Resort e Spa** 🌀 ⬱ 🛋 ⅃ 🔲 🌐 🏯 ↳ ⅊ 🅰🅺 🅿

CASA DI CAMPAGNA · ELEGANTE Una famiglia di architetti ha rilevato un vecchio rudere con l'intento di realizzare un progetto da mille e una notte: il risultato è questa sorta di lussuoso borgo, dove gli spazi sono personalizzati con pezzi d'antiquariato ed accessori dell'ultima generazione, incantevole spa e suggestiva piscina. Molto più di un sogno!

39 cam ☲ – ♦250/400 € ♦♦250/650 € – 1 suite

località Monte Pugliano n°1, (S.S. Telesina 372 Uscita Cerreto), Nord: 1,5 km – 𝒞 0824 975007 – www.aquapetra.com

❀ **La Locanda del Borgo** – Vedere selezione ristoranti

TELLARO La Spezia → Vedere Lerici

TEMPIO PAUSANIA **Sardegna**

Olbia-Tempio (OT) – ⊠ 07029 – 14 243 ab. – Alt. 566 m – Carta regionale n° **16**-B1
Carta stradale Michelin 366-P38

🏨 **Pausania Inn** 🍴 🔄 ⅃ ⬓ ↳ 🅰🅺 ⅍ 🅿

TRADIZIONALE · FUNZIONALE Poco distante dal paese , ideale baricentro per visitare il nord dell'isola, (apprezzato molto dai motociclisti), Pausania Inn dispone di ampi spazi comuni e gode di una meravigliosa vista sui monti di Aggius, il "Resegone Sardo". Al ristorante piatti anche regionali.

60 cam ☲ – ♦50/90 € ♦♦75/135 €

strada statale 133, Nord: 1 km – 𝒞 079 634037 – www.hotelpausaniainn.com – Aperto 21 febbraio-31 ottobre

TENCAROLA Padova → Vedere Selvazzano Dentro

TENNA
Trento – ✉ 38050 – 993 ab. – Alt. 569 m – Carta regionale n° **19**-B3
Carta stradale Michelin 562-D15

🏠 **Margherita**   🍀 🐾 🛗 ⌁ 🏛 🛁 🍽 ⊡ 🅿
TRADIZIONALE · CLASSICO Nella pineta di Alberè, albergo storico che vanta un ampio parco con piscina, campi da tennis e da calcetto, nonché camere classiche arredate in legno di rovere o più moderne ed essenziali per soddisfare clienti con gusti diversi. Piatti italiani e specialità regionali al ristorante.

33 cam 🍴 – †50/80 € ††90/120 € – 7 suites
località Pineta Alberè 2, Nord-Ovest: 2 km – ☎ 0461 706445
– www.hotelmargherita.it – Aperto fine aprile-fine ottobre

TEOLO
Padova – ✉ 35037 – 8 302 ab. – Alt. 175 m – Carta regionale n° **23**-B3
Carta stradale Michelin 562-F17

a **Castelnuovo** Sud-Est : 3 km ✉ 35038

🍴 **Trattoria al Sasso**   🐎 🏡 & ⇄ 🅿
CUCINA REGIONALE · RUSTICO 🗴 Una casa padronale immersa nei colli Euganei con sale di tono leggermente rustico e spunti di raffinatezza. La cucina soddisfa i palati con proposte legate al territorio, quasi esclusivamente di carne.
Carta 31/49 €
via Ronco 11 – ☎ 049 992 5073 (consigliata la prenotazione)
– www.trattorialsasso.com – Chiuso 20 giorni in gennaio-febbraio e mercoledì

TERLANO TERLAN
Bolzano – ✉ 39018 – 4 365 ab. – Alt. 248 m – Carta regionale n° **19**-D3
Carta stradale Michelin 562-C15

a **Settequerce** Sud-Est : 3 km ✉ 39018

🍴 **Patauner**   🏡 🅿
CUCINA REGIONALE · SEMPLICE 🗴 Apparentemente semplice e in posizione stradale, l'edificio è in realtà del Seicento e la trattoria è gestita dall'omonima famiglia da un secolo. Gli asparagi bianchi di Terlano sono ovviamente la specialità, insieme alle interiora e altre proposte regionali.
Carta 22/53 €
via Bolzano 6 – ☎ 0471 918502 – www.restaurant-patauner.net – Chiuso 2 settimane in febbraio, 3 settimane in luglio, domenica in luglio-settembre, giovedì negli altri mesi

TERME → Vedere di seguito o al nome proprio della località termale

TERMENO SULLA STRADA DEL VINO TRAMIN AN DER WEINSTRASSE
Bolzano – ✉ 39040 – 3 348 ab. – Alt. 276 m – Carta regionale n° **19**-D3
Carta stradale Michelin 562-C15

🍴 **Taberna Romani** 🆕   🏡 🍽 🅿
CUCINA CLASSICA · ROMANTICO 🗴🗴 In un ambiente curato e gradevolissimo, sia all'interno che all'esterno, l'attenzione posta nella selezione delle materie prime è encomiabile, come del resto l'occhio di riguardo riservato al biologico; da queste felici premesse scaturiscono preparazioni classiche, ma mai banali.
Menu 47/89 € – Carta 50/83 €
via Andreas Hofer 23 – ☎ 0471 860010 – www.ansitzromani.com

🏠 Mühle-Mayer ☆ ⬡ ⪕ ⬡ 🖼 🎐 ℠ ⅋ 🅿

FAMILIARE · ACCOGLIENTE Tra i verdi e riposanti vigneti in una zona isolata e tranquilla, un gradevole giardino-solarium e una casa situata su un antico mulino offre stanze eleganti e personalizzate.

9 cam ☲ – ♦95/113 € ♦♦166/186 € – 3 suites

via Molini 66, Nord: 1 km – ℰ 0471 860219 – www.muehle-mayer.it – Aperto 15 aprile-9 novembre

TERME VIGLIATORE Sicilia

Messina – ✉ 98050 – 7 395 ab. – Carta regionale n° **17**-D1
Carta stradale Michelin 365-AZ55

🏠 Il Gabbiano ☆ ⪕ ⵣ �𝕃 ↕ 🆎

RESORT · LUNGOMARE Nel suggestivo golfo di Tindari, a poca distanza da numerose attrattive turistiche, una struttura moderna e panoramica che sfrutta appieno la posizione sulla spiaggia. Le sale del ristorante danno sulla terrazza a mare con piscina.

40 cam – solo ½ P 80/140 € – 3 suites

*via Marchesana 4, località Lido Marchesana – ℰ 090 978 2343
– www.gabbianohotel.com – Aperto 30 marzo-30 ottobre*

TERMINI Napoli → Vedere Massa Lubrense

TERMOLI

Campobasso – ✉ 86039 – 33 739 ab. – Carta regionale n° **1**-D2
Carta stradale Michelin 564-A26

🍽 Federico II 🛒 🆎 ⅋

PESCE E FRUTTI DI MARE · INTIMO ⅩⅩ Nel centro storico, ad un passo dalla cattedrale, raccolto locale il cui giovane titolare elabora, talvolta con un pizzico di fantasia, i buoni prodotti del mare che lui stesso acquista giornalmente.

Menu 35 € – Carta 30/87 €

via Duomo 30 – ℰ 0875 85414 – www.ristorantefedericoii.com – Chiuso 2 settimane in ottobre, domenica sera e lunedì escluso in giugno-settembre

🍽 Svevia 🆎

CUCINA MEDITERRANEA · ELEGANTE ⅩⅩ Nelle cantine di un palazzo d'epoca, la storia si fonde abilmente con atmosfere moderne, mentre la cucina si ancora alla tradizione marittima molisana con solo pochi piatti di carne.

Menu 28/55 € – Carta 37/60 €

Hotel Residenza Sveva, via Giudicato Vecchio 24 – Chiuso lunedì

🍽 Osteria Dentro le Mura 🛒 🆎

PESCE E FRUTTI DI MARE · ACCOGLIENTE Ⅹ I prodotti arrivano direttamente dai pescatori locali in questo ristorantino del centro storico con tavoli all'aperto praticamente affacciati sul blu: il cuoco, autodidatta, sprizza passione da ogni poro!

Menu 34 € – Carta 29/54 €

via Federico II° di Svevia, 3 – ℰ 0875 705951 (consigliata la prenotazione) – Chiuso 1 settimana a Natale, domenica sera e mercoledì; in giugno-agosto aperto solo la sera e chiuso domenica

🍽 L'Opera 🛒 🆎

PESCE E FRUTTI DI MARE · CONTESTO TRADIZIONALE Ⅹ Sotto le volte in mattoni di questo piccolo locale, semplice, ma accogliente, potrete trovare tipiche specialità di pesce; simpatico, anche il dehors estivo.

Carta 28/62 €

via Adriatica 32 – ℰ 0875 808001 – www.trattorialopera.com – Chiuso 2 settimane in ottobre o novembre, domenica sera e lunedì

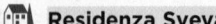 Residenza Sveva

LOCANDA · ELEGANTE Nel borgo antico, varie camere distribuite tra i vicoli, tutte affascinanti per raffinatezza e personalizzazioni. Un'opportunità di soggiorno inusuale e molto gradevole.

15 cam ⥮ – ♦75/99 € ♦♦109/159 € – 1 suite

piazza Duomo 11 – ℰ 0875 706803 – www.residenzasveva.com

🍴 **Svevia** – Vedere selezione ristoranti

Locanda Alfieri

LOCANDA · MODERNO Nel pittoresco centro del Borgo Vecchio, un albergo diffuso - le camere sono infatti distribuite in cinque edifici - e se l'architettura evidenzia ancora l'antichità degli stabili, gli arredi scelti sono di moderna essenzialità con gradevoli tocchi di apprezzato design.

18 cam ⥮ – ♦45/105 € ♦♦80/115 €

via Duomo 39 – ℰ 0875 708112 – www.locandalfieri.com

sulla strada statale 16-Litoranea Termoli Nord

🍴 Villa Delle Rose

PESCE E FRUTTI DI MARE · AMBIENTE CLASSICO ✕✕ Bel ristorante moderno e luminoso, ricavato da una nuova costruzione lungo la statale. Viene proposta una cucina di mare, ma non solo, tradizionale o più "adriatica".

Carta 26/74 €

S.S. 16 Lungomare nord 122, Ovest: 5 km ✉ 86039 – ℰ 0875 52565
– www.ristorante-villadellerose.it – Chiuso 7-31 gennaio e lunedì

TERNI

(TR) – ✉ 05100 – 111 501 ab. – Alt. 130 m – Carta regionale n° **20**-C3
Carta stradale Michelin 563-O19

Michelangelo Palace

BUSINESS · FUNZIONALE Hotel comodo per accedere alla città con il treno o "abbandonare" la macchina e proseguire a piedi per il centro; dotato di camere classiche e ristorante all'ultimo piano, la vista sui colli vi terrà compagnia mentre assaporerete specialità locali e piatti nazionali.

78 cam ⥮ – ♦75/105 € ♦♦79/138 € – 4 suites

viale della Stazione 63 – ℰ 0744 202711 – www.michelangelohotelumbria.it

TERRACINA

Latina – ✉ 04019 – 46 039 ab. – Carta regionale n° **7**-C3
Carta stradale Michelin 563-S21

🍴 Il Grappolo d'Uva

PESCE E FRUTTI DI MARE · AMBIENTE CLASSICO ✕✕ Situato proprio sul mare, ma altrettanto vicino al centro, il locale dispone di una sala luminosa dove gustare specialità di pesce. Davanti trovano spazio un'area per aperitivi e, subito dopo, la propria porzione di spiaggia attrezzata.

Carta 42/95 €

lungomare G. Matteotti 1 – ℰ 0773 702521 – www.grappoloduva.it – Chiuso novembre e mercoledì

🍴 Bottega Sarra 1932

CUCINA MODERNA · ACCOGLIENTE ✕✕ Lungo una salita che porta al centro storico, tre piccole sale in stile moderno ed elegante, dove gustare i veri sapori della cucina mediterranea e i prodotti tipici del territorio.

🍽 Menu 25 € (in settimana)/35 € – Carta 37/76 €

via San Francesco 52-54 – ℰ 0773 702045 (consigliata la prenotazione)
– www.bottegasarra.it – solo a cena in luglio-agosto esclusi i giorni festivi
– Chiuso 1 settimana in gennaio e giovedì

TERRANOVA DI POLLINO

Potenza – ⊠ 85030 – 1 208 ab. – Alt. 926 m – Carta regionale n° **2**-C3
Carta stradale Michelin 564-H30

ⓐ Luna Rossa ⇐ 🛱 ⇔

CUCINA REGIONALE · RUSTICO ҟ In centro paese, locale rustico e conviviale con
panoramica terrazza affacciata sulla valle. La ricerca dei piatti della tradizione
parte dal mondo contadino per concretizzarsi nella continua passione e nel rinnovato talento dello chef. Specialità: il raviolo della memoria.

🍲 Menu 25/35 € – Carta 25/44 €

via Marconi 18 – ☎ 0973 93254 (consigliata la prenotazione)
– www.federicovalicenti.it – Chiuso mercoledì

TERRANUOVA BRACCIOLINI

Arezzo – ⊠ 52028 – 12 346 ab. – Alt. 156 m – Carta regionale n° **18**-C2
Carta stradale Michelin 563-L16

a Montemarciano Nord : 5 km ⊠ 52028

◉○ La Cantinella ⇐ 🛱 🅿

CUCINA CLASSICA · AMBIENTE CLASSICO ҟҟ Ristorantino di campagna dagli
interni piacevolmente personalizzati nella sala veranda con vista sul verde, ma
anche con un godevole servizio estivo in terrazza. Solo carne in carta: la cucina,
infatti, rivisita la tradizione toscana.

Carta 32/50 €

– ☎ 055 917 2705 (consigliata la prenotazione) – solo a cena escluso giorni festivi
– Chiuso 1°-15 gennaio e lunedì

TERRASINI Sicilia

Palermo – ⊠ 90049 – 12 320 ab. – Alt. 33 m – Carta regionale n° **17**-B2
Carta stradale Michelin 365-AN55

ⰘⰘ Il Bavaglino (Giuseppe Costa) 🛱 🅰🅲

CUCINA CREATIVA · MINIMALISTA ҟҟ Locale rinnovato, pur mantenendo il suo
côté intimo, ora con linde pareti bianche e decorazioni moderne. La linea gastronomica è rimasta immutata: contraddistinta da una contenuta creatività, sforna
piatti sapidi e colorati, frutto delle numerose esperienze di un abile chef che ha
trovato qui il suo "centro di gravità".

→ Spaghetti con sugo di scampi, crema di ortiche e limone candito. San Pietro
alla finta milanese, spuma di limone, molluschi e chips di panelle. Nuvola di cassata.

Menu 50/120 € – Carta 50/72 €

via Benedetto Saputo 20 – ☎ 091 868 2285 (coperti limitati, prenotare)
– www.giuseppecosta.com – Chiuso martedì escluso in agosto, anche domenica
sera in ottobre-aprile

TESERO

Trento – ⊠ 38038 – 2 929 ab. – Alt. 1 000 m – Carta regionale n° **19**-D3
Carta stradale Michelin 562-D16

🏨 Rio Stava Family Resort & Spa ⛷ ⇐ 🛏 🔲 💯 🛝 🎠 🔁 ⛷

TRADIZIONALE · STILE MONTANO Dispone di accoglienti ambienti in 🚗
legno e camere ben rifinite (a disposizione anche molte family suite), quest'eccellente casa di montagna in posizione isolata, poco fuori dal centro e cinta da un
curato giardino.

25 suites – solo ½ P 96/182 € – 23 cam

via Mulini 20 – ☎ 0462 814446 – www.hotelriostava.com – Chiuso novembre

TESIDO TAISTEN Bolzano → Vedere Monguelfo

TESIMO TISENS

Bolzano – ✉ 39010 – 1 902 ab. – Alt. 635 m – Carta regionale n° **19**-B2
Carta stradale Michelin 562-C15

❀ **Zum Löwen** (Anna Matscher)

CUCINA CREATIVA · ROMANTICO 🟉🟉 Splendida ristrutturazione di un antico maso: dal fienile alle vecchie stalle, tutto è stato recuperato ed esaltato da inserimenti più moderni. Come la cucina, tecnica e femminile al tempo stesso, ripropone i piatti della tradizione reinterpretati con squisita creatività.

→ Riso venere, gamberi di Sicilia e asparagi bianchi. Confit d'agnello, melanzane e peperoni. Dessert di sambuco.

Menu 92 € – Carta 66/100 €

via Principale 72 – ☏ 0473 920927 – www.zumloewen.it – Chiuso 1 settimana in gennaio, 2 settimane in giugno, lunedì e martedì

TIERS TIRES

TIGLIOLE

Asti – ✉ 14016 – 1 699 ab. – Alt. 239 m – Carta regionale n° **14**-C1
Carta stradale Michelin 561-H6

❀ **Ca' Vittoria** (Massimiliano Musso)   🏵 ⇔ ⌺ ≼ 🍴 ⌁ ⌙ ఈ AC P

CUCINA PIEMONTESE · ELEGANTE 🟉🟉🟉 Nel cuore di un villaggio da cartolina, da diverse generazioni la stessa famiglia accoglie i clienti con serietà e professionalità piemontesi. E la regione ritorna nei piatti. Bella terrazza ed ottimo confort generale nell'attiguo, raccolto hotel.

→ Plin di anatra e burrata, pistacchi e polvere di caffè. Agnello, asparagi e aglio nero fermentato. Nocciola e mirtillo.

Menu 50/110 € – Carta 53/96 €

10 cam ⌂ – ♦95/125 € ♦♦135/170 €

via Roma 14 – ☏ 0141 667713 (consigliata la prenotazione) – www.cavittoria.it – solo a cena escluso sabato e domenica – Chiuso 4 settimane in febbraio-marzo, 1 settimana in agosto, domenica sera e lunedì

TIRES TIRES

Bolzano – ✉ 39050 – 978 ab. – Alt. 1 028 m – Carta regionale n° **19**-D3
Carta stradale Michelin 562-C16

a San Cipriano Est : 3 km ✉ 39050 – Tires

🏠 **Cyprianerhof**   ⌂ ⌺ ≼ 🍴 ⌁ 🗔 ⊕ 🐾 ♨ ⊡ ఈ P

SPA E WELLNESS · STILE MONTANO Proprio di fronte al Catinaccio, una piacevole casa dalla tipica atmosfera tirolese, ideale per chi ama i monti e l'escursionismo anche invernale con le ciaspole. Impensabile, ripartire senza una sosta rigenerante al centro benessere. Ristorante dalla tipica atmosfera tirolese.

80 cam – solo ½ P 130/220 € – 2 suites

via San Cipriano 69 – ☏ 0471 642143 – www.cyprianerhof.com – Chiuso 20 novembre-26 dicembre

TIRIOLO

Catanzaro – ✉ 88056 – 3 870 ab. – Alt. 690 m – Carta regionale n° **3**-B2
Carta stradale Michelin 564-K31

😊 Due Mari ⇦ 🐾 ⪦ AC 🎎 P

CUCINA REGIONALE · SEMPLICE 🛠 Piatti semplici di una cucina calabrese casalinga e dalle porzioni generose; dalla sua sala la vista spazia fra i due mari. Specialità: tagliatelle ai fegatini di pollo - pignolata al miele.

🍴 Menu 15/25 € – Carta 19/30 €

16 cam 🛏 – ♦65 € ♦♦85 € – 4 suites

via Seggio 2 - ✆ 0961 991064 – www.duemari.com – Chiuso 1 settimana in ottobre e lunedì escluso giugno-settembre

---

TIRLI Grosseto → Vedere Castiglione della Pescaia

TIROLO TIROL

Bolzano – ✉ 39019 – 2 469 ab. – Alt. 594 m – Carta regionale n° **19**-B1
Carta stradale Michelin 562-B15

Pianta : vedere Merano

🌸🌸 Trenkerstube 🍴 🏠 ⪦ 🍽 ⇦

CUCINA CREATIVA · ROMANTICO 🛠🛠 Vi si giunge attraversando gli ambienti di un lussuoso albergo dall'eleganza contemporanea, ma, varcata la soglia, si è proiettati tra i legni di una romantica stube storica. La carta offre una ristretta selezione di piatti, che permette a Gerhard Wieser di selezionare eccellenti prodotti serviti in piatti di cristallina raffinatezza.

→ Anguilla affumicata, cetriolo, mela e caviale. Entrecôte di wagyu, fagioli, salsa al vino rosso. Canederlo di ricotta ghiacciato, rabarbaro, gelato cremoso di papavero e carbone.

Menu 138/178 € – Carta 89/540 €

Pianta: AB1-u – *Hotel Castel, vicolo dei Castagni 18 – ✆ 0473 923693 (coperti limitati, prenotare) – www.hotel-castel.com – solo a cena*
– Aperto 17 aprile- 27 ottobre; chiuso domenica e lunedì

🌸 Culinaria im Farmerkreuz (Manfred Kofler) ⪦ 🏠 🍽 ⇦ P

CUCINA MODERNA · ACCOGLIENTE 🛠🛠 Due fratelli, ma un'unica passione: la cucina, che partendo dal territorio percorre un lungo viaggio verso il mare ed i sapori mediterranei (non a caso il menu degustazione s'intitola proprio "dalle Alpi al mare"). Tutto ciò sulle lievi ali della modernità.

→ Brodo ristretto di barbabietola, foie gras e anguilla affumicata. Sella di agnello in crosta di timo, carciofi, rapa al prezzemolo e nocciola fermentata. Cioccolato e frutto della passione.

Menu 42/97 € – Carta 53/100 € – carta semplice a pranzo

via Aslago 105, per via Principale - A1 – ✆ 0473 923508
– www.culinaria-im-farmerkreuz.it – Chiuso 3 settimane in gennaio-febbraio, 10 giorni in luglio, domenica sera e lunedì

🏨 Erika 🍴 ⪦ 🍴 🛁 📺 🌐 🛀 🖐 🔄 AC ⇦

LUSSO · PERSONALIZZATO Un'incantevole casa di montagna, dove legno, pietre e altri materiali locali sono interpretati con straordinaria eleganza. Le camere vengono rinnovate senza sosta, le ultime create sono superbamente arredate. Favoloso centro benessere.

63 cam 🛏 – ♦302/420 € ♦♦302/510 € – 14 suites

Pianta: AB1-u – *via Principale 39 – ✆ 0473 926111 – www.erika.it – Chiuso gennaio-febbraio*

🏨 Castel 🍴 🐾 ⪦ 🍴 🛁 📺 🌐 🛀 🖐 🔄 ⪦ ⇦

GRAN LUSSO · TRADIZIONALE Struttura lussuosa, arredamento elegante, moderno centro benessere: il concretizzarsi di un sogno, in un panorama incantevole. Comodità e tradizione ai massimi livelli.

30 cam – solo ½ P 356/456 € – 15 suites

Pianta: AB1-u – *vicolo dei Castagni 18 – ✆ 0473 923693 – www.hotel-castel.com – Aperto 24 marzo-4 novembre*

🌸🌸 **Trenkerstube** – Vedere selezione ristoranti

⌂ Küglerhof

LUSSO · PERSONALIZZATO Nella parte alta e tranquilla della località, avrete la sensazione di trovarvi in un'elegante casa, amorevolmente preparata per farvi trascorrere ore di relax e svago, anche nel giardino con piscina riscaldata. Specialità della casa a disposizione non solo di chi alloggia in hotel al ristorante (su prenotazione).

35 cam – solo ½ P 150/200 €

Pianta: A1-r – *via Aslago 82 – ☎ 0473 923399 – www.kueglerhof.it – Aperto 1° aprile-5 novembre*

⌂ Golserhof

SPA E WELLNESS · PERSONALIZZATO Vista meravigliosa, atmosfera informale ed una grande tradizione, nonché passione per l'ospitalità. Gli intraprendenti titolari organizzano per i più sportivi piacevoli escursioni in montagna. Per tutti: rilassante sosta al centro benessere. Cucina per buongustai al ristorante.

30 cam ☲ – ♦113/309 € ♦♦148/336 € – 8 suites

Pianta: B1-w – *via Aica 32 – ☎ 0473 923294 – www.golserhof.it – Aperto 20 marzo-4 novembre*

⌂ Patrizia

SPA E WELLNESS · CONTEMPORANEO Camere di varie tipologie, confortevoli e curate, per concedersi un soggiorno rigenerante per spirito e corpo (nell'attrezzato centro benessere). Bel giardino con piscina, fra i monti.

32 cam – solo ½ P 140/190 € – 8 suites

Pianta: A1-c – *via Lutz 5 – ☎ 0473 923485 – www.hotel-patrizia.it – Aperto 20 marzo-30 novembre*

TIRRENIA

Pisa – ✉ 56128 – Carta regionale n° **18**-B2
Carta stradale Michelin 563-L12

○ Dante e Ivana

PESCE E FRUTTI DI MARE · INTIMO XX Solo e soltanto sapori di mare, rielaborati con fantasia e presentati in una carta non vasta, ma che lo chef-patron cambia spesso scegliendo il meglio del pescato del giorno; locale raccolto e signorile, non lontano dal centro, la bella cantina "a vetro" si offre alla vista dei clienti.

Carta 37/80 €

via del Tirreno 207/c – ☎ 050 32549 (prenotazione obbligatoria) – www.danteeivana.com – Chiuso 20 giorni in gennaio-febbraio

⌂ Grand Hotel Continental

PALACE · CLASSICO Direttamente sul mare, un grand hotel - non solo nel nome - propone confort di qualità tra cui segnaliamo l'enorme piscina e la spiaggia; spazi comuni generosi, più contenuti nelle camere. Cucina mediterranea al ristorante.

171 cam ☲ – ♦85/150 € ♦♦110/214 € – 4 suites

largo Belvedere 26 – ☎ 050 37031 – www.grandhotelcontinental.it

a Calambrone Sud : 3 km ✉ 56100 – Tirrenia

⌂ Green Park Resort

RESORT · MODERNO Un'oasi di pace inserita in una rigogliosa pineta, per una risorsa che si compone di varie strutture ospitanti le moderne camere; per chi fosse alla ricerca di un soggiorno dedicato al relax e alla remise en forme, l'hotel dispone anche di un centro benessere mentre il mare è a breve distanza.

144 cam ☲ – ♦109/190 € ♦♦156/272 € – 4 suites

via dei Tulipani 1 – ☎ 050 313 5711 – www.th-resorts.com – Aperto inizio marzo-fine novembre

TITIGNANO

Terni – ⊠ 05010 – Alt. 521 m – Carta regionale n° **20**-B3
Carta stradale Michelin 563-N18

🏠 Agriturismo Fattoria di Titignano ☆ ⇘ ⇐ 🍴 ⏳ ᕼ ⚙ 🅿

CASA DI CAMPAGNA · BUCOLICO In posizione isolata, dopo chilometri di strada sterrata, racconta una storia millenaria questo borgo con belvedere sul lago di Corbara, diventato - ora - un agriturismo con piscina panoramica e camere confortevoli. Cucina tradizionale umbra nel bel ristorante.

15 cam ⊊ – 🛏50/65 € 🛏🛏100/130 €

località Titignano – ℰ 0763 308022 – www.titignano.com – Chiuso 15 gennaio-8 marzo

TIVOLI

Roma – ⊠ 00019 – 56 533 ab. – Alt. 235 m – Carta regionale n° **7**-C2
Carta stradale Michelin 563-Q20

🍴 Sibilla ⇐ 🍴 🍽 🅰🅲

CUCINA CLASSICA · ACCOGLIENTE ✕✕ In un edificio storico, accanto al tempio di Vesta, sale dall'arredo signorile, attenta conduzione familiare e specialità del territorio, ma non solo.

🍽 Menu 25 € (in settimana) – Carta 28/75 €

via della Sibilla 50
– ℰ 0774 335281 – www.ristorantesibilla.com – Chiuso lunedì

🏠 Torre Sant'Angelo ☆ ⇘ ⇐ 🍴 🖨 ⏳ 🅰🅲 ⚙ 🅿

STORICO · ELEGANTE Sulle rovine della villa di Catullo, la città vecchia alle spalle sembra la scenografia di uno spettacolo; interni molto eleganti e piscina su una terrazza con vista di Tivoli e della vallata. Estremamente raffinata la sala ristorante, con tessuti damascati e lampadari di cristallo. Servizio estivo nella corte centrale.

31 cam ⊊ – 🛏95/140 € 🛏🛏120/160 € – 4 suites

via Quintilio Varo
– ℰ 0774 332533 – www.hoteltorresangelo.it

TIZZANO VAL PARMA

Parma – ⊠ 43028 – 2 077 ab. – Alt. 814 m – Carta regionale n° **5**-B2
Carta stradale Michelin 562-I12

🏠 Agriturismo Casa Nuova ☆ ⇘ ⇐ 🛇 🅿

CASA DI CAMPAGNA · AGRESTE Un viaggio nella musica per gli interessati e un percorso in giardino predisposto ad hoc per non vedenti; nella verde quiete di un bosco le camere sono state ricavete in un vecchio fienile. Accogliente e caratteristica come l'intera struttura, al ristorante primeggiano i prodotti dell'azienda, dalla frutta al miele.

6 cam ⊊ – 🛏50/80 € 🛏🛏70/120 €

strada di Carobbio 11, Sud-Ovest: 2 km – ℰ 0521 868278
– www.agriturismocasanuova.com

La guida vive con voi: raccontateci le vostre esperienze.
Comunicateci le vostre scoperte più piacevoli e le vostre delusioni.
Buone o cattive sorprese? Scriveteci!

TODI

Perugia – ✉ 06059 – 16 851 ab. – Alt. 400 m – Carta regionale n° **20**-B3
Carta stradale Michelin 563-N19

🏠🏠 Fonte Cesia ☆ 🖤 ♿ 🅰️🅲 🏋️ 🅿️

TRADIZIONALE · CLASSICO In pieno centro storico e perfettamente integrato nel contesto urbano, un rifugio signorile con volte in pietra a vista: sobrio nei raffinati arredi, curato nei confort. Leggermente più rustico il ristorante Le Cisterne, dove assaporare pietanze umbre e pizza da forno a legna.

36 cam ☲ – 🛏70/150 € 🛏🛏79/170 €

via Lorenzo Leonj 3
– 𝒞 075 894 3737 – www.fontecesia.it – Chiuso 3 settimane in gennaio
e 3 settimane in novembre

🏠🏠 Bramante ☆ 🖤 🏊 🏋️ ✕ 🖤 🅰️🅲 🏋️ 🅿️

TRADIZIONALE · CLASSICO Ricavato da un convento del XII secolo - a 1 km dal nucleo cittadino e nei pressi di una chiesa rinascimentale (opera del Bramante) - un complesso comodo e tradizionale, dove non manca un attrezzato centro benessere. Servizio estivo in terrazza: un paesaggio dolcissimo fa da cornice alla tavola.

50 cam ☲ – 🛏95/120 € 🛏🛏100/260 € – 4 suites

via Orvietana 48
– 𝒞 075 894 8381 – www.hotelbramante.it

🏠 Agriturismo Borgo Montecucco 🌿 ≤ 🖤 🏊 🅰️🅲

CASA DI CAMPAGNA · PERSONALIZZATO In un contesto agricolo lussureggiante, una serie di casolari della fine del XIX sec. - sapientemente restaurati - dispongono di camere rustiche arredate con mobili di arte povera. Un giardino curatissimo ospita un'originale scacchiera gigante per ludici momenti ricreativi.

10 cam ☲ – 🛏60 € 🛏🛏60/70 €

frazione Pian di Porto, vocabolo Rivo 194
– 𝒞 347 551 5438 – www.borgomontecucco.it
– Chiuso 7 gennaio-15 marzo

a Chioano Est : 4,5 km ✉ 06059

🍴 Fiorfiore ≤ 🏡 🅰️🅲 ⟳ 🅿️

CUCINA MODERNA · ROMANTICO XX Ecco l'indirizzo giusto se volete offrirvi una cucina creativa e ricercata, non solo di piatti umbri; spettacolare servizio all'aperto, si mangia circondati dai colli con il profilo di Todi sullo sfondo.

Carta 28/52 €

Hotel Residenza Roccafiore, località Chioano (consigliata la prenotazione)
– Chiuso 7 gennaio-29 febbraio e martedì

🏠 Roccafiore Spa & Resort 🌿 ≤ 🏊 📺 🕭 🏋️ 🖤 🅰️🅲 🏌️ 🏋️ 🅿️

CASA DI CAMPAGNA · PERSONALIZZATO Una dimora degli anni '30 unita ad un casolare in pietra nasconde al proprio interno un attrezzato centro benessere. Il fienile è stato trasformato in una sala polivalente collegata alla residenza da un tunnel sotterraneo. Camere eleganti ed eclettiche. Per un soggiorno rilassante nell'incontaminata natura umbra.

11 cam ☲ – 🛏85/150 € 🛏🛏114/223 € – 2 suites

località Chioano
– 𝒞 075 894 2416 – www.roccafiore.it
– Chiuso 9 gennaio-29 febbraio
🍴 **Fiorfiore** – Vedere selezione ristoranti

verso Duesanti Nord-Est : 5 km

Agriturismo Casale delle Lucrezie 🏠🦮🔥🛋️🎿🌐♨️&🆎

CASA DI CAMPAGNA · AGRESTE Insediamento romano, archi etruschi, residenza delle monache lucrezie dal 1200: punto privilegiato di osservazione su Todi, da oltre 10 anni questo agriturismo accoglie i suoi ospiti in camere rustiche e nel bel centro benessere. Pareti e soffitti in pietra anche nella sala ristorante.

13 cam ⌱ – †50/60 € ††80/88 €

frazione Duesanti, Vocabolo Palazzaccio ✉ 06059 – ☏ 075 898 7488
– www.agriturismo-casaledellelucrezie.com

verso Collevalenza Sud-Est : 8 km

Relais Todini 🏠🦮🔥🛋️🎿🌐♨️🍽️🆎&🅿️

DIMORA STORICA · STORICO Charme e confort in questa incantevole risorsa ospitata in un maniero del '300 con laghetti, animali ed il "Leo Wild Park" (parco didattico per bambini). Oltre ad una prorompente natura, vi attendono le coccole di un centro benessere con trattamenti personalizzati: ottimi quelli vinoterapici!

9 cam ⌱ – †112/224 € ††160/320 € – 3 suites

vocabolo Cervara 24 – ☏ 075 887521 *– www.relaistodini.com – Aperto*
6 dicembre-7 gennaio e 30 aprile-4 novembre

per la strada statale 79 bis Orvietana bivio per Cordigliano Ovest : 8,5 km :

Tenuta di Canonica 🏠🦮🔥🛋️🎿🅿️

CASA DI CAMPAGNA · PERSONALIZZATO Splendida residenza di campagna che vanta fondazioni romane: immersa nella rigogliosa natura e in un paesaggio da fiaba sfoggia ambienti eleganti per un soggiorno indimenticabile.

13 cam ⌱ – †110/160 € ††150/220 € – 2 suites

vocabolo Casalzetta, Canonica 75
– ☏ 075 894 7545 *– www.tenutadicanonica.com*
– Aperto 30 marzo-5 novembre

TONALE (Passo del)

Brescia – Alt. 1 883 m – Carta regionale n° **9**-C1
Carta stradale Michelin 562-D13

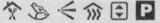 Delle Alpi 🏠🔥🖥️🌐♨️🔲&🦮🚐

SPA E WELLNESS · MODERNO Adiacente alle piste, hotel a conduzione diretta che si è ampliato e potenziato nei servizi: camere di design montano e centro benessere nella parte nuova, camere più tradizionali in quella preesistente.

60 cam ⌱ – †70/140 € ††140/300 € – 5 suites

via Circonvallazione 20 ✉ 38020 Passo del Tonale *–* ☏ 0364 903919
– www.hotel-dellealpi.com – Aperto 1° dicembre-Pasqua e 15 giugno-15 settembre

🏠 La Mirandola 🏠🦮🔥🌐🔲🅿️

TRADIZIONALE · STORICO Ristrutturato su i muri originali dell'Ospizio di S. Bartolomeo, rifugio per viandanti nel XII sec, la globalizzazione qui non ha trovato terreno fertile: antiche volte, soffitti in legno e preziosi dettagli. Di moderno, c'è il centro benessere con sauna, bagno turco, idromassaggio...

26 cam ⌱ – †40/80 € ††70/180 € – 1 suite

località Ospizio 3 ✉ 38020 Passo del Tonale *–* ☏ 0364 903933
– www.lamirandolahotel.it – Aperto 1° dicembre-15 aprile e 1° luglio-31 agosto

TORBIATO Brescia → Vedere Adro

TORBOLE

Trento (TN) – ⊠ 38069 – Alt. 85 m – Carta regionale n° **19**-B3
Carta stradale Michelin 562-E14

🍽️○ **La Terrazza**   AC ⇦

> PESCE E FRUTTI DI MARE · ROMANTICO XX Una piccola sala interna ed una
> veranda con vista sul lago, che in estate si apre completamente, dove farsi servire
> piatti di forte ispirazione regionale e specialità di lago.
> Menu 39 € (in settimana)/59 € – Carta 36/69 €
> *via Benaco 24 – € 0464 506083 – www.allaterrazza.com – Aperto*
> *1° marzo-30 novembre; chiuso martedì escluso giugno-settembre*

TORCELLO Venezia → Vedere Venezia

TORGIANO

Perugia (PG) – ⊠ 06089 – 6 725 ab. – Alt. 219 m – Carta regionale n° **20**-B2
Carta stradale Michelin 563-M19

🏨 **BorgoBrufa SPA Resort** ❶   ⭐ 🐾 🛋 ⬛ 🖼 🕬 🛎 ⅃₅ ⬆ & AC 🛝

> SPA E WELLNESS · ACCOGLIENTE Una delle migliori spa dell'Umbria in un   🅿
> bellissimo borgo interamente ubicato nel verde e nella natura con splendide
> camere arredate secondo la tradizione locale, alcune con travi a vista. Attenzione:
> la struttura non accetta ospiti di età inferiore ai 15 anni.
> 52 cam ⌑ – ♦159/259 € ♦♦218/420 €
> *via del Colle 38, località Brufa – € 075 9883 – www.borgobrufa.it*

TORGNON

Aosta (AO) – ⊠ 11020 – 526 ab. – Alt. 1 489 m – Carta regionale n° **21**-B2
Carta stradale Michelin 561-E4

🏨 **Caprice des Neiges**   ⭐ 🐾 ⬲ 🛋 🕬 ⬆ 🅿

> FAMILIARE · STILE MONTANO In posizione tranquilla, soleggiata e molto pano-
> ramica, questa deliziosa struttura in perfetto stile valdostano vi permetterà di
> soddisfare il capriccio di un soggiorno sulla neve (ma è bellissimo anche
> d'estate). Camere originali ed un accogliente centro benessere.
> 15 cam ⌑ – ♦95/120 € ♦♦150/190 € – 5 suites
> *fraz. Septumian 130 – € 0166 541016 – www.hcdn.it – Aperto 1° dicembre-Pasqua*
> *e 15 giugno-15 settembre*

CI PIACE...

Il menu "Tapas", seduti sugli sgabelli del banco – di fronte alla cucina – del ristorante **Bastimento**. Il fascino di uno dei più storici ristoranti d'Italia, **Del Cambio**! La sensazione di essere ospiti a casa di amici tra i ragazzi della scuola di **Piazza dei Mestieri.** Per chi ama l'arte contemporanea il ristorante **Spazio7** è il luogo perfetto.

TORINO

(TO) – ✉ 10121 – 890 529 ab. – Alt. 239 m – Carta regionale n° **12**-A1
Carta stradale Michelin 561-G5

Piante pagine seguenti

Ristoranti

🕸 **Del Cambio** (Matteo Baronetto)   🕸 🛖 & AC

CUCINA PIEMONTESE · CONTESTO STORICO XxxX Uno dei ristoranti storici più eleganti d'Italia. Accanto ai decori e agli arredi del XIX secolo trovano spazio inaspettate opere di artisti contemporanei. Alla guida della cucina Matteo Baronetto che - ai piatti della tradizione - affianca creazioni dalla forte personalità. Completano l'offerta il light lunch, l'eccellente caffè "Farmacia" e "Il tavolo della cantina", uno spazio collocato nelle fondamenta fisiche e spirituali del ristorante, sede di cene conviviali e degustazioni.
→ Riso Cavour. La finanziera. Giandujotto.
Menu 40 € (pranzo in settimana)/145 € – Carta 84/139 €
Pianta: 4G2-a – *piazza Carignano 2 ✉ 10123*
- ✆ 011 546690 (consigliata la prenotazione) – www.delcambio.it
- *Chiuso 1 settimana in gennaio, 2 settimane in agosto, domenica sera in ottobre-dicembre, martedì a mezzogiorno e lunedì negli altri mesi*
⍟ **Bar Cavour** – Vedere selezione ristoranti

🕸 **Vintage 1997**   🕸 AC

CUCINA MODERNA · ELEGANTE XxX Cambio di guida in cucina ora in mano a un gruppo di bravi cuochi che mantengono alto il valore virando verso proposte più creative. Sempre tessuti scarlatti, paralumi ed eleganti boiserie che ovattano l'interno ma con maggiore attenzione alla tavola. Importazione diretta di Champagne ed altri vini esteri.
→ Agnolotti del plin al cubo. Chateaubriand di tonno. Semifreddo al gianduia.
⍟ Menu 22 € (pranzo in settimana)/75 € – Carta 50/116 €
Pianta: 4G2-e – *piazza Solferino 16/h ✉ 10121* Ⓜ *Re Umberto*
- ✆ 011 535948 – www.vintage1997.com
- *Chiuso 1°-6 gennaio, 3 settimane in agosto, sabato a mezzogiorno e domenica*

1135

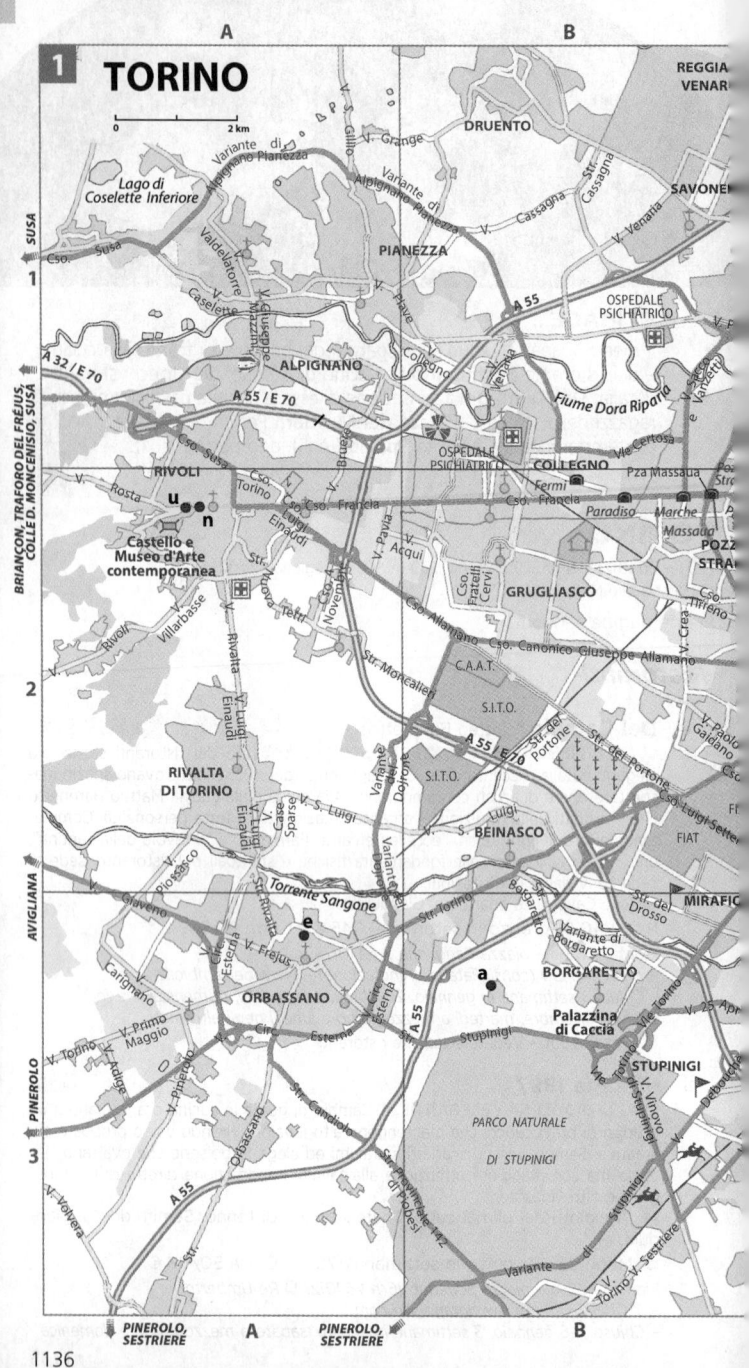

TORINO

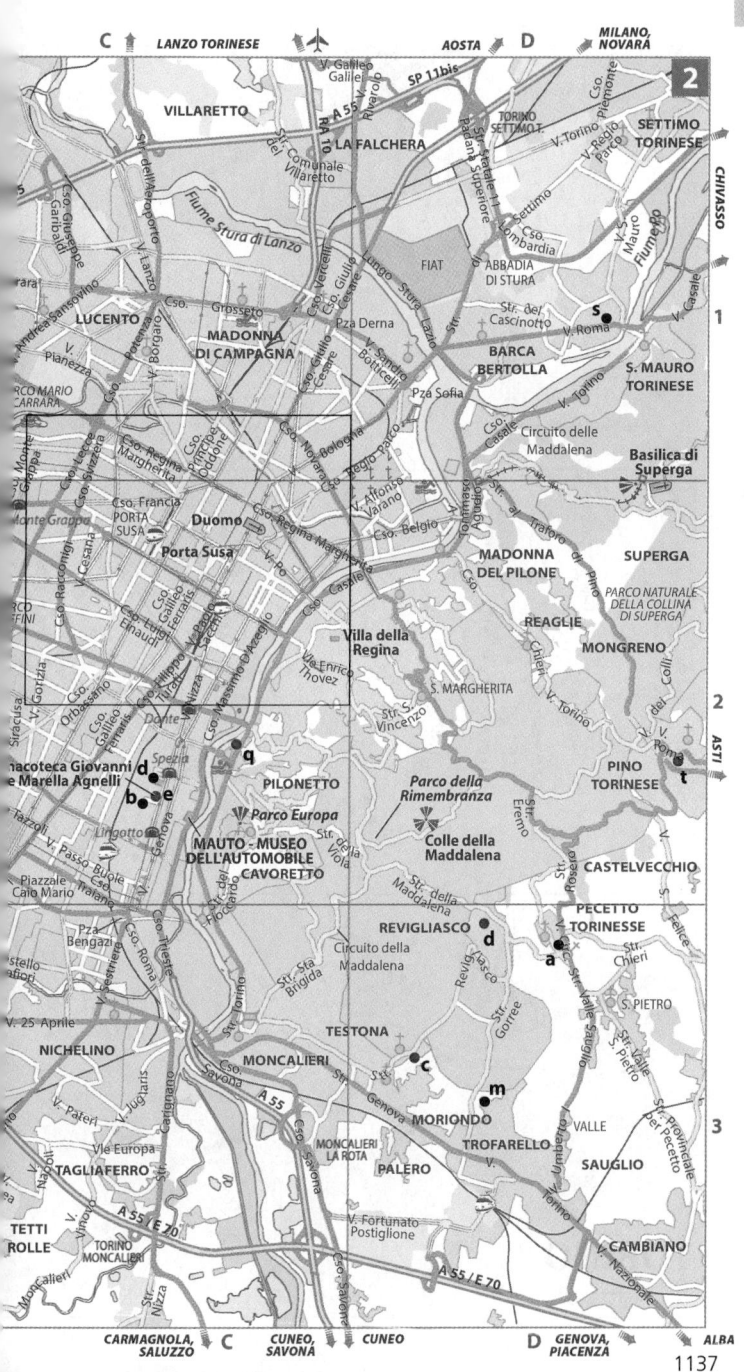

TORINO

0 ——— 500 m

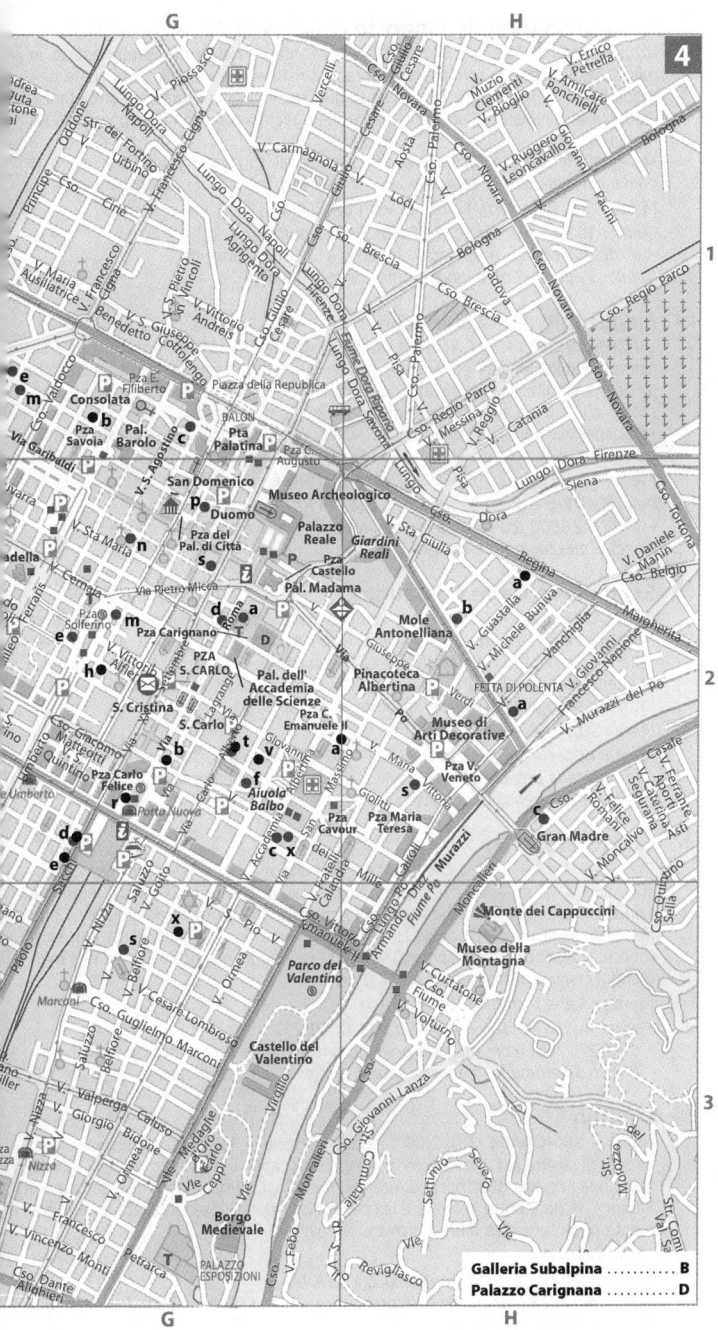

⬡ **Casa Vicina-Eataly Lingotto** (Claudio Vicina) 🅐🅒

CUCINA PIEMONTESE · MINIMALISTA ⅩⅩ All'interno del primo Eataly aperto in Italia, di cui utilizza la fornitissima enoteca, il ristorante vive della passione e dell'esperienza della famiglia Vicina che lo gestisce e cura con grande competenza. Elegante e minimalista l'ambiente, la cucina è piemontese con un leggero afflato moderno.

→ Agnolotti di Casa Vicina pizzicati a mano al sugo d'arrosto. Rognone à la coque con vellutata di senape e aglio in camicia. Torrone al cucchiaio.

Menu 43 € (pranzo)/120 € – Carta 64/108 €

Pianta: 2C2-e – *via Nizza 224* ✉ *10126* Ⓜ *Lingotto*
– ☏ *011 1950 6840* – *www.casavicina.com* – *Chiuso vacanze di Natale, 5 agosto-7 settembre, domenica sera e lunedì*

⬡ **Magorabin** (Marcello Trentini) 🅐🅒

CUCINA CREATIVA · CONTESTO CONTEMPORANEO ⅩⅩ Dimenticate il viale trafficato e confusionario ed entrate nell'universo del mago: nei piatti troverete un'eco piemontese, ma prevalgono la fantasia e gli accostamenti estrosi. È una scossa d'inventiva alla Torino tradizionalista e conservatrice.

→ Spaghetto, pane, burro, acciughe. Astice, verza, lemongrass. Asparagi, caviale, cioccolato bianco.

Menu 40 € (pranzo)/140 € – Carta 70/100 €

Pianta: 4H2-b – *corso San Maurizio 61/b* ✉ *10124*
– ☏ *011 812 6808 (consigliata la prenotazione)* – *www.magorabin.com* – *Chiuso lunedì a mezzogiorno e domenica*

⬡ **Scannabue Caffè Restaurant** 🄰🄲

CUCINA DEL TERRITORIO · VINTAGE Ⅹ In quest'animata trattoria di quartiere dall'atmosfera retrò, ma dal servizio giovane, tutto ruota attorno ai prodotti d'eccellenza piemontesi: tajarin di solo rossi con salsiccia e porri di Cervere, guancia di vitella brasata alla Barbera, dessert tonda e gentile... solo per citarne alcuni. A tutto ciò si aggiunge qualche invitante proposta di pesce.

Menu 30/40 € – Carta 31/58 €

Pianta: 4G3-s – *largo Saluzzo 25/h* ✉ *10125* Ⓜ *Marconi* – ☏ *011 669 6693 (consigliata la prenotazione)* – *www.scannabue.it* – *solo a cena in agosto* – *Chiuso 1 settimana in gennaio, domenica a pranzo e sabato in luglio*

⬡ **Consorzio** 🅐🅒

CUCINA PIEMONTESE · CONVIVIALE Ⅹ Due giovani soci sono gli artefici di questa miniera di prelibatezze gastronomiche piemontesi: semplice ed informale, Consorzio è un viaggio nelle tradizioni regionali, vini e formaggi compresi. Come nel caso degli agnolotti gobbi, il brasato di Fassona, la panna cotta con salse (nocciola, vincotto, arance amare). L'offerta raddoppia nel vicino Banco Vini e Alimenti, versione bistrot.

Menu 34 € – Carta 33/58 €

Pianta: 4G2-n – *via Monte di Pietà 23* ✉ *10122*
– ☏ *011 276 7661 (consigliata la prenotazione)* – *www.ristoranteconsorzio.it*
– *Chiuso 3 settimane in agosto, sabato a mezzogiorno e domenica*

⬡ **L'Acino** 🅑

CUCINA REGIONALE · RUSTICO Ⅹ Piccola trattoria dalla simpatica gestione la cui cucina, di stretta osservanza piemontese, ben si abbina all'ottima cantina. Specialità: cipolla ripiena di salsiccia di Bra con fonduta, i formaggi regionali, la carne di Fassona, le pere cotte col vino e le spezie. Attenzione!!! Se non avete preventivamente prenotato sarà difficile trovare un tavolo.

Carta 30/41 €

Pianta: 4G2-p – *via San Domenico 2/a* ✉ *10121*
– ☏ *011 521 7077 (coperti limitati, prenotare)* – *solo a cena* – *Chiuso 1 settimana in gennaio, agosto e domenica*

⊛ Contesto Alimentare   AC

CUCINA PIEMONTESE · SEMPLICE X Minuscola trattoria moderna, al suo interno pochi tavoli ravvicinati in completa semplicità, ma è la cucina il vero motivo per venire proprio qua. Partendo, infatti, da prodotti regionali, la cuoca prepara gustosi piatti attingendo a piene mani dai classici piemontesi. Se tajarin e plin non mancano mai, il menu annovera anche: coscia di fassone battuta al coltello con focaccia della casa, arrosto di bue salmistrato con verdure saltate, torta al cioccolato monorigine Venezuela con gelato al miele...

🍴 Menu 25/35 € – Carta 32/48 €

Pianta: 4G2-c – *via Accademia Albertina 21/e* ✉ *10123* Ⓜ *Porta Nuova*
– 𝒞 011 817 8698 (coperti limitati, prenotare) – www.contestoalimentare.it – Chiuso 2 settimane in gennaio, 2 settimane in luglio e lunedì

⫯O Piano 35   ≤ AC

CUCINA MODERNA · DESIGN XxX Piatti creativi, ma pur sempre legati alla tradizione in un ambiente sofisticato e, come preannunciato dal nome, con vista mozzafiato! Siamo al 35° piano del nuovo grattacielo cittadino.

Menu 45 € (pranzo in settimana)/110 € – Carta 66/112 €

Pianta: 3F2-c – *corso Inghilterra 3 (grattacielo Intesa Sanpaolo)* ✉ *10121*
– 𝒞 011 438 7800 (prenotazione obbligatoria) – www.piano35.com – Chiuso 15 giorni in gennaio,15 giorni in agosto, lunedì a pranzo e domenica

⫯O Spazio 7   ⅙ AC ⇔

CUCINA MODERNA · DESIGN XxX Al 1° piano dello Spazio Espositivo della Fondazione Sandretto Re Rebaudengo, associazione dedita all'arte contemporanea, da inizio 2015 c'è un elegante ristorante; dato un simile contenitore, anche la sala risulta essere un sobrio omaggio all'arte. La cucina non poteva che essere moderna, sebbene le sue radici siano ben salde nella tradizione regionale ed italiana. A pranzo, si rimane al piano terra con piatti più semplici al bistrot-caffetteria.

Carta 41/68 €

Pianta: 3E3-a – *via Modane 20* ✉ *10122* – 𝒞 *011 379 7626*
– www.ristorantespazio7.it – solo a cena escluso domenica – Chiuso agosto e lunedì

⫯O Berbel   🛋 ⅙ AC

CUCINA CREATIVA · ELEGANTE XxX Nel cuore della vecchia Torino, locale elegante e confortevole, da cui alti soffitti pendono lampadari tipo "Medusa". Le proposte fanno dialogare sapori regionali e di mare secondo il gusto dello chef patron.

Menu 30 € (pranzo in settimana)/75 € – Carta 56/102 €

Pianta: 4G1-m – *via San Domenico 33b* ✉ *10121* – 𝒞 *011 436 6778 (prenotare)*
– www.berbel.it – Chiuso 6-13 gennaio, 7-31 agosto, lunedì a mezzogiorno, sabato a mezzogiorno e domenica

⫯O Les Petites Madeleines   ⅙ AC ⫸

CUCINA MODERNA · AMBIENTE CLASSICO XxX La sala al piano terra, in linea con il resto dell'albergo, offre un decoro elegante e piacevole; la sua cucina di stampo moderno mette al centro del piatto tanto la carne quanto il pesce.

Menu 50/80 € – Carta 48/95 €

Pianta: 4G2-d – *Hotel Turin Palace Hotel, via Sacchi 8* – 𝒞 *011 082 5321*
– www.turinpalacehotel.com – Chiuso agosto, domenica e lunedì

⫯O Bar Cavour   🕉 AC

CUCINA CLASSICA · DI TENDENZA XX Nella bella piazza Carignano, si salgono le scale che portano ad una lounge sopra al celebre Del Cambio: arredi scuri, luci soffuse e piatti classici con qualche vago spunto di modernità, una cucina che rassicura e ingolosisce. Ma non é finita, perché il bel bancone per vini, cocktail e distillati può essere goduto anche per gli aperitivi e l'after dinner.

Carta 40/81 €

Pianta: 4G2-a – *Ristorante Del Cambio, piazza Carignano 2* ✉ *10123*
– 𝒞 011 1921 1270 – www.barcavour.com – solo a cena – Chiuso agosto e lunedì escluso ottobre-dicembre

⊪○ Al Garamond   🕸 AC ⇄

CUCINA MODERNA · DI TENDENZA XX Il nome di questo piccolo eppure elegante locale s'ispira a quello di un luogotenente dei Dragoni di Napoleone. Entusiasta la conduzione, con lo chef patron impegnato nel dividere la carta tra piatti d'ispirazione piemontese e siciliana.

Menu 30 € (in settimana)/80 € – Carta 47/75 €

Pianta: 4G2-f – *via Pomba 14* ⊠ *10123* – ☏ *011 812 2781* – *www.algaramond.it*
– Chiuso agosto, sabato a mezzogiorno e domenica

⊪○ Cannavacciuolo Bistrot 🆕   🏠 ঙ AC

CUCINA CREATIVA · BISTRÒ XX Il mediatico e popolarissimo chef campano sbarca nella città della Mole con un accogliente locale di stampo moderno ad un passo da Po e Gran Madre. Cucina creativa suddivisa tra menù degustazione e carta, ugual misura per carne e pesce.

Menu 70 € – Carta 58/70 €

Pianta: 4H2-c – *via Umberto Cosmo 6* ⊠ *10131 Torino* – ☏ *011 839 9893 (prenotare)*
– www.cannavacciuolobistrot.it – Chiuso domenica

⊪○ Carignano   🏠 AC ⇄

CUCINA MEDITERRANEA · ELEGANTE XX Si passa dall'ingresso del Grand Hotel Sitea, quindi ci si accomoda nell'elegante sala dalle ampie finestre affacciate sul verde; protagonisti della carta sono piatti mediterranei con molti richiami al Piemonte.

Menu 110/140 € – Carta 56/98 €

Pianta: 4G2-t – *Grand Hotel Sitea, via Carlo Alberto 35* ⊠ *10123* – ☏ *011 517 0171*
– www.ristorantecarignano.it – solo a cena – Chiuso agosto e domenica

⊪○ Al Gatto Nero   🕸 AC

CUCINA CLASSICA · VINTAGE XX Il gatto nero è diventato un amuleto per una piacevole sosta gastronomica: i piatti piemontesi che ne hanno fatto la storia si affiancano ad altri dall'eco mediterranea, alcuni anche a base di pesce. Con le sue circa mille etichette, la cantina è sempre tra le migliori della città.

👄 Menu 25 € (pranzo in settimana)/65 € – Carta 42/77 €

Pianta: 3F3-z – *corso Filippo Turati 14* ⊠ *10128* – ☏ *011 590414 (prenotare)*
– www.gattonero.it – Chiuso agosto e domenica

⊪○ Galante   AC

PESCE E FRUTTI DI MARE · AMBIENTE CLASSICO XX Una sala classica ed elegante, arredata in toni chiari e con sedie imbottite, tra colonne e specchi. Dalla cucina giungono due differenti proposte: una piemontese ed una di pesce.

Menu 43 € – Carta 34/66 €

Pianta: 4G2-w – *corso Palestro 15* ⊠ *10122* Ⓜ *XVIII Dicembre* – ☏ *011 532163*
(consigliata la prenotazione la sera) – www.ristorantegalante.it – Chiuso
26 dicembre-6 gennaio, 4-28 agosto, sabato a mezzogiorno e domenica

⊪○ Tre Galline   🕸 AC ⇄

CUCINA DEL TERRITORIO · VINTAGE XX A prima vista può sembrare una semplice trattoria, ma non lasciatevi ingannare: il locale propone la cucina tipica piemontese, semplice e fragrante, e presenta un'ampia scelta di vini.

Menu 50 € – Carta 38/93 €

Pianta: 4G1-c – *via Bellezia 37* ⊠ *10122* – ☏ *011 436 6553* – *www.3galline.it – solo a cena escluso sabato – Chiuso 1 settimana in gennaio, 3 settimane in*
luglio, domenica sera in ottobre-maggio, anche domenica a mezzogiorno negli altri mesi

⊪○ Solferino   🏠 AC

CUCINA REGIONALE · AMBIENTE CLASSICO XX Rinomato e sempre molto frequentato, nonostante i cambi di gestione del passato, Solferino si affaccia su una scenografica piazza cittadina: un'offerta classica di cucina sia regionale sia nazionale, in ambienti altrettanto classici.

Carta 31/63 €

Pianta: 4G2-m – *piazza Solferino 3* ⊠ *10121* – ☏ *011 535851*
– www.ristorantesolferino.com

ⅡO **Capriccioli**   A/C

PESCE E FRUTTI DI MARE · CHIC XX Un angolo di Sardegna nella città della Mole, quindi largo spazio a bottarga di muggine o al tonno di Carloforte, ma anche tanto pesce e crostacei di altri lidi d'Italia, in un locale raffinato le cui tinte écru evocano la sabbia di Capriccioli.

Carta 38/95 €

Pianta: 4G1-e – *via San Domenico 40* ✉ *10122* – ✆ *011 436 8233*
– *Chiuso 3 settimane in agosto, martedì a mezzogiorno e lunedì*

ⅡO **Piccolo Lord**   A/C

CUCINA CREATIVA · ACCOGLIENTE XX Servizio informale, ma professionale, in un locale moderno ed accogliente gestito da una coppia: lui sta in cucina, lei - che ha un passato da cuoca -ora segue la sala. Ricette semplici, sebbene non manchi una forte impronta personale.

Menu 38/55 € – Carta 41/65 €

Pianta: 4H2-a – *corso San Maurizio 69 bis/G* ✉ *10124* – ✆ *011 836145*
– *www.ristorantepiccololord.it – solo a cena*
– *Chiuso 1 settimana in agosto*

ⅡO **San Tommaso 10 Lavazza**   A/C

CUCINA CLASSICA · ACCOGLIENTE XX Qui nel 1895 nacque la drogheria Lavazza; oggi vi troverete un bar e, sul retro, il ristorante, dove gli appassionati del marchio avranno modo di ricordarne pubblicità storiche e calendari, oltre ad assaggiarne la cucina che rivisita i classici italiani.

Carta 30/127 €

Pianta: 4G2-s – *via San Tommaso 10* ✉ *10122* – ✆ *011 534201* – *www.lavazza.it*
– *Chiuso agosto e domenica*

ⅡO **Piazza dei Mestieri**   🍽 ₺ A/C

CUCINA REGIONALE · CONTESTO CONTEMPORANEO XX Sotto la guida di uno chef d'esperienza e grande passione, al 2° piano (con ascensore!) di una scuola di formazione al lavoro e alla vita, c'è questo locale la cui moderna cucina prende spunto dal Piemonte, per allargarsi all'Italia e concedersi al mare.

Menu 35/50 € – Carta 30/63 €

Pianta: 3F1-b – *via Jacopo Durandi 13* ✉ *10121* – ✆ *011 1970 9679*
– *www.ristorantelapiazza.com – solo a cena*
– *Chiuso 1-5 gennaio, 13-19 agosto e domenica sera*

ⅡO **Taverna dell'Oca**   A/C

CUCINA REGIONALE · CONVIVIALE XX In un locale colorato e informale, l'oca regna "sovrana" in tante ricette, ma "principesse" sono anche altre specialità regionali e - per la par condicio - il pesce, in un menu degustazione a lui interamente dedicato.

Menu 35 € – Carta 36/60 €

Pianta: 4G2-x – *via dei Mille 24* ✉ *10123* – ✆ *011 837547*
– *www.tavernadelloca.com*
– *Chiuso 13-19 agosto, sabato a mezzogiorno e lunedì, in giugno-agosto anche domenica*

ⅡO **Fiorfood by La Credenza**   ₺ A/C

CUCINA MODERNA · DESIGN XX All'interno di questa bella galleria del centro cittadino, Fiorfood by La Credenza è un negozio di prodotti di qualità a marchio Coop che - al 1° piano - propone un gradevole ristorante ritagliato all'interno di una specie di veranda-acquario! La cucina è moderna, si propone sia carne sia pesce e non mancano alcuni riferimenti alla tradizione torinese.

Menu 35/45 € – Carta 39/58 €

Pianta: 4G2-d – *Galleria San Federico 26* ✉ *10121* – ✆ *011 511771* – *www.fiorfood.it*

🍴○ **Bastimento**

PESCE E FRUTTI DI MARE • BISTRÒ 𝕏 Sala stretta e allungata, se l'atmosfera ricorda un bistrot, il menu sposa il mare: diversi piatti pugliesi a base di pesce a cominciare dai crudi, spesso la pasta ai ricci.

Carta 35/66 €

Pianta: 4H2-s – *via della Rocca 10/c* ✉ *10122* – ✆ *011 1970 8154 (coperti limitati, prenotare)* – *www.ristorantebastimento.it* – *Chiuso 13-18 agosto, lunedì a mezzogiorno e domenica*

🍴○ **Taverna delle Rose** 🅰🅲

CUCINA ITALIANA • FAMILIARE 𝕏 Linea di cucina eclettica che comprende piatti regionali, altri dal gusto più genericamente italiano ed alcune portate a base di pesce, in un ambiente accattivante ed informale. La sera, accomodatevi nella romantica sala con mattoni a vista e luci soffuse.

Carta 29/64 €

Pianta: 4G2-r – *via Massena 24* ✉ *10128* ⓜ *Re Umberto* – ✆ *011 538345* – *Chiuso agosto, sabato a mezzogiorno e domenica*

Alberghi

🏨 **Allegroitalia Golden Palace**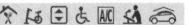

GRAN LUSSO • ART DÉCO Quando nel secondo dopoguerra fu costruito Palazzo Toro (attuale sede dell'hotel), l'opera fu citata nei più autorevoli testi di architettura, in quanto esemplare per concezione e struttura. A distanza di mezzo secolo, l'ispirazione déco e il suo design minimalista, non smettono di brillare. Al ristorante Primo Torino, ambiente di classe, in stile moderno, ideale per aperitivi, pranzi e cene raffinate. Cucina italiana ed internazionale.

182 cam � – ♦149/519 € ♦♦169/519 € – 13 suites

Pianta: 4G2-h – *via dell'Arcivescovado 18* ✉ *10121* ⓜ *Re Umberto* – ✆ *011 551 2111* – *www.allegroitalia.it*

🏨 **NH Piazza Carlina**

LUSSO • PERSONALIZZATO Splendido albergo nato tra le mura di un palazzo del XVII secolo inizialmente concepito come casa per orfani. Se ai primi del '900 vi abitò l'intellettuale A. Grasmci, da alcuni anni a questa parte si propone come uno dei migliori hotel di Torino: elegante, signorile e impreziosito da una sobria esposizione di opere d'arte. Lo completa la valida offerta gastronomica del ristorante "Carlina" con piatti piemontesi accanto ad altri di moderna cucina italiana.

160 cam ⊆ – ♦179/669 € ♦♦199/699 € – 7 suites

Pianta: 4GH2-a – *piazza Carlo Emanuele II 15* – ✆ *011 860 1611* – *www.nh-collection.com*

🏨 **Grand Hotel Sitea**

LUSSO • ELEGANTE La raffinata tradizione dell'ospitalità alberghiera si concretizza in questo hotel nato nel 1925, dove l'atmosfera è dettata dagli eleganti arredi, classici e d'epoca. L'American Bar garantisce un'alternativa easy per il pranzo quando il ristorante Carignano è chiuso.

119 cam ⊆ – ♦100/400 € ♦♦126/1000 € – 1 suite

Pianta: 4G2-t – *via Carlo Alberto 35* ✉ *10123* – ✆ *011 517 0171* – *www.grandhotelsitea.it*

🍴○ **Carignano** – Vedere selezione ristoranti

🏨 **NH Lingotto Tech**

BUSINESS • MODERNO L'ascensore panoramico conduce alle balconate su cui si affacciano le camere, arredate con soli mobili di design. Gemello dell'hotel Lingotto, offre in aggiunta soluzioni più moderne. Il ristorante Tech propone cucina classica in ambiente open space.

141 cam ⊆ – ♦99/399 € ♦♦99/399 € – 1 suite

Pianta: 2C2-b – *via Nizza 230* ✉ *10126* ⓜ *Lingotto* – ✆ *011 664 2000* – *www.nh-hotels.it/lingotto* – *Chiuso 15 giorni in agosto*

🏨 Principi di Piemonte   🎄 ≾ 🏠 ♨ 🖨 🗚 🗘

LUSSO · ELEGANTE A due passi dal centro, questo storico edificio anni '30 vanta camere spaziose e ricche di marmo: atmosfera elegante, confort assolutamente moderno.

81 cam 🛏 – †135/480 € ††155/500 € – 18 suites

Pianta: 4G2-b – *via Gobetti 15* ✉ *10123* ⓜ *Porta Nuova* – ☎ *011 551 5800*
– *www.atahotels.it/principi-di-piemonte*

🏨 AC Hotel Torino by Marriott   🎄 🏠 ♨ 🖨 🗚 🗘 🚗

HOTEL DI CATENA · MINIMALISTA In un ex pastificio, l'hotel è raccolto in una tipica costruzione industriale d'inizio '900 e presenta interni dallo stile caldo e minimalista; confort e dotazioni all'avanguardia.

86 cam 🛏 – †100/400 € ††120/420 € – 3 suites

Pianta: 2C2-d – *via Bisalta 11* ✉ *10126* ⓜ *Spezia* – ☎ *011 639 5091*
– *www.hotelactorino.com*

🏨 Victoria   🖼 🛁 🏠 🖨 🗚 🗘

LUSSO · CLASSICO Servizio attento, mobili antichi, ma anche dettagli orientali e sinfonie di colori che rimandano ad atmosfere british, garantiscono calore a questa elegante dimora evidentemente gestita da una famiglia di viaggiatori. Davvero accogliente e speciale il centro benessere in stile egizio.

106 cam 🛏 – †180/220 € ††300/340 € – 4 suites

Pianta: 4G2-v – *via Nino Costa 4* ✉ *10123* – ☎ *011 561 1909*
– *www.hotelvictoria-torino.com*

🏨 Art Hotel Boston   🎄 🖨 🗚 🗘

BUSINESS · DESIGN Camere confortevoli e caratterizzate da richiami alla storia dell'arte contemporanea, contraddistinguono questo hotel di design, poco distante dalle maggiori collezioni della città. Adiacente c'è il ristorante Crudo dallo stile moderno.

75 cam 🛏 – †90/150 € ††110/200 € – 3 suites

Pianta: 3F3-c – *via Massena 70* ✉ *10128* – ☎ *011 500359* – *www.hotelbostontorino.it*

🏨 Genova   🏠 🛁 🖨 🗚 🗘

TRADIZIONALE · PERSONALIZZATO La struttura ottocentesca ospita un ambiente signorile e curato, dove la classicità si coniuga con le moderne esigenze di confort ed un'elevata personalizzazione, sin dentro le camere, una decina di esse vanta affreschi al soffitto. Consigliato sia per soggiorni di lavoro sia per viaggi di piacere.

92 cam – †75/220 € ††95/360 € – 4 suites – 🛏 5 €

Pianta: 4G2-e – *via Sacchi 14/b* ✉ *10128* ⓜ *Porta Nuova* – ☎ *011 562 9400*
– *www.albergogenova.it*

🏨 Turin Palace Hotel   🖼 🛁 🏠 🛁 🖨 🗚 🗘

TRADIZIONALE · CLASSICO Dopo una chiusura di quasi un decennio, questo storico albergo cittadino rinasce a nuova vita nel 2015. Al suo interno gli ambienti sono oggi nuovissimi, all'insegna di uno stile classico, ma in versione attuale, così come moderni sono i suoi confort: a partire dalla completa, sebbene un po' piccola, spa.

123 cam 🛏 – †120/380 € ††140/450 € – 1 suite

Pianta: 4G2-d – *via Sacchi 8* ✉ *10121 Torino* ⓜ *Porta Nuova* – ☎ *011 082 5321*
– *www.turinpalacehotel.com*

🍴 **Les Petites Madeleines** – Vedere selezione ristoranti

🏠 Dei Pittori   🎄 🖨 🗚 🗘 🅿

LOCANDA · PERSONALIZZATO Una gradevole villa liberty, già abitazione del pittore Carlo Stratta, si propone ai viaggiatori che amano le personalizzazioni: assai evidenti tanto negli spazi comuni quanto nelle accoglienti camere dai colori sinuosi, due addirittura con affreschi originali. Cucina italiana nell'omonimo ristorante.

12 cam 🛏 – †105/140 € ††140/180 €

Pianta: 4H2-a – *corso Regina Margherita 57* ✉ *10122* – ☎ *011 860 0103*
– *www.hoteldeipittori.it*

Piemontese

BUSINESS • ACCOGLIENTE Tra Porta Nuova e il Po, l'hotel propone colorate soluzioni d'arredo e graziose personalizzazioni nelle camere: particolarmente belle le stanze mansardate con travi a vista e vasca idromassaggio. Per la colazione, ci si può accomodare in veranda.

39 cam – †60/190 € ††70/290 €

Pianta: 4G3-x – *via Berthollet 21 ✉ 10125 – ✆ 011 669 8101 – www.hotelpiemontese.it*

Lancaster

BUSINESS • MODERNO Ogni piano di questo albergo si distingue per il colore, ma è soprattutto grazie al tocco femminile delle titolari che tutti gli spazi sono personalizzati: piacevoli gli arredi che rendono moderni gli spazi comuni ed accoglienti le camere. Stile country per la sala colazioni.

83 cam – †60/140 € ††80/200 €

Pianta: 3F3-r – *corso Filippo Turati 8 ✉ 10128 – ✆ 011 568 1982 – www.lancaster.it – Chiuso 3-23 agosto*

Roma e Rocca Cavour

STORICO • VINTAGE Albergo storico, dal 1854 gestito dalla stessa famiglia, qui troveranno la loro casa gli amanti di uno stile retrò e nostalgico, tra arredi d'epoca e gli eleganti portici e giardini della piazza. Nella camera 346 si tolse la vita lo scrittore Cesare Pavese.

85 cam – †66/114 € ††102/159 €

Pianta: 4G2-r – *piazza Carlo Felice 60 ✉ 10121 Torino Ⓜ Porta Nuova – ✆ 011 561 2772 – www.romarocca.it*

Magazzini San Domenico

FAMILIARE • DESIGN Nel cuore dell'antica regia capitale, una buona risorsa modernamente concepita per un soggiorno di qualità, ristrutturata con gusto e garbo dai titolari, non a caso degli architetti! Ottimo punto di partenza per visitare il centro cittadino.

6 cam – †80/90 € ††100/120 €

Pianta: 4G1-b – *via San Domenico 21 a ✉ 10122 – ✆ 011 436 8341 – www.magazzinisandomenico.it – Chiuso agosto*

TORNO

Como (CO) – ✉ 22020 – 1 155 ab. – Alt. 225 m – Carta regionale n° **10**-B1
Carta stradale Michelin 561-E9

✿ Berton al Lago Ⓝ

CUCINA CREATIVA • DESIGN XXX Un ristorante che saprà conquistarvi con la sua cucina ricca di personalità, capace di sorprendere i palati più esigenti in virtù della sua fragranza e creatività. Gli ambienti interni sono eleganti e rilassati, ma se il clima lo permette, optate per un tavolo in terrazza: la vista da qui è strepitosa!

→ Risotto allo zafferano, ragù alla genovese e polvere di funghi. Milanese di vitello, erbette, salsa piccante e lime. Torta di pesche e gelato al timo.

Carta 68/193 €

Hotel Il Sereno, via Torrazza 10 – ✆ 031 547 7800 (consigliata la prenotazione) – www.serenohotels.com – Aperto inizio marzo-fine ottobre

Il Sereno Ⓝ

GRAN LUSSO • BORDO LAGO Camere spaziosissime ed un'elegante piscina a sfioro sono solo alcune delle caratteristiche di questo albergo dalla allure internazionale e dal design contemporaneo: una vera oasi di relax!

28 cam – †700/2000 € ††1500/4000 € – 2 suites

via Torrazza 10 – ✆ 031 547 7800 – www.serenohotels.com – Aperto inizio marzo-fine ottobre

✿ **Berton al Lago** – Vedere selezione ristoranti

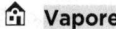 **Vapore**

FAMILIARE · BORDO LAGO Nel centro storico della pittoresca località, questa piccola struttura non manca di affacciarsi sul lago, soprattutto da quelle che sono le camere migliori. Ristorante dotato di piacevole terrazza sullo specchio lacustre e specialità tipicamente italiane in menu.

12 cam ⌂ – ♦95/115 € ♦♦115/145 €

via Plinio 20 – ℰ 031 419311 – www.hotelvapore.it – Chiuso dicembre-gennaio

TORRE A MARE

Bari (BA) – ✉ 70126 – Alt. 23 m – Carta regionale n° **15**-C2
Carta stradale Michelin 564-D33

🍴 **Da Nicola**

PESCE E FRUTTI DI MARE · FAMILIARE 🗙 Tanto pesce, proveniente dalla propria pescheria attigua il locale, da scegliere personalmente in un buon ristorantino ubicato in riva al mare. Fresca terrazza esterna sul porticciolo.

Menu 35/60 € – Carta 26/58 €

*via Principe di Piemonte 3 – ℰ 080 543 0043 – www.ristorantedanicola.com
– Chiuso 24 dicembre-15 gennaio, lunedì ed i giorni festivi*

TORRE BOLDONE

Bergamo – ✉ 24020 – 8 690 ab. – Alt. 280 m – Carta regionale n° **10**-C1
Carta stradale Michelin 561-E11

🍴 **Papillon**

CUCINA MODERNA · ELEGANTE 🗙🗙 Immerso nel verde di un parco e della collina alle spalle, un locale dalla lunga tradizione familiare, che dal 2003 vede in cucina uno chef di grande esperienza. Nelle sale d'impostazione classica vi saranno serviti piatti contemporanei e specialità alla griglia.

🍽 Menu 15/49 € – Carta 41/56 €

*via Gaito 36, Nord-Ovest: 1,5 km – ℰ 035 340555 – www.papillonristorante.it
– Chiuso 1°-27 agosto, lunedì e martedì*

TORRE CANNE

Brindisi – ✉ 72010 – Carta regionale n° **15**-C2
Carta stradale Michelin 564-E34

🍴 **T_imo**

CUCINA MODERNA · ELEGANTE 🗙🗙🗙 Cucina della tradizione sapientemente rielaborata in chiave moderna, in un ristorante che offre quasi sempre la possibilità di mangiare nel dehors a bordo piscina (vista mare!), sebbene ci sia anche un'ampia e signorile sala interna.

Carta 35/66 €

*Hotel Canne Bianche, via Appia 32 – ℰ 080 482 9839 – www.cannebianche.com
– solo a cena – Aperto 29 marzo-5 novembre*

🏨 **Canne Bianche**

RESORT · LUNGOMARE Lungo la litoranea, direttamente sul mare, hotel di recente apertura dagli eleganti interni e generosi spazi comuni all'esterno, piscina nonché spiaggia privata. Invito alla ritualità del benessere nell'attrezzato wellness centre Aqua.

50 cam ⌂ – ♦160/365 € ♦♦160/365 € – 3 suites

*via Appia Antica 32 – ℰ 080 482 9839 – www.cannebianche.com – Aperto
29 marzo-5 novembre*

🍴 **T_imo** – Vedere selezione ristoranti

🏨 Del Levante ☆ 🌤 ⋖ 🛏 ᠍ 🔥 🎽 ⚿ 🔽 AC 🎏 🛎 P

TRADIZIONALE · LUNGOMARE Ideale non solo per chi vuole spendervi le vacanze ma anche per chi è in viaggio per lavoro, grande e moderno complesso in riva al mare con ampi spazi esterni. Bella la grande piscina in giardino. Delicate tonalità mediterranee rendono accogliente la sala da pranzo.

149 cam ☲ – †89/201 € ††126/256 €

via Appia 20 – ☎ 080 482 0160 – www.dellevante.com

TORRECHIARA

Parma – ✉ 43010 – Carta regionale n° **5**-A3
Carta stradale Michelin 562-I12

🍽 Taverna del Castello 🏠 AC ⇆

PESCE E FRUTTI DI MARE · CONTESTO STORICO ⵢⵢ Un castello medioevale in pietra, quasi una fortezza se visto dal basso, da qui la vista sulle colline circostanti: un bar pubblico e quattro sale dedicate alla ristorazione per una cucina tradizionale e creativa. Ci sono piatti di carne e quelli tradizionali del territorio, ma il ristorante si è ritagliato una fama per le proposte di pesce.

Menu 28/48 € – Carta 31/74 €

via del Castello 25 – ☎ 0521 355015 (prenotare) – www.tavernadelcastello.it
– Chiuso 7-21 gennaio, lunedì nel periodo estivo e domenica sera in inverno

TORRE DEL GRECO

Napoli (NA) – ✉ 80059 – 86 275 ab. – Carta regionale n° **4**-B2
Carta stradale Michelin 564-E25

🍽 Josè Restaurant - Tenuta Villa Guerra Ⓝ 🐎 ⋖ 🛏 🏠 P

CUCINA CREATIVA · CONTESTO STORICO ⵢⵢⵢ Settecentesca villa vesuviana risorta dopo un attento restauro, splendida nel suo candore e circondata da un vasto giardino, offre piatti creativi, ma non disdegni della tradizione.

Menu 35 € (pranzo in settimana)/90 € – Carta 52/84 €

via Nazionale 414 – ☎ 081 883 6298 (consigliata la prenotazione)
– www.villaguerra.it – Chiuso 7 gennaio-7 febbraio, domenica sera e martedì

TORRE DEL LAGO PUCCINI

Lucca – ✉ 55048 – Carta regionale n° **18**-B1
Carta stradale Michelin 563-K12

al lago di Massaciuccoli Est : 1 km

🍽 Da Cecco 🏠 AC

CUCINA TOSCANA · CONVIVIALE ⵢ Affacciato sul lago da uno scenografico belvedere - a fianco alla casa museo di Giacomo Puccini - proposte classiche di carne e di pesce, nonché cacciagione (nel periodo invernale), si contendono la carta. Boiserie al soffitto, trofei di caccia e fucili caratterizzano l'ambiente.

Carta 26/51 €

piazza Belvedere Puccini 10/12 ✉ 55049 – ☎ 0584 341022 – Chiuso lunedì

TORRE SAN GIOVANNI

Lecce – ✉ 73059 – Ugento – Carta regionale n° **15**-D3
Carta stradale Michelin 564-H36

🏨 Hyencos Calòs e Callyon ☆ ⋖ ᠍ ⚿ 🔽 AC 🛎 P

TRADIZIONALE · MEDITERRANEO Stile mediterraneo per questo hotel che si è rinnovato in anni recenti; le camere sono distribuite nel corpo centrale - una villa dell'800 - e nella più moderna dépendance. La spiaggia - a circa 600 m - è raggiungibile anche tramite navetta.

60 cam ☲ – †57/140 € ††100/280 €

piazza dei Re Ugentini – ☎ 0833 931088 – www.hyencos.com – Aperto 1° maggio-30 settembre

TORRETTE Pesaro e Urbino → Vedere Ancona

TORRIANA

Rimini (RN) – ⊠ 47825 – 1 615 ab. – Alt. 337 m – Carta regionale n° **5**-D2
Carta stradale Michelin 562-K19

⫶○ Il Chiosco di Bacco

CUCINA REGIONALE · RUSTICO XX Un vero paradiso per gli amanti della carne. E
poi formaggi e piatti della tradizione romagnola, il tutto in un ambiente rustico
con finestre che corrono lungo tutto il perimetro.

Menu 35/75 € – Carta 32/76 €

*via Santarcangiolese 62 – ℰ 0541 678342 – www.chioscodibacco.it – solo a
cena escluso domenica – Chiuso 2 settimane in dicembre e martedì, anche
mercoledì in inverno*

TORRI DEL BENACO

Verona – ⊠ 37010 – 3 023 ab. – Alt. 67 m – Carta regionale n° **23**-A2
Carta stradale Michelin 562-F14

🏨 Del Porto

STORICO · MODERNO E' come se si fosse fatto un "voto" allo stile design/mini-
malista: belle camere ampie e funzionali, compatti gli spazi comuni, arieggiato
il solarium per la bella stagione. Al ristorante, carne e pesce, sia di lago sia di
mare, ma il vero pezzo forte della casa è la piattaforma del dehors appoggiata
sul lago.

22 cam ⊊ – †100/600 € ††200/800 € – 7 suites

*lungolago Barbarani – ℰ 045 722 5051 – www.hoteldelportotorri.com – Aperto 21
dicembre-8 gennaio 19 marzo-5 novembre*

🏨 Baia dei Pini

FAMILIARE · MODERNO Immerso in un bel giardino, l'albergo è composto da
diverse case che ospitano camere accoglienti e moderne caratterizzate da un
côté vagamente modaiolo. Il lago è letteralmente a portata di mano, soprattutto
dalla terrazza-veranda del ristorante.

35 cam ⊊ – †65/115 € ††100/260 €

*via Gardesana 115 – ℰ 045 722 5215 – www.baiadeipini.com
– Aperto 1° aprile-31 ottobre*

🏨 Gardesana

STORICO · CLASSICO All'ombra del turrito castello scaligero, le origini dell'edificio risalgono all'epoca tardo medievale: l'eleganza di un mitico passato si unisce
ad un'attenta ospitalità. L'omonimo ristorante serale è al 1° piano, servizio estivo
in terrazza.

34 cam ⊊ – †75/100 € ††100/230 €

*piazza Calderini 5 – ℰ 045 722 5411 – www.gardesana.eu
– Aperto 16 marzo-31 ottobre*

ad Albisano Nord-Est : 4,5 km ⊠ 37010 – Torri Del Benaco

🏨 Alpino

FAMILIARE · TRADIZIONALE La piacevolezza del soggiorno è assicurata dalla
capace conduzione familiare e dalla qualità di camere e dotazioni in questo piccolo albergo, dove però non manca nulla!

12 cam ⊊ – †50/60 € ††80/110 €

*via San Zeno 8 – ℰ 045 722 5180 – www.albergo-alpino.it – Aperto
1° aprile-1° novembre*

Panorama 🏠 ✿ ⋚ ≼ ⌇ ⊡ 🔥 AC P

TRADIZIONALE · PERSONALIZZATO Nel nome tutto ciò che delizierà la vostra vacanza: una vista spettacolare dalla terrazza ristorante e dalle camere non grandissime, ma arredate con gusto e personalità. Lasciatevi tentare anche dalla cucina, i cui piatti sono i migliori sponsor degli ottimi prodotti del territorio.

28 cam ⌣ – ♦60/120 € ♦♦100/150 €

via San Zeno 9 – ℰ 045 722 5102 – www.panoramahotel.net – Aperto 15 marzo-31 ottobre

TORRILE

Parma – ✉ 43056 – 7 698 ab. – Alt. 32 m – Carta regionale n° **5**-B1
Carta stradale Michelin 562-H12

a **Vicomero** Sud : 6 km ✉ 43031

🛞 Romani 🎣 ✿ AC ✤ P

CUCINA EMILIANA · AMBIENTE CLASSICO ⅩⅩ In aperta campagna, la casa colonica d'epoca ed il suo fienile sono diventati un ristorante di sobria eleganza, dove la passione per la cucina emiliana si concretizza in un'attenta selezione dei migliori prodotti locali, che danno vita a piatti memorabili come i tortelli alle erbette o la punta di vitello al forno. Annessa bottega alimentare con vendita di salumi, formaggi e prodotti tipici.

Carta 22/55 €

via dei Ronchi 2 – ℰ 0521 314117 – www.ristoranteromani.it – Chiuso 1°-7 agosto, mercoledì e giovedì

TORRITA DI SIENA

Siena (SI) – ✉ 53049 – Carta regionale n° **18**-D2
Carta stradale Michelin 563-M17

🏠 Residenza d'Arte ✿ ⟨= AC P

CASA PADRONALE · PERSONALIZZATO Nel nome sta già la sua definizione: questa è, infatti, una risorsa per dormire nell'arte, un living-museum per vivere la campagna senese in maniera del tutto inusuale. Le travi di legno, i camini, gli archi della tradizione rurale toscana sono oggi la cornice per ciò che la padrona di casa, Anna, ha disegnato nell'intento di donare un'emozione ai suoi ospiti. E ci è perfettamente riuscita!

8 cam ⌣ – ♦92/103 € ♦♦157/190 €

località Poggio Madonna dell'Olivo – ℰ 0577 686179 – www.residenzadarte.com – Aperto 1° aprile-30 ottobre

🏠 Lupaia 🏠 ✿ ⋚ ⟨⎓ ⌇ AC P

LUSSO · ROMANTICO Non lasciatevi scoraggiare dalla strada sterrata che bisogna percorrere per arrivare alla struttura, perché una volta giunti a destinazione, la ricompensa sarà grande... Location unica per fascino e personalità, nell'area comune c'è un'antica cucina ed un enorme camino davanti al quale si allestisce la cena. Nuovi proprietari, ma stesso charme e accoglienza, stile più armonico e rilassante nelle ultime camere rinnovate.

11 cam ⌣ – ♦252/378 € ♦♦280/420 €

località Lupaia 74, Sud-Est: 10 km – ℰ 0577 668028 – www.lupaia.com – Aperto 2 marzo-14 novembre

TORTOLÌ **Sardegna**

Ogliastra – ✉ 08048 – 11 059 ab. – Alt. 13 m – Carta regionale n° **16**-B2
Carta stradale Michelin 366-S44

ad Arbatax Est : 5 km ⊠ 08041

🍴 La Bitta ≤ 🍃 ℻ ⅌ 🅿

PESCE E FRUTTI DI MARE · AMBIENTE CLASSICO ⅩⅩ Direttamente sul mare, nella veranda tutta chiusa da vetrate, potrete gustare una ricca cucina di pesce, venata dalla fantasia dello chef.

Carta 37/66 €

Hotel La Bitta, località Porto Frailis
– ☎ 0782 667080 – www.hotellabitta.it
– Aperto 15 marzo-30 ottobre

🏨 La Bitta ≤ 🧗 ℻ ⌂ ⌂ ⅋ ℻ ⅌ 🛋 🅿

LUSSO · LUNGOMARE Direttamente sul mare, una villa signorile con spaziose aree comuni, belle camere diverse negli arredi e nei tessuti, piscina, solarium ed un'oasi relax appartata nel verde. Piatti di pesce e prodotti tipici locali da gustare nella panoramica sala ristorante oppure all'aperto.

63 cam ⌸ – ♦70/290 € ♦♦110/420 €

località Porto Frailis
– ☎ 0782 667080 – www.hotellabitta.it
– Aperto 15 marzo-30 ottobre
🍴 **La Bitta** – Vedere selezione ristoranti

🏨 Arbatasar ⌂ 🧗 ⌂ ⅋ ℻ ⅌ 🛋 🅿

TRADIZIONALE · ELEGANTE Il nome riporta alle origini arabe della località, una villa dai colori caldi e sobri con ampie aree, camere spaziose ed eleganti, una piscina invitante incorniciata da palme. Nell'elegante e raffinata sala da pranzo, proposte di cucina internazionale e regionale realizzate con prodotti locali e pesce del Mare Nostrum.

43 cam ⌸ – ♦50/130 € ♦♦75/180 €

località Porto Frailis 11
– ☎ 0782 651800 – www.arbatasar.it
– Aperto 1° aprile-31 ottobre

TORTONA

Alessandria – ⊠ 15057 – 27 437 ab. – Alt. 122 m – Carta regionale n° **12**-C2
Carta stradale Michelin 561-H8

🕲 Vineria Derthona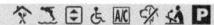

CUCINA PIEMONTESE · CONTESTO REGIONALE Ⅹ Non sarà facile trovare posteggio nelle vicinanze di questo locale del centro, in compenso è un autentico wine-bar dai saporiti piatti piemontesi e dalla ampia offerta di vini al bicchiere, scelti dalla generosa cantina ogni giorno. Specialità: ravioli Derthona (ripieni di arrosto e relativo sugo).

Carta 27/50 €

via Perosi 15
– ☎ 0131 812468 – www.vineriaderthona.it
– Chiuso 2 settimane in agosto, lunedì e i mezzogiorno di sabato e domenica

🍴 Cavallino ⇐ ℻

CUCINA MODERNA · CONTESTO STORICO ⅩⅩ Tre giovani imprenditori, capaci ed appassionati della buona tavola, hanno rilevato questo storico locale vivacizzandolo con la loro verve. In tavola arrivano piatti di gusto contemporaneo, sfiziosi e attenti al territorio. Ancora sapori regionali nella più semplice ed informale Trattoria da Ciccio.

Menu 70 € – Carta 49/99 €
13 cam ⌸ – ♦55/65 € ♦♦85 €

corso Romita 83
– ☎ 0131 862308 – www.cavallino-tortona.it
– Chiuso agosto e domenica

🕮 **Caffè Ristorante Sangiacomo** ⇦ 🏠

CUCINA MODERNA • VINTAGE X Spazio rilassante dove ritemprare anima e corpo: nella sala retrò con pavimento liberty e mobili stile anni Trenta o nel romantico giardino d'inverno sono i sapori del territorio ad imporsi, ma senza disdegnare una certa "apertura" verso il mare. Adiacente le camere del bel Residence Perosi.

🍴 Menu 25 € – Carta 33/58 €

10 cam ⌑ – ♦70 € ♦♦80 €

via Calvino 4 – ℰ 0131 829995 – www.gabriellacuniolo.com – Chiuso 1°-20 agosto, domenica sera e lunedì

🏠 **Casa Cuniolo** 🐾 ⇦ 🍴 AC

CASA PADRONALE • PERSONALIZZATO Ubicata sulla collina del castello, la candida villa – costruita secondo i canoni dell'architettura razionalista che furoreggiava negli anni '30 – fu abitazione e studio del maestro G. Cuniolo. Poche camere, eleganti e raffinate, arredate secondo gli stilemi in voga in quel periodo e lo splendido giardino.

4 cam ⌑ – ♦110 € ♦♦130 €

viale Amendola 6 – ℰ 0131 862113 – www.gabriellacuniolo.com

sulla strada statale 35 Sud : 1,5 km

🕮 **Aurora Girarrosto** ⇦ ⇦ 🏠 AC 🅿

CUCINA DEL TERRITORIO • VINTAGE XX Sulla via per Genova, un indirizzo che può soddisfare esigenze sia di ristorazione sia di pernottamento; a tavola, leccornie piemontesi e liguri, di terra e di mare.

Menu 30/60 € – Carta 37/74 €

17 cam ⌑ – ♦60/70 € ♦♦90/99 €

strada provinciale dei Giovi 13 ✉ 15057 – ℰ 0131 863033
– www.auroragirarrosto.com – Chiuso 1 settimana in agosto

TORTORETO

Teramo – ✉ 64018 – 11 542 ab. – Alt. 239 m – Carta regionale n° **1**-B1
Carta stradale Michelin 563-N23

a Tortoreto Lido Est : 3 km ✉ 64018

🏠 **Green Park Hotel** ⚚ ⇦ 🍴 🛁 🎱 🔄 占 AC 🏊 🚗

TRADIZIONALE • ACCOGLIENTE A cento metri dal mare, camere di due tipologie - standard o gold - ma sempre confortevoli, nonché bella terrazza con palestra sotto una veranda. Benvenuti i bambini che troveranno spazi e giochi!

48 cam ⌑ – ♦65/110 € ♦♦70/140 € – 8 suites

via F.lli Bandiera 28 – ℰ 0861 777184 – www.hgreenpark.com – Aperto 10 giugno-16 settembre

🏠 **Costa Verde** ⚚ ⇦ ⇦ 🍴 🔄 🔄 AC 🅿

TRADIZIONALE • LUNGOMARE Una costruzione moderna sul lungomare con ambienti demodè semplici ed essenziali; all'esterno, cinta dal verde, la piscina: una soluzione ideale per vacaze di sole e mare. Nella sobria sala da pranzo illuminata da grandi vetrate che si aprono sul cortile, la cucina mediterranea.

50 cam ⌑ – ♦66/114 € ♦♦110/190 €

lungomare Sirena 356 – ℰ 0861 787096 – www.hotel-costaverde.com – Aperto 1° maggio-30 settembre

TORVAIANICA

Roma – ✉ 00040 – Carta regionale n° **7**-B2
Carta stradale Michelin 563-R19

ⅱ○ Zi Checco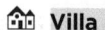

CUCINA MEDITERRANEA · SEMPLICE ✗ Come è intuibile dalla posizione sulla spiaggia, in menu primeggia il mare, ma non solo. Qui è infatti possibile gustare la specialità del luogo: i famosi "torvicelli", spaghettoni di farro conditi con alici locali, pecorino e finocchietto selvatico.

Carta 26/59 €

lungomare delle Sirene 1 – ℰ 06 915 7157 (consigliata la prenotazione)
– www.zichecco.com – Chiuso novembre e lunedì

TOSCOLANO-MADERNO

Brescia – 7 990 ab. – Alt. 86 m – Carta regionale n° **9**-C2
Carta stradale Michelin 561-F13

🏠 Villa Maria

TRADIZIONALE · BORDO LAGO Ampi spazi verdi e alcune camere con terrazzino direttamente sul lago, in una graziosa struttura a soli 10 min (a piedi) dal pittoresco centro di Toscolano Maderno. Possibilità di noleggio gratuito di biciclette.

27 cam ☲ – †80/150 € ††100/270 €

via Roma 45, Sud: 1 km – ℰ 0365 546201 – www.hotel-villamaria.org

Maderno – ✉ 25088 – Carta regionale n° **9**-C2

🐵 Il Cortiletto

CUCINA CLASSICA · FAMILIARE ✗ Sulla statale Gardesana, cucina di ispirazione mediterranea con qualche tocco di originalità in un piccolo ristorante, semplice, ma non banale. Due consigli: nella bella stagione optate per il servizio all'aperto e tra le specialità non perdetevi il coregone alla gardesana con capperi, pomodorini e olive.

Carta 28/48 €

via F.lli Bianchi 1 – ℰ 0365 540033 – www.ristoranteilcortiletto.com
– Chiuso 15-28 febbraio, domenica sera e lunedì escluso luglio-agosto

TOVO SAN GIACOMO

Savona (SV) – ✉ 17020 – 2 582 ab. – Alt. 80 m – Carta regionale n° **8**-B2
Carta stradale Michelin 561-J6

a Bardino Vecchio Nord : 2 km ✉ 17020

🏠 Relais Il Casale

CASA DI CAMPAGNA · ELEGANTE Casale di fine Ottocento con poche camere (suite e junior!) dal piacevole stile romantico, ma soprattutto molti servizi tra cui un centro benessere dall'ampia offerta ed un bel giardino con piscina.

7 cam ☲ – †79/300 € ††79/300 € – 2 suites

via Briffi 22 – ℰ 019 637 5014 – www.ilcasale.it – Chiuso vacanze di Natale

TRACINO Trapani (TP) → Vedere Pantelleria (Isola di)

TRADATE

Varese – ✉ 21049 – 18 750 ab. – Alt. 303 m – Carta regionale n° **10**-A1
Carta stradale Michelin 561-E8

ⅱ○ Tradate

PESCE E FRUTTI DI MARE · INTIMO ✗✗ In pieno centro, il locale ha da poco compiuto 30 anni di fervida attività; le due sorelle titolari continuano, infatti, con gran passione a proporre specialità prevalentemente di mare.

Carta 45/105 €

via Volta 20 – ℰ 0331 841401 – Chiuso 25 dicembre-5 gennaio, agosto, lunedì a mezzogiorno e domenica

TRANI

Barletta-Andria-Trani (BT) – ✉ 76125 – 56 217 ab. – Carta regionale n° **15**-B2
Carta stradale Michelin 564-D31

❀ **Quintessenza** (Stefano Di Gennaro)   🅰🅲 ✍

CUCINA CREATIVA · MINIMALISTA ✕✕ Posizione centrale, sebbene non sul porto, per questo locale che segue due linee contrapposte: design minimalista negli ambienti, ma fantasia da vendere per quanto riguarda la cucina che propone ottime materie prime e un olio extra vergine di produzione propria.

→ Riso, prezzemolo, nero di seppia, cozze ed ostriche. Torcinelli (budella ripiene di animelle d'agnello), gamberi rossi di Gallipoli, acciughe e limone. La colazione del contadino.

Menu 40/60 € – Carta 37/65 €

via Nigrò 37 – ☎ 0883 880948 – www.quintessenzaristorante.it – Chiuso 1 settimana in febbraio, 1 settimana in luglio, 1 settimana in ottobre, domenica sera e martedì

🍽○ **Le Lampare al Fortino**   ❀ 🍴 ♿ 🅰🅲 ✍ ⇆

PESCE E FRUTTI DI MARE · ROMANTICO ✕✕✕ D'estate o d'inverno lo spettacolo è sempre assicurato, che si mangi sulla veranda con vista a 180° sullo splendido porto, o all'interno di un'ex chiesa trasformata in fortino, cucina di pesce, creativa e personalizzata.

Menu 60/90 € – Carta 53/93 €

via Statuti Marittimi 124 (molo S. Antonio) – ☎ 0883 480308 (consigliata la prenotazione) – www.lelemparealfortino.it – Chiuso 9-26 gennaio, domenica sera e martedì escluso agosto

🍽○ **Gallo**   🍴 🅰🅲 ⇆

PESCE E FRUTTI DI MARE · INTIMO ✕✕ Si è rifatto il look, questo bel locale affacciato sul porto dove la mediterraneità si esprime non solo nelle piante d'ulivo che rallegrano il dehors o nei colori chiari che caratterizzano gli arredi, ma in primis nelle succulenti ricette che arrivano in tavola. Insomma, per noi una tappa irrinunciabile se di passaggio a Trani!

Menu 40/110 € – Carta 37/90 €

via Statuti Marittimi 48/50 – ☎ 0883 487255 (consigliata la prenotazione) – www.gallorestaurant.it – Chiuso novembre, domenica sera e mercoledì

🍽○ **Il Melograno**   🅰🅲

PESCE E FRUTTI DI MARE · ACCOGLIENTE ✕✕ Non propriamente vicino al mare, ma nel centro della località, in sale di signorile gusto contemporaneo, le proposte prediligono il pesce con un pizzico di fantasia. Un locale dal successo consolidato!

Menu 35/40 € – Carta 21/57 €

via Bovio 189 – ☎ 0883 486966 – www.ilmelogranotrani.it – Chiuso 14-28 febbraio e mercoledì

🍽○ **Osteria Frangipane** ⓝ   🅰🅲

PESCE E FRUTTI DI MARE · CONVIVIALE ✕ Al limitar del centro storico, osteria condotta da due giovani fratelli con un obiettivo ben chiaro: proporre i prodotti ittici locali con gusto e fantasia. Ambiente piacevolmente informale.

Menu 37/45 € – Carta 35/45 €

via Maraldo da Trani 5 – ☎ 0883 585763 – www.osteriafrangipane.it – Chiuso 1°-7 febbraio, 1°-7 luglio, lunedì e domenica sera

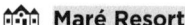 Maré Resort ✿ ⪕ ▣ & ㏄ ⌬ 🚗

DIMORA STORICA · ORIGINALE A pochi metri dall'anfiteatro naturale del porto di Trani, l'albergo è stato ricavato all'interno di un palazzo aristocratico del '700. Camere quasi tutte spaziose, dagli arredi minimalisti e forme rigorose; nella corte interna fanno mostra di sé tre belle carrozze d'epoca.

13 cam ☲ – ♦100/180 € ♦♦180/280 €

piazza Quercia 8 – 𝒞 0883 486411 – www.mareresort.it

TRAPANI Sicilia

(TP) – ⊠ 91100 – 68 759 ab. – Carta regionale n° **17**-A2
Carta stradale Michelin 365-AK55

ⅱ◯ Serisso 47 ㏄

CUCINA REGIONALE · ELEGANTE ✕✕ In un palazzo del centro, sotto antiche volte in tufo di Favignana, un ristorante dai toni caldi ed eleganti per una cucina che ha saputo reinterpretare la tradizione gastronomica trapanese.

Carta 43/68 €

Pianta: B2-b – *via Serisso 47/49 – 𝒞 0923 26113 (consigliata la prenotazione) – www.serisso47.com*
– Chiuso 10 gennaio-10 febbraio e lunedì; domenica a mezzogiorno e sabato in luglio-agosto

ⅱ◯ Ai Lumi Tavernetta 🏠 & ㏄

CUCINA REGIONALE · CONTESTO TRADIZIONALE ✕✕ Giovane e alla moda. Lungo la via centrale della città, la cucina di questo moderno ristorante esplora terra e mare in gustose ricette regionali: imperdibile il cous cous.

Carta 50/70 €

Pianta: B2-a – *corso Vittorio Emanuele 75 – 𝒞 0923 872418 (consigliata la prenotazione) – www.ailumi.it*
– Chiuso 10 gennaio-10 febbraio e martedì

🏠 Maccotta ▣ ㏄

FAMILIARE · CENTRALE Sorge attorno ad un caratteristico baglio questa struttura che occupa gli spazi di uno storico edificio in un vicolo del centro storico: confort, tranquillità ed, ora, anche una nuova sala colazioni.

20 cam ☲ – ♦30/40 € ♦♦55/75 €

Pianta: B2-c – *via degli Argentieri 6 – 𝒞 0923 28418 – www.albergomaccotta.it*

🏠 Ai Lumi ㏄ ⌬

DIMORA STORICA · PERSONALIZZATO Il settecentesco palazzo Berardo Ferro, nel centro storico-pedonale della località, accoglie camere in stile ricche di fascino e di storia, affacciate sulla bella corte interna.

12 cam ☲ – ♦43/90 € ♦♦74/175 € – 8 suites

Pianta: B2-a – *corso Vittorio Emanuele 71 – 𝒞 0923 540922 – www.ailumi.it*

a Fontanasalsa Sud : 9 km – C2 ⊠ 91100 – Trapani

🏠 Agriturismo Baglio Fontanasalsa ✿ ☙ ⪖ ⌶ & ㏄ ⌬ 🅿

AGRITURISMO · BUCOLICO In un contesto naturalistico di grande spessore, in mezzo alla macchia mediterranea, questo agriturismo è artefice di una filiera produttiva di olio extra vergine d'oliva esportato in tutto il mondo e dispone di camere rustiche, ma ben ristrutturate. Baglio Fontanasalsa comprende anche un ristorante serale (brunch, la mattina) dove si può scegliere fra una sala tipica e la suggestiva corte interna. In menu, piatti di terra e di mare: il locale aderisce all'iniziativa "Miglio Zero".

10 cam ☲ – ♦50/70 € ♦♦110/130 €

via Cusenza 78 – 𝒞 0923 591001 – www.fontanasalsa.it

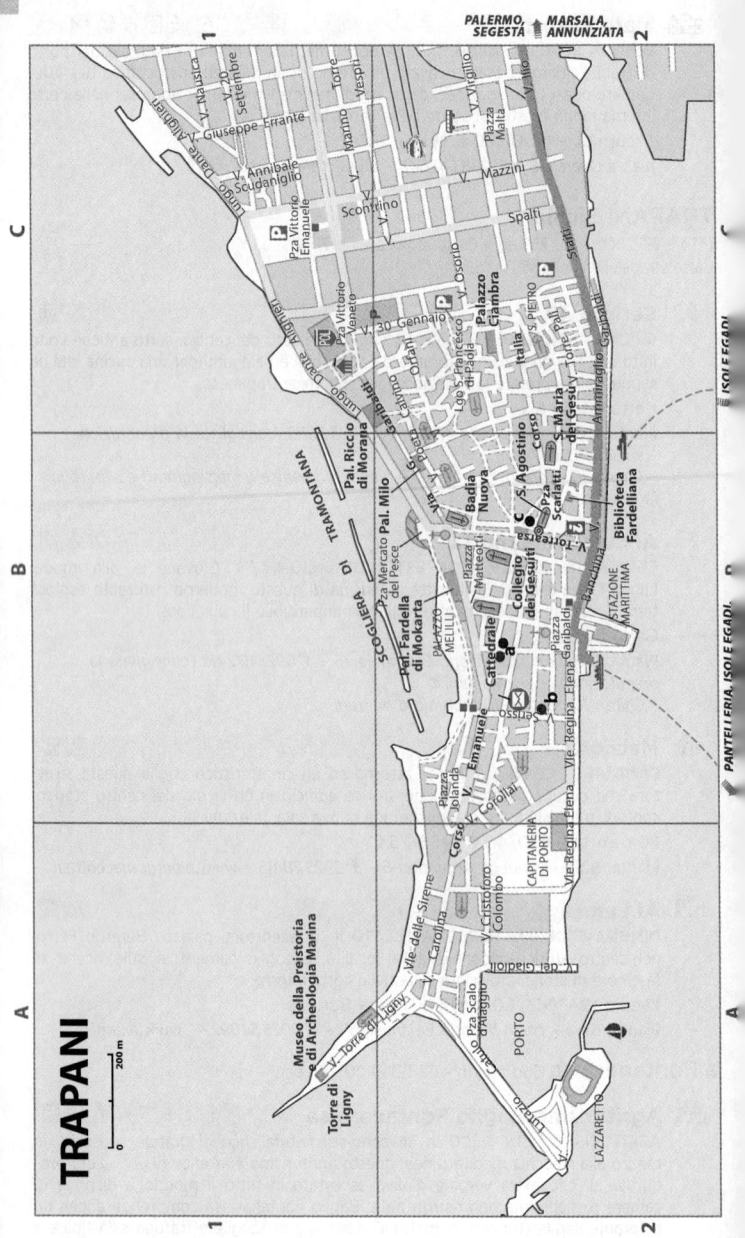

TRAPANI

0   200 m

PANTELLERIA, ISOLE EGADI,

ISOLE EGADI,

Museo della Preistoria
e di Archeologia Marina

Torre di
Ligny

PORTO

LAZZARETTO

CAPITANERIA
DI PORTO

V. Cristoforo
Colombo

Vie delle Sirene

Carolina

Cdvo Torre di Ligny

Pza Scalo
d'Alaggio

Lgo del Giadioli

Vie Regina Elena

Viale Regina Elena Garibaldi

Piazza
Iolanda

V. Cocolai

Corso V. Emanuele

STAZIONE
MARITTIMA

Piazza
Garibaldi

Cattedrale

Pal. Fardella
di Mokarta

PALAZZO
MELILLI

Pza Mercato
del Pesce

Collegio
dei Gesuiti

Piazza
Matteotti

SCOGLIERA   DI   TRAMONTANA

Pal. Ricco
di Morana

Pza
Scarlatti

S. Maria
del Gesù

Badia
Nuova

S. Agostino

Biblioteca
Fardelliana

V. Torrearsa

Sbandonita

Ammiraglio Staiti

Corso

V. 30 Gennaio

V. Vittorio
Veneto

Pza Vittorio
Veneto

Lungo Dante Alighieri

V. Nasita

V. 20
Settembre

Giuseppe Errante

V. Annibale
Scudaniglio

Sconfrino

Pza Vittorio
Emanuele

Torre
Vespri

Marina

V. Virgilio

Piazza
Malta

V. Mazzini

V. Libio

V. Spalti

Spalti

V. Osorio

Italia

S. PIETRO

Palazzo
Ciambra

Lgo S. Francesco
di Paola

V. Calvina

V. Porta
Oscura

V. Orfani

Garibaldi

a **Paceco** Sud-Est : 12 km - C2 ✉ 91027

🍽○ **Trattoria del Sale**　　　　　　　　　　🏠 AK ⚒ P

CUCINA DEL TERRITORIO · CONTESTO STORICO Nel contesto delle saline locali, il ristorante divide l'edificio rustico con il Museo del Sale visitabile a pagamento. Cucina trapanese e piacevole dehors.

Carta 28/48 €

via Chiusa, località Nubia – ℰ 338 391 5967 – www.trattoriadelsale.com – Chiuso 8 gennaio-20 marzo e lunedì

🏠 **Relais Antiche Saline**　　　　　　　⅏ ⪕ 🛏 ⫼ & AK P

CASA DI CAMPAGNA · ORIGINALE Tra i mulini e le vasche delle saline, un baglio con camere luminose ed accoglienti, affascinanti spazi comuni che attingono ai colori del cielo e del mare.

18 cam ⊡ – ♦55/90 € ♦♦60/119 €

via Verdi, località Nubia – ℰ 0923 868042 – www.relaisantichesaline.it – Chiuso 1 settimana a gennaio

TRAVAGLIATO

Brescia (BS) – ✉ 25039 – 13 910 ab. – Alt. 129 m – Carta regionale n° **10**-D2
Carta stradale Michelin 561-F12

🍽○ **Osteria Vineria Operbacco**　　　　　　　　　🏠 AK

CUCINA REGIONALE · WINE-BAR Sotto soffitti a volta di mattoni rossi, l'ambiente è rustico, ma signorile, mentre la cucina perpetua la tradizione locale accompagnandola con una scelta enologica che abbraccia un po' tutte le regioni. A pranzo entra in scena una carta ridotta, ma pur sempre con una serie di alternative.

🍴 Menu 12 € (pranzo in settimana)/45 € – Carta 29/52 €

via Lepre 2 – ℰ 030 686 4891 – www.operbacco.com – solo a pranzo domenica, lunedì e martedì – Chiuso 12-26 agosto

TRAVERSELLA

Torino – ✉ 10080 – 343 ab. – Alt. 827 m – Carta regionale n° **12**-B2
Carta stradale Michelin 561-F5

🍽 **Le Miniere**　　　　　　　　　　⟻ ⅏ ⪕ 🛏 🏠

CUCINA TRADIZIONALE · FAMILIARE Sulla piazza centrale di un incantevole paese, in una dorsale verde e soleggiata della Val Chiusella, scorcio da cartolina fra maestosi castagni, betulle e ciclamini, sorge quest'albergo-ristorante dalle origini tardo ottocentesche. La cucina è ottima e i suoi ingredienti sono tradizione, stagionalità e un tocco di modernità. Specialità: stracotto di vitello sfumato all'arneis, meringata golosa con spuma di pistacchio.

🍴 Menu 18/42 € – Carta 27/58 €

25 cam ⊡ – ♦42/60 € ♦♦75/100 €

piazza Martiri 1944 – ℰ 0125 794006 – www.albergominiere.com – Chiuso 8 gennaio-10 febbraio, lunedì e martedì

TREBASELEGHE

Padova (PD) – ✉ 35010 – 12 840 ab. – Alt. 22 m – Carta regionale n° **23**-C2
Carta stradale Michelin 562-F18

🍽 **Baracca-Storica Hostaria**　　　　　　　　⫼ 🏠 🛏 P

CUCINA REGIONALE · AMBIENTE CLASSICO Un grande ristorante molto curato nello stile: sedie rivestite con tessuto bianco, porcellane Thun, rapidità nel servizio ed una cucina di buon livello con piatti saporiti e ben presentati. Volete lasciarvi consigliare? Risotto rosmarino, zafferano, cedro - maialino al timo - sfogliate Monalisa.

🍴 Menu 15 € (pranzo in settimana)/57 € – Carta 19/49 €

via Ronchi 1 – ℰ 049 938 5126 (consigliata la prenotazione) – www.ristorantebaracca.it – Chiuso 1 settimana in gennaio, 2 settimane in agosto, martedì sera e mercoledì

⅋O **Osteria V** ⇦ 🖼 🛏 **P**

CUCINA CREATIVA · ELEGANTE XX Al posto dove un tempo si produceva del buon vino, ora sorge un ottimo ristorante dalla cucina serale inaspettatamente elaborata e creativa, in piccole e raffinate sale. A pranzo, solo menu veloce.

Menu 35/70 € – Carta 35/67 €

6 cam – ♦50 € ♦♦70 €

via Villanova 22 – ℰ 049 938 7583 – www.anticoveturo.it – solo a cena – Chiuso 1°-7 gennaio, 1°-20 agosto, domenica sera e lunedì

TREBBO DI RENO Bologna → Vedere Castel Maggiore

TREBISACCE

Cosenza (CS) – ✉ 87075 – 9 055 ab. – Alt. 73 m – Carta regionale n° **3**-A1
Carta stradale Michelin 564-H31

⅋O **Da Lucrezia ℕ** 🅰ⁱℂ **P**

PESCE E FRUTTI DI MARE · FAMILIARE XX Madre e figlio, in ambiente classico diviso su due salette, propongono il pesce della zona cucinato in maniera semplice e gustosa, mentre - a sorpresa - nella carta dei vini molto spazio è dedicato ai distillati.

Carta 25/55 €

via XXV Aprile 46 – ℰ 0981 57431 – www.ristorantepizzeriadalucrezia.it – Chiuso martedì escluso in estate

TRECCHINA

Potenza – ✉ 85049 – 2 316 ab. – Alt. 500 m – Carta regionale n° **2**-B3
Carta stradale Michelin 564-G29

⅋O **L'Aia dei Cappellani** 🛏 🅰ⁱℂ 🍴 **P**

CUCINA TRADIZIONALE · RUSTICO X Tra distese erbose e ulivi, potrete gustare prodotti freschi e piatti locali caserecci: in sala vecchie foto e utensili di vita contadina, dalla terrazza l'intera vallata.

🍴 Menu 20/28 €

contrada Maurino, Nord: 2 km – ℰ 0973 826937 – www.laiadeicappellani.com – Chiuso novembre e martedì escluso luglio-agosto; in gennaio-febbraio aperto domenica a mezzogiorno, venerdì e sabato

TREGNAGO

Verona – ✉ 37039 – 4 938 ab. – Alt. 317 m – Carta regionale n° **22**-B2
Carta stradale Michelin 562-F15

⅋O **Villa De Winckels** 🏦 🖼 🛏 🍴 **P**

CUCINA REGIONALE · ACCOGLIENTE X Uno scorcio da cartolina per questa villa del XVI secolo con tante intime salette, ad ospitare una cucina improntata alla più radicata tradizione veneta. In omaggio all'ultimo discendente della famiglia, alla Cantina avrete solo l'imbarazzo della scelta fra le migliori annate dei più pregiati vini locali e non solo.

Carta 35/59 €

via Sorio 30, località Marcemigo, Nord-Ovest: 1 km – ℰ 045 650 0133 – www.villadewinckels.it – Chiuso 1°-8 gennaio

⌂ **Villa De Winckels** 🍴 🐾 🖼 **P**

STORICO · PERSONALIZZATO Nella storica villa, belle e accoglienti camere dagli arredi in legno naturale; per chi desidera una soluzione più esclusiva, vi è la camera nell'antica torre poco distante.

7 cam 🖭 – ♦60/70 € ♦♦100/120 € – 4 suites

via Sorio 30, località Marcemigo, Nord-Ovest: 1 km – ℰ 045 650 0133 – www.villadewinckels.it – Chiuso 1°-8 gennaio

⅋O **Villa De Winckels** – Vedere selezione ristoranti

TREIA

Macerata – ⊠ 62010 – 9 403 ab. – Alt. 342 m – Carta regionale n° **11**-C2
Carta stradale Michelin 563-M21

a San Lorenzo Ovest : 5 km ⊠ 62010 – Treia

⊕ Il Casolare dei Segreti   ≤ 🗁 🏠 🛋 🄿

CUCINA MARCHIGIANA • CASA DI CAMPAGNA XX Conduzione familiare, giovane e motivata, per un ristorante che propone saporiti piatti regionali. Tra i più richiesti: ravioli al ragù di anatra e piccione allo spiedo.

Carta 32/47 €

contrada San Lorenzo 28 – ℰ 0733 216441 – www.casolaredeisegreti.it – solo a cena escluso domenica e festivi – Chiuso novembre, lunedì e martedì

TREISO

Cuneo – ⊠ 12050 – 820 ab. – Alt. 410 m – Carta regionale n° **14**-C2
Carta stradale Michelin 561-H6

⭐ La Ciau del Tornavento (Maurilio Garola)   🕸 🗁 ≤ 🏠

CUCINA MODERNA • ELEGANTE XxX In un elegante edificio degli anni '30, la sala si apre come un palcoscenico su un panorama collinare mozzafiato. Cucina creativa su basi langarole, la cantina è leggendaria, ve ne suggeriamo la visita a fine pasto.

→ Agnolotti del plin ripieni di seirass al burro e timo serpillo. Capretto da latte alle due cotture: arrosto e bistecchina ripiena di taleggio. Gelato di panna cotta, salsa di cioccolato, granita di caffè, sale e pepe.

Menu 65/90 € – Carta 62/114 €

4 cam ☷ – ♦100 € ♦♦130 €

*piazza Baracco 7 – ℰ 0173 638333 – www.laciaudeltornavento.it
– Chiuso 1° febbraio-15 marzo, giovedì a mezzogiorno e mercoledì*

ⅼO Profumo di Vino   🏠 ⟳

CUCINA TRADIZIONALE • WINE-BAR XX Ristorante e wine-bar: lo stile è contemporaneo, la cucina segue le stagioni e propone, a volte, percorsi gastronomici insoliti, ma sempre con un grande rispetto per la tradizione. A condurvi in questa scoperta, Guillermo Field Melendez, per gli amici "Memo"!

Menu 45/55 € – Carta 46/74 €

*viale Rimembranza 1 ⊠ 12050 Treiso – ℰ 0173 638017 (consigliata la prenotazione)
– www.profumo-divino.com – Chiuso 12 dicembre-12 gennaio, mercoledì a mezzogiorno e martedì*

TREMEZZO

Como – ⊠ 22019 – 1 252 ab. – Alt. 225 m – Carta regionale n° **9**-A2
Carta stradale Michelin 561-E9

ⅼO La Terrazza   🗁 🏠 ⅃ 🄰🄺 ⅗ 🄿

CUCINA MODERNA • ELEGANTE XxX Il lago non appaga solo la vista palesandosi dalla bella veranda, ma entra in cucina per dar vita a piatti dai sapori che rincorrono le stagioni ed esaltano i prodotti locali, nonché i pesci d'acqua dolce.

Menu 120/140 € – Carta 70/150 €

*Grand Hotel Tremezzo, via Regina 8 – ℰ 0344 42491
– www.grandhoteltremezzo.com – solo a cena – Aperto 9 marzo-29 ottobre*

ⅼO La Darsena   🗁 🏠 🄰🄺 🄿

CUCINA MEDITERRANEA • ACCOGLIENTE XX Una piacevolissima struttura ubicata lungo la statale, ma sul lato del lago, caratterizzata da una signorile sala da pranzo con un'ampia parete aperta sul grazioso dehors allestito con pochi, privilegiati, tavoli (si consiglia di prenotare): da qui la vista spazia sull'incantevole paesaggio circostante.

Menu 45 € – Carta 46/74 €

13 cam ☷ – ♦85/199 € ♦♦99/209 €

via Regina 3 – ℰ 0344 43166 – www.ladarsena.it – Chiuso 2 gennaio-9 marzo e mercoledì escluso 15 aprile-15 ottobre

🏨 Grand Hotel Tremezzo ◁ 🛋 ⌷ 🖵 🌐 🛋 🏋 ✗ 🔥 ⊡ ♨ 🕸 🛎 🚗

GRAN LUSSO • BORDO LAGO Testimone dei fasti della grande hôtellerie lacustre, questo splendido edificio d'epoca vanta, ora, anche una lussuosa T Spa panoramica ed una piscina galleggiante sul lago. Spiaggia privata.

79 cam 🖙 – 🛏470/2000 € 🛏🛏470/2000 € – 11 suites

via Regina 8 – 🕿 0344 42491 – www.grandhoteltremezzo.com
– Aperto 9 marzo-29 ottobre

🍴 **La Terrazza** – Vedere selezione ristoranti

🏨 Rusall ⇧ 🌳 ◁ 🛋 ⌷ ✗ ⊡ 🚗

FAMILIARE • ACCOGLIENTE I pochi chilometri che lo separano dalle rive del lago sono ampiamente ripagati da una splendida vista e una location quieta e soleggiata a cui si aggiungono piacevoli zone relax e stanze dagli arredi rustici.

23 cam 🖙 – 🛏95/125 € 🛏🛏124/150 €

via San Martino 2, (località Rogaro), Ovest: 1,5 km – 🕿 0344 40408
– www.rusallhotel.com – Chiuso 27 dicembre-22 marzo; aperto solo nei week-end 5 novembre-24 dicembre

🏨 Villa Marie ◁ 🛋 ⌷ 🔥 🕸 🚗

FAMILIARE • ACCOGLIENTE All'interno di un giardino con piccola piscina, una villa liberty-ottocentesca fronte lago con alcune delle stanze affrescate (più moderne le camere nella dépendance). Darsena con terrazza ed accesso al lago per rilassarsi.

21 cam 🖙 – 🛏75/100 € 🛏🛏110/180 €

via Provinciale Regina 30 – 🕿 0344 40427 – www.hotelvillamarie.com – Aperto 1° aprile-31 ottobre

TREMITI (Isole)

Foggia – 374 ab. – Alt. 116 m – Carta regionale n° **15**-A1
Carta stradale Michelin 564-A28

San Domino (Isola) - ✉ 71040 – ✉ San Domino – Carta regionale n° **15**-A1

🍴 Da Pio 🏠 🄰🄲

PESCE E FRUTTI DI MARE • FAMILIARE ✗ Sull'isola di San Domino, la più completa dell'arcipelago in quanto ad offerta turistica, cucina di mare con prodotti provenienti dal peschereccio di famiglia in un ambiente semplice, ma dal servizio gentile e attento.

🍴 Menu 18 € (pranzo) – Carta 26/49 €

via Aldo Moro 12 – 🕿 0882 463269 – Aperto 1° maggio-31 ottobre; chiuso lunedì a mezzogiorno

🏨 San Domino ⇧ 🌳 🛋 🔥 🄰🄲

FAMILIARE • FUNZIONALE Nella parte alta dell'isola, un hotel a conduzione familiare ospita ambienti dai piacevoli arredi in legno, ideale punto di appoggio per gli appassionati di sport acquatici. L'elegante ristorante propone la cucina tradizionale italiana.

25 cam 🖙 – 🛏65/90 € 🛏🛏90/140 €

via Matteotti 1 – 🕿 0882 463404 – www.hotelsandomino.com – Aperto Pasqua-31 ottobre

🏨 Levante 🌳 🛋 🄰🄲

FAMILIARE • ACCOGLIENTE Cambia nome, ma non l'essenza (ovvero la gestione), questa struttura di piccole dimensioni con camere particolarmente confortevoli: differenti tra loro per tipologia di arredi ed accessori che spaziano dal classico all'etnico.

11 cam 🖙 – 🛏50/140 € 🛏🛏70/180 €

via Matteotti snc – 🕿 0882 463767 – www.levantetremiti.it – Aperto 16 marzo-14 ottobre

TREMOSINE

Brescia – ✉ 25010 – 1 918 ab. – Alt. 414 m – Carta regionale n° **9**-C2
Carta stradale Michelin 561-E14

⛩ Pineta Campi ☆ ⅋ ⪪ ⟨⟩ ⤳ ▢ 𝄞 ⅃ℴ ✵ ⊟ ⅙ ㏂ **P**

TRADIZIONALE · ACCOGLIENTE I paesaggi del Parco Alto Garda Bresciano, l'infilata del lago cinto dalle alture, il confort di una struttura ideale per turisti e tennisti: regalatevi tutto questo! Anche una godereccia sosta gastronomica sulla panoramica terrazza estiva del ristorante.

76 cam ☲ – ♦66/96 € – ♦♦102/162 € – 1 suite

via Campi 2, località Campi-Voltino alt. 690 – ☎ 0365 912011
– www.hotelpinetacampi.com – Aperto 24 marzo-13 ottobre

⛩ Lucia ☆ ⅋ ⪪ ⟨⟩ ⤳ ℴ ℒℴ ✵ ⊟ ㏂ **P**

FAMILIARE · ACCOGLIENTE Belle le zone esterne, con ampio giardino con piscina, una spaziosa terrazza-bar e comode stanze, site anche nelle due dépendance; ambiente familiare, tranquillo. Due vaste sale ristorante: l'una più elegante e di gusto retrò, l'altra di taglio rustico.

42 cam ☲ – ♦55/85 € ♦♦74/108 €

via del Sole 2, località Arias alt. 460 – ☎ 0365 953088 – www.hotellucia.it
– Aperto 25 marzo-12 ottobre

TRENTO

(TN) – ✉ 38122 – 117 317 ab. – Alt. 194 m – Carta regionale n° **19**-B3
Carta stradale Michelin 562-D15

ⅲ○ Osteria a Le Due Spade ⌗ ㏂

CUCINA CLASSICA · INTIMO XX Quattrocento anni di storia e una stube settecentesca: è la meta di cene eleganti e romantiche in una sala intima e raccolta. Dalla cucina le specialità regionali alleggerite.

Menu 30/75 € – Carta 40/70 €

Pianta: B2-v – *via Don Rizzi 11, ang. via Verdi – ☎ 0461 234343*
– www.leduespade.com – Chiuso 1 settimana in giugno, 1 settimana in luglio,
lunedì a mezzogiorno e domenica

ⅲ○ Scrigno del Duomo ⅋⅋ ⌗ ㏂ ⇦

CUCINA CREATIVA · CHIC XX Sulla piazza centrale - gioiello architettonico della città - il locale occupa un bel palazzo, in cui si rintracciano tutte le vicende storiche che hanno coinvolto il capoluogo trentino. Il menu è un intreccio di preparazioni sofisticate e creative, nonché proposte più semplici e regionali, sempre accompagnato da un'ottima selezione di vini al calice.

Menu 35/65 € – Carta 39/70 €

Pianta: B2-d – *piazza Duomo 29 – ☎ 0461 220030 – www.scrignodelduomo.com*

ⅲ○ Ai Tre Garofani - Antica Trattoria ⌗ ㏂ ⇦

CUCINA REGIONALE · FAMILIARE XX In sale in cui convivono semplicità ed un certo tocco elegante, intelligente rivisitazione della cucina trentina da parte di una contagiosa e simpatica coppia. Nel mese di dicembre, durante i celebri mercatini di Natale, la carta si fa più semplice e tradizionale.

Menu 55/70 € – Carta 48/71 €

Pianta: B2-b – *via Mazzini 33 – ☎ 349 635 8908 (consigliata la prenotazione)*
– www.aitregarofani.com – Chiuso 1 settimana in febbraio, 15 giorni in luglio e
1 settimana in novembre e domenica

ⅲ○ Il Libertino ⅋⅋ ⌗ ㏂

CUCINA REGIONALE · VINTAGE X Un locale rustico ed informale - situato nell'antica piazzetta di Piedicastello - propone piatti tradizionali, soprattutto di carne. Ampia offerta di vini al bicchiere, nonché ottima scelta di etichette regionali e non.

Menu 30/45 € – Carta 34/55 €

Pianta: A1-b – *piazza Piedicastello 4/6 – ☎ 0461 260085*
– www.ristoranteillibertino.com – Chiuso luglio e martedì

TRENTO

Map showing Trento city center with grid coordinates A-B and 1-2. Points of interest labeled include PADOVA, VENEZIA, BOLZANO, BRESCIA, MONTE BONDONE, VERONA, VICENZA. Notable locations: MAUSOLEO C. BATTISTI, DOS TRENTO, S. APOLLINARE, PALAZZO DELLA REGIONE, Castello, Pal. Tabarelli, Piazza del Duomo, Museo Diocesano, Duomo, P.za Fiera, Piazza Venezia, Piazza Dante. Scale 0–200 m.

🏨 Grand Hotel Trento

🐾 🛁 ⬆ AC 🛎 🚗

PALACE · CLASSICO Interni imponenti con esposizione d'arte contemporanea e camere più semplici, spesso spaziose, in un edificio *art déco* tra il centro, la stazione dei treni ed i giardini. Buona varietà di servizi, tra cui anche un'area benessere; sala a semicerchio o gradevole dehors per il ristorante Clesio, tra tradizione gastronomica locale e classicità italiana.

130 cam ⬛ – ♦95/230 € ♦♦115/250 € – 6 suites

Pianta: B1-a – *piazza Dante 20* – 🕾0461 271000 – www.grandhoteltrento.com

🏨 NH Trento

🐾 🛁 ⬆ AC 🛎 🚗

BUSINESS · MODERNO Camere luminose con un concept di arredo moderno e colorato, dotate delle più attuali installazioni: una bella new entry nel panorama alberghiero cittadino, a due passi dal museo delle Scienze, Muse.

89 cam ⬛ – ♦74/274 € ♦♦94/294 €

via Adalberto Libera 7, per via Roberto Sanseverino - A2 – 🕾0461 366111 – *www.nh-hotels.com*

Il tempo è bello? Concedetevi il piacere di mangiare in terrazza: 🛖

Aquila d'Oro

TRADIZIONALE · DESIGN Design hotel con camere diverse l'una dall'altra (già a partire dal nome), ma tutte dotate di svariati confort, tra cui un angolo wellness con doccia multifunzione e sauna romana. Appuntamento allo street bar per un aperitivo o per propiziarsi bene la giornata con una ricca prima colazione.

16 cam ⌂ – ♦70/120 € ♦♦120/200 €

Pianta: B2-c – *via Belenzani 76 – ℰ 0461 986282 – www.aquiladoro.it*

America

TRADIZIONALE · ACCOGLIENTE Nel 1923, un membro della famiglia di ritorno dall'America fondò l'albergo: ancora oggi vi si accolgono i clienti con immutata cortesia. Consigliamo le camere con pregevole vista sul Castello del Buonconsiglio, meglio ancora se con terrazzo. Al ristorante, la cucina poliedrica spazia tra territorio e classicità con un'attenzione particolare al biologico.

67 cam ⌂ – ♦75/95 € ♦♦100/160 €

Pianta: B1-d – *via Torre Verde 50 – ℰ 0461 983010 – www.hotelamerica.it*

San Giorgio della Scala

FAMILIARE · TRADIZIONALE In frazione Piedicastello, in posizione dominante sulla città e la valle, risorsa funzionale con camere arredate in stile rustico, molte delle quali provviste di balcone o terrazzo. Buon rapporto qualità/prezzo.

14 cam ⌂ – ♦42/52 € ♦♦70/90 €

via Brescia 133, 1 km per Brescia - A1 - ℰ 0461 238848 - www.garnisangiorgio.it

a Cognola Est : 3 km per Padova B2 ✉ 38121

⅊○ Villa Madruzzo

CUCINA REGIONALE · AMBIENTE CLASSICO XX Articolata scelta à la carte, con diversi piatti regionali, qualcuno nazionale ed un po' di pesce, da gustare nella sala principale affacciata sul parco o nella più piccola ospitata nella ex cappella della villa.

Menu 32 € – Carta 34/46 €

Hotel Villa Madruzzo, via Ponte Alto 26 ✉ 38121 – ℰ 0461 986220 – www.villamadruzzo.com – Chiuso domenica

 Villa Madruzzo

TRADIZIONALE · PERSONALIZZATO Sulle alture intorno a Trento, splendida villa dell'Ottocento, le cui camere riprendono l'atmosfera volutamente retrò della dimora: carta da parati, tappeti e tendaggi colorati. Stile contemporaneo, invece, nella dépendance.

86 cam ⌂ – ♦85/130 € ♦♦130/190 € – 2 suites

via Ponte Alto 26 ✉ 38121 – ℰ 0461 986220 – www.villamadruzzo.com

⅊○ **Villa Madruzzo** – Vedere selezione ristoranti

a Ravina Sud : 4 km per Verona A2 ✉ 38123

✿✿ Locanda Margon

CUCINA CREATIVA · ELEGANTE XXX In zona collinare con vista mozzafiato sulla città di Trento, la cucina precisa e attenta di Alfio Ghezzi vi coccolerà nel suo Salotto Gourmet tra tradizione gastronomica e modernità e dove il territorio italiano farà da filo conduttore con ovvii riferimenti anche al Trentino. Per momenti meno impegnativi, la Veranda vi soddisferà con una cucina più semplice.

→ Riso mantecato, grana del Trentino, mele e timo. Blanc de Blanc, baccalà, crema di porri e patate, zuppetta allo chardonnay. Biscotto alle noci, crema al miele di tarassaco, gelato al tè matcha.

Menu 80/170 € – Carta 72/119 €

via Margone 15 – ℰ 0461 349401 (consigliata la prenotazione) – www.locandamargon.it – Chiuso dall'8 al 30 gennaio, 2 settimane in agosto, domenica sera e martedì

TREQUANDA

Siena – ⊠ 53020 – 1 254 ab. – Alt. 453 m – Carta regionale n° **18**-C2
Carta stradale Michelin 563-M17

(🍴) **Il Conte Matto**   ⇦ ⇦ 🏠 AC

CUCINA REGIONALE · RUSTICO ⅹ La trecentesca abitazione del guardiacaccia del castello si è stata trasformata in una "vetrina" di prodotti toscani con terrazza panoramica sulle colline e dalle camere scorci della campagna circostante. Specialità: pici al ragù di chianina - tagliata di vitellone ai tre sali e aromi dell'orto - cantucci e vino liquoroso.

Menu 28 € – Carta 23/48 €
4 cam ⊡ – ♦40/60 € ♦♦60/90 €

via Taverne 40 – ℰ 0577 662079 (prenotare) – www.contematto.it – Chiuso febbraio, 1 settimana in novembre-dicembre e martedì, fine luglio-fine settembre chiuso solo i mezzogiorno di lunedì e martedì

TRESCORE BALNEARIO

Bergamo – ⊠ 24069 – 9 951 ab. – Alt. 305 m – Carta regionale n° **10**-D1
Carta stradale Michelin 561-E11

❀ **LoRo** (Pierantonio Rocchetti)   AC P

CUCINA CREATIVA · ELEGANTE ⅩⅩ Una casa di origini seicentesche, soffitti in mattoni e camini: in un quadro di sobria eleganza, è la cucina ad accelerare con piatti fantasiosi, talvolta anche nella ricerca dei prodotti o in accostamenti originali.
→ Orto in festa: i vegetali in diverse consistenze. Riso mantecato all'ostrica. Sotto un manto di piume: piccione arrosto, coscetta croccante, foie gras e aceto balsamico.

Menu 60/90 € – Carta 63/85 €

via Bruse 2 – ℰ 035 945073 – www.loroandco.com – solo a cena escluso sabato e domenica – Chiuso 1°-7 gennaio, 3 settimane in agosto e lunedì

🍴○ **LoRo & Co Bistrò** – Vedere selezione ristoranti

🍴○ **Sala del Pozzo**   ஐ ⇦ 🛏 🏠 🍸 P

CUCINA MODERNA · ELEGANTE ⅩⅩ Una sorta di "oasi gastronomica" all'interno dell'hotel Della Torre. Se già non sarà facile scegliere tra le tante specialità del menu, aspettate di vedere la carta dei vini: più di 300 etichette da far girar la testa... ancor prima di aver bevuto! Alcune servite anche al bicchiere. Cucina contemporanea.

Menu 35/40 € – Carta 39/80 €
27 cam ⊡ – ♦50/70 € ♦♦70/90 €

piazza Cavour 26 – ℰ 035 941365 – www.albergotorre.it – Chiuso 1°-5 gennaio, domenica sera e lunedì

🍴○ **LoRo & Co Bistrò**   🏠 AC

CUCINA REGIONALE · BISTRÒ ⅹ Un vero e proprio bistrot per una cucina più easy, fatta di salumi, formaggi, ma anche pesce e carne, oltre a una buona lista di pizze: quest'ultime, l'orgoglio dei proprietari!

⊛ Menu 16 € (pranzo in settimana)/28 € – Carta 44/57 €

via Bruse 2/a – ℰ 035 940999 – www.loroandco.com – Chiuso 1°-8 gennaio e lunedì

TREVENZUOLO

Verona – ⊠ 37060 – 2 753 ab. – Carta regionale n° **23**-A3
Carta stradale Michelin 562-G14

a Fagnano Sud : 2 km ⊠ 37060 – Trevenzuolo

🍴◯ **Trattoria alla Pergola**   🅰🅲 ⅌

CUCINA CLASSICA • **CONTESTO TRADIZIONALE** ⅜ Semplice ma invitante, di quelle che ancora si trovano in provincia; giunta con successo alla terza generazione, la trattoria propone la classica cucina del territorio, risotti e bolliti al carrello come specialità.

Carta 30/47 €

via Nazario Sauro 9 – ☏ 045 735 0073
– Chiuso 24 dicembre-9 gennaio, 10 luglio-31 agosto, domenica e lunedì

TREVIGLIO
Bergamo – ⊠ 24047 – 29 706 ab. – Alt. 125 m – Carta regionale n° **10**-C2
Carta stradale Michelin 561-F10

🍴◯ **San Martino** (Vittorio Colleoni)   🕮⬅🏠 & 🅰🅲 🔊 🅿

PESCE E FRUTTI DI MARE • **ELEGANTE** ⅜⅜⅜ Una delle cucine più convincenti del territorio: tanto pesce, tra cui i classici ereditati dall'esperienza paterna, ma anche la creatività introdotta dalla nuova generazione. A pranzo chi desidera pasti più veloci ed economici si accomoderà nella saletta dello Smartino; chi invece desidera prolungare il soggiorno troverà camere spaziose dall'eleganza contemporanea e raffinata.

→ Ravioli di cipolla rossa e agrumi con astice all'americana. Trancio di rombo, funghi, mirtilli, salsa d'arrosto. La spugna di cioccolato.

Menu 30 € (in settimana)/150 € – Carta 70/125 € – carta semplice a pranzo

15 cam ⌑ – †90/110 € ††130/150 € – 3 suites

viale Cesare Battisti 3 – ☏ 0363 49075 – www.sanmartinotreviglio.it
– Chiuso 26 dicembre-10 gennaio, agosto, domenica e lunedì

TREVIGNANO ROMANO
Roma – ⊠ 00069 – 5 725 ab. – Alt. 220 m – Carta regionale n° **7**-B2
Carta stradale Michelin 563-P18

🍴◯ **Acquarella**   ⬅ 🛏 🏠 & 🅿

PESCE E FRUTTI DI MARE • **CONTESTO TRADIZIONALE** ⅜⅜ Direttamente sul lago che lambisce con il suo giardino e con il suo pontiletto - una favola soprattutto in estate quando si può mangiare sotto il grande gazebo - il locale si farà ricordare per le fragranti specialità di pesce. In inverno, godetevi la rusticità degli spazi interni e la bella saletta con camino.

Carta 28/62 €

via Acquarella 4, Sud-Est: 6 km – ☏ 06 998 5361 – www.ristoranteacquarella.it
– Chiuso 7-20 gennaio e martedì

TREVINANO Viterbo → Vedere Acquapendente

TREVISO
(TV) – ⊠ 31100 – 83 731 ab. – Alt. 15 m – Carta regionale n° **23**-A1
Carta stradale Michelin 562-E18

🍴◯ **Undicesimo Vineria** ⓝ (Francesco Brutto)   🏠 🅰🅲

CUCINA MODERNA • **DI TENDENZA** ⅜⅜ Forte del fatto che ai fornelli vi è uno chef di grande talento, giovane ma con buone esperienze alle spalle, la formula vincente di questo ristorante-vineria si riassume in poche parole: ottime materie prime elaborate con tecnica e modernità.

→ Ravioli di robiola, miele fermentato, piselli. Sgombro, cetriolo, foglie di limone, mela verde. Germano, anguilla affumicata, topinambur, cavolo nero.

Menu 55/120 € – Carta 48/92 €

via della Quercia 8, per viale Monte Grappa - A1 - ☏ 0422 210460 (consigliata la prenotazione) - www.vineria.it - Chiuso sabato a mezzogiorno e domenica

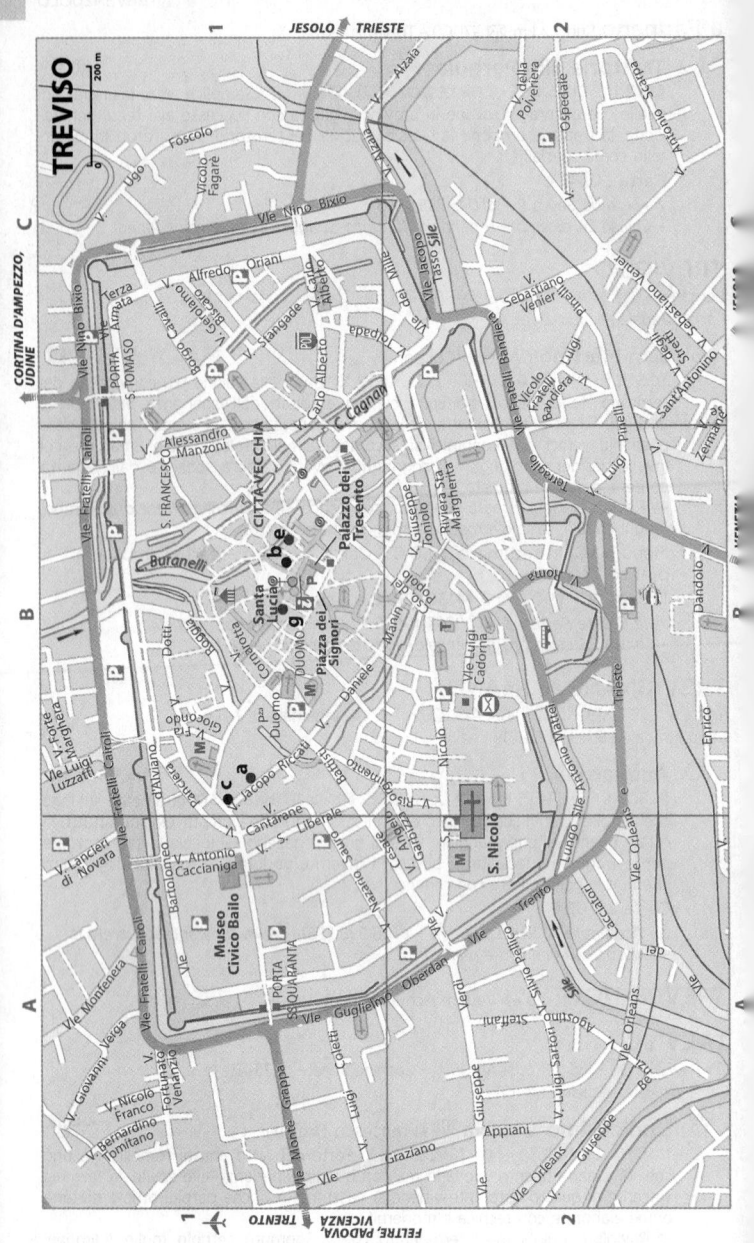

⅋○ **Antico Morer**

PESCE E FRUTTI DI MARE · CHIC ⅩⅩ Non lontano dal Duomo, questo storico locale prende il nome da una pianta di gelso - morer, in dialetto - situata davanti all'ingresso, ma che ora non c'è più. Oggi, sotto a travi di legno, in un ambiente sobrio (tendente all'elegante), potrete gustare sapori di mare con tanto spazio ai crudi.

Carta 43/81 €

Pianta: B1-a - *via Riccati 28*
- 𝒞 0422 590345 - www.ristoranteanticomorertreviso.com - Chiuso 10 giorni in febbraio, 2 settimane in agosto e lunedì

⅋○ **Il Basilisco**

CUCINA CLASSICA · VINTAGE ⅩⅩ Il ristorante ruota attorno alla personalità dello chef-patron che costruisce il menu giorno per giorno, partendo dalla spesa quotidiana: pesce, soprattutto "povero", ma anche carne con tagli atipici e quinto quarto. Il tutto fuori dal centro, in un ambiente pop tra anni Cinquanta e Sessanta.

Carta 29/54 €

via Bison 34, 1 km per Trieste - C1
- 𝒞 0422 541822 - www.ristorantebasilisco.com - Chiuso 15 giorni in agosto, lunedì a mezzogiorno e domenica

⅋○ **Toni del Spin**

CUCINA REGIONALE · RUSTICO Ⅹ Storica trattoria riccamente decorata con menu esposto su lavagne, dove poter mangiare in un ambiente raccolto e caratteristico terminando con l'invitante carrello dei dolci. Di fronte al locale il wine-bar: qui la scelta si fa tra molte etichette di qualità.

Carta 23/67 €

Pianta: B1-g - *via Inferiore 7*
- 𝒞 0422 543829 - www.ristorantetonidelspin.com - Chiuso 1°-15 agosto, lunedì a mezzogiorno, anche domenica in giugno-agosto

⅋○ **Hosteria Antica Contrada delle due Torri**

CUCINA REGIONALE · RUSTICO Ⅹ Rustico locale nel cuore del centro storico di cui occupa il piano terra di un antico palazzo, a sorpresa c'è una saletta-veranda che dà su di un canaletto. La cucina si fa portavoce della tradizione locale, a pranzo si sdoppia con l'offerta di piatti unici.

Carta 30/51 €

Pianta: B1-e - *via Palestro 8 - 𝒞 0422 541243 - www.ristoranteduetorri.it - Chiuso 13-30 agosto e martedì*

⌂ **Il Focolare**

FAMILIARE · PERSONALIZZATO Nel cuore del centro storico, una piccola bomboniera a gestione familiare: spazi comuni ridotti ma camere accoglienti, una con letto a baldacchino mentre, se non vi spaventano le scale, la n. 34 al terzo piano offre una vista da cartolina su di un canaletto.

14 cam ⌕ - †70/90 € ††90/120 €

Pianta: B1-b - *piazza Ancillotto 4*
- 𝒞 0422 56601 - www.ilfocolarehotel.com

⌂ **Maison Matilda**

CASA PADRONALE · PERSONALIZZATO Siete in città per lavoro? Oppure per turismo? Questa elegante casa del centro, dotata di piccolo garage a pagamento, garantirà al vostro riposo un contorno di charme ricreato con mobili d'antiquariato dalle origini più disparate e messi - uno accanto all'altro - con uno stile "asciutto" eppure ricercato.

6 cam ⌕ - †165/192 € ††185/209 €

Pianta: B1-c - *via Jacopo Riccati 44*
- 𝒞 0422 582212 - www.maisonmatilda.com - Chiuso 3 settimane in agosto

TREZZO SULL'ADDA

Milano – ✉ 20056 – 12 063 ab. – Alt. 187 m – Carta regionale n° **10**-C2
Carta stradale Michelin 561-F10

🍴 **La Cantina**   🔥 🅰 🅿

CUCINA ITALIANA · ACCOGLIENTE ✕ Cucina regionale in un ristorante piacevolmente rustico a cui "cave" custodisce etichette di pregio. D'estate, la bella corte en plein air si presta per romantiche cene a lume di candela.

🍽 Menu 20 € – Carta 32/53 €
Hotel Villa Appiani, via Sala 17
– 𝒞 02 9200 2410 – www.lacantinaditrezzo.it – Chiuso 24 dicembre-7 gennaio e agosto

🏠 **Villa Appiani**   🔲 🔥 🅰 🅰 🅿

DIMORA STORICA · MODERNO A pochi km dai caselli autostradali di Capriate e Trezzo sull'Adda, la nobile villa settecentesca che ospita l'hotel colpisce per i suoi interni dai cromatismi intensi e per il design decisamente contemporaneo.

38 cam ☕ – ♦76/390 € ♦♦96/490 €
via Sala 17 – 𝒞 02 9200 2410 – www.villappiani.it
– Chiuso 24 dicembre-7 gennaio e agosto
🍴 **La Cantina** – Vedere selezione ristoranti

TRICASE

Lecce – ✉ 73039 – 17 581 ab. – Alt. 98 m – Carta regionale n° **15**-D3
Carta stradale Michelin 564-H37

🍴 **I Fornelli di Teresa**   🔄 🍴 🔥 🅰 🅿

CUCINA REGIONALE · CONTESTO CONTEMPORANEO ✕ Ristorante dell'albergo Adriatico, il nome è un omaggio alla sua fondatrice, la signora Teresa, che in persona vi tenterà con i suoi piatti: molti di matrice regionale, in alternativa c'è anche una buona selezione di pizze (e cucina senza glutine).

Carta 20/58 €
18 cam ☕ – ♦35/65 € ♦♦40/115 €
via Tartini 34
– 𝒞 0833 770312 – www.adriaticotricase.it
– Chiuso 24 settembre-7 ottobre e lunedì escluso luglio-agosto

TRICESIMO

Udine – ✉ 33019 – 7 600 ab. – Alt. 199 m – Carta regionale n° **6**-C2
Carta stradale Michelin 562-D21

😊 **Miculan**   🍴 🅰

CUCINA REGIONALE · FAMILIARE ✕ Sulla piazza di Tricesimo un piccolo bar, frequentatissimo dalla gente del posto, fa da "anticamera" a questa tipica trattoria, che custodisce un significativo retaggio del passato: il caratteristico camino, el fogher, nonché specialità regionali - come il risotto con prodotti di stagione - e qualche divagazione sul pescato.

Menu 28 € – Carta 31/45 €
piazza Libertà 16 – 𝒞 0432 851504 – www.trattoriamiculan.com
– Chiuso 2 settimane in luglio, giovedì e mercoledì a mezzogiorno; anche il mercoledì sera da giugno a settembre

TRIESTE

(TS) – ✉ 34121 – 204 420 ab. – Carta regionale n° **6**-D3
Carta stradale Michelin 562-F23

🏵 Nuovo Savron   ☧ AC

CUCINA REGIONALE · ACCOGLIENTE ｘ Trasferitosi da poco dal cuore del Carso alla più movimentata città, in posizione leggermente defilata, una gradevole trattoria dalle specialità mitteleuropee. I nostri preferiti: gnocchi ripieni di prosciutto d'alce e fontina - stinco di maiale alla birra - strudel di mele.

🍴 Menu 25/40 € – Carta 27/58 €

Pianta: A3-a – *via Elisa Baciocchi 2/a* ✉ *34121* – ℰ *040 225592*
– *www.nuovosavron.it* – *Chiuso 1 settimana in febbraio, 1 settimana in settembre e mercoledì*

🍽 Harry's Grill   ☲ AC

CUCINA ITALIANA · VINTAGE ｘｘｘ Inaugurato negli anni '70 dallo stesso Arrigo Cipriani, dell'omonimo locale veneziano riprende lo stile dell'arredo. Vi si respira un'atmosfera accogliente ed elegante, un vero salotto nel salotto di Trieste: ovvero, la piazza su cui si apparecchia il servizio all'aperto. La sua cucina propone specialità regionali e piatti nazionali. A pranzo anche formula bistrot più semplice e veloce.

Carta 48/88 €

Pianta: B2-r – *Grand Hotel Duchi d'Aosta, piazza Unità d'Italia 2* ✉ *34121*
– ℰ *040 660606* – *www.magesta.eu*

🍽 Pepenero Pepebianco   AC

CUCINA MODERNA · CONTESTO CONTEMPORANEO ｘｘ Non lontano dalla stazione, locale di taglio moderno gestito con passione da una simpatica coppia: ricette stuzzicanti dove territorio e pesce sono proposti in chiave moderno-creativa. Aperto anche a mezzogiorno, previa prenotazione da effettuarsi almeno con un giorno di anticipo.

Menu 29/65 € – Carta 39/91 €

Pianta: C1-a – *via Rittmeyer 14/a* ✉ *34134*
– ℰ *040 760 0716* – *www.pepeneropepebianco.it* – *solo a cena* – *Chiuso 1 settimana in gennaio, 3 settimane in giugno-luglio e domenica*

🍽 Scabar   ☰ ☲ ☧ 🅿

PESCE E FRUTTI DI MARE · FAMILIARE ｘｘ La cordiale gestione familiare vi condurrà in un *excursus* di specialità ittiche e locali, in sale di tono classico o sulla panoramica terrazza. Non è facile da raggiungere, ma merita la sosta... del resto, non per niente, sono qui da 50 anni!

Menu 32/60 € – Carta 36/68 €

Erta Sant'Anna 63, per Muggia - *C3* ✉ *34149* – ℰ *040 810368 (consigliata la prenotazione)* – *www.scabar.it* – *Chiuso lunedì*

🍽 Savoy   ☧ AC

CUCINA MEDITERRANEA · MINIMALISTA ｘｘ Un rifugio gastronomico in grado di soddisfare i palati più diversi: la cucina è italiana e di taglio contemporaneo. Il tavolo lungo la vetrata per la piacevole vista sulla marina di Trieste, il più richiesto!

Menu 45/90 € – Carta 38/70 €

Pianta: B2-a – *Starhotels Savoia Excelsior Palace, riva del Mandracchio 4* ✉ *34124*
– ℰ *040 77941* – *www.starhotels.com*

🍽 Al Bagatto   AC

PESCE E FRUTTI DI MARE · INTIMO ｘ Piccolo ristorante del centro dai toni caldamente rustici e dall'atmosfera signorile. Sulla tavola: piatti a base di pesce con un tocco di modernità.

Menu 59 € – Carta 48/84 €

Pianta: B2-g – *via Cadorna 7* ✉ *34124*
– ℰ *040 301771 (prenotazione obbligatoria)* – *www.albagatto.it* – *solo a cena* – *Chiuso domenica*

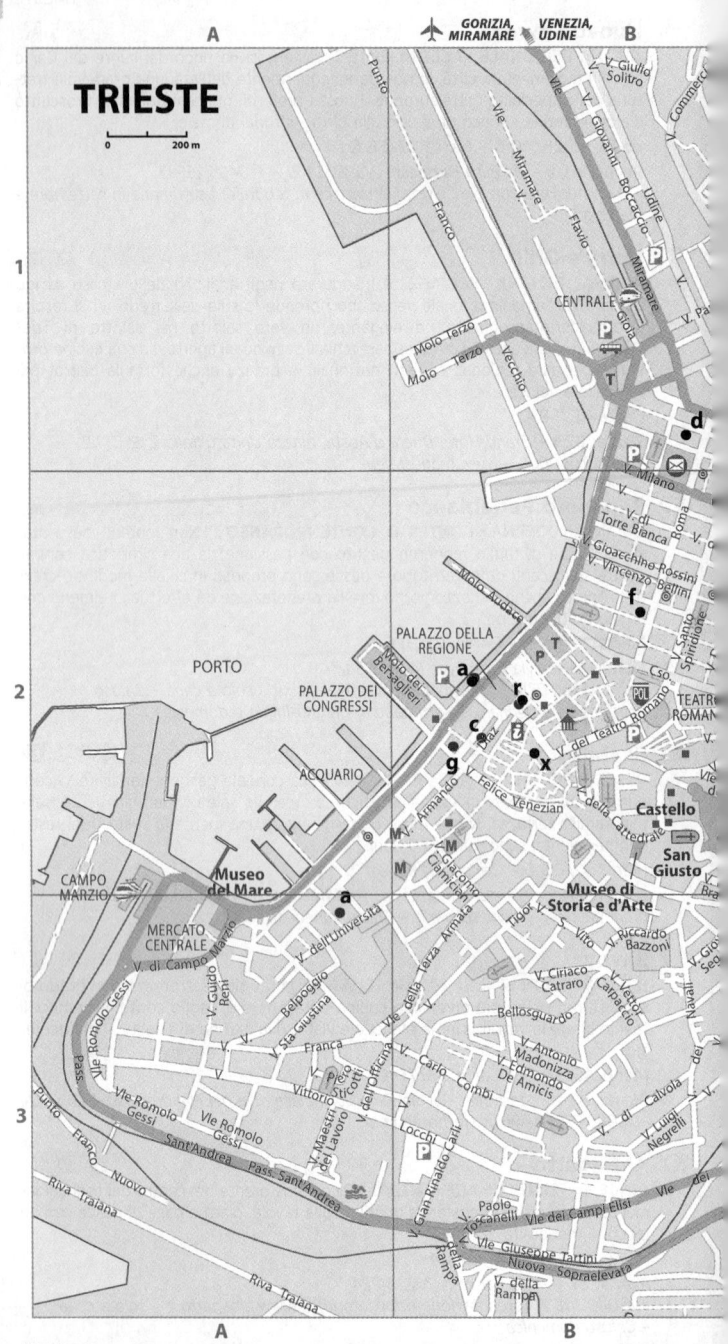

TRIESTE

0 200 m

✈ GORIZIA, MIRAMARE VENEZIA, UDINE

CENTRALE

PORTO

PALAZZO DELLA REGIONE

PALAZZO DEI CONGRESSI

ACQUARIO

CAMPO MARZIO

Museo del Mare

MERCATO CENTRALE

Museo di Storia e d'Arte

Castello
San Giusto

TEATRO ROMANO

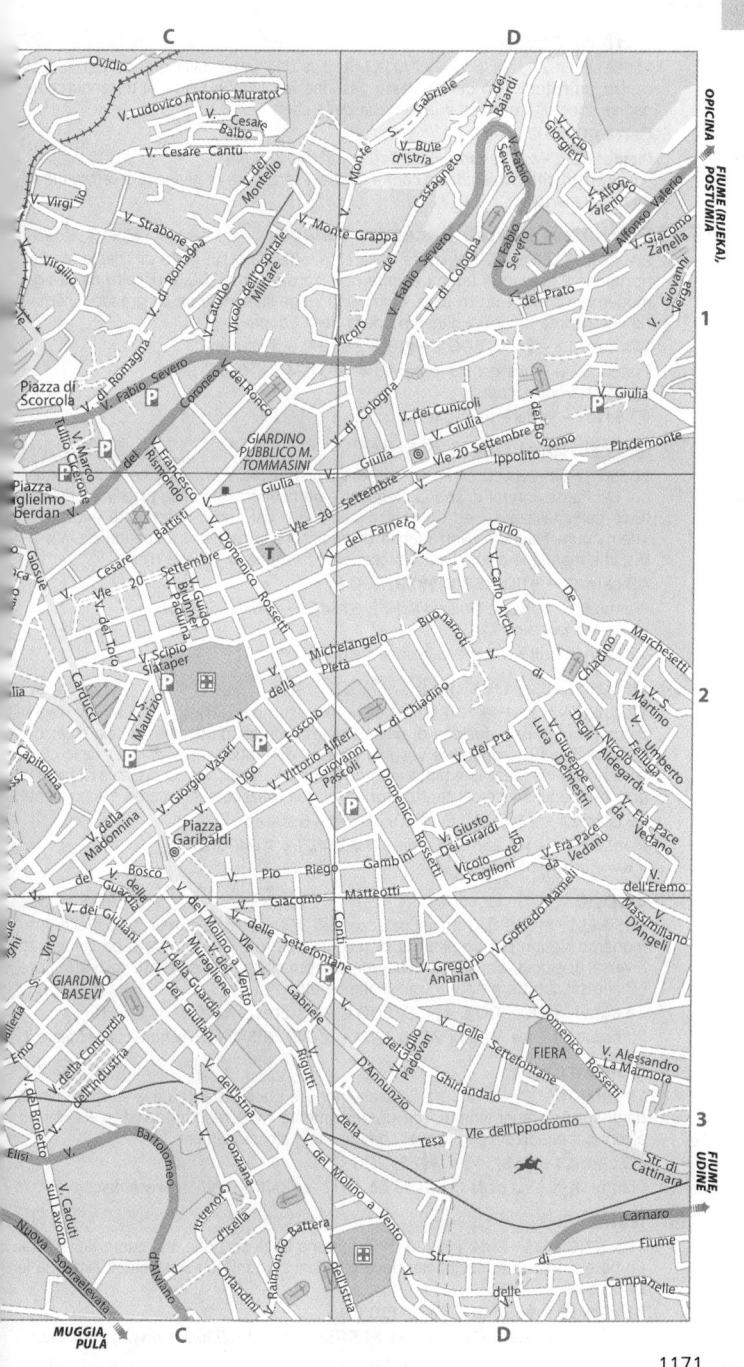

🍴 Città di Cherso   AC

PESCE E FRUTTI DI MARE · FAMILIARE ✗ A due passi dalla grande piazza del centro, un ristorantino dalla cortese gestione familiare: a tavola vi terranno compagnia specialità di mare e la fantasia dello chef.

Carta 40/55 €

Pianta: B2-c – *via Cadorna 6* ✉ *34124* – ☎ *040 366044*
– *www.ristorantecittadicherso.com* – *Chiuso 1 settimana in gennaio, 3 settimane in agosto e martedì*

🏨 Starhotels Savoia Excelsior Palace   ≤ 🛗 🔁 & AC 🛁

PALACE · ELEGANTE Nel cuore della città, affacciato sul golfo di Trieste, l'hotel ripropone il fascino di un imponente palazzo dei primi '900, arricchito da design moderno e confort up-to-date. Originale lounge illuminata da un grande lucernario che ricorda i giardini d'inverno della *Belle Epoque*.

144 cam ☲ – ♦140/500 € ♦♦180/2500 € – 36 suites

Pianta: B2-a – *riva del Mandracchio 4* ✉ *34124* – ☎ *040 77941*
– *www.starhotels.com*

🍴 **Savoy** – Vedere selezione ristoranti

🏨 Grand Hotel Duchi d'Aosta   🔲 🏠 🔁 AC

LUSSO · PERSONALIZZATO In una delle piazze più scenografiche e suggestive del Bel Paese, interni di sobria eleganza - particolarmente nelle piacevoli camere, tutte personalizzate - ed un centro benessere dal nome fortemente evocativo: Thermarium Magnum. Non manca di originalità la moderna dépendance, Vis-à-Vis, che mantiene anche la sua precedente funzione di galleria d'arte.

49 cam ☲ – ♦110/268 € ♦♦119/500 €

Pianta: B2-r – *piazza Unità d'Italia 2* ✉ *34121* – ☎ *040 760 0011*
– *www.magesta.eu*

🍴 **Harry's Grill** – Vedere selezione ristoranti

🏨 Urban Hotel Design   🔁 & AC 🛁

TRADIZIONALE · MINIMALISTA Nella mitteleuropea Trieste, hotel di taglio moderno nato dalla fusione di palazzi rinascimentali: particolare la sala colazioni il cui pavimento propone le vestigia romane dell'antico muro di cinta della città. Lo scrittore irlandese che tanto amò questa città, James Joyce, presta il nome alla graziosa dépendance nel centro storico: piccoli spazi comuni e camere accoglienti.

56 cam ☲ – ♦70/200 € ♦♦80/300 € – 6 suites

Pianta: B2-x – *via Androna Chiusa 4* ✉ *34121* – ☎ *040 302065*
– *www.urbanhotel.it*

🏨 Coppe   🔁 & AC 🛁

BUSINESS · MODERNO In un palazzo del '700 sotto la tutela delle Belle Arti, moderno design per un albergo di recente apertura caratterizzato da camere di diversa tipologia, alcune particolarmente romantiche: ampio letto rotondo, fibre ottiche sul soffitto e note musicali alle pareti.

36 cam – ♦100/300 € ♦♦130/500 € – 6 suites – ☲ 15 €

Pianta: B2-f – *via Mazzini 24* ✉ *34121* – ☎ *040 761614* – *www.hotelcoppetrieste.it*

🏨 Colombia   🔁 AC

TRADIZIONALE · CLASSICO Centrale, nonché poco distante dalla stazione, hotel dagli spazi comuni limitati, ma gradevolmente moderni, con arredi piacevoli ed alcuni bei quadri sia negli spazi comuni sia in alcune camere.

40 cam ☲ – ♦65/140 € ♦♦85/200 €

Pianta: B1-a – *via della Geppa 18* ✉ *34132* – ☎ *040 369191* – *www.hotelcolombia.it*

🏨 Italia   🔁 & AC

TRADIZIONALE · FUNZIONALE Non lontano dalla stazione, nel cuore della città, un hotel comodo e funzionale, dove gli spazi comuni non sono amplissimi, ma le camere sì!

38 cam ☲ – ♦55/115 € ♦♦75/160 €

Pianta: B1-d – *via della Geppa 15* ✉ *34132* – ☎ *040 369900* – *www.hotel-italia.it*

a Grignano Nord: 5 km direzione Gorizia B1 ⊠ 34014

 Le Terrazze ⩽ 𝔸𝔺 𝐏

CUCINA MEDITERRANEA · ACCOGLIENTE XX La terrazza a picco sul mare è particolarmente ambita nella bella stagione, da qui si gode di una vista a dir poco meravigliosa! La cucina sforna specialità prevalentemente di pesce, ma in bassa stagione il menu è più ridotto.

Carta 35/66 €

Hotel Riviera e Maximilian's, strada costiera 22 – ℰ 040 224 7033 – www.terrazze.eu

 Riviera e Maximilian's ⩽ 🛏 𝔪 🔒 ⬆ 𝔸𝔺 🛁 𝐏

TRADIZIONALE · ELEGANTE In una villa di fine '800, poco distante dal castello di Miramare, l'elegante atmosfera e tranquillità della costa carsica sono il contorno di questo hotel ristrutturato in anni recenti a cui ora si è aggiunto anche un centro benessere. Più moderne le camere collocate nell'ala dalla vista mare mozzafiato.

47 cam ⊒ – ♦110/300 € ♦♦120/500 € – 2 suites

strada costiera 22 – ℰ 040 224551 – www.rivieramax.eu

🍴 **Le Terrazze** – Vedere selezione ristoranti

 Miramare ⩘ ⩽ ⬆ 🔒 𝔸𝔺 ⅏ 𝐏

BUSINESS · MINIMALISTA A breve distanza dall'omonimo castello, un hotel moderno che propone ambienti confortevoli, arredati in tenue e rilassanti tonalità, nel contemporaneo gusto minimalista.

32 cam ⊒ – ♦79/249 € ♦♦89/389 €

via Miramare 325/4 – ℰ 040 224 7085 – www.hotelmiramaretrieste.it – Aperto 1° marzo-30 novembre

TRINITÀ D'AGULTU **Sardegna**

Olbia-Tempio (OT) – ⊠ 07038 – 2 211 ab. – Alt. 365 m – Carta regionale n° **16**-A1
Carta stradale Michelin 366-O38

ad Isola Rossa Nord-Ovest : 6 km ⊠ 07038 – Trinità D'Agultu

 Marinedda Thalasso & SPA ⩘ ⌘ ⩽ 🛏 ⌁ 💷 𝔪 ⅃ℴ 🍽 🔒 ⅚ 𝔸𝔺 ⅏ 𝐏

LUSSO · MEDITERRANEO Tipica struttura sarda in sasso e tufo a pochi metri dalla spiaggia, consta di interni ben arredati, piscine panoramiche, campi da tennis e da calcetto, nonché talassoterapia in un centro benessere di 2500 mq completo di tutto punto.

195 cam ⊒ – ♦130/250 € ♦♦200/430 € – 45 suites

località Marinedda – ℰ 0789 790018 – www.hotelmarinedda.com – Aperto 1° maggio-30 settembre

 Relax Torreruja Thalasso & SPA ⩘ ⩽ ⌁ 💷 𝔪 ⅃ℴ ⬆ ⅚ 𝔸𝔺 ⅏ 𝐏

LUSSO · MEDITERRANEO In prossimità di incantevoli calette di roccia rossa, un villaggio-hotel con camere in stile mediterraneo, alcune recentemente rinnovate, e servizi idonei per una vacanza di relax... non fosse altro che per la superba spa: 1200 mq di assoluto benessere!

124 cam ⊒ – ♦150/298 € ♦♦192/336 € – 12 suites

via Tanca della Torre – ℰ 0789 790018 – www.hoteltorreruja.com – Aperto 1° maggio-30 settembre

TRIPI

Messina (ME) – ⊠ 98060 – 873 ab. – Alt. 450 m – Carta regionale n° **17**-D2
Carta stradale Michelin 565-M27

 La Rosa dei Venti ⩘ ⩽ ⌁ ⬆ ⅚ 𝔸𝔺 ⅏ 🛁 𝐏

BUSINESS · MODERNO Posizione collinare da cui si può ammirare un panorama stupendo che spazia dal golfo di Tindari a Capo Milazzo, con le meravigliose isole Eolie sullo sfondo, in questa bella struttura dall'eleganza vagamente barocca, sorretta da un'eccellente cura nella tenuta e nella conduzione.

20 cam ⊒ – ♦50/70 € ♦♦80/100 € – 2 suites

via Garibaldi 1, località Campogrande, Nord: 6,5 km – ℰ 0941 801020 – www.larosadeiventihotel.it – Chiuso gennaio

TROFARELLO

Torino – ✉ 10028 – 11 010 ab. – Alt. 276 m – Carta regionale n° **12G**-B2
Carta stradale Michelin 561-H5
Pianta d'insieme di Torino

🍴⃝ **La Valle** ⌂⌂ 🍴 AC

CUCINA CLASSICA · ACCOGLIENTE XX In zona tranquilla appena fuori paese, un locale ben gestito dallo chef-patron che propone una cucina moderna, ma non scevra di spunti del territorio. Attenzione massima è riservata alla stagionalità ed alle erbe spontanee e, per completare l'offerta, c'è anche una discreta scelta di piatti a base di pesce.

Menu 50 € – Carta 45/83 €

via Umberto I 25, località Valle Sauglio, Nord: 1,5 km – 𝒞 011 649 9238 – www.ristorantelavalle.it – Chiuso mercoledì

TROPEA

Vibo Valentia – ✉ 89861 – 6 441 ab. – Carta regionale n° **3**-A2
Carta stradale Michelin 564-K29

🏨 **Rocca Nettuno** ⌂ 🍴 🏊 🌐 🅿 ⌂ 🎯 🍴 ⚓ 🖥 AC 🦽 🏋 🅿

TRADIZIONALE · MEDITERRANEO Non lontano dal centro, grande albergo diviso in più strutture dispone di camere ampie e bellissimi spazi aperti con generosi giardini. Più formule per soddisfare l'appetito: buffet, à la carte, pizzeria e ristorante sulla spiaggia. In alta stagione, c'è anche l'opzione all inclusive.

284 cam ⌂ – †105/235 € ††170/430 €

via Rocca – 𝒞 0963 998111 – www.labranda-hotels.com – Aperto 21 aprile-31 ottobre

a Santa Domenica Sud-Ovest : 6 km ✉ 89866

🏨 **Cala di Volpe** ⌂ 🐬 ⬅ ⌂ 🏊 🍴 ⚓ 🦽 🅿

TRADIZIONALE · MEDITERRANEO Immersi in un lussureggiante giardino tropicale, avrete la possibilità di trascorrere una vacanza optando per la formula hotel o residence, accomodati in camere semplici (meglio le poche con aria condizionata), mare e spiaggia ai vostri piedi. Ristorante panoramico, suggestivo nei mesi estivi: da poco c'è anche la pizzeria.

82 cam ⌂ – †90/290 € ††90/290 €

contrada Torre Marino – 𝒞 0963 669222 – www.caladivolpe.it – Aperto 19 maggio-15 ottobre

Capo Vaticano Sud-Ovest : 10 km ✉ 89866 – San Nicolò Di Ricadi

🏨 **Capovaticano Resort Thalasso & Spa** ⌂ 🐬 ⬅ ⌂ 🏊 🌐 🎯

LUSSO · LUNGOMARE In uno scenario naturale di 🍴 ⚓ 🖥 🦽 AC 🏋 🅿 grande impatto, direttamente sul mare e all'orizzonte le isole Eolie, un albergo di grande fascino con camere dai caldi cromatismi, tutte vista mare. Il centro talassoterapico è un'altra importante realtà della risorsa: 3000 mq di eccellenza con tre piscine, cabine attrezzate, personale qualificato.

123 cam ⌂ – †115/510 € ††160/580 €

località Tono – 𝒞 0963 665760 – www.capovaticano.it – Aperto 1° maggio-30 ottobre

a Ricadi Sud-Est : 7 km ✉ 89866

🏨 **Sunshine Club Hotel** ⌂ 🐬 ⌂ 🏊 🌐 🎯 🍴 ⚓ 🖥 AC 🏋 🅿

TRADIZIONALE · MEDITERRANEO Una struttura polivalente che si prefigge - con successo - di soddisfare ogni tipo di clientela: da quella business grazie alla sua area congressuale, a quella leisure in cerca di relax e benessere (quest'ultimi conseguibili presso la moderna spa). Per tutti, la bella piscina ed un'animazione discreta e poco pressante.

59 cam ⌂ – †75/130 € ††100/210 €

località Petto Bianco – 𝒞 0963 665713 – www.sunshinehotel.it – Chiuso inizio gennaio-fine febbraio

TURI

Bari (BA) – ⊠ 70010 – 13 046 ab. – Alt. 250 m – Carta regionale n° **15**-C2
Carta stradale Michelin 564-E33

🍴○ Menelao a Santa Chiara [AC]

CUCINA CREATIVA · ELEGANTE XXX Nel cuore del centro storico, in un palazzo
signorile del 1700 totalmente ristrutturato, un ambiente elegante ed originale distribuito su più piani collegati da un ascensore. La sua cucina creativa trae spunto dal
territorio e dal mare. Eventualmente aperto anche a pranzo, ma solo su prenotazione
e con almeno un giorno di anticipo.
Menu 50 € – Carta 35/86 €

via Sedile 45 – 𝒞 080 891 1897 (prenotazione obbligatoria a mezzogiorno)
– www.menelaoasantachiara.it – Chiuso domenica sera e mercoledì

UDINE

(UD) – ⊠ 33100 – 99 169 ab. – Alt. 113 m – Carta regionale n° **6**-C2
Carta stradale Michelin 562-D21

🙂 Hostaria Allegria [AC] ⇔

CUCINA REGIONALE · FAMILIARE X Piacevole locale dagli intriganti giochi di luce
e ombra, bianco e nero. Sulla tavola, sfilano fieri i piatti della tradizione locale e
- in aggiunta - qualche ricetta di fantasia: cjalsons di Timau - rana pescatrice
con lardo di Sauris e fagioli di Pesariis - frollino con crème brûlée all'arancio e
frutti rossi.
Carta 25/66 €

Pianta: A2-b *– Hotel Allegria, via Grazzano 18 – 𝒞 0432 25508*
– www.hotelallegria.it – Chiuso 2 settimane in agosto, domenica sera e lunedì a
mezzogiorno

🍴○ Là di Moret-Il Fogolar 🐾 ㅊ [AC] ⇔ [P]

CUCINA MODERNA · CHIC XX Se oltre un secolo fa qui nasceva un'osteria, ora,
nelle intime salette di questo locale, si danno appuntamento tradizione friulana e
piglio moderno con un menu che spazia dalla terra al mare.
Menu 50/70 € – Carta 31/78 €

Hotel Là di Moret, viale Tricesimo 276, 2 km per viale Volontari della Libertà - A1
– 𝒞 0432 545096 – www.ladimoret.it – Chuso 7-21 agosto, domenica sera e lunedì

🍴○ Vitello d'Oro 🏠 ㅊ [AC] ⇔

PESCE E FRUTTI DI MARE · CHIC XX Locale storico sito in pieno centro e già
citato in un articolo di giornale a metà Ottocento; elegante e "caldo" grazie alla
preziosa boiserie, in inverno il camino viene sempre acceso. Nel piatto, una sola
passione: il mare!
Menu 55/65 € – Carta 42/78 €

Pianta: A1-a *– via Valvason 4 – 𝒞 0432 508982 (consigliata la prenotazione)*
– www.vitellodoro.com – Chiuso 2 settimane in agosto e lunedì a pranzo, anche
domenica in giugno-settembre e mercoledì negli altri mesi

🍴○ Pepata di Corte [AC]

PESCE E FRUTTI DI MARE · DI TENDENZA XX Al piano terra c'è la cicchetteria-
osteria; salendo le scale si entra nella piccola ed elegante sala ristorante, dove il
giovane gestore propone in prevalenza piatti di mare e, oltre ai vini, anche una
selezione di birre.
Menu 40 € – Carta 25/58 €

Pianta: A2-p *– corte Savorgnan 12 – 𝒞 0432 294583 – www.pepatadicorte.com*
– Chiuso 20 giorni in luglio e lunedì

🍽 **Hostaria alla Tavernetta** 🍷 AIC ♿

CUCINA REGIONALE • ROMANTICO ✗ Intimo, romantico ma anche veloce e informale. Una proposta variegata con cucina locale che spazia dal mare alla terra senza esclusione di tartufi e una buona rappresentanza per...Bacco! Al piano superiore la bella terrazza e alcune salette private per allietare piccoli eventi privati.

Carta 30/78 €

Pianta: AB2-e – *via Artico di Prampero 2*
– 𝒞 0432 501066 – www.allatavernetta.com
– Chiuso 1 settimana in gennaio, 2 settimane in agosto, domenica e lunedì; sabato a mezzogiorno, lunedì a mezzogiorno e domenica in giugno-agosto

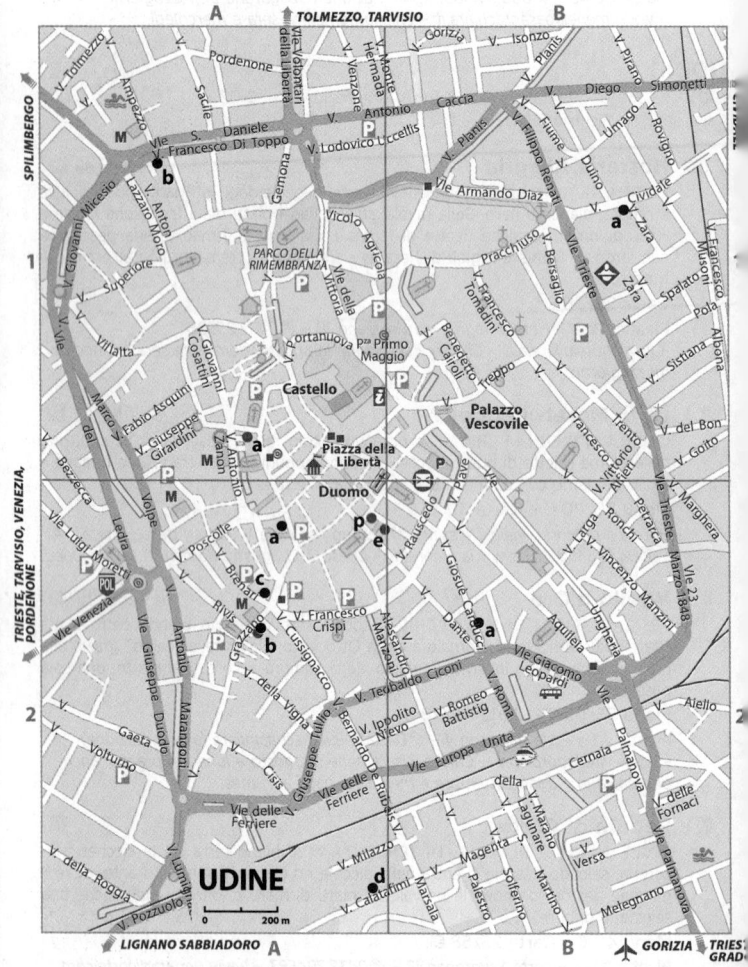

ⵏⵔ◯ **Alla Vedova**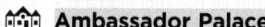

GRIGLIA · CONTESTO REGIONALE X Benché in posizione periferica, da oltre un secolo questa trattoria furoreggia tra i clienti. Merito del piacevole ambiente rustico - fra trofei di caccia e pentole in rame - delle specialità locali, ma soprattutto della griglia a carbone che troneggia in sala per la cottura delle carni.

Carta 24/55 €

via Tavagnacco 9, 3 km per viale Volontari della Libertà - A1 - ℰ 0432 470291 - www.trattoriaallavedova.it - Chiuso 12-26 agosto, domenica sera e lunedì

🏨 **Astoria Hotel Italia**

TRADIZIONALE · CLASSICO Camere e aree comuni in stile classico per questa struttura in pieno centro, ideale punto di riferimento per chi cerca prestigio, eleganza e comodità alloggiando nel più antico hotel di Udine. Atmosfera luminosa al ristorante, la cucina spazia dal classico al regionale.

70 cam ☑ - †83/154 € ††90/233 € - 5 suites

Pianta: A2-a - *piazza 20 Settembre 24* - ℰ 0432 505091
- *www.hotelastoria.udine.it*

🏨 **Ambassador Palace**

PALACE · CLASSICO A due passi dal centro storico, affacciato su una piazza con un bel giardino, l'albergo non si piega alle mode dei tempi e propone camere dallo stile classico ed intramontabile, particolarmente eleganti i bagni.

78 cam ☑ - †64/128 € ††89/178 € - 2 suites

Pianta: B2-a - *via Carducci 46* - ℰ 0432 503777 - *www.ambassadorpalacehotel.it*

🏨 **Là di Moret**

TRADIZIONALE · MODERNO Biosauna, bagno turco, idromassaggio, docce emozionali, piscina e tanto ancora nei piacevoli spazi del centro benessere; chi si trova a soggiornare qui per motivi di lavoro troverà camere comode e ben accessoriate. Atmosfera moderna all'insolito Moret, ristorante ideale per un pasto veloce a buon prezzo.

81 cam ☑ - †70/160 € ††80/170 € - 5 suites

viale Tricesimo 276, 2 km per viale Volontari della Libertà - A1 - ℰ 0432 545096 - www.ladimoret.it

ⵏⵔ◯ **Là di Moret-Il Fogolar** - Vedere selezione ristoranti

🏨 **Clocchiatti & Next**

TRADIZIONALE · DESIGN Classico o design? La risorsa è ideale tanto per gli amanti della tradizione quanto per chi desidera essere à la page, scegliete l'ambiente che più s'intona al vostro carattere: camere classiche nella villa Clocchiatti, più modaiole (e più care) nella dépendance Next.

27 cam ☑ - †60/100 € ††90/140 €

Pianta: B1-a - *via Cividale 29* - ℰ 0432 505047 - *www.hotelclocchiattinext.it* - *Chiuso 20 dicembre-10 gennaio*

🏨 **Allegria**

TRADIZIONALE · MINIMALISTA L'architettura medievale si trasforma all'interno in spazi arredati secondo un ricercato design, ampie camere curate ed un'attenta gestione familiare di decennale esperienza.

21 cam ☑ - †62/150 € ††89/160 €

Pianta: A2-b - *via Grazzano 18* - ℰ 0432 201116 - *www.hotelallegria.it* - *Chiuso 2 settimane in agosto*

 Hostaria Allegria - Vedere selezione ristoranti

🏨 **Suite Inn**

TRADIZIONALE · ACCOGLIENTE Spazi comuni ridotti per questo piccolo hotel diviso tra le mura di una villa dei primi '900 ed un edifico più attuale. Le camere rappresentano, però, una sorta di rivincita: ampie, curate e con graziose personalizzazioni, particolarmente romantiche quelle mansardate del palazzo più antico.

18 cam ☑ - †75/95 € ††99/139 €

Pianta: A1-b - *via di Toppo 25* - ℰ 0432 501683 - *www.suiteinn.it*

🏨 Al Vecchio Tram

BUSINESS · PERSONALIZZATO Nel cuore del centro storico, la modernità è il tratto distintivo di questa bella struttura che garantisce un servizio di tono familiare ed esalta i colori decisi, forte della luce che la inonda. Accoglienti le camere, tra l'altro molto ben insonorizzate.

16 cam ⊊ – ♦60/90 € ♦♦110/150 €

Pianta: A2-c – *via Brenari 28 – ℰ 0432 507164 – www.hotelvecchiotram.com*

🏨 Art Hotel Udine

BUSINESS · DESIGN Accoglienti camere con piccoli e colorati affreschi in una struttura a pochi chilometri dal centro; al suo interno, arredamenti e dettagli s'ispirano al minimalismo e all'essenzialità.

36 cam ⊊ – ♦55/69 € ♦♦78/89 € – 2 suites

*via Paparotti 11, 4 km per viale Palmanova - B2 – ℰ 0432 600061
– www.arthoteludine.com – Chiuso 21 dicembre-6 gennaio*

🏨 B&b Casa Angela e Casa Stucky 🆕

FAMILIARE · FUNZIONALE In posizione semicentrale non lontano dalla stazione ferroviaria, signorile villino con ampio giardino e camere spaziose e di foggia moderna; la prima colazione curata con grande attenzione dalla proprietaria è un delizioso momento che ben predispone alla giornata!

7 cam ⊊ – ♦45/50 € ♦♦60/75 € – 1 suite

Pianta: A1-d – *via Calatafimi 7 – ℰ 333 540 7646 – www.casastucky.it*

a Godia Nord: 6 km per via Gorizia B1 ✉ 33100

🌼🌼 Agli Amici (Emanuele Scarello)

CUCINA CREATIVA · DESIGN XxX Un'altra bella storia tutta italiana: un ristorante familiare di tradizione secolare che la nuova generazione –fratello in cucina e sorella in sala– ha portato ai vertici della gastronomia nazionale. Il segreto? Prodotti, soprattutto pesce, di straordinaria qualità e piatti originali rivelatori di una grande personalità in cucina. Al bistrot Gnocchi KitchenBar (adiacente il ristorante): ricette tipiche rivisitate in chiave contemporanea, particolarmente utilizzata la tecnica della vasocottura.

→ Solo d'alghe (la "mia" insalata di mare). La via dei Cramàrs: piccione con caffè, macis, curcuma, cardamomo e coriandolo. Cioccolato con sedano, finocchio e mela verde.

Menu 90/110 € – Carta 83/145 €

via Liguria 252 – ℰ 0432 565411 – www.agliamici.it – Chiuso 1 settimana in febbraio, 3 settimane in luglio-agosto, 1 settimana in novembre, domenica sera, martedì a mezzogiorno e lunedì; anche domenica a mezzogiorno in estate

UGENTO
Lecce (LE) – ✉ 73059 – 12 437 ab. – Alt. 108 m – Carta regionale n° **15**-D3
Carta stradale Michelin 564-H36

sulla strada provinciale Ugento-Torre San Giovanni Sud-Ovest: 4 km

🏨 Masseria Don Cirillo

CASA DI CAMPAGNA · ELEGANTE Abbracciata da profumate distese di ulivi, una piacevole risorsa ricavata da una tenuta nobiliare settecentesca, tra un giardino mediterraneo, profumi di terra e mare (a pochi km), camere che esprimono eleganza in chiare e sobrie tonalità.

6 cam ⊊ – ♦96/250 € ♦♦120/250 €

*strada Provinciale Ugento-Torre S. Giovanni Km 3 – ℰ 0833 931432
– www.masseriadoncirillo.it – Aperto 1° aprile-31 ottobre*

UGGIANO LA CHIESA
Lecce – ✉ 73020 – 4 400 ab. – Alt. 77 m – Carta regionale n° **15**-D3
Carta stradale Michelin 564-G37

⁐○ Masseria Gattamora   ⇦ ⊗ 🍴 🎁 ⌷ 🝙 🅿

CUCINA REGIONALE · CASA DI CAMPAGNA ⅍ Nel verde della campagna salentina, in giardino zampilla persino una fontana, nella caratteristica sala a volte arredata in stile rustico i sapori del posto, rivisitati con un pizzico di fantasia. Nel vecchio frantoio alcune camere dalla deliziosa atmosfera.

🍥 Menu 25/45 € – Carta 30/52 €

11 cam ⌂ – ▮45/110 € ▮▮75/140 €

– *𝒞 0836 817936 – www.gattamora.it – solo a cena escluso sabato, domenica e giorni festivi – Chiuso 1° febbraio-31 marzo e lunedì escluso agosto*

ULTEN ULTIMO

ULTIMO ULTEN

Bolzano (BZ) – ✉ 39016 – 2 998 ab. – Alt. 1 190 m – Carta regionale n° **19**-B2
Carta stradale Michelin 562-C15

a San Nicolò Sud-Ovest : 8 km ✉ 39016 – Alt. 1 256 m

⌂ Waltershof   ⚲ ⊗ ≼ 🍴 🖪 🕥 🏠 🅿

FAMILIARE · STILE MONTANO Elegante struttura nel centro della piccola località. Rusticità e modernità si amalgamo armoniosamente in spazi sempre generosi, nel verde giardino o negli spazi ludici: taverna e fornita enoteca, zona per serate di musica e vino.

37 cam – solo ½ P 122/167 €

Dorf 59 – 𝒞 0473 790144 – www.waltershof.it – Chiuso 13 novembre-24 dicembre e 27 marzo-23 maggio

URBINO

Pesaro e Urbino – ✉ 61029 – 15 019 ab. – Alt. 485 m – Carta regionale n° **11**-A1
Carta stradale Michelin 563-K19

⁐○ Antica Osteria Da La Stella   🝙

CUCINA MARCHIGIANA · ACCOGLIENTE ⅍⅍ In una piccola sala rustico-elegante nel cuore del centro storico, i titolari seguono in prima persona sala e cucina. Rispettando la stagionalità dei prodotti, il menu celebra la tradizione marchigiana: i tartufi non mancano mai.

Carta 40/69 €

via Santa Margherita 1 – 𝒞 0722 320228 (coperti limitati, prenotare)
– www.anticaosteriadalastella.com – Chiuso 15 giorni in gennaio, 15 giorni in luglio, domenica sera e lunedì

⁐○ Il Giardino della Galla   ♿ 🝙 🅿

CUCINA TRADIZIONALE · ACCOGLIENTE ⅍⅍ Se la vista si bea dello splendido panorama del Montefeltro, ad appagare il gusto ci pensa la cucina: pasta fatta in casa, carne alla brace, funghi porcini e tartufi, nonché l'immancabile pizza (cotta nel forno a legna).

Menu 100 € – Carta 26/107 €

Hotel Mamiani, via Bernini 6, per via Giuseppe Tomassini 2,5 km – 𝒞 0722 2455
– www.hotelmamiani.it – Chiuso mercoledì

⌂ Mamiani   ⊗ ≼ 🖪 🕥 🏠 ⬚ ♿ 🝙 🛁 🅿

BUSINESS · MODERNO Albergo moderno situato in zona tranquilla, fuori dal centro storico: servizio impeccabile, grande cortesia, camere ampie e funzionali. Di recente creazione il bel centro benessere.

62 cam ⌂ – ▮50/210 € ▮▮60/310 €

via Bernini 6, per via Giuseppe Tomassini 2,5 km – 𝒞 0722 322309
– www.hotelmamiani.it – Chiuso 10 gennaio-Pasqua

⁐○ **Il Giardino della Galla** – Vedere selezione ristoranti

🏨 Bonconte ⇐ ⊕ AC

DIMORA STORICA · PERSONALIZZATO Sulle mura del centro storico, hotel dai toni caldi e accoglienti: particolarmente personalizzate le ultime camere rinnovate.

23 cam � – ♦63/100 € ♦♦94/158 €

via delle Mura 28 – ℰ 0722 2463 – www.viphotels.it

🏨 San Domenico ⇑ ⊕ ⅋ AC P

STORICO · MINIMALISTA Tutto il fascino di un convento del '400 e la comodità di essere di fronte al Palazzo Ducale: questo è il biglietto da visita del San Domenico, l'unico hotel del centro storico con parcheggio interno privato. Ma anche cortesia e professionalità per rendere perfetto il vostro soggiorno.

31 cam ⊇ – ♦100/145 € ♦♦145/257 €

piazza Rinascimento 3 – ℰ 0722 2626 – www.viphotels.it

🏠 Raffaello ⊕ AC

STORICO · PERSONALIZZATO Tra i vicoli del centro storico, di fronte alla casa natale di Raffaello, hotel di taglio moderno con ambienti comuni piacevoli e camere accoglienti.

14 cam – ♦40/80 € ♦♦70/170 € – ⊇ 8 €

via Santa Margherita 40 – ℰ 0722 4784 – www.albergoraffaello.com

a Gadana Nord-Ovest : 3 km per via Giuseppe Tomassini A1 ✉ 61029 – Urbino

🏡 Agriturismo Cà Andreana ⇑ ⅋ ⇐ 🛏 🍽 ⅋ P

CASA DI CAMPAGNA · TRADIZIONALE In piena campagna, rustico ben tenuto, da cui si gode una splendida vista dei dintorni; offre belle camere, semplici, ma complete di tutti i confort. Le materie prime prodotte in azienda permettono di realizzare un'ottima scelta di piatti caserecci.

6 cam ⊇ – ♦55/85 € ♦♦70/85 €

via Cà Andreana 2 – ℰ 0722 327845 – www.caandreana.it – Chiuso 10-31 gennaio

a Pantiere Nord : 13 km per Pesaro B1 ✉ 61029 – Urbino

🍴 Urbino dei Laghi ⇐ 🛏 🍽

CUCINA MODERNA · ALLA MODA XX Splendido il contesto che circonda quest'armonica struttura dall'arredo curato e originale. Piatti stuzzicanti che si legano al territorio con molti prodotti provenienti dall'azienda di proprietà e pizze gourmet.

Carta 36/46 €

Urbino Resort Tenuta Santi Giacomo e Filippo, via San Giacomo in Foglia 15 – ℰ 0722 589426 – solo a cena escluso sabato e domenica – Chiuso martedì

🏡 Urbino Resort Tenuta Santi Giacomo e Filippo ⅋ ⇐ 🛏

CASA DI CAMPAGNA · TRADIZIONALE All'interno 🍽 📺 🌐 🏊 ⊕ ⅋ AC 🎱 di un ex borgo agricolo del '700, cinque edifici contraddistinti da stili differenti e da nomi fortemente evocativi: i Fiori, i Frutti Dimenticati, le Erbe Aromatiche, le Scuderie (con attrezzi della civiltà rurale adibiti a mobili), i Preziosi (ovvero i prodotti di questa terra: tartufo, zafferano, vino).

33 cam ⊇ – ♦70/149 € ♦♦89/199 €

via San Giacomo in Foglia 7 – ℰ 0722 580305 – www.urbinoresort.it – Chiuso 8 gennaio-14 febbraio

🍴 **Urbino dei Laghi** – Vedere selezione ristoranti

URBISAGLIA

Macerata (MC) – ✉ 62010 – 2 628 ab. – Alt. 310 m – Carta regionale n° **11**-C2
Carta stradale Michelin 563-M22

ⅱ◯ **Locanda Le Logge** ⇔ 🈵

CUCINA MARCHIGIANA · RUSTICO Ⅹ In un palazzo d'epoca con un portico che in estate diventa anche dehors per il ristorante, cucina tipica marchigiana in un ambiente volutamente rustico. A completare l'offerta anche tre romantiche camere con letti in ferro battuto (uno a baldacchino).

🍽 Menu 23/32 € – Carta 29/40 €

3 cam ☷ – ♦40/65 € ♦♦60/80 €

corso Giannelli 34 – 𝒞 0733 506788 (consigliata la prenotazione)
– www.locandalelogge.it – Chiuso 7-31 gennaio e mercoledì

USSEAUX

Torino – ✉ 10060 – 186 ab. – Alt. 1 416 m – Carta regionale n° **12**-B2
Carta stradale Michelin 561-G3

🈁 **Lago del Laux** ⇔ 🛀 🈹 🅿

CUCINA REGIONALE · RUSTICO Ⅹ Affacciato su un laghetto, il ristorante celebra la cucina del territorio con piatti dimenticati come la fonduta, la bagna caoda o lo stracotto di bue alla langarola. E per finire in dolcezza: bunet divisi da piccolo strato di caramello serviti con nocciole. In estate, minigolf e area parcheggio camper.

Carta 30/45 €

7 cam ☷ – ♦80/115 € ♦♦105/126 €

via al Lago 7, Sud: 1 km – 𝒞 0121 83944 (consigliata la prenotazione)
– www.hotellaux.it – Chiuso lunedì, martedì e mercoledì escluso vacanze di Natale,
vacanze di Pasqua e 15 giugno-30 settembre

VADA

Livorno – ✉ 57016 – Carta regionale n° **18**-B2
Carta stradale Michelin 563-L13

ⅱ◯ **Lido** ⩽ 🍴 🈵 🈹 🅿

PESCE E FRUTTI DI MARE · CONTESTO CONTEMPORANEO ⅩⅩ In una struttura molto bella che nei colori ricorda la sabbia e il mare, cucina di pesce e pizze con servizio ininterrotto dall'ora di pranzo a quella di cena.

Carta 27/65 €

Hotel Bagni Lido, via Lungomare 9 – 𝒞 340 352 4159 – www.hotelbagnilido.com
– Aperto Pasqua-15 ottobre

🏠 **Bagni Lido** ⩽ 🗝 🅰 🈹 🅿

FAMILIARE · LUNGOMARE Si fonde con lo stabilimento balneare su cui si affaccia, quest'albergo dai colori chiari e dalle linee classiche, dove trascorrere un soggiorno d'atmosfera.

12 cam ☷ – ♦50/140 € ♦♦100/180 €

via Lungomare 7 – 𝒞 0586 789168 – www.hotelbagnilido.com – Aperto
8 maggio-15 ottobre

ⅱ◯ **Lido** – Vedere selezione ristoranti

VAGGIO Firenze ➜ Vedere Reggello

VAGLIAGLI Siena ➜ Vedere Siena

VAIANO

Prato – ✉ 59021 – 9 895 ab. – Alt. 150 m – Carta regionale n° **18**-C1
Carta stradale Michelin 563-K15

ⅱ◯ **Trattoria La Tignamica** 🈵 🅰

CUCINA REGIONALE · FAMILIARE Ⅹ Costeggia il Bisenzio questo bel ristorante lungo la valle, dal confort contemporaneo e dalle proposte culinarie legate al territorio e alle stagioni.

Menu 30 € (in settimana)/50 € – Carta 40/89 €

via Val di Bisenzio 110/c, località La Tignamica, Sud: 3 km – 𝒞 0574 985216
– www.ristorantelatignamica.it – Chiuso 10 giorni in agosto e lunedì

VAIRANO PATENORA

Caserta (CE) – ✉ 81058 – 6 594 ab. – Alt. 168 m – Carta regionale n° **4**-A1
Carta stradale Michelin 564-C24

ॐ **Vairo del Volturno** (Martino Renato)   🔥 AC

CUCINA DEL TERRITORIO · ELEGANTE XX In un ambiente rilassante e signorile, lo chef-patron riesce nel suo intento di mettere nei piatti il proprio amore per il territorio: dal celebre maialino nero casertano alla carne e mozzarella di bufala. Per il pesce, ogni giorno è quello giusto!

→ Fusilli alla carbonara di mare e di terra. Agnello alle erbe aromatiche e mousse di pecorino. Biancomangiare al mascarpone e yogurt di bufala con frutta e verdure alla menta.

🍴 Menu 25/60 € – Carta 42/83 €

via IV Novembre 60
– 𝒞 0823 643018 – www.vairodelvolturno.com – Chiuso 2 settimane in luglio, domenica sera e martedì

VALBREMBO

Bergamo – ✉ 24030 – 3 592 ab. – Alt. 260 m – Carta regionale n° **10**-C1
Carta stradale Michelin 561-E10

🍴◯ **Ponte di Briolo**   🏠 ✿ P

PESCE E FRUTTI DI MARE · AMBIENTE CLASSICO XX Oramai un'istituzione in provincia in virtù delle sue fragranti specialità ittiche, il locale tuttavia accontenta anche gli amanti della carne. Da gustare nella raffinata atmosfera della sala luminosa o in quella più intima scaldata dal caminetto.

Menu 35/70 € – Carta 38/81 €

via Briolo 2, località Briolo, Ovest : 1,5 km
– 𝒞 035 611197 (prenotare) – www.ristorantepontedibriolo.it – Chiuso domenica sera e mercoledì

VALDAGNO

Vicenza – ✉ 36078 – 26 234 ab. – Alt. 230 m – Carta regionale n° **23**-B2
Carta stradale Michelin 562-F15

🍴◯ **Hostaria a le Bele**   ✿ P

CUCINA REGIONALE · RUSTICO X Sulle colline, lontano dalla frenesia di Valdagno, una rustica trattoria, tipica come la sua cucina che prende spunto dalla tradizione regionale (proverbiale, il baccalà alla vicentina) per arricchirsi d'ispirazione contemporanea.

Carta 25/50 €

località Maso 11, Ovest: 4 km
– 𝒞 0445 970270 – solo a cena escluso sabato e domenica – Chiuso 10-20 gennaio, agosto e lunedì

VALDAORA OLANG

Bolzano – ✉ 39030 – 2 975 ab. – Alt. 1 083 m – Carta regionale n° **19**-C1
Carta stradale Michelin 562-B18

🏨 **Mirabell**   🏠 ⟨ 🛁 🏊 🔲 🌐 🛋 Ⓕ 🔥 ♨ 🚗

LUSSO · STILE MONTANO Struttura rinnovata mantenendo inalterato lo stile architettonico locale. L'interno presenta abbondanza di spazi - signorilmente arredati con molto legno - anche nelle camere, nonché un grande, attrezzatissimo, centro benessere.

41 cam – solo ½ P 136/251 € – 14 suites

via Hans Von Perthalern 11, a Valdaora di Mezzo – 𝒞 0474 496191
– www.mirabell.it – Chiuso 1° aprile-8 giugno

a Sorafurcia Sud : 5 km ⊠ 39030 – Valdaora

🏠 Berghotel Zirm   ⭑ ⌂ ⪡ ⍮ ▤ 🕸 🔒 🚗

FAMILIARE · STILE MONTANO Vi riempirete gli occhi di uno splendido panorama da questa tranquilla risorsa, di fianco agli impianti di risalita: confort e
calore negli spazi comuni, nonché nelle camere rese ancora più accoglienti
grazie all'ampio impiego di cirmolo (Zirm, in tedesco), legno dalle comprovate
proprietà rilassanti.

40 cam ⌑ – ♦114/263 € ♦♦169/424 €

*via Egger 16, (alt. 1 360) – ℰ 0474 592054 – www.berghotel-zirm.com
– Aperto 8 dicembre-7 aprile e 1° giugno-8 ottobre*

VALDERICE Sicilia

Trapani – ⊠ 91019 – 12 151 ab. – Alt. 240 m – Carta regionale n° **17**-A2
Carta stradale Michelin 365-AK55

a Bonagia Nord-Est : 4 km ⊠ 91019

⑩ Saverino   ⇦ ⪡ ⅊ 🆎 🅿

PESCE E FRUTTI DI MARE · FAMILIARE ⅩⅩ Nel piccolo borgo di mare, un'unica
grande sala resa luminosa dalle enormi vetrate. La cucina è quella che l'ha reso
celebre: ottimo pescato giornaliero in ricette gustosamente mediterranee.
Camere semplici e luminose, con vista sul mare o sul monte Erice.

Menu 27 € (pranzo in settimana)/60 € – Carta 26/79 €

20 cam – ♦60/75 € ♦♦82/110 € – ⌑ 7 €

*via Lungomare 3/11 – ℰ 0923 592727 – www.saverino.it – Chiuso 15 giorni in
ottobre-novembre e lunedì escluso 15 giugno-15 settembre*

VALDIDENTRO

Sondrio – ⊠ 23038 – 4 125 ab. – Alt. 1 350 m – Carta regionale n° **9**-C1
Carta stradale Michelin 561-C12

a Bagni Nuovi Est : 6 km ⊠ 23032 – Valdidentro

🏠 Grand Hotel Bagni Nuovi   ⭑ ⌂ 🌐 🕸 ⌧ ▤ ⚑ 🚗

LUSSO · STORICO Imponente edificio liberty con ambienti in stile, camere ampie
e luminose ed un favoloso centro termale raggiungibile direttamente dalle
camere: un inaspettato angolo di Belle Epoque nel parco dello Stelvio.

74 cam ⌑ – ♦156/299 € ♦♦238/448 € – 5 suites

via Bagni Nuovi 7 – ℰ 0342 910131 – www.bagnidibormio.it

VAL DI LUCE Pistoia (PT) ➜ Vedere Abetone

VALDOBBIADENE

Treviso – ⊠ 31049 – 10 388 ab. – Alt. 253 m – Carta regionale n° **23**-C2
Carta stradale Michelin 562-E17

⑩ Alla Cima   ⪡ 🏠 ⅊ 🆎 🅿

VENEZIANA · FAMILIARE Ⅹ Dalla sala-veranda del locale godrete appieno della
posizione isolata e della panoramica vista sui vigneti del Prosecco. Al centro del locale, invece, la specialità della casa: la griglia, accesa anche a mezzogiorno.

Carta 25/57 €

*via Cime 13, località San Pietro in Barbozza
– ℰ 0423 972711 – www.trattoriacima.it – Chiuso 7-31 gennaio, lunedì sera e
martedì*

a Bigolino Sud : 5 km ⊠ 31030

ⓐ Tre Noghere ⌂ AK P

CUCINA REGIONALE · FAMILIARE X Ambiente rustico-informale avvolto dalla quiete di vigneti e campi coltivati. Nella sala con camino, o all'aperto sotto il porticato, la trattoria riscopre i piatti della tradizione: come la sopa coada servita nel pane o le tagliatelle alle tre Noghere con ragù di carne e funghi.

Carta 27/41 €

via Crede 1 – 𝒞 0423 980316 – www.trenoghere.com – Chiuso 10-18 luglio, domenica sera e lunedì

a Santo Stefano Est : 4 km

🏠 Relais DolceVista ॐ ≤ 🏠 ⅃ AK ⅍ P

CASA DI CAMPAGNA · ACCOGLIENTE Bella casa di campagna in pietra e legno, dagli interni curati ed eleganti, la cui vista abbraccia - quasi a perdita d'occhio - uno dei più suggestivi panorami della zona del prosecco: vigne, colline, paesi, campanili...

6 cam ⊡ – ♦140/200 € ♦♦140/200 €

via Masarè 4 ⊠ 31049 Valdobbiadene – 𝒞 0423 900408 – www.dolcevista.it – Aperto 1° marzo-5 novembre

VALEGGIO SUL MINCIO
Verona – ⊠ 37067 – 15 098 ab. – Alt. 88 m – Carta regionale n° **23**-A3
Carta stradale Michelin 562-F14

ⅰ○ Alla Borsa ⌂ & AK ⅍ ⟳ P

CUCINA REGIONALE · AMBIENTE CLASSICO XX Ha superato il mezzo secolo di attività, questo ristorante dalla conduzione professionale ed attenta alle esigenze della clientela: oltre alle paste tirate a mano - vera specialità della casa - vi è anche una discreta scelta di piatti vegetariani.

Menu 35 € (in settimana)/50 € – Carta 32/60 €

via Goito 2 – 𝒞 045 795 0093 – www.ristoranteborsa.it – Chiuso 10 luglio-5 agosto, martedì, mercoledì, anche domenica sera in novembre-marzo

a Borghetto Ovest : 1 km ⊠ 37067 – Valeggio Sul Mincio – Alt. 68 m

ⅰ○ Antica Locanda Mincio ⌂ AK ⟳

CUCINA REGIONALE · RUSTICO XX Gestito dalla stessa famiglia dal 1919 e membro dei Locali Storici d'Italia, questo bel ristorante che dispone di una splendida terrazza-giardino in riva al fiume, propone una gustosa cucina legata al territorio. La sala del camino è decorata da un polittico a tempera dell'artista F. Bellomi.

Carta 28/54 €

via Buonarroti 12 – 𝒞 045 795 0059 – www.anticalocandamincio.it – Chiuso 15-30 febbraio, 15-30 novembre, mercoledì e giovedì

a Santa Lucia dei Monti Nord-Est : 5 km ⊠ 37067 – Valeggio Sul Mincio – Alt. 145 m

ⅰ○ Belvedere ≤ ॐ 🏠 ⌂ AK ⅍ P

CUCINA REGIONALE · ACCOGLIENTE X Molto apprezzato da chi lo conosce da sempre, è la griglia situata all'ingresso ad annunciare le specialità della casa: paste fatte in casa e tradizione regionale. Servizio estivo in giardino. Il silenzio e la tranquillità dell'alto del colle culleranno il riposo nelle semplici stanze.

Menu 34/34 € – Carta 23/48 €

7 cam ⊡ – ♦45 € ♦♦70/80 € – 3 suites

– 𝒞 045 630 1019 – www.ristorantebelvedere.eu – Chiuso 15 febbraio-15 marzo e 6-25 novembre, mercoledì e giovedì

VAL FERRET Aosta → Vedere Courmayeur

VALLE AURINA AHRNTAL
Bolzano – ✉ 39030 – 5 483 ab. – Alt. 1 457 m – Carta regionale n° **19**-C1
Carta stradale Michelin 562-B17

a Cadipietra ✉ 39030 – Alt. 1 054 m

🏨🏨🏨 **Alpenschlössl & Linderhof**   ⚘ ≼ ⌘ ⛶ 🕏 ⟆ ⚿ ⌆ 🈺 & 🚗

LUSSO · STILE MONTANO A ridosso degli impianti di risalita, elegante albergo in due edifici gemelli, che nei luminosi interni propone un'interpretazione moderna dello stile tirolese; ampie camere, anche con letti a baldacchino.
101 cam ⌇ – †156/283 € ††272/526 € – 13 suites
Cadipietra 123 – ✆ 0474 651010 – www.wellnessresort.it

a Lutago ✉ 39030 – Alt. 956 m

🏨🏨🏨🏨 **Alpin & Spa Resort Schwarzenstein**   ⚘ ⚓ ≼ 🛏 ⌘ ⛶ 🕏 ⟆

LUSSO · STILE MONTANO Eleganza, spazio e qualità del ser-   ⚿ ⌆ & ⚿ 🚗
vizio sono le cifre di questo resort, dagli ambienti che coniugano modernità e tradizioni alpine. Spettacolare centro benessere, l'albergo è un universo a sé stante in cui perdersi per giorni.
127 cam ⌇ – †136/172 € ††144/180 € – 6 suites
via del Paese 11 – ✆ 0474 674100 – www.schwarzenstein.com – Chiuso novembre e aprile

VALLECROSIA
Imperia – ✉ 18019 – 6 956 ab. – Alt. 5 m – Carta regionale n° **8**-A3
Carta stradale Michelin 561-K4

🍴 **Giappun**   🎐 🏠 🆎

PESCE E FRUTTI DI MARE · FAMILIARE XX La freschezza delle materie prime è la carta vincente di questo locale, nato come stazione di posta e che ancora ricorda nel nome il suo fondatore. Pesce del giorno e accattivanti presentazioni.
Menu 40/70 € – Carta 47/175 €
via Maonaira 7 – ✆ 0184 250560 – Chiuso novembre, giovedì a mezzogiorno e mercoledì

VALLE DI CASIES GSIES
Bolzano (BZ) – ✉ 39030 – 2 186 ab. – Alt. 1 262 m – Carta regionale n° **19**-D1
Carta stradale Michelin 562-B18

😊 **Durnwald**   🏠 🅿

CUCINA REGIONALE · FAMILIARE X Un buon piatto di Schlutzkrapfen (ravioli ripieni di spinaci e ricotta) è proprio quello che ci vuole dopo una bella sciata o una passeggiata nei boschi. Ma non finisce qui! Durnwald è un inno al territorio, tanto nel paesaggio, che potrete ammirare dalle finestre, quanto nella cucina, depositaria della genuina tradizione altoatesina.
🍴 Menu 25/50 € – Carta 27/59 €
*via Nikolaus Amhof, 6, (località Durna in Selva) – ✆ 0474 746920
– www.restaurantdurnwald.it – Chiuso giugno, novembre e lunedì*

🏨🏨🏨 **Quelle**   ⚘ ⚓ ≼ 🛏 ⌘ ⛶ 🕏 🈺 ⚿ ⟆ ⌆ & ⚿ 🛝 🚗

LUSSO · STILE MONTANO Quelle: una sorgente di piacevolezza! Cinta da un giardino con laghetto balneabile, una bomboniera di montagna, ricca di decorazioni, proposte di svago, curatissime camere e un centro benessere provvisto di "snow room". Profusione di addobbi, legno e bei tessuti, anche nel raffinato ristorante.
41 cam – solo ½ P 165/390 € – 28 suites
*via Santa Maddalena alt. 1 398 – ✆ 0474 948111 – www.hotel-quelle.com
– Chiuso 10 aprile-20 maggio*

VALLELUNGA LANGTAUFERS

Bolzano - ⊠ 39027 - Curon Venosta - Alt. 1 912 m - Carta regionale n° **19**-A1
Carta stradale Michelin 562-B13

🏠 Alpenjuwel ⌂ ⌕ 🗔 🞂 🞁 🛁 🗓 🕭 🚗

FAMILIARE · STILE MONTANO Soggiornare qui e dimenticare il resto del mondo: è ciò che promette e mantiene un piccolo, panoramico hotel alla fine della valle; camere non ampie, ma accoglienti.

14 cam ⌂ – †87/131 € ††124/174 € – 2 suites

località Melago – ℰ 0473 633291 – www.alpenjuwel.it – Chiuso 22 aprile-31 maggio e 14 ottobre-25 dicembre

VALLERANO

Viterbo - ⊠ 01030 - 2 621 ab. - Alt. 390 m - Carta regionale n° **7**-B1
Carta stradale Michelin 563-O18

🍽 Al Poggio 🍴 🅰🅲 🅿

CUCINA REGIONALE · ACCOGLIENTE ✗ Un grande camino decora la sala dall'arredamento sobrio che d'estate si apre in una gradevole terrazza parzialmente coperta. Paste fatte in casa e il fine settimana anche pesce.

Carta 23/42 €

via Janni 7 – ℰ 0761 751248 (prenotare) – www.ristorantealpoggio.it – Chiuso lunedì sera e martedì

VALLES VALS Bolzano → Vedere Rio di Pusteria

VALLESACCARDA

Avellino - ⊠ 83050 - 1 386 ab. - Alt. 650 m - Carta regionale n° **4**-C1
Carta stradale Michelin 564-D27

✾ Oasis-Sapori Antichi (Lina e Maria Luisa Fischetti) 🕸 🅰🅲 🎗 ⇄

CUCINA CAMPANA · FAMILIARE ✗✗✗ Splendido binomio di generosa ospitalità e cucina territoriale: i piatti propongono i migliori prodotti irpini, in un contesto di rara cortesia ed accoglienza. Tutto scritto nel DNA della famiglia Fischetti.

→ Risotto carnaroli, cipolla ramata di Montoro, zenzero e caffè. Agnello in due cotture. Ricotta mantecata, miele di sulla e zafferano di Lacedonia.

🍴 Menu 25 € (pranzo in settimana)/60 € – Carta 40/62 €

via Provinciale Vallesaccarda – ℰ 0827 97021 (consigliata la prenotazione) – www.oasis-saporiantichi.it – Chiuso 20 giorni in gennaio, 20 giorni in luglio, giovedì e le sere dei giorni festivi

🍽 Minicuccio ⇄ 🅰🅲 🛁 🅿

CUCINA REGIONALE · FAMILIARE ✗✗ Dall'inizio del '900 nel rinomato ristorante, quattro generazioni hanno coltivato l'arte del buon mangiare, con le ricette di questa terra; ambienti classici, camere decorose.

🍴 Menu 25/80 € – Carta 22/37 €

8 cam ⌂ – †45 € ††75/90 €

via Santa Maria 24/26 – ℰ 0827 97030 – www.minicuccio.com – Chiuso lunedì

VALLE SAN FLORIANO Vicenza → Vedere Marostica

VALLO DELLA LUCANIA

Salerno - ⊠ 84078 - 8 531 ab. - Alt. 380 m - Carta regionale n° **4**-C3
Carta stradale Michelin 564-G27

La Chioccia d'Oro ☆ AC P

CUCINA DEL TERRITORIO · FAMILIARE X Solida gestione padre-figlia nel cuore del Parco Nazionale del Cilento: nella sala classicheggiante o nel dehors estivo, piatti della tradizione locale, con largo utilizzo sia della carne sia delle verdure. Da assaggiare: il coniglio ripieno con verdure di stagione, funghi porcini e patate arraganate - cannolini cilentani con sfoglia tirata a mano e farciti di crema pasticciera al forno.

Carta 18/35 €

località Massa-al bivio per Novi Velia ⊠ 84050 Massa della Lucania
- *℘ 0974 70004 – www.chiocciadoro.com*
- *Chiuso 1º-10 settembre e venerdì*

VALLO DI NERA

Perugia – ⊠ 06040 – 446 ab. – Alt. 450 m – Carta regionale n° **20**-C2
Carta stradale Michelin 563-N20

ⅠO La Locanda di Cacio Re ⇦ ⊗ ⇐ ⇪ ☆ & P

CUCINA REGIONALE · FAMILIARE XX Ai margini di un suggestivo borgo, un casolare del 1500 ristrutturato con incantevole vista su monti e vallata. Cucina locale con particolare attenzione ai formaggi.

Menu 30/40 € – Carta 28/56 €
8 cam ⊊ – †50/55 € ††70/80 €

località i Casali
- *℘ 0743 617003 (consigliata la prenotazione) – www.caciore.com*
- *Chiuso 2 settimane in dicembre, 2 settimane in gennaio e lunedì*

VALMADRERA

Lecco – ⊠ 23868 – 11 659 ab. – Alt. 234 m – Carta regionale n° **10**-B1
Carta stradale Michelin 561-E10

ⅠO Villa Giulia-Al Terrazzo ⇦ ⇐ ⇪ ☆ ⅏ P

CUCINA CLASSICA · ROMANTICO XX Sobria eleganza in una villa di fine Ottocento con un'ampia sala ed altre due salette graziosamente affrescate: se il tempo lo permette non rinunciate al romanticismo della terrazza affacciata sul lago. In menu, i sapori locali esaltati con grande capacità e senza stravolgimenti.

Carta 41/73 €
7 cam ⊊ – †70/95 € ††100/170 € – 5 suites

via Parè 73
- *℘ 0341 583106 – www.alterrazzo.com*

VALNONTEY Aosta → Vedere Cogne

VALPELLINE

Aosta – ⊠ 11010 – 657 ab. – Alt. 960 m – Carta regionale n° **21**-A2
Carta stradale Michelin 561-E3

⌂ Le Lievre Amoureux ⅍ ⇐ ⇪ ⅏ ⅏ ⅏ ☰ & ⅏ P

FAMILIARE · STILE MONTANO Gestione seria e accoglienza familiare in un simpatico albergo circondato da un ampio prato-giardino dove sono collocati anche quattro chalet; arredi in pino e parquet. Ambientazione di tono rustico nella sala del ristorante.

31 cam ⊊ – †70/120 € ††98/150 €

località Chozod 12
- *℘ 0165 713966 – www.lievre.it*
- *Chiuso 7-28 gennaio e novembre*

VALSOLDA

Como – ✉ 22010 – 1 747 ab. – Alt. 457 m – Carta regionale n° **9**-A2
Carta stradale Michelin 561-D9

○ **Osteria la Lanterna**   ⌂

CUCINA REGIONALE · CONTESTO TRADIZIONALE ✕✕ Tornati al paeselllo dopo
lunghe esperienze all'estero, due soci hanno deciso di aprire questo grazioso
ristorante con arredi signorili in un contesto comunque rustico, fatto d'intime
salette e un bel dehors sotto alberi fioriti (parziale vista lago). Cucina della tradizione realizzata con prodotti spesso locali.

Menu 35 € – Carta 37/62 €

*via Finali 1, frazione Cressogno – ☎ 0344 69014 – www.osterialalanterna.it
– Chiuso 2 settimane in febbraio, 2 settimane in novembre, lunedì a mezzogiorno
e mercoledì*

VALTOURNENCHE

Aosta – ✉ 11028 – 2 292 ab. – Alt. 1 524 m – Carta regionale n° **21**-B2
Carta stradale Michelin 561-E4

⌂ **Grandes Murailles**   ⌂ ⊟ ❀ ⌂

FAMILIARE · PERSONALIZZATO Lo charme e l'atmosfera di questo vecchio
albergo anni '50 sono quelli di una casa privata, arredata con mobili d'epoca di
famiglia: camere personalizzate, quasi tutte con balcone, e leziose testiere dei
letti. Possibilità di massaggi in loco su richiesta e - a metà pomeriggio - generosa
merenda con anche qualche piatto caldo.

15 cam ⊡ – ♦30/290 € ♦♦30/290 €

*via Roma 78 – ☎ 0166 932702 – www.hotelmurailles.com – Chiuso maggio e
settembre*

VALVA

Salerno (SA) – ✉ 84020 – 1 643 ab. – Alt. 510 m – Carta regionale n° **4**-C2
Carta stradale Michelin 564-E27

✿ **Osteria Arbustico** (Christian Torsiello)   ⅙ ⒶⒸ ℗

CUCINA REGIONALE · AMBIENTE CLASSICO ✕✕ Tra pecore che pascolano nei
campi limitrofi, uliveti e vigne, la bella campagna incontaminata è la fonte principale dei prodotti utilizzati dal giovane chef, tornato all'origine dopo le esperienze
in grandi cucine italiane tra cui quella di un tre stelle. Con lui, in sala, il fratello, a
creare una tappa gourmet nella più totale e verdeggiante tranquillità.
→ Spaghetti allo zafferano. Agnello in padella con verdure di stagione. Ricotta e
pera.

Menu 48/60 € – Carta 46/66 €

*contrada Deserte – ☎ 0828 796266 – www.osteriaarbustico.it – Chiuso 10 giorni in
gennaio, 20 giorni in luglio, domenica sera, martedì e mercoledì*

VALVERDE Forlì-Cesena → Vedere Cesenatico

VANDOIES

Bolzano – ✉ 39030 – 3 316 ab. – Alt. 755 m – Carta regionale n° **19**-C1
Carta stradale Michelin 562-B17

○ **La Passion**   ⌂ ⒶⒸ ℗

CUCINA CLASSICA · FAMILIARE ✕✕ Il quartiere in cui si trova il ristorante è residenziale e contemporaneo, ma, nella sua unica saletta, è stata insospettabilmente
trasportata una stube vecchia di quattrocento anni. Cucina creativa sulle orme dei
classici locali e nazionali.

Menu 48/78 € – Carta 50/80 €

*via San Nicolò 5/b, Vandoies di Sopra – ☎ 0472 868595 (prenotazione
obbligatoria) – www.lapassion.it – Chiuso lunedì*

VARALLO SESIA
Vercelli – ⊠ 13019 – 7 262 ab. – Alt. 450 m – Carta regionale n° **12**-C1
Carta stradale Michelin 561-E6

a Sacro Monte Nord : 4 km ⊠ 13019 – Varallo Sesia

⌂ Sacro Monte
FAMILIARE · TRADIZIONALE Vicino a un sito religioso meta di pellegrinaggi, ambiente piacevolmente "old fashion" in un hotel con spazi esterni tranquilli e verdeggianti; camere di buona fattura. Gradevole sala ristorante con camino e utensili di rame appesi alle pareti.
24 cam � – †60/75 € ††85/95 €
*località Sacro Monte 14 – ✆ 0163 54254 – www.albergosacromonte.it
– Aperto 20 marzo-15 novembre*

VARANO BORGHI
Varese (VA) – ⊠ 21020 – 2 461 ab. – Alt. 281 m – Carta regionale n° **9**-A2

⌂⌂ Villa Borghi
STORICO · CLASSICO Ampliamento e restyling per questa bella villa del 1665 di proprietà della famiglia Borghi, immersa in un ampio parco con piscina. Spaziose e di gusto classico, non mancano di graziose personalizzazioni le camere situate nella dimora storica; dai connotati decisamente più moderni quelle nella nuova struttura.
60 cam ⊻ – †70/95 € ††100/150 € – 4 suites
piazza Borghi 1 – ✆ 0332 961515 – www.hotelvillaborghi.it

VARANO DE' MELEGARI
Parma – ⊠ 43040 – 2 676 ab. – Alt. 190 m – Carta regionale n° **5**-A2
Carta stradale Michelin 562-H12

⫙○ Castello
CUCINA EMILIANA · ACCOGLIENTE ✗✗ Ai piedi del castello, il ristorante è divenuto un punto di riferimento per la cucina e i prodotti del territorio, tra cui si segnalano per originalità i piatti a base di pesce d'acqua dolce, trota, storione e gamberi di fiume per citarne alcuni.
Carta 50/65 €
*via Martiri della Libertà 129 – ✆ 0525 53156 – solo a cena – Chiuso
20 dicembre-10 gennaio, 1 settimana in giugno, 1 settimana in settembre,
lunedì e martedì*

VARAZZE
Savona – ⊠ 17019 – 13 251 ab. – Carta regionale n° **8**-B2
Carta stradale Michelin 561-I7

⫙○ Bri
PESCE E FRUTTI DI MARE · FAMILIARE ✗ Mantiene la sua originaria "anima" di osteria, familiare e informale, questo ristorante classico in pieno centro pedonale; pochi fronzoli nella solida cucina, che è tipicamente ligure e di pesce.
Carta 34/66 €
*piazza Bovani 13 – ✆ 019 934605 – www.ristorantebri.it – Chiuso novembre e
mercoledì*

⌂⌂ Villa Elena
DIMORA STORICA · PERSONALIZZATO Accoglienza cordiale in questa bella e centrale villa liberty che conserva al suo interno elementi architettonici originali. Ligneo soffitto a cassettoni intarsiato e lampadari in stile nella raffinata sala ristorante.
50 cam ⊻ – †60/120 € ††95/140 €
*via Coda 16 – ✆ 019 97526 – www.genovesevillaelena.it – Chiuso
25 settembre-23 dicembre*

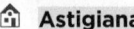 Astigiana

FAMILIARE · CENTRALE Nel cuore della località e a pochi metri dal mare, la risorsa può vantare una lunga tradizione familiare (dal 1919). La recente ristrutturazione ha saputo esaltare al meglio l'incantevole natura dei suoi interni: dalla reception decorata con ceramiche d'arte, alle belle camere con accenti provenzali.

20 cam – †40/100 € ††50/270 € – 4 suites – ☲ 10 €

via Busci 10 – ℰ 019 97491 – www.hotelastigiana.it – Chiuso 1° ottobre-23 dicembre

VARENNA

Lecco – ✉ 23829 – 786 ab. – Alt. 220 m – Carta regionale n° **9**-B2
Carta stradale Michelin 561-D9

Du Lac

FAMILIARE · ACCOGLIENTE Sembra spuntare dall'acqua questo grazioso albergo ristrutturato, in splendida posizione panoramica: piacevoli ambienti comuni e un'amena terrazza-bar in riva al lago, dove - a pranzo - si possono gustare specialità lacustri, ma non solo.

16 cam ☲ – †120/220 € ††190/280 €

via del Prestino 11 – ℰ 0341 830238 - www.albergodulac.com – Aperto 15 marzo-15 novembre

Royal Victoria

DIMORA STORICA · BORDO LAGO Dispone di un proprio pontile privato, questa villa ottocentesca affacciata sul lago con piccolo giardino all'italiana e camere di calda atmosfera. Per soddisfare l'appetito potrete scegliete il Grill sulla bella piazzetta con cucina mediterranea o il Gourmet con vista lago.

43 cam ☲ – †150/250 € ††180/300 €

piazza San Giorgio 2 – ℰ 0341 815111 – www.royalvictoria.com – Chiuso 7 gennaio-10 febbraio

VARESE

(VA) – ✉ 21100 – 80 799 ab. – Alt. 382 m – Carta regionale n° **10**-A1
Carta stradale Michelin 561-E8

Al Vecchio Convento

CUCINA TOSCANA · ELEGANTE XxX Chiedete un tavolo nella sala principale, d'atmosfera e con arredi eleganti, per gustare una cucina che segue le stagioni e predilige la Toscana. Ampia scelta di carni cucinate alla griglia espressamente sotto i vostri occhi.

Menu 38/50 € – Carta 36/78 €

3 cam ☲ – †90/110 € ††90/110 €

viale Borri 348, 3 km per Milano - B2 – ℰ 0332 261005 - www.alvecchioconvento.it - Chiuso domenica sera e lunedì

La Perla

PESCE E FRUTTI DI MARE · ROMANTICO XxX Un ristorante da consigliare senza il minimo dubbio: padre e figlio ai fornelli dimostrano grande capacità nel cucinare il mare, secondo ricette saporite e mediterranee. Tuttavia, anche i crudi trovano un loro spazio in menu. Ambiente di raffinata eleganza.

Menu 30 € (in settimana) – Carta 45/103 €

Pianta: A2-b – *via Carrobbio 19 – ℰ 0332 231183 (consigliata la prenotazione) - www.perlaristorante.it – Chiuso 20-28 febbraio, 3 settimane in agosto, domenica sera e e lunedì*

⫶◯ **Luce** 🏠 AK P

CUCINA CREATIVA · ROMANTICO XX In un affascinante contesto architettonico, all'interno della bella villa-museo Panza, la cucina si sbizzarrisce con
piatti più o meno creativi e diversi menu; a pranzo c'è anche la possibilità di
proposte più veloci, nonché economiche. Splendido dehors nei giardini della
storica dimora.

Menu 40/90 € – Carta 43/78 €

piazza Litta 1, c/o Villa Panza, per viale Aguggiari - A1
– 𝒞 0332 242199 – www.ristoranteluce.it
– Chiuso 1°-5 gennaio e lunedì

⫶◯ **Teatro** 🏠 AK ⌀

CUCINA CLASSICA · RUSTICO XX Raccontano la storia del teatro, dalle origini
greche ai giorni nostri, i quadri alle pareti di un antico locale, in pieno centro e
con grazioso dehors nella bella via; a tavola vanno in scena terra e mare.

Carta 37/76 €

Pianta: A1-2-a *– via Croce 3*
– 𝒞 0332 241124 – www.ristoranteteatro.it
– Chiuso 16-21 agosto e martedì

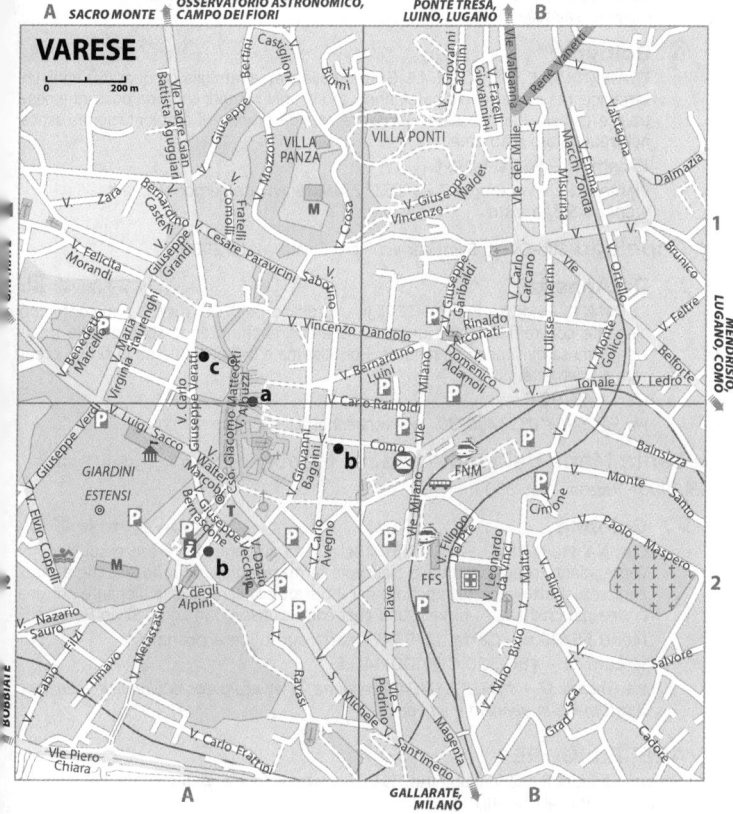

🏨 Art Hotel Varese ⌂ 🛏 ⬆ ⛱ 🅰 🅰 🅿

STORICO · ELEGANTE E' un'affascinante dimora storica settecentesca ad accogliere questo nuovo hotel nella prima periferia della città, arredato con gusto moderno e accessori di ultima generazione. Proposte di cucina fantasiosa e di stagione (nella bella sala colazioni con camino).

28 cam ⌂ – ♦95/145 € ♦♦105/145 €

viale Aguggiari 26, per Sacro Monte - A1 – ℰ 0332 214000 – www.arthotelvarese.it

🏨 Hotel di Varese 🛏 🅰 ⛱ 🅰 🅰 🅰 🛋

TRADIZIONALE · CENTRALE La completa ristrutturazione di un antico palazzo liberty nel centro cittadino ha concesso solo qualche traccia dello stile originale dell'edificio. Camere di varie tipologie in un albergo moderno, comodissimo e gestito con grande passione.

21 cam ⌂ – ♦115/150 € ♦♦135/180 €

Pianta: A2-b – *via Como 12 – ℰ 0332 237559 – www.hoteldivarese.com*
– Chiuso 22 dicembre-8 gennaio, 30 marzo-2 aprile e 12-23 agosto

🏨 Relais sul Lago ⌂ 🛏 ⛲ 🖥 🌐 🛏 ⛱ 🅰 🅰 🅰 🅿

TRADIZIONALE · CLASSICO Lontano dal centro cittadino e con vista sul piccolo lago, camere calde ed accoglienti, a cui si aggiunge uno splendido centro benessere. Un paradiso terrestre, dove riconciliarsi con la vita!

62 cam ⌂ – ♦64/84 € ♦♦69/89 €

via Giovanni Macchi 61, 3 km per Schiranna - A2 – ℰ 0332 310022
– www.relaissullago.it

🏨 Bologna ⌂ ⛱ 🅰 🅰 🛋

TRADIZIONALE · FUNZIONALE Gestito dalla stessa famiglia da quasi 50 anni, un semplice, ma confortevole hotel, rinnovato in anni recenti; comoda posizione centrale e camere ben arredate. Simpatica sala da pranzo di ambientazione rustica nel frequentato ristorante.

15 cam ⌂ – ♦65 € ♦♦85 €

Pianta: A1-c – *via Broggi 7 – ℰ 0332 234362 – www.albergobologna.it*
– Chiuso 5-31 agosto

a Capolago Sud-Ovest: 5 km per via Piero Chiara A2 ✉ 21100

🍴 Da Annetta 🍴 🍴 🅰 ♿ 🅿

CUCINA CLASSICA · ELEGANTE XX In un edificio del '700, rustico e al contempo elegante con raffinata cura della tavola e cucina che prende spunto dalla tradizione, ma sa rivisitarla con fantasia. Fornitissima e bella cantina dove si può pranzare su richiesta.

Carta 48/92 €

via Fè 25 – ℰ 0332 490230 – www.daannetta.it – Chiuso mercoledì

a Santa Maria del Monte (Sacro Monte) per viale Aguggiari: 8 km A1
✉ 21100 – Varese – Alt. 880 m

🍴 Colonne ⇦ ⛱ ⇐ 🛏 🍴 🅿

CUCINA MODERNA · ELEGANTE XX Bella vista sul lago di Varese e sui dintorni verdeggianti, soprattutto dalla piacevole terrazza estiva, in un locale che a mezzogiorno sfrutta la parte superiore per il bistrot e la sera, la sala elegante per una cucina più creativa. Ai fornelli, uno chef conosciutissimo in zona: Silvio Battistoni.

Menu 55/80 € – Carta 42/85 € – carta semplice a pranzo

10 cam ⌂ – ♦80/100 € ♦♦100/140 €

via Fincarà 37 – ℰ 0332 220404 (prenotare) – www.albergolecolonne.it – Chiuso 2 settimane in gennaio e lunedì

VARESE LIGURE

La Spezia – ✉ 19028 – 2 059 ab. – Alt. 353 m – Carta regionale n° **15**-D2
Carta stradale Michelin 561-I10

🏵 Amici

CUCINA LIGURE · LIBERTY ✗✗ Storico ristorante del paese del Borgo Rotondo, in un grazioso edificio liberty trovano spazio carni e formaggi biologici della zona e soprattutto gli gnocchetti di farina di castagne al pesto o i celebri croxetti: una storica pasta ligure, dalla forma rotonda e "timbrata". Semplici ma accoglienti camere in un contesto familiare.

😋 Menu 18 € – Carta 22/39 €

24 cam ⌑ – †45/55 € ††65/80 €

via Garibaldi 80 – ℰ 0187 842139 – www.albergoamici.com – Chiuso 20 dicembre-31 gennaio

VARIGNANA Bologna (BO) → Vedere Castel San Pietro Terme

VARIGOTTI
Savona – ✉ 17029 – Carta regionale n° **8**-B2
Carta stradale Michelin 561-J7

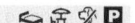

🍴 Muraglia-Conchiglia d'Oro

PESCE E FRUTTI DI MARE · VINTAGE ✗✗ Una sala sobria e luminosa, nonché una piacevole terrazza vista mare: la specialità della casa è il pesce, di grande qualità e freschezza, preparato anche alla brace direttamente in sala. A testimonianza della fragranza la carta varia tutti i giorni.

Carta 50/108 €

6 cam – †70 € ††70/90 € – 1 suite - senza ⌑

via Aurelia 133 – ℰ 019 698015 (prenotare) – Chiuso mercoledì, anche martedì in ottobre-maggio

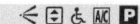

🏨 Albatros

TRADIZIONALE · LUNGOMARE Direttamente sulla spiaggia, una piccola perla di ospitalità con camere personalizzate e di moderno design, che si differenziano l'una dall'altra (alcune con terrazza).

18 cam ⌑ – †110/250 € ††160/400 €

via Aurelia 58 – ℰ 019 698039 – www.hotelalbatrosvarigotti.it – Aperto 23 marzo-30 ottobre

VARZI
Pavia – ✉ 27057 – 3 279 ab. – Alt. 416 m – Carta regionale n° **9**-B3
Carta stradale Michelin 561-H9

verso Pian d'Armà Sud : 7 km

🍴 Buscone

CUCINA REGIONALE · FAMILIARE ✗ La difficoltà che forse incontrerete per raggiungere la trattoria, sarà ricompensata dal vivace ambiente familiare e dalla cucina casereccia. Assolutamente da assaggiare: i salumi fatti in casa e, in stagione, i funghi.

Carta 21/38 €

località Bosmenso Superiore 41 – ℰ 0383 52224 – www.ristorantebuscone.it – Chiuso 25-31 agosto, martedì sera e lunedì

VASON Trento → Vedere Bondone (Monte)

VASTO
Chieti – ✉ 66054 – 41 087 ab. – Alt. 144 m – Carta regionale n° **1**-C2
Carta stradale Michelin 563-P26

🍴 Castello Aragona

PESCE E FRUTTI DI MARE · CONTESTO STORICO ✗✗ La suggestiva atmosfera di memoria storica e il servizio estivo sulla terrazza-giardino con splendida vista sul mare caratterizzano questo ristorante, dove potrete gustare specialità di mare.

Carta 41/87 €

via San Michele 105 – ℰ 0873 69885 – www.castelloaragona.it

VEDOLE Parma → Vedere Colorno

VEGLIA Cuneo (CN) → Vedere Cherasco

VELINA Salerno (SA) → Vedere Castelnuovo Cilento

VELLAU / VELLOI Bolzano (BZ) → Vedere Lagundo (Algund)

VELLETRI
Roma – ⊠ 00049 – 53 303 ab. – Alt. 332 m – Carta regionale n° **7**-C2
Carta stradale Michelin 563-Q20

🏴 **Benito al Bosco**   🛏️🔄🐾🍴🏠🎱🅰️🎿🛁🅿️
PESCE E FRUTTI DI MARE · AMBIENTE CLASSICO XX Il ristorante privilegia la
cucina di mare e, non appena il clima lo consente, ci si sposta all'aperto: a bordo
piscina o all'ombra dei castagni. Situato in zona collinare e residenziale, l'albergo
ospita camere dall'arredo classico ed inserti in marmo.
Menu 40/50 € – Carta 28/64 €
45 cam ⌂ – †55/65 € ††80 €
via Morice 96
– 𝒞 06 964 1414 – www.benitoalbosco.com
– Chiuso lunedì

VELLO
Brescia – ⊠ 25054 – Marone – Alt. 190 m – Carta regionale n° **10**-D1
Carta stradale Michelin 561-E12

🏴 **Trattoria Glisenti**   🏠
CUCINA REGIONALE · ACCOGLIENTE XX Fronte lago con bella vista godibile
dalla terrazza, il pesce d'acqua dolce anima il menu lasciando – tuttavia – spazio
anche a quello di mare; particolare attenzione è riservata alla naturalità degli alimenti con un occhio di riguardo per i vegetariani.
Menu 35/45 € – Carta 40/66 €
via Provinciale 34 r
– 𝒞 030 987222 – www.trattoriaglisenti.it
– Chiuso 8 gennaio-9 febbraio e giovedì escluso luglio-agosto

VELO D'ASTICO
Vicenza – ⊠ 36010 – 2 403 ab. – Alt. 346 m – Carta regionale n° **23**-B2
Carta stradale Michelin 562-E16

🏴 **Giorgio e Flora**   🔄🐾🍴🏠🎱🅰️🅿️
CUCINA REGIONALE · ACCOGLIENTE XX Una villetta tipo chalet che domina la
valle, al suo interno una piacevole sala, raccolta ed elegante grazie anche ad un
certo tocco femminile, un panoramico dehors e piatti della tradizione veneta
aggiornati.
🍴 Menu 20/40 € – Carta 32/53 €
6 cam ⌂ – †60/70 € ††72/75 €
via Baldonò 1, lago di Velo d'Astico, Nord-Ovest: 2 km
– 𝒞 0445 713061 (coperti limitati, prenotare) – www.giorgioeflora.it – solo a cena
– Chiuso 10 giorni in settembre, domenica sera e lunedì

VELO VERONESE
Verona – ⊠ 37030 – 770 ab. – Alt. 1 087 m – Carta regionale n° **23**-B2
Carta stradale Michelin 562-F15

🍴 13 Comuni 🔄 🏠

CUCINA REGIONALE · RUSTICO ⅹ Nella piazza del paese, ottima gestione di una coppia, con lei in sala e lui in cucina dove lavora le migliori materie prime della zona, a volte secondo tradizione, altre in chiave moderna. Specialità: gnocchi di malga con ricotta di pecora e burro nocciola (il burro non è di nocciola, ma è tostato) - costine di maiale in confit laccate alla birra. L'atmosfera montana sale sin dentro alle semplici camere.

Carta 28/59 €

15 cam ☄ – ♦40/60 € ♦♦60/100 €

piazza della Vittoria 31 – 𝒞 045 783 5566 – www.13comuni.it – Chiuso 20 giorni in ottobre-novembre, lunedì e martedì escluso luglio-agosto

VENARIA REALE

Torino – ✉ 10078 – 34 193 ab. – Alt. 262 m – Carta regionale n° **12**-A1
Carta stradale Michelin 561-G4

✿ Dolce Stil Novo alla Reggia (Alfredo Russo) 🏠 ⅼ 🅰🅲 🍽 🔄

CUCINA MODERNA · ELEGANTE ⅹⅹ Ospitato all'interno del Torrione del Garove, il ristorante dispone di una bella terrazza affacciata sui giardini della Reggia di Venaria ed ariose sale arredate con stile minimalista. Lo chef ridefinisce i piatti del territorio in chiave leggermente moderna con in aggiunta qualche specialità di mare.

→ Riso mantecato al gusto di pizza margherita. Bollito misto del Dolce Stil Novo. Ricotta di montagna e gli ingredienti della cassata.

Menu 38 € (pranzo in settimana)/90 € – Carta 75/125 €

piazza della Repubblica 4 – 𝒞 346 269 0588 (coperti limitati, prenotare) – www.dolcestilnovo.com – Chiuso 2 settimane in gennaio, 2 settimane in agosto, domenica sera, martedì a mezzogiorno e lunedì

🍴 Il Convito della Venaria 🔄 🏠

CUCINA MODERNA · AMBIENTE CLASSICO ⅹⅹ Proprio di fronte l'ingresso della Reggia, una gestione a due: lei segue la sala, classica ed accogliente, lui la cucina che tra pranzo e sera si sdoppia. Se a mezzodì la carta è più leggera (anche nel prezzo), la sera si amplia, partendo dai piatti regionali per allargarsi al resto d'Italia. Sul retro possibilità di comode camere, due con vista sulla storica dimora.

Carta 32/71 €

5 cam ☄ – ♦60/70 € ♦♦95/120 €

via Andrea Mensa 37/g – 𝒞 011 459 8392 – www.ilconvitodellavenaria.it – Chiuso 2 settimane in febbraio, 2 settimane in agosto, domenica sera e lunedì

🏠 Cascina di Corte 🔼 🅰🅲 🅿

FAMILIARE · ELEGANTE Alle porte della celebre reggia, cascina ottocentesca con annessa ghiacciaia ancora conservata. Sobrio stile architettonico di impronta locale, ma - all'interno - l'atmosfera rustica con mattoni a vista nelle camere cede il passo a moderne installazioni e confort.

12 cam ☄ – ♦120/180 € ♦♦140/280 €

via Amedeo di Castellamonte 2 – 𝒞 011 459 3278 – www.cascinadicorte.it

VENCÒ Gorizia (GO) → Vedere Dolegna del Collio

CI PIACE...

Soggiornare nell'arte a **Ca' Sagredo**: oltre ai dipinti e agli affreschi, le pareti e le volte delle stanze nonché dei saloni del piano nobile sono decorate da ricchi stucchi. La sfiziosa cucina di **Amo** e lo shopping nel nuovo polo del lusso veneziano. Sorseggiare un cocktail nella sala centrale dell'hotel **Palazzina G**: atmosfera elegante e glamour disegnata da Philippe Starks. La vista su piazza San Marco da una delle due altane delle suite del **Concordia**.

VENEZIA

(VE) – ✉ 30124 – 263 352 ab. – Carta regionale n° **23**-C2
Carta stradale Michelin 562-F19

Piante pagine seguenti

Ristoranti

⭐ Met

CUCINA MODERNA · ROMANTICO XxxX Grandi novità per questo ristorante che vede in primis un interessante connubio tra moda e food, ma anche una proposta gastronomica che diventa più leggera, naturale, femminile. I piatti mantengono sempre un'altissima qualità introducendo ingredienti stagionali e cotture – spesso a basse temperature - per preservarne la fragranza. Ultima, ma non ultima, la Rose Room: un angolo di cucina più easy che coglie dalla natura i decori più suggestivi (foglie, fiori, bacche...) in un intrigante gioco cromatico.

→ Spaghetti alla chitarra, erbe, caviale e fumo. Maialino arrosto, millefoglie di patate, emulsione alla mela verde e senape piccante. Omaggio all'arte: un dolce sorprendente.

Menu 120/200 € – Carta 98/205 €

Pianta: H2-t – *Hotel Metropole, riva degli Schiavoni 4149, Castello* ✉ *30122 – ☎ 041 524 0034 – www.hotelmetropole.com – solo a cena escluso sabato e domenica – Chiuso 9-18 gennaio e lunedì*

⭐ Oro Restaurant

CUCINA MODERNA · LUSSO XxxX Se l'oro è un metallo di gran valore che scorre nel DNA di Venezia, il ristorante ha fatto di tale colore il rivestimento del soffitto. Non di meno - a livello di pregio - si eleva la sua cucina grazie ad un cuoco italiano dall'eccellente curriculum internazionale: rispetto delle materie prime, purezza dei sapori e belle coreografie nei piatti.

→ Gnocchi con tutto il verde dell'orto. Anatra muta arrostita al fieno e riduzione al vin brulè. More e zola.

Menu 160/190 € – Carta 118/202 €

Pianta: H3-h – *Belmond Hotel Cipriani, isola della Giudecca 10, 5 mn di navetta privata dal pontile San Marco* ✉ *30133 – ☎ 041 240801 (consigliata la prenotazione) – www.belmond.com – solo a cena – Aperto 17 marzo-11 novembre*

⚜ **Glam Enrico Bartolini** Ⓝ   🎐 🏠 AC

CUCINA CREATIVA · ROMANTICO XxX "Sbarca" a Venezia l'estro dello chef Bartolini: all'interno di un sontuoso palazzo d'epoca, un elegante salottino per l'inverno
e l'indimenticabile dehors estivo in giardino fra magnolie e vista sul Canal Grande.
Con tanta fantasia la carta "pesca" nel mercato locale e non solo per le specialità
ittiche. Ricette del territorio reinterpretate come solo un "maestro" sa fare!
→ Ricci di mare e avocado. Bigoli, anguilla affumicata e finocchietto. Tiramisù.
Menu 90/110 € – Carta 75/125 €

Pianta: FG1-b – *Palazzo Venart, calle Tron 1961, Santa Croce* – ☎ 041 523 5676
(consigliata la prenotazione) – www.palazzovenart.com – *Chiuso gennaio*

⚜ **Quadri** (Massimiliano Alajmo)   ≤ AC 🍸 ↔

CUCINA MODERNA · CONTESTO STORICO XxX All'interno di uno dei palazzi più
fotografati di Venezia, menu degustazione con piatti intriganti e creativi, che
mettono in risalto i prodotti della laguna, evidenziando – tra l'altro – la chiara
impronta italiana. Al pian terreno, accanto al bar, in fase di rinnovo il Quadrino è
il ristorante informale con proposte più tradizionali e prezzi contenuti.
→ Baccalà, baccalà, baccalà. Costata di manzo, salsa d'ostriche allo speck e
fagiolini. Crema fritta allo zafferano e liquirizia con gelato di spumone.
Menu 120/225 €

Pianta: L2-y – *piazza San Marco 121 (primo piano)* ✉ 30124 – ☎ 041 522 2105
(consigliata la prenotazione) – www.alajmo.it – *Chiuso lunedì*

1197

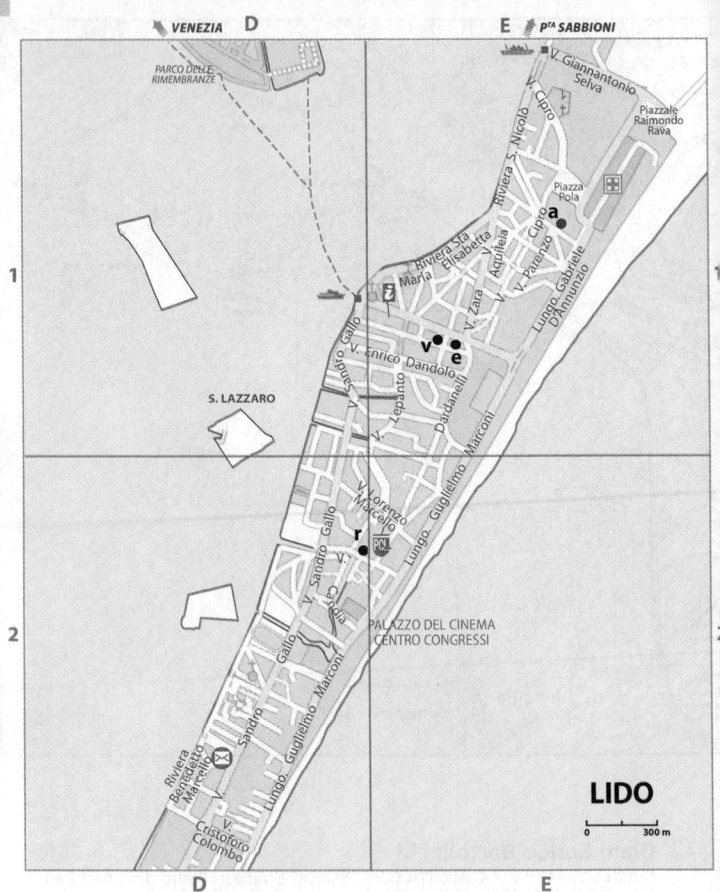

PARCO DELLE
RIMEMBRANZE

V. Giannantonio
Selva

Cipro

Piazzale
Raimondo
Rava

Riviera S. Nicolò

Piazza
Pola

a

Riviera Sta
Maria
Elisabetta

V. Aquileia

V. Zara

V. Parenzo

Lungo Gabriele
D'Annunzio

Gallo

o piuo

V. enrico Dandolo

v ● e

Lepanto

Duodanali

Lungo. Guglielmo Marconi

S. LAZZARO

V. Lorenzo
Marcello

r

Lungo. Guglielmo Marconi

V. Sandro Gallo

Cipria

PALAZZO DEL CINEMA
CENTRO CONGRESSI

Gallo

Sandro

Lungo. Guglielmo Marconi

Riviera
Benedetto
Marcello

V. Cristoforo
Colombo

LIDO

0   300 m

D   E

🌼 Dopolavoro

CUCINA CREATIVA · CONTESTO CONTEMPORANEO XXX E' Giancarlo Perbellini,
una garanzia, a tirare i fili di questo ristorante che ha come palcoscenico un'isola
privata: l'isola delle Rose, nel capoluogo lagunare. E dopo una giornata di
"lavoro", nell'accezione più vasta del termine – business o visita della città – in
un edificio del '36, vi attendono ricette gourmet personali, gustose, intelligentemente alleggerite.

→ Pepata di peoci (cozze) in tecia. Pollo "Caesar". Macedonia con "fragolino".
Menu 98/180 € – Carta 151/245 €

*Hotel JW Marriott Venice Resort & Spa, isola delle Rose, 25 mn di navetta privata
dal pontile di San Marco*
– ✆ 041 852 1300 (consigliata la prenotazione)
– www.jwvenice.com
– *solo a cena escluso sabato e domenica*
– *Aperto inizio aprile-fine ottobre; chiuso martedì e mercoledì*

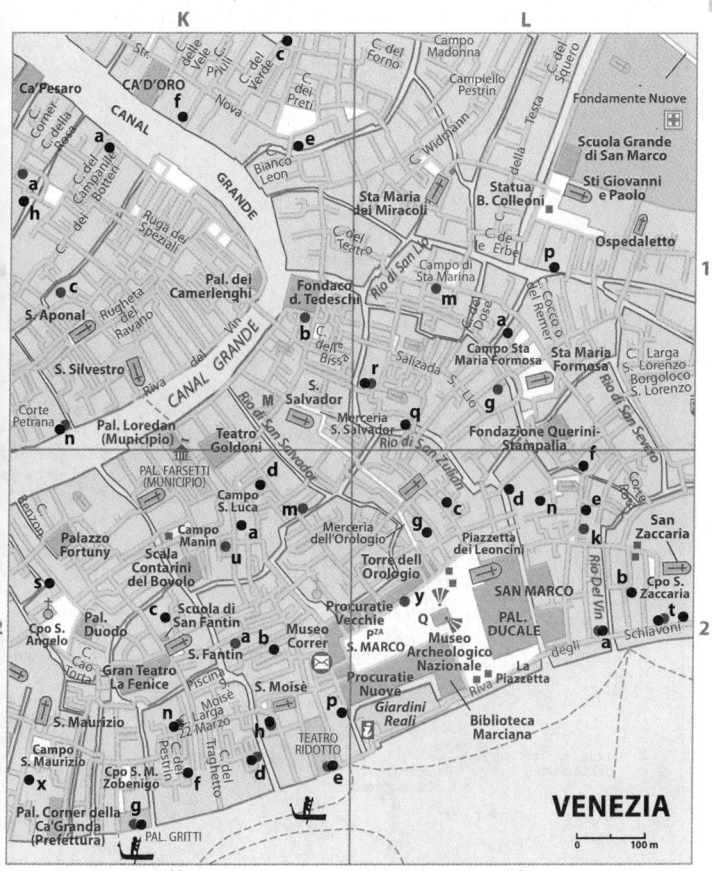

K
L

Ca'Pesaro
CA'D'ORO
CANAL
Str. Vele
C. del Forno
Campo Madonna
C. del Squero
Fondamente Nuove

Ca' Corner della Regina
C. del Campaniel Botteri
Nova
Calle dei Preti
C. del Verde
Campiello Pestrin
Testa
Scuola Grande di San Marco
Sti Giovanni e Paolo

Ruga del Spezieri
Bianco Leon
Sta Maria dei Miracoli
C. Widmann
C. della
Statua B. Colleoni
Ospedaletto

S. Aponal
Rughetta del Ravano
Pal. dei Camerlenghi
Fondaco d. Tedeschi
C. del Teatro
Rio di San Giovanni
Campo di Sta Marina
Dose
C. del Erbe
Ospedaletto

S. Silvestro
CANAL GRANDE
C. delle Bisse
Salizada S. Lio
Campo Sta Maria Formosa
Sta Maria Formosa
C. Larga S. Lorenzo
Borgoloco S. Lorenzo

Corte Petrana
Riva del Vin
S. Salvador
Mercerìa S. Salvador
Rio di San Zulian
Fondazione Querini-Stampalia
Rio di San Severo

Pal. Loredan (Municipio)
Teatro Goldoni
Rio di San Salvador

PAL. FARSETTI (MUNICIPIO)
Campo S. Luca
Mercerìa dell'Orologio
Piazzetta dei Leoncini
San Zaccaria

Palazzo Fortuny
Campo Manin
Torre dell'Orologio
SAN MARCO
Cpo S. Zaccaria

Scala Contarini del Bovolo
Scuola di San Fantin
Procuratie Vecchie
PZA S. MARCO
Museo Correr
Museo Archeologico Nazionale
PAL. DUCALE
Riva degli Schiavoni

Cpo S. Angelo
Pal. Duodo
S. Fantin
Procuratie Nuove
Giardini Reali
La Piazzetta

Gran Teatro La Fenice
Piscina
S. Moisè
Biblioteca Marciana

S. Maurizio
C. Larga 22 Marzo
C. del Traghetto
TEATRO RIDOTTO

Campo S. Maurizio
Cpo S.M. Zobenigo
C. del Pestrin

Pal. Corner della Ca'Granda (Prefettura)
PAL. GRITTI

VENEZIA

0   100 m

K
L

Osteria da Fiore (Mara Zanetti)   88 AC ⇔

CUCINA CLASSICA · ELEGANTE XXX Osteria ormai solo nel nome! Interamente rinnovata con un ambiente più moderno, rimangono - tuttavia - i due romantici tavoli affacciati sul canale. Chi ama la cucina veneziana qui si sentirà a casa: la signora Mara, con sapienza, riesce a far convivere la tradizione lagunare col proprio tocco personale.

→ Ostriche fritte con salsa di zabaione salato. Moleche di Burano con polenta bianca. Branzino gratinato alle erbette selvatiche.

Menu 50 € (pranzo)/160 € – Carta 83/143 €

Pianta: F2-y – calle del Scaleter 2202/A, San Polo ⊠ 30125
– ✆ 041 721308 (consigliata la prenotazione)
– www.dafiore.net
– Chiuso 2 settimane in gennaio, 3 settimane in agosto, domenica e lunedì

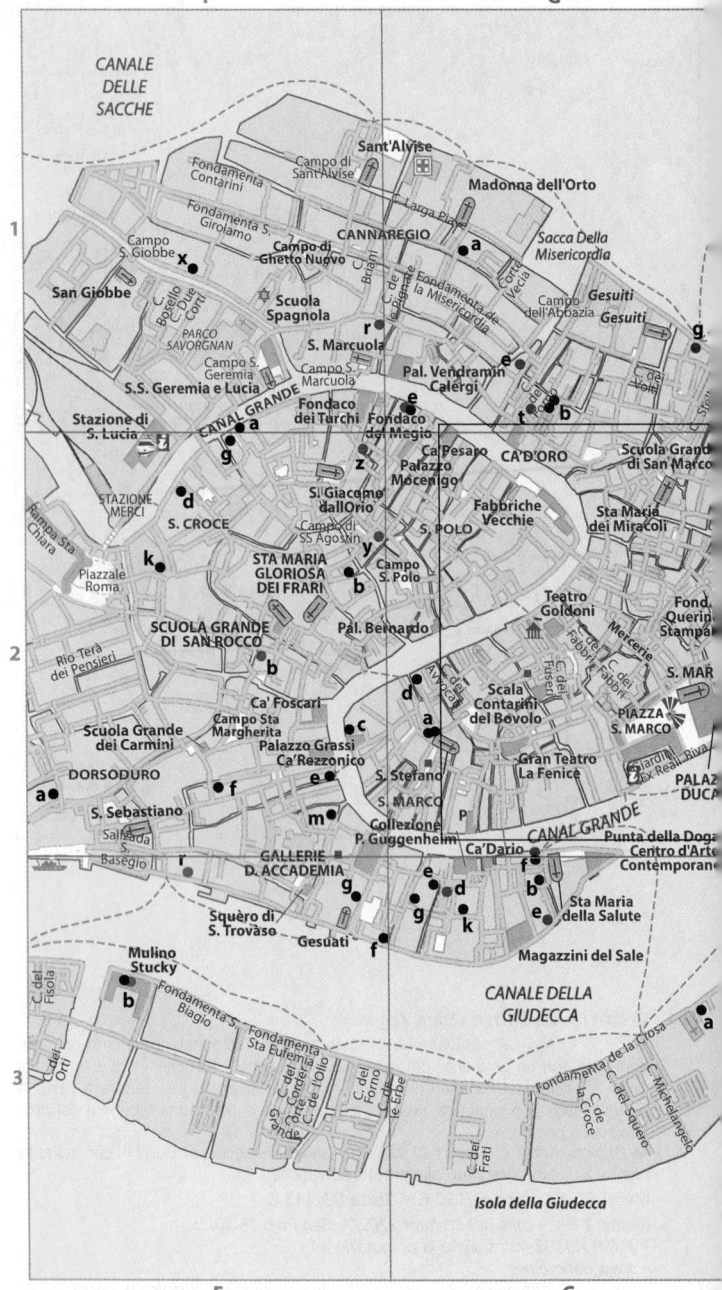

CANALE DELLE SACCHE

Sant'Alvise

Madonna dell'Orto

Fondamenta Contarini

Campo di Sant'Alvise

Larga Piave

Fondamenta S. Girolamo

CANNAREGIO

Sacca Della Misericordia

Campo S. Giobbe

x

Campo di Ghetto Nuovo

a

San Giobbe

C. Botello C. de Due Corti

PARCO SAVORGNAN

Scuola Spagnola

r

S. Marcuola

Pal. Vendramin Calergi

Campo dell'Abbazia

Gesuiti

Gesuiti

g

Campo S. Geremia

S.S. Geremia e Lucia

Campo S. Marcuola

Fondamenta la Misericordia de

Corte Vecchia

del Volti

b

t

Stazione di S. Lucia

CANAL GRANDE

a

g

Fondaco dei Turchi

e

Fondaco del Megio

Ca' Pesaro

Palazzo Mocenigo

CA' D'ORO

Scuola Grand di San Marco

STAZIONE MERCI

d

S. CROCE

z

S. Giacomo dall'Orio

Campo di SS Agostin

S. POLO

Fabbriche Vecchie

Sta Maria dei Miracoli

Ponte Sta Chiara

Piazzale Roma

k

STA MARIA GLORIOSA DEI FRARI

y

Campo S. Polo

b

Teatro Goldoni

Merceria

Fond. Querin Stampa

Rio Terà dei Pensieri

SCUOLA GRANDE DI SAN ROCCO

Pal. Bernardo

C. del Fabbri

C. dei Fabbri

S. MAR

b

Pal. Bernardo

Ca' Foscari

d

Scala Contarini del Bovolo

PIAZZA S. MARCO

Scuola Grande dei Carmini

Campo Sta Margherita

c

a

Gran Teatro La Fenice

Palazzo Grassi Ca'Rezzonico

Giardini ex Reali Riva

PALAZ DUCA

DORSODURO

a

f

e

S. Stefano

P

S. MARCO

S. Sebastiano

m

Collezione P. Guggenheim

Salizada Baseglio

r

GALLERIE D. ACCADEMIA

Ca'Dario

CANAL GRANDE

Punta della Doga Centro d'Arte Contemporan

Squèro di S. Trovaso

g

g

e

d

f

b

Sta Maria della Salute

Gesuati

f

k

e

Magazzini del Sale

Mulino Stucky

b

Fondamenta S. Biagio

GALLERIE

Fondamenta Sta Eufemia

CANALE DELLA GIUDECCA

a

C. del Fisola

C. dei Orti

C. del Corder C. de Corte Grande

C. del Forno

C. de l'Olio

C. de le Erbe

Fondamenta de la Crosa

C. de la Croce

C. del Squero

C. del Frati

C. del Michelangelo

Isola della Giudecca

F   G

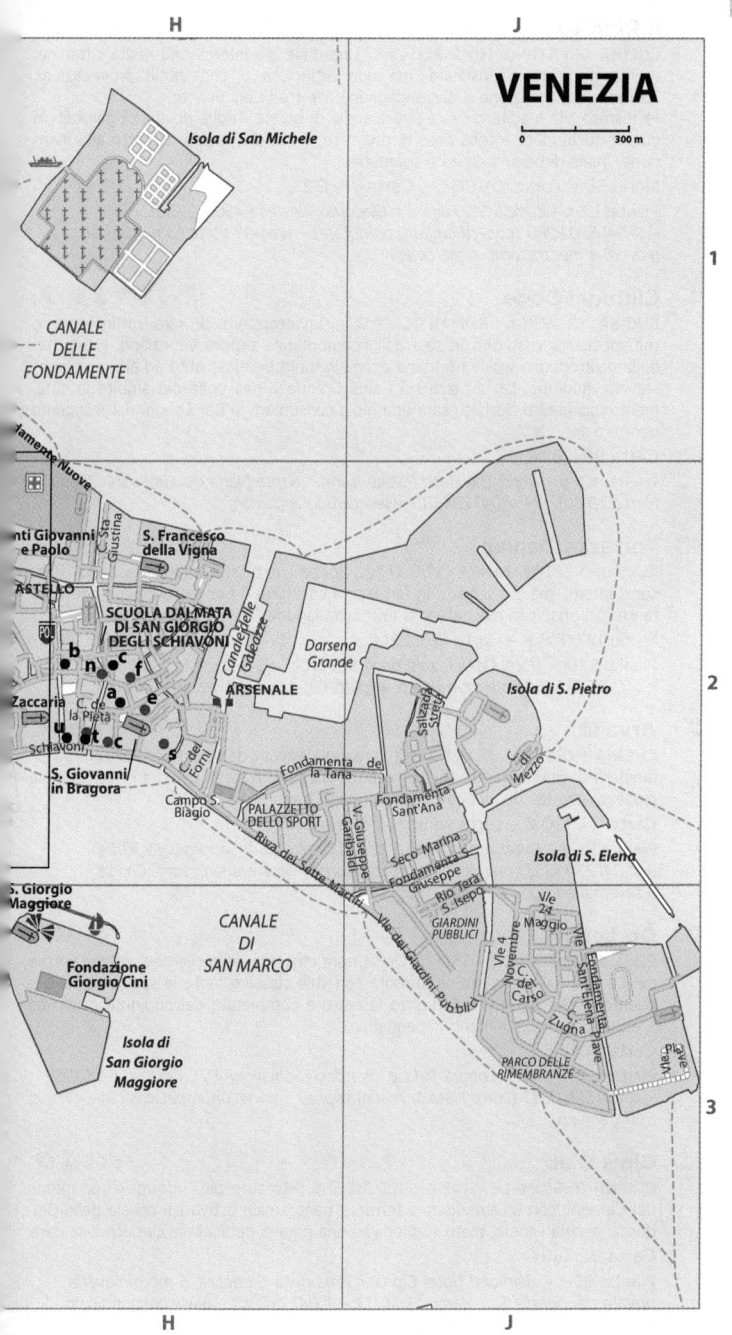

VENEZIA

0   300 m

Isola di San Michele

CANALE DELLE FONDAMENTE

...damente Nuove

...nti Giovanni e Paolo

CASTELLO

SCUOLA DALMATA DI SAN GIORGIO DEGLI SCHIAVONI

S. Francesco della Vigna

C. Sta Giustina

Canale delle Galeazze

Darsena Grande

ARSENALE

...Zaccaria

C. de la Pietà

Schiavoni

S. Giovanni in Bragora

C. del Forni

Campo S. Biagio

PALAZZETTO DELLO SPORT

Salizada Streta

Isola di S. Pietro

C. di Mezzo

Fondamenta de la Tana

Fondamenta Sant'Ana

Riva dei Sette Martiri

v. Giuseppe Garibaldi

Fondamenta S. Giuseppe

Seco Marina

Isola di S. Elena

S. Giorgio Maggiore

Fondazione Giorgio Cini

Isola di San Giorgio Maggiore

CANALE DI SAN MARCO

Rio Tara

S. Isepo

V.le del Giardini Pubblici

GIARDINI PUBBLICI

V.le 4 Novembre

V.le 24 Maggio

C. del Carso

Zugna

Fondamenta Sant'Elena Piave

C. Elena

PARCO DELLE RIMEMBRANZE

V.le ...ave

1201

ꗃ Il Ridotto ◻ᴬᶜ

CUCINA CREATIVA · MINIMALISTA XX Una delle più interessanti realtà cittadine: cucina di ricerca, sofisticata, ma non artificiosa o con inutili provocazioni. Sostanza e innovazione si accompagnano alle tradizioni venete.

→ Risotto alla mediterranea e stracciatella di bufala. Triglia ripiena di gamberi in guazzetto di mare e cous cous di riso nero. Terra di Venezia: biscotto alle mandorle, miele di barena ed erbe spontanee.

Menu 30 € (pranzo)/90 € – Carta 76/132 €

Pianta: L2-k – *campo SS. Filippo e Giacomo, Castello 4509* ✉ *30122*
– ☏ 041 520 8280 (coperti limitati, prenotare) – www.ilridotto.com – Chiuso giovedì a mezzogiorno e mercoledì

⃝ Club del Doge 🏠 ᏸ ᴬᶜ ᨐ

CUCINA CLASSICA · ROMANTICO XXX In un'atmosfera di rara raffinatezza e romanticismo, custodita in sale dall'inconfondibile sapore veneziano, i caratteri della gastronomia locale ritornano anche in molti piatti accanto ad alcune proposte più moderne. La terrazza sul Canal Grande è una delle più ambite in città, mentre cocktail e cicchetti sarà una gioia consumarli al Bar Longhi dall'intrigante parete a specchio!

Carta 89/287 €

Pianta: K2-g – *Hotel The Gritti Palace, campo Santa Maria del Giglio 2467, San Marco* ✉ *30124* – *☏ 041 794611 – www.clubdeldoge.com*

⃝ Terrazza Danieli ⩽ 🏠 ᴬᶜ ᨐ

CUCINA MEDITERRANEA · LUSSO XXX Specchi e tessuti impreziosiscono i lussuosi interni, ma è il servizio in terrazza a costituire il fiore all'occhiello del ristorante con una vista mozzafiato a 180° sulla laguna, le isole e i campanili.

Menu 127/176 € – Carta 126/221 €

Pianta: L2-a – *Hotel Danieli, riva degli Schiavoni 4196, Castello* ✉ *30122*
– ☏ 041 522 6480 (prenotazione obbligatoria) – www.terrazzadanieli.com

⃝ Arva ⓝ 🛦 ᴬᶜ ᨐ

CUCINA MODERNA · LUSSO XXX Si mangia avvolti da stucchi e dipinti in un'atmosfera di grande lusso; cucina mediterranea moderna e per pranzi più easy la piacevolezza del dehors con vista su Canal Grande.

Carta 74/190 € – carta semplice a pranzo

Pianta: K1-n – *Hotel Aman Venice, calle Tiepolo 1364, San Polo* ✉ *30124*
– ☏ 041 270 7333 (prenotazione obbligatoria) – www.aman.com – Chiuso 3 settimane in gennaio

⃝ Do Leoni 🏠 ᴬᶜ ᨐ

CUCINA CLASSICA · LUSSO XXX Da sempre crocevia della clientela internazionale del Londra Palace, la cucina affronta con stile classico tanto le specialità venete quanto quelle nazionali. A pranzo la carta è completata dall'aggiunta di alcune scelte più semplici e meno impegnative.

Carta 88/135 €

Pianta: L2-t – *Hotel Londra Palace, riva degli Schiavoni 4171, Castello* ✉ *30122*
– ☏ 041 520 0533 (consigliata la prenotazione) – www.londrapalace.com – Chiuso 8-31 gennaio

⃝ Cip's Club ⩽ 🏠 ᴬᶜ ᨐ

CUCINA REGIONALE · ROMANTICO XXX E' il ristorante più "informale" ed intimo del Cipriani, con un'ambitissima terrazza panoramica estiva sul canale della Giudecca; cucina veneta, piatti stagionali e una pagina dedicata ai classici della casa.

Carta 92/165 €

Pianta: G3-c – *Belmond Hotel Cipriani, isola della Giudecca, 5 mn di navetta privata dal pontile San Marco* ✉ *30133* – *☏ 041 240801 – www.belmond.com – Aperto 17 marzo-11 novembre*

🍽 Acquerello Ⓝ ⋞ 🌳 ⛱ ♿ A/C 🚭

CUCINA MODERNA • LUSSO XXX Per fuggire anche solo idealmente da questa bella città, talvolta però anche un po' caotica, un contesto esclusivo e rilassante, magari nel bel dehors davanti alla laguna, sono i presupposti per una cena da Acquerello: piatti moderni e mediterranei, non a caso lo chef è partenopeo.

Carta 78/148 €

Hotel San Clemente Palace Kempinski, isola di San Clemente 1, 10 mn di navetta privata dal pontile di San Marco ✉ 30124 – ✆ 041 475 0111 (consigliata la prenotazione) – www.kempinski.com/venice – solo a cena – Aperto 17 marzo-7 novembre

🍽 La Cusina ⋞ ⛱ A/C ⇔

CUCINA MODERNA • LUSSO XXX L'eleganza del ristorante è consona alla cornice prestigiosa in cui si trova (i tavoli più ambiti si affacciano sul Canal Grande), mentre la cucina mette nei piatti specialità lagunari e cosmopolite. A mezzogiorno la carta si fa più semplice.

Menu 70/115 € – Carta 91/165 €

Pianta: K2-d – *Hotel The Westin Europa e Regina, corte Barozzi 2159, San Marco ✉ 30124 – ✆ 041 240 0001 – www.lacusina.it*

🍽 Antinoo's Lounge 🌳 A/C 🚭

CUCINA MODERNA • DI TENDENZA XXX Ispirato ad un design moderno e raffinato, la scelta oscilla fra due sale, una rossa e una bianca, con affacci sul Canal Grande. La cucina prende spunto dalla tradizione in un connubio che si fa a tratti molto interessante; romantici tavoli vicino all'acqua in estate (prenotazione consigliata!).

Carta 69/131 €

Pianta: G2-3-f – *Hotel Centurion Palace, Dorsoduro 173 ✉ 30124 – ✆ 041 34281 – www.centurionpalacevenezia.com*

🍽 Grand Canal ⛱ ♿ A/C 🚭

CUCINA REGIONALE • ELEGANTE XXX Approfittate della bella stagione per sistemarvi su un'incantevole terrazza, a pochi metri dall'acqua, con vista sulla Giudecca. Cucina veneta, italiana e internazionale, c'è spazio per tutte le esigenze.

Carta 76/110 €

Pianta: K2-e – *Hotel Monaco e Grand Canal, calle Vallaresso 1332, San Marco ✉ 30124 – ✆ 041 520 0211 – www.hotelmonaco.it*

🍽 Alle Corone ♿ A/C 🚭

CUCINA MODERNA • AMBIENTE CLASSICO XXX Vista su un canale dalle finestre di questo ottimo ristorante d'albergo, dove gustare una cucina moderna di stampo italiano e veneziano, o - a pranzo - anche un secondo menu light. A completare l'offerta, la saletta nella cantina con formula "enoteca-cucina": taglieri, crudità di pesce e tanto vino.

Carta 60/99 €

Pianta: L1-r – *Hotel Ai Reali, campo della Fava 5527, Castello ✉ 30124 – ✆ 041 523 2222 (prenotazione obbligatoria) – www.hotelaireali.com*

🍽 De Pisis ⛱ A/C 🚭

CUCINA MODERNA • LUSSO XXX All'interno, un grande dipinto dell'omonimo pittore domina la sala; all'esterno, un romantico servizio con vista sulla chiesa della Salute. Sempre, una cucina moderna equamente divisa tra carne e pesce.

Carta 66/140 €

Pianta: K2-h – *Bauer Palazzo Hotel, campo San Moisè 1459, San Marco ✉ 30124 – ✆ 041 520 7022 – www.bauerhotels.com*

🍽 Amo Ⓝ A/C 🚭

CUCINA MEDITERRANEA • ALLA MODA XX Design di Philippe Starck per questo "salotto in piazza" - bar, lounge e proposte gastronomiche di qualità - inserito nella corte interna di un palazzo del '200, diventato ora un attraente polo per lo shopping di lusso.

Menu 65/100 € – Carta 58/128 €

Pianta: K1-b – *T Fondaco dei Tedeschi ✉ 30124 – ✆ 041 241 2823 (consigliata la prenotazione) – www.alajmo.it*

🍽️ **Caffè Centrale** Ⓝ   🏡 AC

CUCINA MEDITERRANEA · ALLA MODA XX Un bel mix fra lounge bar e ristorazione di qualità per questo bel locale giovanile ed elegante, dove è possibile accomodarsi sino all'una di notte: per Venezia, una rarità!

Menu 55/80 € – Carta 54/133 €

Pianta: K2-a – *Piscina di Frezzeria 1659/B* ✉ 30124
– ✆ 041 887 6642 (consigliata la prenotazione) – www.caffecentralevenezia.com
– solo a cena

🍽️ **Aromi**   🏡 ⚹ AC ⚘

CUCINA MODERNA · BISTRÒ XX Locale moderno ed accogliente, offre sicuramente il meglio di sé nella piazzetta di fronte all'ingresso che si trasforma in un bel servizio all'aperto panoramico. La sua cucina risulta moderna e fresca al tempo stesso.

Carta 69/129 €

Pianta: F3-b – *Hotel Molino Stucky Hilton, isola della Giudecca 810, 10 mn di navetta privata dal pontile San Marco* ✉ 30133 – ✆ 041 272 3316 (consigliata la prenotazione) – www.molinostuckyhilton.it – solo a cena – Aperto 1° aprile-31 ottobre

🍽️ **Ai Mercanti**   🏡 AC ⚘

CUCINA MODERNA · CONTESTO CONTEMPORANEO XX Celato in una piccola corte del centro - nero e beige dominano l'aspetto moderno dell'ultimo rinnovo - signorile ed elegante, non privo di calore. Cucina di stampo moderno, sia di carne sia di pesce.

Carta 35/58 €

Pianta: K2-u – *corte Coppo 4346/A, San Marco* ✉ 30124 – ✆ 041 523 8269 (consigliata la prenotazione) – www.aimercanti.it – Chiuso 7-30 gennaio, 1°-8 agosto, lunedì a mezzogiorno e domenica

🍽️ **Riviera**   🏡 ⚹ AC

CUCINA MEDITERRANEA · ROMANTICO XX Ammaliati dal tramonto con vista sull'isola della Giudecca, questo locale ha un côté decisamente romantico: interni dal mood retrò per un'ottima tavola che si divide tra terra e mare, ma che non si scorda mai di coniugare gusto e leggerezza.

Menu 65/110 € – Carta 65/115 €

Pianta: F3-r – *fondamenta zattere al Ponte Longo 1473, Dorsoduro* ✉ 30123 – ✆ 041 522 7621 – www.ristoranteriviera.it – Chiuso 9 gennaio-9 febbraio, 1 settimana in agosto, mercoledì e giovedì

🍽️ **La Caravella**   🏡 AC

VENEZIANA · CONTESTO TRADIZIONALE XX In un caratteristico locale che ricorda gli interni di un'antica caravella, ambiente vintage e intimità, cucina classica con piatti di stagione. D'estate, servizio all'aperto in un cortile veneziano.

Carta 65/113 €

Pianta: K2-n – *Hotel Saturnia e International, calle larga 22 Marzo 2397, San Marco* ✉ 30124 – ✆ 041 520 8901 – www.restaurantlacaravella.com

🍽️ **Hostaria da Franz**   🏡 ⚹ AC ⚘

PESCE E FRUTTI DI MARE · AMBIENTE CLASSICO XX Locale elegante tra boiserie e lampadari di Murano, il tono si fa più informale nell'ordinazione a voce che si declina secondo l'offerta quotidiana del pesce con piatti dal gusto locale ed alcuni leggeri tocchi moderni.

Carta 63/106 €

Pianta: H2-f – *salizzada Sant'Antonin, Castello 3499* ✉ 30122 – ✆ 041 522 0861 – www.hostariadafranz.com – Chiuso 3 settimane in gennaio, 1 settimana in luglio e martedì

⅋○ Vecio Fritolin ⒶⒸ

CUCINA MEDITERRANEA · CONTESTO TRADIZIONALE ✕✕ Il "fritolin" era un luogo dove i veneziani potevano trovare il pesce fritto da asporto chiamato "scartosso de pesse". Situato in un palazzo del '500, nei possedimenti di Caterina Cornaro, regina di Cipro, il locale ha perpetuato l'antica tradizione per un lungo periodo; ora questo take-away ante litteram non è più possibile, ma noi v'invitiamo – comunque – ad accomodarvi ai suoi tavoli per gustare una squisita cucina regionale attualizzata con gusto moderno e accompagnata da un cordiale servizio.

Menu 60 € – Carta 49/91 €

Pianta: K1-a – *calle della Regina, Rialto 2262* ✉ *30125* – ✆ *041 522 2881 (consigliata la prenotazione) – www.veciofritolin.it – Chiuso 24 luglio-10 agosto, mercoledì a mezzogiorno e martedì*

⅋○ Lineadombra ⚇ ⌂ ⅃ ⒶⒸ

CUCINA MODERNA · MINIMALISTA ✕✕ Per chi vuole sfuggire alla tradizione, è uno dei pochi ristoranti veneziani a proporre una cucina contemporanea, nonché una delle migliori cantine della città con più di 1000 etichette; stile minimal all'interno, diventa romantico d'estate quando si mangia su una zattera-palafitta affacciata sul canale della Giudecca.

Carta 71/117 €

Pianta: G3-e – *ponte dell'Umiltà 19, Dorsoduro* ✉ *30123* – ✆ *041 241 1881 – www.ristorantelineadombra.com – Aperto 3 marzo-25 novembre; chiuso martedì escluso in maggio-settembre*

⅋○ Al Covo ⌂ ⒶⒸ ⅃ ⇄

CUCINA REGIONALE · FAMILIARE ✕✕ All'insegna di un'autentica ospitalità familiare, ecco uno dei migliori ristoranti di Venezia che fa dei prodotti di nicchia e di ricerca - in prevalenza mare - la propria bandiera.

Menu 43 € (pranzo)/73 € – Carta 60/110 €

Pianta: H2-s – *campiello della Pescaria 3968, Castello* ✉ *30122* – ✆ *041 522 3812 – www.ristorantealcovo.com – Chiuso 2 settimane in gennaio, 1 settimana in agosto, mercoledì e giovedì*

⅋○ Bistrot de Venise ⚇ ⌂ ⒶⒸ ⅃

VENEZIANA · AMBIENTE CLASSICO ✕✕ Cucina veneziana contemporanea, con qualche proposta di piatti d'epoca, in salette avvolte da velluti rossi e dalla musica classica. Tante bottiglie al bicchiere e possibilità d'acquisto a prezzi scontati. Al piano superiore due belle camere in stile locale.

Menu 74/100 € – Carta 46/106 €

Pianta: K2-m – *calle dei Fabbri 4685, San Marco* ✉ *30124* – ✆ *041 523 6651 (consigliata la prenotazione) – www.bistrotdevenise.com – Chiuso 18-25 dicembre*

⅋○ Ai Gondolieri ⒶⒸ ⇄

CUCINA REGIONALE · ROMANTICO ✕✕ Alle spalle del museo Guggenheim, questo locale rustico con tanto legno alle pareti propone un fantasioso menu solo di terra legato alla tradizione classica e regionale. Ultimamente, il ristorante si è arricchito di una fornita vineria con vasta selezione di bianchi, rossi e bollicine. Insieme ad un buon calice, Ai Gondolieri offre prodotti tipici veneti come prosciutti stagionati e verdurine in agrodolce.

Menu 50/65 € – Carta 52/111 €

Pianta: G3-d – *fondamenta de l'Ospedaleto 366, Dorsoduro* ✉ *30123 – ✆ 041 528 6396 – www.aigondolieri.it*

⅋○ L' Osteria di Santa Marina ⌂ ⒶⒸ ⅃

CUCINA MODERNA · AMBIENTE CLASSICO ✕✕ Il biglietto da visita è un'incantevole credenza vecchio stile, ma il ricordo più vivo lo lascerà la cucina: niente di turistico, ma una gustosa ricerca di ottimi prodotti e ricette della tradizione rivisitate con tocchi fantasiosi. Menzione speciale per i dolci.

Carta 62/113 €

Pianta: L1-m – *campo Santa Marina 5911, Castello* ✉ *30122* – ✆ *041 528 5239 – www.osteriadisantamarina.com – Chiuso 15 gennaio-1° febbraio, lunedì a mezzogiorno e domenica*

Ⅱ○ Local   🖾 🗚 🕉

CUCINA MODERNA · CONTESTO CONTEMPORANEO ⅩⅩ Come lo definirebbero gli indigeni: è un "posto dove che se magna e se beve in compagnia e in allegria" - "local", in dialetto veneziano - ed è qui infatti che troverete la vera cucina regionale reinterpretata con garbo ed estro, accompagnata da ottimi vini naturali ed artigianali.

Menu 40 € (pranzo in settimana)/75 € – Carta 61/97 €

Pianta: H2-n – *Salizzada dei Greci, Castello 3303 – ℰ 041 241 1128*
– www.ristorantelocal.com – Chiuso 2 settimane in febbraio, 2 settimane in agosto, mercoledì a mezzogiorno e martedì

Ⅱ○ Osteria Alle Testiere   🗚

CUCINA REGIONALE · SEMPLICE Ⅹ A partire dalla vetrina - sino alla sala e ai 10 tavolini che la arredano - è tutto minuscolo in questa bella osteria... salvo la qualità del cibo preparato in chiave leggermente moderna e, soprattutto, dall'esito convincente. Un "bacaro" raffinato!

Carta 51/88 €

Pianta: L1-g – *calle del Mondo Novo 5801, Castello ⊠ 30122 – ℰ 041 522 7220 (prenotazione obbligatoria la sera) – www.osterialletestiere.it*
– Chiuso 20 dicembre-13 gennaio, 26 luglio-26 agosto, domenica e lunedì

Ⅱ○ Algiubagiò   🖾 🗚

CUCINA ITALIANA · ALLA MODA Ⅹ Antico e moderno fusi insieme: in un'ex stalla di palazzo Donà, anche la cucina parte dalla tradizione per giungere ad elaborazioni più moderne, sia di carne che di pesce. D'estate, fantastica terrazza all'aperto sulla laguna.

Menu 58/120 € – Carta 59/97 €

Pianta: G1-g – *fondamenta Nove 5039, Cannaregio ⊠ 30124 Venezia*
– ℰ 041 523 6084 – www.algiubagio.net

Ⅱ○ Wildner   ⇦ ⇐ 🗚

VENEZIANA · FAMILIARE Ⅹ La Pensione Wildner vanta una storia ultracentenaria, mentre l'attuale gestione familiare è presente da circa 60 anni: per il piacere dei propri ospiti propone imperterrita una cucina fortemente legata al territorio. Le camere - arredate in stile veneziano - danno per una parte sul mare, per l'altra sui tetti del centro.

Carta 38/91 €

16 cam ⌲ – ♦100/350 € ♦♦100/350 €

Pianta: H2-c – *riva degli Schiavoni 4161, Castello ⊠ 30122 – ℰ 041 522 7463*
– www.hotelwildner.com – Chiuso 10 gennaio-20 febbraio e martedì

Ⅱ○ Vini da Gigio   ⅏ 🗚

CUCINA REGIONALE · FAMILIARE Ⅹ Una trattoria familiare dove il benessere e la convivialità sono all'ordine del giorno, così come la qualità della cucina: piatti veneti di terra e di mare, ma la fama del locale è legata anche al bell'approccio della carta dei vini, fonte d'ispirazione per la scelta di bottiglie o singoli bicchieri.

Menu 55/70 € – Carta 45/77 €

Pianta: G1-e – *cannaregio 3628 ⊠ 30121 – ℰ 041 528 5140 – www.vinidagigio.com*
– Chiuso 2 settimane in gennaio, 2 settimane in agosto, lunedì e martedì

Ⅱ○ Trattoria Ca' d'oro-Alla Vedova   🗚

CUCINA REGIONALE · VINTAGE Ⅹ Locale storico dal fascino retrò e gestito dalla stessa famiglia dalla fine dell'Ottocento, propone una carta ristretta di piatti veneziani, in prevalenza pesce, ma le polpette di carne in città sono ormai una leggenda.

Carta 32/46 €

Pianta: G1-t – *ramo Ca' D'Oro a Cannaregio 3912 ⊠ 30100 – ℰ 041 528 5324 (consigliata la prenotazione) – Chiuso 1 settimana in febbraio, 25 luglio-25 agosto, domenica a mezzogiorno e giovedì*

⁺⃝ Antiche Carampane ⏸ AC

VENEZIANA · FAMILIARE ⅍ Fedele al genere trattoria da più di cent'anni, familiare e conviviale, la qualità della cucina è, in ogni caso, il primo motivo per sceglierlo: pur rimanendo fedele alle proposte ittiche veneziane, si propongono anche alcuni piatti attuali.

Carta 53/86 €

Pianta: K1-c – *rio Terà delle Carampane 1911, San Polo ⊠ 30124* – ☏ *041 524 0165 (consigliata la prenotazione la sera)* – *www.antichecarampane.com* – *Chiuso 7-17 gennaio, 23 luglio-17 agosto, domenica e lunedì*

⁺⃝ Corte Sconta ⏸ AC

PESCE E FRUTTI DI MARE · CONTESTO TRADIZIONALE ⅍ Piacevole locale inizio secolo, nato come bottiglieria, con una vite centenaria a pergolato nella corte interna, dove si svolge il servizio estivo; curata cucina veneziana.

Carta 53/89 €

Pianta: H2-e – *calle del Pestrin 3886, Castello ⊠ 30122* – ☏ *041 522 7024* – *www.cortescontavenezia.it* – *Chiuso 11 gennaio-2 febbraio, 23 luglio-16 agosto, domenica e lunedì*

⁺⃝ Enoteca la Colombina ⏸ AC

CUCINA MODERNA · FAMILIARE ⅍ Se vi trovate sulla strada che dalla ferrovia conduce a Rialto, non potete mancare questo piccolo ristorante-cicchetteria, dove la tradizione viene leggermente rivisitata. Mamma in sala, figlio in cucina: praticamente una garanzia!

Menu 49 € – Carta 37/77 €

Pianta: F1-r – *corte del Pegoloto, Cannaregio 1828 ⊠ 30124* – ☏ *041 522 2616* – *www.ristorantelacolombina.eu* – *Chiuso 2 settimane in gennaio, 1 settimana in agosto e i mezzogiorno di lunedì e giovedì*

⁺⃝ La Zucca ⏸ AC

CUCINA MODERNA · SEMPLICE ⅍ Niente pesce, poca carne e tanti piatti a base di verdure in fantasiose elaborazioni, a cominciare dall'immancabile ed eponima zucca, proposta, tra l'altro, come flan o zuppa o nella lasagna. Il tutto in due salette avvolte nel legno e qualche tavolo affacciato su un romantico canale.

Carta 35/55 €

Pianta: F2-z – *presso campo San Giacomo Dell'Orio, Santa Croce 1762 ⊠ 30135* – ☏ *041 524 1570 (consigliata la prenotazione la sera)* – *www.lazucca.it* – *Chiuso domenica*

⁺⃝ Estro Vino e Cucina ⓝ ⏸ AC

CUCINA MEDITERRANEA · WINE-BAR ⅍ Nella Venezia un po' più "segreta", una moderna enoteca con uso cucina. Piatti mediterranei e del territorio con 700 etichette di vini biologici. Fuori orario anche cichetteria per aperitivi.

Menu 44 € – Carta 41/76 €

Pianta: F2-b – *Dorsoduro 3778 ⊠ 30124* – ☏ *041 476 4914 (consigliata la prenotazione)* – *www.estrovenezia.com* – *Chiuso martedì*

Alberghi

▦▦▦ The Gritti Palace ⇐ 🐾 ⅃ₐ ⊡ & AC 🕍

GRAN LUSSO · PERSONALIZZATO Nell'involucro di uno straordinario palazzo del XV secolo, The Gritti Palace è un hotel-museo che raccoglie il meglio dell'artigianato locale: il design interno è ispirato al ricco patrimonio storico veneziano ed ai personaggi illustri che hanno segnato la storia dell'albergo e della città. Raffinato lusso che delizierà i suoi ospiti come una seconda casa dove sarà un piacere e insieme un'emozione scegliere il colore preferito tra quelli offerti da quadri, tessuti e panorama!

61 cam ⌑ – �$440/2000 € ♦♦440/2000 € – 21 suites

Pianta: K2-g – *campo Santa Maria del Giglio 2467, San Marco ⊠ 30124* – ☏ *041 794611* – *www.thegrittipalace.com*

⁺⃝ **Club del Doge** – Vedere selezione ristoranti

🏨 Belmond Hotel Cipriani 🐎 ⋖ ⌂ ⊼ 🛋 ♨ ※ ⊡ 🗚 🕸

GRAN LUSSO · ELEGANTE Il nome del Cipriani si confonde nel mondo con quello della città: un'enclave di lusso nel silenzio e nel verde della Giudecca, per un soggiorno riservato, esclusivo, soprattutto, coccolato da un eccellente servizio. Al suo interno lo stile locale è rivisitato ed alleggerito; all'orizzonte Venezia le si dona volentieri come una cartolina!

73 cam ⌖ – ♦700/850 € ♦♦1280/1650 € – 23 suites

Pianta: H3-h – *isola della Giudecca 10, 5 mn di navetta privata dal pontile San Marco* ✉ *30133* – ☎ *041 240801* – *www.belmond.com*
– Aperto 17 marzo-11 novembre

❀ **Oro Restaurant** • ⃝ **Cip's Club** – Vedere selezione ristoranti

🏨 Danieli ⋖ 🛋 ⊡ 🗚 🕸

STORICO · PERSONALIZZATO Tre palazzi risalenti alla fine del '300, al '700 ed all'inizio del '900 riuniti in un unico grande albergo tra i più celebri della città, si presenta con una magnifica hall ricavata dalla ex corte. Al suo interno lo stile veneziano è di volta in volta citato con oggetti storici o rivisitato in chiave più moderna. Il sogno diventa realtà nelle suite.

210 cam – ♦400/600 € ♦♦600/12000 € – 10 suites – ⌖ 53 €

Pianta: L2-a – *riva degli Schiavoni 4196, Castello* ✉ *30122* – ☎ *041 522 6480*
– www.danielihotelvenice.com/it

⃝ **Terrazza Danieli** – Vedere selezione ristoranti

🏨 San Clemente Palace Kempinski ⚑ 🐎 ⋖ ⌂ ⊼ 🛋 ※ ⊡ 🕭 🗚

GRAN LUSSO · ELEGANTE Riaperto sotto una nuova "insegna" inter- ※ 🕸 nazionale nel 2014, lusso e confort concorrono a creare un'affascinante struttura nel verde lussureggiante di un'isola privata che accoglieva un convento camaldolese del '400. Oltre al ristorante gourmet Acquerello (aperto solo la sera), a pranzo ci si può intrattenere nel trendy ed informale La Dolce, a bordo piscina.

162 cam – ♦350/1500 € ♦♦350/1500 € – 28 suites – ⌖ 48 €

isola di San Clemente 1, 10 mn di navetta privata dal pontile di San Marco
✉ *30124* – ☎ *041 475 0111* – *www.kempinski.com*
– Aperto 17 marzo-7 novembre

⃝ **Acquerello** – Vedere selezione ristoranti

🏨 Bauer Palazzo Hotel 🛋 🗚 ⊡ 🕭 🗚 ※ 🕸

GRAN LUSSO · ELEGANTE La facciata modernista è amata e odiata, ma il Bauer è una bandiera tra gli alberghi cittadini: nei suoi ampi spazi propone un viaggio nello stile degli anni '40 sposato alla classicità veneziana o ad atmosfere barocche in alcune camere, quelle più richieste con affaccio sulla chiesa di S. Moisè. Per non parlare della strepitosa terrazza panoramica del Bauer il Palazzo, hotel-dépendance dall'esterno gotico.

191 cam ⌖ – ♦300/1350 € ♦♦300/1350 € – 49 suites

Pianta: K2-h – *campo San Moisè 1459, San Marco* ✉ *30124* – ☎ *041 520 7022*
– www.bauerhotels.com

⃝ **De Pisis** – Vedere selezione ristoranti

🏨 JW Marriott Venice Resort & Spa ⚑ 🐎 ⋖ ⌂ ⊼ 🗒 ♨ 🕭 🛋

RESORT · MODERNO Nuovissimo resort al centro di un'isola- ⊡ 🕭 🗚 🕸 parco di oltre 15 ettari. Inutile elencarne i servizi, vi troverete di tutto: compresa la più grande Spa della città ed una ristorazione variegata tra cui splende per il locale gourmet la "firma" di Giancarlo Perbellini.

233 cam ⌖ – ♦395/1240 € ♦♦395/1240 € – 33 suites

isola delle Rose, 25 mn di navetta privata dal pontile di San Marco ✉ *30124*
– ☎ *041 852 1300* – *www.jwvenice.com*
– Aperto inizio aprile-fine ottobre

❀ **Dopolavoro** – Vedere selezione ristoranti

Metropole

GRAN LUSSO · PERSONALIZZATO Come Venezia, il Metropole è un romantico connubio tra occidente ed oriente, propone ambienti di strabilianti raffinatezza, collezioni d'antiquariato e una piccola, ma esclusiva corte-giardino con gelsomini, palme, aranci mentre sul velluto delle fragranze che avvolgono a tutte le ore l'albergo l'amosfera si fa magica. Piatti veloci, cocktail e molta carne all'OrientalBar.

67 cam ⌂ – †240/1250 € ††240/1250 € – 20 suites

Pianta: H2-t – *riva degli Schiavoni 4149, Castello* ✉ *30122* – *℘ 041 520 5044*
– *www.hotelmetropole.com*

🌼 **Met** – Vedere selezione ristoranti

Aman Venice

GRAN LUSSO · ELEGANTE Non riportano il numero, ma solo il nome, le camere di questo lussuosissimo albergo ospitato in un palazzo del '500 romanticamente affacciato sul Canal Grande. Alcune suite "emozionano" per originalità, come quella con affreschi del Tiepolo e salottino cinese dipinto a mano, la Sansovino con il camino disegnato dal famoso architetto, la Papadopoli con bagno dotato di affreschi...

24 suites ⌂ – ††950/5200 €

Pianta: K1-n – *calle Tiepolo 1364, San Polo* ✉ *30124* – *℘ 041 270 7333*
– *www.aman.com – Chiuso 3 settimane in gennaio*

🍴 **Arva** – Vedere selezione ristoranti

Londra Palace

LUSSO · PERSONALIZZATO Affacciato sulla passeggiata più spettacolare di Venezia, all'interno il lusso fa incontrare atmosfere contemporanee con accenni veneziani e mobili Biedermaier. Luce, armonia e viste mozzafiato dalle sue innumerevoli finestre: davanti il mare, dietro tetti e campanili.

52 cam ⌂ – †250/645 € ††260/655 € – 1 suite

Pianta: L2-t – *riva degli Schiavoni 4171, Castello* ✉ *30122* – *℘ 041 520 0533*
– *www.londrapalace.com – Chiuso 8-31 gennaio*

🍴 **Do Leoni** – Vedere selezione ristoranti

The Westin Europa e Regina

LUSSO · ELEGANTE Cinque edifici fusi in un trionfo di marmi, damaschi, cristalli e stucchi negli interni di un hotel affacciato, per altro anche con molti balconi e terrazzi, sul Canal Grande e che offre ottimi confort a ogni settore.

169 cam – †270/1800 € ††320/1800 € – 16 suites – ⌂ 48 €

Pianta: K2-d – *corte Barozzi 2159, San Marco* ✉ *30124* – *℘ 041 240 0001*
– *www.westineuroparegINAvenice.com*

🍴 **La Cusina** – Vedere selezione ristoranti

Baglioni Hotel Luna

LUSSO · PERSONALIZZATO Già al tempo delle crociate ostello per templari e pellegrini, Luna Hotel Baglioni è oggi una struttura di aristocratica raffinatezza: suite con terrazza, salone con affreschi della scuola del Tiepolo e l'elegante ristorante, Canova, che propone piatti di cucina classica.

76 cam – †200/850 € ††200/850 € – 15 suites – ⌂ 35 €

Pianta: K2-p – *calle larga dell'Ascensione 1243, San Marco* ✉ *30124*
– *℘ 041 528 9840 – www.baglionihotels.com*

Ca' Sagredo

LUSSO · STORICO Più che un albergo, un museo: tra marmi, stucchi, imponenti scaloni ed enormi affreschi di Tiepolo, Longhi ed altri, rivivrete la leggendaria e aristocratica vita della Serenissima all'interno di un palazzo di origine bizantina. Buona linea di cucina al ristorante con piccolo, ma splendido dehors sul Canal Grande.

31 cam – †300 € ††550 € – 11 suites – ⌂ 28 €

Pianta: K1-f – *campo Santa Sofia 4198, Ca' D'Oro* ✉ *30121* – *℘ 041 241 3111*
– *www.casagredohotel.com*

🏨 Palazzina G ☆ ⬆ AC

BOUTIQUE HOTEL · DESIGN Romantico mix di antico e moderno nell'accogliente salone in piacevole penombra, lounge e cuore pulsante che diviene anche sala glamour del ristorante PG's. Abbagliante modernità nelle camere: è l'albergo secondo Philippe Starck, regista della Palazzina G.

17 cam 🖙 – 🛏297/2500 € 🛏🛏297/2500 € – 5 suites

Pianta: F2-c – *San Marco 3247* ✉ *30124* – 𝒞 *041 528 4644* – *www.palazzinag.com*

🏨 Centurion Palace ⬚ ⬆ ♿ AC 🛁

LUSSO · DESIGN Se cercate un'alternativa al barocco e alla pomposità dello stile veneziano, il Centurion è la vostra meta, qui troverete atmosfere moderne dal design sobrio e raffinato. Alcune camere si affacciano sul Canal Grande.

46 cam – 🛏880 € 🛏🛏990 € – 4 suites – 🖙 33 €

Pianta: G2-3-f – *Dorsoduro 173* ✉ *30123* – 𝒞 *041 34281* – *www.sinahotels.com*

🍴 Antinoo's Lounge – Vedere selezione ristoranti

🏨 Palazzo Venart ⓝ ⬚ ⬆ ♿ AC

DIMORA STORICA · GRAN LUSSO Palazzo del '500 affacciato sul Canal Grande, la sua posizione defilata e un giardino fiorito dove far colazione lo rendono una piccola bomboniera ricca di storia ed eleganza.

11 cam – 🛏300/1090 € 🛏🛏300/1090 € – 7 suites – 🖙 44 €

Pianta: G1-e – *calle Tron 1961, Santa Croce* ✉ *30124* – 𝒞 *041 523 3784*
– *www.palazzovenart.com*

❀ Glam Enrico Bartolini – Vedere selezione ristoranti

🏨 Ai Reali ⓦ 🕸 ♨ ⬚ ♿ AC ☆ 🛁

LUSSO · STORICO In un palazzo seicentesco, le camere sono un affascinante crogiuolo di arredi, marmi e tessuti (due sono addirittura affrescate), mentre all'ultimo piano trova spazio il centro benessere, uno dei pochi in città con anche la beauty.

36 cam 🖙 – 🛏200/499 € 🛏🛏200/699 € – 3 suites

Pianta: L1-r – *campo della Fava 5527, Castello* ✉ *30124* – 𝒞 *041 523 4064*
– *www.hotelaireali.com*

🍴 Alle Corone – Vedere selezione ristoranti

🏨 Monaco e Grand Canal ⬅ ⬚ ♿ AC ☆ 🛁

LUSSO · PERSONALIZZATO La hall sorprende per qualche inserzione moderna, ma è la seicentesca sala del Ridotto con affreschi originali a stupire gli ospiti. Alcune camere offrono vista sulla Giudecca, mentre tutte propongono arredi classici veneziani "soft". La dépendance, Palazzo Selvadego, consente un certo risparmio con il minimo impegno di 150 metri di camminata: è lo spazio che vi separa dai servizi della casa madre.

126 cam 🖙 – 🛏150/925 € 🛏🛏175/950 € – 13 suites

Pianta: K2-e – *calle Vallaresso 1332, San Marco* ✉ *30124* – 𝒞 *041 520 0211*
– *www.hotelmonaco.it*

🍴 Grand Canal – Vedere selezione ristoranti

🏨 Molino Stucky Hilton Venice ☆ ⬅ ♨ ⓦ 🕸 ♨ ⬚ ♿ AC 🛁

PALACE · INDUSTRIALE Spettacolare riconversione di un antico mulino, l'imponente edificio in mattoni dal disegno industrial-neogotico ospita camere moderne, alcune affacciate sul canale della Giudecca. Ma la vista migliore è decisamente dal modaiolo Skyline Rooftop Bar! Riuscita via di mezzo tra ristorante e originale cicchetteria, Bacaromi propone specialità della cucina veneta in un ambiente informale.

339 cam 🖙 – 🛏239/730 € 🛏🛏249/740 € – 40 suites

Pianta: F3-b – *isola della Giudecca 810, 10 mn di navetta privata dal pontile San Marco* ✉ *30133* – 𝒞 *041 272 3311* – *www.molinostuckyhilton.it*

🍴 Aromi – Vedere selezione ristoranti

Bauer Palladio

LUSSO · ELEGANTE Un vasto e bucolico giardino raddoppia la tranquilla paciosità già garantita dall'essere sulla Giudecca, indimenticabile se goduto dal servizio all'aperto del ristorante. Senza dimenticare che il bel palazzo fu disegnato dal famoso architetto A. Palladio: un tempo convento, dopo anni di abbandono, la struttura ha riguadagnato un proprio posto al sole e oggi è un baluardo della raffinata hôtellerie cittadina.

70 cam 🖵 – 🛉200/1100 € 🛉🛉300/1350 € – 9 suites
Pianta: G3-a – *isola della Giudecca* ✉ 30133 – ☏ 041 520 7022
– *www.palladiohotelspa.com – Aperto 14 marzo-15 novembre*

Palazzo Stern

STORICO · PERSONALIZZATO Bel palazzo affacciato sul Canal Grande, di fianco a Cà Rezzonico, caratterizzato da eleganti spazi comuni con statue e mobili di pregio, nonché lussuose camere personalizzate; piacevole terrazza per la prima colazione.

23 cam 🖵 – 🛉113/480 € 🛉🛉170/550 € – 1 suite
Pianta: F2-e – *Dorsoduro 2792/a* ✉ 30123 – ☏ 041 277 0869 – *www.palazzostern.it*

Ca Maria Adele

LUSSO · ROMANTICO Affacciata sulla Chiesa della Salute, un'affascinante e pittoresca dimora veneziana caratterizzata da uno stile prettamente locale, curata e perfezionata dai due fratelli, i titolari, come fosse casa propria. Lussuose camere, calde e di grande charme.

11 cam 🖵 – 🛉330/780 € 🛉🛉330/780 € – 1 suite
Pianta: G3-b – *rio Terà dei Catecumeni 111, Dorsoduro* ✉ 30123 – ☏ 041 520 3078
– *www.camariaadele.it – Chiuso 8 gennaio-9 febbraio*

Ca' Pisani

TRADIZIONALE · VINTAGE In una dimora trecentesca, arredi originali in stile art déco, opere futuriste e tecnologia d'avanguardia, nonché piccola area relax con bagno-turco (assolutamente da prenotare!). Insomma, un inusitato, audace, connubio per un originale design hotel, mentre il ristorante omaggia il pittore Depero: il suo quadro, "La Rivista", ne è infatti un vanto, nonché il nome. A questo punto penserete: e la cucina? Decisamente moderna.

29 cam 🖵 – 🛉135/900 € 🛉🛉150/900 € – 6 suites
Pianta: F3-g – *rio Terà Foscarini 979/a, Dorsoduro* ✉ 30123 – ☏ 041 240 1411
– *www.capisanihotel.it*

Papadopoli Venezia

BUSINESS · CLASSICO Vicino alla stazione, ma in un contesto più tranquillo, circondato dall'acqua e dal verde, nelle camere ritroverete i classici arredi veneziani. Scenografico ristorante all'interno di un giardino d'inverno "vestito" di piante; cucina veneta.

96 cam – 🛉160/1200 € 🛉🛉160/1200 € – 3 suites – 🖵 24 €
Pianta: F2-k – *Santa Croce 245* ✉ 30135 – ☏ 041 710400 – *www.sofitel.com*

Colombina

TRADIZIONALE · CLASSICO Elegante palazzo a due passi da S. Marco, se gli spazi comuni non sono immensi, le camere vi stupiranno con una profusione di eleganza nonché, quelle ai piani nobili, straordinari lampadari di Murano.

32 cam 🖵 – 🛉100/500 € 🛉🛉100/1400 €
Pianta: L2-d – *calle del Remedio 4416, Castello* ✉ 30122 – ☏ 041 277 0525
– *www.hotelcolombina.com*

Palazzo Sant'Angelo sul Canal Grande

TRADIZIONALE · PERSONALIZZATO Venezia è una città piena di segreti sorprendenti, ma sempre pronti ad essere svelati... All'interno di un piccolo palazzo direttamente affacciato sul Canal Grande su cui danno alcune camere (le più gettonate!), una risorsa affascinante, apprezzabile anche per il carattere intimo e discreto.

8 cam 🖵 – 🛉600/800 € 🛉🛉640/800 € – 6 suites
Pianta: G2-d – *San Marco 3878/b* ✉ 30124 – ☏ 041 241 1452
– *www.palazzosantangelo.com*

🏠 Locanda Vivaldi ⌖ ⟨ ⊡ ⬆ & AC ⟨

TRADIZIONALE · MEDITERRANEO Apoteosi dello stile veneziano, tendaggi, lampadari e specchi di Murano si susseguono in camere ovattate dagli alti soffitti. Ristorante estivo su terrazza panoramica al terzo piano.

24 cam ⌕ – †150/550 € ††150/700 € – 3 suites

Pianta: H2-u – *riva degli Schiavoni 4150/52, Castello* ✉ 30122 – ☏ 041 277 0477
– *www.locandavivaldi.it*

🏠 Duodo Palace Hotel ⬆ AC ⟨

TRADIZIONALE · ELEGANTE A pochi passi dalla Fenice, la signorile dimora seicentesca conserva preziosi stucchi ed affreschi in diverse camere, nonché arredi in sobrio
stile veneziano. Raggiungerlo in barca è comodissimo, grazie al suo bel pontile a lato
del ricevimento.

38 cam – †100/400 € ††150/550 € – ⌕ 10 €

Pianta: K2-c – *calle Minelli 1887/1888, San Marco* ✉ 30124 – ☏ 041 520 3329
– *www.duodopalacehotel.com*

🏠 Saturnia e International ⬆ AC ⟨

TRADIZIONALE · PERSONALIZZATO Affacciato sulla strada dello shopping grandi
firme, dove ha aperto i battenti il nuovo bar Caravellino, diversi reperti storici dal
'500 ad oggi ornano le zone comuni; anche le camere sfoggiano arredi ottocenteschi,
ma qui la predilezione va per l'art-déco. Terrazza panoramica.

87 cam ⌕ – †135/480 € ††150/600 €

Pianta: K2-n – *calle larga 22 Marzo 2398, San Marco* ✉ 30124 – ☏ 041 520 8377
– *www.hotelsaturnia.it*

🍴 **La Caravella** – Vedere selezione ristoranti

🏠 Ai Mori d'Oriente ⬆ & AC ⟨

TRADIZIONALE · A TEMA Poco distante dalla chiesa della Madonna dell'Orto che
conserva i dipinti del Tintoretto, un albergo dagli originali arredi moreschi ricavato in
un palazzo d'epoca - ampliato recentemente con un'ala di nuove camere - dove sembrerà di dormire sospesi tra Oriente ed Occidente.

29 cam ⌕ – †100/500 € ††100/1200 € – 3 suites

Pianta: G1-a – *fondamenta della Sensa 3319, Cannaregio* ✉ 30121 – ☏ 041 711001
– *www.hotelaimoridoriente.it*

🏠 A la Commedia ⬆ & AC ⟨ ⟨

TRADIZIONALE · PERSONALIZZATO Adiacente al Teatro Goldoni e nelle vicinanze
del Ponte di Rialto, eleganza e signorilità regnano sovrane in questa struttura dagli
arredi in stile veneziano rivisitati: suggestivo il Roof Top Lounge Bar con terrazza e
vista sulla città.

33 cam ⌕ – †100/500 € ††100/1200 € – 2 suites

Pianta: K1-c – *corte del Teatro Goldoni 4596/a, San Marco* ✉ 30124 – ☏ 041 277 0235
– *www.hotelalacommedia.it*

🏠 Liassidi Palace ⬆ & AC ⟨

TRADIZIONALE · CLASSICO Edificio della seconda metà del '400, finestre ad archi al
piano nobile che si affaccia sulla porta d'acqua del canale. Le camere si presentano
con uno stile classico e la personalizzazione di alcuni falsi d'autore alle pareti.

27 cam ⌕ – †150/590 € ††150/590 € – 4 suites

Pianta: H2-b – *ponte dei Greci 3405, Castello* ✉ 30122 – ☏ 041 520 5658
– *www.liassidipalacehotel.com*

🏠 Palace Bonvecchiati ⌖ ⟨ ⬆ & AC ⟨

LUSSO · MODERNO Tra Rialto e San Marco, un albergo di moderna concezione con
una vasta gamma di servizi offerti, belle camere ed una zona fitness. La struttura è
ampliata e completata dall'accogliente hotel Bonvecchiati, direttamente collegato al
Palace (vi si accede senza uscire) dove troverete una piacevole convivenza di stanze
classiche e camere in stile veneziano. Il ristorante La Terrazza è condiviso da
entrambe le strutture.

70 cam – †150/1000 € ††150/1500 €

Pianta: K2-d – *calle dei Fabbri 4680, San Marco* ✉ 30124 – ☏ 041 296 3111
– *www.palacebonvecchiati.it*

Pensione Accademia-Villa Maravege

STORICO · PERSONALIZZATO Rarissimo duplice giardino: antistante, per le colazioni, retrostante, per il riposo, il tutto in un contorno da favola di canali e palazzi storici. Camere eterogenee, il più delle volte in stile veneziano.

24 cam ⌷ – ♦70/220 € ♦♦110/500 € – 3 suites

Pianta: F2-m – *fondamenta Bollani 1058, Dorsoduro* ✉ *30123* – ✆ *041 521 0188*
– *www.pensioneaccademia.it*

 ### Ruzzini Palace

TRADIZIONALE · PERSONALIZZATO In uno dei più suggestivi contesti cittadini, dormirete in un imponente palazzo di origini cinquecentesche; le camere, in stile classico e affacciate sul campo o su un canale, sono introdotte da un bel salone affrescato al primo piano.

25 cam ⌷ – ♦100/700 € ♦♦150/1500 € – 3 suites

Pianta: L1-a – *campo Santa Maria Formosa 5866, Castello* ✉ *30124 Venezia*
– ✆ *041 241 0447* – *www.ruzzinipalace.com*

L'O Venezia-Hotel L'Orologio

BOUTIQUE HOTEL · MINIMALISTA Nei pressi del mercato del pesce, un nuovissimo hotel dallo stile insolito a Venezia: asciutto, minimal, cosmopolitan - sebbene caldo - grazie alle luci soffuse ed alle tinte scure. Tanti orologi fanno capolino qua e là.

41 cam ⌷ – ♦200/1000 € ♦♦200/1000 € – 2 suites

Pianta: K1-a – *riva de l'Ogio 1777, San Polo* ✉ *30124* – ✆ *041 272 5800*
– *www.hotelorologiovenezia.com*

Aqua Palace

TRADIZIONALE · PERSONALIZZATO In un palazzo seicentesco, qui troveranno rifugio coloro che intendono fuggire gli eccessi decorativi barocchi e riposarsi in ambienti sobri, scuri, dalle sfumature dorate e cioccolato.

24 cam ⌷ – ♦150/390 € ♦♦190/500 €

Pianta: L1-q – *calle de la Malvasia 5492, Castello* ✉ *30124* – ✆ *041 296 0442*
– *www.aquapalace.it*

 ### Concordia

TRADIZIONALE · CLASSICO L'unico albergo che possa vantare una ventina di camere con vista su una delle piazze più belle e famose del mondo: San Marco! Tutte arredate con mobili d'epoca e lampadari di Murano, le sue stanze sono arricchite dalle invitanti altane, terrazze nelle quali l'ospite potrà gustare al suo risveglio la piccola colazione.

49 cam ⌷ – ♦150/600 € ♦♦150/600 € – 2 suites

Pianta: L2-g – *calle larga San Marco 367* ✉ *30124* – ✆ *041 520 6866*
– *www.hotelconcordia.com*

 ### Ca' Nigra Lagoon Resort

STORICO · PERSONALIZZATO Introdotto da uno spettacolare duplice giardino, d'ingresso e sul retro per le colazioni sul Canal Grande, l'hotel sia negli spazi comuni sia nelle camere è una raffinata sintesi di stili diversi, antichi e moderni, veneziani ed orientali, con molti oggetti collezionati dai titolari in giro per il mondo.

22 cam ⌷ – ♦120/750 € ♦♦120/750 €

Pianta: F2-g – *campo San Simeon Grande 927, Santa Croce* ✉ *30135*
– ✆ *041 275 0047* – *www.hotelcanigra.com*

 ### Corte di Gabriela

CASA PADRONALE · DESIGN Piccolo edificio storico, da sempre utilizzato come residenza privata, l'apertura come hotel a fine 2012 ha consegnato ambienti intimi e raccolti, eccellenti spazi arredati con le migliori firme del design mondiale, ma nel rispetto della tradizione veneziana di muri e soffitti.

13 cam ⌷ – ♦300/700 € ♦♦300/700 €

Pianta: K2-s – *calle degli Avvocati 3836, San Marco* ✉ *30124 Venezia*
– ✆ *041 523 5077* – *www.cortedigabriela.com* – *Chiuso 8-27 dicembre e
7 gennaio-1° febbraio*

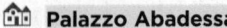

Palazzo Abadessa

STORICO · PERSONALIZZATO Il sogno di ogni turista in visita a Venezia: preceduto da un incantevole giardino, all'interno di una residenza d'epoca del Cinquecento troverete sontuosi saloni, finestre policrome, lampadari preziosi, arredi d'epoca e affreschi, ma soprattutto una romantica, avvolgente atmosfera.

13 cam ⌂ – ♦195/375 € ♦♦195/375 € – 2 suites

Planta: G1-b – *calle Priuli 4011, Cannaregio* ✉ *30121* – ✆ *041 241 3784*
– *www.abadessa.com* – *Chiuso 8 gennaio-2 febbraio*

Flora

TRADIZIONALE · VINTAGE Incantevoli scale liberty, arredi e letti d'epoca nelle camere, raffinati salotti, ma il piccolo cortile con fontana per la prima colazione. Un'oasi retrò in un romantico hotel!

40 cam ⌂ – ♦88/207 € ♦♦110/452 €

Planta: K2-f – *calle larga 22 Marzo 2283/a, San Marco* – ✆ *041 520 5844*
– *www.hotelflora.it*

Sant'Antonin

DIMORA STORICA · ORIGINALE Palazzo di origini cinquecentesche che deve la sua attuale fisionomia alla ristrutturazione della metà dell'Ottocento operata dai progenitori degli attuali proprietari; mirabile il giardino privato (uno dei più grandi in città) e la piccola corte medioevale che introduce all'ingresso. Al suo interno, preziosi elementi di originalità quali soffitti affrescati e pavimenti in marmetto d'epoca.

13 cam ⌂ – ♦60/200 € ♦♦90/250 €

Planta: H2-c – *Fondamenta dei Furlani 3299, Castello* ✉ *30122* – ✆ *041 523 1621*
– *www.hotelsantantonin.com*

Antiche Figure

TRADIZIONALE · CLASSICO Di fronte alla stazione ferroviaria, hotel di piccole dimensioni ma che presenta camere confortevoli, arredi signorili e dotazioni adatte anche alla clientela d'affari; bar con dehors sul Canal Grande.

12 cam ⌂ – ♦80/280 € ♦♦90/350 €

Planta: F2-d – *fondamenta San Simeon Piccolo 687, Santa Croce* ✉ *30135*
– ✆ *041 275 9486* – *www.hotelantichefigure.it*

Paganelli

FAMILIARE · PERSONALIZZATO Camere accoglienti, ma solo quattro si affacciano sul panorama più celebre di Venezia, sebbene tutti potranno egualmente apprezzarlo dall'incantevole terrazza comune. Nella dépendance si trova anche il "Sestante", ristorante moderno con bar.

30 cam ⌂ – ♦50/350 € ♦♦70/700 €

Planta: L2-t – *riva degli Schiavoni 4182, Castello* ✉ *30122* – ✆ *041 522 4324*
– *www.hotelpaganelli.com*

American-Dinesen

TRADIZIONALE · CLASSICO Lungo un tranquillo canale, signorili spazi comuni con tanto legno e arredi classici, nonché camere in stile veneziano, molte delle quali con terrazzino affacciato sull'acqua; nell'adiacente nuova dépendance 4 camere moderne.

30 cam ⌂ – ♦80/400 € ♦♦80/480 € – 4 suites

Planta: G3-g – *fondamenta Bragadin 628, Dorsoduro* ✉ *30123* – ✆ *041 520 4733*
– *www.hotelamerican.com*

Al Codega

TRADIZIONALE · CLASSICO In questo palazzo ottocentesco si fanno a volte i conti con la scarsa metratura, ma non con l'eleganza: parquet, tappezzeria e travertino persiano nei bagni. Se disponibili, vi consigliamo di prenotare le camere che si affacciano sul campiello.

28 cam ⌂ – ♦80/220 € ♦♦105/355 €

Planta: K2-a – *corte del Forno Vecchio 4435, San Marco* ✉ *30124* – ✆ *041 241 3288*
– *www.alcodega.it*

 Montecarlo

TRADIZIONALE · CLASSICO Nei pressi di piazza S. Marco, moderne tecnologie trovano comunque spazio in un hotel che narra la storia della città attraverso le decorazioni dei maestri vetrai di Murano e mobili originali dell'800; camere di ottimo livello, arredate con gusto.

51 cam ☲ – †71/295 € ††89/369 €

Pianta: L2-c – *calle dei Specchieri 463, San Marco* ✉ *30124 –* ☏ *041 520 7144*
– www.venicehotelmontecarlo.com

Canal Grande

LOCANDA · PERSONALIZZATO Come il nome lascia intendere, questo gradevole albergo in stile veneziano si trova proiettato sul celebre canale garantendone così la bella vista. Ai più romantici consigliamo di prenotare una delle due camere con letto a baldacchino.

13 cam ☲ – †120/380 € ††125/450 € – 2 suites

Pianta: F1-a – *campo San Simeon Grande 932, Santa Croce* ✉ *30124 –* ☏ *041 244 0148*
– www.hotelcanalgrande.it

Sogno di Giulietta e Romeo Ⓝ

BOUTIQUE HOTEL · PERSONALIZZATO Non poteva che essere in un bel campiello questa risorsa dal nome fortemente evocativo e dove - inaspettatamente - lo storico incontra il moderno; camere personalizzate, di design e dai validi confort.

8 cam ☲ – †99/229 € ††99/269 €

Pianta: K1-h – *campo San Cassiano 1858* ✉ *30124 –* ☏ *041 714955*
– www.sognodigiuliettaeromeo.com

La Calcina

TRADIZIONALE · VINTAGE Se immaginate che il vostro vicino di stanza sia uno scrittore, probabilmente non vi sbagliate: Ruskin soggiornò qui nell'Ottocento e da allora la struttura è rimasta impregnata di uno spirito letterario, romantico e retrò che piano piano viene rilanciato con lavori dalla nuova gestione. Oltre la cucina, il pezzo forte del ristorante è la splendida terrazza sulla Giudecca.

26 cam ☲ – †100/200 € ††170/390 €

Pianta: F3-f – *fondamenta zattere ai Gesuati 780, Dorsoduro* ✉ *30123*
– ☏ *041 520 6466 – www.lacalcina.com*

Antico Doge

DIMORA STORICA · PERSONALIZZATO In uno dei palazzi più antichi di Venezia, la dimora (abitata anche dal doge Falier) risale all'Ottocento e custodisce camere ovattate avvolte da tappezzeria, stucchi, travi a vista e arredi d'epoca. Su due piani, ma senza ascensore.

20 cam ☲ – †80/280 € ††90/290 €

Pianta: K1-e – *campo Santi Apostoli 5643, Cannaregio* ✉ *30121 –* ☏ *041 241 1570*
– www.anticodoge.com – Chiuso 8 gennaio-1° febbraio

Casa Verardo

DIMORA STORICA · PERSONALIZZATO Cent'anni di attività come albergo, ma il palazzo aristocratico risale al '500 con diverse testimonianze ad illustrarne il glorioso passato; due piani nobili, corte interna e terrazza con ampia vista su tetti e canali.

23 cam ☲ – †90/390 € ††98/500 €

Pianta: L2-f – *campo SS. Filippo e Giacomo 4765, Castello* ✉ *30122 –* ☏ *041 528 6127*
– www.casaverardo.it

Locanda Fiorita

FAMILIARE · ACCOGLIENTE Nelle vicinanze di Palazzo Grassi, un indirizzo valido con accoglienti camere arredate in stile veneziano. Non ci sono spazi comuni per cui la colazione si consuma in camera, in estate invece all'aperto davanti ad un suggestivo campiello.

10 cam ☲ – †50/90 € ††98/198 €

Pianta: G2-a – *campiello Novo 3457/A, San Marco* ✉ *30124 –* ☏ *041 523 4754*
– www.locandafiorita.com

⌂ Campiello   ⬍ AC 🚫

FAMILIARE · ACCOGLIENTE Nei pressi di Piazza San Marco e a pochi metri da Riva degli Schiavoni, arredi classici d'albergo o in stile veneziano in un edificio del XVI secolo. Prezzi particolarmente convenienti in bassa stagione.

15 cam 🖙 – ♦50/180 € ♦♦60/300 €

Pianta: L2-b – *calle del Vin 4647, Castello* ✉ *30122 –* ☎ *041 520 5764*
– www.hcampiello.it

⌂ Tiziano   ⅙ AC

TRADIZIONALE · CLASSICO Ideale per chi vuole evitare le masse turistiche e preferisce scoprire la città dei veneziani; camere accoglienti affacciate su un canale o su un'ampia calle.

14 cam 🖙 – ♦80/350 € ♦♦100/400 €

Pianta: F2-a – *calle Rielo 1873, Dorsoduro* ✉ *30123 –* ☎ *041 275 0071*
– www.hoteltizianovenezia.it – Chiuso 7-21 gennaio

⌂ Bridge   AC 🚫

FAMILIARE · CLASSICO Vicino a piazza S. Marco, un bell'esempio di ricupero strutturale, con un'ottima zona notte: travi a vista al soffitto e arredi in stile nelle camere curate.

10 cam 🖙 – ♦50/150 € ♦♦50/230 €

Pianta: L2-e – *campo SS. Filippo e Giacomo 4498, Castello* ✉ *30122 –* ☎ *041 520 5287*
– www.hotelbridge.com

⌂⊞ Oltre il Giardino   🐾 🛋 AC 🚫

CASA PADRONALE · PERSONALIZZATO Oltre il giardino ombreggiato, dove godersi la prima colazione e momenti di straordinario relax, un piccolo angolo magico tra un piccolo rio e la Basilica dei Frari: una casa signorile con camere sobrie eppure signorili, ognuna con una sua accogliente atmosfera ed uno stile più che retro, fuori dal tempo.

6 cam 🖙 – ♦160/250 € ♦♦180/300 €

Pianta: F2-b – *fondamenta Contarini 2542, San Polo* ✉ *30125 –* ☎ *041 275 0015*
– www.oltreilgiardino-venezia.com – Chiuso 7 gennaio-7 febbraio

⌂⊞ Novecento   AC

LOCANDA · PERSONALIZZATO Lungo una calle centrale, ma più tranquilla, la struttura nasce come un tentativo di rinnovare gli antichi legami tra la città e l'oriente: ovunque, dagli spazi comuni alle camere, si ritrovano arredi e suppellettili asiatici e arabi. C'è anche un piccolo cortile per le colazioni.

9 cam 🖙 – ♦150/200 € ♦♦250/450 €

Pianta: K2-x – *calle del Dose da Ponte 2683/84, San Marco* ✉ *30124 –* ☎ *041 241 3765*
– www.novecento.biz

⌂⊞ Charming House DD 724   ⬍ AC

LOCANDA · DESIGN Opere pittoriche si integrano con dettagli high-tech, come la saletta della musica, in questa raffinata casa dal design contemporaneo. Dall'unica camera con terrazzino la vista che vi si propone è quella dell'incantevole giardino della Peggy Guggenheim Collection.

6 cam 🖙 – ♦150/250 € ♦♦200/550 €

Pianta: G3-e – *ramo da Mula 724, Dorsoduro* ✉ *30123 –* ☎ *041 277 0262*
– www.thecharminghouse.com

⌂⊞ Settimo Cielo e Bloom   AC 🚫

LOCANDA · PERSONALIZZATO Durante la bella stagione la suggestiva terrazza all'ultimo piano con affaccio sui tetti della città, vi darà veramente l'impressione di essere al settimo cielo... Tutto l'anno, il confort e l'eleganza di un'accogliente casa in verticale: le scale sono molte, ma ne vale la pena!

6 cam 🖙 – ♦208/264 € ♦♦230/289 €

Pianta: G2-a – *campiello Santo Stefano, San Marco 3470* ✉ *30124 –* ☎ *340 149 8872*
– www.bloom-venice.com

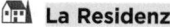 La Residenza

DIMORA STORICA · PERSONALIZZATO Affacciato su uno dei più romantici campi veneziani su cui dà la Chiesa della Bragora dove venne battezzato Vivaldi, La Residenza è uno straordinario palazzo quattrocentesco; all'interno, suggestivo salone stuccato del '700 per le colazioni e camere più semplici.

14 cam ☼ – †50/140 € ††60/250 €

Pianta: H2-a – *campo Bandiera e Moro 3608, Castello* ✉ *30122* – *℘ 041 528 5315*
– *www.venicelaresidenza.com*

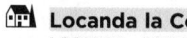 Locanda la Corte

LOCANDA · PERSONALIZZATO Prende nome dal pittoresco cortile interno, sorta di "salotto all'aperto", intorno a cui si sviluppa e dove d'estate si fa colazione; stile veneziano nelle stanze e al ristorante, "Taverna la Corte", ambiente informale per una cucina di stampo tradizionale.

12 cam ☼ – †65/150 € ††80/180 €

Pianta: L1-p – *calle Bressana 6317, Castello* ✉ *30122* – *℘ 041 241 1300*
– *www.locandalacorte.it*

Locanda Ca' del Brocchi

FAMILIARE · PERSONALIZZATO In una zona tranquilla ed elegante del sestiere Dorsoduro, le camere, al 1° piano senza ascensore, riproducono lo stile della Venezia settecentesca, tra tessuti e lampadari di Murano.

6 cam ☼ – †50/190 € ††60/250 €

Pianta: G3-k – *rio Terà San Vio 470, Dorsoduro* ✉ *30123* – *℘ 041 522 6989*
– *www.cadelbrocchi.com* – *Chiuso 10-26 dicembre e 7 gennaio-2 febbraio*

Dimora Marciana

LOCANDA · CLASSICO A metà strada fra il teatro la Fenice e piazza San Marco, piacevole risorsa con camere spaziose e ben accessoriate. Ricca colazione e buffet con torte fatte in casa.

6 cam ☼ – †99/320 € ††99/320 €

Pianta: K2-b – *calle Bognolo 1604, San Marco* ✉ *30124* – *℘ 041 522 0755*
– *www.dimoramarciana.com*

Ca' Dogaressa

FAMILIARE · PERSONALIZZATO Vicino al Ghetto, dove si respira l'aria di una Venezia autentica, questa locanda dispone di camere eleganti, alcune affacciate sul canale di fronte al quale si fa colazione nella bella stagione.

6 cam ☼ – †50/150 € ††50/170 €

Pianta: F1-x – *fondamenta di Cannaregio 1018* ✉ *30121* – *℘ 041 275 9441*
– *www.cadogaressa.com* – *Chiuso 3 settimane in dicembre*

Locanda Casa Querini

FAMILIARE · PERSONALIZZATO Cordiale gestione al femminile per una sobria locanda di poche stanze, confortevoli e di buona fattura, con tessuti in stile veneziano. Durante la bella stagione, il caratteristico, quieto campiello che ospita la struttura, accoglie gli ospiti per la prima colazione.

6 cam ☼ – †100/220 € ††100/220 €

Pianta: L2-n – *campo San Giovanni Novo 4388, Castello* ✉ *30122* – *℘ 041 241 1294*
– *www.locandaquerini.com* – *Chiuso 23-27 dicembre e 7-27 gennaio*

Locanda Ca' le Vele

DIMORA STORICA · PERSONALIZZATO Soggiorno suggestivo in queste poche camere ricavate da un palazzo del '500, tutte arredate in stile veneziano, le più ambite sono le tre che regalano la vista di un canale. Non ci sono spazi comuni: la colazione si consuma in camera.

6 cam ☼ – †50/210 € ††70/260 €

Pianta: G1-b – *calle delle Vele 3969, Cannaregio* ✉ *30131* – *℘ 041 241 3960*
– *www.locandalevele.com* – *Chiuso 7 gennaio-25 febbraio*

🏠 Casa Rezzonico   🛏 AC 🚭

FAMILIARE · ACCOGLIENTE In una zona più tranquilla e residenziale, le camere, con letti dalle eleganti testiere, si affacciano sul canale o sul giardino, dove si serve anche la prima colazione nella bella stagione: una rarità a Venezia!

6 cam ⌂ – ♦55/140 € ♦♦60/180 €

Pianta: F2-f – *fondamenta Gherardini 2813, Dorsoduro* ✉ 30123 – 𝒸 041 277 0653 – *www.casarezzonico.it*

al Lido 15 mn di vaporetto da San Marco D1 ✉ 30126 – Venezia Lido

🍴 Favorita   🏕

PESCE E FRUTTI DI MARE · FAMILIARE Ⅹ Storica trattoria familiare, qui dal 1950, la Favorita rende omaggio alla cucina locale, in prevalenza pesce, con preparazioni semplici, ma fragranti e gustose. Musica dal vivo, in estate.

Menu 40 € – Carta 42/76 €

Pianta: E1-a – *via Francesco Duodo 33* ✉ 30124 Venezia – 𝒸 041 526 1626 – *solo a cena escluso venerdì, sabato e domenica* – Chiuso 9 gennaio-10 febbraio e lunedì

🏨 Grande Albergo Ausonia & Hungaria   🌳 🛏 𝕸 ⊟ AC 🎿 P

LUSSO · VINTAGE Strabiliante facciata d'inizio Novecento ricoperta di maioliche: anche gli interni s'ispirano allo stile liberty, come gli arredi originali delle camere (eccezion fatta per quelle del quarto piano, più recenti e classiche). Centro massaggi tailandese.

77 cam – ♦50/350 € ♦♦60/480 € – 7 suites – ⌂7 €

Pianta: E1-e – *gran viale S. M. Elisabetta 28* – 𝒸 041 242 0060 – *www.hungaria.it* – Chiuso gennaio

🏨 Quattro Fontane   🌳 🐾 🛏 🍽 ⚓ AC 🎿 P

TRADIZIONALE · PERSONALIZZATO Residenza d'epoca che nell'atmosfera evoca una casa privata, dove da sempre due sorelle raccolgono ricordi di viaggio e mobili pregiati. Un edificio del Seicento e l'ampliamento degli anni Sessanta, cinti dal rigoglioso giardino, sono un baluardo della personalizzazione retrò! D'estate il servizio ristorante si privilegia dell'ombra di un enorme platano secolare.

58 cam ⌂ – ♦140/330 € ♦♦150/520 €

Pianta: D2-r – *via 4 Fontane 16* – 𝒸 041 526 0227 – *www.quattrofontane.com* – Aperto 8 aprile-31 ottobre

🏨 Villa Pannonia   ⊟ ♿ AC P

FAMILIARE · MINIMALISTA La villa è d'inizio Novecento, ma gli interni sono stati completamente rifatti secondo uno stile minimalista e privo di colori, pratico ed essenziale. Piccolo spazio espositivo dedicato all'arte contemporanea.

28 cam – ♦60/260 € ♦♦70/280 € – 2 suites – ⌂12 €

Pianta: E1-v – *via Doge Michiel 48* – 𝒸 041 526 0162 – *www.hotelvillapannonia.it* – Chiuso 20 novembre-26 gennaio

a Murano 10 mn di vaporetto da Fondamenta Nuove Pianta: GH1 e 1 h 10 mn di vaporetto da Punta Sabbioni ✉ 30141

🍴 Busa-alla Torre   🏕

PESCE E FRUTTI DI MARE · FAMILIARE Ⅹ Simpatica trattoria rustica, dotata di grande dehors estivo su una suggestiva piazzetta con un pozzo al centro; cucina di mare e specialità veneziane e contagiosa simpatia.

😋 Menu 16 € – Carta 29/73 €

campo Santo Stefano 3 – 𝒸 041 739662 – *solo a pranzo*

🏨 LaGare Hotel Venezia   🌳 🛏 𝕸 🛗 ⊟ ♿ AC 🎿

TRADIZIONALE · MODERNO Nato dal restauro di un ex fabbricato industriale dove si lavorava il vetro, gli interni sono moderni e lineari, ma il richiamo a Venezia è continuo, come nelle belle vetrine con storiche opere vetrarie di Venini. Servizio navetta gratuito da e per l'aeroporto. Cucina di mare al ristorante Rivalonga.

118 cam ⌂ – ♦70/900 € ♦♦70/900 € – 1 suite

riva Longa 49 – 𝒸 041 736250 – *www.lagarehotelvenezia.it*

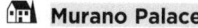 Murano Palace

FAMILIARE · ACCOGLIENTE Romanticamente affacciato su un canale e sulla più grande concentrazione dei celebri negozi di vetro, non è neppure lontano dall'imbarco per Venezia e offre camere eleganti con i tipici arredi lagunari e lampadari home made. Proverbiale l'ospitalità dei titolari.

6 cam ヱ – †80/400 € ††100/400 €

fondamenta Vetrai 77 – ℰ 041 739655 – www.muranopalace.com – Chiuso gennaio

a Burano 50 mn di vaporetto da Fondamenta Nuove GH1 e 32 mn di vaporetto da Punta Sabbioni ⊠ 30142

❀ Venissa

CUCINA MODERNA · DESIGN ⅩⅩ Un ponticello separa Burano da Mazzorbo, dove si apre un mondo bucolico fatto di orti e vigneti che, all'ombra di un campanile, circondano Venissa. La vigna murata fa da sfondo al ristorante, dietro ai fornelli – invece – la giovane brigata di cucina reinterpreta con talento i prodotti della laguna: il pesce e i molluschi dei pescatori locali, le verdure coltivate all'interno della tenuta, le erbe spontanee che crescono tra i filari del vigneto.

→ Tortelli di bietola, erbe di laguna, pinoli, artemisia marina. Castraure (germogli di carciofi), semi ambretta, nepetella, tuorlo d'uovo, foglie di carciofo. Gelato di garusoli (lumache di mare), caffè, cicoria, liquirizia.

Menu 120/190 € – Carta 65/111 €

5 cam ヱ – †110/210 € ††140/210 €

isola di Mazzorbo, fondamenta Santa Caterina 3 – ℰ 041 527 2281 (consigliata la prenotazione) – www.venissa.it
– Aperto 1° aprile-1° novembre; chiuso martedì

ⅱ○ Riva Rosa

CUCINA MODERNA · ROMANTICO ⅩⅩ Nell'affascinante cornice del centro di Burano, Riva Rosa propone una cucina a base di pesce in chiave moderna ed un'altana (da prenotare in anticipo) sul tetto del locale con un piccolo tavolino dalla vista stupenda.

Carta 41/110 €

via San Mauro 296 – ℰ 041 730850 (consigliata la prenotazione) – www.rivarosa.it
– solo a pranzo escluso venerdì e sabato – Chiuso gennaio e mercoledì escluso in estate

ⅱ○ Da Romano

CUCINA REGIONALE · CONTESTO TRADIZIONALE Ⅹ Sull'isola "dei merletti", Da Romano è un locale con più di 100 anni di storia, ora alla quarta generazione: tra lampadari anni '30 e quadri di pittori contemporanei, qui si gusta la vera cucina di mare.

Menu 40/75 € – Carta 36/73 €

via Galuppi 221 – ℰ 041 730030 – www.daromano.it – solo a pranzo in inverno
– Chiuso martedì

ⅱ○ Al Gatto Nero-da Ruggero

CUCINA REGIONALE · ACCOGLIENTE Ⅹ Nel cuore pulsante di Burano, una salda e solida gestione familiare che si impegna da oltre 50 anni nella scelta delle materie prime e nell'accoglienza: in definitiva, una trattoria di cucina veneziana e di mare caldamente consigliata. Gradevole dehors estivo, affacciato sul canale.

Menu 50/90 € – Carta 46/100 €

fondamenta della Giudecca 88 – ℰ 041 730120 (consigliata la prenotazione la sera) – www.gattonero.com – Chiuso 3-11 luglio, 5 novembre-3 dicembre, domenica sera e lunedì

a Torcello 45 mn di vaporetto da Fondamenta Nuove GH1 e 37 mn di vaporetto da Punta Sabbioni ⊠ 30142 – Burano

⫶○ **Locanda Cipriani** ⇦ ⌘ ⌂ 🍴 AC

CUCINA MEDITERRANEA · VINTAGE XX Suggestiva locanda di grande tradizione in una location apparentemente atemporale, che si palesa al meglio la sera dove l'isola diventa quasi disabitata. Ideale per godersi la vera laguna e una fuga romantica.

Menu 50/65 € – Carta 53/99 €

5 cam ⌂ – ♦140/300 € ♦♦220/400 € – 2 suites

piazza Santa Fosca 29 – ℰ 041 730150 (prenotazione obbligatoria la sera) – www.locandacipriani.com – Chiuso 3 gennaio-20 febbraio e martedì

VENOSA

Potenza – ⊠ 85029 – 11 863 ab. – Alt. 415 m – Carta regionale n° **2**-B1
Carta stradale Michelin 564-E29

⫶○ **L'Incanto** AC 🍴

CUCINA DEL TERRITORIO · ELEGANTE XX Nei graziosi viottoli del centro storico di Venosa, la città di Orazio, qui troverete una delle più interessanti interpretazioni della cucina del territorio, un intelligente recupero di prodotti locali ed estrose interpretazioni di ricette antiche.

☙ Menu 19 € (in settimana)/40 € – Carta 30/59 €

discesa Capovalle 1 – ℰ 0972 36082 (coperti limitati, prenotare) – www.ristorantelincanto.it – Chiuso 10 giorni in novembre, domenica sera e lunedì escluso agosto

VENTIMIGLIA

Imperia – ⊠ 18039 – 24 310 ab. – Carta regionale n° **8**-A3
Carta stradale Michelin 561-K4

⫶○ **Marco Polo** 🍴 ⟨ AC

PESCE E FRUTTI DI MARE · ELEGANTE XxX Una graziosa palafitta d'insospettabile eleganza, il cui servizio all'aperto si protende ulteriormente verso la spiaggia (dove si trova anche lo stabilimento balneare). La cucina esplora il mondo ittico.

☙ Menu 18 € (in settimana)/52 € – Carta 40/89 €

passeggiata Cavallotti 2 – ℰ 0184 352678 – Chiuso 16 gennaio-20 febbraio e lunedì escluso in agosto

⫶○ **Il Giardino del Gusto** 🆕 🍴 AC 🍴

CUCINA MODERNA · DI QUARTIERE XX Non si trova sul mare, ma un motivo per venire fino a qua c'è ed è presto svelato: il bravo chef-patron, forte e sicuro della tecnica francese appresa in anni di gavetta, propone intriganti menu degustazione, i cui piatti, volendo, sono ordinabili anche à la carte.

Menu 39/83 € – Carta 70/94 €

piazza XX Settembre 6c – ℰ 0184 189 2988 (coperti limitati, prenotare) – www.ilgiardinodelgusto.com – Chiuso gennaio, 23-31 luglio, 23-30 settembre e lunedì

verso la frontiera di Ponte San Ludovico

⫶○ **Balzi Rossi** 🆕 ⟨ 🍴 AC ⇩

PESCE E FRUTTI DI MARE · ELEGANTE XxX Rinasce questa storica e blasonata insegna della ristorazione italiana sul confine con la Francia: la sala è nuova, elegante e contemporanea, mentre rimane la spettacolare vista dal terrazzino sulla Costa Azzurra. La cucina omaggia il passato e i piatti preparati per decenni, ma li rinnova con il giusto tocco di modernità.

Menu 75 € – Carta 70/150 €

via Balzi Rossi 2, alla frontiera, 8 km per corso Francia ⊠ 18039 – ℰ 0184 38132 – www.ristorantebalzirossi.it – Chiuso 10 giorni in gennaio; lunedì e martedì

a Castel d'Appio Ovest : 5 km ⊠ 18039 – Alt. 344 m

🏠 La Riserva di Castel D'Appio 🌳 🐾 ⬅ 🛋 ⤴ 🛁 AC P

FAMILIARE · CLASSICO La tranquillità e uno splendido panorama accompagnano questa signorile risorsa familiare con spazi comuni raffinati, camere luminose ed accoglienti. Elegante cura della tavola nella sala interna e sulla bella terrazza per il servizio estivo.

8 cam – †60/120 € ††80/220 € – 4 suites – ⌂ 10 €

località Peidaigo 71 – ℰ 0184 229533 – www.lariserva.it
– Aperto Pasqua-30 settembre

VENTURINA

Livorno – ⊠ 57021 – Alt. 276 m – Carta regionale n° **18**-B2
Carta stradale Michelin 563-M13

🏨 Delle Terme 🌳 🛋 ⤴ 🖽 ⊛ 🏠 ⊡ ⬅ AC 🔱 P

SPA E WELLNESS · MODERNO Adiacente alle terme, offre tutto il savoir-faire che ci si attende da un soggiorno termale: compresa un'enorme piscina all'aperto a 31°e un bar per aperitivi e light lunch a 3 m dall'acqua. Camere moderne con spunti di arredi anni '70.

44 cam ⌂ – †79/119 € ††109/159 €

via delle Terme 36/40 (via Aurelia nord) – ℰ 0565 855759
– www.hoteltermeventurina.it – Aperto 1° aprile-30 settembre

VERBANIA

(VB) – ⊠ 28922 – 30 961 ab. – Alt. 197 m – Carta regionale n° **13**-B1
Carta stradale Michelin 561-E7

a Intra ⊠ 28921

🍴 Le Volte 🏠

CUCINA MEDITERRANEA · ACCOGLIENTE ⅩⅩ Ambiente elegante e piacevole veranda coperta che si apre sulla corte interna ombreggiata da una centenaria vite americana: in cucina trionfano i sapori mediterranei, rivisitati con creatività.

🍴 Menu 16 € (pranzo)/30 € – Carta 30/65 €

via San Vittore 149 – ℰ 0323 404051 – Chiuso 24 gennaio-5 febbraio e mercoledì

🍴 Osteria del Castello 🕸 🏠

MEDITERRANEA · BISTRÒ Ⅹ Ubicata nel cuore del centro storico dove si fa notare per il suo bel dehors con tavoli in sasso e un pergolato di glicine, l'Osteria è vivace e molto ben frequentata: sulla tavola, cucina mediterranea gustosa e curata.

Carta 26/48 €

piazza Castello 9 ⊠ 28900 Verbania – ℰ 0323 516579 – www.osteriacastello.com
– Chiuso 24-31 dicembre e domenica

🏠 Ancora ⬅ ⊡ ⬅ AC 🔱

FAMILIARE · ACCOGLIENTE Sulla trafficata statale del lungolago - nel cuore commerciale di Verbania - edificio signorile dei primi '900 con ampie camere ben arredate ed un ricco buffet per la prima colazione.

29 cam ⌂ – †86/140 € ††90/190 €

corso Goffredo Mameli, 65 – ℰ 0323 53951 – www.hotelancora.it
– Aperto 20 marzo-15 novembre

🏠 Intra ⊡ ⬅ AC P

FAMILIARE · PERSONALIZZATO La struttura si affaccia sul lungolago e annovera spaziose camere con arredi di gusto classico e una sala colazioni con soffitti lignei a cassettoni. Per chi raggiunge la località in macchina, nelle vicinanze c'è anche un comodo parcheggio recintato.

38 cam ⌂ – †45/57 € ††70/120 €

corso Mameli 133 – ℰ 0323 581393 – www.verbaniahotel.it – Aperto 15 marzo-fine ottobre

a Suna Nord-Ovest : 2 km ✉ 28925

🍴○ **Antica Osteria il Monte Rosso** 🕌 AC

CUCINA CLASSICA · ROMANTICO XX Sul lungolago della residenziale frazione di Verbania, una piccola realtà in stile Old England, dove assaporare specialità ittiche lacustri e marine. Clima favorevole e disponibilità permettendo, meglio prenotare uno dei pochi tavoli sulla panoramica terrazzina.

🍴 Menu 16 € (pranzo in settimana)/50 € – Carta 38/69 €

via Troubetzkoy, 128 – 🕾 0323 506056

a Pallanza ✉ 28922

❀ **Il Portale** (Massimiliano Celeste) 🕌 AC

CUCINA MODERNA · CONTESTO CONTEMPORANEO XX La grande cucina attracca a Pallanza e allestisce pentole e fornelli in un bel ristorante sulla piazza centrale di fronte al lago, dove le cene estive all'aperto profumeranno di relax e vacanza; vi troverete in prevalenza pesce di mare, ma anche qualche proposta di lago e di carne.

→ Spaghetti aglio, olio e peperoncino, gamberi rossi e bottarga di tonno. Il San Pietro cotto e crudo. Frutta e Verdura.

Menu 90/150 € – Carta 62/131 €

via Sassello 3 – 🕾 0323 505486 (consigliata la prenotazione) – www.ristoranteilportale.it – Chiuso gennaio, 2 settimane in novembre, martedì ed i mezzogiorno di lunedì e mercoledì

🍴○ **Tacabutun** Ⓝ 🕌

CUCINA MEDITERRANEA · DI QUARTIERE X Piacevolissima ubicazione sul lungolago del centro, Tacabutun propone un ambiente curato e informale con un interessante cucina mediterranea. Ottime anche le sue pizze gastronomiche!

Carta 31/64 €

viale delle Magnolie 120 – 🕾 0322 503450 – Chiuso 10 gennaio-24 febbraio e giovedì

🏨 **Grand Hotel Majestic** 🏶 🕭 ◁ 🛏 🖸 ⓦ 🐾 ↳ 🍴 🎐 🔅 🖴 AC 🎿

PALACE · CLASSICO Direttamente sul lago, abbracciata dal verde e dalla tranquillità dell'acqua, una struttura affascinante con camere spaziose e bagni in marmo, dotata di un centro benessere. Elegante ristorante à la carte, propone la tradizione gastronomica locale interpretata in chiave contemporanea. Ⓟ

74 cam 🖙 – †180/340 € ††200/360 € – 6 suites

via Vittorio Veneto 32 – 🕾 0323 509711 – www.grandhotelmajestic.it – Aperto 23 aprile-6 ottobre

🏨 **Pallanza** 🏶 ◁ 🖻 🔅 AC 🚗

TRADIZIONALE · BORDO LAGO Testimone dell'architettura del primo '900, quest'hotel dispone di camere spaziose ed accoglienti e di una panoramica terrazza con vista sul lago.

48 cam 🖙 – †90/155 € ††105/185 €

viale Magnolie 8 – 🕾 0323 503202 – www.pallanzahotels.com – Aperto 10 marzo-9 novembre

🏨 **Aquadolce** ◁ 🖻 AC

FAMILIARE · BORDO LAGO Graziosa struttura, a pochi passi dal centro di Pallanza, ma sul lungolago: spazi comuni illuminati da ampie vetrate, nonché belle camere, curate e personalizzate.

13 cam 🖙 – †60/90 € ††80/110 €

via Cietti 1 – 🕾 0323 505418 – www.hotelaquadolce.it – Aperto 16 marzo-31 ottobre

a Fondotoce Nord-Ovest : 6 km ⊠ 28924

✿✿ **Piccolo Lago** (Marco Sacco)   ⅋ ⇐ ⌂ ⌂ 🅰🅲 🅿

CUCINA MODERNA • **LUSSO** ✗✗✗ Lasciato il brulicante lago Maggiore, il tranquillo specchio d'acqua di Mergozzo si offre ai tavoli del ristorante come una romantica cartolina. La cucina presenta i classici del locale e tre menu degustazione a mano libera, dal più breve al più lungo, con i quali lo chef-patron propone divagazioni moderne sui prodotti delle valli alpine, le carni, i pesci d'acqua dolce e - talvolta - anche di mare.

➜ Rigatoni, burro di montagna, porro, caviale Volzhenka.Trota marmorata, cialda di crescione, fagiolini e taccole, salsa al latte, ribes. L'era glaciale: cremoso alla nocciola, pan di Spagna alla farina di riso, salsa al finocchi.

Menu 105/220 €

via Turati 87, al lago di Mergozzo, Nord-Ovest: 2 km – ℰ 0323 586792 (prenotare) – www.piccololago.it – Chiuso mercoledì a mezzogiorno, lunedì e martedì

VERBANO ➜ Vedere Lago Maggiore

VERCELLI

(VC) – ⊠ 13100 – 46 754 ab. – Alt. 130 m – Carta regionale n° **12**-C2
Carta stradale Michelin 561-G7

✿ **Cinzia da Christian e Manuel** (Manuel e Christian Costardi)   ⅋

CUCINA MODERNA • **ELEGANTE** ✗✗ Cucina creativa e materie prime di ⇐ 🅰🅲 eccellente qualità, senza dimenticare le tradizioni culinarie della zona. Non meravigliatevi quindi della particolare attenzione riservata al riso: il menu propone una selezione di venti risotti, ma anche tante gustose specialità di terra e di mare in un ristorante dove neppure l'illuminazione è lasciata al caso.

➜ Riso carnaroli, gambero rosso e katsuobushi (ingrediente giapponese a base di filetti di tonno fermentati). Branzino, vermouth dry e polvere di capperi. Accidia: insalata iceberg, crema al limone, caffè e riduzione di birra.

Menu 70/130 € – Carta 69/146 €

25 cam ⊊ – ∔65/85 € ∔∔70/120 €

corso Magenta 71 – ℰ 0161 253585 – www.christianemanuel.it – Chiuso 10-18 gennaio, 1 settimana in luglio, 2 settimane in agosto, domenica sera e lunedì

ⅰ○ **Giardinetto**   ⇐ ⌂ 🅰🅲

CUCINA REGIONALE • **AMBIENTE CLASSICO** ✗✗ In centro, tra le mura di una casa del 1800, accoglienti sale e giardino interno per la bella stagione. Piatti legati alla tradizione in chiave contemporanea. Piacevoli camere dal tradizionale arredo.

Carta 32/62 €

8 cam ⊊ – ∔65/75 € ∔∔75/85 €

via Sereno 3 – ℰ 0161 257230 – www.hrgiardinetto.com – Chiuso agosto e lunedì

ⅰ○ **Bislakko** 🆕

CUCINA DEL TERRITORIO • **CONTESTO CONTEMPORANEO** ✗✗ Si è voluto giocare con le parole, perché "bislacco" lo è solo nel nome ma non nella sostanza! Questo ristorante saprà - infatti - conquistarvi per la sua cucina e i dessert dove il cioccolato è l'elemento principe: come nella fontana a disposizione dei clienti.

🍸 Menu 20/50 € – Carta 37/49 €

Hotel Garibaldi, via Thaon de Revel 87 – ℰ 0161 302460 (consigliata la prenotazione) – www.bislakko.com

ⅰ○ **Hosteria del Capel Rosso** 🆕   🍴 ⅍ 🅰🅲

CUCINA PIEMONTESE • **CONVIVIALE** ✗ Il locale riprende l'antico nome del quartiere: semplice, familiare e dall'atmosfera conviviale, la cucina è piemontese con i tradizionali piatti vercellesi.

🍸 Menu 22 € – Carta 30/50 €

vicolo Santa Chiara 3 – ℰ 0161 502322 (consigliata la prenotazione) – www.calelrosso.it – Chiuso 1°-5 gennaio, 1°-21 agosto, domenica sera e lunedì

🏠 Garibaldi ® 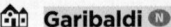   ⬍ ⛐ 🆊

FAMILIARE · ACCOGLIENTE Defilato rispetto al centro, questo piccolo, ma curato albergo, offre camere di taglio contemporaneo dotate di tutti i confort moderni. La chicca del mattino è una colazione "emozionale", per predisporsi con animo sereno alla giornata.

14 cam 🖙 - 🛏75/85 € 🛏🛏90/100 €

via Thaon de Revel 87 – 𝒞 0161 302443 – www.hotelristorantegaribaldi.com

🍴 **Bislakko** – Vedere selezione ristoranti

VERGNE Cuneo ➜ Vedere Barolo

VERNANTE
Cuneo – ✉ 12019 – 1 178 ab. – Alt. 799 m – Carta regionale n° **12**-B3
Carta stradale Michelin 561-J4

🍴 Nazionale   ⅋⅋ ⇦ 🛋 🅿

CUCINA MODERNA · ROMANTICO XX Lungo la strada principale che taglia in due il paesino, da una parte l'omonimo relais e dall'altra questo ristorante gourmet con camere. In un ambiente di vivace informalità, tanta pietra e legno locale, la famiglia Macario propone una valida cucina occitana - con grande attenzione alla stagionalità dei prodotti - e qualche elemento di modernità.

🍽 Menu 25 € (pranzo in settimana)/48 € – Carta 45/78 €

15 cam 🖙 - 🛏40/60 € 🛏🛏70/120 €

*Hotel Il Relais del Nazionale, via Cavour 60 – 𝒞 0171 920181 (prenotare)
– www.ilnazionale.com – Chiuso mercoledì escluso febbraio e luglio-settembre*

🏠 Il Relais del Nazionale   ⇙ 🖇 ⬍ 🅿

TRADIZIONALE · STILE MONTANO Camere grandi e personalizzate, atmosfera calda e familiare in questo piccolo gioiello tutto in legno, proprio di fronte al più tradizionale ristorante Nazionale (stessa gestione). L'albergo dispone anche di un'accogliente zona relax con idromassaggio, sauna e bagno turco, doccia emozionale ed altro ancora.

8 cam 🖙 - 🛏135/250 € 🛏🛏135/250 €

strada statale 20 n.14 – 𝒞 0171 920181 – www.ilnazionale.com

CI PIACE...

Il **Confusion Lounge** con i suoi romantici tavolini sui terrazzini al primo piano. La colazione servita in raffinate porcellane con pasticceria fatta in casa dell'**Agriturismo Delo**. Soggiornare nelle stanze ricche di fascino e storia dell'hotel **Gabbia d'Oro**. Avventurarsi nella prima periferia per una sosta presso la nuova creazione di Mr Martini: **Special** dove cucina e motori si fondono in modo inaspettato.

VERONA

(VR) – ✉ 37121 – 258 765 ab. – Alt. 59 m – Carta regionale n° **22**-A3
Carta stradale Michelin 562-F14

Ristoranti

✿✿ Casa Perbellini   ⅏ ௯ 🆊 ⅏

CUCINA CREATIVA · DI TENDENZA XX Intimo ed accogliente, come fosse davvero la casa del bravissimo chef, al punto che la cucina - più che a vista - è a portata di mano mentre l'apparente informalità dell'offerta si regge su una qualità complessiva d'alto livello. Giancarlo Perbellini dà il meglio di sé in centro Verona: i suoi piatti creativi dai sapori convincenti sono declinati con diversi menu: "Assaggi" è il percorso degustazione mentre "Chi sceglie... prova!" vi permette di selezionare due ingredienti che parteciperanno alla realizzazione del vostro pasto.
➜ Wafer al sesamo, tartare di branzino, caprino, erba cipollina e sensazione di liquirizia. Gnocchi di grano arso, ricotta di bufala, vongole, caviale e guazzetto al limone. Millefoglie casa Perbellini.
Menu 58 € (pranzo in settimana)/149 € – Carta 100/150 €
Pianta: A2-f – *piazza San Zeno 16* ✉ *37121* – ✆ *045 878 0860 (consigliata la prenotazione)* – *www.casaperbellini.com* – *Chiuso 2 settimane in gennaio-febbraio, 6-28 agosto, domenica e lunedì; anche sabato sera in luglio-agosto*

✿ Il Desco (Elia e Matteo Rizzo)   ⅏ 🆊

CUCINA CLASSICA · ELEGANTE XXX In una piccola via del centro storico, alcuni tavoli esterni (solo per aperitivi) anticipano la piccola entrata del quattrocentesco palazzo che ospita questo ristorante d'atmosfera; in cucina, padre e figlio si destreggiano tra specialità di terra e ricette di mare.
➜ Zuppa di granciporro, ceci, quinoa croccante e olio all'anice. Cervella croccanti, consommé di crostacei tostati ed emulsione di limone e vaniglia. Sapori di un tiramisù alle spezie.
Menu 100/150 € – Carta 90/140 €
Pianta: C2-q – *via Dietro San Sebastiano 7* ✉ *37121* – ✆ *045 595358 (consigliata la prenotazione)* – *www.ildesco.com* – *Chiuso vacanze di Natale, 1 settimana in giugno, domenica, lunedì a mezzogiorno in luglio, agosto e dicembre, anche lunedì sera negli altri mesi*

✿ Osteria la Fontanina
😁 ⌂ AK

CUCINA REGIONALE · BISTRÒ Presso la chiesa di Santo Stefano, ristorante caratteristico dall'atmosfera intima ed ovattata: ogni suo centimetro è vestito con specchi, oggetti ed arredi d'antiquariato, stampe ed argenti, mentre il vino è onnipresente! Cucina del territorio rivisitata.

→ Agnolotti di pasta fresca con spuma di grana e tartufo della Lessinia. La nostra faraona con la purea affumicata e salsa di funghi porcini. Lo specchio di dolci.

Carta 63/95 €

Pianta: C1-e – *Portichetti Fontanelle Santo Stefano 3* ✉ 37129 – 🕾 *045 913305 (prenotazione obbligatoria a mezzogiorno) - www.ristorantelafontanina.com – Chiuso 1 settimana in gennaio, 10 giorni in agosto, lunedì a mezzogiorno e domenica*

⊛ Al Bersagliere
😁 ⌂ AK ✎

REGIONALE · ACCOGLIENTE Certamente un motivo valido per venire in questa bella trattoria è il baccalà alla vicentina - sempre molto apprezzato - così come del resto, anche gli altri gustosi piatti dal sapore regionale (la pasta e fagioli, in primis!). E nella carta dei vini ritroviamo, protagonista indiscusso, ancora il Veneto. Gradevole dehors estivo.

Carta 27/46 €

Pianta: C2-m – *via Dietro Pallone 1* ✉ 37121 – 🕾 *045 800 4824 – www.trattoriaalbersagliere.it – Chiuso 8 giorni in gennaio, 10 giorni in agosto, domenica, lunedì, anche sabato sera e giorni festivi in luglio-agosto*

⊛ Locanda 4 Cuochi
⌂ AK

CUCINA CLASSICA · SEMPLICE Sono tutti cuochi, i quattro soci di questo ristorante dall'ambiente piacevole, giovane e frizzante. Dalla cucina a vista escono specialità d'impronta classico-italiana, leggermente rivisitate, come il risotto mantecato al pomodoro con squacquerone pane croccante e olio al basilico. Insomma, un ottimo indirizzo da tenere presente!

Menu 35 € – Carta 32/49 €

Pianta: C2-e – *via Alberto Mario 12* ✉ 37121 – 🕾 *045 803 0311 – Chiuso 2 settimane in gennaio, martedì a mezzogiorno e lunedì*

⊛ San Basilio alla Pergola
⌂ AK

CUCINA REGIONALE · RUSTICO Nel piacevole dehors estivo con pergolato o nelle due sale con pavimenti in legno e mobili rustici, cucina semplice, ma curata, in bilico tra tipico e moderno. Specialità: gnocchi di patate con radicchio rosso e ricotta affumicata - stracotto di manzo al Valpolicella.

Carta 29/51 €

via Pisano 9, 2 km per Vicenza - D2 ✉ 37131 – 🕾 *045 520475 – www.trattoriasanbasilio.it – Chiuso 1°-7 gennaio e domenica*

⌘ Arche
😁 AK ⇔

PESCE E FRUTTI DI MARE · VINTAGE La famiglia partì nel 1879 e da allora ha sempre gestito direttamente questo elegante locale del centro. La cucina si rinnova di generazione in generazione, proponendo specialità di terra e di mare, di tradizione e di ricerca.

Carta 28/66 €

Pianta: C2-y – *via Arche Scaligere 6* ✉ 37121 – 🕾 *045 800 7415 (consigliata la prenotazione) - www.ristorantearche.com – Chiuso 8-20 gennaio, domenica sera e lunedì*

⌘ Baracca
⌂ AK ⇔ 🅿

PESCE E FRUTTI DI MARE · CHIC Fuori dalle affollate rotte turistiche, signorile ristorante gestito da oltre cinquant'anni da un'intraprendente famiglia: oggi sono due fratelli a deliziarvi con ricette di pesce, gustose e mai scontate!

Carta 32/62 €

via Legnago 120, 2,5 km per via del Piave - B3 ✉ 37134 – 🕾 *045 500013 (consigliata la prenotazione) - www.ristorantelabaracca.it – Chiuso 1°-7 gennaio, sabato a mezzogiorno e domenica*

‖○ **Due Torri Restaurant** ⌂ ⌐ ⌐ ⌐

CUCINA MODERNA · ELEGANTE XXX Nella scenografica lobby dell'omonimo hotel, è un nuovo chef ad occuparsi della cucina – che rimane pur sempre di matrice territoriale ma deliziosamente innovativa – in questo ristorante di collaudata notorietà.

Carta 72/140 €

Pianta: C2-x – *Hotel Due Torri, piazza Sant'Anastasia 4* ✉ *37121* – ☏ *045 595044 – www.duetorrihotels.com*

‖○ **Caffè Ristorante Vittorio Emanuele** ⌂ ⌐ ⌐ ⌐

CUCINA ITALIANA · ELEGANTE XXX Affacciato sull'Arena con il suo dehors, il ristorante offre agli ospiti un ambiente elegante e di prestigio; la cucina abbraccia i classici della tradizione italiana fra mare e terra.

Carta 48/109 €

Pianta: C2-v – *piazza Bra 16* ✉ *37121* – ☏ *045 923 5850 (consigliata la prenotazione) – www.ristorantevittorioemanuele.com – Chiuso mercoledì escluso 1° aprile-15 ottobre*

‖○ **Il Salotto Bistrot** ⌂ ⌐

CUCINA ITALIANA · ELEGANTE XX Cucina tradizionale, ma anche semplicemente un tè o un cocktail, nell'atmosfera british dell'elegante bistrot; in estate si utilizza la bella corte interna.

Carta 44/89 €

Pianta: B2-w – *Hotel The Gentleman of Verona, via Cattaneo 26/a* ✉ *37121 – ☏ 045 806 9491 (consigliata la prenotazione) – www.ilsalottobistro.com – Chiuso 17-31 gennaio e domenica*

‖○ **Confusion Lounge** ⌂ ⌐

CUCINA INTERNAZIONALE · DI TENDENZA XX Nuovo locale di tendenza in pieno centro: bando ai minimalismi! Il vestito del ristorante è modaiolo, eclettico e con un mood internazionale; così come la cucina che coniuga stile moderno italiano e cucina giapponese.

Menu 70/100 € – Carta 50/97 €

Pianta: C2-s – *via Ponte Nuovo 9* – ☏ *340 120 9574 (prenotare) – www.confusionlounge.it*

‖○ **Al Capitan della Cittadella** ⌘ ⌂ ⌐

PESCE E FRUTTI DI MARE · DI TENDENZA XX Un locale rustico ricavato in un antico palazzo: quadri moderni alle pareti e sculture lignee dedicati ai pesci. La predilezione per il mondo marino arriva fino in cucina. Ottima selezione enologica.

Menu 28 € (pranzo in settimana)/70 € – Carta 50/93 €

Pianta: C2-k – *piazza Cittadella 7/a* ✉ *37122* – ☏ *045 595157 (consigliata la prenotazione) – www.alcapitan.it – Chiuso 1 settimana in gennaio, lunedì a mezzogiorno e domenica*

‖○ **Al Cristo-Pintxos Bistrot** ⌘ ⌂ ⌐ ⌐ ⌐

CUCINA MODERNA · ACCOGLIENTE XX Nei pressi di Ponte Nuovo, un edificio cinquecentesco accoglie questo ristorante articolato su tre livelli con splendida cantina e bel dehors. Diverse linee di cucina: regionale, internazionale e sushi-sashimi. Al Pintxos Bistrot: tapas basche, stuzzichini preparati al momento e il proverbiale pata negra.

Menu 35/80 € – Carta 39/85 €

Pianta: C2-b – *piazzetta Pescheria 6* ✉ *37121* – ☏ *045 594287 – www.ristorantealcristo.it – Chiuso lunedì*

‖○ **L'Oste Scuro** ⌂ ⌐

PESCE E FRUTTI DI MARE · RUSTICO XX Un'insegna in ferro battuto segnala questo locale alla moda dalla simpatica atmosfera familiare. Lo chef punta sulla freschezza del protagonista di ogni piatto elaborato: il pesce, solo pescato!

Carta 51/175 €

Pianta: B2-c – *vicolo San Silvestro 10* ✉ *37122* – ☏ *045 592650 – www.ristoranteostescuro.tv – Chiuso 25 dicembre-6 gennaio, lunedì a mezzogiorno e domenica*

1227

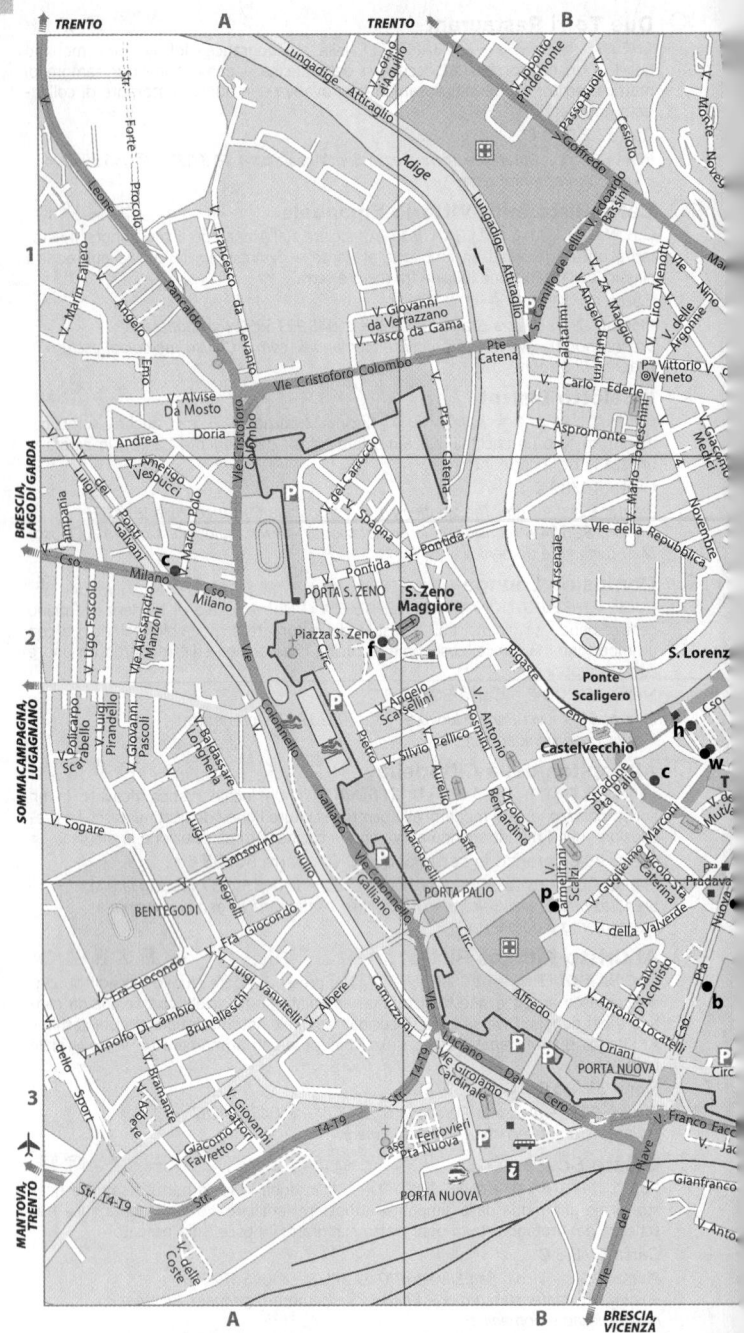

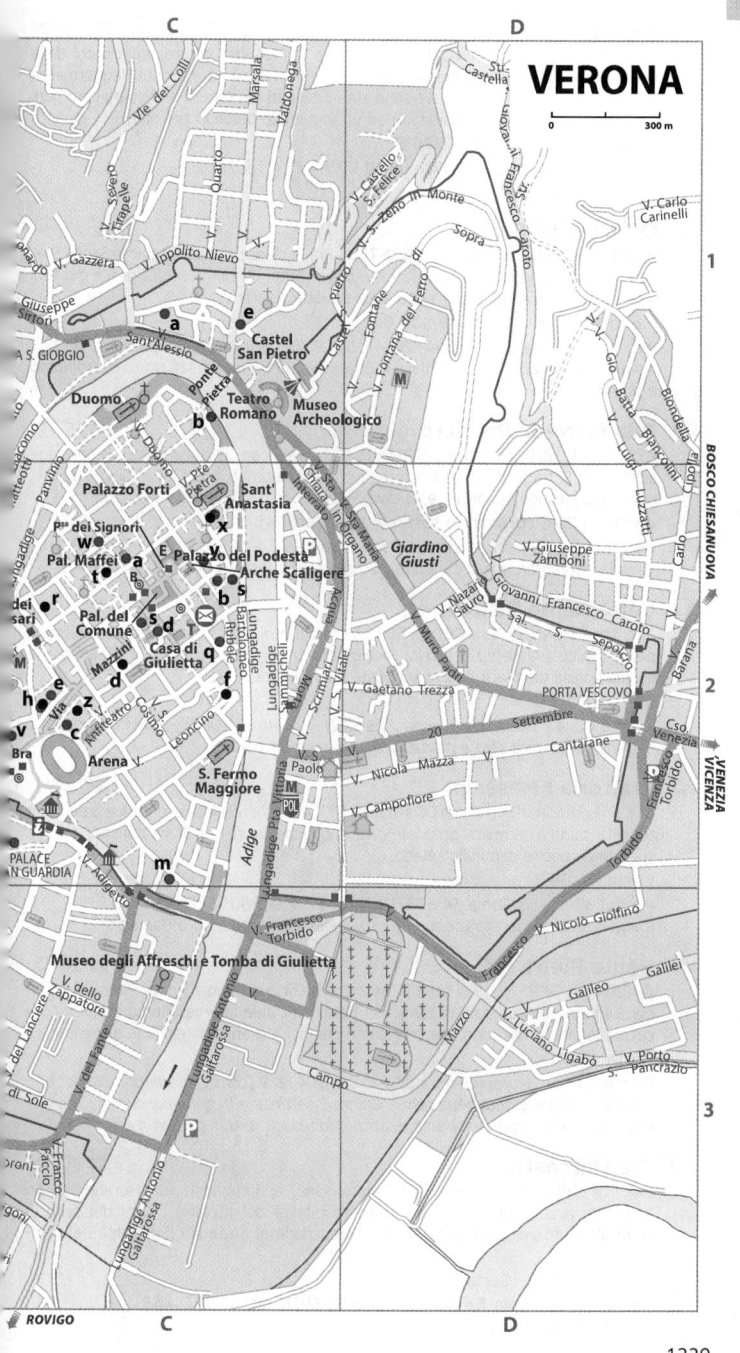

VERONA

0 ————— 300 m

C D

BOSCO CHIESANUOVA

VENEZIA
VICENZA

Vie. del Colli
Marsala
Taldonega
St. Castella
Giovan. V. Francesco Carota
V. Carlo Carinelli

Severo
Trapelle
Quarto
V. Gazzera
V. Ippolito Nievo
V. Castello, S. Felice
V. S. Zeno in Monte
Sopra
Gio. Batta Biancolini
Biondella Filodi
Luigi Luzzatti

Giuseppe Sirten
A S. GIORGIO
Sant'Alessio
a
e
Castel San Pietro
Pietro
V. Castello
V. Fontana del Ferro
M

Duomo
Ponte Pietra
Teatro Romano
b
Museo Archeologico
Pte pietra
Interrato dell'Acqua Morta
Sottoriva
Chiesa in Organo

Palazzo Forti
P.za dei Signori
Sant' Anastasia
x
Palazzo del Podestà
Arche Scaligere
E
w
Pal. Maffei
a
t
B
s
b
P
Giardino Giusti
V. Giuseppe Zamboni
V. Nazario Sauro
Giovanni Francesco Caroto
Carlo
Batana

dei sari
r
d
s
Pal. del Comune
Mazzini
Casa di Giulietta
q
d
Lungadige Bartolomeo Rubele
Lungadige Re Teodorico
S. Sepolcro
S. Toscana
Sal.

M
e
h
z
Via
c
Anfiteatro Cobbo
Leoncino
f
V. Vitale
Interrato dell'Acqua Morta
Scarsellini
Ponte Navi
V. Gaetano Trezza
PORTA VESCOVO
Cantarane
Cso. Venezia
Francesco Torbido
Barana

V
Bra
Arena
S. Fermo Maggiore
M
POL
V. S. Paolo
20
Settembre
V. Nicola Mazza
V. Campofiore
Torbido

PALACE 'N GUARDIA
m
Adige
Lungadige Porta Vittoria
V. Francesco Torbido
V. Nicolò Giolfino
Francesco
Galilei

Museo degli Affreschi e Tomba di Giulietta
V. dello Zappatore
V. del Fante
Lungadige Antonio Galtarossa
Campo
Marzo
V. Luciano Ligabò
V. Porto S. Pancrazio
Galileo

di Sole
V. Fraccia faccio
P
P

ROVIGO

C D

1229

⫩○ **Maffei**　　　　　　　　　　　　　　　　　　　🛋 AC ⇔

CUCINA MODERNA · RUSTICO XX Ristorante storico del centro, anticipato dalla bella corte dove si svolge il dehors: buona cucina d'impronta leggermente moderna e - sotto il locale dove sono stati rinvenuti dei reperti archeologici romani - si è ricavata la cantina (visitabile) ed un romantico tavolino per due!

Menu 47/57 € – Carta 42/76 €

Pianta: C2-a – *piazza delle Erbe 38* ⊠ *37121* – *☏ 045 801 0015*
– www.ristorantemaffei.it

⫩○ **Officina dei Sapori**　　　　　　　　　　　　　　　　　AC

PESCE E FRUTTI DI MARE · ELEGANTE XX Fra le chiese di San Giorgio e Santo Stefano, in una tranquilla via fuori le rotte più battute, un ristorante di pesce dai toni eleganti ma non formali, per piatti dalla schietta fragranza.

Menu 50/70 € – Carta 48/100 €

Pianta: C1-a – *via G.B. Moschini 26* – *☏ 045 913877 (consigliata la prenotazione)*
– www.officinasapori.com – Chiuso 1°-5 gennaio, 15-30 luglio, sabato a mezzogiorno e domenica

⫩○ **Alla Fiera-da Ruggero**　　　　　　　　　　　　　　　🛋 AC

PESCE E FRUTTI DI MARE · FAMILIARE XX Acquari con crostacei e vasche con molluschi vari. Si tratta di uno dei ristoranti ittici più rinomati in città, l'ambiente curato, una solida gestione familiare e, al tavolo, segnaposto stilizzati da un artista.

🍴 Menu 25 € (pranzo in settimana) – Carta 45/79 €

via Scopoli 9, 1,5 km per corso di Porta Nuova - B2 ⊠ *37136 - ☏ 045 508808*
– www.ristoranteruggero.it – Chiuso 20 giorni in agosto-settembre e domenica

⫩○ **Caffè Dante Bistrot**　　　　　　　　　　　　　　　🛋 & AC

CUCINA REGIONALE · ACCOGLIENTE XX Affacciato sulla bella piazza Dei Signori, palcoscenico del servizio estivo, locale storico con staff giovane e dinamico; la cucina spazia dai piatti tipici a proposte più moderne.

Carta 42/67 €

Pianta: C2-w – *piazza Dei Signori 2* ⊠ *37121* – *☏ 045 800 0083 – www.caffedante.it*
– Chiuso domenica sera e martedì escluso aprile-ottobre

⫩○ **Trattoria I Masenini**　　　　　　　　　　　　　　🛋 & AC

CUCINA TRADIZIONALE · ACCOGLIENTE XX Accogliente locale con due sale dalle tonalità calde e semplici: proposte gastronomiche sia regionali sia italiane, dove le specialità sono le carni allo spiedo.

Carta 37/68 €

Pianta: B2-h – *via Roma 34* ⊠ *37121 Verona* – *☏ 045 806 5169*
– www.trattoriaimasenini.com – Chiuso lunedì a mezzogiorno e domenica

⫩○ **Ponte Pietra**　　　　　　　　　　　　　　　　　🅿 🛋 AC ⇔

CUCINA MODERNA · VINTAGE X Un antico edificio attiguo a Ponte Pietra, si affaccia sul fiume con un paio di romantici balconcini; sale interne d'indubbio fascino e cucina legata al territorio, ma con spunti creativi e grande attenzione alla cantina.

Carta 46/72 €

Pianta: C1-b – *via Ponte Pietra 34* – *☏ 045 804 1929 (consigliata la prenotazione)*
– www.ristorantepontepietra.com – Chiuso 2 settimane in gennaio, domenica a mezzogiorno in giugno-settembre, anche domenica sera negli altri mesi

⫩○ **Tre Marchetti**　　　　　　　　　　　　　　　　　🅿 🛋 AC ⇔

CUCINA REGIONALE · VINTAGE X Poltroncine e lampadari di Murano in un ambiente accogliente, come del resto l'ospitalità del titolare: i ritmi del servizio sono alquanto veloci, ma non manca l'attenzione al dettaglio. Specialità del territorio.

Menu 35/75 € – Carta 59/97 €

Pianta: C2-c – *vicolo Tre Marchetti 19/b* ⊠ *37121* – *☏ 045 803 0463*
– www.tremarchetti.it

ⅱ◯ Rubiani

PESCE E FRUTTI DI MARE · ACCOGLIENTE Non vi perderete certo la "magia" della città, sostando per una pausa gastronomica in questo ristorante: il suo grazioso dehors si affaccia infatti sull'Arena. Si predilige il pesce, ma il menu non contempla solo quello.

Menu 45/55 € – Carta 48/58 €

Pianta: C2-h – Hotel Bologna, piazzetta Scalette Rubiani 3 ✉ 37121
– ℰ 045 800 9214 – www.ristoranterubiani.it – Chiuso domenica in ottobre-maggio

ⅱ◯ Special Mr Martini

CUCINA INTERNAZIONALE · ALLA MODA In una ex pompa di benzina degli anni '50 - nel regno della moto di Nicola Martini, uno tra i preparatori più influenti del panorama italiano ed internazionale - sorseggiare una birra, stuzzicare l'appetito con una cucina gustosa ed originale, visitare lo show room osservando i lavori d'officina. Per appassionati motociclisti, ma non solo.

Carta 23/57 €

via Tombetta 39/b, 1 km per via del Piave - B3 ✉ 37121 – ℰ 045 820 1607
(consigliata la prenotazione) – www.mrmartini.it – Chiuso 8-17 agosto, lunedì e domenica a mezzogiorno

ⅱ◯ Osteria Mondodoro

CUCINA TRADIZIONALE · DI TENDENZA Uno degli ultimi locali affacciatosi sulla scena veronese, aperto per volere di un ristoratore che in città ha avuto esperienze significative, l'ambiente è gradevole - in pieno centro - con un look originale ed un servizio cortese. Il buon livello di cucina ne suggella il successo.

Carta 36/58 €

Pianta: C2-s – via Mondo d'Oro 4 ✉ 37121 – ℰ 045 894 9290 (coperti limitati, prenotare) – www.osteriamondodoroverona.it – Chiuso lunedì, anche domenica sera in ottobre-maggio

ⅱ◯ Trattoria al Pompiere

CUCINA REGIONALE · RUSTICO Tra boiserie e svariate foto d'epoca, linea gastronomica fedele al territorio, nonché un'ottima selezione di salumi e formaggi italiani, in una storica trattoria del centro.

Carta 37/67 €

Pianta: C2-d – vicolo Regina d'Ungheria 5 ✉ 37121 – ℰ 045 803 0537 (consigliata la prenotazione) – www.alpompiere.com – Chiuso 25 dicembre-2 gennaio, 1 settimana in giugno e domenica

ⅱ◯ Il Glicine

PESCE E FRUTTI DI MARE · ACCOGLIENTE Rami di glicine fanno da cornice al servizio all'aperto, mentre le pareti della sala interna sono arredate con quadri colorati. Unica la predilezione della cucina: solo piatti di pesce, con un occhio di riguardo per i crudi e le cotture al vapore. Lasciatevi consigliare.

Carta 52/125 €

Pianta: A2-c – corso Milano 26 ✉ 37138 – ℰ 045 565156
– www.hotelportasanzeno.it – Chiuso 20-30 agosto e domenica

Alberghi

🏨 Due Torri

STORICO · ELEGANTE Narra la storia della città, l'edificio trecentesco in cui s'inserisce questo prestigioso albergo di tradizione e fascino: nelle raffinate camere, l'arredo s'ispira soprattutto al Settecento e all'Ottocento. Vetturiere per l'auto.

78 cam � – ♦180/550 € ♦♦198/605 € – 11 suites

Pianta: C2-x – piazza Sant'Anastasia 4 ✉ 37121 – ℰ 045 595044
– www.duetorrihotels.com

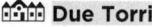 ⅱ◯ **Due Torri Restaurant** – Vedere selezione ristoranti

1231

🏠 Gabbia d'Oro   ⬍ AC

STORICO · PERSONALIZZATO Dalla discrezione e dalla cortesia di un servizio inappuntabile, un opulento scrigno di preziosi e ricercati dettagli che echeggiano dal passato; piccolo hotel di charme e lusso con un suggestivo giardino d'inverno. Qualche proposta di ristorazione, unicamente riservata agli ospiti.

19 suites – 👫210/380 € – 8 cam – ⬱ 25 €
Pianta: C2-t – *corso Porta Borsari 4/a* ✉ 37121 – 𝒞 045 800 3060
– *www.hotelgabbiadoro.it*

🏠 Palazzo Victoria   🐾 🕭 🛁 ⬍ 🚷 AC 🏋 🚗

STORICO · ELEGANTE Annovera anche reperti archeologici questo raffinato hotel, in cui antichità e modernità si amalgamano con armonia offrendo soluzioni tecnologiche innovative e tanto charme nelle confortevoli camere. Per i melomani, l'Arena è a due passi.

71 cam ⬱ – 👤170/550 € 👫200/580 € – 3 suites
Pianta: C2-r – *via Adua 8* ✉ 37121 – 𝒞 045 590566 – *www.palazzovictoria.com*

🏠 The Gentleman of Verona   🕭 ⬍ 🚷 AC 🍽 P

LUSSO · ELEGANTE Poco lontano dall'Arena, lussuosa risorsa ricavata dall'attenta ristrutturazione di una dimora del 1500: camere personalizzate e piccolo centro benessere.

14 cam ⬱ – 👤170/349 € 👫190/399 € – 9 suites
Pianta: B2-w – *via Cattaneo 26/a* ✉ 37121 – 𝒞 045 800 9566
– *www.leoncinohotels.com*
🍽 **Il Salotto Bistrot** – Vedere selezione ristoranti

🏠 Accademia   🛁 ⬍ AC 🍽 🏋 🚗

TRADIZIONALE · ACCOGLIENTE Solerte e professionale il servizio, di ottimo livello il confort. La risorsa si trova in un edificio storico che si sta lentamente rinnovando, adiacente all'elegante via Mazzini, arteria ideale per lo shopping.

89 cam ⬱ – 👤105/230 € 👫145/345 € – 7 suites
Pianta: C2-d – *via Scala 12* ✉ 37121 – 𝒞 045 596222
– *www.hotelaccademiaverona.it*

🏠 Grand Hotel des Arts   📶 ⬍ AC 🏋

TRADIZIONALE · PERSONALIZZATO Storico edificio in stile liberty, ospita un albergo raffinato, nei cui interni si fondono la classicità degli arredi, impreziositi da belle sculture, e la modernità dei confort; dispone anche di un centro congressi.

62 cam ⬱ – 👤99/319 € 👫119/510 € – 5 suites
Pianta: B3-b – *corso Porta Nuova 105* ✉ 37122 – 𝒞 045 595600
– *www.grandhotel.vr.it*

🏠 Colomba d'Oro   ⬍ AC 🍽 🏋

TRADIZIONALE · VINTAGE Un albergo di tradizione e di atmosfera, realizzato in ambienti del primo Ottocento: l'affascinante hall con dipinti alle pareti e al soffitto è il biglietto da visita, non meno eleganti le camere, piacevole giardino interno.

48 cam ⬱ – 👤125/215 € 👫159/316 € – 2 suites
Pianta: C2-n – *via Cattaneo 10* ✉ 37121 – 𝒞 045 595300 – *www.colombahotel.com*

🏠 Bologna   ⬍ AC 🍽

TRADIZIONALE · MODERNO Adiacente all'Arena, rinnovato negli anni, quest'hotel a gestione diretta offre camere di calda atmosfera e arredi moderni: la più richiesta è quella con il terrazzo.

27 cam ⬱ – 👤90/350 € 👫90/400 € – 4 suites
Pianta: C2-h – *via Alberto Mario 18* ✉ 37121 – 𝒞 045 800 6830
– *www.hotelbologna.vr.it*
🍽 **Rubiani** – Vedere selezione ristoranti

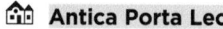 Antica Porta Leona

STORICO · ELEGANTE Albergo del centro i cui interni si sfidano a colpi di bianco e nero inseguendo una moderna eleganza. Oltre alla zona relax con sauna e piscina coperta, al piano terra c'è anche una piccola sala fitness. Servizio vetturiere per posteggio auto.

23 cam ⌂ – †130/250 € ††170/390 €

Pianta: C2-f - *corticella Leoni 3* ✉ 37121 - 𝒞 045 595499
– *www.anticaportaleona.com*

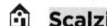 Giulietta e Romeo

TRADIZIONALE · ACCOGLIENTE Dedicata ai due innamorati immortalati da Shakespeare, una risorsa che si rinnova negli anni, a conduzione diretta; camere tranquille, la più panoramica con vista sull'Arena.

37 cam ⌂ – †80/220 € ††99/280 € – 1 suite

Pianta: C2-z - *vicolo Tre Marchetti 3* ✉ 37121 - 𝒞 045 800 3554
– *www.giuliettaeromeo.it*

Scalzi

FAMILIARE · ACCOGLIENTE All'interno di un palazzo neoclassico d'inizio Ottocento, Scalzi è una struttura ricca di fascino con camere piacevolmente accoglienti, diverse l'una dall'altra, dove stile e confort moderni sono assicurati. Nella bella stagione, la piccolissima corte interna si presta per la prima colazione.

19 cam ⌂ – †60/110 € ††80/160 €

Pianta: B3-p - *via Carmelitani Scalzi 5* ✉ 37122 - 𝒞 045 590422
– *www.hotelscalzi.it*

Verona

BUSINESS · MINIMALISTA A breve distanza dall'Arena, sobrio e moderno hotel dalle linee minimal e dagli spazi contenuti eppure accoglienti; a disposizione degli ospiti anche alcune bici.

35 cam ⌂ – †78/219 € ††109/239 €

Pianta: B3-f - *corso Porta Nuova 47/49* ✉ 37122 - 𝒞 045 595944
– *www.hotelverona.it*

sulla strada statale 11-via Bresciana Ovest : 3,5 km per Brescia A2

La Grotta

FAMILIARE · MODERNO A chi piace lo stile moderno, questo piccolo e grazioso hotel farà al caso suo: location comoda per chi vuole andare in città o muoversi nei dintorni, le stanze sono accoglienti e funzionali.

22 cam ⌂ – †50/90 € ††70/150 €

strada Bresciana 16 ✉ 37121 - 𝒞 045 890 5702 – *www.lagrottahotelvr.it*

verso Novaglie Nord-Est : 6 km per Bosco Chiesanuova D2

Agriturismo Delo

CASA DI CAMPAGNA · ELEGANTE Non lontano dalla città, ma già in aperta campagna, questa bella costruzione rurale – ristrutturata con l'impiego di materiali pregiati – ospita ambienti impreziositi da pezzi di antiquariato e camere "riscaldate" da tappeti persiani.

9 cam ⌂ – †100/130 € ††125/145 €

via del Torresin, località Delo ✉ 37141 Verona – 𝒞 045 884 1090
– *www.agriturismodelo.com – Chiuso 1° dicembre-31 gennaio*

a San Massimo All'Adige Ovest : 2 km per via San Marco A2 ✉ 37139

 Trattoria dal Gal

CUCINA CLASSICA · ACCOGLIENTE Madre ai fornelli, figli in sala: semplice trattoria dalla calorosa e cordiale accoglienza, dove la cucina è classica, ma soprattutto del territorio. Rinomati i primi, in degustazione se ne possono assaggiare diversi in sequenza.

Carta 27/48 €

via Don Segala 39/b - 𝒞 045 890 3097 – *www.trattoriadalgal.it*
– *Chiuso 3 settimane in agosto, domenica sera e lunedì*

VERRAYES

Aosta – ✉ 11020 – 1 302 ab. – Alt. 1 017 m – Carta regionale n° **21**-B2
Carta stradale Michelin 561-E4

a Champagne Sud : 6 km ✉ 11020

⑩ **Antica Trattoria Champagne** ⒶⒸ

CUCINA REGIONALE · FAMILIARE ⅹ Da oltre un secolo stazione di posta, ma
anche sala da ballo e negozio di alimentari, con l'attuale gestione la cucina ha
preso il sopravvento: valdostana d'adozione, piemontese d'origine, la cuoca propone i due filoni regionali in piatti semplici e sapidi. E per accontentare tutti, le
evergreen crespelle alla valdostana!

🍴 Menu 18 € – Carta 25/51 €

località Champagne – ℰ 0166 546288 – Chiuso 10-25 gennaio e martedì

a Grandzon Sud : 6 km ✉ 11020 – Verrayes

⑱ **La Vrille** ⓝ ⟨ 🛋 ᰔ ❖ 🅿

CUCINA REGIONALE · CONVIVIALE ⅹ In questa piccolo e delizioso agriturismo si
viene per scoprire la cucina della signora Luciana che saprà deliziarvi con menu
sempre diversi; i prodotti sono dell'azienda o a km 0 e attingono dalla tradizione
locale che - poi - la fantasia della cuoca sviluppa in chiave personale. Tra i piatti
più significativi del menu si evidenziano: quiche di porri al pepe verde con formaggio d'alpeggio - pecora stufata.

Carta 32/45 €

*Agriturismo La Vrille, hameau du Grangeon 1 – ℰ 0166 543018 (prenotazione
obbligatoria) – www.lavrille.it – solo a cena escluso giorni festivi*

🏠 **Agriturismo La Vrille** 🅂 ⟨ 🛋 ᰔ ❖ 🅿

FAMILIARE · TRADIZIONALE Circondata da cime e vigneti, in posizione elevata e
panoramica, una caratteristica baita di montagna le cui camere sono concepite e
arredate secondo i criteri della biodinamicità (pur non mancando qualche mobile
d'epoca!).

6 cam 🛏 – 🛏50/70 € 🛏🛏70/90 €

hameau du Grangeon 1 – ℰ 0166 543018 – www.lavrille.it

🍴 **La Vrille** – Vedere selezione ristoranti

VERUNO

Novara – ✉ 28010 – 1 872 ab. – Alt. 357 m – Carta regionale n° **13**-A3

⑩ **L'Olimpia** ⟨ 🏠 ⒶⒸ

PESCE E FRUTTI DI MARE · AMBIENTE CLASSICO ⅹⅹ E' il mare, il grande protagonista della cucina di questo locale caldo ed accogliente. Se c'è posto e tempo permettendo, vi consigliamo di prenotare un tavolo nella piacevole corte interna.
Camere moderne e ben accessoriate per chi vuole prolungare la sosta.

🍴 Menu 15 € (pranzo in settimana) – Carta 32/67 €

6 cam – 🛏50/80 € 🛏🛏80/100 € - senza 🛏

*via Martiri 3 – ℰ 0322 830138 – www.olimpiatrattoria.it – Chiuso
27 dicembre-16 gennaio, 31 luglio-7 agosto e lunedì*

VETREGO Venezia (VE) ➜ Vedere Mirano

VEZZANO VEZZAN Bolzano ➜ Vedere Silandro

VEZZANO SUL CROSTOLO

Reggio nell'Emilia – ✉ 42030 – 4 259 ab. – Alt. 162 m – Carta regionale n° **5**-B2
Carta stradale Michelin 562-I13

⫯○ L'Altro Cà del Merlo ㅤㅤㅤㅤㅤㅤㅤㅤㅤㅤㅤ ㄿ AC

PESCE E FRUTTI DI MARE · ACCOGLIENTE ✗✗ Esperienza e mestiere sono nelle mani di questa coppia di fratelli, che da sempre propone nella provincia di Reggio Emilia una cucina esclusivamente di mare, con preparazioni volutamente classiche e semplici.

Carta 34/81 €

via Martiri della Libertà 8 – ℰ 0522 813183 – solo a cena escluso domenica e festivi – Chiuso 1°-15 gennaio, 16-31 agosto e lunedì

VIANO

Reggio nell'Emilia – ⊠ 42030 – 3 374 ab. – Alt. 275 m – Carta regionale n° **5**-B2
Carta stradale Michelin 562-I13

⫯○ La Capannina ㅤㅤㅤㅤㅤㅤㅤㅤㅤㅤㅤㅤㅤㅤㅤ ㄿ P

CUCINA EMILIANA · FAMILIARE ✗ Tipica trattoria familiare sui primi colli reggiani, le specialità - elencate a voce - sono quelle tipiche regionali, a cominciare dai tortellini in brodo, piccoli come si fanno in montagna. Salumi, tagliatelle, castrato, funghi e tartufi in stagione completano la lista prima dei dolci.

Carta 28/53 €

via Provinciale 16 – ℰ 0522 988526 – www.capannina.net – Chiuso 24 dicembre-6 gennaio, 19 luglio-24 agosto, domenica e lunedì

sulla strada provinciale 63 Nord-Ovest : 7 km

🏠 Cavazzone ㅤㅤㅤㅤㅤㅤㅤㅤㅤㅤㅤ ⇖ ⌂ ⌂ AC 𝔖 P

CASA DI CAMPAGNA · TRADIZIONALE Diversi arredi d'epoca e belle camere (due addirittura con cucina) in questo cascinale di campagna al centro della grande azienda agricola omonima; bellissima acetaia nell'antico fienile, sala da pranzo nella vecchia stalla e museo di attrezzi rurali.

8 cam ⌂ – †50/80 € ††69/95 €

via Cavazzone 4 ⊠ 42030 – ℰ 0522 858100 – www.cavazzone.it

VIAREGGIO

Lucca – ⊠ 55049 – 62 467 ab. – Carta regionale n° **18**-B1
Carta stradale Michelin 563-K12

✿✿ Il Piccolo Principe ㅤㅤㅤㅤㅤㅤㅤ ⇐ 🏠 ㄿ AC P

CUCINA MODERNA · DESIGN ✗✗✗ Come in una sinfonia ben orchestrata, lo chef, Giuseppe Mancino, fa coesistere nei suoi piatti molteplici elementi: creatività, raffinatezza, buona tecnica ed ottime presentazioni. Il menu non fa preferenze, carne e pesce, mentre dalla terrazza lo sguardo domina costa e mare.

→ Calamarata di Gragnano servita sottovetro con frutti di mare, asparagi, crostacei e limone. Ombrina arrostita, carciofi, topinambur, calamaretti e salsa barbecue. Panna cotta al miele, gelato ai pinoli e salsa al tè matcha.

Menu 170/220 € – Carta 108/200 €

Pianta: A1-d – *Grand Hotel Principe di Piemonte, piazza Puccini 1 – ℰ 0584 4011 (consigliata la prenotazione) – www.ristoranteilpiccoloprincipe.it – solo a cena – Aperto inizio maggio-fine ottobre; chiuso lunedì*

✿ Romano (Franca Checchi) ㅤㅤㅤㅤㅤㅤㅤㅤㅤㅤㅤ ✿ AC

PESCE E FRUTTI DI MARE · ELEGANTE ✗✗✗ Splendida carrellata di pesce declinato alla viareggina con qualche proposta di carne: da Romano troverete l'accoglienza familiare, la professionalità della grande ristorazione e la qualità dell'alta cucina.

→ Risotto con crostacei e molluschi cotti e crudi, polvere di scampi e ristretto di gamberi. Ombrina marinata, crema di topinambur, polenta croccante e insalatina. Dessert Viareggio: pan di Spagna, zabaione gelato, crema al whisky e glassa al cioccolato.

Menu 95 € – Carta 66/150 €

Pianta: B2-m – *via Mazzini 120 – ℰ 0584 31382 – www.romanoristorante.it – Chiuso gennaio e lunedì, anche martedì a mezzogiorno in estate*

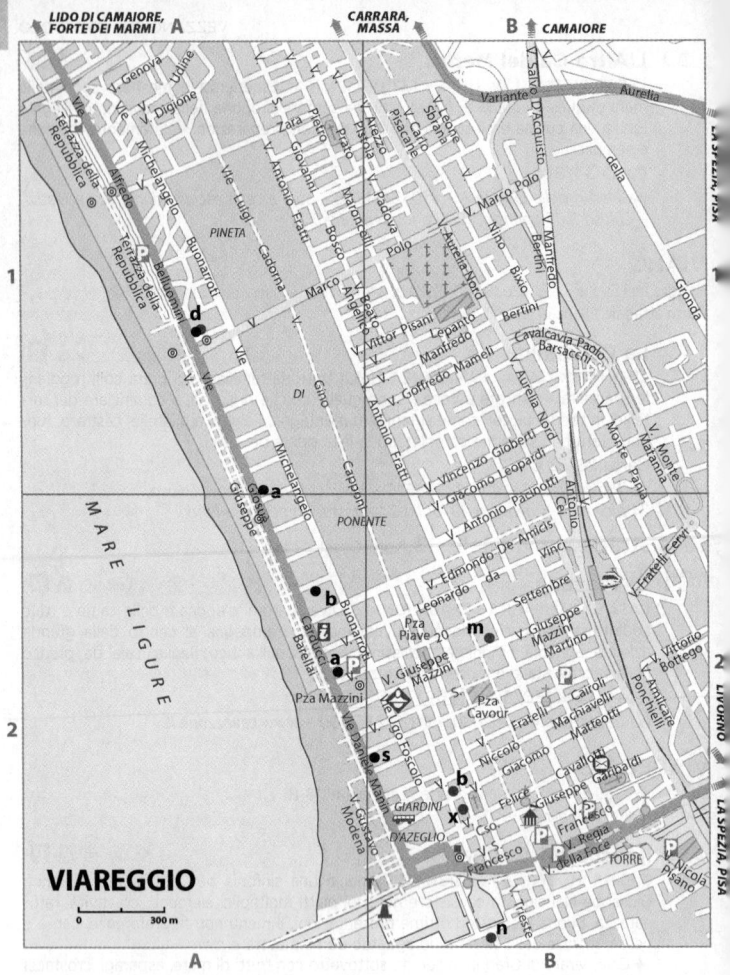

VIAREGGIO

LIDO DI CAMAIORE, FORTE DEI MARMI **A**   CARRARA, MASSA   **B** CAMAIORE

MARE LIGURE

0   300 m

🍴○ **Da Miro alla Lanterna**   😋 🏠 🅰️🅲️

PESCE E FRUTTI DI MARE · FAMILIARE ✕✕ Affacciato sulla darsena, dal 1954 qui regna la cucina di mare viareggina con una rinomata specialità - gli spaghetti alla trabaccolara (ragù di mare) - e una bella carta illustrata dedicata agli Champagne.
Menu 40 € – Carta 41/94 €

Pianta: B2-n – *via Coppino 289 – ☎ 0584 384065 – www.ristorantedamiro.com – solo a cena da lunedì a giovedì in luglio-agosto – Chiuso novembre, martedì a mezzogiorno e lunedì*

🍴○ **Pino**   😋 🏠 🅰️🅲️

PESCE E FRUTTI DI MARE · FAMILIARE ✕✕ Bottarga e catalana testimoniano le origini sarde della famiglia, ma ormai da decenni il ristorante è un caposaldo della ristorazione viareggina con un'ottima cantina, a cominciare dalla selezione di Champagne.
Carta 50/123 €

Pianta: B2-b – *via Matteotti 18 – ☎ 0584 961356 – www.ristorantepino.it – Chiuso 12 gennaio-1° febbraio, giovedì a mezzogiorno e mercoledì*

⅛○ Osteria il Gambero Viola-Da Remo 🏮 AC

PESCE E FRUTTI DI MARE · FAMILIARE ℵ La gestione è nuova, ma l'esperienza nel settore è lunga... la cucina lo conferma: piatti della tradizione locale con molte specialità di pesce, preparate con buone materie prime e abilità ai fornelli.

😙 Menu 25/30 € – Carta 30/127 €

Pianta: B2-x – *via Paolina Bonaparte 47/49 –* 🕾 *0584 48440 – Chiuso novembre, martedì a mezzogiorno e lunedì*

🏨 Grand Hotel Principe di Piemonte 🕈 ⪡ 🗶 🏠 🛦 🖃 🕭 AC 🛁

LUSSO · PERSONALIZZATO Non ci sembra azzardato affermare che si 🚘 tratta di uno dei migliori alberghi della Versilia. Nel 2004, dopo un accurato resty-ling durato circa due anni, la struttura è ritornata a splendere nel firmamento dell'-hôtellerie di lusso in virtù delle sue camere raffinate ed eleganti che presentano stili diversi: impero, coloniale, moderno, classico. Trattamenti vari e relax presso il centro benessere e Spa, mentre la splendida terrazza al quinto piano propone una piscina con jacuzzi e solarium, vista mozzafiato sul mare ed Alpi Apuane.

106 cam ⌑ – ✝110/394 € ✝✝150/1094 € – 19 suites

Pianta: A1-d – *piazza Puccini 1 –* 🕾 *0584 4011 – www.principedipiemonte.com*

❀❀ **Il Piccolo Principe** – Vedere selezione ristoranti

🏨 President 🕈 ⪡ 🖃 🕭 AC 🕸

TRADIZIONALE · PERSONALIZZATO In un importante edificio sul lungomare, questa raffinata risorsa dispone di ambienti eleganti arredati con mobili d'anti-quariato originali e affascinanti lampadari. Confortevoli le camere.

45 cam ⌑ – ✝110/400 € ✝✝110/400 €

Pianta: A2-a – *viale Carducci 5 –* 🕾 *0584 962712 – www.hotelpresident.it*

🏨 London 🖃 🕭 AC

TRADIZIONALE · LUNGOMARE Sul lungomare, struttura in stile liberty dagli arredi signorili negli spazi comuni e camere confortevoli; gradevole cortile interno e terrazze solarium per momenti di relax.

33 cam ⌑ – ✝69/99 € ✝✝99/170 €

Pianta: B2-s – *viale Manin 16 –* 🕾 *0584 49841 – www.hotellondon.it*

🏨 Villa Tina 🖃 AC

STORICO · LUNGOMARE Edificio liberty del 1929, le vetrate e gli stucchi delle zone comuni nonché gli arredi delle camere al primo piano ne ripropongono i fastosi eccessi; sempre in stile ma più sobrie quelle al secondo. Indipendente-mente dalla loro ubicazione, tutte le stanze si fregiano della vista mare.

13 cam ⌑ – ✝45/120 € ✝✝53/185 €

Pianta: A1-a – *via Aurelio Saffi 2 –* 🕾 *0584 44450 – www.villatinahotel.it – Chiuso 3 novembre-24 gennaio*

🏠 Katy 🖃 AC 📴

FAMILIARE · ACCOGLIENTE Gestione familiare in una graziosa palazzina liberty d'inizio Novecento: gli interni sono semplici, ma moderni, puliti e accoglienti. Tre camere offrono una piccola terrazza-solarium.

25 cam ⌑ – ✝55/100 € ✝✝70/170 €

Pianta: A2-b – *via Flavio Gioia 12/14 ✉ 55049 Viareggio –* 🕾 *0584 45518 – www.hotelkaty.com – Aperto 1° aprile-31 ottobre*

VIAROLO

Parma – ✉ 43126 – Alt. 41 m – Carta regionale n° **5**-A3
Carta stradale Michelin 562-H12

⅛○ La Porta a Viarolo 🕭 AC 🕸

CUCINA EMILIANA · CONTESTO TRADIZIONALE ℵ Una piccola zona bar dove si può mangiare anche un sandwich, ma - chi viene qua - lo fa per gustare la vera cucina emiliana.

😙 Menu 13 € (pranzo in settimana)/40 € – Carta 25/51 €

via Provinciale Viarolo 103 – 🕾 *0521 836839 – www.laportaaviarolo.it – Chiuso 15 luglio-inizio agosto, domenica sera e mercoledì*

VIBO VALENTIA

(VV) – ⊠ 89900 – 33 941 ab. – Alt. 476 m – Carta regionale n° **3**-A2
Carta stradale Michelin 564-K30

a Vibo Valentia Marina Nord : 10 km ⊠ 89811

🍴⃝ **Lapprodo**   🏠 ⅃ 🆊 ⇪

PESCE E FRUTTI DI MARE • STILE MEDITERRANEO ⅩⅩ Di fronte al porto e al suggestivo lungomare di Vibo Marina, la carta è un appetitoso inventario di classici nazionali, in particolare di pesce, sebbene non manchino anche ricette di terra con carni di provenienza locale.

Menu 40/100 € – Carta 45/98 €

Hotel Cala del Porto, via Roma 22 – ☏ 0963 572640 – www.lapprodo.com

🏠⃝ **Cala del Porto**   🔼 ⅃ 🆊 🆚

BUSINESS • MODERNO In pieno centro e a due passi dal lungomare, albergo di raffinata atmosfera e confort moderno: spazi comuni ampi e ben curati, camere dotate dei migliori confort moderni. Se volete un soggiorno di qualità, *Cala del Porto* non vi deluderà.

30 cam ⊡ – ♦90/100 € ♦♦130/140 € – 3 suites

via Roma 22 – ☏ 0963 577762 – www.caladelporto.com

🍴⃝ **Lapprodo** – Vedere selezione ristoranti

VICCHIO

Firenze – ⊠ 50039 – 8 044 ab. – Alt. 203 m – Carta regionale n° **18**-C1
Carta stradale Michelin 563-K16

a Campestri Sud : 5 km ⊠ 50039 – Vicchio

🏠⃝ **Villa Campestri Olive Oil Resort**   🔼 🐿 🛏 ⅃ 🅿

DIMORA STORICA • BUCOLICO La natura e la storia ben si amalgamano in questa villa trecentesca immersa in un parco con piscina. Raffinati interni d'epoca ed una ricca oleoteca, dove si organizzano corsi di degustazione dell'extra vergine. Piatti toscani ed un menu interamente dedicato all'oro giallo al ristorante.

25 cam ⊡ – ♦120/220 € ♦♦150/250 € – 3 suites

via di Campestri 19/22 – ☏ 055 849 0107 – www.villacampestri.com
– Aperto 23 marzo-10 novembre

VICENO Verbano-Cusio-Ossola → Vedere Crodo

VICENZA

(VI) – ⊠ 36100 – 112 953 ab. – Alt. 39 m – Carta regionale n° **22**-A1
Carta stradale Michelin 562-F16

❀ **El Coq** (Lorenzo Cogo)   🆊

CUCINA CREATIVA • ELEGANTE ⅩⅩ Ingresso attraverso il locale Garibaldi - elegante spazio multifunzionale con pranzi più semplici e grigliate di carne e di pesce la sera, nonché gelateria e pasticceria - El Coq occupa una sala al primo piano. Qui troverete proposte alla carta, ma i più audaci si affideranno al menu sorpresa del giovane chef: uno dei più innovativi ed estrosi del panorama nazionale! Informazione pratica: VipParc gratuito, per raggiungere il ristorante senza alcun problema grazie ad un servizio navetta.

→ Risotto alla genziana, peperone rosso e prugna fermentata. Calamaro alla brace, babaganoush (caviale di melanzana), bergamotto e salsa teriyaki. "Pane e olio", gelato al pane, sciroppo di noci e olio evo.

Menu 130/150 € – Carta 87/120 €

Pianta: A1-e – *piazza dei Signori 1 – ☏ 0444 330681 (consigliata la prenotazione) – www.elcoq.com – solo a cena – Chiuso 1 settimana in agosto e lunedì*

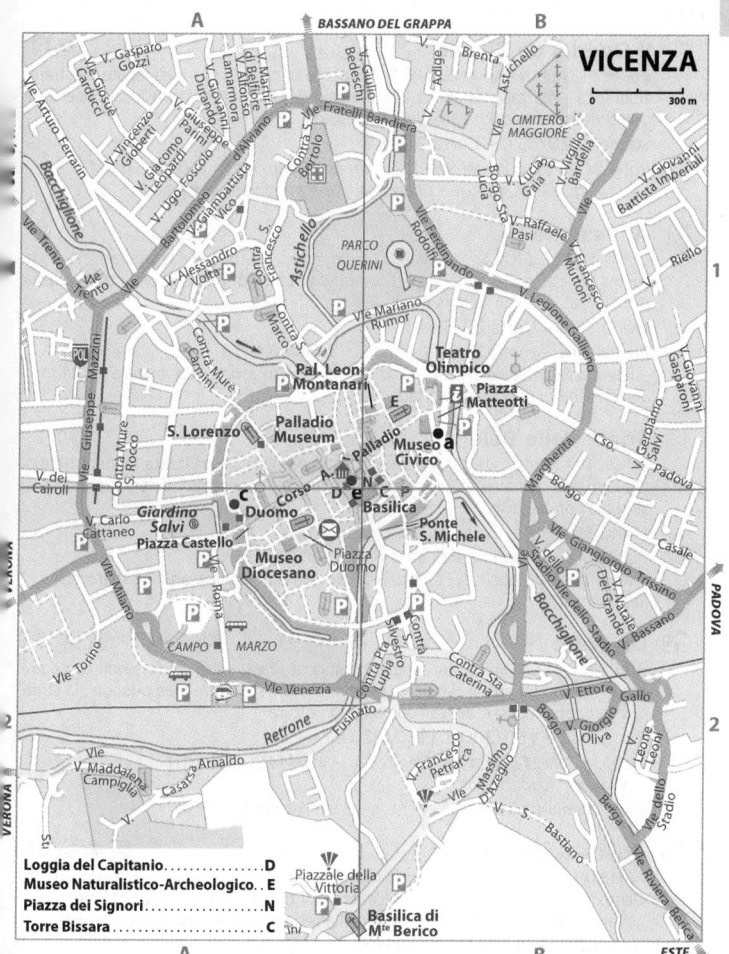

VICENZA

0 ____ 300 m

BASSANO DEL GRAPPA

PADOVA

ESTE

VERONA

Loggia del Capitanio	D
Museo Naturalistico-Archeologico	E
Piazza dei Signori	N
Torre Bissara	C

Piazzale della Vittoria

Basilica di M.te Berico

🍴○ **Da Biasio**

🛋 & 🅰️🄲 ⇌ 🅿️

VENEZIANA · ELEGANTE XX Sulle colline che circondano la città, con terrazza panoramica estiva, da Biasio troverete un locale moderno ed elegante. Ci sono piatti di carne, ma la giustificata nomea del ristorante è ancorata al pesce.

Menu 35/65 € – Carta 31/147 €

– *viale 10 Giugno 172, per viale Massimo D'Azeglio A2* – ℰ 0444 323363
– *www.ristorantedabiasio.it* – *Chiuso 18 febbraio-5 marzo, 5-20 agosto, sabato a mezzogiorno e lunedì*

🍴○ **Storione**

🛋 🅰️🄲 ⇌ 🅿️

PESCE E FRUTTI DI MARE · ACCOGLIENTE XX Il nome fa intuire qual è la linea di cucina, solo di pesce secondo la disponibilità dei mercati ittici; luminosa sala di taglio classico e tono signorile, con veranda.

Menu 30/70 € – Carta 35/93 €

strada del Pasubio 62/64, 2 km per Trento - *A1* – ℰ 0444 566506
– *www.ristorantestorione.it* – *Chiuso domenica*

‖○ Il Querini da Zemin ⓐⓒ Ⓟ

CUCINA ITALIANA · FAMILIARE ✕✕ Proposte di carne e di pesce legate alle tradizioni locali, ma talvolta anche alle fantasie del momento, in un locale aperto ai clienti dell'hotel, nonché ad avventori esterni.

⊕ Menu 20/55 € – Carta 31/93 €

Hotel Da Porto, viale del Sole 142, 1 km per Trento - A1 – ℰ 0444 552054
– www.ilquerinidazemin.it – Chiuso sabato a mezzogiorno e lunedì

‖○ Al Pestello 🏠

CUCINA REGIONALE · SEMPLICE ✕ L'indirizzo giusto per assaporare la vera cucina veneta, e vicentina in particolare, con tanto di menù in dialetto, è questa piccola trattoria con dehors estivo.

Menu 35 € – Carta 32/54 €

Pianta: B1-c – *contrà Santo Stefano 3 – ℰ 0444 323721*
– www.ristorantealpestello.it – solo a cena escluso sabato e domenica – Chiuso 3 settimane in gennaio e martedì

‖○ Ponte delle Bele ⓐⓒ ⟷

CUCINA CLASSICA · RUSTICO ✕ Una trattoria tipica, specializzata in piatti trentini e sudtirolesi; l'ambientazione, d'impronta rustica e con arredi di legno chiaro, è in sintonia con la cucina.

Menu 30/35 € – Carta 23/45 €

Pianta: A2-c – *contrà Ponte delle Bele 5 – ℰ 0444 320647*
– www.pontedellebele.it – Chiuso 8-25 agosto e domenica, anche sabato in luglio-agosto

🏠 Da Porto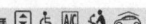

BUSINESS · CLASSICO Due moderni edifici ospitano spazi confortevoli con corridoi in marmo ed arredi classici nelle camere. Per soggiorni medio-lunghi, la struttura propone mono e bilocali con angolo cottura.

72 cam ☑ – †50/200 € ††60/220 €

viale del Sole 142, 1 km per Trento - A1 – ℰ 0444 964848
– www.hoteldaporto.com

‖○ **Il Querini da Zemin** – Vedere selezione ristoranti

🏠 Relais Santa Corona 🅐🅒 🍽 🚗

FAMILIARE · MODERNO A pochi passi dalla Basilica Palladiana e dal Teatro Olimpico, una piacevole risorsa all'interno di un palazzo del '700 totalmente rinnovato. Camere ampie e attrezzate dall'arredo moderno, cortesia e armonia.

8 cam ☑ – †89/179 € ††99/189 €

Pianta: B1-a – *Contrà Santa Corona 19 ⊠ 36100 Vicenza – ℰ 0444 324678*
– www.relaissantacorona.it – Chiuso 30 dicembre-11 gennaio

in prossimità casello autostrada A 4-Vicenza Est Sud-Est : 7 km
per Este B2

🏠 Victoria ⛰ 🛏 🏊 🏋 📶 🅐🅒 🍽 Ⓟ

BUSINESS · DESIGN Hotel di taglio moderno che ha saputo rinnovarsi per restare competitivo: camere ampie e confortevoli, all'ultimo grido o classiche. Ristorante-pizzeria per chi vuole rimanere in albergo.

120 cam ☑ – †57/79 € ††75/89 € – 12 suites

strada padana verso Padova 52 ⊠ 36100 – ℰ 0444 912299
– www.hotelvictoriavicenza.com

VICO EQUENSE

Napoli – ⊠ 80069 – 20 969 ab. – Carta regionale n° **4**-B2
Carta stradale Michelin 564-F25

❀ **Antica Osteria Nonna Rosa** (Giuseppe Guida) ❀ AC

CUCINA MODERNA · ROMANTICO XX Sul ciglio della strada verso il Monte Faito, s'incontra questa suggestiva dimora storica che dopo il restyling si presenta ai propri ospiti ancora più calda ed accogliente. Tra pareti color tortora e lampade che scendono ad illuminare i tavoli come piccoli palcoscenici, la cucina si conferma originale e creativa, pur restando fedele alle tradizioni, nonché ai prodotti campani, spesso di produzione propria. Genuina atmosfera familiare.

→ Spaghetti all'acqua di limone, olio e provolone del monaco. Ca...Ramen (L'idea del mio ramen). Come una santa rosa.

Menu 70/90 € – Carta 55/83 €

via privata Bonea 4, località Pietrapiano, Est: 2 km – ☏ 081 879 9055 (consigliata la prenotazione) – www.osterianonnarosa.it – solo a cena escluso sabato – Chiuso 11 giugno-19 settembre, domenica sera e mercoledì

⭗ **L'Accanto** ⪡ 🛏 🍴 AC ⌀

CUCINA MODERNA · ELEGANTE XXX Un'incantevole terrazza, quasi un promontorio sul Golfo, o la sala interna più classica, sono la cornice per la cucina di un nuovo chef (ma di grande esperienza!): belle coreografie, elaborazioni, nonché modernità che qui spesso rima con regionalità.

Carta 60/105 €

Grand Hotel Angiolieri, via Santa Maria Vecchia 2, località Seiano, Sud-Est: 2 km – ☏ 081 802 9161 – www.laccanto.it – solo a cena esluso i giorni festivi – Aperto 9 aprile-31 dicembre

🏨 **Grand Hotel Angiolieri** ⌖ ⪡ 🛏 🍴 🔲 AC ⌀ 🚘

LUSSO · MODERNO Affacciato sul Golfo, ma in posizione elevata, si tratta di un austero ed elegante edificio storico; servizio squisito, eleganti arredi, ottima la prima colazione. A disposizione c'è anche una cabina per massaggi.

36 cam ⌷ – ♦105/625 € ♦♦155/625 € – 2 suites

via Santa Maria Vecchia 2, località Seiano, Sud-Est: 2 km – ☏ 081 802 9161 – www.grandhotelangiolieri.it – Aperto 1° aprile-31 dicembre

⭗ **L'Accanto** – Vedere selezione ristoranti

a Marina Equa Sud : 2,5 km ✉ 80069 – Vico Equense

❀❀ **Torre del Saracino** (Gennaro Esposito) ❀ 🍴 AC ⌀ 🅿

CUCINA CREATIVA · CONTESTO CONTEMPORANEO XXX Appoggiato ad un'antica torre di avvistamento militare dalla quale si scorge – sullo sfondo - la costa che tratteggia il golfo di Napoli, il locale è moderno ed essenziale, mentre la cucina un omaggio al sud con i suoi sapori, pieni, distinti, rotondi. Squisitamente creativa.

→ Seppia, inchiostro e fegato con pesto di prezzemolo e confit di limone. Rombo con salsa di ostriche e crescione acquatico. "Tiramibù" (con mascarpone di Bufala).

Menu 145/190 € – Carta 108/163 €

via Torretta 9 – ☏ 081 802 8555 (consigliata la prenotazione) – www.torredelsaracino.it – Chiuso 15 febbraio-22 marzo, martedì a mezzogiorno, domenica sera e lunedì

🏨 **Le Axidie** ⛲ ⪡ 🛏 🔲 ⌀ 🔲 AC ⌀ 🏊 🅿

TRADIZIONALE · LUNGOMARE Complesso turistico a tutto tondo, affacciato sul mare di questa gradevole baia; lo si segnala per la sua valida gestione, nonché per il ventaglio - davvero ampio - di servizi a disposizione degli ospiti. Ultimo, ma non ultimo, il ristorante Punta Scutolo dove gustare succulenti piatti di cucina mediterranea.

35 cam ⌷ – ♦70/180 € ♦♦90/220 €

via Marina d'Equa ✉ 80069 Vico Equense – ☏ 081 802 8562 – www.leaxidie.it – Aperto metà marzo-inizio novembre

sulla s.s. 145 panoramica dal centro in direzione Napoli

❀ **Maxi**   ⊗ ⇇ 🛏 🛱 ⅏ 🅿

CUCINA CREATIVA · ROMANTICO 𝔛𝔛𝔛 Se la location con splendida vista sul mare
e costa ci mette del suo per rendere indimenticabile la sosta, il giovane, nuovo,
chef non è da meno nell'intrattenere i suoi ospiti con piatti di gusto mediterraneo,
ma dall'impronta creativa.
→ Linguine, caviale e vongole veraci affumicate ai profumi della costiera. Orata al
latte avvolta nelle sue proteine, liquirizia e zafferano. Sfera, soffice di mandorla, il
croccante, il gelato e la spugna.
Menu 75/160 € – Carta 70/140 €
Hotel Capo la Gala, via Luigi Serio 8, s.s. 145 Sorrentina, km 14,500
– ☏ 081 801 5757 – www.hotelcapolagala.com – solo a cena
– Aperto 24 aprile-28 ottobre; chiuso martedì

🍴 **Bikini**   ⇇ 🛏 🛱 🅪 ℻ 🅿

PESCE E FRUTTI DI MARE · STILE MEDITERRANEO 𝔛𝔛 La sala ristorante dal
respiro mediterraneo, cinta dal terrazzino-dehors, è rialzata rispetto al proprio
omonimo stabilimento balneare: anche per questo, quindi, aspettatevi una
splendida vista che accompagnerà una cucina di qualità, con molto pesce ed
un po' di carne.
Menu 45/75 € – Carta 36/64 €
strada statale 145 Sorrentina, al km 13,900 – ☏ 081 1984 0029 – www.ilbikini.com
– Aperto fine marzo-inizio ottobre; chiuso mercoledì in aprile-maggio

🍴 **La Caletta dello Scrajo**   ⇇ 🛱 ⅏ 🅿

CUCINA MODERNA · INTIMO 𝔛𝔛 Partendo dalle terme Scrajo si scende fino al
giardino di accoglienza... Che ceniate in pagoda, sulla terrazza o nella storica
sala interna troverete piatti mediterranei, ma soprattutto sapori campani in
chiave moderna, preparati da uno chef esperto.
Menu 70/90 € – Carta 51/94 €
via Luigi Serio SS145 n.9, presso Scrajo Terme, Nord: 1 km – ☏ 081 801 5731
(prenotare) – www.scrajoterme.it – solo a cena – Aperto 1° aprile-30 ottobre,
chiuso domenica sera e lunedì

🏨 **Capo la Gala**   ⇱ 🐾 ⇇ 🛏 🛐 🗖 ⋔ 🛁 🄫 ⊡ 🅪 ⅏ 🅿

LUSSO · LUNGOMARE Costruito a pelo d'acqua in una romantica baia rocciosa,
le camere sono lambite dagli spruzzi del mare e sono impreziosite dalle straordinarie ceramiche vietresi. L'offerta di servizi è davvero eccellente, la piccola spa ne
è un esempio. In alternativa alle cene gourmet del Maxi, c'è anche la trattoria del
mare Nerea.
22 cam ⊊ – ♦315/1700 € ♦♦315/1700 € – 1 suite
via Luigi Serio 8, s.s. 145 Sorrentina, km 14,500 – ☏ 081 801 5758
– www.hotelcapolagala.com – Aperto 24 aprile-28 ottobre
❀ **Maxi** – Vedere selezione ristoranti

🏠 **Mega Mare**   ⅏ ⇇ 🗖 ⊡ 🅪 🛍

FAMILIARE · FUNZIONALE Splendidamente panoramico sulla baia di Sorrento,
le camere sono semplici, ma con belle ceramiche di Vietri: tutte con un'impagabile vista.
29 cam ⊊ – ♦40/90 € ♦♦75/180 €
località Punta Scutolo, Ovest: 4,5 km ✉ 80069 – ☏ 081 802 8494
– www.hotelmegamare.com

VICOFORTE

Cuneo (CN) – ✉ 12080 – 3 136 ab. – Alt. 598 m – Carta regionale n° **12**-B3
Carta stradale Michelin 561-I5

Antica Meridiana Relais Art

CASA DI CAMPAGNA · PERSONALIZZATO In collina, ma con vista contemporaneamente su montagne, pianura e Mondovì - un paesaggio da cartolina - l'antica cascina offre all'interno originali ambienti, mix di antico e moderno, ricordi di viaggi esotici e quadri del proprietario, che arredano anche i pavimenti dei bagni.

5 cam ☒ - †80/100 € ††110/150 €

via Montex 1 - ℰ 0174 563364 - www.relais-art.com - Chiuso 8 gennaio-19 marzo

VICOMERO Parma → Vedere Torrile

VICOPISANO

Pisa (PI) - ☒ 56010 - 8 559 ab. - Alt. 12 m - Carta regionale n° **18**-B2
Carta stradale Michelin 563-K13

⅋○ Osteria Vecchia Noce

CUCINA TOSCANA · CONTESTO TRADIZIONALE ⅋⅋ All'ingresso di Uliveto Terme, un antico frantoio del 1700 nel centro della minuscola frazione: ambiente caratteristico, elegante e caldo, nonché collaudata gestione familiare. Piatti di terra e di mare elaborati con cura strutturano il menu.

Carta 33/89 €

località Noce 39, Ovest: 5 km - ℰ 050 788229 - www.ostreiavecchianoce.it
- Chiuso martedì sera e mercoledì escluso in luglio-agosto

VIDICIATICO Bologna → Vedere Lizzano in Belvedere

VIESTE

Foggia - ☒ 71019 - 13 975 ab. - Carta regionale n° **15**-B1
Carta stradale Michelin 564-B30

⊛ Il Capriccio

PESCE E FRUTTI DI MARE · ACCOGLIENTE ⅋⅋ Tappa irrinunciabile per chi è alla ricerca dei migliori ristoranti del Gargano, Il Capriccio si affaccia - d'estate - sul porto turistico con tavoli sul pontile e delizia i palati con una cucina creativa di pesce, spesso combinato con il tradizionale amore dei pugliesi per le verdure. Il nostro consiglio: ricci al... Capriccio (spaghetti al latte di mandorla ricci di mare e caffè) - omaggio al limone femminiello del Gargano.

Menu 45/60 € - Carta 35/75 €

località Porto Turistico - ℰ 0884 707899 - www.ilcapricciodivieste.it - Chiuso
7 gennaio-13 febbraio e da lunedì a giovedì dal 15 ottobre al 30 marzo

⅋○ Al Dragone

CUCINA REGIONALE · ROMANTICO ⅋⅋ Un ambiente caratteristico ricavato all'interno di una grotta naturale, dove lasciarsi andare ai piaceri della tavola: sapori regionali presentati con cura e fantasia.

Carta 31/73 €

via Duomo 8 - ℰ 0884 701212 - www.aldragone.it - Aperto 1° aprile-1° novembre;
chiuso martedì escluso in giugno-15 settembre

⅋⅋ Seggio

FAMILIARE · ACCOGLIENTE Un'ubicazione eccezionale: nel centro storico, a strapiombo sulla parete rocciosa, un ascensore vi condurrà in basso sino alla piscina e alla spiaggetta con solarium. Camere confortevoli, molte con vista mare.

30 cam ☒ - †55/90 € ††100/160 € - 2 suites

via Veste 7 - ℰ 0884 708123 - www.hotelseggio.it - Aperto 1° aprile-30 settembre

⅋⅋ Palace Hotel Vieste

TRADIZIONALE · CLASSICO Raffinata ospitalità in un palazzo d'epoca del centro storico: camere diverse per ampiezza e ricercatezza degli arredi, bus-navetta gratuito per la spiaggia (a meno di un km).

48 cam ☒ - †40/160 € ††80/310 €

via Santa Maria di Merino 7 - ℰ 0884 701218 - www.palacehotelvieste.it

🏨 White Hotel and Resort   🎿 🏦 🛗 🔲 ☰ & AC ⚅ P

FAMILIARE · MEDITERRANEO Nel litorale nord della località, hotel di moderno design a due passi dal mare. Camere fornite di buone installazioni ed un'originale piscina con giochi d'acqua; ricco brunch fino alle ore 12.

49 cam ♨ – 🛏59/300 € 🛏🛏59/300 €

via Italia 2, Nord: 1,5 km – 𝒞 0884 701326 – www.withehotel.it – Aperto 1° maggio-30 settembre

🏨 Degli Aranci   🌲 🎿 🗻 AC 🛁 P

TRADIZIONALE · ELEGANTE Poco distante dal mare, un hotel dalla calorosa accoglienza che dispone di ariosi e freschi spazi comuni e funzionali camere caratterizzate da differenti tipologie di arredo. Una ampia sala ristorante di tono classico propone piatti lievemente rivisitati ed è particolarmente adatta per allestire anche banchetti.

121 cam ♨ – 🛏79/205 € 🛏🛏102/255 €

piazza Santa Maria delle Grazie 10 – 𝒞 0884 708557 – www.hotelaranci.it – Aperto 1° aprile-31 ottobre

🏨 Bikini   🌲 🗻 🔲 AC ⚅ P

FAMILIARE · ACCOGLIENTE Contemporaneamente vicino alla spiaggia, al faraglione di Pizzomunno e al centro della città, una risorsa moderna di sobrie dimensioni con camere funzionali e luminose.

32 cam ♨ – 🛏30/190 € 🛏🛏35/250 €

via Massimo d'Azeglio 13/a – 𝒞 0884 701545 – www.bikinihotelvieste.it – Aperto Pasqua-15 ottobre

🏨 Dimora del Dragone   AC

TRADIZIONALE · PERSONALIZZATO Dinnanzi al Duomo, un bel mix di antico e moderno vi attende in camere eleganti, dagli accessori contemporanei, ma affascinanti mattonelle d'epoca; tre camere con vista sul mare e sui tetti della città vecchia. (Attenzione: dal 1° novembre al 31 marzo, il servizio della prima colazione è sospeso).

6 cam ♨ – 🛏60/200 € 🛏🛏80/260 €

via Duomo 21 – 𝒞 0884 701212 – www.bbdimoradeldragone.it

VIETRI SUL MARE
Salerno – ✉ 84019 – 7 902 ab. – Carta regionale n° **4**-B2
Carta stradale Michelin 564-F26

a Raito Ovest : 3 km ✉ 84010 – Alt. 100 m

🏨 Raito   🌲 🐾 ⟨ 🍴 🎿 🔲 ⊕ 🏦 🛗 🔲 & AC 🛁 P

LUSSO · MODERNO Camere di design, la maggior parte delle quali con balconcino o addirittura con grande terrazza, e zone comuni piacevolmente "illuminate" dalla luce che penetra dalle grandi vetrate. La struttura è moderna e non manca di un'attrezzata zona benessere. Per la ristorazione, oltre al classico ristorante interno, ci sono il serale San Valentino ed il pool Grill: entrambi solo all'aperto ed estivi!

75 cam ♨ – 🛏100/170 € 🛏🛏120/200 € – 2 suites

via Nuova Raito 9 – 𝒞 089 763 4111 – www.hotelraito.it – Chiuso 7-gennaio-29 febbraio

VIGANÒ
Lecco – ✉ 23897 – 2 100 ab. – Alt. 390 m – Carta regionale n° **10**-B1
Carta stradale Michelin 561-E9

🌸 Pierino Penati (Theo Penati)   🎇 🍴 🍽 AC ⇆ P

CUCINA CLASSICA · ELEGANTE ХХ Una villa alle porte del paese con un grazioso giardino... e la cura prosegue all'interno nell'elegante sala con veranda. Piatti della tradizione e qualche proposta di pesce.

➜ Risotto con zincarlino (formaggio) e polvere magica. Costoletta alla milanese cotta nel burro chiarificato. Zabaione caldo al Marsala.

Menu 30 € (pranzo in settimana)/75 € – Carta 50/100 €

via XXIV Maggio 36 – 𝒞 039 956020 – www.pierinopenati.it – Chiuso domenica sera e lunedì

VIGANO Milano → Vedere Gaggiano

VIGARANO MAINARDA
Ferrara – ⊠ 44049 – 7 694 ab. – Alt. 10 m – Carta regionale n° **5**-C1
Carta stradale Michelin 562-H16

⛫ **Antico Casale**   ⌂ ⌘ ⊡ & 🅰🅲 ⚒ 🅿

CASA DI CAMPAGNA · PERSONALIZZATO Il nome mantiene la promessa: si tratta di
un casale ottocentesco riadattato ad albergo i cui interni ripropongono una certa
rusticità con travi a vista, cotto e testiere in ferro battuto. Echi etnici negli arredi provenienti dall'India.

17 cam ⌒ – ♦50/70 € ♦♦75/100 €

via Rondona 11/1 – ☏ 0532 737026 – www.hotelanticocasale.it – Chiuso 15 giorni in
agosto

VIGEVANO
Pavia – ⊠ 27029 – 63 310 ab. – Alt. 116 m – Carta regionale n° **9**-A3
Carta stradale Michelin 561-G8

✿ **I Castagni** (Enrico Gerli)   🕸 ⌫ 🅰🅲 ⇔ 🅿

CUCINA DEL TERRITORIO · ELEGANTE ✕✕ Ricavato da una casa di campagna
con portico, gradevole ambiente con quadri e mobili in stile. Fantasia nei piatti
sorretti da ottimi prodotti e coreografiche presentazioni.
→ Risotto con verdure stagionali verdi mantecato al burro di spinaci. Coscia
d'oca ripiena e arrostita lentamente nel suo grasso con scaloppina di fegato
grasso. Dolce: Lombardia e tradizione.

Menu 62 € – Carta 53/84 €

via Ottobiano 8/20, Sud: 2 km – ☏ 0381 42860 (consigliata la prenotazione)
– www.ristoranteicastagni.com – Chiuso 1°-7 gennaio, 23-30 giugno, 2 settimane
in agosto, domenica sera e lunedì

○ **Da Maiuccia**   & 🅰🅲 ⇔

PESCE E FRUTTI DI MARE · CONTESTO TRADIZIONALE ✕✕ Il pesce fresco in
esposizione all'ingresso è una presentazione invitante per questo frequentato
ristorante signorile. Volendo ci sono anche alcuni piatti a base di carne.

Carta 37/87 €

via Sacchetti 10 – ☏ 0381 83469 – www.ristorantemaiuccia.it – Chiuso
agosto, lunedì e le sere di domenica, martedì e mercoledì

⛫ **Locanda San Bernardo**   ⊡ 🅰🅲 🅿

LOCANDA · VINTAGE Non lontano da piazza Ducale, ricavata dalla ristrutturazione della casa di famiglia, una locanda accogliente arredata con mobili in stile.

8 cam ⌒ – ♦60/90 € ♦♦90/120 €

corso Novara 2 – ☏ 0381 691035 – www.locandasanbernardo.it

VIGNOLA
Modena – ⊠ 41058 – 25 353 ab. – Alt. 125 m – Carta regionale n° **5**-C2
Carta stradale Michelin 562-I15

⛫ **La Cartiera**   ⌂ 🖵 🕸 🕸 ♨ ⊡ & 🅰🅲 ⚒ ⚒ 🚗

BUSINESS · ELEGANTE Ricavato dalla ristrutturazione di una cartiera ottocentesca (nel sottosuolo si possono ancora intuire le antiche funzioni), l'hotel propone
camere funzionali e moderne, non prive di tessuti ed arredi raffinati.

55 cam ⌒ – ♦70/150 € ♦♦100/220 €

via Sega 2 – ☏ 059 767089 – www.hotellacartiera.it – Chiuso 2 settimane in
agosto

VIGO DI FASSA

Trento – ✉ 38039 – 1 263 ab. – Alt. 1 382 m – Carta regionale n° **19**-C2
Carta stradale Michelin 562-C17

🏨 Active Hotel Olympic ☆ ⪡ 🍴 ⌧ 🖾 ⊙ 🛁 ♨ ⊡ ⅙ 🅿

TRADIZIONALE · STILE MONTANO Lungo la statale che corre ai piedi della località, cordiale accoglienza ladina in una risorsa con spazi comuni ben distribuiti, centro relax e giardino. Belle camere di cui una decina presentano elementi rustici e design moderno; calda e piacevole sala da pranzo con stube in stile locale.

30 cam – solo ½ P 71/200 € – 8 suites

strada Dolomites 4, località San Giovanni, Est: 1 km – ☏ 0462 764225
– www.activehotelolympic.it – Aperto 23 dicembre-2 maggio e
23 giugno-15 ottobre

🏨 Renato ☆ ⪡ 🍴 ⌧ 🖾 ⊙ ♨ ⊡ ⅙ 🅿 ⇥

TRADIZIONALE · STILE MONTANO Albergo che dalla sua lontana apertura nel 1975 è stato rinnovato diverse volte ed - oggi - offre un ventaglio davvero completo di servizi, in linea con le aspettative di chi viene in vacanza sulle belle Dolomiti.

29 cam – solo ½ P 70/125 € – 8 suites

strada de Solar 27 – ☏ 0462 764006 – www.hotelrenato.it
– Chiuso 4 aprile-13 giugno e 7 ottobre-4 dicembre

🏨 Carpe Diem ⪡ 🖾 ♨ ⊡ ⅗ 🅿

FAMILIARE · STILE MONTANO E' una simpatica coppia emiliana ad aver "colto l'attimo" ed aperto questo grazioso albergo all'ingresso del paese: in larice con giardino d'inverno e panoramica terrazza-solarium.

18 cam ☲ – 🛏65/125 € 🛏🛏100/240 €

strada Neva 3 – ☏ 0462 760003 – www.carpediemhotel.it – Chiuso
1° aprile-16 maggio e 3 novembre-5 dicembre

🏨 Catinaccio ☆ ⪡ ♨ ⊡ ⅗ 🚗

TRADIZIONALE · ACCOGLIENTE In posizione panoramica e centrale, squisita gestione familiare in una classica struttura alpina con spunti tirolesi. Al ristorante, piatti classici e specialità ladine cucinati dal patron dell'hotel.

22 cam ☲ – 🛏50/80 € 🛏🛏80/150 €

piazza J.B.Massar 12 – ☏ 0462 764209 – www.hotelcatinaccio.com – Aperto
1° dicembre-Pasqua e 15 giugno-20 settembre

a Tamion Sud-Ovest : 3,5 km ✉ 38039 – Vigo Di Fassa

✿ 'L Chimpl ⪡ 🍴 🅿

CUCINA CREATIVA · CONTESTO CONTEMPORANEO XX L'alta cucina si fa strada all'interno dell'albergo Gran Mugon, che ha aperto una sala interamente dedicata al talentuoso cuoco. Nei suoi piatti i prodotti del territorio sono il trampolino di una fantasia che si tuffa in divagazioni estrose e creative per chi vuole sfuggire ai cliché di montagna.

➙ Uovo soffice di Tamion, spuma di patate, cuor di fassa (formaggio tipico), spinaci e tartufo. Sella di capriolo, polenta, edera e cipolla. Dolce: "passeggiata per Tamion."

Menu 40/70 € – Carta 49/75 €

Hotel Gran Mugon, strada de Tamion 3 – ☏ 0462 769108 (prenotazione
obbligatoria a mezzogiorno) – www.lchimpl.it – Aperto 20 dicembre-3 aprile e
15 giugno-30 settembre

🏨 Gran Mugon ☆ ⌂ ⪡ 🍴 ♨ ⊡ ⅙ 🅿

FAMILIARE · TRADIZIONALE In prossimità delle piste da sci, la risorsa risulterà soprattutto gradita alle famiglie con figli al seguito: camere semplici, ma ben tenute, nonché zona benessere con vista sulle vallate.

26 cam ☲ – 🛏40/100 € 🛏🛏80/160 € – 4 suites

strada de Tamion 3 – ☏ 0462 769108 – www.hotelgranmugon.com
– Aperto 7 dicembre-3 aprile e 15 giugno-30 settembre

✿ **'L Chimpl** – Vedere selezione ristoranti

🏠 Agritur Weiss ⚐ 🐾 ⪻ 🛏 🛋 ⅙ 🅿

FAMILIARE · DESIGN La vista sulla valle e sulle belle rocce dolomitiche è semplicemente mozzafiato, in questo vero agriturismo dove animali da cortile scorrazzano liberamente; camere comode e con un design interessante. Genuina fragranza al ristorante.

8 cam ♋ – ♦60/95 € ♦♦98/150 €

strada de S. Pozat 11 – ℰ 0462 769115 – www.agriturweiss.com

VILLA ADRIANA Roma → Vedere Tivoli

VILLA A SESTA Siena (SI) → Vedere Castelnuovo Berardenga

VILLA BARTOLOMEA
Verona – ⊠ 37049 – 5 841 ab. – Alt. 14 m – Carta regionale n° **23**-B3
Carta stradale Michelin 562-G16

🏠 Agriturismo Tenuta la Pila 🐾 🛏 🍽 ⅙ 🛗 🅿

CASA DI CAMPAGNA · TRADIZIONALE Agriturismo realizzato in un mulino dei
primi del '700, la cui pila è ancora visibile in una delle sale comuni. Eleganti, spaziose e accoglienti, le camere si distinguono grazie al nome del frutto cui ciascuna è dedicata. La ristorazione è riservata solo a piccoli gruppi.

5 cam ♋ – ♦35/60 € ♦♦60/80 € – 4 suites

via Pila 42, località Spinimbecco – ℰ 0442 659289 – www.tenutalapila.com

VILLABASSA NIEDERDORF
Bolzano – ⊠ 39039 – 1 565 ab. – Alt. 1 158 m – Carta regionale n° **19**-D1
Carta stradale Michelin 562-B18

🍴 Aquila-Adler 🍽 🗓 🍷 ⇆ 🅿

CUCINA REGIONALE · ROMANTICO ※※ All'interno dell'omonimo albergo, avvolti
nel romantico fascino delle stuben, autentici capolavori in legno risalenti al
'700, qui troverete la cucina tradizionale tirolese preparata a grandi livelli e
abbondanti porzioni.

Menu 50 € – Carta 33/66 €

*Hotel Aquila-Adler, piazza Von Kurz 3 – ℰ 0474 745128 – www.hoteladler.com
– Aperto 20 dicembre-26 marzo e 1° giugno-9 ottobre; chiuso martedì in bassa
stagione*

🏨 Aquila-Adler 🗓 🛋 🛗 🖨 🛗 🅿

DIMORA STORICA · ELEGANTE Ambienti raffinati in questa storica struttura del
centro - risalente al 1600 - con camere tutte rinnovate secondo moderne conce-
zioni di confort ma, al tempo stesso, serbando un certo gusto per l'antico.

15 cam ♋ – ♦81/150 € ♦♦142/290 € – 12 suites

*piazza Von Kurz 3 – ℰ 0474 745128 – www.hoteladler.com
– Aperto 20 dicembre-26 marzo e 1° giugno-9 ottobre*

🍴 **Aquila-Adler** – Vedere selezione ristoranti

VILLA CONVENTO Lecce (LE) → Vedere Lecce

VILLA D'ADDA
Bergamo – ⊠ 24030 – 4 723 ab. – Alt. 286 m – Carta regionale n° **10**-C1
Carta stradale Michelin 561-E10

🍴 La Corte del Noce 🕸 🍽 ⇆ 🅿

CUCINA CLASSICA · INTIMO ※※ Nel complesso rurale settecentesco trova posto
la curata sala con camino. Fuori, il maestoso noce che ha segnato la storia del
locale non c'è più, ma all'ombra del suo ricordo si svolge il servizio estivo. Cucina
classica divisa equamente tra carne e pesce, completata da una buona scelta
enologica con gran cura del vino al bicchiere.

🍴 Menu 18 € (pranzo in settimana)/50 € – Carta 48/72 €

via Biffi 8 – ℰ 035 /92277 – www.lacortedelnoce.com – Chiuso 24-31 luglio

VILLA D'ALMÈ

Bergamo – ✉ 24018 – 6 712 ab. – Alt. 300 m – Carta regionale n° **10**-C1
Carta stradale Michelin 561-E10

ॐ **Osteria della Brughiera** (Stefano Arrigoni)   📖 🍴 ℅ ⇄

CUCINA CREATIVA · ROMANTICO 💥💥💥 Cullati dal nostalgico scricchiolio del parquet, avvolti da tappeti, immersi in un'elegante atmosfera, ecco che l'antica casa di ristoro si è evoluta nell'attuale romantico ristorante. La cucina ne ha seguito il passo: creativa ed effervescente, ama sorprendere, dai salumi ai piatti più elaborati, a grandi livelli.

➔ Cappelletti alla bourguignonne, zucca, zola e zenzero. Carrè d'agnello cotto nel sale, tequila, sale, limone. Meringata alle fragoline di bosco, gelato ai petali di rosa.

Menu 50 € (pranzo in settimana)/90 € – Carta 85/140 €

via Brughiera 49 – 𝒞 035 638008 – www.osteriadellabrughiera.it
– Chiuso 13-29 agosto, martedì a mezzogiorno e lunedì

VILLA DI CHIAVENNA

Sondrio – ✉ 23029 – 1 010 ab. – Alt. 633 m – Carta regionale n° **9**-B1
Carta stradale Michelin 561-C10

ॐ **Lanterna Verde** (Roberto Tonola)   ❀ 🍴 ℅ 🅿

CUCINA CREATIVA · STILE MONTANO 💥💥 D'inverno, la bella e classica sala interna vi coccolerà con il calore del camino, d'estate è la piacevolezza del giardino che vi conquisterà. In entrambe le stagioni, il meglio del pescato di lago tra i tratti caratteriali della cucina, tra ricette più tradizionali e altre creative strizzando sempre l'occhio alla territorialità.

➔ Paccheri alla carbonara di trota, fave e finocchietto. Capretto locale cotto nel lavec (pentola in pietra ollare tipica della Valtellina) con patate e carciofi. Gelatina di kiwi, spuma di yogurt e croccantini di fragole.

Menu 47/80 € – Carta 49/90 €

frazione San Barnaba 7, Sud-Est: 2 km – 𝒞 0343 38588 – www.lanternaverde.com
– Chiuso 10 giorni in giugno, 20 giorni in novembre, mercoledì in luglio-agosto, anche martedì sera negli altri mesi

VILLAFRANCA DI VERONA

Verona – ✉ 37069 – 33 194 ab. – Alt. 54 m – Carta regionale n° **23**-A3
Carta stradale Michelin 562-F14

a Dossobuono Nord-Est : 7 km ✉ 37062

🍽 **Cavour**   🍴 🅰 ⇄ 🅿

CUCINA REGIONALE · AMBIENTE CLASSICO 💥💥 E' un'insegna in ferro battuto ad indicare l'edificio storico. Varcata la soglia ci si accomoda in un'ampia sala per gustare le tipiche proposte del territorio, tra le quali non manca mai il carrello dei bolliti.

Carta 38/57 €

via Cavour 40 – 𝒞 045 513038 – www.ristorantecavourverona.it – Chiuso 1°-7 gennaio, domenica sera e mercoledì in settembre-maggio, sabato e domenica negli altri mesi

🏨 **Veronesi La Torre**   ❀ 📖 🗔 🕥 🛖 ♨ 🖵 ⬆ ⬇ 🅰 ℅ 🏋 🚗

STORICO · MODERNO E' un monastero la cui parte più antica risale al XIV secolo ad ospitare questo elegante albergo, i cui moderni interni si armonizzano deliziosamente con i muri storici: il risultato è uno spazio confortevole e di grande charme.

84 cam ☲ – ♦118/800 € ♦♦118/800 € – 6 suites

via Monte Baldo 22 – 𝒞 045 860 4811 – www.hotelveronesilatorre.it

VILLAFRANCA IN LUNIGIANA

Massa-Carrara – ✉ 54028 – 4 770 ab. – Alt. 130 m – Carta regionale n° **18**-A1
Carta stradale Michelin 563-J11

a Mocrone Nord-Est : 4 km ⊠ 54028 – Villafranca In Lunigiana

🍴○ **Gavarini** ⚜ ⇦ 🦐 🛋 🏠 🍸 🅿

CUCINA TOSCANA · RUSTICO ✗ Dal 1906 la gestione è ininterrotta – ora siamo alla quarta generazione – tanto successo avrà una ragione! Qui troverete i piatti tipici della Lunigiana, tra sale classiche e altre più rustiche, in un piccolo paese dalle atmosfere antiche. Camere confortevoli.

Carta 30/40 €

8 cam ⌿ – †50/60 € ††80/90 € – 1 suite

via Benedicenti 50 – ℰ 0187 495504 – www.locandagavarini.it – Chiuso 15 giorni in gennaio e mercoledì

VILLAMARINA Forlì-Cesena → Vedere Cesenatico

VILLANDRO VILLANDERS

Bolzano – ⊠ 39040 – 1 854 ab. – Alt. 880 m – Carta regionale n° **19**-C2
Carta stradale Michelin 562-C16

🍴○ **Ansitz Zum Steinbock** ⇦ ⇐ 🏠 🅿

CUCINA REGIONALE · ROMANTICO ✗✗ Quasi un castello che troneggia in questo delizioso villaggio di montagna: incantevole è pure l'atmosfera al suo interno, tra le fiabesche stube e le romantiche camere. Ottima ed estrosa, la cucina riesce sempre a sorprendere.

Menu 54/98 € – Carta 46/85 €

19 cam ⌿ – †56/78 € ††56/78 € – 1 suite

*Vicolo F.V. Defregger 14 – ℰ 0472 843111 – www.zumsteinbock.com
– Chiuso 8 gennaio-9 febbraio, 18-26 giugno, 12-23 novembre e lunedì*

VILLA ROSA Teramo → Vedere Martinsicuro

VILLA SAN GIOVANNI

Reggio di Calabria – ⊠ 89018 – 13 784 ab. – Alt. 15 m – Carta regionale n° **3**-A3
Carta stradale Michelin 564-M28

🍴○ **Vecchio Porto** 🏠 🆔

PESCE E FRUTTI DI MARE · AMBIENTE CLASSICO ✗✗ Sul lungomare della località, questo locale moderno con cucina a vista apre le proprie porte per invitarvi a gustare del pesce freschissimo e ricette che esaltano le materie prime del territorio.

🍴 Menu 25 € (in settimana) – Carta 33/80 €

*lungomare Cenide 55 – ℰ 0965 700502 – www.ristorantevecchioporto.com
– Chiuso 15-30 novembre e mercoledì*

a Santa Trada di Cannitello Nord-Est : 5 km ⊠ 89018 – Villa San Giovanni

🍴○ **I Due Mari** 🦐 🕭 🆔 🕫 ⟳ 🅿

CUCINA TRADIZIONALE · ELEGANTE ✗✗✗ Nella ex santa Barbara di una fortezza borbonica, cucina solare e mediterranea che non disdegna un tocco di natura esotica. Un elegante ristorante dove il cibo diventa sinonimo di arte nell'estasiante viaggio attraverso le antiche ricette di questa terra.

Menu 30/45 € – Carta 38/56 €

Hotel Altafiumara, via Petrello – ℰ 0965 759804 – www.altafiumarahotel.it – solo a cena – Aperto 5 maggio-27 ottobre

🏨🏨 **Altafiumara Resort & Spa** ✿ ⚞ ⇐ 🦐 🍸 🕭 🎐 🛴 🕭 🆔 🕫 🅿

LUSSO · MEDITERRANEO Grande proprietà, a picco sul mare, in cui domina la fortezza borbonica di fine Settecento all'interno della quale sono state ricavate le camere. Esclusivo centro benessere.

87 cam ⌿ – †110/170 € ††120/210 € – 41 suites

*via Petrello – ℰ 0965 759804 – www.altafiumarahotel.it – Aperto
5 maggio-27 ottobre*

🍴○ **I Due Mari** – Vedere selezione ristoranti

VILLASIMIUS Sardegna

Cagliari – ✉ 09049 – 3 663 ab. – Alt. 41 m – Carta regionale n° **16**-B3
Carta stradale Michelin 366-S49

⑩ Le Grill ⟵ 🍴 🏠 🚗

PESCE E FRUTTI DI MARE · STILE MEDITERRANEO ⅩⅩ Sarà davvero molto piacevole aspettare il tramonto seduti nel dehors a bordo piscina del Grill, e non fatevi ingannare dal fatto che sia il ristorante di un albergo: al Su Sergenti (per altro un grazioso boutique hotel!) servizio e cucina a base di pesce saranno all'altezza della vostra scelta.

Carta 43/156 €

34 cam ⌂ – ♦60/130 € ♦♦90/300 €

via Matteotti 15 ✉ 09049 Villasimius – ☏ 070 792001 (consigliata la prenotazione) – www.hotelsusergenti.com – solo a cena – Aperto fine aprile-inizio novembre

🏨 Cala Caterina 🎾 🐾 ⟵ 🍴 ⌁ 🏔 🔲 AC 🛁 🅿

LUSSO · LUNGOMARE Perfetta per una vacanza di silenzio e relax, nella semplice eleganza dell'isola, una bella costruzione ad arco in colori pastello che si ripeteranno anche all'interno; discreta l'offerta beauty farm con gazebo per massaggi all'aperto. Rivolta verso il giardino - davvero molto bello e sconfinante nella spiaggia - la raffinata sala ristorante.

48 cam ⌂ – ♦105/250 € ♦♦210/500 €

via Lago Maggiore 32, Sud: 4 km – ☏ 070 798029 – www.hotelcalacaterina.it – Aperto 1° maggio-26 ottobre

🏨 Simius Playa 🎾 ⟵ 🍴 ⌁ 🍽 🏔 ♿ AC 🅿

LUSSO · MEDITERRANEO Cinta da un fresco giardino di fiori, al termine di una strada che conduce al mare, la nivea costruzione conserva nei suoi ambienti un'atmosfera che concilia gusto sardo e moresco. La carta propone piatti elaborati e fantasiosi, fuori dal solito cliché alberghiero. D'estate si cena in terrazza.

43 cam ⌂ – ♦140/500 € ♦♦180/650 € – 4 suites

via Matteotti 91 – ☏ 070 79311 – www.simiusplaya.com – Aperto 1° maggio-31 ottobre

a Solanas Ovest : 11 km ✉ 09048 – Villasimius

⑩ Da Barbara AC 🛁 🅿

PESCE E FRUTTI DI MARE · FAMILIARE ⅩⅩ Tutto ruota intorno a tre elementi: la freschezza del pesce, testimoniata dall'espositore dove ci si ferma a scegliere, la griglia a legna e la passione per la ristorazione di un'intera famiglia.

Carta 21/65 €

strada provinciale per Villasimius – ☏ 070 750630 (consigliata la prenotazione la sera) – www.ristorantedabarbara.com – Aperto 1° aprile-31 ottobre; chiuso i mezzogiorno di lunedì e mercoledì in giugno-settembre, il mercoledì negli altri mesi

VILPIANO VILPIAN Bolzano → Vedere Terlano

VIMERCATE

Monza e Brianza – ✉ 20871 – 25 938 ab. – Alt. 194 m – Carta regionale n° **10**-B2
Carta stradale Michelin 561-F10

⑩ Vico Mercati Ⓝ 🕸 AC

CUCINA MODERNA · CONTESTO CONTEMPORANEO ⅩⅩ Un bel locale dove la storia di mura antiche convivono con uno stile d'arredo più contemporaneo; attuale è anche la sua cucina che si cimenta con carne e pesce per raccontare lo stile italiano di oggi. Suggestiva la cantina sottostante.

🍴 Menu 13 € (pranzo in settimana)/49 € – Carta 43/84 €

piazza Castellana 12 – ☏ 039 661 2209 – www.vicomercati.it – Chiuso 1 settimana in gennaio, 3 settimane in agosto, sabato a mezzogiorno, domenica sera e lunedì

VIMODRONE

Milano – ✉ 20090 – 17 028 ab. – Alt. 128 m – Carta regionale n° **10**-B2
Carta stradale Michelin 561-F9

ⓘ○ Il Sorriso ⇦ 🅰🄲 ♨ 🅿

PESCE E FRUTTI DI MARE · CONTESTO CONTEMPORANEO ✕✕ Al di là della posizione anonima, il suo interno si riscatta grazie ad un ambiente tra il moderno ed il classico; in carta proposte quasi esclusivamente di mare ed una dozzina di camere, molte delle quali con angolo cottura.

Carta 43/59 €

11 cam – †60/120 € ††80/200 € – 2 suites - senza ⌐⌐

via Piave 15 – ☏ *02 250 3653 – www.ilsorrisoristorante.com – Chiuso 1-10 gennaio, 6-30 agosto, sabato a mezzogiorno e lunedì*

VIOLE Perugia → Vedere Assisi

VIPITENO STERZING

Bolzano – ✉ 39049 – 6 849 ab. – Alt. 948 m – Carta regionale n° **19**-B1
Carta stradale Michelin 562-B16

ⓘ○ Kleine Flamme 🏯

CUCINA CREATIVA · FAMILIARE ✕✕ Bei palazzi borghesi caratterizzati dagli erker – finestre poligonali – ornati di fiori: questo è il biglietto da visita del centro storico di Vipiteno che ospita Kleine Flamme, ideale connubio tra Oriente ed Occidente, piatti mediterranei e creativi insaporiti da spezie ed erbe aromatiche. Coltivate in loco!

Menu 69/115 € – Carta 64/102 €

via Cittanuova 31 – ☏ *0472 766065 (prenotazione obbligatoria) – www.kleineflamme.com – Chiuso domenica sera e lunedì*

a Prati-Val di Vizze

ⓘ○ Pretzhof 🐾 ⇐ 🏯 ♿ 🄲 🅿

CUCINA REGIONALE · RUSTICO ✕✕ L'esposizione in sala di qualche strumento di vita contadina ammicca alla passione della famiglia per la valorizzazione della tipicità sudtirolese. Lo stesso interesse influenza la cucina: regionale e caratteristica, trova la propria massima espressione in piatti come nel tris di canederli o nelle carni del proprio macello. Tra le mura trova spazio anche la bottega con vendita di prodotti enogastronomici.

Carta 30/70 €

località Tulve 259 alt. 1280, Est: 8 km ✉ 39040 Val di Vizze – ☏ *0472 764455 – www.pretzhof.com – Chiuso 13-20 luglio, mercoledì sera, lunedì e martedì*

🏠 Rose ⌂ 🔲 ⓦ 🛖 🎣 🔁 🚗

TRADIZIONALE · CLASSICO E' un ex della "valanga azzurra", il titolare di questo simpatico hotel dove - oltre all'ospitalità familiare e premurosa - troverete tante proposte per lo sport o il relax. Ottima la nuovissima e completa area benessere.

23 cam ⌐⌐ – †60/95 € ††110/190 € – 7 suites

via Val di Vizze 119, località Prati, Est: 3 km ✉ 39049 Vizze – ☏ *0472 764300 – www.hotelrose.it – Aperto fine novembre-Pasqua e fine maggio-31 ottobre*

🏠 Kranebitt ⌂ 🐾 ⇐ 🛎 🔲 🛖 🔁 ♿ 🚗

TRADIZIONALE · STILE MONTANO Tranquillità, natura incontaminata, splendida vista dei monti e della vallata: godrete di tutto ciò soggiornando nell'ambiente familiare di questa comoda risorsa. Accogliente e calda atmosfera al ristorante.

28 cam ⌐⌐ – †55/90 € ††80/120 €

località Caminata alt. 1441, Est: 16 km ✉ 39049 Vizze – ☏ *0472 646019 – www.kranebitt.com – Aperto 25 dicembre-15 marzo e 15 giugno-15 ottobre*

1251

VISERBA Rimini → Vedere Rimini

VISERBELLA Rimini → Vedere Rimini

VISNADELLO
Treviso – ⊠ 31027 – Alt. 46 m – Carta regionale n° **23**-A1
Carta stradale Michelin 562-E18

⅋O **Da Nano**   🛋 🅰🅲 ⇧ 🅿
PESCE E FRUTTI DI MARE · AMBIENTE CLASSICO ⅩⅩ Il pesce fresco in bella vista
all'ingresso chiarisce subito la scelta culinaria di questo locale in prossimità della
strada statale; sale classiche, rivestite di legno. Proverbiale, l'ottima accoglienza!
Carta 44/88 €

via Gritti 145 – ℰ 0422 928911 – www.ristorantedanano.it – Chiuso 1° -7 gennaio,
3 settimane in agosto, domenica sera e lunedì, anche domenica a mezzogiorno in
giugno-agosto

VITERBO
(VT) – ⊠ 01100 – 67 173 ab. – Alt. 326 m – Carta regionale n° **7**-B1
Carta stradale Michelin 563-O18

⅋O **Angoletto della Luce**   🛋 🅰🅲 ⅗
CUCINA MODERNA · MINIMALISTA ⅩⅩ Ospitato in sale di moderno minimalismo,
a sostenere la contemporaneità ci si mette anche la cucina con materie prima di
ottima qualità e qualche intriganti reinterpretazione della tradizione.
Carta 68/93 €

via Valle Piatta 2/4 – ℰ 0761 346804 – www.angolettodellaluce.com – Chiuso
domenica a mezzogiono in maggio-settembre

⅋O **Il Grottino**   🅰🅲 ⅗
CUCINA CLASSICA · ACCOGLIENTE Ⅹ Locale diviso in tre salette, caratteristiche e
dai toni rustici, sebbene signorili negli arredi, e piatti con qualche radice regionale, ma non solo. L'indirizzo giusto per una simpatica cenetta.
Menu 28 € – Carta 33/59 €

via della Cava 7 – ℰ 0761 290088 (prenotare) – Chiuso domenica sera e lunedì

🏨 **Niccolò V-Terme dei Papi**   🅰 🛏 🕳 🗻 🎬 🌀 ♨ 🖼 🅰🅲 ⅗ 🧖 🅿
STORICO · ELEGANTE All'interno delle terme, hotel dagli arredi classico-eleganti: i
servizi proposti contemplano una moderna spa, nonché una piscina con acqua
sorgiva calda. Le sue camere sono assolutamente all'altezza della categoria.
20 cam ⊊ – ♦105/175 € ♦♦180/320 € – 3 suites
strada Bagni 12, per Roma 3 km – ℰ 0761 350555 – www.termedeipapi.it

🏨 **Alla Corte Delle Terme**   🅰 🛏 🕳 🗻 🅰🅲 🅿
CASA DI CAMPAGNA · ELEGANTE Un curato giardino con ulivi abbraccia questo
esclusivo relais dalle ampie camere in stili differenti; servizio attento anche al
ristorante e navetta gratuita per le terme (a pochi minuti di distanza).
20 cam ⊊ – ♦75/145 € ♦♦135/175 € – 17 suites
strada Procoio 6, per Roma 5 km – ℰ 0761 176 2879 – www.allacortedelleterme.it

🏨 **Viterbo**   🕳 & 🅰🅲 🅿
BUSINESS · CLASSICO Pensato soprattutto per chi viaggia per affari, quest'albergo garantisce ambienti dalle linee classiche e sobrie nei quali incontrare
moderni confort. Professionalità e gentilezza caratterizzano lo staff!
54 cam – ♦80/250 € ♦♦80/250 € – ⊊ 3 €
via San Camillo de Lellis 6, per via della Palazzina 1 km – ℰ 0761 270100
– www.hotelviterbo.com

VITORCHIANO
Viterbo – ⊠ 01030 – 5 233 ab. – Alt. 285 m – Carta regionale n° **7**-B1
Carta stradale Michelin 563-O18

⛝○ **Casa Iozzìa** ⛞ 🏠 AC 🅿

CUCINA MODERNA · ELEGANTE XXX Nella sala più intima ed elegante di una
bella villa di campagna (con spazio per la banchettistica), lo chef-patron propone
una cucina moderna ed intrigante, sia di terra sia di mare. All'osteria Basilicò, formaggi e salumi delle regioni d'Italia e tagliate di carne.
Menu 60/90 € – Carta 53/73 €

*via della Quercia 15/b – 𝒞 0761 373441 (consigliata la prenotazione)
– www.villasanmicheleviterbo.it – solo a cena escluso domenica – Chiuso
1 settimana in novembre, 1 settimana in gennaio, 1 settimana in agosto, lunedì e
martedì*

⛝○ **Nando Al Pallone** ⛞ ⛞ ⍐ AC ⟷ 🅿

CUCINA CLASSICA · AMBIENTE CLASSICO XX Se già la sterminata cantina con
collezioni di vini di alto pregio, vi sembra entusiasmante, aspettate di gustare la
cucina... Proposte di ampio respiro che abbracciano mare, terra, cacciagione.
Menu 35/60 € – Carta 31/74 €

*Hotel Canestro, via Sorianese 2/3, Sud: 3 km – 𝒞 0761 370344
– www.nandoalpallone.it – Chiuso 8-29 gennaio, 2-16 luglio, domenica sera e
mercoledì*

🏠 **Nando al Pallone** ⛞ ⍐ ☰ AC 🚗

BUSINESS · MODERNO Rinnovato in anni recenti, albergo di moderno confort
con camere ampie e accessoriate: nelle junior vi è perfino un camino! In estate,
si apprezza la piacevole piscina.
16 cam ⌑ – †60/70 € ††70/100 €

*via Sorianese 1/3, Sud: 3 km – 𝒞 0761 370344 – www.nandoalpallone.it – Chiuso
8-29 gennaio e 2-16 luglio*

⛝○ **Nando Al Pallone** – Vedere selezione ristoranti

VITTORIA Sicilia
Ragusa – ⊠ 97019 – 63 339 ab. – Alt. 168 m – Carta regionale n° **17**-C3
Carta stradale Michelin 365-AW62

a Scoglitti Sud-Ovest : 13 km ⊠ 97010

🏠 **Al Gabbiano** ⛲ ≼ ⛰ ☰ ⛞ AC ⛳ 🅿

TRADIZIONALE · CLASSICO Direttamente sulla spiaggia con un proprio stabilimento balneare (La Capannina) bar e pizzeria serale, questa piccola struttura a
gestione familiare dispone di camere sobrie, ma comunque confortevoli. Vista la
posizione, al ristorante è il pesce a farla da padrone!
29 cam ⌑ – †75/90 € ††110/150 €

*via Messina 52 – 𝒞 0932 980179 – www.hotelsulmare.it – Chiuso
23 dicembre-3 gennaio*

VITTORIO VENETO
Treviso – ⊠ 31029 – 28 232 ab. – Alt. 138 m – Carta regionale n° **23**-C2
Carta stradale Michelin 562-E18

🏠 **Agriturismo Alice-Relais nelle Vigne** ⛲ ≼ ⛞ ☰ AC ⛳ 🅿

CASA DI CAMPAGNA · PERSONALIZZATO A 1,5 km dall'uscita autostradale sud,
ma immersa in un paesaggio da cartolina tra colline, vigneti e campanili, una
risorsa dotata di ottime camere: tutte diverse tra loro si contraddistinguono
l'una dall'altra grazie ai nomi dei personaggi del romanzo di Lewis Carroll.
8 cam ⌑ – †130/180 € ††150/220 €

*via Gaetano Giardino 94, località Carpesica – 𝒞 0438 561173
– www.alice-relais.com – Chiuso 15 dicembre-4 febbraio*

VIVARO

Pordenone – ⊠ 33099 – 1 352 ab. – Alt. 138 m – Carta regionale n° **6**-B2
Carta stradale Michelin 562-D20

⅋○ Gelindo dei Magredi &⇔⇔⇔⌂⌘⌘ AC P

CUCINA REGIONALE · FAMILIARE ⅋ Gestione familiare che utilizza molti prodotti
della propria azienda agricola per una cucina semplice e contadina. Maneggio,
piscina e fattoria didattica per bambini e scolaresche; sul retro le camere e, a
400 metri, altre 8 stanze dell'agriturismo Lataria dei Magredi.

⇗ Menu 20/40 € – Carta 27/51 €
35 cam – †50/90 € ††60/130 € - senza ⌣
via Roma 16 – ℰ 0427 97037 – www.gelindo.it – Chiuso lunedì

VIVERONE

Biella – ⊠ 13886 – 1 418 ab. – Alt. 287 m – Carta regionale n° **12**-C2
Carta stradale Michelin 561-F6

⌂⌂ Marina ⌂⌘⇔⇔⌘⌘⌘⌘⌘ AC ⌘ P

FAMILIARE · ACCOGLIENTE Incantevole posizione sul lago per un hotel a conduzione diretta che riserva al cliente un'attenzione a 360°; camere accessoriate,
curati giardini e ristorante dalle stuzzicanti preparazioni regionali. Non manca il
pesce di lago.

60 cam ⌣ – †80/105 € ††120/180 €
frazione Comuna 10 – ℰ 0161 987577 – www.hotelmarinaviverone.it
– Aperto 15 marzo-30 ottobre

VIZZINI

Catania (CT) – ⊠ 95049 – 6 241 ab. – Alt. 586 m – Carta regionale n° **17**-D2
Carta stradale Michelin 365-AX61

a Vizzini Scalo Nord-Ovest : 4 km

⌂⌂ Castello Camemi ⌂⌘⇔⌘ AC P

CASA DI CAMPAGNA · STORICO Spettacolare dimora costruita nel Settecento
da una famiglia di origine ligure, all'interno troverete un'affascinante corte e raffinate camere, sobrie nei colori sabbia, qualche arredo d'epoca e splendidi lavabi
in pietra.

14 cam ⌣ – †105/210 € ††140/280 €
contrada Camemi – ℰ 0933 010999 – www.castellocamemi.com

VODO CADORE

Belluno – ⊠ 32040 – 853 ab. – Alt. 901 m – Carta regionale n° **23**-C1
Carta stradale Michelin 562-C18

⌘ Al Capriolo AC P

CUCINA CREATIVA · VINTAGE ⅩⅩⅩ Elegante casa d'atmosfera mitteleuropea con
una storia di oltre 200 anni narrata da trofei di caccia, orologi ed affreschi,
gestita da sempre dalla stessa famiglia: creatività e specialità del territorio in
cucina. Fratello minore è il Capriolino, osteria con pochi piatti tradizionali ad un
prezzo interessante.

➜ Riso vialone nano mantecato ai germogli di abete, formaggio stravecchio di
fossa. Gran piatto di cacciagione. Strudel di pere e mele.

Menu 85/85 € – Carta 57/109 €
– ℰ 0435 489207 – www.alcapriolo.it – Chiuso 15 aprile-30 maggio, novembre,
mercoledì a mezzogiorno e martedì in gennaio-aprile

VÖLS AM SCHLERN FIÈ ALLO SCILIAR

VOLASTRA La Spezia → Vedere Manarola

VOLPAIA Siena (SI) → Vedere Radda in Chianti

VOLTERRA

Pisa – ⊠ 56048 – 10 519 ab. – Alt. 531 m – Carta regionale n° **18**-B2
Carta stradale Michelin 563-L14

ⅰ○ Enoteca Del Duca   ⌂ ⌂ ⌂

CUCINA CLASSICA · CONTESTO STORICO ✕✕ Vicino alla piazza principale e al
Castello, il locale ospita una piccola enoteca per la degustazione dei vini ed una
sala più elegante dove gustare piatti toscani. Per chi ama gli spazi aperti, anche
un caratteristico dehors.
Menu 32/55 € – Carta 33/77 €

Pianta: A2-d – via di Castello 2, angolo via Dei Marchesi – ℰ 0588 81510
– www.enoteca-delduca-ristorante.it – Chiuso 7 gennaio-13 febbraio e martedì

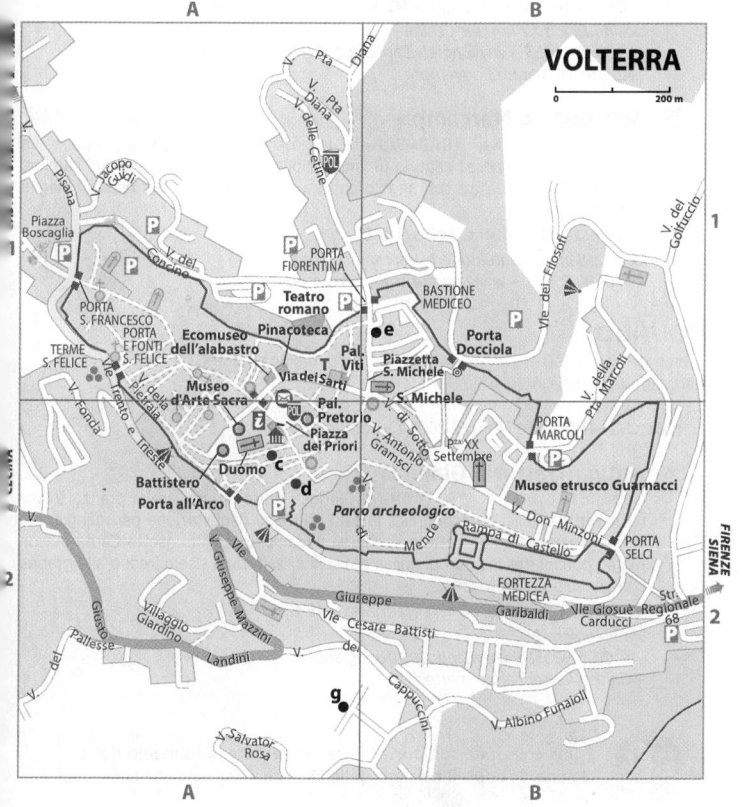

🏨 Park Hotel Le Fonti   🎋 🛁 ≼ 🛋 🧺 🎰 🔁 ᇰ 🆎 ♨ 🅿

TRADIZIONALE · CLASSICO Su una collina, poco distante dal centro storico, una grande struttura in stile toscano con salotti arredati con gusto ed ampie camere, sala meeting e lettura. Se la cucina s'ispira alla tradizione toscana, una bella carta dei vini diventa la sua inseparabile dama di compagnia.

64 cam ⚲ – ♦60/190 € ♦♦70/200 €

Pianta: A2-g – *via di Fontecorrenti 2*
– *𝒞 0588 85219 – www.parkhotellefonti.com*
– *Chiuso 1° gennaio-28 febbraio*

🏠 La Locanda   🔁 ᇰ 🆎

TRADIZIONALE · CENTRALE Piccolo albergo del centro storico, ricavato dal restauro di un monastero, vanta camere spaziose e raffinate, nonché piccoli spazi comuni piacevolmente arredati.

17 cam ⚲ – ♦70/78 € ♦♦75/120 € – 1 suite

Pianta: B1-e – *via Guarnacci 24/28*
– *𝒞 0588 81547 – www.hotel-lalocanda.com*

🏠 Villa Rioddi   🛁 ≼ 🛋 🧺 ᇰ 🆎 ♨ 🅿

FAMILIARE · FUNZIONALE Una villa toscana medievale con pietre a vista offre raccolte e caratteristiche sale per il relax, camere confortevoli con arredi in legno e vista sulla val di Cecina.

13 cam ⚲ – ♦65/89 € ♦♦75/99 €

località Rioddi, 2 km per Cecina - A2
– *𝒞 0588 88053 – www.hotelvillarioddi.it*
– *Aperto 24 marzo-3 novembre*

🏡 Agriturismo Marcampo   🛁 ≼ 🛋 🧺 🆎 ♨ 🅿

CASA DI CAMPAGNA · TRADIZIONALE In posizione panoramica e tranquilla, un agriturismo con annessa cantina di vinificazione e maturazione; solo sei camere, di cui tre classiche e tre con angolo cottura, per offrire ai propri ospiti il meglio dell'ospitalità.

6 cam ⚲ – ♦72/105 € ♦♦80/118 €

località San Cipriano, podere Marcampo, Nord: 5 km
– *𝒞 0588 85393 – www.agriturismo-marcampo.com*

VOLTIDO

Cremona – ✉ 26030 – 374 ab. – Alt. 35 m – Carta regionale n° **9**-C3
Carta stradale Michelin 561-G13

a Recorfano Sud : 1 km ✉ 26034 – Voltido

😊 Antica Trattoria Gianna   🆎

CUCINA REGIONALE · TRATTORIA 🗡 Gloriosa trattoria familiare, a pranzo troverete piatti semplici ed economici, la sera un menu degustazione per mangiare in abbondanza non solo ricette della bassa padana. Specialità: risotto Carnaroli con funghi porcini freschi, fiori di zucca e pistilli di zafferano - semifreddo alla grappa con sbrisolona mantovana.

🍴 Menu 12 € (pranzo in settimana)/35 €

via Maggiore 12
– *𝒞 0375 98351 – www.anticatrattoriagianna.it*
– *Chiuso lunedì sera e martedì*

 Prima colazione compresa? E' rappresentata dal simbolo della tazzina ⚲ dopo il numero delle camere.

VOLTRI Genova → Vedere Genova

VOZE Savona → Vedere Noli

VULCANO Sicilia Messina → Vedere Eolie (Isole)

WELSBERG MONGUELFO

WELSCHNOFEN NOVA LEVANTE

WOLKENSTEIN IN GRÖDEN SELVA DI VAL GARDENA

ZADINA PINETA Forlì-Cesena → Vedere Cesenatico

ZAFFERANA ETNEA Sicilia
Catania – ⊠ 95019 – 9 517 ab. – Alt. 574 m – Carta regionale n° **17**-D2
Carta stradale Michelin 365-AZ57

⅋○ **Sabir Gourmanderie**　　　　　　　⇆ ⌂ 🄰🄲 ⌾
CUCINA CREATIVA · ELEGANTE 🛱🛱 Cucina colorata e mediterranea, a tratti creativa, sebbene sempre su base locale, in un bel ristorante che mutua il proprio nome da un antico idioma in uso nei porti del Mediterraneo: una sorta di esperanto dei commercianti marittimi. In estate, optate per il fresco e romantico servizio nel parco.
Menu 40/70 € – Carta 36/55 €
via delle Ginestre 1 – ☏ 095 708 2335 (prenotazione obbligatoria a mezzogiorno) – www.sabirgourmanderie.com – Chiuso martedì

⅋○ **Locanda Nerello** Ⓝ　　　　　⇱ ⇆ ⌂ ⌁ 🄰🄲 🄿
CUCINA CREATIVA · ROMANTICO 🛱🛱 In un suggestivo contesto naturalistico, il ristorante occupa quattro sale con soffitti a volta affrescati di una gloriosa villa siciliana. Terrazza con vista mozzafiato su colline digradanti sino al mare, ma soprattutto una delle cucine più interessanti della zona, sorretta dai prodotti agricoli dell'agriturismo Monaci delle Terre Nere e dall'estro creativo del cuoco.
Carta 45/58 €
Hotel Monaci delle Terre Nere, via Monaci snc – ☏ 095 708 3638 (consigliata la prenotazione) – www.locandanerello.it

⌂ **Airone Wellness Hotel**　　🏠 ⇱ ⇆ ⌁ 🄰 ⅃🄰 🄰🄲 🅂🄰 🄿
TRADIZIONALE · CLASSICO Metà delle camere (con supplemento) si affacciano su uno spettacolare panorama che abbraccia la costa sino a Taormina in questo raffinato hotel dal sapore rustico che va migliorandosi di anno in anno. Situato nella parte alta e panoramica della località, tutt'intorno un parco di alberi secolari e, al ristorante, i must della cucina tipica siciliana.
62 cam ⊡ – †68/111 € ††120/135 €
via Cassone 67, Ovest: 2 km – ☏ 095 708 1819 – www.hotel-airone.it

⌂ **Monaci delle Terre Nere**　　　⅋ ⇱ ⇆ ⌁ 🄰🄲 🄿
DIMORA STORICA · PERSONALIZZATO Spettacolare dimora aristocratica di fine Ottocento immersa in un anfiteatro collinare di terrazzamenti con vista mare: tutta la struttura è uno straordinario invito alla scoperta dell'isola, a cominciare dalla vegetazione, quasi un orto botanico, al fascino delle camere sparpagliate nell'immensa proprietà.
22 cam ⊡ – †150/320 € ††150/320 €
via Monaci snc – ☏ 095 708 3638 – www.monacidelleterrenere.it
⅋○ **Locanda Nerello** – Vedere selezione ristoranti

ZAMBRONE

Vibo Valentia (VV) – ⊠ 89868 – 1 775 ab. – Alt. 222 m – Carta regionale n° **3**-A2
Carta stradale Michelin 564-K29

🏠 **Scoglio del Leone** ⇕ ⇐ 🛏 ⤴ ♨ 🔥 🔲 AC 🧺 🛁 **P**

RESORT · MEDITERRANEO Un'accogliente struttura in cui predomina il blu: un richiamo al mare che ben si sposa con l'ambiente circostante. Ubicato a qualche centinaia di metri dalla spiaggia, un servizio navetta accompagna gli ospiti fino all'arenile; a parte una decina di camere lato monte, tutte le altre godono di una bella vista sul Tirreno.

70 cam ⌂ – †80/180 € ††120/300 €

via Marina di Zambrone – ℰ 0963 394877 – www.scogliodelleone.it – Aperto 1° maggio-15 ottobre

ZELARINO Venezia → Vedere Mestre

ZERO BRANCO

Treviso – ⊠ 31059 – 11 261 ab. – Alt. 18 m – Carta regionale n° **23**-C2
Carta stradale Michelin 562-F18

🍴 **Ca' Busatti** 🚪 🏠 ⚹ AC ⇔ **P**

CUCINA MODERNA · ELEGANTE ✕✕ Un piccolo angolo di signorilità cinto dal verde: un'elegante casa di campagna con una saletta interna e un dehors coperto, chiuso da vetrate. La cucina? Di terra e di mare, fantasiosa ed innovativa.

Menu 30 € (pranzo in settimana)/70 € – Carta 34/116 €

via Gallese 26, Nord-Ovest: 3 km – ℰ 0422 97629 – www.cabusatti.com – Chiuso 2 settimane in gennaio, 2 settimana in agosto, domenica sera e lunedì

ZOAGLI

Genova – ⊠ 16030 – 2 472 ab. – Carta regionale n° **8**-C2
Carta stradale Michelin 561-J9

🍴 **L'Arenella** 🏠 ⚹

PESCE E FRUTTI DI MARE · STILE MEDITERRANEO ✕✕ A pochi passi dal centro, sulla caratteristica passeggiata, locale curato e specialità di pesce. Lettini e sdraio a disposizione per la spiaggia.

Carta 35/88 €

*lungomare dei Naviganti – ℰ 0185 259393 (consigliata la prenotazione)
– www.ristorantearenella.com – Chiuso 10 gennaio-10 febbraio,
2 novembre-6 dicembre e martedì escluso luglio-agosto*

ZOLA PREDOSA

Bologna – ⊠ 40069 – 18 770 ab. – Alt. 74 m – Carta regionale n° **5**-C3
Carta stradale Michelin 562-I15

🏨 **Admiral Park Hotel** ⇕ ⅍ 🚪 ⤴ 🏋 🛠 🔲 ⚹ AC 🛁 **P**

BUSINESS · PERSONALIZZATO Situato in posizione facilmente raggiungibile da tutte le principali arterie di comunicazione e circondato dal verde, l'hotel è composto da camere di varie tipologie, tutte caratterizzate da design innovativo e moderno che rendono l'ambiente accogliente ed ospitale. Arricchisce l'offerta il ristorante Il Tulipano con una carta sempre diversa e rivolta all'utilizzo di prodotti di stagione, che sposa piatti tradizionali e tipici della zona a proposte originali e creative.

118 cam ⌂ – †55/450 € ††65/700 € – 2 suites

via Fontanella 3, Sud: 4 km – ℰ 051 755768 – www.admiralparkhotel.com

ZORZINO Bergamo → Vedere Riva di Solto

Maremagnum / Photolibrary / Getty Images

SAN MARINO

SAN MARINO

San Marino (SMR) – ✉ 47890 – 4 119 ab. – Alt. 675 m – Carta regionale n° **5**-D2

❁ **Righi** (Luigi Sartini)   A/C

CUCINA CREATIVA · ELEGANTE ✕✕✕ Nella splendida cornice di una delle piazze
più panoramiche d'Italia, nell'elegante sala (al primo piano) di un palazzo dove
da tre generazioni è ospitato il ristorante, cucina raffinata in un funambolico equi-
librismo fra tradizione e creatività.

→ Risotto con carbonara di seppia, carote, luppolo e birra. Carré d'agnello con
salsa di acciughe, peperone dolce e fagiolini. Crema bruciata all'anice stellato
con salsa al latte di mandorle e gelato alle rose.

Menu 55/75 € – Carta 51/92 €

Pianta: A1-n – *piazza della Libertà 10*
– ℰ 0549 991196 (consigliata la prenotazione) – www.ristoranterighi.com
– *solo a cena escluso domenica da settembre a maggio*
– *Chiuso 1 settimana in novembre, 3 settimane in gennaio e lunedì, anche
domenica in estate*

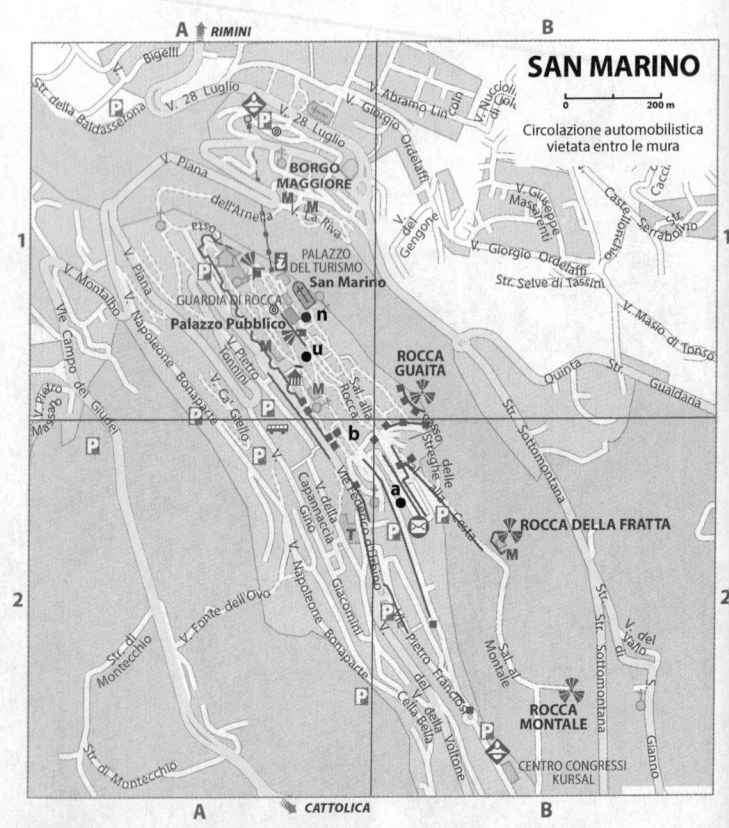

Grand Hotel San Marino

TRADIZIONALE · CLASSICO Un grande "classico" dell'hotellerie locale: ideale per un soggiorno dedicato al benessere e al relax, alla salute ci pensano un medico ed un erborista. Omaggia un'antica istituzione il ristorante, cinto da vetrate che lo illuminano di luce naturale.

61 cam ⌑ – ♥57/169 € ♥♥79/249 €

Pianta: B2-a – *viale Antonio Onofri 31* – *☏ 0549 992400* – *www.grandhotel.sm* – *Chiuso 23-26 dicembre*

 Titano & Titano Suites

TRADIZIONALE · PERSONALIZZATO La location privilegiata, all'interno delle mura del centro storico, lo rende una delle strutture più intriganti e competitive della città. Non c'è nulla che gli si possa rimproverare: la sua versatilità in termini di confort e installazioni fanno di lui l'indirizzo ideale per una fuga romantica, ma anche per un incontro di lavoro. Il ristorante La Terrazza con il suo suggestivo affaccio sulla vallata, la ciliegina sulla torta!

39 cam ⌑ – ♥57/169 € ♥♥79/249 € – 3 suites

Pianta: A1-u – *contrada del Collegio 21/31* – *☏ 0549 991007* – *www.hoteltitano.com* – *Chiuso 23-28 dicembre*

MICHELIN INNOVA CONTINUAMENTE PER UNA MOBILITÀ MIGLIORE E PIÙ SICURA, PIÙ CONVENIENTE, PIÙ PULITA E PIÙ CONNESSA.

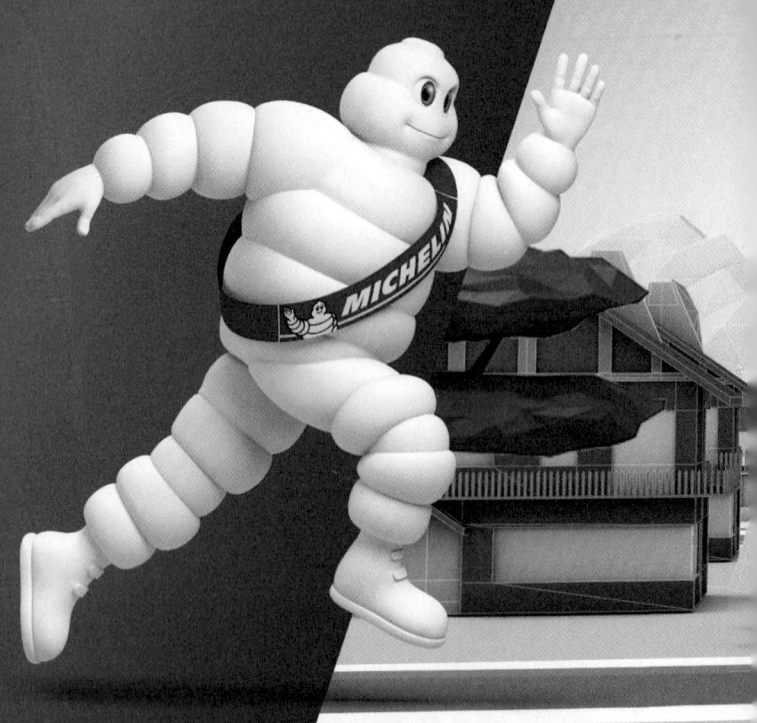

I pneumatici si consumano prima nei piccoli tragitti in città...

VERO!

La frequenza delle frenate e delle accelerazioni in città consuma prima i pneumatici! Negli ingorghi armatevi di pazienza e guidate piano.

La pressione dei pneumatici influisce solo sulla sicurezza...

FALSO!

Oltre alla minore tenuta di strada ed al maggior consumo di carburante, una pressione al di sotto del normale di 0,5 bar riduce il tempo di vita del pneumatico di 8.000 km. Ricordate di verificare la pressione circa una volta al mese e soprattutto prima di partire per le vacanze o per un viaggio lungo.

*Montare sulla macchina **2 pneumatici invernali** garantisce la massima sicurezza...*

FALSO!

D'inverno, ed in particolare al di sotto di 7°C, per la migliore tenuta di strada è necessario montare contemporaneamente quattro pneumatici identici.

SOLO 2 PNEUMATICI INVERNALI = la tenuta di strada del veicolo non è ottimale.

4 PNEUMATICI INVERNALI = è la **scelta migliore per la sicurezza** in curva, in discesa e in frenata

Se ci si confronta regolarmente con la pioggia, la neve e il ghiaccio, optare per un pneumatico della gamma **MICHELIN Alpin**. Questa gamma offre comfort e precisione di guida per affrontare gli ostacoli dell'inverno.

MICHELIN SI IMPEGNA:

▶ MICHELIN È IL **N.1 MONDIALE DEI PNEUMATICI SALVAENERGIA** PER LE AUTOMOBILI.

▶ PER **SENSIBILIZZARE I PIÙ GIOVANI SULLA SICUREZZA STRADALE**, ANCHE SU DUE RUOTE: NEL 2015 SONO STATE ORGANIZZATE INIZIATIVE SUL TERRENO IN **16 PAESI**.

QUIZ

1 PERCHÉ L'OMINO MICHELIN (BIBENDUM) È BIANCO MENTRE I PNEUMATICI SONO NERI?

Il personaggio di Bibendum, ossia l'Omino Michelin, è stato pensato osservando una pila di pneumatici nel 1898, in un'epoca in cui i pneumatici erano fabbricati con gomma naturale, cotone e zolfo ed erano quindi di colore chiaro. Solo dopo la Prima Guerra mondiale la composizione diventa più complessa e fa la sua comparsa il nerofumo. Ma l'Omino Michelin rimarrà bianco!

2 SAPETE DA QUANDO LA GUIDA MICHELIN ACCOMPAGNA I VIAGGIATORI?

Dal 1900. All'epoca si disse che l'opera inaugurava il nuovo secolo e ne avrebbe avuto la stessa durata. Invece ancora oggi è un riferimento, con le nuove edizioni e la selezione sul sito MICHELIN Restaurants in alcuni paesi.

3 DA QUANDO « BIB GOURMAND » È PRESENTE NELLA GUIDA MICHELIN?

L'appellazione nasce nel 1997 ma già dal 1954 la Guida MICHELIN segnala dove « mangiare bene a prezzo moderato ». Oggi è disponibile sul sito e nell'applicazione mobile MICHELIN Restaurants.

Per saperne di più su Michelin divertendosi, visitare l'Avventura Michelin e la sua boutique a Clermont Ferrand, Francia:
www.laventuremichelin.com

MICHELIN
Il modo migliore di avanzare

Indice tematico

Thematic index

ESERCIZI CON STELLE

STARRED RESTAURANTS

N Nuova distinzione
N *Newly awarded distinction*

ABRUZZO

Castel di Sangro	Reale ✿✿✿
Civitella Casanova	La Bandiera ✿
Guardiagrele	Villa Maiella ✿
L'Aquila	Magione Papale ✿
Pescara	Café Les Paillotes ✿
Roseto degli Abruzzi / Montepagano	D.One Restaurant ✿ **N**
San Salvo / San Salvo Marina	Al Metrò ✿

CALABRIA

Catanzaro	Abbruzzino ✿
Isola di Capo Rizzuto / Praialonga	Pietramare Natural Food ✿
Marina di Gioiosa Ionica	Gambero Rosso ✿
Strongoli	Dattilo ✿

CAMPANIA

Amalfi	La Caravella dal 1959 ✿
Brusciano	Taverna Estia ✿✿
Capri (Isola di) / Anacapri	L'Olivo ✿✿
Capri (Isola di) / Anacapri	Il Riccio ✿
Capri (Isola di) / Capri	Mammà ✿
Caserta	Le Colonne ✿
Castellammare di Stabia	Piazzetta Milù ✿
Conca dei Marini	Il Refettorio ✿ **N**
Eboli	Il Papavero ✿
Ischia (Isola d') / Casamicciola Terme	Il Mosaico ✿✿
Ischia (Isola d') / Ischia	Danì Maison ✿✿
Ischia (Isola d') / Lacco Ameno	Indaco ✿
Maiori	Il Faro di Capo d'Orso ✿
Massa Lubrense / Nerano	Quattro Passi ✿✿
Massa Lubrense / Nerano	Taverna del Capitano ✿
Massa Lubrense / Termini	Relais Blu ✿
Mercato San Severino	Casa del Nonno 13 ✿
Napoli	Il Comandante ✿
Napoli	Palazzo Petrucci ✿
Napoli	Veritas ✿
Paestum	Le Trabe ✿

Pompei	President ✿
Positano	La Serra ✿ **N**
Positano	La Sponda ✿
Positano	Zass ✿
Quarto	Sud ✿
Ravello	Rossellinis ✿
Salerno	Re Maurì ✿
Sant' Agata sui Due Golfi	Don Alfonso 1890 ✿✿
Sant' Agnello	Don Geppi ✿
Sorbo Serpico	Marennà ✿
Sorrento	Il Buco ✿
Sorrento	Terrazza Bosquet ✿
Telese Terme	Krèsios ✿
Telese Terme	La Locanda del Borgo ✿ **N**
Vairano Patenora	Vairo del Volturno ✿
Vallesaccarda	Oasis-Sapori Antichi ✿
Valva	Osteria Arbustico ✿
Vico Equense	Antica Osteria Nonna Rosa ✿
Vico Equense	Maxi ✿
Vico Equense / Marina Equa	Torre del Saracino ✿✿

EMILIA-ROMAGNA

Bologna	I Portici ✿
Borgonovo Val Tidone	La Palta ✿
Carpaneto Piacentino	Nido del Picchio ✿
Cesenatico	La Buca ✿
Cesenatico	Magnolia ✿✿ **N**
Codigoro	La Capanna di Eraclio ✿
Codigoro	La Zanzara ✿
Imola	San Domenico ✿✿
Modena	L'Erba del Re ✿
Modena	Osteria Francescana ✿✿✿
Modena	Strada Facendo ✿
Parma	Inkiostro ✿
Parma	Parizzi ✿
Pennabilli	Il Piastrino ✿
Polesine Parmense	Antica Corte Pallavicina ✿
Quattro Castella / Rubbianino	Ca' Matilde ✿
Rimini / Miramare	Guido ✿
Rubiera	Arnaldo-Clinica Gastronomica ✿
Sasso Marconi	Marconi ✿
Savigno	Trattoria da Amerigo ✿
Soragna	Locanda Stella d'Oro ✿

FRIULI-VENEZIA GIULIA

Colloredo di Monte Albano	La Taverna ✿
Cormons	Trattoria Al Cacciatore-della Subida ✿
Dolegna del Collio / Vencò	L'Argine di Vencò ✿
Rivignano	Al Ferarùt ✿
Ruda	Osteria Altran ✿
San Quirino	La Primula ✿

Udine / Godia	Agli Amici ✿✿

LAZIO

Acquapendente / Trevinano	La Parolina ✿
Acuto	Colline Ciociare ✿
Fiumicino	Il Tino ✿
Fiumicino	Pascucci al Porticciolo ✿
Genazzano	Aminta Resort ✿
Labico	Antonello Colonna Labico ✿
Latina / Lido di Latina	Il Vistamare ✿
Ponza (Isola di) / Ponza	Acqua Pazza ✿
Rivodutri	La Trota ✿✿
Roma	Acquolina ✿
Roma	All'Oro ✿ **N**
Roma	Antonello Colonna ✿
Roma	Aroma ✿
Roma	Assaje ✿
Roma	Bistrot 64 ✿
Roma	Il Convivio-Troiani ✿
Roma	The Corner Marco Martini ✿
Roma	Enoteca al Parlamento Achilli ✿
Roma	Enoteca la Torre ✿
Roma	Glass Hostaria ✿
Roma	Imàgo ✿
Roma	La Terrazza ✿ **N**
Roma	Magnolia ✿
Roma	Metamorfosi ✿
Roma	Il Pagliaccio ✿✿
Roma	La Pergola ✿✿✿
Roma	Per Me Giulio Terrinoni ✿
Roma	Pipero ✿
Roma	Stazione di Posta ✿
Roma	Tordomatto ✿ **N**

LIGURIA

Ameglia	Mauro Ricciardi alla Locanda dell'Angelo ✿
Arenzano	The Cook ✿
Arma di Taggia	La Conchiglia ✿
Bergeggi	Claudio ✿
Cervo	San Giorgio ✿
Imperia / Oneglia	Agrodolce ✿
Imperia / Porto Maurizio	Sarri ✿
Millesimo	Locanda dell'Angelo ✿
Noli	Il Vescovado ✿
San Remo	Paolo e Barbara ✿

LOMBARDIA

Albavilla	Il Cantuccio ✿
Almè	Frosio ✿
Ambivere	Antica Osteria dei Camelì ✿
Bellagio	Mistral ✿

Bergamo / Citta' Alta	Casual ✿
Brusaporto	Da Vittorio ✿✿✿
Calvisano	Al Gambero ✿
Campione d'Italia	Da Candida ✿
Canneto Sull' Oglio / Runate	Dal Pescatore ✿✿✿
Castello di Brianza	Dac a trà ✿
Cavernago	Il Saraceno ✿
Certosa di Pavia	Locanda Vecchia Pavia «Al Mulino» ✿
Chiuduno	A'anteprima ✿
Como	I Tigli in Theoria ✿
Concesio	Miramonti l'Altro ✿✿
Cornaredo / San Pietro all'Olmo	D'O ✿
Corte Franca / Borgonato	Due Colombe ✿
Desenzano del Garda	Esplanade ✿
Erbusco	Da Nadia ✿ **N**
Fagnano Olona	Acquerello ✿
Gallarate	Ilario Vinciguerra ✿
Gardone Riviera / Fasano del Garda	Lido 84 ✿
Gargnano	La Tortuga ✿
Gargnano	Villa Feltrinelli ✿✿
Gargnano	Villa Giulia ✿ **N**
Laveno-Mombello	La Tavola ✿
Lecco	Al Porticciolo 84 ✿
Madesimo	Il Cantinone e Sport Hotel Alpina ✿
Manerba del Garda	Capriccio ✿
Mantello	La Présef ✿
Milano	Alice-Eataly Smeraldo ✿
Milano	Armani ✿
Milano	Berton ✿
Milano	Contraste ✿ **N**
Milano	Cracco ✿
Milano	Enrico Bartolini al Mudec ✿✿
Milano	Essenza ✿ **N**
Milano	Felix Lo Basso ✿
Milano	Innocenti Evasioni ✿
Milano	Iyo ✿
Milano	Joia ✿
Milano	Lume ✿
Milano	Il Luogo di Aimo e Nadia ✿✿
Milano	Sadler ✿
Milano	Seta by Antonio Guida ✿✿
Milano	Tano Passami l'Olio ✿
Milano	Tokuyoshi ✿
Milano	Il Ristorante Trussardi alla Scala ✿ **N**
Milano	Vun ✿✿ **N**
Olgiate Olona	Ma.Ri.Na. ✿
Pellio Intelvi	La Locanda del Notaio ✿
Pralboino	Leon d'Oro ✿
Quistello	Ambasciata ✿
San Paolo d'Argon	Florian Maison ✿ **N**
Seregno	Pomiroeu ✿
Sirmione	La Rucola 2.0 ✿

Torno	Berton al Lago ✿ **N**
Trescore Balneario	LoRo ✿
Treviglio	San Martino ✿
Viganò	Pierino Penati ✿
Vigevano	I Castagni ✿
Villa d'Almè	Osteria della Brughiera ✿
Villa di Chiavenna	Lanterna Verde ✿

MARCHE

Fermo	Emilio ✿
Loreto	Andreina ✿
Pesaro	Nostrano ✿
Senigallia	Uliassi ✿✿
Senigallia / Marzocca	Madonnina del Pescatore ✿✿

PIEMONTE

Acqui Terme	I Caffi ✿
Alba	Larossa ✿ **N**
Alba	Locanda del Pilone ✿
Alba	Piazza Duomo ✿✿✿
Alessandria	I Due Buoi ✿
Alessandria / Spinetta Marengo	La Fermata ✿
Benevello	Villa d'Amelia ✿
Caluso	Gardenia ✿
Canale	All'Enoteca ✿
Canelli	San Marco ✿
Cervere	Antica Corona Reale ✿✿
Cherasco	Da Francesco ✿
Grinzane Cavour	Marc Lanteri Al Castello ✿
Guarene	La Madernassa ✿
Isola d'Asti	Il Cascinalenuovo ✿
La Morra	Massimo Camia ✿
La Morra / Annunziata	Osteria dell'Arborina ✿ **N**
Novara	Tantris ✿
Orta San Giulio	Locanda di Orta ✿
Orta San Giulio	Villa Crespi ✿✿
Pinerolo	Zappatori ✿
Pióbesi d'Alba	21.9 ✿
Pollone	Il Patio ✿
Priocca d'Alba	Il Centro ✿
Rivoli	Combal.zero ✿
San Maurizio Canavese	La Credenza ✿
Santo Stefano Belbo	Il Ristorante di Guido da Costigliole ✿
Serralunga d'Alba	La Rei ✿
Serralunga d'Alba / Fontanafredda	Guido ✿
Soriso	Al Sorriso ✿✿
Tigliole	Ca' Vittoria ✿
Torino	Del Cambio ✿
Torino	Casa Vicina-Eataly Lingotto ✿
Torino	Magorabin ✿
Torino	Vintage 1997 ✿

Treiso	La Ciau del Tornavento ✿
Venaria Reale	Dolce Stil Novo alla Reggia ✿
Verbania / Fondotoce	Piccolo Lago ✿✿
Verbania / Pallanza	Il Portale ✿
Vercelli	Cinzia da Christian e Manuel ✿

PUGLIA

Andria	Umami ✿
Barletta	Bacco ✿
Carovigno	Già Sotto l'Arco ✿
Ceglie Messapica	Al Fornello-da Ricci ✿
Conversano	Pashà ✿
Ostuni	Cielo ✿
Putignano	Angelo Sabatelli ✿ **N**
Trani	Quintessenza ✿

SAN MARINO

| San Marino | Righi ✿ |

SARDEGNA

| Cagliari | Dal Corsaro ✿ |
| Siddi | S'Apposentu ✿ |

SICILIA

Bagheria	I Pupi ✿
Caltagirone	Coria ✿
Eolie / Salina	Signum ✿
Eolie / Vulcano Isola	Il Cappero ✿
Licata	La Madia ✿✿
Linguaglossa	Shalai ✿
Modica	Accursio ✿
Palermo / Mondello	Bye Bye Blues ✿
Ragusa	Duomo ✿✿
Ragusa	La Fenice ✿
Ragusa	Locanda Don Serafino ✿✿
Taormina	Principe Cerami ✿✿
Taormina / Lido di Spisone	La Capinera ✿
Terrasini	Il Bavaglino ✿

TOSCANA

Casole d'Elsa	Il Colombaio ✿
Castelnuovo Berardenga	La Bottega del 30 ✿
Castelnuovo Berardenga	Poggio Rosso ✿ **N**
Castiglione della Pescaia / Badiola	La Trattoria Enrico Bartolini ✿
Castiglione d'Orcia / Rocca d'Orcia	Osteria Perillà ✿ **N**
Chiusdino	Meo Modo ✿
Chiusi	I Salotti ✿
Colle di Val d'Elsa	Arnolfo ✿✿
Cortona / San Martino	Il Falconiere ✿
Firenze	Borgo San Jacopo ✿

Firenze	La Bottega del Buon Caffè ✿
Firenze	Enoteca Pinchiorri ✿✿✿
Firenze	La Leggenda dei Frati ✿
Firenze	Ora D'Aria ✿
Firenze	Il Palagio ✿
Firenze	Winter Garden by Caino ✿
Forte dei Marmi	Bistrot ✿
Forte dei Marmi	Lorenzo ✿
Forte dei Marmi	Lux Lucis ✿
Forte dei Marmi	La Magnolia ✿
Gaiole in Chianti	Il Pievano ✿
Lamporecchio	Atman a Villa Rospigliosi ✿
Lucca	L'Imbuto ✿
Lucca / Marlia	Butterfly ✿
Marina di Bibbona	La Pineta ✿
Massa Marittima / Ghirlanda	Bracali ✿✿
Montemerano	Caino ✿✿
Porto Ercole	Il Pellicano ✿
San Casciano dei Bagni / Fighine	Castello di Fighine ✿
San Gimignano	Cum Quibus ✿ **N**
Seggiano	Silene ✿
Tavarnelle Val di Pesa	La Torre ✿
Tavarnelle Val di Pesa / Badia a Passignano	Osteria di Passignano ✿
Viareggio	Il Piccolo Principe ✿✿
Viareggio	Romano ✿

TRENTINO-ALTO ADIGE

Alta Badia / San Cassiano	La Siriola ✿✿ **N**
Alta Badia / San Cassiano	St. Hubertus ✿✿✿ **N**
Alta Badia / Corvara in Badia	La Stüa de Michil ✿
Appiano sulla Strada del Vino / San Michele	Zur Rose ✿
Castelbello Ciardes	Kuppelrain ✿
Cavalese	El Molin ✿
Chiusa	Jasmin ✿✿
Dobbiaco	Tilia ✿
Falzes / Molini	Schöneck ✿
Madonna di Campiglio	Dolomieu ✿
Madonna di Campiglio	Il Gallo Cedrone ✿
Merano	Sissi ✿
Merano / Freiberg	Castel Fragsburg ✿
Moena	Malga Panna ✿
Mules	Gourmetstube Einhorn ✿✿
Nova Levante	Johannes-Stube ✿
Ortisei	Anna Stuben ✿
Sarentino	Alpes ✿
Sarentino	Terra ✿✿
Selva di Val Gardena	Alpenroyal Gourmet ✿
Tesimo	Zum Löwen ✿
Tirolo	Culinaria im Farmerkreuz ✿ **N**
Tirolo	Trenkerstube ✿✿
Trento / Ravina	Locanda Margon ✿✿
Vigo di Fassa / Tamion	'L Chimpl ✿

UMBRIA

Baschi	Casa Vissani ❀❀
Norcia	Vespasia ❀

VALLE D'AOSTA

Aosta	Vecchio Ristoro ❀
Cogne	Le Petit Restaurant ❀
Gignod	La Clusaz ❀

VENETO

Altissimo	Casin del Gamba ❀
Arzignano	Damini Macelleria & Affini ❀
Asiago	La Tana Gourmet ❀
Asiago	Stube Gourmet ❀ **N**
Barbarano Vicentino	Aqua Crua ❀
Bardolino	La Veranda ❀
Campagna Lupia / Lughetto	Antica Osteria Cera ❀❀
Castelfranco Veneto	Feva ❀
Cavaion Veronese	Oseleta ❀
Cortina d'Ampezzo	Tivoli ❀
Follina	La Corte ❀
Isola Rizza	Perbellini ❀
Lonigo	La Peca ❀❀
Malcesine	Vecchia Malcesine ❀
Oderzo	Gellius ❀
Pieve d'Alpago	Dolada ❀
Pontelongo	Lazzaro 1915 ❀
Puos d'Alpago	Locanda San Lorenzo ❀
Rubano	Le Calandre ❀❀❀
San Vito di Cadore	Aga ❀
Sappada	Laite ❀
Schio	Spinechile ❀
Scorzè	San Martino ❀
Selvazzano Dentro	La Montecchia ❀
Treviso	Undicesimo Vineria ❀ **N**
Venezia	Dopolavoro ❀
Venezia	Glam Enrico Bartolini ❀ **N**
Venezia	Met ❀
Venezia	Oro Restaurant ❀
Venezia	Osteria da Fiore ❀
Venezia	Quadri ❀
Venezia	Il Ridotto ❀
Venezia / Burano	Venissa ❀
Verona	Casa Perbellini ❀❀
Verona	Il Desco ❀
Verona	Osteria la Fontanina ❀
Vicenza	El Coq ❀
Vodo Cadore	Al Capriolo ❀

BIB GOURMAND

PASTI ACCURATI
A PREZZI CONTENUTI

N **Nuovo**
N *new*

ABRUZZO

Caramanico Terme	Locanda del Barone
Giulianova Lido	Osteria dal Moro
Manoppello / Manoppello Scalo	Trita Pepe
Mosciano Sant' Angelo	Borgo Spoltino
Notaresco	3 Archi
Opi	La Madonnina
Pacentro	Taverna dei Caldora
Pescara	Taverna 58
Pineto / Mutignano	Bacucco d'Oro
Rivisondoli	Da Giocondo
Sulmona	Clemente

BASILICATA

Bernalda	La Locandiera
Castelmezzano	Al Becco della Civetta
Melfi	La Villa
Rotonda	Da Peppe
Terranova di Pollino	Luna Rossa

CALABRIA

Bagnara Calabra	Taverna Kerkira
Filandari / Mesiano	Frammichè
Gambarie	L'Angolo del Gusto
Mileto	Il Normanno
Rossano Stazione	Il Giardino di Iti
Sangineto Lido	Convito
Tiriolo	Due Mari

CAMPANIA

Ariano Irpino	La Pignata
Benevento	Pascalucci
Cetara	Al Convento
Furore	Hostaria di Bacco
Massa Lubrense / Santa Maria Annunziata	La Torre
Napoli	Locanda N'Tretella
Ospedaletto d'Alpinolo	Osteria del Gallo e della Volpe **N**
Palinuro	Da Carmelo
Pisciotta / Marina di Pisciotta	Angiolina **N**
Sant' Agata sui Due Golfi	Lo Stuzzichino

Santa Maria la Carità	Gerani
Vallo della Lucania	La Chioccia d'Oro

EMILIA-ROMAGNA

Argelato	L'800
Bagnolo in Piano	Trattoria da Probo
Bologna	Al Cambio **N**
Bologna	Osteria Bartolini **N**
Bologna	Trattoria di Via Serra **N**
Calestano	Locanda Mariella
Campogalliano	Magnagallo
Campogalliano	Trattoria Barchetta
Castrocaro Terme	Trattoria Bolognesi da Melania
Cervia / Milano Marittima	Osteria del Gran Fritto
Cesenatico	Osteria del Gran Fritto
Faenza	Cà Murani
Faenza	La Baita
Ferrara	Ca' d'Frara
Ferrara / Gaibana	Trattoria Lanzagallo
Fidenza	Podere San Faustino
Finale Emilia	Osteria la Fefa
Lama Mocogno	Vecchia Lama
Longiano	Dei Cantoni
Meldola	Il Rustichello
Monticelli d'Ongina	Antica Trattoria Cattivelli
Novafeltria	Del Turista-da Marchesi
Parma	Osteria del 36
Parma	Shakespeare
Parma / Coloreto	Trattoria Ai Due Platani
Pianoro / Rastignano	Osteria al numero Sette
Ponte dell'Olio	Locanda Cacciatori
Ravenna / Ragone	Trattoria Flora
Rimini / Coriano	Vite
Rivergaro	Caffè Grande
Russi / San Pancrazio	La Cucoma
Salsomaggiore Terme	L'Osteria del Castellazzo
Torrile / Vicomero	Romani

FRIULI-VENEZIA GIULIA

Buttrio	Trattoria al Parco
Cavasso Nuovo	Ai Cacciatori
Cavazzo Carnico	Borgo Poscolle
Cividale del Friuli	Al Monastero
Fagagna	Al Castello
Mariano del Friuli / Corona	Al Piave
Monfalcone	Ai Campi di Marcello
Monrupino	Krizman
Pordenone	La Ferrata
Sauris	Alla Pace
Savogna d'Isonzo / San Michele del Carso	Lokanda Devetak
Tarcento	Osteria di Villafredda

Tricesimo	Miculan
Trieste	Nuovo Savron
Udine	Hostaria Allegria

LAZIO

Arpino / Carnello	Mingone **N**
Roma	Domenico dal 1968
Roma	Felice a Testaccio
Roma	Profumo di Mirto
Roma	Al Ristoro degli Angeli

LIGURIA

Genova / San Desiderio	Bruxaboschi
Genova / Voltri	Ostaia da ü Santü
Imperia / Oneglia	Didù
Lavagna / Cavi	Raieû
Loano	Bagatto
Montoggio	Roma
Ne	La Brinca
Pigna	Terme
Varese Ligure	Amici

LOMBARDIA

Acquanegra sul Chiese	Trattoria al Ponte
Bianzone	Altavilla **N**
Botticino	Trattoria Eva
Brescia	Trattoria Porteri
Brione	La Madia
Castiglione delle Stiviere	Hostaria Viola
Corte de' Cortesi	Il Gabbiano
Cuasso al Monte	Al Vecchio Faggio
Curtatone / Grazie	Locanda delle Grazie
Gavirate	Tipamasaro
Inverno-Monteleone	Trattoria Righini Ines
Isola Dovarese	Caffè La Crepa
Milano	La Cantina di Manuela
Milano	Cucina Dei Frigoriferi Milanesi **N**
Milano	Dongiò
Milano	Da Giannino-L'Angolo d'Abruzzo
Milano	Serendib
Milano	Trippa
Morbegno	Osteria del Crotto
Palazzago	Osteria Burligo
Piadena	Dell'Alba
Rancio Valcuvia	Gibigiana
Settimo Milanese	CristianMagri
Soiano del Lago	Villa Aurora
Suzzara	Mangiare Bere Uomo Donna
Teglio	Fracia
Toscolano-Maderno	Il Cortiletto
Voltido / Recorfano	Antica Trattoria Gianna

MARCHE

Appignano	Osteria dei Segreti **N**
Cagli	La Gioconda
Casteldimezzo	La Canonica
Senigallia	Trattoria Vino e Cibo
Treia / San Lorenzo	Il Casolare dei Segreti

PIEMONTE

Arona / Montrigiasco	Castagneto
Asti	Osteria Casamar
Bellinzago Novarese / Badia di Dulzago	Osteria San Giulio
Borghetto di Borbera	Il Fiorile
Bra	Battaglino
Bra	Boccondivino
Calamandrana	Violetta
Capriata d'Orba	Il Moro
Castiglione Falletto	L'Argaj
Cavatore	Da Fausto
Crodo / Viceno	Edelweiss
Cuneo	4 ciance
Cuneo	Osteria della Chiocciola
Cuorgnè	Rosselli 77
La Morra / Annunziata	Osteria Veglio
Masio	Trattoria Losanna
Moncalieri / Revigliasco	La Taverna di Fra' Fiusch
Monteu Roero	Cantina dei Cacciatori
Nizza Monferrato	Le Due Lanterne **N**
Ormea / Ponte di Nava	Ponte di Nava-da Beppe
Roletto	Il Ciabot
Sambuco	Della Pace
Torino	L'Acino
Torino	Consorzio
Torino	Contesto Alimentare
Torino	Scannabue Caffè Restaurant
Tortona	Vineria Derthona
Traversella	Le Miniere
Usseaux	Lago del Laux

PUGLIA

Andria	Il Turacciolo
Andria / Montegrosso	Antichi Sapori
Bisceglie	31.10 Osteria Lorusso **N**
Brindisi	Pantagruele
Ceglie Messapica	Cibus
Gioia del Colle	Osteria del Borgo Antico
Minervino Murge	La Tradizione-Cucina Casalinga
Monte Sant' Angelo	Medioevo
Ostuni	Osteria Piazzetta Cattedrale
Pulsano / Marina di Pulsano	La Barca
Racale	L'Acchiatura
Ruvo di Puglia	U.P.E.P.I.D.D.E.

San Severo	La Fossa del Grano
Vieste	Il Capriccio

SARDEGNA

Abbasanta	Su Carduleu
Oliena	Sa Corte
Oliena	Su Gologone

SICILIA

Agrigento	Osteria Expanificio
Castelbuono	Nangalarruni
Castelbuono	Palazzaccio
Catania	Me Cumpari Turiddu **N**
Messina / Ganzirri	La Sirena
Palazzolo Acreide	Andrea - Sapori Montani
Sinagra	Trattoria da Angelo Borrello

TOSCANA

Anghiari	Da Alighiero
Arezzo / Giovi	Antica Trattoria al Principe
Bibbiena	Il Tirabusciò
Camaiore / Montemagno	Le Meraviglie
Carrara / Colonnata	Venanzio
Castagneto Carducci / Bolgheri	Osteria Magona
Castel del Piano	Antica Fattoria del Grottaione
Castiglione della Pescaia	Osteria del mare già Il Votapentole
Chianciano Terme	Hostaria il Buco
Cortona	La Bucaccia
Cutigliano	Trattoria da Fagiolino
Firenze	Da Burde
Firenze	Il Latini
Firenze	Trattoria Cibrèo-Cibreino
Firenze	Zeb
Firenze / Galluzzo	Trattoria Bibe
Follonica	Il Sottomarino
Lucca	I Diavoletti
Lucca / Ponte a Moriano	Antica Locanda di Sesto
Orbetello	L'Oste Dispensa **N**
Poppi / Moggiona	Il Cedro
Radda in Chianti / Lucarelli	Osteria Le Panzanelle
Sansepolcro	Fiorentino e Locanda del Giglio
Serravalle Pistoiese	Trattoria da Marino
Siena	La Taverna di San Giuseppe
Tavarnelle Val di Pesa / San Donato in Poggio	Antica Trattoria La Toppa
Trequanda	Il Conte Matto

TRENTINO-ALTO ADIGE

Alta Badia	Maso Runch-Hof
Bolzano	Vögele **N**
Calavino	Da Cipriano
Chienes	Gassenwirt
Isera	Casa del Vino

Lavis / Sorni	Trattoria Vecchia Sorni
Moena	Agritur El Mas
Nogaredo	Locanda D&D Maso Sasso
Ossana	Antica Osteria
Pergine Valsugana	Osteria Storica Morelli
Romeno	Nerina
San Genesio	Antica Locanda al Cervo-Landgasthof zum Hirschen **N**
San Lorenzo di Sebato	Lerchner's In Runggen
San Martino di Castrozza	Chalet Pra delle Nasse-da Anita
San Vigilio di Marebbe	Fana Ladina
Valle di Casies	Durnwald

UMBRIA

Cannara	Perbacco-Vini e Cucina **N**
Castiglione del Lago	L'Acquario
Ferentillo	Piermarini
Norcia	Granaro del Monte

VALLE D'AOSTA

Aosta	Osteria da Nando
Brusson	Laghetto
Verrayes / Grandzon	La Vrille **N**

VENETO

Asiago	Locanda Aurora
Belluno	Al Borgo
Canale d'Agordo	Alle Codole
Casier / Dosson	Alla Pasina
Farra di Soligo / Col San Martino	Locanda da Condo
Forno di Zoldo / Mezzocanale	Mezzocanale-da Ninetta
Galliera Veneta	Al Palazzon
Lusia	Trattoria al Ponte
Marostica / Valle San Floriano	La Rosina
Mestre	Ostaria da Mariano
Mirano	Da Flavio e Fabrizio «Al Teatro»
Mirano / Vetrego	Il Sogno
Pastrengo / Piovezzano	Eva **N**
Pianiga	Trattoria da Paeto
Revine	Ai Cadelach
San Polo di Piave	Osteria Enoteca Gambrinus
Santo Stefano di Cadore	La Ziria
San Vito di Leguzzano	Antica Trattoria Due Mori
Sernaglia della Battaglia	Dalla Libera
Trebaseleghe	Baracca-Storica Hostaria
Valdobbiadene / Bigolino	Tre Noghere
Velo Veronese	13 Comuni
Verona	Al Bersagliere
Verona	Locanda 4 Cuochi
Verona	San Basilio alla Pergola
Verona	Locanda 4 Cuochi
Verona	San Basilio alla Pergola

ALBERGHI AMENI

THE MOST
DELIGHTFUL PLACES

Alberghi e forme alternative di ospitalità
Hotels & guesthouses

ABRUZZO

Casacanditella	Castello di Semivicoli
Castel di Sangro	Casadonna
Pescocostanzo	Il Gatto Bianco

BASILICATA

Bernalda	Agriturismo Relais Masseria Cardillo
Brienza	La Voce del Fiume
Maratea / Acquafredda	Villa Cheta Elite
Maratea / Fiumicello Santa Venere	Il Santavenere
Matera	Locanda di San Martino
Matera	Palazzo Gattini
Matera	Pietra
Matera	Sant'Angelo
Matera	Sassi Hotel
Matera	Sextantio - Le Grotte della Civita

CALABRIA

Cittadella del Capo	Palazzo del Capo
Morano Calabro	Agriturismo la Locanda del Parco
Morano Calabro	Villa San Domenico
Sellia Marina	Agriturismo Contrada Guido
Villa San Giovanni /	
Santa Trada di Cannitello	Altafiumara Resort & Spa

CAMPANIA

Amalfi	Grand Hotel Convento di Amalfi
Amalfi	Relais Villa Annalara
Amalfi	Santa Caterina
Amalfi	Villa Lara
Baia Domizia	Della Baia
Capri (Isola di) / Anacapri	Caesar Augustus
Capri (Isola di) / Anacapri	Capri Palace Hotel
Capri (Isola di) / Anacapri	Casa Mariantonia
Capri (Isola di) / Capri	Capri Tiberio Palace
Capri (Isola di) / Capri	Casa Morgano
Capri (Isola di) / Capri	Grand Hotel Quisisana
Capri (Isola di) / Capri	La Minerva
Capri (Isola di) / Capri	Punta Tragara

Capri (Isola di) / Capri	Scalinatella
Capri (Isola di) / Capri	Villa Brunella
Capri (Isola di) / Marina Grande	J.K. Place Capri
Castellabate / San Marco	Giacaranda
Castellammare di Stabia	La Medusa Hotel
Conca dei Marini	Le Terrazze
Conca dei Marini	Monastero Santa Rosa Hotel & Spa
Furore	Agriturismo Sant'Alfonso
Ischia (Isola d') / Casamicciola Terme	Terme Manzi Hotel & Spa
Ischia (Isola d') / Forio	Garden & Villas Resort
Ischia (Isola d') / Forio	Mezzatorre Resort & Spa
Ischia (Isola d') / Ischia	Grand Hotel Excelsior
Ischia (Isola d') / Lacco Ameno	L'Albergo della Regina Isabella
Maiori	Badia Santa Maria De Olearia
Maiori	Botanico San Lazzaro
Maiori	Relais Tenuta Solomita
Massa Lubrense / Termini	Relais Blu
Napoli	L'Alloggio dei Vassalli
Napoli	Chiaja Hotel de Charme
Napoli	Costantinopoli 104
Napoli	Decumani Hotel de Charme
Napoli	Grand Hotel Parker's
Napoli	Grand Hotel Vesuvio
Napoli	Palazzo Alabardieri
Napoli	Romeo
Paestum	Il Granaio dei Casabella
Paestum / Capaccio	Borgo la Pietraia
Pisciotta	Marulivo
Positano	Palazzo Murat
Positano	Punta Regina
Positano	San Pietro
Positano	Le Sirenuse
Positano	Villa Rosa
Pozzuoli / Cuma	Villa Giulia
Praiano	Casa Angelina
Praiano	Onda Verde
Procida / Procida	La Suite Hotel
Procida / Procida	La Vigna
Ravello	Belmond Hotel Caruso
Ravello	Palazzo Avino
Ravello	Villa Cimbrone
Ravello	Villa San Michele
San Cipriano Picentino	Villa Rizzo Resort & Spa
Sant' Agata de' Goti	Dimora Storica Mustilli
Sant' Agata sui Due Golfi	Don Alfonso 1890
Sant' Agnello	Grand Hotel Cocumella
Sorrento	Bellevue Syrene 1820
Sorrento	Grand Hotel Excelsior Vittoria
Sorrento	Maison la Minervetta
Telese Terme	Aquapetra Resort e Spa
Vico Equense	Capo la Gala

EMILIA-ROMAGNA

Albareto	Borgo Casale 🏠
Bagno di Romagna	Balneum 🏨
Bologna	Commercianti 🏨
Bologna	Delle Drapperie 🏠
Bologna	Grand Hotel Majestic già Baglioni 🏨
Castelvetro di Modena / Levizzano Rangone	Agriturismo Opera 02 🏡
Cattolica	Carducci 76 🏨
Cesenatico	Casadodici 🏡
Cesenatico	Grand Hotel da Vinci 🏨
Dovadola	Corte San Ruffillo 🏡
Faenza	Relais Villa Abbondanzi 🏨
Ferrara	Horti della Fasanara 🏡
Gazzola / Rivalta Trebbia	Agriturismo Croara Vecchia 🏡
Gazzola / Rivalta Trebbia	Residenza Torre di San Martino 🏨
Imola	B&B Callegherie 21 🏡
Montegridolfo	Relais Palazzo Viviani 🏨
Parma	Palazzo dalla Rosa Prati 🏡
Ravenna	Cappello 🏨
Ravenna	M Club Deluxe 🏡
Ravenna	Santa Maria Foris 🏡
Riccione	Grand Hotel Des Bains 🏨
Rimini	Grand Hotel Rimini 🏨
Rimini	i-Suite 🏨
Roncofreddo	I Quattro Passeri 🏡
Russi / San Pancrazio	Relais Villa Roncuzzi 🏨
San Giovanni in Marignano	Riviera Golf Resort 🏨
San Pietro in Cerro	Locanda del Re Guerriero 🏡
Santarcangelo di Romagna	Il Villino 🏠
Santarcangelo di Romagna / Montalbano	Agriturismo Locanda Antiche Macine 🏡

FRIULI-VENEZIA GIULIA

Buttrio	Il Castello di Buttrio 🏨
Caneva	Ca' Damiani 🏨
Capriva del Friuli	Castello di Spessa 🏡
Duino-Aurisina / Sistiana	Falisia Resort 🏨
Fiume Veneto	L'Ultimo Mulino 🏨
Grado	Oche Selvatiche 🏨
Pasiano di Pordenone / Rivarotta	Villa Luppis 🏨
Trieste	Grand Hotel Duchi d'Aosta 🏨

LAZIO

Anguillara Sabazia	Country Relais I Due Laghi 🏡
Bagnoregio	Romantica Pucci 🏡
Bracciano	Villa Clementina 🏨
Campagnano di Roma	Il Postiglione-Antica Posta dei Chigi 🏨
Casperia	La Torretta 🏡
Castrocielo	Villa Euchelia 🏨
Civitella d'Agliano	La Tana dell'Istrice 🏡

Fara in Sabina / Coltodino	Ille-Roif 🏠
Fiuggi / Fiuggi Fonte	Grand Hotel Palazzo della Fonte 🏨🏨
Gaeta	Grand Hotel Le Rocce 🏨
Gaeta	Villa Irlanda Grand Hotel 🏨
Grottaferrata	Locanda dello Spuntino 🏠
Grottaferrata	Park Hotel Villa Grazioli 🏨
Labico	Antonello Colonna Labico Resort 🏨
Ladispoli	La Posta Vecchia 🏨
Latina / Lido di Latina	Il Fogliano 🏨
Picinisco	Sotto le Stelle 🏡
Ponza (Isola di) / Ponza	Piccolo Hotel Luisa 🏠
Proceno	Castello di Proceno 🏡
Rieti	Park Hotel Villa Potenziani 🏨
Roma	Castello della Castelluccia 🏨
Roma	Celio 🏠
Roma	Eden 🏨🏨
Roma	The First Luxury Art Hotel Roma 🏨
Roma	Fortyseven 🏨
Roma	G-Rough 🏠
Roma	Gran Melià Roma 🏨
Roma	Grand Hotel Plaza 🏨
Roma	Grand Hotel Via Veneto 🏨
Roma	H'All Tailor Suite 🏠
Roma	Hassler 🏨🏨
Roma	Indigo Rome St. George 🏨
Roma	J.K. Place Roma 🏨
Roma	Lord Byron 🏨
Roma	Palazzo Dama 🏨
Roma	Palazzo Manfredi 🏨
Roma	Pensione Barrett 🏠
Roma	Portrait Roma 🏠
Roma	Raphaël 🏨
Roma	Regina Hotel Baglioni 🏨
Roma	Rome Cavalieri Waldorf Astoria 🏨🏨
Roma	De Russie 🏨🏨
Roma	Sant'Anselmo 🏠
Roma	Splendide Royal 🏨
Roma	Villa Laetitia 🏨
Roma	Villa Spalletti Trivelli 🏨
San Felice Circeo / Quarto Caldo	Punta Rossa 🏨
Tarquinia	Valle Del Marta 🏠
Tivoli	Torre Sant'Angelo 🏨
Viterbo	Alla Corte Delle Terme 🏠

LIGURIA

Alassio	Villa della Pergola 🏨
Badalucco	Macine del Confluente 🏡
Camogli	Villa Rosmarino 🏡
Finale Ligure	Punta Est 🏨
Finale Ligure	San Pietro Palace Hotel 🏠
Garlenda	La Meridiana 🏨
Levanto	Agriturismo Villanova 🏡

Levanto / Mesco	La Giada del Mesco 🏠
Manarola	La Torretta 🏨
Moneglia	Abbadia San Giorgio 🏨
Nervi	Villa Pagoda 🏩
Noli	Residenza Palazzo Vescovile 🏨
Pigna	La Casa Rosa 🏨
Portofino	Belmond Hotel Splendido 🏨
Portofino	Belmond Splendido Mare 🏩
Rapallo	Excelsior Palace Hotel 🏩
San Remo	Royal Hotel Sanremo 🏨
Santa Margherita Ligure	Imperiale Palace Hotel 🏩
Sestri Levante	Grand Hotel Villa Balbi 🏩
Sestri Levante	Helvetia 🏩
Sestri Levante	Suite Hotel Nettuno 🏩
Tovo San Giacomo / Bardino Vecchio	Relais Il Casale 🏩
Varazze	Astigiana 🏠

LOMBARDIA

Azzate	Locanda dei Mai Intees 🏩
Bellagio	Grand Hotel Villa Serbelloni 🏨
Bergamo	GombitHotel 🏩
Bergamo	Petronilla 🏩
Bergamo	Piazza Vecchia 🏩
Bergamo	Relais San Lorenzo 🏩
Blevio	CastaDiva Resort 🏨
Borno	Zanaglio 🏨
Brusaporto	Relais da Vittorio 🏩
Cantello	Madonnina 🏩
Cernobbio	Villa d'Este 🏨
Cologne	Cappuccini Resort 🏩
Como	Terminus 🏩
Como	Villa Flori 🏩
Desenzano del Garda	Park Hotel 🏩
Drizzona / Castelfranco d'Oglio	Agriturismo l'Airone 🏨
Erbusco	L'Albereta 🏨
Gardone Riviera	Dimora Bolsone 🏨
Gardone Riviera / Fasano	Bella Riva 🏩
Gardone Riviera / Fasano	Grand Hotel Fasano e Villa Principe 🏨
Gardone Riviera / Fasano	Villa del Sogno 🏩
Gargnano	Grand Hotel a Villa Feltrinelli 🏨
Gargnano	Lefay Resort & Spa 🏨
Gargnano	Villa Giulia 🏩
Gavardo	Villa dei Campi Boutique Hotel 🏩
Isola Dovarese	Palazzo Quaranta 🏩
Lezzeno	Filario Hotel 🏩
Livigno	Sonne 🏩
Milano	Antica Locanda dei Mercanti 🏩
Milano	Antica Locanda Leonardo 🏠
Milano	Armani Hotel Milano 🏨
Milano	Bulgari 🏨
Milano	Carlton Hotel Baglioni 🏨
Milano	Château Monfort 🏨

Milano	Four Seasons Hotel Milano 🏨
Milano	Grand Hotel et de Milan 🏨
Milano	The Gray 🏨
Milano	Maison Borella 🏨
Milano	Mandarin Oriental Milano 🏨
Milano	Milano Scala 🏨
Milano	Park Hyatt Milano 🏨
Milano	Principe di Savoia 🏨
Milano	Townhouse Duomo 🏨
Moltrasio	Grand Hotel Imperiale 🏨
Montichiari	Palazzo Novello 🏨
Monza	De la Ville 🏨
Pellio Intelvi	La Locanda del Notaio 🏨
Ranco	Il Sole di Ranco 🏨
Salò	Bellerive 🏨
Salò	Laurin 🏨
Salò	Villa Arcadio 🏨
Salò	Villa Bissiniga 🏡
Sirmione	Villa Cortine Palace Hotel 🏨
Tonale (Passo del)	La Mirandola 🏠
Torno	Il Sereno 🏨
Tremezzo	Grand Hotel Tremezzo 🏨
Vigevano	Locanda San Bernardo 🏡

MARCHE

Ancona / Portonovo	Fortino Napoleonico 🏨
Ascoli Piceno	Agriturismo Villa Cicchi 🏡
Ascoli Piceno	Palazzo dei Mercanti 🏨
Ascoli Piceno	Residenza 100 Torri 🏨
Castel di Lama	Borgo Storico Seghetti Panichi 🏡
Fabriano	Residenza La Ceramica 🏠
Fano	Villa Giulia 🏡
Gradara	Castello di Granarola 🏡
Grottammare	Roma 🏠
Montecosaro	La Luma 🏠
Pesaro	Alexander Museum Palace 🏨
Pesaro	Excelsior 🏨
Pesaro	Locanda di Villa Torraccia 🏡
Pesaro	Vittoria 🏨
Urbino / Pantiere	Urbino Resort Tenuta Santi Giacomo e Filippo 🏡

MOLISE

| Campobasso | Palazzo Cannavina 🏡 |
| Termoli | Residenza Sveva 🏡 |

PIEMONTE

Alagna Valsesia	B&B Casa Prati 🏡
Alba	Palazzo Finati 🏡
Barolo / Vergne	Ca' San Ponzio 🏡
Benevello	Villa d'Amelia 🏨
Buriasco	Tenuta La Cascinetta 🏨

Tortona	Casa Cuniolo
Vernante	Il Relais del Nazionale
Vicoforte	Antica Meridiana Relais Art

PUGLIA

Alberobello	Agriturismo Fascino Antico Trulli
Andria / Montegrosso	Agriturismo Biomasseria Lama di Luna
Avetrana	Relais Terre di Terre
Cutrofiano	Sangiorgio Resort & Spa
Galatina	Palazzo Baldi
Gallipoli	Masseria Li Foggi
Gallipoli	Palazzo del Corso
Gallipoli	Palazzo Mosco Inn
Gallipoli	Relais Corte Palmieri
Lecce	Palazzo Rollo
Lecce	Patria Palace Hotel
Lecce	Suite Hotel Santa Chiara
Lizzano	Masseria Bagnara
Maglie	Corte dei Francesi
Manduria	Corte Borromeo
Marina di Leuca	Villa La Meridiana
Mattinata	Baia dei Faraglioni
Monopoli	Don Ferrante
Monopoli	La Peschiera
Noci	Santarosa Relais
Ostuni	Masseria Cervarolo
Ostuni	Masseria Il Frantoio
Ostuni	Masseria le Carrube
Ostuni	La Sommità
Otranto	Masseria Panareo
Otranto	Relais Valle dell'Idro
Peschici	La Chiusa delle More
Polignano a Mare	Giovì Relais
Savelletri	Borgo Egnazia
Savelletri	Masseria Cimino
Savelletri	Masseria San Domenico
Savelletri	Masseria Torre Coccaro
Savelletri	Masseria Torre Maizza
Taranto / Masseria San Pietro	Relais Histò
Ugento	Masseria Don Cirillo

SARDEGNA

Alghero	Villa Las Tronas
Alghero	Villa Mosca
Alghero / Porto Conte	El Faro
Arzachena	Tenuta Pilastru
Arzachena / Baia Sardinia	L'Ea Bianca Luxory Resort
Arzachena / Baia Sardinia	La Bisaccia
Arzachena / Cala di Volpe	Cala di Volpe
Arzachena / Pitrizza	Pitrizza
Arzachena / Porto Cervo	Colonna Pevero Hotel

Arzachena / Romazzino	Romazzino 🏨
Cagliari	La Villa del Mare 🏨
Castelsardo	Bajaloglia 🏨
Guspini	Tarthesh 🏨
Olbia	Ollastu 🏨
Olbia / Porto Rotondo	Sporting 🏨
Oliena	Su Gologone 🏨
Pula	Castello 🏨
Pula	Le Dune 🏨
San Pantaleo	Petra Segreta 🏨
Sant'Antonio di Gallura	Aldiola Country Resort 🏨
Santa Teresa Gallura	Resort Valle dell'Erica Thalasso & SPA 🏨
Santu Lussurgiu	Antica Dimora del Gruccione 🏠
Villasimius	Cala Caterina 🏨

SICILIA

Agrigento	Villa Athena 🏨
Calatabiano	Castello di San Marco 🏨
Isole Egadi / Favignana	Cave Bianche 🏨
Eolie / Panarea	Quartara 🏨
Eolie / Salina	La Salina Borgo di Mare 🏨
Eolie / Salina	Signum 🏨
Eolie / Filicudi Porto	La Canna 🏠
Lampedusa / Lampedusa	Luagos Club 🏠
Linguaglossa	Shalai Resort 🏨
Linguaglossa	Villa Neri Resort & Spa 🏨
Marina di Ragusa	La Moresca 🏠
Menfi	La Foresteria-Planeta Estate 🏨
Milazzo	Locanda il Bagatto 🏨
Modica	Casa Talia 🏨
Modica	Palazzo Failla 🏨
Monreale	Palazzo Ducale Suites 🏨
Noto	Seven Rooms Villadorata 🏨
Palermo	Grand Hotel Villa Igiea 🏨
Palermo	Grand Hotel Wagner 🏨
Isola di Pantelleria / Pantelleria	Zubebi Resort 🏨
Petralia Sottana	Agriturismo Monaco di Mezzo 🏨
Pettineo	Casa Migliaca 🏨
Ragusa	Antico Convento dei Cappuccini 🏠
Ragusa	Eremo della Giubiliana 🏨
Ragusa	Locanda Don Serafino 🏠
Ragusa	Relais Antica Badia 🏨
Ragusa	Sabbinirica 🏨
Riposto	Donna Carmela 🏨
Riposto / Archi	Zash Country Boutique Hotel 🏨
San Vito lo Capo	Baglio La Porta di San Gerardo 🏨
Sciacca	Verdura Resort 🏨
Siracusa	Cavalieri 🏨
Siracusa	Donna Coraly Resort 🏨
Siracusa	Giuggiulena 🏨
Siracusa	Grand Hotel Minareto 🏨
Siracusa	Grand Hotel Ortigia 🏨

Siracusa	Henry's House 🏠
Siracusa	Lady Lusya 🏨
Taormina	Ashbee 🏨
Taormina	Belmond Grand Hotel Timeo 🏨
Taormina	El Jebel 🏨
Taormina	Metropole 🏨
Taormina	Nh Collection Taormina 🏨
Taormina	San Domenico Palace 🏨
Taormina	Villa Carlotta 🏨
Taormina	Villa Ducale 🏨
Taormina	Villa Taormina 🏠
Taormina / Mazzarò	Belmond Villa Sant'Andrea 🏨
Taormina / Mazzarò	Grand Hotel Mazzarò Sea Palace 🏨
Trapani	Ai Lumi 🏡
Trapani / Fontanasalsa	Agriturismo Baglio Fontanasalsa 🏡
Vizzini / Vizzini Scalo	Castello Camemi 🏡
Zafferana Etnea	Monaci delle Terre Nere 🏡

TOSCANA

Albinia	Agriturismo Antica Fattoria la Parrina 🏡
Arezzo	Badia di Pomaio 🏨
Arezzo	Graziella Patio Hotel 🏨
Bagno a Ripoli / Candeli	Villa La Massa 🏨
Bibbona	Relais di Campagna Podere Le Mezzelune 🏡
Bibbona	Relais Sant'Elena 🏡
Borgo San Lorenzo	Casa Palmira 🏡
Casale Marittimo	La Gelinda-Fattoria della Gioiosa 🏡
Casole d'Elsa	Castello di Casole 🏨
Casole d'Elsa / Pievescola	Relais la Suvera 🏨
Castagneto Carducci	B&B Villa le Luci 🏡
Castellina in Chianti	Castello La Leccia 🏡
Castelnuovo Berardenga	Castel Monastero 🏨
Castelnuovo Berardenga	Le Fontanelle 🏨
Castelnuovo Berardenga	Relais Borgo San Felice 🏨
Castelnuovo Berardenga	Villa Curina Resort 🏨
Castiglione della Pescaia / Badiola	L'Andana-Tenuta La Badiola 🏨
Castiglion Fiorentino / Pieve di Chio	Casa Portagioia 🏡
Castiglion Fiorentino / Polvano	Relais San Pietro in Polvano 🏨
Cavriglia	Le Lappe 🏡
Cetona	La Locanda di Cetona 🏡
Chiusdino	Borgo Santo Pietro 🏨
Chiusi	Il Patriarca 🏨
Colle di Val d'Elsa	Palazzo Pacini 🏡
Cortona	La Corte di Ambra 🏡
Cortona	Relais la Corte dei Papi 🏨
Cortona	Villa di Piazzano 🏨
Cortona / San Martino	Il Falconiere Relais 🏨
Fiesole	Pensione Bencistà 🏠
Fiesole	Il Salviatino 🏨
Fiesole	Villa San Michele 🏨
Firenze	1865 Residenza d'epoca 🏡
Firenze	Antica Dimora Johlea 🏡

Firenze	Antica Torre di via Tornabuoni 1 🏨
Firenze	Brunelleschi 🏨
Firenze	B&B Antica Dimora Firenze 🏠
Firenze	Cellai 🏨
Firenze	Four Seasons Hotel Firenze 🏨
Firenze	Home Florence 🏨
Firenze	Inpiazzadellasignoria 🏨
Firenze	J.K. Place Firenze 🏨
Firenze	Leone Blu 🏨
Firenze	Lungarno 🏨
Firenze	Monna Lisa 🏨
Firenze	Palazzo Galletti B&B 🏠
Firenze	Palazzo Magnani Feroni 🏨
Firenze	Palazzo Niccolini al Duomo 🏠
Firenze	Palazzo Vecchietti 🏨
Firenze	Portrait Firenze 🏨
Firenze	Regency 🏨
Firenze	Relais Santa Croce 🏨
Firenze	The St. Regis Florence 🏨
Firenze	Torre di Bellosguardo 🏨
Firenze	Villa Antea 🏠
Firenze	Villa Cora 🏨
Firenze	Villa La Vedetta 🏨
Firenze	Ville sull 'Arno 🏨
Firenze	Villino Fiorentino 🏠
Firenze	The Westin Excelsior 🏨
Firenze / Galluzzo	Marignolle Relais & Charme 🏨
Foiano della Chiana / Pozzo	Villa Fontelunga 🏠
Forte dei Marmi	Augustus Lido 🏨
Forte dei Marmi	Byron 🏨
Forte dei Marmi	Villa Roma Imperiale 🏨
Gaiole in Chianti	Castello di Meleto 🏨
Gaiole in Chianti	Castello di Spaltenna 🏨
Greve in Chianti	Agriturismo Villa Vignamaggio 🏠
Greve in Chianti	Villa Bordoni 🏨
Greve in Chianti / Panzano	Villa le Barone 🏨
Livorno	Al Teatro 🏠
Lucca	Alla Corte degli Angeli 🏠
Lucca	Marta Guest House 🏠
Lucca	N°15 Santori Luxury Home 🏨
Lucca	A Palazzo Busdraghi 🏠
Lucca	Palazzo Rocchi 🏠
Lucca	Palazzo Tucci 🏠
Lucca	Relais del Lago 🏠
Lucca	Tenuta San Pietro 🏨
Lucca / Cappella	Relais La Cappella 🏠
Lucca / Segromigno in Monte	Fattoria Mansi Bernardini 🏠
Manciano	Agriturismo Quercia Rossa 🏠
Marina di Massa	Villa Maremonti 🏨
Montaione / San Benedetto	B&B Villa Sestilia 🏠
Montalcino / Castelnuovo dell'Abate	Castello di Velona 🏨
Montalcino / Castiglione del Bosco	Castiglion del Bosco 🏨

Montalcino / Poggio alle Mura	Castello Banfi-Il Borgo 🏨
Montebenichi	Castelletto di Montebenichi 🏨
Montecarlo	Antica Dimora Patrizia 🏨
Montecatini Terme	Columbia 🏨
Montecatini Terme	Villa le Magnolie 🏨
Montefiridolfi	Agriturismo Fonte de' Medici 🏨
Montemerano	Villa Acquaviva 🏨
Montepulciano	Villa Cicolina 🏨
Montepulciano	Villa Poggiano 🏨
Monteriggioni / Strove	Castel Pietraio 🏨
Monte San Savino / Gargonza	Castello di Gargonza 🏨
Montevarchi / Moncioni	Villa Sassolini 🏨
Montieri	Agriturismo La Meridiana-Locanda in Maremma 🏨
Palazzuolo sul Senio	Locanda Senio 🏨
Peccioli	Pratello Country Resort 🏨
Pienza	La Bandita Townhouse 🏨
Pienza	Relais La Saracina 🏨
Pienza / Monticchiello	L'Olmo 🏨
Pietrasanta	Albergo Pietrasanta 🏨
Pietrasanta	Versilia Golf 🏨
Pontedera	Armonia 🏨
Poppi / Moggiona	I Tre Baroni 🏨
Porto Ercole	Argentario Resort Golf & Spa 🏨
Porto Ercole	Il Pellicano 🏨
Porto Santo Stefano / Cala Piccola	Torre di Cala Piccola 🏨
Radda in Chianti	Il Borgo di Vescine 🏨
Radda in Chianti	Palazzo Leopoldo 🏨
Radda in Chianti	Palazzo San Niccolò 🏨
Rapolano Terme	Villa Buoninsegna 🏨
Reggello / San Donato Fronzano	Agriturismo Podere Picciolo 🏨
Reggello / Vaggio	Villa Rigacci 🏨
Roccastrada	La Melosa 🏨
San Casciano dei Bagni	Fonteverde 🏨
San Casciano in Val di Pesa	Villa il Poggiale 🏨
San Casciano in Val di Pesa / Mercatale	Agriturismo Salvadonica 🏨
San Gimignano	Agriturismo Il Casale del Cotone 🏨
San Giovanni d'Asso	Borgo Lucignanello Bandini 🏨
San Giustino Valdarno	Relais Il Borro 🏨
San Miniato	Relais Sassa al Sole 🏨
San Quirico d'Orcia	Agriturismo Il Rigo 🏨
San Quirico d'Orcia	Palazzo del Capitano 🏨
San Quirico d'Orcia / Bagno Vignoni	La Locanda del Loggiato 🏨
Sansepolcro	Relais Palazzo di Luglio 🏨
San Vincenzo	Poggio ai Santi 🏨
Sarteano	La Sovana 🏨
Sassetta	La Bandita 🏨
Saturnia	Terme di Saturnia Spa & Golf Resort 🏨
Scandicci / Mosciano	Tenuta Le Viste 🏨
Scarlino	Relais Vedetta 🏨
Siena	Campo Regio Relais 🏨
Siena	Grand Hotel Continental 🏨
Siena	Palazzetto Rosso 🏨

Siena	Palazzo di Valli 🏠
Siena / Vagliagli	Borgo Scopeto Relais 🏨
Siena / Santa Regina	Frances' Lodge Relais 🏚
Sinalunga	Locanda dell'Amorosa 🏨
Sovana	Sovana 🏠
Tavarnelle Val di Pesa	Castello del Nero 🏨
Torrita di Siena	Lupaia 🏚
Torrita di Siena	Residenza d'Arte 🏚
Viareggio	Grand Hotel Principe di Piemonte 🏨
Vicchio / Campestri	Villa Campestri Olive Oil Resort 🏠

TRENTINO-ALTO ADIGE

Alpe di Siusi	Alpina Dolomites 🏨
Alpe di Siusi	Seiser Alm Urthaler 🏨
Alta Badia	Arthotel Cappella 🏨
Alta Badia	Ciasa Salares 🏨
Alta Badia	Fanes 🏨
Alta Badia	Ladinia 🏠
Alta Badia	La Perla 🏨
Alta Badia	Rosa Alpina 🏨
Appiano sulla Strada del Vino / Cornaiano	Weinegg 🏨
Appiano sulla Strada del Vino / Missiano	Schloss Korb 🏨
Avelengo	Chalet Mirabell 🏨
Avelengo	Miramonti 🏨
Avelengo	San Luis 🏨
Avelengo	Viertlerhof 🏠
Bolzano	Greif 🏨
Borgo Valsugana	Locanda in Borgo 🏚
Bressanone	Elefante 🏨
Caldaro sulla Strada del Vino	Schlosshotel Aehrental 🏠
Campitello di Fassa	Villa Kofler 🏠
Canazei / Alba	Chalet Vites Mountain Hotel 🏠
Castelrotto	Alpine Boutique Villa Gabriela 🏠
Castelrotto	Cavallino d'Oro 🏠
Cavalese	Laurino 🏠
Laces	Paradies 🏨
Lagundo / Algund	Pergola 🏠
Lana / Foiana	Alpiana Resort 🏨
Lana / San Vigilio	Vigilius Mountain Resort 🏨
Madonna di Campiglio	Bio-Hotel Hermitage 🏨
Madonna di Campiglio	Majestic Mountain Charme 🏠
Merano	Meister's Hotel Irma 🏨
Merano	Ottmanngut 🏠
Merano	Park Hotel Mignon 🏨
Merano	Sonnenhof 🏠
Merano	Villa Tivoli 🏨
Merano / Freiberg	Castel Fragsburg 🏨
Monguelfo / Tesido	Alpen Tesitin 🏨
Naturno	Preidlhof 🏨
Nogaredo	Relais Palazzo Lodron 🏚
Novacella	Pacherhof 🏠
Nova Levante	Engel 🏨

Ortisei	Alpin Garden Wellness Resort	🏨
Ortisei	Gardena-Grödnerhof	🏨
Ortisei / Bulla	Uhrerhof-Deur	🏨
Panchià	Castelir Suite Hotel	🏨
Peio / Cogolo	Chalet Alpenrose	🏠
Redagno	Zirmerhof	🏨
Renon / Collalbo	Bemelmans Post	🏨
Renon / Collalbo	Kematen	🏨
Riva del Garda	Du Lac et Du Parc	🏨
Riva del Garda	Lido Palace	🏨
Ronzone	Villa Orso Grigio	🏨
San Candido	Leitlhof Dolomiten	🏨
San Candido	Post Alpina-Family Mountain Chalets	🏨
San Lorenzo di Sebato	Schloss Sonnenburg	🏨
San Martino di Castrozza	Letizia	🏨
San Martino di Castrozza	Regina	🏨
San Vigilio di Marebbe	Aqua Bad Cortina et Mineral Baths	🏨
Sarentino	Auener Hof	🏨
Sarentino	Bad Schörgau	🏨
Selva di Val Gardena	Alpenroyal Grand Hotel	🏨
Selva di Val Gardena	Chalet Elisabeth	🏠
Selva di Val Gardena	Chalet Prà Ronch	🏡
Selva di Val Gardena	Portillo Dolomites 1966	🏨
Senales / Certosa	Rosa d'Oro-Zur Goldenen Rose	🏨
Sesto / Moso	Berghotel	🏨
Tirolo	Castel	🏨
Tirolo	Erika	🏨
Tirolo	Küglerhof	🏨
Valdaora	Mirabell	🏨
Valle di Casies	Quelle	🏨
Vigo di Fassa / Tamion	Agritur Weiss	🏡

UMBRIA

Amelia / Macchie	Relais Tenuta del Gallo	🏨
Assisi	Nun Assisi Relais	🏨
Assisi / Armenzano	Le Silve	🏨
Castiglione del Lago	Antica Gabella	🏡
Città della Pieve	Relais dei Magi	🏡
Ferentillo	Abbazia San Pietro in Valle	🏡
Fratta Todina	La Palazzetta del Vescovo	🏡
Gualdo Cattaneo / Saragano	Agriturismo la Ghirlanda	🏡
Gubbio	Park Hotel ai Cappuccini	🏨
Gubbio	Relais Ducale	🏨
Gubbio / Santa Cristina	Locanda del Gallo	🏡
Gubbio / Scritto	Agriturismo Castello di Petroia	🏡
Massa Martana	San Pietro Sopra Le Acque	🏡
Montefalco	Palazzo Bontadosi	🏨
Montefalco / San Luca	Villa Zuccari	🏨
Montone	Torre di Moravola	🏡
Norcia	Palazzo Seneca	🏨
Orvieto / Morrano Nuovo	Relais Borgo San Faustino	🏡
Orvieto / Rocca Ripesena	Altarocca Wine Resort	🏡

Orvieto / Rocca Ripesena	Locanda Palazzone 🏨
Panicale	Agriturismo Montali 🏨
Panicale	Villa di Monte Solare 🏨
Panicale	Villa Rey 🏨
Perugia	Castello di Monterone 🏨
Perugia / Monte Petriolo	Borgo dei Conti Resort 🏨
Piegaro	Ca' de Principi Relais 🏨
Spoleto	Palazzo Dragoni 🏨
Spoleto	Palazzo Leti 🏨
Spoleto / Silvignano	Le Logge di Silvignano 🏨
Todi	Relais Todini 🏨
Todi	Tenuta di Canonica 🏨
Todi / Chioano	Roccafiore Spa & Resort 🏨
Torgiano	BorgoBrufa SPA Resort 🏨

VALLE D'AOSTA

Aosta	Milleluci 🏨
Aosta	Le Rêve Charmant 🏨
Aosta / Jovençan	Les Plaisirs d'Antan 🏨
Bard	Ad Gallias 🏨
Breuil Cervinia	Bucaneve 🏨
Breuil Cervinia	Hermitage 🏨
Breuil Cervinia	Lac Bleu 🏨
Breuil Cervinia	Mignon 🏨
Breuil Cervinia	Saint Hubertus 🏨
Cogne	Bellevue Hotel & SPA 🏨
Cogne	Miramonti 🏨
Courmayeur	Villa Novecento 🏨
Courmayeur / Entrèves	Auberge de la Maison 🏨
Gressoney-la Trinité	Jolanda Sport 🏨
La Salle	Mont Blanc Hotel Village 🏨
la Thuile	Locanda Collomb 🏨
Saint-Pierre	La Meridiana Du Cadran Solaire 🏨

VENETO

Arcugnano	Villa Michelangelo 🏨
Asiago	Meltar Boutique Hotel 🏨
Asolo	Villa Cipriani 🏨
Bardolino	Color Hotel 🏨
Bassano del Grappa	Villa Ca' Sette 🏨
Carré	Locanda La Corte dei Galli 🏨
Casier / Dosson	Villa Contarini Nenzi 🏨
Cavaion Veronese	Villa Cordevigo 🏨
Cerea	Villa Ormaneto 🏨
Codognè	Agriturismo Villa Toderini 🏨
Cortina d'Ampezzo	Cristallo 🏨
Cortina d'Ampezzo	Rosapetra Spa Resort 🏨
Follina	Dei Chiostri 🏨
Follina	Villa Abbazia 🏨
Garda	Regina Adelaide 🏨
Lazise	Villa Cansignorio 🏨

Malcesine	Bellevue San Lorenzo 🏨
Mestre / Zelarino	Agriturismo al Segnavento-Fiori e Frutti 🏡
Mezzane di Sotto	Agriturismo i Tamasotti 🏡
Mira	Villa Franceschi 🏨
Mira	Villa Margherita 🏨
Padova	Al Fagiano 🏠
Padova	Belludi 37 🏠
Peschiera del Garda / San Benedetto	The Ziba Hotel & Spa 🏨
San Bonifacio	Relais Villabella 🏨
San Pietro in Cariano	Byblos Art Hotel Villa Amistà 🏨
San Pietro in Cariano / Pedemonte	Villa del Quar 🏨
Sappada	Le Coccole 🏡
Sappada / Cima Sappada	Agriturismo Voltan Haus 🏡
Soave	Damaranto Residenza e Cucina 🏡
Susegana	Maso di Villa 🏡
Treviso	Maison Matilda 🏡
Venezia	Aman Venice 🏨
Venezia	Antico Doge 🏠
Venezia	Baglioni Hotel Luna 🏨
Venezia	Bauer Palladio 🏨
Venezia	Belmond Hotel Cipriani 🏨
Venezia	Ca Maria Adele 🏨
Venezia	Ca' Nigra Lagoon Resort 🏨
Venezia	Ca' Pisani 🏨
Venezia	Ca' Sagredo 🏨
Venezia	La Calcina 🏠
Venezia	Centurion Palace 🏨
Venezia	Charming House DD 724 🏡
Venezia	Corte di Gabriela 🏨
Venezia	Danieli 🏨
Venezia	Flora 🏨
Venezia / Al Lido	Grande Albergo Ausonia & Hungaria 🏨
Venezia	The Gritti Palace 🏨
Venezia	Londra Palace 🏨
Venezia	Metropole 🏨
Venezia	Novecento 🏡
Venezia	Oltre il Giardino 🏡
Venezia	Palazzina G 🏨
Venezia	Palazzo Abadessa 🏨
Venezia	Palazzo Stern 🏨
Venezia	Palazzo Venart 🏨
Venezia / Al Lido	Quattro Fontane 🏨
Venezia	La Residenza 🏡
Venezia	San Clemente Palace Kempinski 🏨
Venezia	Sant'Antonin 🏨
Venezia	Settimo Cielo e Bloom 🏡
Venezia	Sogno di Giulietta e Romeo 🏠
Venezia	The Westin Europa e Regina 🏨
Verona	Agriturismo Delo 🏡
Verona	Gabbia d'Oro 🏨
Verona	The Gentleman of Verona 🏨
Verona	Palazzo Victoria 🏨

SPA
THE SPAS

ABRUZZO

Caramanico Terme	La Réserve 🏨
Francavilla al Mare	Villa Maria Hotel & Spa 🏨
Giulianova Lido	Sea Park Spa Resort 🏨
Pescocostanzo	Relais Ducale 🏨
Roccaraso / Aremogna	Boschetto 🏨

CALABRIA

Cosenza / Rende	Villa Fabiano 🏨
Tropea	Rocca Nettuno 🏨
Tropea / Capo Vaticano	Capovaticano Resort Thalasso & Spa 🏨
Tropea / Ricadi	Sunshine Club Hotel 🏨
Villa San Giovanni / Santa Trada di Cannitello	Altafiumara Resort & Spa 🏨

CAMPANIA

Capri (Isola di) / Anacapri	Capri Palace Hotel 🏨
Capri (Isola di) / Capri	Capri Tiberio Palace 🏨
Capri (Isola di) / Capri	Grand Hotel Quisisana 🏨
Castellammare di Stabia	Towers Hotel Stabiae Sorrento Coast 🏨
Conca dei Marini	Monastero Santa Rosa Hotel & Spa 🏨
Ischia (Isola d') / Barano	Parco Smeraldo Terme 🏨
Ischia (Isola d') / Barano	San Giorgio Terme 🏨
Ischia (Isola d') / Casamicciola Terme	Terme Manzi Hotel & Spa 🏨
Ischia (Isola d') / Forio	Garden & Villas Resort 🏨
Ischia (Isola d') / Forio	Mezzatorre Resort & Spa 🏨
Ischia (Isola d') / Ischia	Grand Hotel Excelsior 🏨
Ischia (Isola d') / Ischia	Il Moresco 🏨
Ischia (Isola d') / Ischia	Punta Molino Hotel Beach Resort & Spa 🏨
Ischia (Isola d') / Ischia	Le Querce 🏨
Ischia (Isola d') / Lacco Ameno	L'Albergo della Regina Isabella 🏨
Positano	Le Sirenuse 🏨
Praiano	Casa Angelina 🏨
Procida / Procida	La Suite Hotel 🏨
Ravello	Palazzo Avino 🏨
San Cipriano Picentino	Villa Rizzo Resort & Spa 🏨
Telese Terme	Aquapetra Resort e Spa 🏨
Vietri sul Mare / Raito	Raito 🏨

EMILIA-ROMAGNA

Bagno di Romagna	Ròseo Euroterme 🏨
Bellaria Igea Marina / Igea Marina	Blu Suite Hotel 🏨
Bellaria Igea Marina / Igea Marina	Mediterraneo 🏨
Bertinoro / Fratta	Grand Hotel Terme della Fratta 🏨

Castel San Pietro Terme / Varignana	Palazzo di Varignana 🏨
Castrocaro Terme	Grand Hotel & Spa 🏨
Cervia / Milano Marittima	Aurelia 🏨
Cervia / Milano Marittima	Globus 🏨
Cervia / Milano Marittima	Grand Hotel Gallia 🏨
Cervia / Milano Marittima	Palace Hotel 🏨
Cervia / Milano Marittima	Le Palme 🏨
Cesenatico	Grand Hotel da Vinci 🏨
Faenza	Relais Villa Abbondanzi 🏨
Loiano	Palazzo Loup 🏨
Monticelli Terme	Delle Rose 🏨
Porretta Terme	Helvetia Thermal SPA 🏨
Porretta Terme	Santoli 🏨
Riccione	Ambasciatori 🏨
Riccione	Atlantic 🏨
Riccione	Belvedere 🏨
Riccione	Corallo 🏨
Riccione	Grand Hotel Des Bains 🏨
Riccione	Lunariccione 🏨
Riccione	Select 🏨
Rimini	Grand Hotel Rimini 🏨
Rimini	Le Rose Suite Hotel 🏨
Rimini	Savoia Rimini 🏨
Rimini / Miramare	Terminal Palace & Spa 🏨
San Giovanni in Marignano	Riviera Golf Resort 🏨
Vignola	La Cartiera 🏨

FRIULI-VENEZIA GIULIA

Arta Terme / Piano d'Arta	Gardel 🏨
Cividale del Friuli	Locanda al Castello 🏨
Fagagna	Villaverde Hotel & Resort 🏨
Grado	Grand Hotel Astoria 🏨
Grado	Laguna Palace 🏨
Grado	Savoy 🏨
Lignano Sabbiadoro / Lignano Pineta	Greif 🏨
Ravascletto	La Perla 🏨
Udine	Là di Moret 🏨

LAZIO

Fiuggi / Fiuggi Fonte	Ambasciatori Place 🏨
Fiuggi / Fiuggi Fonte	Fiuggi Terme 🏨
Fiuggi / Fiuggi Fonte	Grand Hotel Palazzo della Fonte 🏨
Labico	Antonello Colonna Labico Resort 🏨
Roma	Crowne Plaza Rome St. Peter's & Spa 🏨
Roma	Grand Hotel Via Veneto 🏨
Roma	Palazzo Montemartini 🏨
Roma	Parco dei Principi Grand Hotel & Spa 🏨
Roma	Rome Cavalieri Waldorf Astoria 🏨
Roma	Rome Marriott Park Hotel 🏨
Roma	De Russie 🏨
Roma	The Westin Excelsior Rome 🏨
Viterbo	Niccolò V-Terme dei Papi 🏨

LIGURIA

Alassio	Grand Hotel Alassio
Rapallo	Excelsior Palace Hotel
San Remo	Royal Hotel Sanremo
Sestri Levante	Due Mari
Tovo San Giacomo / Bardino Vecchio	Relais Il Casale

LOMBARDIA

Bellagio	Grand Hotel Villa Serbelloni
Blevio	CastaDiva Resort
Bormio	Miramonti Park Hotel
Carzago Riviera	Palazzo Arzaga
Castelverde	Cremona Palace Hotel
Castione della Presolana / Bratto	Milano Alpen Resort
Cavenago di Brianza	Devero
Cernobbio	Villa d'Este
Cologne	Cappuccini Resort
Como	Le Due Corti
Darfo-Boario Terme / Boario Terme	Rizzi Aquacharme
Erbusco	L'Albereta
Gallarate	Sheraton Milan Malpensa
Gardone Riviera / Fasano	Grand Hotel Fasano e Villa Principe
Gargnano	Lefay Resort & Spa
Livigno	Baita Montana
Livigno	Lac Salin Spa & Mountain Resort
Madesimo	Andossi
Mantello	La Fiorida
Milano	Bulgari
Milano	Château Monfort
Milano	Excelsior Hotel Gallia
Milano	Four Seasons Hotel Milano
Milano	Grand Visconti Palace
Milano	The Hub Hotel
Milano	Palazzo Parigi
Milano	Principe di Savoia
Moltrasio	Grand Hotel Imperiale
Padenghe sul Garda	Splendido Bay
Pavia	Cascina Scova
Porlezza	Parco San Marco Lifestyle Beach Resort
Rota d'Imagna	Resort & Spa Miramonti
Sant'Omobono Terme	Villa delle Ortensie
Sarnico	Cocca Hotel
Sirmione	Grand Hotel Terme
Sirmione	Olivi
Sondrio	Grand Hotel Della Posta
Tonale (Passo del)	Delle Alpi
Tremezzo	Grand Hotel Tremezzo
Valdidentro / Bagni Nuovi	Grand Hotel Bagni Nuovi
Varano Borghi	Villa Borghi
Varese	Relais sul Lago

MARCHE

Castelraimondo	Borgo Lanciano 🏨
Jesi	Federico II 🏨
Macerata	Le Case 🏨
Pesaro	Excelsior 🏨
Pesaro	Vittoria 🏨
Urbino	Mamiani 🏨
Urbino / Pantiere	Urbino Resort Tenuta Santi Giacomo e Filippo 🏨

MOLISE

Castelpetroso	Fonte del Benessere Resort 🏨

PIEMONTE

Baveno	Grand Hotel Dino 🏨
Baveno	Splendid 🏨
Crodo / Viceno	Belvedere 🏨
Crodo / Viceno	Edelweiss 🏨
Guarene	Castello di Guarene 🏨
Penango / Cioccaro	Relais Sant'Uffizio 🏨
Rima San Giuseppe	Laida Weg Experience Hotel 🏨
Santo Stefano Belbo	Relais San Maurizio 🏨
Serralunga d'Alba	Il Boscareto Resort 🏨
Stresa	Grand Hotel des Iles Borromées 🏨
Stresa	Regina Palace 🏨
Stresa	Villa e Palazzo Aminta 🏨
Torino	Allegroitalia Golden Palace 🏨
Torino	Turin Palace Hotel 🏨
Torino	Victoria 🏨
Verbania / Pallanza	Grand Hotel Majestic 🏨

PUGLIA

Bari / Palese	Parco dei Principi Hotel Congress & Spa 🏨
Ceglie Messapica	Madonna Delle Grazie 🏨
Cutrofiano	Sangiorgio Resort & Spa 🏨
Lecce	Hilton Garden Inn 🏨
Manfredonia	Regio Hotel Manfredi 🏨
Savelletri	Borgo Egnazia 🏨
Savelletri	Masseria San Domenico 🏨
Savelletri	Masseria Torre Coccaro 🏨
Taranto / Masseria San Pietro	Relais Histò 🏨

SARDEGNA

Alghero	Villa Las Tronas 🏨
Alghero / Porto Conte	El Faro 🏨
Arzachena	Tenuta Pilastru 🏨
Arzachena / Baia Sardinia	L'Ea Bianca Luxory Resort 🏨
Cagliari	T Hotel 🏨
Arcipelago della Maddalena / La Maddalena	Ma&Ma 🏨
Pula	Il Borgo 🏨

Pula	Bouganville 🏨
Pula	Castello 🏨
Pula	Le Dune 🏨
Pula	Le Palme 🏨
Pula	Pineta 🏨
Pula	Villa del Parco 🏨
Santa Teresa Gallura	Resort Valle dell'Erica Thalasso & SPA 🏨
Santa Teresa Gallura / Conca Verde	La Coluccia 🏨
Trinità d'Agultu / Isola Rossa	Marinedda Thalasso & SPA 🏨
Trinità d'Agultu / Isola Rossa	Relax Torreruja Thalasso & SPA 🏨

SICILIA

Agrigento / San Leone	Baia di Ulisse 🏨
Enna	Federico II Palace Hotel 🏨
Eolie / Vulcano Isola	Therasia Resort 🏨
Linguaglossa	Villa Neri Resort & Spa 🏨
Ragusa	Sheraton Donna Fugata Golf Resort 🏨
Sciacca	Verdura Resort 🏨
Siracusa	Des Etrangers et Miramare 🏨
Taormina / Lido di Spisone	Caparena 🏨

TOSCANA

Abetone	Val di Luce Resort 🏨
Casole d'Elsa	Castello di Casole 🏨
Castagneto Carducci / Marina di Castagneto Carducci	
	Tombolo Talasso Resort 🏨
Castelnuovo Berardenga	Castel Monastero 🏨
Castelnuovo Berardenga	Le Fontanelle 🏨
Castiglione della Pescaia / Badiola	L'Andana-Tenuta La Badiola 🏨
Castiglione della Pescaia / Riva del Sole	Riva del Sole 🏨
Chianciano Terme	Admiral Palace 🏨
Chianciano Terme	Grand Hotel Terme 🏨
Colle di Val d'Elsa	Palazzo San Lorenzo 🏨
Cortona / San Martino	Il Falconiere Relais 🏨
Elba (Isola d') / Portoferraio	Hermitage 🏨
Firenze	Four Seasons Hotel Firenze 🏨
Firenze	Villa Cora 🏨
Firenze	Ville sull 'Arno 🏨
Forte dei Marmi	Principe Forte dei Marmi 🏨
Lido di Camaiore	UNA Hotel Versilia 🏨
Livorno	Grand Hotel Palazzo 🏨
Monsummano Terme	Grotta Giusti 🏨
Montaione / Castelfalfi	Il Castelfalfi 🏨
Montalcino / Castelnuovo dell'Abate	Castello di Velona 🏨
Montecatini Terme	Adua & Regina di Saba 🏨
Montecatini Terme	Columbia 🏨
Montecatini Terme	Grand Hotel Croce di Malta 🏨
Montecatini Terme	Grand Hotel e La Pace 🏨
Montecatini Terme	Manzoni 🏨
Montignoso / Cinquale	Villa Undulna-Terme della Versilia 🏨
Porto Ercole	Argentario Resort Golf & Spa 🏨

Radda in Chianti	Palazzo Leopoldo 🏨
Radda in Chianti	Radda 🏨
San Casciano dei Bagni	Fonteverde 🏨
San Gimignano	Villasanpaolo Hotel 🏨
San Giuliano Terme	Bagni di Pisa 🏨
San Quirico d'Orcia	Casanova 🏨
San Quirico d'Orcia / Bagno Vignoni	Posta-Marcucci 🏨
Saturnia	Terme di Saturnia Spa & Golf Resort 🏨
Siena / Vagliagli	Borgo Scopeto Relais 🏨
Tirrenia / Calambrone	Green Park Resort 🏨
Venturina	Delle Terme 🏨

TRENTINO-ALTO ADIGE

Alpe di Siusi	Alpina Dolomites 🏨
Alpe di Siusi	Seiser Alm Urthaler 🏨
Alta Badia	Antines 🏨
Alta Badia	Armentarola 🏨
Alta Badia	Arthotel Cappella 🏨
Alta Badia	Ciasa Salares 🏨
Alta Badia	Colfosco-Kolfuschgerhof 🏨
Alta Badia	Cristallo 🏨
Alta Badia	Diamant 🏨
Alta Badia	Fanes 🏨
Alta Badia	Gran Paradiso 🏨
Alta Badia	La Majun 🏨
Alta Badia	Lech da Sompunt 🏨
Alta Badia	La Perla 🏨
Alta Badia	Posta-Zirm 🏨
Alta Badia	Rosa Alpina 🏨
Alta Badia	Sassongher 🏨
Andalo	Ambiez Suite Hotel 🏨
Andalo	Corona Dolomites 🏨
Andalo	Cristallo 🏨
Andalo	Dolce Avita Spa & Resort 🏨
Appiano sulla Strada del Vino	Gartenhotel Moser 🏨
Appiano sulla Strada del Vino / Cornaiano	Weinegg 🏨
Avelengo	Chalet Mirabell 🏨
Avelengo	Miramonti 🏨
Avelengo	San Luis 🏨
Baselga di Pinè / Montagnaga	Posta 1899 🏨
Monte Bondone / Vason	Le Blanc Hotel & Spa 🏨
Brunico / Riscone	Majestic 🏨
Caldaro sulla Strada del Vino	Parc Hotel 🏨
Caldaro sulla Strada del Vino	Seeleiten 🏨
Campitello di Fassa	Gran Paradis 🏨
Campo Tures	Alte Mühle 🏨
Campo Tures	Feldmilla Designhotel 🏨
Canazei	Croce Bianca 🏨
Canazei	Rita 🏨
Canazei / Alba	La Cacciatora 🏨
Castelbello Ciardes	Sand 🏨
Cavalese	Lagorai 🏨

Ortisei	Arnaria	🏨
Ortisei	Gardena-Grödnerhof	🏨
Parcines / Rablà	Roessl	🏨
Peio / Cogolo	Cevedale	🏨
Peio / Cogolo	Kristiania Leading Nature & Wellness Resort	🏨
Pinzolo	Beverly	🏨
Pinzolo	Cristina	🏨
Pinzolo	Europeo	🏨
Postal	Muchele	🏨
Pozza di Fassa	Ladinia	🏨
Pozza di Fassa	Renè	🏨
Racines	Panoramahotel Taljörgele	🏨
Renon / Collalbo	Bemelmans Post	🏨
Renon / Soprabolzano	Park Hotel Holzner	🏨
Rio di Pusteria / Mühlbach / Valles	Huber	🏨
Rio di Pusteria / Mühlbach / Valles	Masl	🏨
Riva del Garda	Du Lac et Du Parc	🏨
Riva del Garda	Lido Palace	🏨
Riva del Garda	Parc Hotel Flora	🏨
San Candido	Cavallino Bianco-Weisses Rössl	🏨
San Candido	Leitlhof Dolomiten	🏨
San Candido	Post Alpina-Family Mountain Chalets	🏨
San Genesio	Belvedere Schoenblick	🏨
San Lorenzo di Sebato	Sporthotel Winkler	🏨
San Martino di Castrozza	Jolanda	🏨
San Martino di Castrozza	Regina	🏨
San Martino in Passiria	Resort Quellenhof	🏨
San Martino in Passiria / Saltusio	Castel Saltauserhof	🏨
San Vigilio di Marebbe	Almhof-Hotel Call	🏨
San Vigilio di Marebbe	Excelsior	🏨
San Vigilio di Marebbe	Teresa	🏨
Scena	Hohenwart	🏨
Selva di Val Gardena	Alpenroyal Grand Hotel	🏨
Selva di Val Gardena	Gran Baita	🏨
Selva di Val Gardena	Portillo Dolomites 1966	🏨
Selva di Val Gardena	Tyrol	🏨
Sesto	Monika	🏨
Sesto	St. Veit	🏨
Sesto / Moso	Bad Moos	🏨
Sesto / Moso	Berghotel	🏨
Sesto / Moso	Rainer	🏨
Solda	Cristallo	🏨
Solda	Parc Hotel	🏨
Tesero	Rio Stava Family Resort & Spa	🏨
Tires / San Cipriano	Cyprianerhof	🏨
Tirolo	Castel	🏨
Tirolo	Erika	🏨
Tirolo	Golserhof	🏨
Tirolo	Patrizia	🏨
Ultimo / San Nicolò / St. Nikolaus	Waltershof	🏨
Valdaora	Mirabell	🏨
Valle Aurina / Ahrntal / Cadipietra	Alpenschlössl & Linderhof	🏨

Valle Aurina / Ahrntal / Lutago	Alpin & Spa Resort Schwarzenstein 🏨
Valle di Casies	Quelle 🏨
Vallelunga	Alpenjuwel 🏛
Vigo di Fassa	Active Hotel Olympic 🏨
Vigo di Fassa	Renato 🏨
Vipiteno	Rose 🏨

UMBRIA

Assisi	Nun Assisi Relais 🏨
Colfiorito	Benessere Villa Fiorita 🏨
Gubbio	Park Hotel ai Cappuccini 🏨
Orvieto / Rocca Ripesena	Altarocca Wine Resort 🏨
Todi	Relais Todini 🏨
Todi / Chioano	Roccafiore Spa & Resort 🏨
Torgiano	BorgoBrufa SPA Resort 🏨

VALLE D'AOSTA

Aosta	Milleluci 🏨
Breuil Cervinia	Bucaneve 🏨
Breuil Cervinia	Excelsior-Planet 🏨
Breuil Cervinia	Hermitage 🏨
Breuil Cervinia	Saint Hubertus 🏨
Cogne	Bellevue Hotel & SPA 🏨
Cogne	Miramonti 🏨
Cogne	Sant'Orso 🏨
Cogne / Cretaz	Notre Maison 🏨
Courmayeur	Grand Hotel Courmayeur Mont Blanc 🏨
Courmayeur	Grand Hotel Royal e Golf 🏨
Gressoney-la Trinité	Jolanda Sport 🏨
La Salle	Mont Blanc Hotel Village 🏨
La Thuile	Nira Montana 🏨
Pré-Saint-Didier / Palleusieux	QC Terme Monte Bianco 🏨
Saint-Vincent	Alla Posta 🏨
Saint-Vincent	Grand Hotel Billia 🏨

VENETO

Abano Terme	Abano Grand Hotel 🏨
Abano Terme	All'Alba 🏨
Abano Terme	Bristol Buja 🏨
Abano Terme	Due Torri 🏨
Abano Terme	Europa Terme 🏨
Abano Terme	Harrys' Garden 🏨
Abano Terme	Mioni Pezzato 🏨
Abano Terme	Panoramic Hotel Plaza 🏨
Abano Terme	President Terme 🏨
Abano Terme	Tritone Terme 🏨
Arabba	Evaldo 🏨
Asiago	Meltar Boutique Hotel 🏨
Bardolino	Aqualux 🏨
Bardolino	Caesius Thermae 🏨
Bibione	Bibione Palace Suite 🏨